U0895891

北京社会科学年鉴 2014

北京市社会科学界联合会　编

北京出版集团公司
北　京　出　版　社

图书在版编目（CIP）数据

北京社会科学年鉴. 2014 / 北京市社会科学界联合会编. — 北京 : 北京出版社, 2014. 12

ISBN 978 - 7 - 200 - 11021 - 0

Ⅰ. ①北… Ⅱ. ①北… Ⅲ. ①社会科学—北京市—2014—年鉴 Ⅳ. ①C121 - 54

中国版本图书馆 CIP 数据核字(2014)第 258661 号

项目统筹 陶宇辰
责任编辑 陶宇辰
责任印制 宋 超

北京社会科学年鉴 2014
BEIJING SHEHUI KEXUE NIANJIAN 2014
北京市社会科学界联合会 编
*
北京出版集团公司
北京出版社 出版
（北京北三环中路 6 号）
邮政编码：100120
网 址：www.bph.com.cn
北京出版集团公司总发行
北京华联印刷有限责任公司印刷
*
787 毫米×1092 毫米 16 开本 65.5 印张 彩插 44 页 2300 千字
2014 年 12 月第 1 版 2014 年 12 月第 1 次印刷

ISBN 978 - 7 - 200 - 11021 - 0
定价：198.00 元
质量监督电话：010 - 58572393

北京市社会科学界联合会《北京社会科学年鉴》编辑部
地 址：北京市东城区西滨河路 19 号
邮政编码：100011
联系电话：010 - 64527157
e-mail：sklwh@vip.sina.com

《北京社会科学年鉴》编辑委员会名单

学术顾问　（以姓氏笔画为序）

吴树青　余志远　张静如　陈先达
郑杭生　顾明远　顾海良　高铭暄
陶西平　黄晓勇　曹长盛　崔耀中
傅　华　童庆炳　满运来　戴　逸

主　　编　韩　凯

副 主 编　赵　峰　曲　仲　荣国章　万　红

编　　委　（以姓氏笔画为序）

丁　刚　万　红　王彦京　王燕梅
车庆珍　田军亭　曲　仲　朱丽雅
刘　颖　刘小丰　刘延杰　刘金梅
孙武权　杜学亮　杨志俊　杨建华
李志东　李建平　李素萍　李翠玲
吴　明　张　力　张　际　张　楠
陆　奇　陈　涛　陈海如　林邦钧
周志勇　周晓旭　郑昭红　孟春利
项纪旸　赵　峰　赵英臣　荣大力
荣国章　胡晓燕　昝瑞礼　贺亚兰
徐元宫　徐美贞　黄胤英　崔新建
梁立新　蒋甫玉　韩　凯　程文进
曾　康　曾天山　谭　凯　熊根琪
薛振恺　冀淑萍

编辑部主任　万　红

编　　辑　陈　涛　刘延杰　林邦钧　薛振恺

编 辑 说 明

一、《北京社会科学年鉴》是一部全面系统记述首都北京哲学社会科学事业发展状况和学术动态的年度资料性学术工具书，由北京市社会科学界联合会编纂，北京市社会科学理论著作出版基金重点资助出版。

二、本年鉴高举中国特色社会主义伟大旗帜，以邓小平理论、“三个代表”重要思想、科学发展观为指导，贯彻落实习近平总书记系列重要讲话精神，坚持为人民服务、为社会主义服务的方向，坚持百花齐放、百家争鸣的方针，坚持吸取借鉴国内外优秀文化成果，解放思想、实事求是、与时俱进、开拓创新，客观翔实和较全面记述北京地区社会科学领域的基本情况，力求年鉴编纂的科学性、客观性、全面性。

三、本年鉴从2000年创刊起，每年出版一卷。当年的编纂出版记述上一年度首都北京哲学社会科学事业各方面的发展状况，收录的资料来自在京的党政机关，社会科学教学、研究和科研管理等机构。

四、本年鉴主旨：努力为党和政府科学决策提供社会科学方面的参考，为社会科学工作者从事学术研究及教学提供资料和借鉴，为国内外了解首都北京社会科学领域的现状提供新的有价值的信息，努力促进首都北京哲学社会科学的繁荣发展。

五、本年鉴采用分类编辑法，包括文章体和条目体，运用标准的语文体和记述体，行文力求规范、准确、简练、流畅。全书除文字表述外，配以彩色照片、表格，力求具体、形象、生动地反映首都北京社会科学的发展面貌。

六、本卷年鉴栏目设置为：特载、学科综述、科研课题、获奖成果、学术活动、机构、大事记、附录。

七、为更好发挥本年鉴的作用、增进使用便利，在编纂出版纸质版的同时编纂出版电子版（CD-ROM）。

本年鉴在资料收集、编写、出版、发行过程中，得到了有关单位及领导、学者、同人的大力支持，谨在此表示衷心感谢！

《北京社会科学年鉴》编辑部

2014年10月

The Editors' Notes

October 2014

1. *Beijing Social Science Yearbook* is an annual academic reference book which, in an all-round and systematic way, records the development of the undertakings of philosophy and social sciences, as well as the concerning academic events in Beijing, the capital of the People's Republic of China. It is compiled by the Beijing Federation of the Social Science Circles, and published with the key sponsorship of Beijing Municipal Publishing Fund for Theoretical Works on Social Sciences.

2. In compiling this yearbook, we have raised high the great banner of socialism with Chinese characteristics, followed the guidance of Deng Xiaoping Theory, the important thought of "Three Represents", and the Scientific Outlook on Development, implemented the spirit of a series of important talks given by General Secretary Xi Jinping, and adhered to the orientations of serving the people and serving the socialist cause, to the implementation of the policy of "letting a hundred flowers blossom and a hundred schools of thought contend", to the absorption and reference of the excellent cultural achievements both at home and abroad, and to the principles of emancipating the minds, seeking truth from facts, advancing with the times, and blazing new trails in a pioneering spirit. We have tried to record the fundamental situations of the domains of social sciences in Beijing in an objective, accurate and comparatively comprehensive way. We have also done our utmost to be as scientific-minded, objective and comprehensive as possible in compiling this yearbook.

3. This yearbook has been compiled and published once a year since its first issue in 2000. Each volume of this yearbook records the development of the undertakings of philosophy and social sciences in the previous year in Beijing. The materials contained in this yearbook have been collected from the Party and Government departments in Beijing, and from the institutions which engage in social science teaching and research, or management of scientific research in Beijing.

4. This yearbook is intended to strive to provide the Party and Government departments with references in relation to social sciences needed in their policy-making, supply social science workers with materials and references needed for their academic research and teaching, provide new valuable information to help people both at home and abroad to learn about the current situation in the domains of social sciences in Beijing, and promote the development and prosperity of philosophy and social sciences in Beijing.

5. This yearbook is compiled by the classification method, including articles and subject entries. The whole yearbook is written in standard prose and narrative styles, trying to make the wording normative, accurate, concise and smooth. This yearbook not only presents itself in written language, but also contains color photos and diagrams, in an attempt to reflect the development of social sciences in Beijing in a concrete, vivid and lively way.

6. The standing columns in the current volume of this yearbook are Special Reprints, Survey of Various Subjects, Lists of Research Topics, Award-Winning Academic Achievements, Academic Activities, Institutions, Chronicle and Appendix.

7. While *Beijing Social Science Yearbook* is compiled and published in paper edition, it is available in CD-ROM format simultaneously, so as to bring it into full play and make it more convenient to use.

We would like to express our heartfelt thanks to those concerning institutions with their leadership, scholars and colleagues for their immense help in the course of data-collection, compilation, publication and distribution of this volume.

The Editorial Department of
Beijing Social Science Yearbook

（翻译：王逢鑫）

2013 年 9 月 16 日，中共中央文献研究室、中国中共文献研究会、毛泽东思想生平研究分会联合主办“纪念毛泽东诞辰 120 周年学术研讨会”

2013 年 6 月 19 日，中共北京市委宣传部、北京市中国特色社会主义理论体系研究中心、北京市社会科学界联合会、北京大学马克思主义学院、清华大学马克思主义学院、中国人民大学马克思主义学院、北京师范大学马克思主义学院联合举办马克思主义中国化论坛·2013，论坛主题为“中国梦与中国特色社会主义”

2013 年 11 月 1 日，中共中央文献研究室召开“中国梦与中国道路”理论研讨会

2013 年 5 月 15 日，北京市社会科学界联合会、北京市中国特色社会主义理论体系研究中心、北京市科学社会主义学会、中国特色社会主义研究杂志社共同举办“电视片《正道沧桑——社会主义 500 年》专家研讨会”

北京市中国特色社会主义理论体系研究中心组织编写的《中国共产党辉煌 90 年·全面建设小康社会》荣获 2009—2011 年度北京市优秀党建读物优秀奖，《马克思主义中国化的历史进程和基本经验简明读本》和《中国共产党辉煌 90 年·改革大潮》荣获鼓励奖

2013年11月22日，中共北京市委宣传部、北京市中国特色社会主义理论体系研究中心、北京市社会科学界联合会共同举办“首都理论界学习十八届三中全会精神座谈会”

2013年10月10日，中共北京市委宣传部、北京市中国特色社会主义理论体系研究中心、北京市社会科学界联合会共同举办“首都理论界学习习近平总书记系列讲话精神座谈会”

2013年4月19日，中共北京市委宣传部、北京市中国特色社会主义理论体系研究中心、北京市社会科学界联合会共同举办“首都理论界学习‘中国梦’座谈会”

北京市人大常委会开展社会调研活动

2013年3月14日，北京市社会科学界联合会与北京市科学技术协会召开2013年度两界联席工作会议

2013年12月12日，北京市社会科学界联合会与北京市科学技术协会联合举办2013北京自然科学界和社会科学界联席会议高峰论坛，论坛主题为“创新驱动，转型发展，实现中国梦”

2013年7月6日，北京市社会科学界联合会与北京市科学技术协会联合举办第三届两重生命互动论坛，论坛主题为“思索生命的三种思维方式”

2013 年 12 月 20 日，北京市社会科学界联合会与北京师范大学联合举办 2013 · 学术前沿论坛，论坛主题为“中国梦：教育变革与人的素质提升”

2013 · 学术前沿论坛部分分论坛会场

2013年12月27日，中共北京市委宣传部、北京市社会科学界联合会、北京市哲学社会科学规划办公室联合主办，对外经济贸易大学承办的第七届北京市中青年社科理论人才“百人工程”学者论坛开幕

2013年6月14日，北京市社会科学界联合会与辽宁大学、经济科学出版社、中国经济发展研究会等单位联合举办第五届中国经济学前沿论坛，论坛主题为“经济转型的中国道路”

2013 年 9 月 25 日，通州区委与北京市社会科学界联合会合作备忘录签字仪式暨城乡一体化研究开题论证会在通州举办

2013 年 2 月 27 日，首都社科专家进通州课题结项会在北京社科活动中心举办

2013 年 5 月 10 日，首都社科专家进丰台课题（2013 年）招标评审会在北京社科活动中心举办

2013 年 12 月 13 日，首都社科专家进密云课题招标评审会在北京社科活动中心举办

2013 年，北京市社会科学界联合会在“植根实践、创新理论、服务基层、促进发展”的宗旨指导下继续推进首都社科专家进基层活动，全年组织调研 10 余场、课题 21 个

2013 年 6 月 28 日，北京市社会科学界联合会与北京市社会主义学院、中国农工党北京市委员会、北京联合大学、北京改革和发展研究会等单位联合主办第五届北京文化论坛，论坛主题为“节日与市民生活”

2013 年 11 月 29—30 日，北京市社会科学界联合会与首都师范大学联合举办 2013 首都教育论坛，论坛主题为“教科书：教育质量和教学改革的核心文本”

2013 年 12 月 14 日，北京市社会科学界联合会与中国历史唯物主义学会人的发展研究会、首都师范大学联合举办 2013 全球化与当代中国文化发展论坛，论坛主题为“全球化语境下中国精神的文化意蕴”

2013 年 12 月 21—22 日，北京市社会科学界联合会与首都经济贸易大学联合举办 2013 城市国际化论坛，论坛主题为“城市治理：政府、社会与市场”

2013 年 6 月 7 日，北京市社会科学界联合会与北京联合大学、北京旅游学会联合举办第三届首都旅游发展论坛，论坛主题为“京冀旅游经济圈建设”

2013 年 12 月 20 日，北京市社会科学界联合会与北京工商大学联合举办 2013 首都现代服务业发展论坛，论坛主题为“商业地产与北京国际商贸中心建设”

2013 年 12 月 22 日，北京市社会科学界联合会与北京大学联合举办三生共赢论坛·2013 北京会议，论坛主题为“电子商务与产业转型升级”

2013 年 9 月 17 日，北京市社会科学界联合会在奥林匹克公园举办以“我的梦 中国梦”为主题的“2013·北京社会科学普及周”活动，并在主会场社科普及园开展了以中国梦和党的十八大精神为主要内容的展览。图为开幕式上为新增加的社科普及试验基地授牌及向市民代表赠送科普读物

科普周期间市民参观、咨询科普活动

2013·北京社科普及周分会场暨西城区科普周开幕式

2013年4月12日，北京市社会科学界联合会与中国中共党史学会联合举办党史讲堂，中央党史研究室原副主任石仲泉做题为“党的十八大与坚持和发展中国特色社会主义”的报告

2013年4—10月，中共北京市委宣传部、中共北京市委社会工委和北京市社会科学界联合会共同主办的“北京周末社区大讲堂”活动继续开展，全年组织160多名专家学者深入全市各区县党政机关、街道社区、乡镇、学校和文化场馆，共举办讲座1000多场，直接受众约10万人次

2013 年 9 月 23 日，北京市社会科学界联合会与北京明圆学校共同主办的“2013 社科普及进校园活动”在大兴区旧宫镇明圆学校举行

2013 年 9 月 19 日，北京市社会科学界联合会与北京建工集团在高碑店再生水厂共同举办“我的梦　中国梦——欢度中秋 2013 社科普及进工地活动”

2013 年 10 月 23 日，北京市社会科学界联合会与昌平区阳坊镇联合举办“2013 社会科学普及进村镇”活动

2013 年 5 月 31 日，北京市社会科学界联合会与门头沟区委宣传部在妙峰山镇联合举办“2013 社会科学普及进村镇”活动

北京市社会科学界联合会开展以“我的梦 中国梦”为主题的社科普及进基层活动

中国社会科学院开展学术研讨活动

第十届中国文化产业新年论坛
文化创新战略：创意与科技
Cultural Innovation Strategy: Creativity, Science and Technology

第三届中国发展广告学论坛
—资本与中国广告业发展
2013年8月26日

中国朝鲜史研究会2013年学术年会
主办：中国朝鲜史研究会
承办：北京大学历史学系

北京大学开展学术活动

中国人民大学开展学术活动

"清风雅集"之三:聚焦<<第三次工业革命>>

清华大学开展学术活动

北京师范大学开展学术活动

中央民族大学开展学术交流活动

中国政法大学开展学术活动

中央财经大学开展学术活动

ICT产业竞争实验室成立
暨互联网竞争与发展研讨会

对外经济贸易大学开展学术活动

中国传媒大学开展学术活动

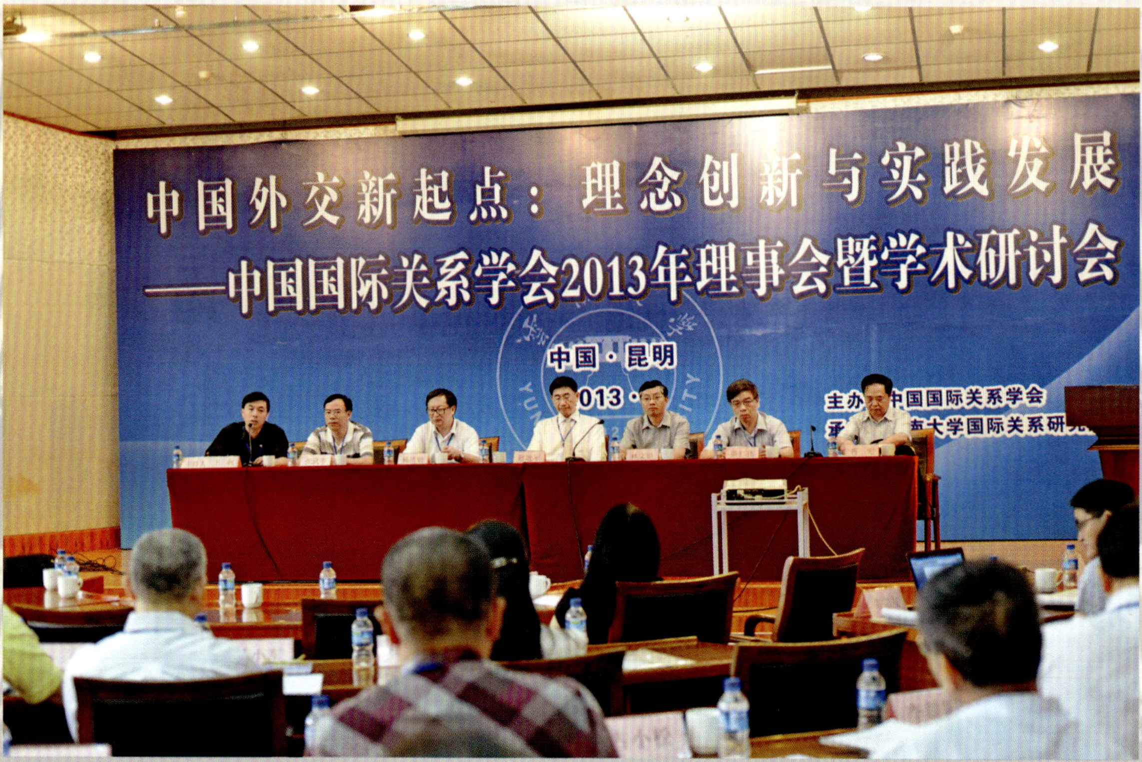
中国外交新起点：理念创新与实践发展
——中国国际关系学会2013年理事会暨学术研讨会
中国·昆明
主办：中国国际关系学会

中国国际关系学会2013年年会

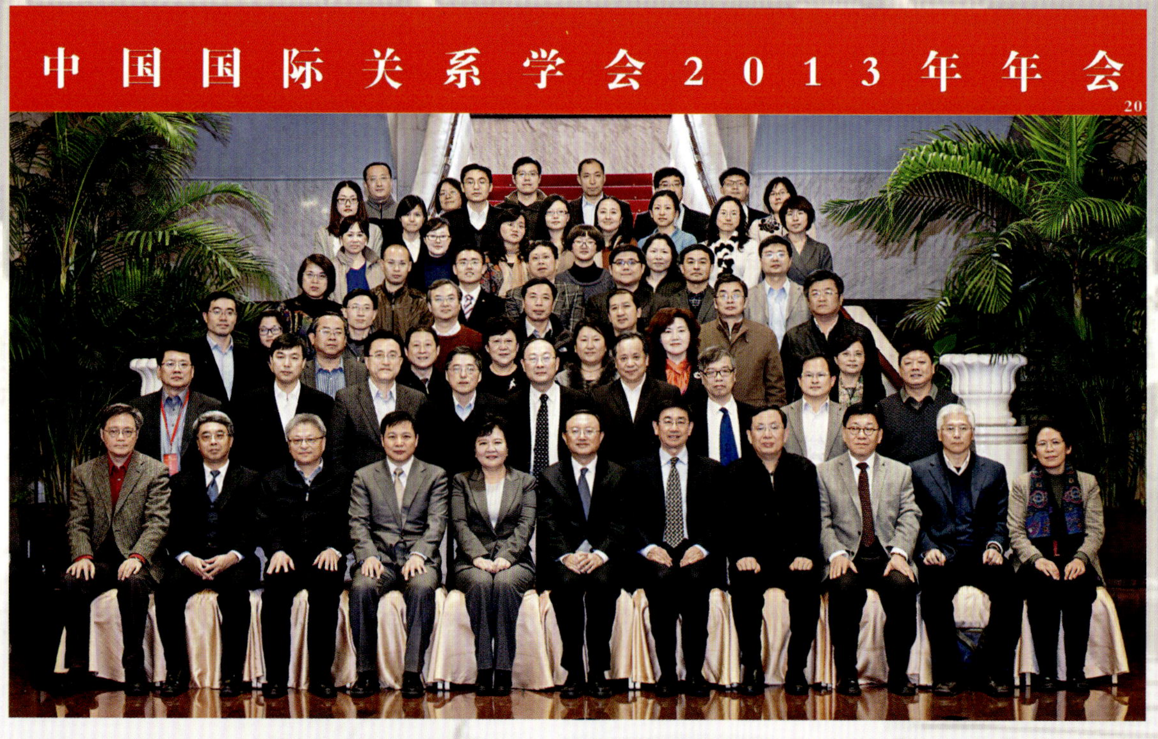

外交学院开展学术活动

中国青年政治学院开展学术活动

中国劳动关系学院开展学术活动

首都师范大学开展学术活动

首都经济贸易大学开展学术活动

北京工商大学开展学术活动

北京科技大学举办学科建设研讨会

北京林业大学开展学术活动

北京交通大学举办学术论坛

首都体育学院开展学术活动

中共北京市委党校、北京行政学院开展学术活动

北京市社会科学院推进学术研究和学科发展

中共北京市委党史研究室开展党史研究工作

北京市档案局、北京市档案馆开展档案学术活动

北京市中共党史学会

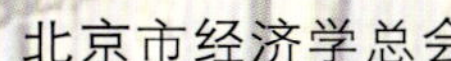

北京市经济学总会

北京市教育学会

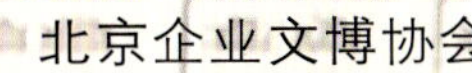

北京企业文博协会

北京市国际税收研究会

北京市社会科学界联合会所属学会开展学术研讨、调研活动

北京方迪经济发展研究院

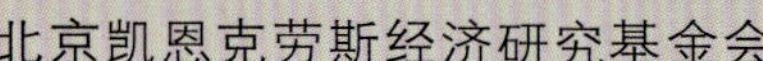

北京凯恩克劳斯经济研究基金会

北京圣陶教育发展与创新研究院

北京新世纪跨国公司研究所

北京修远经济与社会研究基金会

北京市社会科学界联合会所属民办社科研究机构和基金会开展学术研讨活动

目 录

·科研课题·

·获奖成果·

·学术活动·

哲学（含自然辩证法、逻辑学、伦理学、美学）

政治学（含思想政治工作 、党建、统战）

经济学

社会学（含人口学）

法 学

民族学　宗教学

城市科学

历史学（含中共历史、中外史、考古）

文化　艺术（含民俗）

管理学（含人才学、信息学）

Contents
(Abridged)

Special Reprints

Survey of Various Subjects

Lists of Research Topics

（翻译：王逢鑫）

·特　　载·

中共中央关于全面深化改革若干重大问题的决定

（二〇一三年十一月十二日中国共产党第十八届中央委员会第三次全体会议通过）

为贯彻落实党的十八大关于全面深化改革的战略部署，十八届中央委员会第三次全体会议研究了全面深化改革的若干重大问题，做出如下决定。

一、全面深化改革的重大意义和指导思想

（1）改革开放是党在新的时代条件下带领全国各族人民进行的新的伟大革命，是当代中国最鲜明的特色。党的十一届三中全会召开三十五年来，我们党以巨大的政治勇气，锐意推进经济体制、政治体制、文化体制、社会体制、生态文明体制和党的建设制度改革，不断扩大开放，决心之大、变革之深、影响之广前所未有，成就举世瞩目。

改革开放最主要的成果是开创和发展了中国特色社会主义，为社会主义现代化建设提供了强大动力和有力保障。事实证明，改革开放是决定当代中国命运的关键抉择，是党和人民事业大踏步赶上时代的重要法宝。

实践发展永无止境，解放思想永无止境，改革开放永无止境。面对新形势、新任务，全面建成小康社会，进而建成富强民主文明和谐的社会主义现代化国家、实现中华民族伟大复兴的中国梦，必须在新的历史起点上全面深化改革，不断增强中国特色社会主义道路自信、理论自信、制度自信。

（2）全面深化改革，必须高举中国特色社会主义伟大旗帜，以马克思列宁主义、毛泽东思想、邓小平理论、“三个代表”重要思想、科学发展观为指导，坚定信心，凝聚共识，统筹谋划，协同推进，坚持社会主义市场经济改革方向，以促进社会公平正义、增进人民福祉为出发点和落脚点，进一步解放思想、解放和发展社会生产力、解放和增强社会活力，坚决破除各方面体制机制弊端，努力开拓中国特色社会主义事业更加广阔的前景。

全面深化改革的总目标是完善和发展中国特色社会主义制度，推进国家治理体系和治理能力现代化。必须更加注重改革的系统性、整体性、协同性，加快发展社会主义市场经济、民主政治、先进文化、和谐社会、生态文明，让一切劳动、知识、技术、管理、资本的活力竞相迸发，让一切创造社会财富的源泉充分涌流，让发展成果更多更公平惠及全体人民。

紧紧围绕使市场在资源配置中起决定性作用深化经济体制改革，坚持和完善基本经济制度，加快完善现代市场体系、宏观调控体系、开放型经济体系，加快转变经济发展方式，加快建设创新型国家，推动经济更有效率、更加公平、更可持续发展。

紧紧围绕坚持党的领导、人民当家做主、依法治国有机统一深化政治体制改革，加快推进社会主义民主政治制度化、规范化、程序化，建设社会主义法治国家，发展更加广泛、更加充分、更加健全的人民民主。

紧紧围绕建设社会主义核心价值体系、社会主义文化强国深化文化体制改革，加快完善文化管理体制和文化生产经营机制，建立健全现代公共文化服务体系、现代文化市场体系，推动社会主义文化大发展大繁荣。

紧紧围绕更好保障和改善民生、促进社会公平正义深化社会体制改革，改革收入分配制度，促进共同富裕，推进社会领域制度创新，推进基本公共服务均等化，加快形成科学有效的社会治理体制，确保社会既充满活力又和谐有序。

紧紧围绕建设美丽中国深化生态文明体制改革，加快建立生态文明制度，健全国土空间开发、资源节约利用、生态环境保护的体制机制，推动形成人与自然和谐发展现代化建设新格局。

紧紧围绕提高科学执政、民主执政、依法执政水平深化党的建设制度改革，加强民主集中制建设，完善党的领导体制和执政方式，保持党的先进性和纯洁性，为改革开放和社会主义现代化建设提供坚强政治保证。

（3）全面深化改革，必须立足于我国长期处于社会主义初级阶段这个最大实际，坚持发展仍是解决我国所有问题的关键这个重大战略判断，以经济建设为中心，发挥经济体制改革牵引作用，推动生产关系同生产力、上层建筑同经济基础相适应，推动经济社会持续健康发展。

经济体制改革是全面深化改革的重点，核心问题是处理好政府和市场的关系，使市场在资源配置中起决定性作用和更好发挥政府作用。市场决定资源配置是市场经济的一般规律，健全社会主义市场经济体制必须遵循这条规律，着力解决市场体系不完善、政府干预过多和监管不到位问题。

必须积极稳妥从广度和深度上推进市场化改革，大幅度减少政府对资源的直接配置，推动资源配置依据市场规则、市场价格、市场竞争实现效益最大化和效率最优化。政府的职责和作用主要是保持宏观经济稳定，加强和优化公共服务，保障公平竞争，加强市场监管，维护市场秩序，推动可持续发展，促进共同富裕，弥补市场失灵。

（4）改革开放的成功实践为全面深化改革提供了重要经验，必须长期坚持。最重要的是，坚持党的领导，贯彻党的基本路线，不走封闭僵化的老路，不走改旗易帜的邪路，坚定走中国特色社会主义道路，始终确保改革正确方向；坚持解放思想、实事求是、与时俱进、求真务实，一切从实际出发，总结国内成功做法，借鉴国外有益经验，勇于推进理论和实践创新；坚持以人为本，尊重人民主体地位，发挥群众首创精神，紧紧依靠人民推动改革，促进人的全面发展；坚持正确处理改革发展稳定关系，胆子要大、步子要稳，加强顶层设计和摸着石头过河相结合，整体推进和重点突破相促进，提高改革决策科学性，广泛凝聚共识，形成改革合力。

当前，我国发展进入新阶段，改革进入攻坚期和深水区。必须以强烈的历史使命感，最大限度集中全党全社会智慧，最大限度调动一切积极因素，敢于啃硬骨头，敢于涉险滩，以更大决心冲破思想观念的束缚、突破利益固化的藩篱，推动中国特色社会主义制度自我完善和发展。

到二〇二〇年，在重要领域和关键环节改革上取得决定性成果，完成本决定提出的改革任务，形成系统完备、科学规范、运行有效的制度体系，使各方面制度更加成熟、更加定型。

二、坚持和完善基本经济制度

公有制为主体、多种所有制经济共同发展的基本经济制度，是中国特色社会主义制度的重要支柱，也是社会主义市场经济体制的根基。公有制经济和非公有制经济都是社会主义市场经济的重要组成部分，都是我国经济社会发展的重要基础。必须毫不动摇巩固和发展公有制经济，坚持公有制主体地位，发挥国有经济主导作用，不断增强国有经济活力、控制力、影响力。必须毫不动摇鼓励、支持、引导非公有制经济发展，激发非公有制经济活力和创造力。

（5）完善产权保护制度。产权是所有制的核心。健全归属清晰、权责明确、保护严格、流转顺畅的现代产权制度。公有制经济财产权不可侵犯，非公有制经济财产权同样不可侵犯。

国家保护各种所有制经济产权和合法利益，保证各种所有制经济依法平等使用生产要素、公开公平公正参与市场竞争、同等受到法律保护，依法监管各种所有制经济。

（6）积极发展混合所有制经济。国有资本、集体资本、非公有资本等交叉持股、相互融合的混合所有制经济，是基本经济制度的重要实现形式，有利于国有资本放大功能、保值增值、提高竞争力，有利于各种所有制资本取长补短、相互促进、共同发展。允许更多国有经济和其他所有制经济发展成为混合所有制经济。国有资本投资项目允许非国有资本参股。允许混合所有制经济实行企业员工持股，形成资本所有者和劳动者利益共同体。

完善国有资产管理体制，以管资本为主加强国有资产监管，改革国有资本授权经营体制，组建若干国有资本运营公司，支持有条件的国有企业改组为国有资本投资公司。国有资本投资运营要服务于国家战略目标，更多投向关系国家安全、国民经济命脉的重要行业和关键领域，重点提供公共服务、发展重要前瞻性战略性产业、保护生态环境、支持科技进步、保障国家安全。

划转部分国有资本充实社会保障基金。完善国有资本经营预算制度，提高国有资本收益上缴公共财政比例，二〇二〇年提到百分之三十，更多用于保障和改善民生。

（7）推动国有企业完善现代企业制度。国有企业属于全民所有，是推进国家现代化、保障人民共同利益的重要力量。国有企业总体上已经同市场经济相融合，必须适应市场化、国际化新形势，以规范经营决策、资产保值增值、公平参与竞争、提高企业效率、增强企业活力、承担社会责任为重点，进一步深化国有企业改革。

准确界定不同国有企业功能。国有资本加大对公益性企业的投入，在提供公共服务方面做出更大贡献。国有资本继续控股经营的自然垄断行业，实行以政企分开、政资分开、特许经营、政府监管为主要内容的改革，根据不同行业特点实行网运分开、放开竞争性业务，推进公共资源配置市场化。进一步破除各种形式的行政垄断。

健全协调运转、有效制衡的公司法人治理结构。建立职业经理人制度，更好发挥企业家作用。深化企业内部管理人员能上能下、员工能进能出、收入能增能减的制度改革。建立长效激励约束机制，强化国有企业经营投资责任追究。探索推进国有企业财务预算等重大信息公开。

国有企业要合理增加市场化选聘比例，合理确定并严格规范国有企业管理人员薪酬水平、职务待遇、职务消费、业务消费。

（8）支持非公有制经济健康发展。非公有制经济在支撑增长、促进创新、扩大就业、增加税收等方面具有重要作用。坚持权利平等、机会平等、规则平等，废除对非公有制经济各种形式的不合理规定，消除各种隐性壁垒，制定非公有制企业进入特许经营领域具体办法。

鼓励非公有制企业参与国有企业改革，鼓励发展非公有资本控股的混合所有制企业，鼓励有条件的私营企业建立现代企业制度。

三、加快完善现代市场体系

建设统一开放、竞争有序的市场体系，是使市场在资源配置中起决定性作用的基础。必须加快形成企业自主经营、公平竞争，消费者自由选择、自主消费，商品和要素自由流动、平等交换的现代市场体系，着力清除市场壁垒，提高资源配置效率和公平性。

（9）建立公平开放透明的市场规则。实行统一的市场准入制度，在制定负面清单基础上，各类市场主体可依法平等进入清单之外领域。探索对外商投资实行准入前国民待遇加负面清单的管理模式。推进工商注册制度便利化，削减资质认定项目，由先证后照改为先照后证，把注册资本实缴登记制逐步改为认缴登记制。推进国内贸易流通体制改革，建设法治化营商环境。

改革市场监管体系，实行统一的市场监管，清理和废除妨碍全国统一市场和公平竞争的各种规定和做法，严禁和惩处各类违法实行优惠政策行为，反对地方保护，反对垄断和不正当竞争。建立健全社会征信体系，褒扬诚信，惩戒失信。健全优胜劣汰市场化退出机制，完善企业破产制度。

（10）完善主要由市场决定价格的机制。凡是能由市场形成价格的都交给市场，政府不进行不当干预。推进水、石油、天然气、电力、交通、电信等领域价格改革，放开竞争性环节价格。政府定价范围主要限定在重要公用事业、公益性服务、网络型自然垄断环节，提高透明度，接受社会监督。完善农产品价格形成机制，注重发挥市场形成价格作用。

（11）建立城乡统一的建设用地市场。在符合规划和用途管制前提下，允许农村集体经营性建设用地出让、租赁、入股，实行与国有土地同等入市、同权同价。缩小征地范围，规范征地程序，完善对被征地农民合理、规范、多元保障机制。扩大国有土地有偿使用范围，减少非公益性用地划拨。建立兼顾国家、集体、个人的土地增值收益分配机制，合理提高个人收益。完善土地租赁、转让、抵押二级市场。

（12）完善金融市场体系。扩大金融业对内对外开放，在加强监管前提下，允许具备条件的民间资本依法发起设立中小型银行等金融机构。推进政策性金融机构改革。健全多层次资本市场体系，推进股票发行注册制改革，多渠道推动股权融资，发展并规范债券市场，提高直接融资比重。完善保险经济补偿机制，建立巨灾保险制度。发展普惠金融。鼓励金融创新，丰富金融市场层次和产品。

完善人民币汇率市场化形成机制，加快推进利率市场化，健全反映市场供求关系的国债收益率曲线。推动资本市场双向开放，有序提高跨境资本和金融交易可兑换程度，建立健全宏观审慎管理框架下的外债和资本流动管理体系，加快实现人民币资本项目可兑换。

落实金融监管改革措施和稳健标准，完善监管协调机制，界定中央和地方金融监管职责和风险处置责任。建立存款保险制度，完善金融机构市场化退出机制。加强金融基础设施建设，保障金融市场安全高效运行和整体稳定。

（13）深化科技体制改革。建立健全鼓励原始创新、集成创新、引进消化吸收再创新的体制机制，健全技术创新市场导向机制，发挥市场对技术研发方向、路线选择、要素价格、各类创新要素配置的导向作用。建立产学研协同创新机制，强化企业在技术创新中的主体地位，发挥大型企业创新骨干作用，激发中小企业创新活力，推进应用型技术研发机构市场化、企业化改革，建设国家创新体系。

加强知识产权运用和保护，健全技术创新激励机制，探索建立知识产权法院。打破行政主导和部门分割，建立主要由市场决定技术创新项目和经费分配、评价成果的机制。发展技术市场，健全技术转移机制，改善科技型中小企业融资条件，完善风险投资机制，创新商业模式，促进科技成果资本化、产业化。

整合科技规划和资源，完善政府对基础性、战略性、前沿性科学研究和共性技术研究的支持机制。国家重大科研基础设施依照规定应该开放的一律对社会开放。建立创新调查制度和创新报告制度，构建公开透明的国家科研资源管理和项目评价机制。

改革院士遴选和管理体制，优化学科布局，提高中青年人才比例，实行院士退休和退出制度。

四、加快转变政府职能

科学的宏观调控，有效的政府治理，是发挥社会主义市场经济体制优势的内在要求。必须切实转变政府职能，深化行政体制改革，创新行政管理方式，增强政府公信力和执行力，建设法治政府和服务型政府。

(14) 健全宏观调控体系。宏观调控的主要任务是保持经济总量平衡，促进重大经济结构协调和生产力布局优化，减缓经济周期波动影响，防范区域性、系统性风险，稳定市场预期，实现经济持续健康发展。健全以国家发展战略和规划为导向、以财政政策和货币政策为主要手段的宏观调控体系，推进宏观调控目标制定和政策手段运用机制化，加强财政政策、货币政策与产业、价格等政策手段协调配合，提高相机抉择水平，增强宏观调控前瞻性、针对性、协同性。形成参与国际宏观经济政策协调的机制，推动国际经济治理结构完善。

深化投资体制改革，确立企业投资主体地位。企业投资项目，除关系国家安全和生态安全，涉及全国重大生产力布局、战略性资源开发和重大公共利益等项目外，一律由企业依法依规自主决策，政府不再审批。强化节能节地节水、环境、技术、安全等市场准入标准，建立健全防范和化解产能过剩长效机制。

完善发展成果考核评价体系，纠正单纯以经济增长速度评定政绩的偏向，加大资源消耗、环境损害、生态效益、产能过剩、科技创新、安全生产、新增债务等指标的权重，更加重视劳动就业、居民收入、社会保障、人民健康状况。加快建立国家统一的经济核算制度，编制全国和地方资产负债表，建立全社会房产、信用等基础数据统一平台，推进部门信息共享。

(15) 全面正确履行政府职能。进一步简政放权，深化行政审批制度改革，最大限度减少中央政府对微观事务的管理，市场机制能有效调节的经济活动，一律取消审批，对保留的行政审批事项要规范管理、提高效率；直接面向基层、量大面广、由地方管理更方便有效的经济社会事项，一律下放地方和基层管理。

政府要加强发展战略、规划、政策、标准等制定和实施，加强市场活动监管，加强各类公共服务提供。加强中央政府宏观调控职责和能力，加强地方政府公共服务、市场监管、社会管理、环境保护等职责。推广政府购买服务，凡属事务性管理服务，原则上都要引入竞争机制，通过合同、委托等方式向社会购买。

加快事业单位分类改革，加大政府购买公共服务力度，推动公办事业单位与主管部门理顺关系和去行政化，创造条件，逐步取消学校、科研院所、医院等单位的行政级别。建立事业单位法人治理结构，推进有条件的事业单位转为企业或社会组织。建立各类事业单位统一登记管理制度。

(16) 优化政府组织结构。转变政府职能必须深化机构改革。优化政府机构设置、职能配置、工作流程，完善决策权、执行权、监督权既相互制约又相互协调的行政运行机制。严格绩效管理，突出责任落实，确保权责一致。

统筹党政群机构改革，理顺部门职责关系。积极稳妥实施大部门制。优化行政区划设置，有条件的地方探索推进省直接管理县（市）体制改革。严格控制机构编制，严格按规定职数配备领导干部，减少机构数量和领导职数，严格控制财政供养人员总量。推进机构编制管理科学化、规范化、法制化。

五、深化财税体制改革

财政是国家治理的基础和重要支柱，科学的财税体制是优化资源配置、维护市场统一、促进社会公平、实现国家长治久安的制度保障。必须完善立法、明确事权、改革税制、稳定税负、透明预算、提高效率，建立现代财政制度，发挥中央和地方两个积极性。

(17) 改进预算管理制度。实施全面规范、公开透明的预算制度。审核预算的重点由平衡状态、赤字规模向支出预算和政策拓展。清理规范重点支出同财政收支增幅或生产总值挂钩事项，一般不采取挂钩方式。建立跨年度预算平衡机制，建立权责发生制的政府综合财务报告制度，建立规范合理的中央和地方政府债务管理及风险预警机制。

完善一般性转移支付增长机制，重点增加对革命老区、民族地区、边疆地区、贫困地区的转移支付。中央出台增支政策形成的地方财力缺口，原则上通过一般性转移支付调节。清理、整合、规范专项转移支付项目，逐步取消竞争性领域专项和地方资金配套，严格控制引导类、救济类、应急类专项，对保留专项进行甄别，属地方事务的划入一般性转移支付。

(18) 完善税收制度。深化税收制度改革，完善地方税体系，逐步提高直接税比重。推进增值税改革，适当简化税率。调整消费税征收范围、环节、税率，把高耗能、高污染产品及部分高档消费品纳入征收范围。逐步建立综合与分类相结合的个人所得税制。加快房地产税立法并适时推进改革，加快资源税改革，推动环境保护费改税。

按照统一税制、公平税负、促进公平竞争的原则，加强对税收优惠特别是区域税收优惠政策的规范管理。税收优惠政策统一由专门税收法律法规定，清理规范税收优惠政策。完善国税、地税征管体制。

(19) 建立事权和支出责任相适应的制度。适度加强中央事权和支出责任，国防、外交、国家安全、关系全国统一市场规则和管理等作为中央事权；部分社会保障、跨区域重大项目建设维护等作为中央和地方共同事权，逐步理顺事权关系；区域性公共服务作为地方事权。中央和地方按照事权划分相应承担和分担支出责任。中央可通过安排转移支付将部分事权支出责任委托地方承担。对于跨区域且对其他地区影响较大的公共服务，中央通过转移支付承担一部分地方事权支出责任。

保持现有中央和地方财力格局总体稳定，结合税制改革，考虑税种属性，进一步理顺中央和地方收入划分。

六、健全城乡发展一体化体制机制

城乡二元结构是制约城乡发展一体化的主要障碍。必须健全体制机制，形成以工促农、以城带乡、工农互惠、城乡一体的新型工农城乡关系，让广大农民平等参与现代化进程、共同分享现代化成果。

(20) 加快构建新型农业经营体系。坚持家庭经营在农业中的基础性地位，推进家庭经营、集体经营、合作经营、企业经营等共同发展的农业经营方式创新。坚持农村土地集体所有权，依法维护农民土地承包经营权，发展壮大集体经济。稳定农村土地承包关系并保持长久不变，在坚持和完善最严格的耕地保护制度前提下，赋予农民对承包地占有、使用、收益、流转及承包经营权抵押、担保权能，允许农民以承包经营权入股发展农业产业化经营。鼓励承包经营权在公开市场上向专业大户、家庭农场、农民合作社、农业企业流转，发展多种形式规模经营。

鼓励农村发展合作经济，扶持发展规模化、专业化、现代化经营，允许财政项目资金直接投向符合条件的合作社，允许财政补助形成的资产转交合作社持有和管护，允许合作社开展信用合作。鼓励和引导工商资本到农村发展适合企业化经营的现代种养业，向农业输入现代生产要素和经营模式。

(21) 赋予农民更多财产权利。保障农民集体经济组织成员权利，积极发展农民股份合作，赋予农民对集体资产股份占有、收益、有偿退出及抵押、担保、继承权。保障农户宅基地用益物权，改革完善农村宅基地制度，选择若干试点，慎重稳妥推进农民住房财产权抵押、担保、转让，探索农民增加财产性收入渠道。建立农村产权流转交易市场，推动农村产权流转交易公开、公正、规范运行。

(22) 推进城乡要素平等交换和公共资源均衡配置。维护农民生产要素权益，保障农民工同工同酬，保障农民公平分享土地增值收益，保障金融机构农村存款主要用于农业农村。健全农业支持保护体系，改革农业补贴制度，完善粮食主产区利益补偿机制。完善农业保险制度。鼓励社会资本投向农村建设，允许企业和社会组织在农村兴办各类事业。统筹城乡基础设施建设和社区建设，推进城乡基本公共服务均等化。

(23) 完善城镇化健康发展体制机制。坚持走中国特色新型城镇化道路，推进以人为核心的城镇化，推动大中小城市和小城镇协调发展、产业和城镇融合发展，促进城镇化和新农村建设协调推进。优化城市空间结构和管理格局，增强城市综合承载能力。

推进城市建设管理创新。建立透明规范的城市建设投融资机制，允许地方政府通过发债等多种方式拓宽城市建设融资渠道，允许社会资本通过特许经营等方式参与城市基础设施投资和运营，研究建立城市基础设施、住宅政策性金融机构。完善设市标准，严格审批程序，对具备行政区划调整条件的县可有序改市。对吸纳人口多、经济实力强的镇，可赋予同人口和经济规模相适应的管理权。建立和完善跨区域城市发展协调机制。

推进农业转移人口市民化，逐步把符合条件的农业转移人口转为城镇居民。创新人口管理，加快户籍制度改革，全面放开建制镇和小城市落户限制，有序放开中等城市落户限制，合理确定大城市落户条件，严格控制特大城市人口规模。稳步推进城镇基本公共服务常住人口全覆盖，把进城落户农民完全纳入城镇住房和社会保障体系，在农村参加的养老保险和医疗保险规范接入城镇社保体系。建立财政转移支付同农业转移人口市民化挂钩机制，从严合理供给城市建设用地，提高城市土地利用率。

七、构建开放型经济新体制

适应经济全球化新形势，必须推动对内对外开放相互促进、引进来和走出去更好结合，促进国际国内要素有序自由流动、资源高效配置、市场深度融合，加快培育参与和引领国际经济合作竞争新优势，以开放促改革。

(24) 放宽投资准入。统一内外资法律法规，保持外资政策稳定、透明、可预期。推进金融、教育、文化、医疗等服务业领域有序开放，放开育幼养老、建筑设计、会计审计、商贸物流、电子商务等服务业领域外资准入限制，进一步放开一般制造业。加快海关特殊监管区域整合优化。

建立中国上海自由贸易试验区是党中央在新形势下推进改革开放的重大举措，要切实建设好、管理好，为全面深化改革和扩大开放探索新途径、积累新经验。在推进现有试点基础上，选择若干具备条件地方发展自由贸易园（港）区。

扩大企业及个人对外投资，确立企业及个人对外投资主体地位，允许发挥自身优势到境外开展投资合作，允许自担风险到各国各地区自由承揽工程和劳务合作项目，允许创新方式走出去开展绿地投资、并购投资、证券投资、联合投资等。

加快同有关国家和地区商签投资协定，改革涉外投资审批体制，完善领事保护体制，提供权益保障、投资促进、风险预警等更多服务，扩大投资合作空间。

(25) 加快自由贸易区建设。坚持世界贸易体制规则，坚持双边、多边、区域、次区域开放合作，扩大同各国各地区利益汇合点，以周边为基础加快实施自由贸易区战略。改革市场准入、海关监管、检验检疫等管理体制，加快环境保护、投资保护、政府采购、电子商务等新议题谈判，形成面向全球的高标准自由贸易区网络。

扩大对香港特别行政区、澳门特别行政区和台湾地区开放合作。

(26) 扩大内陆沿边开放。抓住全球产业重新布局机遇，推动内陆贸易、投资、技术创新协调发展。创新加工贸易模式，形成有利于推动内陆产业集群发展的体制机制。支持内陆城市增开国际客货运航线，发展多式联运，形成横贯东中西、联结南北方对外经济走廊。推动内陆同沿海沿边通关协作，实现口岸管理相关部门信息互换、监管互认、执法互助。

加快沿边开放步伐，允许沿边重点口岸、边境城市、经济合作区在人员往来、加工物流、旅游等方面实行特殊方式和政策。建立开发性金融机构，加快同周边国家和区域基础设施互联互通建设，推进丝绸之路经济带、海上丝绸之路建设，形成全方位开放新格局。

八、加强社会主义民主政治制度建设

发展社会主义民主政治，必须以保证人民当家做主为根本，坚持和完善人民代表大会制度、中国共产党领导的多党合作和政治协商制度、民族区域自治制度以及基层群众自治制度，更加注重健全民主制度、丰富民主形式，从各层次各领域扩大公民有序政治参与，充分发挥我国社会主义政治制度优越性。

(27) 推动人民代表大会制度与时俱进。坚持人民主体地位，推进人民代表大会制度理论和实践创新，发挥人民代表大会制度的根本政治制度作用。完善中国特色社会主义法律体系，健全立法起草、论证、协调、审议机制，提高立法质量，防止地方保护和部门利益法制化。健全“一府两院”由人大产生、对人大负责、受人大监督制度。健全人大讨论、决定重大事项制度，各级政府重大决策出台前向本级人大报告。加强人大预算决算审查监督、国有资产监督职能。落实税收法定原则。加强人大常委会同人大代表的联系，充分发挥代表作用。通过建立健全代表联络机构、网络平台等形式密切代表同人民群众联系。

完善人大工作机制，通过座谈、听证、评估、公布法律草案等扩大公民有序参与立法途径，通过询问、质询、特定问题调查、备案审查等积极回应社会关切。

(28) 推进协商民主广泛多层制度化发展。协商民主是我国社会主义民主政治的特有形式和独特优势，是党的群众路线在政治领域的重要体现。在党的领导下，以经济社会发展重大问题和涉及群众切身利益的实际问题为内容，在全社会开展广泛协商，坚持协商于决策之前和决策实施之中。

构建程序合理、环节完整的协商民主体系，拓宽国家政权机关、政协组织、党派团体、基层组织、社会组织的协商渠道。深入开展立法协商、行政协商、民主协商、参政协商、社会协商。加强中国特色新型智库建设，建立健全决策咨询制度。

发挥统一战线在协商民主中的重要作用。完善中国共产党同各民主党派的政治协商，认真听取各民主党派和无党派人士意见。中共中央根据年度工作重点提出规划，采取协商会、谈心会、座谈会等进行协商。完善民主党派中央直接向中共中央提出建议制度。贯彻党的民族政策，保障少数民族合法权益，巩固和发展平等团结互助和谐的社会主义民族关系。

发挥人民政协作为协商民主重要渠道作用。重点推进政治协商、民主监督、参政议政制度化、规范化、程序化。各级党委和政府、政协制订并组织实施协商年度工作计划，就一些重要决策听取政协意见。完善人民政协制度体系，规范协商内容、协商程序。拓展协商民主形式，更加活跃有序地组织专题协商、对口协商、界别协商、提案办理协商，增加协商密度，提高协商成效。在政协健全委员联络机构，完善委员联络制度。

(29) 发展基层民主。畅通民主渠道，健全基层选举、议事、公开、述职、问责等机制。开展形式多样的基层民主协商，推进基层协商制度化，建立健全居民、村民监督机制，促进群众在城乡社区治理、基层公共事务和公益事业中依法自我管理、自我服务、自我教育、自我监督。健全以职工代表大会为基本形式的企事业单位民主管理制度，加强社会组织民主机制建设，保障职工参与管理和监督的民主权利。

九、推进法治中国建设

建设法治中国，必须坚持依法治国、依法执政、依法行政共同推进，坚持法治国家、法治政府、法治社会一体建设。深化司法体制改革，加快建设公正高效权威的社会主义司法制度，维护人民权益，让人民群众在每一个司法案件中都感受到公平正义。

(30) 维护宪法法律权威。宪法是保证党和国家兴旺发达、长治久安的根本法，具有最高权威。要进一步健全宪法实施监督机制和程序，把全面贯彻实施宪法提高到一个新水平。建立健全全社会忠于、遵守、维护、运用宪法法律的制度。坚持法律面前人人平等，任何组织或者个人都不得有超越宪法法律的特权，一切违反宪法法律的行为都必须予以追究。

普遍建立法律顾问制度。完善规范性文件、重大决策合法性审查机制。建立科学的法治建设指标体系和考核标准。健全法规、规章、规范性文件备案审查制度。健全社会普法教育机制，增强全民法治观念。逐步增加有地方立法权的较大的市数量。

(31) 深化行政执法体制改革。整合执法主体，相对集中执法权，推进综合执法，着力解决权责交叉、多头执法问题，建立权责统一、权威高效的行政执法体制。减少行政执法层级，加强食品药品、安全生产、环境保护、劳动保障、海域海岛等重点领域基层执法力量。理顺城管执法体制，提高执法和服务水平。

完善行政执法程序，规范执法自由裁量权，加强对行政执法的监督，全面落实行政执法责任制和执法经费由财政保障制度，做到严格规范公正文明执法。完善行政执法与刑事司法衔接机制。

(32) 确保依法独立公正行使审判权检察权。改革司法管理体制，推动省以下地方法院、检察院人财物统一管理，探索建立与行政区划适当分离的司法管辖制度，保证国家法律统一正确实施。

建立符合职业特点的司法人员管理制度，健全法官、检察官、人民警察统一招录、有序交流、逐级遴选机制，完善司法人员分类管理制度，健全法官、检察官、人民警察职业保障制度。

(33) 健全司法权力运行机制。优化司法职权配置，健全司法权力分工负责、互相配合、互相制约机制，加强和规范对司法活动的法律监督和社会监督。

改革审判委员会制度，完善主审法官、合议庭办案责任制，让审理者裁判、由裁判者负责。明确各级法院职能定位，规范上下级法院审级监督关系。

推进审判公开、检务公开，录制并保留全程庭审资料。增强法律文书说理性，推动公开法院生效裁判文书。严格规范减刑、假释、保外就医程序，强化监督制度。广泛实行人民陪审员、人民监督员制度，拓宽人民群众有序参与司法渠道。

(34) 完善人权司法保障制度。国家尊重和保障人权。进一步规范查封、扣押、冻结、处理涉案财物的司法程序。健全错案防止、纠正、责任追究机制，严禁刑讯逼供、体罚虐待，严格实行非法证据排除规则。逐步减少适用死刑罪名。

废止劳动教养制度，完善对违法犯罪行为的惩治和矫正法律，健全社区矫正制度。

健全国家司法救助制度，完善法律援助制度。完善律师执业权利保障机制和违法违规执业惩戒制度，加强职业道德建设，发挥律师在依法维护公民和法人合法权益方面的重要作用。

十、强化权力运行制约和监督体系

坚持用制度管权管事管人，让人民监督权力，让权力在阳光下运行，是把权力关进制度笼子的根本之策。必须构建决策科学、执行坚决、监督有力的权力运行体系，健全惩治和预防腐败体系，建设廉洁政治，努力实现干部清正、政府清廉、政治清明。

(35) 形成科学有效的权力制约和协调机制。完善党和国家领导体制，坚持民主集中制，充分发挥党的领导核心作用。规范各级党政主要领导干部职责权限，科学配置党政部门及内设机构权力和职能，明确职责定位和工作任务。

加强和改进对主要领导干部行使权力的制约和监督，加强行政监察和审计监督。

推行地方各级政府及其工作部门权力清单制度，依法公开权力运行流程。完善党务、政务和各领域办事公开制度，推进决策公开、管理公开、服务公开、结果公开。

(36) 加强反腐败体制机制创新和制度保障。加强党对党风廉政建设和反腐败工作统一领导。改革党的纪律检查体制，健全反腐败领导体制和工作机制，改革和完善各级反腐败协调小组职能。

落实党风廉政建设责任制，党委负主体责任，纪委负监督责任，制定实施切实可行的责任追究制度。各级纪委要履行协助党委加强党风建设和组织协调反腐败工作的职责，加强对同级党委特别是常委会成员的监督，更好发挥党内监督专门机关作用。

推动党的纪律检查工作双重领导体制具体化、程序化、制度化，强化上级纪委对下级纪委的领导。查办腐败案件以上级纪委领导为主，线索处置和案件查办在向同级党委报告的同时必须向上级纪委报告。各级纪委书记、副书记的提名和考察以上级纪委会同组织部门为主。

全面落实中央纪委向中央一级党和国家机关派驻纪检机构，实行统一名称、统一管理。派驻机构对派出机关负责，履行监督职责。改进中央和省区市巡视制度，做到对地方、部门、企事业单位全覆盖。

健全反腐倡廉法规制度体系，完善惩治和预防腐败、防控廉政风险、防止利益冲突、领导干部报告个人有关事项、任职回避等方面法律法规，推行新提任领导干部有关事项公开制度试点。健全民主监督、法律监督、舆论监督机制，运用和规范互联网监督。

(37) 健全改进作风常态化制度。围绕反对形式主义、官僚主义、享乐主义和奢靡之风，加快体制机制改革和建设。健全领导干部带头改进作风、深入基层调查研究机制，完善直接联系和服务群众制度。改革会议公文制度，从中央做起带头减少会议、文件，着力改进会风文风。健全严格的财务预算、核准和审计制度，着力控制“三公”经费支出和楼堂馆所建设。完善选人用人专项检查和责任追究制度，着力纠正跑官要官等不正之风。改革政绩考核机制，着力解决“形象工程”“政绩工程”以及不作为、乱作为等问题。

规范并严格执行领导干部工作生活保障制度，不准多处占用住房和办公用房，不准超标准配备办公用房和生活用房，不准违规配备公车，不准违规配备秘书，不准超规格警卫，不准超标准进行公务接待，严肃查处违反规定超标准享受待遇等问题。探索实行官邸制。

完善并严格执行领导干部亲属经商、担任公职和社会组织职务、出国定居等相关制度规定，防止领导干部利用公共权力或自身影响为亲属和其他特定关系人谋取私利，坚决反对特权思想和作风。

十一、推进文化体制机制创新

建设社会主义文化强国，增强国家文化软实力，必须坚持社会主义先进文化前进方向，坚持中国特色社会主义文化发展道路，培育和践行社会主义核心价值观，巩固马克思主义在意识形态领域的指导地位，巩固全党全国各族人民团结奋斗的共同思想基础。坚持以人民为中心的工作导向，坚持把社会效益放在首位、社会效益和经济效益相统一，以激发全民族文化创造活力为中心环节，进一步深化文化体制改革。

(38) 完善文化管理体制。按照政企分开、政事分开原则，推动政府部门由办文化向管文化转变，推动党政部门与其所属的文化企事业单位进一步理顺关系。建立党委和政府监管国有文化资产的管理机构，实行管人管事管资产管导向相统一。

健全坚持正确舆论导向的体制机制。健全基础管理、内容管理、行业管理以及网络违法犯罪防范和打击等工作联动机制，健全网络突发事件处置机制，形成正面引导和依法管理相结合的网络舆论工作格局。整合新闻媒体资源，推动传统媒体和新兴媒体融合发展。推动新闻发布制度化。严格新闻工作者职业资格制度，重视新型媒介运用和管理，规范传播秩序。

(39) 建立健全现代文化市场体系。完善文化市场准入和退出机制，鼓励各类市场主体公平竞争、优胜劣汰，促进文化资源在全国范围内流动。继续推进国有经营性文化单位转企改制，加快公司制、股份制改造。对按规定转制的重要国有传媒企业探索实行特殊管理股制度。推动文化企业跨地区、跨行业、跨所有制兼并重组，提高文化产业规模化、集约化、专业化水平。

鼓励非公有制文化企业发展，降低社会资本进入门槛，允许参与对外出版、网络出版，允许以控股形式参与国有影视制作机构、文艺院团改制经营。支持各种形式小微文化企业发展。

在坚持出版权、播出权特许经营前提下，允许制作和出版、制作和播出分开。建立多层次文化产品和要素市场，鼓励金融资本、社会资本、文化资源相结合。完善文化经济政策，扩大政府文化资助和文化采购，加强版权保护。健全文化产品评价体系，改革评奖制度，推出更多文化精品。

(40) 构建现代公共文化服务体系。建立公共文化服务体系建设协调机制，统筹服务设施网络建设，促进基本公共文化服务标准化、均等化。建立群众评价和反馈机制，推动文化惠民项目与群众文化需求有效对接。整合基层宣传文化、党员教育、科学普及、体育健身等设施，建设综合性文化服务中心。

明确不同文化事业单位功能定位，建立法人治理结构，完善绩效考核机制。推动公共图书馆、博物馆、文化馆、科技馆等组建理事会，吸纳有关方面代表、专业人士、各界群众参与管理。

引入竞争机制，推动公共文化服务社会化发展。鼓励社会力量、社会资本参与公共文化服务体系建设，培育文化非营利组织。

(41) 提高文化开放水平。坚持政府主导、企业主体、市场运作、社会参与，扩大对外文化交流，加强国际传播能力和对外话语体系建设，推动中华文化走向世界。理顺内宣外宣体制，支持重点媒体面向国内国际发展。培育外向型文化企业，支持文化企业到境外开拓市场。鼓励社会组织、中资机构等参与孔子学院和海外文化中心建设，承担人文交流项目。

积极吸收借鉴国外一切优秀文化成果，引进有利于我国文化发展的人才、技术、经营管理经验。切实维护国家文化安全。

十二、推进社会事业改革创新

实现发展成果更多更公平惠及全体人民，必须加快社会事业改革，解决好人民最关心最直接最现实的利益问题，努力为社会提供多样化服务，更好满足人民需求。

(42) 深化教育领域综合改革。全面贯彻党的教育方针，坚持立德树人，加强社会主义核心价值体系教育，完善中华优秀传统文化教育，形成爱学习、爱劳动、爱祖国活动的有效形式和长效机制，增强学生社会责任感、创新精神、实践能力。强化体育课和课外锻炼，促进青少年身心健康、体魄强健。

改进美育教学，提高学生审美和人文素养。大力促进教育公平，健全家庭经济困难学生资助体系，构建利用信息化手段扩大优质教育资源覆盖面的有效机制，逐步缩小区域、城乡、校际差距。统筹城乡义务教育资源均衡配置，实行公办学校标准化建设和校长教师交流轮岗，不设重点学校重点班，破解择校难题，标本兼治减轻学生课业负担。加快现代职业教育体系建设，深化产教融合、校企合作，培养高素质劳动者和技能型人才。创新高校人才培养机制，促进高校办出特色争创一流。推进学前教育、特殊教育、继续教育改革发展。

推进考试招生制度改革，探索招生和考试相对分离、学生考试多次选择、学校依法自主招生、专业机构组织实施、政府宏观管理、社会参与监督的运行机制，从根本上解决一考定终身的弊端。义务教育免试就近入学，试行学区制和九年一贯对口招生。推行初高中学业水平考试和综合素质评价。加快推进职业院校分类招考或注册入学。逐步推行普通高校基于统一高考和高中学业水平考试成绩的综合评价多元录取机制。探索全国统考减少科目、不分文理科、外语等科目社会化考试一年多考。试行普通高校、高职院校、成人高校之间学分转换，拓宽终身学习通道。

深入推进管办评分离，扩大省级政府教育统筹权和学校办学自主权，完善学校内部治理结构。强化国家教育督导，委托社会组织开展教育评估监测。健全政府补贴、政府购买服务、助学贷款、基金奖励、捐资激励等制度，鼓励社会力量兴办教育。

(43) 健全促进就业创业体制机制。建立经济发展和扩大就业的联动机制，健全政府促进就业责任制度。规范招人用人制度，消除城乡、行业、身份、性别等一切影响平等就业的制度障碍和就业歧视。完善扶持创业的优惠政策，形成政府激励创业、社会支持创业、劳动者勇于创业新机制。完善城乡均等的公共就业创业服务体系，构建劳动者终身职业培训体系。增强失业保险制度预防失业、促进就业功能，完善就业失业监测统计制度。创新劳动关系协调机制，畅通职工表达合理诉求渠道。

促进以高校毕业生为重点的青年就业和农村转移劳动力、城镇困难人员、退役军人就业。结合产业升级开发更多适合高校毕业生的就业岗位。政府购买基层公共管理和社会服务岗位更多用于吸纳高校毕业生就业。健全鼓励高校毕业生到基层工作的服务保障机制，提高公务员定向招录和事业单位优先招聘比例。实行激励高校毕业生自主创业政策，整合发展国家和省级高校毕业生就业创业基金。实施离校未就业高校毕业生就业促进计划，把未就业的纳入就业见习、技能培训等就业准备活动之中，对有特殊困难的实行全程就业服务。

(44) 形成合理有序的收入分配格局。着重保护劳动所得，努力实现劳动报酬增长和劳动生产率提高同步，提高劳动报酬在初次分配中的比重。健全工资决定和正常增长机制，完善最低工资和工资支付保障制度，完善企业工资集体协商制度。改革机关事业单位工资和津贴补贴制度，完善艰苦边远地区津贴增长机制。健全资本、知识、技术、管理等由要素市场决定的报酬机制。扩展投资和租赁服务等途径，优化上市公司投资者回报机制，保护投资者尤其是中小投资者合法权益，多渠道增加居民财产性收入。

完善以税收、社会保障、转移支付为主要手段的再分配调节机制，加大税收调节力度。建立公共资源出让收益合理共享机制。完善慈善捐助减免税制度，支持慈善事业发挥扶贫济困积极作用。

规范收入分配秩序，完善收入分配调控体制机制和政策体系，建立个人收入和财产信息系统，保护合法收入，调节过高收入，清理规范隐性收入，取缔非法收入，增加低收入者收入，扩大中等收入者比重，努力缩小城乡、区域、行业收入分配差距，逐步形成橄榄型分配格局。

(45) 建立更加公平可持续的社会保障制度。坚持社会统筹和个人账户相结合的基本养老保险制度，完善个人账户制度，健全多缴多得激励机制，确保参保人权益，实现基础养老金全国统筹，坚持精算平衡原则。推进机关事业单位养老保险制度改革。整合城乡居民基本养老保险制度、基本医疗保险制度。推进城乡最低生活保障制度统筹发展。建立健全合理兼顾各类人员的社会保障待遇确定和正常调整机制。完善社会保险关系转移接续政策，扩大参保缴费覆盖面，适时适当降低社会保险费率。研究制定渐进式延迟退休年龄政策。加快健全社会保障管理体制和经办服务体系。健全符合国情的住房保障和供应体系，建立公开规范的住房公积金制度，改进住房公积金提取、使用、监管机制。

健全社会保障财政投入制度，完善社会保障预算制度。加强社会保险基金投资管理和监督，推进基金市场化、多元化投资运营。制定实施免税、延期征税等优惠政策，加快发展企业年金、职业年金、商业保险，构建多层次社会保障体系。

积极应对人口老龄化，加快建立社会养老服务体系和发展老年服务产业。健全农村留守儿童、妇女、老年人关爱服务体系，健全残疾人权益保障、困境儿童分类保障制度。

(46) 深化医药卫生体制改革。统筹推进医疗保障、医疗服务、公共卫生、药品供应、监管体制综合改革。深化基层医疗卫生机构综合改革，健全网络化城乡基层医疗卫生服务运行机制。加快公立医院改革，落实政府责任，建立科学的医疗绩效评价机制和适应行业特点的人才培养、人事薪酬制度。完善合理分级诊疗模式，建立社区医生和居民契约服务关系。充分利用信息化手段，促进优质医疗资源纵向流动。加强区域公共卫生服务资源整合。取消以药补医，理顺医药价格，建立科学补偿机制。改革医保支付方式，健全全民医保体系。加快健全重特大疾病医疗保险和救助制度。完善中医药事业发展政策和机制。

鼓励社会办医，优先支持举办非营利性医疗机构。社会资金可直接投向资源稀缺及满足多元需求服务领域，多种形式参与公立医院改制重组。允许医师多点执业，允许民办医疗机构纳入医保定点范围。

坚持计划生育的基本国策，启动实施一方是独生子女的夫妇可生育两个孩子的政策，逐步调整完善生育政策，促进人口长期均衡发展。

十三、创新社会治理体制

创新社会治理，必须着眼于维护最广大人民根本利益，最大限度增加和谐因素，增强社会发展活力，提高社会治理水平，全面推进平安中国建设，维护国家安全，确保人民安居乐业、社会安定有序。

(47) 改进社会治理方式。坚持系统治理，加强党委领导，发挥政府主导作用，鼓励和支持社会各方面参与，实现政府治理和社会自我调节、居民自治良性互动。坚持依法治理，加强法治保障，运用法治思维和法治方式化解社会矛盾。坚持综合治理，强化道德约束，规范社会行为，调节利益关系，协调社会关系，解决社会问题。坚持源头治理，标本兼治、重在治本，以网格化管理、社会化服务为方向，健全基层综合服务管理平台，及时反映和协调人民群众各方面各层次利益诉求。

(48) 激发社会组织活力。正确处理政府和社会关系，加快实施政社分开，推进社会组织明确权责、依法自治、发挥作用。适合由社会组织提供的公共服务和解决的事项，交由社会组织承担。支持和发展志愿服务组织。限期实现行业协会商会与行政机关真正脱钩，重点培育和优先发展行业协会商会类、科技类、公益慈善类、城乡社区服务类社会组织，成立时直接依法申请登记。加强对社会组织和在华境外非政府组织的管理，引导它们依法开展活动。

(49) 创新有效预防和化解社会矛盾体制。健全重大决策社会稳定风险评估机制。建立畅通有序的诉求表达、心理干预、矛盾调处、权益保障机制，使群众问题能反映、矛盾能化解、权益有保障。

改革行政复议体制，健全行政复议案件审理机制，纠正违法或不当行政行为。完善人民调解、行政调解、司法调解联动工作体系，建立调处化解矛盾纠纷综合机制。

改革信访工作制度，实行网上受理信访制度，健全及时就地解决群众合理诉求机制。把涉法涉诉信访纳入法治轨道解决，建立涉法涉诉信访依法终结制度。

(50) 健全公共安全体系。完善统一权威的食品药品安全监管机构，建立最严格的覆盖全过程的监管制度，建立食品原产地可追溯制度和质量标识制度，保障食品药品安全。深化安全生产管理体制改革，建立隐患排查治理体系和安全预防控制体系，遏制重特大安全事故。健全防灾减灾救灾体制。加强社会治安综合治理，创新立体化社会治安防控体系，依法严密防范和惩治各类违法犯罪活动。

坚持积极利用、科学发展、依法管理、确保安全的方针，加大依法管理网络力度，加快完善互联网管理领导体制，确保国家网络和信息安全。

设立国家安全委员会，完善国家安全体制和国家安全战略，确保国家安全。

十四、加快生态文明制度建设

建设生态文明，必须建立系统完整的生态文明制度体系，实行最严格的源头保护制度、损害赔偿制度、责任追究制度，完善环境治理和生态修复制度，用制度保护生态环境。

(51) 健全自然资源资产产权制度和用途管制制度。对水流、森林、山岭、草原、荒地、滩涂等自然生态空间进行统一确权登记，形成归属清晰、权责明确、监管有效的自然资源资产产权制度。建立空间规划体系，划定生产、生活、生态空间开发管制界限，落实用途管制。健全能源、水、土地节约集约使用制度。

健全国家自然资源资产管理体制，统一行使全民所有自然资源资产所有者职责。完善自然资源监管体制，统一行使所有国土空间用途管制职责。

(52) 划定生态保护红线。坚定不移实施主体功能区制度，建立国土空间开发保护制度，严格按照主体功能区定位推动发展，建立国家公园体制。建立资源环境承载能力监测预警机制，对水土资源、环境容量和海洋资源超载区域实行限制性措施。对限制开发区域和生态脆弱的国家扶贫开发工作重点县取消地区生产总值考核。

探索编制自然资源资产负债表，对领导干部实行自然资源资产离任审计。建立生态环境损害责任终身追究制。

(53) 实行资源有偿使用制度和生态补偿制度。加快自然资源及其产品价格改革，全面反映市场供求、资源稀缺程度、生态环境损害成本和修复效益。坚持使用资源付费和谁污染环境、谁破坏生态谁付费原则，逐步将资源税扩展到占用各种自然生态空间。稳定和扩大退耕还林、退牧还草范围，调整严重污染和地下水严重超采区耕地用途，有序实现耕地、河湖休养生息。建立有效调节工业用地和居住用地合理比价机制，提高工业用地价格。坚持谁受益、谁补偿原则，完善对重点生态功能区的生态补偿机制，推动地区间建立横向生态补偿制度。发展环保市场，推行节能量、碳排放权、排污权、水权交易制度，建立吸引社会资本投入生态环境保护的市场化机制，推行环境污染第三方治理。

(54) 改革生态环境保护管理体制。建立和完善严格监管所有污染物排放的环境保护管理制度，独立进行环境监管和行政执法。建立陆海统筹的生态系统保护修复和污染防治区域联动机制。健全国有林区经营管理体制，完善集体林权制度改革。及时公布环境信息，健全举报制度，加强社会监督。完善污染物排放许可制，实行企事业单位污染物排放总量控制制度。对造成生态环境损害的责任者严格实行赔偿制度，依法追究刑事责任。

十五、深化国防和军队改革

紧紧围绕建设一支听党指挥、能打胜仗、作风优良的人民军队这一党在新形势下的强军目标，着力解决制约国防和军队建设发展的突出矛盾和问题，创新发展军事理论，加强军事战略指导，完善新时期军事战略方针，构建中国特色现代军事力量体系。

(55) 深化军队体制编制调整改革。推进领导管理体制改革，优化军委总部领导机关职能配置和机构设置，完善各军兵种领导管理体制。健全军委联合作战指挥机构和战区联合作战指挥体制，推进联合作战训练和保障体制改革。完善新型作战力量领导体制。加强信息化建设集中统管。优化武装警察部队力量结构和指挥管理体制。

优化军队规模结构，调整改善军兵种比例、官兵比例、部队与机关比例，减少非战斗机构和人员。依据不同方向安全需求和作战任务改革部队编成。加快新型作战力量建设。深化军队院校改革，健全军队院校教育、部队训练实践、军事职业教育三位一体的新型军事人才培养体系。

(56) 推进军队政策制度调整改革。健全完善与军队职能任务需求和国家政策制度创新相适应的军事人力资源政策制度。以建立军官职业化制度为牵引，逐步形成科学规范的军队干部制度体系。健全完善文职人员制度。完善兵役制度、士官制度、退役军人安置制度改革配套政策。

健全军费管理制度，建立需求牵引规划、规划主导资源配置机制。健全完善经费物资管理标准制度体系。深化预算管理、集中收付、物资采购和军人医疗、保险、住房保障等制度改革。

健全军事法规制度体系，探索改进部队科学管理的方式方法。

(57) 推动军民融合深度发展。在国家层面建立推动军民融合发展的统一领导、军地协调、需求对接、资源共享机制。健全国防工业体系，完善国防科技协同创新体制，改革国防科研生产管理和武器装备采购体制机制，引导优势民营企业进入军品科研生产和维修领域。改革完善依托国民教育培养军事人才的政策制度。拓展军队保障社会化领域。深化国防教育改革。健全国防动员体制机制，完善平时征用和战时动员法规制度。深化民兵预备役体制改革。调整理顺边海空防管理体制机制。

十六、加强和改善党对全面深化改革的领导

全面深化改革必须加强和改善党的领导，充分发挥党总揽全局、协调各方的领导核心作用，建设学习型、服务型、创新型的马克思主义执政党，提高党的领导水平和执政能力，确保改革取得成功。

(58) 全党同志要把思想和行动统一到中央关于全面深化改革重大决策部署上来，正确处理中央和地方、全局和局部、当前和长远的关系，正确对待利益格局调整，充分发扬党内民主，坚决维护中央权威，保证政令畅通，坚定不移实现中央改革决策部署。

中央成立全面深化改革领导小组，负责改革总体设计、统筹协调、整体推进、督促落实。

各级党委要切实履行对改革的领导责任，完善科学民主决策机制，以重大问题为导向，把各项改革举措落到实处。加强各级领导班子建设，完善干部教育培训和实践锻炼制度，不断提高领导班子和领导干部推动改革能力。创新基层党建工作，健全党的基层组织体系，充分发挥基层党组织的战斗堡垒作用，引导广大党员积极投身改革事业，发扬“钉钉子”精神，抓铁有痕、踏石留印，为全面深化改革做出积极贡献。

(59) 全面深化改革，需要有力的组织保证和人才支撑。坚持党管干部原则，深化干部人事制度改革，构建有效管用、简便易行的选人用人机制，使各方面优秀干部充分涌现。发挥党组织领导和把关作用，强化党委（党组）、分管领导和组织部门在干部选拔任用中的权重和干部考察识别的责任，改革和完善干部考核评价制度，改进竞争性选拔干部办法，改进优秀年轻干部培养选拔机制，区分实施选任制和委任制干部选拔方式，坚决纠正唯票取人、唯分取人等现象，用好各年龄段干部，真正把信念坚定、为民服务、勤政务实、敢于担当、清正廉洁的好干部选拔出来。

打破干部部门化，拓宽选人视野和渠道，加强干部跨条块跨领域交流。破除“官本位”观念，推进干部能上能下、能进能出。完善和落实领导干部问责制，完善从严管理干部队伍制度体系。深化公务员分类改革，推行公务员职务与职级并行、职级与待遇挂钩制度，加快建立专业技术类、行政执法类公务员和聘任人员管理制度。完善基层公务员录用制度，在艰苦边远地区适当降低进入门槛。

建立集聚人才体制机制，择天下英才而用之。

打破体制壁垒，扫除身份障碍，让人人都有成长成才、脱颖而出的通道，让各类人才都有施展才华的广阔天地。完善党政机关、企事业单位、社会各方面人才顺畅流动的制度体系。健全人才向基层流动、向艰苦地区和岗位流动、在一线创业的激励机制。加快形成具有国际竞争力的人才制度优势，完善人才评价机制，增强人才政策开放度，广泛吸引境外优秀人才回国或来华创业发展。

（60）人民是改革的主体，要坚持党的群众路线，建立社会参与机制，充分发挥人民群众积极性、主动性、创造性，充分发挥工会、共青团、妇联等人民团体作用，齐心协力推进改革。鼓励地方、基层和群众大胆探索，加强重大改革试点工作，及时总结经验，宽容改革失误，加强宣传和舆论引导，为全面深化改革营造良好社会环境。

全党同志要紧密团结在以习近平同志为总书记的党中央周围，锐意进取，攻坚克难，谱写改革开放伟大事业历史新篇章，为全面建成小康社会、不断夺取中国特色社会主义新胜利、实现中华民族伟大复兴的中国梦而奋斗！

（原载《人民日报》2013年11月16日第1、2、3版）

习近平在全国宣传思想工作会议上强调

胸怀大局把握大势着眼大事　努力把宣传思想工作做得更好

刘云山出席会议并讲话

本报北京8月20日电　全国宣传思想工作会议19—20日在北京召开。中共中央总书记、国家主席、中央军委主席习近平出席会议并发表重要讲话。他强调，宣传思想工作一定要把围绕中心、服务大局作为基本职责，胸怀大局、把握大势、着眼大事，找准工作切入点和着力点，做到因势而谋、应势而动、顺势而为。

中共中央政治局常委、中央书记处书记刘云山出席会议并讲话。

习近平在讲话中强调，经济建设是党的中心工作，意识形态工作是党的一项极端重要的工作。党的十一届三中全会以来，我们党始终坚持以经济建设为中心，集中精力把经济建设搞上去、把人民生活搞上去。只要国内外大势没有发生根本变化，坚持以经济建设为中心就不能也不应该改变。这是坚持党的基本路线100年不动摇的根本要求，也是解决当代中国一切问题的根本要求。同时，只有物质文明建设和精神文明建设都搞好，国家物质力量和精神力量都增强，全国各族人民物质生活和精神生活都改善，中国特色社会主义事业才能顺利向前推进。

习近平指出，宣传思想工作就是要巩固马克思主义在意识形态领域的指导地位，巩固全党全国人民团结奋斗的共同思想基础。党员、干部要坚定马克思主义、共产主义信仰，脚踏实地为实现党在现阶段的基本纲领而不懈努力，扎扎实实做好每一项工作，取得"接力赛"中我们这一棒的优异成绩。领导干部特别是高级干部要把系统掌握马克思主义基本理论作为看家本领，老老实实、原原本本学习马克思列宁主义、毛泽东思想特别是邓小平理论、"三个代表"重要思想、科学发展观。党校、干部学院、社会科学院、高校、理论学习中心组等都要把马克思主义作为必修课，成为马克思主义学习、研究、宣传的重要阵地。新干部、年轻干部尤其要抓好理论学习，通过坚持不懈学习，学会运用马克思主义立场、观点、方法观察和解决问题，坚定理想信念。

习近平指出，要深入开展中国特色社会主义宣传教育，把全国各族人民团结和凝聚在中国特色社会主义伟大旗帜之下。要加强社会主义核心价值体系建设，积极培育和践行社会主义核心价值观，全面提高公民道德素质，培育知荣辱、讲正气、作奉献、促和谐的良好风尚。

习近平强调，党性和人民性从来都是一致的、统一的。坚持党性，核心就是坚持正确政治方向，站稳政治立场，坚定宣传党的理论和路线方针政策，坚定宣传中央重大工作部署，坚定宣传中央关于形势的重大分析判断，坚决同党中央保持高度一致，坚决维护中央权威。所有宣传思想部门和单位，所有宣传思想战线上的党员、干部都要旗帜鲜明坚持党性原则。坚持人民性，就是要把实现好、维护好、发展好最广大人民根本利益作为出发点和落脚点，坚持以民为本、以人为本。要树立以人民为中心的工作导向，把服务群众同教育引导群众结合起来，把满足需求同提高素养结合起来，多宣传报道人民群众的伟大奋斗和火热生活，多宣传报道人民群众中涌现出来的先进典型和感人事迹，丰富人民精神世界，增强人民精神力量，满足人民精神需求。

习近平指出，坚持团结稳定鼓劲、正面宣传为主，是宣传思想工作必须遵循的重要方针。我们正在进行具有许多新的历史特点的伟大斗争，面临的挑战和困难前所未有，必须坚持巩固壮大主流思想舆论，弘扬主旋律，传播正能量，激发全社会团结奋进的强大力量。关键是要提高质量和水平，把握好时、度、效，增强吸引力和感染力，让群众爱听爱看、产生共鸣，充分发挥正面宣传鼓舞人、激励人的作用。在事关大是大非和政治原则问题上，必须增强主动性、掌握主动权、打好主动仗，帮助干部群众划清是非界限、澄清模糊认识。

习近平强调，在长期实践中，我们党的宣传思想工作积累了十分丰富的经验。这些经验来之不易、弥足珍贵，是做好今后工作的重要遵循，一定要认真总结、长期坚持，并在实践中不断丰富和发展。“明者因时而变，知者随事而制。”宣传思想工作创新，重点要抓好理念创新、手段创新、基层工作创新，努力以思想认识新飞跃打开工作新局面，积极探索有利于破解工作难题的新举措、新办法，把创新的重心放在基层一线。要继续推进文化体制改革，推动文化事业全面繁荣和文化产业快速发展，建设社会主义文化强国。

习近平指出，在全面对外开放的条件下做宣传思想工作，一项重要任务是引导人们更加全面客观地认识当代中国、看待外部世界。宣传阐释中国特色，要讲清楚每个国家和民族的历史传统、文化积淀、基本国情不同，其发展道路必然有着自己的特色；讲清楚中华文化积淀着中华民族最深沉的精神追求，是中华民族生生不息、发展壮大的丰厚滋养；讲清楚中华优秀传统文化是中华民族的突出优势，是我们最深厚的文化软实力；讲清楚中国特色社会主义植根于中华文化沃土、反映中国人民意愿、适应中国和时代发展进步要求，有着深厚历史渊源和广泛现实基础。中华民族创造了源远流长的中华文化，中华民族也一定能够创造出中华文化新的辉煌。独特的文化传统，独特的历史命运，独特的基本国情，注定了我们必然要走适合自己特点的发展道路。对我国传统文化，对国外的东西，要坚持古为今用、洋为中用，去粗取精、去伪存真，经过科学的扬弃后使之为我所用。

习近平强调，对世界形势发展变化，对世界上出现的新事物新情况，对各国出现的新思想新观点新知识，我们要加强宣传报道，以利于积极借鉴人类文明创造的有益成果。要精心做好对外宣传工作，创新对外宣传方式，着力打造融通中外的新概念新范畴新表述，讲好中国故事，传播好中国声音。

习近平指出，宣传思想部门承担着十分重要的职责，必须守土有责、守土负责、守土尽责。宣传思想部门工作要强起来，首先是领导干部要强起来，班子要强起来。各级宣传思想部门领导同志要加强学习、加强实践，真正成为让人信服的行家里手。

习近平强调，做好宣传思想工作必须全党动手。各级党委要负起政治责任和领导责任，加强对宣传思想领域重大问题的分析研判和重大战略性任务的统筹指导，不断提高领导宣传思想工作能力和水平。要树立大宣传的工作理念，动员各条战线各个部门一起来做，把宣传思想工作同各个领域的行政管理、行业管理、社会管理更加紧密地结合起来。

刘云山在讲话中指出，习近平总书记重要讲话站在党和国家全局高度，深刻阐述了事关宣传思想工作长远发展的一系列重大理论问题和现实问题，进一步明确了今后工作的方向目标、重点任务和基本遵循。要深入学习领会、全面贯彻落实，切实把思想和行动统一到讲话精神上来。

刘云山说，做好新形势下宣传思想文化工作，要深入贯彻党的十八大精神和习近平总书记一系列重要讲话，围绕坚持中国道路、弘扬中国精神、凝聚中国力量，充分发挥思想引领、舆论推动、精神激励和文化支撑作用，引导广大干部群众为实现“两个一百年”奋斗目标和中华民族伟大复兴的中国梦而奋斗。要着眼坚定理想信念，深入开展中国特色社会主义和中国梦的宣传教育，引导人们增强道路自信、理论自信、制度自信；切实履行好围绕中心、服务大局的基本职责，牢牢把握正确舆论导向，把体现党的主张与反映人民心声统一起来，凝聚促进改革发展、维护社会稳定的正能量；深入推进社会主义核心价值体系建设，不断培植我们的精神家园，增强全民族的凝聚力向心力；继续深化文化体制改革，加快文化发展步伐，着力培育文化优势，壮大文化力量，提升国家文化软实力。各级党委要切实加强对宣传思想文化工作的领导，以强烈责任感和担当精神把党管宣传、党管意识形态的要求落到实处。宣传思想文化战线要以改革创新的精神推进工作，增强主动性、掌握话语权，注重抓基层、打基础，着力转作风、正学风、改文风，建设一支高素质的宣传思想文化队伍，努力开创宣传思想文化工作新局面。

中共中央政治局委员、中央宣传部部长刘奇葆在总结讲话中表示，要深入开展中国特色社会主义和中国梦宣传教育，加强意识形态的引导和管理，巩固发展健康向上的主流舆论，培育和践行社会主义核心价值观，积极稳妥推进文化改革发展，推动文化走出去、提高文化软实力，不断巩固马克思主义在意识形态领域的指导地位，巩固全党全国人民团结奋斗的共同思想基础。宣传思想文化战线要有守有为、敢于担当、改革创新、虚功实做、建强队伍，以奋发有为的精神状态开创工作新局面。

部分在京中共中央政治局委员、书记处书记出席会议。

这次会议回顾总结了党的十七大以来的宣传思想文化工作，研究部署在新的历史起点上努力开创宣传思想文化工作新局面。中央宣传思想工作领导小组成员，各省区市、新疆生产建设兵团以及副省级城市党委宣传部部长，中央和国家机关有关部委、有关人民团体分管宣传工作的负责同志，中央宣传文化系统各单位主要负责同志，总政治部宣传部、武警部队政治部主要负责同志等参加会议。

（原载《人民日报》2013 年 8 月 21 日第 1 版）

习近平在中共中央政治局第十一次集体学习时强调

推动全党学习和掌握历史唯物主义 更好认识规律更加能动地推进工作

新华网北京 12 月 4 日电 中共中央政治局 12 月 3 日下午就历史唯物主义基本原理和方法论进行第十一次集体学习。中共中央总书记习近平在主持学习时强调，推动全党学习历史唯物主义基本原理和方法论，更好认识国情，更好认识党和国家事业发展大势，更好认识历史发展规律，更加能动地推进各项工作。

中国人民大学郭湛教授、中央党校韩庆祥教授就这个问题进行讲解，并谈了他们的意见和建议。

中共中央政治局各位同志认真听取了他们的讲解，并就有关问题进行了讨论。

习近平在主持学习时发表了讲话。他指出，马克思主义哲学深刻揭示了客观世界特别是人类社会发展一般规律，在当今时代依然有着强大生命力，依然是指导我们共产党人前进的强大思想武器。我们党自成立起就高度重视在思想上建党，其中十分重要的一条就是坚持用马克思主义哲学教育和武装全党。学哲学、用哲学，是我们党的一个好传统。

习近平强调，在革命、建设、改革各个历史时期，我们党运用历史唯物主义，系统、具体、历史地分析中国社会运动及其发展规律，在认识世界和改造世界过程中不断把握规律、积极运用规律，推动党和人民事业取得了一个又一个胜利。历史和现实都表明，只有坚持历史唯物主义，我们才能不断把对中国特色社会主义规律的认识提高到新的水平，不断开辟当代中国马克思主义发展新境界。

习近平指出，社会存在决定社会意识。我们党现阶段提出和实施的理论和路线方针政策，之所以正确，就是因为它们都是以我国现时代的社会存在为基础的。党的十八届三中全会对我国全面深化改革做出了总体部署，是从我国现在的社会存在出发的，即从我国现在的社会物质条件的总和出发的，也就是从我国基本国情和发展要求出发的。

习近平强调，要学习和掌握社会基本矛盾分析法，深入理解全面深化改革的重要性和紧迫性。只有把生产力和生产关系的矛盾运动同经济基础和上层建筑的矛盾运动结合起来观察，把社会基本矛盾作为一个整体来观察，才能全面把握整个社会的基本面貌和发展方向。坚持和发展中国特色社会主义，必须不断适应社会生产力发展调整生产关系，不断适应经济基础发展完善上层建筑。我们提出进行全面深化改革，就是要适应我国社会基本矛盾运动的变化来推进社会发展。社会基本矛盾总是不断发展的，所以调整生产关系、完善上层建筑需要相应地不断进行下去。改革开放只有进行时，没有完成时，这是历史唯物主义态度。

习近平指出，要学习和掌握物质生产是社会生活的基础的观点，准确把握全面深化改革的重大关系。生产力是推动社会进步的最活跃、最革命的要素。社会主义的根本任务是解放和发展社会生产力。在全面深化改革中，我们要坚持发展仍是解决我国所有问题的关键这个重大战略判断，使市场在资源配置中起决定性作用和更好发挥政府作用，推动我国社会生产力不断向前发展，推动实现物的不断丰富和人的全面发展的统一。物质生产是社会历史发展的决定性因素，但上层建筑也可以反作用于经济基础，生产力和生产关系、经济基础和上层建筑之间有着作用和反作用的现实过程，并不是单线式的简单决定和被决定逻辑。我们提出全面深化改革的方案，是因为要解决我们面临的突出矛盾和问题，仅仅依靠单个领域、单个层次的改革难以奏效，必须加强顶层设计、整体谋划，增强各项改革的关联性、系统性、协同性。只有既解决好生产关系中不适应的问题，又解决好上层建筑中不适应的问题，这样才能产生综合效应。同时，只有紧紧围绕发展这个第一要务来部署各方面改革，以解放和发展社会生产力为改革提供强大牵引，才能更好推动生产关系与生产力、上层建筑与经济基础相适应。

习近平强调，要学习和掌握人民群众是历史创造者的观点，紧紧依靠人民推进改革。人民是历史的创造者。要坚持把实现好、维护好、发展好最广大人民根本利益作为推进改革的出发点和落脚点，让发展成果更多更公平惠及全体人民，唯有如此改革才能大有作为。要处理好尊重客观规律和发挥主观能动性的关系。要坚持一切从实际出发，按照客观规律办事，一张蓝图抓到底，抓好打基础利长远的工作。同时，要鼓励地方、基层、群众大胆探索、先行先试，勇于推进理论和实践创新，不断深化对改革规律的认识。

习近平指出，我们党在中国这样一个有着13亿人口的大国执政，面对着十分复杂的国内外环境，肩负着繁重的执政使命，如果缺乏理论思维的有力支撑，是难以战胜各种风险和困难的，也是难以不断前进的。党的各级领导干部特别是高级干部，要原原本本学习和研读经典著作，努力把马克思主义哲学作为自己的看家本领，坚定理想信念，坚持正确政治方向，提高战略思维能力、综合决策能力、驾驭全局能力，团结带领人民不断书写改革开放历史新篇章。

（原载《人民日报》2013年12月5日第1版）

中共中央举行纪念毛泽东同志诞辰120周年座谈会

习近平发表重要讲话强调，全党全国各族人民更加紧密地团结起来，勿忘昨天的苦难辉煌，无愧今天的使命担当，不负明天的伟大梦想，下定决心，排除万难，在中国特色社会主义伟大道路上，为实现中华民族伟大复兴的中国梦，前进

李克强张德江俞正声王岐山张高丽出席　刘云山主持

本报北京12月26日电　中共中央26日上午在人民大会堂举行座谈会，纪念毛泽东同志诞辰120周年。中共中央总书记、国家主席、中央军委主席习近平发表重要讲话强调，我们要把党和人民90多年的实践及其经验，当作时刻不能忘、须臾不能丢的立身之本，毫不动摇走党和人民在长期实践探索中开辟出来的正确道路，勿忘昨天的苦难辉煌，无愧今天的使命担当，不负明天的伟大梦想，在中国特色社会主义伟大道路上，为实现中华民族伟大复兴的中国梦，前进。

中共中央政治局常委李克强、张德江、俞正声、刘云山、王岐山、张高丽出席座谈会，座谈会由刘云山主持。

习近平在讲话中回顾了毛泽东同志一生的丰功伟绩，总结了以毛泽东同志为主要代表的中国共产党人对中国革命和建设做出的卓越贡献。

习近平指出，毛泽东同志等老一辈革命家，都是从近代以来中国历史发展的时势中产生的伟大人物，都是从近代以来中国人民抵御外敌入侵、反抗民族压迫和阶级压迫的艰苦卓绝斗争中产生的伟大人物，都是走在中华民族和世界进步潮流前列的伟大人物。

习近平强调，在革命和建设长期实践中，以毛泽东同志为主要代表的中国共产党人，根据马克思列宁主义基本原理，形成了适合中国情况的科学指导思想，这就是毛泽东思想。毛泽东思想以独创性理论丰富和发展了马克思列宁主义。我们将永远高举毛泽东思想的旗帜前进。

习近平指出，对历史人物的评价，应该放在其所处时代和社会的历史条件下去分析，不能离开对历史条件、历史过程的全面认识和对历史规律的科学把握，不能忽略历史必然性和历史偶然性的关系。不能把历史顺境中的成功简单归功于个人，也不能把历史逆境中的挫折简单归咎于个人。不能用今天的时代条件、发展水平、认识水平去衡量和要求前人，不能苛求前人干出只有后人才能干出的业绩来。

习近平强调，历史就是历史，历史不能任意选择，一个民族的历史是一个民族安身立命的基础。不论发生过什么波折和曲折，不论出现过什么苦难和困难，中华民族5000多年的文明史，中国人民近代以来170多年的斗争史，中国共产党90多年的奋斗史，中华人民共和国60多年的发展史，都是人民书写的历史。历史总是向前发展的，我们总结和吸取历史教训，目的是以史为鉴、更好前进。

习近平指出，我们党领导的革命、建设、改革伟大实践，是一个接续奋斗的历史过程，是一项救国、兴国、强国，进而实现中华民族伟大复兴的完整事业。党的十八大以来，我们所做的一切工作，就是要团结带领全党全国各族人民坚持党的十一届三中全会以来的理论和路线方针政策，把以毛泽东同志为核心的党的第一代中央领导集体、以邓小平同志为核心的党的第二代中央领导集体、以江泽民同志为核心的党的第三代中央领导集体、以胡锦涛同志为总书记的党中央开创和发展的伟大事业坚持

好、发展好。

习近平强调，道路决定命运，找到一条正确道路是多么不容易。中国特色社会主义不是从天上掉下来的，是党和人民历尽千辛万苦、付出各种代价取得的根本成就。改革开放前的社会主义实践探索，是党和人民在历史新时期把握现实、创造未来的出发阵地，没有它提供的正反两方面的历史经验，没有它积累的思想成果、物质成果、制度成果，改革开放也难以顺利推进。一切向前走，都不能忘记走过的路；走得再远、走到再光辉的未来，也不能忘记走过的过去。

习近平指出，毛泽东思想活的灵魂是贯穿其中的立场、观点、方法，它们有三个基本方面，这就是实事求是、群众路线、独立自主。新形势下，我们要坚持和运用好毛泽东思想活的灵魂，把我们党建设好，把中国特色社会主义伟大事业继续推向前进。实事求是，是马克思主义的根本观点，是中国共产党人认识世界、改造世界的根本要求，是我们党的基本思想方法、工作方法、领导方法，不论过去、现在和将来，我们都要坚持一切从实际出发，理论联系实际，在实践中检验真理和发展真理。群众路线是我们党的生命线和根本工作路线，是我们党永葆青春活力和战斗力的重要传家宝，不论过去、现在和将来，我们都要坚持一切为了群众，一切依靠群众，从群众中来，到群众中去，把党的正确主张变为群众的自觉行动，把群众路线贯彻到治国理政全部活动之中。独立自主是我们党从中国实际出发、依靠党和人民力量进行革命、建设、改革的必然结论，不论过去、现在和将来，我们都要把国家和民族发展放在自己力量的基点上，坚持民族自尊心和自信心，坚定不移走自己的路。

习近平强调，站在新的历史起点上，我们的事业崇高而神圣，我们的责任重大而光荣。要实现中华民族伟大复兴，我们就必须坚定不移推进改革开放。我们要不断深化对改革开放规律性的认识，勇于攻坚克难，敢于迎难而上，奋力开拓中国特色社会主义更加广阔的前景。

习近平指出，实现中华民族伟大复兴，关键在党。全党要牢记毛泽东同志提出的“我们决不当李自成”的深刻警示，牢记“两个务必”，牢记“生于忧患，死于安乐”的古训，解决好“其兴也勃焉，其亡也忽焉”的历史性课题，增强党要管党、从严治党的自觉。我们要继续深入开展党的群众路线教育实践活动，凡是影响党的创造力、凝聚力、战斗力的问题都要及时解决，凡是损害党的先进性和纯洁性的病症都要认真医治，凡是滋生在党的健康肌体上的毒瘤都要坚决祛除，通过持之以恒的努力，使党始终成为中国特色社会主义事业的坚强领导核心。（讲话全文见第2版）

刘云山在主持会议时说，习近平总书记重要讲话全面科学地评价了毛泽东同志和毛泽东思想的历史功绩和历史地位，系统论述了毛泽东思想活的灵魂的基本内涵和时代要求，强调必须始终坚持马克思主义的立场观点方法，坚持全面正确的历史观，坚持实事求是、群众路线、独立自主，毫不动摇走党和人民在长期实践探索中开辟出来的正确道路，把中国特色社会主义伟大事业继续推向前进。讲话内涵丰富、思想深刻，具有很强的理论性、战略性、指导性，各地区各部门要紧密结合全面深化改革和推进现代化建设的实际，认真学习领会，很好贯彻落实，为全面建成小康社会、夺取中国特色社会主义新胜利、实现中华民族伟大复兴的中国梦而努力奋斗。

座谈会上，中共中央文献研究室主任冷溶，中央党史研究室主任欧阳淞，中央军委委员、解放军总政治部主任张阳，湖南省委书记徐守盛先后发言。

在京中共中央政治局委员、书记处书记，部分全国人大常委会、国务院、全国政协领导同志，中央党政军群有关部门、北京市、湖南省委负责同志，各民主党派中央、全国工商联负责同志和无党派人士代表，毛泽东同志原身边工作人员、亲属子女及家乡代表，以及出席“全国纪念毛泽东同志诞辰120周年学术研讨会”的代表等出席了会议。

座谈会前，习近平、李克强、张德江、俞正声、刘云山、王岐山、张高丽等来到毛主席纪念堂北大厅，向毛泽东同志坐像三鞠躬。中共中央，全国人大常委会，国务院，全国政协，中央军委，各民主党派、全国工商联和无党派人士敬献的花篮摆放在坐像正前方。习近平等随后来到瞻仰厅，瞻仰了毛泽东同志的遗容。

（原载《人民日报》2013年12月27日第1版）

为实现中国梦提供有力理论支持*

刘奇葆

繁荣发展哲学社会科学，是坚持和发展中国特色社会主义的必然要求，是实现国家富强、民族振兴、人民幸福的强烈呼唤。十六大以来，在党中央的坚强领导下，哲学社会科学战线牢牢把握正确政治方向，紧紧围绕党和国家工作大局，大力度推进各项工作，取得新的明显进展，为巩固主流思想舆论、繁荣学术理论事业，为推动改革开放和现代化建设，做出了重要贡献。在实现民族复兴中国梦的伟大征程中，哲学社会科学天地广阔、大有可为。

一、科学把握党的十八大对哲学社会科学工作提出的新任务新要求

以十八大为标志，党和国家各项事业发展已站在新的起点上，哲学社会科学工作同样也站在新的起点上。繁荣发展哲学社会科学，必须认真学习和深刻把握十八大提出的新任务、新要求。十八大把科学发展观确立为党必须长期坚持的指导思想并写入党章，这就要求我们深入研究科学发展观，进一步推动用科学发展观武装头脑、指导实践。十八大提出夺取中国特色社会主义新胜利的根本要求，这就要求我们深入研究什么是中国特色社会主义、怎样建设中国特色社会主义，不断深化规律性认识。十八大提出全面建成小康社会和全面深化改革开放的目标，这就要求我们深入研究加快社会主义现代化建设的新思路新举措，更好地推动科学发展、促进社会和谐。十八大提出扎实推进社会主义文化强国建设的战略任务，这就要求我们深入研究深化文化体制改革的途径办法，推动兴起社会主义文化建设新高潮。十八大做出我国发展仍处于可以大有作为重要战略机遇期的科学判断，这就要求我们深入研究重要战略机遇期内涵和条件的变化，为抓住新机遇、应对新挑战、创造新优势提供有力支撑。十八大在对中国特色社会主义事业做出全面部署的同时，对全面提高党的建设科学化水平也做出重大部署，这就要求我们深入研究加强和改进党的建设的新任务新要求，全面推进党的建设新的伟大工程。十八大以来，习近平总书记发表一系列重要讲话，对十八大精神作了进一步深化和拓展，要认真学习和深刻领会，很好地贯彻到哲学社会科学各项工作之中。总之，我们一定要增强责任感使命感，坚定学术自觉、提升学术自信，为实现十八大确定的目标任务贡献智慧和力量。

推动哲学社会科学繁荣发展，必须以学习宣传贯彻十八大精神为主线，认真贯彻我们党关于繁荣发展哲学社会科学的一系列重要方针原则，做到坚持正确方向、服从服务大局、发扬学术民主、锐意改革创新。坚持正确方向，就是要始终坚持马克思主义指导地位不动摇，自觉用中国特色社会主义理论体系统领学术研究，站稳政治立场、保持政治定力，确保哲学社会科学沿着正确方向前进。服从服务大局，就是要坚持为人民服务、为社会主义服务，紧紧围绕党和国家中心工作和决策需求，植根人民、聚焦实践，着力攻关重大理论和现实问题，发挥好思想库和智囊团作用。发扬学术民主，就是要坚持百花齐放、百家争鸣，尊重劳动、尊重知识、尊重人才、尊重创造，遵循学术规律，鼓励大胆探索，倡导兼收并蓄，提倡不同观点和学派充分讨论，营造生动活泼、宽松和谐的学术氛围。锐意改革创新，就是要坚持解放思想、实事求是、与时俱进，着力创新体制机制，丰富内容形式，拓展方法手段，以创新精神推动哲学社会科学繁荣发展，为实现民族复兴中国梦贡献力量。

二、加强中国特色社会主义和中国梦研究阐释

中国特色社会主义是新时期我们党全部理论和实践的主题，中国梦是近代以来中华民族最伟大的梦想。哲学社会科学要把研究阐释中国特色社会主义和中国梦作为首要任务，集中骨干力量，集聚优势资源，加强综合攻关，努力推出一批重大理论成果，为增强道路自信、理论自信、制度自信提供坚实学理支撑。

十八大精神的核心，就是坚持和发展中国特色社会主义。这既是一个重大实践问题，也是一个重大理论问题。我们的理论研究越深入，对中国特色社会主义的把握就越深刻，对事业发展就越有利。要紧密联系中华民族5000多年的文明历史，联系社会主义思想500年的发展进程，联系我国革命、建设、改革90多年的伟大实践，深入研究坚持和发展中国特色社会主义的历史必然、基本要求和重大意义，深刻阐释我们在道路上的创造、理论上的贡献、

* 本文系中共中央政治局委员、中央书记处书记、中宣部部长、全国哲学社会科学规划领导小组组长刘奇葆在2013年度国家社科基金项目评审工作会议上的讲话，发表时有删节。

制度上的优势，深刻阐释中国特色社会主义是社会主义而不是其他什么主义，深刻阐释改革开放前和改革开放后两个历史时期是相互联系又有重大区别的历史时期，深刻阐释马克思主义必定随着时代、实践和科学的发展而不断发展、社会主义从来都是在开拓中前进的，不断赋予中国特色社会主义丰富的实践特色、理论特色、民族特色、时代特色。要深入研究阐释科学发展观的历史地位和指导意义，研究阐释贯彻落实科学发展观的实践要求，进一步增强贯彻落实科学发展观的自觉性坚定性。社会主义核心价值体系是兴国之魂，决定着中国特色社会主义发展方向。要紧扣十八大提出的“三个倡导”“24个字”，加强理论研究和概括提炼，引导人们自觉践行社会主义核心价值观，推动社会主义核心价值体系建设不断深入。

民族复兴中国梦，是新一届中央领导集体提出的重大战略思想，是党和国家未来发展的政治宣言，是全党全国各族人民共同的奋斗目标，是团结凝聚海内外中华儿女的一面精神旗帜，充分体现了我们党高度的历史担当和使命追求。中国梦一经提出，就引起了强烈反响，释放出强大的号召力和感染力。要把研究中国特色社会主义与研究中国梦统一起来，深入阐释中国梦的重大意义、精神实质和实践要求，讲清楚中国梦在国家、民族、个人三个层面的深刻内涵和有机联系，讲清楚实现中国梦在经济建设、政治建设、文化建设、社会建设、生态文明建设等方面的目标要求，讲清楚实现中国梦的现实路径、精神支撑和动力源泉。要深入阐释中国梦是和平之梦、和谐之梦，不仅造福中国人民，也造福世界人民，能够为世界和平发展带来新机遇，有利于推动世界持久和平、共同繁荣。研究中国特色社会主义、研究中国梦，要同研究马克思列宁主义、毛泽东思想结合起来，深入研究马克思主义基本观点，研究毛泽东思想独创性的理论贡献，深刻阐明党的理论创新成果是对马克思列宁主义、毛泽东思想的坚持和发展，既一脉相承又与时俱进。

马克思主义理论研究和建设工程，是十六大以来我们党实施的最重大、最基础、最具深远意义的思想理论建设工程，在推动实践基础上的理论创新、繁荣发展哲学社会科学上发挥了龙头作用、基础作用和导向作用。要坚持工作不断、力度不减、队伍不散，结合时代和实践的新发展，把工程不断引向深入。要继续推进哲学社会科学学科体系和教材体系建设，把工程教材编写的后续工作完成好，把已出版教材使用好、修订好，推进党的理论创新成果进教材、进课堂、进头脑。

三、深化关系全局的重大现实问题研究

我们的事业，是在发现问题、研究问题、解决问题中不断前进的。研究回答时代提出的问题，是哲学社会科学的重要职责所在、价值所在。要牢固树立问题意识，主动迎上去，直面现实矛盾，回应时代声音，立足实践进行理论创造，积极服务党和国家工作大局，更好推动经济社会持续健康发展。

当前，我国正处于发展关键期、改革攻坚期、矛盾凸显期，面临的困难和问题很多。只有把这些困难和问题研究透、解决好，我们的事业才能往前走、才能走得好。要围绕全面落实中国特色社会主义事业“五位一体”总体布局，加强推动科学发展、转变经济发展方式的研究，加强破解发展不平衡、不协调、不可持续问题的研究，加强稳增长、控通胀、防风险的研究，推动实现有质量、有效益、可持续的发展，不断开拓生产发展、生活富裕、生态良好的文明发展道路。要围绕构建系统完备、科学规范、运转有效的制度体系，认真开展改革顶层设计和总体规划的研究，开展改革系统性、整体性、协同性的研究，开展重要领域和关键环节改革的研究，推动改革不断深化，促进各方面制度更加成熟更加定型。要围绕确保人民安居乐业、社会安定有序、国家长治久安，不断深化加强和创新社会管理的研究，深化保障和改善民生的研究，深化涉及群众切身利益问题的研究，解疑释惑、推动工作，促进社会主义和谐社会建设。要围绕推动形成有利于我国改革发展稳定的国际环境，积极研究国际国内两个大局的互动规律，研究当今世界格局调整的未来走向，研究大国力量变化和博弈的基本态势，着力维护国家利益和安全。

党的十八大立足形势的发展、事业的开拓、人民的期待，对全面提高党的建设科学化水平做出战略部署。要围绕这一部署，深入研究加强党的执政能力建设、先进性和纯洁性建设的新挑战新要求。特别是要结合即将开展的以为民务实清廉为主要内容的群众路线教育实践活动，深入研究新形势下群众工作的特点和规律，研究提高做好群众工作能力、保持党同人民群众血肉联系的制度措施，研究解决群众反映强烈的形式主义、官僚主义、享乐主义和奢靡之风等问题的有效途径，推动教育实践活动扎实深入开展，努力建设学习型、服务型、创新型马克思主义执政党。

现在，我国意识形态领域活跃复杂，各种社会思潮竞相发声，深层次思想理论问题不少，在一定范围内产生了影响，迫切需要加强正面引导、深度引导。在这方面，哲学社会科学战线应当积极作为、有所作为。要加强跟踪分析和科学研判，有针对性地推出一批研究成果，以正确的立场、鲜明的观点、坚定的态度，对各种错误思潮和观点进行深入辨析和有力批驳，帮助人们划清是非界限、澄清模糊认识，坚定不移地巩固和壮大主流思想舆论。

四、积极推进哲学社会科学创新体系建设

建设哲学社会科学创新体系，是十八大提出的一项重要任务，也是当前哲学社会科学工作的战略重点。建设创新体系，就是要坚持走自己的学术发展道路，促进学科体系、学术观点、科研方法创新，赋予哲学社会科学更加鲜明的中国特色、中国风格、中国气派，推动建立植根民族沃土、体现时代精神的学术家园。

建设哲学社会科学创新体系，关键是要加强基础研究，打牢学术根基。没有扎实深入的基础研究作支撑，学术的影响力和生命力就难以持久。纵观哲学社会科学发展史，基础领域的重大发现和突破往往孕育着新的学术变革，不仅能催生新的研究领域、思想观点，而且会极大改变学术的概念范畴、话语系统。要从战略上重视基础研究，立足中国学术实际，瞄准世界学术前沿，实施一批“高、精、尖”重大基础科研专项，增强学术发展后劲，培育新的学科生长点，提升我国学术原创能力。要积极为基础研究创造良好条件，设立一批特色鲜明、结构合理的研究基地，加大投入、加强扶持，吸引更多专家学者安心基础研究、乐于基础研究。

建设哲学社会科学创新体系，很重要的是构建当代中国的学术话语体系。学术话语问题，表面上是一个“说什么话、怎么说话”的问题，实质上则是一个涉及思想传播、价值认同、形象塑造等多方面的重大问题。这个问题解决不好，我们就难以在国际学术交流交融交锋中掌握话语权、赢得主动，就难以抢占世界学术制高点。经过新中国成立以来特别是改革开放30多年的努力，我国成功走出了一条自己的路，创造了发展的“中国奇迹”，这是开展学术研究、赢得话语优势的丰厚资源。我们要有这个底气、有这个自信，建立自己的学术话语体系。要秉持中国立场，坚持开放包容，以宽广的视野和胸怀，主动回应当今时代面临的重大挑战，着力打造融通中外的新概念、新范畴、新表述，形成富有吸引力和感染力的中国话语。现在，国际上很多人并不真正了解中国。面对这种情况，必须进一步加强理论构建和对外宣传阐释，着力构建让世界听得懂、能信服的理论和话语，让国际上了解和理解中国道路、中国制度。要广泛开展对外学术交流，既要积极“发声”又要善于“发声”，既要阐述学术见解又要传递中国理念，在国际学术舞台上唱响“中国声音”。

国家社科基金是繁荣发展哲学社会科学的有力抓手，是团结凝聚广大专家学者的重要平台。要按照坚持正确导向、突出国家水准、注重科学管理、服务专家学者的要求，把政治上的严要求和学术上的高标准结合起来，把多出精品力作和培养优秀人才结合起来，把完善资助机制和弘扬优良学风结合起来，把加强科学管理和服务专家学者结合起来，增强示范性、导向性和权威性，做大做强国家社科基金，把广大社科工作者更好地凝聚起来，推动哲学社会科学繁荣发展。

（原载《求是》2013 年第 11 期）

·学科综述·

概　述

本栏目包含2013年度北京地区哲学社会科学15个学科的学术综述文章56篇，研究北京的综述文章7篇。综述作者均为首都哲学社会科学界重要学术机构的知名学者、学科带头人及有较高学术水平的研究人员。这些学科综述文章较为客观地记述并分析了本年度相关研究领域的重点研究方向、科研项目、学术活动、学术观点和学术成果。

马克思主义

马克思主义经典著作研究

彭萍萍

为纪念毛泽东诞辰120周年，深入学习党的十八届三中全会精神，进一步推动马克思主义研究，2013年学术界对于马克思主义经典著作的研究继续深入发展，取得了重要成果。首先，学术交流密切。8月16日，中国社会科学院马克思主义研究院与吉林大学马克思主义学院联合举办的第4届“马克思主义中国化学术论坛：毛泽东与马克思主义中国化”；9月26—27日，由中共中央编译局、中国人民解放军西安政治学院联合主办的第10届全国马克思主义论坛在西安召开；11月2日，由中国社会科学院马克思主义研究学部和马克思主义研究院主办的第6届全国马克思主义院长论坛在四川大学召开；12月29日，由中国马克思主义研究基金会主办的“中国马克思主义论坛2013”在中央党校举行。其次，在出版方面，《马克思恩格斯选集》第3版和《列宁选集》第3版修订版出版座谈会在中共中央编译局召开。

2013年首都学术界关于马克思主义经典著作的研究状况概述如下：

一、马克思主义经典著作研究

1. 关于《资本论》及其手稿的研究

学者指出，世纪之交的世界性危机所催生的第4次“马克思热”或“回到马克思”运动，以及《马克思恩格斯全集》历史考证版和出齐的《资本论》及其手稿，即新MEGA Ⅱ的出版，在国外形成了依据考证版“重新解读”“重新评论”的新MEGA Ⅱ手稿热。在此背景下，《资本论》及其手稿的再研究进入一个新阶段。①

学者指出，《资本论》手稿和《资本论》之间的关系就像科学家的实验室和他的科研成果之间的关系，手稿的特点在于展示《资本论》的理论是怎么制定出来的。《1857—1858年经济学手稿》作为马克思的第一部经济学手稿，展现了马克思理论制定过程中与资产阶级经济学家论战的特点，表明他的理论是通过改造德国古典哲学的伟大成果——黑格尔的辩证法实现的，是以唯物史观为基础的。在《1857—1858年经济学手稿》中，“劳动二重性理论”的制定在经济思想史上具有突破性的、革命性的成就，是区分资产阶级经济学和马克思主义经济学的分水岭。除了这一主要理论成果外，《1857—1858年经济学手稿》还在资本的生产性和局限性、大机器生产和科学在生产中的应用、社会发展和共产主义等问题上取得了多方面的成果。[②]

有学者从方法论的角度进行再研究，指出，《资本论》蕴藏的方法论瑰宝，首推马克思“新世界观”“新历史观”或“自然观”，其中包括总体方法论及其政治经济学方法论，实际上是与唯物史观、剩余价值学说并列的马克思的第三大伟大“发现”。

总体方法论也被称为“总体性”原则、“整体性”研究方法或者经济学逻辑体系构建方法。马克思首次科学地区分了作为客体的“具体总体”或者“生产总体”，亦即客观存在的社会经济形态，以及作为主体并且再现于人的思维之中的“思想总体”。这一方法论形成于1851—1857年。被马克思评价为“为重要的社会关系观做了第一次科学表述”的《资本论》第1稿即《政治经济学批判大纲》（以下简称《大纲》）是这一阶段理论研究的产物。其中的《导论》篇及其“经济学提纲”（8条）、“五篇结构”逻辑体系、“六册结构计划”和《资本论》四卷结构及其凸显的“大写的逻辑”是马克思政治经济学方法论尤其是逻辑体系构筑方法的结晶。19世纪下半期是马克思、恩格斯总体方法论的进一步完善阶段。促使总体走向成熟期的原动力来自于社会历史发展的合力，经济因素仅仅是其中的主导因素而不是唯一的因素，从而把总体发展观和方法论推向一个新的阶段。[③]

关于《资本论》中的虚拟资本理论，学者指出，国际金融危机爆发以来，这一理论成为一个研究热点。通过全面考察虚拟资本在马克思、恩格斯文本中的存在状态，学者指出从“虚拟资本”在文本中所处位置来看，可分为三种情况：第一种情况是《资本论》第3卷第5篇第25章中运用“虚拟资本”概念的情形；第二种情况是《资本论》第3卷第5篇中其他各章中运用“虚拟资本”概念的情形；第三种情况是马克思、恩格斯的其他著述（除《资本论》第3卷外）中运用“虚拟资本”概念的情形。通过“点”“面”分析，学者指出，马克思、恩格斯使用“虚拟资本”概念并不规范，频率也不高，还处于探索阶段。从总体上看，马克思、恩格斯并没有就虚拟资本给出一个明确的定义，所以，不能说虚拟资本理论在马克思《资本论》第3卷中已经形成了一个完整和系统的理论体系，需要我们以动态的、全面的观点来发掘他们关于虚拟资本思想的内涵，既要一脉相承，也要与时俱进。[④]

关于《资本论》及其手稿中的生产方式概念，学者指出生产方式是马克思《资本论》及其手稿中出现频率极高的一个概念，它与《资本论》及其手稿中出现频率也很高的生产力概念和生产关系概念密切相关。马克思在《资本论》及其手稿中没有界定生产方式概念，主要在6种含义上使用过生产方式概念：（1）生产方式指生产的技术基础；（2）生产方式就是生产关系；（3）生产方式指生产力的社会利用形式；（4）生产方式指用什么劳动资料进行生产以及生产规模的大小和不同的生产部门；（5）生产方式是生产力和生产关系之间的中介；（6）资本主义生产方式包括资本主义的一切经济形式。考察马克思《资本论》及其手稿中生产方式概念的各种含义及其包括或涉及的内容，学者得出启示如下：第一，要把生产力、生产关系、生产方式三个概念，作为有机联系的整体进行研究。第二，要分析生产方式概念多义性的原因。第三，要正确认识学习马克思主义经典著作与学习马克思主义基本原理的关系。第四，为了帮助学生和党员干部学好马克思主义经典著作，要编写好马克思主义经典著作导读。[⑤]

关于《资本论》及其手稿中的生产关系理论，有学者指出，在马克思的《资本论》及其手稿中有着丰富的生产关系理论，但国内外理论界对《资本论》及其手稿中生产关系理论的内容挖掘得还很不够。学者强调：（1）资本不是物，而是以物为中介的生产关系。马克思不仅认为商品、货币、资本不是物而是生产关系，而且认为价值、利润、利息、地租、信用、工资等也不是物而是生产关系。（2）马克思论述商品、货币、资本、价值、利润、利息、地租、信用、工资等不是物，而是以物为中介的生产关系的目的，在于揭露资本主义生产关系的拜物教性质。（3）物质生产和再生产过程，不仅是产品的生产和再生产过程，而且是社会生产关系的生产和再生产过程。

针对随着人与自然关系和生态问题的凸显以及生态文明建设的重要地位的日益显现，我国理论界有人提出所谓的五种生产（物质生产、人类自身再生产、精神生产、社会关系再生产和人与自然关系再生产）理论，并把这种理论当作《资本论》及其手稿研究中的一个所谓的“突破性观点”。学者认为这种观点是根本不能成立的，认为按照持这种观点的人的错误逻辑，应该是九种生产，即物质生产包括物质产品的生产和社会生产关系的生产以及人与自然关系的生产，而且精神生产也包括精神产品的生产和精神生产关系的生产以及人与自然关系的生产，人自身的生产也包括人口的生产和人自身生产关系的生产以及人与自然关系的生产。

针对有学者提出的在生产关系的内容问题上，否定斯大林的生产关系“三分法”，主张采用马克思的社会再生产过程的“四环说”的观点，学者提出了不同意见。认为应该把斯大林的“三分法”和马克思的“四环说”结合起来，更加全面地理解生产关系的内容。从斯大林的生产关系“三分法”与马克思讲的社会再生产过程的“四环说”相结合的角度，给生产关系下一个定义：生产关系是人们在生产、分配、交换、消费的过程中结成的经济关系的总和。这里的“经济关系的总和”就是斯大林讲的生产关系的三项内容。《苏联大百科全书》把生产关系定义为：“人们之间在生产过程中以及社会产品在生产、交换、分配、消费的运动中全部物质经济关系的总和。”⑥

2. 关于《共产党宣言》的研究

学者指出，1848 年发表的《共产党宣言》（以下简称《宣言》），是马克思主义诞生的标志，在马克思主义文献中具有特殊的地位，是马克思主义的政治标杆和理论本源，观照了马克思主义的与时俱进。《宣言》起草本身是一个过程，经过了《共产主义信条草案》《共产主义原理》《共产党宣言》三个逐步升级的版本。马克思、恩格斯追叙了《宣言》的历史，认为不追叙历史就不能很好地理解《宣言》；他们还经典地归纳了《宣言》的基本思想和核心价值，指出《宣言》是共产主义者同盟的一个“完备的理论和实践的党纲”，共产主义者同盟和后来的国际工人协会，是马克思、恩格斯亲自参加并作为核心灵魂的组织。⑦

学者指出，《宣言》内容极其丰富、深刻。关于其基本思想，学者提出了十大基本观点：社会存在决定社会意识观点；阶级斗争的观点；全球化思想；“两个绝大多数”思想；“两个必然”思想；无产阶级政党思想；“消灭私有制”和“两个决裂”思想；无产阶级革命和无产阶级专政思想；人的全面发展思想；无产者联合思想。学者指出只有正确认识基本思想及其内在逻辑联系，才能正确揭示其核心思想。从客观规律性的角度来看，马克思、恩格斯就有两种观点：其一是阶级斗争思想；其二是“两个必然”思想。从主观能动性的角度认识《宣言》的核心思想。传统观点认为，《宣言》的核心就是“消灭私有制”和“两个决裂”；还有一种重要观点，就是把核心思想归结为“人的自由而全面发展”思想。对此，学者认为把《宣言》的核心思想归结为“一个消灭，两个决裂”和“人的自由而全面的发展”都是正确的，把二者绝对对立起来是错误的，不能把“人的全面发展”作为核心思想而否定“消灭私有制”是核心思想，离开共产党人“消灭私有制”“两个决裂”的根本任务去奢谈什么“人的自由而全面发展”，实质是把《宣言》中的“人的自由而全面发展”思想歪曲为资产阶级学者可以接受的东西。这不是马克思主义的“人的发展”理论，而是对马克思主义的偏离或者背叛。⑧

另外，2013 年中国社会科学出版社出版韦正翔的《共产党宣言探究》（对照中德英法俄文版）将《宣言》的德、英、法、俄文版进行了字对字翻译，旨在走出一条不是“寓教于乐”而是“寓教于经”的马克思主义大众化的新路子。

3. 关于“巴黎手稿”的研究

有学者将大量正面阐述和论证“巴黎笔记”思想的著述称为“巴黎手稿”，它包括通常被称为《1844 年经济学哲学手稿》的“三个笔记本”和《詹姆斯·穆勒〈政治经济学原理〉一书摘要》（以下简称《穆勒评注》）。这与多年来学界流行的或者把《1844 年经济学哲学手稿》等同于“巴黎手稿”，或者把《穆勒评注》归入“巴黎笔记”的做法是有差别的。

学者指出，要全面而客观地解读“巴黎手稿”，一个前提条件就是弄清楚马克思当时理论活动的实际情形和这一文本写作的原始状况，即原始文献疏证。这主要包含以下几个方面：（1）“巴黎时期”马克思的著述和活动情况；（2）“巴黎笔记”与“巴黎手稿”的关系；（3）“三个笔记本”与《穆勒评注》的次序；（4）“三个笔记本”的“逻辑编排版”和“原始顺序版”。通过内容释读，学者认为在“巴黎手稿”中以下问题值得特别关注：（1）外化、对象性与异化；（2）自在自然和人化自然；（3）人的三种存在：类、社会与个体；（4）“现实的人”：本质与现实。学者认为，“巴黎手稿”是马克思创作《资本论》最早的基础性工作。这样一部旨在再现和剖析资本主义社会复杂的经济结构的巨著，成为马克思日后正式创作《资本论》必不可少的理论准备。⑨

还有学者指出，自从“巴黎手稿”问世以来，国内外学术界对它的争论就从未停止过。究其原因，主要还在于这是一部残缺的文本，特别是在由三个笔记本组成的《1844 年经济学哲学手稿》中，笔记本Ⅱ的大部分内容遗失了，目前仅存的笔记本Ⅱ只有4 页，即从第40 页到第43 页。对此，有一种观点认为，马克思在这一时期写的《詹姆斯·穆勒〈政治经济学原理〉一书摘要》所阐述的思想正是这册笔记所遗失的前39 页的内容。对此，学者认为这只是一种无法用确凿而明确的文献材料加以证实的猜测；而要复原笔记本Ⅱ的全部思想，还需要从留存下来的手稿入手，根据笔记本Ⅰ议题的延续、笔记本Ⅲ“补入”和接续的情况以及笔记本Ⅱ仅存的4 页所述内容来进行综合分析和推断。由此得出的结论是，笔记本Ⅱ理应紧接笔记本Ⅰ之后，首先，分析非工人的异化状态，“进一步考察”非工人对工人、非工人对劳动和非工人对劳动对象“三种关系”；其次，综合工人以及非工人的异化状态，从私有财产对“真正的人”的财产关系来规定私有财产的普遍本质；再次，进一步探讨作为私有财产主体本质的劳动与作为客体化劳动的资本两者关系的运动过程，即劳动与资本的统一、对立以及同自身的对立；最后，从现实的历史发展进程中，分析地产资本化的过程，以便解决私有财产的起源和发展问题。这可能就是“巴黎手稿”笔记本Ⅱ的基本内容。⑩

还有学者通过研读“巴黎手稿”第三笔记本，探寻共产主义的思想起源，指出马克思在笔记中对共产主义做了三个方面的说明和论证：（1）关于粗陋的共产主义，即私有财产关系普遍化的共产主义。共产主义的最初形式是私有财产关系的“普遍化和完成”。这种共产主义主张消灭“不能被所有人作为私有财产占有的一切”。它把占有物质财富看作生活和存在的唯一目的。它主张每一个人都变成私有财产的所有者，但共同体和物质财富之间的私有财产关系并没有被消灭。（2）关于政治共产主义，指出这是共产主义的第二种形式，即政治领域的共产主义，也就是在政治生活中扬弃私有财产。但是由于它还不理解私有财产的积极本质，只是把私有财产视为一切罪孽的渊薮，所以它对私有财产只是采取消极排斥的态度。这导致它最终没能成为扬弃私有财产、扬弃异化的真正出路。（3）关于共产主义与历史之谜的解答。⑪

4. 关于《论我国革命》的研究

学者指出，《论我国革命》是列宁科学阐述人类社会发展规律、深化历史唯物主义理论的重要成果。其阐述的基本观点是，俄国没有经过资本主义的充分发展，但是在具备了比较充分的条件（它已经有了比较强大的工农革命力量，已经有了俄国共产党的领导）而进行社会主义革命的，这不仅没有违背历史发展的客观规律，反而充分显示了世界历史发展中一般与个别的辩证统一。同时，它还指出，俄国革命“由于和第一次世界大战相联系”而具有的新特征以及特殊的环境使俄国有条件能够实现“农民战争”同工人运动的联合，从而大大地增强工农联合的力量。所以，在对革命因素全面分析的基础上，俄国选择了“有别于以前西欧各国的革命”，俄国社会主义革命和建设走上了一条特殊道路。它还指出，俄国社会主义革命的特殊性，并不是社会革命和发展特殊方式的个案，其他国家的革命也会有自己更特殊的国际国内背景和革命方式，即东方国家的革命将“带有更多的特殊性”。总体而言，《论我国革命》辩证地理解社会历史，在科学总结俄国社会主义革命和建设经验的基础上，发展了科学社会主义理论，对马克思社会主义革命理论的新贡献，具有重要的理论价值。同时，对正确认识我国社会主义道路，坚定不移地建设中国特色社会主义有重要的现实意义。⑫

5. 关于版本问题

关于《马克思恩格斯全集》历史考证版的诞生与发展轨迹，学者指出：历史地来看，《马克思恩格斯全集》历史考证版（简称“MEGA”）有两个版本：一是在20世纪20年代诞生、30年代夭折的《马克思恩格斯全集》历史考证版（第1版）即MEGAⅠ，就这一版本来说，作为推动者的列宁和其发起人、执行人的梁赞诺夫功不可没；二是自20世纪70年代中期诞生、挺过苏东剧变的巨大震荡而在当今影响日盛的《马克思恩格斯全集》历史考证版（第2版）即MEGAⅡ，就这一版本的诞生及发展来说，苏联和东德学者乃至世界各国学者的合力推动是至关重要的因素。学者认为，《马克思恩格斯全集》MEGA版作为关于马克思、恩格斯著作的一种学术的、科学的版本形式，经历了非常艰难坎坷的诞生与发展历程。这一伟大版本形式得以存在与发展的最根本动力在于马克思的思想、理论和精神的巨大力量赋予这一版本以强劲的生命力，使它历经政治形势、国际形势的种种考验而屹立不倒。现在MEGAⅡ已经成为国际学界把握马克思的思想轨迹、理论精髓的根本文献基础。⑬

2012年8月德国柏林科学院出版社全部出齐《马克思恩格斯全集》MEGAⅡ版第二部分（MEGAⅡ）即“《资本论》及其准备著作”部分共15卷(23册)。对此，国内学界做出反应，对其版本性质、具体内容和学术价值进行介绍。学者指出，“历史考证版全集”有其特定含义：所谓历史，就是审查作者遗留下来的全部文献，评估它们在文本形成上的作用；所谓考证，就是不仅将全部文献刊印出来，而且对它们进行考证性的研究和评价。MEGA2Ⅱ基本上按照历史（时间）顺序编排卷次，局部也结合了逻辑（内容）顺序。根据著作性质，这15卷书分为三种类型：（1）马克思为《资本论》撰写的手稿。包括1857—1867年间撰写的以《资本论》“三大手稿”为主体的经济学手稿，以及1867—1882年间为《资本论》各卷撰写的经济学手稿（主要是第2卷、第3卷的手稿）。（2）马克思生前已出版的著作及其修订本、译本。主要是指《资本论》第1卷的三种版本，即德文第1版、德文第2版、法文版。（3）马克思逝世以后恩格斯在修订《资本论》第1卷时对该卷所做的修订，即体现在德文第3版、英文版、德文第4版中的工作，以及在整理出版《资本论》第2卷、第3卷过程中产生的编辑稿、编辑文稿和刊印稿。⑭

关于《马克思恩格斯全集》俄文1版的出版，有学者指出编辑和出版马克思、恩格斯著作集在这两位思想家在世时就已经提上日程，最早可以追溯到19世纪50年代初。十月革命胜利后，列宁终于有舞台完成其始终强调的国际主义任务，即采取一切措施普及国内外已经发表的马克思恩格斯著作，并将他们尚未发表的遗著发掘出来。在苏俄，启动编辑出版首部《马克思恩格斯全集》（以下简称《全集》）的工作共尝试过三次。第一次是在1918年，俄共（布）中央委员会决定成立筹备翻译马克思恩格斯著作的委员会。但这次出版仅持续了4年，即1918—1922年，出版了4卷，即第3、4、5、6卷（出版时间依次为1921年、1920年、1918年和1922年）。第二次是在1922—1923年，由马克思恩格斯研究院第一次开始计划筹备出版32卷本俄文版全集。第三次是在1928年，并于1947年出版完成。《全集》俄文1版共出版29卷（34册），其中第11、12、13、16和19卷为两册。《全集》俄文1版的问世，不仅是编辑和出版马克思、恩格斯毕生著作的成功尝试，而且为20世纪中叶的马克思主义理论研究提供了最主要的版本。《全集》俄文1版的重要历史意义在于：第一，倾举国之力，在世界范围内首次成功出版马克思主义创始人的著作全集。第二，马克思、恩格斯的许多著作和书信的首次发表、参考资料的初次编写都具有重要的历史价值。但是，《全集》俄文1版也存在着一定的历史局限。其缺陷主要表现在：第一，即使是已发表的重要著作也被遗漏了。第二，对手稿的考证研究及译文工作做得不细致，以致出现错误。第三，《全集》俄文1版收入了并不是马克思和恩格斯的作品，这样的作品竟达26部（篇）之多。第四，参考资料无论是质量还是体例都不符合出版科学共产主义经典作家著作的要求，既不符合供科研的版本要求，也不符合通俗版的要求。第五，一些卷次脱离了以年代为顺序的原则，并且没有任何体系，违背了科学的编辑方法。当然，学者也指出，《全集》母本的编者们筚路蓝缕的艰辛及其呈现的文本的历史价值值得永远铭记。[15]

二、马克思主义经典作家思想研究的新进展

1. 关于经济及危机的理论

关于马克思经济学体系结构，有学者指出，马克思自1843年开始经济学研究后，就不间断地探索经济学体系结构问题，直到1857年在《导言》中才第一次提出《政治经济学批判》较为完整的体系结构，即分为“五篇结构”：一般的抽象的规定；资本、雇佣劳动、土地所有制；资产阶级在国家形式上的概括；生产的国际关系；世界市场和危机。1858年年初，马克思对“五篇结构”做了调整，提出了“六册结构”的设想。在1859年出版的《政治经济学批判》第一分册的《序言》中，正式公布了这一结构计划，这就是：“我考察资产阶级经济制度是按照以下的次序：资本、土地所有制、雇佣劳动；国家、对外贸易、世界市场。”之后，马克思又将第一册“资本”分为资本一般、竞争或许多资本的相互作用、信用、股份资本这4篇。1862年年底之后，马克思提出了经济学体系结构的新的计划，决定“以‘资本论’为标题单独出版，而‘政治经济学批判’这个名称只作为副标题”，《资本论》分作理论原理部分三卷和理论历史部分一卷的“四卷结构”计划。马克思决定以《资本论》为题出版自己的经济学著作并不意味着放弃了“六册结构”。“六册结构”的未完成性，并不能否认《资本论》体系结构的完整性。《资本论》体系结构独立的科学价值同它作为“六册结构”的未完成部分并不是对立的。[16]

还有学者指出，马克思的生产力理论不是把生产力看作单纯的社会生产力，而是自然生产力与社会生产力的辩证统一，是一种生态生产力。马克思生态生产力的思想从生产力的角度把“人化自然”与“自然化人”有机地统一起来，把客观世界与主观世界、事实世界与价值世界、外在尺度与内在尺度有机地统一起来，从而完整地阐释了生态经济化与经济生态化的生态经济思想。[17]

有学者集中于马克思最初在这一计划中提出的“世界市场危机”概念，重构马克思主义的危机理论。认为马克思本人是将世界市场危机理论作为其整个一生著述的结论或尾声来计划的，只是在马克思主义经济学的历史中被长久地边缘化甚至遗忘。实际，根据马克思首次在《政治经济学批判大纲》（1857—1858）中所制订的“政治经济学批判计划”，他将在最后一本单独的书，即“后半部分”（第四册：国家；第五册：国际贸易；第六册：世界市场危机）的第六册书中，讨论作为一种世界市场危机理论的危机。这一危机概念绝不是其未来研究计划的一个尝试性的简述，而是其核心概念之一，是当他面对作为即将到来的世界革命之预兆的第一次现实的世界市场危机爆发时，通过严格的、系统的研究与分析构建的。马克思分析世界市场危机的主要原理，最充分地体现在收录于《资本论》第3卷第30章《货币资本和现实资本I》中的关于1857年危机的段落中。其主要构成要素表现如下：对由利润率下降造成的国际生产过剩所导致的危机的国际扩展的分析；对国际支付和外汇汇率变化的分析；对金融化和随之而来的泡沫以及作为利润率下降的反应的崩溃的解释。随着2007—2009年危机以来世界经济危机的不断加深，马克思世界市场危机概念的重要意义，开始受到一些学者的关注。这证明了马克思的中心论点“世界资本主义—世界市场危机—世界革命”，具有迫切的现实性，完全超越了各种各样的“一国”改良主义方案。[18]

还有学者指出，马克思经济学在两个层面上对资本主义经济关系展开分析，即对早期资本主义劳动不平等及对立关系的研究和在唯物史观及唯物辩证方法论基础上，对资本主义劳动及分配关系的一般性分析与研究。他不仅研究了早期资本主义对立发展的经济关系，也探讨了包括劳动合作与和谐发展的商品经济一般的理论，并为我们提供了认识该

问题的基本认识方法。马克思经济学关于经济权利的核心观点、关于崇尚劳动创造，以及劳动者通过接受教育和训练积累人力资本的经济思想、关于生产力系统协调均衡发展的思想，以及集约化生产方式的理论，都为我们提供了对合作、和谐劳动关系开展积极思考的理论前提。从这个意义上讲，马克思剩余价值理论是广义的。[19]

有学者对马克思产权思想进行研究，指出其价值存在于对资本主义私有制产权思想的理论剖析中。立足于产权理论的视角，认为资本主义私有制产权思想的思想误区和逻辑谬误主要表现在两个方面：一方面，混淆了两种不同性质的私有制，以小私有制的存在合理性为资本主义的私有制做合理性辩护。另一方面，回避了资本主义私有制的固有矛盾：其一，资本主义私有制导致人自身的异化；其二，资本主义私有制导致两极分化；其三，资本主义私有制导致人与自然关系的异化；其四，资本主义私有制并不必然比公有制更有效率。学者指出，马克思对资本主义私有制产权思想的理论批判，对于深刻认识资本主义社会的本质，准确把握当前新自由主义思想以及自觉坚持我国以公有制为基础的基本经济制度具有重大的理论意义和现实意义。这种批判体现为：（1）资本主义私有制导致人自身的异化；（2）资本主义私有制导致两极分化；（3）资本主义私有制导致人与自然关系的异化；（4）资本主义私有制并不必然比公有制更有效率。[20]

有学者分析马克思“巴黎时期”的思想，考察私有财产关系的起源、表现及其社会后果。认为，对于马克思来说，对私有财产的理解是其进行资本批判的基础与前提。他认为，作为异化劳动的必然产物和结果，私有财产的普遍本质也就在异化劳动带来的财产与真正人的财产和社会的财产的关系中、在处于异化劳动状态中的人与真正的人的关系中显示出来。关于私有财产关系的表现形式，马克思认为有三种，即工人及其劳动的关系；资本家及其资本的关系；劳动和资本二者的关系。关于后果，他认为当私有财产发展到“最后的、最高的阶段”时，会导致如下后果：一是人的对象异化为非人的对象；二是人的劳动转化成异化劳动；三是人的需要幻化出多重矛盾。[21]

还有学者视“异化劳动与私有财产”为《1844年经济学哲学手稿》中的一个理论难点。在《1844年经济学哲学手稿》中，马克思从“本质规定”和“现实表现”两个不同层面分别考察了异化劳动和私有财产的关系问题。在前一层面，异化劳动是私有财产的基础和根据，相反的结论是不成立的。而在后一层面，异化劳动和私有财产之间则存在着相互作用、互为因果的复杂关系。如果说后者呈现为“发生学”意义上的引起与被引起、产生与被产生的“时间关系”，那么前者则显示出“解释学”意义上的理解与被理解、说明与被说明的“逻辑关系”。这并不表明马克思陷入了所谓的“循环论证”，而是昭示了历史唯物主义所特有的“科学抽象”方法的最初萌发。[22]

2. 关于新唯物主义

如何概括和称谓马克思、恩格斯创立的新世界观？是称作辩证唯物主义，还是称作实践唯物主义，还是称作历史唯物主义？这是学界自觉突破苏联教科书体系以来不懈努力与长期争辩的重大问题。

对此，学界有着不同的认识。有学者认为，由马克思和恩格斯创立的“新唯物主义”，“是辩证的唯物主义，也是历史的唯物主义，还是实践的唯物主义”；“‘辩证的’‘历史的’‘实践的’，是我们把握马克思主义哲学的三个关键词”；“这三者是统一的，而不是矛盾的”。也有学者不同意上述看法，认为辩证唯物主义和实践唯物主义不是一回事，二者互不相容，甚至截然对立。

第一种观点指出，以实践为核心的人化自然观是辩证唯物主义关于物质世界的基本观点，以实践为核心的辩证唯物的历史观是辩证唯物主义关于社会历史的基本观点，以实践为核心的能动的认识论是辩证唯物主义关于人的认识的基本观点。这三者都是辩证唯物主义世界观的基本观点和内容。

第二种观点，在突出强调“实践唯物主义世界观”的同时，批评辩证唯物主义世界观不是马克思主义的世界观，而是斯大林的机械唯物主义世界观，是一种见物不见人的自然观。

鉴于学界的争论，还有学者对争论中存在的质疑和误解做出回应如下：（1）在马克思、恩格斯的全部著作里找不到“辩证唯物主义世界观”一词，据此无法说明“辩证唯物主义世界观”不是马克思主义世界观。（2）对斯大林哲学体系和苏联体系给予了客观、公允的评价，坚持“辩证唯物主义世界观”的提法与认同、接受、赞赏斯大林的观点完全是风马牛不相及的。（3）注意和强调“对象性的实践活动”在人类认识和改造世界中的重要地位。同时，旗帜鲜明地反对把“实践”上升到本体论的地位，反对用实践本体来取代物质本体。所以，坚持辩证唯物主义自然观与把马克思主义的自然观归结为“见物不见人”的自然观，完全是毫不相干的两件事情。（4）辩证唯物主义世界观是马克思主义哲学的总称，它包括辩证唯物主义自然观，但不能仅仅归结为辩证唯物主义自然观。[23]

3. 关于社会问题的理论

关于社会形态发展规律思想，学者认为这是马克思社会形态理论的重要内容之一，认为马克思对社会形态的划分主要有以下几种：（1）二形态说。“二形态说”又可分为两种：一是马克思、恩格斯把共产主义社会以前的社会称为"史前社会"，把共产主义社会称为真正人的社会，也即常说的"存在阶级对抗"的社会和"不存在阶级对抗"的社会。二是"必然王国"和"自由王国"的划分。(2) 三形态说。这一说法观点较多，这里选取几个影响较大的观点。具体来说包括以下几种：劳动和人的本质未被异化的阶段—劳动和人被异化的阶段—扬弃异化劳动和人的本质复归的阶段；人的依赖性社会形态—物的依赖性社会形态—人的全面发展的社会形态；自然经济社会—商品经济社会—产品经济社会；无阶级的原始社会—有阶级的阶级社会—无阶级的共产主义社会。(3) 四形态说。即原始社会，亚细亚生产方式、古代生产方式和封建生产方式（属同一发展阶段），资本主义，社会主义四种形态论。(4) 五形态说。即原始社会、奴隶社会、封建社会、资本主义社会和共产主义社会。(5) 六形态说。即在"五形态说"的基础上，在奴隶制前加上亚细亚生产方式构成。学界关于这一问题的研究主要围绕"五形态说"的普遍性展开。关于"五形态"的普遍性，学界曾经从"亚细亚生产方式"，奴隶社会、封建社会的普遍性，马克思、恩格斯有无"五形态"的论述，"五形态"与"跨越论""单线论""多线论"的关系等多个方面进行了探讨。[24]

学者通过重读《资本论》及其手稿得到的新领悟，按照资本的逻辑和历史，揭示马克思三大社会形态理论的实质及其演进规律，着重说明三大社会形态理论与五种社会形态理论的不同之处，从而更加科学地说明二者的一致性和互补作用。首先，马克思写作《资本论》及其手稿的最终目的，就是揭示资本主义社会的经济运动规律。正是基于这一点，才指出三大社会形态理论是贯穿《资本论》及其手稿的一条主导线索。其次，对于马克思概括的三大社会形态理论，需要着重探讨以下几个问题：(1) 人的依赖性社会的特点及其解体过程；(2) 物的依赖性社会的实质及其拜物教性质；(3) 物的依赖性社会为个人全面发展的社会创造条件；(4) 个人全面发展的社会的特点及从必然王国向自由王国的飞跃。通过这几方面的重新解读，得出如下新领悟：第一，马克思的三大社会形态理论的划分，以劳动者和劳动的客观条件的关系为依据，根据劳动者和劳动的客观条件的关系的变化说明三大社会形态的依次更替。第二，马克思的三大社会形态理论的划分还以个人与共同体的关系为依据，根据个人与共同体的关系的变化说明三大社会形态的依次更替。第三，马克思的三大社会形态理论，把财富的尺度作为区分不同的社会形态的依据之一，这是五种社会形态理论所没有涉及的。第四，马克思的三大社会形态理论，把榨取剩余价值的形式的不同作为区分原始共同体解体以后产生的三大文明形式或三大经济的社会形态的依据。第五，马克思的三大社会形态理论的重点在于具体考察和分析物的依赖性社会即资本主义社会的形成、特点、本质及其发展规律和必然导致自身灭亡的过程，揭示物与物之间的关系所掩盖的人与人之间的社会关系和商品拜物教性质。针对学界存在把三大社会形态理论与五种社会形态理论对立起来的观点，学者认为三大社会形态理论与五种社会形态理论都是马克思提出来的，二者在说明人类历史发展全过程中的作用是互补的，而不是矛盾的、对立的、互相排斥的，不能用其中的一个否定另一个，也不能厚此薄彼、褒此贬彼、扬此抑彼。三大社会形态理论与五种社会形态理论的一致性及其内在统一性主要表现如下：(1) 三大社会形态理论与五种社会形态理论在划分社会形态的依据方面具有一致性、统一性。(2) 三大社会形态理论的人的依赖性社会中的原始共同体是无阶级社会；原始共同体解体以后产生的奴隶社会和封建社会及整个人的依赖性社会解体后产生的资本主义社会，是阶级社会；个人全面发展的社会是无阶级社会。(3) 三大社会形态理论中的人的依赖性社会，虽然是以劳动者和劳动的客观条件相结合为特征的，但在其发展的不同阶段，劳动者与劳动的客观条件相结合的具体形式是有很大差别的。[25]

还有学者指出，马克思、恩格斯的社会发展理论经历了从理念论基点到人本主义基点再到实践基点的转变过程。马克思、恩格斯通过对"理念论基点"和"人本主义基点"的否定，形成了"实践基点"的社会发展理论。"实践基点"的社会发展理论成就了科学共产主义的形成。[26]

关于马克思、恩格斯的和谐社会思想，学者指出，马克思、恩格斯关于构建未来和谐社会思想是马克思主义理论宝库重要组成部分。其主要内容包括：(1) 构建未来和谐社会的历史前提是发展社会生产力。(2) 构建未来和谐社会的理想状态是建立"自由人的联合体"。(3) 构建未来和谐社会的出发点和归宿是"每个人的全面而自由的发展"。(4) 构建未来和谐社会的实现路径是坚持无产阶级政党领导。(5) 马克思恩格斯构建未来和谐社会的历史任务是"两大和解"，即"人类与自然的和解以及人类本身的和解"。这一思想具有重要的当代价值。"两大和解"就是"两大和谐"，就是人与自然之间、人与人之间两大矛盾的真正解决。"人与自然的和谐"要求人们必须认识和正确运用自然规律，合理调节人和自然之间的物质变换，靠消耗最小的自然资源"在最无愧于和最适合于他们的人类本性的条件下来进行这种物质变换"。"人与人的和谐"要求人们一方面必须着力消灭造成社会不和谐的异化劳动的根源——资本主义私有制和社会分工，使异化劳动重新变成自由劳动；另一方面必须消灭虚假的共同体，建立真实的共同体，使社会与个人不再对立。[27]

也有学者从农民问题入手，探讨列宁关于社会主义建设思想。认为列宁的社会主义建设思想经历了一个由激进到渐趋理性的曲折发展历程。在新经济政策之前，列宁提出要直接实行共产主义原则，在农村实行共耕制和组织农业公社，实行耕地国有化，组织消费合作社，取消商品流通和货币。后在汲取教训的基础上，结合国情，列宁提出通过合作制对农业进行社会主义改造，从而找到了在俄国建设社会主义的新途径。主要体现为：（1）注重生产力的发展，坚持立足本国与对外开放相结合；（2）加强执政能力建设，巩固工农联盟；（3）兼顾农民诉求与教育农民的一致性，着力培育有文化的劳动者。[28]

还有学者研究列宁关于管理社会事务要加强监督的思想与实践，指出列宁关于社会监督的基本考虑，就是建立一套完整的行政监督体系，防止官僚主义的产生和苏维埃政权性质的蜕变，确保工人阶级和劳动人民有效行使管理国家和社会事务的权力。列宁在领导苏维埃俄国监督工作的实践中，提出了一系列重要的措施和办法，特别是提出和阐述了改组工农检察院的战略构想，努力推进监督工作的制度化、规范化。（1）成立专门监督机构，实现行政监督规范化；（2）加强部门监督和基层监督，构建上下结合的监督体系；（3）实现行政监督全覆盖制度，严格治理官僚主义；（4）广泛发动工农群众，筑牢苏维埃政权监督工作的基础；（5）把行政监督工作同党的监督工作结合起来。[29]

4. 关于文化与文明的思想

关于文化的思想，学者指出马克思尽管没有直截了当地在“文化”问题上做过专门论述，但他分析人类文明（主要是资本主义文明）所留下的文化思想很丰富，其中两个基本观点值得注意：一是肯定文化之“观念”的先导性；一是强调文化在人类文明时代受制于社会经济关系的意识形态性或服务功能。因而马克思的文化思想既非笼统的“人化”论，亦非唯“意识形态”论，这对我国的文化建设很有启示意义。[30]

还有学者指出马克思、恩格斯文化思想主要体现在《1844年经济学哲学手稿》《德意志意识形态》《共产党宣言》《资本论》等著作中。他们在文化观上经历了从唯心主义、费尔巴哈唯物主义到历史唯物主义文化思想的转变历程。其文化思想的形成和发展大致经历了三个发展阶段：（1）19世纪40年代为萌芽阶段；（2）19世纪40年代末至60年代初为形成阶段；（3）19世纪60年代末至90年代为成熟阶段。就文本而言，《1844年经济学哲学手稿》是其文化思想的逻辑起点；《德意志意识形态》确立了其文化思想的历史唯物主义基础；《共产党宣言》论证了历史唯物主义文化思想的一般原理，丰富和发展了《德意志意识形态》在文化思想方面所取得的成果，是其文化思想的纲领性文件；《资本论》从社会有机体理论、三大社会形态理论两方面发展、丰富其文化思想，深刻论证了其文化思想的立论基础。总结其文化思想的特征，可归纳为经济基础决定性、相对独立性、意识形态性、人民群众创造性和历史继承性等5个方面。[31]

还有学者对马克思、恩格斯的文化生命观进行研究，指出，他们对生命的探讨从来不是孤立的，他们把人的生命放在人与自然、人与历史、人与文化的关系中去探讨，指出人的生命不仅是一种自然存在，也是一种文化存在。文化生命是人与动物相区别的重要标志，是人的实践活动的凝结，它依靠自身的主体性创造文化世界，并在人与环境、与自身的关系中展现。文化生命的旨归是人自由而全面的发展。[32]

还有学者指出，马克思的文化观对于研究当代文化问题具有重要的方法论意义：一是使文化研究达到一种新境界，要注意从文化发展规律的高度来研究文化，把精神文化问题的研究与经济、政治的分析相联系，注意文化的整体性把握；二是为观察文化发展开拓了新视野，要在考察文化发展问题时，不能仅仅从本民族的立场来考虑，还必须同时具有世界性的眼光，把民族性和世界性结合起来；三是为推动文化发展提出了新要求，在进行现代化建设过程中要自觉把握文化发展的规律和潮流，注意文化的意识形态性分析和价值性把握，以此来审视和进行我们的工作，促进文化发展和人的全面发展。[33]

还有学者对列宁的文化建设进行探讨，指出列宁的文化建设思想具有重要的战略地位和作用。他提出文化建设必须坚持党的领导、坚持马克思主义的指导地位，要通过发展教育事业来促进文化建设，还要正确对待历史文化遗产。列宁文化建设思想的启示在于：要高度重视文化建设工作，文化建设要在党的领导下进行，坚持马克思主义的指导地位，文化建设离不开教育、离不开对以往历史文化遗产的继承。[34]

关于文明，学者指出《家庭、私有制和国家的起源》（以下简称《起源》）是马克思、恩格斯著作中文明思想发展的最高成果。以《起源》为中心来考察，其文明思想的主要观点可概括为：文明时代论、文明动力论、文明进步论、从对抗到非对抗的文明矛盾论；文明的起源和发展归根结底是由生产决定的；从奴隶社会到资本主义社会，文明是在对抗中进步的；社会主义制度的建立，使文明发展跨入了一个新的时期。学者认为《起源》中关于文明的理论至今保持着强大的生命力，为研究人类文明史、解决当代人类文明发展面临的新课题提供了不可或缺的理论武器。[35]

5. 关于政党的思想

学者指出，在研究国际共产主义运动时，应当特别注意研究 19 世纪无产阶级国际组织及政党的民主实践。学者对 19 世纪无产阶级国际组织及政党主要包括共产主义者同盟、第一国际以及德国社会民主党在推动无产阶级民主理论与实践的发展方面、在推动社会民主进步方面的民主实践进行梳理，回击一些国内外学者提出的专制独裁是共产主义“原罪”的说法，指出国际共产主义运动是一部争取民主、发展民主的历史。这些国际组织及政党对于推动各国工人阶级争取普选权的民主斗争、党内民主制度建设都发挥了重要作用。[36]

还有学者从权力配置和制约的视角分析马克思、恩格斯党内民主思想，指出民主制是马克思、恩格斯党内民主的首要原则。他们的民主思想主要体现在以下几个方面：选举民主、决策民主、监督民主。马克思、恩格斯对无产阶级政党民主原则的论述没有仅仅停留在理论层面上，而是力图通过制度设计与安排确保民主原则得到切实的贯彻落实。其党内民主思想共包含以下 4 个方面：首先，民主是无产阶级建党的首要原则，它排斥一切独裁专制的运作方式；其次，党员的主体地位得到充分尊重是党内民主的重要体现，按照契约原则，由党员授权党的各级代表大会行使决策权、立法权，并通过撤换、罢免等方式随时收回权力；再次，各级委员会是党的同级代表大会的执行机构，执行代表大会的决议并接受其监督；最后，建立适当分离并受到严格监督的权力运行机制，确保民主原则得到实施。[37]

关于列宁健全民主集中制的理论，学者指出列宁不仅在理论上阐明了发展党内民主的重要性，坚持党内民主的重要原则及制度措施，而且在实践中坚持民主决策和民主监督等方针政策，在党内民主方面留下了宝贵的经验。其“没有政见分歧，党的生命也就停止了”；“在党组织中实现民主集中制，需要进行顽强的工作”，“要真正按照民主原则解决问题”；“借口集体领导而无人负责是最危险的祸害”；要“健全党内的民主生活”，“党内不容许有任何派别活动”等论述对巩固党的执政地位、促进苏俄社会主义建设起到了重要作用，对我国改善和加强党的领导地位也具有十分重要的借鉴意义。[38]

还有学者对列宁保持执政党的纯洁性思想进行分析，指出纯洁性是马克思主义政党的本质属性。十月革命胜利后，俄共（布）由革命党成为执政党。根据新的实践，列宁进行了积极探索，形成了严把入口与畅通出口相结合、注重思想教育与严肃党的纪律相结合、密切联系群众与树立自身榜样相结合、发挥监督作用与坚决惩治腐败相结合为主要内容的保持执政党的纯洁性思想。列宁关于保持执政党的纯洁性思想及其成功实践，对新的历史条件下加强中国共产党的纯洁性建设具有深刻启示：一是执政党的纯洁性建设是一项系统工程，需要多方面协同推进；二是保持执政党的纯洁性，要注意发挥领导干部的榜样标杆作用；三是执政党的纯洁性不是一劳永逸的，越是长期执政越要注意加强党的纯洁性建设。[39]

6. 关于世界历史理论

学者指出马克思的世界历史理论是批判地继承了黑格尔的世界历史思想的合理因素，运用其创造的唯物史观及剩余价值理论深入研究了近代以来世界经济与社会的运动及其发展趋势而创立的。世界历史理论是马克思主义的重要内容，也是马克思分析研究许多问题的重要背景和方法，又构成了科学社会主义的重要理论基础。

关于世界历史理论在马克思主义中的地位问题，学者指出，从发生学角度看，马克思关于唯物史观的思想、关于资本和剩余价值的思想、关于劳动异化的思想、关于世界历史的思想、关于社会主义共产主义的思想，既相互影响又相互支撑，既有差别又互文互释，这从《1844 年经济学哲学手稿》《德意志意识形态》，甚至《共产党宣言》中都能看得出来。从思想体系的逻辑结构层次上看，世界历史理论作为一种理论，它是马克思运用其创立的唯物史观以及剩余价值理论全面地研究分析近代以来经济和社会的运动及其发展趋势的结果，是具体地运用生产力和生产关系、经济基础和上层建筑矛盾运动的原理分析当时的政治经济形势特点和变化规律而形成的。

关于它与科学社会主义的关系问题，学者认为世界历史理论又构成了科学社会主义的重要理论基础，不仅在社会主义从空想到科学的转变中起着重要的中介作用，而且是科学社会主义区别于当时流行的其他社会主义理论的重要依据或突出特征。从这个角度说，世界历史理论既属于唯物史观，又不限于唯物史观，它也作为科学社会主义的重要理论前提而包含在和贯穿于其实质内容之中。学者指出，强调“世界历史理论作为一种理论”，意味着它与关于世界历史的思想还是有很大差别的，它是“世界历史”的概念经历了从抽象到具体的上升过程而达到了“具体概念”的形态。[40]

7. 关于国际合作的思想

学者指出，国际合作是马克思主义国际关系理论研究的重大问题之一。在科学社会主义发展史上，马克思主义国际合作思想经历了艰难曲折的发展历程。这一思想起源于马克思、恩格斯对民族国家间合作关系的认识。他们提出：（1）民族国家是“建立各民族协调的国际合作的必要先决条件”。(2)在资产阶级建构的全球资本主义体系内，为对抗资产阶级的国际联盟，全世界无产阶级联合起来。(3)民族国家的政治独立是一切国际合作的基础，“国际合作只有在平等者之间才有可能”。(4)通过无产阶级革命，建立以公有制为基础的新社会，“新社会的国际原则将是和平”。马克思、恩格斯的认识确立了国际合作的民族性、阶级性、平等性与和平性，奠定了马克思主义国际合作思想的基本框架。马克思主义国际合作思想发展于列宁对“一国建设社会主义”困境的认识。他指出，面对“社会主义共和国毕竟在资本主义包围中生存下去”的建设困境，在世界共同经济关系作用下，苏俄既要与资本主义国家共处，就必须合作。列宁的国际合作思想为不同制度国家的和平共处以及社会主义制度由一国走向多国提供重要的理论指导。当然，学者也指出，马克思主义国际合作思想丰富于改革开放以来的中国对外合作实践。

相比较于其他国际合作理论，我国学者总结马克思主义国际合作思想有着如下特征：(1)唯物性。马克思主义始终以生产力与生产关系的矛盾运动为根本动力，从经济基础与上层建筑的关系中认识国际合作现象发生、发展的本质和规律。(2)二元性。马克思主义认为，在一个因资产阶级对外扩张而建立的全球资本主义体系里，资本主义国家内部的二元性在国际社会通过民族关系和阶级关系表现出来。(3)变革性。针对国际合作的二元性造成的种种不公正因素，根据发展中国家的发展需求，马克思主义突出变革全球资本主义体系的重要特征。(4)和平性。马克思、恩格斯预言，在以公有制为基础的新社会，基于有计划的协作生产，合作将使和平成为新社会的国际原则。[41]

8. 关于正义的思想

学者指出，在20世纪70—80年代，英美一些学者曾就马克思与正义问题展开过一场大讨论。进入21世纪以来，我国一些从事马克思主义研究的学者也开始关注这一问题，并提出一些不同于英美学者的新见解。(1)“正义”在马克思的论著中是价值判断而不是事实判断；(2)资本主义剥削是不正义的，因为它无偿占有了本应属于工人的剩余产品；(3)社会主义的按劳分配也存在不正义，因为它默认了因偶然的天赋和负担的不同所导致的人们实际所得的不平等。[42]

还有学者指出，应从马克思的历史观去把握其正义观。对正义问题在马克思主义历史观中的地位做出正确的把握，不能仅仅根据正义概念在马克思主义经典作家著作中出现频率的高低做出判断，更为重要的是应根据马克思历史观的理论逻辑，根据马克思历史观所贯彻的基本价值取向以及马克思历史观在分析具体的社会历史现象与具体历史事件时所运用的基本方法与表露出来的基本态度和立场，进行合理性的诠释。马克思主义的历史观与马克思主义的正义观具有不可分离的性质，不能离开马克思主义正义观去解读马克思主义历史观，离开了马克思主义正义观，马克思主义历史观的革命性质就无法得到合理性的诠释；也不能离开马克思主义的历史观去把握马克思主义正义观，离开了马克思主义历史观，马克思主义正义观同样不能获得科学的把握。否定马克思主义正义观的存在，将正义的语词从马克思主义历史观中驱逐出去，既缺乏经典文本的根据，更是对马克思的历史观理论逻辑的背离。学者指出，在马克思主义历史观的视野里，正义观念不仅具有历史的性质，在阶级社会中还具有极其明显的阶级性质。正义观念是随着人们实践及其历史的改变而改变的，在阶级社会中，不同的阶级与个人对正义的理解具有多元性与竞争性的特点。[43]

9. 关于列宁联邦制理论

学者指出，十月革命前，列宁受马克思、恩格斯相关思想的影响，原则上反对联邦制，主张单一制；同时，也并不否认在个别的和特殊的情况下采用联邦制的可能性，并且已经注意到民族问题与国家结构形式的关系，已经认识到联邦制是向民主集中制过渡的一种形式，这样也就为他在十月革命后接受联邦制做了理论上的准备。

十月革命后，为了防止俄国分裂，同时又能最大限度地满足各民族的自决权，列宁把联邦制作为解决国内民族问题的有效国家形式。这一转变经历了一定的历史过程。1917年11月，在《俄国各族人民权利宣言》中，列宁虽没明确提出建立联邦制国家的问题，但表示要用“俄国各族人民真诚自愿的联盟政策”来取代沙皇政府和资产阶级临时政府推行的挑拨各民族相互对立的政策。1918年1月，由列宁起草的《被剥削劳动人民权利宣言》第一次明确肯定了联邦制国家原则，宣布“俄罗斯苏维埃共和国是建立在自由民族的自由联盟基础上的各苏维埃民族共和国联邦”。同年3月，列宁在《苏维埃政权的当前任务》一文初稿中进一步明确提出：“实际上，甚至联邦制，只要它是在合理的（从经济观点来看）范围内实行，只要它是以真正需要某种程度的国家独立性的重大的民族差别为基础，那么它同民主集中制也丝毫不抵触。在真正的民主制度下，尤其是在苏维埃国家制度下，联邦制往往只是达到真正的民主集中制的过渡性步骤。俄罗斯苏维埃共和国的例子特别清楚地表明，我们目前实行的和将要实行的联邦制，正是使俄国各民族最牢固地联合成一个统一的民主集中的苏维埃国家的最可靠的步骤。”同年7月，俄罗斯苏维埃联邦社会主义共和国宪法反映了列宁关于联邦制国家的思想原则。至此，列宁所确定的联邦制国家结构形式便以法律的形式固定下来。1919年3月，俄共（布）第八次代表大会通过的党纲中明确提出："党主张按照苏维埃类型组织起来的各国家实行联邦制的联合作为走向完全统一的一种过渡形式。"从此，列宁不仅在俄罗斯决定实行联邦制国家制度，而且还将这种制度运用到俄罗斯与其他各苏维埃共和国的联合上，并把联邦制国家制度作为党在一定时期内的奋斗目标之一。

对于列宁在联邦制问题上的这一转变，学者指出有两点需要特别注意。其一，联邦制的采用出乎以列宁为首的布尔什维克党的预料，缺乏充分的理论与思想准备，很大程度上表现为在国家体制上向少数民族做出让步。这虽换取了各少数民族的支持和统一联盟国家的创立，但也给民族分离主义利用双重主权的宪法规定从事分离活动留下了空间。其二，联邦制从来不是列宁所希望的苏维埃国家的最终国家体制，对此他曾多次做出明确定位："联邦制是各民族劳动者走向完全统一的过渡形式。"至于这种"过渡"需要多长时间、采取何种形式等一系列具体问题，列宁却未能在有生之年加以说明。后来在《关于民族或"自治化"问题》中，对斯大林等人在处理民族关系问题上的思路和做法提出了严肃批评，提出了共产党人如何利用党的威望以保持和加强民族团结与联合的问题。[44]

10. 关于中国问题的论述

马克思、恩格斯青年时期即开始关注中国问题。他们运用马克思主义的立场、观点和方法研究中国问题，发表了大量有关研究成果。学者指出：（1）马克思、恩格斯以科学严谨的态度研究中国，发表了大量有关中国的著作和论述。（2）马克思、恩格斯从世界历史的角度研究中国问题。马克思、恩格斯成功地运用马克思主义的基本原理分析中国实际。（3）马克思、恩格斯的理论为中国共产党主导的马克思主义全面中国化奠定了理论基础。同时，学者也指出，马克思、恩格斯具有一定的历史局限性，也有一些不准确之处。但不可否认，他们对中国的了解和认识是深刻的，预见是科学的。他们的中国研究是马克思主义理论运用于中国实际的典范，是中国社会主义研究的开拓者，是海外近现代中国研究（海外中国学）的开拓者。[45]

还有学者提出学习和研究《资本论》还须关注中国的社会历史以及马克思对中国问题的论述。学者指出，《资本论》中共有33处论及中国。第1卷中有14处；第2卷中有5处；第三卷中有12处；第4卷（《剩余价值理论》）中有2处，其中在正文中论及的有8处；在引文中论及的有15处；在马克思写的注释中论及的有10处。此外，马克思在《资本论》第4卷中还有3处不是正面论及中国，而是在假设推论中提到中国的。如果将这3处列入统计范围，马克思在《资本论》中提到和论述到中国的地方就有36处。对中国问题的论述主要体现在5个方面：（1）小农业与家庭手工业相结合，稳固了中国传统的生产方式；（2）鸦片战争打开了进入中国的门户，中国成了资本主义国家商品销售市场；（3）西方国家为了垄断市场在中国实施委托销售制度；（4）中国的小商品经济也加入到资本的循环和周转中；（5）外国银行在中国汇票买卖中相互斗争。可见，中国经济社会发展的状况，绝没有置于马克思《资本论》创作的视野之外，中国和《资本论》绝不是无缘的。[46]

三、研究马克思主义经典著作的方法问题

学者指出，要构建中国特色、中国风格、中国气派的哲学社会科学话语体系，也必须加强对马克思主义经典著作的研读。在此过程中，一定要处理好3个关系：一是马克思主义基本原理同马克思主义中国化最新成果的关系。基本原理不能丢，更不能背离，又要根据本国实际和时代特征不断发展。二是坚持马克思主义指导同在实践中大胆创新的关系。三是必须正确处理坚持和发展马克思主义与批判地继承、吸收、借鉴人类一切优秀文化成果的关系。对西方的学说和制度既不能全盘照搬照抄，搞"洋八股"，也不能全盘否定，搞片面化、简单化。对中国古典文化既不能不加分析地一概颂扬，也不能不加分析地一概否定。[47]

还有学者指出，文献建构是马克思主义理论学科建设和发展中的一项重要任务。马克思主义理论学科的文献建构，要彰显马克思主义理论学科的基本特征、反映马克思主义理论的各类文本、拓宽马克思主义理论文献的范围、强化马克思主义理论的教育功能。从人才培养上看，马克思主义理论学科的文献建构分一级学科层面和各二级学科层面。一级学科层面的文献建构，要反映各二级学科在文献建构上的共性要求、涉域马克思主义理论学科的逻辑体系、引领马克思主义理论学科的发展方向。各二级学科的文献建构，要反映各二级学科培养具有自身专业要求的专门人才的需要，它们在文献建构上必然有不同的要求。[48]

有学者指出，做好经典著作的编译工作，对于开展马克思主义的学习、宣传和研究具有特殊重要的基础性意义。要学习、宣传和研究马克思主义，首先要有第一手材料；为了真正弄清问题，必须认真研读原著。特别是在马克思主义遇到种种争议、对于马克思主义理论存在各种不同理解的情况下，研读原著就更是必不可少。当前新形势和新任务要求进一步推进马克思主义的中国化、时代化和大众化，丰富和发展中国特色社会主义理论体系。从这个意义上说，马克思主义经典著作的编译工作不但不能松懈，而且必须继续加强。[49]

注：

①颜鹏飞：《〈资本论〉及其手稿再研究的新进展》，《马克思主义研究》，2013 年第 7 期。

②张钟朴：《〈资本论〉第一部手稿（〈1857—1858 年经济学手稿〉）——〈资本论〉创作史研究之二》，《马克思主义与现实》，2013 年第 5 期。

③颜鹏飞：《〈资本论〉及其手稿再研究的新进展》，《马克思主义研究》，2013 年第 7 期。

④朱炳元、张兴亮：《基于马克思恩格斯共同文本的虚拟资本理论探源》，《马克思主义与现实》，2013 年第 3 期。

⑤赵家祥：《〈资本论〉及其手稿中的生产方式概念》，《北京行政学院学报》，2013 年第 4 期。

⑥赵家祥：《〈资本论〉及其手稿中的生产关系理论》，《新视野》，2013 年第 4 期。

⑦陶文昭：《马克思恩格斯论〈共产党宣言〉》，《中国特色社会主义研究》，2013 年第 5 期。

⑧郝贵生：《如何认识〈共产党宣言〉的核心思想》，《马克思主义研究》，2013 年第 11 期。

⑨聂锦芳：《关于重新研究"巴黎手稿"的一个路线图》，《马克思主义与现实》，2013 年第 3 期。

⑩聂锦芳：《"巴黎手稿"笔记本Ⅱ内容探佚》，《北京行政学院学报》，2013 年第 3 期。

⑪李彬彬：《马克思共产主义思想的起源——重新思考"巴黎手稿"对共产主义的七条论证》，《马克思主义与现实》，2013 年第 3 期。

⑫徐斌：《认识社会发展规律的革命辩证法——研读列宁〈论我国革命〉的体会》，《思想理论教育导刊》，2013 年第 3 期。

⑬赵玉兰：《〈马克思恩格斯全集〉历史考证版的诞生与发展轨迹探源》，《马克思主义研究》，2013 年第 6 期。

⑭徐洋：《试论〈马克思恩格斯全集〉历史考证版（MEGAⅡ）第二部分的主要内容和学术价值》，《马克思主义与现实》，2013 年第 5 期。

⑮姚颖：《〈马克思恩格斯全集〉俄文1 版出版始末及其历史意义》，《教学与研究》，2013 年第 3 期。

⑯顾海良：《马克思经济学体系结构的变化》，《光明日报》，2014 年 2 月 27 日。

⑰余锦龙：《马克思生产力理论所蕴含的生态经济思想》，《马克思主义研究》，2013 年第 4 期。

⑱丁声振：《马克思的危机理论：作为一种世界市场危机理论》，《马克思主义与现实》，2013 年第 2 期。

⑲杨晓玲：《马克思剩余价值理论的再认识与和谐社会的构建》，《教学与研究》，2013 年第 11 期。

⑳赵义良、王代月：《马克思的产权思想：价值取向与当代意义》，《马克思主义与现实》，2013 年第 3 期。

㉑刘秀萍：《私有财产关系的起源、表现及其社会后果——马克思"巴黎时期"思想再探讨》，《马克思主义与现实》，2013 年第 3 期。

㉒王峰明：《异化劳动与私有财产——试解〈1844 年经济学哲学手稿〉的一个理论难点》，《马克思主义与现实》，2013 年第 1 期。

㉓张莉、孙熙国：《究竟能不能用"辩证唯物主义"来命名马克思恩格斯的新唯物主义——兼论黄枏森先生所倡导和坚持的"辩证唯物主义世界观"》，《当代世界与社会主义》，2013 年第 1 期。

㉔郭强：《马克思的社会形态发展规律思想新探》，《当代世界与社会主义》，2013 年第 1 期。

㉕赵家祥：《资本逻辑与马克思的三大社会形态理论——重读〈资本论〉及其手稿的新领悟》，《学习与探索》，2013 年第 3 期。

㉖王继云、杨军：《马克思恩格斯社会发展理论基点的转变》，《当代世界与社会主义》，2013 年第 2 期。

㉗耿步健：《马克思恩格斯和谐社会思想及其当代价值》，《光明日报》，2013 年 8 月 20 日。

㉘贾钢涛：《列宁社会主义建设思想探析——以农民问题为视角的考察》，《当代世界与社会主义》，2013 年第 6 期。

㉙房广顺：《列宁关于管理社会事务要加强监督的思想与实践》，《当代世界与社会主义》，2013 年第 6 期。

㉚张定鑫：《马克思有关文化思想的启示——兼评学界关于"文化"本质的问题》，《教学与研究》，2013 年第 7 期。

㉛钱昌照：《马克思恩格斯文化思想的基本内容与特征》，《科学社会主义》，2013 年第 4 期。

㉜梅萍、林更茂：《从马克思恩格斯的文化生命观看文化自觉》，《当代世界与社会主义》，2013 年第 6 期。

㉝李素霞、李延江：《马克思文化观的方法论意义》，《当代世界与社会主义》，2013 年第 4 期。

㉞朱宗友、李科：《列宁文化建设思想及其启示》，《当代世界与社会主义》，2013 年第 3 期。

㉟田心铭：《从〈家庭、私有制和国家的起源〉看马克思恩格斯文明思想》，《马克思主义研究》，2013 年第 7 期。

㊱辛向阳：《19 世纪国际共产主义运动中无产阶级国际组织与政党的民主实践初探》，《当代世界与社会主义》，2013 年第 2 期。

㊲高宝琴：《马克思恩格斯党内民主思想及其启示——权力配置和制约的视角》，《中国特色社会主义研究》，2013 年第 3 期。

㊳熊乐兰：《论列宁关于健全党内民主集中制的

理论》，《科学社会主义》，2013 年第 2 期。

㊴于艳艳：《列宁关于保持执政党纯洁性思想及启示》，《当代世界与社会主义》，2013 年第 4 期。

㊵马俊峰：《马克思世界历史理论的方法论意义》，《中国社会科学》，2013 年第 6 期。

㊶刘传春：《马克思主义国际合作思想：进程、特征与范式》，《当代世界与社会主义》，2013 年第 3 期。

㊷段忠桥：《马克思正义观的三个根本性问题》，《马克思主义与现实》，2013 年第 5 期。

㊸林剑：《论马克思历史观视野下的社会正义观》，《马克思主义研究》，2013 年第 8 期。

㊹张祥云：《列宁联邦制理论与实践问题探析》，《当代世界与社会主义》，2013 年第 3 期。

㊺路克利：《理论领域马克思主义中国化的最初尝试——试析马克思、恩格斯对中国的研究》，《马克思主义研究》，2013 年第 8 期。

㊻李成勋：《〈资本论〉论中国》，《当代经济研究》，2013 年第 8 期。

㊼李捷：《认真研读马克思主义经典著作是改革开放实践与时代的需要》，《马克思主义与现实》，2013 年第 4 期。

㊽张雷声、邓春芝、龙晓菲：《论马克思主义理论学科的文献建构》，《思想理论教育导刊》，2013 年第 5 期。

㊾贾高建：《重视做好马克思主义经典著作的编译工作》，《马克思主义与现实》，2013 年第 4 期。

（作者：中共中央编译局马研部编审）

马克思主义中国化

毛　胜　唐洲雁

2013 年，首都理论界、学术界在马克思主义中国化研究中取得了重大进展。这不仅体现在相关领域研究的持续推进，取得了很多有质量的新成果，还突出表现在以下两个方面：一是深入学习贯彻习近平总书记系列讲话精神，深刻揭示了这些讲话为中国特色社会主义理论体系注入新的内涵和时代精神；二是抓住纪念毛泽东诞辰 120 周年的契机，在新的历史条件下深入系统地开展毛泽东思想研究。下面，仅对一年来首都学者研究毛泽东思想和中国特色社会主义理论体系的新进展，做一个简要的综述。

一、关于毛泽东思想

在毛泽东诞辰 120 周年之际，首都学者掀起了毛泽东思想研究的新热潮。一是认真学习贯彻习近平在纪念毛泽东诞辰 120 周年座谈会上的重要讲话精神，在正确认识和对待毛泽东及毛泽东思想上统一了思想；二是围绕毛泽东与中国梦、毛泽东与中国特色社会主义、毛泽东与群众路线等重点热点问题进行深入探讨，取得了较大进展；三是对毛泽东哲学思想、毛泽东军事思想、毛泽东经济思想等问题继续进行专题性研究，提出了不少有价值的见解。

1. 学习习近平在纪念毛泽东诞辰 120 周年座谈会上的讲话

2013 年 12 月 26 日，中共中央在人民大会堂隆重举行座谈会，纪念毛泽东诞辰 120 周年。习近平总书记在会上发表重要讲话，强调毛泽东是马克思主义中国化的伟大开拓者，并用 5 个“创造性地解决”总结了毛泽东推进马克思主义中国化的成果；强调要在具体的时代和社会的历史条件下评价历史人物，并阐释了党对自身包括领袖人物的失误和错误的郑重态度；强调要永远高举毛泽东思想的旗帜前进，并系统论述了毛泽东思想活的灵魂的基本内涵和时代要求。①

12 月 26—28 日，由中央宣传部等 7 家单位联合举办的“全国纪念毛泽东同志诞辰 120 周年学术研讨会”在北京举行。全体与会代表深入学习、深入讨论了习近平在纪念座谈会上的讲话。大家一致认为，习近平总书记的这篇讲话，是对《关于建国以来党的若干历史问题的决议》在评价毛泽东的历史功绩和毛泽东思想的历史地位及指导作用方面的继承与发展，既坚持了历史决议的基本精神，又结合新时代、新问题和新要求，做出了新的理论阐释，是一篇闪耀着马克思主义真理光芒的重要文献。主要表现在三个方面：一是讲话站在历史的高度，全面、准确、科学地评价了毛泽东的历史功绩和毛泽东思想的历史地位，鲜明地回答了我们为什么要永远高举毛泽东思想的旗帜前进的问题；二是讲话结合新的时代条件，系统阐述了毛泽东思想活的灵魂的基本内涵，回答了今天我们怎样坚持、运用和发展毛泽东思想的问题；三是讲话运用科学的历史观，唯物辩证地分析了我们党所走过的曲折道路和毛泽东同志的晚年错误，科学地回答了如何看待我们党的历史和党的领袖人物的问题，有力地回击了历史虚无主义。②

刘云山同志出席了“全国纪念毛泽东同志诞辰 120 周年学术研讨会”开幕式并发表讲话，强调要认真学习贯彻习近平在纪念毛泽东诞辰 120 周年座谈会上的重要讲话精神，全面科学认识毛泽东和毛泽东思想的历史功绩和历史地位，深入阐释毛泽东思想的精神实质和当代价值，为坚持和发展中国特色社会主义凝聚起强大的精神力量。他指出：新形势下深入研究毛泽东思想，就要科学总结我们党90多年波澜壮阔的奋斗历程和历史经验，进一步坚定在中国特色社会主义道路上实现中华民族伟大复兴的中国梦的信念和信心；就要正确把握马克思主义中国化两大理论成果的关系，在继承和发展中不断推进党的理论创新；就要注重阐释贯穿其中的辩证唯物主义和历史唯物主义，帮助人们更好地用马克思主义立场、观点、方法去观察、分析和处理问题；就要坚持以中国的实际问题、以我们正在做的事情为中心，着力回答改革开放和社会主义现代化建设中的重大课题；就要传承和弘扬党的优良传统和作风，保持和发展党的先进性和纯洁性，全面推进党的建设新的伟大工程，为推进中国特色社会主义伟大事业提供有力支撑。[③]

2. 关于毛泽东与中国梦

学者们从习近平总书记有关中国梦的论述切入，对毛泽东与中华民族伟大复兴这个话题进行了深入探讨，取得了很多新成果。有学者通过研究毛泽东与辛亥革命、成立中国共产党、创建新中国和实行改革开放这4个具有里程碑意义的重大事件的关系，勾勒出了近代以来中国历史画卷的基本轮廓，从而深刻论述了毛泽东在民族复兴征程上写下的光辉篇章。指出：毛泽东亲身参加了辛亥革命，他关于中国革命道路的许多重要思想，都是建立在对辛亥革命经验教训深刻总结的基础上的；毛泽东是党的主要缔造者之一，提出一整套建党理论，建立了一个马克思主义政党；没有毛泽东就没有新中国，缔造新中国，是他为民族复兴做出的最伟大贡献；以毛泽东为核心的第一代中央领导集体为当代中国一切发展进步奠定了根本政治前提和制度基础，为改革开放新时期开创中国特色社会主义道路提供了宝贵经验、理论准备、物质基础。[④]

有学者认为，毛泽东的丰功伟绩为中华民族伟大复兴奠定了历史基础。从宏观角度讲，他有四大功绩：作为中国共产党的主要缔造者，他的正确党建理论对把中国共产党建设成为马克思主义先进政党起了决定性作用，从而使党成为领导中国革命、建设和改革事业的核心力量；作为人民军队的主要缔造者，他提出的建军思想、战略战术和重大决策，使人民军队不仅打败了日本帝国主义和国民党反动派，还同美国等国军队进行了较量，成为保卫国家安全的坚强柱石；作为新中国的主要缔造者，实行了新民主主义向社会主义的转变，建立了社会主义基本制度，实现了中国历史上极其深刻伟大的社会变革；作为毛泽东思想的主要创立者，实现了马克思主义中国化的第一次历史性飞跃，其伟大成果既对中国革命和建设经验进行了科学总结，又为中国特色社会主义理论体系的创立奠定了理论基础。[⑤]

还有学者指出，在唯物史观的基础上，毛泽东对中国革命中出现的不同政治的“幼稚”的梦、“学西方的迷梦”、资本主义救中国的“梦呓”、“左”倾的“纯主观的想”等种种空想类型的“中国梦”做了深刻的批判。以毛泽东为代表的中国共产党人为之不懈奋斗的中国梦，既是“进步人类的梦想”，也是中华民族民族独立、人民解放和国家富强、人民幸福的崇高追求。在实现中国梦的过程中，如何克服悲观的论点和急躁的情绪是十分重要的问题，在这方面，毛泽东对历史经验的许多认识依然是我们的宝贵财富，即保持对国情的清醒认识，坚持实事求是和调查研究，坚持正确处理可能性与现实性的辩证关系等。[⑥]

3. 关于毛泽东与中国特色社会主义

经过多年努力，中共中央文献研究室编撰的《毛泽东年谱（1949—1976）》，于2013年12月由中央文献出版社出版。全书共6卷，近300万字，翔实地记述毛泽东领导建立和建设新中国的历程，对于研究新中国成立后毛泽东的思想理论与工作实践，特别是他领导社会主义革命和建设的成就、经验和艰辛探索，研究毛泽东对中国特色社会主义的贡献，有着重要意义。

有学者强调，不论是从历史实践上还是从理论逻辑上说，毛泽东都是中国特色社会主义事业的伟大奠基者、探索者和先行者。毛泽东提出实现马克思主义普遍真理同中国实际的第二次结合，走自己的路，探索适合中国国情、具有中国特点的社会主义建设道路，为实现马克思主义中国化第二次历史性飞跃做了充分的思想酝酿与理论准备，不仅是中国特色社会主义理论、道路、制度形成的历史和逻辑的起点，而且是中国革命、建设和改革的一条指导原则。[⑦]

有学者指出：中国共产党人对社会主义建设道路的探索，有改革开放前和改革开放后两个不同的历史时期。改革开放前即毛泽东时代的探索，是在传统社会主义的理论框架下进行的；改革开放后的探索是在中国特色社会主义理论框架下进行的。前一个时期的探索由于没有找到正确的目标、正确的道路，结果没有成功；后一个时期的探索接续了前人的实践，总结了其中的经验教训，找到了中国特色社会主义的目标方向，找到了改革开放的突破口，终于开辟了中国特色社会主义的道路。因此，如果说毛泽东时代的探索是中国社会主义建设的“上篇”的话，那么改革开放以后的探索则是“下篇”。这两个阶段的探索既相联系，又相区别，前者为后者奠定了基础，后者是对前者的超越。正是从这个意义上，可以说中国共产党人对中国特色社会主义建设道路的探索，是“始于毛，成于邓”，即从毛泽东时代就开始探索，到邓小平时代终于找到了、开辟了这条正确道路。也是从这个意义上，可以说毛泽东是探索中国特色社会主义道路的先行者。⑧

有学者认为，毛泽东在开创中国特色社会主义道路中的历史性贡献，主要包括5个方面：一是创造性地探索出具有中国特点的社会主义改造道路，成功地在一个经济文化落后的东方大国确立起社会主义基本制度；二是正确评价斯大林的是非功过，捍卫了社会主义阵营的根本利益，开启了“以苏为鉴”的思想解放运动；三是率先开启了对中国社会主义建设道路的独立探索；四是阐明了中国社会主义建设必须遵循的若干原则；五是在初步总结中国社会主义建设的规律性认识的基础上，逐步形成中国社会主义现代化建设的完整设想。⑨

还有学者总结了毛泽东探索中国社会主义建设道路的独创性理论贡献，并将它归纳为10个方面，包括：(1) 提出把党和国家的工作重点转到社会主义建设和技术革命上来；(2) 提出走自己的路，探索适合中国国情的社会主义建设道路；(3) 提出社会主义社会的基本矛盾和主要矛盾；(4) 提出社会主义现代化建设分两个步骤，进而提出中国社会主义的发展分两个阶段；(5) 提出社会主义社会还存在商品生产和商品交换；(6) 提出社会主义建设要处理好一系列重大关系，必须采取“统筹兼顾”的方针；(7) 提出正确处理人民内部矛盾的重要思想；(8) 提出搞好民主集中制，造成又有集中又有民主的生动活泼的政治局面；(9) 提出“百花齐放、百家争鸣”“古为今用、洋为中用”的文化方针；(10) 提出保持“两个务必”、密切党和人民群众血肉联系等一系列加强执政党建设的要求。⑩

4. 关于毛泽东与群众路线

学者们结合党的群众路线教育实践活动，深入探讨了毛泽东关于群众路线的理论与实践。有学者系统论述了毛泽东关于党的群众路线的重要思想，认为主要包括：(1) 只有人民才是创造历史的动力，把群众看作真正的英雄；(2) 坚持全心全意为人民服务，一切从人民的利益出发，只为民族与人民求福利；(3) 提出革命战争是群众的战争，要高度重视群众，紧紧依靠群众；(4) 强调虚心向群众学习，善于从群众的议论中发现和解决问题，从群众中来，到群众中去；(5) 要求把党的正确主张变成群众的自觉行动，发挥领导带头作用。⑪

有学者指出，毛泽东不仅是群众路线的开创者和倡导者，更是中国共产党人贯彻群众路线的杰出典范。毛泽东一贯相信群众，依靠群众，把人民群众当成革命根基、工作路线、胜利本源。他要求共产党人不论到什么地方，都要与劳苦大众打成一片，在人民中间生根、开花、结果；他强调共产党人的路线，就是人民的路线，它体现在党的一切工作、一切系统、一切领域的全过程；他认为兵民是胜利之本，群众才是真正的铜墙铁壁，只有依靠人民大众的支持，才能克服一切战争困难。⑫

有学者强调，把“为人民服务”作为无产阶级政党的根本宗旨，是毛泽东的一大贡献。它在价值取向上，体现了无产阶级运动是绝大多数人的，为绝大多数人谋利益的独立运动的特点，集中体现了共产党人的价值观。全心全意为人民服务的宗旨，建立在历史唯物主义基本原理的基础上，相信人民群众的力量、智慧和他们的未来，正确处理个人同群众的关系，密切地依靠群众，发挥群众的历史主动精神。全国胜利后党所处的执政地位，既为更好地服务人民提供了广阔的舞台，也面临着严峻的挑战和考验。能否始终保持为人民服务的根本宗旨，直接关系到党和人民政权的纯洁性及其性质，是一个关系到生死存亡的根本问题。⑬

5. 关于若干专题问题的研究

除了上述研究成果，还有不少专题性研究值得我们关注。比如，毛泽东哲学思想向来是学术界研究的重点领域。有学者认为，毛泽东的《实践论》和《矛盾论》是马克思主义哲学与中国革命实践、中国传统哲学优秀成果三者相结合的产物，丰富和发展了马克思主义认识论和辩证法。《实践论》和《矛盾论》是马克思主义哲学中国化的典范，为进一步推进马克思主义哲学中国化提供了有益的启示：将丰富的实践经验上升为哲学理论；学习和吸取当代马克思主义哲学最新成果；继承和发展中国传统哲学的优秀遗产；从具体哲学问题入手，推进马克思主义哲学的中国化；把哲学变成民族的事业。⑭

又如，毛泽东军事思想也是学者们长期关注的话题。有学者总结指出，毛泽东军事思想是建军之基，是具有中国特色、正确指导人民军队建设的科学理论，奠定了中国共产党创建和领导新型人民军队的基石；毛泽东军事思想是胜战之魂，指导人民军队以劣胜优、以弱胜强，取得了一个又一个辉煌的胜利，创造了世界战争史上一个又一个奇迹，为人民军队从胜利走向胜利注入了活的灵魂；毛泽东军事思想是安邦之本，指导我们建立了巩固的国防，拓展了中华民族的生存空间，奠定了中国有影响大国的国际地位；毛泽东军事思想是思维之钥，拨开了战争迷雾，开启了认识之门，揭示了军事领域矛盾运动的基本规律，提供了解决军事问题的根本方法。⑮

再如，还有学者强调，毛泽东关于革命与建设的理论，贯穿着两个要点：一是解放与发展生产力；二是满足人民需要，提高人民生活水平。毛泽东提出通过农业社会主义改造，“使全体农村人民共同富裕起来”，将社会主义与“共同富裕”联系起来。根据我国的国情，从发展生产力和增进人民利益出发，在各个历史阶段，都重视利用和发展民族资本主义经济。对资本主义工商业的改造，采取了和平赎买的政策，发展和创新了马克思主义。在发展多种所有制经济中，毛泽东区分了不同经济成分的不同社会性质，重视和强调社会主义国营（国有）经济的领导作用。毛泽东的这些经济思想，起着承上（马恩列理论）启下（中国特色社会主义）的作用，对我国当前的经济理论与实践，依然具有指导意义。[16]

二、关于中国特色社会主义理论体系

2013年，首都学者对中国特色社会主义理论体系与构成这个理论体系的邓小平理论、“三个代表”重要思想、科学发展观等重大战略思想进行了深入的研究，特别是认真学习贯彻习近平总书记系列讲话精神，深刻揭示了这些讲话为中国特色社会主义理论体系注入新的内涵和时代精神。

1. 关于邓小平理论

由于2014年是邓小平诞辰110周年，因此2013年首都学术界关于邓小平理论的研究，已经呈现出高涨的态势。

有学者指出，深化邓小平理论研究，有两个基本课题：一是怎样正确看待邓小平的历史贡献；二是如何准确把握邓小平理论研究的重点问题。邓小平开创中国特色社会主义道路的历史贡献主要体现在4个方面：（1）带领中国人民改革开放富起来；（2）废除领导职务终身制，建设民主法制社会；（3）实现祖国和平统一的天才构想和成功实践；（4）创立中国特色社会主义理论。深化邓小平理论研究，就要结合新的实际，对邓小平一直在探讨、反复求证、不断丰富完善的一些理论观点，和他已经破了题，但当时实践还没有发展到那一步，还不能够展开充分论述的一些重大的理论问题，进行深入研究。这些问题包括科学技术是第一生产力理论、共同富裕理论、关于市场经济与社会主义制度结合起来的理论、小康社会理论，等等。[17]

有学者深入研究了邓小平关于如何总结经验的4句话，即“对的要继续坚持”，“不足的要加点劲”，“不对的赶快改”，“新问题出来抓紧解决”。认为这四句话指明了总结经验的4个具体“抓手”；昭示出在改革开放和社会主义现代化建设进程中要彻底贯彻实事求是的有效途径；体现了站在历史高处追求真理的彻底唯物主义精神；反映了在总结经验时应该尊重和掌握的历史发展客观逻辑。从根本上说来，这4句话体现了改革开放和社会主义现代化建设的前进规律，即在坚持“对的”过程中深刻地发展新认识，在弥补“不足”的过程中睿智地完善新理论，在改正“不对”的过程中勇敢地做出新决策，在解决“新问题”的过程中敏感地做出新判断。[18]

有学者考察了邓小平对社会主义本质的认识历程，强调1992年春天发表的“南方谈话”是对社会主义本质的全面概括，而1978年秋天发表的“北方谈话”则是重要的破题。邓小平社会主义本质论的形成经历了如下几个重要节点：1978年，提出社会主义要“消灭剥削”，但“贫穷不是社会主义”；1980年，明确提出社会主义要“发展生产力”；1985年，提出社会主义要“解放生产力，发展生产力”；1990年，突出强调社会主义要“消灭剥削，消除两极分化，最终达到共同富裕”；1992年，完整概括“社会主义的本质”。[19]

还有学者认为，在改革开放和社会主义现代化建设的新时期，邓小平一直致力于建立适合当代中国国情的社会主义制度，以体现这一制度的优势。他认为，判断中国特色社会主义制度优势的首要标准是解放发展生产力、改善人民生活，共同富裕则是体现制度优势的基本原则，社会主义制度的优势主要表现为集中力量办大事，其最终目标是超越资本主义制度。[20]

2. 关于“三个代表”重要思想

有学者专题研究了江泽民的历史责任感，指出：十三届四中全会以后，面对纷繁复杂的国际国内形势，江泽民本着对历史负责的态度，带领全党有条不紊、卓有成效地开展工作。他提出高举邓小平理论的旗帜不动摇，还根据实践发展和形势需要，对跨世纪中国的发展目标、发展步骤、发展战略进行了全面部署。在世纪之交，他再次体现出一名成熟政治家的历史责任感和巨大的政治勇气，创造性地提出了“三个代表”重要思想。十六大后，在中央军委主席岗位上，他把军队建设的一些大事定下来，为军队的发展创造了良好的条件。[21]

还有学者指出，江泽民多次发表关于历史研究、历史教育、历史学习的论述，身体力行地推动史学研究的发展。这些活动和思想对当代史学的发展产生了积极影响：中国马克思主义史学不仅要在全球化视野下研究中国发展道路，并构建具备较强理论影响力和学术阐释力的分析框架与解释范式，而且还要在全世界范围内传播中华文化和中华文明的历史形态和现实模式，尤其是中国特色社会主义的发展模式。[22]

3. 关于科学发展观

有学者指出，从现代化的视域看，科学发展观的提出全面深化了对现代化发展规律的认识。发展的实质是实现现代化，科学发展观通过突围发展“困境”进而指明了现代化的真正出路。发展观的历史演进过程也是现代化道路的探索与选择过程，科学发展观实现了对“传统发展观”的真正超越，是指导中国现代化建设的“现代发展观”。从实践形态讲，科学发展观不断拓展和完善的正是一条中国式现代化道路或中国特色现代化道路。[23]

有学者认为，科学发展观包含着丰富的党建思想，揭示了执政党建设的重要规律，对党的建设具有重要指导意义。科学发展观强调发展是第一要务，升华了党的执政理念；提出发展应以人为本，巩固和扩展了党的执政资源；强调全面协调可持续发展，体现了党的执政方略的正确性、先进性；把统筹兼顾作为根本方法，巩固和扩大了党的执政基础。[24]

有学者专门分析了科学发展观的理论品格，认为科学发展观体现当代中国和当今世界发展新要求，具有强烈的时代性；科学发展观顺应人民群众过上幸福美好生活的新期待，具有鲜明的人民性；科学发展观以一系列新的思想观点对坚持和发展中国特色社会主义做出了新的理论回答，具有独特的创造性。[25]

还有学者强调，科学发展观最鲜明的精神实质是解放思想、实事求是、与时俱进、求真务实。科学发展观的精神实质蕴含着一切为了人民群众的价值取向，蕴含着一切必须科学发展的目标追求，蕴含着一切从实际出发的思想方法。把握了科学发展观的精神实质，也就把握了科学发展观的核心、本质及目标追求，也就把握了科学发展观内涵中最深刻、最稳定、最核心的方面。[26]

4. 关于习近平总书记系列重要讲话对中国特色社会主义理论体系的丰富和发展

党的十八大以来，习近平总书记围绕坚持和发展中国特色社会主义这条主线，在改革发展稳定、内政外交国防、治党治国治军各个方面发表了一系列重要讲话，提出了许多新思想、新观点、新论断。在深入学习贯彻习近平总书记系列重要讲话精神的过程中，首都理论界、学术界不仅先行一步、带头学习，而且对这些讲话的时代背景、基本内涵和重大意义，特别是其对中国特色社会主义理论体系的丰富和发展，进行了系统深入的研究阐释。

有学者在《光明日报》发表系列文章，深刻指出，习近平总书记系列重要讲话“体现了与时俱进的理论品质和实践要求，是对十八大精神的拓展和深化，为坚持和发展中国特色社会主义注入了新的丰富内涵”。学者还对习近平总书记关于中国梦、中国特色社会主义、科学发展、改革开放、依法治国、强军目标、外交战略、党的建设、严明政治纪律等重要论述，分别做了专题研究。[27]这些研究深刻揭示了习近平总书记系列重要讲话是马克思主义中国化、时代化最新成果的集中体现，充实、丰富和发展了中国特色社会主义理论体系。

这一年，首都理论界对习近平总书记系列重要讲话的研究阐释，既系统全面，又有所侧重，尤其是围绕习近平总书记关于坚持和发展中国特色社会主义、实现中华民族伟大复兴的中国梦这两个方面的重要论述，进行了深入探讨。这一方面抓住了习近平总书记系列重要讲话的主题，就是坚持和发展中国特色社会主义，推动实现中华民族伟大复兴的中国梦；另一方面阐述了中国特色社会主义是科学社会主义理论逻辑和中国社会发展历史逻辑的辩证统一，彰显出民族复兴中国梦是着眼坚持和发展中国特色社会主义提出的重要战略思想，打开了理论创新发展的宽广视野，为中国特色社会主义理论体系注入了新的时代精神和鲜活力量。

围绕习近平总书记关于坚持和发展中国特色社会主义的重要论述，研究者们提出了不少有价值的见解，包括“坚定理想信念、反映人民意愿、顺应时代潮流、推进改革开放，是坚持和发展中国特色社会主义至关重要的问题”[28]；“坚持和发展中国特色社会主义，要从世界社会主义源头讲起，要从中国特色社会主义历史发展讲起，要坚持远大理想与共同理想的统一”[29]，等等。

围绕习近平总书记关于实现中华民族伟大复兴的中国梦的重要论述，中共中央文献研究室编辑了《习近平关于实现中华民族伟大复兴的中国梦论述摘编》一书，全面展现了中国梦的基本内涵、丰富思想、精神实质、实现路径和实践要求；并在相关文章中鲜明地指出：“中国梦生动形象表达了全体中国人民的共同理想追求，昭示着国家富强、民族振兴、人民幸福的美好前景，为坚持和发展中国特色社会主义注入新的内涵和时代精神。”[30]有学者认为，这些论述“丰富了中国特色社会主义的科学内涵，为推进中国特色社会主义伟大事业指明了方向，成为当今中国发展进步的高昂旋律、思想引领和精神旗帜”[31]。

5. 关于中国特色社会主义理论体系对毛泽东思想的继承和发展

自十七大报告首次明确提出中国特色社会主义理论体系的概念后，如何认识中国特色社会主义理论体系与毛泽东思想的关系，一直是理论界关注的热点问题。有学者联系新形势新要求，强调“中国特色社会主义理论体系与毛泽东思想具有既一脉相承又与时俱进的关系”，主要体现在三个方面：（1）中国特色社会主义理论体系在基本立场、观点、方法上，直接继承了毛泽东思想活的灵魂的三个基本方面；（2）毛泽东探索中国社会主义建设道路取得的独创性理论成果，是中国特色社会主义理论体系的重要思想来源；（3）与时俱进的“进”，主要体现在中国特色社会主义理论体系丰富和发展了毛泽东思想，开辟了当代中国马克思主义发展新境界。[32]

关于中国特色社会主义理论体系对毛泽东思想的继承，有学者认为是根本上的继承，表现在中国特色社会主义理论体系对马克思主义的本质，对毛泽东思想的精髓，对社会主义革命、建设和改革以及党的建设的一些重大问题的坚持和继承。[33]还有学者强调，中国特色社会主义理论体系是沿着毛泽东开辟的马克思主义中国化道路、随着时代的步伐和建设社会主义实践的发展而向前发展的，其中许多基本原则、基本思想是直接从毛泽东思想那里继承下来的。[34]

关于中国特色社会主义理论体系对毛泽东思想的发展，有学者认为是重大的理论飞跃，表现在4个方面：（1）在发展时期上，由社会主义建设时期跃入社会主义改革开放时期；（2）在发展指导思想上，由“以阶级斗争为纲”转到以经济建设为中心；（3）在发展空间上，由关门搞建设变为打开国门开放发展；（4）在发展动力上，由以阶级斗争为动力转为以改革创新为动力。[35]

6. 关于中国特色社会主义理论体系若干专题问题的研究

中国特色社会主义理论体系具有深厚的历史渊源。它是我们党长期探索的伟大理论创造，是改革开放30多年成功实践的理论结晶，同时凝结着改革开放前30年实践探索的成果和经验，凝结着近代以来170多年中华民族奋发图强的不懈努力，凝结着500年来人类对社会主义的执着探求。有学者认为，中国特色社会主义理论体系的创立与发展，给我们以诸多的历史启示。面向未来，我们要书写好中国特色社会主义这篇大文章，必须继续坚持理论逻辑和历史逻辑的辩证统一。具体而言，要在解放思想、实事求是、与时俱进、求真务实的辩证统一中，在坚持继承与创新的辩证统一中，在实践创造与理论探索的辩证统一中，在中国特色与世界眼光的辩证统一中，与时俱进、书写未来。[36]

有学者指出，中国特色社会主义理论体系具有三大能量：一是能够深刻把握世界发展的大趋势，使中国梦的实现始终有正确的方向；二是为发展寻找到机遇，体现着抢机遇、抓机遇、用机遇的特点；三是能够化解风险，战胜重大挑战，把中国特色社会主义推进到新的发展阶段。[37]

还有学者从更宽广的视野，指出中国特色社会主义理论体系为解决经济文化比较落后的国家如何建设社会主义这个世界历史性难题，为实现中华民族伟大复兴这个人类历史上极其艰巨的社会改造和建设工程，并为中国走和平发展道路提供了理论支撑。中国的理论和实践将推动世界社会主义运动走向复兴，也为发展中国家实现民族振兴提供了重要经验。[38]

纵观2013年首都学者关于马克思主义中国化的研究，成果丰硕，且不乏宝贵的思想观点，从而使本学科在整体上呈现出开拓奋进、锐意创新的良好态势，并扎扎实实地向前发展。当然，研究中也还存在“炒冷饭”、浅尝辄止等问题，需要我们不断改进、不断提高。2014年是新中国成立65周年、邓小平诞辰110周年、抗日战争胜利69周年，我们期待首都学者“百尺竿头，更进一步”，在马克思主义中国化研究中取得更大的成绩。

注：

①习近平：《在纪念毛泽东同志诞辰120周年座谈会上的讲话》，《人民日报》，2013年12月27日。

②参见《一篇闪耀着马克思主义真理光芒的重要文献——理论工作者学习讨论习近平同志在纪念毛泽东同志诞辰120周年座谈会上的讲话纪要》，《党的文献》，2014年第1期。

③刘云山：《在全国纪念毛泽东同志诞辰120周年学术研讨会上的讲话》，《人民日报》，2013年12月28日。

④冷溶：《毛泽东与民族复兴道路上的四座里程碑》，《人民日报》，2013年12月23日。

⑤石仲泉：《毛泽东与中华民族伟大复兴》，《新湘评论》，2013年第23期。

⑥李君如：《毛泽东与中国梦》，《党的文献》，2013年增刊。

⑦王伟光：《毛泽东是中国特色社会主义的伟大奠基者、探索者和先行者》，《中国社会科学》，2013年第12期。

⑧唐洲雁：《毛泽东是探索中国特色社会主义道路的先行者》，《东岳论丛》，2013年第9期。

⑨李捷：《毛泽东在开创中国特色社会主义道路中的历史功绩和地位》，《毛泽东邓小平理论研究》，2013年第9期。

⑩陈晋：《毛泽东对社会主义的实践探索和理论贡献》，《求是》，2013年第24期。

⑪虞云耀：《毛泽东关于党的群众路线的重要思想及其现实意义》，《党的文献》，2013年增刊。

⑫邵维正：《根·线·本——学习毛泽东的群众观》，《党的文献》，2013年增刊。

⑬梁柱：《为人民服务：毛泽东确立的共产党人价值观》，《党的文献》，2013年第6期。

⑭许全兴：《〈实践论〉和〈矛盾论〉对马克思主义哲学中国化的启示》，《中国社会科学》，2013年第12期。

⑮任海泉：《正确认识毛泽东军事思想的科学价值》，《党的文献》，2013年增刊。

⑯卫兴华：《毛泽东关于解放与发展生产力和正确对待资本主义经济的思想》，《河北经贸大学学报》，2013年第5期。

⑰龙平平：《邓小平的历史贡献和深化邓小平理论研究的重点问题》，《党的文献》，2013年第1期。

⑱陈晋：《改革开放与社会主义现代化建设的前进规律——围绕邓小平“四句话”的一些思考》，《党的文献》，2013年第3期。

⑲周锟：《从“北方谈话”到“南方谈话”——

邓小平对社会主义本质的认识历程》，《党的文献》，2013 年第 6 期。

⑳郑云天：《邓小平论中国特色社会主义制度优势》，《社会主义研究》，2013 年第 4 期。

㉑戚义明：《江泽民的历史责任感》，《党的文献》，2013 年第 3 期。

㉒曹守亮：《马克思主义史学中国化的新阶段——以江泽民史学思想为视角的考察》，《廊坊师范学院学报》（社会科学版），2013 年第 3 期。

㉓王虎学、万资姿：《科学发展观与中国特色现代化道路》，《中国特色社会主义研究》，2013 年第 1 期。

㉔姚桓：《论科学发展观对执政党理论的贡献》，《党建研究》，2013 年第 4 期。

㉕何毅亭：《中国特色社会主义理论体系的最新成果》，《人民日报》，2013 年 10 月 25 日。

㉖张雷声：《论科学发展观的精神实质》，《思想理论教育导刊》，2013 年第 1 期。

㉗何毅亭：《学习习近平总书记重要讲话》，人民出版社，2013 年版。

㉘冷溶：《把这篇大文章继续写精彩》，《人民日报》，2013 年 9 月 2 日。

㉙严书翰：《习近平"两次讲话"的思想深意》，《人民论坛》，2013 年第 7 期。

㉚中共中央文献研究室：《为实现中华民族近代以来最伟大的梦想而奋斗》，《人民日报》，2013 年 12 月 3 日。

㉛王伟光：《当今中国发展进步的精神旗帜》，《人民日报》，2013 年 8 月 20 日。

㉜陈扬勇：《在新高度上研究和宣传毛泽东》，《光明日报》，2013 年 12 月 26 日。

㉝徐光春：《中国化马克思主义的与时俱进——谈毛泽东思想与中国特色社会主义理论体系的关系》，《求是》，2013 年第 18 期。

㉞逄先知：《毛泽东的历史功绩》，《人民日报》，2013 年 12 月 25 日。

㉟徐光春：《中国化马克思主义的与时俱进——谈毛泽东思想与中国特色社会主义理论体系的关系》，《求是》，2013 年第 18 期。

㊱李忠杰：《永葆与时俱进的理论品质——中国特色社会主义理论体系的发展历程与历史启示》，《求是》，2013 年第 6 期。

㊲辛向阳：《中国特色社会主义理论体系的三大能量》，《北京日报》，2013 年 4 月 15 日。

㊳陈明凡：《中国特色社会主义理论体系的历史担当》，《探索》，2013 年第 3 期。

（作者：毛胜，中共中央文献研究室副研究员；
唐洲雁，中共中央文献研究室研究员）

科学社会主义

李瑞琴

2013 年，北京市科学社会主义研究注重了两大方面。一是从理论上对于中国特色社会主义的实践，及其与科学社会主义的关系，进行了正本清源式的梳理。这对中国正在步入改革攻坚阶段的中国特色社会主义事业的发展，无疑具有极大的推动作用。二是鉴于 2008 年美国次贷危机引发的全球性经济金融危机，世界经济依然处于低迷状态，世界各国依然遭受着危机的打击，社会主义思潮和运动在世界范围内的影响力也在不断扩展，国内学者对于这方面的关注和研究也取得了令人瞩目的成绩。科学社会主义的研究因此而呈现出上述明显的特点。

一、中国特色社会主义与科学社会主义是一脉相承的本源关系

随着中国特色社会主义事业的发展，中国改革开放的推进，许多学者有针对性地对一些重大理论和现实问题进行阐述。党的十八大以来，中国特色社会主义的发展愈加具有动力，但是前进道路上存在的问题也很突出，质疑中国特色社会主义性质的声音也时常泛起。因此，明确中国特色社会主义与科学社会主义的一脉相承的本源关系，对推进中国特色社会主义事业至关重要。

有学者指出，1917 年以来，如何在经济文化比较落后的国家建设社会主义，成为百年来科学社会主义需要研究解决的一个重大问题。这是一个漫长而艰巨的历史过程。经济文化比较落后的国家建立的社会主义，具有明显的传统社会特征，可以称之为传统社会主义。传统社会主义与马克思、恩格斯所构想的经典社会主义在发展程度上是有重大区别的。经济文化比较落后国家所建立的社会主义主要有两种典型形态，即苏联式的社会主义和中国式的社会主义。近百年来，世界社会主义历史上出现了由以苏联模式社会主义为代表的传统社会主义向以中国特色社会主义为代表的当代社会主义的转变，世界社会主义由此进入了一个新的发展阶段。从世界社会主义发展的历史趋势来考察，中国特色社会主义是科学社会主义的当代社会制度形态的代表，是科学社会主义在中国的最新发展。① 中国特色社会主义坚持和发展了科学社会主义，我国经济社会的发展之所以取得了举世瞩目的巨大成就，从根本上说，其根源在于坚持和发展了科学社会主义，突出地表现在中国特色社会主义把坚持社会主义同坚持解放思想、中国国情以及时代特征相结合。[②]

还有学者全面论述了中国特色社会主义是对科学社会主义的遵循和发展。第一，遵循科学社会主义关于共产主义发展分阶段的基本观点，发展形成了我国社会主义初级阶段理论以及社会主义初级阶段的基本路线，为中国特色社会主义提供了总依据和根本指导。第二，遵循历史唯物主义的基本观点，发展了科学社会主义需要在改革开放中不断坚持、发展和完善的观点，形成改革开放的基本国策，为中国特色社会主义提供了强大动力。第三，遵循资本主义条件下提出的剩余价值学说，发展了科学社会主义要实现从以往剥削制度占统治地位的社会向彻底消灭剥削的社会这一历史跨越的观点，发展形成社会主义本质理论。第四，遵循科学社会主义关于建立公有制、实行按劳分配、坚持无产阶级领导、以工农联盟为基础结成最广泛的同盟军等基本观点，发展形成中国特色社会主义制度体系。第五，遵循科学社会主义和历史唯物主义关于建设高度发达的物质文明和精神文明、合乎自然规律地改造和利用自然、促使人实现自由而全面发展等基本观点，发展形成中国特色社会主义建设五位一体总布局和发展为了人民、发展依靠人民、发展成果由人民共享的科学发展理念。第六，遵循马克思主义社会再生产理论和列宁新经济政策理论，发展形成社会主义市场经济理论，极大丰富和发展了中国特色社会主义。[③]

有学者进一步强调，必须坚持《共产党宣言》阐述的科学社会主义基本原则，准确了解它阐述的科学社会主义基本原则及其科学性。中国特色社会主义理论体系是马克思主义的科学社会主义基本原则同当前中国具体实际相结合的结晶，只有坚持科学社会主义基本原则，才能准确理解和把握中国特色社会主义理论体系。[④]科学社会主义基本原则与中国特色社会主义道路具有内在统一性。科学社会主义的方向性原则、发展性原则、公平性原则、保障性原则是社会主义的本质规定性。中国特色社会主义道路遵循着科学社会主义基本原则的逻辑轨迹，是科学社会主义基本原则与中国特色的内在统一。在当代中国坚持中国特色社会主义道路，就是真正坚持社会主义。[⑤]

还有学者提出，必须把科学社会主义基本原则同其实现形式区分开来，提出要准确理解中国特色社会主义的一个方法论问题。中国特色社会主义是科学社会主义基本原则同当前中国具体实际相结合的产物，因此，它在本质上是科学社会主义，但在科学社会主义的具体实现形式上具有中国特色。必须坚持科学社会主义的基本原则，丢了就不是社会主义。必须把中国特色社会主义看作社会主义发展历史进程中的一个时间段，它同历史上的社会主义实践是一种继承、扬弃和发展的关系，不要割断历史，更不要把不同时间段对立起来。[⑥]

二、科学社会主义的科学性及当代启示

科学社会主义是160多年前马克思主义经典作家创立的科学理论。与160多年前的世界相比，当代世界自然发生了翻天覆地的变化，那么，在全球化的背景下，科学社会主义如何显示其科学性，如何指导当下的实践，这也是马克思主义者必须关注和研究的问题。学者们做了如下探讨。

1. 科学社会主义思想发展史与当代

有学者回顾了科学社会主义诞生的历史，从历史的角度阐明了科学社会主义的当代意义与真理性。19世纪三四十年代，正当空想社会主义日暮途穷的时候，随着欧洲资本主义的发展和无产阶级独立政治运动的兴起，马克思、恩格斯在参加工人运动的实践中，开始了科学社会主义的理论研究，创立了科学社会主义理论体系。马克思、恩格斯为创立科学社会主义理论体系写下的著作主要有：《1844年经济学哲学手稿》《〈黑格尔法哲学批判〉导言》《论犹太人问题》《政治经济学批判大纲》《神圣家族》《英国工人阶级状况》《德意志意识形态》《共产主义原理》《共产党宣言》《1848年至1850年的法兰西阶级斗争》《资本论》《法兰西内战》《哥达纲领批判》《反杜林论》《社会主义从空想到科学的发展》等，还有他们写的其他一些重要文章和书信。在这些主要著作、重要文章和书信中，马克思、恩格斯运用全新的世界观和方法论，阐述了科学社会主义的理论基础、科学社会主义的基本原理以及科学社会主义的实现条件，形成了十分完备的理论体系。马克思、恩格斯创立的科学社会主义基本原理，也是社会主义必须具有的基本特征。第一，社会主义必须拥有发达的社会生产力。第二，社会主义必须建立生产资料的共同占有形式。第三，社会主义必须实行个人消费品的按劳分配。第四，社会主义必须消灭阶级、阶级差别和阶级斗争。第五，社会主义必须使国家的政治职能消亡。第六，社会主义必须大力发展科学教育事业。第七，社会主义必须促进人的全面而自由的发展。[⑦]马克思、恩格斯阐明的科学社会主义原理，在中国的社会主义制度下，正以其鲜明的中国特色诠释着科学社会主义的当代意义。

有学者认为，马克思、恩格斯总结自然科学发展的最新成就，借鉴和吸收人类有益的文化成果，以唯物史观和剩余价值学说为理论基石创立了科学社会主义，使社会主义由空想变成科学。社会主义的现实性、客观物质性、阶级性和群众性以及文化

先进性，反映了科学社会主义的科学性。建设社会主义，就是要坚持科学社会主义的科学性，提出科学的理论，制定正确的方针、政策，处理好一系列事关社会主义发展全局的重大问题，使社会主义沿着科学、正确的道路前进。[⑧]而中国特色社会主义事业的发展正是遵循了这样一个思维逻辑。从科学社会主义理论研究的5个热点问题也能阐释这一逻辑过程，即从思想史角度，简论科学社会主义如何问世，何以科学；阐释关于世界资本主义基本矛盾的发展，必将经历社会革命和过渡时期，最后进入共产主义的一般原理和基本原则，等等。[⑨]

还有学者在对科学社会主义理论逻辑与中国社会发展历史逻辑的辩证统一——对中国特色社会主义理论体系主题的再认识上，指出，中国特色社会主义理论体系主题是回答中国这样经济文化比较落后的国家如何建设、巩固和发展社会主义。今天需要从科学社会主义理论逻辑与中国社会发展历史逻辑的辩证统一上认识这个理论体系主题。它是从经济文化比较落后的国家可以率先走上社会主义道路这个世纪性课题演化而来的，也是整个20世纪不断提出又不断予以回答的重大课题。中国共产党人用成功的实践和中国特色社会主义理论体系，科学地回答了这世纪性课题。实践无止境，理论创新无止境。我们要在实践—认识—再实践—再认识的基础上，继续深化和拓展对中国特色社会主义理论体系主题的认识。[⑩]

中国特色社会主义对科学社会主义的继承和发展还表现在：中国特色社会主义探索了经济文化落后国家建设和发展社会主义这个历史性新课题，在新的历史条件下，坚持科学社会主义基本原则，又依据新的实践创造性地丰富和发展了科学社会主义，把人们对科学社会主义的认识提高到了一个新境界。[⑪]

2. 从中国特色社会主义的性质与历史地位看科学社会主义的当代性

中国特色社会主义本质上是科学社会主义，它是科学社会主义发展历程中的一个时间段。科学社会主义的历史实现形式，就是各国的社会主义实践活动。因此，有学者提出，不能离开科学社会主义基本原则来谈论中国特色社会主义。同时，因为苏联的社会主义模式是世界上第一个遵循科学社会主义原则建立的社会主义制度，因而要正确评价苏联社会主义模式和我国改革开放前的社会主义实践。中国特色社会主义同苏联社会主义模式、我国改革开放前社会主义的实践是一脉相承的，它们之间是历史地继承、扬弃和发展的关系，不能割断历史，更不能把它们对立起来。[⑫]苏联社会主义模式或“斯大林模式”，是苏联人民在以斯大林为首的苏联共产党的领导下，在实现社会主义工业化和农业集体化过程中，把科学社会主义基本原则同苏联具体国情相结合，形成的一整套社会主义的制度。斯大林和苏联社会主义模式，不管是取得的成就还是所犯的错误，都是共产党人在探索社会主义建设道路过程中出现的，都是国际共产主义运动中的宝贵财富。[⑬]共产党人在探索道路上所收获的，无论是教训还是经验，都在历史地体现着科学社会主义的当代意义的真理性。

从理论上看，从科学社会主义到中国特色社会主义理论体系的发展，可以用源流关系来概括。就邓小平理论与科学社会主义的关系而言，科学社会主义学说是源，邓小平理论是流；就“三个代表”重要思想与科学社会主义执政党学说的关系而言，后者是源，前者是流；就科学发展观与科学社会主义发展理论的关系而言，科学社会主义发展理论是源，科学发展观是流。科学社会主义也因此与中国特色社会主义理论体系存在源流关系。认识到这种源流关系，可以使我们更加坚定对中国特色社会主义理论体系的理论自信。[⑭]

中国特色社会主义的历史地位体现科学社会主义的当代意义方面，还可以从这一角度理解，即我国正在从事的社会主义实践活动是科学社会主义基本原则的创造性运用和发展。有学者做了这样的阐述：和中国特色社会主义相联系和对应的科学社会主义的基本原则，基本上是马克思、恩格斯对未来社会的科学预想部分，主要是社会发展需要划分阶段、生产力的高度发展、要实行生产资料公有制、按劳分配、对社会生产有计划地调节、要实现共同富裕、消灭一切阶级、要以工人阶级的意识形态作为社会的统治思想、社会主义社会是经常变化和改革的社会、党是社会主义事业的领导核心、人的全面发展是最高价值目标，等等。中国特色社会主义，既坚持了科学社会主义基本原则，又根据时代条件赋予其鲜明的中国特色，中国共产党在实践中，没有丢失科学社会主义基本原则，而是对它进行了创造性运用和发展。[⑮]

有学者进而论述了“中国特色社会主义理论体系之科学社会主义基本原则”，指出，改革开放以来实践证明，中国特色社会主义理论体系是符合国情和时代要求的。十八大报告对中国特色社会主义旗帜的含义进行了新概括，其中深化了对中国特色社会主义理论的认识。中国特色社会主义理论体系坚持了科学社会主义的基本原则。[⑯]

学者们还联系习近平同志在2013年1月5日的讲话进行了学习研究，通过对新一届党中央的执政理论的研究，进一步阐明了体现于中国特色社会主义事业中的科学社会主义的当代性。习近平总书记指出：中国特色社会主义，是科学社会主义理论逻辑和中国社会发展历史逻辑的辩证统一，是根植于中国大地、反映中国人民意愿、适应中国和时代发展进步要求的科学社会主义。科学社会主义的理论逻辑，是指这一理论体系中各个基本观点的内部联系，揭示了社会主义必然代替资本主义的内在规律；中国社会发展的历史逻辑，是指中国社会发展的必然进程，揭示了“只有社会主义才能救中国、只有中国特色社会主义才能发展中国”的历史必然。深刻领会习近平同志关于中国特色社会主义是“两个逻辑”辩证统一的重要论述，对坚持和发展中国特色社会主义具有重要的理论意义和实践意义。学者指出，习近平总书记的“1·5”讲话，是一篇对深入领会十八大精神、促进全党警醒起来具有重大意义的讲话。讲话从6个时间段分析了社会主义思想从提出到现在的历史过程，强调中国特色社会主义是科学社会主义理论逻辑和中国社会发展历史逻辑的辩证统一，是根植于中国大地、反映中国人民意愿、适应中国和时代发展进步要求的科学社会主义。其中关于中国特色社会主义的本质和内涵，关于改革开放前后两个历史时期的关系，关于胸怀共产主义崇高理想、坚定中国特色社会主义信念等问题的论述，具有重要的理论和现实意义，澄清了当前一些错误认识。[17]

3. 经济全球化与科学社会主义发展

经济全球化条件下，如何遵循作为工人阶级政党纲领的科学社会主义理论，也是科学社会主义发展的一个必须面对的问题。有学者指出：马克思、恩格斯是在建立工人阶级政党的实践中创建科学社会主义理论的。科学社会主义理论作为工人阶级政党的纲领，在理论层面阐明了工人政党的性质、任务、奋斗目标、革命道路及其理论支持历史唯物主义，在实践层面规定了工人政党政策和策略的基本原则。这一纲领创建的历程是一个不断反思、修正和完善的过程。[18]由此出发，科学社会主义的实践过程，也必须适应经济全球化对社会主义发展的要求。

有学者进一步指出，经济全球化对世界范围的社会主义运动及其发展产生了深刻的影响。社会主义从空想到科学发展、从理论到实践的飞跃、从单一模式到多种模式的转变都同经济全球化有着深刻的内在联系。社会主义提供了一套完全不同于资本主义的价值范式，代表着理性、进步的价值。在发达资本主义国家主导的经济全球化已成为当代世界发展趋势的客观进程中，社会主义国家只有制定和实施正确的政治、经济、文化和对外关系战略，积极主动适应经济全球化，才能寻求发展的机遇，壮大自己的事业，并最终实现社会主义的根本发展。[19]

有学者评论了20世纪90年代之后生态社会主义的新变化，比较了其与科学社会主义之异同。这也是全球化背景下，社会主义运动与思潮越来越明显的状态。作者指出，20世纪90年代之后，随着大批共产党和左派人士加入生态社会主义阵营，生态社会主义有了新的变化。这一时期的生态社会主义者对生态危机的根源与出路、人与自然的关系、生态社会主义的实践方面都进行了新的理论探索，使生态社会主义与科学社会主义有了更多相似之处。但是它们之间仍然有着本质的不同，我们要客观地对待生态社会主义，在坚持科学社会主义的立场上取其精华，弃其糟粕。[20]

关于科学社会主义的研究方法，也有学者进行了探讨，提出阶段分析、规律分析、话语分析是科学社会主义研究的三个方面。学者认为，研究社会主义需要有科学的研究方法：阶段分析方法的目的在于深入研究社会主义发展的阶段性，把握其在不同阶段所具有的共性和特殊性，在这种分析中揭示社会主义的本质与特征；规律分析方法是要深入研究社会主义发展和变化的基本规律，科学把握社会主义的走向及趋势；话语分析的方法是根据实际以及未来的走向，构建起与中国道路、中国理想、中国经验相一致的话语体系，用中国自己的话语来分析和解决自己的问题。[21]

三、世界社会主义在危机中复兴并愈加显著

2013年，世界社会主义运动复兴呈明显趋势，学界关注的问题更加广泛、深化；对于正在发生的世界金融经济危机的研究更加理性而冷静。同时，对于世界社会主义前景的展望，充满信心并立足于实际。

1. 科学社会主义研究活动年度动态

2013年，世界金融危机仍在继续，世界各类左翼论坛基于形势，有针对性地提出所关注的主题问题，进行研究、讨论、总结，有些还提出了指导实践的行动纲领。2013年6月7—9日，在美国纽约曼哈顿下城佩斯大学举行的全球“左翼论坛”，以“促进生态和经济转型”为主题，讨论了生态环境危机、能源霸权、金融恐怖主义对全球经济的影响、资本主义的未来、能源民主与政治的关系、21世纪拉丁美洲的左派运动、21世纪社会主义的特点等问题。[22]2013年7月31日—8月4日，在巴西圣保罗市举行的圣保罗论坛第19次会议强调，只要继续深化改革和加快地区一体化，就能够在拉美加勒比走向社会主义，这将是拉美人民独创的事业。[23]2012年5月18—20日，在比利时首都布鲁塞尔召开的第21届国际共产主义者研讨会，围绕“共产党人的当前任务与为社会主义而斗争之间关系”，深入讨论了各党对于争取以社会主义替代资本主义的斗争的观点。[24]2013年10月30—31日，在北京举行的“第四届世界社会主义论坛：世界社会主义和左翼思潮的现状及发展趋势”，关注社会主义发展面临的现实问题，就新自由主义和国际金融垄断、世界格局和社会阶级结构、世界左翼与社会主义现状及前景、共同富

裕是社会主义的本质等课题展开了讨论。[25]

2013年，国内学界对世界社会主义研究的重点：一是在当前国际金融危机中如何坚定信心、推动社会主义事业前进的重大问题。如有学者提出，自科学社会主义诞生以来，社会主义历史发生了4次大的转折，2008年爆发世界金融危机，中国特色社会主义在这种世界背景和条件下的成功，则使世界社会主义运动呈起步之势。因此，中国特色社会主义必将引领世界社会主义走向伟大复兴。[26]二是如何认识、判断当代资本主义危机问题。如有学者认为，目前新自由主义、国家干预主义、紧缩性的财政货币政策等资本主义国家用来解决危机的种种手段，反而使危机以更大的规模重新出现。市场失灵与政府失效交织、自由主义危机与国家干预危机并发，这是资本主义基本矛盾发展不可避免的后果，也是资本主义走向衰落的历史征兆。[27]三是以批判的视角分析社会民主党等世界中左翼势力目前的困境和出路，因没有利用金融危机以壮大自己的阵营和力量，反而逐渐丧失传统优势等。四是继续关注拉美等地区社会主义运动、拉美中左翼崛起的原因和面临的挑战。五是热点问题依旧呈现出历史与现实结合的特点，比如对生态社会主义、原苏东地区历史与现实的思考。六是结合当代实际，继续深化有关左翼思想的理论研究。

2. 世界社会主义思潮和运动的研究

有学者指出，自科学社会主义诞生以来，世界历史进程已发生了4次重大转折。1917年爆发的十月革命开创了社会主义运动的新篇章；二战后一系列国家社会主义革命的成功形成了一个社会主义阵营，世界社会主义运动进入高潮；20世纪80年代末90年代初的苏东剧变使世界社会主义运动进入低谷；2008年爆发世界金融危机，而中国特色社会主义的成功使世界社会主义运动呈起步之势。现阶段需加强两方面的研究：一是要加强对社会主义实践中经验与教训的研究，特别是要加强对苏联解体、东欧剧变原因的研究，加强对中国特色社会主义成功经验的研究；二是要加强对资本主义本质和新特征的认识，特别要回应民主社会主义、新自由主义和历史虚无主义思潮的发难。把这些重大理论和实践问题搞清楚了，对世界社会主义前景的分析才能更加准确，就更会有道路自信、理论自信和制度自信。

还有学者进一步明确指出，世界社会主义运动的光明前景基于三点：其一，目前在资本主义社会中所出现的矛盾和危机是与整个资本主义制度联系在一起的。我们既不能把资本主义社会所出现的一些良性变化视为资本主义本身的根本改变，也不能离开资本主义的本质属性来看待当今资本主义社会中变本加厉的恶性变化。其二，造成苏联解体、东欧剧变的原因很多，但没有一个可以说明是马克思主义、社会主义本身的失败，把苏联和东欧社会主义的垮台说成是社会主义的“原罪”是站不住脚的。贯穿于苏东社会主义垮台整个过程的，是苏联一些领导人对马克思主义、社会主义基本原则的放弃与背叛。其三，中国的改革开放是在中国特色社会主义理论指导下进行的。中国特色社会主义道路、理论体系和制度，是中国共产党90多年探索和奋斗的结晶。中国特色社会主义有自己的底线，底线之一就是中国化的马克思主义的唯一指导思想地位不容放弃。中国特色的社会主义道路对世界社会主义运动释放了强大的“正能量”。[28]

在对21世纪社会主义趋势走向的分析中，有学者谈到，南亚的印度，南美的古巴、委内瑞拉、南非及北部的俄罗斯人口众多，政治、经济、军事力量发展迅猛。必将形成21世纪世界社会主义发展的坚实后盾，社会主义回升并走向复兴，是大势所趋与历史必然。[29]

一些学者持续关注和研究了拉美的社会主义运动。拉美社会主义面临的主要挑战有以下几个方面：(1) 如何结合本国实际，在总结本国和世界社会主义运动的经验教训的基础上，提出和建立具有本国特点的社会主义理论。(2) 已经提出社会主义口号的拉美左派政府如何处理好改革、发展、稳定之间的关系，尽快发展经济、实现社会稳定是当前紧迫任务，也是巨大挑战。如委内瑞拉马杜罗政府面临强大的反对派、国内通胀严重、货币贬值、供应短缺、石油生产和出口下降、预算赤字严重、投资不足、国内安全形势堪忧、政府官员腐败严重等问题；自2013年6月以来，巴西数百万人上街抗议政府在社会方面投资不足、官员腐败等，最近两年巴西经济发展缓慢，巴西劳工党罗塞芙政府民调支持率下降。最近，古巴、委内瑞拉领导人也十分强调党内和政府内的反腐斗争。(3) 如何处理好与执政联盟其他政党和政治力量的关系，保持和巩固执政地位。由于拉美左翼政府如巴西、尼加拉瓜、阿根廷、乌拉圭等大多是以政治联盟方式与其他一些政党或政治力量联合执政，内部成分复杂，主张各异，缺乏向心力，受国内外影响而解体的风险依然较大。(4) 美国和拉美右翼势力的攻击。如巴拉圭中左派爱国变革联盟费尔南多·卢戈在2008年4月28日的大选中获胜，于同年8月15日就任巴拉圭总统。但不久，在美国的支持和巴拉圭本国右翼势力的反对下，卢戈2012年6月22日被众、参两院弹劾下台。美国还竭力支持委内瑞拉反对派于2002年策动反对查韦斯政府的未遂政变。[30]

“21世纪社会主义”的重要代表人物海因茨·迪特里奇认为资本主义即将进入其生命周期的尽头，用社会主义取代资本主义的条件已经具备。[31]玻利维亚总统莫拉莱斯提出要在玻利维亚建设“社群社会主义”和“印第安社会主义”。厄瓜多尔总统科雷亚也明确宣布厄瓜多尔将推行“21世纪社会主义”。“21世纪社会主义”不具备完整的理论体系，不能归为科学社会主义，但在拉美乃至世界上都具有较大的影响，“它仍然是世界社会主义运动经历苏东剧变陷入低潮后的一大亮点”。[32]

有印度学者认为，帝国主义依旧是建立公正、民主、和平的世界秩序所面临的第一障碍；反对帝国主义全球化的斗争需要建立一套替代性的左翼纲领；工人阶级仍然是挑战资本主义的核心革命力量；21世纪的社会主义的基本轮廓——生产资料社会化是社会主义的基本原则；商品生产和市场的存在不是对社会主义的否定；采用计划经济制度是社会主义的另一个基本原则，但计划不应当将所有经济决策都集中到一起；民主是社会主义的生命线；国家和执政党的关系必须进行制度化的界定。[33]

21世纪以来，尼联共（毛）逐步放弃了原来激进的纲领政策，在指导思想、斗争策略、革命道路、党的运行机制和军队问题等方面进行了一系列变革。但变革在取得了巨大成就的同时，也面临严峻的挑战。[34]意大利新左翼团体“宣言派”在意大利马克思主义传统内对当代共产主义运动、革命政党理论和如何在新的时代条件下继承发展葛兰西的思想做出了新的阐述，其理论发展对了解20世纪六七十年代意大利共产主义运动乃至整个欧洲的共产主义运动都具有一定的参考价值。[35]

3. 关于生态社会主义的研究

2013年，对于生态社会主义的研究成为最引人关注的热点问题之一。社会主义生态文明代表了人类文明发展的新形态，是对资本主义的超越。这种超越是建立在马克思主义完整、科学地把握人类社会整体历史进程的基础上的，是内在地、逻辑地统一于社会主义的本质之中的；源自于社会主义经济、政治建设与生态文明建设的内在一致性，源自于社会主义能最大限度地遵循人和自然、社会之间的和谐发展规律。[36]十八大报告明确提出了“建设社会主义生态文明”“努力迈向社会主义生态文明新时代”的目标，不仅彰显了我国“生态文明建设”的政治意识形态意蕴，而且体现了中国共产党对于“生态文明建设”的社会主义维度的理论自觉与政治追求。并有希望使我国的“社会主义生态文明”建设成为一个全球视野下的“包容互鉴”“相互促动”的良性发展过程。[37]

美国绿党认为生态问题的核心是政治问题，不克服政治制度的缺陷，生态的转型就无从谈起。该党在2013年全球“左翼论坛”中，共组织了22场关于生态问题的专题讨论。绿党人士认为，全球的有色人种和中低收入人群正在经历着环境的种族灭绝，土地、水和空气都被大企业污染了，而这些企业只追求利润最大化，漠视人的存在。在德国罗莎·卢森堡基金（Rosa Luxemburg Stiftung）主持的关于“工会参与环保——能源民主的新框架”的讨论中，有学者认为，现在的工人运动正在努力创造一个公平、民主和可持续的能源系统。[38]因生态问题与资本主义制度具有内在必然性，所以可持续发展的资本主义是一种幻想；生态帝国主义对自然和第三世界的殖民已成为其资本积累的主要手段；超越“绿色资本主义”走向生态社会主义已是必然趋势。[39]

四、关于当代资本主义危机研究

有学者研究，国际金融危机爆发以来，人们对资本主义的反思和批判更加关注长期趋势和深层问题，从过去探讨金融、财政、福利等外围政策延伸到剖析自由市场模式特别是新自由主义的缺陷，并较多论及资本主义制度核心问题。西方国家寻求变革、脱困自救的危机意识进一步增强。从前景看，资本主义国家很难再享有冷战后至金融危机爆发前那种“美好时光”。[40]第21届国际共产主义者研讨会通过的《总结论》指出，资本主义危机为社会主义开辟了道路。世界各国共产党人在目前的首要任务是澄清资本主义危机的性质，对危机进行马克思主义的分析，帮助工人和人民理解全球经济危机的根源，并把他们受到的各种攻击与资本主义制度本身的野蛮性质联系起来。[41]

2013年全球“左翼论坛”学者们介绍了他们出版的一套丛书。该丛书分析了资本主义的起源、现状和发展方向。一些被忽视的概念如贫困、阶级、国家、剥削、帝国主义、不平等又被重新提起，同时也加入了关于性别、民族、经济民主、环境和军事威胁等新的理论。在关于“资本主义的秘密支柱——土地控制和债券：奴役我们的两种制度”的讨论中，在华尔街做了32年系统分析的苏·彼得斯（Sue Peters）认为，土地的所有者通过地租吞噬了社会财富，商业银行和联邦储蓄银行通过发行债券控制了政府、企业和普通公民。这两种制度构成了我们现存经济制度的结构性缺陷，导致了贫困、失业、环境破坏和其他社会问题。[42]

萨米尔·阿明指出，“黄金增长期”（1950—1960）的巨变引发了新形态的两极分化，塑造出了一个与过去迥然不同的世界体系，人类正处于一场危机之中。资本积累的经济管理空间一直与其政治和社会管理的空间是同一的，但全球化的深入发展却终结了这种空间上的同一性。随着旧的增长模式衰退，南方和东方的外围国家却都陷入了民族国家的危机之中。为此，他提出了取代那种完全依附资本逻辑的人道主义的替代性的方案。[43]萨米尔·阿明还认为，资本主义的历史可分为三个阶段：长期准备期、短暂成熟期和漫长衰落期，垄断资本主义是资本主义长期衰落的开始。[44]英国学者尼尔·弗格森指出，西方社会经济增长放缓、债台高筑、人口老龄化问题、反社会行为的出现，制度的衰落难辞其咎。[45]

还有一些左翼学者指出，全球金融危机是资本主义的系统性危机：一是马克思主义描述的生产过剩危机中经典的生产过剩；二是有效需求不足的生产过剩；三是金融泡沫的破灭；四是油、水和肥沃的土地等不可再生资源的枯竭而导致的新现象。造成如此严重危机的原因在于当代世界资本主义社会同时存在三大危机：始于2008年年末的又一轮周期性的生产过剩；资本主义作为一种社会制度的危机，即包括人口危机、生态危机、社会危机、文化危机、精神道德危机等在内的全面危机；美国作为主要资本主义大国的霸权危机。[46]

五、关于原苏东地区社会主义研究

有学者研究了冷战后原苏东地区社会主义运动的变化，在存续的40多年里，苏东地区的社会主义运动相对来说比较简单，概括地说，就是“一个政党”“一个主义”“一种制度”“一种模式”。“一个政党”指的是在原苏东国家执政的只是共产党，即使有其他的政党，它们也从属于共产党，而没有任何政治独立性。在不同的国家，共产党的具体名称不太一样，有的叫共产党，有的叫工人党，有的叫社会党，还有的叫共产主义者联盟。但是，它们的性质和社会地位都是相同的。“一个主义”指的是马克思主义是唯一占主导地位的意识形态，但需要指出的是，马克思主义差不多在每个国家都有本土化的形式，只是程度上深浅略有差别。“一种制度”指的是这些国家都是社会主义社会，在各方面都强调同资本主义的不同甚至对立。“一种模式”就是苏东国家社会主义的类型，总体上说，也就是政治上过度集权、经济上过度集中、文化和社会发展的其他方面过度控制的苏联式的社会主义。当然，由于国情不同，与苏联共产党和苏联的关系亲疏不同，东欧国家同苏联也存在着程度不同的差别。比如，南斯拉夫搞的是自治和不结盟的社会主义，阿尔巴尼亚搞的是极左的社会主义，波兰、匈牙利和捷克斯洛伐克等国也曾在不同时期进行过有自己特色的社会主义的试验。但是，它们在本质上都是一样的。目前，原苏东地区社会主义的发展：一是均实行了西方式的议会民主多党制；二是绝大多数共产党都放弃了原有的指导思想，改为社会民主党或社会党等，只有极个别的还坚持原来的信仰和名称；三是社会主义政党多元化；四是以社会主义政党为载体的社会主义运动呈现多层化。[47]

有学者介绍了俄罗斯学者对“斯大林热”持续不衰的研究成果。近年来俄罗斯社会的“斯大林热”持续不衰。在斯大林逝世60周年之际，俄罗斯国内学者运用历史分析方法，对斯大林问题展开了研讨。学者们认为斯大林时代与当代俄罗斯同样面临着国家现代化的重大任务，这是斯大林备受关注的主要原因。斯大林是俄罗斯无人可替代的形象，作为那个时代的缩影，对于他的功过需置于人类历史发展的长河中考量，才能做出正确的评价，他的错误有来自时代的局限性。斯大林是坚定的马克思主义者，当代政治精英反对斯大林的动机却是极其阴暗的，要高度警惕外来势力操纵媒体，利用斯大林问题分裂俄罗斯社会。[48]爱尔兰共产党人认为苏联社会主义模式的崩溃并不意味着社会主义本身的失败，马克思主义和社会主义在当今时代仍然具有现实的意义，并且提出了未来社会主义革命和建设需要引以为鉴的一些经验教训。[49]

拉斯普京与俄罗斯《真理报》资深评论员、记者维克多·科热米亚科延续了20年的谈话录最近编集成书。围绕着苏联解体20年来俄罗斯社会中的一些事件、人物、文化现象、生活状况，一代文豪拉斯普京以悲剧视角对俄罗斯20年的动荡变化予以了独特的审视，并认定这是“多灾多难、让人痛不欲生的20年”。[50]

另外，2013年，应许多领导同志和读者的要求与请求，《居安思危：苏共亡党的历史教训》的解说词全文以单行本的形式出版。[51]《苏联亡党亡国20年祭：俄罗斯人在诉说》（六集党内教育参考片解说词·大字本）从6个方面记录了20年前那场剧变的亲历者、当事人和普通民众对那场剧变及其后果的诉说，特别是对戈尔巴乔夫时期6年多的“改革”所做出的反思。普京说，“苏联的崩溃是20世纪最大的地缘政治灾难，对俄罗斯人民来说，它是一场真正的悲剧”。外交部原副部长、中国驻俄罗斯原大使刘古昌指出：“这部片子很好，资料翔实，且很多第一手资料，说服力强，应当让更多的人看看这部片子。”[52]

六、科学社会主义研究发展存在的问题

综述看来，2013年科学社会主义研究呈现着这样几个特点，同时也是存在的问题。

一是对于科学社会主义与中国特色社会主义之关系的研究，还存在着视野局限、论述单一而没有重大突破与创新的问题。党的十八大以来以习近平为总书记的党中央提出了中国梦的伟大理想。中国梦是中国特色社会主义事业的题中应有之义，当然也是科学社会主义旗帜下，属于人类解放伟大事业的一个阶段性愿景。对于科学社会主义与中国特色社会主义事业本源关系的论述，就不应局限于当代的历史，而应将视野放置于中华民族的历史，放置于国际共产主义运动的大视野中去考量。

二是在对世界社会主义运动的关注中，其重点关注的依然以发达国家为主。近年来拉美地区的社会主义运动比较引人瞩目，这是一个良好的态势。

但是，还有世界上许多国家和地区的社会主义运动和思想没有引起关注，至少没有引起重视。比如，广大的非洲地区的左翼思潮和运动的发展，国内学者鲜有介绍。而非洲是深受新自由主义之害的重灾区，那里对于西方资本主义的批判，对社会主义道路的探索也是值得重视和挖掘的。

三是这门学科的研究方法比较单一。社会主义思想理论、思潮运动非常宽泛，基本是涵盖了一切领域和国家，其内容也是包罗万象，那么理论研究的表现形式或者研究成果也应该呈现得丰富多彩。比如，对同一问题的研究，虽然出自不同的作者，但是研究的方法、结论，包括视角都变化较少，因而研究结果在思想性、理论性方面还有上升的空间。当代世界呈现在世人面前的，不仅仅是诸如传统的社会主义、民主主义、民族主义等几种历史自古以来就形成的社会思潮。在日新月异的世界中，各类思潮、流派的涌现，各种思想理论的相互激荡，在国际金融危机形势下都有新的特点和新的体现。这些都是国外左翼思想理论需要关注和重视的。

注：

①闫志民：《关于中国特色社会主义与科学社会主义关系问题的再认识》，《教学与研究》，2013 年第 6 期。

②徐崇温：《中国特色社会主义坚持和发展了科学社会主义》，《理论视野》，2013 年第 2 期。

③李捷：《中国特色社会主义是对科学社会主义的遵循和发展》，《教学与研究》，2013 年第 12 期。

④周新城：《必须坚持〈共产党宣言〉阐述的科学社会主义基本原则》，《中共石家庄市委党校学报》，2013 年第 3 期。

⑤刘尧：《试论科学社会主义基本原则与中国特色社会主义道路的内在统一》，《科教导刊》（中旬刊），2013 年第 8 期。

⑥辛程：《必须把科学社会主义基本原则同其实现形式区分开来——准确理解中国特色社会主义的一个方法论问题》，《思想理论教育导刊》，2013 年第 6 期。

⑦许耀桐：《马克思恩格斯创立科学社会主义》，《科学社会主义》，2013 年第 5 期。

⑧陈国平：《科学社会主义的科学性及当代启示》，《山西高等学校社会科学学报》，2013 年第 1 期。

⑨钟哲明：《科学社会主义理论研究的五个热点问题辨析》，《思想理论教育导刊》，2013 年第 10 期。

⑩严书翰：《科学社会主义理论逻辑与中国社会发展历史逻辑的辩证统一——对中国特色社会主义理论体系主题的再认识》，《中共云南省委党校学报》，2013 年第 5 期。

⑪梁波：《中国特色社会主义对科学社会主义的继承和发展》，《理论视野》，2013 年第 4 期。

⑫周新城：《中国特色社会主义的性质与历史地位》，《毛泽东邓小平理论研究》，2013 年第 5 期。

⑬周新城、梅荣政：《关于苏联模式研究的两个问题》，《思想理论教育》，2013 年第 15 期。

⑭李健、孙代尧：《科学社会主义与中国特色社会主义理论体系源流关系论纲》，《中国特色社会主义研究》，2013 年第 2 期。

⑮赵曜：《中国特色社会主义是科学社会主义基本原则的创造性运用和发展》，《科学社会主义》，2013 年第 2 期。

⑯郭留影：《中国特色社会主义理论体系之科学社会主义基本原则》，《改革与开放》，2013 年第 22 期。

⑰朱佳木：《中国特色社会主义是科学社会主义理论逻辑和中国社会发展历史逻辑的统一——习近平总书记“1·5”讲话的几点学习体会》，《思想理论教育导刊》，2013 年第 3 期。

⑱郭庆仕：《论作为工人阶级政党纲领的科学社会主义理论——纪念马克思逝世 130 周年》，《科学社会主义》，2013 年第 3 期。

⑲李喆：《经济全球化与科学社会主义发展》，《冶金财会》，2013 年第 3 期。

⑳胡兰：《20 世纪 90 年代之后生态社会主义的新变化——兼评与科学社会主义之异同》，《理论界》，2013 年第 12 期。

㉑辛向阳：《阶段分析·规律分析·话语分析：科学社会主义研究的三个方面》，《科学社会主义》，2013 年第 2 期。

㉒郑颖：《2013 年全球“左翼论坛”综述》，《国外书刊信息》，2013 年第 7 期。

㉓转引自徐世澄：《拉美社会主义运动现状和趋势》，《当代世界》，2013 年第 11 期。

㉔刘春元：《第 21 届国际共产主义者研讨会述评》，《中国社会科学报》，2012 年 7 月 18 日。

㉕陈天俏：《第四届世界社会主义论坛在京召开》，人民网“时政频道”，2013 年 10 月 30 日。

㉖《中国八位名家学者纵论世界社会主义的发展——“第四届世界社会主义论坛：世界社会主义和左翼思潮的现状及发展趋势”发言摘要》，《光明日报》，2013 年 12 月 16 日。

㉗张宇：《怎样认识当代资本主义新特征》，《人民日报 》，2013 年 11 月 10 日。

㉘《把握世界格局大势 高扬社会主义旗帜》，《光明日报 》，2013 年 12 月 16 日。

㉙陈天俏：《第四届世界社会主义论坛在京召开》，人民网“时政频道”，2013 年 10 月 30 日。

㉚徐世澄：《拉美社会主义运动现状和趋势》，

《当代世界》，2013 年第 11 期。

㉛刘宁宁、王冀：《海因茨·迪特里奇“21 世纪社会主义”理论述评》，《当代世界与社会主义》，2013 年第 1 期。

㉜朱继东：《查韦斯的“21 世界社会主义”》，社会科学文献出版社，2013 年版。

㉝普拉卡什·卡拉特、禚明亮：《21 世纪的马克思主义：对新自由主义和帝国主义的替代》，《当代世界与社会主义》，2013 年第 4 期。

㉞袁群：《21 世纪以来尼泊尔联合共产党（毛主义）的变革探析》，《当代世界与社会主义》，2013 年第 3 期。

㉟黄晓武：《“宣言派”与意大利新左翼思潮》，《马克思主义与现实》，2013 年第 1 期。

㊱王伟光：《在超越资本逻辑的进程中走向生态文明新时代》，《中国社会科学报》，2013 年 8 月 22 日。

㊲郇庆治：《“包容互鉴”：全球视野下的“社会主义生态文明”》，《当代世界与社会主义》，2013 年第 2 期。

㊳郑颖：《2013 年全球“左翼论坛”综述》，《国外书刊信息》，2013 年第 7 期。

㊴孟鑫、刘爱章：《对西方左翼研究当代资本主义生态问题成果的分析》，《毛泽东邓小平理论研究》，2013 年第 4 期。

㊵《中国八位名家学者纵论世界社会主义的发展——“第四届世界社会主义论坛：世界社会主义和左翼思潮的现状及发展趋势”发言摘要》，《光明日报》，2013 年 12 月 16 日。

㊶刘春元：《第 21 届国际共产主义者研讨会述评》，《中国社会科学报》，2012 年 7 月 18 日。

㊷郑颖：《2013 年全球“左翼论坛”综述》，《国外书刊信息》，2013 年第 7 期。

㊸［埃及］萨米尔·阿明著，丁开杰等译：《全球化时代的资本主义》，中国人民大学出版社，2013 年版。

㊹［埃及］萨米尔·阿明：《历史资本主义的轨迹和马克思主义在三个大陆的使命》，《国外理论动态》，2013 年第 1 期。

㊺［英］尼尔·弗格森著，米拉译：《西方的衰落》，中信出版社，2013 年版。

㊻杜涵：《第三届世界社会主义论坛会议综述》，《红旗文稿 》，2012 年第 23 期。

㊼孔寒冰：《“原苏东地区”的社会主义发展及其特点》，《当代世界 》，2013 年第 11 期。

㊽李瑞琴：《“斯大林热”持续不衰的当代因素》，《中国社会科学内部文稿》，2013 年第 2 期。

㊾王建礼：《爱尔兰共产党论苏联解体的原因及其历史教训》，《湖南科技学院学报》，2013 年第 2 期。

㊿［俄］瓦连京·拉斯普京：《拉斯普京访谈录：这灾难绵绵的 20 年》，社会科学文献出版社，2013 年版。

51李慎明等著：《居安思危：苏共亡党的历史教训》（八集党内教育参考片解说词·大字本），社会科学文献出版社，2013 年版。

52李慎明等著：《苏联亡党亡国 20 年祭：俄罗斯人在诉说》（六集党内教育参考片解说词·大字本），社会科学文献出版社，2013 年版。

（作者：中国社会科学院副研究员）

国外马克思主义

黄继锋　钱秋月　李佳裔

2013 年，北京地区学者从宏观和微观的角度，对西方马克思主义政治哲学、后马克思主义、列宁学等主题展开深入研究，取得了丰富的成果。

一、关于国内外学界的西方马克思主义研究特点的比较分析

张秀琴在《作为“学术景观”的现实和作为“现实”的学术景观》中，以 2012 年国内和国外学界的研究状况为切入点，对国内外学术界的西方马克思主义研究的不同特点进行了分析比较，她用“‘学术景观’的现实”来形容国内学界的研究特点，而用“‘现实’的学术景观”来形容国外学界的研究特点。

张文指出，作为一种“学术景观”的现实，国内学界目前的研究呈现出 4 个特点：（1）思想史“断代”研究中的“后马克思主义”趋势，即从传统“西方马克思主义”研究逐渐转向当代“后马克思主义”研究；（2）流派研究中的“国别化”倾向，即转向各国，包括“中国化”马克思主义研究，与后现代主义的“地方性”小叙事主张相一致；（3）现实研究中的“问题式”切入，即从传统的人本主义和科学主义研究转向以生态、文化、科技、消费和精神分析等主题式研究；（4）文本文献研究范式方兴未艾。而作为“现实”的学术景观的国外学界的研究则主要呈现两个特点：（1）内含在马克思思想研究中的“西方马克思主义”研究；（2）以当代资本主义批判为旨趣的“西方马克思主义”

研究。

张秀琴在文中详细分析了上述特点。就国内而言，以第一个特点为例，她认为目前国内学界依然关注对传统西方马克思主义如卢卡奇、葛兰西、法兰克福学派等的研究，但不仅限于此，而是积极延伸到了对当代后马克思主义的"后续"研究之中。其中包括对福柯、德里达、利奥塔、鲍德里亚等所谓后现代主义思想家的关注；对柯亨、安德森、詹姆逊、伊格尔顿等当代英美马克思主义理论家的关注；也包括对齐泽克、拉克劳和墨菲、内格里等非英美理论家的关注。张秀琴指出，国内学界西方马克思主义研究呈现的"学术景观"，一方面延续了改革开放以来特别是近十年来的传统，依然承袭以人物、流派和读本为主的"个案"研究风格；另一方面则呈现出日益明显的文本研究、综合性研究、"后续"研究和比较研究之势。

针对国外的西方马克思主义研究特点，张秀琴进行了细致的描述。在英语学界，当前的研究主要包括：第一，立足于"后马克思主义"视域，从微观叙事格局、地方性知识和激进政治的"新社会运动"态度出发所开展的对马克思主义的当代运用性写作。第二，基于马克思本人的经典文本对当代资本主义社会的批判性研究。第三，关于传统西方马克思主义的研究，主要是以对马克思思想的研究为切入点。第四，也有立足于传统西方马克思主义来研究后马克思主义相关论题的。而从英语学界的热议话题来看，关于资本主义在当代发展及其文化意义的主题无疑占据了话语的中心。而在德语学界，关于马克思的"重新阅读"，其主旨在于继续弘扬由西方马克思主义所倡导的"资本主义批判研究"。在法语学界，无论是对本土代表人物的研究，还是对西方马克思主义其他人物与流派的研究，总是与革命和政治解放的议题密切相关。在日韩语境中，除了译介西方国家研究当代资本主义的批判著作，也掀起了资本主义相关批判性研究的话语高潮。总之，国外学界的研究更注重面向当代现实，将"西马"内化为自己的观察问题的视角和方法，呈现为一种"现实"的学术景观。

比较国内外学术界研究西方马克思主义的不同特点，张秀琴指出，国内学界的研究主要表现为一种学术形态的理论实践，而国外学界的研究则更多表现为一种理论实践的学术形式。①

二、后马克思主义研究

对后马克思主义的研究，呈现出向纵深探析的态势。欧阳谦从思想基础的角度，分析了后马克思主义激进民主政治理论的认识论支撑，即反本质主义、建构主义和多元主义。（1）反本质主义。拉克劳和墨菲通过清算本质主义来解除"马克思主义危机"。一方面，他们给传统马克思主义的许多理论观点贴上了本质主义的标签，以此作为他们判定"马克思主义危机"的源头；另一方面，他们又认为马克思主义的历史就是一个不断远离本质主义的历史，以此作为他们力图超越传统马克思主义的理论依据。（2）建构主义。在后现代主义的哲学语境中，后马克思主义者看到了话语理论的意识形态"缝合"作用。在当今各种各样的政治斗争中，"话语"的建构作用得以充分展现。一方面，它说明了观念意识形态的积极作用。另一方面，话语理论不仅表明现实矛盾的存在，而且还显示了社会关系的不确定性和复杂性，再现了社会整体的构成性和语境性。（3）多元主义。后马克思主义放弃了普遍主义、理性主义以及个人主义，将多元主义作为基本点，构建起一种新的激进政治纲领。政治的实质就是对抗，从"对抗"作为一种现实的可能性而言，必须强调民主政治的基本问题不是怎样达成一个理性的共识，而是如何以多元主义的方式来真正建立"我们"（Us）和"他们"（Them）的区分。②

拉克劳和齐泽克是当代享有世界声誉的后马克思主义思想家，他们之间思想的比较研究是学界的热点之一。李西祥撰文指出，拉克劳和齐泽克都提出了一种解放话语，试图取代马克思主义的实践总体的辩证法，但二者对解放话语的理解有着根本的差异。在拉克劳看来，代替马克思主义的实践辩证法的是霸权逻辑；而在齐泽克看来，替代马克思主义哲学的社会总体实践的则是激进行动。或者说，替代马克思的总体性历史实践的解放辩证法，拉克劳称之为"霸权辩证法"，齐泽克称之为"行动辩证法"。李西祥认为，尽管拉克劳和齐泽克的解放理论不同，但都远离了经典的马克思主义理论。马克思的实践和解放理论，被彻底消解了，而人类解放和共产主义的理想，在拉克劳那里，被霸权逻辑所无限地延宕；在齐泽克那里，则被视为通过某种颠覆性的革命行动可以在一夜之间达成的东西。最终，后马克思主义的政治谋划也只能是一种口头支票，成为一种可望而不可即的政治乌托邦。③

孔明安对比了拉克劳与齐泽克围绕着政治霸权所展开的普遍性与特殊性之争，深化了对后马克思主义政治理论逻辑的研究。拉克劳的政治霸权逻辑是建立在"空能指"概念的基础上的。空能指、漂浮的能指和异质性概念是拉克劳建构政治霸权逻辑的核心概念。拉克劳认为，霸权理论最革命性的地方就是其异质性概念的提出。正是基于异质性概念，拉克劳将其政治霸权的逻辑定位于经验性和先验性的混合。而齐泽克并不认可拉克劳有关现代政治的霸权逻辑，将之视为后现代主义的一个变种。其本质上是在不触动现代资本主义经济和政治体制的情形下所展开的政治霸权的运作，因此面临着难以克服的困境，即过分强调了现代政治的独立性，漠视了经济在现代社会中的地位和功能，导致了拉克劳的霸权逻辑是某种先验逻辑与现实政治相混合的准康德主义。孔明安指出，拉克劳与齐泽克的争论，构成了现代政治哲学不能忽视的一个重要问题，即拉克劳所谓的异质性的建构及其霸权逻辑的形成，以及与齐泽克所谓的激进的否定性的政治逻辑的对立。④

三、对政治哲学的研究

“分析马克思主义”是当代最有影响的国外马克思主义思潮之一，在其发展过程中，出现了从之前纷繁杂多的研究领域纷纷转向平等正义等政治哲学主题的趋势。李旸分析了这种转向的背景和原因。其背景是：从现实环境看，苏东剧变和资本主义的新发展，使社会主义与资本主义的力量对比产生重大悬殊；从理论环境看，在当代政治哲学复兴的热潮中，作为主流政治哲学的自由主义为资本主义的正当性竭力辩护，将资本主义描绘为人类所向往的最理想的社会形式，而为社会主义辩护的声音却日渐衰弱。在这样的背景下，当代政治哲学的复兴为分析的马克思主义理论转向提供了契机。分析的马克思主义的政治哲学转向的深层根由是，分析的马克思主义者对传统马克思主义关于社会主义的必然性理论产生了怀疑。既然社会主义不再表现为一种不证自明的趋势，那么就有必要论证社会主义的规范基础，向人们揭示社会主义是比资本主义更具有道德正当性、更令人向往的制度，以推动社会主义目标的实现。⑤李旸由此进一步探讨了分析的马克思主义者转向政治哲学的两种基本进路：构建剥削不正当的规范依据和批判当代自由主义正义理论。前者是从平等、自由等角度来论证资本主义的道德错误，后者将被当代自由主义奉为“两大教条”的罗尔斯和诺奇克的理论当作最集中的挞伐对象，驳斥了资本主义制度的正当性。⑥李旸在肯定分析的马克思主义的政治哲学的同时，也指出其致命伤，即在否定必然性、强调规范论证的道路上走得过远，纯粹将社会主义的实现寄托于抽象的道德辩护之上。

段忠桥就科恩对诺奇克的反驳进行了分析。罗伯特·诺奇克声称自由应比平等更可取，把资本主义的不平等说成是对每个人做自己愿做的事的自由的反映，并进而论证平等的实现只能以不正义为代价。科恩基于社会主义立场，反对诺奇克的自由至上主义，他找到了诺奇克的理论核心不是自由本身而是“自我—所有权”命题：每个人在道德上都是他自身及其能力的正当所有者，因而，只要不将这些能力用于侵犯他人，每个人（从道德上讲）都可自由地如其所愿地使用它们。诺奇克是从“自我—所有权”原则出发为不平等进行辩护。针对诺奇克的观点，科恩以三种方式完成了对诺奇克的彻底反驳：首先，诺奇克无法证明不平等是“自我—所有权”原则的必然结果，因为他讲的外部世界初始占有条件，即只要不损害任何人，外部世界人人可得，不可能由“自我—所有权”派生而来；其次，诺奇克的外部世界最初是无主的假定是轻率的，因为如果“自我—所有权”原则与外部世界是人们联合所有的假定相结合，那他讲的广泛的状况不平等就可以避免；最后，否认诺奇克的“自我—所有权”并不意味着赞同奴隶制、取消人的自主性和把人作为手段而不是作为目的，而肯定“自我—所有权”则会威胁人的自主性。由此，科恩依据严谨的逻辑分析，提出了使诺奇克难以回应的诘问，从而把对自由与平等的关系问题的研究向前推进一大步，也促进了政治哲学本身的发展。⑦

周穗明认为平等是政治哲学的根本规范，马克思主义的社会主义平等主义规范至今影响着当代西方的政治实践。平等作为社会主义政治哲学的规范基础，在当代西方新马克思主义各派思潮的社会主义构想中得到了丰富的表述。其中最值得注意的是以柯恩关于分配平等的规范研究和当代法兰克福学派关于商谈民主、参与平等的理论探讨。周穗明指出，当代法兰克福学派对平等理念的最新发展做出了重大的理论贡献。法兰克福学派第二代领袖尤尔根·哈贝马斯基于规范的平等观，形成了他关于“商谈民主”的激进民主理论。其第三代传人阿克塞尔·霍耐特和南希·弗雷泽关于“承认”规范的争论，推进了当代新的平等形式——“参与平等”的理论探讨。20世纪90年代以来出现了全球范围的平等主义大潮，人们提出了现代历史上最广泛的平等要求，出现了最多样的新形式的社会抗议运动。有色人种、女性、少数族群、生态主义者、同性恋者、农民等各种散落在边缘的社会力量的能量在激烈地尽情释放，各种形式的新社会运动蓬勃兴起，几乎所有人都在要求平等的权利和身份。在西方，新马克思主义的平等主义诉求主要表现为各种形式的多元社会群体和社会运动的参与民主抗争，在东方尤其是在中国，马克思主义的平等主义诉求主要体现为社会主义国家的改革中实质平等的不断突破和进步。⑧

四、“列宁学”研究

孔明安认为，齐泽克在《重述列宁》中通过精神分析的视野，告诉了我们另一个不同版本的列宁，即一个精神分析视野下的列宁；一个“新的”不同于以往左翼和右翼眼中的列宁；一个“生成的”和“创新”的列宁；一个“具体的普遍性”的列宁。在齐泽克那里，永远不存在脱离内容的纯粹形式，或永远不存在脱离了具体内容的普遍性，也永远不存在脱离历史特殊性的普遍历史性。齐泽克重申了列宁的哲学的精髓既不是我们通常所谓的普遍性即列宁主义，也不是某种特殊性的教条和语录，甚或某种特殊的革命精神或精神气质，而是弥漫于列宁著作中的“具体的普遍性”。齐泽克认为，列宁哲学思想的光辉并不是其在《唯批》中的反映论哲学思想，而是其宣称的党性原则，也即列宁的行动哲学思想。在齐泽克看来，从列宁的反映论到其哲学的党性原则之间产生了一个巨大的“飞跃”，而这一个飞跃恰好构成了齐泽克所谓的“否定的普遍性”到“具体普遍性”的循环。因为，列宁并不是一个纯粹的、学究式的“知识分子”，并没有把自己限定于自己无意识地所预设的那个充当“大他者”的反映论的牢笼中；相反，列宁跳出了自己所设定的这个“圈圈”，进入了真正的革命行动中。这就是“真实的”列宁，一个“具体普遍性”的列宁。孔明安指出，“回到马克思”“回到列宁”是我们进行马克思主义研究的一种重要路径选择。然而，齐泽克依据其精神分析立场，力主“重述列宁”而反对回到列宁。因为回到列宁，就是回到列宁那个具体的能指符号的列宁的姿态，它必然与具体的、特殊的列宁相关联。然而，重述或重复列宁则无须眷恋列宁那个时代的符号或姿态，而是回到“实在界”的列宁，也即“重复”列宁。这既是齐泽克不愿“回到列宁”的重要原因，也是其理论的最大困境——难以摆脱“乌托邦的困境”。⑨

安启念评析了苏联解体后俄罗斯一些学者对列宁的评价。著名学者奥伊泽尔曼把列宁放在与马克思、恩格斯（主要是马克思）的相互关系中加以考察，认为列宁一生坚持马克思的早期观点，在这一点上是教条主义者；同时列宁无视或者曲解马克思、恩格斯的晚年思想，与伯恩斯坦一样是修正主义者，只不过伯恩斯坦从右边修正，列宁从左边修正。安启念指出，这种观点在当今世界并不罕见，许多人像奥伊泽尔曼一样批判和否定列宁。但是，列宁的思想和事业与马克思本人有着直接联系，他适应了资本主义制度全球扩张以及与此相伴的马克思主义在全球传播这种历史趋势，努力结合俄国实际来实践马克思的思想，从而为所有落后国家的社会主义革命树立了榜样。列宁是马克思的继承人和马克思思想的实践者。列宁既不是教条主义者，也不是修正主义者，他是一切从实际出发的辩证法大师。⑩

五、对其他若干思潮流派的研究

（一）关于生态学马克思主义

张晓萌从政治哲学的视角考察了生态学马克思主义运用正义理论揭示资本主义的反生态本质。张晓萌认为，生态学马克思主义者通过分析资本主义的资本和生产逻辑，挖掘资本主义制度与生态危机的深层关系，将生态危机的根源归因于资本主义生产方式及其制度的内在矛盾，展示了一幅关于正义的完整图景，为我们提供了新型的看待社会问题的政治哲学视角，有助于我们以经验与超验的双重维度看待生态文明建设，平衡地发展生态正义与社会正义、经济正义。⑪

郇庆治关注对西方生态理论的借鉴，以建设社会主义的生态问题。他认为，“生态文明建设”必须面对的一个理论性挑战，是如何理解与处理我国的“社会主义生态文明”目标指向与实践追求和日趋全球一体化的国际环境之间的关系，尤其是与欧美发达资本主义国家之间的关系。可以看出，生态马克思主义/社会主义不仅提出了未来“生态的社会主义社会”或“社会主义生态文明”的哲学理论观点——以一种不同于资本主义的更理性（制度化）的方式来调节人与自然之间的关系（尤其是物质变换），而且初步形成了促进这一人类社会与文明变革的政治原则主张。依此而言，“社会主义生态文明”的提法对于我国的“生态文明建设”确非仅仅是政治标签意义上的修饰，而是有着明确而深刻的政治意涵——代表着一种资本主义社会条件下无意也无法实现的文明创新潜能。⑫

（二）关于女性主义马克思主义

当代女性主义流派众多，理论芜杂。周穗明聚焦美国批判的女性主义，对其基本理论进行了概括。这一理论思潮的领军人物是马里恩·艾利斯·杨、塞拉·本哈比、南希·弗雷泽。艾利斯·杨奠立了批判的女性主义的理论和方法论基础，是该理论的创立中具有里程碑意义的人物。塞拉·本哈比汲取后现代主义理论对差异的敏感性，同时坚持批判理论的规范诉求，是批判的女性主义理论中最接近法兰克福学派正统观点的理论家。南希·弗雷泽突出艾利斯·杨以来对当代非正义的政治经济批判维度，强化了该理论的后社会主义激进批判方向，提出了一种后女权主义理论。她们把后现代主义和法兰克福学派社会批判理论相结合，创造和发展了过去30年中最有影响力的批判的女性主义理论。其基本理论被概括为三个论题：多元民主、权力理论和社会性别。（1）多元民主是批判的女性主义的理论基础。（2）权力理论是批判的女性主义中的后现代主义合理因素。（3）社会性别构成了批判的女性主义的崭新理论视角和主要演进线索。⑬

陈慧平也对国际妇女运动中不断推陈出新的女性主义理论进行了基本理论内涵的再梳理，认为平等、发展、和平，以及社会性别主流化仍是一条明晰的主线。国际妇女运动催生了丰富多彩的妇女解放理论，围绕“平等、发展与和平”的主题，有关妇女解放的理论思潮不断涌现。20世纪下半叶以来，除了传统的女性主义流派，如自由主义女性主义、社会主义女性主义、激进女性主义外，又涌现出新马克思主义女性主义、第三世界女性主义、后殖民女性主义、后现代女性主义、生态女性主义、文化女性主义、结构主义女性主义、酷儿理论等理论思潮。在新的实践背景和复杂的理论思潮下，把握国际妇女运动的基本理论内涵，坚持正确的妇女运动发展方向对中国特色社会主义妇女理论的发展具有重要意义。⑭

（三）关于市场社会主义

西方市场社会主义在20世纪七八十年代达到了理论的鼎盛时期，在90年代又一度陷入低潮，但进入21世纪后，随着金融危机的爆发和新自由主义的失灵，市场社会主义又开始活跃起来。刘明明从总体上对21世纪初的市场社会主义最新发展动态进行了分析。一是罗默对其市场社会主义理论进行了两点修正，即劳动收入而非资本收入是造成收入不平等的主要根源和改造人的平等偏好比设计制度更重要。二是施韦卡特是20世纪末市场社会主义流派的三大代表人物之一，至今只有他仍然专注于发展该流派的思想，但他的思想也发生了一个重要的转向，即“从纯理性取向的理论向实践取向的理论的转变”。他高度关注中国的经济改革，阐述了社会主义当代核心价值以及金融危机爆发的原因和规避路径。三是詹姆斯·扬克构建了一个新模型来验证实用的市场社会主义的潜在表现，论证了以社会红利的形式分配资本收入的依据，并揭示了苏联模式失败的积极一面。四是托尼·安德烈阿尼分析了资本主义的经济、社会和政治危机，指出了社会主义复兴面临的四大障碍，提出社会主义未来纲领的核心是经济民主。刘明明指出，总体而言，西方市场社会主义的发展前景值得期待。这是因为新世纪以来市场社会主义的复苏具备了两个条件；一方面，市场社会主义者利用此次国际金融危机带来的外部机遇，猛烈抨击资本主义制度和新自由主义思潮，强调在市场社会主义模式中国家干预的作用，提出了规避金融危机的独特见解；另一方面，他们高度关注中国的市场经济改革，试图与现存社会主义国家的市场经济改革合流，以实现理论与实践的对接。⑮

六、“马克思学”研究

随着国外《马克思恩格斯全集》历史考证版（MEGAⅡ）的大量研究成果不断被介绍引进，国内学者对MEGAⅡ的关注也在不断升温。魏小萍在一篇文章中分析了MEGAⅡ及其研究成果对中国马克思主义学界带来的影响与思考。她指出自20世纪末21世纪初MEGAⅡ在国内逐渐引起人们的关注以来，至今已有20多年的时间了。在这20多年的时间里，一方面国外MEGAⅡ的研究成果不断被介绍引进，另一方面国内学者的研究成果也在不断产生。魏小萍首先介绍了MEGAⅡ的四点编辑原则：（1）在对文本、文献进行考证的基础上，保持原手稿的文字，含原文字、原拼写方法、原错误；（2）呈现同一写作计划的不同手稿；（3）呈现所有的修改信息；（4）对于特殊文本使用不同的编排方式，一方面尊重历史原貌，一方面便于读者阅读。根据以上编辑原则，可以体会到，MEGAⅡ提供给我们的是尽可能真实、准确、客观的文本、文献信息，其资料的完整性、真实性、原创性、过程性为国内外马克思主义研究开辟了更加广阔的研究视野，为马克思和恩格斯思想研究注入了新的活力，打开了马克思和恩格斯思想研究的新局面。

魏小萍指出，一方面国内学者通过对马克思和恩格斯文本的阅读、研究，尤其是借助于对MEGAⅡ文献、文本的阅读和研究，在一定程度上对苏联模式的教条主义认识方式进行了有效的纠正。另一方面，随着马克思和恩格斯文献、文本研究所提供的新信息、所取得的新进展对人们固有认识定式的冲击，以及MEGAⅡ所提供的信息的不确定性和原文字具有的隔阂，在一定程度上给难以直接阅读MEGAⅡ的马克思主义学者带来了两种具有反差性的心理反应：或者产生对MEGAⅡ的盲目崇拜心理，或者对MEGAⅡ产生恐惧症，这两种态度都是不可取的。MEGAⅡ向我们呈现的是一种客观地、实事求是地、认真地对待马克思和恩格斯思想的态度。客观地对待MEGAⅡ提供的信息、资料，借助于这些信息、资料对马克思和恩格斯的哲学思想进行更加准确、深入、系统的研究，是MEGAⅡ研究工作的初衷。⑯

注：

①张秀琴：《作为“学术景观”的现实和作为“现实”的学术景观》，《学术研究》，2013年第6期。

②欧阳谦：《后马克思主义的激进政治认识论》，《教学与研究》，2013年第1期。

③李西祥：《解放的辩证法：后马克思主义的政治乌托邦及其批判》，《教学与研究》，2013年第1期。

④孔明安：《现代政治的霸权运作及其批判》，《教学与研究》，2013年第1期。

⑤李旸：《试论分析的马克思主义的政治哲学转向》，《中国人民大学学报》，2013年第2期。

⑥李旸：《建构剥削不正当的规范依据与批判当代自由主义正义理论》，《教学与研究》，2013年第2期。

⑦段忠桥：《基于社会主义立场对自由至上主义的批判》，《中国社会科学》，2013年第11期。

⑧周穗明：《政治哲学的平等主义规范与马克思主义的平等主义》，《当代世界与社会主义》，2013年第4期。

⑨孔明安：《怎样的列宁：普遍的抑或具体的?》，《东岳论丛》，2013年第7期。

⑩安启念：《列宁对马克思的继承与发展：关于列宁主义的再认识》，《教学与研究》，2013年第3期。

⑪张晓萌：《政治哲学视角下的生态学马克思主义》，《创新》，2013年第2期。

⑫郇庆治：《“包容互鉴”：全球视野下的“社会主义生态文明”》，《当代世界与社会主义》，2013年第2期。

⑬周穗明：《美国批判的女性主义及其当代演进》，《中华女子学院学报》，2013年第2期。

⑭陈慧平：《国际妇女运动基本理论内涵的再梳理》，《中华女子学院学报》，2013年第3期。

⑮刘明明：《21世纪初的西方市场社会主义》，《学术界》，2013年第4期。

⑯魏小萍：《〈马克思恩格斯全集〉历史考证版（MEGAⅡ）在国内的反响与思考》，《新视野》，2013年第4期。

（作者：黄继锋，中国人民大学教授；钱秋月、李佳裔，中国人民大学博士生）

哲　学

马克思主义哲学

王　东　王晓红

改革开放新时期的哲学创新问题依然是2013年马克思主义哲学研究的主题，它主要涵盖以下5个具有生长点意义的重大问题：马克思主义哲学创新；马克思文本研究持续推进；毛泽东思想新探讨；价值观研究新进展；中国现实问题的哲学思考。接下来，我们从上述五个方面对马克思主义哲学研究状况做概括性的考察，从而为马克思主义哲学的深入研究、理论创新提供新的借鉴。

一、马克思主义哲学创新

创新是我们当下最重要的时代课题。马克思主义哲学创新的一面旗帜——黄枬森先生于1月24日在北京逝世，享年92岁。黄先生是当代著名哲学家、哲学史家、哲学教育家，北京大学哲学社会科学资深教授、哲学系哲学教育终身成就奖获得者。他在马克思主义哲学史、马克思主义哲学体系创新、人学、文化四大研究领域，都做出了开拓性的重大理论创新。黄枬森先生逝世后，胡锦涛、温家宝、李克强、俞正声、张高丽、朱镕基、李长春等中央领导对黄先生的逝世表示沉痛哀悼，并向家属表示慰问，刘延东、赵乐际、罗豪才等领导同志出席了追悼会。中央电视台综合频道《新闻联播》、《人民日报》、人民网、《光明日报》、光明网、中国广播网等重要报刊媒体对黄枬森先生的逝世予以报道，哲学界的同人们也纷纷撰文深切缅怀黄先生，一致评价他为“坚持发展马克思主义哲学的一面旗帜，带头倡导马克思主义哲学创新的领军人物”。

作为黄枬森先生的第一个博士生，追随先生整整30年的王东教授撰文指出，黄先生继承发展了李大钊、冯定开创的马克思主义哲学中国化的优秀传统，实现了五大哲学创新和理论贡献：（1）他带头编纂《〈哲学笔记〉注释》，独立创作《〈哲学笔记〉和辩证法》（1984），在马克思主义哲学经典著作研究中独树一帜，为新时期树立辩证唯物主义科学世界观，坚持理想信念不动摇，奠定了重要基础；（2）他带头开创马克思主义哲学史这门新学科，先后推出《马克思主义哲学史稿》（1980），《马克思主义哲学史》三卷本（1987）、八卷本（1996）、一卷浓缩本精品教材（1998），旨在拨乱反正、正本清源，探索中国特色社会主义理论来源和哲学基础；（3）他带头倡导马克思主义哲学创新，提出马克思主义哲学体系创新论，1993年和肖前等一起主编了《马克思主义哲学原理》，后来又以“十年磨一剑”的精神，带领一个50多人的学术团队，在2011年推出《马克思主义哲学创新研究》四部全书，并亲自主编第1卷《马克思主义哲学体系的当代构建》；（4）他带头创立马克思主义人学，创建北大人学研究中心，中国人学研究会，先后推出《人学词典》（1991）、《人学的足迹》（1999）、《人学原理》（2000）、《人学理论与历史》三卷本（2005），为以人为本的科学发展观奠定重要的人学基础；（5）他带头倡导中国特色社会主义文化创新，1995年出版了由他和陈先达、龚书铎共同主编的《有中国特色社会主义文化建设研究》，2005年主编了《邓小平理论与当代中国哲学》。大力加强北大马克思主义哲学的学科建设，把北大马克思主义哲学研究中心建设好，使之成为教育部人文社会科学重点研究基地，以马克思主义哲学创新，为中华复兴做哲学铺垫——这是黄先生晚年的学术理想与最大心愿，至今已成了他的未了之愿与最后嘱托。[①]

陈先达、庄福龄、杨祖陶、崔自铎、李慎明、韦建桦、梁柱、魏英敏、余其铨、赵家祥、钟哲明、谢龙、陈占安、陈志尚、田心铭、丰子义、侯才、陈学明、许全兴、郝立新、杨金海、韩庆祥、徐春、杨学功、范文、李凯林、袁吉富、鉴传今、刘曙光、宇文利等学者也纷纷撰文阐发了黄枬森先生在马克思主义哲学创新方面的重大理论贡献，追思他不懈探索真理的治学精神和学而不厌、诲人不倦的高尚师德。[②]

5月3日，由教育部人文社会科学重点研究基地北京大学中国特色社会主义理论体系研究中心和北京大学马克思主义学院、马克思主义哲学研究中心等单位联合主办的“2013北大五四论坛暨纪念李大钊—冯定—黄枬森”学术研讨会，在京举行。杨河、王东、梁柱、陈志尚等30多位专家学者出席会议。此次论坛的主题为“五四精神、北大传统与中国梦”。与会学者一致认为，习近平总书记提出民族复兴的中国梦，在理论学术界引起热烈反响。中国梦的提出有着深厚的历史渊源和人文积淀，包含着国家富强、民族复兴、人民幸福等现实内容，与五四精神一脉相承，是对中华民族共同理想的高度概括与通俗表达，能够把全国人民的意志和力量凝聚起来。北大是五四新文化运动发源地，也是马克思主义在中国传播的重要阵地，形成了李大钊—冯定—黄枬森一脉相承的马克思主义哲学中国化北大学派。与会者高度评价了李大钊、冯定、黄枬森的治学经验和学术贡献，认为他们从不同侧面研究、坚持真理，是宣传马克思主义的旗手。大家表示，要继续坚持“兼容并包、思想自由”的传统，不断增强马克思主义的吸引力，积极为中国梦的实现构筑坚实的理论基础。[③]

2013年是马克思逝世130周年，袁贵仁、杨耕撰文指出：马克思主义哲学是我们时代的真理和良心。在对马克思主义哲学不同维度、不同层次的研究中，基础理论研究具有根本性和方向性。基础理论研究从根本上制约着马克思主义哲学研究的广度、深度和维度，制约着对马克思主义哲学的理论主题、理论内容、理论特征和理论职能的理解。马克思主义哲学是无产阶级解放和人类解放的高度统一，它使哲学的理论主题从“世界何以可能”转向“人类解放何以可能”；马克思主义哲学是形而上学批判、意识形态批判和资本批判的高度统一，这三种批判的高度统一是马克思主义哲学独特的思维方式和存在方式；马克思主义哲学是实践唯物主义、辩证唯物主义和历史唯物主义的高度统一，是以改造世界为宗旨的新唯物主义。[④]

丰子义梳理了目前国内马克思主义哲学研究大致形成的几种主要路径：一是文本式研究，主要侧重于文本、文献的考辨与解读；二是问题式研究，主要围绕社会不同领域的相关问题进行探讨，并由此形成了新的“领域哲学”，如经济哲学、政治哲学、文化哲学、社会哲学等；三是对话式研究，重点集中于马克思主义哲学与西方哲学、与国外马克思主义的比较研究，并已逐渐开启对话、沟通的有效渠道；四是形态式研究，主要通过对原有教科书体系的反思和对马克思主义哲学形态在不同国家、地区演变的考察，尝试建立马克思主义哲学的新形态。虽然学界对于上述路径持有不同的看法，不同路径间也常有抵牾，但各种路径的独特价值都是需要充分肯定的，其优势和特点也是互补的。[⑤]

二、马克思文本研究持续推进

马克思的文本研究继续深入开展。国内学者围绕着马克思的经典文本《博士论文》《巴黎手稿》《德意志意识形态》《〈政治经济学批判〉序言》等阐发了有启发意义的新观点，尤其是《资本论》哲学研究已经成为重要的生长点。

孙熙国探讨了《博士论文》在唯物史观创立中重要地位，认为在《博士论文》中，马克思突破了单纯的机械自然观、精神异化理论和自我意识的精神解放等局限，将人与自然、人与社会、人与自身的关系统合起来加以认识和把握，以更广阔的视域和更高远的视角来探寻实现人的自由、发展和解放的道路，初步展露出了正确认识人与自然界的关系、人与社会的关系、人与自身的关系，初步形成了“三个解放”“三个主人”的思想萌芽，表达出了历史唯物主义的一些重要观点。[⑥]

关于“巴黎手稿”，聂锦芳从文献疏证、内容释读、专题探究、历史定位等方面给予悉心研读和分析，再现马克思手稿原貌、深邃意蕴和思想史价值，勾勒了一幅由上述环节组成的重新研究“巴黎手稿”的“路线图”。他还根据笔记本Ⅰ议题的延续、笔记本Ⅲ“补入”和接续的情况以及笔记本Ⅱ仅存的4页所述内容来仔细推测其基本议题、思路，勾勒出笔记本Ⅱ基本的思想构架。[⑦]

关于《资本论》，安启念指出，《1857—1858年经济学手稿》是《资本论》的最初手稿，在马克思的政治经济学研究中具有重要意义。它不仅在基本思想上，而且在研究方法上都体现了《资本论》乃至马克思全部政治经济学研究的特点。马克思政治经济学研究的基本方法是唯物史观。[⑧]

聂锦芳认为，在当代新的境遇下重新研究《资本论》，不是从现实问题出发去从文本中寻求解决方案，或者单纯靠一个外在的理论框架或当代流行的思潮和方法去“挖掘”和“阐释”其思想，而是在扎实的文本、文献研究的基础上，结合对20世纪资本批判史的梳理、结合目前资本全球化的发展态势来重新评价《资本论》中资本理论及其对资本逻辑的批判，确立其思想史地位和当代意义。他还把《资本论》第1卷发表近一个半世纪以来对其哲学思想的研究类型进行了梳理。[9]

韩立新梳理了新 MEGA“《资本论》及其手稿”研究的新进展：（1）新 MEGA 第Ⅱ部门第12卷“恩格斯编辑用稿”的编辑和研究；（2）新 MEGA 第Ⅱ部门第13卷《资本论》第2卷的编辑和研究（上）；（3）从新 MEGA 第Ⅱ部门第11卷来看马克思对再生产理论的推进；（4）MEGAⅡ第Ⅱ部门与“《资本论》恩格斯编辑问题”。[10]

牛变秀、王峰明认为，从《资本论》及其手稿来看，把握马克思的剥削观，关键在于理解其“本质抽象”的科学方法。[11]

仰海峰通过重新研究新版《政治经济学批判大纲》，从经济学—哲学批判的视角揭示出马克思与黑格尔市民社会理论的根本分野，即黑格尔想实现对资本主义市民社会的修正式改造，而马克思则想以资本主义社会发展为基础，重建一个新社会。个人的全面发展和自由人联合体的社会，正是对传统市民社会的批判性替代。[12]

11月16—17日，“《资本论》的遗产与当代思想——纪念马克思逝世130周年”国际学术研讨会在复旦大学召开。众多来自西方国家的学者与中国学者一起探讨《资本论》的当代意义。

文献是文本研究的基础。魏小萍梳理了20年间国内学者对于 MEGAⅡ研究的信息来源，分析其研究路径，反思 MEGAⅡ对中国马克思主义学界带来的影响。这将有利于对马克思、恩格斯的哲学思想进行更加准确、深入、系统的研究，推进马克思主义中国化进程。[13]

三、毛泽东思想新探讨——纪念毛泽东诞辰120周年

2013年是毛泽东同志诞辰120周年。毛泽东同志是马克思主义中国化的开创者，是探索中国特色社会主义道路的先行者。学界对毛泽东与毛泽东思想、毛泽东与当代中国等重要问题进行了更加深刻的探讨，从而为更加牢固地树立中国特色社会主义的道路自信、理论自信、制度自信，为实现中华民族的伟大复兴开掘理论基础。

王伟光指出，毛泽东是中国特色社会主义的伟大奠基者、探索者和先行者。他率先提出要走自己的路，实现马克思主义基本原理同中国具体实际的第二次结合，探索适合中国具体情况、具有中国特点的社会主义建设道路。虽然在探索实践中出现严重曲折，但成就巨大而卓越：创建了社会主义基本制度，领导了大规模的社会主义建设，积累了社会主义的物质财富和精神财富，形成了关于社会主义建设的独创性理论成果，积累了社会主义建设宝贵的经验教训，为开创和发展中国特色社会主义伟大事业提供了制度条件、物质基础、理论准备和宝贵经验。[14]

庄福龄探讨了毛泽东哲学思想的历史地位，认为其是在中国土壤上生长的马克思主义哲学，更确切地说，是在中国革命实践中形成和发展的马克思主义哲学。这种哲学不是把重点放在学术探讨和理论研究上，而是把重点放在对革命实践的研究和分析上。同时，这种哲学不是以某种重大发现和创造而命名的，也不是以某些大部头的哲学著作为代表的，而是以党和革命领袖成功地运用而形成的，是以毛泽东为核心的领导集体智慧的结晶，是大量地凝聚在党的文件、决议和重大方针政策之中的。他还指出，从解释世界到改变世界看毛泽东的理论创新，应该是理解哲人毛泽东的一个很好的视角。[15]

许全兴阐发了毛泽东的《实践论》和《矛盾论》重要意义，认为“两论”是马克思主义哲学中国化的典范，为进一步推进马克思主义哲学中国化提供了有益的启示：将丰富的实践经验上升为哲学理论；学习和吸取当代马克思主义哲学最新成果；继承和发展中国传统哲学的优秀遗产；从具体哲学问题入手，推进马克思主义哲学的中国化；把哲学变成民族的事业。他还探讨了毛泽东思想研究与评价的立场和方法，指出毛泽东是中华民族空前的民族英雄，我们应站在民族的立场研究与评价毛泽东，这是首要的根本之点。就方法而言，我们应从历史的高度衡量毛泽东，要抓住主流和本质，要反对实证主义的历史学和主观主义的历史学，要历史地、具体地分析毛泽东所犯错误的复杂原因，要实事求是地、辩证地看待毛泽东所犯错误付出的代价。[16]

冷溶认为，近代以来，在中华民族伟大复兴的历史进程中，有4个具有里程碑意义的重大事件：辛亥革命、成立中国共产党、建立新中国和实行改革开放。毛泽东亲身参加了辛亥革命，他关于中国革命道路的许多重要思想，都是建立在对辛亥革命经验教训深刻总结的基础上的；毛泽东是党的主要缔造者之一，提出一整套建党理论，建立了一个好的党；没有毛泽东就没有新中国，缔造新中国，是他为民族复兴做出的最伟大贡献；以毛泽东为核心的第一代中央领导集体为当代中国一切发展进步奠定了根本政治前提和制度基础，为改革开放新时期开创中国特色社会主义提供了宝贵经验、理论准备、物质基础。[17]

李君如探讨了毛泽东在中国梦问题上的基本思想。他指出，在领导中国革命的过程中，毛泽东以马克思主义为武器，深刻批判不问政治的“幼稚的梦”、“学西方的迷梦”、资本主义救中国的“梦呓”、“左倾的纯主观的想头”等空想的“中国梦”。实现中华民族伟大复兴的中国梦是一项充满科学精神的伟大事业，必须坚持从中国的基本国情、中国人民和中华民族的根本利益出发，必须克服悲观论点和急躁情绪，一定要以科学的态度来对待。[18]

此外，为纪念毛泽东同志诞辰120周年，相关的理论研讨会频繁举行。教育部高校社会科学发展研究中心和北京大学中国特色社会主义理论体系研究中心、马克思主义学院联合主办的“毛泽东与当代中国和世界”国际学术研讨会，于12月在北京大学举行，中外60多位专家学者出席会议。与会专家学者围绕毛泽东的历史地位和贡献、毛泽东思想与中国特色社会主义的关系，以及毛泽东对世界的影响等问题展开了研讨。[19]

12月18日，由中国社会科学院举办的“毛泽东思想的继承与发展学术研讨会”在北京召开。王伟光从“正确认识毛泽东同志的丰功伟绩和历史地位”、“深刻把握毛泽东思想的科学体系和指导意义”和“坚持和发展毛泽东思想，坚定不移推进中国特色社会主义”三个方面做了深入阐述。10月18日，《历史研究》编辑部在京主办“历史视域下的毛泽东与毛泽东思想”学术研讨会。朱佳木、黄宏、梁柱、陈雪薇等40余位学者与会，并就毛泽东和毛泽东思想的相关问题进行了深入探讨。

四、价值观研究新进展

自党中央提出建设社会主义核心价值体系以来，价值和价值观问题成为近几年国内学界关注的重要问题。

李德顺探析了马克思主义价值论的形成和发展，认为其大体经历了马克思和恩格斯的理论奠基、西方马克思主义的价值探索、社会主义价值实践与理论总结、中国特色社会主义价值观奠基和当代确立等阶段。马克思、恩格斯关于劳动及“两个尺度”，关于人的需要和利益，关于政治经济学中的价值问题，以及关于政治、道德、艺术、宗教、审美、社会文化理想的论述，都包含着丰富的价值论思想。列宁关于实践标准、社会主义道德、党性和阶级性等理论，在马克思主义价值论中同样具有经典意义。西方马克思主义流派众多，其价值思想主要表现在对“物化”和“异化”现象的批判反思与倡导“人道主义”两大方面。毛泽东的价值观主要体现为人民主体思想，邓小平则重新阐释了利益、富强与社会主义价值诉求的关系。当今中国思想理论界则以实践唯物主义为理论基础、以社会主义核心价值体系为核心内容，进行了积极的探索。他还探讨了当代价值研究的新进路，指出中国传统哲学一向以关于（伦理政治等）价值问题的思考为主题和主线。近30年来，当代中国价值研究受到西方哲学提出的具有普遍性、公共性问题的启示，以新的实践经验和理性批判为基础，进一步深化发展了关系说和主体性思维，力图探索出一条更加适合当代语境的价值思维路径。[20]

韩震认为，公平正义是社会主义最核心的价值观。要培育和践行社会主义核心价值观，既要基于中国特色社会主义的现实，与中国特色社会主义的伟大实践相互映照；也必须着眼于人类历史发展的前进方向，在反映社会制度先进性上确立制高点；还要与实现中华民族伟大复兴的梦想联系在一起，促进中华民族的文化认同和国家认同；也要认真寻找正确表达我们价值理念的话语形式，在能够打动群众心扉的表现形态上下功夫。归根结底，既需要我们每个人的主动性和创造性，更需要广大党员特别是领导干部的模范带头作用。[21]

郝立新认为，公正是人们用以评价社会行为和社会制度及其结果的价值尺度，也是古往今来人们不断追求的理想目标。公正的实现程度，是衡量社会文明进步的重要尺度。在不同的历史时期和不同的社会制度或体制下，人们对公正的理解和践行是不同的。公正作为中国特色社会主义社会的基本价值目标和核心价值观念，既继承了人类历史上进步的公正思想的精华，又体现了一定的时代特色和制度特征。[22]

张曙光指出，“价值”是以问题的形式表现出来的现代社会的核心课题。对价值现象的哲学研究，首先要进行存在论的思考，以澄清围绕价值问题的意见之争，明确价值现象的根据之所在。中国现代的价值问题特别是国人的心灵和精神问题，不是狭义的道德问题，而是原来的社会关系体系及其秩序——包括经济、政治和文化各方面——的解体在人们思想和行为上的投射和表现。因而，当代中国大陆价值的重建，也只能诉诸以经济政治制度为关键所在的整个社会的现代化建设和文明秩序的建构。我们应以开放的态度探寻我们时代的价值观。[23]

吴向东认为，个人与社会的价值关系问题是价值观的核心问题，集体主义是社会主义在个人与社会关系上的价值原则，因而也是社会主义的核心价值观。它是对整体主义和个人主义的一种扬弃和超越。这一价值观奠基于个人与社会关系上的本体论和方法论预设，即个人与社会关系中存在论层面上的逻辑本原既不是抽象的个人，也不是抽象的社会，而是人的感性物质活动（实践）。这一设定使得个人与社会关系的解释方法从实体性思维方式转变为关系性思维方式，从既成性思维方式转变为生成性的、历史性的思维方式。[24]

段忠桥通过对马克思相关论述的分析，提出正义在马克思的论著中是价值判断而不是事实判断；马克思认为资本主义剥削是不正义的，因为资本家无偿占有了本应属于工人的剩余产品；马克思认为社会主义的按劳分配仍存在不正义，这表现在它的两个弊病上，即由偶然的天赋和负担的不同所导致的人们实际所得的不平等。[25]

6月28—30日，“马克思思想资源中的社会公正”学术研讨会在厦门大学举行。本次研讨会由中国社会科学杂志社、哲学研究杂志社、马克思主义与现实杂志社、《中国人民大学学报》、厦门大学马克思主义学院主办，厦门大学马克思主义学院、厦门大学公共政策研究院和厦门大学马克思主义与中国发展研究所承办。会议期间，来自全国多所重点大学和报社、杂志社50多位相关领域的专家学者围绕马克思的正义理论及其方法论、马克思的社会公正理论与当代正义理论和马克思的社会公正理论与当代社会政策实践等议题进行深入的讨论与交流。

五、中国现实问题的哲学思考

当今世界正在发生深刻而复杂的变化。在新的历史条件和时代背景下，如何实现中华民族的伟大复兴，是全体中华儿女共同关心的问题。学者们认真学习贯彻十八大精神，围绕着"中国梦、中国道路、中国精神的哲学探索"主题展开了深入研讨，努力为21世纪中国创新与科学发展奠定重要的哲学基础。

关于"中国道路"，王东指出，世纪之交、千年之交的近20年间，当代世界历史发展正处在一个转折点、新起点上，出现"两个空前"的新特点、新走势：一是经济全球化、信息网络化、政治民主化三大时代潮头，使世界历史、新型文明发展"空前加速"；二是空前加速引发了当代国际金融危机、全球生态危机、文明冲突危机这三大危机，乃至当代资本主义七大危机，则使人类生存发展，面临前所未有的、全球化的"空前危机"。"空前加速机制"与"空前危机机制"结合到一起，决定着在世纪之交、千年之交的近20年间，世界历史发展开始出现新特点，走向新阶段，"综合创新，走出危机"成为时代主潮，需要我们提出中国自己发展的新战略、新观念。在理论体系建构上，亟待我们把马克思列宁主义的现代新型时代观，作为中国特色社会主义理论创新、制度创新的总前提。[26]

郭建宁认为，坚持与发展中国特色社会主义，是新时期我们党全部理论和实践的主题。进一步推进中国特色社会主义，必须坚持人民至上，推进改革开放，加强文化引领。[27]

程恩富、辛向阳指出，中国模式在经济建设上形成了"四主型经济制度"，在政治建设上形成了"三者统一、四层制度"的架构，在文化建设上形成了"一个体系、五个主体"的制度格局，在社会建设上形成了"三个互动、五层制度"的总体格局。中国模式是中国人民在中国共产党领导下不懈探索的结果，我们要适应国内外形势新变化、顺应人民新期待，不断完善适合我国国情的发展道路和发展模式。[28]

侯惠勤指出，把民族复兴纳入超越资本主义现代化的现代人类文明发展的更高视野，才能从历史找到改变民族屈辱命运的出路，确立中国选择社会主义现代化道路的历史必然性；把民族复兴道路纳入世界社会主义探索的广阔历史背景中，才能从现实找到维护历史的依据，确立中国特色社会主义道路开辟的历史阶段性；把民族复兴道路纳入共产主义道路的历史过程中，才能从未来找到面对"西强我弱"现实、坚定信念的"战略定力"，确立中国特色社会主义的历史过程性，才有民族复兴的道路自信。[29]

梁树发希望引起我们的哲学界对30余年来中国特色社会主义建设的哲学问题的重视与思考，认为应该通过对中国特色社会主义革命和建设经验的专门哲学解读，感悟、发现和揭示其哲学意义，特别是其马克思主义哲学创新意义。[30]

关于中国梦，王伟光从三个方面做了阐述：（1）中国梦的历史逻辑：寻找实现梦想的道路是一个艰难曲折的过程，历史选择的中国共产党，团结带领全国各族人民90多年矢志不渝追求中国梦的奋斗历程，已经结出累累硕果。（2）中国梦的实现路径：马克思列宁主义、毛泽东思想和中国特色社会主义理论体系是实现中国梦的理论指南；中国共产党的坚强领导是实现中国梦的根本保证；中国特色社会主义道路是实现中国梦的正确道路；以爱国主义为核心的民族精神和以改革创新为核心的时代精神是实现中国梦的精神动力；人民群众是实现中国梦的根本力量。（3）中国梦的世界历史意义：中国梦是和平发展之梦、是造福世界之梦、是推动人类进步之梦。[31]

庄福龄从两个方面来理解中国梦：一是中国梦的历史经验和理论渊源：中国梦和毛泽东思想有深刻的理论渊源。二是中国梦的现实基础：中国梦有广阔的现实基础。首先，中国梦面向包括各少数民族在内的整个中华民族。其次，从国际关系上看，中国梦也是最适合中国国情的梦。再次，中国梦是能调动人民群众为之实现而奋斗的梦。最后，中国梦是真正实现马克思主义普遍真理和中国革命实践相结合的梦。这个梦也集中而形象地体现了我们党的世界观和方法论。[32]

张奎良指出，30多年的中国特色社会主义实践，凝练出中华民族伟大复兴的三大法宝：以人为本、社会和谐和科学发展观。这三大法宝相互连接、相互包容，作为马克思主义中国化的最新成果，既是实践经验的理论升华，又是理论对现实的指引和关照。以崭新的视野和充实的史实来诠释这三大法宝是展示中国特色社会主义理论深刻内涵的重要渠道。[33]

韩庆祥认为，中国梦坚持马克思主义立场，对人类理想做出中国表达，彰显了中国道路、中国精神、中国力量；中国梦坚持马克思主义观点，对历史使命做出时代回答，因应了时代需要、时代难题、时代潮流；中国梦坚持马克思主义方法，对共同愿景做出大众阐述，契合了大众生活、大众表达、大众实践。中国梦的精神实质是注重凝聚力量、攻坚克难。实现中国梦必须走中国特色社会主义道路，更好地实现公平正义，是实现中国梦的一条基本路径。[34]

陈先达探讨了中国共产党与人民群众的关系，不仅是载舟覆舟关系，也不仅是鱼水关系，更是血肉关系。[35]

庞元正提出，创新发展是实现科学发展的必然要求：一是创新发展是转变经济发展方式的重要支撑，只有坚持创新发展，才能实现从二产为主导型发展方式向一、二、三产业相协同的发展方式，从投资主导型发展方式向消费主导型发展方式，从资源依赖型发展方式向创新驱动型发展方式的转变。二是创新发展是抢占国际科技发展制高点的现实需要，当今世界科技创新正在孕育着新突破，依靠科技创新抢占世界科技发展的制高点，才能把握发展的先机，实现快速的崛起。三是创新发展是从经济大国向经济强国转变的必然选择。他还指出，和平发展是科学发展观的必然要求。科学发展观“五位一体”的全面发展和总布局思想，是对中国特色社会主义理论体系的新贡献。[36]

2013年还是张申府先生诞辰120周年。河北省政协文史资料委员会和河北师范大学主办了“张申府先生诞辰120周年纪念暨学术研讨会”。来自国内外的专家学者及张申府、张崇年、张岱年三兄弟的亲属等120余人出席会议。学者们指出，张申府先生早在1932年就提出“百提，伊里奇，仲尼，三流合一”，1941—1942年再次提出“合孔子、列宁、罗素而一之”。这种中、西、马“三流合一”思想为当时中国文化健康发展提供了一个新模式。这种思想后被其弟张岱年先生继承和发展为“文化创造主义”和“综合创新”论。张申府先生和张岱年先生是中国马克思主义文化综合创新学派的重要开创者。[37]

综上可知，北京的马克思主义哲学界在理论创新上取得了丰硕的成果，为中华民族的伟大复兴及进一步开掘奠定了重要的哲学基础。

注：

①王东：《坚持与发展马克思主义哲学的一面旗帜——黄枬森的理论贡献与最后嘱托》，《文艺理论与批评》，2013年第3期。

②王东、徐春主编：《哲学创新的一面旗帜——黄枬森先生追思录》，中央编译出版社，2014年版。

③张莉：《五四精神、北大传统与中国梦——2013北大五四论坛学术研讨会举行》，《光明日报》，2013年5月28日。

④袁贵仁、杨耕：《马克思主义哲学：我们时代的真理和良心》，《哲学研究》，2013年第1期。

⑤丰子义：《问题研究与路径选择》，《哲学动态》，2013年第3期。

⑥孙熙国：《是地道的唯心主义哲学还是唯物史观的秘密诞生地——马克思〈博士论文〉与唯物史观的创立》，《学术月刊》，2013年第5期。

⑦聂锦芳：《关于重新研究“巴黎手稿”的一个路线图》，《马克思主义与现实》，2013年第3期；《“巴黎手稿”笔记本Ⅱ内容探佚》，《北京行政学院学报》，2013年第3期；《“巴黎手稿”再研究》，《社会科学报》，2013年1月3日。

⑧安启念：《从〈1857—1858年经济学手稿〉看马克思的唯物史观》，《中国社会科学报》，2013年12月13日。

⑨聂锦芳：《〈资本论〉研究的“当代”视角省思》，《光明日报》，2013年8月27日，第11版；《〈资本论〉哲学思想研究的学术史清理》，《学习与探索》，2013年第1期。

⑩韩立新：《新MEGA“〈资本论〉及其手稿”研究的新进展——纪念新MEGA第Ⅱ部门“〈资本论〉及其手稿”出版工作的结束》，《政治经济学评论》，2013年第2期。

⑪牛变秀、王峰明：《马克思剥削观的“方法论”基础——立足于〈资本论〉及其手稿的阐释》，《苏州大学学报》，2013年第4期。

⑫仰海峰：《物的依赖关系与市民社会的经济学哲学批判——新版〈政治经济学批判大纲〉研究》，《教学与研究》，2013年第9期。

⑬魏小萍：《〈马克思恩格斯全集〉历史考证版（MEGAⅡ）在国内的反响与思考》，《新视野》，2013年第4期。

⑭王伟光：《毛泽东是中国特色社会主义的伟大奠基者、探索者和先行者》，《党的文献》，2013年增刊。

⑮庄福龄：《毛泽东哲学思想的历史地位和当代价值》，《全国新书目》，2013年第12期；《从解释世界到改变世界的视角看毛泽东的理论创新》，《党的文献》，2013年第4期。

⑯许全兴：《〈实践论〉和〈矛盾论〉对马克思主义哲学中国化的启示》，《中国社会科学》，2013年第12期；《毛泽东思想研究与评价的立场和方法》，《现代哲学》，2013年第2期。

⑰冷溶：《毛泽东与民族复兴道路上的四座里程碑》，《党的文献》，2013年增刊。

⑱李君如：《毛泽东与中国梦》，《中共中央党校学报》，2013年第6期。

⑲《“毛泽东与当代中国和世界”国际学术研讨会在北大举行》，《光明日报》，2013年12月29日。

⑳李德顺：《马克思主义价值论发展探析》，《中

国特色社会主义研究》，2013年第6期；《当代价值研究的新进路》，《马克思主义与现实》，2013年第3期；《价值研究与价值观建设》，《烟台大学学报》，2013年第2期。

㉑韩震：《面向人类社会的理想规范——论培育和践行社会主义核心价值观》，《中国特色社会主义研究》，2013年5期。

㉒郝立新：《中国特色社会主义的公正理念》，《光明日报》，2013年5月4日。

㉓张曙光：《价值研究的哲学奠基——价值哲学的存在论思考》，《社会科学战线》，2013年第11期；《当代中国价值问题及价值重建的社会历史哲学辨析》，《天津社会科学》，2013年第4期；《以开放的态度探寻我们时代的价值观》，《光明日报》，2013年4月1日。

㉔吴向东：《集体主义：社会主义的核心价值观》，《马克思主义哲学论丛》，总第6辑。

㉕段忠桥：《马克思正义观的三个根本性问题》，《马克思主义与现实》，2013年第5期。

㉖王东：《哲学创新生长点和中国特色社会主义总前提》，《理论视野》，2013年第10期。

㉗郭建宁：《关于坚持和发展中国特色社会主义的几个问题》，《理论视野》，2013年第12期。

㉘程恩富、辛向阳：《论中国模式若干基本问题——兼议若干疑惑》，《北大马克思主义研究》，2013年第2辑。

㉙侯惠勤：《用唯物史观的理论逻辑支撑道路自信——"全国历史唯物主义与民族复兴之路理论研讨会"主题报告》。

㉚梁树发：《中国经验、中国式表达中的哲学解读与哲学发现》，《理论视野》，2013年第10期。

㉛王伟光：《当今中国发展进步的精神旗帜——学习习近平同志关于实现中华民族伟大复兴中国梦的重要论述》，《人民日报》，2013年8月20日。

㉜庄福龄：《"中国梦"有现实基础》，《中国社会科学报》，2013年3月29日。

㉝张奎良：《中华民族伟大复兴的三大法宝》，《党政干部学刊》，2013年第2期。

㉞韩庆祥：《马克思主义中国化时代化大众化的典范》，《光明日报》，2013年8月19日第1版；《实现中国梦必须走中国特色社会主义道路》，《人民日报》，2013年10月31日。

㉟陈先达：《从舟水关系、鱼水关系到血肉关系》，《光明日报》，2013年1月8日。

㊱庞元正：《创新发展是实现科学发展的必然要求》，《学术探索》，2013年第4期；《和平发展是科学发展观的必然要求》，《党政干部学刊》，2013年第6期；《科学发展观"五位一体"思想的形成》，《长白学刊》，2013年第3期。

㊲杜运辉：《张申府诞辰120周年纪念暨学术研讨会举行》，《光明日报》，2013年7月6日。

（作者：王东，北京大学教授；
王晓红，中央民族大学讲师）

中国哲学

王威威

2013年北京地区的中国哲学研究取得了众多可喜的研究成果，也呈现出一些值得关注的研究热点。从研究对象来看，简帛研究呈现出新的高潮，各期儒学尤其是先秦儒学仍然是研究的重点，儒学的现代意义被较多讨论，道家哲学研究成果比较丰富。从更为具体的中国哲学的概念和问题来看，"道""无为""言""心""性""欲"等备受研究者的重视，政治哲学和教化思想尤其被关注。现从简帛研究、先秦两汉儒学及儒学通论、道家哲学、宋代哲学、明清哲学、近现代哲学6个方面对北京地区的中国哲学研究代表性成果做一综述。

一、简帛研究

北大藏西汉竹书《老子》（以下称北大简《老子》）对于研究《老子》文本和思想的演变有重要的价值，一经公布即成为新的研究热点。

王中江考察了北大简《老子》在思想上带来的新尺度。从形而上学角度看，北大简的"天下万物生于有，有生于无"与帛书本和传世本一致，说明《老子》中确实存在"无先于有""无比有根本"的思想；王弼本第三十七章的"道常无为而无不为"，郭店本作"道恒无为也"，北大简作"道恒无为"，帛书本作"道恒无名"，说明原本作"道常无为"的可能性更大。从政治思想角度看，北大简的"圣人恒无心"同于帛书本，更明显地表现出"民意论"的立场；北大简的"执古之道，以御今之有"，同于王弼本，体现出老子具有"托古改制"的特点。从价值观方面看，北大简的"下德（为）之而无以为"同于傅奕本，可以明确老子肯定"上德"而否定"下德"；北大简的"什伯之器"同于王弼本，意思是众多；北大简的"大器勉成"不同于众本，应读为"晚"，说明老子肯定大事物的意义。①

曹峰注意到北大简《老子》下经第一章的"玄

之又玄之”和上经第十一章的“损之又损之”的表达方式与其他《老子》版本的差异和二者之间的关联。他认为，“损之又损之”是不断减损的功夫，最后达到“无为”的境界；而“玄之又玄之”的“玄”也应是动词，“玄之又玄之”也是不断减损、否定的功夫论，是向道不断接近的过程。“玄之又玄之”和“损之又损之”的解释路线很可能引发了后世双遣说和重玄说的产生。②

王博探讨了北大简《老子》与严遵《老子指归》在文本上的关系问题。他指出，从结构上看二者都分为上下篇，都称“上经”和“下经”，“上经”和“下经”所指涉的范围也相同；不同之处在于，严本为七十二章，具有自觉地利用数位来组织和构造文献的特点，而北大简《老子》为七十七章，只是某种传统的延续。王博又以北大简结合严遵《老子指归》中的注释探讨了严遵古本的原貌问题。例如，严本的“道隐无名”，北大简作“道殷无名”，严本可能同于汉简作“殷”；严本的“大辩若讷”，北大简作“大盛若绌”，严本最可能是“大赢若绌”；严本的“圣人无常心”，北大简作“圣人恒无心”，严本应作“无心”；严本的“不以智治国”，北大简作“以不智治国”，严本原文作“以不知治国”更为合理。③

李锐和邵泽慧通过比较北大简、帛书甲乙本和郭店本的《老子》，提出《老子》的形成应是多源多流、主体思想和主体内容相似的“族本”，而非一源众流的“祖本”。通过分析《老子》形成的思想背景，提出《老子》思想的重点是“德”而不是“道”，后世因秦焚书等原因，论道的书不多，因而《老子》中论道的内容越来越受重视。④

除北大简《老子》外，近些年出土的简帛文献依然受到学者的重视。学者们依据论题、思维方式和思想倾向对简帛文献进行归类，并致力利用这些文献结合传世文献从整体上重构先秦的思想世界。

王中江提出要利用出土简帛结合传世文献重新认识古代中国的自然宇宙观的起源和基本形态。在《黄帝四经·道原》、《太一生水》、《恒先》、《凡物流形》、《三德》和郭店本《老子》所代表的早期道家思想中自然宇宙观已经诞生。作为宇宙生成论，它描述了宇宙的原初状态并提供了多样的宇宙生成模式；作为本体论，它在道与德、道与物、朴与器、一与多等关系中展开了对万物本性及其多样性的解释；它以道无为和万物自然的思维架构来说明宇宙和万物的秩序，这可以从道的“弱作用力”和万物的“自然性”的角度重新把握；它以宇宙秩序来建立人间秩序的圣人无为和百姓自然观念，由于一、法、人情的引入而成为成熟的政治哲学。⑤

曹峰认为，在黄老之学的代表文献《黄帝四经》中可以清楚地勾勒出“老子类型道论与政论”和“黄帝类型道论与政论”两条线索。“老子类型道论”强调“道”为最高本体，对于社会和人生具有决定性意义；“黄帝类型道论”指以黄帝为代表的天道论。与老子类型的道论相应，君主作为执道者要认识和把握形名，建立起人间的名分和规则系统，让其发挥自我组织和自我管理的功能；而黄帝类型的政论则以因循天道为掌握天下最为直接有效的手段。《三德》《太一生水》《恒先》《凡物流形》等楚简为我们揭示了这一框架成形前的早期面貌，同时，以天道作为人事的依据、利用“道”帮助统治者获取政治资源的思路和文章表达方式的一致性也反映出黄老道家有其自身固有的特征。⑥

王博讨论了儒家早期经学中《诗》学传统与心性之学的关系问题。他认为，从出土文献来看，战国时期存在着专门解释《诗经》的文献，如《五行》《孔子诗论》《民之父母》等。这些文献不仅引用和解释与《诗经》有关的文字和内容，并且因为“诗言志”的特点而发展出心、性、情等主题。这些文献都肯定和强调心性与礼乐的密不可分，但角度不同，如《五行》篇侧重在心的发现，《孔子诗论》更注意性的问题，《民之父母》则明确地讨论心与礼乐的关系。心性之学的提出是儒家在重建礼乐秩序的思考中必然会达到的结果，而心性之学的展开与《诗》学的关系最为密切。⑦

梁涛依据清华简《保训》探讨了儒家的道统问题。他认为，清华简《保训》通过舜与上甲微的故事分别从正面和反面表达了儒家的中道政治理念。根据《保训》及传世文献可见，中国古代的“中”的思想传统及中正、中庸、中和等概念源于宗教性的礼仪活动，是古代礼学的重要范畴。在孔子后真正全面继承“中”的传统的是荀子而非孟子。儒家道统既非朱熹等宋儒构造的“仁义—中”，也非历史上曾经存在的“礼义—中”，而是二者的结合，是仁学与礼学的结合。统合仁学与礼学，“合外内之道”才是儒家道统之所在。⑧

晁福林对比了今本《礼记·缁衣》与上博简、郭店简《缁衣》的“上人疑”章的文字差异。他提出，简文的“止民淫”指停止民淫，在上位者与民关系密切，今本的“御民之淫”指在上位者防御民淫，御“淫”于外。简本“章好以见（现）民欲”强调统治者表彰的“好”应体现民众之“欲”，统治者要顺从民欲，而今本“章好以示民俗”强调统治者表彰的“好”应当指示民俗。简本突出民众的意愿，今本则突出了统治者对于民众的指引。简本反映了自孔子以降的战国前期儒者政治理论中的“顺民”理念，体现着对于“民”的充分重视。早期儒家一方面看到民众中有“淫”的因素；另一方面强调统治者应关注民众的合理诉求，即“民欲”。简本“上人疑”章的制止“民淫”与体现“民欲”

是早期儒家政治理念的重要论述。[⑨]

二、先秦两汉儒学及儒学通论

在先秦两汉儒学研究中，孔子思想仍是研究重点，荀子思想得到了更多重视。值得注意的是，研究者们会有意识地利用简帛文献做参照研究传世儒家文献，以特定的问题为主线探讨儒家思想的演变成为主要的研究思路。

黄克剑考察了孔子的《诗教》，认为“诗教”作为教化的一种形态是用来践修孔子的“仁”道以达致温润、和顺而诚朴、宽厚，即“温柔敦厚”。他解释了“兴于诗，立于礼，成于乐”，以此澄清诗教与礼教、乐教的关系。他认为“兴于诗”在于以诗的感发涵养人的性情之真，“立于礼”则使真的性情得以由“礼”而导之以正，而在“乐”这里，“情”包含了“理”，“礼”蕴含了“诗”，人性之“仁”在葆有天真而趋向高尚的意趣上得到圆融的提升，这就是“成于乐”。“兴于诗，立于礼，成于乐”三者缺一不可且必须逐次递进。由于孔子“政”“教”相即的思路，“诗教”亦与“为政”相联系，统治者的“为政以德”“道之以德”需要其践行并倡导以《诗》的“思无邪”培育“温柔敦厚”之德。《诗》不落于概念，而能切近人的生命感受，《诗》中充满了生命的感动和生命的信息，从中可以抽绎出儒家的义理，这是孔子创始诗教的缘由。[⑩]

廖名春和梁涛针对《论语·子路》中的“父为子隐，子为父隐”展开了争论。廖名春认为，古文献中常见的“隐括”“隐揉”“隐审”“隐实”“隐核”“隐度”之“隐”都当读为“檃”，因此，可将“父为子隐，子为父隐”中的“隐”读为“檃”，训为“父亲要替儿子矫正错误，儿子也要替父亲矫正错误”。以孔子为代表的先秦儒家并非血缘至上主义者，在公德与私情有违时，他们主张“不成人之恶”“从义不从父”。因此，“其父攘羊”，孔子不会主张子为父隐匿。上博简《内礼》的“而任不可”与子女为父母隐瞒没有关系，将其补入“子为父隐”中，说儿子要“替父亲隐瞒”，而且要“自己承担责任”，违反孔子做人的诚信原则。[⑪]梁涛回应廖文，认为将“父为子隐，子为父隐”的“隐”解为“檃”，在文献上根据不足，也不符合早期儒家赞成为父母隐匿过错的思想实际。破解此章的关键在于“直在其中”的“直”，而不是“隐”。上博简《内礼》“隐而任之，如从己起”有益于理解在父母不接受谏诤时，儒家化解道义与亲情矛盾的态度。儒家鼓励子女替父母承担过错，而并不主张将其公之于众，使父母蒙受羞辱。[⑫]

干春松以荀子为例探讨了儒家的贤能政治问题。他认为，春秋末期所出现的“礼崩乐坏”实际是国家形态和政治秩序发生的根本性转变，荀子正视客观现实的变化，以“法后王”作为实现先王之道的途径，赋予霸道以合理性。荀子根据“贤”与“能”的差异给各类人不同的定位，使贤者居位的理念与按职论官的政治实践相结合。而他对儒生的要求也包容了多层次的修养和社会功能，如大儒和小儒，俗儒、雅儒和大儒，他反对思孟将儒家固化为以先王之道批判现实的抗议者形象，为儒生参与现实政治提供了价值上的合理性。[⑬]

郑万耕阐述了《周易·象传》的教化思想，认为《象传》是存性明理、修身养德、安定民众的典籍，是一部圣人“学易，可以无大过”的教化之书。《象传》主张设立教化以化民成德，并与不言之教、无为之化共同构成人文教化的根本途径。《象传》反复强调“观民”“容民”“保民”“振民”，围绕民众论述教化，体现出人文主义特色。《象传》强调个人的修身明德，重视培育中正、独立、谦卑的君子人格，倡导自强不息、厚德载物的人生原则，对形成中华民族的优良传统和塑造中华民族精神有深刻影响。[⑭]

白奚以《易传》、思孟学派和董仲舒为中心考察了儒家“天人合一”思想的不同开展向度。《易传》主要从天道观的向度展开“天人合一”的思想，其特点是天、地、人三才并举和推天道以明人事，“天”是自然之天。思孟派儒家主要从心性论的向度展开“天人合一”的思想，通过对心、性的阐发而将道德的终极来源锁定在形上之“天”，“天”是义理之天，是后世儒家之“天”的正宗和主流。董仲舒主要从神学的向度展开“天人合一”的思想，吸取阴阳五行学说和道家黄老学理论，通过天人感应来实现天人贯通，“天”是主宰之天，“天人相类”是其主要的思维方式。[⑮]

邹晓东选取了朱熹、王阳明、郭沫若、冯友兰、牟宗三、郭沂、梁涛7家有代表性的《大学》《中庸》解说，揭示了其解释学的基本预设，阐述了学庸文本研究的方法问题。他认为，道统论解释学、片断性历史考据法两大方法论取向主导着目前的学庸研究。道统论解释学以义理的“最佳”性作为文本研究的“客观”性，缺乏历史感并充满成见；片断性历史考据法以考据的“片断”性作为文本研究的“客观”性，倾向于将哲学文本裂为碎片，破坏了文本的原始实在性。实际上，“文本研究的客观性”应被界定为在文本、研究者和其他读者的互动中接触“文本的可理解性”。《大学》《中庸》的研究者应首先表明自己的“文献学约定”与“系统性追求”，力求在互动中把握文本的“主导性问题意识”。[⑯]

向世陵分析了儒家的“仁爱—博爱”观念。这一观念以“爱人”“泛爱众”为标志，起源于孔子。孔子的仁爱并不包含爱有差等的意义，认为“孔子仁爱是讲爱有差等”是据“孝悌”和“正名”所做出的过度诠释。《中庸》的“亲亲为大”具有了差等的意涵，但只是反映爱由近及远实施的次序或丧服、丧期由亲及疏的依次递减，并不关涉爱本身的尊卑贵贱问题，在《礼记》中，普遍性的“爱人”非常重要。孟子则一方面强调爱的实施必然表现出先后的差别；另一方面又相信扩充恻隐之心能实现仁，“仁者，无不爱”，这可以看作孟子的“泛爱众”。[17]

三、道家哲学

老子和庄子仍然是道家哲学研究的重点，其中，老子的“无为”和庄子的“齐物”及相关问题依然受到关注。从研究思路上看，学者们更为重视老庄思想与其他思想的比较研究和后世学者对老庄思想的发展。

黄克剑辨析了老子“不言之教”的意义。老子的“不言”与“上德无为而无以为”之“无为”相应，表现出老子在本体意味上对“言”的贬斥，可由“恒道”之非可道、“恒名”之非可名推出。“言”相对于道的自然之朴是人为，无为可涵盖无言。但不言的主张仍需言来表达，因此老子为了传示不言之教而运用权变之言，但也终究不能弥合人为之言与自然之朴的裂隙。为了解决这一问题，老子和庄子试图彻底弃绝人为之言，而孔子、孟子则认可言的必要，奉行“文质彬彬”的教化。[18]

郑开分析了老子的“玄德”概念和理论。他认为，老子提出“玄德”概念旨在表明它是比“明德”更深远、更基本且更有意味的“德”。“玄德”是“道”的最根本的体现。“玄德”概念和理论直接交涉于道家无为政治哲学和伦理学上的自然主义。“玄德”以“为而不恃，长而不宰，功成弗居”“利而不害”“为而不争”等为其政治哲学的原则，隐含了权力的自我限制问题。“玄德”是一种超越文化间性的政治模式（理念），也是一种挣脱了伦理地方性（例如儒家推行的仁义）的“超道德论”，且隐含了某种“绝对的性善论”。[19]

王威威从权力与法的角度对老子与韩非的无为政治进行了比较。在老子思想中，法令是君主行使权力的表现，是对百姓自然的干涉，不能对君主权力有任何的限制，而无为是对百姓自然的尊重，是对君主权力的限制，因此，老子的无为排斥法令。在韩非思想中，法具有最高的权威性，可以限制君主权力的滥用，而个人有依法受赏和无罪不受罚的权利。君主以法治国符合人的好利恶害的本性，符合百姓之“自然”，能够让君主“佚而有功”。“佚”是“无为”，“有功”则是“无不为”，“佚而有功”就是“无为而无不为”。君主的无为是依靠法而实现的。[20]

匡钊梳理了以《老子》为源头的气论在道家和方士中的不同发展线索。《老子》中的“专气”说已经奠定了气在精神性的修身和以“长生久视”为目标的养生两个方向上的作用。上述两方面普遍存在于先秦道家的思想谱系当中，而第二方面主要在受道家影响的战国方士那里被发扬光大，并进一步演化出“行气”与“食气”的观念。在这两种气息的调理技巧中，“食气”稍晚出也更为复杂，且其在某种意义上可被视为后世内、外丹道的真正源头。[21]

罗安宪分析了《齐物论》中的“吾丧我”之义。从语义上看，“吾”是普通指代，是客观化陈述；“我”是特殊指代，是情意性表达。“吾丧我”之所“丧”并非“我”本身，而是被“成心”所拘，悲苦、“疲役”、“芒”而不明的“俗我”。庄子提出“以明”和“道枢”来实现“吾丧我”。“吾丧我”后，个体之我不是以俗我的面目存在，而是以自由精神的面目存在。《齐物论》所讲的“死生无变于己”“天地与我并生，而万物与我为一”，《大宗师》所讲的“朝彻”“见独”“无古今”“不生不死”“撄宁”，都是对于“丧我”之后情态的描述。《齐物论》由“吾丧我”开始，进而言及丧什么、如何丧、丧我之后如何，该文有着严格的逻辑次序。[22]

刘黛比较了庄子和慎到的“齐物说”。她认为，慎到的“齐物”是以“物”为首，在“万物皆有”的认知之上提倡尊重物的差异和价值，强调顺物而丧失了人的主动性；而庄子的齐物是以“无”为首，认为万物产生之前有“未始有物”的究极状态，以“无物”齐物，由于找到物的根源“道”，使得精神超越物的限制而通向逍遥境界。[23]

温海明通过阐释孔子的“正名”和庄子“鱼之乐”的言意之辩，从意义实化的开端来比较孔子与庄子的意义观。他认为，“以‘名’出‘言’”是文意兴发的开端，这方面孔子的言说有非常明显的依情境而生的意味，意在“名”外，甚至在言说情境之外，这与庄子“鱼之乐”所面临的前语言状态异曲同工。“以‘言’‘行’事”说明孔子的言语具有实化为事件的力量，而庄子则主要通过比喻和寓言来说明言语在其名相之外有能够帮助人“行”事的力量，而二者从根本上都是通过对前命名状态的领悟来实现的。[24]

王威威以“小大之辨”为线索，考察了从《逍遥游》、《齐物论》、《秋水》到郭象《庄子注》的思想演变。她提出，《逍遥游》中的“小”与“大”是视角、认识及境界的差异，《齐物论》中此种意义的“小”与“大”和物之“小”与“大”是两个问题，两篇的观点是：“小”与“大”是从不同视角产生的对世界的认识，只有在“大”的视野中方能消除物之小大的区别。《秋水》将两种意义的“小”与“大”融合为同一问题，小大之物和各种视角及在不同视角之上所获得的认识都具有各自的合理性和价值。郭象认为庄子以"无是非"为"是"同样是一种别是非，同样需要被消解。他将作为不同视角、认识的"小"与"大"的意义消解掉，"小"与"大"只是物的"小"与"大"，他用性分自足来齐同物之小大。[25]

四、宋代哲学

宋代哲学的研究成果主要集中于朱熹，此外，程颐的《周易程氏传》和陈淳的《北溪字义》较受重视。从研究思路上看，学者们更为重视澄清理学家的经典解释与思想建构的关系。

蒋丽梅从"为学"和"为道"切入探究了王安石《老子注》的价值转向问题。王安石以"穷理"释"为学"，以"尽性"释"为道"，"尽性"是不断体认在物之理，"穷理"是不断体贴在物之性，二者作为"复命"的手段而相互贯通，"为道"与"为学"在价值上是齐一的。王安石将"学""为"等概念加入到对"道"和"自然"的解释中，调和了儒道两家的价值观念的冲突。[26]

姜海军从易学、理学和政治思想结合的角度探讨了《周易程氏传》对"位""时"概念的诠释问题。程颐将天理学说引入到易学诠释中，赋予爻位以政治内涵，将爻位与儒家时中的政治理念相结合，将"时""中"视为天理在《周易》中的展现，希望处于不同"位"的社会个体各当其位，且在任何具体的情境中，都要遵循天理，随时保持"中德"。程颐的解释突出了道德至上的易学理念，强化了易学的伦理政治性，为后代的易学诠释提供了新的方向。[27]

陈来阐述了朱熹的"皇极说"。他指出，朱熹对"极"的解释最早为中年时对《太极图说》的解释，在朱陆太极之辩中，他反对陆九渊以"中"释"极"而以"至极"释"极"，形成一套有关"极"的理论，并在讨论太极之义时论及皇极之义，而太极论是朱子哲学的核心。在之后所作的《皇极辨》中，朱熹指出用"大中"解释"皇极"的错误。"中"是"极"所矗立的位置而不是"极"的本义，"极"的本义是最根本的标准，反对以"中"为"极"是朱熹的基本立场。"皇极"中的"皇"非"大"而是指君主，"皇极"指人君之德为天下至极。皇权本身并不能成为标准，君主只有按儒家思想修身正身，他的行为才能成为天下的根本标准。朱熹"皇极说"的政治思想本质是对皇权的道德限制，而不是对皇权的无条件伸张。"皇极说"既是朱子政治思想的一个论述，也可以看作其太极论的相关部分。[28]

汪学群考察了朱熹对命的解释，指出朱熹论命有天命、性命之义，由此引出了命的两个维度，即从理与气、所禀与所值讨论命。从气的角度，指天的禀赋有厚薄清浊不同；从理的角度，天赋表现为仁义礼智之性。所禀指人禀受于天的命；所值指所遭遇的命。朱熹论命更重视其道德层面，并对命持一种积极向上的态度，提出了知命、致命和改命。[29]

朱熹弟子陈淳的《北溪字义》是中国古代思想史上范畴研究的典范，彭永捷探讨了其中对人性问题的讨论的重要价值。他认为，《北溪字义》对人性的讨论涉及人性的定义、性质、内容、功能和人性理论的历史演变等多方面问题，并从理学的角度进行了评判，为我们了解儒家人性论的内涵和演变提供了独特的理论视角，亦有助于解决当今有关人性问题的一些学术争议。[30]

五、明清哲学

本年度的明清哲学研究仍以王阳明、王夫之为主要的研究对象，研究成果有所减少。

彭国翔从生态的视角解读了王阳明的《大学问》。他认为，以生态学论，基于"天人合一"的"一体观"是儒家思想的显著特征。这种"一体"生态观是《大学问》所蕴含并贯穿始终的核心内容之一。对王阳明而言，整个宇宙是一个活生生的有机整体，其中的每一事物都作为这个有机整体的一部分而相互关联。这种一体关系是宇宙万物之间的一种本体论上的根本关系。生生不息的一体关系不仅建立在自我与他人、人与自然之间，更在于作为共同创造者的人类与整个宇宙以及无限之间。[31]

马晓英探讨了明代《大学》诠释中的文本、宗旨与格物问题。从文本看，王阳明标榜《大学》古本，挑战了朱子新改本的权威地位，导致各种《大学》改本集中出现。就宗旨看，王阳明、李材和刘宗周分别提出"致良知""止修"和"诚意慎独"说，驳正朱子学格物穷理说。关于"格物"，王阳明释"格物"为"正心之不正以归于正"，并将其发展为"致良知"说；湛若水释"格物"为"造道"，提出"随处体认天理"；王艮以"反己"为格物，提出"尊身即尊道""百姓日用即是道"；罗洪先以"感通"释格物，强调收摄保聚、充养良知；罗近溪以遵行圣贤嘉言善行和实践"孝弟慈"为格物做注，一反阳明后学高蹈务虚的趋势而转向平实。[32]

张学智通过考察王夫之对《无妄》《震》卦所做的阐发揭示出王夫之倡导发起信心、勇敢担当、立体致用、争取民族复兴的精神。王夫之对《无妄》的阐发彰显出存在的真实性、存在的辩证本性和复杂过程，以此批评佛教和道教所宣扬的"空""无"。王夫之对《震》卦的阐发彰显了能动的精神，以及在动静互涵关系中动控御静、激活静、带起静的主导作用，以此批评道家的"重为轻根""静为躁君"。[33]

六、近现代哲学

近现代哲学的研究发展比较平稳，关于张申府哲学的研究成果有所增加。

梁启超《新民说》中的“公德说”影响最大，人们甚至将《新民说》的道德思想归结为“公德说”。陈来提出，《新民说》中后写的《论私德》对“公德说”做了很大的补充和修正，阐发了私德在道德结构中的基础意义和重要价值。个人的德行是私德，公德是团体成员共同具有的德行。公德是私德的推广，私德是公德的基础。有人私德醇美而公德不完备，但绝没有私德败坏而公德完美的人。《论私德》不仅深化了他在《新民说》初始的道德论，而且从根本上揭示出由启蒙推动的道德反思的限度。同时，《论私德》及其影响下的《德育鉴》等书的编订，确立了梁启超作为近代新儒家的思想立场和方向，也奠定了儒家道德论在近代的调适和发展的典范。㉞

李翔海探讨了贺麟“新心学”的理论特色。他认为，“新心学”既坚持了中国哲学现代重建的“民族本位”，又能站在人类一般的高度来平章中西哲学；既以心学为宗，又力图整合心学与理学，并重视发掘其他诸子思想的积极意义，在现代新儒家中表现出比较理性、平正、通达、开放的心态。“新心学”力图通过扩大“心”的内涵来确立认知理性在儒学中的根本地位，构成了现代心学的一种特殊形态，代表了儒学现代新开展的两条基本理路之一。㉟

陶悦阐述了牟宗三“智的直觉”思想。“智的直觉”是牟宗三从康德哲学中借用来的，是否承认人可以拥有“智的直觉”是他和康德的主要区别。如果从狭义认识论的角度看，“智的直觉”面临着如何以理论思辨证明的困难，若从境界论的视角理解，“智的直觉”便是无须思辨的明证、只需实践的体证问题。牟宗三“智的直觉”正是境界论意义而非认识论意义上的。“智的直觉”的呈现指人通过实践的功夫达至自我超越、自我实现的状态，使人突破自身的有限而达至无限。㊱

李存山探讨了张申府的“大客观”思想及其对张岱年思想的影响。“大客观”表达了“跳出主客，主亦为客”之意，主张从客观出发，扩大客观的范围，把主观容纳到客观之中，不以主观当客观，但也不抹杀主观的地位。张岱年概括自己的思想倾向是既肯定客观世界的实在性又昂扬人的主体自觉性，他的基本认识是道德的自觉不是纯粹主观的而必须参照客观世界的实际，可见他的思想倾向和基本认识与张申府提出的把“是”与“应该”、科学与道德结合起来的“大客观”思想具有一致性。㊲

注：

①王中江：《北大藏汉简〈老子〉的某些特征》，《哲学研究》，2013年第5期。

②曹峰：《“玄之又玄之”和“损之又损之”——北大汉简〈老子〉研究的一个问题》，《中国哲学史》，2013年第3期。

③王博：《西汉竹书〈老子〉与严遵〈老子指归〉》，《中国哲学史》，2013年第3期。

④李锐：《北大简〈老子〉初研》，《中国哲学史》，2013年第3期。

⑤王中江：《出土文献与先秦自然宇宙观重审》，《中国社会科学》，2013年第5期。

⑥曹峰：《出土文献视野下的黄老道家研究》，《中国社会科学》，2013年第2期。

⑦王博：《〈诗〉学与心性学的开展》，《中国社会科学》，2013年第2期。

⑧梁涛：《清华简〈保训〉与儒家道统说——兼论荀子在道统中的地位问题》，《邯郸学院学报》，2013年第1期。

⑨晁福林：《早期儒家政治理念中的“止民淫”与“见（现）民欲”——简本〈礼记·缁衣〉“上人疑”章补释》，《文史哲》，2013年第1期。

⑩黄克剑：《孔子“诗教”论略》，《哲学动态》，2013年第8期。

⑪廖名春：《〈论语〉“父子互隐”章新证》，《湖南大学学报》（社会科学版），2013年第2期。

⑫梁涛：《“父为子隐，子为父隐”是父子互相纠正错误吗？——〈论语〉“父子互隐”章“新证”之检讨》，《湖南大学学报》（社会科学版），2013年第4期。

⑬干春松：《贤能政治：儒家政治哲学的一个面向——以〈荀子〉的论述为例》，《哲学研究》，2013年第5期。

⑭郑万耕：《〈周易·象传〉及其教化观念》，《孔子研究》，2013年第6期。

⑮白奚：《儒家天人合一思想开展的向度——以〈易传〉、思孟学派和董仲舒为中心的考察》，《社会科学战线》，2013年第6期。

⑯邹晓东：《学庸哲学史关系研究：七家批判与方法论反思》，《哲学动态》，2013年第6期。

⑰向世陵：《仁爱与博爱》，《哲学动态》，2013年第9期。

⑱黄克剑：《老子“不言之教”义趣疏证》，《哲学研究》，2013年第9期。

⑲郑开：《玄德论——关于老子政治哲学和伦理学的解读与阐释》，《商丘师范学院学报》，2013年第1期。

⑳王威威：《老子与韩非的无为政治之比较——从权力与法的角度看》，《哲学研究》，2013年第10期。

㉑匡钊：《专气、行气与食气——道家方士对“气”的不同理解及其后果》，《中国哲学史》，2013年第2期。

㉒罗安宪：《庄子“吾丧我”义解》，《哲学研

究》，2013年第6期。

㉓刘黛：《以“无”为首与以“物”为首——论庄子与慎到之“齐物说”的区别》，《道家文化研究》第27辑，陈鼓应主编，生活·读书·新知三联书店，2013年版。

㉔温海明：《以“名”出“言”，以“言”“行”事——孔子与庄子意义观之比较》，《广东社会科学》，2013年第3期。

㉕王威威：《小大之辩——从〈逍遥游〉、〈齐物论〉、〈秋水〉到郭象〈庄子注〉》，《道家文化研究》第27辑，陈鼓应主编，生活·读书·新知三联书店，2013年版。

㉖蒋丽梅：《为学与为道之间——王安石〈老子注〉的价值转向》，《中国哲学史》，2013年第1期。

㉗姜海军：《〈周易程氏传〉对“位”与“时中”的诠释——从易学、理学与政治思想相结合的角度看》，《周易研究》，2013年第1期。

㉘陈来：《“一破千古之惑”——朱子对〈洪范〉皇极说的解释》，《北京大学学报》（哲学社会科学版），2013年第2期。

㉙汪学群：《朱熹对命的思考》，《湖南大学学报》（社会科学版），2013年第4期。

㉚彭永捷：《从〈北溪字义〉看儒家人性论的演变》，《晋阳学刊》，2013年第2期。

㉛彭国翔：《论儒家“万物一体”的生态观——重读〈大学问〉》，《河北学刊》，2013年第2期。

㉜马晓英：《文本、宗旨与格物之争—明代〈大学〉诠释的几个问题》，《哲学动态》，2013年第11期。

㉝张学智：《王夫之对〈无妄〉〈震〉卦的阐发及其时代关切》，《北京大学学报》（哲学社会科学版），2013年第1期。

㉞陈来：《梁启超的“私德”论及其儒学特质》，《清华大学学报》（哲学社会科学版），2013年第3期。

㉟李翔海：《新心学的理论特色与儒学的现代走向》，《南开学报》（哲学社会科学版），2013年第2期。

㊱陶悦：《牟宗三“智的直觉”思想的境界论意蕴》，《哲学研究》，2013年第11期。

㊲李存山：《张申府的“大客观”思想—兼论其对张岱年的影响》，《哲学研究》，2013年第10期。

（作者：华北电力大学副教授）

西方哲学

杜丽燕

一、学术活动

2013年学术会议较之往年，数量有所下降。相比之下，高等院校、科研院所的论坛、系列讲座则有声有色。

2013年4月2日，北京大学哲学系举行霍耐特讲座，题目是“论我们自由的贫乏——黑格尔伦理学说的伟大与边界”。

2013年5月28日、30日北京大学哲学系举行罗尔斯《正义论》系列讲座，主讲人 Prof. Thomas Pogge（Philosophy and International Affairs，Yale University）。

2013年9月25—26日，北京大学哲学系举行亚里士多德哲学系列讲座，主讲人 Prof. David Charles（Senior Research Fellow in Oriel College，Oxford University）。

北京师范大学京师外国哲学讲坛，是颇为活跃的系列讲座之一。2013年举行诠释学专题系列讲座，共4期。

2013年，中国人民大学举行古希腊名师系列讲座，共5期。

中国社科院的“纯粹哲学论坛”“贺麟讲座”打纯粹哲学牌，让哲学回归学术本身，致力促进西方哲学学科建设。

从讲坛、讲座的内容看，基本上遵循基础研究、纯学术研究的思路。在喧闹、浮躁的今天，看到有相当一部分人愿意坚持坐冷板凳，坚持学术研究的本分，着实让人感到欣慰。

二、几个小众研究

这里所说的小众研究，是指思想有不错的影响力、研究者却寥寥的研究。

（一）阿伦特哲学研究

阿伦特是一个有诸多争议的哲学家，特别是在西方哲学界，认为她的哲学什么都不是的学者不在少数。国内学界有相当一部分人知道她，多是凭借她与海德格尔的关系，特别是凭借她与海德格尔的花边新闻，于是“海德格尔的女学生”的标签，似乎是阿伦特最著名的头衔。这对阿伦特并不公平。

近年来，我国哲学界对阿伦特的兴趣不断增大，突出地表现在两个方面：第一，阿伦特的著作绝大多数被译成中文；第二，相关的研究论文明显增多。知网搜索显示，研究阿伦特哲学的论文（含硕士、博士论文）：

	2000年	2005年	2010年	2013年
关键词	5	21	117	135
篇　名	4	7	36	49
全　文	15	65	215	342
主　题	7	45	107	135

研究海德格尔哲学的论文：

	2000年	2005年	2010年	2013年
关键词	317	525	934	764
篇　名	75	179	192	170
全　文	822	2560	3087	3651
主　题	117	364	543	577

与海德格尔相比，对于阿伦特哲学的研究显然属于小众，不过，从论文发表情况看，阿伦特研究是在悄然升温。就目前发表论文和著述来看，我国哲学界对阿伦特的研究有待进一步提高。

陶东风在《阿伦特著作的翻译质量有待再提高》[①]一文中，中肯地表达了对阿伦特著作翻译质量的担忧。文章用较大的篇幅对《什么是自由》和《历史的概念》中一些翻译错误进行了细致的分析，笔者只从陶先生论文选取一例。

原文：There exists still another way to check our current notion of free will, born of a religious predicament and formulated in philosophical language, against the older, strictly political experiences of freedom.

中译本：还存在着另外一条制约了我们对自由意志的通行看法，使之背离了古老的、作为严格意义上政治现象的自由的道路，它起源于意志宗教困境，并在哲学语言中得到了表述。

陶先生试译：自由意志产生于一种宗教困境，并在语言中得到了规范化的表达，它与更为古老的、严格意义上的自由经验是相互对立的，要检查我们通行的自由意志观，还存在另外一种方法。

错误原因分析：

第一，语法错误。原文中“free will”后面的部分是两个并列的定语，它们都是对“自由意志”的解释和说明。中译本没有注意到这一点，导致在语义上与原文不符，句子也不通，读起来非常别扭。同时，check... against 是固定搭配，意为“以……为参照来检讨……”。因此，与 the older、strictly political experiences of freedom 相对的，不可能是 another way，只能是 current notion of free will。

第二，没有注意前后文内在逻辑联系。阿伦特在前面追溯了自由意志的起源，指出它源于宗教困境，并在古代晚期以来的哲学中得到规范性表达。联系上下文可以清楚地看到，阿伦特在这里想说的是，除了追溯它的起源以外，还有另外一种方法探讨自由意志，即考察现代以来的政治思想的复兴。在随后的内容，阿伦特就分析了现代政治思想复兴的原因，并介绍了孟德斯鸠对“哲学上的自由”和“政治上的自由”的区分。

陶先生在文章末尾提出一些规律性的东西，凡是和上下文不合、和作品及作者的整体思想不合的地方，一般都会有理解上的困难；而凡是难以理解的地方，往往会发现翻译错误。西方名著翻译，不但要懂语法，过语言关，而且要理解作品的整体思想，结合上下文加以把握。

就著述而言，国内学术界对于阿伦特哲学的研究，多集中在其政治哲学方面。事实上，政治哲学研究，确实是阿伦特最引人注意的地方。这与阿伦特在二战中的境遇、二战后作为犹太思想家特定的历史使命相关。

陈胜云在《在世与自由：阿伦特自由观的哲学解读》[②]中，讨论阿伦特的自由问题。作者指出，由反犹迫害引发的政治哲学讨论，在阿伦特哲学中，首先表现为对自由的关注。阿伦特以现象学和存在主义为基础，对西方哲学传统与自由的关系做了详尽阐释。在苏格拉底和柏拉图之前，自由是希腊人现实的生活状态，苏格拉底之死引发了一种转变，即从柏拉图之后，自由从现实政治隐退到哲学领域，成为一种哲学的沉思。这是自由从现实生活中的逃离。宗教自由也经历了相似的过程。自由在西方哲学传统中首次出现，是在宗教对话经验中。首先是在保罗，然后在奥古斯丁。就历史发展而言，基督教的自由理念也来自希腊那些开创西方哲学传统的大师们。这一传统认为，脱离政治是通往更高、更自由的生活方式，即沉思生活的前提。宗教界人士脱离或者说逃离政治的主要原因，是对政治本身的敌视和怀疑。基于这一原因，现实的自由被转换成为沉思式自由的哲学传统。这一尝试的主要目的是逃避政治干预，以期避免现实的政治迫害。所谓逃避自由，主要指逃避现实，而在思想中寻求自由。

按照阿伦特的看法，通过康德，在思想中寻求自由获得了系统的阐释和分析。试图通过将纯粹理性和实践理性的区分，把自由从内在动机的因果律与统治外部世界的因果法则的双重压力中解救出来。在康德哲学中，实践理性的核心是自由，但自由不出现在感知领域。黑格尔则把问题进一步推向极致，他认为，自由的实现就是精神的自我认识和自我发展。马克思对这一传统提出质疑，他说，哲学家们只是用不同的方式解释世界，问题在于改造世界。阿伦特认为，马克思重新使自由走出理论的抽象，把自由拉回现实世界。

关注阿伦特对马克思的评判，是国内学界研究阿伦特哲学的重要内容。同类研究还有李志军的《现代历史意识与唯物史观——兼论阿伦特的历史观》[③]、典典的《试论阿伦特的马克思研究》[④]、白刚的《超越现代性的两条道路：马克思与阿伦特》[⑤]、杨晗旭的《劳动破坏了公共生活？——评汉娜·阿伦特对马克思劳动观的批判》[⑥]、谭青华的《马克思公共思想初探——基于阿伦特、哈贝马斯和罗尔斯比较研究》[⑦]等。

阿伦特关于公共领域和私人领域的研究也受到一定的关注。刘颖、韩秋红的《汉娜·阿伦特公共领域的实在性研究》[⑧]一文，选择两个重要视角："公共的实在性"与"我的实在性"，作为理解"公共领域"实在性的理论依据。作者指出，阿伦特《人的境遇》一书，主要研究公共领域。她将公共领域理解为一种通过实在性凸显的世界，并认为，"实在性"意味着既被他人也被我们自己看到和听到的，意味着面向他人及自身的开放，意味着世界的客观性与主观性的统一。阿伦特在实在性中看到，公共领域作为共同世界的可能性。这种共同世界以对公共的方式将他人与人自身联系起来，使"我"融人公共领域的关系之中。我不再是一个有限的个体存在，而是在公共领域中，表现为不断面向未来的"我"。他人不是"我"的简单对象，而是共同公共关系的重要内容。

石姬凤在《回归私人性——论汉娜·阿伦特关于私人领域的理论》[⑨]一文中认为，公共领域理论是阿伦特政治哲学的重要概念，研究多集中于公共领域概念及其影响，公共领域的衰落和重建等问题，但是，对于公共领域理论的重要组成部分——私人领域的研究，则不那么重视。事实上，阿伦特的私人领域理论，对于公共领域理论研究具有非常重要的意义。私人领域的本质在于私人性，是公共领域的前提和基础。作者认为，阿伦特的私人领域相当于希腊时期的家庭或者家庭领域。在希腊，城邦是公民自由的天堂，而家庭却毫无自由可言。公共领域是人摆脱了生命必然性支配，成为自由公民进行活动的政治空间。公共领域因此表现为公开性、共同性和复数性。

而在私人领域中，人的身体部分的存在，所有与生命过程本身的必需性有关的东西，如服务于个人生存和种族繁衍活动等，都隐藏在私生活中。在私人领域进行的活动，都是与生命有关的活动。可以说生命活动和私人领域互为充分必要条件。因此，私人领域的本质是私人性。它表现为两个方面，私人财产的私人性和私人领域的隐秘性和单一性。人的生活本来是在私人领域，迫于生活压力，人走出家庭，进入公共领域。这导致私人领域的私人性本质发生变化，私人被社会带入公共视野。由此带来的变化是社会兴起，私人财富成为首要关注的问题。私人劳动成为公共性的，人疯狂消费。作为硬币的另一面，人的公共精神缺失，人越来越自私，公共事务越来越没有人关心。阿伦特提倡回归私人性。

（二）巴迪欧哲学

阿兰·巴迪欧，当代法国哲学家，阿尔杜塞的学生，近年来在中国开始为人所知，国内学界有人称，在西方，在法国，这个名字已经进入曾经辉煌过的萨特、福柯、德勒兹、德里达之列。不过对于中国读者来说，当看到这个名字时，依然会问一句：谁是阿兰·巴迪欧？国内哲学界研究巴迪欧的学者屈指可数，相关论文也并不多。研究巴迪欧的论文首次出现于2006年，到目前为止，知网显示，巴迪欧的相关研究论文，从2006年至2014年，共89篇，2012年14篇，2013年37篇。

高宣扬教授在《论巴迪欧的事件哲学》[⑩]一文中，称巴迪欧哲学为"事件哲学"。论文指出，20世纪80年代以来，世界发生了一系列重大事件。不仅改变了全球的政治经济态势，而且深刻地影响了哲学和文化的发展趋势。实际上，并非只是事件本身的突发性力量，改变了人们观察世界的观点和方法，而且它们以"在场显现"的鲜明方式，促使哲学家重新思考世界的真正面目及其性质，尤其启发哲学家重新思考世界，透视人生。阿兰·巴迪欧于1988年出版的著作《存在与事件》以及随后发表的《哲学宣言》《数与一切数》《简论过渡性存在论》《世界的逻辑：存在与事件第二集》等，标志着法国哲学的新转向，预示着法国哲学以多学科视野和新方法，把现象学、后现代性、生命哲学及自然科学的基本思路有机地结合在一起，采纳了跨学科多样化思维方式，使哲学突破传统的形而上学、本体论、认识论及伦理学框架。哲学在巴迪欧那里变得更现实。

巴迪欧指出，哲学作为改造人和世界的创造性智慧，应该具有内在的、生成的爆发力。事件的形成和发展，主要依据潜伏在生命力内部的原发性爆发。哲学既是世界自我生成过程的自我表现，又是哲学自身的自我形成过程的表现。如果世界由一系列事件构成，那么哲学当与世界发生的事件共生、共存、共进。在自我生成的显现中，哲学也显现出自身的生命力。哲学作为生命存在的至高显现，具有崇高的自由价值和审美价值。哲学所体现的是典范性的事件性模式，而这种生成典范，正是"事件作为事件"的性质及其生动形成的在场演示过程。事件的生成，成为存在得以在世呈现的契机。这是巴迪欧哲学的基本命题。

当巴迪欧把目光转向哲学以外时，首先指向哲学的近邻——数学。从巴迪欧接受阿尔杜塞思想开始，便极其重视实施自然科学思维方式的结构主义。

巴迪欧借用集合论等现代方法，论证"存在"

与“事件”的差异。他认为，根据集合论的“正规公理”，既然每一个非空集合X，总包含一个元素Y，使X、Y不交集，那么，从存在的观点来看，自身原本就是无所归属，就是空无。而事件恰恰相反，它是由于具备这种自我的性质才成为事件。所以事件本质上并不作为“是什么”而现成地存在。事件总是作为“正在发生”，而活生生地到来，它是正在生成中的那个“到来”本身。正因为这样，事件倒成为存在的条件，事件使一切存在成为可能。现象学应当成为事件显现及其显现程度的学问。

世界是事件实际表演的场所，可大可小，永远处于张力中。就事件哲学而言，存在是多样的变动的，正在形成中，变动中，隐含着某种张力。这些张力是事件的动力基础。亚里士多德曾经把形而上学定义为“一种研究存在作为存在的学问”。作为存在的存在，是世界的本体和实质。因此，形而上学也是探讨世界第一原因的智慧。巴迪欧则扭转了存在的性质，把存在看作事件本身，或者自我生成的创造力量和张力网。事件的本质力量就在于它内含的力量关系，即它的张力和不稳定性。存在之为存在，就在于它自身具有自我存在和自我创造的原动力。它不是“什么”，也不是“就在那儿”，而是时时正在冒出来的“事件”，存在的事件性质，使它内在地具有源生的自我呈现性质。

严泽胜教授《巴迪欧论“存在”与“事件”》[11]一文，同样探讨巴迪欧的存在与事件问题。他认为，巴迪欧对于“存在”与“事件”的思考，是当代哲学的重大事件。认为他反对海德格尔关于存在的诗歌本体论，提出本体论是数学，因为希腊哲学起源于数学，而不是诗歌。

蓝江教授的《在世之中的真理的身体——阿兰·巴迪欧的现象学转向》[12]、艾士薇的《通往真理的事件——论阿兰·巴迪欧的“事件哲学”的理论基础》[13]等论文，均从不同的角度讨论巴迪欧的事件哲学。不过总体而言，目前国内哲学界对于巴迪欧的讨论，尚处于介绍阶段。事实上，巴迪欧哲学是存在主义在法国的一个阶段。从萨特开始，存在主义成为法国哲学界的新宠。萨特也发起了存在主义本土化的尝试。巴迪欧是这一尝试的延续。从巴迪欧的作品，可以清楚地看到海德格尔的影子。假如中国研究者有更好的存在主义哲学的基础，那么对于巴迪欧哲学的探讨将会更加深入。

三、现象学问题

现象学研究属于国内哲学界热门研究领域，也可以说是最大的显学之一。现象学研究的主流目前还是对现象学，特别是胡塞尔现象学的研究。不过，一些资深的学者也使用现象学的方法，或者从现象学的视角透视哲学史。

张志伟教授《〈纯粹理性批判〉中的“对象之谜”——从现象学的视角看》[14]一文，尝试从现象学的角度解康德的“对象之谜”（张志伟语）。按照康德的先验哲学，物自身不是认识的对象，通过感性直观被给予我们的不过是杂多表象，由杂多表象而形成知识，乃至形成经验所需的“综合”，只能是知性的自发性功能。然而，康德不止一次说通过感性直观一个对象被给予我们，通过知性范畴该对象被思维的时候，感性直观给予我们的对象是什么对象？感性直观所给予的对象与知性范畴所认识的对象如何可能是同一个对象？这就是张志伟所说的“对象之谜”。

哲学因问题而生。就此而论，哲学家们都是在“解谜”。正像胡塞尔试图解开“认识之谜”的悖论（认识如何能够超出自身而达到在它之外的东西）一样，康德在《纯粹理性批判》中所面临的问题与之类似。有鉴于按照知识必须符合对象的传统观念无法说明科学知识的普遍必然性，康德仿照哥白尼的方式通过颠倒主体与客体之间的关系，“悬搁”了事物自身，以主体的先天认识形式作为科学知识之普遍必然性的根据。问题是，既然认识的对象不是物自体而只能是事物相对于我们的显象，那么为什么无论是日常观念还是哲学家的观点，都把认识的对象看作是物自身或某种客观的存在？怎样解释这种长期主宰人们心灵的传统观念？反过来说，如果认识的对象不是物自身，我们如何解释认识对象的“客观性”以及知识的“客观性”？胡塞尔对“认识之谜”的回答是，我们误以为超越于意识之外的物自体并非如此，事物通过意识的意向性活动“构造起自身”，因而“被意向的对象本身并不是意识的一部分，也不被意识包含在内”[15]，换言之，对象需要实项内容，即感觉材料“充实”，但是对象不等于感觉材料，而意向性对象对于感觉材料的超越可以看作所谓外在的超越的原因。[16]在某种意义上说，胡塞尔的全部工作就是合理地解释“认识之谜”。

康德的“对象之谜”不等于“认识之谜”，应该看作“认识之谜”的一部分，但是正如胡塞尔实际上是以“对象之谜”为“引子”，通过全面解答“认识之谜”来解答“对象之谜”一样，康德也是通过解答“认识之谜”来解答“对象之谜”的。就此而论，康德与胡塞尔的立场一致，亦即在认识论问题上持先验论的立场。有此一致性，就为我们从现象学的视角分析康德的问题提供了基础和前提。

汪堂家教授《“问”之阐释——从现象学与诠释学的观点看》[17]一文，从现象学与诠释学的视角出发，探讨“问”。堂家教授指出，我们几乎天天都在发问，但许多人对“问”本身却很少过问或几乎不加深问。堂家先生着重分析对“问”的哲学式的追问。他选择两个视角：现象学和诠释学。

从现象学的观点对“问”进行分析。胡塞尔不仅将提问与回答放在一起进行现象学的分析，而且把它与判断联系起来考察。“提问，从普遍的方面来说，就是力图从模态的变形、从分裂和阻碍中达到一种坚定的判断决断。”提问和判断的关系是，提问关联着判断，但并非判断本身。提问就是一种实践的、与判断相关的态度。提问时刻期待着判断，或者试图把我们引向一个判断。提问期待着一个判断。提问者试图通过提问表达一种决断性意愿。提问和回答是一种本原性的关系，胡塞尔用“交往”来形容这种关系。向他人提问意味着对他人有所期待，是一种主动行为。通过提问，提问者把自己的意识投射给不同于自身的对象，并期望得到回答。一旦有所回答，交往关系便建立起来。即使得到的回答是“不知道”，也是一种回应。

胡塞尔区分了两种性质的提问：简单的或素朴的提问与辩护性的提问。前者是从原始的怀疑出发，过渡到决断式提问；后者则指向一种最终得到保证的判断，即能够由自我提供辩护理由的判断，这种判断指向现实的真实存在。

海德格尔对于问的分析在很大程度上继承了胡塞尔的意向分析法。海德格尔在讨论“问”时，没有忘记从“问”的意向结构探讨问题。“问”所开创的领域，是先于问而存在的，因为有这一领域，所以引人发问。如同好奇的东西先于好奇一样。海德格尔区分了“对—发问”和“就—发问”两种提法。前者是就问的对象而言，后者则是就问的内容而言。在日常生活中，我们常常没有明确区分这两者。海德格尔也区分了发问对象所包含的三个方面：问之所问、被问及的东西、经问而知晓的东西。

将问与答联系起来考虑，是伽达默诠释学的重要工作之一，也是他在“问”的分析方面超越胡塞尔和海德格尔的地方之一。伽达默认为，问题在诠释学中具有优先性，问题概念的逻辑结构可以通过我们的诠释显现出来。提问的普遍意义不仅在日常生活经验中，也在理论探索中。如果不能提问，我们的日常经验甚至不可能发生；如果不能提问，理论探究也无法进行。

问题究竟有什么意义呢？第一，问题的意义在于它有定向的性质，它规定着人如何回答或者说预示了答的方向。第二，问题的意义还在于它在提问过程中，既有开放性，又有限定性。问题打开了所问事物的存在。就某物提问，意味着把所问的东西置于不确定状态，悬而未决状态。被提问的东西有悬而未决性，才会激起我们深究的热情。被提问的东西，也只有悬而未决才有回答的价值。一个问题没有悬而未决性作为存在条件，而且一开始就有明确答案的问题，就是伪问题。

什么东西规定了问之为问呢？除了反问、问寒问暖式的问之外，其他类型的问，在很大程度上源于表达困惑和求解的需要。正因为如此，我们才说，问具有探究性质。发问是人的形而上的本性。当一个不会说话的幼儿向外界表现出疑惑的神情，他已经在对世界发问了。问有自问和他问两大类。自问以自己为提问对象，他问是以他者为提问对象。自问是人的自我意识形成的重要标志，是人的对象意识发展到一定阶段的标志。他问是问的主要形式，人与人之间的交流、对话和商谈，都离不开他问。问与答是两个人之间的双向交流。

梅洛庞蒂现象学研究，是国内哲学界较为关注的内容，而梅洛庞蒂对于肉体知觉的研究，是学者研究较多的问题，当然，它也是梅洛庞蒂学说的核心问题。俞吾金教授的《问题意识与哲学困境》[18]、李婉莉博士的《身体的暧昧与超越——浅析梅洛庞蒂的身体概念》[19]、刘连杰的《现象身体与身体主体的双重变奏——梅洛庞蒂前期身体理论批判》[20]等，均为集中探讨梅洛庞蒂肉体问题的作品。

与胡塞尔研究相比，梅洛庞蒂现象学研究显得不冷不热。

四、雅斯贝尔斯哲学

雅斯贝尔斯是德国存在主义哲学家，他的兴趣在于自我的现象学描述。他强调每个人存在的独特和自由性。提到雅斯贝尔斯，人们总会想到两个概念：自由和轴心时代。国内哲学界讨论雅斯贝尔斯哲学，更多的是关注他的存在主义哲学对于大学教育的批判和反思。事实上，雅斯贝尔斯的哲学成就远不止这些。

胡伟希教授《“纯粹的历史”如何可能——从雅斯贝尔斯关于“历史”的观念说起》[21]一文，探讨雅斯贝尔斯关于历史的观念。作者指出，历史是什么，这是人们普遍关心的问题。每当谈论历史，人们或是探讨历史文本如何形成，或是探讨历史事件如何发生。前者属于书写历史的方法论问题，后者属于理解历史的历史认识论问题。历史是什么，首先是关于历史的本体问题。依照雅斯贝尔斯的立场，作者提出，历史的本体是人，人从本质上而言，是一种“精神性的存在”。因此，历史是人的精神存在的历史。这种历史，被称作“纯粹的历史”，它是关于人的“自我认识”的历史。

人的精神存在是通过人的其他存在方式，如感觉、心理实在、观念等呈现出来。这些都是人特有的东西。由于人与自然分离，因而感觉、心理实在、观念都是世界显现的东西。动物由于没有与自然分离，因而动物不具有这些实在。对于动物而言，世界是一个混沌。对于人而言，世界是世界，这是“人观”的世界。从本体看人，人首先是历史的存在，人是历史的人。

按照雅斯贝尔斯的看法，大约在公元前500年前后，是历史的轴心时期，这一时期形成了“轴心观念”，人类作为整体的自我认同的“人性”观念，在这一时期形成了。这种人性的思想，始终制约着人类对自己的理解。因此，轴心时代确立的人性观念，成为衡量与判断人之为人的尺度和标准。轴心时期的轴心观念具有4个方面的意义：（1）人类开始具有“反思自我的意识”；（2）人类开始自觉地寻求生活的目标；（3）人类作为“类”，从精神上开始相互认同；（4）轴心时期为人类提供了思考世界的基本范畴。雅斯贝尔斯将轴心时期定为人类历史的开端。意味着当人实现了从“史前人”和“文明人”到“精神人”的转变后，人才成为真正意义上的人，人才具有了人性。

谢辉教授在《生存、自由、超越：雅斯贝尔斯存在主义教育理念的解读》[㉒]一文中指出，雅斯贝尔斯的《什么是教育》，对世界教育发展有着重要影响，它从教育的本质入手，寻求教育本真的存在。雅斯贝尔斯存在主义的核心是生存、自由、超越，这三个理念也是其教育思想的核心。

作者指出，雅斯贝尔斯哲学把人的存在和自由看作同一个本质，他的哲学被称作自由哲学。在雅斯贝尔斯哲学中，人是自由选择的主体。所谓自由的人，不是把人理解为自由的存在物，而是理解为精神、理解为超越主体和个体，人是自由的可能性存在。人的使命是不断超越，从而达到与上帝的合二为一。依据这一存在主义思想，雅斯贝尔斯确立了他的教育思想。在《什么是教育》开篇，雅斯贝尔斯指出，“全部教育的关键在于选择完善的教育内容，尽可能使学生之‘思’不误入歧途，而是导向事物的本源”。[㉓]雅斯贝尔斯把人对生命本源的追寻、人对生命意志的超越、人对终极信仰的归宿，看成人生的最终目的，而教育只能建立在这个意义上，也就是说，教育的目的只能是对人的灵魂的引导，导向生命的本源。

雅斯贝尔斯指出，学生的成长在某种程度上而言，是学生的“自然生成”“自由选择”。教育就是让学生不断地进行自由选择，而不是有计划地造就他。教育的实质就是在自由选择中生成。教育是自由地获取知识，教育的重要使命之一，是培养学生自由地与人交往。交往是实现自由的纽带，是两个生存之间彼此开放、彼此澄清。实现自由教育的路径是精神的交往，自由只能在人与人之间的相互联系中。因而培养学生的交往能力，是教育的重要内容之一。

在雅斯贝尔斯存在主义基础上，研究雅斯贝尔斯教育思想，是国内学术界雅斯贝尔斯研究的热点。知网统计显示，2013 年探讨雅斯贝尔斯教育思想的论文有 24 篇。相关研究略让人有生涩感，究其原因，主要因为一些作者对于雅斯贝尔斯存在主义思想理解不太到位。

国内的西方哲学研究，一直有扎堆研究的特点。某个学说一旦热起来，追者蜂拥而上，因而良莠不齐。而相对冷寂的研究或者是为猎奇，或者是长期坚持在这一研究领域默默耕耘的学者。相对不热门的研究作品也出现两极分化的状态：或者是力作，或者是做作。既然是学术研究，至少得有点为学术而学术的精神。

注：

①《社会科学报》，2013 年 6 月 20 日。

②《理论月刊》，2013 年第 11 期。

③《理论月刊》，2013 年第 4 期。

④《湖南师范大学学报》（社会科学版），2013 年第 5 期。

⑤《人文杂志》，2013 年第 1 期。

⑥《湖北社会科学》，2013 年第 4 期。

⑦《中国人民大学学报》，2013 年第 3 期。

⑧《北京社会科学》，2013 年第 5 期。

⑨《华中师范大学研究生学报》，2013 年第 4 期。

⑩《新疆师范大学学报》（哲学社会科学版），2013 年第 4 期。

⑪《清华大学学报》（哲学社会科学版），2013 年第 6 期。

⑫《哲学动态》，2011 年第 11 期。

⑬《中国政治大学学报》，2013 年第 6 期。

⑭《世界哲学》，2013 年 4 期。

⑮扎哈维：《胡塞尔现象学》，上海世纪出版集团，2007 年版。

⑯倪梁康：《胡塞尔现象学概念通释》（修订版），生活·读书·新知三联书店，2007 年版。

⑰《华中师范大学学报》（人文社会科学版），2013 年第 1 期。

⑱《学术月刊》，2013 年第 4 期。

⑲《北京社会科学》，2013 年第 2 期。

⑳《中南大学学报》（哲学社会科学版），2013 年第 3 期。

㉑《社会科学》，2013 年第 10 期。

㉒《中国地质大学学报》（哲学社会科学版），2013 年第 6 期。

㉓雅斯贝尔斯：《什么是教育》，邹进译，上海三联书店，1991 年版。

（作者：杜丽燕，北京市社会科学院研究员）

科学技术哲学（自然辩证法）

黄晓伟 张成岗

2013年，北京地区的科学技术哲学（自然辩证法）继续全面发展。中国自然辩证法研究会扎实推进学科改革与队伍建设，有力指导了全国自然辩证法学科的发展；主要研究领域在新的研究方向上有所突破，科学哲学在“对话与争鸣”中返本开新，技术哲学与工程哲学在广度与深度上继续拓展，科学社会学与科技政策在理论与现实上紧密结合；学术活动与国际交流工作全面开启。

一、学会活动

2013年1月5—6日，中国自然辩证法研究会在京召开2013年工作会议暨学科建设研讨会，学界专家代表近50人出席了会议。会议汇报了2012年工作总结和2013年的工作计划，重点研讨科技伦理课程建设问题，并商讨自然辩证法学科发展报告撰写计划。①

1月29日，中国自然辩证法研究会召开科学道德和学风建设宣讲教育工作座谈会，总结2012年工作经验，筹划2013年的宣讲活动。来自多所首都重点高校的专家学者参会，中国科协学会服务中心李桐海主任应邀出席座谈会。②

3月16日，中国自然辩证法研究会第7届理事会第4次理事长会议召开，议程包括审议通过“中国自然辩证法研究会第7届理事会第2次会议暨2013年学术年会”召开方案，通过拟增选理事、常务理事、副理事长名单，并提议增选中国人民大学党委书记程天权教授为副理事长等。③

3月29日，中国自然辩证法研究会七届三次常务理事会召开，会议听取了秘书处关于2013年学术年会暨七届二次理事会筹备工作的汇报，并审议理事长在2013年学术年会暨第7届理事会第2次会议上的工作报告。④

3月30—31日，中国自然辩证法研究会召开2013年学术年会暨七届二次理事会，会议议程包括：传达中国科协八届三次全委会精神和2013年学会工作会议精神及中国科协2013年工作要点，听取和审议理事长工作报告，按照章程增选了26名理事、6名常务理事，并增选程天权、尚智丛为副理事长；殷瑞钰院士、李惠国研究员、吴启迪教授受邀做主题报告。⑤

8月6日，中国自然辩证法研究会保卫科学精神工作委员会举办了“坚持马列主义，弘扬科学精神——王林现象的反思与批判”座谈会，何祚庥受邀做主题报告，来自北京大学、清华大学、中国人民大学、北京师范大学等高校的30余名专家学者参加了座谈会。⑥

10月20日上午，中国自然辩证法研究会举行于光远先生追思会。来自中国科学院、中国社会科学院、北京大学和清华大学等单位的自然辩证法界在京知名学者以及于光远先生的亲属、同事和学生等30余人齐聚，深切缅怀于光远先生。⑦

10月20—21日，由中国自然辩证法研究会教育与普及工作委员会主办的2013工作年会和教学经验交流会在清华大学召开，主题为“转型时期的自然辩证法教学：疑难与发展”，与会者围绕“自然辩证法概论”和“中国马克思主义与当代”课程教学中的若干问题进行了讨论。⑧

12月20日，第二届自然辩证法名词审定委员会成立大会召开，新一轮自然辩证法名词审定工作正式启动。全国科学技术名词审定委员会常务副主任刘青出席大会，中国自然辩证法研究会副理事长兼秘书长尚智丛主持会议。⑨

二、科学哲学

2013年，北京地区科学哲学学术研究与学科建设稳步推进，以“对话与争鸣”为特色，以推进本土化研究为亮点，在一般科学哲学研究、特殊科学哲学研究的问题领域继续深化，相应理论成果新意迭出，彰显出返本开新、引领发展的良好局面。

库恩的《科学革命的结构》是国内学界开拓科学哲学研究的经典著作。《自然辩证法通讯》2013年第1期刊发了“纪念《科学革命的结构》五十周年”专题。其中，范岱年综述了库恩科学哲学在中国科学哲学界传播、研究、探讨的历史，同时指出了库恩的科学哲学的不足之处，提出了学习库恩、超越库恩的建议。⑩此外，他还简要介绍了库恩的生平及其5部著作，对科学哲学的历史主义转向的贡献，范式、科学共同体和不可通约性等基本概念，真理观和实在观，以及对科学知识社会学中纲领的批评。⑪胡新和试图通过分析库恩的科学哲学学说的历史性、革命性和二象性等特征，尤其是他所兼具的历史学家/哲学家的两重身份，他的科学哲学所兼具的历史主义/逻辑主义色彩，他的思想所兼有的革命性/传统性倾向。⑫刘华杰认为库恩推动了20世纪科学观的巨大变革，其工作与SSK的探索之间有着显然的关联。库恩在论战中面对种种指责，表现为想与SSK划界，并不表明他对SSK的评论是准确的。SSK之相对主义必然导致矛盾的指责，是错误的。相对主义的某个版本可以做到逻辑自洽。⑬吴彤分析了库恩在科学实践哲学上的影响：第一，范式的核心内容是实践范例的思想影响；第二，常规科学实践活动是科学最基本和最重要活动的思想影响；第三，解释学的思想影响。[14]

作为科学哲学“实践”转向后的代表人物之一，伽里森的交易区理论以科学发展的连续性代替了库恩科学革命中科学的格式塔转换，成为继库恩的科学革命理论之后，关于科学发展的另一全新图景。董丽丽等认为，伽里森对20世纪微观物理学史的研究工作，以“实践”的视角展现了“仪器”作为一种物质文化载体在科学发展过程中的特殊作用，以及在实际的科学发展过程中，实验、理论和仪器三者之间的多维非线性相互作用。在此基础上，其独创的交易区理论成为科学史等众多领域中具有广泛影响的解释模型。[15]

近年来，刘大椿教授基于科学哲学发展史，在《思想的攻防：另类科学哲学的兴起和演化》等著作中论证了一种“审度的科学哲学观”。《哲学分析》2013年第6期的一组文章对此进行了商榷和回应。其中，吴国盛认为，当前问题不是超越“批判的科学哲学”直奔“审度的科学哲学”，而是在哲学意义上把另类科学哲学（他称之为“第二种科学哲学”）建立起来。要整合另类科学哲学的丰富思想资源，铸造出有自身范式的第二种科学哲学，要澄清不同语境下的“科学”概念，在科学认识论之外发展科学存在论，解决科学史与科学哲学的对立难题。[16]吴彤主要从三个角度评论了刘大椿教授的另类科学哲学思想：第一，讨论了何谓另类科学哲学的内涵和外延问题；第二，讨论了对于另类科学哲学的评价问题；第三，讨论了与另类科学哲学相关的一些其他问题。[17]肖显静认为，近现代科学以及科学文化在成为主流文化的过程中，反抗、破坏乃至摧毁着其他文化传统，造成了作为霸权文化的科学文化对人文文化的僭越以及科学对人文的僭越。就现代科学文化的内涵分析，一是存在科学的人为“祛文化”现象，二是负荷了不恰当的社会文化。鉴于此，必须明确科学以及科学文化的文化地位，针对其“文化缺失”，进行“文化回复”，使其回归人文和自然。[18]刘大椿对来自《哲学分析》上的有关质疑，从下述三个方面做出了扼要和初步的回应：第一，何谓另类科学哲学？“另类”的关键词是什么？第二，“审度”与“辩护”、“批判（解构）”有何不同？第三，何谓科学文化？为什么要文化科学？他中肯地吸取质疑者的意见，提出应该把另类科学哲学的特征词由“批判”改成“解构”。[19]

构建本土化“审度的科学哲学”的学术努力还体现在，段伟文从社会认识论和可接受的科学出发，探讨从辩护到审度的可能路径，认为科学活动论的作用不仅在于超越“科学化的哲学”范式，还为中国的科学哲学发展勾勒出开放性的问题域。基于中国哲学与文化观念的互补方法论思想为对科学的审度提供了基本的方法论。[20]

在科学文化哲学研究方面，李醒民在界定科学和人性两个概念的基础上，从科学的三个内涵（知识体系、研究活动、社会建制）和科学的功能的角度出发，发掘和揭示科学中本来就蕴含的人性。接着，论述使科学更加人性化和人文化的6个途径。最后，探讨了科学中理性与情感的互补与和谐以及从知识哲学转向智慧哲学的问题。[21]郝苑、孟建伟则认为科学与启蒙精神有着紧密的关联，启蒙精神从科学中获得了巨大灵感，包括以自然的权威取代上帝的权威，以人的科学改造传统文化，以科学的理性建构新的社会政治体制。[22]

在复杂系统科学哲学研究方面，沈筱峰等指出，自组织和被组织是自然界和社会组织化中的两类现象；从无组织走向组织，从被组织走向自组织也是自然界和社会的重要现象；当代自然科学和社会科学研究发现了大量可观察的自组织现象，他们认为，无组织是有组织的基轴；自组织与被组织这两种组织化的方式，它们相互依赖，相互转化；采取自组织方式处理事物，是更高级的认识和系统组织方式。[23]

在特殊科学哲学研究中，王巍等认为自然选择原理是现代生物学的核心理论之一，但是自然选择了什么（个体、基因、群体）仍是生物学哲学的争议话题。通过回顾个体选择、基因选择与群体选择（多元选择）的观点与问题，着重从“屏蔽”与“适应度”来批评现在最为流行的基因选择，为群体选择辩护，认为劳埃德的观点为解决这一哲学问题提供了更好的科学依据。[24]

符征等则探讨了认知计算主义在思想史上的深厚渊源：古希腊的毕达哥拉斯—柏拉图传统，近代以来认知计算的硬件方面提出心灵活动的机械论解释，软件方面确立形式规则来刻画心灵的活动机制。虽曾被主流唯心主义哲学所排斥，但在20世纪后产生了重要成果，其学术前景获得更多期待。[25]

2013年值得注意的还有两套丛书的出版。中国科学院大学人文学院为庆祝建院10周年，由科学出版社出版发行了首辑《国科大文丛》（已出15册），反映了老中青学者对科学、人文与社会关系的学术思考。[26]北京大学吴国盛教授的《科学人文系列》丛书（四册）则由湖南科学技术出版社出版，从不同的视角阐述了科学与人文、科学与当今社会的关系。[27]

三、技术哲学与工程哲学

2013年，北京地区的技术哲学与工程哲学在注重学术传承与创新的基础上，不断涌现出诸多新的理论生长点，在研究的广度与深度上均有扩展。工程哲学在工程本体论、工程史、社会工程哲学方面继续深化，以技术与现代性研究为代表的技术哲学成果丰硕，风险视野与伦理维度的新兴技术研究交织汇聚，拓宽了技术伦理学和风险研究的学术视域。

李伯聪、殷瑞钰从工程界和哲学界的互动谈起，认为要认识和把握工程的“本根”，研究工程本体论问题。工程本体论认为不能把工程看作科学或技术的衍生物、派生物或依存物，工程有其不可否认的作为“本体”的地位。工程本体论不同于自然本体论，因为它突出了工程活动是人类有目的地改变自然的活动；它也不同于西方哲学中的神学本体论，因为它突出了工程活动的人本性质而否定了那种神学本体论观念。[28]

李伯聪还认为，从1840年至2010年的中国近现代工程史是中国从古代工程形态和体系向近现代工程形态和体系转型和发展的历史，是中国近现代工程共同体形成和发展的历史，是中国在170年中经过4个阶段的曲折发展而成为世界第二经济大国的历史。[29]他指出，中国近现代工程史的关键问题是关于在近现代时期“中国必须学习西方”的“魏源—李鸿章—郭嵩焘问题”，包括了“是否需要学习”“学习什么”“学习谁”“向西方学习是战略性的、长期的任务还是战术性的、短期的任务”等7个子问题。[30]

黄顺基认为，钱学森站在当代科学技术发展的前沿，提出了系统工程的思想和方法，并应用于社会主义现代化建设中，创建了社会系统工程（简称社会工程）方法，是认识社会、改造社会、建设社会和管理社会的科学方法。钱学森的社会工程思想及从定性到定量的综合集成方法，具有极为重要的意义。[31]

王伯鲁从技术建构角度入手，在揭示技术演进以及层次结构的基础上，剖析技术的权力属性、权力的技术化运作、技术权力的控制等问题，以推进对技术权力问题认识的深化。[32]他根据拉普的“技术活动悖论”思想，揭示出技术活动从本质上就蕴含着自然性与文化性的两面，必然要求我们只能从相对意义上来说明技术的自主性。[33]他还解析了技术史视野中的马克思思想基础，认为在大量研读技术史著作和学习工艺学知识的基础上，马克思提出了有关技术起源与本质的器官延长说，详细考察了生产工具的演变历程等，取得了一系列技术史研究成果，成为马克思理论体系不可或缺的支援背景。[34]

张成岗认为，专家在风险建构中通过风险界定、为风险决策提供合法性基础扮演了重要角色，但其角色和功能实现是有限的。应当打破专家对风险界定的垄断，实现风险决策结构的开放，使利益相关者可以真正参与到风险决策中来。[35]他认为，西方技术观的发展经历了一个从本质主义到建构主义、再从建构主义走向实践哲学的演变过程。技术实践的研究路径可以整合技术工具论与技术实体论，吸纳技术建构论的合理内核，提供现代性批判的新维度，代表着技术研究的新趋势。[36]其新著《技术与现代性研究：技术哲学发展的相互建构论诠释》（中国社会科学出版社）系统评介了当代西方的技术与现代性研究，沿着基本概念、相关领域、代表人物、视界交融、问题求解的主线，详细论证了技术与现代性“相互建构”的主题。

邱仁宗对我国21世纪初开始并流行至今的“干细胞治疗”热提供一个比较全面的概览，并对这种具有中国特色的社会现象做出初步的解释，同时讨论了干细胞临床转化中的临床伦理、研究伦理和管理问题。[37]邱仁宗等从黄金大米试验说起，认为应当加强伦理审查的能力，加强对涉及人的研究和伦理审查委员会的监督管理，指出伦理审查的研究应当遵循有益原则、尊重原则、公正原则等。[38]

肖显静认为转基因水稻风险评估涉及两个方面：在科学方面，公众很大程度上是无知的，需要科普；在非科学方面，公众对转基因水稻的认识不是无知的和非理性的，而是依循“有限理性原则”，根据其安全感知文化、国家政治文化、种植经济文化、传统饮食文化、生命伦理文化或宗教文化等来进行的社会文化评价和决策，剥夺了公众参与评价和决策的权利是科学理性和人文民主缺乏的表现。[39]

刘孝廷认为，日本“3·11”核事故在一定程度上动摇了现代文明的立锥之基，让世人看到了技术发展背后更严重的后果，从而对人类现有的总体发展策略和文化进行反思。核问题作为目前最大的安全隐患，人类应谨慎地反思核开发战略和政策，杜绝盲目乱建核电站及核能的无序竞争；人类的文化也应该进入重建发展文化、提高行为约束道德等级的新阶段。[40]

李建军等认为阿希洛马会议标志着一个科学和公众参与科学政策讨论的新时代的来临，其重要价值在于科学共同体首次将“预警性思考”作为应对重组DNA技术应用研究可能存在生物危害的重要原则，并通过自愿规制和公开讨论等策略保持了重组DNA实验研究推进和其社会规制之间的必要张力。[41]

李建会等认为在使用神经成像技术时，既要遵循技术规范，还要遵循生命伦理学的基本原则，并概述了神经成像技术的成就及其研究和应用价值，讨论了神经成像技术在应用过程中的知情同意、隐私保护等伦理问题，以及运用神经成像技术进行测谎可能涉及的伦理问题。[42]

丁大尉等分析了新兴技术发展引发的社会风险，厘定了“技术治理”的内涵与目标；以欧美国家发展纳米技术和新一代互联网技术的治理过程为例，探索了新兴技术治理的模式和主要路径，进而针对中国在构建新兴技术发展环境的过程中存在的问题给出了对策建议。[43]

四、科学社会学与科技政策

2013 年北京地区的科学社会学与科技政策继续呈现理论与现实紧密结合、广度与深度兼而有之的研究风格。在科学、技术与公共政策（STPP）及公民认识论、科学人类学等理论问题，国家科学创新能力、产业技术创新战略联盟、产学合作、大学技术转移等创新研究，能源发展、科技咨询等政策分析方面做出了新的有益探索，为相关研究方向进一步阐明了发展路向。

刘永谋从 STS 的视角看，认为科学、STPP 是继科学社会学、科学知识社会学之后出现的研究热点和主流，并已显露出自身的特点。在基本立场上，坚持对科学技术持审度的立场，对公共政策持平衡的立场，在“科学技术为人民服务”的宗旨下融合科学与人文。在方法论上，主张实践导向、方法集成、地方特色和反身张力。STPP 已经形成了特有的研究内容、问题和文献，但还有待进一步发展成熟。[44]

尚智丛等认为各国既有的社会文化隐含着对科学技术的不同认知和定位，这些认识反过来深刻地影响着各国科技政策的制定。近年来国际上兴起的公民认识论，探讨了深刻影响各国科技政策的文化因素，有助于理解国家间科学文化差异，形成全球性公共知识。[45]尚智丛等构建了半定量化政策分析框架，并以之分析我国改革开放以来的能源政策文本，提出了我国能源政策在数量变化、制定部门的变迁路径以及政策主题的演化等三方面的演化模式，借此为未来能源政策的优化和完善提供有效的政策参考和技术手段。[46]

肖广岭等对 32 个国家产业技术创新战略联盟的考察访谈表明，依托单位性质及秘书处建设对联盟长效机制有重要影响，不同类型联盟面临的长效机制问题不同，今后的工作重点亦不同。[47]肖广岭等认为当前我国公共决策急需一个关于如何科学使用科学咨询的宏观指导文件，并介绍了英国科学办公室分别于 1997 年、2000 年、2005 年、2010 年颁布实施 4 个版本的有关科学咨询和政策制定的指导方针的概要情况，阐述了“英国经验”给我国公共决策机制改进带来的三点启示。[48]

李正风等以清华同方威视股份有限公司作为具体的案例，研究大学技术转移过程中社会网络的塑造问题，认为其采用的“带土移植”转移模式很有代表性，对转型的中国社会来说是一种新的尝试，对校企技术转移的社会网络结构而言也扮演着重要的角色。[49]李正风等还以中国“985”工程高校为例，考察研发项目对大学技术转让合同影响，研究结果为如何从资源配置的角度提高大学技术转让水平提供了有价值的政策启示。[50]

李真真等的研究选取引起广泛社会关注的 Olivieri 事件，展开对产学合作中利益冲突发生发展过程的深入分析，结论表明利益冲突是产学合作通常会遭遇的境况，因而需要认真面对；利益冲突可能会扮演“看不见的手”的角色，影响产学合作的进程，这种影响甚至可能是决定性的。因此制定相关政策来规避和管理产学合作中的利益冲突问题显得尤为重要。[51]

刘兵基于对一般社会学和人类学在研究方法和研究立场上的差异的分析，认为社会学更有关注实证、定量化和普适性的倾向，而人类学则更是定性的，更为持有文化相对主义的立场。在对这些差异的理解的基础上思考“科学知识社会学”和科学人类学对当下 STS 研究的影响，会为 STS 带来在方法和观念上的重大改变。[52]他与张朵朵认为当代少数民族手工艺技术变迁的主要路向是从身体技艺到机器技术，并以贵州苗族刺绣技术的变迁为例，对影响文化主体进行文化选择的异文化、行政力量、本土文化精英等因素进行了深入分析。[53]

五、学术活动与国际交流

2013 年，北京地区科学技术哲学界的学术活动与国际交流异彩纷呈。由于适逢中国自然辩证法研究会新一届国际交流工作委员会成立伊始，通过统筹工作规划，完善组织建设、加强资源共享，并得到了清华大学、中国人民大学、北京师范大学等高校的积极支持与配合。此外，北京青年学术论坛继续推动品牌化建设，应用伦理学领域多场学术研讨会举办。

2013 年，中国自然辩证法研究会北京青年学术论坛先后召开 4 次。1 月 5 日，第 23 次论坛在中国科学院大学举行，王晓阳受邀做题为“物理世界中的心灵”的报告。[54]3 月 28 日，第 24 次论坛在中国人民大学举行，中国人民大学哲学院 Daniel Lim 受邀做题为“Can a Dualist Adopt Bennett's Strategy”的报告。[55]11 月 23 日，第 26 次论坛在中国人民大学举办，荷兰乌德勒支大学 Marcus Duwell 教授受邀做题为“Rights to a Green Future”的报告。11 月 25 日，第 27 次论坛在中国科学院大学举行，李振良受邀做题为“医学人道主义：困惑与求解?”的报告。[56]

清华大学积极邀请国外教授开设短期课程，并积极推动学术资源共享。5 月 23—26 日，美国佛罗里达大学刘闯教授讲授了科学哲学英语写作的经验，来自清华大学、北京大学、复旦大学、浙江大学等院校的 20 名师生参加了课程学习与课堂研讨；6 月 6 日，刘闯教授受邀在中国科学院大学做题为“模型、虚构与迪昂”的报告。9 月 2—6 日，加拿大西蒙弗雷泽大学安德鲁·芬伯格教授在清华大学讲授“技术批判理论”短期课程，其间受中央党校等邀请做学术报告。9 月 9—13 日，首届“清华大学—伦敦政经学院社会科学工作坊”在清华大学举行，伦敦政经学院科学哲学研究中心主任 Roman Frigg 教授受邀主讲“证据与政策：关于气候变化的案例”，其间受中国农业大学、中国社科院等邀请做学术报告。

中国人民大学“学科国际前沿教师培训项目”先后邀请三位外国教授，为师生开设短期课程，成效显著。6 月 13—26 日，美国伦斯勒理工学院认知科学系终身教授杨英锐讲授“跨学科研究中的哲学与方法论前沿问题”课程；10 月 29 日—11 月 14 日，德国柏林理工大学数学系的凯·豪瑟（Kai Hauser）教授讲授“哥德尔的数学哲学与现象学”课程；12 月 12—20 日，美国科罗拉多矿业大学卡尔·米切姆教授讲授“探索和思考技术：西方技术传统中的哲学、伦理和政治”课程。[57]

北京师范大学的“京师科学与人文论坛”积极加强与荷兰著名学者的联络交流。4 月 28—29 日，“京师科学与人文论坛——伦理学系列讲座”邀请荷兰格洛宁根大学 Pauline Kleingeld 教授先后做了题为“情境主义与道德特性”“康德世界主义思想的发展”的两场报告。[58]5 月，“当代西方哲学系列讲座”举行，荷兰乌德勒支大学哲学系 Joel Anderson 研究员、Pauline Kleingeld 教授夫妇，先后举办题为“对话与交流：荷兰的哲学教育”、“新近‘法兰克福学派’哲学中的主体间性与自主性”、“自主性鸿沟与人类非理性政治”及“延展心灵与延展意志”的 4 场报告。[59]此外，北京师范大学还承办了两场学术会议。在人才培养和学科建设上，11 月 16 日，第 4 届北京科史哲研究生学术论坛顺利举行，论坛围绕科学技术与人文、科学技术与社会、科学技术哲学、科学技术史 4 个主题展开。[60]12 月 2 日，全国第 5 届科学技术中哲学问题学术研讨会成功召开，研讨会主题为“科学技术中的价值问题”，由北京师范大学科学与人文研究中心主办。[61]

与此同时，应用伦理学领域逐渐成为新的研究热点，生态伦理学、工程伦理学的学术研讨会先后举办。1 月 12 日，“生态和谐社会的伦理范式阐述研究”学术研讨会在北京林业大学举行，与会者分别从“生态伦理”“生态幸福”“生态消费”“生态与自然的和谐之道”等展开了多方位的深入探讨。[62]10 月 26 日，“伦理视域的生态公民研究”学术研讨会在北京举行。与会者围绕“生态公民”这一中心议题，分别从“理性公民”“绿色变革”“生态文明”“环境公民”等多角度展开了深入探讨。

注：

①中国自然辩证法研究会秘书处：中国自然辩证法研究会《工作通讯》，2013 年第 1 期。

②中国自然辩证法研究会秘书处：中国自然辩证法研究会《工作通讯》，2013 年第 3 期。

③中国自然辩证法研究会秘书处：中国自然辩证法研究会《工作通讯》，2013 年第 4 期。

④中国自然辩证法研究会秘书处：中国自然辩证法研究会《工作通讯》，2013 年第 5 期。

⑤中国自然辩证法研究会秘书处：中国自然辩证法研究会《工作通讯》，2013 年第 5 期。

⑥中国自然辩证法研究会秘书处：中国自然辩证法研究会《工作通讯》，2013 年第 9 期。

⑦中国自然辩证法研究会秘书处：中国自然辩证法研究会《工作通讯》，2013 年第 11 期。

⑧中国自然辩证法研究会秘书处：中国自然辩证法研究会《工作通讯》，2013 年第 12 期。

⑨中国自然辩证法研究会秘书处：中国自然辩证法研究会《工作通讯》，2014 年第 1 期。

⑩范岱年：《库恩与中国的科学哲学》，《自然辩证法通讯》，2013 年第 1 期。

⑪范岱年：《从库恩的科学哲学谈起》，《科学与社会》，2013 年第 1 期。

⑫胡新和：《库恩“二象性”解读——论库恩科学哲学的若干特征》，《自然辩证法通讯》，2013 年第 1 期。

⑬刘华杰：《库恩、相对主义与 SSK》，《自然辩证法通讯》，2013 年第 1 期。

⑭吴彤：《库恩与科学实践哲学》，《自然辩证法通讯》，2013 年第 1 期。

⑮董丽丽、刘兵、李正风：《另一种科学革命？——对伽里森交易区理论的一种解读》，《科学技术哲学研究》，2013 年第 4 期。

⑯吴国盛：《走向第二种科学哲学——读刘大椿先生〈思想的攻防〉》，《哲学分析》，2013 年第 6 期。

⑰吴彤：《评刘大椿的“另类科学哲学”思想》，《哲学分析》，2013 年第 6 期。

⑱肖显静：《科学以及科学文化的“文化缺失”与“文化回复”——刘大椿教授的〈科学文化与文化科学〉读后》，《哲学分析》，2013 年第 6 期。

⑲刘大椿：《另类、审度、文化科学及其他——对质疑的回应》，《哲学分析》，2013 年第 6 期。

⑳段伟文：《从科学活动论到对科学的审度》，《中国人民大学学报》，2013 年第 6 期。

㉑李醒民：《论科学中的人性意蕴》，《社会科学战线》，2013 年第 9 期。

㉒郝苑、孟建伟：《科学与启蒙精神》，《中国人民大学学报》，2013 年第 6 期。

㉓沈筱峰、吴彤、于金龙：《从无组织到有组织，从被组织到自组织》，《自然辩证法研究》，2013 年第 8 期。

㉔王巍、陈勃杭：《自然选择单位的问题解析》，《自然辩证法研究》，2013 年第 2 期。

㉕符征、李建会：《灵魂的数学化和心灵的机械化——认知计算主义在古典与近代的发展》，《中州

学刊》，2013 年第 10 期。

㉖中国科学院大学：《人文学院十周年院庆〈国科大文丛〉发布》，http：//renwen. ucas. ac. cn/Pages/showNews. aspx? newsID = 152。

㉗刘华杰：《“神灯”闪烁下的非主流忧思——评“吴国盛科学人文系列”》，《中华读书报》，2013 年 11 月 20 日。

㉘李伯聪、殷瑞钰：《关于工程本体论的认识》，《自然辩证法研究》，2013 年第 7 期。

㉙李伯聪：《中国近现代工程史研究的若干问题》，《科学技术哲学研究》，2013 年第 12 期。

㉚李伯聪：《中国近现代工程史的“魏源—李鸿章—郭嵩焘问题”》，《自然辩证法通讯》，2013 年第 2 期。

㉛黄顺基：《钱学森社会工程思想和方法及其重要意义》，《中国人民大学学报》，2013 年第 4 期。

㉜王伯鲁：《技术权力问题解析》，《科学技术哲学研究》，2013 年第 12 期。

㉝王豪、王伯鲁：《技术的自主性何以可能？——论拉普的“技术活动悖论”思想》，《自然辩证法研究》，2013 年第 12 期。

㉞王伯鲁：《技术史视野中的马克思思想基础解析》，《教学与研究》，2013 年第 6 期。

㉟张成岗：《技术专家在风险社会中的角色及其限度》，《南京师大学报》（社会科学版），2013 年第 5 期。

㊱张成岗：《西方技术观的历史嬗变与当代启示》，《南京大学学报》（人文科学社会科学版），2013 年第 4 期。

㊲邱仁宗：《从中国“干细胞治疗”热论干细胞临床转化中的伦理和管理问题》，《科学与社会》，2013 年第 3 期。

㊳邱仁宗、翟晓梅：《有关机构伦理审查委员会的若干伦理和管理问题》，《中国医学伦理学》，2013 年第 5 期。

㊴肖显静：《转基因水稻风险评价中的无知和理性》，《绿叶》，2013 年第 12 期。

㊵刘孝廷：《超越技术与进步——从核风险看人类发展文化的取向》，《山东科技大学学报》（社会科学版），2011 年第 5 期。

㊶李建军、唐冠男：《阿希洛马会议：以预警性思考应对重组 DNA 技术潜在风险》，《科学与社会》，2013 年第 2 期。

㊷李建会、符征：《神经成像技术的伦理问题》，《医学与哲学》，2012 年第 12A 期。

㊸丁大尉、李正风、胡明艳：《新兴技术发展的潜在风险及技术治理研究》，《中国软科学》，2013 年第 6 期。

㊹刘永谋：《科学、技术与公共政策研究述评》，《中国人民大学学报》，2013 年第 3 期。

㊺尚智丛、杨萌：《科技政策的文化分析——公民认识论的兴起与发展》，《自然辩证法研究》，2013 年第 4 期。

㊻苗向荣、尚智丛：《1979—2008 年我国能源政策演化模式研究》，《自然辩证法通讯》，2013 年第 5 期。

㊼肖广岭、赵正国、李峰：《依托单位及秘书处对产业技术创新战略联盟长效机制的影响》，《自然辩证法研究》，2013 年第 2 期。

㊽赵正国、肖广岭：《科学使用科学咨询是提升决策公信力的关键——来自英国的经验启示》，《科学学研究》，2013 年第 4 期。

㊾李正风、张寒：《大学技术转移“带土移植”社会网络的塑造——基于同方威视的案例分析》，《科学与社会》，2013 年第 3 期。

㊿张寒、胡宗彪、李正风：《研发项目对大学技术转让合同影响的实证研究——以中国“985”工程高校为例》，《科学学研究》，2013 年第 4 期。

51陈霞、李真真：《Olivieri 事件：产学合作中的利益冲突问题研究》，《科学学研究》，2013 年第 12 期。

52刘兵：《科学社会学与科学人类学的差异及启示》，《山西大学学报》（哲学社会科学版），2013 年第 1 期。

53张朵朵、刘兵：《当代少数民族手工艺技术变迁中的文化选择分析——以贵州苗族刺绣为例》，《科学与社会》，2013 年第 4 期。

54中国自然辩证法研究会秘书处：中国自然辩证法研究会《工作通讯》，2013 年第 3 期。

55中国自然辩证法研究会秘书处：中国自然辩证法研究会《工作通讯》，2013 年第 4 期。

56中国自然辩证法研究会秘书处：中国自然辩证法研究会《工作通讯》，2014 年第 1 期。

57中国自然辩证法研究会秘书处：中国自然辩证法研究会《工作通讯》，2014 年第 1 期。

58中国自然辩证法研究会秘书处：中国自然辩证法研究会《工作通讯》，2013 年第 6 期。

59中国自然辩证法研究会秘书处：中国自然辩证法研究会《工作通讯》，2013 年第 8 期。

60中国自然辩证法研究会秘书处：中国自然辩证法研究会《工作通讯》，2014 年第 1 期。

61中国自然辩证法研究会秘书处：中国自然辩证法研究会《工作通讯》，2014 年第 1 期。

62中国自然辩证法研究会秘书处：中国自然辩证法研究会《工作通讯》，2013 年第 3 期。

（作者：黄晓伟，清华大学博士生；
张成岗，清华大学教授）

伦理学

罗国杰　葛晨虹　陈伟功

一、学术活动概况

2013年1月12日，由中国自然辩证法研究会环境哲学专业委员会、北京林业大学人文社科学院、生态文明研究中心、“生态和谐社会伦理范式阐释研究”课题组、北京工业大学“信仰危机的现代性根源探究”课题组共同举办的“生态和谐社会的伦理范式”研讨会在北京林业大学举行。来自中国台湾辅仁大学、清华大学、北京大学、北京师范大学、中国社会科学院、中国科学院、教育部高等学校社会科学发展中心等在内的40多名专家出席了会议。专家围绕“生态和谐社会”的中心议题展开了讨论。

6月8—9日，由北京东方道德研究所主办的“儒家伦理与当代社会”学术研讨会在京举行。来自中国社会科学院、北京大学、清华大学、中国人民大学、北京师范大学、中央党校等单位的70余名专家学者参加了会议。研讨会就儒家伦理与青少年公民道德教育、儒家伦理与干部道德（官德）教育、儒家伦理与城乡文化建设等问题展开了讨论。

7月19—20日，由中国人民大学伦理学与道德建设研究中心联合湖北工程学院中华孝文化研究中心、韩国圣山孝大学院大学孝文化研究所、韩国孝学会，在中国人民大学共同主办了以“传统孝道的当代意义与多元对话”为题的国际学术会议。来自中国、韩国、美国的50余位学者与会。会议围绕传统孝道的文本与历史演变、传统孝道的问题及其义理研究、多元文化与宗教孝道观比较、传统孝道的当代意义等问题展开了讨论。

7月28—30日，由中国伦理学会和山东省伦理学与精神文明建设研究基地共同主办的“生态伦理与美丽中国”理论研讨会在青岛召开。来自全国20多个省份的120余名高校、科研院所和党校的伦理学理论工作者参加了会议，学者以“生态伦理理论和生态文明建设”为主要论题进行了讨论。

8月18日，由中国伦理学会、韩国伦理学会、宁夏大学共同主办的第21次中韩伦理学国际学术研讨会在银川召开，来自中韩两国的150余位专家学者参加了大会。学者围绕“应用伦理与民族伦理文化”主题进行了研讨。

10月12—13日，中国伦理学会第八次全国会员代表大会暨学术讨论会在河北经贸大学举行，200多名来自全国100多个高校和学术研究机构的专家学者参加了会议。大会审议了学会工作报告，选举产生了新一届理事会；与会代表围绕“伦理治理与社会秩序”的主题进行了深入研讨。

11月10—11日，由中国伦理学会会刊伦理学研究杂志社、教育部人文社科重点研究基地湖南师范大学道德文化研究中心主办的“《伦理学研究》创刊十周年暨“第七次全国经济伦理学学术研讨会”在湖南师范大学举办。会议云集了诸多高校和研究机构的专家学者。大会围绕《伦理学研究》创刊十周年、经济伦理相关问题进行了讨论。

二、主要出版著作

专著：《财富分配正义：当代社会财富分配伦理研究》（孙迎联著，中国社会科学出版社）、《当代西方伦理思想研究》（龚群、陈真著，北京大学出版社）、《发展伦理研究 》（陈忠著，北京师范大学出版社）、《功利主义与实践理性：西季威克道德哲学思想研究》（陈进江著，人民出版社）、《公共危机管理中的伦理问题》（赵清文著，人民出版社）、《怪异的道德：“休谟问题”的缘起研究》（刘隽著，中国大百科全书出版社）、《黑格尔〈精神现象学〉之道德哲学研究》（庞俊来著，中国社会科学出版社）、《黑格尔〈法哲学原理〉的道德哲学研究：伦理精神的辩证发展之路》（冯川著，中国社会科学出版社）、《环境伦理学概论》（杨冠政著，清华大学出版社）、《环境公正：中国视角》（曾建平著，社会科学文献出版社）、《宏观层面经济伦理研究》（乔法容等著，人民出版社）、《科学伦理的理论与实践》（洪晓楠等著，人民出版社）、《马丁·路德天职观研究》（林纯洁著，人民出版社）、《民生问题的伦理学阐释》（李谧著，知识产权出版社）、《契约伦理的形成基础与现实建构》（赵一强著，中国社会科学出版社）、《契约精神》（汪中求著，北京理工大学出版社）、《社会伦理学研究》（祖国华等著，人民出版社）、《生命伦理学的中国哲学思考》（罗秉祥、陈强立、张颖著，中国人民大学出版社）、《生命与道德》（何仁富著，中国社会科学出版社）、《天道与人道：以儒家为标准的康德道德哲学研究》（高小强著，华夏出版社 ）、《魏晋玄学道德哲学研究》（尚建飞著，人民出版社）、《现代科学技术的伦理反思》（杨怀中著，高等教育出版社）、《现象学对伦理学的奠基：以质料先天主义为起点的舍勒伦理学研究》（钟汉川著，中国社会科学出版社）、《中西传统伦理精神文化研究》（董伟武等著，光明日报出版社）、《直观抑或预设：马克斯·舍勒对康德伦理学的现象学批判及其意义 》（陈伟功著，中国社会科学出版社）等。

编著：《法律职业伦理论丛·第一卷 》（许身

健，知识产权出版社）、《价值论与伦理学研究·2012年卷》（江畅，新华出版社）、《经济伦理学》（王珂，北京理工大学出版社）、《老年服务伦理与礼仪》（孟令君、贾丽彬，北京大学出版社）、《伦理与文明·第1辑》（贾英健，社会科学文献出版社）、《天人之辨：儒学与生态文明》（张立文，人民出版社）、《外国法庭科学规范文件汇编·第二辑》（杨天潼，中国政法大学出版社）、《行政伦理学》（李传军，北京师范大学出版社）、《与善同行：当代科技前沿的伦理问题与价值抉择》（李建会，中国社会科学出版社）、《中国机构伦理委员会建设》（李义庭，中国协和医科大学出版社）、《中国伦理学年鉴·2011年》（葛晨虹，九州出版社）、《伊斯兰伦理学简明教程》（中国伊斯兰教协会全国经学院统编教材编审委员会编，宗教文化出版社）。

译著：《创造目的王国》（［美］克里斯蒂娜·科斯嘉德著，向玉乔、李倩译，中国人民大学出版社）、《纯粹伦理入门》（［日］丸山敏秋著，于振忠译，金城出版社）、《道德形而上学》（［德］康德著，张荣、李秋零译注，中国人民大学出版社）、《道德形而上学奠基》（［德］康德著，杨云飞译，人民出版社）、《法庭伦理学与专家证人》（［美］菲利普·坎德利斯等著，杨天潼译，中国法制出版社）、《国际法律伦理问题》（［美］詹姆士·E. 莫里特诺、［美］乔治·C. 哈瑞斯著，刘晓兵译，北京大学出版社）、《教育研究伦理学》（［英］罗伯特·G. 伯吉斯主编，卜玉华、李云星等译，北京大学出版社）、《伦理学》（［英］诺曼·E. 鲍伊、［英］帕特里夏·H. 沃哈尼著，卢俊译，经济管理出版社）、《绿色律令：设计与建筑中的生态学和伦理学》（［美］维克多·帕帕奈克著，周博、赵炎译，中信出版社）、《马丁·路德演讲集》（［德］马丁·路德著，高朝阳等译，北京理工大学出版社）、《全球伦理》（［英］金伯莉·哈钦斯著，杨彩霞译，中国青年出版社）等。

三、学术研究概述

2013年，北京伦理学界取得了诸多成果，学者们的理论研究体现出对现实的关切，问题意识明确，注重讲究论证，深入思考，指导实用。

（一）基础理论

1. 伦理学基本概念

学者们对道德进行了概念分析。学者认为，道德具有作为适用于某一共同体内部的行为规范或特殊的道德含义，也拥有普遍道德的含义；普遍道德一方面表现为各个文化共同体自生的道德公理共识，另一方面表现为人们基于理性而自主建构的道德规范。正是由于道德含义的两重性，才导致了道德相对主义与普世道德观间的冲突。有学者认为“伦理”一词的古希腊语义及拉丁译读表明，伦理与人之居息的“本土”及其共同生活紧密相关。何谓道德的问题涉及伦理与道德相互化约的两个视角。①②③

善是伦理学最基本的概念，学者认为，道德价值是价值的一种，即善是好的一种。“善优先于应当”，但并不意味着从“善”直接能推导出“应当”。一个行为是不是应该的，取决于这个行为好不好；是不是去做应该的行为，取决于对这个行为的价值判断。有学者认为罗尔斯把义务论与目的论之争转换成正当与善的优先性之争，他认为自由主义理论是义务论的，主张正当优先于善；功利主义是目的论，主张善优先于正当。但罗尔斯错误地以为功利主义只有目的论形式，也混淆了功利主义的两种形式，从而构造了一种内在不一致的理论杂合体。④⑤⑥

有学者则从词源学角度研究，认为古籍“善”语词的用法虽然多种多样，但它们无不指向“好生活”。“善”语词的本原性意义蕴含于“善”字的内在结构之中。“善”字从“羊”从“誩”，与膳相通，字面意思是竞言羊为美味。其本原性含义包含着俗、神二谛：其世俗谛是古人对以羊美食的称道；其神学谛则是事神致吉祥。⑦⑧

2. 研究范式

学者对伦理学研究范式也行了研究。有学者认为，传统伦理学研究范式往往在抽象人性论上进行思辨，现当代伦理学则采取了不同致思方式，如杜威伦理学更多体现为一种回归生活世界的伦理学。传统伦理学追求至善、重视内在价值、强调规则而忽略了对人的生活世界的关注，杜威对伦理学进行改造的目标，就是使其成为一种“解除忧患的学问”，让伦理学关注生活世界。如海德格尔批判传统伦理学在其知识论倾向中已经完结时，申明伦理学即思存在。海德格尔伦理思想的本质即学习返乡。有学者认为，海德格尔在重新开辟伦理学可能道路时忽略了现实维度，将语言作为返乡的伦理学道路，因过于诗意而塞蔽了政治与伦理的公共领域。⑨

也有学者将伦理学与心理学研究范式结合起来研究，学者认为，道德人格甚至整个人格观趋待整合，并需要解决特质与情境、结构与动力、理性与直觉、描述与规范等理论问题，方能更好指导道德人格或美德研究。学者提出，道德人格的社会认知观是将道德心理学与人格心理学结合起来，运用社会认知理论来解释道德人格。与特质观不同，道德人格的社会认知观以全新的视角来理解道德心理学领域中的问题。⑩⑪⑫

3. 德福问题

学者强调了德福问题的重要意义。道德回报是道德的内在要求，是公正作为最基本的社会美德的具体体现，它使有序社会伦理生活成为可能，同时也是道德自身“利益”实现的必要条件。道德回报之道德既是现实道德与理想道德的统一，也是道德义务与道德权利的统一。学者们就如何实现德福一致进行了探讨，认为因果报应有四个条件：道德要求的公正；道德评价的公正；道德赏罚的公正；道德结果的公正。认为道德回报机制的建立有赖于道德制度安排，并主要通过“赏善罚恶”实现社会对公平正义与和谐稳定的社会秩序的供给。[13]

学者认为，康德德福统一的幸福论高扬了人的道德理性和尊严，有利于斧正今天利益至上、物欲满足而无视道德的错误观念和发展理念。也有学者认为，福德统一是相对的，在西方伦理思想中，一直有两种观点的对立：从普罗泰戈拉到杜威等伦理学家认为，人性在于人的感觉、经验，追求世俗幸福生活是善的，否则是恶的，德性不过是实现人生幸福的有效手段；而苏格拉底到麦金泰尔等则认为，人的本质在于人有理性，正因为有理性，所以人可以不受自然法则的制约而自由地追求德性，追求德性才是善的，否则就是恶的。[14][15][16]

4. 价值论

学者认为，价值论研究首先要解决的问题是价值的本质。研究重心应该从价值“是什么”转到“应是”。有学者根据怀特海价值论而主张：价值是现实存在内在固有的，现实存在的工具性价值等其他价值皆源于这种内在价值。有学者指出，自休谟明确设定事实与价值之间的分立以来，横亘在两者之间的巨大鸿沟就成为后世哲学家不得不跨越的障碍。而哈贝马斯抛弃旧形而上学的实体预设，将事实、价值、规范整合入运用中，为道德知识之普遍性寻求特有的基础。[17][18][19]

学者提出，价值哲学要走出困境，必须从科学理性思维出发认识价值本质。但人学价值论与科学认识论之间存在学术差异，导致许多理论悖谬和实践困惑。有学者指出，现代思维尤其后现代主义作为一种理论范式，其“解构”理论在强调解放思想、张扬个性、重构人际关系方面，提供了积极思维。但“消极的”后现代主义注重“破旧”解构、疏于“立新”的倾向，在“解构”及“价值祛魅”思维中，价值的普遍性和相对确定性也被消解了，易走向价值相对主义甚至道德虚无主义。因此要对后现代理论范式及价值思潮辩证地把握和反思。[20][21]

学者们对核心价值体系和核心价值观进行了探讨，认为社会主义核心价值体系既有市场经济道德的意涵，又带有我国传统政治文化和社会主义性征。价值观整合则与社会整合和利益整合密切相关，而多维核心价值体系的整合将成为未来中国社会价值观整合的基本方向和重要趋势。中国道路需要主导理论和共同价值观。[22][23]

（二）道德教育与道德建设

1. 道德教育

学者认为，传统教学方式大多是教师在课堂上进行说教灌输，影响了伦理学教学效果。有学者对“换位—辩论式”教学模式进行了探索。也有学者对Blackboard平台进行了讨论，认为这一种新型的数字化教学方式，是高校伦理学视频公开课建设的重要手段。学者指出，无限可能性和可教性的人性假设，使得现代学校道德教育无视人的有限性与复杂性；诉诸知性德育与惩罚教育，使得现代学校道德教育只实现了对人行为的形塑和控制。[24][25][26]

学者指出，要使人从内心深处真正认同一种行为，必须重视道德意志的作用。孟荀关于道德意志、道德知行合一（言行一致）的研究，不仅为知行合一提供了理论依据，而且对于转型期道德教育中关于道德意志的培养具有重要的价值。有学者认为，道德的世界是人的自由之于自然探索的胜利，必然的王国注定需要通向自由的王国，自由才是人的本质追求，也是道德教育的旨归所在。道德教育需要遵循的方法应该是“自然而然”的生命实践活动，道德教育的本体意义在于生命的成长、生命的充盈。[27][28][29]

2. 道德建设

学者认为，将道德生活理解为具有道德意蕴、可以进行善恶评价的生活，它是个体道德生活与群体道德生活的统一。这一定义具有重事实、轻价值的倾向。道德源于生活与生活是人的道德本质的展开相统一，道德融于生活与生活需要道德的承托与引领相统一，道德为了生活与道德本身具有成人的内在价值相统一。[30][31]

学者们还对道德生活实践中的问题进行了学理上的讨论，如有学者撰文指出，房地产调控“国五条”发布后，各地出现“离婚潮”，反思这一现象，可以思考社会成员美德塑造与日常生活世界的关系。因此任何一种社会治理的具体手段都有价值导向功能，应当高度重视对社会治理手段选择的人文价值引导。“老人扶不扶”的类似事件也折射出人们对公共生活领域中道德在场还是不在场的纠结。在传统道德范式赖以存在的社会基础发生变化的今天，个体道德与社会道德协调发展是公共生活领域中道德在场的理论前提和实践保障。[32][33]

学者认为，目前道德榜样作用的提升尚有较大空间。影响榜样力量展现的原因有多方面，道德苛求的存在是重要原因。道德义务的非权利性和不对等性等特点往往使道德主体身处困境，即使付出生命的代价也不敢主张自我权益。英雄流血又流泪的事实告诉我们，行善不图回报不代表行善不应回报，尤其是在市场经济条件下，物质利益已然成为道德主体行为选择的重要因素，提倡道德回报，尊重和保障模范们正当的个人权益，不仅是个体道德行为持续的动力和源泉，也是维护德福一致社会公正的必要手段。社会心理学研究证实，传达者的专长性在目标靶态度改变中具有“权威效应”和“睡眠者效应”。要有效促进道德教育对象的态度改变，必须重构教育者的专长性、彰显“权威效应”。[34][35][36]

学者研究了道德领域的突出问题。道德整体功能的弱化和道德地位的边缘化；道德权威的下降和道德相对主义的泛滥；道德问题的集中爆发和道德失范现象的剧增；道德底线屡屡失守与道德冷漠引发社会愤恨。休谟和斯密以“正义—善”二分法开创了转型伦理学的双轨范式，有效地回应了商业社会而来的道德转型问题。福泽谕吉的“私德—公德”范式，梁启超的“私德—公德”“道德—伦理”范式，李泽厚的“社会性道德—宗教性道德”范式，都提供了辩证处理道德之常与变、建设现代公共伦理和继承古典美德传统的理论构架。[37][38][39]

伴随全球化的推进，中国伦理走向世界具有深刻意义。有学者指出，中国的知识精英需要再次筚路蓝缕，开拓出一条走向世界的“学术丝绸之路”或“伦理丝绸之路”。有学者研究了辜鸿铭思想，认为在19世纪商业主义的侵蚀下，西方自由主义文明已蜕化成一种“物质实利主义文明”；而儒家文明以“道德责任感”为道德根基，将道义置于利益之上，是一个有着合理道德根基的成熟的文明。辜鸿铭对儒家文明道德本质及其现代价值的阐发，对我们今天反思儒家道德文明的价值深具启发意义。[40][41]

（三）伦理思想史

1. 中国传统伦理的当代意义

传统儒学认为人的尊严来自天道自然。儒家人权道德有明确的自然主义基础，这与西方人权观脱胎于上帝存在的神学基础相区别。儒家“善性”人权道德观的理论说明，儒家可以建构起与西方“天赋人权”观念相对应的、适应中国文化传统的人权观的自然主义版本。[42][43]

植根于传统经济、政治和民族文化的儒家诚信伦理，在培植个体诚信自律、调谐社会关系及涵育民族精神等方面曾有重要的价值和影响。传统儒家诚信具有强烈的意志特征，如“慎独”是儒家思想的一个重要范畴，是成圣成贤的一个重要途径，是对人的品德最重要的考验。慎独要发扬人的道德主体性，通过知过、记过、讼过和改过，逐步提高自己的道德修养。有学者剖析天人合一观念下儒家诚信的意志自由，揭示儒家诚信的意志动力，分析儒家诚信的意志行为，探寻儒家诚信的意志修养路径，概观儒家诚信的意志精神，探讨传统儒家诚信的内在根据和品质，批判继承儒家诚信思想。[44][45]

2. 西方思想中的德性论

德性论是哲学、伦理思想要处理的重要主题。学者认为，当代道德哲学面临的一个困境是具有普遍性的道德原则与个人行为动机相分离，即道德原则与个人本真生活之间存在着紧张关系。西方德性论思想传统为此问题提供了思考资源。

有学者认为，柏拉图《美诺》中关于德性论的哲学之思主要内蕴于苏格拉底对美诺三个德性定义的回应之中。德性是灵魂的道德功能的完善，幸福是德性的实现活动，因此德性足以幸福。[46][47]亚里士多德的《尼各马可伦理学》围绕“幸福是合乎德性的活动”展开，强调善和幸福是促成道德行为的基础，认为作为人生目的的幸福是合乎德性的活动。也有学者主张，亚里士多德是通过“功能”概念论证了“幸福”和“美德”以及两者之间的关系，这就是其著名的功能论证。[48][49][50][51]

有学者对基督教伦理进行了讨论，认为西方古希腊、古罗马、古希伯来的三种不同德性传统交汇于基督教，最终形成了西方古代德性传统。这三种不同德性传统对西方德性传统的形成各自具有不同的贡献。伴随着基督教教会逐渐占据主导地位，西方德性传统发生了从世俗德性传统向宗教德性传统的重要转换。有学者研究了奥古斯丁，奥古斯丁为解决“恶”的问题，创建了“自由意志说”“原罪说”。[52][53]

在现代和后现代，“德性之后”时代来临。每个人都是价值判断主体，群体却失去了统一价值标准。如何摆脱这种危机？学者认为麦金太尔德性思想对我们走出“德性的困境”具有重要意义。麦金太尔分析了传统美德概念，力图重构美德概念，这就是“追寻美德”筹划的总体思路。学者认为麦金太尔的德性概念有三层意义：第一，德性使人获得内在于实践的善；第二，德性使每个人都追求生活整体的善；第三，德性维持传统。实践与德性密切相关。[54][55][56]

（四）应用伦理

1. 行政伦理

学者认为，我国行政道德文化的现状是：伦理追求与道德选择相脱节、道德知识与道德行为相脱节、伦理理论与道德现实相脱节。为此，应加强我国行政道德文化的培育，提升公务员乃至全体公民的社会责任意识和规则意识，树立正确的廉耻观。[57][58]学者强调，公职人员道德所具有的公共性、职业性和导向性特征使其依靠软约束力必定难以实现道德的标准。有学者从制度伦理的角度进行讨论，认为制度的伦理功能远远大于个人美德，制度保障是人们选择道德行为的必要前提。有学者进而具体讨论了政府规制中的道德维度，强调政府的道德性规制必须具有一个科学的维度，忽视这个维度就很难实现规制的目标。政府规制应当具有的道德性维度有六个方面，即政府规制的道德基础、政府规制的道德尺度、政府规制的道德目标、政府规制的道德要求、政府规制的道德约束和政府规制的道德底线。[59][60][61]

2. 生命伦理学

“生命尊严”是生命伦理学的核心价值，两项价值原则是生命伦理学所有伦理原则、道德规范和行为准则的价值观基础。有学者认为，生命伦理学面世40余年，没有以理论形态表述其价值观，造成实践应用中偏离其价值目标的情况时有发生，其中不乏以付出生命为代价的惨痛教训。也有学者指出，中国生命伦理学在问题域上呈现日益明晰的还原路径：由“历史还原”展现其文化路向；由“逻辑还原”凸显其原则进路；由“实践还原”揭示其难题取向。从该视角审查中国生命伦理学的研究范式不可避免地遇到从“一般性话语”到“具体项目”之间的断裂。由此两翼出发，中国生命伦理学亟须进行三种认知旨趣的问题域还原：“一般性话语”之旨趣，在于辨识中国生命伦理学的文化路向与原则进路；“具体项目”治理之旨趣，在于诉诸中国生命伦理学的实践智慧；“具体项目”与“一般性话语”之关联的旨趣，在于展现生命伦理学的“伦理分层”路线。这些认知旨趣唯有落实于中国生命伦理学的语境勘测与国情应对，才能进入中国生命伦理学之“问题域”。[62][63][64]

注：

①甘绍平：《道德概念的两重涵义》，《伦理学研究》，2013年第5期。

②张京华：《道德说》，《武陵学刊》，2013年第1期。

③田海平：《何谓道德——从“异乡人”的视角看》，《道德与文明》，2013年第5期。

④曹刚：《论善与应当》，《伦理学研究》，2013年第1期。

⑤刘清平：《善与正当的语义等价性——兼论后果论的优势与缺失》，《伦理学研究》，2013年第5期。

⑥孙要良：《义务论与目的论之争：以罗尔斯为中心的批判性考察》，《伦理学研究》，2013年第3期。

⑦罗超：《美与善的融合——通往德性之路》，《道德与文明》，2013年第3期。

⑧焦国成：《“善”语词考源》，《伦理学研究》，2013年第2期。

⑨谈际尊：《韦伯对“道德力量”问题的阐发》，《伦理学研究》，2013年第4期。

⑩沈汪兵、刘昌、袁媛：《神经伦理学：检验与僭越普遍与相对主义伦理的新进路》，《南京师大学报》（社会科学版），2013年第5期。

⑪喻丰等：《道德人格研究：范式与分歧》，《心理科学进展》，2013年第12期。

⑫王沛：《道德人格的社会认知观及其对德育实践的启示》，《安徽师范大学学报》（人文社会科学版），2013年第6期。

⑬冯庆旭：《论道德回报》，《唐都学刊》，2013年第5期。

⑭陈丽：《康德的德性幸福论与当代科学幸福观的构建》，《重庆科技学院学报》（社会科学版），2013年第11期。

⑮戴茂堂、朱运海：《幸福与德性的二律背反——以西方伦理学为视角》，《道德与文明》，2013年第3期。

⑯陈培永：《西方道德代价思想史论纲》，《伦理学研究》，2013年第3期。

⑰张曙光：《价值研究的哲学奠基——价值哲学的存在论思考》，《社会科学战线》，2013年第11期。

⑱陈伟功：《怀特海的价值论》，《求是学刊》，2013年第5期。

⑲陈太明：《规范对于事实与价值二分的弥合——论哈贝马斯道德哲学视域下事实、价值与规范的三分结构》，《伦理学研究》，2013年第4期。

⑳孙伟平：《价值论研究方法的反思与转型》，《马克思主义与现实》，2013年第3期。

㉑葛晨虹：《后现代主义思潮及对社会价值观的影响》，《教学与研究》，2013年第5期。

㉒廖小平：《价值观的分化、整合与核心价值体系建设》，《道德与文明》，2013年第4期。

㉓徐锋：《社会主义核心价值体系的意识形态功能论析》，《齐鲁学刊》，2013年第6期。

㉔马慧霞、阚先学：《伦理学“换位——辩论式”教学模式的实证研究——以中北大学为例》，《沧桑》，2013年第5期。

㉕何光群：《基于BlackBoard平台的伦理学视频公开课建设》，《教学研究》，2013年第5期。

㉖唐燕、高德胜：《学校可以教授道德吗——重审现代学校“道德可教性”问题》，《教育研究与实验》，2013年第6期。

㉗贾丽炯：《从道德认知发展理论看我国学校道德教育内容的顺序性》，《中国校外教育》，2013年第S2期。

㉘白燕妮：《论孟荀的道德意志对道德知行合一的动力作用》，《太原理工大学学报》（社会科学版），2013年第6期。

㉙金家新：《论道德教育的自然主义与反自然主义》，《南京航空航天大学学报》（社会科学版），2013年第4期。

㉚韩东屏：《伦理学的使命与意义》，《武汉科技大学学报》（社会科学版），2013年第1期。

㉛易小明、李伟：《道德生活概念论析——兼及道德与生活的关系》，《伦理学研究》，2013年第5期。

㉜高兆明：《有尊严地生活：美德与生活世界》，《道德与文明》，2013 年第 6 期。

㉝陈悦：《论公共生活领域中道德在场与不在场》，《理论与改革》，2013 年第 6 期。

㉞彭怀祖：《论道德模范和道德苛求的消解——以提升榜样效应为视角》，《伦理学研究》，2013 年第 2 期。

㉟张军：《道德回报——道德模范常态化的时代呼唤》，《湖南社会科学》，2013 年第 4 期。

㊱李海洋：《道德教育者专长性的失落与重构》，《探索》，2013 年第 4 期。

㊲龙静云、熊富标：《当前我国道德领域的突出问题及其深层原因探析》，《伦理学研究》，2013 年第 1 期。

㊳樊浩：《伦理之"公"及其存在形态》，《伦理学研究》，2013 年第 5 期。

㊴高力克：《公共伦理与个人美德：英日中转型伦理学的双轨范式》，《华东师范大学学报》（哲学社会科学版），2013 年第 1 期。

㊵郭广银：《走向世界的中国伦理》，《伦理学研究》，2013 年第 3 期。

㊶吴争春：《辜鸿铭论儒家道德文明》，《中南大学学报》（社会科学版），2013 年第 5 期。

㊷《文史哲》，2013 年第 3 期。

㊸《学术月刊》，2013 年第 5 期。

㊹《齐鲁学刊》，2013 年第 1 期。

㊺《首都师范大学学报》，2013 年第 3 期。

㊻郭振华：《柏拉图〈美诺〉中的德性论——解读苏格拉底对美诺三个德性定义的回应》，《西北大学学报》（哲学社会科学版），2013 年第 2 期。

㊼何祥迪：《柏拉图德性伦理学的基础和原则》，《华中科技大学学报》（社会科学版），2013 年第 2 期。

㊽朱巧香：《浅析亚里士多德"幸福是合乎德性的实现活动"》，《前沿》，2013 年第 20 期。

㊾张轩辞：《〈尼各马可伦理学〉中关于快乐的讨论》，《海南大学学报》（人文社会科学版），2013 年第 1 期。

㊿徐瑾：《"德性"与"恶性"的形而上学分析——兼与江畅教授商榷》，《道德与文明》，2013 年第 3 期。

(51)陶涛：《亚里士多德论功能、幸福与美德》，《伦理学研究》，2013 年第 6 期。

(52)江畅：《西方古代德性传统的三源泉及其交汇》，《武汉科技大学学报》（社会科学版），2013 年第 2 期。

(53)林季杉：《奥古斯丁论自由意志与德性之困难》，《道德与文明》，2013 年第 3 期。

(54)姜延博：《湖北民族学院学报》，2013 年第 3 期。

(55)董祥勇：《论析麦金太尔"追寻美德"的筹划乐》，《山师范学院学报》，2013 年第 9 期。

(56)姚大志：《德性与实践——评麦金太尔的德性观》，《社会科学辑刊》，2013 年第 5 期。

(57)喻军、曾长秋：《论国家公职人员的道德规范与法律规制》，《东南学术》，2013 年第 6 期。

(58)鄯爱红：《我国当代行政道德文化现状研究》，《唐都学刊》，2013 年第 6 期。

(59)左高山、伍香：《论行政美德及其实现路径》，《伦理学研究》，2013 年第 2 期。

(60)杨通进：《制度伦理视阈中的道德建设及其进路》，《道德与文明》，2013 年第 3 期。

(61)崔德华：《论政府规制的道德性维度》，《海南师范大学学报》（社会科学版），2013 年第 11 期。

(62)韩跃红：《"尊严"为生命伦理学"立心"》，《道德与文明》，2013 年第 6 期。

(63)田海平：《中国生命伦理学的"问题域"还原》，《道德与文明》，2013 年第 1 期。

(64)刘月树：《知情同意原则的中国化：一种生命伦理学视角的转换》，《伦理学研究》，2013 年第 1 期。

（作者：罗国杰、葛晨虹，中国人民大学教授；陈伟功，中国人民大学博士生）

美　学

孙　焘

本综述旨在重点总结较有影响力的活动、具有代表性的成果和观点，今拟从学术会议与活动、学术论文、学术著作三个方面总结 2013 年北京各单位的美学发展及学术动态。

一、学术会议与活动

国际美学协会主办的美学大会是世界美学界最重要的事件。2013 年 7 月 21—27 日，第 19 届世界美学大会在波兰古都克拉科夫（Krakow）召开，组织者为波兰美学协会、国际美学协会和克拉科夫的雅盖隆大学。本届大会主题为"行动中的美学"（Aesthetics in Action），来自各国的与会学者近 500 人。

围绕会议主题，大会设立了10个议题，代表着当今世界美学研究关心的重点领域。这些议题分别是：

（1）美学：观察与校正（Aesthetics：visions and revisions）。

（2）艺术中的变化：古与今（Changes in Art：past and present）。

（3）实践中的美学：宗教、伦理、教育、政治、法律、经济、贸易、时尚、运动、日常生活等之中的审美因素（Aesthetics in Practice：the aesthetic factor in religion，ethics，education，politics，law，economy，trade，fashion，sport，everyday life etc.）。

（4）美学与自然：进化论、生态学、后人类主义……（Aesthetics and Nature：evolutionism，ecology，posthumanism...）

（5）身体美学：体与知（Body Aesthetics：soma and senses）。

（6）艺术与科学（Art and Science）。

（7）美学与艺术中的技术与生物技术（Technologies and Bio-technologies in aesthetics and art）。

（8）建筑与都市空间（Architecture and Urban Space）。

（9）美学中的文化与跨文化研究（Cultural and Intercultural Studies in Aesthetics）。

（10）过渡地带：文化、美学与艺术中的断裂、转变与变容（The Sphere of Transition：transections，transformations，transfigurations in culture，aesthetics and the arts）。

中国学者在本届美学大会上继续扮演着重要角色，全方位地展示中国美学的思想魅力。

美学大会召开前（5月），经过全体国际美学学会会员选举，中国社会科学院高建平研究员当选新一届国际美学协会主席，这是自国际美学学会1913年成立百年来，第一位中国学者获此职务。作为国际美学协会新当选主席，高建平主持并参与组织整个会议的召开，在开幕式上致辞，参加纪念国际美学协会成立一百周年圆桌会议，参加“20世纪波兰美学研究”圆桌会议等，在对话交流中，向国际美学界展示了中国美学的实绩，加强了中西美学的沟通与理解、合作与对话。中国社会科学院哲学所研究员王柯平、香港浸会大学文学院文洁华教授、中国人民大学哲学院牛宏宝教授和北京师范大学哲学与社会学院刘成纪教授，举办了“中国美学与全球美学”的专题研讨。王柯平主持“跨文化美学与中国美学”讨论专场，丁国旗主持“美学中的文化与文化交往”分组会议发言。北京大学艺术学院教授彭锋做全体大会报告“Somaesthetics and Its Consequences in Contemporary Art”（身体美学与当代艺术）。

此次世界美学大会推选并完成了国际美学协会（International Association of Aesthetics，简称IAA）执委换届工作。王柯平研究员同Wolfgang Welsh、Mary Wiseman等学者当选五位跨国执委（five delegates at large），与会长、副会长和秘书长组成国际美学协会执行委员会。其后，在各国美学学会代表的共同参与下，通过讨论和投票确定了第20届世界美学大会与第21届世界美学大会的举办单位与举办地，分别为韩国美学学会与首尔（2016）和澳新美学学会与悉尼（2019）。

2013年11月21—22日，由北京大学美学与美育研究中心主办“观·物——哲学与艺术学术研讨会”。此次研讨会以专题报告为主，辅以分节讨论与自由讨论。在为期两天的会议中，来自包括中国香港及台湾地区在内十余所高校的近30位著名学者围绕“观·物”主题展开了研讨，其中22位学者从中国古典美学、20世纪西方哲学、艺术史等不同角度发表了20分钟左右的专题报告。在此次会议中，从“观·物”出发、基于哲学与艺术交织视域而展开的对话使“物”的概念得到了深度的考量，艺术本体论问题、艺术作品的呈现问题等得到了多维度的展开，中西美学和艺术的特质与研究方法也得到了突破性的探索。

针对20世纪西方哲学、美学方面，中山大学倪梁康教授从唯识学与现象学的视角阐发了“观·物”的静态结构和发生结构；香港中文大学张灿辉教授以梅洛—庞蒂对镜像的分析为基础，提出自我肖像摄影现象学的初步理论：自我肖像摄影必须是透过以摄影再呈现自我的镜像。北京大学吴增定教授通过对《悲剧的诞生》之要义进行疏解，阐释了尼采的悲剧理论及其哲学意义；香港浸会大学黄国钜副教授则通过挖掘尼采早期的韵律研究，补充了理解尼采酒神理论的进路。中国台湾清华大学吴俊业教授以“物件之美”为议题回溯和省思了以海德格尔为始点的“现象学美学”。北京大学刘哲副教授则立足梅洛—庞蒂论文《塞尚的怀疑》和著作《行为的结构》，展示其“具身化理性”理论中的困难。香港理工大学梁宝珊副教授围绕“用具”“物化”“场所”等概念对比了海德格尔与西田几多郎对于“不在场之物性”的论述。北京大学哲学系宁晓萌副教授从福柯“实物—画”的概念出发细致地探讨了画与物的关系。中国台湾中山大学游淙祺教授通过解析胡塞尔“世界之子”（Weltkind）的特质，亦即“自然的自我”的特质，重探了“现象学还原”问题。

针对中国古典美学及中西美学比较方面，北京大学朱良志教授以对张璪“外师造化、中得心源”、禅宗“无山无水好愁人”和石涛“一画说”三个论题阐明了中国传统美学“自性呈现、无分别的明朗”这一“物观”。北京大学彭锋教授提出：中国古典美学中的“意境”和新现象学中的“气氛”理论通过提供主客体之间的中间地带而使解决艺术本体论难题成为可能。清华大学肖鹰教授、北京师范大学刘成纪教授分别以个案研究和理论整体梳理的不同方式对中国古典美学中的“物”及“物观”进行了阐发。中国台湾中山大学杨婉仪副教授则以中国山水画之“不可入”为例展示了“现”象与“表”象两种不同“观”法。山东大学张祥龙教授以“‘美在其中’的时间性”为论题，探讨了《尧典》和《周易》中的“观”与“时中”。北京大学吴飞教授提出以“形（式）—质（料）”结构与“文—质”结构对举考察中西方哲学的思路。北京大学李溪博士、刘耕博士分别从文人生活、艺术及其观念的角度探讨了中国古典美学中的“观”“赏”及其真性的问题。

针对中西美学与艺术方面，中国台湾中山大学宋灏教授通过对中国传统书画与欧洲古典绘画的比对，提出人与世界的关系应延续中国书画所提供的路向（同时亦是海德格尔的路向）而由“观看”转向“栖居”。中国台湾中山大学洪世谦教授提出，虚拟网络空间是一种“未到来”的可能性，作为同时共在的增补，延伸了既有的事物边界，重构了当前的生存意义。香港中文大学刘国英教授以现象学的方法勾勒出摄影活动的基本特征，并以具体的作品论证了摄影艺术的政治的—批判的功能及艺术的—诗意的功能。北京外国语大学汪民安教授以提香名作《乌比诺的维纳斯》为例，展示了理解绘画作品的复杂可能性。

在讨论环节，学者们集中讨论了“物性”的本质、“文”的来源、“自然”问题、艺术作品的艺术性和真性问题。另外，艺术作品与物之间的界限问题、人与物以及艺术品的关系问题，“工具”“技术”等概念也受到了与会者的集中关注。

2013年11月30日，北京师范大学哲学与社会学学院、北京师范大学美学与美育研究中心联合主办“中国美学史研究：问题与方法”学术研讨会。本次会议分为“中国美学史研究的理论建构”“中国美学史研究的具体问题”“跨文化研究与中国美学”三个专题，展示了目前国内关于中国美学史研究的最新成果。

针对“中国美学史研究的理论建构”问题，北京大学哲学系朱良志教授指出，中国美学史研究应该向学术纵深方向发展，预设学科的界限，面对基本文献和典籍、从理论的角度切入学科自身，推进中国美学本身的研究，注重把握中国美学和艺术的内在精神。北京语言大学的韩德民教授认为，中国美学史学科的热情不能仅仅单纯从学科内部理解，而要与中国现代化进程密切联系。中国美学史在根本上不是一套学科的知识体系，不应该是知识形态的叙述，主要是一种阐述的角度。中国人民大学哲学院张法教授指出，中国美学史研究要树立学科意识，明确中国美学写作的模式及范围。他认为，用西方美学中形而上的“美”来解释中国美学问题，就歪曲了中国的美。当前中国美学史应还原中国固有的美学观念，并与当代学术进行会通。清华大学肖鹰教授认为，中国美学研究应回归历史本位，要明白中国美学从哪里来到哪里去的问题。他以中国美学中的一个核心概念“意境”为例指出，“意境”或“境界”与西方的艺术概念存在差异，应在中国的典籍上下功夫。通过对“意境”等概念的溯源，中国美学史研究应回归历史本位。

针对“中国美学史研究的具体问题”，中国人民大学袁济喜教授探讨了中国文论中的“问道”与“原道”问题。袁教授指出，中国美学史研究中有四个关键词：通史、范畴、观念、方法，并一一做出了阐释。道，在于问道意识和批判精神，当前学术研究中的问道意识不够，习惯于梳理概念范畴，忽略了无形的意识、智慧。原道与问道是相会通的。北京师范大学黄文杰副教授做了题为“宗教、美学与中国美学史建构”的发言。他指出，宗教与宗教精神是关于终极存在方式的教育，是一种绝待性的存在方式。美学应作为存在论意义上的感性与理性人性的完善学、自由学。中国美学史研究应关注以下四个核心问题：人的本原存在方式、教化过程中的对象化；人对现实存在的看法；儒道两家对审美还原的分析；终极境界的体悟。当前的中国美学史研究应反思启蒙史观的滥用问题。中国人民大学余开亮教授、北京第二外国语学院杨平教授分别做了题为“概念分析法在中国美学史研究中的运用”和“中国美学史研究中的天、地、人”的发言，皆以独特的视角解读了中国美学史研究中的一些具体问题。在随后的讨论环节中，与会学者就刘成纪教授提出的“启蒙史观问题”展开了激烈讨论。

针对“跨文化研究与中国美学”，中国社会科学院彭亚飞教授做了题为“文化异质性与理论普适性”的发言，用跨文化视角解读当前中国美学史研究中存在的问题。如以西释中或以中证西，即用中国材料印证西方式的普遍真理。对于这种理论困境的解决，彭教授指出的方法是“还原”——首先尊重事实，其次是求异。当前的中国美学史研究要立足于异，然后在异中求理论的普适性。中国艺术研究院陈剑澜教授指出，中国现代学术研究存在两个理论误区：一是道德理想主义，比如牟宗三先生的康德研究抛却庸人社会、普通人尊严的世俗维度，而寻求圣贤君子的内圣外王之道；二是唯美主义，从席勒到马尔库塞审美自律、审美乌托邦主义，特别是在唯美主义的中国化过程中出现的一些思想误区，如李泽厚先生在《美的历程》等著作中所呈现的先秦儒道的泛审美化倾向。中国社科院王柯平教授在会上作了“古希腊诗学与人文化成的目的性追求”

的发言，指出公民德性教育和自由精神培养的重要性。王教授指出，康德目的论判断是审美判断的基础，康德所谓的审美王国是神国的投影。康德是“新柏拉图主义者”，在他设定的自然向自由生成的路径中，美学具有辅助性。中国传媒大学徐辉副教授作了“历史作为作品”的发言。徐教授从电影故事的吸引力谈起，认为中国美学史写作也要具有一种内在的吸引力。美学史是言说“不可言说的历史”，中国美学史写作应持开放的态度。在随后的讨论环节中，与会专家就王柯平教授提出的“古希腊诗学与人文化成的目的性追求”展开了激烈讨论。

2013 年 3 月 13—18 日，由意大利马切拉塔大学孔子学院主办了议题为“传统与现代的关系——从哲学、文学、艺术学和政治学角度进行的探讨”国际学术会议和系列学术讲座。会议由北京师范大学美学与美育中心教授严春友主持，来自中国、意大利、美国等国学术界在哲学、文学、艺术和政治学等领域的知名教授、学者应邀参加会议，举办系列讲座，就中国传统文化的当代意义进行深入探讨，从国际视野挖掘其具有普遍意义的价值理念，探讨中国传统文化的意义。

二、学术论文

2013 年，一些基本美学问题又重新受到学者的关注。

1. 关于美学的基本概念

关于“美”的概念。中国人民大学的张法教授在《“美”在中国文化中的起源、演进、定型及特点》(《中国人民大学学报》，2014 年第 1 期）中指出，“美”字来源于远古羌族的仪式。美在羌之一支的姜族进入华夏与东南西北各文化的互动中演进，由特殊之美而成为普遍性之美。美起源于羊人仪式整体，是人、羊、器、舞的统一，由此形成中国之美的整合性。羊人之美是在与各文化的牛人之美、羽人之美、玉人之美等的互动中，定型为既包含特殊之美而又超越特殊之美的普遍之美。在演进过程中形成了中国之美的特点。

北京大学艺术学院的彭锋教授从另一个角度讨论了“美”。在《美的概念分析》[《云南大学学报》(社会科学版)，2013 年第 3 期］中提出：在美学的话语中，我们至少可以区分三种美的概念：作为评价概念的美、作为认识概念的美和作为本体概念的美。美学领域中的许多问题，源于对这三种概念的混淆。该文力图澄清这三种概念的含义，分析它们在美学理论中的表现以及造成混淆的某些可能，目的是避免因为概念错位而导致的毫无意义的争论。

张法教授开始围绕中西美学中的“形式美”发表系列文章。《以比例为核心的古希腊形式美》[《西北大学学报》(哲学社会科学版)，2013 年第 5 期]：古希腊的形式美以比例为核心。比例即逻各斯，既是一种数的比例，又是一种宇宙本体。它体现在各门艺术（建筑、雕塑、文学、音乐）之中，还体现为天体音乐。而古希腊的比例，主要是建立在几何学规律之上的几何之美。毕达哥拉斯的数、赫拉克利特的逻各斯、柏拉图的理式、亚里士多德的形式，都与之相关。《从中西印文化比较看形式美》(《贵州社会科学》，2013 年第 6 期）做了概括性的三分，形式美体现在三个层面：一是外在之形；二是内在之实；三是内在之虚。在外在之形上，西人重形，印人重色，中人重象；在内在之实上，西人是质实而静态的原子、分子，印人是具有空的性质的四大（地、水、火、风），中国是质实与动态合一的阴阳五行；在内在之虚上，西人突出是的能、场、暗，印人突出的是空，中国突出的是气。

2. 关于中国美学的特点

北京师范大学的刘成纪教授关于中国美学的系列文章：(1）关于中国美学史研究的起点，《中国美学史应该从何处写起》(《文艺争鸣》，2013 年第 1 期）指出，中国美学史研究“从何处写起”的问题存在着魏晋起点论、春秋起点论、新旧石器时代起点论，分别对应于艺术自觉、美的自觉、审美意识的觉醒等理论问题。每一种都不能充分成立，故应当保持一定的理论开放性。(2）关于中国美学的思维特性，刘成纪在 *The agricultural trait of Chinese aesthetics and its manifestation in landscape* (Ritsumeikan Studies in Language and Culture，2013. 3)、《论中国社会早期审美时空格局的形成》(《郑州大学学报》，2013 年第 4 期)、《从中原到中国：中国文化的农耕本性》(《江苏行政学院学报》，2013 年第 5 期)、《中国精神的传统基源和现代转换》(《光明日报》，2013 年 4 月 24 日）等多篇文章中总结了中国传统美学典型的农业思维特性，具体表现为：①农耕生产方式对自然的依附，使人与自然的关系成为中国美学思考的核心问题。②农耕生产涉及的泥土、植被等自然质料，是中国艺术创造所使用的最基本材料。③农业生产对土地的固着，塑造了中国人的时空观念，这种观念具有鲜明的审美特质。人、时间、空间，成为中国社会早期审美生活的核心要素，并在随后的夏商周时代为中国美学奠定了基本的存在框架。④自然主宰着中国人的环境认知和景观想象，“把大自然搬回家”是景观设计的基本理念。(3）关于中国美学的早期呈现形态，《西周礼仪美学的物体系》(《文艺研究》，2013 年第 1 期）一文提出，中国社会对物的审美、伦理意义的引申，始于新石器时期，到西周形成了由自觉的政治伦理意识构建的完备系统，即以人体为中心，向服装、佩饰、器具、建筑、国家乃至天下逐步蔓延，最终形成“大礼与天地同节”式的宏大空间秩序。刘成纪在《中国春秋时期的建筑艺术与建筑批评》(《哲学家》，

2013年第3期）中指出，春秋时期，僭礼的建筑往往以崇高雄伟为特征，这必然导致社会资源的大量浪费，这样，礼制的标准又渐趋位移为尚俭节用的标准，出现了建筑艺术批评的俭奢原则。“尊礼”与“重欲”的矛盾，直接导致了春秋建筑艺术在理论和实践上的尖锐对立，并使对建筑的批判性考察成为这一时代最重要的理论成果。这为中国建筑作为美学问题的讨论开了滥觞。

张法教授在《中国古典美学的四大特点》（《文艺理论研究》，2013年第1期）中提出：中国古典美学有四大特点，即与中国宇宙观相连而来的特点，与中国天下观相连而来的特点，与中国文化以整体性为主而非区分性为主而来的理论形态，以及由中国文化历史发展的丰富性而来的多样内容和发展逻辑。

3. 关于审美经验问题

彭锋的《无利害性与审美心胸》（《北京大学学报》，2013年第3期）从中西美学比较的角度重新讨论了“无利害性”问题。本文提出：经过当代中西美学家的阐释，西方现代美学中的无利害性思想与中国传统美学中的审美心胸理论的相似性被揭示出来。由此，中国传统美学的现代转型呈现出错综复杂的关系：一方面是按照自己的发展逻辑由自律美学向他律美学发展；另一方面是在西方美学影响下对中国传统固有的自律美学的确认。在自律美学方面，中国传统美学与西方现代美学形成了对话关系。我们期待在他律美学方面，中国美学内在的现代性进程中所萌生出来的他律美学能够与西方后现代美学形成呼应。

在《事实与事件——从濠梁之辩看哲学之本》（《天津社会科学》，2013年第1期）中，彭锋教授讨论了美学与哲学的关系。他指出，对哲学之本的不同看法，会形成不同的哲学形态。以事实为本的西方哲学，是一种话语哲学。以事件为本的中国哲学，是一种生活哲学。庄子与惠子的濠梁之辩，说明了这两种哲学之间的不同。如果从话语哲学的角度来看，这场辩论的胜者是惠子。如果从生活哲学的角度来看，这场辩论的胜者是庄子。中国学者多数认为这场辩论的胜者是庄子，原因在于中国人更喜欢将哲学作为生活而非话语来实践。

4. 关于美学与哲学、艺术学、诗学的关系

北京第二外国语学院王柯平教授的《在神话与哲学之间》（《文艺理论研究》，2013年第2期）以柏拉图对话的文体为研究对象，提出“神话通过哲学的逻各斯被理性化了，而哲学借助神话的灵思性被直觉化了，由此便深化和强化了所讨论的相关主题”，“无论是在创构型、转换型还是传统型的神话里，柏拉图的哲学都凸显出自身的独特风格和运思艺术”。《柏拉图的“至真悲剧”喻说》（《哲学研究》，2013年第5期），研究《法礼篇》中的“次好城邦”喻说，从悲剧特征、法礼功用与城邦宿命等角度，揭示柏拉图喻说的多重意义。《“次好城邦”的混合政体》（《哲学动态》，2013年第5期）分析了“次好城邦”政体的实用导向、理论支点、历史流变，揭示这一新城邦理念对于宪政法治的现代国家依然具有某种启示意义。

北京第二外国语学院胡继华教授的《穿越幻象——齐泽克为观察电影提供的一个视角》（《文艺研究》，2013年第3期）提出，斯洛文尼亚理论家齐泽克通过幻象将精神分析与意识形态缝合起来，为观察电影提供了一个批判的视角，将幻象本体化，凝视辩证化，在幻象之外、之上以及之中保留了一个神秘的能指，维持着一个关于“实在界的神话”。《文化涵濡与中国现代诗学创制》（《文艺争鸣》，2013年第7期）从文化涵濡与中国近代史的关系出发，将中国现代美学与诗学新传统整体上凝练为三大趋势：“以我涵他”的改良导向上，生成了古典诗学理论形态，其价值关怀在于人文化成的伦理；“以他涵我”及其革命的基本导向上，产生了启蒙革命的诗学，其价值关怀在于开启民族国家，建构现代社会政制；以及“我他互涵”及其“中西互补”“精华总汇”的基本导向上，产生了文化象征诗学，其价值关怀在于“和而不同”“美美与共”的审美世界主义。

三、学术著作

北京大学哲学系朱良志教授的《南画十六观》（北京大学出版社，2013年版）。《南画十六观》共十六章，选择十六位画家，以他们的作品和艺术活动为线索，每章集中讨论一个关系文人画全局的关键性问题。如通过明代画家陈洪绶，集中讨论“高古”；通过倪云林，集中讨论“幽绝”；通过沈周，集中讨论“平和”，等等。十六位画家，就是十六个观照点，合而形成对文人画追求真性问题的总体表述，引发对形成文人画的本质因素——人的内在精神气质的关注，富有理论深度和穿透力。《南画十六观》延续了作者一贯的风格，行文流畅优美，富于韵味和意境，适于“悦”读，为读者提供了非常好的审美享受。讨论真，而自身亦达于美。此书出版以后，迅速引起各方关注，从内容到装帧都得到学界和读者好评。入选中宣部、央视、中国图书评论学会“2013中国好书”唯一艺术类图书，《人民日报》、央视“最受欢迎的29种大众读物”之一，《南方都市报》“2013年度艺术好书”，央视十套读书栏目《中国2013好书大赏》重点推荐。

中国人民大学张法教授出版《文艺学·艺术学·美学：体系构架与关键语汇》（人民出版社，2013年版）。本书对文艺学、艺术学、美学这三个关键学科的在西方的历史发展，以及中国进入现代化进程之后与世界的互动而建立这三个学科的基本语

汇的复杂过程进行历史的梳理，把这些学科中一直困惑着中国学人的学科的基本语汇问题进行了梳理。在文艺学上，西方由诗学而英语世界的文学批评和德俄世界的文学科学，英语世界后来又进入到文学理论，呈现为文论基本用语的多样性。中国在与世界的对接中从文学概论到文艺学（对文学科学的中译）到文学理论。因此在基本语汇上有诸多的困惑与绞缠。在艺术学上，西方由艺术而美学（艺术哲学）而艺术学，艺术学又分为作为艺术体系的一般艺术学和只与美术相关的艺术史。前者又回到美学（艺术哲学），中国则出现两套语汇，按照西方原义的艺术和中西结合的文艺。这些差异造成了学术语汇上的诸多困惑和绞缠。在美学上，通过西方美学产生过程中的语汇变化，以及中国在对接西方美学时，在中西方语汇的互动中形成美学学科的基本语汇的过程做了梳理。同时，对3个学科在中国近来出现的重要概念进行历史和学理的梳理，如诗学、文化诗学、历史诗学、中国当代艺术、中国当代舞、主流电影、水墨画、音乐剧、中国形象等。

中国人民大学牛宏宝教授的《美学概论》（第2版）（中国人民大学出版社，2013年版）是一本创新性的美学原理教材。该著作注重基本概念的解释、核心问题的分析以及理论表达上的逻辑，力图在基本问题的解释上，能够结合具体的例证。教材吸收了20世纪中国和西方美学研究的许多新成果，并把它们融会贯通为一个美学理论的新体系。全书分为“什么是美学”“审美活动的发生和发展”“美感经验”“美感经验的形态”“作为‘存在性境域的显现’的审美活动”“作为显现的符号形式”“作为意义生成事件的艺术活动”7章，在“美感经验”一章中涉及“巫术直观与世界的象征化”“身体劳作与‘手艺’”“审美活动的诞生：诗性直观与‘艺’的结合”等内容。在解释审美活动的发生和发展、美的本质、审美活动的本质、审美活动的符号形式等方面，都采用了较新的理论。

北京第二外国语学院教授王柯平的专著《〈理想国〉的诗学研究》（北京大学出版社，2013年修订版），立足于相关的历史文化语境和文本语义分析，借助西方现有的研究成果和二次反思的方法，对《理想国》的诗学思想进行了重新探讨和定位。柏拉图的诗学是一种带有政治工具论色彩的道德理想主义诗学。这种诗学以形而上的二元论为原则，注重善心为本和强身为用的灵肉互动关系，可分为心灵诗学与身体诗学两个彼此会通的理论维度。基于诗乐艺术教育的心灵诗学，旨在塑造道德与美好的心灵；而基于体操艺术训练的身体诗学，旨在塑造健壮而优雅的身体。此两者交互作用、有机统一，旨在通过灵肉结合的教育，实现身心和谐的境界，培养美善兼备的人格，造就文武双修的卫士，最终建构一座可供人们安身立命的理想城邦。

王德胜的《京华学术文库：美学的改变》（社会科学文献出版社，2013年版）系作者历年来有关美学和文艺美学理论、现代中国美学史以及当代审美文化问题的论文合集。书中主要讨论了中国文艺美学理论研究中存在的一些难点和问题，强调文艺美学研究中着力关注当代文化变化情势下的艺术生产变迁，在重新理解感性意义的前提下，深入思考大众日常生活的审美现实及其问题。同时，《京华学术文库：美学的改变》还围绕20世纪中国美学理论的历史发生、发展，从宏观角度进行一定的探讨，提出了有关现代中国美学发展阶段性的问题。

2013年10月，由钱中文、高建平和刘方喜共同主编的“新世纪文艺学建设丛书”由河北大学出版社出版。丛书包括4种：高建平《美学的当代转型：文化、城市、艺术》、周启超《开放与恪守：当代文论研究态势之反思》、金元浦《文学，走向文化的变革》、刘方喜《批判的文化经济学：马克思理论的当代重构》，本套丛书站在美学前沿思考当今中国美学问题，其内容构成当今中国美学研究变革、转型、重构、反思等基本主题在内的多个侧面。译作方面，2013年10月，由高艳萍新译，江苏人民出版社出版了苏珊·朗格的《感受与形式——自〈哲学新解〉发展出来的一种艺术理论 》，该书名原译为《情感与形式》，为学界所熟知。新译本吸收了国内学界多年来对于西方学术的研究成果，对文本内部概念关系进行了重新界定，对一些术语和论说的译法做出一些调整，在一定程度上更加细致地传达出作者的思想原貌，以及艺术理论叙述所包含的感觉质地。

2013年10月，由高建平任执行主编的《外国美学》第21辑由江苏教育出版社出版。本期设置“城市美学”“日本美学”“斯拉夫美学”“分析美学”等4个专题栏目，相关文章代表着当下世界美学相关研究的最高水平，如“城市美学”栏目由海因兹·佩茨沃德、乔瑟夫·玛戈利斯、柯提斯·卡特、高建平等国际知名美学家撰稿，“日本美学”则由日本学者担当，就有关日本美学的亚洲性、“日本美意识”等进行了探讨。另外，本期还设置“国外美学经典选译”“人物推介”“人物访谈”“著述评议”等栏目，重点推出了当今德国美学家沃尔夫冈·韦尔施的专题性研究文章4篇，集中探讨了他关于当代美学的基本思想。本年度的美学文集还有高建平、彭锋主编的国际美学学会论文集 *Diversities in Aesthetics: Selected Papers of The 18th Congress of International Aesthetics*，该书2013年7月由中国社会科学出版社出版，辑录了2010年北京举办的世界美学大会的国内外学者论文近70篇，总体呈现了当前国际美学研究的总体状况，是国际美学界交流对话的重要成果。

（作者：北京大学研究员）

逻辑学

崔娜娜　郭佳宏

对2013年北京地区逻辑学学科的发展概况，我们将分成3部分来进行综述：一是学术活动；二是研究成果；三是教学探讨。研究成果的文献主要来自中国知网（CNKI）收录的北京学者所著的中文文章，论文选取的重点是中国人民大学书报资料中心《复印报刊资料》中《逻辑学》收录的内容。

一、学术活动

2013年北京地区逻辑学界的学术活动相当活跃，主要表现在以下几个方面。

1. 举办“清华邂逅阿姆斯特丹大学”逻辑学研讨会

2013年10月18日，由清华大学哲学系主办的逻辑学研讨会“清华邂逅阿姆斯特丹大学”在甲所会议室顺利召开。会议由清华大学的刘奋荣和阿姆斯特丹大学的Sonja Smets具体组织。该会旨在加强清华大学同阿姆斯特丹大学逻辑、语言和计算机研究所（Institute for Logic，Language and Computation，以下简写为ILLC）的互动与交流，促进双方在逻辑研究领域的共同发展。

2. 2013年全国应用逻辑学术年会在京召开

2013年6月22—23日，逻辑学应用逻辑专业委员会学术年会在北京的中国社会科学院哲学所召开，来自全国的50余位专家学者参加了会议，本次会议由中国逻辑学会应用逻辑专业委员会和重庆理工大学共同主办。

3. 举办2013年逻辑学学术前沿论坛

2013年12月21日，北京市逻辑学会在北京师范大学举办“2013年学术前沿论坛——逻辑学分论坛”，论坛主题为“逻辑的发展与人的素质提升”。一些学者做了专题发言，他们是：中国社科院刘新文“图式完全性理论初步”；北京联合大学周训伟“三段论第一格AAA式是推理规则还是逻辑定理”；北京师范大学董志铁“《公孙龙子》的内在逻辑及名辩学贡献”等。同时，这些参会论文也被收录到《2013·学术前沿论丛——中国梦：教育变革与人的素质提升（上）》。

4. 北京市逻辑学会青年论坛组织了系列学术交流报告会

2013年，北京市逻辑学会青年学者论坛共举办了由海外或境外高水平大学学者主讲的学术报告会4次。分别是：3月24日清华大学新斋346会议室，挪威卑尔根大学的Thomas Agotnes教授的报告是“Reasoning about coalitional ability in games：Coalition Logic”；4月20日清华大学新斋335会议室，Ram Ramanujam教授的报告是“Exploring compositional structure in strategies”；5月11日清华大学新斋346会议室，来自挪威卑尔根大学的博士生王轶做了关于“Preference logic of focus change”的学术报告；10月6日清华大学新斋346会议室，阿姆斯特丹大学Alexandru Baltag教授的报告题目是“Dynamic Epistemic Logic”。

5. 部分学校邀请国外学者做了一系列短期讲学活动

2013年5月9—10日清华大学，阿姆斯特丹大学的Hans van Ditmarsch教授的短期课程“动态认知逻辑新进展”；2013年10月20日—11月5日，瑞典斯德哥尔摩大学的Dag Westerstahl教授在北京师范大学讲授了一门短期课程“自然语言的形式语义”；2013年11月6—15日，阿姆斯特丹大学的Dick de Jongh教授在清华大学讲授了“形式学习理论”。

二、研究成果

2013年，在逻辑学的各个研究领域都有一批新的成果问世，主要表现在以下5个方面。

1. 数理逻辑

周北海、马丽的《概称句词项逻辑的树图判定算法》指出：概称句的形式刻画研究始于人工智能。从条件蕴含引入开始，到建立概称句词项逻辑的形式系统GAG和Gaa，关于概称句这一系列的研究主要是围绕概称句自身性质的探讨，以试图对于概称句推理给出更合理的形式刻画，而没有同时兼顾计算机应用方面的考虑。回归问题的初始，关于概称句的概念理论是否还可以用于计算机科学领域，是这一研究路线所面临的问题。首先要解决的问题是，根据GAG和Gaa模型，公式的可满足性是否有能行的判定方法。对此该文给出了基于GAG语义的树图判定算法，包括相应的可靠性、完备性等证明。①

陈磊、陈征的《质疑双生子佯谬的一阶逻辑系统》指出：双生子佯谬是狭义相对论中的典型效应，匈牙利学者Madarász等人在《双生子佯谬及相对论的逻辑基础》一文中首先阐述了双生子佯谬与狭义相对论的一阶逻辑基础的关系。该文通过分析和比较文中提及的两个公理系统Specrel和AccRel，分别从物理和逻辑两个角度提出了这两个系统中存在的问题。②

余俊伟的《从弗雷格的文本评析黑尔与赖特的新弗雷格主义》指出：弗雷格的逻辑主义欲以逻辑作为算术之基础。《算术基本规律》采用公理系统实现其计划，但其系统导致罗素悖论，弗雷格认为原因是第五条公理，并最终承认计划失败。自20世纪60年代起一些逻辑学家致力挽救弗雷格的计划，被称为新弗雷格主义。代表人物黑尔（Hale B.）和赖特（Wright C.）认为，可以通过放弃第五条公理，将该公理的后承休谟原理直接作为公理而达到弗雷格的目的。大量的文献证据，特别是恺撒问题与弗雷格定理表明，黑尔和赖特的路线不符合弗雷格的理论主旨。③

王欣的文章《组合性原则与逻辑语法》指出：组合性原则是逻辑语法的根本原则。文章阐述逻辑语法和组合性原则提出的背景与过程，从宏观层次讨论组合性原则对逻辑语法的方法论意义，从微观层次说明逻辑语法如何通过范畴语法和高阶逻辑等理论构件实现组合性原则。④

张立英、周北海的《通过演绎方式的概称句推理的逻辑》基于经典的概称句逻辑系统G，通过删减和增加公理及规则给出了3个逻辑GO、GD和GS。同时，他们通过对正常主项选择函数添加不同的条件给出与3个逻辑相应的不同的模型定义。其中，GO是GD和GS的基础。这些逻辑的给出是为了刻画通过演绎方式得到概称句的推理的局部推理。⑤

满海霞的《IF逻辑与IF模态逻辑》认为：IF逻辑全名为独立友好的一阶逻辑，于20世纪80年代末90年代初由欣迪卡提出。欣迪卡发现在数学和自然语言中，不但存在传统一阶逻辑所刻画的量词之间相互依存的情况，有的时候还有不存在依存关系、相互独立的量词。为了刻画这种现象，他向一阶量词逻辑引入一个独立指针“/”，表示指针上面的量词与指针下面的量词不存在依赖关系。IF逻辑在句法上是对一阶逻辑的直接扩张，表达力相当于二阶逻辑。之后，Bradfield尝试将IF逻辑的思想用于表示计算机系统执行路径的相互独立，用模态之间的独立来表示事件之间的独立，发展出IF模态逻辑。IF模态逻辑是模态逻辑的一个新兴分支，还存在很多有待深入思考和探究的问题。⑥

贾青的《对双时间参数理论的改进——从分支时间到分支时空》认为：双时间参数理论由贝尔纳普于2001年提出，该理论使用不同的语义解释参数构建以言行事行为的语境，以确定以言行事行为是否成功或者是否被满足。但是贝尔纳普在构建语境时却忽略了地点这一重要的语境参数，而这也导致了双时间参数理论对以言行事行为的成功以及满足条件的不完善刻画。文中作者提出了一个对双时间参数理论的改进方案：第一节在简要介绍双时间参数理论以及其中问题的基础上，给出修正方案的大体思路，即将双时间参数理论的基础由分支时间逻辑变为分支时空逻辑。第二节介绍分支时空逻辑中的主要内容。而第三节则说明如何在分支时空逻辑上使用算子刻画群体行动的问题。第四节具体介绍作者所给出的对双时间参数理论的修正方案。⑦

杨红玉在《弗雷格的量词—变元理论》中写道：弗雷格是现代逻辑的创始人，也是语言哲学的创始人，在对逻辑和哲学的诸多影响中，起关键和基础作用的是弗雷格的量词—变元理论。在弗雷格事业的开端出于对自然语言表达方式和传统逻辑表达能力的不满，弗雷格将数学中的函数概念引入对句子结构的刻画中，并在此基础上引进量词和约束变元，从而使得包含个体词和多个量词的句子的结构都得到准确的刻画，逻辑表达能力和推导能力因此大为加强，新的逻辑呼之欲出。也正是量词—变元概念的发现，导致弗雷格改变了他后来对哲学的看法，量词—变元理论是弗雷格逻辑体系和哲学体系的基础和核心理论。⑧

杜国平、赵曼在《一阶谓词逻辑反驳演算自然推理系统》中指出：反驳各种逻辑谬误离不开对矛盾式的认识和理解。为此，他们构建了一个直观的包含所有矛盾式的一阶谓词逻辑反驳演算的自然推理系统。根据定义的语义解释，他们考察了该系统的一些元理论。在此基础上，文章还考察了一阶谓词逻辑反驳演算系统和证明系统的关系，证明了两个重要结果：（1）谓词逻辑反驳演算系统中的任一矛盾式都对应于经典谓词逻辑证明系统中的有效式；（2）谓词逻辑反驳演算系统包含经典谓词逻辑的证明系统，即通常的谓词逻辑公理系统是反驳演算的一个子系统。⑨

薛瑞在《论弗雷格的概念》中认为：弗雷格将数学中的函数概念扩展到自然语言中并且称之为概念，从而在概念的基础上开启了他的逻辑主义事业。在数学中，函数有着严格的定义，但是，在自然语言中如何来理解弗雷格的函数呢？通过将数学中的函数与自然语言的概念进行比较，分析了弗雷格概念的逻辑结构以及概念的前域和后域，并概述了弗雷格概念的哲学意义。⑩

2. 逻辑哲学和哲学逻辑

叶峰的《克里普克反驳类型等同理论的模态证论中的超自然自我》认为：在关于认知与经验的主体的本性的明确假说之下，仔细检验克里普克的反驳类型物理主义的模态论证中的前提，可以发现，当主体被设想为一个超自然的、视整个自然世界为外部世界的自我的时候，克里普克的这些前提都很合理、可接受。但物理主义蕴含着，认知与经验的主体是自然世界中的生物—物理系统，在这个物理主义的主体观下，克里普克的前提之一就成为假的。因此，克里普克的论证作为一个反驳物理主义的论证是循环论证，因为它的一个前提已经隐含地假设了超自然的、非物理的自我。这个对克里普克的模态论证的分析支持这样一个一般性的观点：哲学家们对一个超自然的自我的下意识的执着，是他们的论证和理论中的许多问题的根源。[11]

郭佳宏、张朝霞在《社会软件及其认知逻辑分析》中指出：社会生活的各个方面都离不开逻辑推理和分析，从简单的烹饪技巧到大规模的投票选举，大多数社会过程都包含着推理结构。而把这些具有一定规律的社会过程形式化是有可能的。由此带来的一种有意义的工作是：通过某种方式把逻辑和社会过程联系起来，把精妙的逻辑原理应用到复杂的过程分析中去，使社会过程形式化、清晰化，从而指导人们进行有效的决策和社会活动。正是基于这个切入点，该文对社会软件——社会过程的形式化分析进行一定程度的探析，并对相关理论做一定的评述和比较。同时，作者还借用了博弈论和认知逻辑中的某些片段用于分析和解决若干具有一定实际意义的问题。[12]

裘江杰在《模态逻辑典范框架几个侧面》中认为：对每个一致的正规模态逻辑，都对应有它的典范框架，典范框架包含着相应逻辑的信息，典范框架本身作为自然得到的数学对象也值得研究。为此，该文总结了关于典范框架的几个侧面的事实。[13]

陈晶晶在《亨普尔确证悖论及其解悖方案分析》中写道：确证悖论作为科学哲学和逻辑哲学研究中极为重要的一页，得到了逻辑学家和科学哲学家持久而热烈的关注。亨普尔是在研究等值条件和尼科德标准的基础上发现确证悖论的，他的工作产生了深远的影响。其贡献不仅在于提出了确证悖论和解决悖论的方案，还在于他的研究激发了冯·赖特、科林·豪森和皮特·厄巴赫的兴趣；使得他们分别在形式逻辑框架和贝叶斯理论的指导下，提出解决确证悖论的方案，具有重要的哲学价值。[14]

裘江杰在《有穷关系模型上的模态可定义》中写道：一阶语言与模态语言从不同侧面描述关系模型。范本特姆刻画定理从抽象的角度指出，在描述关系模型层面上模态语言表达力弱于一阶语言。从可定义这一相对具体的角度表明，即使在讨论有穷的关系模型时，模态语言也严格弱于一阶语言。[15]

肖波在《概率解释和概率逻辑》中写道：对概率的解释及据此而发展起来的概率逻辑是经典逻辑的最重要的扩展之一。它在哲学、数学、认知科学、人工智能等领域有着重要的应用，一方面是这些研究领域的工具，而同时又是这些研究领域的对象。文章通过对概率的解释进行大致的分类，对由各解释发展起来的概率逻辑分别做了介绍，希望据此对概率逻辑的发展做一个梳理。[16]

孔红在《限定逻辑的表列方法》中指出：限定逻辑是由McCarthy创立的非单调逻辑的一个重要分支。限定逻辑最大的困难在于其算法的设计。基于表列方法，可以给出命题限定逻辑和公式限定逻辑两种形式证明程序。[17]

3. 语言逻辑和法律逻辑

李可胜、邹崇理在《基于句法和语义对应的汉语CCG研究》中写道：句法和语义对应的原则是形式语义学中最为重要的原则之一，组合范畴语法CCG更是彻底地延续了这个思想，为自然语言的计算机处理提供了句法和语义的透明接口。汉语的CCG处理在贯彻该原则时产生的问题是：句法方面获得长足进展，而语义方面却相对滞后。以汉语多重介词短语句为例，动词论元的灵活语序现象是句法和语义对应的难点之一。Hoffman提出的多重论元集CCG方法是解决灵活语序的有效手段，但在这种处理方法中，需要找出一些方法来简化形式语义的表述方式，这样才能获得与句法范畴推演相对应的语义类型推演。[18]

李可胜、邹崇理在《公理形式演绎：从形式句法到形式语义》中指出：现代语言研究最显著的特点之一是形式化，而形式化的基础是公理形式演绎思想。分析公理形式演绎与自然语言研究的关系可以看出，由于自然语言的句法结构和语义结构都具有递归性，因而用公理形式演绎的方法研究语言也就成为必然。乔姆斯基的形式句法学应用公理演绎思想构造出人类语言的普遍语法，形式语义学则应用该思想为实际使用的语言构造语义的形式化表征。形式句法学和形式语义学所蕴含的公理形式演绎思想，代表着自然语言研究中的理性主义。[19]

陈晶晶在《预设投射问题探析》中认为：预设理论是当代语言学界和逻辑学界共同关心的研究课题。而预设投射问题则是预设研究的焦点，它涉及复合表达式的预设与构成它的简单句的预设之间的关系。文章主要探讨了国外几种有代表性的预设投射解释模式，如累积假设、PHF模式、潜在预设说、心理空间说、三值逻辑解释等。这几种解释模式从语义、语用和认知角度分析了投射问题。另外，文章还梳理了包括克里普克在内的众多知名学者对预设投射问题的解释。[20]

姚从军、邹崇理在《组合范畴语法产生和发展的动因之分析——从句法演算的角度看》一文中指出：AB—演算刻画句法推演能力太弱，许多合语法的语句在AB—演算中没有合适的推演形式。斯蒂德曼（Steedman）在AB—演算基础上增加组合规则，产生了标准的组合范畴语法CCG；CCG刻画推演能力太强，不仅能推演出所有合语法的语句，而且可以推演出不合语法的语句；为制止非法句子的可推演性，就需要对推理规则做出限制，因为各种自然语言的特殊性，这种限制又会因语言而异，导致CCG失去一定的普遍性。鲍德里奇（Jason Baldridge）和克鲁伊夫（Geert-Jan M. Kruijff）把模态词引入CCG，由此产生了多模态组合范畴语法

MMCCG；MMCCG 摒弃了 CCG 的限制规则的策略，在词法上控制组合规则的适用性，不同语言语法的区别仅仅体现在词汇上，使语法逻辑走上了完全的词汇主义道路。[21]

满海霞在《组合范畴语法与其计算特征》中认为：组合范畴语法（CCG）是范畴语法的一个现代分支。由于它呈现优秀的计算特征，近年来得到国外计算语言学界的广泛关注和应用。组合范畴语法是一种适度的上下文自由文法，它在句法和语义之间有一个透明的接口，能够在同一框架下统一刻画自然语言中的不连续结构、无界限依存、非正常语序等现象，并可从已有的转换生成语法树库转换成 CCG 树库，从中提取 CCG 词库，效率很高。为实现组合范畴语法的跨语言不变性，Baldridge 还发展出组合范畴语法的多模态版本。[22]

张璐和邹崇理在《混合范畴类型逻辑对汉语形名结构及其虚化成分的研究》中写道：尽管对形名修饰结构的句法生成与语义解释存在异议，但是学者们都将普通名词和形名结构本身赋予〈e，t〉的语义类型，因此，形名修饰结构的研究重心就落在了形容词的语义类型如何确定上。形名结构是自然语言中的普遍现象，而汉语形名结构则体现出自身的特点，比如形名结构中出现虚化成分“的”字等。混合范畴类型逻辑将多模态组合范畴语法的前提敏感特征带入了范畴类型逻辑，使得范畴类型逻辑可以对自然语言现象进行更为准确的刻画，这种逻辑工具对处理汉语这一意合型语言无疑具有值得期待的前景。[23]

薛瑞在《限定摹状词的指称问题》中指出：罗素的摹状词理论被认为是 20 世纪上半叶最为重要的成果之一，而到了 20 世纪下半叶罗素的主张不断受到挑战。首先发起挑战的是斯特劳森，之后唐奈兰试图对罗素和斯特劳森之间的争论进行黑格尔式的综合，并提出了摹状词的归属性—指称性区分。作者概要论述了近几十年来围绕着这一问题的主要论证以及所争论焦点，并概述了这种争论对语言哲学的意义。[24]

娄永强在《试论情境语义学的认知科学意义》中写道：情境语义学为外在世界与内在心理状态提出一个情境认知框架，并依此发展了一个意义理论，自然语言语义在这个意义理论中得到合理解释。从其理论源头、理论视角及其应用等角度来看，情境语义学与当代认知科学之间存在密切联系，对认知科学研究有重要意义，主要表现在情境语义学所确立的信息认知框架、相关认知词的情境语义解释与情境逻辑分析以及自然语言中隐喻表达的情境语义刻画等 4 个方面。[25]

刘云龙在《常识推理和判决证成》中认为：判决推理是以法律和事实为前提得出结论的过程。以往刻画判决推理的模式将判决推理与普通的推理等同起来，没有体现法律规范做前提的特殊性。该文以判决推理的特殊性为起点，分析以往模式的不足，并借助常识推理的模式来寻求刻画判决推理模式的方法。[26]

刘奋荣在《逻辑学与哲学的关系：老问题与新挑战》中写道：逻辑学与哲学之间的关系要从亚里士多德的年代开始说起。被逍遥学派冠名为“工具论”指的是亚里士多德论著中涉及逻辑内容的部分。从这个名称已经可以窥见当时大家对逻辑学性质的一种认识：它是“工具性”学科。亚里士多德的三段论成为形式逻辑最经典的理论。[27]

郭佳宏、刘奋荣在《逻辑、认识论与方法论——范本特姆教授访谈录》中写道：《逻辑之门》是当代著名逻辑学家约翰·范本特姆经典著作的中文翻译丛书，该丛书搜集了他的经典论文和主要著作。丛书的前 3 卷已经出版发行，在汉语世界产生了积极的影响。第四卷《逻辑、认识论和方法论》于 2013 年 1 月在科学出版社出版。其内容主要集中在范本特姆对逻辑常项、认识论、科学方法论和逻辑哲学等方面的学术贡献，展示了他对逻辑与科学、哲学的关系的认识。[28]

4. 逻辑学史

杜国平、赵曼在《〈墨经·小取〉侔式刍议》中写道：侔式推理是一种由一个前提得出一个结论的简单推理形式，其基本方法是紧挨着前提的主、谓项前面粘附上一个相同的词语从而得出结论。侔式推理有 4 种类型，《墨经·小取》比较系统地研究了侔式推理各种有效的推理形式。据此可以说，古代中国不仅有逻辑思想，而且有逻辑学。[29]

孙中原在《甘瓜苦蒂，天下物无全美——墨家的辩证理论思维》中认为：理论思维是用命题和原理的形式把握事物规律性的思维。理论思维的本质和核心是辩证法和辩证逻辑，以概念辩证本性的研究为前提。文章分析墨家“甘瓜苦蒂，天下物无全美”“同异交得”“两而无偏”“不能而不害”“是久与是不久同说”等 5 个命题与原理，以及同和异（同一性与差异性）两个概念的对立统一辩证本性，可以阐发墨家的辩证理论思维和辩证逻辑思想，并为现代生活寻求启示与借鉴。[30]

杨武金在《墨家逻辑的科学地位和当代价值》中指出：墨家逻辑和西方逻辑都研究了推理及其正确性问题，都认为前提和结论之间是一种“必然地得出”的关系。但墨家逻辑由于与社会现实需要联系更加紧密，它主要考虑的是证明和反驳层面上的问题，而不是对一般推理形式的研究，而且由于解释和解决现实社会政治伦理问题的实际需要，墨家逻辑更多地偏重于关注概念内涵之间的关系。墨家逻辑对于当代世界逻辑发展具有重要价值。[31]

王慧斌在《晚清归纳逻辑入华研究评述》中写道，现有对晚清归纳逻辑入华的研究可分为 3 个专题：对传教士影响下归纳逻辑入华的研究侧重对入华过程史料的完善，并讨论其在认识论和政治观念上的影响；对严复引入归纳逻辑的研究除了对严复归纳逻辑思想的梳理，还侧重为严复推崇归纳逻辑并产生较大影响提供解释；对日本影响下归纳逻辑入华的研究集中于日本教科书与日译术语对中国的影响及其原因。作者表示，在现有研究的基础上，尚有 4 个问题值得探讨：第一，对归纳逻辑术语历次更迭的评价；第二，归纳逻辑入华与归纳科学入华的关系；第三，对严复引入归纳逻辑的影响的评价，以及严复所处群体推崇与传播归纳逻辑的共性；第四，通过史料的挖掘寻找其他可能引入归纳逻辑的群体。[32]

孙中原在《墨家逻辑的命题论》中认为：墨家逻辑有独特的命题论。其中对实然、或然和必然等模态命题，祈使句的主观或然模态和客观必然模态的区分，全称特称命题、假言命题，以及命题的评价标准等，都有独到的论述和巧妙的运用。这对今日的逻辑研究和今人的思维表达，都有重要的启示和借鉴意义。[33]

张晓翔在《虞愚先生对因明的贡献》中认为：虞愚先生在因明人才的培养、因明文献翻译与编纂、因明研究方法，尤其是因明学术研究方面做出了卓越的贡献。其中学术研究主要包括对因明义理、因明学者的思想、因明发展史以及三大逻辑间的比较研究。[34]

何静在《当代俄罗斯论辩理论研究的视角及发展趋势》中写道，近 20 年来，论辩理论在俄罗斯得到迅速发展，相关研究涉及逻辑哲学、修辞学、语用学、认知学等诸多视角。20 世纪 90 年代后俄罗斯论辩研究开始步入新的阶段，多学科的综合性研究格局已经形成，并呈现出一些新的特点和趋势。虽然整体上与西方的论辩研究相比尚存在一定的差距，但俄罗斯学者从不同角度提出了一些有价值的研究模型和理论。[35]

5. 归纳逻辑、传统逻辑及其他

陈晶晶在《归纳逻辑程序设计研究》中概述机器学习的基础上，介绍归纳逻辑程序设计这一机器学习方法所使用的逻辑技术，以及 ILP 的一般问题背景。文章指出，逻辑在推动计算机系统处理复杂问题上发挥着越来越重要的作用，ILP 利用逻辑技术来推进机器学习的过程无疑是它的创新之处，在赞赏 ILP 优点的同时，也要看到 ILP 的不足之处。[36]

同时，她在《归纳逻辑程序设计的应用和发展》一文中认为：学习是智能主体拥有的重要特征，机器学习研究计算机如何模拟并实现人类的学习行为。归纳逻辑程序设计作为机器学习的核心方法之一，不仅充分发挥了逻辑技术的优势，而且极大提高了人类改造客观世界的能力。深入探讨归纳逻辑程序设计的研究现状与未来技术走向，对机器学习其他领域有借鉴意义。[37]

张立英、刘新文在《从三段论扩充到命题逻辑》中写道：以罗伯特·范·罗伊的工作为基础，展示如何通过形式化的方法把三段论逻辑扩充到全部命题逻辑。文中将依次给出按现代逻辑标准形式化的 3 个逻辑：亚里士多德的三段论逻辑 SYL，引入否定词项等之后的扩充系统 SYL +，最终得到从三段论逻辑扩充而来的命题逻辑 SYL + PL。[38]

许颖的《试论经典逻辑与直觉主义逻辑系统的排中律》：在对经典逻辑和直觉主义逻辑的原则或观点进行概括性分析的基础上，重点对经典逻辑与直觉主义逻辑之排中律进行对比分析。在经典逻辑系统内，作为逻辑“三律”（同一律、矛盾律、排中律）之一的排中律，是经典逻辑系统中的内定理，被认为具有普遍有效性。而在非经典逻辑系统，如直觉主义逻辑系统中，排中律则被认为是系统内不可证的，因而不是普遍有效的。[39]

朱晓妍在《试析在自然逻辑与不自然逻辑中对蕴涵的刻画》中写道：正如罗素认为整个逻辑都是建立在蕴涵理论基础之上一样，他们也肯定蕴涵是逻辑学最重要的概念。该文首先介绍不同的蕴涵定义，说明了实质蕴涵是对假言命题在真值意义上的抽象；而建立在实质蕴涵基础上的逻辑蕴涵，是以不自然的方式刻画逻辑学中最重要的“推出关系”或者“后承关系”，从而引起种种误解。该文的任务就是要在区分这两种具有不同含义的蕴涵基础上，进一步研究不自然逻辑中的蕴涵概念，澄清各种对蕴涵的误解。[40]

王颖、陆晨琛在《论逻辑证明的价值》中写道：研究科学理论进行科学实验，第一需要逻辑证明，第二需要科学证明，在正式的科学研究中通常把逻辑证明放在第一位。正确地估计逻辑证明在认识客观规律中的作用，是马列命题中的一个重要问题，也是我们当前在讨论社会问题中应当解决的一个基本问题。该文就什么是逻辑证明，逻辑证明在认识真理中的必要性和作用，也就是逻辑证明的价值问题，谈了一些看法。[41]

刘剑凌在《否定效应与逻辑等价——对沃森实验的解释》中写道：在沃森实验中，否定后件式的正确率显著低于肯定前件式的正确率，其主要原因是否定加工困难：在肯定语境中，否定难以激活，因此，肯定转化为否定困难；同时，否定意味着不确定性，对不确定性的恐惧是人类的普遍心理，这也大大增加了否定加工的难度。此外，实验中的重要概念“逻辑等价”涉及深层理论问题，对这一概念的澄清，有助于我们更深刻地理解沃森实验。文章最后，基于对沃森实验的分析，讨论了逻辑与心理的关系。[42]

三、教学探讨

北京逻辑学工作者也围绕逻辑与教学展开了热烈的讨论。

夏素敏的《关于中文青少年逻辑思维读物的思考》指出：提倡素质教育首先应特别关注逻辑思维素质，而青少年的思维素质教育是其中重要的一环。我国逻辑思维教材以及普通读物数不胜数，但针对青少年逻辑思维素质培养的读物却少之又少。真正明确给中学生的逻辑教材仅有两部，却都未能发挥其应有作用，原因是多方面的。适当的青少年逻辑思维读物应该既符合逻辑思维的规律，又能结合青少年的特点；既能引起青少年的兴趣，又能传达正确的逻辑知识和理性精神。首先，要改变观念，排除误解，树立真正的逻辑精神；其次，真正重视、有效推动逻辑思维教学；最后，调查研究，深入把握青少年思维发展的科学规律和实际状况。[43]

郭佳宏、高东平的《在通识教育和专业教育之间的逻辑素质训练》认为：逻辑通识教育通常以自然语言为基础，涉及基本的推理论证等技能，受众较多。其主要理念是强调通过一定的训练，养成逻辑理性为基础的思维能力和习惯，提升学生的综合素质，从而更好地完成其他相应专业的学习和训练。逻辑专业教育主要以形式语言为基础，涉及形式语义和公理化系统方法等技能，技术性强，受众较少。当前我国逻辑专业教育与逻辑通识教育的需求脱节比较严重。现阶段缺少处于专业教育和通识教育之间的逻辑教育和素质训练。为此，提出一种“领域逻辑”的设想。提倡一种上有专业理论和技能支撑、下接“地气”、不可替代的中间层次的领域逻辑教育和核心思维素质培养模式。[44]

刘叶涛、刘东在《“钱学森之问”的逻辑省思》中写道：“钱学森之问”是面向我国教育的一道难题。从逻辑的观点看，这一难题与“李约瑟问题”有着实质性的关联，我国教育中逻辑教学环节的长期羸弱是导致“钱学森之问”的最主要原因之一。逻辑学不仅是科学的支撑和培养一流科技人才的要素，对于人的理性素养的塑造以及社会的良性发展，它更是不可或缺。面对建设创新型国家和构建社会主义和谐社会的宏伟任务，迫切需要“逻先生”在我国社会各层面发挥其应有的功能。[45]

陈磊的《浅议逻辑学在中学德育中的作用》指出：作为逻辑学专业的教师，她与她的同行常常会有一种很强烈的感受：应当将逻辑学内容更自觉地融入中学德育的教材和教学活动中去。将逻辑学内容融入中学德育教学中，既是我们这个时代人们社会生活的需要，是青年人思维训练的需要，同时，它也是德育教育必要的手段。[46]

张立娜、王路的《逻辑的观念与逻辑教学——访清华大学王路教授》表述了王路的核心逻辑观：通常说逻辑是研究推理的，因为推理比思维要窄很多，也明确得多。可以说推理是思维形式，但思维形式并不全都是推理。思维形式还有很多，如感叹、联想等。推理是从前提到结论的过程。但这么说还不够，关键在于我们一般讲有效推理或推理的有效性。我们强调的是有效性。[47]

注：

①《逻辑学研究》，2013 年第 4 期。

②《自然辩证法研究》，2013 年第 3 期。

③《湖南科技大学学报》（社会科学版），2013 年第 16 卷第 1 期。

④《科学技术哲学研究》，2013 年第 30 卷第 5 期。

⑤《逻辑学研究》，2013 年第 1 期。

⑥《毕节学院学报》，2013 年第 9 期第 31 卷。

⑦《逻辑学研究》，2013 年第 2 期。

⑧《中州学刊》，2013 年第 2 期。

⑨《重庆理工大学学报》（社会科学），2013 年第 27 卷第 9 期。

⑩《重庆理工大学学报》（社会科学），2013 年第 27 卷第 7 期。

⑪《自然辩证法通讯》，2013 年第 35 卷第 3 期。

⑫《自然辩证法研究》，2013 年第 9 期。

⑬《重庆理工大学学报》（社会科学），2013 年第 27 卷第 9 期。

⑭《理论界》，2013 年第 10 期。

⑮《湖南科技大学学报》（社会科学版），2013 年第 16 卷第 3 期。

⑯《重庆理工大学学报》（社会科学），2013 年第 27 卷第 8 期。

⑰《重庆理工大学学报》（社会科学），2013 年第 27 卷第 9 期。

⑱《浙江大学学报》（人文社会科学版），2013 年第 6 期。

⑲《江西社会科学》，2013 年第 8 期。

⑳《自然辩证法研究》，2013 年第 29 卷第 10 期。

㉑《晋中学院学报》，2013 年第 30 卷第 2 期。

㉒《毕节学院学报》，2013 年第 6 期第 31 卷。

㉓《湖北大学学报》（哲学社会科学版），2013 年第 5 期。

㉔《重庆理工大学学报》（社会科学），2013 年第 27 卷第 3 期。

㉕《重庆理工大学学报》（社会科学），2013 年第 27 卷第 9 期。

㉖《法制与社会》，2013 年第 14 期。

㉗《中国社会科学报》，2013 年 12 月 9 日。

㉘《逻辑学研究》，2013年第2期。
㉙《毕节学院学报》，2013年第1期第31卷。
㉚《武汉大学学报》，2013年第66卷第5期。
㉛《武汉大学学报》，2013年第66卷第5期。
㉜《自然辩证法研究》，2013年第29卷第2期。
㉝《毕节学院学报》，2013年第1期第31卷。
㉞《毕节学院学报》，2013年第7期第31卷。
㉟《现代交际》，2013年第8期。
㊱《重庆理工大学学报》（社会科学），2013年第27卷第10期。
㊲《理论界》，2013年第12期。
㊳《西南大学学报》（社会科学版），2013年第39卷第1期。
㊴《焦作师范高等专科学校学报》，2013年第29卷第3期。
㊵《毕节学院学报》，2013年第7期第31卷。
㊶《参花》（下），2013年第6期。
㊷《自然辩证法研究》，2013年第29卷第10期。
㊸《重庆理工大学学报》（社会科学），2013年第27卷第9期。
㊹《重庆理工大学学报》（社会科学），2013年第27卷第9期。
㊺《人文杂志》，2013年第6期。
㊻《思想政治课教学》，2013年第3期。
㊼《学术研究》，2013年第12期。

（作者：崔娜娜，北京师范大学博士生；
郭佳宏，北京师范大学副教授）

宗 教 学

黄夏年

当前我国宗教学界基本上可以分为南北两派：南派以上海为中心，注重方法论研究；北派以北京为中心，注重历史的基本考察。本文以中国社会科学院《世界宗教研究》杂志上发表的文章为重点，介绍2013年北京地区的宗教研究情况。

一、宗教学研究

毛胜的《论中国化马克思主义宗教观的三种形态》[①]认为“在革命、建设和改革的实践中，中国共产党以马克思主义宗教观为指导，正确认识和处理了中国的宗教问题，实现了马克思主义宗教观中国化，形成了中国化马克思主义宗教观。从理论、实践、制度三种形态来考察中国化马克思主义宗教观的内容，中国化马克思主义宗教本质观、历史观、价值观，可视为中国化马克思主义宗教观的理论形态；党的宗教工作基本方针、发展党同宗教界的统一战线、加强党对宗教工作的领导等方针政策，可视为中国化马克思主义宗教观的实践形态；实行政教分离，以宪法相关规定为中心的一系列宗教法律法规和行政规章，以及针对具体宗教问题而建立的体制机制，可视为中国化马克思主义宗教观的制度形态。中国化马克思主义宗教观的三种形态，相互依存、相互衔接、辩证统一，构成了‘三位一体’的有机整体”。

卓新平的《研究马克思主义宗教观，发展中国宗教学——纪念毛泽东主席关于开展宗教研究的重要批示50周年》，[②]探究了毛泽东主席1963年做出开展马克思主义指导下的宗教研究的重要批示，回顾了50年来中国马克思主义宗教观研究以及中国宗教学的发展，分析了目前在宗教研究领域存在的问题和分歧，并对研究马克思主义宗教观及其指导的中国宗教学提出了自己的相应思考和建议，强调毛泽东开创的以马克思主义指导的中国特色的世界宗教研究事业方兴未艾。

金寿铁的《革命神学——恩斯特·布洛赫对基督教千年王国理想的马克思主义解读》[③]认为，恩斯特·布洛赫以巨大的理论勇气把《圣经》文本解读与马克思的解放理论有机地结合在一起，揭示了社会解放理论与宗教革新之间的内在联系和交互作用：一方面，《圣经》是“农民战争的暴动书”；另一方面，《圣经》是“特殊的主人意识形态”。因此，对于《圣经》，创造性的马克思主义必须双管齐下，既要拒斥，又要继承：拒斥《圣经》作为“主人意识形态”的反动一面；继承《圣经》作为抗议和叛逆的革命一面。布洛赫在坚持马克思主义和革命理论的前提下，从根本上改变了传统宗教分析理论的框架：他不仅提供了对基督教千年王国理想的马克思主义解读方式，而且发明了一种对马克思主义的基督教千年王国式的解读方式。

曹义昆在《贝格尔“把相对化者相对化”命题辨析》中[④]指出这一命题旨在为宗教和神学的超验性特征做出合法性辩护。通过对这类分析视角本身的弱点和局限性之揭示，将其从反宗教的世俗意识形态与价值标准的控制之中释放出来，使之成为神学思考方法论上的一个重要前提并予以涵化和超越，已然成为贝格尔神学思想的特色所在。总之，“把相对化者相对化”并不简单地意味着贝格尔在进入神学领域时对自己社会学立场和主张的自我清算或取消，也不能认为是贝格尔在两种不同学科的方法论转换方面出现严重脱节。贝格尔的神学非但没有拒斥社会科学的相对化视角，而且是在充分接受并以之为前提的情况下不断做出智识向度上的拓进和超越。这一点，恰恰是他神学思考的方法论特色所在。

马克思主义宗教学是改革开放以后学术界提出的命题。马克思本人没有写过专门的宗教学著作，但是在他的著作里面，有对宗教的论述，这些是我们研究宗教的指南。马克思对宗教的论述有不同阶段，学术界一般把马克思的宗教思想分为青年与中年两个阶段，对马克思主义宗教学的研究，要把握其不同时期做出的不同的理解与表述，才能做出正确判断。

马克思在论述宗教时，是以西方基督教历史文化为背景的，因此对我们东方国家来说，需要根据他的论述在他提出的原则下结合中国实际做出创新解释，这是我们研究马克思主义的基本立场和方法。我们不能僵化地理解马克思主义，尤其是要在中国社会现实下，发展马克思主义宗教观。在中国历史上，宗教始终是社会的一个特殊组成部分，中国既没有过政教合一，也没有过政教分离的情况。现代社会倡行的政教分离是西方政治学概念，作为治国纲领已经得到世界各国公认，也成为我国的基本国策。但是过多强调政教分离不但对我国的宗教治理没有意义，还会影响政府引导宗教界走宗教与社会主义社会相适应道路的工作。

当代中国宗教学研究，不是成果太少，而是缺乏真正能解决问题的成果。学以致用是党和政府对学术界的要求，也应是宗教学研究者努力的方向。西方神学可以作为我们现今宗教界建立中国神学的参考，但是没有必要将其奉为圭臬，我们更需要建立中国人自己的神学。

二、宗教与现代政治研究

章远的《外部宗教性干预与地区安全：以科索沃冲突为例》[5]认为："'冷战'后发生在科索沃的外部宗教性干预是宗教作为国际关系中日益活跃的复兴型政治元素影响地区安全的重要例证。宗教信仰为特定干预力量提供了可以决定社会支持程度的公开理由。宗教不仅是外部干预的原生主义自变量，还表现为政治利益驱使下的博弈工具。外部宗教性干预本质上属于非传统安全范畴，其动力源演进为维护宗教势力的护教、发展宗教实力的传教以及打击竞争性力量的讨伐异端。一般情况下，外部宗教性干预是国际政治领域干预政策的补充和调适者。"徐以骅在《宗教与2012年美国大选及当前中美关系》[6]中提出，在目前中美关系面临诸多地缘政治、经济、军事、安全的多重挑战之下，冷战结束以来美国在对华政策上"主权问题人权化""人权问题宗教化""宗教问题安全化"的实践仍将继续。宗教是中美关系最具地方性、民间性和基础性的因素之一，实现中美宗教关系的正常化对构建中美新型大国关系具有重要意义。就目前而言，宗教仍是"中美之间相互认知水准最低、信任赤字最大、分歧最为严重和研究最不充分的一个领域"。正因为如此，中美关系在宗教领域尚存在着较大的改善空间。拓宽中美双方在宗教信仰领域的民意沟通的渠道，实现中美宗教关系的正常化，对构建21世纪中美新型大国关系具有重要意义。

曹辉林的《文化旅游开发视野下的中国政教关系现状考察——以湘南、桂北地区的寿佛信仰为例》，[7]通过对桂北、湘南两地方政府在旅游经济开发中如何重构当地寿佛文化旅游品牌的角色行为的考察，看到中国政教关系呈现出一种合作互动、互利双赢的新格局。但是，这种新的关系模式，由于其部分对传统模式的延续性和其面临社会发生变迁之后新的规范设计的滞后或缺失，而显得具有很大的模糊性和潜在的风险性。在"全球化"的时局下，我们不仅应以全球化的眼光和开放的视野来观照当今宗教的新发展，更需与时俱进地加强相应的宗教立法来明确规范政府与宗教的行为角色，依法重构和确立良好的政教关系，以便顺应时代的新发展。在大力提升国家文化软实力的当下，我们应把宗教资源与"文化战略"结合起来，在发挥宗教积极作用的同时，使之成为我国"软实力"的重要因素。

杨燕、詹石窗在《道教生态安全意识发微》[8]中，首先选取"安其天地""用而安之""三才既安"等短语进行解读，认为这些短语是道教关于生态安全的独特表述。道教所信仰的"道"本来就蕴含"安全"的思想意义，而现实环境的安全问题又促使道门中人认真思考，从而形成了道教独特的生态安全意识，提出了维护生态安全的许多主张、措施。千百年来道教一直重视斋醮科仪音乐的使用，其中蕴藏着关于生态治理的丰富资料，体现的正是道教维护生态安全的积极态度。

政教关系是世界各国政府最难处理的问题。中国政教关系在历史上曾经有过很好的、成熟的经验。这个经验就是不把两者对立，而把它们统一起来，作为一手的两面，可以随时进行调整。处理中国政教关系，外国经验可以参考，但是最重要的还是要依据中国政治的历史经验。宗教虽然在国际关系上显得非常重要，但是在整个国家外交中，也只是用来说事的手段而已，西方国家包括美国在内，都是把宗教作为人权来对发展中国家施压。所以外部干预并不可怕，关键还是我们怎样去对待，只要我们不乱，干预是没有作用的，所以宗教关系并不构成两个大国中最难的问题，没有必要把它夸大。当代中国宗教发展举世瞩目，这与政府推动有重要关系。但是政府的目的不在于发展宗教，而是要将其与经济发展与旅游结合起来。中国宗教在能够解决人们的一些思想问题的同时，又能够让国家经济与地方文化发展受益，这本身并不是一件坏事，重要的是我们去怎样掌握这个“度”，既不能让宗教发展过热，同时还要把经济和文化搞上去，这需要考验政府的智慧，也是未来中国宗教发展必然要面对的。

三、佛教研究

黄夏年在《中国佛教的“戒德”思想研究》[9]中提出，戒德本身体现的是佛教道德意志，具体表现在出家僧人的行为与威仪之中。印度佛教戒德主要表现在僧人的修行成就方面，很少提到思想的高度。戒德思想与中国传统文化中的“德”的思想相结合，在道德规范的层面得到了加强与提升，特别是道宣律师对戒德的提倡，再经后人元照等人的继承与发展，使戒德这一思想从伦理的层面提升到心性的层面，促进了佛教戒学理论的深入发展。

许潇在《竺道生佛学思想的毗昙学印迹》[10]中认为竺道生在论述“常”“我”思想时的语言、论证方式、思维模式都与《阿毗昙心论》相似，而与六卷本《大般泥洹经》有一定的差异。其“阐提成佛”论虽然结论上与《大般涅槃经》相同，但是论证方式却是继承和深化了毗昙学之“自性”学说，而与《大般涅槃经》的论证方式相异。可祥《慧光“四宗”判教之略探》[11]指出，慧光的“四宗”判教思想，受到智顗的批判，但是也同时滋养了智顗判教理论的建立。“常宗”，仅仅是真宗，真就是真谛或真如，宗是教之宗旨，不应以判教而立宗。如果没有慧光的判教思想，智顗也许不会提出“五时八教”的判教理论。张利文的《〈成唯识论〉种子本有论探析》，[12]以《成唯识论》的立场看，指出熏生是因缘性的，熏增则是增上缘性的。以熏生释熏习是《成唯识论》的正义，故《成唯识论》的性种、习种说应与其本有种、新熏种的定义相吻合。圣凯的《智憬与〈起信论同异略章〉、〈一心二门大意〉——中日韩佛教思想交流的“边地情结”和“伪托现象”》[13]通过考察《同异略集》的“序”“后记”以及著作形态，确定为日本奈良东大寺华严宗僧人智憬的作品，二者的语句和叙述口气皆一致；前者依华严思想诠释《起信论》，符合智憬的学术背景，为智憬的作品。“智憬”的音读与“智恺”相似，所以智憬可能自己伪托为智恺，亦可能是后来抄写的错误。日本和韩国佛教的“伪托”现象，亦可能是二国佛教的“边地情结”所导致。夏志前的《佛道修行的科学诠释问题——以〈楞严经〉与道教内丹学之关联为例》[14]指出：从“使用文本”的意义上说，《楞严经》的内丹学诠释即使是受到了“过度诠释”，但至少是符合了诠释者目的的一种诠释。

静贤的《“会昌毁佛”原因与反思》[15]认为毁佛后的净土实践性风格，以及禅宗僧侣遁迹山林，逐步完善农禅并重的禅修模式，从此影响了中国佛教传播的走向与基本路径。反思此番毁佛的原因，在政治、经济、宗教分歧等因素之外，还应注意唐末政治滑坡所导致本土文化自信的丧失，以及官方度僧与佛教自身私度僧尼导致伪滥现象的历史诱因。

王大伟的《论宋元禅寺中的职事僧群体》[16]，发现禅宗的职事僧都是有渊源的，并不是禅宗兴起后凭空创造出的职位，且基本都能从古代僧职中寻觅到他们的影子。索罗宁的《西夏佛教之“系统性”初探》[17]认为西夏佛教基础是辽代“圆教”信仰。此信仰基础来自于晚唐华严思想，西夏有两个佛教传统，即是“官方”佛教与“民间”佛教。前者最早传入西夏，思想基础为汉传佛教；藏传传统传入时代较晚，最初流传在民间。在西夏“判教”体系中，语言标准需要由“官方/民间”的标准加以补充。“官方/民间”佛教成为西夏佛教之“大传统”。王德朋的《金代佛教政策新议》[18]强调金代佛教政策的核心是利用与限制并行，但以利用为主。龚隽在《民国时期佛学通史的书写》[19]中提出佛教通史的撰写注重以“宗”为纲架来组织思想，显然是受到近代日本佛学史写法的启发，是一种简单的拿来主义了。虽然在结构上不同程度地突破了传统佛学的规式，而终究大都停留于输入与模仿，自创不多。如何圆满地融合新知与旧学，成一家之言，这对于近代中国佛学来讲，是一项尚未完成的计划。

陈楠的《鸠摩罗什生平事迹新证——汉藏文献记载的比较研究》[20]，发现在《红史》等藏文史籍之中，留下了鸠摩罗什的重要历史信息。通过对汉藏文献记载的综合考察，有关鸠摩罗什生平的一些隐而不显的关节，诸如吕光西征之议源出何人、鸠摩罗什生年的歧义所在、鸠摩罗什之死的政治隐曲等单一汉文史料无从定谳的问题，变得更加清晰和真切起来。顾伟康的《重读李华〈润州鹤林寺故径山大师碑铭〉——“牛头祖统说”再研究》[21]考证了《鹤林碑》中所提的牛头“七世说”的原意，径山就是弟子法钦。而指玄素为“故径山大师”，那么“凡七世矣”，就到玄素为止，于是橘枳变体，必须再另找一个“六世”慧忠。

习细平的《论藕益智旭的儒佛会通思想》[22]认为藕益对佛教与儒学的会通，一是心性论的会通，对儒学心性论中的许多范畴和命题都做了佛学化的诠释；二是修养论的会通，他继承了前人以佛教之五戒来解释儒家之五常的思想，并提出五戒高于五常；三是孝道观的会通，他统一了世间孝与出世间孝，并进一步将儒家的孝和佛教的戒与慈结合起来。表明晚明佛教摆脱衰落困境、走向复兴的迫切要求。

方广锠、张贤明的《中国刻本藏经对〈高丽藏〉的影响》[23]从历代刊刻大藏经的内在动力角度，探讨了中国刻本大藏经对《高丽藏》的影响，指出功德回向思想在大藏经刊刻中的作用，佛教信仰层面与义理层面的内在张力在大藏经刊刻中的表现，以及汉文大藏经刊刻与流通曾经在东亚汉文佛教圈起到文化交流、文化认同、和平外交的作用。

戴伟华在《佛经转读与四声发现献疑》[24]中提出在佛经翻译和转读中，不能发现四声。四声发现当从汉语内部不同语音系统比较中来实现。吴双的《真言宗教·镇护国家·二语教学——空海编写〈文镜秘府论〉的出发点》[25]认为作为一部由日本人编写的指导日本人写作汉语诗文的教材，第一次较为系统地将汉语诗文的写作方法进行总结和编写，开了用海外汉语写作教材的先河，这在对外汉语教学史上是非常宝贵的。

陈明的《"施者得福"——中古世俗社会对佛教僧团的医药供养》[26]从生命与医疗的角度，分析了中古时期社会大众对佛教僧尼在罹患疾病时所提供的医药供养，这种联系不仅体现在译经、传教、法事等诸多的层面，也体现在身体的救护与疾病的治疗上。孙英刚的《隋唐长安寺院长生畜禽考》[27]认为长安的佛教信徒相信在现实的长安空间之外，还存在一个六道轮回的世界。畜生道作为六道之一和人类世界并行交错。畜禽是身负债孽的人，与人类并无本质区别。将带有灵验感通色彩的动物施给寺院做长生畜或长生禽，是当时一种普遍的信仰活动。

何卯平的《关于东传日本的宁波佛画〈十王图〉中有无地藏一图的再检讨》[28]从敦煌、大足和宁波地区地藏图像形制的特点和成因出发，提出应该将此种宁波佛画单绘《地藏图》并入宁波佛画《十王图》中成为一个套系。王敏庆的《佛塔受花形制渊源考略——兼谈中国与中、西亚之艺术交流》[29]认为塔刹受花形成于中国本土，有两种形式，花叶式和阶梯几何式，其根源可追溯到犍陀罗佛教雕刻中的石柱花叶柱头和遥远西亚纳巴泰文明中的一种建筑形式。受花出现在中国佛塔上，正体现了中国与中亚乃至更加遥远的西亚之间所存在的文化交流。

孙悟湖的《藏传佛教前弘期"顿渐之诤"再考释》[30]认为从辩论的形式、内容到摩诃衍的历史作用，其真实性和正面性皆毋庸置疑、无可厚非。王开队的《康区藏传佛教文化区的划分及相关问题——以1949年的甘孜和昌都为中心》[31]将1949年康区核心地区的藏传佛教划分为5个亚区，并对这5个亚区的特征进行了一定分析。认为德格区是康区藏传佛教的文化中心区，康区藏传佛教文化区具有中心长期较稳定但又具多元性且寺院多呈带状分布的特征。德吉卓玛的《香巴噶举觉域教法传承钩沉——对唐杰流派秘密觉域耳传的田野考察》[32]首次对其渊源、师承等历史脉络、教法经典，以及传承之变迁等进行了探究。吕其俊的《土观·洛桑却吉尼玛宗教思想简述》[33]解读了土观·洛桑却吉尼玛稍显局限的宗教史学思想和精深卓越的佛学见地以及殊胜的密法修行成就。胡方艳的《伊犁河谷藏传佛教寺院考察》[34]以昭苏圣祐寺为中心的这次考察，在梳理其扑朔迷离的历史的同时也可体察这种转换过程。

作为中国传统文化组成部分之一的佛教研究，其地位不可撼动，而且一直是宗教研究主流，也是我国宗教研究中最能突出中国性特点的研究，可以走向世界与各国宗教研究相媲美。这可以从以下中国大陆2013年度召开的主要佛教学术会议记录表中看出：

2013年中国大陆学术会议

序号	会议名称	主办单位	会议时间	地点
1	星云大师佛教理论与实践	南京大学中华佛教研究院	3月27日	南京
2	第二届全国佛教论文联合发表会	中国佛学院	4月19—20日	普陀山
3	三论宗与栖霞山学术研讨会	栖霞山三论宗研究所	5月5日	南京
4	中国佛教协会六十年座谈会	中国佛教协会	5月14日	北京
5	佛教文化研讨会	普陀山佛学院	5月21日	普陀山
6	"南传佛教与民间外交"研讨会	国家宗教局、云南统战部	6月7日	瑞丽
7	中华济公文化交流协会暨海峡两岸交流基地筹建座谈会	天台县统战部	6月20日	天台
8	中日佛教研讨会	中国人民大学	6月22日	北京
9	中日韩佛教研讨会	中国人民大学	6月23日	北京
10	第二届国际密教研讨会	陕西师范大学宗教研究中心	6月27—29日	绍兴
11	六祖慧能与《坛经》座谈会	广东佛教协会	6月29—30日	广州

续表

序号	会议名称	主办单位	会议时间	地点
12	敦煌文化与唐代文学国际学术研讨会	敦煌研究院民族宗教文化所、兰州大学文学院、甘肃省唐代文学学会	7月	兰州
13	2013第四届华严国际学术研讨会	佛教华严学会华严学术中心、“国立”政治大学宗教研究所	7月13—14日	台北
14	中国梵净山生态文明与佛教文化论坛	贵州佛教研究会	7月21日	梵净山
15	海峡两岸观音文化学术研讨会暨第三届伏牛山文化圈全国学术研讨会	河南平顶山学院	8月8—12日	平顶山
16	戒律的文献与传播历史：新视野与新方法学术研讨会	北京大学佛教典籍与艺术研究中心主办，杭州永福寺承办	8月21日	杭州
17	武功山道佛遗址文化研讨会	武功山管委会办公室	8月22—23日	吉安
18	武陟佛教研讨会	武陟县政府	8月23—24日	武陟
19	第二届红螺文化研讨会	怀柔县政府	8月26日	怀柔
20	六祖慧能圆寂1300周年学术研讨会	广东省佛教协会	9月4日	广州
21	中日临济宗研究会——世界和平与临济宗	河北省佛教协会	9月7—9日	石家庄
22	净慧长老禅学思想研讨会	中国社会科学院世界宗教研究所、北京大学哲学系、中国人民大学佛教与宗教学研究所	9月12日	北京
23	中国西普陀寺“首届观音文化学术研讨会”	贵州大学中国文化书院、贵州社会科学院文化研究所、贵阳市西普陀寺	9月12日	贵阳
24	四川佛教讲经会	四川省佛教协会	9月16—17日	成都
25	首届西南禅茶文化暨古剑山佛教艺术名山论证会	中国禅茶研究会、中国禅茶协会、重庆中华传统文化研究会	9月29日	重庆
26	明代北京佛教学术研讨会	北京佛教文化研究所、清华大学哲学系、何创时书法艺术基金会、加拿大英属哥伦比亚大学亚洲系	10月12—13日	北京
27	“鸠摩罗什与中华文明——纪念鸠摩罗什圆寂1600周年”暨“库车百年历史”学术座谈会	新疆龟兹学会、新疆龟兹研究院	10月14—17日	库车
28	首届武汉归元佛教文化论坛——“佛教文化与强国战略”研讨会	中国社会科学院世界宗教研究所佛教研究中心、武汉归元寺	10月17—20日	武汉
29	第二届“宗教·法律·社会”学术研讨会	中国政法大学宗教与法律研究中心、中国人民大学佛教与宗教学理论研究所、重庆华岩寺	10月18—20日	北京

续表

序号	会议名称	主办单位	会议时间	地点
30	大慧禅国际学术研讨会	浙江工商大学径山禅宗文化研究院	10月23日	杭州
31	“戒律思想与实践”学术研讨会暨第三届国际佛学论坛	中国人民大学国际佛学研究中心	10月30—31日	北京
32	慈悲与智慧的立交桥——云南佛教在中国国际文化战略中的地位和作用	大理崇圣寺佛教文化研究院、大理学院民族文化研究所	11月1—3日	大理
33	浙江·仙居第二届“东方药师佛文化论坛”暨“东方药师第一庭”建设学术研讨会	浙江仙居县开发区	11月16—17日	仙居
34	“佛教教育学术研讨会”及“佛教院校教务论坛”	广化寺福建佛学院	10月29—30日	莆田
35	华严禅与中国梦	浙江佛教协会、浙江丽水崇仁寺、浙江社会科学院哲学研究所	11月30日—12月2日	丽水

当前佛教研究，题材做得越来越细，所涉及范围也越来越广，过去那种厚大的砖头似的著作已经少了很多，做此学问的学者则越来越多。研究细致化是学术发展的进步，许多问题可以通过细致考察之后进一步厘清，但是也应指出当前学术研究有简单化倾向，有的国家课题研究成果沦为标点古籍，大打折扣。有的所谓研究外国佛教成果，避开义理，只讲传播，而国外研究最重要的成果还在于哲学思想与文献整理方面，离开了这些优秀成果，拣一些芝麻实属可悲。随着我国佛教研究的深入，我们仍然需要那些对佛教发展有借鉴的成果。当前我国佛教发展正处于转型期，我们的研究要从义理上实现与现代思潮发展同步，引领佛教发展方向。其中佛教道德研究是当代社会整个道德水平提升的重要助缘，应深入挖掘佛教理论教义，使之既能跟上时代步伐，又凸显中国佛教特色，站在世界佛学高度回应时代课题。所有这一切都离不开传统资源，其中也包括了佛教仪式之整理，以及汉藏两传佛教交流经验。

四、道教与民间信仰研究

濮文起的《中国民间宗教试论》[35]，首先强调民间宗教有力地冲击了封建社会的主流意识形态。其次，说明民间宗教为明清时期通俗文学的繁荣发展提供了丰厚的创作素材。最后，论述民间宗教在当代中国的迅速复兴。最能说明民间宗教巨大而深远的影响的事例，莫过于民间宗教在当代中国的迅速复兴。广大农民在基本解决温饱的同时，精神生活也迅速向传统的民间宗教信仰回归。于是民间宗教便适应广大农民的信仰需求，借助日益宽松的社会生态环境，重新登上中国宗教信仰舞台，并以“道德复振”活动为旗帜，在广大农民信众中形成了巨大的吸引力和凝聚力，发挥着越来越大的道德教化功能和社会人心整合作用。自21世纪始，改变了传统的总体上与封建统治当局处于对立状态的离异性格，在其教义思想与实践活动中，明确地提出了“归属”党和政府管理的合法性诉求。

林国平的《去巫化与正统化：民间信仰的生存和发展之路——以福建民间信仰为例》[36]对民间信仰的“去巫化”和“正统化”的历史进程进行深入的分析，认为“去巫化”的主要途径有3条：给神明编造新的家世、重新塑造神明的形象和披上道教或佛教的外衣；“正统化”的基本策略也有三：争取朝廷的封敕或赐额、尽可能与帝王攀上关系、显灵帮助官兵打胜仗靖国保民等。民间信仰的“去巫化”和“正统化”是封建主义中央集权统治的必然产物，对于民间信仰生存和发展至关重要，甚至决定着民间信仰的生死存亡。李秋香的《论秦汉时期西王母信仰民俗的构建——兼论异地文化认同》[37]认为西王母原本是不同于中原地区的异地神灵，随着信仰圈的扩大，西王母成为大家共同的信仰对象，是正式宗教在中原诞生或普及前对民众影响最大的一位民间信仰神灵。西王母被异于自身的文化所利用和接受。此为信仰民俗在长期的历史发展过程中所发挥的异地文化认同功能之具体案例。

李志鸿在《新见罗祖教〈五部六册〉宝卷及宣卷仪式》[38]中指出在活态的宣卷仪式中，《五部六册》宝卷衍生出了《大乘经开香本》《大乘经解经本》等一系列新文本，《销释金刚科仪》等宝卷也频繁地被采用，新文本是《五部六册》宝卷仪式化、术数化的产物。民间宗教宝卷是一个动态变化、开放的系统，其倡导的是一种“吃斋”“念佛”的宗教生活，意味着一种修行法门，是入教之必需。高长江《“四大门”崇信之精神分析》[39]通过精神分析的工作平台，引入宗教精神病学的理论，得出“四大门”崇信既不荒谬也不神秘，更无须“重新认识中国传统的认知科学和生命科学”。它也仅仅是人类某一族群心理无意识的产物而已。姜守诚的《放马滩秦简〈志怪故事〉中的宗教信仰》[40]探讨了对数字“三”“司命史公孙强”“白狐”“柏丘”“白茅”等名词术语的解读来折射秦汉社会的宗教信仰及方术民俗，并分析了墓主丹以亲历者的口吻讲述有关鬼的好恶、祠墓禁忌等内容，指出其对于引导舆论、劝化民心、改良祭礼等方面所起的作用。

郑志明在《台湾民间信仰的研究回顾》[41]中指出，台湾解严以后在神明、寺庙、祭祀、通神、教义等宗教面向都有丰硕的成果，建构出民间信仰足与其他宗教相媲美的宗教体系。学者关注的宗教面向可能赶不上其变迁与发展的速度，一般仍偏重在其传统性文化形态的探究上，实际上民间信仰已随着现代社会的分化快速地转变其外显的宗教形态，比如大量神坛的出现已异于传统寺庙的生态环境，也影响了善男信女原有的宗教行为与信仰情操，虽然已有些社会学者开始关注到这些变迁的课题，还是赶不上其变化的速度。范正义的《台湾宫庙联谊组织研究——庙际关系网络的视角》[42]从联谊组织的产生原因来看，台湾宫庙联谊组织与现代工商社会的一体化的趋势下民间信徒渴望加强联系以形成集体力量的这一愿望有着极大关系。在民间信徒走向联合的过程中，关系网络理论中的同质交往原则起到了重要的组织作用。从联谊组织的动力机制来看，它体现了台湾宫庙通过投资关系网络的行为来获取社会资本的过程：领导者宫庙投资关系网络获得了地位和声望的提升，一般会员宫庙则获得了实实在在的利益。抓住了宫庙联谊组织的最大特色，成为了解宫庙联谊组织这一现象的一个重要的嵌入点，它体现的是现代工商社会一体化趋势下台湾民间信仰所具有的巨大潜能被发现及被利用的过程。危丁明的《香港地区传统信仰与宗教的世俗化：从庙宇开始》[43]分析庙神信仰在香港地区居民生活中曾具有的重要地位，特别是在西方法律语境下，华人传统信仰和宗教与西方一神宗教所遭遇的不同命运，并对在此特殊历史境遇上建立的、别具特色的香港地区传统宗教管理体制，进行全新的检讨。谭世宝的《从澳门看天妃（后）与妈祖信仰的名实演变》[44]主要证明：(1) 有关天妃（后）的宫（或庙）和信仰是按照朝廷的祀典建立，属于儒家系统的中国官方祀典的坛庙宗教信仰。(2)“妈祖之名”的文献最早出处，实为荷兰人达波（Olfert Dapper）编的《荷使第二及第三次出访（大清）中国记》（*Tweede en DerdeGesandschapna het KeyserryckTaysing of China*）。(3) 说澳门的“Macao（或 Macau）”之名是来源于对澳门人的“妈祖”名称或“妈祖阁”名称的译音，可以肯定是颠倒时代先后，牵强附会的误说。(4) 否定“澳门是世界上唯一以妈祖命名城市”之说，证明马祖岛的岛名及村名至今仍为世界上真正名副其实，唯一以“马（妈）祖”命名的岛与村。(5) 当今对有关神祇的正式称呼应该用其在清代正式的官称“天后”，不应该用后来出于台湾地区的民间称呼“妈祖”。

黄建兴在《“法号”“郎号”与民间道坛“传度奏职”仪式探讨》[45]中提出民间法师的法名受“传度奏职”仪式影响，畲族、瑶族及客家等族群的祖先也有取法名的宗教习俗。民间道坛法师及畲、瑶二族信众相同“法号”与“郎号”的背后是一支迥然异于儒释道的宗教体系，也就是畲族经书中所谓的“法门”或“师门”，也保留了自身的独特的宗教思想、神兵系统、法师、庙宇、法器和法事传统等。

陈景熙、张禹东的《海外华人社会网络与华人宗教传播：泰北德教团体创建考》[46]以泰国北部地区清莱、喃邦二府三家德教团体区域为研究对象，勾勒这三家德教团体在20世纪五六十年代的创建与传播的历史过程与具体机制。德教等华人宗教在海外华人社会中的传播，通常运用了海外华商的关系网络，在使用源自华人宗教发源地、侨乡社会的宗教体系、仪式手段的基础上，根据特定的海外华人社会群体的国家认同、政治倾向、价值理念、现实经历，重新建构或发展出新的宗教崇拜系统、仪式手段，以求广泛影响当时当地信众，实现华人宗教在海外华人社会中的“在地化”传播。

盖建民、杨子路的《陈国符先生学术年谱》[47]评析陈国符先生“辨章道教学术，考镜《道藏》源流”的独特研究方法，总结其在道教历史文献和道教科技研究等领域的杰出学术贡献。

孙瑞雪的《魏晋南北朝道教传授仪式中的盟誓》[48]认为其中心环节就是“盟誓”，师徒间授受经诀必须经过盟誓才具有宗教意义上的合法性。盟誓主要有两个方面的作用：一是以盟誓的形式确立师徒传承的合法性；二是在实践层面上尊奉“道”“经”“师”三宝，并以神圣契约的方式敦促道教徒遵守道门相关伦理规范。董立功的《唐代僧人获赐紫衣考》[49]通过对典籍中唐代僧人获赐“紫衣”情况的整理，认为唐朝统治者赐予僧人紫衣，是国家对佛教实行管理的一种形式，其目的是通过国家干预的手段，实现以政（政府）管教（佛教）的目的。而上层僧人阶层也乐于从朝廷获赐“紫衣”，以维护和提升其在教内的权威。这种佛教管理形式，不仅体现了君权高于神权的原则，而且使得世俗政权对宗教的控制变得更为方便和直接。焦杰的《论唐代公主入道原因与道观生活》[50]考察唐代公主先后有十七人入道为冠，除了遵循道教为国教这一原则之外，唐代公主入道各有特殊的原因。有的为祖父母祈福，有的因病入道以祈福，有的聊以打发晚年生活，有的因婚姻不顺而遁出红尘，有的向往道教的最高境界，有的则可能是不安于传统的妇道生活。由于她们身份特殊，有些公主颇受文人士子的追捧，她们社交活跃，道观生活丰富多彩，个人私生活也很自由。但中唐以后，由于皇室对公主管理的加强，入道的公主已风光不再，她们的道观生活可能放纵而自由，但社交生活已经缺少了风花雪月的色彩。刘守政的《〈宋白玉蟾尺牍〉考》[51]首先认定作品的题跋时间顺序依次由元至明，题跋者均有较高的鉴赏能力并有印鉴留证。署名“玉蟾”的尺牍提到的时间和官职显示，该书成文的时间应在嘉泰二年（1202）至绍定二年（1229）间。是白玉蟾在嘉定十二年（1219）春写给曾任宝谟阁待制的李的。赵改萍在《元代全真教在山西的发展》[52]中指出：第一，元代山西全真道发展呈现不平衡性。第二，经过金代发展，实力大增，宫观建筑宏丽壮观，特色鲜明，大多数道观都拥有数量不等的地产，形成实力雄厚的经济实体。第三，各地宫观与祖庭保持密切的上下级隶属关系。第四，高道辈出，通经博古，学识深厚，著述丰赡。总之，全真教利用统治者的力量，适应民众祈福禳灾的心理需求，迅速扩大了教势。张方的《房山隆阳宫与明代北方全真道》[53]发现，在明代前中期有一支全真道，起自北京房山隆阳宫，在明正统前后进驻全真祖庭白云观管理钵堂，后又发展到河南王屋山地区，在陕西终南山一带亦有传播。此系从“常”字辈开始传续龙门派字谱，是迄今为止所发现的最早使用龙门派字谱的全真教团。

陈文龙的《住庙与住家：山西朔州县家族化全真教的历史和生存方式》[54]考察传承上百年乃至四百多年的全真道家族，显示这些家族从庙到家的演变轨迹，庙一直是道士们最理想的居所，近代沦为民间道士，依靠科仪这门技术，凭借传统和习俗的惯性维持生活，其身份倾向更多被认定为手艺人。

黄勇的《高丽道观福源宫考》[55]考证福源宫创建于政和六年（1116），建成于政和八年（1118），可能是仿照宋朝道观太一宫所建，是从属于国家祭祀体系的宗教机构，主要是为国家和王室祈福禳灾，标志着在高丽正式形成了以宫观为依托的纯正的科仪道教，提升了道教在高丽王朝的地位。

民间宗教一直在中国社会中存在，但是随着正统宗教的衰落，以及儒释道三教合一思想的影响，民间宗教在社会的影响越来越大，成为中国社会中最有影响的一类宗教。近年来学术界越发注重田野调查，民间宗教研究后来居上，许多人已经意识到不研究民间宗教就不能对中国宗教有全面深刻的认识，也不能对海外华人宗教有深刻理解，故对民间宗教的研究有超过道教研究的趋势。民间宗教来自民间草根文化，有着广大的市场。并且民间宗教在现阶段仍然是不可忽视的一股力量，它的存在是不以人们意志为转移的。对学者来说要深入研究这个现象，并且予以正确阐释，而不是仅仅停留在田野调查阶段，客观的描述是为了更好地上升到理论的总结。对政府来讲，是如何引导民间宗教走向更高层次，是不是“正统”的宗教并不重要，关键是要把这些民间信仰纳入政府管理序列，使之为我国的现代化事业服务。

再从道教研究看，学术界对地方道教的研究正在加强，许多成果都是带有地域性特点，个案的研究也在增多，像一些被人们所忽视的道号、道服、女性信仰等问题，都是饶有兴趣的切入点。但是面对庞大的历史文化现象，创新点尤其重要，白玉蟾研究是几十年来学者所重视的主题，继续研究下去已经不可能有太大的突破，而与道教有关的另外一些宗派、人物等却是人们未来关注的研究热点，这在2013年的研究中已经反映出来。

五、基督宗教研究

张志刚的《“基督教中国化”研究的三重视野》[56]认为此项研究不可或缺“三重学术视野”，即“过去、现在与未来”。（1）“基督教中国化”可构建文明对话为神学奉献中国智慧。国际宗教学界所倡导的“比较方法”与“对话观念”，可启发我们在神学思想建设上更新观念，拓宽视野。（2）“基督教中国化”可为应对重大现实问题做出积极贡献。基督教与其他几大传统宗教相比，不但历来就更为投入慈善公益与社会服务实践，而且具有更悠久的思想资源和更完备的理论体系，如果能将其与中国社会的现实需要相结合，无疑可成为中国教会神学思想建设及其社会实践的一大亮点。（3）“基督教中国化”可为拓展中外文化友好交流铺路搭桥。

梁慧的《从中国经学传统出发诠释〈圣经〉：吴雷川解读〈圣经〉的立场和方法》[57]认为吴雷川运用孟子的“知人论世”“以意逆志”法以及“人格会通”“设身处地”等经学方法，在儒经和基督教经“广引经文，串联互通”，试图解决两大经典相遇所产生的释义学冲突。王硕丰的《〈古新圣经〉考》[58]在贺清泰本与拉丁据本的对勘中，发现类似翻译现象并不鲜见，反映了作者的翻译策略及传教方针。当下对于汉语神学的梳理，若忽略早期《圣经》的译介工作、不从源头做起，无法理清天主教在中国的发展脉络；不回到根本，就不可能重建中国宗教史。

陈才俊在《1911年后美国传教士对孙中山之态度》[59]中指出美国在华传教士因新诞生之共和政府的领导群体充满基督宗教色彩，所以认定中国已经为基督宗教的传播提供了有利的环境，对中国的传教事业亦抱以高度乐观之期待。然而“二次革命”之爆发，孙中山及其追随者太过激进，充满民族主义色彩；孙中山及国民党要求国家快速并即刻引进民主思想，不仅不切实际，反而深具危险性，美国传教士与孙中山最终分道扬镳。白晓云、陈建明在《〈华西教会新闻〉办刊宗旨的演变与四川基督教的本色化》[60]中指出以1929年为界的《华西教会新闻》变化是与20年代以后基督教本色化的时代环境密不可分的。

郑刚的《余家菊与20世纪20年代的收回教育权运动》[61]认为余家菊多次在各类教育会议中提请相关议案，发起成立“国家教育协会”，推动收回教育权运动。张丽萍在《中国基督教大学从外国式到“中国化”的转折及其启示——华西协和大学从异质到本土身份的递进》[62]中指出，1925—1933年，华西协和大学成为中国教育系统中的一部分，确立了它的本土身份——中国私立大学，这是重大转折。张德明在《知识与福音：近代教会博物馆与城市公共空间——以济南广智院为中心的考察》[63]中提出，济南广智院向中国民众宣传了西方文明，开阔了民众视野，但在布道上却未达到初衷。其展示的西方先进文明，在当时动荡的中国，很难被运用在具体改良社会的实践中，大多仅限于启迪民智、开阔视野层面而已。叶农、陈焕强的《明清时期天主教“圣母领报”故事版画研究——兼论天主教〈圣经〉的图像化翻译》[64]认为“圣母领报”故事版画是对《圣经》进行图像化翻译，主要突出耶稣和玛利亚两个神学人物，成为图像化翻译的两条叙事主线，理解和领悟圣母领报故事之要理是天主徒树立圣母崇拜的初阶，而后进一步把握数十个圣经故事之间的内在联系，建立起完整的教义体系。

梁工的《古代犹太教与早期基督教：希腊哲学观照下的两种释经理念》[65]强调正确把握古希腊、犹太拉比和基督教各具特色的认知模式，不仅有助于从源头上理解阐释学的性质，还有益于对当代文化—文学理论的某些动向形成较为透辟的认知。舒也的《希伯来圣经上帝称谓的谱系学研究》[66]认为“雅威”崇拜不单是希伯来人的信仰，还是古代迦南地区人们共同的宗教信仰，间接地证实希伯来《圣经》的底本假说有一定的合理性。田海华的《古克尔的形式批判及其对圣经诠释的贡献》[67]认为古克尔的形式批判，上承威尔豪森的来源批判，下启冯拉德与诺特的传统历史批判，对20世纪的圣经学术研究可谓功莫大焉。赵晓阳的《汉语官话方言圣经译本考述》[68]考述了南京官话、北京官话、汉口官话、山东官话、天津官话、胶东官话、河北官话等7种官话方言的《圣经》译本。北京官话《圣经》译本的出现，奠定了中国基督教会《圣经》翻译三种语体中的白话语体，奠定了沿用至今的和合官话《圣经》译本的基础，其功实在不可没。

林华敏的《从上帝到他人：论列维纳斯现象学神学的内在伦理进路》[69]从现象学的维度描述了人类的宗教经验的伦理结构。这种结构导向最高的善。神学必须首先是伦理的，它既是在目的上是伦理的，也是在源头上是伦理的。何卫平的《伽达默尔评布尔特曼“解神话化”的解释学意义》[70]围绕“自我理解”展开并纳入到伽达默尔的游戏论中来加以深化，表现出伽达默尔的解释学立场有一种综合布尔特曼的新自由派神学和巴特的新正统派神学的倾向，这又同他将海德格尔前期和后期思想相结合的学术道路是一致的。陶杨华在《亚伯拉罕的上帝与笛卡尔的上帝——关于“上帝之死”的思考》[71]中指出，“上帝之死”这一词汇真正表征的是上帝与人之间的关系经历了一场极为深刻的变革，位于这一变革的核心的是那根联结上帝与人的纽带被切断了，人自身内在的理性取代上帝的恩典，成了人的存在的终极依据和最后的慰藉。同人与上帝之间的分离和割裂这一事件必然相伴相随的事件是：人的生存性视域的急剧缩减和人的存在重心的转移。

党翼鹏、张晓华的《漫漫合一路——罗马天主教与圣公会关系钩沉》[72]认为在全球化的背景之下，宗教之间的交流对话已呈向前发展之势，学会尊重不同的宗教价值观念，有利于自身良性的发展，顺应这一趋势，才会有新的生机与发展。王鹰的《试析艾香德的耶佛对话观》[73]通过对艾香德宗教对话理论的利弊总结，可以提出更加积极和符合时代意义的宗教对话方式，即包容不同观点共在的前提下的对话，对话的特点是任何一方并不属于次等的、从属的地位，双方是完全平等的，在此前提下的宗教对话才具备进一步探寻彼此取得共识的基础。邱业祥在《“虑以下人”与基督的谦卑——从理雅各对“虑以下人”的译解谈起》[74]中指出，理雅各以“humble”翻译《论语·颜渊篇》第二十五章“虑以下人”中的“下”时，便是有意识地将孔子此语对应于基督宗教思想中的“谦卑”，从而在《论语》和《圣经》两种经典之间开辟出了崭新的思想关联点。

张永广的《“同志社风波”与近代日本基督教学校的本土化》[75]反映了日本基督教学校在经历19世纪90年代排外运动冲击时，主动消除自身的“洋化”色彩，以满足“本土”社会需要；并通过组建法团公司的形式，成为受国内法律约束与保护，所有权及管理权均隶属于日籍人士的本土教育机构。“洋化”与“本土化”反映了在近代普世宣教运动的全球化进程，基督教在亚洲各国因面临相异文化生态而呈现出的不同地域特色。吴青在《何明华与战后香港社会的重建》[76]中指出，面对战后香港难民大量涌入导致的社会乱象和社会危机，香港圣公会会督何明华有着冷静的观察和认识，在乡村建设、贫穷青少年儿童救助教育、贫民居住环境改善等方面提出了切实有效的重建计划，协助政府完成了香港重建的重任，彰显了基督教在香港转型期的特殊影响力。

刘国鹏的《梵蒂冈原传信部历史档案馆所藏1622—1938年间有关中国天主教会文献索引钩沉》，[77]对历史档案馆所藏部分文献的编目、整理，将会推动国内学术界在包括中国天主教史研究在内的诸多学相关学科的发展。其价值和意义体现在：首先这一工作有助于对在华天主教会建立起一个历时300余年的清晰轮廓，以便学术界对上述长时段内天主教会在中国的发展建构起一个连续的、历史性的观察和理解视野；其次其学术意义和价值不仅仅局限于天主教会史，而且涉及近现代天主教传教区内中华民族的文明、文化和宗教史。再次有助于当代中国学者从他者（西方的、基督教文明）的角度反观和审视中国社会在近代以来的发展与演变，从而建构起有关近代中国叙述的更广阔、更多元、更具全球性的解读视野。

陆德阳的《传教士与近代中国残疾人教育事业》[78]认为在中国残疾人事业由传统向近现代转型的发展过程中，传教士所发挥的作用不容忽视。肖清和在《人际网络与反教运动：〈圣朝破邪集〉人物关系考》[79]中指出在福建、浙江等地的反教活动中，人际关系网络是凝聚反教群体的一个重要因素；尤其是师生、同年、同僚、同乡、同门等关系在反教群体的形成中发挥着极为重要的作用。徐炳三的《郭显德与罗约翰传教活动比较研究》[80]认为郭显德和罗约翰两人都以巡回布道开始，都注重依靠和培养中国传道人，都深谙中国文化，懂得如何适应中国文化以促进基督教发展，也都较好地处理了政教关系和民教冲突。罗约翰毫不隐晦其传教目的和功利性，一切以是否有利于基督教发展为出发点。郭显德认为欲使中国人接受基督教，必须尽可能多地创造中国人与教会接触的机会。

基督教是西方文化产物，对中国人来说是舶来品。但是基督教研究在当今中国宗教学里面则是最热门的研究之一，此与当代我国受西方文化的影响有重要的关系。基督教研究主要呈现两大块内容：一是教义思想研究；二是《圣经》研究。现在基督教的研究有一支后来居上，这就是中国基督教的研究。基督教传入中国一千余年，但是一直没有很好地与中国文化相融，至少没有做到像佛教那样完全成为中国文化的组成部分。近年来随着基督教在中国社会产生的影响，以及西方文化的传入，各界都有基督教如何融入中国文化的呼声，学术界也在对这个问题进行讨论。基督教中国化的所谓“三重学术视野”，其实一直都存在，而且也一直有人在做这个工作。学术界并不缺少“过去、现在与未来”三重视野，而是缺少具体实用的办法，缺少真正能够坐下来仔细讨论和动手做融合工作的人，所谓的原则与想法固然重要，但不能付诸实现仍然是废纸一张。对中国基督教史的研究现在越来越多，而且研究的深度与广度方面也越来越细，然而现有的研究仍然是“二张皮”，研究外国基督教的不碰中国的，研究中国的不碰国外的。现在，越来越多的资料已经被我们掌握，包括像梵蒂冈图书馆里保存的资料也纳入了学者视野，西方基督教的重要学术著作也被翻译出来，大大小小的传教士都被学者研究。我们的研究条件已经具备，但是如何像古代佛教界人士那样，圆融东西方，贯通海内外，创建新理论，走出新道路，是时代给我们的考验。

六、伊斯兰教

金宜久的《马注的宇宙起源余光说》[81]认为宇宙起源思想之一的余光说，主要来自两方面：其一，伊斯兰的包括苏菲主义的影响；其二，中国传统文化（特别是儒家思想）的影响。《古兰经》关于“真主是天地的光明”的经文是经典根据。苏菲主义关于宇宙起源思想是余光思想的延伸、具体而形象的表述。金忠杰在《试论〈古兰经〉注释中的文化内涵》[82]中提出，“传承”与“理性”在《古兰经》注释领域的有机调和所形成的既相辅相成和互为依托，又彼此作用和相互牵制的格局，有效保障了伊斯兰文化体系“信经而不僵经，释经而不越经”的注释图景。同样，两者共同推出的卷帙浩繁的注释成果，成为伊斯兰文化体系“传承文化与创新文化”的坐标和体现。白海提的《〈历史记录〉：一部关于20世纪新疆苏菲派的未公开写本》[83]通过介绍最新发现的苏菲派写本《历史记录》，我们几乎看不到令现代人无法理喻的奇迹故事，也看不到作者随心所欲编造历史的倾向。季芳桐的《回儒会通：王岱舆的忠孝理论》[84]认为在王岱舆《正教真诠》中，创立了“真忠”“至孝”等中国伊斯兰教的道德范畴。他一方面以伊斯兰教义为根本，一方面吸收、借鉴了儒家忠孝伦理中的合理内涵，故而这既是一个创新过程，又是一个回儒文化交流、会通的过程。自此以后，中国的穆斯林学者，尤其是以刘智等为代表的金陵学派的学者们，都沿着这条回儒交流、会通的大道继续前进，不断创新，不断开创伊斯兰教中国化的新篇章。哈宝玉的《〈经学系传谱〉与伊斯兰教法》[85]以赵灿记述明清时期经学教育的珍贵文献《经学系传谱》为依据，重点探讨了域外伊斯兰教法、教法学派对中国伊斯兰教经学教育、经学学者和穆斯林的广泛影响。

高占福的《从外来侨民到本土国民——回族伊斯兰教在中国本土化的历程》[86]强调回族必须与当地的主流文化和平共处、交流、交融，才能使自身得以生存和发展的客观规律。曾桂林在《试论近代中国伊斯兰教的慈善事业》[87]认为，近代以来，教派门宦制度的形成也与中国伊斯兰教慈善事业的兴起密切关联。这促进了民族地区文化教育事业的发展，增强了各穆斯林民族的凝聚力，维护了穆斯林社会的稳定与发展，也推动了中国穆斯林社会的近代变迁。

王雪梅的《中国伊斯兰教虎夫耶探源》[88]认为虎夫耶门宦第一大来源就是中亚至新疆传播的乃格什班底耶和革新的乃格什班底耶在内地的传播；还有些直接来自于麦加也属于乃格什班底耶系统的。此外还有西北穆斯林自创，信众较广的门宦——胡门，很多穆斯林信众也将其归为虎夫耶支系。王希隆的《单广宁阿帕克和卓三入中原说述考》[89]认为，1638年之前，玛木特·玉素布前往甘青传教时，或许携有长子阿帕克和卓来甘青作为阿帕克和卓的“一入中原”，阿帕克和卓“三入中原”的说法也是可以成立的。马英杰的《从黄钺书牍解析辛亥前后马元章的安民护教》[90]认为，《陇右光复记》中收录了秦州起义领导人黄钺致马元章的两封书牍，表明黄钺深谙哲赫忍耶门宦及其马元章的宗教情结。书牍内容解开了宁夏辛亥起义间马元章“出兵灵武”之谜；还原了川军进入徽县时由地方民团对抗所引发的“毁回房屋七百有奇”的事件真相；也为兰州赵惟熙与天水黄钺“争夺”甘肃光复成果的历史疑案增添佐证。马超的《民国河南伊斯兰教经师与经学》[91]认为，民国时期河南伊斯兰教充分吸纳陕西、山东学派的经学特长和风格并与河南的经学传统交融，终在民国时期自成一体，形成了独具特色的经学传承和培养体系。并且开创了民国河南伊斯兰教经学兴盛和伊斯兰文化繁荣的新局面，伊赫瓦尼的传入对促进河南伊斯兰教的发展和穆斯林思想的解放有重要作用，培养出一大批优秀的经学传人。

李艳枝在《伊斯兰主义与现代化的博弈——中东现代化进程中伊斯兰复兴运动的多维透视》[92]中提出，教俗合一的政治体制是当代中东伊斯兰复兴运动的历史原因，现代化的探索过程构成当代中东伊斯兰复兴运动的现实动因，宗教和世俗力量的权力角逐是当代中东伊斯兰复兴运动的核心特征，现代经济模式变革是当代中东伊斯兰复兴运动的经济保障。曾向红的《试析政治伊斯兰力量未在中东剧变中发挥突出作用的原因》[93]认为，能力的不足和意愿的缺乏，是影响中东地区政治伊斯兰力量未在中东剧变中发挥突出作用的两个基本原因。前者主要体现在这些政治力量与低收入阶层相脱离，后者是指这些政治力量长期坚持体制内的政治参与战略使它们对参与体制外的抗争行为持消极态度。

哈全安的《世纪之交埃及伊斯兰主义的新动向》[94]认为，穆斯林兄弟会作为埃及伊斯兰主义的主流派别逐渐淡化宗教色彩，致力弥合教俗分歧，进而扩大与世俗反对派的政治合作，而以贾马亚为代表的伊斯兰主义极端派别亦宣布放弃暴力原则，政治立场趋于温和。伊斯兰主义主流派别的世俗化和极端派别的温和化，加速了教俗反动派政治立场的趋同，为教俗反动派实现广泛联盟进而共同挑战独裁统治奠定了必要的政治基础，直至导致官方与民众之间政治力量对比的变化和政治天平的倾斜。

王正儒、敏俊卿的《真主与代治：一个伊斯兰教团体的生态实践与信仰表述》[95]通过呈现中国伊斯兰教三大教派之一的西道堂的生态实践，认为穆斯林的生态实践不仅基于对真主的信仰表述，而且透过宗教仪式赋予其神圣性和文化意义，并产生实际的生态效应，展示出伊斯兰教“两世并重”的生命本质。

潘世昌的《安萨里——在赞美与批评之间》[96]对安萨里的赞美与批评进行了比较评述。马占明的《艾布·曼苏尔·马图里迪与马图里迪教义学派初探》[97]认为，马图里迪教义学派经历了5个发展阶段，出现了许多著名学者和教义学论著，从一个地区性学派发展为世界性学派。敏敬的《土耳其奈格什班迪教团的历史》[98]认为，当代土耳其奈格什班迪教团的复兴和发展深受科提库等教团领袖个人思想的影响，也是该教团自身的现实主义和灵活性特征以及凯末尔主义的弱点和土耳其多党民主制等外部因素共同作用的结果。聂慧慧在《占婆国故地婆尼教寻踪——越南本土化伊斯兰教初探》[99]中提出，婆尼教作为越南伊斯兰教的一个分支，是伊斯兰教本土化的一个典型。它表现为与当地的原始宗教、婆罗门教以及偶像崇拜、祖先信仰等传统文化相融合，又深受政治、历史、地理环境等因素的影响，形成了自己的特色。

伊斯兰教研究是当代世界学术界最关注的现象，也是与世界政治联系最密切的一个课题。我国学者对伊斯兰教的研究已经从简单的介绍进入深化阶段，特别是中国伊斯兰教研究正在向纵深发展。元代开始“回回遍天下”，但是伊斯兰教与中国传统文化的结合则发生在清代的汉学运动，如何将天方而来的《古兰经》中的思想与中国传统思想相结合，超越比附与绘本的阶段，其中中国传统孝道伦理是最重要的结合点，古来的伊斯兰教学者都在这方面做过不少工作。但是由于种种原因，这个工作一度中断，现在我们需要重新续做此项工作，需要在前辈成果的基础上，不囿于名词的解说，而是着手建立体系，真正把“传承”与“理性”的大旗高举，让“真主是天地的光明”发散。当代伊斯兰世界动荡不安，西方势力插手使中东发生剧变，引起整个世界秩序失衡。这一系列的变化甚至影响到我国的安全，怎样从国家安全与领土完整的角度来研究伊斯兰教，这是学术界应该关心的重大课题。政治伊斯兰的力量影响固然强大，但是政教关系仍然是伊斯兰教研究的重心所在。埃及穆斯林兄弟会失去政权，再度成为个案研究的重点；伊拉克和叙利亚，包括以色列与巴勒斯坦的激烈战火，都足以引起学者的关注；在不同势力博弈较量之间，文化将会起到多大作用，不同宗教信仰以及不同民族之间的文化交流或融合是否还有可能，这些都值得去研究。

七、其他

张宏斌的《“道之大原出于天”——董仲舒天命信仰下的王道理想》[100]认为，民族属性的文化层面的意涵渐趋淡薄，而地域属性成为识别的新标识。政治的属性才是国民身份的唯一标识。以公民而不是以文化、民族为单位构建的社会、国家、天下自然以约定的制度作为主要的调节方式。约定之准则、法律条文，乃至宪法，是每一个处在这个文化政治共同体下的个体必须遵循的，制度是规范，而公民是原则。

卢国龙在《唐代庙学与文化共相》[101]中提出，儒家庙学作为一种信仰和文化模式，却因应并且克服地域差异，培养起人文教化的共相。站在宏观历史的角度看，这样的文化共相奠定了国家和民族认同的基础，是发生在唐政权所主导的国度又超越唐政权的。对于中晚唐来说，庙学推进文化共相建构、唤醒文化共同体意识，同时也就维护着国家的统一，维护了统一秩序及其权利象征的延续；而对于唐以后来说，这样的文化共相始终是一块建构国家共同体的模板，既预设疆域，也预设社会将如何接受某种国家形态的秩序意识。

武玉秀的《隋唐五代之际的宫廷“三教论衡”探析》[102]认为，三教论衡是考察三教关系的关键所在，印度的佛教与外道的议论是其重要影响因子。三教论衡从南北朝开始，主要在宫廷进行，最为兴盛的时代是在隋唐时期，唐中期之后已经相当程序化，这也预示了三教论衡之“争”逐渐变小，到晚唐五代之时，三教合流成为大势所趋。

王兰的《邓隆“万法归一”思想研究》[103]通过对邓隆的宗教“万法归一”思想研究揭示：（1）对当时开发西北，调节民族矛盾，解决西北地区的社会冲突有重要意义。（2）“万法归一”有利于民族问题的解决。（3）有利于西部地区的和谐发展。（4）有利于引导宗教与社会主义社会相适应。

周拉、夏吾交巴、炬华的《共享和谐——青海省循化县多民族、多宗教共同信仰阿尼夏吾神山现象分析》[104]以历史文献及田野调查显示，这一区域内的不同民族和不同宗教经过此起彼伏的竞争博弈，最后做到了彼此了解、相互尊重、求同存异、和谐共处。这一经验对多民族、多语言、多文化、多宗教的和谐共处具有普遍意义。蒙小燕、蒙小莺的《插箭节与安多藏区宗教兴衰——以西仓十二部落与合作四部落为例》[105]选取安多甘南藏区内四部落——那吾、佐兹、惹娘、智合麻为对象，以插箭节的宗教仪轨、礼俗文化变迁为切入点，尝试解析域内苯教与佛教兴替及其对藏民族传统文化的影响力。李勇在《敬惜字纸信仰习俗在海外的传承与变迁——以新加坡崇文阁为例》[106]中指出，敬惜字纸信仰习俗包含丰富的历史和文化内涵，同时又是一种“俗随时变”、进入现代社会影响力迅速消减的文化现象，对于我们了解海外华人的生存和发展、中华文化的海外传承和变迁，具有意义。王海冬的《论萨满教对北方初民性关系的规范》[107]认为，氏族的延续与发展，需要意识形态保障，而这种意识形态保障在北方相当长的时间内是由萨满教提供的。

中国是一个多民族与多宗教的国家，也是一个大一统和曾经有过集权制的国家。作为这个大一统国家的“魂”在哪里，这是一个饶有兴趣的问题。古代以“天”作为封建王朝的魂，君临天下，君权天授，将所有的权利集中到天的意志，又以孝把整个社会秩序固定下来，形成了一个有序的社会。但是对诸多的民族和多宗教信仰来说，大一统更多的是统治者的意志，在人民的日常生活之中，“和合”成为各个民族交流与融合的思想，“和合”更多地反映在平等与互相承认对方的，包括宗教信仰在内的“同”的方面，而彼此承认各自生活习俗与信仰的差异，尊重相互的“不同”，由此构成了“和而不同”的长期和平相处历史，这其中也包括了三教论衡的过程，并且这种“和而不同”的意识还传递到海外，成为海外生活的华族融入当地社会的基本准则。

八、结语

以上对2013年北京地区的宗教学研究现象做了综述与评点。值得指出的是，当前我国宗教学处在发展阶段，研究宗教的学者与单位遍及全国各地，研究风格上还存在着南派与北派两个大系统，《世界宗教研究》只反映了北京地区研究成果发表情况，其作者来自全国各地，包括海内外。作为我国宗教学研究最高级别的核心刊物，其所发表的研究情况不敢说是最全面的，但是质量应该是上乘的，且具有一定代表性。

注：

①《世界宗教研究》，2013年第1期。

②《世界宗教研究》，2013年第4期。

③《世界宗教研究》，2013年第6期。

④《世界宗教研究》，2013年第5期。

⑤《世界宗教研究》，2013年第1期。
⑥《世界宗教研究》，2013年第6期。
⑦《世界宗教研究》，2013年第6期。
⑧《世界宗教研究》，2013年第2期。
⑨《世界宗教研究》，2013年第4期。
⑩《世界宗教研究》，2013年第1期。
⑪《世界宗教研究》，2013年第5期。
⑫《世界宗教研究》，2013年第3期。
⑬《世界宗教研究》，2013年第4期。
⑭《世界宗教研究》，2013年第5期。
⑮《世界宗教研究》，2013年第5期。
⑯《世界宗教研究》，2013年第1期。
⑰《世界宗教研究》，2013年第4期。
⑱《世界宗教研究》，2013年第6期。
⑲《世界宗教研究》，2013年第6期。
⑳《世界宗教研究》，2013年第2期。
㉑《世界宗教研究》，2013年第3期。
㉒《世界宗教研究》，2014年第3期。
㉓《世界宗教研究》，2013年第2期。
㉔《世界宗教研究》，2013年第1期。
㉕《世界宗教研究》，2013年第1期。
㉖《世界宗教研究》，2013年第2期。
㉗《世界宗教研究》，2013年第2期。
㉘《世界宗教研究》，2013年第2期。
㉙《世界宗教研究》，2013年第5期。
㉚《世界宗教研究》，2013年第4期。
㉛《世界宗教研究》，2013年第3期。
㉜《世界宗教研究》，2013年第5期。
㉝《世界宗教研究》，2013年第1期。
㉞《世界宗教研究》，2013年第4期。
㉟《世界宗教研究》，2013年第1期。
㊱《世界宗教研究》，2013年第1期。
㊲《世界宗教研究》，2013年第5期。
㊳《世界宗教研究》，2013年第3期。
㊴《世界宗教研究》，2013年第5期。
㊵《世界宗教研究》，2013年第5期。
㊶《世界宗教研究》，2013年第1期。
㊷《世界宗教研究》，2013年第3期。
㊸《世界宗教研究》，2013年第1期。
㊹《世界宗教研究》，2013年第1期。
㊺《世界宗教研究》，2014年第3期。
㊻《世界宗教研究》，2013年第1期。
㊼《世界宗教研究》，2013年第6期。
㊽《世界宗教研究》，2013年第3期。
㊾《世界宗教研究》，2013年第6期。
㊿《世界宗教研究》，2013年第2期。
(51)《世界宗教研究》，2013年第2期。
(52)《世界宗教研究》，2013年第5期。
(53)《世界宗教研究》，2013年第4期。
(54)《世界宗教研究》，2013年第6期。
(55)《世界宗教研究》，2013年第5期。
(56)《世界宗教研究》，2013年第2期。
(57)《世界宗教研究》，2013年第2期。
(58)《世界宗教研究》，2013年第2期。
(59)《世界宗教研究》，2013年第3期。
(60)《世界宗教研究》，2013年第3期。
(61)《世界宗教研究》，2013年第3期。
(62)《世界宗教研究》，2013年第6期。
(63)《世界宗教研究》，2013年第6期。
(64)《世界宗教研究》，2013年第3期。
(65)《世界宗教研究》，2013年第4期。
(66)《世界宗教研究》，2013年第4期。
(67)《世界宗教研究》，2013年第4期。
(68)《世界宗教研究》，2014年第6期。
(69)《世界宗教研究》，2013年第1期。
(70)《世界宗教研究》，2013年第2期。
(71)《世界宗教研究》，2013年第3期。
(72)《世界宗教研究》，2013年第1期。
(73)《世界宗教研究》，2013年第1期。
(74)《世界宗教研究》，2013年第4期。
(75)《世界宗教研究》，2013年第2期。
(76)《世界宗教研究》，2013年第2期。
(77)《世界宗教研究》，2013年第5期。
(78)《世界宗教研究》，2013年第5期。
(79)《世界宗教研究》，2013年第6期。
(80)《世界宗教研究》，2013年第6期。
(81)《世界宗教研究》，2013年第3期。
(82)《世界宗教研究》，2013年第2期。
(83)《世界宗教研究》，2013年第1期。
(84)《世界宗教研究》，2013年第2期。
(85)《世界宗教研究》，2013年第5期。
(86)《世界宗教研究》，2013年第1期。
(87)《世界宗教研究》，2013年第2期。
(88)《世界宗教研究》，2013年第6期。
(89)《世界宗教研究》，2013年第3期。
(90)《世界宗教研究》，2013年第4期。
(91)《世界宗教研究》，2013年第5期。
(92)《世界宗教研究》，2013年第1期。
(93)《世界宗教研究》，2013年第4期。
(94)《世界宗教研究》，2013年第6期。
(95)《世界宗教研究》，2013年第4期。
(96)《世界宗教研究》，2013年第4期。
(97)《世界宗教研究》，2013年第6期。
(98)《世界宗教研究》，2013年第5期。
(99)《世界宗教研究》，2013年第2期。
(100)《世界宗教研究》，2013年第6期。
(101)《世界宗教研究》，2013年第3期。
(102)《世界宗教研究》，2013年第3期。

⑩③《世界宗教研究》，2013年第3期。
⑩④《世界宗教研究》，2013年第2期。
⑩⑤《世界宗教研究》，2013年第6期。
⑩④《世界宗教研究》，2013年第2期。
⑩⑦《世界宗教研究》，2013年第4期。

（作者：中国社会科学院编审）

经　济　学

理论经济学

卫兴华　冯志轩

2013年是党的十八大胜利召开后的第一年，这一年又召开了党的十八届三中全会。经济学界对于改革与发展的许多重大问题进行了广泛的研究与探讨，取得了许多有益的成果。本文就关于社会主义市场经济体制改革、怎样处理好政府与市场的关系、中国经济增长的前景和转变经济发展方式、收入分配差距过大和走向共同富裕、农村集体经济的改革与发展、劳动价值论的坚持和创新等几个重要理论问题的研究和不同意见进行了梳理和综述。关于国有经济的理论和实践问题，也是一个存在争论的重要问题，因在《经济学动态》2013年第12期已有专文进行综述，本文不再涉及。

一、关于社会主义市场经济体制改革问题不同见解的争鸣

2013年中国经济学界就如何深化社会主义市场经济体制改革问题、怎样处理政府和市场的关系，特别是怎样正确解读十八届三中全会提出的使市场在资源配置中起决定作用问题，进行了研究和不同观点的争鸣。

（一）《重启改革议程》一书引发的争论

2013年在十八届三中全会开幕前夕，学界关于经济体制改革的种种建言纷纷登台。尤以吴敬琏的《重启改革议程——中国经济改革二十讲》一书特别引起关注，它荣获我国国家图书馆第八届文津图书奖。《光明日报》也做了报道和宣传。但在学界引起了强烈质疑，许多学者提出批评意见。

吴敬琏认为改革开放前的体制是一种“榨取性体制”，改革开放改变了这种体制，市场化改革是中国能够发展的最重要原因。他反对“北京共识”或者“中国模式论”，认为中国的成就并不是来自政府和国有企业的力量，而是来源于民间创业活动的开拓，它们是中国出人意料的发展的最基础的推动力量。但市场经济还不完善，表现在党和政府在资源配置中仍然起着重要作用；虽然国有经济在经济活动总量中并不占优势，但它仍然掌握着国民经济命脉。21世纪初期以来改革出现了停滞甚至倒退的倾向，这就使中国经济的半统制、半市场混合体制的消极方面更加强化。中国的国有企业和政府的过度干预恰恰是导致目前多种社会矛盾的原因，政府官员拥有太多的自由裁量权。这些导致了一方面中国无法完成经济的转型和升级；另一方面则导致了腐败丛生。中国有变为国家资本主义进而沦为权贵资本主义的风险，认为只有进一步市场化，从威权发展模式改革为民主发展模式，中国才能有出路。①

吴敬琏的这些观点遭到了许多学者的批评。周新城提出，吴敬琏故意妖魔化国有企业，无视公有制在保证我国经济社会主义性质和发展生产力中的作用，也无视党关于坚持公有制的一贯主张。在关于市场经济的问题上，否定社会主义市场经济是我国的重要创造，忽视市场经济必然和基本经济制度相结合这一客观事实，坚持市场原教旨主义，否定政府作用。这些都是彻头彻尾的新自由主义观点，早已成为人人喊打的目标，而吴敬琏却仍然坚持这些内容。②

宗寒认为吴敬琏将新中国的前30年说得一团漆黑、描述成“苦难年代”“巨大灾难年代”是完全无视历史事实，抹杀这30年的巨大成就。这30年中中国的生产力有了巨大发展，人民生活水平也有很大程度的提高，为改革开放后中国的发展打下了重要的物质基础和制度基础，改革开放的很多探索正是建立在这30年的基础之上的。刻意歪曲历史的倾向不仅是错误的，而且后果是非常严重的。③

丁冰认为，吴敬琏一方面推崇所谓“公平、公正”，另一方面又推崇欧美式的市场经济，这二者是自相矛盾的。欧美式的市场经济正是最不公平、最不公正的市场经济。而且指出吴敬琏所说的国有企业的垄断、与民争利根本站不住脚，国有企业从竞争性领域退出导致的是外资经济对这些领域的控制，在政策倾斜方面实际上是非公有制经济享受了更多的倾斜政策。④

陶玉批评说：目前理论界有种观点认为，我国的社会主义市场经济不是“真正的市场经济”，是一种“过渡性的经济形态”，最终要使政府逐步退出微观经济运动领域，专注于公共服务的提供。建立“具有现代经济学知识所向往”的欧美模式，即资本主义市场经济模式，这种错误十分明显地走向了另一个极端。⑤

梁柱批评《重启改革议程》说：该书开头就提出“中国再度面临‘向何处去’的问题”，颇有煽情作用。本来，改革开放以来党的历次代表大会，特别是闭幕不久的十八大，都对我国的社会主义方向即中国向何处去的问题做了明确回答。但吴敬琏并不认同，却要危言耸听，另找出路。该书中立论的前提设定是违背事实的。其前提设定之一是“1949 年以后的多次政治运动和‘大跃进’使普通工人、农民和知识分子受难”“是一种‘国将不国’的深重危机”。梁柱对此进行了系统辩驳。还批评该书设定的另一前提是：国有制和公有制是社会主义必须追求的目标“已经成为进一步推进改革的主要障碍”，认为坚持公有制是受苏联《政治经济学教科书》的束缚。梁柱指出：否定公有制主体地位的“所谓‘重启改革议程’必然导致的严重后果是可想而知的”。“不难看到作者究竟要把中国引向何处。”⑥

刘国光指出：党的十八大报告为中国经济体制改革继续指明了方向，就是要“加快完善社会主义市场经济体制”，而不是资本主义市场经济体制；要“完善以公有制为主体，多种所有制经济共同发展的基本经济制度”，而不是以私有制为基础的基本经济制度；要“完善按劳分配为主体，多种分配方式并存的分配制度”，而不是以按资分配为主体的分配制度；要“完善……宏观调控体系，发挥市场在资源配置中的基础性作用”，而不是自由放任的市场经济体系。目前有一种错误观点，对我们的改革目标进行歪曲，如果对此错误观点不进行警惕和批判，就可能对我国下一步的改革走向产生不利的影响。这种观点的核心思想是：中国目前仍然是一种“半统制、半市场”的体制，政府和国有经济仍然掌握着国民经济的“制高点”。改革开放的成就完全归功于市场化的进展，所出现的问题主要是由于政府干预过度、市场化不够。两极分化等社会矛盾的根源主要是由于政府权力过大，贪腐过于严重，下一步改革是要削弱政府对经济的管理和干预，市场化是解决一定问题的灵丹妙药。这种观点是大家批判的新自由主义、市场原教旨主义。⑦

（二）社会主义市场经济中政府和市场关系的不同见解

关于市场经济中市场和政府的定位问题，理论界呈现出一些不同的见解。一种是主张未来改革的方向应当是弱化政府职能。高尚全认为，只有弱化政府的职能，才能够真正发挥出市场在配置资源中的基础性作用，发展的主体是市场，政府只是环境的创造者，未来的改革方向应当是将管制型、全能型的政府改革为有限的、“服务型”的政府。⑧⑨

吴敬琏认为，“中国模式”的支持者一直认为它的最大特点和优点，在于中国有一个“强势政府”，或者说中国政府“具有今日世界上最强大的行政能力”，因而能够“集中力量办大事”，来实现伟大的“国家目标”。然而，30 多年前依靠强大无比的国家权力强制推行的“大跃进”“文化大革命”等运动所造成的深重的灾难，尽管有人千方百计地加以掩盖，也无法从历史中抹去。这些年来，极左势力用民粹主义和民族主义的口号蒙骗大众“掀起强化国家权力和行政控制，市场化、法制化、民主化倒退的风潮造成了极为严重的后果。”⑩

吴敬琏还说，我国“从计划经济向市场经济的过渡还没有完全实现，政府和国有经济对整个经济和社会的强力干预和管控妨碍市场在资源配置中发挥基础性作用”。“国家权力对经济活动干预和控制的加强，使寻租活动的制度基础得以强化，贫富差距拉大。”如果想要遏制腐败，首先要从各个方面推进市场化的改革，削弱政府干预经济的权力，“把这个制度基础给铲除掉”。⑪

马国川批评“强调国家和国有经济的‘重要作用’，由政府来‘驾驭’市场和‘管控’社会”的观点，斥责这是“反对改革开放和建设富裕、文明、民主国家的思潮”。⑫

另一些学者持不同的见解。袁恩桢认为，中国不能走西方“弱政府、强市场”的道路，而必须实现市场和政府的“双强”。政府和市场关系的不同，正是中国的社会主义市场经济不同于资本主义市场经济的地方。在中国，公有制可以成为政府调控的坚实基础；社会主义政府充分的权力和充足的财力可以有效地调控经济，防止经济运行的偏差；社会主义政府的人民性和无私性可以保证其在调控经济过程中的公平公正；“强政府”可以抑制商品经济中的各种拜物教因素；“双强”模式才能使社会主义市场经济充分发挥优越性，推动生产力发展。而将市场和政府对立起来，认为二者是此消彼长的关系是错误的。⑬

韩文秀不赞同在深化社会主义市场经济体制改革中，弱化政府的作用。他说：随着社会主义市场经济体制改革的全面深化，有效的政府治理不仅不能削弱，还要进一步加强。这是由社会主义市场经济体制决定的。因为坚持与充分发挥中国特色社会主义制度的优越性、发挥党和政府的积极作用，这是一个基本原则，在任何时候、任何情况下都不能动摇。实践也充分证明，改革开放 35 年来，我国经济社会取得的伟大历史进步与辉煌业绩，与我们党和政府在推动改革开放与发展、维护发展环境稳定方面所发挥的作用息息相关。我国宏观调控和政府治理，也积累了丰富经验。其中一条重要经验，就是以国家发展战略和规划为导向。⑭

（三）关于市场在资源配置中起决定作用的不同解读

十八届三中全会的决定提出："经济体制改革是全面深化改革的重点，核心问题是处理好政府和市场的关系，使市场在资源配置中起决定性作用和更好发挥政府作用。"该决定中关于市场和政府作用的定位，引起了学界不同的解读。

一种观点认为，强调市场在资源配置中起决定作用，意味着市场作用的强化和政府职能的弱化。高尚全认为，让市场在资源配置中起决定性作用，"表明经济发展的主体力量在市场，政府应该是创造公平竞争环境的主体，政府的职能要转到为市场主体服务、创造良好的环境上来"。政府要结束"替市场"决策的思维。落实放权、限权、分权，减少中央政府对微观经济的干预，并将权力下放到基层。⑮

吴敬琏认为，市场在资源配置中起决定性作用。意味着否定沿着强化政府对经济和社会管理的方向走。他批评有人把我国经济的发展归因于"强势政府"，"要求进一步加强各级政府对市场的'驾驭'和对社会经济生活的管控"。各级政府对市场的过度干预不但没有削弱，反而还不断加强。这严重抑制了市场在资源配置中发挥应有的作用。他提出两条道路的对立："是朝着完善社会主义市场经济体制的改革道路前行，还是沿着强化政府权力的道路前行。"又说，三中全会讲：要使市场在资源中起决定作用，"这就回答了特别是最近十多年来的一个很大争论，就是我们的改革要往前走，向哪一个方向？向市场化方向走，还是强化政府对于经济、对于社会的管理这个方向走，这是一个重大的方向性问题"。⑯

另一些学者强调在发挥市场决定性作用的同时，更好发挥政府作用也同样重要。林毅夫认为，市场的作用从过去的"基础性"到今天的"决定性"的转变含义重大。他主张"有效的市场"与"有为的政府"的结合。"对于转型中的国家，有为的政府尤其重要。"他指出：20世纪七八十年代，新自由主义盛行，强调市场，忽视了政府的作用，推行私有化、自由化、市场化。结果是推行新自由主义所倡导的华盛顿共识的国家经济普遍崩溃停滞，危机不断。在同一时期，有少数经济体取得了成功。它们有一个共同的特点：在经济发展和转型中既有"有效的市场"，也有"有为的政府"。他既强调我国应"消除对市场遗留的干预和扭曲，让资源由市场配置"，又强调"在这个过程中政府应该在保护产权、维持宏观稳定、克服市场失灵上发挥作用，推动技术、产业、制度等结构的变迁"。⑰

程恩富指出：中国特色社会主义的"市场决定作用论"与中外新自由主义的市场决定论有着天壤之别。前者有5个特点："一是与国家宏观调控和微观规制并存；二是限于一般资源的短期配置，而非地下资源等特殊资源和一般资源的长期配置；三是文化、教育等某些非物质资源配置，只是引进适合本领域的市场机制，而非市场决定；四是公有制为主体、国有经济为主导，并体现在市场经济体系和市场活动中；五是在财富和收入分配领域由市场和政府各自发挥应有的调节作用，国民收入初次分配中市场作用大些，再分配中政府作用大些。"⑱

中国社会科学院的一个课题组对发表于2013年11月15日《人民日报》的杨伟民的文章提出不同意见。杨伟民解读说："市场的作用从'基础'变为'决定'……是深化体制改革以及引领其他领域改革的基本方针。""提出使市场起决定作用，就是改革的突破口和路线图，基本经济制度、市场体系、政府职能和宏观调控、财税金融、土地制度、生态文明等方面的改革，都要以此为标尺，需要摸着石头过河的改革也有了原则和检验尺度。"这是把市场的决定性作用引申开来。市场的决定性作用也要成为"引领其他领域改革的基本方针"。十八届三中全会的决定对发挥市场的决定性作用的界定范围，是经济领域中的资源配置领域，并不是全部经济领域。在思想政治领域，在公益性文化领域，在教育、医疗公益领域就更不能让市场发挥决定性作用。⑲

卫兴华指出，市场经济在资源配置中的优点是毋庸置疑的，这次将"基础性作用"改为"决定性作用"使得提法更明确。但是市场起决定性作用和更好发挥政府作用是联系在一起的。更好发挥政府作用，可分两个层次：第一个层次是市场在资源配置的决定性作用中政府发挥什么作用。处理好政府和市场关系，主要是就这个层次而言的，在这个层次上的资源配置中，凡市场能做到和能做好的事，就放给市场去做；但同时也要看到市场并不是万能的，存在市场失灵，以及市场调节的自发性、盲目性和滞后性。在认识和肯定市场正面作用的同时，不能忽视市场的负面效应，发挥政府宏观调控的作用是让市场更好配置资源的题中应有之义。第二层次是政府在整个社会主义发展与改革事业中起什么作用。在社会主义经济、社会、政治、文化、生态文明五位一体的建设与发展及其改革中，在创新社会治理体制中，在国防与军队的建设与改革中，需要坚持党的领导和政府的主导作用，而不是让市场起决定性作用。⑳

二、转变经济发展方式的讨论

（一）关于中国经济增长的未来前景

近两年来中国经济增长率降到8%以下，引发了中国未来经济增长问题的讨论。

一部分学者从不同角度出发，探讨了中国经济未来的增速转变问题。刘树成认为，我国已经进入“增长速度换挡期”，在新的形势下，经济增速下降具有惯性，因此宏观调控的突出要求是守住增长的下限，要利用宏观调控对“换挡”进行定位，将中国的增长速度稳定在7.5%～9%的中高速。这种中高速一方面仍然是世界上较高的增长速度，另一方面体现了我国“主动将增长速度降下来，使经济发展更加注重转方式和调结构，更加注重资源节约和环境保护，更加注重保障和改善民生”。[21]

何帆认为，高速增长都是不平衡的，不平衡的增长是不可持续的，而中国的高速增长已经带来了较大程度的经济失衡。目前世界经济进入了国际金融危机后的长期低迷期，中国经济增长的国际环境不容乐观；中国的人口结构发生转变，老龄化问题迫在眉睫，“人口红利”正在消失；而且中国的过去的增长前景主要依靠较大规模的投资，但是投资的边际收益递减规律使得中国未来不可能长期依靠投资实现增长。当前所要做的主要是防止经济“硬着陆”和实现中国经济尽可能长时间的平稳增长。[22]

黄益平、苟琴、蔡昉则提出，经济增长放缓将是中国经济的“新常态”。中国过去的增长依靠的是“非对称市场化”，即一方面实行产品市场自由化，使得市场可以调节各种产品的生产使资源得到有效配置；另一方面在要素市场上通过各种管制形成扭曲，从而为企业提供额外的激励。但是这种扭曲要素市场的做法最终导致了经济失衡，地方政府为企业提供了过于优惠的补贴，形成了收入从家庭流向企业的特殊机制，这种机制导致收入分配差距的拉大，造成许多结构性的问题。[23]

刘伟、蔡志洲比较了世界各国的经济增长情况之后认为，尽管高速的增长最终会发生回落，但是这种增长速度的放缓是一个相当长的过程。只要中国处理好国内的社会和经济矛盾，我们仍有可能在相当长的时间内实现增长，而且随着世界其他国家经济增长的放缓和中国汇率的变化，中国经济在世界上的重要性的提升可能会快于自身经济的增长。而且，中国的人均收入水平还比较低，中国未来不仅有可能继续快速增长，也有必要快速增长。[24]

（二）关于转变经济发展方式的讨论

中国经济增长的前景与中国能够实现以及如何实现经济发展方式的转变是密切联系的，因此，与中国增长前景的讨论相联系，在转变经济发展方式的原因和途径方面，中国学界也进行了许多讨论。

辜胜阻、王敏、李洪斌提出转变经济增长方式要抓住3个要点：一是要将创新作为调结构、转方式的中心环节，认为最重要的是让企业创新有利可图，通过利益补偿机制让企业“想创新”；通过风险分担机制的建立和知识产权的保护，让企业“敢创新”；通过推动产学研合作、大小企业合作，让企业“会创新”；通过建筑良好的融资平台，让企业“能创新”。二是要将城镇化作为扩大内需的主要引擎，让农民工市民化、合理布局大中小城市，完善城市内基础设施的建设，将是扩大内需的重要途径。三是要通过深化经济体制改革，形成新的“改革红利”，落实公平竞争的环境。[25]

曹雷、程恩富从经济全球化的角度，论述了转变经济增长的必要性。全球化，一方面是全球要素流动的加快和经济联系的紧密；但另一方面，也是资本主义生产方式在全球范围内的扩张。因此融入全球经济的我国的经济风险是不言而喻的，要减少这种风险，就需要使经济向“充分自主型”发展方式转变。首先就是完善劳动力、资源和环境的价格机制，激励自主创新，注意外来技术的“挤出效应”。其次是真正做到公有制为主体，国有制为主导。最后，是要有计划控制经济在市场、资源、技术等多个方面的对外依存度，并控制外汇储备的量。[26]

卫兴华回顾了新中国60多年来创新因素在发展中的作用，认为创新因素在我国的增长过程中的作用是在不断增强的。而目前我国转变经济发展方式一方面具有紧迫性，因为我国之前的增长主要是粗放式的要素投入的增长，而这种增长方式是不可持续的，我们现在不仅面临资源、环境的约束，甚至劳动力也开始面临约束；另一方面，转变经济发展方式也正遇到历史机遇期，一般而言大的经济危机之后可能伴随着科学技术的革命，而新一轮的科技革命目前已经有所显现，只有着力创新引领科技革命才可能避免继续落后的局面。[27]

三、关于收入差距过大和走向共同富裕的讨论

（一）关于我国产生贫富分化的原因和对策的讨论

我国收入分配差距过大产生贫富分化的问题一直是国内外关注的焦点，2013年我国经济学界对相关问题继续进行了讨论，存在认识上的分歧。

一些学者倾向于将收入分配问题归结为分配政策和市场化过程中的问题。张车伟、程杰认为中国收入差距过大的原因来自收入再分配政策的乏力，因为中国的初次分配状况与外国并没有非常显著的不同，但是在经过再分配之后，发达国家的收入差距显著缩小而中国却没有，甚至还存在某种“逆向调节”的情况。这主要源于中国的财政收入过度依赖间接税，直接税比例太低，而财政支出用于保障民生、提供公共服务的水平太低。而且真正造成收入分配问题的不是收入分配差距大，而是收入分配不公，因为收入分配不公是导致分配差距过大的重要原因，同时还会使人产生被剥夺感，从而产生社会问题。而分配不公与国家自然资源出让价格不合

理，部分人利用权力、信息牟取暴利，国有企业内部薪酬不合理等有关，而最重要的因素是全民没有能够分享公有资本参与市场带来的收益。相应地，张车伟认为要想缩小收入差距，首先是完善公有资产收益的分享机制，包括土地产权明晰化，令农民享受土地增值带来的收益，建立更严格的矿产资源使用制度，完善国有企业经营管理制度，规范公共产品的资本化运营。其次是改善再分配机制，包括加强税收的调节作用、完善社会保障的顶层设计、实现公共服务的均等化等。[28]

吴敬琏一再讲：收入差距过大产生腐败和垄断。他说：收入差距过大是因为资本主要掌握在国有企业手中，政府和国有企业收入在国民收入中的占比愈来愈高，而劳动报酬的比重却每况愈下。还有地方行政垄断、寻租腐败。[29]在《重启改革议程》中也涉及这一问题，他说："在改革停顿，甚至倒退的情况下，权力寻租、贫富分化变得日益严重。""目前中国社会中存在的贫富悬殊问题，主要是由于机会不平等造成的，其中首要因素是腐败"，需要通过市场取向的改革和实现机会平等来解决。[30]

刘国光的见解与此相反，他认为，某些领域的过度市场化、过度私有化才是导致我国收入两极分化等社会问题的真正根源。"他们栽赃政府的逻辑是，权力必然产生腐败，政府干预必然导致官员收入过高、百姓收入过低，因此要解决两极分化，就是让政府放权，一切由市场来解决。""贫富差距的扩大和两极分化的趋势的形成主要源于初次分配，最大的核心问题是劳动与资本的关系。"按照马克思主义观点，所有制决定了分配制，财产关系决定了分配关系。财产占有上的差别，才是收入差别最大的影响因素。我国收入差距扩大的最根本原因是所有制结构上和财产关系中的"公"降"私"升和化公为私，财富积累和集中于少数私人手里。[31]

陈硕颖不赞同把收入差距过大归因于政府收入增长和垄断国企人员工资高。她从数据上考察了居民收入和劳动报酬两个方面，认为中国居民收入占比下降主要来自非公企业利润比重的上升，而劳动报酬的变化则主要来自各个行业劳动报酬比重的降低。私有化改革推动资本所有权向少数人手中集中，而资本所有权结构决定分配结构。资本收益分配的不均衡造成收入分配差距的不断扩大。在城市化过程中，农民在获得一次性补偿之后脱离了与自己土地的联系。在未来改善收入分配的政策首先是在做强国企的同时让国企回馈社会，其次是重新振兴集体经济，并且在中西部资源资本化的过程中形成一种全新的机制。[32]

胡钧对收入差距扩大的原因持另外的看法，他提出五类原因：劳动贡献的差别；生产要素占有上的差别；垄断行业职工收入高于非垄断行业；灰色收入；贪污腐败的黑色收入。他认为第二类收入差别是"也应该视为公平的、正义的"。"生产要素所有者按其投入社会中的有益活动的资本量获取收入，是适合现阶段生产力发展需要的。尽管它还包含剥削关系，也应视为公平的、正义的。"[33]

卫兴华认为我国贫富分化产生的原因，有主要和次要之分。生产方式决定分配方式，我国公有制主体地位的削弱和私有制比重的扩大是导致贫富分化的根源。市场经济配置资源的灵活性和效率性有利于生产力的发展，在肯定其正面作用的同时，要一分为二地看到，所有实行市场经济的国家，包括市场经济成熟的发达资本主义国家，都存在贫富分化，西方经济学也肯定和论证了这一事实。对此萨缪尔森的《经济学》就一再进行过论述。因此，卫兴华不赞同主张用市场化缩小来消除贫富分化的观点。他对2013年1月21日《人民日报》发表的《以市场化改革推动分配改革》一文提出了不同意见。同时也不赞同胡钧的这一观点：私有制企业靠资本量获得收入"应视为公平的、正义的，应当坚持的"。[34]显然胡钧认为私营、外资企业不存在收入分配不公，从而与贫富分化的产生无关，卫兴华对此进行了辩驳。按此观点，奴隶制、封建制、资本主义制中的剥削关系，都是公平的、正义的了，因为都适合当时生产力的发展状况。恩格斯曾严厉批评过这种观点。[35][36]

除了以上的争论以外，还有一些研究关注了收入分配的其他方面。乔榛认为，中国收入分配差距过大的一个重要原因是存在收入的逆向调节机制，使得收入从低收入者流向高收入者。这种逆向调节主要包含两条渠道：一是依靠权力的寻租行为；二是公共服务领域依靠公共品供给有限使得提供者获得的额外收入。他认为，要想结束这种逆向调节机制，首先是要规范政府行为；其次是要加大公共品供给，缓解其稀缺的程度；但是，从最根本上来说，应该是划清市场的边界，将市场"关进笼子"，防止一些不应由市场调节的领域中市场力量的"入侵"。[37]

方福前认为，我国主要瞄准让一部分人先富起来，实行低工资、低物价的制度，初次分配领域机制的不完善，都是导致目前收入分配差距扩大问题的原因。要深化收入分配改革就要从3个方面加以转变：一是从首先让一部分人先富起来向更注重共同富裕的转变；二是转变低工资、低物价的发展方式，差别化提高劳动者工资、资源、土地的价格，优化资源配置；三是将分配领域重点从再分配领域转移到初次分配领域，完善工资指数化增长的制度和工资集体议价制度。[38]

（二）关于共同富裕内容和实现途径的讨论

十八大报告指出"共同富裕是中国特色社会主义的根本原则"，在新的历史条件下夺取中国特色社会主义的新胜利必须牢牢把握的8项基本要求中非常重要的一项是要“必须坚持走共同富裕道路”，党中央对于“共同富裕”问题的重视引发了学术界诸多的讨论。学者们就如何理解共同富裕、如何实现共同富裕等方面提出了许多观点。

在如何理解共同富裕方面，卫兴华指出共同富裕可以从6个层次加以理解。一是共同富裕是社会主义的本质规定性，走共同富裕道路就是走社会主义道路。二是将走共同富裕的道路和共同富裕的目标区别开来，道路是向共同富裕不断迈进，而共同富裕目标实现时间的长短则要看生产力发展的状况和财富不断增长的状况。三是共同富裕不是均等富裕，按劳分配、奖勤罚懒仍然是社会主义的分配原则。四是全面建成小康社会并不能成为共同富裕的判断标准，除了全面建成小康社会以外，消除两极分化、控制收入分配差距是非常重要的。五是共同富裕是一个相对的概念而不是一个绝对的概念，即使达到了共同富裕的水平，富裕的层次也会有区别，而且不同人们之间的富裕层次也不会固定不变，会有交叉和转化。社会主义和共产主义是一个由低级到高级发展的过程，共同富裕也是一个不断发展的过程。六是实现共同富裕过程中除了要解决发展方面的难题以外，更大的难题来自如何坚持公有制为主体和按劳分配为主体以及怎样引导私有制企业走共同富裕道路。[39][40]

在如何实现共同富裕的问题上，学界多数认为公有制是实现共同富裕最重要的途径。

周新城认为，邓小平所强调的共同富裕，是与消灭剥削、消除两极分化联系起来的，而消灭剥削、消除两极分化只有公有制才能做到，因此共同富裕必然是与公有制相联系的。[41]

何干强、蔡万焕认为，共同富裕既不是平均主义，也不是现在西方的高收入社会，因为高收入社会以不平等的生产资料占有为基础，对内两极分化，对外对广大发展中国家进行剥削，不是共同富裕。共同富裕只能是科学社会主义的共同富裕，是按劳分配基础上的共同富裕。[42]何干强还批评了一些人认为共同富裕主要依靠财政进行再分配的看法。在西方国家，私有制基础上的分配存在着对抗性的矛盾，财政的再分配只能是缓解这种矛盾，而不是解决这种矛盾，而且，西方国家的再分配是以不损害资产阶级利润率的稳定增长为前提的。另外，在我国依靠财政收入进行再分配，是一种“被动”的做法，不利于广大群众发挥自力更生、艰苦奋斗的优良传统。要实现共同富裕，最根本的是调整所有制结构，使得从业人员大多数处于公有制的生产关系之中。同时要完善城市国有经济内部的所有权关系，促进所有权人格化来解决目前国有企业监管不严、收入分配差距扩大等方面的问题。另外，城市集体经济要处理好“按股权分配基金”和“按劳分配基金”之间的比例关系，并防止企业管理层收购职工股权，从而防止集体经济私有化。对于农村集体经济来说，要完善土地所有权制度。[43]

程恩富、张建刚认为，目前的两极分化主要是初次分配不公造成的，表现为劳动报酬占比的下降，而造成这种状况的正是所有制结构的变化。公有制由于生产资料不是对劳动者进行剥削的工具，工人按照劳动贡献分配，相对差距较小，同时公有制经济的利润为集体或国家占有，就更能在更广大的范围内为群众服务。而要实现共同富裕，就要促进国有和集体经济的发展，同时注重劳动报酬份额的提高，并发挥好国家在收入分配中的调节作用。[44]

胡家勇、武鹏认为，公有制促进共同富裕可以从3个方面着手：一是合理提取国有企业红利；二是加大将国有资本及其收益充实社会保障资金的力度；三是合理处置国有土地出让收益，重视保障房等项目的建设。[45]

注：

①吴敬琏、马国川：《重启改革议程——中国经济改革二十讲》，生活·读书·新知三联书店，2013年版。

②周新城：《中国改革确实面临向何处去的问题——关于我们同吴敬琏的分歧》，《中华魂》，2013年第11期。

③宗寒：《新中国前30年发展的成就不容抹杀》，《中华魂》，2013年第13期。

④丁冰：《究竟要把我国引向何处——从〈重启改革议程〉一书想到的》，《中华魂》，2013年第19期。

⑤陶玉：《坚持社会主义市场经济的正确方向》，《中华魂》，2013年第21期。

⑥梁柱：《评〈重启改革议程〉三个前提的荒谬性》，《中华魂》，2013年第13期。

⑦刘国光：《再论我国经济体制改革的方向》，《经济学家周报》，2013年9月19日。

⑧高尚全：《营造公平市场环境的关键仍是改革》，《学习月刊》，2013年第9期。

⑨高尚全：《处理好政府与市场的关系是经济体制改革的核心》，《上海经济》，2013年第9期。

⑩吴敬琏、马国川：《重启改革议程：中国经济改革二十讲》，生活·读书·新知三联书店，2013年版。

⑪吴敬琏：《制定全面改革的行动规划》，《中国改革》，2013年第8期。

⑫吴敬琏、马国川：《重启改革议程：中国经济改革二十讲》，生活·读书·新知三联书店，2013年版。

⑬袁恩桢：《政府与市场的“双强模式”是社会

主义市场经济的重要特点》，《毛泽东邓小平理论研究》，2013 年第 8 期。

⑭韩文秀：《怎样理解是市场在资源配置中起决定性作用和更好发挥政府作用》，《求是》，2013 年第 24 期。

⑮高尚全：《从“基础性”到“决定性”——社会主义市场经济完善的新进程》，《北京日报》，2013 年 11 月 25 日。

⑯吴敬琏：《坚持政府和市场关系的准确定位》，《北京日报》，2013 年 11 月 25 日。

⑰林毅夫：《有效市场也需有为政府》，《经济学家周报》，2013 年 12 月 7 日。

⑱程恩富：《要分清两种市场决定性作用》，《环球时报》，2013 年 12 月 10 日。

⑲中国社会科学院马工程项目“思想理论问题及动态跟踪研究”课题组：《对三中全会精神的一些“权威解读”值得商榷》，《思想理论情况反映》，2013 年 11 月 28 日。

⑳卫兴华：《更加尊重市场规律，更好发挥政府作用》，《光明日报》，2013 年 12 月 13 日。

㉑刘树成：《我国经济进入中高速增长阶段》，《人民日报》，2013 年 10 月 14 日。

㉒何帆：《经济放缓时期的改革》，《中国金融》，2013 年第 10 期。

㉓黄益平、苟琴、蔡昉：《2013：增长趋势放缓将是中国经济新常态》，《决策探索》，2013 年第 14 期。

㉔刘伟、蔡志洲：《中国与其他国家经济增长状况的比较》，《经济纵横》，2013 年第 1 期。

㉕辜胜阻、王敏、李洪斌：《转变经济发展方式的新方向与新动力》，《经济纵横》，2013 年第 2 期。

㉖曹雷、程恩富：《加快向充分自主型经济发展方式转变——基于经济全球化视野的审思》，《毛泽东邓小平理论研究》，2013 年第 8 期。

㉗卫兴华：《创新驱动与转变发展方式》，《经济纵横》，2013 年第 7 期。

㉘张车伟、程杰：《收入分配问题与要素资本化——我国收入分配问题的“症结”在哪里?》，《经济学动态》，2013 年第 4 期。

㉙转引自杨静编：《收入分配之争》，中国社会科学出版社，2013 年版。

㉚吴敬琏、马国川：《重启改革议程——中国经济改革二十讲》，生活·读书·新知三联书店，2013 年版。

㉛刘国光：《再论我国经济体制改革的方向》，《经济学家周报》，2013 年 9 月 14 日。

㉜陈硕颖：《收入分配差距扩大的根子在政府和国企的高收入吗?》，《红旗文稿》，2013 年第 5 期。

㉝转引自杨静编：《收入分配之争》，中国社会科学出版社，2013 年版。

㉞转引自杨静编：《收入分配之争》，中国社会科学出版社，2013 年版。

㉟卫兴华：《遵循共同富裕的原则促进分配公平》，《新视野》，2013 年第 5 期。

㊱卫兴华：《我国贫富分化的现实与成因评析》，《江苏师范大学学报》，2013 年第 5 期。

㊲乔榛：《收入分配的逆向转移：中国收入差距扩大的特殊机理》，《学习与探索》，2013 年第 6 期。

㊳方福前：《抓好三个转变，深化收入分配改革》，《教学与研究》，2013 年第 4 期。

㊴卫兴华：《论社会主义共同富裕》，《经济纵横》，2013 年第 1 期。

㊵卫兴华：《坚决走共同富裕之路》，《红旗文稿》，2013 年第 3 期。

㊶周新城：《我国社会主义初级阶段分配问题研究》，《政治经济学评论》，2013 年第 3 期。

㊷何干强、蔡万焕：《论公有制是共同富裕的经济基础》，《社会科学辑刊》，2013 年第 2 期。

㊸何干强：《论改善所有制关系促进共同富裕》，《中国经济问题》，2013 年第 1 期。

㊹程恩富、张建刚：《坚持公有制经济为主体与促进共同富裕》，《求是学刊》，2013 年第 1 期。

㊺胡家勇、武鹏：《当前公有制促进共同富裕的三个着力点》，《经济学动态》，2013 年第 9 期。

（作者：卫兴华，中国人民大学教授；
冯志轩，中国人民大学博士生）

宏观经济学

陈享光　李连波

2013 年我国经济学界对宏观经济问题的研究主要集中在通货膨胀及其福利成本、财政规则与货币政策、全要素生产率与中国经济增长的源泉、经济周期、人民币均衡汇率、经济发展与收入分配等问题上，在这些问题的研究上取得了新的进展。

一、对通货膨胀及其福利成本问题的研究

杨子晖等用最新发展的非线性 Granger 因果检验方法研究了包括中国在内 15 个国家的 CPI 和 PPI 之间的非线性传导机制及其动态演变轨迹。研究发现这两个价格指数之间存在显著的非线性作用机制，

但传导机制在不同国家间存在差异。在中国，总体上存在由 PPI 到 CPI 的非线性传导机制，这意味着会加大“成本推动型通胀”风险。然而，下游价格对上游价格的反向倒逼机制在我国也日益凸现，使我国面临着成本推动和需求拉动因素交织作用的复杂情景。①

张成思等从资本轮动下行业潮涌的视角重新诠释了中国的通货膨胀问题。他们将国民行业划分为投资品和一般消费品部门，构建了解释行业潮涌和通货膨胀关系的理论模型，并用 1998 年以来的数据进行了经验检验。经验分析发现，房地产价格增长率对总体通货膨胀率和一般消费品价格变化率具有显著的驱动效应，验证了行业潮涌和通货膨胀的联动机制。决策层应该考虑从粗放式的财政与货币政策转向重点关注行业潮涌现象及其背后暗示的居民收入、投资品供给和一般消费品供给方式的调整。②

姚余栋等围绕通货膨胀预期和央行票据利率构建了中国的“新共识”宏观经济模型，对我国 2005 年以来通货膨胀预期的形成机制和治理方法进行了实证研究。其结论是我国经济的风险主要来自通货膨胀预期的冲击，通货膨胀预期和货币政策对实体经济的影响很大，而通货膨胀本身对实体经济的影响相对较小；我国的通货膨胀预期具有很强的惯性，货币政策要发挥最大效用必须对其做出反应，当前来说以央行票据利率为指标的货币政策可以发挥重要作用。③

陈彦斌等根据中国二元经济的结构特征，构建了一个两部门两产品的 Bewley 模型，来研究我国通货膨胀对财产不平等的影响。研究发现，通货膨胀不仅通过财产结构差异产生再分配的作用，还会推高农产品的相对价格，通过居民消费结构的差异来影响财产不平等，低收入家庭由于恩格尔系数高而承担了更多的通货膨胀福利成本。④

吴锦顺探讨了通货膨胀福利成本估计方法的问题。他用两种方法估计和比较了 1995—2012 年我国逐年通货膨胀福利成本：一种是他提出的基于 GMM 方法的 MIU 模型框架下的方法；一种是传统的 MIU 模型框架下的方法。比较结果显示，他提出的新方法更有优势，因为它能同时考虑通货膨胀率和名义利率等多个变量对通货膨胀福利成本的影响。⑤

陈刚基于 CGSS（2006）数据，以居民幸福感作为衡量标准测算了通货膨胀的福利成本。经测算，我国通货膨胀率每上升 1 个百分点，国民幸福感会下降 1. 13%，需要 GDP 增加 2 个百分点才能弥补，从而通货膨胀显著降低了居民的幸福感。以上结果远高于基于欧美国家数据的测算结果，意味着我国的通货膨胀成本远高于欧美国家。在适应性预期的假设下，我国的预期型和非预期型通货膨胀都显著降低了居民的幸福感，福利成本并无显著差异。⑥

彭方平等考察了我国通货膨胀容忍度的问题。他们构建了包含时间效应的非线性面板平滑转换模型，以合理刻画通货膨胀与经济增长的关系。研究发现，在 1% 的显著性水平下，通货膨胀率小于 2. 3% 时，通货膨胀对投资和经济增长没有影响；当通货膨胀率大于 5% 时，通货膨胀率对投资和经济增长有显著的负向影响；这两种机制的转换发生在通货膨胀率为 3. 8% 时的位置，且转换速度非常快，因而当通货膨胀率接近或超过 3. 8% 时，央行应迅速采取措施。⑦

陈卫民等基于我国 1990—2010 年的省际面板数据，实证研究了人口年龄结构与通货膨胀的关系。研究发现：青少年人口比重上升可加剧通货膨胀率，劳动年龄人口和老年人口比重上升则相反；尽管存在影响程度的差异，人口年龄结构和通货膨胀率关系的性质在我国东中西部是一样的；人口结构与通货膨胀之间存在非线性关系，老龄化达到较高水平后，老年人口比重的继续提高对通货膨胀的影响会由抑制变为推高；经济增长率、固定资产投资增长率、贷款增长率和消费比重提高都会推动通货膨胀水平上升。⑧

二、对财政规则和货币政策问题的研究

张佐敏将财政规则分为购买规则、融资规则和自动稳定规则，用动态随机一般均衡（DSGE）模型考察了不同的财政规则组合对经济均衡和政策效果的影响。研究发现，如果扭曲税率根据上一期债务规模调整，则经济具有唯一均衡的税率弹性空间最大，而自动稳定规则可以拓宽税率的弹性空间。同时，盯住税率和强自动稳定规则、弱自动稳定规则的不同组合分别有利于实现政府购买刺激目标和稳定产出目标，而盯住债务和弱自动稳定规则的组合最有利于实现稳定就业和价格的目标。⑨

胡永刚等将以产出和通货膨胀为反应变量的财政支出规则引入了动态随机一般均衡模型，分析财政政策对居民消费的影响。理论分析表明，财政政策会通过两种途径影响居民消费：一种是财富效应；另一种是财政支出规则的预期效应。但是这种预期效应取决于财政支出对产出和通货膨胀的反应程度：只有当反应程度达到一定临界值时预期效应才有效。⑩在一个具有价格粘性的动态随机一般均衡模型中，他们比较了借新债还旧债、增加增值税、消费税、工资薪金所得税、资本所得税和缩减政府转移性支出 6 种偿债方式，发现不同偿债方式主要通过财富效应和替代效应对居民消费产生影响，但各有侧重。⑪

王晋斌等考察了我国货币政策是否存在非对称的损失偏好。他们直接采用非对称损失函数检验了我国央行货币政策损失偏好的性质，计量结果并不支持央行在产出缺口损失和通货膨胀缺口损失上存在显著的非对称损失偏好，因而对称性损失偏好函数的假定不能被拒绝。这意味着央行采取的是相机抉择的货币政策，货币政策目标在通货膨胀和经济增长之间权衡选择。他们认为这可能与中国经济增长模式和通货膨胀因素的复杂性有关。⑫

马草原等研究了我国货币政策超调现象的形成机理。他们针对中国经济环境的基本事实，提出了3个理论假设分析货币政策超调的形成机理，并用省际面板数据对其进行了实证检验。其结论是，货币政策超调根源于我国特殊的经济制度环境和宏观调控体系，它造成了我国货币政策调控对国有经济渠道的过度依赖；国有投资比重上升拖累了“总体经济效率”，使投资增长的“总量效应”受到“结构效应”的削弱，最终使政策当局陷入“求均衡”和“保增长”的两难困境。因而，要减轻和消除货币政策超调，关键在于扭转货币政策调控对国有经济投资渠道的过度依赖，凸显经济均衡发展和结构优化在调控目标中的重要性。⑬

饶品贵等在区分企业产权性质是国有还是非国有的基础上，通过考察货币政策对银行信贷和商业信用的不同影响，为我国货币政策信贷传导机制的存在提供了微观证据。其基本结论是，相对于国有企业，货币紧缩对非国有企业银行信贷造成更大的冲击，企业将商业信用作为替代融资方式，证明了货币政策微观传导机制在我国的存在。⑭另外，他们考察了不同货币政策环境下我国银行信贷资源在国有企业和非国有企业之间配置的差异及其对上市公司未来业绩的影响。研究发现，货币政策紧缩期信贷资金的边际增加会使企业下一年度取得更好的业绩，不过这主要发生在非国有企业身上，说明非国有企业经济效益较好却没得到足够的信贷资金。⑮朱新蓉等用2007—2013年上市公司的数据分析了我国货币政策传导的企业资产负债表渠道是否有效的问题。研究表明，我国货币政策传导的企业资产负债表渠道基本有效，但是存在行业的非对称性，少数行业的资产负债表传导存在低效应问题；货币政策效应整体上存在时滞性，而且不同行业的时滞有差异。⑯

马勇考察了宏观审慎货币政策规则及其政策效果。他以一个基于我国经济的DSGE模型为基础，动态地引入了一个具有摩擦的内生性金融体系，系统考察了宏观审慎的货币政策规则及其反应方式。模型的模拟结果表明，基于宏观审慎的货币政策最有效的方法是对通货膨胀和产出做出灵敏反应，紧盯通货膨胀和产出缺口的规则依然可以成为稳健货币政策的基石。他认为这个结论对宏观审慎政策规则的启示是，基于宏观稳定的货币政策可能更青睐简单、清晰的规则，而非复杂的多目标规则⑰。王博等以高储蓄率对货币政策和宏观经济关系形成的约束为切入点，研究了有利于增强宏观经济稳定性的货币供给规则。他们将货币供给反馈规则引进了代季交叠（OLG）模型，讨论了差分经济系统稳态均衡点附近的稳定性和福利最大化的消费水平，并用我国1985—2007年的数据进行了参数校准和模型估计。其基本结论是：央行遵循的货币供给行为的结构参数可以影响居民的消费—储蓄决策，进而能够影响稳态的储蓄率；1997年后我国超额货币供给对通胀偏离其目标的反应程度发生了变化；我国过高的储蓄率与经济系统的稳定性不相容，已经触及理性人的边界状态。作者认为间接提高代表性行为人的贴现率并辅以货币政策参数微调，可以提高宏观经济的稳定性。⑱戴金平等构建了一个包含市场化利率规则和非市场化信贷指导两种货币政策调节方式的动态随机一般均衡模型，以考察我国货币政策对实体经济的影响。研究发现，央行的公开市场业务和对商业银行的信贷指导都能够引导实体经济、平滑经济波动和增加社会福利。然而，信贷指导这种非市场化的调节手段会加剧金融市场利率的扭曲，从而导致金融中介的低效率。⑲

三、对全要素生产率和我国经济增长源泉问题的研究

范志勇等用参数和非参数方法核算了开放条件下我国1981—2010年国民收入的增长状况和特征。指数核算方法和计量经济学分析都表明，我国的全要素生产率近年来快速下降，对国民收入增长贡献的份额呈下降趋势；资本投入对国民收入增长的贡献份额不断上升，成为国民收入增长的主要源泉。同时，贸易条件的恶化使我国2003—2009年实际国民收入增长速度慢于实际产出增长，出现了“增产不增收”现象。⑳

龚关等突破了Hsieh和Klenow提出的资源配置效率测量方法中规模报酬不变的假设，他们证明用TFPR的对数方差测量资源扭曲会增加计算误差，转而采用MRPK和MRPL的方差衡量资本和劳动的配置扭曲程度。他们用Levinsohn-Petrin半参数估计方法估计了我国制造业跨行业的资本和劳动的产出弹性，通过对我国1998—2007年制造业企业数据的实证分析得出：如果资源得到有效配置，我国1998年制造业的全要素生产率会增长57.1%，2007年会增长30.1%的结论。㉑

邵宜航等从异质性企业的角度考察了我国工业企业间的资源配置对工业全要素生产率的影响。在Hsieh和Klenow研究的基础上，他们进一步对交通等硬环境和金融市场软环境造成的扭曲进行了测算和比较，并将数据延伸到2007年。研究发现：资源配置优化可能带来很大的加总全要素生产率收益，资源配置在所考察的样本期内以2005年为分界经历了先改善后恶化的转变；金融环境扭曲对中小企业特别是小企业资源配置扭曲的影响是造成总体资源配置扭曲恶化的根本原因；交通等基础设施在我国未来的发展中将起到关键作用，2005年后对大、中企业来说交通等设施的负面影响已经超过了金融的负面影响。[22]

蔡昉将增长理论和经济史结合起来，从物质资本和人力资本积累激励的角度，尝试建立一个统一的理论框架来解释经济增长的成败。他总结了4种人类经济增长类型或阶段：马尔萨斯式的贫困陷阱、刘易斯式的二元经济发展、刘易斯转折点和索洛式的新古典增长。他认为我国已经经历了这4种类型的前3个，最终会进入一个新古典增长阶段[23]。在当前我国从二元经济发展阶段向新古典增长阶段的转变过程中，已经出现了资本报酬递减的现象。中国的全要素生产率仍然有很大的提高空间，不过需要一系列人力资本条件和制度环境。[24]

董敏杰等用一个可以测算经济增长来源的非参数分析框架测算了我国经济增长的来源。他们推导出一个非参数分析框架，用1978—2010年的省际数据测算了我国经济增长的来源。测算结果显示，TFP、劳动、资本对我国经济增长的贡献份额分别为10.9%、3.7%、85.4%。这表明TFP是我国经济增长的重要推动力，同时我国经济对资本的依赖很高，而且依赖性越来越强。[25]

刘瑞翔在一个考虑了环境因素的非参数经济增长核算框架下，用1989—2010年的省际数据，从要素投入、全要素生产率和环境消耗三方面分析了中国经济增长的源泉。研究发现，在中国经济增长的源泉中，要素投入的贡献份额为70.2%，全要素生产率为20.55%，环境消耗为9.25%，然而我国不同区域间经济增长的源泉有很大差异；存在增长源泉对我国经济增长和波动贡献度相背离的现象，中国经济更多地与全要素生产率呈现出一致的变动趋势。[26]

李平等基于纯生产率和索洛余值法测算了我国生产率的变化及其增长的源泉。主要结论是：我国生产率从改革开放以来出现了涨跌互现的波动情形，其增长是我国经济增长的重要源泉；我国经济增长方式是资本投入驱动型，东、中、西部的经济差距源于资本投入贡献的差异；我国生产率自2002年以来呈下降趋势，同时资本投入迅速增加，这种“粗放”的经济增长方式难以保证我国未来经济的可持续发展。[27]武鹏考察了改革开放以来我国经济增长动力的转换。他用SFA和DEA方法，基于我国1978—2010年的省际面板数据，测算了劳动、资本和TFP对经济增长的贡献值。研究发现：资本投入是我国经济增长最主要的动力来源，贡献率高达92%；劳动投入对我国经济增长的贡献最小；TFP对经济增长的贡献值略高于劳动，但绝度水平较低；我国经济增长的动力转换可分为1979—1985年、1986—1997年、1998年至今3个阶段；我国经济增长动力有两个明显特征：一是投资拉动的作用保持了很高的水平；二是效率驱动的作用逐渐弱化，直至走到经济的对立面。中国未来迫切需要将经济增长的动力机制由投资拉动转变为效率驱动。[28]

张德荣研究了“中等收入陷阱”的发生机理和中国经济增长的阶段性动力。他根据统计数据认为“中等收入陷阱”是一个普遍的现象。实证研究发现，在不同发展阶段经济增长的动力机制是不同的，适时转换动力机制是规避“中等收入陷阱”的关键。从深层次看，中等收入国家陷入“中等收入陷阱”的根本原因是缺乏经济增长动力机制转换的激励。我国存在通过知识创新推动经济增长的潜在空间，改革和原创性技术进步是我国未来经济增长的主要动力。[29]

四、对经济周期问题的研究

郑挺国等构建了一个可以综合利用我国季度数据和月度数据的经济周期计量模型——混频数据区制转移动态因子模型。他们运用该模型识别了我国1992年以来的经济周期态势，并在搜集宏观经济实时数据的基础上，对我国2005—2011年间经济周期的识别和测定进行了实时分析。他们发现混频数据区制转移动态因子模型可以很好捕捉我国经济周期的阶段性变化，并且可以提取出基于混频数据的一致指数；该模型在我国经济周期测度上有很好的可靠性和时效性，从而对我国是适用的。[30]

欧阳志刚用共同趋势和共同周期方法检验了中国经济波动的国际协同，并在共同趋势和共同周期的约束下分解了经济增长的趋势与周期。他们对周期成分和趋势成分分别设定了非线性因子VAR模型，以研究国际共同冲击、本国冲击和外国冲击对我国经济波动的影响。研究发现，中国经济波动具有国际协同特征，国际共同冲击对中国经济增长的周期成分和趋势成分有明显的正向冲击效应；2012年以来国际经济增长趋势处于下降通道，将会带动我国经济的下行。[31]

杨子晖等也考察了中国经济与世界经济的协同性。他们构建了一个国际经济周期三层因子模型，基于24个主要经济体的跨国数据进行了经验研究。研究发现，我国宏观经济周期在过去十多年里与全球经济周期密切关联，我国关键宏观经济指标的变动受国际经济因素的影响很大；国际共同因子项解释了我国CPI波动的很高份额，外部因素对我国物价变动有显著的冲击；美国经济周期对世界经济周期具有主导作用；金融危机期间，国际经济因素对主要经济体的产出、股指波动的影响增加。[32]

吕朝凤等构建了一个考虑外生政府支出冲击和代表流动性冲击的偏好冲击的小国开放经济三部门实际经济周期模型，来解释我国经济周期的特征事实。研究发现，代表流动性冲击的偏好冲击是消费、TB/GDP波动的重要冲击来源，政府冲击是消费、就业、TB/GDP和产出波动的重要来源，该模型可以解释我国92%以上的经济波动特征，而且可以合理预测实际消费与TB/GDP之间、产出与TB/GDP之间的明显的逆向协动性。㉝

林建浩等用条件马尔可夫转移模型对我国1979—2011年GDP增长率数据进行了实证分析，探讨中国经济周期演变过程中的“大稳健”问题。研究发现：以1995年第四季度为界，我国经济从高波动与低波动交替出现阶段进入以微波化为主要特征的“大稳健”；2006年和2008年分别出现了“从低到高”和“从高到低”的方差结构转移，目前还无法判断这是“大稳健”的插曲还是终结。对于“大稳健”的可能原因，他们认为与发达国家不同，我国存货投资并不是GDP稳定化的原因；固定资产投资的稳定化与产出增长的稳定化紧密相关；货币政策呈现出与GDP增长类似的波动结构变化是“大稳健”的重要潜在根源。㉞

五、对人民币均衡汇率和变动趋势问题的研究

孙国峰用DSGE模型实证测算了人民币的均衡汇率水平。测算结果显示，人民币汇率在1997年金融危机前后出现一定幅度的高估，但危机后我国加入WTO后劳动生产率快速提高和巴拉萨—萨缪尔森效应共同作用，使人民币汇率变为低估，低估幅度在2006年时达到近15%的最高点；次贷危机后人民币汇率低估幅度迅速减少，甚至出现了短暂的高估；2009年后人民币实际汇率趋向均衡。㉟

陈华研究了央行干预对人民币汇率均衡的影响。他从外汇交易者异质性的微观假定出发，在理论上分析了央行干预对汇率失调程度可能存在的影响，并结合2005年8月—2013年3月的月度数据，用ESTAR模型进行了实证检验。研究发现，央行干预对汇率失调存在U型效应，央行干预推动了人民币汇率更加均衡。㊱

陆前进等从银行信贷、外汇储备角度考察了人民币均衡实际汇率的形成机制，强调了银行利润最大化的信贷供给和外汇储备变动的双重影响。理论分析发现，实际汇率可以表示为贷款利率、名义汇率、外汇储备、劳动生产率和外国价格水平的关系式，这些因素是影响实际汇率的重要因素。实证研究发现，名义汇率和人民币实际汇率正向变动，贷款利率、外汇储备和外汇市场压力对实际汇率的影响为负，劳动生产率和美国价格水平对实际汇率的影响为正。㊲

徐国祥等构建了人民币分别同发达市场和新兴市场货币的五元和四元BEKK-MGARCH模型，研究跨市场汇率波动传导效应。研究发现：人民币和美元之间存在显著的交互波动传导效应关系，汇改后人民币表现出更强的波动传导效应，只有欧元汇率表现得相对比较孤立；在新兴市场之间构建的汇率波动传导模型中，和其他货币相比，人民币具有更强的波动传导效应。㊳

梅冬州等考察了人民币升值对我国贸易顺差的影响。模型数值模拟发现，在不考虑金融加速器和资产型货币错配情形下，货币升值能明显降低贸易顺差，并且对产出的影响不大；然而在考虑到我国和其他东亚国家持有大量外汇资产并且主要依靠国内融资的现实情况后，通过金融加速器效应，货币升值会降低企业净值，使企业外部融资成本迅速上升，从而对投资和产出有抑制作用，进而带来投资品进口的大幅下降，最终使贸易顺差进一步扩大。㊴

林念等研究了实际汇率与服务业发展之间的关系。他们通过对1980—2007年120多个国家的面板数据分析发现：实际汇率变动会对服务业发展产生一定影响，但影响程度受汇率制度的影响；实际汇率升值在固定汇率制度下会加速促进服务业发展，但在浮动汇率制度下二者并没有显著的相关关系。㊵徐涛等研究了人民币汇率调整对制造业技术进步的影响。研究发现，汇率对制造业的技术进步有显著影响，但不同行业存在差别，人民币升值对资本密集型行业的技术进步作用不大，而对劳动密集型行业的技术进步有一定的推动作用。㊶

毛日昇考察了人民币实际汇率上升影响我国工业行业就业的传导机制和渠道。研究发现，实际汇率升值通过出口开放渠道和进口竞争渠道对净就业水平产生显著的负面影响；相对于私营工业部门，国有和外资工业部门的就业水平对人民币实际汇率变化的反应更加敏感。㊷戴觅等首次使用企业层面的数据研究了汇率冲击对中国制造业就业的影响。研究发现，我国就业人数对汇率变动的反应存在明显的企业异质性：有相当数量的制造业企业就业量因汇率升值而下降，同时也有很大一部分制造业企业的就业量因汇率升值而上升，使得汇率冲击对企业就业人数的影响虽然在统计上显著，但经济效果很小。㊸

徐建炜等针对实际有效汇率测算中的“加总谬误”问题，测算了我国行业层面的实际有效汇率。通过匹配国内外分行业的价格和贸易数据，他们估算了人民币分行业实际有效汇率，认为人民币实际有效汇率在国内不同行业间存在显著差异，从而人民币汇率变化对不同行业国际竞争力的影响是不同的。他们还讨论了实际有效汇率指标用于计量经济分析的内生性问题，并提出了两种修正内生性的指标，发现分行业实际有效汇率指标优于加总层面的实际有效汇率。㊹

戴觅等则利用2000—2006年企业—交易层面的海关贸易数据，测算了我国企业层面的名义和有效汇率。他们发现，不同企业面临的汇率变化存在很大差异，企业有效汇率差异的95%来自行业内不同企业的差异而不是行业间的差异，企业的进口地数目与其有效汇率的波动性存在显著的负向关系。[45]黄万阳从多个维度探讨了人民币汇率有没有被低估的问题。研究发现，中美基本要素对人民币对美元实际汇率有重要的长期和短期影响，2008—2010年人民币对美元实际汇率被高估了5%～8%，人民币实际有效汇率被高估了2%～6%，而美元实际有效汇率在2009—2010年接近均衡水平。[46]

六、对经济发展与收入分配问题的研究

林毅夫等从政府发展战略的视角，研究了收入分配的根本决定因素，认为政府不当的发展战略才是收入分配结构不合理的根本原因。研究发现：政府优先发展重工业的战略会减少对劳动的需求，使资本收入增长快于劳动，国民收入分配结构不断向企业和政府倾斜；如果政府推行比较优势发展战略，低收入国家会经历4个发展阶段，工资水平不断上升，收入不平等程度会持续下降。[47]利用我国1978—2008年省际面板数据对这一理论假说进行的实证检验发现，重工业优先发展战略将导致城市化水平相对下降、城乡收入差距扩大，中国城乡收入差距在经济发展过程中呈现出先下降、后上升的U型规律。[48]

褚敏等利用我国1986—2010年的省际面板数据，从地方政府和国有企业垄断的视角揭示了我国收入差距不断恶化的深层原因。其研究发现：地方政府主导经济的行为是收入差距扩大的原因；国有企业垄断本身对收入差距的影响不大，地方政府和国有企业的结合，即权力和资本结合形成的行政垄断，是收入差距扩大的根本原因。因此，要根本遏制收入差距的扩大，关键在于消除行政垄断。[49]

陈爱贞等利用上市公司数据估算了10个行业的行政垄断利润，研究了行政垄断对收入分配的影响。研究发现，保守估计行政垄断利润占GNP的比重高达5.71%；行政垄断直接拉大了城镇和总体居民不同收入阶层的收入和财富差距，其对总体居民不同收入阶层的收入分配效应及其累积与财富分配效应，大于对城镇居民不同收入阶层的影响；收入水平越低，受行政垄断的影响就越大，行政垄断加剧了我国城乡尤其是农村低收入居民的贫困程度。[50]

徐建炜等基于微观住户调查数据考察了1997年以来我国个人所得税政策的收入分配效应。研究发现，尽管1997—2005年税制的累进性下降了，但是由于平均税率大幅上升，个税的收入分配效应在大多数年份仍然上升了；我国2006年以来多次调高个税的免征额，在提高了个税税制累进性的同时降低了平均有效税率，免征额提高从总体上反而恶化了个税政策的收入分配效应，它在降低中、高收入者税负的同时没有使低收入者受益；我国个税与发达国家相比累进性较高，平均税率偏低，削弱了个税政策在调节收入分配上的作用。[51]

陈纯槿等用夏普里值分解方法考察了1989—2009年我国城镇劳动力市场结构变迁与收入不平等的演化过程及其影响机制。研究发现：对于不同社会群体来说，收入不平等的来源是不相同的，如天赋、努力程度、性别、户籍等；过去20年劳动力流动与迁移是影响劳动力市场结构变迁的最突出典型特征之一，户籍因素在这一时期内起到了扩大收入不平等的作用；所有制结构和户籍因素对城镇劳动收入不平等的影响已经有了明显下降，教育和职业转而成为现阶段影响我国城镇劳动收入不平等的两大因素。[52]

李雅楠等用1991—2009年中国营养健康调查数据（CHNS）分析了非正规就业比重和非正规就业与正规就业收入差距的变化对城镇居民收入分配的影响。研究发现，1991—2000年非正规就业的比重及其与正规就业收入差距的增加是我国城镇居民收入差距扩大的重要原因，而2000—2009年非正规就业比重增加的程度大于两者收入差距缩小的程度，使得城镇居民收入差距扩大。[53]

学界特别关注城乡收入分配问题的研究。万广华基于泰尔指数构建了城镇化与收入不均等的理论关系，绘出了表明二者关系的倒U形图形。基于国家统计局住户调查数据的实证分析发现，我国城镇化在1978—1994年间使总体的收入不均等上升了，但1995年后减缓了贫富差距的扩大，尤其是2003年后通过缩小城乡差距使贫富差距有所下降。[54]刘玉光等用1978—2008年我国省际面板数据研究了金融发展影响城乡收入差距的传导机制。理论和实证分析发现，我国金融发展起到了拉大城乡收入差距的作用。原因是城乡之间的产业差异和各种制度性障碍使非农化与城镇化进程相脱节，农村居民越来越难以适应城镇非农产业发展的需要，而且农村农业生产率很难提高，所以城乡收入差距随金融发展而拉大。[55]钱忠好等考察了土地市场化对城乡收入差距的影响。计量检验结果表明，土地市场化水平提高并不必然导致城乡居民收入差距扩大，二者是一种倒U型关系：城乡居民收入差距随着土地市场化水平的提高呈现先扩大到相对平稳再到相对缩小的态势。土地市场化水平对城乡居民收入差距影响的拐点为25.3%。因此，要缩小城乡收入差距，应该加快推进土地市场化改革。[56]万远海等评估了户籍歧视对城乡收入差距的影响。他们考虑了内生性问题，重点关注那些户籍属性发生转变的群体，并综合使用了倾向得分匹配和双重差分法来估计户籍的歧视性作用。研究发现，2008年，户籍歧视使农村居民的收入下降了3.5%，户籍歧视的存在使基尼系数从

0.488 上升到 0.499。因此，户籍歧视对我国的收入差距有显著影响。[57]

魏下海等研究了工会对劳动收入份额的影响。他们从理论上考察了工会影响劳动收入份额的经济逻辑，并用 2010 年全国民营企业抽样调查数据进行了经验研究。研究发现，工会会显著提高工资率和劳动生产率，但是后者的提高幅度大于前者，从而劳动收入份额反而下降了。原因在于工会提高工资的行为引起企业降低雇佣规模和用资本替代劳动的行为，从而大大提高了劳动生产率；在替代弹性相对较小的劳动密集型企业，工会对劳动收入份额的负面影响较小，反之亦然。他们认为应谨慎思考其政策含义，不能认为应当解散工会，而是需要进一步考察具体情形。[58]

胡奕明等用 2000—2011 年沪深两市非金融类 A 股上市公司的数据，从企业微观层面研究了收入分配中税、资本收益和劳动所得三者之间的关系，并考察了股权性质、垄断行业、所属地区、公司规模对收入分配结构的影响。研究发现，税负率、劳动所得率、债权人利息率和股东所得率分别为 4.08%、5.66%、1.18%、4.86%；税负率从高到低是地方国企、非国企、央企，劳动所得率从高到低是央企、非国企、地方国企，股东所得率从高到低是非国企、央企、地方国企。[59]陈宇峰等综合考虑了技术偏向、垄断利润和二元经济结构等因素，试图完整揭示劳动份额的影响和决定机制。研究发现，就单个产业来说，垄断利润率是劳动份额短期变动的主要原因，技术偏向性是决定其长期运行水平的关键因素。我国劳动收入份额长期低位运行的主要原因是国有企业选择了资本偏向型的技术，同时二元经济结构下“逆资源禀赋”的技术偏向降低了经济增长的就业吸纳能力。[60]

常进雄等研究了我国初次收入分配中劳动占比问题。他们从 CES 生产函数出发推导了提高劳动报酬占比的基本条件。研究发现：劳动对产出的贡献远高于资本，劳动者的所得却远低于其对产出的贡献；怎样提高劳动报酬占比取决于发展水平和要素禀赋，如果要素替代弹性大于单位弹性，通过扩大就业可以提高劳动报酬占比，反之则通过提高工资水平来提高劳动报酬占比；我国东部地区的要素替代弹性小于 1，提高工资水平是有效的，而中西部地区要素替代弹性小于 1，扩大就业是有效的。[61]

注：

①杨子晖、赵永亮、柳建华：《CPI 与 PPI 传导机制的非线性研究：正向传导还是反向倒逼?》，《经济研究》，2013 年第 3 期。

②张成思、姜筱欣、袁江：《资本轮动、行业潮涌与中国通货膨胀形成机制》，《世界经济》，2013 年第 2 期。

③姚余栋、谭海鸣：《通胀预期管理和货币政策——基于“新共识”宏观经济模型的分析》，《经济研究》，2013 年第 6 期。

④陈彦斌、陈伟泽、陈军、邱哲圣：《中国通货膨胀对财产不平等的影响》，《经济研究》，2013 年第 8 期。

⑤吴锦顺：《我国通货膨胀福利成本的再估计——基于广义矩估计的方法》，《数量经济技术经济研究》，2013 年第 11 期。

⑥陈刚：《通货膨胀的社会福利成本——以居民幸福感为度量衡的实证研究》，《金融研究》，2013 年第 2 期。

⑦彭方平、连玉君、赵慧敏：《经济增长与我国通货膨胀容忍度——来自企业层面的经验证据》，《金融研究》，2013 年第 3 期。

⑧陈卫民、张鹏：《人口年龄结构变化如何影响通货膨胀？——理论解释与经验证据》，《南开经济研究》，2013 年第 2 期。

⑨张佐敏：《财政规则与政策效果——基于 DSGE 分析》，《经济研究》，2013 年第 1 期。

⑩胡永刚、郭长林：《财政政策规则、预期与居民消费——基于经济波动的视角》，《经济研究》，2013 年第 3 期。

⑪郭长林、胡永刚、李艳鹤：《财政政策扩张、偿债方式与居民消费》，《管理世界》，2013 年第 2 期。

⑫王晋斌、李南：《中国的货币政策是否存在非对称损失偏好》，《世界经济》，2013 年第 6 期。

⑬马草原、李成：《国有经济效率、增长目标硬约束与货币政策超调》，《经济研究》，2013 年第 7 期。

⑭饶品贵、姜国华：《货币政策对银行信贷与商业信用互动关系影响研究》，《经济研究》，2013 年第 1 期。

⑮饶品贵、姜国华：《货币政策、信贷资源配置与企业业绩》，《管理世界》，2013 年第 3 期。

⑯朱新蓉、李虹含：《货币政策传导的企业资产负债表渠道有效吗？——基于 2007—2013 中国数据的实证检验》，《金融研究》，2013 年第 10 期。

⑰马勇：《植入金融因素的 DSGE 模型与宏观审慎货币政策规则》，《世界经济》，2013 年第 7 期。

⑱王博、郭廓、马君潞：《高储蓄率、货币供给规则与宏观经济的稳定性》，《经济研究》，2013 年第 5 期。

⑲戴金平、陈汉鹏：《中国的利率调节、信贷指导与经济波动——基于动态随机一般均衡模型的分析》，《金融研究》，2013 年第 11 期。

⑳范志勇、毛学峰：《开放条件下中国收入增长的效率及结构特征：1981—2010》，《经济研究》，

2013 年第 3 期。

㉑龚关、胡关亮：《中国制造业资源配置效率与全要素生产率》，《经济研究》，2013 年第 4 期。

㉒邵宜航、步晓宁、张天华：《资源配置扭曲与中国工业全要素生产率——基于工业企业数据库再测算》，《中国工业经济》，2013 年第 12 期。

㉓蔡昉：《理解中国经济发展的过去、现在和将来——基于一个贯通的增长理论框架》，《经济研究》，2013 年第 11 期。

㉔蔡昉：《中国经济增长如何转向全要素生产率驱动型》，《中国社会科学》，2013 年第 1 期。

㉕董敏杰、梁咏梅：《1978—2010 年的中国经济增长来源：一个非参数分解框架》，《经济研究》，2013 年第 5 期。

㉖刘瑞翔：《探寻中国经济增长的源泉：要素投入、生产率与环境消耗》，《世界经济》，2013 年第 10 期。

㉗李平、钟学义、王宏伟、郑世林：《中国生产率变化与经济增长源泉：1978—2010 年》，《数量经济技术经济研究》，2013 年第 1 期。

㉘武鹏：《改革以来中国经济增长的动力转换》，《中国工业经济》，2013 年第 1 期。

㉙张德荣：《“中等收入陷阱”发生机理与中国经济增长的阶段性动力》，《经济研究》，2013 年第 9 期。

㉚郑挺国、王霞：《中国经济周期的混频数据测度及实时分析》，《经济研究》，2013 年第 6 期。

㉛欧阳志刚：《中国经济增长的趋势与周期波动的国际协同》，《经济研究》，2013 年第 7 期。

㉜杨子晖、田磊：《中国经济与世界经济协同性研究》，《世界经济》，2013 年第 1 期。

㉝吕朝凤、黄梅波、陈燕鸿：《政府支出、流动性冲击与中国实际经济周期》，《金融研究》，2013 年第 3 期。

㉞林建浩、王美今：《中国宏观经济波动的“大稳健”——时点识别与原因分析》，《经济学》（季刊），2013 年第 2 期。

㉟孙国峰、孙碧波：《人民币均衡汇率测算：基于 DSGE 模型的实证研究》，《金融研究》，2013 年第 8 期。

㊱陈华：《央行干预使得人民币汇率更加均衡了吗?》，《经济研究》，2013 年第 12 期。

㊲陆前进、卢庆杰、李治国：《银行信贷、外汇储备和中国的实际汇率——基于中国 2000—2011 年数据的实证研究》，《金融研究》，2013 年第 11 期。

㊳徐国祥、杨振建：《人民币分别与发达市场和新兴市场货币汇率波动传导效应研究——基于多元 BEKK-MGARCH 模型的波动传导测试》，《金融研究》，2013 年第 2 期。

㊴梅冬州、杨友才、龚六堂：《货币升值与贸易顺差：基于金融加速器效应的研究》，《世界经济》，2013 年第 4 期。

㊵林念、徐建国、黄益平：《汇率制度、实际汇率与服务业发展：基于跨国面板数据的分析》，《世界经济》，2013 年第 2 期。

㊶徐涛、万解秋、丁匡达：《人民币汇率调整与制造业技术进步》，《世界经济》，2013 年第 5 期。

㊷毛日昇：《人民币实际汇率变化如何影响工业行业就业?》，《经济研究》，2013 年第 3 期。

㊸戴觅、徐建炜、施炳展：《人民币汇率冲击与制造业就业——来自企业数据的经验证据》，《管理世界》，2013 年第 11 期。

㊹徐建炜、田丰：《中国行业层面实际有效汇率测算：2000—2009》，《世界经济》，2013 年第 5 期。

㊺戴觅、施炳展：《中国企业层面有效汇率测算：2000—2006》，《世界经济》，2013 年第 5 期。

㊻黄万阳：《人民币汇率的均衡、错位及其矫正》，《数量经济技术经济研究》，2013 年第 12 期。

㊼林毅夫、陈斌开：《发展战略、产业结构与收入分配》，《经济学》（季刊），2013 年第 4 期。

㊽陈斌开、林毅夫：《发展战略、城市化与中国城乡收入差距》，《中国社会科学》，2013 年第 4 期。

㊾褚敏、靳涛：《政府悖论、国有企业垄断与收入差距——基于中国转型特征的一个实证检验》，《中国工业经济》，2013 年第 1 期。

㊿陈爱贞、刘志彪：《中国行政垄断的收入与财富分配效应估算》，《数量经济技术经济研究》，2013 年第 10 期。

51徐建炜、马光荣、李实：《个人所得税改善中国收入分配了吗？——基于对 1997—2011 年微观数据的动态评估》，《中国社会科学》，2013 年第 6 期。

52陈纯槿、李实钱：《城镇劳动力市场结构变迁与收入不平等：1989—2009》，《管理世界》，2013 年第 1 期。

53李雅楠、孙业亮、朱镜德：《非正规就业与城镇居民收入分配：1991—2009 年》，《数量经济技术经济研究》，2013 年第 8 期。

54万广华：《城镇化与不均等：分析方法和中国案例》，《经济研究》，2013 年第 5 期。

55刘玉光、杨新铭、王博：《金融发展与中国城乡收入差距形成——基于分省面板数据的实证检验》，《南开经济研究》，2013 年第 5 期。

56钱忠好、牟燕：《土地市场化是否必然导致城乡居民收入差距扩大——基于中国 23 个省（自治区、直辖市）面板数据的检验》，《管理世界》，2013 年第 2 期。

57万远海、李实：《户籍歧视对城乡收入差距的影响》，《经济研究》，2013 年第 9 期。

(58)魏下海、董志强、黄玖立：《工会是否改善劳动收入份额？——理论分析与来自中国民营企业的经验证据》，《经济研究》，2013 年第 8 期。

(59)胡奕明、买买提依明·祖农：《关于税、资本收益与劳动所得的收入分配实证研究》，《经济研究》，2013 年第 8 期。

(60)陈宇峰、贵斌威、陈启清：《技术偏向与中国劳动收入份额的再考察》，《经济研究》，2013 年第 6 期。

(61)常进雄、杨坤：《提高劳动者的工资水平能否有效改善我国初次分配状况？》，《数量经济技术经济研究》，2013 年第 3 期。

（作者：陈享光，中国人民大学教授；
李连波，中国人民大学博士生）

微观经济学

陈享光　郭　祎

2013 年经济学界对微观经济学的研究主要集中在居民消费和消费函数、企业行为、公司治理、国有企业改革、企业与市场均衡、土地和劳动力市场、微观效率、微观经济政策、个体行为与秩序等问题上，这些问题的研究也有了新的进展。

一、关于居民消费和消费函数的研究

关于居民消费问题的研究主要关注政策变量对居民消费的影响、农村和城镇居民消费行为、消费函数等问题。徐舒、赵绍阳建立了一个描述经济个体动态消费决策的异质性经济人生命周期模型，使用 2007—2009 年“城镇居民基本医疗保险调查”数据，通过反事实模拟分析了养老金“双轨制”对于公务员和城镇企业职工生命周期消费差距的影响。研究表明，养老金“双轨制”能够解释公务员和企业职工生命周期消费差距的 24.28%，制约了企业职工在生命周期中 4.84% 的消费增长；企业职工的财富水平越低，养老金“双轨制”对于企业职工消费的制约越强；当公务员养老金替代率为 67% 时，公务员与企业职工生命周期消费即基本持平。提高养老金替代率可以促进企业职工消费，并且从消费平等的角度出发，公务员养老金制度的改革无须以企业职工替代率为标准。①

王小龙、唐龙利用 2002 年城镇居民家庭及个人调查数据，基于城镇家庭异质性，实证分析了养老金双轨制对于城镇居民总消费的影响。研究表明，养老金双轨制对依赖于企业职工基本养老保险模式家庭的人均支出和人均消费支出存在显著抑制效应，进而抑制了城镇居民的总需求。养老双轨制一是抑制了中、高教育支出家庭中的企业模式家庭人均教育支出；二是抑制低、高消费支出家庭中的企业模式家庭人均非教育消费支出，进而减少了城镇居民的总消费。城镇家庭社保模式的并轨改革对城镇居民消费有很强的释放效应。②

周建等将社会心理学等方法引入了微观个体的消费行为，构建了具有消费与收入结构效应的理论模型，从理论上对消费与收入的结构效应的机制进行了分析，利用浙江省农村微观调查数据进行了实证检验。研究表明，工资性收入、经营性收入、财产性收入、转移性收入等不同类的收入通过结构效应影响不同类型商品的消费。③

陈东、刘金东建立不同类型农村信贷影响农村居民消费的经验模型，利用 1981—2010 年农村居民相关数据，基于状态空间模型和中介效应进行了实证分析，以检验和测算农村信贷影响农村消费市场的直接效应与中介效应。模型分析发现，消费性信贷无论是在短期还是长期都较之于生产性信贷更能带动消费的提升。实证结果显示，我国农村信贷对农村居民消费支出的影响主要依靠农民纯收入的中介效应实现，中介效应占总效应比例高达 90%，农村信贷促进农村居民消费的直接效应仅占总效应的 10%。研究认为，农村消费性信贷严重不足，农村信贷结构失衡，不利于提升农村居民消费，加大了农村居民内部收入差距。④

丁继红等利用 1991—2000 年中国健康与营养调查农村家庭面板数据，基于健康风险与医疗保障的视角，分析了我国农村家庭消费行为特征。研究发现，家庭疾病和老年人口比重提高使农村家庭对耐用消费品消费倾向显著降低；农村地区收入不确定性对家庭耐用品消费有显著负面影响；农村基本医疗保障在 2004—2009 年对耐用品消费有显著刺激作用；农村基础设施是拉动农村内需的重要因素。⑤

杜莉等论述了房价上升影响居民平均消费倾向的“房产财富效应”“流动性约束效应”“替代效应”三方面机制，利用上海城镇居民入户调查数据，实证分析了房价上升对于居民消费倾向的影响。结果表明，房地产价格上升总体上促进了上海城镇居民消费倾向的提高，一方面是自有住房家庭由于“财富效应”平均消费倾向提高，另一方面是无自有房的家庭由于“替代效应”放弃购房并扩大消费。研究认为，对于房价特别高的一线城市，抑制房价的政策可能对提振居民消费产生负面影响。⑥

李涛、么海亮利用 2009 年中国跨省区城镇家庭调查数据，实证分析了家庭收入、净资产以及其他家庭和户主的社会人口学特征对家庭消费不平等的影响。研究结果表明，家庭收入不平等和家庭净资产不平等是导致城镇家庭消费不平等的重要原因；户主性别、婚姻状况、健康状况、宗教信仰以及家庭人口结构等因素也是导致城镇家庭消费不平等产生的显著原因。⑦

向晶利用我国城镇居民消费结构数据，通过扩展线性支出系统，实证分析了人口结构调整对我国居民消费结构的影响。结果表明，社会总抚养系数的提高会增加人们基本生活支出，交通通信以及娱乐文化和教育将成为未来我国居民消费结构升级的重点，家庭耐用品、交通通信和娱乐文化教育的收入弹性大于1。⑧

吴忠群、王虎峰首先论述了不同消费理论解释收入差距与消费率之间关系的分歧，然后使用格兰杰因果检验方法对收入差距和平均消费倾向之间的因果性进行了检验。结果表明，以基尼系数衡量的收入差距和平均消费倾向之间不存在因果关系。研究指出，持久收入假说可能与我国居民的实际决策比较吻合。研究认为，中国的低消费率与收入差距不存在直接关系，仅通过改变收入分配来提高居民的消费倾向获得成功的概率很小，而以社会公平为目标的收入分配政策对消费率的提高没有负面影响，提高消费率的更有效手段是降低居民的防御性动机。⑨

吴忠群、王虎峰从收入差距对消费的影响角度出发，得出了收入差距不显著影响平均消费倾向的结论，进而认为这一结果支持了消费的持久收入假说。然而，范叙春、朱保华则从居民储蓄率变动的实际情况进行了分析，认为我国城市居民的储蓄行为不符合持久收入假说。两方的研究角度不同，得出的结论截然相反。范叙春、朱保华使用1995年、2002年、2007年中国家庭收入调查数据，实证检验了生命周期/持久性收入假说在中国是否成立。结果表明，在1995年和2002年，相比于年轻家庭和年老家庭，中年时期的家庭具有更低的储蓄率，2007年各年龄阶段家庭储蓄率差异不再明显，不同时期导致中国城市家庭储蓄率生命周期分布特征的原因也不一样。这意味着，中国城市家庭的储蓄行为与生命周期/持久性收入假说预测并不一致。政策制定应考虑到人口的异质性现象，更多着眼于如何降低中年阶段家庭负担，降低年轻家庭和年老家庭的高储蓄动机。⑩

郭庆旺基于经典消费函数的两个基本变量——可支配收入和边际消费倾向，从描述群体消费行为角度出发，分析了不同收入阶层群体的消费特点，进而构建了消费函数的收入阶层假说。⑪

二、关于企业行为的研究

鞠晓生、卢荻、虞义华使用1998—2008年中国非上市工业企业数据，对于融资约束、营运资本与企业创新活动的关系进行了研究。研究指出，营运资本对缓冲企业创新投资波动发挥了重要作用，而且企业受到融资约束越严重，营运资本对创新的这种平滑作用越突出。研究认为，中国企业自1998年以来能够有平稳的创新活动即得益于营运资本的平滑作用，税收优惠政策可以刺激企业创新活动，经济衰退时期适度减税有助于稳定企业创新支出。⑫

史宇鹏、顾全林构建的理论模型分析了企业面临知识产权侵权行为时的创新行为，利用2001—2007年中国制造业规模以上企业数据，实证分析了知识产权保护情况对企业研发投入的影响。结果表明，知识产权保护对企业创新活动具有显著激励效应，但在不同所有制和不同竞争状态的企业间存在明显差异；知识产权保护对非国有企业激励效应更大，对竞争激烈行业的企业影响更大。⑬

林炜利用1998—2007年中国工业企业数据，借助内生增长模型和知识生产函数，分析了劳动力成本上升对于企业创新能力的影响。研究发现，企业创新能力随着劳动力成本上升而上升，用工成本每提高10个百分点，企业创新能力将提升1.5%。⑭

都阳使用金融危机发生前后中国制造业企业相关调查数据，分析企业对于劳动力成本变化和金融危机造成的需求冲击的反应。研究得出，制造业企业对于低技能劳动力的需求产出弹性为0.78，高技能劳动力的需求产出弹性为0.75，高技能工人需求工资弹性为-0.53，低技能工人需求工资弹性为-0.40，不同类型工人之间替代弹性为0.26。进而认为，高技能劳动力需求产出弹性略低于低技能劳动力，表明了劳动力市场的转变尚未引起企业技术结构的明显变化，而需求工资弹性的结果表明了企业对劳动力市场要素价格的变化产生了有效反应。研究指出，政府需要保持劳动力市场的灵活性和企业公平竞争的环境，以促进企业对要素价格做出正确反应，推动中国经济转型升级。⑮

黄玖立、李坤望利用世界银行对2004年中国12400家企业问卷调查数据，分析了以人均招待费刻画的腐败对于企业产品销售行为的影响。研究表明，人均招待费支出越多，企业获得的政府订单和国有企业订单越多。研究认为，招待费被企业用作不正当竞争的腐败支出，应加强对政府部门和国有企业采购权力监督，增加采购透明度。⑯

徐业坤等利用2004—2011年民营上市公司数据，分析了政治不确定性对于企业投资支出水平的影响。结果表明，民营企业的投资支出水平在面临政治不确定性时会明显下降，政治关联企业特别是拥有人大代表、政协委员等政治身份的企业在面临政治不确定性时投资支出下降更为明显；市委书记的更替会导致国有企业投资支出明显下降，管制行业企业投资支出水平受政治不确定性的负面影响更为明显。研究认为，应尽量保持地方官员任职和政策的连续性，为民营企业的发展营造稳定的政治和政策环境。[17]

封进利用2004—2007年中国工业企业数据，从成本收益的角度，研究了制造业企业参加社会保险的内在激励。研究表明，规模较大、员工人力资本水平较高、外向型程度较低的企业实际缴费率和参保程度更高，国有企业的实际缴费率和参保程度比其他企业高，私营企业以及外资和港台企业较低；企业实际缴费率随着政策缴费率的增加呈现先上涨后下降的趋势，拐点在23%；不同政策缴费地区，企业特征对于参保的影响不同；在缴费率较高的情况下，适当降低政策缴费率可以提高企业实际缴费率，将政策缴费率从高水平下降5个百分点，可以使实际缴费率平均上涨0.48～1.35个百分点。[18]

三、关于公司治理问题的研究

魏明海等利用2003—2008年家族上市公司数据，从家族企业的直接持股结构和董事、监事、高级管理人员结构的角度，分析家族企业关联大股东参与持股和决策管理对公司价值和企业关联交易状况的影响。结果表明，关联大股东持股比例、委派董事比例和委派董监高比例越高，企业价值折损越严重；关联大股东的存在和委派董事与关联交易发生概率和规模正相关，关联交易行为与公司价值不存在显著的负相关关系，但关联大股东的持股、委派董事和委派董监高加剧了关联交易对企业价值的损害；不同类型关联大股东在公司治理中的作用机理有差异，机构投资者和独立审计师可对关联大股东的行为产生一定的监督和制约作用。研究认为，中国家族企业应逐步摒弃家族式管理和进行制度转型。[19]

陈德球等以2003—2010年中国家族控制上市公司为对象，基于控制权私人收益和融资约束视角，分析了地区法律制度和金融深化对于家族控制权偏好的影响。研究表明，法律制度较好、司法体系对投资者权益保护有效、金融深化程度较高的地区，家族企业股东大会层面控制权和现金流权分离度、董事会层面家族董事席位超额控制程度较低。研究认为，家族企业控制权的配置模式受到企业内外部诸多因素的影响，家族企业治理制度变革是一个动态演化，以法律制度和金融深化为基础的内生决定过程。[20]

马连福等从政治干预对公司治理影响的角度出发，利用2008—2010年344家披露了党委会成员在公司董事会、监事会和管理层任职信息的A股国有上市公司数据，分析了国有企业党组织参与公司治理对于企业冗余雇员和高管薪酬契约的影响。研究表明，党委会参与公司治理增加了公司雇员数量，造成了冗余雇员，降低了高管绝对薪酬，抑制了高管攫取超额薪酬的行为。[21]

周林洁、邱汛利用1999—2008年非金融类上市公司数据，分析了不同所有权控制的上市公司总经理政治关联情况对公司业绩之间的影响。结果表明，非国有企业中，总经理有政治关联时，总经理的变更与业绩不存在显著相关关系，总经理没有政治关联时，其变更与业绩呈显著负相关关系；国有企业中，无论总经理有无政治关联，其变更与业绩都呈显著负相关关系。研究认为，在非国有企业中，高管政治关联对企业有重要的价值意义。[22]

陈冬华等利用2000—2009年非金融类A股主板上市公司数据，以公司违规、盈余管理、审计意见类型衡量公司治理水平，检验了上市公司所在地的宗教传统对于公司治理的影响。实证研究表明，上市公司所在地的宗教传统越强，公司越少发生违规行为，也越少被出具非标准审计意见；宗教传统能够抑制上市公司利用操作性应计利润和非经常性损益进行盈余管理的行为；宗教传统对于公司治理的影响在法律制度较好的地区更为明显。宗教传统可以显著提高公司治理质量，以法律制度为代表的正式制度和以宗教传统为代表的非正式制度存在一定的互补关系。[23]

苏冬蔚、熊家财构建了一个扩展委托代理模型考察大股东掏空对CEO薪酬契约的影响，利用2005—2011年我国上市公司数据进行了实证分析。研究表明，我国上市公司大股东掏空导致CEO薪酬以及CEO强制性变更与公司业绩之间的敏感性均较弱，CEO在职消费显著上升，大股东掏空侵占上市公司资源、破坏公司治理并增加代理成本。[24]

郑志刚等利用2001—2005年制造业大中型企业年度财务数据，从内部和外部治理两个方面对我国非上市公司的治理问题进行了研究。研究指出，控股股东的特征对非上市公司的代理成本影响显著，国有控股公司和其他控股股东性质的公司相比通常具有较高的代理成本，私人或港澳台控股股东代理成本较低；法律对投资者权利保护和市场化等外部制度环境对非上市公司治理影响显著，税务实施降低了公司的代理成本。[25]

四、关于国有企业改革问题的研究

林岗、张晨澄清了社会上存在的一些对于国有企业的错误观点，提出了一些对国有企业进一步改革发展思路的看法。作者认为，深化国有经济改革必须坚持基本经济制度，反对私有化思潮的误导，对国有企业改革采取分类指导原则，建立健全国有企业监管机制，完善国有资本经营预算制度，完善企业经营业绩考核体系和企业经营者的激励和约束机制，进一步加强国有经济内部民主管理，完善与社会主义国有经济性质相适应的收入分配制度。[26]

余明桂等从理论上阐述了在不同产权保护制度下民营化与企业承担风险决策之间的关系，利用1998—2011年A股上市公司为样本，对于国有企业民营化后的风险承担水平以及产权制度和契约制度的影响进行了实证检验。研究表明，民营化显著提高了企业的风险承担水平，更好的产权保护制度能够显著提高民营化企业的风险承担效应，契约制度在强化民营化的风险承担激励效应方面的积极作用有限。[27]

简泽从理论上分析了银行信贷部门的改革对于低效率国有企业的影响，利用1998—2007年间中国工业企业数据，在一个自然实验的框架下，验证了银行债权治理对于国有企业管理者偏好和绩效的影响。研究发现，银行信贷部门的改革带来的债权治理能够有效地约束国有企业管理者的规模偏好、花费偏好和平静生活偏好，抑制国有企业的投资饥渴症、工资侵蚀利润的现象，促进国有企业的技术创新，显著改善国有企业的盈利状况。金融部门的改革对于国有企业改革有互补作用。[28]

张敏等从政治干预影响国有企业绩效的角度出发，利用1998—2008年A股上市公司数据，实证分析了冗员负担对于企业高管激励机制的影响。研究表明，国有企业中冗员负担显著降低了高管的薪酬与企业业绩之间的敏感性，加剧了薪酬的黏性，促使高管倾向于进行在职消费，以弥补高管在现金薪酬方面的损失。[29]

五、关于企业与市场均衡的研究

马捷等利用一个三阶段博弈模型，分别在同质产品市场和差别产品市场中，讨论了所有权与经营权分离的现代企业自由进入问题及福利后果。研究指出，如果经理人工资成本构成固定进入成本的一部分，那么无论是同质产品市场还是差别产品市场，过度进入、进入不足、社会最优都有可能是自由进入的均衡结果；经理人工资成本只是一项转移支付，利润耗散行为一个部分以一种有益于社会福利的方式进行；在对进入合意性判断上，进入者可能比社会计划者更为乐观或悲观；无论是在同质产品市场还是差别产品市场，自由进入均衡和次优结果中现代企业在大多数情况下都比古典企业有效率，只有在差别产品市场自由进入均衡结果中，当经理人工资成本充分小的时候，古典企业才比现代企业有效率。研究认为，不能独立于企业的制度来讨论自由进入的有效性问题。[30]

王夏阳、傅科从企业社会责任角度出发，在离散选择与理性预期均衡的理论框架之下，研究企业承诺与消费者选择、生产商质量投入水平决策的关系。研究表明，当缺乏企业社会责任约束，生产商不会对消费者做出质量一致性和价格一致性承诺时，消费者的理性选择会导致企业质量投入水平较低；当生产商能够保持价格一致性承诺时，即使不对质量一致性做出有效承诺，产品的质量水平也会得到改善；只有在生产商遵守企业社会责任的约束，同时保持价格一致性和质量一致性承诺时，市场才会进入质价相符、质量水平卓越的均衡状态。为改进产品总体质量状况，需要引导全社会企业恪守社会责任约束，在主动承诺尚未普遍形成的背景下，必须引入严厉的外部监督机制。[31]

祝伟、黄薇基于时间不一致偏好理论分析了消费者保险购买不足的原因，运用垄断竞争模型分析了保险市场均衡形成机制，以解释保险业低声誉形成的经济机理。研究认为，通过加强监管解决保险行业低声誉的直接效应可能是低效且损害消费者福利的，而加强消费者的风险感知教育是解决问题的有效手段。[32]

六、关于土地市场和劳动力市场的研究

经济学界特别关注土地市场和劳动力市场这两个特殊市场的研究。田传浩、方丽通过建立一个基于市场交易数量和市场交易质量双重视角的市场交易模型，推导出了土地调整对于农地租赁市场的影响，并利用2398户农户的调查数据对理论命题进行了实证检验。研究认为，分析土地调整对于非农就业和农地租赁市场交易数量的影响应考虑具体市场的供给需求弹性，长期土地调整的减少同时有利于农地租赁市场交易数量增加和交易质量的提高，政策的制定应根据现实情况进行权衡取舍。[33]

钱忠好、牟燕利用2003—2008年23个省面板数据，分析了土地市场化对于城乡居民收入差距的影响。结果表明，土地市场化水平的提高不必然导致城乡居民收入差距的扩大，随着土地市场化水平的提高，城乡居民收入差距呈现先扩大到相对平稳再到相对缩小的倒U形态势，拐点位于25.33%的土地市场化水平。研究认为，当前我国相当多地区土地市场化水平低于拐点水平，应加大土地市场化改革力度，尽快跳出土地市场化的“低水平陷阱”。[34]

邢春冰等使用2005年1%人口抽样调查数据和2011年流动人口动态监测调查数据，分析农民工教育回报率及其地区差异以及对于劳动力流动的影响。研究表明，农民工总体教育回报率有下降趋势，东部地区和发达城市的教育回报率明显高于中西部地区，农民工的区域流动使教育回报率地区差异有所下降并呈现向均值收敛的特征；教育回报率的地区差异已经对我国不同教育水平劳动力的区域选择产生了显著影响。研究认为，应进一步减少劳动力流动障碍，促进劳动力的流动。[35]

陈纯槿、李实使用1998—2009年城镇住户抽样调查数据，采用夏普里值分解方法，分析了城镇劳动力市场结构变迁与收入不平等的演化过程及其影响机制。结果表明，劳动力流动与迁移是影响城镇劳动力市场结构变迁的典型特征，教育收益率上升引起社会收入分配机制的变化，户籍制度壁垒造成的城乡二元经济社会结构依然存在；所有制、户籍、性别、经验和地区因素对于收入不平等的相对贡献率趋于下降，教育和职业对于收入不平等的贡献总体趋于上升。[36]

张文朗、韩高峰利用2001—2008年规模以上工业企业数据，分析了我国劳动力市场发展状况对于劳动力成本的影响。研究表明，劳动力市场紧张程度对劳动力成本的影响有限，仅对沿海地区的港澳台企业和民营企业影响显著；劳动力迁移对东部地区港澳台企业和民营企业劳动力成本影响显著，对其他企业影响不明显；中国目前没有出现劳动力绝对短缺，但劳动力市场存在着很大程度的结构性问题，劳动力市场对年轻低端劳动力和年轻技工需求增速远大于供给，而年轻大学生等高学历水平劳动力境遇相反。[37]

盖庆恩等使用劳动力市场上同质劳动力的工资差异衡量劳动力市场的扭曲程度，在封闭的两部门经济框架下，加入了劳动力市场扭曲，从理论上分析了劳动力市场扭曲同经济结构变化和劳动生产率之间的关系，利用1980—2009年宏观经济数据进行了实证分析。研究表明，我国劳动力市场在控制了部门间人力资本差异后的年均扭曲指数为0.24，即农业的工资水平仅相当于非农部门的24%；劳动力市场扭曲会显著影响经济结构调整，影响劳动产出效率。[38]

七、关于微观效率问题的研究

杨振、陈甬军利用1998—2007年中国非上市公司数据，检验了制造业劳动要素的资源误置程度，计算了劳动要素误置带来的以潜在产出缺口衡量的福利损失。研究表明，在制造业两位数代码产业内、产业间均存在着劳动要素配置的扭曲；制造业整体层面劳动要素向理想方向流动一个单位，将给每个企业带来平均12041～13426元的福利改善；在样本考察期间，劳动要素误置情况在进一步恶化。研究认为，需要反思中国制造业中劳动力过剩与劳动要素误置并存的矛盾，构建自由的要素市场对制造业的发展意义重大。[39]

周黎安等利用1998—2007年中国工业企业数据和地级层面的官员数据，对于中国制造业的资源错配程度与地方党代会周期之间的关系进行了实证研究。研究表明，在省级党代会召开的当年和后两年，制造业资源错配程度显著较高，在接下来两年有所降低；资源错配与党代会周期的关联在国有企业密度高、产业关联效应度高或资本密集度高的行业表现更为明显。研究认为，地方官员的晋升激励虽然有助于促进地区GDP增长，但也会对地区资源配置效率产生负面影响。[40]

龚关、胡关亮提出了以投入要素的边际产出价值离散程度作为衡量资源配置效率的指标，利用1998—2007年中国工业企业调查数据，采用半参数估计方法估算行业的要素产出弹性，结合一个涉及异质产品垄断竞争模型，分析了中国制造业企业资源配置效率对全要素生产率的影响。研究表明，1998—2007年，中国制造业资源配置效率的改善促进了全要素生产率提高约20.8%，其中资本配置效率的改善促进了全要素生产率提高10.1%，劳动配置效率的改善促进了全要素生产率提高7.3%。[41]

毛其淋利用1998—2007年企业关税数据和中国工业企业数据，在贸易自由化的背景下，分析了要素市场扭曲对工业企业生产率的影响。研究表明，要素不仅抑制了企业内部生产率的提高，还显著降低了跨企业的资源配置效率；持续贸易自由化显著提高了企业生产率，并对要素市场扭曲有一定的矫正作用；要素市场扭曲对外资企业生产率抑制作用较大，贸易自由化对本土企业生产率的促进作用大于外资企业，贸易自由化对于要素市场扭曲的弱化作用在本土企业中表现更为显著。[42]

毛其淋、盛斌利用1998—2007年国家统计局中国工业企业数据，分析中国制造业企业进入和退出的特征以及与全要素生产率动态演化的关系。研究表明，中国制造业企业的进入率和退出率很高，且均随着企业规模的增大而下降；新进入企业是各年企业的主要构成，但持续期短且规模小，存活概率随年限增长而下降；进入企业和退出企业平均生产率显著低于现有存活企业，进入企业生产率高于退出企业；企业退出市场前生产率水平和增长速度显著低于存续企业，市场选择效应明显；企业更替对于制造业生产率增长贡献率为21.3%～28.9%，并通过市场竞争效应促进存活企业生产率提高。[43]

孙浦阳等提出产品替代性影响企业生产率分布的理论假说，利用1998—2007年中国工业统计数据库中制造业企业数据，检验了产品替代性对于企业生产率离散程度的影响。研究表明，行业内产品替代性减小会导致生产率离散化程度扩大与生产率水平降低，加剧资源错配。研究认为，应加强各市场之间的联系，促进企业竞争，并发挥产品需求层面对经济长期运行效率提升的贡献。[44]

王克强等基于成本函数对偶测度方法，构建了包含资源耗减、资本投入产出之后和需求因素的全要素生产率测度框架，并以煤炭和石油天然气行业为例，利用1999—2010年省级面板数据对中国能源开采行业生产效率进行了实证研究。研究表明，中国煤炭行业和石油天然气行业资本投入产出的最优滞后期数是2期；资源耗减和资本投入产出滞后对全要素生产率的影响显著，忽略这两个因素的传统方法会误估全要素生产率；煤炭行业在2001—2010

年间全要素生产率增长率为 17.00%，石油天然气行业在 2003—2010 年间全要素生产率增长率为 3.88%。研究认为，应关注能源开采行业的“异质性”，合理测度行业生产效率变化。[45]

陈晓光利用我国规模以上工业企业年报 2000—2007 年数据，在 Hsieh 和 Klenow 模型的基础上，测算了增值税有效税率差别导致的全要素生产率损失。结果表明，由于企业间增值税有效税率的差异，我国制造业全要素生产率年均损失 7.9%；企业间增值税率差异的 60% 是由区县间平均增值税差异造成，增值税改革降低了试点企业间有效税率的离散程度。研究认为，差别税率导致效率损失，营改增有助于缩小企业间有效税率差异，可以提高效率。[46]

张红凤、张肇中利用 2000—2009 年我国 30 个工业行业面板数据，测算和分解了全要素生产率，分析了所有权结构对全要素生产率的影响。研究表明，我国工业行业全要素生产率呈现增长趋势，技术进步明显，但对已有技术的吸收和利用不理想；国有及国有控股工业企业资产总计占规模以上工业企业资产总计的比重越高，对全要素生产率和技术进步越不利；行业市场竞争度增强有助于促进全要素生产率的提高。[47]

八、关于居民收入差距问题的研究

学界对基尼系数估算、收入差距的影响因素、个人所得税的收入分配效应等问题进行了深入研究。张金宝、廖理考察了现有收入分布研究中采用的分布函数的估计误差，提出了在收入信息不完全条件下，估算家庭收入分布和测算基尼系数的方法，利用 2010 年全国 24 个地级以上城市居民家庭区间型收入数据，估计了我国地级以上城市家庭收入分布。研究表明，我国地级以上城市家庭收入分布的基尼系数介于 0.36267 ~ 0.38216 之间。研究认为，我国城市居民家庭群体具有一定的复杂性，复合概率分布更适合描述我国城市家庭收入分布，基于数值型数据或分组数据计算的基尼系数存在一定程度的低估。[48]

孙敬水、黄秋虹利用我国 31 个省份 6937 份家庭问卷调查数据，测算了我国城乡居民收入差距，实证分析了我国城乡收入差距主要影响因素及其贡献率。结果显示，2011 年我国城乡居民个人收入基尼系数和泰尔指数分别为 0.481 和 0.425，城乡居民家庭人均年收入基尼系数和泰尔指数分别为 0.489 和 0.437，城镇居民和农村居民家庭人均年收入基尼系数分别为 0.420 和 0.568；户主个人与家庭基本特征、人力资本、地区差异与城乡差异对居民家庭收入有显著影响，户主文化程度差异对城乡居民收入差距贡献率最大，城乡二元结构差异、户主个人和家庭基本特征差异对城乡居民收入差距贡献率较大，地区差异对城乡居民收入差距贡献率较小。[49]

何石军、黄桂田在对现有研究方法进行优化的基础上，使用 1989—2009 年入户调查数据，估算了中国社会父辈收入和子辈收入相关性的代际收入弹性，分析家庭状况对于子辈在就业、收入、社会地位等方面的影响程度是否发生变化。研究得到了 2000 年、2004 年、2006 年、2009 年代际收入弹性分别为 0.66、0.49、0.35、0.46。结果表明，中国社会自 2000 年以来代际收入弹性总体上呈下降趋势，代际收入流动性总体上是在上升；与有关国家相比，我国代际收入弹性仍然偏高，意味着中国的家庭因素对于子辈收入的影响仍然很大。[50]

魏下海等从理论上考察了工会影响劳动收入份额的逻辑，利用我国民营企业抽样调查数据进行了检验。研究表明，工会将提高工资率和劳动生产率，但劳动生产率上升幅度更大，当资本和劳动要素替代弹性大于 1 时，劳动份额会有所下降。[51]

李实等利用中国家庭收入调查中的城镇住户抽样调查数据，实证分析了离退休人员的养老金分配中存在的纵向失衡和横向失衡问题。研究指出，纵向分配上，离退休人员之间的养老金收入差距不断扩大，构成了城镇内部收入差距扩大的一个推动因素；横向分配上，不同特征的离退休人员组之间也存在着显著的收入差距，离休人员和退休人员、公务员和企业退休人员之间的养老金差距十分显著。[52]

刘元生等通过建立一个基于体能和学习能力两种能力异质性并包含人力资本投资和政府税收的两阶段世代交替模型，采用中国的数据进行数值模拟，分析了个人所得税对于收入和财富分配以及经济增长的影响。研究发现，劳动所得税免征额与收入基尼系数呈 U 形关系，个人所得税税率与经济增长率呈反向变动关系。研究认为，为减少收入分配的差距，免征额应随收入分布的变化进行调整。[53]

徐建炜等利用 1997—2011 年微观住户调查数据，对于中国个人所得税的收入分配效应进行了分析。研究表明，我国个税累进性较高，但平均税率偏低，导致个税的收入分配效应有限，不应过分强调个人所得税的再分配作用，应多环节并举。[54]

石子印从我国公众收入存在大规模隐性收入角度出发，将逃税因素纳入了个人所得税调节收入分配的框架中，分析了个人所得税再分配机制因条件差异而存在的高结构累进性与低结构累进性两种再分配机制。分析指出，对于我国，低结构累进性的个人所得税才能发挥调节收入分配的作用。[55]

刘长庚等从理论上论述了农村金融排斥影响城乡收入差距的地理排斥效应、条件排斥效应、价格排斥效应和营销排斥效应，利用 2006—2011 年省级面板数据，实证分析了金融排斥对城乡收入差距的影响。研究表明，条件排斥、地理及营销排斥显著扩大城乡收入差距，价格排斥能在一定程度上缩小城乡收入差距，农村金融排斥平均解释了城乡收入差距的26.1%。[56]

万广华利用国家统计局住户调查数据，基于泰尔指数，分析了城镇化与不均等之间的关系。研究发现，城镇化在1978—1994年期间使整体不均等上升，1995年以后减缓贫富差距的扩大，但不足以抵消其他变量引起的不均等的上升。[57]

万海远、李实利用2007年和2008年中国城乡劳动力流动数据，关注近年来户籍性质发生突变的群体，采用双重差分和倾向得分匹配法研究户籍制度对收入差距的影响。结果表明，户籍的歧视性效应始终存在，2008年仅因为户籍歧视就使农村居民的收入下降了3.5%；仅因为户籍歧视，农户个体收入在发达城市会降低7.9%，在中等及发展中城市会降低3.1%和0.8%；户籍歧视的存在使基尼系数从0.488上升为0.499。[58]

九、关于微观经济政策的研究

孙楚仁等构建了一个包含最低工资和企业异质性的开放经济模型，从理论上分析了最低工资的提高将通过迫使低效率企业退出出口市场降低企业的出口概率，利用1998—2007年中国制造业工业企业数据进行了实证分析。结果表明，最低工资的提高对企业出口可能性和出口额均有显著负面影响。[59]

胡涛、杜丽群在城乡二元经济假设基础上，建立简单两部门一般均衡模型，分析最低工资的经济影响。研究指出，当农业从业人口高于工业部门时，最低工资将导致农产品的价格下降；反之，仅当工业从业人口远大于农业部门时，最低工资才可能造成农产品价格提高。农产品价格因为最低工资而上涨时，农民、工人以及失业者的个体福利都可能下降。[60]

贾朋、张世伟利用2005年和2006年中国各省市最低工资数据，以最低工资提升作为一项自然实验，分析最低工资提升对低技能群体劳动供给的影响。研究表明，总体上最低工资标准提升将导致劳动总供给的降低。提升最低工资标准应该是一个循序渐进的过程。[61]

龚强等通过建立包含一个代表性消费者和一家代表性企业的信息不对称市场博弈模型，分析信息揭示对于提高食品安全规制效率的作用。研究认为，要推动强制性的信息揭示，根据不同行业和企业的特点制定符合实际的信息揭示方式，鼓励社会监督行为。[62]

李新春、陈斌探讨了企业群体性败德行为的特征和产生机理，通过一个建立在创新和败德行为战略选择的混合寡头竞争模型，分析行业结构、企业行为与政府管制之间的逻辑关系。研究表明，当政府监管不力时，企业败德行为的收益将普遍高于创新的收益，会出现败德行为主导的市场，通过逆向选择和模仿扩散等机制对具有规模和创新优势的企业产生“挤出效应”，进而形成群体性败德行为；政府加强对于败德行为的监管，提高对伪劣产品的惩罚力度，则可能出现优势企业带动其他企业积极进行创新的局面。研究认为，严格的政府管制是行业自律的保证，行业创新效率的提高会使败德行为减少，基于消费者“用脚投票”以及通过行业协会等第三方治理制度是解决产品安全问题的另一个重要途径。[63]

十、关于个体行为动机与社会秩序问题的研究

传统经济学理论基于经济人假设，将微观经济主体行为动机都视为满足自身利益最大化，并以此为出发点研究市场的均衡以及社会秩序的建立。然而，经济人假设是否成立以及如何完善一直是理论经济学界探讨的基本问题。范良聪等基于一组引入真实劳动和第三方的独裁者博弈实验，检验惩罚价格对于利益无关的旁观者惩罚需求的影响。实验表明，第三方愿意在与自己利益无关的情况中花费成本惩罚违背潜在规范的独裁者，同时第三方对惩罚的需求随着惩罚价格上升而下降，随着独裁者规范违背程度增加而增加。研究认为，具有很强利他动机的第三方惩罚行为背后仍然存在很强的经济考虑，经济人假设并没有失效，但需要考虑个体行为动机的复杂性，在构建有关惩罚的微观行为模型和进行相应制度设计时应该考虑两个方面的动机。[64]

周业安等通过对214名学生进行两阶段公共品博弈实验，测度个体社会偏好类型，研究个体社会偏好异质类型的分布及社会角色对公共品自愿供给水平的影响。实验表明，个体社会偏好存在异质性，条件性合作者、搭便车者、倒U形合作者和其他类型在分布上有差异，不同类型个体公共品自愿供给水平不同，搭便车者的公共品自愿供给水平显著较低，搭便车行为和条件性合作者的自我服务偏向行为对于公共品自愿供给水平起着决定性作用；性别和学生干部的社会角色存在着显著差异的个体社会偏好异质类型；不同社会角色不仅直接影响公共品自愿供给水平，也因为存在显著差异的个体异质性类型，影响公共品自愿供给水平。研究认为，社会政策的制定应更充分考虑能够包容和鼓励个体信任、善意和合作等社会偏好的情形，充分考虑社会成员角色差别。[65]

连洪泉等将行业声誉看作一种公共品，将行业自律问题看作一个附加惩罚的公共品博弈过程，通过对144名学生进行动态公共品实验，在个体公共品单位收益不均等的情况下研究外生惩罚机制、事前内生惩罚机制和事后内生惩罚机制的作用机理，分析出于行业自律目的的惩罚机制的作用。实验表明，外生和内生惩罚机制都能在一定程度上促进合作，两种惩罚机制带来的合作效应存在差异且都有

限，三种惩罚机制均因为被惩罚者的报复而具有毁灭性效应，最终弱化了合作。研究认为，针对特定行业治理，需考虑多种机制混搭，引入第三方监管机制。

雷震提出了一个基于信念和收入差异厌恶偏好理论的不完全信息最后通牒模型，得到理论命题和预测，然后选取大学生进行受控实验，运用实验数据对理论命题和预测进行了检验，以此考察集体与个体利用不对称信息进行腐败的差异及其原因。实验表明，集体腐败率显著高于个体腐败率，可以通过集体理性程度高于个体理性并且心理成本低于个体来解释。研究认为，现实中要处理好集体决策可能提高效率与可能更腐败之间的矛盾，可以通过鼓励监督等制度安排减少信息不对称以遏制腐败。[66]

梁平汉、孟涓涓通过对学生进行间接信任博弈实验，分析人际关系和互惠期望对于个体间接互惠行为的影响。实验表明，基于偏好的间接互惠行为广泛存在；委托方和受益方之间的人际关系具有溢出效应，委托方善待代理方时，会显著影响代理方的间接互惠行为；人际关系对于间接互惠行为的影响远大于委托方直接表达意愿的信息传递对间接互惠行为的影响；人际关系所导致的间接互惠行为不以牺牲陌生人利益为代价，有利于社会总体的信任传递。[67]

姜树广、韦倩在梳理了信念及心理博弈论基本理论框架基础上，对基于意图的互惠、失望与内疚厌恶、自我形象与社会形象、焦虑和源自预想的效用等信念依赖的基本人类行为动机进行了总结评价，梳理了相关实验与神经科学的证据，对以信念依赖动机为核心的研究进行了系统述评。作者认为，预期信念与心理博弈研究将对情感情绪决策、信任问题、制度研究、非市场决策行为以及多学科融合产生重要影响。[68]

韦倩、姜树广以跨学科视角对于社会合作秩序得以维持的原因进行了探索。作者对搭便车行为进行了不断深入的探讨，从背叛者对合作者的搭便车行为即“一阶搭便车”，到纯粹合作者对于惩罚性合作者的搭便车行为即“二阶搭便车”，探讨社会合作秩序得以维持的内在机制，并逐步推演到人的内心，最终利用神经经济学的研究指出，人类内心天生具有与别人合作、愿意自己付出成本惩罚别人、具有关心他人的亲社会情感的心智结构。[69]

盛洪从理论上分析了视野对于理性人行为的影响。研究指出，理性人计算的准确程度与他的时空视野有关，人的有限理性导致了只能将理性资源分配到有限的时空范围；人类在演化过程中形成了自动关注一定范围而忽略更大范围信息的本能，不能适应高度组织化和大规模的社会对扩大视野的要求；依赖本能就会导致只关注小游戏而在大游戏中失败，于是人类社会发展了教育和宗教等制度来纠正本能上的偏差；教育和宗教并不能遍及所有人，也不一定使人们具有长远和宽阔视野，因而经常出现因为视野不足导致理性人犯错误的现象。[70]

注：

①徐舒、赵绍阳：《养老金“双轨制”对城镇居民生命周期消费差距的影响》，《经济研究》，2013年第1期。

②王小龙、唐龙：《养老双轨制、家庭异质性与城镇居民消费不足》，《金融研究》，2013 年第 8 期。

③周建、艾春荣、王丹枫、唐莹：《中国农村消费与收入的结构效应》，《经济研究》，2013 年第 2 期。

④陈东、刘金东：《农村信贷对农村居民消费的影响——基于状态空间模型和中介效应检验的长期动态分析》，《金融研究》，2013 年第 6 期。

⑤丁继红、应美玲、杜在超：《我国农村家庭消费行为研究——基于健康风险与医疗保障视角的分析》，《金融研究》，2013 年第 10 期。

⑥杜莉、沈建光、潘春阳：《房价上升对城镇居民平均消费倾向的影响》，《金融研究》，2013 年第 3 期。

⑦李涛、幺海亮：《什么导致了中国城镇家庭的消费不平等》，《经济理论与经济管理》，2013 年第 9 期。

⑧向晶：《人口结构调整对我国城镇居民消费的影响》，《经济理论与经济管理》，2013 年第 12 期。

⑨吴忠群、王虎峰：《单纯调整收入差距能提高消费率吗——基于因果检验的分析》，《经济理论与经济管理》，2013 年第 1 期。

⑩范叙春、朱保华：《生命周期假说在中国成立吗——兼论储蓄率的生命周期分布及其动态演变》，《经济理论与经济管理》，2013 年第 3 期。

⑪郭庆旺：《消费函数的收入阶层假说》，《经济理论与经济管理》，2013 年第 1 期。

⑫鞠晓生、卢荻、虞义华：《融资约束、营运资本管理与企业创新可持续性》，《经济研究》，2013 年第 1 期。

⑬史宇鹏、顾全林：《知识产权保护、异质性企业与创新：来自中国制造业的证据》，《金融研究》，2013 年第 8 期。

⑭林炜：《企业创新激励：来自中国劳动力成本上升的解释》，《管理世界》，2013 年第 10 期。

⑮都阳：《制造业企业对劳动力市场变化的反应：基于微观数据的观察》，《经济研究》，2013 年第 1 期。

⑯黄玖立、李坤望：《吃喝、腐败与企业订单》，《经济研究》，2013 年第 6 期。

⑰徐业坤、钱先航、李维安：《政治不确定性、

政治关联与民营企业投资——来自市委书记更替的证据》,《管理世界》,2013 年第 5 期。

⑱封进:《中国城镇职工社会保险制度的参与激励》,《经济研究》,2013 年第 7 期。

⑲魏明海、黄琼宇、程敏英:《家族企业关联大股东的治理角色——基于关联交易的视角》,《管理世界》,2013 年第 3 期。

⑳陈得球、魏刚、肖泽忠:《法律制度效率、金融深化与家族控制权偏好》,《经济研究》,2013 年第 10 期。

㉑马连福、王元芳、沈小秀:《国有企业党组织治理、冗余雇员与高管薪酬契约》,《管理世界》,2013 年第 5 期。

㉒周林洁、邱汛:《政治关联、所有权性质与高管变更》,《金融研究》,2013 年第 10 期。

㉓陈冬华、胡晓莉、梁上坤、新夫:《宗教传统与公司治理》,《经济研究》,2013 年第 9 期。

㉔苏冬蔚、熊家财:《大股东掏空与 CEO 薪酬契约》,《金融研究》,2013 年第 12 期。

㉕郑志刚、殷慧峰、胡波:《我国非上市公司治理机制有效性的检验——来自我国制造业大中型企业的证据》,《金融研究》,2013 年第 2 期。

㉖林岗、张晨:《关于进一步推进国有经济改革发展的一些意见》,《经济理论与经济管理》,2013 年第 2 期。

㉗余明桂、李文贵、潘红波:《民营化、产权保护与企业风险承担》,《经济研究》,2013 年第 9 期。

㉘简泽:《银行债权治理、管理者偏好与国有企业的绩效》,《金融研究》,2013 年第 1 期。

㉙张敏、王成方、刘慧龙:《冗员负担与国有企业的高管激励》,《金融研究》,2013 年第 5 期。

㉚马捷、段颀、张维迎:《所有权与经营权分离情况下的自由进入均衡》,《经济研究》,2013 年第 8 期。

㉛王夏阳、傅科:《企业承诺、消费者选择与产品质量水平的均衡分析》,《经济研究》,2013 年第 8 期。

㉜祝伟、黄薇:《保险业低声誉的经济学解释:基于时间不一致偏好的视角》,《经济研究》,2013 年第 8 期。

㉝田传浩、方丽:《土地调整与农地租赁市场:基于数量和质量的双重视角》,《经济研究》,2013 年第 2 期。

㉞钱忠好、牟燕:《土地市场化是否必然导致城乡居民收入差距扩大——基于中国 23 个省(自治区、直辖市)面板数据的检验》,《管理世界》,2013 年第 2 期。

㉟邢春冰、贾淑艳、李实:《教育回报率的地区差异及其对劳动力流动的影响》,《经济研究》,2013 年第 11 期。

㊱陈纯槿、李实:《城镇劳动力市场结构变迁与收入不平等:1989—2009》,《管理世界》,2013 年第 1 期。

㊲张文朗、韩高峰:《中国劳动力市场发展对劳动力成本的影响》,《金融研究》,2013 年第 7 期。

㊳盖庆恩、朱喜、史清华:《劳动力市场扭曲、结构转变和中国劳动生产率》,《经济研究》,2013 年第 5 期。

㊴杨振、陈甬军:《中国制造业资源误置及福利损失测度》,《经济研究》,2013 年第 3 期。

㊵周黎安、赵鹰妍、李力雄:《资源错配与政治周期》,《金融研究》,2013 年第 3 期。

㊶龚关、胡关亮:《中国制造业资源配置效率与全要素生产率》,《经济研究》,2013 年第 4 期。

㊷毛其淋:《要素市场扭曲与中国工业企业生产率——基于贸易自由化视角的分析》,《金融研究》,2013 年第 2 期。

㊸毛其淋、盛斌:《中国制造业企业的进入退出与生产率动态演化》,《经济研究》,2013 年第 4 期。

㊹孙浦阳、蒋为、张龑:《产品替代性与生产率分布——基于中国制造业企业数据的实证》,《经济研究》,2013 年第 4 期。

㊺王克强、武英涛、刘红梅:《中国能源开采业全要素生产率的测度框架与实证研究》,《经济研究》,2013 年第 6 期。

㊻陈晓光:《增值税有效税率差异与效率损失——兼议对“营改增”的启示》,《中国社会科学》,2013 年第 8 期。

㊼张红凤、张肇中:《所有权结构改革对工业行业全要素生产率的影响——基于放松进入规制的视角》,《经济理论与经济管理》,2013 年第 2 期。

㊽张金宝、廖理:《基于区间型数据的城市家庭收入分布于基尼系数测算方法研究》,《数量经济技术经济研究》,2013 年第 7 期。

㊾孙敬水、黄秋虹:《中国城乡居民收入差距主要影响因素及其贡献率研究——基于全国 31 个省份 6937 份家庭户问卷调查数据分析》,《经济理论与经济管理》,2013 年第 6 期。

㊿何石军、黄桂田:《中国社会的代际收入流动性趋势:2000—2009》,《金融研究》,2013 年第 2 期。

51魏下海、董志强、黄玖立:《工会是否改善劳动收入份额?——理论分析与来自中国民营企业的经验证据》,《经济研究》,2013 年第 8 期。

52李实、赵人伟、高霞:《中国离退休人员收入分配中的横向与纵向失衡分析》,《金融研究》,2013 年第 2 期。

53刘元生、杨澄宇、袁强:《个人所得税的收入分配效应》，《经济研究》，2013 年第 1 期。

㊴徐建炜、马光荣、李实：《个人所得税改善中国的收入分配了吗——基于 1997—2011 年微观数据的动态评估》，《中国社会科学》，2013 年第 6 期。

㊵石子印：《我国个人所得税：如何调节收入分配》，《经济理论与经济管理》，2013 年第 2 期。

㊶刘长庚、田龙鹏、陈彬、戴克明：《农村金融排斥与城乡收入差距——基于我国省级面板数据模型的实证研究》，《经济理论与经济管理》，2013 年第 10 期。

㊷万广华：《城镇化与不均等：分析方法和中国案例》，《经济研究》，2013 年第 5 期。

㊸万海远、李实：《户籍歧视对城乡收入差距的影响》，《经济研究》，2013 年第 9 期。

㊹孙楚仁、田国强、章韬：《最低工资标准与中国企业的出口行为》，《经济研究》，2013 年第 2 期。

㊺胡涛、杜丽群：《最低工资的经济影响：一般均衡分析》，《经济科学》，2013 年第 4 期。

㊻贾朋、张世伟：《最低工资提升的劳动供给效应：一个基于自然实验的经验研究》，《南方经济》，2013 年第 1 期。

㊼龚强、张一林、余建宇：《激励、信息与食品安全规制》，《经济研究》，2013 年第 3 期。

㊽李新春、陈斌：《企业群体性败德行为与管制失效——对产品质量安全与监管的制度分析》，《经济研究》，2013 年第 10 期。

㊾范良聪、刘璐、梁捷：《第三方的惩罚需求：一个实验研究》，《经济研究》，2013 年第 5 期。

㊿周业安、连洪泉、陈叶烽、左聪颖、叶航：《社会角色、个体异质性和公共品自愿供给》，《经济研究》，2013 年第 1 期。

66雷震：《集体与个体腐败行为实验研究——一个不完全信息最后通牒博弈模型》，《经济研究》，2013 年第 4 期。

67梁平汉、孟涓涓：《人际关系、间接互惠与信任：一个实验研究》，《世界经济》，2013 年第 12 期。

68姜树广、韦倩：《信念与心理博弈：理论、实证与应用》，《经济研究》，2013 年第 6 期。

69韦倩、姜树广：《社会合作秩序何以可能：社会科学的基本问题》，《经济研究》，2013 年第 11 期。

70盛洪：《视野与计算》，《新政治经济学评论》，2013 年第 24 期。

（作者：陈享光，中国人民大学教授；郭祎，中国人民大学博士生）

国际经济学

卫兴华　何召鹏

一、国际金融危机的再认识与经验总结

从 2008 年由美国次贷危机引发的国际金融危机至今的 5 年的时间里，金融危机的相关问题一直是国内经济学界研究的热点。2013 年，国内学者对国际金融危机的研究主要包含以下几个方面。

（一）现有危机理论需要回归与创新

国际金融危机的周期性爆发，严重影响了全球经济健康有序的发展，造成了重大的经济损失。并且随着世界经济的不断发展，国际金融危机表现出许多新特征和新情况，所以对危机的理论需要有新的研究与认识。向国成等认为，现有理论对危机解释力不足，不能对不同表现形式的经济危机形成逻辑一致的理论解释，对经济危机的分析需要“回归马克思”。在分工高度发展的新阶段，马克思主义理论中由分工产生的使用价值与价值的对立运动，演化为实体经济与虚拟经济并存的经济形态，这会加重生产与消费失衡的负面影响，并引发多种不同表现形式的经济危机。[①]杨继国认为，虚拟经济出现后，资本主义基本矛盾导致的资本过剩进入虚拟经济领域，而“货币资本回流规律”强行把虚拟经济领域的货币资本拉回实体经济，进而引发了经济危机。发展中国家应当警惕发达国家通过虚拟经济危机掠夺本国财富，扰乱本国经济正常发展。[②]郭熙保等从经济结构失衡的角度出发，认为当前的金融经济危机并不能运用商业周期理论来解释，而应当将危机看作世界经济深层次结构性矛盾的总爆发。经济结构包括需求结构、产业结构、投入结构和区域结构 4 个方面。世界经济生产与贸易的结构调整，需要我国及时转变外贸发展方式，应对新的世界经济结构的变化。[③④]杨奇才等认为，由于美国的“减税计划”以及军费和社保开支的膨胀引发了财政赤字，美国政府通过发行国债、货币融资和汇率融资三种方式来为赤字融资，而这些措施造成的利率波动，是本次“次债危机”发生的主要诱致性因素之一。[⑤]

（二）西方主流经济学宣告失败

除了认识到现有经济危机理论解释力的不足，一些学者还指出，作为指导市场经济发展的新自由主义理论，应当为经济金融危机的爆发负责。盲目强调市场化和弱化政府对经济的调控，加重了经济发展的无秩序程度，必然引发经济危机。李菲雅等

指出，美国金融危机标志着新自由主义的失败，并且后危机时代新自由主义和凯恩斯主义都无法使经济政策达到帕累托最优状态。[6]左品认为，在社会主义思潮的影响下，一些拉美国家强化政府在经济发展中的作用，进而提高了这些国家应对2008年爆发的全球性金融危机的抗危机能力，因此，取代新自由主义发展模式的新模式，值得理论界的进一步研究与探索。[7]

（三）对国际金融危机中各国的有效应对措施的总结及对我国经济发展的启发

虽然国际金融危机的爆发给全球经济造成了巨大的损失，但是一些国家在应对危机的过程中积累了宝贵的经验，为以后防范和化解危机有很强的借鉴意义。一些学者从金融监管、货币政策工具的运用和金融创新模式的选择等方面，总结了一些成功应对风险的措施，并且为我国后危机时代的健康发展提供了对策建议。周玉强等指出，作为著名的国际金融中心，香港和新加坡在金融危机中利用自身发达和完善的金融监管体制，通过合理有效的金融监管，最大限度地降低了金融危机的不利影响，值得各个经济体学习和借鉴。[8]刘迎春通过总结金融创新模式的国际与国内经验，提出后危机时代我国的金融创新模式，在产品创新方面，应当采取市场主导模式，并综合运用自主创新和合作创新两种模式。[9]张志元等认为，金融危机使我国的制造业面临着市场需求不足、创新能力不强及环境污染问题严重的困境，后危机时代的我国制造业，只有转变发展方式、提升自主创新能力和产业结构升级、培养高技能人才，才能实现平稳健康发展。[10]郝宇彪认为，经济危机是由于对社会政策的重视不够造成的，社会政策是国家摆脱经济危机的重要手段。危机发生时通过促进就业政策、扩大福利支出等社会政策，可以扩大有效需求，增加生产供给，促进经济复苏。并且，完善的社会政策还可以减缓市场化过程中的潜在风险，起到减缓和防范危机的作用。[11]

二、对欧元区主权债务危机问题形成多种认识

我国经济学界对欧元区主权债务危机问题，进行了持续跟踪研究，对于欧债危机产生的原因、当前欧元区的危机解决情况、欧债危机的应对措施及评价、欧债危机对其他国家的影响等方面形成了很多新的有益研究成果。

（一）欧债危机有其必然性与政策致因

一些学者认为，资本主义发展到金融化阶段，造成了进一步的两极分化，加深了资本积累的矛盾；同时，高福利的政策，导致政府面临超出自身能力的庞大开支，加之欧盟内部政策协调中的问题最终引发了欧债危机。蒯正明等认为，欧债危机是资本主义发展到金融资本主义阶段的必然产物。金融资本主义会使中产阶级分化，并不断向低收入阶层滑落。这是资本主义资本积累的基本矛盾造成的，并最终导致资本积累难以为继，西方的自由民主制度的政治合法性也因此受到质疑。[12]刘志强认为，欧洲各国推行的高福利政策，导致了政府财政的高赤字，进而引发政府主权债务的增加，最终引发了主权债务危机。因此，一国的政治经济制度必须适应本国的经济发展水平，否则，既达不到改善民生的效果，还会严重影响经济有序发展。[13]孙少岩认为，欧盟内部各国统一的货币政策与分散的财政政策间的矛盾，是欧债危机产生的深层次原因。只有采取有效措施，协调欧盟各国的行动，统一财政政策才有利于解决欧债危机。[14]针对以上学者提出的导致欧债危机的种种原因，徐明棋认为，虽然欧债危机使欧盟政治与经济制度的缺陷显现出来，但并不能因为这些制度的缺陷就认为欧债危机会长期持续。狭义上的欧债危机随着欧洲中央银行的注资已经得到大大缓解，欧债危机也终会通过欧盟各国的努力和制度变革而得到化解，不过这将是一个长期的过程。[15]

（二）欧债危机的治理将推动欧洲一体化的进一步加深

欧债危机爆发后，欧盟各国都纷纷采取措施应对危机，普遍认为降低财政赤字和减少主权债务是解决问题的关键。但是，欧洲经济的一体化，还需要欧盟各国调节经济的政策步调一致，否则不利于债务危机的解决。安·施密特认为，欧盟成员国试图通过大范围削减预算解决欧债危机问题。但是，由于受欧盟条约全体一致规则的束缚，欧盟行动存在内在的障碍。必须一方面寻求经济可持续增长的治理模式；另一方面还要加强欧盟成员国内部的协调，深化欧盟经济一体化。[16]孙海霞等通过对当前欧盟采取的解决欧债危机的措施的研究指出，无论是欧洲央行刚刚推出的国债购买计划，还是筹建中的欧洲银行业统一监管体系，欧元区各国正向着深层次的货币联盟不断靠近，同时也使得欧洲各国在让渡主权问题上的分歧日益增大。欧元区的货币一体化改革，是解决欧债危机的关键一步。[17]刘兴华研究了国际货币基金组织（以下简称IMF）在参与解决欧债危机中的作用并进行了评价，他认为，IMF通过贷款、警告、建议、监督和引导舆论等方式协助欧盟各成员国解决欧债危机问题，有利于增强改革的合法性，但是IMF的介入冲击了欧盟内部起主导作用的大国的影响力。并且，IMF在应对危机的方式和能力上仍有诸多局限性。[18]王信认为，欧元区经济有所好转，经济重现增长，市场信心有所增强，财政整固和经济调整取得一定成效，经济失衡有所改善，金融重组和改革迈出重要步伐，金融分割受到遏制。但结构调整、经济货币联盟制度建设之路依然漫长：一是受困国财政状况依然严峻，债务等问题极大地制约经济增长；二是结构调整依然任重道远，难度日益增大；三是金融调整较为滞后，对实体经济支持能力偏弱；四是经济货币联盟前景未明，制约欧元区的持续发展。[19]

（三）欧债危机对其他国家来说既有影响，也带来机遇

学者们认为，欧债危机不仅严重影响了欧洲各国的经济发展，其负面影响也波及与其有贸易往来的其他国家。欧盟是金砖国家最大的出口市场，欧债危机对金砖国家的出口造成了很大影响。杨娜认为，欧债危机导致金砖国家对欧盟的出口贸易额下降，而依赖出口导向型发展模式的金砖国家的经济增长受到严重影响。出口受阻进一步造成了金砖国家内部经济金融环境的不稳定。应对欧债危机的影响，金砖国家必须及时推动国内经济结构调整，并加强政府对经济的宏观调控，尽量减轻欧债危机对国内经济发展的影响。[20]关于欧债危机对中国贸易的影响，学界持不同意见。虽然中国近年来的最大的贸易伙伴一直都是欧盟，但黄万阳认为，欧债危机对我国有关欧洲的贸易造成的影响存在很大的国别差异。中国对“欧猪五国”（指受主权债务危机影响最严重的5个欧洲国家：葡萄牙、意大利、爱尔兰、希腊和西班牙）出口占中国贸易总出口的比重为3.28%，进口占总进口的比重为1.74%，因此，受主权债务影响严重的5个国家占中国的进出口贸易比重都不大。所以，欧债危机对我国对欧贸易的影响有限，国内不应对欧债危机反应过度，不应频繁降息，而应当适量退出财政刺激计划。[21]陈硕颖从马克思主义的视角分析了欧债危机的深化及其影响，她指出，欧债危机是欧盟内部各成员国之间以及欧洲与美国之间发展不平衡的产物，它将进一步加剧资本主义体系的分化。虽然欧债危机在一定程度上冲击了我国对欧的出口，增加了外部发展环境的复杂性，但这也给中国在世界政治经济格局中占据有利地位提供了机遇。作为世界政治经济格局中的重要两极——欧洲和中国如果能联合起来，共同抵制垄断金融资本在全球的扩张，那么力量的对比就会朝有利于无产阶级的方向发展。[22]

三、对于当前是否应推动人民币国际化，学者持有不同的意见

受到国际金融危机的影响，我国出口导向性的经济发展模式亟须转变，因此，推进人民币国际化问题再次成为学者争论的焦点。有些学者认为人民币国际化实现条件还不成熟。杨珍增等指出，只有当一国货币具备币值稳定、自由兑换和政治风险最小化时，才会被接受为国际货币，而实现这些条件，需要以本国利率自由化、汇率自由化、取消资本管制和实现央行货币政策独立为保障。我国还不具备人民币国际化的基本条件，当前的任务是推进金融自由化，随后才是人民币国际化。[23]李婧认为，当前的人民币国际化表现出明显的非均衡特征，仅仅建立在人民币升值预期上的国际化是不长久的。由于世界经济动荡，采取全球化模式推进人民币国际化将会危及国内金融稳定，而人民币国际化的现实做法是先推进与周边国家和地区经济的一体化进程，加强贸易、投资、金融等层面的合作，而非盲目寻求人民币国际化。[24]有的学者对此持否定意见。如，关恒指出，国际金融危机重创欧美经济，中国成为拉动全球经济增长的主力。随着我国经济的发展，当前的人民币国际化程度与我国经济发展水平不匹配，而金融危机的爆发为人民币国际化提供了机遇。随着人民币的国际地位不断提高，人民币国际化势在必行。完善汇率制度实现人民币自由兑换、处理好与国际货币发行国间的关系以及提高人民币风险管理和银行业服务水平，是加快人民币国际化的重要措施。[25]

四、对外商直接投资与我国对外直接投资的认识更趋成熟

学界普遍认为，随着全球经济大融合时代的到来，资本逐利的本性要求其在全球范围内搜寻获利的机会，外商直接投资与中国对外直接投资就是资本在全球范围内逐利的直接表现。

（一）对外商直接投资的作用和意义的认识更加客观

我国经济近年来的高速增长，吸引着越来越多的外资的关注。但是随着国际经济形势和国内经济环境的变化，外商直接投资呈现出一些新变化。对此，学界针对外商直接投资的新特征、外商直接投资对我国经济的影响以及我国利用外资中的问题，进行了深入研究，对我国如何更好地吸引外资与提高利用外资的效率提出了相关的对策和建议。

第一，新时期外商对华直接投资呈现出一些新特征。聂名华认为，可以分别从外商对华直接投资的规模、投资产业、投资来源、投资方式等方面总结其变动特征。在投资规模方面，由于受到国际金融危机和欧债危机的影响，以及国内土地和劳动力成本的上升影响，加上政府出于产业结构调整的考量而有选择地批准外资项目，西方发达国家对我国的直接投资减少；在投资产业方面，外商直接投资出现从第二产业向第三产业转移的情况；在投资来源方面，主要集中于亚洲国家和地区，其中香港为第一大来源地；投资方式由以合资为主转变为独资为主。[26]方旖旎的研究也认同上述观点，他认为，外商直接投资增速放缓与结构性调整，将是未来的长期趋势。这为我国企业提升自主创新能力和促进产业升级转型提供了机遇。[27]庄芮认为，美国提出的重振制造业计划将会减少新增的美国对华直接投资的规模，并且增加中国对美的直接投资，造成中国对外直接投资净流入的减少。[28]

第二，应理性认识外商直接投资（FDI）对我国经济的影响。舒燕等认为，外商对华直接投资，促进了伙伴国之间的服务贸易发展，并且，投资对于服务的进口引致效应大于对服务的出口创造效应。[29]张炜认为，FDI会促进我国的制度变迁，对制度变迁的空间溢出效应在逐年递增，并呈现出一种发散的趋势，而且对各省制度变迁的溢出效应不同。[30]易明等认为，FDI的知识溢出效应不一定能提升东道国的区域创新能力。通过实证研究发现，外商直接投资不利于我国区域创新水平提高，知识溢出虽然在一定程度上促进了区域创新产出，但影响程度有限。[31]王鹏等的研究也发现，外商直接投资对新产品产出促进作用明显，而对专利产出的影响并不显著。[32]赵德昭等认为，外商直接投资会促进农村剩余劳动力的跨区域转移，东部沿海的FDI形成的产业集聚，吸引了大量的农村剩余劳动力。[33]盛丹认为，外商企业的进入还有利于我国劳动者讨价还价能力的提升。外资通过增强所在行业的竞争程度、对员工的教育培训，提高了劳动者的讨价还价能力。[34]刘鹏程等考察了FDI对东道国企业家精神的动态影响，他们认为，FDI在短期内会抑制东道国的企业家精神，但是在长期会促进企业家精神的形成。而且，与发达国家FDI相比，发展中国家的FDI对东道国企业家精神的短期抑制作用更小，长期促进作用更大。[35]王云凤分别从长期和短期考察了FDI对我国服务贸易竞争力的影响。短期内，虽然FDI的先进技术有利于改善我国服务业资本的质量，但是由于流入量少，改善程度有限。长期内，会造成我国制造业和服务业比例失调，会降低我国服务贸易的竞争力，因此，应注重FDI的长期效用，合理引导和调整FDI流向。[36]

第三，吸引外资和利用外资应重量更重质。杨晓丽等指出，地方政府盲目的招商引资的政策虽然提高了当地FDI的数量，但是却不能保证FDI的质量。而FDI的质量的提高才有利于地区经济的可持续增长。因此，地方政府应该摒弃竞争性的招商引资行为，努力提高FDI的质量。[37]如何吸引高质量的外商直接投资是我国地方政府亟须考虑的问题。吕国范等通过实证分析发现，区域的创新能力会直接影响FDI的吸入规模和吸引效率。并且我国的“投资吸引效率”呈现东中西部依次递减的特点。因此，只有加大地区科研教育投入，提高地区创新水平才有利于更好地吸引外资和利用外资。[38]

（二）对我国对外直接投资问题的研究日趋成熟

随着经济的发展及国外经济环境的变化，我国企业“走出去”直接对外投资，正成为经济发展的新趋势。为此，国内学术界积极展开研究，为有效推动我国对外直接投资提供了很多有益思路。

第一，多方因素影响我国对外直接投资效果。祁春凌等认为，我国的对外直接投资有显著的“弱效制度”规避和“强效制度”寻求动机。东道国较高的经济制度和法治制度质量有利于我国的对外直接投资，并且如果东道国存在华裔关系资产，也有利于我国的对外直接投资，但非正式制度距离（文化距离）会阻碍我国的对外投资。[39]而王碧珺则研究了中美两国的双边投资协定（BIT）对FDI的影响。他指出，中国当前在美国投资受阻的主要障碍是美国的国家安全审查制度，而只有通过BIT谈判，才有利于促进双边投资，保护我国企业的海外投资利益。但是BIT谈判困难重重，进展缓慢，中美BIT谈判最主要的分歧在于准入前国民待遇以及负面清单问题。[40]罗伟等通过分析我国2003—2009年对100多个国家和地区FDI存量数据指出，中国的对外直接投资倾向于流入市场规模大、工资水平低、贸易成本高以及FDI和出口的固定成本差异程度小的国家和地区。[41]武娜等认为，中国的对外直接投资更倾向于投向知识产权保护体系较高的东道国，但是对于能源充裕的发展中国家，虽然其知识产权环境较差，但能源资源在一定程度上可以抵消弱知识产权保护环境对中国对外直接投资的阻碍作用。[42]景红桥等认为，市场主导型金融体系和普通法律起源的东道国会吸引我国的对外直接投资，同时，东道国的资源禀赋情况、经济规模以及地理位置也会影响我国的对外直接投资。[43]

第二，我国对外直接投资对我国自身经济发展作用明显。吴建军等认为，我国对外直接投资会促进国内的技术创新，并且影响程度大于外商对华直接投资的影响程度。[44]张春萍认为，我国的对外直接投资有利于国内的产业升级。对外直接投资通过传统产业转移效应、新兴产业成长效应、产业关联效应和产业竞争效应推动国内的产业升级。[45]王方方等认为，我国的对外直接投资存在出口引致与出口平台效应。对外直接投资会促进我国对东道国的出口，并且，近年来这一效应在进一步强化。[46]关秀丽认为，我国企业“走出去”对外投资，有利于提升我国在全球经济中的战略地位，获取更多海外资源，夺取资源市场定价权。[47]

第三，我国对外直接投资能力有待提高。现阶段，跨国并购成为我国企业对外直接投资的重要途径。李鸿阶等认为，欧债危机使海外资产价格估值下降，为我国企业海外并购提供了有利条件，也掀起了我国企业海外并购的浪潮。[48]但是，杨波等认为，我国企业由于跨国并购经验较少、缺乏对国外工会力量的认识、缺乏对国际资本市场的了解、缺少政府有效监督管理等因素，遭遇国外政府干预，并购后陷入整合困境，导致跨国并购困难重重。他提出，我国政府应当为企业跨国并购做好服务，有效管理企业海外并购的风险，用法治管理、市场机制、信息服务相结合的方式，推动中国企业探索遵循国际市场惯例的跨国并购模式和路径；并且积极培育相关方面的专业人才和设立相关机构，为企业的跨国并购提供服务。[49]

五、关注对外贸易的新变化及转型升级的迫切性

我国自加入 WTO 以来，由对外贸易产生的出口红利极大地拉动了国内的经济增长。凭借国内廉价的劳动力成本和政府鼓励出口的政策导向，中国制造迅速占领全球市场。但是，国际经济危机和欧债危机造成全球总需求下降，中国出口受阻；国内劳动力成本和土地成本的上升，也在一定程度上削弱了中国出口产品的竞争力。新形势下，中国的对外贸易之路应该如何走，成为亟待解决的理论和现实问题。为此，学术界围绕对外贸易对我国经济的影响、我国对外贸易面临的新形势和新问题及改善我国对外贸易现状的举措等方面展开研究。

（一）对外贸易对国内经济的不利影响亟待关注

一些学者从对外贸易对国内就业、产业结构优化等方面的影响展开研究。魏浩认为，对外贸易是影响国内就业情况的一个重要因素。对外贸易对不同类型的工人的就业影响不同：对外贸易会增加对技术工人的相对需求，而减少对非技术工人的相对需求，这会带来贸易引致型就业结构问题。这一问题应当引起相关政府部门的注意。[50]张捷等认为，对外贸易不利于产业结构向服务化的转型。在中国出口导向型的发展模式下，出口贸易的过度发展会对服务业的发展造成较大的挤出效应，使产业结构徘徊在“低水平过度制造化”，不利于产业结构的升级转型。[51]吴振球等认为，当前的国际贸易竞争已经由货物贸易转向服务贸易，国际服务贸易发展迅速，并且成为拉动经济增长的新动力。通过实证研究，他们发现：提高国际服务贸易开放度和国际服务贸易竞争力，将有利于本国的经济增长。建议我国政府重视国际服务贸易。[52]

（二）我国对外贸易面临着新形势和新问题

一是对当前国际经济新形势的研究。张番红认为，世界经济受国际金融危机的影响，整体增长乏力，发达经济体的经济增速减缓，总需求降低造成我国对外贸易在逆境中徘徊。[53]二是对中美贸易失衡问题的研究。李翀认为，美国对中国的贸易逆差并没有美国公布的那么严重，美国对中国的贸易逆差并不是由中国的高储蓄造成的，而是由于美国的产业结构调整、美国的高消费率和美国限制技术出口的政策造成的。中美的贸易失衡虽然对美国经济造成不利影响，但是也给美国带来了巨大的贸易利益。而只有美国放宽对技术产品的出口管制才有利于解决双方的贸易失衡问题。[54]三是对贸易摩擦频现问题的研究。程大为认为，在不同的经济周期下，国际贸易摩擦呈现出不同的特征。从历史分析和对当前贸易摩擦问题的研究发现，中国面临的贸易摩擦有从常规性摩擦升级到体制性摩擦的趋向。我国应当战略性地参与国际体系的重构，积极应对我国企业遇到的挑战，避免贸易摩擦中的政治冲突。[55]四是贸易保护主义重新抬头问题研究。杨子川分析了进口国的民主化程度对我国出口的影响。进口国的民主化会阻碍我国的出口。因为，在民主化程度较高的国家，受到中国价格低廉的产品冲击的利益集团，会通过民主方式发起贸易保护措施，导致中国出口受阻。[56]五是新时期对外贸易结构的升级研究。张曙霄认为，一国的内需与外需应当相互促进，协调发展。只有内外需的良性互动才有利于对外贸易结构的转型升级。因为，当前我国的“出口导向型”发展模式使我国贸易结构处于低端，不利于我国经济的转型升级。[57]

（三）改善我国对外贸易现状需要新举措

张番红认为，要解决当前我国对外贸易面临的问题，首先需要不断增强我国的核心竞争力和综合实力，同时，出台相关措施促进产业集群化，并全面拓展开放型经济水平和熨平国际不平等交换体系，最终实现我国对外贸易的转型升级。[58]郭周明也指出，应对世界经济不景气和国内经济发展新阶段的挑战，必须大力推进外贸发展转型升级，并积极扶持中小型外贸企业发展，有效妥善应对国际贸易保护主义。[59]崔日明等认为，培育我国对外贸易的新型竞争力，是实现我国由“贸易大国”转向“贸易强国”的重要突破口，同时，全面提升开放型经济水平也非常重要。他提出培育我国对外贸易新型竞争力的四大关键驱动因素，分别是：全要素质量提高；产品质量、技术和品牌战略；生产性服务业发展与融合战略；更加强调出口产品附加值的对外贸易政策。[60]

注：

①向国成、曾祥炎：《从英国第一次经济危机到欧债危机：一致性的理论诠释》，《经济学家》，2013年第2期。

②杨继国：《货币资本回流规律与虚拟经济危机》，《当代经济研究》，2013年第5期。

③韩纪江、郭熙保：《推进经济结构战略性调整的思路》，《理论探索》，2013年第2期。

④郭熙保、陈志刚：《论后危机时期中国外贸发展方式转变——基于世界经济结构调整的视角》，《经济学家》，2013年第5期。

⑤杨奇才、韩文龙：《财政赤字、利率波动与金融危机——美国金融危机再审视》，《财经科学》，2013年第1期。

⑥李菲雅、蒋若凡、邓翔：《后危机时代的抉择：凯恩斯主义还是新自由主义》，《河北经贸大学

学报》，2013年第11期。

⑦左品：《金融危机以来拉美新兴经济体发展模式调整与走向》，《世界经济与政治论坛》，2013年第3期。

⑧周玉强、汪川、武岩：《国际金融危机后香港和新加坡金融监管体制比较研究》，《亚太经济》，2013年第2期。

⑨刘迎春：《后危机时代中国金融创新模式选择》，《当代经济研究》，2013年第2期。

⑩张志元、李兆友：《后危机时代中国制造业转型升级的政治经济学分析》，《河北经贸大学学报》，2013年第5期。

⑪郝宇彪：《社会政策是摆脱经济危机的良策——国际金融危机再反思》，《经济学家》，2013年第3期。

⑫蒯正明、王玉：《从"欧债危机"透视当代金融资本主义的制度困境》，《教学与研究》，2013年第2期。

⑬刘志强：《论拉美和欧洲主权债务危机及其民粹主义政策风险》，《经济纵横》，2013年第9期。

⑭孙少岩、穆玉堂：《欧洲债务危机的深层次原因探讨》，《经济纵横》，2013年第5期。

⑮徐明棋：《欧债危机的理论评述与观点辨析》，《国际金融研究》，2013年第6期。

⑯安·施密特：《欧元区危机及欧盟的对策》，《南开学报》（哲学社会科学版），2013年第3期。

⑰孙海霞、朱钧钧、杨玲玲：《欧债危机最新演进及制度设计争论》，《经济学动态》，2013年第1期。

⑱刘兴华：《IM对欧债危机的介入及其政策后果》，《南开学报》（哲学社会科学版），2013年第3期。

⑲王信：《从欧元区经济调整看中国的新机遇》，《国际经济评论》，2013年第6期。

⑳杨娜：《欧债危机对金砖国家的影响及其应对》，《南京大学学报》（哲学·人文科学·社会科学），2013年第2期。

㉑黄万阳：《欧债危机对中欧贸易的影响——基于异质面板数据协整模型的实证研究》，《经济学家》，2013年第5期。

㉒陈硕颖：《欧债危机的深化及其影响》，《马克思主义研究》，2013年第6期。

㉓杨珍增、马楠梓：《当前应该推动人民币国际化吗——基于货币国际化制度条件的反思》，《南方经济》，2013年第7期。

㉔李婧：《人民币国际化的非均衡性及新形势下的战略》，《东北亚论坛》，2013年第5期。

㉕关恒：《适时加快人民币国际化的进程》，《经济纵横》，2013年第7期。

㉖聂名华：《中国外商直接投资变动特征与发展趋势》，《亚太经济》，2013年第3期。

㉗方旖旎：《全球经济放缓背景下我国外商直接投资的变化与对策》，《经济纵横》，2013年第5期。

㉘庄芮：《美国重振制造业对中美经贸关系的影响》，《亚太经济》，2013年第5期。

㉙舒燕、林龙新：《外商直接投资对中国双边服务贸易流量的影响研究》，《经济经纬》，2013年第4期。

㉚张炜：《外商直接投资对我国制度变迁空间效应的研究》，《经济经纬》，2013年第4期。

㉛易明、王腾、吴超关：《外商直接投资、知识溢出影响区域创新水平的实证研究》，《宏观经济管理》，2013年第3期。

㉜王鹏、张剑波：《外商直接投资、官产学研合作与区域创新产出》，《经济学家》，2013年第1期。

㉝赵德昭、许和连：《外商直接投资，适度财政分权与农村剩余劳动力转移——基于经济因素和体制变革的双重合力视角》，《金融研究》，2013年第5期。

㉞盛丹：《外资进入是否提高了劳动者的讨价还价能力》，《世界经济》，2013年第10期。

㉟刘鹏程、李磊、王小洁、刘斌：《FDI对东道国企业家精神的动态影响》，《当代经济科学》，2013年第4期。

㊱王云凤、李慧、黄玉佩：《FDI对中国服务贸易竞争力的影响》，《当代经济研究》，2013年第9期。

㊲杨晓丽、张宇、谭有超：《引资优惠竞争一定促进地区经济增长吗？——基于FDI质量的视角》，《经济经纬》，2013年第2期。

㊳吕国范、吴超、李小巍：《区域创新能力影响因素的外商直接投资吸引效率研究》，《宏观经济研究》，2013年第6期。

㊴祁春凌、邹超：《东道国制度质量、制度距离与中国的对外直接投资区位》，《当代财经》，2013年第7期。

㊵王碧珺：《中美直接投资：挑战与破局》，《国际经济评论》，2013年第5期。

㊶罗伟、葛顺奇：《中国对外直接投资区位分布及其决定因素》，《经济学》（季刊），2013年第4期。

㊷武娜、刘晶：《知识产权保护影响了中国对外直接投资吗?》，《世界经济研究》，2013年第10期。

㊸景红桥、王伟：《金融体制、法律起源于我国对外直接投资的区位选择》，《国际经贸问题》，2013年第12期。

㊹吴建军、仇怡：《我国对外直接投资的技术创新效应：基于研发投入和产出的分析视角》，《当代

经济科学》，2013 年第 1 期。
㊺张春萍：《中国对外直接投资的产业升级效应研究》，《当代经济研究》，2013 年第 3 期。
㊻王方方、扶涛：《中国对外直接投资的贸易因素》，《财经研究》，2013 年第 4 期。
㊼关秀丽：《我国海外并购面临的监管问题探析》，《宏观经济管理》，2013 年第 5 期。
㊽李鸿阶、张元钊：《中国企业跨国并购发展格局与路径选择》，《亚太经济》，2013 年第 2 期。
㊾杨波、魏馨：《中国企业海外并购的困境与对策》，《宏观经济研究》，2013 年第 6 期。
㊿魏浩：《对外贸易、国内就业和中国的战略选择》，《经济学家》，2013 年第 1 期。
51张捷、张媛媛、莫扬：《对外贸易对中国产业结构向服务化演进的影响——基于制造—服务国际分工形态的视角》，《财经研究》，2013 年第 6 期。
52吴振球、王振、张传杰：《我国国际服务贸易与经济增长关系的实证研究——基于 VAR 模型的分析》，《宏观经济研究》，2013 年第 4 期。
53张番红：《对外贸易转型发展的思考》，《宏观经济管理》，2013 年第 9 期。
54李翀：《论中美两国贸易失衡的原因、效应和解决方法》，《马克思主义研究》，2013 年第 4 期。
55程大为：《当前国际贸易的体制性摩擦问题值得关注》，《经济纵横》，2013 年第 1 期。
56杨子川：《狭隘贸易保护主义与中国对外贸易》，《经济学动态》，2013 年第 8 期。
57张曙霄、张磊：《中国对外贸易结构转型升级研究——基于内需与外需的视角》，《当代经济研究》，2013 年第 2 期。
58张番红：《对外贸易转型发展的思考》，《宏观经济管理》，2013 年第 9 期。
59郭周明：《新形势下我国对外贸易发展面临的困境及其对策》，《当代财经》，2013 年第 5 期。
60崔日明、张志明：《中国对外贸易新型竞争力驱动机制研究》，《亚太经济》，2013 年第 4 期。

（作者：卫兴华，中国人民大学教授；
何召鹏，中国人民大学博士生）

宏观经济管理与政策

方　芳　艾子健

回首2013 年，在全球经济复苏缓慢的大背景下，伴随着经济转型和升级过程的增速放缓以及潜在的通货膨胀压力，我国外需锐减，同时内需不足，上半年经济增速持续回落。而随着第三季度宏观经济企稳回升，两年来的持续增速下滑进入了尾声，全年 GDP 增速约为 7.7%。但经济企稳仍延续旧有模式，并非改革红利所带来的新活力。受制于融资与产能过剩，靠基建拉升传统行业不可持续，经济缺乏增长的内生动力。从长期来看，经济增长瓶颈仍在，缺乏强有力的因素支撑经济增速的持续提升。在我国经济自主增长能力不足的情况下，发展战略性新兴产业，推进新型城镇化，探索自由贸易园区，以及维护健康的房地产市场都对我国未来的经济发展前景有着深远的影响，也是宏观经济管理的重中之重。

曾经的“出口—投资驱动型经济增长模式”已经走到了尽头，但我国宏观经济并没有转向预期中的“消费—内需驱动型经济增长模式”，反而走向了“信贷—投资驱动型经济增长模式”。这种模式在2013 年的延续，使中国宏观经济面临的深层次资源错配与体制扭曲，其带来的风险积累达到新的临界点。新的历史时期需要中国启动系统性的全面改革，随着十八届三中全会的成功召开，我国全面深化改革的大幕就此揭开。

一、关于保持经济稳定增长的讨论

近些年来，在经济发展阶段转型、出口面临的外部环境恶化、国内结构性政策调整以及经济内在周期的多重压力下，中国经济增长速度出现了剧烈波动且呈现下滑趋势。促进经济增长由消费、投资和净出口协调拉动，实现需求结构的再平衡，推动中国经济持续稳定增长，是近年来中国政府宏观调控着力追求的目标之一。随着人口老龄化程度加深，劳动力将不再无限供给，单纯地依赖廉价劳动力和资本投入的经济增长方式将难以为继。学界也从加快转变经济增长方式、积极应对老龄化、挖掘第二次人口红利等方面为经济增长建言献策。

有学者提出，消费将持续成为我国经济增长的首要推动力。在当前我国出口大幅下滑、投资增速放缓的情况下，消费对经济增长的贡献率超过投资，已成为拉动经济增长的第一引擎。随着我国经济增长转方式、调结构的深化，经济增长要依靠消费、投资、出口协调拉动，消费在整个国民经济中的地位越来越重要。特别是在当前世界经济持续低迷、外需疲弱不振的情况下，消费对经济增长的支撑和拉动作用显得尤为关键。消费将充当经济第一驱动力的主要依据是：居民收入的较快增长为今后消费增长提供了较好基础；国家实施扩大内需战略，为扩大消费创造了良好的政策环境，将拓展消费需求的增长空间；城镇化进程加快将促进居民收入提高和社会保障完善，为扩大消费创造有利条件；网络购物具有较大的发展空间；由投资向消费的转换过程将催生新的消费增长点。①

通过研究中国经济发展过程，有学者认为，消费需求是非周期性的，相对稳定，而投资需求波动和净出口波动是中国经济波动的主导诱因，因而，提高消费需求会比提高投资需求和净出口需求更有利于中国经济稳定增长。消费需求和投资需求均是经济增长的内需推动力，但必须把消费视为启动内需的关键，把投资作为经济平稳增长的发动机和调节器。从现实情况看，中国消费需求不足的主要原因是中国城乡居民在收入水平较低的情况下，收入差距比较悬殊。因而，提高消费需求首先应当关注居民的收入水平，政府应通过国民收入的初次分配及再分配政策的调整，着重提高农村居民收入水平和城镇居民中低收入者收入水平，扩大中等收入者的比重。其次，政府应积极通过扩大消费信贷、完善社会保障体系等手段增强居民的消费支出预期。最后，合理引导和积极发展教育、旅游、医疗、住宅和轿车等新的消费热点，扩大消费领域，促进消费结构升级。同时，应适当控制投资需求增长速度，优化投资结构；通过对外贸易政策的战略性调整降低经济增长的对外依赖。②

针对我国人口老龄化趋势的稳定增长的对策，有学者提出，人口老龄化对中国经济增长的影响正在从积极转向消极。从20世纪末期开始，中国进入了人口老龄化阶段，“十二五”后中国老龄化呈现出加速发展态势，并预计将于2030年超过日本，成为全球老龄化程度最高的国家。在中国人口老龄化发展的初期，加大财政支出规模和健康保障支出，有助于平衡实物资本和人力资本的投资回报率，为经济均衡增长创造条件。但是随着中国人口老龄化程度的不断加重，财政支出的不断扩大已经对实物资本积累带来越来越大的效率损失，而健康保障支出的增长也逐渐挤占了公共教育投入。③

有学者认为，人口老龄化并不必然导致经济衰退。研究结果表明，人力资本和储蓄对经济增长有正面影响，初始人均GDP对经济增长有负面影响，各地区的经济增长出现条件收敛；人口增长率、劳动参与率对经济增长的影响并不十分显著。随着人口老龄化，二次人口红利可以通过收获人力资源红利、储蓄红利、制度创新红利的形式促进经济持续增长与增长方式的转变。④

有学者研究了改革开放30多年来中国产业结构变动趋势与经济增长的关系，分析了产业结构调整对经济增长的贡献以及产业结构变迁对经济增长的推动作用，指出产业结构的变化与经济增长间联系紧密。产业结构的升级优化会对经济增长产生正面效应，而经济的整体发展在长期内也会对三次产业的发展起到推动作用。三次产业之中，第二产业的发展对中国整体经济的增长起到不可替代的主导作用，对农业和服务业的发展也有重大影响。反之，整体经济的发展也会促进第二产业的发展，但整体经济的增长对服务业的影响在短期内尚不明显。除此之外，第三产业对于国民经济的影响力与日俱增，虽然第三产业的发展不是经济增长的直接原因，但由于第三产业的发展可以带动第一产业和第二产业的产值增长，因而第三产业对经济增长在短期内存在着重要的间接影响。⑤

二、关于发展战略性新兴产业的讨论

加快培育和发展战略性新兴产业是我国新时期经济社会发展的一项重大战略任务。党的十八大报告指出，要使经济发展更多依靠现代服务业和战略性新兴产业带动，要推动战略性新兴产业健康发展。从2010年国务院发布《关于加快培育和发展战略性新兴产业的决定》至今已有近3年时间，社会各界推动战略性新兴产业发展的共识已经形成，各项政策措施陆续出台，有利于发展的市场环境不断完善，战略性新兴产业发展取得了良好开端，为保持经济平稳增长提供了重要的新增长点，为促进经济结构调整提供了新的动力。

有学者提出，发展战略性新兴产业的根本目的是按照深入贯彻落实科学发展观的要求，将科技创新作为提高社会生产力和综合国力的战略支撑，摆在国家发展全局的核心位置，加快转变经济发展方式，推进经济结构战略性调整，实现可持续发展。国家制定培育发展战略性新兴产业的政策文件体现了以下思路：一是突出战略性、阶段性。以全球视野着眼于我国形成未来竞争新优势和占领世界科技经济竞争制高点的战略需要，同时立足于现阶段我国经济社会发展的重大需求和服务产业结构优化升级的需要，有针对性地着力部署解决制约发展的重大技术瓶颈和发展关系民生的重要产业。二是处理好市场机制和政府调控的关系。更多地采取宏观引导和间接手段，促进凝聚全球创新资源和国内外各种力量，形成示范效应，营造创新驱动发展的生态环境，引导培育市场机制，为企业创造良好的创新发展环境。三是坚持突出企业的主体地位。企业是培育发展战略性新兴产业的骨干力量和市场主体。四是推进新兴产业合理布局和区域集聚发展。⑥

关于我国战略性新兴产业当前面临的问题，有学者指出，其一是规模发展与创新驱动的问题，发展受制于人。战略性新兴产业的规模扩大，应该是建立在技术创新基础上的规模扩大，要加强核心技术的研发与应用，避免走“重规模扩张，轻技术创新”的老路，突破一批核心技术，增强产业竞争力，形成新的经济增长点。其二是政府引导与市场作用的问题。作为后发国家，在尚未完成工业化的条件下着眼于抢占未来全球科技和产业发展的制高点，在战略性新兴产业领域与发达国家同台竞技，更需要政府部门的引导、扶持和调控。但并不意味着政府的引导和调控能够代替市场的作用，在实际工作中必须充分发挥市场配置资源的基础性作用。其三是国际合作与保护主义等壁垒的问题。随着我国战略性新兴产业的快速发展，一些国家为保护本国利益，针对我国的保护措施有所强化，并且贸易争端呈现向新兴产业蔓延的趋势。其四是技术创新与市场需求的问题。应该看到，仅仅有科技进步，仍不足以保证战略性新兴产业的顺利成长，还需要通过市场的检验。满足市场需求是战略性新兴产业持续发展的决定性因素。企业家也要把创新放到企业发展战略的核心位置，一手抓技术创新，一手抓商业模式创新。只有这样，才能使企业能够具有较强的核心竞争力和抗风险能力。⑦

有学者提出，融资问题是制约我国战略性新兴产业发展的“瓶颈”问题。对比分析发达国家在解决战略性新兴产业融资问题上的经验发现，完善我国战略性新兴产业融资机制时，应该以政府政策和资金扶持为导向，以银行间接融资为依托，大力发展直接融资渠道，形成全社会推进战略性新兴产业培育和发展的长效机制。⑧

有学者认为我国技术创新与战略性新兴产业的培育和发展尚未形成良性互动耦合机制，存在科技创新与产业发展的脱节现象。对于技术创新能力略强的产业，政府应在科技成果转化、产业配套、产业化政策等方面进行积极引导，对产业进行培育，促进其快速发展；对于技术创新能力不足的产业，政府应实施科技创新优先发展战略，加强创新人才、高校、科研院所等创新资源的培育和引进，打造产学研集成创新平台，着力提升产业的技术创新能力，使其发挥对战略性新兴产业的支撑作用。⑨

有学者构建回归模型，分析了政府直接补贴和间接补贴与国内战略性新兴产业内部 R&D 投入的相互关系。研究结果显示政府当期直接补贴和产业前期净利润两个解释变量与当期产业内部研发投入正相关。因此，政府应在加大战略性新兴产业直接补贴力度的同时，实施积极的产业扶持政策，增强战略性新兴产业对技术市场和产品市场的预期，并通过政府购买、市场补贴等促进其净利润提升，推动产业内部研发投入的提高。⑩

三、关于推进新型城镇化的讨论

自党的十八大提出“走集约、智能、绿色、低碳的新型城镇化道路”之后，社会各界反应强烈，纷纷展开讨论，提出了不同看法。

有学者认为，新型城镇化的基本特征是全面协调、集约高效、人文活力和公平共享，是以科学发展观为统领、以质量为主导的城镇化。大规模人口城镇化，不仅会创造巨大的消费需求，而且会带来巨大的投资需求。城镇化是扩大内需的重要源泉，也是促进经济持续快速增长的主要动力。大规模高速度的城镇化将可能取代出口成为拉动经济高速增长的关键因素；但如果缺乏制度层面的改革，当前政府主导的快速城镇化很可能会加快引爆地方债务风险。⑪

有学者提出，新型城镇化应以公共服务体系为保障。城镇化不仅意味着更多的农民进入城镇，而且意味着人们对教育、社会保障、住房等公共需求的增加，需要政府注重提供全覆盖、均等化的公共服务，最终消除户籍制度的歧视，使进城务工定居常住人口以及农村居民都能享受到基本的公共服务。这是保证城镇化建设质量、加快实现经济社会全面协调可持续发展的关键。基本公共服务的供给主体和责任主体是政府，在强化政府公共服务供给的同时，应充分发挥市场和社会的作用，形成政府主导、市场和社会充分参与的供给体制。一方面要打破行业垄断，降低并逐步取消行业准入门槛。在保证社会效益的前提下，逐步推进社会事业项目向全社会开放。允许和鼓励更多的民间组织、民间闲散资金共同投入和发展公共服务事业。另一方面要改善基本公共服务质量，降低管理成本，强化公共产品生产和供给的竞争性，提高基本公共服务的运作效率和专业化水平，加速形成社会事业项目投资多元化的格局。⑫

发展新型城镇化离不开基础设施建设，各级地方政府在财力相对有限的情况下，只有通过融资平台才能解决大量基础设施项目的融资问题。然而在这一过程中，也存在过度举债的风险隐患。有学者分析了目前地方政府融资平台的资产结构和负债情况后提出，尽管未来新型城镇化发展离不开地方政府的融资平台，但同时也需要融资平台自身进行不断的创新和完善。未来，地方政府融资平台的发展趋势应逐步以实现市场化经营为目标的经营性资源获取和经营性业务体系的构建为主，形成以城镇基础设施建设为基础，以土地经营为核心，以公用事业、城市资源及财务投资为支撑的业务结构。地方政府融资平台应运用市场手段，整合区域内构成城镇空间和城镇功能载体的各种资源，进行整合营运，以实现城镇资源配置容量和效益的最大化。以构建良性资金循环为前提，调整业务结构，尽可能通过增加经营性资产的注入，围绕核心业务，增加经营性资产在总资产中的比例。融资平台作为城镇开发经营主体，应与城镇未来整体发展步骤相契合，甚至提前规划城镇发展整体布局。⑬

有学者提出，要创新融资模式以支持新型城镇化建设。一是创造条件发行市政收益债券，利用城镇基础设施收益债券具有的信用等级高、融资成本低、资金来源稳定等优势，扩大地方政府发行市政建设债券的范围，不断扩大经营性建设项目直接融资规模。二是充分利用开发性金融工具。以政府信用和开发性银行信用为基础构筑企业信用，引导其他商业银行与企业建立信用关系，帮助企业吸引债券、股票等其他商业资本。三是大力发展产业化基金。鼓励社会资本设立污水处理、燃气热力生产等经营性领域的产业化投资基金，通过向社会发行基金股份吸纳社会闲散资金。四是加大中央财政的支持力度。在地方财政相对紧张的条件下，中央财政尽量减少需要地方配套财政支出的要求。[14]

也有学者认为，城镇化不是简单的城市人口的增加和建筑面积扩张，而是要在产业支撑、人居环境、社会保障、生活方式等方面实现由“乡”到“城”的转变。实现新型城镇化的关键，在于通过产业发展提供足够的就业机会，发挥产业集聚效应，吸引大量进城农民，并逐渐使农民向市民转化。[15]

四、关于设立自由贸易试验区的讨论

2013年国务院正式批准设立“中国（上海）自由贸易实验区”，这是中国启动新一轮改革开放的标志性试点。自贸区涉及投资、贸易、金融、行政法制等多项改革试点，拟通过两三年的试验，推进服务业的扩大开放和投资管理体制的改革，加快探索资本项目可兑换和金融服务业的全面开放，以及综合实现一系列创新改革目标。

关于上海自贸区的性质问题，有学者指出，自贸区分为两种：一种是双边或多边的自贸区，指两个或两个以上国家或地区通过签署自贸协定，在WTO最惠国待遇基础上相互进一步开放市场，从而促进商品、服务和生产要素自由流动，如北美自贸区等；另一种是国内的自贸区，即自由贸易园区，指运入一国的部分领土的任何货物就进口关税而言，被认为在关境以外，并免于实施惯常的海关监管制度。上海自贸区便是自由贸易园区，这样的自贸区目前世界上约有1200个，已经成为它所在的国家和地区发展自由贸易、推行贸易政策的重要工具。美国设立了约260个遍布主要港口城市的自贸区，是世界上设立自由贸易区最多的国家。[16]

有学者认为，改革是中国最大的红利，而自贸区试点建设，应时应地找准了改革继续向前推进的突破口。上海以往发展模式与国内其他地区并无不同，主要依靠投资拉动。经过多年领跑，上海投资密度已经高达每年每平方千米一亿元左右，其土地、资源、环境约束已经不允许继续沿袭投资拉动型发展模式。突破瓶颈的唯一途径是着力加快转方式、调结构，转而注重高级要素的培育和投入。自贸区试点建设可进一步发挥上海得天独厚的区位优势，并进一步撬动上海国际经济、金融、航运、贸易中心建设相互促进、联动发展，并且在此过程中，通过以开放促改革，推进上海在更高层次、更宽领域、全方位的先行开放和管理制度创新。作为中国改革开放领头羊的上海，能否顺利实现经济转型，预示着身处大规模工业化、城市化进程中的中国能否在更大范围内、更长时期内保持经济平稳健康有序发展。[17]

有学者提出，自贸区不仅是在上海，上海自贸区是一个试点，将来在适当的条件下，在中国其他地方还可以复制。自贸区在贸易方面的核心内容是投资体制和金融改革。中央要求自贸区在投资体制方面有新的突破主要是试验3件事情：一是投资准入的管理机制；二是营商环境；三是贸易便利化。在金融改革方面看重其对利率市场化和人民币国际化的推动，一是金融业务的进一步开放，二是进一步优化金融环境。需要指出的是，不能把自由化误解为就是没有监管和管制。金融改革不可能一步到位，它的开放程度取决于我们的监管能力。监管水平提高才能有一个相应的较大的开放度。[18]

有学者分析了自贸区对中国经济体制改革的影响，认为中国将迎来第四波开放倒逼改革的高潮。其一是倒逼国有企业（特别是垄断性行业）改革。核心是取消某些不合理的扶持性做法，真正做到“两平一同”，即平等使用生产要素，平等参与市场竞争，同等受到法律保护。其二是倒逼金融体制改革。核心是把自贸区办成金融创新试验区，先行先试人民币资本项目下开放，在风险可控前提下，实行人民币可自由兑换试点等金融创新，在区内实现金融市场利率市场化，金融机构资产价格实行市场化定价，探索境内离岸金融业务，以及推动其他金融业对外开放等。[19]

也有学者认为，人民币资本项目自由兑换不存在“试点”的问题，只要中国大陆任何一个地方放开就等于全国放开，因为资本的流动不可能通过地区管制而形成壁垒。自由贸易区根本上属于服务范畴，其成功可以促进中国实体经济的发展，其失败将摧毁中国的实体经济，关键是会摧毁中国企业家的实业精神。以高额的服务利润去引导实业资本是对一个国家经济基础的破坏。中国须谨慎应对，避免经历发展一些中国家盲目开放自由市场带来的苦痛。[20]

五、关于房产税的讨论

近年来，中国的房地产价格持续走高，引起政府及经济界的高度关注，也引起广大消费者的不满。但相伴而来的是房地产经济的低迷，从高房价形势下的产销两旺，逐步转变为房价回落后的销售量锐减，违背了价格变化和供求关系的基本经济学规律。2013年，关于房地产调控政策的讨论仍然是学界的热点。而作为房地产制度建设之重要构件，房产税是促使楼市平稳健康发展的一个长效机制，也广受学者们关注。

有学者指出，房产税对推动房地产市场健康发展有3个方面的作用。一是有利于遏制投资投机炒房现象，促进消费者理性购房。对于房产投资投机炒房者而言，征收房产税将大大降低其房产收入，甚至在税负加重的情况下会出现亏损危险，迫使他们放弃房地产市场，不仅大大减少了市场对住房的需求，而且会抛售多余的房产，有效增加住房市场的供应，从而引致房价合理回归。二是有利于遏制房地产开发商操控市场行为。房地产开发商喜欢对已经竣工的商品房“捂盘惜售”，待价而沽，目的是追求房价上涨带来的暴利。如果通过对那些在一定期限内没有出售的闲置住房征收房产税，必然会增加开发商的持房成本，自然会加快售房，从而遏制操控市场行为。三是有利于促进住房保障体系建设。通过开征房产税，采取区别对待的征税办法，可以有效引导购房者理性消费，有利于促进开发商调整建房策略，少建面积大的住房，多建面积小的住房，有效节约土地资源，不再过度追求高房价带来的利润，更加重视经济适用房建设，配合政府的保障房建设政策，必然会促进保障房体系的建设与完善，从而使住房供应形成社会保障与商品供应的双轨并行机制。[21]

有学者认为，不能仅仅将房产税作为短期调节房价的工具，从国外经验来看，房产税是世界上很多国家重要的地方税收，为地方政府的各项服务和基础设施建设支出提供了资金支持。在美国，房产税收入约占地方财政收入的30%，税收收入的50% ~80%成为地方政府最大和最稳定的收入来源。在英国税收中，住宅税（包括住宅税和营业性房产税）是最大的地方税种，也是地方财政收入的主要来源。我们应该将房产税作为一个长期的制度建设，形成规范的经济调节杠杆，以形成多种正面效应，包括对地方政府职能转变的合理激励，以及改变地方政府对土地财政的过度依赖，让房产税作为财政来源之一，真正做到取之于民，用之于民。[22]

关于房产税改革对房地产市场和政府财政收入的影响，有学者认为，对第三套房及三套以上经营性住房征收房产税是一种差别税率的方式。它应该实现的理想目标是：通过税收手段抑制富人过度占有资源、使政府获取更多的资源并为老百姓改善基础居住条件。房产税在不同的情况下（房价上涨、稳定、下降3个阶段）对房价的作用是不同的。在房价上涨阶段，房产税的主要作用表现在强烈的房价上涨预期，这反而会推动房价加速上涨。对于抬高了房价的投资者而言，加速的房价上涨容易抵消房产税成本，因此房产税无法抑制房价过快上涨。房产税也可能推动房租上涨从而带动房价上涨。[23]

有学者认为，征房产税的直接影响是加大了房屋的持有成本，进而减少了房屋的投资收益率。市场的表现是投资需求减少，房屋总需求下降。而房价下降的机理是税收资本化——应税物品交易时，买方将应税物品未来的应纳税款，从其要支付的物品价格中做一次性扣除。名义上是由买主按期纳税，税款实际上转移给了卖主。所以表面上看是由房屋的持有者每年缴纳房产税，实际上是房子的卖方承担了税款，即税收资本化降低了买房人买房时的价格。[24]

有学者提出，房产税改革带来的财政增收，将全部归地方所有，将从根本上充实和壮大地方税体系。未来，营业税、城市维护建设税、资源税、房产税这四大税收将有望成为地方税体系的主体和支撑。现行的地方税种类较多，但缺乏税基较广、收入稳定、规模较大、非流动性且税负不能转嫁的主体税制。房产税改革，正好弥补了这一缺陷。此外，现行地方税体系中，以间接税为主，直接税的比重偏低，而间接税带有累退性质，所以愈是低收入阶层，实际的税赋痛苦程度越高。房产税是直接税，改革的推进将有效改变地方税体系中直接税比重偏低的现状，进而起到优化税制结构的目的。[25]

六、关于市场在资源配置中起决定性作用的讨论

随着十八届三中全会的《中共中央关于全面深化改革若干重大问题的决定》（以下简称《决定》）发布，新一轮改革的大幕已经开启。《决定》提出，经济体制的“核心问题是处理好政府和市场的关系，使市场在资源配置中起决定性作用和更好发挥政府作用”。这在党的文件中是首次提出市场在资源配置中起“决定性作用”，标志着我们党对现代市场经济内在规律的深刻把握和对完善社会主义市场经济体制的坚定决心，是一个重大理论创新，也成了广受关注的热点话题。

有学者指出，科学处理政府与市场、政府与社会的关系，合理划分政府与市场、政府与社会的边界，是构建经济体制时必须解决的重大理论与实践问题。党的十四大曾提出“使市场在社会主义国家宏观调控下对资源配置起基础性作用”。这一重大理论创新对于我国建立社会主义市场经济体制起到了至关重要的作用。党的十八届三中全会在新的历史条件下实现了新的突破，把市场在资源配置中的作用从“基础性作用”提升到“决定性作用”，两字的变化，是对我国改革开放30多年实践经验和理论创新的科学总结，反映了世界各国在谋求经济现代化过程中的成功经验，必将对我国完善社会主义市场经济体制起到至关重要的作用。[26]

有学者认为，明确市场在资源配置中的决定性作用为国有资本管理体制和国有企业改革指出了方

向。要大力发展国有资本与其他形态资本交叉持股、相互融合的混合所有制经济，并组建若干国有资本运营公司，支持有条件的国有企业改组为国有资本投资公司。政府的职能也不是直接经营国有企业，而是“保证各种所有制经济依法平等使用生产要素、公开公平公正参与市场、同等受到法律保护，依法监管各种所有制经济”，这就要改变目前国有企业垄断基础产品和要素市场，金融、石油、通信、电力等基础行业存在市场准入壁垒的现状。并要强化国有资本收益的全民性和普惠性，决定中就提出“2020年要将国有资本收益上缴公共财政比例提高到30%，更多用于保障和改善民生”的规定。[27]

建立统一开放、竞争有序的市场体系，是市场起决定性作用的基础。有学者指出，新形势下完善市场体系，最重要的是要建立公平、开放、透明的市场规则。虽然我国产品市场已经确立了市场在供求调节中的主体地位，基本形成全国统一的市场体系，要素市场化改革也取得重要进展；但是，我国市场体系尚不完善，市场的开放性、竞争的公平性和运行的透明度都有待提高；部分基础产业和服务业价格关系尚未理顺，尤其是要素市场发展相对滞后，难以适应产业转型升级和经济发展方式转变的要求。[28]

关于市场发挥决定性作用与基础产业的垄断弊端，有学者提出，市场垄断限制了社会资本进入和创新及其成果应用，能源资源等基础产品价格扭曲导致社会资源错配。《决定》也明确提出要推进石油、天然气、电力、电信等领域价格改革，放开竞争性环节价格。新一轮垄断行业改革需要采取增量改革与存量重组相结合的方式。增量改革就是通过放松市场准入，在发展潜力大、具有全局性影响的领域放开其他企业特别是民营企业进入，进而形成多企业有竞争的市场结构。存量重组就是对条件已具备的产业继续推进存量重组改革，以形成有利于公平有效竞争的市场结构。将可竞争环节与自然垄断环节分开，在可竞争环节引入公平有效竞争，对自然垄断环节建立有效的政府监管制度。[29]

也有学者认为，深化资源领域市场化改革需要分类推进实施。不同资源具有不同的经济技术特征，市场化改革的起步与进展程度也各不相同，在市场化进程中所面临的问题以及深化改革的思路和所需要采取的政策措施也存在差异，因此要根据不同资源特征分类推进市场化改革。新一轮市场化改革必须超越传统市场化的思维，进行利益深度调整和资源优化配置。[30]

2014年将是全面开启改革的第一年，中国面临新的经济发展环境。一方面，十八届三中全会通过的全面深化改革方案将逐步实施，将优先推动一批关键领域的改革，将促进中国经济继续保持平稳、健康发展的态势。另一方面，美国经济逐渐复苏，在2008年金融危机之后第一次出现了各季度经济增速持续回升，依照过去的经验，美国经济特别是消费的增加预示着未来中国出口可能迎来曙光，也会给正在缓慢升温的全球经济大环境注入新动力。在政策保持平稳，深化改革推动经济结构调整以及外需稳定的背景下，我国经济进入增长转速、经济转型、体制转轨的新时代，增长质量将重于增速，民生改善、生态和谐、科技进步同步推进，实现在未来较长时期内的可持续增长。

注：

①梁达：《消费将持续成为经济增长的第一引擎》，《宏观经济管理》，2013年第3期。

②胡建生、纪明：《中国经济增长的需求分析及其政策含义》，《中央财经大学学报》，2013年第2期。

③刘穷志、何奇：《人口老龄化、经济增长与财政政策》，《经济学》（季刊），2013年第1期。

④孟令国、王清：《刘易斯转折点、二次人口红利与经济持续增长研究》，《经济理论与经济管理》，2013年第6期。

⑤周明生、梅如笛：《中国产业结构变迁与经济增长的关联性分析》，《经济与管理研究》，2013年第6期。

⑥张晓强：《培育发展战略性新兴产业加快转变经济发展方式》，《宏观经济管理》，2013年第1期。

⑦张晓强：《培育发展新兴产业推动发展方式转变》，《宏观经济管理》，2013年第10期。

⑧胡海峰、李旭东：《发达国家战略性新兴产业融资经验及借鉴》，《经济研究参考》，2013年第22期。

⑨卢文光、关晓琳、黄鲁成：《技术创新与战略性新兴产业的协调发展》，《技术经济》，2013年第7期。

⑩张宗益、陈龙：《政府补贴对我国战略性新兴产业内部R&D投入影响的实证研究》，《技术经济》，2013年第6期。

⑪魏后凯：《党的十八大以来社会各界关于城镇化的主要观点》，《经济研究参考》，2013年第14期。

⑫张骞予：《以城乡公共服务均等化促进新型城镇化》，《宏观经济管理》，2013年第10期。

⑬芦亮：《新型城镇化背景下地方政府融资平台的债务风险问题研究》，《中央财经大学学报》，2013年第9期。

⑭徐策：《从投融资角度看新型城镇化建设》，《宏观经济管理》，2013年第1期。

⑮汪大海、周昕皓、韩天慧、曾雪寒：《新型城镇化进程中产业支撑问题思考》，《宏观经济管理》，

2013 年第 8 期。

⑯郭芳、王红茹：《上海自贸区：中国新一轮改革开放的起点》，《中国经济周刊》，2013 年第 35 期。

⑰葛丰：《上海自贸区试点激发改革红利》，《中国经济周刊》，2013 年第 19 期。

⑱王新奎：《上海自贸区要“做蛋糕”而不是“抢蛋糕”》，《中国经济周刊》，2013 年第 37 期。

⑲常修泽：《以高端开放倒逼“五环式”改革——中国（上海）自由贸易试验区之我见》，《中国经贸导刊》，2013 年第 30 期。

⑳钮文新：《上海自贸区“人民币资本项下自由兑换”必须谨慎》，《中国经济周刊》，2013 年第 38 期。

㉑蒋同明：《我国房产税实行现状及改革举措建议》，《中国经贸导刊》，2013 年第 25 期。

㉒黄赛萍：《国外房产税制度借鉴和启示》，《中国房地产金融》，2013 年第 5 期。

㉓王双进：《房产税改革：争论、难点及建议》，《经济研究参考》，2013 年第 19 期。

㉔刘慧芳：《关于深化我国房产税改革的思考》，《经济研究参考》，2013 年第 11 期。

㉕程丹润：《房产税改革及对地方财政的影响》，《经济研究参考》，2013 年第 21 期。

㉖胡家勇：《社会主义市场经济理论的新贡献》，《中国发展观察》，2013 年第 11 期。

㉗邵挺：《国有资本管理体制和国有企业改革的方向和主线》，《中国发展观察》，2013 年第 11 期。

㉘刘世锦：《建立公平开放透明的市场规则》，《中国发展观察》，2013 年第 11 期。

㉙冯飞：《深化垄断行业改革》，《中国发展观察》，2013 年第 11 期。

㉚赵峥、荣婷婷：《深化我国资源领域市场化改革的思考》，《经济界》，2013 年第 4 期。

（作者：方芳，中国人民大学教授；
艾子健，中国人民大学硕士生）

法　　学

法理学

冯玉军　隋燕飞

一、重要的学术研讨会与著述

2013 年，全国法学理论界对大量理论与实践问题展开了广泛而深入的探讨和研究，在法治与一般法律理论、中国特色社会主义法律体系、司法理论与纠纷解决、社会管理创新、法律文化与法学流派、法律与其他学科跨学科研究等领域都有深入的讨论，取得了众多研究成果，发表了一大批研究论著。

北京地区的法理学者、专家们本着务实、创新的探索精神，也对中国法学理论研究的诸多重点、热点问题进行了深入研讨。

2013 年度，北京地区召开了一系列学术研讨会，北京的专家学者们有的也去京外参加了一些重要会议，主要有：

1 月 14—16 日，“日内瓦—哈佛—人民—悉尼”法学教授论坛在日内瓦大学召开，来自日内瓦大学法学院代表团、哈佛大学法学院代表团、中国人民大学法学院代表团和悉尼大学法学院代表团的 30 余位法律学者参加了会议，人大法学院院长韩大元教授率团参加会议。[①]1 月 19 日，由中国社会科学院法学研究所主办的“全面推进依法治国理论研讨会”在北京召开，会议围绕全面推进依法治国的理论基础、制度保障、发展目标及依宪治国等主题，展开了热烈的讨论，学者李林、周汉华、马怀德、刘作翔等做了精彩的会议发言。[②]2013 年 1 月 26 日，由中国社会科学院法学研究所主办的“深化司法体制改革理论研讨会”在北京召开。[③]2013 年 3 月 16—17 日，由中国政法大学法学院法律职业伦理教研室和美国律师协会主办的“回应变革呼声：中国法律职业伦理”国际学术研讨会暨法律职业伦理师资培训在昌平校区国际交流中心召开。[④]2013 年 3 月 29 日，中国法学会“2013—2017 年立法规划建议稿（草案）”专家座谈会在京举行。[⑤]5 月 26 日，由中国人民大学法学院主办、中国人民大学法律全球化研究中心与中国人民大学法律文化研究中心联合承办的“现代性与中国法律文化”国际研讨会在中国人民大学法学院召开，会议讨论了现代性与中国法律文化之间的关系，分“中西法律文化对照中的现代性问题”“法律现代性的域外视角”“现代性问题的法学反思”“中国传统法律与现代性问题”等主题。[⑥]6 月 14 日上午 9 时，由全国政协社会和法制委员会、中国法学会共同举办的“公正司法”专题座谈会在全国政协礼堂金厅举行。[7]2013年6月14—15日，清华大学法学院与美国康奈尔大学法学院在清华大学法学院明理楼模拟法庭联合举办“全球化时代的比较法学：移植与创新”国际会议，来自中国、美国、日本、韩国、菲律宾和中国台湾、香港、澳门地区的30所大学及科研机构的60余位专家学者参加了此次国际会议。[8]6月18日晚，由中国人民大学法学院、中国人民大学法律与宗教研究中心、中国人民大学佛教与宗教学理论研究所联合举办的法律与宗教高端论坛在中国人民大学明德法学楼601国际学术报告厅举行了第二期主题演讲，本期论坛邀请到了中国道教协会副会长、第十二届全国人大常委会委员张继禹道长做题为“道教的社会功能”的主题演讲。[9]2013年6月20日，全国首届“全球学与全球治理论坛”学术研讨会在北京花园饭店成功举行。[10]2013年8月13日，南开大学、中国政法大学、广州大学共建的“人权建设协同创新中心”培育启动仪式在北京西西友谊酒店会议室举行。[11]2013年8月14日上午，第二届两岸和平发展法学论坛在北京会议中心隆重开幕，论坛的主题为“两岸交往与法治保障”，来自两岸法学界、法律界专家学者共180余人出席论坛。[12]由中国人民大学法学院、中国宪法学研究会与牛津大学法学院、伦敦大学法学院以及英国宪法学研究会共同举办的“公法与现代法治”中英研讨会，于9月2日上午正式在中国人民大学法学院拉开帷幕。本次研讨会主题为“现代立宪主义中的法治”，会期4天。本次研讨会旨在通过对现代立宪主义和法治的理论与实践问题进行探讨，共同思考全球化背景下法治发展所面临的挑战与未来走向。[13]2013年9月14日上午，中国法理学研究会2013年学术年会在大连海事大学法学院隆重召开，本届年会主题为“法律权威与法治体系”。来自中国人民大学、清华大学、北京大学、中国政法大学、中国社科院法学研究所等高等院校、科研院所的专家学者240余人与会。本届年会共设“法治中国的基本理论”“司法权威与公信力”等15个分组，作为一项创新性举措，本届年会特别设置了“德沃金法律理论”等3组青年专场分组讨论，鼓励和推出年轻学者参与学术讨论。[14]“民主法治与中国传统”学术研讨会于2013年9月21日在中国社会科学院法学研究所召开。会议在文化自觉自信、文化大发展大繁荣语境下，分“中国法治的历史和文化根基”“法治现代转型及其乡土语境”“文化传统与现代治道”“法家法治与民主法治”4个单元，对“民主法治与中国传统”做了广泛而深入的研讨。[15]2013年10月19日下午，由清华大学法学院承办的中国案例法学研究会2013年学术年会在清华大学召开，会议主题为“指导性案例的理解、评价与适用”。来自最高人民法院、最高人民检察院、清华大学、北京大学、中国人民大学、中国政法大学、中央财经大学等单位的100余名专家学者参加会议。[16]2013年11月2—3日，中国法学会立法学研究会2013年学术年会在江西财经大学隆重召开，来自全国各省、市、地区的立法学专家、学者共80余人参会。十届全国人大常委会法工委主任委员杨景宇，十一届全国人大常委会法工委主任委员胡康生，十届全国人大常委会法工委副主任委员、中国法学会立法学研究会会长张春生，江西省人大常委会副主任魏小琴，中国人民大学荣誉一级教授孙国华等领导和知名法学专家朱力宇教授、冯玉军教授等学者参加了本次年会。本次年会的主题是“立法制度的理论与实践”。具体议题包括：（1）现代立法制度与立法法的修改和完善；（2）加强重点领域立法研究；（3）立法学理论创新研究；（4）其他相关研究。[17]2013年11月9—11日，“2013年全国博士生学术论坛（法学）”在中国人民大学举行。本次论坛由教育部学位管理与研究生教育司、国务院学位委员会办公室主办，由中国人民大学承办，中国人民大学法学院执行承办。论坛主题为“中国特色社会主义法律体系之发展”。[18]2013年11月16—17日，中国社会科学论坛暨“法治与反腐治权”国际研讨会在北京举行。本次国际研讨会由中国社会科学院主办，中国社科院法学研究所承办，联合国开发计划署协办。来自中国、芬兰、法国、日本、新西兰、墨西哥、新加坡等十几个国家和地区的近50位专家学者参加会议。[19]11月29日上午，中国法学会第七次全国会员代表大会在京开幕，习近平、张德江、刘云山等党和国家领导人出席会议并向大会表示祝贺。[20]12月7日上午，由北京交通大学北京社会建设研究院承办的第二届“首都社会诚信论坛”在北京交通大学科学会堂成功举办，本次论坛的主题为“诚信文化的培育与诚信法律体系的建构”。[21]12月8日下午，由北京卓亚经济社会发展研究中心联合北京大学法学院、清华大学法学院及中国政法大学主办的第一届卓亚法治论坛在北大法学院成功举行。此次论坛的主题为“全面深化改革与法治保障”，意图为改革的顺利深入提供思路。[22]12月21日中国行为法学会第三届中国法律实施论坛在北京召开，论坛主题为“法治社会建设与法律实施”。围绕论坛主题，与会代表对法治社会建设的背景与意义、法治社会建设的路径与方法、法治社会建设过程中的问题与对策等展开了研讨。[23]

除了发表诸多学术论文外，北京地区的学者出版的著述主要有：［英］罗杰·科特瑞尔著、丁晓东译的《法理学的政治分析——法律哲学批判导论》，该书讨论法理学研究什么、它试图做什么以及如何完成这些工作，最为重要的是，它的诸多结论如何能够影响法律实践的日常问题，以及主要的社会、道德和政治观念。作者选择对几位关键法学家的观点进行分析，阐明了法律理论的一般特点，并尝试用一种职业主义和政治分析的方法表达这些理论。[24]高鸿钧、程汉大的《英美法原论》（上、下册）汇聚了国内在本领域的主要研究力量，历时6年编写，篇幅过百万字，从不同学科的视角对英美法进行了系统和深入研究：考察它的历史与现实，提炼它的义理和精神，阐释它的理念与制度，分析它的程序与运作，主要包括一篇导论和六编，即英美法的历史、渊源与特征；英美公法：宪法、行政法和刑法；英美私法：财产法、契约法、侵权法、商法和信托法；英美的司法组织、诉讼程序与法律教育；英美主要法学理论与法律思想；英美法律文化、移植与全球化。[25]钱卫清的《你活得好吗——法律养生让生命无忧》提出了一种全新的“法律养生”理念和一套系统的方法，视角和立意独特，很具启发意义。[26]吕世伦先生的《当代法的精神》涵盖的主要命题有中国特色社会主义法理论、法学的若干问题、西方法哲学等。吕世伦先生的《社会、国家与法的当代中国语境》共包括五大部分：第一部分，社会、国家与法及其互动关系；第二部分，社会主义社会与“市民社会”；第三部分，社会、国家与法的价值分析；第四部分，以人为本的和谐社会与法；第五部分，中国特色社会主义法治成长的理论解读。史彤彪、吕景胜、冯玉军主编的《中国梦与法学研究—法律实践——吕世伦教授从教六十周年暨八十华诞志庆》，对吕世伦先生的学者之风及他对中国理论法学和实践法学的贡献做了论述。冯玉军教授的《法律的印迹》对中国法律历史中有典型意义的律例人事进行深入浅出的讲述和理性公正的评析，中西对比、古今映照，力求趣味性、知识性和思想性的有机统一，从而使广大读者可以一种轻松自在的状态提升法律水平和人文素质，加深对历史真实的了解。著述还有朱景文教授的《中国特色社会主义法律体系的形成与完善：结构、原则和制度阐释》、冯玉军教授主编的21世纪法学系列教材《法经济学》《全球化中的东亚法治：理论与实践》，尤陈俊的《法律知识的文字传播》，郑永流的《法学野渡：写给法学院新生》（第2版），郑永流编著的《法哲学和法社会学论丛》（2013年卷，总第18卷），卡尔·恩吉施著、郑永流译的《法律思维导论》，阿图尔·考夫曼和温弗里德·哈斯默尔编、郑永流译的《当代法哲学和法律理论导论》。

二、研究热点与创新

综观2013年度，北京法理学界探讨和研究的重点与热点主要集中在以下六大方面。

（一）法治与一般法律理论研究

有学者对中国法治的现状、挑战与未来发展做了研究。文章认为近些年来，中国法治建设取得了有目共睹的辉煌成绩，但离人民群众的期待还有一定差距。党的十八大报告从党和国家工作的大局和全局着眼，高屋建瓴、言简意赅地对过去5年民主法治建设成就做出了评价，并提出了到2020年全面建成小康社会的民主法治建设目标。未来中国法治发展的总体思路，应当努力实现4个基本转变，即从法治到社会主义宪政的转变、从法律体系构建到法治体系建设的转变、从注重立法到加强宪法和法律实施的转变、从法治的表面“维稳”向深层次解决社会公平正义和权力腐败问题的转变。全社会应当尽快把对中国法治状况的认识和评价统一到中央关于全面推进依法治国、加快建设社会主义法治国家的战略部署上来，在新的历史起点上为中国民主法治建设事业做出新贡献。[27]

有学者就“共和国法治认识的逻辑展开”做了研究。文章的主要观点是，与法治的实践需求相呼应，人们的法治认识展现为正名法治、定义法治和量化法治3个主题环节，既共时共存，又环环相扣、推演展开。其中，正名法治围绕这法律、法制和法治3个概念构成的思维链条展开，定义法治基于普世主义和国情主义两种对应的立场和思路进行，量化法治则是当下意图更加具体而直接地连接法治实践的另辟蹊径的努力。总体来说，共和国的法治认识进程，已经使得法治作为问题在理论逻辑上完整展示开来；从结果看，完成了对法治的正当性正名，凸显了法治定义上的立场和观点分歧，开始了对法治实践的量化探索。[28]

有学者对走向包容性的法治国家建设做了研究，文章认为随着改革进入“深水区”的攻坚阶段，我国面临“中等收入国家陷阱”挑战，如何进行“改革顶层设计”，以建设包容性的经济和政治制度，成为党的十八大后亟待探究的理论和实践课题。该文结合法治和包容性发展的基本内涵，提出包容性的法治国家建设命题，通过对党的十一大至十八大报告进行对比分析，考量其中经济市场化、政治民主化与国家法治化的发展和变迁，提出建设包容性经济和政治制度的法治顶层设计，并归结以法治国家建设统率和推进经济和政治体制改革的建议。[29]

有学者对“法治与小康社会”展开了深入研究。文章以党的十八大报告关于法治与小康社会的基本论述为依据，通过解读十八大报告对小康社会提出的法治建设新要求，即“国家各项工作法治化”，创造性地提出了“法治小康”的概念。作者在文章中指出：“法治小康”是对“法治”建设状况与“小康社会”发展目标两个方面的期待与要求。作者通过对“法治”价值的基本内涵、“法治化”的最低制度与行为要求，指出了“小康社会”对“法治化”所提出的法治水平的最低要求，包括法治“供给”与法治“需求”之间关系的基本适度和平衡；不同法律之间的相互协调，特别是法律制度自身的“统一性”；通过贯彻落实依法治国基本方略，以彻底否定人治，弘扬法治，真正地实现“宪法法律至上”的价值目标；通过“法治思维与法治方式”来凝聚成“法治文化”形态的法治精神，等等。该文还全面地考察了党的十一届三中全会以来我国“法治”价值内涵的逐渐形成、完善到成熟的发展过程，指出了“依宪治国”“依宪执政”是实现“小康社会法治化”的必由之路这一重要的法治发展战略目标与机遇。[30]

有学者从法治实践的角度对“法民关系”做了深入研究，此学者认为西方法治理论的职业主义存在局限，中国法治理论要深入理解法民关系的理想类型和一般原理。法民关系是法律人与普通人围绕法律解释权分配形成的主体间关系。法民关系的两个“理想类型”是以法官和律师为核心的、法律职业共同体主导的“消极法民关系”以及以当事人和法官为核心的、法律职业共同体与普通民众主导的“积极法民关系”。二者既在具体案件中围绕法律解释权的分配形成了不同的“微观司法环境”，又在总体上基于司法公信和法治信仰构成了不同的“宏观法治状况”。应从植根国情的法民关系出发，探索中国法治的发展道路。[31]

有学者对法律职业共同体做了研究，文章认为法律职业共同体对于中国建设法治国家有着重要的意义和作用。从理论上厘清法律职业的分类，探讨法律职业共同体的意义，分析中国法律职业共同体的现状，对于凝聚法律职业共同体成员的共识，形成一种建立在共同知识训练背景基础上所形成的共同的知识体系、思维方式，以及由此而上升为更高级的共同的理念、共同的价值追求甚至共同的信仰（即对于法治的信仰），有着积极的作用和价值。法律职业共同体的最终目的是寻求一种共同的法治理念和法治精神，推动法治国家的建设进程。[32]

有学者对法治基础做了思考。文章认为法治信仰的形成是一个过程，不可能一蹴而就，它受到一系列条件的限制，特别是法治实际运行状态的限制，急不得。形成法治信仰不是单靠教育就能解决的事，归根结底决定于法治实际运行状况。法治建设是一个系统工程，立法、执法、司法、守法、法律监督、法学教育，缺了哪个环节都不能奏效。[33]

有学者对法律规则的逻辑结构做了深入探讨。文章认为中国学界在法律规则的逻辑结构主题上经历了数次范式转换，目前的代表性学说为“新三要素说”。这一学说的形成有其环环相扣的发展脉络和合理性，但在理论上存在着重大缺陷，根本原因在于对逻辑结构理论所要解决的问题以及逻辑结构的性质的错误认识。法律规则的逻辑结构学说属于法认识论，它要解决的是法律规则的形式、静态构成及其句法功能问题。新二要素说主张法律规则由构成要件和法律后果构成，满足了逻辑学说的基本标准，解决了过往理论的缺陷，实现了与法律推理的模式相衔接这一根本目标。[34]

有学者对法律效力理论做了视角新颖的研究。文章认为以法律效力理论中的“特别法优于一般法”规则及国际私法中的“最密切联系原则”作为原型，可以在多样化的法理学说中提炼出一个普遍性的法理适用规则——“特别法理优于一般法理”。日本修宪问题可以作为检验这个法理适用规则的典型事例。按照“特别法理优于一般法理”的规则，日本国内护宪派所秉持的“永久和平论”是“特别法理”，应当优先适用；从世界范围来看，质疑日本修宪所依据的“跨国契约论”是“特别法理”，更应当优先适用。至于日本修宪派所依据的“自主修宪论”，无论在日本国内还是从世界范围来看，都只能作为“一般法理”而不能被适用。[35]

（二）中国特色社会主义法律体系研究

有学者就中国特色社会主义法律体系的完善做了研究，文章认为中国特色社会主义法律体系的完善与发展需要长期坚持。以人为本、上下有序、内外协调、动态均衡、公正与效率辩证统一、统筹兼顾与可持续发展是完善中国特色社会主义法律体系的基本原则。以人为本原则是中国社会主义民主建设和法律发展的重大理论创新、制度创新。上下有序原则是处理法律体系内部关系的基本原则。其确保法律体系的整体与部分、中央立法与地方立法、上位阶的法与下位阶的法上下一致和相互统一。内外协调原则是关乎法律体系内部诸因素之间及其与外部环境因素之间是否相互协调、功能一致的原则，是保证法治运作系统权威高效的关键。均衡原则是一切法律活动特别是法律体系构建的最终协调机制和最高秩序依归。完整的法律系统是由静态的、表现为规范形式的法律体系和动态的、表现为法制产生、运行、实现过程的法律调整机制组合而成的一个大的系统结构。公正和效率的矛盾是社会历史领域所有价值目标体系的基本矛盾。公正与效率辩证统一原则不仅体现在政治原则、法律规定、道德要求、宗教训诫以及经济活动中，而且体现和渗透在彼此之间的矛盾冲突与联系互动之中。统筹兼顾原则主要是指法律体系在结构—功能意义上的上下有序原则和内外协调原则，但在动态演进意义上看，则应坚持可持续发展原则。[36]

有学者从家与个体自由原则的角度对我国的法律体系进行了研究。文章的主要观点是自由与家之争构成我国独有的现代性问题。然而，家价值虽一直受到我国法律保护，却处于个体自由价值的遮蔽之下。该文尝试揭示我国法律所保护的家价值，并重构其与个体自由的关系。从理论上看，西方观念通常认为家始于婚姻合意，而恰当的家观念应在于人从家而生，自由对应的只是成年阶段，而家涵盖了人生命的完整阶段，是对自由否定之否定的扬弃。如果说从自由出发的现代法治只是一种权力与权利的对峙结构，那么从家观察，法治还内含一个守护生命成长与衰微的存在结构。它包括家庭自治、父爱主义、生存保障，等等。家与个体自由因而是包容而又竞争的关系，法律秩序构建应以家价值为参照系，而非以个体自由为圭臬。[37]

（三）社会管理创新研究

有学者就社会转型背景下的文化市场依法管理问题做了研究。文章认为当代中国的文化建设和文化体制改革面临着前所未有的机遇和挑战。党的十八大报告指出："坚持依法治国这个党领导人民治理国家的基本方略，最广泛地动员和组织人民依法管理国家事务、管理经济和文化事业、积极投身社会主义现代化建设。"要"加快推进社会主义民主政治制度化、规范化、程序化，从各层次各领域扩大公民有序政治参与，实现国家各项工作法治化。加快完善文化管理体制和文化生产经营机制，基本建立现代文化市场体系，健全国有文化资产管理体制，形成有利于创新创造的文化发展环境"。这不仅是扎实推进社会主义文化强国建设的重要目标，也是全面深化文化体制改革、大力促进文化市场依法管理的重要指针。[38]

有学者就网络色情淫秽治理的法律问题做了研究。文章认为网络的特性决定了其规制方式与传统媒体不同。在现有法律规制模式存在不足的情况下，通过引入技术手段治理网络将成为未来网络规制的发展趋势。在这种趋势下，治理网络色情淫秽不仅需要法律规制，更需要建立内容分级制度进行对象化区分治理。许多国家和地区一般将内容分级制度视为网络自治的重要构成要件，内容分级制度已成为网络色情淫秽治理的通行经验。中国也应该改变传统运动式的执法方式，通过建立内容分级制度实现网络色情淫秽的有效规制。[39]

有学者对反腐治权问题做了研究。文章认为目前，我国在应对和解决腐败问题上，大致有3种思维路向，即政治思维、德治思维和法治思维。总体而言，三者相互交织、彼此渗透、相互作用、各有侧重。从政治思维的路向来看，应对腐败问题的基本思路是教育为主、惩治为辅、反腐倡廉、综合治理。其反对腐败的侧重点和落脚点是多管齐下、倡导廉洁、鼓励廉政，寄希望于执政党性质和宗旨、国家制度优势、社会民主参与、干部廉政楷模以及公仆政治觉悟。从德治思维的路向来看，应对腐败问题的中心思想是以德治国、道德教化、廉洁自律、软性约束，其反对腐败的侧重点和落脚点是教育、感化、训诫、教化，寄希望于公权力者自身的觉悟、觉醒和自律。从法治思维的路向来看，应对腐败问题的核心理念是依法治国、法律至上、反腐治权、刚性强制，其反对腐败的侧重点和落脚点是法治教育、制度规范、法律制裁，寄希望于法律和制度的严密性、权威性、规范性、强制性和他律性。[40]

有学者从社会管理创新的视角对农村基层组织人员职务犯罪的预防进行了实证研究。文章认为北京农村基层组织人员职务犯罪村干部占多数，贪污受贿案件多，窝案、串案多，涉案金额虽不大，但社会危害性大。造成这一状况的主要原因是主观上对预防农村基层组织人员职务犯罪重视不够，客观上预防犯罪的相关制度过于粗疏。因此，应从推进城乡基层社会管理体制改革入手，进一步健全农村基层组织人员职务犯罪预防惩治体系。[41]

（四）司法与纠纷解决机制研究

有学者对司法能动论做了研究。文章认为"司法能动主义"是舶来品，而"司法能动论"则是司法能动主义结合中国国情的产物，尽管后者被赋予了不少"新意"和"引申义"，但客观地说，这也是文化接受与传播过程中一种不可避免的现象。从法文化的深层渊源看，我国属于"大陆法系"国家，法官奉行"司法克制"的传统，从而大大抑制了"司法能动"的空间，但社会生活的快速变化与成文法废、改、立的滞后性这一矛盾又会呼唤"司法能动"的出场，以弥补法律的缺陷，达到实质正义的目标。这就为司法能动在大陆法系国家司法实践中的存在提供了一席之地。司法能动是司法克制前提下的能动，不是盲动妄动；司法克制又包容了司法能动的合理空间，不是对法律条文的僵化固守。两者追求的目标是相同的，即正义的实现、人权的彰显。[42]

有学者对中国基层司法的状况展开了研究。文章认为判决书"附带"，尤其是中国基层司法实践中的"法官后语"，折射了关于判决书定义、功能，以及法官角色和更宏大的司法的理论复杂，需深入辨析。而历史化地理解问题，并引入微观司法需求互动和宏观社会需求互动的概念，可深入洞察其关键，并获得关于判决书"附带"至司法等一系列问题的"社会约定"的思考路径。由此推进，重视并积极回应被司法者和广泛司法关注者对司法的愿景，符合司法政治学的正当性理念，亦对中国现代正规司法建设有益。[43]

有学者就"同案同判是法律义务还是道德要求"这个问题展开了研究。文章认为法律实践中的悖论是：一方面，司法裁判受到同案同判的拘束；另一方面，某些情况之下的特殊对待又被认为是合理的。要想化解悖论，必须仔细考察同案同判的基本性质。至少有两种同案同判的主张，其中的"强主张"认为，同案同判是不可摆脱的法律义务，因此只有在证明“表面上相似的案件并不是真正同案”的基础上，才能给予特殊对待；而“弱主张”认为，同案同判只是可被凌驾的道德要求，只要能够证明同案同判被其他的法律义务和道德要求所压倒，那么就可以给予特殊对待。通过考察同案同判的支持性理由将会发现：同案同判的“弱主张”具有明显理论优势，所以同案同判只是可被凌驾的、与法律有关的道德要求，它本身并不是一项无法摆脱的法律义务。⑭

有学者对“以事实为根据，以法律为准绳”原则的形成和发展做了研究。文章认为这一原则是在曲折之中确立的：以查清客观事实为己任。新中国的法律制度与中国共产党建立的革命根据地时期的法律制度具有某种延续性。作为新中国法治建设的“起点”，革命根据地时期的法律实践奠定了“以事实为根据，以法律为准绳”原则的重要思想基础。在革命根据地时期，“以事实为根据，以法律为准绳”原则虽然尚未形成，但是“一切从实际出发、实事求是”的思想，不仅指导着中国革命和建设的实践，而且也贯彻到司法审判工作中，形成了“实事求是、调查研究”的司法工作方法。⑮

有学者就信访法治化改革与完善问题做了研究。文章认为信访是一项独具特色的制度，在反映诉求、沟通政府与民众关系方面起到了重要的桥梁作用。近年来，信访制度面临诸多难题，如纠纷化解效果不明显、损害司法权威、加重党政机关负担等。客观而言，要破解当前困境，法治化是信访制度改革的必然选择。该文针对信访制度中存在的问题，从功能、范围、规则、手段、处理程序及法律依据几方面提出法治化改革的具体思路，即调整信访的功能定位，限制信访事项的受理范围，更加注重是非标准，程序契合司法最终原则，完善信访法律依据。⑯

有学者对法律实施和纠纷解决做了定量化研究。文章认为对法律实施进行定量化研究具有重要意义，法律实施本身的复杂性及统计数据、评价指标和因果关系分析等问题使得定量化研究中易出现一些似是而非的结果和对事实及因果关系的错误判断。为尽可能克服这些局限，需要对研究方法本身不断加以完善，也需要转变视角，从纠纷解决的角度研究多元化的法律实施及其效果，从而更好地发现问题和规律。⑰

有学者对诉讼社会、无讼社会和多元化纠纷解决机制展开了研究。文章的主要内容是，中国法律史的最新研究成果表明，古代中国尽管确实存在着相对“无讼”的现象和“息讼”的努力，但实际上有不少区域呈现出“诉讼社会”的景象，诉讼滥用、欺诈诉讼、恶意诉讼等甚至成为一些地方严重的社会问题。除了深刻的经济、社会和文化原因外，中央集权下发达的司法体制与民间社会自治的相对弱势，是形成诉讼社会的关键要因。当诉讼超出社会和司法的承受力之时，官府对诉讼的限制乃至打压就成为不可避免的潜规则。滥讼与讼难交织的恶性循环，既破坏了司法的公信力，也必然导致社会治理的混乱和道德失范。历史经验表明，“诉讼社会”和“无讼社会”这两种理想类型，都不能独立成为社会治理的合理模式，现实的选择只能是通过多元化纠纷解决机制来应对各种社会需求和危机，从而形成国家法律机制与社会自治的协调，逐步接近善治。⑱

（五）*法律文化与法学流派研究*

2013 年度里学者们对古今中外的法律文化表现了很大的研究兴趣。

有学者对域外法与宗教问题做了研究，特别是对新加坡和西班牙的宗教事务治理情况做了深入评析。新加坡是东西方文明的交汇之地，妥善处理不同种族、宗教之间的关系至关重要。在对本国多元宗教、多元民族的基本国情充分认知的基础上，新加坡政府采取了务实的宗教政策。通过宪法和宗教自由法确立了政教分离、宗教自由和平等保护原则，制定了维护宗教和谐法，实现了宗教间的和谐与容忍，为世界各国宗教事务的法律治理树立了典范。相较而言，西班牙的宗教传统十分浓厚。进入现代之后，西班牙通过宪法和宗教自由法确立了政教分离、宗教自由和平等保护原则，逐步形成处理宗教事务的法律框架，经历了兼有成功与挫败的法律实践。西班牙宗教事务法律治理的基本经验包括政府与宗教团体签订一系列双边协议、对宗教组织实行登记制度、建立社会多元化和共存基金会、尊重各宗教团体的特殊习俗、立法支持公立学校的宗教教学以及设立宗教自由顾问委员会等，形成了一种与时俱进、富于创新的宗教法律治理模式。⑲

有学者对比较法研究中的中国法展开了研究。文章的主要观点是：在比较法研究中，中国法一直占有重要地位，但在主流的西方比较法文献中，西方法是正统，中国法只处于边缘地位。法律在社会中不占主导地位，一直是西方人眼中中国传统法的主要特点。西方学者认为，中国传统法具有专制主义、集权主义的特征，这同中国的“治水社会”的历史有着密切联系。改革开放以来中国经济与社会的发展，对西方有关中国法的观点以及法律和社会发展的模式提出了挑战。在法律的地位和集权与分权问题上，不应把中国法与西方法绝对对立起来，西方和中国在处理熟人关系和陌生人关系，应对正常状态和非常状态问题上有许多相似之处，它们是中国与西方共同面对的问题。把中国法研究放在西方各种法律进化模式中虽然具有参考价值，但终归是靠不住的，应转到以问题为中心的轨道。[50]

有学者就精英政治与政治参与问题进行了研究。他认为精英政治的考量贯穿了中国古代宪制。但在古代农业大国，实践精英政治的难题并非伯乐发现千里马的问题，而是并一直是如何制度性地，公道、准确和有效地选拔精英。必须逐步形成和建立全国统一的选拔制度；为保证选拔的可比较性，借助的是标准化容易偏重于知识考察的文字考试，作为补充，古代中国还一直注重对精英的能力考察和培养。我国疆域辽阔，民族族群众多，文化多样，利益也多元，古代的精英选拔还有着某些地域考量，至少在科举制中已经以制度化的方式嵌入了这种具有代议性质的政治考量。[51]

有学者对软法有了更深的思考，文章认为软法的兴起和发展有着深刻的哲学背景和认识论根源。软法理论是在现代性反思的基础上出现的，对法学领域内国家垄断法律资源的国家中心主义倾向和形式主义法律观做了反思，革新了法律理念，推动了法治和社会发展，符合人类认识规律，有其必然性。文化多元决定了法治建设也应是多样的，中国的软法研究有着特有的文化传承和实践优势，软法理论有力解释了中国的法律制度和法治现状，而中国的实践又推动软法理论的进一步发展。软法与硬法同为现代法的基本表现形式，软法在法治社会建设和社会共同体全面法治化方面起着硬法难以发挥的作用，为共同体的法治化提供了工具和路径。软法的存在和其作用的发挥有助于推动和实现法治国家、法治政府、法治社会一体建设，全面实现依法治国。软法的最终走向将是一条一元多样的软硬法混合治理之路，以一元为前提，坚持软法和硬法地位平等、功能互补，探索多样化的软硬法混合之道，以多种机制保证软法更好地实施。[52]

有学者从知识论和方法论的角度考察了评注法学派的兴盛与危机。文章的主要内容为，13 世纪中后期欧洲的法学家面临着一个迫切的任务，即考察他们的知识基础，也就是说，一方面他们必须回应“法学的科学性”问题，另一方面法学家又必须在实践层面上回应欧洲“共同法”的统一性与“特别法”的多元性之间的矛盾。恰逢其时，两位法国法学家，即拉维尼的雅各和贝勒珀克的皮埃尔，建构了不同于之前（波伦亚）注释法学派之方法和理论的“新法学”。意大利学者皮斯托亚的奇诺将该种方法与法学理论引进意大利，从而建立了评注法学派。巴尔多鲁和巴尔杜斯等人共同推进评注法学派的发展，使之达到鼎盛时期。然而，评注法学派像他们之前的（波伦亚）注释法学派一样，无论在理论还是在方法上均存在历史所赋予他们的局限性，甚至可以说其中潜藏着自身不可克服的深层危机。[53]

有学者对历史主义、理性与立国进程做了研究。文章的主要内容是：德国历史学家迈内克反感国家社会主义，拒绝纳粹的意识形态，但对德军吞并奥地利，“收复斯特拉斯堡”却“欢欣雀跃”，认为“这是将全部的德国历史往前推进了一大步”。这说明国民的爱国主义存在着“历史之爱”和“政治之爱”的重大差异，并由此折射出立国时段的政治理性和公民理性的冲突、国家理性和国家理由的严重失衡。同时，知识分子面对乱局之息思与失思，或者，其于主流意识形态在某些方面之“两情相悦，思无二致”，以及对于国家这一法政架构的有选择的历史主义理论安排，是造成邦国神智混沌的致命因素所在，揭示了基于公民理想和普世主义的法政哲学对于邦国健康成长的重要意义。[54]

（六）法律与其他学科的跨学科研究

这些研究同时也是法学在认识论和方法论上的创新。

有学者对人权法哲学进行了研究。文章的主要观点是：科斯塔斯·杜兹纳是英国批判法学的领军者、西方精神分析法学的代表人物。他运用拉康的精神分析理论揭示了西方正统自由主义人权理论的内在悖论，指出福山宣告的历史的终结和人权的全面胜利并未来临，并且永远不会来临。宣告人权取得全面胜利实际上是在宣告人权死亡。按照自由主义人权哲学，权利名目不断增多、权利保护范围不断扩大表明人权在持续发展，最终将趋近“人的全面解放”。而杜兹纳则认为，“权利的爆炸”并不是通往人的解放之路，它将导致人的“碎片化”：权利越多，主体就越加分裂，而越加分裂的主体将越加欲求权利，从而导致权利的新一轮增殖及主体的进一步分裂。权利越多，就越觉权利匮乏，这就是权利自我增殖的怪圈。要破解自由主义人权哲学的怪圈，必须引入他性伦理学，借助爱和团结，因此笛卡尔和康德确立的以自我为核心的伦理学必须扬弃。整体而言，作为西方世界衣食无虞的知识分子，杜兹纳的人权哲学在消弭过度的权利诉求方面更有价值，而在消除真正的权利匮乏及提高人权保障程度方面意义有限。[55]

有学者对康德的权利学说这一法哲学问题做了研究。文章认为康德的权利学说包括如下要点：人的自由意志按照符合普遍自由法则的行为准则选择的行为就是权利；现实中的权利不是个人行为现象，而是群体的精神、意志现象；权利形成的前提是集体共同占有；只有在国家形成之后，根据公共意志的认可，人们才享有真正的权利。该学说弥补了古典自然法学哲理上的一些缺憾，但也失去该学说的以权利约束对抗国家权力的思想光彩，并为分析实证主义法学反对自然权利、道德权利的存在开辟了理论通道。[56]

有学者对“党与政法”关系展开了研究。文章认为“党与政法”的关系涉及各政法部门、政法委员会和党委三方，不能将“党管政法”简化等同于政法委员会管理政法事务。实际上，政法委员会的职能定位，只是党委领导政法工作的助手和参谋。政法委员会虽然负责联系与指导各政法部门，但各政法部门也可以直接向党委请示报告工作。向党委请示报告的去向，可能是提交党委常委会讨论，也可能是报送分管政法的党委常委。而最后的处理意见，有时又会批转由政法委员会具体执行。从长期来看，改革的着力点应贯彻党政分开的原则，逐步废止党委、党委常委、政法委员会批示或讨论具体司法个案的做法。政法委员会可以与社会管理综合治理委员会做一定程度的职能分离，主要做务虚工作，侧重在思想和组织上保证党对政法工作的领导。[57]

有学者对法学历史主义进行了研究。文章认为历史性是法律的基本品性，也是人性的基本方面。法学历史主义是关于法律的历史性的理论叙事，要求以历史认识和历史方法审视法律，在时间之维中探索法律的精神成长过程，包括它的道德成长，进而揭示法律的历史理性。从而，其本身即为一种历史理性，关于历史存在的当下省思和有关法律未来的文化观察，是对于人世善好的一种积极期待。经此努力，法学历史主义期望营造一种基于深切历史感的华夏邦国政治，为奠立于现代中国文明的法制体系提供伦理—政治意识。其中，立基于历史文化传统的法治体系具有高于现实政治势力的权威性，人类历史必定是一个趋向善好展开的无限自我启蒙进程。基此基本判断和信念，法学历史主义重申奠立于法治基础之上的全体公民政治上和平共处的可能性，其所营造的以公民相互立法为枢纽的人的联合的必要性，以及必将造就一个正派社会和良善人生的现实性。[58]

有学者对法律理学做了研究。文章认为中国法理学正处于重铸和衔接古今中西学术的历史关口，需要经历一个从法学向理学跨越的历史过程。将中国文化传统与近代西学系统综合起来看，在“古今中外”时空背景下，中国法理学既可成为基于经验认知的法律科学、基于理性认知的法律哲学，也可成为基于“德性之知”的法律理学。中国法理学欲在21世纪开其气象、显其规模，需要同时开通并维护法律科学、法律哲学和法律理学向前生发的认知渠道，由此立足古今普适之道造就政治和社会的经验、理性和道德基础，重构“内圣外王”。[59]

有学者对法律与社会科学研究的方法论做了反思。文章认为法律与社会科学运用的方法论，最为重要的是如下3个部分：由“中国概念”带来的中国法律实践特殊化的效果，由“价值中立”获取的客观描述中国特殊实践得以形成的所有要素，以及由“实然推导应然”揭示出中国实践真正遵行的非国家法（习惯法）。正是在这3个方面的指引下，法律与社会科学的研究者试图给出有关“中国法律实践”的最恰当的解释和说明。不过，由于所有类型的“中国概念”均不具备使得中国实践特殊性的主张得以成立的能力，由于所有描述中国实践的努力必然会运用价值判断，由于应然与实然之间不能相互推导，所以法律与社会科学的学术努力从一开始就是一场注定失败的悲剧。[60]

有学者从法律经济学的视角对法律的性质进行了反思。认为法律经济学和新制度经济学共同的理论错误是将法律的性质误认为一种定价体制，将法治的代价错归为一种交易成本，将法律的边界依照与市场等定价体制的替代关系来确定。究其原因，在于没能在理论上揭示“交易成本过高”与“权利界限不清”之间的内在关联，造成了错误的概念区分。两者其实是一回事，都是因利益分歧产生的“权利争议”，而非因价格分歧产生的“市场替代”。法律的规则选择并非替代市场的权利定价，而是先于交易的权利定界。法律的性质是权利的定界，而非权利的定价；是利益分配，而非资源配置。法律的利益分配和权利界定，不同于私人主体通过达成契约自愿实现的利益交换，而是公共权威通过规则选择强制安排的利益分配。司法救济的法定价格，不同于市场价格，实质是一种利益分配（和再分配）的司法强制。不论立法还是司法，法律界权都不是简单的校正正义问题，而是分配正义问题。前述理论错误都源自于忽视“界权成本”。法律的边界，不是取决于不同定价体制的边际交易成本，而是取决于不同界权选择的边际界权成本，取决于法律界权的供给需求关系，取决于法律与其他界权体制之间的边际替代率。法律的边界与市场这一定价体制及其交易成本无关，界权成本与交易成本的经济学性质有着本质的区别。[61]

有学者从法律与修辞的角度对法律中的隐喻做了研究。文章认为法律领域大量出现的隐喻提示我们，隐喻与法学的联姻可能不只是基于修辞的需要。隐喻在法律领域的出现有三重原因：其一，隐喻是一种基本的思维模式；其二，隐喻源自语言的局限性；其三，隐喻迎合了法学的需要。尽管隐喻存在语焉不详、非理性等特征，但在分析了科学与知识、真理的关系，以及隐喻与真理的关系之后，隐喻与科学的共存性可以得到确认。法律的隐喻不止是一种表征，也是承载、彰显法律真谛的一种方式。[62]

注：

①见 http：//www.lawinnovation.com/html/xjdt/8305.shtml，中国法学创新网，2014年4月27日。

②笔谈：《全面推进依法治国　迈向法治新时代》，《法学研究》，2013年第2期。

③见 http：//www.lawinnovation.com/html/xjdt/

8336. shtml，中国法学创新网，2014 年 4 月 27 日。

④ 见 http：//www. lawinnovation. com/html/xjdt/8736. shtml，中国法学创新网，2014 年 4 月 27 日。

⑤ 见 http：//www. chinalaw. org. cn/html/xhxw/4835. html，中国法学会网站，2014 年 4 月 27 日。

⑥ 见 http：//www. lawinnovation. com/html/xjdt/9218. shtml，中国法学创新网，2014 年 4 月 27 日。

⑦ 见 http：//www. chinalaw. org. cn/html/xhxw/5430. html，中国法学会网站，2014 年 4 月 27 日。

⑧ 见 http：//www. tsinghua. edu. cn/publish/law / 3568 / 2013 / 20130608161143516622020/20130608161143516622020_ . html，清华大学法学院网站，2014 年 4 月 27 日。

⑨ 见 http：//www. chinadaily. com. cn/hqgj/jryw/2013 – 07 – 03/content_ 9480413. html，中国日报网，2014 年 4 月 27 日。

⑩ 见 http：//www. csstoday. net/xueshuzixun/jishizixun/81515. html，中国社会科学在线，2014 年 4 月 27 日。

⑪ 见 http：//news. nankai. edu. cn/nkyw/system/2013/08/16/000137077. shtml，南开大学新闻网，2014 年 4 月 27 日。

⑫ 见 http：//www. chinanews. com/tw/2013/08 – 14/5162435. shtml，中国新闻网，2014 年 4 月 27 日。

⑬ 见 http：//news. ruc. edu. cn/archives/63299，人大新闻，2014 年 4 月 27 日。

⑭ 见 http：//www. lawinnovation. com/html/xjdt/10298. shtml，中国法学创新网，2014 年 4 月 14 日。

⑮ 见 http：//www. lawinnovation. com/html/xjdt/10301. shtml，中国法学创新网，2014 年 4 月 27 日。

⑯ 见 http：//www. lawinnovation. com/html/xjdt/10538. shtml，中国法学创新网，2014 年 4 月 27 日。

⑰ 见 http：//www. jus. cn/ShowArticle. asp? ArticleID = 3357，中国法理网，2014 年 4 月 14 日。

⑱ 见 http：//news. ruc. edu. cn/archives/68401，人大新闻，2014 年 4 月 27 日。

⑲ 见 http：//www. lawinnovation. com/html/xjdt/10720. shtml，中国法学创新网，2014 年 4 月 27 日。

⑳ 见 http：//news. xinhuanet. com/politics/2013 – 11 – 29/c_ 118355209. htm，新华网，2014 年 4 月 27 日。

㉑ 见 http：//localnews. bjtu. edu. cn/zongheyaowen/2013 – 12 – 10/104066. html，北京交通大学校园新闻网，2014 年 4 月 27 日。

㉒ 见 http：//article. chinalawinfo. com/article _ print. asp? articleid = 80779，2014 年 4 月 27 日。

㉓ 见 http：//www. chinacourt. org/article/detail/2013/12/id/1165979. shtml，中国法院网，2014 年 4 月 27 日。

㉔ 见 http：//www. pup. cn/scrp/bookdetail. cfm?iBookNo = 85581&sYc = 1，北京大学出版社网站，2014 年 4 月 27 日。

㉕ 见 http：//www. pup. cn/scrp/bookdetail. cfm?iBookNo = 84619&sYc = 1，北京大学出版社网站，2014 年 4 月 27 日。

㉖ 见 http：//www. pup. cn/scrp/bookdetail. cfm?iBookNo = 83638&sYc = 1，北京大学出版社网站，2014 年 4 月 27 日。

㉗李林：《中国法治的现状、挑战与未来发展》，《新视野》，2013 年第 1 期。

㉘张志铭、于浩：《共和国法治认识的逻辑展开》，《法学研究》，2013 年第 3 期。

㉙袁达松：《走向包容性的法治国家建设》，《中国法学》，2013 年第 2 期。

㉚莫纪宏：《法治与小康社会》，《中国法学》，2013 年第 1 期。

㉛凌斌：《当代中国法治实践中的“法民关系”》，《中国社会科学》，2013 年第 1 期。

㉜刘作翔、刘振宇：《对法律职业共同体的认识和理解——兼论中国式法律职业共同体的角色隐喻及其现状》，《法学杂志》，2013 年第 4 期。

㉝朱景文：《法治基础的系统性思考》，《人民论坛》，2013 年第 14 期。

㉞雷磊：《法律规则的逻辑结构》，《法学研究》，2013 年第 1 期。

㉟喻中：《论“特别法理优于一般法理”以日本修宪作为切入点的分析》，《中外法学》，2013 年第 5 期。

㊱冯玉军：《论完善中国特色社会主义法律体系的基本原则》，《哈尔滨工业大学学报》（社会科学版），2013 年第 4 期。

㊲张龑：《论我国法律体系中的家与个体自由原则》，《中外法学》，2013 年第 4 期。

㊳冯玉军：《社会转型背景下应大力促进文化市场依法管理》，《浙江社会科学》，2013 年第 8 期。

㊴张志铭、李若兰：《内容分级制度视角下的网络色情淫秽治理》，《浙江社会科学》，2013 年第 6 期。

㊵李林：《我国反腐治权的思路和重点》，《我国反腐治权的思路和重点》，2013 年第 6 期。

㊶殷星辰：《社会管理创新视角下的农村基层组织人员职务犯罪预防研究——以北京地区农村基层组织人员职务犯罪情况为研究样本》，《法学杂志》，2013 年第 3 期。

㊷崔永东：《司法能动论：历史考察与现实评价》，《法学杂志》，2013 年第 8 期。

㊸刘星：《判决书“附带”：以中国基层司法“法官后语”实践为主线》，《中国法学》，2013 年第 1 期。

㊹陈景辉：《同案同判：法律义务还是道德要求》，《中国法学》，2013年第3期。

㊺朱力宇：《“以事实为根据，以法律为准绳”原则的形成和发展》，《法律适用》，2013年第2期。

㊻杨小军：《信访法治化改革与完善研究》，《中国法学》，2013年第5期。

㊼范愉：《多元化的法律实施与定量化研究方法》，《江苏大学学报》（社会科学版），2013年第2期。

㊽范愉：《诉讼社会与无讼社会的辨析和启示——纠纷解决机制中的国家与社会》，《法学家》，2013年第1期。

㊾冯玉军：《西班牙、新加坡、德国政教关系述评》，《环球法律评论》，2012年第3期。

㊿朱景文：《比较法研究中的中国法——关于法律的地位和权力组织形式的思考》，《法学研究》，2013年第4期。

51苏力：《精英政治与政治参与》，《中国法学》，2013年第5期。

52罗豪才、周强：《软法研究的多维思考》，《中国法学》，2013年第5期。

53舒国滢：《评注法学派的兴盛与危机——一种基于知识论和方法论的考察》，《中外法学》，2013年第5期。

54许章润：《置身邦国，如何安顿我们的身心——从德国历史学家迈内克的“欢欣雀跃”论及邦国情思、政治理性、公民理性与国家理性》，《政法论坛》，2013年第1期。

55龙文懋：《精神分析视野下的人权批判——科斯塔斯·杜兹纳精神分析法学评述》，《环球法律评论》，2013年第1期。

56张恒山：《由个人意志自由到公共意志自由——康德的权利学说》，《环球法律评论》，2013年第3期。

57侯猛：《“党与政法”关系的展开——以政法委员会为研究中心》，《法学家》，2013年第2期。

58许章润：《法学历史主义论纲：命题、理论与抱负》，《中外法学》，2013年第5期。

59胡水君：《法律理学：跨越法学与理学》，《政法论坛》，2013年第1期。

60陈景辉：《法律与社会科学研究的方法论批判》，《政法论坛》，2013年第1期。

61凌斌：《法律的性质：一个法律经济学视角》，《政法论坛》，2013年第5期。

62杨贝：《法律的隐喻：表征还是真谛?》，《政法论坛》，2013年第5期。

（作者：冯玉军，中国人民大学教授；隋燕飞，中国人民大学博士生）

宪法学

胡锦光　杨　凡

2013年的宪法学研究更加注重宪法在社会生活中的实际运用。不论是对社会热点的关注，还是对于宪法历史的注解，均强烈地体现出了一种求索求是的入世情怀。而对这种关注的表达，则既非“宽进宽出”，但也不是“窄出窄入”，而是力图致广大而尽精微地精耕细作。无论学理还是制度，多从事件、案例、条款，甚至概念入手，深入勾陈宪法变迁的起承转合与前因后果。

一、学说

近年来，有关宪法学治学路径、研究范式，以及学术主张等关乎治学技艺与学理建构的思考日趋丰富，宪法学学科进一步走向成熟。有学者试图厘清我国宪法学方法论的理论脉络与基本共识，认为规范宪法学运用规范主义的方法和谋略，选择性地“返回”人权规范，谋求以规范宪法整饬非规范行为。政治宪法学以制宪权开篇，为政党决断权背书，宪法社会学采用功能分析方法，对超宪法行为做规范性认证。在方法、价值和观点上，三者截然对立，但深深嵌入我国的政治语境，形成某种形式的隐秘交锋和共识。我国宪法学应更进一步，直面政党国家的现实，围绕国家、政党和公民构建三元结构的宪法学理论，破解政党与宪法关系的僵局。①

有学者主张，法学的核心工作是为法律人解释法律和处理案件提供规则指引的法教义学。中国宪法学尽管有其特殊性，但只要取向于实现法治，就不能脱离此基本进路。宪法是“政治法”，但其高度政治性并不妨碍宪法学的“教义化”。并且，宪法学的教义化并不会取消政治，而是会为政治系统保留功能空间，宪法学术也可借此避免沦为政治的工具。尽管中国缺乏运行良好的违宪审查制度，对现行宪法的教义学操作也存在若干正当性和技术性困难，但如果我们面对中国法治发展的真实问题，在既有的成文宪法之下，将各种利益纷争和意识形态对立限定于规范的场域，将各种价值争议技术化为规范性争议，完全可以实现宪法调和利益冲突、建构社会共识的功能。中国宪法学应该确立此种法教义学的基本进路。②

另有学者基于法教义学的体系化重构，探讨宪法价值视域中的部门法治。如其所论刑法中的“涉户犯罪”：宪法上的住宅自由所保障的并非被称为“住宅”的物理性建筑结构，而是人格的精神和身体存在于其中、私密且安宁的物理空间，使其免于公权力或他人的干扰，以利于公民私生活在其中能够无阻碍地自由展开。刑法规范和刑事判决理应承载并实践宪法的精神与价值，但主流刑法理论显然忽略了住宅在国法秩序中的独立价值。为全面评价“涉户犯罪”，首先应根据“住宅作为个人私生活得以自由展开之物理空间的和平与安宁价值是否受到显著损害”这一基准，将涉户犯罪区分为“单纯形式性的涉户犯罪”和“实质性的涉户犯罪”；进而根据相应基准，构建出“实质性的涉户犯罪”的四阶层结构；在此基础上，再对除入户盗窃与入户抢劫之外的其他入户犯罪加以体系性的区别处理。③

另一种学理建构的努力来自近年来“部门宪法学”的提出。于是有学者提出“文化宪法”的概念。“文化宪法”包含文化国策与文化基本权利两个方面，前者要求国家应当服务于文化本身，后者强调国家不应干预文化的自主性。艺术自由等表现自由以及学术自由等基本权利的有效保障。④

其实，基于法学研究系统化及法治推进协调化的目标，宪法同其他部门法之间的关系理应受到更大的重视。好在有学者提出经济法应当与宪法协调发展：经济法的发展事关法律体系的结构调整和制度变迁，需要与宪法等各个部门法的发展相协调。“经济宪法”为经济法的发展提供了重要的宪法基础，发展经济法既是宪法规范的要求，又是实施宪法的需要，同时经济法的发展也有助于宪法的完善和发展。基于经济法与宪法所共有的经济性和规范性，应通过司法判断和非司法判断，不断提升两者的一致性和协调性，全面促进其协调发展。⑤

二、宪法史

慎终追远才能源远流长。任何制度都是历史发展的产物，任何学理都需时间来应验检省。2013 年的宪法学研究特别注重宪法史的研究。

（一）古代史

有学者以“精英政治”为切入点，来观察中国古代的宪制。认为在古代农业大国，实践精英政治的难题并非伯乐发现千里马的问题，而是，并一直是，如何制度性地、公道、准确和有效地选拔精英。必须逐步形成和建立全国统一的选拔制度；为保证选拔的可比较性，借助的是标准化容易偏重于知识考察的文字考试。作为补充，古代中国还一直注重对精英的能力考察和培养。我国疆域辽阔，民族族群众多，文化多样，利益也多元，古代的精英选拔还有着某些地域考量。所以，至少在科举制中已经以制度化的方式嵌入了这种具有代议性质的政治考量。⑥

有学者追述了英国古代宪制当中的一些基本议题，重塑了“司法独立”的政治故事。认为学界长期以来存在一个法律人为争取独立而斗争的“英国故事”。但对于 17 世纪英国司法史的分析却表明，传统的“宪政主义”和“职业主义”的解读都存在简单化的倾向，而忽视了这一历史进程背后的利益角逐与政治走向。这一时期法律职业阶层的分裂与斗争，都无法简单归因于道德或职业水准的高低，而更多来自于与现实政治冲突的纠缠；追求独立的过程本身存在着诸多“反独立”的悖论。“光荣革命”后法官独立的确立，深层动力来自于主权者的身份转换、政治决断与国家治理方式的转型。⑦

类似对英国古代宪法制度及其观念的重新认识还有《英国不成文宪法的观念流变》。该文以戴雪的《英宪精义》作为切入点，考察了戴雪、弗里曼、梅特兰、布莱斯、詹宁斯、惠尔等英国宪法学者有关不成文宪法的种种认知，进而指出，所谓的以宪法惯例为核心的英国不成文宪法，实际上始终从属于成文法律，不成文宪法并非英国宪法学研究传统中的主导概念，它只是在成文宪法视角下被贴上的一个标签，英国宪法学者主要关注的是英国宪法的实质而非不成文这个形式特征。⑧

更有祖述西方世界最古宪法文本的研究。有学者认为，《韦斯巴芗谕令权法》是西方世界保留下来的最古的较完整宪法文本，其发现证明了“罗马公法不存在或虽存在但无价值论”的错误。该法被铭刻在两块铜表上，第一块铜表佚失，得到保留的第二块铜表包括 8 个条文外加一个制裁。它授予韦斯巴芗皇帝外交权、元老院会议主持权、召开元老院会议通过法律权、官吏推荐权、城界外推权、自由裁量权、免受一定法律约束权等权力，还包括溯及力条款和免责规定。该法确定了元首制时代皇帝与元老院的权力分配关系，是长期存在的王权法的一个例证。尽管该法表现了皇权扩张的趋势，但仍维持了皇帝在法律之下的西方宪政传统。⑨

（二）近代史

制度与学理的近代历史无疑是 2013 年宪法法史研究的重点。有学者宏观近代中国现代化的道路，认为宪治探寻在近代中国不是自发启动的，而是在原有的政治体系难以容纳、应付外部因素的强烈挑战时不得不做出的一种反应。在此过程中，政治变革与国家能力呈现出鱼和熊掌难以兼得之势。一方面，中国近代宪治探寻所启动的政治变革始终无法在国家有效政治统合能力的帮持下顺利进行。另一方面，政治变革所具有的合法性因素并未给国家能力提供有效帮助，反而对其进一步消解。而这种近乎“负和博弈”的现象可以从中国传统社会形态和中国现代化特殊路径得到部分解释。⑩

1. 晚清史

到底是一场战争还是一纸诏书将古老中国拉进了现代国家的进程？对此的探讨，学者仍旧乐此不疲。如其所论，关于民国建立的规范基础的讨论，形成了两种理论观点：革命建国论和契约建国论。契约建国论者的立论根据，是将《清帝逊位诏书》解读为一份转让主权的“宪法契约”，并以此作为现代中国建国的规范基础。但是，这一理论既未能澄清所谓“宪法契约”的宪法性质，也未能充分论证其契约形式。契约建国论以“天下为私”为前提，而中国古典的革命建国论以“天下为公”作为国家建立的规范基础。古典革命建国论主张“天命变革”和“天下为公”，强调国家建立的规范基础在于天命人心的公共选择。应当回归古典革命建国论的基本观念，以“天下为公”作为国家建立的规范基础。[11]

关于代议制在中国的起步，学界似乎多有共识。如有学者深入探讨代议制的中国伦理，认为近代中国宪政之路曲折异常，这跟议员们风骨每况愈下紧密相关。议员们风骨之有无、多少，与其思想背景紧密相关。晚清资政院议员能将传统儒学信仰和法政新知较良性结合，故能在议事时充分表现其风骨；民初以降，儒学不再是信仰之源，沦为章句记诵之术；经移植而来的法政之学对议员们来说仅仅是“新知”，而不能提供新“信仰”。如何让民意代表保有信仰？如何让整个社会在权势之上、权势之外自有其独立的是非信念？这是反思近代中国宪政历程所不能回避的重要问题。[12]与代议制伦理相对应的还有代议制学说。该学者并撰文：《资政院议事细则》在晚清时期的出台及其实际运作，催生了近代中国议事之学（简称“议学”），孙文在民国前期编著的《民权初步》则是“议学”发展的高峰。《资政院议事细则》在实践过程中暴露出来的学理问题，在《民权初步》中都得到了较好的解决。但民国时期政治的专制独裁色彩，导致《民权初步》不能称其为“民权初步”，“议学”本身也沦为无足重轻的“小道”。批判并清除形形色色的专制土壤，尽量弥合“知”“行”之间的断裂，防止各类独裁者利用像“议学”这类先进外衣为专制独断背书，既是议学走向成熟的前提，也是发达民权的必经之路。[13]

当然，代议制的中国起步之所以值得讨论，还因为有学者从具体的历史事件当中读出了清末代议活动的宪法含义。如其考证，资政院弹劾军机案是清末筹备立宪过程中的重大事件。弹劾军机案是与立宪派请愿速开国会运动紧密相连的，由于国会不能速开，资政院自我定位为准国会，与军机大臣展开立法权之争与代议机关地位之争。在清廷模仿德日建立二元君主立宪制的前提下，弹劾军机案本身（包括弹劾主体与对象）在法律上是站不住脚的。但立宪派议员以宪法革命的姿态、用启蒙思想家的民权与代议思想做武器、以虚君共和的英国为典范，与军机处及其背后的皇权展开了多轮角力。弹劾军机案的遗产也并非全然是正面的，议员们对于现行制度缺乏基本的尊重，超越自身的法律地位与权限，把资政院想象成“无所不能”的英国国会，是为民初国会“毁法造法”之先河。[14]

另有学者整理了国体概念的历史，力图从语言的演化和变迁当中勾陈出中国宪政发展的动力与方向。如其考证，“国体”一词从语源学上可追溯至诸多中国古籍，但作为法政概念，则经历了从近代德国被移植到明治时期的日本、再从日本被移植到晚清中国，可谓“跨国交叉往复移植”的过程。其间，它作为一个重要的概念装置而曾发挥过建构国家形态、将特定政治权威正当化以及形成国家统合原理这3种功能，从而有力推动了其内涵在不同国家不同时期发生相应的演变，乃至从最初的一个形式性概念嬗变为一个实质性概念。我国现行宪法上的国体条款暗含着国家统合原理的特定内容，而其规范性内涵本身又蕴含着一种继续形成与自我演进的内在机理，这既潜藏着中国宪政发展的内在动力，也预示着其未来发展的应有方向。[15]

国体之下，是所谓具体国家权力结构的重组。有学者立足晚清司法改革的内在理路，探讨大变革时代的司法与行政的关系：面对近世西域分权思想的传入及其对传统中国法律与司法制度的冲击，晚清统治集团把革新司法权力运行体制与方式，推进以司法与行政相分立为核心的司法体制改革，作为施行预备立宪的基本思路和策略选择。在国权统一的模式下，晚清统治集团推行有限度的司法与行政之分立。然而，中央官制改革方案对于法部与大理院之间司法权限的界定并不清晰，遂引发了后来影响广泛的法部与大理院之间围绕司法权限而展开的激烈争论。这场部院司法权限之争，深刻地反映了司法独立理念与行政支配司法理念之间的价值冲突。晚清司法改革标志着新的近代型司法制度的出现，体现了近代中国法制与司法文明的历史进步。[16]

2. 民国史

除国体之辩外，还有政体之争。有学者认为，在政体上选择内阁制还是总统制，是民国草创制宪者们热议的重大问题。传统上认为1912年临时约法所确立者为内阁政体，但事实上临时约法也包含了一些总统制的规定。其后的民国制宪史长期纠缠于总统制与内阁制的两分法。其实，就比较宪法而言，有不少国家在总统制与内阁制之间选择了半总统制（半内阁制）的混合政体。就民国现实政治而言，纯粹的内阁制或总统制是不现实或不可求的。1946年宪法在很大程度上仍采用了临时约法式的半总统制政体，这是基于现实政治的妥协与创造。[17]

除政治家的政治角力，还有彼时思想家的思想争鸣。胡适关于宪政与法制的看法为当代学者所重拾：胡适之先生对于法制和政制、立国与立宪以及约法与人权都发表过相当数量的文论，不仅旨在接应当日的中国社会政治和文化，而且触及了法律的政治、社会、道德和历史禀性。通过讨论立宪与建国的一元进程，人权与约法的内在机理及其政治理想，人民及其守法的共和主义，以及经由法制赋予民主以肉身的结构—功能主义，胡适之思想展示出国家观念和自由理想、强有力的政府和立宪民主、统一的政制与多元政治理想、赋权的法律与守法的美德之间的紧张，以及法律的合法性与它的文化—历史正当性之间的对应性互动，等等。其以一个人文知识分子的视角，对于一个转型时代的法制难题做出了自己的理解和答案，而呈现出一种基于庸见和常识的法意。⑱

当然，制度效能的展开以及制度经验的积累均非“一日之寒”。有学者甚至追述了近代中国宪法解释制度的模式。论者以为，国民政府时期的司法院虽然在名义上是“最高司法机关”，但并不直接行使审判权，而是通过法令统一解释和判例变更制度对审判机关进行监督。1936 年的“五五宪草”一方面效仿美国的司法释宪模式，将宪法解释权赋予司法院；另一方面却预留了维持司法院体制的空间，并对宪法解释权的启动做了限制性规定。虽然最高法院和司法院的法令统一解释中有一些援引宪法性文件、认定行政命令违宪无效的宪法解释案例，但其宪法保障功能基本上仍处于休眠状态。⑲

另外，对法律文本的耐心解读往前推到了临时约法。有学者认为，临时约法与晚清的《钦定宪法大纲》不同，将基本权利一章置于国家机构之前，以宣示人民对于政府的前提性与根本性。但临时约法第十五条“得依法律限制之”的规定，却为政府立法侵蚀宪法基本权利提供了借口。临时约法第十五条的规定，在法例上，可追溯到日本明治宪法第二十九条“在法律范围内”和普鲁士宪法第二十七条“非依法律不得设之”的规定；在思想上，源于清末民初国情论下的自由观。经过民国 30 多年的立宪论争，临时约法第十五条“得依法律限制之”被 1947 年《中华民国宪法》第二十三条“不得以法律限制之”取代。这对现行《中华人民共和国宪法》第五十一条等条款的修改与完善，不无借鉴意义。⑳

值得一提的是，民国宪法史有了更多执政党的主张。论者认为，国民革命为幼年期的中共走进现代中国政治舞台的中心提供了重要的历史机遇。共产党人不再企求在中国一步实现苏维埃式的无产阶级专政，而是运用马克思主义的观点方法，剖析中国社会的基本结构、主要矛盾以及由此决定的社会性质和特点，考察各主要历史阶段的经济和政治状况以及对于革命的态度，并在此基础上制定了建立多阶级联合专政的政权目标。随着革命进程的推进，中共内部对中国革命一系列基本问题尤其是对国民革命联合战线中各阶级地位与作用认识上的分歧逐渐显现，进而形成了两种不同的革命思路和策略主张。大革命给共产党人留下极其深刻的经验教训，同时也开启了马克思主义中国化的历史进程。㉑

除此之外，对于别国近代宪制历史的介绍也不乏力作。有学者撰文写到：日本历史上曾面临两次不同宪政制度的抉择，也经历了两次不同宪政制度的转型。从制度与文化的意义来说，现代日本人的法律生活是一个相互影响、相互促进、相互制约的复杂互动过程。在转型过程当中，日本制度与文化的转型不可避免地带有鲜明的“路径依赖”特性，“作为意识形态的宪法”和“作为制度的宪法”之间的偏差使得日本人的法律生活呈现出巨大的断裂与鸿沟。然而，另一方面，新宪法并没有完全被“路径依赖”所决定，日本传统文化基因的传承也曾出现部分断裂，宪政文化趋于成熟，并最终演化为新宪法实施的生命力。上述两种不同的文化特性为新制度的实施提供了不同方向的力量，并在不同利益集团的作用下构成了新制度的合力，最终共同决定了日本百年宪政转型的样态，同时左右着现代乃至未来日本人宪法生活的状况。㉒

（三）现当代史

华东政法大学何勤华教授撰文《法学观念本土化考：从新中国 60 余年立宪史之视角》，以平和中正的笔法为中华人民共和国根本大法的确立“正名”。如其所论，法的移植和法的本土化，是中国法律近现代化的基本路径和客观事实，中国近现代法律从观念到制度、原则乃至术语，几乎都是从西方（大多通过日本）移植进入中国，并逐步本土化的。虽然学界对此多有批评，但笔者以为，由于中国近现代移植的基本上是西方先进国家法律中的精华，代表了人类法律文明的最高成就。因此，中国近现代法的移植和法的本土化是成功的，具有普适性的价值。该文从新中国 60 余年的立宪史之视角，对近代移植的西方法学观念在新中国的本土化之艰难历程，以及这一历程所反映出来的新中国社会的巨大变迁，做了详尽细致的分析和论述。㉓

现代宪法史研究还集中在对于新中国历部宪法间个中关系的理解之上。有学者认为，从宪法学的角度看，从共同纲领到五四宪法的发展，包含着有关宪法概念的一个重大转变。这一发展过程体现了从敌我区分迈向宪法共同体的某种尝试，但由于它激进地质疑了主观权利的观念，因此，实际上是把敌我区分内在化了。与此矛盾的过程相适应，宪法也经历了从契约到公意、从公意到卡里斯玛、从规范到指南的变化。最终，一种无法从传统规范理论的层面予以理解的宪法类型被确立下来。[24]

改革开放以来的宪法发展历史想必更受学者关注。有学者指出，现行宪法颁布实施以来，我国人民代表大会制度不断完善，选举制度日趋民主，法治建设成效卓著，宪政建设的进步是有目共睹的，但存在问题也是值得认真反思的。未来我国的宪政建设要致力于改善执政党的执政方式，强化权力机关的民意代表性和最高权威性，在选举中引入竞争机制，建立与人民代表大会制度相容的有效的违宪审查机制。要循序渐进推进宪政改革，在解决中国现实宪政问题的过程中创设具有中国特色的宪政理念和宪政模式。[25]

还有学者以为，30年来中国改革的合宪性争议，在哲学上即宪法的名实之辩；在法理上即形式合宪与实质合宪之争。与改革相向而行的1982年宪法30多年来的演化历程，实际上就是为回应试错性社会变革之压力，以“事后确认”为基本手段，而不断调适自身的过程；因此，其演化轨迹是一种回应型变迁路径；其正当性依据即实质合宪论。为实质合宪论所支持的回应型宪法更关注社会变革与立宪目的或价值的契合，具有现实主义的内在秉性。但随着国家改革由“摸着石头过河”向“顶层设计”转变，“熔补式”的回应型宪法变迁恐难因应创新改革之需要，对1982年宪法做出全面修改或势在必行。[26]

三、基本权利

2013年有关公民基本权利与义务方面的研究具有3个方面的基本特征：一是注重基本权利基础理论的体系化研究；二是更加关注宪法权利在现实生活中的实现，特别是一些特殊权利主体的宪法权利成为学术研究的热点；三是更加强调对基本权利的制度性保障。

（一）基本权利学说

有学者提出，从人、共同体、宪法三者的逻辑关联和互动出发，宪法权利是人参与共同体各种社会关系的资格和凭此获得的利益，据此人获得了生存和发展的可能性。宪法权利体系提供了一种基于人的生存和全面发展的体系法则。遵循这一法则，宪法权利体系可以视为“宪法权利价值体系”“宪法权利规范体系”“宪法义务体系”“宪法权利运行体系”四者的有机构成。宪法权利体系理论摆脱了先验性和无逻辑的指控，超越了西方自由主义权利理论有关个体与共同体关系的预设及由此引发的现代权利困境，有助于建构适合中国国情的权利理论，据此可有效指引转型期中国宪法权利体系完善。[27]

（二）基本权利学理

有学者就公民义务条款的法理基础提出了自己的观点。在他看来，学界关于宪法中的公民义务条款大致有4个支持理由：权利义务“统一论”、宪法的“纲领性”地位、宪法的“发展趋势”论以及构建“国家认同”说。该文对这4个理论基础做了批评性反思，认为在“宪法”层面上课以公民负担是误解宪法基本属性的表现。出于宪法文本稳定性的考虑，对现有义务条款可以从“权利视角”做出理解，亦即赋予其约束国家权力、保障公民权利的含义。检讨宪法义务条款的意义在于清除盘踞在宪法学核心地带的诸种误解，以揭示基本权利在中国面临困境的认知原因。[28]

还有学者论及我国公民行使权利和自由的限制。在他看来，我国宪法第五十一条规定：“公民在行使自由和权利的时候，不得损害国家的、社会的、集体的利益和其他公民的合法的自由和权利。”1982年宪法第一次规定了这一条款。宪法第五十一条的由来与苏联宪法的相关规定有一定的关系，该条的出台是对1975年宪法与1978年宪法的反思，也是对十年“文革”的总结与反思。在社会转型时期，这一条款的原意已经发生了变化。鉴于我国的社会现实，并顺应我国的法治理论与实践的最新发展，应当以“为保障而限制”提炼与概括宪法第五十一条的完整内涵。这一条款在我国宪法中具有特殊的地位与作用，是研究宪法权利所不能绕过、不能跨越的重要条款。[29]

（三）平等权

2013年有学者关注女性就业平等权。他认为我国女性就业权平等保护制度的特点是轻女性就业机会的平等保护、重女性就业权益的特别保护。该特点形成的根源是我国曾经实行的纯粹的生产资料公有制和按劳分配制度、劳动力按计划配置制度、妇女运动自上而下的特点以及平等理论中反歧视内容的缺失。完善女性就业权平等保护制度，一方面是充实女性就业机会平等保护方面的规范；另一方面是重新评估和改革对就业女性的特别保护措施。[30]

（四）政治权利

有学者从政府义务的角度论证了公民的表达自由：在公民民主意识迅速增长和新媒体等资讯手段日益发达的形势下，应当把回应型政府建设作为政府建设的重要内容。公民表达是公民直接或间接地以政府为对象的表达行为。在面对不同渠道的公民表达时，国家机关负有不同程度的回应义务。从社会性渠道、到参与性渠道、再到机构性渠道，国家机关的回应义务越来越高。不同性质的国家机关以及国家机关在行使不同性质的权力过程中负有不同的回应义务。从裁判权到管理权，再到规范制定权，国家机关的回应义务越来越高。[31]

（五）人身权

有学者关注姓名变更以及由此带来的对于姓名权的影响。论者以为，姓名变更是重要的人格自由利益，亦是姓名权的重要内容。姓名变更应区分为姓的变更和名的变更，并建立不同的规制模式。称姓选择限于家庭关系，从父姓还是从母姓，原则上坚持父母意见一致，例外则依法考量子女成长利益的最大化。第三姓原则上应被禁止，仅于特殊情形方可为之。对于名的更改，应以维护人之尊严与自由为判断基准，并采改名从宽原则；更名事由在立法上以“列举+一般条款”为模式，为解释者提供操作空间，同时强调更名之规范性与适当性。对于姓名变更的主体，18周岁以上由本人行使，18周岁以下亦不应绝对否定本人之更改权利。对于姓名变更之次数。原则上姓为一次名为两次，特殊情况下允许突破次数限制，但应从严界定特殊情形。[32]

还有学者分析了迁徙自由的实现困境。他认为目前对迁徙自由问题的研究，比较多的是将其作为一项基本人权予以关注，而忽视了影响迁徙自由实现的现实因素及其原因。这种研究方法的缺陷在于由于只关注确定一个绝对公正的社会所隐含的要求，因此忽略了回答有关公正的比较性问题；仅从公正原则，也就是公正制度的角度构想正义的要求，而忽略了更广泛的社会现实视角。当前影响迁徙自由实现的因素是多方面的，要解决这一难题，首先要在理论上有一个正确的分析问题、解决问题的思路，客观看待影响迁徙自由实现的各种现实因素，并在此基础上寻求一条破解问题的路径。[33]

另有学者对个人数据信息的自决权展开了比较法上的研究。认为体现个人人格的肖像、个性表达和言论、个人数据信息等在一定程度上表现的是人内心层面的心理和情感的过程。在社会现实和社会共同生活中，它们是通过个人的决定权来转化和实现的。个人信息自决权应该作为独立的人格权，还是隐私权在信息社会的新外延，美国法和德国法做出了不同的回答。[34]

相关比较研究还包括英国的“Mosley案”。论者以为，英国法传统上不承认独立的隐私权，对隐私主要通过衡平法上的保密理论、普通法上诽谤等侵权以及制定法来进行间接或部分保护。但在《欧洲人权公约》第八条的影响下，在英国国民对隐私保护日益增高之需要的压力下，在若干案例的铺垫下，“Mosley案”终于出现。作为里程碑式的案例，该案不仅重申了合理隐私期待，而且厘清了公共利益的内涵，更首次提出隐私权的独立存在，首次在侵犯隐私案中判决了高额赔偿金。尽管如此，该案并未宣告隐私权与自由表达权的对抗以前者完胜而结束，其革新意义有其限度和边界。[35]

（六）财产权

有学者指出，中国农村土地征收是一个涉及亿万农民生存权利的重大社会问题。然而，现行宪法第十条关于征地的3个限制性条件都处于未能实施的困境。同时，宪法第十三条关于私人财产权的规定对被征地农民的财产权也没有起到保护作用。造成这种宪法困境的原因是：农村集体土地制度本身的缺陷、土地市场制度的不公平以及宪法第五条所规定的法治原则没有得到有效实施。[36]

（七）社会权

有学者认为，当前各国政府在处理社会权与经济发展关系时陷入了迷茫的两难困境。问题的症结是，片面强调经济发展对社会权的决定作用，忽视或者根本没认识到社会权对经济发展的价值。而走出当前困境的唯一出路是发现并重视社会权对经济发展的价值。社会权作为一种特殊的生产性制度资源或资本必然具有经济发展价值，包括内在价值和外在价值。内在价值是指社会权作为经济发展的构成要素、内生变量可以提高经济效率；外在价值是指社会权为经济发展提供公平有序的制度环境和稳定和谐的精神环境等社会环境。当然，社会权在其经济发展价值转化过程中的积极作用有其合理性限度，社会权不会自动地促进经济发展，而必须具备经济、法治和观念方面的条件。[37]

有学者认为，对社会救助权国家给付义务基准的度量，是当代中国社会转型时期研究社会救助制度的核心问题之一，其内在逻辑构成涵摄社会救助权的给付范围、给付上限和给付下限3个维度要素。其中，给付范围是从横向的视角对国家给付义务的对象、主体以及项目进行规范，可以决定社会救助权具体国家给付义务是否在场以及在场的排序问题。而给付上限和给付下限两个维度则是在给付范围科学界定的前提下，从纵向的视角对国家给付义务的给付程度进行规范，是决定社会救助权具体国家给付义务是否履行以及履行的效果问题。[38]

有学者反思了我国反贫困政策的执行力度，认为其先后经历了“预防式反贫困”到“救济式反贫困”再到“开发式反贫困”三个阶段，并推动中国的反贫困事业取得重大成就。但是从免于贫困的权利的意义上讲，中国的反贫困政策仍需要高度重视中国国内城乡二元社会结构和社会阶层结构所产生的经济和社会权利发展优先于政治权利发展、贫困者主体性和话语权逐渐弱势等影响，也需要注意由新自由主义意识形态所支配的国际结构对免于贫困的权利在中国的实现所带来的影响。对此，我们一方面要将资源匮乏性贫困观转变为结构性贫困观；另一方面要更强化发达国家的国际人权法义务。[39]

有学者提出应该对未决羁押者的劳动权予以特殊保护。认为在我国刑事诉讼实践中，未决羁押者被强迫劳动、超强度超时间劳动以及克扣劳动报酬等现象较为普遍，有些地方还相当严重。从宪政维度分析，劳动是未决羁押者的权利而非强制性义务；未决羁押者的劳动权是宪法意义上的劳动权而非劳动法意义上的劳动权利；未决羁押者的劳动权既不同于普通社会劳动者，也有别于已被定罪的囚犯，具有相当的特殊性。应当采取有效措施，完善未决羁押者的劳动权保护制度，以提升其整体的权利保障水平。⑩

另外还有对“退休”的法律属性的探讨：即退休究竟是一种权利，还是一种义务？而纵观退休这一现象产生、发展的过程，尤其是梳理劳动者“自愿退休、强制退休、再回归自愿退休”的脉络后，退休的权利本质则会呈现出来。因此在大众关注延迟退休年龄以及推行弹性退休制的话题下，详细阐释退休自愿及其限制的理论与实践，既具有塑造劳动合同法理、维护劳动者权益的作用，又具有开化知识之功效。退休自愿是退休权的内核，它不仅是选择的自由，更是一种选择的能力；从退休的效果来看，它不仅关涉休息、休养、工作、经济补偿等具体权利，而且关涉人口、就业、社保等社会政策。因此，不仅要分别规定自愿退休和强制退休的要件、程序，而且要从高龄劳动者权益保障的角度完善立法，以保障其劳动和社会保障权益。㊶

还有学者介绍了国外的住房保障权，即住房保障权在各国的宪法地位不同。在英、美国家，它并非宪法权利，在德国基本法与爱尔兰、印度宪法上它是默示的宪法权利，而德国魏玛宪法与南非宪法则将其作为宪法明文规定的权利。不过，作为社会福利权的住房保障权首先并非高深的宪法理论，而是需要具体落实的社会政策，它根源于社会的需要。而由于财政、土地等稀缺资源的限制，住房权的落实困难重重。该学者撰文重点介绍了国外几个与中国问题相关的典型案例，其中印度与德国的案例，也许对我国住房权的实现可以提供一些有益的路径与方向；而南非案例的虎头蛇尾，或许也能为中国保障房政策的完善提供一些经验与教训。㊷

（八）文教权

有学者针对具体个案探讨了宪法上的艺术自由及其限制。认为在我国宪法的基本权利体系中，艺术自由兼具自由权与社会权的双重属性。这体现了我国宪法重视艺术自由保障的立场。对艺术自由的规范领域和限制标准的界定，不能离开艺术的事物本质和内在结构。艺术具有双层结构，是现实层面和艺术层面的结合体。在对艺术自由与公共利益进行法益衡量的过程中不能只关注其现实层面，更要考虑其艺术层面。当事人在艺术场所的性行为在艺术自由的规范领域之内，但是由于其对公序良俗的危害过大，国家对其加以干涉具有正当性。㊸

（九）特定主体权利

还有学者提出所谓“婚姻家庭住房权”的概念，认为优先保护婚姻家庭住房权，具有重要的功能和价值，在我国不仅具有法理基础，而且具有现实的社会基础。从域外立法例看，一些国家已经有对婚姻家庭住房权有优先保护的立法内容。基于我国现实国情，宜借鉴他国立法经验，建立婚姻家庭住房权优先保护制度，以彰显我国宪法尊重和保护人权的基本理念，实现法律对婚姻家庭当事人基本人权的保障。㊹

甚至有学者关注了失独老人的基本权利，使得学界对于基本权利的研究更具中国特色。如其所论，“失独者”已然成了新的“特殊群体”，其养老、返贫、疾病和心理是他们面临的主要问题，这些问题亟待政府从制度层面予以解决。但无论是国家层面还是地方层面，该问题的立法状况都不容乐观。“失独者”是因为国家义务而致，所以作为一个人权主体，政府必须有相应的法律政策来保护他们。政府亦可将社会抚养费作为履行了计划生育义务的失独者养老费用。㊺

（十）基本权利保障

有学者从社会权保障的视角探讨了我国公共财政制度的转型。如其所述，社会权的保障依赖于国家的财政给付，包括财政给付的制度构建和资金给付。财政制度的价值选择、财政决策机制、财政收入分配取向以及财政给付责任在央地政府间的分配影响着公民社会权的实现水平。在我国，以效率为中心的财政制度导致对公平理念的忽视，财政决策的行政主导导致民主化不足，财政投入不足导致社会权的保障水平低下，地方主导导致保障水平的地区化差异。为提升我国公民的社会权保障水平，应确立公平为财政制度的价值理念，变行政主导为立法主导，调整财政收入的分配取向，强化中央政府的责任。㊻

有学者以公民劳动权为论证对象，以此提出基本权利的“制度性保障”及其存在的问题。如其所言，宪法乃制度之法，基本权的保障与实现，必须辅之以具体制度。鉴于此，德国理论与实务界构建出“制度性保障”理论，以强化基本权保障。制度性保障要求立法者履行“立法义务”，形塑“基本权的核心存在”。在价值取向方面，立法应具有“保护取向”，不得废弃、实质变更基本权的核心存在。制度性保障对中国宪政建设和基本权保障具有借鉴意义，以公民劳动权为例，以制度性保障阐述宪法纲领性条款、以制度性保障观察对立法者仅具“方针性”效力的宪法条款，可弥补违宪审查“缺场”和宪法在司法层面“阙如”之不足，为劳动权保障提供一种新路径与思维模式。㊼

有学者研究了婚姻、家庭的宪法保障，认为我国宪法第四十九条属于比较特殊的宪法条文，必须将其置于特定的理论框架下进行解释。制度性保障与基本权利保障相并列，主要用于保障传统的、既存的公法和私法制度，其保障效果是立法者不可废止该制度的核心，但可就制度的非核心内容进行规制。婚姻、家庭作为一种私法制度，仍然受到宪法的保障，宪法通过对立法者施加义务来维护该制度的核心。[48]

还有学者以基本药物制度为研判对象，探讨了健康权的保障。如其所论，基本药物制度最初是为保障贫困国家贫困人口最低药物保障权而设计的，其理论基础是作为人权的健康权保障的要求，最终实现的是对个体健康权的保护。在此基础上，可以将基本药物制度划分为 3 个不同的发展阶段，包括基于集体健康权的权利救济阶段、基于集体健康权的权利请求阶段和基于个体健康权的权利请求阶段，不同阶段制度发展需要重点解决的问题不同。目前我国基本药物制度尚处在第一阶段，但应重视其长远发展。[49]

四、国家基本制度

2013 年有关国家基本制度的研究成果多集中在自然资源所有权制度、土地及征收补偿制度、人民代表大会制度，以及司法体制改革等领域。

（一）自然资源所有权制度

有学者对自然资源国家所有权的宪法规制功能展开讨论。认为对于自然资源，宪法上的“国家所有”不能简单认为是国家通过占有自然资源而直接获取其中的利益，而首先应理解为国家必须在充分发挥市场的决定作用基础下，通过使用负责任的规制手段，包括以建立国家所有权防止垄断为核心的措施，以确保社会成员持续性共享自然资源。规制模式的核心在于既要维护市场的公平性，同时也戒备与民争利的攫取型资源财政之生成，强调作为一种规制国家的负责性、公共性。最终共同维护公有制的主体地位，实现我国“基于平等之自由”的政治道德与宪法精神。[50]

2013 年《法学研究》第 4 期特设“自然资源国家所有制”专栏，宪法学者参与了讨论。有的认为，物权法规定国家所有权所带来的种种问题，需要民法学和宪法学合力来解决。宪法学的任务在于，基于对宪法上的国家所有权条款的解释，建构出适当的教义学模型，使之能与既有的民法制度和民法所有权理论相互融洽。宪法教义学和民法教义学基于沟通目标的各自建构，或许是解决这一问题的唯一路径。[51]有的认为，自然资源国家所有权这个概念最初应该是源自于一种政治决定，还不是一个单纯的法律概念。它涉及国家制度的构建，涉及政治哲学、公共哲学的一些原理，即如何分配自然资源，如何处理公共利益与个人利益的关系。在法治国家，这个问题可以被法制化，进入实定法的规范层面，并形成具有可操作性的制度。在典型的法治国家，民法、行政法可能能够解决相关问题，而在这之上宪法也可能对这个问题做一个基本的建构。但我国目前法治化发展程度仍然不够，所以这个问题没有得到很好的解决，尤其是在立法阶段、规范的创设阶段并不是很完善，因此实践中才会产生混乱。虽然宪法第九条、第十三条有相关规定，物权法也将其具体化了，但实际上，背后的理念以及对规范之间关系的认识，都存在一些问题。[52]

（二）土地及征收补偿制度

有学者讨论了 1982 年宪法中土地所有权条款的正当性基础，认为从规范的视角进行分析，土地全面归公并不导致个人失去土地权利，关键在于何种地权结构符合社会正义的要求。自由主义市场经济理论并不能解决诸如公权滥用和土地收益分配不公等问题，土地制度的正当性在于：如何实现土地科学合理的利用，并确保人们能够获得生活必需的土地资源。强化私人地权（尤其是收益权）将导致严重的社会不公，关于地权制度的正当性论证必须回归到国家与法律的关系中思考。[53]

有学者认为，土地所有权制度不但决定着谁是征收活动的主角，而且决定着征收中土地财富的分配。对我国土地征收博弈模型的建构和分析表明：现行的集体土地所有权使得农民在征地补偿上遭到双重的权益剥夺，而作为改革措施的土地国家所有和土地私人所有权亦不足以为农民争取最大的利益，唯有土地共同所有权才最终实现了消除所有权模糊状态、增强农民讨价还价能力以及限制政府征收权使用的三重目标。[54]

有学者认为，中国农村土地征收是一个涉及亿万农民生存权利的重大社会问题，然而，现行宪法第十条关于征地的 3 个限制性条件都处于未能实施的困境。同时，宪法第十三条关于私人财产权的规定对被征地农民的财产权也没有起到保护作用。造成这种宪法困境的原因是：农村集体土地制度本身的缺陷、土地市场制度的不公平以及宪法第五条所规定的法治原则没有得到有效实施。[55]

相关论述则认为，在制定《农村集体土地征收补偿条例》之际，征收补偿范围应与提高补偿标准一样值得关注。宅基地使用权的无期限性意味着宅基地实际上已经演变为近乎农民的私产。宅基地使用权取得的无偿性是基于集体土地所有权产生的历史背景这一深层原因，但并不能成为征收不予补偿的理由。物权法第一百三十二条原则性规定土地承包经营权人有权获得补偿，这条规定仅具有宣示作用。我国目前的法律实际上并未将土地承包经营权作为独立的征收对象，真正纳入征收补偿范围。这不仅与土地承包经营权的物权性质相悖，而且也严重侵害了农民的合法权益。房屋作为农民唯一可以享有所有权的不动产，其重要性不言而喻，而现有的补偿标准实际上是将农村房屋作为动产进行补偿，根本就没有体现房屋的不动产价值。这是对农民私有财产的极大漠视。农民的房屋不应通过地上附着物的形式进行补偿，而应作为独立的征收对象进行合理补偿。[56]

有学者认为，我国国有土地上房屋征收制度存在着未充分尊重和保障个体的私权利、征收相关法律效力层级低及缺乏有效的司法救济手段等主要问题。上述问题的解决措施及制度设计，包括制定相关法律，明确公开、监督两大基本原则；明确和完善城市房屋拆迁补偿标准；健全国有土地上房屋征收中的各项程序制度，规范征收行为，等等。可通过上述措施以增强其可操作性，以期对立法和解决实践问题有一定的促进作用。[57]

还有学者认为，我国的农地是农民集体与集体成员的财产而不是公共财产，但同时却承载着法律保护的公共利益，如经济安全、环境保护与社会稳定。因此，农地征收内含着目的公益与客体公益的冲突与平衡问题。鉴于我国现行农地征收制度与实践对农地公益保护的不足，建议未来的集体土地征收立法改进农地公益保护模式，提高农地征收的公益标准，仅将重大公益作为农地征收的目的要件，严格控制重大公益的范围，并健全公益审查程序，以实现农地公益与征收公益的平衡。[58]

另有学者梳理了美国土地征收法的新发展以及对于我国的启示。如其所述，2005 年 6 月 23 日，美国联邦最高法院对凯洛诉新伦敦市案做出最终判决，支持新伦敦市为了发展当地经济而征收并非处于衰败状态的财产，该案判决引发了民众的强烈不满。迫于压力，大多数州通过了土地征收法的修正案，缩小了征收目的范围、调整了征收审批机关、增加了征收补偿额和完善了征收程序。由于各州的条件不同，改革的内容并不完全相同。基于不同的立场，不同的学者对改革做出了不同的评价。美国许多州的土地征收法改革给我们的启示是：未来完善我国土地征收法时，可以考虑恰当地规定征收目的范围、有效地发挥权力机关的作用、按照市场价值给予征收补偿和赋予被征地农民更多的程序性权利。[59]

相似主题还包括《美国可转让土地开发权的历史发展及相关法律问题》。论者认为，美国可转让土地开发权制度是在灵活的规划制度上发展起来的，其以可转让土地开发权制度为主体，并包括土地开发权征购制度以及可转让土地开发权银行。该制度中的“土地开发权”是“规划上的土地开发权”，它实际上是一种来自行政许可的权利，一种公法上的权利，与私法上的“一束权利”没有任何关系。在美国，可转让土地开发权的获得并不足以补偿土地权利人因土地被限制开发所遭受的损失，因此可转让土地开发权制度可能违反宪法中的征收条款，而且实际上要求土地开发者单独负担某些公共福利，而这些公共福利本该由所有社会成员共同负担。另外，该制度可能构成策略性规划，违反了正当程序，将导致原本合理的规划被破坏。从更广泛的视角来审视，可转让土地开发权制度在一定程度上折射出城市公共决策中行政、政治、司法、市场的互动关系，并且要靠可转让土地开发权银行和政府征购来弥补缺陷。[60]

甚至还有学者探讨了蒙古国土地私有化对于我国土地制度的启示。认为 1990 年后，蒙古国进行土地私有化改革，建立国家、私人双重土地所有权制度，保护私人的基本土地权利。但是蒙古国偏于强调国家安全和民族独立，对私有土地的主体，流转方式进行严格的限制，土地私有化制度未能实现预期的社会效应。该文以土地改革为视角，对蒙古国土地私有化制度进行解读，理清我国学者关于集体土地所有权制度改革的观点，为我国集体土地改革提供制度借鉴。[61]

（三）人民代表大会制度

近年来，讨论人民代表大会制度的热情丝毫不减。有学者甚至比较了“人民代表大会制度”与“人民代表大会制”这两个时常通用的概念。在他看来，与“人民代表大会制度”概念相比，“人民代表大会制”更能准确反映政体的本质，使用“人民代表大会制”一词有利于与世界各国的政体类型进行比较。“人民代表大会制”概念在我们新中国的宪法史上有广泛使用的经验，“人民代表大会制”概念的使用有利于促使人们重视我国各国家机关之间权力关系的理顺，完善我国的政体。“人民代表大会制”概念有其存在和广泛使用的合理性和必要性，“人民代表大会制”是我国宪法学应有的一个重要范畴。[62]

有学者则指出，自 1954 年宪法以来，在一院制下设置常设委员会的我国人大结构中，大会的宪法地位问题一直颇受关注。特别是在 1982 年宪法扩大全国人大常委会的职权之后，常委会不仅享有了立法权，而且在立法数量以及立法权限等方面有时超出了其宪法界限，现实运作中常委会修改基本法律的宪法界限也被悄然打破；在决定权、人事权、监督权方面，大会的宪法地位出现了文本与现实之间的冲突。为了维护最高国家权力机关的宪法地位，有必要完善现有的人大运行机制，充分发挥大会的职能，加强大会对常委会的制度性监督，保证全国人大的民主正当性与合法性。[63]

不过，2013 年有关人民代表大会制度的讨论则主要集中在《政治与法律》第 5 期关于人大司法监督制度的检讨之上。有学者认为，人大监督司法日益体现出它的必要性和价值性，目前在深入推进司法公正建设之时，应当更加关注和发掘人大监督司法的机能和独特优势。这不仅对人大职能发挥本身而言有其必要，对于民众的司法需求、其他监督形式的强化乃至对司法机关本身依法独立行使司法权，都显得颇有价值。为使这种价值得以最大化呈现，除在观念上需加以重视外，在人大监督司法的体制和机制上尚需改革和转型，尤其是要实现从形式到实质、从实体到程序等方面的转向，并强化其公开性、规范性和民主性。[64]

有学者认为，目前人大监督司法工作存在着监督与支持的关系把握不准；调查研究的手段不完善；监督手段滞后、刚性不足；缺乏专业支持、力量不足等问题。有必要在明确人大监督司法基本思路的基础上，进一步完善常用的监督方式，加强调查研究，以司法类信访件的监督为突破口，推动司法机关建立完善内部监督机制，提升监督司法的实效。[65]

有学者认为，人大对司法工作的监督是宪法和法律赋予的法定职责，具有最高权威性、程序法定性、形态兼容性的特点。实践中，监督规范冲突、监督力量疲软、监督行为失范等现象仍大量存在，人大监督司法工作的价值定位面临扁平化、单一化的认知局限。只有从程序保障的角度保障司法公正、从资源配置的层面促进司法高效、从利益协调与民意沟通的渠道维护裁判权威等方面建构人大监督的多元功能结构，才能实现监督与支持、主动引导与事后监督、类案监督与个案监督的有机结合。[66]

还有学者以为，地方人大常委会对司法工作的监督方式过于抽象往往难以确保监督实效，而过于具体则容易招致减损司法独立性之嫌疑。在中观层面构建内外部衔接机制、审查规范性司法文件、监督参考性案例、开展类案监督与示范性监督具有可行性和现实性，着眼于防范大量错案发生，以最小的监督成本取得最大的监督效果，代表着地方人大常委会监督司法工作方式改革的基本走向。[67]

此外，还有学者探讨了人大对指导性案例的监督。他认为指导性案例人大监督是指全国人大及其常委会对最高人民法院或最高人民检察院发布的指导性案例以及各级人大及其常委会对其产生的人民法院、人民检察院适用指导性案例进行监督的理念、制度与行为的总称。指导性案例人大监督建立于一切权力属于人民、权力制约、司法独立的必要补充等理论基础之上，是落实宪法和法律精神以及案例指导制度健康发展的需要。指导性案例人大监督机制的求解主要从审查机关、启动模式、审查基准、审查程序等方面进行。[68]

（四）司法体制改革

有学者分享了自己对于司法改革的一些思考。在其看来，深化司法改革，必须坚持法治理念，遵循司法规律。应当完善确保审判权、检察权独立行使的机制，改善党对司法工作的领导方式，理顺纪委与检察机关的关系，理顺权力机关与司法机关的关系。要改革司法机关人事、财政过度受制于同级党政组织的制度。法检公分工配合制约的原则存在缺陷，应采取措施加以弥补。规范大要案的办理，保证“打黑”活动依法定程序进行。遏制司法行政化倾向，进一步规范审委会、院庭长与合议庭的关系，规范上下级法院关系。司法绩效考评制度应当进行科学化、合理化的改革。应继续推动司法官职业化，提高司法官待遇。对司法官特别是领导干部的遴选应当更加规范。[69]

有学者以比较法的视野分析了中国特色司法独立原则。如其所述，司法独立原则作为一项重要法治原则，已为世界各国宪法所确立，但表述不一，或仅规定司法权属于法院而不做明确规定；或明确规定法院、法官独立；或强调法院、法官独立的同时，也涉及其他司法主体的独立。司法独立是实现司法公正的首要保障，是树立司法权威的必要条件，也是法官职业化的题中应有之义。中国特色司法独立原则在司法独立主体、司法机关的上下级关系以及独立的程度上有别于西方国家。要确保中国特色司法独立原则的有效实施，必须理顺司法机关与党的领导、司法机关与权力机关、司法机关与行政机关、上下级法院之间、法院内部合议庭与院长、庭长以及司法独立与法官职业稳定性等几方面的关系。[70]

有学者深挖制度背后的价值导向，以为中国司法一直在政治理性与技艺理性之间徘徊，甚至将二者对立起来。其实二者是可以得兼，也是应该同时具备的。能够将二者有机结合起来的是司法的公共理性。公共理性是民主社会公民理性的共同部分，是公民能够用其公共意识和公共理由通过辩论和协商达成关于公共政策的基本共识的能力。公共理性是法律和司法应有的特质。公共理性理念对于法官的适用较之一般人更为严格。缺少公共理性的司法，无论政治理性和技艺理性都难免滑向“工具理性铁笼”，导致司法的空心化和司法公信力低下。培育司法的公共理性并非简单地去政治化，而是在公共理性的指导下，从确保“政治正确”提高到维护“政治正义”，还应当从培养法官的公共精神和构建司法沟通理性的制度保障两个层面采取措施。[71]

还有学者重估了司法公开的价值，并认为当前我国法院系统进行的司法公开化改革将司法公开的主旨定位为对法院的公众监督和媒体监督，地方法院在改革措施上将公众和司法权的主要关系局限为制约与被制约的关系。通过两个模型可以说明公众、媒体与司法权的正向关系。第一个模型通过诉讼活动对当事人声誉的影响，分析司法公开如何通过“信号”机制提高法院判决执行力；第二个模型从“公众强制机制”出发，分析司法公开对于法院与行政机关在权力博弈中发挥的重要作用。这两个模型说明，在强调公众和媒体对法院活动进行监督的同时，我们忽视了公众、传媒对司法权的强化作用，当前司法公开改革从理念到具体措施尚需补充完善。[72]

另有学者给出了有关司法权和司法体制的宪法修改意见。认为现行宪法中有关司法权及其司法体制的相关规定已经暴露出了一些问题，有一些条款已经明显不适应司法体制改革和社会发展的需求。有关宪法的修改，我们还需要打破3个理论上的禁区：一是司法权属于国家和司法机关独立行使司法权，并不会影响“司法权属于人民”的国家性质理念，而且，可能还会更好地实现这一国家性质理念；二是“司法权属于国家”同有些人所说的“国家主义”没有必然联系；三是对国家权力进行理论分解，是为了更好地认识各个具体权力的不同性质和特点，以便在宪法上对各个不同性质的权力进行合理的制度设计和安排。[73]

还有学者对我国宪法中的独立审判条款发出了质疑，认为按照我国现行宪法第一百二十六条和第一百三十一条分别规定：法院、检察院独立行使审判权、检察权，“不受行政机关、社会团体和个人的干涉”。据此，党政权力对司法事务的干涉，是反对还是纵容？公民和社会群体对司法的合法合理监督和干预，是抵制还是支持？他并依据宪政原则，结合解析某些案例，对宪法一百二十六条提出新的解读和质疑。[74]

有学者则提出了新时期检察改革的进路。认为检察改革已经走过恢复重建检察规范和以检察机制改革为主要内容的阶段，而将进入以检察体制改革为主的攻坚克难阶段。新时期检察改革又必将要在过去改革成果的基础上向前推进，由此决定，新一轮检察改革进路的确定，要体现补强与拓展相结合、符合检察规律、提升检察执法公信力等原则的要求，具体围绕检察机关的组织结构、检察办案组织、检察人员分类管理和检察职业保障的改革而展开。要通过改革，增强检察机关内部机构设置的科学化程度，彰显检察权的司法属性，确立检察官的司法官地位，凸显检察一体的特征，增强检察执法的独立性和公正性。[75]

甚至还有学者专门探讨了苏联列宁时代，检察垂直领导体制的理论及实践意义。如其所论，检察垂直领导理论是列宁检察权思想的精髓和重要组成部分，不仅构筑为苏俄和苏联时期乃至于当代俄罗斯检察制度的理论基点，而且对新中国成立初期检察制度的建立和检察体制的形成产生了重大影响。我国检察系统曾经两度实行垂直领导体制，但是中国检察制度借鉴列宁检察垂直领导理论的历史实践并不顺畅，最终演化为目前的双重领导体制。在当下中国司法改革的宏观背景下，如何推进检察领导体制的改革是一项重大法治课题。重温列宁检察垂直领导思想及其理论逻辑，对于中国检察体制改革的进一步发展和完善，具有重要的理论借鉴价值和实践指导意义。[76]

更有司法体制改革的专题研讨。比如《环球法律评论》2013年第2期就以“深化司法体制改革”为题，组织众多专家学者共议改制之道。相关文章则有：李少平《关于司法体制改革的几点思考》、李林《深化司法体制改革应做好顶层设计》、陈春龙《要找准和坚持正确的司法改革方向》、江平《政法委及公、检、法相互关系的改革》、许永强《司法体制改革的几个问题》、汪建成《应改革政法委对司法的领导方式》、王卫国《政法委要转变职能》、陈卫东《司法独立的本质是依法办案》、李步云《为“司法独立”正名》、范明志《司法独立须整体推进》、徐炳《裁判文书公开方式应改革》、林娜《应祛除法院工作“行政化”》、王守安《对法院与检察院改革的几点意见》、张建伟《暗箱司法与司法改革》、熊秋红《公检法的权力配置应继续改革》、冀祥德《劳教制度：向死而生》、赵建文《应接受国际条约中的个人申诉机制》。[77]

五、宪治

(一) 宪法修改

有学者总结了宪法修改的限制理论，并提出了宪法核心的保障。认为宪法修改在于缓解宪法规范的稳定性和社会现实恒动性之间的紧张关系。以修宪限制理论为基础，宪法修改不得变更和不可伤害宪法核心，同时也必须捍卫和保障对宪法存立具有本质性重要意义的宪法价值。首先，宪法修改的边界在于不得侵犯制宪权的领域，以修宪之名而僭越制宪权的宪法修改行为实际上是一种宪法破坏；其次，宪法修改的边界应该止于不可变更和不容侵犯的宪法核心，这些宪法核心包括基本人权原则、国民主权原则、民主原则、法治国原则等；最后，对修宪条款本身的修改应该被置于宪法修改限制理论最为严格的适用标准上而予以反对。德国和日本具有代表性的宪法学说认同和平主义的宪法原则是内涵于两国宪法中不容侵犯的宪法内核，因而对德国和日本宪法中的军事和国防条款的修改应该予以高度警惕和强烈反对。[78]

有学者还论述了美国联邦最高法院对禁酒修正案的支持及启示。历史地看，从1920年1月17日正式生效到1933年12月5日被废止的近14年里，美国宪法禁酒修正案的合宪性一直受到反禁酒人士的质疑。而在此期间，联邦最高法院受理了11个有关禁酒修正案合宪性的案件，在对案件审理后，法院以各种理由，均做出禁酒修正案符合宪法规定的判决，最终导致民众再次用修宪方式终结了宪法禁酒修正案的执行。从联邦最高法院对禁酒修正案的大力支持中，可以清楚地看到，联邦最高法院是美国宪法的守护神，联邦最高法院对宪法的解释具有政治性，联邦最高法院的能动主义司法与自我约束要求相矛盾，且能动主义在大多数时间占统治地位。[79]

还有学者归纳了日本修宪的基本法理，并认为，以法律效力理论中的“特别法优于一般法”规则及国际私法中的“最密切联系原则”作为原型，可以在多样化的法理学说中提炼出一个普遍性的法理适用规则——“特别法理优于一般法理”。日本修宪问题可以作为检验这个法理适用规则的典型事例。按照“特别法理优于一般法理”的规则，日本国内护宪派所秉持的“永久和平论”是“特别法理”，应当优先适用；从世界范围来看，质疑日本修宪所依据的“跨国契约论”是“特别法理”，更应当优先适用。至于日本修宪派所依据的“自主修宪论”，无论在日本国内，还是从世界范围来看，都只能作为“一般法理”而不能被适用。[80]

（二）宪法惯例

有学者认为，中国是具有宪法典的国家，而没有所谓的不成文宪法。中国的宪法惯例必须紧紧围绕和依赖宪法规范才能存在和发展。如果主要的宪法规范都无法实施，宪法惯例一说就大为可疑，因为惯例是规范的“润滑剂”而非“融化剂”。在这个意义上，宪法惯例和政治惯例不可混为一谈。至于中国宪法的实施途径，首要在于宪法的法律化和违宪审查机制的建立，那些零星、有争议的宪法惯例是无法独当宪政建设之重任的。宪法惯例的不恰当泛化，已构成对宪法规范性的直接挑战，因而有必要重申宪法的规范性。总之，寻求对中国宪法实施问题的解释，最紧要的不是去寻找和确认业已存在哪些宪法惯例，而是要去追问和探求是否存在宪法惯例发展的土壤和机制。[81]

（三）宪法实施

法的生命在于实施。有学者认为，注重宪法和法律实施是当代法治基本内涵的普遍要求，是全面推进依法治国的时代要求，是法治建设战略转移的客观要求。我国宪法和法律的实施面临着立法粗放与执行不力的困扰、经济状况与社会转型的制约、体制不顺与机制不全的束缚、法治传统与法治精神的缺失。保障宪法和法律统一正确实施，应加强和改进宪法实施，保障和落实公民权利，坚持和完善党的领导，营造和改善法治环境。[82]

有学者认为宪法实施的核心是对公权行为的合宪性进行审查与监督。对宪法实施做宽泛理解，可能会淹没宪法实施的真义与精髓并隔膜人们对宪法的认知与敬仰。在制度创新屡屡受挫和举步维艰的情况下，就无法再一味地寄希望于通过制度的建构与完善而打破宪法实施的沉寂局面。我国的宪法实施既需要扎实有效地培育和聚积各种内生性能量，也需要在关键的临界点上经由宪法时刻的洗礼而实现积极的突破。[83]

1. 宪法解释

有学者从社会整合的角度，考察了宪法变迁中的宪法解释。如其所论，社会转型时期，宪法规定与宪法现实经常会出现不一致的情况，因此需要面临宪法变迁的问题。而宪法变迁亦对宪法学提出了挑战，即宪法应如何保持与社会现实的“结构相适性”，而又不失其安定性的特质。应对宪法变迁问题，最重要的手段莫过于宪法解释，而当代价值多元主义的背景亦要求宪法解释任务的转变，即不再以客观和“唯一正确”为目标，而是致力追求社会价值的整合，即在统一的宪法价值前提下保证宪法中可能冲突的各种价值能够共存于宪法的统一性当中。[84]

不过，有关宪法解释的研讨主要集中在近年来愈演愈烈的基本法解释冲突及调和。如有学者认为，香港基本法的解释属于全国人大常委会，同时全国人大常委会授权特区法院解释基本法。实践中，全国人大常委会按原意方法释法，特区法院主要按文义方法解释基本法，从而导致解释结果的差异性，并由此引发了诸多争议。陆港两地解释方法的择取既与各自的解释体制有关，也有基于对基本法这一特殊解释对象的考量。从保障基本法实施、维护释法权威的角度考虑，全国人大常委会要善于运用原意解释方法，但不必固守单一的原意解释，而香港法院亦应重视原意解释等其他方法，并且双方均应根据个案的特殊性采取适当的解释方法。[85]

该学者亦从个案入手，探讨了人大解释对香港法院的拘束力。如其所说，在“入境事务处处长诉庄丰源案”中，香港特别行政区法院法官错误地运用普通法中对判决理由与附随意见的判决区分规则解读《全国人民代表大会常务委员会关于〈中华人民共和国香港特别行政区基本法〉第二十二条第四款和第二十四条第二款第（三）项的解释》，导致其中的“有关陈述”部分失去对香港特别行政区法院的拘束力，这是香港社会面临“外佣居港权案”及“双非儿童案”法律风险的主要原因。判决区分规则根植于普通法传统，但区分的不确定性以及全国人民代表大会常务委员会的宪法地位、解释法律的运作机制、解释法律的效力等因素决定了香港特别行政区法院不能以这一规则对全国人民代表大会常务委员会做出的法律解释进行“再解释”。化解这一危机的正确方法是由香港特别行政区政府重新举证证明全国人民代表大会常务委员会在“有关陈述”中对《中华人民共和国香港特别行政区基本法》第二十四条第二款其他项也做了解释。而香港特别行政区终审法院则以此为契机修正自己在“入境事务处处长诉庄丰源案”中的判决。[86]

相关主题论作还有《香港特别行政区终审法院在外佣居港权案中的宪政处境评析》。论者以为，香港特区政府律政司异乎寻常地向终审法院提出在外佣居港权案的审理中提请全国人大常委会释法的建议，将终审法院推入基本法第一百五十八条规定的宪政处境之中。律政司建议终审法院提请释法的根本原因在于全国人大常委会在“居港权解释”中提及并赞同了全国人大香港特区筹委会的“筹委会意见”。终审法院是否提请释法问题的症结在于“筹委会意见”是否对香港特区法院具有拘束力。面对是否提请释法的两难，终审法院极有可能决定不提请释法，自行解释外佣居港权案涉及的基本法第二十四条第二款第（四）项，同时采取迂回的表述技术，不断然否定亦不正面肯定“筹委会意见”对香港特区法院的拘束力。[87]

2. 宪法审查

有学者通过对普通法院违宪审查提请权宪法规定的分析，论证了普通法院宪法解释与违宪审查提请权的法理依据，认为普通法院的提请权不仅对履行捍卫人权的职责具有重要意义，而且可以弥补议会审查体制的程序缺陷。我国现行宪法规定全国人大常委会有解释宪法的权力，但并没有规定全国人大常委会解释宪法的程序，立法法第九十条规定最高人民法院有提请全国人大常委会审查法规、规章是否符合宪法和法律的权力，但是对提请的程序和情形也没有做出规定，只是一种字面上的审查。该文提出最高人民法院应当在办理案件的过程中，如果对适用的法律、法规存在合宪性怀疑时，应当中止案件的审理，提请全国人大常委会裁决或者解释宪法。[88]

另外还有学者对香港特区法院的“违宪审查权”进行了研究。香港特别行政区以《中华人民共和国香港基本法》为制度根基，辅之以普通法的传承和司法实践，形成了具有自身特色的“违宪审查”制度。香港特别行政区法院享有独立的司法权和终审权、特殊的管辖权及对《中华人民共和国香港基本法》的解释权，从而为其行使“违宪审查权”提供了法理依据。“违究审查权”有直接授予和间接授予两种模式，香港特别行政区法院的“违宪审查权”属于间接授予模式。香港特别行政区法院对香港特别行政区立法机关制定的有关自治范围内的法律拥有“违宪审查权”。[89]

不过宪法审查则主要集中在比较法意义上的探讨。如有学者论及议会主权下的英国弱型违宪审查：维护议会主权与对人权的司法保护，为何在英国被认为存在矛盾？根源在于英国对其宪政传统——议会主权——的维护。英国通过在1998年人权法中建立弱型违宪审查机制的折中方式调和了这一矛盾。英国宪政改革的难题也是其他议会主权国家建立违宪审查制度时所必然面对的。英国弱型违宪审查的制度和原理为其他奉行议会至上原则的国家建立违宪审查机制提供了一个参考模板。[90]

又比如法国危险审查的改革与实践研究。为了克服原有事先审查模式的局限，法国在2008年对违宪审查制度进行了重大改革，引入了事后审查的机制，建立了具有法国特色的混合模式。这一制度已经付诸实践，取得了一定的成效，同时也暴露了一些问题。法国违宪审查的新动向是国际宪法领域的一项重要“试验”，具有比较法上的借鉴意义，有助于我们加深对宪政制度发展的复杂性、特殊性和长期性的认识。[91]

（四）依宪治国

尽管现行宪法已颁布实施32年，但宪法权威的树立仍然是全社会都在关心的根本问题。有学者认为，在现代法治国家的背景下，宪法权威是宪法得到社会普遍认同、自觉遵守、有效维护的理念与理由，尤其体现为宪法对公权力和所有国家生活产生的拘束力和规范力。对于社会治理中存在其他一些权威与宪法权威的关系，如政治权威、党的权威、个人权威、法律权威、制度权威等，应当维护宪法的至上性，其他任何权威都不能超越或代替宪法的权威。以宪法为依据调整其他权威与宪法权威的关系，并通过宪法治理逐步形成宪法至上的社会共识。[92]

另有学者探讨了“法治中国”的宪法之道。认为在当代中国的社会发展中，法治已经成为一个鲜明的时代主题和主流性话语。如果说，“依法治国”侧重于强调法治的动态实践过程的话，那么，“法治中国”则描绘了法治的理想图景和宏伟目标。由于宪法作为迄今为止法治文明发展的最高成就，浓缩了法治的核心理念与价值追求，因此，从宪法学的视角去解读“法治中国”的主题与内涵，便具有独特的学术价值和制度意义。[93]

还有学者拿出了所谓“制度笼子”的设计方案。认为习近平总书记强调：“要加强对权力运行的制约和监督，把权力关进制度的笼子里，形成不敢腐的惩戒机制、不能腐的防范机制、不易腐的保障机制。”这一表达，是关于法治中国建设方略的进一步阐发，是关于宪法实施的进一步阐发。要“关进制度的笼子”中的“权力”，当然包括国家和执政党的一切权力，包括党委、人大、政府、司法机关和其他一切公权力机关的权力。党章和宪法关于“党在宪法法律范围内活动”“任何组织和个人没有超越宪法法律的特权”的承诺实际上已经包含了“把权力关进制度的笼子”的含义。把权力关进制度的笼子，可谓法治与宪法政治之第一要义。[94]

而有关“宪政”概念、内涵的争论仍在继续。李步云教授指出：一段时间以来，有些人公开或不公开的反对宪政，并错误影响到决策部门。我们要实现法治，就要毫不含糊地坚持宪政理论和原则。

宪政是个科学的概念，内涵包括人民民主、依法治国、人权保障与宪法至上4个要素。民主、法治、人权是宪政这一现代进步政治形态的实体内容；宪法至上，是宪政的形式要件。中国进入改革开放新时代以来，我国在宪政建设方面取得举世公认的成就，但仍然任重而道远。[95]

2013年《环球法律评论》第5期更辟笔谈专栏，邀集众多学者共话“依宪治国”。笔谈集结沈寿文《“依宪治国”命题的逻辑》、马岭《依宪治国的涵义初探》、牟宪魁《依法治国与依宪治国的关系》、莫纪宏《“宪政”词源溯》、田雷《依宪治国及宪法文化与信仰》、钱锦宇《依宪治国视域下国家权力的建构与控制》、周林刚《党的领导与人民主权的结构》、支振锋《宪法实施的理论的反思》、王彬《宪法实施的中国问题》，共计9篇文章。[96]

（五）特区宪治

有学者阐释了《公民权利和政治权利国际公约》在香港的法律地位。基本法第三十九条没有赋予公约在香港具有宪法性地位，从理论上分析，一元论的传统中，会产生公约与一国宪法或法律冲突的问题，香港秉承二元论传统，被转化的公约——香港人权法案作为一个普通立法，不具有宪法性地位。公约在香港司法实践中的地位则呈现多样性的特点。香港法院将公约等同于基本法和人权法案，或者将公约作为解释基本法的背景资料，或者将公约作为本地立法的发展，或者直接适用公约。公约在香港司法地位的多样性易导致公约与人权法案性质和地位上的混淆。[97]

有学者回顾，从“永久性居民”和“居留权”概念在香港的出现与发展，到基本法第二十四条在内容上的明确规定，再到香港回归之后由此而引发的一系列宪法案件，居留权主体（香港永久性居民）问题一直争议不断，其间挑起了香港司法独立与人大释法是否冲突、普通法方法的适用程度等诸多问题。从实践角度来看，对此也采取了人大释法等诸多方法予以应对，但最终都未能在根本上平息由基本法第二十四条所引发的争议，而且由此造成的社会后果也日趋严重、复杂。其实从居留权主体的本质属性来看，问题背后的关键在于对居留权主体的规定发生了法理上的错位，即与其由基本法来明确规定居留权主体的具体内容，毋宁在一般法律层面来具体展开，由此才符合居留权保护的规范属性，进而才可能在根本上解决目前存在的诸多争议及难题。从法理上来说，应该对基本法第二十四条的内容进行相应的修改，只保留居留权主体在宪法层面的一般抽象性规定，而将其具体内容部分还原至一般法律规定之中，这样才符合居留权保护的法理定位，而且也符合“一国两制”的内在要求。[98]

有学者认为，虽然香港特别行政区终审法院通过“吴小彤等诉入境事务处处长案”，改变了以英国式普通法传统中针对实质合理期待的克制立场，将实质审查与救济机制纳入合理期待规则，但该普通法规则在个案运用过程中仍然面临着“期待是否合理”的判断标准难以把握、在公共利益与合理期待之间应如何权衡等难题。香港特别行政区各级法院历经10年的司法探索，更为清晰和客观地诠释了合理期待规则的审判法理，有效整合了程序合理期待与实质合理期待，明确了维斯伯里原则与合理期待规则之间相互独立又相互支撑的关系，赋予“合理期待”这个法律术语义法治修辞之功效。整体而言，合理期待规则在香港特别行政区的司法审判领域已经成为具有较强适用性的公法规则。[99]

还有学者从《内地与澳门特别行政区关于相互认可和执行民商事判决的安排》切入，对澳门基本法第九十三条进行了解读。论者以为，《内地与澳门特别行政区关于相互认可和执行民商事判决的安排》（以下简称《安排》）是两地授权机构于2006年2月签署的司法协助性质的文件。其后，两地按照各自法律程序赋予该《安排》法律效力。在《安排》生效后至2013年3月期间，共有19个内地判决在澳门中级法院获得承认，但没有一个判决是仅依据《安排》承认的。《安排》的法理依据是澳门基本法第九十三条。该条款规定“澳门特别行政区可与全国其他地区的司法机关通过协商依法进行司法方面的联系和相互提供协助”。澳门法院的实践对于《安排》在澳门特区的法律地位提出了挑战，或者至少说将《安排》在澳门的法律地位置于不确定状态。[100]

值得关注的是争议于陆港两地的政党社会活动。有学者认为，政党政治已经成为香港社会的焦点性问题，政党政治发展取决于政党成长的制度空间。回归前后，香港社会的民主化经历了加速和降速的起伏，政党政治发展也随着“需求—供给”结构的变化而变化。彭定康政改加速政治供给，增大了政党政治的制度空间，回归后基本法和特别行政区制度安排则紧急“刹车”，限缩了政党政治的制度空间。在目前制度安排下，香港处于“半政党政治”状态。之所以限缩政党政治空间原因在于避免纷争的传统、臣民文化和对西方式政党政治的不认同，制度设计者认为政党政治效果与保持繁荣稳定的基本法理念相冲突。[101]

还有学者对香港终审法院做出的《关于非全职法官参与政治活动的指引》予以了法理评析。所论认为，2006年香港终审法院《关于非全职法官参与政治活动的指引》允许非全职法官成为政党成员，但反对非全职法官较积极参与政治活动。这与2004年香港终审法院《法官行为指引》要求法官应避免加入任何政治组织的规定不一致。考察国际社会相关立法发现，对是否以及如何规范法官参与政治活动的行为，目前国际社会暂无一致的做法，取决于各个国家或地区自己的法制选择。无论是根据香港基本法和香港本土法律的规定，还是基于非全职法官和全职法官行使司法权的性质，允许非全职法官成为政党成员都缺乏充分的法理依据，也无法应对非全职法官较积极参与政治活动而可能损害司法独立和司法公正的问题。由于香港特区司法权的重要性和非全职法官委任程序的相对封闭，允许非全职法官成为政党成员将可能加剧各方力量对香港司法权的争夺以及对非全职法官委任的影响。对此，应根据基本法的规定，规范非全职法官参与政治活动的行为，要求非全职法官远离政党和政治。[102]

注：

①叶海波：《我国宪法学方法论争的理论脉络与基本共识》，《清华法学》，2013 年第 3 期。

②张翔：《宪法教义学初阶》，《中外法学》，2013 年第 5 期。

③白斌：《宪法价值视域中的涉户犯罪——基于法教义学的体系化重构》，《法学研究》，2013 年第 6 期。

④沈寿文：《关于中国“文化宪法”的思考》，《法学》，2013 年第 11 期。

⑤张守文：《论经济法与宪法的协调发展》，《现代法学》，2013 年第 4 期。

⑥苏力：《精英政治与政治参与》，《中国法学》，2013 年第 5 期。

⑦于明：《古代宪制、法律职业与主权者革命——重读“司法独立”的英国故事》，《中外法学》，2013 年第 1 期。

⑧翟志勇：《英国不成文宪法的观念流变——兼论不成文宪法概念在我国的误用》，《清华法学》，2013 年第 3 期。

⑨徐国栋：《元首制时代的罗马宪法文本研究——以〈韦斯巴芗谕令权法〉为依据》，《现代法学》，2013 年第 2 期。

⑩马一德：《政治变革与国家能力——对中国近代宪治探寻的再思考》，《法学研究》，2013 年第 6 期。

⑪凌斌：《从〈清帝逊位诏书〉解读看国家建立的规范基础》，《法学家》，2013 年第 4 期。

⑫李启成：《儒学信仰、法政新知与议员风骨——从晚清资政院议员之操守谈起》，《比较法研究》，2013 年第 1 期。

⑬李启成：《议事之学与近代中国的民权演进——从〈资政院议事细则〉到〈民权初步〉》，《法学家》，2013 年第 3 期。

⑭聂鑫：《资政院弹劾军机案的宪法学解读》，《法学研究》，2013 年第 6 期。

⑮林来梵：《国体概念史：跨国移植与演变》，《中国社会科学》，2013 年第 3 期。

⑯公丕祥：《司法与行政的有限分立——晚清司法改革的内在理路》，《法律科学》，2013 年第 4 期。

⑰聂鑫：《内阁制、总统制还是半总统制——民国宪法史上的政体之争》，《法学》，2013 年第 10 期。

⑱许章润：《基于庸见的法意——胡适之先生关于宪政与法制的看法》，《法学》，2013 年第 6 期。

⑲牟宪魁：《国民政府时期的司法权与宪法解释制度研究——“五五宪草”上的司法释宪模式之检讨》，《法学》，2013 年第 4 期。

⑳饶传平：《“得依法律限制之”：〈临时约法〉基本权利条款源流考》，《中外法学》，2013 年第 4 期。

㉑于化民：《国民革命时期中共“平民政权”思想的演进轨迹》，《中国社会科学》，2013 年第 12 期。

㉒魏晓阳：《路径依赖与基因断裂——日本百年宪政转型透视》，《环球法律评论》，2013 年第 3 期。

㉓何勤华：《法学观念本土化考：从新中国 60 余年立宪史之视角》，《中外法学》，2013 年第 2 期。

㉔周林刚：《宪法概念的变革——从〈共同纲领〉到“五四宪法”》，《法制与社会发展》，2013 年第 6 期。

㉕董和平：《中国宪政建设三十年：成就与问题》，《法律科学》，2013 年第 1 期。

㉖江国华：《实质合宪论：中国宪法三十年演化路径的检视》，《中国法学》，2013 年第 4 期。

㉗刘茂林、秦小建：《论宪法权利体系及其构成》，《法制与社会发展》，2013 年第 1 期。

㉘姜峰：《宪法公民义务条款的理论基础问题：一个反思的视角》，《中外法学》，2013 年第 2 期。

㉙石文龙：《论公民行使权利和自由的限制与“限制”的规范——对我国宪法第 51 条的研究》，《政治与法律》，2013 年第 7 期。

㉚郭延军：《我国女性就业权平等保护制度反思》，《法商研究》，2013 年第 2 期。

㉛侯健：《论对公民表达的政府回应义务》，《法学》，2013 年第 11 期。

㉜张红：《姓名变更规范研究》，《法学研究》，2013 年第 3 期。

㉝殷啸虎、陈春雷：《迁徙自由的现实困境及实现路径分析》，《法学》，2013 年第 6 期。

㉞贺栩栩：《比较法上的个人数据信息自决权》，《比较法研究》，2013 年第 2 期。

㉟郗伟明：《论英国隐私法的最新转向——以 Mosley 案为分析重点》，《比较法研究》，2013 年第 3 期。

㊱龚刃韧：《中国农村土地征收的宪法困境》，

《法学》，2013 年第 9 期。

㊲龚向和：《论社会权的经济发展价值》，《中国法学》，2013 年第 5 期。

㊳贾锋：《论社会救助权国家给付义务基准之三维度量——以江苏省四个县区为例》，《现代法学》，2013 年第 5 期。

㊴郑智航：《论免于贫困的权利在中国的实现——以中国的反贫困政策为中心的分析》，《法商研究》，2013 年第 2 期。

㊵周长军、赵飞：《未决羁押者的劳动权保护：一个宪政维度的分析》，《法律科学》，2013 年第 1 期。

㊶李海明：《论退休自愿及其限制》，《中国法学》，2013 年第 4 期。

㊷聂鑫：《如何保障住房权？——比较宪法的案例思考》，《比较法研究》，2013 年第 4 期。

㊸杜强强：《宪法上的艺术自由及其限制——以“敏感地带”行为艺术案为切入点》，《法商研究》，2013 年第 6 期。

㊹陈苇、姜大伟：《论婚姻家庭住房权的优先保护》，《法律科学》，2013 年第 4 期。

㊺张祺乐：《论“失独者”权利的国家保护》，《现代法学》，2013 年第 3 期。

㊻姚国建：《社会权保障视野下的我国公共财政制度转型》，《政法论坛》，2013 年第 4 期。

㊼谭倩、袁立：《基本权利的“制度性保障”及其问题——以公民劳动权为例的论证》，《法制与社会发展》，2013 年第 4 期。

㊽王锴：《婚姻、家庭的宪法保障——以我国宪法第 49 条为中心》，《法学评论》，2013 年第 2 期。

㊾宋玉萍、王晨光：《从权利救济到权利请求——基本药物制度的法理学分析》，《比较法研究》，2013 年第 3 期。

㊿王旭：《论自然资源国家所有权的宪法规制功能 》，《中国法学》，2013 年第 6 期。

51张翔：《国家所有权的具体内容有待立法形成》，《法学研究》，2013 年第 4 期。

52林来梵：《宪法规定的所有权需要制度性保障》，《法学研究》，2013 年第 4 期。

53张睿：《82 宪法中土地所有权条款的正当性基础——基于社会正义与市场经济理论的分析》，《法制与社会发展》，2013 年第 2 期。

54许可：《土地所有权制度设计与征收补偿》，《政法论坛》，2013 年第 3 期。

55龚刃韧：《中国农村土地征收的宪法困境》，《法学》，2013 年第 9 期。

56申建平：《对农村集体土地征收补偿范围的反思》，《比较法研究》，2013 年第 2 期。

57牟少华：《论我国国有土地上房屋征收制度的完善》，《政法论坛》，2013 年第 4 期。

58祝之舟：《论农地的公益性及农地征收中的公益衡量》，《法律科学》，2013 年第 2 期。

59邹爱华：《美国土地征收法的新发展及其对我国的启示》，《现代法学》，2013 年第 4 期。

60黄泷一：《美国可转让土地开发权的历史发展及相关法律问题》，《环球法律评论》，2013 年第 1 期。

61代琴：《从蒙古国土地私有化看我国土地制度改革》，《比较法研究》，2013 年第 6 期。

62上官丕亮：《人民代表大会制度，还是人民代表大会制》，《政治与法律》，2013 年第 12 期。

63韩大元：《全国人民代表大会宪法地位研究》，《法学评论》，2013 年第 6 期。

64汤维建：《论人大监督司法的价值及其重点转向》，《政治与法律》，2013 年第 5 期。

65涂龙科、姚魏、刘晶：《人大监督司法的重点和突破口》，《政治与法律》，2013 年第 5 期。

66杨子强：《论人大监督司法的功能结构与模式兼容》，《政治与法律》，2013 年第 5 期。

67黄忠顺：《游走于抽象与具体之间——地方人大常委会对司法工作的中观监督研究》，《政治与法律》，2013 年第 5 期。

68李云霖：《指导性案例的人大监督：义释、疑释与解释》，《政治与法律》，2013 年第 7 期。

69陈光中、龙宗智：《关于深化司法改革若干问题的思考》，《中国法学》，2013 年第 4 期。

70陈光中：《比较法视野下的中国特色司法独立原则》，《比较法研究》，2013 年第 2 期。

71吴英姿：《司法的公共理性：超越政治理性与技艺理性》，《中国法学》，2013 年第 3 期。

72钱弘道、姜斌：《司法公开的价值重估——建立司法公开与司法权力的关系模型》，《政法论坛》，2013 年第 4 期。

73刘作翔：《关于司法权和司法体制的宪法修改意见》，《法学》，2013 年第 5 期。

74郭道晖：《法院独立审判应只服从法律——对宪法第 126 条规定的质疑与建议》，《法学》，2013 年第 4 期。

75向泽选：《新时期检察改革的进路》，《中国法学》，2013 年第 5 期。

76王建国：《列宁检察垂直领导理论及其实践价值》，《法律科学》，2013 年第 3 期。

77李少平、李林、陈春龙、江平、许永强、汪建成、王卫国、陈卫东、李步云、范明志、徐炳、林娜、王守安、张建伟、熊秋红、冀祥德、赵建文：《深化司法体制改革》，《政治与法律》，2013 年第 2 期。

78柳飒、涂云新：《宪法修改的限制理论与宪法核心之保障》，《政治与法律》，2013 年第 8 期。

⑲王茂生：《美国联邦最高法院对禁酒修正案的支持及启示》，《政治与法律》，2013 年第 12 期。

⑳喻中：《论“特别法理优于一般法理”——以日本修宪作为切入点的分析》，《中外法学》，2013 年第 5 期。

㉑何永红：《中国宪法惯例问题辨析》，《现代法学》，2013 年第 1 期。

㉒徐汉明：《法治的核心是宪法和法律的实施》，《中国法学》，2013 年第 1 期。

㉓苗连营：《宪法实施的观念共识与行动逻辑》，《法学》，2013 年第 11 期。

㉔李忠夏：《作为社会整合的宪法解释——以宪法变迁为切入点》，《法制与社会发展》，2013 年第 2 期。

㉕姚国建、王勇：《论陆港两地基本法解释方法的冲突与调适》，《法学评论》，2013 年第 5 期。

㉖姚国建：《论 1999 年〈人大解释〉对香港法院的拘束力——以“入境事务处处长诉庄丰源案”为例的考察》，《法商研究》，2013 年第 4 期。

㉗李纬华：《香港特别行政区终审法院在外佣居港权案中的宪政处境评析》，《政治与法律》，2013 年第 3 期。

㉘朱福惠、刘木林：《论我国人民法院的宪法解释和违宪审查提请权——以立法法第九十条的规定为视角》，《法学评论》，2013 年第 3 期。

㉙陈永鸿：《论香港特区法院的“违宪审查权”》，《法商研究》，2013 年第 1 期。

㉚李蕊佚：《议会主权下的英国弱型违宪审查》，《法学家》，2013 年第 2 期。

㉛吴天昊：《从事先审查到事后审查：法国违宪审查的改革与实践》，《比较法研究》，2013 年第 2 期。

㉜韩大元：《论宪法权威》，《法学》，2013 年第 5 期。

㉝苗连营：《“法治中国”的宪法之道》，《法制与社会发展》，2013 年第 5 期。

㉞范忠信：《权力制约与“制度笼子”的制作方案》，《法制与社会发展》，2013 年第 5 期。

㉟李步云、张秋航：《驳反宪政的错误观点——兼论宪政概念的科学内涵及意义》，《环球法律评论》，2013 年第 1 期。

㊱沈寿文、马岭、牟宪魁、莫纪宏、田雷、钱锦宇、周林刚、支振锋、王彬：《“依宪治国”笔谈》，《环球法律评论》，2013 年第 5 期。

㊲李薇薇：《〈公民权利和政治权利国际公约〉在香港的法律地位》，《法制与社会发展》，2013 年第 1 期。

㊳王书成、林峰：《基本法第 24 条与香港永久性居民之法理定位》，《法学评论》，2013 年第 5 期。

㊴高中：《合理期待规则在香港特别行政区法院的确立与适用——以 2002—2012 年典型案例为分析样本》，《法商研究》，2013 年第 2 期。

⑩⓪莫世健：《澳门基本法第 93 条的解读——兼谈〈内地与澳门关于相互认可和执行民商事判决的安排〉的法律地位》，《政法论坛》，2013 年第 5 期。

⑩①曹旭东：《香港政党政治的制度空间》，《法学》，2013 年第 2 期。

⑩②张淑钿：《对香港终审法院〈关于非全职法官参与政治活动的指引〉的法理探析》，《政治与法律》，2013 年第 3 期。

（作者：胡锦光，中国人民大学教授；杨凡，中央民族大学博士后）

行政法学

胡锦光　董　妍

与过去几年对基本法理的重点关系相比，2013 年行政法学研究更加注重对实际问题的反思与解决，尤其对于制度可行性的评估，以及对于制度经验的比对研究，皆体现了行政法学人对于解决中国问题的迫切性。另外，不再多见理论上的宏大叙事，而是对具体行政法治操作体制机制有了更为精细化的研判。当然，这并不意味着学理遭到抛弃，恰恰意味着思想走向夯实，2013 年的行政法学理论开始真正走向整合，一种理论与实践、应然与实然的整合。

一、行政法学

有学者尝试行政法学的体系化建构。在首先论证了“体系化”作为大陆法系法学科建构的标志之后，该学者选取了德国行政法作为法学科体系建构的考察样本，通过对其体系化建构过程的探讨，尤其是对基本原则、抽象概念与法释义学这三项要素在体系建构过程中作用的剖析，来揭示体系化对于法学科的重要价值；同时也尝试归纳成功的法学科体系建构的核心要素和基本过程。并指出中国行政法学的整体发展，有赖于对既有制度与学理的体系化建构。[①]

甚至还有学者以“行政法教义学”为核心概念，附带论及行政法学教科书的编写。认为行政法教义学是行政法学最为重要的组成部分。它不是概念法学，而是带有强烈实践目的的规范法学，要推动行政法学的发展并不应该简单将其“社会科学化”或者“哲学化”，而应建立真正在规范、意义和实践之间循环往复的规范教义体系。行政法教义学的特性、结构与功能的明晰化当然对行政法学教材的编写提出了最低要求。②

二、行政法治

（一）行政法治理论

行政法学基础理论的研究脱离不了对于整个行政法治现状的反思。对此，有学者以“行政法治，我们还有多远”为题，直面当下中国行政法治的问题与矛盾，指出行政法治理想与现实之间4个方面的差距：第一，职权法定并不全面。政府职能缺少明晰而刚性的法律约束，党政分离并不彻底，行政机构设置和编制管理混乱，行政行为的适用条件、程序和方式有的无法可依，一些领域的行政裁量宽泛无边。第二，依法立法仍有问题。创制权利义务的法律形式尚不完全确定，法律文件的制定过程和公开发布有待改进，法律保留和法律优先还没有得到贯彻。第三，依法行政还没有成为普遍现象。一些似是而非的说法造成了法治理念的困惑，大规模、长期性的违法现象以及与之相伴的运动式执法还不少见，法律监督体制面临失效。第四，依法裁判还没有保障。行政争议获得裁判的权利还没有得到普遍承认，法院对相关的法律和事实问题还不能完全自主裁判，司法判决的权威性也没有充分保证。并认为中国行政法治建设必须克服这些制度性的障碍，行政法治的实现也将以这些问题的解决为标志。③

作为行政法治的基本载体，法治政府则在与人民群众的基本法律关系中得到了新的定位。如有学者认为，政府与人民的关系问题不仅是政治学问题，也是法学问题，更是行政法学的核心问题。从政府与人民关系的角度看，当代中国行政法的两种重要理论——平衡论与政府法治论——实际上有异曲同工之妙、殊途同归之效，它们都在为实现“政府与人民法律地位平等”这一目标提供理论支撑。④

另有学者从行政权力与公民权利之间的关系上检讨二者在社会生活中的应然秩序与法律关系。如其认为公民权利象征着社会中公民享有自由的维度，这种自由是在行政权管控下的相对自由，并不是所谓不受限的“自然权利”。行政权由于其公众性、公益性，承担着为公众利益而监督权利行使的任务。当然，行政权的管控并不是随心所欲的，尤其是在建设和谐社会的背景下，行政权在配置、管理公民权利时，时刻应将公民权利至上的观念置于首位。⑤

作为行政法学基础理论热点的软法，在2013年的行政法学研究中获得了持续的关注。有学者继续强调，软法的兴起和发展有着深刻的哲学背景和认识论根源。软法理论是在现代性反思的基础上出现的，对法学领域内国家垄断法律资源的国家中心主义倾向和形式主义法律观做了反思，革新了法律理念，推动了法治和社会发展，符合人类认识规律，有其必然性。文化多元决定了法治建设也应是多样的，中国的软法研究有着特有的文化传承和实践优势，软法理论有力解释了中国的法律制度和法治现状，而中国的实践又对软法理论的进一步发展做了推动。软法与硬法同为现代法的基本表现形式，软法在法治社会建设和社会共同体全面法治化方面起着硬法难以发挥的作用，为共同体的法治化提供了工具和路径。软法的存在和其作用的发挥有助于推动和实现法治国家、法治政府、法治社会一体建设，全面实现依法治国。软法的最终走向将是一条一元多样的软硬法混合治理之路，以一元为前提，坚持软法和硬法地位平等、功能互补，探索多样化的软硬法混合之道，以多种机制保证软法更好地实施。⑥

对于软法的法治功能的发挥，有学者更关注其背后所倚赖的资源背景。如其认为，公法领域中软法的实施不依赖国家强制力，因此面临一个如何能够获得有效保障的问题。对软法或软法规范内容的观察可以发现，有三类引导性资源被运用于保障软法的实施，它们分别为物质类引导性资源、精神类引导性资源和方式方法类引导性资源。引导性资源可以从立法内容、立法方法、执法公信力、执法方式创新和守法宣传教育等方面来充分开发、利用，以有效保障软法的实施。⑦

还有学者提出“治理理念下的柔性监管”理论，认为在当今社会，“治理”已不再只是传统意义上统治的代名词，它具有“统治”一词缺乏的重过程、注重相对方主体地位以及强调协调和互动等优点，并已成为国际社会青睐的“时髦词语”。因此，在现代话语中，治理理念下的监管也就透着一种柔性的光辉——不是简单地将被监管主体视为对象，而更尊重被监管主体的意志和权利，不是生硬地使用命令和强制，而是更注重激励、协商等柔性（即非强制性）手段的运用，不是选择结果控制而是更注重民主的过程以及被监管主体的参与等。并从“治理”的这些特质和要求出发，对政府柔性监管的兴起、内涵以及我国柔性监管的确立与完善等问题进行探讨。⑧

（二）行政法治制度

行政程序的“代际关系”得到了梳理。《“第三代”行政程序的学理解读》一文认为，“第三代”行政程序是为了回应行政国家的新面相——从国家为中心的行政到全球行政与国家行政并重的行政、从集权主义的“命令—控制式”行政到合作主义的“伙伴—平等式”行政以及从消极执行法律的行政到积极管理社会的行政——而兴起的。与“第一代”

和“第二代”行政程序相比，虽然“第三代”行政程序并非要完全取代它们，但在程序本质、关注焦点、行政模式、规制方法、信息收集和处理、私人行动者角色等典型特征上，它都体现了自身的特色，因而超越了“第一代”和“第二代”行政程序。在行政的真实世界里，欧盟战略性环境影响评估程序、美国的协商制定规则程序等都可以作为“第三代”行政程序的制度原型。我国将来行政程序的法典化以及单行行政程序法或其他行政程序制度的设计，也需要有效回应行政国家的新面貌，更多地注入“第三代”行政程序的元素。⑨

有学者借助域外法治经验，对作为时下热点的文化市场监管模式进行了制度比较。如其所论：如何利用法治推动文化的繁荣与发展，如何有效监管文化市场，是目前学界关注的重要课题。在文化法治建设中，国家保护文化的自主、开放和多元性，保障公民文化基本权利。国家为文化服务并有义务促进文化的发展，但也通过给付行政的方式来行使国家的文化形成权。德国在文化法治背景下形成了文化市场监管的4种模式：自我规制、受规制的自我规制、共同规制和政府规制。这4种模式各有优劣，且可以相互补充、共同发挥作用，以实现促进文化发展，保障公民文化基本权利的目标。我国在进行文化体制改革和文化法治建设时，可以借鉴与学习德国的经验，合理建构文化与国家的关系、文化与法治的关系、公民文化基本权利与政府责任之间的关系，以给付行政的方式促进文化的发展，并建立以行业的自我规制为主，以受规制的自我规制、共同规制、政府规制为辅的多元监管体系。⑩

三、行政主体

作为行政法学本体论的行政组织法，虽不能称之为2013年行政法学研究的重点，但也不乏经典力作。如中国政法大学的应松年教授就以“完善行政组织法制探索”为题，探讨了行政组织法制的利弊得失。并认为我国于1954年起，陆续制定了中央和地方各级行政机关组织法，并经多次修改。但仍存在诸多缺失，导致一些机构设置缺乏法律依据，存在一定的随意性。同时，对已有规定，实践中常有悖逆。因此，必须检视行政机构组建和活动的科学性和合法性，完善中央及地方各级各类行政机关的组织法制，以期在新的历史条件下，适应建设法治政府和法治国家的需要。⑪

有学者对美国特别区政府，这一特殊行政主体的自治能力进行了深度评析。认为在现代行政国家，政府承担着越来越多的公共服务职责，其自身的组织形态和活动方式也随之发生改变。而在美国，作为与公民日常生活最为贴近的政府层级，地方政府正面临着民众对更多、更好公共服务日益增长的需求。美国地方政府的形成和运作素来有公民自治的传统，这不仅体现在一般目的地方政府的设立和运作上，而且还反映在地方政府类型的创设上。特别区政府属于与一般目的地方政府相对的特殊目的地方政府。其治理模式的形成与普遍发展便是在自治传统的支持下对公民需求的回应。发展至今，该治理模式远非完美，它正遭遇不经济、低效、碎片化、隐匿性乃至不民主等指责。但是，不能简单地将这些指责等同于特别区治理模式的困境；而是需要回溯其自治传统，在反思都会化改革理论、公共选择理论的基础上，对公共服务领域的自治传统进行重塑，才能避免公共服务的异化，实现行政权及其法律规制的顺利转型。⑫

还有学者专门指出了行政主体在适用法律法规上的错误之处。认为行政主体适用法律法规错误是行政法治实践中发生的问题，而行政诉讼法没有做出适用法律法规错误的具体规定，学界对这一问题的讨论亦存在着诸多方面的困惑。因而关于行政主体适用法律法规错误的具体范畴、考量标准等都没能形成比较合理和一致的看法。就其适法错误的种类而言，则主要有置换法律法规位置、混淆法律法规门类、误读法律法规条文、颠倒法律法规规制事项和曲解法律法规原则等错误适用。对此，应将“适用的法律法规是否与案件事实对应、适用的法律法规是否与当事人对应、适用的法律法规是否与行政职权对应、适用的法律法规是否与行为方式对应”等标准确定下来成为行政法规范，使行政主体在适用行政法时予以注意，并能够为人民法院的司法审查提供法定标准。⑬

四、行政行为

行政行为与行政救济均成为了2013年行政法学研究的理论热点。就行政行为的研究而言，既有关于行政行为的基础性理论，以及抽象行政行为的研究，又有对各种具体行政行为的精细化探讨。

（一）行政行为基础理论

有学者对行政行为的分类进行了逻辑考量。认为行政行为分类是行政法学研究的重要内容，但对其研究却是极其薄弱。受法学研究路径的束缚，目前行政行为分类的现状极为混乱，所表现出来的症结为前提模糊、方式混乱、立场局限。从逻辑学的角度，以分类标准、分类规则、分类类型为参数对行政行为的分类现状进行梳理和探讨，有利于促进对行政行为研究的深化和扩展。行政行为的分类应当面向司法实践，使得理论研究与实践应用相统一。⑭

更有学者考察了司法实践当中的无效行政行为，特别具有现实意义。如其所论，最高人民法院从司法审查引发出对无效行政行为制度的探索，虽没有使用“自始没有任何法律效力”和“无效”等概念，却在民事诉讼领域形成了有关基础行为的构成要件，在对行政行为的司法审查中形成了重大明显瑕疵的类型化和明显性判断标准，并形成了排除具有重大明显瑕疵行政行为公定力、相对人拘束力和司法强制执行力的无效行政行为制度雏形，为我国今后立法积累了丰富的素材。从最高人民法院的探索轨迹及其重大明显瑕疵的类型化，可以发现无效行政行为规则的鲜明中国特色，司法的制度生成意义和生成机制。[15]

（二）抽象行政行为

有关行政立法的学理分析，更多地呈现出一种比较行政法的视野。如有学者紧紧围绕效率与正当性这对命题，通过对美国行政立法制度的讨论，揭示出我国行政立法制度所应当持守的核心价值。如其所述，行政立法在我国广泛存在。这既与新中国的政治制度与政治实践有关，也与行政权在我国政治生活中具有重要地位的历史传统密切相关。而美国的行政立法，原本是行政权不断扩张的产物，是有悖于其三权分立的宪政制度的，并已经构成了美国宪法事实上的修正案。尽管中美两国行政立法产生的历史背景不一，但在制度上都面临相同的问题，即在维护行政效率的同时，如何保证行政立法在程序和内容上具有正当性。美国的立法与司法实践总是在二者之间摇摆不定，但在总体上倾向于后者。而我国行政立法一般都是出台较快，看似高效，但却在内容正当性方面有待加强，因而，导致实施过程中有的成为闲置不用的废法，出现实际上的无效率；乃至引发人们对法律的漠视与不信任，最终有碍法治建设。借鉴美国的做法，我国应当在制度上加强权力机关在行政立法事前与立法过程中的监督作用，发挥司法机关司法审查的事后监督作用，以确保行政立法的正当性。[16]

而学界对行政立法效果的检讨，则也以美国经验与中国实践相比较。如其认为，我国政府需要一种有效的行政立法的评估机制。理想的评估机制应当采取一种既考虑法规对经济发展的影响，也考虑其对环境、公共健康的影响的多维度的评估方法。美国等国家采用的成本收益分析方法就是这样一种综合全面的立法评估工具。成本收益分析是用拟议中的法规的总收益减去总成本以考察法规的净收益的法规评估方法。美国的经验显示现有的对成本收益分析的批评大多得到了有效的反驳。成本收益分析相对于可行性分析、绝对性分析和整体利益衡量的法规评估方法具有明显优势。在我国，成本收益分析有助于在行政立法中科学考量环境和公共健康等因素。采用从程序性成本收益分析逐步过渡到软性成本收益分析的评估方法可以帮助我国政府有效提高行政立法的质量。[17]

此外还有对于我国行政法律规范冲突缘起的探究。现实地来讲，行政法律规范冲突已经构成我国国内法律冲突的主要内容。由此导致执法无力、司法不公等现象越来越普遍，极大地阻碍了统一法治秩序中社会公平、正义价值的实现，并影响到了法律的权威与尊严。随着行政体制改革的深化，行政法律规范冲突问题将更加突出和严重地摆在我们面前。为了解决这个问题，必须要透过冲突的表象，深入挖掘行政法律冲突形成的根本原因，即缘起。并认为，从政治、经济、历史、体制、机制、技术等多个角度对行政法律规范冲突的缘起进行分析，是揭开行政法律规范冲突的面纱、认识冲突本原并针对性地找到根本解决方案的基础。[18]

（三）具体行政行为

对于具体行政行为的研究则囊括了行政许可、行政审批、行政处罚、行政强制、行政给付、行政裁量、行政授权、行政调查、行政问责，以及政府信息公开等众多领域。

1. 行政许可

有学者撰文《相对集中行政许可权：行政权力横向配置的试验场》，认为行政许可法规定的相对集中行政许可权是行政审批制度改革的成果。相对集中行政许可权逐步由统一受理场所的机械集中向实质性集中许可决定权的方向发展。行政事务的专业性、关联性、专属性、行政层级等都是影响许可权集中的重要因素。在尚未破除行政管理体制性障碍的情况下，相对集中行政许可权的实施要根据行政管理的不同维度选择不同的集中模式，采取分步走、分散式集中的方式推进。行政许可权的集中及其基本原则对大部制改革具有试验价值。[19]

2. 行政审批

有关行政审批的讨论集中体现在行政法与民事合同法之间交叉法律关系的厘清之上。如有学者分析了行政审批对于合同效力的影响。诚如所论，行政审批和合同效力的关系一直是困扰理论界和实务界的疑难问题，尤其是关于应经而未经行政审批的合同效力，由于法律规定不够清晰，导致人们认识不一，从而影响到裁判的统一性。而法律关于合同须经审批的规定既不属于合同法第五十二条第（五）项所称“强制性规定”，也不同于物权法关于不动产登记的规定，因此（1）不能以违反“强制性规定”为由将未经批准的合同认定为无效，但审批指向“前置的”营业许可时除外；（2）不能类推适用物权法上的“区分原则”认为审批不影响合同效力，除非审批指向的是权利变动，而非基础行为。行政审批系合同的特别生效要件，故合同并不因批准而必然有效；基于信赖保护原则，合同也不因批准被撤销而当然失效。因合同或财产权属发生的争议应通过民事诉讼解决，且当事人不得就批准行为本身提起行政复议或行政诉讼。在负有报批义务的当事人违反报批义务时，可发生违约责任与缔约过失责任的竞合。[20]

再比如撰文论述，在合同效力与合同履行相区分的制度平台上，行政审批的法律意义与权利转让合同的效力并非绝对绑定。实现国家管控权利变动的政策目标，存在行政审批与合同效力绑定、行政审批与合同效力区分两条进路。相较于二者绑定的现实选择，依循二者区分的进路，行政审批的法律意义仅在于控制相关合同的履行，由此权利转让合同即使未获审批，亦为有效合同。这便于助推合同机制的运作，相符于比例原则，且有利于合理分配因权利转让合同而产生之风险与负担，防范当事方的机会主义行为，为立法论层面的应然选择。在解释论层面，亦应厘清合同效力的长成逻辑，并采用目的论限缩的解释方法，尽量对现行立法做出权利转让合同效力与行政审批无涉的解释结论。[21]

3. 行政处罚

行政处罚方面的研究也直指实践中的问题。如有所论，行政处罚实施中违法行为的纠正是一个非常重要的行政法治实践问题，行政处罚法对此做了原则而抽象的规定，没有在后续制度中得以体现。由于主客观因素的影响，导致行政执法实践中该规定形同虚设。并认为，违法行为的纠正与行政处罚必须紧密联系在一起，设立行政处罚制度时应当同时设立违法行为的纠正制度，并以法律形式将违法行为的纠正方式和程序规定下来，以利于处罚实践的操作。[22]

4. 行政强制

行政强制研究更为具体，因而更加细化，同时呈现出行政法解释的趋势。如有学者认为，行政强制法第四十三条规定关涉的行政强制执行时间限制与拒绝给付禁止之规定透射出这样的利益博弈：公民权的保障与行政权的限缩、个人利益的凸显与公共利益的隐退。由此足以解读立法者设置该条的旨意。该种立法内容设计存在正当性瑕疵：从宏观上来看，存在与该法同一章节预置规则相冲突之嫌；从微观来看，内容设计之科学性不足。基于此，行政强制执行时间与手段限制的革新应以“抑公扬私”的立法理念为导向探求行政强制执行时间的限度；从法律依据、适用条件、程序设置等方面规制拒绝给付制度。[23]

还有学者对行政强制法第三十五条进行了详细解读。并认为该条所规定的催告制度由于立法的不完善，形成了催告行为的做出时间应在行政决定履行期限届满之前或者之后两种不同的解读观点，这两种不同的解读都存在着理论与实践的问题。通过类型化分析催告行为的法律属性，探寻立法背景，进行体系性解释，只有将催告行为的做出时间解读为在行政决定履行期限届满之后，才能更好地完善行政强制执行程序。[24]

5. 行政给付

有学者回顾了给付行政发展的历史流脉，认为在给付行政概念传入之前，中国实践中已有类似现象。语词的不同表达与使用彰显着每一时期的时代特征。伴随着新的社会变迁与时代需求，当下中国法在采用给付行政范畴时，应当确定它所具有的核心要素。这样才能真正塑造具有中国本土意义的给付行政。[25]

6. 行政裁量

行政裁量问题获得了一定程度的关注。有学者对行政自由裁量的基准问题提出了质疑。认为行政自由裁量基准是近年来我国行政法学界和行政法治实践关注的热点，其在理论和实践中似乎都已趋于成熟。然而，这一命题存在重大理论误区和实践困惑：作为基准的规则将裁量行为变为羁束行为，将外部行为内部化，将行政个案处置抽象化，将行政权利变为行政义务。基于此，对行政自由裁量权的控制还是应当回归到法律原则中来。传统的自由裁量权控制原则如比例原则、重大事实的误认无效原则、正当目的原则和平等原则等都是有用的。在此基础上则可以建构一些具有我国特色的裁量原则。[26]

还有学者认为，我国行政裁量研究受到较多域外理念的影响，而基于迥异的法制与法学背景，各国裁量概念及其控制模式存在着差异：英美法系国家多采用广义裁量概念，侧重于用政治性手段控制裁量；大陆法系国家则采用狭义裁量概念，倚重于法律模式来控制裁量。尽管两种模式有融合趋向，但仍显著不同。我国行政裁量概念在学理上虽有广义与狭义之分，但实务中裁量概念界定不清，致使行政诉讼实务中存在大量不予审理的情况。建构中国化的裁量控制模式应兼采两大法系控制模式之优势，即在规则制定和适用裁量中淡化立法与执法的区分，并在执法裁量的司法控制层面上细分裁量类型。[27]

更有学者从司法监督角度论证了规范行政裁量权的可能。就其所观察到的现象，从形式上看，在《中华人民共和国最高人民法院公报》刊载的行政案例中，人民法院很少运用“滥用职权”标准和“行政处罚显失公正”标准来对行政裁量进行司法审查。然而，人民法院立基于裁量二元论，通过将与裁量有关的争议置于事实或法律问题的范畴，借助其他审查标准实现了对行政裁量的审查。与此同时，在对所谓的事实或法律问题进行审查时，人民法院遵循的却是基于裁量一元论的判断过程审查模式。对审查标准与审查强度内在矛盾的揭示和剖析表明，裁量一元论在事实层面具有存在空间以及在理论层面具有证成可能，从而为《中华人民共和国行政诉讼法》第五十四条第（二）项第五目的修改指明了方向。

7. 行政授权

行政授权行为被予以了基础法理上的论证。如其所论，行政授权是现代国家行政权行使的普遍方式。我国行政授权实在法中授权普遍，但存在授权范围不一致、此法授权与彼法授权相冲突等问题。这些问题源自于我国行政授权法理基础薄弱，尤其是对行政授权时代背景缺乏动态诠释，对行政授权理论模型缺乏科学建构，对行政授权实在法制度缺乏有效规制。现代法治呼唤对社会变迁背景中行政授权法理基础予以重构，厘清权力主体的确定性，权力划分的相对性，权力客体的重叠性以及权力处置的社会性。应以行政职权有限转移为基准，以排除行政权行使阻碍因素为动因，以行政权行使便捷为途径，以行政权有效整合为目的，确立行政授权制度构建的价值取向。[28]

8. 行政调查

结合食品安全这一社会热点问题，有学者撰文论述了基于风险评估的食品安全风险行政调查。首先界定的是所谓“基于风险评估的食品安全风险行政调查”的概念，即行政机关依据风险食品的类型及风险食品生产经营者监管风险食品的能力级别来确定调查等级和强度，从而实施相应的行政调查。其次认为，该项制度的基本内容包括3个方面：行政机关建构食品安全风险指标体系，确立风险食品类型；行政机关建构食品生产经营者防范食品安全风险能力的指标体系，对其予以分级；行政机关依据风险系数分值，确定行政调查等级。而该项制度的合理性则在于：能够确保行政机关行使裁量性的调查权力符合理性；能够缓解行政调查执法成本过高与执法人力和物力短缺之间的矛盾；能够较好平衡食品生产经营者与消费者之间的利益，确保社会福利最大化；在行政执法资源既定的条件下，有助于行政机关实现最佳威慑效果。为将该制度在全国范围内推广，则需要通过行政法来规范。行政法需要为行政机关、食品生产经营者以及社会公众等主体配置相应的权利（职权）与义务（职责），特别是要规定食品生产经营者以及社会公众享有充分的正当程序权利，以及行政机关违反正当程序义务时的法律责任。[29]

9. 行政问责

有学者反思了我国的行政问责制度。通过对重大问责事件（案件）和规范文本两个样本分析，该学者发现了我国行政问责制度在实践与规范层面的种种面相。认为应当从问责事由、对象、方式、程序、免责事由以及通过媒体的公众参与来重新构建问责制度，同时需要从理论上突破对行政问责制度的传统理解。即行政问责制度产生于我国政府内发的一种自觉，应当成为回应社会诉求的基本方式，应当是公众舆论监督与行政内部追责相结合，以对外回应性的责任方式为主导的一种机制。[30]

10. 信息公开

信息公开可谓2013年行政法学行政行为研究中的最大热点，且有将信息公开主体予以理论拓宽的取向。如有学者认为，《政府信息公开条例》第三十七条设置了不同于“行政机关”的“公共企事业单位”信息公开义务，由此，依据怎样的规范以怎样的方式公开信息等等问题成为当前急需解决的课题。据此，该学者撰文，并首先将第三十七条置于该条例整体中进行定位分析，确定了该条作为连接规范的地位，从而使前三十六条整体构成了第三十七条的解释基础，并通过确立“最少存留适用”等规则以及“主体类同”和“职能类同”的解释方法赋予“参照”具体的内涵，由此整理规范对象行为与不予公开的信息种类之间的一般属性和特殊性，以及审查程序与救济相关事项之间的关系，为公共企事业单位的信息公开建立了基本的适用规范。[31]

另有具体制度上的完善路径。认为我国现行依申请公开政府信息制度存在3个方面的问题：申请主体范围受限、政府信息公开范围狭窄以及监督机制无效。其完善需要有针对性地进行制度改进，即取消对申请公开政府信息的主体资格限制以扩大知情权主体范围，明确列举不公开事项以扩大政府信息公开范围，构建独立的政府信息公开监督委员会以完善监督机制。[32]

还有直面行政信息公开同个人信息保护矛盾的反思，即认为在促进政府信息公开的同时，对于个人信息的保护同样不能忽视，并系统梳理了中国大陆与台港澳地区在这一问题上的做法。从中国大陆与台港澳地区对个人信息保护相关法规的规范比较看，它们对于个人信息的法律界定与保护程度不尽相同。其原因在于各自的法律文化背景不同。在处理行政信息公开与个人信息保护的冲突时，应秉持权利平等保护、公共利益优先、平衡协调与权利救济原则。对于信息自由流动与个人信息权利保护之间的平衡，台港澳地区的做法对中国大陆不无启示和借鉴。[33]

更有基于案例分析上的学理探讨。在《论过程性信息的本质——以上海市系列政府信息公开案为例》一文当中，作者认为“过程性信息不公开条款”逐渐成为政府信息例外不公开的第三条款。而在这一条款的适用中，人们常常错误地将政府信息等同于行政决策或行政决定，将政府信息的制作或获取过程等同于行政决策或行政决定的做出过程，从而将行政决策或行政决定做出之前制作或获取的信息全部认定为过程性信息。过程性信息实质上指尚未制作完成的非正式、不完整因而不具有使用价值的信息，它仅着眼于每个政府信息自身的形成状态而非行政决策或行政决定的全过程。“过程性”这一概念并未准确反映这种信息的本质，应以“未制成”代之。[34]

比较法意义上的信息公开法制度研究也是一大热点。美国信息公开例外条款的司法实践被学者比喻为“阳光下的阴影”，但又是决定信息公开范围的关键因素。中国和美国在信息公开的立法中都明确规定信息公开的例外事项，也都将国家秘密、商业秘密、个人隐私、内部信息、讨论性信息等内容排除在信息公开的范围之外。但是这些都是高度不确定法律概念，法院在司法中承担着解释法律的重要职能。美国法院在政府信息公开的诉讼中运用多种方法解释不确定法律概念，始终坚持信息公开法的立法宗旨，力求实现公共利益、申请人利益、第三人利益等多种利益的平衡，既最大限度地实现政府信息的公开，也避免对于商业秘密、个人隐私、政府执法的侵犯和不当干扰。[35]

还有学者看到了我国现阶段失序性社会纠纷中舆论冲突的主要矛盾。即公众对信息自由和知情的诉求，以及行政机关的职能保密和习惯保密这对矛盾。并提出作为一种国际趋势，最大限度公开是信息公开的基本原则，由于公开与保密界限确定的复杂性，立法者应当尽可能将公开的范围明确化，避免严肃的法律变成可以让政府机关“在各自职责范围内确定”并选择“重点公开”内容的指导性意见。我国应当从信息公开的原则、信息主体范围、信息公开手段、知情权救济机制等方面完善信息公开制度，制定统一的信息公开法。[36]

五、行政救济

（一）行政复议

行政复议法的修改再次被学者所提及。有学者认为，行政复议法的修改目标应当是提升行政复议的公正性、亲和力，又保持快捷、经济和专业。首先，建立复议委员会，通过“掺沙子”、票决制、审裁合一、“不当被告”、当面审理、说明理由来提升其独立性、公正性。其次，行政复议的便捷、灵活、经济，要靠简化程序、调解、复议委员会工作机构的有效率的辅助工作等来实现。最后，以裁决原理进一步拉张复议范围，是积极吸纳纠纷、减少流入信访的根本之道。[37]

也有学者反思了我国当前行政复议机构的设置模式，认为行政复议立法在反司法化原则的指导下，将行政复议制度化架构中的行政复议机构设定为非独立、非自成系统的组织，导致了我国当前行政复议机构设置的诸多缺陷。由于决定行政复议制度性质的行政复议权实质上是行政机关行使的行政纠纷裁决权，行政复议制度的根本属性应当是司法而不是行政。行政复议制度的司法属性决定了行政复议机构必须向有限司法化方向改革。据此，行政复议机构改革的最佳模式是在各级政府下统一设置行政复议委员会并将职能部门复议权相对集中。[38]

另外，对复议调解制度的构造也为学者所论证。如其所述，《行政复议法实施条例》对复议调解制度的肯定，是对调解制度的现实需求进行立法回应的结果。行政复议调解制度具有理论上的正当性：一方面，行政权不得处分原理并不能推导出行政纠纷不可调解的结论；另一方面，公众参与理论与利益衡量理论又为行政复议调解的正当性注入了正面元素。在行政复议调解具体制度的构建上，应将除无效行政行为之外的所有争议均纳入调解范围，并构建行政复议调解的自愿原则和不得违反公共利益原则。[39]

（二）行政诉讼

江必新教授系统总结了中国行政诉讼制度的主要问题。他在《完善行政诉讼制度的若干问题》一文中指出，制定于计划经济时代的行政诉讼法必须发展和改革。当前行政诉讼法实施过程中存在权利救济不足、诉讼成本偏高、司法功能错位等问题。行政诉讼法应当从确保权利救济的有效性、降低行政诉讼成本、强化行政诉讼的解纷功能、促进诉讼效果最大化、防止行政审判权的怠用和滥用、提升行政诉讼法科学化等方面进行全方位的修改。[40]

另有学者梳理了行政诉讼类型制度的功能。认为行政诉讼中的诉讼类型如何设置，与行政诉讼受案范围如何确定之间并无直接关联，因此诉讼类型制度不具有拓展受案范围的功能。从完善诉权保护的角度来说，虽然可以考虑引入无效性确认之诉、继续确认之诉与预防性诉讼3种诉讼类型，但不可高估其意义。我国现行行政诉讼制度中系以非明文规定方式建立了类型制度。是否明文规定诉讼类型仅具有形式意义上的区别，不会对行政诉讼制度的具体构造形成实质影响。改良行政诉讼制度应着力推进实质意义上的诉讼要件制度的完善，不能寄希望于明文规定的类型制度的构建。[41]

还有学者认为，以明辨是非曲直、凸显权力对抗和司法主导运作为特征的封闭对抗型行政审判模式，孕育于特殊的政治体制改革环境之中，却在行政诉讼法实施的进程中遭遇严重挫折。近十年来，人民法院在社会转型中通过不断调整司法政策实现了行政审判模式的悄然转向，一种新的以促进行政纠纷实质性化解、实现司法与行政良性互动、程序运作主体多中心主义为特征的开放合作型行政审判模式已经初现。在开放合作型行政审判模式的建构中，应坚持适度抗衡是前提、机制创新是关键、普世价值是界限的基本原则。开放合作型行政审判模式的进一步发展，不仅会对我国行政诉讼法的修改产生深刻影响，还能够为我国自主型法治进路的探索积累有益经验。[42]

也有学者探讨了实践中的制度困境，比如颇受热议的行政诉讼管辖问题。指出我国行政诉讼管辖困境的形成既有制度设计自身的问题，也有外部机制对于管辖的影响。现有的改革与探索应当关注提级管辖不宜绝对化、异地管辖急需法定化、对非讼案件的管辖缺乏足够重视等问题。面对新近开展的行政案件相对集中管辖试点工作，对于可能出现的立案审查不严格、人员调配有难度、诉讼成本增加、审理与执行面临新挑战等困难需及早应对。如欲走出行政诉讼管辖之困境，即应突出保障相对人合法权益的行政诉讼目的，提升行政首长的法治思维，赋予当事人对于管辖法院的选择权和异议权。[43]

行政判决的实际效力也为学者所关注，不仅包括既判力，还包括所谓的“反射效力”。如其认为，行政判决的反射效力是一种客观的超越既判力范围的影响力，它内在地包括反射性确定力、反射性拘束力和构成要件效力等。就其法理而言，行政判决在本质上即司法之于行政的合法性判断，其反射效力即源自于这种“合法性判断”本身。在其现实意义上，正是其反射效力而非既判力，延展了行政判决作用的广度和深度，提升了司法审查之于法治国家建设乃至整个社会文明进程之价值。挖掘并正视这种价值，或对近期行政诉讼法修改有所裨益。[44]

还有学者从法社会学的角度探究行政诉讼同其他经济制度之间的联动效益关系。比如产权变迁、行政诉讼与科层监控之间的关系。论者以为，基于经济分权与市场转轨的特定背景，20 世纪 80 年代末行政诉讼法的诞生部分程度上源自中央控制地方官僚、顺利实现市场转轨的制度性需求，这种特征最明显体现在“侵犯企业经营自主权”的行政诉讼案件中，通过对“侵犯企业经营自主权”行政诉讼司法政策与司法判例的微观考察，不难发现，行政诉讼在纠正地方基层政府干涉辖区内集体企业、私营企业经营自主权事项上，起到了一定的拘束监控作用。从产权变迁的角度而言，尽管相关证据表明，与其他制度因素相比，行政诉讼在产权变迁流程中并未起到主导作用，但行政诉讼司法实践却在一定程度上体现了中央意图借助行政诉讼工具来拘束“法团化”的地方政府，推动地方层面上关系产权、混合产权向现代产权转型的国家意志。[45]

值得一提的是两份有关裁判文书的统计分析。一则透过收集与分析六省或者自治区 32 家基层法院，8 家中级法院 2009 年、2010 年一审 2767 份行政裁判文书发现：我国行政诉讼中涉诉行为和被诉行政管理领域十分集中，且非对抗权力型诉讼多；诉讼中行政纠纷涉利益方多，当事人较为繁杂；从诉讼模式上看，辩论主义模式确立，但判决与诉讼请求不一致；行政审判中法院倾向于放弃裁判权，而淡化了诉讼监督行政之目的。[46]二则选取了我国 8 家法院 3980 份二审行政诉讼裁判文书的样本，构建 21 个度量指标，利用 SPSS 软件进行统计分析，对行政诉讼二审实施状况进行了一个截面研究。研究发现，超过半数的案件有第三人；律师可能发挥了明显作用；行政复议与行政诉讼存在极强的衔接关系；行政机关仍拥有明显的胜诉优势；二审事实审的功能突出。通过多变量分析，研究者还探讨了案件如经复议和有第三人时，与有利被告裁判率和维持原具体行政行为的判决比例之间的关联性。[47]

当然，引入域外制度的经验也是一个常话常新的课题。如有学者介绍了 21 世纪法国行政诉讼的改革之路。认为公正与效率是法国行政诉讼改革的两大主题。[48]而进入 21 世纪后，法国行政诉讼的危机在公正与效率这两个问题上同时爆发。法国的改革者们力图在保障行政审判公正性的前提下，提高行政审判的效率。具体而言，改革内容可概括为以下 4 个方面：调整行政审判体制、剪裁普通行政审判程序、发展特别行政审判程序以及探索替代性纠纷解决机制。然而值得注意的是，无论是危机的爆发，还是改革的推行，法国行政法的传统理念都渗透其中、挥之不去，守护并传承传统理念甚至成为改革的隐性目标。总之，当我们细致观察，就会发现纷繁复杂的改革举措徘徊于公正、效率与传统理念这三者之间。再比如《德国行政诉讼中司法权的边界及其成因》，经研究发现，德国行政诉讼中法院的受案范围非常广泛；法院一般可以主动、全面、深入地审查案件中的事实问题、行政裁量权问题以及法律问题等，无须尊重行政机关的专业知识与经验。不过，自 20 世纪 70 年代以来，随着有关解释不确定法律概念的理论的发展，德国行政法院对行政机关进行强势监督与制约的格局有所松动。同时值得注意的是，行政法院在判决与执行中恪守权力分立的原则。德国行政诉讼中司法权边界的形成，是与其宪政体制、法院分工格局、法定法官原则、二战后对公民权利的重视以及发达的公法理论等紧密相关的。[49]

（三）行政赔偿

有学者在梳理过我国行政赔偿制度的演变历史之后，阐述了该制度的新近发展。2010 年 12 月，修改后的《中华人民共和国国家赔偿法》开始实施，其修改的内容则包括归责原则、赔偿范围、赔偿程序、举证规则、赔偿标准、赔偿金获取、赔偿请求失效等方方面面。2011 年，为贯彻落实修改后的国家赔偿法，国务院以行政法规的形式颁布了《国家赔偿费用管理条例》，对国家赔偿费用的预算、申请、支付等做了具体的规定。行政赔偿制度的新近发展显示了我国行政法治和人权事业方面的进步。[50]

注：

①赵宏：《行政法学的体系化建构与均衡》，《法学家》，2013 年第 5 期。

②王本存：《论行政法教义学——兼及行政法学教科书的编写》，《现代法学》，2013 年第 4 期。

③何海波：《行政法治，我们还有多远》，《政法论坛》，2013 年第 6 期。

④杨海坤：《“平衡论”与“政府法治论”的同构性——以政府与人民法律地位平等为视角》，《法学家》，2013 年第 4 期。

⑤孙丽岩：《行政权下的公民权利之辩》，《政法论坛》，2013 年第 2 期。

⑥罗豪才、周强：《软法研究的多维思考》，《中国法学》，2013 年第 5 期。

⑦方世荣：《论公法领域中“软法”实施的资源保障》，《法商研究》，2013 年第 3 期。

⑧蒋建湘、李沫：《治理理念下的柔性监管论》，《法学》，2013 年第 10 期。

⑨戚建刚：《“第三代”行政程序的学理解读》，《环球法律评论》，2013 年第 5 期。

⑩喻文光：《文化市场监管模式研究——以德国为考察中心》，《环球法律评论》，2013 年第 3 期。

⑪应松年：《完善行政组织法制探索》，《中国法学》，2013 年第 2 期。

⑫张力：《美国特别区政府自治评价》，《环球法律评论》，2013 年第 3 期。

⑬张淑芳：《行政主体适用法律法规错误研究》，《法律科学》，2013 年第 6 期。

⑭李大勇：《行政行为分类的逻辑考量》，《法律科学》，2013 年第 5 期。

⑮叶必丰：《最高人民法院关于无效行政行为的探索》，《法学研究》，2013 年第 6 期。

⑯陶广峰：《效率与正当性：我国行政立法制度的核心——美国行政立法制度的借鉴意义》，《比较法研究》，2013 年第 6 期。

⑰赵雷：《行政立法评估之成本收益分析——美国经验与中国实践》，《环球法律评论》，2013 年第 6 期。

⑱董皞：《我国行政法律规范冲突缘起探究》，《中国法学》，2013 年第 2 期。

⑲王敬波：《相对集中行政许可权：行政权力横向配置的试验场》，《政法论坛》，2013 年第 1 期。

⑳吴光荣：《行政审批对合同效力的影响：理论与实践》，《法学家》，2013 年第 1 期。

㉑蔡立东：《行政审批与权利转让合同的效力》，《中国法学》，2013 年第 1 期。

㉒张淑芳：《行政处罚实施中违法行为的纠正途径》，《法学》，2013 年第 6 期。

㉓刘启川：《行政强制执行时间限制与拒绝给付禁止之制度解析——评行政强制法第 43 条》，《现代法学》，2013 年第 3 期。

㉔黄学贤、郑哲：《进退维谷中的行政强制催告制度——对行政强制法第 35 条的解读》，《法律科学》，2013 年第 4 期。

㉕胡敏洁：《给付行政范畴的中国生成》，《中国法学》，2013 年第 2 期。

㉖关保英：《行政自由裁量基准质疑》，《法律科学》，2013 年第 3 期。

㉗刘艺：《论我国行政裁量司法控制模式的建构》，《法学家》，2013 年第 4 期。

㉘关保英：《社会变迁中行政授权的法理基础》，《中国社会科学》，2013 年第 10 期。

㉙戚建刚：《论基于风险评估的食品安全风险行政调查》，《法学家》，2013 年第 5 期。

㉚余凌云：《对我国行政问责制度之省思》，《法商研究》，2013 年第 3 期。

㉛朱芒：《公共企事业单位应如何信息公开》，《中国法学》，2013 年第 2 期。

㉜陆幸福：《论依申请公开政府信息之制度改进》，《法学》，2013 年第 4 期。

㉝李建新：《两岸四地的个人信息保护与行政信息公开》，《法学》，2013 年第 7 期。

㉞杨登峰：《论过程性信息的本质——以上海市系列政府信息公开案为例》，《法学家》，2013 年第 3 期。

㉟王敬波：《阳光下的阴影：美国信息公开例外条款的司法实践》，《比较法研究》，2013 年第 5 期。

㊱杨永纯、高一飞：《比较视野下的中国信息公开立法》，《法学研究》，2013 年第 4 期。

㊲余凌云：《论行政复议法的修改》，《清华法学》，2013 年第 4 期。

㊳贺奇兵：《论行政复议机构设置的模式选择——以行政复议有限司法化为逻辑起点》，《政治与法律》，2013 年第 9 期。

㊴王青斌：《论行政复议调解的正当性及制度建构》，《法制与社会发展》，2013 年第 4 期。

㊵江必新：《完善行政诉讼制度的若干思考》，《中国法学》，2013 年第 1 期。

㊶刘飞：《行政诉讼类型制度的功能》，《法学研究》，2013 年第 5 期。

㊷章志远：《开放合作型行政审判模式之建构》，《法学研究》，2013 年第 1 期。

㊸黄学贤、杨红：《论行政诉讼管辖困境之形成及其突破》，《法学评论》，2013 年第 6 期。

㊹江国华、张倩：《论行政判决的反射效力及其强度——以合法性否定判决为侧重》，《法律科学》，2013 年第 1 期。

㊺卢超：《产权变迁、行政诉讼与科层监控——以“侵犯企业经营自主权”诉讼为切入》，《中外法学》，2013 年第 4 期。

㊻黄启辉：《行政诉讼一审审判状况研究——基于对 40 家法院 2767 份裁判文书的统计分析》，《清

华法学》，2013 年第 4 期。

㊼朱春华：《行政诉讼二审审判状况研究——基于对 8 家法院 3980 份裁判文书的统计分析》，《清华法学》，2013 年第 4 期。

㊽陈天昊：《公正、效率与传统理念——21 世纪法国行政诉讼的改革之路》，《清华法学》，2013 年第 4 期。

㊾黄先雄：《德国行政诉讼中司法权的边界及其成因》，《比较法研究》，2013 年第 2 期。

㊿杨寅：《我国行政赔偿制度的演变与新近发展》，《法学评论》，2013 年第 1 期。

（作者：胡锦光，中国人民大学教授；
董妍，天津科技大学讲师）

刑　法　学

韩玉胜　史丹如　张学永

在刚刚过去的 2013 年度中，刑法学研究留下了诸多浓墨重彩的成果，尤其是北京地区的刑事法学家们，立足北京，辐射全国，在刑法学基础理论、个罪研讨、刑法的具体适用等方面，进行了卓有成效的深入研究。此外，以刑法学的前沿问题、有组织犯罪等为主题的学术交流、研讨活动，也推动北京地区刑事法学的研究不断深入地发展创新。

一、2013 年度重要论著

本年度的重要论著有：高铭暄的《刑法续言（高铭暄刑法学文集）》（北京大学出版社），王作富的《刑法纵横（王作富刑法学文集）》（北京大学出版社），高铭暄、赵秉志编的《中国刑法规范与立法资料精选（第 2 版）》（法律出版社），戴玉忠编的《法官、检察官办案经验：侵犯财产罪》等系列（法律出版社），张明楷的《刑法格言的展开（第 3 版）》（北京大学出版社），陈兴良的《规范刑法学（第 3 版）》（中国人民大学出版社），赵秉志主编的《腐败犯罪的惩治与司法合作》（北京师范大学出版社），田宏杰主编的《王作富刑法思想述评》（北京师范大学出版社），周光权的《法治视野中的刑法客观主义》（法律出版社），梁根林、埃里克·希尔根多夫主编的《中德刑法学者的对话——罪刑法定与刑法解释》（北京大学出版社），于志刚、于冲编的《网络犯罪的罪名体系与发展思路》（中国法制出版社），张小虎主编的《犯罪学（21 世纪法学系列教材）》（中国人民大学出版社），刘仁文主编的《刑事法治视野下的社会稳定与反恐》（社会科学文献出版社），等等。此外，学者专家们围绕着刑事法律的各重点问题，还撰写了富有创新性的高质量学术论文 200 余篇。

二、研究的热点与创新

（一）犯罪论基础理论研究

1. 犯罪论体系研究

近些年来，关于国外刑法中犯罪论体系的研究，以及对中国刑法理论的启示已经在刑法学界引起了高度的关注。2013 年度，有学者对此问题又进行了深入研究，并提出了独到的新见解。

虽然已有学者对我国四要件犯罪构成体系的合理性进行了有力的论证，但是总体看来，我国刑法学界呼吁引入德日阶层式犯罪论体系的声音也不容忽视，在理论界已经产生了重要的影响。有学者认为，德日阶层式犯罪论体系易于认定“非犯罪”，更有利于保障人权、限制刑罚权并规范刑事司法流程。[①]另有学者认为，阶层式犯罪论体系作为一种评价模式，对行为的评价过程层层递进，较为周密。[②]

此外，有学者认为，呼声甚高的阶层式犯罪论体系虽然在我国已经产生了很大的影响，但是仍没有撼动四要件的犯罪构成体系。究其原因，一方面是由于诸如时间、体制、环境、沟通等外在客观条件的制约；另一方面，也因为阶层式犯罪论体系内部的问题。只有对阶层式犯罪论体系予以全面的把握，并对其进行中国化的改造，使其适应我国的社会语境，引入阶层式犯罪论体系才具有现实的可能。[③]

2. 违法性研究

对于大陆法系犯罪论体系中的违法性问题理论，以及其对中国刑法学的借鉴，引发了学界中高度的关注，有不少学者投入了相当的精力在做持续性的研究。

有学者对我国台湾地区和大陆刑法理论中的违法性理论做了深入比较。通过研究认为，虽然犯罪论体系存在不同，但是在违法论的问题上，我国四要件犯罪构成体系和阶层式犯罪论体系之间，还是可以架起沟通的桥梁与对话的平台。大陆主流刑法学和我国台湾地区刑法学关于违法性本质的认识完全可以沟通，具体表现在：其一，大陆刑法中社会危害性理论和台湾地区的实质的违法性理论是相通的。虽然不能将社会危害性理论和法益侵害说或规范违反说完全等同，但是前者和后者还是存在非常密切的关联，关键在于对社会危害性的理解和解读。其二，大陆刑法中的刑事违法性概念可以和台湾地区有关违法性的观点建立起联系。[④]

另外，关于自杀行为的违法性问题，有学者认为，自杀者拥有处分自己生命的自由权利，应当根据承诺说的原理排除其违法性。从欠缺可罚的违法性的角度论证自杀行为不受刑罚处罚的观点并不妥当，因为自杀行为不是符合故意杀人罪构成要件的不法行为。⑤

3. 客观归责理论研究

客观归责理论是大陆法系有关国家的犯罪论体系中的重要学说，其影响范围在不断地扩散。为此，学者们结合我国刑事法律的现实，对客观归责理论中相关的问题进行了研究，并提出了应当采取适当参考的建议。

有学者认为，客观归责理论不仅包含了事实上的因果关系，而且包含了对事实因果关系的规范评价，因此客观归责理论是构成要件理论而非事实的因果关系理论。客观归责理论以新康德主义为理论基础，以法益保护为导向，能够和结果无价值论相协调。客观归责理论有其优势，使得刑法因果关系判断走向规范化；但也有其缺陷，比如有将结果归责的范围扩大化之嫌，并缺少对构成要件要素的充分关照。我国不应照搬客观归责理论，而应该借鉴客观归责理论的部分内容：在实行行为方面，制造不允许的危险的内容都可以借鉴，危险实现和构成要件的效力范围的内容则可以部分借鉴；结果方面，应当进行规范的判断；因果关系方面，则需进行因果关系的事实判断和结果归属的规范判断。⑥

周光权教授在原有研究的基础上进一步提出，我国刑事司法实践中虽然没有明确使用客观归责理论的概念，但在某些具体案例的判断中，使用了客观归责理论的方法论。比如在对危险的创设、危险的升高、危险的相当实现等问题的判断中，综合使用事实（经验）判断和规范（价值）判断的方式，使判断结论更为合理。因为相当因果关系说有其自身的不足，比如缺乏下位规则，体系性和规范化程度有所欠缺，未来我国刑法理论和司法实务都应更为重视客观归责理论的方法论意义。客观归责理论和阶层式犯罪论体系的关联性不大，我国可以加以借鉴，在案件判断时，将事实（经验）判断和规范（价值）判断区分开来。⑦

4. 共犯论研究

共同犯罪的理论在刑法学研究领域中具有极为重要的地位，由于共同犯罪的复杂性和多样性等特点，使得学者们在此理论上不断地研究创新。本年度内有多名学者将研究目光聚焦于此，在共犯论领域提出了很多让人耳目一新的见解。

有学者认为，我国刑法中的犯罪参与体系为单一犯罪人体系，即不区分共犯和正犯的单一制犯罪参与体系。我国刑法将参与共同犯罪者分为主犯和从犯，并根据其在共同犯罪中所发挥的作用，处以轻重不同的刑罚。这一选择具有优越性，与区分制（区分共犯和正犯）犯罪参与体系相比，我国单一制犯罪参与体系不存在区分共犯和正犯的困难，又不具有根据参与行为的形式来确定处罚轻重的缺陷，使得对于共同犯罪人的定罪更为科学，对相关参与人的处罚更为合理，刑事司法上的操作也更为简捷。⑧

在共犯与身份问题上，也有学者进行了深入研究。对于真正身份犯的认定，有学者认为应贯彻实行行为决定论。在无身份者教唆、帮助有身份者实施真正身份犯之行为的，应成立教唆犯或帮助犯；因无身份者不可能单独成立真正身份犯，因此无身份者也不可能成为真正身份犯中有身份者的共同正犯。定罪时应以身份犯的实行行为为基准确定整体案件性质。在有身份者教唆、帮助无身份者实施某一一般犯罪而法律又就同一行为对有身份者做出了身份犯规定的情况下，则应根据是否利用了义务身份来确定行为的性质。⑨

5. 犯罪停止形态

2013 年度，有学者从比较独特的视角对犯罪中止问题进行了深入的研究，除了对“部分中止”这一理论问题进行了探讨和解析之外，还对中止犯的“造成损害”等重点问题进行了别开生面的解读。这些研究，将理论界对犯罪中止的研究进一步引向深入。

该学者认可“部分的中止”，即在某一犯罪具有加重情节的情况下，行为人自动放弃了构成某一犯罪所具备的加重要素，从而只完成了该犯罪基本构成要件的情形，可以成立“部分的中止”。中止犯既可以是针对基本犯而言的，也可以是针对情节加重犯而言的。针对加重要素的中止成立部分的中止，也具备减免处罚的根据。在成立部分中止的情况下，如果加重要素没有造成损害，则应按照基本犯定罪处刑；如果加重要素造成了损害，则应将基本犯的法定刑和加重犯法定刑减轻之后的刑罚相比较，择其重者处断。⑩

对于中止犯的“造成损害”的理解，该学者认为，只有当行为人的行为构成某种重罪的中止犯且同时构成某种轻罪的既遂犯时，才能理解为中止犯中的“造成损害”，并且造成损害的行为必须是中止前的犯罪行为而非中止行为本身。当行为人的行为同时构成重罪的中止犯且和轻罪的既遂犯时，无论轻罪和重罪之间关系如何，均应认定为构成重罪的中止犯。在按重罪的法定刑减轻处罚时，应注意重罪法定刑减轻之后的刑罚和轻罪刑罚之间关系的协调。⑪

（二）刑罚研究

1. 死刑研究

死刑问题是我国刑法学界普遍关注的一个重大

的理论和实践问题，关于死刑的存废问题已经在我国刑法学界争论多年，并将在相当长一个时期内持续下去。

有学者从宪法的维度来研究死刑问题，认为死刑和宪法有密切的关系，但是宪法上规定的保护人权（包括生命权）并不必然意味着立即废除死刑。关于死刑问题，平等原则要求统一死刑执行方式，比例原则则要求我们严格限制死刑的适用；而人道主义原则要求我们尊重死刑犯的人格尊严，从人性化的角度出发，死刑犯的生育权应该受到尊重，同时死刑犯还应当享有申请赦免的权利，死刑犯自愿在死后捐献器官的行为应该予以尊重并加以规范化，而用不得假释的终身监禁替代死刑是不妥当的。[12]该学者还认为，出于人道主义的考虑，死刑犯在行刑前会见亲属的权利应得到尊重和保障。[13]

有学者对美国死刑制度的发展进行了研究，指出美国在全世界废除死刑的潮流之下，选择了保留死刑。美国联邦最高法院宣布了死刑的合宪性，认为死刑本身并非酷刑，而且是对要求保留死刑的民意的充分尊重。美国的新死刑保留主义为我国的死刑存废之争提供了域外的参照。[14]

在死刑存废之争中，民意是一个难以割舍的、绕不开的话题。因此，有学者专门从民意角度研究死刑问题，认为我国死刑制度改革的过程，就是不断引导关于死刑的民意逐步变化的过程。而死刑民意的引导要遵循基本的策略，充分调动各方积极性，确立死刑引导的基本途径，即“以死刑政策为基础、以死刑司法为主线、以死刑立法为根本”。[15]

2. 劳动教养制度及其变革研究

2013年12月28日第十二届全国人民代表大会常务委员会第六次会议颁布了《关于废止有关劳动教养法律规定的决定》，这一决定标志着劳动教养制度将成为历史。2013年度，有不少学者对劳动教养制度及其变革问题进行了深入的研究，废除劳动教养制度、对其予以司法化、法治化的改造成为学界的基本共识。

有学者认为，劳动教育制度的改革事关人权保障的法治精神，并且关系到国家和社会的安全稳定大局，因其缺少正当程序而须进行根本性的变革，停止劳动教养制度是当务之急。根据公法强制性整体变迁的规律、特点和优势，应当在现有的法律框架和体系内，对劳动教养制度加以分流并合，合理配置刑罚与治安处罚的比例关系，平稳实现劳动教养的制度变迁。[16]

有学者认为，劳动教养制度存在不当限制公民自由的隐患，对我国社会主义法治国家的形象是一种伤害，应当终止劳动教养制度，并对我国保安处分制度进行完善。具体来说，应对保安处分进行法治化的改造，在形式上明确保安处分的法律定位和权力归属，在实质上贯彻法治原则的要求，即必要性与合比例性。[17]

有学者通过对法国违警罪及其处理机制的介绍，认为我国应该借鉴其先进经验对劳动教养制度予以法治化和司法化的改造，扩大司法权对人们社会生活的调整干预范围，限制行政权对个人自由的限制甚至剥夺，更好地完善法治、保障公民自由。[18]

（三）个罪研究

故意伤害罪是我国司法实践中非常常见的一种罪名，但是理论界对故意伤害罪的研究尚不够深入。本年度有学者对故意伤害罪进行了研究，该学者认为，我国司法实践中对故意伤害罪的认定相当异常，尤其是定罪率畸高。究其原因，主要有三：其一，对于一些本应认定为正当防卫的行为认定为相互斗殴或者防卫过当，进而将其认定为构成故意伤害罪；其二，在相互斗殴的情况下，将造成轻伤害结果的行为认定为故意伤害罪；其三，将不具有故意伤害罪的故意而仅具有暴行故意的行为认定为故意伤害罪。因此，正确认定故意伤害罪，不得将对故意伤害行为的正当防卫视为相互斗殴；根据被害人承诺的法理，在相互斗殴的情况下，不应将造成轻伤害结果的行为认定为故意伤害罪；对仅具有暴行故意而不具有故意伤害罪故意的行为，即使造成了轻伤害的结果，也不应认定为故意伤害罪。[19]

关于贿赂犯罪中“贿赂”的范围，一直是学界关注的重大理论问题，很长一段时期以来，关于此问题也一直存在一定的争议。有学者认为，我国目前刑法规定的贿赂犯罪中“贿赂”的范围仅限于“财物”，这一范围显得过于狭窄而备受诟病，应适当扩大“贿赂”的范围，将“财产性利益”纳入“贿赂”的范畴；而“性贿赂”则因存在在司法实践中难以认定、有损女性尊严和有悖我国文化、可能造成司法腐败、目前其他手段已足以规范“性贿赂”等因素，尚不宜纳入“贿赂”的范围。[20]

关于盗窃罪，有学者认为，财产性利益可以成为盗窃罪的犯罪对象。对于“使用盗窃”的行为，在给权利人造成较大损失的情况下，也可以构成盗窃罪。不过，应当适当限定财产性利益的内容。对于饭后或者住宿后逃走不付账的，可以成立盗窃罪；为赖账而盗窃借条等借款凭证的，构成侵占罪而非盗窃罪；盗用汽车、盗用房屋等“使用盗窃”行为，可以构成盗窃罪。[21]关于“扒窃”行为，有学者认为，应将“贴身禁忌”作为扒窃行为入罪的思想基础，地点为“公共场所”和财产“随身携带”并非认定扒窃行为构成要件的核心要素。认定扒窃行为的关键在于，行为人侵入他人贴身的范围并窃取他人贴身携带的财物。另外，在认定扒窃犯罪时，应贯彻行为人刑法的思想，在责任层面对行为人予以减免或出罪。[22]

关于盗窃有关债权凭证并使用或毁坏的行为的性质，有学者认为应区别对待。针对不记名、不挂失的债权凭证，行为人盗窃后可以直接获取财产，因此构成盗窃罪，数额即债权凭证记载的金额。对于盗窃记名的债权凭证并使用之骗领现金的行为，我国司法实践中一直以盗窃罪定罪处罚，但该学者认为此类行为不应仅定盗窃罪，对后行为应定诈骗罪（或金融诈骗罪），前行为如果符合盗窃罪的构成要件（入户盗窃、多次盗窃、扒窃等），则定盗窃罪和诈骗罪（或金融诈骗罪）实行并罚。对于盗窃记名的债权凭证并损毁或丢弃给被害人造成财产损失的行为，构成故意毁坏财物罪，如果其盗窃行为符合盗窃罪的犯罪构成，则应定盗窃罪与故意毁坏财物罪两罪并罚。[23]关于盗窃罪与侵占罪的区分，有学者认为，区分的关键在于，我国刑法中规定的侵占罪，需要具备行为人占有他人财物和管理他人财物两个要素，而财物是否属于行为人的管理范围，判断标准可以采用谁是财物损失风险承担者来衡量。[24]

对于操纵证券市场罪，有学者认为，虽然操纵证券市场的行为肯定存在一定的欺诈性，但欺诈性并非操纵证券市场罪的本质特征。操纵证券市场行为的本质特征和实质危害在于行为人滥用自身对证券市场的影响力或市场优势，人为控制和影响证券市场行情，并实施反向交易谋取非法利益。[25]

（四）其他问题研究

除上述有关问题之外，还有一些专家学者在本年度内对刑事和解、刑法适用解释、行为犯、不作为犯中的作为义务等问题进行了深入研究并阐明了独到的见解。

有学者结合对我国司法实践中刑事和解问题的考察研究，认为我国的刑事和解制度已经从原有的政策性运行向法制化运行转型，刑事和解的结果不是出罪化，而是非刑罚化或者刑罚的宽缓化。刑事和解对案件的分流，是程序性分流和实体性分流的有机结合。[26]

有学者从刑罚积极主义的立场出发，认为刑法适用解释可以扩充刑法规范的供给，但应在罪行法定原则约束之下，厘清扩大解释和类推解释之间的界限，而判断二者的界限，应根据社会一般人对解释结论是否会产生“明显突兀感”来区分。[27]

有学者对我国刑法理论中的“行为犯”概念提出了质疑，认为“行为犯”概念没有存在的必要，因为所有的犯罪都是结果犯（结果犯又包括实害犯或危险犯）。我们通常所说的行为犯除了少部分实害犯之外，大多数应理解为抽象危险犯。[28]

有学者对我国刑法理论中不纯正不作为犯之作为义务的“形式的义务来源说”提出质疑，认为此理论导致不纯正不作为犯罪的范围过宽、刑事责任泛滥。该学者进一步提出，应当以客观归责的标准衡量并合理限定先行行为。只有在先行行为对损害结果具有可归责性的情况下，才会产生后续的阻止损害结果发生的作为义务。[29]对于犯罪行为是否可以成为先行行为进而引发不纯正不作为犯的刑事责任，该学者认为，过失犯罪行为可能构成先行行为，而故意犯罪是否可能构成先行行为，则须根据故意行为所创设的风险是否为该故意犯罪的基本犯所用尽而定。[30]

三、重要学术交流活动

（1）2013年3月13日晚，中国人民大学法学院名家法学讲坛在京隆重举行。德国当代著名刑法学家、波恩大学法学院教授乌尔斯·金德霍伊泽尔（Prof. Dr. Dres. h. c. Urs Kindhäuser）做了题为“客观归责——可能性与界限”（Objektive Zurechnung-Möglichkeiten und Grenzen）的精彩讲座。来自国内外的多位学者、专家参加了本次讲座。

（2）2013年3月22日上午，中国人民大学法学院名家刑法讲座在明德法学楼725会议室举行。德国当代著名刑法学家、德国维尔茨堡大学法学院院长埃里克·希尔根多夫教授以“罪刑法定：维护自由的工具——论贝卡里亚和法国启蒙运动哲学中的罪刑法定原则”为主题做了专题讲座。

（3）2013年4月22日晚，清华大学法学院张明楷教授在中国人民大学做了题为“量刑的三大观念批判”的精彩讲座。讲座吸引了众多的学者师生参与，现场讨论气氛热烈。

（4）2013年5月18日上午，由北京师范大学刑事法律科学研究院、中国刑法学研究会、国际刑法学协会中国分会共同主办的“现代法治视野下的刑法学发展学术研讨会——高铭暄、王作富教授85华诞暨联袂执教60周年学术庆典”在京举行，与会人员就刑事法治完善和刑法理论发展进行了热烈的研讨。

（5）2013年6月10日，“进一步推动醉驾和超速司法解释进程及相关问题”研讨会在中国人民公安大学顺利举行。本次会议由中国警察法学研究会和清华大学法学院公法研究中心联合主办。围绕着如何进一步推动醉驾和超速司法解释进程的主题，来自全国人大法工委、国务院法制办、公安部、最高人民检察院、最高人民法院、北京市公安局等实务部门，以及中国人民公安大学、清华大学、北京大学、中国社科院法学所、中国青年政治学院等高校科研机构的30余位专家学者开展了为期一天的热烈研讨。

（6）2013年8月1—5日，由中国人民大学刑事法律科学研究中心主办的“暑期德国刑法讲习班”在京举行。主讲人为德国著名刑法学家，图宾根大学法学院刑法、刑事诉讼法与法哲学教授克里斯蒂安·屈尔（Prof. Dr. Dr. Dres. h. c. Kristian Kühl）。来自中国人民大学、中国政法大学、北京师范大学、中央财经大学、中央民族大学等全国多所高校和科研机构的近50名教师和研究生参加了讲习班。

(7) 2013年10月25—26日，由中国人民大学刑事法律科学研究中心与英国伦敦大学玛丽皇后学院共同举办的“政策与法制：如何应对全球化背景下有组织犯罪的挑战学术研讨会”在中国人民大学成功举行。本次研讨会以“全球化背景下有组织犯罪”为议题，有来自英国伦敦大学、俄罗斯高等经济学院、俄罗斯远东国利大学等国外高校，以及中国人民大学、北京大学、清华大学、中国社会科学院等国内高校的50余名著名刑法学专家学者参加。

注：

①邓子滨：《犯罪论的体系更迭与学派之争》，《法学研究》，2013年第1期。

②阮齐林：《中国刑法学犯罪论体系之完善》，《法学研究》，2013年第1期。

③梁根林：《犯罪论体系与刑法学科建构》，《法学研究》，2013年第1期。

④时延安：《大陆与台湾违法性之比较研究——以违法性的本质为中心》，《刑法论丛》，2013年第1卷。

⑤王钢：《自杀行为违法性之否定——与钱叶六博士商榷》，《清华法学》，2013年第3期。

⑥张明楷：《也谈客观归责理论——兼与周光权、刘艳红教授商榷》，《中外法学》，2013年第2期。

⑦周光权：《客观归责方法论的中国实践》，《法学家》，2013年第6期。

⑧刘明祥：《论中国特色的犯罪参与体系》，《中国法学》，2013年第6期。

⑨林维：《真正身份犯之共犯问题展开——实行行为决定论的贯彻》，《法学家》，2013年第6期。

⑩张明楷：《简论部分的中止》，《法学杂志》，2013年第4期。

⑪张明楷：《中止犯中的“造成损害”》，《中国法学》，2013年第5期。

⑫刘仁文：《死刑的宪法维度》，《国家检察官学院学报》，2013年第7期。

⑬刘仁文：《死刑犯行刑前应有权会见亲属》，《法治日报》，2013年9月11日。

⑭于志刚、曹晶：《美国的死刑保留政策与新死刑保留主义——当前死刑存废之争的域外答案》，《政法论坛》，2013年第1期。

⑮赵秉志、张伟珂：《略论死刑的民意引导》，《国家检察官学院学报》，2013年第7期。

⑯李本森：《停止劳动教养制度的路径选择——以公法的强制性整体变迁为视角》，《中国法学》，2013年第6期。

⑰时延安：《劳动教养制度的终止与保安处分的法治化》，《中国法学》，2013年第1期。

⑱卢建平：《法国违警罪制度对我国劳教制度改革的借鉴意义》，《清华法学》，2013年第3期。

⑲张明楷：《故意伤害罪司法现状的刑法学分析》，《清华法学》，2013年第1期。

⑳高铭暄：《论贿赂犯罪的“贿赂”范围》，《法学杂志》，2013年第12期。

㉑黎宏：《论盗窃财产性利益》，《清华法学》，2013年第6期。

㉒车浩：《“扒窃”入刑：贴身禁忌与行为人刑法》，《中国法学》，2013年第1期。

㉓张明楷：《盗窃债权凭证后骗领现金、销毁凭证的行为性质》，《人民检察》，2013年第5期。

㉔韩玉胜、胡同春：《论普通侵占罪与盗窃罪的界限》，《人民检察》，2013年第3期。

㉕田宏杰：《操纵证券市场行为的本质及其构成要素》，《国家行政学院学报》，2013年第3期。

㉖黄京平：《刑事和解的政策性运行到法制化运行》，《中国法学》，2013年第3期。

㉗付立庆：《刑罚积极主义立场下的刑法适用解释》，《中国法学》，2013年第4期。

㉘付立庆：《行为犯概念否定论》，《政法论坛》，2013年第11期。

㉙王莹：《先行行为作为义务之理论谱系归整及其界定》，《中外法学》，2013年第2期。

㉚王莹：《论犯罪行为人的先行行为保证人地位》，《法学家》，2013年第2期。

（作者：韩玉胜，中国人民大学教授；
史丹如，中国人民公安大学副教授；
张学永，中国人民公安大学博士）

民商法学

林嘉　姚辉　陈靖远

2013年，北京地区的民商法学发展呈现出百家争鸣、欣欣向荣之象。民商事法学学者与专家在民商法的多个重点和热点问题上进行了深入性的探讨研究，这其中既包括了中国民商法的理论与实务问题，也包括从比较法视角介绍域外民商事法律制度。此外，以民商法的基本理论、司法适用等为主题的学术交流、研讨活动，也推动着北京地区民商事法学的发展与创新。

一、重要学术活动

2013年9月2日，由中国人民大学食品安全治理协同创新中心与最高人民法院民一庭联合主办的"食品药品安全纠纷案件司法解释研讨会"在中国人民大学举行。参与此次研讨会的各位专家学者以及最高人民法院的法官就食品安全治理途径和具体方法展开了深入讨论。

2013年9月14—15日，由世界侵权法学会主办，中国人民大学民商事法律科学研究中心、欧洲侵权法与保险法研究中心和欧洲侵权法研究所（奥地利）共同承办，黑龙江大学中俄人文合作协同创新中心协办的"世界侵权法学会成立大会暨第一届学术研讨会"在黑龙江省哈尔滨市顺利召开。本次会议是世界侵权法学会这一国际性学术组织的成立大会，会议的议题为"产品责任"，由与会的各国侵权法学者针对事前拟定的3个"供讨论的假想案例"，即刹车片故障案、被感染的血液案、桥梁垮塌案，围绕事前确定的"供讨论的问题"，即引入严格产品责任的原因，严格产品责任的正当性，与产品责任相关联的矛盾、概念性问题以及实践中法律规则存在的不足，就本法域的基本情况发表报告，并就相关问题进行研讨。

2013年10月20日，由中国人民大学民商事法律科学研究中心企业法治研究所与中国航天科工集团公司共同主办的"中国企业法治论坛（2013）"在中国人民大学举行。此次论坛的主题为"创新发展与企业法治"，旨在通过对中国企业法治发展的理论与实践问题进行探讨，共同思考企业法治发展所面临的挑战与未来走向。

2013年11月30日，由最高人民法院民二庭、中华律协破产与重组专业委员会、中国人民大学破产法研究中心和北京市破产法学会等单位共同主办的"中国破产法论坛2013年专题研讨会"在北京举行，本次研讨会主题为"中国破产法的困境与出路——破产案件数量下降的成因及应对"。会议围绕"完善企业破产立法，协调与民事执行、税收等部门法律的关系""地方法院不愿受理破产案件的原因及应对""从债务人、债权人、从业者等不同视角探讨破产案件数量""破产程序反复、社会成本高、操作周期长等问题的解决"等话题展开了深入研讨。

二、重要学术著作

2013年，各位学者在深入研究相关热点、前沿问题的过程中著书立说，出版了一批重要的学术著作，主要有王利明的《物权法研究（第三版）》、《合同法研究（第四卷）》（中国人民大学出版社）；魏振瀛的《民事责任与债分离研究》（北京大学出版社）；高圣平的《物权担保新制度新问题理解与适用》（人民法院出版社）；杨立新的《中国媒体侵权责任案件法律适用指引》（人民法院出版社）；吴汉东的《无形财产权基本问题研究（第三版）》（中国人民大学出版社）；朱广新的《信赖利益原则及其在民法中的构造》（中国人民大学出版社）；张远堂的《日本民法解释学中的利益衡量理论研究》（法律出版社）；杨东的《金融消费者保护统合法论》（法律出版社）；何宝玉的《信托法原理与判例——英国法研究三部曲》（中国法制出版社）；渠涛的《中日民商法研究（第十二卷）》（法律出版社）；李建伟主编的《中国商事法制发展报告（2010—2011年卷）》（人民法院出版社）；龙卫球、王文杰主编的《两岸民商法前沿：民商法传统与现代化（第2辑）》（中国法制出版社）；王保树主编的《中国商法年刊：法治国家建设中的商法思维与商法实践》（法律出版社）；德维尔纳·弗卢梅著，迟颖译的《法律行为论》（法律出版社）；田山辉明著，顾祝轩、丁相顺译的《日本侵权行为法（第四版）》（中国人民大学出版社）；罗伯塔·罗曼诺著，罗培新译的《公司法基础（第二版）》（北京大学出版社）；神田秀树著，朱大明译的《公司法的理念》（法律出版社），等等。

三、研究动态及学术观点[①]

（一）民法学

1. 关于民法典的制定

虽然我国最高立法机关已经宣布"中国特色社会主义法律体系"形成，但民法典的缺位对于很多民法学者来说仍是一种遗憾。因此，2013年度，北京的一些民法学家继续为民法典的制定呼吁，旨在唤起学界乃至社会对于民法典制定的关注，切实推进民法典的立法进程。首先，有学者强调要发挥法学家在民法典编纂中的积极作用。[②]接着，有学者从法律形式理性的角度，指出我国目前的民事立法存在很大的问题，呈现出"立法碎片化趋势"，这样不仅会导致法学的混乱，更会损害法律实践。民事立法应当及时防止这种情形继续发生，并且及时推进民法典立法编纂工作，对现行民事立法予以整合，实现立法真正的体系化和科学化。[③]其次，还有学者对未来中国民法典的编纂体例提出具体建议，认为应贯彻人格权独立成编的基本思路，并应将其置于分则之首位，并详细阐述了独立人格编的基本构建思路。[④]与此同时，有些学者对于民法典编纂所追求的体系化本身提出反思。有学者从民法典的实质理性出发，提出以法律适用为中心的法律实践活动才是值得关注的重点，要将关注的焦点由立法文本的制定转向立法文本的适用以及司法裁判的运行。在创建21世纪的民法典的中国法学界，如何实现体系化思维下的民法典与包括案例指导制度在内的法律适用制度的有效衔接与配合；如何达致代表封闭体系的民法典与实现开放体系的其他法律规范的和谐统一，是时代赋予民法人的历史使命。[⑤]还有学者以现代化转型为视角，认为选择民法典模式与否，归根结底只是一个形式问题。民法典的核心问题是制度内容问题，无论采取怎么样的形式，都必须考虑内容的合理构建，形式最终应服务于内容需要。因此，没有民法典的羁绊，民法之于现代化规划，倒似乎更有用武之地——由此，有了更加开放思考和接纳现代化的立法空间，有了更多的比较和融合不同国家有关民商事立法精华的机会。[⑥]此外，也有学者在乐观对待民法典编纂的同时，反思民法典的价值与格局，提出民法典的意义在于通过有逻辑、合目的的体系安排，建构起一个稳定而开放的机构，成为自治规则的母体和自治价值的归依。在这一思路下，较诸人格权独立成编等问题，民法典总则和债法总则的设置则是更为重要的体系问题。[⑦]

2. 民法总论

2013年，北京民法学者们关于民法总论的研究与探讨主要集中在民法基本原则、民事责任、民事主体和民事法律事实等方面。在民法基本原则方面，有学者对民法基本原则的"成文法局限性克服论"这一学界通说展开反思，认为将民法基本原则问题定位为"立法——司法机关关系"问题，这种出发点有失偏颇，仅将诚信原则、公序良俗原则视为克服成文法局限性的工具，有悖民法学的基本原理。在我国，对民法基本问题的理解和把握特别强调应采取一种全局的视野和体系化的立场，我们应该把传统"民法三大原则"和现代的"诚信原则""公序良俗原则作为一个统一的整体把握"，不应以偏概全，不应以任何方式将其割裂开来研究。[⑧]接着，有学者对于我国现行民事立法上承认的诸基本原则及其关系进行了详细阐述。[⑨]此外，还有学者从法制史以及社会经济生活的动态发展角度论及民法中的独立人格与平等原则，并强调民事立法要本着人文关怀理念，通过民法基本原则和民法具体规则的规范配置全面落实独立人格和平等原则之价值，在疑难民事案件裁判过程中，民法平等原则也可以起到司法准则的裁判功能。[⑩]在民事责任方面，有学者结合比较法视角详细研究民法上的合法替代行为抗辩的归属、认可、具体适用以及相关案件的类型化，并希望合法替代行为抗辩能够得到我国学界与司法实务界的重视。[⑪]在民事主体方面，有学者以德国对胎儿出生前所遭受损害的侵权救济的司法实践和学说争论为借鉴，提出至少在侵权法领域赋予胎儿权利能力，才能够克服以上障碍。胎儿已经具有了获得部分权利能力的前提条件。虽然胎儿不具有作为人格核心标志的自由意志，不能作为人格对待，但是在出生前已经具有了生命、身体等部分人格特性，具有了人的尊严，应当被作为准人格对待。胎儿在其可以参与的法律范畴内具有成为法律关系主体的能力，应当被赋予部分的具体权利能力。[⑫]也有学者认为合伙的本质是合同性质，同时具有组织体的属性，而合伙协议仅是合伙组织体存续的法律基础，所以，有必要在合伙制度中对合伙协议做出规定。合伙人根据合伙协议负有诸多的义务，而违反该义务，就应当承担相应的责任。应当区分合伙本身是否形成独立的民事主体，来确定是否可以请求导致合伙损害的合伙人承担责任。尤其是在当事人未设立合伙企业的情况下，应当在确定合伙协议内容方面赋予较宽的自治空间。[⑬]还有学者认为，虽然我国未成年人监护制度已经初步形成一定的体系，但有些规定仍存在不足。例如：立法未设亲权制度，亲权与监护合一规定，且过分依赖亲属监护；对监护能力、公权力介入规范规定不明确，缺乏行之有效的监护监督机制，等等。因此，需要从明确规定监护的内容、完善规定监护资格、建立对监护人的监督机制等方面对现行监护制度予以完善，以更好地维护未成年人合法权益。[⑭]在民事法律事实方面，首先有学者将民事法律事实的类型区分这一问题的探讨归属于"纯粹民法学问题中的解释选择问题"，并提出我国民法学界关于民事法律事实类型区分的3种学术观点，即详细区分说、简略区分说与折中说。在都符合逻辑自洽且富有学说解释力标准的前提下，简略区分说能够在没有增加解释成本的基础上，最为简洁、清晰地在学术层面描述民法规则的知识体系，并且最为简明、清晰地揭示意定主义、法定主义两种民法调控方式大致的作用范围。因此，简略区分说更能满足民法学界对于民事法律事实进行类型区分的各种主要学术目的，是更为可取的学说。[⑮]关于民事法律事实中的民事法律行为，有学者详细论述了情谊行为与民事法律行为的区分，认为情谊行为与民事法律行为的本质区别在于情谊行为的施惠者不具有受法律拘束的意思或者说不具有缔结法律关系的意图，对此种意思或意图要采取当事人是否明示、具体利益衡量等主客观结合的动态判断标准。[⑯]还有学者对悬赏广告的法律性质进行探讨，认为悬赏广告并不存在一个抽象的不可改变的性质——"合同"或"单方法律行为"。究竟应该如何定性，做出何种选择，应该考虑不同国家的法律传统，体系架构以及典型交易方式，看何种界定方式能够带来更好的社会效果。[⑰]

3. 人格权法

由于我国尚未制定人格权法，关于人格权的相关法律制度不尽完善，因此在2013年，北京学者对人格权法的立法架构、基本理论以及具体制度设计等问题继续深化研究。首先，有学者认为随着社会的发展以及人格理念的转变，人格权真正成为了主观权利，其权能包括自我决定权、商业利用权、防御性请求权。基于人格权性质和内容的重大变化，侵权法已经无法独自完成人格权调整的任务，除了损害赔偿方面，人格权的其他内容应当由民法典中的专门一编予以调整。[18]其次，有学者认为应当将人格尊严直接转化为一般人格权，使其受到民法的保护。并提出在我国，要更好地维护人格尊严，未来的民法典中就应当将人格权法作为独立的一编加以规定。[19]再次，在具体人格权方面，学者的讨论主要集中从立法层面探讨具体人格权的发展，例如，有学者提出隐私与个人信息之间存在诸多差别，应以私权保护为中心，将个人信息权作为一种具体的人格权加以保护，在我国未来的民法典中将个人信息权单独规定，并制定个人信息保护法。[20]还有学者认为从内涵、外延以及侵犯方式和损害后果等方面看，安宁生活利益难以被隐私权所包容，应使其成为独立的法益类型。[21]最后，关于死者的人格保护，有学者认为对于死者人格的间接保护理论存在内在矛盾和体系障碍，应采取比较法上的做法直接保护理论。人的人格包括动态和静态两个方面，某些人格静态方面能够脱离人的生命而继续存在，这使死者具有人格权法律关系享有部分权利能力的正当性，也使其具有获得人格权法直接保护的正当基础，但需要有保护人代死者进行保护。根据其人格存在的财产性部分和非财产性部分由于属性不同，分别适用不同的保护规则。[22]此外，在人格权的商业化利用方面，有学者认为我国的人格权商品化相关制度尚欠系统规范，应当在比较研究域外法律实践及模式的基础上，选择、借鉴其中合理的立法经验，在未来人格权法当中就人格权商品化的保护及法律救济进行专门规定。[23]

4. 物权法

物权法总论。在物权客体方面，有学者对于人体变异物的概念、特征、类型法律属性及其物权规则进行了专门的研究，认为人体变异物是指从人的身体衍变、异化而来的具有物的形态，包括人格利益因素的特殊物。其性质属于伦理物，是动产，其所有权的取得、支配、转移和消灭，遵循物权变动的一般规则，但受到公序良俗以及其他方面的必要限制。[24]有学者认为宜通过统一立法确立坟墓的所有权以及建设用地使用权，但同时将坟墓所有权限定在祭奠、墓地及附属设施的维护、排除非法侵害墓地、墓地搬迁4个方面。[25]关于物权法定，有学者认为对于物权法定的“法”应从宽解释，它不仅包括全国人大及其常务委员会颁布的基本法律，也包括行政法规、司法解释，在适当条件下也要给予习惯法适当的规范地位；物权法定除种类法定和内容法定外，物权的变动条件和保护方式也应是法定的；随着经济的发展，对于交易习惯中出现的新的物权类型，可通过物权法定缓和主义的方式加以承认；并且，物权法也必然贯彻意思自治的品质。[26]在物权变动方面，有学者认为物权行为理论并非先验正确也非先验错误，应否以及在何种程度上接纳物权行为理论，取决于技术上的概念体系以及理念上的价值取向。我国物权法采取物债二分的立法格局，物权行为与债权行为的分离是逻辑之必然。另一方面，在公示公信领域，抽象原则有其制度基础。[27]也有学者对因法律文书导致的物权变动进行研究，认为为了避免公权力不当干预私法关系，损害物权的公示公信原则，应对该条中法律文书之范围严加限制，仅限于具有形成效力之法律文书。[28]还有学者对我国国有土地上房屋征收制度存在的未充分尊重和保障个体的私权利、征收相关法律效力层级低及缺乏有效的司法救济手段等主要问题的完善进行研究。[29]

所有权部分。该部分的研究集中在业主的建筑物区分所有权的相关问题。有学者通过厘清区分所有建筑物人防工程的性质以界定其归属，认为人防工程具有公共物品和私人物品的混合属性，受公法和私法的共同调整，人防工程应当归业主共有并不影响战时防空效能的发挥，并且能够有效避免归国家所有的弊病，国家仍然可以行使管理权；并且，从法律解释的角度，人防工程可以被解释为我国物权法第七十三条所规定的建筑区划内的公用设施。[30]同时，该学者认为，我国物权法第七十四条第一款的规范性质属于效力性强制性规范，违反此种具体效力性规范的后果，须结合合同法第五十二条第（五）项的规定，当属无效。[31]此外，还有学者对于共有物的处分问题进行研究。该学者首先认为共有物处分采取“多数决原则”时，少数共有人的利益保护非常重要，需要有相关措施加以保护。接着，该学者又提出共有人无权处分共有物的合同应当是有效的。在无权处分的对外关系中，第三人是善意的，可依善意取得制度取得标的物的所有权。如果第三人不能善意取得标的物的所有权，其应能够代共有人请求分割共有物，待共有物分割后，共有人单独取得共有物一部分所有权。另外，第三人还可以向出卖共有物的共有人主张违约损害赔偿请求权和定金损害赔偿请求权。[32]

他物权部分。对于该部分，学者们大量的讨论集中在担保物权部分。在用益物权方面，有学者认为应当明确不动产收费权的用益物权性质，从而适用物权法的相关规则调整，而非将其视为债权。[33]在担保物权方面，有学者首先对于非典型担保物权的发展展开研究，认为我国目前司法实践中存在的以商品房买卖合同为借贷合同进行担保的新型担保形式，是一种正在形成的习惯法上的非典型担保物权，其与让与担保产生背景和发展过程基本一致，应当从法律上进行确认并对其进行规范，使其能够更好地为经济发展服务。[34]有学者认为我国物权法第一百九十一条规定的“不得转让”应理解为倡导性规范，旨在提醒抵押人注意未经抵押权人同意之抵押物转让可能引起的赔偿责任。[35]还有学者对于抵押权效力的相关问题进行了详细论述，认为依照意思自治原则，在不影响抵押权以及其他担保物权法定目的实现且不损害第三人利益的前提下，当事人就法律未明文禁止的相关事项做出的特别约定，一般均应认定为有效，其中包括当事人有关转移抵押物占有的约定，以及债务到期后抵押权存续期间的约定。在抵押人为第三人时，未经登记的动产抵押权主要具备债权效力，且不得适用善意取得。“抵押权效力及于抵押物新增从物”的各种主张不能成立。在“先押后租”的情形，如无正当理由，抵押权人不得否定租赁权的效力。在共同抵押人均为第三人时，无约定或者约定不明的，债权人有权自由选择先后或者同时行使全部抵押权，承担担保责任的抵押人有权向债务人追偿，但无权向其他抵押人追偿。[36]该学者还对留置权的相关问题进行研究，提出留置权与同时履行抗辩权为不同性质、不同效力的权利，二者之间不发生典型的权利竞合，不能使用请求权竞合的一般处理原则；留置权行使缺乏必要性与合理性，构成留置权的滥用；留置权不适用善意取得，但其留置标的应为债务人交给债权人占有的动产，而不限于债务人享有所有权的财产。[37]有学者尝试在债法框架内解释债权质权规则，得出结论认为，现行物权法规定债权质权，充其量是类型化了一个有名债权。[38]另外，还有学者对典当进行研究，认为典当的性质是借贷与担保的联立，典当行的法律地位是准金融机构。[39]

占有部分。有学者以分析损害赔偿规范的属性为切入点，论证侵害占有的损害赔偿并非独立的请求权基础，而系参引过失侵权规则。并且，从法律效果和规范目的观察，对单纯占有的侵害无法构成侵权行为，也不存在可得赔偿的“占有损害”；有收益权限的占有人虽然可请求损害赔偿；但得主张者实为“权利损害”，损害赔偿的范围也须以权利的内容为断。[40]

5. 债法

债及债法的基本理论。实质意义的债法，在中国已有多年的历史，但形式意义的债法在中国尚需构建。因此有学者认为，中国的债法必须完善，应当制定债法典或民法典中的债编；侵权责任法具有债法所需要的品格，应纳入债法典之中；在未来的民法典采取将合同法、侵权责任法并列设编的体系下，应当设置债法总则。此外，中国现行债法的众多制度及规范也应完善，需要明确构成要件和法律效果，不宜仅有禁止性规定而无相应的法律后果。[41]有学者认为在中国债法的研究和立法过程中，首先应注重债的科学性，即注重逻辑判断，不能以主观的价值判断代替客观的逻辑论证；其次要坚持债的统一性，包括债的客体的统一、请求权统一以及债权救济措施的统一，坚持债的统一的前提是坚持“物债二分”及其必然的逻辑后果，即物权行为与债权行为的独立性与抽象性。[42]还有学者以法制史的视角，论述了债与民事责任的起源及相互关系，分别指出民法上的债在古代西亚地区文明及罗马法上的起源，以及债与责任关系的发展经历了不同的历史时期所表现出5种不同形态：债务与责任联系、债务与责任融合、债务与责任区别、责任与债结合、责任和债分离。[43]

合同法总论。有学者利用实证案例对预约合同进行层次分析，划定与议定书、本约的边界，并将预约依内容区分为简单预约、标准预约和完整预约3种层次类型，并对三者分别赋予强制磋商和强制缔约的效力。[44]关于我国合同法第四十四条第二款中所规定的需经批准或登记生效的合同，有学者认为，首先，该款所谓“批准”，仅指对法律行为本身的审批，还应进一步区分是对基础行为（原因行为）的审批，还是对履行行为（权利变动）的审批；其次，须经行政审批合同的争议应通过民事诉讼解决，不得就批准行为本身提起行政复议或行政诉讼；最后，在负有报批义务和当事人违反报批义务时，可发生违约责任与缔约过失责任的竞合。[45]也有学者就批准生效合同的效力问题进行论述，认为批准生效合同应归于效力待定合同，且该类合同的效力可能出现3种不同的情形：批准前，合同未生效，但其中的报批义务本身并不需要经批准而生效，且未生效不同于无效，合同仍然对当事人具有一定法律约束力；批准后，合同有效；行政主管机关明确不批准的，或者根据案件的具体情况，合同不可能再去报批了，合同确定不生效。[46]还有学者认为不能盲目扩张合同法第四十四条第二款的适用范围。该款规定限于适用中外合资经营企业合同、中外合作经营企业合同、涉外股权转让合同，以及中外合作勘探、开采石油、天然气合同，并不适用于行政划拨的土地使用权变性为出让土地使用权的场合，转让土地使用权合同应为无效，而不是未生效。[47]此外，有学者论述了适用情势变更原则所应满足的要件、效力，以及情势变更原则与不可抗力和商业风险的区别。[48]有学者分析合同解释与法律解释的交织情况，具体体现在合同漏洞的补充需依据我国合同法第六十一条和第六十二条等规定，判断解除权行使所附条件有效与否牵涉到我国合同法第四十五条、第九十六条等规定，届时约定解除的条件离不开我国合同法第九十三条第二款、第九十四条第（一）项等规定，等等。[49]

合同法分则。第一，买卖合同方面。有学者分析了我国合同法及最高院司法解释对所有权保留制度的规定中存在的问题，并结合比较法研究阐述了自己的学术观点。[50]还有学者以《买卖合同司法解释》为主要分析对象，论述了出卖人物之瑕疵责任的构成要件及其进一步的完善空间。[51]多重买卖问题在现实中时常发生，法律处理规则却并不明了。虽然《买卖合同司法解释》第九条、第十条中对动产多重买卖的履行顺序问题进行了专门规定，但这一规则设计是否妥当仍值得探讨。有学者认为，其在特殊动产多重买卖的履行顺序中所创设的“交付的效力由于登记”的规则，与物权法的规定和登记对抗主义有所背离；其在普通动产多重买卖的履行顺序中所采用的债法制度中一以贯之，不足为取。上述问题应当加以检讨并修正。[52]有学者认为系争一房二卖合同应当有效，系争合同登记备案不会使合同项下的债权变成为物权或物权化的债权。在第一、第二购房人所享有权利均为债权的情况下，不宜笼统地称第二购房人的债权不能对抗第一购房人的权利，更不得说涉案工程的优先受偿权对抗不了第一购房人的债权。[53]也有学者对违法建筑的权利归属及买卖合同的效力进行研究，认为违法建筑因建造的事实行为完成，而取得不动产所有权。该不动产所有权因不能进行登记，所以违法建筑的处分权受限。以违法建筑作为标的签订的买卖合同，由属于债权行为的买卖合同和引发物权变动的物权合同组成。属于债权行为的买卖合同效力为有效，引发物权变动行为的物权合同效力为待定。[54]此外，有学者对于优先购买权的行使要件进行了详细的阐述，除了需符合形成行为的一般要件，此外还应具备符合自身规律的要件。在主体方面，需满足是先买权人、有完全行为能力等基本资格，还需具备相应的特殊资格；在基础方面，需转让人与第三人通过合意自由形成了有偿转让财产权的有效行为；在义务方面，先买权人与第三人需负担相同的对待给付；在抗辩方面，需没有约定排除权利或权利放弃的权利存续障碍，也需没有标的不存在或在合理期限内未行使权利的权利行使障碍。[55]第二，借款合同方面。由于近年来民间借贷纠纷案件数量持续增加，而我国民间借贷的相关立法与司法解释存在着可操作性差、与现实脱节等问题，因此，学者们在2013年对于日益凸显的民间借贷问题也展开了热烈的讨论和较为深入的研究。有学者认为金融机构之外的企业间借贷与一般意义上的民间借贷在行为性质方面并不具有明显的差异性，应当有条件地承认企业之间的借贷关系有效。对于超过法定4倍的利率应当根据超过法定标准利息的程度可以有不同的法律责任。在刑民交叉案件的处理中，不宜简单地以借贷行为涉嫌犯罪而一概认定借贷或担保合同无效。[56]有学者认为我国审判实践对于民间借贷“4倍”利率的上限规定存在许多认识上的误区。以利息计复利本是当事人基于自主意思的约定，对其加以禁止没有法律依据，只需将复利的名义利率转化为实际利率，依利率上限规定对其加以规制即可。当事人未约定逾期利息或违约金时，一般不涉及利率上限规制的问题；当事人仅约定逾期利息或违约金或同时约定逾期利息和违约金的，逾期利息和违约金均不受借贷利率上限的规制，但可以适用合同法第一百一十四条对其加以调节。超过利率上限部分的利息约定无效，但出借人对借款人的履行仍可受领。[57]还有学者对民间借贷的正当当事人的判断规则进行了详细分析。[58]第三，融资租赁合同方面。有学者从融资租赁的性质入手，提出与目前中国所采取的形式主义立法迥异的实质主义立法，为实践中相关问题的解决提供新的路径，也为法律制度的完善提供理论支撑。[59]还有学者对融资租赁交易的法律构造展开讨论，认为可以设计成“所有权 + 用益物权”模式，也可以设计成“所有权 + 租赁权”模式。[60]第四，承揽合同方面。有学者首先认为我国合同法第二百六十二条有关承揽人瑕疵责任的诸责任形式中，修理或重作应具有优先顺位且在一定条件下可被排除；修理或重作的选择权应由承揽人享有，在一定条件下，定作人可自行修理或重作并享有费用偿还请求权。此外，我国合同法宜详细规定减少价款请求权的适用条件与行使方式。现行法中所规定的赔偿损失不以承揽人有过错为必要，仍有再斟酌的余地。除该条规定的诸责任形式外，还可发生同时履行抗辩、后履行抗辩、解除合同等法律后果。[61]接着，该学者认为合同法第二百六十二条规定的责任应被定性为违约责任中的不完全给付责任而非瑕疵担保责任。定作人要求承揽人承担瑕疵责任，应具备以下要件：工作成果不符合质量要求；工作成果不符合质量要求原则上须于工作完成时或工作成果交付时存在；定作人应及时检验工作成果是否符合质量要求，并及时通知定作人；工作成果不符合质量要求非因定作人的指示或其提供的材料所致；当事人未以特约排除承揽人的责任。[62]第五，在赠予合同方面，有学者认为，我国合同法第一百九十一条从体系解释的角度看，宜定性为不完全给付责任而非瑕疵担保责任。我国法院一般认为该条中“瑕疵”的外延不包括权利瑕疵，有所不妥。该条第一款第一句与该款第二句、第二款之间存在着一般与例外的关系。除非有特别规定，否则赠予人对赠予物的瑕疵就一切过错、对一切伤害均无须负责。[63]

此外，还有学者介绍了由东亚地区学者自发发起的合作研究项目“亚洲合同法原则”的提出动因及经过，分析了该“原则”的性质、目标定位、工作方法、有否亚洲特色、工作中存在的问题以及未来可能的成果。[64]

6. 侵权责任法

侵权责任法总论。首先，有学者认为我国侵权责任法第二条第二款对侵权法的保护客体做出了极为含糊的规定，这使得司法实践缺少在此问题上的合理指引。在现代社会中，更为精确地具体界定侵权法保护客体的工具之一就是规制性规范。这样的规制性规范必须具备一定的构成要件：具体包括规范的形式和实质特征、目的特征和实质违反该规范，这同时也确立了关于该问题的实证论证框架。在解释论上，可依据整体类推方式而将违反适格规制性规范的所致损失解释为侵权法所保护法益的一个类型。[65]其次，有学者对竞合侵权行为进行专门研究，以填补多数人侵权行为形态与侵权责任形态对接的逻辑空白。其提出竞合侵权行为，是指两个以上的民事主体作为侵权人，有的直接实施侵权行为，与损害结果具有直接因果关系，有的实施间接侵权行为，与损害结果的发生具有间接因果关系，行为人承担不真正连带责任的侵权行为形态。[66]再次，有学者对第三人侵权行为作为法定免责事由的情形进行研究：在适用过错责任原则和过错推定原则的侵权行为类型，第三人侵权行为是普遍适用的免责事由；在适用无过错责任原则的侵权行为类型，法律没有明确规定第三人侵权行为为免责事由，但规定受害人故意造成损害可以免责的，则第三人故意造成损害可以免除实际加害人的责任；规定受害人重大过失或者过失造成损害实行过失相抵的，则第三人重大过失或者过失造成损害可以免除实际加害人的责任。[67]最后，有学者专门探讨“赔礼道歉”这一侵权责任承担形式的适用范围、适用条件、具体形式、责任性质以及与之相关的可让与性、继承等问题展开了深入的探讨。[68]

特殊主体的侵权责任。首先，监护人责任方面。有学者提出我国法定监护人对被监护人责任是广义上的替代责任，而不是严格意义上的替代责任，即不存在对被监护人的归责问题。我国侵权责任法第三十二条之规定应作平衡理解，即不是让被监护人承担责任，而是在监护人承担责任的限度内由其财产支付。[69]另外，关于被监护人受侵害时加害人与监护人的责任承担问题，该学者认为应以生活中的监护人的注意义务标准来衡量监护人是否失职而具有过错，同时，应该反思对被监护人的过失相抵的制度和正当化说明理论，改为以原因力为主要考察因素的“公平原则”。[70]其次，用工责任，即雇主责任方面。有学者认为，雇主责任不同于法人机关责任，义务帮工责任已经被雇主责任吸收，而国家赔偿责任属于特殊的雇主责任；我国雇主责任采用替代责任制，雇主责任的主体就是雇主，对雇主身份的认定要考虑各种特殊情况，如劳务派遣等；在雇员自身具有故意或重大过失时，也应对受害人承担责任；雇主对雇员追偿权的行使应当受到限制。[71]最后，网络侵权责任方面。有学者通过梳理国外网络侵权的发展轨迹和利益博弈，揭示出网络服务者的注意义务由严格日益走向宽松的趋势。在此基础上，该学者提炼出网络社会的公共属性和相对性的主体体系结构这两个显著特征，并以此作为网络侵权规则设计上的价值考量因素。[72]

严格责任和过错推定责任。首先，饲养动物损害责任方面。有学者认为，侵权责任法第七十八条规定的饲养动物损害责任一般条款，是确定动物饲养人或者管理人承担侵权责任的一般性规定，分为一般规则和但书规则；而该章其他条文规定的是特殊情况下的饲养动物损害责任，不适用或者不完全适用侵权责任法第七十八条规定。[73]也有学者认为，依我国侵权责任法的规定，在现有的有关“饲养动物损害责任”的归责体系内，可将第七十九条视作一种转化情形。基于是否按照管理规定采取安全措施这一客观评判点，实现对饲养动物责任的灵活归责。[74]还有学者认为饲养关系并不是衡量饲养动物损害责任的最佳途径，饲养人或管理人对饲养动物的控制和管理义务才是损害责任的渊源。无过错责任原则有利于受害人得到救济，但并非是弘扬社会道德和伸张公平正义的唯一途径。最理想的规范是在区分动物类型的基础上，使危险动物的饲养人承担无过错责任，而对非危险动物致害适用过错推定责任。[75]其次，产品责任方面。销售者产品责任的承担，必须建立在生产者与受害人之间的利益分配的基础之上，再分别考虑其与生产者尤其是与受害人的利益保护倾向问题，并估计顾及产品责任分配的基本价值取向和一国经济发展的需要。[76]此外，关于与食品安全事故相关的产品责任，也有一些学者进行了专门的研究。有学者认为，针对食品生产者、销售者的惩罚性赔偿责任，消费者权益保护法、侵权责任法、食品安全法三法所规定的责任性质、责任构成要件、赔偿范围方面各有不同。在构成竞合的情况下，在合同责任内部，食品安全法第九十六条第二款应为特别法；在侵权责任内部，应当允许受害人根据个案选择适用食品安全法第九十六条或侵权责任法第四十九条。[77]还有学者以食品安全事故受害人的人身损害赔偿为研究重点，认为食品安全法中存在着食品安全侵权责任的归责原则、损害赔偿范围以及惩罚赔偿中存在的问题，并提出加强对消费者保护的思路。[78]

7. 婚姻家庭继承法

婚姻法。首先，有学者对大陆与我国台湾地区夫妻财产制的传统继承与现代变革进行分析。虽然两岸在制度选择上存在差异，但是两岸夫妻财产制现代变革之目标呈现相似性，大有殊途同归之变革趋势。在男女实质平等的基础上，尊重个人意思自治，贯彻夫妻共同生活之本质并维护交易之安全成为两岸夫妻财产制变革之共同目标。[79]其次，在《不动产登记条例》制定工作已经提到议事日程的情况下，有学者从婚姻法的视角，探讨不动产善意取得制度的完善。该学者提出，很多家庭都将不动产登记在夫妻一方名下，过于强调不动产登记簿的公信力，会在一定程度上给一些家庭关系带来负面影响，甚至导致家庭中弱势群体的利益难以保障。因此，在不动产登记条例的制定中，应当充分体现婚姻法的精神，注重夫妻财产制与不动产登记制度的衔接，并借此进一步完善不动产善意取得制度，最大限度地保护家庭财产的安全，从源头上遏制夫妻共有房屋被一方擅自处分的问题。[80]最后，有学者对《婚姻法司法解释三》第二条进行评析，认为该条创立的亲子关系推定与亲子关系不存在推定均违反了举证责任的基本原则。但是它们所实施的社会效果不同：前者有利于未成年人取得抚养费、医疗教育费等经济权益，减轻其母亲的经济负担；而后者违反了我国有关法律所确定的保护妇女和未成年人的基本原则。因此，请求确认亲子关系不存在的诉讼，要禁止适用亲子关系不存在的推定；对于请求确认亲子关系存在的诉讼，应当适用亲子关系存在推定，但要运用适当的法律技术以消除其与举证责任规则的冲突。[81]

继承法。首先，有学者从宏观视角出发，认为我国继承法颁行至今，部分内容显示出一定的滞后性，有必要进行全面修改。修改的重点在于：扩大遗产范围、修改继承权的丧失条件、规定继承回复请求权制度、扩大法定继承人的范围、完善遗嘱继承和遗赠制度。此外，在遗产的分配方面，也需要做出必要修改。[82]其次，有学者认为我国继承法规定配偶的法定继承采用固定的第一顺序，与子女、父母同列，此裁定存在较多弊端。随着经济的发展、扶养关系及家庭结构的变化，对配偶法定继承应当实行零顺序即无固定顺序的改革。[83]最后，有学者认为我国继承法及其司法解释规定的恢复继承权的宽宥制度适用范围较为狭窄，且适用条件苛刻，只有贯彻意思自治的基本原则来构建恢复所有已丧失继承权的宽宥制度，始能有效保护被继承人与继承人权利的实现。[84]

（二）商法学

1. 商法总论

有学者通过调研资本经营以化解商法范式理论危机，认为市场本位、商法本位和群体本位正是商法范式变革的推动力量。[85]也有学者对法国商法意义上的营业资产进行研究，提出其为一种无形资产，包括有形要素和无形要素，最重要的是顾客群体与租约权；营业资产的买卖、转让、质押适用特别制度。[86]

2. 公司法

公司法是本年度商法研究的重点。

第一，公司担保方面。有学者认为公司法第十六条在规范性质上属于强制性规定，但即使将其认定为管理性强制性规定，违之亦不当然认定担保有效，而应视具体情形认定担保合同的效力。担保权人应善尽合理注意义务查阅公司章程，并在形式上审查公司担保决策机构相关决议的合法性，否则越权担保对公司不生效力。在公司章程未就公司担保事项做出决定时，公司仍然具有担保能力，但此时应由股东（大）会就公司担保问题做出决议。[87]还有学者对公司法第十六条第一款规定的公司非关联商事担保行为的效力进行了规范分析和价值分析。规范分析的结论是，要承认公司决议的法定化和公司内部决议效力在特定条件下的外部化，确保公司对外的商事担保合同能真实反映股东意思；价值分析的结论是，该条款的立法价值在于保护公司财产安全和股东利益。在此前提下再来合理界定债权人对于担保合同的效力负担的最低限度注意义务。[88]

第二，股权转让方面。学者们也对相关的法律问题进行了研究与探讨。有学者认为股权转让必然影响到公司和其他股东的利益，公司依照公司章程、信托关系及团体法理论，也有权介入股权转让，从而成为特殊权利义务的承受者，并影响到股权转让协议的最终效力。[89]也有学者对于股东优先购买权的性质和效力进行研究，认为"形成权"的定性与有限公司的人合性高度吻合，更值得采纳；"一股多卖"行为效力的"有效说"既实现了股东优先购买权，又最大限度保护了第三人的利益，更为可取；面对因优先购买权产生的利益冲突，法律保护应向股东优先购买权倾斜。[90]还有学者认为，针对股权转让的纠纷，法院应当综合考虑各方风险和注意义务的分配选择合适的请求权基础，以纠正物权变动下的善意取得制度与股权变动之间的制度不和谐和适用结果的不公平。[91]

第三，公司治理方面。学者们首先对于公司治理的基本理论进行了大量研究。有学者借助中国公司治理法律发展所遵循的法律移植的路径依赖，探析中国公司治理法律规则发展模式。[92]有学者认为，社会变化、公共干预导致公司治理呈现出越来越强的公共性，必须从"私人秩序"和"公共秩序"双重维度去理解其构成，才能全面把握公司治理的演变途径。[93]有学者对公司内部制度效力进行研究，认为符合法定条件的公司内部制度可以具有司法效力而为法院所采行，同时它本身又如同国家法一样应当具备规范的效力层次体系。[94]其次，关于具体的公司治理结构与制度，有学者从实证法的角度对中国法上董事会的角色、职能及思想渊源进行考察。[95]还有学者通过对"美国证监会 14a-11 规则无效案"的分析，认为中国应坚持股东会中心主义的立法选择，不强制实施使用委托书提名董事规则，允许股东以私人秩序加以规定。[96]也有学者认为公司保护义务和董事义务奠定了股东权利实现的基础，却难以满足股权集中型公司中股东权利保护的现实需求，应当通过扩大解释董事义务或创设禁止权利滥用的规则，确立控股股东的特别义务和责任。[97]最后，关于股东诉讼制度，有学者通过对各地法院近年来的股东知情权诉讼裁决样本的实证分析得以观察和总结，认为存在疏漏的商事法律文本要最终获致立法本意的实现，除了需要出台更具权威性、规范性与精当性的司法解释、司法政策文本外，还要寄望于司法审判人员对裁判规范文本的判读与应用能力的提高。[98]有学者认为中国公司法上决议的司法介入应当表现出足够的司法克制主义，充分体现司法介入公司决议瑕疵的原则，以实现司法干预与公司自治两者的平衡。[99]此外，有学者认为我国股利分配失衡问题归根究底在于公司内部缺乏适当的权利制衡机制，存在内部人特别是控制股东侵害小股东合法利益的问题，是公司治理机制不完善不健全的结果。应当尊重公司自治原则，通过契约设计和制度创新来增强公司股东对现金分红决策的参与度，对大股东权利的行使形成有效的制衡；同时，强化特定情形下控制股东的诚信义务，发展股东强制股利分配之诉，对上市公司控制股东滥用控制权侵害小股东利益的行为进行责任追究是我国解决股利分配失衡问题的必然出路。[100]

第四，公司法的其他问题。有学者认为《关于适用〈中华人民共和国公司法〉若干问题的规定(三)》针对股东违反出资义务的补充清偿责任的相关规定的立法缺失及立法完善进行了详细阐述。[101]也有学者对类别股进行研究，认为其具有债权与股权的双重属性，其实质是股份的经济利益与投票权分离，作为商业组织法核心的信义义务将进一步向多层次演化，强制性规范与公司章程自治功能之间的互动将在类别股私人创设的过程中得到更大发挥。必须贯彻法定原则，以构筑多群体利益平衡的类别股制度。[102]有学者认为对于公司债券违约的零容忍义务会严重制约债券市场的发展。应还原公司债券的商事信用属性和服务工商业的主导功能，将基于政府信用的城投债归于市政债另行监管，避免“公法行为司法化的外部性”，同时统一公司债券监管法制，强化市场约束机制，以违约正常化推动公司债券市场可持续发展。[103]还有学者针对股东间协议代替公司治理的司法实践，提出中国法院对于股东间协议的审查，应当注重公司法规则本身的理解，尊重公司独立、程式和集体利益，而非简单地运用合同、财产和规制规则来做出裁判。[104]

3. 证券法

有学者认为，在我国资本市场创新发展以及场外市场的建设过程中，投资者与证券公司的基础法律关系正在发生变化，这种变化导致证券公司与投资者之间的法律地位逐渐不平等，以致证券投资者适当性制度的现实需求凸显。从根本上说，投资者适当性是在证券销售和推荐领域平衡投资者和证券公司之间权利义务关系的一项投资者保护制度。作为证券公司的一项合同义务，适用于投资者对证券公司存在专业信赖的领域；也是一项投资者利益保护制度，是对投资者进行分类保护，而非合格投资者制度；还是一项证券监督管理制度，而不是对投资者的管理制度。[105]

4. 破产法

关于破产债权的顺序，有学者认为，在一般破产债权中，税收债权从其不可调节的属性看应予特殊保护，但从企业破产财团有限、破产税收征收成本过高等角度出发，未来将其降为普通破产债权中的一般债权亦不乏依据；侵权债权在企业破产法上并无特殊保护的必要；未来可考虑以社会保障替代劳动债权的破产保护。在后顺位破产债权中，破产法第四十六条应作目的性限缩解释，以保护普通债权在破产顺序期间的利息；应明确将惩罚性赔偿、行政罚款、刑事罚金降为后顺位债权；应在破产法中确立股东债权的债后清偿规则。[106]还有学者认为，破产债权受偿顺序的确定与变更是管理理念、规范和技术三个维度，应当基于整体主义的思想及方法寻求合理的制度设计，在保障担保物权优先受偿的基础上，整合企业、政府和社会的力量建立赔偿基金并予专业管理和监管，从而在大规模侵权导致责任企业破产时尽力增加对受害人的赔偿。[107]

注：

①这里需要说明的是，该部分对于学术观点的分类仅为行文便利而按照学术论文的研究侧重点进行划分。事实上，大部分民商法学问题的探讨都需要民商法各理论与制度之间的贯通与融合，例如由“物债二分”所引出的一系列问题的讨论。

②柳经纬：《民法草案审议十周年祭》，《中国政法大学学报》，2013 年第 1 期。

③孙宪忠：《防止立法碎片化、尽快出台民法典》，《中国政法大学学报》，2013 年第 1 期。

④王利明：《我国未来民法典中人格权编的完善：2002 年〈民法典草案〉第四遍评述》，《中国政法大学学报》，2013 年第 1 期。

⑤姚辉：《民法典的实质理性》，《中国政法大学学报》，2013 年第 1 期。

⑥龙卫球：《中国民法“典”的制定基础——以现代化转型为视角》，《中国政法大学学报》，2013 年第 1 期。

⑦茅少伟：《寻找新民法典：“三思而后行”——民法典的价值、格局与体系再思考》，《中

外法学》，2013 年第 6 期。

⑧侯佳儒：《民法基本原则之“成文法局限性克服论”反思》，《中国政法大学学报》，2013 年第 3 期。

⑨王轶：《论民法诸项基本原则及其关系》，《杭州师范大学学报》（社会科学版），2013 年第 3 期。

⑩王雷：《民法中的独立人格和平等原则》，《杭州师范大学学报》（社会科学版），2013 年第 3 期。

⑪周友军：《论民法上的合法替代行为抗辩》，《法律科学》（西北政法大学学报），2013 年第 1 期。

⑫刘召成：《出生前侵害侵权救济的根本障碍及体系克服——以德国法司法实践与学说论证为借鉴》，《政治与法律》，2013 年第 6 期。

⑬王利明：《论合伙协议与合伙组织体的相关关系》，《当代法学》，2013 年第 4 期。

⑭林艳琴：《我国未成年人监护法律制度现状检讨与完善构想》，《东南学术》，2013 年第 2 期。

⑮王轶：《论民事法律事实的类型区分》，《中国法学》，2013 年第 1 期。

⑯王雷：《论情谊行为与民事法律行为的区分》，《清华法学》，2013 年第 6 期。

⑰赵秀梅：《悬赏广告法律性质问题研究》，《山东社会科学》，2013 年第 11 期。

⑱刘召成：《人格权主观权利地位的确立与立法选择》，《法学》，2013 年第 6 期。

⑲王利明：《人格权法中的人格尊严价值及其实现》，《清华法学》，2013 年第 5 期。

⑳王利明：《论个人信息权的法律保护》，《现代法学》，2013 年第 4 期。

㉑刘保玉、周玉辉：《论安宁生活权》，《当代法学》，2013 年第 2 期。

㉒刘召成：《死者人格保护的比较与选择：直接保护理论的确立》，《河北法学》，2013 年第 10 期。

㉓王利明：《论人格权商品化》，《法律科学》（西北政法大学学报），2013 年第 4 期。

㉔杨立新、陶盈：《人体变异物的性质及其物权规则》，《学海》，2013 年第 1 期。

㉕宋刚：《我国墓地不动产权利的确立》，《法学》，2013 年第 11 期。

㉖申卫星：《物权法定与意思自治——解读我国〈物权法〉的两把钥匙》，《法制与社会发展》，2013 年第 5 期。

㉗朱庆育：《物权行为的规范结构与我国之所有权变动》，《法学家》，2013 年第 6 期。

㉘程啸：《因法律文书导致的物权变动》，《法学》，2013 年第 1 期。

㉙牟少华：《论我国国有土地上房屋征收制度的完善》，《政法论坛》，2013 年第 4 期。

㉚刘阅春：《区分所有建筑物的人防工程归属论》，《法学》，2013 年第 2 期。

㉛刘阅春：《“应当满足业主需要”的规范性质探究——物权法第 74 条第 1 款的解释论》，《法律科学》（西北政法大学学报），2013 年第 5 期。

㉜赵秀梅：《共有物处分问题研究》，《法学论坛》，2013 年第 6 期。

㉝宋刚：《论收益权能的用益物权化》，《法商研究》，2013 年第 6 期。

㉞杨立新：《后让与担保：一种正在形成的习惯法担保物权》，《中国法学》，2013 年第 3 期。

㉟刘贵祥、吴光荣：《论未经抵押权人同意之抵押物转让的效力》，《比较法研究》，2013 年第 5 期。

㊱尹田：《抵押权效力若干问题研究》，《河南财经政法大学学报》，2013 年第 1 期。

㊲尹田：《留置权若干问题研究》，《中国政法大学学报》，2013 年第 5 期。

㊳唐勇：《债权质权：物债二分体系下的“骑墙者”》，《中外法学》，2013 年第 6 期。

㊴郭娅丽：《论典当的性质、地位及其规范结构设计》，《法学评论》，2013 年第 5 期。

㊵吴香香：《论侵害占有的损害赔偿》，《中外法学》，2013 年第 3 期。

㊶崔建远：《中国债法的现状与未来》，《法律科学》（西北政法大学学报），2013 年第 1 期。

㊷李永军：《论债的科学性与统一性》，《法律科学》（西北政法大学学报），2013 年第 1 期。

㊸魏振瀛：《债与民事责任的起源及其相互关系》，《法学家》，2013 年第 1 期。

㊹刘承韪：《预约合同层次论》，《法学论坛》，2013 年第 6 期。

㊺吴光荣：《行政审批对合同效力的影响：理论与实践》，《法学家》，2013 年第 1 期。

㊻杨永清：《批准生效合同若干问题探讨》，《中国法学》，2013 年第 6 期。

㊼崔建远：《不得盲目扩张合同法第 44 条第 2 款的适用范围》，《中外法学》，2013 年第 6 期。

㊽崔文星：《论情势变更原则的适用》，《河北法学》，2013 年第 4 期。

㊾崔建远：《合同解释与法律解释的交织》，《吉林大学社会科学学报》，2013 年第 1 期。

㊿李永军：《所有权保留制度的比较法研究——我国立法、司法解释和学理上的所有权保留制度评述》，《法学论坛》，2013 年第 6 期。

51宁丽红：《试论出卖人物之瑕疵责任的构成——以〈买卖合同司法解释〉为主要分析对象》，《社会科学》，2013 年第 9 期。

52刘保玉：《论多重买卖的法律规制——兼评〈买卖合同司法解释〉第 9、10 条》，《法学论坛》，2013 年第 6 期。

(53)崔建远：《一房成为数个权利标的物时的紧张关系及其理顺》，《清华法学》，2013 年第 5 期。

(54)崔俊贵、白晨航：《违法建筑物的权利归属及买卖合同的效力》，《法学杂志》，2013 年第 6 期。

(55)常鹏翱：《论优先购买权的行使要件》，《当代法学》，2013 年第 6 期。

(56)姚辉：《关于民间借贷若干法律问题的思考》，《政治与法律》，2013 年第 12 期。

(57)高圣平、申晨：《民间借贷中利率上限规定的司法适用》，《政治与法律》，2013 年第 12 期。

(58)刘璐、曾媛媛：《民间借贷纠纷正当当事人的判断》，《政治与法律》，2013 年第 12 期。

(59)张钦星：《论融资租赁中的破产》，《政法论坛》，2013 年第 5 期。

(60)高圣平：《论融资租赁交易的法律构造》，《法律科学》（西北政法大学学报），2013 年第 1 期。

(61)宁红丽：《论承揽人瑕疵责任的形式及其顺位》，《法商研究》，2013 年第 6 期。

(62)宁红丽：《论承揽人瑕疵责任的构成》，《法学》，2013 年第 9 期。

(63)宁红丽：《论赠与物瑕疵的私法救济——基于对司法案例的实证分析》，《政法论坛》，2013 年第 5 期。

(64)韩世远：《亚洲合同法原则：合同法的“亚洲声音”》，《清华法学》，2013 年第 3 期。

(65)朱虎：《规制性规范与侵权法保护客体的界定》，《清华法学》，2013 年第 1 期。

(66)杨立新：《论竞合侵权行为》，《清华法学》，2013 年第 1 期。

(67)杨立新、赵晓舒：《我国侵权责任法中的第三人侵权行为》，《中国人民大学学报》，2013 年第 4 期。

(68)葛云松：《赔礼道歉民事责任的适用》，《法学》，2013 年第 5 期。

(69)李永军：《论监护人对被监护人侵权行为的替代责任》，《当代法学》，2013 年第 3 期。

(70)李永军：《被监护人受侵害时法律救济的理论与实证考察》，《华东政法大学学报》，2013 年第 3 期。

(71)周友军：《论中国侵权法上的雇主责任》，《中国地质大学学报》（社会科学版），2013 年第 13 卷第 2 期。

(72)梅夏英、刘明：《网络侵权归责的现实制约及价值考量——以侵权责任法第 36 条为切入点》，《法律科学》（西北政法大学学报），2013 年第 2 期。

(73)杨立新：《饲养动物损害责任一般条款的理解与适用》，《法学》，2013 年第 7 期。

(74)张尧：《论饲养动物损害责任——以侵权责任法第 79 条为分析对象》，《政治与法律》，2013 年第 6 期。

(75)王崇华：《再议饲养动物损害责任的归责原则》，《法学论坛》，2013 年第 4 期。

(76)张江莉：《论销售者的产品责任》，《法商研究》，2013 年第 2 期。

(77)姚辉、刘艳阳：《论食品安全责任中的惩罚性赔偿》，《河南财经政法大学学报》，2013 年第 1 期。

(78)徐海燕、柴伟伟：《论食品安全侵权的人身损害赔偿制度》，《河北法学》，2013 年第 10 期。

(79)夏吟兰：《两岸夫妻财产制度的传统继承与现代变革——从夫权专制到男女平权》，《中国政法大学学报》，2013 年第 6 期。

(80)孙若军：《论我国不动产善意取得制度的完善——以遏制夫妻共有房屋被一方擅自处分的视角》，《浙江工商大学学报》，2013 年第 3 期。

(81)叶自强：《亲子关系推定的许可与禁止——对〈婚姻法司法解释三〉第二条的评析》，《政治与法律》，2013 年第 8 期。

(82)王利明：《继承法修改的若干问题》，《社会科学战线》，2013 年第 7 期。

(83)杨立新、和丽军：《我国配偶法定继承的零顺序改革》，《中州学刊》，2013 年第 1 期。

(84)杨立新、和丽军：《关于恢复继承权宽宥制度的重新思考》，《东南学术》，2013 年第 1 期。

(85)徐学鹿：《商法的范式变革——析资本经营与营利》，《法学杂志》，2013 年第 2 期。

(86)罗结珍：《概说“营业资产”——法国商法的特色理论与实践》，《法学杂志》，2013 年第 2 期。

(87)高圣平：《公司担保相关法律问题研究》，《中国法学》，2013 年第 2 期。

(88)李建伟：《公司非关联商事担保的规范适用分析》，《当代法学》，2013 年第 3 期。

(89)叶林：《公司在股权转让中的法律地位》，《当代法学》，2013 年第 2 期。

(90)赵旭东：《股东优先购买权的性质和效力》，《当代法学》，2013 年第 5 期。

(91)张笑滔：《股权善意取得之修正》，《政法论坛》，2013 年第 31 卷第 6 期。

(92)周天舒：《中国公司治理法律规则发展模式再探讨：一个路径依赖的视角》，《中国法学》，2013 年第 4 期。

(93)蒋大兴：《论公司治理的公共性——从私人契约向公共干预的进化》，《吉林大学社会科学学报》，2013 年第 6 期。

(94)张羽君：《公司内部制度效力研究》，《法学论坛》，2013 年第 1 期。

(95)邓峰：《中国法上董事会的角色、职能及思想渊源：实证法的考察》，《中国法学》，2013 年第 3 期。

⑯李诗鸿《从“美国证监会14a-11规则无效案”看董事提名权改革》,《法学》,2013年第5期。

⑰叶林:《股东权利及其实现机制》,《扬州大学学报》(人文社会科学版),2013年第5期。

⑱李建伟:《股东知情权诉讼研究》,《中国法学》,2013年第2期。

⑲陈群峰:《论公司决议瑕疵的司法介入——以保持司法干预与公司自治的平衡为视角》,《首都师范大学学报》(社会科学版),2013年第5期。

⑳朱芸阳、王保树:《上市公司现金分红制度的自治与强制——以股利代理成本理论为逻辑基础》,《现代法学》,2013年第2期。

⑩赵树文:《股东违反出资义务的补充清偿责任立法思考》,《理论探索》(法治建设),2013年第1期。

⑩朱慈蕴、沈朝晖:《类别股与中国公司法的演进》,《中国社会科学》,2013年第9期。

⑩洪艳蓉:《公司债券违约零容忍的法律救赎》,《法学》,2013年第2期。

⑩陈群峰:《认真对待公司法:基于股东间协议的司法实践考察》,《中外法学》,2013年第4期。

⑩张付标、李玫:《论证券投资者适当性的法律性质》,《法学》,2013年第10期。

⑩许德风:《论破产债权的顺序》,《当代法学》,2013年第2期。

⑩冯辉:《破产债权受偿顺序的整体主义解释》,《法学家》,2013年第2期。

(作者:林嘉,中国人民大学教授;
姚辉,中国人民大学教授;
陈靖远,中国人民大学硕士生)

诉讼法学

陈卫东 汤维建 刘计划 程永锋 徐臬雄

一、刑事诉讼法学

2013年,对于刑事诉讼法学而言,是极其重要的一年。新刑事诉讼法自2013年1月1日起施行,作为开局之年,对刑事诉讼法的正确理解和准确执行就显得尤为重要。回首新刑事诉讼法实施的第一年,可以用“有效”来概括。学术界对新刑事诉讼法的立法原意进行了有效的探索,实务界将新刑事诉讼法顺利予以实施,而学术界和实务界也有效地联合,对新刑事诉讼法在实施中的问题进行了有效的研究。

(一)研究概况

该年度刑事诉讼法学界发表论文千余篇,出版著作数十部。随着新刑事诉讼法的实施,2013年论文和著作基本上是对刑事诉讼法的解读,但也有对刑事诉讼基本理论、基本制度的研究。代表著作有:王敏远的《一个谬误、两句废话、三种学说:对案件事实及证据的哲学、历史学分析》(中国政法大学出版社);卞建林等的《中国司法制度基础理论研究》(中国人民公安大学出版社);毕玉谦的《证据制度的核心基础理论》(北京大学出版社);陈卫东主编的《〈人民检察院刑事诉讼规则〉(试行)析评》(中国民主法制出版社);宋英辉等的《未成年人刑事司法改革研究》(北京大学出版社);刘计划的《控审分离论》(法律出版社),等等。

该年度召开的学术会议主要有:4月4—5日,由中国人民大学诉讼制度与司法改革研究中心和中国政法大学刑事司法学院联合举办的刑事诉讼法实施研讨会在北京召开;6月20—21日,由北京师范大学刑事法律科学研究院和美国纽约大学法学院亚美法研究所联合举办的“中美刑事侦查讯问程序比较研讨会”在北京举行;9月28—30日,由中国人民大学诉讼制度与司法改革研究中心主办、河南省法学会刑事诉讼法学研究会及开封市检察学会承办的“新刑事诉讼法实施评估暨第六届中美刑事司法实证研究方法研讨会”在河南开封举行;10月18—19日,由湖北省检察院承办的以“新刑事诉讼法的贯彻执行”为主题的中国刑事诉讼法学研究会2013年年会在国家检察官学院湖北分院召开;11月2日,由中国人民大学诉讼制度与司法改革研究中心主办、山东省蓬莱市公安局与蓬莱市人民检察院共同承办的“看守所实施新刑事诉讼法学术研讨会暨在押人员投诉处理机制现场会”在山东蓬莱成功举办;11月28日,由中国政法大学诉讼法学研究院举办的“刑事冤案的成因、发现及纠正研讨会”在北京召开;12月26日,由中国人民大学诉讼制度与司法改革研究中心主办的“刑事法律援助质量评估与控制机制圆桌讨论会”在中国人民大学法学院举行,等等。

(二)热点

1. 新刑事诉讼法的实施

刑事诉讼法在2012年完成修订之后,经过近10个月的宣传、学习等准备工作,2013年1月1日新刑事诉讼法终于开始了属于它的征程。在这一年,各界都对新刑事诉讼法的实施特别关注:首先是实务界,经过之前的准备,对新刑事诉讼法的实施信心饱满——通过对相关设施的改造,更加符合法律的要求，通过对法律的学习，执法司法人员更加游刃有余，尤其是有针对性地对新制度的培训，使相关人员的业务素质一定程度上满足了社会大众对该法的期待。其次是学术界，经过之前的讨论论证，对新刑事诉讼法的实施更是期待满满——通过举办学术讲座，使相关人员对新刑事诉讼法的理解更加透彻；通过实地调研，对新刑事诉讼法在实施中所存在的问题更加清晰；通过举办学术会议，使新刑事诉讼法在实施中存在的问题有了应对之策。最后，学术界与实务界有效联合，使新刑事诉讼法在施行中存在的问题能够得以发现并及时解决。总之，经过各界一年的努力，新刑事诉讼法的实施效果基本上还是理想的。

但是其中的问题，我们也不得不重视。根据北京尚权律师事务所公布的新刑事诉讼法实施状况调研报告，依然存在以下问题：（1）对刑事诉讼法新理念贯彻的认同度：理念进步，保障缺失；（2）立法对辩护人工作机制影响：部分解决了“三难”，但新问题随之而来；（3）律师会见：便捷可见，艰难依旧；（4）律师阅卷：限制手法五花八门；（5）侦查阶段律师调查：未达成共识；（6）侦查监督：难问结果；（7）审前程序中辩护意见的表达：渠道畅通程度有待提高；（8）非法证据排除：排除几率微弱；（9）证人出庭作证：不容乐观；（10）审判程序：辩审冲撞问题凸显；（11）排除合理怀疑：一个被法院规避的概念；（12）死刑复核程序：辩方知情度弱；（13）审判监督程序：申诉代理难；（14）技术侦查、秘密侦查：质证难；（15）申请证据调取权：纸上的权利；（16）律师执业保障：高风险导致过度自我保护；（17）程序辩护之忧：石沉大海；（18）对律师参与刑事诉讼的价值判断：效能很低，但作用很大。①

2. 冤假错案的防范

冤假错案，不仅牵动着社会大众的神经，也得到了各级机关的重视，其主要表现在中央政法委以及公检法都相继出台防范冤假错案的指导意见。关于如何防范冤假错案，有论者认为，我们应当：（1）充分认识其严重危害性；（2）充分认识其发生的现实可能性；（3）充分依靠法律程序防范冤假错案；（4）充分发挥辩护律师的重要作用；（5）充分借助科技的力量防范；（6）充分争取社会各界支持防范；（7）充分加强党的领导切实做好防范冤假错案的工作。②也有论者认为，死刑的适用应避免两种情形：一是错误适用，即发生冤错；二是不当适用，即过度适用。二者都构成对生命权的侵犯，其中死刑冤案对法治和人权的损害尤甚。死刑冤案的成因是多方面的，既有司法体制不科学的原因，也有刑事程序不完善的原因。我国2012年进行的刑事诉讼法修改，进一步完善了诉讼程序，有助于死刑冤案的预防。未来应当推进司法体制改革，不断完善刑事程序，这是从制度上防止冤案、控制死刑的关键。③

3. 关于典型案例

2013年对于刑事司法界来说，是极不平凡的一年。作为刑事诉讼法实施的开局年，社会大众关注除了新刑事诉讼法可能起到的作用给中国司法带来的改变之外，还有“每个案件中的公平正义”。而事实上，2013年的大案要案也不断上演。“薄熙来案”公开透明的审判，为司法公开迈出了坚实的一步；“刘志军案”为我国新刑事诉讼法中新制度——庭前会议——的落实指明了方向；“李某某强奸案”则为新刑事诉讼法中新设特别程序——未成年人刑事案件诉讼程序——的严格落实树立了典范；“北京大兴韩磊摔婴案”则让我们感受到了刑事法治掩盖下人心的冷暖；“秦火火、立二拆四”等网络谣言案件，则让我们看到网络世界的假丑恶……这所有典型案例，不仅让我们真切体会到社会的方方面面，而且也成为了检验新刑事诉讼法的“试金石”。

4. 关于司法改革

为了贯彻落实党的十八大关于全面深化改革的战略部署，十八届三中全会研究了全面深化改革的若干重大问题，做出了《中共中央关于全面深化改革若干重大问题的决定》。决定涉及社会、政治、经济的各个方面，其中在第九部分论证了关于“推进法治中国建设”的决定，包括维护宪法法律权威、深化行政执法体制改革、确保依法独立公正行使审判权检察权、健全司法权力运行机制以及完善人权司法保障制度等五方面内容。而在该决定的指引下，有关各方都开始对新一轮的司法改革寄予很高的热情和参与度。

对此，有学者认为，深化司法改革，必须坚持法治理念，遵循司法规律。应当完善确保审判权、检察权独立行使的机制，改善党对司法工作的领导方式，理顺纪委与检察机关的关系，理顺权力机关与司法机关的关系。要改革司法机关人事、财政过度受制于同级党政组织的制度。法检公分工配合制约的原则存在缺陷，应采取措施加以弥补。规范大要案的办理，保证“打黑”活动依法定程序进行。遏制司法行政化倾向，进一步规范审委会、院庭长与合议庭的关系，规范上下级法院关系。司法绩效考评制度应进行科学化、合理化改革。应继续推动司法官职业化，提高司法官待遇。对司法官特别是领导干部的遴选应当更加规范。④

（三）创新

1. 基础理论

（1）关于刑事诉讼法的施行

有学者总结新刑诉法实施半年后的执行状况，认为总体上应予肯定。但仍存在一些矛盾和问题，如加强权利保障，使打击犯罪与保障人权的矛盾更为凸出；在非法证据排除、辩护权保障与辩审关系、强制措施应用、证人出庭及书面证言使用、庭前会议程序、行政执法证据应用等问题上，也存在有待解决的矛盾和问题。诉讼效率有待提高，特别程序的立法精神和规范也需要进一步贯彻。为进一步贯彻刑事诉讼法，改善法律实施状况，需要强化法治思维，采取有效措施；要研究解决法律实施中的难题，改善执法状况；要继续转变执法方式和办案机制。还应当推动司法体制改革，为刑事诉讼法有效实施和良性运作创造基本条件。⑤

（2）关于对立法原意的探究

有学者指出，作为与新刑事诉讼法配套的司法解释之一，高检规则是篇幅最大的司法解释，其形式上的诸多特点值得进一步审视。高检规则贡献了许多谨守立法原意与立法精神的优良条款，当然也存在某些未能圆满体现立法原意与立法精神的解释条款，这是需要深入思考并适时加以完善的。高检规则与其他司法解释之间的衔接与冲突问题以及对应当解释的问题没有解释所带来的不作为问题也值得进一步关注。⑥

（3）关于检察改革

有学者指出，检察改革已经走过恢复重建检察规范和以检察机制改革为主要内容的阶段，而将进入以检察体制改革为主的阶段。新时期检察改革又必将在过去改革成果的基础上向前推进，新一轮检察改革进路的确定，要体现补强与拓展相结合、符合检察规律、提升检察执法公信力等原则的要求，具体围绕检察机关的组织结构、检察办案组织、检察人员分类管理和检察职业保障的改革而展开。要通过改革，增强检察机关内部机构设置的科学化程度，彰显检察权的司法属性，确立检察官的司法官地位，凸显检察一体的特征，增强检察执法的独立性和公正性。⑦

（4）关于疑罪从无

有学者指出，疑罪从无是由无罪推定原则引申出来的一条金科玉律，其源自于自古就有的“有利被告”原则，目前已成为各国刑事司法领域的重要共识。不论是从理论逻辑还是从实践理性上看，疑罪从无都是现代刑事司法体系的重要规则，且作为处理疑案的技术性手段，在尊重和保障人权、防范冤假错案、维护刑事司法公正、促进司法文明进步中发挥了不可替代的作用。但受制于种种因素，疑罪从无在司法实践中的落实情况尚不够理想，亟待我们从思想观念入手，着力强化控、辩、审三方相互制约的作用，切实提升专门机关的办案能力，健全、完善配套程序规则和证据制度体系，努力为落实疑罪从无营造宽松、理性的氛围提供坚实可靠的保障。⑧

2. 诉讼制度与程序

（1）关于辩护

辩护制度随着刑事诉讼法的修订日趋完善，但在实施过程中还存在一些问题。有论者认为，刑事诉讼法将会见权仅定位为“律师会见权”，具有局限性。完整意义上的会见权还应包括“在押犯罪嫌疑人、被告人要求会见辩护律师”。不仅如此，我国法律只承认犯罪嫌疑人、被告人的“被动性辩护权”，即交由辩护律师行使的辩护权，犯罪嫌疑人、被告人作为辩护权的享有者在很多场合都被剥夺了自行行使辩护权的机会，成为在行使辩护权利方面的“无行为能力人”。为确保被告人获得“有效辩护”的机会，并使被告人对律师辩护进行有效的督促，有必要确立“被告人的自主性辩护权”，确保被告人有机会亲自行使会见权、阅卷权、申请调查权，从而与律师辩护权形成合力。⑨

（2）关于证据

我国证据法学界向来注重对“证据属性”问题的研究，曾出现过“两性说”与“三性说”的长期争论。但不管是何种学说的争论，证据转化为定案根据的条件，是证据法要解决的核心问题。有学者认为，与英美法中的“可采性”和“相关性”相比，大陆法的“证明力”和“证据能力”与中国证据制度具有更大的兼容性，并在近期的证据立法中得到确立。证明力是一个证据所具有的证明案件事实的能力，包括真实性和相关性两个基本侧面；证据能力是一个证据转化为定案根据的法律资格，包含取证主体、取证手段、表现形式和经受当庭质证的合法性内容。对证据能力的限制，固然是证据法所要规范的主要对象，但证据法在必要时也要对证明力做出一定的规范。⑩

另外，对于属于司法认识中的司法潜见，有论者认为，如何看待无罪率，折射出打击犯罪与保护人权之间的内在紧张关系。对其中的有罪判决与无罪判决进行量化比较，结果发现，无罪与有罪的司法决定不完全取决于案件基本事实是否符合实体定罪条件，它还与刑事诉讼过程中的某种司法潜见有关。司法潜见源于证据信息不对称、实体性暗示、控辩力量对比悬殊、控方对案件的初选等四类背景信息，使司法人员对案件是否有罪的最终结果早有心理准备和预期。司法潜见位于形式理性与实质理性二元分析框架的盲区，只有在坚持形式理性的过程中，自觉控制司法潜见的影响，才能实现对公民刑事法权利的平等保护。⑪

关于司法鉴定，有论者认为，为进一步促进和保障刑事司法的公正，关于司法鉴定目前需要研究的最紧要的问题有两个：一是那些不符合刑诉法的规定的鉴定意见，决不能作为“定案的根据”的问题；二是进一步完善刑诉法关于司法鉴定的有关规制职权机关和保障当事人权利的规定。[12]

(3) 关于监视居住

经过2012年刑事诉讼法的重新定位后，监视居住在强制措施体系中成为介于取保候审与逮捕之间的一种强制措施。立法机关坚持认为，监视居住是羁押的替代性措施，是对符合逮捕条件、本应当予以羁押的犯罪嫌疑人与被告人采取的羁押替代性措施，是对公民自由权的限制并非剥夺，只不过限制程度比较严厉，特别是指定居所的监视居住，“较大程度限制了人身自由”近似于羁押。有论者认为，不应当以生活条件的好坏来判断羁押，一方面随着羁押场所生活条件的逐步完善，许多看守所为在押人员创造的生活条件要优于外界部分生活设施；另一方面更为重要的是，羁押的本质是将人局限于一定的物理空间，剥夺了当事人自由选择离开的权利，而不在于其所处的有限空间内生活条件的好坏。[13]有论者认为，指定居所监视居住执行地点，既要考虑被监视居住人权利的保护，又要兼顾司法资源的分配，而且不能在这个问题上做“一刀切”的规定，各地应按具体情况分别采取不同的措施。[14]

(4) 关于检警关系

有学者指出，我国现行警察主导侦查模式具有重大缺陷，尤其在控辩式庭审改革的背景下愈益暴露出弊端：不仅难以满足检察机关有效指控、惩罚犯罪的需要，也无法适应侦查监督、保障人权的要求。实践中自发的检察引导侦查的改革是对现行接力型检警关系的破坏，其本质是检警一体化，构成了当下诉讼程序改革与司法体制改革的一项重要创新。检警一体化模式的实质是检察机关参与侦查权的行使，而非检警机关在组织上的一体化，亦非二者角色的混同。我国建构检警一体化模式，不仅存在理论基础，而且具有法律依据。采纳这一模式有助于提升侦查质量、强化检察机关指控犯罪的能力，也便于检察机关践行侦查监督职能。[15]

(5) 关于案卷移送制度

我国公诉案件的起诉制度在1996年刑事诉讼法修改中吸收了“起诉状一本主义”因素，将“案卷移送制度”改造为“复印件移送制度”。这种具有折中主义的“中间道路”因遗留影响法官产生预断的可能，被有些学者视为导致庭审空洞化的祸首。2012年刑事诉讼法修改，又退回到1979年刑事诉讼法“案卷移送制度”的原位。从刑事诉讼程序正义视角来看，“复印件移送制度”并非审判程序改革错接病枝的集大成者，新刑事诉讼法在扩大辩护律师阅卷范围、增加庭前会议制度后，“案卷移送制度”在新的诉讼环境和制度下如何发挥功能，如何保障退回的制度与新设置的制度之间不发生功能上的冲突，仍需在程序正义的框架下进行探索，以免立法对实践的尊重转化为实践对修法的异化，出现屡改屡败的现象。[16]

(6) 关于非法证据排除

有学者指出，我国非法证据排除制度有自己的特色：不仅重视排除已经形成的非法证据，而且还注意遏制非法证据的形成。我国的非法证据排除规则在适用中要注意解决几个现实问题，即我国审判程序的庭前会议中是否应当排除非法证据，法庭审判中对非法证据是否应当先行调查、先行排除。[17]

(7) 关于二审程序

有学者认为，审判方式与审判制度功能之间存在天然联系。对制度功能不同方面的侧重会外在地体现为对审判方式的不同要求，审判方式的实际适用情况又影响甚至决定着制度功能的实然状况。新刑事诉讼法继续保留了全面审查原则，对刑事二审的功能定位基本没有调整，但改变了刑事二审“开庭为原则、不开庭为例外”的规定，明确了二审应当开庭的情况，制度功能预期与审判方式之间存在一定错位。根据我国刑事二审制度功能定位，审判方式的具体适用应注意严格把握不开庭审理的条件、规制二审法院选择审判方式的裁量权、保障开庭审理质量等问题。[18]

(8) 关于特别程序

有学者认为，在理解我国刑诉法新设特别没收程序的性质时，参照英美法系的“民事没收说”与大陆法系的“保安处分说”，我国采取“保安处分说”在法律解释上具有更强的逻辑自洽性：它既契合了我国刑法和刑事诉讼法中的相关规定，又顺应了世界范围内未经定罪的没收程序发展的总体趋势。正当法律程序的基本原则应当在特别没收程序中予以遵循，但与普通刑事诉讼程序相比，存在着对于正当法律程序的有限减损，而保障的力度与减损的限度体现在立法对于程序规则和证据规则的具体设计之中。特别没收程序的完善，应当以该程序的性质为出发点并结合该程序的基本特征而展开。[19]

二、民事诉讼法学

2013年1月1日，修改后的民事诉讼法正式实施。本次民事诉讼法修改是新中国成立后民事诉讼法第三次修改（此前的修改是在1991年、2007年），本次修改幅度较大，被视为“中改”。修改的内容涉及广泛。2013年度的民事诉讼法学术研究，基本上都围绕着新法的解释论而展开，许多问题均逐渐深化，司法实践也更具指导性。

（一）研讨会

本年度召开的主要学术会议有：11月13—15日，由中国民事诉讼法学研究会主办、海南大学法学院承办的民事诉讼法学研究会2013年年会在海南省海口市召开。本次年会的分组讨论共分为“诚实信用原则，公益诉讼制度、小额诉讼制度，第三人撤销诉讼制度、证据制度，执行检察制度”4个小组合计16个单元，学者们对此进行了充分的探讨并提出了见解。

3月16日，2013年中日民事诉讼诚信原则研讨会在上海交通大学凯原法学院举行。7月20日，由中国法官协会、中国审判理论研究会海峡两岸审判理论专业委员会以及台湾地区海峡两岸法学交流协会共同主办的2013年海峡两岸司法实务研讨会在福建省漳州市举行。此次研讨会吸引了来自海峡两岸80多位专家学者以及司法实务界人士，涉及“司法民主与公众参与”“司法效力与程序改革”“司法公正与证据采信”等内容。本次研讨会共征集论文172篇，经组委会组织专家学者评审，从中精选出如《新〈民事诉讼法〉中“担保物权实现程序”的理解与适用》《人民陪审制度“团式”改造初探》《裁判文书上网：公开·知情·监督三重奏》等134篇论文编辑成册，体现出很强的影响力和凝聚力。

（二）研究的主要问题

2013年民事诉讼法学的研究主要围绕着新法的理解与适用而进行，学界的诸多学者对于民诉法的修改内容进行了分析，主要包括如下几个方面。

1. 公益诉讼制度

新法第五十五条的规定被认为是公益诉讼制度在我国立法上的开端，但由于此条属原则性规定，仅明确了公益诉讼的受案范围和原告资格，并没有将民事公益诉讼制度化，因此其实际运行也就缺乏相应的具体制度为其支撑。[20]事实上，有学者从经济学中“成本——收益”的角度出发，分析认为我国的民事公益诉讼具有非公共性，且我国“公共利益”的内涵和外延具有模糊性。[21]针对上述问题，有学者认为，关于民事公益诉讼的客观范围、提起主体范围、请求类型、具体程序等问题需要制度化。[22]针对公益诉讼的提起主体范围，有学者反对行政机关的主体资格[23]；有学者认为，公共利益的维护应形成一个社会驱动、政府保障的动力机制。根据伊斯海·布兰克的辅助原则，公民与社会组织应处于公益诉讼启动者的第一位序；从理论上分析，行政机关应处于第二位序。单行法在规定相应行政机关提起的公益诉讼时，应注重其基本职责、在政府权力构架中的地位与民事诉讼机理之间的协调；依据国家机关之间职权运作的次序性，检察机关应是公益诉讼启动的第三位序主体[24]。

2. 小额诉讼程序

为了节约和充分利用司法资源，提高司法效率，新法确立了小额诉讼程序。有学者认为：我国确立的小额诉讼制度实质上只是确立了小额案件在适用简易程序时的特殊审级制度。这种以一审终审为特色的小额诉讼制度，要走向理论上与简易程序、普通程序相并立的小额诉讼程序，尚需对程序内容进行充实。[25]但也有学者认为，根据我国民事司法发展的阶段性，今后完善小额诉讼的重心不是案件处理过程的专门程序体系化，而是围绕小额案件的确定标准问题以及是否应赋予当事人选择权的问题、小额诉讼的救济权保障问题等展开符合国情的设计。[26]还有学者认为，我国民事诉讼法修正案确立的小额诉讼的“二元标准”，决定了对简单的小额案件适用简易程序并一审终审和对非简单的小额案件适用普通程序并两审终审的“双轨机制”的必然采用。这既对民事诉讼当事人权利平等原则提出了挑战，也过分抑制了设置小额诉讼机制的目标和意义，难以有效解决由于我国第一审程序区分性能薄弱而导致的诉讼拥堵和司法效率低下、品质低劣的状况。[27]此外，有学者从比较法的角度，认为我国的小额诉讼制度构建可以通过借鉴美国[28]和台湾地区[29]相关规定的方式得以完善。

3. 第三人撤销之诉制度

为了防止恶意诉讼等有违诚实信用原则的行为，第三人撤销之诉制度被规定在新法第五十六条第三款。有学者认为，我国的第三人撤销之诉制度借鉴于台湾地区新民事诉讼法的“第三人撤销诉讼”制度和法国的“第三人异议制度”。作为一项特殊救济程序，尤其是在我国民事诉讼法对其做出规定之后，有必要对其性质、特征、主体、客体及相应程序问题进行深入研究。[30]有学者从比较法的角度，在借鉴和参考法国第三人异议制度的基础上，提出了完善我国第三人撤销之诉制度的建议。[31]但也有学者认为，我国民事诉讼法第五十六条第三款的规定与我国台湾地区的“第三人撤销诉讼”和法国“第三人异议”在立法体例、立法理由、原告范围、起诉之前条件、诉讼对象以及诉讼目的等方面均有所差异。因此，该条规定的制度应被界定为“诉讼第三人异议之诉”而非第三人撤销之诉制度。[32]

4. 调解制度

为了加强诉讼与非诉的衔接机制，新法在确立“先行调解”、审前“分流式”调解的同时，规定了人民调解协议等司法确认程序。这三大“诉调对接”机制为我国大调解的时代背景注入了新活力。但随着实践工作的展开，“诉调对接”机制在制度和实践中出现了一定的问题，许多学者也对其进行了深刻的探讨和反思。对于“先行调解”，有学者认为由于其违反了司法权的被动性本质，即除非需要实施某些例外情形（如诉前财产保全和诉前证据保全），在完成立案以前，法官都不能实施职权行为或者审判行为，因而该制度在合理性和正当性上存在不足。此外，该学者还认为我国学界和实务界对于“先行调解”机制的适用时间界定不清，司法实践中经常将其与庭前调解混同滥用，加之新法对其具体运作程序并无后续规定，这些都导致了“先行调解”制度无法发挥立法者预期的功能和效应。[33]而对于调解协议司法确认程序，有学者认为，合意是人民调解协议司法确认的出发点，对人民调解协议的司法确认程序应以落实当事人在人民调解过程中所达成的合意为基点进行制度设计：从申请确认的主体来看，应允许一方当事人提出确认申请；从审查的内容来看，法院主要应进行形式审查，实体上仅限于审查调解协议的可执行性。[34]

5. 证据制度

证据制度作为民事诉讼的核心内容，在新法上做了较大篇幅的变动。有学者在对比过去举证期限在司法解释中的规定，认为新法对于对违反举证期限的后果做了分层设置的规定，对比过去逾期举证一律产生证据失权后果的规定，新规定更加灵活。[35]在鉴定程序上，新法规定了专家辅助人制度。专家辅助人制度作为英美法系专家证人制度的中国化而引入我国诉讼法，可谓是一次重大的尝试，有其积极意义。但关于专门知识的人的称谓、诉讼地位、权利和义务以及质证意见的法律效力等需要厘清；此外，专门知识的人的管理问题也需要通过构建有专门知识的人出庭制度，用统一的具有可操作性的制度作指导，从而减少适用上的分歧。[36]也有学者认为在现阶段，我国证据法方面缺乏有效的交叉询问规则，专家证人已经严重当事人主义化，若再过分强调专家辅助人的当事人立场，将不利于该制度在我国司法实践中的运行。[37]

在证据制度中，证明责任作为“民事诉讼的脊梁”，仍然是今年探讨的热点话题之一。在证明责任模式的研究中，有学者通过比较分析方法，认为在大陆法系，事实认定表现为事实存在、不存在和真伪不明三种可能；在英美法系，则仅包括存在和不存在两种可能，事实“未说服即不存在”。对此，我国学界一般认同前一种模式，但 2001 年《证据规定》的第二条第二款采用的却是英美法系的观点，进而认为我国司法实务认同的是说服责任。[38]在证明责任分配的问题上，有学者在对比当今德日的研究趋势和我国目前现状的基础上，认为随着现代型案件的产生，仅靠证明责任分配这种抽象理论难以规制具体证明活动，因而需要研究和设立与其对应的必要配套制度——证明责任减轻制度。[39]

6. 民事检察监督制度

有学者认为，为了充分发挥检察监督制度的功能，有必要从宏观、中观与微观三个层面对民事检察监督制度进行定位研究：首先，在宏观层面，通过研究审判权与行政权、诉权、法律监督权、调解权、执行权、陪审权之间的关系，揭示民事检察监督制度作为中国特色的司法规律；其次，在中观层面，通过研究检察监督与当事人诉权保障机制及各类诉讼机制之间的关系，探讨民事检察监督制度的诉讼规律；最后，在微观层面，通过分析诉讼过程中的监督机制，探讨民事检察监督制度的监督规律。[40]此外还有学者认为新法规定下的检察监督制度是“多元的、全程的、全面的”，主要表现在：首先是监督范围的拓展，增加了执行监督；其次是监督对象的扩大，将调解书也纳入其中；再次是监督方式的扩充，在立法上承认了检察建议；然后是监督手段的增加，赋予了检察机关调查核实权；最后是监督过程的扩展，使其转变为对诉讼过程与诉讼结果的双重监督。[41]

当然，新法所涉及的问题颇多，这里仅能就其主要的几方面做出简介。除了上述问题以外，还包括：裁判文书公开方式的改革问题[42]、担保物权实现程序的细化和完善问题[43]、民事送达制度的适用现状探讨[44]、民事诉讼诚实信用原则的适用和完善问题[45]等。希望民事诉讼法学界在新的一年里，紧扣时代主题，以指导司法实践为宗旨，大力推动从立法论到解释论的转变，并注重实证研究与理论研究相结合，使民事诉讼法学更趋繁荣。

注：

①参见《北京市尚权律师事务所新刑事诉讼法实施状况调研报告（2013 年度）》，http：//www. sqxbsz. com/list30/20140303/577. html。

②沈德咏：《我们应当如何防范冤假错案》，《人民法院报》，2013 年 5 月 6 日。

③刘计划：《死刑冤案的程序控制》，《中国人民大学学报》，2013 年第 6 期。

④陈光中、龙宗智：《关于深化司法改革若干问题的思考》，《中国法学》，2013 年第 4 期。

⑤龙宗智：《新刑事诉讼法实施：半年初判》，《清华法学》，2013 年第 5 期。

⑥陈卫东：《立法原意应当如何探寻：对〈人民检察院刑事诉讼规则（试行）〉的整体评价》，《当代法学》，2013 年第 3 期。

⑦向泽选：《新时期检察改革的进路》，《中国法学》，2013 年第 5 期。

⑧沈德咏：《论疑罪从无》，《中国法学》，2013 年第 5 期。

⑨陈瑞华：《论被告人的自主性辩护权——以“被告人会见权”为切入的分析》，《法学家》，2013 年第 6 期。

⑩陈瑞华：《关于证据法基本概念的一些思考》，《中国刑事法杂志》，2013 年第 3 期。

⑪白建军：《司法潜见对定罪过程的影响》，《中国社会科学》，2013 年第 1 期。

⑫王敏远：《略论〈刑事诉讼法〉修改之后鉴定制度的完善——根据司法鉴定的价值和特点进行的分析》，《中国司法鉴定》，2013 年第 4 期。

⑬程雷：《刑事诉讼法第 73 条的法解释学分

析》，《政法论坛》，2013 年第 4 期。

⑭汪建成、胡星昊：《论监视居住制度的司法完善》，《中国刑事法杂志》，2013 年第 6 期。

⑮刘计划：《检警一体化模式再解读》，《法学研究》，2013 年第 6 期。

⑯郭华：《我国案卷移送制度功能的重新审视》，《政法论坛》，2013 年第 3 期。

⑰顾永忠：《我国司法体制下非法证据排除规则的本土化研究》，《政治与法律》，2013 年第 2 期。

⑱刘玫、耿振善：《审判方式视角下刑事二审程序的制度功能——兼评新刑事诉讼法第 223 条》，《上海大学学报》，2013 年第 3 期。

⑲熊秋红：《从特别没收程序的性质看制度完善》，《法学》，2013 年第 9 期。

⑳刘璐：《消费公益诉讼的法律构造》，《法学》，2013 年第 7 期。

㉑白彦、杨兵：《我国民事公益诉讼的经济分析》，《北京大学学报》（哲学社会科学版），2013 年第 6 期。

㉒张卫平：《民事公益诉讼原则的制度化及实施研究》，《清华法学》，2013 年第 4 期。

㉓刘学在：《民事公益诉讼原告资格解析》，《国家检察官学院学报》，2013 年第 2 期；龚学德：《行政机关不宜作为环境公益诉讼之原告论》，《求索》，2013 年第 1 期。

㉔韩波：《公益诉讼制度的力量组合》，《当代法学》，2013 年第 1 期。

㉕许尚豪：《小额诉讼：制度与程序：以新修改的我国民事诉讼法为对象》，《政治与法律》，2013 年第 10 期。

㉖李峰：《小额诉讼制度完善的进路分析——对民事诉讼法第 162 条的解读》，《河南师范大学学报》（哲学社会科学版），2013 年第 5 期。

㉗蔡彦敏：《以小见大：我国小额诉讼立法之透析》，《法律科学》（西北政法大学学报），2013 年第 3 期。

㉘李俊、王晓婧：《论美国小额法庭制度及其启示》，《甘肃社会科学》，2013 年第 6 期。

㉙汪静：《台湾地区小额诉讼程序及启示》，《江西社会科学》，2013 年第 9 期。

㉚张卫平：《中国第三人撤销之诉的制度构成与适用》，《中外法学》，2013 年第 1 期。

㉛巢志雄：《法国第三人撤销之诉研究——兼与我国新民事诉讼法第 56 条第 3 款比较》，《现代法学》，2013 年第 3 期。

㉜傅贤国：《“第三人撤销诉讼”抑或“诉讼第三人异议之诉”——基于我国民诉法第 56 条第 3 款的分析》，《法学评论》，2013 年第 5 期。

㉝赵钢：《关于“先行调解”的几个问题》，《法学评论》（武汉），2013 年第 3 期。

㉞刘显鹏：《合意为本：人民调解协议司法确认之应然基调》，《法学评论》，2013 年第 2 期。

㉟宋春雨：《新民事诉讼法中有关证据制度理解和适用的几个问题》，《法律适用》（京），2013 年第 10 期。

㊱赵杰：《论专家辅助人出庭指证制度》，《中国司法鉴定》，2013 年第 4 期。

㊲邓继好，成欣悦：《专家辅助人弱当事人主义化刍议》，《江淮论坛》，2013 年第 6 期。

㊳曹志勋：《“真伪不明”在我国民事证明制度中确实存在吗?》，《法学家》（京），2013 年第 2 期。

㊴胡学军：《从“证明责任分配”到“证明责任减轻”——论证明责任理论的现代发展趋势》，《南昌大学学报》（人文社会科学版），2013 年第 3 期。

㊵汤维建：《民事检察监督制度的定位》，《国家检察官学院学报》（京），2013 年第 2 期。

㊶熊跃敏：《承继与超越：新民事诉讼法检察监督制度解读》，《国家检察官学院学报》（京），2013 年第 2 期。

㊷徐炳：《裁判文书公开方式应改革》，《环球法律评论》，2013 年第 2 期；蒋惠岭：《“裁判文书上网”中寄托的司法期待》，《中国党政干部论坛》，2013 年第 8 期。

㊸张自合：《论担保物权实现的程序》，《法学家》，2013 年第 1 期。

㊹张艳：《民事诉讼送达制度适用问题之探讨与完善》，《法律适用》，2013 年第 8 期。

㊺杨秀清：《民事诉讼中诚实信用原则的空洞化及其克服》，《法学评论》，2013 年第 3 期；赵秀举：《德国民事诉讼中的诚实信用原则》，《华东政法大学学报》，2013 年第 2 期；姜群：《民事诉讼城市信用原则的理解与适用》，《辽宁大学学报》（哲学社会科学版），2013 年第 6 期。

（作者：陈卫东、汤维建，中国人民大学教授；
刘计划，中国人民大学副教授；
程永锋、徐枭雄，中国人民大学研究生）

经济法学

吴宏伟　朱大旗　吴宇飞

一、2013年中国经济法立法之简要梳理

（一）颁布或修订的法律

《中华人民共和国旅游法》已由中华人民共和国第十二届全国人民代表大会常务委员会第二次会议于2013年4月25日通过，现予公布，自2013年10月1日起施行。《中华人民共和国特种设备安全法》已由中华人民共和国第十二届全国人民代表大会常务委员会第三次会议于2013年6月29日通过，现予公布，自2014年1月1日起施行。《全国人民代表大会常务委员会关于修改〈中华人民共和国消费者权益保护法〉的决定》已由中华人民共和国第十二届全国人民代表大会常务委员会第五次会议于2013年10月25日通过，现予公布，自2014年3月15日起施行。《全国人民代表大会常务委员会关于修改〈中华人民共和国文物保护法〉等12部法律的决定》已由中华人民共和国第十二届全国人民代表大会常务委员会第三次会议于2013年6月29日通过，其中，对《中华人民共和国税收征收管理法》第十五条第一款、《中华人民共和国证券法》第一百二十九条第一款做出了修改。

（二）全国人大议事

2013年3月17日，第十二届全国人民代表大会第一次会议批准《关于2012年中央和地方预算执行情况与2013年中央和地方预算草案的报告》，批准2013年中央预算。2013年3月17日，第十二届全国人民代表大会第一次会议批准《关于2012年国民经济和社会发展计划执行情况与2013年国民经济和社会发展计划草案的报告》，批准2013年国民经济和社会发展计划。2013年8月30日，第十二届全国人民代表大会常务委员会第四次会议通过《全国人大常委会关于授权国务院在中国（上海）自由贸易试验区暂时调整有关法律规定的行政审批的决定》。2013年10月25日，第十二届全国人民代表大会常务委员会第五次会议通过《全国人民代表大会常务委员会关于修改〈中华人民共和国消费者权益保护法〉的决定》。

（三）颁布的行政法规

《中华人民共和国外资保险公司管理条例》已由国务院令第636号于2013年5月30日进行修订，自2013年8月1日起施行。《国务院关于废止和修改部分行政法规的决定》已由国务院令第638号颁布，经2013年5月31日国务院第10次常务会议通过，其中，废止了《煤炭生产许可证管理办法》，修改了《中华人民共和国税收征收管理法实施细则》第二十三条、《外国企业常驻代表机构登记管理条例》第五条第一款、《乡镇煤矿管理条例》第四条与第十四条、《煤矿安全监察条例》第三十七条与第四十三条，删去了《期货交易管理条例》第四十三条第一款，自2013年7月18日起施行。《铁路安全管理条例》已由国务院令第639号颁布，经2013年7月24日国务院第18次常务会议通过，自2014年1月1日起施行。《国务院关于修改部分行政法规的决定》已由国务院令第645号颁布，经2013年12月4日国务院第32次常务会议通过，其中修改了《中华人民共和国城镇土地使用税暂行条例》第七条、《食盐专营办法》第五条第二款、《中华人民共和国进出口关税条例》第三十九条，自2013年12月19日施行。

（四）国务院规范性文件

2013年1月1日，国务院关于印发能源发展“十二五”规划的通知（国发〔2013〕2号）。2013年2月3日，国务院批转发展改革委等部门关于深化收入分配制度改革若干意见的通知（国发〔2013〕6号）。2013年2月26日，国务院办公厅关于继续做好房地产市场调控工作的通知（国办发〔2013〕17号）。2013年3月14日，国务院关于组建中国铁路总公司有关问题的批复（国函〔2013〕47号）。2013年4月7日，国务院办公厅关于印发2013年食品安全重点工作安排的通知（国办发〔2013〕25号）。2013年4月10日，国务院关于地方改革完善食品药品监督管理体制的指导意见（国发〔2013〕18号）。2013年5月15日，国务院关于取消和下放一批行政审批项目等事项的决定（国发〔2013〕19号）。2013年5月17日，国务院办公厅关于印发2013年全国打击侵犯知识产权和制售假冒伪劣商品工作要点的通知（国办发〔2013〕36号）。2013年6月16日，国务院办公厅转发食品药品监管总局等部门关于进一步加强婴幼儿配方乳粉质量安全工作意见的通知（国办发〔2013〕57号）。2013年7月1日，国务院办公厅关于金融支持经济结构调整和转型升级的指导意见（国办发〔2013〕67号）。2013年7月4日，国务院关于促进光伏产业健康发展的若干意见（国发〔2013〕24号）。2013年7月13日，国务院关于取消和下放50项行政审批项目等事项的决定（国发〔2013〕27号）。2013年8月8日，国务院办公厅关于金融支持小微企业发展的实施意见（国办发〔2013〕87号）。2013年8月9日，2013年8月30日，国务院关于同意建立全国社会救助部际联席会议制度的批复（国函〔2013〕97号）。

2013年8月15日，国务院关于同意建立金融监管协调部际联席会议制度的批复（国函〔2013〕91号）。2013年9月1日，国务院关于同意建立经济体制改革工作部际联席会议制度的批复（国函〔2013〕96号）。国务院关于改革铁路投融资体制加快推进铁路建设的意见（国发〔2013〕33号）。2013年9月18日，国务院关于印发中国（上海）自由贸易试验区总体方案的通知（国发〔2013〕38号）。2013年9月19日，国务院关于严格控制新设行政许可的通知（国发〔2013〕39号）。2013年11月8日，国务院关于取消和下放一批行政审批项目的决定（国发〔2013〕44号）。2013年11月12日，国务院关于印发全国资源型城市可持续发展规划（2013—2020年）的通知（国发〔2013〕45号）。2013年11月30日，国务院关于开展优先股试点的指导意见（国发〔2013〕46号）。2013年12月2日，国务院关于发布政府核准的投资项目目录（2013年本）的通知（国发〔2013〕47号）。2013年12月2日，国务院办公厅关于加强农产品质量安全监管工作的通知（国办发〔2013〕106号）。2013年12月10日，国务院关于管理公开募集基金的基金管理公司有关问题的批复（国函〔2013〕132号）。2013年12月13日，国务院关于全国中小企业股份转让系统有关问题的决定（国发〔2013〕49号）。2013年12月21日，国务院关于在中国（上海）自由贸易试验区内暂时调整有关行政法规和国务院文件规定的行政审批或者准入特别管理措施的决定（国发〔2013〕51号）。2013年12月25日，国务院办公厅关于进一步加强资本市场中小投资者合法权益保护工作的意见（国办发〔2013〕110号）。2013年12月30日，国务院办公厅转发财政部关于调整和完善县级基本财力保障机制意见的通知（国办发〔2013〕112号）。

二、学术研讨活动

2013年经济法学学术氛围热烈，研讨主题紧密结合经济动态，研究深入，成果颇丰。2013年3月5日，由中国人民大学法学院（经济法学研究中心、竞争法研究所、亚太法学研究院）和中国人民大学产业经济与竞争政策研究中心共同举办的“纵向垄断协议规制理论与案例研讨会”在中国人民大学明德法学楼隆重举行。来自中国人民大学、北京大学、中国社科院、对外贸易大学等10余所院校和研究机构的学者，两位欧盟委员会的专家与来自国家发改委、国家工商总局、商务部的官员和专门从事反垄断法和互联网行业竞争法律实务的律师，组成了本次高峰论坛的专家团，中欧双方就纵向限制行为规制进行了热烈讨论。

2013年3月27日，“亚太法律前沿第25期——企业并购中的合同法律问题：日本与中国的比较”在中国人民大学举行。此次讲座的主讲人为日本关西学院大学法学院副院长原田刚教授，原田教授为京都大学法学博士、高等教育推进中心副所长、学生主任。中国人民大学法学院史际春教授、本乡三好教授、姚海放副教授等担任评议。讲座由杨东副教授主持并翻译。

2013年4月14日，中国财税法学研究会2013年年会暨第十八届海峡两岸财税法学术研讨会在中央财经大学隆重召开，来自海峡两岸的财税法专家约200人齐聚一堂，共同探讨“依宪治国与财税法治”和“收入分配改革与财税法治”的理论与实践问题。中国人民大学朱大旗教授、徐阳光副教授和胡天龙助理教授应邀与会，并分别在不同环节发表了学术观点。

2013年6月1日，“第三届企业破产法实务论坛”在上海交通大学成功举办。本届论坛由上海交通大学凯原法学院、上海市法学会商法学研究会和上海市高级人民法院民二庭共同主办，上海市方达律师事务所承办，同济大学经济与法律研究中心协办。与会嘉宾百余人，既有来自中国人民大学、北京大学、华东政法大学、复旦大学、同济大学等高校的专家学者，亦有来自最高人民法院、江苏省高级人民法院、浙江省高级人民法院以及上海地区三级法院系统的法官以及律师事务所、清算事务所、会计师事务所的实务人士。

2013年6月8日，由中国人民大学经济法学研究中心、江苏汇丰恒通律师事务所主办，江苏365易贷金融信息服务有限公司协办的“P2P金融借贷行业法律环境及相关制度研讨会”在南京成功举行。

2013年6月15日，第八届中国经济法治论坛在太原成功举办。本次论坛由中国人民大学经济法学研究中心、山西财经大学法学院、山西省经济法研究会主办，山西大学商务学院法学系协办，论坛的主题为“加快完善社会主义市场经济体制与经济法治建设”。来自全国各高校和科研机构的百余位学者共聚一堂，围绕如何处理好政府和市场关系、发挥市场在资源配置中基础性作用、宏观调控机制化等问题进行广泛而深入的交流与研讨。

2013年9月23日“海峡两岸第十九届财税法学术研讨会”在我国台湾大学举行，中国财税法学研究会副会长朱大旗率大陆财税法代表团一行7人赴台参加。本次研讨会由台湾大学财税法研究中心、财团法人资诚教育基金会、中华产业国际租税学会、会计研究月刊共同主办。研讨会就“核实课征、实价课税与推计课税”展开研讨。

2013年10月16—18日，全球最重要的财税领域的组织之一国际财税协会（IFA）在北京举办IFA中国年会及2013年中国国际税务高峰论坛。论坛邀请了来自国家税务总局、财政部、各主要高校、英美知名律师事务所、四大会计师事务所，以及跨国公司的法务主管和税务主管等各界专业人士，共同探讨了目前国际税法领域最为关注的多项议题，主要包括经合组织（OECD）“税基侵蚀和利润转移”（BEPS）报告、间接股权转让、受益所有人、转让定价等国际税收中的热点问题。

2013年11月30日，中国破产法论坛2013年专题研讨会在京成功举行。本次研讨会主题为“中国破产法的困境与出路——破产案件数量下降的成因及应对”，由最高人民法院民二庭、中华律协破产与重组专业委员会、中国人民大学破产法研究中心和北京市破产法学会等单位共同主办。来自最高人民法院以及全国各地各级法院的法官，来自中国人民大学、北京大学、中国政法大学、上海交通大学等高校的学者以及律师事务所、会计师事务所的实务人士等出席了本次研讨会。

2013年12月1日，北京市经济法学会第三次会员代表大会在中国人民大学召开，北京市法学会专职副会长杜石平、中国人民大学法学院院长韩大元、北京市经济法学会名誉会长刘文华、中国财税法学研究会会长刘剑文，以及来自北京各高校、法院、检察院、政府部门等单位的嘉宾和会员代表120余人出席了本次会议。会议由北京市经济法学会副会长兼秘书长刘兰芳主持。本次会员代表大会按照章程规定，认真审议通过了《北京市经济法学会章程（修正草案）》《北京市经济法学会第三节理事会选举办法（草案）》，选举产生了北京市经济法学会第三届理事会理事、常务理事名单，选举产生了第三届理事会会长、副会长、秘书长、监事长等名单。徐孟洲教授当选为第三届理事会会长。

2012年12月16日，由北京大学经济法研究所主办、北京大学法学院承办的“全国经济法学科建设高层论坛”在北京大学法学院凯原楼学术报告厅召开。本次论坛就经济法和经济法学的地位和作用、经济法学科建设经验、法学本科经济法核心课程建设等问题展开了深入的讨论。

三、经济法学术研究的基本情况

（一）关于经济法基础理论的研究

社会实质正义是包容性发展产生的现实推动力。包容性发展与排除性发展或歧视性发展相对，它的本质就是指全体社会成员都能平等地参与社会发展的过程，公平地共享社会发展的权利、机会和成果的一种发展。包容性发展包括社会包容、经济包容、政治包容、文化包容等多个方面。包容性发展与经济法的本质、理念和价值有着密切的联系，是天然耦合的，包容性发展是经济法本质的核心要求，与经济法理念内在统一，是经济法价值的重要体现。实现包容性发展，离不开经济法治保障，因为建立健康有序的市场秩序是包容性发展的基础，而法治的宏观调控是包容性发展的保障。[①]

经济法的发展事关法律体系的结构调整和制度变迁，需要与宪法等各个部门法的发展相协调。“经济宪法”为经济法的发展提供了重要的宪法基础，发展经济法既是宪法规范的要求，又是实施宪法的需要，同时，经济法的发展也有助于宪法的完善和发展。基于经济法与宪法所共有的经济性和规范性，应通过司法判断和非司法判断，不断提升两者的一致性和协调性，全面促进其协调发展。[②]

宪法与经济法的关系，是重要的理论和实践问题。由于宪法与经济法所共有的“经济性”是其存在密切关联的基础和纽带，因而从经济性的视角，有助于分析宪法与经济法的交互影响和内在的“一致性”，揭示和解决实践中存在的违背“一致性”要求的问题，从而有助于构建宪法与经济法的良性互动关系，更好地推动经济、社会和法治的发展。[③]

（二）关于经济法主体制度研究

1. 关于公司法的研究

企业营利性的标志是投资者暨股东依法获取资本的收益。见微知著，这一法律概念与资本有着内在关系，也可为国有资本的正当性提供一个旁注。国有资本的价值就在于将资本的利润用于社会目的，为社会福利和公共善治提供物质基础；它只与私人大资本争利，而不与“民”争利。厘清营利性概念的另一重大实践价值，则是以举办者或出资者、股东能否取利为标准，原则上可由某社会企业的举办者选择非营利或营利性经营方式，以及选择是否采取公司组织形式，并允许非营利组织以赢利方式从事章程设定的活动，以使其可持续发展，改善经营和治理，推动慈善、教科文卫体、传播、环保等社会事业的发展。[④]

公司法以及公司治理实践的发展，已在很大程度上突破了产权逻辑。公司治理不仅是股东供给的私人秩序，还是一种日益受到外在公共干预的社会治理形态。基于法律、公众、政治权力以及法院的干预，公司治理日益表现出作为公共秩序的一面——诸如，股东地位特殊性的淡化、契约性的弱化以及治理重心的趋外部化等，均是此种公共干预的集中展现。对公司治理的公共干预将使“透明度提升”成为公司治理改进的核心——为此，闭锁公司和公共公司的信息披露义务会进一步扩张，柔性“对话式”的信息披露会得到更多重视，信息披露应从关注财务转向报告风险，公司监控机制的委派也应“公共化”。总之，尽管“股东霸权”仍将是公司内部最基本的权利分配逻辑，但局限于从公司内部力量和权力组合的角度探讨公司治理，是一种狭隘的观念。社会变化、公共干预导致公司治理呈现出越来越强的公共性，必须从“私人秩序”和“公共秩序”双重维度去理解其构成，才能全面把握公司治理的演变途径——从私人契约向公共干预的进化。[⑤]

落实十八届三中全会精神，推动国有企业完善现代企业制度，必须始终坚持公司制改革的大方向。以管资本为主加强国有资产监管的核心是依法行使与保护国家股东权。准确界定国家股东权的权利主体与代理主体是完善国企现代企业制度的关键。必须大力推行积极分红政策，强化国家股东的分红权。必须推进公司治理体系和治理能力现代化，提升国企核心竞争力。[⑥]

2. 关于上市公司法律的研究

证券市场是经济社会发展变化最快的领域之一，容错、试错、纠错是证券法发展的常态。证券市场的“错法”主要表现为法不能包容创新，立法理念与现实脱节。证券市场应对的“错法”实践可以归纳为市场主体推动和监管机构主导两个方面。应当从法与政策相融合这一视角审视与解读证券市场“错法”纠正机制，并在概括授权加自由裁量加究责的三段式问责制框架内，将证券监管及证券市场“错法”纠正纳入法治的轨道。[⑦]

我国证券纠纷调解机制的建立，在证券欺诈、内幕交易、操纵市场等侵权行为泛滥的背景下无疑具有积极意义，但现行制度还不足以适应我国证券业发展，还不能完全满足证券纠纷解决的需要。建议在借鉴境外成熟资本市场国家和地区 FOS 制度中的程序设计、处理结果的法律效力经验的基础上，立足本国实际，首先由证券公司发布单个承诺或共同发布会员自律公约，自觉履行小额证券纠纷调解协议的义务，然后分阶段逐步建立我国的证券申诉专员制度、金融申诉专员制度，明确调解协议或裁定的单方约束力，对处于弱势地位的投资者给予倾向性保护。[⑧]

在中国证监会及社会各界的大力推动下，证券法修改已于今年列入全国人大常委会立法规划项目。由于公司法并未规定该法主管机关，至今尚无行政机关或司法机关向立法机关提出修改公司法的建议。鉴于公司法与证券法是一般法与特别法的关系，为鼓励投资兴业，建议同步修改公司法与证券法，稳步推进资本认缴登记制改革，原则废除法定最低注册资本制度，创新债权人长效保护机制，废止有限责任公司制度，建立大小公司区分立法的新框架，外商投资企业立法与公司立法应尽快并轨。[⑨]

3. 关于破产法的研究

对破产企业职工债权的清偿如何优先保障，一直是各国破产法与相关立法研究的重要问题之一。职工债权的保障对于维护职工权益、弘扬公平正义理念、保持良好经济秩序和维护社会稳定具有重要的意义。目前，各国已经普遍构建了较为成熟的由民法、破产法和劳动与社会保障法等各部门法相互配合、体系化的职工债权优先保障制度，对我国的立法与司法具有借鉴意义。建议完善社会保障与劳动立法，加强执行力度，减少工资和社会保险费拖欠情况。同时，建立职工劳动债权保障基金制度，形成政府主导，企业广泛参与，各方责任明确，职工风险分散的社会保障体系，使职工的合法权益能够充分得到保障。[⑩]

因食品安全事故导致的大规模人身侵权案件时有发生，且侵权企业有时会因面临巨额索赔而破产。由于侵权债权被列为普通破产债权在破产清偿顺位的末位受偿，这就导致大量的受害者无法得到充分赔偿，造成社会矛盾激化，严重影响社会的稳定和法律的正确实施。因此有必要重塑破产程序中大规模人身侵权债权的清偿制度。鉴于食品安全领域大规模人身侵权债权的内在属性和救济需求，可以使其优先于一般优先权和普通破产债权受偿，并采用固定比例优先规则处理其与物权担保债权的清偿顺序。[⑪]

（三）关于宏观调控法的研究

1. 关于财政法与税收法的研究

财税法治建设是新时期改革进路中的重要环节，也是开创新局面的有效关口。面对着此群体利益与彼群体利益、稳定性与变革性、代议制民主与行政高效率等多重矛盾，难免使我们对前路进行再度审思。要突破僵局，急需从摆正财税法的性质定位、调整立法主体的结构、加快立法或修法的进度、理顺立法与改革的关系等角度切入，通过整体、全面的路径构建，强化全国人大的税收同意权和预算审批权，进而达至财税法律体系完善、法治观念融贯、法权配置协调的“良法善治”目标。[⑫]

宪法文本中的财政规范堪称政治体制大厦的根基，财政入宪被誉为我国政治体制改革的突破口。财政入宪的规范分析，立足于世界各国宪法文本，将财政关系作为财政入宪的核心范畴，财政正义、财政民主、财政法定构成了财政入宪理念的基本维度，这是规范财政宪法的抽象显现与表达。我国财政入宪关键理路的设计，应遵循财政入宪的基本理念，重点对本体财政关系与辅助财政关系进行规范补正与完善，方能加快我国财政体制改革的步伐。[⑬]

关注和研究财税法的公共财产法之性质，现阶段应突出财税法的公共财产法属性，以拓宽财税法学研究的视野，促进财税法理念和制度的变革。“重塑半壁财产法”，是为了突破纯粹从私法角度界定财产法的传统观念，开始关注财产法的公共之维，强调财产关系的纵向保护，进而将财税法纳入广义财产法的规范体系，促进“中国梦”实现进程中的纳税人基本财产权利的全面保护。[⑭]

单一制国家结构理论是解读政府间财政关系问题的基础宪法理论，但过分强调其与联邦制的区别，过分突出地方自治化程度在单一制与联邦制区别中的重要性，并不利于正确解释中国的国家结构形式，也不利于用单一制国家结构理论来指导中国的政府间财政关系改革。财政联邦主义是政府间财政关系发展的重要理论，很容易对单一制国家结构理论产生冲击。面对两者的张力，我们不应固守传统单一制国家结构理论而排斥财政联邦主义，而是应当对单一制国家结构理论进行必要的调适。分税制改革是在单一制国家结构理论和财政联邦主义的紧张关系中进行的新中国迄今为止最为重要的财政体制改革，但解决中央与地方关系的分税制原理是无法适用于地方上下级政府间关系的。中国的财政改革迫切需要宪法学者和财税法学者的对话与合作，需要在经充分论证的理性道路上前行。[15]

2. 关于预算法的研究

在迈向公共财政的过程中，预算法修正案（二次审议稿）的出台预示着我国公共财政的发展方向。而这部“航标”在彰显财政民主与法治的同时又具有诸多局限性，如预算法宗旨承袭旧义、预算原则不合时宜、预算权配置欠缺合理、地方债务风险应对不足、预算法责任单一等。认真对待这些难题，应前瞻性地考量当下国情，合理采纳我国预算改革积累的经验，吸收公共财政与民主法治的基本理念，从而重新厘定预算法立法宗旨、调整预算基本原则、优化预算权配置、控制地方债务风险、修缮预算责任机制，以期为我国公共财政发展奠定良好的民主法治基础。[16]

每个财政年度的预算编制都会受到税法规范和财政政策的影响，而且预算执行过程也很难避免税法规范的变动和财政政策的调整所造成的影响。预算法治化水平的提高，不仅要通过修改预算法律文本来实现，还要依赖预算的合理编制和规范执行。预算不只是一项将财政政策细化为财政收支计划的政府文件，而应当定位为经立法机关审查批准的法律文件，是法律渊源之一。预算的性质是一种措施性法律，属于广义的预算法的范畴，其法律效力有多重来源：既有立法机关批准的直接来源，也有预算法以及其他财税法律法规支持的间接来源。无论是预算编制违反预算平衡原则的问题，还是预算调整的标准不尽合理的问题，都可能使预算的法律效力减损，而想要解决这些问题，确立预算法治理念和改进预算法律规范具有同等重要的意义。要保障预算的法律效力，最重要的措施还是要确保预算在财政年度开始前生效，才能促使预算规范执行。[17]

预算审批是宪法和法律赋予人大的一项重要职权。受立法技术和条件的限制，我国现行法律、法规，尤其是预算法对于预算审批制度的规定过于笼统，缺乏可操作性，导致人大预算监督权难以有效行使。建议以预算法修改为契机，汲取发达国家预算审批制度精髓，从审批主体、审批对象、审批权能、审批程序等多方面对我国预算审批制度进行系统梳理和立法完善，以期推动我国的财政法治进程。[18]

3. 关于金融法的研究

在金融创新不断发展和金融自由化不断深化的大背景下，保护金融消费者的呼声日益高涨。在后金融危机时代，各国金融立法的一个重要趋势是由投资者保护扩展为金融消费者保护，并将其作为金融法制改革和金融监管的基本思路。我国应紧跟当前国际立法的潮流和趋势，将一般投资者作为金融消费者加以保护，在实现横向统合规制的同时，构建双重叠加保护体系，对不同层次的投资者和金融消费者提供多层次的灵活保护体系。具体说来，应从金融商品（服务）、保护机构、纠纷解决机制 3 个方面构建动态立体、有机统一的以金融消费者为核心的金融服务统合法体系。[19]

现代各国普遍承认基金会的法律人格，认可公益基金会从事投资行为的法律能力。然而公益基金会与上市公司不同，其投资行为受到国家及社会的外部限制，也面临组织治理规则的内部限制。国家垄断社会组织的合法身份确认权，从法人目的角度限制基金会行为；国家为保障金融与投资秩序，也从投资范围和程度上限制基金会。此外，过度投资会损耗基金会的公信力，进而影响公众对基金会的捐赠热情。在基金会组织内部，理事会成员选任标准、防范利益冲突、理事义务与责任追究等制度完善将有效规制基金会投资行为。在《基金会管理条例》规定不完善、基金会章程规定不具体的现实下，通过民政部门制定投资行为指引，将是完善基金会投资行为治理的有效路径。[20]

（四）关于反不正当竞争法和反垄断法的研究

“保护竞争而不是竞争者”被奉为反垄断法的原则。受此影响，我国反垄断法的宗旨中并不包括保护竞争者。“保护竞争而不是竞争者”被误读，通过将其还原到原始文本之中、联系上下文来考察其真正含义后，并不能得出“不保护竞争者”的结论。从反垄断法的价值体系来看，“保护竞争者”和“保护竞争”属于不同层次的价值目标，二者并不矛盾。“保护竞争而不是竞争者”最初在审理企业并购案件中提出，即便在经营者集中制度中适用，也不能任意扩展到反垄断法的其他制度，因为从垄断协议和滥用市场支配地位制度来看，对“竞争者”的保护是其必然要求。[21]

竞争法起源于竞争的正常运行需要有法律保障，但成就于国家经济职能（即国家政策目标）的落实与实现。竞争法既要制止反竞争行为以维护市场机制的正常运行，又要规范竞争以确保市场竞争按照国家既定目标有序进行。目前，以提醒告诫、金钱制裁、禁令、吊销营业执照等为主要承担方式的中国竞争法行政责任，方式多样灵活，功能多元。它相对重视反竞争行为的制止，虽然尚未达到在制止反竞争行为过程中实现国家经济管理职能的程度，但中国竞争法行政责任也足够灵活，在实施过程中可容纳类似于美国《标准制定组织促进法》等为实现国家政策目标而调整反托拉斯责任的规定。在竞争法行政执法实践中，竞争法行政执法机构应以完善竞争法行政责任制度为契机，不断提升运用竞争法以实现国家经济管理职能的能力。[22]

我国互联网行业的不断发展，使互联网行业也受到反垄断法的关注。同其他垄断行为一样，互联网行业的反垄断分析也应从相关市场界定开始。互联网行业相关市场界定也应考察其相关地理市场及相关产品市场，但由于互联网行业的特殊性，其相关市场的界定不同于一般的界定方法。对互联网相关产品市场的界定应从产品性能、价格、用途等方面考察相关产品之间是否具有相互替代性。而互联网行业的相关市场界定中不需要太多地考虑地域因素。另外，时间因素在互联网行业的相关市场界定中也会影响产品替代性分析。[23]

固定转售价格和维持最低转售价格协议具有复杂的竞争效果，这使得学者们对于如何解释和适用我国反垄断法第十四条来分析和判断此类协议存在诸多争论，逐渐形成了两种相冲突的对法律进行解释的主张，进而在此基础上形成了两种不同进路的法律分析方法："合理分析方法 "和"可抗辩的违法推定方法"。通过对两种不同法律解释和两种不同分析方法及其成因进行分析和比较，采用"合理分析方法"被认为更加妥当。在具体运用这一方法考查 RPM 时，出于经济和效率的原因，不可能真正实现对每一个此类 RPM 协议都进行完全、全面的考察。因而一些关键因素被提炼出来，包括市场竞争状况、产品和行业特点、消费者福利状况的变化等，它们对于识别和判断哪些 RPM 协议具有严重排除、限制竞争效果起着非常关键的作用。同时，在原被告间更加合理地分担举证责任也被认为是确保"合理分析方法"得以发挥其应有作用的不可忽视的因素。[24]

我国反垄断法实施 5 周年过程中，已经强化了对行政垄断行为的规制力度，但行政垄断行为的复杂性、国情特色以及可借鉴国际经验的相对匮乏，使我国反垄断法的实施面临更多挑战。因此，改革与转变政府职能是我国有效减少行政垄断行为产生的关键举措，完善规制行政垄断行为配套规章、相关法律以及加强法律之间的协调配合是我国未来规制行政垄断行为需要加强的工作。同时，我国反垄断执法机构除强化通过提出执法建议对行政垄断行为进行有效规制之外，还应当推动和加强可以有效地减少行政垄断行为产生的竞争评估、竞争倡导工作，而我国法院未来在规制行政垄断行为中应当发挥更大的作用。[25]

（五）其他法律制度研究

生产经营者是食品安全的第一责任人，从"农田到餐桌"的全产业链控制和可追溯是各国食品安全控制的重要原则。食品产业链不完整、缺乏协同合作等问题，是造成生产经营者对食品安全负主要责任的机制失灵、食品安全难以追溯的重要原因，是我国食品安全控制面临的突出问题。对我国食品产业链安全控制提出如下对策建议：一是产业链上下游主体之间的利益均衡，价值共享和风险共担是化解食品产业链安全矛盾的合理途径。二是产业链各环节的食品安全管理体系是食品安全控制的基础，包括 HACCP 体系、风险分析框架、追溯体系等。三是完善相关责任制度，惩罚该受责备的当事人，提高违法成本，是产业链安全控制的有效约束机制。[26]

向消费者适度倾斜应成为我国新消费者权益保护法（以下简称新消法）的灵魂。新消法在关注契约自由的同时，要更加重视契约正义和公平价值。监管者要树立规范与发展并重的新思维，完善消费维权的行政保护体制。要拓宽新消法的调整范围。要提升经营者的失信成本，降低其失信收益，提升消费者的维权收益，降低其维权成本。[27]

注：

①刘文华、郭飞飞：《包容性发展与经济法的耦合》，《政法论丛》，2013 年第 5 期。

②张守文：《论经济法与宪法的协调发展》，《现代法学》，2013 年第 4 期。

③张守文：《宪法与经济法关系的"经济性"分析》，《法学论坛》，2013 年第 3 期。

④史际春：《论营利性》，《法学家》，2013 年第 3 期。

⑤蒋大兴：《论公司治理的公共性——从私人契约向公共干预的进化》，《吉林大学社会科学学报》，2013 年第 6 期。

⑥刘俊海：《深化国有企业公司制改革的法学思考》，《中共中央党校学报》，2013 年第 6 期。

⑦史际春：《从证券市场看"错法"及其纠正机制》，《政治与法律》，2013 年第 1 期。

⑧杨东：《论我国证券纠纷解决机制的发展创新——证券申诉专员制度之构建》，《比较法研究》，2013 年第 3 期。

⑨刘俊海：《建议公司法与证券法联动修改》，《法学论坛》，2013 年第 4 期。

⑩王欣新、杨涛：《破产企业职工债权保障制度研究——改革社会成本的包容与分担》，《法治研究》，2013 年第 7 期。

⑪王欣新、乔博娟：《论食品安全领域大规模人身侵权债权在破产程序中的清偿顺位》，《法治研

究》, 2013 年第 11 期。

⑫刘剑文:《我国财税法治建设的破局之路——困境与路径之审思》,《现代法学》, 2013 年第 3 期。

⑬朱大旗、胡明:《财政人宪的规范分析》,《经济法论丛》, 2013 年第 2 期。

⑭刘剑文:《公共财产法视角下的财税法学新思维》,《财税法论丛》, 第 13 卷, 2013 年 12 月 1 日。

⑮徐阳光:《单一制、财政联邦与政府间财政关系》,《财政经济评论》, 2013 年第 1 期。

⑯朱大旗:《迈向公共财政:〈预算法修正案(二次审议稿)〉之评议》,《中国法学》, 2013 年第 5 期。

⑰叶姗:《预算的法律效力文减损及其补正》,《经济法论坛》, 2013 年第 1 期。

⑱朱大旗:《论预算审批制度的完善——兼论我国预算法的修改》,《当代法学》, 2013 年第 4 期。

⑲杨东:《论金融服务统合法体系的构建——从投资者保护到金融消费者保护》,《中国人民大学学报》, 2013 年第 3 期。

⑳姚海放:《公益基金会投资行为治理研究》,《政治与法律》, 2013 年第 10 期。

㉑吴宏伟、谭袁:《保护竞争而不保护竞争者?——对主流反垄断法观点的审视》,《北方法学》, 2013 年第 4 期。

㉒吴宏伟、董笃笃:《中国竞争法行政责任的类型化研究》,《法制研究》, 2013 年第 11 期。

㉓吴宏伟、廖娟:《互联网行业相关市场界定研究》,《甘肃理论学刊》, 2013 年第 1 期。

㉔黄勇:《关于我国反垄断法转售价格维持协议的法律适用问题研究》,《社会科学》, 2013 年第 10 期。

㉕孟雁北:《我国反垄断法规制行政垄断行为的成效及面临的挑战》,《中国物价》, 2013 年第 10 期。

㉖王辉霞:《食品产业链安全控制法律机制制研究》,《西北工业大学学报》(社会科学版), 2013 年第 1 期。

㉗刘俊海、徐海燕:《论消费者权益保护理念的升华与制度创新——以我国消费者权益保护法修改为中心》,《法学杂志》, 2013 年第 5 期。

(作者:吴宏伟,中国人民大学教授;
朱大旗,中国人民大学教授;
吴宇飞,中国人民大学博士)

环境资源法学

周 珂 于钧泓

2013 年北京市环境法学研究成果丰硕,学术研究进步显著,环境法制建设中的前沿问题取得重要突破,呈现严谨、务实、理论联系实际的特点,在学术界产生广泛影响力。2013 年的重要学术活动,如 2013 年 1 月 11 日中国海洋发展研究会第一次会员代表大会暨第一届理事会第一次会议在北京召开。参加会议的有国内涉海研究机构、高等院校及企事业单位等近百家单位会员。该研究会是致力海洋重大问题研究的相关单位和个人自愿组成的具有法人资格的全国性、学术性、非营利性社团组织。其宗旨是,遵守国家宪法和法律、法规,组织相关专家学者,围绕海洋资源开发、海洋经济发展、海洋生态环境保护、国家海洋权益维护等重大问题开展研究,搭建学术研究和交流平台,构建国家海洋发展智库,为国家及相关部门科学决策与管理提供智力支撑和咨询服务。2013 年 4 月 23 日上午,全国政协社会和法制委员会主办了"生态文明建设的法律和制度保障"专题座谈会。2013 年 6 月 7 日,清华大学环境资源能源法学研究中心举办了中法环境法研讨会。会上法中环境协会介绍了页岩层气体开发利用中防护原则的落实比较,以及法国的环境破坏民事责任。与会者对法国环境法和中国页岩气开发利用的问题进行了热烈讨论。2013 年 6 月 15 日上午,由中国政法大学法学院主办的"北京地区环境法博士沙龙"在中国政法大学举行。本次主题为"气候资源所有权法律问题研究——兼论环境公共物品的治理之道"。

2013 年北京市环境资源法学研究热点问题主要有以下几个方面。

1. 生态文明建设研究

党的十八大提出了大力推进生态文明建设的战略决策,并将生态文明融入政治建设、经济建设、文化建设和社会建设。新修改的党章还对生态文明建设的指导思想、政策、方法和路径做了阐述。自此,生态文明建设从战略高度上被推上国家建设的主战场。

为了落实党的十八大关于生态文明建设的相关理念,厘清生态文明建设的相关法律问题。一些学者提出了"生态法治",从法哲学角度对生态文明法治建设进行思考。简言之,就是对生态文明建设实行法治化的过程。它以环境和自然资源保护法及污染防治法为基础并予以进一步深化、发展和体系化。

要求把法治的精神、原则和要求贯彻到生态文明建设的立法、执法、司法、守法等各个环节。此外，构建生态法治还需要明确生态法律关系、生态法律责任、生态法律行为及其特征等重要问题。

也有一些学者从生态文明的道德建设角度探讨，进而提出加强生态文明的法治建设需要道德和法律的双重支撑。目前道德虚无的现象比较严重，应当特别重视生态道德的强化，通过法律规范的设定来解决不道德发展产生的污染环境、破坏生态、侵害他人环境权益的问题。另外，从法治价值的实现出发，目前可持续发展和追求人与环境的和谐共处已经成为世界各国普遍追求的价值目标。因此有必要按照生态文明建设的指导思想，结合实际需要，对所有的环境立法和环境执法、环境司法、公众参与准则的价值追求和目的进行修订。只有明确了价值目标，立法方向才能够明确，环境法律法规的指导思想、基本政策、基本原则、主要制度、法律机制和法律责任才能做出有针对性的调整。

除此之外，司法保障问题对生态文明建设也有很重要的研究意义。目前我国在环境司法上“重行政，轻司法”等问题突出，所以要使司法在生态文明建设中发挥重要作用，就必须充分发挥检察机关在生态环境保护中的职能作用，进一步加强环境犯罪批捕起诉和侦查监督力度，重点查办和预防危害生态环境犯罪，积极探索开展生态环境领域的民事行政检查工作。只有完善司法制度才能进而解决由环境破坏引发的救济和赔偿问题，才能对破坏自然生态行为依法进行处罚。

2. 可持续发展研究

《2012年联合国可持续发展大会中方立场文件》指出：“可持续发展领域执行力不足的状况长期存在，区域经济、社会发展很不均衡，生态恶化、环境污染趋势未能得到根本扭转，如期实现千年发展目标困难重重。”此外，文件表示要“全面评估国际社会在可持续发展领域的进展情况，查找差距和不足，结合既定的目标和新问题、新挑战，特别是发展中国家面临的实际困难和新挑战，推动可持续发展国际合作取得积极成果”。这表明，我国政府对中国和全球可持续发展存在的严重问题以及对要解决这些问题所进行的全面评估予以了高度重视。

目前我国的可持续发展仍面临问题。一方面，我国的可持续发展带有一定意义上的计划性，它是对未来事务所做出的安排和设计，具有明显的国家政策导向性，其科学性有待论证。另一方面，可持续发展本身是一个需要不断探索和完善的机制，有合理之处也有有待研究之处，对不同的理论和实践也应有不同的方式。

面对可持续发展理念在我国环境保护中的立法困境，有学者提出了我国可持续发展法律后评估。首先，重视立法。让法律和政策手段为具体目标的实现提供方法，当我们对社会环境目标达成一致意见时比较容易集中社会各界的力量，可以更大限度地节约成本。其次，绿色经济为可持续发展注入新活力。在目前全球多重危机下，通过绿色经济和绿色新政可以增加就业、减少碳排放、缓解生态系统退化和水资源匮乏等社会问题。

发展是“联动的”，可持续发展是社会发展的首选途径。虽然可持续发展的二元目的所具有的模糊性会导致实施中产生各种倾向的偏离，但它体现的协调机制、多元化理念、包容性、开放性等特点符合现代社会的价值取向，并且充满活力与成长空间。可持续发展在中国取得巨大成功并获得社会普遍的认同，为中国经济高速发展提供动力和安全保障。

3. 风险预防研究

1992年的《里约环境与发展宣言》原则15，被公认为对风险预防原则最准确的表述：“为保护环境，各国应根据它们的能力广泛采取预防性措施。凡有可能造成严重或不可挽回损害之处，不能将缺乏充分的科学肯定性作为推迟采取防止环境退化的费用低廉的措施的理由。”目前，风险预防原则频繁出现于国际环境法条约，世界各国也逐渐在国内环境法中贯彻。但由于将风险预防原则作为环境法基本原则加以规定，需要一定经济条件和成本，因而对其能否在我国适用及如何适用存在争议。

支持者认为，我国环境法适用预防为主、防治结合、综合治理的基本原则，是对环境污染和破坏的预防，对于没能有效预防的环境污染和破坏要治理。反对者则认为其界定有主观性，可能被环境保护决策者、立法者超越科学基础滥用。其适用可能加重贸易保护主义，实施成本可能过高，甚至阻碍科技进步。

为此有学者强调，风险预防原则在我国适用领域有限。从国内外立法看，风险预防原则一般适用于对人体健康和环境可能造成严重或不可逆转的损害威胁领域。为防止模糊的字面意义导致该原则滥用，明确列举其适用范围是非常必要的。风险预防原则在国际环境法上的完善有利于环境保护，但将其作为我国环境法的一项基本原则，将不利于对外贸易的发展，对作为发展中国家的我国有消极影响。

4. 公民参与原则研究

公众参与原则是指环境法通过各种法定的形式和途径，鼓励公众积极参与环境保护事业，保护他们对污染和破坏环境的行为依法进行监督的权利。

要保护公众参与环境保护的权利，首先就必须解决公民的环境权问题。有学者提出“环境权”是环境法研究的核心问题。这一方面是由于“人类中心主义”的发展所造成的环境恶果已经危及人类自身，只有从人自身权利出发，赋予公众可以主张的环境利益、资格与地位，才能使其抵御日益严重的环境侵害。另一方面，由于人所造成的问题又必须由人来解决，而要调动人们的积极性就必须为其提供正当性的法律依据和基础。公民在环境保护领域中享有的相关权利、利益，其中的“权利”要素既包括环境权，也包括公民可用以抵御环境侵害、保护环境利益的传统权利，而“利益”要素就是指“环境利益”。在这样一个综合性概念中，“利益”是最具基础性的要素，传统权利机制的运作、环境权应否确立以及如何确立等问题，都以“对环境利益的保护”作为出发点。

同时根据“美丽中国”的法治建设主张，其落脚点是公民权利的保障。进一步阐述为要保护公民的生存权、发展权，还要保护公民的环境权。无论是国内法还是国际法，目前都没有法律明确对环境权的内涵和内容进行规定。但根据目前国际法律文件的核心原则和基本精神，可以认为环境权就是公民的环境权，基本内容包括实体性权利和程序性权利两项内容。实体性的环境权即“安全和健康的环境权”，即所有的人，无论男女老幼，都有权享有安全和健康的环境以及涉及或依赖于安全和健康的环境的其他基本人权。具体而言，这一“安全和健康的环境权”又包括两项权利：健康权和适足环境权。另外，还有3项核心的程序权利与实现安全和健康环境权相关：获得信息的权利、参与权和求助于司法的权利，包括在安全和健康环境权这项实体权利遭受侵害时，获得纠正和救济的权利。

无论是公众参与原则还是环境权，知情权一直是其基础权利之一。随着网络时代的到来，以互联网为媒介的信息公开是时代最突出的特点。重视和加强环保部门在环境信息公开中的网络平台建设是由于网络环保能更好地为社会提供各种环境信息。其一，信息及时性。环保部门能够随环境事件或环保状态的发展及时更新相关信息，弥补传统书面方式的滞后性。其二，对象普遍性。网络环保信息惠及所有公民，通过互联网平台采用无区别对待方式有利于保障公民平等享有环境知情权。其三，方式便利性。公民利用网络获取环境信息不受上班时间、办公地点限制，能在最大限度上方便其享有环境知情权，真正实现便民。其四，效应广泛性。基于政府公信力的影响，环保部门公开的网络信息能扩大环境信息社会影响力，对整个社会舆论起导向作用，有利于稳定公众情绪、维护社会和谐。

在中国的社会组织中，环保非政府组织最引人注目。特别是在应对突发环境事件、参与政府环境决策以及提起环境公益诉讼等方面，环保NGO表现突出。但是现行政策对环保NGO的生存和发展存在着诸多制约。从目前的法律和政策来看，政府越来越重视发挥社会组织参与公共服务和社会管理的作用。2012年8月31日修订的民事诉讼法第五十五条规定：“对污染环境、侵害众多消费者合法权益等损害社会公共利益的行为，法律规定的机关和有关组织可以向人民法院提起诉讼。”这一规定原则上为环保NGO的民事公益诉讼主体资格排除了立法上的障碍，尽管该条的实施还需要相关环境保护法律的进一步明确，确定哪些机关和组织可以作为环境公益诉讼的主体提起环境民事公益诉讼。

5. 应对气候变化研究

随着气候变化问题日益严峻，同时国际气候谈判矛盾突出，人们开始对气候变化的影响进行伦理审视，气候正义便应运而生。气候正义是指在应对气候变化的整个过程和所有方面公平地对待所有实体和个人的价值体系，它被作为一个价值论、方法论和实践论的综合概念来理解。气候正义具有历史性、全球性、普遍性、综合性的特征，因此研究气候正义具有重要的实践和理论价值。气候正义的价值理念体现在立法所应坚持的基本原则，即最脆弱者优先原则、原因者负担原则、排放权平等原则、传统使用维持原则。根据气候正义的要求，中国正在起草制定的应对气候变化法的立法目的应具有多元性，并坚持“科学规划、统筹安排，预防为主、减适并重，政府推动、市场引导，企业实施、公众参与，各方合作、公平负担”的原则，同时建立保证这些原则实现的一系列管理制度。

对于国内来说，地方是应对气候变化活动的实施主体，通过立法来保障和支持地方减缓和适应气候变化行动十分必要。专家提出在国家专门性立法空缺的背景下，地方应对气候变化立法面临着立法时机、模式选择、利益协调和执行机制等一系列挑战。地方是气候变化应对和影响的主体，地方立法者要重点把握经济关系变革性、利益相关者需求、社会实践成熟性、法律效力等级、立法路径、专门性制度、立法起草机制、法律执行机制等要素，以保障地方应对气候变化立法工作的预期实效。

6. 能源法治建设

目前我国环境污染尤其是大气污染，其根本原因主要是能源消费结构不合理。频发的城市雾霾天气主要与化石燃料的使用不当有密切关联，因此如何以制度的方式推进能源结构的改革是迫切需要解决的问题。很多学者认为：推进能源生产与消费改革是我国生态文明建设的重要内容，而法律体系建设是能源生产与消费改革的制度保障。第一，必须转变思路，改变传统的落后的消费观念；第二，要完善并努力提高制度保障与法制保障能力；第三，要加快更新能源市场信息，推进电价市场化改革，加强能源生产和消费总量的控制，加快能源产业发展方式的转变；第四，要加强能源资源的监管，提高能源产业准入门槛，科学发展可再生能源，崇尚低碳节约的文化理念和生活理念；第五，要借鉴其他国家能源生产和消费领域的先进经验，选准突破口、先行先试、先易后难。

在能源法律规范中，关于政府部门的职责与能源企业的义务这些义务性规范的内容占有主导地位，政府部门的职责主要体现在能源产业规划与战略实施、能源结构调整、能源安全保障、农村能源发展等方面。能源企业在能源供应与服务、节能减排、能源储备、公平竞争等方面应承担积极的法律义务。虽然在这些规范中往往义务性规范占主导，但这并不能说明能源主体只承担能源法义务而不享有权利，或仅仅享有有限的权利。

7. 地下水污染治理

早在1984年5月颁布的水污染防治法专设“防止地下水污染”一章，该法第三十二条明确规定：“禁止企业事业单位利用渗井、渗坑、裂隙和溶洞排放、倾倒含有毒污染物的废水、含病原体的污水和其他废弃物。”但是在现实中未能有效防止地下水污染，原因是：现有的立法还不够严格，缺乏一定的威慑力；环保执法不到位，法规难以发挥作用；缺乏信息公开，不利于公众参与监督。另外，目前很多地方政府官员只追求政绩、不治理污染，缺乏行政问责制的规制等都是地下水污染治理效率低下的重要原因。因此，有学者提出强化行政问责制，对造成污染事故的决策官员，除撤职罢官外，还应依法追究其刑事责任。在此基础上提出完善地下水污染防治法律机制的对策：一要健全地下水污染防治的法规体系。二要在立法中确立地下水保护优位原则。三要对环境违法行为采取更严厉的制裁措施。四要加强对环境监管失职者的责任追究。五要更多地发挥公众的监督作用

8. 固体废物污染治理

2011年2月国务院正式批复了我国首个“十二五”专项规划——《重金属污染综合防治“十二五”规划》。根据该规划的要求，到2015年，全国重点区域铅、汞、铬、镉和类金属砷等重金属污染物的排放量比2007年削减15%。但是目前土壤污染事件层出不穷，这种土壤的污染现状不仅关系到我国农产品品质与食品安全质量，还直接威胁着人民群众的健康乃至国家生态安全和社会稳定。目前我国的农业产业化、工业化和城市化快速推进，造成的土壤污染情况日趋严重，但由于我国目前尚未对土壤环境保护进行单独立法，并且现行有关土壤环境保护的法律法规缺乏系统性和可操作性，根本无法解决日益严重和增多的土壤环境问题。为此有学者主张应当借鉴西方国家（如德国等）先进的立法制度，采用独立的土壤环境保护立法模式，构建完整的土壤环境保护法律体系。加强配套性、地方性法规及政府规章的制定，推动土壤环境保护法的切实落实，努力确立健全有效的土壤环境保护法律制度。

9. 环境公益诉讼

2013年新修订的民事诉讼法第五十五条就对环境公益诉讼制度做出了规定。全社会都期待通过这一制度促进公众参与，起到对排污者形成一定压力，从而遏制环境质量恶化趋势的作用。但环境公益诉讼案件并没有像人们期待的那样大量增加。主要有以下几方面原因：一是立法问题。新修订的民事诉讼法仅用51个字规定了环境公益诉讼和消费者权益公益诉讼，可想而知其内容的简单和笼统。二是旧司法体制和司法理念的制约。三是民间环保组织发展欠成熟。四是根据目前法律规定有权提起公益诉讼的机关还非常少。

而要解决以上问题，最根本的还是要在立法上有所突破。首先，最高人民法院应尽快对民诉法关于环境公益诉讼的规定做出司法解释，使其具有可操作性。其次，环境保护法的修订应当把环境公益诉讼作为一项重要内容，对诉讼的范围和提起公益诉讼的主体资格进一步做出规定。最后，行政诉讼法的修订，应当增加对环境行政公益诉讼的规定；另外，应当设立更多的环保法庭，使环境司法专门化。实践证明，在设立环保法庭的地方，环境公益诉讼更容易提起和受理。比如贵阳的环保法庭已经受理了13件重大环境公益诉讼案件，占到全国的一半。所以只要法院转变观念，充分利用法律给予的司法空间，像贵阳环保法庭那样敢于创新，环境公益诉讼的瓶颈就不难突破。

10. 环境保护法修订

2012年8月31日，全国人大法工委通过其官方网站向社会公布了经全国人大常委会初审的《环境保护法修正案草案》。这是时隔23年之后全国人大首次对环境保护法（1989）进行的修改，令国人高度关注。诸多专家学者从不同角度进行献言献策。

有学者认为，应当提高环境保护法的法律地位与立法质量，我国的环保法成为基本法是一种历史必然和客观必然。生态文明建设的核心部分就是做好环境保护工作，环保是生态文明的切入点。要以生态文明建设的要求来设计环境保护基本法的理念，从计划、政府决策行为环保约束、环境管理、公众参与、环境责任等方面加以规定，这样环保法的基本法律价值就能更好地体现。

还有学者认为修法中应注重环境保护措施与其他措施的系统性、整体性和协同性，注重几个文明建设的相关性。其一，从修订深度角度，环境保护法下一步修订工作不应是现行原则、制度、体制和机制的完善性修补，而应立足于经济社会发展和环境保护的实际，开始进行大胆、稳妥的创新性改革，破除不利于环境保护的体制和机制，建立有利于环境保护市场化的制度和机制，创立发挥社会力量作

用的措施和方法。其二，立法本位角度，下一步修订应当弱化传统的义务本位观念，适当增加社会、公民和市场主体的环境权利和与环境有关的其他权益规定。其三，立法技术方面，下一步修订工作应当特别注重宏观调控、社会、市场、文化、民主措施的运用。其四，立法策略方面，下一步的修订工作应当巩固和推广一些试点探索成功的体制和机制，设计一些具有突破意义的制度和机制，破解一些社会期望解决的重点和难点环境问题。

有学者认为创新环境保护法律有关环境违法制裁条款，才能全面落实十八大提出的最严格的环境保护制度。目前环境立法对法律责任条款有关违法制裁的规定长期以来处于“只制裁企业法人、不制裁自然人个人”的法理误区之中。行政罚款数额相对较低，环境执法缺乏实施保障。还有学者针对目前的问题进一步提出了我国环境违法制裁制度的创新之道，首先就是要处理好环境保护法与单项污染防治法律有关违法制裁规定的关系，合理配置这些法律之间的相关规定，理性设置环境违法行政制裁方式，合理衔接有关人身罚的行政制裁与刑事制裁规定。

还有学者从国外先进制度借鉴的角度进行思考。首先引述了美国环境立法目的有以下几个特点：一是已经摆脱了早期立法中呈现出的人类中心主义和纯粹功利主义的特征。二是明确了代际间对于环境的平等权利，肯定了后代人对环境的合理需求。三是从过往只对自然资源的保护，转变到对环境问题的全面关注。并且提出美国环境法的具体制度对于我国环境立法具有可借鉴经验，尤其对我国的环境权益维护来说，具有一定的借鉴意义。在我国新修的民事诉讼法中已经明确了公益诉讼的相关条款，但是公益诉讼的原告往往都是基于公益道德感的驱动，这就为私人检察官制度留下了空间，对于侵权者的侵权行为有一定的威慑性，以更好地维护实质正义的实现。

11. 环境执法制度建设

目前，由于环境管理体制立法滞后，要明确各环境管理机构的职权划分及其权责义务，为此要处理好3个问题，即中央与地方的环境管理权限界分；统管与分管部门的职能界分；地方环境保护主管机关与地方政府的关系协调。

有学者从党政职权、职责角度来分析提高政府行政效率。当下所面临的问题为党政分工不清，政府内部职责不明。主要体现在党政分工的体制问题，政府内部分工的体制问题。为此我们对党政同责、一岗双责、齐抓共管的环境保护监管体制，特别是其内容和要求要做科学的理解，分工明确，相互衔接，才具有可实施力。“党政同责”的“党政”指的是中央和地方各级党委和政府。地方各级党委和政府包括从省一级到乡镇街道一级的党政机关。“同责”指的是无论是党委还是政府部门，在环境保护管理或者监管方面都有责任。“一岗双责”指的是，党政机关、企事业单位及其领导和工作人员，除了履行自己的业务职责外，还要承担本领域有关的环境保护管理或者监管职责。“齐抓共管”指的是，各级党委和政府，以及党委常委联系或者分管的部门和政府副职领导干部分管的部门，对于环境保护都要管、都要抓。

12. 环境司法制度建设

党的十八大做出了“大力推进生态文明建设”的战略决策，首次将生态文明建设纳入“五位一体”总体布局。最高人民检察院检察长曹建明在工作报告中明确把“加强环境资源司法保护，促进生态文明建设”作为检察工作重点之一。

有学者认为检察机关作为法律监督机关，在我国生态文明建设中发挥着重要作用。除了传统的公诉犯罪的检察职能外，检察机关在生态文明建设中还可以加强和拓展其他职能：第一，设立专门的生态保护检察机构。在一些环境和资源检察业务较多或者环境、生态、资源破坏比较严重的地区，区县一级可以设立专门的生态环境检察科，辖区的市一级可以设立生态环境检察处，最高人民检察院和各省级检察院应当设立专门的生态环境检察厅，使生态检察工作专门化、专业化。第二，检察机关应当关注环境损害的民事诉讼，支持污染受害者提起损害赔偿诉讼，对不公正的环境侵权诉讼判决提起抗诉。第三，加强与环境资源行政执法部门的沟通，建立定期巡访制度，了解环境违法和执法情况，从中发现环境犯罪的线索。第四，设立环境犯罪举报热线，鼓励公众参与，查证属实的，对举报人给予奖励。

作为环境案件审判机制的基本理念，生态文明最基本的要求就是要将环境的生态价值作为环境司法追求的独立价值和首要价值，而不是将环境的生态价值附属在其他价值，如经济价值之下。因此，将生态文明确立为环境案件审判机制的基本理念，就必须经由改革重新确立环境案件审判机制的价值导向，重新塑造环境案件审判机制的追求目标，即保护环境的生态价值，维护公民的生态权益，从而真正实现司法为民的政治号召。有学者提出环境审判机制改革的要点：建立专门环境案件审判机构——“环境法庭”，专门环境案件审判机构的类型包括环境保护合议庭、环境保护审判庭、环境保护法庭、环境保护法院等。制定专门环境案件审判程序规则，国内外实践经验表明，制定专门环境案件审判程序规则是环境案件审判机制改革的重要内容，能够有效规范和保障环境案件审判机制改革其他内容的顺利实现。

（作者：周珂，中国人民大学教授；
于钧泓，中国人民大学博士生）

国际法学

余民才

一、领土与海洋问题

对有关领土和海洋问题的研究与中国有关。有学者从琉球在历史上的地位、日本武力吞并和琉球人民在国际法上有权选择其政治地位几个方面分析了琉球的法律地位，认为琉球虽然自明朝开始与中国建立了藩属关系，但是其独立国家的地位并未受到影响。19世纪末日本武力侵占琉球使其沦为殖民地。按照《开罗宣言》《波斯坦公告》等文件的规定，琉球本应交联合国托管，以促使其走上独立自主的道路。但是，美国却通过《旧金山和约》占领琉球，并且私相授受琉球群岛于日本，这是违反国际法的行为。[①]有学者分析了中国被第一次提起国际仲裁，即2013年1月菲律宾依据《联合国海洋法公约》附件七对中国提起南海争端强制仲裁的法律问题，认为菲律宾无视它与中国之间《南海各方行为宣言》的存在与有效性，以将双方岛礁主权争端和海洋划界争端伪装为海洋权利争端的方式，单方面对中国提起南海争端强制仲裁不符合《联合国海洋法公约》的规定，中国不接受仲裁有国际法根据。但是，中国不接受仲裁和不指派仲裁员不能阻止仲裁法庭的建立和仲裁庭开展其程序。该学者认为，中国仍然以拒绝态度对待仲裁庭的书面程序和口诉程序可能不是一个最佳选择，因为通过参与积极反对仲裁庭对本争端的管辖权和可受理性，根据公约第二百八十一条第一款、《南海各方行为宣言》第四条和中国2006年声明以及“南方蓝鳍金枪鱼案”仲裁庭的推理与裁决，仲裁庭应该裁定对本争端没有管辖权或不可受理，进而不对菲律宾的请求做出裁决。即使中国仍然坚持现有立场，也可以采取“间接参与”的方式，在仲裁庭开始书面程序之后、进行口诉程序之前，公开发表一份正式书面文件，以全面反对菲律宾提起仲裁和反对仲裁庭对争端的管辖权和可受理性。[②]

二、条约解释与人权

条约解释直接关系到缔约国之间的权利义务与履行。有学者分析了条约法上善意原则的含义、地位和作用，认为善意原则是一项既构成一般法律原则也构成国际法一般原则的国际条约法的基本原则，它在条约的缔结、履行、解释和争端解决的过程中通过与其他原则规则相结合的方式发挥重要作用。它维持条约法乃至整个国际法的精神和价值，保护条约主体的善意行为，排除恶意行为的合法性或有效性。[③]有学者以2010年美国最高法院审理阿伯特案为例，分析了美国最高法院在条约解释方法上的发展，认为阿伯特案是美国最高法院在后伦奎斯特时代纯粹解释私法条约的第一案，它意味着含有目的解释的善意解释和扩张解释方法在21世纪的复活，推翻了除非存在约文歧义才可使用补充资料的条约解释的做法，对于统一美国法院条约解释方法，指导低级法院处理条约案件具有重要意义。[④]有学者分析了欧洲人权法院通过条约解释方法在裁判中发展人权标准和保护人权上的作用，认为欧洲人权法院通过对《欧洲人权公约》的扩张解释，强调经济、社会权利与公民权利和政治权利的不可分割性，使《欧洲人权公约》所保护的人权范围扩展到经济、文化和社会领域，使条约成为具有鲜活生命力的人权文书。该学者还认为，欧洲人权法院通过运用“活法”理论，发挥法院的巨大创造力因素，使得确定的、凝固化的国际人权规则适应现在的和未来的社会生活，保障了对《欧洲人权公约》所保护的权利的理解始终能与欧洲社会不断发展的观念相互协调；该法院积极运用“判断余地”理论和“实际有效性”原则，平衡缔约国的利益与所承担的保护人权义务之间的矛盾，使《欧洲人权公约》在缔约国得到有效实施。[⑤]

三、WTO相关制度

对WTO制度的研究涉及补贴利益认定的外部基准，有学者提出，在WTO框架下《SCM协定》的第十四条是确定补贴利益的主要依据，计算补贴利益应当以补贴授予国国内的市场通行条件为比较基准。由于《SCM协定》没有明确是否可以采用补贴利益认定的外部基准，而我国在《中国入世议定书》中做出了在适用我国国内市场通行条件为基准遇有特殊困难时，可考虑中国以外的情况和条件的承诺，但是“特殊困难”的标准又模糊不清，因此，该学者以美国—软木案IV和中美双反措施案为例，对外部基准的适用规则从外部基准适用的前提、政府占据主导地位时外部基准的适用、政府是唯一供货商时外部基准的适用3个方面进行研究，认为外部基准的适用应遵循如下规则：(1) 调查机关必须证明，被调查国市场价格由于政府提供财政资助而受到扭曲；(2) 调查机关在选择作为替代的比较基准时，应当“确保所选用的替代基准与提供国主导市场条件相联系或指向该主导市场条件，或者与该主导市场条件相连接，以足够反映或者购买或者销售的价格、质量、可获得性、适销性、运输和其他条件”；(3) 判定是否可以适用外部基准的核心要素在于被调查国国内市场价格是否受到扭曲，而不是政府是否为主导供货商的事实；（4）判定被调查国国内市场价格是否受到扭曲应结合反补贴调查案件的具体证据逐案认定。该学者最后还针对我国在应对多哈回合谈判中的外部基准问题提出了积极参与多边规则制定及继续深化经济体制改革的建议。⑥有学者分析了WTO改革的必要性和方向，认为WTO改革应当从强化总干事和秘书处职权、扩大WTO体制的透明度和改革现有决策机制等3个方面入手。⑦

四、国际投资保护与安全标准

国际上双边投资条约中出现保护和安全标准是一个越发普遍的现象。在保护和安全标准的适用范围上，有仅限于实体安全问题和超越实体安全范畴两种观点。有学者基于对“保护和安全”的文本解释、“投资”的定义以及东道国利益的分析，认为将保护和安全标准的适用范围认定为超越实体安全较为合理。在保护和安全标准与公平公正待遇标准的关系上，该学者认为，除非投资条约中有特别的规定和出现两者明显差异的事项，否则国家的行为可以同时违反保护和安全标准和公平公正待遇标准。在与习惯国际法最低待遇标准的关系上，存在着保护和安全标准是独立的条约标准还是习惯国际法最低待遇标准的反映两种观点。通过对《北美自由贸易协定》《加拿大双边投资条约范本》以及近些年来的案例的分析，该学者认为，只有在具有恶意或极端恶劣的情况下习惯国际法最低待遇标准才与保护和安全标准相等同。就我国而言，通过对130多个双边条约的考察，该学者认为，我国投资条约中的保护和安全标准条款存在以下问题：（1）该标准用语过于简洁且不统一；（2）该标准的适用范围缺乏明确的界定；（3）未明确界定该标准与其他标准的关系。对此，该学者建议，我国应将保护和安全标准的适用范围扩展至实体安全之外，将该标准等同于习惯国际法最低待遇标准，并制定非排除措施条款以维护我国的根本公共利益。⑧有学者对中国境外投资核准制度进行了研究，将境外投资核准分为两种：由商务部及省级商务主管部门对企业境外直接投资进行核准；由国家和省级发改委对境外投资资源开发类和大额用汇类项目核准。近年来，中国的境外投资核准制度由早期的严格审批制经历着逐渐放松的历程。在核准范围方面，中国基于国家主权安全和公共利益、国家的外汇管理及产业政策等因素规定了形式和实质等方面的核准条件。但是，现行境外投资核准范围和条件仍然需要改革，应该限制和缩小其范围，明确其条件，增加透明度。在投资核准机关方面，对中国企业境外投资核准和境外投资项目的核准分别由商务部和国家发改委两个政府部门行使，这种分级核准给企业提供了便利，提高了核准工作效率，为企业进行行政复议及行政诉讼提供了便利。但是，这两个机关的权限存在相互重合之处，存在着双重核准的现象，因此需要进行改革。该学者建议由一个部门专司境外投资核准职能以及国务院制定统一的行政法规划分有关部门的各自权限。该学者还认为，中国在境外投资管理体制上应放松核准制，向自动许可制或登记备案制过渡。与此同时，中国应该健全和完善其他相关配套制度和措施，包括健全鼓励和引导措施、强化事后管理和服务、完善公司治理制度。⑨

五、其他

有学者分析了日本的集体自卫权问题，认为日本在其现行宪法第九条中明确放弃行使集体自卫权是日本向全世界，特别是亚洲国家做出的庄严承诺，这种承诺具有国际法上的效力，日本应该对此严肃负责。日本修改宪法、放宽行使集体自卫权的做法将引发亚洲新一轮的军备竞赛，影响全球和平与发展。⑩有学者讨论了中国涉外物权法律的适用问题，对中国《涉外民事关系法律适用法》从司法解释上予以完善提出如下建议：（1）《法律适用法》的物权客体应当与中国民法及特别法上的物权的客体保持一致，坚持物权法定主义，在调整物权本体关系的同时，在范围上应涵盖并区分所有权、用益物权和担保物权；（2）“动产物权”以及“运输中的动产物权”即使引入当事人选择法律的意思自治，也应当加以限制，不能损害第三人的利益和权利；（3）对于有价证券的法律适用，既要包括有价证券体现的权利的法律适用，又要考虑有价证券本身的物权的法律适用，既要考虑到有价证券直接持有体制下的法律适用，又要顾及有价证券间接持有体制下的法律适用；（4）在承认域外物权既得权的同时，更要注重对于内国财产的交易安全和秩序，以及善意第三人利益的保护。⑪

注：

①梁淑英：《国际法视角下的琉球地位》，《法学杂志》，2013年第4期。

②余民才：《海洋争端强制仲裁程序及中国的应对策略——以中菲南海争端强制仲裁事件为例》，《法商研究》，2013年第3期；余民才：《中菲南海争端仲裁庭的法律问题》，《国际安全研究》，2013年第5期。

③赵建文：《条约法上的善意原则》，《当代法学》，2013年第4期。

④杜焕芳：《美国最高法院的条约解释方法与阿伯特案的影响》，《法学评论》，2013年第5期。

⑤张德瑞：《论欧洲人权法院的“司法造法”》，《法学评论》，2013年第5期。

⑥窦希铭：《论WTO框架下补贴利益认定中的外部基准》，《政法论坛》，2013年第5期。

⑦刘敬东：《浅析WTO未来之路——WTO改革动向及思考》，《法学杂志》，2013年第4期。

⑧陈正健:《投资条约保护和安全标准的适用及其启示》,《法商研究》,2013 年第 5 期。

⑨余劲松、陈正健:《中国境外投资核准制度刍议》,《法学家》,2013 年第 2 期。

⑩谢丹、陈星宇:《国际法视野下的日本"集体自卫权"问题》,《法学杂志》,2013 年第 7 期。

⑪杜焕芳:《论我国涉外物权法律适用的完善》,《当代法学》,2013 年第 2 期。

(作者:中国人民大学副教授)

法律史学

赵晓耕 王云霞 叶秋华 范依畴 胡姗辰

中国法律史学研究综述

一、重要学术会议

(一)曾宪义教授主编的《中国传统法律文化研究》(10 卷本)座谈会暨曾宪义先生逝世二周年纪念活动

2013 年 1 月 12 日,中国人民大学曾宪义教授主编的《中国传统法律文化研究》(10 卷本)座谈会暨曾宪义先生逝世二周年纪念活动在中国人民大学明德法学楼举行。会议由中国人民大学法学院、曾宪义法学教育与法律文化基金会共同主办,由中国人民大学法学院法律史教研室、中国人民大学法律文化研究中心承办。时值曾宪义教授主编的《中国传统法律文化研究》(10 卷本)出版周年,为缅怀先生对推动中国传统法律文化研究鞠躬尽瘁之精神以告慰先生,中国人民大学法学院特此举行"曾宪义教授主编《中国传统法律文化研究》(10 卷本)座谈会"。中国人民大学法学院法律史教研室主任赵晓耕教授主持会议。张文显教授首先致辞,高度评价曾宪义教授主编的《中国传统法律文化研究》(10 卷本)在学术上的价值,同时也总结概括了曾宪义教授为推动中国法学教育发展所做的贡献,并代表曾宪义法学教育与法律文化基金会对社会各界的支持表示了感谢。座谈会上,夏锦文、范忠信、霍存福、汪世荣教授等做了"源流嬗变:新语境叙述下的传统法律文化"的主题发言,徐立志、苏亦工、张生教授等做了"古今之平:法律传统与现代法律批判"的主题发言,王健教授等评议人做了精彩点评。中国人民大学法律文化研究中心主任叶秋华教授做闭幕致辞。

(二)台湾法律问题学术研讨会

2013 年 4 月 3 日,中国人民大学台湾法律问题研究所、武汉大学两岸及港澳法制研究中心、北京联合大学台湾研究院合作举办的台湾法律问题学术研讨会在明德法学楼 601 报告厅召开。中共中央台湾工作办公室、国务院台湾事务办公室法规局局长周宁,法律出版社社长、海峡两岸法学交流促进会副理事长黄闽,中国人民大学法学院院长韩大元教授,武汉大学两岸及港澳法制研究中心主任周叶中教授,全国台湾研究会常务副会长周志怀研究员,中国人民大学国际关系学院副院长金灿荣教授,北京联合大学台湾研究院刘文忠副院长及两岸关系法律研究领域的 40 余位专家学者出席了本次研讨会。研讨会由中国人民大学台湾法律问题研究所所长赵晓耕教授主持。会上,中国人民大学胡锦光教授、武汉大学周叶中教授和北京联合大学刘文忠教授共同签署了三方合作协议。根据合作协议,三方拟订中长期的合作计划,每年定期轮流承办台湾法研究的学术研讨会,不定期地轮流主办台湾法研究方面的小型学术沙龙。与会专家还就扩大和深化学术机构之间关于台湾问题法律研究的合作交流问题进行了研讨。

(三)"现代性与中国法律文化"国际研讨会

2013 年 5 月 26 日,由中国人民大学法学院主办、中国人民大学法律全球化研究中心与中国人民大学法律文化研究中心联合承办的"现代性与中国法律文化"国际研讨会,在中国人民大学明德法学楼召开。100 多年前发生的晚清变法,通常被认为意味着中国法律文化开始从传统向现代转型,被看作中国法律文化逐渐获致现代性的开端。现代性与中国法律文化之间的关系,既是深入认识近代以来中国法制进程的关键要点之一,也是在全球视野之下理解当下中国法制建设的切入点之一。本次研讨会会聚了在法学、史学、人类学等学科中对这一问题卓有研究的 50 余位中外学者。来自中国人民大学、北京大学、清华大学、南京大学、吉林大学、中国政法大学、华东政法大学、中国社会科学院法学研究所等大陆高校、研究机构以及香港大学、香港中文大学、澳门大学、台湾政治大学等港澳台地区高校和宾夕法尼亚大学、华盛顿大学、印第安纳大学、伦敦大学、名古屋大学等国外知名学府的学者们进行了跨学科、多角度的深入对话。

(四)"近代法律与社会转型"学术研讨会

2013 年 9 月 15 日,由中国政法大学人文学院历史研究所、中国政法大学东方法治与文化研究中心主办的"近代法律与社会转型"学术研讨会在北京花园饭店举行。来自司法部、教育部、中国社会科学院、北京大学、中国人民大学、北京交通大学、中国政法大学、光明日报社、法制日报社、检察日报社等高校、研究机构和相关单位的40多位专家学者共同出席了会议。本次研讨会旨在从历史学的角度探求法律史的研究旨趣和方法，增进史学界和法学界关于法律史研究的对话和交流。与会代表从社会史、文化史、制度史等多角度，对近代法律条文的流变、制度的转型进行了深入的研究与交流，并从更宏大的视野探讨了我国近代法制的起源及世界观的碰撞。

（五）“民主法治与中国传统”学术研讨会

“民主法治与中国传统”学术研讨会，于2013年9月21日在中国社会科学院法学研究所召开。会议在文化自觉自信、文化大发展大繁荣语境下，分“中国法治的历史和文化根基”“法治现代转型及其乡土语境”“文化传统与现代治道”“法家法治与民主法治”4个单元，对“民主法治与中国传统”做了广泛而深入的研讨。来自中国人民大学法学院、国学院、国际关系学院，清华大学法学院，北京大学法学院，中国政法大学，中央党校政法部，中央财经大学法学院，中央民族大学法学院，北京师范大学法学院，北京航空航天大学法学院、人文与社会科学高等研究院，北京交通大学法学院，首都经济贸易大学法学院，浙江大学法学院，厦门大学法学院，吉林省社会科学院，中国社会科学院法学研究所、国际法研究所，《法学研究》、《环球法律评论》、《中国社会科学》杂志等单位的50多位专家学者出席了会议。

（六）传统法智慧与移植法制本土化改良国际研讨会暨中国法律史学会2013年年会

2013年10月9—11日，由中国法律史学会主办，杭州师范大学承办，浙江理工大学、中国计量学院、浙江财经大学协办的传统法智慧与移植法制本土化改良国际研讨会暨中国法律史学会2013年年会在杭州西湖花港海航酒店举行。来自中国社会科学院、中国政法大学、中国人民大学、北京大学、西南政法大学、西北政法大学、华东政法大学、中南财经政法大学、杭州师范大学、台湾和澳门地区有关高校等100多所国内高校及美、日、韩等国家的200余名专家学者参加了西子湖畔为期两天的学术讨论。年会以“中华传统法智慧与移植法制的本土化改良”为主题，讨论在第八届中国法律史学会执行会长、杭州师范大学法学院范忠信教授和西北政法大学汪世荣教授主持下拉开序幕。在开幕式及首场大会讨论中，参会各方代表特别强调了认识和弘扬优秀传统法律文化这一宗旨。中国法律史学会执行会长杨一凡教授、中国社科院法学研究所所长李林教授、中国政法大学副校长朱勇教授、浙江省法学会副会长牛太升教授、杭州师范大学校长杜卫教授和法学院院长李安教授、浙江理工大学法学院院长王健教授等在发言中先后表达深究中华传统法律智慧的意义，强调对近代以来自国外移植的法制进行民族化或本土化改造，是贯彻十八大“完善中国特色社会主义法律体系”“加快推进社会主义现代化，实现中华民族伟大复兴”精神的重要一环。中国大陆学者代表西南政法大学俞荣根教授更阐释了儒学正义论的七大主题和中华法系礼法文明遗产；台湾地区学者代表辅仁大学黄源盛教授从法律继受与法律语言转换角度反省了法律移植的得失，特别揭示了即使是超前的移植法制，只要真实信守，也会使人民相安无事地接受这一规律；美国学者代表廖凯原教授申说了中华传统法律智慧的现代意义。随后与会学者分组进行学术讨论，4个分会场分别从中华传统法律思想文化的历史启示、中国古代法制的成就与智慧（上、下）、近现代中国法制移植的利弊得失等主题进行了深入探讨。

（七）中国法律思想史专业委员会2013年年会

2013年11月2日，中国法律思想史专业委员会2013年年会在山西大同召开。本次年会由中国法律思想史专业委员会主办、大同大学政法学院承办，会议主题是“先秦时期秦晋法家思想研究的新视野”。来自全国高校、科研院所、法院等实务部门以及新闻出版界的专家学者共70余人参加了会议。

二、重要学术著作简介

在法律史学专著方面，北京法律史学诸位同人本年度取得了非常丰硕的成果，不论是基础性法律史资料的汇编，抑或是法律史专著，相比上一年度都有很明显的增加。

法律史学界老前辈，中国政法大学终身教授张晋藩先生的新书《中华法制文明史》[①]问世。全书分上下两卷，上卷为古代卷，下卷为近当代卷。上溯夏商法制，下述新中国社会主义法制文明，将历经数千年而从未中断中华法制文明的历史连续、系统、完整地呈现出来。上卷（古代卷）按照年代分章叙述法制文明史，从文明起源的夏商，到西周、春秋战国、秦、两汉、魏晋南北朝、隋唐、两宋，一直到中华法制文明最后形态之明清。下卷（近当代卷）按照专题的形式，分别叙述了改制变法思潮、西方法文化、洋务法制、宪法思潮与维新、预备立宪、晚清修律情形、近代刑事立法、民事立法、商事立法、司法改革等具体问题，基本按照部门法式样铺开论述。

中国社会科学院法学研究所杨一凡研究员的学术论文集《重新认识中国法律史》[②]一书，是有关“颠覆旧成说”“挖掘新史料”“开拓法史研究新领域”“重新认识中国法律史”方面重要研究成果的结集。书中新见迭出，内容涉及中华法系、法律形式和法律体系、古代律学和行政、经济、刑事、民事、军政、文化教育、司法、地方诸方面的法律制度，以及上千种稀见法律文献的版本。《重新认识中国法律史》一书不仅对法律史学研究有积极的推动作用，而且对于研究中国古代政治制度史、行政制度史、经济制度史、军事史、文化教育史和文献学有重要参考价值。尤韶华研究员的专著《归善斋〈吕刑〉汇纂叙论》[③]是作者《尚书》研究系列中的第一本专著，分为3篇。上篇《吕刑》要论，有穆王吕王之争、吕国所在歧义、改刑诸说异同3部分。“穆王吕王之争”，起因于今人对传统结论的质疑。“吕国所在歧义”，大多为古人之争，有些争议起于今人。“改刑诸说异同”，上自战国汉魏，下至明清。中篇《吕刑》句解——古训，下篇《吕刑》句解下——祥刑，汇集汉代至清代40余部《书经》著作的解说。该书的特点在于对各种争议进行叙述评论，择优而从，尤其是对《吕刑》句解，即逐句逐字分类对比。高汉成研究员点校整理的《〈大清新刑律〉立法资料汇编》[④]一书，涵盖了1907—1911年间围绕着《大清新刑律》的制定而出现的上谕、奏折、草案等主要立法资料，这其中既包括立法沿革及立法理由，也包括资政院的审议。此外，礼法之争中的一些重要文章，也收录其中。按照冈田朝太郎的说法，《大清新刑律》历经六案的修订始完成立法程序。在编辑体例上，该书以时间为纬，以内容为经。孙家红研究员的专著《关于“子孙违犯教令”的历史考察——一个微观法史学的尝试》[⑤]，试图以“微观法史学”的崭新视角，围绕“子孙违犯教令”条款及其所涉权利义务关系、立法司法实践，进行全方位解读，追溯其文本沿革，探究其司法观念，深度分析该条款在中华旧律体系下的丰富表现，希望能对传统中华法系多一份同情之理解，为未来中国相关法律问题之解决提供历史鉴戒，并从学科方法论上进行反省，试图为中国法史学研究开辟一条蹊径。

中国人民大学法学院朱腾博士的《渗入皇帝政治的经典之学》[⑥]一书，以汉代儒家法律思想为研究切入点，将“法”置于汉代这一广阔的社会历史背景下，通过社会法学的新视野，对汉代“法”的内涵进行了全新诠释。道德、礼制、天道与法制一道，都是汉代真实存在的“活法”，渗透与贯彻其中的是儒家对“法”所持的泛规范主义的态度。“法”的概念不仅是对各种规范的抽象，也是一种恒定的秩序。该书立论新颖，史料翔实，逻辑严密，语言表述精练，具有较高的学术研究借鉴价值。

中国政法大学茅彭年教授独著的《中国国家与法的起源》[⑦]，是作者在其讲授的《中国刑事司法制度》课程讲义的基础上，花了10余年时间，查阅大量文献资料，收集有价值的出土文物整理出来的一部成果。该书阐述中国国家与法起源于黄帝时代，距今有5000年的历史，探讨了国家的定义、国家的标准；法的定义，先秦时代的法，中国东方、古代西方法的比较研究；中国古代的刑事司法等。刘广安教授主编的《晚清法制改革的规律性探索》[⑧]一书，以晚清法制改革为切入点。尽管以往研究此类话题的著述不少，但本书的创新之处在于突出了法律观念与立法机构这两个主题。法律观念的更新为晚清法制改革提供了理论基础，立法机构的创设则为晚清法制改革提供了制度保障。正是由于晚清人士法律观念更新的程度不同，立法机构发挥的作用有别，造成了晚清法制改革的曲折性和复杂性。林乾教授的《传统中国的权与法》[⑨]一书，主要讨论了中国古代权力与法制的关系。作者认为，对这一问题的研究是全面认识君主专制权力在中国历史中的地位、作用及职能的基础和关键所在。陈煜副教授翻译了英国学者马若斐的《传统中国法的精神》[⑩]一书，使其与中国读者见面。原书作者运用比较法和语义分析等方法，以唐律中的刑法典为主要研究对象，兼论其他朝代的刑律。译者忠于原文，做到了翻译的“信、达、雅”，充分尊重原著作者的学术观点，同时也在个别地方做了改动，使得书中某些引用的律例和案例更尊重史实。此外译者还于文末附录了原著作者的3篇相关论文，以便读者更好地理解本书的精神。宇培峰副教授的《“家长权”研究：中、西法文化视野中的“家长权”》[⑪]一书，通过对中西古今“家长权”制度的发展与嬗变以及比较研究，揭示和阐明“家长权”在古、现代发展变化的脉络。该书试图从“家长权”与“亲权”意识、“家长”扶养制度的演变、监护制度的演变以及“亲属会议”及“家事法庭”等方面，掌握各国“家长权”的演变趋势及有关制度设计，最后对“家长权”问题的发展方向进行总结。

外交学院闵冬芳副教授的《〈大清律辑注〉研究》[⑫]一书，通过大量的文本比较，对《大清律集解》和《大清律例》中的总注、小注和条例以及清代中后期私家律书的律注之采自沈之奇律书者进行搜集和分析，并在大量阅读清代司法文献的基础上对清代司法实践中官员们援引沈之奇律书的情形和深层原因进行了探讨。通过该书，读者们可以窥见清代律学的发展道路、私人律书如何影响清代的立法、司法以及当时官方眼中私人律书的地位等。

三、本年度学科研究重点问题

2013年北京地区中国法制史学科研究的热点问题，没有一定的集中讨论的主题，所涉及的主题非常多，颇有遍地开花之意。总结起来，主要有以下几个方面。

（一）关于古代法律制度史的研究

古代制度史的研究一向是中国法制史研究的重中之重。在本年度，制度史的研究成果非常多，内容涉及了各个方面。主要有民事法制史研究、民事诉讼法制史研究等。

在民事法制史研究方面，有学者探讨了西夏法典对契约的规制，他认为西夏契约主要有典当铺契约、买卖契约、借贷契约等，法律对契约的格式、契约双方的立约基础、借贷契约的利率、典当铺契约中出典人和受典人的权利义务、卖地契约的形式和程序、契约担保制度以及违约责任等均进行了规制。西夏契约在书写格式、立约基础等方面与唐宋契约较为相近，但也有其自身的特点。[13]也有学者对清代东北地区土地的特殊保护进行了研究，指出清代东北地区是满族的根本重地。清代统治者在东北地区实行了特别的土地政策，对于其土地及相关资源也进行了法律上的个别的、特殊的保护。这样的保护在近200年的时间中发挥了较好的效果，保证了东北地区的满族特色。[14]

古代民刑诉讼方面，有学者以清代档案为视角对清代民事诉讼意识的萌发进行了探讨。指出清代司法档案提供了考察清代民事诉讼的信证。清代民事法律关系由简单趋于复杂化，表现出民事案件比重上升、民事诉讼主体扩大、诉讼内容广泛、审判灵活、执行简便等特点，说明传统的息讼理念正在悄然发生着改变，民众的权利意识正处于觉醒状态。[15]有学者研究了汉代刑事证据在司法监督制度中的运用，指出汉代初步形成了以据证乞鞫、俱证奏谳及验证录囚为核心的刑事司法监督制度。乞鞫是对案件事实的监督，奏谳是对法律适用的监督，而录囚则是对案件事实与法律适用全方位的监督。通过对案件的督察，促使官吏公平执法，避免冤滞案件的发生。对当代审判监督制度的发展与完善仍不乏借鉴价值。[16]也有学者对清代、民国、当代司法实践中的“案多人少”现象进行了比较分析，指出尽管“案多人少”的问题近年来才越来越为人们所关注，但实际上，“案多人少”并非当代中国的司法才开始出现的新问题。民国以来，官方不再像清代那样主要依靠刻意限制民众提起诉讼时可供使用的“制度资源”来打压其诉讼需求，而是将增加新式法院数量和扩充专业法官队伍作为努力的主要方向。在这个过程中，对有关“调解”的话语资源的有意利用尤其值得注意。当代中国若要务实有效地应对“案多人少”的问题，并不能简单地寄希望于大量扩充法官编制和增加法官人数，而是需要对现有的制度资源进行重组优化。[17]有学者对宋代女性嫁妆权利进行了解读，指出儒家伦理要求“子妇无私货，无私畜，无私器，不敢私假，不敢私与”。然而，在大量宋代社会生活文献记载中，当时女性的嫁妆权利是受保护的。宋代法律文本兼有对儒家伦理的认可和对女性嫁妆权利的保护，司法实践中也得到了印证。在宋代，道德、法律和社会生活之间存在着复杂的关系，女性嫁妆权利作为一种特殊的财产权利获得了张力之下的生存空间。[18]还有学者从中国革命的视角对马锡五审判进行了再探，认为马锡五审判在内容和形式上具有特殊的质的规定性。共产党提出和推广马锡五审判，是因为它对中国革命具有3个层面上的构成性意义。马锡五审判既满足了革命对司法的充分想象，也成就了司法对革命的最大意义。[19]

（二）关于古代法律思想史的研究

在本年度，关于法律思想史研究的论文比较多。思想是制度的灵魂，要想研究好中国古代的一个法律制度，我们不能忽略其背后思想的重要性。本年度思想史的论文主要包括传统法律思想史研究和近代法律思想史研究。

有学者对中国古代司法文化中的人文与理性进行探讨，指出人文与理性是中国传统司法文化的两大理念，它体现于古代的司法心理、伦理道德、律学指导证据判词、民刑分理诸方面。虽然这种理念在世界许多法系中也曾存在过，然而就内容之宏富，特色之显明，思想之深邃，绵延之一贯则为中华法系所独有。其文化积淀之深厚，经验积累之丰富不仅足以彰显中华古国之法制文明，而且对当前的司法改革亦具有借鉴意义。[20]该学者还对中国古代司法文化中的人文精神进行了论述，他指出司法活动应当坚持以人为本原则的思想在中国古代就已产生，西周确立的“明德慎罚”思想和儒家阐发的“仁政”思想对司法理论与实践具有深远影响，是中国古代司法中人文精神的集中体现。汉朝以后，司法中体现人文精神的内容日益丰富。重新探讨与审视中国古代司法中的人文精神，可以让传统中的积极因素在新的历史条件下更好地得以继承与发扬。[21]有学者重新评述了中国古代礼刑合一的法制构架。该学者认为“诸法合体、民刑不分”这种认识难以理解和揭示帝国立法的理性方面及其所蕴含的政治智慧，所以对中国古代礼刑合一的法制构架进行了重新评价和论证。[22]关于儒家思想的研究，有学者从儒家思想对西夏法制的影响这一视角进行了探讨，认为西夏党项人深受中原儒家思想的影响，成为西夏法律的思想基础。“以孝道为核心”的儒家思想，儒家“尊君孝亲”“慎刑德政”思想在西夏法制中都有深刻体现。[23]还有学者对中国古代的“礼”做了全新的诠释，指出由于受“法律儒家化”这一经典命题的影响，法律史学界的既有论述习以为常地偏重汉代之后与法逐渐相融的礼，并借此反观周礼以致忽略了周礼自身的特质。事实上，周礼与汉以后的礼有着相当大的差异，具有较为明显的形式性。从春秋中后期开始至战国年代，周礼逐渐被实质化，而《春秋公羊传》与《春秋谷梁传》则分别阐述了实质化的一种路径亦即原则化或规则化，并成为了汉代朝廷思考权力或刑律与道德之关系的重要知识资源。[24]

近现代法律思想史研究在这一年度也成果颇丰，有学者以晚清资政院议员之操守为切入点，对传统儒学信仰、法政新知与议员风骨进行了探讨。指出近代中国宪政之路曲折异常，这跟议员们风骨每况愈下紧密相关。议员们风骨之有无、多少，跟其思想背景紧密相关。晚清资政院议员能将传统儒学信仰和法政新知较良性结合，故能在议事时充分表现其风骨；民初以降，儒学不再是信仰之源，沦为章句记诵之术；经移植而来的法政之学对议员们来说仅仅是“新知”，而不能提供新“信仰”。如何让民意代表保有信仰？如何让整个社会在权势之上、权势之外自有其独立的是非信念？这是反思近代中国宪政历程所不能回避的重要问题。[25]也有学者以郭嵩焘的法政思想为切入点，就西法对中国法制近代化的影响这一问题进行了探讨，认为当西方已经建立起一套全新的近代法律制度时，中国的法律却仍在封闭的自满中陶醉。直到1840年中国的封闭状态始被打破，法文化也在接受西方的刺激后开始苏醒，使晚清的法制改革得到新的理论导向，从而使法律近代化成为可能。[26]

（三）关于传统法律文化研究

传统法律文化研究也是中国法制史研究的一个热门领域，在本年度，有部分优秀成果。有学者通过对官制、语言与司法的分析，探究了清代刑部满汉官权力之消长，指出“满汉复设”是清代官制的突出特色之一，但在刑部这样具有相当特殊性的部门里，满汉官权力的配置及其运作实态如何？对此，由于清廷粉饰遮掩，讳莫如深，令研究者常有资料不足征之憾。借助所见史料，从语言和人事政策两个角度对这一问题试做探讨，粗线条地勾勒出清代刑部满汉官权力消长的大致脉络，可以展现从清初满官垄断刑部到晚清出现的所谓“专家掌部”现象的反差。尽管清廷一再重申崇满抑汉的民族歧视政策，但是，司法领域内追求审判公平及专业化的潮流，最终还是冲破了种族和语言的藩篱。[27]也有学者以白居易《百道判》为例对唐代判词的法律特征与文学特征进行了探讨，指出《百道判》文情并茂，为唐判法律与文学相结合的典型代表。判词中衡情酌理分析论证，具实判文书重要特征；富有文采，注意用典，具文学作品的重要特征。唐判的文学品格虽会在一定程度上削减法律运用的准确性，但具历史的合理性。[28]还有学者通过对明清文学中“城隍信仰”的法文化解读，对民间司法公正观念的神话表述及其特征进行了分析，指出传统中国百姓如何看待司法权和司法公正。民间的“城隍信仰”能给我们部分答案。城隍神实为古代中国司法之神。这种土生土长的神灵信仰，承载了中华民族世世代代对于安全、公平和秩序的认识和期待。对明清民间文学中的城隍神作为“法司”的角色特征的考察，可以对古代民间百姓的司法公正观念做初步梳理和法律文化解读。这在相当程度上是在解读中华民族法律观念的某些遗传密码。[29]

（四）关于古代法典研究

本年度，关于古代法典研究的论文并不是很多，具有代表性的一篇论证了为何《唐律疏议》是一部优秀的法典。该作者指出学界历来认为《唐律疏议》是一部优秀的法典，但求证的路径和方法大都是立足于法史的一种比较认识。若从法理学的立法学角度，亦即从立法的原理、制度与技术3个方面来重新认识和评判《唐律疏议》，发现它的立法原理蕴含着平，而平是法的本义，亦是人类优秀法典的精髓和本质标志。与同时代和同类型的世界其他法典相比较，《唐律疏议》在制度设置与立法技术上亦显得完善和成熟。因此，无论是从法史的比较角度出发，还是就法典论法典的立法学而言，《唐律疏议》都称得上是一部优秀的法典。[30]

外国法律史学研究综述

一、学术交流活动

2013年，北京法律史学界举办或参与的外国法制史学科学术交流活动主要包括：

（一）全国外国法制史研究会第26届年会

2013年9月21日，由全国外国法制史研究会主办、东南大学法学院和华东政法大学法律史研究中心共同承办的全国外国法制史研究会第26届年会，在南京市东南大学召开。本届年会的主题为“大学的兴起与法律教育”，共有来自全国各大高校、科研机构和出版单位的140余位专家学者出席。与会者在6场研讨会中分别就“法律教育的渊源”“大学的兴起与法律教育”“大陆法系的法律教育”“英美法系的法律教育”等主题展开交流与讨论。北京大学、清华大学、中国人民大学、北京社科院、商务印书馆等北京地区各主要高校、科研单位和出版单位均派代表参会。

（二）全国西方法律思想史研究会2013年年会

2013年11月9日，由中国法律史学会西方法律思想史研究会主办、郑州大学承办的西方法律思想史研究会2013年年会在河南郑州召开。会议围绕“现代法学与法治”“中西法治文化比较”“宪法与法治”“古典法学与法治”4个单元进行专题研讨和评议，中国人民大学、北京大学以及中国社科院法学研究所等来自全国40多所知名高校和科研机构的近100名专家学者参会交流。

（三）“亚欧法律史论坛”第二届年会

2013年11月4—6日，中国政法大学法律史学研究院与德国马克斯·普朗克欧洲法律史研究所和奥地利维也纳大学法学院联合举办了“亚欧法律史论坛”第二届年会。来自德国、奥地利、我国台湾地区诸多科研院校以及与北京大学、清华大学、中国人民大学、中国社会科学院等多名专家学者参加了此次大会。本届年会的主题是“理念与过程：近代亚洲与欧洲的法律交流”，与会代表围绕着“中国特色与欧洲中心”“比较法视野中东西方的差异性”“19世纪的亚欧法律交流”“亚欧法律交流的哲学意义”和“域外法引入过程中的法律精英”5个专题展开了热烈的讨论。

（四）第二届“青年法史论坛”

2013年11月17日，第二届“青年法史论坛”在中国人民大学举行。“青年法史论坛”是国内“75后”法律史研究学人自发形成的学术聚会，本届论坛的主题为“法律史研究的进路反思”，吸引了来自中国人民大学、北京大学、清华大学、中国社会科学院、中国政法大学等全国各高校与科研院所的近30位青年中法史和外法史学者参加。

（五）第二届“比较法学与世界共同法”国际研讨会暨亚洲比较法学会成立大会

由中国政法大学比较法学研究院主办的第二届“比较法学与世界共同法”国际研讨会于2013年9月27—28日在北京举行。本次会议也是亚洲比较法学会成立大会。来自澳大利亚、德国、希腊、印度、意大利、日本、俄罗斯、瑞士、美国、中国等国家及地区的近80名专家学者就法律翻译、法律全球化背景下比较法研究的范式转换、法典编纂、法律移植等法律问题展开了深入的交流和对话。中国法学会、中国政法大学的多位专家学者在亚洲比较法学会中肩负了重要职责。

（六）“全球化时代的比较法学：移植与创新”国际会议

2013年6月14—15日，清华大学法学院与美国康奈尔大学法学院在清华大学法学院联合举办“全球化时代的比较法学：移植与创新”国际会议。来自中国、美国、日本、韩国、菲律宾和我国港、澳、台地区的30所大学及科研机构的60余位专家学者分别就“比较法：话语与翻译”“全球化时代的法律移植”“比较私法：协调与吸收”“比较公法：普适与特殊”“比较法范式：反思与创新”等专题展开热烈讨论。清华大学、北京大学、中国人民大学、中国政法大学、北京师范大学和北京理工大学等北京地区各主要法学院校学者参会。

（七）“长安与罗马·东西方文明的对话——罗马法与中国法的传承和发展”国际学术研讨会

2013年10月31日，“长安与罗马·东西方文明的对话——罗马法与中国法的传承和发展”国际学术研讨会在西北政法大学召开。意大利、俄罗斯的10余位罗马法权威专家及国内高校、科研机构共200多名专家学者参加了本次研讨会。中国政法大学的罗马法学者作为北京地区代表出席了本次会议。

二、主要著作

2013年北京地区外国法律史学相关研究成果丰富，主要著作的研究内容涉及外国法律制度史、西方法律思想史、比较法律文化等诸多方面，研究视角呈现多元化特征。

（一）外国法律制度史

英美法系和大陆法系国家法律制度仍是学者们研究的重点内容。英国的威廉·格尔达特（William Getdart）著、张笑牧译的《英国法导论（原书第11版）》[31]在概括介绍英国法相关法律渊源的基础上，按不同法律部门对英国法进行系统阐述。旅美华人作家夫妇林达的《扫起落叶好过冬》[32]作为其畅销书《近距离看美国》系列中的一本，通过一些通俗易懂、可读性强的小故事刻画美国立法和司法史中的某些重要方面和重要时刻。吴如巧的《美国联邦民事诉讼规则的新发展》[33]对美国联邦民事诉讼程序及其发展、审前程序及其改革趋势、违宪审查等9个专题进行了深入探讨。布鲁斯·阿克曼（Bruce Ackerman）的《建国之父的失败：杰斐逊、马歇尔与总统制民主的兴起》（江照信译）[34]把政党这一关键性的宪法机制纳入了美国宪法的理论建构，如实还原了美国早期宪法史。朱应平的专著《澳美两国司法审查原告资格比较研究》[35]对澳大利亚和美国的司法审查制度中的原告资格的发展和演变进行了阐释、分析和比较。章正璋的专著《大陆法系无权处分制度比较研究》[36]在介绍了无权处分的概念和理论基础以及罗马法上的无权处分制度的基础上，对法国、德国以及瑞士民法典中的无权处分制度进行了比较和分析。

一部分学者在研究国外法制发展过程时采取了比较法的研究视角。刘言浩的专著《不当得利法的形成与展开》[37]以历史与比较的方法追本溯源，从罗马法中的返还财产诉权出发，描述了不当得利制度在中世纪欧洲共同法中的发展，比较了大陆法系、英美法系诸国不当得利法；王公义主编的《中外司法体制比较研究》[38]，系统地分析了英、美、法、德、日、俄、澳、新西兰等国及我国台湾地区在审判制度、检察制度、侦查制度、司法行政管理体制、律师制度、监狱制度、调解制度、法律援助制度、司法鉴定制度等方面的现状和特点；季美君的《中澳检察制度比较研究》[39]重点比较研究了检察制度中的组织机构、检察职能、检察官制度和检察制度改革等问题，分析了澳大利亚检察制度在移植和借鉴英美法系其他国家检察制度的成功之处及其特色。

各国宪政史成为本年度外法史研究论著中的热点问题。顾銮斋主编的《西方宪政史》系列[40]对古代希腊、罗马、中世纪各历史阶段宪政的发轫和发展，欧美各主要国家宪政的发展、革新和逐步完善的过程进行了介绍和分析。还有李宝奇的《韩国修宪历史及其政治制度变迁研究》[41]梳理了韩国建国以来9次修宪的历史和政治制度的变迁，评价了韩国修宪及其对政治制度变迁的影响。程迈的《坎坷动荡转型路：尼日利亚的宪法改革与教训》[42]追踪了尼日利亚从建国至今的宪政历程，分析了决定该国宪政成败的主要社会因素。

此外，何勤华主编的《外国法制史研究（第15卷·2012年）：超国家法的历史变迁》[43]以及由英国的乔洛维茨和尼古拉斯著、薛军译的《罗马法研究历史导论》[44]也是本年度外法史学科的重要成果。前者是2012年全国外国法制史研究会第25届年会论文集；后者作为英语世界中的罗马法学术名著，着重阐述了各个历史时期的罗马宪制、罗马刑法、刑事诉讼法、罗马行政法以及早期罗马私法等问题。

（二）西方法律思想史

倪建民和公丕祥所著的《西方法律思想历程》[45]阐释了西方法学的正义观、西方法学对法律和规律关系的理解和运用以及西方法学的法治观，揭示了人类走向法治的历史大趋势。严存生的《西方法哲学问题史研究》[46]归纳了近30个西方法哲学的概念和问题，比较系统地介绍了它们的来龙去脉，呈现了西方法哲学家对法的理念的种种思考。王建学主编的《1789年人权和公民权宣言的思想渊源之争》[47]，围绕《人权宣言》的思想渊源，辑录了国外论战的原始文献以及我国相关学者的研究论文，以学术演变的脉络为背景，全面再现了论战的实况和双方的学术观点与争论焦点。已故的邓正来教授翻译的庞德的名著《法律史解释》[48]通过对法理学发展历史的解读，阐述了社会学法学的产生、发展过程，展示了其建构社会学法学理论的独特路径。

（三）中西法律文化史

夏新华的《非洲法律文化史论》[49]通过对非洲法律文化研究的基本理论问题、非洲的传统社会与法律文化、非洲习惯法的形成和发展、伊斯兰教法在非洲的移植与影响、西方法在非洲的移植与影响等问题的深入分析，对非洲法律文化研究进行全面的总结和思考。法国学者罗伯特·雅各布的《上天·审判：中国与欧洲司法观念历史的初步比较》（李滨译）[50]分析了中西方两个不同社会的司法正义观的文化渊源与形成过程，以及这一观念对人们的思想意识、道德伦理乃至行为方式等产生的内在根源上的影响。林海的《活的法律：那些永恒的法史瞬间》[51]通过在西方法律发展中产生了重要作用的若干个案，勾勒了西方法律文化产生和发展的历史。

三、研究热点问题

2013年北京地区的外国法律史研究不仅在传统的外国法律史研究领域中有丰富的成果，具体研究对象也进一步拓展。期刊论文体现的研究热点主要包括以下几个方面。

（一）罗马法研究

2013年，有关罗马法具体制度及其影响的研究是北京地区的外法史研究的一个重要热点。马丁阐释了“诉”在罗马法上的内涵及其意义变迁，探讨“诉权”思维和“诉权”体系之兴衰的表现及其原因，揭示了罗马法上“诉”的概念与制度对近现代大陆法系国家相关制度的深远影响[52]；耿卓考察了源自古罗马的地役权制度在现代民法甚至其他法律制度中产生的影响；[53]李媚以罗马法为视角，对契约法中的流质契约解禁问题进行了反思；[54]肖俊认为，现代法律中对于人格利益全面的损害赔偿可以追溯到罗马法的侵辱之诉，它与阿奎利亚法所规定的财产损害赔偿责任泾渭分明，形成了罗马法中人物侵权责任相互并立的二元体系；[55]徐国栋则对古罗马《惩治通奸的优流斯法》中有关追诉时效规定的滥觞和其在近现代的演变和发展进行了专门考察。[56]舒国滢通过对古罗马时期 Jurisprudentia 的考察，试图回答“法学是一门怎样的学问”；[57]有学者对古罗马平民争取权利中的非暴力不合作运动的历史进行了考察，并对平民的5次撤离进行了法律解读；[58]还有学者通过罗马法以“市民法”到“万民法”及其背后的观念演变为类比，揭示欧洲早期现代政法理论中万国法向现代国际法演变的进程。[59]此外，有的学者还对罗马法学进行关注，如舒国滢就罗马法学成长中的方法论因素进行了考察，[60]费安玲则就罗马法研究对当代中国法治建设的推进性影响进行了专门论述[61]等。

（二）印度法制研究

2013年，印度地区的法制也引起了北京地区外法史学界的关注。有学者以《摩奴法论》为视角，对古代印度法的主要内容与特征进行了全面考察，认为古印度法是宗教之法、婆罗门之法、学说之法和多元之法；[62]还有学者则关注现代印度法，对1872年印度合同法以及印度合同法制的发展演变过程进行考察，认为印度合同法虽吸收了普通法的精神和很多要素，但也在吸收新理论的基础上对英国传统合同制度进行了改造。[63]

（三）大陆法系法律制度研究

2013年北京地区对法国法制史的研究主要集中在法国公法领域。有的学者对法国大革命前的古典司法体制进行研究，力图为“司法独立”思想的产生还原出一个更为稳定，也更为实践化的时空场景。[64]有的学者对法国违警罪制度的由来、发展和现状进行系统研究，以期为我国劳教制度的改革提供借鉴。[65]还有的学者考察了2008年以后法国由事先审查到事后审查的违宪审查制度改革的成效和暴露的问题。[66]

德国法律史的研究主要集中在民商、经济法方面。有的学者对德国法理论和实践中的一般人格权财产性内容及其演变进行梳理和考察。[67]还有学者追溯了《一般交易条款规制法》的制定经过和在一般交易条款内容控制领域的制度演化及其在德国社会经济发展中发挥的积极作用。[68]还有学者考察了德国法上框架合同理论的演变过程。[69]

在日本法研究中，有的学者通过对日本公司法中董事对第三人责任的相关的规定和判例的发展进行了梳理。[70]有的学者则对日本老年人医疗保险立法历程进行系统考察。[71]有学者考察了日本百年宪政转型历程，认为“路径依赖”与“基因断裂”共同决定了日本百年宪政转型的样态，同时左右着现代乃至未来日本人宪法生活的状况。[72]还有学者以德国、日本和中国台湾为样本，对大陆法系国家成年人监护制度改革历程进行考察。[73]

（四）英美法系法律制度研究

2013年北京地区法律史学对英美法系的研究在内容和视角上丰富多元。在英国法的研究中，有的学者通过对《古老的宪法与封建法》的分析，探索普通法的精神与英格兰宪政之间的关系。[74]有学者以《英宪精义》作为切入点，考察了戴雪、弗里曼、梅特兰等英国宪法学者有关不成文宪法的种种认知，指出不成文宪法只是在成文宪法视角下被贴上的一个标签。[75]有的学者对17世纪的英国“司法独立”进行了重新解读，认为这一时期法律职业阶层的分裂与斗争，都无法简单归因于道德或职业水准的高低，而更多来自与现实政治冲突的纠缠，追求独立的过程本身存在着诸多“反独立”的悖论；[76]该学者还对中世纪英格兰地方司法史进行法社会学解读，认为中世纪英格兰各种法庭的兴起与衰弱，实际上都在不同程度地回应着国家的地方治理难题，并随着社会结构的变迁呈现出“控制”与“自治”的相互渗透。[77]还有的学者以“Mosley案”为分析重点，分析了英国隐私法的最新转向和这些转向的积极意义与局限性。[78]

美国法的研究对象普遍多元化，如有学者以美国反托拉斯法的历史演变为研究对象；[79]有的学者则考察美国可转让土地开发权的历史发展及其中涉及的相关法律问题；[80]有学者对美国私募注册豁免制度的演变进行系统梳理；[81]有学者在对美国商标法的发展历史进行考察的基础上，对“商标合理使用”的概念进行了辩证。[82]

此外，也有学者从英美法系这一整体视角出发进行研究。如有的学者以英、美、澳、加4国为样本，就普通法国家的惩罚性赔偿制度进行系统性研究。[83]有的学者以比较法的视角，对英美违法合同禁止返还规则的例外进行梳理。[84]

（五）区域法制一体化研究

对区域法制一体化的研究作为本年度北京地区外法史研究的又一大亮点，主要集中在欧盟法研究。有学者以意大利对“合法利益”的损害赔偿为例，对欧盟行政法的一体化进程进行考察，指出意大利于2010年颁布的《行政诉讼法典》凸显出欧盟法对其成员国行政法的巨大影响。[85]有学者对欧洲人权法院的司法机制和相关案例进行分析，认为欧洲人权法院不断运用各种形式的裁判方法进行“司法造法”工作，对整体欧洲社会生活和政治发展产生了深远的影。[86]还有学者考察了欧盟反垄断法最新发展，认为私人诉讼在反垄断法中的地位正在逐步增强。[87]

（六）法学教育

2013年北京地区学者对国外法学教育的关注主要集中在美、日两国。日本法学教育方面，有学者对日本法科大学院制度与“临床法学教育”进行比较，并在此基础上对中国卓越法律人才计划下开展法律诊所等实践教学的动因、路径等提出了有针对性的建议。[88]美国法学教育方面，有学者对美国法学教育的案例教学法的产生背景、教学形式以及精神实质等方面进行评析，以期为我国法学教育提供一定的借鉴。[89]还有学者梳理了自20世纪80年代以来中美法学教育由继受走向合作的历程。[90]

注：

①张晋藩：《中华法制文明史》，法律出版社，2013年版。

②杨一凡：《重新认识中国法律史》，社会科学文献出版社，2013年版。

③尤韶华：《归善斋〈吕刑〉汇纂叙论》，社会科学文献出版社，2013年版。

④高汉成主编：《〈大清新刑律〉立法资料汇编》，社会科学文献出版社，2013年版。

⑤孙家红：《关于“子孙违犯教令”的历史考察——一个微观法史学的尝试》，社会科学文献出版社，2013年版。

⑥朱腾：《渗入皇帝政治的经典之学》，中国政法大学出版社，2013年版。

⑦茅彭年：《中国国家与法的起源》，中国政法大学出版社，2013年版。

⑧刘广安：《晚清法制改革的规律性探索》，中国政法大学出版社，2013年版。

⑨林乾：《传统中国的权与法》，法律出版社，2013年版。

⑩［英］马若斐著，陈煜译：《传统中国法的精神》，中国政法大学出版社，2013年版。

⑪宇培峰：《“家长权”研究：中、西法文化视野中的“家长权”》，中国政法大学出版社，2013年版。

⑫闵冬芳：《〈大清律辑注〉研究》，社会科学文献出版社，2013年版。

⑬邵方：《略论西夏法典对契约的规制》，《法学评论》，2013年第6期。

⑭宋玲：《论清代东北地区土地的特殊保护》，《法学》，2013 年第 3 期。

⑮李青：《清代民事诉讼意识的萌发——以清代档案为视角》，《政法论坛》，2013 年第 4 期。

⑯张琮军：《汉代刑事证据在司法监督制度中的运用》，《政法论坛》，2013 年第 1 期。

⑰尤陈俊：《“案多人少”的应对之道：清代、民国与当代的比较研究》，《法商研究》，2013 年第 3 期。

⑱王祎茗、赵晓耕：《“无私货”与“蓄私财”——宋代女性嫁妆权利的一种解读》，《江苏社会科学》，2013 年第 2 期。

⑲梁洪明：《马锡五审判与中国革命》，《政法论坛》，2013 年第 6 期。

⑳张晋藩：《中国古代司法文化中的人文与理性》，《政法论坛》，2013 年第 6 期。

㉑张晋藩：《论中国古代司法文化中的人文精神》，《法商研究》，2013 年第 2 期。

㉒赵明：《重评礼刑合一的法制构架》，《法学研究》，2013 年第 4 期。

㉓邵方：《儒家思想对西夏法制的影响》，《比较法研究》，2013 年第 2 期。

㉔朱腾：《原则化与规则化——〈春秋公羊传〉与〈春秋谷梁传〉所见周礼之实质化的两种路径》，《法制与社会发展》，2013 年第 6 期。

㉕李启成：《儒学信仰、法政新知与议员风骨——从晚清资政院议员之操守谈起》，《比较法研究》，2013 年第 1 期。

㉖李游、李栋：《西法对中国法制近代化的影响——以郭嵩焘的法政思想为主线》，《比较法研究》，2013 年第 3 期。

㉗苏亦工：《官制、语言与司法——清代刑部满汉官权力之消长》，《法学家》，2013 年第 2 期。

㉘朱洁琳：《唐代判词的法律特征与文学特征——以白居易〈百道判〉为例》，《政法论坛》，2013 年第 2 期。

㉙范依畴：《民间司法公正观念的神话表述及其特征——明清文学中“城隍信仰”的法文化解读》，《法学》，2013 年第 1 期。

㉚张中秋：《为什么说〈唐律疏议〉是一部优秀的法典》，《政法论坛》，2013 年第 3 期。

㉛［英］威廉·格尔达特（William Getdart）：《英国法导论（原书第 11 版）》，张笑牧译，中国政法大学出版社，2013 年版。

㉜［美］林达：《扫起落叶好过冬》（第二版），生活·读书·新知三联书店，2013 年版。

㉝吴如巧：《美国联邦民事诉讼规则的新发展》，中国政法大学出版社，2013 年版。

㉞［美］布鲁斯·阿克曼（Bruce Ackerman）：《建国之父的失败：杰斐逊、马歇尔与总统制民主的兴起》，江照信译，中国政法大学出版社，2013 年版。

㉟朱应平：《澳美两国司法审查原告资格比较研究》，北京大学出版社，2013 年版。

㊱章正璋：《大陆法系无权处分制度比较研究》，中国政法大学出版社，2013 年版。

㊲刘言浩：《不当得利法的形成与展开》，法律出版社，2013 年版。

㊳王公义主编：《中外司法体制比较研究》，法律出版社，2013 年版。

㊴季美君：《中澳检查制度比较研究》，北京大学出版社，2013 年版。

㊵顾銮斋：《西方宪政史》（共 5 册），人民出版社，2013 年版。

㊶李宝奇：《韩国修宪历史及其政治制度变迁研究》，中国政法大学出版社，2013 年版。

㊷程迈：《坎坷动荡转型路：尼日利亚的宪法改革与教训》，中国政法大学出版社，2013 年版。

㊸何勤华主编：《外国法制史研究（第 15 卷·2012 年）：超国家法的历史变迁》，法律出版社，2013 年版。

㊹［英］乔洛维茨、［英］尼古拉斯：《罗马法研究历史导论》，薛军译，商务印书馆，2013 年版。

㊺倪建民、公丕祥：《西方法律思想历程》，中国法制出版社，2013 年版。

㊻严存生：《西方法哲学问题史研究》，中国法制出版社，2013 年版。

㊼王建学：《1789 年人权和公民权宣言的思想渊源之争》，法律出版社，2013 年版。

㊽罗斯科·庞德：《法律史解释》，邓正来译，商务印书馆，2013 年版。

㊾夏新华：《非洲法律文化史论》，中国政法大学出版社，2013 年版。

㊿［法］罗伯特·雅各布：《上天·审判：中国与欧洲司法观念历史的初步比较》，李滨译，上海交通大学出版社，2013 年版。

(51)林海：《活的法律：那些永恒的法史瞬间》，法律出版社，2013 年版。

(52)马丁：《罗马法上的“诉”：构造、意义与演变》，《中外法学》，2013 年第 3 期。

(53)耿卓：《地役权 现代发展及其影响》，《环球法律评论》，2013 年第 6 期。

(54)李媚：《流质契约解禁之反思——以罗马法为视角》，《比较法研究》，2013 年第 5 期。

(55)肖俊：《人格权保护的罗马法传统：侵辱之诉研究》，《比较法研究》，2013 年第 1 期。

(56)徐国栋：《论〈惩治通奸的优流斯法〉秉承的追诉时效制度及其近现代流变》，《法学家》，2013

年第2期。

(57)舒国滢：《法学是一门怎样的学问——从古罗马时期的 Jurisprudentia 说起》，《清华法学》，2013年第1期。

(58)徐国栋：《论罗马平民争取权利的非暴力不合作斗争——对平民的五次撤离的法律解读》，《清华法学》，2013年第3期。

(59)许小亮：《从万国法到现代国际法——基于国家理性视角的观念史研究》，《环球法律评论》，2013年第2期。

(60)舒国滢：《罗马法学成长中的方法论因素》。

(61)Fei Anling：*ON PROMOTING THE INFLUENCE OF ROMAN LAW RESEARCH ON THE CONSTRUCTION OF THE LEGAL SYSTEM IN CONTEMPORARY CHINA*，*China Legal Science*，2013年第1期。

(62)高鸿钧：《古代印度法的主要内容与特征——以〈摩奴法论〉为视角》，《法律科学》，2013年第5期。

(63)李来孺：《印度合同法律制度述评》，《环球法律评论》，2013年第1期。

(64)杜苏：《司法独立的黎明：法国古典司法体制诸问题研究》，《中外法学》，2013年第1期。

(65)卢建平：《法国违警罪制度对我国劳教制度改革的借鉴意义》，《清华法学》，2013年第3期。

(66)吴天昊：《从事先审查到事后审查：法国违宪审查的改革与实践》，《比较法研究》，2013年第2期。

(67)沈建峰：《一般人格权财产性内容的承认、论证及其限度——基于对德国理论和实践的考察》，《比较法研究》，2013年第2期。

(68)祁春轶：《德国一般交易条款内容控制的制度经验及其启示》，《中外法学》，2013年第3期。

(69)陈进：《德国法上框架合同理论的演变及其启示》，《政治与法律》，2013年第3期。

(70)陈景善：《论董事对第三人责任的认定与适用中的问题点——以日本法规定为中心》，《比较法研究》，2013年第5期。

(71)李文静：《高龄化背景下老年人医疗保险之立法因应——日本老年人医疗保险立法之考察》，《比较发芽研究》，2013年第3期。

(72)魏晓阳：《路径依赖与基因断裂——日本百年宪政转型透视》，《环球法律评论》，2013年第3期。

(73)李昊：《大陆法系国家成年人监护制度改革简论》，《环球法律评论》，2013年第1期。

(74)泮伟江：《“偏执”的普通法心智与英格兰宪政的奥秘——读波考克〈古老的宪法与封建法〉》，《政法论坛》，2013年第4期。

(75)翟志勇：《英国不成文宪法的观念流变——兼论不成文宪法概念在我国的误用》，《清华法学》，2013年第3期。

(76)于明《古代宪制、法律职业与主权者革命：重读“司法独立”的英国故事》，《中外法学》，2013年第1期。

(77)于明：《法庭、司法与地方治理——中世纪英格兰地方司法史的法社会学解读》，《法学家》，2013年第3期。

(78)郗伟明：《论英国隐私法的最新转向——以 Mosley 案为分析重点》，《比较法研究》，2013年第3期。

(79)赵莉：《美国反托拉斯法的历史演变以及对我国的启示》，《法学杂志》，2013年第7期。

(80)黄泷一：《美国可转让土地开发权的历史发展及相关法律问题》，《环球法律评论》，2013年第1期。

(81)梁清华：《美国私募注册豁免制度的演变及其启示——兼论中国合格投资者制度的构建》，《法商研究》，2013年第5期。

(82)熊文聪：《商标合理使用：一个概念旳检讨与澄清——以美国法的变迁为线索》，《法学家》，2013年第5期。

(83)阳庚德：《普通法国家惩罚性赔偿制度研究——以英、美、澳、加四国为对象》，《环球法律评论》，2013年第4期。

(84)李爱平：《英美违法合同禁止返还规则的例外》，《环球法律评论》，2013年第6期。

(85)罗智敏：《论欧盟行政法的一体化进程——以意大利对“合法利益”的损害赔偿为例》，《华东政法大学学报》，2013年第2期。

(86)张德瑞：《论欧洲人权法院的“司法造法”》，《法学评论》，2013年第5期。

(87)万宗瓒：《欧盟反垄断私人诉讼制度的最新发展及启示》，《法学杂志》，2013年第7期。

(88)丁相顺：《日本法科大学院制度与“临床法学教育”比较研究》，《比较法研究》，2013年第3期。

(89)姜栋：《美国法学教育案例教学法评析》，《河北科技大学学报》（社会科学版），2013年第3期。

(90)Ding Xiangshun，*FROM RECEPTION TO COLLABOR ATION：A STUDY OF THE LEGAL EDUCATION EXCHANGE BETWEEN CHINA AND THE UNITED STATES SINCE THE 1980'S*，*China Legal Science*，2013年第1期。

（作者：赵晓耕、叶秋华、王云霞，中国人民大学教授；范依畴、胡姗辰，中国人民大学博士生）

政治学

政治学

王乐理　黄　晨

2013年北京地区的政治学成果丰硕，其中有几处引人注目的变化。在基础理论领域，国家理论逐渐走向前台，学者们从不同的视角开始探索国家建构的理论渊源和实践经验。在中国政治和比较政治学领域，学者们在关注国内政治发展之余，也对现有的研究范式展开了反思，历史方法重新得到关注。在政治思想史领域，学者们对西方思想更注重文本中的细节和历史语境的考察，对中国政治思想则开始了超越陈见、进行“创造性转换”的尝试。

一、政治学基础理论

1. 国家理论

现代民族国家最早源于欧洲，有学者通过回溯欧洲早期现代政治哲学家的思想，梳理了国家建构的内涵与层次。马基雅维利、霍布斯与洛克的国家建构思想，分别揭示了国家必须统一、国家必须强大与国家必须规范3个层次。一个国家也必须递进性地经历这3个关键时刻，才能成为规范意义上的现代国家。但这3个关键时刻未必连贯出现，它们之间可能断裂，政治精英也可能局限于其中某一个时刻。一切建国者和政治思想家都必须规避将建国限定在其中某一阶段的陷阱。①

也有学者将现代国家观念区分为两种：第一种由霍布斯、洛克提出，旨在结束战争状态，实现政治秩序这一“基本合理的正当性要求”；第二种由当代哲学家威廉姆斯提出，主张国家要实现一系列公共服务和德性，这属于“充分合理的正当性要求”。两者可分别称为国家理论的“薄观念”与“厚观念”。满足后者的国家即社会科学中所谓“成功国家”，若连前者都无法实现，就成了“失败国家”。②

与之相呼应，有学者从中华文明的视角来看待国家建构的问题，认为现代国家建构虽然是普遍性的问题，但中国本身有其特殊性与复杂性。汉代以后的中国一直是一个王霸道交杂的、以儒家礼乐为价值枢纽的文明帝国，但现代中国的合法性基础变成了革命和社会主义意识形态。改革开放以来社会在制度上回归常态，但社会的进一步发展离不开文化的维度。儒家文化如能与现代制度和价值相融合，可以成为中国的一种公民宗教，为现代国家建构提供政治文化和价值基础。③

有学者批判了近年流行的国家自主性理论，认为现有研究没有考虑国家的微观行为基础。从理性选择理论的视角出发，我们可以“将人带回国家”，把国家自主性看作公共政策与自身的偏好之间的一致程度。将国家看作具有一定微观动机的行为体，可以揭示国家在将自身偏好转换成公共政策时会和非国家行为体之间发生的互动，并说明制度安排在这些战略互动中如何有助于国家的目标达成。④

2. 民主理论

被称为“阿拉伯之春”的中东国家政治动荡是近年世界政治中的大事，在很多人看来，这意味着民主化的“第四波”已经到来。有学者评价了“第三波”和“第四波”民主化国家的异同，认为上世纪末的东欧和拉美是民主化输给了自由化，权贵资本侵害了大众的利益，接下来又可能导致强人政治的回潮。而阿拉伯国家是自由化输给了变异的民主化，民主革命与原始的宗教平等派相结合，忽视了自由和规则，也可能选举出强权总统。“普遍”的民主理想被“特殊”的古老传统所侵入，甚至被种族主义和分裂势力绑架，这是最值得警惕的。探索一条自由与民主相得益彰的道路，仍然任重道远。⑤

协商民主是20世纪末兴起的民主理论，有学者分析了其内涵和对中国的意义。在政治思想史上，“协商”往往以精英的智识为前提，而“民主”是与其相悖而行的。直到哈贝马斯发表《在事实与规范之间》后，学界才普遍将二者结合起来思考。协商民主在主体上强调全民性，在参与方式上强调公共利益的讨论，在目标上定位于做出决策。中国是在政府权力强大的语境下引进协商民主理论的，故而政府的主导是协商的必要条件，这一特殊结构既可能是协商民主的障碍，也可能是开辟一条新路的契机。⑥

民粹是民主的一个伴生品，也是政治现代化的一大干扰因素。有学者在总结西方理论的基础上，就应对民粹主义提出了建议：首先是建立法治制度，约束民众直接行动的冲动；其次是训练负责、有技巧的、积极的公民；最后要致力政治的制度化，正式与非正式规则并重。现代政治对民粹主义的驯服未必能取胜，正确的态度不是悲观或者逃避，而是持续的反思和修正。[⑦]

二、中国政治

1. 基本制度与宏观研究

20 世纪上半叶的 3 波革命：辛亥革命、国民革命、共产革命是现代中国政治形成的基础，一般研究都将其分隔开来。有学者认为，3 次革命间是一种相互衔接和演进的关系，前一次革命为后一次预留空间，后一次革命往往会比前一次更加猛烈。辛亥革命虽然成功，但并未实现民主宪政，反而传播了革命的文化。这推动了 20 世纪 20 年代的国民革命，国共两党分别以武力统一军阀势力和发动工农的办法，在上下两层将历史往社会革命的方向推进。在俄国经验的影响下，革命最终发展到了社会经济深层和群众内心深处。不过，3 次革命之后，建立新政治的任务却都不算成功。对于强势的革命成功者，应当思考如何结束革命，通过制度化将政治转入常轨。[⑧]

有学者从原始历史材料出发，梳理并比较了中国 1912 年和 1949 年两次民族国家的建构过程，解答为什么建国者总是在学习外国联邦制的热潮中，最终选择了单一制。在这两个建国时刻，其制度选择的背景、主导的精英力量、对单一制内涵的理解，以及决策的过程等方面都有所不同。现代中国的单一制是政治精英对历史过程做出反应的结果，在当时的条件下，是维系民族统一，应对国内外挑战的较优选择，这种单一制也吸收了联邦制地方分权自治的因素。中国的基本制度和央地关系，其价值和问题都只有在历史语境下才能得到理解。[⑨]

也有学者在宏观层次上总结了 1949 年以来新中国发展模式的变迁。新中国成立初期曾尝试新民主主义，组建联合政府，实行混合经济。以 1953 年社会主义改造为标志，开始仿效苏联模式，优先发展重工业。苏共二十大之后中国开始寻求不同于苏联的道路，但在运动式经济的浪潮中最终陷入了大饥荒的困境。面对危机毛泽东最终选择了继续革命，1966 年发动的“文革”将政治运动推向顶峰，但高层也存在着恢复社会经济秩序与维护“文革”的政治分歧。1978 年至今的改革开放阶段，是对之前乌托邦发展模式的超越。[⑩]

党的十八届三中全会通过了《中共中央关于全面深化改革若干重大问题的决定》，有学者对其中涉及政治体制改革的内容进行了解读与展望。鉴于政治权力过分集中之弊，需要建立决策权、执行权和监督权分立的权力运行体系。在权力行使方式上，“政府管理”的提法被“政府治理”所取代，这意味着多主体、协调合作的治理模式。针对腐败问题，使领导干部“不想腐”“不能腐”“不敢腐”制度性建设被提上日程。[⑪]

2. 民主建设

有学者梳理了当代中国政治中“大民主”的变革史。以“大鸣、大放、大辩论、大字报”为主要方式的“大民主”是毛泽东等人探索出的一种特殊民主形式，在开门整风和反右运动时期得到实践，随后在“大跃进”和“文革”等政治浪潮中被推向极端，并推广到经济、政治和社会生活的诸多领域。十一届三中全会后，党中央对“大民主”进行了反思，删除了宪法中的相关条文。这一历史过程说明，中国的民主建设必须采取一种渐进的、有序的方式。[⑫]

有学者批判了当代中国人对民主的理解方式。民主观念在当今世界已成为共识，在制度层面各国都已将其写入宪法，当前社会各阶层和思想界的“左”、右双方也不存在真正的分歧。问题出在理念层面，可能很少有人真正领会民主精神。民主的核心是托克维尔所谓身份平等，但中国从古至今都有精英主义的传统，如今在社会上处处是对身份特权与精英格调的追求。因此，虽然民主对当今中国是一种重要的制衡性价值，但其前景未必乐观。[⑬]

对于中国民众对民主的特殊理解，也有研究以实证数据检验其是否成立。在 4 个城市的调查结果表明，在对民主的价值判断、概念和必要性认识上，绝大多数民众认同民主，但很多人强调“不能一概而论”“适合中国国情”等务实态度。在政治参与的方式、强度和相关知识方面，民众偏向于协商，对选举和规则相对生疏。中国民众的观念与许多学者的乐观看法不同，甚至落后于决策层的思想和现有的制度化进程。[⑭]

公民的缺位与建构是中国民主建设的另一侧面。有学者认为，公民这一概念包含个体层面的利益需求，社会层面的群体认同和国家层面的秩序需求 3 个层次。当下由于国家全能主义的历史影响，以及社会认同的单薄，公民的个体性与社会性被国家层面所掩盖，造成了公民的缺位。公民的建构需要三管齐下：政府承担制度供给和公民教化的职责，社会承担网络建构和道德维护的职责，个人承担规则遵守和道德实践的职责。[⑮]

西方学界也有学者对中国民主化的研究和范式变迁及时进行了归纳。1978 年以来，美国“中国学家”的研究视角经历了 3 次转换：首先是 20 世纪 70 年代末改革开放之时，他们首次从冷战式的意识形态化想象转向现代化研究，思考中国的经济改革什么时候会带来民主化，可称为“经济趋同视角”；然后是 20 世纪 80 年代末 90 年代初，在与苏东国家的对比之下，他们开始思考中国的民主化为什么比较缓慢或者不同，探索其中的体制原因，可称为“社会体制视角”；最后是 21 世纪初，随着中国经济的快速增长，他们开始关注中国的国家能力和治理绩效，乃至不同于美国的发展道路，“民主化”成为了一个开放性的问题，这可称为“国家治理视角”。[⑯]

3. 政治文化与观念

有机构以问卷调查的方式，探究了当代中国公众的凝聚力水平。结果表明，民众的社会信任状况偏低，对个人社会资本的满意程度处于中等，公民的自组织水平和能动性偏低。总的来看，当前的公众凝聚力处于中等偏低水平。由此建议，政府应该更加关怀弱势群体的心态，通过社区和社团建设为凝聚力提供制度保障，并通过教育提高青少年的社会参与和自组织能力。⑰

有学者针对新生代农民工的政治效能感问题，采用问卷调查与访谈相结合的方法，在5个省和直辖市展开了调研。研究发现，两代农民工在政治效能感上都较低，没有显著差异。同时，农民工的“我应当参与政治”等内在政治效能感，要高于“政府会回应我”等外在政治效能感。政治效能感的停滞不前可能是教育水平、新媒体使用情况、经济状况、政治社会化程度等因素的综合作用结果，这还有待进一步探究。⑱

另一方面，有学者反思了西方政治文化研究对中国文化的误解。美国学者白鲁恂的研究极具影响力，他认为中国人的权力观念是父权型的，由此导致了全能主义、中央集权、意识形态化、政治人格化、重关系、政治不开放等缺点。白鲁恂对父权主义的判断确有道理，但推广到整个中国文化就有问题了。中国政治传统中除了法家式的专制集权，还有儒家式的王道与地方自治，可谓寓“分”于“合”，大量历史研究也证明了这一点。严格说来，中国政治文化是立足于关系本位之上，官僚法治与“礼”“德”互补的复杂模式。⑲

“娱乐化”是很多人对当下中国社会文化的诊断，美国学者波兹曼的《娱乐至死》在中国十分流行。但有学者对这种理论套用的现象提出批评，认为波兹曼的理论描述的是美国本土的现状，即在自由民主的“美丽新世界”中，资本和享乐也可能禁锢我们的精神。而中国还有另外一个问题，即在自由文化未建成的“老大哥”式世界中，专制权力会禁锢人的心灵。亦即处于现代化过程中的中国，同时面临着前现代社会的“老大哥”问题和现代社会的“美丽新世界”问题。仅仅批判后者而忽略前者，并没有触及当代文化的真实困境，而一些学者将希望寄托在政府对文化的管制上，更是饮鸩止渴。⑳

4. 社会治理与政策

有学者通过考察国家核心制度对地方政府行为的影响，解释了当前中国的环境政策执行不尽人意的原因。中央政府并非不注重环境治理，但其官员选拔制度使地方官员追逐经济绩效，财政上的经费拮据使地方官员放弃环保投入，道德规范上的模糊性使其对地方官员的观念改变甚微。如不调整这一不合理的激励结构，地方的环境治理可能难以改善。㉑

有学者认为，国内法政学界在探讨制约权力时，大都在国家层面，强调体制内权力的相互制约，而社会对权力的制约同样重要。目前中国很多社会组织属于体制内，只是公共权力治理或控制基层社会的工具。需要让社会自己组织起来，依法对基层权力进行约束，使其更好地提供公共服务。在高层政治体制改革滞后的情形下，这一路径是更切实的目标。㉒

三、比较政治

1. 方法论

有学者呼吁，比较政治学需要回归历史，将历史的比较作为基本方法论和认识论。在当下西方理论中，历史制度主义是最具启示性的，其路径依赖、历史进程、时间顺序、关键点等研究概念，“宏观—中观—微观”结合的折中方法，有助于探究政治变迁中的因果机制。对于中国学者而言，还需要注意自己的身份意识，遵循“语境—身份—议程—方法”的路径，提出中国独特转型过程中的实质问题。历史、理论与实践的结合，才是复兴比较政治学的根本之道。㉓

有学者进一步提出，探讨政治发展不仅要有历史视野，还要将其置于国际体系的进程中。西欧诸国的军事竞争催生了政治上的民族国家，贸易分工的发展构建了经济上的“中心—边缘”格局，现代国际体系在这两个因素的互动中诞生。各国的发展进程取决于它们在这一国际体系内的遭遇和初始条件：先发国家中，城市国家和移民国家工业化相对容易，而拥有大量原住民的国家，因其社会力量构成不同而可能走上改良和革命的道路；对于后发国家，一般通过对外的学习和对内的资本集中来进行工业化，但这种集中的程度需要与市场效率相平衡，否则可能走向极权主义。总之，国际体系、社会力量和国家是发展的主要变量，国家的能力和行为至关重要。㉔

政治文化研究是比较政治学最重要的路径之一，有学者评介了该路径在20世纪末的复兴：一方面，80年代末以来大量相关著作的面世，表明政治文化研究重新回到了中心舞台；另一方面，批评者强调，政治文化研究从定义、问卷设计、变量分析，到模型适用性和测量方法等各环节都仍存在缺陷。可以说，当前的政治文化研究正在50—60年代那批学者的遗产和缺陷中成长，长时段的动态追踪、覆盖发展中国家和不同学科的交叉互补，是其回应批评、超越旧作的契机。㉕

2. 政党政治

对当今各国政党面临的挑战，有学者从政治哲学的角度将其概括为“代表性断裂”。一方面，无论是西方的多党制还是中国一党领导下的多党合作制，政党议会对人民的代表性都是越来越模糊；另一方面，在资本全球化的冲击下，以自由媒体为代表的公共领域也被资本和权力所压缩。为克服这一危机，重建政党政治，需要回到政党起源时期，从广泛的社会运动和人民革命那里寻找资源。对于中国而言，政党应该像20世纪初期一样回到群众中去，超越自身利益与官僚化的局限，重建“人民的政治”。[26]

近年来乌克兰的政治形势诡谲多变，有学者着重分析了乌克兰的政党政治对其转型稳定的影响。乌克兰不稳定的现状源于其不太成功的政党政治，这表明，政党制度的设计不能脱离转轨前的社会文化条件，政党体系若发展缓慢会制约政治稳定的实现，政治文化若极端对立会限制政治稳定的达成。[27]

对政党的意识形态，也有学者做了专门考察。对于当今国外一些执政党，由于意识形态与社会的差距，在实践上的不足、政党政策的转向、意识形态神话的祛魅以及人们的价值观多元化等原因，其吸引力和号召力正在衰减。值得借鉴的是，英国、瑞典和美国等国的执政党通过更新思想观念，扩大包容性，注重实际绩效等举措，较成功地避免了危机。[28]

新加坡人民行动党的意识形态和政策成绩被很多人视为典范，有学者剖析了其中的策略与经验。人民行动党的合法性源于新加坡去殖民化的抗争，但该党的发展并不止于意识形态资源，而是实行了一系列务实的政治经济政策。在司法上对腐败零容忍，在选举中排除金权政治，在经济上实行公共住房计划，在基层团结上对工会组织和选举扫票都非常重视。这些融合中、英等各国治理经验的举措可称之为“新加坡版社会主义”，其经验也说明，政党如要长久执政，必须超越空洞的口号，“为人民而行动”。[29]

3. 国别研究

有学者总结了南非20世纪90年代以来政治转型的经验及其对中国的启示。首先，南非在短时期内同时完成了民主化和种族平等化的任务，其转型的成绩远大于遗留的问题。其次，南非在20世纪下半叶的经济增长模式与中国类似，属于以低劳动力成本换取资本积累的“低人权优势”，但在以权利为核心的政治转型中，这种状况必须被改变。最后，南非的民主化并非激进，他们利用了白人区的制度遗产，又经历了4年的过渡期，相比同处于第三波民主化中的东欧国家而言，南非更加平稳。[30]

日本长期被当作“民主的优等生”或者共识民主的代表，有学者结合日本民主化的历史进程挑战了这一流行观点。在近代日本，民主更多的是一种缺乏内在价值的形式和手段，而且总被“国权”所压倒。二战以后，日本长期一党独大，保守政治家主导着政治，行政权强于立法权，利益集团分化不明显。这些情况都与利普哈特定义的共识民主相去甚远，而利普哈特极为重视的“政治文化支持”更被人们所忽视。日本正是由于观念体系上与西方的差异与缓慢的变迁影响了民主发展的成效，这一教训值得后发现代化国家借鉴。[31]

四、政治思想史

1. 古典与近代西方政治思想

有学者从亚里士多德的文本入手，反思了政治学的学科性质。亚里士多德虽然把政治学列为“科学”之一，但它属于特殊的“实践科学”，这意味着，只有在复杂的实践中养成慎思明断的智慧，才能达到终极的“明智”之境。近代以来政治学的科学化实际上有一种形而上学预设，即政治知识像自然科学知识一样是普遍的、确定性的。这并不符合政治现象独特、多样的实情，也极大地限制了政治学的视野。其结果就是使政治学技术化，忽略了政治智慧的意义。无论对于政治学研究还是公民培育而言，都需要在某种意义上回归亚里士多德。[32]

中世纪思想是国内研究较薄弱的一环，有学者系统梳理了中世纪西欧的王权观念，以及其中蕴含的现代国家观念的雏形。中世纪王权的首要特点是其合法性的复合性，既源自日耳曼传统的神圣血统主义，又吸收了基督教传统的君权神授观念。这些封建王国后来接受了亚里士多德的城邦政治理论，在对外部教会权力和内部封建势力的斗争中逐渐占据上风，将王权确立为一国内部的最高权威，奠定了近代绝对主义国家的思想基础。这一王权强化过程的另一面同样重要，即共同体精神、制度化的公共机构、罗马法的影响以及司法权的确立，这些因素都为现代宪政思想提供了历史资源。[33]

启蒙运动在当代往往被自由主义和后现代思潮所批评，很多思想家把极权主义和现代性的种种弊端归罪于启蒙带来的理性主义。有学者针对这种批评，分析了启蒙运动的内在张力：工具性的科学理性与卢梭式的价值理性并存；无神论的理智主义与德国的情感主义恍惚对立；英国式的自由观与法国式的平等观持续冲突。现代文明的弊端，往往是丢掉了对诸种价值妥协和“博爱”的精神之后才出现的。我们正确的态度应该是找回启蒙的博爱态度，平等看待启蒙运动的各支流，克服思想的片面性。[34]

洛克的政治哲学与教育思想看起来关系不大，但有学者认为，这只是表面上的疏远，在洛克的思想体系中，《教育片论》承担着为《政府论》中的共同体培养合格公民的任务。公民教育的核心目标是使人正确地理解和运用自由，这种绅士精神也包含了节制、谦逊、公正、诚实等德性。这对我们理解洛克的政治思想亦有启发，洛克并不像某些学者指责的那样基于“原子化个人”，或者只重视个人权利，而是一位全面看待自由和责任、权利与德性的思想家。[35]

家庭在自然状态中是否存在，是近代政治哲学和自然法研究中的难题之一。有学者认为，霍布斯对家庭进行了革命性重构，他认为家庭的本质是通过生殖过程建立的权力支配关系，甚至“敬重父母”也不是先验的，而是出于个人对善恶的判断。不过，家庭中的父权并没有足够的威慑力，必须在政治社会中借助法律力量的规训，家庭才能彻底走出自然状态。普芬道夫对霍布斯的修正同样值得注意，他认为家庭并非源于防卫和契约，而是自然倾向和自然法的共同作用。就此看来，现代利维坦必须像承认家庭一样承认政治社会的自然来源，才能变得合理而稳固。[36]

2. 现当代西方政治思想

现代政治成长于历代政治家和思想家的求新和超越，但应避免这种精神走向极端，变成“求新癖”与“超越癖”。有学者分析，现代社会的几大基石——市场经济、民主政治和自由多元文化，本身就蕴含了求新与超越的动力。但总有思想家更为激进，寻求超过一切现存事物的乌托邦。其中，试图以完美国家理论取代立宪民主制的卡尔·施密特，以及试图以古典政制取代现代政制的列奥·施特劳斯是典型的代表。他们的理想以思想的教条化为代价，陷入了标新立异的自我傲慢，最重要的是，实践的手段被目标的狂热所遮蔽。故而，正确的态度应该是在尊重现代政治典范和试错创新之间，寻找一种平衡。[37]

罗尔斯正义理论与其左右两翼对手的交锋，是当代政治哲学的主题之一。有学者从沃尔泽的《正义诸领域》入手，评介了他对罗尔斯平等理论的批判和改进。沃尔泽把罗尔斯的观念称作“简单平等”，因为那里只有一个抽象的“差别原则”，这种追逐极易导致国家权力在各领域的蛮横垄断。实际上平等应该是复合的，受自由交换、应得和需要3种原则的约束，而且在市场、公职、教育等诸多不同领域中，平等的含义需要区别开。例如，市场的平等只能指自由交换，而公职的平等是向一切有才能的人开放。总体上看，罗尔斯重视理论抽象，而沃尔泽在社会实践的角度走得更远。[38]

3. 古代中国政治思想

对传统儒家的再研究，以及对其中现代因素的发掘是近年来中国思想史研究的热点。有学者分别通过对《五经》的疏解，对董仲舒等关键思想家的分析，以及对中国宏观历史的重审，为儒家政治思想提供了一套颇为不同的阐释。例如，《孟子》不忍章和《论语》首章构建了政治哲学的主体——君子，而《尚书·皋陶谟》极早地确立了以法理政的制度基础，《礼运》大同章则是对社会和谐秩序的总体想象。3代的经验形塑了这套政治思想，秦汉以降的历史则是儒家理想和皇权专制、现代性因素和传统因素互相消长的复杂过程。传统中国的政治遗产需要我们去意识形态化地考察，其中教化人心、建立规则、制约权力的智慧到今天仍有积极意义。[39]

另有学者通过对儒家道统论的修正，发展现代新儒学。在儒家思想史上有两种道统说，由韩愈提出、被宋明理学弘扬的主流说法，重仁义与心性，把荀子和董仲舒排除在外。而唐代杨倞等人主张一种更广义的道统说，将仁义与礼乐并举，重视德化刑政的实践，对荀子和汉唐诸儒兼收并蓄。如今的出土文献，尤其是子思的残简表明，后一种描述更符合先秦思想的复杂面向。儒家思想的革新，就要回到子思，统合孟、荀，丰富我们被窄化了的视野。[40]

“亲亲相隐”一直是儒家政治主张中最具争议性的话题之一。有学者分析了《论语》相关对话的语境，认为褒贬双方都没有重视其中的几个“直”字。“吾党有直躬者”的“直”是正直之意，而后文“直在其中矣”的“直”应取直率、坦诚之意。因此，孔子只是认为“父为子隐，子为父隐”是人性的直率表现，并没有将其拔高到正义的地步。早期儒家虽然重视亲情人伦，但并没有为此而蔑视规则，人们可以在守法的基础上，适度地宽恕亲人的过错。一旦这种宽恕导致了对社会的危害，就违背了仁爱之道，会被儒家所拒斥。[41]

对这个问题，也有学者从“隐”字的训诂出发，提出“父为子隐，子为父隐”中的“隐”字应读作“檃”，因此孔子的主张可能是父子双方应该互相矫正错误。面对亲人所犯的过错，我们并非只有告官和隐瞒两种选择。先秦儒家告诫人们“不成人之恶”，父子私情服从于社会公理，这才是合理的政治哲学关系。[42]

有学者长期关注宋人的核心政治观念——“祖宗之法”。北宋承五代之乱，一方面民族色彩淡出，家族忠孝观念凸显；另一方面赵匡胤等人为巩固皇权，重文抑武。这形成了宋朝政治的基本结构。真宗和太后临朝时期，群臣为了规谏君主的越轨行为，不断搬出“先祖”和“家法”。仁宗以后，“祖宗之法”的格局基本定型，中央机构互相分权，地方行政区划交错制约，为的都是保持纲纪稳定，防止人为的乱政。历史的看，这既有其智慧的一面，也有其僵化的一面。[43]

4. 近现代中国政治思想

太平天国之变是近代最具争议的政治事件之一，有学者从基督教的视野重新探讨其思想来源，并试图厘清洪秀全、洪仁玕等人与基督教的《启示录》以及千禧年主义的关系。洪秀全并非像人们普遍认为的那样属于纯粹的农民革命者，或者以基督教为造反动员的工具，而是虔诚地建立了一个宗派。关键在于，洪秀全误读了《圣经》，并根据他确信无疑的基督教政治体系来建立制度。洪仁玕的《资政新篇》看似与洪秀全距离甚大，实际上同样源自对香港的观察和基督教的千禧年理想，描绘的是一个拜上帝教一统天下的国度。总之，太平天国运动更像是一场理想主义的宗教革命。[44]

严复作为中国过渡时期知识分子的代表人物，其思想的转变和总体定位是历代学者关注的重点。如史华慈所论，严复第一次将“富强”阐释成一种完全正面的价值，并将其拓展到西方的自由与权利等精神层面的目标。但其晚期对儒家文化的明显复归成了解释难题，有学者在晚清士大夫义利观变化的背景中考察，认为严复在思想根源上仍延续着儒家对道义的关切，即使在他最激进的戊戌时期，也对不合道义的逐利行为嗤之以鼻。严复处于中西思想交会之际，其思想转变其实反映了融合二者的不成功。[45]

有学者比较了现代著名的两个文化保守主义学派——东方文化派与学衡派。在当时西方批判现代性的背景下，两派分别借鉴柏格森的生命哲学和白璧德的新人文主义，开始了对中国现代化的反思。东方文化派和学衡派共同反对科学主义，肯定宗教的价值，倡导非功利的人生观，并主张中西文化融合；其区别则在于对新文化运动的一褒一贬，对人生的理解分别强调释放个性和“以理制欲”，对文化融合分别注重现代成就和古典智慧。两派虽然都有将中国文化理想化之嫌，在当时却是一种深刻的、反思性的思想发展。[46]

有学者则对蒋介石在20世纪30年代的战略思想进行了分析，在“攘外必先安内”政策的背后是其独特的政治空间观念。面对外敌入侵、南北不稳的危局，蒋介石首先试图安定日本入侵的北方；失败后选择坐镇华中，同时巡视被地方实力派控制的西北和华北；最后为了抗日和对付中共的双重考虑，退而经营西南和东南。在这一时期，蒋介石改变了之前武力统一中国的抱负，根据形势的轻重缓急，选择了谈判、合作和巡视等不同政治手段。不过，当时对北部边疆地区的忽视和退让，也埋下了国土损失的隐患。[47]

（本文经中国人民大学国际关系学院李景治教授审定）

注：

①任剑涛：《建国的三个时刻：马基雅维利、霍布斯与洛克的递进展现》，《社会科学战线》，2013年第2期。

②陈德中：《国家观念厚与薄》，《政治思想史》，2013年第1期。

③陈明：《国家建构与国族建构：儒家视角的观照与反思》，《社会科学》，2013年第1期。

④田野：《探寻国家自主性的微观基础——理性选择视角下的概念反思与重构》，《欧洲研究》，2013年第1期。

⑤杨光斌：《自由与民主之间：紧张感与血腥味——当前世界民主变种与未来大势》，《人民论坛》，2013年第27期。

⑥谈火生：《协商民主：西方学界的争论及其对中国的影响》，《党政干部论坛》，2013年第7期。

⑦林红：《驯服民粹：现代国家建设的漫漫征程》，《社会科学论坛》，2013年第11期。

⑧王奇生：《高山滚石：20世纪中国革命的连续与递进》，《华中师范大学学报》（人文社会科学版），2013年第5期。

⑨王续添：《现代中国两次民族国家构建中单一制选择之比较——兼论现代中国国家基本制度建设》，《中共党史研究》，2013年第8期、第9期。

⑩萧冬连：《国步艰难：中国社会主义路径的五次选择》，社会科学文献出版社，2013年版。

⑪许耀桐：《政治体制改革力度前所未有》，《人民论坛》，2013年第S2期。

⑫杨德山：《中共对“大民主”的认识演变述析》，《中共党史研究》，2013年第3期。

⑬许振洲：《民主主义在中国的前景》，《国际政治研究》，2013年第1期。

⑭张明澍：《中国人想要什么样的民主》，社会科学文献出版社，2013年版。

⑮褚松燕：《公民塑造：国家建构的重点》，《探索与争鸣》，2013年第6期。

⑯徐浩然：《解读中国民主：西方中国学家的视角》，中国社会科学出版社，2013年版。

⑰人民论坛问卷调查中心：《中国公众的凝聚力指数调查报告（2012）》，《人民论坛·学术前沿》，2013年第5期。

⑱熊光清：《新生代农民工政治效能感分析——基于五省市的实地调查》，《社会科学研究》，2013年第4期。

⑲方朝晖：《什么是中国文化中有效的权威？——评白鲁恂〈亚洲权力与政治〉一书》，《开放时代》，2013年第3期。

⑳陶东风：《理解我们自己的“娱乐至死”——一种西方文化理论在中国的被绑架之旅》，《粤海风》，2013年第5期。

㉑冉冉：《“压力型体制”下的政治激励与地方环境治理》，《经济社会体制比较》，2013年第3期。

㉒周庆智：《社会制衡：基层公共权力的界限》，《哈尔滨工业大学学报》（社会科学版），2013年第5期。

㉓杨光斌：《复兴比较政治学的根本之道：比较

历史分析》,《比较政治评论》,2013 年第 1 辑。

㉔朱天飚:《历史与国际视野下的发展问题》,《清华政治经济学报》,2013 年第 1 卷。

㉕丛日云、王路遥:《关于政治文化研究“复兴”的争议》,《教学与研究》,2013 年第 1 期。

㉖汪晖:《“后政党政治”与中国的未来选择》,《文化纵横》,2013 年第 6 期。

㉗张弘:《政党政治与政治稳定——乌克兰案例研究》,《俄罗斯东欧中亚研究》,2013 年第 1 期。

㉘姜跃:《国外部分执政党意识形态的困境及应对》,《理论学刊》,2013 年第 6 期。

㉙欧树军:《意识形态策略与政党的力量——基于新加坡人民行动党的分析》,《文化纵横》,2013 年第 1 期。

㉚秦晖:《南非的启示》,江苏文艺出版社,2013 年版。

㉛邱静:《近现代日本的民主进程与民主模式》,《中国人民大学学报》,2013 年第 1 期。

㉜唐士其:《论政治学的“科学性”问题——对亚里士多德政治学的一个研究》,《国际政治研究》,2013 年第 1 期。

㉝李筠:《论西方中世纪王权观——现代国家权力观念的中世纪起源》,社会科学文献出版社,2013 年版。

㉞高毅:《浅论启蒙运动的内在张力》,《历史教学》,2013 年第 2 期。

㉟霍伟岸:《自由与责任:洛克公民教育思想初探》,《政治思想史》,2013 年第 3 期。

㊱李猛:《自然状态与家庭》,《北京大学学报》(哲学社会科学版),2013 年第 5 期。

㊲任剑涛:《现代政治生活中的求新癖与超越癖》,《学术界》,2013 年第 11 期。

㊳龚群:《沃尔泽的多元复合平等观——兼论与罗尔斯的简单平等观之比较》,《湖北大学学报》(哲学社会科学版),2013 年第 3 期。

㊴姚中秋:《治理秩序论:经义今诂》,广西师范大学出版社,2013 年版;姚中秋:《儒家宪政主义传统》,中国政法大学出版社,2013 年版;姚中秋:《国史纲目》,海南出版社,2013 年版。

㊵梁涛:《儒家道统说新探》,华东师范大学出版社,2013 年版。

㊶梁涛、顾家宁:《超越立场,回归学理——再谈“亲亲相隐”及相关问题》,《学术月刊》,2013 年第 8 期。

㊷廖名春:《〈论语〉“父子互隐”章新证》,《湖南大学学报》(社会科学版),2013 年第 2 期。

㊸邓小南:《宋代“祖宗之法”治国得失考》,《人民论坛》,2013 年第 16 期。

㊹周伟驰:《太平天国与启示录》,中国社会科学出版社,2013 年版。

㊺湛晓白:《功利与德性:严复富强观的现代品格及其内在困扰》,《史学月刊》,2013 年第 5 期。

㊻郑师渠:《反省现代性的两种视角:东方文化派与学衡派》,《北京师范大学学报》(社会科学版),2013 年第 5 期。

㊼罗敏:《蒋介石的政治空间观念研究——以其“安内”政策为中心的探讨》,《东北史地》,2013 年第 1 期。

(作者:王乐理,中国人民大学教授;
黄晨,中国人民大学博士生)

社 会 学

社会学

郑杭生 奂平清 邵占鹏

2013 年度北京社会学界在理论社会学,社会建设、社会治理与管理研究,社会变迁、社会结构、社会分层研究,城乡发展与流动融合研究,社会福利、社会政策、社会保障与社会工作研究,组织社会学,政治社会学,经济社会学与市场社会学,法社会学,网络社会学,环境社会学以及婚姻家庭、性(性别)社会学研究等领域取得了丰富的研究成果,有一些研究在全国社会学乃至社会科学研究中有引领性的作用。

一、理论社会学

早在 20 多年前,有学者就提出社会学的学科发展要“多一点学派,少一点宗派”的命题,学派与学科发展的关系问题引发了学界的广泛讨论。在社会学不断壮大、日趋成熟的背景下,该学者进一步论证了学派对学科、学界以及对中国研究的重要性，考察了社会学学派在中国发展的曲折道路，解释了在改革开放后学派意识和学派传统的恢复并没有与社会学的重建保持同步的原因。同时，以社会运行学派为例，作者着重指出学派意识、学派建设还都是逐步增强的，后来也出现了较为成熟的社会学学派。如果照搬西方所谓“近亲繁殖”的说法，无视中国学派传承和发展的传统，对中国学派形成和发展将起釜底抽薪的消极作用。中国社会学恰恰需要更多体现时代精神的互相争鸣的真正意义上的学派，而真正意义上的学派需要“举贤不避亲”式的传承与紧密有效的学术交流和互动。①

学者们还注重对著名社会学家社会学思想与学术历程的研究。对国内社会学家的研究中，有学者阐述了孙本文先生对早期中国社会学的贡献，指出了孙本文的理论成就与理论自觉意识，对解放前中国社会学学科发展的贡献，展现的报国为民、增促社会进步、有学派无宗派以及勤奋治学的中国社会学学科精神。②有学者分析了费孝通学术历程中在城乡社会学、民族研究和文化研究等方面的高度理论自觉和文化自觉意识；有学者分析了陆学艺在“三农”问题研究中根据时代和社会的变迁不断反思和丰富自己的思想所体现的理论自觉。③

对国外经典社会学家的研究中，有学者围绕涂尔干早期社会理论中的“社会”概念展开论述，回答了涂尔干早期社会理论的理论意图以及存在的内在困境。④有学者考察了韦伯把“价值分析”引入社会学研究的时代背景与理论目标，以及由此形成的文化意义的社会动力学。⑤

基于新社会形态开展社会学研究也是理论社会学者所关注的。有学者认为社会时空是建构社会理论的核心范畴，社会时空成为理解现代社会的重要视角和方法，在当前的时代特征与中国结构巨变背景下，时空社会学具有基础性学科地位，它将成为重建社会科学、走向“统一科学”的枢纽和平台，并可助力构建适应中国崛起需要的学术话语体系。⑥有学者认为后现代社会学关于后工业社会、网络社会、风险社会和反思性社会等概念，是从不同角度对信息社会发展变化的理解与概括，现代社会学与后现代社会学是当代社会学的两种基本形式，是在信息社会崛起背景下发生的社会学学科分化。⑦

二、社会建设、社会治理与管理研究

党的十八大报告，是加强社会建设和创新社会管理的纲领性篇章。有学者以十八大报告社会建设论述进行文本解读，指出要加强社会建设、改善民生问题、追求共同富裕，归根结底，离不开社会资源和社会机会的合理配置和获取；把十八大报告关于社会建设的精神落到实处，就必须紧紧抓住社会资源和社会机会公平配置这个关键，进一步改善民生和提高社会管理科学化水平。⑧在社会管理方面，为了避免“一管就死，一放就乱”的“历史怪圈”，走向有序与活力兼具的社会，中国经验的3个层次（即中央经验、地方和部门经验、基层经验）都做出了很多有益探索，旨在达成国家、市场和社会的有效整合与合作，从而在解决好各种关系的基础上实现科学管理。⑨

学者们还探讨了社会建设的历史任务、具体内容以及可能性问题。有学者认为加强社会建设是我国现代化不可逾越的阶段，并具体指出了社会建设面临包括民生事业建设在内的九大任务。⑩有学者论述了社会体制变革与社会结构转型的关系，指出了加快社会体制改革的核心议题与主要内容。⑪有学者认为在中国社会转型的关键时期，社会建设是引领全面改革的突破口，它承前启后，既是经济建设的延伸和深化，又是民主政治建设的前提和基础。⑫有学者认为过去30多年的结构性巨变带来了中国社会关系的“个体化”特征，而中国社会的个体化与德国社会学家贝克所谓的“个体化”有一些明显的不同，目前个体化成了当前中国社会建设所要化解的重要社会风险。⑬

基层经验中的治理与管理也是学界关注的热点，其中比较有代表性的观点有：城市发展与社区建设的实践理念⑭、“服务—治理—管理”新型关系下的社区实践⑮、“大民政”所代表的社会管理创新的新趋势⑯、“文件治国”下的基层治理⑰、地方政府的非正式权力结构对经济的影响⑱等。

三、社会变迁、社会结构、社会分层研究

在社会变迁的研究方面，有学者总结了我国“单位制”研究的现状与分析思路，指出了现有研究的不足以及旧有研究传统所面临的挑战。⑲有学者通过对1949年后就业中代际资源传承的历时性经验分析，揭示出市场转型发端于中国人对子裔传承的关注的传统伦理，比较了中西方在理性化过程中的不同，并指出要警惕在市场转型过程中人们“祛魅”的极端经济理性主义。⑳

很多学者将社会变迁与社会结构、社会分层结合起来考察。有学者将新中国成立以后60多年的变迁总结为4个社会试验，即打碎原有阶级结构的试验、恢复社会结构的试验、资源配置方式的试验、缓解工业社会中社会矛盾冲突的试验。㉑有研究指出：从社会学的古典时期到当代社会，阶级分析的“重心”经历了从“经济决定”到“权威支配”的实质性理论转向过程，与之相伴随的是研究层次的转换，即从“一般社会”的层次转向“组织”层次。㉒有学者认为，中国地位层级的主要认同基础已由对具体社会单元的归属感转变为对收入等市场要素的占有，这是地位认同“参照系”的重大转变，转变后的地位参照系具有缺乏稳定性、没有具体边界等特点，最终导致了地位阶层认同的下移。[23]

与社会分层密切相关的是居民收入差距的测量指标，有学者认为要想通过平等讨论的途径来获得一个唯一"真实"的基尼系数是非常困难甚至不可能的，我们能够得到的只是人们在不同话语系统的引导和约束下所完成的有关中国居民收入分配差距的不同话语建构。[24]

四、城乡发展与流动融合研究

城市化与城乡发展一直是社会学界关注的热点问题。有学者认为目前我国"三农"问题的根本仍然是二元结构体制的存在，并从户籍制度、土地制度和财政体制3个方面给出了破除二元结构体制的政策建议。[25]有学者在审视中国城乡社会变迁的历史与现实基础上，指出城市和社区中存在的本地市民、本地农民和外来流动人口三元化特征的利益格局，号召城乡一体化与同城化齐举并进。[26]有研究指出了我国户籍制度改革所取得的成绩以及存在的城市之间户口等级差异，针对新生代农民工市民化的问题，给出了进一步深化户籍制度改革的对策建议。[27]有学者认为符合农民利益的城镇化，农民才会有积极性，作者通过对实证调研数据的分析，探索了主动市民化、主动城镇化的多种途径、多种模式。[28]有学者认为构建包容、公平、共享的"身份—权利—待遇"体系的过程，将有望绘制中国城市化的一幅全新图景。[29]

在流动人口社会融合研究方面，有学者关注了流动人口家庭化的现状与特点、流动人口的身份认同问题，[30]有学者关注了农民工创业的地域选择及其影响因素，[31]有学者根据第六次人口普查数据指出了当前我国流动人口面临的主要问题，[32]有学者关注了不同户籍身份流动人口的居住状况，[33]有学者关注了独生子女政策引发的老年人向大城市的迁移现象及其对公共物品供给的挑战。[34]有学者认为，围绕价值意义社区来改善人们的社会生活和公共生活，是当今城镇建设面临的新课题。[35]

五、社会福利、社会政策、社会保障与社会工作研究

西方社会在社会福利与社会政策方面的实践走在我国的前列，总结西方的经验和教训对我国的实际工作的开展有着重要意义。有学者总结了西方社会福利制度的演变以及其中存在的内在悖理，认为我国的社会福利制度需要做到积极和主动的发展、动态和可控的适度、自我调节的节律从容。[36]有学者认为"中国特色福利社会"是福利模式的新选择，而底线公平福利模式可以在理念、制度、机制设计和体系建设4个层面，将理想与现实统一起来。当前，有步骤地推进社会保障和社会福利的制度整合，是增强公平性、适应流动性、保证可持续性的关键。要将制度整合和体系整合结合起来，实现社会保障和社会福利在制度内外和体系内外的协调和均衡，由此建立起底线公平福利体系。[37]还有学者探讨了国际社会政策中新近出现的"全球化视阈中的社会政策""后现代主义视野中的社会政策""发展型社会政策"等三大创新观念对我国社会建设的借鉴意义。[38]此外，还有学者进行了具体的社会保障研究，比较有代表性的有"农村社会保障制度的改革"[39]"残疾人公共权利的社会保障"[40]。

在社会工作研究方面，有学者认为中国社会工作的基本发展方向是从形式的承认走向实质性承认，在实践的向度上，既要重视在承认关系中处于优势地位的政府的责任，更要强调社会工作群体的自我承认问题。[41]有学者认为，灵性视角及其实践，是当代西方社会工作理论和实务领域中兴起的一个重要流派，开展灵性社会工作，并倡导一种灵性引导的生活，在当前的中国社会转型过程中具有重要的意义。[42]还有学者探讨了社会工作教师领办社会服务机构所带来的跨域实践困境。[43]

六、组织社会学

十八大报告首次明确提出"加快形成政社分开、权责明确、依法自治的现代社会组织体制"，学界针对社会体制改革展开了研讨。有学者通过分析我国社会组织体制的历史背景和改革开放以来我国社会组织体制的变化，提出了不同于单纯通过发展民间组织促进社会发育的社会组织体系发展框架，主张通过体制内改革和体制外发展双轨驱动来构建我国现代社会组织体制。[44]有学者在概述我国社会组织近年来改革发展的主要特点和解读十八大报告有关社会建设重要思想的基础上，从我国社会组织改革发展的特点、社会组织改革发展的基本前提、我国现代社会组织体制的基本内容及其发展趋势等方面分析了我国现代社会组织体制建设的战略目标和主要任务。[45]

有学者系统梳理了社会学领域中具有代表性的几项产权研究，从占有、经营、治理3个经典理论概念出发来分析乡镇企业的生成结构和运行机制。[46]对此，有学者认为该文以理想型的方法构建了一个多重概念框架，力图呈现和解释作为总体现象的乡镇企业的多维面相和总体意义，揭示其展现出来的改革时代的制度精神，体现了运用适当的经典社会科学概念解释中国经验问题的可能性及其有效性。[47]有学者在该文的启发下，指出"乡镇企业悖论"的真正答案也许并不在产权本身，而是在企业的经营过程及其与乡土社会的紧密联系之中。[48]

有学者以四川地震灾区的乡村社区案例为基础，发现与西方的正式规则作用不同，中国的自组织过程是在社会关系特质下进行的，自组织运作过程中的能人现象有其本土特质并存在"人情困境"，即资源支配者接受资源请托者的人情请托时，假使他将资源进行有利于请托者的分配，就违背了公平法则，而且还可能遭受其他利益相关者的社会非议甚至法律惩处。[49]

还有学者从组织社会学的角度关注了社会网络、社会资本、社会闭合等因素。如“教育获得中社会资本研究的3个主要流派”[50]“社会网络对健康行为的影响”[51]。

七、政治社会学

冯仕政的专著《西方社会运动理论研究》[52]是政治社会学领域中较有分量的成果。该书对西方社会运动研究的主要理论流派和具体理论做了系统的梳理介绍与中肯的评述。该书充实了国内的政治社会学研究，为国内政治社会学研究提供了丰富的理论资源，便于相关研究者准确把握西方社会运动的不同理论流派。

在农民抗争的研究主题中，有学者侧重对农民抗争动机的研究，在对鲁西农民抗争积极分子进行研究的基础上指出，推动抗争积极分子持续抗争的动机是一种由抗争行动本身带来的、突出的、不同于受损逻辑的“英雄伦理”，并论述了这种“英雄伦理”推动抗争持续的作用机制以及“英雄伦理”对于理解中国乡村抗争政治的贡献。[53]有学者侧重考查农村去集体化进程中不同层次的叙述文本，认为乡村共同体的隐藏文本揭示了集体化末期基层村庄的行动能力仍然是权宜而分散的，在很大程度上仰仗外部局势的变化，而在上层精英的叙述中，群众及其需要却被赋予附加的重要意义，进一步说明，主流历史的叙述方式与转型时期国家治理的合法性需要密切相关。[54]有学者侧重分析农民的土地产权认知与国家政策法规的差异，分析农民集体产权认知的形成与新中国成立以来的独特历史进程的紧密关系，指出农民的土地认知对中国土地制度变革具有重要参考意义，制度改革应当沿着尊重农民土地权利的方向进行。[55]

此外，政治社会学的研究还涉及“中国现阶段劳动者利益诉求方式”[56]“东亚共同体的重要意义与可能性”[57]“社会指标运动源起、评价及启示”[58]“互联网与当代中国社会抗争的新模式”[59]“脱耦中的合法性动员”[60]等。

八、经济社会学与市场社会学

陆益龙的专著《制度、市场与中国农村发展》以制度创新、市场发展为切入点探讨中国农村发展出路。该书的理论探讨和理论解释基本上是基于经验研究而展开的，其中提出的“一元化”体制改革的观点、关于农村市场发展的“引导性制度变迁”理论、关于农民的“闯市场”机制的观点、关于农村社会变迁的“后乡土社会”理论，以及关于中国农村新发展及农村发展的多元城市化道路与农村发展道路多样性的理论观点，都很有学术价值与理论启发性。[61]作者还以安徽小岗村市场发展的经验和教训为例，认为政府在推进制度变迁中，引导作用比主导作用更有价值，基础投资比零星补贴更重要，牵线搭桥比计划指导更有效，多层次推进比孤立推进更有效。[62]

同样关注中国农村市场的研究，有研究探讨，在资本稀缺条件下，中国的农产品市场是如何兴起的。研究发现，在“礼物交换”的互惠机制和市场权力基础上的“强征性信用”机制的作用下，农户、商贩和厂家克服资本匮乏困难，实现市场交易，从而为农产品市场的兴起提供了条件。[63]

有研究试图以中关村电子产品市场的重构为例回答市场建构失败的原因。研究发现，市场重建过程中相互冲突的行动者、建构过程中生成的利益格局使得一个理想的经济学意义上的市场无法顺利建构。人的行动者（卖场管理者、商会、商户）与非人的行动者（报价系统、明码标价制）之间的矛盾和斗争，扭曲了市场改革过程，而管理者和商户之间特定的利益格局也影响了操演的结果。[64]

在公司治理的研究上，有学者基于676家上市公司1997—2007年间的面板数据及对上市公司高管、独立董事、基金经理和证券分析师等的深度访谈资料，分析公司治理和企业绩效之间的关系，揭示在中国制度背景下与代理理论的预测颇为不同的公司治理与企业绩效的关系模式。[65]

九、法社会学

有学者将社会失范和矛盾纠纷置于社会转型的背景中考察，有研究认为，在社会转型期，甚至出现了无赖生存的社会环境，[66]导致社会失范的原因在于“下位规则”超越“上位规则”而形成“规则僭越”，不过，“规则僭越”也是重建社会秩序的重要力量；承认和重视“下位规则”，寻求“上位规则”与“下位规则”的沟通与合作，是缓解社会矛盾、维系社会秩序的关键。[67]有学者分别研究了转型期城市社会的矛盾纠纷与农村社会的矛盾纠纷，总结了十大类城市易发矛盾纠纷，主张城市在社会建设过程中需要构建多元动态的矛盾纠纷化解机制；对于农村，作者认为当前乡村社会并未出现矛盾凸显的特征，乡村社会在纠纷管理或治理策略方面，对生活性矛盾纠纷需采取“基层—调解—化解”的管理策略，对结构性矛盾纠纷则要采用“顶层—调整—解决”的治理策略。[68]

学者们还针对法社会学中的热点问题展开研究。有研究探讨了社区矫正本土化的困境问题，认为建构本土化的社区矫正制度，不能矫枉过正，一味强调其教育、帮扶的一面，而忽视了惩罚的本质，制度移植与本土适应其实是一个过程的两个阶段。[69]有学者关注了当今日益突出的环境纠纷以及居民的行动策略。[70]有学者考察了“农村地区的医疗纠纷及其解决方式”以及“网络立法与虚拟社会的法律治理”[71]。

十、网络社会学

网络社会是继工业社会崛起以来的又一次深刻的社会转型。有学者认为，因为网络社会带来的变化是在新的社会展开形式、存在基础和权力关系中的变化，而随之出现的问题也是用传统概念框架和研究方式难以说明的新现象、新问题，因此，中国社会学就更应以新视野、新境界和新的研究方式面对在中国迅速崛起的网络社会。[72]

经验性的网络社会学研究包括“网络流行语的感性化与讽喻性”“网络动员中的国家与社会”等。有学者认为感性化的网络流行语并非仅是对现实生活的形象表达，其中还包含了对社会消极因素的讽喻，体现了广大网民嘲讽邪恶虚假、期盼公平正义的理性要求，因此应当对网络流行语开展深入的话语分析。[73]有学者比较了网络动员与传统动员的不同，并以“免费午餐”的网络动员为案例，分析了其中的国家与社会的合作，进一步思考了网络动员再生产何以可能的问题。[74]

十一、环境社会学

中国环境问题的突出以及多种复杂因素使然，共同凸显了环境社会学研究的重要性。有学者探讨了公众环境风险认知与国际比较、生态文明建设等问题。

在公众认知与国家比较方面，有学者基于ISSP 2010和CGSS 2010数据的分析，发现环境关心是一种全球性现象，经济发展水平高的国家的公众具有更强的环境关心。作者进一步分析认为，进一步的研究应该尽量采用同样的数据和比较指标，同时谨慎对待按照经济发展水平将国家分类进行比较，并在比较指标的选择方面力求全面合理；有关气候变化的研究以及相关的政策行动，应更加关注气候变化的社会事实面相，充分理解气候变化之社会反应的差异性和应对气候变化的复杂性。[75]

在生态文明建设研究方面，有学者认为生态文明建设内在地包括生态建设与社会建设两大方面，其实质是通过社会建设促进生态建设；生态文明建设是对生态中心主义与人类中心主义的双重超越；生态文明建设的实质是通过社会建设促进生态建设，区域性率先推进生态文明建设是有可能的。[76]

十二、婚姻家庭、性（性别）社会学

有学者考察了子女因素对离婚风险的影响，发现：婚前生育不利于婚姻的稳定；生育子女的数量多对婚姻稳定有利，但边际效应递减；子女的年龄小，对婚姻稳定有保护作用；有男孩的夫妇，离婚的风险更低。研究还发现，子女因素对离婚风险的影响在城乡之间有显著的不同：在农村地区，子女对婚姻的保护作用比城市更强；有男孩的夫妇，婚姻更稳定。[77]

在家庭幸福感研究上，有学者利用全国抽样调查数据，引入“测量锚点”和“等比例方法”对家庭幸福感评分进行标准化，在此基础上，分析了家庭幸福感自评异质性的影响因素以及标准化与非标准化测量的评分差异，从而揭示以往主观评价变量非标准化测量可能存在的问题。[78]

有学者基于2010年人口普查数据指出，城市家庭结构变动特征是，城市核心家庭构成缩小，单人户明显增加，直系家庭稍有降低；农村家庭结构变动特征是，农村核心家庭构成降幅较大，单人户提高，直系家庭上升。而影响家庭结构及其变动的因素有人口流动、子女数量、人口老龄化、婚姻和住房情况。[79]

依据第六次人口普查数据，有学者分析了中国老年人口的家庭居住、健康与照料安排，研究发现：有65岁以上人口的家庭户占总家庭户的比重农村高于镇、镇高于市；在老年人口中，老年空巢家庭的比重从2000年到2010年的10年中，增加了将近9%；伴随年龄的上升，老年人的健康状况急剧下降，但在每一年龄段内，女性的健康程度都低于男性；有配偶的老年人的健康程度高于未婚者、离婚者和丧偶者；在生活不能自理时，老年人主要依靠家庭成员供养维生，养老保险的作用还需要继续加强。其中女性老年人口对家庭成员的依赖程度高于男性。[80]

在性（性别）社会学研究方面也取得了丰硕的成果。有学者分析了性文化最新发展的运行机制：性制度中公权力局部有限地退缩为“隐身在场”的“表态化”；人们日常生活的意义被不断地离散；人本身在代际传承与社会性别这两大方面被分化；性的外延出现了至少5个方面的扩散；就连性文化变革的阻力也出现了零散化。研究的理论总结是：由于“初级生活圈”已经被解构，这些变化已经不再是20世纪最后20年那样的阶级斗争式的性革命，而是性文化的弥散，造成了当前“后性革命时代”的“炫彩呈现”。[81]

有学者在身体社会学背景下，分析了患乳腺癌对女性身心的影响，展现了女性在经历乳腺癌的过程中（尤其是被切除了乳房之后）如何面对、管理，被医学与社会标定为“残缺”的身体，如何努力恢复身体和“正常”的亲密关系；表达了身体从医疗空间走向社会空间时，“残缺”感与正常化过程中的阶段性特点，以及身体在日常生活中的多重性与政治性。[82]针对预防艾滋病领域中跨学科实验的经验与教训，有学者认为跨学科主张的理想与现实之间尚有很大差距，有必要对跨学科主张进行认真反思。实现真正的跨学科研究，需要具备3个方面的条件，即必要条件：各个学科内部的多元平等、自甘边缘的异端分子与他们的开放性；充分条件：创建世界观、思维逻辑和价值取向3方面的新的元命题；发展条件：创立新的方法论。否则，跨学科的主张就可能成为陷阱，影响甚至扭曲学术的发展方向。[83]此外，还有研究涉及“Gender在中国的知识再生产”[84]“婚外包养与男性气质的关系化建构”[85]等。

注：

①郑杭生：《中国社会研究与中国社会学学派——以社会运行学派为例》，《社会学评论》，2013年第1期。

②郑杭生：《孙本文先生对早期中国社会学贡献的再认识》，《华中师范大学学报》（人文社会科学版），2013年第1期。

③奂平清：《费孝通学术历程的理论自觉及其意义》，《天津社会科学》，2013年第6期；奂平清、夏志新：《陆学艺“三农”问题研究的社会学理论自觉及其意义》，《社会学评论》，2013年第6期。

④李英飞：《涂尔干早期社会理论中的“社会”概念》，《社会》，2013年第6期。

⑤张旅平：《马克斯·韦伯：基于社会动力学的思考》，《社会》，2013年第5期。

⑥景天魁：《时空社会学：一门前景无限的新兴学科》，《人文杂志》，2013年第7期。

⑦刘少杰：《面对新社会形态的当代社会学》，《天津社会科学》，2013年第5期。

⑧郑杭生：《抓住社会资源和机会公平配置这个关键——党的十八大报告社会建设论述解读》，《求是》，2013年第7期；郑杭生、徐晓军、彭扬帆：《社会建设与社会管理中的理论深化与实践创新——访中国人民大学郑杭生教授》，《社会主义研究》，2013年第3期。

⑨郑杭生：《走向有序与活力兼具的社会——现阶段社会管理面临的挑战及应对》，《西北师大学报》（社会科学版），2013年第1期。

⑩陆学艺《加快社会建设：我国当前和今后的重大战略任务》，《北京工业大学学报》（社会科学版），2013年第2期。

⑪李培林：《转型背景下的社会体制变革》，《求是》，2013年第15期。

⑫李玲、陈秋霖、江宇：《社会建设：引领全面改革的突破口》，《社会学评论》，2013年第2期。

⑬王春光：《个体化背景下社会建设的可能性问题研究》，《人文杂志》，2013年第11期。

⑭郑杭生、姜利标：《城市发展与社区建设的实践理念：对杭州市发展的审视》，《科学社会主义》，2013年第1期。

⑮杨敏、杨玉宏：《“服务—治理—管理”新型关系与社区治理新探索》，《思想战线》，2013年第3期。

⑯黄家亮：《“大民政”：社会管理创新的必然趋势》，《中国党政干部论坛》，2013年第4期。

⑰李林倬：《基层政府的文件治理——以县级政府为例》，《社会学研究》，2013年第4期。

⑱刘明兴、张冬、钱滔、章奇：《地方政府的非正式权力结构及经济影响》，《社会学研究》，2013年第5期。

⑲李路路：《“单位制”的变迁与研究》，《吉林大学社会科学学报》，2013年第1期。

⑳郝大海：《祛魅化与市场转型——1949年后中国大陆理性化过程的历时性分析》，《江苏社会科学》，2013年第1期。

㉑李强：《中国在社会分层结构方面的四个试验》，《马克思主义与现实》，2013年第2期。

㉒秦广强、李路路：《从“经济决定”到“权威支配”：阶级研究的理论转向及内在逻辑》，《中国人民大学学报》，2013年第6期。

㉓高勇：《地位层级认同为何下移兼论地位层级认同基础的转变》，《社会》，2013年第4期。

㉔谢立中：《唯一“真实”的基尼系数是否可得?》，《社会学研究》，2013年第5期。

㉕陆学艺、杨桂宏：《破除城乡二元结构体制是解决“三农”问题的根本途径》，《中国农业大学学报》（社会科学版），2013年第3期。

㉖郑杭生：《城乡一体化与同城化齐举并进》，《红旗文稿》，2013年第20期。

㉗李强、胡宝荣：《户籍制度改革与农民工市民化的路径》，《社会学评论》，2013年第1期。

㉘李强：《论农民和农民工的主动市民化与被动市民化》，《河北学刊》，2013年第4期。

㉙杨敏：《三元化利益格局下“身份—权利—待遇”体系的重建——走向包容、公平、共享的新型城市化》，《社会学评论》，2013年第1期。

㉚杨菊华、陈传波：《流动人口家庭化的现状与特点：流动过程特征分析》，《人口与发展》，2013年第3期；杨菊华、陈传波：《流动家庭的现状与特征分析》，《人口学刊》，2013年第5期；杨菊华、张莹、陈志光：《北京市流动人口身份认同研究——基于不同代际、户籍及地区的比较》，《人口与经济》，2013年第3期。

㉛郭星华、郑日强：《农民工创业：留城还是返乡？——对京粤两地新生代农民工创业地选择倾向的实证研究》，《中州学刊》，2013年第2期。

㉜段成荣、吕利丹、邹湘江：《当前我国流动人口面临的主要问题和对策——基于2010年第六次全国人口普查数据的分析》，《人口研究》，2013年第2期。

㉝何炤华、杨菊华：《安居还是寄居？不同户籍身份流动人口居住状况研究》，《人口研究》，2013

年第6期。

㉞吴要武：《独生子女政策与老年人迁移》，《社会学研究》，2013年第4期。

㉟丁元竹：《滕尼斯的梦想与现实》，《读书》，2013年第2期。

㊱杨敏、郑杭生：《西方社会福利制度的演变与启示》，《华中师范大学学报》（人文社会科学版），2013年第6期。

㊲景天魁：《民生建设的“中国梦”：中国特色福利社会》，《探索与争鸣》，2013年第8期；景天魁：《社会福利发展路径：从制度覆盖到体系整合》，《探索与争鸣》，2013年第2期。

㊳李迎生、卫小将：《社会政策与社会建设——兼谈国际社会政策的新近趋势对我国的启示》，《社会学评论》，2013年第3期。

㊴李迎生：《农村社会保障制度改革：现状与出路》，《中国特色社会主义研究》，2013年第4期。

㊵时立荣、刘菁：《残疾人公民权利的保障性研究——关于中国社会福利企业税收优惠政策的思考》，《北京科技大学学报》（社会科学版），2013年第5期。

㊶王思斌：《走向承认：中国专业社会工作的发展方向》，《河北学刊》，2013年第6期。

㊷陈劲松：《灵性实践的误区与社会工作的介入》，《学海》，2013年第4期；陈劲松：《当代灵性社会工作的理论与实践初探》，《社会工作》，2013年第4期。

㊸王思斌：《高校教师领办社会工作服务机构的跨域实践》，《江苏社会科学》，2013年第5期。

㊹李培林：《我国社会组织体制的改革和未来》，《社会》，2013年第3期。

㊺王名、张严冰、马建银：《谈谈加快形成现代社会组织体制问题》，《社会》，2013年第3期。

㊻渠敬东：《占有、经营与治理：乡镇企业的三重分析概念——重返经典社会科学研究的一项尝试》，《社会》，2013年第1、2期。

㊼赵立玮：《理论化与制度精神：由〈占有、经营与治理：乡镇企业的三重分析概念〉引申的几点思考》，《社会》，2013年第3期。

㊽周飞舟：《回归乡土与现实：乡镇企业研究路径的反思》，《社会》，2013年第3期。

㊾罗家德、孙瑜等：《自组织运作过程中的能人现象》，《中国社会科学》，2013年第10期。

㊿赵延东、洪岩璧：《网络资源、社会闭合与宏观环境——教育获得中的社会资本研究及发展趋势》，《社会学评论》，2013年第4期。

51赵延东、胡乔宪：《社会网络对健康行为的影响 以西部地区新生儿母乳喂养为例》，《社会》，2013年第5期。

52冯仕政：《西方社会运动理论研究》，中国人民大学出版社，2013年版。

53吴长青：《英雄伦理与抗争行动的持续性：以鲁西农民抗争积极分子为例》，《社会》，2013年第5期。

54李洁：《农业“去集体化”过程中的乡村治理与底层政治 对一段乡村历史的分层解读》，《社会》，2013年第2期。

55张浩：《农民如何认识集体土地产权——华北河村征地案例研究》，《社会学研究》，2013年第5期。

56吴忠民：《中国现阶段劳动者利益诉求方式分析》，《社会学评论》，2013年第2期。

57谢立中：《走向东亚共同体：东亚社会面临的困境与出路》，《社会学评论》，2013年第5期。

58彭宗超、李贺楼：《社会指标运动源起、评价及启示》，《南京社会科学》，2013年第6期。

59曾繁旭、黄广生、刘黎明：《运动企业家的虚拟组织：互联网与当代中国社会抗争的新模式》，《开放时代》，2013年第3期。

60王程韡、王路昊：《脱耦中的合法性动员——对南方某大学孵化器的扎根理论分析》，《社会》，2013年第6期。

61陆益龙：《制度、市场与中国农村发展》，中国人民大学出版社，2013年版。

62陆益龙：《引导性制度变迁与农村市场发展——安徽小岗村的经验分析》，《天津社会科学》，2013年第3期。

63艾云、周雪光：《资本缺失条件下中国农产品市场的兴起——以一个乡镇农业市场为例》，《中国社会科学》，2013年第8期。

64陈氚：《“操演性”视角下的理论、行动者集合和市场实践——以重构中关村电子产品市场的失败为例》，《社会学研究》，2013年第2期。

65杨典：《公司治理与企业绩效——基于中国经验的社会学分析》，《中国社会科学》，2013年第1期。

66郭星华、石任昊：《无赖生存的社会环境——关于社会风气的一种法社会学探究》，《社会学评论》，2013年第6期。

67郭星华、周延东：《规则僭越：转型期的社会失范》，《探索与争鸣》，2013年第2期。

68陆益龙：《快速转型期城市社会易发矛盾纠纷及其化解机制》，《人文杂志》，2013年第12期；陆益龙：《乡村社会变迁与转型性矛盾纠纷及其演化态势》，《社会科学研究》，2013年第4期。

69郭星华、李飞：《制度移植与本土适应——社区矫正本土化面临的困境》，《中州学刊》，2013年第8期。

⑦陆益龙：《环境纠纷、解决机制及居民行动策略的法社会学分析》，《学海》，2013年第5期。

⑦邢朝国、李飞：《中国农村地区的医疗纠纷及其解决方式——基于五省份调查数据的分析》，《中州学刊》，2013年第3期；邢朝国、郭星华：《网络立法与虚拟社会的法律治理》，《内蒙古社会科学》（汉文版），2013年第6期。

⑦刘少杰：《网络化时代的社会转型与研究方式》，《学习与探索》，2013年第7期。

⑦陈氚、刘少杰《网络流行语的感性化与讽喻性》，《人文杂志》，2013年第3期。

⑦刘秀秀：《网络动员中的国家与社会——以“免费午餐”为例》，《江海学刊》，2013年第2期。

⑦洪大用、范叶超：《公众环境风险认知与环保倾向的国际比较及其理论启示》，《社会科学研究》，2013年第6期；洪大用、范叶超：《公众对气候变化认知和行为表现的国际比较》，《社会学评论》，2013年第4期。

⑦洪大用：《关于中国环境问题和生态文明建设的新思考》，《探索与争鸣》，2013年第10期。

⑦许琪、于健宁、邱泽奇：《子女因素对离婚风险的影响》，《社会学研究》，2013年第4期。

⑦王广州、王军：《中国家庭幸福感测量》，《社会》，2013年第6期。

⑦王跃生：《中国城乡家庭结构变动分析——基于2010年人口普查数据》，《中国社会科学》，2013年第12期。

⑧张翼：《中国老年人口的家庭居住、健康与照料安排—— 第六次人口普查数据分析》，《江苏社会科学》，2013年第3期。

⑧潘绥铭、侯荣庭：《弥散与炫彩：后革命的性化时代》，《社会学评论》，2013年第5期。

⑧黄盈盈、鲍雨：《经历乳腺癌：从“疾病”到“残缺”的女性身体》，《社会》，2013年第2期。

⑧黄盈盈、潘绥铭：《跨学科主张的陷阱与前景——基于预防艾滋病领域的实践》，《中国人民大学学报》，2013年第5期。

⑧黄盈盈：《反思Gender在中国的知识再生产》，《社会学评论》，2013年第5期。

⑧肖索未：《婚外包养与男性气质的关系化建构》，《社会学评论》，2013年第5期。

（作者：郑杭生，中国人民大学教授；
奂平清，中国人民大学副教授；
邵占鹏，中国人民大学博士生）

民 族 学

民 族 学

杨圣敏 祁进玉

2013年民族学、人类学的各分支学科的学科建设方面取得了较为显著的进展，跨学科研究和整合研究的趋势更加凸显。与此同时，在一些新兴的交叉学科研究领域也取得了突破性进展。上述相关研究领域的进展，进一步推动了民族学、人类学学科基础建设、基本理论和研究方法等诸多方面的发展与完善。此外，近年来，国内学术界的研究重点更多地关注中国多民族国家的社会稳定、民族地区发展，关注少数群体或在政治、经济、文化等方面处于弱势群体的整体生存状况；另外，对于全球化背景下的多民族国家的族际关系、文化多样性、文化生态以及民族文化传统的有效传承等领域的跨学科研究依然是学术界研究的重点。

在民族学、人类学学科的研究与教学中，各个分支或交叉学科的教学与学科建设受到重视，国内一些综合类和理工类高校纷纷开设和组建相关民族学、人类学研究机构，跨学校、跨单位和跨地区的协同创新与合作研究日益活跃。在针对我国现实问题的专项研究中，跨学科、协同合作研究得到进一步加强，如民族学、人类学与心理学、生物学、经济学、宗教学、医学和分子学等跨学科的合作的力度和趋势得到进一步加强，并在相关研究领域取得了可喜的进展。本综述兹从民族学、人类学学科建设和基本理论与方法研究，全球化与民族主义、民族理论与民族政策研究，民族与族群问题，少数民族社会历史文化、民族宗教研究与民族地区发展，分支民族学、人类学学科发展的最新研究动向，世界民族研究，重要学术会议、学科学术交流活动等7个方面分别加以概述。

一、民族学、人类学学科建设、基本理论与方法研究

从世界观、阶级立场和方法论的角度来看，国

际民族学界历来划分为马克思主义民族学和西方传统民族学两大体系。自民族学产生的一个半世纪以来，西方传统民族学一直在国际上占据主流的地位。有研究者认为，新中国成立前，中国主流的民族学界属于西方体系；而新中国的民族学是从中央民族学院研究部起始的，研究部是中国民族学界的堡垒和旗帜。近30年来，中国民族学的进步和成就是巨大的，但鉴于历史赋予中国民族学界继承和发展马克思主义民族学的使命以及西方人类学、民族学的局限性和明显的缺陷，必须抓住时机，创建马克思主义的中国人类学、民族学学派。[①]也有研究者指出，民族学在中国发展的过程中，其重要特色之一就是重视中国各民族社会，特别是少数民族社会历史与文化的研究。中国多民族社会的现实为民族学提供了广阔的田野，但该学科在加强实证研究以扩大其社会影响力的同时，不应忽略学理上的支撑，需要在实证研究中体现学科规范。[②]20世纪上半叶，西方人类学现代派基于对前人的批判及深度民族志研究，提出了另一种世界观，主张以“文化翻译”为方式，理解他者，构建自我与他者之间相互对比与联想的关系。有研究者认为，作为批判性的概念，“三圈说”指向社会科学的西方中心论，西方中心论在西方社会科学中持续起着作用。其具体表现方式是将世界划分为三个圈：以希腊—罗马—近代西方为“核心圈”，以两河流域—埃及—印度—中国为“中间圈”，再以“原始社会”为“外圈”。在这一“三个世界”图式的地理架构内，社会科学家将希腊—罗马—近代西方这个“核心圈”视作文明的顶点。“三圈说”之提出，旨在通过客位和主位的观点重新理解“中国文化”。[③]

随着时代的发展，人类学、民族学出现了质疑田野工作中的时态性、客观性与科学性的声音。有研究者指出，现代人类学的田野调研，古今文献不可或缺，经由专业分析和现场判定得出新鲜的文化诠释，是人类学的擅长。田野实践的方法论选择是首要的，它决定了诠释与应用的根本方向；整体性原则与多样性文化思考还是人类学应用性实践的重要认识论根据。谈到田野工作的具体方法，特别是团队式的田野调研往往需要先行设计，长时段的规划与合作，是集思广益获得递进性重大结论的前提。[④]也有研究者就人类学、民族学理论及其分支学科的基础理论创新做了简要的论述，提出了人类学、民族学哲学理论缺失、田野调查研究范式老化及我国生态人类学研究重心等问题。上述问题的存在，充分证明了人类学、民族学及其分支学科的基础理论研究跟不上当下社会所面临的理论需求和指导。[⑤]

人类学家有责任对文化从深层次去思考，并应承担起一种学术的责任，将文化真正当作文化去加以研究。有研究者认为，要从原来西方将文化的发展引到一个尽头的状况中拉回来，重新思考中国文化在此基础之上该如何发展。[⑥]也有研究者分析认为，过去20多年是中国人类学最好的发展时期，这表现在以下几个方面：（1）主要高校大都开设了人类学的课程，有了人类学的教学、科研团队，众多院校还有了专门的系所；（2）社会文化人类学成为大社会学下的二级学科，成为招收博士生的专业；（3）人类学的田野作业在对象上发展到多个海外社会，在规范上对当地人语言和调查时间的重视达到了空前的水平；（4）中国人类学、民族学界2009年在昆明成功主办国际人类学、民族学联合会第十六届世界大会，展现了自己的人才、成果和社会影响。[⑦]有研究者认为，中国人类学曾经较多讨论“人类学本土化”的问题，现在更多需要思考的则是中国如何为人类学提供思想资源，对中国人论宇宙观的探讨如何成为世界人类学的重要部分。[⑧]也有研究者认为，中国的人类学一直处在民族学与社会学的夹缝中生存。那种合并人类学于民族学之中的看法，不仅可能会打破人类学因为历史形成的在大社会学之内独立发展的既有格局，甚至会进一步增加一种学科定位的“错乱”。从学科发展的进程来看，人类学相比民族学更具一种包容性，它关怀的问题是整个人类和所创造出来的文化及其发展。因此在美国，考古学、语言学、文化人类学等都归属人类学的这个范畴之内。实际上，今天民族学研究者应该深度反省的是民族学对于少数民族研究的局限性问题，不应该将比较中立的人类学涂抹上一种过于强烈的现代民族意识形态的色彩。[⑨]

近年来，海外民族志研究取得了长足的进步。有研究者对中国古代海外记述传统、20世纪上半期中国学者在海外的实地调查及其著作以及20世纪50年代以后台湾、香港地区学者所做的海外民族志研究与改革开放之后中国人类学界的海外民族志研究做了较为系统的梳理，阐明了每一时期海外民族志发展的特点及研究重点的变化，为中国海外民族志研究的大规模开展提供一个坚实的平台。[⑩]

二、全球化与民族主义、民族理论研究、民族政策研究

20世纪80年代以来新出现的一些民族问题和民族矛盾，绝大多数都属于人民内部矛盾，是经济和社会发展中的问题，应该用调整民族政策、调整开发政策和经济政策的办法去逐步解决。应汲取历史的教训，要继承历史上我党处理此类问题的传统，要分清敌我，切忌简单化；要团结大多数，缩小打击面；要缓解矛盾，不要制造敌人。有研究者通过10余年的实地调查发现，我国的民族关系总体上来说是好的，绝大多数少数民族群众拥护政府和共产党，拥护我党的民族政策，对汉族是友好的。在市场经济取代计划经济的社会转型中，部分少数民族

群众适应较慢，跟不上高速发展的步伐，在经济和社会生活中遇到了很多困难。当这些问题长期没有得到很好解决时就发展成了社会问题、社会矛盾，敌对势力乘机挑拨民族之间的矛盾，挑起事端，制造动乱。目前学界对这些新问题在理论上的解释众说纷纭，莫衷一是，比较混乱。部分地方政府在实践中对这些问题未能很好地解决，长期积累就发展成了民族之间的隔阂。[11]

美国教育家诺亚·韦伯斯特以民族主义为基点形成了其独特的公民教育思想。他主张通过开展公民教育来培养具有民族认同感和独立民族性格的公民。他提出了以下教育思想：实现民族文化的独立，建立统一、纯洁的美国语言体系；建立公共教育体制，扭转教育的殖民性，实现教育本土化；以科学为教育基础，淡化教育的宗教色彩；开展道德教育。有研究者指出，韦伯斯特的公民教育思想对美国公民教育的发展产生了深远的影响，但也具有一定的局限性。[12]

正确认识中国特色社会主义民族理论，澄清干扰中国特色社会主义民族理论的观点，全面准确地宣传和运用中国特色社会主义民族理论，是坚持中国特色社会主义民族理论的 3 个重要问题。有研究者认为，正确认识中国特色社会主义民族理论是根本，澄清干扰中国特色社会主义民族理论的观点是关键，全面准确地宣传和运用中国特色社会主义民族理论是目的。[13]也有研究者对中国特色解决民族问题道路的理论内涵和实践特点做了系统阐述。认为坚持民族平等，促进民族团结，实行民族区域自治，促进各民族共同繁荣发展构成了中国特色解决民族问题道路的理论内涵，进而认为这条道路还很漫长，在前进的道路上需要我们不断探索，不断以新的实践促进理论创新，以理论创新促进实践发展，只有这样才能使中国特色解决民族问题正确道路越走越宽广。[14]

我国的民族问题研究者必须面对这些新问题，并在实证研究和理论思考的基础上，提出可以收到实效并得到全国各族民众接受和欢迎的新思路。对于近期热议的“第二代民族政策”和相关讨论中提及的一些问题，有研究者认为，我们在强调“一体”时必须兼顾“多元”，要充分考虑我国民族关系的多样性，要尊重和依靠少数民族干部，也要注意警惕和反对“大汉族主义”。[15]根据多年来对中国民族问题的理论思考和实证研究，有研究者提出与当前中国民族问题和少数民族发展密切相关的 100 个思考题，希望关心和长期研究中国民族问题的各界人士能够一起予以关注和思考，希望在交流和讨论中能够不断深化我们的认识和理解，努力争取在一些问题上达成共识。作者认为，对这些题目的积极讨论将会有助于推动相关领域的学术创新和制度创新。[16]

有研究者认为，近几年来，社会各界对民族方面的问题关注度明显增强，思想比较活跃，各种不同观点纷纷登场，包括一些过去很少涉猎民族领域的文人墨客也参与进来，这对活跃学术氛围，促进不同观点的交流很有益处。但也掺杂了一些与主流媒体声音不合拍的声音，形成了民族方面的若干热点问题。能否正确认识和处理这些问题，事关党和国家民族工作的全局，对此应当引起足够的重视。[17]也有研究者以苏联为例指出，当年苏联过早强调“民族融合”而忽视民族问题存在的长期性，正是这种急于求成的“民族融合”思想，成了导致其解体的重要因素之一。那种试图对我国现行民族理论和民族政策进行颠覆性评价，甚至不惜将其推倒重来的思路，无疑极具破坏性。[18]

社会成员的身份认同与文化有着密切的关系，族群认同是一种社会性的心理与文化反映，也是一个客观的社会事实。有研究者试图从文化分析的维度，分析族群认同的社会特性以及在社会互动与民族—国家建构工程中的作用，并通过对两种民族主义（公民民族主义与族群民族主义）的分析，探讨如何在承认族群文化差异的基础上协调社会成员多重身份认同中的国家认同与族群认同。有研究者认为，民族问题的本质是国家与社会关系，中国今日的民族矛盾，很大程度上来源于革命时代适用于同质化社会中的政策体系已经无法适应一个族群间高度分化的社会。故而作者提出，完善民族政策的关键，在于为一个统一的民族国家树立新的价值坐标。[19]

当代的中华民族处于剧烈的社会转型之中，“中华民族”的“身份认同”因而也成了实现中华民族伟大复兴中的一个核心问题。有研究者认为，基于牟钟鉴先生关于“复合型民族”思考的启发指出，超越地域、民族的更广泛、更深刻的“文明认同”，不仅是过去中华民族发展中珍贵的历史经验，而且对于当代中华民族“身份认同”问题的思考，也具有一定的启发意义。[20]

三、民族与族群问题研究

现代意义上的国家是“民族”与“国家”的融合体。民族意义上的国家认同和政治意义上的国家认同是现代国家认同教育的两个基本维度。前者以民族历史、文化、语言认同为核心，涉及共同血缘、地域、历史等文化价值维度的认同教育，后者以宪法认同为核心，涉及人权、民主、法制等共同政治价值维度的认同教育。有研究者认为，超越狭隘的民族主义爱国走向宪法爱国是时代发展趋势，民族品格的塑造和民族精神的培育仍然是当代公民教育的重要使命。现代公民教育在两者张力之间培养既有民族品格和民族性精神，又具有现代民主意识的理性爱国公民。[21]

族群冲突涉及国家与族群、族群与族群之间的关系。有研究者认为，当代世界有两个因素可以引发一国内部族群之间的紧张：一是经济开发进程中族群之间竞争国家资源；二是国家权力被某一个主体族群所控制，从而可能引发其他族群的政治反应。世界各国治理族群冲突的政策各异，按照政策目标的不同，大致可以分为三种类型：一为同化或吸纳；二为排斥；三为多元主义。从民族国家的观点来看，同化看似具有吸引力，但强制同化往往引发族群不满和冲突；种族屠杀、文化灭绝、种族隔离是排斥政策的常见形式，已遭世界上秉持人权与正义的国家的普遍抛弃；多元主义族群政策路径选择多样，是当前多数国家都采用的政策。在当代多元主义越来越走强的条件下，多族群国家的族际政治整合只能是多维的、复杂的政治整合。[22]

从族际政治理论视角看来，多民族国家中的各民族应被看作平等的权利义务主体，各民族无论大小、强弱，都具有平等的权利和尊严。有研究者指出，以族格为视阈进行考察，族际政治既承认了民族的政治身份，也间接地承认了公民身份的民族特性，有助于实现个人、民族、国家认同的和谐共存。[23]在世界各国的族群研究中，有一个特殊的议题涉及“原住民”或“土著人”群体。这个议题的出现既与这个群体受到的社会关注程度有关，也与近代殖民主义的出现和工业化在全球的扩展有关，还与人权运动的发展有关。有研究者认为，现在我国台湾社会把该地区的土著群体统称为“原住民”，在两岸学术交流中有时也把大陆的“少数民族”与台湾的“原住民”从群体演变历史、政府制度和政策实施的社会效果等方面进行比较。[24]随着两岸关系和民族政策的变化，大陆高山族人口从20世纪80年代以后经历了大幅增长。有研究者以对河北围场满族蒙古族自治县高山族的田野调查为基础，分析自1985年以来的人口变动、民族成分恢复更改，以及民族认同建构的基本情况。通过与河南邓州高山族的对比，说明民族政策执行和地方群体的互动的差异如何导致了围场高山族民族身份“识别”和民族认同建构的特殊过程。[25]

有研究者从多重社会认同视角，分析汉族与少数民族的民族—国家双重社会认同的结构、影响因素及其与群体间知觉的关系。研究表明，调查对象的民族认同和国家认同之间呈正相关关系，又存在显著差异，整体上国家认同要显著强于民族认同，汉族的民族认同要明显低于少数民族。调查结果有助于深入把握人们对民族身份和国家身份的管理模式，以及由此形成的民族—国家双重社会认同对群体关系的影响和意义，有利于制定更有效的政策以促进积极的群际知觉。[26]也有研究者认为，在民族认同和国家认同的关系中，可以从静止和运动两种维度分析。因此，两者的关系难以用“和谐”或“冲突”来概括。两者的整合，也难以用“同质”或“多元”来进行一刀切式的处理。建构民族认同和国家认同的和谐模式需要柔性地处理两者的同质性和异质性因素，同时还应更加注重少数民族的立场，增加对少数民族的人文关怀。[27]

四、少数民族社会历史文化、民族宗教研究与民族地区发展

在少数民族历史文化研究方面。20世纪50年代中期开展的少数民族社会性质调查，既是为了满足少数民族地区民主改革的政治需要，也具有丰富马克思主义社会理论和强调中国特性的双重追求。有研究者认为，从学术的内在脉络来看，社会性质调查本身呼应了史学界关于“古史分期”讨论的需要，其调查材料和结论在后续的论争中被广泛引用，为史学研究开辟了新的理论和资料来源。其背后的原因是，以泰勒和摩尔根为代表的“文化遗存法”这一古典人类学研究范式已经部分改变了中国历史学的理论和研究方法。这是关于少数民族社会性质调查的既有研究成果触及不多的重要理论课题。[28]也有研究者研究指出，塔里木盆地范围的文化共同性是不存在的，相反，文化多样性和地域文化是主要文化特征，不同地理区之间文化差异明显，同地理区内则形成地域文化共同体，总体可分为绿洲城国文化与草原游牧文化两类。[29]

新时期以来，以邓小平、江泽民为核心的党的第二、第三代中央领导集体和以胡锦涛为总书记的党中央领导集体，坚持将马克思主义民族宗教观与中国的民族宗教实际相结合，不断创造性地丰富、发展和完善民族宗教政策，逐步形成了中国特色社会主义民族宗教政策。中国特色社会主义民族宗教政策具有中国风格和中国特色，内容极其丰富。[30]

“藏边社会”的内涵丰富，涉及甘青川滇藏区、藏羌彝走廊、西北民族走廊以及喜马拉雅山南麓地区诸领域的研究。这些地区的社会发展具有一些自己的特点。有研究者认为，历史上这些地区有过民族团结互助、共同和睦生活的时期，而且民族之间的团结互助给各方都带来过巨大利益，不过也有过民族之间矛盾冲突甚至兵戎相见的惨痛教训。在当前形势下，如何做好“藏边社会”的精神文明建设和经济建设，实现各民族互相团结、共同进步，是研究这一地区的民族学、社会学和藏学研究者的一个共同的重大课题。[31]也有研究者认为从文化的角度反思“边疆”概念，分析这一概念在当下语境中的文化指向及其意义，可以揭示其所包含的指涉民族国家建设工程的政治意涵。[32]民国期间，历届政府均将维护边疆稳定视为要务，边疆民族地区由此得到了一定程度的开发。有研究者分析指出，这些开发成为边疆地区步入近代文明的基础。然而，这些开发也很有限，并没有改变边疆民族地区的落后和与其他地区的差距。而这些成绩、局限及经验都是我们的历史遗产，值得珍惜和总结。[33]也有研究者认为，从"藏彝走廊"分布域——多民族活态分布与多元民族活态文化；"藏彝走廊"语言域——藏、羌、彝语支是走廊鲜活的语言主体以及"藏彝走廊"文化域——岷江流域古遗址凸显厚重的古羌文化3个侧面探讨"藏彝走廊"文化域中的尤为凸显且厚重的羌文化元素。[34]有研究者认为，西南民族生活方式向我们展示出生活其间的人们对不同意义空间的认知与拓展，这些状态也暗含着他们持续发展演变的"逻辑方向"。如今，这个"逻辑方向"被外来的关于现代性的一套话语体系所切割，纷繁的生活方式在面临生机日渐丧失的同时，也表现出一种对原有方向的"变奏式"回归。[35]

呼伦贝尔市是以蒙古族为主体、汉族占多数的少数民族地区。除主体少数民族蒙古族以外，内蒙古仅有的4个人口较少民族鄂温克族、鄂伦春族、达斡尔族及俄罗斯族聚居在呼伦贝尔。有研究者认为，从目前来看，这些人口较少民族地区经济社会的发展比较困难，民族经济发展举步维艰，各方面的利益诉求比较复杂。特别是同当地的兄弟民族相比，仍处在较贫困状态，而且随着时间的推移，差距不断增大。加快人口较少民族发展，使其与其他民族同步实现小康社会目标是一个需要引起各方面高度关注和深入研究的重大问题。[36]有研究者指出，塔吉克族婚姻制度、家庭制度和亲属制度的研究，试图对中国塔吉克族亲属关系人类学研究做初步的描述，并尝试对其社会机制进行文化上的解释，从而反思亲属关系人类学理论的局限性。[37]也有研究者分析认为，新疆昌吉回族自治州木垒县乌孜别克民族乡的文化发展形成了政府主导、民众作为参与主体、市场化为导向的发展模式。一方面体现了政府在文化保护方面的责任，即把民族文化的发展纳入社会整体的发展框架之中；另一方面有效地解决了民族文化的传承，增加了被保护民族对民族文化的认同。[38]

五、分支民族学、人类学学科发展

近年来，民族学人类学各分支学科的研究取得了较大进展。跨学科交流和综合研究的趋势也越发明显，交叉、跨学科的研究成效显著，学术研究更加趋于规范化，新兴的分支学科的教学与学科建设逐渐成形。

（一）社会人类学研究

社会人类学就是在"社会"的这个广阔意义上研究人的一门学科。有学者认为，在这门学科中，有一部分人研究分类，研究生态和生存方式，研究技术与技术学，其核心为对人与自然关系的论述。社会人类学还有另外3个核心分支，分别是社会组织、交换、"政治"与"自然法"，分别分析血缘和地缘关系如何构建共同体，超越共同体之外的物和人如何流动，以及支配性的关系如何产生。这3个核心分支正是对3种不同类型的人与人之间关系（血缘—地缘、政治支配、超越性）的研究。[39]也有研究者认为，知识被认为可以通过理性的方式得到累积，这种知识的累积通常被称为知识创造的理性方式。而另一种知识的创造，即是"顿悟"。中国文化中，"灵"这个字和心理学中的顿悟概念意思近似。中国乡村民众信仰背景下的"灵"的观念与顿悟的概念有一定关联。在理性和顿悟之间进行一种比照之后，可以看出，前者是一种基于西方科学理性基础之上的知识创造，而后者则是一种基于非理性、反常以及特异性的知识创造。[40]

人类学学家埃文斯·普里查德指出努尔人的政治体系是建立在一种"世系群体系"分分合合的动态平衡基础之上的裂变制。有研究者指出，他对努尔人的研究被视为社会结构分析的典范之作，原因首先在于其强调所有的讨论一定要建立在经验事实的观察之上。其次是强调人的需求的重要性，即从整体上去注意社会的要素构成与个人需求表达之间的关联。最后，与拉德克里夫·布朗的社会比较有所不同的是，埃文斯·普里查德会更多地用一个社会的分析材料，他的研究启示我们对于耳濡目染又十分熟悉的社会产生一种比较性的反思。[41]

当前，中国人究竟该怎样认识和应对人口老龄化现象，仍是一个值得人们去思考、探索和实践的领域。有研究者通过对裕固族敬老习俗的社会人类学描述与阐释，说明在实现社会控制的全部制度中，法律法规固然是其重要组成部分，但却不是它的全部，习俗作为非正式制度也具有相当的社会控制功能。为了迎接老龄化社会的挑战和繁荣社会主义新文化，应该充分重视和发挥敬老习俗等非正式制度的价值和作用。[42]

（二）历史人类学研究

历史人类学逐现端倪于20世纪上半叶的美国学界，突出反映了当时的民族学人类学尝试引入史学视角的发展倾向，为二战后美国民族学、人类学与历史学之间关系由疏离到日益密切及"历史人类学"在美国和西方学界的兴起起到了重要的铺垫作用。这一时期的历史人类学，既不是美国史学界关注的重点，也不是美国民族学、人类学界的主流，易为学界所忽视。有研究者尝试对此进行揭示，对全面理解历史人类学的内涵、性质和作用，以及二战后西方历史人类学的兴起具有重要作用。[43]

国家的历史可以通过历史文本的记载得以传承，而民间的历史则是通过长辈们不断讲述而被延续下来。作为乡村里的公共建设桥梁，更是说明了民间历史是如何被记忆的真实案例。有研究者以四川凉山的一座凉桥为例，探讨作为实体层面的桥，当它与当地的环境、人和文化发生联系时，它的文化意义也在不断被创造和发明。[44]

吐谷浑与现代土族的族源联系在学术界尚存分歧：古代的吐谷浑人是否是现代土族的主体民族或族源来源之大部？吐谷浑被吐蕃灭亡之后“吐谷浑人”分散四处，甘青故地是否仍有吐谷浑人的遗留族群？有研究者指出，上述的疑问，成为解决土族族源争论中的关键点。至于土族究竟与吐谷浑人、霍尔人、蒙古人是“源”还是“流”的关系？他们是直接的族源承接，还是仅仅就是间接的族体间的融合？上述的诸多疑惑需要学术界采用更为有效的方法，如考古学、体质人类学与历史学等多学科相结合，尝试进行整合性研究，应该是将来的发展趋势。[45]

（三）语言人类学研究

澳大利亚学者克里夫·戈达德（Cliff Goddard）和安娜·维尔茨比卡（Anna Wierzbicka）等在波兰语义学派的跨文化语义学研究基础上发展出的语用学研究的新视角——民族志语用学（ethnopragmatics），旨在反对传统语用学研究以带有民族中心主义倾向的工具语言描述普遍主义的语用规则，主张从内部视角来考察特定文化的语用规则。有研究者指出，学界在译介这一术语时，理解和翻译存在一定分歧，根据其理论基础和方法论，主张将其翻译为民族志语用学。[46]

有研究者认为，语言学家张公瑾在国内语言学界率先引进的混沌学理论与方法更具开拓性。这种积极探索在中国语言学领域尤其是少数民族语言与文化研究领域已形成一种学术范式，并取得了系列研究成果。[47]也有研究者指出，深化中国少数民族语言研究必须强调以下几点：要有多角度、多方法的宏观把握；必须辩证处理好“近”和“远”、“大”和“小”的关系；充分使用不同语言的“反观法”；必须重视语言接触关系的研究；要深入语言生活做广泛、持久的田野调查。[48]

除汉语外，我国境内的藏缅语、苗瑶语、壮侗语等很多汉藏语系语言的动词都可以重叠，构成多种重叠形式，表达不同的语法意义。有研究者认为，根据动词重叠式的语法意义，汉藏语可分为“多量义优势型语言”和“少量义优势型语言”。不同语言的动词重叠式有不同的形式—意义匹配格局。汉语和亲属语言有相同的动词重叠形式，汉语属于“少量义优势型语言”。[49]

（四）影视人类学研究

1949年以来，我国的民族学者拍摄了一批反映鄂伦春族和鄂温克族民族文化和生产、生活方式的纪录片。有研究者通过对不同时期上述人类学纪录片创作方式和主题内容的分析，探讨了由创作者的机构归属所决定的制作方式，以及由不同时代纪录片观念所带来的内容特征是如何从外部影响了半个世纪以来中国影视人类学实践的。[50]

近20年来，中国人类学影像民族志呈现出多种文本类型，从事影视人类学研究的学者们依照不同的理论框架，发展出学术宗旨、创作方法与表现形式各异的影像民族志，使得这一基于视听媒介的人类学民族志文本，具备了较文字型民族志更为丰富、多义的表述能力。有研究者将人类学影像民族志划分为学理型影像民族志、描述型影像民族志、表现型影像民族志与应用型影像民族志4个基本类别。通过对诸多作品实例的分析，淬炼其理论要义，展现多元价值取向的影像民族志对于人类学主体学科的学术贡献。[51]也有研究者分析指出“中国少数民族社会历史科学纪录电影”采用了复原重建式的拍摄方法，通过扮演、摆拍等方式，再现业已消失的民族政治、经济、宗教活动和生产、生活场景。[52]

（五）教育人类学研究

随着社会的进步和发展，教育越来越显示出其在社会、经济、文化发展方面的重要作用，对多元文化教育与公民教育、教育公平的探讨可谓该领域研究的热点问题。在世界范围内，教育不再是少数人的特权，不同民族、种族、社会阶层、性别的群体都成为了教育的对象。有研究者认为，移民和边缘群体成员的加入大大丰富了当今学生群体的来源和学校的文化差异。然而，在我国的教育研究中，对于文化的关注却严重滞后，不管是宏观的政策层面，还是微观的课堂互动层面，都缺少对于文化的讨论。教育民族志作为一种研究路径，从一开始就关注学校内外教与学的过程中普遍存在的文化力量以及基于文化的价值冲突和权力博弈。[53]有研究者认为，儿童人类学的儿童观可以概括为如下3个主要方面：文化之网上的儿童、主位的儿童、具体的儿童。儿童人类学的儿童观对分析教育问题很有价值。[54]

从全球化的视角来看，每位个体同时拥有作为族群成员的身份、作为民族—国家成员的“公民”身份以及作为“地球村”的“世界公民”身份。有研究者提出了以公民教育、乡土教育和多元文化教育为主要内容的全球化背景下的“多元文化整合教育理论”框架，试图说明中国民族教育应该承担培养学生具有乡土情怀、公民意识、跨文化的能力和全球意识的使命。[55]有研究者认为，从整体来看，以教育过程的参与者为核心研究对象的教育人类学诸学科非常适宜作为裕固族教育研究的学科基础。[56]

明清之际的教育家王夫之以“六经责我开生面”自勉，对民族兴衰之命运展开了深刻的思考。他从唯物史观的角度出发，阐述了关于教育的作用。有研究者运用教育人类学的理论方法从民族发展、教育的可能性与必要性、教学论等方面对王夫之民族教育思想进行解读，有助于更全面系统地理解王夫之的教育思想体系。[57]

（六）生态人类学研究

环境人类学的兴起，是人类学对自然、社会和文化环境进行整体性研究的推进，是学科发展本身使然。当今人类所面临的环境形势日益严峻，这是环境人类学发展的直接动力。如何实现人与自然的和谐发展，这是环境人类学所要研究和解决的主要问题。目前，中国环境社会学与生态人类学均是不断成长、发展中的学科。有研究者认为，由于这两个分支学科在研究对象上有所重叠，因此容易造成理解的偏差和内涵的误读，需要首先对环境与生态两个概念进行辨析，继而从环境社会学与生态人类学的发端、研究导向、分析单位、范式等方面比较两个分支学科之间的不同点，针对国际潮流和中国现阶段面临的问题着手讨论两个分支学科跨越障碍的必要性。[58]

中国地域辽阔，生态复杂，民族众多。生态文明作为“人和”问题，不仅要与政治、经济、社会、文化相互作用，还要有各地、各民族及其文化的能动参与。有研究者认为，应基于中国国情，结合学科新知，将论述生态文明建设与中国的区域和民族文化多样性相结合，以中华各民族“共同团结进步，共同繁荣发展”为导向，构建“和衷共济、和睦相处、和谐发展”的民族关系。[59]

灾难的研究以社会学为先，大致强调灾害对社会成员以及社会环境的冲击，并试图找出问题及解决方法。有研究者认为，人类学进入灾难研究虽为时尚短，但对于灾害发生、灾害救援、灾后重建以及减灾过程中文化的作用的关怀却有新意。灾后所生成的新的文化，不仅在灾难应对中形成新的经验，而且对于揭示社会的本质也具有积极意义。[60]也有研究者认为，理解游牧文化和生态关系的主题，包括游牧生产、宗教信仰、宇宙观等维度。游牧生产构成重视和理解自然与宇宙的基础，原始宗教信仰把自然崇拜植入人们的精神世界。在其宇宙观中，形成一种独特的人地关系系统，这种关系是亲属关系的延伸。在具体的社会经济发展过程中，把科学环境知识体系与民间环境知识体系结合起来才可能更好地实现项目的目标，从而实现可持续发展。[61]

（七）应用人类学及其他

在艺术人类学研究方面。有研究者认为，通过关注艺术活动中人们浸入其中的情感、激情和欢乐愉悦，把握人类更多的感觉方式，有可能弥补以往人类学研究中仅仅关注理性、重视听觉式的访谈言说和视觉式的眼见为实的行动，而忽略了情绪情感、忽视了多种感觉方式之虞；借由对于艺术活动的“体验式”参与观察和深度访谈，由对艺术形式的深入分析入手，人类学家可以探索文化观察与阐释的新途径。[62]也有研究者认为，以艺术人类学的方法和角度来研究各类不同文化的艺术史是完全可能的，在这样的研究中，古代的文化语境与社会情景以及艺术创造就是我们所要进入的“异文化”，相对于古人，我们可以互为“他者”。我们的田野就在大量的古文献、古遗址、古文物中，我们可以在这样的田野里与古人对话，通过描述和重构他们的生产劳动或艺术创作的场景来找到中国古代不同时期文化观、审美观和艺术风格形成的背后的种种动因。[63]有研究者以北京市西郊的大石窝传统石雕艺术作为个案研究，探讨了艺术人类学视角下对“物”或“物质”对象的研究动态、研究取向与方法论的选择问题。分析了变迁的社会中，传统艺术在操作技术、创作技艺上所发生的历时性变革及其与特定社会语境之间的关系。[64]也有研究者从人类学切入文化遗产实践，通过语境拓展并结合西方视角与非西方视角，审视文化遗产实践背后的理念支撑——文化多样性概念，从而为重新把握当下中国乃至全球各地纷纭繁杂的文化遗产实践提供一种观察与思考的视角。[65]

在经济人类学研究方面。国内对民族地区金融结构问题的研究目前还比较缺乏。有少量这方面的单区研究，但仍沿用早期的方法，实际上研究的还是金融发展水平问题。有研究者对2001—2010年期间我国民族地区金融结构进行了较全面的衡量。研究表明，我国民族地区金融结构在过去10多年时间里变化不大，但和全国相比，对银行体系依赖程度在加重，而各自治区金融结构特征及其变化却有所不同。[66]也有研究者运用格兰杰因果检验方法，可验证西部地区公路建设投资与其经济增长之间存在着长期稳定的均衡关系。研究表明，改善西部地区公路建设投资效果，加大对公路建设的投资，能够为西部地区带来巨大的经济社会效益。[67]目前民族地区政府绩效评估忽略了民族地区的特殊环境和政府特殊职能，在价值理念、评估目标、评估指标和评估过程等方面存在诸多问题。有研究者从分析民族地区政府绩效评估的特殊因素出发，阐释民族地区政府绩效评估的战略框架，并构建民族地区政府绩效评估的指标体系，将对民族地区的政府绩效评估具有参考价值。[68]人类学的经济关注起源于对家庭经济、原始经济以及乡村经济的解释。有研究者认为，原住民经济则引来经济学和经济人类学的共同关注，但二者对原住民经济的研究方式与解释变量存在各自的困境与局限。可能的解决方式：一是民族经济学，它用原住民或地方性的经济概念洞察当地人理解经济现象的方式；二是用民族志方法确定哪一类别的经济分析最具相关性。[69]

六、世界民族研究

东南亚地区族群众多，族群间关系复杂。由于外来的现代性的扩展造成了东南亚地区的族群普遍面临生存、认同和整合危机，族群的发展问题尤为紧迫。有研究者认为，在这种情况下，现代资本方式、价值和制度的发展促使族群身份向民族身份转换，为现代国家的建构提供了民族动力。主体族群恰恰是在族群整合过程、现代资本治理中居于优势地位的族群，其对国家领导权的要求也成为题中应有之义。[70]

20世纪90年代中期在日本兴起的新民族主义潮流，是在全球化背景下的一种新形态的民族主义。其主要成因在于冷战的终结和全球化的迅猛推进，以及日本向后现代、后工业社会的转型。有研究者认为，其主要特征包括：天皇作为凝聚国民的核心或者民族认同核心的作用明显下降；在国家认同和国民统合的建构方式上，国家的作用重新凸显；对美国的依附和内向性，超越左翼与右翼。日本新民族主义的发展变化蕴含着危险性的一面，极有可能成为国内政治寻求出路的工具。[71]也有研究者分析指出，韩国学者全京秀将朝鲜半岛的百年人类学史分为日本殖民时期和独立纷争时期两大阶段，日本殖民统治时期的人类学为日本学者控制，并非纯学术研究，且有意抹杀文化概念。韩国独立后，本土人类学家坚持三大立场，这与人类学的研究传统一脉相承。[72]

从全球范围看，钓鱼岛争端中被激发的民族主义浪潮、美国大选后出现的民族问题、菲律宾的民族冲突、缅甸政府对少数民族的怀柔政策、印巴冲突中的民族问题因素、巴以枪林弹雨中的民族矛盾、叙利亚内乱升级中的民族纠结、南北苏丹“兄弟”民族间的硝烟都在威胁着人类的和平。有研究者认为，导致民族热点问题的原因更为复杂，民族与宗教、政治、资源环境等问题的关联性更加密切。这些民族问题因素都值得人们严肃对待、认真思考。总结经验教训，并从中找出解决之善策，为化解矛盾、平息冲突、走向和谐和平和睦添砖加瓦。[73]

七、重要学术会议、学术交流活动

（1）由中国解剖学会人类学专业委员会、中国科学院古脊椎动物与古人类研究所、辽宁医学院、中央民族大学承办的“21世纪中国人类学发展高峰论坛”于2013年10月12—13日在北京召开。该论坛旨在“促进学科交叉与融合，拓宽研究领域，展示未来发展前景”。中国科学院院士、复旦大学副校长金力教授、中央民族大学杨圣敏教授、美国亚利桑那大学 Zhao Chen 教授、辽宁医学院席焕久教授、中科院古脊椎动物与古人类学研究所刘武和高星研究员等20余位学者分别做了专题报告，内容涉及分子人类学、古人类学、体质人类学、法医人类学、文化人类学、考古人类学、医学人类学等人类学分支近些年的最新进展。本次论坛内容丰富，促进了人类学相关领域间的交流，为未来人类学各分支学科的合作研究、探寻新的学科增长点做出了积极贡献。

（2）2013年10月25日—11月27日，由中国艺术人类学学会，中国艺术研究院和山东大学主办，山东大学遗产研究院及中国艺术研究院艺术人类学研究所承办的2013年中国艺术人类学国际学术研讨会在山东济南顺利召开。在此次会议中，共有来自国内外100多所高校与研究机构的专家学者出席会议。许多学者的田野工作翔实，内容丰富，涉及艺术本体风格剖析、知识谱系、现状调查、传承变迁、保护方法等各个方面，并与理论研究相互呼应，互相促进。

（3）2013年12月7—8日，“第四届东北亚民族文化国际论坛”在中央民族大学成功举办。此次论坛由中央民族大学东北亚民族文化研究所、延边大学民族研究院共同主办，韩国仁荷大学多文化教育中心、韩国亚洲未来知识人论坛合力协办。论坛特邀北京大学、清华大学、中国人民大学、中国社科院、延边大学、韩国仁荷大学、首尔大学、延世大学、高丽大学等国内外知名高校和研究机构的30余名学者参会。论坛下设“亚洲的共生和繁荣”“亚洲共同体文化的体验和下一代领导人成长的事例”两个专场。

注：

①杨圣敏：《新中国民族学之路——从研究部起始的60年》，《中央民族大学学报》（哲学社会科学版），2013年第5期。

②丁宏：《“西部中国”与“中国民族学”——〈西部中国民族学文库〉序》，《广西民族大学学报》（哲学社会科学版），2013年第1期。

③王铭铭：《三圈说——另一种世界观，另一种社会科学》，《西北民族研究》，2013年第1期。

④庄孔韶、生龙曲珍：《田野调研：布局、论证、发现、转换与交叉》，《广西民族大学学报》，2013年第3期。

⑤陈英初：《理论创新：人类学民族学学科发展的新进路》，《广西民族研究》，2013年第1期。

⑥赵旭东：《在一起：一种文化转型人类学的新视野》，《云南民族大学学报》（哲学社会科学版），2013年第3期。

⑦高丙中：《关于中国人类学的基本陈述》，《西北民族研究》，2013年第2期。

⑧黄剑波：《人类学的中国与中国的人类学》，《文化学刊》，2013年第3期。

⑨赵旭东：《也谈人类学在中国的学科定位》，《探索与争鸣》，2013年第3期。

⑩王建民：《中国海外民族志研究的学术史》，《西北民族研究》，2013年第3期。

⑪杨圣敏：《对如何处理好当前民族关系问题的

一点看法——多年实地调查后的思考》,《社会科学战线》, 2013 年第 7 期。

⑫郭小香:《诺亚·韦伯斯特民族主义公民教育思想探析》,《天津师范大学学报》(社会科学版), 2013 年第 1 期。

⑬金炳镐、肖锐、杨斯斐:《中国特色民族理论的若干问题》,《大理学院学报》, 2013 年第 2 期。

⑭孙懿:《中国特色解决民族问题的道路理论内涵和实践特点》,《满族研究》, 2013 年第 1 期。

⑮马戎:《如何进一步思考我国现实中的民族问题——关于“第二代民族政策”的讨论》,《中央民族大学学报》(哲学社会科学版), 2013 年第 4 期。

⑯马戎:《关于当前中国民族问题研究的 100 个思考题》,《西北民族研究》, 2013 年第 2 期。

⑰毛公宁:《关于当前民族方面的几个热点问题》,《西北民族大学学报》(哲学社会科学版), 2013 年第 1 期。

⑱熊坤新、胡琦、都日晨:《处理民族问题必须遵循民族发展规律》,《西北民族大学学报》(哲学社会科学版), 2013 年第 1 期。

⑲关凯:《基于文化的分析: 族群认同从何而来》,《甘肃理论学刊》, 2013 年第 1 期;《国家视野下的中国民族问题》,《文化纵横》, 2013 年第 3 期。

⑳刘成有:《复合型民族与身份认同》,《西北民族大学学报》(哲学社会科学版), 2013 年第 2 期。

㉑曾水兵:《民族性与民主性: 两种维度的国家认同教育及其关系》,《教育学报》, 2013 年第 1 期。

㉒王剑峰:《比较政治视野中的族群冲突管理——国外主要族群政策比较分析》,《学术界》, 2013 年第 12 期。

㉓马俊毅:《论多民族国家族际政治及其价值理念——基于族格的视阈》,《中央民族大学学报》(哲学社会科学版), 2013 年第 1 期。

㉔马戎:《民族研究中的原住民问题(上)》,《西南民族大学学报》(人文社会科学版), 2013 年第 12 期。

㉕马骅:《民族的认同与“识别”——以围场满族蒙古族自治县高山族为例》,《云南民族大学学报》(哲学社会科学版), 2013 年第 4 期。

㉖高文珺、赵志裕、杨宜音、冯江平:《民族—国家双重社会认同结构及其影响——以云南汉族和少数民族居民调查为例》,《云南师范大学学报》, 2013 年第 5 期。

㉗王云芳、谢胜君:《民族认同和国家认同关系的静动态模式分析》,《民族论坛》, 2013 年第 2 期。

㉘伍婷婷:《20 世纪 50 年代少数民族社会性质调查与史学论争的互动关系》,《中央民族大学学报》(哲学社会科学版), 2013 年第 5 期。

㉙肖小勇:《塔里木盆地考古学文化的起源问题》,《中央民族大学学报》(哲学社会科学版), 2013 年第 4 期。

㉚何虎生、王晓明、黄晓霓:《中国特色社会主义视阈下的民族宗教政策》,《甘肃社会科学》, 2013 年第 2 期。

㉛陈庆英:《关于“藏边社会”的思考》,《青海民族研究》, 2013 年第 1 期。

㉜关凯:《反思“边疆”概念: 文化想象的政治意涵》,《学术月刊》, 2013 年第 6 期。

㉝王希恩:《民国时期边疆民族地区的开发及局限》,《中央民族大学学报》(哲学社会科学版), 2013 年第 2 期。

㉞普忠良:《藏彝走廊文化域中的羌文化刍议》,《阿坝师范高等专科学校学报》, 2013 年第 3 期。

㉟李劼:《西南民族生活方式的意义空间及其演变的“逻辑方向”》,《中央民族大学学报》(哲学社会科学版), 2013 年第 1 期。

㊱孙恒波:《加快呼伦贝尔市人口较少民族发展的对策措施》,《北方经济》, 2013 年第 2 期。

㊲刘明:《中国塔吉克族亲属关系人类学研究》,《新疆社会科学》, 2013 年第 5 期。

㊳王纪芒:《民族文化保护中政府与民众双向互动研究——以新疆昌吉州木垒县乌孜别克民族乡为例》,《中央民族大学学报》(哲学社会科学版), 2013 年第 4 期。

㊴王铭铭:《莫斯民族学的“社会论”》,《西北民族研究》, 2013 年第 3 期。

㊵赵旭东:《“灵”、顿悟与理性: 知识创造的两种途径》,《思想战线》, 2013 年第 1 期。

㊶赵旭东:《分与合的政治变奏曲——埃文斯·普里查德〈努尔人〉一书中译本(再版)序》,《民族学刊》, 2013 年第 1 期。

㊷巴战龙:《作为应对人口老龄化问题之文化资源的非正式制度——裕固族敬老习俗的社会人类学初步研究》,《河西学院学报》, 2013 年第 1 期。

㊸刘海涛:《20 世纪上半叶美国学界的 ethnohistory: 民族学人类学的一种有益补充》,《西南民族大学学报》(人文社会科学版), 2013 年第 3 期。

㊹代启福、马衣努·沙那提别克:《历史如何被记忆——三元凉桥的历史人类学考察》,《民族论坛》, 2013 年第 3 期。

㊺祁进玉:《历史记忆与认同重构: 土族族源“源”与“流”之争》,《青海民族研究》, 2013 年第 2 期。

㊻夏登山、郭小洁:《Ethnopragmatics 的理论方法与译名商榷》,《中国科技术语》, 2013 年第 5 期。

㊼丁石庆:《继承、整合与创新——张公瑾先生学术思想体系的构建与探索》,《中央民族大学学报》(哲学社会科学版), 2013 年第 5 期。

㊽戴庆厦：《多角度、多方法才能深化中国少数民族语言研究》，《中央民族大学学报》（哲学社会科学版），2013 年第 4 期。

㊾戴宗杰：《汉藏语动词重叠式的形式—意义匹配格局》，《中央民族大学学报》（哲学社会科学版），2013 年第 2 期。

㊿梁君健、雷建军：《北方狩猎民族文化变迁的记录——制作方式与观念对影视人类学实践的影响》，《民族艺术研究》，2013 年第 1 期。

(51)朱靖江：《中国人类学影像民族志的文本类型及其学术价值》，《广西民族大学学报》（哲学社会科学版），2013 年第 1 期。

(52)朱靖江：《复原重建与影像真实——对“中国少数民族社会历史科学纪录电影”的再思考》，《西北民族研究》，2013 年第 2 期。

(53)张东辉：《教育中存在什么文化——兼论教育人类学与民族志的研究取向》，《教育理论与实践》，2013 年第 7 期。

(54)涂元玲：《儿童人类学的儿童观及启示》，《湖南师范大学教育科学学报》，2013 年第 5 期。

(55)陈学金、滕星 ：《全球化时代“三种认同”与中国民族教育的使命》，《广西民族大学学报》（哲学社会科学版），2013 年第 3 期。

(56)巴占龙：《试论裕固族教育研究的学科基础——基于教育人类学的视角》，《湖南师范大学教育科学学报》，2013 年第 5 期。

(57)刘明新、王作造：《王夫之教育思想的人类学解读》，《民族教育研究》，2013 年第 4 期。

(58)罗桥：《区隔与融合：中国环境社会学与生态人类学的跨学科演绎》，《南京工业大学学报》（社会科学版），2013 年第 2 期。

(59)张海洋、包智明：《生态文明建设与民族关系和谐——兼论中华民族到了培元固本的时候》，《内蒙古社会科学》，2013 年第 4 期。

(60)张曦：《地震灾害与文化生成——灾害人类学视角下的羌族民间故事文本解读》，《西南民族大学学报》（人文社会科学版），2013 年第 6 期。

(61)王剑峰：《环境保护的民间镜像——传统游牧社会的环境知识及其当代价值》，《黑龙江民族丛刊》，2013 年第 4 期。

(62)王建民：《人类学艺术研究对于人类学学科的价值与意义》，《思想战线》，2013 年第 1 期。

(63)方李莉：《艺术人类学视野下的新艺术史观——以中国陶瓷史的研究为例》，《民族艺术》，2013 年第 3 期。

(64)邱韩：《传统艺术中的技术、技艺与变迁——以大石窝石雕艺术流变研究为例》，《民族艺林》，2013 年第 4 期。

(65)鲍江：《文化多样性及文化遗产实践：西方视角与非西方视角》，《中央民族大学学报》（哲学社会科学版），2013 年第 2 期。

(66)陶春生：《我国民族地区金融结构演化分析（2001—2010）》，《中央民族大学学报》（哲学社会科学版），2013 年第 4 期。

(67)张秀萍、杨倩、李冈：《我国西部地区公路建设投资与经济增长之关系研究》，《中央民族大学学报》（哲学社会科学版），2013 年第 1 期。

(68)申喜连：《论民族地区政府绩效评估的特殊性及路径选择》，《中央民族大学学报》（哲学社会科学版），2013 年第 5 期。

(69)王剑峰：《欧美原住民经济研究的困境与出路》，《中央民族大学学报》（哲学社会科学版），2013 年第 5 期。

(70)傅景亮：《族群身份、资本治理与现代国家的领导权——以东南亚地区为视域》，《广西民族研究》，2013 年第 4 期。

(71)李寒梅：《日本新民族主义的基本形态及其成因》，《外交评论》，2013 年第 1 期。

(72)崔海洋、张琳杰：《全京秀“韩国人类学百年”的省思》，《广西民族大学学报》（哲学社会科学版），2013 年第 5 期。

(73)熊坤新、李乔杨、张培青：《关注世界聚焦民族：2012 年世界民族热点问题回顾与评析》，《民族论坛》，2013 年第 1 期。

（作者：杨圣敏，中央民族大学教授；
祁进玉，中央民族大学教授）

教 育 学

教育学

劳凯声　张瑞芳　刘晓芳　刘垚玥　王　志　何　芳　杜颖杰

一、教育学学科性质与教育研究方法

1. 有关教育学学科性质的研究

教育学的学科性质问题历来作为教育基本理论问题而饱受争议，2013 年学者对该问题的研究主要有以下几个方面。

一是有学者指出，教育学的学科性质问题之所以引发争议，原因在于判定所依据的标准不同，进而提出“判定教育学学科性质的最重要也是唯一的标准就是教育学的研究对象”①。通过考察历史上有关教育学研究对象的观点，以及其他学科对研究对象的划分，该学者认为教育学的研究对象应该分为宏观教育事业现象和微观教育活动现象。宏观教育事业现象是一种社会现象，而微观教育活动现象是一种人文现象；对前者的研究倾向于社会科学，对后者的研究倾向于人文科学。因此教育学的性质兼备人文科学和社会科学的双重属性，属于人文社会科学。

二是从教育学和教育学科的关系出发，有学者认为“教育学同整个教育学科的关系是基础学科与分支学科群的关系”②，一方面教育学是其他分支学科的基础，另一方面教育学对其他分支学科专有和共通的基本问题进行反思，从而强调了教育学研究要建立教育学自身的逻辑。对此，另有学者提出了“教育自身”是建构教育基本理论的“逻辑起点”，也是教育学在多学科研究教育的语境中可以秉持的学科立场。③该学者认为“教育自身”是指向人的“改变世界”的实践活动，而教育学所要研究的正是作为一种特殊的人类实践活动的教育自身，是如何通过选编思想文化和“以文化人”的方式促进人的发展的，这是教育学学科立场的核心，也是其他学科的学科立场中没有的。

三是有学者从现代哲学的视角出发，认为当代教育学研究表现出一种朝向生活世界的广义现象学认识论意趣，④即关注教育中的生命、身体、生活、实践、语言、文化、体验、理解、意义等主题。提出教育学研究需要在个体教育学、文化教育学、生命教育学、生态教育学和实践教育学方面有新建树。另有学者提出了教育学的制度之维，⑤认为“制度世界”是个体乃至群体或组织行动的共享价值规范、约束框架与文化共识，是给人们提供可备选行为的集合。而制度世界中的教育学作为一套缄默知识，深刻地影响着人际沟通，同时也支撑并约束着我们自身的教育学。

2. 有关教育研究方法的研究

随着教育研究的发展，关于教育研究方法的学术成果日渐增多。

一是有学者探讨了我国近 10 年来教育研究方法的发展情况，⑥研究表明过去 10 年来我国教育研究总体上主要采用思辨研究，量化研究呈现逐年上升趋势，质性研究和混合研究比例较小；其中思辨研究主要以理论思辨为主，量化研究呈现方法多样化发展趋势，质性研究主要以个案研究为主。

二是有学者试图对常见的教育研究方法进行分析整理，以此澄清并理顺教育研究方法的内在逻辑。⑦该学者把所有教育研究方法归结为解释范式和实证范式两种类型，每一种范式又体现了不同的研究功能，分别是解释范式中的批判和解释功能，实证范式中的描述和规范功能，而这 4 种基本功可以看作教育研究的 4 个基本步骤，从描述开始接着到解释、批判、规范，由此形成了一个“超循环”的逻辑体系，所有的研究方法都可以在此循环中衍生出来，也可以在此循环中得到进一步发展。

三是有学者探讨了科学计量学的方法在教育研究中的应用，⑧它包括引文分析、共引分析、多维尺度分析、词频分析、社会网络分析等多种成熟的具体分析方法。该学者认为通过科学计量学的方法与技术可以快速实现对某一研究主题的研究综述、探测教育研究前沿与热点问题、构建教育学的理论体系或知识结构等。同时，对于科学计量学中具体的社会网络分析，也有学者进一步探讨了其在当前教育研究领域应用的现状。⑨

除此之外在具体的教育研究方法层面上，也有学者做出了深入研究，如“探寻一种复调式的教育经验写作方式”⑩，以及对教育叙事研究的学术规范研究。⑪

二、教育热点问题

1. 关于留学教育的研究

留学教育包括出国留学和来华留学。关于出国

留学的研究，学者集中探讨了我国学生出国留学的现状、原因和影响。研究表明自从 20 世纪 90 年代以来，自费留学逐渐发展成为我国占主导地位的留学方式。随着出国人数的增加，相应的留学产业应运而生，留学中介市场的规范化作为一个问题凸显出来。[12]对此，有学者专就留学中介机构的法律规制问题进行了研究，认为我国留学中介机构存在主体资格不合法、申请材料造假、高额收费等问题，急需完善留学中介服务的相关法律法规，建立相关监督管理机制和诚信评价体系。[13]另外，在留学主体上，低龄化已经成为我国留学的主要特征和未来趋势。[14]对此，也有学者专门分析了我国留学低龄化的原因。该学者认为从外部客观环境上说，一是国家经济的发展和人民生活水平的提高，二是因私出国出境政策放宽。从个人主观意愿上说，主要是规避国内激烈的高考竞争和就业形势，以及对国内教育质量的不认可。[15]

关于来华留学的研究，有学者调查了我国来华留学教育发展的现状，发现从留学生派出国情况看，来自发展中国家的留学生相对较多；从留学生专业分布情况看，大部分为汉语言类专业的留学生；从留学生教育层次上看，非学历生相比学历生占绝大多数。而对于外国学生来华留学的原因，研究表明主要有对中国文化的兴趣、更多的职业发展机会、中国优质的教育质量以及较大的入学机会。[16]除了研究整体来华留学教育发展现状之外，有的学者就来华留学研究生教育的发展现状进行了调查，[17]还有的学者专门研究了美国学生来华留学的情况。[18]

2. 关于大数据的研究

“大数据”（Big data）是 IT 界继“物联网”“Web2. 0”“云计算”之后近两年最流行的词。对于大数据在教育领域的应用，我国学者做了广泛的研究。一是在学校管理方面，有学者认为大数据背景下数字校园建设应当更加注重数据积累，尽可能将学校管理的各方面数据化，并打通各个信息孤岛，让所有的数据产生联系，从而使数据发挥预测需求、辅助决策的功能。[19]另有学者提出了把云计算和大数据技术相结合的构想，[20]首先从存储在云服务端的教育资源中发现数据，然后利用 Hadoop 技术构建一个基于云计算的大数据资源处理平台，并采取完全数据筛选的方式来进行数据分析，从而挖掘隐藏在数据背后的规律，完善学校教育资源服务。

二是在课堂教学方面，有学者指出翻转课堂、MOOC（大规模开放在线课程）和微课程是大数据变革教育的第一波浪潮，都具有信息化教学前移的显著特征。[21]该学者认为信息化教学前移是以人性化学习理论为依据，其特点是让学生在课下可以通过观看视频自定步调学习，课上由教师组织讨论、实验或一对一辅导，如此教学结构的翻转，既使学生有足够时间内化知识，提高自学能力，又为教学创新提供新空间。另一方面，就学生的学习方式而言，有学者指出泛在学习将是大数据时代的重要发展方向，并提出了基于云存储的个人云资源柜的学习模型构想，[22]目的是在计算和通信无所不在的基础上，面对多种终端设备的用户能够随时随地便捷地存储和获取所需的学习资料，进而连贯地学习以获得知识。

三是在教育研究领域，有学者指出学习分析技术将是大数据时代的一个新兴研究领域，“致力测量、收集、分析和报告有关学生及其学习环境的数据，用以理解和优化学习及其产生的环境”，从而使教育个性化服务成为可能。[23]但是在肯定大数据对教育研究具有巨大价值的同时，也有学者发出否定的声音，认为数据之于人文社会科学与数据之于自然科学不可同日而语。数据固然提供了丰富的研究素材，但人文社会科学中的数据价值更多取决于人对生活世界的意义诠释，研究唯有建立在对丰富数据内涵的理解上，才不会成为徒有形式的“没有头脑的计数”[24]。

三、学前教育研究

1. 有关学前教育公平，促进均衡发展的研究

在教育均衡发展的大背景下，学前教育也在不断关注教育公平问题。有的学者从省域层面和城市层面对我国流动儿童学前教育的差异性进行研究，认为流动儿童学前教育的省域差异显著，制度壁垒和财政供给不足是关键因素。[25]也有学者关注农民工随迁子女学前教育机构的准入标准问题，认为北京市幼儿园准入标准较为单一，缺少适合此类随迁子女学前教育机构的标准。[26]也学者从比较的视角进行分析，如美国促进学前教育公平的措施：加大财政投入，促进州际学前教育的公平；保障不同族裔间的学前教育公平。[27]俄罗斯农村学前教育质量保障的经验：能因地制宜地决定办园规模和组织活动，政府的服务管理到位，有相关法律保障以及政府对待农村与城市学前教育的政策相对公平。[28]

2. 有关学前教育质量提升和质量评估的研究

我国新近颁布的《国家中长期教育改革和发展规划纲要（2010—2020 年）》提出“把提高质量作为教育改革发展的核心任务”。一方面，教育质量问题受到了前所未有的关注。有学者从比较的视角分析，认为当今国际学前教育发展战略以“普及、公平与高质量”为主题，推进学前教育公平是国际学前教育发展战略的价值追求。[29]国外学前教育提升质量方面有很多新进展，如英国优质学前教育得益于 4 个要素：合理的学前教育年限、优质的学前教育机构、强大的师资队伍和有效的教学方法、良好的家庭环境。[30]

另一方面，学前教育质量评估受到重视。学前

教育的质量与表现性评价，可以为幼儿园质量的提高提供重要信息。[31]学前教育质量监测研究也受到了极大重视，有学者建议，学前教育质量监测应被纳入基础教育质量监测系统，应构建符合我国国情的学前教育质量标准体系。[32]同时，一些新的统计分析方法被应用到学前教育质量评估研究中，提升了分析的科学性。如“多层线性模型”“非线性模型分析方法”等，促进了对儿童发展成果的评量更加准确、客观，增强了研究的可行性和分析的科学性。[33]

3. 有关学前教育管理方面的研究

有学者指出我国目前实行的“地方负责，分级管理”的学前教育管理体制，存在着不同层级政府间职责不明确，权责配置不合理，特别是责任主体重心过低、统筹协调和财政保障能力严重不足等突出问题。提出要“省级统筹以县为主”，完善我国学前教育管理体制。[34]也有学者认为，当前我国学前教育发展中存在的入园难、入园贵问题，实质上是我国学前教育发展方式中存在深层问题的具体表现。要具体解决在结构、制度、技术等 3 个层面存在的一系列核心问题。[35]要加强学前教育的立法，社会公益性是学前教育政策与立法的构建基础。[36]同时，根据国外很多国家的经验，公共资金支持学前教育发展已成为一个世界性趋势。多种投入方式支持学前教育发展，建立资金管理体系，在公共资金分担学前教育成本方面，“投机构”的效果优于“投家庭”。[37]

四、义务教育研究

1. 有关农村义务教育发展的研究

近几年农村义务教育经费保障水平显著提高，城乡义务教育公共投入均衡程度明显改善。但区域内教育经费配置的校际公平性亟待改进。[38]在“农村义务教育管理体制”方面，要加大教育财政性投入力度，建立合理的义务教育经费分担体制；依照地情给予乡镇适当的权力，建设中间管理层；明确各级政府职责，使政策法律化。[39]要正确认识进城农民工随迁子女义务教育作为公共产品的特殊属性；由省一级统筹省内流动的进城农民工随迁子女义务教育经费保障；由中央财政承担跨省流动的进城农民工随迁子女义务教育经费保障。[40]也有学者认为，在“农村义务教育资源配置”方面，需要重新启动农村教育综合改革，遵循实事求是、因地制宜、多种形式办学的理念和路径回归平民教育和生活教育的价值。[41]

2. 有关师资均衡的研究

有学者认为，义务教育均衡发展的核心在于教师资源的均衡，而教师资源能否均衡的重点则取决于能否实现教师流动。[42]而义务教育师资配置不均衡的原因在于区域经济和区域城乡教育发展的不均衡、教育经费投入机制缺乏科学性。另有学者提出，定向培养是实现区域内义务教育师资均衡配置的有效途径；特殊政策，如教师补偿政策、教师流动政策等，是实现区域内义务教育师资均衡配置的制度保证。[43]对于义务教育教师的法律地位，有的学者认为将教师全面纳入公务员队伍作为未来改革的方向。[44]也有学者从“新制度经济学”的视角分析，认为义务教育教师的法律身份不能简单地定为公务员或者雇员，而只能定为公务雇员，否则不能同时兼顾和充分体现其职业的公务性和专业性特征。[45]

3. 有关义务教育均衡发展的评估研究

义务教育均衡发展离不开发展指标体系的构建。主要包括两类指标假设：一类是体现政府职责的义务教育资源配置均衡指标；一类是体现教育发展水平的义务教育质量均衡发展指标。[46]也有的学者从人、财、物的维度提出衡量县域内校际间义务教育均衡发展水平的 8 项核心指标，即师生比、生均高于规定学历教师数、生均中级及以上专业技术职务教师数、生均教学仪器设备值、每百名学生拥有计算机台数、生均图书册数、生均教学及辅助用房面积、生均体育运动场（馆）面积。并确定以差异系数作为义务教育均衡发展水平的测算方法，提出义务教育均衡发展的评估标准。[47]校际资源分配应遵循资源配置均等、财政中立、弱势补偿、数据可得性等原则。[48]同时，可建立城乡义务教育均衡发展预警机制，以便政府对城乡义务教育非均衡发展进行有效的预防和控制。[49]

五、高等教育研究

（一）重新认识高等教育“适应论”

有学者对高等教育“适应论”及其代表性表述的“两个规律”进行批判性反思。该学者认为：该观念先后把国家工业化、政治运动、经济体制改革和建设“世界一流大学”等目标当作高等教育的主要适应对象，其失误是一方面试图用工具理性、政治理性和传统的“实践理性”等取代认知理性在教学和科研中的核心地位；另一方面，在选择某种实践理性为主导的时候，它又不惜压制其他各种实践理性的发展。高等教育应该回归认知理性、建设完善的学术市场，是我国高等教育摆脱“适应论”思想束缚、稳步建设“世界一流大学”和现代大学制度的客观要求和未来发展趋势。[50]有学者认为，高等教育外部关系规律理论，是一种方法论，而非具体的方法，不能用贴标签的方式对高等教育外部关系规律理论进行概念化归类，要充分认识到高等教育外部关系规律理论的历史性、人文性、开放性与包容性。[51]也有学者认为，高等教育的“适应论”是经济社会变革和发展的必然，是高等教育生存和发展的必然，用“认知理性”这一哲学上的普遍概念来否定和取代高等教育“适应论”和“两个规律”论，甚至提高到是高等教育的“本质”和“核心”

是不适当的。[52]还有的学者从认知理性和实践理性的关系出发，引入交往理性和价值理性，提出认知理性的独立性恰恰就在于它相对于政治理性或经济理性时所具有的工具价值，政治理性和经济理性对于认知理性价值实现而言同样也具有工具价值。正是这种相互性才构成了一种交往关系的存在，也是高等教育各方能够保持理性地位的前提。[53]有学者则从"适应论"的理论基础——马克思经典著作出发，提出"适应论"者把应然关系直接等同于必然关系，并且作为一则"规律"，但它明显地缺乏"规律"所必须具备的历史性和逻辑性的统一。该理论同时也混淆了基础教育和高等教育，用"两种再生产"的区分来看教育，则基础教育属于知识的简单再生产，是基础知识和技能的传递，具有社会规范性的特征，经常表现出对权威的服从和对社会行为准则的遵守。高等教育是知识的扩大再生产，是对未知领域的积极探索，具有批判反思性的特征，经常表现出对权威的挑战和对社会规则的理性探讨，必须依靠学术自由和学术自治予以保障。[54]

（二）教授委员会推动高等教育的综合改革

我国的高等教育已然进入了一个全新的发展时期，大学的职能不断拓展，规模显著扩大，教职工队伍日益壮大，内部组织机构愈加庞大和复杂化，在社会发展中也发挥着举足轻重的作用。[55]此次高教综合改革以建设现代大学制度为目标，以完善大学内部治理结构、制定大学章程、建立学术委员会为主要措施，全面推进高等教育的内涵式发展，深化大学文化，推进高校去行政化，保障大学学术自由，而学术委员会改革则成为此次综合改革的实质性举措。

有学者提出，学术委员会是高等学校内部对有关学术事项进行决策、审议和咨询的组织机构。高校学术委员会是党委领导校长负责下的学术委员会，它并没有绝对的自由和完全的民主，但也不能完全受控于行政权力，大学是学术自由性与受控性的统一。[56]该学者对《高等学校学术委员会规程》（以下简称《规程》）研究后指出其7项核心内容：（1）高等学校学术委员会建设的政策与法律依据；（2）高等学校学术委员会的性质；（3）高等学校学术委员会章程制定规则；（4）高等学校学术委员会组织机构建设规则；（5）高等学校学术委员会职责规则；（6）高等学校学术委员会人员组成规则；（7）高等学校学术委员会工作规则。在法律地位上，《规程》是由教育部在自身权限内发布的教育规章，是由国家强制保障实施的规范性文件，是规范高等学校学术委员会设立、运行、管理与监督的准则，不同于高等学校制定的本校学术委员会章程。在适用范围上，（1）通过规则指导我国公立高校学术委员会建设，规范学术委员会的设立、运行、管理和监督等工作；（2）为公立高校制定本校学术委员会章程提供范本，并规范章程的制定、审议、修订、核准、备案等环节。[57]

也有学者从教授会制度出发，提出要坚持以"教授治学"为核心，以大学章程和教授会章程的制度为基础，优化教授会的组织架构和运作方式，厘清教授会与其他组织之间的关系。教授会的性质应当是"教授治学"，并参与"治校"，在教授会功能上，如何实现从咨询到决策的转变，是我国教授会制度构建中所要解决的一个重要问题。该学者还建议将现有学术组织的职能并入教授会，使之成为教授会的下设机构。[58]

在高校行政人员纷纷退出学术委员会之际，有学者提出要让学术委员会成为学校最高学术权力机构，并且从3方面做出努力：（1）学术委员会委员实行民主选举；（2）学校行政领导实行学术利益回避；（3）学术委员会完全独立运行，不受行政力量影响。[59]也有学者认为防止行政越位需要：（1）明确行政权力和学术权力的界限，严格限制行政权力放大或对学术权力进行干预；（2）确立学术本位的观念和意识，积极营造尊重学术的大学文化；（3）强化学术民主制度建设，健全校务委员会、学术委员会、学位委员会、教学委员会等相关制度，保障学术人员能充分参与大学管理和决策，切实享有对学术事务的主导权；（4）保障大学教师和学生权益，完善"以教师为主体的教职工代表大会"制度，将教职工参与学校民主管理和监督的权力落到实处，高度重视学生群体对学校事务的参与；（5）改善大学行政管理方式方法，克服官僚主义作风，尽快实现大学行政管理从官本位向学术本位转变，从以行政管理为主导的高度集中的管理模式向行政管理与学术管理相结合的管理模式的转变。[60]也有学者认为，大学校长退出学术委员会，就是希望能给学术更大自由，推动行政权和学术权分离。高校去行政化的关键，是要推行职业大学校长制度，校长要和学术研究划清界限，否则不仅干不好校长，更做不好研究。[61]

六、职业教育研究

职业教育是我国终身教育体系建设的重要组成部分，学者们主要从我国职业教育发展和国外职业教育发展的介绍与借鉴两个途径进行讨论，讨论主题主要集中在我国职业教育制度建设、课程与教学等。

关于职业教育体制建设，有学者建议建立职业教育管理机构——国家职业教育局。[62]有学者在考察了英国比较成熟的职业教育体系的基础上提出我国职业教育应当建设开放自由的现代职业教育体系；建立国家质量保障制度；职业学校办学的开放化；扩大学校用人自主权；拓展职业学校的服务功能；

设立“国家职业教育周”以促进学校与企业和其他社会单位之间的联系。[63]还有学者提出了关于职业教育许可制度、职业教育机构内部管理制度、满意测评制度等制度创新的思路与举措。[64]

关于职业教育体系的建设，集中在横向的校企合作、职教集团化、现代学徒制与纵向的中高职一体化。关于校企合作，有的学者从政府、行业、企业、院校、学生5个层面分析了我国职业教育校企合作存在的问题，探讨了国家层面校企合作的可行性，以及校企合作的应有内容。[65]有学者建议构建校企合作的利益共同体来提升职业教育质量，并明确各利益主体的角色定位。[66]还有学者提出为改变职教人才培养中雇主参与动力不足和职业学校的“职业”属性缺失这两大问题，从校企合作中存在着的竞争关系提出对职业学校的机构重新进行功能定位，并推动职业学校内化为企业的组成部分，纳入企业一体化管理。[67]还有学者分析了校企合作的模式中相关主体的利益均衡与权利保障，提出应当从体制上促成各利益主体充分参与职业教育政策和方案制定和形成过程以促进各主体利益和权利的均衡。[68]一些学者讨论了职业教育集团化办学的体制改革的思路与实践途径。[69]比如有学者以宁波城市职业技术学院为例对职教集团化体制改革进行了分析并提出改革路径与对策。[70]还有学者探索并介绍了高职校产学研结合的一些新途径。[71]此外，还有学者从职业教育公益性质的角度提出应当将中等职业教育纳入义务教育体系。[72]还有部分学者讨论了现代学徒制。有学者提出校企合作是现代学徒制度的核心理念。[73]有学者提出现代学徒制下的培养对象不仅是企业员工还应当包括在校学生，应当有法律保护。[74]关于中高职一体化，有学者或介绍国外经验或通过本土研究建议普通教育与职业教育衔接并予以制度保障。[75][76][77]

关于职业教育的课程与教学。有学者强调了课程在我国职业教育国家政策层面的重要性，提出从国家层面进行职业教育课程开发行动策略：研究并发布技术、技能型人才需求与职业院校专业发展状态数据；开发职业教育国家专业教学标准；建设体现国家专业教学标准的精品教材；构建职业教育课程开发的国家队。[78]还有学者建议以职业资格证书制度和学历文凭证书制度保障职业教育课程体系的衔接，形成多元参与的激励机制。[79]有学者强调职业教育相关教学标准的国际水准和中国特色。[80]还有学者从微观层面探究了职业教育教材设计构架以及教材内容选择与组织的策略。[81]

七、课程与教学论研究

1. 课程改革的不断深入

关于课程改革的梳理。有学者从历史上的8次课程改革引入，从国际视角分析了新课改方案在核心理念及课程目标解释等方面的框架性缺失，进一步提出改革的伦理取向在于从“信念伦理”走向“责任伦理”。[82]也有学者提出，新中国成立以来的历次教育改革中，真正意义的“课程改革”只有5次。因为判断在学校教育中发生的改革是不是“课程改革”，一要看改革的是不是“课程”，二要看是不是有“除旧布新”的“改革”存在。[83]对于阻碍课程改革的因素，有学者提出，教学习惯所固有的特性，如教学范式、思维方式、权威的控制等，使得教学习惯已经成为基础教育课程改革的可能障碍。[84]有的学者着眼传统文化课程建设，提出要“文化育人”“课程育人”。[85]有些学者介绍了美国较有特色的教育课程如“社会与情绪学习”课程[86]、美国高中开展的生涯教育课程[87]等。同时，“注重职业技术课程与学科课程融合”。[88]

关于课程改革的新动态。有的学者提出，要重视科学取向教学论的教改之路。[89]也有学者认为，课程改革要立足于“学生减负”。[90]要关注学生，要把“尊重学生、相信学生、激励学生、依靠学生、发展学生和成全学生”作为课改的新理念，转变教学方式。[91]同时，本年度教育技术在课程改革中的应用研究明显活跃。有的学者认为“云课程”是课程形态变革的新方向。[92]有的学者认为“云课程”与传统平面、静态、单维的纸质课程相比，有着立体、动态、多维的特点。[93]从课程角度来看有益于提升分散课程资源的利用效率，促进教育公平，实现课程动态研发；从教学角度来看为学校创新性解决因材施教难题，帮助学生构建个性化学习环境提供了新的思路。[94]也有的学者对远程教育、在线课程进行了研究。有的学者对MOOC的学习者的学习特征、学习效果和学习动机进行了系统分析，提出了提升MOOC学习效果的建议。[95]通过对大学生的国外名校网络公开课的使用现实状况与需求进行研究，提出我国高校精品视频公开课，做好本土化工作。[96]也有学者对美国9所院校的教育技术课程进行了梳理，指出美国院校的教育技术课程中，硕士课程中操作技能型课程居多，研究方法（论）类课程只有部分院校开设，特别重视对博士生的全方位训练等特点。[97]

2. 教学论研究的新进展

一方面教育论研究要注重本土化和实践性。有的学者从比较教育的视角分析，认为我国比较教学论研究要注重对不同教育文化传统的教学论、课程论和学科教学论进行跨文化比较研究。[98]也有学者提出，教学论思想作为一种“异质文化”，在理论引入的过程中存在大量的误读和误解，要纠正教学论在本土化过程中出现的误读和误解，推动我国教学论学科的顺利发展。[99]在学科建设上，我国教学论跨学科研究取得了重大成就，在教学实践中要做好教学理念向教学行为转化。[100]另一方面，教学要关注课堂、关注学生。要重视教学中“学生的发现”，应把“学情分析”定位为教学设计的起点。[101]教学论要聚焦学生的学习行为。在有效教学研究中，要从关注教导行为转向到关注学习行为；在教学设计研究中，要开始聚焦于学习者和学习行为。[102]也有学者提出，近10多年来，我国教学论研究路向发生了重要转变，以实证方法所进行的旨在发展“实践教学论”或“课堂教学论”的课堂研究值得重视。[103]

八、德育研究

1. 德育目标

有学者认为德育目标集中表现了德育的性质。德育目标是统率整个德育理论与德育实践的。从时代的发展和社会的变化看，重新审视德育目标，则更具迫切的现实意义。今天，我们的视野应当更加开阔，也就是要求受教育者思想道德上应具有全球意识、世界眼光，把民族精神与世界精神统一直接作为德育目标的要求纳入德育目标。[104]

2. 德育模式

有学者认为少数民族区域有着历史、文化、宗教、经济发展的特殊性，因此在德育教育问题上要区别对待，提出了探索新疆地区院校德育模式：(1)创新的途径以社会主义核心价值观为中心，增强德育针对性；(2)以新疆地方风俗和民族特色为重点，增强德育模式的适应性；(3)以创新德育手段和管理方法为抓手，改善德育模式的教学效果。[105]

有学者认为通识教育是为人本德育的发展提供了一种新的思路和新的实践形态，通识教育正是通过对广博知识统观与研习的倡导，积极实现心智陶冶与理性扩充。由此，通识教育通过对教育对象进行基本知识与素质的教育，以促成个体人格品质与内在价值意义。世界整体性建构与发展的实践思路可见一斑。[106]

3. 德育环境

有学者从解读德育环境的角度来探讨德育本身面临的问题以及在新的环境中面临着新的挑战，认为应该整体性、系统地把握学校德育环境的生态建构。从德育环境具有特定的价值性、动态性以及它的可建构性入手，认为德育和环境的相互制约和相互影响的关系，学校德育与儿童校外生活环境和经验应该是紧密联系在一起的，德育活动与德育环境友好地互动，这样才有利于德育应对新的挑战。[107]另外有学者认为校外环境的变化给德育的实施带来了挑战，例如：新媒体和网络的发展，改变了人们的生活方式和思想观念，价值的多元化也随即而来。学校应该从以下几方面开展措施：一是拓展边界，挖掘新资源；二是优化现有资源；三是整合高校德育职能部门，借以增强德育的话语权和实效性。[108]

4. 学科教育与德育

有学者认为学科德育主要指各科教师结合教学内容进行的道德教育，从而实现各科教学与品德教育相融合的一种德育形式，从当前德育改革的趋势来看，学科德育有助于打破德育课程的专门化、知识化和灌输化，从而使德育成为各科教师在教学生活中的共同使命。因而提倡教育工作者应该主动地在教学中发现道德教育的规律，立足于本学科并争取在更广阔的学校生活中开展内容丰富和形式多样的道德教育。[109]有学者认为“德育为先”与“教学中心”是两个不同层面的命题，“德育为先”与“教学中心”是辩证的关系。从教学内容来看，学校应该将知识传授、技能训练与思想品德教育融为一体，在传授知识的过程中培养学生的思想品德，在训练技能的过程中教学生如何做人。在教学形式方面，无论是课内还是课外，无论是校内还是校外，各种教学形式均具有德育的功能。[110]

九、教师教育研究

1. 教师教育培养模式探究

有学者认为教师教育是一种培养教师的实践活动，走向教学实践应该是教师教育的应然追求，反观国际教师教育的经验可以看出，基于学校实际，基于教师的实践反思正是各国教师教育的价值选择。[111]有学者提倡实行“双导师、双主讲”的教师教育培养模式，师范院校与中小学共建教师教育的平台从而实现“知与行”的有效结合，增加教育人才培养的针对性和实效性。[112]有学者认为地方师范院校要改革现行教师教育培养模式，建立一体化的教师教育体制；强化学校对教学的宏观管理，实现由“包办型”向“管理型”转变；明确教学管理责任，使其由“依附型”向“责任型”回归；建立健全教育质量管理体系，实现教师教育的全面质量管理。[113]

有学者从学区的视角下探讨教师教育的培养，将教育均衡发展的重心下移至教师，主张校园资源共享，开展以强带弱的互帮互助方式，实现不同地域、不同层次、不同类型学校教师的均衡发展。[114]有学者提倡建立教师教育协同创新的合理机制，主张高校与政府、教研机构、中小学等组建协作共同体，以教师终身专业发展为目标指向，相互配合，相互协同，共享资源信息，有效地推动教师教育的创新发展。[115]

2. 国内外教师教育制度研究

有学者认为教师教育制度变革很大程度上如历史制度主义所主张的，是构成制度的一系列规范、规则、程序和惯例逐渐形成的，稳定性地持续并最终因内部和外部因素引发制度的变迁过程。一方面要处理好继承与借鉴的关系；另一方面也必须在新的制度构建过程中充分考虑其内部结构的衔接与协调。[116]

另外有学者研究欧盟教师教育政策及其发展走向，认为欧盟教师教育政策主要包括构建共同的教师标准、提升教师教育质量、促进教师在职专业发展、完善教师队伍建设一体化。当前，欧盟教师教育政策的重点领域是深化教师教育政策的对话机制、实现教师教育一体化、构建教师教育指标体系以及制定教师教育能力标准等。这些政策和走向与当前世界教师教育变革的主题及发展趋向不谋而合。[117]

3. 教师教育课程设置研究

有的学者认为绩效标准本位教师教育课程改革在技能训练的基础上包含了价值理性的思想。从教师教育课程改革的价值取向来看，教师教育课程改革呈现出了从技能训练走向综合发展，对个体和个体知识关怀的实践取向的全人发展趋向。尽管美国各院校实施的绩效标准本位教师教育课程中，有些方面还存在有资格能力本位教师教育课程模式的痕迹，但是可以肯定的是各院校教师教育项目朝着绩效标准本位取向发展。[118]

有学者认为教师教育职前职后一体化课程建设应把视野扩展到教师一生的专业发展，突出教师教育课程的专业化导向、能力导向和实践导向。高师院校应以职前职后一体化的教师教育课程体系建设为重点，着力推进教师教育的体制创新、模式创新、课程创新和理论创新。[119]有学者主张构建基于教师专业发展的“三位一体”教师教育课程新体系。这一体系遵循纵向和横向两个维度：纵向贯通职前培养、入职训练和职后研修3个阶段；横向覆盖从教信念、教师专业能力、教师综合素养和教育研究能力等培养目标。[120]

有学者主张要开展基于自主、合作、探究学习的师范大学教学改革。改革的主要措施有：指导学生自主学习；尝试小组合作学习，组建学习共同体；实施探究性教学，让学生评课、评教；让学生讲课。[121]

十、学术年会

1. 幼儿教育论坛

5月12—13日，“第二届流动儿童学前教育发展论坛”由北京师范大学教育学部与北京师范大学流动儿童教育问题研究中心共同举办。大会围绕“守护幸福童年——儿童福利视角下的学前教育”“行动带来改变——面向流动儿童的学前教育道路探索”“汇聚每一份力量——政府、企业和公民的应为与可为”等议题展开。会上学者指出，学前教育是一项综合性的事业，关乎着每个适龄幼儿的受教育权、发展权和理应享有的福利；学前教育政策演变的动力，是市场、社会、政府3方力量的交织结合；在流动儿童教育问题中，社区成为当今社会的基本单元或基层社会，农民工融入城市应以社区作为切入点；公益组织的社会功能仍有较大拓展空间。[122]

8月3日，中国早教论坛第五届年会暨学前教育可持续发展高峰研讨会在京举行。此次年会的议题围绕行政教研、园所管理、民办发展、教育教学五大领域进行，旨在贯彻党的十八大提出的“办好学前教育和加强师资队伍建设”，贯彻落实教育部颁布的《3—6岁儿童学习与发展指南》。大会确定了中国早教论坛的工作方向：第一，以学前教育机构（幼儿园）为单位开展活动；第二，以家庭为单位开展活动；第三：借助媒体、网络，实现多资源零距离对话与交流。[123]

2. 基础教育论坛

4月17—18日，国家社会科学基金教育学重大（点）课题“基础教育未来发展新特征研究”专题研讨会暨第四届校长论坛在京召开。论坛围绕“课程改革与学校特色发展”，针对学校课程设计与校长领导力研究、适合不同类型层次学校课程设计的思路及模型建构、高质量课程设计的基本标准、学校课程改革的策略路径与办学特色的形成等问题进行了研讨。[124]

4月20—21日，中国首届基础教育改革高端论坛——“2013中国基础教育改革与杰出人才培养高端论坛”在北京大学召开，以后每年举办一次。论坛由北京大学老教授协会基础教育研究与发展中心和《人民教育》编辑部共同举办。旨在通过搭建开放性的公益交流平台，持续多维地关注中国基础教育改革与“钱学森之问”、大中学衔接和高考高招改革、区域模式制度创新、杰出人才培养的教育策略与方法、学校管理与区域教育资源整合等问题，展示优质创新教育教学实践成果，互通教学改革进展。[125]

10月12日，第四届全国“新学校论坛”由北京新学校研究院主办，论坛以“分享教育智慧，展示校长风采”为主题，旨在从更大的范围内分享学校发展的心得和成果，推动经验交流，促进校长、教师的成长和学校的发展。[126]

11月26—27日，北京教科院评价中心“课改背景下中小学科研人员专业发展的培训与研讨”项目组召开了“北京市区县教育科研人员第六届（2013）学术年会”。大会上一线教育工作者和专家学者分别就教育教学研究、教师专业发展研究、管理与评价研究、教育基本问题研究4个专题进行了研讨。[127]

11月29—30日，“2013年首都教育论坛：推动教科书研究新发展”在首都师范大学举行。大会围绕“教科书：教育质量和教学改革的核心文本”的主题，就“教科书的分析”“教科书的农村适应性”“电子教科书的发展”“少数民族教科书”等方面进行了探讨。[128]

3. 有关教育技术的学术会议

舍恩伯格在《大数据时代》中说，2013年是大数据时代的元年，标志着信息科技进入了新的发展时代。[129]目前，在以移动互联网、物联网、云计算、大数据等为代表的新一代信息技术推动下，各级各类教育都发生了巨大的变革，尤其是2012年以来，伴随着MOOC在全球的迅速兴起，新一代的教育技术很可能给教育领域带来重大影响。

仅2013年，北京地区就举办了9场教育技术方面的论坛：北京市高等教育学会计算机教育研究会举办的"计算思维与大学计算机教育"[130]；北京教育信息技术高峰论坛"大数据时代的教育信息化整合创新"[131]；清华大学举办的大规模在线教育论坛[132]；中国传媒大学举办的传媒高等教育国际联盟学术委员会年会第一分论坛"新媒体表达权与传媒高等教育变革"[133]；《中国远程教育》杂志和北京邮电大学教育技术研究所举办的"MOOC：颠覆与创新？"[134]；清华大学举办的第23届教学信息化论坛"MOOC与混合教学改革"[135]；中国教育发展战略学会、中国教育国际交流协会、北京大学、国家开放大学等主办的"信息技术发展与教育改革国际论坛"[136]；北京论坛分论坛的"高等教育的全球参与和知识共享"；北京大学教育信息化圆桌论坛[137]；"新浪2013教育盛典：中国教育进入大数据时代"[138]；中国教育技术协会的高校理工科专业委员会和技术标准委员会与清华大学现代教育技术杂志社主办的"智慧时代的教育创新——首届中国教育信息化行业新年论坛"[139]。

各论坛就新时期的教育技术（如MOOC、大数据）与教育观念、教育体制、教学方式、课堂模式、人才培养模式、学习方式、思维方式、信息化校园、基础教育信息化、促进教育公平、终身教育、未来高等教育办学、新媒体表达权等方面进行了研讨和交流。

4. 其他论坛

4月11—12日，北京市高教学会研究生教育研究会在人民大学召开。大会就北京市优博论文评选、研究生招生工作中第一学历歧视问题、学科建设数量和质量问题、国际合作办学4个方面介绍了北京市教委关于研究生教育教学改革方面的具体思路；对《我国研究生教育改革的基本走向》做了阐述；另有5位一等奖优秀毕业论文获奖者做了经验交流。[140]

8月23—24日，教育部直属高校工作咨询委员会第二十三次全体会议召开"建设中国特色现代大学制度"研讨会。委员们研讨了"加强章程建设、完善领导体制、健全学术组织、强化民主管理、拓展社会合作、深化考核评价、落实扩大办学自主权"7个专题。[141]

12月6—7日，北京师范大学召开了第二届教育社会学论坛"教育改革——中国问题与中国经验"。学者们分别就教育与社会的关系、教育公平、学校文化、校外教育、乡村教育、家庭教育、多元文化教育等方面做了主题发言。各分论坛又探讨了教育制度与社会理论、特岗教师的阶层分析与文化适应、社会结构变化、民族—城乡—身份差异与教育的关系、班级社会结构与社会控制、教育社会学的"问题意识"及本土建构、中小学教师有偿补课的社会认知与态度、免费师范生、地方性知识的传承等问题。[142]

注：

①王鉴、姜振军：《教育学属于人文社会科学》，《教育研究》，2013年第4期。

②楚江亭：《教育学研究：历史考察及省思》，《国家教育行政学院学报》，2013年第10期。

③冯向东：《教育自身：教育学学科立场与理论的基石》，《教育研究》，2013年第7期。

④程从柱、吴秋芬、周采：《当代中国教育学研究：广义现象学的认识论透视》，《教育研究》，2013年第5期。

⑤康永久：《制度世界及其教育学》，《教育研究与实验》，2013年第1期。

⑥姚计海、王喜雪：《近十年来我国教育研究方法的分析与反思》，《教育研究》，2013年第3期。

⑦程岭、王嘉毅：《教育研究方法的内在逻辑》，《教育研究》，2013年第12期。

⑧蔡建东、汪基德、马婧：《教育理论研究的量化与技术化路径——科学计量学方法与技术在教育理论研究中的应用》，《教育研究》，2013年第6期。

⑨钟柏昌、李艺：《社会网络分析在教育研究领域的应用——基于教育类核心期刊刊文的评述》，《教育研究》，2013年第9期。

⑩李政涛：《教育经验的写作方式——探寻一种复调式的教育写作》，《北京大学教育评论》，2013年第3期。

⑪李长吉、孙培培：《教育叙事研究的十大操守》，《教育科学研究》，2013年第5期。

⑫南开大学课题组：《中国"90后"大学生留学状况调查——基于11所高校和9家留学机构的调研》，《世界教育信息》，2013年第10期。

⑬严书元、翁里：《论中国自费留学中介机构的法律规制》，《中国地质大学学报》（社会科学版），2013年第S1期。

⑭田劲松：《当前我国留学潮的发展与影响》，《中国青年研究》，2013年第3期。

⑮周满生：《教育国际化背景下我国低龄留学原因及利弊探析》，《比较教育研究》，2013年第10期。

⑯刘扬、王慧、孔繁盛：《外国学生缘何留学中国——基于北京高校调查的实证研究》，《高等教育研究》，2013年第5期。

⑰郑刚：《新世纪来华留学研究生教育发展现状及其改善》，《学位与研究生教育》，2013年第1期。

⑱刘翠航：《美国学生来华留学现状、挑战及思考》，《世界教育信息》，2013 年第 1 期。

⑲于长虹、王运武：《大数据背景下数字校园建设的目标、内容与策略》，《中国电化教育》，2013 年第 10 期。

⑳刘中宇、刘海良：《大数据时代高校云资源应用》，《现代教育技术》，2013 年第 7 期。

㉑金陵：《大数据与信息化教学变革》，《中国电化教育》，2013 年第 10 期。

㉒陈巧、施佺、邵叶秦：《大数据时代下个人云资源柜的构建研究》，《现代教育技术》，2013 年第 10 期。

㉓陈律：《大数据背景下学习分析技术对教学模式的变革》，《中国教育信息化》，2013 年第 24 期。

㉔阎光才：《教育及社会科学研究中的数据——兼议当前的大数据热潮》，《北京大学教育评论》，2013 年第 4 期。

㉕宋月萍、李龙：《我国流动儿童学前教育的区域差异：省域及城市层面的考察》，《中国人民大学教育学刊》，2013 年第 9 期。

㉖余晖、黄亚婷：《以普惠性为导向设定农民工随迁子女学前教育机构准入标准——基于北京市政策与实践的分析》，《学前教育研究》，2013 年第 2 期。

㉗刘天娥、蔡迎旗：《美国促进学前教育公平的措施及启示》，《中国教育学刊》，2013 年第 7 期。

㉘严仲连、斯维特拉娜索科洛娃：《俄罗斯农村学前教育质量保障的经验》，《比较教育研究》，2013 年第 6 期。

㉙庞丽娟、夏婧：《国际学前教育发展战略：普及、公平与高质量》，《教育学报》，2013 年第 6 期。

㉚孙舒云：《英国优质学前教育的有效构成要素探析》，《世界教育信息》，2013 年第 17 期。

㉛黄晓婷、宋映泉：《学前教育的质量与表现性评价——以幼儿园过程、性质量评价为例》，《北京大学教育评论》，2013 年第 1 期。

㉜辛涛、乐美玲：《学前教育质量监测的几个问题》，《学前教育研究》，2013 年第 9 期。

㉝刘昊：《学前教育质量评估研究中统计分析方法的新发展》，《学前教育研究》，2013 年第 2 期。

㉞庞丽娟、范明丽：《“省级统筹以县为主”完善我国学前教育管理体制》，《教育研究》，2013 年第 10 期。

㉟康永祥、李相禹：《我国学前教育发展方式转变的合理路径》，《教育发展研究》，2013 年第 7 期。

㊱虞永平：《以法保障学前教育的稳定发展》，《人民教育》，2013 年第 11 期。

㊲王玲艳、冯晓霞：《世界主要国家和地区学前教育投入方式分析》，《比较教育研究》，2013 年第 6 期。

㊳梁文艳：《“新机制”实施前后农村义务教育财政公平性研究》，《教育研究》，2013 年第 8 期。

㊴蔡亮亮：《“以县为主”体制对农村义务教育管理的挑战与对策》，《教育科学研究》，2013 年第 7 期。

㊵刘俊贵、王鑫鑫：《农民工随迁子女义务教育经费保障问题及对策研究》，《教育研究》，2013 年第 9 期。

㊶杨东平、王帅：《从网点下伸、多种形式办学到撤点并校——徘行于公平与效率之间的农村义务教育政策》，《清华大学教育研究》，2013 年第 10 期。

㊷佘宇：《建立教师流动制度：担忧障碍与建议》，《发展研究》，2013 年第 6 期。

㊸关松林：《区域内义务教育师资均衡配置、问题与破解》，《教育研究》，2013 年第 12 期。

㊹佘宇：《建立教师流动制度：担忧障碍与建议》，《发展研究》，2013 年第 6 期。

㊺夏茂林：《关于义务教育教师法律身份的经济学思考——基于新制度经济学的分析视角》，《教师教育研究》，2013 年第 5 期。

㊻薛二勇：《区域内义务教育均衡发展指标体系的构建——当前我国深入推进义务教育均衡发展的政策评估指标》，《北京师范大学学报》（社会科学版），2013 年第 4 期。

㊼中国教科院“义务教育均衡发展标准研究”课题组：《义务教育均衡发展国家标准研究》，《教育研究》，2013 年第 5 期。

㊽王善迈、董俊燕、赵佳音：《义务教育县域内校际均衡发展评价指标体系》，《教育研究》，2013 年第 2 期。

㊾薛海平、李岩：《中国城乡义务教育均衡发展预警机制研究》，《首都师范大学学报》（社会科学版），2013 年第 2 期。

㊿展立新、陈学飞：《理性的视角：走出高等教育“适应论”的历史误区》，《北京大学教育评论》，2013 年第 11 卷第 1 期。

51刘志文、邹晓平：《论高等教育外部关系规律理论的科学性——与〈理性的视角：走出高等教育“适应论”的历史误区〉商榷》，《教育研究》，2013 年第 11 期。

52杨德广：《高等教育“适应论”是历史的误区吗——与展立新、陈学飞商榷》，《北京大学教育评论》，2013 年第 11 卷第 3 期。

53王洪文：《论高等教育“适应论”及其超越——对高等教育“理性视角”的理性再审视》，《北京大学教育评论》，2013 年第 11 卷第 4 期。

54展立新、陈学飞：《哲学的视角：高等教育

"适应论"的四重误读和误构——兼答杨德广"商榷"文》,《北京大学教育评论》,2013年第11卷第4期。

⑤⑤国际关系学院党委学院办公室:《高校内部治理结构的理论思考与实践探索》,《北京教育》(高教),2013年第5期。

⑤⑥孙绵涛:《〈高等学校学术委员会规则〉研究》,《国家教育行政学院学报》,2013年第7期。

⑤⑦孙绵涛:《〈高等学校学术委员会规则〉研究》,《国家教育行政学院学报》,2013年第7期。

⑤⑧湛中乐、王春蕾:《论高校教授会制度的构建》,《国家教育行政学院学报》,2013年第11期。

⑤⑨熊丙奇:《学术委员会如何成为最高学术权力机构》,《教育与职业》,2013年第34期。

⑥⓪钟秉林:《行政与学术不能越位》,《教育与职业》,2013年第34期。

⑥①徐显明:《迈出大学去行政化的第一步》,《教育与职业》,2013年第34期。

⑥②姜大源:《关于建立"国家职业教育局"的建议》,《中国职业技术教育》,2013年第31期。

⑥③涂三广、王立:《英国职业教育的经验与借鉴——中英职业教育"影子校长"项目赴英培训报告》,《中国职业技术教育》,2013年第30期。

⑥④卢小平、童遵龙、张文丽:《我国职业教育的国家质量框架制度创新研究》,《教育与职业》,2013年第33期。

⑥⑤和震:《职业教育校企合作中的问题与促进政策分析》,《中国高教研究》,2013年第1期。

⑥⑥陈胜:《校企合作利益主体的责权与角色定位研究》,《教育与职业》,2013年第30期。

⑥⑦王东:《论"雇主导向"职业教育体系的建设》,《中国职业技术教育》,2013年第24期。

⑥⑧李俊:《论职业教育中的利益与权利均衡——浅析职业教育现代化的社会维度》,《清华大学教育研究》,2013年第2期。

⑥⑨丁晓昌:《理清思路加快发展 推进职业教育集团化办学》,《中国高等教育》,2013年第6期。

⑦⓪胡坚达、王孝坤:《职业教育集团化体制改革路径探索》,《教育研究》,2013年第1期。

⑦①张荣胜:《产学研结合是高职校内涵发展的重要途径》,《中国职业技术教育》,2013年第2期。

⑦②和震:《论职业教育的公益性质及其分类》,《中国高教研究》,2013年第2期。

⑦③赵志群、陈俊兰:《我国职业教育学徒制——历史、现状与展望》,《中国职业技术教育》,2013年第18期。

⑦④赵伟:《学徒制发展的历史逻辑和我国的选择》,《中国职业技术教育》,2013年第10期。

⑦⑤张红颖、李润华:《普职一体的双体系职业技术教育模式》,《比较教育研究》,2013年第9期。

⑦⑥张燕:《职业教育与普通高等教育的衔接:发达国家职业教育的问题与挑战》,《教育与职业》,2013年第3期。

⑦⑦齐守泉:《中高职专业衔接的政策诉求》,《教育与职业》,2013年第18期。

⑦⑧徐国庆:《职业教育课程地位的理性思考——基于宏观政策的视角》,《教育研究》,2013年第10期。

⑦⑨刘育锋:《国家资格框架——职业教育课程衔接的依据——基于比较的视角》,《中国职业技术教育》,2013年第18期。

⑧⓪姜大源:《国际化专业教学标准开发刍议》,《中国职业技术教育》,2013年第9期。

⑧①吴晓:《职业教育教材设计与编写策略探究》,《工业和信息化教育》,2013年第10期。

⑧②吴刚:《奔走在迷津中的课程改革》,《北京大学教育评论》,2013年第10期。

⑧③谢翌、马云鹏、张治平:《新中国真的发生了八次课程改革吗?》,《教育研究》,2013年第2期。

⑧④王彦明:《教学习惯:基础教育课程改革的可能障碍及其超越》,《教育科学研究》,2013年第12期。

⑧⑤付万军:《传统文化课程建设的实践与思考》,《中国教育学刊》,2013年第12期。

⑧⑥孙二军:《美国中小学"社会与情绪学习"课程开发的现状及策略》,《比较教育研究》,2013年第5期。

⑧⑦王世伟:《美国高中阶段生涯教育课程评析》,《比较教育研究》,2013年第9期。

⑧⑧刘晓玲:《职业技术课程与学科课程融合——美国高中生涯技术教育探析》,《比较教育研究》,2012年第2期。

⑧⑨皮连生:《运用科学取向教学论,引领教改新方向》,《教育科学研究》,2013年第8期。

⑨⓪刘家访:《未来十年立足减负的课程改革》,《课程·教材·教法》,2013年第5期。

⑨①丁如全、龚向明:《实施"五学课堂"深化课程改革》,《中国教育学刊》,2013年第12期。

⑨②王本陆:《关于加强云课程研究的几点思考》,《课程·教材·教法》,2013年第12期。

⑨③赵婧:《"云课程"解析:背景、理念与趋势》,《课程·教材·教法》,2013年第12期。

⑨④潘新民:《云课程特征、意义与问题》,《课程·教材·教法》,2013年第12期。

⑨⑤姜蔺、韩锡斌、程建钢:《MOOC学习者特征及学习效果分析研究》,《中国电化教育》,2013年第11期。

⑨⑥孙文斌:《国外名校"网络公开课"在国内运

用的研究与启示》，《中国远程教育》，2013 年第 10 期。

⑰马晓玲：《美国 9 所院校教育技术学专业课程内容研究》，《中国电化教育》，2014 年第 4 期。

⑱丁邦平：《比较教学论：21 世纪比较教育学发展的一个重要领域》，《教育研究》，2013 年第 3 期。

⑲王飞：《教学论本土化过程中的误读与误解》，《教学与管理》，2013 年第 3 期。

⑩段作章：《教学理念向教学行为转化的内隐机制》，《教育研究》，2013 年第 8 期。

⑩邵燕楠、黄燕宁：《学情分析：教学研究的重要生长点》，《中国教育学刊》，2013 年第 2 期。

⑩向葵花、陈佑清：《聚焦学习行为：教学论研究的视域转换》，《课程·教材·教法》，2013 年第 12 期。

⑩赵明仁：《课堂研究的理论反思：范式的视角》，《教育研究》，2013 年第 11 期。

⑩班华：《德育目标应有的要求：民族精神与世界精神统一》，《教育研究》，2013 年第 2 期。

⑩张渊：《新疆地区院校德育模式的创新研究》，《中国教育学报》，2013 年第 S2 期。

⑩王启明：《人本德育实践路向及其形态——基于通识教育视角》，《中国教育学报》，2013 年第 12 期。

⑩冯秀君：《现代学校德育环境的生态建构》，《教育研究》，2013 年第 5 期。

⑩雷利娟、肖君政：《新媒体视域下提升高校德育话语权的策略研究》，《中国电力教育》，2013 年第 13 期。

⑩宋思洁：《为学科德育正名》，《中国德育》，2013 年第 19 期。

⑪李斌雄：《正确认识和处理“德育为先”与“教学中心”的关系》，《中国德育》，2013 年第 9 期。

⑪杜静、杨杰：《关注实践：国际视域下教师教育的模式变革与价值转向》，《比较教育研究》，2013 年第 10 期。

⑪叶萍恺、梁国建：《教师教育“双导师、双主讲”合作共建平台探析》，《教育与职业》，2013 年第 3 期。

⑪何玉海：《地方师范院校教师教育改革研究》，《中国教育学刊》，2013 年第 1 期。

⑪宋海英、张德利：《学区视角下教师继续教育模式的改进 》，《教育研究》，2013 年第 10 期。

⑪邹绍清、陈亮：《教师教育协同机制的创建与实施 》，《教育研究》，2013 年第 8 期。

⑪荀渊：《1949 年以来我国教师教育的制度变迁》，《教师教育研究》，2013 年第 5 期。

⑪覃丽君、陈时见：《欧盟教师教育政策及其发展走向》，《比较教育研究》，2013 年第 12 期。

⑪戴伟芬：《从技能训练走向全人发展——美国绩效标准本位教师教育课程改革分析》，《教师教育研究 》，2013 年第 1 期。

⑪吴锋民：《教师教育课程一体化建设的实践与思考》，《课程·教材·教法》，2013 年第 1 期。

⑫何茜、张学斌：《教师教育一体化课程体系及其实施保障》，《教育研究》，2013 年第 8 期。

⑫余文森、连榕、洪明：《基于自主、合作、探究学习的师范大学教师教育课程课堂教学改革》，《教育探索》，2013 年第 4 期。

⑫北京师范大学教育学部、北京师范大学流动儿童教育问题研究中心：《第二届流动儿童学前教育发展论坛圆满落下帷幕》，《教育学报》，2013 年第 3 期。

⑫于丹：《中国早教论坛第五届年会暨学前教育可持续发展高峰研讨会在京召开》，《华夏教师》，2013 年第 8 期。

⑫龚佳：《“基础教育未来发展新特征研究”专题研讨会暨第四届校长论坛在京召开》，《课程·教材·教法》，2013 年第 5 期。

⑫曹金武：《首届中国基础教育改革与杰出人才培养高端论坛启动》，中国教育新闻网——信息频道，2013 年 2 月 4 日。

⑫李烨：《第四届全国“新学校论坛”在北京举行》，中国教育新闻网，2013 年 10 月 14 日。

⑫《北京市区县教育科研人员第六届（2013）学术年会召开》，义务教育课程网，http：//www. kecheng. net/news_ 47590. html。

⑫《2013 年首都教育论坛：推动教科书研究新发展》，《中国教育学刊》，2013 年第 12 期。

⑫付志峰：《开启大数据时代的中国教育梦想——致“2013 北京教育信息技术高峰论坛”》，《中小学信息技术教育》，2013 年第 6 期。

⑬《北京高等教育学会计算机教育研究会 2013 年学术年会纪要》，北京高等教育学会网站，http：//www. bjgjxh. org. cn/xhhd/jshd/2013 - 06 - 07/407. html。

⑬《2013 北京教育信息技术高峰论坛成功举办》，北京市教育委员会网站，http：//www. bjedu. gov. cn/publish/portal0/tab103/info27867. htm。

⑬《大规模在线教育论坛在清华大学举行》，《现代教育技术》，2013 年第 6 期。

⑬《“新媒体表达权与传媒高等教育变革”学术论坛召开》，《中国广播》，2013 年第 11 期。

⑬郝丹：《MOOC：颠覆与创新？——第 4 次“中国远程教育青年学者论坛”综述》，《中国远程教育》，2013 年第 11 期。

⑬《MOOC 与混合教学改革会议顺利召开》，清

华大学教育技术研究所网站，http：//tnet1. theti. org/evaluate/infoSingleArticle. do？articleId = 309926。

⑬⑥《实录：信息技术发展与教育改革国际论坛》，中国教育新闻网，2013. 11. 05. http：//www. jyb. cn/world/gjsx/201311/t20131105 _ 558326. html。

⑬⑦平凡：《北京大学教育信息化圆桌论坛（PEIRS2013）11月举行》，《远程教育杂志》，2013年第6期。

⑬⑧《新浪2013教育盛典：中国教育进入大数据时代》，新浪网，2013. 11. 28. http：//edu. sina. com. cn/1/2013 - 11 - 28/1731236680. shtml。

⑬⑨宋述强：《教育信息化行业新年论坛首创翻转会议模式》，《科技日报》，2013年12月18日。

⑭⓪http：//news. ruc. edu. cn/archives/51909。

⑭①中国高等教育编者按：《加快建设中国特色现代大学制度》，《中国高等教育》，2013年第18期。

⑭②王成龙：《北京师范大学第二届教育社会学论坛在京召开》，北京师范大学教育学部新闻中心网站，http：//fe. bnu. edu. cn/html/002/1/201312/11114. shtml。

（作者：劳凯声，首都师范大学教授；
张瑞芳，北京师范大学《比较教育》编辑；
刘晓芳、刘垚玥，首都师范大学博士生；
王志、何芳、杜颖杰，首都师范大学硕士生）

心理学

许　燕　李亚南　邵　琪　于　淼　邢艳艳　程　琪　王馨蕊

2013年心理学的研究成果丰富，研究问题兼具前沿性和应用性，在推动了学术领域发展的同时又服务于社会，体现了我国当代心理学学科的价值。心理学学术研究跨越以下六大领域。

一、人格与社会心理学

人格与社会心理学是对个体与社会心理现象及规律的探讨，也是最能现实问题链接的领域，它体现了理论与实践的紧密结合。

（一）人格

一项研究调查了中国文化下人际互动中人际环状结构，采用多元变量分析和随机化测验方法，检验本土文化下、人际互动中、个体的人际特质结构。结果表明：互动中个体人际特质以两个基本维度为核心，体现了人际关系互动中的两个重要信息：地位和爱。人际特质包含的6个因子（人际冷漠性、人际亲和性、人际开放性、人际退缩性、社会支配性和社会服从性）以水平轴亲和维度和垂直轴控制维度为核心，形成一个不规则的六边环形，并以规定序列排列成环形空间。[①]一项研究对人格分化理论假设进行了验证。研究表明，高智力者比低智力者有更多可变的、更分化的人格。[②]有研究者探讨了大学生竞争人格内隐观的结构特点，结果表明，大学生认同竞争人格特征的前10位是有进取心、自尊心强、不甘落后、积极主动、不服输、自信、敢于拼搏、执着、好胜心强、勤奋努力；大学生竞争人格特征的内隐观可以分为6个方面的因素结构。[③]另一项研究考察了大学生在5个月期间感恩与自我和谐之间的因果关系，得出结论：感恩与自我和谐呈显著正相关，自我和谐能够预测感恩。[④]

有研究者探索了幼儿教师情绪劳动策略与情绪耗竭的关系，检验心理资本对两者关系的调节作用。结果验证了幼儿教师情绪劳动策略与情绪耗竭关系密切；人际型心理资本在深层行为与情绪耗竭、表层行为与情绪耗竭关系中起显著的调节作用。[⑤]对高校教师的人格、心理资本与心理健康状况关系的研究发现，大学教师人格的3个维度均对其心理健康与心理资本有中等程度的影响。人格E、N、P维度经心理资本的部分中介作用，对心理健康产生间接效应。[⑥]

有研究者采用情境式选择滴定程序，探索任务框架及利他人格对社会折扣的影响。结果发现任务框架与社会距离的交互作用影响社会折扣程度，并且社会距离与利他人格的交互作用显著，高低利他人格者的社会折扣程度只在社会距离较远时存在显著差异。[⑦]为了探究马基雅维利主义者的工作绩效和职业成功情况，研究者采用元分析法对45项研究进行了梳理。结果发现马氏人格与工作绩效的相关关系受到职业类型的调节，营销类职业中马氏人格与工作绩效低度正相关，管理类职业中两者不相关。此外研究发现马氏人格与工作满意低度、收入呈现低度负相关。[⑧]一项研究考察了主题情境和信任特质对大学生信任圈的规模和成分的影响。结果表明，信任特质对两种主题情境下的大学生信任圈规模均有显著影响，高信任的被试信任圈规模较大，但对信任圈成分无显著影响；信任圈成分总体呈现出亲人、熟人和陌生人的差序格局。[⑨]

（二）社会心理

1. 自我认知

一项研究探讨了核心自我评价、心理集体主义与个体求助预期之间的关系。结果表明，个体的核心自我评价与估计的获助难度负相关，核心自我评价与心理集体主义的交互作用会显著影响个体估计的获助难度，当心理集体主义较低时，核心自我评价与估计的获助难度之间关系更强。[10]对无意识目标追求的成败与自我提升间关系的研究发现，激活无意识的"成功"目标和执行困难任务可以影响自我提升。相对于无意识目标追求的成功，无意识目标追求的失败可以增强自我提升。[11]研究者通过行为实验以及事件相关电位技术，以高兴、愤怒和中性面孔图片为实验材料，采用空间线索任务考察了低自尊个体的注意偏向。结果发现，低自尊个体对评价性威胁信息的注意偏向是对威胁信息的注意解脱困难。[12]

2. 社会认知

有研究者采用问卷法探讨了北京市大中小学生对日本人的刻板印象差异以及刻板印象和情绪反应对于其援助意向的影响。结果发现：北京市大中小学生对日本人的总体刻板印象偏消极，但高中生和大学生在能力维度表示了一定程度的肯定；各群体中，亲社会情绪在对日本人的刻板印象和地震后的援助意向之间起部分中介作用，但对地震本身的事件应对情绪并不存在这种中介效应。[13]有研究者采用错误再认范式，考察了心理距离对他人行为的自发特质推理的影响。结果发现，被试对远心理距离的主体比近心理距离的主体更易产生自发特质推理。个体对远距离主体产生的抽象且内隐的解释被认为能够说明这一现象。[14]

一项研究发现：政治信任在政治透明度感知、宽容度感知和政治合作之间发挥正向中介作用；在负面认知固化程度和政治合作之间发挥负向中介作用；政治氛围感知在政治信任和政治合作行为之间起调节作用。[15]研究者对中国人社会心态的经验结构进行了探究并编制了量表。确定生活满意感、社会压力感、政府信任感、社会公平感、社会安全感和社会问题感为经验结构的6个维度，对量表的验证表明：量表具有良好的信度，且结构与数据拟合较好，可以作为对中国人社会心态进行量化研究的测量工具。[16]

有研究者考察了道德概念的垂直空间隐喻表征，及其对于人的认知的影响。研究先后采用迫选法（明确要求被试者把道德词放在垂直空间位置的上方或下方）、无关任务法（对不同垂直空间位置的词语做褒贬义判断，记录反应时间）、记忆任务（启动道德/不道德概念）。结果表明，汉语道德概念的垂直空间隐喻具有心理现实性。汉语道德概念的垂直空间隐喻既存在于无意识层面又可以在意识的层面显现。汉语道德概念的垂直空间隐喻表征会影响对物体的高度和长度的估计，表现为汉语道德概念隐喻表征的"认知偏移效应"。[17]

有研究者运用事件相关电位技术，采用分支双任务范式，探讨在奖励驱动的双任务加工过程中，第一任务奖励编码和第二任务奖励编码的时间进程及其脑机制。研究表明双任务所耗费的心理资源更多，同时双任务加工过程中第一任务奖励信息编码的半球优势效应与任务的性质有关。[18]对面孔吸引力极端性假设的验证实验发现，无论是男性面孔还是女性面孔，合成的平均面孔吸引力高于大部分自然面孔，存在一定比例的自然面孔吸引力显著高于平均面孔。表明平均性假设存在局限，高吸引力的自然面孔要比平均面孔更有吸引力。因此提出面孔吸引力的极端性假设。[19]

3. 人际关系与社会行为

有研究者采用现场实验法，考察了污名身份对受污者影响力和受污者与外群他者的社会距离的作用。结果表明，"农民工"是一种标示底层群体资格的地位特征和污名身份，由其带来的低期望和弱影响力可以通过引入新的优势地位特征加以平衡和改变，但此方法并不能减弱身份污名。[20]另一项研究通过对中国农村47名失去一位或两位父母的艾滋病孤儿进行一对一深度访谈，对艾滋病致孤儿受到的歧视表现、歧视原因和带给艾滋病孤儿的影响进行研究。结果显示，艾滋病孤儿经历了来自村民、朋友、老师、政府官员不同的歧视表现，而被远离、拒绝和标签化是最典型的表现。歧视会给艾滋病孤儿带来心理压力、造成生活困扰、减少暴露和支持等消极影响。[21]

另有研究发现不论是在角色扮演任务下，还是实际工作情境中，高权力者比低权力者更具有人际敏感性。[22]一项研究验证了"情境卷入使不同权力者与道德两难事件发生联系，并做出对他们有利的道德判断"的假设。研究发现在面对道德两难事件时，不同权力者都会做出对他们有利的判断，但这取决于判断者卷入该事件情境的程度：情境卷入低时，被试倾向基于规则的道德判断；情境卷入高时，被试倾向基于结果的道德判断。[23]

一项研究通过问卷调查和实验室情境设计的方法，考察民众面临的群际威胁通过群体效能和群体愤怒的中介作用影响集群行为意向的双路径模型，及群体认同对该双路径模型的调节效应。结果表明，群体效能和群体愤怒均是群际威胁影响集群行为意向的中介变量。群体认同是群际威胁影响集群行为意向的调节变量，群体认同的调节效应通过群体效能和群体愤怒的中介作用实现。[24]有研究探讨了多元社会认同如何通过群体情绪、自我和群体效能路径，影响现实或网络集体行动参与。结果发现：群体愤怒情绪主要对现实集体行动有显著影响，效能感对现实和网络集体行动皆有显著影响。与事件相关的、更大范畴的社会类别认同，通过情绪路径或效能路径影响集体行动参与，与集体行动组织方的认同则只通过效能路径影响集体行动参与。[25]

（三）行为决策

不作为惯性指在错失机会后，机会再次出现时人们依然不作为的现象。有研究者对错失了多个选项的情境进行了探究，发现先前错失选项的数量对不作为惯性具有调节作用，当先前已错失了两个选项时，不作为惯性不会出现，预期后悔是上述结果产生的主要原因。[26]

有研究者整合和谐动机和谈判两方面的文献，探讨了在整合性谈判中两种不同的和谐动机与谈判者的行为以及谈判结果之间的关系。研究发现在个体层面上，谈判者的促进和谐动机与其个体收益以及对谈判双方关系的评价正相关，而避免破裂动机与其个体收益以及对谈判双方关系的评价负相关。在谈判对子层面上，谈判双方总体的促进和谐与谈判双方的联合收益正相关。[27]有研究者采用实验研究的方法，检验了二元选择情形下高准确率信息源和低准确率信息源对决策者预测效果的影响。尽管从逻辑上二者从准确率层面具有完全相等的信息价值，然而研究结果显示，决策者更倾向于采用正向跟随而非逆向跟随的方式处理来自信息源的信息。这导致低准确信息源的价值未能得以充分利用。学习和信息源的规范性对该信息处理倾向起到调节作用。[28]

一项研究探讨了不同反应线索条件下调节匹配对建议采纳的影响。实验中选用了言语性反应线索与非言语性反应线索。结果表明：在言语反应线索条件下，调节匹配时人们对建议的采纳程度更高；在非言语性反应线索条件下，防御定向时，调节匹配时人们显著提高了建议的采纳程度，但促进定向条件人们对建议的采纳程度无明显差异，在促进取向下非言语性反应线索对调节匹配具有干扰作用。[29]有研究者采用简单和复杂逃生任务来探讨直觉和分析在不同判断依据条件下的逃生决策效果。发现针对简单逃生任务，直觉组和分析组在不同判断依据条件下的逃生决策效果几乎无差异；对于复杂逃生任务，在简单判断依据条件下分析决策优于直觉决策，在复杂判断依据条件下则相反。[30]

二、临床心理与心理咨询

心理健康一直是心理学在社会实践应用中最广泛的领域，特别是在当今社会压力骤增的变革时期，备受社会的关注和重视。

（一）幸福感

近年来，从积极心理学的视角来看待心理健康问题越来越受到重视。幸福感成为研究的热门主题。一项研究通过追踪调查考察大学生的心理韧性及其与积极情绪、幸福感的关系。发现大学生的心理韧性具有一定的稳定性，心理韧性与积极情绪显著正相关，并可预测幸福感，积极情绪在该路径中起部分中介作用。[31]在“蚁族”群体的研究中，考察了该群体的公正世界信念与幸福感的关系。结果发现，“蚁族”的生活满意度偏低，但情绪状态较乐观，具有较高水平的公正世界信念；公正世界信念对幸福感有显著的正向预测作用，且个人公正世界信念在一般公正世界信念和幸福感间起中介作用。[32]

（二）焦虑

焦虑成为当今社会的主要社会心理反应特征，越来越被人所重视。一项研究旨在了解快速城市化地区青少年的焦虑性情绪问题与依恋、社会支持、心理弹性之间的关系，探讨社会支持和心理弹性在依恋和焦虑性情绪之间的中介效应。结果表明，焦虑性情绪水平与依恋、社会支持和心理弹性呈显著相关，依恋通过社会支持和心理弹性的完全中介作用影响青少年焦虑性情绪水平。[33]研究采用加工分离范式，考察了特质焦虑、启动焦虑和非焦虑3种焦虑类型对不同效价图片信息意识提取和无意识提取的影响，结果表明，特质焦虑对图像的无意识提取更敏感，非焦虑状态对意识提取更敏感，特质焦虑与启动焦虑均促进了负性图片的自动记忆。[34]通过对480名高中生进行调查，运用偏差矫正的百分位Bootstrap方法探讨青少年对父母冲突的威胁知觉和情绪不安全感在父母冲突水平与青少年社交焦虑之间的序列中介作用。结果发现，父母冲突主要通过3条途径影响青少年社交焦虑：威胁知觉的中介作用；情绪不安全感，特别是消极表征的中介作用；依次影响威胁知觉和情绪不安全感而正向预测青少年社交焦虑。[35]有研究者探讨完美主义与学业自我妨碍、考试焦虑的关系，发现积极完美主义学业与自我妨碍呈显著负相关，与考试焦虑不相关；消极完美主义与学业自我妨碍和考试焦虑均呈显著正相关。学业自我妨碍对消极完美主义和考试焦虑起部分中介作用；积极完美主义在消极完美主义和学业自我妨碍与考试焦虑的关系中起调节作用。[36]

（三）抑郁

抑郁症患者成为我国位于第二的心理异常发病群体，相关研究持续深入。为探讨抑郁个体在多个自我维度上的外显及内隐自尊的水平高低与稳定特性，研究者通过自我描述问卷和内因联想测验进行比较组研究。结果发现，抑郁个体倾向在外显和内隐水平，指向个体内部的自我维度上均具有积极自我，并且倾向在核心价值之外的自我维度上具有稳定自尊。[37]对中国汉族抑郁症患者5－羟色胺2A（5－HT2A）受体基因rs6311多态性与抗抑郁药物疗效的关系的探究发现，5－HT2A受体基因rs6311位点多态性可能与5－羟色胺再摄取抑制剂（SSRIs）疗效有关，T等位基因、TT基因型可能为疗效差的预测因子。[38]另有研究采用中国科学院心理研究所全国青少年心理健康数据库的追踪数据，探讨青少年网络成瘾与抑郁之间的双向关系。交叉滞后分析发现，抑郁对网络成瘾有显著的预测作用，而网络成瘾对抑郁也具有显著的预测作用，这种双向预测关系没有性别差异。[39]有研究探讨了完美主义在依恋与抑郁之间的中介效应，结果发现完美主义的消极维度部分中介了依恋焦虑和抑郁间的关系、完全中介了依恋回避和抑郁间的关系，完美主义的积极维度与依恋焦虑、依恋回避和抑郁都不相关。[40]

（四）问题行为

在对学步儿童行为抑制性、母亲养育方式和问题行为的研究中，研究者发现，行为抑制性可正向预测内隐问题行为，母亲拒绝可正向预测外显问题行为，母亲保护担忧可负向预测外显问题行为；性别能调节母亲养育方式与问题行为之间的关系，母亲鼓励独立可负向预测男孩内隐问题行为，母亲拒绝可正向预测女孩内隐问题行为，保护担忧可负向预测男孩外显问题行为，母亲惩罚可正向预测男孩外显问题行为。[41]有研究探讨了流动养育者、留守养育者与儿童间的亲合水平在降低儿童偏差行为上的直接作用及其对日常烦恼与偏差行为之间关系的调节作用。结果发现，儿童经历的日常烦恼越多，其偏差行为越高，流动养育者、留守养育者与儿童的亲合水平越高，农村留守儿童的偏差行为越低；流动养育者—儿童亲合能够显著调节日常烦恼与儿童偏差行为之间的关系，表现出压力抵抗效应；留守养育者—儿童亲合能够显著调节日常烦恼与偏差行为之间的关系，养育者与儿童的紧密情感联系是降低留守儿童偏差行为的重要因素。[42]有研究者采用停止信号范式，对停止信号范式是否适用于未成年犯，以及未成年犯与中学生的抑制控制能力是否有差异进行了研究。结果发现：未成年犯的信号反应概率随着停止信号延迟（SSD）的增加而增加；未成年犯在停止信号反应时（SSRT）上比中学生要显著地长，而在无信号反应时（NSRT）上比中学生要显著地短。[43]

（五）自杀

一项研究探讨了校园氛围的不同方面（教师支持、同学支持、自主机会）与青少年自杀意念/企图的关系，以及自尊在其中的中介作用。结果发现，教师支持和同学支持均能显著负向预测自杀意念/企图，自主机会对自杀意念/企图的预测作用不显著，自尊在教师支持和同学支持与自杀意念/企图之间起着中介作用。[44]另一项研究考察了抑郁与自杀榜样行为之间的相关，并通过实验法考察不同类型互联网自杀新闻（规范新闻、不当新闻）暴露条件下，大学生的自杀榜样行为差异。结果发现：大学生抑郁量表得分能显著预测自杀榜样行为；与阅读规范自杀新闻相比，阅读不当自杀新闻时，大学生的自杀榜样行为风险增加。[45]有研究者探讨大学生幽默风格与自杀风险的关系及自尊在这两者间的中介作用。结果发现在4种幽默风格中，自强型幽默对大学生自杀风险的预测作用最大，而亲合型幽默最小，前者既可以直接影响大学生自杀风险，又可通过自尊对大学生自杀风险产生间接影响。[46]

（六）创伤后应激障碍

研究者对汶川地震极重灾区的3058名中小学生进行了调查，发现震后一年，灾难暴露程度能正向预测创伤后应激障碍，主观害怕程度在其中起部分中介作用；父母和教师的社会支持在灾难暴露程度与创伤后应激障碍的关系中起调节作用，但不能调节主观害怕程度与创伤后应激障碍之间的关系。[47]研究者在汶川地震发生两年后，探讨青少年创伤后成长与情绪性人格、应对方式和社会支持的关系。结果发现，青少年创伤后成长的3个维度之间存在显著差异，但年龄、性别差异不显著；积极应对方式在情绪性人格与创伤后成长之间起完全中介作用，消极应对方式则不发挥直接的中介作用；情绪性人格与创伤后成长之间的中介效应受到社会支持的调节。[48]研究采用情绪标识范式探究创伤后应激障碍（PTSD）个体对创伤相关图与负性情绪面孔的情绪标识效应。结果发现PTSD组的情绪标识任务抑制了创伤相关图对之后奇偶判断任务的干扰，情绪标识效应显著，表明增加对创伤相关袭击的言语加工有助于降低创伤相关情绪反应。这说明谈话疗法对PTSD患者是有效的。[49]

（七）人格障碍

研究者从防御自尊、条件自尊、不稳定自尊3方面比较人格障碍倾向大学生与正常大学生的自尊结构特点。结果发现，各自尊变量呈不同程度的显著相关但较低，外显自尊与内隐自尊是两个相互独立的评价系统，内隐自尊调节外显自尊与条件自尊、不稳定自尊之间的关系；人格障碍倾向大学生的自尊较低且脆弱，正常组大学生的自尊较高并相对稳定，高条件自尊是人格障碍倾向大学生的典型特点。[50]研究者通过分析强迫症患者非理性信念和社会支持状况及其与症状的关系，理解强迫症的病因学因素，得出结论：强迫症患者存在非理性信念，且社会支持水平低；绝对化要求是强迫症患病的危险因素，低挫折耐受可预测强迫症状严重程度，抑郁情绪受低挫折耐受和对支持的利用度影响。[51]有研究比较了不同进食组在进食障碍倾向及自我控制上的差异，初步构建并验证自我控制在情绪性进食与进食障碍倾向间的中介作用。结果发现，消极情绪进食会更多的导致进食障碍倾向，自我控制能部分中介消极情绪进食和进食障碍倾向之间的关系。[52]一项研究采用眼动技术考察自闭症儿童利用社会性注意线索习得词语的能力。结果表明自闭症儿童具有利用他人视线习得词语的能力，不同视线对自闭症儿童的词语习得产生不同的影响；自闭症儿童视线追随行为的潜在机制与普通儿童存在差异：自闭症儿童的视线追随行为可能是意识性的诱发行为，而普通儿童则是反射性的自发行为。[53]研究者采用多目标追踪实验范式考察了中低功能自闭症儿童在动态条件下的多目标注意加工特点。结果发现，与正常儿童相比，中低功能自闭症儿童的多目标的持续追踪能力和稳定性存在一定的缺陷，他们在多目标追踪上表现为单焦点注意加工的特点，存在一定程度的注意转移缺陷。[54]

（八）心理干预方法

有研究比较不同时长和内容的正念训练方式的干预效果，以寻找一种更简洁、规范、有效的正念训练方式。结果发现3种方式均能显著降低被试的抑郁水平，8周训练能显著提升五因素正念量表中的所有5个维度，4周训练可显著提升描述、有觉知地行动和不判断3个维度。[55]有研究通过对27名高抑郁且高穷思竭虑大学生进行为期6周的团体干预，分CBT组和ACT组进行3个时间点的追踪测量比较接受与承诺疗法（ACT）与认知行为疗法（CBT）对于抑郁的干预效果，结果表明CBT不能有效缓解抑郁个体的穷思竭虑，因而干预抑郁的即时效果显著，但长期效果可能欠缺；ACT干预抑郁的即时与长期效果都很显著。[56]一项研究采用对照组实验范式探讨移空技术小组活动对慢性应激反应的干预方式与效果，实验组进行为期4周、每周1次、每次2小时的小组活动。在小组活动开始前、结束时及结束后3个月、6个月对两组被试施测相关量表，结果验证了移空技术小组活动对慢性应激情境下个体心身症状的缓解具有明显的干预效果。[57]通过个案研究法探讨箱庭疗法对同伴侵害儿童进行心理援助的过程及效果，发现箱庭疗法对同伴侵害儿童的心理援助具有良好效果，并且心理援助过程及机制具有独特性，儿童可能在箱庭中模拟现实，象征性地处理问题，以替代现实应对。[58]有研究采用对照组实验法考察三调松静练习对心理应激反应的调节效用，令所有被试经历基线静息、应激事件首次回顾、行为应对、应激事件再次回顾、恢复静息5个测试期，在行为应对期，实验组采取三调松静操作策略，控制组采取注意转移策略。全程以生理指标与情绪自评反映情绪变化，以自评量表记录思维沉浸与担忧的程度。结果发现，相比注意转移，三调松静练习可以在更大程度上缓解负性情绪所致生理紧张与失衡状态，并在减低思维沉浸与担忧的意识活动强度上的功效显著高于注意转移的应对方式。[59]

三、发展与教育心理

（一）关键期

关键期的研究旨在说明人在发展过程中的重要心理规律和特点，为教育教学提供指导。

对儿童数概念发展的研究发现，数概念发展水平在4岁达到最高，即基数原则水平，此时儿童能够理解后继函数，而2—3岁的儿童还处于子集水平。后继函数的发展与儿童积累的数词的多少有关。[60]一项研究使用自编平衡秤测验测6—15岁儿童，通过潜在类别分析对认知规则进行分类。结果发现，儿童能够使用重量规则、重量距离规则、补偿规则、力矩规则、距离优势规则等6种规则，6—9岁儿童主要使用重量规则；10—13岁儿童主要使用补偿规则；14岁以上儿童主要使用力矩规则；13—14岁之间是掌握力矩规则的关键时期。[61]

一项研究者考察了48名4—7岁的儿童在道义推理、奖惩判断、愿望理解和行为判断的发展变化特点，并探讨了不同领域的规则（安全领域规则、个人领域规则）对儿童判断的影响。结果表明，直到7岁儿童才能根据规则的不同特点做出不同的判断，7岁儿童更多地预测不应该违反安全领域规则，违反安全领域规则和成人权威制定的规则后应该受到更多的批评，而4岁、5岁儿童在不同规则情境下的判断无显著差异。[62]

（二）认知与学习

1. 认知

一项研究调查了国内生活的幼儿在加工面孔时视觉策略上的异族效应。被调查幼儿和成人均未直接接触过异族个体，他们被要求完成一个学习和再认本族和异族面孔的实验，同时眼动仪记录了他们看面孔时的眼动数据。结果发现，国内生活的幼儿和成人在加工面孔时存在视觉策略上的异族效应，即幼儿和成人均更多地看本族面孔的鼻子和嘴巴区域而更多看异族面孔的眼睛区域。幼儿在加工面孔时，更倾向于看面孔的眼睛部分并进行局部加工。[63]对不同任务情境下儿童注视卡通面孔时的眼动研究发现，儿童在不同难度任务中的加工方式一致，加工部位随时间关注程度不同：对眼睛的关注最多，其次是鼻子、嘴巴、前额和脸颊，极少关注下巴。[64]

为探讨语素意识对学前儿童言语技能发展的预测作用，有研究者对75名学前儿童进行了一年半的追踪研究。结果发现，学前儿童的语素意识和言语技能随时间均有显著增长；同形语素意识能显著预测一年半后的口语词汇成绩，词素意识对一年半后的汉字识别成绩有显著预测作用，词素意识和形旁意识是儿童一年半后阅读理解成绩变异的重要解释变量。说明语素意识是学前儿童语言技能的发展的原因之一。[65]有研究者采用包礼物等抑制测查任务和找贴画等工作记忆任务，考察3岁儿童执行功能的主要成分抑制和工作记忆的可分离性，结果发现，3岁儿童的抑制和工作记忆是独立发挥作用的，且通过测量恒等性检验发现无性别差异。[66]有研究者考察了儿童的社会认知特点，发现4岁儿童已具有对能力和热情特质的区分性认识，并且其社会认知中存在着热情优先现象。[67]

2. 学习

研究者们十分关注对青少年学习发展和学业成就。一项研究采用问卷调查法探究了感恩对青少年学业成就的影响。结果发现，感恩能够直接影响学业成就，也可以通过日常性学业复原力的中介间接影响学业成就。同时，日常性学业复原力对学业成就的影响随压力性生活事件的增加而降低，表现出有调节的中介效应。[68]有研究者发现，初二学生感知到的社会支持与学习成绩，相比父母和教师的支持，同伴支持对他们的学习成绩的影响更大。学业自我概念在其中起到中介作用，对男生而言，这一作用是完全中介，对女生则是部分中介。[69]

另有研究发现学校适应不良图式能够影响中小学生学业成就。在控制性别、年龄的作用后发现，学校适应不良图式对学业成就有极其显著的负向预测效应，学业自我效能感在学校适应不良图式影响学业成就中起着显著的中介作用。[70]对数学学业不良初中生的工作记忆特点的研究发现，工作记忆在初中不同年级的各类数学学业任务中具有不同的作用。中央执行系统和视觉—空间模板相对更具有普遍性作用，语音环路具有特殊性作用，并且随着年龄增高，视觉—空间模板对数学学业任务的作用更为突显。[71]

（三）人格与社会性发展

一项研究考察了不同卷入水平情境中心理理论（ToM）对儿童分配公平性的影响。结果表明分配公平性的发展可能受到认知和情感两个加工过程的共同作用，并提示可以通过情境设置和增加对他人心理状态的理解来帮助培养儿童的公平意识。[72]对小学儿童在问题情境中和日常生活中的社会创造性特点和性质的研究发现，儿童在问题情境中的创造性呈倒Z形的发展趋势，而日常生活中的创造性呈U形发展趋势。日常生活中的社会创造性与经验开放性、自尊及网络交往偏好均具有显著正相关，问题情境中的社会创造性与经验开放性、自尊之间的正相关较小，而且与网络交往偏好无显著相关。经验开放性、自尊和网络交往偏好均可以显著预测日常生活中的社会创造性，而难以预测问题情境中的社会创造性。表明社会创造性可能存在状态与特质之分。[73]

一项研究以3—5岁的儿童为被试考察了儿童对同伴侵害的归因。结果发现，儿童对同伴侵害的归因包括敌意归因、自责归因、中立归因和无归因四种情况。自责归因随年龄增长逐渐增多，无归因逐渐减少，4—5岁是转折期。在财物侵害中，自责归因人数比例最低，中立归因人数比例最高；而在言语侵害中则出现相反的结果。[74]一项对青少年外化行为问题与集体道德情绪、集体责任行为关系的研究表明，集体道德情绪和集体责任行为随着年级的增高而呈下降趋势，小学生的集体道德情绪和集体责任行为得分均比中学生高，高一学生的得分处于最低水平。班级氛围调节外化行为问题与集体道德情绪、集体责任行为的关系。[75]

有研究表明，小学生儿童的羞耻情绪理解能力的发展随年龄增长而发展，且在2—3年级有一个快速发展阶段。在研究考察的4种羞耻情境中，小学儿童对情绪的理解能力由高到低的排序依次是：羞耻情绪、当众出丑情境和欺骗情境、学习情境。其中，男生在公德情境中的羞耻情绪理解能力高于女生，在其他情境中无性别差异显现。[76]

（四）影响因素

1. 父母影响

父母教养方式与子女的成长息息相关。一项研究采用问卷法探究了青少年网络不道德行为与父母教养方式的关系。结果表明，拒绝型教养方式通过责任心、道德同一性和道德脱离的中介来间接影响网络不道德行为。责任心可以直接作用于网络不道德行为，也可以通过道德脱离的中介来影响网络不道德行为。[77]对父母教养方式和小学高年级学生社会创造力的关系的研究发现，交换意见、收回爱能够解释适宜性，自主选择能够解释独创性。父母自主支持正向预测子女的社会创造力，自尊在其中起到完全中介作用。心理控制则负向预测子女的社会创造力，自尊部分中介两者的关系。[78]此外，有研究发现父母的接纳和参与能正向预测青少年当时及以后对教育和职业的探索和投入，父母的严厉和监督仅能正向预测青少年当时的教育探索和投入。[79]

一项研究以198个家庭中的青少年及其父母为被试，采用投资博弈任务测量子女及其父母的信任水平。结果发现，青少年男生的信任水平稍高于女生，父亲的信任水平高于母亲；父亲和母亲的信任水平都不能预测女生的信任水平，但父亲信任水平能线性预测儿子的信任，母亲与儿子的信任水平则呈倒U形曲线关系，说明信任存在代际传递的现象，并揭示了父母角色及子女性别在信任代际传递中的调节作用。[80]有研究通过相关测验探索父母情感温暖、非言语情绪表达能力和社交性对青少年人际能力的影响。结果显示，父母情感温暖正向预测青少年的情绪表达能力。情绪表达能力和社交性分别正向预测青少年的人际交往能力。父母情感温暖不仅直接正向预测人际交往能力，而且通过情绪表达能力和社交性的间接作用正向预测青少年的人际交往能力。[81]有研究发现父母情绪表达在婚姻关系到亲子关系起到中介作用。[82]

2. 同伴影响

研究者探讨了小学3—6年级儿童同伴接纳知觉准确性及偏差对社交退缩行为的影响。结果表明同伴接纳知觉准确性显著正向预测安静退缩和活跃退缩；同伴接纳知觉偏差显著负向预测安静退缩，但对活跃退缩不具有显著的预测效应。[83]一项研究采用宽恕问卷对225名青少年施测，考察冒犯者与受害者之间的关系对宽恕的影响以及青少年宽恕水平的3个维度的特点。方差分析结果显示：对于青少年来说有两大类型的冒犯者，同伴和家庭成员。当冒犯者是同伴时，初中生的宽恕水平最高，当冒犯者是家人时，各个年龄段的青少年宽恕水平不存在显著差异。在初中阶段，对于各种冒犯者的宽恕水平差异不显著，在高中和大学阶段，对家人的宽恕显著高于同伴。在所有年龄段，宽恕情绪维度的水平明显低于行为和认知维度。[84]

一项研究采用同伴提名、朋友提名和儿童孤独感量表探讨童年中期儿童同伴交往过程中的性别隔离现象及性别对同伴交往与孤独感关系的影响。结果验证了性别隔离现象存在于我国儿童同伴交往过程中，并对不同性别儿童的孤独感体验产生了重要影响。[85]

3. 学校教育

有研究者采用分层抽样法考察教师自主支持与高中生学业、个性社会性和生涯发展的关系。结果发现，教师自主支持显著正向预测高中生发展，教师自主支持对学业发展影响最大，对生涯发展影响最小。学业和生涯方面，女生发展好于男生，重点学校学生发展好于普通学校学生；个性社会性方面，重点学校学生发展高于普通学校学生，高二、高三学生发展显著高于高一学生。[86]有研究者发现，在校园氛围对青少年学业成就的关系中，存在中介变量学校依恋，以及调节变量自控水平。[87]一项研究从寄宿与非寄宿小学生的群体特点出发探究和比较两者在学习适应性、心理健康及学业成绩之间的差异。研究结果显示寄宿小学生的学习适应独立性优于非寄宿小学生，但其心理健康水平低于后者。[88]

（五）流动儿童

有研究者采用整群取样法对北京市1551名流动儿童进行测查，探讨歧视知觉对城市流动儿童的个体和群体幸福感的影响机制，内群体认同和群体地位感在其中的中介作用，以及不同归属需要下内群体认同和群体地位感的中介作用差异。结果发现歧视知觉对城市流动儿童的个体和群体幸福感存在直接显著的负向预测作用，并通过内群体情感认同和群体地位感的中介作用负向预测群体幸福感。不同归属需要下，歧视知觉对个体和群体幸福感的作用机制存在差异。内群体情感认同和群体地位感在流动儿童歧视知觉与幸福感之间的中介效应受到归属需要的调节影响。[89]一项研究探讨了流动养育者和留守养育者的行为监控水平与留守儿童的孤独、反社会行为的关系及其对日常压力的调节作用。结果验证了养育者行为监控在降低儿童孤独和反社会行为上的保护作用因养育者和留守类别的不同而有所差异。[90]另有研究采用结构方程模型研究生态移民青少年外向性行为问题的影响因素及其作用机制。结果表明人格因素通过直接作用对生态移民青少年外向性行为问题产生影响，家庭环境和学校环境因素都通过直接作用和间接作用对外向性行为问题产生影响。[91]

四、组织行为与人力资源

在当前社会经济变革的时期，组织行为和人力资源管理的相关研究一直是应用心理学研究的热点。不仅丰富了心理学研究的领域，更直接促进了相关企事业单位和个体员工的发展。

（一）生涯发展

大学生创业是当今社会就业发展趋势之一。研究者采用Kogan-Wallach困境选择问卷（CDQ）、感知的创业文化问卷和大学生创业意向量表考察了大学生的冒险性、感知的创业文化与创业意向之间的关系。结果发现，男大学生的创业目标意向和创业执行意向水平均显著高于女大学生；冒险性、感知的创业文化能够直接正向预测大学生的创业目标意向；感知的创业文化能够调节冒险性与创业目标意向之间的关系。[92]

教师群体的职业发展一直是研究者关注的重要领域。有研究者采用问卷法考察986名师范生的自我概念和自立人格对教师职业成熟度的影响，结果发现自立人格在自我概念影响教师职业能力的关系中起完全中介作用，在自我概念影响教师职业成熟度和职业态度的关系中起部分中介作用。[93]

一项研究探讨制造企业生产线员工工作倦怠、社会支持与离职意向的关系，发现离职意向与情绪衰竭、玩世不恭呈显著正相关，与社会支持呈显著负相关；社会支持与工作倦怠因子间呈显著负相关；工作倦怠在社会支持与离职意向间起着完全中介作用。[94]另外有研究通过对281名员工调查探讨员工工作—家庭中心性对心理解脱的影响及非工作时间的工作连通行为在这一影响过程中的中介作用，结果发现工作—家庭中心性可以通过工作连通行为的持续时长影响心理解脱。[95]

有研究检验生涯适应力与工作绩效和离职意向的关系，探讨它在组织职业生涯管理跨层面作用中的价值。分析员工自评和管理者他评的结果表明，生涯适应力与工作绩效显著正相关，与离职意向显著负相关。工龄是生涯适应力与离职意向、工作绩效关系的调节变量；基于跨层面研究设计发现，生涯适应力是组织职业生涯管理与个体工作绩效之间的完全中介变量，但在组织职业生涯管理与离职意向之间的中介作用不显著。[96]

（二）工作绩效

提高员工和组织的工作绩效具有直接的经济效

益。有研究采用公益投资博弈的实验范式，考察了激励类型、性别和公共服务动机（PSM）水平对动机—绩效关系的影响。结果发现PSM本身能显著预测公益投资绩效；金钱激励撤销后对所有被试均造成动机挤出的消极后果；荣誉激励能显著提升男性的公益投资绩效，但对女性来说会带来PSM的挤出。[97]

有研究者采用296对上下级匹配数据考察绩效薪酬对创造力的影响以及人—工作匹配的调节效应和创造力自我效能的中介效应。结果表明：绩效薪酬对创造力有倒U形影响；创造力自我效能部分中介了绩效薪酬对创造力的倒U形影响；人—工作匹配调节绩效薪酬与创造力的关系，人—工作匹配度越高，中等强度绩效薪酬的正面效应越强，高强度绩效薪酬的负面效应越弱；绩效薪酬与人—工作匹配的交互效应通过创造力自我效能的完全中介效应影响创造力。[98]另一项研究通过问卷调查法，选择1277名公交行业一线员工，探讨在工作态度调节下人格特质与工作绩效的关联。结果发现，人格特质与工作绩效有显著的相关，工作态度在这一关系中起到调节作用。在高工作态度中，人格特质与任务绩效联系较为紧密；低工作态度中，人格特质与关系绩效联系较为紧密。[99]

（三）领导心理

有研究从社会网络机制出发解释差异化变革型领导对团队知识分享及团队创造力的影响。结果表明：团队一致性变革型领导正向影响团队交流网络密度，提高团队知识分享；个体差异性变革型领导正向影响团队成员交流网络密度差异性，降低团队知识分享；团队知识分享正向影响团队创造力。[100]

有研究者根据社会认知理论，选取领导—下属配对数据，探讨组织情境中领导者创新性工作表现对下属创造力的影响。结果显示：领导创新性工作表现与下属创造力存在积极的正相关关系，创新的内在动机在其中起着中介作用；威权型领导能够有效地调节这种关系；领导创新性工作表现、领导成员交换关系和威权型领导对下属创造力存在三重的交互作用。[101]

一项研究采用问卷调查法，运用多层线性模型技术分析团队领导心理资本与团队成员心理资本及其组织公民行为的关系。结果发现：工作团队领导心理资本对团队成员组织公民行为存在积极影响，团队成员心理资本是领导心理资本与团队成员组织公民行为之间跨层次的中介变量；工作团队领导心理资本对团队成员心理资本与组织公民行为关系的调节效应不显著。[102]

（四）消费心理

一项研究采取实验法，通过劝说方式激发民族情感，探讨了品牌来源国刻板印象的双重表现及其改变结果。内隐品牌来源国刻板印象表现为国产品牌好于国外品牌，直接劝说激发的民族情感不能改变外显品牌来源国刻板印象，间接劝说激发的民族情感可使消费者对国产综合型产品的外显整体印象更为积极。品牌来源国刻板印象的激活并非完全的自动化过程。[103]采用行为实验和眼动追踪的方法考察不同版式、载体和呈现角度对网页与报纸广告的记忆效果和眼动模式后发现，报纸版式呈现的广告记忆效果显著好于网络版式；纸质载体的广告记忆效果显著好于电子载体。在眼动追踪实验，各象限广告的注视时长和注视次数按长短和多少顺序是：第二、一、四、三象限。[104]

一项研究在以往禀赋效应研究的基础上，引入中立方估价值作为参照，在时间维度上探讨了禀赋效应的变化趋势，并尝试延伸禀赋效应的定义。研究发现，随着卖方拥有物品的时间延长，买卖双方的估价呈下降趋势，卖方的估价总是显著高于买方，但买卖双方的估价之差不随卖方拥有物品的时间延长发生变化。卖方的估价在时间水平上相对于中立价格呈递增性，而买方的估价相对于中立价格呈递减性。引入中立方再探讨禀赋效应并没有否定它的存在，而且能够更好地解释生活中的非理性行为。[105]

五、情绪、认知和脑神经科学

（一）情绪

研究者使用句子整理任务引发被试的抑制情绪或表达情绪两种调节方式，考察在正性、负性两种情绪状态下被试的表情知觉敏感性。结果发现表情知觉敏感性存在情绪一致性效应，该效应在负性情绪状态下更为明显。情绪调节类型调节这一效应，被启动自动抑制的被试两种表情敏感度都较低。[106]有研究者采用韵律/词汇干扰范式和延迟匹配任务，通过两个ERP实验，考察了汉语口语中情绪韵律能否以及如何调节情绪词的识别。结果表明，情绪韵律能够调节情绪词识别，主要表现在对情绪词的音韵编码和语义加工的双重易化上。[107]一项研究采用引导范式和无关任务范式，以具有一定情境的语篇作为实验材料，探讨了“快乐是上，悲伤是下”这一情绪的垂直空间隐喻在语篇阅读中的心理现实性。研究发现语篇阅读中存在情绪的垂直空间隐喻的始源域向目标域映射的心理现实性，并且空间这一始源域和情绪这一目标域具有双向映射的性质。[108]

（二）知觉

有研究者采用空间Stroop任务，考察汉语讲话者的时间隐喻在视觉通道中和运动通道中的差异。研究发现水平方向和竖直方向的空间一致性效应在视觉通道中和运动通道中不存在显著差异；汉语讲话者在视觉通道中和运动通道中均存在水平方向的时间隐喻，加工时间序列靠前（后）的词会加速对呈现在屏幕左边（右边）的箭头的识别，亦会加快对朝向左边（右边）的箭头的按键反应；汉语讲话者在视觉通道中存在完整的竖直方向的时间隐喻，而在运动通道中的竖直方向的时间隐喻则不完整；水平方向和竖直方向的探测任务结合在一起后，在运动通道中原本不完整的竖直方向的时间隐喻消失了。整个研究表明，时间概念加工所激活的空间概念仍然具有知觉属性，支持知觉符号理论的假设。[109]一项研究进行了3项实验以探讨篮球运动员知觉预期优势的原因。发现被试在假动作任务中的正确率和自信心小于无假动作任务，假动作任务中运动员在这两个指标上均优于新手且趋势更满足二次曲线；假动作任务中运动员在反应时和正确率方面都有显著优势；运动员诱发了较大的N200和P200。研究认为运动员的知觉预期优势可能主要存在于假动作任务中，运动员在预期中采取启发式策略、更早编码、注意范围集中且稳定。[110]

（三）注意

对不同特质焦虑水平的选择性注意偏向的ERP研究发现，高特质焦虑者加工早期对恐惧图片分配了较多的注意资源，并且其抑制执行功能可能受损。而低特质焦虑者较晚开始区分恐惧图片和中性图片。结果提供了支持认知—动机模型的新证据。[111]

有研究者认为能否观察到注意引导效应取决于视觉搜索类型，并采用工作记忆任务与视觉搜索任务相结合的双任务范式，结合眼动追踪技术，对不同视觉搜索类型下的注意引导效应进行验证。实验结果否定了视觉搜索类型对注意引导效应的决定性影响，同时也提示工作记忆负载可能在注意引导效应中起重要作用。[112]

（四）记忆

一项研究以注意缺陷多动障碍（ADHD）儿童和正常儿童为对象，探讨不同工作记忆负荷对ADHD儿童过滤新异分心刺激能力的影响。采用视听跨通道oddball任务，操作视觉任务工作记忆负荷的高低以及分心刺激与目标刺激之间的时间间隔。结果发现，在高工作记忆负荷条件下，分心刺激影响了两组儿童对任务判断的精确性下降，ADHD儿童过滤分心刺激的能力落后，受到的影响更大。适度延长分心刺激与目标刺激之间的时间间隔可能会帮助ADHD的注意回归。[113]

对价值导向元记忆中价值顺序效应的研究发现，空间维度上，价值顺序在前时被试的价值导向元记忆与价值在后无显著差异。时间维度上，价值顺序优先时被试价值导向元记忆水平显著高于价值随后呈现，并且出现价值顺序效应。研究结果为探讨价值顺序对元记忆的影响提供了实证依据。[114]有研究者采用事件相关电位技术探索延迟匹配任务范式下面孔识别工作记忆的脑电位特征。结果显示面孔识别的N170效应可能反映的是面孔知觉的整体加工，且N170的右半球优势具体为颞区的右侧优势；先前的面孔学习会影响工作记忆期间大脑对面孔的识别反应。[115]

（五）言语

一项研究对分布式概念表征模型进行了扩展和修正。研究者以中、英文的多义词为材料，采用跨语言隐蔽启动的实验范式，考察了在无语境条件下熟练中—英双语者对多义词的早期识别。结果表明，熟练中—英双语者对中、英多义词的早期加工受翻译对等词的性质、多义词的义项联系程度以及是否是词类歧义词的影响。在无语境条件下，词类信息在意义通达的早期就已经激活。[116]研究者采用眼动方法考察汉语双字词超音段信息在语义激活中的作用，结果发现汉语双字词语义激活过程中，分别改变首字声调和尾字声调对语义激活，起到抑制作用，首字声调改变时的抑制作用更大，支持了Cohort模型。语义相关词的注视次数多于其控制词，且注视时间长于其控制词。汉语声调的加工过程与声韵母一样，独立作用于语义激活过程。[117]

一项研究采用自控速度的移动窗口技术，分别考察句法歧义消解的基本过程。阅读材料为不含有词汇歧义的英语句法歧义句，结果发现，语料中不存在歧义激发点的情况下，被试不会启动歧义的消解过程。歧义激发点与解歧区重合时，人们会选用再分析机制来处理解歧区语料。歧义激发点与歧义区重合时，人们会选用竞争机制来处理歧义区。[118]有研究者考察了笔画省略方式和声旁对形声字识别的影响，结果发现存在笔画顺序效应和声旁位置效应，并发现声旁的作用会抵消笔画顺序效应，体现了声旁在形声字识别中的重要性。[119]

（六）思维

在一项服务学习促进大学生批判性思维的干预研究中，研究者采用准实验设计教学干预，对实验组进行为期10周的结构化服务学习活动，对照组给予匹配任务。结果发现，服务学习对大学生的批判性思维表现具有显著促进作用，主要体现在方案改进维度上，这种促进作用可以迁移到非服务学习领域问题解决的批判性思维表现中。[120]有研究者对日本大学生的颜色词联想进行了研究。结果表明，日本大学生的颜色联想词分为正价和负价两种类型，包括感觉、情绪、人格特质3个维度。日本大学生对基本颜色词的具象联想、感觉和情绪维度的词汇多于中国大学生，人格维度的词汇远少于中国大学生。中国大学生对红、紫表现出更多和更丰富的积极联想，对黄色的正负价联想词均多于日本大学生。日本大学生对白表现出更多的正价联想，对粉红和紫表现出更多与性有关的联想。[121]

对说明文阅读中因果推理意识性的研究中，研究者采用独立记得—知道范式（IRK）和加工分离范式（PDP），根据关系部分的描述与目标句是否存在逻辑冲突创设了推理成功和推理失败两种实验条件。结果发现，推理成功和推理失败在有意识和无意识加工指标上都差异显著。该结果支持和完善了文本阅读双加工理论。[122]

六、心理统计与测评

（一）统计方法

根据方法取向的不同，有研究者将 4 种概化理论方差分量变异量估计方法——Traditional 法、Bootstrap 法、Jack-knife 法和 MCMC 法分为再抽样方法和近似估计方法。基于再抽样方法和近似估计方法的优劣，将 Bootstrap 法和 MCMC 法相结合估计概化理论方差分量变异量，可靠性和精确性将可能得到进一步的提高。[123]

中介和调节模型的检验一直是研究者关注的领域。一项研究评介了 5 种检验有中介的调节模型的方法，总结出检验有中介的调节模型的流程，用偏差校正的百分位 Bootstrap 法或马尔科夫链蒙特卡罗法检验其中的中介效应，并用实例演示如何用此流程检验有中介的调节模型。[124]另一项研究聚焦于因变量为等级数据的中介效应模型，通过模拟研究发现，对因变量为等级数据的中介效应模型，应使用 Logistic 回归进行分析；对于等级因变量的中介效应估计，系数乘积法得到的结果优于系数差异法，随着等级数的增加 Logistic 回归与通常线性回归的差别越来越小，当因变量的类别数较多（5 及以上）时，可考虑使用通常线性回归的分析方法。[125]

对认知诊断模型研究者有了更深入的探究。在 Leighton，Gierl 和 Hunka（2004）的 4 种属性层级结构测验情景下，考察不同被试知识状态分布形态、不同样本容量和不同认知属性数 3 种实验条件下，分别比较、分析 5 种常用认知诊断模型的属性诊断正确率及其影响因素，深入探讨每种模型的计量性能及模型属性诊断正确率的影响因素，为实际应用者在模型比较与选用上提供借鉴和指导。[126]另有研究者提出，有多个潜变量多个滑动参数的多级评分认知诊断模型 GPDINA，只要由评分标准和知识状态能确定理想反应模式，就可以利用此方法进行认知诊断分析。[127]

一项研究为检验 GIRM 方法对 IRT 参数分布形态的敏感性，将 MCMC 先验分布固定的情况下，探讨不同 IRT 参数分布形态下 GIRM 方法的适用性并与传统 GT 方法比较。结果发现：各种参数分布形态下，采用 GIRM 方法估计 IRT 模型的参数是可行的；GIRM 方法在被试能力参数为标准正态分布时对 σ2（p）估计的准确性高于传统 GT 方法，但在均匀分布和偏态分布下略差于传统 GT 方法；GIRM 方法在题目难度参数为偏态分布情况下对 σ2（i）的估计准确性显著差于传统 GT 方法；两种方法对于 σ2（pie）估计的准确性在任何参数分布形态下都大致相当，优劣并无统一规律。[128]

元分析是根据现有研究的整合分析以得出比较准确和有代表性结论的一种重要方法，信度是衡量测验质量的重要指标，一项研究尝试结合这两者。研究在比较对参数进行元分析的 3 种模型优劣的基础上，在变化系数模型下推出合成信度元分析点估计及区间估计的方法。模拟研究表明本研究提出的合成信度元分析区间估计的方法得当。[129]

（二）测量方法

一项研究依照建构的初级军官职业承诺五维模型编制了初级军官职业承诺问卷，该问卷结构合理，具有较好的信度和效度，可以用于初级军官的职业管理、心理训练和选拔实践。[130]有研究运用文献法和焦点组访谈法确定了中国文化背景下的心理接纳概念并进行理论建构，命名为“悦纳进取”，编制了悦纳进取量表，可作为心理健康评估和进一步研究的工具。[131]一项研究对行政职业能力测验中的阅读理解分测验考查何种能力要素进行探讨，发现其考察了提取信息、理解意义、理解细节、分析结构、概括及推断能力 6 种能力。[132]有研究者根据青少年自我价值感的主要来源领域，以自我价值定位理论为基础，编制适用于中国中学生的青少年领域自我价值感量表。[133]另有研究对特质性元情绪量表（TMMS）在中学生群体中进行初步应用，为研究中学生情绪智力提供可靠有效的测量工具。[134]一项研究调查了我国当代大学生职业兴趣的结构，对已有测评工具中条目的整理，构建出职业兴趣描述库，编制了自陈式职业兴趣调查表。[135]

有研究者采用 1523 名大学生网络游戏玩家为被试，进行 Yee 编制的网络游戏动机量表施测，并比较游戏长时、短时两组，以及男、女被试在网络游戏动机量表得分的差异，通过初步修订该量表具有良好的信效度。[136]一项研究检验了工作惬意感问卷的信度与效度，该问卷指标理想，具有跨文化适用性。[137]有研究利用 2006 年中国城乡老年人口状况追踪调查 10% 数据进行分析，考察了简版老年抑郁量表（GDS-15）在中国老年人群中的信度和效度。[138]有研究利用双因素的模型结构再一次检验特质乐观的测量模型。[139]一项研究采用 EPS 中文版对 785 名大学生施测，探讨情绪加工量表在中国大学生群体中的适用情况。[140]有研究检验了中文版认知方式问卷及合成分数与最大值两种认知易感操作化方式在大学生中的适用性。[141]有研究者将人际长处量表引入中国，并在大学生群体中对其理论结构和信效度进行检验。[142]有研究者经双盲翻译的严格程序获得中文版强迫量表儿童版，并对 2876 名青少年进行测查检验其在中国青少年中的信效度。[143]有研究者以中小学生群体为样本，对教师—学生评定量表（T-CRS）2. 1 版进行中文版修订。[44]一项研究采用中文版共情商数问卷对173名孤独症儿童的父母及253名正常儿童的父母进行评估，验证其信效度。[45]有研究评估生命意义感量表（MLQ）中文修订版在中国中学生群体中的信效度，验证了MLQ中文修订版在中学生群体中具有良好的信效度。[46]一项研究验证了疼痛恐惧问卷—Ⅲ在中国大学生中具有较好的信效度及适用性。[47]有研究者检验了Achenbach青少年自评量表（2001年修订版）中文版在我国青少年中应用的信效度。[48]有研究检验了边缘型人格障碍信念问卷在大学生中的信效度。[49]

注：

①赵菊、佐斌：《人际关系互动中人际特质的环形模型探索》，《心理学探新》，2013年第1期。

②陈少华、曾毅：《人格分化假设：大学生样本的证据》，《心理学探新》，2013年第1期。

③岑延远：《大学生竞争人格的内隐观研究》，《心理学探新》，2013年第1期。

④何安明、惠秋平、刘华山：《大学生感恩与自我和谐的交叉滞后分析》，《中国临床心理学杂志》，2013年第5期。

⑤孙阳、张向葵：《幼儿教师情绪劳动策略与情绪耗竭的关系：心理资本的调节作用》，《中国临床心理学杂志》，2013年第2期。

⑥刘建平、何志芳：《高校教师人格对心理资本与心理健康的影响研究》，《心理学探新》，2013年第6期。

⑦何贵兵、蒋多：《任务框架及利他人格对社会折扣的影响》，《心理学报》，2013年第10期。

⑧秦峰、许芳：《马基雅维利主义者的工作绩效和职业成功—— 基于工作场所的元分析》，《心理科学进展》，2013年第9期。

⑨刘春晖、辛自强、林崇德：《主题情境和信任特质对大学生信任圈的影响》，《心理发展与教育》，2013年第3期。

⑩孙健敏、毛畅果：《核心自我评价、心理集体主义与求助预期的关系》，《心理学探新》，2013年第2期。

⑪谢继红、刘华山、谢亚静、王卉：《无意识目标追求的成败对自我提升的影响》，《中国临床心理学杂志》，2013年第4期。

⑫李海江、贾磊、罗俊龙、杨娟、张庆林、李冰冰：《低自尊个体注意偏向的ERP研究》，《心理发展与教育》，2013年第1期。

⑬张燕、高红梅、王芳、许燕：《北京学生对日刻板印象及3·11地震后的情绪和援助意向研究》，《心理学探新》，2013年第3期。

⑭钟毅平、黄柏兰：《心理距离对自发特质推理的影响》，《心理科学》，2013年第5期。

⑮陈勃、杨瑞娟、邓稳根：《观察者公正敏感性对不公正信息加工的影响》，《心理学探新》，2013年第6期。

⑯王益富、潘孝富：《中国人社会心态的经验结构及量表编制》，《心理学探新》，2013年第1期。

⑰王锃、鲁忠义：《道德概念的垂直空间隐喻及其对认知的影响》，《心理学报》，2013年第5期。

⑱谭金凤、伍姗姗、王小影、王丽君、赵远方、陈安涛：《奖励驱动的双任务加工过程中的分离脑机制：来自ERP的证据》，《心理学报》，2013年第3期。

⑲佘妮泽、葛列众、孙宇浩、王哲：《面孔吸引力极端性假设的验证实验》，《心理学探新》，2013年第4期。

⑳赵德雷：《污名身份对人际影响力和社会距离的影响》，《心理学报》，2013年第11期。

㉑蔺秀云、王舜、方晓义、赵俊峰、林丹华、李晓铭：《中国艾滋病致孤儿童歧视的质性研究》，《中国临床心理学杂志》，2013年第3期。

㉒钟毅平、张珊明、陈芸：《不同权力者人际敏感性的差异》，《中国临床心理学杂志》，2013年第1期。

㉓郑睦凡、赵俊华：《权力如何影响道德判断行为：情境卷入的效应》，《心理学报》，2013年第11期。

㉔张书维：《群际威胁与集群行为意向：群体性事件的双路径模型》，《心理学报》，2013年第12期。

㉕薛婷、陈浩、乐国安、姚琦：《社会认同对集体行动的作用：群体情绪与效能路径》，《心理学报》，2013年第8期。

㉖李晓明、周俏：《先前错失选项的数量对不作为惯性的调节机制》，《心理科学进展》，2013年第2期。

㉗张志学、姚晶晶、黄鸣鹏：《和谐动机与整合性谈判结果》，《心理学报》，2013年第9期。

㉘陈荣、苏淞、窦文宇：《对信息源的正向跟随倾向对决策效果的影响》，《心理学报》，2013年第8期。

㉙段锦云、周冉、陆文娟、李晶、朱宜超：《不同反应线索条件下调节匹配对建议采纳的影响》，《心理学报》，2013年第1期。

㉚李虹、陈石、倪士光：《直觉和分析在不同任务条件下的逃生决策效果》，《心理学报》，2013年第1期。

㉛王永、王振宏：《大学生的心理韧性及其与积极情绪、幸福感的关系》，《心理发展与教育》，2013年第1期。

㉜蒋奖、王荣、张雯：《“蚁族”群体的公正世界信念与幸福感研究》，《心理发展与教育》，2013

年第2期。

㉝张露、范方、覃滟云、孙仕秀:《快速城市化地区青少年焦虑性情绪问题及影响因素》,《中国临床心理学杂志》,2013年第3期。

㉞廖全明、张莉:《焦虑情绪对图像信息意识提取和无意识提取影响的实验研究》,《心理科学》,2013年第6期。

㉟王明忠、周宗奎、范翠英、陈武:《父母冲突对青少年社交焦虑的影响:序列中介效应分析》,《心理发展与教育》,2013年第2期。

㊱王燕春、杨宏飞:《完美主义与学业自我妨碍、考试焦虑的关系》,《中国临床心理学杂志》,2013年第4期。

㊲周雅、刘翔平:《轻微及中度抑郁者的积极自我》,《心理发展与教育》,2013年第3期。

㊳杨栋、赵靖平、喻妍、吴仁容:《5-羟色胺2A受体基因多态性与抗抑郁药物治疗反应的关联研究》,《中国临床心理学杂志》,2013年第1期。

㊴荀寿温、黄峥、郭菲、侯金芹、陈祉妍:《青少年网络成瘾与抑郁之间的双向关系》,《中国临床心理学杂志》,2013年第4期。

㊵刘新春、朱晓坤、邓晶晶、李永玲、杨丽:《完美主义在依恋和抑郁间的中介效应研究》,《中国临床心理学杂志》,2013年第4期。

㊶丁小利、张光珍、梁宗保、邓慧华、唐鑫、刘亚鹏:《行为抑制性、母亲养育方式和学步儿问题行为的关系》,《心理发展与教育》,2013年第2期。

㊷赵景欣、刘霞、李悦:《日常烦恼与农村留守儿童的偏差行为:亲子亲合的作用》,《心理发展与教育》,2013年第4期。

㊸朱海、白学军、郑志龙、王毅:《未成年犯与中学生抑制控制能力的比较研究》,《心理学探新》,2013年第4期。

㊹杨雪、王艳辉、李董平、赵力燕、鲍振宙、周宗奎:《校园氛围与青少年的自杀意念/企图:自尊的中介作用》,《心理发展与教育》,2013年第5期。

㊺李欢欢、涂敏、王湘:《抑郁、自杀欣慰暴露方式对大学生自杀榜样行为的影响》,《中国临床心理学杂志》,2013年第1期。

㊻赵久波、张小远、赵静波、肖蓉:《大学生的幽默风格与自杀风险:自尊的中介作用》,《中国临床心理学杂志》,2013年第5期。

㊼伍新春、张宇迪、林崇德、臧伟伟:《中小学生的灾难暴露程度对创伤后应激障碍的影响:中介和调节效应》,《心理发展与教育》,2013年第6期。

㊽安媛媛、伍新春、刘春晖、林崇德:《情绪性人格对青少年创伤后成长的影响:应对方式的中介作用和社会支持的调节作用》,《心理发展与教育》,2013年第6期。

㊾黄月胜、张豹、党晓姣、陈雪军、郑希付:《PTSD个体对创伤相关刺激的情绪标识效应研究》,《心理科学》,2013年第6期。

㊿金莹、卢宁:《人格障碍倾向大学生的自尊异质性研究》,《中国临床心理学杂志》,2013年第3期。

51黄芳芳、李占江、韩海英、熊红芳:《强迫症患者非理性信念和社会支持状况及其与症状的关系》,《中国临床心理学杂志》,2013年第6期。

52朱虹、蔡太生:《情绪性进食与进食障碍倾向的关系:自我控制的中介作用》,《中国临床心理学杂志》,2013年第2期。

53荆伟、田青、郭文斌、方俊明:《自闭症儿童利用社会性注意线索习得词语的眼动研究》,《心理科学》,2013年第6期。

54马玉、张学民、张盈利、魏柳青:《自闭症儿童视觉动态信息的注意加工特点——来自多目标追踪任务的证据》,《心理发展与教育》,2013年第6期。

55吴琼、石林、夏志鹏、卢理达、杜欣聪:《不同时长和内容的正念训练对抑郁的干预效果》,《中国临床心理学杂志》,2013年第4期。

56赵文、周雅、刘翔平、冉俐雯:《接受与承诺疗法干预抑郁的效果追踪》,《中国临床心理学杂志》,2013年第1期。

57夏宇欣、吴晓云、刘天君:《移空技术小组活动对慢性应激反应的干预效果》,《中国临床心理学杂志》,2013年第3期。

58王丹、张日昇:《同伴侵害儿童的箱庭治疗过程及效果》,《中国临床心理学杂志》,2013年第3期。

59夏宇欣、周仁来、顾岱泉、闫锋:《三调松静对心理应激情境下思维活动与情绪反应的作用》,《中国临床心理学杂志》,2013年第1期。

60韩瑽瑽、张静、陈英和:《2—5岁学前儿童数概念的发展水平及过程——理解者水平理论的视角》,《心理科学》,2013年第5期。

61赵玉、戴海琦、刘铁:《基于潜在类别分析的6—15岁儿童平衡秤任务认知规则探索》,《心理科学》,2013年第1期。

62周双珠、陈英和:《规则的不同特点对儿童判断的影响》,《心理发展与教育》,2013年第5期。

63王乾东、胡超、傅根跃:《幼儿面孔加工异族效应的眼动研究》,《心理学报》,2013年第2期。

64赵倩、王静梅、徐侃鸿、卢英俊:《不同任务情境中5—6岁儿童卡通面孔加工的眼动研究》,《心理发展与教育》,2013年第5期。

65董琼、李虹、伍新春、饶夏溦、朱瑾:《语素意识对学前儿童言语技能发展的预测作用：追踪研究的证据》，《心理发展与教育》，2013年第2期。

⑯张乾一、文萍：《3岁幼儿抑制和工作记忆的可分离性研究》，《心理发展与教育》，2013年第3期。

⑰王美芳、杨峰、杨云云：《儿童对能力和热情特质的认识》，《中国临床心理学杂志》，2013年第6期。

⑱叶宝娟、杨强、胡竹菁：《感恩对青少年学业成就的影响：有调节的中介效应》，《心理发展与教育》，2013年第2期。

⑲郭雯婧、边玉芳：《初二学生感知到的社会支持与学习成绩的关系——学业自我概念的中介作用》，《心理科学》，2013年第3期。

⑳谭千保、彭阳、钟毅平：《学校适应不良图式对学业成就的影响：学业自我效能感的中介作用》，《中国临床心理学杂志》，2013年第5期。

㉑蔡丹、李其维、邓赐平：《数学学业不良初中生的工作记忆特点：领域普遍性还是特殊性?》，《心理学报》，2013年第2期。

㉒王斯、苏彦捷：《从理解到使用：心理理论与儿童不同情境中的分配公平性》，《心理学报》，2013年第11期。

㉓谷传华、张笑容、陈洁、郝恩河、王亚丽：《状态与特质之分：来自社会创造性的证据》，《心理发展与教育》，2013年第5期。

㉔董会芹、纪林芹、陈亮、张文新：《3—5岁儿童对同伴侵害归因的特征研究》，《心理发展与教育》，2013年第3期。

㉕李丹、宗利娟、刘俊升：《外化行为问题与集体道德情绪、集体责任行为之关系：班级氛围的调节效应》，《心理学报》，2013年第9期。

㉖丁芳、范李敏、张琛琛：《小学儿童羞耻情绪理解能力的发展》，《心理科学》，2013年第5期。

㉗吴鹏、刘华山、鲁路捷、田梦潇：《青少年网络不道德行为与父母教养方式的关系——道德脱离、责任心、道德同一性的中介作用》，《心理科学》，2013年第2期。

㉘张景焕、满达呼、刘桂荣、张舜、窦菲菲、林崇德：《父母教养方式对小学高年级学生社会创造力的影响：自尊的中介作用》，《心理发展与教育》，2013年第6期。

㉙于凤杰、赵景欣、张文新：《早中期青少年未来规划的发展及其与父母教养行为的关系：行为自主的中介效应》，《心理学报》，2013年第6期。

㉚池丽萍：《父母与青少年的信任水平及代际传递》，《心理发展与教育》，2013年第5期。

㉛王明忠、周宗奎、陈武：《父母情感温暖与青少年人际能力：情绪表达能力和社交性的间接效应》，《中国临床心理学杂志》，2013年第2期。

㉜梁宗保、张光珍、邓慧华、宋媛、郑文明、孙铃：《从婚姻关系到亲子关系：父母情绪表达的中介作用》，《心理学报》，2013年第12期。

㉝游志麒、范翠英、周宗奎：《童年中后期儿童同伴接纳知觉准确性与偏差及其对社交退缩的影响》，《心理科学》，2013年第5期。

㉞朱婷婷、陶琳瑾、傅宏：《不同人际关系中青少年的宽恕心理特点》，《心理科学》，2013年第1期。

㉟吴姝欣、周宗奎、魏华、鲍娜：《童年中的性别隔离与孤独感的关系研究》，《中国临床心理学杂志》，2013年第3期。

㊱唐芹、方晓义、胡伟、陈海德、吴梦希、王帆：《父母和教师自主支持与高中生发展的关系》，《心理发展与教育》，2013年第6期。

㊲鲍振宙、张卫、李董平、李丹黎、王艳辉：《校园氛围与青少年学业成就的关系：一个有调节的中介模型》，《心理发展与教育》，2013年第1期。

㊳马欣仪、凌辉、李新利、王梦怡：《寄宿与非寄宿小学生学习适应性、心理健康与学业成绩对比》，《中国临床心理学杂志》，2013年第3期。

㊴刘霞、赵景欣、申继亮：《歧视知觉对城市流动儿童幸福感的影响：中介机制及归属需要的调节作用》，《心理学报》，2013年第5期。

㊵赵景欣：《养育者行为监控与农村留守儿童的孤独、反社会行为》，《中国临床心理学杂志》，2013年第3期。

㊶马馥荔、方建群、颜国利、张朝霞、吴锦荣、冯丽平、陈诗琪、王志忠、王颖丽、卞广波：《生态移民青少年外向性行为问题结构方程模型》，《中国临床心理学杂志》，2013年第2期。

㊷李海垒、宫燕明、张文新：《大学生的冒险性与创业意向的关系：感知的创业文化的调节作用》，《心理发展与教育》，2013年第2期。

㊸刘立立、缴润凯：《自我概念、自立人格与师范生教师职业成熟度的关系》，《心理发展与教育》，2013年第3期。

㊹邓远平、戴海琦、林赞歌、赖朝晖、周国治：《制造企业生产线员工工作倦怠、社会支持与离职意向的关系》，《中国临床心理学杂志》，2013年第5期。

㊺张晓翔、马宏宇、谢菊兰、唐汉瑛、周殷：《工作—家庭中心性与心理解脱：非工作时间工作连通行为的中介作用》，《中国临床心理学杂志》，2013年第6期。

㊻于海波、郑晓明：《生涯适应力的作用：个体与组织层的跨层面分析》，《心理学报》，2013年第6期。

(97)李明：《拥挤的动机：公益投资中的公共服务动机与外部激励》，《心理科学》，2013 年第 5 期。

(98)张勇、龙立荣：《绩效薪酬对雇员创造力的影响：人—工作匹配和创造力自我效能的作用》，《心理学报》，2013 年第 3 期。

(99)姚若松、陈怀锦、苗群鹰：《公交行业一线员工人格特质对工作绩效影响的实证分析—— 以工作态度作为调节变量》，《心理学报》，2013 年第 10 期。

(100)蔡亚华、贾良定、尤树洋、张祎、陈艳露：《差异化变革型领导对知识分享与团队创造力的影响：社会网络机制的解释》，《心理学报》，2013 年第 5 期。

(101)潘静洲、娄雅婷、周文霞：《龙生龙，凤生凤？领导创新性工作表现对下属创造力的影响》，《心理学报》，2013 年第 10 期。

(102)任皓、温忠麟、陈启山、叶宝娟：《工作团队领导心理资本对成员组织公民行为的影响机制：多层次模型》，《心理学报》，2013 年第 1 期。

(103)付春江、袁登华、罗嗣明：《品牌来源国刻板印象的双重表现及其改变》，《心理科学》，2013 年第 3 期。

(104)杜涵、庞博、陈基越、王爱平：《网页与报纸广告在不同呈现条件的比较研究——来自行为和眼动实验的证据》，《心理学探新》，2013 年第 4 期。

(105)陈群林、袁晓琳、贾磊、肖少北、张庆林：《引入中立方参照：对禀赋效应的再探讨》，《心理学报》，2013 年第 3 期。

(106)杨静、陶嵘、陈锐娟、陶嵘：《不同情绪状态下自动表达抑制对情绪及表情知觉敏感性的影响》，《心理科学》，2013 年第 5 期。

(107)郑志伟、黄贤军、张钦：《情绪韵律调节情绪词识别的 ERP 研究》，《心理学报》，2013 年第 4 期。

(108)吕军梅、鲁忠义：《为什么快乐在“上”，悲伤在“下”——语篇阅读中情绪的垂直空间隐喻》，《心理科学》，2013 年第 2 期。

(109)宋宜琪、张积家、许峥烨：《汉语讲话者的时间隐喻的视觉—运动通道效应》，《心理学报》，2013 年第 11 期。

(110)王东石、杨昭宁、朱婷、张敏：《篮球运动员对假动作任务的知觉预期优势》，《心理科学》，2013 年第 3 期。

(111)彭家欣、杨奇伟、罗跃嘉 ：《不同特质焦虑水平的选择性注意偏向》，《心理学报》，2013 年第 10 期。

(112)张豹、黄赛、祁禄：《工作记忆表征引导视觉注意选择的眼动研究》，《心理学报》，2013 年第 2 期。

(113)金颖、刘翔平、李开强、兰彦婷：《工作记忆负荷对注意缺陷多动障碍儿童过滤新异分心刺激能力的影响》，《心理学报》，2013 年第 9 期。

(114)严燕、姜英杰、杨玲：《价值导向元记忆中价值顺序效应初探》，《心理学报》，2013 年第 10 期。

(115)孙天义、许远理、郭春彦：《人类面孔识别工作记忆的脑电位特征》，《心理学报》，2013 年第 10 期。

(116)王悦、张积家：《熟练中—英双语者对多义词早期识别中语义和语法的相互作用》，《心理学报》，2013 年第 3 期。

(117)唐浩、韩玉昌、于爱华：《汉语双字词超音段信息在语义激活中的作用》，《心理科学》，2013 年第 1 期。

(118)韩迎春、莫雷：《英语句法歧义消解过程中基于激发点的权变模型》，《心理科学》，2013 年第 1 期。

(119)闫国利、迟慧、卞迁、徐子珺、崔磊：《声旁与笔画省略方式对形声字识别的影响》，《心理科学》，2013 年第 1 期。

(120)马慧、姚梅林、仝丽娟：《服务学习促进大学生批判性思维的干预研究》，《心理发展与教育》，2013 年第 5 期。

(121)黄喜珊、张积家、张琳、盐见邦雄、郑娟：《日本大学生的颜色词联想研究——兼与中国大学生比较》，《心理学探新》，2013 年第 2 期。

(122)邹艳荣、陈慧恩、郑海燕、昂晨、王瑞明：《说明文阅读中因果推理的意识性》，《心理发展与教育》，2013 年第 4 期。

(123)黎光明、张敏强、黄宪、王旭：《概化理论方差分量变异量估计方法》，《心理学探新》，2013 年第 3 期。

(124)叶宝娟、温忠麟 ：《有中介的调节模型检验方法：甄别和整合》，《心理学报》，2013 年第 9 期。

(125)刘红云、骆方、张玉、张丹慧：《因变量为等级变量的中介效应分析》，《心理学报》，2013 年第 12 期。

(126)蔡艳、涂冬波、丁树良：《五大认知诊断模型的诊断正确率比较及其影响因素：基于分布形态、属性数及样本容量的比较》，《心理学报》，2013 年第 11 期。

(127)张淑梅、包钰、郭文海：《一种多级评分的广义认知诊断模型》，《心理学探新》，2013 年第 5 期。

(128)胡小甜、张敏强、田文娜、梁淑仪、张楠楠、黄牧蕙：《不同参数分布形态下 GIRM 方法和传统 GT 方法的对比研究》，《心理学探新》，2013 年第 3 期。

(129)叶宝娟、温忠彝、胡竹菁：《单维测验合成信度元分析》，《心理科学》，2013 年第 6 期。

(130)王芙蓉、陈欢：《初级军官职业承诺问卷的编制》，《中国临床心理学杂志》，2013 年第 1 期。

⑬戴吉、张玉桃、邓云龙：《悦纳进取的理论构建及量表编制》，《中国临床心理学杂志》，2013年第1期。

⑬②卞冉、王丽娜、林哲婷、车宏生、阳辉：《行政职业能力测验阅读理解能力考查体系研究》，《心理学探新》，2013年第5期。

⑬③胡军生、张登浩、王登峰、张掌然：《青少年领域自我价值感量表的编制》，《中国临床心理学杂志》，2013年第4期。

⑬④韦嘉、张春雨、赵清清、张进辅：《特质性元情绪量表在中学生群提中的初步应用》，《中国临床心理学杂志》，2013年第4期。

⑬⑤戴翕昀、黎坚、张博、高一然：《当代大学生职业兴趣的结构与测量》，《心理学探新》，2013年第3期。

⑬⑥张锦涛、陈超、刘凤娥、赵会春、王燕、方晓义：《网络游戏动机量表在中国大学生中的初步修订》，《中国临床心理学杂志》，2013年第1期。

⑬⑦曹垂凯：《工作惬意感问卷的信度与效度》，《中国临床心理学杂志》，2013年第1期。

⑬⑧唐丹：《简版老年抑郁量表（GDS-15）在中国老年人中的使用》，《中国临床心理学杂志》，2013年第3期。

⑬⑨黎志华、尹霞云、蔡太生、朱翠英：《特质乐观的结构：传统因素模型与双因素模型》，《中国临床心理学杂志》，2013年第1期。

⑭⓪汪海彬、刘婷、卢家楣、张俊杰：《情绪加工量表在中国大学生中应用的信效度检验》，《中国临床心理学杂志》，2013年第2期。

⑭①陈健、周丽华、燕良轼、苏林雁：《中文版认知方式问卷及其操作化方式在大学生中的应用》，《中国临床心理学杂志》，2013年第2期。

⑭②刘娟、王才廉、孙云莉：《中文版人际长处量表的模型检验及信效度检验》，《中国临床心理学杂志》，2013年第3期。

⑭③曹倖、王建平、王馨蕊、高扬：《强迫量表儿童版在中国青少年中应用的信效度》，《中国临床心理学杂志》，2013年第4期。

⑭④江光荣、应梦婷、唐浪、张汉强：《教师—学生评定量表中文版的修订》，《中国临床心理学杂志》，2013年第5期。

⑭⑤杨娜、肖晓、钱乐琼、莫新竹、周世杰：《中文版共情商数问卷的信度及效度研究》，《中国临床心理学杂志》，2013年第5期。

⑭⑥王鑫强：《生命意义感量表中文修订版在中学生群体中的信效度》，《中国临床心理学杂志》，2013年第5期。

⑭⑦杨周、孟景、Todd Jackson、陈红：《中文版疼痛恐惧问卷—Ⅲ的信效度》，《中国临床心理学杂志》，2013年第5期。

⑭⑧王润程、王孟成、高一点、蒋雅丽、张小崔、姚树桥：《Achenbach青少年自评量表（2001年修订版）中文版的信度和效度》，《中国临床心理学杂志》，2013年第6期。

⑭⑨凌辉、钟妮、张建人、阳子光、易艳、李银：《边缘型人格障碍信念问卷在大学生中的试用》，《中国临床心理学杂志》，2013年第6期。

（作者：许燕，北京师范大学教授；
李亚南、邵琪、于森、邢艳艳、程琪、王馨蕊，
北京师范大学硕士生）

历 史 学

史学理论及史学史

汪高鑫 周 倩

2013年，北京地区的史学工作者不懈努力，继续深化对史学理论及史学史的研究。他们解放思想，勇于探索，开拓创新，努力为史学理论及史学史学科的发展做出贡献。现将本年度研究概况综述如下。

一、马克思主义史学理论的研究

针对近年来唯物史观不断边缘化的不良倾向，学者们普遍要求对马克思主义史学理论的思想内涵进行正本清源式的研究，思考其重大意义和价值，重新确定马克思主义史学理论和唯物史观在新时期史学转型过程中的指导性作用。

2013年4月，中国社会科学院马克思主义史学理论论坛在北京召开了主题为“唯物史观与新中国史学发展”的首届学术研讨会。来自中共中央党校、中共中央党史研究室、求是杂志社，以及北京大学、

中国人民大学、北京师范大学、武汉大学等几十所高校和中国社科院各史学研究所的 100 余位专家学者参加了会议。会议主要围绕以下 4 个问题展开。第一，唯物史观及其与新中国史学发展的关系。与会学者普遍认为，中国史学的发展离不开马克思主义及其史学理论的指导，改革开放以来唯物史观和马克思主义史学理论遇到新中国成立以来前所未有的挑战，出现了边缘化的趋势。这既表现在对唯物史观基本原理和马克思主义史学家的全盘否定上，也表现在对西方资产阶级史学理论的盲目推崇，对历史虚无主义思潮的竭力鼓吹上。对此，马克思主义史学理论工作者理应做出回应。这种回应是维护中国革命的正当性和中华民族的自信力的需要，也是发展中国马克思主义史学理论、推进马克思主义中国化的需要。落实到具体措施上，要求我们对唯物史观进行正本清源式的研究，对唯物史观基本概念和重大问题进行重新解读。

第二，新中国马克思主义史学理论发展的成就与贡献。有学者从具体理论着眼，认为新中国成立以后马克思主义史学理论为越来越多的史学工作者所接受，在对诸如历史发展规律性、历史发展动因、社会主要矛盾等基本历史观点取得了共识。还有学者关注新中国马克思主义史学理论的学科发展状况，认为中国马克思主义史学理论研究队伍已经形成，并在研究实践中逐步成长；马克思主义史学理论的视野不断扩大，新的选题不断增加，已经成为当代历史学科的重要组成部分；马克思主义史学理论的研究逐渐充实，努力做到历史与现实、理论与实践的结合。

第三，现阶段马克思主义史学理论研究中存在的突出问题。与会专家学者普遍认为，当前马克思主义史学理论研究面临来自诸多方面的挑战。一是由于历史的原因，马克思主义唯物史观的基本原理被误解或歪曲；二是苏联解体、东欧剧变后，国际上出现了否定马克思主义的社会思潮，并在中国国内思想界有所反映，历史研究领域也出现了否定唯物史观基本原理的错误倾向，出现了否认历史规律存在的“碎片化”倾向。

第四，面对挑战和问题，学者对如何进一步发展和建设马克思主义史学理论提出自己的认识。与会专家学者普遍认为，新形势下继承弘扬中国马克思主义史学的优良传统十分必要，应努力将马克思主义史学理论研究建立在对马克思主义的信仰，对社会主义和共产主义的信念的坚实基础上。同时有学者指出，应当将弘扬马克思主义史学优良传统与提高史学工作者理论素养的工作结合起来，史学工作者的理论修养的培养必须建立在唯物史观的理论与方法论的坚定信仰和熟练掌握之上。①

以本次会议为契机，2013 年史学界掀起了新一轮探讨唯物史观及其对中国史学重大意义的热潮。《河北学刊》2013 年第 3 期组织了题为“坚持用唯物史观指导中国史学研究”的专题讨论，《廊坊师范学院学报》2013 年第 4 期也发表了一组讨论当前中国马克思主义史学发展新动态的专题文章，除此之外单篇发表的文章亦层出不穷。北京学者积极参与其中，阐述了唯物史观对中国史学、中国史学理论和民族史学思想等的重要影响。

首先，回顾了唯物史观对 20 世纪中国史学的影响，以及对于指导中国历史研究所具有的重要意义。学者围绕从唯物史观为什么对历史研究具有指导意义、唯物史观如何促使中国历史学的发展、在新世纪如何坚持和运用唯物史观等 3 个问题系统阐述了唯物史观对中国史学的意义，认为唯物史观促进了中国史学研究方向的转变，使历史研究从描述孤立的、主要是政治事件为主的方面，转向面对社会和经济这一复杂而长期的过程的研究，使史学家认识到需要研究人们的生活物质条件，并重视人民群众对历史的作用。②

其次，肯定了唯物史观是推动中国史学理论研究的重要动力。学者认为中国是一个有着悠久史学传统和深厚史学理论积淀的国家，但直到唯物史观在 20 世纪二三十年代传入，并为郭沫若、范文澜、吕振羽、翦伯赞、侯外庐等一批马克思主义史学家所掌握和运用之后，史学研究才得到了“唯一科学的历史观”的指导。马克思主义史学理论界在今天肩负的一个重要使命，就是继承和发扬老一辈马克思主义史学家追求真理、学以致用、勇于创新、与时俱进的光荣传统，不断丰富、完善和发展具有中国特色、中国风格、中国气派的马克思主义史学理论体系和话语体系。③

最后，强调以唯物史观为指导来研究民族史学思想，是建设有中国民族特色马克思主义史学的需要，也是充分发挥民族史学内在精神力量的需要。史学思想的研究，对于认识民族史学的特点和价值，对于思考历史的变动，讨论当代世界发展大势，都具有重要的意义。我们的民族史学思想研究，任务很艰巨，却很光荣，我们史学工作者要努力以唯物史观为指导，做好总结、传播民族史学思想的工作。④

此外，有学者对唯物史观与中国历史学的关系作了全面考察、分析和评价，以纵向梳理脉络为基础、以横向阐释问题为重点，对中国马克思主义史学的产生、发展及其促使中国史学发生革命性变革，从而走上科学发展的道路等重大问题，做出了总结和概括。⑤还有学者缕析了唯物史观对中国史学的具体影响，认为唯物史观自 20 世纪二三十年代起，培育了三四代历史学家，铸就了中国马克思主义史学的思想和灵魂，其影响可归纳为 10 个方面：（1）奠立了中国马克思主义史学理论基础；（2）批判与总结中国的传统史学；（3）改造清末民初以来的“新史学”；（4）完成了历史科学化的进程；（5）深化中国社会发展规律的认识；（6）产生了史学论争的“五朵金花”；（7）史料的整理与新材料的运用；（8）旧方法的借鉴与新方法的引进；（9）史学自身的总结与认识的深化；（10）历史研究新思维模式的建立。对影响的总结全面系统，展现了唯物史观对中国近现代史学的决定性作用。[⑥]

二、史学理论热点问题的讨论

本年度北京地区史学理论主要热点问题，是围绕着历史与历史学、史学传统的继承与创新、史学与社会的关系和史家素养与历史研究等问题进行的讨论，取得了一些新的认识。

1. 历史与历史学

历史与历史学是史学理论的基本范畴，2013年度北京学者对此进行了重新思考。有学者拓展了对“历史”的定义，认为“发生的是过去，写出来的是历史”。“过去发生的事”并不自动地成为“历史”，它通过记录与叙述或实物的遗存，留下许多混杂的“碎片”（即“史料”），这些“碎片”经过鉴别与梳理，被写成了“历史”。历史学家在写历史时是有选择地去挑选“碎片”的，他们依据某种特定的标准去选取“碎片”，于是，从同一堆“碎片”中，不同历史学家写出了不同的“历史”，呈现出“历史”的多面相。人们所看到的“历史”是主观和客观的交融，是现在与过去的对话。[⑦]有学者探讨了“历史学”的本质特征。认为我们可以从历史研究对象的时间性、历史时间的意义、历史学家的时间观等方面入手，以时间作为历史研究中的尺度，把人类的历史理解为争取时间的历史，以此来探究历史学与时间的关系。指出时间因素在历史学中几乎是弥漫性地存在着的，历史学本质上是一门关于时间的学问。[⑧]还有学者探讨了历史与距离的关系，认为我们探讨历史时遇到许多困难，因为我们与那些已经消失的人和事之间存在着相当的距离，例如地理距离、时间距离、社会发展水平差别、文献掌握与否等。距离在探索者和历史之间发挥着广泛的作用，如冷却性，帮助我们客观地对待过去的人和事；隐匿性，造成永久之谜或搞乱真相；揭示性，揭露事实，哪怕是痛苦的真实。距离是可以克服的，我们应该努力防止绝对化，冷静地对待主导的潮流，并承认某些永久之谜。[⑨]

2. 史学传统的继承和创新

2013年11月30日—12月1日，由北京师范大学史学理论与史学史研究中心和北京市历史学会联合主办的“中西史学传统的继承和创新”学术研讨会在北京师范大学召开。来自国内多家科研机构和30多所高等院校的专家学者约70人参加了会议。与会学者就中西史学传统的内容及现代价值、中西史学发展的新路向等学术界普遍关注的问题进行了广泛而深入的交流，从不同层面和视角，说明总结中西史学传统对发展当代史学、促进史学进步的重要意义。认为在近代史学的转型中，中国史学接受了西方史学的理论和方法，但对西方史学传统尚缺乏足够的了解，本国的传统史学亦遭到过头的批判和否定。深入了解中西史学传统的内涵及其特点，并以现代视角加以审视和省思，显然十分必要。反思史学传统与关注当代史学的发展是紧密相连的，深入挖掘中西史学传统的现代价值，必定有益于当代史学的根深叶茂。[⑩]有学者对20世纪中国史学传统的发展脉络进行梳理，认为在20世纪的百年中国，史学传统经历了跌宕起伏的命运转捩点。20世纪初，史学传统遭受激烈批判并趋于边缘化；20世纪30年代前后到60年代，史学传统得到相对中肯的评价并趋于理性回归；20世纪60年代后，史学传统的现代价值建构工作陆续展开并趋于自觉。史学传统的断裂只是表象，深层次的应该是史学传统的延续和重建。现今我们要以唯物史观为原则，加强中外史学交流，推动中国史学传统民族性与世界化的发展。[⑪]还有学者尝试在世界史背景下对于中国古代历史文化进行思考，运用比较研究方法，在史学理论探讨与经史文献考证的基础上，深入分析了中外古代历史文化内在结构的异同，在历史理性与逻辑理性、民本思想与民主思想、通史传统与普世史传统之异同等学术问题上取得了重要创获。[⑫]

3. 史学与社会的关系

史学发展离不开当时的社会环境，史学传统对现实社会有着重要影响。首先，史学传统与中华民族的伟大复兴。《史学史研究》2013年第2期发表了主题为“史学传统与中华民族的伟大复兴”的系列文章，阐述了中国史学优良传统的传承与中华民族伟大复兴目标的交互影响。有学者指出，中华文化是中华民族共有的精神家园，中国史学是中华文化的重要内容，自是中华民族共有精神家园的必不可少的组成部分，并具有极其突出的地位和作用。史学帮助我们认识历史并从历史中总结经验、增益智慧，从而积极地、有效地参与现实的历史运动。史学给予我们精神上的熏陶和思想上的启迪，是我们神圣的精神家园。我们应当守护好这个精神家园，给它增添内涵，使它发挥新的作用，具有新的生命力。[⑬]有学者肯定“中国梦”是中国民族史学的精气神。认为中华民族的史学之美在史魂，是由凝聚力形成的爱国主义的史学之魂。悠久的中华民族的历史学，一直是激励着我们民族向前发展的强大的力量，在于我们民族史学蕴含的精气神。史家治史的追求，史家治史的立意，恢宏的史学视野，以及史著内在体现出思维的意蕴，体现出来的史学精气神，在传承发展中有扬弃、有吸纳，逐渐熔铸成新的时代的精神。[14]

其次，中国社会与史学的发展。有学者探讨了历史、史学与社会三者的相互关系，以其中每二者成一组合——历史与社会、历史与史学、史学与社会，用逻辑的方法论述了概念上的差异性和内涵上的同一性。历史与社会在概念上具有差异性与排斥性，但二者又有同一性与相通性，从哲学的高度阐释了历史、史学与社会三者的关系。[15]有学者探讨了历史文化认同意识与中国统一多民族国家的发展之间的关系。这里所谓历史认同主要指血缘、地理、治统的联系与认识，文化认同则指心理、制度、道统的影响与传承。认为先秦秦汉是中国统一多民族国家的形成时期，也是历史文化认同观念产生的时期；魏晋南北朝隋唐是中国统一多民族国家的发展时期，加深了历史文化认同意识；宋元明清是中国统一多民族国家的巩固时期，扩大了历史文化认同意识；近代是中国统一多民族国家从危机走向新生的时期，促进了历史文化认同意识的升华。[16]有学者具体探讨了汉代和宋代社会与史学思想的关系。认为在汉代统一多民族国家的建立和巩固过程中，史学思想与社会变动之间持续着一种互动，秦亡汉兴的历史巨变促使了汉初史学“过秦”思潮的出现；汉家天子起于闾巷的特殊身份，以及光武中兴使得汉家天下失而复得，引起了汉代史家从神意角度对汉皇朝政权的合法性做出论证；汉代国家大一统格局的形成和扩大，使得汉代史学具有浓厚的大一统观念；“汉盛于周”的历史定位，决定了汉代史学具有强烈的“宣汉”意识。[17]认为宋代社会对史学思想的影响体现在国家政权的分立格局与史学正统观念的发展、社会危机的不断加深与史学资政意识的凸显以及理学思潮的兴起与史学的义理化倾向 3 个方面。[18]还有学者阐述了明清的民族政策与正史的民族观念。认为民族政策作为时代政治的重要内涵，必然会对时代史学特别是官方正史产生影响。明清两朝民族政策总的方针是“威德兼施”，反映到正史《元史》和《明史》的撰述中，则分别呈现出“大民族主义”和“华夷一家”的民族观念。[19]

4. 史家素养与历史研究

有学者在读柴德赓先生的《清代学术史讲义》的基础上谈到研究史学的一些基本功，认为研治史学不仅要熟知目录学，而且要熟知掌故。掌故与目录学之融通，有助于深入认识史料自身的理路与客观性。研治史学不仅要“识大”（博），而且要“识小”（精）。“识大”与“识小”之间形成一种张力，二者既有趋大与趋小方向相反的离心力，亦有内在互为存在前提的不可分离的向心力。对史料的把握要做到“竭泽而渔”，更需“识大”与“识小”兼而有之。读柴德赓先生的书，寻绎陈援庵先生和柴德赓先生治学之门径，对于史学研究是大有裨益的。[20]有学者谈到史家理论修养对史学研究的重要意义，认为中国史学具有重视思想理论的优良传统，近百年的中国史学表明，史学在理论上的进步在很大程度上决定了史学发展的面貌。史学工作者有必要提高自身的理论修养，这对于确定历史研究的方向、准确地为研究所得定位、揭示历史与史学发展的规律、发现并提出新的问题，都有重要的实际意义。[21]有学者论述白寿彝研究史学遗产的路径和方法，认为白先生在 20 世纪 60 年代初发表的《谈史学遗产》一文，以及 80 年代发表的谈史学遗产的系列文章，系统地论述了他关于史学遗产的学术见解，在理论方面和史学活动方面都产生了广泛的影响。[22]还有学者探讨了吴于廑先生在世界历史研究中的“通观”精神，认为这是一种注重综合考察的宽广的学术路径，其主旨在于探索世界历史发展的趋势和规律。吴先生放宽视域，打破历史时间与空间的限制，对历史如何发展与融汇成为“世界历史”做了多层次的探索。同时反对那种假象臆断、空泛荒疏的历史模式建构，提倡历史研究要从专门史的细致研究做起，一步步地走向科学的综合考察。他的“通观”研究及其丰硕成果所彰显的学术境界，为我国的世界史研究标立出一个新的历史高度。[23]

三、中外史学思想的探索

1. 史学的求真与致用

有学者从宏观上探讨了史学的求真与求善的辩证关系。认为史学的求真是主体对历史所以然的探求，史学的求善是主体对历史所应然的探求。求真的目的止于过去，求善的目的则针对未来。史学求善诉求中道德批判的存在，是由于人性的不完善和人性发展的多向度的可能性。从后现代主义对历史学的解构，到新的后后现代对史学的认识，呈现的是理论取向的悖反。从对历史意义的质疑，到重新发现史学的道德和美学意义，为重建真、善、美相统一的历史学提供了理论依据。因此史学有必要求善，也有必要为求善而予历史以道德的批判。[24]更多学者则通过个案研究，揭示了史家的求真与致用精神。有学者关注了苏洵的经世史学，认为在北宋民族矛盾异常尖锐的背景下，苏洵怀着忧国忧民的真挚情感，力图使学问有用于当时。史学在他的学术体系中占了很大的比重，他在治史的过程中往往将史学与现实社会问题联系起来，从而使其史学带有浓重的经世致用的特点。可以说“求真”与“致用”是苏洵经世史学最为重要的两种理论风格，“求真”包括了史学之“求真”和历史之“求真”，“致用”则使其史学成为有用之学。[25]有学者对清末民初学者陈庆年的史学经世思想进行挖掘，在晚清民族危机不断上升的时代背景下，陈庆年坚持史学致用，并在致用思想的指导下修订《两淮盐法志》及《两淮盐法撰要》，撰写《兵法史略学》等兵史学著述，稽查史书维护领土主权。此外，陈庆年更强调史学的求真，坚持实事求是的治学精神。[26]有学者关注了王夫之以史为鉴的经世致用历史思想，认为王夫之的历史借鉴思想在《读通鉴论》中有集中的体现，王氏注重史学在历史借鉴中作为中介的重要性，强调对历史借鉴的自觉意识，阐释了历史借鉴的辩证方法，指出了历史借鉴的广泛性。[27]还有学者讨论了罗马史家的求真精神，指出追求历史的真实是罗马史家的优良传统。史学求真的最大障碍来源于撰史主体的态度与取舍，罗马史家意识到诗与史的区别主要在于想象还是真实，所以克服主观偏见和随意浮夸成为罗马史学的重要任务。罗马史家把求真精神贯穿于史学实践，从而使罗马史学具有了独立于诗学、哲学与宗教之外的地位。[28]

2. 史学批评的思想与方法

有学者关注了裴松之《三国志注》中的史学批评，认为其史学批评主要表现为3个方面：第一，关于史书叙事的批评。裴松之就史家作史失实的原因做了简要分析，大致归纳为“假为”“专美”“疏谬”等原因。第二，关于史书体例的批评。主要是就纪传体史书中的类传与合传的问题提出了自己的见解和看法，可视为一家之言。第三，关于史文表述的批评。裴松之主要是从史文的繁与简、烦与省以及文与质等方面对一些史著提出了批评。[29]有学者阐述了邵晋涵史学批评的理论价值，认为清代史家邵晋涵对历史与现实、史学与社会的认识，突出表现在对历代史家和史书的批评之中，蕴含着丰富的史学批评理论。其内涵是强调撰修史书应当具备史意，历史记载必须揭示历史的真相，史学的功能在于经世致用。这一理论的价值，是史法和史意原则的辩证统一，也是求真与经世原则的辩证统一，为中国古代史学批评理论做出了新贡献。[30]有学者探究了近代史家张荫麟的史学批评，认为他在历史哲学领域颇有建树，他批评目的史观、循环史观、进步史观、辩证法史观、演化史观等传统历史哲学观点，试图建立一套新的、完善的历史哲学体系，这是中国近代历史理论建设的重大创举。[31]认为张荫麟史学批评思想大致有三方面：力主客观求实的史学批评态度，反对史家不顾历史事实、任意褒贬；史学批评旨在匡正学风，建立学术规范，反对不加详细考证而轻下结论的学风；重视史学批评的方法论问题，注重从方法上指出所评论对象存在的谬误，注重把西方多种学科的学术理路与方法运用到史学批评当中去。[32]还有学者论述了现代史家齐思和的史学批评，认为齐氏在史学批评中坚持全面辩证、客观求实的批评原则，注意运用历史主义、知人论世的史学批评方法，以及寓论断于批评的史学批评模式。[33]

3. 经史关系论

有学者关注了《晏子春秋》与《周易》经传的互动关系：一方面，《易经》作为当时知识阶层所倚重和推崇的文化经典，奠定了《晏子春秋》理论体系的基础；另一方面，《晏子春秋》的学术风格、政治理想、处世之道又给此后出现的《易传》以深刻启示。[34]有学者以《春秋》经传“召陵之会”的考辨为例，探讨了经义与史义的互涉问题。认为经史同一之所以可能，其关键在于经义和史义的互涉，正是在经义与史义的求真与相互推求中，两者才有可能得以融通。[35]有学者考察了中国经学对近现代史学的影响。认为宋学影响下的民国史学主流是从新史学过渡到新民族主义史学，民初史学家通过中国史学史研究发现了宋学与浙东史学的价值。指出新史学发展主要有两条线：一是以梁启超、何炳松、蒙文通为代表，由中国史学史研究发现了宋学；一是以王国维、陈垣、陈寅恪为代表，由历史考证通义理，进而转向宋学。两条线于抗战时期合一，形成了新民族主义史学。[36]并以陈垣先生为考察对象，认为民国史学受清学影响，也受宋学特别是南宋浙东史学的影响。指出陈垣早期学术受清学影响较大，实事求是，精益求精；抗战爆发后，学术方向转变，由清学转向宋学，通史以致用，撰著《明季滇黔佛教考》《清初僧诤记》《南宋初河北新道教考》，论证其爱国思想；抗战后期，始撰《通鉴胡注表微》，立足抗战爱国，发掘胡三省《通鉴》注中微言大义，陈古证今，论证国家至上与秉持民族大义的道理，由考证以通义理，重节义，为学经世致用，济物利民，重视文献、掌故与考据，以清学考据为工具，以南宋史学为归宿，使陈垣抗战史学得到了一个完美总结。[37]

4. 西方历史哲学的思考

第一，对柯林伍德历史哲学的解读。有学者宏观概述柯林伍德的历史哲学及其启示，认为柯林武德是分析历史哲学发展史上的一个重要代表人物。他的一个重要理论贡献是建立了“思想重演论”的理论体系，并以此为基础，对人类思想史的历史哲学理论进行系统的分析与研究，特别是关于马克思历史理论的分析与批判对于历史哲学研究具有重要的启示。但由于不理解马克思历史理论的实践作用和理论意义，柯林伍德的批判理论不仅不能发展马克思的唯物史观，反而只会否定马克思的唯物史观，从而曲解了马克思理论的原意和本质，使其自身的理论建树未能臻于更高境界。[38]还有学者从谈柯林伍德对布拉德雷的评论出发，认为柯林伍德从“科学历史学”观念出发，一方面赞扬布拉德雷的“批判历史学”所表现出的批判精神；另一方面又批评其作为批判标准的“前提假设”带有实证主义的痕迹。但从布拉德雷的思想出发，其前提假设主要指人们在历史认识中预设的某种一贯性观念，而并非限于实证主义；其意图是通过指明历史学必然从一个

"无法证明"的一贯性前提出发，从而剔除历史学中的客观主义，进而调和当时英国社会在信仰和理性之间的矛盾。[39]

第二，对后现代主义历史哲学的研究。《历史研究》2013 年第 5 期发表了"史学中的后现代主义"系列笔谈，北京学者亦参与其中。有学者对后现代主义和历史认识理论做了宏观概述，首先描述了从后现代思潮到"后现代史学"的发展过程，认为后现代主义对史学发生影响的关键一步，是对语言在历史叙事建构中所起作用方式的分析。其次分析了"后现代史学"的内容和对历史认识的"解构"，认为"解构主义"是后现代主义思潮的内核之一，也是"后现代史学"的理论渊源之一，强调传统的形而上学的一切领域，一切固有的确定性、既定界线、概念、范畴等都应推翻，历史的真相人们永远无法知道。最后强调学者应认清后现代思潮的种种弊病，加强马克思主义历史认识理论研究。[40]有学者对狭义的后现代主义史学理论，即叙事主义史学理论进行概说。从叙事主义史学理论的理论取向、问题意识和政治蕴含入手，认为在理论取向上，叙事主义以历史文本作为对历史学家全部工作进行理论反思的重心，将历史学彻底地文本化；在问题意识上，由关注历史陈述或文本的构成部分，转而考察作为整体的历史文本所具有的特性，正是叙事主义史学理论最核心的问题意识之所在；在政治蕴含上，历史学的价值在于揭示历史意义的丰富性和多样性，从而表明自由选择的存在和作用。[41]有学者关注了后现代主义之后的历史理性与史学实践，认为后现代性的基本特征便是元叙事或宏大叙事的崩塌或终结。20 世纪 70 年代左右，西方历史学也步入后现代阶段，历史元叙事已成明日黄花，历史进步被视为意识形态和神话，历史事实也被等同于文学虚构和语言制品，在这些元叙事支持下的历史学也面临危机和困境。[42]还有学者从反面出发，反对后现代主义思潮对史学的不良影响，反对历史虚无主义。认为一个时期以来，后现代史学思潮得到一些人的推崇，这种史学思潮力主的非理性主义，成为历史虚无主义的理论来源之一。认真分析这一思潮，回应历史虚无主义对历史，特别是对中国近现代史的非议歪曲与错误认识，对于我们统一思想、凝聚共识具有十分重要的意义。[43]

四、历史编纂学研究思路的拓宽

1. 历史书写与历史形象的塑造

不同背景、不同意旨下的历史书写，造就不同的历史形象。有学者研究了两汉"周公辅成王"历史形象的变迁，通过考察《史记》《淮南子》《说苑》《汉书》《后汉书》等历史典籍对周公辅政的记载，得出两汉周公形象的变化轨迹。指出由于王莽将周公的历史形象和其本人的政治形象几乎融为一体，东汉政权对"周公辅成王"这一历史形象进行了重新塑造，使这位曾经"践祚当国"的风云人物转型为始终克己复礼的本分忠臣。[44]有学者比较了《史记》和《资治通鉴》对"三家分晋"的书写，认为《史记》中，司马迁从成功者的角度撰写这一事件；而《资治通鉴》中，司马光对这一事件的描写和评判完全儒家意识形态化。他们重新界定了事件的历史地位，并删减了成功者赵家的史料，转而从失败者的智伯的角度叙事，把失败的原因归于智伯背离儒家标准——失德和"不仁"。作者指出，通过《资治通鉴》这样的儒学主导的写作，中国的历史逐渐被"儒家化"，在历史写作中宣扬儒家的价值观、秩序观与制度观。[45]有学者注意到蜀汉史家谯周的形象变迁，对变化的过程及原因进行了分析，认为西晋之际，谯周形象颇为正面，但永嘉南渡之后，谯周开始受到史家的指责，其形象也开始逐渐转为负面。谯周形象的变迁，体现了史家的主体性，说明史家根据自身价值判断会对相同事实的认定做出不同的解读。[46]还有学者比较了中西史籍对匈奴记载的差异。认为中西史籍对这一古老强悍的游牧民族均有着较为详细的记录，由于各自治史风格、文学手法、视野范围乃至对待异族观念上的不同，中西史籍中的匈奴记载也存在着较大的差异，在价值立场上，体现了"华夷之辨"和"上帝之鞭"的差异；在描述重点上，有谋略刻画与事实平叙之别；在历史着眼点上，有个体主义与整体主义之别。[47]

2. 史料的挖掘与使用

史料是历史编纂得以实现的基础。有学者阐述了先秦简牍史料——清华简《系年》对于解读和重构先秦史事的重大意义：第一，关于少皞"西迁"之谜。传世文献记载，少皞氏以鸟纪官，在东夷建立了"鸟"的王国，但元典提供的信息已经无法解释少皞的身份。清华简《系年》证明，奄是少皞的后裔。周初成王"践奄"，将其中一部奄人西迁到甘陕的汧渭之间，西迁的奄人就是嬴秦的祖先。秦襄公始为诸侯，郊祀先祖少皞，称之为白帝。[48]第二，关于两周之际史事的重构。两周之际的史事，史载缺略。清华简《系年》提供了与古本《竹书纪年》相类似的关于两周之际史事的珍贵资料，对两周之际"二王并立"、携王之立与被杀、平王东迁等历史时间的研究大有裨益。[49]第三，关于战国初楚史年代。清华简《系年》为探讨战国早期的古史提供了新材料，通过分析可得出楚简王、楚声王的在位年代与古籍记载不同的结论，楚简王年代应该延长 3 年，楚声王在位只有 4 年而非 6 年。[50]

有学者注意到历代竹谱的史料价值。竹谱为植物谱录之一种，中国古代竹谱共有 20 余部之多，形制可分为种植园艺谱、绘画图谱以及综合谱，内容涉及品种、种植技艺、地理分布、绘画技法各方面。

作者的社会身份差异较大，但主要以官员和画家为主。这些竹谱对于探讨中国古代农业科技史、社会文化史、经济发展史、绘画史以及历史文献研究等方面具有重要价值。[51]有学者注意到民国碑刻，认为民国碑刻中保存了大量的史料，是研究民国史宝贵的材料，但民国碑刻的史料内容和价值尚未得到充分利用。随着信息化的发展，碑刻数字化也由以往的拓片整理、典藏进入对拓片内容的深入挖掘和分析，从而有力地推动民国史研究。[52]有学者探讨了《通鉴》所载十六国史的史料价值，认为其保存的文字数量之多、比重之大令人叹为观止。这些文字涉及大量重要史实，多为《晋书》等正史所不载。在司马光等人所依据的原始文本散失殆尽之后，这些记载就显得弥足珍贵。[53]还有学者对希罗多德《历史》的史料选择和考证做了探究，认为希罗多德所使用的史料主要有3种形式：一是文献史料，包含大量的官方和私人文献，还引用了大量的文学作品；二是口述史料，几乎是“有闻必录”；三是考古史料，包括碑铭、纪念物与希罗多德在游历中的见识。希罗多德判断史料真伪的标准主要有两个：第一，是否有确凿的证据；第二，是否合乎情理。希罗多德的史料处理方法有三个：周游列国，实地考察；直书不隐，博采善择；引“疑”互证，述而不评。[54]

3. 史书的体裁与体例

有学者以萧一山《清代通史》为例，具体探讨了中国现代史家对“史表”的运用。认为萧一山以数十年心血编纂而成的《清代通史》，发扬了中国古代历史编纂学的优良传统，把“史表”的编纂作为一个重要的组成部分，表现出极其可贵的创新精神。该书以简明的七篇史表厘清了清朝300年复杂纷繁的史事，反映了清朝的时代特点，突出了300年的时代变迁和历史演进脉络。萧一山运用“史表”的成功，对于我们今天探讨历史编纂仍然富有启发意义。[55]有学者系统总结了传统历史编纂体裁在近现代中国的发展，认为其中最为突出的，是典志体因注入了时代精神而凸显活力和20世纪“新综合体”的探索与运用。对此深入探讨，将有助于全面揭示近现代史学演进历程，并在文化遗产的批判继承问题获得哲理上的启示。[56]有学者认为希罗多德所撰写的《历史》开创了历史叙述体裁，奠定了西方历史编纂学的基础。希氏具有广阔的历史视野，能够较为客观公正地叙述各民族的历史，并且重视历史的垂训功用，重视将历史的真实性与艺术性相结合。[57]还有学者认为7世纪初西班牙塞维利亚大主教伊西多礼的《辞源·论史》，是中古早期对史学撰述体裁最为理论化的论述，但也长期被学者们认为存在着逻辑混乱现象。学者结合当时的史学实践，通过仔细的文本解读，发现他的论述不仅不乱，而且还是对史学撰述实践与时俱进的反映。如果将他的论述作为导引，可以更为深刻地认识到由于基督教编年史的兴起所带来的史学变化，从而更好地理解从古代史学向中古史学的过渡。[58]

4. 口述史与全球史

第一，对口述史的研究。有学者梳理和论述了口述史的源起、争论、方法、价值、局限等5个重要问题，认为口述史分口述史学和口述史料，口述史学是指主要以口述史料为依据撰写的历史，是采访者与口述者经过对话交流而合作完成的；而口述史料是与文献史料、实物史料并列的三大史料之一，是通过口述方式收集的史料，有录音和文字两种形式。[59]有学者认为口述史成果为当代中国文化增添了许多丰富多彩的内容，也对中国当代学术史研究产生了不可忽视的影响。这些影响主要体现在以下3个方面：为中国当代学术史研究提供了大量生动的资料，为中国当代学术史研究提供了纵深研究、细致描述的途径，并有助于中国当代学术史研究和书写范式的创新。[60]还有学者对口述史的性质进行探研，认为反映人际矛盾是口述历史的重要特点。无论是政界人物的口述历史，还是文艺界、教育界人士的口述历史，都表现出这一特点。这种现象，是由人的记忆特点所决定，而且也是由口述历史的独特视角所决定的。口述历史的这个特点，可以促使历史真相越辩越明，也对口述历史的执笔者提出了较高要求。[61]

第二，对全球史的研究。《历史研究》2013年第1期发表了“全球史”系列笔谈，反映当今史学的新视野和今日中国与世界的关系，北京学者积极参与其中。有学者分析了从文明史向全球史转变的过程和原因，认为全球史是当代西方史学的一个分支，以宏观视野为特色，目前已经成为一种普遍的历史叙述范式，是它适应现今历史研究需求的必然结果，具有“可持续性”。[62]还有学者思考了超越全球史与世界史编纂的其他可能，认为近年来对全球史的反思和批判已经引起学者的足够关注，不过那种为之贴上西方意识形态或新殖民主义标签的做法却显得过于草率和情绪化。只有深入其内在机理并追溯其发生、发展的学术渊源，并将之置于当前世界史编纂的其他脉络之中，通过比较来审视它的局限，我们才能较为客观地揭示全球史的种种不足，进而予以补充和完善。[63]

注：

①宋月红、王爱云：《推动马克思主义史学理论研究和建设——“唯物史观和新中国史学发展”学术研讨会综述》，《红旗文稿》，2013年第10期。

②左玉河：《唯物史观和中国历史研究的发展》，《河北学刊》，2013年第3期。

③朱佳木：《以唯物史观推进中国史学理论研究繁荣发展》，《河北学刊》，2013年第3期。

④吴怀祺：《唯物史观与民族史学思想》，《廊坊师范学院学报》（社会科学版），2013年第4期。

⑤瞿林东、邹兆辰、张剑平、曹守亮：《唯物史观与中国历史学》，上海人民出版社，2013年版。

⑥牛润珍：《唯物史观对中国史学的十个方面影响》，《河北学刊》，2013年第3期。

⑦钱承旦：《发生的是“过去”，写出来的是“历史”——关于“历史”是什么》，《史学月刊》，2013年第7期。

⑧俞金尧：《历史学：时间的科学》，《江海学刊》，2013年第1期。

⑨郭华榕：《历史与距离的探讨》，《四川师范大学学报》（社会科学版），2013年第3期。

⑩王红霞：《“中西史学传统的继承和创新”学术研讨会综述》，《史学史研究》，2014年第1期。

⑪王红霞：《试论20世纪中国史学传统的发展脉络》，《济宁学院学报》，2013年第1期。

⑫刘家和：《史学、经学与思想：在世界史背景下对中国古代历史文化的思考》，北京师范大学出版社，2013年版。

⑬瞿林东：《中国史学：中华民族共有的精神家园》，《史学史研究》，2013年第2期。

⑭吴怀祺：《中国梦：民族史学的精气神》，《史学史研究》，2013年第2期。

⑮刘家和：《历史、史学与社会三者关系之思考》，《郑州大学学报》（哲学社会科学版），2013年第3期。

⑯瞿林东主编：《历史文化认同与中国统一多民族国家》，河北人民出版社，2013年版。

⑰汪高鑫：《汉代社会与史学思想》，《史学史研究》，2013年第1期。

⑱汪高鑫：《宋代社会与史学思想》，《郑州大学学报》（哲学社会科学版），2013年第3期。

⑲许曾会：《明清的民族政策与正史的民族观念》，《学习与探索》，2013年第1期。

⑳刘家和：《试谈研究史学的一些基本功——读柴德赓先生〈清代学术史讲义〉等的一些体会》，《史学史研究》，2013年第1期。

㉑瞿林东：《谈谈理论修养与历史研究》，《辽宁大学学报》（哲学社会科学版），2013年第4期。

㉒朱露川：《白寿彝论研究史学遗产的路径和方法》，《古籍整理研究学刊》，2013年第2期。

㉓孟广林：《世界历史研究的“通观”——吴于廑先生的学术境界》，《史学集刊》，2013年第4期。

㉔向燕南：《史学的求善诉求与传统史学之道德批判的省思》，《人文杂志》，2013年第12期。

㉕李哲、许殿才：《“求真”与“致用”：苏洵经世史学的两种理论风格》，《理论学刊》，2013年第7期。

㉖杨翔宇：《“通今致用、史学所急”：陈庆年史学经世思想探赜》，《理论界》，2013年第10期。

㉗陈安民：《从〈读通鉴论〉看王夫之历史借鉴思想的特点》，《求是学刊》，2013年第2期。

㉘杨共乐：《追求真实是罗马史学的根本》，《史学史研究》，2013年第1期。

㉙张宇：《裴松之〈三国志注〉中的史学批评》，《辽宁大学学报》（哲学社会科学版），2013年第5期。

㉚罗炳良：《邵晋涵史学批评的理论价值》，《东岳论丛》，2013年第11期。

㉛杨俊光：《批判与革新：南粤史家张荫麟历史哲学管窥》，《贵州文史丛刊》，2013年第1期。

㉜杨俊光：《张荫麟的史学批评析论》，《学习与探索》，2013年第4期。

㉝杨俊光：《试论齐思和的史学批评实践及特点》，《人文杂志》，2013年第3期。

㉞张涛、孙世平：《〈晏子春秋〉与〈周易〉经传》，《理论学刊》，2013年第1期。

㉟王红亮：《经学与史学的互涉：经史关系之反思——以〈春秋〉经传“召陵之会”的考辨为例》，《廊坊师范学院学报》（社会科学版），2013年第2期。

㊱牛润珍：《从新史学到新民族主义史学——略论宋学影响下的民国史学主流》，《史学史研究》，2013年第2期。

㊲牛润珍：《民国的史学与宋学——以陈垣先生为例》，《四川师范大学学报》（社会科学版），2013年第1期。

㊳饶涛：《柯林武德的历史哲学及其启示》，《山西师大学报》（社会科学版），2013年第1期。

㊴汪凯：《科学历史学与批判历史学——谈柯林伍德对布拉德雷的评论》，《湛江师范学院学报》，2013年第2期。

㊵于沛：《后现代主义和历史认识理论》，《历史研究》，2013年第5期。

㊶彭刚：《叙事主义史学理论概说》，《历史研究》，2013年第5期。

㊷董立河：《后现代主义之后的历史理性与史学实践》，《历史研究》，2013年第5期。

㊸于沛：《历史不容虚无》，《求是》，2013年第6期。

㊹王紫微、于志飞：《两汉“周公辅成王”历史形象的变迁》，《河北联合大学学报》（社会科学版），2013年第3期。

㊺王磊：《在书写中“儒家化”的中国——“三家分晋”在〈史记〉与〈资治通鉴〉中的比较研究》，《内蒙古大学学报》（哲学社会科学版），2013年第2期。

㊻王强：《蜀汉史家谯周的形象变迁》，《廊坊师范学院学报》（社会科学版），2013年第2期。

㊼王翔宇：《中西史籍的匈奴记载差异比较》，《理论界》，2013年第3期。

㊽王洪军：《清华简〈系年〉与少皞“西迁”之谜》，《北方论丛》，2013年第1期。

㊾晁福林：《清华简〈系年〉与两周之际史事的重构》，《历史研究》，2013年第6期。

㊿李锐：《由清华简〈系年〉谈战国初楚史年代的问题》，《史学史研究》，2013年第2期。

(51)王汐牟：《历代竹谱考论及其历史价值》，《古籍整理研究学刊》，2013年第3期。

(52)柯永红：《论民国碑刻的史料价值——以民国有关教育的碑刻为例》，《暨南学报》（哲学社会科学版），2013年第12期。

(53)陈勇：《〈通鉴〉载十六国史的史料价值》，《史学史研究》，2013年第3期。

(54)唐晓春：《希罗多德〈历史〉的史料拣择与考证》，《哈尔滨师范大学社会科学学报》，2013年第4期。

(55)陈其泰、张爱芳：《现代史家对史表的成功运用——以萧一山〈清代通史〉为例》，《人文杂志》，2013年第11期。

(56)陈其泰：《传统历史编纂学在近现代的进展》，《江海学刊》，2013年第3期。

(57)唐晓春：《希罗多德对后世史学的贡献与影响》，《吉林省教育学院学报》，2013年第2期。

(58)李隆国：《伊西多礼〈辞源·论史〉与基督教编年史的兴起》，《古代文明》，2013年第1期。

(59)岳庆平：《关于口述史的五个问题》，《中国高校社会科学》，2013年第2期。

(60)朱志敏：《口述史对中国当代学术史研究的三方面影响》，《河北学刊》，2013年第1期。

(61)李卫民：《反映人际矛盾是口述历史的一大特点——口述历史性质探研之一》，《晋阳学刊》，2013年第3期。

(62)刘新成：《文明互动：从文明史到全球史》，《历史研究》，2013年第1期。

(63)张旭鹏：《超越全球史与世界史编纂的其他可能》，《历史研究》，2013年第1期。

（作者：汪高鑫，北京师范大学教授；
周倩，北京师范大学博士生）

中国古代史

仝卫敏　周　松

2013年，北京地区中国古代史领域的学者们持续探索，在诸多研究领域取得新的进展，现将本年度研究情况综述如下。

一、主要学术交流活动

本年度北京古史学界组织主办了多次学术会议。2013年6月28—29日，由北京大学中国古代史研究中心主办的“晚唐五代社会文化的转型”工作坊在北京大学举行，本次工作坊的主题是“从地域史看唐帝国：边缘与核心”，与会学者从各自选题出发分享了最新的研究思路与进展。7月13—14日，由中国人民大学清史研究所满文文献研究中心主办的“首届国际满文文献学术研讨会”在京召开，50余名中外学者围绕国际满文文献收藏与研究史、满文文献挖掘整理和出版、满文文献与清史研究、边疆史、民族史、宗教史研究等主题热烈探讨，集中展示了相关领域的最新成果。9月2—3日，由北京大学中国古代史研究中心组织的“宋代政治史研究的新视野”国际学术研讨会在北京大学举办。与会学者分别从宋代基层政治与赋役制度、政治及社会空间、礼乐、祠祀制度、政治制度与社会群体的互动等9个专题各抒己见，展现了宋代政治史研究的多元范式。10月19—20日，由故宫博物院故宫学研究所承办的“故宫学十年学术研讨会”在京召开。来自中国大陆、港台地区及海外的100多名专家聚焦“故宫学”及相关研究展开交流，推进“故宫学”研究的深入。

二、出土材料的整理与研究

甲骨卜辞方面，安阳民间新见的一版出组田猎卜辞引起学界关注，有学者从该组卜辞的载体、卜法、行款、断定、内容等方面详细考证，认为该卜辞记录了犬官向商王报告“有虎”之事，在殷墟卜辞中尚属首次发现，是研究商代后期犬官及田猎制度的难得史料。卜辞中提到的“戌得”还见于无名组，这种联系对于无名组卜辞的分类断定有一定启示作用。该卜骨虽仅存对边的骨条，但背面钻凿保留较完整，正面中部的卜兆也无缺失，对研究出组卜辞文例及卜法也不无裨益。①2011年3月国家博物馆将殷墟“司母戊鼎”更名“后母戊鼎”产生强烈反响。有学者通过系统缕析现存各类甲骨卜辞中“司”、“后”和“毓”字的字形构造、本义，以及它们在卜辞中的具体用法、用例，指出在商代正反两写的司字是一个字，其本义是指祭祀，亦有少数卜辞人名或职官名中含“司”字；卜辞中的“毓”字本义是生育，引申作前后的后，亦指称先公先王。

“后母戊鼎”的释读是不能成立的。[②]

金文研究方面，近年面世的青铜器作册吴盉由于“四要素”俱全，器主“作册吴”频见于多篇重要铭文，且纪年长达30年，对于西周铜器断代和年代学研究意义重大。有学者从器形、纹饰、铭文内容、同一人所作其他有铭器物等多个角度，论证吴盉的年代应为恭王三十年，验证了恭王纪年超过30年的假说，作册吴是西周恭王后期到夷孝时期册命铭文中多次出现的一位史官，为西周世族尹氏的宗子。[③]首都师范大学历史博物馆收藏的善鼎铭文包含姓及几个与之通婚的国族之间的关系，对探索这些国族姓氏、地望与历史变迁提供了实物证据。有学者从器形、纹饰、铭文字体等特征判断该器的年代属于春秋早期，又结合甲骨卜辞、其他出土青铜器与传世文献，分别梳理了这几个小国的族姓、地望及发展变迁脉络，作器者是姜姓之孙，而受器者为姓，善应当是晏生之孙“哀”的妻子或母亲。[④]

简牍帛书方面，清华简依然是研究焦点。《诗经·周颂·敬之》篇全文见于清华简《周公之琴舞》，这是《诗经》研究史上难得的机缘。有学者将两者进行仔细对读，发现清华简本所载与《周颂·敬之》篇内容基本相同，其字词虽然互有繁简，存在不少同义互换、音近通用的现象，但基本上无损于思想主旨的表达。比较而言，清华简本在形式上更原始，保留了该诗的原貌，而《周颂·敬之》篇则应当是“制礼作乐”后整齐规范的结果。[⑤]清华简《赤鹄之集汤之屋》最引人注目的特点是具有浓厚的巫术色彩，但仍具有一定的史料价值。有学者根据该篇所述伊尹与商汤、夏桀的关系及传世文献记载，分析了商汤灭夏之前曾派伊尹去夏朝刺探情报的若干史实。商汤与伊尹之间默契的君臣关系并非一蹴而就，而是经历了一个磨合的过程。[⑥]还有学者比较了清华简《傅说之命》3篇与古文《尚书·说命》上中下3段的异同，认为二者不仅内容大不相同，故事情节也不一样。清华简《傅说之命》的出土至少可以证明古文《说命》3篇是后人掇拾断简残篇而成的伪作，但清华简《傅说之命》3篇中的第二篇很可能和《书序》所说的《尚书·说命》中的某一篇非常接近，其余两篇则有可能并非《书序》所指的《说命》。[⑦]另有学者结合清华简《系年》对两周之际的重大史事如周幽王废嫡立庶所引起的太子夷臼与伯服的权力之争、携王之立与被杀、平王东迁等的关键节点和发展脉络进行深入考辨，指出和古本《竹书纪年》一样，清华简《系年》的相关记载只是战国时人的追记，并非当时实录。重构史事基本上是补苴史载之阙，更加逼近被遮蔽的史事之真。[⑧]

此外，围绕其他战国简帛的研究也在进行中。如有学者将上博简、郭店简《缁衣》与今本《礼记·缁衣》第十二章即“上人疑”章对读，发现两者在遣词造句方面存在若干重要的差异，其中制止“民淫”与体现“民欲”反映了孔子及七十二子后学等早期儒家政治理念的重要内容。[⑨]

秦汉史领域，有学者联系里耶秦简、张家山汉简等相关简文，深入考证了岳麓书院藏秦简《为吏治官及黔首》的第1532、1530两支简的内容，认为据此可以判定秦及汉初的户籍中登载田地这一事实，而中国古代的增年方法并非岁首，而是以簿籍为标志，户籍登载的是当年而非下一年的数据。[⑩]

魏晋南北朝史方向，对长沙走马楼吴简的研究仍在持续。简文中的“小”“大”“老”等概念关涉中古时期国家与民众之间的基本关系，有学者仔细核对原简图版，认为孙吴时期并未出现对应着固定年龄分层的户籍身份“老”，“老”也无明确的年龄界限，涵括在“大”的年龄层中。男性“小”“大”延续秦汉旧例以15岁为界，婚姻虽影响女性“小”“大”身份的转变，但对官府征派赋役影响甚微。吴简中的自然身份“小”“大”并非民间概念，而是承继了秦汉以来的制度性规定。[⑪]魏晋南北朝时期有无吏户是学界争论已久的问题，有学者主要依据走马楼吴简《嘉禾吏民田家莂》有关诸吏的简文重申了吴国存在吏户的观点，诸吏实质上已是官府依附民。在各类专门簿籍的强化控制下，他们的优惠相继丧失，或供官府奔走驱使，或耕种限田承受沉重剥削，其服役期亦超过平民，并祸及共居父兄子。[⑫]还有学者以出土墓志中所见官私谱牒为线索对中古谱牒进行实证研究，判定这一时期出土墓志中一些位于首尾、志阴等特殊位置并以特殊行款书写的家族谱系记载，是墓主家族谱牒的抄录或节录。而引谱入志两厢补充则是中古墓志撰写的一种特殊体例格式。传统认识中早已失传的以一家一姓为单位的家族谱牒实并未完全亡佚，而是以特殊形式大量保存于墓志当中。[⑬]

隋唐史方向，有学者考释了2011年新近出土的一方墓志拓片，为追寻盛唐时期西域突厥部族——突骑施的发展兴衰线索提供了一手资料。墓志反映出唐人认为突骑施是汉代乌孙后裔，突骑施王子光绪自少年就从西域来到京师长安作质子，并融入中原汉人的文化习俗。他在朝廷担任内侍多年，赤胆忠心十分称职。光绪滞留长安正值突骑施部族衰落时期，他不过是众多质子中的一员，社会地位不高。墓志中提及的光绪祖母交河公主并非册封后才嫁给阿史那昕的，而是之前就存在夫妻关系。[⑭]针对法藏敦煌文书P. 2942号，有学者做出不同解读，重新考证了凉州失陷前后河西节度使杨志烈的事迹。[⑮]还有学者从唐代西域出土官印中的“折冲府”名号入手，结合府兵制的废除与边地驻军管理体制的变化，推断于阗设置折冲府的时间。[⑯]

近年来随着大批新出土文献的接连问世，古史领域运用出土文献与传世文献“二重证据”对古书成书年代的研究蔚然成风，围绕古书的真伪和成书时代的反思在学界形成“疑古”“释古”两种截然相反的观点。有学者从论证逻辑等源头分别辨析了这两种观点的问题所在，认为科学的做法应当是结合出土和传世文献对古书通例充分研究，运用“二重证据法”穷其流变，对古书的成书和流传等问题进行深入的分析，而不能仅仅局限于古书的真伪之争。[17]

三、传统研究领域的新进展

在传统研究领域，北京古史学界也取得丰硕成果。

1. 政治史研究

先秦史方向，西周金文和文献中常见的“南国”在西周政治地理结构中究竟属于何种性质是西周史研究的一个重要问题。有学者结合大量重要西周铭文与文献记载着力论述“南国”大致在今淮水流域、南阳盆地南部与汉淮间平原一代。周人曾力图掌控与经营南国西部区域的汉淮间地区，但以昭王南征荆楚失败而告终；而南国的东部区域淮水流域系淮夷各邦的聚居区，是西周王朝重要的经济与人力资源来源，整个西周中晚期周王朝为控制该区域多次与淮夷发生战争，但终西周之世，周人亦未能实现对该地常规化的有效行政管理。因此，“南国”并非周人之国土，而应该是西周王朝的附属区。[18]

秦汉史方向，有学者从文献和简帛中经常出现的“自言”一词这一独特视角，缕析了“自言”的起源、内容、形态、主体等层面，认为“自言”最初指自我推荐。秦汉时期自言包括3种含义：指自说自话；或作为一种普遍行政方式，指贵族或吏民向官府揭发、言事；或者官吏之间的事务联系，或作为法律用语，指吏民向官府提起诉讼时的一种词讼性自言。“自言”的广泛使用和“自言”主体与对象的复杂多样性构成了秦汉国家行政、司法秩序中的一种规范性用词，表明秦汉社会秩序与行政秩序具有一元化的基本特征。[19]两汉时期秘密处死——隐诛现象相当流行，有学者对有关隐诛的史料进行了细致的分析和归类，指出根据隐蔽程度可分为“半隐”和“全隐”两类：前者在犯人的逮捕受审、死刑宣判和“戮尸”可能是公开的，而只把处决过程隐蔽起来；后者则是完全隐蔽。两汉的隐诛实施范围明显扩大，除了宗亲贵族，还包括中下层官吏、士人及平民，行刑地点有所增加，处理的过程更为隐蔽。这应与当时专制集权制度的发展及统治思想的演变有密切关系，其深层原因在于维持社会秩序的稳定。[20]

魏晋南北朝方向，北魏开国初年所定天兴“律令”是北朝律令体制发展演变的起点。有学者抉发了北魏元年所定“律令”的形态和性质，指出该律令的内涵是指石勒称帝后所下制诏即为“律令”或附着于律令，其着力强调皇帝制诏的至上权力。北魏前期律令受汉制影响极为突出，而与西晋定型的律令体制有较大距离。从性质上来看，天兴律令均是科条诏令集，天兴《律》用以正刑定罪，而《令》则是规范各项制度同时又不断补充和修订《律》。北魏后期则取仿魏晋江左制度调整律令体制。[21]

隋唐史方向，有学者通过对隋代骁果的征募和军将武职设置的讨论，发现隋代保障禁卫兵力的措施是对府兵制和禁卫军十六府制度的补充，属于禁卫武官制度一次局部性变革。[22]隋代法律史研究较为稀见，有学者认为除《律》《令》这两部法典是隋代立法和司法的核心之外，隋代并未统一编纂制定其他法书或法典。隋代“格”“式”等指称，仍遵循北魏以来的习惯可泛指《律》《令》等各种法律规章。称“格”“式”或其他名称也无定准，并非特定法律形式的专有名词。[23]有学者结合出土墓志与传世文献对唐代“宗正进士”的相关问题进行考述，指出“宗正进士”是比较疏远的李唐宗室子弟通过宗正寺试和礼部省试及第后获得的身份，父祖和官资不足以使其通过更为便捷的途径入仕是这类宗子选择这条渠道的重要原因之一。在省试中这类宗子并不能享受特殊的制度性优遇，才学是他们脱颖而出的必要条件。[24]在唐代的官僚制度中卫官是较为特殊的一类，与职、散、勋并列，其主体构成是三卫。有学者着重辨析了三卫补吏称“释褐”的原因，并非“释褐”词义的嬗变，而是由于三卫品官身份的不确定性，在唐人眼中它类似一种任官资格，性质上介于官民之间。[25]山陵使是指唐宋时期皇帝去世后朝廷为兴办丧事临时设置的职位。有学者探讨了这一时期围绕该职务而衍生出的独特政治传统，山陵使身兼政府首脑与私家葬礼主事人的双重身份，成为联系“家”“国”两端的纽带，从而在现实中体现出家国构造体系的政治文化。[26]唐五代时期对于阵亡者的抚恤，具体表现在对死者本人的安葬和家属抚恤两方面。[27]

宋辽夏金元方向，有学者指出宋朝“积弱”之说本自宋人，事实上“积弱”不能简单地归咎为军事能力的强大与否，而是统治者主观运用客观实力水平较为低下的一种反映。[28]在制度建设上，北宋互补制度的蜕变与厢军职能异化对北宋国防实战能力产生了消极影响。[29]宋代封赠制度中“法”与“例”既有冲突，又为互补，据此可见宋代行政法领域中的“法”“例”的关系并非二元对立。[30]还有学者认为南宋的朱胜非和吕颐浩均曾两度为相，使南宋政权度过了困境，应给予较高评价。[31]金朝初叶的国都问题是女真政权从部族体制向帝制王朝转型过程中存在的一种特殊政治生态。针对宋元以来人们对金上京会宁府的诸多误解，有学者予以深入讨论，指出金上京会宁府一直被称为“御寨”，只是一个名义上的国都，其政治功能相当弱化。由于缺乏中央集权的专制皇权和一元化的政治体制，再加之四时迁徙的捺钵遗俗，注定了女真式的“御寨”无法发挥汉式国都的重要作用。[32]有学者分析了蒙元时期怯薛官职——札撒孙的确切职能，认为元朝的二元体制是导致札撒孙和与之职能类似的殿中司、留守司两套系统并行的根本原因。[33]

明清史方向，嘉靖朝政局再次成为关注焦点，有学者讨论了“大礼议”的相关问题。[34]对明代后期政治家张居正的研究认为他继承并融贯了儒法两家的政治理念和治国技术，形成了一种崇尚实学的实用主义政治理论。[35]有学者从云南腾冲董氏族谱抄本分析入手，认为帝国的边疆拓展给西南边陲社会带来的身份与认同的影响，最终成就了帝国边疆的稳固。[36]有学者对明清地方行政制度转型中，州县分辖体制的形成这一个常被忽略的问题，并以甘肃为例，进行了研究。[37]

2. 经济史研究

秦汉魏晋南北朝史方向，有学者考察了这一时段文具制造业——制墨业的发展情况，古人用墨从最初的天然石墨发展为战国时期的人工松烟墨，秦、西汉时期墨的形制不规则，东汉时期随着墨模的应用，制墨业发展重大转变，有形墨锭渐成主流。魏晋南北朝时期，制墨技术日益精良，还出现了理论成果——《合墨法》；墨的使用愈加广泛，涵盖政治、经济、文化、社会等领域。秦汉时期，制墨业中心主要在关中地区，魏晋南北朝时期，北方制墨业中心向今山西上党、河北易水等地转移，南方庐山地区渐成重要的制墨中心。[38]

唐宋元史方向，有学者以唐宋城市聚落研究为主体，对代表性的论点和研究方法提出批判性的反思意见。[39]隋唐五代防灾救灾措施注重科学性，凸显多样性，但存在惠及面较窄，水平较低等弊端。[40]宋代的荒政包括了“以工代赈”“招募饥民为兵”“鬻卖度牒”3项重要措施。[41]南宋海商群体是一支强力无法压制的谋生力量，他们使海外贸易呈现了民营性质。[42]元世祖至元十九年（1282）在大都路核查隐漏土地虽然最终不了了之，但对后来的“延祐经理”影响深远。[43]有学者利用元代历史文献讨论了大都宫殿营建的过程和宫殿中主要建筑的功能。[44]而元代僧人、佛寺赋役的前后演变，则说明了佛教的特殊地位。[45]中国古代经济重心的南移命题已获得学界广泛认同，有学者着重研究了北方移民携带的农业技术，及在农业生产、人地关系影响下经济重心的地区所在与形成时间，水稻插秧与稻麦复种构成了经济重心南移的技术支撑，经过唐宋两代，经济重心南移进程得以基本完成。[46]

明清史方向，优免大致分为“随机性优免”和“身份性优免”两类。[47]《万历会计录》显示除田赋以外，山西对其他各种徭役、商税、杂税也征收银两。[48]有学者结合地方士绅的意愿研究了明代的救灾措施。[49]“地方性正义”涉及对稀缺、不可分或不同质的资源进行差异性分配的原则、程序及相应的理由，有学者以此为视角对清代荒政提出了新的看法。[50]还有学者对雍正朝清理钱粮亏空的实态及对其政治措施与手段进行动态考察，认为此举是以确保国家利益为前提，针对财政亏空和吏治腐败对官吏集团实施的一次经济上的大清查。这一过程折射出官僚政治中的诸多利益关系，这些利益关系既体现了经济关系，同时又是政治关系的基础。[51]山东东路是清代北京至江南主要驿道之一，清政府早期新增驿费力图保障驿站的稳定运行。[52]为了发展畿辅农业生产，清朝统治者在直隶地区有计划地发展水利营田事业，并取得了一定成果。[53]

3. 思想文化史研究

先秦时期的“民本思想”历来为学界关注，一般认为它在古代政治学说中占据核心地位，是走向近代民主理念的基础。有学者缕析了民本思想的源流，认为民本思想最初只是统治者重民、爱民的一些说法，并未达到“以民为本”的地步。所谓远古圣王的相关词语，实为春秋战国时人借远古衣袍所包装的理念；商周时代以神或宗法为主，重民理念只是一缕微弱的思想之光；在春秋时代的社会观念中，“民”才差可与“神”比肩；春秋战国之际，“民本”理念形成并在社会上颇有影响，而“君本”思想的强大身影已然矗立其后。战国时期“民本”思想经由“君本”而成为专制王权理念的一个思想因素。先秦时期“民本”理念所强调的仅仅在于君主关爱民众，并没有赋民众以权力的因素，这也是导致“民本”思想能被纳入君主专制理论的原因。[54]

唐宋夏金元时期，宋朝政府将出家人的剃度仪式与各级政府庆贺皇帝生日的活动巧妙地融为一体，这就将宗教活动与世俗庆典结合了起来，使受戒活动更显隆重，也使戒坛成为具有高度政治象征意义的场所。[55]有学者就宋代社会与史学思想之间的关系进行了研究。[56]还有学者通过挖掘陆游与宋高宗、汤思退的关系，探讨中国古代专制政权与士大夫的关系。[57]西夏佛教盛行，夏仁宗时期校经规模较大。[58]元代西方传教士的记载显现当时西人的“北京经验”和中欧交往的状况，还勾勒出西方的“汗八里”形象。[59]

明清史方向，明初官修《四书大全》《五经大全》多取材元代新安经学，这一过程使朱熹经学的凝固化成为定局。[60]虽然晚明本应成为人文主义发生与发展的时代，但却缺乏人文精神，缺乏人文精神的时代是不可能完成社会转型的历史使命。[61]清军入关后，信奉程朱理学的官僚群体为清初时代命题的解决贡献了积极力量。[62]20世纪五六十年代以来西方兴起了文献学与史学等学科相结合的新书籍史，注重用社会史、文化史等方法来研究书籍，进而来研究社会和历史。有学者回顾了新书籍史的研究范围、方法及研究结果以及他们对中国书籍史研究成果的影响，认为新书籍史研究为文献学研究提供了新思路和新视角，启发我们文献学不仅需要研究文献从生产、流通到收藏与整理的全过程，还要关注普通书籍的生产、流通与藏读情况，当然我们也需要对新书籍史研究存在的问题加以甄辨和避免。[63]

4. 社会史研究

先秦史方向，有学者考察了商代至战国秦汉墓随葬器物中的彊良主题——上古宗教艺术中一种寓意为“食鬼神虎”的动物，即殷墟西北冈大墓出土的虎食人卣、洛阳西汉墓M61的“羽虎食女图”都是上古时代“神虎食鬼”观念之产物。彊良是“十二神”之一，史料显示“十二神”崇拜自战国至汉代以下一直存在，并发展为“十二生肖”，反映出商王室鬼神崇拜对后世的深远影响，但商代是否有十二神崇拜，尚待研究。[64]还有学者从《史记·封禅书》《秦本纪》的记载出发，逐一考察春秋战国时期秦国国家祭祀诸祠的祭祀对象及其内涵，梳理秦人祭祀体系逐步完善的过程，进而探讨秦国祭祀体系的构成及其特征。认为秦国国家祭祀以祠、畤祭祀为主体，以都城雍城为中心，空间分布较为广泛。秦国的国家祭祀，成为秦帝国国家祭祀的核心部分，又为西汉所继承。[65]

秦汉史方向，有学者辨析了以往学界对战国秦汉基层官吏利用《日书》的几种核心观点，认为“移风易俗”说和“助政说”都存在问题，《日书》的内容并非“恶俗”或仅局限于下层民众的小传统文化。战国秦汉的基层官吏与一般百姓一样，均相信数术知识，并在生活方面积极地利用《日书》。[66]

魏晋南北朝史方向，有学者以解读《断酒肉文》为切入点从儒、释两个方面分析了梁武帝与僧团的素食改革运动的思想背景。梁武帝和僧团围绕素食问题的讨论以大乘经典和《十诵律》的矛盾召开，前者禁止食肉，而后者允许吃“三净肉”。为了调和部派戒律与大乘经典的不同说法，南朝僧人提出“渐进制戒”的解释方式。而与此同时，南朝的儒教士大夫也用类似的方法对礼制做出新解释。因此，汉地佛教素食运动的展开，其实是大乘佛教兴起和本土素食传统的合力所致。[67]

唐宋史方向，有学者透过深入解读阳枋《广安旱代赵守榜文》告示文书，分析了南宋广安军地方社会存在的4个问题：一是朱熹的理学思想在理宗时代已深入基层社会，成为下层民众普遍接受的一种行为准则。二是阳枋榜文中明确将士与士大夫分开。士大夫是有明确官职的人，而士则被局限为业儒者。三是突显了官府官、吏在社会结构中的统治或强势身份，属于地方社会的上层，而士农工商是基本民众。四是道释者流、军禁之士、游手之徒成为地方社会特殊的群体或阶层，是中唐社会发生巨大变化的直接反映和结果。[68]通过对家族人物碑铭圹志及传世文献结合进行的南宋浙东地区家族史分析，反映出明清谱系著述对于宋代社会史研究具有意义。[69]宋代有关寺院、僧尼的法制逐渐完善，对中国古代佛教发展产生了深远的影响。[70]

明清史方向，陕西、山西与河南西北的部分地区成为明朝成化年间搜套行动的后勤物资供应来源地。[71]明末的社会动乱中，对抗官府者并非全为无籍之农民，由浙江东阳“许都之乱”即可见其成分十分复杂。[72]南北方人士对于甲申之变的态度有着明显差异，原因在于河南、河北士人与江南士人在甲申前后有着不同的经历。[73]清代民间起事与秘密宗教有着密切关系，八月不祥之说成为流传最广的谶谣。[74]有学者以旗籍朝鲜人安氏的史迹为着眼点，考察了清代主奴关系、多民族关系、旗人与民人的关系乃至中朝关系等问题。[75]通过对清代秋审个案的研究，可以了解从犯人到地方政府、从刑部到皇帝等的种种作用，进而窥见清末司法审判制度的运作情实。[76]

5. 民族史研究

秦汉史方向，有学者对汉代的民族交往与民族融合问题展开深入研究，汉与匈奴之间通过和亲与战争的方式，促进了南匈奴的内附与汉化；汉遣使通西域，将西域及其各民族纳入统一帝国的版图并成为其一员；汉与西羌、东北各族的交往，加速了西羌的内迁及东北各族的汉化；汉“和集百越”、开发西南夷与设郡统治，有助于百越及西南夷地区社会进步和归附汉王朝的愿望。汉代是统一多民族国家发展史上的重要一环。[77]

隋唐宋元明清方向，隋唐与突厥作战方式经历了从一系列演变，包括方阵、精骑及陌刀，其中陌刀战法开启了定居民族与游牧民族战争的新局面。[78]有学者利用《张议潮变文》和《李浔墓志》对大中十年唐朝遣使册立回鹘事件做了深入研究。[79]明清“威”“德”兼施的民族政策在正史中呈现出“大民族主义”和“华夷一家”的民族观念。[80]新疆建省前后教育制度的剧变至今仍然是有效治理新疆值得借鉴的重要内容。[81]清朝前期理藩院满文题本中的蒙古发遣案例从一个侧面揭示蒙古地区法律内地化的社会背景。[82]

四、北京地方史研究

北京地方史研究延续了良好发展的势头。佛教盛行是辽代历史与文化的显著特色之一，北京地区是当时的佛教文化中心，居于五京之首。[83]蒙元时期北京地区全真道的发展比较迅速。[84]有学者对明代北京营建所需烧造物料的具体烧办过程进行了考察。[85]还有学者探讨明代通惠河修复的复杂过程。[86]明清时期，通州码头变迁实际上是人与自然之间互相作用、互相影响的结果。[87]清代前期京城房产交易折射出政府的税收管理能力和居民的纳税意识需要经过长期市场经济运行，才能得到不断加强。[88]新档案史料表明清代北京城旗民分城而居的过程及影响包含了新的内容。[89]

注：

①刘源：《读一版新见出组田猎卜辞》，《殷都学刊》，2013 年第 1 期。

②常玉芝：《是“司母戊鼎”还是“后母戊鼎”——论卜辞中的“司”“毓”》，《中原文化研究》，2013 年第 1 期。

③韩巍：《简论作册吴盉及相关铜器的年代》，《中国国家博物馆馆刊》，2013 年第 7 期。

④袁广阔、马保春、梁宏刚：《“善鼎”的年代、国别、地理及相关问题》，《首都师范大学学报》，2013 年第 4 期。

⑤廖名春：《清华简〈周公之琴舞〉与〈周颂·敬之〉篇对比研究》，《深圳大学学报》，2013 年第 6 期。

⑥刘国忠：《清华简〈赤鹄之集汤之屋〉与伊尹间夏》，《深圳大学学报》，2013 年第 6 期。

⑦李锐：《清华简“傅说之命”研究》，《深圳大学学报》，2013 年第 6 期。

⑧晁福林：《清华简〈系年〉与两周之际史事的重构》，《历史研究》，2013 年第 6 期。

⑨晁福林：《早期儒家政治理念中的“止民淫”与“见民欲”——简本〈礼记·缁衣〉“上人疑”章补释》，《文史哲》，2013 年第 1 期。

⑩张荣强：《读岳麓秦简论秦汉户籍制度》，《晋阳学刊》，2013 年第 4 期。

⑪凌文超：《走马楼吴简“小”“大”“老”研究中的若干问题》，《中国国家博物馆馆刊》，2013 年第 2 期。

⑫蒋福亚：《再论走马楼吴简中的诸吏》，《史学月刊》，2013 年第 1 期。

⑬陈爽：《出土墓志所见中古谱牒探迹》，《中国史研究》，2013 年第 4 期。

⑭葛承雍：《新出土〈唐故突骑施王子志铭〉考释》，《文物》，2013 年第 8 期。

⑮杨宝玉：《凉州失陷前后河西节度使杨志烈事迹考——以法藏敦煌文书 P. 2942 为中心》，《敦煌学辑刊》，2013 年第 3 期。

⑯刘后滨、王湛：《唐代于阗文书折冲府官印考释——兼论于阗设置折冲府的时间》，《西域研究》，2013 年第 3 期。

⑰梁涛、白立超：《“二重证据法”与古书的反思》，《清华大学学报》，2013 年第 3 期。

⑱朱凤瀚：《论西周时期的“南国”》，《历史研究》，2013 年第 4 期。

⑲卜宪群、刘杨：《秦汉日常秩序中的社会与行政关系初探——关于“自言”一词的解读》，《文史哲》，2013 年第 4 期。

⑳宋杰：《汉代的秘密处决与政治暗杀》，《史学月刊》，2013 年第 7 期。

㉑楼劲：《北魏天兴“律令”的性质和形态》，《文史哲》，2013 年第 2 期。

㉒张金龙：《隋朝的领左右、备身府与骁果制度》，《首都师范大学学报》，2013 年第 4 期。

㉓楼劲：《隋无〈格〉〈式〉考——关于隋代立法和法律体系的若干问题》，《历史研究》，2013 年第 3 期。

㉔郭桂坤：《唐代宗正进士考》，《北京大学学报》，2013 年第 4 期。

㉕孙正军：《官还是民：唐代三卫补吏称“释褐”小考》，《复旦学报》，2013 年第 4 期。

㉖孙健：《家国理念下的政治传统与政局变迁——唐宋时期以山陵使为核心的政治文化考察》，《学术研究》，2013 年第 1 期。

㉗盛会莲：《唐五代时期政府对死亡将士的抚恤》，《浙江师范大学学报》，2013 年第 4 期。

㉘李华瑞：《宋朝“积弱”说再认识》，《文史哲》，2013 年第 6 期。

㉙朱舸：《兵制对北宋国防开支及军事实力的影响》，《西北师大学报》，2013 年第 3 期。

㉚孙健：《宋代行政法中的“例”“法”关系——以封赠制度为例》，《云南社会科学》，2013 年第 3 期。

㉛王曾瑜、史泠歌：《南宋宰相吕颐浩和朱胜非的重要事迹述评》，《首都师范大学学报》，2013 年第 3 期。

㉜刘浦江：《金朝初叶的国都问题——从部族体制向帝制王朝转型中的特殊政治生态》，《中国社会科学》，2013 年第 3 期。

㉝李鸣飞：《蒙元时期的札撒孙》，《西域研究》，2013 年第 2 期。

㉞吴锐：《论“大礼议”的核心问题及其影响》，《明史研究》，2013 年第 13 辑。

㉟高寿仙：《治体用刚：张居正政治思想论析》，《江南大学学报》，2013 年第 1 期。

㊱赵世瑜：《身份变化、认同与帝国边疆拓展——云南腾冲〈董氏族谱〉（抄本）札记》，《西北民族研究》，2013 年第 1 期。

㊲胡恒：《清代甘肃分征佐贰与州县分辖》，《史学月刊》，2013 年第 6 期。

㊳陈涛：《秦汉魏晋南北朝时期制墨业考述》，《石家庄学院学报》，2013 年第 1 期。

㊴包伟民：《唐宋城市研究学术史批判》，《人文杂志》，2013 年第 1 期。

㊵郭林、丁建定：《隋唐五代灾害及其防救措施评析》，《山东社会科学》，2013 年第 6 期。

㊶李华瑞：《略论宋朝临灾救助的三项重要措施》，《淮阴师范学院学报》，2013 年第 1 期。

㊷葛金芳、汤文博：《南宋海商群体的构成、规模及其民营性质考述》，《中华文史论丛》，2013 年第 4 期。

㊸刘成群：《元至元十九年大都路“履亩收税”发微》，《北京社会科学》，2013 年第 1 期。

㊹王岗：《元大都宫殿营建及功能略述》，《北京社会科学》，2013 年第 3 期。

㊺陈高华：《元代佛教寺院赋役的演变》，《北京联合大学学报》，2013 年第 3 期。

㊻韩茂丽：《论北方移民所携农业技术与中国古代经济重心南移》，《中国史研究》，2013 年第 4 期。

㊼李雪慧、高寿仙：《明代徭役优免类型概说》，《故宫学刊》，2013 年第 2 期。

㊽万明、侯官响：《财政视角下的明代田赋折银征收——以〈万历会计录〉山西田赋资料为中心》，《文史哲》，2013 年第 1 期。

㊾张兆裕：《明后期地方士绅与灾蠲——灾荒背景下明代社会的政策诉求》，《明代国家与社会——明史研究论丛》（第十一辑），故宫出版社，2013 年版。

㊿章永乐：《清朝荒政中的“地方性正义”问题》，《思想战线》，2013 年第 4 期。

(51)刘凤云：《雍正朝清理地方钱粮亏空研究——兼论官僚政治中的利益关系》，《历史研究》，2013 年第 2 期。

(52)毛亦可：《清初山东东路驿站经费研究》，《中国社会经济史研究》，2013 年第 2 期。

(53)何文林、韩光辉：《清代直隶地区水利营田的演变》，《河北师范大学学报》，2013 年第 3 期。

(54)晁福林：《从“民本”到“君本”——试论先秦时期专制王权观念的形成》，《中国史研究》，2013 年第 4 期。

(55)游彪：《宗教仪式与政治伦理——宋代佛教戒坛的建置及其象征意义》，《北京师范大学学报》，2013 年第 2 期。

(56)汪高鑫：《宋代社会与史学思想》，《郑州大学学报》，2013 年第 3 期。

(57)王曾瑜、贾芳芳：《陆游与汤思退、宋高宗——兼谈中国古代专制政权与士大夫的关系等》，《中华文史论丛》，2013 年第 4 期。

(58)孙伯君：《西夏仁宗皇帝的校经实践》，《宁夏社会科学》，2013 年第 4 期。

(59)欧阳哲生：《欧洲与中国文明对话的新开端——以西人在元大都“汗八里”的经验为中心的考察》，《北京大学学报》，2013 年第 5 期。

(60)刘成群：《元代新安经学与明初官修“大全”之取材》，《晋阳学刊》，2013 年第 1 期。

(61)商传：《略论晚明的人文主义与社会转型》，《江西社会科学》，2013 年第 7 期。

(62)朱昌荣：《程朱理学官僚与清初社会重建——基于学术思想史与社会史结合的考察》，《历史研究》，2013 年第 4 期。

(63)张升：《新书籍史对古文献学研究的启示》，《廊坊师范学院学报》，2013 年第 2 期。

(64)刘源：《试论上古宗教艺术中的“彊良”主题》，《中原文化研究》，2013 年第 2 期。

(65)田天：《春秋战国秦国祠祀考》，《中国典籍与文化》，2013 年第 1 期。

(66)琴载元：《战国秦汉基层官吏的〈日书〉利用及其认识》，《史学集刊》，2013 年第 6 期。

(67)陈志远：《梁武帝与僧团素食改革——解读〈断酒肉文〉》，《中华文史论丛》，2013 年第 3 期。

(68)李华瑞：《南宋地方社会管窥——以阳枋〈广安旱代赵守榜文〉为中心》，《西北师大学报》，2013 年第 3 期。

(69)邓小南：《何澹与南宋龙泉何氏家族》，《北京大学学报》，2013 年第 2 期。

(70)游彪：《宋代有关僧尼的法条初探》，《河南大学学报》，2013 年第 3 期。

(71)赵现海：《成化时期明朝“搜套”与西北社会》，《明代国家与社会——明史研究论丛》（第十一辑），故宫出版社，2013 年版。

(72)张宪博：《明末东阳“许都之乱”探究》，《明代国家与社会——明史研究论丛》（第十一辑），故宫出版社，2013 年版。

(73)桂涛：《以“甲申”为原点的明清之际——清初河南、河北士人与江南士人对清朝的认识差异》，《史林》，2013 年第 2 期。

(74)张瑞龙、黄一农：《天理教起义与闰八月不祥之说析探》，《历史研究》，2013 年第 1 期。

(75)刘小萌：《旗籍朝鲜人安氏的家世与家事》，《清史研究》，2013 年第 4 期。

(76)董笑寒、孙燕京：《秋审个案与清末司法审判》，《南京社会科学》，2013 年第 2 期。

(77)汪高鑫：《汉代的民族交往与民族融合》，《学习与探索》，2013 年第 1 期。

(78)李锦绣：《方阵、精骑与陌刀——隋唐与突厥战术研究》，《晋阳学刊》，2013 年第 4 期。

(79)荣新江：《大中十年唐朝遣使册立回鹘史事新证》，《敦煌研究》，2013 年第 3 期。

⑧0许曾会：《明清的民族政策与正史的民族观念》，《学习与探索》，2013年第1期。

⑧1朱玉麒：《清代新疆官办民族教育的政府反思》，《西域研究》，2013年第1期。

⑧2关康：《理藩院题本中的蒙古发遣案例研究——兼论清前期蒙古地区司法调适的原则及其内地化问题》，《清史研究》，2013年第4期。

⑧3孙勐：《北京地区辽代佛教综论——以石刻文字资料为中心》，《北京联合大学学报》，2013年第2期。

⑧4王晓颖：《蒙元时期北京地区全真道发展论述》，《北京民俗论丛》，2013年第1辑。

⑧5王毓蔺：《明北京营建烧造丛考之一——烧办过程的考察》，《首都师范大学学报》，2013年第1期。

⑧6高寿仙：《奸豪阻挠抑或技术障碍——明代修复通惠河的曲折过程》，《明代国家与社会——明史研究论丛》（第十一辑），故宫出版社，2013年版。

⑧7陈喜波、韩光辉：《明清北京通州运河水系变化与码头迁移研究》，《中国历史地理论丛》，2013年第1期。

⑧8邓亦兵：《清代前期京城房产交易》，《中国社会经济史研究》，2013年第3期。

⑧9赵寰熹：《清代北京旗民分城而居政策的实施及其影响》，《中国历史地理论丛》，2013年第1期。

（作者：仝卫敏，北京师范大学副研究馆员；
周松，北京师范大学博士生）

中国近现代史

张 皓 王 纯

本年度的研究，分门别类，可以从以下几方面来总结。

一、政治与外交

关于中国近现代政治史的研究，可以分4个专题进行总结，即晚清政治、民国政治、共产党政治和国民党政治。

（一）晚清政治史

1851—1861年，是咸丰皇帝当政时期，也是中国历史的重要转折年代。太平天国兴起，捻军、天地会的起义遍及南北；英国与法国组织联军，再次入侵中国，俄国趁火打劫，新的条约一一签订。茅海建在新版《苦命天子》一书中，描绘了咸丰皇帝悲惨的一生，也折射了那段曲折的历史。①

晚清时期，清王朝的权力重心逐渐向地方督抚倾斜。房德邻在《封疆大吏与晚清变局》一书中，以晚清督抚为视点，通过对督抚权力结构的变化以及其对政局的影响，勾勒出了晚清政局的衰亡过程。②不过，邱涛、赵紫雄经过研究指出，清廷虽受到太平天国带来的冲击，越来越依赖湘淮军队，甚至不得不任命部分湘淮高层人员为封疆大吏。但这部分人成为政府官员之后，清朝中央不断对其施加约束，并破坏湘淮集团的内部团结，从而维持中央对地方的控制权。③

在内忧外患的历史背景下，清政府被迫实行新政。然而事与愿违，清王朝在新政10年后很快被辛亥革命推翻。之后，中国陷入军阀混战和内外战争之中。据此，有人提出“告别革命”的论点。李细珠系统总结了清末新政5个方面的经验教训，指出“究竟应当进行温和的改良还是激进的革命是由具体的历史条件决定的，不以任何人的主观意志为转移”。④对于清末新政后，很快出现革命的原因，罗志田也撰文进行了更深层的梳理、分析和诠释。⑤崔志海则研究了清末新政没有挽救清朝的统治，反而是加速清朝灭亡的原因。首先，其整体改革方案远远超出了当时清朝政府所能承担的国力和财力，极大加重了人民的负担，成为“扰民”之举；其次，清政府在存在严重争议的情况下启动预备立宪政治改革；最后，新政的改革内容本身就具有革命性。⑥也有学者从小问题着手研究清末的改革。比如金泽璟对清朝末期奉天警察制度的建立进行了考察。他指出，清末的警察制度承担了州县政府的一些功能，州县的行政职能得以简化。总体来讲，警察制度是州县行政改革的补充。⑦

除了清末新政，关于戊戌变法等相关问题的研究，学术界一直没有停止。1899年7月20日，康有为在加拿大创立“保皇会”。1906年10月，康有为设想改“保皇会”为“国民宪政会（党）”。王大文在研究大量原始史料的基础上，对康有为改组“保皇会”的前后史实进行了考证。⑧茅海建认为通过阅读“张之洞档案”，能够窥探戊戌变法的更多内容。⑨桑兵探讨了戊戌变法代表人物康有为、梁启超并称为“康梁”的源起问题。⑩马忠文研究了翁同龢开缺前后的政治倾向。他认为翁氏在政变后被打入康有为一派是各种力量政治斗争的产物。翁氏是在被打成“康党”后变成“新派”人物的。翁同龢身上的“新”色彩是被强加上去的，带有鲜明的政争意味。⑪

此外，学者还就清朝的一些具体问题进行了分析。王开玺探讨了慈禧太后的文化修养问题，认为无论是年轻还是老年的慈禧，文字与文化学养皆不算很高。世间流传的诸多慈禧太后的书法、绘画作品是他人代笔、代书的“捉刀”伪作。⑫季剑青将清朝末期清室古物的处置与保存问题进行了梳理分析。⑬

（二）民国政治史

辛亥革命始终是史学界研究的热点。我们将其放入民国政治研究这部分进行总结，是因为辛亥革命开启了民国的大门。

杨天石的新著《帝制的终结》，全景式地讲述了辛亥革命的历史。这本书通过袁世凯、载沣、康有为、梁启超、孙中山等持各种政见的人物的活动脉络，展现了历史事件和人物的动人细节。内容并不是陈旧的史料铺陈，而是挖掘尚未被学界利用的新资料。⑭

辛亥革命之后，中华民国要寻求列强的承认。侯中军认为，就国际惯例而言，中华民国宣告成立时，清政府仍然是合法政权，在国际上代表中国。从中华民国成立到清帝逊位，属于过渡时期，不能简单视此一时期的拒绝承认是刁难与要挟。日本虽然主导了列强对中华民国的延迟承认，但在清帝逊位前日本并未就承认问题提出预案。⑮

“革命”似乎是民国时期离不开的话题。辛亥革命、国民革命、共产革命是中国革命过程中相互衔接、演进的3个阶段。王奇生就对这3次革命进行了梳理，他指出20世纪中国革命显示，弱势的革命党难以完成革命建国的重任；强势的革命党可以实现革命建国，又难以完成革命之后的政治转型。发动革命需要激情，结束革命更需要理智。⑯1927年，在大革命的风暴中，“反革命罪”被第一次作为刑事罪名列入法律。王奇生对于这个罪名提出的经过进行了详细分析。⑰

民国时期，除却“革命”，还有太多的人和事。杨奎松最新出版的《民国人物过眼录》一书，将诸多经典文章合集，包括《瞿秋白与共产国际》《蒋介石、张学良与中东路事件》《苏联大使罗申的秘密使命》等。他对许多历史人物有了新的认识，比如《向忠发是怎样一个总书记》一文，揭示了向忠发并不是一个大老粗，也不是一个生活腐化分子，而是一个比较有能力的干部。⑱

百年来，袁世凯一直被很多人视为民元“北京兵变”的主谋。尚小明提出这种说法不成立，而且刘成禺《民元北京兵变内幕》其实是一条假材料。⑲他还探讨了北大校长严复辞职的内幕，指出辞职主要由两股力量促成：一是教育部的反严者；一是北大学生中的少数激进革命分子。⑳侯宜杰认为刺杀宋教仁的主谋尚难定论。他指出缺乏确凿证据，就不能认为赵秉钧或袁世凯是刺杀宋教仁的主谋；纵然有些问题没有搞清，也只能存疑，不能作为定论。㉑

（三）共产党政治发展

1. 政治大事

关于中国共产党政治史的研究，按照时间顺序进行梳理。

1933年8月14日，中共陕甘边特委和红26军第4团、耀县游击队负责人在照金根据地的陈家坡召开联席会议，通称“陈家坡会议”。对于此次会议，亲历西北革命斗争的领导人都有很高评价，但以往研究者较少。李东朗对这次会议的召开及意义进行了详细分析。㉒此外，他还就习仲勋与两当起义的关系问题进行了探讨。习仲勋是两当起义的主要组织者和领导人，在这次起义成功举行的过程中作用突出。由于起义军后来的失败而对起义本身提出的种种质疑，是不符合历史辩证法的。㉓在中国传统司法中，对“情理”的重视可谓是一大特色。胡永恒就探讨了陕甘宁边区的情理断案。㉔

中共中央党史研究室第一研究部主编的《民主革命时期中国共产党历史论丛》于2013年11月由中央文献出版社出版。该论丛包含多篇研究论文，如共产国际、联共（布）与中国革命关系、陈独秀与《关于“民主的联合战线”的议决案》、浅析共产国际对中共早期妇女运动的影响等。㉕

抗日战争爆发后，中共的政治影响迅速扩大，但“党的组织力量，还远落在党的政治影响之后”。罗平汉梳理了抗战前期华北地区中共组织的发展与整顿。1938年3月，中共中央做出《关于大量发展党员的决议》，要求“大量的十百倍的发展党员”。1939年9月，中共中央政治局又做出《关于巩固党的决议》，各地相继开展以审查干部和整理支部为中心内容的组织整顿，取得显著成效。㉖

1949年4月1—20日，中共代表团与南京国民党政府代表团就国内和平问题进行谈判。罗平汉分析了此次国共和谈的背景、双方当时各自对和谈所持的立场。㉗

1962年1月11—2月7日，中共中央在北京召开扩大的工作会议，史称“七千人大会”。罗平汉从大会为何将主题确定为反对分散主义，毛泽东、刘少奇、邓小平等中共中央领导人为何在报告或讲话中一再强调要加强民主集中制，“七千人大会”所强调的这一制度为何没有坚持下来等角度，进行了简要的分析。㉘

2013年1月26日，由中国社会科学院当代中国研究所、马克思主义理论研究和建设工程办公室联合举办，新中国历史经验研究中心承办的主题为“改革开放前后两个历史时期的关系”理论座谈会在北京召开。会议研讨了新中国成立以来的历史进程与经验，开辟改革开放道路的探索等问题。

关于中国共产党历史的通史性著作《中国共产党画卷》于2013年11月由中央文献出版社出版。

本书展示了中国共产党自成立以来在各个革命历史时期、社会主义建设时期和改革开放新时期带领全国人民艰苦奋斗，取得的重大胜利和辉煌成就。[29]

2. 政治人物

(1) 关于毛泽东的研究

2013 年是毛泽东同志诞辰 120 周年。12 月 26 日上午在人民大会堂举行座谈会，纪念毛泽东同志诞辰 120 周年。中共中央总书记、国家主席、中央军委主席习近平发表重要讲话。他强调指出，毛泽东同志为中国新民主主义革命的胜利、社会主义革命的成功、社会主义建设的全面展开，为实现中华民族独立和振兴、中国人民解放和幸福，做出了彪炳史册的贡献。

学术界从多个角度研究毛泽东思想，取得了丰硕成果。沙健孙探讨了毛泽东关于在执政条件下加强共产党自身建设的思想，[30]对毛泽东关于新中国的国际战略和对外工作思想进行了系统的梳理，[31]他还分析了毛泽东与新中国的国防建设、[32]教育发展问题。[33]石仲泉研究了毛泽东的丰功伟绩和中华民族的伟大复兴问题。[34]他还撰文论述了毛泽东的廉政思想和中央苏区的廉政建设。[35]此外，他对于长征问题和张国焘分裂中央进行了分析，[36]也记述了从通道会议开始的历史转折的一系列会议，详细分析了党的历史转折伟大标志的遵义会议。记述了毛泽东在四渡赤水、巧渡金沙江和飞夺泸定桥所体现出的神奇用兵思想。[37]

金冲及总结了毛泽东的战略思维。他指出毛泽东强调作为领导干部一定要有“战略头脑”，即战略思维能力。这种能力主要表现在两个方面：一是全局性的眼光；一是敏锐的预见性。这正是毛泽东工作方法的突出特点。[38]

雷蒙德 · F. 怀利著、杨锐译的《毛主义的崛起——毛泽东、陈伯达及其对中国理论的探索》[39]已经由中国人民大学出版社于 2013 年 7 月出版发行。本书在充分占有原始资料的基础上，从思想演进和政治变动两个维度叙述了 1935—1945 年间毛泽东思想形成、发展，直至成为共产党指导思想的历史过程。

(2) 关于刘少奇的研究

金冲及编的《刘少奇传》[40]于 2013 年 11 月正式出版。本套书主要是依据历史文献档案编写的，包括中央档案馆保存的大量刘少奇同志的文稿、电报、书信、讲话记录和有关会议记录，以及王光美同志提供的一批手稿、信件、笔记。同时，也参考了与刘少奇同志有过直接交往和接触的同志的访问记录、回忆录、录音录像，当时报纸、杂志（包括内部报刊）及有关资料。

(3) 关于其他历史人物的研究

彭湃是中国共产党创建时期的重要领导人，杰出的农民运动领袖。《澎湃文集》于 2013 年 9 月由人民出版社出版。本书收集了彭湃从 1921 年到 1929 年牺牲前的绝大部分著作，基本上按写作或发表时间先后排列。[41]

此外，宋月红分析了陈云的马克思主义观。[42]朱佳木基于陈云研究了中国共产党的党风建设思想。[43]

(四) 国民党政治发展

关于国民党政治问题的研究，主要集中于两个时期：一是抗日战争时期，一是解放战争时期。

罗敏对于抗战前期蒋介石对中共态度的演变进行了分析。文章指出抗日战争爆发后蒋介石对中共态度的变化，与抗战前期国际形势的演变密切相关。[44]抗战胜利后蒋介石的对日处置，具有双面性的特质。一方面，面对战争胜利，蒋介石没有理由不感到莫大的喜悦。另一方面，对于战后中国的走向和未来，蒋介石又思虑国民党的处境，担忧中共的崛起，他需要准备应付即将来临的国共对垒。汪朝光通过解读蒋介石日记，分析了他抗战胜利后对日处置的这种双重性。[45]

西安事变是中国现代史上的大事。杨奎松通过分析指出，西安事变是中国现代史上的转折点。[46]

1942 年 9 月，蒋介石密令裁撤中央机关公务人员移送西北，从事开发新疆工作。但遭到各方抵触和反对，相关权力机关也以各种理由规避被裁或分发西北，从而导致裁冗移民计划的流产。刘萍对该事件的前后过程进行了梳理分析。[47]

1949 年，蒋介石败退台湾。杨天石分析了国民党失败的原因：一是未能满足农民求温饱、求土地的要求，丢掉了农民；二是丢掉了民族资产阶级；三是大打内战、经济恶化，丢掉了全民；四是国民党贪污腐败，惩治既无力又无效；五是大搞一党专政和个人独裁；六是美国对国民党的支持三心二意。[48]

汪朝光、王奇生、金以林分析了蒋介石读书的偏好。他们指出，蒋介石在不同时期的自我角色定位，大致有三个——圣贤、豪杰、革命领袖。蒋介石的阅读取向，基本上是围绕这三个自我定位的角色进行的。蒋介石好看古书，读古文，1932 年 9 月 15 日的日记中规定自己“每日早晨必看古书一篇”。[49]

最后，总结一下 2013 年出版的中国近现代史的通史著作。张海鹏主编的《中国近代通史》[50]（全 10 册）已经由江苏人民出版社出版发行。本套图书是将中国近代史上的重大事件一一进行了透彻分析，详略得当，史实清晰。蔡美彪编著的《中华史纲》是 1995 年人民出版社出版的 10 卷本《中国通史》的简本。作者历时 3 年编写完成。简本用 30 万字勾勒了至清朝覆亡的中华三千年历史脉络，详略得当，语言精练，确有史学大家风范，是极难得的面向大众的高水准史学作品。徐秀丽、王先明主编的《中国近代乡村的危机与重建：革命、改良及其他》[51]一书由社会科学文献出版社于2013年9月出版。本书是近代史研究杂志社与南开大学历史学院于2012年7月联合主办的第二期“中国近代史论坛”的成果结集。全集按专题就乡村危机、乡村治理、乡村建设、乡村革命、土地改革、乡村经济6个方面进行了探讨。

二、外交、经济、社会与军事

关于外交史的研究，从中国与各国的关系来说，列举如下。

中俄关系。关于中国出兵朝鲜的原因，有学者一直怀疑朝鲜战争的爆发，原本就是一个陷阱。是斯大林故意制造出来，迫使中国人彻底破灭对美国幻想，并造成中美对抗的一着险棋。斯大林自己在1950年8月25日给捷克总统的电报，似乎也很清楚地证明了这一点。杨奎松通过分析大量档案材料，分析了中国出兵与苏联、美国、朝鲜错综复杂的关系。[52]

陈春华选译了48件俄国外交文书。第一部分19件，是关于英军第二次入侵我国领土西藏的；第二部分29件，是关于十三世达赖自西藏逃往外蒙和沙俄所采取之对策以及达赖喇嘛在外蒙古的活动。[53]她还选译了关于十三世达赖喇嘛身边的三品僧官和全权代表、沙俄政府驻拉萨的政治密使俄籍布里亚特僧人阿旺·德尔智的活动（1888—1910）的俄国外交文书。[54]

中英关系。1903—1904年英国第二次派兵武装入侵西藏。梁俊艳以参与英国第二次入侵西藏的当事人和藏学家瓦代尔所著《拉萨及其神秘》一书为主，辅助其他当事人如荣赫鹏、坎德勒等人所著的行纪资料，揭露英军在西藏的所作所为，并将这些英文传记性资料与汉文、藏文、俄文档案史料、口述史料等一手资料相对照，探析历史真相，纠谬正误。[55]

印度独立前后，英印分三路侵占“麦克马洪线”以南的中国领土，宣称麦克马洪线就是中印东段边界线。张皓撰文分析了该事件及国民政府的处置情况。文章指出英印两国的目的有所不同，英国企图在中印两国之间留下领土争端，印度企图进一步建立环印度洋政治圈和对抗中国的战略态势。国民政府的处置，经历了两个阶段的变化。在印度独立前，国民政府积极而主动；印度独立后，国民政府消极而被动。[56]

中日关系。徐志民分析了抗战时期日本对中国留学生的政策，指出七七事变爆发后，日本政府蛊惑或强令伪政权继续选派留日学生，对中国留日学生进行换脑教育。但是，这种非正义的政策最终随着日本战败投降而失败。[57]他还探讨了对于抗日战争日本的5种称谓，即支那事变、大东亚战争、太平洋战争、日中战争、十五年战争。[58]

中韩关系。基于中国与周边朝鲜、越南等国的关系，近代韩国人华夷观的变化与民族意识成长之间的关系，王元周编著了《小中华意识的嬗变——近代中韩关系的思想史研究》[59]一书。该书通过考察近代中韩宗藩关系转型过程中中华意识的衰退和脱中华民族意国家识的形成过程，探讨其近代转型期的内在动因与困境。

关于近代经济史的研究，以1949年新中国成立为界，可划分两个历史阶段进行总结分析。

关于新中国成立前的经济问题研究，出现了一个新的成果，那就是代耕。代耕是革命战争年代长期实施的一项物质优待制度。北京地区结合本地的实际情况和以往的经验实施了多种代耕。代耕制度的实施对抗美援朝的胜利及新中国成立之初的优抚制度建设发挥了重要作用。[60]

关于新中国成立后的经济问题研究，集中在新中国成立初期。沙健孙分析了毛泽东与新中国的经济建设，高度评价了毛泽东对经济建设做出的贡献。[61]朱佳木分析了毛泽东与中国的工业化建设问题，[62]讨论了毛泽东对社会主义社会促进生产力发展问题的探索及其贡献。[63]董志凯分析了毛泽东与新中国独立完整工业体系的初步建成。[64]

此外，武力还专门撰文指出生产力研究应得到历史学更多的关注。[65]

关于社会史的研究，内容比较广泛，按照时间顺序总结如下。

秦方以晚清时期天津的几份画报为例，探讨了近代女学视觉展现的议题。[66]

侯中军研究了中国电报局与电信初创时期的对外交涉。他指出中国电报局的电信交涉是企业的外交行为，或政府与国外企业展开的涉外经济行为，这种行为不同于民国时期出现的商人外交或民间外交。[67]李长莉探讨了晚清时期民众的抵制洋货运动。[68]

1910—1911年，正值辛亥革命时期，浙江和安徽两地同时遭遇严重水灾。朱浒分析了针对这次水灾中外社会人士发起的华洋义赈会。他指出，该义赈会专注赈灾事物，缓解了清政府、南京临时政府和袁世凯政府投入不足的状况。[69]

李小尉以贫民小本借贷为例，探讨了民国时期贫民救助事业的发展与变革。文章指出，这种借贷符合近代以来社会救济领域变“消极救济”为“积极救济”的发展潮流。但是，贫民小本借贷在推行过程中遇到了种种问题，取得的救济效果也差强人意。[70]

臧运祜根据汪伪政府驻日“大使馆”的侨务档案，考察了抗日战争时期日本华侨的生活状况。日本华侨在战争后期的生活状况较差，求助于汪伪政府而不得救助。[71]

加拿大伊莎白、俞锡玑著，黄兴涛、杨念群编的《西方的中国形象·兴隆场：抗战时期四川农民生活调查（1940—1942）》已经由中华书局于2013年1月出版。该调查是历史上第一部由西方女性及其中国合作者完成的逐户采访式的社区调查。内容涉及社区的历史、地理、市场、宗教、祠宇、家庭、性别关系、医疗卫生等方面。[72]

关于军事问题的研究，主要集中于抗日战争、抗美援朝和解放战争3个时期。

臧运祜主编的《日本侵华与中国抗战》已经由社会科学文献出版社出版。该书搜集了诸多学者的研究成果，分为政治外交篇、军事战略篇、社会经济文化篇、国民政府篇、抗战大后方篇。[73]

庹平分析了毛泽东对抗美援朝战争的战略指导：一是从国家根本利益和民族长远利益出发，指导中共中央统一思想并做出中国出兵援助朝鲜的战略决策；二是指导志愿军先后发动5次战役，把以美国为首的"联合国军"打回"三八线"；三是指导中朝军队以打促谈，边打边谈，最终实现有利条件下的停战；四是指导中共中央确定"边打、边稳、边建"的方针，以经济建设的巨大成就来保证抗美援朝战争的伟大胜利。[74]唐蕊探讨了周恩来与抗美援朝战争的后勤保障问题，她指出作为当时主持军委日常工作的副主席，无论是在战争准备阶段还是在战争过程中，周恩来都为志愿军的后勤保障工作倾注了大量心血。[75]

金冲及探究了毛泽东与蒋介石在3大战役中的战略、战术。毛泽东力求熟识敌我双方情况，而且重视人民群众的支持和一线将领们的意见。蒋介石对战场局势既缺乏客观、全面的分析和了解，甚至在战局不利的条件下依然盲目地想同解放军进行"决战"。[76]

三、思想、文化和民族关系

近代以来，中国经历了巨大变革，思想、文化乃至教育事业也随着政治现实的变化而产生诸多潮流，其中影响最大的则是新文化运动和五四运动。本部分以1919年和1949年为界，分阶段总结学术界研究成果。

晚清的知识界。鸦片战争以来，清王朝面临亡国灭种的危机，"救亡"和建立"新中国"成了近代以来知识分子思考的主题。王玉玲将清末知识分子对"新中国"构想的提出、发展和变化历程进行了考察，揭示了不同时期"新中国"具有的不同内涵。[77]

甲午战争失败之后，中国的学会与报刊盛行。为了能够表达自己的思想，张之洞打算在武昌创办一份报刊，取名《正学报》。茅海建经过对史料的分析，考察了这份报纸的许多细节问题。[78]

罗志田探讨了清朝末期已经出现的"大革命"观。所谓"大革命"，是指革命可以分解到多个时段、各个领域，并积少成多。这样的广义大革命涵括了政治革命，又超越于政治革命，体现出明显的非暴力倾向，而与全面、彻底的改良相通。[79]侯中军基于孙中山的革命理论和实践，探讨了近代中国的民族主义与不平等条约的关系，以及背后蕴含的深层问题。[80]

新文化运动与五四运动。陈独秀是新文化运动的著名代表人物。4卷本《陈独秀文集》于2013年9月由人民出版社出版。本书稿辑录了陈独秀发表过的大部分文稿和其他文献资料，是国内资料最为齐全的研究陈独秀的文献汇编。[81]新文化运动和"五四"时期最重要的刊物《新青年》后期出现明显的转向。罗志田重新探讨了《新青年》转向的因缘脉络，认为转向与陈独秀的思想转变密切相关，而直接诱因则是陈独秀不再继续担任北京大学文科学长。通过分析，揭示出"五四"远比我们认知的更丰富多彩。[82]

耿云志的《近代思想文化论集》收录了近代思想变革的重要研究成果，全书分上、下两篇，按照时间顺序探讨了清末至"五四"时期的重要思想问题，包括《清末思想文化变迁的几个大趋势》《论清末的反满革命思想》《论康有为的"圣人"情结及其以孔教为国教说》《孙中山民族主义思想的历史演变》《呼唤新青年，传递新思想》《再谈五四时期的"反传统"问题》等。

抗战时期的思想。1935年12月9日，北平大、中学生数千人在中国共产党的领导下，举行了抗日救国示威游行，反对华北自治。这就是著名的"一二·九"运动。张德明研究了燕京大学在"一二·九"运动时期的表现。他指出燕大虽为教会学校，但学生却利用独特优势，不遗余力地参与抗日救亡，表现了极高的民族主义情结，更认识到联合民众建立统一战线的重要性。[83]

喻春梅、郑大华以《东方杂志》和《独立评论》为中心，探讨了九一八事变后，面对日本的侵略，知识界是"战"还是"和"的争论。以胡愈之为代表的《东方杂志》主战，以胡适为代表的《独立评论》学人主和，但他们都是爱国主义者或民族主义者。[84]

此外，关于一些重要的人物思想，学者的研究也从未间断。比如朱希祖、李大钊、顾颉刚均为中国史学的近代转型做出了各自的贡献，发挥了重要影响。周文玖以《顾颉刚日记》为中心，辅以《朱希祖日记》及其他资料，从生活史的角度诠释他们的学术关系。[85]罗志田在《经典淡出之后》[86]一书中，讨论近代经典淡出之后中国史学的转变与延续。上篇侧重学术的履迹，在清华国学院和"古史辨"学派的个案探讨之后，概述1949年后60年来中国史学的转变与延续，尽可能将学术追求和研究方法落实在梁启超、吴宓和顾颉刚等具体的当事人之上。下篇则通过学人看学术，立足于拾遗补阙，具体讨论章太炎、胡适、陈寅恪、傅斯年一些为他人所忽视或误解的史学见解和研究思路。

关于民族关系的研究，西藏问题一直是重点。

1929年9月—1931年4月，贡觉仲尼的到京、入藏及驻京，在民国时期的西藏与中央关系恢复上具有独特的意义。对于这一问题，张皓在考证大量史料的基础上，指出：贡觉仲尼入藏，使得西藏与中央的关系得到初步恢复。但是，十三世达赖及噶厦对贡觉仲尼在京所答应的一系列问题，如派遣大员入京协商、九世班禅可率少数军队返藏等，并不同意。因此，西藏问题在当时情况下并不能得到根本解决。[87]

刘曼卿在西藏与中央政府之间正常关系的恢复过程中发挥了重要作用。张皓对其高度评价：刘曼卿不畏艰险，取道康藏，“打破一二十年来康藏和内地不交通的记录”。[88]

1931—1934年间，九世班禅三次晋京，努力解决返藏问题。张皓经过研究指出，在当时情况下，国民政府无力和平解决班禅返藏问题，九世班禅的期望最终落空。[89]

1934年，蒋介石设法利用十三世达赖圆寂之机设法解决西藏地方与中央正常政治关系的恢复、康藏纠纷及班禅返藏三大问题。张皓对于蒋遴选黄慕松入藏及解决西藏问题进行了研究。蒋介石的努力取得了一点成就，即噶厦最终承认了西藏为中国领土不可分割的一部分。至于三大问题，蒋介石在当时中国主要面对日本入侵的情况下无力解决。[90]

1946年11月，国民政府召开制宪国民大会，通过《中华民国宪法》，噶厦即西藏地方政府选派代表参加，成为民国史上西藏地方与中央关系演变的一件大事。张皓深入探讨了西藏地方代表出席制宪国大的实质原因与代表如何产生，国民政府如何针对英国的企图采取应对措施，《中华民国宪法》有关西藏条文的拟定及西藏地方代表的态度等问题。[91]

此外，梁俊艳撰文指出，1911年以前及民国期间印、尼两国在我国西藏的特权，西藏和平解放后中国政府废除了外国在藏特权。[92]央珍、喜饶尼玛强调口述史是历史研究的重要理论与方法之一，它对拓宽近代西藏历史的研究领域和转变固有研究范式具有重要意义。[93]

注：

①茅海建：《苦命天子》，生活·读书·新知三联书店，2013年版。

②房德邻：《封疆大吏与晚清变局》，安徽人民出版社，2013年版。

③邱涛、赵紫雄：《咸同年间清廷和湘淮集团的省级政权控制力考析》，《江苏师范大学学报》（哲学社会科学版），2013年第39卷第3期。

④李细珠：《从清末新政的历史教训看改良与革命》，《清史参考》，2013年第37期。

⑤罗志田：《革命的形成：清季十年的转折（下）》，《近代史研究》，2013年第6期。

⑥崔志海：《清末十年新政改革与清朝的覆灭》，《社会科学辑刊》，2013年第2期。

⑦金泽璟：《清代奉天警察制度的确立与地方行政》，《清史研究》，2013年第1期。

⑧王大文：《康有为改组“保皇会”前后史事考辨》，《清史研究》，2013年第4期。

⑨茅海建：《“张之洞档案”与戊戌变法》，《东方早报》，2013年12月22日。

⑩桑兵：《康梁并称的源起与流变》，《近代史研究》，2013年第2期。

⑪马忠文：《从朝野反响看翁同龢开缺前的政治倾向》，《南京大学学报》（哲学社会科学版），2013年第2期。

⑫王开玺：《略论慈禧太后的文化学养》，《北京社会科学》，2013年第5期。

⑬季剑青：《“私产”抑或“国宝”：民国初年清室古物的处置与保存》，《近代史研究》，2013年第6期。

⑭杨天石：《帝制的终结》，岳麓书社，2013年版。

⑮侯中军：《“成立在我，承认在人”——辛亥革命期间中华民国承认问题再研究》，《历史教学》，2013年第7期。

⑯王奇生：《高山滚石：20世纪中国革命的连续与递进》，《华中师范大学学报》（人文社会科学版），2013年第5期。

⑰王奇生：《国民革命时期“反革命罪”提出的经过》，《武汉文史资料》，2013年第4期。

⑱杨奎松：《民国人物过眼录》，四川人民出版社，2013年版。

⑲尚小明：《论袁世凯策划民元“北京兵变”说之不能成立》，《史学集刊》，2013年第1期。

⑳尚小明：《民元北大校长严复去职内幕》，《北京大学教育评论》，2013年第2期。

㉑侯宜杰：《暗杀宋教仁的主谋尚难定论》，《史林》，2013年第1期。

㉒李东朗：《简述陈加坡会议》，《中共党史研究》，2013年第3期。

㉓李东朗：《习仲勋与两当起义述论》，《中共党史研究》，2013年第10期。

㉔胡永恒：《陕甘宁边区的情理断案》，《中西法律传统》，2013年第1期。

㉕中共中央党史研究室第一研究部编：《民主革命时期中国共产党历史论丛》，中央文献出版社，2013年版。

㉖罗平汉：《抗战前期华北地区中共组织的发展与整顿》，《中共党史研究》，2013 年第 4 期。

㉗罗平汉：《1949 年国共和谈的由来》（上篇）（下篇），《党史博览》，2013 年第 9、10 期。

㉘罗平汉：《七千人大会与民主集中制》，《炎黄春秋》，2013 年第 6 期。

㉙《中国共产党画卷》，中央文献出版社，2013 年版。

㉚沙健孙：《毛泽东关于在执政条件下加强共产党自身建设的思想》，《毛泽东研究 2013 年卷》。

㉛沙健孙：《毛泽东关于新中国的国际战略和对外工作思想》，《毛泽东邓小平理论研究》，2013 年第 11 期。

㉜沙健孙：《毛泽东关于国防和军队现代化建设的重要思想》，《毛泽东邓小平理论研究》，2013 年第 1 期。

㉝沙健孙：《毛泽东关于发展教育和科学技术事业的思想》，《毛泽东邓小平理论研究》，2013 年第 12 期。

㉞石仲泉：《论毛泽东与中华民族伟大复兴——纪念毛泽东诞辰 120 周年》，《毛泽东研究 2013 年卷》。

㉟石仲泉：《毛泽东的廉政思想和中央苏区的廉政建设》，《中国延安干部学院学报》，2013 年第 4 期。

㊱石仲泉：《雪山下红军喜相逢和草地行张国焘闹分裂》，《毛泽东思想研究》，2013 年第 2 期。

㊲石仲泉：《遵义会议的伟大历史转折和毛泽东的神奇用兵》，《毛泽东思想研究》，2013 年第 1 期。

㊳金冲及：《毛泽东的战略思维》，《党的文献》，2013 年第 6 期。

㊴［美］雷蒙德·F. 怀利著，杨锐译：《毛主义的崛起——毛泽东、陈伯达及其对中国理论的探索》，中国人民大学出版社，2013 年版。

㊵金冲及：《刘少奇传》，中央文献出版社，2013 年版。

㊶澎湃：《澎湃文集》，人民出版社，2013 年版。

㊷宋月红：《陈云的马克思主义观研究》，《北京党史》，2013 年第 5 期。

㊸朱佳木：《略论陈云执政党党风建设的思想》，《中共党史研究》，2013 年第 11 期。

㊹罗敏：《抗战前期蒋介石对中共态度的演变——基于国际背景因素的考察》，《抗日战争研究》，2013 年第 3 期。

㊺汪朝光：《抗战胜利的喜悦与对日处置的纠结——由蒋介石日记观其战后对日处置的双面性》，《抗日战争研究》，2013 年第 3 期。

㊻杨奎松：《西安事变是中国现代历史的转折点》，《江淮文史》，2013 年第 6 期。

㊼刘萍：《1942 年蒋介石裁冗移民令的缘起与流产》，《抗日战争研究》，2013 年第 3 期。

㊽杨天石：《国民党是如何失掉大陆的》，《理论视野》，2013 年第 6 期。

㊾汪朝光、王奇生、金以林：《蒋介石读书有偏好》，《文史博览》，2013 年第 8 期。

㊿张海鹏：《中国近代通史》，江苏人民出版社，2013 年版。

51徐秀丽、王先明：《中国近代乡村的危机与重建：革命、改良及其他》，社会科学文献出版社，2013 年版。

52杨奎松：《1950 年代中国出兵朝鲜探究（上）（下）》，《江淮文史》，2013 年第 3、4 期。

53陈春华：《俄国外交文书选译——关于英军第二次侵藏、达赖喇嘛出逃外蒙以及沙俄的对策》，《中国藏学》，2013 年第 3 期。

54陈春华：《俄国外交文书选译——关于十三世达赖喇嘛身边的三品僧官和全权代表、沙俄政府驻拉萨的政治密使俄籍布里亚特僧人阿旺·德尔智的活动（1888—1910）》，《中国藏学》，2013 年第 2 期。

55梁俊艳：《第二次入侵西藏的英军：绅士还是强盗》，《中国藏学》，2013 年第 S2 期。

56张皓：《1947 年前后英印侵占“麦克马洪线”以南中国领土与国民政府的处置》，《晋阳学刊》，2013 年第 2 期。

57徐志民：《日本的中国留日学生政策（1937—1945）》，《历史研究》，2013 年第 3 期。

58徐志民：《评析日本学界对抗战的五种称谓》，《博览群书》，2013 年第 3 期。

59王元周：《小中华意识的嬗变——近代中韩关系的思想史研究》，民族出版社，2013 年版。

60尹传政：《抗美援朝时期北京地区的代耕制度》，《北京社会科学》，2013 年第 3 期。

61沙健孙：《毛泽东与新中国的经济建设》，《党的文献》，2013 年第 1 期。

62朱佳木：《毛泽东与中国工业化》，《毛泽东邓小平理论研究》，2013 年第 8 期。

63朱佳木：《毛泽东对社会主义社会促进生产力发展问题的探索及其贡献》，《中国社会科学报》，2013 年 12 月 25 日。

64董志凯：《毛泽东与新中国独立完整工业体系的初步建成》，《中国社会科学报》，2013 年 12 月 25 日。

65武力：《生产力研究应得到历史学更多关注》，《中国社会经济史研究》，2013 年第 1 期。

66秦方：《晚清女学的视觉呈现——以天津画报为中心的考察》，《近代史研究》，2013 年第 1 期。

67侯中军：《准条约视角下的中国电报局与电信

初创时期的对外交涉》，《广东社会科学》，2013 年第 6 期。

⑱李长莉：《晚清洋货流行与市民运动兴起——从义和团到抵制美货运动》，《社会科学》，2013 年第 11 期。

⑲朱浒：《辛亥革命时期的江皖大水与华洋义赈会》，《清史研究》，2013 年第 2 期。

⑳李小尉：《民国时期贫民救助事业的发展与变革——以贫民小本借贷为例》，《社会科学战线》，2013 年第 6 期。

㉑臧运祜、张展：《战时日本华侨的生活状况——基于汪伪大使馆有关档案的考察》，《抗日战争研究》，2013 年第 1 期。

㉒［加］伊莎白、俞锡玑著，黄兴涛、杨念群编：《西方的中国形象·兴隆场：抗战时期四川农民生活调查（1940—1942）》，中华书局，2013 年版。

㉓臧运祜：《日本侵华与中国抗战》，社会科学文献出版社，2013 年版。

㉔庹平：《毛泽东对抗美援朝战争的战略指导》，《军事历史》，2013 年第 4 期。

㉕唐蕊：《周恩来与抗美援朝战争的后勤保障》，《毛泽东思想研究》，2013 年第 1 期。

㉖金冲及：《三大战略决战中的毛泽东和蒋介石》，《党的文献》，2013 年第 1 期。

㉗王玉玲：《清末知识分子的“新中国”构想》，《清史研究》，2013 年第 4 期。

㉘茅海建：《张之洞与〈正学报〉》，《历史教学问题》，2013 年第 1 期。

㉙罗志田：《与改良相通的近代中国“大革命”》，《社会科学研究》，2013 年第 5 期。

㉚侯中军：《近代中国的民族主义与不平等条约——基于孙中山革命理论和实践的探讨》，《人文杂志》，2013 年第 3 期。

㉛陈独秀：《陈独秀文集》，人民出版社，2013 年版。

㉜罗志田：《陈独秀与“五四”后〈新青年〉的转向》，《天津社会科学》，2013 年第 3 期。

㉝张德明：《燕京大学与“一二·九”运动论析》，《北方民族大学学报》（哲学社会科学版），2013 年第 1 期。

㉞喻春梅、郑大华：《“九一八”后知识界对“战”与“和”的不同抉择——以〈东方杂志〉和〈独立评论〉学人为中心的考察》，《史学月刊》，2013 年第 1 期。

㉟周文玖：《顾颉刚与朱希祖、李大钊的学术关系——以〈顾颉刚日记〉为中心的探讨》，《淮阴师范学院学报》（哲学社会科学版），2013 年第 5 期。

㊱罗志田：《经典淡出之后》，生活·读书·新知三联书店，2013 年版。

㊲张皓：《1929 至 1931 年贡觉仲尼到京、入藏及驻京：西藏与中央关系的初步恢复》，《中国延安干部学院学报》，2013 年第 4 期。

㊳张皓：《刘曼卿在西藏与中央政府之间正常关系恢复中的地位和作用》，《中国延安干部学院学报》，2013 年第 5 期。

㊴张皓：《九世班禅三次晋京及其解决返藏问题的努力》，《江苏师范大学学报》（哲学社会科学版），2013 年第 6 期。

㊵张皓：《努力与无力：1934 年黄慕松入藏与蒋介石尝试解决西藏问题》，《青海民族研究》，2013 年第 1 期。

㊶张皓：《1946 年西藏地方代表出席制宪国大问题之探析》，《史学集刊》，2013 年第 4 期。

㊷梁俊艳：《历史时期印度、尼泊尔在藏特权及其被废除探析》，《西北民族论丛》，2013 年第 1 期。

㊸央珍、喜饶尼玛：《关于口述史的思考——基于近代西藏历史的研究》，《中央民族大学学报》（人文社会科学版），2013 年第 6 期。

（作者：张皓，北京师范大学教授；
王纯，中国人民大学附属中学教师）

中国共产党历史

张静如 王炳林 刘 畅

2013 年是毛泽东诞辰 120 周年，习仲勋诞辰 100 周年，北京地区党史研究呈现出活跃态势，研究内容更为广泛深入，研究成果更为丰富，举行了多种规模的纪念会、党史讲座和学术研讨会，出版了一些高质量的论著，党史研究又上了新的台阶。

一、重要学术活动和学术著作

（一）重要学术活动

1. 中共中央召开纪念毛泽东同志诞辰 120 周年座谈会

2013 年 12 月 26 日，中共中央在人民大会堂召开座谈会，纪念毛泽东同志诞辰 120 周年。中共中央总书记、国家主席、中央军委主席习近平发表重要讲话强调，我们要把党和人民 90 多年的实践及其经验，当作时刻不能忘、须臾不能丢的立身之本，毫不动摇走党和人民在长期实践探索中开辟出来的正确道路，勿忘昨天的苦难辉煌，无愧今天的使命担当，不负明天的伟大梦想，在中国特色社会主义伟大道路上，为实现中华民族伟大复兴的中国梦前进。习近平在讲话中回顾了毛泽东同志一生的丰功伟绩，总结了以毛泽东同志为主要代表的中国共产党人对中国革命和建设做出的卓越贡献。习近平指出，毛泽东同志等老一辈革命家，都是从近代以来中国历史发展的时势中产生的伟大人物，都是从近代以来中国人民抵御外敌入侵、反抗民族压迫和阶级压迫的艰苦卓绝斗争中产生的伟大人物，都是走在中华民族和世界进步潮流前列的伟大人物。习近平指出，对历史人物的评价，应该放在其所处时代和社会的历史条件下去分析，不能离开对历史条件、历史过程的全面认识和对历史规律的科学把握，不能忽略历史必然性和历史偶然性的关系。不能把历史顺境中的成功简单归功于个人，也不能把历史逆境中的挫折简单归咎于个人。不能用今天的时代条件、发展水平、认识水平去衡量和要求前人，不能苛求前人干出只有后人才能干出的业绩来。习近平强调，历史就是历史，历史不能任意选择，一个民族的历史是一个民族安身立命的基础。不论发生过什么波折和曲折，不论出现过什么苦难和困难，中华民族5000多年的文明史，中国人民近代以来170多年的斗争史，中国共产党90多年的奋斗史，中华人民共和国60多年的发展史，都是人民书写的历史。历史总是向前发展的，我们总结和吸取历史教训，目的是以史为鉴、更好前进。中共中央政治局常委李克强、张德江、俞正声、刘云山、王岐山、张高丽出席座谈会，座谈会由刘云山主持。

2. 全国纪念毛泽东同志诞辰120周年学术研讨会

2013年12月27日，由中央宣传部、中央党校、中央文献研究室、中央党史研究室、教育部、中国社会科学院、解放军总政治部举办的全国纪念毛泽东同志诞辰120周年学术研讨会在北京召开。会议入选论文100余篇，集中反映了近年来毛泽东生平和毛泽东思想研究成果，来自全国各地150多位专家学者在会上进行学术交流。中共中央政治局常委、中央书记处书记刘云山出席会议并讲话，强调要认真学习贯彻习近平总书记在纪念毛泽东同志诞辰120周年座谈会上的重要讲话精神，全面科学认识毛泽东同志和毛泽东思想的历史功绩和历史地位，深入阐释毛泽东思想的精神实质和当代价值，为坚持和发展中国特色社会主义、实现中华民族伟大复兴的中国梦凝聚起强大精神力量。刘云山指出，新形势下深入研究毛泽东思想，要把历史、现在和未来结合起来，科学总结我们党90多年波澜壮阔的奋斗历程和历史经验，坚定在中国特色社会主义道路上实现中华民族伟大复兴的中国梦的信念和信心。要正确把握马克思主义中国化两大理论成果的关系，深刻揭示马克思主义中国化的基本规律，在继承和发展中推进党的理论创新。

3. 部分研究单位和学术团体纪念毛泽东诞辰120周年学术研讨会

中共中央文献研究室、中国中共文献研究会、毛泽东思想生平研究分会联合主办的“纪念毛泽东同志诞辰120周年学术研讨会”于2013年9月16日在北京召开。研讨会的主题为“毛泽东与中华民族的伟大复兴”，来自全国各地的200多位专家学者参加了研讨会。会议认为，在中华民族伟大复兴历史进程中，有4个具有里程碑意义、起了关键作用的重大事件和历史节点。它们是：1911年辛亥革命，1921年中国共产党成立，1949年中华人民共和国成立，1978年实行改革开放。从毛泽东同志与这几件大事的关系上，可以清楚地看出他对中华民族伟大复兴做出的历史性贡献。我们要永远铭记毛泽东同志为我们党、军队、国家和民族建立的不朽功绩，倍加珍惜他留给我们的精神遗产，自觉运用他的思想理论和宝贵经验来更好地指导我们今天的工作。

为纪念毛泽东同志诞辰120周年，2013年11月29日北京市中共党史学会和中国人民大学中国共产党历史与理论研究院等单位联合主办召开“新世纪以来毛泽东研究的回顾与前瞻”学术研讨会。与会者就新世纪以来的毛泽东研究进行了分析。随着毛泽东文献的公布和学术环境的日益开放，中外学术界已摆脱了“各说各话，各取所需”的现象，从意识形态的对立发展到在共同史料基础上开展历史本源层面的对话和交流。同时，国内研究者应正确把握毛泽东研究的学术性和政治性、学理性和宣传性的区别、联系和互动之关系，全面认识研究者具有的缅怀伟人、历史求真和现实求用的立场，避免出现极端对立的两极化现象，在学术对话和交流中不断走向深入。与会者还在总结现有毛泽东研究成果的基础上，分析了目前毛泽东研究存在的问题，进行了深入交流，并得出以下4点共识：第一，要注重毛泽东研究的学术史的梳理和研究，注重从学术史角度探讨具有里程碑意义的代表著作、代表人物及其代际转换，明确“问题意识”。第二，注重新旧历史材料的利用和解读，要借鉴吸收文献学、史料学的方法，在充分解读已公布档案的同时，拓展史料源头，加强档案、口述等各种材料。第三，注重拓展新的研究领域，并开辟新课题。特别加强历史人物的心灵和心态分析，开展毛泽东话语中的情感系统、伦理系统和真理系统的学术研究。第四，加强毛泽东研究中不同学科的对话，增进研究主体的互动。要打破森严的学科壁垒、开展学科对话。侧重点不同的研究机构要进行互动和合作，推动毛泽东研究时代化、大众化、国际化趋势。①

4. 改革开放前后两个历史时期的关系理论座谈会

关于改革开放问题的研究一直是学术界的热点，学术界从各个角度对其进行分析研究。2013 年 1 月 26 日，党史国史学界召开“改革开放前后两个历史时期的关系”理论座谈会。会议研讨了新中国成立以来的历史进程与经验，开辟改革开放道路的社会历史条件与内在机理，改革开放的历史必然性与转折意义，进一步阐释了改革开放前后两个历史时期在物质、理论、制度、道路等方面的历史与逻辑关系。[②]中共中央党史研究室专门撰文强调要正确看待改革开放前后两个历史时期，认为新中国取得的一切成就，都是在新民主主义革命胜利基础上接续奋斗、接力探索的结果。改革开放前后两个历史时期既有重大区别，又有本质联系，要在充分肯定各自历史贡献、充分注意各自历史特点基础上，牢牢把握两个历史时期的辩证统一，绝不能相互否定。[③]

5. 全国中共中央党史（党建）学位点会议

11 月 2—3 日，北京师范大学与西南交通大学联合召开“2013 年全国中共中央党史（党建）学位点会议”。与会专家认为，十八大从党性教育的高度强调了党史研究的重要性，进一步明确了党史研究所担当的政治责任，凸显了加强和深化党史研究的紧迫感与使命感。会议分析了当前中共党史学科建设中存在的包括“学科定位不明确”“学科基础薄弱，分配不合理”“教师资源匮乏，队伍建设受限”等问题。并提出了加强中共中央党史教学与研究的建议。第一，明确党史学科定位，把党史学科单列，作为法学类下一个独立一级学科。第二，重视党史教学与科研，要充分发挥党史的宣传教育作用，充分发挥信息时代互联网的独特作用，加大党史知识普及力度。第三，创新党史研究视角。

（二）最新学术著作

1.《中华人民共和国史稿》出版

《中华人民共和国史稿》（五卷本）由当代中国研究所编著，人民出版社和当代中国出版社联合出版。概述中华人民共和国自 1949 年 10 月 1 日举行开国大典，到 1984 年 10 月 20 日中共十二届三中全会通过《关于经济体制改革的决定》、加快经济体制改革步伐这 35 年的历史。《国史稿》共分五卷。第一卷（1949—1956）讲述从新中国开国奠基到确立社会主义制度的历史，第二卷（1956—1966）讲述全面建设社会主义和艰辛探索发展道路的历史，第三卷（1966—1976）讲述“文革”10 年的历史，第四卷（1976—1984）讲述从“文革”结束到中共中央做出《关于经济体制改革的决定》的 8 年历史。为了使读者全面了解中华人民共和国的由来，在第一卷之前设立序卷，概述新中国成立之前的中国历史，特别是中国共产党自 1921 年成立以来领导中国人民进行新民主主义革命，推翻帝国主义、封建主义和官僚资本主义“三座大山”，建立社会主义新国家的伟大征程。

2.《毛泽东年谱（1949—1976）》出版

《毛泽东年谱（1949—1976）》由中共中央文献研究室编撰，中央文献出版社出版。全书共 6 卷，近 300 万字，是一部记述毛泽东同志从中华人民共和国成立到他逝世 27 年间的生平、业绩的编年体著作，比较全面地反映了他的思想、理论、决策、工作方法和各种活动，反映了他领导建立和建设新中国的历程。从这部年谱的记述中，还可以了解毛泽东同志在 27 年间是怎样工作和生活的。这部年谱以中央档案馆保存的档案资料为主要依据，发表了大量未编入毛泽东著作集中的讲话和谈话，同时又使用了其他文献资料和访问材料，内容非常丰富。这部年谱的出版，对于研究新中国成立以来毛泽东同志的思想理论与工作实践，研究党领导社会主义革命和建设的成就、经验和艰辛探索，研究中国特色社会主义理论体系的由来和形成基础，有着重要意义。

3.《习仲勋文集》出版

《习仲勋文集》由中共中央党史研究室编写，中共党史出版社出版。该书分为上、下两卷，收入了习仲勋同志自 1940 年至 2002 年的讲话、报告、文章、批示、电报、书信等文稿，共计 210 篇。其中，77 篇选自作者生前审定出版的《习仲勋文选》；其余 133 篇是新收入的文稿，多数为首次公开发表。这些文稿的公开出版，对于深入研究习仲勋的生平和思想，在新形势下继承和发扬老一辈革命家的优良传统作风，进一步做好各项工作，具有重要的指导意义。

4.《红旗漫卷西北高原——缅怀习仲勋在西北》出版发行

另一本习仲勋研究的著作《红旗漫卷西北高原——缅怀习仲勋在西北》也于 2013 年出版发行。该书记述了习仲勋同志在西北战斗、工作的往事。作为那一段历史的亲历者和见证人，作为习仲勋同志的老部下，作者大量使用了口述史料，写出自己的所见、所闻、所感，重点追忆习仲勋同志战斗、工作期间“最有创新和富有教育意义的事情”，对习仲勋同志在创建陕甘边区革命根据地的历史功绩以及在抗日战争、解放战争中为大西北的解放和建设所作的巨大贡献做了较为全面的介绍和评价。

二、重要学术观点

（一）毛泽东和毛泽东思想的研究取得新成果

有学者提出，井冈山艰苦卓绝的斗争实践孕育了毛泽东思想，体现在 4 个方面：第一，正是井冈山的斗争实践，让毛泽东找到了符合中国国情的革命道路，并在那时起，把马克思主义基本原理与中国具体实践相结合，寻找中国自己的革命道路；第二，正是在井冈山斗争的实践中，毛泽东探索出了工农兵政府这一政权建设的新方法，在周边白色恐怖下建立起“局部人民执政”的新政权模式；第三，正是在井冈山斗争实践中，毛泽东确立了把思想建设放在首位的党的建设新途径，成功地解决了如何把处在农村游击战争环境中的党，建设成为真正的无产阶级政党这一重大问题；第四，正是井冈山的斗争实践确立了毛泽东解决土地问题这一农民根本利益诉求的方向，为日后各个时期的土地政策积累了宝贵的经验。在以上几个方面的斗争实践中，毛泽东注重调查研究，深入思考，编写了包括《中国的红色政权为什么能够存在?》等一系列重点理论文章，组成了毛泽东思想的基本理论构架。④

有学者对于井冈山革命根据地的斗争经验的传播方式进行了研究。井冈山革命斗争经验得以迅速推广，主要有以下原因：中共中央对井冈山斗争经验的高度重视与积极推广，通过撰写报告等方式将革命根据地的优良经验报送中央，中央清醒地认识到，毛泽东、朱德等领导的井冈山斗争及其新鲜经验，对全国其他地区，尤其是对正在农村艰苦探索武装形式的地区的革命斗争，具有一定的指导意义。因此在中央创办的《红旗》《政治通讯》《军事通讯》等刊物开始积极地宣传和推广井冈山斗争经验，而此举也引起了共产国际和苏联足够的重视，中共六大在莫斯科召开，中共六大肯定了井冈山斗争的经验和成绩，号召全党向朱毛红军学习。此外，中共中央主要领导人蔡和森、瞿秋白等人对于工农武装割据的高度评价与积极介绍，也加快了井冈山斗争经验在其他根据地的传播。⑤

有学者从遵义会议为切入点，分析了遵义会议的历史意义，并以毛泽东思想从“个人思想”到“组织指导思想”、由“部分探索”到“系统行程”两个过程为脉络，指出遵义会议为毛泽东思想的最终形成奠定了坚实的政治基础。认为遵义会议精神体现了“实事求是的本质”“独立自主的气质”和“群众路线的作风”，呈现了毛泽东思想活的灵魂。同时，提出要在遵义会议精神的现实深化中释放毛泽东的时代价值，要看到毛泽东思想科学体系中涉及世界观、方法论的部分，在当下仍具有不可忽视的时代价值，仍然是中国特色社会主义事业不断创新的重要理论指导。因此，要强化遵义会议精神研究从“革命精神”到“时代精神”的拓展、从“党内层面”向“社会层面”的拓展、从“中国地域”向“世界范围”的拓展，从而在对遵义会议精神的深入理解和弘扬中，领会、掌握毛泽东思想的灵魂。⑥

另外许多的研究，集中在对毛泽东历史地位、历史功绩的评判之上。有学者提出了审视毛泽东历史地位和历史贡献的“五大坐标”，即从马克思主义发展、科学社会主义发展、中华民族伟大复兴发展、中华文明发展、从世界文明发展来审视，毛泽东的历史地位都是不可撼动的。有学者从十八大提出的“实现中华民族的伟大复兴”为角度，分析了毛泽东对于中华民族伟大复兴中起到的重要作用。从中华民族伟大复兴所必需的几个要素：一个党、一支军队、一个国家和一个指导思想为切入点，分析了毛泽东缔造了伟大复兴的领导核心力量——中国共产党、国家安全基础——中国人民解放军、根本制度基础——社会主义制度以及指导思想之一——毛泽东思想对于中华民族伟大复兴的重要意义，从而宏观性的为中华民族的伟大复兴奠定了坚实的历史基础。⑦

（二）关于中共党史学基本理论与方法问题研究

关于中共党史学基础理论与方法问题的研究，引起党史工作者的高度重视。有学者提出中共历史学的分支学科应当主要由“以中共的客观历史为研究对象的诸学科”“以中共历史资料为研究对象的诸学科”“以中共历史学本身为研究对象的诸学科”3部分总成。同时，列举了目前中共历史学学科体系建设中重视不足的问题：一是因为不少学者对中共历史学的学科性质没有科学的认识，不承认中共历史学的历史学性质，不会从历史学的视野去理解和探讨中共历史学的学科体系；二是因为中国从事中共历史学研究的绝大部分学者都是学政治的出身，学历史出身的则是少数，学术队伍的知识构成状况决定了很少有人从历史学角度来思考中共历史学的学科体系问题，具有先见的学者提出中共历史学的史学性质的主张在很长时间得不到回应，这就制约了整个中共历史学的发展；三是因为中共历史学长期以来是作为思想宣传的面目出现的，担负着政治教育的功能，学理性的探讨有着先天的不足，不少人不去注意其学科归属和学科体系问题。⑧

与一般历史学科一样，中共党史学的主体部分是对中国共产党历史全过程进行研究，从中找出规律，发挥其社会功能。在这个结构中，还包括为主体部分服务的其他部分，即指导研究的理论和方法，为研究提供基础的史料学、文献学以及总结研究的正反经验的史学史。有学者强调马克思主义作为方法论的意义，认为必须掌握的基本方法有4种：一是透过现象看本质的方法，引导我们既不脱离现象去凭空认识事物的本质，又不使认识停留在表面现象上，而是透过历史现象去抓住历史的本质。二是阶级分析方法，这是马克思主义的基本方法。在党史研究特别是民主革命时期党史研究中，我们应当理直气壮坚持运用这种方法。三是具体问题具体分析的方法。运用这种方法，必须详细分析历史事实发生的时间、地点、主客观条件等因素，以期取得更全面、更准确的理解和认识。四是历史与逻辑统一的方法，这是进行历史研究所必须采用的重要方法，只有坚持这一方法，才能从研究历史现象中获得对于历史逻辑和发展规律的正确认识。⑨

也有学者提倡研究方法的现代化，研究方法的现代化包括3个方面，一是搜集资料方法；二是处理资料方法；三是内容研究方法。在搜集资料方面，主要是查找原始档案、文件、报刊、人物文章和著作、日记、回忆等。可以把查找的材料输入电脑以备用，如果是大型题目也可以编成资料集以供自己或别人使用。在处理资料方面，主要是考证、辨伪、校勘等。在内容研究方面，主要是进行辩证的分析，即从不同性质矛盾发展变化的角度分析。同时，也可以引用一些数据，采用定量分析的方法来增强论证的逻辑性和说服力。⑩

有学者主张加强概念史研究理论与方法的引介，以助于在中共党史研究中拓展新的领域。党史领域的概念史研究正途，或许可以从某个关键概念分析出发，借助史料语言叙述，回溯性地再造党史与中国近现代社会的关系。建立在这样的历史认知基础上，对党史概念的演变分析，就可能为观察中国社会结构的更迭提供指示，而且通过概念演变轨迹的描绘，中国革命运动中的大众心理、集体表象、意识归属、集体记忆等，也可能被解释性地表达。概念史研究也是一种必要的手段，同样还是一个值得深入研究的新领域。在党史研究领域，概念史研究是一种历史分析的场域。⑪

还有学者强调个案研究的价值，认为个案研究与宏观研究并非黑白对立，宏观史研究和微观史（个案）研究看似并行发展的两条主线，但互为依存。倘若没有微观史学，宏观史学就失去了支撑它的基础；反之，微观史学也就不能“以小见大”，进而失去自身的意义。个案研究也不等同于“碎片化”研究。碎而不化、碎而不通才是历史研究中应该加以消除的弊端。所以，不要对个案研究做简单否定。切实的个案研究不仅不会带来困扰，相反还会成为推动中共党史学知识重构的有效路径。⑫

关于对党史研究的理论借鉴问题。有学者主张从相关学科中借鉴和吸收对深化党史研究有价值、有帮助的理论和方法，从而不断提高党史研究的质量和效率。一是要着眼党史研究的史学定位，继承发扬中国传统史学理论和方法，包括贯通古今的历史思维、经世致用精神、多样化的著述体裁体例、史料搜集、整理、考证、利用的理论和方法以及史家修养理论等。二是要着眼党史研究的理论拓展，合理借鉴西方史学理论和方法。既要合理借鉴西方史学推进学科体系化、科学化的理论和方法，也要合理借鉴西方史学关注现实、关注问题的理论和方法，还要合理借鉴西方史学拓展研究领域、研究视角的理论和方法。三是要着眼党史研究的丰富内涵，广泛借鉴其他社会科学、相关自然科学的理论和方法，具体为政治学、经济学、管理学、社会学、人类学、民族学等的理论和方法。⑬

有学者指出史料是研究的基础，党史资料收集是党史研究的前提。党史资料种类繁多，包括文字史料、实物史料、口述史料、声像史料等。党史资料准备工作是一项细致而繁杂的工作，应当坚持广征博搜、严谨细致、征用结合等原则，做好征集、整理、运用等各个环节，要以健全的体制机制和高素质的人才队伍来确保资料准备工作的成效，不断提高党史工作科学化水平。⑭

有学者认为在党史研究著述过程中，应当重点坚持好6个方面的统一：党性原则与坚持科学精神的统一、写党的历史同写人民的历史以及国家和社会的历史的统一、写伟大事业同写伟大工程的统一、写“党怎么说”同写“党怎么做”的统一、写宏观同写中观、微观的统一、按照历史本来面貌写历史同站在时代高度写历史的统一，以使这一过程产生出来的党史著述最终达到导向正确、结构合理、史实准确、点评精当、逻辑严密、文字生动的要求。要实现所有这些要求，关键靠人，靠广大党史研究者在党史著述实践中努力做到敬业、懂政、知史、博学、善思、宁静，不断提高自身的能力和素质。⑮

有学者认为，要正确认识和深刻把握党史研究成果转化的内在要求和基本遵循，把围绕中心、服务大局作为根本方向，把资政育人作为根本任务，把时代化、大众化作为主要途径，把党员领导干部和青少年作为主要服务对象，把纪实类党史作品和文艺类党史作品作为主要形式，加强领导，夯实基础，创新方法，锻炼队伍，切实提高党史成果转化工作的实效。⑯

有学者从中共历史中群体研究的角度，指出了在中共历史研究和宣传过程中，我们常看到的是抽象的、概念化的群众形象，很少看到人民群众生动、具体、鲜活的身影的现状，提出应“转换中共历史研究的视角，摆脱传统研究范式中的精英史、事件史藩篱的束缚，加强对普通人物群体的研究，反映普通人物群体的生存—生产在社会变迁中的作用与地位，已成为深化中共历史研究，回归群众史观原态的现实课题”。并提出“关注群体心理”“将群体置于特定的历史环境之中”“区分不同社会群体的作用”“强调群体并不等于忽视精英”等研究方法。⑰

（三）关于党的十八大与中共党史研究问题

学习贯彻党的十八大精神，是当前和今后一个时期的重要任务。有学者认为，党的十八大和习近平总书记对待历史问题的科学态度，集中体现了辩证唯物主义和历史唯物主义的根本立场观点方法，为我们研究和宣传党的历史进一步指明了方向，提供了方法论指导。与此同时，还要用党的十八大和习近平总书记关于党的历史的一系列重要论述来匡正、指导党史研究工作。[18]

有学者指出从历史的角度思考十八大报告和习近平同志的一系列讲话。一是能够深化人们对党的十八大一些新提法、新判断的认识；二是能够增强人们对中国特色社会主义的自信；三是可以使党史工作者进一步增强责任感、使命感。[19]还有学者强调党的十八大报告对于党史研究的重大指导意义。它从党性教育的高度凸显了党史研究的重要定位，从运用历史经验的高度强调了党史研究的指导原则，从把握规律的高度提出了党史研究的重要任务。[20]

还有学者指出党的十八大是推动党史研究向深入发展的重要机遇，强调党史研究要有“三种意识”——发展意识、自省意识、方法意识。[21]

（四）抗日战争时期的研究

有学者对抗日民族统一战线的种种问题进行了梳理。指出虽然抗日民族统一战线战略是由共产国际首先提出的，或者说是在共产国际的直接影响下由中共驻共产国际代表团最早提出，但毛泽东和中共中央对其创建、巩固、发展和坚持发挥了决定性作用，决定抗日民族统一战线发展前途的一系列思想原则和重要决策，基本上是由毛泽东和中共中央根据中国实际独立自主地制定的，共产国际只是发挥了推动和促进的作用。抗日民主统一战线的另一个问题是领导权问题，由于苏联和共产国际一切从苏联的利益出发和在工作指导中脱离中国实际，出现了一些对中国对抗日民族统一战线的错误的认知和引导，但共产国际和苏联对中国抗日民族统一战线的形成、发展、坚持和巩固，还是发挥了至关重要的积极作用。[22]

有学者对抗日战争时期，中共在国统区的组织发展情况进行了梳理。概括了抗战时期国统区的中共组织经历的“恢复建立”“大量发展”“清洗巩固”3个主要发展阶段。在抗战初期，中共关于国统区组织发展的基本方针是谨慎地恢复和建立党的组织，同时，在原苏区注重甄别旧党员，但不急于采取斗争策略、并在原有组织薄弱地区采取输血式策略。到了1938年3月—1939年8月，由于国统区和国占区“尚无党的组织，或非常狭小”，因此中央决定缩短甚至取消了党员的考察期，为在短时间内壮大党员队伍提供了可能。1939年8月—1945年8月，随着中共党员人数的不断壮大，刚成立的中共组织和新党员没有经历过秘密党时期的锻炼，因而出现了许多问题，因此从1939年8月起，进入到了巩固时期，集中审查不合格党员。特别在皖南事变之后，采取了创建平型组织结构、隐蔽精干等方式巩固党组织。[23]

（五）关于改革开放的研究

有学者从宏观上研究改革开放以来中国共产党发展战略的演进。认为改革开放以来中国取得的伟大成就在于党始终紧紧扭住了发展这一时代主题，准确把握了社会主义建设规律，科学设计实施了我国经济社会的发展战略：一是改革开放的现代化发展战略；二是执政兴国的创新化发展战略；三是以人为本的科学化发展战略。[24]

有学者从微观上解读党和国家领导人的人口阐述及历年人口政策文件，对改革开放以来中共人口决策历程做一个较为完整宏观的回顾和考察。指出：20世纪80年代从“急刹车”的实施到“开口子”微调并基本稳定为“一孩半”政策；20世纪90年代突出“可持续发展”战略下“人口资源环境”关系中人口因素的关键性；本世纪以来决策重心转到包括“数量控制”在内的“人的全面发展”。在这种历史与现实的观照中，理解中共在“中国式的现代化”进程中传承和发展着的人口战略，以便更好地认清当前人口趋势及决策现状。[25]

有学者还从人物研究角度，缅怀了习仲勋同志作为广东改革开放的主要开创者和重要奠基人，在改革开放初期为广东做出的伟大功绩。认为习仲勋同志立场坚定、思想解放、求真务实、勇于开拓、坚持改革、无私无畏的精神值得后辈学习和发扬，推动中国特色社会主义事业的发展。[26]

注：

①耿化敏、吴起民：《“新世纪以来毛泽东研究的回顾与前瞻”学术研讨会纪要》，《中共党史研究》，2013年第12期。

②宋月红：《党史国史学界召开“改革开放前后两个历史时期的关系”理论座谈会》，《中共党史研究》，2013年第2期。

③中共中央党史研究室：《正确看待改革开放前后两个历史时期——学习习近平总书记关于“两个不能否定”的重要论述》，《中共党史研究》，2013年第11期。

④梅黎明：《井冈山斗争的实践与毛泽东思想的形成》，《中共党史研究》，2013年第12期。

⑤王永华：《星星之火，何以燎原——试论井冈山斗争经验的传播与推广》，《中共党史研究》，2013年第2期。

⑥徐静：《遵义会议精神与毛泽东思想》，《中共党史研究》，2013年第12期。

⑦石仲泉：《毛泽东的历史功绩与中华民族伟大复兴》，《中共党史研究》，2013年第12期。

⑧吴汉全：《论中共历史学的学科体系》，《党史研究与教学》，2013年第3期。

⑨欧阳淞：《关于党史研究的理论指导问题》，《中共党史研究》，2013年第4期。

⑩张静如、王洪妮：《再论党史研究要现代化、科学化、社会化》，《中共党史研究》，2013 年第 5 期。

⑪郭若平：《概念史与中共党史研究的新视野》，《中共党史研究》，2013 年第 5 期。

⑫张海荣：《中共党史学个案研究的若干思考》，《中共党史研究》，2013 年第 5 期。

⑬欧阳淞：《关于党史研究的理论借鉴问题》，《中共党史研究》，2013 年第 5 期。

⑭欧阳淞：《关于党史研究的资料准备问题》，《中共党史研究》，2013 年第 7 期。

⑮欧阳淞：《关于党史研究的著作要领问题》，《中共党史研究》，2013 年第 8 期。

⑯欧阳淞：《关于党史研究的成果转化问题》，《中共党史研究》，2013 年第 9 期。

⑰王峰：《中共历史群体研究的对象、方法与意义》，《党史研究与教学》，2013 年第 1 期。

⑱欧阳淞：《按照党中央的要求进一步做好党史工作》，《中共党史研究》，2013 年第 4 期。

⑲武国友：《从历史中汲取智慧的力量》，《中共党史研究》，2013 年第 4 期。

⑳田玄：《旗帜引航与党史研究的新超越》，《北京党史》，2013 年第 1 期。

㉑王蕾：《中共党史研究要有“三种意识”》，《北京党史》，2013 年第 1 期。

㉒蒋建农：《关于抗日民族统一战线的若干问题研究》，《中共党史研究》，2013 年第 12 期。

㉓赵淑梅：《抗战时期中共国统区组织发展研究》，《中共党史研究》，2013 年第 8 期。

㉔刘汉峰：《改革开放以来中国共产党发展战略的研究》，《北京党史》，2013 年第 1 期。

㉕李琦：《改革开放以来中共人口决策历程考察》，《中共党史研究》，2013 年第 2 期。

㉖朱小丹：《广东改革开放的主要开创者和重要奠基人》，《中共党史研究》，2013 年第 10 期。

（作者：张静如、王炳林，北京师范大学教授；刘畅，北京师范大学硕士生）

世界上古中古史

刘林海

2013 年，北京地区世界史工作者在西方史学理论与史学史以及世界上古中古史领域发表论著近百篇（种），兹略述如下。

一、西方史学理论与史学史

钱乘旦指出，“发生的是过去，写出来的是历史”。“过去发生的事”，并不自动地成为“历史”，它通过记载留下“碎片”（史料）。历史学家根据一定的标准，在鉴别与梳理这些“碎片”的基础上，写成不同的多面相的“历史”。“历史”不是纯客观或纯“真”的“过去”。写历史是人类对“过去”的梳理与重新认识，是对“过去”的不断理解与思考。[①]俞金尧分析了法国历史学家雅克·勒高夫提出的“史学是时间的科学”的论断。他指出，历史学本质上是一门关于时间的学问，时间因素充斥于历史学中。时间是历史研究的尺度，历史研究的常用词汇包含着时间因素，史家在研究中要把握其研究对象的时间定位，把历史过程编入一个时间序列，关注研究对象的变迁并根据不同的时段去观察人与事的变化。人类的历史本身就是一部时间的历史，是争取时间的历史。[②]郭华榕指出，距离在探索者和历史之间发挥广泛作用：其冷却性有助于客观对待过去的人和事；其隐匿性则造成永久之谜或搞乱真相；其揭示性则可以揭露事实。距离是可以克服的，应该防止绝对化，冷静对待主导的潮流，并承认某些永久之谜。[③]

齐世荣指出，史学研究要注意继承与创新的问题。做学问，必须创新。创新的前提和基础是继承。没有继承的“创新”，其结果是不可靠的；全盘照搬的继承，其结果是无足取的。只有经过不断地创新，人类文化才能向前发展。历史学的创新有多种，如新理论、新方法、新史料、新问题、新解释、集大成之作、开山之作、新体裁等。创新是一个艰苦的过程，要经得起时间的考验。[④]刘家和指出，研治史学不仅要熟知目录学，而且要熟知掌故。不仅要“识大”（博），而且要“识小”（精）。“识大”与“识小”之间形成一种张力，二者既有趋大与趋小方向相反的离心力，亦有内在互为存在前提的不可分离的向心力。对史料的把握要做到“竭泽而渔”，更需“识大”与“识小”兼而有之。[⑤]

刘家和阐述了历史、社会与史学三者之间的关系。三者之间在概念上既有差异性也有相斥性，但也都有同一性与相通性。历史以社会的内容作为自己的内容。没有社会，就没有历史；无历史即无社会；历史与社会关系的本身就是纵向的、历时性的；社会就是正在形成中的历史。就历史与史学而言，无历史即无史书，历史是史书的必要条件；无史书即无历史之流传，即无可知之历史。史书或文字记录是历史知识的必要条件；历史过程先于历史书写，史家的记注与撰述都是以其对于以往历史的了解为必要条件的；史学本身是历史过程的一部分、一个重要的有机部分。就历史与史学而言，史学所研究的直接是历史，间接的也就是社会。不了解过去的社会，就无以了解史学；史家的立足点只能存在于当时的社会之中，不知当代社会即难以知古；史家的史学活动本身就是社会活动的一种，为当下社会提供借鉴。⑥

刘新成指出，全球史之所以不断发展，在很大程度上是因为人类面临许多新挑战，而传统世界历史学无法提供令人满意的答案；全球史是一种全新开放的理念，与全球化时代各民族日益强烈的自我认同意识形成互动；其研究方法也使其具有“可持续性”；其核心理念——“文明互动说”否定了任何一种文明的中心论，也避免了“进步史观”的陷阱，为认识西方文明及人类文明的统一性与差异性，开启了新思路。⑦张旭鹏指出，全球史在表现人类历史的多样性和差异性上并不成功，有以单一叙事来取代多元叙事的危险，因而遭到质疑。“后殖民史学”及其重要尝试“新帝国史”、新兴的跨民族史及区域史等世界史编纂模式是对全球史偏重整体性和一致性，而忽视地方差异和多样化的一种纠正。⑧刘文明指出，19 世纪初“文明”一词以复数形式出现，并广泛应用于文明史撰述，如基佐的《欧洲文明史》和巴克尔的《英国文明史》。斯宾格勒的《西方的没落》和汤因比的《历史研究》开启了多元文明史模式。此后有威廉·麦克尼尔以文明互动为主题的新世界史，以及杰里·本特利等人在全球化语境下对文明互动史的理论思考。多元文明史的重要主题是文明互动，其书写应以各文明为主体，避免各种“中心主义”。⑨

王希指出，公共史学兴起于 20 世纪 70 年代的美国，强调历史学家的公共责任，以民主和包容的态度奉行“共享解释权”和互动性思维等原则，对传统史学的“独立性”“真实性”和“客观性”等理念提出了挑战。但其自身也面临许多问题。国内的公共史学研究要关注理论问题，并注意关键概念的内涵、翻译及相互关系，如“公共史学”“公众史学”“官方史学”“私人史学”“公共空间”“公众社会”等。⑩张旭鹏指出，作为宏大叙事的大历史深深根植于西方人对普遍历史的追求中。历史上，西方普遍史经历了政治的、宗教的和理性的 3 种形态。当前的大历史是一种新形式的普遍史，是科学的普遍史，并非简单的回归古代普遍史传统。大历史在描述人类历史统一性和整体性的同时，还应重视人类历史和文化的多样性和差异性。⑪王旭东指出，20 世纪历史学由“叙述的历史”转向“分析的历史”，计量化是重要指标。历史学的计量化方法经历了 3 个发展阶段，成为国际史学界的常态。目前，信息化与计量化方法相结合，成为史学的基本研究方法和手段。⑫

王晓辉指出，约翰·霍布森的“先发的东方”与“落后的西方”以及“东方化的西方”等概念，纠正了“欧洲中心论”的偏见，有助于全面客观认识世界历史发展的全貌，但也存在史料和史实的选择、甄别问题，陷入了矫枉过正的困境。⑬高苏美分析了“西方中心主义”形成和逐渐解体的原因。⑭

于沛指出，后现代主义史学的兴起对历史学提出严峻挑战，“以实证主义和理性分析为核心的现代主义史学正在被瓦解”。史学界要以“钟馗打鬼”的精神捍卫现代史学，而“马克思主义的历史认识论，是回应‘后现代史学’严峻挑战的理论武器”。⑮董立河指出，后现代主义打破了传统史学观念独霸史学界的一元格局，打开认识和书写历史的多种可能性，促进了史学的发展。但是，它也有缺陷，必须对之进行辩证的批判，以重建历史学的合法性根基。⑯他还指出，在后现代语境中，元叙事终结，世界碎裂为无数异质性的“小叙事”，多元化成为趋势。后现代主义史学理论家安克施密特对德国哲学家沃尔夫冈·韦尔施的“横向理性”概念做出了新阐释，对于重建“历史理性”概念具有借鉴意义。⑰邓京力指出，历史语境理论成为专业史学通常所采用的解释模式。传统史学、语境主义和文本主义对语境问题的理解展现出不同的预设方案和语境化历史的差异性选择。昆廷·斯金纳的“跨文本的语境论”研究范式以及拉卡普拉的 6 种基本语境问题理论，有待于史学实践的检验。⑱

易宁指出，在古代希腊史学具有人文精神的命运观发展中，神意和超越神意和人类意志的命运对人类活动的影响逐渐被排除，人类的理性思维不断发展。命运呈现在历史之中，人类理性在历史活动必然存在局限性。⑲唐晓春评价了希罗多德的《历史》对后世史学的影响，分析了其对史料的处理与运用。杨共乐指出，追求历史的真实是罗马史家的优良传统。他们意识到诗与史的主要区别，克服主观偏见和随意浮夸，求真精神贯穿于史学实践，使罗马史学独立于诗学、哲学与宗教。⑳

刘林海指出，《但以理书》的帝国演进理论对基督教的巴比伦、波斯、希腊和罗马四帝国更替的历史理论形成产生了重要影响。基督教四帝国更替理论的形成与早期基督教内部和外部的环境有关，是西方中世纪至近代早期历史撰述模式的重要理论基础。㉑李隆国指出，希腊古代史家多“行走”收集史料以获取历史经验。这种特点一直延续到罗马时代。随着帝制形成，史家逐渐“坐”下来整理史料。基督教史学兴起之后，史家则“坐”在教堂或修院内，以搜集文献为主，编写历史。㉒他还指出，7 世纪初西班牙塞维利亚大主教伊西多礼的《辞源·论史》是对史学撰述实践与时俱进的反映。从中可以深刻认识到由于基督教编年史的兴起所带来的史学变化，更好地理解从古代史学向中古史学的过渡。[23]

汪凯指出，柯林伍德从“科学历史学”观念出发，在赞扬布拉德雷的“批判历史学”所表现出的批判精神的同时，又批评其“前提假设”带有实证主义的痕迹。但从布拉德雷的思想出发，其前提假设并非限于实证主义，而在于剔除历史学中的客观主义，调和当时英国社会在信仰和理性之间的矛盾。[24]

晏绍祥指出，摩西·芬利受过良好的古代史专业训练，熟悉古代罗马的文献和研究状况。其罗马史研究涉及经济史、奴隶制、共和国政治等，在学界的影响很大。芬利的罗马经济史研究将希腊与罗马等量齐观、视古代经济为一个整体；其奴隶制研究从社会整体、历史发展来解释其兴衰，强调奴隶制是古典文明的根本性因素；其共和国政治研究则强调罗马具有城邦的一般特征，是民众参与，与希腊政治相似，但又有自己的特点。比较而言，他的经济史和奴隶制研究更为学界所认可，其政治史领域的研究则对传统主导理论形成真正的挑战。[25]陈思伟指出，芬利范式强调从社会结构而非经济本身研究古代经济，对古代经济史研究具有积极的指导作用。该范式采用科学的研究方法，区别古代经济与现代经济；它还拓展了古代经济史研究范畴。但是，芬利范式也受到质疑和挑战。[26]

孙立新指出，联邦德国时期，关于纳粹历史的史学争论从未停息。两德统一后，“格德哈根辩论”、“关于国防军罪行展览之争”和“关于1941—1945年大轰炸的争论”相继出现。争论的反复出现既与联邦德国社会对纳粹历史的意见分歧有关，也与学术研究多元化、自由化和民主化有关，有助于深刻批判和反思纳粹历史。[27]刘军梳理了加拿大劳工史学的概况。他指出，加拿大劳工史的多元化特征是由加拿大劳工史的多元化所决定的。其中，马克思主义、社会民主主义、自由主义、工联主义、后现代主义、女性主义思潮影响并存，阶级和经济分析、包括族裔和宗教在内的文化分析和性别分析交织。[28]

于沛指出，在中国传统史学走向现代的过程中，鲁滨逊的《新史学》、朗哥诺瓦·瑟诺博斯的《史学原论》、班兹的《新史学与社会科学》等是重要的桥梁，何炳松、陈衡哲、李思纯等是桥梁的重要建设者。在西方史学理论的影响下，中国学者也撰写了一批史学理论著作，以除旧布新。与此同时，西方的各种历史哲学流派也陆续传入中国，如历史目的论、马克思主义、实证主义、文化形态论、唯心主义历史哲学等。[29]

齐世荣梳理了吴于廑世界史研究的四大成绩。一是给世界史下了一个定义：世界历史是历史学的一门分支学科，内容为对人类历史自原始、孤立、分散的人群发展为全世界成一密切联系整体的过程进行系统探讨和阐述；二是注重世界历史的纵向发展和横向发展及相互作用；三是世界历史的重要专题研究，如游牧与农耕，重农与重商等；四是历史分期，反对西方传统分期法，以15、16世纪为重要转折点。[30]徐蓝以吴齐本《世界史》编纂思路为主，分析了吴于廑的世界历史观。它主要包括世界历史是什么和世界历史讲什么两方面的内容。前者指人类历史由原始的彼此闭塞的人群的历史发展为世界历史，其自身是一个历史过程。后者则为人类历史的纵向发展与横向发展，互为条件，相辅相成。[31]孟广林指出，吴于廑世界历史研究中的“通观”是一种注重综合考察的宽广学术路径，意在探索世界历史发展的趋势和规律。他视域宽广，从细致研究做起，一步步走向科学的综合考察。其“通观”研究及其丰硕成果所彰显的学术境界，是中国世界史研究的一个新历史高度。[32]杨俊光梳理了齐思和的史学研究。他指出，先秦史是齐思和的重要研究领域之一，取得了重大成就。他还非常重视史学批评，撰写了大量的史学评论。在史学批评中坚持全面辩证、客观求实的批评原则，注意运用历史主义、知人论世的史学批评方法，以及寓论断于批评的史学批评模式。其在20世纪三四十年代的史学批评活动，具有重要的时代价值与学术意义。[33]

张顺洪指出，构建具有中国特色的“大国史学”是中国世界历史学的发展方向。构建中国特色的“大国史学”，有4点至关重要：坚持马克思主义指导，运用和发展唯物史观；吸收中国传统史学优点，排除西方史学的不良影响；加强复合型人才的培养，坚持科学严谨的学风；努力形成鲜明的中国特色。史学研究要坚持为中国特色社会主义服务，实现史学科学性和阶级性统一；以问题和挑战引领世界历史学的研究方向；把中国史作为世界史的一部分，以中国视角撰写世界史。[34]庞永锋分析了中国的世界史学科上升为一级学科后面临的机遇与挑战。[35]徐蓝指出，20世纪以来，人们对世界历史的认识由欧洲中心史观向全球史观演进。在这个进程中，中国的世界历史研究和教学的总趋势是：以唯物史观为指导，否定“西欧中心论”，承认文明的多样性，逐步确立“全球史观”，从全球视角看待各种文明的互动与交往。[36]

二、世界上古史

于殿利的《巴比伦与亚述文明》一书出版。该书共分文明的诞生、大一统思想与政治文明、经济与社会、科技与文化4部，计16章，并附有详细的王表和作者亲手拍摄的300余幅图片。该书多角度、多层次全面梳理了巴比伦与亚述文明的发展轨迹，揭示了古代美索不达米亚文明的总体特征及其重要成就。本书在一些问题上提出了新的看法，如美索不达米亚城市文明、商业文明和法律文明，以及古巴比伦社会制度及人本主义思想等特征等；通过分析《汉谟拉比法典》中各种身份的人，提出古巴比伦与希腊罗马一样是公民社会的观点；还提出了家内奴隶制、国有封建制和私人经济资本主义生产方式的混合经济模式观点。[37]刘建指出，苏美尔的王权观念是后世巴比伦和亚述王权观念的根源。它经历了王权萌芽及形成、从早期王权向专制王权转变以及专制王权加强和完善3个阶段。在苏美尔王权及王权观念的发展过程中，苏美尔王权的基本特征形成，主要反映在其阶段性、神圣性及至高无上的专制性等方面。[38]拱玉书指出，苏美尔史诗《恩美卡与阿腊塔王》中的"努帝穆德咒"描述了苏美尔—阿卡德历史上的史前、乌鲁克时期、早王朝—阿卡德时期和乌尔第三王朝时期4个发展阶段，是苏美尔人历史地论证苏美尔人的统治地位和优势，符合史诗的情节发展，属于史诗的有机组成部分。[39]李政指出，赫梯文明并非该地区固有的和自旧石器、新石器和铜石并用时代以来产生的原生文明，也不是土著哈梯文明的延续。印欧赫梯人在一个新的世界走出了属于自己的一条文明起源道路。他们在民族的迁徙过程中，逐渐取代了土著邦国，同时学习、借鉴并吸收其他民族的文化成果，实现落后民族跨越式地进入文明社会的历史发展道路。[40]他还指出，赫梯学研究的对象包括两个层次。除了印欧赫梯人，还应包括公元前两千纪安纳托利亚半岛哈梯人、鲁维人、帕莱克人及胡里特人的语言、历史和文化；它也可以包括公元前1千纪该地区的弗里吉亚人、吕底亚人、吕西亚人及卡利安人的语言、历史和文化以及该时期建立在叙利亚地区的所谓"新赫梯王国"的历史和文化。国内要改变对赫梯学的认识，不能仅仅研究赫梯语文献，也不能局限于公元前2千纪的赫梯历史文化。[41]

郭子林指出，古埃及的塞德节与王权关系密切，在法老认为必要的时候举办并由他亲自参与，其核心在于更新王权。塞德节使人民再次认可了法老的合法统治地位和各种权力，对王权的实施、维持和强化发挥着重要作用，成为维护国家权力的工具。[42]王欢指出，埃及与赫梯国家实际关系矛盾的原因在于古代埃及独特的历史观念，产生了"虔诚伪造"的历史编纂方式。这种呈现范式逐渐形成古埃及文明关于外族的文化记忆。新王国时期，埃及文献中的赫梯国王形象再现且丰富了传统文化记忆模式的内容。[43]郝海迪指出，托勒密埃及承上启下，其税收制度发生了深刻变化，从最初的雏形，经历几代王室的改革，最终臻于完善，并对后世产生深刻影响。[44]董晶指出，托勒密王朝民间私社的丧葬活动带有经济互助特征。互助是私社的重要社会功能，也是其存在和兴盛的重要原因。[45]王海利翻译出版了《能言善辩的农民》，并对文本进行了解释。他还梳理了埃及的埃及学发展历程，指出1869年为起点，1952年埃及共和国建立后，步入独立阶段，尝试打破西方学者垄断，与之争夺话语权，但比较困难。[46]

王晨辉指出，圣经时代犹太人的婚姻理念渗透着宗教元素，婚姻规范由简单结合向规范化过度。财产问题则显示了其世俗的一面。[47]李亦钊指出，维护种姓制度是《摩奴法典》的核心内容。随着印度教的发展，种姓制度涵盖和渗透了印度社会各方面，一直持续到今天。[48]姜芃指出，宗教的产生既与特定的社会和历史环境相联系，又有文化上的继承和渊源。藏传佛教主要来自印度，带有印度佛教的胎记。西藏的自然环境、社会结构以及藏族当时的心理等因素也有助于其接受印度佛教。[49]

刘家和主编的《中西古代历史、史学与理论比较研究》一书出版。此书分5部分（绪论、三编正论和余论），分别从历史、史学及理论3个方面对古代中国和希腊罗马做了深入比较研究。其中绪论部分以分析黑格尔对中国历史特点的认识为切入点，探讨了历史发展的连续性与统一性问题，作为全书的指导思想。三编正论及余论从宏观和微观角度比较了古代中西历史、史学与理论的重要问题，阐述其内在逻辑联系，总结其一般特点；对西方文明发展以断裂为特征，中国文明发展具有连续性的特点做了理论分析；对中国历史的连续性与统一性的辩证关系做了理论阐述，反驳了西方某些学者对中国史学的曲解。[50]

厉以宁的《希腊古代经济史》一书出版。此书分上下两编，计14章，考察了希腊古代经济史。上编为希腊城邦制度，共8章，梳理希腊城邦的历程；下编为希腊化时期，共6章，梳理了安提柯王朝、塞琉古王朝、托勒密王朝的兴衰。作者指出，希腊城邦是独一无二的，贵族和平民之间的矛盾始终是城邦的基本矛盾；希腊化文化是希腊文化和东方文化融合的产物；希腊化世界虽然结束了，但希腊化文化在罗马帝国东部依然有顽强的生命力，并逐步演变为拜占庭文化。[51]

王大庆指出，奥林匹亚赛会是宗教仪式活动的派生物和外在表现形式之一，具有明显的"宗教性"和"神圣性"。从祭礼与比赛分开并逐步分离可以看出，赛会带有明显的"世俗性"。"神圣性"通过"世俗性"得以展现。奥林匹亚赛会处于从"神圣"到"世俗"的转变过程之中。[52]李渊指出，希罗多德和埃斯库罗斯都将希腊人与蛮族视为对立的人群，前者偏见较少。他们都把文化作为区分希腊人和蛮族人指标，适应了希波战争之后希腊人构建蛮族形象的需要，代表了古典时代希腊精英的共性。希腊化时代的希腊人在区别自我与"蛮族"时，继承了古典时代以血缘、文化区分不同人群的传统，但根据时代的变化又赋予了其灵活性、地域性的特征。

希腊人通过固有的血缘和文化观念，结合变化的利益构建自我和他者的边界。[53]高美苏指出，希腊民居大约在公元前6—前5世纪经历了由密闭到开放、由复杂到简约的转变。民居的变化与社会发展相关，反映了希腊政治和文化，以及希腊人的思想演变。[54]张新刚指出，柏拉图在《法篇》第十卷中讨论了城邦内乱的自然基础问题，试图克服它，并在新的自然基础上建立理想政制。[55]贾文言指出，亚里士多德的公共利益思想丰富多彩，强调公民共同利益和城邦公共利益，凸显公正在城邦中的地位，法律和德行并重，个体利益与整体利益良性互动。[56]

杨共乐指出，罗马共和时期国家机器的成功运转是罗马公民同心协力共同奋斗的结果。共和制度推进了罗马的向外扩张，军队则是罗马成功对外征服的执行者，罗马崛起的历史是一部军事发展史，与罗马的军事文化制度关系密切。混合政体的优越性和军事文化制度的先进性是罗马成功的最重要原因，前者保证罗马决策的正确性以及政策的连续性和权威性，后者则使罗马军事人才不断涌现。[57]刘小青指出，罗马公民权是一项复合权利，能为意大利人带来经济、政治、人身保护等权利。在意大利人通过正常手段获取该权利失败后，战争成为解决问题的唯一手段。[58]李永斌指出，罗马时代的阿波罗崇拜继承了希腊阿波罗崇拜的诸多方面，但有变化。阿波罗在共和时期作为医神受到广泛崇拜。共和晚期，其在罗马政治生活中的地位提高。帝国时期，虽然阿波罗崇拜渐趋式微，但仍在神学争论中扮演重要角色。狄奥多西一世禁绝多神教后，阿波罗崇拜逐渐在罗马社会中消失。[59]

三、世界中古史

北京大学世界古代史教研室主编的《多远视角下的封建主义》一书出版。此书分序言和六编正文7个部分，收录学术论文35篇，其中英文论文2篇，从多个方面展示了国内封建主义问题研究的近况。序言详细梳理马克垚对封建主义问题的研究及成就。第一编为史学理论与封建主义，主要从学术史的角度探讨了封建主义研究的重要问题；第二编为英国封建社会问题专题研究；第三编为亚欧古代社会与封建主义问题研究；第四编为中国封建社会与中西交通研究；第五编为前封建与封建社会的思想文化；第六编论文讨论马克垚史学成就及前工业化时代的中国长途贸易与水陆运输。[60]

包倩怡指出，大格里高利相信神迹，但把它作为牧灵布道的辅助，更多地思考如何做一名基督徒。[61]贾平平指出，从《法兰克王国年代记》对查理曼的军事活动记载可知，传统的对中世纪早期战争的观点有失偏颇。[62]

肖翠松指出，托马斯·贝克特遇刺的根源在于王权与教会矛盾的尖锐化。该事件虽以教俗双方妥协而告终，但矛盾并未完全消除。[63]他还梳理了中世纪西欧外出旅行的风险规避问题。[64]赵文洪指出，近代圈地运动的兴起与公地制度的衰亡，圈地者同反圈地者的剧烈冲突，有深远的历史根源。圈地运动的对象是公地，目的在于消灭公地制度。公地制度和对这一制度的否定和破坏，天生是一对矛盾，体现了领主和农民之间的利益冲突，贯穿公地制度历史。[65]袁梦如分析了伊丽莎白一世的经济政策。[66]田汝英指出，葡萄牙在亚欧香料贸易作用巨大，其交易商品和活动范围遍及欧亚非美四大洲，促进了世界市场的形成。[67]

张弢指出，中世纪的大学因位于城市中而与之产生了各种关系。二者的冲突促使大学争取更多的自治特权，但双方总体上是和解与共处，更多是互动、互惠和互利关系。[68]作为欧洲中世纪大学核心学术特权之一的通行执教资格起源于大学之外。其前身为教会颁发给教师的执教资格。大学出现后，通行执教资格被教宗授予了大学，使教师可以在各大学之间自由流动。通行执教资格既是大学教师抗争的成果，也是教廷控制大学的一种手段。[69]

朱孝远、肖翠松指出，但丁在《新生》和《神曲》中宣扬诗性的善的意图，向人们发出了道德告诫：只有接纳超乎肉欲和贪婪的道德的善，才能获得政治的清明；只有获得政治清明的意大利新人，才能建立起人间天国。[70]杜佳锋指出，萨沃纳罗拉领导的改革运动给佛罗伦萨的政治文化和艺术思想带来了巨大变化。共和自由理想和价值观以及返璞归真的艺术思想促进了新柏拉图主义的发展和艺术风格的转变。[71]王倩指出，对作为诗人的马基雅维利的认识很重要。在他那里，现实和诗意、严肃和纵欲、庄重和轻佻并非不可兼容的矛盾和烦恼，其在诗歌艺术中便体现出现实思考和艺术想象相交融的思维习惯。[72]詹学昭指出，文艺复兴时期的商人在正常商业经营之外，还用赌博、逃税、动用私人关系、投身政务等方式敛财，反映了商人文化的另一种内涵。[73]

朱孝远指出，16世纪德国的政治体制形成两种发展趋势：诸侯领地邦国和普通人建立百姓共和国的方案。尽管百姓共和国无法实现，但其理念却代表着宗教改革时期德国政治的实质性进步。[74]他还指出，国家实力的均衡配置和科学运作是关系到国家兴衰的关键。在近代早期的欧洲，哈布斯堡王朝拒绝一切改革和先进制度，结果走向衰亡。与此相反，英国、法国等新兴国家则推行改革，结果由弱变强、走向兴盛。伊丽莎白一世时期的人才政策是英国兴盛的重要措施。[75]徐乐天指出，马丁·路德不断向宗教和世俗政治阐述他的神学主张，积极推动宗教改革。路德与世俗政治之间的冲突与让步，显示出16世纪德国宗教改革与世俗政治变革相互纠结的时代特征。路德对于民族、国家的概念，没有脱离他本人所处的时代。但在诸侯领地国家兴起的过程中，路德又忠于诸侯领主，成为世俗君主强化其统治合法性的工具。[76]高铁军指出，印刷媒介在德意志民族共同语言的形成中发挥了很大作用。宗教改革时期数量巨大的德语印刷品进一步促进了德意志民族意识的觉醒。他还探讨了《圣经》在西欧中世纪宣传中的重要作用及文字宣传的特点。[77]

侯树栋指出，德意志政治道路问题一直是20世纪中古德意志政治史研究的焦点。在研究主题上，先后经历了从“王权”到“领主权”再到“权力”的变化，传统政治史学的狭窄视域不断被突破，研究对象逐渐得到拓展和深化。当代新趋势代表学者仍然注重对王权和国家的考察，但前提和方法与传统政治史学迥异。王权和国家是存在于个人关系网络之中的王权和国家，对抽象制度的单一分析也逐渐转变为对“实际政治”的多学科探索。但是，新研究也存在问题，需要辩证地看待。[78]

刘成、付亮指出，加斯帕罗·孔塔里尼的《论主教的职责》，是近代早期天主教改革运动的重要思想源泉，体现了教会将主教从“聚敛圣俸的贪婪之徒”改造成为“关爱灵魂的教会牧者”的设想。[79]付亮指出，约翰·奥马利的“现代早期天主教”范式将天主教史研究推进到一个新阶段，修正了传统诠释框架的偏颇之处，为深入认识15—18世纪天主教历史的复杂性与多元性提供了新视角。[80]彭小瑜指出，中世纪的修道传统饱含着对人和世界的热爱，修道人士对尘世的感情也有见解。中世纪修道院的爱情文学往往具备现代人道主义的色彩，与托马斯·默顿和让·勒克莱尔的境界息息相通。法国教会的高卢主义传统，强调地方教会的权利和国家对教会的控制。在1801年拿破仑与教宗签订协约到1905年协约被废除、政教分离法颁布期间，高卢主义传统逐渐衰落，现代意义上的政教分离逐渐取代了政教协约体制。同期的美国天主教徒早已接受了美国宪法的政教分离原则。高卢主义的式微是西方国家政教关系现代化的代表性事件，其结果是政教关系之法国模式与美国模式的趋同。[81]

注：

①钱乘旦：《发生的是“过去”写出来的是“历史”——关于“历史”是什么》，《史学月刊》，2013年第7期。

②俞金尧：《历史学：时间的科学》，《江海学刊》，2013年第1期。

③郭华榕：《历史与距离的探讨》，《四川师范大学学报》（社会科学版），2013年第3期。

④齐世荣：《继承与创新——在“变革时代的史学与史家座谈会”上的发言》，《史学史研究》，2013年第2期。

⑤刘家和：《试谈研究史学的一些基本功——读柴德赓先生〈清代学术史讲义〉等的一些体会》，《史学史研究》，2013年第1期。

⑥刘家和：《历史、史学与社会三者关系之思考》，《郑州大学学报》（哲学社会科学版），2013年第3期。

⑦刘新成：《文明互动：从文明史到全球史》，《历史研究》，2013年第1期。

⑧张旭鹏：《超越全球史与世界史编纂的其他可能》，《历史研究》，2013年第1期。

⑨刘文明：《多元文明的历史书写：历史回顾及理论思考》，《历史教学》，2013年第6期。

⑩王希：《西方学术与政治语境下的公共史学——兼论公共史学在中国发展的可行性》，《天津社会科学》，2013年第3期。

⑪张旭鹏：《西方普遍史传统与大历史》，《全球史评论》，2013年第6辑。

⑫王旭东：《20世纪历史学传统嬗变和方法论的计量化》，《甘肃社会科学》，2013年第5期。

⑬王晓辉：《论约翰·霍布森对“欧洲中心论”的批判及其局限》，《理论月刊》，2013年第3期。

⑭高美苏：《西方史学思想中的“西方中心主义”——试论其表现形式及产生原因》，《前沿》，2013年第11期。

⑮于沛：《后现代主义和历史认识理论》，《历史研究》，2013年第5期。

⑯董立河：《后现代主义之后的历史理性与史学实践》，《历史研究》，2013年第5期。

⑰董立河：《韦尔施的“横向理性”与“历史理性”的重建》，《史学史研究》，2013年第4期。

⑱邓京力：《语境与历史之间——作为解释模式与方法论前提的历史语境理论》，《天津社会科学》，2013年第2期。

⑲易宁：《古代希腊史学的命运观》，《史学史研究》，2013年第1期。

⑳杨共乐：《追求真实是罗马史学的根本》，《史学史研究》，2013年第1期。

㉑刘林海：《〈但以理书〉及其史学价值》，《史学史研究》，2013年第1期。

㉒李隆国：《从“走”到“坐”：西方史家治史从古代向中古的转变》，《史学史研究》，2013年第4期。

㉓李隆国：《伊西多礼〈辞源·论史〉与基督教编年史的兴起》，《古代文明》，2013年第1期。

㉔汪凯：《科学历史学与批判历史学——谈柯林伍德对布拉德雷的评论》，《湛江师范学院学报》，2013年第2期。

㉕晏绍祥：《摩西·芬利与古代罗马史研究》，《世界历史》，2013年第5期。

㉖陈思伟：《芬利范式及其批评者》，《西南大学学报》（社会科学版），2013年第3期。

㉗孙立新：《1990年以来联邦德国重大史学争论概述》，《理论学刊》，2013年第10期。

㉘刘军：《加拿大劳工史学发展概况》，《天津师范大学学报》（社会科学版），2013年第4期。

㉙于沛：《20世纪上半期的中国西方史学理论研究》，《文史知识》，2013年第8期。

㉚齐世荣：《吴于廑先生与我国世界史学科的建立》，《武汉大学学报》（人文科学版），2013年第6期。

㉛徐蓝：《吴于廑先生的世界历史观与我的世界历史教学》，《武汉大学学报》（人文科学版），2013年第6期。

㉜孟广林：《世界历史研究的“通观”——吴于廑先生的学术境界》，《史学集刊》，2013年第4期。

㉝杨俊光：《精深与恢弘：齐思和先秦史研究特色》，《德州学院学报》，2013年第1期；《论20世纪三四十年代齐思和的史学批评》，《安徽史学》，2013年第2期；《试论齐思和的史学批评实践及特点》，《人文杂志》，2013年第3期。

㉞张顺洪：《中国的世界历史学发展方向问题》，《历史研究》，2013年第3期。

㉟庞永锋：《试论世界史上升为一级学科后的机遇与挑战》，《南阳师范学院学报》（社会科学版），2013第4期。

㊱徐蓝：《20世纪以来世界历史观念的发展与中国的世界史教学》，《课程·教材·教法》，2013年第10期。

㊲于殿利：《巴比伦与亚述文明》，北京师范大学出版集团，2013年版。

㊳刘健：《苏美尔王权观念的演进及特征》，《东方论坛》，2013年第5期。

㊴拱玉书：《“努帝穆德咒”刍议》，《古代文明》，2013年第3期。

㊵李政：《论赫梯文明起源的历史文化道路》，《东方论坛》，2013年第5期。

㊶李政：《何谓“赫梯学”？—论赫梯学研究的对象和范畴》，《古代文明》，2013年第1期。

㊷郭子林：《古埃及的塞德节与王权》，《世界历史》，2013年第1期。

㊸王欢：《古代埃及文献中的赫梯国王形象》，《古代文明》，2013年第2期。

㊹郝海迪：《托勒密埃及税收制度的发展演变》，《赤峰学院学报》（汉文哲学社会科学版），2013年第8期。

㊺董晶：《托勒密王朝时期埃及民间私社的丧葬活动——世俗体社条文献之所见》，《晋中学院学报》，2013年第2期。

㊻王海利：《落的玛阿特：古代埃及文献〈能言善辩的农民〉研究》，北京大学出版社，2013年版；《本土埃及学发展探析》，《西亚非洲》，2013年第4期。

㊼王晨辉：《试析圣经时代的犹太婚俗》，《黑龙江社会科学》，2013年第4期。

㊽李亦钊：《从〈摩奴法典〉看古印度的种姓制度》，《信阳农业高等专科学校学报》，2013年第2期。

㊾姜芃：《藏传佛教与印度佛教》，《山东社会科学》，2013年第1期。

㊿刘家和主编：《中西古代历史、史学与理论比较研究》，北京师范大学出版集团，2013年版。

51厉以宁：《希腊古代经济史》，商务印书馆，2013年版。

52王大庆：《“神圣”与“世俗”之间——试论古希腊奥林匹亚赛会的宗教性》，《北京师范大学学报》（社会科学版），2013年第6期。

53李渊：《希罗多德与埃斯库罗斯的蛮族观念之比较》，《史学月刊》，2013年第6期；《希腊化时代希腊人的“蛮族”观念》，《求是学刊》，2013年第1期。

54高美苏：《试论古希腊民居形式的演变及其影响因素》，《前沿》，2013年第17期。

55张新刚：《城邦内乱与理想政制的自然基础——柏拉图〈法篇〉卷十解析》，《政治思想史》，2013年第1期。

56贾文言：《亚里士多德的公共利益思想探析》，《南昌大学学报》（人文社会科学版），2013年第6期。

57杨共乐：《论罗马崛起的两个关键因素》，《黑龙江社会科学》，2013年第4期。

58刘小青：《觊觎与固守之间——罗马公民权视角下同盟战争爆发的原因》，《古代文明》，2013年第4期。

59李永斌：《罗马时代的阿波罗崇拜》，《首都师范大学学报》（社会科学版），2013年第6期。

60北京大学历史学系世界古代史教研室主编：《多元视角下的封建主义》，社会科学文献出版社，2013年版。

61包倩怡：《探求神迹背后的真实——解读教宗格里高利一世的〈圣本尼狄克传〉》，《国外文学》，2013年第1期。

62贾平平：《〈法兰克国王年代记〉及其所记载的查理曼的军事活动》，《黑龙江社会科学》，2013年第4期。

63肖翠松：《从托马斯·贝克特遇刺事件看英国亨利二世时期的政教关系》，《湖北师范学院学报》（哲学社会科学版），2013年第6期。

㉔肖翠松：《试析西欧中世纪旅行的风险与应对》，《湖北理工学院学报》（人文社会科学版），2013年第6期。

㉕赵文洪：《圈地运动之前对公地制度的侵蚀与反侵蚀》，《安徽史学》，2013年第4期。

㉖袁梦如：《内外互动视角下伊丽莎白一世的经济政策》，《黑龙江史志》，2013年第19期。

㉗田汝英：《葡萄牙与16世纪的亚欧香料贸易》，《首都师范大学学报》（社会科学版），2013年第1期。

㉘张弢：《西欧中世纪大学与城市之关系探微》，《古代文明》，2013年第3期。

㉙张弢：《欧洲中世纪执教资格的产生与演进》，《世界历史》，2013年第3期。

㉚朱孝远、肖翠松：《论但丁的"诗性的善"》，《文化艺术研究》，2013年第3期。

㉛杜佳峰：《萨沃纳罗拉改革对佛罗伦萨思想文化的冲击》，《文化艺术研究》，2013年第3期。

㉜王倩：《被长期忽略了的马基雅维利诗歌艺术》，《文化艺术研究》，2013年第3期。

㉝詹学昭：《佛罗伦萨的商业文化：基于文艺复兴时期三本佛罗伦萨商人日记的考察》，《文化艺术研究》，2013年第3期。

㉞朱孝远：《论宗教改革时期德国的两种地方政权》，《史学集刊》，2013年第3期。

㉟朱孝远：《后发国家如何赢得未来——从哈布斯堡王朝到伊丽莎白时代的霸权兴衰》，《学术前沿》，2013年第9期下；《英国由衰而兴的主宰力量——女王伊丽莎白一世的用人方略》，《决策与信息》，2013年第1期。

㊱徐乐天：《宗教天职与世俗政治的弥合与裂变——以路德参与1528年德国预防性战争的争论为例》，《曲靖师范学院学报》，2013年第5期；徐乐天：《路德宗教改革与德意志民族主义》，《云南民族大学学报》（哲学社会科学版），2013年第4期。

㊲高铁军：《印刷媒介与近代早期德意志民族国家的形成》，《黑龙江社会科学》，2013年第4期；《中世纪西欧〈圣经〉图书中的宗教宣传》，《通化师范学院学报》（人文社会科学），2013年第1期。

㊳侯树栋：《国家、王权与帝国：中古德意志政治史研究的回顾与反思》，《中国社会科学》，2013年第2期。

㊴刘城、付亮：《重塑"关爱灵魂的教会牧者"之形象——孔塔里尼〈论主教的职责〉初探》，《首都师范大学学报》（社会科学版），2013年第6期。

㊵付亮：《"现代早期天主教"范式的建构及其价值——论约翰·奥马利的教会史研究》，《史林》，2013年第3期。

㊶彭小瑜：《"你的名如同倒出来的香膏"——圣贝尔纳的爱情观与世界观》，《华中师范大学学报》（人文社会科学版），2013年第2期；《19世纪高卢主义滞留和衰落的启示——以1801年政教协约为个案》，《史学集刊》，2013年第1期。

（作者：北京师范大学教授）

世界近现代史

郭家宏　赵媛春

2013年，北京地区世界近现代史研究成果颇丰，在诸多领域都取得新的进展，主要有以下几个。

一、美国史研究

李剑鸣认为自20世纪初以来，美国政治史研究经历了从兴盛到衰落再到寻求复兴的过程。尽管由于后现代主义、社会史等的兴起给政治史研究带来了冲击，年轻学人对政治史的热情有所下降，但学者们顺应学科发展的要求，吸纳新的学术和思想资源，扩展政治史的内涵、概念和研究空间，对其他领域产生辐射，在新的学术语境中形成某种"新"政治史。[①]他认为戈登·伍德便是振兴美国政治史研究的代表人物，其研究成果拓展了政治史研究的路径，推动解释美国革命的新范式的形成，促进新社会史、后现代主义史学等与政治史研究的融合，更写出了《美利坚共和国的缔造》这部经典之作。[②]王立新、王睿恒认为，一战后美国兴起了一系列新型和平团体及和平运动，如法治主义、国际主义等，这些非政府组织希望通过重建国际和国内秩序来消除战争的根源，建立持久的和平，因此发起了20世纪20年代的裁军运动、使战争非法化运动等。这些组织的理念是追求"积极和平"，对美国的外交政策和两次世界大战后国际秩序建构产生了深远的影响。[③]周钢考察了美国历史上的牛仔罢工，在19世纪80年代美国西部牧牛业经历着由个体牧场、合伙经营的牧场向现代企业的公司化大牧场的转型期，其间美国爆发了两次牛仔罢工，牛仔们要求提高工资和改善工作、生活条件。尽管遭到牧场主们的联合破坏，但这两次罢工是19世纪80年代美国工人罢工的重要组成部分，他们的斗争具有反对垄断资本的性质，加强了牛仔的联合斗争的意识。[④]曹鸿通过考察1873年美国国会通过的科姆斯托克法（Comstock Act）形成的历史、原因及影响，从道德与权利的博弈这一角度，探讨科姆斯托克的道德改革与自由爱运动、节育运动之间的较量，并以此为例，反思美国历史发展中公共权力与个人自由之间的动态平衡关系。[⑤]邓建新、杨健认为在19世纪中叶，美国的华工们团结在“华埠”，组成会馆，修建寺庙，既将佛教传播到美国，也引起美国的警惕与怀疑，《排华法案》及其修正案施行后，华人移民和佛教在美国的发展都陷入停滞。[⑥]兰教材认为，近年来学者和媒体将“9·11”事件后美国的外交政策称为“美利坚新帝国”，《美国国家安全战略报告》也被认为是“美利坚新帝国”论最终形成的标志。但就目前国内的研究成果来看，对“帝国”或“帝国主义”等词并没有明确的界定，用这样的语汇来定义美国的外交行为和政策并不恰当。[⑦]翟韬梳理了二战结束后直至1949年年底期间美国新闻处在华宣传活动，分析其在国统区和解放区不同的宣传方式与目的。他认为这一时期既是美国长久以来向中国“输出”美国模式的继续，也经历了从“扬美”到“扬美反苏”的巨大转变，是冷战兴起的直接结果，拉开日后美国在亚洲规模浩大且更为激烈的反对“红色中国”的宣传运动和心理战的序幕。[⑧]

二、英国史

钱乘旦从理论与实践两个角度考察了当代英国政治运作，认为英国议会选举与政党政治存在“说”与“做”的悖论：理论上讲，英国下院选举表达了平等、普遍、公正的原则，但实际上，“领先者获胜”的原则，使得得票多者并不一定超过半数，并不一定代表多数选民。理论上议会制定法律，政府执行法律，政府对议会负责。但在实际运作过程中这个原则被翻转过来。大选产生的多数党控制议会，这个党又组成政府，政府可以在下院提出任何议案，并要求本党党员服从党的命令，保证议案在下院通过。这就成了不是政府服从议会，而是议会服从政府。[⑨]郭家宏认为19世纪下半期，英国人的贫困观念发生了巨大的变化，不再仅仅视个人道德堕落为贫困的根源，而是对贫困的成因有更深刻和科学的认识。新自由主义、社会伦理学和有机体理论以及费边社思想等社会思潮也从理论角度提出国家和社会干预贫困问题的必要性。与公众贫困观念转变相伴随的是英国重要的政治进展，国家济贫政策也由惩戒转变为政府救助，为20世纪社会福利制度的建立与发展奠定了基础。[⑩]王晓辉认为公开处决制度在英国有着悠久的历史，但19世纪后，相比于刑罚与警示，英国的公开处决场面更像是民众的狂欢，伴随着犯罪与骚乱。同时，随着启蒙运动与人道主义的兴起，公开处决制度的残忍性遭到广泛质疑。在这种历史契机下，1868年英国议会最终通过一项关于废除公开处决的法律。[⑪]薛强梳理了自中世纪以来英国航海法的发展演变，认为近代英国航海法的变革是伴随着英国贸易模式转变而完成的，殖民地的扩张和国际海上贸易的竞争也成为推动变革的重要的力量，《航海条例》的颁布保证了作为“共和国福利与安全最重要的手段”的航运业的发展，成为保护自由贸易、追求商业霸权的重要工具。[⑫]陈向阳通过解读英国国家档案馆收藏的原始档案，全面考察了英国《总体战略》计划的形成、内容特点、实施困难以及国际影响，从英国防务战略这一新视角揭示冷战起源问题。[⑬]张恒杰以圣保罗学校为考察对象，分析了英国文艺复兴初期文法学校的特点。新式文法学校最大的特点就是世俗化管理与人文主义色彩浓厚的课程设置，为英国近代教育奠定良好基础。[⑭]梁忠翠利用印度事务部档案，考察了1943年后英国与印度方面关于西藏地位的争论，一方面，出于第二次世界大战形势巨大转变的客观需要和塑造自身外交形象的考虑，英美方面主动宣布放弃在中国的租界、治外法权等各项特权；另一方面，出于其印度殖民利益需要，英国意欲强化西藏的缓冲地带作用，因而英国和印度政府方面就如何看待中国在西藏的主权，又能协调战时中英关系展开了讨论，再次强调了要中国承认西藏自治以换取英国承认中国宗主权的原则。这些讨论既表现了英国外交的诡谲老道，也成为印度独立运动前英国西藏政策的基本指导，对今日处理西藏问题有警诫意义。[⑮]

三、法国史

高毅认为托克维尔的贵族出身、社会学研究背景、自由主义倾向，使他的《旧制度与大革命》有别于传统的法国革命史著作。他以旧制度、大革命、中央集权和政治自由四个核心概念为支点，从嫉恨情绪的普遍滋长及其社会后果、文学政治的兴起和泛滥、王朝政府行政集权的自毁效应这三个方面，探讨了托克维尔对“旧制度何以引发大革命”这一问题的解说。认为这本书最突出的特点是它在对“如何避免革命”这个问题做了开创性的思考，并试图通过探讨法国大革命这个典型个案来揭示一些历史教训，为人类在现代化进程中避免革命动荡指出某些可能的路径。[⑯]庞冠群、顾杭认为，在启蒙时代的法国，竞争观念十分盛行，上至精英贵族，下至具有读写能力的普通民众都受到影响并积极参与思想领域的竞争。但在法语语境中的竞争一词是“émulation”，与英美文化中的“competition”（竞争）概念极为不同，法国人更追求美德与卓越，在乎形式，是一种富含美德的竞争观念，饱含着法国人对启蒙时代社会改良的期望。见贤思齐、臻于完美的竞争原则也成为近代法国精英文化中的核心内容之一。[⑰]江天岳梳理了上海法租界自1849年出现到1914年第三次扩界活动中的法国因素的影响，认为彼时上海法租界的改造工程中，十分注重借鉴当时法国巴黎的建设风格，聘请有“法国背景”的工程师，甚至在建筑用品上也坚信“巴黎制造”的质量保障，将上海打造成为“东方的巴黎”。这些改造活动客观上使法租界呈现秩序、繁荣、整洁的面貌，复制巴黎的建设也为界内侨民建构一种源自内心的归属感。[18]于艳茹指出，传统新闻史观点认为旧制度时期法国新闻业处于严格的书报审查制度之下因而未能对旧制度发起过冲击。但新研究表明，1775年法国大众新闻业曾一度在政治上十分激进，这一现象与当时新涌入新闻业的剧作家、新君即位、政府改革失败等政治事件密切相关。这段新闻自由时期虽然短暂，仍然对旧制度造成沉重打击。[19]葛夫平考察了法国在中日甲午战争中的态度与作用，认为法国在中日甲午战争爆发前后虽一再宣称在朝鲜问题上没有直接利益，表面上持观望态度，但实际上，法国从一开始就将中日战争视为巩固法俄同盟和进一步侵略中国西南边疆的良机，始终与俄国保持一致立场，抵制英国在调停中扮演主导角色。后来法国又积极参加干涉行动，阻止日本占领台湾和澎湖列岛，以防止日本取代欧洲力量主宰中国，表现出一种典型的渔利态度和欧洲主义立场。[20]

四、德国史

孙立新认为自1949年新中国成立以来，关于纳粹历史的史学争论在联邦德国从未停息，1990年两德统一后，“格德哈根辩论”“关于国防军罪行展览之争”和“关于1941—1945年大轰炸的争论”又相继发生，再为联邦德国争论文化增添奇观。争论的反复出现既是联邦德国社会对于纳粹历史有相当大意见分歧的反映，也是联邦德国学术研究多元化、自由化和民主化的体现。这些争论固然暴露了种种自我辩护的企图，但也展现了大多数德国人高度自律的政治觉悟，其最终结果还是有利于对纳粹历史进行深刻批判和反思的。[21]李维认为卡莱基“泛欧”思想的产生、发展和完善与德意志经验的积极影响密不可分。首先，卡莱基关注奥匈双元帝国内部德意志民族的命运变迁，并由此萌发多民族共同体意识，为其日后提出“泛欧”联合主张奠定了坚实的思想基础。其次，卡莱基概括、总结德意志帝国统一的历史经验，提出欧洲联合的发展阶段理论，有力地推动了两战间的欧洲联合进程。最后，卡莱基重视瑞士联邦的模式，清晰地勾勒了“欧洲合众国”的宏伟蓝图。通过考察这些问题，有助于我们更深入地认识“泛欧”思想的起源、辩证地看待德意志民族发展道路与欧洲联合道路之间的关系、准确把握欧洲一体化的现状与未来。[22]李维还提出，卡莱基认为在欧洲区域化时代，英国肯定不会主动放弃帝国共同体，而加入“欧洲”大家庭，因此必须排除英国，走“小欧洲”联合的道路，后来的历史证明彼时卡莱基对英帝国一体的判断是客观的，其欧洲一体化思想中排除英国是实际的。[23]

五、苏俄史和东欧史

张建华认为20世纪初俄国形成了“欧亚主义”思潮，强调从俄罗斯文化传统和独特的地理环境中寻找俄国未来发展的道路，反对全盘西化的发展模式，在民众中有很大的影响。苏联解体后，普京政府采用新欧亚主义发展道路，完成了经济转型。新欧亚主义也成为一种国家战略，对俄罗斯的经济、外交等都产生了重要的影响。[24]郝葵考察了俄罗斯历史学家、经济学家普拉东诺夫的美国观，认为其主要有以下五个方面：一是对美国作为一个民族国家的质疑；二是将美国资本的原始积累归罪于犹太塔木德教义；三是对美国的消费型经济持批判态度；四是抨击美国政治和法律制度；五是否定美国家庭教育中的实用主义和个人主义。他的美国观来源于其对犹太共济文明的批判，也是他对现代性危机的思考。[25]李燕分析了俄罗斯学界近期对1982年苏联克格勃第一副主席茨维贡与苏共中央第二书记苏斯洛夫蹊跷“病逝”的最新研究成果，认为茨维贡与苏斯洛夫之死的直接导因是牵扯进勃列日涅夫女儿的“珠宝钻石走私案”中，这一案件也解开了当时苏共高层及其家属诸多腐败案件的“冰山一角”。苏共官员的腐败问题动摇了苏共执政的社会基础，也影响了苏联的改革进程，对苏联解体起到了推波助澜的作用。[26]刘显忠认为，列宁和斯大林在以联邦制形式统一各苏维埃共和国问题的认识上并没有本质分歧，而分歧主要在于各个独立的苏维埃共和国以自治共和国身份加入俄罗斯联邦，还是俄罗斯联邦与其他各个独立的苏维埃共和国平等地加入新的联邦，也就是说，他们的分歧只是在联合的策略和方法上不同。但是，两者的方案都无法兼顾各个共和国的民族感情，保证各民族的平等，而这种以民族为基础建立的联邦制也成为苏联难以修复的缺陷。[27]林精华指出，俄国与印度之间的关系十分复杂：对俄国来说，印度不仅是其与西方争夺中亚——南亚的战略要地，也是不断重建“东方文明”的最重要资源。虽然俄国关于印度学的研究多来源于西方，但也被进行了相应的改造，不同于英国殖民者的腔调，唤起了俄国知识界对现实印度的同情、对古典印度的崇敬，也赢得了印度的好感。苏联时期也延续了这种印度学传统，与印度有很多的互动，不仅有许多优秀的研究成果，也为俄印外交提供了丰富的思想遗产和扎实的基础。[28]孔田平认为在中东欧经济转型的试验中，波兰和匈牙利分别代表了两种不同的模式：前者是休克疗法（激进方式）的典型，后者则是渐进改革的范例。然而，二者却在经济稳定化、自由化、私有化和制度改革等方面殊途同归，完成了经济的转型，但改革的代价是长期的，还需进一步研究。[29]

六、日本史

唐利国指出在吉田松阴的《东坡策批评》中包

含着变革思想的三个基本要点，即君主中心的政治观、人才中心的制度论和以攻代守的国防论。而以这部文献为代表的近世日本形成的汉学传统，是幕府末期学者探索如何维护国家独立过程中非常重要的学问资源，也是日本近代化转型期重要的内在思想支撑。[30]李理认为日本在明治维新后，便有计划地采取多边交涉或武力占领的手段进行领土扩张，琉球便是第一个目标。为了解决琉球曾受中国册封的归属问题，自1871年7月“废藩置县”开始，日本便通过将琉球事务纳入外务省，剥夺其对外独立权，同时利用“山原号难船事件”，意欲切断琉球与中国的关系，单方面将琉球由一个独立的王国变为日本的属地。[31]张华、李庆辉探讨了16、17世纪天主教在日本的传播发展与衰落。他们认为天主教在伴随着商业贸易进入日本后，在一些大名的支持下，于16世纪达到鼎盛。然而，当德川幕府的统治趋于稳定后，自1612年开始，连续发布几道禁教令，天主教在日本开始衰落。但天主教的传播，将日本从封闭的东方小国带进了世界贸易版图，为日本文化的发展带来了极大的变化。[32]史桂芳分析了在日本发动侵华战争时期，其国内出现的“举国一致”支持战争的局面，从官方到民间，日本出现这种疯狂的排外狂潮的原因有：第一，日本统治集团长期对国民灌输“忠君”思想和“皇国”观念；第二，在战争宣传中，日本政府宣称日本的扩张是为了抵御西方列强对亚洲的侵略，为维护日本的“正当权益”。这种“举国一致”现象与日本人的团队意识和从众心理有密切的关系，也是日本近代以来屡次发动对外战争的重要的社会原因。[33]

七、环境史

包茂红认为，英帝国环境史研究推动了英帝国史和环境史研究的“文化转向”，把宗主国与殖民地相结合、殖民者与土著相结合，更重视地方性知识和整体研究。同时，英帝国环境史研究受到后殖民主义理论的深刻影响，不但注重对环境文化的解读，还重视其形成与交流背后的不同层次的权力交锋以及因此而造成的文化持续变异。从环境史角度理解帝国史，为重新认识殖民主义的遗产提供了新思路。[34]施雯、梅雪芹认为美国对畜牧养殖业滥用抗生素的研究成果主要有两方面的特点：第一，美国人对畜牧养殖业滥用抗生素的认识经历了从科学认知到风险评估，再到人文反思的过程；第二，形成了对抗生素与工业化农业的关系、滥用抗生素的后果及对策等研究焦点。尽管研究对象的时段和范围还有待扩展、对材料的深入解读和分析有待加强，但研究焦点的转变体现了学者们的人文关怀和很强的现实意义。[35]梅雪芹还特别关注到三文鱼，这个可以反映水质是否优良、生态系统是否健康的重要物种。她认为19世纪四五十年代泰晤士河三文鱼的消失从环境的角度折射出近代工业和城市发展带来的问题。关注三文鱼的消失，可以促使我们更全面地认识工业文明的结果和影响；而关注英国为使三文鱼回归泰晤士河的努力，则能让我们理解“给自然腾出空间”的理念，从这沉重的一段历史中汲取教训。[36]高国荣指出20世纪90年代以来，美国环境史的研究范式发生了变化，环境史越来越接近社会文化史，理查德·怀特将其称为“环境史的文化转向”。这种转变一方面带来了环境史研究的繁荣，使环境史融入并影响美国史学的主流，但也削弱了环境史以自然为中心及跨学科研究的特色，导致环境史研究的碎化。如何让生态分析和文化分析彼此协调，需要学者们继续探索。[37]杜宪兵考察了印度的朝圣活动，认为其在很大程度上导致了印度霍乱疫情的爆发和扩散。霍乱是一种与印度生态环境息息相关的具有高地域性和高流行性的疾病，其发生和流行是霍乱弧菌、人以及环境三种因素在某个时间和空间交会的结果。霍乱流行与印度朝圣活动在时间和空间上的重合彰显出印度独特的自然环境和社会环境，很好地诠释了人类活动与生态环境之间的紧密关系。[38]

八、亚非拉史

杜晶晶探究了土耳其政治文化世俗化的发展历程，认为这一历程主要分为四个阶段，分别是奥斯曼帝国改革时期、凯末尔时期，以及正发党上台前和执政时期。土耳其政治文化世俗化的发生是在西方政治文化扩张的影响之下，是一个晚发外启的过程，并对土耳其的现代化过程产生很大的影响，对其他伊斯兰国家的世俗化改革也具有借鉴意义。[39]

九、国际关系史

钱乘旦认为，欧洲债务危机及欧盟目前局势表明，欧洲一体化的目标已经被微妙地扭转，其发展的方向则有所不明，现在的“欧洲一体化”已不同于60年之前，如果仍按照60年前的口径去谈论欧洲一体化，就一定离现实太远。欧盟的发展与现状说明：60年前人们的设计及支撑这种设计的理论解说已经不符合现实状况了，对“欧洲一体化”应该拿出新的理论解释框架。[40]姚百慧指出，1958—1960年期间，围绕戴高乐1958年9月的备忘录，美英法三国进行了多次大使级和外长级的三边会谈，甚至提议创立“伦敦秘密小组”并进行三国首脑会晤。尽管三边会谈成效不大，但仍然表明了美法关系间存在的某种韧性，说明两国都试图用对话与合作的方式在联盟内解决矛盾。这种“斗而不破”的现象，说明战后初期形成的两极格局已逐渐不符合20世纪50年代末期的国际力量分布，但两极格局下的冷战局面仍制约着美法矛盾发展的限度。[41]鞠维伟以英国解密档案为依据，综合考察英国政府在第一次柏林危机中的政策和相应的表现，认为英国在德国问题上与苏联的对抗既是东西方对抗的一种表现形式，也是冷战形成和发展的一种动因。[42]他还认为在冷战所形成的东西方对峙的两极格局背景下，英国看到了联邦德国的军事潜力，致力用其力量弥补西欧军事防御力量的薄弱，以遏制苏联。于是，在1949年6月到1950年9月纽约外长会议这一时期，英国稳妥地、渐进地实现重新武装联邦德国的政策方向，此举是强化两极格局的重要因素。[43]赵军秀分析了20世纪初英国外交大臣兰斯多恩和格雷的“协约政策”，认为面对当时国际局势的变化及英国国际地位受到的挑战，两位外交大臣都继续坚持19世纪晚期索尔兹伯里的“有限合作政策”，英法协约和英俄协约都意在调整与传统竞争对手法国与俄国的关系，通过坚持“欧洲均势”的政策，维护英国利益与大国地位。[44]杨东考察了1940年6月英日双方就《封闭滇缅公路协定》所做的讨论，认为英国用妥协来换取日本为远东的和平而做出的努力，关闭滇缅公路只是英国采取的权宜之计，与慕尼黑协定有着本质上的不同，在谈判过程中也提出变通的方法，并不能等同于英国在欧洲的“绥靖”。[45]白佳鑫以1942年和1945年的太平洋学会会议为切入点，考察了抗战后期的中英关系，认为此时的中英关系主要集中在中国战后地位、英国在香港和印度的殖民利益等问题上，双方达成了部分一致，但更多的是根本的对抗性。[46]

十、全球史

田汝英探究了16世纪葡萄牙香料贸易活动的重要影响，认为正是葡萄牙的活动实现了欧洲人直接参与香料贸易的夙愿，改变了欧洲人的香料观。也改变了欧洲香料市场的结构，降低了香料的价格，促使其从奢侈品转变为大众消费品；同时，葡萄牙人的交易商品和活动范围遍及欧亚非美四大洲，也促进了世界市场的形成。尽管其商业活动有旧时代过渡的特色，但也开创了近代世界贸易的新模式，对后来的荷兰、英国等国产生重要影响。[47]陈旭楠从全球史角度考察了1601年荷兰商船来华事件，认为这是一次中荷葡三国在贸易全球化早期的角力。葡荷因此事件而开始公开化对抗，在贸易战中，荷兰排挤葡人，占领东南亚，崛起成为海洋大国，对英法等国的海外扩张有很大的影响。此事虽小，却折射出16世纪与17世纪之交碰撞下的东西方世界与变迁。[48]

十一、史学理论与外国史学史

2013年是吴于廑先生逝世20周年，北京的学界同人们也对吴于廑先生的史学思想及影响展开讨论。齐世荣认为吴于廑从定义什么是世界史学科、论述世界历史的纵向发展和横向发展、进行多角度的世界历史专题研究、对世界史分期提出独到见解这四个方面为我国世界史学科的建设做出了重要的贡献。[49]徐蓝提到自己在参与吴齐本《世界史》编写讨论中的经历，认为吴于廑先生的世界历史观不仅开创了中国的世界通史编纂的新局面，并提出了许多值得深入研究的教学与科研课题，引发了学术界对世界历史理论的新思考和新探索。[50]孟广林认为吴于廑先生在世界历史研究中，打破历史时间与空间的限制，对历史如何发展与融汇成为“世界历史”做了多层次的探索，是一种“通观”研究。[51]在其他方面，高毅认为当代人对欧洲启蒙运动的诟病反映了启蒙运动的内在复杂性和矛盾性。实际上，在启蒙运动中，有工具理性与价值理性、理智与情感（信仰）和自由与平等这三大矛盾。德国的“理性与信仰协和论”和法国的“博爱”理念是化解这些矛盾的重要思想资源，但由于某种时代性的原因，这些思想资源被忽视了，才给当代人造成对启蒙运动的误解，以及某些要素的片面扩张，妨碍了现代文明的健康发展。[52]王希介绍了国外学术界对公共史学的研究，认为公共史学强调的是历史学家的公共责任，体现了历史学家们的现实关怀，其所奉行的“共享解释权”和互动性思维等原则包含一种更为民主和包容的态度。但与此同时，也对专业史学家所追求的“真实性”和“客观性”等提出挑战，自身也面临身份重叠等困境。国内的公共史学发展既要参考西方学术界的经验，也必须对相关理论问题做出思考和厘正。[53]

注：

①李剑鸣：《美国政治史的衰落与复兴》，《史学集刊》，2013年第6期。

②李剑鸣：《戈登·伍德与美国早期政治史研究》，《四川大学学报》（哲学社会科学版），2013年第5期。

③王立新、王睿恒：《“积极和平”：美国的和平运动与一战后国际秩序的构建》，《社会科学战线》，2013年第8期。

④周钢：《美国历史上的牛仔罢工》，《史学月刊》，2013年第2期。

⑤曹鸿：《道德与权利的博弈——美国科姆斯托克法的出台、实施和所引发的社会政治斗争》，《史学月刊》，2013年第8期。

⑥邓建新、杨健：《19世纪美国的华工及其佛教信仰》，《青海民族大学学报》（社会科学版），2013年第3期。

⑦兰教材：《“美利坚新帝国”研究述评》，《社会科学论坛》，2013年第2期。

⑧翟韬：《战后初期美国新闻处在华宣传活动研究》，《史学集刊》，2013年第2期。

⑨钱乘旦：《“说”与“做”的悖论——英国议会选举与政党政治解析》，《求是》，2013年第14期。

⑩郭家宏：《19世纪末期英国贫困观念的变

化》，《学海》，2013年第1期。

⑪王晓辉：《19世纪英国公开处决制度的废除及其动因分析》，《华中科技大学学报》（社会科学版），2013年第3期。

⑫薛强：《英国航海法演变与1651年〈航海条例〉的颁布》，《商丘师范学院学报》，2013年第11期。

⑬陈向阳：《1947年英国〈总体战略计划〉述评》，《广西师范大学学报》（哲学社会科学版），2013年第2期。

⑭张恒杰：《论英国文艺复兴初期语法学校的特点——以圣保罗学校为考察对象》，《理论界》，2013年第7期。

⑮梁忠翠：《1943年英国的西藏地位论》，《聊城大学学报》，2013年第6期。

⑯高毅：《〈旧制度与大革命〉探析》上下，《中国高校社会科学》，2013年第4、5期。

⑰庞冠群、顾杭：《见贤思齐、臻于至善：18世纪法国社会中富含美德的竞争观念》，《史学集刊》，2013年第1期。

⑱江天岳：《巴黎城市改造对上海法租界规划的影响——以1849—1914年上海法租界建设规划为例》，《史林》，2013年第4期。

⑲于艳茹：《1775年法国大众新闻业的“投石党运动”》，《国际新闻界》，2013年第7期。

⑳葛夫平：《法国与中日甲午战争》，《中国社会科学》，2013年第3期。

㉑孙立新：《1990年以来联邦德国重大史学争论概述》，《理论学刊》，2013年第10期。

㉒李维：《论德意志经验对卡莱基“泛欧”联合思想的影响》，《德国研究》，2013年第2期。

㉓李维：《库登霍夫—卡莱基“泛欧”联合思想中的英国观》，《史学集刊》，2013年第1期。

㉔张建华：《欧亚主义的诱惑：从民间思潮到国家战略》，《人民论坛·学术前沿》，2013年第10期。

㉕郝葵：《普拉东诺夫的美国观》，《黑龙江社会科学》，2013年第4期。

㉖李燕：《勃列日涅夫时期苏共官员的腐败及社会影响——从茨维贡与苏斯洛夫之死窥探端倪》，《俄罗斯学刊》，2013年第6期。

㉗刘显忠：《对列宁斯大林在建立联盟问题上分歧的再认识——兼论苏联联邦体制的问题和缺陷》，《史学月刊》，2013年第4期。

㉘林精华：《俄印超常关系二百年与俄国的印度学》，《俄罗斯研究》，2013年第2期。

㉙孔田平：《激进与渐进——对波兰与匈牙利转型的重新审视》，《黑龙江社会科学》，2013年第5期。

㉚唐利国：《日本近世汉学与幕末变革思想——以吉田松阴〈东坡策批评〉为中心》，《史学集刊》，2013年第2期。

㉛李理：《日本“吞并琉球”计划出台始末》，《清华大学学报》（哲学社会科学版），2013年第6期。

㉜张华、李庆辉：《16、17世纪天主教在日本的传播发展与衰落》，《中央民族大学学报》（哲学社会科学版），2013年第3期。

㉝史桂芳：《对侵华战争时期日本国内“举国一致”现象的分析》，《抗战史料研究》，2013年第1辑。

㉞包茂红：《英帝国环境史研究——以殖民科学研究为中心》，《思想战线》，2013年第4期。

㉟施雳、梅雪芹：《美国畜牧养殖业滥用抗生素相关研究的历史考察》，《辽宁大学学报》（哲学社会科学版），2013年第3期。

㊱梅雪芹：《英国环境史上沉重的一页——泰晤士河三文鱼的消失及其教训》，《南京大学学报》（哲学·人文科学·社会科学），2013年第6期。

㊲高国荣：《近二十年来美国环境史研究的文化转向》，《历史研究》，2013年第2期。

㊳杜宪兵：《因信成疫：19世纪的印度朝圣与霍乱流行》，《齐鲁学刊》，2013年第1期。

㊴杜晶晶：《土耳其政治文化世俗化初探》，《呼伦贝尔学院学报》，2013年第4期。

㊵钱乘旦：《“欧洲一体化”再思考》，北京论坛（2013）文明的和谐与共同繁荣——回顾与展望：“地区合作与冲突：多元文化的视角”分论坛三。

㊶姚百慧：《戴高乐、艾森豪威尔与美英法三边会谈（1958—1960）》，《历史教学》，2013年第20期。

㊷鞠维伟：《试论英国在第一次柏林危机中的对苏冷战政策》，《首都师范大学学报》（社会科学版），2013年第4期。

㊸鞠维伟：《英国对联邦德国重新武装的政策初探》，《历史教学》，2013年第20期。

㊹赵军秀：《简析20世纪初英国的“协约政策”》，《首都师范大学学报》（社会科学版），2013年第4期。

㊺杨东：《再谈滇缅公路的关闭——英国外交部决策过程》，《中央社会主义学院学报》，2013年第5期。

㊻白佳鑫：《浅谈抗战后期的中英关系——以1942年和1945年的太平洋学会会议为例》，《哈尔滨师范大学社会科学学报》，2013年第3期。

㊼田汝英：《葡萄牙与16世纪的亚欧香料贸易》，《首都师范大学学报》（社会科学版），2013年第1期。

㊽陈旭楠：《荷兰商船来华事件——全球视野下

的中荷葡角力》，《全球史评论》，2013 年。

㊾齐世荣，《吴于廑先生与我国世界史学科的建立》，《武汉大学学报》（人文科学版），2013 年第 6 期。

㊿徐蓝：《吴于廑先生的世界历史观与我的世界历史教学》，《武汉大学学报》（人文科学版），2013 年第 6 期。

(51)孟广林：《世界历史研究的“通观”——吴于廑先生的学术境界》，《史学集刊》，2013 年第 4 期。

(52)高毅：《浅谈启蒙运动的内在紧张》，《历史教学》，2013 年第 2 期。

(53)王希：《西方学术与政治语境下的公共史学——兼论公共史学在中国发展的可行性》，《天津社会科学》，2013 年第 3 期。

（作者：郭家宏，北京师范大学教授；赵媛春，北京师范大学硕士生）

考　古　学

考　古　学

高崇文

2013 年，北京地区各科研单位及高校陆续发表了一系列新的考古资料和研究成果，在众多研究领域均取得了重要进展。现综述如下。

一、重要学术活动

2013 年 4 月 9 日，“2013 年度全国十大考古新发现”评选结果揭晓，入选项目是：陕西宝鸡石鼓山商周墓地、湖北随州文峰塔东周曾侯墓地、山东沂水纪王崮春秋墓葬、湖南益阳兔子山遗址发掘、四川成都老官山西汉木椁墓、河南洛阳新安汉函谷关遗址、陕西西安西汉长安城渭桥遗址、江苏扬州曹庄隋唐墓（隋炀帝墓）、四川石渠吐蕃时代石刻、江西景德镇南窑唐代遗址。①

2013 年 1 月 9 日，由中国社会科学院考古研究所主办的“中国社会科学院考古学论坛 · 2012 年中国考古新发现”召开，会议听取了江苏泗洪县顺山集新石器时代遗址、陕西神木县石峁遗址、新疆温泉县阿敦乔鲁遗址与墓地、山东沂水县纪王崮春秋墓、河北邺城遗址东魏北齐佛寺和佛教造像埋藏坑、贵州遵义海龙屯遗址等 6 个重要遗址的发现情况，与会专家学者展开了深入讨论，研究了这 6 处遗址的重要学术意义。②

2013 年 12 月 4 日，由中国社会科学院考古研究所边疆考古研究中心主办的“2013 年度中国边疆考古论坛”在社科院考古研究所召开。来自社科院考古研究所和历史研究所、北京大学、中国人民大学、中央民族大学、国家博物馆等相关单位的学者及各大媒体近百人参加了本次会议。会议以边疆考古研究中心 2013 年度在新疆、西藏和内蒙古的重要考古发掘为主题，包括新疆温泉阿敦乔鲁遗址与墓葬、青河三海子遗址、帕米尔曲曼墓地、吐鲁番吐峪沟石窟遗迹，西藏阿里故如甲木墓地与曲踏墓地，内蒙古呼伦贝尔谢尔塔拉墓地与岗嘎墓地等 6 项，展现了最新的考古发现和初步的研究成果，引起了与会代表广泛的关注和热烈的反响。③

2013 年 7 月 4 日至 5 日，湖北省博物馆、湖北省文物考古研究所在湖北随州市召开了“随州叶家山西周墓地考古研讨会”，中国社会科学院考古研究所、北京大学等单位的专家学者参加了研讨会。会议对墓葬的年代、文化内涵、赙赗制度、毁兵现象、铜器铭文、墓葬与周围遗址的关系，以及墓地的发现对研究西周早期方国等问题进行了热烈的讨论。大家一致认为，这个墓地是迄今为止看到的西周早期最完整的、基本没被盗掘的包括封国国君在内的高等级贵族墓地，其墓葬布局清晰，葬制有特点，随葬器物种类多、数量大、制作精良、组合完整，超过了其他地区发现的同时期墓葬，而且有许多重大考古新发现，不仅是曾国考古的新突破，还是整个商周时期考古的重大突破，具有十分重要的学术意义。④

2013 年 8 月 22 日至 25 日，由中国社会科学院考古研究所、内蒙古文物考古研究所主办，赤峰市文化局、文物局协办，巴林左旗旗委、人民政府承办的“十至十二世纪东亚都城和帝陵考古与契丹辽文化国际学术研讨会”在辽上京和辽祖陵故地——内蒙古赤峰市巴林左旗召开。来自日本、韩国、蒙古国、俄罗斯、加拿大等国家以及我国各省、市、自治区考古文博机构和相关高校等共计 70 余名学者参会。会议就“辽上京城址、辽祖陵遗址的考古发现和研究”“十至十二世纪东亚地区诸都城和重要城址考古发现和研究”“十至十二世纪东亚地区诸帝王陵和墓葬考古发现和研究”“辽代考古发现与契丹辽文化研究”等进行了学术汇告和研讨。⑤

2013 年 8 月 23—26 日，由中国社会科学院和上海市人民政府联合主办，中国社会科学院考古研究所和上海市文物局承办的“世界考古·上海论坛”在上海举办。论坛的重要内容之一是发布 10 项世界重大田野考古发现以及 9 项世界重大考古研究成果的评选结果。入选项目由来自 17 个国家的 40 名学术权威和专家组成的评审委员共同评选得出。其中中国良渚古城、石峁古城考古新发现及中国西南晚更新世全新世过渡时期古老型人类的发现与研究、中华文明探源工程研究入选。⑥

2013 年 4 月 3—7 日，由美国考古学会主办的全美第 78 届考古学年会在美国檀香山市举行。来自世界各地的考古学家及美国各大学的部分学生近 4000 人参加。其中有北京大学、北京科技大学、中国社会科学院考古研究所、中国科学院古脊椎与古人类研究所、中国国家博物馆等单位的北京学者参加。大会共设分会场 292 个，涉及世界各个地区。其中，有关中国考古学研究的分会场有“中国考古学的新进展”“古代中国的年代学及相关问题”“中国西南地区与东南亚的技术”等 4 个。此外，还有不少中外学者在其他 12 个分会场提交或宣读了各自有关中国考古学研究的论文。此次会议无论是参会的中国学者还是中国考古研究分会场的数量均达到空前水平，充分显示出中国考古学在国际上的影响力在不断增强。⑦

二、综合研究

白云翔撰文归纳总结了新世纪以来我国田野考古的态势和特点，指出基建类考古依然是田野考古的主战场、田野考古领域不断拓展、田野考古的学术课题意识进一步增强、田野考古的科学化和规范化进程全面推进、田野考古与文化遗产保护有机结合，并强调考古发掘、科技考古和文物保护“三为一体”的思路和布局，是田野考古发展的一个总趋势。⑧朱乃诚研究了辽西地区早期文明的特点，指出辽西地区早期文明以农业经济发展为基础，以祖先和自然崇拜并神化原始宗教信仰活动作为社会的凝聚力，以社会平稳发展而形成具有中心人物集权特征的等级化社会。这是一种接受外部文化影响或植入而形成的没有武力冲突的自生自灭的早期文明，可能是中国诸早期文明的一个特殊案例。⑨张忠培阐述了环渤海地区考古学文化的发展，分析了旧石器时代北京人、金牛山人、山顶洞人的遗存及新石器时代的后李文化、兴隆洼文化、赵宝构文化及红山文化的发展，进一步探讨了夏商周时期环渤海地区众多的考古学文化面貌及特点，认为环渤海地区自新石器时代到秦汉帝国，经历的是一条“从文化多元一体到国家一统多元”的发展道路。⑩张海、陈建立研究了史前青铜冶铸业与中原早期国家形成的关系，认为黄河中下游、长江中下游和西辽河流域的史前文明化进程有着各自不同的演进道路。由于史前中原社会缺乏制作高档奢侈品的原料和技术，贵族阶层的成长因此受到很大程度的限制。青铜冶铸技术的出现正适应了这一需求，对中原社会文明化进程产生了重要影响，是中原社会真正进入早期国家的关键性的推动力量。实际上，中原地区新石器时代文化的发展已经为青铜冶铸技术的传入和本土化奠定了基础。二里头文化青铜冶铸技术的出现和发展，既是东西方文化交流的结果，更是中原社会文明化进程的内在需求。⑪于璞研究了北京地区仿木构墓葬的发展轨迹，认为自汉代开始以木结构为主的建筑形式逐步被借用到墓葬当中，各个时期墓葬中的建筑形式时代特征明显。并将北京地区仿木构墓葬分为发轫期的汉晋期、发展时期的唐代、全盛时期的辽代、衰落时期的金元时期及尾声时期的明清，研究了各时期仿木构墓葬的构筑特点。⑫

三、石器时代考古发现与研究

2013 年年初，北京联合大学应用文理学院、湖北省文物考古研究所等对湖北省十堰市郧县青曲镇滴水岩化石地点进行了发掘，出土丰富的旧石器时代石制品及少量的动物化石，已经发现石制品 600 余件，其中有制作精美的砍砸器、手镐、手斧等标本。手斧是旧石器时代文化早期的一种器物，代表着人类最早在制作时的计划性和规范化，在旧石器时代文化研究中具有很高的价值。滴水岩化石地点发现的手斧证明中国手斧文化的延续性远远长于欧洲的 40 万年，达到 90 万年左右。⑬2012 年 5 月，首都师范大学等单位对河南省濮阳市铁丘遗址进行了发掘，开挖出部分龙山时期的房基、墓葬、灰坑等遗迹，出土一批陶器、石器、骨器、蚌器等遗物。从文化因素来看，该类遗存为典型的后冈二期文化，所属年代为河南龙山文化晚期。濮阳地区接近后冈二期文化分布的东部边界，在龙山时代晚期应是中原文化与东方文化汇集的地带，此次考古发现为认识该地区龙山晚期的社会发展状况提供了较为重要的资料。⑭中国社会科学院考古研究所等单位对安徽蚌埠市禹会龙山文化遗址祭祀台基进行了发掘，发现了一处大型礼仪性建筑基址及大量的遗迹遗物。此遗址出土的遗物所反映的文化内涵，几乎涵盖了中原龙山文化、黄河下游龙山文化、苏北及环太湖地区同时期文化的因素，同时与江汉平原和长江下游地区的同时期文化也存在密切关系。可以认为，淮河流域早在距今 4000 年前后，就已经是我国北方和南方文化交会碰撞的重要区域，是南北古代文明传播的一个重要路径。⑮

陈星灿研究了中国古代文明的连续性，认为仰韶文化发展成为龙山文化，龙山文化再发展成为夏商文化，中国古代文明的根就这样追到了仰韶文化。仰韶文化庙底沟遗址的发掘和庙底沟二期文化的发现，在中国新石器时代考古学史上占有十分重要的地位。庙底沟类型的扩张促成了早期中国文化圈的形成，构成了同属于庙底沟时代的大汶口文化、崧泽文化、红山文化、凌家滩文化和屈家岭文化等文化区域，各区域虽有不同特点，但也有不少共同因素。现有的考古资料证明，在公元前3500年前后的庙底沟时代，中国相互作用圈里面的几个文化都已经走上了社会分化的道路。一方面彼此的交往越来越紧密，文化越来越趋同；另一方面社会却越来越分化，越来越分层。这种分化虽然还达不到考古学上所见二里头青铜文明早期国家的水平，但是古史上所谓的“万国”时代，就要到来了。也可以说，庙底沟时代，见证了早期中国文明的第一缕曙光。[16]赵春青撰文阐述了2012年度中国史前聚落考古研究的新进展，介绍了2012年中国史前聚落在黄河流域、长江流域和东北地区13项新发现及6项研究成果，归纳了6项聚落考古研究的新观点，即聚落内部的遗迹研究、单个聚落形态研究、聚落群研究、聚落演变研究、聚落与环境研究、聚落演变与文明起源研究等。还阐述了聚落研究的新方法、新理念。[17]陈建立等研究了从随葬工具的性别关联探讨中国新石器时代的性别分工问题。文章利用二项式分布假设检验方法，对黄河流域从裴李岗到大汶口晚期和马厂期男女墓葬中随葬工具的种类和数量的变化进行了统计分析，以揭示劳动按性别分工的问题。这些墓葬的年代范围大致为公元前7000—前2000年之间，正是处于农业生产出现不久后的发展期。根据统计分析表明，在这一时期中（1）社会劳动中性别分工的增强和细化（性别关联型劳动工具比例的增大和早期一些男女共用型工具晚期转化为主要系男性使用）和（2）男性在社会劳动中优势地位的完全确立（于大汶口晚期在性别关联型工具种类中，主要为男性使用的工具占绝大多数，而主要为女性使用的工具仅留下纺轮一种）。根据这一结果，讨论了母系氏族向父系氏族过渡的问题。[18]杨立民对史前玉钺进行了研究，认为古代先民有着根深蒂固的石崇拜，玉是石之美者，以玉飨神成为必然选择，玉钺就成为巫觋者侍奉各式各样自然神灵的法具。随着人类智力的开通，理性逐渐增强，绝地天通的宗教改革后，巫觋者侍奉神灵的行为演变为“礼”，玉钺作为法具演变为礼器，成为王权的象征。[19]

四、夏商周时期的考古发现与研究

2012年，中国社会科学院考古研究所等单位在新疆温泉县阿敦乔鲁发掘了3座大型建筑遗迹和9座石板墓，出土了陶器、石器、铜器以及包金铜耳环、石人等遗物。其年代集中在公元前19世纪—前17世纪间，属于青铜时代早期。这批材料对揭示西天山地区青铜时代遗址的面貌、探索新疆地区早期青铜时代的文化及与亚欧草原地区的文化交流提供了重要线索。[20]中国社会科学院考古研究所等单位对西安汉唐昆明池遗址进行了考古勘探，在淤积层下发现大量的古代遗存，对一条大型壕沟进行了解剖，还清理了两座车马坑，发现4辆四马拉乘之车，壕沟及车马坑的时代属西周时期。这一发现填补了该区域西周考古的空白，为研究西周都邑镐京的范围及布局提供了新资料。[21]中国社会科学院考古研究所与山东省文物考古研究所合作并联合临淄区文物局，对山东临淄齐故城内的冶铸遗存开展了专门的考古调查、勘探和发掘。此次齐故城冶铸遗存系统调查的范围包括整个大城和小城，共发现或确认冶铸遗址14处，包括铸铜作坊、铸钱作坊、铸镜作坊以及冶铁和铁器铸造加工等铁器工场等。遗址年代大都在东周秦汉时期。这为从整体上了解、研究东周秦汉时期临淄城内青铜冶铸业和铁器工业的产业结构、分布及其变迁提供了重要依据，同时也为相关的文化遗产保护工作奠定了良好基础。[22]

张东对洛阳盆地二里头文化的形成背景进行了研究，认为龙山时代向二里头时代的过渡时期，嵩山南北的地缘文化格局发生了重大变革，洛阳盆地内考古学文化产生了剧烈变化。嵩山东南麓煤山类型文化孕育了“新砦期”遗存，并直接导致二里头文化在洛阳盆地的出现，这里的聚落结构表现出对立冲突的格局，对文化交流起了促进作用，社会和文化中心的转移促进了中国最早地域国家的出现。[23]刘绪对二里头遗址与偃师商城遗存进行了比较研究。文章按照二里头遗址第四期与偃师商城第一期同时而分属夏商文化的观点，根据已有发现，比较了二者文化遗存的景况，发现除府库与池苑为偃师商城特殊设施在二里头遗址还未发现外，其他诸多方面，如遗址面积、宫城与宫殿建筑规模、墓葬数量与随葬品的丰俭程度、手工业作坊规格等，偃师商城第一期都较二里头遗址第四期逊色。到底二者孰主孰次？偃师商城第一期遗存是否与成汤亳都匹配？还需认真思考。[24]袁广阔研究了河南长垣宜丘遗址发掘的意义，指出长垣宜丘遗址首次发现了典型漳河型遗迹打破辉卫型遗迹的地层关系，为探讨辉卫类型和漳河类型的早晚关系提供了重要资料。文章进一步讨论了漳河类型是先商晚期文化，辉卫类型可能属于夏王朝统治时期的“韦”国文化，为商人灭夏路线图的确立提供了依据。[25]朱凤瀚以殷墟出土的北方式青铜器研究了商人与北方族群的联系，认为殷墟发现的北方式青铜器多数属武丁早期至祖甲时期。表明在这一时期商人与今晋西山地、陕东北以及冀北山地等区域的北方族群有过较多的联系。这些族群极有可能即是卜辞所见的土方、方方等。武丁时期商人与北方族群频繁的战争，使商人获得各类北方式青铜器，从而得以吸取北方式青铜器的有益成分，改进自己的器具。同时也使北方族群吸收了不少商文化因素，并有可能因此而进一步促进了商文化对北方欧亚草原区域的影响，商人与北方族群在青铜器制造与使用方面的交流，也可视为是商文化与欧亚草原多种青铜文化交流的一种渠道。[26]穆洁研究了山西地区出土的商代青铜礼器。文章通过对山西地区所见商代青铜礼器进行系统梳理，明确了其类型学划分标准，认为其在器物形制及组合方面与中原商文化具有很大的相似性，同时也在一定程度上受到周边同时期考古学文化的影响。依据器物的年代分析结果，大致将其发展历程划分为三期，在殷墟文化二、三期时发展至繁荣，该地区的商代青铜文化内涵也在这一时期初步形成。[27]刘静通过甘肃省崇信于家湾周墓资料，研究了陇东地区西周时期墓葬的整体特征、分布及变化趋势。指出商末周初至西周早期，该区域墓葬发现最多，分布范围最广；西周中晚期，墓葬数量明显减少，分布范围缩小。这在一定程度上反映出，西周王朝成立前后注重在陇东地区的发展，直至西周早期都对该区域有较强的统治力，但从西周中期开始出现了明显的退缩迹象。同时发现，灵台和崇信一带则是铜钺等兵器发现最多、高等级墓葬较为集中的区域，极有可能是商末周初至西周早期陇东地区的统治中心。[28]高明对陕西周原出土墙盘铭文中的微氏家族进行了研究，认为墙盘铭文所载的微氏家族，就是商纣庶兄微子启的家族与后裔。铭文所载，微子启先派其长子“剌祖”作为使者前去拜见武王，武王接受了微子启的投降，则命周公把他的家族安置在周邦畿之内，作为他的采邑，恢复他在商的卿士爵位，并授予一定的官职。此铭文记载纠正了《史记·宋微子世家》所描述的微子启投降武王时的一些情景错误。[29]冯时研究了我方鼎铭文内容，认为我方鼎铭文并非简单之祭祖文辞，其系统地反映了西周时代的丧奠之礼及相关制度，事关起殡至葬间的朝庙奠、祖奠、大遣奠、包奠及读赗诸礼，不仅仪节仪注颇为完整，且可与文献记载逐一印证。这不仅为西周丧礼的研究提供了弥足珍贵的史料，而且对于古代文献的考索也具有重要的意义。[30]

五、汉唐时期的考古发现与研究

中国社会科学院考古研究所、中国国家博物馆、陕西省考古研究院等单位，先后对汉长安城遗址北部渭河上建造的若干座桥梁进行了考古调查与发掘，发现了秦汉时期的三座桥梁。在汉长安城正北发现的是“中渭桥”；在西安未央区王家堡村发现的古桥位于汉景帝阳陵正南方，与文献记载的汉“东渭桥”位置相合；在咸阳钓台镇马家寨村发现的木梁结构古桥，位置上正好位于汉长安城与汉武帝茂陵之间，与文献记载的“西渭桥”位置相合。汉渭河三桥的发现，为学界了解和研究秦汉桥梁建造及关中交通有重要意义。[31]2012 年，中国社会科学院考古研究所等单位对云南陆良县薛官堡墓地进行了发掘，清理墓葬 160 余座，出土遗物主要有铜器、铁器、陶器、玉石器、骨器、玻璃器等。该墓地属于西汉时期的一处土著部族的公共墓地。薛官堡墓地总体文化面貌呈现出较显著的地方特色，与同时期的滇池地区的滇文化、曲靖盆地的八台文化以及贵州西部的土著文化均存在差异。薛官堡墓地的发掘填补了“西南夷”考古的地域空白，对进一步研究和完善“西南夷”土著青铜文化的谱系、各部族文化的交流，探索当时滇东黔西地区土著族群的构成、分布等有重要意义。[32]2011 年，中国社会科学院考古研究所与日本奈良文化财研究所联合考古队在对汉魏洛阳故城北魏宫城西墙发掘解剖过程中，新发现了曹魏至西晋时期的宫城西墙、汉晋时期的大型河渠、北魏与北周时期的路面等遗迹，对于深入探讨汉魏洛阳故城宫城形制的演进以及中国古代都城制度都具有重要意义。[33]北京市文物研究所于 2008 年在北京市大兴区高米店发掘了北齐墓 1 座、唐代墓 9 座、明代墓 6 座、清代墓 13 座及唐代窑址 2 座、清代房址 6 座。这些发现为研究北京地区的历史文化提供了实物资料。[34]

郭京宁研究了京津地区战国秦汉时期燕系铁器的发展，将其分为战国以前、战国时期、西汉时期、东汉时期四个发展阶段，并论证了燕系铁器的统一性、差异性和拓展性，认为随着战国时期燕国区域和燕文化的北渐，特别是西汉之后，冶铁技术逐渐向北扩展，经东北地区传入朝鲜半岛和日本，北京则是这一传播路线的关键纽带之一。[35]高崇文研究了秦汉帝陵陵寝制度，指出秦汉时期的帝陵是该时期埋葬制度的最高形态，既比较集中地反映了古代丧葬制度的重大变化，同时也从一个方面折射出秦汉时期意识形态、思想文化的新特点。东周时期各国王陵的出现，陵园的兴建，为秦汉陵寝制度的形成奠定了基础。秦汉时期，帝陵陵园格局、陵寝建制逐步规范化、制度化，体现了陵墓祭祀的突出特点。考察秦汉时期陵园中陵寝祭祀的产生，是仿自先秦虞祭安神之礼而来，又可称之祭祖安神的“便殿”，前堂设“神坐”，进行“岁四祠”的四季之祭，后寝匣中藏衣冠，并“日四上食”。东汉明帝时，新出现用于祭享的“石殿”，代替了“寝殿”的位置，开始于“石殿”中举行祭祀安神之礼。东汉陵前“石殿”的出现，实开唐宋以后享殿（献殿）和祾恩殿之先河。这应当是秦汉帝陵陵寝建制产生与发展的来龙和去脉。[36]孙机研究了汉代画像石题材所反映的生死观念，指出汉墓画像石雕刻的题材，除含有吉祥寓意的神话故事及装饰图样外，大部分为墓主人生前起居出行等情况的反映，以期墓主在地下仍延续其尘世间优越的生治，即所谓“大象其生”。画像石中之“楼阁拜谒图”里的受拜谒者即墓主人，双阙夹峙的楼阁即代表墓主人生前的房舍。汉墓所出装在木棺前档之铜牌上标出的“天门”一词，乃指墓主之阴宅的大门。而汉代追求的成仙则指肉体的长生。当时尚未信奉死后灵魂升天堂的观念。直到佛教在中国盛行后，往生净土、六道轮回等说才广泛传播开来。认为佛教的升天观念、基督教的升天观念和汉代的升天观念是不能混为一谈的。[37]倪润安研究了南北朝墓葬文化的特点及发展态势，指出南北朝墓葬文化的正统争夺，可分两个阶段：5世纪上半叶，北魏缺乏针对性的文化措施作为支撑，文化内涵多方汇聚，拼凑痕迹明显。而南朝早期尚颇有气势，不仅军事上有“元嘉北伐”的大动作，在文化上也计有所出，一方面在意识形态上以魏晋风度相抗衡，另一方面在物质文化方面援引“汉制”反压北魏。本阶段南朝仍占有优势。5世纪下半叶至6世纪中叶，北朝墓葬文化确立并坚定实施向“晋制”转变的文化目标。而南朝却与“晋制”渐行渐远，于是在“晋制”的框架内，北朝终于能够取代南朝所占的“晋制”先机。当北朝也具有南朝的优势时，南朝争夺正统的败局也就注定了。南北朝墓葬文化的正统争夺，促使北朝墓葬文化的大发展，遂后形成了被隋唐继承的新的墓葬制度——“唐制”。[38]

六、宋元明清时期的考古发现与研究

2002—2004年，北京大学考古文博学院等单位联合对景德镇明清御窑遗址进行了一次较大规模的考古发掘，出土了一批明代遗迹和一大批明代遗物，获得了重大成果。御窑遗址北侧发掘区发现的围墙、院墙等遗址是研究御窑范围和御窑布局的重要资料；珠山北麓的成组葫芦形和南麓的馒头形窑炉遗迹，对研究明代御器厂烧造技术的渊源、演进及其成就均具有重要的学术意义；小坑、小堆、片状堆积是此次考古发掘中发现的十分重要的遗迹或堆积形式，它们揭示了明代早中期落选御用瓷器的处理方式。这次发掘出土的明代御窑瓷器绝大部分是落选的御用瓷器，而彩、釉的缺陷是其落选的主要原因。这批瓷器种类较多，是这一时期的制瓷水平的代表，其中有相当部分见于以往的考古发掘品和传世品中，也有一部分属首次发现的珍品。这些考古发现，填补了以往考古发掘资料、传世品和文献记载的不足，解决了明代御器厂研究中的一些问题，进一步推动明代御窑的全面、深入研究。[39]章永俊梳理了辽代燕京地区有关制瓷、纺织、冶铸、制盐等手工业遗址、遗物的发现，分析了该地区手工业的经营管理、品类发展、生产规模、工艺技术等问题。[40]

袁泉研究了洛渭地区蒙元墓随葬明器所反映的政治与文化，认为洛渭流域蒙元时期的墓葬具有明显而统一的地域特征，表现出明显的仿古化趋势。随葬品中出现了大批所谓仿“三代礼器”的陶明器，在墓葬结构和随葬品类别上则与唐代墓葬十分接近。这种墓葬面貌的复古化实则反映出蒙元统治者在社会秩序和“礼乐”建设上的政治追求，也与当时这一地区曾作为忽必烈潜邸、聚集了大批受儒家思想影响的“潜邸旧部”密切相关，是区域文化、政治诉求和人群特点综合作用的结果。[41]黄珊研究了元代景德镇的外来工匠问题，指出元代景德镇制瓷业产生了许多重大创新和突破，应该与元朝政府在景德镇设立浮梁瓷局以及整个蒙古帝国范围内工匠的流动有关。关于元朝工匠的流动，文献有一定记载，但没有与景德镇直接相关的，文章通过对元代景德镇青花瓷和孔雀蓝釉瓷的出现以及青花瓷上波斯文书写的研究，认为元代确有外来工匠参与景德镇制瓷业。[42]

七、宗教考古的发现与研究

2012年，中国社会科学院考古研究所等单位在河北邺城赵彭城北朝佛寺遗址发现两处大型建筑基址，在邺南城还发掘了一处佛教造像埋藏坑，出土的数千佛教造像，时代跨越北魏、东魏、北齐、北周、隋和唐代。这些考古发现证明了邺城作为6世纪中国北方佛教中心的地位。[43]2012年，中国社会科学院考古研究所内蒙古第二工作队等单位在内蒙古巴林左旗辽上京皇城西山坡发掘了一处佛寺遗址，位置重要，规模庞大，是当时辽上京城标志性的建筑之一。佛寺北组为朝东的长方形院落，西侧为一字排开的三座六角形佛塔建筑基址，塔前有小型基址和广场，塔基内出土大量泥塑佛教造像。这次发掘确认了西山坡建筑遗址是佛教寺院的建筑性质，这对重新认识辽上京皇城遗址的形制布局将产生非常重要的影响，为研究辽代考古、历史、佛教和建筑等提供了十分重要的实物资料。[44]2012年5月至9月，北京市文物研究所在北京大兴区对清代皇家的德寿寺遗址开展田野考古发掘。根据清理得知，遗迹分为中路建筑及东西两侧建筑，中路建筑主要包括影壁、山门、佛殿、大佛殿、御座房五部分，自南向北沿中轴线分布。东路建筑主要包括八字墙、旗杆、燎炉、钟楼、佛殿东配殿、碑亭、大佛殿东配殿、顺山房、御座房东配殿、转角房、东值房。西路建筑主要包括八字墙、旗杆、燎炉、鼓楼、佛殿西配殿、碑亭、大佛殿西配殿、顺山房、御座房西配殿、转角房、静室、西值房。本次发掘基本掌握了德寿寺遗址的布局，不仅可以为复原寺庙提供依据，而且可以进一步丰富北京地区佛教考古资料，对北京地区佛教考古、清代西藏与清王朝关系研究均具有重要的意义。[45]

李静杰等对延安市所属区县的宋金石窟进行了调查和研究，发现一批密教大日如来图像。这些图像包括多种存在形式，或属于金刚界曼荼罗成身会内容，或为金刚界与胎藏界大日如来组合，或为金刚界大日如来与《华严经》毗卢遮那佛混合，反映了唐代密教艺术的后续发展情况。其大日如来组织在当地以净土信仰为核心的程式化图像体系之中，密教成就法身思想与显教修菩萨行、往生净土等内涵，共同发挥教化众生的作用。陕北宋金石窟大日如来图像构成中国密教遗存的重要组成部分，扩充并深化了学界以往的认知范围和程度。[46]陈晓露对新疆楼兰LB佛寺进行了研究，从佛寺布局、佛塔形制、木雕佛像等方面分析LB佛寺的特点，并对其年代、渊源及影响进行初步探讨。认为楼兰佛寺主要是受到了犍陀罗佛教艺术的影响，部分艺术因素最早出现于大夏，可能也是经犍陀罗中转来到楼兰的。楼兰佛寺中的诸多因素如七佛一菩萨、八面体佛塔、交脚弥勒等，后来成为了中国早期佛教石窟构成模式——“凉州模式”的重要组成部分，影响深远。楼兰或为这一模式的最早开创者，在佛教东渐史上应占据一席之地。[47]

八、中外文化交流考古

2012年7—9月，北京大学与肯尼亚国立博物馆组成联合考古队，在肯尼亚马林迪市的曼布鲁伊村遗址、马林迪老城区进行发掘。通过发掘可知，曼布鲁伊遗址是肯尼亚沿海中部地区最重要的古代遗址之一，规模巨大，延续的时间很长，从12、13世纪直到19世纪都是一个重要的聚落。在12—14世纪的早期阶段，这里是一个拥有规模宏大的冶铁产业、成群的巨大建筑、丰富的物质遗存的聚落。到了16世纪以后，这里则出现了比马林迪老城现存的柱墓规模还要大许多的柱墓。由于这个遗址的时代只能早到11世纪，应该不是中国唐代文献中记载的“摩邻”国，其很可能是与马林迪王国规模相当的一个古代城邦。通过对马林迪老城区发掘，出土了中国瓷器和伊斯兰陶器等遗物，据此判断，今天马林迪老城区遗址形成的时间甚至可能要早于曼布鲁伊村遗址，推翻了以往英国学者詹姆斯·柯克曼对马林迪城兴建于14世纪的认识。这些新的发现，对研究东非沿海斯瓦希里地区的历史具有十分重要的意义。[48]

韩建业通过陕甘地区出土的彩陶，论证了中西文化的交流。认为中西文化交流的“彩陶之路”，是以彩陶为代表的早期中国文化以陕甘地区为根基自东向西拓展传播之路，也包括顺此通道西方文化的反向渗透。“彩陶之路”从公元前4千纪一直延续至前1千纪，其中又以大约公元前3500年、公元前3000年、公元前2200年和公元前1300年四波彩陶文化的西渐最为明显。具体路线虽有许多，但大致可概括为以青藏高原为界的北道和南道。“彩陶之路”是早期中西文化交流的首要通道，是“丝绸之路”的前身，对中西方文明的形成和发展都产生过重要影响。[49]王辉研究了甘肃发现的两周时期的“胡人”形象，指出胡人在汉代以后主要指在西北边疆以外的族群，特别是中亚和西亚地区的非华夏族群。在甘肃灵台白草坡西周墓葬、张家川马家塬战国墓地中发现了钩戟、管銎戈、镰形剑等器物和深目高鼻的欧罗巴人形象、戴尖顶帽穿左衽交领上衣的人物形象，甘肃省博物馆收藏的骨管上也发现了戴尖顶帽的人物形象。这些器物和尖顶帽起源于近东地区，在两周时期逐渐进入中国，特别是公元前6世纪以后，尖顶帽和一些兵器在欧亚草原广泛传播。汉代以后，尖顶帽成为中亚和近东地区非华夏族群的代表形象。[50]杨勇研究了中南半岛发现的具有可乐文化因素的遗迹遗物，认为可乐文化是战国秦汉时期西南夷地区的一支土著青铜文化，主要分布于贵州西北部一带。近年来，在中南半岛的柬埔寨、越南等地发现源自于中国境内与可乐文化有关的套头葬、镂空牌形首剑等，这对研究汉代西南夷地区与中南半岛间的文化联系、族群迁徙以及夜郎历史和夜郎文化有非常重要的学术意义。[51]秦大树以中外遗址出土和沉船出水的大量中国瓷器为基础，结合文献记载，系统勾勒出唐代航海路线和对外交往地点，研究了晚唐时期瓷器外销的范围、规模、产品结构和在输出地的使用功能。同时，以陶瓷输出为标志，进一步探析了这一时期海上对外贸易的模式。[52]

注：

①《2013年度全国十大考古新发现揭晓》，《中国文物报》，2014年4月11日。

②付兵兵：《“中国社会科学院考古学论坛·2012年中国考古新发现”纪要》，《考古》，2013年第7期。6项考古新发现内容也在此期刊发。

③《2013年度中国边疆考古论坛》，《中国文物报》，2013年12月20日。6项边疆考古新发现也在此版报导。

④《随州叶家山西周墓地考古研讨会综述》，《江汉考古》，2013年第3期。叶家山M28发掘报告及专家对此墓的笔谈在此期刊发。

⑤汪盈、董新林：《“十至十二世纪东亚都城和帝陵考古与契丹辽文化国际学术研讨会”会议纪要》，《中国文物报》，2013年9月27日。

⑥《“世界考古·上海论坛”公布19项大奖》，《中国文物报》，2013年8月30日。

⑦李水城：《全美第78届考古学年会散记》，《南方文物》，2013年第2期。

⑧白云翔：《新世纪以来我国田野考古的态势和特点》，《中国文物报》，2013年4月26日。

⑨朱乃诚：《辽西地区早期文明的特点及相关问题》，《考古》，2013年第5期。

⑩张忠培：《我认识的环渤海考古》，《考古》，

2013年第9期。

⑪张海、陈建立：《史前青铜冶铸业与中原早期国家形成的关系》，《中原文物》，2013年第1期。

⑫于璞：《北京地区仿木构墓葬初论》，《北京文博》，2013年第1辑。

⑬刘越、冯小波：《湖北郧县滴水岩发现距今5—10万年的手斧》，《中国文物报》，2014年1月3日。

⑭首都师范大学、濮阳市文物保管所：《河南省濮阳市铁丘遗址2012年发掘简报》，《中原文物》，2013年第6期。

⑮中国社会科学院考古研究所安徽工作队、蚌埠市博物馆：《安徽蚌埠市禹会龙山文化遗址祭祀台基发掘简报》，《考古》，2013年第1期。

⑯陈星灿：《庙底沟时代：早期中国文明的第一缕曙光》，《中国文物报》，2013年6月21日。

⑰赵春青：《2012年度中国史前聚落考古研究的新进展》，《南方文物》，2013年第1期。

⑱陈建立、陈铁梅、贾昌明：《从随葬工具的性别关联探讨中国新石器时代的性别分工》，《南方文物》，2013年第2期。

⑲杨立民：《史前玉钺的形上观察》，《华夏考古》，2013年第1期。

⑳中国社会科学院考古研究所、博尔塔拉蒙古自治州博物馆、温泉县文物局：《新疆温泉县阿敦乔鲁遗址与墓地》，《考古》，2013年第7期。

㉑中国社会科学院考古研究所、西安市文化保护考古研究院：《西安市汉唐昆明池遗址区西周遗存的重要考古发现》，《考古》，2013年第11期。

㉒中国社科院考古研究所：《山东临淄齐故城冶铸遗存考古调查与发掘取得重要收获》，《中国文物报》，2013年7月19日。

㉓张东：《试论洛阳盆地二里头文化的形成背景》，《中原文物》，2013年第3期。

㉔刘绪：《夏末商初都邑分析之一——二里头遗址与偃师商城遗存比较》，《中国国家博物馆馆刊》，2013年第9期。

㉕袁广阔：《河南长垣宜丘遗址发掘的意义》，《中原文物》，2013年第4期。

㉖朱凤瀚：《由殷墟出土北方式青铜器看商人与北方族群的联系》，《考古学报》，2013年第1期。

㉗穆洁：《山西地区所见商代青铜礼器浅析》，《中国国家博物馆馆刊》，2013年第7期。

㉘刘静：《试析崇信于家湾周墓》，《文物》，2013年第7期。

㉙高明：《论墙盘铭文中的微氏家族》，《考古》，2013年第3期。

㉚冯时：《我方鼎铭文与西周丧奠礼》，《考古学报》，2013年第2期。

㉛梁云、游富祥、郭峰：《汉渭河三桥的新发现》，《中国国家博物馆馆刊》，2013年第4期。

㉜中国社会科学院考古研究所、云南省文物考古研究所等：《云南陆良县薛官堡墓地》，《考古》，2013年第4期。

㉝中国社会科学院考古研究所等：《河南洛阳市汉魏故城魏晋时期宫城西墙与河渠遗迹》，《考古》，2013年第5期。

㉞北京市文物研究所：《北京市大兴区高米店村唐代窑址、清代房址发掘简报》，《北京文博》，2013年第2辑；《北京市大兴区高米店北齐、唐、明、清墓葬发掘简报》，《北京文博》，2013年第3辑。

㉟郭京宁：《京津地区战国秦汉时代的燕系铁器及冶铁遗存》，《北京文博》，2013年第1辑。

㊱高崇文：《秦汉帝陵陵寝制度探讨》，载北京大学国学研究院中国传统文化研究中心编《国学研究》第三十一卷，北京大学出版社，2013年版。

㊲孙机：《仙凡幽明之间——汉画像石与“大象其生”》，《中国国家博物馆馆刊》，2013年第9期。

㊳倪润安：《南北朝墓葬文化的正统争夺》，《考古》，2013年第12期。

㊴权奎山：《景德镇明清御窑遗址的考古发现和研究》，《故宫博物院院刊》，2013年第3期。

㊵章永俊：《辽代燕京地区的手工业》，《北京文博》，2013年第1辑。

㊶袁泉：《洛渭地区蒙元墓随葬明器之政治与文化考》，《中国国家博物馆馆刊》，2013年第10期。

㊷黄珊：《从陶瓷考古角度论元代景德镇的外来工匠——以青花和孔雀蓝釉瓷器为中心》，《故宫博物院院刊》，2013年第6期。

㊸中国社会科学院考古研究所、河北省文物研究所：《河北邺城遗址赵彭城北朝佛寺与北吴庄佛教造像埋藏坑》，《考古》，2013年第7期；《河北临漳县邺城遗址赵彭城北朝佛寺2010—2011年的发掘》，《考古》，2013年第12期。

㊹中国社会科学院考古研究所内蒙古第二工作队、内蒙古文物考古研究所：《内蒙古巴林左旗辽上京皇城西山坡佛寺遗址考古获重大发现》，《考古》，2013年第1期。

㊺北京市文物研究所：《北京大兴德寿寺遗址考古新发现》，《中国文物报》，2013年5月10日。

㊻李静杰：《陕北宋金石窟大日如来图像类型分析》，《故宫博物院院刊》，2013年第3期。

㊼李静杰：《陕北宋金石窟大日如来图像类型分析》，《故宫博物院院刊》，2013年第3期。

㊽秦大树等：《2012年度中国和肯尼亚陆上合作考古项目取得阶段性成果》，《中国文物报》，2013年4月26日。

㊾韩建业：《“彩陶之路”与早期中西文化交

流》，《考古与文物》，2013 年第 1 期。

㊿王辉：《甘肃发现的两周时期的“胡人”形象》，《考古与文物》，2013 年第 6 期。

51杨勇：《可乐文化因素在中南半岛的发现及初步认识》，《考古》，2013 年第 9 期。

52秦大树：《中国古代陶瓷外销的第一个高峰—— 9—10 世纪陶瓷外销的规模和特点》，《故宫博物院院刊》，2013 年第 5 期。

（作者：北京大学教授）

语 言 学

中国语言学

宋作艳　邵琛欣　覃俊珺　田祥胜　邱立坤　陈保亚

一、现代汉语

1. 语音

有学者对斜率相关参数对双音节阳平词的重音感知的影响进行了研究，通过对 1282 个双音节阳平词进行重音标注和声学分析，发现这类词的词重音具有 3 个斜率相关参数：两音节的音高升幅差、音高上升部分时长差和斜率差。这 3 个参数与双音节阳平词的重音类别有较高的相关性，它们均能够为区分前重词和后重词提供线索；在不同的韵律边界下，斜率相关参数对词重音的影响不同；3 个参数与重音类别存在一定的对应关系。[①]还有学者就说话人基频与生理参数之间的关系进行了研究，通过对 70 位男性发音人所讲汉语普通话的篇章语料进行分析，提取基频，计算每位发音人基频的均值、中位数、众数和标准差，分析其与发音人的身高、体重、全头高、头长、头宽、颈前弧长、肩宽、头围、颈围、胸围等 12 种生理参数之间的相关性。实验结果表明：基频的均值、众数和中位数与发音人生理参数之间没有显著相关；而基频的标准差与发音人的身高、体重、肩宽、颈围和胸围 5 种参数之间都存在显著负相关。由此可知，基频的标准差可以用来预测男性发音人的体形大小。[②]

2. 词汇

本年度的词汇研究主要集中在某类词语的语义分析上。有学者对由“人体动作动词 + 人的肢体或器官名词”构成的“V + O”型双音节人体动作词语（如“点头”“摇手”“眨眼”）进行了具体分析，发现这些词语虽然构词形式相同，但由于词汇化程度不一，语义衍生方式不同，在表义上存在字面动作义与相关引申义的区别。语义类型呈现出多样性，有些在句法上还有着独特的表现，具有典型的类型分布特征，词典的释义也相应地体现为不同的方式。[③]另有学者对“长短”类构词和“长度”类构词进行了对比研究，发现二者虽然都可以表达“事物的有关性质所达到的程度”，但在语体、语义、组合搭配等方面存在一些差异。[④]

3. 语法语义

词类研究依然是本年度的热点，主要围绕名词和动词的关系、词类的划分标准以及转类等问题展开。有学者从形式动词的功能、谓语的指称以及实验的角度进一步论证了“名动包含”的观点。研究发现：（1）从“名动分立”出发来说明汉语形式动词的功能会遇到诸多问题，包括前后矛盾、循环论证、缺乏内在联系等。要解决这些问题，必须摆脱印欧语的眼光，确立汉语“名动包含”的名动关系，按名词向动词“虚化”的程度不同将形式动词的功能确定为“增强谓语的陈述性和宾语的指称性”。[⑤]（2）与英语等印欧语不同，汉语的名词可以直接做谓语，名词还能受副词的修饰。这不是因为名词有述谓性，而是因为谓语有指称性。与汉语类似的语言还有汤加语和他加禄语。这说明，英语的动词已经从名词中分化出来成为与名词对立的词类，汉语、汤加语、他加禄语的动词还没有从名词中分化出来，还包含在名词类之中。[⑥]（3）语法理论可以用来对实验研究的结果做出相应的解释并得到相关实验研究的验证，也可以使实验研究得到改进和深化，要对实验结果做出合理的解释和正确的结论有待词类理论的更新。就名词和动词的区别而言，需要建立“名动分立”和“名动包含”两种词类模式。[⑦]有学者也认为印欧语里名、动、形是包含关系（动词是名词的一个次类，形容词是动词的一个次类），不同的是，这里的包含关系指实词的词汇句法结构表征上的结构支配关系（dominance）。在此词汇结构表征中，动包含形，形包含名；形容词和动词都含有名词性内核，名词性内核是所有实词都含有的词核。实词之所以实而不虚，就是因为它含有名词性内核，名词性内核是实词得以成立的概念基础。从名词到形容词到动词，是一个不断进行词汇句法扩展投射的过程：名词性内核加上不同的轻语类，就会构成不同的实词（如形容词、状态动词、使动动词）。印欧语与汉语在名动包含上并无什么不同，其不同主要表现在是否给名词和动词加形态外壳。汉语里形容词、动词用作名词比较容易，一是因为汉语形容词和动词中含有名词性内核，二是因为汉语形容词和动词没有形态外壳。现代汉语名词用作动词较难是因为动词含有名词性成分，但名词并不含动词性成分，名转动是给名词加动性外壳，由于不是天然带有动性外壳，同时又由于临时添加的外壳无法固化，这一加法就比较难做。该学者从句法对称和词质均衡的角度来考察名动对立，用语义密度和传染性两个纬度来说明名、动的特性，指出从语义密度上看，汉语的名动对立自然是存在的，但从传染性上看，这一对立又常常趋于中和。因此从这个意义上来说，汉语实词的动词性不突出，名词性也不突出，而是形容词性突出。形容词是一个自身含有名动对立特征的词类，也就是说形容词内在的特性是名动双性，是名动特性对立中和的结果，所以其特征可以表征为［+N，+V］。任何语言都有名动的分类，不存在汉语无词类的问题；名动之分在不同语言中所表现出的不同仅在于对立性的大小；名词和动词的特性在同一种语言中要保持一种“质”的均衡；名动对立是造句法之根本，即句子生成之“道”。[⑧]有学者区分了五对不同的简约概念，以此为基础，对英语 to 和汉语“出版”的词类归属的讨论分别进行了“现象观察”“理论假设”和“理论评价”的演示和评论，认为汉语词类问题（包括“转类”问题）讨论中所谓的“两个困境”只是操作困境而非理论困境，并结合数理语言学有关方法对相关讨论提出了质疑。[⑨]另有学者对近年来汉语词类研究的新进展进行了评述，在此基础上从计算机自动句法分析的角度来审视汉语词类问题，研究认为：（1）过分强调“分布”与“分类”的严格对应关系，并不是正确的词类观，其负面作用是造成汉语词类的“不可承受之重”。（2）计算机自动句法分析要求对词语的分布特征进行非常细致的刻画。确定“词类”是为了描写词语的分布特点，但词语的分布特点并不都是靠“词类”来反映的。最主要的分布知识可以用“词类”来描述，其他的分布知识，则可以通过“属性：值”这种配对特征结构表达模式来描述。依靠“属性特征”描述手段，可以灵活且更细致地描述词语的分布特点。（3）现有的词语语法信息知识库主要是在两两组合的结构框架中描写词语的分布特点，而计算机自动句法分析需要在更复杂的“树”结构框架中描写词语的分布特点，即计算机自动句法分析需要颗粒度更细的词语分布知识；关于词语的分布知识，还需要拓展到每个词语对其组合对象的选择限制的描述。[⑩]此外，有学者用生成词库理论中的事件强迫来解释名词动用现象。与前人的研究视角不同，这一方法不是看源名词在名源动词的语义结构中充当什么语义角色，而是反过来，看名源动词在源名词的语义结构中充当什么物性角色。这一方法的引入，能使名词动用的释义更形式化、更概括、更准确。名词动用是名词转指一个与之相关的常规事件，根据名词相对于转指动词所承担的语义角色，这些常规事件可以分为7—10类。引入事件强迫可以把这些常规事件进一步概括成三类，分别与名词的功用角色、施成角色和规约化属性有关。[⑪]

上一年度对“被”字句的关注延续到了本年度。有学者从语言系统与现实交际的互动关系、句式构造与句式意义的互动关系、词项和构式的互动关系等多重互动关系相互作用这个角度考察了“被自杀”类新“被”字式的句法、语义、语用问题。研究发现“被自杀”类新“被”字式在形式和语义两个方面都对常规“被”字句有很大偏离。文章在考察这种双重背反现象的基础上，刻画了新“被”字式的生成机制，分析了新“被”字式在语义理解上出现多种可能性的根本原因，进而探讨了新“被”字式的特殊语用效应产生的基础。[⑫]另有学者对中国大陆和台港澳地区“被”字句的异同进行了考察，发现台港澳三地受外语的影响更大，因而“被”字句在使用范围上有较大的拓展，在句子结构上也有一些明显的不同。从语义上看，大陆“被”字句的用例更多，反映了本地的社会生活实际，而新兴的另类“被 XX”的大量出现和高频使用也独具特色。台港澳之间在“被”字句的使用上也有一些差异。中国大陆和台港澳地区“被”字句除了差异外，也有一定程度的融合。[⑬]

有学者指出加在事件句末的“的”不是事态句的形式标准，事件句不加“的”也能表达事态。事件是对行动的陈述，事态是对行动的指称。事态句是表达事件状态的名词性谓语句，和表达事物状态的名词性谓语句本质上一致。言者可以在事态句中加上“的”来提醒听者注意事态句所表达的事态，是因为“的”具有加强所附着的语言单位的指别度的作用。[⑭]

有学者研究发现，时间小句与条件小句会出现交叠，这在共时和历时两个维度都有所体现。其交叠域呈现出规则性的次类对应：有两类时间小句往往与条件出现交叠，即习惯性的和将来时的；与习惯性时间出现交叠的是惯性条件，与将来时时间交叠的则是假想条件。这两类交叠都有句法—语义方面的动因：其句法基础比较接近，都是基于体、情态等句法特征的相近性；但语义基础却差异明显，一类以客观倾向的逻辑语义为基础，另一类则以主观倾向的认知语义为基础。⑮

词义与句法语义的关联问题是语言研究中的一个重要问题。有学者提出了一个假设：词上的语义聚合与句法结构意义的聚合存在一定的平行性。也就是说，如果意义A和意义B在某个词项上聚合，即成为某个词的两个义项，那么意义A和意义B也可能在某个句法结构中形成聚合，即成为某个句法结构的两个意义。文章通过汉语和英语中一些语言事实的对比，对这个假设做了初步的证明。比如“有”作为多义词，既有表存在的义项，也有表领有的义项。汉语的一些句法结构也是既可表达存在义，也可表达领有义。如：

（1）放床上一本书。

（2）给他一本书。⑯

有学者面向语言工程的需求研究了汉语篇章的话题结构。以标点句为基本单位，该学者提出广义话题结构的概念和表示方法，归纳出广义话题结构遵从的堆栈模型并拓展为流水模型，指出广义话题结构的两个重要性质：话题的不可穿越性和话题自足句的成句性。广义话题结构的分析对于说汉语者具有可操作性，流水模型对于汉语文本有高覆盖率，数十万字多种语体文本的广义话题结构标注已经初步完成。这些事实说明，广义话题结构确实是理论上和应用上都有研究价值的汉语篇章结构单位。⑰

二、计算语言学

语义知识库的建立是计算语言学界关注的一个焦点问题。有学者提出将生成词库理论和论元结构理论结合，分别描写名词的物性结构和动词、形容词的论元结构，进而揭示名词、动词、形容词物性结构与论元结构之间的关联和推导关系，进而形成完整的语义知识库，并给出了在语义计算中的案例分析。基于该框架的语义知识库正在构建之中。⑱不同句法标注体系对自然语言处理系统的影响是一个重要的理论问题，对句法树库的构建也具有指导意义。有学者在自动句法分析系统中使用基于Stacking的方法，将基于短语结构语法和依存语法两个体系的句法分析器融合起来，使自动句法分析性能有较大幅度的提高，在基于自动标注词性的依存句法分析上达到84.65%的精度。⑲还有学者从机器翻译的角度探讨这个问题。在基于句法的机器翻译系统中，同时从短语结构句法树和依存句法树中抽取翻译知识，翻译效果比单一地使用其中一种句法树有明显的提升。⑳这两个研究从不同角度证明了短语结构语法和依存语法在信息上具有互补性。

三、汉语史

汉语史的研究首先要明确汉语史的分期，王力先生划分为四个时期，并指出了其中的过渡阶段，有学者在此基础上提出了自己的意见，肯定了过渡阶段的必要性，并增加了远古和近古两个时期。㉑

音韵学研究主要集中在古音构拟、韵部分合以及方法论三个方面。在古音构拟方面，有学者讨论了上古喉冠l声母的腭化问题，上古音系中的书母、船母和部分章母构拟为喉冠的hlj、ɦlj和ʔlj，后来因为l腭化变ʎ-j，故可以去掉j，而hlj、ɦlj、ʔlj则随lj变邪而变“心从精”，归于精组。㉒有学者从早期注音、早期梵汉对音的角度，论证了精组合庄组声母不能合并为一类声母，从联绵词角度探讨了庄组的上古音构拟，认为精组和庄组不相混，但是音值相近，这种处理方案符合叠韵联绵词两个音节之间韵母相同的规律，同时也能区别庄组二等和三等。㉓在韵部方面，有学者讨论了宋代资思韵的语音性质，认为其发展经历了金元时期的支思韵后，在元末明初随着知组字的加入，才发展为带圆唇的舌尖元音，主要动因是入声韵的舒声化。㉔有学者详细而深入地讨论了中古时期元部的形成与演变，梳理了先秦、两汉、齐梁至宋元时期元韵字的分合，最终形成现代包含［an］［ian］［uan］［yan］四个韵母的格局。㉕

此外，学者们还对一些新发现的语言现象和语言材料进行过了讨论。汉语所有的双音词凡是写成不同汉字的，每一个词的两个音节的读音一般来说都有区别，这一规律对于汉语语音史、词汇史、语法史研究具有重要意义。㉖有学者则指出《儿女英雄传》第三十八回是一段关于十三辙的完整资料，应该引起音韵学界的关注。㉗

在词汇方面，研究成果主要表现在词义演变上。有学者讨论了近代汉语“丢”“撩”“扔”等“丢弃”义动词的产生和表现，它们在明清时期具有一定的地域分布特点。㉘有学者发现现代汉语近义词“商量”与“商议”在用法上有细微差别，是因为两词来源不同，各自有其形成过程，在近代汉语中有着历时消长的动态，反映在今天方言中的地域分布特点上。㉙

在语法研究上，一方面是对共时语言现象的描写与分析，如有学者对甲骨文中“名动相因”的八类实例进行了分析，其中多数为名词用作动词，少数为动词用作名词，有些“名动相因”现象可能是原始文字的孑遗。㉚有学者全面调查了宋代语料中使役句主语和兼语的论元角色，描写了宋代使役句的语义和句法特征，其中“使”“令”字使役句表义功能趋向单一化和固定化，而“教”字使役句语义丰富、表达功能较强，语法化程度也较高，这也成为“教”字使役句演变为被动句的原因。㉛有学者则对学术界尚存分歧的问题进行了重新讨论。如将“为N所V”式被动式中的“为”处理为帮助构成被动句的系词，“所”是引介施事的后置词，该结构是世界语言中常见的“迂回被动式”。㉜另一方面是对历时变化的讨论，如有学者对动结式的产生过程和发展进行了重新思考，认为汉语动结式在西周时已出现，东周以后数量增多，形式更加丰富，并且指出了太田辰夫和梅祖麟观点中可能存在的方法论缺陷。[33]有学者则把语法变化与词义变化结合起来，认为词义的变化会影响词的句法组合，反过来，句法也会影响词义的变化，有时二者同时变化。[34]

训诂学和文字学也都取得了一定的成果。在训诂学研究中，"因声求义"是核心研究方法，有学者通过对《论语》中"君子可逝也，不可陷也"中"逝"字的分析，认为源于俞樾所训的"摧折"义是禅母入声"折"的及物化用法在该语境中的意义，因而"因声析义"成为当代训诂学研究的转向，也是今后一个时期训诂学的主要任务。[35]在文字学研究方面，有学者对今人使用的多个术语进行了辨析，指出"分别文"和"累增字"是从造字角度提出的文字增繁现象，而"古今字"是为了沟通文献用字而提出的，后人在使用时常常混淆，应该加以辨别。[36]

四、方言

本年度的汉语方言语音研究主要包括以下几个角度。首先是关于方言语音演变和层次的研究。关于方言的语音演变，有学者结合实验语音学和汉语方言材料提出软腭辅音与硬腭过渡音具有极强的亲和性，由于从软腭辅音到元音之间的自然过渡音是 -ɨ-，以此为纽带，自然的过渡音便转化成介音 -i-。在此基础上，可以解释汉语语音史上见系二等字的腭化，以及中古 -k 韵尾入声字在失落 -k 尾后读为 -i 或 -u 韵尾。[37]有学者讨论了古止摄开口三等日母字在官话方言中的演变，止开三日母字随章组字跟精庄组字的韵母一起发生舌尖化，其后，又一起随庄组声母发生卷舌化。大多数方言里，当知三章以及其他日母字发生卷舌化时，止开三日母字则进一步变为卷舌韵母。[38]还有学者讨论了赣语古全浊声母今读浊音的类型，将其分为武宁型和蒲圻—临湘型。第一种类型属于存古，其特点是塞音三分；第二种类型属于创新，其特点是塞音两分。这类方言除参与了古全浊声母清化逢塞音并入次清声母的音变外，晚期又经历了送气清塞音变为送气浊塞音的回头演变。[39]关于方言的层次分析，有学者讨论了方言中文白异读的形成模式，并从方言混合的角度对北京话的文白异读来源进行了分析。文白异读的形成模式包括：方言间的借用，权威方言的影响，经济、政治、文化地位高的移民语言的覆盖，以及方言混合。北京话的文白异读是方言混合的结果，文读来自山东方言，白读来自河北方言。[40]有学者讨论了粤方言梗摄三四等韵文白异读的由来，提出白读应为粤方言本有，文读层来自通语的影响。此外，在粤方言的边远地区，梗、曾摄合流比中心地区更快，与文人对语言的保守态度以及对通语标准的坚持有关。[41]还有学者详细讨论了闽南语厦门、漳州、潮州方言鱼韵字的读音层次，并对各方言鱼韵字层次的来源和方言间不同层次的对应关系进行了梳理。[42]其次是与方言地理学有关的语音研究，有学者讨论了汉语方言匣母字几种读音的地理分布，其中清擦音的分布面积最广，包括官话方言、部分湘、赣语以及个别闽、徽语，塞音主要分布于闽、吴语中，浊擦音主要分布于吴、湘语中，今读零声母则涉及吴、湘、粤、客、赣以及部分江淮官话。[43]还有学者对汉语方言调型的地理分布进行了整体性的考察，针对中古各大调类字今优势调型的地理分布得出了以下结论：（1）中古浊声母字今调型种类较对应的清声母字为多，稳定性较差；（2）中古浊声母字的今调值较相对应的清声母字为低；（3）官话方言区，清去字和浊去字的优势调型比较一致，而东南方言区二者区别比较明显；（4）与全清去相比，全浊上与全浊去的一致性更高；（5）中低和中低中调的关系较密切，相互演变的可能性更大。[44]最后是汉语方言中连读变调等方面的研究。有学者对北方方言两字组连读变调进行了类型学考察，运用类型学的取样方法和统计方法，确定了北方方言连读变调在语音层面上、组合关系中的触发共性、调整共性，以及变调规则的蕴含共性，并对其有效性进行了统计检验。发现的规律有：31 调相连、53 调相连、曲折调相连，容易触发变调；31 调和曲折调变为非低的升高，53 调易变为非高的降调；同一个方言点中，非曲折调变调蕴含曲折调变调，高调变调蕴含低调变调。[45]

词汇方面，有学者讨论了汉语方言"走"义和"跑"义的词型分布，北方方言一般为"走—跑"型，东南地区方言一般为"行—走"型，在交界地带出现"走—跑"替换"行—走"的现象，在替换过程中产生了"行走"和"奔跑"共用一种形式的特殊现象。[46]还有学者通过对第三人称代词"他"的考察，讨论了山西、陕西沿黄河地区汉语方言类型特征的地理分布与历史层次，根据"他"的声调，该地区方言可分为三种类型，黄河南段方言"他"读上声，中段方言"他"读阴平，北段方言"他"读阴平上；该地区方言第三人称代词还有两个早于"他"的形式，与远指代词同根，分别是"兀"和"那"，"兀"早于"那"。[47]

语法方面，有学者提出了方言语法调查研究的两大基本任务：（1）系统提供一种方言的基本语法库藏；（2）揭示分析方言语法中的显赫范畴。前者指方言中有哪些语法手段，表达了哪些语法范畴和意义，形成了什么样的语法类型；后者指哪些语义范畴在方言中是用语法化程度高、功能强大的语法手段表达的，以及该范畴借助这些常用手段可以扩展到哪些语义语用范畴。该学者指出，汉语方言中的小称范畴是一种典型的显赫范畴。[48]还有学者讨论了汉语方言中的处置式和“把”字句。汉语方言中的处置标记有113个，拿持义、给予义、得到义、趋向义、使令义、连接义、助益义、言说义动词都可虚化成处置标记，处置标记一般是前置的，但也有后置的；多数方言在一个处置句中只使用一个处置标记，但也有一些方言在一个处置句中使用两个处置标记；一些方言可以省略处置标记，还有的方言可以省略处置宾语。汉语方言中的“把”字句功能复杂，句式繁多，在一些西北方言里，“把”字是一个提宾标记，没有处置义；在一些中部汉语方言里，“把”字既是处置标记又是被动标记。此外，汉语方言中的“把”字还有处所、趋向、工具等用法。[49][50]还有学者讨论了汉语方言“著”类持续标记的地理分布特点。整体上看，长江以北以声母［ts］/［tʂ］为主，长江以南以［t］为主，前者是晚起的形式，此外还有［n］/［l］以及零声母的弱化形式；不同方言中“著”类持续标记的读音反映了“著”的语音演变轨迹。[51]

五、民族语言

对语源关系的探讨是本年度民族语言研究的热点之一。在语源关系的判定上，有学者看到了谱系树理论在研究汉藏语言时会遇到困难，于是产生了汉藏语言多源头的想法并提出了判定语言同源的方法，认为汉藏语言历史源流关系的研究离不开分化与接触这两种理论模型。[52]在具体语言语源关系的判定方面，有学者根据阿尔泰和南岛、汉藏和南亚诸语言的基本词汇有交错对应关系，推测东亚和太平洋语言曾有两个关系密切的语群——“南岛—阿尔泰语”和“汉藏——南亚语”，它们曾分别分布于东亚的西部和东部，有共同的早期源头。[53]还有学者采用语言证据和人文史料相互印证的方法论证了东南亚相关民族的族源和迁徙情况，认为这些民族在远古时代是我国蒙古利亚人种南支的发展，属于马来人种。周以前史书称其为“东夷”，主要居住在我国东南沿海。周以后称为“百越”。[54]

方法的探讨在民族语言研究中是至关重要的。有学者指出汉语和非汉语的研究必须相互结合，并提出了结合研究的四个方法论问题：必须明确汉语和非汉语结合研究的作用及类别；必须寻找、确立汉语和非汉语的演变链；从非汉语反观汉语必要的知识和方法；汉语和非汉语结合研究必须“三忌”。[55]在探讨具体的研究方法方面，有学者从传统文字记录语言文化的性质和缺陷，以及现今音频、视频记录语言文化的不精确和不完整性出发，讨论了有声语言和口传文化的数字化传承的基本方法，并提出了一种基于语言多模态的数字化传承方法，从有声语言和口传文化认知的角度讨论了全面精确传承语言文化的理论基础。[56]

语言接触的研究也是本年度民族语言研究中的亮点之一。有学者从语言接触的事实观察到，中国少数民族在汉语这种强势语言的影响下，很多语言类型特征正在大量消失，甚至不少民族语言也在消失，家庭学习模式是母语传承的最后堡垒。要使少数民族语言得到有效传承，必须为语言传承立法。[57]有学者根据语言接触中的复制理论，认为语义复制是接触引发语义演变的重要机制，以中国境内的语言为例，探讨了“同音复制”和“多义复制”两种模式对语义演变的影响。[58]

语言类型的研究始终是民族语言研究关注的焦点。有学者根据普米语的趋向范畴特点，认为其符合语言类型学中显赫范畴的条件，并详细讨论了显赫范畴条件。普米语的趋向范畴也基本反映了羌语支趋向范畴的整体状况。[59]

有学者出版专著论述了中国南方民族语言文字研究的历史，包括藏缅语族语言文字研究史、壮侗语族语言研究史、苗瑶语族语言文字研究史、仡央语群语言研究史、中国南亚语系语言文字研究史、中国南岛语系语言研究史，以及南方民族诸多古今文字方面的研究成果。该著作资料扎实，注意史论结合，在对中国南方民族语言文字研究的历史进行回顾的同时，对民族语言文字发展的理论也做了论述，具有很高的学术价值。[60]

论文集《大江东去：王士元教授八十岁贺寿文集》中收录了多篇民族语研究的最新成果，内容涉及原始语的构拟、语言接触、语言类型的变化以及民族语的研究方法等。[61]

注：

①刘敏、张劲松、李雅、陶建华、段日成：《斜率相关参数对双音节阳平词的重音感知的影响》，《清华大学学报》（自然科学版），2013年第6期。

②曹洪林、孔江平、王英利：《说话人基频与生理参数关系初探》，《清华大学学报》（自然科学版），2013年第6期。

③王楠：《双音节动宾式人体动作词语的语义衍生方式及语义类型》，《中国语文》，2013年第5期。

④刘春梅：《“长短”与“长度”两类构词的语义对应性分析》，《语言研究》，2013年第1期。

⑤沈家煊、张姜知：《也谈形式动词的功能》，《华文教学与研究》，2013年第2期。

⑥沈家煊：《谓语的指称性》，《外文研究》，2013年第1期。

⑦沈家煊、乐耀：《词类的实验研究呼唤语法理论的更新》，《当代语言学》，2013年第3期。

⑧胡建华：《句法对称与名动均衡——从语义密度和传染性看实词》，《当代语言学》，2013年第1期。

⑨司富珍：《“简约”之间》，《语言科学》，2013 年第 5 期。

⑩詹卫东：《计算机句法结构分析需要什么样的词类知识》，《中国语文》，2013 年第 2 期。

⑪宋作艳：《逻辑转喻、事件强迫与名词动用》，《语言科学》，2013 年第 2 期。

⑫施春宏：《新“被”字式的生成机制、语义理解及语用效应》，《当代修辞学》，2013 年第 1 期。

⑬刁晏斌：《两岸四地“被”字句对比考察》，《语文研究》，2013 年第 2 期。

⑭完权：《事态句中的“的”》，《中国语文》，2013 年第 1 期。

⑮王春辉：《时间与条件的交叠》，《中国语文》，2013 年第 4 期。

⑯董秀芳：《词汇与句法的关联：词义聚合与句法结构义聚合的平行性》，《语文研究》，2013 年第 4 期。

⑰宋柔：《汉语篇章广义话题结构的流水模型》，《中国语文》，2013 年第 6 期。

⑱袁毓林：《基于生成词库论和论元结构理论的语义知识体系研究》，《中文信息学报》，2013 年第 6 期。

⑲ Weiwei Sun and Xiaojun Wan：Data-driven，PCFG-based and Pseudo-PCFG-based Models for Chinese Dependency Parsing，Transactions of the Association for Computational Linguistics，1（2013）.

⑳Fandong Meng，Jun Xie，Linfeng Song，Yajuan Lǚ and Qun Liu：Translation with Source Constituency and Dependency Trees，Proceedings of EMNLP 2013.

㉑郭锡良：《汉语史的分期问题》，《语文研究》，2013 年第 4 期。

㉒郑张尚芳：《上古喉冠 l 声母的腭化》，《语言研究》，2013 年第 2 期。

㉓孙玉文：《从联绵词看庄组的上古拟音》，《汉语史研究集刊》第十六辑，巴蜀书社，2013 年版。

㉔张民权：《论宋代资思韵的语音性质》，《语言研究》，2013 年第 1 期。

㉕唐作藩：《中古元部的形成与演变》，《古汉语研究》，2013 年第 3 期。

㉖孙玉文：《汉语双音词两音节之间语音异同研究》，《语文研究》，2013 年第 3 期。

㉗冯蒸：《〈儿女英雄传〉与十三辙》，《首都师范大学学报》（社会科学版），2013 年第 3 期。

㉘刘宝霞、张美兰：《近代汉语“丢弃”义常用词的历时演变与地域分布》，《古汉语研究》，2013 年第 2 期。

㉙张美兰、刘宝霞：《言语动词“商量”“商议”的历时演变及其分布特点》，《清华大学学报》（哲学社会科学版），2013 年第 6 期。

㉚黄天树：《殷墟甲骨文中所见的“名动相因”现象》，《首都师范大学学报》，2013 年第 3 期。

㉛张赪：《宋代使役句的语义特征》，《语文研究》，2013 年第 3 期。

㉜朱冠明：《“为 N 所 V”被动式再分析》，《古汉语研究》，2013 年第 2 期。

㉝姚振武：《上古汉语动结式的发展及相关研究方法的检讨》，《古汉语研究》，2013 年第 1 期。

㉞蒋绍愚：《词义变化与句法变化》，《苏州大学学报》（哲学社会科学版），2013 年第 1 期。

㉟洪波：《〈论语〉“可逝”解——从因声求义到因声析义》，《语言研究》，2013 年第 3 期。

㊱李运富、蒋志远：《从“分别文”、“累增字”与“古今字”的关系看后人对这些术语的误解》，《苏州大学学报》（哲学社会科学版），2013 年第 3 期。

㊲麦耘：《软腭辅音与硬腭过渡音的亲和性：一项语音演化研究》，《方言》，2013 年第 3 期。

㊳高晓虹：《古止摄开口三等日母字在官话方言中的演变》，《语文研究》，2013 年第 2 期。

㊴项梦冰：《赣语古全浊声母今读浊音的类型》，《语言学论丛》第 47 辑，商务印书馆，2013 年版。

㊵李蓝：《文白异读的形成模式与北京话的文白异读》，《中国社会科学》，2013 年第 9 期。

㊶麦耘：《也谈粤方言梗摄三四等韵文白异读的来由》，《暨南学报》（哲学社会科学版），2013 年第 4 期。

㊷曾南逸：《论厦门、漳州、潮州方言鱼韵字的读音层次》，《语言学论丛》第 48 辑，商务印书馆，2013 年版。

㊸夏俐萍：《汉语方言匣母字读音的地理分布》，《汉语方言的地理语言学研究》，商务印书馆，2013 年版。

㊹刘晓海：《从地理分布看汉语方言的优势调型》，《汉语方言的地理语言学研究》，商务印书馆，2013 年版。

㊺李子鹤：《北方方言两字组连读变调的类型学考察》，《语言学论丛》第 48 辑，商务印书馆，2013 年版。

㊻赵日新：《汉语方言“走”义和“跑”义的词形分布》，《汉语方言的地理语言学研究》，商务印书馆，2013 年版。

㊼侯精一：《山西、陕西沿黄河地区汉语方言类型特征的地理分布与历史层次——以第三人称代词“他”为例》，《汉语方言的地理语言学研究》，商务印书馆，2013 年版。

㊽刘丹青：《方言语法调查研究的两大任务：语法库藏与显赫范畴》，《方言》，2013 年第 3 期。

㊾李蓝、曹茜蕾：《汉语方言中的处置式和

"把"字句（上）》，《方言》，2013 年第 1 期。

㊿李蓝、曹茜蕾：《汉语方言中的处置式和"把"字句（上）》，《方言》，2013 年第 1 期。

51罗自群：《汉语方言"著"类持续标记的地理分布特点》，《汉语方言的地理语言学研究》，商务印书馆，2013 年版。

52瞿霭堂、劲松：《论汉藏语语言联盟》，《民族语文》，2013 第 5 期。

53吴安其：《东亚太平洋语言的渊源关系》，《民族语文》，2013 第 1 期。

54罗美珍：《东南亚相关民族的历史渊源和语言文字关系研究》，中国社会科学出版社，2013 年版。

55戴庆厦：《再论汉语和非汉语结合研究的方法论问题》，《民族语文》，2013 第 6 期。

56孔江平：《语言文化数字化传承的理论与方法》，《北京大学学报》（哲学社会科学版），2013 年第 3 期。

57陈保亚：《语势、家庭学习与语言传承》，《北京大学学报》（哲学社会科学版），2013 年第 3 期。

58吴福祥：《语义复制的两种模式》，《民族语文》，2013 第 4 期。

59刘丹青：《显赫范畴的典型范例：普米语的趋向范畴》，《民族语文》，2013 第 3 期。

60朝克、李云兵等：《中国民族语言文字研究史论（第 2 卷：南方卷）》，中国社会科学院出版社，2013 年版。

61石锋、彭刚：《大江东去：王士元教授八十岁贺寿文集》，香港城市大学出版社，2013 年版。

（作者：宋作艳，北京师范大学副教授；
邵琛欣、覃俊珺、田祥胜，北京大学博士生；
邱立坤，鲁东大学副教授；
陈保亚，北京大学教授）

英语语言学

王逢鑫

2013 年，构式理论成为英语语言学界的热门话题。语言符号论和构式论是两种不同的语言研究理论，两者既有联系又有区别。林正军、王克非[1]通过对比研究发现构式论继承和拓展了语言符号论的思想；语言符号论只关注语言符号组成部分（能指与所指）之间的任意性关系及其在语言符号系统的内部关系，而构式论不仅关注构式形式和意义匹配的内部关系，还关注构式对外部世界的语义体现；语言符号论对理据性认识模糊、解释不清，而构式论对理据性问题的阐释充分有效；语言符号论排除语境和语言使用者对意义实现的影响，而构式论强调语境和语言使用者在语义实现中的功能和作用，重视构式的语用意义。

复杂构式按其语言特征的典型性可分为典型和非典型两类。非典型实例构式中有一个或多个成分在进入图式构式前不符合图式构式的要求，通过图式构式对不符合要求成分的压制，这些成分与相应典型构式中对应成分的互动，以及这些成分进入构式后与其他成分之间的互动，致使这些成分在形式和意义发生改变后基本符合图式构式的要求，产生非典型构式。林正军、王克非[2]认为非典型构式与典型构式同样体现人类经验，通过对现有构式和词汇的整合，非典型复杂构式创造性地表达了人类经验，体现了人们使用语言的经济性。

陆俭明[3]充分肯定 Goldberg（2006）关于"语言概括的本质"的阐释以及关于构式理论对语言习得解释力的论述，并认为 Goldberg（2006）注意到构式的信息结构的特点和跨语言的概括，这无疑将构式理论向前推进了一步；同时分析了学界重视与肯定构式理论的原因。陆俭明也指出，构式语法理论有可取之处，值得借鉴，但它毕竟还是一个新兴的语法理论，要走向成熟还得做许多探索与研究。

徐浩、高彩凤[4]实证研究探讨跨语言构式启动中句法和语义的启动力，即句法因素和语义因素对跨语言构式启动的激活能力。结果发现句法和语义在跨语言构式启动中都具有启动力，但句法的启动力对跨语言构式启动过程的激活具有首要作用，强于语义的启动力；句法和语义的启动力通过不同的机制实现，句法的启动力主要通过带有句法标记的词汇启动实现，且需要句法标记在句中占据凸显位置作为条件，而语义的启动力则可能与概念启动有关。

何中清[5]在功能—认知视角下探讨构式隐喻理论框架。该隐喻理论框架整合了系统功能语言学和认知语言学中的相关理论，将隐喻识别为小句构式，强调隐喻的产生机制是经验域或表征方式的映射和整合。构式隐喻理论框架的提出有助于建立一个统一的隐喻理论模式，用于各种隐喻现象的系统描述和分析，从而融合隐喻的意义和形式层面研究，探索新的隐喻研究思路。

袁野[6]通过综合构式语法、构式形态学、构式语篇及新构式语法理论，针对受网络语言现象影响的一些网络流行体例，尝试建立起一种新的语篇分析框架，即构式语篇分析（CDA）框架，并且对真实网络语篇中的叠音词、拟音词、小句构式、复合句构式以及语篇模板进行了实际的构式语法分析。

原则和参数理论认为儿童习得语言的过程就是参数设置的过程。然而30年过去了，参数在习得逻辑问题的解释上却一直驻足不前，而该概念在各种挑战下进行的改进还在不断削弱它的生存地位。陈亚平、曹荣平⑦从参数概念的演变入手，分析它在原则参数理论中的地位以及在习得问题上存在的问题，指出参数演变到今天已经成为一个空泛的概念，或许失去了存在价值。

韩礼德在《语言系统的并协与互补》一书中，提出了语言系统的三个互补性：词汇与语法、“语言作为”系统与“语言作为”语篇以及口语与书面语。通过讨论这三种互补关系，韩礼德对其所倡导的“适用语言学”理论做出了深入浅出的介绍。事实上，在系统功能语言学理论体系建构、发展和完善的过程中，还涉及了许多类似的互补关系，如“及物与作格”“创造与转换”“肯定与否定”“情态与意态”“已知信息与未知信息”“析取与合取”“一致式与隐喻式”“内部与外部”以及“理论与实践（或应用）”等。柴同文⑧系统描写和分析了这些互补性概念，探讨了其产生的原因及其对建构“适用语言学”理论的意义。这些互补模式体现了语言作为社会符号系统的多层次性和复杂性的本质特征，也证明了系统功能语言学理论与实践的辩证统一关系。

过去的30年里，语言变化问题在语法化理论框架中得到了充分研究。与此同时，语法化理论研究也面临着来自学科内部和外部两个方面的批评和挑战。在这场论争之中，甚至听到了“语法化是否存在”这样的质疑之声。杨永林⑨从社会语言学的角度入手，试图通过社会、语言、说话人三者关系的重新确认，为在社会文化语境中考察语言的共时变化，为正确理解语法化研究中的一些理论问题，提供另一种思路。为此，从语法化创始人 Meillet 的语言哲学思想入手，基于“语言是一种社会事实”的论断，注重社会文化与语言使用者对于语言变化的作用与影响。针对语法化研究缺乏句法共时分析的问题，杨永林从现有社会语言学研究中，抽象出共时句法变化现象（“be + like”和“as far as”），加以分析和讨论。同时，提出“镜像对比投射模式”，有助于解决“单向性假设”的理论问题。

沃尔夫的语言相关性思想认为，语言型式在语言者思维活动中具有重要的影响作用。对它进行正确解读，有助于消除人们对语言相关性思想的误解和误读，有助于对语言与思维关系的深入研究，有助于语言相关性思想的合理应用。鞠方安、张丽华⑩认为，语言相关性相对独立和完善的思想，是研究语言与思维关系的一种重要理论视角和方法，它揭示了语言的认知功能，蕴含着丰富的语言学意义。

目前看来语法隐喻研究尚处于欣欣向荣之机，但一则由于语法隐喻理论包含的内容过多，而且很多内容互不相干，甚至互相对立，二则由于语法隐喻理论无法解决语义和语法形式无法割裂，以及语义和语法形式的合理融合问题，由此使得语法隐喻理论未来的“消解”成为可能。王馥芳⑪认为“消解”首先发生在术语层面。“语法隐喻”和“一致式”这些术语所遭遇的诸多理论问题可能使得它们最终被弃用或者取代。其次，“消解”也可能发生在理论解释层面，对语义层的详尽描写可能最终导致语法隐喻理论的“消解”。一是对语义层的详尽描写使得词汇语法层的存在受到质疑；二是对意义动态构建过程的详尽描述和揭示可能消解“语法隐喻”机制的解释作用。语法隐喻理论新解实质上是对语法隐喻理论的“消解”。从事物发展的螺旋形上升角度来说，“消解”理论的指向性是多维的，一方面它意味着对原有理论框架的发展和完善，另一方面它意味着对原有理论框架的扬弃。

系统功能语言学的两个学派悉尼语法和加的夫语法对小句过程意义的体现形式持不同观点，它们对功能思想的体现或存在不足，或存在描述上的不一致。基于完整分析，何伟、高生文⑫提出：小句的过程意义在句法上由谓体体现，谓体由动词词组填充，动词词组在不同情况下由不同的成分组成。

章柏成、许家金⑬基于600万词次、时间跨度近50年的三代英、美英语语料库，考察英语现在进行体在形式分布及意义演变方面的历时变化。数据显示：20世纪60年代以来，英语现在进行体的使用总体持续增长，增速在21世纪初显著加快；在语体、语态方面，除了表现出总体增长趋势外，也存在一些变异。英语现在进行体表达将来义和主观态度的情况也持续增长。研究还表明：书面语中的英语现在进行体存在明显口语化趋势；同时，英语现在进行体也表现出语义虚化的语法化倾向，这与英语语法的整体演变趋势一致。

语用预设作为一种语用现象，在反讽语篇建构中担负着非常重要的角色和功能。反讽语篇的连贯引发于语篇内世界诸因素，但意成于语篇外世界诸因素。杨庆云⑭从语用预设隐性介入语篇的视角，归纳了语用预设的语篇外诸因素，阐释了社会规约预设、相互知信预设、互明物理语境预设以及前述话语预设在反讽语篇中承担的建构功能，以期能为反讽语篇分析提供一个较新的理论视角。

自古希腊亚里士多德以来，文学叙事研究一直围绕情节展开。批评家们采用各种方法，从不同角度入手，挖掘情节及其表达的深层主题意义。20世纪80年代以来，西方叙事研究者对叙事进程产生了兴趣，他们结合读者的反应来探讨小说的叙事进程，使我们能较好地了解文本与读者，或作者、叙述者、人物与读者之间的关系。但是 Brooks（1984）借鉴精神分析方法的叙事进程研究，Phelan（1996，2007）从修辞学角度对事件进程和话语表达进程的交互作用展开的探讨，以及 Toolan（2009）采用语料库文体学的方法对短篇小说叙事进程进行的分析，均依然只重视情节发展。申丹[15]认为在含有隐性进程的作品中，需充分关注作品的情节发展和叙事暗流等双重叙事动力，才能较好地把握作品的主题意义和审美价值。

赵玉荣[16]提出社会认知叙事分析模式，尝试解析自然会话叙事中话语意义的建构与认知过程。叙述者首先将经验片段连接成内部故事，之后在与受述者叙述互动的刺激下对其进行加工处理，使之成为外部故事；会话叙事的意义建构实现为受述者对故事意义的认知理解，受述者通过叙事互动与叙述者对意义的阐释方向进行协商，通过最终在心智空间建立对方所述的故事图景，完善自己对真实世界的认知。

武光军[17]研究探索了英语专业大学生的翻译学习观念及其发展特点。357 名英语专业大学生参加了实验。研究结果表明：英语专业大学生较为认同的翻译学习观念主要集中在翻译学习策略和翻译学习动机方面，较不认同的翻译学习观念主要是关于翻译学习的自我概念、翻译及翻译学习的性质方面；英语专业大学生翻译学习观念的发展特点是先有显著性变化，后趋于稳定，逐渐成熟；语篇层面的翻译可能是影响学生翻译学习观念形成的重要原因之一，句子层面的翻译对学生翻译学习观念的影响不大。

张威[18]认为确定新世纪的研究主题与策略对口译研究有重大战略意义。口译研究的未来热点主要包括社区口译、口译历史的“重写”、口译研究的技术导向、口译的认知心理加工机制、口译语料库、口译能力等。研究方法上，跨学科借鉴、定量研究的广泛应用、研究方法的复合化等特征更加突出。

语料转写是语料库建设的关键环节，也是影响基于语料库的研究质量的重要因素。口译语料线性时间对齐转写的主要价值包括便于分析口译文本语言特征，促进对翻译“普遍性”的认识；易于判断口译遗误等现象及其成因；适于判断口译策略的性质及其作用。张威[19]认为这种转写策略也存在下列缺陷：难以保证时间切分与对齐的精确性与统一性；无法准确标记停顿、支吾、语音拖长等口译副语言现象，难以充分显示口译现场交际情景对口译操作的影响。因此，可考虑应用同步录音、多媒体技术综合应用、“复合”转写等方法，改进口译语料的转写程序及方式，提高语料转写质量，增强相关口译研究结论的代表性。

早期的中文小说英译，译者群体尚未职业化，工作方式呈“个人主义”色彩。随着中西文化交流日益频繁，从事中文小说英译的群体逐渐扩大，不仅合译的案例增加，还出现了集体翻译、作者译者合作等情况。译介活动中各行动者之间协同互动，译者的工作模式总体呈多样化和网络化发展。王颖冲、王克非[20]讨论了译者与译者、译者与作者、译者与机构等几组关系，梳理译者工作模式的发展过程，探索它对翻译策略和译文效果的影响，这有助于对翻译过程和译者类型等问题的研究。

迄今，有关逻辑结果关系及程式语的研究成果丰硕。但将二者结合起来，并探讨其承载的语义韵较少受到学者关注。李美霞、焦瑷珲[21]提出“逻辑结果程式语”概念，并通过大量数据统计分析，力图找出英语语言中常用的逻辑结果程式语以及它们所携带的语义韵。研究发现：符合研究条件的 13 个英语逻辑结果程式语，按其呈现的语义韵，分为三类：as a result of，caused by 和（lead）to。大多数情况下表达消极语义韵的趋向显著。so that，now that，as a result，（result）from 和 thanks to 表示中性语义韵的趋向明显。so . . . that，（bring）about，because of，（result）in 和 due to 表现糅杂型语义韵的趋向凸显。

药盼盼、王瑞乐、陈宝国[22]采用自定步速的实验范式，通过操纵动词偏好等信息，考察工作记忆容量的差异对第二语言（英语）句子加工中动词偏好信息利用的影响。实验结果表明，工作记忆的容量在一定程度上影响第二语言学习者动词偏好信息的利用，但是这种影响是有条件的，即影响只出现在句子加工对工作记忆要求相对较低时。

构建课堂即时形成性评估理论不仅是形成性评估研究和实践的发展需要，更是新时期提高我国外语课堂教学质量的重要保证。杨华、文秋芳[23]基于国内外课堂形成性评估文献，讨论课堂即时形成性评估的定义及特征，评述相关实证研究，指出现有研究的不足之处，并在此基础上对构建适用我国外语教学实际的课堂即时形成性评估理论提出建议：从一线课堂实践出发；以课堂教学目标为抓手；以形成性评估各环节之间的“相倚性”为核心。

杨京鹏、托娅[24]以 Talmy 的运动事件理论为依据，采用实证方法对英语运动事件动词与短语进行认知表征体验的对比分析。研究发现：在开放语类替换为包含封闭语类的动词短语后，运动事件中英语动词和动词短语的认知表征体验存在明显差别，且该差别具有一定程度的普遍性；其概念成分也会发生不同程度的变化。其中，图形和背景概念根据是否凸显可能会发生变化，运动概念发生变化，路径概念总体趋于发生变化。路径概念包含的矢量特征发生变化，构型概念根据是否凸显可能发生变化，指示概念不发生变化。矢量概念包含的三个概念成分中，“起点”保持不变，“途中”根据替换后路径概念的偏离程度可能发生变化，“终点”发生变化。

李恒、曹宇[25]考察了中国高水平英语学习者如何利用言语和手势表征运动事件。分析发现受试的汉语和英语言语表达都呈现出卫星框架语言特点，但前者也具有一定的平衡框架语言特征；受试的伴语手势大多只表达［路径］信息，编码［方式］信息的手势使用主要受限于语义表达、运动学以及认知经济性原则；言语表达对伴语手势具有调控作用，而后者也会对前者产生一定的强化作用。

如何促进大学生结合专业学习与国际学术交流的需要，发展数字时代的英语读写技能，是当前中国大学英语教育改革的一个重要课题。张薇[26]通过北京大学学术英语通选课 Doing English Digital 的课程构建与实践，提供了一个融教学与评价为一体的、基于数字读写项目的大学学术英语模块化课程的设计实例。

元语言意识是对语言结构有意识的觉察和运用。元语言意识在第二语言习得中起重要作用。梁利娟、陈宝国[27]提出了元语言意识在第二语言习得中的动态、交互作用模型，即元语言意识、母语、工作记忆和情感态度等影响第二语言习得的因素，构成一个动态有机的系统，它们共同影响第二语言的习得。

在跨语言学习测评研究中，目前尚未有学者探究同一群体的中国学生的中英文学习心理如何相互影响，并最终影响语言能力。为弥补这一研究空白，官群[28]调查了中国北京267名初中生中英文阅读动机，并同时测试他们的中英文阅读能力。在八个维度的阅读动机中，对中文作为母语和英文作为外语的阅读动机进行量化对比，中文阅读动机在自我效能感、好奇心、投入度、消遣娱乐性、社会伙伴态度五个维度上的表现高于英文阅读动机；而在学业成绩、工具性、社会家庭态度三个维度上，两者没有差异。同时，相关分析表明，工具性与英文阅读水平密切相关；消遣娱乐性与中文阅读水平密切相关。此外，多元线性回归分析显示，不同维度的阅读动机分别解释中英文阅读水平的差异。这些研究结果验证了阅读动机的跨语言性迁移特征，不同的阅读动机对中英文阅读水平起着不同作用。

刘世生、刘梅华[29]探讨了大学生的英语写作过程，对影响英语写作的因素的看法及在写作过程中遇到的挑战和应对策略。结果发现：大学生的英语写作过程可分成审题、构思、实施及评价与修改等四大部分；很多因素对于英语写作都很重要，其中最重要的是逻辑、与主题内容的相关性及整体结构，而影响英文写作的重要因素有英语水平、写作训练和经验等；大学生在英语写作过程中会遇到各种各样的挑战，如词汇量不足、语法不好、缺少素材、表达不好等。为应对这些挑战，大学生采取了不同的策略，并希望得到教师的帮助。

闫嵘、尚蕊[30]采用标准化语篇听力测试任务，对66名英语专业学生的听力元理解监测精确性及其监测线索使用特点进行了考察，并结合“情景模型线索理论”从教育干预角度探讨了延迟关键词效应对外语听力元理解监测精确性的影响。研究结果表明：外语学习者倾向于采用非情景模型类线索对听力理解程度进行判断，导致其元理解监测精确性较低；延迟关键词组与即时、无关键词组之间的元理解监测精确性差异仅达到边际显著水平，表明延迟写关键词对听力元理解监测的促进作用有限；无论在即时还是延时条件下，关键词质量与听力元理解监测精确性均呈显著正相关。

江进林[31]在总结前人经验的基础上，针对中国学生英译汉的特点，在三种文体、近1000篇译文中提取了20多个能够反映语言形式质量的文本特征进行研究。该项研究进一步采用多元线性回归方法考察了这些量化指标对每种文体内一半译文语言形式分数的预测力。研究结果表明，回归方程对同一题目另一半译文的评分取得了理想效果，人机评分的相关度和一致性良好。因此，这样提取的特征可用于构建自动评分系统。

王立非、李琳[32]采用定量方法考察了2002—2011年我国商务英语研究现状。结果发现：商务英语论文、专著、立项项目都呈逐年递增态势，研究范围较为广泛，但高水平成果较少；研究热点为商务英语专业、商务英语教学、高职商务英语、商务英语函电、商务英语翻译等；经济学和教育学比语言学更为关注商务英语；非实证研究方法占主流，实证研究方法应用从2007年以后明显增加，混合研究方法应用较少；专著和立项项目偏少，但近年呈增长趋势。

冯捷蕴[33]给商务话语明确了较为宽泛的定义，指出在商务语境中可运用8种话语分析法，即会话分析法、民族志为基础的话语分析法、多模态的话语分析法、语料库为基础的话语分析法、体裁分析法、批评话语分析法、中介话语分析法和多元文化话语分析法。冯捷蕴提出未来商务话语研究有三个发展趋势，即不同的学派取长补短、互相补充，更加注重实地调查，更加注重“全球本土化”的视角。

语言是人类社会最基本的生存要素之一，也是人类社会发展的最重要因素，这一点在经济全球化、信息化、媒体化时代尤为突出，它关涉各国各民族政治、经济、文化以及人们生活和交往的各个方面。关注和考察语言生活状况，有助于我们掌握各国语言发展及其与政治、经济、文化等的关系和动态，有助于及时调整语言战略、改进语言布局和提高语言教育质量，也有助于了解我国语言在世界发展格局中的地位和变化。王克非、蔡永良[34]认为观察语言变化也是观察世界动态的一个重要的、敏感的和及时的窗口。

近年来我国学术界特别是外语界广泛关注跨文化交际能力。外语专业、大学外语和义务教育的教学大纲或教学要求都提到了跨文化交际能力培养，但提法差异很大。教师对于如何培养跨文化交际能力的看法也不尽相同。因此，有必要厘清相关基本概念，如什么是跨文化交际能力，跨文化交际能力包含什么要素，跨文化交际能力培养有哪些途径，在什么阶段解决什么跨文化交际能力问题等。跨文化交际学者的共识是跨文化交际能力包含认知层面、感情（态度）层面和行为层面的能力。胡文仲[35]认为跨文化交际能力培养是复杂且长期的过程，并非只通过讲课就可以实现，还需要课外的配合，包括国外学习或工作。

注：

①林正军、王克非：《语言符号论与构式论探析》，《外语教学与研究》，2013 年第 3 期。

②林正军、王克非：《论非典型复杂构式产生的理据性》，《现代外语》，2013 年第 4 期。

③陆俭明：《构式语法理论再议——序中译本“运作中的构式：语言概括的本质”》，《外国语》，2013 年第 1 期。

④徐浩、高彩凤：《跨语言构式启动中句法和语义的启动力研究》，《现代外语》，2013 年第 1 期。

⑤何中清：《功能—认知视角下的构式隐喻理论研究》，《外语教学》，2013 年第 5 期。

⑥袁野：《基于网络流行体的构式语篇分析框架》，《外语教学》，2013 年第 5 期。

⑦陈亚平、曹荣平：《参数概念还能站得住脚吗?》，《外国语》，2013 年第 5 期。

⑧柴同文：《系统功能语言学理论中的互补思想》，《外国语文》，2013 年第 2 期。

⑨杨永林：《社会语言学视角下的语法化研究》，《现代外语》，2013 年第 2 期。

⑩鞠方安、张丽华：《沃尔夫语言相关性思想解读》，《山东外语教学》，2013 年第 1 期。

⑪王馥芳：《语法隐喻理论可能“消解”论》，《外语教学理论与实践》，2013 年第 1 期。

⑫何伟、高生文：《小句过程意义的体现形式：悉尼语法 vs 加的夫语法》，《解放军外国语学院学报》，2013 年第 1 期。

⑬章柏成、许家金：《基于布朗家族语料库的英语现在进行体的历时考察》，《外语教学》，2013 年第 1 期。

⑭杨庆云：《语用预设与反讽语篇的建构》，《外语教学》，2013 年第 6 期。

⑮申丹：《关于叙事“隐性进程”的思考》，《中国外语》，2013 年第 6 期。

⑯赵玉荣：《自然会话叙事中话语意义的建构与认知过程》，《外语教学》，2013 年第 4 期。

⑰武光军：《英语专业大学生的翻译学习观念及其发展特点研究》，《外语界》，2013 年第 1 期。

⑱张威：《新世纪口译研究的热点与策略》，《中国外语》，2013 年第 6 期。

⑲张威：《线性时间对齐转写：口译语料库建设与研究中的应用分析》，《外国语》，2013 年第 2 期。

⑳王颖冲、王克非：《中文小说英译的译者工作模式分析》，《外国语文》，2013 年第 2 期。

㉑李美霞、焦瑷珲：《基于语料库的英语逻辑结果程式语语义韵研究》，《外语教学》，2013 年第 2 期。

㉒药盼盼、王瑞乐、陈宝国：《工作记忆容量对二语句子加工中动词偏好信息利用的影响》，《外语教学理论与实践》，2013 年第 1 期。

㉓杨华、文秋芳：《课堂即时形成性评估研究述评：思考与建议》，《外语教学理论与实践》，2013 年第 3 期。

㉔杨京鹏、托娅：《运动事件封闭和开放语类的体验对比研究——以英语路径动词为例》，《外语教学》，2013 年第 5 期。

㉕李恒、曹宇：《中国高水平英语学习者运动事件的言语手势表征》，《外语教学与研究》，2013 年第 6 期。

㉖张薇：《基于数字读写项目的学术英语模块化课程构建与实践》，《外语教学理论与实践》，2013 年第 2 期。

㉗梁利娟、陈宝国：《元语言意识对第二语言习得的影响及其与其他因素的交互作用》，《外语教学理论与实践》，2013 年第 2 期。

㉘官群：《跨语言学习心理测评——来自中英文阅读动机和阅读水平的证据》，《外语教学理论与实践》，2013 年第 1 期。

㉙刘世生、刘梅华：《大学生英语写作的过程、挑战与应对策略：个案研究》，《外语教学》，2013 年第 4 期。

㉚闫嵘、尚蕊：《外语听力的元理解监测精确性研究》，《外语界》，2013 年第 5 期。

㉛江进林：《英译汉语言质量自动量化研究》，《现代外语》，2013 年第 1 期。

㉜王立非、李琳：《我国商务英语研究十年现状分析（2002—2011）》，《外语界》，2013 年第 4 期。

㉝冯捷蕴：《商务话语研究的回顾及其展望》，《中国外语》，2013 年第 6 期。

㉞王克非、蔡永良：《察言观世：从语言生活看社会万象》，《中国外语》，2013 年第 6 期。

㉟胡文仲：《跨文化交际能力在外语教学中如何定位》，《外语界》，2013 年第 6 期。

（作者：北京大学教授）

外国语言学（英语除外）

鲍　红

一、语言学与语言哲学

王福祥详细介绍了俄国—波兰语言学家博杜恩·德·库尔特内和他所创建的喀山语言学派，以及在其基础上发展起来的彼得堡学派和莫斯科音位学派，指出他对现代语言学的贡献和他在语言学中的地位已载入语言学的史册。[①]杜桂枝根据当代俄语学理论研究发生的变化，对20世纪末和21世纪初的当代俄语学研究的状况和特点做了简要概述，指出其主要特点是研究的范围和领域不断扩大、语言学理论研究不断深入、多流派、多思潮并存且互相支持及与西方语言学理论的对话与对接；总体趋势是语言学的“扩张性”、语言学中的“人文中心论”原则和“解释性”原则及语言学的新功能主义。它们决定了当代语言学的重心向人的因素相关的领域和学科转变，向着语言学的语义和功能研究方向转变，因而与语言语义学、语用学、心理语言学、认知语言学相关的学科和领域的研究仍不失为研究热点和重点。[②]李洪儒将词层级上的说话人意义视为说话人在相应语言片段中的存在方式，部分揭示次层级上说话人意义的形成机制，并通过说话人意义的主观功能揭示说话人。[③]赵爱国强调20世纪80年代以来的俄罗斯语言学研究已进入人类中心论范式。该范式变结构主义语言学的语言客体论为以“说话的人”为核心要素的语言主体论，从而引发语言学在研究对象、内容、方法等方面的一系列转变。对该范式的语言学理论进行梳理和研究，不仅有助于准确把握当代语言学发展的脉搏，更可为我国的汉语研究提供借鉴。[④]张如奎详尽地阐述和评介了俄罗斯科学视野下的新洪堡特语言哲学理论，介绍了这一理论产生的历史背景和理论来源及依据，特别是对新洪堡特理论的重要代表人物魏斯格贝尔语言世界创造观进行了解析与评述；重点评述了其对俄罗斯语言学和语言哲学产生与发展的影响，并结合上述理论对我国目前语言学界汉语研究中存在相关问题所产生的影响提出了自己的思考和建议。[⑤]金华以语言符号学的“层级性”思想为基础，系统地研究了语言符号的层次及其体现，并以句子为例探讨了作为符号单位的句子的意义的静态表征层次和动态生成层次。句子可切分为深层符号意义、浅层符号意义和表层符号意义，并在这三个层次上分别执行准称谓功能、一级称谓功能和二级称谓功能。与之相对应，句子意义生成即句子意义符号化也分为前符号化、一级符号化和二级符号化三个阶段。正是通过符号化过程，句子才进入言语交际层面，从而完成交际功能。[⑥]刘超从对术语语言分析的角度出发，考察了19世纪初期俄罗斯民族自我意识，揭示了那个时代的俄罗斯人的思想特征，指出通过语言分析和解释来揭示人是语言哲学的核心任务。[⑦]王雪梅和王琳运用语言符号学的标记性理论，对俄语动词“体的竞争”和“体的中和”现象进行深层次的分析，探索语言标记性的实质，试图为俄语习得者和俄语工作者提供新的视角来学习和研究动词。[⑧]

二、语义学与语用学及认知语言学

张家骅从命题态度动词词汇语义结构角度分析语义预设对于命题态度动词谓语句的两个否定结果的影响，尝试回答吕叔湘先生提出的否定的否定，结果是肯定，这个肯定不等于除去两个否定剩下来的东西，但是也有两个否定恰好抵消的情况这一问题。[⑨]蔡晖运用俄罗斯学者 Е. В. Падучева 提出的规律性多义聚合体概念，即多义词意义的总和被称为由语义衍生相互联系在一起的词位聚合体。以声响动词为例，探讨了它们的题元结构、聚合体的构成、聚合体初始词位的确定、聚合体不完全现象等问题。并通过覆盖类动词，论证了动词的许多语言运作特征都能够从它们的词汇语义中得到解释，比如有规律的多义性以及句法搭配、同义转换等。作者还与杨军在引进现代俄语学中语义构词族群概念的基础上，尝试用这种方法揭示转喻的构词功能，描写转喻映现的基本结构和类型。[⑩]彭玉海和王洪明认为动词隐喻是一种重要而独特的认知语义和词汇语义现象，俄语动词隐喻意义的衍生必然伴随动词内部的各种语义变异。提出俄语动词隐喻的语义变异包括语义剥离、语义增生、语义成素变化以及语义变化的协同等几方面的内容，进而对这些语义变异问题展开具体研究和讨论。[⑪]郭丽君探讨了4种类型俄语词汇单位语义辖域和句法辖域非同构现象，总结分析了其非同构关系类型，并提供分析非常规语义辖域和句法辖域关系的方法和路径，旨在为词汇单位句法和语义关系的研究提供有益的参考价值。作者还运用大量语料，从语气词 ТОЛЬКО 二价语义结构入手，论证了 И. М. Богуславский 提出的该词三价语义结构的正确性和适用性。论证结果表明，语气词 ТОЛЬКО 三价语义结构能更精确地表现词汇语义，解决句子歧义。[⑫]异常语言现象是语言使用过程中偏离显性或者隐性语言规则的结果，语言单位组合整体意义需要词汇意义、语法意义、结构意义、语用意义和语言世界图景等各个方面的协调统一才能实现。某一方面出现偏差，都会导致不合格的用法出现。通过对比组合语义的正常与异常实现，王蓉将异常语言现象的根源分为语言世界图景、词汇意义、语法意义三个主要因素，并对每个因素的体现进行了具体研究。分析异常语言现象，对深入探究相关正常语言现象的完整语义，具有一定的促进作用。[13]徐涛把语言世界图景作为语言语义学的研究对象对其进行语义学阐释。首先通过语义梯形对语言世界图景研究定位于语义学做出解释，而后提出"语义世界图景"的概念，通过对词汇语义群的研究将语义世界图景的概念具体化，从而构拟语义世界图景。[14]张岚运用莫斯科语义学派的元语言释义法以及 E. B. Падучева 词汇语义动态模式中的研究方法，对多义词 требовать 内部的语义结构及其义项的派生机制进行深入分析和细致描写，从而更深入地认识多义动词内部义项间的关系，对词汇教学、词典编撰具有一定的参考价值。[15]吴芳研究了俄语中具有熟语性特征的派生词和具有熟语性特征的复合词，对这类词的内部词素之间的相互关系与词的整体意义关系进行了详细的分析，并根据熟语性词的构成成分的语义特点将俄语熟语性词分为"完全熟语词""不完全熟语词""组合熟语词"和"一般熟语词"四种。[16]名物化现象一直是语言学家、语言哲学家持续关注的问题，语言学发展至今，对名物化问题的许多研究都依然尚无定论。徐东辉以俄语中的名物化为研究对象，对名物化的定义、分类、不同视域的研究、语篇功能等问题做了较为详细的分析。[17]时间作为语言世界图景的重要成素，既是一种认知范畴，又是一种文化观念，因此把语言时间置入文化认知的视域加以考量就成为当代语言学范式的基本要求。姜宏和赵爱国从主观时间、时间观念、时间的近指与远指、隐性时间等不同的维度审视了语言时间的文化认知问题，以揭示语言时间在人的知识和观念系统形成过程中所起的重要作用。[18]心理谓词用于插入结构使语言准确鲜明、丰富多彩、富于表现力，它是语言表达中体现出来的说话人的个人印记。张红分析了具有各种意向功能和不同人称主体的上下文、一般疑问句中心理谓词的两种插入结构，揭示其语义和语用功能。[19]作为历史和社会实践经验，话语秩序以知识的形式存在，表现为建构话语的常规惯例。武瑷华尝试从外交话语的言语行为模式角度揭示话语秩序，展现外交话语的条件、规则、形式、程序、界限和价值。[20]王志坚从语义认知的角度研究了俄语性质被动句。结果表明，该构式中的谓语动词由个别的未完成体及物动词加尾缀 - ся 构成，只能用一般现在时形式，施事补语隐含，描写的不是具体事件，而是事物的属性或恒常状态。其认知动因是凸显受事参与者对于事件所发挥的积极作用。[21]吴哲综述了近十年来，在认知语言学影响下，俄罗斯术语学的研究趋势。由研究术语的专门特征转为研究其内在本质以及知识在术语中呈现的方式，一门新的交叉学科——认知术语学在术语学与认知语言学的交互作用下初步形成。对于这样一个轮廓尚不十分清晰的新学科领域，俄罗斯学者给予了必要的关注，其研究自成体系，相关成果值得借鉴。[22]王向丽和李勤以俄语为例研究基于隐喻机制的表人名词，并以隐喻机制的主要模式"A 是/为/成为 B"（喻体/源域向本体/目标域的映射）为出发点，分别以动物名称、植物和植物果实名称以及物品名称为源域，着重论述俄语中基于隐喻机制的表人名词的语义特征、句法功能及其情感—表情功能。[23]对话中说话人为引起受话人关注，常使用含情态引导语的句子引导受话人思考并回答。张扬分别从语法、语用、认知角度对含情态引导语的句子进行比较全面的分析，认为说话人使用含情态引导语句子的根本目的在于传递信息，引导受话人做出情感反应。句子的情态引导语是说话人为增强表达效果而使用的让步策略。[24]王翠从俄语形容词充当后置定语的结构类型出发，结合类型学理论进行认知解释，并从俄语形容词位置在历时层面的发展做出说明。[25]

三、语法学

王清针对俄语语法中词汇从一种类别转化为另一种类别这一普遍现象，着重归纳了俄语中名词化、形容词化、副词化、代词化和前置词化等词类转换现象及相应发生的语音、结构、句法及语义变化，探讨了俄语语法研究中的一些实质性问题。[26]徐兴林和刘永红研究了俄语"Светает"类无人称句的构式形义组配。作为语法系统中的一个独立构式，其构式义是"存在一个由未知主体实施的行为导致的客观状态"。这一意义由转喻连接的"动作义"和"状态义"组成，导致了一系列的句法后果：句子排斥主语、目的和动物第五格成分，且动词的形式变化固定而单一。[27]王辛夷简明扼要地介绍了修辞的定义、发展简史、研究的任务和目的、修辞与语境以及词的修辞色彩，讲述了词汇修辞，辞格的特点和具体运用方法以及典型的言语错误，帮助学生掌握并自觉运用俄语词汇的主要修辞手段。[28]语法过渡现象主要是一种由语言单位结构、语义和功能等范畴的对立统一性相互作用和影响而产生的属性归类的模糊和过渡。语法过渡现象表现为横向语法范畴的边界模糊（或交叉）和纵向语法范畴的边界模糊（或交叉），横向和纵向之间存在模糊范畴。周瑞敏在考察过渡现象的基础上，尝试对其中涉及的语言学问题进行分析和解释。[29]曾婷根据语句的目的及其在言语中的交际功能，将俄语独词句分成肯定/否定独词句、情感—评价独词句、祈使独词句、疑问独词句和话语标记独词句五种类型。在对话中，独词句主要发挥表情功能、语义功能、语用功能、信息功能和人际调节功能。其中，语用功能和信息功能又可进一步分出更加具体的功能类型。[30]李颖运用传统语法中最低限度的原则，从超句体的句际联系类型和小主题所含元素数量入手分析超句体的本质特征并对其分类。指出以研究句际衔接手段为目的的语篇语法学研究单位到超句体为止，剩下的语篇单位是语篇结构及其他交叉学科的基本研究单位，而片段的研究方法可以用超句体来类推，从而突出超句体的重要地位和片段相对的次要地位。[31]

四、俄汉对比研究

从语义范畴入手去寻找语言表现形式是当代语言学研究范式的新思路和新趋势，这种研究范式对于对比语言学研究尤为合适。研究表明，俄汉语义范畴研究所取得的理论和实践成果各有所长，可以相互借鉴。姜宏以俄罗斯功能语法理论为基本依据，并吸收其他功能语法流派的学理精华，融合当今语言学（包括语用学、系统功能语言学、语言文化学、认知语言学等）中的一些新元素，以建立起俄汉语义范畴对比的多维研究框架。在此基础上，作者选择具有典型二元对立统一关系的空间和时间范畴作为切入点，对该范畴所涉及的传统语义系统及其形式表达进行了全方位的对比分析，其中还包括上述新元素视角的语用、认知、篇章、文化的阐释。这是一个集语法、语义、语用、认知、篇章、文化于一体，融传统描述与现代解释于一身的多维研究，旨在为语言学的对比研究提供可借鉴的方法。[32]许风才运用普通语言学、语言类型学和对比语言学的相关理论，对俄汉语复合句进行了全面、系统的对比研究，力图揭示它们在结构认定上的差异及其成因。研究涉及了俄汉语主从复合句的研究历史和存在的问题、复合句与简单句的过渡现象、主从复合句与并列复合句的过渡现象、分句间的连接手段、主从复合句的结构和语义对比、并列复合句研究历史与现状及其交际功能对比研究等问题。指出所谓“简单”和“复杂”在俄汉语中认定的标准有所不同，差别存在的根本原因是俄语具有丰富的形态变化，而汉语没有狭义上的形态变化；俄语偏重形式结构，而汉语更注重意义与分布。作者还用较大篇幅对比分析了俄汉语主从复合句的衔接手段及其功能、连接词的范围等问题，俄语起衔接功能的词语数量要比汉语的关联词语多很多，形合句的数量也比汉语多。[33]刘丽芬采用定量统计、定性分析、对比、归纳等方法，描写与解释相结合，从语表形式、语里意义及语用价值角度对俄汉语标题进行了对比研究。在相互参照的前提下从形式和语义揭示了俄汉语典型标题类型及其突出的标题特点，并对俄汉语潜在的标题结构进行了预测，挖掘了人类自然语言的共性与个性，以期为俄汉语标题研究及其对比教学、翻译、信息检索、智能机识别提供一定的帮助。[34]情绪是一种抽象的心理体验，人们通常采取隐喻和转喻的方式来生动形象地表达内心的情绪感受。牛丽红研究了隐喻和转喻在情绪概念化过程中的地位和作用，分析探讨了情绪的隐喻认知模式和转喻认知模式，并以我国古典名著《红楼梦》及其俄译本为例，揭示了汉俄两个民族基本情绪认知思维模式的异同。[35]张志军和孙敏庆从整体构词能力、复合结构构造及跨类构词等三方面对俄汉语空间维度词的对称失衡情况进行对比研究。通过对比研究验证了标记理论，即在上述三方面均体现出无标记项强于有标记项，对称失衡现象既体现在一种语言内部，又体现在两种语言之间，如汉语空间维度形容词对在复合结构的构造类型上表现得比俄语丰富得多。[36]周民权对汉俄称呼言语行为的社会性别进行了语用对比分析。分析结果表明，称呼语揭示了厚重的历史传承，蕴含了丰富的社会元素，体现了汉俄两个民族的文化记忆，从中可以看到汉俄称呼语中的社会性别异同、男女两性的社会性别原型、语用特点及其成因，有助于正确理解和掌握汉俄社会性别语言的基本特征。[37]徐来娣试图以语言迁移理论为研究视角，通过俄汉语音对比研究，揭示俄汉语音词在词汇词连续发音方式、音节连续发音方式、音位组配方式、词末音节结构模式、重音结构模式上的种种差异，分析中国学生在俄语语音词发音习得中常见的偏误及其母语汉语负迁移干扰因素，探索相应的语音教学策略。[38]

五、翻译学与教学法及语言文化学

朱达秋以《俄罗斯思想》的中文译本为例，指出翻译实践的常态性批评的缺位是粗制滥造的翻译作品充斥市场，错误百出的学术著作译本广为流传以讹传讹的怪现象愈演愈烈的一个主要原因。[39]胡谷明和黄西萌从分析翻译缺失现象入手，首先对翻译补偿进行了分类，然后从词汇层、语法层以及超句统一体和片段层对翻译过程中译者具体运用的各种手段进行了论证，力求证明翻译补偿方法是解决翻译缺失现象这一问题的有效途径。[40]文本意义具有未定性与其意义结构形态密切相关，意义的疏状性结构必然导致翻译解读的复杂性和多样性。谢云才借助文本理论剖析文学文本的意义结构形态，从方法论角度分析翻译解读产生异同的主客观原因，论证文本意义翻译解读应该具有的正确方式。[41]陈洁将歧义分为语音、词汇、语法、修辞歧义四大类型，指出消除歧义可通过语音、上下文、语境和语法手段，并将歧义归为同形歧义和异形歧义，外部歧义和内部歧义。有关歧义结构的传译，在翻译及双语词典编纂中应该格外关注，因为辨义、释义通常是翻译和双语词典编纂之本，且歧义结构的移译容易出现差池。作者和钟晓迪探究了词义偏移与翻译中的褒贬分寸问题。词义有时会向积极和消极两端偏移，这是词义派生的一种方式。名词、动词偏移意义常通过构词方式体现于相应的形容词上，词义偏移偏向积极意义，为解决俄汉翻译中词义的褒贬提供了语义学方面的理论依据，并且在一定语境中有程度深浅、强弱之分。翻译中应该结合语境恰当地处理词义的褒贬分寸，再现原文的交际艺术价值。[42]杨仕章运用个案研究法，通过分析小说《红楼梦》直接引语的俄语译文，指出俄译者在翻译引述动词“道”、转换直接引语模式，调整直接引语位置关系等方面，所遵循的完全是俄语文学规范，从而论证了修辞适应同样存在于文学翻译当中，是汉俄翻译能力培养中不可缺失的一环。[43]毛志文强调重复、平行对照是洛特曼结构诗学理论的核心概念，也是诗篇构建的基本原则，其结构诗学的立场彰显出诗歌文本在语言层面的建构原理和诗歌语义生成的内在机制。这不仅对分析诗歌结构、探索诗歌含义的生成机制具有重要意义，还可以极大丰富诗歌翻译的理论，有效地指导俄汉诗歌翻译实践，保证译文和原文一样具有形式美，并拥有多层次的语义关系。[44]贾英伦研究了语言文化差异对文学翻译修辞的影响。文学的力量来自于语言文字的暗示力和精神韵致，而一种文字的暗示力和精神韵致在另一种文字中常常不知不觉流失掉，其根本原因在于语言文化的差异性，为弥补这种流失，译者必须对译文文字进行润色，使译文和原文一样具有强烈的艺术感染力。文学翻译修辞的实质——润色，即译者的修辞性介入。[45]孙爽基于俄语国家语料库的语料，以尼伦伯格和拉斯金的本体论语义学为基础，对 C + N5 结构的组合能力进行分析，概括俄语中 C + N5 结构的语义特征，建立可用于俄汉机器翻译系统的俄语 C + N5 结构语义识别规则。[46]王保士系统介绍了俄语教学法的一般原理和组织课堂教学的系列实用方法，同时阐明了现代俄语外语教学理念以及外语学生学习和掌握俄语的心理学原理，有针对性地给出了教学方法建议。紧密跟踪了现代外语教学法理论研究成果，分析了俄罗斯与中国俄语教学发展历程，全面总结了俄语外语教学实践经验与教训。[47]语块是自然话语的主要组成部分，是语言知识和文化内涵的主要载体，语块的认知和习得能力的培养对于外语学习者语言能力的提高至关重要。贺莉以语块理论和元认知理论为基础，通过教育实验证明，基于元认知的语块教学模式有助于培养学习者识别、归纳和运用语块的意识，有助于提高学生的俄语应用能力。[48]姜雅明探究了俄罗斯跨文化交际研究中的语言个性问题。语言个性的民族文化特点集中体现在人的价值观、认知和行为特征中，表现为民族行为规范、思维方式、言语及非言语行为模式等。外语教学是培养跨文化交际能力的重要途径和手段，需要语言、认知和交际等综合能力的训练和培养。[49]赵秋野和陈美玉以《俄语联想词典》为依据，统计分析俄语面部器官词联想场各语义范畴反应词比例，揭示俄罗斯人语言意识的民族文化特点，借此为俄语教学提供启示，以便更好地培养俄语学习者俄语语言意识及跨语言文化交际能力。[50]刘宏和任珊珊尝试将语言文化学领域语言世界图景问题和心理学领域的语言意识问题联系起来进行研究。语言世界图景的建立与形成与语言意识的形成有直接关系，语言意识民族性决定了语言世界图景的民族性特征。在跨文化交际和外语教学过程中，透过相关语言单位分析语言意识的形成过程是掌握对象国语言与文化的有效途径，是跨文化交际成功实现的保证。成语是外语学习中形成对象国语言意识和建立语言世界图景的重要语言单位，以文化对话和跨文化交际为目的的教授成语要区分成语形象、成语理据、成语组成成分联想度和成语在现代语言中的使用四个方面的特征。[51]

注：

①王福祥：《博杜恩·德·库尔特内与三个语言学派》，《中国俄语教学》，2013 年第 2 期。

②杜桂枝：《当代俄语学研究的主要特点及趋势》，《中国俄语教学》，2013 年第 3 期。

③李洪儒：《说话人意义的形成机制及其功能》，《外语学刊》，2013 年第 6 期。

④赵爱国：《当代俄罗斯语言学研究中的人类中心论范式》，《中国俄语教学》，2013 年第 4 期。

⑤张如奎：《俄罗斯学界视野中的新洪堡特语言哲学思想研究》，首都师范大学出版社，2013 年版。

⑥金华：《俄语句义层次的语言符号学阐释》，中国出版集团，2013 年版。

⑦刘超：《基于相关术语意义的 19 世纪初期俄罗斯民族自我意识研究》，《外语学刊》，2013 年第 4 期。

⑧王雪梅、王琳：《由标记性看俄语动词“体的竞争”与“体的中和”现象》，《中国俄语教学》，2013 年第 4 期。

⑨张家骅：《语义预设与双重否定》，《外语学刊》，2013 年第 3 期。

⑩蔡晖：《俄语声响动词的规律性多义聚合体》，《解放军外国语学院学报》，2013 年第 5 期；《俄语覆盖类动词有规律的多义聚合体》，《外语学刊》，2013 年第 3 期；蔡晖、杨军：《转喻映现构词与语义构词族群》，《中国俄语教学》，2013 年第 3 期。

⑪彭玉海、王洪明：《论俄语动词隐喻语义变异》，《中国俄语教学》，2013 年第 1 期。

⑫郭丽君：《俄语词汇单位语义辖域和句法辖域的非同构现象》，《外语学刊》，2013 年第 6 期；《语气词 ТОЛЬКО 的语义辖域及结构分析》，《中国俄语教学》，2013 年第 4 期。

⑬王蓉：《异常语言现象：类型与归因探索》，

《外语学刊》，2013年第2期。

⑭徐涛：《以语义学为研究对象的语言世界图景》，《中国俄语教学》，2013年第4期。

⑮张岚：《多义词 требовать 的语义及其义项派生机制》，《中国俄语教学》，2013年第4期。

⑯吴芳：《俄语熟语性词的分析》，《中国俄语教学》，2013年第1期。

⑰徐东辉：《俄语中的名物化现象研究》，《中国俄语教学》，2013年第2期。

⑱姜宏、赵爱国：《语言时间研究的文化认知视角》，《中国俄语教学》，2013年第3期。

⑲张红：《心理谓词的语用标准》，《中国俄语教学》，2013年第1期。

⑳武瑷华：《从外交话语的言语行为模式看话语秩序》，《外语学刊》，2013年第5期。

㉑王志坚：《俄语性质被动句语义认知研究》，《中国俄语教学》，2013年第3期。

㉒吴哲：《俄罗斯认知术语学研究管窥》，《中国俄语教学》，2013年第3期。

㉓王向丽、李勤：《论俄语中基于隐喻机制的表人名词》，《中国俄语教学》，2013年第2期。

㉔张扬：《俄语情态引导语研究》，《中国俄语教学》，2013年第2期。

㉕王翠：《俄语形容词充当后置定语的语言学分析》，《中国俄语教学》，2013年第2期。

㉖王清：《现代俄语中的词类转化现象》，《中国俄语教学》，2013年第3期。

㉗徐兴林、刘永红：《俄语“Светает”类无人称句的构式形义组配研究》，《中国俄语教学》，2013年第3期。

㉘王辛夷：《俄语词汇修辞》，北京大学出版社，2013年版。

㉙周瑞敏：《语法过渡现象研究》，《中国俄语教学》，2013年第2期。

㉚曾婷：《俄语独词句的类型和功能》，《中国俄语教学》，2013年第3期。

㉛李颖：《从句际联系模式和小主题元素看超句体上限和片段问题》，《中国俄语教学》，2013年第4期。

㉜姜宏：《俄汉语义范畴的多维研究——空间和时间范畴之对比》，北京大学出版社，2013年版。

㉝许凤才：《俄汉语复合句对比研究》，《外语教学与研究出版社》，2013年版。

㉞刘丽芬：《俄汉标题对比研究》，商务印书馆，2013年版。

㉟牛丽红：《汉俄基本情绪的认知语义阐释》，世界图书出版公司，2013年版。

㊱张志军、孙敏庆：《俄汉语空间维度词对构造层面的对称失衡对比》，《中国俄语教学》，2013年第2期。

㊲周民权：《汉俄称呼言语行为的社会性别语用对比分析》，《中国俄语教学》，2013年第4期。

㊳徐来娣：《中国学生俄语语音词发音习得常见偏误分析》，《中国俄语教学》，2013年第4期。

㊴朱达秋：《再谈学术著作翻译的常态性批评》，《中国俄语教学》，2013年第1期。

㊵胡谷明、黄西萌：《俄汉翻译中的补偿方法研究》，《中国俄语教学》，2013年第1期。

㊶谢云才：《文本意义翻译解读方法论》，《中国俄语教学》，2013年第1期。

㊷陈洁：《歧义解析与翻译》，《中国俄语教学》，2013年第1期；陈洁、钟晓迪：《词义偏移与翻译中的褒贬分寸》，《中国俄语教学》，2013年第4期。

㊸杨仕章：《文学翻译中的修辞适应》，《中国俄语教学》，2013年第1期。

㊹毛志文：《重复、平行对照与俄汉诗歌翻译》，《中国俄语教学》，2013年第1期。

㊺贾英伦：《语言文化的差异性与文学翻译修辞》，《中国俄语教学》，2013年第3期。

㊻孙爽：《面向俄汉机器翻译的C+N5结构语义识别研究》，《中国俄语教学》，2013年第3期。

㊼王保士：《新俄语教学法》，中央编译出版社，2013年版。

㊽贺莉：《基于元认知的语块教学法在俄语教学中的应用》，《中国俄语教学》，2013年第2期。

㊾姜雅明：《俄罗斯跨文化交际研究中的语言个性问题》，《中国俄语教学》，2013年第2期。

㊿赵秋野、陈美玉：《从俄语面部器官词联想场看语言意识的民族文化》，《中国俄语教学》，2013年第4期。

51刘宏、任珊珊：《成语与语言世界图景及语言意识民族性研究》，《中国俄语教学》，2013年第4期。

（作者：北京大学副教授）

文 学

文艺学

陈浩文 吴子林

一、学术活动概况

1月16日，第二届“中国新锐批评家高端论坛”暨“中国新锐批评家文丛”首发式在北京大学影视戏剧研究中心举行。本次会议由谭五昌、谢有顺、李遇春等批评家与学者联合发起，北京大学影视戏剧研究中心、中国新文学学会、昆仑出版社、文艺争鸣杂志社联合举办。学者们围绕着“重塑批评家主体形象，建构新世纪批评秩序”的宗旨和“全球化语境中的文艺创作与中国经验表达”的主题发言，并展开了争鸣。

1月16日，由《人民日报》文艺部主办的作者编辑座谈会在京举行。座谈会邀请了多位知名作家、艺术家和评论家，围绕《人民日报》“副刊”和文艺评论的发展及创新进行了互动交流。与会专家深切回忆了《人民日报》的优良传统，并提出许多建设性的意见。

3月29日，中国社会科学院外国文学研究所“外国文学理论核心话语反思”创新工程项目组、外文所理论室及中国社会科学院文学理论研究中心联合举办了主题为“作为人文科学的文学理论”的学术研讨会，就文学理论作为人文学科的合法性及其独立品格和科学性等问题，与会者从不同角度阐述了各自看法，对理论何为和理论为何的问题做出了积极的回应。

4月16日，中国文联召开“文艺评论面临的问题与对策座谈会”，以中国文联理论研究室与北京师范大学文艺学研究中心合作课题“文艺理论评论工作现状及对策研究”的三份调查报告为基础，对当前文艺评论所面临的问题进行讨论，提出了一些可行性的对策。

5月13日，北京师范大学国际写作中心揭牌仪式暨“走向世界的中国文学”高端论坛在英东学术会堂举行。与会的学者、作家对国际写作中心如何推动中外文学与文化交流，促进中国文学发展、传播的使命表达了自己的看法，并探讨了未来中国文学的发展方向。

5月13日由中国作协创研部、理论批评委员会和现代文学馆联合举办“青年创作系列研讨·‘80后’批评家研讨会”。会议就“80后”批评家的整体面貌、发展状态和存在的问题进行讨论，在肯定“80后”批评家独特学术风格的同时，提出了对青年评论家建设性地面对文学和时代，不断进行学习探索的期望。

6月14—16日，北京师范大学文艺学研究中心召开了教育部重点研究基地重大项目“中国文学艺术思想通史”编撰研讨会，学者们对该项目的进展情况和编撰经验做了总结，明确了编写原则及方法，同时反思了工作中存在的问题，就一些学术问题做了深层次的交流。

7月29日—8月3日，北京大学中文系和批评理论中心联合举办了首届“批评理论与当代中国文学研究”高级研讨班，围绕“如何借助西方批评理论的资源深入中国文学研究”的主题，研修班以讲座、实践、讨论相结合的方式对西方批评理论资源和中国语境下的当代文学研究状况进行了学习和反思。

10月19—20日，北京师范大学文艺学研究中心、山东大学文艺美学研究中心联合举办了题为“思想的旅行：从文本到图像，从图像到文本”的国际学术研讨会。会议围绕“文本”“图像”“媒介”“对话”等问题展开交流和对话。

11月16日，北京师范大学文学院、北京师范大学文艺学研究中心举办了“黄药眠诞辰110周年学术纪念会”。来自国内各高校和科研院所的学者、师生以及黄药眠先生亲友等70余人与会。会议围绕黄药眠先生的美学思想、治学品格和生平事迹展开了热烈讨论，回顾、总结了半个世纪以来的中国美学发展史，深入研究了黄药眠先生之于中国美学研究的重要意义。

11月16—17日，中国艺术研究院马克思主义文艺理论研究所主办了第一届全国青年文艺论坛“转型年代、青年与中国故事”。本次论坛中，各位评论家和学者围绕着“新视野中的当代文艺批评”“三十年代中国故事新解读”“文艺前沿与未来生长点”等议题展开了讨论。

二、主要出版专著

（一）专著

钱中文的《文学理论——求索与反思》（中国社

会科学出版社）收入了著者2004—2010年之间的研究成果，论文共分两辑。第一辑对新世纪文学理论中出现的各种新的问题与争论做了积极回应，在方法论、人文学科性质等问题上做了可贵的探索；第二辑则主要反思了过去60年间文学理论发展中出现过的问题以及取得的成就。全书动态呈现了著者不断深化的研究路径和学术心得，以及严谨求实、坚持真理的责任感和服务社会的使命感。

张炯的《论马克思主义与文学》（中国社会科学出版社）是一本运用马克思主义理论和方法，深入研究文学艺术的论文集，著者对马克思主义在新的历史条件下所面临的新问题进行了严谨的思考，鲜明地呈现了作者严谨求实的学术风貌。

陆建德的《击中痛处》（上海书店出版社）主要收录了著者近年来有关外国文学、文化现象等方面的评论文章23篇，包括对西方文学思想史上"模仿""灵感"等理论问题的评析，对伍尔夫、狄更斯、帕慕克等经典作家作品的文学批评，以及对汉语学界的外国文学研究成果的品鉴推介。本书文笔清晰流畅，往往从小处着手，见微知著。

王一川的《第二重文本——中国电影文化修辞论稿》（北京大学出版社）收录了作者20多年来从修辞论美学视角解读中国当代电影文化现象的研究成果。文集共分为五编，即"叙事裂缝与话语冲突""文化认同与乡愁""张艺谋深化及其文化修辞""市民喜剧与文化想象"和"无代期电影与大众文化"，体现了作者对第二重文本的独特阐释和理论热情。

金元浦的《娱乐时代——当代中国文化百态》（群言出版社）共分为"酷之秀与审丑叙事""媒介空间与景观世界""身份认同与文化霸权""时尚新潮与消费社会"等四个部分，精选了作者在文化研究的教学过程中，与学生一起探讨的30多个案例。著者对当下种种文化事件予以理论阐释，同时探索了西方理论与中国本土经验的契合度，以及创建中国本土文化研究理论的可行路径。

金惠敏的《全球对话主义——21世纪的文化政治学》（新星出版社）把"全球性"理解为一个扬弃了现代性和后现代性的新的哲学范畴，认为"全球性"将带来"世界文学"的终结，并同时带来"全球文化"；"全球文化"并非单一文化，而是永远处在"对话"过程中，是为"全球对话主义"——一种新的全球意识形态；包括中国在内的国际社会需要这样一种理论、胸怀或者态度，作为全球性大国，中国应当为"全球意识形态""全球知识"做出自己的贡献。

徐刚的《后革命时代的焦虑》（云南人民出版社）分"当代文学研究"和"作家作品阐释"两个部分收录了20篇学术论文，著者采用"以论带史"的形式对"十七年"文学进行批评，力图以一种具有"现实意义"的问题视域阐释社会主义文学及其文化政治的问题，为理解当下的时代文化，超越"阐释中国的焦虑"提出了新的视角和方法。

（二）编著

钱中文、高建平和刘方喜主编的"新世纪文艺学建设丛书"（河北大学出版社）。丛书第一辑共四种，分别是周启超的《开放与恪守：当代文论研究态势之反思》、高建平的《美学的当代转型：文化、城市、艺术》、刘方喜的《批判的文化经济学：马克思理论的当代重构》和金元浦的《文学，走向文化的变革》，他们分别从文论研究总体态势、美学前沿、重大问题和热点问题等视角，对文学理论进行了深入反思和探讨。

陈飞龙、祝东力主编的《文艺：热点与前沿2012》（河北教育出版社）结集了由中国艺术研究院马克思主义文艺理论研究所主办的"青年文艺论坛"专题研讨的成果。本书包括12期专题讨论，涉及了具体的文艺作品和整体的文艺现象。讨论主题和当下热点紧密相连，通过对转型期中国社会文化状况"把脉"，为在当下复杂的文化语境中，文艺批评如何适应新的文艺生产、传播和消费方式，跟进社会现实的问题提出了有效而积极的回应。

董学文的《西方文学理论名著提要》（江西人民出版社）收录了从古希腊到20世纪末近百位西方文学理论家的名著、名篇，对西方文学理论的发展面貌做了条分缕析的概括和评述。

三、学术研究概况

在"后理论"时代，2013年度的北京市文艺学研究，从中国的实际问题出发，在有效"介入"现实世界，以及学术创造或突破上取得了一定实绩，在马克思主义文论、中国古代文论、西方文论、美学研究、新媒介文论、文艺理论研究路径等方面，发表了不少有创见的观点、见解，或对某个思想观念做了富于智慧的论证，或是提出了新的问题，扩大了研究的领域，予人启示良多。

（一）马克思主义文艺理论研究

1. 马克思主义文艺理论的中国化问题

在马克思主义中国化的历史进程中，马克思主义文论研究要如何适应时代变化，建立科学的理论体系？董学文通过梳理黄枬森的主要学术观点提炼出对马克思主义文论研究富有启示性的观点。他指出，黄枬森反对将马克思主义哲学一味政治化，而忽略其学术性和科学性，认为进行马克思主义哲学研究需要坚持辩证唯物主义的物质本体论基础，反对20世纪80年代以来将实践本体论贯穿于马克思主义美学中国化的研究思路，警惕实践本体论或实践一元论对实践观在马克思主义体系中的位置的扭曲，要求重视基础理论的研究，回到经典，实事求是地解读经典。作者认为，这对于文艺学研究特别是马克思主义文艺理论的研究有着十分重要的指导作用。在文艺理论研究中，同样需要认识到学科的科学属性，坚持辩证唯物主义这一科学的哲学基础，不能离开马克思主义科学的基本立场去追逐和贩卖西方马克思主义中与辩证唯物主义相悖的理论，甚至忽视理论研究的本质属性自说自话。[①]

针对科学发展观要不要和怎么样指导研究文艺理论的议题，陆贵山提出，重要的不是指令性的理解而是学理性的论证。作为当代中国思想文化启蒙未竟事业的一部分，文学艺术要有时代精神、人文精神和民族精神，而文艺理论研究需要在尊重文艺特性的基础上，厘清文艺中的科学精神与人文精神、社会历史理性与人文关怀之间的关系，处理好对文艺的科学研究与对文艺的相关的研究模式、研究理路的关系，并抵制反科学化、非科学化、伪科学化和去科学化的社会文化思潮。[②]

2. 西方马克思主义研究

赵勇将本雅明的《作为生产者的作家——1934年4月27日在巴黎法西斯主义研究所的讲演》与毛泽东的《在延安文艺座谈会上的讲话》两个“艺术政治化”的重要文本做了别开生面的比较分析：(1)“讲演”美化“技术”，力论技术对于作为“生产者”的作家的重要性，其用意是要把知识分子争取到工人阶级一边，进而打造出反思的大众；《讲话》则圣化“群众”，并围绕着工农兵大众展开相关论述，其目的是让知识分子转变自己的阶级立场，与工农大众打成一片。(2) 两个文本在对作家艺术家的定位（“生产者”与“工作者”)、对物与人的打磨（“功能转变”与“思想改造”)、对技术的看重（“技巧”与“语言”)、对革命主体的期待（“工人阶级”与“工农兵大众”）等方面非常相似。(3) 本雅明重视“物”，所以便在“功能转变”上下功夫；毛泽东看重人，自然就在“思想改造”上做文章。前者的设计是“知识分子化大众”，后者的归宿是“知识分子大众化”；前者在“艺术政治化”的道路上形成了“介入文学”，后者则形成了“遵命文学”。[③]

“西马”文论带来的争议同样是引人注目的。20世纪90年代以来，学界对“西马”的态度已经从单纯的译介、批判走向了较为全面的学术研究。丁国旗将马克思主义文艺理论在中国的发展分为三个高潮，而新时期以来对学术研究中“西马化”倾向的批评正是第三个高潮中的主战场。对“西马”的争论，尤其是“西马”非马命题讨论的关键在于对于对马克思主义根本立场与方法的坚持。西方马克思主义有区别于经典马克思主义文艺理论的独特性和丰富性，但一味追求马克思主义理论研究的“西马化”而使得经典马克思主义理论研究出现冷场则需要警惕。因此，对待“西马”不能一味将其神圣化，更不能将其虚无化。[④]

（二）当代文艺理论与思潮新探索

1. 大众文化研究

面对中国娱乐爆炸的现实，理论该以怎样的姿态去面对这一问题？针对近年来中国社会文化“娱乐至死”批判的热潮，陶东风通过对其理论来源——尼尔·波兹曼的《娱乐至死》进行历史还原，提出了他对中国当下娱乐文化现象的冷思考。首先，陶东风指出，通过引用波兹曼“娱乐至死”理论来分析中国当代大众文化的论文，体现了将“娱乐膨胀”现象归结为平面化娱乐之罪、寻找新闻节目娱乐化的症结、为娱乐化辩护、立场中庸等特征，但这些分析普遍反映了对波兹曼理论的简单绑架和对中国本土语境的忽视。其次，波兹曼所指出的“娱乐至死”，是公众已然适应了支离破碎的世界，并被“娱乐得麻木不仁”。其依据的是美国经验而不能被直接运用于对其他国家的文化分析中。中国的文化语境则是不完全的民主制度、不完全的新闻自由和不完全的市场经济，因此，在考察中国当代的娱乐文化现象时，学界的理论创新使命在于，需要有建立起创造不同于奥威尔、赫胥黎或波兹曼的新的阐释模式。[⑤]

对金元浦来说，文化研究的理论创新途径存在于对本土的个案研究之中。文化研究本身语境化的、现实化的学科特征，要求研究者从实践出发去获得理论资源。当下正处于文化转型期，许多的文化事件揭示了中国文化的新跨度和大发展：创意产业的聚集、“微”时代的到来、网络游戏和广告的联姻、景观社会的出现、“审丑”的大行其道、媒介对私人领域的公共化、文化霸权对消费的入侵、身体消费等，这些事件宣告了不同于传统的文化经验，也暗示了文化研究需要进行历史性反思的诉求。[⑥]

毛崇杰却认为，文化既可以是事业也可以是产业，即使是作为产业的文化，因为满足精神需求是其主要特性。在考量“文化性”和“产业性”之间的关系时，就不能简单地把它们看成是矛盾的对立统一。应该承认的是，文化产业是社会生产的一种，具有生产力和生产关系的普遍矛盾。而金元浦在《论文艺与经济》一文中没有看到这一点，反而忽视了市场经济条件下文化发展进入生产和消费领域之后决定于商品生产固有矛盾的内在冲突。而当前文化产品批量化生产带来的“痞八股”也不能看成是金元浦所阐释的经济结构转型的唯一效用，商品经济条件下的文化市场有必然性和合理性，趣味高雅的艺术珍品寓于其中，残次品在反拜物精神和商品拜物教的斗争中也不可避免会出现。[⑦]

高建平认为，机器和资本带来的雇佣制以及消费观念的变化，造成生产和消费对立，劳动和审美、享受对立。审美从生产劳动中剥离出来，艺术生产和手工业生产分离，导致艺术和生活的脱节。现代美学观念中审美无功利性理论的提出又使艺术被崇高化。艺术和生活的复杂关系在消费时代出现新的变化，即日常生活审美化，“艺术的产业化”和“产业的艺术化”为其表征。这一趋势将成为消解艺术和生活的距离，通过审美使人全面发展的一条途径。⑧

面对消费性审美话语的生成问题，范玉刚认为，文化消费、技术和快感、受市场逻辑主导的文化产业导致了消费性审美话语的流行，标签化、术语化、复数化是当下审美话语重构的表征；由网络技术带来的社会性的审美化趋向在日常生活审美化的基础上带来了新的美学问题：一方面使审美流于享乐和符号性炫耀；另一方面把人的自由状态进行了尽可能的提升。因此，对消费型审美话语的批判，需要坚持马克思主义的自由观和人文价值导向，对艺术和美进行去蔽，从而使消费具有“意义”。⑨

2. 新媒体与文学

陈奇佳研究了梅洛·庞蒂、拉康的“凝视”理论，指出现代视觉技术造就了凝视法则的真实性、复制性和多元性。随之而来的是凝视法则的改变。艺术主体由此形成了新型的价值判断与拣选机制。其具体的表现形态之一，即形成了一种轻悲剧重娱乐的文体偏向。但现有的艺术实践本身尚不足以说明此种改变的必然性与合理性。⑩

詹福瑞指出，对于经典的传播，媒体作为一种软性权力往往发挥着比政治权力更为直接的作用。传统的传播方式以印刷为主影响着经典的确立。在新媒介时代，得到广泛应用的信息技术在一些学者看来，通过网络文化消解了经典。但评价新媒体和经典传播之间的关系是不能回避现代大众传媒的不确定性的。尽管新媒体对于经典有疏离的倾向，但总在改编和讲授经典时有意无意地进行了传播。新媒体和经典复杂的关系，主要是由二者之间传播与质量的不对称、信息的多元和虚假造成的。因此在新媒介时代评价经典时，我们尤其要保持审慎的态度。⑪

李庆本从法兰克福学派、伯明翰学派以及美国媒体研究者三个不同方向论述了西方马克思主义研究对马克思“文学生产”理论的推进。法兰克福学派偏向于强调资本主义社会生产方式中媒体的作用：阿多诺侧重分析以传媒技术为载体的文化工业所隐藏的资本主义意识形态的欺骗性；本雅明则从资本主义及媒体对大众的控制展开论证。伯明翰学派将着眼点放在了大众对资本主义文化媒体的抵制。而以马克·波斯特为代表的美国媒体研究者却突出了新媒体时代主体建构的问题。论者认为，在电子媒体时代，媒体和大众的关系呈现出“双向的去中心化的交流”的特点，由此可见新媒体对当代文学生产和消费发挥着既开放又监控、既民主又隐形集中的双重作用。⑫

3. 日常生活审美化

金惠敏对“日常生活审美化”的几位主要阐发者进行评析，指出他们之间存在一条共同的思想主线。韦尔施的审美有“表层”和“深层”之分，深层的审美对现实的根本性重构，让审美失去了对象。认识论的审美被置于现代性语境之中，其面目更为清晰。但是，满足于对审美化景观的描绘是问题意识缺失的表现。波德里亚以其冷静的探寻比韦尔施走得更远，图像成为推动力，图像增殖以质变带来“泛审美”；费瑟斯通则游走于生活和审美之间，将图像增殖与日常生活审美化之间的关系视为“现实的去现实化”；波兹曼紧跟日常经验，借助通俗的“娱乐化”理论另辟蹊径，将电视图像界定为感性，从而使“娱乐化”和“审美化”的内涵重合。⑬

4. 文学批评

陈晓明考察了中国当代文学批评的源起和展开方式，研究了《讲话》在和苏联社会主义现实主义的结合过程中，如何引导了中国当代文学批评的路径。冯雪峰、周扬和胡风是在中国当代现实主义理论批评建构进程中最具代表性的人物。其中，冯雪峰的左翼文学批评包含了革命的、激进的审美意识，继承了五四新文学的批评传统，并试图与中国古典现实主义予以连接；周扬则在高举《讲话》旗帜的同时，强调苏联经验；胡风主张在文艺中贯穿民主斗争，坚持在两条路线之下理解革命文艺，其现实主义理论的批评建构具有浓厚的现代启蒙色彩和强烈的批判精神。他们从不同方面阐释了对于现实主义的理解，然而在激进的斗争，被动的苏联经验接受，以及《讲话》的特殊性等历史因素的作用下，现实主义理论批评在中国并未得到本土化的转型，甚至走到了革命和理论的极端。⑭

（三）西方文论研究

1. 西方文论的本土接受

钱翰以文本概念在中国的译介和传播为例，梳理了“文本”与“本文”两个词汇在译法、使用上引起的争议，以及“文本”概念被接受的理论传播背景。他认为，中国学者对文本概念的解读并能将其纳入文学批评话语，得益于结构主义、新批评和接受美学理论对中国文论的综合作用。但是，由于不同的文化语境，中国的文本概念发展到今天已经和西方理论语境下的文本概念有了较大差异。所以，在对源自于西方的文论概念进行解读和使用的时候，需要正本清源。⑮

孙士聪从文化工业理论的本土接受出发，对法兰克福学派的文化工业理论进行了再反思。以阿多诺文化工业理论为代表，文化工业理论批判将矛头对准文化产业的文化精神缺失，但由于经济与道德的统一只能是伦理层面上的内在自律，文化工业理论在承担批判文化产业的责任时，必须立足于事实基础，区分文化产业和文化事业的精神属性。而全球文化工业时代更为复杂、隐秘的问题，使经典文化工业理论的重建，需要从静态的研究转向历史的理解，在关注人的本真性、辨别文化工业的“伪文化”“伪语境”中对文化工业进行审视。[16]

2. “当代”问题研究

“当代”作为一个历史哲学范畴的概念，在福柯、本雅明和阿甘本三位学者那里都得到了详尽的讨论。汪民安认为，尽管三位学者在阐述他们对于“当代”问题的理解时，都对线性时间观念产生了质疑，将现在和历史联系在一起，但由于三者关注现在的目的及方式的不同，“现在”的内涵存在较大差异。在福柯那里，现在就是自身和当下，关注“现在”就是通过将目光投向历史，以不断探索此刻的我们自身的秘密；本雅明将“现在”作为结构性的历史时间概念，把过去和现在在空间上并置，且过去统摄于当代之中。同时，被压抑的过去需要得到释放以丰富现在，而具备当代性的人则充满了和时代的对抗特质。阿甘本将本雅明的“对抗”明朗化，强调距离的重要和时代的凝视法则，即当代人既和时代脱节，又能触摸到时代的痛苦。[17]

3. 存在主义研究

马元龙辨析了海德格尔和巴迪欧关于“存在”观的根本分歧，认为海德格尔的存在主义依据在诗学语言学，而巴迪欧则是数学集合论。主要表现在：海德格尔的“存在”是对存在的领悟、筹划，具有过程性和朝向性，而巴迪欧则是非物、虚无；海德格尔将语言作为存在的载体，而巴迪欧则将数学作为通向存在的道路；对海德格尔而言，在通往存在的道路上，揭示真理的路径是结构形而上学概念，巴迪欧则利用数学进行名实之辩。哲学观的根本不同，也导致了二者在西方哲学史认识上的对立，本质上也是诗与哲学之争的表征。但是，巴迪欧的“诗亦可思”观点在一定程度上认可了海德格尔对诗的理解，从他对马拉美诗集的批评可以看到，巴迪欧把思想的基础归结为主体根据不足的决断。[18]

4. 认知诗学

高原以认知诗学这一西方诗学发展史上晚近的流派作为探求西方诗学世俗化进程的重要线索，指出诗学的认识模式经历了从“天神”——“新人”——“天才”——“超人”——“非人”——“此在”——“常人”的更迭，认知诗学正是扎根于西方久远而庄严的诗学传统中，聚焦常人的认知结构，拒绝绝对真理，反对权威，重视情感和身体对于审美的作用，把人带回了人间，最终走上彻底的反柏拉图主义的道路。[19]

（四）美学研究

1. “美学大讨论”的回顾与反思

童庆炳认为，1956 年开始的美学问题大讨论，最初仍然是批判胡适资产阶级唯心主义思想的一部分，是在意识形态的笼罩之下进行的，并非纯粹的学术讨论；不过，其中还是具有一些学术内涵不容忽视。1957 年 6 月 3 日黄药眠先生发表了著名的美学讲演《美是审美评价：不得不说的话》，它超越了当时局限于认识论的所谓“四派”，将美学理论从认识论转向了价值论的视域；黄药眠先生的价值论美学提出了三大命题：（1）美是人类社会生活现象；（2）美作为人类社会生活现象是历史地生成的；（3）“美学评价”在人的“情感态度”诸条件中才能实现。在黄药眠先生看来，美学对象具有价值性，而人则对此价值性做出美学评价或情感评价。就“真”“善”“美”而言，认识论求“真”，而“美”“善”则分别是一种价值，体现了人的需要，其中的问题更多地要由价值论来解决。可以说，黄药眠先生开启了现代价值论美学。[20]

2. 生态美学研究

陈飞龙认为，在经过对西方生态批评理论的大量译介、研究之后，应该通过反省自身的缺陷，建立本土的生态批评。首先，必须在马克思主义哲学的理论前提下超越西方以批判人类中心主义自然观、主客二元对立的思维模式；其次，关注社会生态危机、走向对精神生态危机的研究并寻找其解决方法，是建立中国本土化生态批评的必经之路。[21]

高建平以城市的建设为案例，从生态美学和实践美学切入讨论了美学的救赎问题。他指出，实践在逻辑上先于认识，美形成于实践但在一定程度上超越了实践的功利性。同时实践应当包含着创造，体现着人与环境的共存关系。这种圆融的、生态的观念将美和生活绑在一起，使审美成为感受性的、体验性的活动。而实践美学将“实践”引入哲学美学，体现在“城市”景观的表现是对城市个性和生命体征的思考。因此生态美学需要的是“实践美学”和“美学的实践”，美学的救赎则需要在日常生活审美化的今天呼唤趣味，从生活实际出发谈论我们所需要的美。[22]

3. 心理学美学研究

王岳川择取了心理学美学思潮中最为重要的精神分析美学流派，以弗洛伊德、荣格、阿恩海姆、拉康为线索，对精神分析美学的发展史做出了较为全面的梳理。弗洛伊德的精神分析学说创造性地研究了艺术和欲望的关系，为现代文学创作和文艺批评提供了新的角度和方法。荣格则发展了集体无意识的理论，并在此基础上提出了“原型”概念，他通过探讨艺术家的人格类型，为揭示作家作品与读者关系、艺术的意义等问题提供了更为广阔的思路。

阿恩海姆的完形心理美学强调了同形同构的心理要素对于艺术欣赏的作用，并始终致力确立知觉与思维之间的关系。拉康则从语言学领域另辟蹊径，开创了“镜像理论”和主体三层结构理论，指出“全方位的阅读”是最佳的文本阅读方法。[23]

4. 身体美学研究

王亚芹选择了梅洛·庞蒂、杜威、理查德·舒斯特曼三位具有代表性的具身美学理论进行考察，试图从中厘清“具身化”与美学的关系，并发现和解决新的问题。梅洛·庞蒂的“具身化”理论为打破身心二元论的藩篱做出了努力，但未深入到实践层面。杜威则以“经验”作为理论核心，对“具身化”理论进行了实用主义改造。理查德·舒斯特曼开辟了身体美学这一新方向，将身心对立发展到身心和谐，并强调身体的社会作用和伦理作用，使其身体美学具备了学科整合以及知行合一的特点。三者理论的承续关系，为当下消费审美语境中对身体的认知提供了重要的方法。[24]

5. 趣味美学研究

方维规回溯了“趣味”概念在西方美学思潮的演变，进一步讨论了许京将“趣味”引入文学社会学领域的独到见解和其理论的开创意义。他指出，许京的文学趣味社会学突破了在此之前文学研究的实证主义特点，把对文学趣味的考察作为探讨文学本质的立足点。这一理论前提要求考察文化主导阶层的审美趣味和文学传播机构的影响。从接受视角出发，许京否定了“群体精神代表论”，把解释文学变迁的主导权放在了“趣味承担者”的概念界定上。而20世纪以降的文学社会学的实证思潮以及“接受美学”“读者反映批评”等流派的涌现，都可以看到许京文学趣味社会学的血脉。[25]

（五）古代文论研究

1. 中西文论比较

近年来，罗钢集中研究王国维的诗学思想，力证其与西方古典哲学之间的渊源关系。以王国维对“讽喻”的翻译和将这一概念运用于中国诗学系统中为例，批驳了学界不顾西方诗学观念与其特殊的文化传统之间的关系，偏执于寻求西方诗学概念的普遍适用性的现象。对中西方文论话语共通性的反拨，显示了罗钢对中国文化在以西方话语系统为中心的世界文化中的异质性的强调。[26]

李春青与罗钢进行了学术对话，他在承认王国维、宗白华的“意境说”接受来自德国古典美学的重要影响的前提下，指出如何判断这一重要美学与文论学说的理论实质，给予其恰当的理论定位，即弄清楚它究竟是属于西方美学传统的，还是属于中国美学传统的，是一个需要我们深入思考与反复斟酌的问题。论者提出，在确定王国维、宗白华“意境说”的理论归属时，其所指涉的中国的美学经验应予以高度重视。中国现代美学中“意境说”的话语建构过程对于我们今天选择美学与文论研究路径具有重要启发意义。[27]

2. 先秦两汉文论

杜书瀛以先秦诗文为审美实践案例，指出考察中华民族原始审美心理结构的发展面貌，需要注意五个方面的要素：一是偏重抒情的审美习惯；二是简约质朴又隽永绵长的审美追求；三是温柔中和的审美心态；四是重教化、美善合一的审美趋向；五是“赋比兴”的审美旨趣。这五个方面的要素，一方面总结了中华民族先民审美心理结构的大致面貌，另一方面在一定程度上解释了中华民族相较古希腊文明审美心理结构的差异。[28]

张海明梳理了人们对孟子“知人论世说”和“以意逆志”说的不同解读方式，认为“以意逆志”说强调了文本的重要性，而“意”的归属问题，则在西方文论的影响下，趋向于突出读者把握作者之志的作用。这虽重视了作者的主体性，但忽视了文本的多义性、开放性和审美性。因此，在研究孟子的“知人论世”说和“以意逆志”说时，要注意到其观点中对于作者、作品、读者之间关系的诠释指向，以及西方文论之于我们理解孟子学说的影响缺陷。此外，依靠考辨、重构理论体系等方式，可以证明孟子学说在今天文学批评方法中的有效性。[29]

叶舒宪则从文化大传统的视角出发，探索玉石神话之于中华文化认同的关系。以黄帝播种“玉荣”、大禹得赐玉珪、夏启得玉璜而升天、商纣携美玉自焚、姜太公得玉璜以及周穆王访黄帝宫等六个经典神话为案例，他认为，作为中国神话文学中最早发生的一大类，对玉石神话进行跨学科视域的考察，可以发现玉石神话在史前时期打破地域限制，从文化价值内涵上对华夏民族统一的影响，并进一步揭示汉字书写传统的文化渊源和中华文化认同的根基。[30]

3. 魏晋南北朝文论

袁济喜认为，以往的“魏晋文学自觉说”是将文学和史学分离开来的孤立论证，在探讨这一问题时，我们应注意到东汉末年士人活动对魏晋文学风气的影响。这包括东汉末年士人人格精神的转变、党锢之祸中士人活动在文化艺术领域体现出的悲剧色彩；文学批评的演变，其根本原因要从人的主体精神中寻找。汉魏之际文学批评的演变问题，虽然不能忽视多种因素的共同作用，但这一时代的批评形态主要受士人问题制约，这一时代的文论内涵，源于士人的人格精神与审美精神之间的联系。[31]

刘方喜在系统清理学术史时反思了中国古代文论中的一些问题。以魏晋南北朝美学史研究为例：在主体格局方面，士人社会身份的变化致使对这一阶段的美学研究偏于士人美学而轻视朝廷美学；在文学美学研究上，则将范围限定在“诗文评”而将经学诗学弃之不顾，与此相关的体例认知存在类似问题；在文献格局上，主要是审美意识的理性与感性形态研究之间的偏向；文化地理空间格局的分析则没有自觉结合中华民族的天下观展开，与地缘上的周边美学互动还仅处在感性形态之中。但无论是哪一种偏向，美学史的研究最终是要全面深入地把握华夏美学意识演变的历史进程。[32]

4. 明清文论

学界一般认为袁宏道晚年的美学思想否定了早期的性灵论，肖鹰对此提出了质疑。他深究了袁宏道晚年对“趣”“韵”“淡”“质”四个审美范畴的论述，发现“趣”的要旨，是返璞归真，拾得空灵的格调，实现心灵的自由；“淡”的核心，在于去矫饰、顺其自然的生活态度和文学风格；“韵”之意旨，讲求的是旷达超逸、挣脱“理”的束缚的境界；“质”即是“真”，创作要从心流出，不能造作模仿。总体上看，袁宏道在后期倡导的“趣”“淡”“韵”“质”等美学思想深受道家哲学思想和王学左派的理论影响，与早期性灵论追求本色独造在精神层面上是前后相继，不断成长深化的关系。[33]

胡疆锋以嘉庆壬戌年会试为考察对象，梳理了传统知识制度和中国古代文论的关系，认为传统知识制度中，权力渗透到整个知识生产过程当中，对学术自由和学术独立造成了限制。而晚近由中国社会结构变迁带来的西方知识制度的进入，使现代知识制度得以建立，这对中国文学理论的建立有保障和制约的双重作用。要保持学术自由，既要防止文学与权力的合谋，又要规避学术制度化、职业化带来的学术市场化机制。[34]

5. 文化诗学

彭亚非以文化事实还原为论点，指出中国本土文学理论学科建构的困境在于“以西释中”和“以中证西”，而要揭示中国文化语境理论的真实内涵，首先要做到的就是“去蔽”。以孔子的诗学观为例，最大程度地还原具体文论命题的历史语境，可以看到，孔子将诗歌意识形态化的诗学意义在于：诗歌作为一种充分能指的语言，既可以脱离自身进行纯意指性的言说，又可以在具体语境中使意指准确地达到所指目的。[35]

李圣传认为，作为一种新的文学阐释方法，中国文化诗学要摆脱理论虚设、过分依附西方理论模式等问题需要。他从中国古代文论资源中寻找了中国古代文化诗学和当代文论话语的契合点，指出其中传统的“知人论世”“心—物”互动等诗学资源是最具代表性的，如闻一多将文化人类学引入了诗经学研究。广泛综合地利用中国传统文化研究中的不同方法，建立当下中国特色文化诗学话语，是一种行之有效的研究方法。[36]

6. 古典诗学研究

贾奋然研究了中国古代经典文体的经典化问题。诗歌的经典化以《诗经》为代表，经历了官方认同和文人雅化，被赋予了“兴观群怨”“事父事君”“言志”等社会功能。近体诗如唐诗在此基础上完备了诗歌体式，高度发展了风骨兴寄的文风，从形式上促进了诗歌的文体经典化。散文的经典化过程具有反复性，这和赋、骈文两种文体被一度经典化分不开：汉赋从题材、结构、源流考据、体质特征上符合当时统治阶层的期待，而骈文实用性、审美性以及迎合贵族阶级趣味等特点促使这种文体在南北朝被视为主流文体。小说和戏曲长期处于边缘地位，至近代以其“新国新民”的功用而逐渐成为进入经典文体范围。无论是哪一种文体，它们的经典化过程都体现了共同的特征，即迎合主流文化的价值观念，突出社会功用，以获得主流文化的认同。[37]

张晶认为，“偶然”在中国古代诗论中是一个普遍性的存在。作者对“偶然”在中国古代文论的建构、中国诗歌审美价值生成和诗歌创作方式中的作用进行了分析，枚举了陆机、钟嵘、刘勰、谢榛、叶燮等人的“偶然”论，指出“偶然”在中国传统诗学的实质意义在于文学创作主客体的互动以及非重复性：如陆机《文赋》中“天机”概念的提出；刘勰则在佛教“色”“空”命题的影响下将物色生命化、宇宙化，从而达到“感”与“物”的统一；叶燮对才胆识力的阐述强调了创作主体的修养，但诗人的积淀能否最终落实与创作，依然要靠“偶然”之契机。该文对“偶然”在中国传统文论中诗学内涵的考察，为诗歌文体独特性的思考提供了良好的借鉴。[38]

（六）理论研究路径

1. 理论的反思

陈雪虎通过对理论名实之探讨、源流脉络之梳理，以及当下惯习症候的分析，试图解决实现理论自觉的问题。在对理论的名实论证中，首先，他借用安东尼·吉登斯的术语“脱域”，证明现代社会中理论和文学活动的社会性关联；其次，理论在传播思想、介入现实的行为中，已然成为具有一种现代社会的新型能力，但理论在与现实磨合的过程中，也可能遭遇贬值甚至被排斥。而从中西方理论发展的脉络看，西方意义上的理论很大程度上反映了现代资本主义体制下社会斗争的剧烈，而中国的现代理论则更多具备了参与的、革命的气质和现代化的诉求。但是，中国现代理论的实证主义、历史主义氛围，对理论讲义化、体制化的理解，以及理论的混杂性问题，使理论日趋尴尬。因此，理论走向自觉的路径在于，打破实证主义与历史主义的窠臼，与实践结合，促进文学活动的现象化，并树立起前瞻性的文化意识。[39]

王一川从“涵濡”视角思考中国现代文学理论，指出中国文艺理论的发展要从历史全局把握种种内外因素，由此可将文艺理论和文化联系起来；中国文论的发展是在与外来他者的层累涵濡中不断生成的，由此中国文论常常显示出两种状态，即单向适应和反向适应；中国文论未来的建设仍需坚持以中化西，以今活古，处理好个体/群体、雅/俗关系、物质/趣味、形式/思想以及知识制度/学术发展等诸多关系。[40]

何浩则认为，仅从历史实践的涵濡入手理解中国现代文论，实质上是将“涵濡”概念泛化，缺乏历史穿透力。从“涵濡”视角来整理文论史，必须在考虑中西涵濡关系问题之后，纵深地对中国现代社会结构和社会力量等复杂变化进行多层次的分析。如白洋淀诗派、朦胧诗派和现代派之间文学观念及文学实践的差异，背后蕴含的个体位置差异造成的历史经验的多重性，使得把握新时期诗坛和批评界的真实面貌，存在种种有待细究的问题。而袁可嘉的学术轨迹也典型地说明了在考察历史涵濡过程时，紧贴历史脉络、抓住经典文本、参照社会结构的构成以达到释放历史之于理论的意义的重要性。[41]

程光炜返回 20 世纪 90 年代的“人文精神大讨论”讨论的现场，发现历史变迁带来了文学实践和研究语境的复杂，致使对这次讨论的评价面临着困难。而要保持对 80 年代和 90 年代知识分子介入社会变革方式的客观态度，宜采用引文式的研究视角，还原历史场景，从 90 年代北京学者和上海学者、批评家和小说家两派认知的差异中辨析中国在进入社会世俗化进程后，知识分子在“人文”和“市场”之间的徘徊，探讨“个人实践性”的得失。往前追溯的“十七年”经验，则为解释人文精神倡导者的“90 年代”构想，提供了有效的逻辑关联点。[42]

2.“后理论时代”的文论构想

吴子林在《小说评论》开设了“文学问题”专栏，主张将理论研究与创作实践相结合。其《“重回叙拉古?”》一文借用柏拉图重回叙拉古的政治隐喻，通过对莫言小说创作及其理论的阐释与理解，对其“超轶政治”的文学创作做出较为深入的理论阐释与思想解析，并在此基础上重新考量文学与政治的复杂关系，强调“文学发端事件但又超越事件，关心政治又大于政治”的重要性。指出文学的真正态度不是问题的决断，而是发现问题；不是斥责和批判，而是理解和宽恕。莫言的创作实践是在“避开政治的限度上过问政治”（契诃夫语），即从代表道义原则的“元政治”出发，对现实中的党派政治实践予以伦理评估，在文学自律的立场上为解决严峻的现实问题，做出自己应有的努力，而走出了“要么沉默绝望，要么激进好斗”（沃格林语）的迷途。[43]

陈太胜立足于文学研究的学科语境，将关注点放在新形式主义上，认为文学研究最终要向文学性回归，那么传统的形式主义批评可以被部分整合，采用综合的理论视野进行研究。在回归的方法上，需要避免错置历史与形式的关系，以调和文学的内部阅读和外部阅读；从倾向上看，新形式主义从历史维度把握艺术形式，力图达到的是历史和形式的统一。[44]

王宁则从“后理论时代”考察文学与机器的关系。“后理论时代”并不是代表了理论的死亡，而是意味着理论功能和性质的改变、总体意识和中心意识的解构以及理论格局的变化。以此为背景，“后人文主义”相对传统的人文主义研究而言，具有“妥协”和“超越”的双重特性，它对人类中心主义的某些回应和挑战对文学理论的启示在于大量非意识形态特征的理论思潮的出现，这使得文学理论的格局最终走向多元并存。于是，文学未来的发展落在文学和机器的关系上，表现为人机合一现象。这要求文学研究者既要熟练掌握电子技术，又要对机器保持平和的心态，注重自身素养的修炼。[45]

注：

①董学文：《文艺学学科也要走科学建设之路——学习和追忆黄枏森的学术思想》，《文艺理论与批评》，2013 年第 3 期。

②陆贵山：《科学发展观与文艺发展路》，《艺术评论》，2013 年第 2 期。

③赵勇：《本雅明的“讲演”与毛泽东的〈讲话〉》，《文学评论》，2013 年第 5 期。

④丁国旗：《译介与反思——“西马”研究在中国的命运》，《文艺理论与批评》，2013 年第 1 期。

⑤陶东风：《理解我们自己的“娱乐至死”——一种西方文化理论在中国的被绑架之旅》，《粤海风》，2013 年第 5 期。

⑥金元浦：《审丑时代与酷之秀——文化事件的案例研究》，《学术评论》，2013 年第 5 期。

⑦毛崇杰：《文化产业的内在矛盾及其理论变异——兼与金元浦先生商榷》，《杭州师范大学学报》（社会科学版），2013 年第 3 期。

⑧高建平：《消费时代的生产主义》，《读书》，2013 年第 3 期。

⑨范玉刚：《消费性审美话语的生成及其马克思主义立场的批判》，《文学评论》，2013 年第 5 期。

⑩陈奇佳：《凝视法则的改造与悲剧的式微——现代美学旨趣的技术之维》，《文学评论》，2013 年第 1 期。

⑪詹福瑞：《媒体之于经典的传播和建构》，《文艺研究》，2013 年第 9 期。

⑫李庆本：《谈新媒体时代的文学生产与消费》，《湖南社会科学》，2013 年第 6 期。

⑬金惠敏：《图像增殖与审美泛化》，《燕赵学

术》，2013 年第 1 期。

⑭陈晓明：《不可能的三驾马车——试论中国当代文学批评的源起与建构》，《文艺争鸣》，2013 年第 12 期。

⑮钱翰：《文本概念的中国之旅》，《学术论坛》，2013 年第 11 期。

⑯孙士聪：《从文化工业到全球文化工业——文化工业理论再反思》，《文学与文化》，2013 年第 1 期。

⑰汪民安：《福柯、本雅明与阿甘本：什么是当代?》，《马克思主义与现实》，2013 年第 6 期。

⑱马元龙：《通向存在的道路：诗还是数学?》，《文艺研究》，2013 年第 9 期。

⑲高原：《西方诗学世俗化进程中的认知诗学》，《西安外国语大学学报》，2013 年第 2 期。

⑳童庆炳：《20 世纪 50 年代美学大讨论的第一学派》，《北京师范大学学报》，2013 年第 6 期。

㉑陈飞龙：《试论建立起中国本土的生态批评》，《文艺理论与批评》，2013 年第 5 期。

㉒高建平：《生态、城市与美学救赎》，《探索与争鸣》，2013 年第 3 期。

㉓王岳川：《20 世纪西方心理学美学的演进》，《广东社会科学》，2013 年第 1 期。

㉔王亚芹：《“具身化”转向与美学的改造——以梅洛·庞蒂、约翰·杜威与理查德·舒斯特曼为主的思考》，《文艺争鸣》，2013 年第 7 期。

㉕方维规：《“究竟是谁能够体现时代?”——论许京的文学趣味社会学及其影响》，《文艺研究》，2013 年第 5 期。

㉖罗钢：《当“讽喻”遭遇“比兴”——一个西方诗学观念的中国之旅》，《北京师范大学学报》，2013 年第 3 期。

㉗李春青：《略论“意境说”的理论归属问题》，《文学评论》，2013 年第 5 期。

㉘杜书瀛：《先秦审美文化和审美心理结构之雏形》，《清华大学学报》（哲学社会科学版），2013 年第 4 期。

㉙张海明：《如何知人，怎样逆志——对一种传统文学批评方法的再认识》，《中国人民大学学报》，2013 年第 4 期。

㉚叶舒宪：《玉石神话与中华认同的形成》，《文学评论》，2013 年第 2 期。

㉛袁济喜：《汉魏士人问题与文学批评之演变》，《中国人民大学学报》，2013 年第 4 期。

㉜刘方喜：《格局性偏失：魏晋南北朝美学史研究的初步反思》，《文艺争鸣》，2013 年第 1 期。

㉝肖鹰：《自然为真：袁宏道的审美论》，《文学评论》，2013 年第 3 期。

㉞胡疆锋：《知识制度与中国文论生产——从嘉庆壬戌年会试事件说起》，《文学评论》，2013 年第 2 期。

㉟彭亚非：《中国传统文学观念的文化事实还原——中国传统文学观念的文化还原论之一》，《芒种》，2013 年第 9 期。

㊱李圣传：《中国文化诗学：传统模式及其当代汇通》，《云南社会科学》，2013 年第 1 期。

㊲贾奋然：《经典文体与文体的经典化》，《文艺理论研究》，2013 年第 1 期。

㊳张晶：《中国古代诗学中“偶然”论的审美价值意义》，《文学评论》，2013 年第 4 期。

㊴陈雪虎：《理论的位置：名实、脉络与定位》，《文艺理论研究》，2013 年第 3 期。

㊵王一川：《层累涵濡的现代性——中国现代文艺理论演变》，《文艺争鸣》，2013 年第 7 期。

㊶何浩：《涵濡的内化与历史的重构》，《文艺争鸣》，2013 年第 7 期。

㊷程光炜：《引文式研究：重寻“人文精神讨论”》，《文艺研究》，2013 年第 2 期。

㊸吴子林：《“重回叙拉古?”——论文学超轶政治之可能》，《小说评论》，2013 年第 3 期。

㊹陈太胜：《新形式主义：后理论时代文学研究的一种可能》，《文艺研究》，2013 年第 5 期。

㊺王宁：《“后理论时代”的后人文主义研究：兼论文学与机器的关系》，《外国文学》，2013 年第 2 期。

（作者：陈浩文，中国社会科学院硕士生；
吴子林，中国社会科学院副编审）

先秦两汉文学

罗姝鸥　常　森

2013 年度，北京地区先秦两汉文学研究的成果主要集中在以下几方面：（1）新出文献研究；（2）作家、作品研究；（3）文学史研究；（4）学术史、文化史研究。

一、新出文献研究

《清华大学藏战国竹简》中含有大量《诗经》类文献，其公布为讨论《诗经》学许多争讼不决的问题，带来了转机。姚小鸥分析《周公之琴舞》的篇数，发现与传世《诗经·周颂》相关诗篇的比例为十比一，恰好就是司马迁所说古诗与孔子删定之三百零五篇的比例。虽然不能因此断定“孔子删诗”，但无论如何，这是解决该公案不容忽视的一环。关于逸诗，姚小鸥认为上博简和清华简的逸诗应得到广泛关注。这两批竹简中的《诗经》篇章与逸诗，均属于战国中期偏晚楚国所传的《诗经》类文献。上博简公布之初，人们多考虑楚地文献的文化独特性，而清华简则昭示了先秦华夏文化的统一性，以及此类文献在文化价值上的普适性。深入讨论逸诗，又必涉及与《诗经》相关的诗、乐关系，以及诗的传承途径和次第。清华简中成王所作“琴舞九卒”之“乱曰”出现在每“启”的后半，与今本《周颂》相异。“乱曰”为何在今本《诗经》中消失，应给予合理的解释。仔细分析，或可推测这与《诗经》传承路径与传本有关。先秦两汉时期之学者传《诗》，有“诗家”“乐家”之别。以孔子为代表的诗家传《诗》重在其义，作为乐官系统代表的周太师传“诗”重在乐之操作及功能。从这一文化背景上观照《周公之琴舞》的“乱曰”，可断言它尚带有乐家传诗的印痕。《上海博物馆藏战国楚竹书（四)》中的《采风曲目》所录为典型的乐家传本。以它对照传世《诗经》及清华简《诗经》类文献，可见出三者的联系与区别。姚小鸥认为，对清华简《诗经》类文献的文本分析，堪为汉代《诗经》传承问题带来新的解释。清华简第三辑中《周公之琴舞》的“乱曰”，更使人们得窥早期诗家《诗经》传本中带有的乐家传本的印迹。这一现象与先秦礼乐社会的总体文化特征是密切相关的。秦汉以后，随着乐家退出社会意识形态的核心地位，其传本的影响逐渐消失。其文化遗存则以乐府曲唱文本的形式保存在汉代以后各正史的乐志中，成为观察这一文化现象的参照物。①

“后土”人格化是土地崇拜发展到土地神信仰的必经阶段。姚小鸥、卢翮认为，《清华大学藏战国竹简（三）赤鹄之集汤之屋》叙后土受帝命作祟，致使夏后患病，后土表现为有具体行为的人格神。这是关于后土人格化早期形态的珍贵材料。《赤鹄》篇描述后土作祟说，“帝命后土为二陵屯，共居后之床下，其上刺后之体”，这明显为受命而动的具体行为。从其与帝的关系来说呈现出社会阶层的意义。这种臣服和听命于天帝的具体行为，可以与传世文献的相似记载互相参证。“后土”概念经过了一个从抽象到具体、从象征物到人形的演变过程。《赤鹄》篇中，后土已有人格化的行为，但尚无造型的具体描述；以人形偶像作为后土崇拜的对象是到东汉才出现的；拥有具体人物造型和事迹的土地人格神形象，则到《搜神记》中的蒋子文方才明晰。直到六朝时期的一些文献记载中，土地神还不是主持公道、帮济百姓的“善神”，而是与《赤鹄》篇后土类似以巫蛊手段威胁、加害他人者。清华简中后土身份人格化的描述揭示了后土概念意指范围的某些变化过程。早期文献中关于后土行为人格化的记载相当稀少，清华简《赤鹄》篇填补了这方面的缺憾，也反映出战国文化发展与变革的历史。②

《清华大学藏战国竹简（三）·周公之琴舞》中存有一篇周公所作的歌诗。依其内容及《诗经》命篇惯例，可名为《孝享》。关于《周公之琴舞》的篇章名称问题，姚小鸥、杨晓丽通过对“颂”及“琴舞”的考释，认为“颂诗”强调“颂”即“舞容”，“琴舞”则是以琴伴奏表演的形式，除“舞”外还强调“琴”，即表演过程中的用乐。他们认为，《清华简》的抄写者选择以“周公之琴舞”而非“周公之颂诗”为题，反映了先秦礼乐文化的丰富内涵，显现了《诗经》传承史上某些演变之迹。此外，《周公之琴舞》开篇有小序曰：“周公作多士敬毖，琴舞九絉（卒)。”他们加以疏解，认为“敬毖”二字揭示出周公所作“琴舞”的创作目的，“琴舞九絉（卒)”说明歌诗的性质及篇章结构，与诗序的体例相符。另外，他们还对《孝享》篇的内容做了疏证，认为周公所作四句歌诗的含义是：“不遗余力地服务贡献于君上及先祖，对父母不失孝敬，贡献时内心充满欢喜，效法恭敬父母的行为。”《周公之琴舞》明确指出《孝享》篇的作者为周公，为周公制礼作乐的说法提供了新的文献支撑，可证明周公不仅为周代建立礼乐制度的整体规划者，而且是周代礼乐文化的践行者。③

关于《周公之琴舞》到底是一组诗还是两组诗，赵敏俐分析说，《周公之琴舞》中“周公之诗”的核心词为“孝”“享”，“成王之诗”的核心词为“敬”“德”，“成王之诗”与“周公之诗”主题有异，因此不可能是周公、成王二人合作的。“成王之诗”中的“孺子”一词，与《诗经·敬之》等诗中的“小子”同义，是周成王自称，而《敬之》恰恰见于《周颂》，可见，“成王之诗”的“孺子”也是成王自称。这进一步证实了它是成王自作，而非周公所作。西周雅颂之乐至春秋时已残缺失次，《周公之琴舞》创作于周初，清华简则写成于战国中期偏晚，相隔近700年，出现文字缺失的情况是完全可能的。《周公之琴舞》应该包括两组诗：第一组为“周公之诗”，今只残存半首，缺失八首半（比照“成王之诗”，周公这首诗还缺少乱辞部分）。第二组应为“成王之诗”，今保存完整。关于“琴舞”名称的内涵及表演方式，赵敏俐认为与《乐记》“始奏以文，复乱以武”“文以琴瑟，动以干戚”的情况相同：前面“启”的部分为“文以琴瑟”的文舞，即“始奏以文”，后面“乱”的部分是“动以干戚”的武舞，即“复乱以武”。“琴舞”连称标示了这两组乐舞的表演方式，“九絉”连体标示其规模宏大。《礼记·文王世子》中记有《清庙》《象》《大武》《大夏》组合的方式，由此可知，将“周公作多士敬毖，琴舞九絉”，与“成王作敬毖，琴舞九絉”组合在一起，用于成王时的一个大型典礼活动，是完全可能的。④

方铭梳理了先秦典籍所反映的周代德治思想，并联系清华简《保训》篇加以论证。《保训》是周文王告诫周武王姬发的政治嘱托，其核心思想，一是要学习虞舜，身体力行，率先垂范，不违背百姓的意愿；二是要学习舜和商汤五世祖上甲微的谨慎不懈。这两条与孔子之言“先之劳之”和“无倦”完全契合。孔子的德治思想是与周代德治思想一脉相承的。《保训》中周文王对周公的训诫，说明周代德治思想首先从五帝文明中获得了价值支撑。《论语·先进》载孔子之言曰：“先进于礼乐，野人也；后进于礼乐，君子也。如用之，则吾从先进。”此语历来有不同解释，但都不得要领，只有放在孔子论述“大同”“小康”的文化氛围中，才能抓住其核心内涵。周朝建立的是天下为家的体制，决定了领导人的恶行和善举最终都是为了维护其自身统治，与“天下为公”的根本目的不同。但周朝的德治文化继承了五帝文明的传统，希望在天下为家的体制下，实现全心全意为人民服务的宗旨。唯其如此，《保训》才强调遵从百姓之欲望，张扬领导人自身的自律。⑤类似观点在方铭另一篇文章中也有所论及，本文不再赘述。⑥

傅刚以清华简《说命》为例，讨论了出土文献带来的启示。清华简的出现，除有助于印证许多文献的真伪之外，还有助于理解先秦文献内容的复杂性以及不同传播方式下所表现的不同内容和形态。清华简三篇《说命》文，唯中篇多与先秦典籍相合，上、下篇似皆不见于传世文献之记载，其不合先秦所引者远甚于伪古文。这令人对先秦《书》文献有不同流传方式和文本生发了感想。对先秦典籍再不能依以往单一线索的前后传承思路去观察。即便文本、文体、字句都存有多种形态，甚至差别甚大，其实也可能与真伪无关。这是清华简、北大简给我们的重要启示。⑦

常森继续从学术史层面上研讨简帛《五行》。他指出，千百年来，《荀子》对子思五行学说的承继完全被遮蔽。《五行》篇之出土面世，为揭明这一历史真相带来了绝佳的契机。但由于思想学术史方面强有力的传统思维定势，学界对这一重要课题依旧是漠视的。他围绕“于内”“责（积）”“安”“心”等勾连《五行》和《荀子》两个体系的关键范畴，勾勒其间的历史轨迹，揭示了学术思想承继与发展的复杂面向。⑧常森还指出，《五行》从修德立场上较早、较集中地总结了若干重要的言说方式和经验，《荀子》则较自觉地将它们发扬光大。总之，《荀子》学说大致含修身、治民两面，它侧重于从前一层面上接受了《五行》学说的深刻影响，又明显向后一层面延展；无论是理论体系之建构，还是论事说理之方法，都有它严厉批判的子思五行说的先导之功。⑨

二、作家作品研究

（一）关于《诗经》

常森以《诗经》若干个案，辨析了“文学的解读”与“文化的解读”：指出文学的解读是指通过字句训释，来分析作品主题、情感、情节、形象、意境等文学元素的解读；文化解读之本旨，则在于追寻文本原初内涵对于语言文字层面的超越性。在很多情况下，只有通过文化的解读，或者说，只有将文学解读提升到文化解读的高度，才能把握文本所述事件的真相及其所以然。文化的流失无疑加大了读者与文本的疏离，但任何一个文本，其完整意义只存在于它跟特定文化的特定关联中，文化解读的自觉实践更不可避免。中国文化变动之剧烈莫过于20世纪，至今这种态势仍在延续。照这样发展而不作为，也许用不了多久，我们面对《诗经》，就跟一个完全意义上的美国人面对《诗经》一样。⑩

姚小鸥、李永娜说，在作于春秋中期的《鲁颂·閟宫》中，禹是一位人王形象。《閟宫》首章之末“奄有下土，缵禹之绪”一句，乃承上文省略了主语“后稷”。“缵禹之绪”是说，后稷“俾民稼穑”而“奄有下国”“奄有下土”，乃继承“禹之绪”而来。在周人一般传统观念中，后稷是始事耕稼的人王，禹既与后稷相类，自然也是一位人王。再将《閟宫》与春秋晚期的“叔尸钟”铭文比较，可证《閟宫》中的禹是人王形象，铭文中的禹是创世神的形象。《閟宫》禹形象的转变意味着思维方式的变化，理性思维开始突破神话思维的桎梏，呈现出诠释人类世界的全新气象。⑪

现存文献中，《诗经》最早记载禹的事迹。《商颂》《鲁颂》、大小《雅》中有六篇与禹有关。《商颂》之《长发》《殷武》两篇，显示了先秦时期禹形象的转化之迹。姚小鸥、李永娜认为，《长发》叙述了禹的创世神话，《殷武》有关禹的描述则接近大小《雅》显现的周人史观中的禹。由此可见殷周之际的文化传承，对《商颂》诸篇作年的判断有重要参考价值。⑫

《鲁颂·閟宫》“土田附庸”一语中的“附庸”一词，学界认识不一。姚小鸥、杨晓丽考订，以山川土田附庸分封诸侯是周代礼制的重要内容，“附庸”是周代礼乐制度下的村社组织，从具体生产方式来说，包括耕者与耕田，与古代聚落形态有关。《鲁颂》对“土田附庸”的追述，反映了礼崩乐坏的背景下鲁人复兴周礼的愿望。⑬

（二）关于《山海经》

李炳海继续研究《山海经》。他梳理了招摇之山的祝馀、迷榖，昆仑之丘的沙棠、蓍草，青要之山的荀草，少室之山、泰室之山的帝休、榆木和䔄草等四组奇山及山上仙草异木的功用，认为《五藏山经》出现这一系列虚拟的与天相通的山，或与北斗星、天庙相对，或为天帝下都、密都；山中生长的奇草异木都具有药物功能，而这些功能均源于对所在之山所做的定位和定性。他通过考释山名、植物名称、药物功能，解释了其间密切关系及其各自特定的文化内涵。⑭

李炳海又将《山海经·五藏山经》中音如婴儿的精灵分为两类，一类对人类无害而有益；一类则以人类作为吞食对象。第一类精灵发出婴儿之音，反映的是智慧、计谋和决断，是清醒的神志；第二类精灵发出婴儿之音，是为了达到吃人的目的而施展诱惑手段。鱼类精灵发出婴儿之音对人类无害而有益，反映出人类对鱼类没有防范之心，认为它不构成威胁；家畜类精灵扮演食人角色，则是先民的自我警示。⑮

（三）关于屈原及《楚辞》

围绕屈原名字展开的学术争论至今仍未停息。《史记·屈原贾生列传》谓"屈原者，名平"，《离骚》中诗人自叙身世，则谓名"正则"而字"灵均"，遂引出了初生名与卜筮名、乳名与仕名等种种说法。李炳海辨析相关先秦文献，论证初生名与卜筮名、乳名和仕名诸说，都无法解释"平""原"与"正则""灵均"这两个系列的称谓。屈原之"原"乃"邍"的假借，高平为"邍"，因此"原"和"平"在意义上相通。屈原为自己加的美号有"则"、有"均"，两字都有平正之义，以"则"释"原"，以"均"释"平"，皆可以圆通。这样一来，"原""平"与"则""均"所构成的对应关系中，无论横向对应"原"与"平"、"则"与"均"，还是纵向对应"原"与"则"、"平"与"均"，意义上都能贯通。他还通过考释"平""原""正则""灵均"之词义，揭示其深层和动态意义的相通性，——"均"为使治理对象有规则、有秩序，"均"是通过整治而有方圆规矩可循，"原"与"平"、"则"与"均"都指向人的操作实践和操作规范。《离骚》把"平"和"原"演绎为"正则"和"灵均"，表面上是把地理名词转换成政治术语，实际上，这两组词在初始和深层意义上是彼此相通的。⑯

方铭提出了对屈原价值作现代重估的问题，认为屈原作为清廉忠信之贤人，其地位是逐步确立的。"清廉""忠信""贤人"，既体现了中国古代文人对各级官员模范人格的定位，也是古代文人对屈原抱有深刻同情和敬仰的历史原因。作为"贤人"定位，也使屈原和孔子的"圣人"境界相区别。屈原是一个有坚守的政治家，一直在追求社会公正，其爱国主义精神没有表现为对楚国政体和政治家的袒护，而是表现为对楚国昏庸、奸诈政治家以及不能选贤与能之政体的强烈批判。屈原的爱国主义是建立在"正道直行"的基础上的，因而有正义性、有价值。⑰

屈原《天问》乃史上奇作，其"文义不次序"的问题首先由王逸提出，部分后世学者便以错简说来解释这一现象。姚小鸥、孟祥笑认为，《天问》中关于禹事迹的叙述和安排井然有序，显示了屈原对上古神话传说整理和思考的结果，与该篇叙述历史的整体结构相符，因而不存在所谓错简。⑱

三、文学史研究

"语"在先秦时本为文体，后发展成语书。傅刚讨论了先秦语体、语书问题。他分析《国语·楚语》中申叔时所提到的"教之《语》，使明其德，而知先王之务用明德于民也"，联系《诗》《书》等先秦典籍有关"语"的记载，指出上古时言、语各自为书：言为王言，所谓左史书之；语则为贤人之语，非史官所掌，所谓有关治国之嘉言善语；至春秋时，以史官所记王言名《书》，语书则与谚、记诸书相杂，故时人所引或称"语"，或称"言"，或称"闻"。先秦散文研究的现有成果认为，先秦散文经历了由语录体至论说体的过程，语录体即《论语》，其在散文史进程中属于早期论说逻辑不发达的产物。然若从文体角度看，《论语》本身是语体书，与论说文发展的进程没有任何关系，《论语》与《墨子》《庄子》《荀子》等不具有共同讨论的基础。事实上，至汉初仍然有语体书的发展，如《新语》。古语书记治国之嘉言善语；《论语》以记言为主——合于古语书体例，但杂入记事，如《子路曾皙冉有公西华侍坐》章，这是受春秋后叙事的影响；《国语》以记言为主，但或记"语"产生之背景，或记"语"后的效果，以事人语，而《春秋事语》《汲冢琐语》都是以记言为主，杂有记事。语书之编各代皆有，及战国之末，语书于古时已有变化，不尽是圣贤之言，亦不必出于儒家。汉初《新语》其实为论，以论杂记事，与古语书不同，故称"新语"；其内容主论政治得失，引古事古义以为汉之镜鉴，讨论当代政事。这些已与古语书相去甚远。综而观之，语书发生的变化，具体来说有两个特点：一是不限于记圣贤之嘉言善语；二是选择范围扩大至当世格言。语书的功能主要是为当时人提供引据的格言。⑲

当下大部分文学史著，一般将汉代所有可以歌唱的诗歌统称为"汉代乐府诗"。事实上，汉代乐府诗是个不断扩充的概念，其内容颇为庞杂，在文本属性上也有重要差别。赵敏俐梳理了汉代乐府诗的文体范围以及称谓演变，指出20世纪学者们在将

"汉乐府诗"概念转化为"汉乐府民歌"概念的过程中，误解了相关历史文献，将"民歌"这一概念泛化。其结果是一方面遮蔽了以相和歌为代表的汉代乐府诗的艺术本质；另一方面忽略了那些保存在历史文献当中的真正的汉代民歌民谣等。"相和歌"其实是经过魏晋音乐家改造的用于宫庭的音乐，属于娱乐表演的艺术，不属于"民歌"。相和歌辞与汉代歌谣有不同的性质，后者大致类似于美国学者阿里诺·豪塞尔所说的"民俗艺术"，而前者则大致相类于"流行艺术"，两者表面上看有相似之处，在本质上则分属于不同的艺术类型。[20]

赵明正从汉人对汉乐府的拒绝和接受态度入手，讨论了汉代诗学转型的问题。当时上自天子贵族，下至凡夫俗子，都发自内心地喜欢这些新声俗乐，汉乐府以强大生命力，得到了与官方诗学体系迥异的民间社会的普遍认同，构成了全方位的接受群体。但由于汉乐府体现了和先秦雅乐不同的风貌，触犯了儒家雅郑之辨的禁忌，在它流行的同时就出现了批判乐府的社会思潮。汉乐府早在设立之初就面临着如下矛盾：一方面，人们通过它和民间文化的关系看到古代"采风"运动王政清明的影子；另一方面，人们又以传统的乐教观和"雅郑观"批评俗乐对雅乐的冲击与破坏。从中可以看到，汉代政教诗学已不能适应诗学实践的需要，诗歌本身的发展呼唤新的诗学批评标准出现。诗学理论与接受实践的二元对立，暗伏着诗学蜕变的潜流，萌动着、酝酿着新的诗学评价体系。汉乐府的矛盾处境与诗学界的"缘情"倾向，共同缔造了诗学观由"言志"向"缘情"的转化。[21]

马庆洲对《淮南子》的作者及刘安谋反案做了新的分析，认为刘安之于《淮南子》远不止一个组织者，该书绝大部分内容当出于其本人之手，其余的也必经他组织、加工和润色，能够反映其思想，展现其文采。有一种观点认为《淮南子》的出笼是刘安为造反所做的舆论准备，马庆洲予以反驳，认为此事不过是武帝最终解决藩国问题的一个借口而已，"谋反"之名乃封建帝王除功臣之逼、剪骨肉之忌的利器，刘安只不过是死于这把利器的牺牲品之一。[22]

除此之外，李炳海在"全球化视野下的中国文学史观国际学术研讨会"上做报告，提出先秦文学史著述有三条线索需要进一步强化：一是原型的发现与接纳，这是它的血脉和基因，是选材和定性、定位的基本依据；二是象征意义的认定和揭示，这是作品解读的技经肯綮，需要提供解谜的钥匙，破解学术悬案；三是文体的界定与辨析，这是文学史著述的骨骼和关节，要有循名责实的文体探源、合乎实际的文体形态描述、文体界限的辨析，以及文体演变轨迹的精确勾勒。[23]

四、学术史及文化史研究

李辉、李山分析了清人尹继美研究《诗经》的著作——《诗管见》的特点，认为"以乐说诗"是该著的主要宗旨。尹氏充分考虑了《诗经》的乐歌性质，以此为切入点，重新解释了传统《诗经》研究中被遮蔽的众多命题。尹氏指出，《诗经》乐章有"特制""采录"两条制作渠道；"诗三百篇皆入乐""风雅无正变"。他对181篇诗的歌唱仪式背景做了分类，在凯乐、婚歌、挽歌等乐歌上获有新见；又从乐歌角度，对《诗经》文本的篇章修辞，如乱、余声、叠句等做了音乐性的解读，也有不少独到见解。[24]

炎帝是中华文明史上极重要的历史人物，方铭辨析了传说中炎帝的有道无道问题，认为黄帝和炎帝是从一个族群分解出来的不同氏族集团，他们之间有兄弟关系的渊源，而早期阶段，应该是神农氏集团的炎帝一直在做氏族集团联合体的领导人，因后来的炎帝无道，所以被黄帝集团所取代。也就是说，炎帝的无道是历史上某一个炎帝的无道，并不是所有的炎帝都无道。此外，他还分析了炎帝对中国农业文明和商业文明的贡献、炎帝与火正火德，以及炎帝的圣人之德等。[25]

注：

①姚小鸥：《〈清华大学藏战国竹简〉与〈诗经〉学史的若干问题》，《文艺研究》，2013 年第 8 期。

②姚小鸥、卢翮：《〈清华简·赤鹄〉篇与"后土"人格化》，《民俗研究》，2013 年第 3 期。

③姚小鸥、杨晓丽：《〈周公之琴舞·孝享〉篇研究》，《中州学刊》，2013 第 7 期。

④赵敏俐：《〈周公之琴舞〉的组成、命名及表演方式蠡测》，《文艺研究》，2013 年第 8 期。

⑤方铭：《清华简〈保训〉与周代德治文化的渊源》，《文艺研究》，2013 年第 8 期。

⑥方铭：《孔子德治思想与先周文明的联系》，《晋阳学刊》，2013 年第 5 期。

⑦傅刚：《出土文献给我们的启示——以清华简〈尚书·说命〉为例》，《文艺研究》，2013 年第 8 期。

⑧常森：《〈五行〉学说与〈荀子〉》，《北京大学学报》（哲学社会科学版），2013 年第 1 期。

⑨常森：《从〈五行〉学说到〈荀子〉：一段被湮没的重要学术思想史》，《出土文献与中国文学研究：第三届出土文献与中国文学研究学术研讨会（国际）论文集》，齐鲁书社，2013 年版。

⑩常森：《文学的解读与文化的解读——以〈诗经〉学几个个案为中心》，《北京大学学报》（哲学社会科学版），2013 年第 5 期。

⑪姚小鸥、李永娜：《〈鲁颂·閟宫〉"缵禹之

绪”解读》,《文艺评论》,2013年第6期。

⑫姚小鸥、李永娜:《论〈商颂〉中的禹》,《学术界》,2013年第7期。

⑬姚小鸥、杨晓丽:《〈左传〉书法与〈鲁颂·閟宫〉“土田附庸”的解读》,《古籍整理研究学刊》,2013年第6期。

⑭李炳海:《〈山海经·五藏山经〉药用植物文化生成蠡测》,《中州学刊》,2013年第10期。

⑮李炳海:《婴儿之音的动听与诱惑——论〈五藏山经〉音如婴儿的精灵》,《晋阳学刊》,2013年第5期。

⑯李炳海:《屈原名与字、姓氏与名字的纵横关联》,《中国文化研究》,2013年春之卷。

⑰方铭:《屈原价值的历史发现及现代重估》,《山西大学学报》(哲学社会科学版),2013年第5期。

⑱姚小鸥、孟祥笑:《“文义次序”与〈天问〉中的禹》,《山西大学学报》(哲学社会科学版),2013年第11期。

⑲傅刚:《略说先秦的语体与语书》,《中山大学学报》(社会科学版),2013年第5期。

⑳赵敏俐:《论汉代乐府诗中的流行艺术与民间歌谣——兼谈“民歌”概念在汉代诗歌研究中的泛用》,《中国文化研究》,2013年夏之卷。

㉑赵明正:《汉代对汉乐府的拒绝和接受——从汉代乐府的矛盾处境看诗学的转型》,《名作欣赏》,2013年第34期。

㉒马庆洲:《〈淮南子〉的作者及刘安“谋反”案的再分析》,《中华读书报》,2013年1月16日。

㉓李炳海:《先秦文学史著述有待强化的三条线索》,“全球化视野下的中国文学史观国际学术研讨会”,首都师范大学中国诗歌研究中心主办,2013年7月2—3日。

㉔李辉、李山:《尹继美〈诗管见〉“以乐说诗”述评》,《河北师范大学学报》(哲学社会科学版),2013年第1期。

㉕方铭:《有关炎帝研究的几个问题》,《中国文化研究》,2013年春之卷。

(作者:罗姝鸥,北京大学中文系博士生;
常森,北京大学教授)

魏晋南北朝隋唐五代文学

马自力　杜光熙

2013年北京地区的魏晋南北朝隋唐五代文学研究,在基础文献工作、热点问题探讨、研究视域扩展等方面都有所推进。

基础文献方面,刘跃进主持的“汉魏六朝集部文献集成”和吴相洲主持的“《乐府诗集》整理与补编”两项国家社科基金重大项目于2013年立项。对中古文献资源的全面清理,必将为相关文学研究的发展提供更坚实的保障。

杨义于2013年出版的《文学地理学会通》[①]一书,再次对其文学地理学研究进行总结。魏晋南北朝隋唐五代是中国古代地域文化交流频繁、民族大融合的时代。杨义所提出的结合民族学、地理学,以中华民族整体文学视角重绘中国文学地图的构想,对于推进这一时段的文学研究具有深远意义。

国际背景下的学术交流,在2013年同样十分活跃。由蒋寅主编的《日本唐代文学研究十家集》丛书,[②]译介十位日本学者的唐代文学研究成果,这些“他山之石”为国内学界提供了新颖视角。由首都师范大学主办的“全球化视野下的中国文学史观国际学术研讨会”汇集英、美、法及国内30余位学者,针对赵敏俐、吴思敬主编的《中国诗歌通史》和孙康宜、宇文所安主编的《剑桥中国文学史》切入中国文学的不同视角、叙述模式、写作目的展开讨论,分析了全球化视野下中国文学研究的多种可能,体现出不同文化背景下文学史观的交融与理解。

对过往治学历程的回顾,亦可为研究思路提供新的启示。首都师范大学几位学者在2013年出版的“京华学术文库”丛书即是此类著作。其中邓小军、吴相洲、马自力的中古文学论文集,既反映出各自的治学心路,也指引着未来的探索方向。[③]

以上事件,基本展现出当前魏晋南北朝隋唐五代文学研究的态势:传承经典、面向未来。在经典与未来之间,研究者们针对各种具体学术问题深入挖掘,取得了多方面成果。

一、文学史书写模式的多元化尝试

2013年有多部文学史论著问世。这些著作采用不同思路展现文学史面貌,体现了对文学史书写模式的多元化尝试。

由赵敏俐、吴思敬主编的《中国诗歌通史》于2012年出版。这部迄今为止规模最大的中国诗歌史著作,贯通中华民族诗歌源头至20世纪末,全景展现了中国诗歌史流变。2013年围绕该书所举行的研讨会、笔谈等活动,对诗歌史书写方式进行了探讨。[④]与此同时,赵敏俐又将《中国诗歌通史》总序和各卷绪论再做修订,汇编成一部独立著作——《中国诗歌史通论》。[⑤]这是对《中国诗歌通史》撰写理念、叙述线索、重点精华的概括、总结。其中，由钱志熙撰写的《魏晋南北朝诗歌史综论》梳理了南朝学者对建安至元嘉的诗史构建，唐代学者对齐梁至陈隋的诗史构建；又从文人诗发展角度，指出魏晋诗人群体确立了文人诗创作传统，南朝（包括北朝后期）诗人群体则使之得到普及并趋于繁荣；最后以文人拟乐府与徒诗体的分合为线索，分汉魏、西晋、两晋之际、东晋末至元嘉、齐梁五阶段，梳理诗史脉络。由吴相洲撰写的《以盛唐为标志的唐诗史模式》提出以“盛唐”为基准，考察唐诗流变的理念。骨力遒劲、兴象玲珑、神采飘逸、平易自然的盛唐诗风为唐诗史缔造了一座高峰，初唐百年是通向这座高峰的探索阶段，中晚唐则是高峰之后孕育新变、突破，直至衰退、消歇的阶段。整个唐诗史正是沿着这条起承转合的线索发展演变的。

如果说吴相洲对唐诗史的建构，是在初、盛、中、晚的演进中构建一个自足闭合的逻辑整体，那么蒋寅的《百代之中——中唐的诗歌史意义》[⑥]则将传统“四唐说”与内藤湖南“唐宋变革论”结合，突出中唐在整个中国文学史上的枢纽地位。该书汇集了作者近年来对孟郊、权德舆、贾岛、姚合、李贺、韩愈的研究论文。其中第一部分《中唐：变革与开拓的诗史时段》，将中唐诗坛分为大历、大历至元和的过渡、元和三个阶段，历时性地考察诗史流变，挖掘中唐承前启后的意义。

对传统“四唐说”的继承与发展，是吴相洲、蒋寅的共同基点。而吴光兴的《八世纪诗风——探索唐诗史上“沈宋的史记”（705—805）》[⑦]，则从颠覆“四唐说”角度出发，重构唐诗史。吴著认为“四唐说”是宋元明清论者根据自己对唐诗作品的主观评判，逆向推导出的诗史模式，并非唐诗史的真面貌。真正的唐诗史，应以唐人对唐诗发展的认识为依据。基于这种理念，吴著选取705—805年，即大约公元8世纪的唐代诗坛为研究对象，通过钩稽当时的诗人活动，汇总、参验唐人论述，力图还原唐人固有文学观念、评价语境，书写唐人眼中的唐诗史。八世纪诗风，以“律诗之建制”为起点、“元和诗变”爆发为终点，包含开元、天宝、大历、贞元几个阶段。这一时期唐人心目中的诗坛正宗是“沈宋”，直至大历、贞元才逐渐兴起“尊崇李杜”的新思潮。“沈宋”“李杜”的典范交接，成为唐中后期文学演变的枢纽。如果将8世纪作为唐诗史发展的中期，那么“律诗之建制”以前可为前期，“元和诗变”以后则为后期。这样的划分与“四唐说”相比，只有“前期”与“初唐”大体相当，而所谓“盛唐”“中唐”“晚唐”，皆与唐人观念不符。在另一篇论文《关于大历诗的几个问题》[⑧]中，吴光兴通过分析高仲武、元结、皎然等大历“当时人”的文学观念，对大历诗的断限、杜甫与大历诗的关系、大历诗人群体的前后辈分等问题提出新见，并将大历描绘为一个古、今诗风对立竞争，“中道”的声音时有所闻，文学成就高度发达的时代。

上述诸家代表两种诗歌史书写模式。钱志熙、吴相洲、蒋寅都是在继承前代诗学成果基础上有所创新、推进。这种诗歌史，是经过历代学者评说、阐释而经典化的诗歌史。而吴光兴则力图扫除后代评说的“遮蔽”，回归当时文学语境之中，以当时人对当时诗歌认识状况为依据，书写诗歌史。书写理念的变化，使吴光兴所呈现的唐诗史，较此前论著，有较大突破。关于两种模式的优劣，尚有待学界进一步评判。但有一点可以肯定，不同的阐释理念，给诗歌史书写提供了更加丰富的探索空间。

由郭预衡、郭英德主编，北京师范大学的学者们组织编写的12卷本《中国散文通史》[⑨]于2013年出版。与此前同类著作相比，其突出特点是“以时分卷，按类结构，依人展开”的编纂体例。全书分先秦、两汉、魏晋南北朝、隋唐五代、宋金元、明代、清代、近代、现代、当代十个部分，每部分按文体分章，每章之下再按时间先后分述作家作品。以康震著《隋唐五代卷》为例，该卷按文体分论辩、书序、书信、传状、史传、碑志、杂记、厅壁记、山水游记、赠序、哀祭十一章，每章之下再按初、盛、中、晚顺序梳理该文体的发展脉络。这种体例设置，便于厘清不同体类散文的演变轨迹。同时，这部通史也在一定程度上关注了作为创作主体的人的精神世界与实践活动。如李山著《魏晋南北朝卷》的绪论，即探讨了魏晋士人精神状态、文化理念与文学发展的关系。上述体例也有缺陷，如从“大散文”观的视野看，散文、骈文、辞赋三者皆包含在其研究范围内。而目前这部通史，对于骈文与赋的界定尚不明晰，在各卷中的论述比重也不均衡，缺少统一连贯的叙述思路。类似问题，还要在对散文史撰写模式的探索中继续修正、完善。

2013年，还有一部由张炯、邓绍基、郎樱主编，以中国社会科学院学者为主组织编写的《中国文学通史》。[⑩]从古代文学部分的内容看，这部文学史的一个突出特点，是加大了对少数民族文学的观照力度。在魏晋南北朝、隋唐五代两卷中，专列“隋唐前南方民族文学”“吐蕃时期的藏族文学”“突厥碑铭文学”“唐代南方少数民族文学”等篇章。

二、对政治与文学关系的探讨

政治与文学的关系，始终是文学研究热点。政治对于社会文化的影响广泛多元，这就为相关研究提供了丰富思路。徐公恃的《衰世文学未必衰——以魏晋南北朝文学为中心》[⑪]即从宏观角度，以魏晋南北朝文学为例，分析政治与文学关系，提出“衰世文学未必衰”的命题。政治上，魏晋南北朝是动荡不安的衰世，但文学发展却相当繁荣。对此，文章归纳出三点原因：一是衰世中政治对文化干预减弱，文学创作自由度增加；二是衰世中思想文化呈现多元化趋势，有利于作家展示才华、个性；三是衰世能够给作家提供大量以人类苦难为主的生活体验和写作题材，利于产生优秀甚至伟大的悲剧作品。这篇文章的启示在于，文学有其自身运行特点，与政治发展并不总是一致，二者关系复杂多样。

对具体文学现象的政治原因探析，可从不同侧面展现政治对文学的影响。葛晓音的《中晚唐的郡斋诗和"沧州吏"》[12]分析"沧州吏"和郡斋诗在大历之后大量涌现的原因，指出中晚唐内外官迁转状况及文人吏道观的变化致使担任州县官的文学之士大大增多，贬官冗员多发配边远州县的制度，事简人闲的生活方式和寂寞失落的心态，造成文人视外郡为沧洲的普遍观念。杜晓勤的《唐开成试诗变体与文宗朝党争之关系》，[13]以开成年间进士科试依"齐梁体格"这一科举史上较特别的应试诗体改革事件为切入点，梳理科举文风变革与牛李党争的关系。通过考察大和、开成年间牛李两党轮流执政及其对科举的影响，可以发现，文宗时期科试文风的变革，既是文宗崇雅好古诗学观的履践，也与牛李二党文化观的矛盾对立有关。

三、关于中古诗歌体类观念、作家创作、审美特征的探讨

魏晋至隋唐是中国古代诗歌走向繁荣直至顶峰的时期。在高水平诗作大量涌现的同时，各种诗歌品类、体裁也逐步完善。2013 年北京地区在中古诗歌研究方面，即多从特定题材展开。

1. 诗歌体裁流变、体类观念研究

七言诗是唐以后文人诗创作最主要的体质形式，而对于"七言"这一概念的内涵界定、早期发展源流的梳理，学术界尚有未能厘清之处。钱志熙《论汉魏六朝七言诗歌的源流及其与音乐的关系》[14]即对这些问题进行了深入探讨，从作为韵文体的七言、作为乐章体的七言、作为徒诗体的七言三个层面，梳理出汉魏六朝至隋唐七言诗的流变。作为韵文体的七言在汉代已被广泛使用，但乐章体的七言诗歌此时还很少。汉至晋宋的七言诗歌都是歌、舞词，主要有句句入韵和三七言两种形式。受汉魏旧乐体质限制，这两种乐章体形式都不能转化为大宗的徒诗体。南北朝后期，隔句押韵的七言歌曲开始流行，徒诗体七言诗也由此迅速发展。隋唐燕乐兴起后，七言成为歌曲主体，徒诗体七言诗也成为诗体主流。

中唐元白自编文集，体现了独特的诗歌体类观念。杜晓勤的《〈白氏文集〉"古体"与"古调诗"之关系》[15]即从分析"古体"与"古调诗"两个概念关系入手，对此加以分析。文章认为现存《白氏文集》卷 11 与卷 9、10 同属五言古体感伤诗，但一为白居易自编，一为元稹编排。前者诗体标为"古调诗"，涵盖"讽喻""感伤""闲适"诸类五言古诗。后者诗体标为"古体"，专指非讽喻类的五言古诗。这种差异体现了元稹在长庆年间诗体分类观念的变化。

2. 唐人律诗、歌行创作研究

在唐诗艺术研究方面，一些学者针对某位诗人在某种体裁创作中的突出特点，提出一些颇具见地的观点。

刘长卿七律因"工于铸意""巧而伤雅"被明清诗论"列入中唐"，学术界对此大体接受。但葛晓音的《刘长卿七律的诗史定位及其诗学依据》[16]认为这一定位带有唐诗初盛、中晚之争的偏见。若要合理评判刘长卿七律的诗史地位，必须以其对七律体式发展的贡献为诗学依据。基于这一思路，文章从意境营造、抒情结构、情景组合三方面对刘长卿七律进行分析，认为刘长卿和杜甫都处于盛唐七律已经成熟、但尚未形成独特体式优势的特定阶段，都具有进一步发掘七律表现潜力的自觉意识。与杜甫的"变格"不同，刘长卿更多地保持了盛唐七律"正宗"的风貌。他将盛唐五言山水送别诗写景造境的原理用于七律，开拓了七律营造意境的空间；同时突破早期七律程式局限，以构思立意调动句联的配合，形成变化多端的抒情结构；又深入探索情景关系的多种处理手法，大大拓展了七律抒情的容量和深度。

张一南的《李商隐在桂林的五律创作》[17]抓住李商隐在桂林期间大量创作五律这一现象加以分析，指出诗人选择五律这种最接近齐梁体的形式书写客寓他乡的所见所感，着力刻画形象，关注纤小事物和细腻感觉，体现了对齐梁体诗歌艺术的借鉴。

辛晓娟的《杜甫歌行艺术研究》[18]一书分八章对杜甫的歌行艺术进行研究。前三章以时间为线索，对杜甫现存的 140 余篇歌行进行编年梳理，力求系统呈现杜甫歌行的创作历程。后五章分别从抒情、叙事、审美风貌、体质、音乐性五方面，对杜甫歌行进行研究，指出杜甫歌行艺术以"变革为复古"的精神实质。

除上述专论某一作家、题材的论著外，朱子辉的《唐诗语言学批评研究的两个基点》[19]也值得注意。该文从如何进行唐诗语言批评的角度，对近体诗语言艺术特质进行分析，提炼出两个基本特征——语词构建和意象呈现。衡量一首诗优劣与否，取决于诗歌"语词建构"的艺术表现能力和诗中以"语词建构"为表现形式的"意象"能否"呈现"令人感发的、深厚的文化情感。

四、乐府学研究成果丰硕

2013 年，由吴相洲主持的两项乐府学课题的阶段性成果问世，为乐府学研究做出新贡献。"乐府诗构成要素研究"以乐府诗的五个构成元素——题名、本事、曲调、体式、风格为研究对象。此次推出的四部专著由吴相洲乐府学研究团队的四位年轻学者撰写[20]，分别针对题名、本事、曲调、体式展开研究。吴相洲指出：这些要素使乐府诗具有区别其他诗体的根本特性，约束该作品创作时回归和保持自身传统。分析乐府诗的构成要素，是解读一首乐府诗的基本方法。“乐府诗断代研究”计划分十个时段，从文献、音乐、文学三个层面考察汉唐乐府诗。此次推出的五部著作涉及两汉、魏晋、齐梁、北朝、初唐五个时段，分别由吴相洲指导的四位博士完成[21]。吴相洲指出，乐府诗最为兴盛的汉唐时期也是中国诗歌史上最为辉煌的时期。深入认识汉唐乐府诗对于清晰描述汉唐诗歌史有重要意义。

除项目成果外，一些单篇论文也值得关注。钱志熙的《唐人乐府学述要》[22]《20世纪上半期乐府研究史述评》[23]从学术史角度，分别梳理了唐代和20世纪上半期的乐府学发展情况。许继起的《乐府总章考论》[24]梳理了总章概念的发展流变，考察汉魏晋六朝乐府机关中总章乐署的设立、职官的建置。梁海燕的《“吟叹曲”与吟叹乐府诗》[25]《王维乐府诗的重新认定》[26]分别对“吟叹曲”的音乐形态、艺术风格和王维乐府诗篇目构成问题进行了分析。

五、作家研究的多重观照

2013年作家研究方面的成果，可从以下三方面进行说明。

1. 作家生平行迹研究

杜晓勤的《周颙行年略考》[27]以编年考略形式，对南朝宋齐时著名文人周颙的行迹进行了梳理。李俊的《杜甫两依严武事迹发微——以入幕和为郎为中心》[28]将入幕和为郎作为杜甫在蜀中两依严武的中心事件，认为杜甫之所以在严武镇蜀期间入其幕，并非单纯为求官，而是为重返长安、实现政治抱负做长远规划。

2. 作家创作特色研究

蒋文燕的《素心·猛志·悲慨——论陶渊明人格与文风之关系》[29]《陶渊明诗“忧愤”说辨析》[30]两文对陶渊明诗歌风格进行解析。前文从人格层面入手，分析“素心”“猛志”“悲慨”三种人格境界对陶渊明诗风的影响；后文直接分析陶诗中“平淡”“豪放”“忧愤”三种风格及相互关系。从人格到诗风，其一致内涵表现为“傲然自足”的自由意志，诗人以此占据精神的高度，完成对苦难的超越。

祝丽君的《对元稹女性叙写的女性主义解读》[31]对元稹关乎女性的作品进行文本细读，认为他具有比较进步的女性观，不应将这些作品视为“淫靡”。

汪艳菊的《温庭筠乐府诗的“南朝指向”探析》[32]分析温庭筠乐府诗与南朝历史文化、诗歌的密切联系，指出这种“南朝指向”与诗人有意回溯南朝诗歌、革新唐代乐府、恢复乐府诗入乐传统有关。

3. 作家地位影响研究

对于王粲的文学地位，学者们多从文学审美层面加以界定。但袁济喜、徐晓的《论“七子之冠冕”的形成——试论王粲文学创作中诗礼秩序与情感表现的融合》[33]认为这种分析视角低估了王粲作为学术继承者在文学史上的作用。文章认为王粲作为“七子之冠冕”的文学地位，不仅是文学审美问题，同样是一个涉及学术源流、人格精神的问题。文章通过考察王粲的先天才学秉赋与后天学问修养，揭示了其在建安文人群体中的普遍意义和特殊价值。

左汉林的《北宋初期诗人学杜论略》[34]《论北宋中期诗歌创作中的学杜风潮》[35]分别考察杜甫对北宋初期和中期诗坛的影响，从具体创作层面，对王禹偁、梅尧臣、苏舜钦、欧阳修、王安石、苏轼、苏辙、黄庭坚等人学杜情况进行分析。

刘京臣的《韩愈诗歌对宋词影响研究》[36]考察韩愈诗歌对宋词的影响，文章重点抓住两个“三年”：永贞元年（806）至元和二年（807）、元和十年（815）至元和十二年（817），列举这两期的韩愈诗作与宋词作品相对照，考察两者间的化用、借鉴关系。

六、文本解读方式的探索

借鉴西方文论解读中国传统作品，是近年来古代文学文本研究的一个突出现象。在这方面，范子烨运用互文性理论解读陶渊明诗歌，具有较鲜明的方法论特色。从2011年起，范子烨开始发表解读《拟古》九首的系列文章。2013年，这组文章的最后六篇陆续发表。[37]范子烨力图揭示《拟古》九首中被遮蔽的艺术世界和思想天地。这种揭示基于两个方面：一是对组诗底文和互文本的揭示，二是由此发现的组诗与曹植其人其诗在思想、内容、艺术上的同一性。范子烨认为，《拟古》其九是曹植伫立于鱼山之上对自己人生的深情回眸与悠长回顾，其他八首诗都围绕这首诗展开。沿循这一思路，他对《拟古》九首诗进行了系统解读。就艺术表现而言，这组诗广泛吸收了汉魏时期作家作品的文学要素，重新模拟了曹植对前人乃至同时代作家作品的模拟，重新表现曹植对《诗》《骚》、汉代古诗以及汉乐府艺术传统的吸纳。就思想内涵而言，这组诗代表了陶渊明对曹植那苍茫、雄伟、深厚、博大的精神高原的巡礼。

与借鉴西方理论不同，邓小军的唐诗解读主要运用中国传统学术方法。《释〈春江花月夜〉“捣衣砧上拂还来”——并释古诗赋中的“捣衣”、“捣练”和“浣纱”》[38]一文，对古诗赋中的“捣练”“捣衣”“浣纱”几个词汇的语义进行了推源倒流式的考察，在此基础上指出“捣衣砧上拂还来”描写了思妇春江月下浣纱时，情不自禁地拂去漫上捣衣砧的水月，可是水月又漫上了捣衣砧。象外之意，是见月相思、见月伤心。

关于作品研究，值得关注的还有袁济喜的《“说诗者，不以文害辞，不以辞害志”——木斋先生〈古诗十九首〉主要作者为曹植说商兑》[39]文章针对木斋所提《古诗十九首》主要作者为曹植的观点提出异议，认为这组作品当为东汉末年时创作的观点比较妥当。文章关于如何运用科学方法解读史料的反省，值得思考。

七、文艺理论、文学批评、文学思想研究的新成果

魏晋南北朝隋唐五代是古代文论高度发展的时期。对于这一时期文艺理论、文学思想的研究，有助于对当时文学发展状况、创作规律的认识。2013年对于这一领域的研究，集中在三方面。

1. 社会历史发展与文学批评的学科构建

魏晋南北朝是中国古代文论学科体系健全的关键时期，杜书瀛即认为作为独立学科的“诗文评”诞生于此时。他的《魏晋南北朝“诗文评”学科的诞生》[40]《魏晋南北朝时期“诗文评”繁荣的特殊历史机缘》[41]两文对此做了详细阐述。前文从诗学文论内在发展理路出发，对“诗文评”在魏晋南北朝时期诞生并走向繁荣的标志及原因进行分析；后文从更为广泛的社会文化角度分析魏晋南北朝时期“诗文评”繁荣的历史机缘。

袁济喜的《汉魏士人问题与文学批评之演变》[42]力图挖掘东汉末年士人活动与魏晋文学批评形成的联系。文章认为当时的士人受党锢之祸影响，清议风气与批评意识活跃，促进了汉魏之际文学批评形态的变化。对文学批评演变的研究，袁济喜强调要重视考察作为批评主体的人的实践活动与精神理念。文学批评的演变，表面是文学观念的变化，但根本上的是肇自人的主体地位与价值观念的变化。因此，研究文学批评的变迁与发展，最根本要从批评主体着眼，旁及范畴、理论、观念等层面。

2. 对一些文论概念、范畴的深入解读

中国古代文论史上的一些重要概念、范畴都在魏晋至隋唐经历了发展完善的过程。钱志熙的《唐诗境说的形成及其文化与诗学上的渊源——兼论其对后世的影响》[43]即从分四个部分深入探讨唐人诗学中“境”的概念。其一，考察“境”由地理空间名词向抽象性空间名词的发展情况，认为主要受佛教影响而形成的以境观照世界与人生的思维方式，是唐诗境说形成的文化背景。其二，对中晚唐的“诗境”一词做重点研究，认为它标志着“境”这一范畴在唐人日常诗学活动中的流行，这是境论产生的基础。其三，“境”作为诗学范畴出现，是唐诗创作与批评实践的结果，它与中晚唐近体诗艺术的发展，苦吟诗风的形成有直接关系。其四，对“境”在唐以后诗学中的应用情况，特别是王国维对传统境界范畴的发展进行梳理。

程小平的《论“象外之象”的视角转换》[44]对“象”与“象外之象”的区别进行揭示。从审美观照角度看，诗人情思和外物相互感应而生成“象”；诗人“以物观物”，从宇宙大化观照到的“象”才是“象外之象”。从心理学角度看，“象”同构的是较单纯明朗的感觉，“象外之象”同构的是较复杂微妙的心境。

张晶在2013年发表了多篇文艺美学论文，[45]对诗学、画论中“偶然”“逸”“天机”等概念进行阐释，其中也涉及对魏晋南北朝隋唐五代文艺理论的探讨。

3. 对经典文论著作的解读、阐发

魏晋至隋唐，出现了一批重要文论著作，其中《文心雕龙》是文论研究的重中之重。陈允锋将其近年来的《文心雕龙》研究成果重新整理汇编，出版了《〈文心雕龙〉疑思录》[46]一书，从思想渊源、批评方法、概念解析、传播影响等方面，对《文心雕龙》进行了立体性观照。张敏杰的《〈文心雕龙·辨骚〉之“昔汉武爱骚，而淮南作传”刍议》[47]对“汉武爱骚”“淮南作传”的历史真实进行考辨，指出二者之间的因果联系不是必然的，这是刘勰对历史文献的再叙事，是刘勰“爱骚”情感的流露。桓晓虹的《〈文心雕龙·定势〉之“势”与古代医论》[48]选取《文心雕龙》与医学的关系这一独特的视角，对《定势》篇之“势”的含义进行了较新颖的解读。

除《文心雕龙》外，对其他一些文论著作的阐释论文亦有新见。范子烨的《曹丕〈典论·论文〉“齐气”发覆》[49]针对《文选》本《典论·论文》中：“王粲长于辞赋，徐干时有齐气，然粲之匹也。”一句中“齐气”二字的含义进行发覆，认为《典论·论文》的原文当为：“王粲长于辞赋，徐干时有逸气，然非粲匹也。”廉水杰的《钟嵘〈诗品〉“颜延论文，精而难晓”考释》[50]认为“颜延论文，精而难晓”中的“精”当理解为“精密”。颜延之以“宗经”“连类”“比物”为基点的文学观念，决定了其文学观包含内容的用事、用典，语言的精工、精巧，富有雅言的音韵等内涵。这正与钟嵘“颜延论文，精而难晓”的“精”之内涵一致，也是钟嵘认为颜延之文学观“精而难晓”的原因。孙明君的《唐太宗〈陆机传论〉解析》[51]对《陆机传论》的写作动机、结构内容、诗学思想进行解读。文章认为唐太宗提出“宏丽慷慨”诗学观，意在矫正汉儒诗教观和宫体诗的流弊。

八、文献学视角对文学研究的推进

传统文献学，为文学研究提供了目录、版本、校勘、辑佚、辨伪、注释等多重角度。运用这些方法，既可进行基础性文献整理工作，也可赋予文学文本新的研究价值。马昕、谢思炜即从注释学角度，分析《文选》注与其他文学文本的关系，对一些经典文本的价值进行新的挖掘。马昕的《〈文选〉李善注引〈毛诗〉异文研究》[52]系统阐述了李善注征引《毛诗》异文的文献学价值，指出其对于《毛诗》研究和《文选》研究的双重意义。而这种思路实可做进一步扩展：对《诗经》学而言，除《文选》李善注外，其他文献也保存了大量《毛诗》异文，同样有待统计；对《文选》学而言，李善注的材料来源不仅有《毛诗》，对其他古籍的征引情况也应纳入研究范围，如能将这些专题研究组成序列，则能对李善注引书情况有全面、清晰地了解。谢思炜的《杜诗与〈文选〉注》[53]根据杜甫诗歌语言参考《文选》李善注、五臣注的情况，对一些诗歌语汇的含义进行重新解读。文章指出杜甫有字面取《文选》注而非原文之例；对杜诗某些语言的解释须从《文选》注入手，杜甫应首先参照李善注，同时也参考五臣注；杜诗中也有个别用语与《文选》注不合，应另有所据。

除上述两文，一些学者的版本辨析、辑佚补正文章，对相关研究亦有修正、补充。《四库全书》所收纪昀家藏《玉台新咏》向称宋本，但傅刚的《四库全书所收〈玉台新咏〉底本非宋本考》[54]指出这是一个错误。该文认为这个本子实为明末赵均覆宋本。文章还指出，《玉台新咏考异》所言宋本《玉台新咏》也非宋本，亦是赵均覆宋本。王媛的《〈博物志〉文献问题及其原因》[55]分析了张华的《博物志》现存两个版本体系中的文献问题，并强调了利用唐宋典籍中所引《博物志》条文对今本进行补正的意义。张庆民在《〈搜神记序〉初探》[56]中指出现存《搜神记序》已不完整，可确定者有两部分，而现存文献中当还有《搜神记序》的文字，可对现有文字进行补正。董希平的《宋本〈本事诗〉辑考》[57]对孟棨的《本事诗》进行辑佚，从宋代类书《绀珠集》、《古今合璧事类备要》及《后山诗注》《东坡诗集注》中辑得佚文十则，分属《本事诗》“情感”“事感”“怨愤”“征咎”“嘲戏”五类。

九、长啸艺术与文学关系研究的独特视域

长啸是中国古代一种独特的人声艺术，具有丰富的音乐学、文化学内涵。范子烨的《自然的亲证——关于中国古代长啸艺术的音乐学阐释及其现代遗存的田野调查》[58]一文，综合运用“互文性”解读、音乐学理论、田野调查等方法，对长啸的音乐形态、发展流变、文化内涵及其与文学的关系进行还原阐释，体现出独特的分析视角。文章认为长啸由草原游牧民族传入中原，渗透于魏晋士林的高知识阶层，实现了由“原生态”向“次生态”的革命性转化和对儒释道多元文化的兼容，升华为中国古典文学特有的音乐意象。文章还通过对魏晋文士成公绥的《啸赋》和繁钦的《与魏文帝笺》等文本及其相关音乐背景的解读，证明长啸在现代人类社会中的文化遗存。

注：

①中国社会科学出版社，2013年版。

②中华书局，2013年版。

③邓小军：《古诗考释》，商务印书馆2013年版；吴相洲：《乐府歌诗论集》，商务印书馆2013年版；马自力：《中古文学论丛及其他》，商务印书馆，2013年版。

④参见《“〈中国诗歌通史〉研讨会”综述》，《文学遗产》，2013年第5期；《〈中国诗歌通史〉笔谈》，《北京大学学报》，2013年第6期；《“中国诗歌史写作与评论”笔谈》，《中国文化研究》，2013年冬之卷。

⑤人民文学出版社，2013年版。

⑥北京大学出版社，2013年版。

⑦社会科学文献出版社，2013年版。

⑧《文学遗产》，2013年第1期。

⑨安徽教育出版社，2013年版。

⑩江苏文艺出版社，2013年版。

⑪《文学遗产》，2013年第1期。

⑫《北京大学学报》，2013年第1期。

⑬《文学遗产》，2013年第1期。

⑭《中华文化论坛》，2013年第1期。

⑮《陕西师范大学学报》，2013年第4期。

⑯《中山大学学报》，2013年第1期。

⑰《文史知识》，2013年第9期。

⑱清华大学出版社，2013年版。

⑲《南阳师范学院学报》，2013年第11期。

⑳张煜：《乐府诗题名研究》，北京大学出版社，2013年版；向回：《乐府诗本事研究》，北京大学出版社，2013年版；曾智安：《乐府诗音乐形态研究——以曲调考察为中心》，北京大学出版社，2013年版；周仕慧《乐府诗体式研究》，北京大学出版社，2013年版。

㉑陈利辉：《两汉乐府诗研究》，社会科学文献出版社，2013年版；王淑梅：《魏晋乐府诗研究》，社会科学文献出版社，2013年版；王志清：《齐梁乐府诗研究》，社会科学文献出版社，2013年版；王淑梅：《北朝乐府诗研究》，社会科学文献出版社，2013年版；韩宁：《初唐乐府诗研究》，社会科学文献出版社，2013年版。

㉒《中国社会科学》，2013年第8期。

㉓《北京大学学报》，2013年第5期。

㉔《文学评论》，2013年第4期。

㉕《石家庄学院学报》，2013年第2期。

㉖《乐府学》第八辑，2013年。

㉗《中国典籍与文化》，2013年第2期。

㉘《文学遗产》，2013年第5期。

㉙《黑龙江社会科学》，2013年第3期。

㉚《贵州社会科学》，2013年第10期。

㉛《文学评论》，2013年第1期。

㉜《北京社会科学》，2013年第6期。

㉝《中国文学研究》，2013年第4期。

㉞《伊犁师范学院学报》，2013年第1期。

㉟《山东大学学报》，2013年第2期。

㊱《文学评论》，2013年第5期。

㊲范子烨：《〈拟古〉其五：养生探秘与奇人奇事——春蚕的故事：曹植的人生低谷与精神高原(八)》，《名作欣赏》，2013年第4期；范子烨：《〈拟古〉其六：就国临淄与稷下求学——春蚕的故事：曹植的人生低谷与精神高原（九）》，《名作欣赏》，2013年第7期；范子烨：《〈拟古〉其七：南皮高韵与西园月夜——春蚕的故事：曹植的人生低谷与精神高原（十）》，《名作欣赏》，2013年第10期；范子烨：《〈拟古〉其八：壮士北征与知音难觅——春蚕的故事：曹植的人生低谷与精神高原(十一)》，《名作欣赏》，2013年第16期；范子烨：《〈拟古〉九首的艺术建构和思想旨趣》，《名作欣赏》，2013年第19期；范子烨：《结语——春蚕的故事：曹植的人生低谷与精神高原》，《名作欣赏》，2013年第22期。

㊳《广播电视大学学报》，2013年第2期。

㊴《中国文化研究》，2013年冬之卷。

㊵《社会科学战线》，2013年第2期。

㊶《中山大学学报》，2013年第3期。

㊷《中国人民大学学报》，2013年第4期。

㊸《文学遗产》，2013年第6期。

㊹《同济大学学报》，2013年第6期。

㊺张晶：《中国古代诗学中“偶然”论的审美价值意义》，《文学评论》，2013年第4期；张晶：《“逸”作为画论范畴的审美价值变迁》，《中国书画》，2013年第5期；张晶：《中国古代文艺理论中“天机”论的现象学观照》，《文艺理论研究》，2013年第1期；张晶：《中国古代画论中的“天机”说》，《艺术百家》，2013年第2期。

㊻中央民族大学出版社，2013年版。

㊼《汉语言文学研究》，2013年第3期。

㊽《河南社会科学》，2013年第3期。

㊾《中国文化》，2013年第1期。

㊿《中国文化研究》，2013年春之卷。

51《北京大学学报》，2013年第3期。

52《文献》，2013年第2期。

53《文学遗产》，2013年第4期。

54《中国典籍与文化》，2013年第2期。

55《古籍整理研究学刊》，2013年第4期。

56《文学遗产》，2013年第6期。

57《古籍整理研究学刊》，2013年第5期。

58《故宫学刊》，2013年第1期。

（作者：马自力，首都师范大学教授；
杜光熙，首都师范大学博士生）

宋元明清文学

孙大海　李鹏飞

一、诗词文的研究

2013年度诗词文的研究成果颇丰，专著、论文数量也比较可观。论著方面，谢琰的《北宋前期诗歌转型研究》在文学史的视野中考察诗歌转型，周剑之的《宋诗叙事性研究》丰富了对宋诗叙事性的理论认识，刘洋的《王安石诗作与佛禅之关系研究》着眼于具体作家作品，李艳婷的《〈诗人玉屑〉诗学思想研究》则围绕诗话著作展开诗学讨论，云峰的《民族文化交融与元代诗歌研究》增加了元诗研究的广度与深度。

谢琰的《北宋前期诗歌转型研究》力图采用新的观念、新的角度、新的方法，切实而深入地考察北宋前期诗歌转型的过程及意义。该书网罗了从晚唐到北宋前期极其丰富的文学资料和历史资料，以北宋诗歌文本的创作及其内涵作为主要的考察对象，从自然、情感、政治、文化等角度切入，寻绎出自晚唐到北宋诗歌转型的主要轨迹、基本特征和内在意义。作者提出了“中观写作”的研究范式，具有一定的启发性。①

周剑之的《宋诗叙事性研究》，认识到宋代诗歌叙事性对抒情主流的突破，从宋人对过程的理性体认、本末式叙事诗、人物传记式叙事诗、自传诗、代言体叙事诗几个方面梳理了宋代叙事诗的发展状况。同时，该书还从宋诗“纪事”的发达以及诗题、诗序、自注的叙事性两个侧面较为准确地把握了宋诗叙事性的特点。周剑之从题材视角下考察了宋诗叙事的拓展，又从诗体视角下论证了宋诗叙事的新变，在内容与形式两个层面都对宋诗的叙事性特点进行了详尽的论述。②

刘洋则着眼于具体作家，探讨了王安石诗作与佛禅的关系。他认为宋代儒学的复兴和佛教的流行使儒释关系呈现出一种相互影响的状态，王安石是持“儒释调和”说的代表。王安石一生与儒、释的关系，体现为他早期的济世与晚期的超脱。而王安石的诗作充分体现了他"以佛入诗"的态度：从内容层面来看，王安石写有佛典诗、佛理诗、佛缘诗、禅境诗；而在艺术技巧层面，王安石不仅以其禅境诗创造了"物我合一、物我浑然的无我之境"，还采用大量佛典、佛语入诗，喜作翻案诗。③

李艳婷从诗辨、诗法、风格、诗史、词学几个角度对《诗人玉屑》的诗人思想进行了系统的研究。她认为，性情说、风雅观、义理说是《诗人玉屑》关于诗歌本质的主要认识。诗法论则涉及"炼意"说、句法说、用事说三个部分。《诗人玉屑》在风格层面，重点体现了诗趣观和平淡诗观。《诗人玉屑》也反映了唐宋诗歌分期与流变，并持一种唐宋并重的诗史观。同时，李艳婷还试图通过对词学论的分析，丰富《诗人玉屑》诗人思想的内涵。④

云峰从民族文化交融的角度考察元代诗歌，拓展了元代诗歌研究的深度与广度。其《民族文化交融与元代诗歌研究》一书详细介绍了蒙古族、回族、契丹、女真、唐兀及维吾尔等民族诗人及其汉文诗歌的创作情况，对于萨都剌等重要作家的生平、诗歌思想内容、艺术特色都进行了较为全面的考察。该书立足于少数民族诗歌题材的具体特点，深入探讨了描写北部边疆自然风光及少数民族生活习俗的诗歌，通过对杨允孚、张昱等诗人作品的介绍，呈现了元代诗歌图景中独特的民族风貌。⑤

论文方面，有关明清诗文的研究成果最为显著，尤以左东岭、廖可斌、张晖、蒋寅三人创见较多。

左东岭进行了一些综论性质的研究，其《20世纪的江西诗派与台阁体研究》一文认为，20世纪的台阁体研究包括了对其早期源头江右诗派的研究，以"三杨"为代表的台阁体的流派研究，以及与台阁体同时的其他重要诗人的研究。从总体上看，20世纪的台阁体诗歌研究取得了不小的成就，尤其是20世纪的最后20年间，已经对其体貌体征、代表作家、形成原因、流行时间，以及与江右诗派的关系等方面进行了全方位的论述。存在的问题主要包括两个方面：在价值认定上有过于拔高与贬低的偏颇，在关联性研究上则显得过于单一。因而台阁体的研究依然具有较大的开拓空间。⑥

他的另一篇《20世纪刘基与浙东诗派研究》，则是对20世纪刘基与浙东诗派的诗学思想与诗歌创作的系统梳理及研究。文章就相关的文献整理、创作风格及诗学观念进行了全面的论述，尤其对刘基诗与词进行了分体研究的叙述，同时还对宋濂等浙东诗派重要诗人以及浙东诗派的整体研究状况进行了清理。在此基础上，对相关研究中存在的问题也进行了认真的检讨，并指出了进一步研究的学术增长点与可能性。⑦

关于具体诗人的研究，左东岭考察了高启。他认为，高启是元明之际最有影响的诗人之一，其近体诗既有诗体模拟的自觉追求，更是对自我情感的真实抒写，呈现出其优秀诗人的特征。高启既不同于传统的讲究教化的儒家诗人，也不同于只知苦吟而追究诗歌工巧技艺的诗人，他是一位将诗体模拟与情感抒写紧密结合的真正的专业诗人。⑧

左东岭还探讨了宋濂撰写方国珍碑铭中所采用的叙述策略及其原因，揭示了其中所体现的文章观念。他认为，宋濂为了迎合朝廷的需要，对于方国珍的生平采取了许多美化的手段，他不仅隐藏了自我的真实情感，同时还隐藏了传主的许多生平史实，最终写出的是未能反映历史人物真实面貌的遵命文章，从而体现了他在明初的实用主义的文章观。⑨

廖可斌通过评论《中国诗歌通史·明代卷》，提出了中国古代文学中的非古典传统。他认为，《中国诗歌通史·明代卷》特别注意明代诗歌的地域性、理论与创作互动、流派化、复古与反复古和表达个人情感两条主线并行等特征，构筑了时间与空间结合、理论与创作两个层面互动、两条主线并行交织这样一个立体动态的明代诗歌发展史叙述框架，完整、深刻地展现了明代诗歌发展的历史进程和时代特征。其中对明代以追求表达个人情感为宗旨的诗歌潮流的揭示尤其具有重要学术意义。着眼于时间的古代文学概念与着眼于审美形态的古典文学概念两者之间并不能画等号。中国古代文学中并存着古典文学传统和非古典文学传统，对其中的非古典文学传统，特别是非古典文学传统的诗文，我们应该给予足够重视，并根据非古典文学传统的标准对之做出准确阐释和合理评价。⑩

廖可斌还提出了"万历为文学盛世"的说法。他认为，明朝万历年间的文学活动极为活跃，文学现象空前丰富，拥有代表性的作家、文学理论家、作品，在文体和文学理论创新方面有重要突破，文学总体形态的演进发生了具有划时代意义的转变，因此万历年间不仅是明代文学的盛世，也堪称整个中国古代文学史上的盛世之一。以往人们没有将万历年间确认为文学盛世，与清王朝对整个明代的妖魔化及对明代文学的贬斥有关，也与人们受传统文学观念束缚及分科研究的学术体制有关。确认万历为文学盛世，有利于凸显万历文学的重要地位，有利于更完整地把握中国古代文学发展的过程与脉络，还可能促使我们对传统的文学观念进行反思。⑪

随着文学观念、历史意识等的变化，学界对于元明清近代诗文的关注明显加大，但张晖认为，表面兴盛的研究现状之下隐藏着不少危机，而这些危机基本上与相关学科的理论未能得到较为全面的论证有关。其《元明清近代诗文研究的现状及其可能性》一文试图拈出纷杂现象背后的五个面向，即文学史研究，文本细读，文学批评史研究，东亚汉文化圈研究，在当代文学理论、批评理论影响下展开的学术研究，并就这五个面向所代表的问题、方法以及局限性等理论问题加以反思和评论。[12]

张晖的《死亡的诗学——南明士大夫绝命诗研究》与《南明文人的返乡》两篇遗作，皆以南明诗歌作为考察对象。明清易代之际，士人在殉国时留下一批绝命诗，这些诗在字里行间、形式与格律之中蕴含了士人的痛苦与情感。张晖即以绝命诗为中心，探寻南明殉国士大夫的精神世界。在对南明绝命诗的整体观照背景下，展开刘宗周、瞿式耜、张煌言等个案研究，以诗作细读与史实关联为基础，揭示绝命诗既反映了个人内心世界的独特与丰富，也反映了士人群体以及时代风尚的价值取向。[13]

怀古和望归是中国古典文学中最普遍的两大主题，在中国的文化系统中故乡是一个极为特殊的场所，是一个归宿的符号。顺治七年桂林失守后，永历朝廷中抗清失败文人的返乡之旅，颇值得关注。方以智、钱澄之、王夫之等人的返乡诗，刻画了南明文人返乡的途径和心迹。在这批返乡诗中，南明文人展现了抵抗失败后各自潦倒、悔恨、自责、归隐、休憩、潜伏等心境。南明文人的返乡诗在对返乡复杂心境的描述上，达到了过去少有的细致和深度，极大地丰富了我们对于中国文学中返乡主题的认识。[14]

蒋寅很集中地对清代性灵诗做出考察。其《袁枚诗学的核心观念与批评实践》一文认为，袁枚诗学破而不立的理论品格，带有很强的解构倾向，在理论和观念上表现为取消绝对的价值和典范，在创作和批评实践上则显示为放逐诗家通行的法则和要求。这使袁枚的性灵诗学整体上显示出一种强烈的实践性，诗歌批评也因此形成鉴赏式的品评风格，而其核心观念就寄寓在那些散漫的批评中。[15]

他又认为，清代乾隆、嘉庆年间，在性灵派思潮的鼓荡下，诗歌写作明显形成一种强调自我表现而走向极端化的倾向，具体表现为由反对模拟进而漠视古人和传统，强调自我表现的绝对价值，以至于放弃独创性概念。被视为性灵派后劲的著名诗人张问陶正是一个有典型意义的代表，他的诗论清楚地显示出性灵派走向极端的趋向。[16]

2013年度对于《列朝诗集》的研究，亦有重要成果。北京大学图书馆与国家图书馆存有《列朝诗集》两种稀见稿本。都轶伦通过对两种稿本与刻本在选人、选诗、小传等方面的比较，发现钱谦益的编纂思路经历了从明末偏重诗艺考量、拣择精简的选本标准到入清后欲存人存史的诗史标准的转变，故选人选诗数量及小传内容均由约转丰，逐渐完备。但两种稿本与刻本在体例、编次、编纂方法等方面仍前后沿承，选人、选诗、小传的具体内容也多有承袭。编纂思路的重心虽有变化，然存史动机在明末已偶现萌芽，论诗意图更贯穿始终。在明清易代之变、钱氏心态之变、材料层累收集等因素的共同推动下，变化与沿承相互交会，构成了《列朝诗集》编纂成书的主要脉络。[17]

白一瑾则从吴中诗学本位观的角度切入。她认为，钱谦益编纂《列朝诗集》，是以吴中诗学传统为本位的，具有鲜明的地域特质。《列朝诗集》有意识地以流派之中吴中籍诗人的多少，和宗旨纲领是否合于吴中诗学传统，作为标准，来评价和定位明代的各种诗学流派；并且整理出了一条完整的吴中诗学发展脉络，以之为明代文学发展的主线和正脉。[18]

旧题后村先生编集的《分门纂类唐宋时贤千家诗选》，在编者与选本的价值方面，学术界存在着不同的看法。钱志熙的《论〈千家诗选〉与刘克庄及江湖诗派的关系》一文，通过对该书与刘选唐宋绝句六种的关系的分析，认为其是在刘选六种的基础上选编的、反映江湖诗派后期诗学观念的一个通俗性唐宋诗选本，其对后世影响最大，为后来的《千家诗》继承最多的是七言绝句一体。《千家诗选》可以视为南宋后期以江湖诗派为主流的诗坛对唐宋诗史的一次集体性的重新建构，对于认识南宋后期诗史的演变也有重要的参考价值，对宋诗的诗史地位的确立起到了重要的作用。钱志熙还分析了江湖诗派在发展过程中的一些变化，指出《千家诗选》与四灵派的诗学存在着一定差异，文中对刘克庄的诗学思想也有较多涉及。[19]

王媛对旧题元陈世隆编的《宋诗拾遗》进行了辨伪。她指出，此书在清代中期之前未见著录，也从无人征引。经其仔细考察，发现此书中误录了不少唐五代、元、明甚至清代人的作品，毋庸置疑应为清人所伪造。此书中所录内容与多部明清总集，如蔡璞的《东瓯诗集》、沈季友的《檇李诗系》、张豫章等的《御选宋诗》、汪森的《粤西诗载》、厉鹗的《宋诗纪事》等有因袭关系，更说明了其为清人所造伪书。此书一直被视为较早的收录宋诗的总集，广泛应用于古代文学的整理和研究中，造成了许多不必要的疏误。以今人所编《全宋诗》为例，因误用此书，竟致有误辑其他时代作品、误题作者、重复辑录等问题。因此，考辨清楚此书的真伪，对正确理解和利用宋诗文献具有重要意义。[20]

词学方面，郭凌云的《仁宗朝馆阁翰苑与词坛论略》一文指出，仁宗朝是宋词发展的关键阶段，出现了北宋文人词的第一个高峰。这一时期的著名词人除柳永和张先外，大多曾任馆职或翰林学士。在馆阁翰苑文化的影响下，仁宗朝词体完成了从伶工、宫廷之词向士大夫词的蜕变，语言渐趋典雅，内容乐而不淫，抒情主人公逐渐转变为思致深远、气节相尚的士大夫形象，并由此奠定了士大夫词的范式，对其后的元祐词坛及词史发展影响深远。[21]

李修生的《柳永的生平仕履和词作路径》一文

主要是根据宋人别集、笔记、方志等文献资料中关于柳永的记载，以及柳永的作品，重新考索柳永的生平仕履和词作路径。文章认为：柳永年轻时，是在明州鄞县富都正监所属晓峰务工作过的管勾类人员；他在中进士以前的很长时间，可能在两浙路转运司任管勾、干办类的职务。柳永的父亲柳宜是以南唐“伪官”身份入宋任职。柳永有很好的家庭教育。他在两浙路担任的职务，使他有条件与地方官妓接触。他疏狂的性格、出众的才华，使他写新词、翻新调，成为宋词的开拓者。[22]

宋代有五百家注韩之说，韩愈对宋代文学产生了广泛的影响。刘京臣试图从词学领域阐述这种影响。通过对韩诗与宋词语汇的比较，他认为，韩愈在永贞元年（806）至元和二年（807）、元和十年（815）至元和十二年（817）两个“三年”间创作的诗歌对宋词的影响最为显著。若从具体词人来看，苏轼、辛弃疾、刘克庄诸人受韩愈影响最大。[23]

清词方面，张菊玲、李红雨的《清代词人纳兰性德身世探赜》从民族特质与满族背景的角度，考量纳兰词。文章认为，纳兰性德独特的生命轨迹，孕育了他独特的词作。纳兰性德拥有与周围的汉族士大夫迥然不同的前世今生，纳兰词中隐匿着其他民族文化未曾有过的特质。只有阅读了充满悲情的满族崛起史，阅读了在历史的偶然与历史的必然中演进的清王朝开国史，以及纳兰性德所置身的文化环境，才能真正走入纳兰词。[24]

散文研究的成果相对较少，主要集中在明代“性灵论”与桐城古文的考察。肖鹰指出，明代文学家袁宏道的“性灵论”研究和阐述代不乏人，但既往论说有两方面不足：第一，失于零散；第二，失于泛说。在前人论说的基础上，以袁宏道《叙小修诗》为中心，比照袁宏道其他重要文献和李贽等人的文献进行阐释，更有利于对袁宏道性灵论的思想渊源、历史演变、精神主旨和内在逻辑进行梳理和解析。《叙小修诗》包含了大约同期的袁宏道书信文章的基本思想，它与李贽童心说具有直接的精神传承关系，但作为“性灵论”的纲领性文件，它深刻系统地表述了晚明文学打破礼教束缚、自由表现的精神追求。[25]

石雷认为，方苞有关桐城派古文的理论虽然见诸很多文章，但沈廷芳的《书方望溪先生传后》中引录方苞的一节论述古文的话语不仅时代较早，而且正面提出了“义法说”和“雅洁说”，具有一定的纲领意义。方苞以“破”带“立”，对吴越间遗老或杂小说、或沿翰林旧习的创作风气进行了批评，提出学行与文章并重，反对将语体与文体错杂而带来的文体变异。方苞以儒家思想和唐宋古文为古文文体本位，立论既有时代背景，也有理论高度，对于桐城文派的最终形成产生了重要影响。[26]

清乾嘉时期，考据学家与桐城派之关系，以及他们围绕汉、宋之学与义理、考据、辞章等展开的争鸣，是学术界讨论较多的议题。漆永祥认为考据学家与桐城派之间的交往，如方苞与江永论礼不合，戴震拒纳姚鼐为弟子，江藩与方东树之间有激烈争论等，多影响皮附之说，皆非史实；考据学家与桐城派之间，也从未产生过针尖麦芒的正面交锋；终姚鼐辞世前后，考据学一家独大的局面并未改观，桐城派学人对考据学不构成威胁；后人所论当时桐城派与考据学家间的争鸣，只是一场“关公战秦琼”式的构建与想象；桐城派产生较大影响，是晚清曾国藩等人以后的事情；乾嘉时期的确存在着时隐时现的汉、宋之争，但一盘散沙的宋学派也无法撼动铁板一块的汉学派的地位。[27]

二、小说的研究

本年度关于小说的研究成果亦十分丰硕，然专著偏少，论文较多。傅承洲全面考察了李渔的话本，其整理吴组缃《聊斋》研究遗稿一事，很值得重视。《红楼梦》的探讨热度不减，《聊斋志异》的考察多有新见。《北京大学学报》关于小说“结构”问题的讨论依然值得关注。此外，尚有多种论著从不同侧面丰富了本年度的小说研究。

傅承洲的《李渔话本研究》一书对李渔的话本创作进行了全面系统的研究。上篇综论部分理论性较强。书中指出，李渔商业型文人与文化型商人的人生角色、明清鼎革的社会环境、享乐的人生哲学都对李渔的话本创作产生了重要影响。李渔将其话本视为“无声戏”，在这样的理论指导下，其话本呈现出鲜明的戏剧化特征。李渔话本的议论立论大胆，新颖别致，常发前人所未发，发前人所不敢发；李渔又经常借议论抒发人生感慨，大谈文人雅趣，这体现了李渔话本议论的出新与尚趣两个特点。通过对李渔与冯梦龙话本的比较，傅承洲还发现李渔的创作是既有因袭又有创新的。本书还兼谈了李渔话本的戏曲改编问题。书的中篇与下篇，傅承洲结合具体篇目，对《无声戏》和《十二楼》做了细致的解读与赏析。[28]

杨东方的《明清士人的世俗生活》，以话本小说为中心，考察了一个独特的士人群体，即参加科举考试的各类举子及部分科举游离者，他们是介于庶民与缙绅间的阶层。科举、治生、婚姻恰体现了士人受到来自王权、经济市场、妻子的“三重宰制”。作者着眼于这三个方面，试图通过反映明清士人的世俗生活来见其精神与心灵。本书也拓宽了话本小说研究的视野，把重点放在学人不太重视的中后期话本上。[29]

夏桂霞认为，《红楼梦》中的思想文化极为丰富，它记录了康雍乾社会的全貌，包括政治、经济、文化等，其内容涵盖了清朝的居家礼制、丧服礼制、婚姻制度、宗法制度、嫡庶制度、奴婢制度、爵位继承、萨满文化、满族习俗、法律制度诸多方面。其《〈红楼梦〉镜像下的清朝礼制文化》一书，正是从文化角度入手，结合社会背景，对《红楼梦》进行了细致的解读与分析。㉚

张云的《谁能炼石补苍天——清代〈红楼梦〉续书研究》一书，收录了她对《红楼梦》续书研究的重要成果。作者从社会认识价值、反映民俗心态、创作鉴戒等角度肯定了《红楼梦》续书的意义，也阐释了续书作者“补恨翻案”的创作理念与追求，提出了非经典化阅读的态度和方法。关于清代《红楼梦》续书的续写策略，作者认为关键在于接续要求、接续逻辑、接续方式、接续起点四个方面。本书还结合《后红楼梦》《红楼复梦》《绮楼重梦》等七部续书，考察其各自特点。另外，清代还出现了戏曲、弹词对《红楼梦》续书的改编，体现了对这些续书的认同。㉛

《鸾坡居士红楼梦词》是潘炤应逍遥子之请为仲振奎《红楼梦传奇》所题，并非对小说《红楼梦》的题咏。之前学界对潘炤其人所知甚少，张云的《重读〈鸾坡居士红楼梦词〉》一文通过对《乌阑誓传奇》及《钓渭间杂脍》所附序跋题词等材料的考察，大致勾勒出潘炤的生平、交游及评红咏红活动，并推及其性情为人与内在价值追求，使这位已被忽视甚久的红楼人物呈现出一个尽可能清晰的剪影。㉜

小说理论研究方面，《北京大学学报》的“古代小说前沿问题丛谈”依旧值得关注。本年度的丛谈旨在对“结构”这一概念在古代小说研究中的运用做一番梳理。刘勇强的《古代小说结构的多角度透视》即力图说明古代小说的结构研究，主要包含了观念、章法、文体三个层面或角度。这些不同范畴的结构总是互为表里、相互制约的。关键的问题不仅在于应区分结构的不同含义与研究意图，更在于探讨不同层面或角度的交集，因为这些交集处，往往是一篇（部）小说的要害所在。㉝李鹏飞在《文言小说的结构层次与结构类型》中同样强调了结构问题乃是小说中具备全局性与整体性的根本问题。在文言小说中，有大量的结构方式是比较隐蔽的、深层次的或者不那么具备普遍性的，比如，谐隐精怪小说的双层结构，唐人小说中“梦的结构”。李鹏飞还认为，不同结构成分之间的比例搭配与相互关系，对小说的整体结构有很大影响。文言小说的结构意识与结构手段自唐至清的发展大势是逐步由天然向人工演进的，《聊斋志异》中还形成了情节结构与叙述结构浑然相融的模式。总体来看，《聊斋志异》中相对成熟的叙事结构，有着诸多来源，是一种继承中的创新。㉞潘建国的《关于明清章回小说结构及其研究的反思》一文认为，明清章回小说具有相对稳定的外部结构，虽便于长篇小说的构造，但又弱化了文本、作者和读者对于内部结构的依赖；其内部结构以及包括“部法”与“章法”在内的结构手法存在明显的模式化现象，却又行之有效，而且容易被文学水平普遍不太高的明清小说家所模仿、复制、掌握，颇利于通俗小说的编撰和传播；部分作品在结构艺术方面富于匠心和创新，但更多作品结构平平，落入窠臼，不过它们分别受到不同文化层次和欣赏口味的读者的欢迎。这些看似矛盾的因素和谐并存的事实，构成了明清章回小说结构的独特品格和历史面貌。㉟

诗歌对小说文体和艺术的重大影响，是中国文学史上的一个突出现象。周先慎认为，这种影响产生的文化背景，一是诗歌的普及和对社会生活及文化的重大影响；二是古代说唱艺术的繁荣成为通俗小说的艺术渊源。散韵结合的叙事方式，逐渐成为一种程式化的僵化模式；而在发展中又不断被突破而产生多样化的倾向。诗歌对小说影响的高级形态，是诗与小说文体的内质融合，即诗性小说的产生。㊱

刘欣认为，古代历史小说评点体现了评点者的接受模式和聚焦重心，即通过序（叙）、读法、凡例、回评等形式申明古代历史小说在伦理上的合法性，对历史人物、事件进行伦理判断，进而为历史更迭做出伦理上的解释。这些评点对发挥古代历史小说的伦理教育功能起到了重要作用，儒家政治伦理及家庭伦理的合理性和权威性在这些评点中得到巩固，几乎成为唯一正确的伦理价值形式，仅有一小部分评点能摆脱说教模式，给出新生的伦理判断。㊲

傅承洲以吴组缃遗作、讲义为中心，补充介绍了吴组缃研究古代小说的一些重要成果。吴组缃生前长期在北京大学讲授“中国小说史”等课程，并撰写了讲义，有些内容没有整理成论文发表。近期发现的吴组缃的遗作与讲义，对《金瓶梅》《聊斋志异》均有深入研究。《论金瓶梅》对这部小说的主题做了新的阐释，认为《金瓶梅》是一部政治历史小说，提出了我国封建社会后期面临变革之际具有重大意义的症结问题。《聊斋志异讲稿》阐释蒲松龄的人生际遇与其思想形成、创作特色之关系，解读《聊斋志异》中人物形象的思想内涵与艺术创新，均有不少精辟见解。吴组缃研究小说，反对将文学反映论简单化，重视作家个人的作用，总是将作品——作家——生活三者结合起来考察。吴组缃论小说，有如小说家谈自已的创作一般，将作家的创作意图、人物描写、情节安排阐释得入木三分。㊳

傅承洲将吴组缃部分遗作整理成《蒲松龄的生平及思想》一文发表。该文考述蒲松龄生平，线索简明，而材料翔实，又以小说家蔼如擅绘之笔书之，可读性极强。吴组缃从历史、生活的复杂性中把握问题，他认为蒲松龄热衷科举，有家庭传统，社会制度、风气，及其具体境遇等多方面的原因。蒲松龄的塾师家馆生活，对其内心造成了难言的孤凄和寂寞，这种精神状态对于《聊斋志异》的创作产生了重要影响。此文还对蒲松龄的婚姻家庭、朋友交游、心系民生等各方面情况做了充分介绍，还原了一个真挚、诚笃、耿直、热心的民间知识分子形象，为读者了解蒲松龄及其作品带来很多新的认识。

王昕对蒲松龄及《聊斋志异》的研究亦很活跃。她指出，1703—1704 年发生在蒲松龄家乡的灾荒，在他的诗文中被完整、充分地记录下来。这种日常状态下的记录方式以下层寒士的视角提供了灾荒叙事的丰富细节和生存理性。同时，这些作品也反映了蒲松龄的生活状况与个人心态。他的生活物质背景如三十口的家累、没有保障的农村生活、粗糙的果腹之食、消耗粮食的饮酒爱好等，可以帮助我们理解《聊斋志异》艺术世界的构建方式和个性特点。此时，衰老的身体使他对塾师和科举的奔波产生了厌倦，其文风也由早年的绮丽趋于直白与率真。㊴

王昕还对蒲松龄“瞿昙转世说”提出了独到的看法。蒲松龄在《聊斋自志》中说自己是瞿昙转世，这一说法在“聊斋”研究中一直被解读为其人生凄苦的象征。形成这种误读的原因：一是忽略这个传说的宗教背景；二是对蒲松龄内心的失察，致使对其“瞿昙转世说”采取消极负面的评价。古代“瞿昙转世说”意味着积善得福与科举成功，也就是“英杰之士必多般若中来”的俗信。蒲松龄一面怨艾激愤，一面孜孜于途地进取功名，其积极的进取心是有民间俗信依持的。对“瞿昙转世说”的考察，可以更贴近地理解蒲松龄的心态及其小说宗教观。㊵

周先慎考察了《聊斋志异》中的婚恋问题小说。他认为，婚恋题材的作品在《聊斋志异》中占有很重要的地位，其总的特色是思想新、格调高、形象美。《聊斋志异》中塑造了一系列的“情痴”形象；强调知己之爱，表现了蒲松龄的爱情观念，已经带有接近于《红楼梦》的近代色彩；通过爱情婚姻问题的描写，小说还同时表现了多方面的思想意义和社会内容。同时，周先慎还对这类小说的局限和有争议的问题进行了具体的辨析。㊶

2013 年度刘勇强对于小说的研究显得丰富、多元。除了之前对于结构问题的讨论，他还考察了《阅微草堂笔记》的叙事策略。刘勇强发现，《阅微草堂笔记》不少作品由一叙述者（“言”者）讲述，而辅以一个或若干个议论者（“曰”者）评说。这一叙议相生、主从相伴的多元化“言”——“曰”结构既彰显了叙述者主导的基本倾向，又通过不同议论者的评说，丰富了情节的阐释空间，形成了一种“主见”与“异说”相互生发的叙事策略。此一叙事策略，突破了在传统史传“传记 + 论赞”结构影响下形成的文言小说叙事模式（《聊斋志异》的“小说本体部分 + 异史氏曰”即为典型代表），具有更为开放的、多元的、甚或有意不确定化的意义指向与思想格局，实为纪昀在文言小说创作中的重要贡献。从本质上说，它也反映出纪昀不固执一端的通达观念和包容性思维方式。㊷

刘勇强还指出，“东京”（开封）是宋元话本小说产生的社会基础，也是第一个在中国古代小说中完整呈现都市风貌的城市。在宋元话本小说中，以东京为背景或有关的作品自成系列。东京在话本小说叙事中具有特殊的时空意义：作为背景的东京与一个个特定的时空相联系，这些时空背景有助于小说情节的安排展开与人物的描写。由于不同体式的小说关注的角度有所不同，即使同样以东京为背景的小说，文言小说与话本小说有着明显的区别。与史料及文言小说相比，话本小说对东京的描写也有所不足。宋元话本小说共同构成的东京形象，超越了此前小说对任何城市的描写，从一个侧面折射出宋元时期文学变迁的进程。随着北宋政权的南迁，东京的政治地位一落千丈，经济发展也逊色于东南其他城市，其都市形象才逐渐淡出了小说的艺术世界。㊸

关于《儒林外史》的文本特点与接受状况，刘勇强亦提出了独到的看法。他认为，《儒林外史》的传播程度是与它的思想艺术水准不相称的。作为一部思想深刻、知识丰富、叙事高超的小说精品，《儒林外史》对读者的接受提出了比其他小说更高的要求。其思想的深邃与多义令浅阅读却步；知识的密度与广度设立了阅读的又一文化门槛；情节的淡化与深隐的叙事要求读者改变消遣性阅读习惯；而吴敬梓的尚古情怀与当下意识在时过境迁后也产生了时间性隔膜。只有充分意识到《儒林外史》文本特性与接受障碍的复杂情形，才能破解《儒林外史》传播中的窘境，让这部伟大之书为更多的人理解。㊹

叶楚炎则从地域视角下考察了《儒林外史》的结构问题。他认为，从地域角度看，《儒林外史》由整饬的三大地域叙事板块构成，整个小说情节运转的方向和板块间地域流动的方向相同，即由外到内，从边缘流动至中心。三大板块的依次更替也正与明代科举文风的时代转换相一致。无论是情节地点的伏案、对于重要地域接点的时间标注，还是小说事实上所形成的整饬的三大地域板块，以及叙事地域所蕴含的独特意义，每一处都可以看到吴敬梓在小说地域流动方面所倾注的慧心。从地域叙事的角度入手还可以看到，程晋芳原书有五十卷之说是确实可靠的，在地域上与第三板块不合的内容，很可能不是小说原书所有，而明显是作伪的第五十六回则恰好显示了这些内容掺入小说的先后顺序。㊺

叶楚炎还注意到，明清通俗小说的作者习惯于追求“耳目之内，日用起居”之奇，因此他们会频繁地将纳妾这一日常生活中极为普遍，同时又能够引起激烈矛盾的婚俗写入小说。小说中所常见的“怨气丑声”的故事就直观地反映了这一点。这类故事的矛头所指，不是纵欲的“妾”，而是那些广蓄姬妾的男性，纳妾由此成为了男性好色的一个标签。而更为重要的情节模式则是“一妾破家”：原本安然无事、风平浪静的家庭由于“纳妾”而掀起狂风巨浪，整个家庭因此而陷入倾覆毁灭的危机中。纳妾既是整段故事的起点，也往往被视为引发危机的源头。所有这些都体现出小说作者在叙事中对于“纳妾”的依赖。纳妾不仅作为显赫社会地位的标志而被寄予某种想象，更有助于故事的叙述：缓解人物在婚姻道德上的困惑，并解决风流与阴鸷无法并存的难题，使得小说的叙事能够不偏不倚地驶向最终的目标。[46]

李萌昀认为，舟船是古代小说中情节展开的重要场景。舟船空间的等级性和秩序性在舟船故事的情节建构中发挥着重要作用，影响着小说叙事的面貌。舟船空间由船头、船舱与船艄三个形制不同、功能各异的部分组成。在舟船故事中，舟船内部的空间界线，恰与内外、男女、尊卑之间的文化界线相重合——这正是解读舟船故事之情节建构的关键。《舟船空间与古代小说的情节建构》一文从空间视角出发，以空间界线为切入点，结合船头、船舱、船艄的文化含义，探讨舟船空间在古代小说之情节建构中的作用。对空间场景的文化/意识形态分析，不但可以帮助我们了解古代小说的叙事逻辑，而且可以提供一条进入古代思想世界的隐蔽途径。[47]

朱万曙亦试图从文学作品中，考察徽州一地之风貌。他认为，明清时期文学作品中的徽州图景表现为山水、乡村、财富、书香世界的叠印，徽州男人大多具有崇“德”、好“文”、豪侠的文化风貌，徽州女人则知书达理、任劳任怨、遵从封建伦理。这些徽州图景给予我们三重启示：文学图景和现实图景相对应、文学图景因现实图景的特殊性而呈现出不同的风貌、文学图景和地域文学存在着交叉关系。[48]

裴云龙指出，在“三言”以明代为背景的故事当中，官吏形象大多是由叙述者在改写故事时所独创、或者在本事基础上做了大幅度扩充使之丰满的，由此成为了“三言”小说视野中展现明代社会风貌的重要部分。在这些形象中，“吏”多数呈现出奸诈、贪酷的面貌；官员形象也以负面人格居多，有些甚至与其在本事中的面貌相比，受到了叙述者明显的矮化。即便是那些受到肯定的明代官员，其得到赞赏的原因亦更多基于人情世故而非政治品格。“三言”叙述者对明代官吏整体形象的塑造，体现了明末文人对个人欲求的绝对偏重和对政风、世风的失望冷漠。这种文化心理的产生主要包含三个方面的历史原因：政治局势的影响、社会思潮的渗透和通俗小说文化属性的制约。[49]

学界通常对《三国演义》中的女性形象以及蕴含其中的女性观多持批评的态度，认为它是男性中心主义的产物。而段江丽认为，现存最早嘉靖本《三国演义》对历史上一些女性形象已经做了正面的艺术加工，让女性在国家叙事中拥有一席之地，其他众多版本在性别问题上都拥有这一基本特征。毛纶、毛宗岗父子通过改写和评语，进一步提升了女性在国家宏大叙事中的地位和价值。毛评本作为宏大叙事的典范文本，虽然受限于时代，尤其是受限于题材与文本疆域，没有也不可能关注现代性别理论所要求的女性的个体情感需要与生命逻辑，但是，却从宏观的角度，为男女性别平等做出了超越时代的、难能可贵的努力和贡献。[50]

对《金瓶梅》中西门庆亲家乔大户所纳的义官，历来学者有不同解释。向静的《〈金瓶梅〉乔大户纳义官考》一文，结合明代捐纳制度的历史背景，考证“义官”为明代对特例捐纳者的专有称谓，发现《金瓶梅》中对义官的细节描写也高度契合史实。明中期以后，义官身份日益呈现二重性，既能荣膺冠带或散官职衔，又普遍受地方官府差遣，逐渐固化为差役名目。这为理解小说中乔大户捐纳义官的动机与处境提供了新视角，也使“乔大户”成为明代小说中刻画义官形象的典型。[51]

本年度潘建国对小说文献的研究亦有重要成果。已知存世《西游记》明刊繁本，有世德堂本和《李卓吾先生批评西游记》两种。潘建国发现，庋藏于法国国家图书馆的《新刻全像批评西游记》残卷，经过从分卷及版式、插图、批语、正文文字四个方面与世本、李本（包括甲、乙、丙三个系统）的详细比勘，可推知其底本属于李丙本系统，很有可能为李丙本的早期印本；但其分卷版式以及若干文字，则又参照世本而定，乃一个兼有世本、李本特征的新版本。这一发现不仅丰富了《西游记》文本传播的版本链条，有益于《西游记》版本研究、尤其是李卓吾评本的学术研究，也促使研究者重新检讨闽斋堂刊本《新刻增补批评全像西游记》的底本问题。[52]

潘建国还考察了西洋照相石印术与中国古典小说图像本的近代复兴。中国古典小说图像本始见于元代，鼎盛于晚明。清嘉庆以降，由于木刻版画技术的衰落，小说图像本渐趋式微。至19世纪末20世纪初，随着西洋照相石印术的传入与普及，古典小说图像本呈现出复兴景象。诸如《三国志演义》《水浒传》《西游记》《红楼梦》《聊斋志异》等小说名著，均出版了多种石印图像本；单部小说的插图数量，较之清代中后期木刻本大幅增加；久已消失的情节插图，重新成为小说图像之主体；众多海上职业书画家的参与，使得小说图像绘制艺术有了显著提高；而五彩石印术的应用，又催生了一批珍贵的小说彩图本。总之，照相石印术乃是推动中国古典小说近代传播的不可忽视的物质文化因素。[53]

三、戏曲的研究

本年度关于戏曲的研究，相对冷清，并无专著，论文多以清宫戏的考察为主。

丁汝芹的《清宫戏再探》考察了清初内廷演戏和女优表演的情况，认为康雍乾时期，女伶演唱弋阳腔在清廷戏中十分盛行。同时，作者通过对清廷演出禁令及相关史料的分析，发现清代帝王并非一概排斥民间戏曲，他们同样乐于接受民间新颖动听的曲调。此外，作者还借助详尽的数据，从乾隆中后期的伶人人数和编制、演出万寿大戏两方面分析了乾隆年间宫廷演剧的盛大规模，同时也讨论徽班进京的状况。[54]

梁宪华的《清朝宫廷伶人》介绍了宫廷伶人的构成与南府、升平署等管理戏剧的演出机构。宫廷伶人的演出，有内学、外学同台演出和内学演出两种，清宫演剧主要以昆、弋腔戏和乱弹戏为主。作者指出，清代统治者对宫廷演剧要求严苛，促使宫廷戏剧表演规范化、体系化。同时，清廷演出集中了一批著名演员加入，扩大了演出阵容，为内学与外学演员的相互交流提供了条件。总体来看，伶人的演出促进了宫廷演剧的成熟发展。[55]

黄卉从《翁同龢日记》着手，对同治光绪年间清宫演戏宫外观众情况进行了考察。清代宫廷戏曲的受众，主要是居住在宫廷的特定人群——帝后妃嫔，却不局限在这一范围，而是因时因地不同或多或少包括了皇族成员、朝廷重臣、外国使节等。这些宫外人员成为清宫演戏的观众，是因为帝后“赏听戏”。翁同龢在清末长期身居枢要，经常获得“赏听戏”的殊荣。翁同龢在日记中对于亲历的宫廷演戏做了详细记载，历时30余年。更为难得的是，翁同龢重在记述赏戏人员、礼仪方面，再现了清宫演戏的场景。以《翁同龢日记》为线索，探究清宫演戏的观众人员成分，对于清代戏曲史的研究有相当意义。[56]

李简指出，宋代城市繁荣，演艺场所发达。瓦市勾栏在北宋兴起，酒楼、茶肆日益兴隆。它们在营业环境、观众、经营内容、演出项目等方面各有异同，各自的发展水平也有差异。而在这些演艺场所中，文人缙绅作为重要的参与者，他们的影响力不可低估，对娱乐的风尚有着引导的作用。[57]

梁建明、高潇倩从时代背景、文本细节与人性心理等方面探讨了《窦娥冤》的悲剧性。他们认为，《窦娥冤》是一部有力量的悲剧，窦娥有着近乎完美的道德与人格。窦娥的感人力量来自其对道德的执着，“蹈汤赴火者，仍出于主人翁之意志”。窦娥在刑场上迸发出撼人心魄的力量，是道德的力量、意志的力量也是悲剧的力量。《窦娥冤》通过悲惨与不幸来启发人们对造成悲剧的社会现象与根源进行反思。[58]

郭英德对李玉的《万里圆》传奇进行了“空间”解读。他认为，《万里圆》以黄向坚《寻亲纪程》、《滇还日记》和归庄《黄孝子传》为蓝本，创造性地改写了原作的叙事空间，在苏州（故乡）——云南（他乡）两个地域的对峙和联系中，完成戏曲文本多重空间的形构。作为“场上之剧”，《万里圆》传奇以“旅程”为叙事重点，在文本中呈现出多种多样的表演空间，为表演者提供了空间演绎的最佳情境。在剧中，骚乱的故乡、动荡的边陲、艰险的旅程等多重空间的交错并置，被寻者、寻访者、苦守者三个叙事焦点的交替展现，有效地引导读者和观众深入探究那些超越于故事与人物之上的文化意义。在这一独特的文学场中，剧作者、表演者与观赏者同时在场，他们的感受、想象与建构共置并生，开拓出一个开放而多元的对话空间。[59]

傅承洲考察了冯梦龙创作的《双雄记》和《万事足》两部传奇。他认为，两剧虽是在真人真事的基础上加工虚构而成，但还是打上了冯氏的烙印。《双雄记》作于冯梦龙青年时期，对人性贪婪、官场腐败的揭露与鞭挞，源于作者对现实的清醒认识。《万事足》作于冯梦龙寿宁知县任上，目的在于道德教化，要男人立志，为闺人除妒。两部传奇思想倾向反差甚大，与作者的年龄、身份、地位的变化有关。冯梦龙是一位主张严守曲律的剧作家，《双雄记》《万事足》都是合律依腔的样板。两部传奇均用双线结构，《双雄记》有借鉴《拜月亭记》的痕迹，《万事足》结构与人物关系的安排更加巧妙。《双雄记》内容有一定深度而艺术略显稚嫩，《万事足》艺术臻于成熟而内容流于庸俗。[60]

傅承洲还指出，在李渔创作的三十篇话本小说中有四篇情节新奇，于是将之改编为传奇。按照传奇生旦排场的要求，李渔对部分话本的主要人物做了调整和改写，重新确立了男女主人公。基于传奇篇幅和容量的增加，李渔采用双线结构，补写了部分情节，又从舞台艺术效果出发，设置了新的戏剧冲突，增加了武戏。根据戏曲集中性的特点，李渔将话本中人物进行了删减与合并，减少出场人数，压缩故事时间，形成了其戏曲改编的特点。[61]

熊静考述了日本大阪府立中之岛图书馆所藏四色精抄本《升平宝筏》。这是该剧现存版本中，抄写最精美，格律最整饬的一种。该本约作于乾隆十年（1745）前后，与《古本戏曲丛刊》九集影印故宫博物院藏本同源，但年代要早于九集本，且九集本与其有直接继承的关系。[62]

通过以上的粗略回顾，我们可以看到过去一年北京地区学者在宋元明清文学研究领域的基本特点：在传统的重视具体作家、具体个案研究的基础上，出现了相当数量的宏观的理论思考，这是一个值得重视的变化。但美中不足的则是，理论研究的原创性仍然显得薄弱，较少看到直接从文学现象、文学文本中提出重大理论问题的研究成果问世。应该说，理论研究不仅仅是随便给文学现象进行一个命名就算是实现了其目的，而是要提出能够真正道出文学史与文学本身的规律性、本质性特点的一种发现。

注：

①谢琰：《北宋前期诗歌转型研究》，北京大学出版社，2013 年版。

②周剑之：《宋诗叙事性研究》，中国社会科学出版社，2013 年版。

③刘洋：《王安石诗作与佛禅之关系研究》，中央民族大学出版社，2013 年版。

④李艳婷：《〈诗人玉屑〉诗学思想研究》，光明日报出版社，2013 年版。

⑤云峰：《民族文化交融与元代诗歌研究》，内蒙古大学出版社，2013 年版。

⑥左东岭：《20 世纪的江西诗派与台阁体研究》，《故宫学刊》，2013 年第 2 期。

⑦左东岭：《20 世纪刘基与浙东诗派研究》，《复旦学报》（社会科学版），2014 年第 2 期。

⑧左东岭：《诗体模拟与情感抒写——论高启的近体诗》，《求是学刊》，2013 年第 5 期。

⑨左东岭：《〈方国珍神道碑铭〉的叙事策略与宋濂明初的文章观》，《首都师范大学学报》（社会科学版），2013 年第 6 期。

⑩廖可斌：《关于中国古代文学中的非古典传统——读〈中国诗歌通史·明代卷〉》，《首都师范大学学报》（社会科学版），2014 年第 1 期。

⑪廖可斌：《万历为文学盛世说》，《文学评论》，2013 年第 5 期。

⑫张晖：《元明清近代诗文研究的现状及其可能性》，《文学遗产》，2013 年第 4 期。

⑬张晖：《死亡的诗学——南明士大夫绝命诗研究》，《文学评论》，2013 年第 4 期。

⑭张晖：《南明文人的返乡》，《清华大学学报》（哲学社会科学版），2013 年第 5 期。

⑮蒋寅：《袁枚诗学的核心观念与批评实践》，《文学遗产》，2013 年第 4 期。

⑯蒋寅：《乾嘉之际诗歌自我表现观念的极端化倾向——以张问陶的诗论为中心》，《复旦学报》（社会科学版），2014 年第 1 期。

⑰都轶伦：《〈列朝诗集〉编纂再探：以两种稿本为中心》，《文学遗产》，2014 年第 3 期。

⑱白一瑾：《论〈列朝诗集〉的吴中诗学本位观》，《文艺理论研究》，2013 年第 3 期。

⑲钱志熙：《论〈千家诗选〉与刘克庄及江湖诗派的关系》，《北京大学学报》（哲学社会科学版），2013 年第 2 期。

⑳王媛：《陈世隆〈宋诗拾遗〉辨伪》，《文学遗产》，2014 年第 2 期。

㉑郭凌云：《仁宗朝馆阁翰苑与词坛论略》，《北京大学学报》（哲学社会科学版），2013 年第 5 期。

㉒李修生：《柳永的生平仕履和词作路径》，《中国典籍与文化》，2013 年第 1 期。

㉓刘京臣：《韩愈诗歌对宋词影响研究》，《文学评论》，2013 年第 5 期。

㉔张菊玲、李红雨：《清代词人纳兰性德身世探赜》，《北京大学学报》（哲学社会科学版），2013 年第 4 期。

㉕肖鹰：《性灵说的精神轨迹：从李贽到袁宏道》，《中国人民大学学报》，2013 年第 5 期。

㉖石雷：《方苞古文理论的破与立——桐城“义法说”形成的文学史背景分析》，《文学评论》，2013 年第 5 期。

㉗漆永祥：《乾嘉考据学家与桐城派关系考论》，《文学遗产》，2014 年第 1 期。

㉘傅承洲：《李渔话本研究》，凤凰出版社，2013 年版。

㉙杨东方：《明清士人的世俗生活》，中国书籍出版社，2013 年版。

㉚夏桂霞：《〈红楼梦〉镜像下的清朝礼制文化》，中国经济出版社，2013 年版。

㉛张云：《谁能炼石补苍天——清代〈红楼梦〉续书研究》，中华书局，2013 年版。

㉜张云：《重读〈鸾坡居士红楼梦词〉》，《明清小说研究》，2013 年第 4 期。

㉝刘勇强：《古代小说结构的多角度透视》，《北京大学学报》（哲学社会科学版），2013 年第 3 期。

㉞李鹏飞：《文言小说的结构层次与结构类型》，《北京大学学报》（哲学社会科学版），2013 年第 3 期。

㉟潘建国：《关于章回小说结构及其研究之反思》，《北京大学学报》（哲学社会科学版），2013 年第 3 期。

㊱周先慎：《形式的结合与内质的融合——论中国古典诗歌对小说文体与艺术的影响》，《北京大学学报》（哲学社会科学版），2013 年第 4 期。

㊲刘欣：《古代历史小说评点的伦理维度》，《文艺评论》，2013 年第 8 期。

㊳傅承洲：《吴组缃的古代小说研究——以遗作、讲义为中心》，《文学遗产》，2014 年第 3 期。

㊴王昕：《1703—1704 年：蒲松龄身历的灾荒与他的生活》，《中国文化研究》，2013 年冬之卷。

㊵王昕：《蒲松龄“瞿昙转世说”新论》，《文艺研究》，2013年第12期。

㊶周先慎：《论〈聊斋志异〉中的婚恋问题小说》，《明清小说研究》，2013年第4期。

㊷刘勇强：《“言”“曰”之间：〈阅微草堂笔记〉的叙事策略》，《明清小说研究》，2013年第1期。

㊸刘勇强：《话本小说中的“东京”》，《长江学术》，2013年第4期。

㊹刘勇强：《〈儒林外史〉的文本特性与接受障碍》，《文艺理论研究》，2013年第4期。

㊺叶楚炎：《地域叙事视角下的〈儒林外史〉结构——兼论〈儒林外史〉的原貌问题》，《明清小说研究》，2013年第1期。

㊻叶楚炎：《明清通俗小说中的纳妾叙事》，《清华大学学报》（哲学社会科学版），2013年第5期。

㊼李萌昀：《舟船空间与古代小说的情节建构》，《明清小说研究》，2013年第2期。

㊽朱万曙：《明清文学中的徽州图景》，《文学评论》，2014年第1期。

㊾裴云龙：《“三言”故事中明代官吏形象的文化阐释》，《明清小说研究》，2013年第2期。

㊿段江丽：《国家叙事中的性别平等——也谈毛评本〈三国演义〉的女性观》，《南开学报》（哲学社会科学版），2013年第2期。

51向静：《〈金瓶梅〉乔大户纳义官考》，《明清小说研究》，2013年第1期。

52潘建国：《新见巴黎藏明刊〈新刻全像批评西游记〉考》，《文学遗产》，2014年第1期。

53潘建国：《西洋照相石印术与中国古典小说图像本的近代复兴》，《学术研究》，2013年第6期。

54丁汝芹：《清宫戏再探》，《戏曲研究》第八十八辑，文化艺术出版社，2013年版。

55梁宪华：《清朝宫廷伶人》，《戏曲研究》第八十八辑，文化艺术出版社，2013年版。

56黄卉：《同治光绪年间清宫演戏宫外观众考——以〈翁同龢日记〉为线索》，《北京大学学报》（哲学社会科学版），2013年第4期。

57李简：《宋代城市的演艺场所与文人之参与——从瓦市勾栏、酒楼茶肆谈起》，《长江学术》，2013年第4期。

58梁建明、高潇倩：《〈窦娥冤〉的悲剧力量》，《戏曲研究》第八十八辑，文化艺术出版社，2013年版。

59郭英德：《多重空间的形构、并置与演绎——李玉〈万里圆〉传奇的“空间”解读》，《文学评论》，2013年第4期。

60傅承洲：《论冯梦龙的戏曲创作》，《中南民族大学学报》（人文社会科学版），2013年第4期。

61傅承洲：《李渔话本戏曲改编的风格与特点》，《河北学刊》，2013年第5期。

62熊静：《述大阪府立中之岛图书馆藏〈升平宝筏〉》，《中国戏曲学院学报》，2013年第3期。

（作者：孙大海，北京大学硕士生；李鹏飞，北京大学副教授）

中国现代文学

路 杨

中国现代文学研究在2013年发展稳健，成果可观。作家作品研究、文学史研究、思潮流派研究及史料的开掘与考释等既有的基础性研究领域，皆有所创建。在此基础上，2013年度的现代文学研究在学科反思意识之下，呈现出文学史观念的更新、叙史框架的结构性变动与研究方法的多元化尝试，预示着某种新的研究趋向与新领域的拓展。总体来看，在研究视野和方法意识上，表现出回到历史现场、跨学科与跨文化等鲜明特点。2013年度研究在时段上大多聚焦于新文学发生期与四十年代文学，而对于经典作品的重读、重释或“再解读”，再次成为研究的热点。鲁迅研究作为学科的重中之重与不变的热点，表现出新的倾向。此外，延安文艺研究、传播与接受研究、新诗格律以及新诗的理论资源等问题，也是本年度的研究热点所在。

文学史重构与学科反思意识近年来一直是现代文学研究的自觉倾向与重要话题。由钱理群、吴福辉、陈子善主编的《中国现代文学编年史——以文学广告为中心》[①]在2013年的出版，对这一持续性的学科诉求无疑构成了某种富有突破性、实验性与建构性的回应。这部200多万字的三卷本巨著，将一种“大文学史”的构想付诸实践，以“文学广告”为切入点，使现代文学在政治经济、社会思想、文化史、学术史、出版史、翻译史、教育史的综合视野中得到立体化的呈现。正如总主编钱理群所强调的那样，这一课题是基于对研究现状的三大反思：一是对学科“平庸化”的不满，以期突破固化模式，呼唤学术想象力；二是对学科“过度结构化”的反思，力图打破既有理论预设的先验性，回到复杂而丰富的文学现场；三是对“文学性丧失”的忧虑，尝试以“书话体”的写作恢复对历史细节与个体生命的感性叙述，自觉地与知识化、技术化的文学史区别开来。[②]围绕这部著作，研究界的热烈反响与回应性思考不仅显示出检视学科现状的自觉，更预示了学科发展的新趋向与可能性。吴福辉提出对固化的文学史结论的去除，正是一个分解的文学史时代的诉求，并强调文学广告的视角作为一种"双重的读者接受史"研究的创建所在。[③]陈平原认为这项研究作为"代际交接的接力棒"旨在"自我反省"与"重新出发"，注意到其中的异质性与不稳定性正是新的生长点所在。[④]王风则认为这一文学史书写的颠覆性堪称"反文学史的'文学史'"，提出其"史法"的突出之处在于一种以"事"为主的"纪事本末体"方法。[⑤]尤为值得一提的是，姜涛深入到了返回历史现场与打通学科边界两大方法论支撑中去，察觉到了学科成熟背后内在紧张感的缺乏，提出了构建一种将外部的关联性视野进一步内在化的研究路向，无疑指出了某种可资期待的学科前景。

与此相应的是，杨义同样以"大文学观"作为重开学科新局的前提，提出了现代文学研究的文学民族学与文学地理学问题，以期拓展文学审视的地理空间与文化资源。[⑥]王德威与之相呼应，提出文学地理应突破政治或历史地理的依附，不断重新规划文学场域的时空范畴。[⑦]在这一问题上，2013 年的现代文学研究一方面在各领域都表现出探讨新文学的域外传播与接受的新焦点；另一方面则在海外华文文学研究的尝试中显示出突破既有文学地理格局的野心。张松建论文集的出版，在新马华文文学的研究成果之外兼及与海内外学者的对话，实有助于了解海外华文研究之荦荦大端。[⑧]黄万华提出"第三元"的视角以重审百年海外华文文学的经典性问题，以期超越东西文化二元对立的框架。[⑨]王润华则从民族主义和文化属性的角度，重新思考 20 世纪华文文学与文化研究的范式及转变。[⑩]这些研究既有宏阔的理论视野，又不乏细致的个案分析，皆显示出某种重组文学历史动线的努力。由此，"文学地理"问题成为本年度又一大新的研究趋势。

新文学发生期的研究作为一大热点，在 2013 年得到了研究者的广泛关注。语言问题仍是研究者考察新文学发生的重要视角。莫海斌着眼于胡适文学革命理论中的语言学元素，从《马氏文通》和但丁等历史语言学理论的影响出发，探讨其白话文学革命方案在理论上的支撑与偏误。[⑪]袁进则从晚清传教士的白话翻译入手，考察这一特殊的翻译说文体生成之间的关系。[⑫]值得一提的是王本朝对于"白话文章观念"的研究，从白话文运动和新文学创作实践相互促进与制约的关系中，呈现出白话文章观念建构过程的动态性与复杂性。[⑬]此外，某种跨学科的文化视角也进一步深入到对新文化运动的考察当中。王永祥聚焦于《新青年》前期的国家文化建构与新文学表意系统转换之间的内在关系，为新文学的发生提供了新的解释路径。[⑭]陈方竞关于《新青年》"批灵学"论战的研究，考察了现代心理学如何在新文学运动中真正进入中国。[⑮]李哲则在教育史的"分科"视域中，围绕"五四"期间蔡元培的北大学科改革，探讨了"文科"与"法科"如何以不同的方式参与到"新文化"运动中去，考论清晰，视角新异。[⑯]

40 年代文学近年来一直为学界所关注，其中延安文学研究在本年度可谓大放异彩。首先在文学制度等宏观层面，郭国昌围绕解放区文艺社团从"知识分子型"向"工农兵型"的转型出发，探讨了延安文艺制度的建立与文学体制化的过程。[⑰]毕海则以"民族形式"论争为中心，重新审视了"新启蒙运动"中延安理论界对"五四"的继承和改造问题。[⑱]周维东考察了延安文学中"穷人乐"的叙事范型与延安时期大规模的移民运动之间的深刻关联，兼顾社会学视域与文学形式问题，数据详尽，分析精到。[⑲]杨琳则从传播学的角度对延安纪实文学的新闻文学文体与革命战争传播生态做出阐释。[⑳]毛泽东《在延安文艺座谈会上的讲话》（以下简称《讲话》）亦是一大研究焦点。王克明使用了数据和对比的方法多方位地展示了《讲话》前后延安文艺的复杂性。[㉑]王瑜独辟蹊径讨论《讲话》的发表时机的选择问题，揭示《讲话》意在消解"五四"新文学传统的基础上对毛泽东文艺体系进行构建。[㉒]其中最有创见的当属李杨从梳理《讲话》与 20 世纪 30 年代左翼文学的联系和确认"党的文学"机制的历史创建机理入手，揭示其所蕴含的"经"与"权"即文学原理和政治政策服务的不同侧面，兼具理论深度与历史视野。[㉓]此外，对延安作家的个案考察则集中在丁玲与赵树理的研究上。研究者对丁玲延安时期的考察，集中于对《在医院中》《我在霞村的时候》等作品的重读与重释，大多关注主体与规训的问题。李遇春从丁玲延安时期的创作中发现了三种应对主流话语规范的心理防御策略。[㉔]李玲则辨析了丁玲在异己的环境中将启蒙价值与自我主体性悬置而不放弃的思想走向。[㉕]王晓平在历史/政治阐释学式的重读中，发现了作为历史新主体的无产阶级无法表达自身，与知识分子无法理解大众之间的结构性矛盾。[㉖]颇为值得一提的是程凯对《新的信念》与《我在霞村的时候》的重读与对读。他从小说对"受害者"翻转的不同表现入手，认为贞贞的"不变"构成了另一种意义上的翻转，指向革命庸常化后的精神危机与自我教育问题，视角之独到富于启示意义。[㉗]赵树理研究维持了近年来的研究热度。刘旭从隐含作者和预期受众角度，分析赵树理小说中的乡村与农民定位，旨在发掘其文学叙事模式中的"超现代"意味。[㉘]李国华聚焦于赵树理小说对乡村秩序变迁的表现，敏锐地发现了其中普遍发生于人文地理、家庭伦理、个人心理层面“理”的分裂，及其以“情”赎“理”的人文底线，分析细致且不乏洞见。[29]

作为学科研究的重心，鲁迅研究在2013年成果丰厚，并表现出新的倾向。研究者的关注点主要围绕以下几个方面展开。（1）对鲁迅启蒙思想的再探讨仍占据着核心位置。严冰从义理自觉与生命担待的角度，对比了严复与鲁迅的启蒙思想对“自由”价值的不同选择。[30]张福贵将“世界人”视为鲁迅思想中少有的建设性概念，将其置于当下中国思想文化的历史情境中进行延伸阅读。[31]林分份则通过对“仙台叙述”中真实与虚构的分梳，探讨了鲁迅的启蒙立场与身份认同问题，辨析可谓深透。[32]汪卫东的新著将鲁迅的思想与文学置于“现代转型”的框架中进行考察，展现出宏阔的视野。[33]（2）研究者对日本鲁迅研究表现出强烈兴趣，不仅在“鲁迅研究之研究”的意义上加以考察，更显现出借镜日本学界重审鲁迅问题的尝试。“竹内鲁迅”作为日本鲁迅研究的起点，刘伟从“西田哲学”的影响和对鲁迅的哲学性解读对其进行溯源。[34]李明晖则从丸山昇的论点出发，试图重新理解鲁迅自述的“进化论”思路及其“轰毁”之含义。[35]蒋永国针对伊藤虎丸“个”之思想在其鲁迅研究中的应用，揭示了其中可能存在的理论陷阱、内在矛盾与偏离鲁迅之处。[36]值得一提的是林敏洁从增田涉鲁迅小说注译本中发现了鲁迅研究的新路径与可能性，并揭示了《伤逝》与《孤独者》之间的关联互补关系。[37]（3）传播与接受研究成为焦点，在方法上表现出跨学科的倾向。周杉通过考察鲁迅小说的评论状况与读者群的形成，揭示了二者之间如何相互促进，以及鲁迅的影响对新文学地位的巩固作用等重要问题。[38]罗执廷在搜集大量版本史料的基础上，考察了选集运作对鲁迅社会身份的建构作用，论述翔实有力。[39]李相银通过考察汪伪政府机关报组织的鲁迅纪念活动，探讨鲁迅在沦陷区的文化投影，发人所未见。[40]古大勇与文学武分别聚焦于台湾不同历史时期对鲁迅的书写与传播问题，提供了别样的视野。[41]（4）对“后期鲁迅”的关注渐成热点。胡梅仙分析鲁迅在1927—1936年间革命还是不革命的困扰，透视中国现代知识分子群体在历史变动时期的思考与选择。[42]杨华丽聚焦于鲁迅后期杂文创作及编辑策略与国民党治下的文网之间围剿与反围剿的关系[43]，牟立峰则从交游、疾病、死亡等因素的制约和晚年各种心理与生理困境的角度探讨鲁迅杂文的“晚期风格”，[44]皆为探究鲁迅后期杂文风格的转变提供了新见。孙郁则通过分析鲁迅与列宁主义的相似点，揭示了从瞿秋白到毛泽东，如何将鲁迅定位在列宁主义话语之中的过程，对研究鲁迅晚年思想研究构成重要推进。[45]（5）《阿Q正传》的重读。罗岗以瞿秋白的《〈鲁迅杂感选集〉序言》中的分析为出发点重读《阿Q正传》，揭示出鲁迅对“乡里空间”崩溃所带来的悲剧性与革命性后果的预见，为重新理解“启蒙”带来启发。[46]保罗B·福斯特以《阿Q正传》及其派生出的社会戏为中心，结合人类学方法与社会戏剧理论进行互文性研究，对阿Q话语进行新的国民性阐释，具有极强的理论深度。[47]张全之从“文不对题”的现象解析《阿Q正传》在形式、结构上的深意，即呈现儒家文化体系中“以名正实”的荒诞与悖谬，立意新颖。[48]

周作人研究在2013年呈现出特别的新意。关于沦陷时期周作人的研究开始超越简单的道德评判与意识形态分梳，进入更富有学理性的考察。陈帅锋把周作人出任伪职置于“南渡经验和晚明想象”这一思想史脉络中，进行了别开生面的解读。[49]张先飞在发现最早的周作人传记的基础上，联系沦陷区语境深入揭示了其刻意“去历史化”等种种粉饰逆伪意识形态的写作策略，切中要害，发人警醒。[50]特别值得一提的是，袁一丹从区分动机与言动产生的社会效应出发，对周作人“落水”事件所做的重构性尝试，其研究瞩目于周作人自身的修辞策略与事件的传播路径和社会效应，在视角和方法上都提供了新的创建。[51]此外，林分份对周作人关于儒家思想言说的辨析[52]，朱晓江对周作人知识分子批评的考察[53]，以及王翠艳对周作人任教燕京大学缘由的考辩[54]，皆有一定的启示意义。

在周氏兄弟之外，本年度研究对于现代文学史上其他重要作家的关注，主要集中在郭沫若、老舍、巴金、沈从文、张爱玲等作家之上。在郭沫若研究中，张叹凤围绕徐志摩对郭沫若诗歌的讽刺与批评招致创造社成员反击的事件，探讨了不同文学流派、作家团体之间不同的文学审美取向与趣味问题。[55]李斌的研究重新考察抗战结束后郭沫若对沈从文的批评，没有简单重复政治评价或道德贬抑的做法，而是将其还原到历史语境中去。[56]在对老舍的研究中，关纪新对前期老舍精神理路的梳理值得关注，强调其中与某些“神圣”概念相对的“平凡”立场。[57]孙会军对《骆驼祥子》的四个英译本进行了扎实详尽的比较研究，丰富了我们对于老舍作品域外传播状况的认识。[58]在对巴金的研究中，哈迎飞从儒教角度重读巴金的家族小说，通过分析其中的“宗教人”形象，试图把握现代文学之现代性与宗教性的复杂关系。[59]尤为富于创见的是吴晓东对于巴黎情境与巴金国际主义视景的探察，其研究从异域经验、浪漫主义、国际化的政治思潮等方面发掘巴金早期创作的特点及其持续性影响，发掘了巴金感知黑暗的能力及其早期视野中的矛盾性，视角独特，深化了我们对于巴金文学特质的认识。[60]在对沈从文的研究中，李雪梅分析了《看虹录》对音乐形式的模仿，以考察沈从文“用人心人事作曲”的实践。[61]翟业军从历史与性别、真实与想象、抽象的抒情等角度对沈从文1934年的湘西之行做出了新的阐释。[62]对张爱玲后期创作的讨论成为张爱玲研究的新焦点。祝宇红从小说结构、线索人物、叙事视角和“评注性副词”等方面，分析《小团圆》对中西方叙事手法的化用，探讨张爱玲后期小说文体实验的风格问题。[63]黄阿莎从《小团圆》中小人物的形象入手，分析其中回忆叙事的抒叙笔调，取径隐微体贴。[64]此外，毕婧对于《传奇》反浪漫叙事的考察[65]，郭剑卿、王璟和张勐从不同角度对张爱玲小说中的服饰书写在美学和符号学意义上的发现与阐释，皆不乏创见。[66]

在关于各类文体的创作与理论研究当中，新诗研究可谓独树一帜。本年度新诗研究成果突出，体现出鲜明的理论诉求，并主要聚焦于以下几个方面。（1）新诗格律问题延续了近年来的研究热度。张桃洲认为自由体新诗的格律是一种非形式化的格律，并从胡适、郭沫若、艾青、穆旦直至昌耀的诗歌理论与创作中，考察了自由诗探求其内在旋律的历史路径。[67]李章斌则对“内在韵律”理论进行了反思，旨在开拓一条探讨新诗韵律如何由“内”而“外”的路径，以打破“内容—形式”对诗歌整体的机械二分，试图为新诗韵律研究开启新的范式。[68]罗义华从系统性与交叉性两个新格律诗发生研究领域的两大原则出发，系统考察了新格律诗得以发生的主要条件。[69]王雪松则瞩目于中国现代诗歌节奏的心理感知与生理机制，以期引入实证实验研究的方法深化节奏诗学的探讨。[70]（2）新诗的传统诗学资源问题成为研究焦点。赵黎明在传统诗学脉理中看待梁宗岱、袁可嘉的新诗理论，认为宋诗理论和三四十年代的知性诗论在发生动因、发展方向和艺术效果上都具有极大的相似性，观察不乏洞见。[71]罗小凤则从20世纪30年代诗人对“诗言感觉”的发掘与阐释中，考察其对古典诗传统的再发现和对新诗自身传统的发现。[72]陈学祖在其研究中认为，废名正是经由对晚唐诗词的阅读与阐释，发掘了其中蕴含的现代性因素，并以之建构起其新诗的基本观念。[73]陈仲义则从差异性出发，将现代诗语与文言诗语的分野视为两种不同的诗歌“制式”，以打破古今诗语同质化的研究惯性，视野开阔，论述有力。[74]（3）对诗人群体的关注。黄万华将1945—1949年视为一个“新诗成熟的年代”与“多元差异的时期”，探讨了革命诗歌“大一统”内部青年诗人群复杂多样的诗学追求、现代诗潮与传统的联系以及南北诗人的破例合作等问题。[75]龚敏律则通过梳理20世纪30年代英国现代诗人艾克敦与“北方系”新生代诗人之间的诗歌交往，旨在探讨中国象征主义诗学从波德莱尔式的到艾略特式的转型与建构过程。[76]此外，胡苏珍对于现代诗歌“戏剧化”言说中口语的诗化策略的发现，[77]颜炼军关于现代汉语新诗咏物形态的创建的阐释，[78]高翔的《新青年》“新诗歌”专辑研究，[79]亦值得关注。

在作家作品与文体研究之外，本年度的思潮流派研究亦有可称道之处。解志熙围绕《莎乐美》在中国现代小说中的转生，探讨唯美主义思潮与新文学的因缘际会，发掘了唯美—颓废叙事中共存的两种格调，对唯美主义思潮在现代小说中的表现首次做出了全面深细的爬梳。[80]旷新年聚焦于自然主义在中国一个世纪以来的曲折历程，从理论与批评的角度梳理与考察其在文学史中的位置，对理解自然主义的中国命运不无补益。[81]张中良在“民族主义文艺运动”之外，将视野扩展到左翼、民主主义、自由主义及民间写作等多个维度，透视20世纪30年代整个文坛的民族主义话语，纠正了以往认识的偏差。[82]值得一提的是张全之对于中国近现代文学的发展与无政府主义思潮的研究，在史料钩沉与理论思辨的基础上，揭示了文学史与思想史、政治史之间的深层关系，视野宏阔，阐发辩证。[83]海派文学也是近年来的研究焦点所在。陈啸提出20世纪20年代末的京海合流催生了现代文学中的生活散文、文化散文与城市散文，提升与雅化了海派散文的规范与格调。[84]冯勤与李俊国、李汉桥的研究则分别聚焦于海派小说中的“影像”化叙事与物态化叙事，各有其新见所在。[85]

作为中国现代文学研究的重要基础，史料的发掘与考释一直是不可忽视的学科领域。本年度的史料文献研究扎实稳健，关于鲁迅、沈从文、臧克家等作家的佚文考订工作都有新的成绩。[86]较为重要的史料发现与考释工作有陈越对吴兴华在燕京大学的本科毕业论文《现代西方批评方法在中国诗学研究中的运用》的发现、翻译与考论，[87]江锡铨对闻一多“北平六年”学术工作的考述，[88]以及张直心借鉴“大文学”观念及修史方法，以20世纪初叶中共的创建为大背景，对浙江第一师范文人在文学与政治活动之间的交会、辩难与互动关系进行的考论[89]，皆是文史兼容，考论并举之作。郭沫若研究的史料工作成果突出。廖久明考证了抗战之初促成郭沫若归国的两方面力量，纠正了现存说法的偏误。[90]张勇从出版策略与市场需求的角度对《女神》为什么不收入同时期其他诗作的问题进行了考证与分析。[91]袁洪权则围绕郭沫若对开明版《郭沫若选集》的编选与心态问题做出考释。[92]此外，在史料研究的方法论构建方面，赵普光以现代文学书话史料的发掘与研究为中心，提出了关注文学生态中的次级群落、接续文学生成链条中的读者环节等史料建设的若干途径。[93]尤为值得关注的是解志熙的《文学史的“诗与真”：中国现代文学文献校读论集》的出版，在校读文献的基础上，对沈从文、茅盾、冰心、老舍、胡风、卞之琳等作家的文学行为进行了深入细致的分析，新见迭出，其对于“批评性校读法”的创造性运用，在如何将史料考订与批评阐释相结合的问题上无疑具有方法论上的启示意义。[49]

注：

①钱理群、吴福辉、陈子善主编：《中国现代文学编年史——以文学广告为中心》，北京大学出版社，2013年版。

②钱理群：《有缺憾的价值——在〈中国现代文学编年史〉出版座谈会上的讲话》，《文学评论》，2013年第6期。

③吴福辉：《〈中国现代文学编年史〉的写作和我的文学史观》，《文学评论》，2013年第6期。

④陈平原：《代际交接的接力棒》，《文学评论》，2013年第6期。

⑤王风：《反文学史的“文学史”》，《文学评论》，2013年第6期。

⑥杨义：《以大文学观重开中国现代文学史写作的新局》，《湖北大学学报》（哲学社会科学版），2013年第3期。

⑦王德威：《文学地理与国族想象：台湾的鲁迅，南洋的张爱玲》，《扬子江评论》，2013年第3期。

⑧张松建：《文心的异同：新马华文文学与中国现代文学论集》，中国社会科学出版社，2013年版。

⑨黄万华：《第三元：百年海外华文文学经典化的一种视角》，《中国现代文学研究丛刊》，2013年第10期。

⑩王润华：《如影随形的民族主义：华文文学与文化研究的范式及转换》，《中国现代文学研究丛刊》，2013年第10期。

⑪莫海斌：《胡适的文学革命理论与〈马氏文通〉》，《文学评论》，2013年第6期。

⑫袁进：《新文学形态的小说雏形——试论晚清西方传教士翻译的〈天路历程〉白话译本的现代意义》，《社会科学》，2013年第10期。

⑬王本朝：《白话文运动中的文章观念》，《中国社会科学》，2013年第7期。

⑭王永祥：《〈新青年〉前期国家文化的建构与新文学的发生》，《文学评论》，2013年第5期。

⑮陈方竞：《批灵学破鬼相：新文化倡导中的一场硬仗》，《学术研究》，2013年第7期。

⑯李哲：《“分科”视域中的北京大学与“新文化运动”》，《文学评论》，2013年第2期。

⑰郭国昌：《文学社团的转型与延安文学制度的建立》，《文史哲》，2013年第1期。

⑱毕海：《延安对“五四”新文艺的重审及其意义——以“民族形式”论争为中心》，《中国现代文学研究丛刊》，2013年第9期。

⑲周维东：《解放区的天是明朗的天——延安时期的移民运动于“穷人乐”叙事》，《文学评论》，2013年第4期。

⑳杨琳：《论延安时期的纪实文学——传播学角度的阐释》，《陕西师范大学学报》（哲学社会科学版），2013年第1期。

㉑王克明：《〈讲话〉前后的延安文艺》，《中国现代文学研究丛刊》，2013年第5期。

㉒王瑜：《〈讲话〉发表问题探询》，《中国现代文学研究丛刊》，2013年第4期。

㉓李杨：《“经”与“权”：〈讲话〉的辩证法与“幽灵政治学”》，《中国现代文学研究丛刊》，2013年第1期。

㉔李遇春：《话语规范与心理防御——论丁玲在延安解放区时期的小说创作》，《中国政法大学学报》，2013年第2期。

㉕李玲：《异己的环境中，主体何为——再论丁玲小说〈在医院中〉〈杜晚香〉》，《文艺研究》，2013年第7期。

㉖王晓平：《在“人民的批评家”和“党的知识分子”之间——重读丁玲〈我在霞村的时候〉与〈在医院中〉》，《中国现代文学研究丛刊》，2013年第4期。

㉗程凯：《重读〈新的信念〉与〈我在霞村的时候〉》，《中国现代文学研究丛刊》，2013年第6期。

㉘刘旭：《隐含作者与虚构：赵树理文学的深层结构分析》，《文学评论》，2013年第3期。

㉙李国华：《论赵树理小说中的“情”“理”问题》，《中国现代文学研究丛刊》，2013年第1期。

㉚严冰：《启蒙：在义理自觉与生命担待的向度上——严复、鲁迅启蒙思想异趣现象探赜》，《鲁迅研究月刊》，2013年第10期。

㉛张福贵：《鲁迅“世界人”概念的构成及其当代思想价值》，《文学评论》，2013年第2期。

㉜林分份：《塑造启蒙文学者的“理想典型”——鲁迅“仙台叙述”的再探讨》，《中山大学学报》（社会科学版），2013年第1期。

㉝汪卫东：《现代转型之痛苦“肉身”：鲁迅思想与文学新论》，北京大学出版社，2013年版。

㉞刘伟：《“竹内鲁迅”与“西田哲学”》，《大连理工大学学报》，2013年第3期。

㉟李明晖：《丸山昇鲁迅研究视野中的鲁迅“进化论”》，《文学评论》，2013年第2期。

㊱蒋永国：《伊藤虎丸“个”之思想再评估》，《文学评论》，2013年第2期。

㊲林敏洁：《增田涉注译本〈呐喊〉〈彷徨〉研究新路径——兼论〈伤逝〉与〈孤独者〉的关系》，《中国现代文学研究丛刊》，2013年第11期。

㊳周杉：《鲁迅读者群的形成：1918—1923》，由元译，《鲁迅研究月刊》，2013年第3期。

㊴罗执廷：《选集运作与鲁迅社会身份的建构(1932—1949)》，《鲁迅研究月刊》，2013 年第 12 期。

㊵李相银：《鲁迅在上海沦陷时期文学中的投影》，《中国现代文学研究丛刊》，2013 年第 8 期。

㊶古大勇：《台湾“戒严”时期和大陆“毛泽东”时代两岸的“鲁迅书写”》，《中国现代文学研究丛刊》，2013 年第 11 期；文学武：《台湾战后光复初期对鲁迅的传播和研究——以〈台湾文化〉为例》，《鲁迅研究月刊》，2013 年第 4 期。

㊷胡梅仙：《在革命与不革命之间的鲁迅(1927—1936)》，《中国现代文学研究丛刊》，2013 年第 11 期。

㊸杨华丽：《国民党治下的文网与鲁迅的钻网术——以 1933—1935 年为核心》，《鲁迅研究月刊》，2013 年第 12 期。

㊹牟利锋：《鲁迅杂文的“晚期风格”》，《鲁迅研究月刊》，2013 年第 3 期。

㊺孙郁：《鲁迅与列宁主义的几个问题》，《中国现代文学研究丛刊》，2013 年第 8 期。

㊻罗岗：《阿 Q 的“解放”与启蒙的“颠倒”——重读〈阿 Q 正传〉》，《华东师范大学学报》(哲学社会科学版)，2013 年第 1 期。

㊼保罗·B. 福斯特著，史国强译：《社会戏与阿 Q 话语的构建——〈阿 Q 正传〉的阅读方法及互文性研究》，《鲁迅研究月刊》，2013 年第 2 期。

㊽张全之：《〈阿 Q 正传〉：“文不对题”与“名实之辩”》，《中国现代文学研究丛刊》，2013 年第 2 期。

㊾陈帅锋：《对“周作人附逆”的思想史解读》，《中国现代文学研究丛刊》，2013 年第 1 期。

㊿张先飞：《粉饰逆伪意识形态的书写策略——从王森然〈周作人先生评传〉说起》，2013 年第 3 期。

51袁一丹：《动机的修辞：周作人“落水”前夕的打油诗》，《鲁迅研究月刊》，2013 年第 1 期。

52林分份：《知识者“爱智之道”的背后——一九三〇、四〇年代周作人对儒家的论述》，《文学评论》，2013 年第 2 期。

53朱晓江：《“求真尚知”：1930 年代周作人的知识分子批评及其笔记体散文》，《鲁迅研究月刊》，2013 年第 2 期。

54王翠艳：《思想偶合与人事机缘——周作人任教燕京大学缘由考辩》，《文学评论》，2013 年第 1 期。

55张叹凤：《早期创造社郭沫若郁达夫等人的泪浪》，《文学评论》，2013 年第 1 期。

56李斌：《论抗战结束后郭沫若对沈从文的批评》，《中国现代文学研究丛刊》，2013 年第 7 期。

57关纪新：《我的见解总是平凡——前期老舍精神理路之再梳理》，《文学评论》，2013 年第 1 期。

58孙会军：《〈骆驼祥子〉四个英译本比较研究》，《中国现代文学研究丛刊》，2013 年第 11 期。

59哈迎飞：《论巴金小说中的儒教“宗教人”形象》，《广东社会科学》，2013 年第 6 期。

60吴晓东：《巴黎情境与巴金的国际主义视景》，《读书》，2013 年第 1 期。

61李雪梅：《〈看虹录〉：“用人心人事作曲”的实践》，《中国现代文学研究丛刊》，2013 年第 6 期。

62翟业军：《〈湘行书简〉〈湘行散记〉新论》，《中国现代文学研究丛刊》，2013 年第 11 期。

63祝宇红：《论〈小团圆〉的文体》，《中国现代文学研究丛刊》，2013 年第 10 期。

64黄阿莎：《怅然回首叙平生——〈小团圆〉回忆叙事之一瞥》，《中国现代文学研究丛刊》，2013 年第 3 期。

65毕婧：《成长的故事：〈传奇〉的反浪漫叙事》，《中国现代文学研究丛刊》，2013 年第 3 期。

66郭剑卿：《“对照”：张爱玲“穿”与“写”的互映》，《山西大同大学学报》，2013 年第 1 期；王璟：《〈半生缘〉中服饰描写的功用》，《中国现代文学研究丛刊》，2013 年第 10 期；张勐：《服饰背后的多重符码——从张爱玲的〈更衣记〉到朱天文的〈华丽的世纪末〉》，《文艺争鸣》，2013 年第 7 期。

67张桃洲：《内在旋律：20 世纪自由体新诗格律的实质》，《文学评论》，2013 年第 3 期。

68李章斌：《韵律如何由“内”而“外”——谈“内在韵律”理论的限度与出路问题》，《文学评论》，2013 年第 6 期。

69罗义华：《新诗格律何以成为可能?》，《文学评论》，2013 年第 2 期。

70王雪松：《论诗歌节奏的心理感知与生理机制——以中国现代诗歌节奏为中心》，《厦门大学学报》，2013 年第 2 期。

71赵黎明：《“诗分唐宋”与新诗的“知性革命”——传统诗学脉理中的梁宗岱、袁可嘉新诗理论》，《文学评论》，2013 年第 4 期。

72罗小凤：《诗言“感觉”——20 世纪 30 年代新诗对古典诗传统的再发现》，《文学评论》，2013 年第 6 期。

73陈学祖：《废名新诗观念与晚唐诗词》，《中国现代文学研究丛刊》，2013 年第 7 期。

74陈仲义：《现代诗语与文言诗语的分野——两种不同“制式”的诗歌》，《中国现代文学研究丛刊》，2013 年第 6 期。

75黄万华：《被忽视的新诗成熟年代——1945—1949 年青年诗人群的新诗创作》，《文学评论》，2013 年第 4 期。

76龚敏律：《艾克敦与 30 年代中国“北方系”

新生代诗人》,《文学评论》,2013年第6期。

⑦胡苏珍:《现代诗歌“戏剧化”言说中口语的诗化策略》,《浙江学刊》,2013年第3期。

⑱颜炼军:《迎向诗意“空白”的世界——论现代汉语新诗咏物形态的创建》,《江汉学术》,2013年第3期。

⑲高翔:《〈新青年〉“新诗歌”专辑研究》,《求是学刊》,2013年第5期。

⑳解志熙:《也曾袭来唯美风——〈莎乐美〉在中国现代小说中的转生及其他》,《文学评论》,2013年第1期。

㉑旷新年:《自然主义的沉浮》,《文学评论》,2013年第3期。

㉒张中良:《论1930年代民族主义文学思潮》,《中国现代文学研究丛刊》,2013年第9期。

㉓张全之:《中国近现代文学的发展与无政府主义思潮》,人民出版社,2013年版。

㉔陈啸:《京海合流与海派散文的生成》,《江汉论坛》,2013年第7期。

㉕冯勤:《论“影像”化叙事在海派小说中的本土化走向——以新感觉派和张爱玲的小说创作为中心》,《四川大学学报》,2013年第4期;李俊国、李汉桥:《论“新感觉派”的物态化叙事》,《中国现代文学研究丛刊》,2013年第4期。

㉖葛涛:《新发现的鲁迅几则佚文考释》,《南国人文学刊》,2013年第1期;仓重拓:《对沈从文佚文〈钱杏邨批评之批评〉的考证》,《中国现代文学研究丛刊》,2013年第7期;李朝平:《臧克家佚作考略》,《臧克家佚作钩沉》,《中国现代文学研究丛刊》,2013年第5期。

㉗吴兴华著,陈越译:《现代西方批评方法在中国诗学研究中的运用》,陈越:《吴兴华毕业论文的诗学旨趣》,《中国现代文学研究丛刊》,2013年第3期。

㉘江锡铨:《闻一多“北平六年”考述》,《中国现代文学研究丛刊》,2013年第1期。

㉙张直心:《结社与建党——民初浙江第一师范文人文学与政治活动考论》,《文学评论》,2013年第3期。

⑨廖久明:《郭沫若归国抗战缘由考》,《中国现代文学研究丛刊》,2013年第9期。

⑨张勇:《为什么〈女神〉不收入同时期其他诗作》,《中国现代文学研究丛刊》,2013年第2期。

⑨袁洪权:《开明版〈郭沫若选集〉梳考》,《郭沫若学刊》,2013年第4期。

⑨赵普光:《现代文学书话史料的发掘与研究》,《中国现代文学研究丛刊》,2013年第2期。

⑨解志熙:《文学史的“诗与真”:中国现代文学文献校读论集》,北京大学出版社,2013年版。

(作者:北京大学博士生)

中国当代文学

邵燕君 李 强 闫作雷

较往年而言,2013年的中国当代文学研究呈现了如下几方面新特点:学者较多地开始反思当代文学史与文学批评的研究,有整体的中国现当代文学史视野,也有当代文学与现代文学学科的比较研究。20世纪50—70年代文学研究有退热的趋势。80年代文学的研究向两端掘进,即“文革”文学研究和80年代末90年代初文学的研究,注重转折点的研究。90年代文学研究比重相对增加。“新世纪文学”研究仍然以传统作家的新作研讨为主。文化研究更加关注热点文化事件,贴近文化现场的分析。网络文学研究开始呈现“入场”的态势,自身批评理论的建设初见成果。

一、当代文学史与文学批评研究

在关于文学史的问答中,洪子诚结合自己的阅读和研究体会谈到了个人经验与审美趣味的“历史化”问题。他认为,在20世纪的中国,文学/政治、思想/语言、自由主义/左翼等问题是互相依存的。他认为,左翼作家们在当代各自迥异的复杂命运以及其中所呈现出的“悖论”情境,值得我们做更深入的探究。他还谈到了新诗问题,表达了对当代文学创作和研究里诗歌地位日益边缘化的忧虑。①

在当代文学“经典化”问题上,程光炜参照现代文学研究的经验,认为当代文学应该重视文学史研究。他主张当代文学史研究应该有学术分工,分类然后集中精力研究。要重视史料整理工作,丰富作家作品研究资料,特别是传记、年谱等。他还提出,要重视对当代作家的重评和重新认识,重返历史情境,运用文学社会学知识,去探究影响他们的文学史地位的因素。在研究对象评价的波动中进行当代文学的经典化。②

旷新年考察20世纪50—90年代的中国现/当代文学学科的文学史写作,认为50年代确立的左翼文学史叙述和80年代“重写文学史”确立的自由主义叙述构成了中国现/当代文学史研究的两个主要的模式。在“重写文学史”的过程中,“现代文学”和“当代文学”发生了颠倒。“再解读”是对于“重写文学史”的反拨，它重新关注五六十年代的左翼文学现象。80年代发生的“重写文学史”和90年代的“再解读”分别是一种对于颠倒的颠倒，而这些颠倒分别是通过“纯文学”和“历史化”这两种不同的装置而发生的。这种不同的颠倒产生了不同的文学史风景。③

李云雷认为，当前文学所遭遇的危机是一种总体性危机，即“新文学的终结”。在这一视野下，他把五四新文化运动至80年代的文学视为一个整体“新文学”，将20世纪中国文学视为“新文学”建构、发展及瓦解的过程。他分析了“新文学”的基本观念及其位置，“新文学”运行机制的基本特征。“新文学终结”会带来两种可能：一是新文学终结之后，文学的生态彻底返回到五四之前；另一种可能是在“新文学”基础上发展出一种新世纪的“新文学”。④

二、20世纪50—70年代文学研究

李云雷在历史视野中考察《在延安文艺座谈会上的讲话》的意义，他首先将其与左翼文艺思潮史结合起来，梳理“人民文艺”的诞生到发展的线索，分析了“讲话”在毛泽东文艺思想中的核心地位，指出“人民在文艺上也翻身”的革命意义。另一方面，“讲话”构造了一种新民主主义的文化理想和文化秩序，全新的文化生产传播机制。结合“新世纪”文学的底层转向来看，“讲话”所开创的“人民文艺”，对当下现实具有重要的启示意义。⑤

贺桂梅梳理了不同历史时期赵树理文学评价的主要内容，并提炼了不同时期其核心范畴，即20世纪40—60年代的“社会主义”与“现代主义”、80年代的“现代”与“个体”、90年代以来的“民间”与“地域文化”，并对这些概念进行分析，研究这些评价方式在何种意义上受限于特定的现代性话语框架，正是这个原因造就了赵树理文学史形象的暧昧性。该论文进一步指出，在评价赵树理这样的与现代文学体制保持着一种张力关系的作家时，需要意识到现代性评价视野的限度，并探寻一种将现代、传统及当代话语置于同一平台加以讨论的可能性。⑥

张桃洲从何其芳、卞之琳等人对新诗形式问题的讨论出发，将20世纪50年代新诗形式问题的讨论与早期“新格律诗”运动进行比照，研究了何其芳对新诗形式基础问题异于主流观点的意见，梳理了何其芳、卞之琳等人“现代格律诗”主张的内在理路，最后分析了两个时代的格律观念的分野。张桃洲认为，相较于20年代新诗格律化探索的拘谨，50年代有关现代格律诗的倡导显得更为开阔，在理论上取得了更显著的成就，进一步打开了新诗走向格律化的空间，在更具开放性的思路的指引下，使新诗格律的实践更有可行性。但是囿于历史时代背景，这一时期的新诗创作与理论缺乏良性的相互促进与印证。⑦

三、20世纪80—90年代文学研究

杨庆祥从《波动》中的“小资”人物出发，梳理了新时期小说中的“小资”形象的脉络。他认为，“文革”催生的小资和90年代催生的小资处于完全不同的历史逻辑和历史想象中。90年代以来的中国“新小资”是在对肖凌这种代表了反抗和严肃思考的“旧小资”的拒绝的基础上生成的，这种小资文化具有平面化、浅薄的特点，无法改变当下文化的资本与意识形态属性。如果“新小资”不真正激活自我的阶级属性，改变文化想象和文化参与的方式，就不可能开辟新历史和新文化的可能性。⑧李云雷注意到李陀在《〈波动〉序言》中所说的“文化领导权在很大程度上已经转移到新兴小资产阶级的手中”。他认为，“小资”及其文化如果想要在中国文化乃至中国社会上发挥更大的作用，尚需要对“小资”在社会结构中的位置及其“底层化”的趋势有一个清醒的认识，对“小资”的特性及其历史演变有更为深刻的把握，意识到小资的文化领导权是在文化传播的意义上具有将某种文化简化为流行文化的能力。在社会价值观处于混乱状态的今天，小资或许会通过自己的文化选择为我们这个社会提供一贴黏合剂。⑨

陶东风采用文化研究的方法对以梁晓声为代表的知青文学中的英雄叙事进行了新的解读。他首先讨论了“知青文学”这个文学史概念，认为“知青文学”是一个政治的和文化政治的概念。他研究“英雄叙事”产生的背景和基本特色，梳理了知青一代的精神谱系，指出了他们与“左”的意识形态的联系。陶东风以梁晓声的代表作《这是一片神奇的土地》为例，认为梁晓声为代表的“知青文学”的“英雄叙事”是没有悲悯的悲情叙事。他又以《今夜有暴风雨》为基础，分析梁晓声笔下人物的“忠勇”精神及其背后的“青春理想”。梁晓声将苦难与牺牲审美化，在小说里设置的英雄和凡人的等级制，使得其“英雄叙事”存在一种极具误导性但又难以被察觉的认识误区和价值误区。⑩

吴义勤重新审视新时期文学的“革命”，他主张回到新时期文学现场，研究先锋文学“革命”的背景。在“伤痕文学”之后很长一段时间，新时期文学仍然具有强烈的意识形态性，保持着惯性的文学话语方式。但新时期一直在呼唤建构着现代性的镜像，先锋文学“革命”成为必然。激进的先锋文学“革命”以文学主体性强调突破“文学功利主义”的传统。先锋文学的观念极大地解放了中国作家的文学想象力和主体创造性，先锋小说创作实践充分展示了汉语小说写作的丰富可能性。吴义勤最后指出，对当下在商业化时代日趋中庸的中国文学来说，我们需要的不是告别“革命”，而是应该呼唤“革命”。⑪

程光炜从1979年发表的《天云山传奇》和1987年的《烦恼人生》这两篇中篇小说出发，分析这八年时间里的中国社会背景的变迁。他研究了陈晓明、刘川鄂为代表的两种阅读《烦恼人生》的方式，引出了知识分子对80年代与90年代关系的不同理解，深入挖掘比较了这两种阅读方式背后的思想立场差异。程光炜认为，《烦恼人生》实际上预示着“新启蒙”乌托邦的80年代的结束，和世俗的90年代的开始。⑫

白烨通过对陈忠实创作《白鹿原》历程的回顾，观察分析《白鹿原》“蓄势”到“出炉”，发表后各方面评价，他将个人感性体会和理性分析很好地结合了起来。该文在对当年的评价进行分析时又紧贴文本，一一辨析，揭示了作品中寄寓的家族和民族的诸多历史内蕴，认为《白鹿原》的“鲜明史诗风格”，使其成为“当之无愧的民族秘史”。⑬《白鹿原》凭借其“史诗性”获得第四届茅盾文学奖，何瑛则从第五届的《尘埃落定》入手，去思考不同于《白鹿原》的“另一种史诗”，进而重审第五届茅盾文学奖的评奖。何瑛认为，《尘埃落定》通过对民族史的重塑和魔幻现实主义的借鉴，实现了对传统史诗的超越与反叛；通过“土司制度的挽歌”书写，表现了对现代性的反思和批判。从文学场的角度来看，《尘埃落定》符合当时主流的历史观，获得了市场、媒体和批评家的青睐，其成功是时代文学环境的见证，因此它是“生逢其时的‘另一种史诗’”。⑭王一川重读《尘埃落定》，从小说人物的杂糅多义性和“旋风”的革命隐喻两个角度，揭示其被经典化的原因。他认为，小说主人公傻瓜二少爷是一位憨而智的艺术形象，具有杂糅与多义性，包含《爸爸爸》《狂人日记》《喧哗与躁动》《百年孤独》中主要人物的形象特征，还有本地藏族民间叙事曲里的文学形象因子。《尘埃落定》中的“旋风”是现代中国革命世纪的隐喻，它传达了智者的历史反思，又有对个体悲剧命运的悲悯情怀。⑮

“人文精神讨论”是20世纪90年代最重要的文化论争之一。程光炜采用“引文式”的视角，研究了“人文精神讨论”发生的时代状况。在韦伯“新教伦理”的参照下辨析上海学者与北京学者在面对转向市场经济的90年代时的差别，探讨他们对“90年代”的想象和规划，程光炜认为北京学者和上海学者提供的是两种进入90年代的路径，都具有时代性。他看到了“人文精神讨论”中知识分子的经验的不足、视野的局限，他认为人文精神讨论是试图以80年代的人文知识积累和理想愿望进入不兼容的90年代的多元社会和文化结构，并缺乏对现代社会的基本认识，这一问题对当下仍然具有参照意义。⑯杨庆祥以“历史化”的方式来观照“人文精神讨论”，对贺桂梅、张旭东、程光炜三人讨论“人文精神讨论”的基本研究思路进行了清理，提出“历史化”研究的视角。他考察20世纪90年代的王晓明等人在讨论中使用的“人文精神”的概念，发现“十七年”文学成为了一个被遮蔽的参照系。80年代借助90年代得以重建，而90年代也借助80年代获得其独立性，这是一种历史“互建”的动态过程，20世纪80年代文学和90年代文学在此互相建构并生成各自的历史想象。在此意义上，杨庆祥认为，“人文精神讨论”提供了一个历史的“缝隙”，这个历史的“缝隙”无法用简单的观念、话语和知识去填充，发现这些“缝隙”并给予其足够的历史宽容，可能正是今天我们“重寻”的起点。⑰

四、新世纪文学研究

白烨认为，当代文学经历了20世纪80年代的政治浪潮、90年代的经济浪潮和新世纪以来的信息技术三次浪潮的冲击，在进入新世纪之后文学发生了一系列新异的演进与深刻的变革，逐步呈现出“三分天下”的新的格局，即以文学期刊为主导的传统型文学，以商业出版为依托的大众化文学，以网络媒介为平台的新媒体文学。白烨认为，21世纪以来的文学也面临着重重挑战，整体的文学在发展演进中面临挑战，文学内部，传统的经典文学、文学新人、文学批评也面临挑战。如何认识和把握这种变动不拘的文学现实，这是新的文学时代向我们提出来的新课题。白烨对“80后”为主的“青春的力量”充满信心，认为他们在成长、分化，虽然幼稚，但具有活力和无限可能性。白烨认为，我们必须意识到当下文学问题的超文学性与复杂性，虽然其主要表现为文学的问题，在根本上却是一个文化的问题、教育的问题、社会的问题、时代的问题。⑱

陈晓明从阎连科的小说给读者带来的“震惊”感受入手，认为这些震惊的本质是创伤，阎连科小说最关注的主题是历史创伤记忆。陈晓明选取阎连科的《受活》《风雅颂》《四书》中的震惊片断，指出其小说中的震惊场景与主体的创伤性自觉之间的联系，认为其小说是在通过“震惊”与现代性的搏斗，表现出了历史创伤的强度。又结合他的新作《炸裂志》分析其“震惊的逻各斯”的发展，探讨了阎连科这种乡土中国小说所创造的中国小说经验的独特意义。⑲陶东风将阎连科的小说归类为政治寓言小说，并认为《受活》是中国政治寓言小说代表作。《受活》通过受活人的历史经历，它描写了两个乌托邦故事。阎连科的创造性在于他把心理描写的“内真实”与政治批判紧密地令人惊叹地联系在了一起，形成了独特的“中国式的政治寓言小说”。⑳孙郁结合阎连科的创作和《发现小说》中的小说理论，探究其“神实主义”的内涵，又结合阎连科的小说进行具体分析，认为其小说从写实到写神，带来的是来自现实，又远离现实的神秘精神体验。“神实主义”是对隐伏在创作思维的现象的发现，是创作口号，更是一种精神解放方式。[21]

程光炜研究了贾平凹在西安的“文人圈子”及其与画家书法家交往故事的细枝末节，为我们理解贾平凹小说的万千气象和丰富细致的文人气质提供了途径。程光炜认为，琴棋书画兼备的特点，使得贾平凹的创作有了更加广阔的视野，更大的格局。[22]陈晓明梳理了贾平凹的创作历程，认为“贾平凹一开始就没有让历史断裂，没有在文化寻根与新时期的文学的人性论之间画下沟壑，只有他弥合了两个时期却没有沦为落伍者。”[23]在一篇专门讨论贾平凹2013年新作《带灯》的文章中，陈晓明又指出，《带灯》拾起了快要被历史遗忘的“代表历史前进性”的文学传统，在《带灯》里，贾平凹努力重建社会主义新人形象，但是带灯不是一个现实的人，她是政治浪漫想象的产物，带灯这个社会主义新人形象被“幽灵化”。[24]

陈晓明认为，70代作家是“落荒而走”的一代，他们在90年代后期出场，当时文坛开始分化，卫慧、棉棉、金仁顺等“美女作家”登场，但难以为继。50代、60代的作家借助国家出版和学院话语得以经典化，80代作家借助市场如鱼得水。70代没有历史和乡土中国构成内化的经验，而是面对当下城市或市镇生活，他们普遍有一种疏离感。陈晓明主张换一个角度，换一种思维，向后看，也向前看，去思考70代的可能性。在当下中国，它表示为自我的、城市的、当下性的文学经验，这种文学经验与西方现代、后现代文学经验可以最大可能沟通融合。陈晓明通过安妮宝贝、李师江、徐则臣、路内等人的小说，分析了70代写作的个人化且另类的经验。因为他们的文学性依赖个人的独异性，他们并不能创建普遍性的经验，就不大可能获得普遍的认同。他们需要持续地发掘自我经验，在哲学和宗教这两方面下足功夫。把现实汇入自我，把自我引进哲学和宗教，中国文学由此走向未来。[25]

杨庆祥对蒋一谈的《林荫大道》《温暖的南极》、*China Story*、《中国鲤》进行了细致的解读，认为他在短小的篇幅中呈现了广阔的社会视域，包含了城市女性、全球化问题等，他善于用一个个创意将日常的素材转化为具有通约性的“故事”，这是一种全新的写作试验。蒋一谈的小说以其独特的故事创意、深切的社会关怀、富有弹性的叙事节奏，形成了可以称之为“蒋一谈式”的短篇小说文体风格。[26]

五、文化研究与批评

郭敬明的电影《小时代》在2013年热映，引起了学者们多角度的讨论。张颐武注意到，《小时代》是以“当下青春”为原点，展示今天“小时代”的种种形态，《小时代》具有缤纷的色彩和迷人的光洁度，景观的抽象、漂浮，隐去了工业化痕迹，展现的是后现代的景象。个体性在郭敬明这里并不受到群体性的制约，而是在一个以感觉为中心的世界中存在，这种个体性推崇自我感觉而有某种超俗的意味，另一方面又以迎合时代的时尚潮流和消费风尚而相当世俗，这种矛盾是郭敬明受到赞美和批评的缘由。[27]张颐武辨析“后小资”群体的形成原因，认为他们其实是20世纪90年代以来的“小资”的延续和扩张。他们远比当年的小资的人数要多，他们是所谓的“中等收入者”的下层，也是中产阶级的后备军，对于市场经济有矛盾的态度。互联网给了他们一个“群体意识”浮现的机会，他们通过网络跟帖来表达自己的愿望，“跟帖文化”里，“事件”容易被凸显出来，微博跟帖文化具有瞬间性、直觉性和群体性三大特点。张颐武认为，“后小资”借助互联网表达自己的意见，他们的许多意见其实相当程度上主导了互联网的走向和我们文化的走向。对于他们的声势，我们大家应该有更明智的思考和认知。[28]

邵燕君注意到了“小时代”的象征意义，她认为“小时代”对应的是一个理想的“大时代”，在“大时代”崩塌后，丛林法则盛行，金钱利益高于一切。《小时代》无意识地折射了我们今天被金钱奴隶制主宰的社会现实。邵燕君看到了《小时代》与《时尚女魔头》在核心情节、价值观、人物设置等方面的诸多相似之处，认为《小时代》在对金钱价值观的推崇方面有过之而无不及。“小时代”是一个被隔断前史的“后启蒙时代”，对“革命”“启蒙”。邵燕君在批判、惋惜这个被金钱奴隶制宰制的“小时代”时，也保持了自我反思的姿态，她提醒人们去反省这样一个“小时代”究竟是如何形成。[29]肖鹰将郭敬明放在整体的青春文学发展历程中讨论，认为“郭敬明现象”是文学向市场转嫁的青春文学定制品。电影《小时代》表现的是“一个男人幻想的女人欲望世界”，是一部汇演郭敬明式仿袭和拼贴手法的电影杂烩。郭敬明的创作表现的“个人”是市场经济时代人工哺乳的畸形自我，正是消费主义和反智主义联手的大时代铸造了“郭敬明”。肖鹰认为，《小时代》并不“小”，而是无限膨胀，“小时代遮蔽大时代”。我们真正要检讨的是，一部明摆着的技艺低劣、思想丑陋的电影，为什么在这个大时代产生如此大的影响？[30]

胡疆锋通过具体的事例对中国当代青年亚文化进行了界定，认为亚文化主要是指通过风格化的另类符号对强势文化或主导文化进行挑战从而建立认同的附属性文化。亚文化与青年文化和大众文化既有密切联系又有区别。胡疆锋以《中国孩子》《全世界都在笑中国傻》为例，来说明中国当代青年亚文化的形态，指出其“蔓成长”的态势和“微抵抗”

的特征；亚文化群体多处于边缘位置，但随着新媒介或“自媒体”的发展，媒介出现了民众化转向，亚文化群体在新媒介的使用中占据了优先地位。当代青年亚文化具有特殊的美学意义和文化功能，是一种前途未知的新兴文化。胡疆锋预测，青年亚文化有可能变为创意文化的一部分，成为商业收编的对象；当下的青年亚文化急需长期而深入的“接地气”研究，特别是民族志的研究。㉛

林品探究百度贴吧李毅吧中“屌丝”的产生过程，认为“屌丝”一词的产生实际上反映了一种自我降格的网络亚文化。“屌丝文”的帖子，形成了一种风格化、程式化的叙事类型。“屌丝叙事”表征着不平等的阶级关系、性别关系，“逆袭”是“屌丝叙事”所展现的结构性矛盾的想象性解决方案。但是“逆袭”里的抵抗能量也仅仅局限在犬儒主义的限度内，“屌丝”的情感结构并不能真正逃离意识形态国家机器的掌控和形构。“屌丝”符号体系对“穷”“富”对立的凸显，并非是对阶级议题的强调，反而是“屌丝”能指的超量衍生异化遮蔽了阶级议题，排斥和放逐了中国当下受到压迫与剥夺的大多数，这使得“屌丝”成为一个主体中空的共用能指。㉜

六、网络文学研究

邵燕君讨论了网络文学的“网络性”的概念，区分了作品（WORK）、文本（TEXT）和超文本（HYPERTEXT）这三个基本的概念。她认为，网络文学并不是指一切在网络发表、传播的文学，而是在网络中生产、分享的文学，也就是说，网络不是一个发表平台，而是一个生产空间，具有一套独特的生产—分享机制。㉝在这个机制中作者和粉丝的大量互动，所以说，网络文学是作者与读者的共同作品。㉞在另一篇文章中，邵燕君从自己对当代文学定义的理解出发，认为当代文学最根本的属性就是当下性，经典之作需要凝聚这个时代最核心的精神、最饱满的信息。当下性在占据文坛正统的纯文学那里已经相当稀薄，产生经典性作品的可能也日渐减少，而网络文学的当下性则异常丰茂，孕育着经典的可能。邵燕君从当代文学生产机制的角度，梳理了当代文学的发展脉络，她认为，在先锋小说以后，“纯文学”的理念使发表作品门槛的大幅提高，而文学期刊未能在社会整体市场化转型的进程中成功地完成自身转型。这些都使文学新人的成长既失去土壤又失去方向。主流作家写作的圈子化，使得以纯文学为主导的主流文学日益边缘化。网络文学则是借助资本的力量吸引大批网络写手，建立无论是数量上还是覆盖规模上都足以和当年的专业作家匹敌的网络作家，修复了文学青年的写作、发表之路。但是，随着资本的涌入和网络的普及，网络文学被类型文学格式化以后，新文学的精英领导权彻底丧失。进入网络文学，在理解网络文学的基础上重建一套有效的精英批评标准和批评话语体系，其实是网络时代对当代文学研究的从业者提出的新任务。㉟

张柠探究网络小说的“文学性”及其标准问题，他从语言、情节、结构等方面来对网络小说与传统小说进行比较研究，以此重新审视传统长篇小说的文学性标准及其构成方式。他重点探讨了结构布局问题，在网络文学的生产和传播中，对传统文学有两种偏离趋向：一是在作品的生产和传播上具有时间和空间双重的无限制，因而无须遵循传统叙事上的“节约原则”。二是在叙事的整体意义结构上，偏离近现代以来西方文学建立的总体叙事结构的要求，而呈现出多元化、多中心的弥散结构。张柠提出了自己的网络文学研究思路，即以“事实判断”为基础，逐步转向“价值判断”。他认为，要实现网络文学研究的突破，在理论术语使用上要遵循筛选和化用的原则和术语创新的准确有效性原则。要研究网络文学这一新的复杂事实，并最终建立起科学的评价体系，是一个复杂的系统工程，需要多学科、跨学科的协作才能够完成。㊱

注：

①洪子诚、李云雷：《关于当代文学史的答问——文学史家洪子诚访谈》，《文艺报》，2013 年 8 月 12 日。

②程光炜：《当代文学的经典化研究》，《文艺争鸣》，2013 年第 10 期。

③旷新年：《文学史视阈的转换——论 1950、1980 和 1990 年代的文学史叙事》，《中国现代文学研究丛刊》，2013 年第 1 期。

④李云雷：《“新文学的终结”及相关问题》，《南方文坛》，2013 年第 5 期。

⑤李云雷：《历史视野中的“讲话”及其当代启示》，《芒种》，2013 年第 9 期。

⑥贺桂梅：《超越“现代性”视野：赵树理文学评价史反思》，《解放军艺术学院学报》，2013 年第 4 期。

⑦张桃洲：《早期“新格律诗”运动比照下的 1950 年代新诗形式问题讨论》，《辽宁大学学报》（哲学社会科学版），2013 年第 3 期。

⑧杨庆祥：《死去了的小资时代——读〈波动·序言〉》，《南方文坛》，2013 年第 1 期。

⑨李云雷：《新小资的“底层化”与文化领导权问题》，《南方文坛》，2013 年第 1 期。

⑩陶东风：《“悲壮的青春”与梁晓声的英雄叙事——知青文学回头看（之一）》，《文学与文化》，2013 年第 1 期。

⑪吴义勤：《新时期的文学“革命”》，《雨花》，2013 年第 6 期。

⑫程光炜：《1987：结局或开始》，《上海文学》，2013 年第 2 期。

⑬白烨：《当之无愧的“民族秘史”——陈忠实与〈白鹿原〉漫说》，《艺术评论》，2013年第1期。

⑭何瑛：《生逢其时的“另一种史诗”——从〈尘埃落定〉看第五届茅盾文学奖评奖》，《新文学评论》，2013年第6期。

⑮王一川：《旋风中的升降——〈尘埃落定〉发表15周年及其经典化》，《当代文坛》，2013年第5期。

⑯程光炜：《引文式研究：重寻“人文精神讨论”》，《文艺研究》，2013年第2期。

⑰杨庆祥：《寻找历史的缝隙——关于“人文精神讨论”的述评与思考》，《中国人民大学学报》，2013年第4期。

⑱白烨：《新世纪文学的新演变与新挑战》，《解放军艺术学院学报》，2013年第4期。

⑲陈晓明：《“震惊”与历史创伤的强度——阎连科小说叙事方法探讨》，《当代作家评论》，2013年第5期。

⑳陶东风：《〈受活〉：当代中国政治寓言小说的杰作》，《当代作家评论》，2013年第5期。

㉑孙郁：《阎连科的“神实主义”》，《当代作家评论》，2013年第5期。

㉒程光炜：《贾平凹与琴棋书画》，《当代文坛》，2013年第2期。

㉓陈晓明：《他能穿过“废都”，如佛一样——贾平凹创作历程论略》，《延河》，2013年第5期。

㉔陈晓明：《萤火虫、幽灵化或如佛一样——评贾平凹新作〈带灯〉》，《当代作家评论》，2013年第3期。

㉕陈晓明：《70代，向后看，向前看，看透文学》，《文艺争鸣》，2013年第6期。

㉖杨庆祥：《“蒋一谈式”短篇小说》，《山花》，2013年第9期。

㉗张颐武：《从〈小时代〉说起》，《大众电影》，2013年第19期。

㉘张颐武：《“后小资”的文化形态》，《中关村》，2013年第1期。

㉙邵燕君：《〈小时代〉与金钱奴隶制》，《文汇报》，2013年9月12日。

㉚肖鹰：《“郭敬明”：消费主义的青春标签——从〈小时代〉看文化症候》，《文学报》，2013年10月10日。

㉛胡疆锋：《中国当代青年亚文化：表征与透视》，《文化研究》，2013年第3期。

㉜林品：《从网络亚文化到共用能指——“屌丝”文化批判》，《文艺研究》，2013年第10期。

㉝邵燕君：《网络文学的“网络性”》，《作品》，2013年第11期。

㉞邵燕君：《网络文学是作者与读者的共同作品》，《中国艺术报》，2013年12月18日。

㉟邵燕君：《网络文学对当代文学研究者的意义》，《芒种》，2013年第9期。

㊱张柠：《网络小说的文学性和新标准》，《文艺报》，2013年12月11日。

（作者：邵燕君，北京大学副教授；
李强，北京大学硕士生；
闫作雷，北京大学硕士生）

东方文学

魏丽明　阎鼓润

2013年是印度伟大作家拉宾德拉纳特·泰戈尔荣获诺贝尔文学奖100周年，国内学界举行了一系列纪念和学术活动。6月1—2日，同济大学与北京大学、上海市作协协会合作主办“从泰戈尔到莫言”国际学术研讨会。在西方文化话语权占据主导地位的世界文化格局中，泰戈尔和莫言是印度和中国文化的代表，同时也是东方文明的代表。通过诺贝尔文学奖的平台，他们把东方文化推向世界，成为东方文化走向世界的成功典型。6月9日—11日，北京大学东方文学研究中心、北京大学印度研究中心、北京大学图书馆和北京大学研究生会联合举办“纪念泰戈尔荣获诺贝尔文学奖100周年活动日”系列活动，内容包括图文展、中央编译出版社“泰戈尔系列”新书首发会、学者交流报告会和“泰戈尔在我心中”征文比赛报告会等。郁龙余、魏丽明主编的《泰戈尔落在中国的心》收入“泰戈尔在我心中”获奖的百篇征文。[1]本书作者都是热爱泰戈尔及其作品的读者。本书再现了泰戈尔及其作品在中国读者心中的影响力。11月24日，由北京大学外国语学院阿拉伯语系、中国阿拉伯文学研究会、中国社会科学院外国文学研究所和黎巴嫩驻华使馆联合主办的“纪伯伦诞辰130周年纪念会暨中国阿拉伯文学研究会2013年会”在北京大学举行。活动分成两个部分，第一部分为纪伯伦诞辰130周年纪念会，第二部分是以纪伯伦的文学与艺术为主要议题的阿拉伯文学研讨会。7月1—12日，在北京大学研究生院的支持下，北京大学东方文学研究中心举办的第6期东方文学暑期学校开班授课。本期暑期学校主题为“东方文学：从传统到现代”。暑期学校依托北京大学东方文学研究中心和北京大学外国语学院有关东方语言文学学科各系所的教学师资力量，同时聘请国内外东方文学研究领域的知名专家学者，包括中国社会科学院以及国内外大学的一流学者参与授课。18位各专业的知名学者就东方文学研究的理论、方法、文本细读等专题进行了精彩的演讲，内容涉及印度、日本、朝鲜、阿拉伯、波斯、东南亚和古代西域等区域文学或国别文学，时间涵盖了外国古代和近现代的各个时期。非洲文学批评家、哈佛大学非洲与非裔研究系教授、北大亚非系外国语言文化讲席教授拜尔顿·杰伊夫（Biodun Jeyifo）和被誉为索因卡之后非洲最重要的剧作家之一的尼日利亚剧作家、伊巴丹大学戏剧系教授费米·奥索菲桑（Femi Osofisan）相继来华，并在北大亚非系开设非洲文学相关课程。

一、综合类

王邦维、林丰民主编的《东方文学研究：文化阐释与比较研究》一书[②]收录国内东方文学领域学者的研究成果20篇，涉及日本、韩国、蒙古、印度、阿拉伯、以色列、波斯等多国多语种文学。王向远的《东方文学史通论》[③]于2013年再版，该书运用比较文学与世界文学的观念与方法，将东方各国文学作为相对独立的文学区域加以评述和研究，试图寻求东方各国文学的区域性和联系性。高永的论文集《三语石的鸣响——东方边缘诸国与中国文学关系研究》[④]一书内容丰富，涉及巴基斯坦、孟加拉国、斯里兰卡、尼泊尔、阿富汗、菲律宾、土耳其和波斯文学与中国文学关系等主题。韩加明在《从“东方”对“欧美”到“东方”对“西方”》[⑤]一文中指出，在我国出版的外国文学史著述中，“东方文学史”常用于书名，却很少有西方文学史著作在书名用到“西方”，多用“欧美”一词。深层原因在于“西方”在中国文化语境中带有明显的负面政治含义，因而被文学史研究者刻意回避。吴雨平在《将东方文学纳入世界文学史范畴》[⑥]一文中认为，将东方文学纳入世界文学主体的新视域，一定程度上改变了传统的文学经典秩序，体现了学界对西方中心主义的反思。在《世界文学与比较文学：中国非英美国家英语文学研究的垦拓与勃兴》[⑦]一文中，朱振武、刘略昌以国内学界对索因卡、戈迪默和库切等非洲作家和其他非英美英语作家的研究现状为例，认为非英美国家英语文学在中国的研究先后经历了拓垦期与勃兴期。学界的相关研究虽有长足进展，但也明显存在一定的局限性，相关研究还不能很好地立足非洲本土视角，在批评自觉、本土意识和文化自信方面还有明显的不足。

二、比较文学

2013年的东方比较文学研究仍然集中在亚洲地区。在《文化传递中的想象与重构——中越“翁仲”的流传与变异》[⑧]一文中，庞希云和李志峰认为中越“翁仲”的流传是文化在传递中往往会发生变异的典型表现。借由“翁仲”故事衍变这一事例，从其流变生发的模式或可以探究文化如何借助阐释、变异，终而完成重构的道路。庞希云和李志峰还在《越南汉文小说对中国文学的吸收和改造——以〈状元甲海传〉的流传变异为例》[⑨]一文中分析了笔记类小说《状元甲海传》的主体故事，认为它是在吸收中国传说《白水素女》及《柳毅传》的基础上，糅合了越南本土的传说所进行的本土化创造。在《越南十世纪到二十世纪对唐代绝句的移植与发展》[⑩]一文中，沈文凡和范氏义云通过大量的史实分析，认为唐绝句在公元10世纪到20世纪之间在越南备受关注，有大量的拟作、传播和发展，由此可看出唐文化（中华文化）在亚洲汉语文化圈中的影响和地位。付筱娜等在《村上春树与非茨杰拉德的叙事技巧比较研究》[⑪]一文中指出。村上春树的创作是从对菲茨杰拉德小说叙事技巧的接受和模仿开始的。在学习和借鉴的同时，村上春树也将日本传统文学的叙事特点融入自己的创作之中，彰显了西方文学的叙事策略又极具浓厚的日本文化气息。李晓娜在《麦尔维尔的〈白鲸〉与村上春树的小说创作》[⑫]一文中指出，村上春树的小说创作深受美国文学精神的影响，他对麦尔维尔的《白鲸》极为推崇，将“高贵”“滑稽”和“悲剧”这三个特征概括为“美国式剧作法”，并把这种文学主张体现在自己的小说创作中。严明的论文《明清诗风之变对江户汉诗的影响》[⑬]在分析明清诗歌的发展变化与日本江户时期汉诗特色形成之间的密切关系的基础上，试图探索中国诗歌在日本传播并促进日本汉诗发展的基本规律。

三、东亚文学研究

2013年，北京学界对东亚文学的整体关注明显增加。王志松主编的《文化移植与方法：东亚的训读·翻案·翻译》[⑭]包括如下几个板块的内容：训读与汉字文化圈、翻译与翻案、东亚文学与文化越境。本书核心问题明确，全部围绕东亚儒家和佛教为主的文化大背景，中日朝三国文学中存在的相互翻译、相互影响等主题展开论述，涵盖了各种文学现象。关立丹主编的《日本古典文学史》[⑮]是2009年北京市精品教材建设项目之一，同时也是教育部特色专业项目建设的一部分。教材按照日本古典文学史的分期共分为四章，分别介绍和概括了日本的上代、中古、中世、近世文学的概况、特点及代表作品等。《闲收乱帙思疑义——日本文学研究》[⑯]是李均洋研究日本文学的论文集，该文集内容丰富，涵盖了从古代文学到近现代文学，民间文学到作家文学等多个主题。在《异彩纷呈的物语世界》[⑰]一书中，於国瑛对日本平安时期的物语进行了梳理，涉及至今还未被学界关注过的物语。卢盛江的专著《文镜秘府论研究》[⑱]一书爬梳了《文镜秘府论》未存和现存传本及其系统和卷次的情况，论及所收诗文论著之原典，编撰过程与编撰思想，声韵调声说、四声论、病累说及其渊源、创作论、对属论和体势论，以及其诗学日本化等问题。王成的专著《“修养时代”的文学阅读日本近现代文学作品研究》[19]从阅读史和思想史的层面，深入探讨近代日本文学语境与文本的关系，重新认识日本近代史上的“修养时代”，从中日近现代思想和文学关系考察日本文学，通过研究日本文学作品在中国的翻译、传播以及“经典化”过程，为翻译文学研究提出了新思路。李雁南的专著《在文本与现实之间：近现代日本作家笔下的中国》[20]在借鉴前人研究的基础上，从形象学的视角出发、采用文本细读的方法、依据时间顺序观照日本近现代文学中的“中国形象”，勾勒“中国形象”在日本近现代文学中的衍变史。在《冲突、和解、融合：远藤周作论》[21]一书中，史军认为日本当代作家远藤周作的作品世界中蕴含着两大主题：基督形象的探索和对人性深层次无意识的探讨。尚一鸥的专著《村上春树小说艺术研究》[22]全面探索了村上春树的小说艺术特色，作者认为村上所进行的“个人革命”的艺术方式源自作家对日本文化根性、美国情结和中国文化的认知，作者试图对村上春树的小说创作给出文学文化学意义上的客观定位。王向远在《我国的日本汉文学研究的成绩与问题》[23]一文中指出，20 世纪 80 年代以来，中国学界对日本以汉诗为主、包括汉文及汉语小说在内的汉文学展开了深入的研究，但是在关键概念的界定和使用、理论概括与学术观点的科学性、文献信息使用的周密性等方面，还存在一些值得商榷的问题。王向远在他的另一篇论文《日本文学史研究中基本概念的界定与使用》[24]中分析了叶渭渠、唐月梅《日本文学思潮史》及四卷本的《日本文学史》的特点，认为《日本文学思潮史》在文学史基本概念、术语的确立、理解、界定和表述方面，还有一些值得商榷的问题。在《2012—2013 年中国的日本文学研究》[25]一文中，杨伟以国家社科基金项目和期刊论文等为线索，回顾了 2012—2013 年国内日本文学学界的研究状况。他认为，主要成果较为集中地体现在中日文学关系的研究上，聚焦于训读与东亚汉字文化圈、中日古代文论的关联性、殖民地文学、日本的鲁迅研究等论域，在研究视域的拓展、研究方法的多元化、注重跨学科研究等方面迈出了坚实的一步。林晓光在《东亚贵族时代的曲水宴与曲水文学》[26]一文中指出，曲水之宴在公元 5 世纪通过王朝使节的中介传入日本，其接受形态完全在宫廷文化层面。公元 7 世纪开始出现的日本曲水文学富有本土文化特色。周阅在《新中国 60 年川端康成小说研究之考察与分析》[27]一文中把新中国 60 年的川端康成小说研究分为“新中国成立前至 1966 年、1966—1978 年、1979—2009 年”三个时间段，并以后 30 年为重心，深入分析川端康成小说研究的演进轨迹、主要特点及社会根源，进而分析文学研究与社会变迁的互动关系，以及深层的社会发展与意识形态原因。何建军在《日本战后派作家的战争体验与文学创作》[28]一文中，在考察战后派作家战争体验的基础上，着重分析他们是如何把这种体验文学化，创做出一系列战争题材的文学作品的内在根源。在《昭和历史语境中的草野心平与中国》[29]一文中，杨伟认为草野心平作为“最后的昭和诗人”，他的整个人生和诗歌创作都带有他自身的特殊印迹，也折射出日本昭和时代共有的轨迹。赵峻的论文《试论竹山道雄〈缅甸的竖琴〉中的“文明冲突观”》[30]主要分析了《缅甸的竖琴》这部作品所涉及的宗教救赎、秩序冲突、现代化脚步等诸多问题。在《夏目漱石的“明治精神”——再论夏目漱石〈心〉中“先生”之死》[31]一文中，曹志明着重分析主人公“先生”的自杀原因和“明治精神”的含义。

学界对朝韩文学的研究主要集中在古代文学，特别是古代汉文学方面。张佳在《1392 至 1910 朝鲜时代的楚辞评论》[32]一文中指出，1392—1910 年间，楚辞在朝鲜得到了广泛的传播和接受。朝鲜文人在书目、绪论和诗话等文献中表达了他们对楚辞的看法，体现了这一时期该国文人的楚辞观。在《明初朝鲜半岛使臣笔下的南京印象》[33]一文中，陈彝秋认为因使臣身份、使行活动的影响和限制，明初朝鲜半岛的使臣对南京的印象主要集中在三个方面：超迈汉唐的朝会礼仪、君明臣贤的盛世图景和风物繁华的帝都气象。《中国传统“假传体”文学对朝鲜高丽朝文学的影响》[34]一文的作者李杉婵认为，与中国文学相比较，高丽“假传体”文学体式在思想内容、塑造人物艺术手法、情节布局安排等方面具有独特性，其题材、主题等体现出朝鲜文人的独特审美旨趣。朝鲜“假传”文学体式的形成和流播，反映出中土文明对朝鲜文学的重大影响

四、南亚文学研究

黄宝生的专著《梵学论集》[35]收录了作者关于梵学研究的 29 篇论文。大致可以分为三个部分：印度古代文学研究，包括文学批评和文学理论研究；中印文学、文化比较，以及古代印度文学、佛学对中国影响的研究；古代印度文学、佛经中译本的序言。冯冬在《〈舞论〉的审美倾向对印度传统表演艺术的影响》[36]一文中提到，由《舞论》中的戏剧理论和舞台表演实践可以看出《舞论》既与东方文化体系保持着紧密的审美契合，又有着与众不同的理论体系和表演模式。在《试析印度古典戏剧〈沙恭达罗〉及其藏译本》中，贾华提出最早把《沙恭达罗》介绍到国外的是我国的藏语译本，并在后文梳理了《沙恭达罗》的藏译本历史。何乃英的专著《泰戈

尔——东西融合的艺术家》[37]一书分为八章，从泰戈尔的东西方融合理论、东西方融合的世界观、哲学观、宗教观、教育观、文艺观和文艺创作等方面论述他走“东西方融合”道路的基本内容。在《泰戈尔——中国之旅》[38]一书中，孙宜学基于原始资料，致力于还原泰戈尔一生中三次访华的历史图景，分析当时中国现代知识分子对泰戈尔访华的各种不同态度及原因。魏丽明的专著《男性作家的写作策略：介南德尔·古马尔小说研究》[39]力图从作家生平、创作综述、小说梗概、作品人物解读、艺术风格分析、文学思想论述等角度把握介南德尔小说创作的意义，从而肯定他在印度乃至世界文学史上的地位。孟昭毅和刘霞在《伊克巴尔文学与伊斯兰精神》[40]一文中提到，伊克巴尔通过各种诗歌表现形式阐述自己的宗教哲学思想。在南亚次大陆，他的乌尔都语诗歌影响世人，在亚洲范围内，他的波斯语诗歌著称于伊斯兰世界。张玮在《20世纪后半期以来的中国—印度文学交流》[41]一文中指出，20世纪后半期至今，中印两国间的文学作品的翻译介绍成果丰硕，两国作家通过互访、举办书展等方式扩大了交流，在此过程中，两国文学相互借鉴、碰撞出思想的火花，共同促进了两国文学的发展。

五、东南亚文学

赵玉兰的《〈金云翘传〉翻译与研究》[42]一书对《金云翘传》全诗进行了逐字逐句的认真解读、查阅，考证了大量的相关资料，并从比较文学的视角对诗作产生的文化背景及语言特色进行了深入的分析和研究。李谋、林琼的《缅甸古典小说翻译与研究》[43]一书对缅甸古典文学的代表作《天堂之路》、《宝镜》加以学术注释和译注，并进行评论阐释，填补了我国缅甸古典文学翻译和研究的空白。罗杰、傅聪聪等集体撰写的《〈马来纪年〉翻译与研究》[44]一书根据1997年马来西亚国家语文出版局出版的马来文版本译出并评注，是继英、法、德等多种语言的不同译本之后的又一译本。张松建的专著《文心的异同：新马华文文学与中国现代文学论集》[45]分为两编。上编是“新马华文文学研究”，包括新马华文作家对鲁迅经典的重写，以及关于一些作家的评论。下编是“中国现代文学研究论衡”，所评对象既有国内资深学者的论著，亦有海外汉学家的作品。

黄以亭、张程在《“女性意识”：从沉潜到回归》[46]一文中分析不同社会发展阶段战争文学作品中的女性形象及其特质，探究女性意识从沉潜到苏醒的演变过程，反观古今越南社会对女性的关照程度。吕小蓬在《越南汉文历史小说〈皇越春秋〉的文化研究》[47]一文中指出，《皇越春秋》以汉文的书写方式、中国历史小说的惯常体制展开叙述，以越南民族的独立话语和独特的文化语境阐释中越历史上的斗争事件，既显示出对中国文化的认同与接受，又张扬了民族独立的精神。贾颖妮在《文艺副刊与马华新生代批评的崛起》[48]一文中提出，在马来西亚，华文文学的发展与华文报纸副刊紧密相连。在某种意义上，马华文坛即报坛，华文报纸文艺副刊对马华文学的发展影响深远。黄进炎、唐旭阳在论文《泰国小说〈画中情思〉的艺术风格》[49]中认为该小说是一部真正意义上的现实主义小说，它开启了以女性为题材的文学创作，反映了新旧社会交替的时代的特殊时期所存在的社会问题。吴圣杨、李金耘在《泰国悬疑小说家蓬萨甘作品的国际化与本土性——以〈鬼布〉系列〈溯爱〉〈咒布〉〈旗袍〉为例的分析》[50]一文中关注了近年来泰国文学界出现的悬疑小说创作热潮的现象，并以蓬萨甘这位最具代表性的作家为例，认为他的作品明显地受到国际因素的影响，有显著的本土文化特点。此外，李斯颖在论文《芒飞节神话的流传及其认同功能——基于泰国、老挝、越南的研究》[51]中指出，芒飞节起源神话及其异文在泰国东北部、老挝和越南不同族群之间的传承与扩散，印证了神话在仪式中扮演的特殊角色，再现出神话对不同层次认同的铸就功能。文莱文学也首次进入国人视野，沈玲在《多重身份观照下的文学书写——文莱诗人孙德安的诗歌研究》[52]一文中指出，文莱华人作家孙德安兼有多重社会身份，文人诗人的身份使他喜以诗歌表达文学观与诗观，文莱华人诗人的身份使其诗歌中既有对居住国的形象的书写，又有对母国形象的书写，还有对自我身份认同的思考与困惑。

六、西亚北非文学

丁淑红在《阿拉伯戏剧翻译在中国》[53]一文中指出，我国对阿拉伯戏剧的译介与研究始于20世纪80年代中期，基本处于起步阶段。阿拉伯戏剧中译本的大量空白令国内的深入研究举步维艰。在《跨文化重构之下的意义生成与演变轨迹——中国式的阿拉伯文学史》[54]一文中，丁淑红对中国的阿拉伯文学史著述做了线性脉络轨迹的梳理和形态种类的分析，在跨文化重构视野的观照下，探析意识形态、文学史观和主体介入对中国的阿拉伯文学史著述所产生的影响。牛子牧在《历史的看客与剧场的旁观者——评萨阿德拉·瓦努斯戏剧〈六·五夜谈〉的思想内容及创作手法》[55]一文中探讨了该剧的思想内容和创作手法之间的关系。唐雪梅和马吉德在《纳吉布·马哈福兹小说〈始与末〉语言风格研究》[56]一文中认为，作者以纯现实主义的创作手法，通过运用阿拉伯语语言的语音、词汇、语法、修辞和篇章结构展示了小说独特的语言风格，彰显了埃及社会人民的伦理道德观和追求一个自由、解放、没有奴役、剥削和压迫的公正社会的渴望。唐蕾在论文《论纳吉布·马哈福兹的平衡之道——以〈续天方夜谭〉为例》[57]中认为马哈福兹试图和人们探讨以平衡之道控制人心并最终获得内心的宁静与归属之可能性，他的创作以寓言的形式向人们表达了温和的劝诫。周烈在论文《苏阿黛·贾瓦德短篇小说的女性主义解读》[58]中评介了阿拉伯联合酋长国女作家苏阿黛·贾瓦德其人其作，认为她试图以自己的创作唤醒阿拉伯妇女解放的自觉意识，进而推动阿拉伯妇女追求平等、自由、解放的进程。杨洁撰写了《阿多尼斯与“诗人何为”?》[59]一文，作者认为叙利亚作家阿多尼斯以自己的诗歌写作与理论著述表明：诗人或知识分子仍可以而且有必要在社会、文化乃至政治、宗教生活中发挥自己的影响。熊倩在《〈亚库班公寓〉——一部为埃及社会把脉的作品》[60]一文中认为，埃及作家亚拉·阿斯万尼通过小说《亚库班公寓》中极具代表性人物的遭遇描述，刻画了穆巴拉克专制统治下的残酷社会现实。

梁工主编的《圣经文学研究（第7辑）》[61]侧重刊登国内学者的研究成果。本书论文涉及以下题目：对待/或论述/女人、《士师记》中的女儿们、一位中文圣经翻译家、圣经与白话——圣经翻译、传教士小说与一种现代白话的萌蘖跨越文化边界之经典诠释、保罗书信研究的动态与趋势、荣格理论对伊甸园神话的阐释、圣经的庄严叙事解析——以《士师记》为例、文化符号辨析与《路得记》的互文性解读、《箴言》的声音、别样的空间圣经对英国文学的影响、《马可福音》的结尾、从鲁迅的《复仇（其二）》谈起、中国现代诗歌中的自我意识与圣经话语——以穆旦诗为个案研究、纪伯伦英语文学的“圣经文体”研究、福克纳小说中作为宗教文化符码的耶稣形象、“英雄”的罪恶与拯救——论略萨《城市与狗》对圣经的现代阐释《新约》中的耶稣基督形象、弥赛亚秘密新解、路加对罗马社会朋友关系与管家职分的重新诠释、亚伯拉罕的神观和“因信称义”等。在《德里达与圣经文学解构批评》[62]一文中，梁工认为德里达解构理论的首要术语“异延”与圣经遗产有着千丝万缕的关联性，就人们普遍向往的稳定性而言，圣经具有潜在的破坏性。游伟在《希伯来圣经中的国王形象分析》[63]一文中指出，希伯来圣经中国王形象的不完美性集中体现在两点：一是缺乏政治智慧；二是违犯戒律。钟志清的专著《变革中的20世纪希伯来文学》包括从流散地到巴勒斯坦、20世纪希伯来文学中心的转移、希伯来语复兴与早期巴基斯坦希伯来文学、第一代现代希伯来女作家和诗人、阿格农及其创作实践等内容。许相全在论文《乡愁与梦魇：犹太作家面对犹太传统的情感抉择——以阿格农小说的情感构成为例》[64]中认为，阿格农小说主要关注犹太传统在近现代历史上的命运，面对近现代社会的冲击，传统犹太教不可避免地走向衰落。他的小说里始终交织着“乡愁”与“梦魇”的情感因素。

土耳其文学研究界的关注集中在帕慕克及其作品上。徐冰在《“纯真博物馆”中的镜像世界》[65]一文中认为这本小说从头至尾诠释着时空映照、重影叠叠、极具透视感和纵深感的镜像关系。在《浅析〈纯真博物馆〉的忧伤主题》[66]一文中，靳洁从“呼愁”入手解读《纯真博物馆》中的三重忧伤主题，即为土耳其文明的衰落而忧伤、为求而不得的爱情而忧伤、为自我身份的模糊而忧伤。裴蓓撰写了论文《奥尔罕·帕慕克〈雪〉中的文化身份研究》，[67]该文以《雪》为研究对象，以小说中流亡诗人在卡尔斯小镇所创作的颇具隐喻意义的“书中书”和其亲身经历的“戏中戏”为解读重点，阐述帕慕克小说中普遍存在的一种关于文化身份问题的诉求。而在《关于〈雪〉中“头巾女孩与自杀”的一些问题》[68]一文中，张虎则结合现代土耳其的建国史、土耳其妇女的解放问题，分析这一故事情节的现实原型、历史原因及其本质。在《奥尔罕·帕穆克的后现代维度》[69]一文中，曹培通过价值取向、宗教文化、叙事表达等视角对奥尔罕·帕穆克进行后现代作家定位的尝试。在《一个旅人在家乡：对〈黑书〉和帕慕克的解读》[70]一文中，王琼采取文本、作者、世界、读者四要素相互渗透的分析方法，研究帕慕克的写作手法和创作理念。

穆宏燕撰写了《论波斯细密画的伊斯兰合法性》[71]一文，作者认为波斯细密画以苏非神秘主义哲学思想为绘画理念和理论基础，以心灵之眼即“悟眼”去觉悟所画对象的“本真”状态，其宗旨是描绘真主创世的“蓝本”，因而呈现出浓厚的程式化特征。扎米尔·赛都拉在论文《论尼扎米丁·艾里希尔·纳瓦依用波斯语创作的文学作品》[72]中评介了15世纪突厥语文学巨匠尼扎米丁·艾里希尔·纳瓦依的创作，认为他的文学创作形式和思想高度结合，达到了当时突厥语文学的巅峰水平。韩文慧的论文《丝绸之路上的文学传播与影响——以〈列王纪〉对〈玛纳斯〉的影响为例》[73]认为，通过丝绸之路，波斯英雄史诗《列王纪》对柯尔克孜族英雄史诗《玛纳斯》在外部结构的谱系式与内部结构的悲剧意识方面都产生了潜移默化的影响。周传斌在论文《异域之美：回族传统中阿拉伯和波斯语文学原典的流传——以阿拉伯文〈母噶麻忒〉和波斯文〈古丽斯坦〉为例》[74]中指出，阿拉伯文《母噶麻忒》和波斯文《古丽斯坦》两书的流传，既反映了伊斯兰文学对中国回族宗教文学的影响，也表明了回族伊斯兰教经师们所具有的阿拉伯与波斯语文的造诣。

七、黑非洲文学研究

2013年世界文坛的一大憾事是“非洲现代文学之父”钦努阿·阿契贝的离世。姚峰在论文《阿契贝的〈瓦解〉与小民族文学的游牧政治》[75]中试图将德勒兹的“小民族文学”等理论引入对阿契贝非洲后殖民小说的讨论，作者认为非洲小民族文学实际上是一种从“独裁”空间中逃逸的游牧政治。谢晓玢在论文《〈瓦解〉中的伊博文化与身份认同——以主人公奥孔科沃为例》[76]中以《瓦解》为背景，研究伊博文化中的男性主义及其对于个体身份认同的批判性影响，进而探讨文化与个体身份认同之间的关联。肖娜在《在非洲与西方的文化结合部断裂——小说〈动荡〉中的奥比形象》[77]一文中深入分析了主人公奥比身上融合的西方影响和非洲传统影响。代学田在《彼黍离离：非洲风景与殖民主义——〈战时诸梦：童年回忆录〉解读》[78]一文中指出，肯尼亚著名作家恩古吉的新作《战时诸梦：童年回忆录》透过历史的眼光审视非洲风景，他采用的“风景历史化”写法是一种反写策略，有力反驳了那些将非洲看成是一个没有自我意识、没有历史的“暗黑之地”的观点。辛禄高在《黑非洲戏剧的口头文化传统》[79]一文中认为，研究黑非洲戏剧不能仅仅进行剧本的纯文本的研究，剧本在黑非洲戏剧中并没有西方戏剧甚至中国戏剧那样的“文本自足性”，研究者如果脱离了黑非洲剧作的演出历史，就会失去很多审美意蕴。孙乐在《身份问题在印度裔南非文学中的体现》[80]一文中认为，印度裔移民自18—20世纪移民到南非以来，已成为南非的第三大种族，但身份问题一直困扰着这个外来族群。韩红伟在《神话学研究视野下的非洲神话研究——以尼日利亚约鲁巴人神话为例》[81]一文中指出，非洲神话在国内的研究还处于起步的阶段，在原典分析、对比研究等领域有着很大的深入研究的学术生长点。李安山主编的《中国非洲研究评论（2012）》[82]一书也刊载了两篇有关非洲文学的论文：在《“故事就像风”：奥索菲桑戏剧中的西非故事说书传统》一文中，程莹以奥索菲桑戏剧中的“故事说书”模式为切入点，探讨了非洲本土口头传统对当代非洲最重要的戏剧家之一奥索菲桑戏剧创作的重要影响，分析了奥索菲桑把口头传统当作政治表达策略并成功运用的意义；阎鼓润在《渥雷·索因卡与陶菲格·哈基姆剧作的戏剧冲突之比较》一文中以《死亡与国王的侍从》与《彷徨的国王》为例，从戏剧冲突理论入手，认为两部作品中戏剧冲突的内容和表现方式有所不同，索因卡的戏剧是“演出的戏”，哈基姆的戏剧则是“阅读的戏”。

从上文综述中可以看出，2013年度北京东方文学研究呈现出多元化趋势，具有跨学科、跨国别、跨区域的总体研究与比较研究视野，对文学史相关著述的关注尤为明显。东亚文学相关学术著作出版较为密集，学界对西亚北非的关注持续升温，南亚文学研究稳步推进，东南亚古代文学研究成果喜人，非洲文学学科建设逐渐发展。不足之处在于学界的研究仍以重点作家的作品为主，当代东方文学研究的相应成果明显不足。

注：

①中央编译出版社，2013年版。

②北京大学出版社，2013年版。

③高等教育出版社，2013年版。

④北京理工大学出版社，2013年版。

⑤《内蒙古社会科学》(汉文版)，2013年第5期。

⑥《中国社会科学报》，2013年12月13日，第B01版。

⑦《中国比较文学》，2013年第3期。

⑧《上海师范大学学报》（哲学社会科学版），2013年第2期。

⑨《广西大学学报》（哲学社会科学版），2013年第5期。

⑩《吉林师范大学学报》（人文社会科学版），2013年第1期。

⑪《东北大学学报》（社会科学版），2013年第2期。

⑫《外语学刊》，2013年第1期。

⑬《中国比较文学》，2013年第4期。

⑭广西师范大学出版社，2013年版。

⑮北京语言大学出版社，2013年版。

⑯外语教学与研究出版社，2013年版。

⑰知识产权出版社，2013年版。

⑱人民文学出版社，2013年版。

⑲北京大学出版社，2013年版。

⑳北京大学出版社，2013年版。

㉑光明日报出版社，2013年版。

㉒商务印书馆，2013年版。

㉓《东北亚外语研究》，2013年第1期。

㉔《山东社会科学》，2013年第4期。

㉕《日语学习与研究》，2013年第6期。

㉖《文学艺术评论》，2013年第3期。

㉗《日语学习与研究》，2013年第1期。

㉘《日语教育与日本学研究——大学日语教育研究国际研讨会论文集（2013）》，第297—301页。

㉙《国外文学》，2013年第4期。

㉚《日本研究》，2013年第3期。

㉛《外语学刊》，2013年第3期。

㉜《南京师范大学文学院学报》，2013年第4期。

㉝《南京师范大学文学院学报》，2013年第4期。

㉞《中国文化研究》，2013年冬之卷，第197—203页。

㉟中国社会科学出版社，2013年版。

㊱《中州大学学报》，2013年第2期。

㊲中国社会科学出版社，2013年版。

㊳中央编译出版社，2013年版。

㊴中国广播电视出版社，2013年版。

㊵《宁夏师范学院学报》（社会科学），2013年

第5期。

㊶《东南亚南亚研究》，2013年第2期。

㊷北京大学出版社，2013年版。

㊸北京大学出版社，2013年版。

㊹北京大学出版社，2013年版。

㊺中国社会科学出版社，2013年版。

㊻《东南亚研究》，2013年第5期。

㊼《东南亚研究》，2013年第3期。

㊽《文艺争鸣》，2013年第4期。

㊾《广东外语外贸大学学报》，2013年第3期。

㊿《广东技术师范学院学报》（社会科学），2013年第4期。

51《创新》，2013年第3期。

52《世界华文文学论坛》，2013年3月。

53《文艺报》，2013年8月14日。

54《外国文学》，2013年第6期。

55《戏剧艺术》，2013年第5期。

56《西安外国语大学学报》，2013年第1期。

57《常州大学学报》（社会科学版），2013年第6期。

58《外国文学》，2013年第5期。

59《云南民族大学学报》（哲学社会科学版），2013年第2期。

60《湖南科技学院学报》，2013年第10期。

61人民文学出版社，2013年版。

62《文艺研究》，2013年第6期。

63《河北经贸大学学报》（综合版），2013年第3期。

64《海外文坛·当代文坛》，2013年第4期。

65《当代作家评论》，2013年第1期。

66《时代文学》，2013年2月上半月版。

67《世界文学评论》，2013年第17辑。

68《当代外语研究》，2013年第11期。

69《安徽文学》，2013年第5期。

70《浙江社会科学》，2013年第12期。

71《东方论坛》，2013年第5期。

72《西北民族大学学报》（哲学社会科学版），2013年第3期。

73《昌吉学院学报》，2013年第1期。

74《哈尔滨工业大学学报》（社会科学版），2013年第3期。

75《当代外国文学》，2013年第4期。

76《青年文学家》，2013年第22期。

77《长春理工大学学报》（社会科学版），2013年第6期。

78《东方论坛》，2013年第4期。

79《当代戏剧》，2013年。

80《电子制作》，2013年第2期。

81《漯河职业技术学院学报》，2013年第4期。

82社会科学文献出版社，2013年版。

（作者：魏丽明，北京大学研究员；阎鼓润，北京大学硕士生）

西方文学（不含英美）

刘海英　喻天舒

2013年北京学者的西方文学研究，突出体现了对西方现当代文学和文论的关注，取得了一定的研究成果。以下我们分德语文学研究、法语文学研究、西班牙语文学研究、意大利语文学研究、文学理论研究和著述、译作五部分，就笔者掌握的资料，对2013年北京学者的西方文学研究状况，进行一番综述。

一、德语文学研究

胡蔚的论文以德国学界及新中国成立前的国内歌德研究史为参照，归纳和梳理出了新中国成立60年间歌德戏剧研究的主要特点和重要脉络。胡文指出，中国学界对于歌德戏剧的研究是以《浮士德》为中心展开的，真正的研究高潮出现在1978年之后。该文将考察的重点放在了改革开放后30年中的《浮士德》研究从主题内容、戏剧理论与实践到比较和接受三个方面所取得的成果上，认为中国歌德戏剧研究尚存可以开拓的空间。[①]

贺骥的《歌德的生死观：积极进取、精神永生》一文，以艾克曼的《歌德谈话录》和歌德本人的书信与文学作品为研究对象，运用实证主义的思想史观察方法，分析了歌德积极进取的乐观主义人生观、唯心主义死亡观和精英主义“精神永生”说，阐发了歌德的人生哲学。[②]

叶隽的文章以歌德的世界理想为中心，讨论世界文学、世界市场与世界公民概念三者间的内在联系。他指出，歌德具有一种抽象意义的世界理想和世界关怀，他的世界文学兼有诗性和理想主义色彩。相比之下，马克思更具备创造世界制度的雄心壮志，马克思的世界文学概念具有自觉的理论内涵和问题意识，与世界市场这种器物层面的客观存在不同，世界公民概念具有制度层面的内涵。[③]

《作为人的猴子》是德国浪漫派作家威廉·豪夫以《亚历山大酋长和他的奴隶们》为名的一组框架结构故事中的一篇，发表于豪夫的《1827年为有修养阶层的儿女们而作的童话年鉴》中。王炳钧的文章将该作品置于19世纪初期进化论发展、现代民族主义兴起的语境中，通过分析文学作品对空间问题的展现过程，特别是“异托邦”与秩序的关系的表现手法，着重探讨了该故事对人待动物的态度及人类学话语和教育理念关系的表述方式。④

《为布莱希特辩护》是布莱希特生命后期的助手曼弗雷德·韦克维尔特于2009年出版的一部著作，书中记述了布莱希特晚年的生活、创作、和思想状况。由于该书作者不仅是布莱希特的助手和民主德国戏剧的参与者与领导者，也是德国统一社会党中央委员会的成员，因此书中含有大量的重要信息。焦洎澄将该书译为中文，并在中译本出版之前，发表文章，剖析布莱希特在当下文化语境中的重要意义，阐述布莱希特晚年由“叙述体戏剧”到“辩证戏剧”再到“哲学的大众戏剧”的思想发展轨迹，在介绍和分析该书内容的同时，描述了布氏生命末期的戏剧创作和实践活动，还原了日常生活中的布莱希特的真实状态。⑤

李永平的文章认为，现代性的最突出标志，是由主体地位的上升而导致的人与自然分裂的后果，德国浪漫诗人荷尔德林深刻而敏锐地体验到了现代世界的这一特征，并以诗性的语言，用“诸神的逃逸”来表述“无神的世界”中人与自然之间的分裂状态。李文指出，荷尔德林不仅坚信人类曾经生活在“神话状态”当中，而且诗人必须承担重建神话世界、重拾“人与诸神的关联”的重大使命。⑥

赵蕾莲的论文认为，柏拉图的《费德鲁斯》和《会饮》等篇对话对于荷尔德林的和谐观具有重要的影响，荷尔德林在借鉴康德、费希特哲学与席勒美学的同时，接受了柏拉图的“美具有客观性和感性”的观点，试图以此解决现代批判哲学二元论造成的主客体分离的问题，创建以诗艺统领一切的统一哲学。他的小说《许佩利翁》终稿的第一卷达到了赞颂美与和谐的顶峰状态⑦。赵蕾莲的另一篇文章则以德国现实主义作家冯塔纳的《艾菲·布里斯特》《泽西利亚》《混乱与迷惘》和《施蒂娜》这四部婚恋题材长篇小说为例，探讨了冯塔纳小说悲剧性故事的主要成因——普鲁士贵族狭隘过时的价值观：荣誉崇拜至上，服从社会规范，坚守秩序，恪守社会等级观念，拒绝并非门当户对的联姻等。⑧

海因里希·伯尔在发表第一部小说以后的近40年间，一直是战后德国文学的标志性人物。方维规的文章指出，作为“介入文学”的代表作家，伯尔始终反对作家对社会漠不关心的做法，反对作家同现实玩捉迷藏的游戏；他认为作家要听从自己的良知，让语言成为冲破现实表象的工具，使作品成为自己的最后堡垒；他的现实主义作品充满激情、幽默和讽刺，注重形式与内容的协调一致性；在他看来，“事实”永远只是“真实”的一部分，作家需要借助想象来创造“属于自己的现实”；伯尔认为艺术家的义务是拷问现实，批判性地描写现实，为了一个更为人道的社会。这是伯尔美学思想的根本原则。⑨

任远东发表了三篇文章评介20世纪八九十年代的德国小说创作。文章分别指出，后现代主义思潮和后现代主义文学自70年代末开始，在德国呈现出越来越强劲的发展态势，德语小说中最有影响力的几部后现代主义小说皆产生于80年代，如聚斯金德的《香水》（1985）和兰斯迈尔的《最后的世界》（1988）；与此同时，处于现代主义与后现代主义之间的作家和极端的实验小说作品也吸引着评论界的关注，如施特劳斯的《伴侣、路人》（1981）、《年轻人》（1984），奥地利女作家弗里茨的《你不懂他的语言》（1986）、《美杜莎》（1986）等，事实上，这个时期的德语文学，特别是小说创作，最重要的特点就是从现代主义晚期向后现代主义的转变。⑩至20世纪90年代，德国文学已经成为一门产业，被迅速地市场化。初登文坛的年轻作家们，为了能够顺利开始自己的文学创作道路，开始在自己同代人中间寻找归属感和群体意识，以群体的姿态亮相；同时，有些作家为了引起批评界和公众的更多关注，与出版社一起对自己的作品进行包装和炒作；90年代的德语文学圈的一个独特现象是，出现了“78一代”“89一代”等作家群体和“文学少女奇迹”等文学概念。⑪此外，任文还探讨了1989年德国统一这一历史事件给德国社会、政治、经济特别是思想文化领域和文学创作带来的重大变化，认为90年代德语文学中的“转折文学”和“反思文学”的出现，都是以德国统一为直接或间接契机的；80年代就已经出现的对身体、感官、性的描写，到90年代与历史记忆联系在一起，成为这一时期不可忽视的文学主题。⑫

李明明的论文指出，戏剧在德语国家文化中享有中心地位，20世纪德语戏剧既是历史文化的记忆场域和普罗大众的精神寄寓地，也曾作为国家意识形态的宣传工具，或社会政治变革的助推器，起着启智教化和娱乐大众的双重作用。在经历了七八十年代的低谷以后，德语国家的戏剧在20世纪末迎来了新的复兴。文章回顾了德语戏剧20世纪最后20年间的发展轨迹，总结了德语戏剧舞台的美学动态，同时还推介了数部具有代表性的戏剧家的作品。⑬

赫尔塔·米勒是2009年诺贝尔文学奖得主，近年来，虽然德国的评论者们不断做出努力，却仍然难以为她的作品找到一个合适的定位。姜丽认为，米勒在其作品中，融入政治与乡愁、爱情与婚姻、战争和宗教等诸多要素，用诗意而细腻的文字，把一个人对生活所具有的渴望与追求、失望与希望，织成了一幅幅精美的图画，让一个个精巧的细节于不经意间走入永恒，如梦似幻，凡此种种独特的叙述特征都在《人是世上的大野鸡》这部小说中得到了淋漓尽致的表现。[14]

王静的论文认为，19世纪中期以来的奥地利文学构成了德语文学中特殊而出色的一个组成部分。中国新文化运动发生时期，施尼茨勒、里尔克、霍夫曼塔尔、茨威格等人的代表作品相继被译介到中国，对中国文学的现代转型起到了不可或缺的作用。20世纪80年代以来，中国学界再次大量译介奥地利文学作品，同样对中国现当代文学创作产生了深远的影响。[15]

唐弦韵的论文，探讨了奥地利作家里尔克的笔记体小说《马尔特手记》中主人公马尔特在大城市中身份认同危机的产生过程和表现状态。文章指出，小说从主人公试图通过写作来抵抗恐惧，到转而寻求抽象的爱的力量，反映了作者对于用爱和信仰来重建精神家园的可能性的思考。[16]

厄登·冯·霍尔瓦特是一位用德语创作的奥地利—匈牙利作家，是20世纪二三十年代最重要的德语戏剧家之一。1931年，他曾凭借《维也纳森林的故事》一剧，获得了德国戏剧界的最高成就奖——克赖斯特奖。陈燕的文章以霍尔瓦特的静止戏剧为对象，通过分析他剧作中各种类型的"静止"现象，对现代戏剧中除了梅特林克和契诃夫以外的静止戏剧的某些特征进行了一定的研究说明，并从社会批判层面上阐释了现代戏剧"静止"现象的产生原因。[17]

二、法语文学研究

钱翰撰文认为，西方文学史研究是在近代人本主义和现代化知识的新型知识体系和大学机制上产生的。而在法国文学史知识体系的建立过程中，19世纪中后期的三位把注意力集中在作家和作品的关系之上的重要文学批评家——圣伯夫、丹纳和郎松，共同参与并完成了文学批评由个人审美经验向知识体系转化的过程，由此使文学批评和文学研究在大学教育体系中占据一定地位，使之成为现代文学领域内知识生产体系的重要组成部分。[18]

法国女作家安妮·埃尔诺被誉为女性"自我书写"的先锋人物，自20世纪70年代起，她发表了多部自传性作品。发表于2008年的《悠悠岁月》一书，以其独特的"社会自传"或曰"无人称自传"的写作风格，成为"一部前所未有的杰作"。陈静的文章认为，安妮·埃尔诺用印象派的笔触，在《悠悠岁月》中将一个女人的生活原汁原味地呈现出来；仿佛将一张张老照片赋予了玛德莱娜点心的魔力。在回忆个人历史的同时，带动了对集体的回忆；她巧妙地使用互文手法使叙述意境更加深远，将自己的身体置于众目睽睽之下，以一个女人一生的坎坷经历，展示了作家的心路历程，增加了作品的可读性。[19]

19世纪后期的法国著名作家福楼拜是个在文学评论界饱受争议的人物，他时而爱得猛烈，时而恨得痛彻；时而孤僻内向，时而热衷于巴黎上层社会的交际；时而崇尚情感的宣泄，时而又执着于对现实的细致观察。他在享受自己置身其中的资产阶级社会带给他的荣誉的同时，又憎恨着这个阶级，这使得他一生都在与自己进行斗争，都在探寻真正的自我。李嘉懿的文章探讨的就是福楼拜这种自相矛盾的性格、非同一般的人生轨迹与他的文学创作历程之间的关系。[20]

龚古尔兄弟是法国自然主义、印象主义文学批评的先驱。辛苒的文章从他们所处时代的法国文学场域特点、他们自身所秉持的独特文学观念以及他们与福楼拜之间的深挚友谊诸方面，剖析了在龚古尔兄弟的批评文本，也即他们的长卷日记《日记：文学生活回忆录》中，存在着对福楼拜作品的轻视和误读现象的成因。[21]

法国小说家加缪是1957年诺贝尔文学奖得主。郭宏安的文章评析了自1947年吴达元发表第一篇加缪研究文章，迄2011年黄晞耘的《重读加缪》出版，这60多年以来，我国加缪研究的总体样态是重点阐述了近30年来加缪研究所呈现出来的阶段性特征。文章指出，中国学者对加缪小说的研究呈现出多角度、多层次的特点，涉及加缪的荒诞哲学、以反抗为斗争方式的信念和他对幸福的赞美等多种观念，研究的深度和广度也在逐步加强和扩大。[22]

《奥尔拉》被认为是莫泊桑最优秀的玄怪小说。孙婷婷的文章通过该小说1886和1887两个版本的对比，评述了第二版小说的叙述策略，从侧面揭示出作家对小说进行改写的原因；同时，该文还结合玄怪故事的批评标准，对第二版的《奥尔拉》的相应文体特点以及第二版作品成为玄怪小说经典文本的理由进行了说明。[23]

孙圣英的文章认为，作为新新小说派的代表，法国作家让·艾什诺兹是一个兼具传统性与现代风格的作家。他继承了法国新小说的种种客观性特征，同时又进行了更深入的探索，在叙述方式上重建了传统小说的可读性。这一特点在他的传记三部曲《拉威尔》《跑》以及《闪电》中表现得尤为清晰。新小说对客观性和画面感的重视，启发了艾什诺兹的冷叙事基调；而传统小说对可读性的追求，则赋予作家一种热叙事的激情。在此基础上，让·艾什诺兹以富有个人特色的幽默手法和凝练的语言，将传记的真实性与小说的虚构性完美地融合在一起，成功地构建了一种真实与虚构之间的独特张力，创造了一种既冷静、客观而又清新、自然的艾什诺兹新传记小说风格，开拓了新的小说发展之路。[24]

三、西班牙、意大利语文学研究

作为西班牙"二七年代"的代表人物，费德里科·加西亚·洛尔卡不仅在诗歌创作方面取得了巨大的成就，他的戏剧创作也获得了评论界的广泛关注，其剧作被公认为是20世纪西班牙戏剧的代表之作。今天，对洛尔卡戏剧作品的评论不仅数量可观，所表述的观点也众说纷纭，莫衷一是。卜珊的文章对费德里科·加西亚·洛尔卡的两部剧作——被称为“不可能戏剧”的代表作《观众》，和其公众接受度极高的作品《贝纳尔达·阿尔瓦之家》进行了比较分析，寻找洛尔卡戏剧创作所带有的一贯性特点。文章认为，尽管从戏剧结构和技巧上看，洛尔卡成熟期的作品和早期先锋派作品处在迥然不同的风格领域，但深入研究就会发现，它们之间存在着创作精神上的一致性。作者后先锋时期的作品和20世纪30年代初的几部作品完全是传承关系，它们都是作者在探究和展示现实世界过程中的台阶，它们彼此完善，相互辉映，显现了诗人洛尔卡在戏剧创作中的超凡才华。[26]

2013年是意大利著名作家薄伽丘诞辰七百周年，为此，意大利和其他许多国家都积极筹办了各类学术活动，以纪念这位对欧洲乃至整个世界文学发展产生过巨大影响的小说家和诗人。王军撰文指出，薄伽丘生活的中世纪晚期，西欧社会虽然发生了很大的变化，但天主教会仍然严格地控制着意识形态，传统的社会道德规范及其理论基础——天主教教理——仍然神圣不可侵犯。因此，薄伽丘并没有对当时的教会体制及其教理提出疑问，更不可能对其批判和鞭挞。他的《十日谈》只是以嬉笑、戏谑的手法把发生巨变的社会现实真实地记录下来，他笔下所记录的是“现代人”的形象，在现实生活中，这些人已经不十分顾忌中世纪教会所宣扬的追求来世利益的伦理准则，他们从容地展示着自己的自然本性，愉快地用自己的力量、智慧和世俗美德为自己建设世俗的王国。[27]

杨宏芹的文章结合时代背景，分析了西方牧歌文学的源流关系：以古罗马诗人维吉尔为典范的意大利作家桑那扎罗在1504年出版的小说《阿卡狄亚》，以牧人隐喻诗人，“阿卡狄亚”成为艺术地再现真实生活的理想空间；以古希腊诗人忒奥克里图斯为典范的德国诗人格拉讷在1756年出版的《田园诗》，创造了一个远古的“黄金时代”，通过描写美化的田园风光为田园诗正名，作品不再具有隐喻性，德国文学史上原来总与牧歌纠缠不清的田园诗从此获得独立意义；至德国诗人普拉藤在1834年出版的诗作《牧歌与田园诗》，则既吸取了忒奥克里图斯对自然原生态的普通民众生活的描写，又运用了维吉尔牧歌中的隐喻方法。杨文认为，上述三部作品分别继承了忒奥克里图斯田园诗与维吉尔牧歌的风格，其融合两类作品的发展特点，类似一个正—反—合的辩证三段式结构，而普拉藤的创作既是这个三段式发展的结束，也是一个新起点。[25]

四、文论研究

丁君君就德国学者彼得—安德烈·阿尔特于2010年出版的新著《恶的美学》写了一篇书评。文章作者认为，这部著作既是对西方当前“恶的美学”研究现状的一种延伸，又将研究对象提升到了文化史的高度，通过对近代欧洲思想史的考察，对欧洲文学中“恶”这一主题的发展进行了细致入微的观察和解剖，呈现了文学与近代以来的神学、伦理学、心理学、社会学对动态关联，并探讨了“恶”对文学叙事模式、美学经验以及道德意识的影响。就德语文学而言，在古典唯心主义哲学以及特殊的政治环境的影响下，其文学写作在启蒙运动之后呈现出较明显的内在性倾向，和同时代的法国文学相比，德语文学中对恶以及道德的思考更多地体现为一种隐性结构。阿尔特的论著不认同某些学者关于德语文学“恶渐趋消失”的论点，认为歌德、席勒等古典主义作家也在作品中对恶进行了深刻反思。丁君君指出，这种将德语文学放在欧洲的大背景中进行考察的做法，既具有广阔的文化视野，也易于消解语种文学之间存在的显著差异。[28]

在当代文论史上，茱莉亚·克里斯特瓦的名字是与“文本间性”（一译“互文性”）这一概念紧紧联系在一起的。周启超的文章认为，一如“文学性”当年之于罗曼·雅各布森，“文本间性”是克里斯特瓦文本理论的一个核心概念。若要深入理解克里斯特瓦文本理论的核心蕴含，就要追溯这一概念的生成语境，将“文本间性”学说置于克里斯特瓦全部文本思想的孕生过程中，置于其“文本科学”的建构过程中。克里斯特瓦一方面以其“文本间性”的文本理论超越了结构主义，并影响了巴尔特和“如是”派理论建构；另一方面，“文本间性”理论高扬文本之“生产性”的特点，又是克里斯特瓦与“如是”派先锋前卫知识分子思想互动的一个成果，是其“整体理论”的一种结晶，是法国结构主义—后结构主义思想之链上的精彩一环。[29]周启超的另一篇文章对罗兰·巴尔特的理论进行了评述。文章认为，就罗兰·巴尔特的“文本观”而言，1971年面世的《从作品到文本》堪称其文本理论建构的轴心之作，在此前的四年与之后的四年里，巴尔特从作者功能、文体生成、阅读与书写机制、文本类型等层面，精心构筑了他的作品—文本理论，显现出理论不断深化的探索轨迹。文章指出，厘清巴尔特作品—文本思想的发育与演化轨迹，走进巴尔特作品—文本理论的“源文本”，理解巴尔特作品观—文本观的核心理念，有助于反思巴尔特的文本理论之学术史价值与思想史意义。[30]

五、著述和译作

黄燎宇的《思想者的语言》一书收录了作者在

过去20年里撰写的28篇文学批评文章，涉及从18世纪到21世纪的若干德语文学名家名作，且围绕这些名家名作，对启蒙与浪漫、宗教与宽容、反讽与爱情、艺术家和犹太人、文学语言和文学批评的功能、中德思想观念和精神气质的差异等问题，进行了饶有兴味的讨论。[31]

叶隽的《歌德学术史研究》一书以时间为序，以问题为线，以德国学术史脉络为背景，探讨歌德学变迁过程中的若干重大研究范式变形，在德国思想史、学术史的双重视域中理解歌德学研究的意义。该著作还梳理了中国的歌德学术史研究成果，强调了中国学者的主体意识、对话意识和跨学科意识。[32]

孙圣英的《阿兰·罗伯—格里耶新小说中的时间》一书主要分析新小说派代表作家阿兰·罗伯—格里耶新小说中的时间因素，作者在总结国内外相关研究成果的基础之上，将格里耶的主要时间观念总结为"超级现代时间"说，认为格里耶的时间理论的哲学本质包含着泛化的现在、建构与解构、主观与客观三大悖论，其实质就是将时间内在化、现在化和主观化。[33]

胡蔚翻译的《德意志文学简史》是一部简短却不简单的文学史论著，该书原著者海因茨·史腊斐试图发掘文学作品的社会条件和精神力量来源，呈现德国文学史隐秘的深层结构，以此解释德国文学在很长一段时间里，从中世纪晚期到18世纪中期，与同时期的意大利、法国、西班牙、英国文学相比成就不高的原因，并探究了德国文学史奇特个性的成因。[34]

《张玉书译文自选集》选入张玉书60年翻译生涯中的优秀代表作品，包括大诗人海涅诗选与经典评论《论浪漫派》，以及小说家斯台芬·茨威格的一系列脍炙人口之作，其中《巴尔扎克传》为译者首次发表的新译。[35]

罗新璋的新书《罗新璋译文自选集》，选入莫洛亚短篇和《〈列那狐的故事〉专辑》《〈特利斯当与伊瑟〉专辑》等名作及《〈红与黑〉精华本》，多方面展现了法国文学的精华以及翻译者的风采。[36]

马文韬翻译的《我的文学奖》是奥地利作家托马斯·伯恩哈德的一部文集，集中收录了他关于自己所获文学奖的回忆录，以及他在颁奖典礼上的演讲稿。伯恩哈德是多项重要文学奖项的获得者，所获奖项包括毕希纳奖、格里尔帕策奖、德国工业联邦协会文化委员会文学奖、奥地利国家文学奖等，但他很快就对获奖失去了兴趣，并拒绝接受任何奖项，以致后来诺贝尔奖评选委员会不得不取消他的诺贝尔奖提名。[37]

译林出版社于2013年继续出版《雨果文集》，其中第三卷《巴黎圣母院》[38]、第十卷《艾那尼》[39]、第十一卷《玛丽·都铎》[40]、第十七卷《莎士比亚论》[41]的翻译工作由北京学者完成。

注：

①胡蔚：《新中国六十年歌德戏剧研究》，《同济大学学报》（社会科学版），2013年第6期。

②贺骥：《歌德的生死观：积极进取、精神永生》，《北华大学学报》（社会科学版），2013年第1期。

③叶隽：《世界理想：世界文学、世界市场与世界公民》，《山东社会科学》，2013年第3期。

④王炳钧：《威廉豪夫的〈作为人的猴子〉中的空间秩序逻辑》，《外国文学》，2013年第1期。

⑤焦洵澄：《为布莱希特辩护——写在〈为布莱希特辩护〉出版之前》，《戏剧》，2013年第6期。

⑥李永平：《荷尔德林：重建神话世界》，《山东社会科学》，2013年第3期。

⑦赵蕾莲：《论柏拉图对荷尔德林和谐观的影响》，《中国人民大学学报》，2013年第5期。

⑧赵蕾莲：《论台奥多·冯塔纳对普鲁士贵族价值观的批评——以〈艾菲·布里斯特〉、〈泽西利亚〉、〈混乱与迷惘〉和〈施蒂娜〉为例》，《德国研究》，2013年第4期。

⑨方维规：《不愿捉迷藏的人——论伯尔的美学思想》，《同济大学学报》（社会科学版），2013年第2期。

⑩任远东：《20世纪80年代的德语小说》，《外国文学》，2013年第1期。

⑪任远东：《20世纪90年代德语文坛的作家群现象》，《同济大学学报》（哲学社会科学版），2013年第4期。

⑫任远东：《德国统一对德语小说创作的影响》，《外国语文》，2013年第2期。

⑬李明明：《世纪末的复兴——20世纪末的德语戏剧：1980—2000》，《外国文学》，2013年第4期。

⑭姜丽：《寻觅诗意的归宿——解读赫尔塔·米勒的中篇小说〈人是世上的大野鸡〉》，《同济大学学报》（社会科学版），2013年第2期。

⑮王静：《奥地利现代文学在中国的译介与影响》，《外语教学》，2013年第3期。

⑯唐弦韵：《观看与回忆——里尔克小说〈马尔特手记〉中的身份认同问题析论》，《外国文学》，2013年第6期。

⑰陈燕：《无声的出席——厄登·冯·霍尔瓦特的静止戏剧研究》，《北京第二外国语学院学报》，2013年第12期。

⑱钱翰：《法国文学史的建立——从圣伯夫到郎松》，《法国研究》，2013年第3期。

⑲陈静：《〈悠悠岁月〉：女性自我书写的大气之作》，《法国研究》，2013年第3期。

⑳李嘉懿：《矛盾人格下的福楼拜》，《法国研

究》，2013年第3期。

㉑辛苒：《一个印象主义批评文本：龚古尔兄弟日记中的福楼拜》，《法国研究》，2013年第3期。

㉒郭宏安：《新中国60年的加缪小说研究》，《当代外国文学》，2013年第2期。

㉓孙婷婷：《与恐惧进行的游戏——论莫泊桑的〈奥尔拉〉的叙述策略和文体特点》，《外国文学》，2013年第4期。

㉔孙圣英：《真实与虚构之间的张力——评让·艾什诺兹传记三部曲》，《江苏师范大学学报》（哲学社会科学版），2013年第5期。

㉕杨宏芹：《牧歌发展之"源"与"流"——西方文学中的一个悠久的文学传统》，《同济大学学报》（社会科学版），2013年第4期。

㉖卜珊：《从"不可能"走向"可能"的脚步——洛尔卡剧作〈观众〉与〈贝纳尔达·阿尔瓦之家〉之比较》，《戏剧》，2013年第1期。

㉗王军：《薄伽丘和〈十日谈〉的另一种解读——纪念薄伽丘诞辰七百周年》，《外国文学》，2013年第4期。

㉘丁君君：《僭越与道德——简评〈恶的美学〉》，《德语人文研究》，2013年第1期。

㉙周启超：《克思斯特瓦的"文本间性"理论及其生成语境》，《陕西师范大学学报》（哲学社会科学版），2013年第5期。

㉚周启超：《罗兰巴尔特"文本观"的核心理念与发育轨迹》，《江苏社会科学》，2013年第1期。

㉛黄燎宇：《思想者的语言》，生活·读书·新知三联书店，2013年版。

㉜叶隽：《歌德学术史研究》，译林出版社，2013年版。

㉝孙圣英：《阿兰·罗伯—格里耶新小说中的时间》，人民文学出版社，2013年版。

㉞［德］海因茨·史腊斐，胡蔚译：《德意志文学简史》，北京大学出版社，2013年版。

㉟张玉书：《张玉书译文自选集》，漓江出版社，2013年版。

㊱罗新璋：《罗新璋译文自选集》，漓江出版社，2013年版。

㊲［奥］托马斯·伯恩哈德著，马文韬译：《我的文学奖》，上海人民出版社，2013年版。

㊳［法］维克多·雨果著，李玉民译：《巴黎圣母院》，译林出版社，2013年版。

㊴［法］维克多·雨果著，谭立德、许渊冲译：《艾那尼》，译林出版社，2013年版。

㊵［法］维克多·雨果著，许渊冲、谭立德译：《玛丽·都铎》，译林出版社，2013年版。

㊶［法］维克多·雨果著，柳鸣九译：《莎士比亚论》，译林出版社，2013年版。

（作者：刘海英、喻天舒，北京大学教授）

英语文学

丁林棚

2013年北京英语文学研究界取得了丰硕的成果。学界对英美文学、其他英语国别文学、文学理论和批评方面展现出了强烈的学术兴趣，无论在数量和质量上都取得了令人瞩目的成就。2013年度英语文学学科的研究涵盖了文本细读、历史研究、社会批评、哲学思潮批判、生态批评、创伤研究、文化研究等诸多领域，呈现出百花齐放的绚丽景色。2013年度的研究呈现出以下几个显著特征：（1）英国文学方面，对于经典作家及其作品，学者们给予了持续密集的关注，尤其是对以往相对研究匮乏的18世纪英国文学，产生了几篇重要的论文；（2）美国文学方面，学者们的学术兴趣依然集中在对经典作家如詹姆斯、欧茨、艾略特等人的作品批评之上，但值得一提的是，以往对19世纪作家菲尼莫尔·库柏的研究非常冷落，而本年度有一篇论文诞生，这显示了在美国文学研究纵深上的进一步扩大；（3）在其他英语国别文学方面，尤其是加拿大、南非、爱尔兰文学方面研究得到了继续深入。加拿大作家门罗获得诺贝尔奖使得公众的视野进一步扩大到以往相对陌生的加拿大文学领域；（4）文艺理论方面，学者们继续从文化、审美、叙事学、创伤研究、女性主义等多元视角进行了深入探讨。由于篇幅限制，本文不可能一一列举2013年度北京学者的研究成果，只能采英撷华，选取具有2013年度学术研究特色的研究成果，以飨读者。

一、英国文学

2013年北京学者在英国文学研究领域中硕果累累，在英国文学史各个阶段均有持续的深入研究，尤其集中在经典作家和经典著作的研究之上，如历史小说家司各特、18世纪小说家劳伦斯·斯特恩、简·奥斯汀小说研究等。研究的焦点主要集中在小说，尤其是18世纪以来的英国小说。此外，研究范围涉及手稿研究、文化研究、比较文学、历史研究等多方面。

首先值得一提的是，18世纪小说研究在国内方兴未艾，但却没有受到足够的重视。历年来对18世纪小说，尤其是对劳伦斯·斯特恩的作品研究并不多见，学者们的关注焦点往往集中在19世纪以及当代小说上。事实上，劳伦斯·斯特恩共发表过两部小说：《项狄传》和《感伤之旅》。这两部小说奠定了他在英国小说史乃至欧洲小说史上承前启后的经典小说家地位。他身处后奥古斯都与前浪漫主义转折时期的英国，前接斯威夫特讽刺文传统，后启欧洲感伤主义小说流派，并在20世纪被誉为现代意识流小说先驱。尽管斯特恩的经典小说家的地位已确立数百年，国内对斯特恩的研究起步却极晚，对《项狄传》的叙事形式主要进行描述性分析，并未深入到斯特恩形式批评传统的根柢。魏艳辉撰文分析了《项狄传》形式研究的主导趋势、关键议题和未来发展方向。论文指出，国内外对《项狄传》的形式解读是当前斯特恩研究的主导方向。自20世纪50年代以来，国外评论界分别从哲学、宗教与文化三方面对《项狄传》的形式进行深入系统的研究，形成了《项狄传》的形式研究传统。但已有研究往往从作者意图出发对艺术形式进行考察，导致对读者接受维度的忽略。从文学接受视角来看《项狄传》形式风格的形成，是斯特恩评论进一步深入的可行方向之一。①

《克拉丽莎》是英国18世纪小说家塞缪尔·理查逊的一部著名悲剧小说。小说中，克拉丽莎是严格自律的清教徒形象，执著于建构光明澄澈的自我，而拉夫雷斯则是脱胎于英国复辟时代戏剧中的纨绔子弟，具有相当的思想修养和艺术追求。但让理查逊始料不及的是这个玩弄克拉丽莎的“恶棍”得到了大批青年男女的青睐和崇拜，他的悲剧结局赚尽了无数读者同情的眼泪。这足以证明《克拉丽莎》所蕴含的巨大思想能量，它出版后自然是诸多批评家的阐释对象。学界对该小说的评论大都从它严肃的道德和宗教议题入手，把克拉丽莎视为女性的楷模、美德的典范，而甚少考察男主人公拉夫雷斯浮夸表面下的纨绔哲学。纨绔子弟表现出的漫不经心、玩世不恭的生活态度从某种程度上看的确是对古板节制的清教主义价值理念以及平庸的中产阶级生活方式的逆反而出现的。但郑佰青和张中载撰文指出，小说《克拉丽莎》中纨绔主义与基督教美德并不截然二元对立，相反，理查逊时代的纨绔文化体现出内在蕴含的矛盾性与含混性特质，并通过拉夫雷斯这样一个颇具争议性的纨绔角色得到了准确的再现。文章立足解构主义批评理论视角，从该小说创作的文化话语语境入手，从语言、性和自我身份的纠葛三个层面剖析拉夫雷斯毕生所追随的纨绔哲学的内在悖论，及其对他塑造自我的毁灭性打击。②

19世纪上半叶的奥斯汀和勃朗特姐妹是英国文学中的经典，其作品影响重大，也是中国学者的持续关注对象。有关奥斯汀是进步还是保守作家的争论在西方批评界从来不绝于耳。其实多年难分伸伯的争论本身显然已经表明，政治中庸或许是奥斯汀小说的中心特征之一。苏耕欣指出，简·奥斯汀的作品是写实小说意识形态模糊性的典型例子。《傲慢与偏见》对于乡绅工商业中产阶级和贵族的描写有褒有贬的描写，造成小说在意识形态方面模棱两可的印象，使作者得以表达一些为当时社会尚难接受的思想而无须冒挑战现行秩序之险。在《爱玛》一书中，这种意识形态模糊性除了表现于类似描写外，还反映在对女主人公的地位的不同解读以及两条婚恋线索发出的互相矛盾的信号。这种模糊特征其实并不反映奥斯汀本身的意识形态立场，而由现代写实小说的形式及其商业性导致产生。奥斯汀以一种极为含蓄的方式处理小说中的阶级区别与社会趋势，这是因为作为一种商业化的文学，小说必须迎合数量最多的读者群体的口味与意识形态方能生存。这种首鼠两端的政治立场与写实小说关注现实中的个人这一特征之间存在的似乎远不止巧合关系。③

苏耕欣在另外一篇关于《爱玛》的论文中对奥斯汀作品的意识形态模糊性继续进行了探讨。他指出，就《爱玛》而言，主人公的缺点和所犯的种种错误其实是作者的策略性安排。这些错误反使她得以创造一个有利氛围安全地支持浪漫爱情。在《爱玛》中，爱玛与弗兰克二人的缺点或所犯的错误连同这些错误招致的批评甚至羞辱是奥斯汀赋予其浪漫爱情的前提条件。只有当浪漫爱情看似一种惩罚时，作者才能使主人公安全地获得基于爱情的婚姻，这是奥斯汀在一个浪漫爱情与保守传统冲突的时代以退为进的写作策略。爱玛与弗兰克因犯错而受的批评和委屈使他们最终所获的婚姻显得更像一种补偿与安慰，同时作者给浪漫爱情硬加上道德义务与社会功能浪漫爱情的道德功能，也成为爱情自我救赎的资本。④

英国女作家夏洛蒂·勃朗特的小说在中国一直是学者研究的焦点，但小说《维莱特》中却没有引起应有的重视，相关批评鲜见于报端。陈李萍对这部小说中的女性主义主题进行了解读。她指出，监视一词遍布文本始末。以此为切入点，陈文聚焦维莱特中监视与反监视的权力对决，解读主人公露西斯诺如何借助反监视话语策略构建主体身份的过程。在集中探讨露西与贝克夫人、露西与保罗以及露西与约翰医师之间的监视与反监视权利对决之后，论文指出，露西借助冷眼旁观女性凝视自我赋权等反监视话语策略对抗各种监视，消解内含其中的规训权利，在社会阶层中不断上升，构建自己作为独立女性的主体身份。⑤

苏格兰小说家司各特是一个乍看保守细究起来又令人捉摸不定的作家，其代表作《威弗利》尤其如此。长期以来批评界对此作已有基本共识。比如此书既是一部历史小说，也是一部教育或成长小说。批评界极少关注的是，为何在这部以及其他诸多涉及苏格兰叛乱的小说里，司各特通常安排一个辉格党阵营的英格兰人误入叛方阵营来讲述这段历史？男主人公大多对叛军或敌方阵营中的少女情有独钟。这种高度模式化的情节安排反映司各特对两个民族、两种文化和两条道路的复杂感情，也体现他试图调解二者矛盾、弥合历史裂痕的良苦用心。苏耕欣指出，《威弗利》反映作者在苏格兰民族文化与英国现代社会间平衡立场的良苦用心。前者通过其浪漫主义因素表达，后者由其相对理性的结局体现。在二者之间，司各特并未做出明确的高下判断，而是在美学层面上疏导、释放因主人公追随叛首而积聚的颠覆能量，并以“家庭纠纷”来解释双方冲突，用爱情与亲情来化解双方矛盾。司各特的情节安排实际上是对政治对立的一种回避。因此，司各特的小说讲述的苏格兰历史，其实也是英国的历史。[⑥]

在20世纪文学中，约瑟夫·康拉德小说在英国文学史上具有重要的地位，其作品中的“异域特色”和他作为“海洋小说家”的声名为西方世界所熟悉，在中国也历来是研究热点之一。宁一中以时间先后为序，考察和分析了1949年以来中国学者对英国小说家康拉德的研究情况。在中国，康拉德研究大体可以分为四个阶段：第一阶段为建国前的译介。这一时期的主要特点是翻译。在对康拉德的评论中，主要围绕他是浪漫主义者还是现实主义作家的定位。此时期对康拉德的接受并师其技巧者是中国的著名作家老舍。1949—1978年是康拉德研究的第二时期。此时期既有对康拉德其人其作的全面综合性分析也有针对具体作品的个案分析，研究者或从作者生平出发探讨其创作心理，或从作者生活的时代出发阐释他的政治思想，也有学者以文本形式为关注对象深入解读作者的写作技巧和作品的主题意蕴。1979—1989年间是康拉德研究的第三阶段。这个阶段对康拉德的写作技巧、文类和主题做了更深入的研究，表现出了与国外学者对话的倾向，推动了康拉德研究与国际接轨。最后一个阶段是从1990年至今。90年代以来，康拉德研究在中国成了“显学”，在研究对象和批评视角方面呈现多样化和多元化的特点，比较充分地展现了康拉德小说在内容和形式上的丰富性与复杂性。西方文论的引入，拓宽了研究者的视域，大量的论文和专著的出版，使康拉德研究在中国形成了高潮。论文最后也指出了康拉德研究中的不足和未来该领域的研究的若干方向。[⑦]

贝克特的写作因过分走极端而陷入绝境。作为20世纪西方文坛反传统的权威，贝克特的小说实验曾因过分走极端而陷入僵局。他最后的长篇小说《怎么回事》标志着他小说实验的终结，但是也隐喻了一种更加自由的、意义永无穷尽、多元开放的文本形式的诞生。这部作品既是对后现代复杂的世界图像和文化逻辑的呈现，也是对小说极限的挑战。本文试图从文体、叙事话语、语言表征的层面来探讨这部作品的思想内涵及其后现代写作特征，从而揭示贝克特对艺术与生活、语言和存在的关系问题的反思。王雅华指出，《怎么回事》的法语书名Commentc'est本身就暗示着“开始”，因为它与法语动词“开始”（commencer）发音完全相同。贝克特通过这种带有双重含义的书名巧妙地传达了他对小说创作的留恋，和对开辟一种新的文本形式的期盼。而他最后的长篇《怎么回事》在文体上更加凸显了与传统小说的本质区别，代表小说的变异，抑或是艺术体裁的变化。小说中碎片化的文本是对“泥泞”的世界和现代人极端的生存境遇的呈现，引述式叙事策略与则体现了“动态的词语艺术”。[⑧]

《水泥花园》是麦克尤恩创作的第一部长篇小说。该作品通过少年杰克的第一人称视角，讲述了他们兄妹四人在父母双亡后的成长悲剧。姜晓渤从拉康的主体和欲望理论入手，通过分析主人公的内心世界，发现导向其成长畸变的逻辑合理性。自小说发表以来，评论界就不断给予关注。既有对小说写作技巧的分析，也有对其中社会文化因素的解读。一些评论者将这部小说置于成长小说的框架中来讨论，认为在父母双亡之后，这些孩子在无意识欲望的统治之下由成长走向了“反成长”的迷误，甚至经历了完全的倒退。还有的评论家从读者反应论的角度对小说进行分析，认为其中描写的人物性格乖张荒谬，虽然结尾产生了震撼的效果，但是无法让读者信服。《水泥花园》中的孩子们并没有不受约束的自由主体和欲望，而是早已被既定的社会规范所塑造；他们与世隔绝的成长，其实是对未完成的教化的歪曲模仿。他们试图维持原有的秩序，却成了秩序的破坏者，最终无法在被社会抛弃的命运中维持这场迷梦，而只能为自己的困惑背负违反社会伦理的惩罚。因此论文认为，在许多批评中备受责备的主人公，在这场乱伦悲剧中既是行为人，也是受害人，是困于主体欲望和社会秩序中无法自拔的迷失者。[⑨]

20世纪七八十年代以来，英国浪漫主义诗歌研究开拓了政治意识形态研究和新历史主义研究及文化研究、生态研究等新的研究领域，而承续新批评传统的美学研究和形式研究在这个时期似乎受到一定冷落。然而90年代中期以来，浪漫主义诗歌批评在上述研究不断发展的同时，也出现了回归形式批评的动向。章燕以英国浪漫主义诗人华兹华斯的《廷腾寺》为例，说明了这种形势批评回归的动向。章燕指出，对《廷腾寺》中颂诗诗体的分析实际上渗透着后结构主义甚至解构主义关于文本矛盾多解的理念，并在这一理念的支持下对政治意识形态批评和新历史主义批评进行了回应。这种回应在一定程度上并未离开历史的观照。在此，形式分析与文本之外的社会政治历史等因素紧密地联系在一起，形成诗歌形式与外在于形式的多种因素的对话。文学形式既非用来印证政治话语形式研究，也非单纯聚焦文学作品文本内部。它既关注文本内部的语言修辞形式也关注历史社会现实等与这一形式的关系。论文认为，对形式的回归体现了文学研究对文学本体的呼唤，但文学形式研究却无法跨越后现代主义的理论和思维势，必受到这些理论和思维的影响，成为多元理论视角下的文学批评，向着更为复杂的诗歌美学批评靠拢。[10]

札记书是西方世界的重要文化遗产之一，曾经在历史上，尤其是文艺复兴时期，发挥了显著作用。英国文学史上的一些重要人物，如弥尔顿、王尔德、福斯特等，都留下了他们的札记书，为研究作家创作提供了独特的窗口。郝田虎对札记书的历史、内容和形式进行了梳理介绍，他撰文指出，札记书是文艺复兴时期一种基本的教育工具，文艺复兴时期手稿札记书的内容和形制都受到了印刷文化的影响。值得一提的是，郝文不仅介绍了札记书在西方的作用，还探讨了这一特殊文学形式对于中国札记书认知和研究所做出的贡献。郝文指出，札记书的内容和形式是多种多样的，梳理文艺复兴时期英国手稿札记书和印本札记书的传统，阐明伊拉斯谟对札记书传统的巨大影响，为推进中国学术界对札记书的认知和研究颇有价值。比较值得注意的札记书研究方向有：札记书文化，西方札记书与中国类书的比较，钱锺书的札记式写作等。[11]

英国著名批评家诗人威廉·燕卜荪在中国的学界有着很高的知名度，他的《含混的七种类型》已经成为英美文学批评的经典。然而，他对中国学术界有一层特殊意义，那就是他曾经在抗战时期在西南联大讲过学，因此对中国学术界的影响也很大。然而他在北京大学的教学经历很少有人知晓，也很少为人书写。英国学者约翰·哈芬登的《燕卜荪传》为我们展示了燕卜荪的这段难忘的经历，但是哈芬登对这些经历的解读有些令人生疑。张剑撰文分析了相关的史料和史实，结合诗人的思想轨迹和生活轨迹，从中国人的视角为读者展示了燕卜荪在北京大学的经历，同时希望为燕卜荪的对华态度和政治立场做一个准确的定位。[12]

二、美国文学

和以往相比，在美国文学研究方面，学者们的兴趣除了集中在美国经典作家和作品之外，还逐渐表现出对以往相对薄弱环节的学术兴趣，同时呈现出了明显的多元化特征。研究焦点包括了传统正典作品、族裔文学、同性恋写作、生态文学等；在题材上也包括长篇小说、短篇小说、诗歌等形式。在研究方法上，表现出三个重要特征：第一，对文学文本主题分析、社会学和历史影响等方面的研究进一步深入与加强；第二，随着社会文化发展与技术进步，文学研究也不拘一格，引入了多元视角，其中包括环境伦理关怀、媒体研究、同性恋文学等；第三，2013年度出现多篇论文，对新中国成立60年来的美国文学和美国作家研究进行综述和评论，针对国内美国文学研究的状况，这反映了国内学界对于美国文学的研究正在步入反思的阶段，与此同时，学界结合国外美国文学研究新气象，呈现出欣欣向荣的景象。

首先值得一提的是，19世纪美国作家菲尼莫尔·库柏在当代美国文学研究中的地位有些尴尬，尽管他依然享有“美国文学先驱”“美国小说之父”等称谓，但这些荣誉基本上已经成为教科书上僵死的符号，失去了鲜活的意义。马克·吐温等人的尖刻批评似乎令他元气大伤，一下子沉寂了大半个世纪。虽然库柏研究在世纪年代以后有所回暖，但远未形成热潮，即使在倡导经典重读的今天，人们似乎对他依然提不起兴趣。与欧文、爱默生、梭罗、霍桑、梅尔维尔等同时代作家相比，库柏的处境可谓门前冷落鞍马稀。作为《皮袜子故事集》的首部作品，库柏的《拓荒者》的重要性远未得到充分认识和发掘。李素杰对这部小说的荒野主题和印第安主题进行了探讨，分析了《拓荒者》在文学史上的作用和意义。他指出，该小说是库柏积极参与构建美国民族文学树立美国文学传统的重要尝试。作品通过生动描述19世纪末纽约州北部奥特赛格湖区的边疆生活，在荒野主题文明与自然的冲突、印第安人形象边疆地方色彩以及早期多元文化等多个方面开疆辟土，自身便可称为美国文学史上杰出的拓荒者。不仅如此，作品在刻画《拓荒者》对荒野的矛盾态度、资源开发与环境保护之间的张力、白人殖民者对印第安人的无情掠夺等方面，都表现出超越时代的洞见。[13]

亨利·詹姆斯是英美现代主义文学的重要奠基人，他的文学成就和理论贡献在西方文学史上具有里程碑意义，国内学者对詹姆斯的研究也可谓汗牛充栋。亨利·詹姆斯在《一位女士的画像》中成功地刻画了一位贵妇伊莎贝尔的形象，她聪明美丽、独立自信、追求自由和理想，是众多学者批评研究的对象。其中一个常被探讨的问题是，为何伊莎贝尔会做出不同寻常的婚姻选择，选择一无所有的奥斯蒙德，而不是英国勋爵沃伯顿或美国工业家戈德伍德。对此，学者们已经有很多解释。这些论文大大丰富了人们对于伊莎贝尔婚姻选择里的深层原因的认识，同时也激发起我们对这个问题做更多的思考，比如从伊莎贝尔喜爱阅读的特点来分析她的这一选择。但从目前来看，尚很少有人从阅读理论的角度来分析伊莎贝尔选择奥斯蒙德的原因。胡江波撰文从接受理论和读者反应批评的视角来探讨这一原因。他指出，阅读是亨利·詹姆斯的小说《一位女士的画像》的重要隐含主题之一。小说中有多处围绕着伊莎贝尔进行的有关阅读的描写和隐喻，从而吸引读者从读者反应批评理论对伊莎贝尔的一生进行解读。作为一名持现代阐释理念的读者，伊莎贝尔的命运主要受到以下三个方面的影响：她对她的三个追求者的现代阐释学解读，尤其是她对奥斯蒙德这个具有空白的文本的创造性误读；表兄拉尔夫对她的创造性阅读；以及奥斯蒙德在阅读中所秉持的古典阐释学立场。她对文本空白的强烈兴趣极大地影响了她的婚姻选择。⑭

国内学者对于亨利·詹姆斯的研究焦点集中在詹姆斯的各个重要创作时期，研究方法多样，新的解读层出不穷。王丽亚对新中国成立60年来的詹姆斯研究进行了综述和评估。她指出，作为个案研究，60年来亨利·詹姆斯在我国学术界的接受和评论揭示了外国文学经典在我国的接受与批评主要受到本土历史语境的影响，因此，在研究范围深度、方法及成果方面显现出明显的差异。论文认为，随着20世纪80年代以来西方文论大规模引进以及国内外国文学研究领域出现的多元并进局面，詹姆斯研究一方面跟随着各种理论解读，虽然在时间上显得滞后，但推进了批评范式的多元化进程；另一方面随着研究的展开，国内研究在对象上表现为一种趋同的选择。相对于国外研究的广泛展开，国内研究基本上聚焦于长篇小说和小说理论。⑮

弗拉基米尔·纳博科夫的《洛丽塔》自问世以来，由最初的黄色小说一跃而成为影响世界的文学名著之一，国内外批评界对这部作品进行了各种各样的解读，但对于作品中所包含的旅行叙事却关注不多。田俊武认为，这部作品中大部分篇幅讲述的是亨伯特与洛丽塔的旅行生活，堪与斯坦贝克的《愤怒的葡萄》和凯鲁亚克的《在路上》相媲美。《洛丽塔》具有明显的旅行文学的特征。小说通过主人公的上路旅行和道路叙事来展示美国的地理景观，揭示主人公对某种困厄的逃避、对理想的追求以及精神的升华等。从这个意义上说，洛丽塔是一部伟大的旅行小说，它既承载着美国旅行文学传统的本体特征，又与纳博科夫一生的旅行生活和追求相契合。为了表达这种叙事，纳博科夫甚至在作品中暗含了《圣经》中家园的失落——寻找——逃避——回归的模式，使得这部小说的旅行叙事更加清晰。而这种追求梦想上路旅行、逃避环境的束缚、获得人生启悟的叙事模式，是美国旅行文学中一个永不消逝的主题。⑯

自20世纪80年代开始，美国文学评论界对短篇故事题材和理论的研究呈现出升温趋势。这一现象固然与小说理论界对传统类型研究的反思有关，更为重要的原因在于当代短篇故事作家们的贡献，而印度裔美国作家朱帕·拉西里就是其中之一。王丽亚撰文介绍了拉西里的故事集《疾病讲解员》，并以收录其中的同名故事疾病讲解员为例，对其题材结构以及隐喻运用进行阐述，揭示这则关于普通人生活困境的小故事所蕴含的普遍意义。论文指出，文化史上关于疾病的描述从来都不单单指向疾病本身，而是强化人们赋予疾病的各种意义。文学家依靠曲折传意的比喻手法借用疾病一词的医学意义描述人类生存的内部和外部环境。而在《疾病讲解员》中叙述者虽然并没有明确何种疾病困扰着故事人物，但是卡巴西和米娜对疾病讲解的兴趣引发了两个人物对自己生活的审视，从而引出一则关于疾病及其解释的故事。站在卡巴西的角度看，疾病就是疾病，如果与身体无关便是道德和良知的不健全。⑰

乔伊斯·卡罗尔·欧茨是当代美国著名小说家，在文坛素有“暴力女作家”和“美国黑女士”的称号。与其他作品相比，《奇境》无疑是欧茨最怪异和最压抑的。欧茨在保留自然主义写实的基础上融入了意识流、黑色幽默、荒诞派和哥特式等写作手法，使《奇境》在各种叙事异质的碰撞中爆发出盎然的诗性生机。郭栖庆和许晶认为，欧茨的《奇境》从诗意的品格、意象的纷呈和语式的狂欢三个方面打破了传统叙事模式的局限，彰显了叙事的诗性气息。作品的人物在分裂与癫狂中以激情面对冷漠，以生命对抗死亡，展现出诗意的品格；此外，多种意象的跳跃淡化了小说的情节性，使叙事文本表层凌乱破碎；多种语式的杂糅让作品在异质的碰撞中凸显出言语的瑰丽色彩，使作品爆发出勃勃的诗性生机。这篇论文分别从狄德罗的“诗意”观、庞德的“意象”论以及昆德拉的“小说对位法”等视角出发，探讨了《奇景》的艺术性，是对欧茨作品怪诞性的一次富有趣味的解读。⑱

残暴文学或称创伤叙事的一个关键问题就是：创伤叙事到底是要让读者沉迷于过去的创伤之中，还是激起他们对创伤性事件进行反省和反思，从而打通过去、现在和将来？林庆新通过研究美国波兰裔作家科辛斯基的小说《彩绘鸟》，探讨了这一问题。这部小说讲述了二战期间纳粹德国占领下的东欧农村一位流浪儿童的悲惨故事，一开始被当成自传体小说来解读。论文认为，《彩绘鸟》通过记忆片断的重建及象征手法的应用做到两者兼而有之。小说主人公一再遭遇迫害的情景恐怕与作者本人对纳粹暴行的创伤性记忆相关。但科辛斯基并没有停留在创伤记忆的复现和重演上，他通过情节建构和象征手法的应用，让读者在心里既重演也修通了主人公的创伤记忆。科辛斯基在小说中创造的彩绘鸟式人物，反映了他对纳粹时代及后纳粹时代的现代人生的观察和刻画，这一人物类型的塑造体现了他对人性堕落的反思。他通过动物寓言及彩绘鸟的象征意义帮助读者超越创伤叙事的移情作用，从而避免完全认同小说人物而丧失道德立场。[19]

在艾略特的《荒原》与《四个四重奏》中，充斥着堕落之人的虚妄之城的意象。这些代表破败的文明与倾颓的历史之城，如耶路撒冷、雅典、亚历山大和维也纳在诗歌里纷繁罗列，在想象与语言的维度上给人展示了一种巨大而不真实的幻象，与诗人倾力宣泄的真实欲望交织在一起震撼人心，颠覆了传统。韩金鹏以此为视角，就艾略特两首长诗中的主体处境、话语与言说、时间与空间、传统与现实的关系等进行了对比分析，解读了两首长诗在主题和语言方面的传承和互文关系。论文认为，艾略特的诗歌所展示的核心就是主体的内心冲突，历史与现实、生命与死亡、秩序与混沌在每时每刻带给主体的矛盾和焦虑。主体一方面有对秩序和意义的诉求，也同时得面对现实世界的琐碎凌乱和意义的缺失。他渴望救赎，并力图召唤伟大传统中的光荣与梦想、神性与大爱、记忆与童贞，却要时时跌入充满战争与死亡、欲望与堕落的城市。在诗人看来，现代主体的处境注定要深陷西方文明的倾颓和世界大战的灾难，别无出路。艾略特的诗歌的伟大力量就来自于拒绝赋予他的主体获得秩序和超越的机会，并由他们自己在历史和现实的夹缝中寻找自己的出路。[20]

萨拉·朱厄特是19世纪末美国为数不多的最有影响的乡土女作家之一。她的作品大多反映新英格兰的乡土风情，描绘当地滨海村民与渔民的朴实的日常生活。潘志明独辟蹊径，对朱厄特的作品进行了深度解读。论文指出，在众多的作品中从进化论的视角审视人和社会，特别是性别和种族问题，但批评者很少注意到这一点。就性别问题而言，朱厄特不仅看到了进化论关注的人的生物属性之中的积极的性别含义，而且也意识到达尔文有关男女差别的解释之中所隐含的消极内涵。正因为如此，朱厄特在其小说作品中试图以人的生物性取代人的社会性，认为女性应当是自然进程和变异的结果，但与此同时，她又质疑进化论所隐含的性别话语，强调女性具有与男性一样的天赋。潘志明指出，朱厄特的随笔和信札显示，她至少是认同达尔文的进化论遗传学说的，这一点我们可以从这些随笔和信札中有关疾病、情感、爱好、语言知识等的观点中看出来；《深港》是朱厄特的第一部长篇小说，也是进化论遗传观第一次出现在其文学作品中，作品中包括海伦在内的人物似乎都是进化论的潜在信徒。他们眼里的遗传既是个人的重要标志，又是社会关系的纽带；《乡村医生》既是进化论遗传和变异法则的综合运用，又是对进化论的回应，其中既有肯定又有质疑。[21]

苏珊·斯迪沃特是美国著名诗人和文评家，苏珊·斯迪沃特的诗学新著《诗人的自由：创作札记》内容丰富而又深刻，结构精巧而又紧凑。从狭义上来说，它是一部关于诗歌创作论的力作；从广义上来说，它是一部关于艺术创作论的精品。隋刚对《诗人的自由》中的艺术创造观进行了深入发掘，运用归纳法和分类法，评述专著作者的诗人自由观的复杂内涵，解析“创作”“逆创作”“消极的自由”“积极的自由”“诗歌”“语言”等重要概念，论及书中所展示的与诗歌本体、诗人的自由和创作密切相关的多种元素，并在几个特定的层面揭示诗歌的本质、艺术创作的奥秘以及艺术与人生的关联性。论文指出，苏珊·斯迪沃特最为关注的是“创作者”或艺术家的独立人格的尊严及其自由禀性的价值。她既有艺术考量和学术考量，又有社会关怀和生态关怀。艺术创作者应该并且能够在艺术创作过程中获取不可或缺的自由，推陈出新，将任一“终点”视为可持续的创作的新起点，整个人类社会也应该并且能够从艺术中获益，赢得“辨别部分与整体的真知、行动的自由和评判的自由”，重新评估生态环境，重新优化社会生活和社会心态。[22]

三、其他国别英语文学

2013年英语文学研究界呈现出一派百花开放、欣欣向荣的局面，学者们不仅对传统英美文学的研究有着持续的兴趣，更是将视野扩大到了世界各国，包括加拿大、南非、爱尔兰等国的英语文学。与往年相比，对于其他国别英语文学的研究视角进一步细化，研究方法精彩纷呈：不仅包括以文学性分析、文本细读和以社会、历史考察为视角的文学史研究，还采取了诸如生态主义、精神分析等理论视角。这充分体现了其他国别英语文学研究深度的加强和视角广度的开拓。

2013年的诺贝尔由加拿大女作家艾丽丝·门罗荣膺桂冠，她的获奖意义非同小可。作为众多以短篇小说见长的加拿大作家的杰出代表，门罗将这种独具加拿大特色的文学体裁发挥得淋漓尽致，将世界的目光转向了她生活的小镇中的平凡人物与故事，转向了被世人忽略的加拿大文学舞台。丁林棚撰文介绍了门罗的作品特征，总结了门罗作品中的现实性特征。文章指出，门罗小说的最大特征就是现实的主导性，几乎作者生活的各个阶段和情景都成为她笔下的素材。门罗的作品背景大多设置在加拿大南安大略省的偏僻小镇，既不属于中心城镇，又不属于乡村，且融入了很多自传成分，这进一步凸显了作品的现实性。在写作手法上，门罗作品中展现的生活情景之间似乎是按照无序随机的方式呈现，甚至使小说看上去没有明显主题，只有叙事者的讲述。因此，她的作品带有“纪录片”的特征，在故事中，看不到作者的明显道德说教，并弱化故事的虚构性，使得读者感觉如亲临故事。门罗往往给人“随性而写”的感觉，叙事者的讲述漫无目的，故事也常在时间上出现断裂、中转。就像《女孩和女人们的生活》中的戴尔·乔丹一样，门罗常常把她对现实的观察和亲身的经历相糅合，用她独有的细腻笔触和敏锐观察给读者呈现出生活中立体的生活面貌。在她的故事中，我们看到的不只是她所描绘的温厄姆小镇，更是整个大千世界和这个世界中形形色色的人、故事和情感世界。对门罗来说，故事无所不在，他人的故事就是自己的故事，自己的故事也同样是他人的故事。㉓

如果说门罗对于中国读者来说是一个相对陌生的名字的话，那么另一位加拿大作家玛格丽特·阿特伍德则广为人知。她是加拿大最具影响的作家之一，被誉为“文学女王”。阿特伍德的作品寓意深刻，主题变化多端，尤其关注人类未来、女性命运等主题，而自我异化也是贯串其作品始终的一个重要主题。在《可以吃的女人》中，作者对这一主题做出了深入思索，小说也受到批评界的广泛关注，各种解读应运而生。丁林棚指出，自我异化是《可以吃的女人》的核心主题，但学界对于自我异化的解读往往有失偏颇。作为精神分析领域的一个概念，自我异化及其所谓症状并非主体所面临的灾难，而是主体形成的必要过程。在小说中阿特伍德用文学的语言和方式解构了主体，指出主体中自我与他者的对立共生，并通过叙事的隐喻呈现一个分裂异化的主体景象。论文从精神分析的视角入手分析了小说中精神危机的根源，指出玛丽安的精神危机源自对自我的异化焦虑，体现为她对象征秩序的拒斥以及对完整自我的幻想。通过玛丽安的精神危机，论文揭示了作者在小说中对自我本质和后现代主体状况的思索。㉔

爱尔兰文学是英美文学之外中国学者持续关注的领域之一。早在20世纪20年代，爱尔兰文学就已介绍到了中国，鲁迅、郭沫若、茅盾等都曾高度评价并译介过爱尔兰文学。国内学者对爱尔兰文学的研究一直保持着高度的学术兴趣和热情。而爱尔兰的民族身份则一直是爱尔兰文学的重要主题。李元对爱尔兰戏剧中的民族身份问题进行了研究。论文指出，20世纪初，爱尔兰戏剧挑战和颠覆英国殖民者强加爱尔兰的文化形象，发明了本民族的身份认同——爱尔兰特性。此后，戏剧不断成为想象和叙述民族身份的媒介。进入90年代后，爱尔兰政府出台了一系列政策措施，吸引了大量海外投资，在经济上取得了长足的发展，成为最具全球化特征的国家之一，被誉为“凯尔特之虎”。与此同时，作为其文化产业重要组成部分的戏剧也活力无限，人才辈出。这篇论文梳理了“凯尔特之虎”时期爱尔兰戏剧的走向，分析其在运作模式和创作主题尤其是叙述民族身份方面的变化。论文认为，在全球化的影响下，爱尔兰戏剧的运作更加国际化，对民族身份的讨论更加多元，展示出身份的多维度。与叶芝、辛格等爱尔兰文艺复兴时期的剧作家不同的是，这一时期的剧作家对民族身份问题不再负有宏大叙事的责任和压力，而是可以更为成熟理性地去探讨和剖析，甚至去解构和把玩。面对凯尔特之虎时期全球化的影响以及重大的社会变化，他们作品中所叙述的爱尔兰特性不再是固定、清晰的，而是具有多重维度，处于不断变化，不断被叙述的过程中。㉕

英语文学世界对诺贝尔奖作家的研究一直是国内学者了解和深入其他国别文学的一个重要途径。南非白人作家库切作为著名的后殖民小说家，自1974年以来先后发表了多部有影响的作品。2003年，他被授予诺贝尔文学奖，成为国内外学者研究的热点之一。出版于1999年的《耻》是库切的一部寓意丰富的小说，自出版后一直备受评论界关注。朱峰结合后殖民和生态批评理论，从后殖民生态批评视角，探讨了《耻》中展现的种族隔离政策废除之后“新”南非的生态环境状况。论文指出，《耻》中人与人之间的隔阂与冲突、人类对于土地的过度垦殖和对动物的滥杀表明，南非的生态环境不容乐观。生态环境的恶化是南非殖民历史和种族隔离政策造成的后果。但是《耻》在暴露南非生态环境现状的同时，并没有完全失去对未来的信心。在某种程度上，《耻》呼唤在南非建立一个人与人、人与自然和谐相处的生态环境。㉖

朱峰在另一篇论文中对库切的《福》进行了研究。论文指出，《福》是对《鲁滨逊漂流记》的重写，但是《福》关注的不是荒岛故事，而是故事的创作过程。《福》中的苏珊要讲述自己的故事并主宰自己的人生，但是作为女性的她深受“写作的焦虑”困扰，担心自己没有能力成为作者，而且男性作家的写作权威令她望而却步。通过展现苏珊为克服“写作的焦虑”而与男性作家福争夺叙事权并就故事的真实性问题展开争论，《福》解构了宣扬帝国男儿在遥远的岛屿建立殖民地的鲁滨逊神话，并且质疑了西方写作领域的男权传统及其内在的殖民态度。㉗

库切的第二部小说《内陆深处》自出版后，就被学界普遍认为是库切最令人费解的作品之一。或许由于小说的晦涩难懂，国内外学者们对于它的评论明显少于库切的其他作品。邵凌聚焦于小说女主人公玛格达的极端化不可靠叙述，认为借助极端化叙述，库切建构了一个德里达式的延异的文本隐喻，融入了对福柯的话语权利与后结构主义历史观的思考，同时又隐含了对后现代文字嬉戏的虚无性的批评。极端化不可靠叙述不仅关系着小说形式，同时也是基于小说内容与旨趣的叙事策略。库切用玛格达的叙述困境隐喻了脱离具体的外在世界一味沉迷于语言游戏，难免会滑向真理虚妄、意义不定的历史困境。通过极端化不可靠叙述，小说在呼应了某些后现代思想的同时，也隐含了对它的批评。[28]

四、文学理论

2013年，学界在文学理论研究方面的工作也可谓硕果累累。学者们不仅对主流文学理论表现出持续兴趣，还对文学理论对中国学界的影响进行了深入探讨，涉及比较文学、翻译、理论引介等诸多话题，此外在叙事学领域也有新的论述诞生，这为丰富文学研究、深入文学批评搭建了良好的学术舞台，做出了重要的贡献。

一个至今为文学研究者忽略的演讲便是福柯1978年的《何为批判》，他在其中提出了西方传统中的“批评（批判）的态度”，探讨了批评者应有的批判的姿态和“唯一性”身份。范一亭围绕关键词critique包含的“批评”、“批判”的双重含义做该词的思想史梳理，尤其比较了福柯的演讲与2000年茱迪丝·巴特勒的同名演讲，后者对福柯作了精彩的后现代主义伦理阐释。在当代批评理论的实践中，萨义德亦将福柯置于其“世俗批评”的代表之列，伊格尔顿则讨论了英语批评机制的嬗变与批评者在公共空间中的地位。纵观这个思想史，当代西方的批评观便有了从“批评”到“批判”的微妙转向，从而启发我们在理论上建构文学批评者的批判意识与“唯一性”身份。[29]

在当今纷纭复杂的批评理论流派中间，典型论在学术界几乎没有立锥之地。与往日的辉煌相比，典型论像是一个过气的明星，门前冷落且鞍马稀疏，但典型论兴衰的理论落差本身就值得我们认真探索，这与伊格尔顿对悲剧观念的看法相似。他认为，悲剧在当今是个过时的课题，但这正是讨论它的一个很好的理由，典型论亦复如是。周小仪指出，典型论从20世纪40年代引进中国之后在文艺界产生了重大影响，并曾主导了我国一个时代的文学批评。我们过去对于典型论及其政治化所带来的弊端有过清醒的认识，但随着全球化进程的加速，我们从东西方关系的角度对这一理论的社会意义可以有新的理解。论文对典型论重新进行了理论梳理和评价，认为它是一种塑造历史文化主体性的学术努力，而不仅仅是一种批评方法。中国的典型论及其批评实践是一种思想立场、文化实践，以及对西方现代性的回应。[30]

朱迪丝·菲特里为美国著名女权主义文学评论家，其批评生涯起步于在美国女权运动第二次浪潮中崛起的女权主义文学批评。大体可分为三个阶段。她早期的批评作品《抗拒式读者：关于美国小说的女权主义阅读方法》至今仍是其最具影响力的作品。菲特里在此书中率先提出了抗拒式读者的口号，对美国经典文学作品进行了颠覆性的女权主义解读，矛头直指对于女性文学进行压制的以男权为中心的批评界，以及这种压制对于女性读者所造成的伤害，在学界反响极大，在培养女性读者的性别意识抵制男权政治过程中起到了举足轻重的作用。金莉对菲特里的女性主义思想进行了梳理。她指出，从提倡对于男性文学文本的颠覆性阅读，到对世纪女性文学的研究，直到对女性文学传统的不断拓展，菲特里不断撞击着传统学术界的森严壁垒。她并非热衷于边界的跨越，而是从传统的领域入手，在批评范围和观点上不断标新立异，通过全新角度的探索和敏锐的学术眼光，见人之所未见，言人之所未能言，从而获得了学术上的高度与深度，成为美国女权主义评论家行列中的佼佼者。[31]

陶家骏聚焦于20世纪70年代末诞生的耶鲁派大屠杀创伤研究，论文考察了耶鲁派大屠杀创伤研究的学术代言人肖莎娜·费尔曼和凯西·卡鲁思的学术思想。二者分别提出文学证据论和跨学科的人文阐释理论批判西方现当代文化的原生性创伤，揭示创伤与文学乃至文化再现之间的表征危机。论文指出耶鲁创伤研究派的发展表现出典型的两栖性：以“大屠杀幸存者视频工程”为社会基础；以耶鲁解构理论为范式基础；同时以大学和社会公共空间为温床；同时争取理论话语权和公共空间话语权。[32]

叙事学研究是文学理论的一个重要组成部分，申丹在这一领域一直有着持续深入的研究。近年来，申丹对国际叙事学研究的新动态进行了及时的跟踪、引介和探讨。她撰文指出，从亚里士多德对情节的关注到当代学者对叙事进程的探讨，批评家们往往聚焦于以情节中不稳定因素为基础的单一叙事运动。然而，在不少叙事作品中，在情节发展的后面，还存在一个隐性的叙事进程。它与情节发展呈现出不同甚至相反的走向，在主题意义上与情节发展形成一种补充性或颠覆性的关系。这种“隐形进程”不同于以往批评家所探讨的情节本身的深层意义——既有别于莫蒂默所说的表层故事之下的“第二故事”，又有别于罗尔伯杰所说的“短篇小说”的象征意义，与马什所说的“隐匿情节”也有本质不同。“隐性进程”往往具有不同程度的反讽性，这种反讽是作品从头到尾的一股反讽性潜流，不同于以往批评家所关注的反讽类型。这篇论文首先通过与以往的批评关注相比较，并结合读者反应，说明什么是叙事的“隐性进程”，然后探讨如何才能成功地发现叙事的“隐性进程”。论文指出，如果情节后面存在隐性叙事进程，而我们仅仅关注情节发展，就难免会对作者的修辞目的、作品的主题意义和人物形象产生片面或者不恰当的理解，也难以很好地欣赏作品的审美价值。我们需要打破传统框架的束缚，积极探索情节后面的隐性进程，以求对叙事作品做出更好更全面的阐释。[33]

注：

①《〈项狄传〉形式研究趋向及展望》，《国外文学》，2013年第2期。

②《语言、性和自我身份的纠葛——论拉夫雷斯的纨绔哲学》，《外国文学研究》，2013年第4期。

③《从奥斯汀作品看写实小说的意识形态模糊性》，《外国语文》，2013年第4期。

④《爱情与惩罚——〈爱玛〉对于浪漫爱情的道德救赎》，《外国文学》，2013年第3期。

⑤《监视与反监视——〈维莱特〉中露西·斯诺身份认同的视觉张力》，《国外文学》，2013年第1期。

⑥《美学、感情与政治——司各特小说的平衡与回避笔法》，《国外文学》，2013年第4期。

⑦《新中国六十年——约瑟夫·康拉德小说研究之考察与分析》，《湖南社会科学》，2013年第5期。

⑧《"小说"的终结和"文本"的开始：贝克特小说〈怎么回事〉之后现代写作特征解析》，《外国文学》，2013年第1期。

⑨《象征秩序下的困顿主体——评麦克尤恩的〈水泥花园〉》，《外国文学》，2013年第5期。

⑩《对英国浪漫主义诗歌形式研究转向的思考——以华兹华斯〈廷腾寺〉为例》，《外国文学》，2013年第1期。

⑪《文艺复兴时期的札记书》，《清华大学学报》，2013年第4期。

⑫《威廉·燕卜荪在北京大学：1947—1952——读约翰·哈芬登的〈燕卜荪传〉》，《国外文学》，2013年第3期。

⑬《〈拓荒者〉与美国文学传统的建构》，《外国文学》，2013年第3期。

⑭《伊莎贝尔的婚姻选择：一个阅读的隐喻》，《外国文学研究》，2013年第3期。

⑮《新中国六十年——亨利·詹姆斯小说研究之考察与分析》，《浙江大学学报》，2013年第2期。

⑯《纳博科夫的旅行生涯与〈洛丽塔〉中的旅行叙事》，《解放军外国语学院学报》，2013年第1期。

⑰《讲故事的艺术——朱帕·拉西里及其〈疾病讲解员〉》，《外国文学》，2013年第2期。

⑱《〈奇境〉的叙事诗性》，《外国文学》，2013年第1期。

⑲《创伤记忆的重演与修解——读科辛斯基的〈彩绘鸟〉》，《国外文学》，2013年第1期。

⑳《不真实的城市与真实的欲望——艾略特〈四个四重奏〉与〈荒原〉的比较研究》，《国外文学》，2013年第1期。

㉑《遗传、变异、性别——朱厄特小说中的达尔文进化论》，《外国文学研究》，2013年第3期。

㉒《诗歌与沙堡——评苏珊·斯迪沃特的〈诗人的自由：创作札记〉》，《外国文学研究》，2013年第2期。

㉓《艾丽丝·门罗：现实即故事》，《文艺报》，2013年11月15日。

㉔《论〈可以吃的女人〉中的主体异化焦虑》，《外国文学》，2013年第1期。

㉕《民族身份的重述——凯尔特之虎时期的爱尔兰戏剧》，《当代外国文学》，2013年第1期。

㉖《后殖民生态视角下的〈耻〉》，《外国文学研究》，2013年第1期。

㉗《论苏珊·巴顿"写作的焦虑"》，《当代外国文学》，2013年第2期。

㉘《〈内陆深处〉的极端化不可靠叙述》，《国外文学》，2013年第3期。

㉙《从"批评"到"批判"——福柯的〈何为批判〉与文学批评者的身份探求》，《国外文学》，2013年第4期。

㉚《典型论作为文化实践》，《国外文学》，2013年第2期。

㉛《从男权文学的抗拒式读者到女性文学传统的建构者——朱迪丝菲特里的女权文学批评实践探析》，《妇女研究论丛》，2013年第5期。

㉜《耶鲁派大屠杀创伤研究论析》，《当代外国文学》，2013年第4期。

㉝《何为叙事的"隐性进程"？如何发现这股叙事暗流?》，《外国文学研究》，2013年第5期。

（作者：北京大学副教授）

俄罗斯文学

赵桂莲　崔艺苧

2013年学术界对俄罗斯文学的研究动向有以下两点需要特别指出来：(1) 以往呈现为重点的19世纪文学研究明显式微，不过普希金却依然是不衰的话题；(2) 虽然总的研究成果数量有所减少，但研究领域得到一定程度的开拓，部分以前很少或没有受到关注的作家、作品、文学现象被纳入研究视野，而已经广受关注的研究对象在认识深度和学理性上也有诸多可圈可点之处。

一、古代及19世纪文学研究

赵婷廷[①]总结了斯拉夫神话中的搏斗情节、生死水、界限与民间信仰中送冬仪式、雨水崇拜和彼岸世界的一一对应关系，指出神话的诸多情节植根于民族文化土壤并通过民间文化得以保存下来。杨正[②]的汉俄回文诗比较研究颇为冷门，对于该体裁在不同语言区域普遍存在的现象，作者认为其原因基于人们对世界存在的共同认识，即人对存在理解的主要特点乃对称性原则。

王彦秋的文章[③]恢弘大气，从文化史角度深入探讨了19世纪上半叶的“黄金时代”和19世纪末20世纪初的“白银时代”的艺术交融问题。具体而言，在这两个时期俄罗斯文学与音乐之间以两股相反的力量作用于彼此，即“黄金时代”的音乐借文学寻根，实现了俄罗斯音乐的民族化，而“白银时代”的文学向音乐靠近，借音乐精神还原民族文学的本我，弘扬“美拯救世界”的理想。林精华[④]认为，索洛维约夫建构的“俄罗斯理念”之后被普遍化，得益于在不断论述作为俄罗斯民族认同之文化资源的普希金意义的过程中形成的俄国阐释学传统。正是借助对普希金等经典作家的不断诠释，“俄罗斯理念（思想）”才得以丰富和完善，同时使俄罗斯人能运用自己的知识体系言说俄罗斯问题。景晓玉[⑤]对普希金翻译观的研究与上文相得益彰，作者得出的普希金站在“人民性”的高度选择译本的结论，丰富并充实了该“民族诗人”的定义。李春雨[⑥]以小见大，结合中国古典诗歌的特点从韵律、手法和意境方面细读了费特的诗歌，从中窥见了中俄诗人创作的异曲同工之妙。章小凤[⑦]循着同样的思路具体分析了普希金的诗作。曾思艺[⑧]从异域性、自然性、现实性、艺术性和雕塑性几个方面探讨了极少受到关注的19世纪纯艺术派诗人迈科夫的古希腊罗马风格诗歌的特点，并特别指出，诗人钟爱该风格创作具有矫正诗坛时弊的作用，实际上是对普希金传统的回归。黄晓敏[⑨]梳理有史以来俄罗斯学界有关拜伦与莱蒙托夫关系的认识具有重要的史料价值。对此问题俄国学界分为影响派、融合派和独创派：影响派更多关注体裁影响；融合派强调莱蒙托夫在仿照的同时创做出了自己的形象；独创派则认为，纵使莱蒙托夫创作中存在所谓“拜伦风格”，但也已经具有了俄国民族特色，而且二者的相似之处也并非影响所致，其主要原因是先于拜伦的“拜伦主义”不是模仿拜伦，而是包括俄罗斯文学在内的世界文学中的一种重大思想运动。

王逸群[⑩]立足于第一手材料和已有相关研究证明青年时期的陀思妥耶夫斯基并未滑向无神论，而始终是一个基督教徒。张磊[⑪]对“二二得四”这个数学公式在陀氏和奥威尔小说中作用的异同入手展开比较研究，挖掘出前者的创作在反乌托邦主题文学中的影响力及其启示意义。崔艺苧、赵桂莲[⑫]的列斯科夫研究独辟蹊径，采用大量翔实资料阐明，列斯科夫的小说与俄罗斯历史上最著名的圣像画家鲁勃辽夫的圣像画存在惊人相似，这种相似有外在的，但更重要的是精神内核的一致。该研究通过对二者作品细节和精神主旨的细致考证深化了对作家创作内涵的认识，挖掘出其深层隐藏的、不易被察觉的宗教内核。

二、20—21世纪文学研究

这一时期的俄罗斯文学研究主要集中于20世纪初和最近时期的文学，对白银时代文学依旧保持着热度。

周湘鲁、俞航[⑬]从《骑兵军》中的时间运用策略上发现了巴别尔隐秘的创作主旨：哥萨克文化与犹太文化之间存在“对话”和“对抗”双重关系，二者各有优劣，现实中的矛盾使身临其中的人无法做出最终抉择，给出终极判断。付美艳、杨素梅、王宗琥、王盈[⑭]关注了类似主题，即身份认同或文化选择主题：付文从布宁（蒲宁）的创作中或显或隐存在的民间文化元素中看出了作家深刻的民族认同；杨文以身份认同为主线追溯了从壮士歌到今天的哥萨克主题文学及其演变，具体说来，壮士歌是歌颂哥萨克的英雄身份，古典文学表现其双重身份，现当代文学展现的是复兴身份的愿望；王宗琥以苏联解体后两位作家为例剖析了少数民族在身份认同上的危机及其出路；王盈的研究对象是朝鲜族作家阿·金，认为超越民族归属性是作家化解身份焦虑的解决办法。谢春艳[⑮]特别强调了研究俄罗斯犹太文学的意义，其中最值得研究的是其特质、男女主人公的书写模式及其与俄罗斯文化和文学传统的关系。

作为半个多世纪在诗歌翻译领域辛勤耕耘、硕果累累的俄罗斯诗歌研究专家，顾蕴璞[16]的叶赛宁研究旁征博引，深入浅出。以“不同艺术门类具有相通性”认识为前提，研究者聚焦词语—语音运用细致入微地剖析了叶诗的音乐性。叶赛宁诗歌中呈现出来的音乐性一方面受到了俄国象征主义的影响；另一方面与其对俄罗斯人民宗教思想的深入把握密切相关。比如，在俄罗斯人民的宗教思想中，“一切都起源于树木”，受此影响，在叶诗中，谐和的音像和田野、以传统文化为底色的乡村意象群——白桦、农舍、枫树、稠李花、河湾、松林等融为一体。王玉珠[17]比较叶赛宁和马雅可夫斯基的《夜》，认为前者静谧优美的乡村山水画和后者光怪陆离的城市浮华图源于二者不同的价值追求、性格特点、生活经历和审美取向。李婷文[18]的马雅可夫斯基研究功底深厚，视野开阔，研究者的笔触聚焦于贯穿作家讽刺戏剧的净化主题，认为该主题源于作家本人的生理与精神洁癖和倡导社会主义的未来主义理想，其深层根基是与俄国民粹主义和弥赛亚精神结合的进步史观。与此同时，这些来源又在不同程度上具有分裂性和虚无主义特征，并由此导致了马氏及其身后平民知识分子的人生和精神悲剧。董树丛[19]运用异化理论解读了索洛古勃小说《小矮人儿》中现代人被物质文明、技术理性和社会机制异化的情景，指出作家对世界和人类的认识是悲观的，但与此同时又表达了对人类的终极关怀。纪薇[20]认为，白银时代思想家和作家罗赞诺夫创作中体现的解构精神、非理性文学理念及其运用的时空无序和文体杂糅艺术手法与后现代文学深度契合，为该文学样式在俄罗斯的发展奠定了坚实基础。余献勤[21]的研究对象是在我国鲜受关注的勃洛克的戏剧创作和戏剧评论，这一切入点对充实白银时代的认识、把握当时各种复杂的思潮和艺术探索有帮助。王蓉[22]系统研究了梅列日科夫斯基的三部曲小说《基督与反基督》，认为该作品主题的完成是通过图示化结构、层级化内容和多元化符号实现的。武晓霞[23]比较研究了易卜生和梅氏的相同题材作品，指出：虽然两部作品取材于同一位历史学家的《罗马史》，因而存在诸多相似之处，尤其在追求变革世界这一主题思想方面；但研究者同时强调，在对变革世界的追求中两位作家的思想运动轨迹完全不同，两部作品在情节和结构方面也存在很大差异，其中的主要原因是作家的创作个性和文化国度不同以及两部作品的创作背景不一样。戴卓萌[24]研究发现，格·伊万诺夫的《原子的裂变》的中心思想和精髓体现了存在主义特征，与该流派名作、法国作家萨特的《恶心》在哲理性、形象性和主题上有诸多共同点。

张珊[25]从篇章结构、主要情节、人物关系和场景设置的分析中得出《日瓦格医生》具有环形结构的结论，指出环形结构的运用不仅使小说呈现出平衡对称的几何美感，而且具有强化主题、补充叙事、开拓内蕴等作用。丘帕[26]同样从结构角度剖析了该小说，但其研究过程和结论却集中在小说的另一层面，即它是“类诗结构”。该研究的主要目的在于明确已获公认但至今仍语焉不详的作家乃“散文诗人”这一定义的性质在小说中究竟是以何种面貌和手段体现出来的。该研究者认为，小说在结构上具有章节异常短小的特点，文本的情节—主题统一性被缺乏共用名称的片段所破坏，由此使这些小章节成为一个复杂整体的独特大诗节，其中的重要联系不仅存在于相邻的文本成分之间，也存在于相邻遥远的文本成分之间，这种表现形式和结构具有“类诗”性。张纪[27]对该小说的研究及其结论与上文相互呼应，只不过其研究及其结论是从小说的生活、色彩和语言细节中得出的。但由此可以肯定的是，这两项研究无疑具有互补性，对于多角度、多层面理解帕斯捷尔纳克的“散文诗人”的身份具有重要价值。丘帕的另一篇文章[28]从叙事世界观、叙事情态和叙事情节三个层面研究了《大师与玛格丽特》的叙事策略，认为作家在这三个层面展现的“引人预测”的叙事策略实际上指向一点：讲述关于生活奥秘的故事。许志强[29]透过该小说中围绕“秘密警察”阿夫拉尼的细节分析，否定了已有研究对与该人物相关的叙述在小说中前后“不一致”并因而使其具有“含混性”的认识。研究者认为正相反，这种“不一致”只是表面上的，作家设置这一人物形象的用意明确无误，即揭示极权政治的心理及伦理特征。杨正[30]对格罗斯曼的小说《生活与命运》的出版史和不同版本细节的考证对于深入认识作家的创作思想精髓具有重要意义，除此之外，这类研究使考据学研究方法的魅力和价值充分显示出来。朱晔祺[31]的文章比较研究了俄国作家阿克肖诺夫和美国作家塞林格的“反成长小说”在中国的境遇：虽然二者皆成为中国渴求个性解放、思想自由的“反叛者”的“精神资源”，但随着中国接受语境的转变，后者的主人公更为著名，获得更多认同，其原因与苏俄文学在中国的地位衰落有一定关系，但更为重要的是，塞林格主人公对后现代危机的体悟更易得到当下人们的认同，此外，塞林格小说的形式更为精致，人物形象更具张力，因而具有更丰富的阐释性。

王亚民、李安华[32]试图以一斑见全貌，通过梳理近十余年来“国家畅销书奖”得奖作品总结该时期俄罗斯文学的特点：总的来说，这些特点具体表现为不同作家的创作探索基本都具有综合性，而总体趋势是现实主义重新得以回归并有所演变。这种综合性特点也是王树福[33]在分析佩列文创作个案后形成的共识：因兼具传统与先锋、超越与眷顾特质以及使文学态势从单声部一元化向多声部复调化转换，佩列文的创作可以称得上是后苏联时期俄罗斯文学的“标本”。戈鲁勃科夫[34]关注的是同一时期的文学，但与其说该作者关心文学，不如说更关心文学的受众，即主张培养有能力且愿意思考的读者，使读者与作家一道借助文学这个社会历史和文化信息独特的载体共同克服俄罗斯当代文化和思想上的真空状态。林精华[35]剖析了苏联解体后俄罗斯文学依然长盛不衰、蓬勃发展的个中原因。归结起来，是帝国情结在发挥关键作用：主流的文学生产者皆充满帝国情怀，因而文学融入了重建俄罗斯帝国的大潮，并且诉说的是复兴俄罗斯帝国的国民认同。该学者主持的“文学与冷战”专题讨论[36]，聚焦的是苏联晚期戈尔巴乔夫对文学政策的调整及其导致的“意外”后果：因为这种调整不是针对文学艺术自身，而是与之前时期异曲同工，都是行政行为；戈氏希望借助具有特殊影响力的文学推动新思维改革，结果却使文学成为加剧苏联解体的力量，并且埋下了后苏联文学界纷争不断的种子，并最终导致许多著名作家在苏联末期以来的20多年毫无文学建树。

个案研究中有已为中国读者熟悉的作家，也有相对冷门的。王康康[37]认为瓦尔拉莫夫小说的独特魅力就在于为转型时期处于信仰危机中的俄罗斯人寻找出路，坚定信仰，完善并相信自我。郭峰[38]在研究对象中发现了俄罗斯民族的典型特点，即极端性和不稳定性、与自然崇拜相关的酗酒倾向以及具有女性崇拜情结。致力戏剧研究的董晓[39]在彼特鲁舍夫斯卡娅戏剧展现日常生活场景时淡化舞台紧张的戏剧冲突、通过表现人物之间对话的阻滞淡化矛盾冲突等戏剧表现形式中，以及作家对日常生活悲剧秉持悲喜剧式体悟的审美立场中，看到了契诃夫戏剧传统的深刻烙印。潘琳[40]依据类型学分类模式归纳出该作家的小说类别：它们主要分为日常生活故事和动物故事，前者旨在表现人性冲突、人类行为的荒谬及家庭生活问题，后者借动物世界对人类关系进行新的描述，动物世界是对人的世界的折射。武玉明[41]研究侦探小说家阿库宁创作中的乌托邦理想源头时，把它与白银时代的索菲亚理念、东正教圣爱观念和俄罗斯宗教哲学传统联系起来做了深入考察，让我们得以洞见俄罗斯畅销书作家或隐或显的民族文化基因。

三、文艺理论、文学批评及文学史研究

顾蕴璞[42]对左少兴集数十年教研经验编写、北京大学出版社出版的《十七世纪俄国文学作品选读》做了特别推介，并对不久将配套出版的《十七世纪俄国文学概述》充满期待。如顾教授所言，近现代大多数俄国文学名家基本都被译介到中国来了，而古代俄罗斯文学除少数几篇得到译介以外，直到21世纪初在中国学界还几乎是一片处女地。推介者强调，姊妹篇《选读》与《概述》是自普希金为起点的俄国近现代文学所由发展的古代文学链上最受目前期待的重要一环，故此该成果的问世，其意义和价值不言而喻。赵静蓉[43]饱蘸笔墨的书评浓缩了高尔基研究专家汪介之《伏尔加河的呻吟：高尔基的最后二十年》一书的研究精华，即高尔基是俄罗斯大地上的异乡人。该书以及该书评对于丰富高尔基形象具有重要价值。文导微[44]分析纳博科夫赞赏米尔斯基《俄国文学史》的原因有如下几点：米氏注重文学作品的个体性、文笔优美、品位高级、态度分明。不难看出，这些特点也正是纳博科夫本人的重要标志。

杨向荣[45]在梳理英国学者本尼特联系意识形态对俄国形式主义进行的文化研究的基础上得到拓展并深化研究的启示，即应在文化研究的语境中明确文本、文化、审美和意识形态之间的内在逻辑，以这一新角度重新反思俄国形式主义。《俄罗斯文艺》第3期刊发的3篇以洛特曼文化符号学理论为视角的文章[46]分别解读了文本功能、文化遗忘和文本空间问题：张祎在洛特曼文本功能理论的基础上具体分析了诗歌文本在信息传递、生成与记忆方面的功能特点，即诗歌文本与一般文学文本相比具有特殊性，它不仅存储信息更多，而且以自身的独有方式生成新意；余洪兵探讨了文化的遗忘与选择、遗忘类型及功能等问题，认为文化不仅是记忆，也是遗忘的结果与条件；朱婷婷借助符号学理论具体分析了《战争与和平》的空间叙事手法，认为小说中体现的时序逆转、细节重合以及叙事悬置以及对应、重复和交替等各种空间叙事手法基于作家“开放形式”和“去中心化”等理念。张智义[47]的文章也是文艺理论的现实运用。作者以符号学理论为指导比较研究了斯坦尼斯拉夫斯基、布莱希特和梅兰芳三大演剧体系的不同特征及其交流融通：前二者在符号建构的旨归上存在高度统一，都具有强烈的马克思主义社会功利主义色彩，只不过对社会的批判前者是感性的，后者是理性的，而体现出中国写意文化典型符号表征的梅氏体系采取的是折中立场，与二者都有交集。

刘胤逵[48]概括了形成于20世纪60年代的莫斯科概念主义的主要美学特征，即虚空乃手段、不同体裁并存、以文学为中心，其最终的文化指向是解构苏联这个乌托邦神话。梳理苏联解体以后的俄国文学批评状况时，林精华[49]的结论是：20世纪80年代末以来归侨批评家、来自苏联的批评家、新成长起来的年轻批评家在超越苏联的同时延续了俄国文学的批评传统，即这些批评文本不仅取代了苏联时期各种权威的文学理论教材，使苏联的学院式文学理论失去话语权，而且激活了别林斯基以来的俄国文学批评传统，使文学批评成为一种持续表现社会文化思潮的手段，成为公众认识各种文学现象的重要中介，也为文学教育提供了可资借鉴的资源。

林教授评介俄罗斯文学批评的文章应当触发中国学人的自觉批评意识。总的来说，与俄国和西方文学批评者相比，中国学人的俄苏文学批评激情不足，或者更准确地说，是自主性不足，心的参与不足，积累也不足，与此相关，也凸显出创意和自信心有所欠缺。俄苏和西方的文学批评各有自身的评价体系、兴趣范围和价值取向，而中国学者的评价体系、兴趣范围和价值取向究竟应该在何处立足呢？这是一个值得深思的问题。

注：

①《斯拉夫神话与民间信仰》，《俄语学习》，2013年第4期。

②《汉俄回文诗类型比较》，《俄语学习》，2013年第6期。

③《音乐借文学寻根 文学向音乐靠近——俄罗斯“黄金时代”和“白银时代”的艺术交融》，《欧美文学论丛·文学与艺术》，人民文学出版社，2013年8月。

④《世界大国思想之提出与对自身文化经典再诠释——普希金之于“俄罗斯理念”意义的生成过程考》，《俄罗斯学刊》，2013年第5期。

⑤《文化交流的“驿马”：普希金——兼论普希金的翻译“忠实观”》，《俄语学习》，2013年第5期。

⑥《神图美卷——费特“Чудная картина”译析》，《俄语学习》，2013年第1期。

⑦《普希金〈冬天的早晨〉赏析》，《俄语学习》，2013年第4期。

⑧《论迈科夫的古希腊罗马风格诗歌》，《俄罗斯文艺》，2013年第3期。

⑨《俄罗斯学界关于拜伦对莱蒙托夫的影响问题研究综述》，《俄罗斯文艺》，2013年第1期。

⑩《无神论者抑或基督徒？——对青年陀思妥耶夫斯基世界观的考察》，《俄罗斯文艺》，2013年第4期。

⑪《一个数学公式的文学旅行——从〈地下室手记〉到〈1984〉》，《俄罗斯文艺》，2013年第3期。

⑫《列斯科夫的小说〈士官生修道院〉与鲁勃辽夫的圣像画》，《欧美文学论丛·文学与艺术》，人民文学出版社，2013年8月。

⑬《时间的变奏：〈骑兵军〉中的文化选择与认同》，《俄罗斯文艺》，2013年第4期。

⑭《蒲宁小说创作中的民间文化因素》，《俄罗斯文艺》，2013年第4期；《书写哥萨克：从壮士歌至今的文学与文化认同》，《俄罗斯文艺》，2013年第4期；《后苏联时代作家的认同危机与身份探寻——以伊斯坎德尔和艾特玛托夫为例》，《俄罗斯文艺》，2013年第4期；《文化合力中的阿纳托利·金》，《俄罗斯文艺》，2013年第4期。

⑮《20世纪俄罗斯文学中的犹太问题》，《俄罗斯文艺》，2013年第4期。

⑯《如歌似乐的叶赛宁抒情诗》，《欧美文学论丛·文学与艺术》，人民文学出版社，2013年8月。

⑰《〈夜〉——叶赛宁与马雅可夫斯基同名诗作比较分析》，《俄语学习》，2013年第3期。

⑱《“净化”“虚无”与未来主义——解读马雅可夫斯基的讽刺戏剧》，《俄罗斯文艺》，2013年第3期。

⑲《身形与灵魂的双重萎缩——管窥索洛古勃小说〈小矮人儿〉中的异化图景》，《俄语学习》，2013年第3期。

⑳《罗赞诺夫创作中的后现代主义元素》，《俄语学习》，2013年第5期。

㉑《勃洛克与20世纪初俄罗斯现代戏剧》，《俄罗斯文艺》，2013年第3期。

㉒《〈基督与反基督〉三部曲象征主题建构模式探究》，《俄罗斯文艺》，2013年第1期。

㉓《“第三王国”的理想——〈皇帝与加利利人〉与〈判教者尤里安〉比较研究》，《解放军外国语学院学报》，2013年第3期。

㉔《论格·伊万诺夫的小说〈原子的裂变〉中的存在主义思想》，《俄罗斯文艺》，2013年第1期。

㉕《〈日瓦格医生〉的环形结构》，《俄罗斯文艺》，2013年第3期。

㉖《〈日瓦格医生〉的类诗结构》，《俄罗斯文艺》，2013年第3期。

㉗《〈日瓦格医生〉的细节诗学研究》，《俄罗斯文艺》，2013年第1期。

㉘《小说〈大师与玛格丽特〉的叙事策略》，《俄罗斯文艺》，2013年第3期。

㉙《也谈〈大师与玛格丽特〉中阿夫拉尼形象的“含混”和意义》，《俄罗斯文艺》，2013年第3期。

㉚《“手稿是烧不毁的”——格罗斯曼〈生活与命运〉手稿之谜》，《俄罗斯文艺》，2013年第3期。

㉛《“出走少年”的中国境遇——〈带星星的火车票〉和〈麦田里的守望者〉作为“反成长小说”的中国接受》，《俄罗斯文艺》，2013年第1期。

㉜《“国家畅销书奖”与新世纪俄罗斯文学》，《俄罗斯文艺》，2013年第4期。

㉝《佩列文：一个后苏联时期的文学标本》，《俄罗斯文艺》，2013年第3期。

㉞《21世纪初文学和俄罗斯文化符码：远景前瞻》，《俄罗斯文艺》，2013年第4期。

㉟《后苏联的文学生产：俄罗斯帝国情怀下的文化产业》，《广东社会科学》，2013年第1期。

㊱《文学国际政治学：苏联文学终结和冷战结

束》，《黑龙江社会科学》，2013年第1期。

㊲《方舟中承载的宗教情怀——解读瓦尔拉莫夫〈沉没的方舟〉》，《俄语学习》，2013年第6期。

㊳《从话剧〈亲爱的叶莲娜·谢尔盖耶夫娜〉看复杂多面的俄罗斯心灵》，《俄语学习》，2013年第5期。

㊴《试论柳德米拉·彼特鲁舍夫斯卡娅戏剧中的契诃夫风格》，《国外文学》，2013年第3期。

㊵《浅探彼特鲁舍夫斯卡娅的两类故事》，《俄语学习》，2013年第6期。

㊶《阿库宁小说中的宗教乌托邦意识》，《俄罗斯文艺》，2013年第1期。

㊷《〈十七世纪俄国文学作品选读〉出版》，《国外文学》，2013年第2期。

㊸《"大地上的异乡者"》，《俄罗斯文艺》，2013年第3期。

㊹《"最好的一部俄国文学史"——纳博科夫为何激赏米尔斯基〈俄国文学史〉》，《俄罗斯文艺》，2013年第4期。

㊺《科学美学的意识形态介入——本尼特对俄国形式主义的批判与超越》，《俄罗斯文艺》，2013年第4期。

㊻《从洛特曼的诗歌文本分析谈文本功能》；《文化符号学视域中的文化遗忘机制》；《〈战争与和平〉的文本空间性》。

㊼《世界三大演剧体系的符号学研究初探》，《俄罗斯文艺》，2013年第2期。

㊽《从解冻到解构——论莫斯科概念主义的产生及其对于乌托邦神话的解构》，《俄罗斯文艺》，2013年第4期。

㊾《超越苏联却延续传统的后苏联俄国文学理论》，《社会科学战线》，2013年第6期。

（作者：赵桂莲，北京大学教授；崔艺学，北京大学博士生）

管　理　学

工商管理学

高　杰　邓荣霖

一、企业管理

2013年，北京学者围绕企业管理理论、企业自主创新、企业管理方法方面研究取得了新进展，现综述如下。

（一）企业管理理论

关于企业管理理论。在香港理工大学举办的第五届全国比较管理研讨会，与会者就比较管理研究中的中国管理实践本土化管理理论和比较管理理论创新进行了深度探讨。有的学者简要介绍了研讨会的发起、主要议题，并从比较管理学研究方法与研究范式、中国本土化管理、国外管理模式比较和比较管理专题四个方面综述学者们的主要观点和思想。①有的学者基于战略型领导理论、社会认知理论和跨文化研究观点，在深入分析企业和战略型领导的本质之后，提出了中国企业战略型领导的三元模型，即中国企业的战略型领导包含三类典型行为：理念塑造、制度规范和人情整合。②有的学者从商务管理在大数据背景下所面临的时代挑战出发，给出了社会化的价值创造、网络化的企业运作、实时化的市场洞察三个重要研究视角。同时，描述了社会化网络环境中的行为机理与社会资本结构、企业网络生态系统及其协同共生机制、大数据环境下的顾客洞察与市场营销策略、基于大数据的商业模式创新等研究方向，讨论了若干重要的研究课题。③

有的学者以华为领导人任正非为案例，遴选任正非在华为成长时期的重要内部讲话，通过认知地图和扎根分析，发现其思维具有"战略框架式思考""认知复杂性""悖论整合"等特征；任正非的"战略框架式思考""悖论整合"以及"超越性价值观"，显著地促进了华为的战略发展、产权与激励制度创新及管理进步，进而推动了企业可持续竞争优势的产生。④有的学者提出了包含权利、财产和资源形态的知识产权管理对象体系，并以此为基础建构了以管理者、管理对象和管理过程为维度的知识产权管理内涵框架。同时根据我国知识产权管理的现行政策模式，从知识产权行政管理和市场主体知识产权管理的角度，对目前我国知识产权管理存在的问题进行了梳理和总结。⑤

（二）企业自主创新

关于企业自主创新。有的学者提出，企业自主创新，就是创造有价值的订单，就是创造性地破坏，就是创造性地学习与借鉴。从本企业实际状况出发，开展多种形式和不同层次的自主创新活动，形成新产品、新技术、新材料、新设备和新方法。[⑥]有的学者通过研究发现：创新过程中劳动力和资本是企业提高创新水平的重要因素，其中资本的创新产出弹性更高；FDI（对外直接投资）通过技术外溢对内资企业的创新水平产生显著正效应，其效应大小与内资企业的吸收能力和内外资企业之间的竞争性互动有关；内资企业技术吸收能力的提高对其创新水平的提升具有非常关键的作用；内外资企业在研发领域的竞争性互动可以促进双方创新水平的提高，其中外资企业在创新竞争中的反应能力强于内资企业。[⑦]有的学者通过主成分分析法将航空装备业中的上市公司自主创新能力指标和绩效指标分别压缩为创新因子I和绩效因子P，再用I对P做回归，结果表明该行业企业绩效和自主创新能力之间存在显著的正相关关系，并且存在时滞效应，时滞时间大致为2年。基于该研究结论，分析了出现时滞的原因，提出了提升自主创新效果、推动企业自主创新能力向绩效转化和正确评价自主创新效果的合理政策建议。[⑧]

（三）企业管理方法

关于企业管理方法。有的学者以我国10家制造型企业中的95个团队为实证研究对象，探讨了辱虐管理对团队绩效的影响，并以团队效能启示模型为基础，进一步分析了团队沟通及团队集体效能在其中所起的中介作用。层级回归分析结果表明，辱虐管理对团队绩效具有显著的负向影响，团队沟通和团队集体效能在辱虐管理与团队绩效之间的关系中起着完全中介的作用。[⑨]有的学者采用案例研究方法，分析“如家”和“7天”两家经济型连锁酒店集团的动态能力和操作常规变化，运用模式匹配研究策略，归纳出理论命题：第一，企业操作常规变化可区分为突变和渐变两种类型；第二，企业动态能力由3个维度构成：包括感知能力、获取能力和转换能力，但两家企业在这些维度上的特征表现不尽相同；第三，借鉴主体性理论，从企业中的主体分布层次和时间导向下的能动性发挥两个角度，将动态能力构型区分为两种类型：管理型动态能力和创业型动态能力；第四，通过过程机制的研究，发现不同类型的动态能力会产生不同类型的主体能动性发挥，进而对操作流程运作的特定主体及其能动性发挥产生影响，最后引发分布不同的各类主体在操作阶段产生出类型各异的操作常规变化。[⑩]有的学者通过多案例研究分析，提出产品嵌入、渠道整合、生产与渠道、产业模块4种服务供应链运作模式的匹配机制，并将不同模式的服务供应链与客户的价值诉求以及供应链风险类型相关联，构建出服务供应链运作模式的2×2决策矩阵。[⑪]

二、会计与财务管理

2013年，北京地区的专家学者主要围绕新会计准则下公允价值、内部控制与审计、会计信息质量、公司治理与资本市场等问题进行了深入的研究和探讨。

关于新会计准则下公允价值。有的学者基于可供出售金融资产考察了《企业会计准则解释第3号》中综合收益呈报方式变更的政策后果，对不同呈报位置的公允价值信息的决策有用性进行了检验。研究显示，可供出售金融资产的公允价值变动在利润表的其他综合收益项目呈报时存在增量价值相关性，直接计入股东权益变动表时仅有较弱的价值相关性。这说明在展现经营结果的会计主表中呈报全部综合收益有助于投资者的价值判断，也说明第3号解释公告显著改善了财务报告透明度，有助于减轻投资者的估值成本，提升了会计信息的决策有用性。[⑫]有的学者通过多案例研究，就国内A股上市的中国人寿、中国平安、中国太保和新华保险这4家保险公司进行专题的深度剖析，发现保险公司通过公允价值在年度间调节利润，并“影响”公司的偿付能力。研究还发现企业的股权性质对公允价值政策的运用有着显著影响，保险公司在高管薪酬和金融资产公允价值计量模式之间的黏性特征不明显。[⑬]

关于内部控制与审计。有的学者把内部控制体系分为合法合规型、规则嵌入流程型以及内部控制和管理制度完全融为一体型等三个阶段。[⑭]有的学者认为，内部环境是内部控制系统的基础，环境评价以及基于评价而采取的改进措施是内部控制构建和持续优化的重要环节。按照内部环境与其他要素的契合方式不同，内部环境分为相对稳定环境、可重构环境和处于渐变状态的环境。对基于不同环境的内部控制优化，应有的放矢地采取应对策略，这些策略包括环境主导、环境重构和环境诱导。[⑮]有的学者通过研究发现：自愿披露内部控制鉴证报告公司的销售性盈余和生产性成本操控程度更低；不同产权性质、规模各异的公司，其内部控制会对真实活动盈余管理行为产生不同的影响；通过考察内部控制对应计盈余管理的影响，发现自愿披露内部控制鉴证报告公司的应计盈余管理程度更低。[⑯]

关于会计信息质量。有的学者通过对2007—2010年中国债券市场企业信用评级的实证研究发现，目前我国企业信用评级基本上反映出了基本面的差异，财务指标、股权特征以及宏观经济发展都显著影响企业的信用评级与债券融资成本。更重要的是，会计信息质量（以是否聘请四大会计师事务所审计、会计稳健性和盈余波动性为衡量标准）得到了债券市场参与者的认可，会计信息质量越高，评级机构给予的企业信用评级越高，且债券投资者要求的投资回报越低，即债券融资成本越低。[⑰]有的学者提出，基金会财务信息披露质量受组织复杂性和管理效率的影响，但影响公募和非公募基金会财务信息披露质量的因素存在差异。成立年限长、管理效率高、非教育助学类的公募基金会财务信息披露质量更高，收入来源分散和管理效率较高的非公募基金会财务信息披露质量更高。而且，基金会财务信息披露质量与后期捐赠收入显著正相关。[18]有的学者通过实证研究发现，发债主体的财务状况与经营成果是公司债信用等级迁移的重要驱动力，特别是发债主体的盈利能力、营运能力和现金流量显著影响信用等级的变化。[19]

关于公司治理与资本市场。有的学者采用基于资产回报的现金流敏感性法，对H股多分部上市公司内部资本市场效率进行了直接测度。针对2000—2011年532个样本的面板数据的研究显示，上市公司内部资本市场总体有效，大部分上市公司能够通过内部资本市场持续有效地配置资源，部分上市公司具有出色的“挑选胜者”的能力。[20]有的学者以2002—2008年上市公司为样本研究发现，由于家族所有权与管理层的分离以及家族控制对管理层的有效监督，相对于非家族企业和家族CEO（首席执行官）企业，在职业经理人担任CEO的家族企业中，代理问题较低，CEO变更与公司业绩之间具有较强的敏感性，公司治理效率较高。家族职业化治理效率的实现机制主要是所有权监督和董事席位控制。[21]有的学者提出，在机构投资者的公司治理角色研究中，有6个重要关系需要关注：（1）关注机构投资者是否对公司治理产生影响；（2）关注机构投资者参与公司治理的方式及对公司治理产生的影响；（3）关注机构投资者影响公司治理和公司决策的具体内容；（4）关注机构投资者通过参与公司治理对公司绩效的影响；（5）关注机构投资者发挥作用的内部环境；（6）关注机构投资者发挥作用的外部环境。[22]

三、技术经济与管理

技术经济理论与方法创新、科技政策与创新发展战略、战略性新兴产业发展与创新能力建设、产业经济与区域发展是2013年北京地区专家学者在技术经济与管理领域较为关注的热点问题。

关于技术经济理论与方法创新。有的学者在原有的基础上给出了计算战略方位角和战略强度系数的系统方法体系，通过计算战略方位角和战略强度系数来表达企业的战略类型及战略细分类型，并在战略方向不显著时改进战略强度的概念，给出相应的计算公式，根据计算所得的企业战略强度的大小分为弱、中、强三个程度，最终构建出“四象限八类型三程度”的企业战略分析方法体系。[23]有的学者根据复杂网络建模理论，采用投入产出直接消耗系数构建产业结构网络模型，并改良传统的Floyd（弗洛伊德）算法构造强关联矩阵，使该矩阵具有收敛性、唯一性、最优化和无标度等特点。[24]有的学者指出，若要度量能源利用的动态变化情况，生产率增长指标比效率改进指标更为合适；同时全要素框架下测算能源生产率增长率（即全要素能源生产率增长率）应比单要素能源生产率增长率更能准确反映能源生产率变动情况。并通过将这两个指标用于2000—2010年能源生产率增长情况，发现两者在反映能源生产率增长率的纵向变化趋势时基本一致，但在横向比较时有一定差别。[25]

关于科技政策与创新发展战略。有的学者从知识创新过程的角度出发，形成了知识创新过程的概念模型，并据此展开科技政策学（SoSP）的研究内容。其中，知识转化是知识创新的重要环节之一。SoSP在知识转化阶段的研究工作可以从科技成果转化现状的展示、态势描述、规律的探索、绩效的比较和异常的分析等方面开展。[26]有的学者利用1990—2009年全球6个工业国和7个准工业国的经济与环境数据，通过因素分解方法将各国空气质量的改善分解为能源效应和技术效应两个部分，比较并评价工业国和准工业国改善空气质量的路径选择。研究发现，工业国多依靠提高能源效率改善空气质量，准工业国则更多地依靠治污技术的应用。[27]有的学者认为，实施创新驱动发展战略的关键是培育适宜的科技创新文化。科技创新文化已成为影响我国创新活力的主要因素，然而近些年来由于制度因素影响而产生的文化倾向十分不利于科技创新发展，而这些突出矛盾的根本原因是：小平同志提出“尊重知识，尊重人才”在制度设计上并没有落到实处，表现为制度设计不以科技创新活动的主体（科技工作者）为中心，不按科学规律办事。故建议从改变制度设计出发点入手，着力改变顶层制度设计，以此遏制已经出现的不良文化倾向，大力培养有利于科技创新的文化。[28]

关于战略性新兴产业发展与创新能力建设。有的学者提出了大数据环境下面向技术创新管理的双向决策模型，整合传统“目标驱动决策”与大数据环境下“数据驱动决策”的理念及方法，构建了“评估与预测”和“监测与预警”的技术创新管理模型，以期提升我国技术创新管理研究在大数据环境下提取知识与观点的能力。[29]有的学者认为，战略性新兴产业创新研究中长期忽略创新效果和产业竞争力问题，应用SFA（随机前沿分析）方法将创新效率分为技术创新效率和创新产品转化效率两个阶段，分别以专利数量和新产品利润作为产出进行综合分析使结果更为全面。研究表明，信息技术产业创新效率逐年快速提升，但科研人员水平和配置出现瓶颈，不利于高水平创新发展。医药产业虽然技术创新效率较高，但创新产品转化效率较低，产业缺乏市场竞争力和创新动力。[30]有的学者针对我国在战略性新兴产业发展过程中“过度趋同”的现象，通过回顾其理论产生的两个来源——发展主义和创新系统理论，认为制度和技术的决定论思想只会默许趋同的发生。而选择之所以会成功，依赖于制度和技术所提供的愿景、系统各要素间互动所形成的内聚力，以及人工物和物质材料等所构成的约束等必要条件的达成。[31]

关于产业经济与区域发展。有的学者利用1978—2010年我国西部地区12省市的数据，测算了我国西部地区的资本、劳动力和TFP（全要素生产率）对经济增长的贡献率。结果显示：当期我国西部地区的经济增长主要源于资本投入；但是，由于资本对经济增长的贡献太大，因此TFP呈相对平稳下降趋势，TFP对经济增长的作用还不是很明显。指出：若2010—2020年西部地区TFP对经济增长的贡献率为37.1%，则西部地区能实现以技术进步带来可持续增长。[32]有的学者提出，企业并购动机并非全部是为了直接获取财务绩效，并购动机不同，并购绩效的评价与衡量指标也应该有所区别；而企业并购动机又很大程度上受其产业环境即产业演进阶段的影响。因而，并购绩效的评价应遵从“产业演进阶段—企业并购动机—并购绩效评价”的逻辑。[33]有的学者认为，企业创新过程中资源获取渠道的多样性造就了其响应科技政策的自主性，该过程中的各种博弈原则、过程和结果有待于认知和解释，并针对企业响应过程的各种博弈提出了若干政策建议：(1) 企业响应科技政策的根本是获取更大的创新收益；(2) 经验累积是企业主动性响应政策这一行为的必要条件；(3) 资金补助和资源供给是政策投入的主要形式，不同阶段其作用各异；(4) 企业与政策的粘着机制是一个重复断开和连接的动态过程。[34]

四、旅游管理

旅游理论和研究、旅游经济、目的地和区域旅游发展以及遗产与非遗旅游是2013年北京地区专家学者在旅游管理领域较为关注的热点问题。

关于旅游理论和研究。有的学者通过对2001—2012年间中国大陆与台港澳地区作者发表的旅游类国际期刊论文的检索和统计，分析发现：(1) 中国作者发表的论文总量呈增长趋势，且大陆的增幅尤为明显；(2) 中国大陆作者独立发表的论文数量、大陆学术机构的贡献度及论文被引频次较低；(3) 通过对不同时期中国大陆与台港澳地区论文的关键词分析提取出的研究热点和研究方向发现，中国作者的旅游研究总体从宏观转向微观，由预测、规划转向动机、满意度研究，其中，中国大陆和台港澳地区的研究各偏重于不同的方向。[35]有的学者应用大数据的研究方法，对2003—2012年收录在中文核心期刊数据库、CSSCI（中文社会科学引文索引）数据库和CSCD（中国科学引文数据库）中的16024篇旅游学术论文进行全样本的统计和研究，并对刊载旅游学术论文的期刊、旅游院校和科研机构以及论文作者进行了初步的评价和排序，较为全面地展示了近十年来我国旅游学术共同体的发展格局和分类结构。[36]有的学者提出，信息科学与旅游的交叉研究是探索旅游问题、规律及原理的新思路与方法。为了系统地概括信息科学与旅游的交叉研究现状和最新进展，采用系统综述（systematic review）方法对该交叉领域最近12年的主要研究进行了归纳和分析。该系统综述回答了如下3个问题：(1) 信息科学研究中面向旅游的研究主要有哪些方面；(2) 旅游研究中与信息科学相关的研究主要有哪些方面；(3) 信息科学与旅游的交叉研究有哪些趋势。[37]

关于旅游经济。有的学者通过研究发现，北京旅游业与农业的关联主要体现在后向关联，对农业发展的拉动力和推动力日益增强，且拉动作用大于推动作用；旅游业对农业发展的间接影响力大于直接影响力；两个产业之间缺乏明显的相互主动融合的动力；农业发展水平对旅游业具有一定程度的影响；旅游业与农业的关联度逐渐提高，但整体关联水平还比较低。[38]有的学者提出，以旅游业来带动发展中国家和地区经济发展，并缩小其与发达国家和地区的经济差异早已被国内外学者高度关注。并在梳理相关文献的基础上，对旅游和区域经济差异的影响研究进行了综述，提出相关的研究。以旅游对不同地区经济增长、就业和相关产业的带动和促进作用的差异为切入点，分析了旅游对国际、区际等不同尺度的区域经济差异的收敛和发散作用。[39]有的学者运用旅游区经济影响指数模型和旅游区经济影响域域值模型对八达岭旅游区周围的6个村落样本数据进行总体趋势和范围的分析，结果发现，基于户均旅游直接就业和收入标准化值的八达岭旅游区旅游经济影响域域值为2.84千米，该值代表了八达岭旅游区经济辐射范围核心部分。[40]

关于目的地和区域旅游发展。有的学者首先回顾了国内外旅游地可持续发展的研究历程，将其分为起步探索、快速发展与巩固深化3个阶段。其次分析了旅游环境承载力评价、旅游环境影响评价、评价指标体系、可接受改变极限、旅游生态足迹分析等旅游地可持续发展研究方法的特点与不足。最后从旅游地可持续发展概念内涵与发展水平、旅游地发展演化过程与规律、旅游生态安全与环境容量、旅游可持续发展模式、居民与游客的影响感知、旅游地低碳化发展、旅游企业的影响等7个方面对旅游地可持续发展研究进行了综述。[41]有的学者提出，跨境旅游合作区是国家安全利益和地方经济发展这组矛盾的统一体。它在边境旅游模式探索、促进沿边地区经济发展、助推或缓和国际关系等方面有一定的潜在价值。同时，中国与周边国家的跨境旅游合作区建设也存在着双边诉求的矛盾二重性和合作的脆弱性。[42]

关于遗产与非遗旅游。有的学者提出，在面对非遗这样珍贵的文化资源时，应充分发挥旅游开发的教育宣传功能，结合非遗的价值与特色进行保护性开发，平衡保护与开发之间的关系；在开发过程中，不同学科、行业背景的开发主体必须努力打破学科、行业的壁垒，并且加强理论与实践间的沟通与合作；探索形成以传承人为核心，其他主体各司其职的保护开发体系，建立非遗旅游开发的利益协调机制，从而真正地促进非遗旅游的可持续发展。[43]有的学者提出，我国遗产旅游资源大致经历了一个由松散管理向规范化管理转变、由传统经营向多样化经营转变的历程；目前存在的问题主要是多头指导与属地管理导致的冲突，过度企业化经营产生的问题及遗产管理目标与管理者政府考核机制的不一致；管理体制改革的目标需是公益导向的；改革的障碍主要为遗产地居民过多与财政抽血机制；改革的方向需从多头交叉管理向一体分类管理转变；改革的路径为分级改革与政府考核制度改革。[44]

注：

①关鑫：《中国管理实践与比较管理理论创新——2012 年第五届全国比较管理研讨会综述》，《经济与管理研究》，2013 年第 1 期。

②张文慧、王辉：《中国企业战略型领导的三元模式》，《管理世界》，2013 年第 7 期。

③冯芷艳、郭迅华、曾大军、陈煜波、陈国青：《大数据背景下商务管理研究若干前沿课题》，《管理科学学报》，2013 年第 1 期。

④武亚军：《“战略框架式思考”、“悖论整合”与企业竞争优势》，《管理世界》，2013 年第 4 期。

⑤肖尤丹：《面向国家知识产权战略实施的知识产权管理及其促进政策》，《中国科学院院刊》，2013 年第 4 期。

⑥邓荣霖：《企业改革提升对外开放水平》，《人民论坛》，2013 年 5 月特辑。

⑦王蕙、张武强：《创新经济视角下 FDI 强度与企业自主创新水平的关系——基于联立方程模型与系统估计的实证研究》，《科技进步与对策》，2013 年第 8 期。

⑧刘春英、余青青：《我国航空装备业自主创新能力与绩效间关系的实证研究——基于上市公司数据》，《中央财经大学学报》，2013 年第 7 期。

⑨吴隆增、刘军、梁淑美、吴维库：《辱虐管理与团队绩效：团队沟通与集体效能的中介效应》，《管理评论》，2013 年第 8 期。

⑩李彬、王凤彬、秦宇：《动态能力如何影响组织操作常规？——一项双案例比较研究》，《管理世界》，2013 年第 8 期。

⑪宋华、于亢亢、陈金亮：《不同情境下的服务供应链运作模式——资源和环境共同驱动的 B2B 多案例研究》，《管理世界》，2013 年第 2 期。

⑫徐经长、曾雪云：《综合收益呈报方式与公允价值信息含量——基于可供出售金融资产的研究》，《会计研究》，2013 年第 1 期。

⑬汤谷良、赵玉涛：《我国保险公司采用公允价值计量的多元动因——基于对 A 股上市保险公司的多案例分析》，《审计与经济研究》，2013 年第 6 期。

⑭张继德：《两化深度融合条件下企业分阶段构建内部控制体系研究》，《会计研究》，2013 年第 6 期。

⑮杨有红：《论内部控制环境的主导与环境优化——基于内部控制系统构建与持续优化视角》，《会计研究》，2013 年第 5 期。

⑯程小可、郑立东、姚立杰：《内部控制能否抑制真实活动盈余管理？——兼与应计盈余管理之比较》，《中国软科学》，2013 年第 3 期。

⑰朱松：《债券市场参与者关注会计信息质量吗》，《南开管理评论》，2013 年第 3 期。

⑱刘亚莉、王新、魏倩：《慈善组织财务信息披露质量的影响因素与后果研究》，《会计研究》，2013 年第 1 期。

⑲施丹、姜国华：《会计信息在公司债信用等级迁移中的预测作用研究》，《会计研究》，2013 年第 3 期。

⑳王峰娟、粟立钟：《中国上市公司内部资本市场有效吗？——来自 H 股多分部上市公司的证据》，《会计研究》，2013 年第 1 期。

㉑陈德球、杨佳欣、董志勇：《家族控制、职业化经营与公司治理效率——来自 CEO 变更的经验证据》，《南开管理评论》，2013 年第 4 期。

㉒伊志宏、李艳丽：《机构投资者的公司治理角色：一个文献综述》，《管理评论》，2013 年第 5 期。

㉓魏新强、张宝生、黎晓奇：《基于企业战略有效制定的 SWOT 方法思考》，《技术经济与管理研究》，2013 年第 4 期。

㉔邢李志、关峻：《基于 Floyd 改进算法的北京产业结构网络强关联模糊聚类分析》，《科技进步与对策》，2013 年第 7 期。

㉕苏利阳、毕诚：《基于 DEA 的中国能源生产率增长变动及影响因素研究》，《工业技术经济》，2013 年第 7 期。

㉖杨国梁、刘文斌、徐芳、郑海军、李晓轩：《知识创新过程中知识转化与科技政策学研究》，《科学学与科学技术管理》，2013 年第 12 期。

㉗杜雯翠：《工业化视角下的能源效率、技术进步与空气质量——来自工业国与准工业国的比较》，《软科学》，2013 年第 12 期。

㉘黄宁燕、王培德：《实施创新驱动发展战略的

制度设计思考》,《中国软科学》,2013年第4期。

㉙朱东华、张嶷等:《大数据环境下技术创新管理方法研究》,《科学学与科学技术管理》,2013年第4期。

㉚邬龙、张永安:《基于SFA的区域战略性新兴产业创新效率分析——以北京医药和信息技术产业为例》,《科学学与科学技术管理》,2013年第10期。

㉛王程韡:《战略性新兴产业是可“选择”的吗?》,《科学学与科学技术管理》,2013年第7期。

㉜孙启明、韦结余、白丽健:《我国西部地区经济增长中的技术因素分析》,《技术经济》,2013年第4期。

㉝周绍妮、文海涛:《基于产业演进、并购动机的并购绩效评价体系研究》,《会计研究》,2013年第10期。

㉞张永安、李晨光:《区域企业响应科技政策创新的回声模型构建》,《科学学与科学技术管理》,2013年第9期。

㉟孙业红、魏云洁、张凌云:《中国旅游研究的国际影响力分析——基于对2001—2012年国内外旅游类核心期刊论文的统计》,《旅游学刊》,2013年第7期。

㊱张凌云、兰超英、齐飞、吴平:《近十年我国旅游学术共同体的发展格局与分类评价——基于旅游学术期刊论文大数据的视角》,《旅游学刊》,2013年第10期。

㊲黎巎、Dimitrios Buhalis、张凌云:《信息科学与旅游的交叉研究:系统综述》,《旅游学刊》,2013年第1期。

㊳王琪延、徐玲:《基于产业关联视角的北京旅游业与农业融合研究》,《旅游学刊》,2013年第8期。

㊴赵雅萍:《旅游对区域经济差异的影响:一个文献综述》,《北京第二外国语学院学报》,2013年第9期。

㊵刘春凤、宋涛、牛亚菲、陈田:《旅游区经济影响域界定研究——以八达岭长城旅游区为例》,《旅游学刊》,2013年第7期。

㊶唐承财、钟林生、成升魁:《旅游地可持续发展研究综述》,《地理科学进展》,2013年第6期。

㊷李飞:《跨境旅游合作区:探索中的边境旅游发展新模式》,《旅游科学》,2013年第5期。

㊸赵悦、石美玉:《非物质文化遗产旅游开发中的三大矛盾探析》,《旅游学刊》,2013年第9期。

㊹邹统钎、金川、王晓梅:《中国遗产旅游资源管理体制的历史演变、问题及改革路径研究》,《资源科学》,2013年第12期。

(作者:高杰,神华管理学院助理研究员;
邓荣霖,中国人民大学教授)

公共行政学

孙彩红

整体观察北京地区2013年度行政学研究,有些研究领域是在往年基础上继续展开,有些研究领域则是与政府管理重大现实与发展紧密结合,呈现为热点。党的十八大报告中提出行政管理体制改革要求,以及十八届三中全会决定中提出的方向性要求,对本年度公共行政学研究具有重要导向作用,特别是对政府职能和机构改革研究更成为重要研究领域。尤其是新一届政府进行的简政放权改革,使得行政审批研究也成为热点。同时,对网络与政府管理、行政学本土化的研究,也成为本年度研究的一些重要领域。

一、重要学术研讨活动与主要专著

学术研讨活动是一个学科对当前重要现实问题与前沿理论问题进行探讨的重要体现,能够在一定程度上反映一个学科研究的阶段性状况。学术专著则是学科某些领域研究的集中体现。所以这里把本年度重要学术活动与专著加以简述。

(一)重要学术研讨活动

从2013年不同研究单位和学术机构举办的多场学术研讨活动来看,其中一个出现最多、最主要的主题就是行政体制与政府改革。这也是向改革要发展红利的一个重要体现。下面按时间顺序简述重要学术活动。

4月17日,由中国行政体制改革研究会主办的“改革是中国最大的红利”专家座谈会在国家行政学院举行。与会专家围绕如何理解改革红利、改革红利体现在哪些方面,如何进一步释放改革红利等问题,从财税体制、行政体制、金融体制等多角度进行了深入研讨。

7月13—14日,以“加快政府职能转变,深化行政体制改革”为主题的第四届中国行政改革论坛在北京举行。重点围绕实施《国务院机构改革和职能转变方案》和中央转变作风有关要求,研讨推进转变政府职能、深化行政体制改革、转变政府作风等相关理论和实践问题。

8月5—6日,由北京大学政治发展与政府管理研究所与相关院校共同举办的“中韩民主建设与行政改革”国际学术研讨会召开。此研讨会主要围绕着民主建设与发展、机构重组与职能转变、中韩行政改革比较、民主发展与行政改革之关联等议题展开热烈讨论。

11月13日，中国政法大学中国政府改革和发展研究中心举办了“地方政府职能转变和机构改革”研讨会，该领域专家学者和政府部门官员参加研讨，主要涉及政府在市场经济中的职能、政府层级结构、地方政府人事与编制、地方财税改革等问题。

11月18日，国家行政学院公共管理研究中心举行“地方行政体制改革研讨会”，围绕职能转变、大部门体制改革、地方政府管理创新、省直管县、地方公共服务标准化、行政审批制度改革等问题进行了深入交流，对下一步深化地方政府改革提出了许多有益建议。

12月22日，中国人民大学公共管理学院主办的“国家治理能力现代化与政府改革”学术研讨会在京召开。就全面深化改革中政府改革的目标、关键环节和方式，中国公共管理知识界如何应对中国社会现实问题、建构中国公共管理话语体系等问题进行了深入研讨。

12月28日，清华大学公共管理学院举办召开“国家治理体系与治理能力现代化”学术研讨会，会议紧密围绕这一主题，分两个单元对治理现代化过程中的诸多问题、对国家创新发展战略与治理对策问题进行了系统探讨。

（二）主要研究性专著

从本年度行政学研究主要专著来看，研究领域主要涉及地方政府改革与创新实践、地方政府公共服务、行政体制与机构编制问题等方面。

1. 地方政府改革与创新研究

2013年度出版的主要学术著作中，对于地方政府实践与改革的研究比较多，包括地方公共政策、地方治理、地方绩效评估等方面的成果。比较有代表性的著作主要如下：（1）从公共政策视角分析和阐释县政发展的主要领域，从县政的制度、公共服务、民主发展、法治化和农村发展等领域论述中，得出结论，中国县政发展的基本范式是政策主导型的。[①]（2）对地方治理实践的思考和研究。比如，有学者是以“制度空间—地方核心行动者—制度创新”为重要分析框架，以昆明市为例，分析了地方治理优化的重要关节点，得出一个一般性规律，即压力式治理是考量地方政府治理的重要基点。[②]（3）地方政府绩效评估的研究。有的学者对地方政府不同领域和不同主体的评估进行分类研究。有些学者是以某个地方政府为个案进行探讨，“总结出地方政府绩效评估的理论框架、发展阶段，提出如何通过制度化突破评估的难点等建议”。[③]

2. 对北京公共服务的研究

有些学者对地方政府公共服务能力问题进行了研究，不仅包括对地方政府公共服务能力评估，而且包括如何提高基层政府公共服务供给能力的对策研究，还有的基于对地方公共服务现实状况的分析提出增加公共服务供给的路径。比较有代表性的是对于北京地区公共服务发展及问题的研究。一本是关于北京公共服务的年度发展报告，运用定性与定量相结合的方法，对北京市公共服务各领域的发展现状、问题成因进行深入分析，对16区县公共服务发展现状进行综合评估，最后提出对策建议等。[④]另一本是专门研究北京公共服务的发展路径等问题，主要是对公共服务资源空间布局战略、基本公共服务标准体系建设、民间资本与公共服务的路径等方面的研究。“从源头上解决新增公共服务资源的布局失衡，从结果上疏导现有的布局失衡”，[⑤]发展公共服务的路径主要是创造良好的民间资本发展环境，塑造规范高效的公共服务管理模式，扶持民间投资主体提升自主创新能力，以民资参与保障性住房和城市公用事业为突破口。

3. 行政体制与机构编制研究

对于行政体制研究，仍然在宏观层面进行研究。较有代表性的研究成果是，针对行政体制中的中央与地方关系问题、政府干预经济过多问题、政府结构不合理等问题，提出今后行政体制改革的三大关键是：“公共治理的模式转变与政府结构优化，对公共权力运行的控制，官员选拔的制度提升。”[⑥]魏礼群的《中国行政体制改革报告》（社会科学文献出版社2013年版）详尽展示了五年来在中国行政体制改革方面取得的重要进展，并分析了目前政府管理方面存在的突出问题。在此基础上提出，“行政体制改革领域核心需要解决的难点问题，转变政府职能、优化政府结构、建设服务政府、法治政府、廉洁政府、推进社会管理创新、推进政务公开以及公务员制度改革等。”[⑦]在中央与地方关系的体制上，有些学者从法律视角提出了垂直机关与地方政府之间的关系及变革，二者之间的冲突及其处理机制，包括协作与监督的法律改进等举措。[⑧]在政府机构编制领域的研究，主要是以基层政府为例，提出“编制管理不能沿袭以往一味地控制编制数额的机械做法，而是应该在逐步规范化和法治化的基础上适度紧缩编制，为机构人员编制管理提供技术支持”。[⑨]

二、研究的四个重要领域及其主要观点

通过检索行政学领域和社会科学的重要核心期刊和一些专业期刊，以及对主要文章的研究主题和内容的分析，研究领域较多的涉及政府职能转变与行政审批制度改革、大部门体制改革、公共服务发展问题、公共行政理论问题、政府评估与干部考核等问题。

（一）行政审批改革与政府职能研究

2013年两会通过的《国务院机构改革和职能转变方案》等重要文件成为政府职能转变与行政审批体制改革的关键依据，标志着新一轮行政体制改革的开始。对于行政体制改革的总体认识的代表性观点认为，行政体制改革仍然是整体改革的重要补充部分，核心要解决三大关键问题："一是公共治理的模式转变与政府结构的优化；二是公权力的运行和控制；三是官员选拔过程中党员和公众发挥作用的制度性提升。"⑩这一轮行政体制改革更加突出了政府职能转变的核心，"厘清政府、市场和社会边界，是中国全面深化改革的中枢环节"，中国行政体制改革的基本发展态势是，"从全能主义公共行政转向政府与社会协同共治的公共管理"。⑪对这一改革领域研究也成为年度研究热点和重点问题。

行政审批制度改革研究。新的《国务院机构改革和职能转变方案》要求，加快行政审批制度改革，继续简政放权。很多研究都认为行政审批制度改革是转变政府职能的突破口。不少学者就真正下放行政审批权和推动行政审批进展提出了一些建议。比如提出，"要防止一些部门和地方把一些不该下放的下放了，把一些需要下放的却留下了，使现有的利益格局进一步固化。当前，要根据新形势下的新情况，在科学发展观的指导下，进一步明确审批放权边界的原则、标准和着力点"。⑫

此次行政审批强调"放"和"管"两个轮子同时驱动，尤其强调了事后监管，这个观念的转变非常重要，是从行政体制改革整体框架上进行系统推进的战略思考，关键是如何落实。从总体情况看，在加强监管层面还是令人担心的，因为目前"放"有相应的积极的措施，从中央到地方，都在按步骤有计划地清理审批清单；但在加强事中和事后监管方面，尚未看到实质性的动作。⑬还有的提出以法治思维与方式推进审批改革，"依法推进行政许可和行政审批的合理化，强和完善制度规范和裁量标准的建设"。⑭

如何承接中央政府取消和下放到地方的审批权限，对地方政府是一次考验。"当前应梳理各级政府部门的行政职权，公布权责清单，规范行政裁量权，明确责任主体和权力运行流程。同时，推进行政权力行使的依据、过程、结果向社会公开，让人民监督权力。"⑮

政府职能转变仍然是作为行政体制改革的核心来研究的。至于究竟如何转变政府职能或者转变过程中应注意哪些问题，学者们提出了不同的思考和意见。

把握政府职能转变的关键与实质。政府职能转变具有长期性，但具体内容又应根据行政体制改革任务的不同而有所侧重。当前政府职能转变要着力解决的问题是，"向市场放权，激发企业和个人创业积极性；向社会放权，激发社会活力；强化宏观管理，为市场和社会提供优质公共服务"。⑯还有的学者基于实证研究总结了进一步转变职能要解决的7个突出问题，包括"职能下放存在中途截留，权责关系没有理顺，职能下放后基层人力资源问题没有解决等"。⑰因此要对政府职能体系与结构进行顶层设计，构建职能下放、职能转移和职能整合的合理布局。

实现政府职能转变的法治化。主要观点是认为政府职能转变不是随意性调整，而是必须有法律依据或者不得违背法律。"应该将政府内部自觉改变自己的职能和通过法律外部限制政府权力结合起来。"⑱另有学者认为，政府职能转变要依法进行。在政府执行法律关系中，政府行政职能的范围是由立法决定的，没有立法授权，便没有政府的行政。"在政府非执行法律关系中，政府行政职能的范围，不是由立法决定的而是由行政的政策、目标决定的，但行政仍然不得违背法律和侵犯私权利。"⑲

重申政府职能中的宏观管理职能。新一轮行政体制改革重提"宏观管理"，传达出了加强政府职能转变突破性进展的信号。有学者认为，应抓住几个实质性问题，"由短期性的宏观调控走向综合性的宏观管理；由经济领域的宏观管理走向全领域的宏观管理；从职责同构与过度集权走向宏观管理与微观管理的合理分工"。⑳这样能够利于抓住行政体制改革的中国特色与中国目标。

（二）大部门体制与政府机构改革

2013年度政府机构改革研究主要围绕着大部制展开。十八大报告提出要"稳步推进大部门制改革"之后，十二届人大一次会议通过国务院机构改革和职能转变方案，意味着中国政府机构改革进入一个新阶段。不仅新一届政府进行大部制改革实践是前几次机构改革的延续，而且学术界对大部制机构改革的研究也在继续。

对大部制改革存在的问题和难题的分析比较集中。一类观点是认为大部制改革把原来部门之间的矛盾内化，导致大部门内设机构之间的权力与职责协调困难。随着部门间利益和权能冲突减少和部门内部利益和权能冲突增多，大部制改革使得部内协调的难度加大。"大部制改革后，部长监督和控制的难度加大；部内协调的成本增加；大部制改革后出现的超级大部可能加大我国中央政府与地方政府之间的条块矛盾。"㉑所以，健全大部门内设机构利益和权能协调的体制和机制应成为新一轮大部制改革特别关注的重点之一。另一类观点认为，我国现在大部制改革只是精简机构，还仅涉及"事"，即政府职能。"没有相应的裁员和解决冗官冗员，仍然会影响改革的实质进展。"㉒这也是与国外的大部制改革不一样的地方，而且这种改革还会增加财政负担。

提出继续推进大部制改革的建议。在总原则上，代表性观点认为，“我国实行大部制门制应当坚持职能有机统一、法律规制、通盘考虑、顶层设计等，还要试点先行、目标明确，循序渐进的推进思想”。[23]有观点认为下一步深化大部门制改革的重点内容，即构建完善的大部门体制，必须做到，“职能有机统一而非机械整合，决策权、执行权、监督权既相互制约又相互协调，行政层级设置合理，权责划分清晰、一致”。[24]有些学者通过对新西兰一个大部制改革的案例考察，认为“我国机构改革应突出并坚持结果导向原则和公开透明原则，机构改革的过程要规范化和精致化管理”。[25]所以，不能仅就机构改革谈机构改革，还要着眼于机构改革的最终目标这一主题。对于政府机构改革目的，“不管机构改革怎么改，在老百姓眼中，最关心的还是政府怎样提高效率、做好服务，还是政府如何向市场放权、向社会放权”。[26]因此，不要为了合并机构而过分强调机构整合，还要符合实际发展需求。

对地方和部门机构改革的案例分析。有些学者研究了当前大城市政府机构改革的问题，目前像北京、上海等城市政府机构设置，并不是按照大部制原则建立的，一般还保持着40—45个部门的规模，显然机构整合空间还很大。“要在大城市政府职能转变上下功夫。把握大城市政府机构改革和职能转变的原则：分权原则、法制原则、细节原则、协调原则。”[27]有些学者探讨了在国务院卫生部与计划生育委员会合并为大部门之后，对地方卫生与计生部门整合提出思考建议。“卫计改革的基本原则是回归公益，促进由治疗向预防的全民健康转型；卫计改革的体制保障是机构建设，健全基层卫计服务网络；卫计改革的核心动力是职能转变，建立以公众需求为导向的服务型卫计部门。”[28]这些探讨对于在中央政府大部门制改革之后的地方政府机构改革有着重要的启示意义。

（三）政府的公共服务供给研究

建立健全基本公共服务体系，促进基本公共服务均等化，是深入贯彻落实科学发展观的重大举措，是全面建成小康社会的内在要求。对于政府的公共服务供给问题研究是本年度研究的又一个重要领域。

对政府公共服务均等化的研究。近年来，学术界有关基本公共服务均等化问题的研究不断深入发展，出现了很多成果。这些成果主要集中在基本公共服务均等化的基础、非均等化现状问题、非均等化原因分析和实现基本公共服务均等化路径研究等方面。本年度这一领域研究成果主要将基本公共服务均等化的问题聚焦在城乡差距和地区差距上。从历史变迁视角研究公共服务均等化过程。从计划经济向市场经济发展过程中，公共服务均等化的实现过程，回应的是计划时代以来累积的基本公共服务不公平问题。“从价值追求上来说，基本公共服务的分配经历了没有价值考量、形式公平和实质公平的变化。”[29]但基本公共服务均等化的实现仍然面临一些重大难题，例如，如何保障普通公民与公务员均等地享有基本公共服务，既包括获取机会的均等，也包括服务品质上的均等。

对构建公共服务体系的研究。要建立公共服务均等化的标准体系。在实践层面上，城乡基本公共服务均等化的标准是一个由低到高、不断发展着的结构体系，至少应包括“底线标准”“发展标准”和“自由均等标准”三个层次。[30]构建一套科学合理的城乡基本公共服务均等化标准体系，是促进城乡基本公共服务均等化的关键技术环节。要构建公共服务体系、实现服务型政府，还必须抓住公共性的实质，变革治理模式，“服务型政府的理想治理模式必然是一种公共治理模式，其本质特征在于政府与社会对公共生活的共同治理，是国家权力与公民权利的持续互动过程”。[31]

公共服务供给机制问题的研究。近年来，随着我国经济社会迅速发展，公民对公共服务需求呈现多元化和复杂化趋势，我国各级政府提供公共服务的方式探索逐渐增多，特别是经济发达地区。对于政府单一主体供给公共服务模式所产生的实际问题，学术界从不同角度给出了对策建议思考。有的学者提出了公共服务供给的职责划分体系。针对公共服务职能划分存在的职责同构与上下错位等问题，提出了公共服务职责划分的“多层治理”模式。这种模式“在建立分层负责体制、明确不同层级政府的服务责任和管理权力的基础上，拓展横向的公共服务职责配置形式，构建动态、弹性的政府间关系来回应当代公共服务流动性、变动性和跨区域性日益加强的发展趋势”。[32]这对于不同层级政府共同满足社会公众的公共服务需求具有一定现实意义。另有学者提出了地方政府之间提供公共服务的合作模式。通过对长三角地区合作提供公共服务实证材料的分析，包括这种合作承诺的兑现程度、合作中存在的问题及根源分析，提出了地方政府间合作提供公共服务的改进和发展路径。[33]还有些学者通过中外比较分析了公共服务供给中的外包制度。对中美医疗保险中的公共服务外包的案例比较，发现了中国的医疗保险外包模式存在的社会问题，提出“服务外包需要实现政治、经济与社会目标的平衡，并在法治的框架下建立良好的治理机制”。[34]可见，服务外包并不等于减少政府责任，而是要求政府具备更强的公共治理能力，要从法治和运行机制方面完善公共服务外包制度。

对地方政府公共服务问题的研究。地方公共服务的研究更具有现实针对性。有些学者通过构建北京市公共服务需求的决定模型，分析了北京市公共服务资源的拥挤性程度。“从整体角度看，北京市公共服务资源供给存在显著的拥挤性，供给不能满足实际需求，甚至还不如私人品有效。”[35]这对于地方改善公共服务的平衡供给有着现实意义。有些学者针对上海社会保障服务的供给现状，特别是社会保障公共服务供给能力与需求之间的矛盾以及解决办法，提出了公共服务供给的组织化途径。“操作基层直接提供公共服务，服务窗口充分散布在社区中，后台的信息系统必须高度集成，组织的中间管理层扁平化，支持结构服务外包”[36]等途径来实现公共服务组织结构优化和效率提升。

（四）对网络与政府管理问题的研究

互联网及其技术迅猛发展，改变了政府的行政生态环境，既给政府管理带来了信息技术上的优势与机遇，也给政府管理带来了新的挑战。对此，已经有较多关于网络与政府管理问题研究的成果出现。

对政府面临的网络环境的研究。随着互联网迅猛发展，不仅影响到社会生产、生活方式，对政府管理影响也逐渐增强。对这一实践学术回应，主要表现在对网络发展时代的政府管理研究、对网络舆情影响政府管理的分析、政府对网络挑战的回应等方面。例如，有的学者“系统分析了网络环境给政府管理带来的挑战和机遇，阐述了网络背景下政府组织的变革、政府职能的重塑、行政理念的创新等问题，对于政府在网络生态环境下的全面改革提供了参考价值”。[37]

对网络社会舆情的分析研判。有些学者是采用大数据的价值挖掘与分析技术，探讨了将碎片化的舆情信息如何整合处理，并进行舆情模型构建的方法，分析了网络上反映出的社会舆情，为政府的社会管理和决策提供重要信息基础。[38]对这种社会舆情的结构性特征分析，有利于为社会管理提供重要启示。不过，这些研究大都还停留在对数据的基本分析方面，至于到底如何把这些数据应用到政府管理中，还有待深入研究。还有学者认为，“诸多网络事件是社会在网络虚拟环境中的真实缩影与反映，也是政府管理领域面临的网络问题”。[39]

对政务微博新媒体形式的研究。微博是互联网技术发展中的一个新形式，或者说是一种新媒体形式。这对于社会关系和人际交往产生了很大影响，以至于这种影响渗透到了政府与民众之间的关系，政府也不得不顺应形势发展开通微博，更好地与民众沟通。为此，对于政务微博的研究就成为学术界研究中的一个内容。自2011年政府开通微博以来，政务微博进入了快速增长期，它所带来的不仅仅是传播手段的创新，更重要的还在于促进了政府理念的转变。

但是，目前政务微博仍然存在一些问题，主要表现为：微博更新不及时、不能及时回复群众问题，内容和形式刻板单一、缺乏有效互动，省级政务微博开通数量太少，认证杂乱无序，定位模糊不清等。有的学者就北京市政务微博为例分析了当前政务微博发展的瓶颈，探索克服这些发展瓶颈的办法。较为普遍的一些发展瓶颈为，“信息发布内容缺乏明确定位；公众回应不够积极，互动受到管辖范围外投诉纠缠；机构之间有效支持不够，不能形成合力，很难发挥舆论引导作用”。[40]可见，对于政府而言，不能回避网络生态影响，如何更好地利用微博这种网络平台和媒体工具，仍然是一个亟待解决的现实问题。

（五）公共行政学的本土化问题研究

对于公共行政学基本理论体系与架构问题，如何处理好西方行政学理论与中国行政学发展之间的关系，越来越引起学术界的关注。至于如何实现中国行政学的本土化发展，有些学者从不同方面提出了不同的路径选择。

代表性的观点认为，中国行政学发展过程中已经积累了一些具有中国特色的行政学概念，如压力型体制、锦标赛模式与行政逐级发包制、行政吸纳社会、分级制政策实验、公推公选与准行政竞争等。未来中国行政学本土化应该从宏观、中观、微观三条路径同时展开，“遵循自微观而宏观、循序渐进的基本原则，处理好与国际化之间的关系，从而达到中国行政学研究从知识消费领域向知识生产领域的转变”。[41]

另有学者根据80年代以来公共行政学发展的状况，提出了解决行政学本土化的几个对策。“一要重视对西方理论介绍的系统性和全面性，二要重视中国问题与中国理论的研究，三要重视方法论的运用和规范性的建立”。[42]

还有学者提出了中国行政学研究的本土化，或者行政学研究的中国化，需要理性批判和对待西方的行政学理论，理性加以扬弃。必须扎根于中国的政府管理实践，还要适应中国传统行政文化的精华。中国传统行政文化的精华是构建中国化行政学理论体系的本土资源。“从比较的出发点看，需要从普遍性与特殊性的结合上进行比较研究，以探索公共行政活动的普遍规律与特殊规律；从比较的落脚点看，需要从辩证唯物主义的辩证否定观出发，以推进既有中国特色又体现时代精神的公共行政理论的构建。”[43]通过中外公共行政理论比较研究，探索公共行政活动的规律性，这对于正确对待和借鉴国外公共行政理论，构建既有中国特色又体现时代精神的行政理论，促进公共行政改革实践的深化具有重要的理论和实践意义。

除了上述几个主要研究领域，还有对公共政策过程及其执行问题的研究，例如，对于中央政府决策的研究[44]；对于政府与社会合作治理领域的研究[45]；有对公务员培训问题研究[46]；还有对于政府绩效评估和干部考核体系方面的研究[47]等。

三、对2013年度研究的简要评价

总体上看，在2013年度行政学研究中，既有一些优势性成绩，又存在内容和方法上的缺陷，这些都为今后的行政学研究提供了经验教训。

（一）2013年度研究的主要特点

从整体上看，2013年度的行政学研究有如下几个主要特点。

（1）能紧密结合中国政府改革和实践领域的重点和难点问题展开研究。比如，对于政府职能转变问题的研究，对于行政审批制度改革的研究，对于大部制改革的研究等领域，都是政府管理实践中的基础性重点问题，同时也是一些存在难点的问题。

（2）对行政管理体制改革的宏观研究较少，更多地关注中观与微观层面的研究。这也在一个侧面说明了我国行政体制改革宏观层面的问题，包括行政管理体制改革的宏伟目标和方向、基本原则、重点内容、基本经验等方面已基本上达成共识，不再是学术界探讨和争论的热点问题。

（二）2013年度研究在内容与方法上的缺陷

（1）有些领域的研究，没有突破性实质性创新的观点提出来。例如，对于社会组织管理研究，多数还是停留在从解决双重管理模式到培育与发展并重方向转变的层面上。又如，对于应急管理研究，不仅是从学术论文来看，还是从专著成果来看，都没有实质性突破的进展，更多的还是在原来应急管理框架体系、应急制度建设、应急预警等方面的研究。

（2）在对策研究中，缺乏更具针对性的研究。比如，对于地方政府如何更好地推进大部制改革，很多研究都是仅仅针对某个地方个案，就个案而研究个案，具体包括该地方政府大部制改革做法、存在问题和今后改革建议等。而没有把不同地方政府进行大部制改革的横向比较或者异同进行对比分析，这样就不容易发现对于地方政府层面，推进大部制改革面临的共性问题是什么，也就不利于为顶层设计提供政策建议。还有些观点对大部制改革存在片面认识，比如，认为大部制改革能够完全消除部门之间职能交叉问题，认为大部制改革就是把所有存在交叉职能的部门合并在一起；认为大部制改革肯定能够提高执行效率。这些片面认识产生的根源，也是没有对国外实行大部制的背景和实践进行深入研究而产生的，或者只是想当然认为大部制改革就是行政体制改革的灵丹妙药。

（3）从研究方法来看，虽然我国行政学研究方法已经走上了从定性研究到定量研究、从单纯理论论证到实证研究的研究路径，但是对定性研究方法、实证研究方法的运用还需要进一步规范化、注重严谨性。

综上所述，在今后行政学研究中，一方面是对中国改革开放30多年来政府转型的巨大变化和丰富实践进行总结，运用中国话语，形成中国特色的行政学理论体系。我国的行政学体系建构过程中，需要克服起源于欧美行政学体系的某些局限性，构建中国化的话语体系。另一方面，还要针对目前行政学研究中对重大问题研究的不足进行补课，探索公共行政活动的规律性，为中国政府改革提供理论参考与智力支持。

注：

①史卫民：《“政策主导型”的县政发展》，中国社会科学出版社，2013年版。

②沈荣华：《昆明样本：地方治理创新与思考》，清华大学出版社，2013年版。

③朱衍强：《中国地方政府绩效管理研究》，经济管理出版社，2013年版。

④施昌奎：《北京公共服务发展报告：2012—2013》，社会科学文献出版社，2013年版。

⑤施昌奎：《北京公共服务：布局·标准·路径》，知识产权出版社，2013年版。

⑥施昌奎：《北京公共服务：布局·标准·路径》，知识产权出版社，2013年版。

⑦《中国行政体制改革报告（2012）》，社会科学文献出版社，2013年版。

⑧朱丘祥：《从行政分权到法律分权》，中国政法大学出版社，2013年版。

⑨赵子建：《基层政府人员编制隐性膨胀问题研究》，国家行政学院出版社，2013年版。

⑩汪玉凯：《行政体制：一个始终不懈改革的重点》，《北京日报》，2013年1月28日。

⑪宋世明：《厘清政府、市场和社会边界》，《瞭望》，2013年第46期。

⑫丁元竹：《审批制度改革中的权力边界探讨》，《中国行政管理》，2013年第8期。

⑬薛澜：《行政审批改革的最大难点》，《人民论坛》，2013年9月。

⑭杨建顺：《以法治思维深化审批制度》，《人民论坛》，2013年9月。

⑮杨琳：《地方接力大部门制改革》，《瞭望》，2013年第44期。

⑯高小平：《把转变职能放在更加突出位置》，《人民日报》，2013年3月1日。

⑰石亚军：《转变政府职能须防止形式主义和官僚主义转而不变》，《中国行政管理》，2013年第12期。

⑱刘锐：《政府职能转变的法治化》，《国家行政学院学报》，2013年第4期。

⑲杨小军：《从法律与行政关系论政府职能法治化》，《国家行政学院学报》，2013 年第 3 期。

⑳黄伯平：《政府职能的重大转变》，《北京行政学院学报》，2013 年第 3 期。

㉑施雪华：《“超级大部”后的管理难题》，《人民论坛》，2013 年 3 月。

㉒袁刚：《“大部制”改革难在裁减冗员》，《人民论坛》，2013 年 3 月。

㉓熊文钊：《试论大部门制及其改革》，《行政论坛》，2013 年第 3 期。

㉔谢志岿：《中国大部制改革的谜思与深化改革展望》，《经济社会体制比较》，2013 年第 2 期。

㉕周志忍、任钧：《新西兰大部制改革实践对我们的启示》，《行政论坛》，2013 年第 3 期。

㉖张砥：《机构改革是提高政府效能的必然要求》，《北京日报》，2013 年 3 月 15 日。

㉗许耀桐、许达锋：《大城市政府机构改革和职能转变探讨》，《上海行政学院学报》，2013 年第 4 期。

㉘尹德挺等：《卫计大部制改革的基层整合模式探索》，《新视野》，2013 年第 4 期。

㉙韩巍：《我国基本公共服务分配：演进与问题》，《天津行政学院学报》，2013 年第 3 期。

㉚夏志强：《构建城乡基本公共服务均等化的标准体系》，《新视野》，2013 年第 3 期。

㉛吴兴智：《公共治理：服务型政府的理想治理模式》，《学习时报》，2013 年 10 月 7 日。

㉜吴帅：《分权、代理与多层治理》，《经济社会体制比较》，2013 年第 2 期。

㉝尹艳红：《我国地方政府间公共服务合作中的承诺与兑现》，《国家行政学院学报》，2013 年第 1 期。

㉞杨燕绥等：《公共服务外包的治理机制研究》，《中国行政管理》，2013 年第 9 期。

㉟罗植等：《北京市公共服务资源拥挤性的实证研究》，《北京社会科学》，2013 年第 3 期。

㊱曹峰等：《公共服务性组织的结构模块与优化》，《国家行政学院学报》，2013 年第 2 期。

㊲王彬彬：《网络时代的政府革新》，国家行政学院出版社，2013 年版。

㊳喻国明：《大数据分析下的中国社会舆情》，《中国人民大学学报》，2013 年第 5 期。

㊴谢新洲：《舆论引擎：网络事件透视》，北京大学出版社，2013 年版。

㊵张玲：《政务微博的发展瓶颈及其突破》，《北京行政学院学报》，2013 年第 4 期。

㊶刘鹏：《中国公共行政学：反思背景下的本土化路径研究》，《中国人民大学学报》，2013 年第 3 期。

㊷张桂琳：《当代中国公共行政学研究的本土化问题》，《新视野》，2013 年第 3 期。

㊸范文：《中外公共行政理论比较研究方法论思考》，《北京行政学院学报》，2013 年第 3 期。

㊹鄢一龙等：《中国中央政府决策模式演变》，《清华大学学报》，2013 年第 3 期。

㊺姚远等：《“激活”与“吸纳”的互动》，《北京大学学报》，2013 年第 2 期。

㊻胡威、田昕：《我国公务员培训研究现状的文献分析》，《公共管理与政策评论》，2013 年第 2 期。

㊼中国行政管理学会课题组：《政府公共政策绩效评估研究》，《中国行政管理》，2013 年第 3 期。

（作者：中国社会科学院副研究员）

新闻传播学

新闻传播学

郭庆光　刘新传

2013 年是我国新闻传播学快速发展的一年，呈现出融合、变革、拓展、深入的特点。本领域在继续研究往年新闻传播热点话题的同时，随着大数据的兴起、媒介融合的深化以及社交媒体的发展，进一步拓宽了学科的研究视野，提升了问题的研究层次，研究者对本学科的历史、现在和未来、东方与西方有了更多元的思考，涌现了一批较为扎实的理论成果和具有现实意义的应用研究。

一、新闻理论研究

作为新闻理论的重要内容，新闻专业主义是近年来新闻学者重点探讨的内容，在这一年里得到新的阐释——当代中国主导新闻观念的可能选择：发展新闻专业主义。文章作者认为，建立在“发展新闻主义”与“专业新闻主义”统一基础上的“发展新闻专业主义”，是当代中国主导新闻观念的可能选择。在观念论视野中，发展新闻专业主义，就是以新闻专业主义观念实现新闻业自身健康发展、促进社会整体发展、促成新闻领域与其他社会领域良性互动发展的“新闻主义”。[①]同时，关于媒体落实中央提出的“八项规定”，有学者指出应该“从形式主义到新闻专业主义”并且进一步提出，“回归新闻专业主义，用新闻话语替代宣传话语”。[②]面对自媒体的快速发展，有学者提出新闻专业主义的讨论应分为专业意识形态和社会角色两个维度。新旧媒体竞合关系之辩是一个社会问题，这需要结构调整和制度变革。[③]

随着传媒市场化的深入，媒介失范现象日益凸显，因此新闻伦理方面的研究得到学者的关注。有学者通过对媒介社会责任的逻辑缘起、担责主体、责任对象等方面相关命题的厘定，实现“责任”履践的有“法”可依、有的放矢。[④]同时，也有学者从实证的视角进行研究，提出中国新闻改革是“观念引入”和“边缘突破”并行的观点，但没有制度的突破，中国媒体“宽松带”的状态难以改变。[⑤]

新闻生产方面，网络新闻与数据新闻成为研究热点。有学者认为，数字时代的网络新闻对专业新闻的独立和质量并非威胁，而是将其从严格的公司控制中解放出来。对于新闻记者来说，它提供了一个以独特方式超越他人的机会，对社会来说，社会既能从无止境的信息扩张中获益，又能在一个信息让人感到困惑的世界中，从对信息的有益解释中获益。[⑥]也有学者进行了案例研究，以英国《卫报》为例，分析了数据新闻在新闻实践中运用以及对传统媒体带来的挑战与机遇。[⑦]并提出数据新闻并不等同于在新闻实务中直接引入数据分析技术或可视化技术，其核心仍是新闻叙事，而在《卫报》的新闻战略中，数据新闻实质上是其应对新媒体特别是公民新闻的冲击，而提出的开放新闻观的具体策略之一。[⑧]

二、新闻史研究

中国新闻史研究方面，有研究者提出应从“历史朝代”视角来审视民国新闻史研究、形成断代史研究格局的观点，同时分析了当前民国新闻史研究的疑难问题，并就如何解决这些问题提出了四个原则。[⑨]也有学者从新闻史的视角追溯“小报新闻”的发展轨迹发现：小报并非如部分批评者所言，构成了对民主的威胁，降低了公众对政治的兴趣，恰恰相反小报新闻在开辟新的受众、新的议题、新的报道方式和新的话语内容等方面发挥了大报无法企及的作用。[⑩]

外国新闻史研究方面，有研究者对马克思和恩格斯在审理《新莱茵报》诉讼案的陪审法庭的发言（以“《新莱茵报》审判案”为标题收入《马克思恩格斯全集》）进行考证，对马克思和恩格斯新闻出版自由思想的一贯性进行了论述，以原著为依据解释了自由报刊的本质。[⑪]也有学者基于美国新闻史考察新闻真实作为一个观念的发展过程，思考影响新闻真实观念实现的内外矛盾。[⑫]

此外，2013 年 8 月 10 日召开的北京大学新闻学研究会年会暨第三届新闻史论青年论坛围绕“新闻传播学的本土化与主体性的再思考”进行了探讨和交流。有学者总结了北大新闻学研究会过去五年来举办的学术教育活动，有学者提出“挑战本土化理论，重建学术主体性”“颠倒‘被颠倒’的历史，重新确立历史观”“明晰研究的问题意识、形成学术对话机制”。[⑬]

三、新闻传播教育研究

面对学科融合的时代背景，研究者对新闻传播教育开始了新的思考。有学者提出从“小新闻”走向“大传播”，突破以“受众为重点、效果为目的”的大众传播学领域，走向以互动、沟通为重点，在更广阔的视野中探索信息传播与社会治理、国家治理、全球治理之间关系的宏观研究。[⑭]也有学者从历史的视角出发，对当前的新闻传播教育进行思考，提出目前制约学科发展的主要问题是：高校新闻传播专业的过度扩张掣肘学术质量的提升；“经世致用”的要求造成学科长期处于不断解释眼下问题的困境中。[⑮]

有研究者对中西方新闻传播教育进行对比研究，获得启示。其中，通过对美国十所顶尖新闻传播学院的调查发现，美国新闻传播专业教育仍充满活力，没有出现衰落迹象。美国的新闻传播学教育是高投入、高成本的教育，新闻传播领域的学位类型丰富，提供多层次的双学位项目；少部分学院倡导专业整合，大部分学院推行专业细分，最近出现了个人定制专业模式；提倡通识教育，开设课程划分细致、学生自主选择性强；高职称教师比例较高，设有专业实践教师岗位，以培养学生的实践操作技能。[⑯]有研究者从新闻价值理论之渊源视角探讨威斯康星模式与中国初期新闻教育后提出：我国早期新闻理论家在消化、吸收作为新闻学核心理论的“新闻价值标准说”的过程中，受到把新闻学定位于社会科学的“威斯康星模式”的影响为甚。[⑰]有研究者从实证的视角对其进行比较分析，考察 2000 年以来国际传播学科后发现，传播学独立学科的形态进一步明晰，但对外影响力的不强；传播学与外部学科互引程度加强，社会心理学仍然是传播学最主要的外部知识来源，与信息科学互动不足，可能成为传播学未来发展的隐忧。[⑱]

四、传播学研究

关于传播学理论研究方面，学者们进行了相关理论源流的梳理并结合本土情景进行了反思。有学者对发展传播学进行了再思考认为，勒纳的发展传播学属于后殖民理论，有着强烈的冷战思维，渗透着强烈的美国主流意识形态，但却成为中国传播学本土化的起点。就这一理论而言，中国学者的“对号入座”体现了我们在学术研究上的功利主义，这种功利主义实际上消解了中国传播研究者的主体性。[19]关于受众研究方面，有学者提出“范式之争”——西方受众研究“民族志转向”的问题，在回顾既有文献的基础上，研究者对此轮范式之争的脉络进行了全面细致的爬梳与分析。[20]关于传播学学科核心范式，有研究者透过新的学科史解读视角进行思考，提出传播学学科核心范式自形成起，经历了内部整合与多元研究传统表层整合阶段，目前正进入深层整合阶段。[21]另外，随着数字技术的快速发展并对各学科影响的深化，有研究者通过对大数据基本特性的分析和探讨，揭示大数据时代传播学研究的变革与进路，为大数据新闻传播实践、舆情研究和品牌传播等领域应对大数据时代的到来提供了新的研究思路、研究架构和研究手段。[22]

在国际传播研究方面，国际形象之争已经成为国家之间软实力较量的外在表征。有研究者从文化外交视角提出其在构建国际形象方面呈现出三大功能：传播亲善国际形象、修复受损国际形象和塑造全新国际形象。[23]面对中国在国际地位的提升，有研究者对华人本土传播学研究的进路与策略提出自己的思考认为，西方学界在逐步改变过去对待中国的态度，中国文化、“中国元素”日益成为新观念新思想的来源，这使得越来越多的人感觉到中国学术的重要性。[24]也有学者对国家形象问题进行了系统梳理，从概念框架到基本路径，并对现有研究成果和不足之处进行述评，这得到本领域学者的关注。[25]

危机传播研究是近年来的研究热点，有三位学者都从“非典”切入，有反思也有新探索。有学者通过梳理“非典”十年来代表性的政府危机事件发现，中国政府危机管理的重点与难点出现了三个显著变化：（1）从“外因诱发”为主向“内因导致”为主衍变；（2）从事件性危机向结构性危机衍变；（3）从管理危机向信任危机衍变。[26]也有学者考察了“非典”以来中国大陆四本权威新闻传播学术期刊中的危机传播研究文献，对危机传播研究中的理论传统与贡献、研究视角与框架、研究重点与议题等做出定量分析，并与西方30年来的危机传播研究进行对比，以此思考当前中西方危机传播研究取得的成就、差异以及未来理论发展的方向。[27]另外，也有学者从公共关系发展的语境与路径对此问题进行探讨，提出风险社会、对话主义与重建现代性三重维度。[28]

五、广播电视研究

面对以互联网为代表的新兴媒体的崛起，新媒体给电视带来机遇与挑战。有研究者探讨传播新格局下电视与新媒体的相互借力与共赢。[29]有研究者认为，我国电视新闻在与新兴媒体的融合和合作中悄然发生了改变，它不仅重新确立了直播日常化的基本理念，还将文本引入了一个相对开放的叙事时空。同时着重阐述了电视新闻在新媒体环境下发生的几重转变：直播美学的重新确立、生产平台的战略调整、受众地位的历史转变。[30]也有研究者认为，媒介技术的发展加速推动着传统媒体向融媒体的转型。媒介生态发生改变，也带来媒介语境、价值属性和制度结构的调整。[31]

广播电视广告效果的研究也引入新的研究方法。有学者采用眼动实验法与内容分析法，以眼动仪采集的“注视点个数”（Fixation count）测量电视广告所捕获的视觉注意，分析包括“广告段”和“广告”两个层面的广告特征自变量与视觉注意间的关系，并建构电视广告视觉注意模型。[32]

电视综艺节目的创新成为近年来的新热点。有研究者以浙江卫视综艺节目（《中国梦想秀》《中国好声音》等）创新创优的新探索和新实践为案例，认为浙江卫视综艺节目创新创优实践矫正、拓展和深化了业界与学界关于电视综艺节目性质、功能与作用、制播体制、运营模式改革以及“娱乐专业主义”精神、省级卫视定位与环境的认知与意义。[33]

六、新媒体研究

数字化时代的来临带来了海量数据，对新媒体研究产生重要影响。有研究者探讨了大数据的概念、缘起与发展进行了分析，对大数据应用与研究状况进行了梳理，并针对现有的冲击与挑战，提出了相应的对策与思考。[34]也有研究者探讨随着社交网络、移动互联网和物联网的兴起，网络科学和数据科学提供了新的科学发展观和方法论。[35]

社会化媒体的传播特征依然是学界关注的焦点。有研究者依托于Habermas的公共领域和Dahlgren的构成性三向度理论，探讨了微博的公共领域表征。[36]有研究者做了案例研究，选取2012年度新浪微博平台上报纸类微博影响力前三名：《南方都市报》《新闻晨报》《人民日报》微博作为研究对象，通过对三家报纸微博的内容进行抽样分析，探究其微博发布特点和背后的内容生产机制。[37]作为社交媒体的微信正在呈现出引爆互联网未来的发展趋势。有研究者对微信的信息传播机制进行深入分析，同时对引发的负面问题进行综述，对适合微信的治理模式进行了探索。[38]

新媒体研究方法方面也探索新的视角。有研究者采取信息计量学的视角探讨国外微博研究热点、趋势及研究方法。研究发现国外微博研究热点主要集中在Web 2.0下的社交媒体研究、信息伦理研究、微博政治研究、电子口碑研究等10个方面；其中，

Web 2.0下的社交媒体研究为核心研究热点，信息伦理研究有可能成为未来的研究热点，微博政治研究、电子口碑研究、微博与灾难预警及处理研究等主题具有发展为核心研究热点的潜力；文本挖掘、信息可视化、社会网络分析等是微博研究涉及的主要研究方法与技术。[39]

在互联网舆论方面，有研究者通过纸质媒体的官方微博研究，探讨它对公共舆论场的引导作用。[40]有研究者做了历时性研究，通过对2007—2011年5年内的1420起影响较大的网络事件进行研究，从舆情的五要素及舆情的过程的角度提出了影响舆情演变的关键因素。定性与定量相结合，要素分析与过程分析相结合，描述影响网络舆情演变的内在机制和规律。[41]

七、传媒经济研究

有研究者对电视产业进行探讨，提出在激烈的市场竞争条件下，电视产业发展的进程中还存在诸多隐患。电视剧产业想要改变困境，实现可持续发展，必须及时抓住问题关键制定相应对策，为我国电视剧产业未来持续良性的发展寻找到最优出路。[42]有学者探讨我国电视剧市场中的电视台购剧联盟行为，重点解析其类别、效益、风险及控制机制。[43]

媒介融合的背景下，有研究者探讨当前传媒产业规制体系变革与中国面向的问题反思，寻找到中国规制变革的参考路径。[44]有研究者探讨广电产业发展需解决的四个突出问题，试图从战略层面破解广播影视产业发展瓶颈。[45]也有学者透过北美媒体改革运动历史为镜鉴来反思国内过去30年里的媒体改革，探讨我国传媒改革的方向和目标。[46]

随着大部制改革，新闻出版总署、广电总局的职责整合，组建国家新闻出版广播电影电视总局，有研究者探讨其对促进新闻出版广播影视业繁荣发展的确具有深远意义。[47]面对大数据时代的传媒经济，有研究者提出传媒经济研究框架及工具的演化，主要是探讨传媒产业的数字化生存、全媒体转型策略与路径，主要采取演化经济学、制度经济学、计算机和通信技术等视角与方法，更加凸显了传媒经济学“跨学科”和“融合”的特征。[48]

注：

①杨保军：《当代中国主导新闻观念的可能选择：发展新闻专业主义》，《国际新闻界》，2013年第3期。

②陈力丹、毛湛文：《从形式主义到新闻专业主义——关于媒体落实“八项规定”的观察与思考》，《新闻记者》，2013年第2期。

③胡翼青：《自媒体力量的想象：基于新闻专业主义的质疑》，《新闻记者》，2013年第3期。

④朱清河：《媒介“社会责任”的解构与重构》，《新闻大学》，2013年第1期。

⑤王贺新：《新闻伦理、职业道德与规范研究的知识地图——对1979年到2011年新闻传播类四大期刊相关文献的计量分析》，《新闻大学》，2013年第1期。

⑥范·哈克、米歇尔·帕克斯、曼纽尔·卡斯特：《新闻业的未来：网络新闻》，《国际新闻界》，2013年第1期。

⑦文卫华、李冰：《大数据时代的数据新闻报道——以英国〈卫报〉为例》，《现代传播》，2013年第5期。

⑧章戈浩：《作为开放新闻的数据新闻——英国〈卫报〉的数据新闻实践》，《新闻记者》，2013年第6期。

⑨倪延年：《论民国新闻史研究的视角、难点及原则诸问题》，《现代传播》，2013年第6期。

⑩王殿英：《新闻史视角下的小报新闻》，《国际新闻界》，2013年第1期。

⑪陈绚：《报刊的价值：不能让揭露“失去意义”——马克思恩格斯〈《新莱茵报》审判案〉一文的原著考证研究》，《国际新闻界》，2013年第3期。

⑫郑保卫、李玉洁：《真实，一个被追求与被操纵的新闻观念：基于美国新闻史的考察》，《国际新闻界》，2013年第5期。

⑬李燕琼：《新闻传播学的本土化与主体性的再思考——北京大学新闻学研究会年会（2013）暨第三届新闻史论青年论坛纪要》，《国际新闻界》，2013年第8期。

⑭李良荣、张华：《从“小新闻”走向“大传播”——新闻传播学学科建设和科研的新取向》，《现代传播》，2013年第8期。

⑮陈力丹：《新闻传播学科发展的文献保障与实践基础》，《新闻大学》，2013年第8期。

⑯吴锋、陈雯琪、章于炎：《美国新闻传播教育的最新进展与改革趋向——基于美国十所顶尖新闻传播学院的调查统计研究》，《现代传播》，2014年第3期。

⑰陈立新：《威斯康星模式与中国初期新闻教育——兼论新闻价值理论之渊源》，《国际新闻界》，2013年第6期。

⑱廖圣清等：《国际传播学科的现状与发展趋势——以2000—2011年传播学SSCI期刊为研究对象》，《新闻大学》，2013年第6期。

⑲胡翼青、柴菊：《发展传播学批判：传播学本土化的再思考》，《当代传播》，2013年第1期。

⑳熊慧：《范式之争：西方受众研究“民族志转向”的动因、路径与挑战》，《国际新闻界》，2013年第3期。

㉑陈蕾：《传播学学科核心范式的演化进路：一

种新的学科史解读视角》，《国际新闻界》，2013年第7期。

㉒喻国明等：《传播学研究：大数据时代的新范式》，《新闻记者》，2013年第6期。

㉓胡文涛、招春袖：《文化外交与国家国际形象：一种文化维度的建构》，《国际新闻界》，2013年第8期。

㉔邵培仁：《华人本土传播学研究的进路与策略》，《当代传播》，2013年第1期。

㉕吴飞、陈艳：《中国国家形象研究述评》，《当代传播》，2013年第1期。

㉖涂光晋、陈曦：《"非典"十年来中国政府危机特点的变化与反思》，《国际新闻界》，2013年第5期。

㉗陈先红、刘晓程：《理论、框架与议题：中西危机传播研究差异分析》，《国际新闻界》，2013年第5期。

㉘胡百精：《风险社会、对话主义与重建现代性："非典"以来中国公共关系发展的语境与路径》，《国际新闻界》，2013年第5期。

㉙高晓虹、李智：《试析传播新格局下电视与新媒体的相互借力与共赢》，《国际新闻界》，2013年第2期。

㉚孟建、董军：《新媒体环境下我国电视新闻的嬗变与发展》，《国际新闻界》，2013年第2期。

㉛姚洪磊、石长顺《新媒体语境下广播电视的战略转型》，《国际新闻界》，2013年第2期。

㉜喻国明、丁汉青：《电视广告视觉注意模型建构：基于眼动实验的研究》，《国际新闻界》，2013年第6期。

㉝胡瑞庭：《浙江卫视综艺节目创新创优实践的理论价值与意义》，《现代传播》，2013年第2期。

㉞钟瑛、张恒山：《大数据的缘起、冲击及其应对》，《现代传播》，2013年第7期。

㉟沈浩、黄晓兰：《大数据助力社会科学研究：挑战与创新》，《现代传播》，2013年第8期。

㊱尹连根：《结构、再现、互动：微博的公共领域表征》，《新闻大学》，2013年第2期。

㊲涂光晋、陈敏：《媒体微博的内容特色与生产机制研究——以三家报纸的官方微博为例》，《现代传播》，2013年第3期。

㊳方兴东等：《微信传播机制与治理问题研究》，《现代传播》，2013年第6期。

㊴陈艳红、宗乾进、袁勤俭：《国外微博研究热点、趋势及研究方法：基于信息计量学的视角》，《国际新闻界》，2013年第9期。

㊵钟剑茜：《论纸媒官方微博对舆论场的引导作用》，《当代传播》，2013年第4期。

㊶王平、谢耘耕：《突发公共事件网络舆情的形成及演变机制研究》，《现代传播》，2013年第3期。

㊷黄海涛、王乙涵：《当前我国电视剧产业的困境与出路》，《现代传播》，2013年第6期。

㊸张辉锋：《浅析我国电视剧市场的电视台购剧联盟行为——从战略联盟的视角》，《新闻大学》，2013年第4期。

㊹张亮宇、朱春阳：《当前传媒产业规制体系变革与中国面向的问题反思》，《新闻大学》，2013年第3期。

㊺庞井君：《媒介融合背景下中国广播影视产业发展的思考》，《现代传播》，2013年第2期。

㊻张宁、邓理峰：《企业权力、传媒的市场化改革与公共利益：对两场媒体改革运动的分析》，《国际新闻界》，2013年第5期。

㊼崔保国：《大部制整合与大传媒时代的到来》，《当代传播》，2013年第2期。

㊽喻国明、何睿：《大数据时代传媒经济研究框架及工具的演化——2012年我国传媒经济研究文献综述》，《国际新闻界》，2013年第1期。

（作者：郭庆光，清华大学教授；
刘新传，清华大学博士后）

军 事 学

军 事 学

昝瑞礼

2013年是军事学不平凡的一年，是人民军队建军86周年，是毛泽东同志诞辰120周年，是总政歌舞团成立60周年，是军事科学院成立55周年，是《中国军事科学》创刊25周年，自主首创之多使其成为我军历史上新的辉煌之年。按照党的十八大关于“加快推进国防和军队现代化”的战略部署，在中国军事科学学会第五次会员代表大会的推动下，中国军事科学在新的历史起点上，开拓创新进入了一个新的发展阶段。

一、在奋进的2013年，续写人民军队辉煌

2013年是军事学实践创新和理论创新的一年，在奋进中续写人民军队辉煌，开拓了马克思主义军事理论创新发展的新境界。

（一）深化国防和军队改革回答现实问题续写人民军队辉煌

金一南在《在先辈的荣光中续写人民军队辉煌》一文中认为，今天深化国防和军队改革，已成为全军将士发自内心的呼唤。随着改革步步深入，矛盾要聚向“人”这一核心要素：思想能否跟上？观念能否更新？意识能否提升？核心就是习主席那句话：要始终坚持战斗力这个唯一的根本的标准，全部心思向打仗聚焦，各项工作向打仗用劲。这是推动国防与军队改革的最强动力，是这一改革的全部出发点和最终归宿点。①

（二）党的十六大以来国防和军队建设取得的辉煌成就

赵耀辉在《关于构建中国特色现代军事力量体系的初步思考》一文中指出，回顾党的十六大以来国防和军队建设的历程，国防和军队建设主要在以下十一个方面取得了辉煌成就：一是党的军事指导理论实现了与时俱进；二是思想政治建设卓有成效；三是人才战略工程深入推进；四是武器装备建设自主创新能力大大增强；五是基于信息系统的体系作战能力得到提升；六是军事斗争准备不断拓展和深化；七是战斗力生成模式转变加快；八是非战争军事行动成效显著；九是全面建设现代后勤深入推进；十是中国特色军事法律体系基本形成；十一是国防和军队改革不断深化。②

（三）2013年首创我军历史上新的辉煌

2013年，首创成为我军历史上新的辉煌之年。习近平首次提出“空天一体”，首次设立国家安全委员会，首次正式启用国防动员标志，首次以军事法规的形式颁发了《中国人民解放军作战标图规定》，首次以专题形式发表《中国武装力量的多样化运用》国防白皮书。我国首艘航母辽宁舰首次出海进行科研试验和训练，中国海军核潜艇部队首次进行大规模解密式报道，我国大型运输机运-20成功首飞并开始后续试飞，“利剑”隐身无人作战飞机成功首飞，直-20十吨级通用直升机成功首飞。十八届三中全会明确提出，深化我国国防和军队改革的方向和总体思路。中国宣布划设东海防空识别区，在奋进的2013年，“建设一支听党指挥、能打胜仗、作风优良的人民军队”的时代强音在大江南北座座军营回响。③

（四）军事图书出版汇聚强军正能量

王振江在《这一年　军事图书出版汇聚强军正能量》一文中指出，2013年军事图书的出版产量，1100多种、2000多万册的数字令人吃惊。学术理论、人物传记、战争纪实、科普读物等，其种类之多不仅显现出22家军队图书出版单位出色的工作成绩，同时也以无不彰显强军兴军正能量的丰富内容。堪称年度洪钟大吕、充满英雄豪迈之气的大型丛书《中国人民解放军高级将领传》。这套共40卷、约1600万字的丛书，收录了中国人民解放军373位高级将领，由解放军出版社组织军地千余名专家、作者参与撰写，历时16年终于在今年全部出齐。“中国梦”是2013年最接地气的主题，策划并出版官兵爱看的“接地气”的军事图书，是2013年各军队出版单位追求的一大亮点。回眸2013年军旅文化大事，首届解放军出版奖的评选绝对是浓墨重彩的一笔。在图书奖、期刊奖、音像制品和电子出版物奖等6个子奖项的激烈角逐中，有65种出版物、15个先进出版单位和36名优秀出版人物榜上有名。同时，《军营理论热点怎么看——2013》印发全军。④

二、毛泽东军事思想研究的新成果

在纪念毛泽东诞辰120周年之际，全党全军从“人民解放军永远是一个战斗队”、新中国成立后毛泽东军事思想发展、毛泽东军事思想与改革开放以来军事指导思想的创新发展等多方面加强了对毛泽东军事思想的探讨和研究，新成果明显增多。

（一）毛泽东军事思想是马克思主义军事理论中国化的第一座丰碑

毛新宇认为，毛泽东军事思想是马克思列宁主义普遍原理与中国革命战争实践相结合的产物，它全面回答和解决了所处时代面临的一系列重大军事问题，提出了农村包围城市的武装革命道路，开创了一整套具有中国特色的人民军队建设理论，形成了完全彻底的人民战争思想，阐明了一系列独特的人民战争的作战指导原则，创立了独具特色的军事辩证法思想，极大丰富和发展了马克思主义军事理论宝库，树立了马克思主义军事理论中国化的第一座丰碑。⑤

（二）正确认识毛泽东军事思想的科学价值

任海泉在《正确认识毛泽东军事思想的科学价值》一文中认为，毛泽东军事思想是毛泽东思想中最为光彩夺目的篇章之一。在长期的军事实践中，以毛泽东为代表的中国共产党人，成功地把马克思主义同中国革命战争的实际相结合，同新中国国防和军队建设的实践相结合，创立了毛泽东军事思想。毛泽东军事思想是建军之基，是胜战之魂，是安邦之本，是思维之钥。新形势下，我们必须继承和发展毛泽东军事思想，不断推动和实现党的军事指导

理论创新发展。[⑥]

（三）围绕强军目标学习研究毛泽东军事思想

刘成军在《围绕强军目标学习研究毛泽东军事思想》一文中指出，作为人民军队的伟大统帅，毛泽东的军事实践是他伟大革命生涯中最辉煌、最成功的业绩。在20世纪风云变幻的中国历史舞台上，他领导创建了一支完全新型的人民军队，导演了一幕幕威武雄壮的战争活剧。新中国成立后，他领导建立现代化正规化革命军队，建设巩固国防，有力捍卫了国家主权、安全和领土完整，为国家发展繁荣提供了可靠安全保障。坚持学习和运用毛泽东军事思想，是我军在新形势下实现强军目标的基本遵循，必须一如既往地学习和运用毛泽东军事思想，不断推进我军革命化、现代化、正规化建设。[⑦]

（四）美军何以怕我军“毛泽东化”？

马文海在《美军何以怕我军“毛泽东化”？》一文中认为，美军不怕中国军队现代化，怕的是中国军队毛泽东化。到底怕什么？（1）美军怕“毛泽东化”，怕其赋予我军的新型人民军队性质，这是人民军队不可战胜的强大基石。（2）美军怕“毛泽东化”，怕其赋予我军的目标一致的结构内涵，这是我军以弱胜强的力量体系。（3）美军怕“毛泽东化”，怕其赋予我军的核心价值体系，这是令敌人闻风丧胆的制胜利器。（4）美军怕“毛泽东化”，怕其赋予我军的超常智慧和顽强意志，这是敌人羞恨交加的心腹之“痛”。[⑧]

（五）党的创新军事指导理论与毛泽东军事思想是“流”和“源”的关系。

袁德金在《论党的创新军事指导理论与毛泽东军事思想》一文中认为，毛泽东军事思想是马克思主义军事理论中国化第一次历史性飞跃的军事理论成果，党的创新军事指导理论则是马克思主义军事理论中国化第二次历史性飞跃的最新军事理论成果，是对毛泽东军事思想的新发展。党的创新军事指导理论与毛泽东军事思想是“流”和“源”的关系，毛泽东军事思想是党的创新军事指导理论的“源”，党的创新军事指导理论毛泽东军事思想是毛泽东军事思想的“流”。两者反映的是马克思主义中国化在不同历史时期的不同军事理论成果。它们既一脉相承，又与时俱进。[⑨]

三、以创新发展军事理论为先导研究的新成果

军事理论的发展水平集中反映了国防和军队现代化的整体水平，是衡量一个国家军事能力的重要标志。军事理论的创新发展就是适应信息化战争需求，构建信息化军事理论。

（一）创新：军事科学生命之所系

夏征难在《创新：军事科学生命之所系》一文中认为，创新，实乃马克思主义军事理论的重要品质。创新，也是军事科学研究的本质和灵魂，更是军事强盛的重要推动力。创新，应倡导不受约束敢于创造的学术自由；创新，应鼓励具有独立思考精神的批判思维；创新，应提倡激发批判和怀疑精神的学术争鸣；创新，应坚持基础理论研究与应用理论研究并重，力求回答新问题、求得新认知、提出新观点、阐述新思想、开拓新领域、倡导新价值、发掘新文献，采用新视角、运用新方法、丰富新内容、开创新学科、建构新体系。概言之，创新，是军事科学的生命，同时也是军事学术期刊的生命。要回答和解决国防和军队建设的新问题，贵在创新；要打赢未来信息化条件下的局部战争，唯有创新。[⑩]

（二）党的创新军事指导理论的创新点

袁德金在《论党的创新军事指导理论与毛泽东军事思想》一文中认为，党的创新军事指导理论的创新点主要体现下列八新：第一，当代战争与和平的新理论。第二，国防建设和经济建设关系的新认识。第三，人民军队性质思想的新发展。第四，军队历史使命的新思考。第五，军事战略方针的新充实。第六，军队现代化建设的新探索。第七，治军方式方法的新理念。第八，强军目标的新定位。紧紧围绕“听党指挥，能打胜仗，作风优良”的强军目标，确保军队能打仗，打胜仗，实现建设强大的现代化革命军队的强军梦。[⑪]

（三）军事理论创新要以深化问题研究为导向

孙思敬在《强军之路要以中国特色军事理论为先导》一文中认为，新形势下，军事理论创新应重点深化四个方面问题研究。一是基础问题研究。基础问题研究是军事理论创新的根基。往往提出一个新概念，发现一个新原理，就能开拓一个新领域，形成一个增长点。现代军事理论创新的一个基本趋势，就是适应信息化战争需求，构建信息化军事理论。二是战略问题研究。战略问题研究是军事理论创新的龙头。战略的困惑是最大的困惑，战略的失误是最大的失误，战略的创新是最大的创新。实现强军目标，必须以战略问题研究突破带动军事理论整体创新，与时俱进加强军事战略指导。三是作战问题研究。作战问题研究在军事理论创新中居于核心地位。军事科学说到底是战争的科学、制胜的科学。四是未来问题研究。未来问题研究是军事理论创新的重要牵引。“神奇的预言是童话。科学的预言却是事实。”人们常说，一流军队设计战争，二流军队应付战争，三流军队尾随战争。推进军事理论创新，一个重要任务就在于拨开“战争的迷雾”，科学预言未来，否则当下的工作就可能迷失方向，打赢未来战争也会沦为空谈。[⑫]

（四）马克思主义军事理论中国化的最新成果

军事科学院毛泽东军事思想研究所在《毛泽东军事思想与改革开放以来党的军事指导理论的创新发展》一文中指出，习近平关于国防和军队建设一

系列重要论述，以强军目标重要思想为核心内容，把毛泽东军事思想、邓小平新时期军队建设思想、江泽民国防和军队建设思想、胡锦涛国防和军队建设思想与新形势下国防和军队建设具体实践结合起来，把党的意志、国家安全发展需要与国防和军队建设规律统一起来，集中反映和体现了习近平的军事战略指导和建军治军方略，是马克思主义军事理论中国化的最新成果。[13]

四、强军梦研究的新升华

富国与强军是一块整钢，强国必强军是一条铁律。富国和强军，是实现中华民族伟大复兴的两大基石。对军队而言，强国梦也是强军梦，但需要从多角度来把握，才能全面系统科学认识其基本内涵和精神实质。

（一）为强军梦积聚正能量

刘学农在《凝聚实现梦想的力量》一文中认为，当前实现强国梦和强军梦需要凝聚十种力量，即深远的思想力量，科学的决策力量，执着的忠诚力量，传统的文化力量，强大的动员力量，落实的执行力量，克难的攻坚力量，求索的创新力量，纯净的环境力量，高尚的形象力量。[14]

（二）强军梦的基本内涵

任天佑在《强军梦与中国梦是相融共生的统一体》一文中认为，国不富无以强兵，兵不强无以保国。历史实践表明，一个国家要屹立于世界民族之林，既需要雄厚的经济实力，也需要强大的军事实力。对于矢志复兴的中华民族来说，强军梦与中国梦相融共生，没有富的国，就没有强的军；没有强的军，富的国也难以支撑。我们强军绝不是为了争霸称霸，而是要为民族复兴提供和平发展环境。及时将经济实力转化为军事实力，实现富国与强军的统一，是国家强盛之道，也是大国崛起的规律所在。[15]

（三）中国梦强军梦的价值底蕴是和平发展

任天佑、赵周贤、刘光明在《中国梦引领强军梦 强军梦支撑中国梦》一文中认为，中国梦强军梦的价值底蕴是和平发展。因此，中国越强大，维护世界和平与发展的力量也就越强大；实现中国梦强军梦是中国人民的福祉，也是世界人民的福祉。我们要为和平发展、互利共赢提供战略支撑，就必须做强包括军事实力在内的硬实力，为国家发展撑起强大的“保护伞”。[16]

（四）奏响“强军梦”的时代强音

杜飞进、冯春梅、倪光辉在《奏响“强军梦”的时代强音——全军聚焦“能打仗、打胜仗”推进中国特色强军实践述评》一文中认为，当今世界的军事竞争，本质上是打赢能力的竞争；世界军事转型和军事革命，本质上是为了提升打赢能力。“脑子里永远有任务，眼睛里永远有敌人，肩膀上永远有责任，胸膛里永远有激情。”这是来自广大官兵的深刻感悟，也是贯彻强军号令的铮铮誓言。“当祖国召唤的时候，挺起胸膛站排头。”我们相信，时刻铭记这句誓言的人民军队，必定能在实现“能打仗、打胜仗”的强军目标征途上，不断奏响“强军梦”的时代强音！[17]

（五）慎言“强国梦就是强军梦”

尚伟在《慎言“强国梦就是强军梦”》一文中认为，如果对“强国梦就是强军梦”不加限制的泛化表述，看似语词问题，实则是认识问题，如果不能引起注意并及时纠正，很可能造成人们对“强国梦”特别是“强军梦”的误解，甚至会成为敌对势力鼓吹“中国威胁论”或“中国军事威胁论”的口实。[18]

五、强军目标研究进入新境界

目前，对新形势下的强军目标问题研究出现了繁荣发展的新气象，新思想新观念层出不穷，研究已经进入新境界。

（一）强军兴军的总方略

宋普选在《加快推进国防和军队现代化的行动纲领——学习习近平同志关于党在新形势下的强军目标的重要论述》一文中认为，习近平同志关于党在新形势下的强军目标的重要论述，准确把握了我军建设的基础和现状，抓住了建设强大军队的关键，为解决军队建设面临的突出矛盾和问题、加快推进国防和军队现代化提供了强大动力和科学指南，是党在新形势下强军兴军的总方略。强军目标集中体现了我军的根本原则、根本职能、根本性质和宗旨，明确了加强军队建设的聚焦点和着力点。我们要紧紧围绕实现党在新形势下的强军目标，聚焦能打仗、打胜仗，全面加强部队建设。[19]

（二）强军目标的基本内涵

毕京京在《深刻把握强军目标的基本内涵和实践要求》一文中认为，深刻理解强军目标的基本内涵，首先要掌握强军目标的构成要素。“听党指挥、能打胜仗、作风优良”是强军目标的基本构成要素，是强军基本要求在目标层面的准确提炼。其中，把听党指挥界定为灵魂，是对我们党军魂思想的继承和发展；把能打胜仗界定为核心，是对我们党关于军队建设要“以现代化为中心”和“以战斗力为根本标准”思想的继承和发展；把作风优良界定为保证，是对我们党关于军队性质宗旨、优良传统、特有优势和作风建设思想的继承和发展。这三者相互联系、相融相辅、互为支撑，集中体现了我军的根本原则、根本职能、根本性质和宗旨。同时，它们又与“人民军队”所揭示的我军的本质一起，共同构成内在统一、不可分割的整体。[20]

（三）强军目标的当代价值

刘继贤在《深化对强军目标的认识与实践》一

文中认为，强军目标具有重大的意义：一是要充分认识到强军是维护国家安全的必然要求，二是充分认识到强军是维护国家富强的可靠保证，三是要充分认识到强军是维护国家利益拓展的现实需要。[21]

赵周贤、刘光明、孙存良在《推动学习宣传贯彻强军目标向深度和广度拓展—全军学习宣传贯彻习主席关于党在新形势下的强军目标重要思想研讨会述要》一文中指出，从理论价值看，强军目标开拓了党的军事指导理论创新发展的新境界；从实践指导看，强军目标为加快推进国防和军队现代化提供了根本遵循。从时代要求看，强军目标体现了我们党对世界发展大势和国家安全形势的深刻把握；从政治意义上看，强军目标反映了我们党履行实现民族复兴执政使命的战略需要。[22]

（四）强军目标的实践要求

毕京京在《深刻把握强军目标的基本内涵和实践要求》一文中认为，用强军目标引领强军实践，需要把握以下四点：第一，在自觉引领中践行强军目标要求。增强自觉性是推动强军实践的思想基础和先决条件。第二，在转化运用中践行强军目标要求。梦想化为现实，第一步是把宏大目标转化细化，形成有力有效的落实规划。第三，在勇于担当中践行强军目标要求。推动强军实践要爬坡过坎，没有勇于担当的精神不行。第四，在改革创新中践行强军目标要求。强军的出路在改革，动力也在改革。[23]

章传家在《实现强军目标必须全方位贯彻战斗力标准》一文中认为，强军目标之“强”，说到底是指军队的强大战斗力。新形势下，实现建设一支听党指挥、能打胜仗、作风优良的人民军队这个强军目标，很重要的一条，就是要全方位贯彻战斗力标准。首先，要以贯彻战斗力标准为切入点，努力锻造听党指挥的忠诚之师。其次，要以贯彻战斗力标准为根本点，努力锻造能打胜仗的威武之师。最后，要以贯彻战斗力标准为着力点，努力锻造作风优良的文明之师。[24]

（五）党的群众路线为强军目标提供坚强保证

宋文彬在《党的群众路线是强军的力量源泉》一文中认为，新形势下，军队贯彻党的群众路线必须科学总结我军80多年来坚持群众路线的经验做法，扎实推进以为民务实清廉为主要内容的党的群众路线教育实践活动，最大限度凝聚强军正能量，为实现党在新形势下的强军目标提供坚强保证。[25]

六、解读新国防白皮书新亮点

（一）首部专题型国防白皮书的特点及优势

陶社兰在《军事专家解读白皮书“新意”：7个“首次”5个“体现”》一文中指出，据温冰介绍，这次中国政府发布了首部专题型国防白皮书。简单地讲，过去发表的前七部，都属于叫综合型白皮书，两者的区别，“综合型”是从宏观政策上阐述国防和军队建设的整体情况，覆盖面比较广，宏观战略性比较强。“专题型”主要是就国防和军队建设的某一个领域来集中阐述，它焦点比较集中，体现在“专”上。陈舟说，专题型国防白皮书具有三方面优势：一是聚焦某一领域，能够主题鲜明、重点突出地展示国防力量的新发展、新运用；二是主动设置议题，应变性、针对性更强；三是发布时间可根据形势变化而定，发布周期、内容长短更灵活。“作为中国第一部专题型的白皮书，《中国武装力量的多样化运用》的发布标志着中国国防白皮书透明度的重大进步。”[26]

（二）军事专家解读白皮书“新意”：7个“首次”5个“体现”

陶社兰在《军事专家解读白皮书“新意”：7个“首次”5个“体现”》一文中指出，白皮书的“亮点”体现在7个“首次”：首次系统阐述武装力量多样化运用的政策和原则；首次专章系统详细介绍战备工作；首次披露陆军机动作战力量人数及海空军人数；首次以政府文告形式对外公布集团军番号；首次公布二炮部队导弹武器装备型号名称；首次提及维护海外利益问题；首次强调维护海上战略通道安全问题。对于白皮书内容上体现的新意，军事科学院国防政策研究中心副研究员温冰从5个方面分析认为：体现了中国武装力量维护国家主权、安全、领土完整的坚定性；体现了中国有效应对多种安全威胁的紧迫性；体现了中国注重强化综合安全的全面性；体现了中国坚持深化国际安全合作、履行国际义务的积极性；体现了中国坚持走和平发展道路、奉行防御性国防政策的一贯性。“这些内容集中回答了安全威胁的新变化、应对威胁的原则立场、维护安全的主要方式等问题，有助于更好地理解中国武装力量运用方式的拓展，有助于更好地理解中国坚持走和平发展道路的决心。”[27]

（三）国防白皮书首次公布中国陆军18个集团军番号

王经国、颜昊、赵薇在《我国首度公开陆军全部18个集团军番号》一文中指出，16日发布的《中国武装力量的多样化运用》白皮书，首度公开了陆军全部18个集团军番号。“这体现了中国军队的开放、透明和自信。”参与白皮书撰写的军事专家张露说。中国陆军机动作战部队包括18个集团军和部分独立合成作战师（旅），现有85万人。白皮书披露，集团军由师、旅编成，分别隶属于7个军区：沈阳军区下辖第16、39、40集团军，北京军区下辖第27、38、65集团军，兰州军区下辖第21、47集团军，济南军区下辖第20、26、54集团军，南京军区下辖第1、12、31集团军，广州军区下辖第41、42集团军，成都军区下辖第13、14集团军。“陆军集团军是集步兵、炮兵、装甲兵、工程兵、防化兵、电子对抗兵、航空兵等诸多兵种组成的战斗部队。”军事科学院中国人民解放军历史研究室主任郭志刚介绍，从以步兵为主的军到多兵种合成的集团军，这一演变正是中国陆军现代化进程的缩影。张露说，“陆军航空兵、特种兵等专业技术兵种进一步加强，目前在陆军中的比重已超过70%。”总员额为230万的中国军队，是当今世界上人数最多的军队。“中国地域广阔，军队保持适度规模完全必要。”张露说，“中国军队会继续在精干、联合、多能、高效的道路上不断前行。”㉘

（四）“维护海洋权益”和“维护海外利益”是新版国防白皮书的新亮点

罗铮在《军事科学院陈舟解读中国新版国防白皮书——为国家和平发展提供坚强保障》一文中指出，军事科学院陈舟解读中国新版国防白皮书时认为，今天，海洋权益是舆论高度关注的话题之一。在新白皮书中，首次出现了“维护海洋权益”和“维护海外利益”两节。“这反映了发展利益已经成为国家利益重要组成部分的客观现实。”白皮书强调，鉴于中国的安全利益正在从领土安全向海洋、太空和网络空间安全延伸，从国土安全向海外利益安全延伸，从传统安全向非传统安全延伸，中国武装力量既要把保卫领土、内水、领海、领空安全作为根本任务，又要拓展战略视野和防卫空间，坚决维护国家海洋权益和在太空、网络空间的安全利益，在更大空间范围内维护国家利益和争取战略主动。㉙

七、作战新理论要点新探

（一）认清现代战争新特征

王西欣在《对提高陆军部队实战能力的认识与思考》一文中认为，综观信息化条件下的局部战争，主要呈现出六个方面的鲜明特征：一是更加强调“信息主导”，制胜机理是“明”欺“盲”。二是更加强调“快速制敌”，制胜机理是“快”吃“慢”。三是更加强调“远战打击”，制胜机理是“远”打“近”。四是更加强调“精确行动”，制胜机理是“精”制“粗”。五是更加强调“技术优势”，制胜机理是“高”压“低”。六是更加强调“体系制胜”，制胜机理是“聚”胜“散”。这六个方面，既是信息化条件下战争的鲜明特征，也是信息化条件下作战制胜的基本机理，六者之间互相作用、互相融合，加上作战双方的创造运用和对抗互动，影响并决定着战争的结局。㉚

（二）“云作战”理论

戴锋、魏亮在《“云作战理论”初探》一文中认为，深入研究“云作战”理论，具有一定的现实意义和实践价值。一是“云作战”是中国传统军事思想的继承和发扬。二是“云作战”是新军事变革的必然选择。三是“云作战”是提升作战资源综合效的重要途径。四是“云作战”的应用考量。“云作战”可适用于陆地、海洋、空天、网络、电磁领域的作战，也可适用于战略、战役和战术级别和规模的对抗。㉛

（三）网络战理论

谢丹、陈星宇在《网络战引发的武装冲突法思考——以实例分析和法理探索为路径》一文中指出，关于网络战的概念，不同专业的不同学者，站在不同的角度可谓众说纷纭、表述各异。目前比较权威的学说认为：网络战，亦称网络对抗。网络战的独特内涵及属性，使成为现代作战能力的“倍增器”和各国增强军事力量的“首选项”。作为一种新型的作战样式，网络战具有鲜明的特征：一是网络战作战媒介和战场环境具有新颖性；二是网络战的作战时间具有持续性；三是网络战的作战主体具有多样性；四是网络战的作战过程具有突然性；五是网络战具有明显的“不对称性”；六是网络战具有匿名性。㉜

（四）目标中心战

刘沈扬在《目标中心战的理论与实践》一文中认为，目标中心战理论体系是军事学术的重要内容，是中国军事科学体系的新鲜血液。其表现：一是创新军事战略的基础支撑；二是现实军事斗争准备的理论指导；三是军队建设发展的设计引领。目标中心战对传统作战理论的超越，体现了当今时代作战思维发展诸多新的取向。一是在达成目的途径上，由大范围毁伤、彻底歼灭的思维向精确作战、有效控制的思维转变。二是在作战空间中，由平面思维向立体多维思维转变。三是 在作战能力发挥上，由平台规模思维向体系构成的思维转变。四是在指挥决策程序上，由顺序思维向全向或逆向思维转变。㉝

（五）远程作战理论

沈建华、路志强、于维超在《远程作战初探》一文中认为，实践表明，远程作战能力是大国地位的重要标志，也是当今时代大国维护自身地位和权益的力量支撑。应灵活确立“慑打并举”的远程作战指导，制定“迂直相宜”的远程作战策略，运用“弹机结合”的远程作战平台，实施“信息火力一体”的远程作战行动，以最小的代价获取最大的作战效益。㉞

（六）未来防空作战将出现“七个转变”

陈琨、徐栋、邱洋在《未来防空作战将出现“七个转变”》一文中指出，未来防空作战将出现“七个转变”：一是防空斗争焦点由争夺“制空权”向争夺“制空天权”转变；二是防空预警由“地面预警”为主向注重“空天预警”转变；三是防空作战手段由“火力防空”为主向“电子防空＋火力防空”转变；四是防空作战样式由“抗击”为主向“反击”转变；五是防空作战空间由注重“国土防空”向并重“海上防空”转变；六是防空作战行动由注重单一"防空"行动向并重"反潜、反舰"等多种间接防空行动转变。七是防护手段由"传统"防护手段向"信息化"防护手段转变。[35]

（七）未来作战应确立的制胜理念

蒋效力在《未来作战应确立"远程""联动""精准"的制胜理念》一文中认为，根据对未来战争基本作战形态和制胜机理的认识与把握，未来作战应确立制胜理念有：一是远程制胜理念，就是强调发挥中远程作战力量的威力，通过实施远距离机动与打击，夺取作战主动权，进而赢得作战胜利；二是联动制胜理念，就是强调作战体系内各系统、各要素围绕作战目的实施有序联动，发挥整体威力，与敌方展开规模化、体系化的中远程对抗；三是精准制胜理念，就是在作战要求和目的的规定上，强调以精准、高效的作战行动，赢得远程作战的胜利。[36]

（八）"大数据"时代与军事决策

柳少军在《军事决策支持：谋求决战决胜的决策优势》一文中指出，未来影响、决定军事行动的最大核心在数据，数据主导决策将是获得战场优势的关键。当前，大数据相关研究已经显示出极强的战斗力倍增效应，很有可能成为引领新一轮决策支持发展的核心科技。面向"大数据"的作战实验为军事决策支持研究和实践开辟新的领域，能够在一定程度上弥补我军实战经验的不足。[37]

八、世界军事研究新进展

科学界预言，21 世纪上半叶特别是 20—50 年代，科学原理创新将孕育重大突破，必将带来科学技术领域一些质的重大突破。这将是新军事革命的加速器，推动人类社会全面进入信息化战争时代，世界军事领域面临前所未有的变局。

（一）世界新军事革命呈现"五个加速"的新特征

戚建国在《对国际战略形势演变的认识与思考》一文中认为，当前，世界新军事革命呈现"五个加速"的新特征：一是武器装备加速更新换代。武器装备智能化、网络化、精确化、隐身化趋势更加明显，高超音速飞行器、动能武器、电磁轨道炮等新概念武器加快向实战化发展。二是军队组织结构加速调整。部队一体化、模块化、小型化趋势更加明显，加快建设精干、高效、灵活、多能、新型的作战力量。三是指挥控制方式加速变革。指挥结构扁平化、网络化趋势更加明显，加快实现信息实时共享和决策、指挥、控制的即时高效。美军将信息网络系统从战略战役级向战术级拓展，使指挥控制结构更为优化、功能更为完善。四是军事理论发展加速创新。信息主导、跨域联合、制全维权等新理念发展趋势更加明显，加快催生信息火力作战、精确作战、无人作战等新战法探索运用。五是作战保障方式加速转变。保障体系化、精确化趋势更加明显，加快实现联合保障、精准保障、实时保障。[38]

（二）世界新军事革命五个方面的深刻变化

戚建国在《对国际战略形势演变的认识与思考》一文中认为，当前这场世界新军事革命主要体现为五个方面的深刻变化：一是作战样式发生了深刻变化，作战边界的界限模糊，线式和非线式作战结合，新的作战时空观呼之欲出。二是作战力量结构发生了深刻变化，作战部队和作战支援部队的界限模糊，新型作战力量占据主体位置。三是作战手段发生了深刻变化，作战前沿和纵深的界限模糊，中远程打击占据主体位置，精确作战将主导未来战场。四是作战指挥发生了深刻变化，指挥控制的空间和层级界限模糊，以指挥信息系统为依托的联合作战指挥模式占据主体位置。五是作战保障模式发生了深刻变化，保障的前方和后方界限模糊，精确实时保障占据主体位置，将对作战保障的时效性提出更高要求。[39]

（三）世界新军事变革深入发展的基本趋向

李效东、于淑杰、张桂芬在《论世界新军事变革深入发展的基本趋向》一文中认为，世界新军事变革深入发展的基本趋向：一是战争形态正在加速向信息化战争演变；二是军事组织形态正在向优化结构、减员增效、模块组合、跨域联合的方向发展；三是军事技术形态加快向网络化、智能化、微型化、高超声速的方向发展；四是武器装备的数字化、精确化、隐身化、无人化趋势更加明显；五是作战形态正在向"三无"（无形、无声、无人）和"四非"（非接触、非线性、非对称和非正规作战）方向发展；六是国防管理形态正在向注重战略规划、提高军费使用效益、加强战备动员能力、增强科技创新能力、提高军队职业化、构建新型军事力量体系的方向发展。[40]

（四）人类历史上的三次重大军事变革

刘亚洲在《推动中国特色军事变革深入发展》一文中认为，人类历史上已经发生和正在发生的重大军事变革主要有三次。第一次是冷兵器战争向热兵器战争变革。第二次是热兵器战争向机械化战争变革。人类第三次重大军事变革——机械化战争向信息化战争变革正进入关键时期。军事变革通常分为初始期、攻坚期和成熟期。初始期主要是抓军事科技和武器装备，这是军事变革向纵深发展的基础。攻坚期的任务主要是实现战斗力两大基础要素（武器装备、军事人才）与四大交联要素（军事制度、体制结构、作战理论、军事训练）有机融合，其中最关键的是解决诸如军事制度陈旧、军事结构落后、利益群体复杂等深层次矛盾和问题，这是军事变革能否最后成功的分水岭。[41]

注：

①金一南：《在先辈的荣光中续写人民军队辉

煌》,《解放军报》,2014 年 3 月 12 日。

②赵耀辉:《关于构建中国特色现代军事力量体系的初步思考》,《解放军理论学习》,2013 年第 2 期。

③埃尔洛:《2013 年中国十大军事热点新闻》,《百度网》,2014 年 1 月 25 日。

④王振江:《 这一年 军事图书出版汇聚强军正能量》,《解放军报》,2013 年 12 月 31 日。

⑤毛新宇:《以发展的毛泽东军事思想指导强军实践——全军纪念毛泽东同志诞辰 120 周年军事思想研讨会论文摘登》,《中国军网》,2013 年 12 月 31 日。

⑥任海泉:《正确认识毛泽东军事思想的科学价值》,《中国军事科学》,2013 年第 5 期。

⑦刘成军:《围绕强军目标学习研究毛泽东军事思想》,《中国新闻网》,2013 年 12 月 25 日。

⑧马文海:《美军何以怕我军“毛泽东化”?》,《红旗文稿》,2013 年第 1 期。

⑨袁德金:《论党的创新军事指导理论与毛泽东军事思想》,《中国军事科学》,2013 年第 4 期。

⑩夏征难:《创新:军事科学生命之所系》,《中国军事科学》,2013 年第 1 期。

⑪袁德金:《论党的创新军事指导理论与毛泽东军事思想》,《中国军事科学》,2013 年第 4 期。

⑫孙思敬:《强军之路要以中国特色军事理论为先导》,《求是》,2013 年第 15 期。

⑬军事科学院毛泽东军事思想研究所:《毛泽东军事思想与改革开放以来党的军事指导理论的创新发展》,《中国军事科学》,2013 年第 5 期。

⑭刘学农:《凝聚实现梦想的力量》,《国防大学学报》,2013 年第 6 期。

⑮任天佑:《强军梦与中国梦是相融共生的统一体》,《光明日报》,2013 年 7 月 30 日。

⑯任天佑、赵周贤、刘光明:《中国梦引领强军梦 强军梦支撑中国梦》,《求是》,2013 年第 23 期。

⑰杜飞进、冯春梅、倪光辉:《奏响“强军梦”的时代强音 ——全军聚焦“能打仗、打胜仗”推进中国特色强军实践述评》,《人民日报》,2013 年 8 月 1 日。

⑱尚伟:《慎言“强国梦就是强军梦”》,《学习时报》,2013 年 7 月 29 日。

⑲宋普选:《加快推进国防和军队现代化的行动纲领——学习习近平同志关于党在新形势下的强军目标的重要论述》,《人民日报》,2013 年 9 月 18 日。

⑳毕京京:《深刻把握强军目标的基本内涵和实践要求》,《国防大学学报》,2013 年第 10 期。

㉑刘继贤:《深化对强军目标的认识与实践》,《中国军事科学》,2013 年第 4 期。

㉒赵周贤,刘光明、孙存良:《推动学习宣传贯彻强军目标向深度和广度拓展》,《国防大学学报》,2013 年第 9 期。

㉓毕京京:《深刻把握强军目标的基本内涵和实践要求》,《国防大学学报》,2013 年第 10 期。

㉔章传家:《实现强军目标必须全方位贯彻战斗力标准》,《解放军理论学习》,2013 年第 4 期。

㉕宋文彬:《党的群众路线是强军的力量源泉》,《中国军事科学》,2013 年第 6 期。

㉖陶社兰:《军事专家解读白皮书“新意”:7 个“首次”5 个“体现”》,《中国新闻网》,2013 年 4 月 16 日。

㉗陶社兰:《军事专家解读白皮书“新意”:7 个首次 5 个体现》,《中国新闻网》,2013 年 4 月 16 日。

㉘王经国、颜昊、赵薇:《我国首度公开陆军全部 18 个集团军番号》,《中国新闻网》,2013 年 4 月 16 日。

㉙罗铮:《军事科学院陈舟解读中国新版国防白皮书——为国家和平发展提供坚强保障》,《解放军报》,2013 年 4 月 17 日。

㉚王西欣:《对提高陆军部队实战能力的认识与思考》,《中国军事科学》,2013 年第 4 期。

㉛戴锋、魏亮:《“云作战理论”初探》,《中国军事科学》,2013 年第 4 期。

㉜谢丹、陈星宇:《网络战引发的武装冲突法思考——以实例分析和法理探索为路径》,《中国军事科学》,2013 年第 5 期。

㉝刘沈扬:《目标中心战的理论与实践》,《中国军事科学》,2013 年第 5 期。

㉞沈建华、路志强、于维超:《远程作战初探》,《军事学术》,2014 年第 2 期。

㉟陈琨、徐栋、邱洋:《未来防空作战将出现“七个转变”》,《国防大学学报》,2013 年第 2 期。

㊱蒋效力:《未来作战应确立“远程”“联动”“精准”的制胜理念》,《军事学术》,2014 年第 2 期。

㊲柳少军:《军事决策支持:谋求决战决胜的决策优势》,《国防大学学报》,2013 年第 11 期。

㊳戚建国:《对国际战略形势演变的认识与思考》,《中国军事科学》,2013 年第 4 期。

㊴戚建国:《对国际战略形势演变的认识与思考》,《中国军事科学》,2013 年第 4 期。

㊵李效东、于淑杰、张桂芬:《论世界新军事变革深入发展的基本趋向》,《中国军事科学》,2013 年第 5 期。

㊶刘亚洲:《推动中国特色军事变革深入发展》,《求是》,2013 年第 13 期。

(作者:国防大学研究员)

北京研究

北京经济

孟 斌 贾晓朋

2013年，是全面贯彻落实党的十八大精神的第一年。面对错综复杂的国内外形势，全市人民在党中央、国务院和市委、市政府的坚强领导下，同心同德、脚踏实地、攻坚克难，加快转变经济发展方式，总体经济实现了平稳增长。

一、重要会议简介

2013年1月16—17日，“2012中国可持续发展论坛暨中国可持续发展研究会学术年会”在北京举行。本次会议的主题是：发展方式转变与绿色转型。

“第九届国际绿色建筑与建筑节能大会”于2013年4月1日在北京举行，主题为：加强管理，全面提升绿色建筑质量。在31个分论坛上，国内外专家围绕绿色建筑的设计理论、技术与实践，针对建筑节能改造、供热计量改革、大型公共建筑节能、可再生能源在建筑中的应用等多个议题进行演讲。

2013年5月25日“产城互动与规划统筹”研讨会在北京举行，主题为：产城互动与规划统筹。会议就“产城互动与规划统筹”这一主题，从工业化与城镇化的关系、城乡统筹规划的理论与实践、城乡公共空间建设、生态文明建设等领域进行了探讨。

2013年6月28—29日，以“新格局、新合作、新发展”为主题的“第三届全球智库峰会”在北京召开。有关国家的前政要、国际组织及国际知名智库代表300余人齐聚一堂，就新形势下的全球合作与发展进行了深度的交流与探讨。

2013年8月8日，“现代化和全球变化”首届世界现代化研究论坛在北京举行。论坛的主题为：现代化与全球变化。论坛致力于促进全球的现代化研究的交流与合作。

2013年9月14日，“2013中国新能源产业经济发展年会”在北京举行，会议围绕“责任 绿色 创新”这一主题展开务实和深入的探讨，共同探索新的经济形势下新能源产业发展的现状和发展前景趋势，地方政府发展新能源产业的挑战与转变，新能源产业如何良性发展低碳经济发展等热点话题。

2013年9月23日，2013—2014年中国营销传播趋势论坛暨《广告主蓝皮书》发布会在京举行，会议指出《广告主蓝皮书》作为系统考察中国广告主广告营销活动的实证调研报告，对于洞察广告业发展趋势、研判营销传播趋势具有不可替代的重要意义。

2013年11月举办了以“2014·新政·新局”为主题的“第22届中外管理官产学恳谈会”，会议主要关注“李克强经济学”指导下的中国经济及产业新格局，并致力解析“中国奇迹第二季”的核心。

2013年12月5日，“第九届中国软科学学术年会”在北京举行，会议围绕创新驱动与深化改革这一主题进行了热议。

2013年12月7日，“北京农业经济学会2013学术年会”在京举行，会议的主题为：新时期的农业农村改革与发展。会议围绕当前我国农业、农村改革与发展的重点问题进行了学术交流。

2013年12月10—13日，“2013年中央经济工作会议”在北京举行。会议认为，2014年世界经济仍将延续缓慢复苏态势，但也存在不稳定不确定因素，新的增长动力源尚不明朗，大国货币政策、贸易投资格局、大宗商品价格的变化方向都存在不确定性。会议提出了2014年经济工作的主要任务是：切实保障国家粮食安全；大力调整产业结构；着力防控债务风险；着力做好保障和改善民生工作；不断提高对外开放的水平。

二、重要学术著作简介

《首都经济学家》（第3辑）（香伶、楚尔鸣主编，经济科学出版社）是“首都经济学家论坛”的不定期文集。该论坛从马克思主义经济理论及在当代发展的研究、马克思主义经济思想和西方经济学流派的研究，以及政治经济学原理课程建设研究等方面，进行理论探讨和学术交流。该文集也是高校从事政治经济学理论学科和相关学科研究与教学的专家学者，以及该学科研究生的参考用书。

《北京市蔬菜产业经济研究》（穆月英，中国农业出版社）对北京市蔬菜产业，包括蔬菜生产、流通和消费，以及全国乃至国外蔬菜产业相关问题进行分析。研究具有以下特点：一是宏观、中观与微观研究相结合。宏观领域针对北京与其他地区进行比较研究，针对蔬菜产业发展政策进行研究；中观领域针对县域蔬菜产业发展进行调研分析，对蔬菜产业政策在各区县的实施效果进行评价分析；微观领域针对农户和各类蔬菜市场进行研究。二是产业经济基础研究与政策研究相结合。三是对蔬菜技术问题的经济分析。

《北京市休闲农业与乡村旅游发展报告(2013)》（北京市农村工作委员会、北京市农村经济研究中心、北京观光休闲农业行业协会，中国农业科学技术出版社）记录了2012年北京市休闲农业与乡村旅游产业发展的脚步，展示成果，总结经验，该书共分6个部分：第一部分是总报告，第二部分是分报告，第三部分是专题研究，第四部分是典型案例，第五部分是媒体报道，第六部分是文件汇编。

《中国都市经济研究基地系列研究2013——北京市产业结构优化调整路径研究》（李东军、张辉，北京大学出版社）主要研究的是北京市产业结构的特点，并针对研究中发现的问题和产业结构优化调整的目标提出了相关的意见和建议。北京市作为我国的首都，其产业结构与其他典型城市既有共同点，又有特殊性。该书首先回顾了北京市，依托产业结构的历史演变，分析了北京市产业结构的现状。然后在参考了大量国内外相关文献的基础上，从产业结构与经济增长、产业结构与经济波动、产业结构与可持续发展、产业结构合理化与高度化、最优产业结构、北京与世界其他主要城市产业结构的比较等角度深入研究了北京市的产业结构，并给出了产业结构优化的建议，对北京市乃至全国的产业结构优化调整路径选择都具有一定的参考意义。

《北京蓝皮书：北京经济发展报告（2012—2013)》（孙天法，社会科学文献出版社）在深入研究2012年北京市经济运行特点的基础上，对2013年北京经济发展的国内外环境、面临的主要困难和需要解决的问题进行系统研究。报告分析了2012年北京经济发展稳中求进的特点，阐述了2013年以扩大内需和创新驱动为主要途径的北京经济发展战略。报告着重对北京市2012年投资、消费和对外贸易进行了分析，认为投资、消费对北京经济发展起着极其重要的支撑作用，建议积极实行低碳贸易战略转型。报告高度关注并研究了影响和制约北京经济发展的能源和金融安全问题，并提出了相应的政策建议。

《2013北京市经济形势分析与预测》（刘骏，中国财政经济出版社）一如既往地加强了经济运行环境、趋势变化的分析判断和预测，全面系统地对宏观经济、三大需求、重点产业和人民生活等领域进行了分析与展望，并结合首都发展的新阶段，探索持续发展新路径、对接民生新期待，把握城市新变化，对北京市综合调控提出了一系列政策建议和工作支撑。以第三方观察思辨为我们提供了新的思考角度，特别是推进城市再造、经济先行预警、潜在增长率演进、新型商业地产、民生热点关注等文章给我们很多启迪。对于更好地认识和研究首都经济社会发展规律，《2013北京市经济形势分析与预测》有着重要的参考借鉴作用。

《北京沟域经济发展研究：理论、实践与政策》（陈俊红、周连第，中国经济出版社）是北京市农林科学院承担的北京市科委重大课题——“农林（养）复合系统支撑的北京沟域经济发展研究”研究成果之一。全书分为上、下两篇。上篇为理论与方法，包括十二章，以沟域经济发展为主线，围绕产业结构调整展开北京沟域经济发展的理论与方法研究。下篇为实践与政策，包括五章内容，重点介绍沟域经济发展模式的实践与政府相关政策。

三、“首都经济”研究

2013年是全面贯彻落实党的十八大精神的第一年，在复杂多变的国内外环境中，北京经济总体上保持了“平稳运行”状态。

2013年首都经济在平稳增长取得了丰硕的成果，但在内、外因素的相互制约下，“首都经济”战略也在进行以下方面的调整：（1）从市域和区域两个空间层面优化产业布局。（2）充分发挥首都资源优势及央企的积极作用，着力发展金融、商务、信息服务、专业技术服务等高端服务业，提升总部经济实力和全球影响力。① （3）强化创新资源整合和创新驱动体制机制建设，建立新的经济增长点。② （4）充分发挥社会主义市场经济体制作用，为转变经济增长方式提供体制保证。(5）提升北京文化软实力，进行科技、文化融合的多维路径建设。③

2013年首都经济的研究成果丰富，研究视角也比较全面，主要包括总部经济、技术创新、首都经济圈、文化经济、生产性服务业等方面。

（一）总部经济

2013年，总部经济在北京的发展中取得了显著成效，已成为支撑首都经济平稳发展的重要力量。北京总部经济之都的地位进一步得到加强，主要表现在：国内外大企业集团总部集中，成为全球第二的世界500强总部之都；跨国公司地区总部数量明显增长，业务领域不断扩大；行业高度集中，第三产业是吸纳总部企业、服务全市经济的主体；总部企业空间集聚特征明显，CBD、金融街等特色总部集聚区发展迅速等。正是在北京总部经济效应日渐显现得背景下，有学者提出以总部经济和北京优势资源和产业为龙头的星形辐射和网格化覆盖相叠加的产业布局，逐步实现建立“立足京津冀，携手陕晋蒙，辐射鲁豫辽”的大北京经济圈的战略构想。④

但是北京总部经济发展同时面临着一些问题和挑战。(1）与世界其他城市相比，北京总部企业跨国指数偏低，国际竞争力有待进一步提升。（2）体现世界城市产业特征的金融保险、循环经济、高端服务和文化创意企业总部数量少。(3）面临着上海、广州、深圳等大城市对总部经济资源的竞争。(4)促进总部企业集聚的政策环境有待进一步优化、加强。[⑤]

(二)技术创新与首都发展

技术创新在各国的经济发展要素中一直有着举足轻重的地位,中国经济的高速发展带来了生产总值的大幅提升和较高水准的增长率,科技创新在这其中所起的作用越来越大。科技进步是包括有技术改进、技术效率提高、资源分配效率提高等的一定数量的资源投入以生产出更多产品的所有因素共同发生作用的过程。北京作为科技发展极具代表性的城市,不仅掌握大量资源,更有精英人才助力。但是北京技术创新在促进经济发展方面也存在着一些问题和不足之处:北京市经济主要依靠资本投入,科技创新的贡献程度有待提高;人力资本的正向作用呈下降趋势,劳动力的投入也逐渐需要向高水平科技人才方面发展;科技创新与资本投入互动机制不够健全。[⑥]

刘硕、李治堂通过选择波士顿、大田、东京、伦敦为案例,从国外创新型城市的建设历程出发,研究国外典型创新型城市的形成、发展与各自特点,并进行国内外创新城市的比较,认为我国包括北京在内的创新型城市建设也要从优势产业或产业转型基础上,充分发挥区域内科教力量、政府导向,提供充足的创新资本以及创造良好的创新文化氛围入手加强引导。[⑦]

曹勇等通过对我国四直辖市1997—2009年的面板数据,发现北京的城市创新能力和上海一起明显高于平均水平,城市经济规模、科技成果转化能力和城市创新投入对城市创新能力存在显著正向影响,文章也提出通过进一步提高城市的开放度加快提升城市创新能力。

(三)文化经济与文化产业

文化经济是继自然经济、工业经济后,人类社会发展的一个新阶段,也是一种新型发展方式。梅松等通过对北京发展文化经济的基础及北京发展文化经济的优势和条件的分析,认为随着北京已经进入工业化的后期,具备了大力发展文化经济的可能性和必要性,并借此机遇,推动首都发展转型,发挥北京作为首都的全国文化中心示范作用。主要措施包括完善“1 + X”政策体系,推动文化创意产业规模化、集约化发展,扩大文化投资,挖掘文化消费潜力,做大做强市场主体以及推动文化走出去等政策建议[⑧]。杨磊也从文化创意产业基地和文化贸易的阐述,并以北京怀柔影视城为例,具体分析了文化创意产业基地对文化贸易产生影响的机理,指出我国文化创意产业还处于建设和发展的初级阶段,其效应体现还没有完全发挥作用,特别是对于文化贸易出口方面的作用还没有体现出来,但通过加快文化体制改革,建立集群风险投资机制,加强知识产权制度建设等措施会改善这个局面[⑨]。

也有学者将文化产业发展与北京总部经济建设相联系,指出北京文化产业的发展离世界城市仍有一定差距,为提升首都文化软实力,北京明确提出要打造一批引领中国、影响世界的首都文化航母,扩大首都文化国际影响力。因此,依托丰富的文化资源和雄厚的产业基础,积极发展文化创意产业,加快促进文化创意总部企业国际化发展,打造新闻出版、广告等特色文化创意企业总部集群,搭建文化型总部企业展示与交易平台等措施,大力培育一批文化型总部企业[⑩]。

(四)“首都经济圈”——首都经济发展的新机

“首都经济圈”概念约在30年前被提及[⑪],2013年首都经济圈已经进入经济发展方式深度转型的新阶段,转型的核心为注重转变发展方式,全面提升经济发展的质量和水平。而对于北京而言,经济的转型发展,除了重视发展方式与结构的调整,更要重视效率的提升,即经济增长从速度型向效率型转变。产业效率是产业发展质量的重要标志,其提高关系着北京的发展,也关系着首都经济圈的发展转型。因此,研究首都经济圈建设中北京的经济转型与产业效率提升具有重要意义。随着首都经济圈建设步伐的加快与建设进程的深入,通过产业升级与效率提升提高包括河北在内的整个首都经济圈整体竞争力的提升。作为中心城市,北京产业效率的提升,不仅可以直接带动首都经济圈的竞争力提升,同时通过示范作用、转型升级与协作推动经济圈整体产业效率的提升。[⑫]

有学者就认为新形势下要在区域经济一体化的背景下重新认识界定首都经济圈,从区域可持续发展角度来看,“首都经济圈”是一个包括京津核心区、河北延伸区和晋陕蒙能源环境保障区的广阔区域。首都经济圈是基于经济生态主体功能内在联系的区域综合,突出体现在产业分工深化中的区域产业空间结构调整方面。因此,以产业集群为基础进行首都经济圈产业空间再造,要发挥共享资源为切入点发挥政府的导向作用,借助市场力量促进资源在区域间的流动,在京津冀晋陕蒙主体功能定位基础上整合产业集群分工体系,构建“滨海新区—天津—北京”轴状延伸的城市产业空间布局。[⑬]

(五)生产性服务业

2005—2010年间,北京生产性服务业增加值从2538.2亿元增加到5684亿元,高于全市经济的增速,占全市GDP的比重从36.4%增加到40.3%,表明北京生产性服务业地位不断上升。申玉铭等基于投入产出和城市流强度模型,发现北京生产性服务业发展与城市经济功能提升关系十分密切。他们认为北京生产性服务业推动其他产业发展,与制造业融合发展，提升了制业综合效益，并优化产业结构；北京生产性服务业集聚在中心城区，并呈向近郊区扩散趋势，形成特色产业集群，提升了北京集聚经济效益；生产性服务业专业化水平和城市流强度最高，构成了对外经济联系的主导产业，提升了北京对外资本、技术和人才输出的能力；北京生产性服务业净调出额和净出口额均增加，提升了北京国内和国际的服务产品输出能力。[14]

邓丽姝对生产性服务业在北京产业升级中的作用进行实证分析，同样发现生产性服务业作为主导产业，对提升北京产业附加值水平和发展效率具有一定的积极作用，促进了北京产业升级。研究发现，1997 年以来，北京生产性服务业对提升产业总体、制造业、服务业的产业附加值均具有显著的正向推动作用。通过推动高端制造业和高端服务业融合互动、完善生产性服务产业链，提升服务功能及加强各生产性服务行业之间的互动，提升服务效率可以进一步促进北京市生产性服务业发展。[15]

邱灵基于基本北京市单位普查和经济普查的大样本企业数据，探讨政府与市场共同作用下生产性服务业空间结构演化机理。研究表明，1996—2008 年北京市生产性服务业单中心、双中心和多中心空间结构并存，这与西方大都市生产性服务业空间结构生成及演化由市场经济主导的自发过程不同，北京则是转型期市场和政府双重力量共同作用下组织与自发相互影响的过程。文章认为，通过全面考虑生产性服务业发展的区域差异性、行业异质性、空间关联性和时间波动性，可以加快推进生产性服务业集聚区合理布局与有序建设，充分发挥生产性服务业对城市功能转型的支撑引领作用，为北京这样的大都市率先形成以服务经济为主的产业结构创造条件。[16]

四、北京经济的发展目标、重点及对策研究

（一）北京经济的发展目标

2013 年是全面贯彻落实十八大精神的开局之年，是实施“十二五”规划承前启后的关键一年，转方式、调结构、惠民生、促改革责任重大，任务艰巨，机遇与挑战并存。

2013 北京市的发展目标主要有以下几个。

1. 判断总体发展环境

首先要认清首都发展面临的优势与挑战。优势有：近年来国家经济稳增长、经济转型成效明显，激发了经济发展的活力和动力，为北京市的发展营造了好的外部环境；党的十八大和市十一次党代会胜利召开，提出全面建成小康社会的目标，为首都未来发展指明了方向；科技创新、文化创新成为国家发展战略的核心，有利于首都科技、文化资源在服务于国家战略中，加速释放市场优势、总部优势、服务优势；首都城镇化进入优化发展期，新兴区域建设势头良好，新城、重点镇以及重点产业功能区积累的效能将持续释放等。挑战有：世界经济持续低速增长的态势，同时贸易保护主义愈演愈烈，世界经济已进入深度转型调整期；国内经济在发展中不平衡、不协调、不可持续的问题依然突出，必须加快提升产业发展质量和效益；北京市正处于经济转型的关键时期，企业生产经营成本上升和创新能力不足问题并存，新增长点培育和新区域崛起尚需时日等。

2. 经济平稳运行

地区生产总值年均增长继续保持在 8% 左右；地方财政一般预算收入年均增长继续保持 9%，价格总水平保持基本稳定；城镇居民人均可支配收入和农民人均纯收入实际保持增长 7.5% 左右，比 2012 年计划目标提高 0.5 个百分点；城镇登记失业率控制在 2% 左右；万元地区生产总值能耗和二氧化碳排放量分别下降 2% 以上和 2.5% 以上，水耗下降 4% 以上。

3. 大力推进生态建设

全方位治理大气污染，落实国家《大气污染防治行动计划》和京津冀及周边地区实施细则，发布实施本市清洁空气行动计划；加速垃圾污水治理，制定实施垃圾处理设施建设三年行动方案，实施污水治理与再生水利用三年行动方案；加快绿化建设步伐，编制市级绿道建设总体方案，启动实施京津风沙源治理二期工程，进一步巩固山区绿色生态屏障；深入推进节能减排工作，强化“内涵促降”，健全“双控”节能管理机制，推动一批节能改造工程，加快新能源新技术开发利用步伐，采取综合手段加大减排力度，减少二氧化硫、氮氧化物排放量，使绿色低碳发展迈出新的步伐。

4. 深入推进创新驱动

推进高等学院科技成果转化等市级政策出台，人才特区、国家科技金融创新中心加快建设；使创新活动持续活跃，示范区企业总收入、内部科技活动经费支出争取增长 20% 以上；加快实施文化创新，使规模以上文化创意产业收入增长 7% 以上，提升首都文化影响。

（二）北京经济的发展重点

1. 加快转变经济发展方式

注重科技创新和文化创新，发挥创新驱动和高端引领战略优势，强化需求导向和企业主体地位，聚焦高端产业功能区建设，打造优势产业集群，进一步强化其作为首都经济主要承载地的功能定位，持续增强首都经济的动力、竞争力和影响力，实现有质量、有效益、可持续的发展。

2. 坚持扩大内需战略

按照消费结构升级规律，在完成基本生活耐用品的消费结构升级之后，居民将在文化、娱乐、休闲、健康等方面的支出不断上升，但由于文化产品

消费服务供给发展明显之后，广大居民所需要的消费产品和服务出现短缺，进而影响到北京市整体消费水平的提高和消费结构的转型升级。北京经济应立足于投资促消费，进一步巩固投资与消费相互促进的内需拉动格局。发挥特大型城市市场优势，坚持供给与需求同向升级，提升功能与优化布局并举，进一步强化消费拉动的基础性作用。

（三）发展对策研究

1. 转变经济发展方式

转变经济发展方式，最有效的途径为产业结构优化。而产业结构优化可以使产业结构与资源结构、技术结构、需求结构和空间结构有机结合。产业结构优化既包括技术类型的优化，即从技术低端产业劳动密集型、资源密集型升级到技术高端产业技术密集型、知识密集型、资本密集型，也包括空间布局的优化，即产业在各区域内和区域间实现高效均衡配置，形成合理的产业梯。⑰

依靠创新优化产业结构，重点扶植关键产业，突出抓好高端产业功能区建设，增强对全市经济的支撑能力。把“两城两带、六高四新”作为首都经济的主要承载地，注重要素集聚、资源集约、政策集成，着力提升高端产业功能区科学发展水平。围绕龙头企业和重点项目做好产业链配套，围绕功能定位做好园区的生活和服务配套。完善园区投入产出考核评价体系，促进资源集约利用。创新园区发展模式，鼓励园区自主建设持有产业地产，增强招商选资的灵活性。鼓励园区发现价值企业进行股权投资，提高资本运作能力。

大力发展战略性新兴产业，优化发展高端制造业。重点发展高端装备制造、航空航天、新一代信息技术、生物医药、新材料、新能源等产业，实现关键核心技术和前沿技术的自主研发，提高战略性新兴产业在制造业中的比重以及对产业发展的带动作用；进一步提升现代制造业发展水平，优化发展高端制造业，促进产业链条高端化发展，积极培育现代产业集群。⑱

2. 进一步扩大消费

扩大消费的关键在于改善收入分配、提高居民消费能力、加强生产与需求的对接。⑲具体做法：(1) 进一步贯彻落实扩大消费需求的长效机制，努力提高居民收入在国民收入分配中的比重，提高劳动报酬在初次分配中的比重，努力实现居民收入增长和经济发展同步、劳动报酬增长和劳动生产率提高同步；(2) 大力推进智慧城市建设，培育新的消费热点，研究制定信息消费促进政策，释放信息消费潜力；(3) 大力兴建改造文化设施，制定促进文化消费政策，鼓励相关产品和服务开发，大力发展养老消费、时尚消费、健康消费；(4) 完善都市物流体系，积极推进企业信用体系建设，强化食品药品检验检测和监督管理，营造良好消费环境等。

3. 努力打造世界高端企业总部经济之都

健全服务总部企业的相关设施，加强部门之间的定期交流与沟通，切实解决总部企业在京聚集发展面临的主要问题；重点围绕高技术、战略新新兴产业、文化创意、新材料产业等优势领域，提升总部经济发展的凝聚力和城市国际影响力；建立区域协调联动机制，适时适度地将不适宜在北京发展的污染型、生产效率低的制造业企业向周边地区转移，以“总部—制造业基地”模式增强总部经济的辐射力；结合不同职能、不同类型总部经济的需求，采用一些激励措施促使企业在京设立二级总部或实体性经营机构，扩大北京总部经济的联系和规模。⑳

4. 大力推进生态建设，加快绿色低碳经济的发展

全方位加强首都大气污染治理，制定空气重污染应急预案，实施第五阶段汽油车新车排放标准；强化“内涵促降”，健全“双控”节能管理机制，碳排放权交易实现开市，推动一批节能改造工程，加快新能源新技术开发利用步伐；新能源的突破会给经济发展带来强大的推动力、新材料的突破会开辟装备制造业崭新的道路，大力发展太阳能、风能等可再生资源；提高建筑、交通等产业能源效率，如效仿欧洲的零排放建筑建设标准，设计房屋时，部分地区用水源热泵提取地下水的低温能量，合理制约机动车的保有与使用等。㉑

注：

①和朝东、杨明等：《北京市产业布局发展现状与未来展望》，《北京规划设计》，2013 年第 1 期。

②李茂、唐鑫：《北京经济重点战略与对策研究》，《中国市场》，2013 年第 3 期。

③张祖群：《试论北京经济社会转型与创新维度》，《合肥工业大学学报》（社会科学版），2013 年第 6 期。

④孙启明、陈雅雯：《北京世界城市建设中的难点与对策》，《区域经济评论》，2013 年第 6 期。

⑤林恩全：《北京总部经济发展仍需增强辐射力》，《中国发展观察》，2013 年第 2 期。

⑥夏妍：《科技进步对北京经济增长的贡献研究》，《时代金融》，2013 年第 12 期。

⑦刘硕、李治堂：《创新型城市建设国际比较及启示》，《科研管理》，2013 年第 12 期。

⑧梅松、廖旻：《文化经济与北京发展转》，《北京社会科学》，2013 年第 3 期。

⑨杨磊：《我国文化创意产业基地对文化贸易经济的影响分析》，《生产力研究》，2013 年第 5 期。

⑩丁一文：《北京如何加快培育一批本土文化领域总部企业》，《科技创新与生产力》，2013 年第 1 期。

⑪北京市在1982年的《北京市城市建设总体规划方案》中，第一次提出“首都圈”概念。

⑫李彦军：《首都经济圈建设中北京的经济转型与产业效率提升》，《区域经济评论》，2014年第2期。

⑬王玉海、刘学敏、谷潇磊：《首都经济圈内涵及产业空间再造路径探讨》，《北京社会科学》，2013年第1期。

⑭张蕾、申玉铭、柳坤：《北京生产性服务业发展与城市经济功能提升》，《地理科学进展》，2013年第12期。

⑮邓丽姝：《生产性服务业对北京产业升级作用的实证分析》，《北京工商大学学报》（社会科学版），2013年第3期。

⑯邱灵：《北京市生产性服务业空间结构演化机理研究》，《中国软科学》，2013年第5期。

⑰李涛：《创新驱动北京经济发展方式转变》，《前线》，2013年第12期。

⑱李国平：《北京经济转型的特点与对策》，《前线》，2013年第1期。

⑲郑艳丽：《北京经济增长迈向消费驱动时代》，《特别报道》，2013年第10期。

⑳林恩全：《北京总部经济发展仍需增强辐射力》，《中国发展观察》，2013年第2期。

㉑郭原、杜海娥：《浅谈制约北京地区经济发展的环境问题》，《人民论坛》，2013年第10期。

（作者：孟斌，北京联合大学研究员；贾晓明，北京联合大学博士生）

北京历史与文化

张　勃　王　鑫

2013年，学者们通过召开会议、出版专著、发表论文等方式围绕北京的历史与文化研究的前沿热点和重要问题进行探索，在北京文化的定位、发展策略、北京文化遗产保护传承与利用、民俗文化、城市史、宗教史、灾疫史等方面取得了新的进展，现将2013年度的学术交流情况与研究情况综述如下。

一、重要的学术会议

2013年6月14日，由北京联合大学北京学研究基地、《北京联合大学学报》编辑部、北京联合大学人文地理学学术创新团队、北京地理学会联合主办的“文化·产业·空间——第十五次北京学学术研讨会”在北京花园饭店举行。本次会议共收到论文51篇，主要围绕首都文化的功能与使命，北京城市文化空间的历史演变、尺度转换、分异机理、内涵解读、拓展重构，北京各类物质与非物质文化遗产的保护和与资源开发利用，北京文化产业的空间集聚，以及北京文化创意产业的发展前景与趋势等热点问题进行研讨。会议的部分成果结集为《北京学研究2013：文化·产业·空间》，于2013年12月由同心出版社出版发行。

2013年6月28日，由北京市社会科学界联合会、北京中华文化学院、中国农工民主党北京市委员会、北京联合大学、北京改革和发展研究会、北京旅游学会等单位联合主办的“2013北京文化论坛——节日与市民生活”在北京大兴宾馆举办，来自北京市各民主党派等统战系统、北京市高校及社会各界人士约120余人参加了论坛，就来源不同的地域节日文化内涵、社会功能、传承发展、当代嬗变、互相影响及其与市民生活、城市发展的关系进行了深入探讨，会议编辑了《2013北京文化论坛——节日与市民生活》文集。

2013年10月31日，由北京市科协主办，北京自然辩证法研究会承办，中国人民大学哲学院、中国人民大学学报、中国自然辩证法研究会青年工作委员会协办的“北京精神与世界城市发展论坛”在中国人民大学举行。来自数十家单位的国内外专家学者100余人参加了学术会议，围绕“北京精神”“世界城市”“城市发展”“城市文化”“北京发展”等专题进行了研讨。

2013年11月23—24日，北京联合大学文化遗产研究所和应用文理学院历史文博系联合主办了文化遗产区域保护与活化学术研讨会。共有来自北京大学、清华大学、中国人民大学等高校和中国科学院、中国文化遗产研究院、中国艺术研究院等科研院所共40多家单位的100余名专家学者参会。会议从不同角度对大遗址、历史街区、古村落、传统文化生态保护区和重要农业文化遗产地等重要文化遗产的区域综合保护和活化等问题进行了深入的研讨，取得了一定的成果。

二、北京文化研究

（一）北京文化的功能定位、发展策略和特点研究

文化是国家的核心竞争力。作为全国的政治、经济、文化中心，北京城市文化建设在全国具有引领示范作用。如何更好地确定北京在国家文化发展战略中的功能定位，建设北京城市文化，建构合理城市文化空间，发展壮大文化产业，是北京文化建

设的重要内容，也是近年来北京文化研究的热点问题。2013年这方面的成果较为多出。张宝秀主编的《北京学研究2013：文化·产业·空间》中有多篇论文，对首都的功能定位、北京城市文化空间的历史演变、尺度转换、分异机理、内涵解读、拓展重构以及北京文化产业的空间集聚、北京文化创意产业的发展前景与趋势等进行探讨，反映了相关领域的最新成果。[①]有学者指出当代北京市应有对自身文化地位、性质、价值的深刻把握，坚定塑造先进文化之都的奋斗方向，改善和优化国家文化中心的传播效能，为中华民族新时期的文化强国战略做出应有贡献。[②]有学者认为可以利用北京现存文化遗产重构城市、区域的文化空间，推动构建面向未来的、前瞻性的、既有继承又有发展的实体和非实体相结合的城市、区域文化空间新格局。[③]有学者强调地方性对文化空间塑造的重要性，认为地方性可以为整个区域文化再生产个体赢得文化资本和经济资本。[④]有学者探讨了京台文化产业合作前景的可能性与必要性[⑤]，有学者对北京市朝阳区文化产业集聚区空间演化特征进行了总结。[⑥]

此外，还有不少期刊论文讨论上述问题，比如有学者从国际国内比较的视野中看待北京作为世界文化中心城市的建设问题，指出北京建设具有世界影响的著名文化中心城市依然任重而道远，并在此基础上提出六点建议，包括加强北京文化建设实力比较研究、加强首都文化发展内涵和战略目标研究、加强顶层设计、加强历史文化名城保护彰显城市文化特色、加快文化创意产业的提升发展、增强公共文化服务建设等[⑦]。有学者关注农业文化在北京世界城市建设中的作用。[⑧]有学者强调北京文化地图的有序绘制对北京文化发展的积极意义。[⑨]有学者梳理北京城市文化空间的发展历程和现状，并从优势、成绩与问题、不足两方面加以分析，认为对于历史文化资源的空间整合和利用，有助于促进北京文化区域的形成与发展，实现人文北京的发展目标。[⑩]有学者认为北京促进文化与科技融合需要建立四种机制，即系统的政策驱动机制、配套成熟的人才培养机制、健康有序的产权保护机制、互动共享竞争有序的国际传播机制。[⑪]

此外，尹庆民、高洪力主编的《北京老字号企业文化创新与建设》在梳理与分析北京老字号企业文化的特征、表现形式、历史渊源与形成过程的基础上，对北京老字号企业文化创新建设进行了探索，并从北京老字号企业文化创新的理论基础以及物质文化、行为文化、制度文化、精神文化等方面进行分析，提出创新建设对策，同时对典型的企业文化建设进行了剖析，是对北京老字号企业文化的系统研究。[⑫]

有学者对北京文化特点进行了总结，认为北京文化具有地域文化、城市文化、都市文化和首善文化四方面的特点，并认为由此入手，可为北京学研究提供考察的新视角。[⑬]

（二）文化遗产的保护、传承、更新与利用

北京中轴线研究仍然是2013年的研究热点，并有一系列成果出现，其中吴世民、王芸、张妙弟主编的《北京中轴线》，以图文并茂的方式对北京旧城中轴线进行了系统、生动、形象的展示，内容涉及北京中轴线的发生发展、形态特点、单元构成、文化内涵、城市功能、辛亥革命以来的巨大变化、当代价值、申遗意义；北京中轴线16个单元及其附属部分的基本情况、历史沿革、空间格局、文化内涵、功能作用、近代变迁等，同时也对中轴线的未来发展方向进行了展望。[⑭]此外，有学者发表文章提出重塑北京中轴线历史风貌的建议，认为要（1）进一步推进重点文物的腾退修缮工作；（2）加强整体风貌保存和恢复；（3）注重提高居民的生活质量；（4）促进文化与产业的融合。[⑮]亦有学者关注北京中轴线辐射区的景观建设，认为应当保护中轴线的对称魅力、将城市的古典元素与现代元素有机融合，突出北京文化的固有特色，积极整治胡同环境等。[⑯]

历史文化街区是文化遗产的重要组成部分，2013年关于历史文化街区保护、更新和利用的研究，集中体现在张宝秀主编《历史文化街区保护与更新——北京学国际学术研讨会论文集2012》中。该书内容主要涉及历史文化街区的概念、保护的价值和意义、保护与更新的关系、保护工作中应该注意的问题、保护的具体运作经验等。[⑰]如何处理好保护与利用的关系，是北京历史文化街区保护中急需解决的重要问题，有学者撰文以朝阜大街为例探讨这一具有普遍性的问题，认为在保护与利用过程中需要明确有形与无形、文化价值与经济价值、个别与整体、传统与现代等四组关系。[⑱]还有学者以南锣鼓巷地区为研究据点，探讨历史街区可持续再生城市设计绩效的社会评估问题，揭示了城市规划绩效社会评估的重要意义。[⑲]

在非物质文化遗产保护研究方面，《北京文化论坛文集》编委会编写的《首都非物质文化遗产保护——2012北京文化论坛文集》，集中反映了这方面的研究成果。[⑳]有学者强调北京从各方面都可以并应该为我国非物质文化遗产的保护、传承和发展做出较大的贡献，主张首都应该建设非物质文化遗产继承、保护和发展中心。[㉑]在如何促进非物质文化遗产的保护传承方面，有学者提出如下五项建议，即全社会均要参与；加强非遗项目的应用力度；重视对非遗项目的研究工作；利用非遗资源，发展北京特色文化产品，做好传播工作；做好非物质文化遗产的普查工作。[㉒]有学者认为非遗保护的关键在于增强活力[㉓]，有学者强调公众参与在非物质文化遗产保护

中的重要意义[24]，有学者强调高校在非物质文化遗产传承人才培养方面的重要性[25]，有学者重视文化空间对于非物质文化遗产保护的重要性，提倡要扩大非物质文化遗产的保护范围，挖掘北京历史名园中的民俗文化，丰富北京历史文化资源[26]。

此外，张旗、裴朝军、李江主编的《北京手工艺研究文集》（知识产权出版社 2013 年版），收录北京手工艺方面的研究论文 16 篇，内容涉及玉雕、象牙雕刻、宫灯、面人、京剧戏衣、雕漆、古籍修复技艺、民间玩具等手工艺的发展历史、文化内涵、技艺特征、艺术风格、传承现状、产业发展及作者的思考等，也是这方面的研究成果。

苑焕乔的《北京石作文化研究》（中国地图出版社 2013 年版），研究、探讨了北京石作文化内涵及特色，并就北京石作文化及其产业发展提出了有针对性的建议，颇富特色。

（三）民俗文化研究

民俗文化是北京文化的有机组成部分，民俗文化研究一直在北京文化研究中占有一席之地，但除专著外，相关研究成果主要散见于各种刊物之中，2013 年由北京民俗博物馆主办的社科综合性学术年刊《北京民俗论丛》开始出版发行，将改变这一局面。《北京民俗论丛》拟每年出版一期，主要特色栏目有“民俗文物研究”“田野民俗志”“民俗文献钩沉”“东岳文化研究”“北京史地研究”“地方民俗研究”“非物质文化遗产保护”“博物馆理论与实践”等，将为北京民俗研究提供一个相对固定的平台。《北京民俗论丛》（第一辑）设传统文化与城市精神、博物馆理论与实践、民俗文物研究、北京史地民俗、图像民俗、书评等栏目。[27]其中有学者对“民俗传统与都市生活”的关系进行了深度探讨，有学者对明清时期北京地区的端午节习俗进行考述，有学者重点关注了京郊沿村的荆编传统。[28]

林继富主编的《少数民族民俗与北京文化关系研究》是有鲜明问题意识的论文集，书中收录的 9 篇论文围绕少数民族民俗与北京文化的关系展开讨论，从饮食、节日、手工业等不同侧面反映了北京少数民族民俗与北京文化的互动关系。[29]

三、北京历史研究

2013 年北京历史研究呈现出新的研究动向。其一，历史学者们有较为强烈的经世致用取向，将对历史发展脉络和历史表现形态的梳理与当代现实、未来发展加以紧密联系，这既体现在当年出版的学术著作中，也体现在当年发表的学术论文中。

（1）以著作为例，如刘仲华主编的《朝阜历史文化带研究》在“朝阜大街”的基础上，提出了建设“朝阜文化带”的保护概念，以加强北京历史文化资源的保护深度和整体性，并从街区胡同、礼制文化、王府文化、宗教文化、城市经济文化、近现代文化、名人文化等角度，总结了“朝阜文化带”的主要特征，同时对其保护利用现状和未来对策做了分析和探讨。[30]又如程尔奇主编的《北京皇城的历史演变及其保护利用研究》，细致梳理了北京明清皇城的历史发展变迁，挖掘其丰富的文化意蕴，通过与世界类似名城的多维比较，深入讨论了北京明清皇城的文化系脉，并对未来保护、发展等工作提出了相应的对策与建议。该书认为，必须从时空演进的角度来重新审视北京皇城，将其与现代文明的特点结合起来，最大化的体现其文化特色，实现其社会与文化功能，才能更好地发挥其自身应有的作用，显现出古代文明在当代社会的价值与意义体系。[31]又如王强主编的《北京市历史文化资源若干典型案例研究》，基于文物业的数据支撑对北京市历史文化资源进行研究，并以皇家苑囿、文化街市、名人故居为例来构建北京市历史文化资源研究的理论体系；通过运用管理与发展的视角，分析琉璃厂与天桥演艺区的个案对北京市文化街区研究进行研究，并介绍了北京市皇家苑囿发展现状，提出了开发的路径，这对于北京市文化资源的深入挖掘、功能发挥和保护继承具有积极意义。[32]再如王岗主编的《北京历史文化资源调研报告集》，则是对北京市 16 个区县历史文化资源进行全面调研后的集体成果，包括总报告和 16 个区县的分报告，对北京历史文化资源的重要价值、主要类型、分布情况和开发利用状况，及其在今后北京发展中的地位作用进行了全面梳理和深入研究。[33]上述成果突出反映了北京历史研究的致用取向。

（2）在研究方法和资料上有新的拓展。口述史、历史档案和民间文献的应用有力地促进了历史研究的深入。有学者利用口述史资料、历史档案和民间文献，对北京的商业史进行研究，认为它们能帮助研究者在中国城乡二元社会结构的宏观背景下考察中小商号的运行过程及其价值观。文章对于口述史性质的界定和关于家谱使用方法的讨论，具有方法论上的启发意义。[34]有学者提倡用谱系学的研究视角和方法研究京味文化，认为京味文化需要谱系学立足于追根溯源，重新界定京味文化的内涵与外延；需要谱系学发挥提纲挈领的作用，并凝聚目光，去粗取精。谱系学的应用，能拓宽研究视域，为京味文化构建出一个更加清晰、完整、透彻、宽厚的文化体系，对研究京味文化有着深广的意义。[35]有学者认为可将探讨城市微空间的变与不变，作为历史研究的一种方法。[36]有学者对北京史研究的学术价值、现实意义以及北京通史、北京专史、北京断代史的范围及相互关系进行思考，对于未来北京史研究的方向和方法具有一定的指导意义。[37]

（3）北京历史研究的视野和范围更加宽阔，在城市史、经济史、社会文化史、宗教史、灾疫史等方面均有较大进展。在呈现方式上，学术专著之外，论文集成为十分重要的载体。比如王岗主编的《北京历史文化研究》和《北京史学论丛2013》[38]，都是关于北京历史研究的论文结集，集中展示了这方面的最新成果。

（4）在城市史领域，戴逸主编的《中国地域文化通览·北京卷》，上编以时间为轴，纵向描绘北京地域文化的发展历程；下编以专题为纲，重点介绍北京地域文化中的特色和亮点，较为全面而详细地勾勒出北京地域文化的发展线索，展现了北京地域文化的独特魅力。[39]吴文涛的《北京水利史》依据考古发掘、历史文献和当代研究成果，梳理了北京城市发展的历史与其水源供给及水利开发存在的密切的相互关系，从历史的角度对北京这个特定区域内的水利现象和水利实践进行总结研究，着重探讨历史上水利现象和水利实践（包括水利事件、人物、工程、制度等）中反映出来的水与人、自然与社会的关系，并评估了历朝历代水利建设对北京地区历史时期水环境的影响，是一部重要的学术成果。[40]有学者梳理了北京城市规模的拓展以及北京皇城模式的变化，认为政治因素和文化体系的变化是北京城市变化的重要动因。[41]还有学者对不同历史时期北京城的发展做了探究。[42]

（5）在经济史领域，有学者分析了历史时期北京人口迁移的阶段性、特点和机制，并探讨了北京人口增长的社会经济机制。认为北京人口迁移深受"实京师"政策、社会经济因素以及战争、灾害等因素的深刻影响；而社会环境的安定、农业经济的发展、工商矿冶及建筑业的繁荣和外地粮食的输入等则是北京人口增长的重要因素，但北京城市的经济结构和经济形态也限制了城市人口规模的更多发展。[43]有学者对北京的税关、与房产相关的价格、北京仓储系统以及元明时期的手工业生产管理等进行研究。[44]还有学者讨论了古旧书业的行业特征及其影响。[45]

（6）在社会、思想、文化史领域，有学者对魏晋北朝时期范阳卢氏家族进行研究，关注家学家风，并考察家族政治地位升降与婚姻对象选择之间的关系[46]。有学者探讨了鸦片战争前后的舆论与京师动态，从思想舆论的角度解释了第二次鸦片战争以及洋务运动、自强思潮发生的原因。[47]

（7）在宗教史研究方面，佟洵、孙勐的《北京道教史》以道教在北京地区的传播、发展为主线，较为深入地探索了北京道教演进的历程，展现了不同时代北京地区道教的发展脉络、作用和文化特点，并揭示北京道教的区域特色和历史地位，是北京道教研究领域的一部重要成果。[48]此外，有学者以石刻资料为主从寺庙兴建、佛经刻印、舍利信仰、陀罗尼信仰等方面研究了北京地区的辽代佛教。[49]有学者考察了清至民国时期北京外城西部寺庙的历史变迁。[50]有学者探讨了金朝和蒙元时期全真道的发展。[51]有学者梳理了民国时期北京基督教中文文献。[52]有学者对1840年以后北京宗教发展趋势进行探讨，认为近代时期是道教、佛教、伊斯兰教、天主教和基督新教等宗教碰撞、摩擦、吸纳、融合的历史时期，为北京多元共存的宗教奠定了基础。[53]

（8）灾疫史研究近年来颇为盛行，2013年在北京灾疫研究方面亦有明显推进。在理论方面，有学者撰文对灾害史和灾荒史加以辨析，界定其不同的学科属性，认为灾害史应属于历史自然地理研究领域，而灾荒史应属于社会史研究领域，主张加大灾害史研究的力度，增加灾荒史研究的深度。[54]在具体研究方面，学者们注重灾害及其应变以及对城市发展的影响，如有学者研讨疾疫与公共卫生发展的关系，有学者研究了近代以来北京水灾以及防治救灾体系的变化，也有学者关注具体的灾荒事件及其带来的多方面影响。[55]

注：

①张宝秀主编：《北京学研究2013：文化·产业·空间》，同心出版社，2013年版。

②沈望舒：《国家文化战略中首都文化的功能与使命》，《北京学研究2013：文化·产业·空间》，同心出版社，2013年版。

③张宝秀：《对北京历史文化遗产空间重构的思考》，《北京学研究2013：文化·产业·空间》，同心出版社，2013年版。

④吴莉萍、周尚意：《城市文化空间演替过程中的地方性——以北京大栅栏商业历史街区为例》，《北京学研究2013：文化·产业·空间》，同心出版社，2013年版。

⑤彭丹宇：《京台文化创意产业合作前景探讨》，《北京学研究2013：文化·产业·空间》，同心出版社，2013年版。

⑥吴承忠、李雪飞、丛琳：《北京市朝阳区文化创意产业集聚区空间演化特征》，《北京学研究2013：文化·产业·空间》，同心出版社，2013年版。

⑦李建盛：《北京：国际国内比较视野中的世界文化中心城市建设》，《北京联合大学学报》（人文社会科学版），2013年第3期。

⑧范小强、马宁：《农业文化在北京世界城市建设中的功能定位》，《北京农业》，2013年第15期。

⑨张祖群：《从城市历史地图到城市文化地图——北京文化地图绘制的对比分析》，《第十五届中国科协年会第14分会场：贵州发展战略性新兴产业中的生态环境保护研讨会论文集》，2013年。

⑩顾宗培、周亚杰：《北京城市文化空间现状解析》，《建筑技艺》，2013年第6期。

⑪刘洋：《北京促进文化与科技融合需建立四种

机制》，《前线》，2013年第2期。

⑫尹庆民、高洪力主编：《北京老字号企业文化创新与建设》，中国时代经济出版社，2013年版。

⑬李建平：《北京文化的特点——兼论北京文化与北京学》，《北京联合大学学报》（人文社会科学版），2013年第1期。

⑭吴世民、王芸、张妙弟主编：《北京中轴线》，北京出版社，2013年版。

⑮卫蓝、张晓妍、刘学婧：《重塑北京"中轴线"历史风貌的建议》，《北京规划建设》，2013年第6期。

⑯宋颢：《北京市中轴线辐射区的景观建设》，《北京教育学院学报》（自然科学版），2013年第2期。

⑰张宝秀主编：《历史文化街区保护与更新——北京学国际学术研讨会论文集2012》，知识产权出版社，2013年版。

⑱王建伟：《北京历史文化街区保护与利用过程中需要明确的四组关系——以朝阜大街为视点》，《北京联合大学学报》（人文社会科学版），2013年第4期。

⑲吕斌、王春：《历史街区可持续再生城市设计绩效的社会评估——北京南锣鼓巷地区开放式城市设计实践》，《城市规划》，2013年第3期。

⑳《北京文化论坛文集》编委会编：《首都非物质文化遗产保护——2012北京文化论坛文集》，首都师范大学出版社，2013年版。

㉑余涛：《首都应该建设全国非物质文化遗产传承、保护和发展中心》，《北京文化论坛文集》编委会编：《首都非物质文化遗产保护——2012北京文化论坛文集》。

㉒赵书：《首都非遗保护五项建议》，《北京文化论坛文集》编委会编：《首都非物质文化遗产保护——2012北京文化论坛文集》。

㉓白志刚：《首都非遗保护传承在于增强活力》，《北京文化论坛文集》编委会编：《首都非物质文化遗产保护——2012北京文化论坛文集》。

㉔王东勤：《首都非遗保护中的公众参与》，《北京文化论坛文集》编委会编：《首都非物质文化遗产保护——2012北京文化论坛文集》。

㉕成志芬、张宝秀：《北京地区高校非物质文化遗产传承人才培养情况分析》，《北京文化论坛文集》编委会编：《首都非物质文化遗产保护——2012北京文化论坛文集》。

㉖高大伟、李妍：《北京历史名园与非物质文化遗产的挖掘和传承：从概念到实践》，《北京文化论坛文集》编委会编：《首都非物质文化遗产保护——2012北京文化论坛文集》。

㉗北京民俗博物馆编：《北京民俗论丛（第一辑）》，学苑出版社，2013年版。

㉘朝戈金：《民俗传统与都市生活》；万秀锋：《明清北京地区的端午节习俗考述》；蔡磊：《乡土社会中的手艺——京郊沿村的荆编传统》，《北京民俗论丛》（第一辑）。

㉙林继富主编：《少数民族民俗与北京文化关系研究》，中央民族大学出版社，2013年版。

㉚刘仲华主编：《朝阜历史文化带研究》，知识产权出版社，2013年版。

㉛程尔奇主编：《北京皇城的历史演变及其保护利用研究》，知识产权出版社，2013年版。

㉜王强主编：《北京市历史文化资源若干典型案例研究》，经济科学出版社，2013年版。

㉝王岗主编：《北京历史文化资源调研报告集》，中国经济出版社，2013年版。

㉞董晓萍、蓝克利：《北京商人的历史档案与移民人生》，《清华大学学报》（哲学社会科学版），2013年第6期。

㉟刘勇、姚舒扬：《谱系学对研究京味文化的意义》，《北京联合大学学报》（人文社会科学版），2013年第4期。

㊱张勃：《天坛小历史和中国大历史》，《北京史学论丛2013》。

㊲王岗：《对北京史研究的几点思考》，《北京历史文化研究》。

㊳王岗主编：《北京历史文化研究》，人民出版社，2013年版。王岗主编：《北京史学论丛2013》，北京燕山出版社，2013年版。

㊴戴逸主编：《中国地域文化通览·北京卷》，中华书局，2013年版。

㊵吴文涛：《北京水利史》，人民出版社，2013年版。

㊶王岗：《对北京城市史研究的几点思考》，《北京史学论丛2013》。

㊷高福美：《古代北京建都过程考论》；董焱：《明代北京皇城营建考论》；王建伟：《民国早期皇城功能属性与内部空间格局的演变（1912—1928）》，《北京历史文化研究》。

㊸韩光辉、刘旭、何文林：《历史时期北京地区人口迁移研究》，《北京历史文化研究》；韩光辉、王洪波：《封建王朝上升时期北京人口增长的社会经济机制》，《北京史学论丛2013》。

㊹高福美：《清代前期北京的税关研究》；邓亦兵：《清代前期北京与房产相关的价格》，《北京史学论丛2013》。邓亦兵：《清代前期北京城房价变化趋势》；章永俊：《元明时期北京手工业生产管理析论》；张艳丽：《试析清代北京地区仓储系统》，《北京历史文化研究》。

㊺马建农：《北京古旧书业的行业特征及其影

响》，《北京历史文化研究》。

㊻许辉：《魏晋北朝时期范阳卢氏的政治地位升降与婚姻对象选择》，《北京历史文化研究》；许辉：《魏晋北朝时期范阳卢氏的家学与家风》，《北京史学论丛2013》。

㊼程尔奇：《“思变”与“未变”：鸦片战争前后的舆论与京师动态》，《北京史学论丛2013》。

㊽佟洵、孙勐：《北京道教史》，宗教文化出版社，2013年版。

㊾孙勐：《北京地区辽代佛教综论——以石刻文字为中心》，《北京联合大学学报》，2013年第2期。

㊿何岩巍：《清至民国时期北京外城西部寺庙的历史变迁》，《北京历史文化研究》。

51郑永华：《全真教与金廷的关系及其在金中都的初步发展》，《北京史学论丛2013》；王晓颖：《蒙元时期北京地区全真道发展论述》，《东岳民俗论丛》（第1辑），学苑出版社，2013年版。

52张德明：《民国北京基督教中文文献综述》，《北京史学论丛2013》。

53佟洵：《1840年后北京宗教发展趋势研究》，《北京历史文化研究》。

54于德源：《灾害史、灾荒史刍议》，《北京历史文化研究》。

55冬烘刚：《“丁戊奇荒”期间的京师赈济与治安》；周增光：《庚子事变前后北京的社会救济与政府行为》，《北京历史文化研究》。赵雅丽：《丁戊奇荒中京师翰詹清流群体的政治参与及其角色认同述论》；张艳丽：《疾疫与清末京师城市公共卫生的发展》；吴文涛：《对近代以来北京城市水灾演变及应对措施的思考》，《北京史学论丛2013》。

（作者：张勃，北京联合大学研究员；王鑫，北京联合大学硕士研究生）

人文北京

金元浦　王林生

2013—2014年，随着十八届三中全会的召开，全面深化改革的大幕已经拉开。面对新的形势、新的任务，人文北京建设也进入了一个新的阶段。将北京建设成为全国政治中心、文化中心、国际交往中心、科技创新中心，是党中央对北京城市发展所做的新的定位，也是北京在未来几十年全面发展的方向。按照这一定位要求，就文化建设而言，北京不仅要进一步明确城市的文化战略、调整城市文化功能布局，而且要在提升公共文化设施、构建智慧城市的基础上，发挥首善之区的表率作用，建设宜居文化。在这一年度中，北京积极贯彻落实党中央的相关指示精神，在人文北京建设与研究中，直视新的问题、新的挑战，在许多领域取得了新的突破与新的进展。

一、文化治理能力和体系现代化建设研究

治理能力和体系现代化建设是十八届三中全会为全面深化改革设立的总目标，在这一命题中，文化是重要的内容，它涉及文化体制改革等诸多重大问题，关系到文化强国战略的顺利实施。北京的诸多学者在这一宏观性的视域中，结合北京文化的发展实际，对文化治理能力和体系现代化建设进行了多个层面的探讨。

第一，文化治理能力和体系现代化建设是个系统性工程。文化治理能力和体系的现代化建设需要整体统筹，分步实施。高小平从国家战略高度阐释了由“管理”向“治理”转变的意义，指出这一转变意味着党和国家在社会经济文化的全面发展中在权力配置和行为方式等方面正在经历一种深刻的转变。[①]而这一转变的根由在于新的生产力要逐渐适应发展变化了生产关系。在这一转变中，祁述裕指出着力推动文化管理向文化治理和文化善治转变，需要协调处理三个方面的关系——建立健全现代文化市场体系、构建现代公共文化服务体系、文化管理体制机制创新[②]，在政府、市场和社会相统一的“三位一体”的发展路径中形成国家的文化治理体制机制。金元浦在描述文化治理新体制机制形成时，将其概括为“顶层设计、辩证施政、历史理性、改革激情”[③]。认为在社会、政治、经济、文化、生态“五位一体”发展理念的指导下，文化治理能力和体系现代化建设需要在顶层设计中统筹文化与其他因素的关系，注重发展系统性、整体性、协同性，在多元的发展中努力寻求发展文化和发展产业之间的关系，寻求历史与现实的平衡点。在国家文化治理能力和体系现代化建设的整体战略中，北京作为国家首都，应发挥文化中心的示范性作用，在文化治理能力和体系的建构中发挥表率。余钟夫指出，北京处于现代化的“后过渡时期”，在治理体系、治理能力现代化等方面要在符合城市发展性质和国家总体改革方向上率先探索。[④]

第二，文化治理能力和体系现代化建设的重点在于文化体制改革。文化体制是规范北京市乃至我国文化发展的制度性安排，符合实际发展的文化体制，能有效地将文化资源转化为文化资本，激发和发展文化生产力。对于文化体制改革在文化治理能

力和体系现代化建设中所应发挥的作用，陈少峰认为，改革任务就是以市场化改革为核心，发挥市场在资源配置中的作用，释放被束缚的生产力。[5]在这一改革中，面临着来自行政阻力、内容产业乏力的困难，因此通过转变职能、合并部委、压缩审批权等方式，发挥市场的作用，形成真正的服务型政府。陶东风在阐释这一问题时，认为国家文化治理体系和治理能力现代化应包括以顶层设计为核心的文化治理的制度建设和以制度执行为核心的文化治理能力建设。[6]在此陶东风着力强调了制度的重要性，指出突破计划体制的惯性束缚是激发市场活力的关键。因此，充分发挥市场在文化发展尤其是产业发展中的作用，是改革的重点内容。也正是基于此，张晓明、章建刚等指出，随着文化体制改革逐渐涉入深水区，文化产业的发展正在从政府主导的启动阶段走向依靠市场内生动力发展的新阶段，文化产业的发展进入“换挡期”。[7]

与陈少峰、陶东风等强调市场与政府关系不同，熊澄宇、王家新等在论述中认为在改革中应注重文化建设主体的重要性。熊澄宇在对这一问题的阐释中，较为侧重文化主体的多元性建设。[8]这种多元性表现在管理的多元性、创意的多元性、生产的多元性和消费的多元性等四个层面，其中管理的多元性侧重政府与市场的关系，创意的多元性侧重文化内容的差异性，生产的多元性侧重企业的性质及类别，而消费的多元性则与市场发展水平、区域空间以及消费水平等密切相关。与熊澄宇不同，王家新对文化主体的讨论以文化企业为具体的对象，剖析了文化企业国有资产管理体制的问题。[9]王家新在对当前各地文化企业国有资产管理体制的分析中指出，北京在十七届六中全会后成立的文资管理专门机构，但专业化管理仍处在起步阶段，与十七届六中全会提出的“四管”相结合的要求相比较，仍有较大差距。

可以说，在这一大的改革转向中，出现了一些新的亟待思考的问题。一些论者结合北京实践对相关问题进行了分析阐释。黄茹、陈博群等分析了北京文化资源的评价及开发利用的问题，陈默、李震宇等分析了北京文化创意企业发展模式创新问题，江光华对北京文化产业与科技融合的财政政策等层面进行了富有开拓性的探讨。尤其需要注意的是，在对政府职能与市场关系的讨论中，一些论者也提出了政府在体制改革后文化的发展中仍需发挥主导性的作用。徐丽、崔燕等从文化创意产业国际化发展的角度，指出北京缺乏发展文化创意产业的国际化新型人才、具有国际竞争力的创意品牌和跨国企业集团，因此在增强文化发展的国际竞争力和治理能力，发展文化体系现代化的过程中，政府仍应主导文化创意产业国际化发展。[10]注重政府作用的原因在于，文化创意产业属新兴产业，发展水平相对落后决定了在发展中需要政府的保护与扶持，以在文化治理能力和体系现代化建设中发挥更大的作用。

文化治理能力和体系现代化建设研究，无论在国家层面，还是北京市层面，是新的历史条件下根据现实的需要出现的新的课题。由于这一课题本身的复杂性，目前对这一课题的研究尚处在初步探索阶段，也就是说，对文化治理能力和体系现代化建设的研究尚有较大的生长空间，随着实践及研究的进一步深入，这一理论体系的建构也必将得到进一步的完善。

二、北京文化金融体系建构与模式研究

文化产业发展到一定阶段之后，需要金融的强力支撑。这不仅是产业自身进一步提升发展的需要，也是产业发展到一定阶段后产业“越界”与“扩容”的必然趋势。2014 年 3 月文化部、中国人民银行、财政部近日联合发布《关于深入推进文化金融合作的意见》，从整章建制的角度大力推进文化与金融的创新发展。从全国范围内来说，北京作为文化市场、文化产业较为发达的地区，为文化金融的快速发展提供了可以依赖的土壤。作为一种新的文化现象和产业运营模式，文化金融在文化和金融领域产生的突破成为研究的重点。

第一，文化金融体系的建构研究。文化金融作为文化和金融领域的新生事物，体系建设关系到文化金融的长远发展。程立茹、周煊在阐释这一问题时以北京的文化创意产业的发展环境为切入点，指出在政策层面呈现出“宏观政府规划非常到位，中观平台运作有所脱节，微观企业环境有待优化”的特点；根据文化创意产业领域文化金融存在的问题，从首都文化创意产业投资基金实施重点项目导向战略、通过减税代投方式加大文化龙头企业的税收扶持政策等一系列政策完善文化金融体系，推动文化金融创新发展。[11]在文化金融体系的建设中，基于北京文化创意产业发现迅速、文化金融市场活跃的特点，央行与北京市共建文化金融合作区，在合作实验区建设、金融机构与文化企业对接平台、文化产业信用体系、全方位的合作机制等方面积极探索，建设与完善北京文化金融的体系建设。正如任何事物的出现都存在两面性一样，文化金融在推动产业发展的同时，也存在一定的金融风险，范玉刚较为系统地阐释了文化产额的风险特征与完善投融资体系之间的关系。[12]在论证中，范玉刚北京文化金融的发展，从文化产业风险投资、知识产权质押贷款、文化资产信托、文化资产证券化、融资租赁、公私联合融资等几大方面，阐释了文化产业高风险视域下文化企业的融资创新。

第二，文化金融创新路径与模式的分析。文化金融的出现，改变和丰富了文化资本市场，作为一

种金融创新模式，文化金融为文化和金融两大领域的发展注入了新的活力。李东兴在对文化金融发展模式的分析中，首先梳理了北京现阶段的文化金融模式，即财政拨款、银行贷款、股权融资、债权融资、民间资本等5种类型，且在对北京文化金融存在的问题，诸如平台建设滞后、服务创新模式单一、市场融资门槛过高、缺乏针对银行的激励机制等基础上，对北京文化金融的创新发展进行了探讨。[13]闫冰竹、艾亚与之角度不同，他们在阐释文化金融的发展现状时紧密结合了北京银行在首都文化金融中的发展实际。闫冰竹分析了文化金融品牌在产业运营发展中的作用。[14]指出“文化创意+金融创新”的发展之路是满足文化企业金融需求的最新探索，并从战略定位、产品创新、提升效率、增设专营机构、平台建设、丰富内涵等方面探讨了拓展文化金融的方式或路径。艾亚分析了北京银行“文化金融”之路的拓展。[15]在论述中，艾亚阐释了北京银行在产品创新、贷款担保方式创新、服务团队创新等文化金融创新模式，并以北京银行融资支持文创企业的案例为阐释重点，分析了文化金融在产业运营中的具体操作，比如电影《步步惊心》、动漫作品《魁拔》、北京凯撒国际旅行社等。案例分析实现了理论与实践的结合，这一结合不仅使得理论的阐释更具有说服力，也使得在理论论说的过程中更好地把握产业发展的动态。

尤其需要指出的是，在文化金融路径创新与模式探索中，互联网金融作为文化金融的重要组成部分，在北京文化创意产业的发展中开始发挥出重要的推动性作用。互联网金融是近来北京文化创意产业发展中的新生事物，作为一项新的研究课题，金元浦、范玉刚等结合BAT（百度、阿里巴巴、腾讯）等具体的产业案例，阐释了互联网金融对文化金融体系的建构性作用。金元浦指出，互联网金融逐渐改变了传统金融的运营模式与发展方式，对中小企业的文化融资有重要意义。[16]认为互联网金融作为文化创意产业中中小文化企业的发展活力之源，依托互联网信息技术优势完善了融资的硬件设施，强化了文化企业的市场主体地位，有助于文化创意产业在互联网金融融资平台支撑的提升发展。

第三，文化金融与行业发展关系的分析。如果说，以上论者是在一种较为宏观的层面对文化金融做的分析，魏鹏举、向勇、何群等则针对某一具体行业的发展进行了较为细致的剖析。魏鹏举、向勇等以艺术金融为具体的研究对象，分析了艺术金融对产业推动作用。魏鹏举认为在文化金融日盛的时代背景下，艺术金融作为一个先行先试的经济领域，要在理论与实践的基础上探索艺术金融的实践模式。[17]在论证这一问题时，魏鹏举认为艺术金融发展的关键是对艺术品的价值进行评估，在北京乃至全国由于艺术品交易市场发展尚不成熟，在艺术品交易的信用登记、确认、惩戒等机制等方面均存在不足。因此，构建完善的艺术品交易市场是发展艺术金融的关键。而向勇在阐释这一问题时则更进一步，阐释了艺术品金融化发展的两大趋向模式：艺术品投资基金、份额化交易。[18]北京是艺术品投资基金较为活跃的地区，而这一模式的发展有助于资本和资源的优化整合；份额化交易是艺术品金融化的中国式创新，在这一模式创新中北京文化产权交所是中国最大的产权交易桥梁和纽带中心，与深圳文交所、上海文交所、天津文交所等一起承载着能普及至个人投资者的类证券化的艺术品产权交易工具的作用。

与魏鹏举、向勇等选取的行业不同，何群在阐释文化金融时选取了时下更为火爆的影视行业。何群在分析我国电影产业的发展时指出，大量资本进入文化产业对产业本身的发展形成了“双刃剑”。[19]何群认为北京银行、基金大量资金进入影视业，有效地缓解了影视业对资金的需求，但由于投融资机制不健全，大多数投资“雷声大，雨点小”，非专业资本的大量进入使得影视业出现了泡沫，其应有的作用没有充分发挥。需要指出的是，当代文化产业的发展是一种趋于行业“越界”与扩容的发展，在文化产业的发展中，文化与科技的融合创新成为文化产业发展的重要趋势，且文化与科技融合的行业以高端的创意型行业为主，比其他行业有更为强烈的金融财政需求。江光华以此视角，分析了北京文化产业在与科技融合发展中的财政金融政策。[20]他首先从理论的层面指出了金融财政支持文化产业与科技的融合发展必要性，这源于国家战略、高科技文化产品的外部性需求、文化科技创新的高投入高风险、文化科技融合发展的良性运行等层面，并从充分发挥专项资金的带动作用、示范园区的表率作用、财政政策对社会资金的引导、制定资助和奖励制度等方面对促进与完善北京文化产业与科技融合的财政政策建设提出了相关建议。

通过以上对文化与金融关系的梳理，不难发现，北京的文化金融已经进入到了一个实质性的实践阶段，与产业相适应的文化金融体系已经开始在市场的运营中逐步建立。不可否认，文化金融对北京的文化发展而言，还是一个新生事物，且由于其本身就是一个产业越界融合发展的产物，对文化金融的研究与认识，可以说目前尚处在初步探索阶段，对其运行、操作的规律仍有待于进一步发现、分析、研究。

三、北京文化消费现状与问题研究

文化消费是当前北京乃至我国文化产业、文化经济发展中亟待解决的重大问题。之所以重要就在于，只有通过文化消费拉动内需，才能真正发挥消费拉动作用，挖掘出其对社会经济发展的动力性支撑。2013 年北京市正式启动了首届北京惠民文化消费季，希望以此带动北京的文化消费，激发文化市场活力，由此与北京文化消费的相关话题也成为诸多论者讨论的重点，对北京文化消费的讨论主要体现在以下两个方面。

第一，文化消费整体状况分析。文化消费作为一种市场行为，在具体的市场运行中呈现出不同的阶段和多元的特点。王亚楠、高书生等在《中国中心城市文化消费需求景气评价报告》中从区域文化消费的角度，较为全面地分析了我国中心城市文化消费的整体性状况，在对地区中心城市的文化消费进行分析时指出，北京的文化消费占全国城镇份额在近年呈现出逐步下降的趋势，城乡之间的差距在扩大，但论者在指出北京文化消费这一整体性趋势的同时，并未做更深一步的分析。[21]与王亚楠、高书生的视角不同，周冲等对文化消费的研究则突出了北京文化消费的阶段性。周冲认为文化消费与文化产业的发展密切相关，从整体上把握北京文化消费的现状与需求，是发展文化产业的必要性前提。[22]周冲指出北京文化消费在 30 多年的发展中存在三大阶段：1978—1992 年的起步期、1993—2003 年的发展期、2004 年至今的调整期，认为在文化产品和设施日趋丰富和完善的背景下，北京的文化消费取得了较大进展，且趋向网络化、科技化发展。陈智国在分析中亦认同此观点，指出北京在以网络游戏、移动互联网和数字媒体等为主要内容的新兴消费得到快速发展，此外在文化消费的规模化发展、特色文化消费平台打造等层面也较为突出。[23]应该注意的是，随着 4G 牌照的发放，网络文化消费在北京文化消费乃至整个消费中在未来几年中所占的比重开始逐渐攀升。意娜以 4G 时代对北京网络文化创意产业发展的机遇和挑战为题，分析了 4G 对北京文化消费市场的提升作用。[24]指出 4G 时代的到来，将进一步扩大北京网络文化服务和消费的高端化发展，如有助于促进商务办公移动化等，且在“80 后”“90 后”群体日益成为网络文化消费主体的背景下，北京网络文化消费将有一个巨大的发展空间。可以说，从不同层面对北京文化消费状况的整体性把握，说明了北京文化消费的复杂性，具有多层次的内涵，体现了文化消费在当代社会经济生活中所蕴含的张力。

第二，制约北京文化消费的问题分析。从整体状况来看，北京的文化消费在人们整个的消费中占有的比重并不占大，文化消费成为制约北京文化快速发展和文化产业成为国民经济支柱型产业的“短板”。金元浦考察了中西方文化消费的整体状况的基础上，结合北京及我国的发展实际认为一个新的文化消费的时代正在来临，并分析了消费券在促进北京文化消费中的作用及不足。[25]金元浦认为这一举措能够为企业搭建更为宽广的销售平台，能以更加便利的方式为人们提供惠民服务，同时也指出这种拉动内需促进文化消费的方式，是否存在有效供给和真实需求之间的矛盾，因此提出消费券的发放应根据文化艺术消费具体实际，在适当的阶段以不同的形式有针对性地开展。周茂非、江林等在阐释这一问题时，同样注意到供给与需求之间的关系。[26]指出文化消费的提升受制于市场上文化产品的良莠不齐，人民日益增长的文化需求与文化精品生产不足之间存在着一个亟待解决的矛盾。北京应按地域、年龄、收入的不同的消费群体加以细分，充分了解不同文化群体之间需求的差异，从而在文化产品的生产经营与需求之间形成无缝对接。与上述论者稍有不同的是，何超琼从艺术交易的角度，分析了北京文化消费和文化市场发展中存在的不足。[27]他在借鉴沪港两地经验的基础上，指出北京长期以来并未形成围绕文化产业发展的“辅助产业链”，缺乏有公信力的专业的文化艺术品交易中心等多种原因共同制约了艺术品消费和艺术品交易市场的发展。

第三，扩大北京文化消费的对策建议研究。正是从宏观上看到北京文化消费在实际发展中的不振，张慧光、刘绍坚等为破解文化消费中存在的障碍从多个层面进行了探讨。张慧光认为应通过积极引导，充分释放北京文化消费市场的潜力，使文化消费成为北京新的经济增长点。[28]而刘绍坚则更为系统地从理论研究、实践推动等多个层面进行了阐释。[29]他指出，促进北京的文化消费，首先应加强对文化消费的理论研究，全方位地总结文化消费的构成要素、驱动要素、制约因素等，为北京文化消费乃至全国的文化消费增长提供理论支撑。在此基础上，研究制定促进文化消费的政策措施，加大对文化资源的统筹与整合，充分利用文化消费季的承接作用，加强文化消费季的品牌化建设，将文化惠民卡打造成促进文化消费的平台。

客观地说，提升北京文化消费的水平与质量，拉动北京的文化内需，既是一个消费观念培育的文化问题，又是一个人们收入水平支付能力的经济问题，且与文化基础设施的完善与否，是否具备便捷、完善的文化消费条件与机制等因素密切相关，所以从这个层面而言，扩大北京的文化消费是一个涉及多方面因素的系统性工程。

四、全国文化中心建设研究

北京作为全国文化中心城市，要在国家文化建设中发挥示范作用，同时也是北京作为一个城市根据自身基础条件和现实基础。从一种较为广泛的意义上来说，文化治理能力和体系现代化、文化金融、文化消费等是全国文化中心建设的路径和手段，建设富有影响力的文化中心城市才是城市发展的最终目的。对于北京作为全国文化中心城市的研究，近些年已取得了较多成果和较大进展，在本年度新出现的值得关注的研究成果大致体现在以下方面。

第一，建设富有世界影响力的文化城市研究。建设有中国特色的世界城市，是北京市在2012年提出的新的城市发展目标。作为一个具有理论和实践性的命题，金元浦与戴德鲁等对北京建设世界城市的中国路径进行了深入的探讨。[30]认为全球化进程中，北京建设世界城市是在城市面临急剧扩大、功能升级换代的需求的背景下，主动打破原有城市框架与局限，重新规划、设计城市格局，以适应新形势下城市发展的要求。向勇等以城市的意象为视角，阐释了城市的文化意象在构建世界城市中的作用与机制。[31]指出在城市化的进程中，传统建筑与现代建筑“混杂”，出现了所谓同质化的现象，且在现代城市空间的改造中城市记忆的断层化日渐突出，因此在北京建设世界城市的过程中，须保护城市文化多样性、创造归属感和安全感、保持城市活力，以此来建构北京的城市意象。李建盛在北京城市文化的研究中，则突出了城市公共艺术的作用。[32]认为北京的公共艺术在现代化的进程中实现了从单一性向多样化的文化和美学转变，在建设具有世界影响力的文化中心城市中北京的公共艺术应具有国家首都视野、国家视野，能够体现和传承文化名城文化，具有北京建设创新型城市的美学水准，注重多层次的结构和多样性。

如果说以构建城市意象和发展城市公共艺术的世界城市研究，是从提升城市文化内在发展品质的角度而言的，那么陈少峰、李嘉珊等较为注重北京文化“走出去”的动力机制研究。[33]陈少峰认为实现文化发展的国际化是北京世界城市建设的重要发展目标，也是检验一个国家文化产业发展水平的重要指标，因此在文化走出去的策略上不仅要注重以交流促传播的方式，即注重文化在推广中的体验性，而且实施品牌化的发展战略，注重塑造与推广大型文化品牌和品牌项目，尤其是体育文化在对外交流与传播文化中的作用。在传播主体上，陈少峰特别强调了企业的主体性地位，注重发挥市场在海外文化资源配置与传播中的地位。李嘉珊在文化走出去的研究中从具体的文化行业出发，分析了“北京京剧”的传承与传播策略。[34]李嘉珊指出“北京京剧”已经成为北京文化的名片，进一步塑造“北京京剧”的文化名片，有助于生动地呈现北京作为世界城市的文化品格，其具体路径选择体现在加大内容创新、找准市场定位、增强市场运营意识、扩大网络营销渠道、开发衍生产品和促进与现代科技的融合等。

第二，北京文化创意产业研究。文化创意产业在北京国民经济的发展中，已发挥着支柱性的作用，从整体来说北京文化创意产业的研究已经进入到纵深阶段。在新近对北京文化创意的讨论中，北京与其他国际城市文化创意产业的比较研究以及文化创意产业所具有的意识形态性是值得关注的两个命题。洪涓、刘甦等比较了北京与伦敦文化创意产业发展的实际，梳理出两城市在发展中的相同点与差异，在细致分析伦敦创意产业发展的基础上，从人才培养、政策支持、集聚区建设、知识产权保护等层面阐释了伦敦对北京发展文化创意产业的启示。[35]可以说，北京的文化创意产业在逐渐发展壮大的过程中，已经开始融入世界文化创意产业体系，且在拉动经济增长、推动城市发展转型、改造城市空间、完善城市文化服务等层面均发挥着积极的作用。但是，在文化创意产业在经济等实践层面发挥带动作用的同时，张京成、刘光宇注意到文化创意产业仍然具备意识形态。[36]他们认为文化创意产业作为一种文化业态，在具有不可否认的商业属性的同时，也具有一定的意识形态性，因此提出了要在保持意识形态属性的基础上兼顾商品属性的观点，并认为应通过改变和创新宣传方式，将意识形态与文化产品有机结合，利用产品的消费传播正能量。

第三，北京历史文化研究。北京是历史文化名城，辖区内有丰富了历史遗产，有效发挥历史文化资源在城市文化发展中的作用历来是北京文化研究的主题。在对这一问题的讨论中，邱运华从一种较为宏观的视野，探讨了北京文化现代形态的发生及其论域。[37]他认为自清末至20世纪中叶，北京的文化的现代化经历了“三个彻底”，即彻底失败、彻底绝望、彻底否定，向以新社会运动、新思想运动、新文化运动为主要内容的“三新”进展转变的过程，这一转变标志着现代形态北京区域文化的框架基本形成，也构成了新北京文化建设最为直接的资源。与邱运华对北京文化整体性变革的分析不同，陈名杰以“曹雪芹西山故里”项目为具体的对象，对盘活北京文化资源为文化资本，创建北京文化新地标进行了细致的考察。[38]提出要通过产业化、品牌化、科技化、国际化的路径，推动包括曹雪芹和“红”文化在内的海淀西山文化事业和文化产业融合创新发展。如果说邱运华、陈名杰是在城市发展的实践层面对北京的历史文化进行的阐释，那么胡洪春则选取具体的文本，通过对清末民初京味儿小说中的北京书写，尤其是对八大胡同的描写，剖析了隐匿在历史更迭中北京城市的文化记忆。[39]可以说，通过对北京历史文化的多层面剖析与认识，进一步明确了北京在城市发展中对传统历史文化传承、转化的方式和作用。

从整体来说，人文北京的研究随着新的形势、新的实践、新的变化出现了新的问题，并取得了新进展。无论是文化治理能力和体系现代化，还是文化金融、文化消费，之所以能够在新的条件下突显出来并成为年度的热点问题，源于发展思路、发展路径的转化。正是在这一悄然的变革中，需要以一种新的架构、新的思考来指导和阐释实践，因此从这个层面而言，人文北京的研究在新的形势与需求下具有了无限生长的理论空间。

注：

①周晓菲：《治理体系和治理能力如何实现现代化》，《光明日报》，2013年12月4日。

②祁述裕：《推动文化管理向文化治理与善治的转变》，《人民论坛》，2014年第4期。

③金元浦：《文化体制改革向何处去?》，《人民论坛》，2013年第23期。

④余钟夫：《北京要率先推进城市治理体系和治理能力的现代化》，《城市管理与科技》，2013年第6期。

⑤胡欣欣：《专访国家文化产业创新与发展研究基地副主任陈少峰：文化事业和文化产业改革构成文化改革两大任务》，《21世纪经济报道》，2014年3月4日。

⑥陶东风：《激活社会与市场的活力》，《民主与科学》，2014年第2期。

⑦张晓明、章建刚等：《文化产业发展进入“换挡期”》，《中国文化报》，2014年5月14日。

⑧熊澄宇：《文化多元要全方位考量》，《中国文化报》，2014年4月5日。

⑨王家新：《关于完善文化企业国有资产管理体制的思考》，《财政研究》，2013年第8期。

⑩徐丽、崔燕：《北京文化创意产业国际化发展战略思考》，《商业经济》，2014年第1期。

⑪程立茹、周煊：《北京文化创意产业金融创新思路建议》，《人民论坛》，2013年第20期。

⑫范玉刚：《文化产业的风险特征与完善投融资体系研究》，《学习与探索》，2014年第6期。

⑬李东兴：《北京文化金融发展模式研究》，《中国发展》，2013年第5期。

⑭闫冰竹：《全力打造特色鲜明文化金融品牌》，《中国金融家》，2013年第7期。

⑮艾亚：《北京银行开拓“文化金融”之路》，《国际融资》，2013年第12期。

⑯金元浦、欧阳神州：《互联网金融模式下文化中小企业的融资》，《学习与探索》，2014年第6期。

⑰魏鹏举：《艺术金融亟待学理性和政策性建构》，《中国美术》，2014年第1期。

⑱吴华、向勇：《中国艺术品金融化模式研究》，《福建论坛》，2014年第4期。

⑲何群：《中国电影产业或面临的发展陷阱及其原因》，《电影艺术》，2013年第4期。

⑳江光华：《推进北京文化产业与科技融合的财政政策研究》，《科技管理研究》，2014年第4期。

㉑王亚楠、高书生等：《中国中心城市文化消费需求景气评价报告》，社会科学文献出版社，2013年版。

㉒周冲：《北京居民文化消费调查》，《前线》，2014年第4期。

㉓陈智国：《提振文化消费何处着力》，《投资北京》，2014年第3期。

㉔意娜：《4G元年：首都网络文化创意产业发展的机遇和挑战》，《创意世界》，2014年第1期。

㉕金元浦：《消费引领：补齐我国文化产业发展的短板》，《同济大学学报》，2013年第5期。

㉖温源：《激活文化消费 北京应带什么头?》，《光明日报》，2013年9月17日。

㉗何超琼：《保持北京文化产业优势》，《北京观察》，2014年第2期。

㉘张慧光：《文化消费如何带来新增长——拉动北京文化消费的思考与对策》，《光明日报》，2013年9月17日。

㉙刘绍坚：《北京促进文化消费的实践思考》，《北京文化创意》，2013年12月。

㉚金元浦、戴德鲁：《建设世界城市：中国路径?》，《新疆师范大学学报》，2014年第3期。

㉛向勇等：《世界城市建设中的北京城市意象构建》，《建筑与文化》，2013年第3期。

㉜李建盛：《北京公共艺术与首都城市文化建设》，《北京联合大学学报》，2014年第2期。

㉝陈少峰：《打造推动北京文化走出去的强大引擎》，《前线》，2014年第5期。

㉞李嘉珊：《世界城市视角下的“北京京剧”传承与“走出去”战略》，《中国经贸》，2013年第5期。

㉟洪涓、刘甦等：《北京与伦敦文化创意产业发展比较研究》，《城市问题》，2013年第6期。

㊱陈少峰：《重视文化创意产业的意识形态属性》，《前线》，2014年第1期。

㊲邱运华：《北京文化现代形态的发生和论域研究——清末民初（1898—1936）的文化史意义》，《北京联合大学学报》，2014年第2期。

㊳陈名杰：《创建北京文化新地标的思考》，《前线》，2014年第2期。

㊴胡洪春：《历史更迭与文化记忆中的北京——清末民初京味儿小说中的北京书写》，《焦作师范高等专科学校学报》，2014年第1期。

（作者：金元浦，中国人民大学教授；
王林生，北京市社会科学院助理研究员）

绿色北京

陈 剑 毛雪峰

一、重要的学术观点

2013年年初，我国多地遭遇严重雾霾天气，雾霾席卷东北三省、京津冀、陕西、河南、湖北、湖南、安徽及东部沿海部分城市，占据1/3国土面积，中央气象台一度将预警从蓝色提高到最高等级黄色。在这场遍及全国的雾霾过程中，北京市首当其冲，入夜后部分站点最高时甚至超过900微克，成为污染最为严重的地区。严重的雾霾天气成为公众最为关心的话题之一。2013年度，有关“绿色北京”的学术研究，集中在对雾霾成因的分析和治理方面。

2013年12月26日，中国科学院网站发表《“北京PM2.5化学组成及源解析季节变化”》研究成果，该课题由中科院大气物理研究所研究员张仁健课题组承担，参加研究的还包括环保部华南环境科学研究所、中科院地球环境研究所、北京大学、西安交通大学等，研究成果发表在国际期刊《大气化学与物理学》上。文章认为：北京PM2.5有6个重要来源，分别是土壤尘、燃煤、生物质燃烧、汽车尾气与垃圾焚烧、工业污染和二次无机气溶胶，这些源的平均“贡献”分别为15%、18%、12%、4%、25%和26%。中国网、新华网等大量媒体引用该观点，以《汽车尾气所占比例不到4%，汽车尾气对京城雾霾贡献不大》进行了报道。

对此，中国科学院大气物理研究所国家重点实验室学术委员会委员、复旦大学环境科学与工程系大气化学研究中心主任庄国顺教授提出质疑，因为课题承担者与提出质疑者均为国内相关领域的知名专家，所以引起了学术界的广泛关注。庄国顺认为，二次无机气溶胶的主要来源是汽车尾气的排放，仅这两部分相加，汽车尾气的来源就超过了20%以上。他认为，这几年工业排放没有增加，但是雾霾大大增加，从这一基本事实就可以看出，雾霾决定性因素来自于交通尾气的排放，今后治理雾霾应该从控制机动车排放入手。

北京市环境保护科学研究院院长潘涛、西南大学资源环境学院院长谢德体等专家支持以上观点。谢德体认为，当前中国不太合理的能源结构以及大量的城市机动车尾气排放是形成雾霾的罪魁祸首。此外，工业化和城镇化大规模建设的扬尘、大气环流和空气的对流等多个因素也是引起的雾霾的重要原因。

中国气象科学研究院研究员孙俊英认为，目前的雾霾不仅仅是燃油一方面造成的，除了粒径小于2.5微米的颗粒，粒径从2.5～10微米之间颗粒的浓度也很高。对此，中国气象科学研究院研究员王亚强认为，雾霾的主要的来源是人们的燃烧活动，从工业生产燃煤、汽车尾气、烧秸秆，到人们烹饪做饭、抽烟，甚至使用发胶，都会产生PM2.5。

中国科学院院士符淙斌认同以上观点，他认为，人为排放是造成大气污染的“元凶”，频繁出现的雾霾天气是污染物排放强、大气扩散条件差和跨区域输送等因素综合作用的结果；同时，天气、气候等大气的动力条件和热力结构对污染物的空间分布和时间演变起着十分重要的作用，解决相关问题亟须加强基础性科学研究。

针对北京空气污染的来源，学术界普遍的看法是，汽车排放的污染物占总污染物的20%左右，工业排放占17%左右，工地施工扬尘排放接近20%，此外还有来自北京以外地区的污染物。

对于雾霾的治理，学术界也有广泛的讨论。中国科学院研究员王毅认为，基于国内PM2.5的污染现状、发展趋势和治理经验，未来我国的区域大气污染控制应探讨构建区域环境综合管理体系，为此需要大幅修改现行《大气污染防治法》，为区域环境综合管理提供制度支撑；同时制定区域污染综合控制规划和应急计划，采取区域联防联控和精细化管理，通过综合措施和行动逐步改善区域环境质量。

北京减灾协会郑大玮认为，PM2.5大气污染需要综合治理。北京雾霾天气增多，大气污染严重是多种原因造成的，必须采取综合措施控制和减少污染源，同时创造有利于污染物扩散、稀释和降解的环境条件。既要有城市规划与制度建设的宏观管理对策，也要有监测预警响应等应急措施，并要与周边省区的行动统筹协调。他认为，对平原造林治理城区大气污染不可期望过高，树木具有一定的吸收和降解大气污染物的功能，但对于冬季减轻雾霾污染的作用十分有限，不可期望过高，“建设森林城市”的提法不符合国情和市情。

中科院研究员陈佐忠也从城市绿化的角度提出观点，他认为，北京市区有几百万或者上千万株树，每株树坑1平方米，就是几百万或者上千万平方米的裸露土地。大风一起就是沙尘来源。因此，要将裸露的土地尽可能覆盖起来，让黄土不露天。同时，要乔灌草结合，不应过分强调乔木的作用，要根据水资源特点，合理安排乔灌草比例。

有专家对比20世纪50年代伦敦雾霾和40年代“洛杉矶光化学烟雾”的治理情况，洛杉矶雾霾两天内造成400余名老人死亡，如今这两大世界城市的雾霾几乎完全消失，北京应该向这两座城市学习，借鉴其治理雾霾的成功经验。也有学者提出，应加强大气污染防治的基础研究：一是要通过学科间的交叉加强观测，认识污染形成的机理和输送规律，建立更好的模型来描述大气化学过程、大气动力过程和大气物理过程之间的相互作用；二是推动跨区域、跨部门之间的合作，通过区域间联防联控来提高污染控制成效，同时通过跨部门协作加强相关问题的治理和预警，重视建立针对重污染的预报预警和应急机制，由此提高应对能力。

中国科学院大气物理研究所研究员王跃思支持上述观点，他认为首先应从污染源头进行控制，在削减一次排放的 PM2.5 的同时，大力削减 PM2.5 的主要气态前体物 SO_2、NH_3 等的排放。不同地区 PM2.5 理化特性存在差异，所处气候带和气象条件也有所不同，因此联防联控需要同时对几个典型区域进行系统和全面的比对研究。

国家行政学院教授张孝德提出，北京可推行污染税解决雾霾问题。他认为，解决雾霾天气是系统工程，制度的创新是解决雾霾天气的最根本的措施。北京市空气是老百姓共有的资源，考虑自然资源资产产权制度的应用，某些高消费、高排量的群体和行为，就过多地使用了这个城市的空气，应该有所补偿，关键的环节就是税收。

针对园林废弃物资源化利用问题，北京生产力学会、北京工业大学的赵玙璠、钱健荣通过调查认为，北京市园林绿化废弃物资源化再利用的程度较低，大量的绿化垃圾没有得到很好的处理和利用。主要有以下两个原因：第一，收集成本普遍高于再利用效益，园林废弃物质地疏松，收集运输的经济成本和环境成本都比较高。第二，园林绿化废弃物再利用技术、设备均不是很完善。堆肥、制作食用菌菌棒等模式存在转化效率低，环境污染，占地面积大等问题。他们提出北京市园林绿化废弃物资源化利用方向应为生物质能源气化作燃料气。

二、重要的论坛和研讨会

8月7日，北京市基金管理办公室等单位举办“首都科技前沿论坛”。论坛主题：北京地区大气细颗粒物污染防控。针对北京地区大气污染防治，与会专家达成共识，专家认为：应明确大气污染排放清单，特别是氨排放及控制对策等研究并开展动态溯源；应加强燃油总量控制，深入开展重柴油车的替代技术和机动车排放的监管技术；应加强农村燃煤和餐饮业大气污染控制的研究。

9月26日，北京地质学会举办“北京市地下空间与可持续发展”论坛。与会专家认为，北京地下空间资源潜力巨大，目前的开发利用规模和速度较快，但综合效益和力度不充分，在功能形态、空间布局、职能体系等方面分散、孤立，缺乏有机整合。专家提出：应建立城市地下空间资源开发利用的综合体系，整合管理体制机制，建立国家和地方、部门统一的思路和理念并进行统合；建立全地下空间工作的管理体制与实施机制，推进地下空间基础信息系统建设和管理；开展大尺度和大深度的地下空间资源调查、评估，基于城市发展整体要素的地下空间需求演化机理和供需决策方法基础研究；近期应以轨道沿线和重要功能区为重点，出台重要功能区地下空间控规编制管理办法，统筹地上与地下空间，保护好城市生态环境。

10月16日，京津冀晋蒙五地科协共同举办“京津冀晋蒙环首都区域生态建设座谈会”。中国工程院院士徐祥德、任阵海等专家学者围绕环首都地区环境建设、京津冀晋蒙大气污染的主要成因和解决污染的主要途径进行研讨。北京环境科学学会谢绍东和程水源分别作“北京地区大气污染成因”和“北京及近周边典型城市 PM2.5 污染特征、成因与控制策略”的主题发言。

11月4—6日，中国工程院、英国皇家工程院共同举办“中英 PM2.5 与雾霾污染防治高端研讨会”。研讨会分为六个议题：空气质量与 PM2.5 污染：中英视角、空气质量与气候变化、空气质量法规与控制历程、PM2.5 污染观测与成因分析、PM2.5 和灰霾的来源分析和控制策略、大气污染控制技术途径。与会专家分析了中国大气污染的主要成因，并提出要解决环境问题，一要加强对大气污染综合防治的科学研究和战略咨询，为大气污染提供科学咨询和支撑；二要控制能源消费总量和调整能源结构，控制煤炭消费所占的份额；三要推动能源清洁开发技术开发利用。专家同时呼吁推动能源生产和能源消费革命，推动能源技术自主创新。

三、研究课题

《污水处理厂排放口影响区域环境调查》《氨氮排放与水环境质量关系机理研究》《河流氨氮分布规律及调控机制研究》系列课题是北京市环保局为确保“十二五”河流断面考核达标所设研究课题。课题主要内容：调查北京市下游北运河流域氨氮污染物的来源及贡献水平，掌握北运河流域的氨氮污染物排放清单；通过设计实验，摸清城市污水处理厂排放氨氮在河流中的迁移转化规律；利用水质模型方法优选出北运河出境断面氨氮达标方案。课题对本市完成国家断面考核指标具有重要的实际应用价值。

《生活垃圾焚烧设施温室气体排放核算指南》是北京市发改委节能低碳标准研究课题。课题主要内容：结合节能低碳管理的需求，调研北京市生活垃圾焚烧厂的生活垃圾来源、处理规模、生活垃圾特性、焚烧设施管理水平等；通过实测方式确定碳含量、矿物碳比例、燃烧效率等关键因子，确定生活垃圾焚烧设施排放因子；以北京市为案例区，开展生活垃圾焚烧温室气体排放的方法学研究，在此基础上编制方法学指南。课题的开展有助于推动温室气体排放清单工作，规范和建立适合国内城市的垃圾焚烧源温室气体清单方法学体系。

《北京市生态环境状况评估以及对大气、水环境的影响研究》是北京市环境保护监测中心课题。课题主要内容：结合北京市实际情况和生态环境管理需求，针对性开展北京市重要生态功能区（风沙源区、水源地、自然保护区）生态格局、质量、功能、问题、胁迫状况及其变化特征；系统评估十年来北京市生态保护与建设在大气、水等环境质量持续改善方面所发挥的作用和存在问题。课题价值：掌握过去十年北京市重要生态功能区（风沙源区、水源地、自然保护区）生态环境状况及其变化的第一手资料；揭示生态保护和建设与水、大气等环境质量持续改善之间的耦合关系；推动形成北京市定期生态环境状况调查评估体制机制，为“绿色北京”和生态文明建设提供决策依据。

《北京市自然保护区基础调查与评价》是环保部生态司课题。课题主要内容：第一次全面、系统地针对北京市自然保护区开展基础调查，摸清北京市自然保护区基础情况，取得北京市自然保护区资源环境本底以及建设管理的系统数据资料，为进一步加强北京市自然保护区的规范化建设和强化监督管理提供基础依据。该课题有重要的实际应用价值。

《北京市林果乡土专家科技示范园基地建设课题》由北京市林业工作总站承担。课题主要内容：在全市范围内筛选出15家各具特色的乡土专家示范园，进行有机栽培、节水灌溉、土壤改良、精细修剪、病虫害综合防治等5种技术模式示范和推广；采取“农民进城培训、专家进村指导、热线电话咨询、网站答疑解惑、观摩交流座谈”等方式，对首批“林果乡土专家”的重点种植大户进行科技服务。

四、重要项目

“北京地区民用燃煤及扬尘污染控制关键技术研究与示范”科技项目是科技部应急启动项目，由北京市园林科学研究所等单位承担。项目主要内容：编制北京市大气污染源排放清单研究与示范，制订北京及近周边地区农村燃煤减量化和替代化技术方案与示范、北京地区扬尘抑制技术研发及示范应用。

“风力发电机组动态建模”国际项目是科技部国际科技合作项目，由北京交通大学承担，合作方是丹麦奥尔堡大学能源技术科技学院。项目内容：搭建风电机组半实物仿真平台，对整机部件相互影响及优化控制策略进行研究，可将发电量提升2%；设计具备独立知识产权的1.5MW双馈风电变流器、2MW直驱风电变流器、3MW/3kW高压风电变流器；对接外专局高端外国专家计划，引进国际知名专家瓦斯里奥·安吉里狄（Vassilios Agelidis）教授。

“采用餐厨废弃物制备生物腐殖酸的技术与工艺”项目由北京市有机废弃物资源化工程技术研究中心承担，获第十五届中国专利奖金奖。项目主要内容：研究开发有机废弃物资源化的共性关键技术、创制有机新资源产品的国家标准、行业标准；通过生物装备工业技术进行精准生物降解，将有机废弃物转化为工业化高品质碳肥；解决农业单纯依靠施用化肥带来的土壤退化、农业面源污染等问题，开创餐厨废弃物资源高效利用的绿色通道。

“温室穴盘苗自动化移栽装备的新产品推广”是国家星火计划项目。项目主要内容：根据温室穴盘苗发展的需求，针对穴盘苗移栽装备缺乏的现状，借鉴工业绿色制造设计理念和方法，对穴盘苗自动化移栽设备制造通用性、适应性、模块互换性等关键技术进行开发，研制出高性能、低成本的设施苗木自动化移栽设备；对不同作业对象的适应性与工艺进行研究，开发出系列化、模块化的温室穴盘苗自动化移栽设备。项目的实施，对提高育苗专业水平、推动高品质苗木生产具有重要作用。

“北京绿色农产品（果蔬）供应链科技示范”是国家星火计划项目。项目主要内容：面向京郊农民合作社、超市、社区便民菜店等终端网点，培育安全农产品生产基地，推进农产品（果蔬）供应链成员之间在技术、市场等方面的合作；解决京郊农产品（果蔬）供应链存在的质量安全、数量安全和流通成本高问题，保证首都农产品安全供应；集成开发品牌物流配送、保险监管等八大系统，开展农产品品牌市场终端服务体系和批发市场增值服务体系建设工作，实现安全追溯、品牌打造、金融支持等服务功能。项目具有良好的示范作用和推广价值。

“食用菌工厂化高效生产节能技术集成与示范”是国家星火计划项目。项目主要内容：以北京国家现代农业科技城昌平园为平台，集成节能增效关键技术及其配套设备，形成适合我国国情的食用菌工厂化生产高效节能新技术；针对食用菌工厂化生产，集成湿帘调温、地热能源高效利用以及菌渣燃料高效利用等节能增效技术，实现核心示范区能源利用率。

五、政策建议

针对北京市大气污染治理，中科院大气物理研究院王庚辰建议：借鉴国内其他城市已有的地方性政策法规和工作经验，制定适合北京发展的地方性法规和政策；建立和完善环保部门的监管体制和管理问责制，强化执法力度和空气污染防治工作的法律地位；市环保部门组织专业团队，研究当前北京经济和社会发展以及环境空气污染的现状，明确当前污染防治工作面临的问题和难点，调整经济、社会发展与资源利用、环境保护的关系，创新城市发展模式；建立第三方考评机制，对环保工作做出客观公正的评价。

中国科学院研究员许志宏、罗世民、艾箐等建议利用氢能减少PM2.5的排放。具体建议如下：在石油炼厂内，利用加氢处理和加氢裂化，使油品利用范围增加，提高产品质量，降低PM2.5的排放量；在石油化工行业中，将现在采用的间接加热裂解，变为直接燃烧氢氧加热裂解，从而节约能源，减少合金钢的使用量，减少CO_2和PM2.5的排放；采用直接燃氢汽轮机代替直接燃煤发电，完全消除发电厂的PM2.5排放，同时将CO_2送入地下废矿区，进行永久性存储，减少CO_2的温室效应，降低未来缴纳的碳税。

就如何更好地管理和控制北京市的城市雨洪灾害，《北京科协》（2013年第9期）提出建议：工程规划方面，建设专门应对超渗超排雨水的内涝防治工程体系，建立滞蓄区和有调蓄功能的泵站，将部分城市水系的河道渠系纳入到雨水集水和利用系统进行统一规划；机构管理方面：成立北京城市排水管理中心、市政府层面的城市雨水管理与内涝防治总体规划编制领导小组，完善应对城市内涝的预警和应急管理系统，建立共同参与城市雨水管理及内涝防治的体制和机制；政策法规方面：制定并完善城市雨水管理及内涝防治的政策、法规体系；科研与公众教育方面：加强城市雨水管理与内涝防治的科学技术研究、城市内涝灾害防范的宣传教育等。

节减有源、减少排放是推动“绿色北京”的一个内容。针对北京的交通现状，中国铁道科学研究院老科协提出北京发展现代有轨电车的建议。具体建议如下：北京14个卫星城和10个边缘集团，如回龙观、望京、天通苑、平谷、通州、大兴等，建设现代有轨电车交通线路作为已有地铁的接驳线；建设机场与枢纽客运站间的联系通道，对建设首都机场与北京各客运枢纽站的轨道交通联系通道进行论证，规划地铁方案或现代有轨电车交通方案；建议对快速公交改造成现代有轨电车交通线路的可行性进行论证；建设以丰台火车站为中心的轨道交通枢纽；景区观光线和景区间以轨道交通加以连接。

中国工程院院士王如松提出“建设五位一体生态文明首善之都的建议”。具体建议如下：第一，生态卫生五化工程，在北京选择1～2个人口在20万左右的区域，系统开展生活垃圾分类收集——分类运输——分类处理体系、垃圾计量收费体系、有机垃圾就地处理与绿地资源化利用工程、废品规范化回收体系、棚户区改造与拾荒民工组织等方面的生活垃圾综合管理示范。第二，生态水脉活化工程，重视生态占用地，保证洪水调蓄湿地的生态服务功能；适度恢复海淀区的“淀”和奥运森林公园“洼里”的“洼”；重视海水淡化进京。第三，生态交通疏导工程，通过空间减压、时间交叉、行为诱导、分时段限制非公交车流量、鼓励多户拼车、推进生态交通产业建设等方式，优化交通系统。第四，生态保健养生工程。建议将生态健康产业确定为北京未来民生事业发展和社会和谐的支柱产业。第五，生态基础设施工程。第六，首都区济共生工程。第七，人才储备与人口生态疏散工程，利用北京劳力智力积压过多的态势，建立人才储备库，成建制地输送到外地去联合开发新兴产业，疏解北京过密的人流（可保留北京户口）。第八，蓝天碧野生态空间涵养工程。第九，生态资产监测与生态物业管理工程，建立和完善城市湿地保护法规，建立起上下游、地区之间和就地“生态补偿”制度。第十，社会联动生态文明志愿者网络工程。

北京市测绘设计研究院常务副院长杨伯钢、顾娟提出“开展北京城市绿化系统动态监测”的建议。具体建议如下：建议由园林绿化和规划行政主管部门共同负责，开展北京市城市绿线划定、钉桩工作，建立城市绿化系统动态监测体系，评估绿化规划实施情况，评价绿化工作对改善城市生态环境的影响；跟踪第一道绿化隔离带地区建设与保护情况，为调整改进第一道绿化隔离地区绿地建设提供参考；摸清第二道绿化隔离地区绿地建设情况，为推进第二道绿隔功能升级提供科学依据；建立平原森林本底数据库，实现平原森林的全生命周期、精细化管理；建立北京城市绿化资源信息管理系统，利用现代化科技手段提升城市绿化系统综合监测管理水平。

针对低碳城市建设，中国城市科学研究会秘书长李迅提出以下建议：第一，制定城市发展的目标模式，将生态城市作为未来城市发展的目标；第二，生态城市的理论发展，应强调生物的多样性和循环发展；第三，改变城市发展模式，由线性的转为循环的发展模式，这是生态和低碳的核心；第四，研究生态城市建设的路径，建立目标体系；第五，完善政策体系，制订一系列的奖励政策，鼓励太阳能屋顶、供热改造、绿色建筑等。

资料来源：

北京市人民政府、北京市发展和改革委员会、首都科技网、北京市环保局等相关网站，百度网站新闻栏目、《中国环境报》等。

（作者：陈剑，北京改革和发展研究会会长、研究员；毛雪峰，北京改革和发展研究会秘书处主任、经济师）

科技北京

陈　剑　毛雪峰

一、有关“科技北京”的重要观点

中共十八大提出：必须把科技创新摆在核心位置。如何把科学技术创新理念融入现代城市管理，促进北京城市建设，是2013年度北京学术界的一个重要话题，不同领域的专家学者从不同角度解读这个话题，提出不同的观点和看法。

北京市科学技术研究院院长丁辉认为，服务的精细化和标准化是服务创新的两个根本方向，二者的关系已超越耦合、凸显一体化特性。他认为，信息化对整体和细节的把握带动了标准化的持续改进，为产业化的模式创新、精细管理等理念的真正实现找到了载体。信息技术创新丰富了标准化的创新范畴，标准化继而提升了产业化的品质和水平，两者缺一不可。

首都经济贸易大学城市经济与公共管理学院院长段霞认为，新时代的发展要求城市管理者以让百姓幸福安康和惠及子孙的发展理念，思考世界城市建设目标与战略任务；在资源环境、空间布局、产业规划、人才培养、社会管理等城市发展的各个领域制定与时代相符的政策；疏解中心城区的压力，合理进行产业布局。

中国社会科学院城市发展与环境研究所研究员魏后凯认为，城市管理者必须科学把握城镇化的规模、速度、节奏，走渐进式城镇化之路，注重大中小城市和小城镇协调发展，走多元化城镇化之路；高效集约节约利用资源，走集约型城镇化之路；同时要充分发挥城镇特色和优势，形成合理分工的城镇化新格局。

中国标准化协会副理事长王忠敏论提出，城市规划中的标准需要注重城市共性的标准化与城市个性的保留；民生工程的标准化必须建立在对环境、住宅、交通和医疗等优先规划基础之上；城市产业的标准化需要根据企业特点有针对性的推行标准化战略，同时处理好环境与发展的关系；将城市管理标准定为管理者是否创造了有利于人居的生活环境，以及促进经济发展的产业优势。

以科技手段促进北京的环境建设，是科技北京学术讨论的一个重要话题。针对这个话题，从政府管理层到学术界有也有不同的观点。北京市政市容管理委员会主任陈永认为，推进北京环境建设科学发展需要把握以下三点：第一，推动环境建设文化理念创新，促进环境建设资源整合；第二，推动信息网格化城市管理创新，促进城市管理协同发展；第三，坚持寓管理于服务之中，促进经济社会发展与城市功能完善相协调。

北京城市运行与发展研究中心主任陈锐认为，想要更好地建设城市环境，城市管理者应做到：建立标准体系和管理体系、营造绿色空间、发展绿色环保产业以及调动公众参与积极性。针对管理者的政绩考核中应设计分类、分区、分序、分时和分责的城市环境综合考评制度，使考核不流于形式，不流于暂时的目标价值导向，进以推进城市环境的良性发展。

北京市经济和信息化委员会副主任童腾飞认为，科技北京要落实三个主体：第一个是市民要数字生活，第二个企业要网络运营，第三个是政府要整合服务，政府是管理者，要把服务提供给社会。他认为，未来北京城市管理信息化的重点领域有以下十个方面：城市应急管理体系、交通信息化体系、社会安全信息管理体系、市政市容信息化平台、水资源信息管理系统、安全生产监测体系、节能减排监测管理体系、医疗卫生综合信息平台、农产品与食品安全监管系统、科技服务信息管理系统。

针对城市信息化，国家工信部信息化推进司副司长秦海认为，城市信息化要走基于驱动的发展转型之路。从信息通讯技术的角度看，信息通讯技术恰好是观念流动的载体，是市场范围扩大的探测器。而基于信息通讯技术的经济发展和城市发展转型，更加使得不同产业部门的技术进步可以因循以技能为基础的方向，从而为有效制度的学习、模仿和培育开辟了适应性的空间。因此，加快信息化发展，是全球化和城市化加快发展进程中从传统经济增长走向新的经济增长的传送带。

二、重要论坛和研讨会

5月23日，“科技创新与城市管理论坛”。论坛三大主题：“科技创新与标准化协同发展”“信息化在城市管理中的创新应用”“城市创新发展与区域环境治理”。与会专家主张利用现代创新科技实现城市科学管理，利用标准制定规范城市建设，从建设世界城市的战略高度审视现状。

7月30日，“知识产权服务业发展情况”专题研讨会。与会专家认为：应当加强知识产权在技术交易和转移中的作用，建设技术交易和技术转移聚集区，活跃技术交易和转移市场。专家提出：应当通过资金补贴、促进服务模式创新等方式加大对知识产权服务业，尤其是新兴服务业态的支持；加强知识产权服务业高端人才队伍培养，设立相关优惠政策，吸引优秀人才进入知识产权服务业；针对北京市重点产业，打造专业化的技术转移服务链。

8月28日，“北京高性能金属构件激光增材制造科技创新与产业发展”研讨会。北京市科委郑焕敏认为：北京3D打印产业应加强政府引导，集聚资源，合力推动3D打印技术成果转化及产业化，带动产业链上下游以及相关领域协同发展；先期以在国际上具有比较优势的“大金属构件3D打印”为切入点，推动“三航”线的发展，在推进过程中应尤其重视体系建设和机制创新。与会专家认为，通过组建领衔专家团队，建立增材制造创造研究院机制，是协同推进北京高性能金属构件激光增材制造科技创新与产业发展的重要举措。

10月16日，“北斗、遥感等空间信息细分领域应用创新和产业培育”研讨会。针对北京当前遥感技术的发展，与会专家认为：应推动融合发展，包括导航与通信技术融合、北斗与GPS融合、天机与地机融合、时空一体化融合以及室内外无缝定位技术的融合；重点考虑推动北斗在解决北京交通拥堵、网购物流行业和老年关爱等领域的应用；卫星遥感数据太专业，信息量丰富，需要建立平台支撑，北京市需侧重推动跨界合作。

10月17日，“第五代移动通信技术（5G）专家研讨会”。针对当前北京在5G技术方面的发展状况，与会专家认为：国内在研究5G方面具有很大的经济优势、技术优势，5G技术目前还处在技术研讨的初始阶段，多天线技术、密集网络技术、全双工、低时延高可靠性网络技术及新型的网络架构技术将是研究和突破的一个方向，北京市应凝聚整合北京高校、科研机构与企业优势资源的有效结合，推动5G相关技术的发展。

10月18日，“北京市软件产业发展研讨会”。与会专家认为：移动化、平台化、服务化是未来软件产业发展的主要趋势，北京市应保持软件产业的优势地位，结合“基于移动通信和互联网的应用创新服务及产业培育计划”，进一步有效实际的推动软件产业的发展，并加强软件技术与各行业的融合。

10月29日，“高端装备04专项可靠性专家研讨会”。与会专家认为：高端装备的可靠性是系统性的工程，北京市应先做好顶层设计，明确未来3—5年的工作重点，并分阶段、分层次展开工作，可先结合04专项成果推进各主机厂和功能部件厂落实可靠性方面的标准、规范研究。

11月12日，“CNESA液流电池”研讨会。国家973液流储能电池重大基础研究项目首席科学家张华民做“液流电池技术与发展”专题报告，他认为，液流电池产业发展的总体思路应是围绕电池材料、核心部件、储能系统和应用领域四个层面，根据面临的具体挑战性问题设定不同时期的发展目标，在技术突破的前提下，逐步建立完整的产业链，形成产业规模。与会专家赞同张华民教授提出的观点，认为应借力中关村储能产业技术联盟平台，各自着力重点环节的研发，形成合力向外界传递更强的声音，为液流电池争取更大的话语权；在储能技术升级方面得到国家产业政策的支持，建立良好有序的液流电池市场环境。

三、研究课题

《北京科技咨询年度发展报告（2011）》由北京科技咨询业协会承担，2013年验收结题。课题内容：围绕北京市科技咨询业及科技服务业的发展现状，从行业总体规模、发展趋势及存在问题等方面进行分析和研究。研究结论：北京市科技咨询业规模增长快速，截至2011年，规模以上（年收入500万元以上）科技咨询企业1459家，同比增长11.12%；收入总额为941.66亿元，同比增长26.45%；从业人数为14.24万人，同比增长16.55%；上缴税金43.77亿元，同比增长23.38%，其快速发展对北京市人才就业、财政收入等方面具有显著带动作用。咨询业的产业化、规模化、专业化、国际化发展，将对北京经济社会发展发挥出更加重要的作用。课题建议北京应加强科技咨询产业前瞻性研究、加大政府信息资源开放力度，多角度推动科技咨询业的发展。

《农业国际合作交流资源服务平台建设》由中国农业科学院承担。课题内容：建立北京农科城国际合作交流资源服务平台，建立基于先进的WEB GIS地图管理系统绘制的农业资源“分布图谱”，实现“分布图谱”数据库自助建库、统一检索、农业技术供需对接功能，包含有8大类17个数据库；建立农业知识产权价值评估技术体系模型，使用专家打分法和层次分析法确定农业专利和农业植物新品种权的权重，对专利和品种权的价值做出决策；召开APEC农业技术转移大会，从技术转移概念、特点、战略目标出发，研究美国、法国、德国、日本、欧盟等全球国家及组织技术体系发展的现状，对中国农业科技产业化的国际比较和国际技术转移交流平台的渠道建设，以及技术转移模式进行探索，提出北京国家现代农业科技城农业科技成果与技术转化模式和运行机制。

《首都粮食应急保障关键技术研究与示范》由北京市粮食局等单位共同承担。课题内容：针对应急储备成品粮（大米）过程中重要关键技术和难点进行研究和示范，在储藏技术、出入仓技术与设备、真菌毒素快速检测技术、绿色保质技术、应急保障供应体系等方面取得一批研究成果，其中基于可唤醒技术的温湿度检测技术、基于胶体金技术的呕吐毒素和玉米赤霉烯酮快速检测技术在粮食仓储行业属于领先水平，对提升北京市应对突发事件能力作用明显。

《食品中毒副作用添加物残留物鉴别技术研究》由北京市食品安全监控中心、北京市海淀区产品质量监督检验所共同承担。课题内容：针对豆制品、调味品、饮料、肉及肉制品、乳及乳制品五大类食品，利用超高效液相色谱串联质谱技术，建立50种工业染料、31种常见毒物、120种药物残留筛查技术和快速筛查谱库，在北京市食品安全技术保障体系中进行示范应用；针对回收油脂鉴别难点，选定5个特征性指标并建立相应的检测方法，建立回收油脂的组合鉴别方法。该课题为有效监管重点食品和回收油脂、维护消费者身体健康提供有力的技术支撑。

《单细胞测序新技术应用》由北大第三医院生殖中心、北大肿瘤医院胸内科等部门专家承担，课题刊登在《细胞》（*Cell*）以及美国《国家科学院院刊》杂志。研究成果：通过对极体细胞进行单细胞测序，可无损地为人工体外授精选择出基因正常的胚胎，该方法应用于临床有望提供安全、准确且廉价的胚胎筛选方法，提高现有试管婴儿技术的成功率（30%提高到60%）；通过单细胞测序手段，实现癌症病人外周血单个肿瘤细胞（CTCs）的全基因组及外显子组测序，对于揭示癌症转移的分子机制具有重要意义；提供的非侵袭性检测手段，为肿瘤的疗效评价、预后判断以及个体化诊断治疗提供及时可靠的依据。

《脑卒中诊疗技术规范研究》是首都十大疾病科技攻关重点领域项目，由首都医科大学附属北京天坛医院等22家医院共同完成。课题成果：建立13项脑血管病诊疗技术规范，开发适合各级医疗机构使用的诊疗路径与标准的操作流程并由卫生部国家脑卒中医疗质量控制中心向全国颁布；制定的“缺血性脑卒中诊断和诊疗质量控制标准”成为卫生部行业标准并向全国推广；搭建统一的、与国际接轨的北京脑血管病临床研究公共平台；在重大科技项目组织模式上进行创新，形成北京脑血管疾病研究网络，引入在新药评价中广泛应用的独立的第三方监管（CRO）。

《中医治疗顽固性疾病——银屑病研究》由首都医科大学附属北京中医医院联合10余家三甲医院共同完成。课题成果：首次制定运用中医理论制定、西医认可并应用于临床的银屑病诊断分型标准，实现中西医的融会贯通；优化中医治疗银屑病方案并制定银屑病治疗指南，被国家中医药管理局等单位采纳并向全国进行发布和推广；应用该项研究的成果可使银屑病治疗有效率由59%上升到77%，1年复发率由25%下降到20%。该研究成果不仅适用于三甲医院，基层医院也能熟练掌握并应用。

四、重要项目

“国家现代农业科技城成果惠民科技示范工程”专项由北京市科委启动实施。项目聚集北京市29家农业企业、科研院所等科技单位，支持开展畜禽繁育、水产养殖、新品种选育、生物制剂研发、物联网集成、成果托管平台建设等课题，在籽种产业、首都“菜篮子”保障、现代农产品物流体系、循环农业发展等领域取得成效。项目内容：开展籽种产业科技支撑促进工程；开展首都“菜篮子”保障科技示范工程；开展现代农产品物流体系建设科技示范工程；开展循环农业发展关键技术研究与示范。

“中芬基于LivingLab的智慧设计创新网络平台研发与应用示范”由北京邮电大学、芬兰阿尔托大学合作实施。项目内容：面向实际生活需求，引入普通市民参与到创新全过程，通过开发工具与方法，优化用户需求的理解和认知；建设中芬智慧设计LivingLab联合实验室和LivingLab社区工作基地，推动成立北京老龄服务产业创新联盟和中芬智慧校园创新孵化联盟ASCII；在Web of Things等开放式物联网平台的研发中取得技术突破，并在绿色节能楼宇服务、移动泛在教育服务、二维码教育教学服务、物联网实验教学服务等方面进行应用示范。

“纳米技术与理论计算相结合的环境监测方法合作研究”是国家国际科技合作专项由北京工业大学、意大利图西亚大学（Tuscia）合作实施。项目内容：通过与意方在生物科学检测领域合作，利用反向虚拟筛选技术，针对污染物分子，筛选出可结合二噁英、多氯联苯、滴滴涕有机污染物分子的潜在蛋白质靶标，项目在研期间共申请国家发明专利8项。

“高效低成本汽车排放控制技术及其关键材料研究”是北京市自然科学基金资助重点项目由北京工业大学研究人员承担。项目内容：“建立贵金属纳米粒子合成新方法—超声膜扩散法”，实现贵金属纳米粒子、储氧材料和纳米三效催化剂的公斤级制备。该项目研究的高性能催化剂关键材料应用于汽车生产中，可减少汽车尾气中氮氧化物（NOx）的排放量；项目的研究成果对于推动汽车环保技术发展，有效控制城市环境中PM2.5排放量等方面具有重要的意义。

“地铁列车在隧道内着火后继续行驶的火灾安全控制研究”是北京市自然科学基金重点项目，由北京交通大学研究人员承担。项目内容：发明隧道内运动体火灾模拟实验装置，通过静止火源和运动火源模型实验和数值模拟完成对地铁隧道列车火灾的燃烧特性和烟气流动规律的研究，重点研究回燃产生的决定因素、临界条件和突变特征，提出火灾下隧道内地铁列车合理运行车速。项目研究的地铁隧道列车火灾特性及着火后继续运行的优化速度对地铁安全控制运行及应急救援具有重要参考意义。

五、政策建议

2013年10月28日发生的北京天安门吉普车冲

撞金水桥恐怖袭击，将北京的防恐工作提上重要日程。如何利用高科技手段防范恐怖袭击，保护民众的人身安全，成为学术界热议的话题。一些专家认为，与爆炸、放火、车辆冲撞等显性的恐怖袭击手段相比，利用病毒、杆菌等生物制剂进行的隐性恐怖袭击造成的危害范围更大、持续时间更长，因此，利用生物进行恐怖袭击是世界各国高度关注的问题。

针对上述问题，军事医学科学院研究员郑涛认为，北京应增强反恐维稳科技支撑，提高北京市生物防御能力，加快北京生物防御产业发展。具体建议如下：对北京市外源和内源生物风险进行全面梳理和分析，鉴别风险来源、等级和潜在危害后果，明确防御能力与应对措施差距和不足，确定加强生物安全能力建设的发展目标和重点方向，论证制定《北京市生物安全能力建设规划纲要》；把生物防御产业确定为北京市战略性新兴产业，建立特殊生物威胁防御产品产业化基地，重点发展防治烈性传染病和新发传染病的疫苗药物研制与储备、诊断技术与产品、信息收集分析处理监测预警技术等，为首都生物安全提供产业保障；建立协同创新机制，建设国家级生物安全骨干机构网络，成立生物防御产业创新技术战略联盟，为首都安全提供科技支撑；发挥北京市域国防研究机构优势，把北京市生物防御产业发展作为深化军民融合机制探索的示范，为首都安全提供机制支撑；对北京市发展生物防御产业的创新体系、产业布局、市场定位等进行全面系统研究，形成《北京市生物防御产业创新体系建设战略纲要》；在北京建立生物安全科普教育体系和专业培训基地，促进相关科普宣教材料和影视作品制作，形成《北京市生物安全科普规划》，发展北京生物安全科普产业，提高民众应对生物威胁的能力。

纳米技术是具有重大战略意义的新一代共性技术，北京市在纳米科技方面已形成辐射全国的格局。针对北京纳米技术发展，国家纳米科学中心任红轩认为，北京具备发展纳米科技的各种资源优势，北京可以从宏观、中观和微观等 3 个方面进行发展布局。具体建议如下：宏观层面，将“国际一流、高端引领”作为纳米科技产业总体发展目标，构建国际一流的纳米科技创新中心、构建纳米科技成果的批量快捷转化通道，把北京打造成国内纳米科技创新中心制高点、国家级纳米科技成果批量转化示范基地；中观层面，加快纳米科技企业孵化器的建设，为入驻企业提供公共检测平台、融资平台、孵化平台、法律服务平台、信息化平台、知识产权平台等一揽子解决方案，加速纳米科技企业的发展；微观层面，为企业提供政策申报、产学研对接、投融资对接、人才招聘与培训等专业服务。

北京市社会科学院副院长赵弘认为，中关村创新能力的提升，目前面临着地区利益与全国利益的矛盾、总部经济的矛盾、体制机制的矛盾等严重的瓶颈约束，针对这种情况，他提出建议：共建机制，实现双赢，中关村应该在首都经济圈范围内经济探索，在 GDB、税收分成等体制机制方面为政府的服务给予保障；北京土地资源稀缺，中关村发展应提高集约化，制定严厉的金融标准和退出机制，使得优质资源能吸引优质企业使用；参考青岛高新区等地区的模式，通过开辟新的空间，投资、人才、规划等全部由管委会决定，解决体制矛盾，实现快速发展。

科技北京，首先是人才的培养和引进问题。中国科学院老科协理事长陈金城认为，北京当前人才流失非常严重，建议：加大财政投入力度，引进高端人才，改善高素质人才的工作和生活环境，加大科研经费的投入，吸引高端人才；加强对北京的研究院、研究所的全方位关注，组建“北京国际人才争夺小组”，由该小组统筹（主管部门如人事、教育、行政等部门）全局，制定政策，组织实施人才引进与流失的有关政策问题；有计划在北大、清华等名校和有条件的高校，分别设立数、理、化等学科“个性化专科班”；在北京教育主管部门领导下，成立“深化北京教育改革”调研组。

针对北京高端产业的引领作用，北京生产力学会副研究员要哲认为，应立足北京优势领域和特色，集成信息与生物技术，培育专业化的医疗健康服务企业，形成商业规模和新的经济增长点。具体建议如下：在北京生命科学园、亦庄北京经济开发区、大兴生物产业基地等生物产业聚集区吸引配套的信息技术企业，将能否提供完整的医疗健康服务信息解决方案作为招商引资、新增项目的遴选依据；建立医疗机构和电信运营企业的联系，建立“医疗云”“智慧医疗”等医疗健康服务试点，通过云计算平台推动医院与医院、医院与社区、医院与运营服务企业、医院与家庭之间的信息共享，形成有利于医疗保健方案、服务及经验交流的新型服务方式；支持建立新型医疗健康服务技术创新联盟，率先开展相关标准规范的制定。

科学规划是解决北京交通拥堵、解决北京大城市病的重要举措。钢铁研究总院高级工程师陈兆定认为，河北省涿州市是北京南大门和进京窗口，往返客流量很大。他建议北京市政府应尽早与河北省涿州市政府协商，修建北京至涿州的城铁，促进两地经济全方位发展。

针对北京城市轨道交通建设，中国铁道科学研究院研究员刘启琛认为存在现有设计力量不足、有经验的施工力量奇缺等。他提出如下建议：建设规模和建设速度要掌握“长期安排，积极推进，量力而行”的原则；掌握核心技术，实现轨道交通设备国产化；组建大型设备的租赁公司，通过租赁费用回收偿还先期投资；建立城市轨道交通工程后评估体制；编制城市轨道交通技术政策；建立以“电力和燃气”为主要能源的城市交通体系，提高地下铁道建设过程中客流预测的前瞻性和准确性，规划建设与地铁相配合的地面骨干轨道交通体系，将公共停车库（场）纳入城市规划。

资料来源：

北京市人民政府、北京市发展和改革委员会、首都科技网、北京市科学技术委员会等网站，百度网站新闻栏目、《科学时报》等。

（作者：陈剑，北京改革和发展研究会会长、研究员；毛雪峰，北京改革和发展研究会秘书处主任、经济师）

北京城市建设和管理

孟　斌　郑丽敏

2013 年是全面贯彻落实党的十八大精神的第一年，面对经济下行压力较大、人口资源环境矛盾凸显的复杂形势，北京市全面推进首都生态文明建设，努力改善城乡环境，坚持建设与治理并重，着力解决突出问题，增强城市运行保障能力。在注重发展的整体性与协同性的同时，全力推进各项重点工作，促进城乡区域一体化发展，加强和创新社会管理，加大重点领域和关键环节改革力度，增强经济社会发展活力。

一、重要学术会议简介

2013 年 1 月 11 日，中国智慧城市年会在北京举行。此次年会以“聚焦绿色智慧，助力城市发展”为主题，将目光投向智慧城市的规划、建设、评测等各个方面。年会上正式成立了“中国智慧城市发展促进工作联盟”。该联盟旨在透析智慧内涵、完善服务链条，打造产业整合、力量会聚、产学研用相结合的智慧城市工作平台。目前，联盟已汇集了北京、上海、广州、深圳、厦门等 17 个地方城市以及中国联通、中国电信、东软集团、大唐电信、太极计算机、软通动力、宽带资本等十余家主流 ICT 企业的力量，计划组织开展智慧城市评估指标体系研究、智慧城市重点领域建设指南编制、智慧城市培训和体验中心搭建、智慧城市产业政策和标准体系研讨等工作，为我国智慧城市的建设与发展提供支撑。

2013 年 3 月 31 日—4 月 3 日，国际立体绿化与美丽城市建设论坛在北京举办。本次大会突出贯彻党的十八大精神，研究部署建设美丽城市的重大课题。立体绿化学组负责承办立体绿化与生态文明论坛和立体绿化专题展览，这次大会是建筑行业科技含量很高的盛会，立体绿化学组同期举办：国际立体绿化与美丽城市建设研讨会，与绿色建筑生态低碳城市建设的领导和专家一起交流互动，促进合作，让城市更生态、生活更美好。

2013 年 5 月 10 日，由城市与区域生态国家重点实验室和北京城市生态系统研究站组织的“2013 城市生态学术研讨会”在北京顺利召开。会议主题是“城市生态系统格局和过程演变规律与生态管理方法”。本次会议就以下三个方面展开深入广泛的讨论：（1）城市绿地格局与生态效应；（2）城市生态过程、生态效应及风险；（3）城市生态系统服务功能、恢复与管理。

2013 年 5 月 23—24 日，智慧城市论坛在北京举办，主题为“人文 · 拓展 · 创新——智慧城市建设之实践”。其宗旨是：深入探索智慧城市创新服务理念，积极拓展新型服务模式，共享智慧城市建设实践经验，畅谈智慧城市生活远景，纵论智慧城市对产业转型升级的促进与影响。

2013 年 9 月 12 日，2013 年世界旅游城市北京香山旅游峰会暨第二届理事会在北京会议中心开幕。世界旅游城市联合会 107 个会员单位中，有 102 个会员单位出席会议。会上发布了《北京共识》，为建设世界旅游城市公共服务标准体系奠定基础。据悉，世界旅游城市体验中心将落户北京国际雕塑公园，建成后，将有北京、洛杉矶、布宜诺斯艾利斯、巴塞罗那、香港等 60 多个城市的旅游 3D 影像、旅游风景图片及城市吉祥物在这里展现，游客将能够身临其境地体验到世界各大旅游城市的旅游资源。日常这里将开展旅游体验、从业人员培训、学术研究等工作。

2013 年 9 月 25—27 日，“第四届安居中国 2013 年度城市建设发展高峰会议”召开。会议在中华人民共和国住房和城乡建设部的倡导支持下，由中国房地产投资协会、中国物业服务行业协会主办，中国建筑行业联合会、中国工程建设监理协会、中国建筑装饰行业管理协会、中国工程设计管理协会、文化部华夏文化遗产保护中心、中国市场品牌测评中心等协办，主题为“创安居繁荣，建美丽中国”。本届大会目的是系统交流我国各地在城市建设方面的最新成果，探讨当前城市建设管理、城镇化建设工作中面临的一系列热点、难点问题，促进人居与房地产事业的健康平稳发展。

2013 年 10 月 30—31 日，2013 中国智慧城市大会在北京召开。大会主题为“智慧 创新 服务”。大会将研讨国内外智慧城市建设的最新发展趋势及经验，智慧城市标准规范和评价指标体系，智慧城市管理体制和产业政策等；研讨智慧城市关键技术应用和技术集成方案，如北斗卫星导航系统在智慧城市建设中的应用，计算机机房节能系统建设，BIM技术、电子商务技术在城市建设、管理与运营中的应用等；研讨智慧城市公共信息资源管理平台，城市数字化管理平台，城市应急管理信息平台等行业应用系统建设方案。大会同期举办的“第八届中国智慧城市建设技术与设备博览会”，邀请了智慧城市建设领域的科研机构及知名企业参展，展示国内外智慧城市建设的最新技术与应用成果。

2013 年 10 月 31 日，北京市科协综合性论坛之一“北京精神与世界城市发展论坛”在中国人民大学举行。本次论坛报告涉及北京精神、世界城市、城市发展、城市文化、北京发展等专题。分为大会报告和专题研讨两个部分。中国人民大学金元浦教授认为北京需要在全面了解建构世界级城市品牌的要素、指标和路径的基础上，走关注信息化、数字化、网络化和移动化，关注人力资本、社会交往与政治参与，关注生态文明和环境保护的高端发展之路。

二、重要学术论著简介

《北京的社会空间性转型——一个城市空间学基本概念》（车飞，中国建筑工业出版社）首次运用结构化理论方法研究空间与社会的辩证关系，系统性地提出结构化空间概念，并建立起一整套理论用以分析和阐释城市空间的社会空间性构成及其转型。该项研究填补了当代城市社会与空间发展之间的跨学科研究的空白，属于开创性理论。此外还特别针对北京为案例，运用该理论进行结构化分析北京城市空间的社会空间性，解码自清末民国至新中国改革开放以来的结构性转型。

《创意城市蓝皮书：北京文化创意产业发展报告(2013)》（张京成、王国华，社会科学文献出版社）以整体运行、区域进展、行业发展、产业融合、产业政策影响等为基本内容，综合研究跟踪北京文化创意产业发展态势，梳理各区县的发展现状与产业特点，对文化创意产业的部分行业进行重点研究，并从文化与科技融合、文化产业政策对城市发展影响等方面深入探讨北京文化创意产业的发展。

《城市社会学——北京城市社会生活调查》（李强、王昊，社会科学文献出版社）通过社会学的观察视角，从城市化、城市社区、都市文化、城市问题四个角度探讨了北京城市生活的方方面面，展现了一个人口流动的北京、人口密集的北京、文化的北京、商业的北京、老百姓的北京。

《世界城市发展战略研究——以北京为例》（段霞，中国经济出版社）通过丰富的应用性研究和国际比较成果，总结城市国际化战略管理一般规律，分析三大世界城市发展轨迹与进入后工业社会的阶段性特征，对北京建设世界城市的战略目标——发展阶段——努力方向——约束条件——评价指标——路径选择——风险防范等展开研究，探索在全球竞争、发展顽症、复杂性难题和资源环境压力煎熬下，城市复杂巨系统发展的整体性思路和战略性安排，期待在战略管理引领下对北京建设世界城市的战略任务做出更系统、更科学、更经得起时间与时代考验、更经得起传统与现代化进程检验的发展规划。

《北京建设世界城市战略研究》（郭俊峰，中国言实出版社）以世界城市建设项目前期研究为核心，涉及城市发展、公共服务、项目管理等多个领域。

《城市道路空间的合理利用——北京城市道路空间规划设计指南》（北京市规划委员会、北京市城市规划设计研究院，中国建筑工业出版社）依据理论，强调理念，注重实践，采用了列表对比、图文并茂的形式，为城市及交通规划、城市道路范畴的设计、建设和管理工作等提供参考。

《破解北京市城市交通拥堵的财政金融对策研究》（北京财经研究基地，经济科学出版社）通过引入价格杠杆和财政金融手段实现对交通资源的最优配置，建立治理北京城市交通拥堵问题的系统框架和运作模式，以期为北京市交通拥堵问题的实际解决提供系统的、有价值的见解和具有操作性的实施方案。

《北京城市景观生态与绿色空间研究》（贾宝全等，中国环境科学出版社）以景观生态学的基本原理和研究方法为指导，利用北京 1985 年、1995 年、2000 年和 2007 年四期土地利用/土地覆盖图件为基础，以 GIS 为工具，结合主成分分析、空间变化可视化等新的研究方法，从北京市区域和不同生态分区两个空间尺度，对景观格局、动态及其相关问题进行了详尽探索。

三、北京世界城市建设

2009 年 12 月召开的中共北京市委十届七次全会，正式提出了北京建设中国特色世界城市的目标，此后，各界学者开始了对北京世界城市建设的各个方面的探索和研究。2013 年，有关北京世界城市建设的研究主要为以下几方面。

（一）世界城市建设与文化发展

近年，首都文化建设发展战略、顶层设计和战略措施被提上实践日程。建设中国特色社会主义先进文化之都、推进全国文化中心、具有世界影响力的科技文化创新之城建设、在国内发挥示范作用、在国际上发挥重大影响力的文化中心城市建设，体现了新的历史发展阶段，北京作为国家首都和全国文化中心的战略目标任务。

李建盛对国际和国内城市视野中的北京文化发展实力进行了比较分析，提出了加强具有世界影响力文化中心城市建设的建议：（1）加强国际国内视野中北京文化建设实力比较研究，确立北京文化实力的位置；（2）加强首都文化发展内涵和战略目标的研究，明确首都文化建设中的战略着力点；（3）加强首都文化建设发展顶层设计，在世界文化中心城市坐标中明确发展战略；（4）加强北京历史文化名城的保护，彰显城市文化特色以突出北京城市的世界魅力；（5）加快北京文化创意产业的提升发展，大力提高文化产业国际竞争力；（6）增强首都公共文化服务建设，构建具有国际水平的公共文化服务体系。①

向勇等从城市认知这一视角来剖析北京世界城市建设过程中的文化发展。该研究认为北京没有形成一种有整体系统的文化合成物，呈现的是一幅从过去到现在、再走向未来的前后很不连贯甚至矛盾的城市意象。由此提出，“世界城市”建设背景下的北京城市意象构建：（1）北京城市文化主题的提炼和文化符号的构建；（2）多元文化背景下的文化认同机制构建；（3）北京城市意象的媒体推广与全球营销；（4）北京城市文化空间的打造。②

刘佳认为，科技软实力是建设“人文北京，绿色北京”的本质规定；科技软实力与硬实力互动，才能构筑起北京世界城市建设的动力系统。世界城市建设要与“人文北京、绿色北京”建设紧密结合起来，以“软实力”的提升带动世界城市建设，努力打造与北京城市定位相适宜、与北京科技资源存量相一致的北京科技软实力“升级版”。③

（二）世界城市与创新城市

柴浩放、张庆文认为北京的世界创新城市建设面临着较好的战略机遇期，为此应积极创造条件吸引高端人才聚集；不断优化创新体制环境，营造有利于创新的微观生态；吸引并优化配置创新要素。北京加快创新型城市建设的着力点和举措为：（1）创造条件积极构筑高端人才聚集之都；（2）优化创新体制环境，营造有利于创新的微观生态；（3）吸引并优化配置创新要素。④

韩婷认为北京世界城市的建设必须通过创新来实现，任何一个城市或国家如果要实现创新，创新驱动力必不可少。一般认为，创新驱动力可分为外部驱动力和内部驱动力。外部驱动力包括经济发展水平、世界城市的竞争压力、政策环境等，内部驱动力包括科技创新能力和文化创新能力。⑤

（三）世界城市建设与旅游

张金山结合世界城市的内涵，分析世界城市与旅游业的关系以及北京的差距所在。研究表明，北京的城市化水平、第三产业比重、基础设施水平以及信息化水平等方面已经接近世界城市的标准，正处于从中等发达城市向发达城市迈进的阶段。然而，北京在经济发展、生态环境、科技研发、社会发展、对外影响等方面与世界城市相比差距明显。同时，北京还面临一些世界城市建设需要面对和解决的深层次矛盾和问题。在此基础上，提出以下建议：（1）不断提高旅游业信息化水平，推动旅游业从传统服务业向现代服务业转型。（2）大力发展文化创意产业，提高文化产业对旅游业的辐射力。（3）积极引导国际旅游集团总部的聚集，加快在京旅游企业“走出去”步伐。（4）努力建设国际会展之都，不断提高国际会奖旅游的比重。（5）统筹城乡旅游发展，大力发展都市旅游业。（6）大力实施区域旅游一体化发展战略，推进京津冀区域一体化进程。⑥

（四）世界城市建设与民族关系

作为拥有56个民族的多民族国家的首都，作为一个拥有80多万常住少数民族人口的多民族城市，北京市世界城市建设目标与和谐民族关系的构建有着十分密切的关系。《民族论坛》杂志刊发了“北京市世界城市建设与和谐民族关系构建研讨会”部分论文，对北京世界城市建设中民族问题进行思考。⑦

余梓东认为北京世界城市建设过程中可能会存在国内民族问题与国外民族问题相交织，民族问题与种族问题相交织，民族问题与社会问题相交织的复杂局面。要解决这些问题，现实的对策是走精细化智理之路。民族工作精细化“智理”就是指在节约治理资源、降低治理成本、提高治理效率与效益的基础上，以构建和谐民族关系、实现各民族共同团结奋斗和共同繁荣发展为主要目标，通过富集智慧精华、知识精华、文化精华、策略精华及整合各种政策资源的途径，妥善、及时处理各种城市民族问题。⑦

汤夺先认为北京建设世界城市与少数民族流动人口有着密切的内在联系。少数民族人口的流入会对北京建设世界城市发生某些消极的影响，通过影响城市民族关系进而影响到城市社会环境的稳定。要采取诸多措施引导少数民族流动人口逐渐适应并融入北京，完成少数民族流动人口从物质层面到心理层面的适应与融入，真正实现市民化与城市化，尤其是心理调适方面需要构建由预警机制、支撑机制、引导机制、疏通机制等部分构成的少数民族流动人口心理调适机制。⑦

吴月刚认为北京世界城市建设与和谐民族关系构建有着密切的关系。随着北京开放性和国际性的进一步增强，北京在构建和谐民族关系方面面临一系列问题和挑战：（1）文化多元性增强带来的问题和挑战；（2）民族文化传承、开发与保护方面的问题与挑战；（3）北京市在民族理论与民族政策知识普及方面的问题与挑战；（4）北京少数民族常住人口管理与服务方面的问题与挑战；（5）北京市在少数民族流动人口管理与服务方面的问题与挑战；（6）北京市在“三非”外国人员管理与服务方面的问题与挑战。[⑧]

（五）世界城市建设对策建议

孙启明、陈雅雯从世界城市未来的发展趋势出发，找出北京未来必将成为世界城市的战略定位、优势及现实差距，以及北京建成世界城市的两大难点，即行政区划壁垒和发展腹地不足。在此基础上提出北京建成世界城市的实施对策：（1）统一规划京津冀，使大北京对各种优势资源和产业有充分的集聚腹地和辐射空间；（2）逐渐实现大北京经济圈以总部经济和科技服务产业为龙头的星形辐射和网格化覆盖相叠加的工业走廊、科技服务走廊、创意产业园区和优势资源辐射与合作园区；（3）大北京经济圈建设的关键是“跨省际规划、跨区域管理、跨行政任期执行”。[⑨]

于成江、章慧蓉从可持续发展的角度探讨北京建设世界城市的发展策略。研究认为北京建设世界城市应当使政治、经济、文化、社会和谐、生态文明建设共同发展。应注重以下几个方面：（1）历史传承与文化相融合；（2）娱乐功能和教育功能相结合；（3）建设生态城市，走可持续发展的道路；（4）以发挥区域经济实力的带状城市化发展模式；（5）分配公平、缩小贫富差距、建设公民社会。[⑩]

张远、路迹则通过对世界城市内涵及主要发展模式，尤其是典型世界城市如纽约、伦敦和东京的发展经验比较借鉴研究，提出北京建设世界城市的定位需要硬实力与软实力并重、功能完善与城市再造并重、自身发展与区域协同并重，及服务提升与惠及市民并重。北京建设世界城市的政策建议包括：（1）坚持创新发展战略，优化产业结构；（2）优化城市布局和提高精细化管理能力；（3）实施人口资源环境可持续发展战略；（4）提升公共服务均等化供给效率；（5）以首都经济圈建设为契机发展城市群；（6）打造具有影响力的国际决策中心和跨国公司综合服务平台。[⑪]

四、“绿色北京”与生态城市建设

随着资源环境因素逐渐演化为城市发展的硬约束，未来的世界城市将是在引领全球生态文明和生态建设方面走在前列的标杆城市。北京要以“绿色北京”为保障，促进首都实现人与自然的和谐发展，塑造出低碳、生态、绿色、宜居的人居环境，实现首都环境运行的和谐良治格局。

针对北京水资源紧缺的现实，韩光辉等指出把北京建设成为供水安全的“绿色北京”，宜居的首善之区，解决水源是关键。建设并扩大国家重点生态功能区，改善并修复流域水源补给区森林、草地生态环境，涵养流域水源，建立流域生态补偿制度，打破行政区划人为分割完整流域的现实，实现上游水资源补给区的生态环境治理和上下游水资源整合调度，以保障北京供水安全与水资源可持续利用。[⑫]

刘薇的研究认为北京是一个人口、资源、环境等各要素高度聚集的城市，研究其生态文明建设具有重要的意义。随着城市经济发展进入新阶段，北京的生态文明建设发展具有突出的特点和矛盾。该研究以生态文明制度建设为视角，认为影响生态文明建设有三个关键经济问题，分别是开辟绿色新经济增长点、实现资源价格的合理市场化与重视科技创新的促进作用。[⑬]

闫世刚通过对世界城市清洁能源发展模式比较，提出通过构建安全、可靠、清洁、高效、可持续的能源供应保障体系推进“绿色北京”和中国特色世界城市建设。文章认为，美国纽约、英国伦敦、日本东京等世界城市突出政府的规划作用，培育和发展清洁能源，加快产业结构调整，实现低碳经济下可持续发展。因此，北京市政府可以发挥宏观调控的作用，在法律政策、战略取向和市场秩序等方面发挥积极作用，推动清洁能源的发展，促进绿色北京建设。[⑭]

白玉华、刘薇认为北京的生态文化建设包含三个层面内容，其中生态精神文化建设是北京生态文化建设的核心内容，也是建设的长期任务和目标。门户之城北京在生态文化建设方面还面临诸多不利因素，但可以通过生态文化载体建设与生态文化机制建设来实现北京生态文化建设目标。[⑮]

五、城市空间结构与功能调整

北京正处于中心城功能疏解需求急迫、新城承接吸引能力不足的时期。但目前交通拥堵、空气污染等大城市病的出现，又对北京人口功能疏解提出了更加紧迫的要求。北京中心城功能的疏解涉及多方利益，是一项长期的复杂的系统工程。按照北京发展与城市性质功能定位协调适应、核心功能与服务功能并重、城市整体价值和效率提升的原则，北京中心城功能疏解在近期的工作重点是严控、升级、整合、外迁和统筹；中长期的工作重点是争取中央支持、做好顶层设计，加快通州副中心建设，创新功能疏解的对接机制和完善综合配套政策。[⑯]

刘玉通过对北京实施四大功能区域划分和区县功能定位以来，北京产业活动空间分布及密度的变化、功能区之间产业转移的趋势及功能区产业结构与竞争力格局研究，发现北京区域功能定位的提出为优化产业空间布局指明了方向。研究指出近年北京产业空间分布格局出现了较明显的变化，整体上与资源生态格局趋于协调。由于区域功能定位的进一步明确区域产业结构调整过程中，“优化城区，强化郊区”的原则得以体现，四大功能区围绕各自优势产业，形成了日益完善的产业结构体系，功能定位开始引导区域产业结构调整。今后调控北京产业空间分布格局的重点，一是要进一步加强对首都功能核心区和生态涵养发展区的控制，二是做好城市功能拓展区内部空间协调。[17]

六、北京城市管理

（一）城市管理主要问题

当前，北京的发展面临交通、人口、环境等特大城市的共性问题，为城市管理带来巨大挑战。

1. 人口问题

随着人口规模的增长，北京在协调人口发展与经济转型、资源平衡、公共服务和城市安全等关系方面面临一系列压力与挑战[18]。张耀军等研究发现，随着人口规模的增长，北京功能拓展区的人口密度越来越大，人口分布将越来越不均衡，会导致北京在协调人口发展与经济转型、资源平衡、公共服务和城市安全等关系方面面临一系列压力与挑战。[19]

2. 环境问题

一直以来，北京十分关注环境质量的改善，尤其2008年环境质量跨越式提升。但随着人口数量的攀升、城市规模的扩张，环境质量依然不能令人满意。2013年1月，北京的PM2.5基本都在100微克/m^3以上，多数时间在139微克/m^3以上，重度污染超过4次，仅5天没有雾霾[20]。北京环境质量逐年提升，尤其是2008年大幅提高，但环境污染程度仍然较高，可吸入颗粒物、SO_2、NO_2、低于二级质量天数、区域环境噪声、污水未处理量、生活垃圾未无害化处理量和工业固体废物丢弃量等方面都依然非常严重，尤其是空气污染问题甚至令人“谈虎色变”。[21]

3. 城市管理机制

需要突破一段时期以来，北京的城市服务管理较多地依靠行政力量，致使计划经济时期遗留的一些管理机制难以适应市场经济环境下的城市管理服务需求，利用市场化手段解决城市服务管理问题的措施还有待加强[22]。

4. 城市信息化水平

信息孤岛需要打破。尽管当前全市各部门信息化水平得到很大提升，但信息孤岛现象普遍存在，资源整合利用不足。如何利用信息化技术解决城市服务管理问题，尤其是共建共享、提高管理效率方面的难题亟待破解。[22]

（二）城市管理对策建议研究

围绕上述问题，一些学者提出了相应的对策和建议。

对于人口问题，尹德挺等在“北京人口发展研究报告（2013）”提出，北京人口发展应坚持产业升级、城市功能调整对人口管理的双轮驱动；强化人口管理顶层设计，建立分级分类的人口有序管理长效机制[18]。刘波则提出完善城市人口政策、发挥经济调控手段作用、加强对外来流动人口的服务、提高周边城市的人口吸纳能力、动态评估人口容量等建议[23]。刘洁等通过生产函数构建了北京的区域人口承载力模型，并在此基础上提出北京应从调整产业结构、合理进行城市规划和公共服务设施布局、加强城市群建设、疏散中心城区的功能等角度促使产业集聚与人口聚集协同发展[24]。

对于环境问题，北京应当遵循短期与长期结合、治标与治本兼顾的治理原则，科学做出环境污染治理的政策选择。鲍荣华等提出现行的应对措施包括将燃煤锅炉改为燃气、推行车用燃油标准升级、规划减排指标、建立空气质量监测网点、节能减排倡议和强制性减排行动等，但防治工作总体还比较薄弱，还需以生态文明建设为统领，进一步研究制定各种具体的环境法律标准，并严格监督执行，从根源上控制污染物排放，有效解决空气污染问题[20]。朱相宇也指出增加空气质量监测点数量，可以提升污染伤害的规避能力。同时在北京的环境污染治理中，相对于控制人口规模，更在于升级人口就业结构[21]。

在体制方面，应推进北京城市服务管理体制综合配套改革。具体为：（1）推广以网格化管理为核心的城市服务管理体制配套改革；（2）稳步推进政府行政管理体制改革，推广大部制；（3）在城市服务管理领域全面开展政府购买服务试点；（4）开展市级综合配套改革试点。[22]

应对城市管理中信息化建设的挑战，通过建设智慧城市，能及时传递、整合和使用城市政治、经济、文化和社会生活、生态环境等各类信息，提高物与物、物与人、人与人的互联互通、全面感知和利用信息能力，能够极大提高政府管理和服务的能力。[25]2012年3月，市政府印发了《智慧北京行动纲要》，着眼于破解大城市发展中出现的人口资源环境、交通拥堵、城乡发展、城市安全等问题，推动经济发展方式转变，从而吸引高端资源、激发新的应用、催生高端产业。通过经济转型、社会管理、城市运行、文化传承、设施提升5方面的20项具体任务，打造全球资源配置的信息枢纽、国家创新驱动的网络引擎、城市运行顺畅的智能典范。[26]

注：

①李建盛：《北京：国际国内比较视野中的世界文化中心城市建设》，《北京联合大学学报》（人文社会科学版），2013年第7期。

②向勇、陈娴颖、许立勇：《世界城市建设中的北京城市意象构建》，《建筑与文化》，2013年第5期。

③刘佳：《在建设世界城市中打造北京科技软实力“升级版”》，《北京市经济管理干部学院学报》，2013年第6期。

④柴浩放、张庆文：《建设创新城市——北京世界城市建设的重点领域》，《特区经济》，2013年第1期。

⑤韩婷:《北京建设创新型城市的内部驱动力研究》,《现代商业》,2013 年第 6 期。

⑥张金山:《世界城市视角下的北京旅游建设研究》,《旅游学刊》,2013 年第 11 期。

⑦余梓东、王平、林钧昌等:《北京市世界城市建设与和谐民族关系构建论》,《民族论坛》,2013 年第 4 期。

⑧吴月刚、孙强:《北京建设世界城市过程中构建和谐民族关系面临的问题和挑战》,《黑龙江民族丛刊》,2013 年第 4 期。

⑨孙启明、陈雅雯:《北京世界城市建设中的难点与对策》,《区域经济评论》,2013 年第 6 期。

⑩于成江、章慧蓉:《从项目可持续发展的角度探讨北京建设世界城市的发展策略》,Proceedings of the 4th International Conference on Engineering and Business Management,2013 年。

⑪张远、路迹:《世界城市比较研究及对北京模式选择的启示》,《国际经济合作》,2013 年第 4 期。

⑫韩光辉、王洪波、王亚男:《北京水资源可持续利用研究——基于水资源整合与流域生态补偿的视角》,《城市发展研究》,2013 年第 8 期。

⑬刘薇:《北京生态文明建设的经济政策探讨》,《开放导报》,2013 年第 6 期。

⑭闫世刚:《世界城市清洁能源发展模式及借鉴》,《科技管理研究》,2013 年第 7 期。

⑮白玉华、刘薇:《2020 北京生态文化建设研究》,《市场论坛》,2013 年第 10 期。

⑯林恩全:《北京中心城功能疏解方略》,《城市问题》,2013 年第 5 期。

⑰刘玉:《基于功能定位的北京区域产业发展格局分析》,《城市发展研究》,2013 年第 10 期。

⑱尹德挺、闫萍、杜鹃:《北京人口发展研究报告(2013)》,《新视野》,2013 年第 6 期。

⑲张耀军、刘沁、韩雪:《北京城市人口空间分布变动研究》,《人口研究》,2013 年第 6 期。

⑳鲍荣华、吴初国:《着力改善环境质量,推进生态文明建设——浅议从源头防治北京空气污染》,《国土资源情报》,2013 年第 2 期。

㉑朱相宇、乔小勇:《北京环境质量综合评价及政策选择研究》,《城市发展研究》,2013 年第 12 期。

㉒张远:《关于提升北京城市服务管理水平的若干思考》,《城市问题》,2013 年第 4 期。

㉓《北京人口调控的特点、问题及对策》,《生态经济》,2013 年第 5 期。

㉔刘洁、苏杨、魏方欣:《基于区域人口承载力的超大城市人口规模调控研究》,《中国软科学》,2013 年第 10 期。

㉕岳欣:《推进我国智慧城市发展的思考》,《宏观经济管理》,2013 年第 11 期。

㉖盛继洪、杨文森:《智慧城市——新的城市形态》,《前线》,2013 年第 4 期。

(作者:孟斌,北京联合大学研究员;
郑丽敏,北京联合大学硕士生)

2013 年北京社科规划项目成果综述

尹　岩　肖　龙　张馨元

2013 年,市社科规划办以党的十八大、十八届三中全会精神为引领,认真贯彻落实习近平总书记系列重要讲话精神,着眼于首都科学发展,着眼于首都文化大发展大繁荣,着眼于首都学术之都建设,紧密围绕十八大报告中提出的一系列重大理论和实践问题,围绕市十一次党代会提出的各项目标任务,特别是对首都经济社会发展具有全局性、战略性、前瞻性的重大问题,深入开展理论研究,推出了一批阐释马克思主义基本理论、推动首都经济社会持续发展、传承北京历史文化的优秀成果。通过实施年度检查、加强项目重要事项变更审批、定期清理长期逾期未完成项目、不断完善成果鉴定制度、严格审核项目结项材料等一系列措施,进一步加强了对项目的中后期管理,推动规划项目研究成果实现有效转化,使规划项目研究成果的影响力的不断提升。

一、基本情况

2013 年,共有 199 个规划项目验收合格、获准结项。其中,23 项成果符合条件获准免于鉴定结项,占结项总数的 11.56%;176 项成果经专家鉴定获准结项,占结项总数的 88.44%。在经专家鉴定结项的项目中,鉴定等级为"优秀"的 76 项,占总数的 38.19%;"良好"的 56 项,占总数的 28.14%;"合格"的 44 项,占总数的 22.11%。具体情况如下。

从成果形式看,已结项目最终成果以研究报告、专著和论文集等形式为主。其中 146 个项目以研究报告形式结项,占 73.37%;44 个项目以专著形式结项,占 22.11%;9 个项目以论文集或其他形式结项,占 4.52%。

从学科分布情况看,199 个结项项目涵盖了市社科规划项目的全部学科,研究的问题涉及首都政治、经济、社会、历史、文化、城市建设与管理的方方面面。其中，经济·管理学科的项目结项数量最多，有63项。该学科的研究面较为广泛，但研究的关注点相对集中在北京市优化产业结构、转变经济发展方式，高新技术企业和文化创意产业发展战略、清洁能源开发与利用以及三农问题等方面。综合学科的结项数量位居第二，有31项，研究的关注点大多集中于污染治理、低碳经济发展、居民社会心态调研、公共安全管理以及文化创意产业体制机制创新等方面。科社·党建·政治学学科位居第三，有24项，研究内容涉及马克思主义大众化、中国特色社会主义理论、社会主义核心价值体系建设、基层党建创新等诸多方面。后面依次为教育学学科18项，主要围绕高等教育资源共享、高职教育质量评价、基础教育课程改革、儿童校外教育状况及模式等问题展开研究；法学学科15项，主要围绕城市应急管理、流动人口规模调控、城市管理监察综合执法、医疗纠纷解决等问题开展立法研究、提供法律保障；社会学学科15项，主要围绕社会组织管理、社区公共服务体系建设、社会工作人才培养与使用机制、弱势群众的求助等方面开展研究、解决问题。此外，语言·文学·艺术学科14项，历史学学科10项，哲学学科5项，城市学学科4项，这四个学科的成果紧紧围绕北京历史文化的挖掘、传承与保护，围绕全国文化中心建设、北京健康城市建设以及诸多个视角、多种领域进行了深入的研究，取得了一批基础理论性研究成果。

从成果转化应用看，在199个结项项目中有128个项目成果得到不同形式的转化，成果转化率达到64.32%，反映了规划项目成果的学术水平、应用价值和社会影响不断提高。据不完全统计，28项成果得到学界和业界认可，获得各级、各类奖项，其中有10项成果获得省部级以上奖项；13项成果的研究观点得到市领导批示32人次，其中大部分得到应用和转化；29项研究成果得到有关部门的高度重视，予以采纳46次；12项成果被北京社科规划项目《成果要报》采用并编发要报27期；82部专著出版发行；560余篇阶段成果在各类报刊上发表，其中一批成果在《人民日报》《光明日报》《求是》《北京日报》和《前线》等权威报刊发表，大量的研究成果在核心期刊发表，产生了广泛的学术影响和社会影响。

从项目类别看，199个结项项目中有重大项目10项、年度项目189项。年度项目中包括重点项目62项、一般项目99项、青年项目23项、应用对策研究基地项目5项。

2013年，第二批重大项目经过一年半的深入研究，有13个项目顺利完成研究任务。其中，有4项成果因得到市领导批示、获得省部级奖项、被相关部门采纳而获准免于鉴定；有9项成果通过了同行专家鉴定，其中5项成果为优秀等级、3项成果为良好等级、1项成果为合格等级。重大项目是市社科规划各类项目中级别最高、资助力度最大、分量最重的项目，因而研究成果较为丰富，成果转化应用形式较为多样。这些项目推出了一批理论价值高、学术分量重、实践价值突出的研究成果。据不完全统计，这13项重大项目共形成研究报告26份、专著14部（已出版10部）、发表论文112篇、研发管理系统1部。从成果转化应用方面看，有7个项目的研究成果获得市领导批示15人次，4个项目的研究成果被实际部门采纳应用13次，2个项目的研究成果获得省部级奖项，7个项目的研究成果被北京社科规划项目《成果要报》采用20次。为推动重大项目研究成果有效服务首都科学发展，2013年10月15日市社科规划办召开了第二批重大项目成果鉴定暨宣传推介会，面向北京市相关单位和媒体，整体宣传重大项目及其研究成果。10月21日，《北京日报》理论周刊以整版篇幅对获得优秀等级和免于鉴定的9项重大项目作了核心观点展示，并附专家点评，刊发后受到各重大项目课题组及广大专家学者的好评。人民网、新华网、光明网、千龙网、中国社会科学在线等媒体也相继以不同形式对重大项目及其成果进行了宣传报道，有效提升了重大项目成果的影响力。

2013年，为促进项目研究成果的转化应用，市社科规划办对11项经专家鉴定为“优秀”等级，且出版经费有困难的专著类研究成果给予了出版资助，如《北京文化发展报告》《1949年以来北京城区寺观变迁研究》《延庆县古村落调查与研究》等，资助金额达46.5万元。这些著作资料丰富、论证严密，具有较高的理论价值和学术价值，同时现实感强烈，集学术性、前瞻性、资料性和服务决策性为一体，具有较强的应用价值。出版资助对扩大研究成果的社会影响，促进研究成果转化应用发挥了积极的作用。

2013年，市社科规划办不断加大市社科规划项目成果的宣传和推介力度，一方面充分利用《成果要报》《北京社科规划》刊物、北京社科规划网站、《北京社科规划项目优秀成果选编》《北京社科规划项目阶段成果选编》《北京市哲学社会科学研究基地成果选编》等自有宣传平台，加强对规划项目研究成果的宣传；另一方面，继续与社会媒体深度合作，拓展宣传渠道，为成果宣传推介创造有利条件。全年结合贯彻落实党的十八大精神、“中国梦”宣传教育、群众路线教育实践活动以及出租车管理、新型农村合作医疗、中关村科技园区发展、北京核心功能区人口调控、农村土地流转问题等社会热点和城市管理难点问题编发《成果要报》30期，有11期获市领导批示，批示率为37%；以关注社会热点问题、展示优秀成果、为实际部门提供对策建议为主，编发《北京社科规划》刊物6期；利用“北京社科规划”网站宣传报道规划工作和项目成果相关信息600余条；向《北京日报》《中国社会科学报》《人民论坛》《前线》等报刊推荐并发表规划项目优秀成果40余篇，通过《北京工作》《宣传系统内部参阅》等内部刊物也多次刊发规划项目成果及摘要。

二、成果特点

规划项目旨在推出更多优秀成果，以进一步巩固马克思主义在哲学社会科学研究领域的指导地位，推动学科建设、学术创新，服务决策、服务社会，繁荣发展首都哲学社会科学。2013年，市社科规划项目取得了丰硕的研究成果。这些成果或是进行了新的探索和阐释，提出了新的理论观点和思路，具有重要的学术价值和理论价值；或是对相关资料进行了开创性的挖掘、收集、整理、汇编和研究，具有重要填补空白的作用，对弘扬历史文化、传承文明具有重要的历史意义；或是围绕重大现实问题，积极服务决策，有效发挥哲学社会科学研究的思想库和智囊团作用。综观市社科规划各类项目研究成果，主要呈现出以下几个特点。

（一）注重基本理论研究，成果的导向性不断加强

在2013年结项的各类项目中，研究马克思主义基本理论和马克思主义中国化、时代化、大众化，研究中国特色社会主义理论体系，研究社会主义核心价值体系和核心价值观，研究基层党建理论的项目成果，无论在数量上和质量上都有所提高，涌现出一批有影响力的优秀理论成果。如由市委宣传部副部长崔耀中主持的重大项目成果《中国马克思主义大众化历史进程和基本经验研究》，全面、系统地梳理和阐释了马克思主义在中国逐渐大众化的历史进程、基本经验，从社会发展的本身去寻找思想观念变化的根源，论证了马克思主义大众化是马克思主义中国化和时代化发展的表现和特征，体现了思想发展的历史与逻辑的统一。该书由中宣部原常务副部长徐惟诚作序，得到了李慎明等思想理论界知名学者专家的肯定，产生了重要的学术和社会影响。由中国人民大学秦宣教授主持的《中国特色社会主义理论体系研究》，加强了中国特色社会主义基础理论的研究，探索了其中涉及的一些重大理论和现实问题，就如何开展马克思主义整体性研究、如何树立对马克思主义的信仰等提出了创新性建议。其阶段性成果《建议选编全党统一的共产主义信仰经典读本》和《深化对社会主义核心价值体系的研究》的研究观点被中共中央办公厅采用，并分别在《观点摘编》2011年第81期和第138期上编发；阶段成果《“中国模式”之概念辨析》获中组部“2009年度重点课题理论研究论文二等奖”。由市委党校韩玉芳教授主持的重大项目成果《用社会主义核心价值体系引领首都精神文明建设研究》，提出了社会主义核心价值体系在首都精神文明建设中具有思想指导、利益整合、精神凝聚、道德规范的功能；北京建设中国特色社会主义先进文化之都肩负着弘扬社会主义核心价值体系重大使命的观点，认为社会主义核心价值体系是“魂”，承载核心价值体系的文化之都是“体”，弘扬社会主义核心价值体系与建设国家文化中心不可分离，要强“魂”健“体”，形神兼备。其研究成果得到了刘淇、鲁炜同志的批示；研究提出的“公共文明建设要制度化、规范化、法治化”的观点和建议被采纳写入《北京市人大关于推进全国文化中心建设的建议》中，对创新首都精神文明建设的工作理念、推动北京全国文化中心建设具有重要的参考意义。由中央财经大学党委副书记倪海东主持的重大项目成果《以争先创优为契机推进首都基层党组织建设研究》，从组织绩效角度对基层党组织创先争优的实践情况进行了全面调查研究，制定出一整套评价指标和技术操作办法。鉴定专家认为，该研究对开展群众路线教育实践活动也有一定的参考价值，对于推进基层党建工作科学化、规范化、制度化，乃至整个党建设工作的科学化都具有重要作用。这些研究成果的观点切合当前的实际，具有鲜明的导向作用。

（二）探索重大现实问题，成果的前瞻性、战略性凸显

有一批专家学者围绕国际关系和时代发展需求等重大现实问题，总结历史、立足当前、着眼长远，推出了有一定前瞻性、战略性的研究成果，在国内学术界产生了积极的影响。如外交学院秦亚青教授主编的《当代西方国际思潮》，全面分析了冷战以后，特别是进入21世纪以来，当代西方主要国际思潮的产生、发展、理论背景和社会影响，描述了与国际思潮相关的当代西方政治、经济、历史和现状，比较研究了西方思潮与东方文化的异同，从不同的视角折射出中国和平发展的历史进程。研究认为，中国在推进国际格局变革的同时也成为牵动国际思潮走向的主要动力和诱因之一；面对国际社会对中国和平发展所持的不同态度，中国需要以一个大国的平常心态去应对各种各样的“中国论”、妥善回应“中国责任论”；中国应当明晰自身在当代的国际定位，制定相应的宏观国际战略，从容应对和化解和平发展进程中的各种困难和挑战，从而实现持久的和平发展。该书是近年来国内唯一一部关于西方国际思潮研究的专著，对于人们系统了解当代西方出现的各种政治新思潮具有积极的作用。由中国人民大学贺耀敏教授主持的重大项目成果《北京数字出版传媒研究》，立足于数字出版技术的发展趋势和出版产业转型的现实需求，从我国数字出版业发展战

略的角度，全面考察了北京数字出版传媒业的状况、优劣、得失、落差，借鉴美、日、英、德、法和印度等世界主要数字出版大国的经验，提出“北京打造全国数字出版中心、版权之都”的对策建议。研究认为，大力发展数字出版业是提升国家文化软实力和国际传播力的迫切需要；是将文化产业打造成首都国际经济支柱产业战略决策的重要举措；要建立数字出版产业合作联盟，推动跨行业、跨地区、跨媒介的产业融合与产业升级。鉴定专家认为，该研究立足于时代前沿，具有前瞻性，对北京数字传媒业、文化创意产业的起飞以及实现产业区域合作发展具有重要的引导作用。由首都经济社会发展研究所王鸿春研究员主持的重大项目《北京健康城市建设研究》，面对21世纪城市化问题给人类健康带来挑战，以继承和弘扬北京奥运遗产、建设中国特色世界城市、全面推进北京健康城市建设为契机，从“大健康”的概念出发，提出在北京城市规划、建设、管理等各方面都应突出以人的健康为本，全方位保障广大市民的工作和生活健康。鉴定专家认为该成果研究内容和研究方法都非常贴近政府工作的实际需要，研究思路和对策具有战略性、前瞻性和创新性。该项目的前期研究成果《继承奥运健康遗产·努力把北京建设成健康之都的建议》获得刘淇、郭金龙同志的批示；中期研究成果《“城市病”治理新趋势调查》再次获刘淇、郭金龙同志批示，并为起草《北京市国民经济和社会发展“十二五”规划纲要》、市第十一次党代会报告以及制定《健康北京“十二五”发展建设规划》等重要文件提供了支撑。由北京市人大常委会民族宗教侨务办公室主任席文启主持的《北京市国家文化中心建设的国际比较研究——以伦敦、巴黎、纽约和东京为例》，紧密结合“打造中国特色社会主义先进文化之都”这一北京市重要而紧迫的战略任务，对北京文化建设现状、北京文化基本特征和属性、北京建设全国文化中心的优势等方面进行了分析和研究，在此基础上，与伦敦、巴黎、纽约和东京四大世界性文化大都市进行了比较分析，找出差距，厘清发展思路，为全面推进全国文化中心建设上升为北京城市发展战略提供了重要支撑。研究认为，北京文化具有大气醇和、积淀深厚、开放包容、活力创新、高端示范等特点，是深厚历史文化与鲜活现代文化的结合、经典东方文化与优秀西方文化的结合、京城地域文化与全国各族文化的结合、高雅精英文化与通俗民间文化的结合。无论是借助政治中心和国际交往中心形成的历史优势，还是作为首善之区建设形成的现实优势，北京在推进全国文化中心建设中都具有国内其他城市无法超越的独特之处。纽约、伦敦、巴黎、东京等城市所具备的高度的文化自觉、宽松的文化环境、严肃的文化法制、成熟的文化市场、主打的文化品牌、市民的文化共享、不断的文化创新等特征，是北京在推进国家文化中心建设中需要借鉴的。北京要发挥国家文化中心的作用，需要在城市学和城市文化学、北京城市发展转型、北京工作转型、北京的文化建设自身转型、北京历史文化名城的保护、北京文化品牌建设、文化人才成长规律和培养方式、建设文化人才高地等问题上着力加强研究。

（三）挖掘整理史料，成果的学术价值厚重

有一批专家学者执着于史料的整理与挖掘，不断追求学术创新，在自身关注的问题上潜心问学、深入研究，推出了一批具有重要史料价值和现实意义的成果。如由北京市台湾同胞联谊会承担、台盟中央副主席汪毅夫主持的《台湾会馆与同乡会》，围绕历史上台湾在北京的两座会馆以及与之相关的人、物、事进行深入研究，对台湾会馆的建馆背景、历史沿革等进行了考证；对北京台湾青年会、北京台湾同乡会、台湾省旅平同乡会、台湾革新同志会等台胞社团在不同历史时期为救国图强、推动国家统一、促进两岸交流、凝聚乡情等做出的重要贡献进行了论证；澄清了一些曾长期被当作“定论”引用的误传，挖掘出一批珍贵的文物史料，汇集整理出一批重要的文献资料。鉴定专家认为，该研究既具有补足和创新之学术价值，更对京台关系和两岸关系的发展具有不可多得的现实意义。由首都师范大学郝春文教授主持的《英藏敦煌社会历史文献释录》（第八卷、第九卷），以英国国家图书馆收藏的全部汉文非佛教文献为资料来源，将这些数百年前或1000多年前的古代写本，全部按号释录成通行的繁体字，并对原件的错误加以校理。该研究自20世纪末启动研究，于2001年8月出版第一卷，目前已相继出版到第八卷、第九卷。鉴定专家认为，该成果不仅为敦煌学研究者提供了经过整理的研究资料，也为社会科学的其他学科利用敦煌文献开展研究奠定了基础，推进了敦煌学和相关学科的发展。由北京联合大学赵连稳教授主持的《明清时期北京书院研究》，对明清时期北京书院的有关资料进行了深入挖掘和系统整理，探讨了明清时期北京书院的历史发展、改制与沿革、类型与特征、讲学与管理、经费与藏书，总结了书院的历史作用，并以史为鉴阐述了北京明清书院对当今教育的启示，具有重要的学术价值和现实意义。由北京大学赵朝洪教授主持的《东胡林人及其文化研究》，采用目前国内外比较先进的研究手段和方法，对东胡林遗址出土文化遗存进行了多学科的综合研究，在陶器、石器、墓葬（包括体质人类学、病理学及DNA研究）、环境、植物、动物及年代学研究方面均取得了重要成果，对于全面了解新石器时代早期“东胡林人”的生活、劳动方式、埋葬习俗、生存环境以及华北地区新石器时代早期环境的变化、人群的迁徙、农业起源问题等，提供了珍贵的学术资料和科学依据。该项研究已引起学术界与社会的广泛关注，产生了比较深远的影响。

由北京联合大学顾军教授主持的《北京文化史》，首次从文化史的视角切入，对古都北京的文化内涵、文化特质、文化成就进行分门别类的系统研究和梳理，成果内容丰富、涉猎广泛，对北京史学科建设和北京文化城市建设都具有较高的学术价值和现实意义。《北京文化史》分类研究系列成果由皇家文化卷、士大夫文化卷、民俗文化卷、宗教文化卷、文学艺术卷、学术教育卷、民族文化卷、商业文化卷、中外文化交流卷、体育文化卷等组成。

（四）注重调查研究，成果服务决策能力进一步提升

2013 年，涌现出一批贴近实际、关注热点、服务决策的应用对策类项目成果，这些成果或得到各级领导重视，或被党政部门采纳，或为大中型企业建言献策，体现出广泛的应用价值和实践价值。如首都经济贸易大学丁芸教授的《促进北京市文化创意产业发展的财税政策研究》，针对文化创意产业发展和财税政策方面存在的问题，提出了促进北京市文化创意产业发展的对策建议。该建议以《中国侨联侨情专报》的形式上报中央，引起了李源潮同志的重视，并批转市委市政府研究落实。郭金龙、王安顺、李士祥、鲁炜等同志也做出批示，责成市文资办牵头，从“进一步加强财政专项资金监督管理”“着力解决文化企业融资难题”等方面组织落实。由北京师范大学肖永亮教授主持的《首都后奥运时期的文化创意产业研究》的阶段成果得到刘淇、郭金龙和蔡赴朝同志的批示。研究推导出的实现北京“双轮驱动”等目标的具体项目——申办“世界数字科学与艺术大会”国际品牌的建议被市委市政府采纳，写进《北京市国民经济和社会发展第十二个五年规划纲要》。由中央财经大学李涛教授主持的重大项目《北京依靠创新转变经济发展方式的思路与对策研究》，课题组在开展走访调研时发现，北京的科技型中小企业普遍面临资金短缺、融资困难的问题，因此提出了“关于在中关村国家自主创新示范区内建立政策性‘中关村银行’的建议”，旨在推动北京市科技金融体系的完善，推动中关村国家自主创新示范区建设。该建议通过北京社科规划项目《成果要报》上报后，王安顺、李士祥同志分别做出肯定性批示。该建议在《中共北京市委、北京市人民政府关于贯彻落实〈国务院关于同意调整中关村国家自主创新示范区空间规模和布局的批复〉的实施意见》中得到采纳，文件中明确提出“研究推动设立中关村银行”。北京市农村经济研究中心《土地流转过程中农民土地权益的保障机制研究》《农民市民化的成本障碍与制度安排研究》等课题组，围绕深化农村产权制度改革、探索农村集体经济实现形式等问题，深入村镇实地调研，提出的“创新资产经营模式”等系列对策建议，得到牛有成、夏占义等同志批示。由北京第二外国语学院计金标教授主持的重大项目《北京建设世界一流旅游城市研究》，提出了提升空间效益为核心的空间优化策略，以京沪合作、京津合作为代表的区域合作策略，以文化创意旅游为代表的业态更新策略，以北京文化传播为核心的大营销策略等。研究首次提出“构建京津亚太商务旅游黄金双子城”“区域合作开发拒马河文化旅游带”“京廊津商务度假旅游带”“北京夜生活区发展规划”等构想和思路。其研究观点被《成果要报》编发 4 期，其中《促进北京市文化创意旅游发展的对策建议》得到鲁炜同志批示。由北京市文化创意产业促进中心主任梅松主持的《北京市文化创意产业发展体制机制创新研究》，提出“进一步推进文化管理体制创新，在北京率先成立文化资产管理机构”的建议，得到市委宣传部采纳，于 2012 年 6 月 18 日成立了北京市国有文化资产监督管理办公室，这是全国首家省级国有文化资产监督管理机构。由北京市法学会环境与资源法学研究会副秘书长高桂林主持的《北京市 PM2.5 污染治理的政策与法律研究》，提出的有关 PM2.5 污染治理的基本原则和建立地区污染区域防治制度、环境标准制度以及大气污染限期治理制度等政策建议，被北京市环境保护局采纳，并写进《北京市大气污染防治条例（草案）》有关条文之中。由首都师范大学范燕宁教授主持的《社区矫正的理论与实务——北京市社区矫正模式研究报告》，被首都综治委特殊人群专项组办公室采用，其中的《北京市社区服刑人员综合状态指标体系》（量表）已在北京市 16 个区县试用。北京信息科技大学葛新权教授主持的重大项目《北京市生活垃圾减量化对策研究》，提出的“垃圾分类监测”“与物业合作监控社区垃圾筒”“厨余垃圾专项处理”等建议，被北京环卫集团一清分公司采用，并开展了探索性实践，取得了良好的应用效果。

（五）研究深入扎实，成果的社会影响力不断提高

2013 年完成的项目中，涌现出一批学术价值高、研究深入扎实的成果，得到了学界和业界认可，有的获得各级、各类奖项，有的被应用到实际工作中，成果的社会影响力得以体现。如首都医科大学王晓燕教授主持的重大项目《医改背景下首都农村人力资源配置研究》，课题组深入北京 11 个远郊区县的 154 个乡镇的 3425 个行政村，对北京偏远农村卫生人力资源的配置状况进行了深入的兜底调查，提出了结合“差序格局”的村落环境选拔村级卫生人力资源、合理确定乡村卫生人力的配置标准及动态调

整机制、设立“订单”式培养和成人继续教育相结合的农村基层卫生人力培养教育模式等对策建议。该项研究的观点得到有关市领导的批示，并推出5部专著、2部文件汇编，发表论文40篇，其中专著《北京市村级卫生人力资源配置标图信息兜底调查报告》，得到10个远郊区县卫生局的采纳。王晓燕教授及其研究团队以及研究成果也引起媒体关注，分别被《中国社会科学报》《医学与哲学》等报刊宣传报道。

据不完全统计，在结项的199个项目中，有10项成果荣获省部级以上奖项。如北京师范大学肖永亮教授主持的“后奥运时期首都文化创意产业研究”的阶段成果《数字媒体在创意产业发展中的地位》，荣获第十届北京市哲学社会科学优秀成果奖二等奖；北京师范大学资深教授黄会林主持的“影视文化对北京地区未成年人成长的影响与对策研究”的阶段成果《2008年度未成年人电视媒体收视行为调研报告》，荣获第十一届北京市哲学社会科学优秀成果奖二等奖；北京信息科技大学葛新权教授主持的重大项目研究成果《城市生活垃圾减量化对策研究》荣获第十二届北京市哲学社会科学优秀成果奖二等奖。首都社会经济发展研究所王鸿春研究员主持的重大项目“北京健康城市建设研究”的阶段成果《继承奥运健康遗产 努力把北京建设成健康之都》荣获北京市第十届优秀调研成果二等奖；北京市政府研究室孙进军同志主持的《北京建设国际一流旅游城市的比较研究》、首都医科大学王晓燕教授主持的重大项目成果《医改背景下首都农村卫生人力资源配置研究》荣获2012—2013年度北京市优秀调研成果一等奖；首都社会经济发展研究所王鸿春研究员主持的《治理PM2.5国际经验及对我市的启示》荣获2012—2013年度北京市优秀调研成果二等奖；首都经济贸易大学张强教授主持的重大项目成果《首都城市化进程中城乡一体化问题研究》荣获2012—2013年度北京市优秀调研成果三等奖；北京青年政治学院党委书记楚国清主持的“统一战线服务两新组织发展研究”的阶段成果《统一战线服务社会管理专题研究报告》分别荣获2011年度中央统战部、市委统战部统战理论研究优秀成果三等奖和一等奖，2012年获市第十届优秀调研成果二等奖。中国人民大学秦宣教授主持的《中国特色社会主义理论体系研究》阶段成果《“中国模式”之概念辨析》，获中组部2009年度重点课题理论研究论文二等奖；中国社会科学院马克思主义研究院谭扬芳副研究员主持的《马克思主义发展思想的历史和理论研究》阶段成果《转轨后德国东部状况及反思——兼谈国际金融危机的影响》，获中国社会科学院2011年优秀对策信息情况报告类三等奖，等等。

（作者：尹岩，北京市社科规划办成果处处长；
肖龙，北京市社科规划办成果处副处长；
张馨元，北京市社科规划办成果处副主任科员）

附：

时代的号角　人民的向往

——“首都理论界学习‘中国梦’座谈会”发言摘登

编者按

由北京市委宣传部、北京市中国特色社会主义理论体系研究中心、北京市社会科学界联合会共同举办“首都理论界学习‘中国梦’座谈会”于4月19日上午在京召开。北京市委宣传部副部长崔耀中出席并讲话，市社科联党组书记韩凯主持会议。中央党史研究室原副主任石仲泉、中央党校原副校长李君如、中国社会科学院中国特色社会主义理论体系研究中心副主任夏春涛、国防大学研究员颜晓峰、中共中央党校教授辛鸣、清华大学马克思主义学院常务副院长艾四林、北京大学马克思主义学院教授程美东、国防大学教授郭凤海、北京市社会科学院研究员李贺林、首都师范大学教授王淑芹等专家学者出席座谈会。与会专家围绕“中国梦”的内涵、“中国梦”的实现途径、如何构建“中国梦”的理论体系等进行了研讨。本版现将他们的发言摘登如下，以飨读者。

“中国梦”需要中国道路保驾护航

中央党史研究室原副主任　石仲泉

“中国梦”既有很大的包容量，又要凸显它的本质内涵。实现“中国梦”要经过几大战略步骤。第一步，就是党的十八大明确宣布的在建党100年时全面建成小康社会。第二步，就是邓小平从1987年3月以来一直讲的，到新中国成立100年时基本实现现代化，达到中等发达国家水平，即党的十八大报告所指出的“建成富强民主文明和谐的社会主义现代化国家”。第三步，就是在本世纪中叶达到中等发达国家水平以后，继续奋斗，接近和达到世界上最发达国家水平。

实现“中国梦”，除了明确几步走的奋斗目标之外，还要明确实现它的具体途径。这就是习近平同志在十二届人大一次会议闭幕会上讲的“三个必须”。首先，必须走中国道路；其次，必须弘扬中国精神；最后，必须凝聚中国力量，即中国各族人民大团结的力量。“中国梦”是每个中国人的梦想，大家紧密团结、万众一心，为实现共同梦想而接力奋斗。中国特色社会主义道路，是“中国梦”的实现途径；中国特色社会主义理论体系是“中国梦”的行动指南；中国特色社会主义制度是“中国梦”的根本保障。党的十八大强调中国特色社会主义“三位一体”的三大特殊功能，实际上就是为追逐和最终实现伟大的“中国梦”而鸣锣开道，保驾护航。

遵循改革开放内在逻辑实现“中国梦”

中央党校原副校长　李君如

要深入思考和研究改革开放的内在逻辑，正确认识和把握实现“中国梦”必定要遵循的历史辩证法，处理好三种辩证关系：一是理想与实干的关系。习近平总书记在提出“中国梦”的同时，首先提出的告诫就是“空谈误国，实干兴邦”，这也是千百年来人们从历史经验教训中总结出来的治国理政的一个重要结论。“中国梦”是以实践为基础的科学理想，只有通过坚持不懈的实干，才能变为生活中的现实。二是改革与发展的关系。改革必须从社会主义初级阶段的实际出发，必须为破解发展中的难题服务，必须找到适合中国国情的经济体制和各方面体制的实现形式，脚踏实地地推进。只有从实际出发，围绕发展的任务和要求来推进改革，才能一步一个脚印地实现我们期盼的“中国梦”。三是机遇与挑战的关系。实现“中国梦”的过程，就是抓住机遇、加快发展自己的过程，也是经受各种挑战和考验的过程。只有紧紧抓住今天依然可以大有作为的战略机遇期，勇敢应对各种挑战，才能将“中国梦”的美好希望变为美好现实。

总之，实现“中国梦”，必须像十八大报告要求的那样，把“全面建成小康社会”与“全面深化改革开放”作为一个统一的问题加以考虑，遵循改革开放内在逻辑，在坚持和深化改革开放中圆我们的民族复兴之梦。

“中国梦”的内在属性

中共北京市委宣传部副部长　崔耀中

习近平总书记提出“中国梦”后，从中央到地方，迅速掀起学习宣传的热潮。“中国梦”具有五个方面的属性：一是政治性。“中国梦”是新一届中央领导集体对全国人民的庄严承诺，也是我们党和国家未来发展的政治号召。“中国梦”的提出，进一步深化了我们党的执政理念，为坚持和发展中国特色社会主义注入了新的内涵。二是历史性。“中国梦”承载着中华民族伟大复兴的百年梦想，是实现“两个100年”奋斗目标和中华民族伟大复兴的生动写照，融入了中国传统文化价值观，是对当代中国社会共同信仰的召唤，体现了历史发展的必然。三是人民性。习近平总书记指出，“人民对美好生活的向往，就是我们的奋斗目标”。“中国梦”凝聚了人民群众对美好生活的向往和追求，道出了中国人民的心声。1933年《东方杂志》提出“先生梦想中的未来中国是怎样”，仅收到160份答案。今天，媒体都在开展“说出你心中的中国梦”等活动，得到亿万群众的积极响应。四是实践性。我们现在比任何时候都更加接近民族复兴的目标。实现“中国梦”和深化改革、扩大开放、走中国道路相结合，必将进一步激发全国人民实现梦想的激情和“实干兴邦”“愚公移山”的奋斗精神，为中国特色社会主义实践注入强大的精神力量。五是包容性。为什么“中国梦”会在海内外引起这么大的反响？因为“中国梦”道出了海内外中华儿女的共同渴望。不分阶层，不分地域，不分身份，全球华人，都有着一个共同的“中国梦”，都为“中国梦”感到骄傲，感到自豪，都有着将自己的梦想融入“中国梦”的共识。

“中国梦”与“美国梦”的本质区别

中国社会科学院中国特色社会主义理论体系研究中心副主任　夏春涛

时下热议“中国梦”，有人不免会联想到“美国梦”。“中国梦”与“美国梦”当然不是一回事，两者有着本质区别。这可以从以下几个方面来理解。

从路径选择上讲，美国走的是资本主义道路。我们走的是中国特色社会主义道路，弘扬中国精神，凝聚中国力量，具有鲜明的中国特色中国风格中国气派。

从概念内涵上讲，“美国梦”主要以自由、繁荣为标签，宣称一个人无论什么背景，只要来到北美新大陆，通过个人奋斗，就可以实现自己的梦想。但这经不起时间和事实的检验。美国直至建国87年后才废除奴隶制，随后又长期推行种族歧视。现在种族藩篱消除了，但阶级阶层的鸿沟依然存在，不断扩大的贫富差距使越来越多的人感到“美国梦”十分虚幻。中华民族伟大复兴的“中国梦”包括国家富强、民族振兴、人民幸福三个层面，落脚点是“人民幸福”。全国各族人民是实现“中国梦”的主体力量，也是实现“中国梦”的直接受益者。因此，“中国梦”归根到底是人民的梦，是社会主义的强国富民之梦，是对“美国梦”的超越。提出“中国梦”的概念，是自信和实力的体现，吹响了民族复兴伟大征程上新的进军号角，令人心潮激荡豪情满怀。

从动态或趋势上讲，“美国梦”早已褪去其耀眼光环，缺少新内涵和活力，缺乏可持续性。我国则持续保持着强劲发展势头，中国社会充满生机和活力，“中国梦”正一步步地从理想变为现实。

建构“中国梦”的理论体系

北京大学马克思主义学院教授　程美东

构建“中国梦”的理论体系，要高度关注“中国梦”的内涵、历史文化基础、实现路径等问题。

研究“中国梦”，第一位的问题是搞清“中国梦”的内涵。在这个问题上，学者的观点有所差异。就“中国梦”的主体来说，有“个体梦”“民族梦”“国家梦”等；就“中国梦”的目标来说，有个人价值的实现、民族振兴、国家富强、人民幸福等；就“中国梦”提出的依据来看，或以为争取中国话语权、或以为对抗西方意识形态渗透、或以为凸显中国特色等。所有这些分歧和争议其实都是因为建立在对于“中国梦”不同内涵的理解上而产生的。毫无疑问，实现中华民族复兴必须要解决这个基本问题。

“中国梦”研究还必须要考察其历史文化基础。任何“梦”都是基于主体的特定的历史体察和文化积淀而形成，是对自己生活的历史和现实的反思、反馈而做出的反应。只有了解了这个历史文化基础，我们对于如何建构“中国梦”、如何彰显“中国梦”的特色、如何实现“中国梦”才能获得准确的认识。

研究“中国梦”，关键是找到一条适合中国国情和世界发展潮流的发展路径。当前，这个问题已经获得了解决，即走中国特色社会主义发展道路。但现阶段我们需要克服的困难还很多，我们要走的具体路径还有不确定的地方。无论是经济发展、政治发展还是文化发展，其具体的改革和发展之途，都充满了坎坷，其不可预测的艰难险阻警示着我们要精心选择具体的发展路径，这关乎“中国梦”的实践效果，关乎中国现代化的最终命运。

“中国梦”：通向民族复兴的闪耀名片

清华大学马克思主义学院常务副院长　艾四林

最近一段时间，习近平总书记关于“中国梦”的多次深刻阐述，引起了社会热议。一时间，“中国梦”成为街谈巷议的大众话语，甚至占据一些国外媒体的重要版面。“中国梦”所释放出的强大正能量超出人们的想象，但也引起一些国外媒体和民众的忧虑，甚至有些别有用心的国外政要歪曲“中国梦”的内涵，片面解释“中国梦”，借机渲染“中国威胁论”。从硬实力来看，“中国梦”自然包含着强大的综合国力、强大的经济、军事实力。但从软实力角度看，“中国梦”的吸引力表现在其具有吸引力的文化和价值。“中国梦”要从一般话语成功转化为中国名片、中国象征，从文化软实力的角度来看，就必须充分彰显其充满魅力和吸引力的文化和价值内涵。

首先，中国特有的历史文化锻造了“中国梦”独特的“民族性”。“实现中华民族伟大复兴”这一梦想，是和中华民族的历史、文化、精神、性格、心理等紧密联系在一起的，是中华民族深厚历史文化的自然生成。“中国梦”源于中华民族昔日的辉煌，源于中华民族的深重苦难，源于中华民族的坚强性格。其次，中国特有的社会性质决定了“中国梦”的“人民性”。没有人民的幸福，强国就失去了根本，中华民族伟大复兴的“中国梦”就不能说实现了。最后，中华民族特有的开放包容造就了“中国梦”的“世界性”。中华民族崇尚各民族和谐和平，这就决定了中华民族的复兴之路是一条和平发展之路。“要和平不要战争，要发展不要贫穷，要合作不要对抗，推动建设持久和平、共同繁荣的和谐世界”是全球化时代“中国梦”内在的新的“世界观”。总之，“中国梦”体现了真善美的统一，对内能够激励人心、凝聚人心，对外能够让人放心、使人安心，从而有效地提升“中国梦”话语的持久吸引力、感召力。

用中国特色社会主义为“中国梦”塑魂

中共中央党校教授　辛　鸣

“中国梦”是在社会主义初级阶段的背景下实现中华民族伟大复兴，在发展中国家的基础上建设现代化，在为西方主导的世界格局中实现大国的和平崛起，这些都是全新的探索与实践。“中国梦”是人类社会前所未有的一个崭新的梦，必须要用中国特色社会主义来为其界定内涵、塑造灵魂、彰显本质。

中国特色社会主义以人民为主体，决定了“中国梦”既是个体梦又是国家梦。中国特色社会主义把共同富裕作为根本原则，始终坚持使发展成果公平惠及全体人民。当我们把“国”与“家”、“民”与“族”融为了国家民族，把“你”“我”“他”整合为了“大家”，共同富裕的根本原则就会变成现实的生活状态。

中国特色社会主义坚持和平发展，决定了“中国梦”同时也是世界梦。复兴的中国是倡导人类命运共同体意识的中国，是在谋求本国发展中促进各国共同发展的中国；复兴的中国是负责任的大国，坚持把中国人民利益同各国人民共同利益结合起来，应对全球性挑战，共同破解人类发展难题。

中国特色社会主义作为现实的运动，决定了“中国梦”既指向未来又呈现当下。面向未来，“中国梦”承载了我们美好的希冀与追求；着眼当下，“中国梦”要求我们的一切制度安排都应努力扶正祛邪，通过阶段性的目标为走向新社会奠基铺路，用实实在在的行动表明“中国梦”的起点就在脚下而不在别处。

中国精神激励中国梦想

国防大学马克思主义研究所研究员　颜晓峰

中国精神是实现“中国梦”的强大激励。没有昂扬向上的中国精神，就没有先进正确的中国道路，就没有无穷无尽的中国力量。实现“中国梦”，离不开中国精神的激励引领。

中国精神是民族精神和时代精神的总称。民族精神构成中国精神的民族之维，是中华民族世代延续的民族灵魂；时代精神构成中国精神的时代之维，是中华民族与时俱进的时代灵魂。精神的继承、延续和光大，依靠熏陶、养成、培育。大力弘扬民族精神和时代精神，是弘扬中国精神的基本内容，是实现中国梦的精神构建。

民族精神的核心是爱国主义。爱国主义精神表现为对祖国、人民的热爱，对民族文化的深层认同；表现为维护国家利益，尽心尽力为国贡献；表现为共向“中国梦”、共圆“中国梦”、共享“中国梦”。有了这样的民族精神，实现“中国梦”就有了坚实的精神支撑；这样的民族精神越为深入、有力，实现“中国梦”就越为可能。

时代精神是从历史到当代的延伸与变革，是从民族到世界的扩散与冲击。在中国走向世界、走向现代化、走向未来的进程中，中国精神呈现时代精神，中国发展呼唤改革创新精神，改革创新成为中国精神的主旋律，世界潮流反映在中国精神之中。“中国梦”是百年梦，更是时代梦。时代精神催化着“中国梦”，张扬着“中国梦”，也充实着“中国梦”。

“中国梦”，人民的梦

国防大学教授　郭凤海

“中国梦”不是凭空产生的，看待和把握“中国梦”，应当从中国的整个历史特别是中国近代以来的历史遭遇和面临的时代课题出发。不论传统中国还是现代中国，实现人民的梦，都是实现国家梦、民族梦的社会基础和实践基石。

第一，人民的梦与国家的梦关系如何，决定着传统中国的历史走向。与传统中国上升历程相伴随的，是人民的梦有充分的实现空间；反之，中国的衰落，正在于人民的梦与王朝统治发生冲突。历史上的中国，既没有形成有广泛群众基础的中国精神，也没有形成真正的中国力量，因而到近代遭到了西方列强的欺凌和掠夺。

第二，把人民利益与民族大义结合，从根本上决定了中国走社会主义道路的历史必然性。中国共产党人走上历史舞台后，以土地革命为杠杆，把人民的根本利益与民族大义和国家的命运紧密结合在一起，改造农民思想，改铸国魂与军魂，重振革命精神，凝聚革命力量，使中国人民义无反顾地投身于救亡、解放的大潮。

第三，打通人民权益与国家发展的内在关联，是实现中华民族伟大复兴的根本途径。新中国成立后，中国共产党先后提出社会主义工业化、建设“四化”奋斗目标。改革开放以来，我们党又领导人民从经济、政治、文化和科技各方面为实现“中国梦”奠定基础。

总之，“中国梦”是凝聚党和人民共识和力量的一面旗帜，能引领大家朝着全面建成小康社会、实现社会主义现代化和中华民族伟大复兴的目标努力奋斗。

“中国梦”的实现方略

首都师范大学教授　王淑芹

“中国梦”的实现，需要从宏观、中观、微观入手，做好相应的工作。在宏观层面，我们要全面、准确地概括与阐释国家和民族崛起复兴的“中国梦”所内蕴的共同理想与目标；在中观层面，要结合我国当前面临的各种难题，如腐败、分配不公、经济发展下滑、官本位、生态危机等亟待解决的社会实际问题，研究破解难题的对策，寻找实现国家和民族复兴发展的实现路径；在微观层面，要注意建立社会成员个体的“中国梦”与国家、民族的“中国梦”有机关联、协同发展的机制，切实把国家、民族的“中国梦”转化为社会成员幸福生活追求和奋斗的精神动力。

“中国梦”不只是“财富梦”“实力梦”“强国梦”，还是“道德梦”。道德如“盐”，是人所必须的。人们不吃盐，会危及生命；人无道德，徒有人形而无人性；社会缺乏道德，会触及稳定的安全阀线。当前我国社会道德领域存在的严重问题，导致“怀疑和警惕成为许多人的一种生活方式”。人们产生的不敢信、不知道信谁、什么能信、什么都怀疑的社会心理危机，增加了社会交往和运行成本。社会道德严重缺失，会使人们心理惶恐、心生怨恨、精神焦虑，虽物质丰足但无幸福感，从而背离以人民幸福为主旨的“中国梦”的价值目标。因此，我们要不断健全守卫道德的各种制度，为“中国梦”的实现奠定基础。

“中国梦”的精神实质和重要特征

北京市社会科学院研究员　李贺林

“中国梦”就是我们常常讲的理想信念，就是中国特色社会主义的共同理想。高举“中国梦”的精神旗帜，就是高举中国特色社会主义共同理想的精神旗帜。

中国特色社会主义共同理想是几代中国共产党人艰辛探索的伟大成果。党的十二届六中全会明确提出，要用共同理想动员和团结全国各族人民建设社会主义现代化国家；党的十四届六中全会确立了精神文明建设的首要目标，是在全民族牢固树立建设有中国特色社会主义的共同理想；党的十七大指出，要用中国特色社会主义共同理想凝聚力量；党的十八大报告中，明确提出了建设中国特色社会主义的总任务是实现社会主义现代化和中华民族伟大复兴。新一届中央领导集体在参观“复兴之路”展览时，习近平同志提出“实现伟大复兴就是中华民族近代以来最伟大梦想”。在十二届全国人大第一次会议闭幕会上，习近平同志再次深入论述了“中国梦”，就是要实现国家富强、民族振兴、人民幸福。

“中国梦”是社会主义理想与爱国主义精神的有机统一，是当代理想与光荣传统的有机统一，是时代潮流和人民期待的有机统一。当代中国，爱国主义同社会主义统一于中国特色社会主义的伟大实践。“中国梦”既是当代中国人的理想，也是中华民族追求振兴的百年梦想。努力实现现代化，人民对美好生活的向往，就是“中国梦”的奋斗目标和不竭动力。

（原载《光明日报》，2013年4月23日第7版）

2013年度中国十大学术热点

《光明日报》理论部　《学术月刊》编辑部　中国人民大学书报资料中心

编者按

年度十大学术热点既可谓一年来学术研究的记录，也是对现实社会焦点问题、深层问题的折射。2013年度“中国十大学术热点”评选活动，由《光明日报》理论部与《学术月刊》编辑部、中国人民大学书报资料中心联合主办，经过学界推荐、文献调研、学者研讨、专家评议、投票确定等程序，现已评选出来，今予公布，以飨读者。

热点1：民族复兴与中国梦研究

入选理由　民族复兴中国梦，是新一届中央领导集体提出的重大战略思想。“中国梦”提出一年就吸引了多学科的共同关注，学界围绕以下几个层面展开了理论建构：（1）中国梦提出的意义和背景。从纵向与横向两个维度高度评价了中国梦的历史背景和重大意义。从纵向来说，中国梦与近代中华民族的奋斗历史是紧密相连的。许多学者从中国近代以来中国人民的奋斗历程来阐释中国梦的历史传承，强调了改革开放前30年创造的财富和积累的经验为国家改革开放后的爆发式发展奠定了基础，毛泽东的许多有益思想是当今建设小康社会过程中应该加以继承的宝贵精神财富。从横向上来说，比较分析了中国梦与其他大国梦在价值理念和发展目标上的区别，强调了中国梦的世界意义。（2）中国梦的内涵和特征的理解。围绕实现民族复兴和现代化，学者们对中国梦的内涵作了多维度考察，从不同侧面剖析了中国梦在国家、民族、个人三个层面的深刻内涵和有机联系。（3）中国梦的理论框架。在宏观层面，集中探讨了中国梦与中国特色社会主义的关系，认为中国特色社会主义就是中国梦的根本方向和价值指标，中国梦的表述实现了话语体系的转换。在具体层面，将中国梦与十八大以来理论创新相结合，落实中国梦在社会主义建设方方面面的理论价值和实践意义。（4）中国梦的实现路径。要想把中国梦变为现实，必须从社会主义初级阶段的基本国情出发，清醒面对一系列挑战。学者们从中国共产党与中国梦的实现、三个自信与中国梦的实现、改革开放与中国梦的实现、实干兴邦与中国梦的实现等多个维度探讨了中国梦的实现途径。

【专家点评】目前的研究还处在起步阶段，有待深入和拓展：一是进行多维度、多学科的交叉研究，如从历史、现实与未来，国家、民族、社会与个人，道路、理论体系与制度，经济、政治、文化、社会与生态文明建设，国际与国内等不同视阈进行学术研讨；二是继续深入研究中国梦提出的时代背景、现实依据和重大意义，中国梦的本质属性、基本内涵、价值诉求、目标要求和现实路径；三是加强对近代以来民族复兴思想的学术史研究，夯实民族复兴与中国梦研究的学术根基，彰显本研究应有的学术价值。

（点评人：王顺生，中国人民大学马克思主义学院教授）

热点2：马克思主义与分配正义

入选理由　当前我国正处在社会、经济全面转型的重要历史时期，收入分配的城乡差距、地区差距、行业差距日趋扩大，引起了社会各界的普遍关注，也引起了学界的反思与探讨。如何运用马克思主义指导我国的收入分配改革并实现分配正义，成为一个时代课题。有关讨论近年来持续升温，到2013年成为一个热点。围绕马克思主义与分配正义问题的探讨主要体现在以下几个方面：（1）在学理层面，学界关心的是马克思主义究竟讲不讲公平正义问题，以及所讲的能否用于探讨和解决中国面临的问题。否定论者认为马克思在构建历史唯物主义时消解了正义观念，相反的观点则认为马克思对无产阶级的正义要求持明确肯定态度，由此形成了争论。（2）深度挖掘马克思的理论资源，探讨分配不正义现象存在的社会根源。（3）探讨分配正义的实现，指出实现正义分配的根本途径在于推翻资本主义私有制，建立共产主义公有制；共产主义社会的正义分配原则为人的全面自由发展提供了制度保障。（4）比较分析马克思主义与以罗尔斯为代表的西方自由主义分配正义理论的异同，并基于马克思主义立场反观其理论得失，拓展应对现实问题的理论资源。

【专家点评】从2013年的相关研究成果来看，从事马克思主义研究的学者虽然已取得不少成果，但还有一些深层问题需要做进一步的探讨。例如，分配正义所讲的“正义”是一种价值判断还是事实判断，在这个问题上，人们的认识还存在很大的分歧。再如，如何看待马克思主义的剥削理论，能否直接用它来解释当前中国存在的分配不公问题？如若不能，那能否根据马克思主义经典作家的思想资源建构马克思主义的新的分配正义理论？再有，自罗尔斯的《正义论》问世以后，当代西方政治哲学家提出了许多基于“平等”的分配正义理论，他们的理论对于解决我们当前面临的分配有无借鉴意义？这些深层问题的解决无论从理论上还是从实践上都具有重大的意义。

（点评人：段忠桥，中国人民大学哲学院教授）

热点3：全面深化改革整体性战略研究

入选理由　党的十八大明确提出了全面深化改革开放的目标，十八届三中全会对全面深化改革做出系统部署，标志着中国新一轮改革启幕。一年来专家学者围绕这项重大议题展开了广泛深入的研讨：(1) 梳理和总结了改革开放35年的历史成就，揭示改革是中国最大红利重要论断的深刻内涵；(2) 深入探析全面深化改革的核心要义，清晰界定和处理好政府和市场的关系；(3) 沿着经济、政治、社会、文化、生态五条改革主线，破解和消除经济社会持续健康发展的体制机制障碍；(4) 寻找和开拓实现改革目标的重要途径，注重改革的系统性、整体性和协同性；(5) 研究构建可持续的改革动力机制和新的利益调整机制，有效凝聚社会各阶层的共识，突破利益固化的藩篱，等等。

【专家点评】我们有充分的理由将全面深化改革的整体性战略研究作为2013年经济学研究的最重要热点。首先，全面深化改革整体性战略问题对于中国当前和未来发展具有重大现实意义。其次，全面深化改革整体性战略问题涉及范围较广泛，从经济学研究涉及的文献来看，除涉及宏观经济问题外，还涉及金融改革、财税改革、国有企业与国有资本改革、土地制度改革、人口与劳动力、城镇户籍制度改革等多个领域的改革。最后，到目前为止，在全面深化改革的理论，尤其是全面深化改革的政策实践方面，还存在许多不同观点的争论，还需要通过今后深入的讨论和调查研究来逐步达成基本共识。

（点评人：左学金，上海社会科学院经济研究所研究员）

热点4：大数据国家战略研究

入选理由　从学术界层面来看，2013年学者对大数据作为国家战略资源的认识更加深刻，将其提升到国家战略高度来考量，围绕大数据国家发展战略展开了一系列研究：(1) 制定大数据国家战略的意义。大数据作为国家战略资源，将会影响国家的方方面面。(2) 大数据国家战略规划的内容，主要包括构建大数据研究平台、大数据良性生态环境、大数据产业链等。(3) 确定大数据产业发展的重点。应该通过国家层面的战略规划明确大数据产业的发展重点、空间布局和保障措施，推动和改善与大数据相关的收集、储存和分析工具及技术，并在公共服务领域，如安防、医疗、卫生、教育等开展大数据应用示范，提高应急处置能力和安全防范能力，提升服务能力和运作效率。(4) 大数据环境下的信息安全战略。大数据安全问题既包括上至国家安全与军事战略，下至数据库、企业以及个人等的网络与信息安全问题的研究，也包括来自法律、政策、标准、技术等层面对于安全的研究。同时，海量数据的汇集无疑加大了用户隐私泄露的风险，因此应该从政府层面制定完善的法律条文，从行业层面制定严苛的行业规则，从技术层面保证信息安全，也是人们研究的重要课题。

【专家点评】大数据国家战略成为年度学术界热点议题，反映了信息时代大数据在国家经济建设与社会发展中的重要价值。首先，大数据已成为国家的重要战略资源。目前，信息产业发达国家，如美、英、德、日等国已经将大数据提升为国家层面的战略，大数据领域的竞争，事关国家安全和未来。其次，大数据已成为国家的核心竞争力。国家层面的竞争力将集中体现为一国拥有数据的规模、活性以及解释、运用的能力，数字主权将是继边防、海防、空防之后又一个大国博弈的空间。最后，大数据具有巨大的商业价值。大数据的出现，正在引发全球范围内深刻的商业变革。在商业模式上，对商业竞争的参与者来说，大数据意味着令人振奋的业务与服务创新机会。目前，百度、谷歌、阿里巴巴等公司正在积极研究如何利用大数据开发新的商业模式。这些探索对于推动信息经济的发展意义重大。

（点评人：卢小宾，中国人民大学信息资源管理学院教授）

热点5：网络时代与虚拟社会治理

入选理由　为回应互联网技术革命导致的社会结构转型与社会行为模式重构，学界近年来对网络社会的研究持续加强，并出现了新的问题意识、理论概念和研究范式。相关讨论主要围绕以下几个方面展开：(1) 在社会变迁层面探讨互联网带来的全新时代，认为以互联网技术为核心的时代变迁再造了一个全新的社会——“虚拟社会”。这一全新社会呼唤着重新审视网络时代的新型社会结构。(2) 更加积极地探讨互联网在中国语境下的独特含义。互联网在中国不只是一种技术平台，同时也具有改变了以往社会关系的平台意义，因而互联网在社会群体性事件、环境运动、慈善捐赠等具体领域的研究愈加深化。(3) “网络反腐”在一定程度上激起了民众网络参政议政的热情，为学界对这一领域的研究提供了丰富的素材。(4) 网络语言、网络思想等线上文化研究占据一席之地，通过解析其出现缘由、表现形式和背后内涵，认为线上文化能够折射现实社会的种种深层问题，具有重大意义。(5) 虚拟社会治理研究持续升温，一些网络“大V”落网、对网络谣言加强管控等社会现实，刺激学界进一步探索规范网络社会秩序的可行性。

【专家点评】毋庸置疑，网络时代正在对当今的社会结构产生着举足轻重的影响，其中包括网民(传统社会统称为个体)之间的互动重构了社会的生活方式、创新了人们的利益诉求方式、改变了人们的价值观念等。当然，网络语境下的虚拟社会毕竟是现实社会的延伸，并不完全是颠覆，因此它也会反映现实的社会结构形态。鉴于此，对于网络时代的虚拟社会治理不仅考验着全社会从容应对网络时代社会结构变化的勇气，同时也是检验着其社会治理的智慧。

(点评人：陆杰华，北京大学社会学系教授)

热点6：科学发展观统领下的新型城镇化建设

入选理由　有关城镇化问题的讨论，这些年一直都在持续。2013年，学界从政治、经济、文化、社会、历史角度，从不同层次对新型城镇化进行了深刻的解读，主要集中在如下几个方面：(1) 新型城镇化的内涵，其本质是用科学发展观来统领城镇化建设。(2) 新型城镇化的核心是人的城镇化。要着眼农民，涵盖农村，破除城乡二元结构对城乡发展一体化的制约，推进城乡要素平等交换和公共资源均衡配置。(3) 新型城镇化要统筹“新四化”发展，平衡多方面关系。(4) 新型城镇化需要加大制度变革，实现政府、市场、社会充分互动。必须健全城镇化健康发展体制机制，形成以工促农、以城带乡、工农互惠、城乡一体的新型工农城乡关系，让广大农民平等参与现代化进程、共同分享现代化成果。

【专家点评】新型城镇化问题对中国未来的发展有着长远和全局性的意义，它与新型工业化、信息化、农业现代化，与生态文明建设有着广泛的、深刻的综合关联效应。新型城镇化必须研究农村、农民、农业经济问题，而它们可能是中国未来学术研究取得突破的领域。这是科学发展观统领下的新型城镇化建设成为2013年学者们关注热点的深层原因。

(点评人：郝旭光，对外经济贸易大学国际商学院教授)

热点7：司法体制改革进一步助推法治建设

入选理由　在改革进入“深水区”的当下，我国面临着各种挑战，如何立足我国国情，进行“改革顶层设计”，构建中国特色社会主义司法制度，成为党的十八大后亟待探究的理论和实践课题。2013年围绕这一议题，学术界展开了充分的理论研讨：(1) 在权力配置方面，确保人民法院、人民检察院依法独立公正行使审判权、检察权。(2) 在权力运行方面，健全司法权力运行机制，统筹协调政府等权力机关与司法机关之间的关系。(3) 在权力监督方面，深化司法公开，着力推进审判公开、检务公开、警务公开和狱务公开制度建设。(4) 在司法系统内容管理方面，建立符合职业特点的司法人员管理制度，推进司法人员分类管理改革。(5) 在权利保障方面，废止劳动教养制度，完善对违法犯罪行为的惩治和矫正法律，规范大案、要案办案程序，实现个案正义和社会公平，等等。

【专家点评】2013年度，中国的法学界和法律界围绕党的十八大报告提出的“进一步深化司法体制改革，坚持和完善中国特色社会主义司法制度”进行了广泛而深入的研究，发表了数量不少的有关司法体制改革的研究文章，也召开了数量不少的专题性研讨会，形成了法学界的一个学术热点。到了11月，十八届三中全会提出了“推进法治中国建设”的重要任务，对司法体制改革提出了一系列具体的改革措施和任务，这将会成为下一步中国法制建设尤其是司法体制改革和建设的重要方面，也会成为法学界关注和研究的重点领域。

(点评人：刘作翔，中国社会科学院法学研究所研究员)

热点8：“新型大国关系”的意涵探索

入选理由　对“新型大国关系”的理论内涵、实践路径作深入探讨，将有助于推动国际和平共识的达成、国际关系民主化的实现和国际制度的改革朝向更加有利于发展中国家的方向发展。目前研究情况大致如下：(1) 对“新型大国关系”概念、内涵和意义的阐释。围绕十八大提出的国际关系“平等互信、包容互鉴、合作共赢”的新精神，学者们从大国之间对外关系的时代要求、战略出发点与归宿、现实利益与分歧、相互关系的复杂程度等多个维度探讨了新型大国关系与传统大国关系的不同，深刻剖析了“新型大国关系”所具有的“不对抗、不冲突”“相互尊重”“合作共赢”等多重内涵。(2) 以中美关系为案例的研究。涉及构建中美新型大国关系的可能性、必要性，指导原则，构建的路径及影响因素，中美“新型大国关系”的未来设想等。(3) 将新型大国关系的思维拓展到与美国以外的其他国家间关系的经验研究以及国际治理的语境中，发掘与传统大国、新兴大国、周边大国、地区强国等在内的大国之间关系的新内涵、新特点，使得“新型大国关系”理念更带有全局性，充实了中国多边外交的新理念。(4) 强调中国在构建新型大国关系中的核心作用，深入挖掘传统文化中“和合”外交、“共生”原则、“天下体系”等智力资源以丰富西方主导的传统国际关系理论。

【专家点评】“新型大国关系”之所以成为 2013 年中国学术热点，主要原因有三：一是因为党的十八大报告正式将“推动建立长期稳定健康发展的新型大国关系”作为中国改善和发展同发达国家关系的重要目标；二是因为构建“新型大国关系”成为本年度中美关系的主旋律；三是因为构建“新型大国关系”是前无古人的开创性事业，急需理论创新、观念创新、实践创新，由此激发中国学界从更广阔的时空视野展开学术研讨和课题研究。

（点评人：袁鹏，中国现代国际关系研究院研究员）

热点 9：中国当代文学的海外传播及其翻译研究

入选理由　2013 年，中国当代文学的跨文化传播及其翻译研究被提升到比以往更为关注的层面上来讨论，主要定位在以下几个方面：（1）介绍与研究中国当代作家及其作品在异域不同语境下的翻译与接受现象。相关学者采用统计列表、问卷调查、抽样分析等方法对中国当代主要作家及其作品的不同语种翻译与接受现象做出了初步的研究分析。（2）一部分文章较为深入地分析了中国当代文学在翻译的推动下在海外所遭遇的如何传播的问题。全球化时代的当代文学书写不再是作家本土化的私语性表达，而是在文学创作的自觉中能够把支撑民族自信的文化风俗及其世界性元素整合为一体，这种世界性书写对于把中国当代文学翻译为多种异域语言提供了最大且恰切的接受性可能。（3）部分学者开始从翻译研究的视域讨论中国当代文学向海外传播的问题与路径，并以此形成了一系列的问题意识：如西方译者对中国当代文学作品进行翻译时的选择立场，译者的跨国文化策略；中国当代文学向海外的传播，是依凭中国本土的译者还是依凭外域汉学家的问题；中国当代文学作品在翻译中所呈现的创造性书写与过渡性书写问题；对中国当代文学作品的翻译，是坚守异化翻译还是接受归化翻译的问题，等等。上述问题的深度化讨论已经初步关涉到了中国当代文学研究与翻译伦理学的逻辑关系等。

【专家点评】中国当代文学的海外传播及其翻译研究作为 2013 年中国学界的热点，已经取得了一些含有学术价值的研究成果，从中国知网上检索可以看到近百篇与此相关的报刊论文和硕博论文，相关的著作也有出版。所存在的问题是，这一研究热点对中国当代文学研究的学术视域及其方法论也提出了新的挑战。中国当代文学研究必须要走出纯然的本土性批评，以更为宽阔的研究视域有效地面对国际学界，并且西方 40 年来所积累的翻译研究理论等也应该是中国当代文学研究者所必备的知识结构，这也要求学者们在国际工作语言上有自我调整的自觉。虽然这一热点还是初步的崛起，但其中蕴含着强大的理论蓄势，为中国当代文学的海外传播及其翻译研究在未来几年的持续性讨论提供了卓然且必要的准备。这也必然推动了中国当代文学研究进一步走向国际化，最终与国际比较文学研究接轨且形成交集。

（点评人：杨乃乔，复旦大学中文系教授）

热点 10：钓鱼岛历史文献的发掘与解读

入选理由　日本在钓鱼岛问题上采取了一系列挑衅行动，促使钓鱼岛争端迅速升级，钓鱼岛问题也成为学术界的研究热点，历史学者们运用历史学和考据学等方法，从历史文献、历史地理及中外关系史等若干领域对钓鱼岛问题进行了如下全面而深度的论述：（1）学者们通过充分发掘和考证散见于中外古籍中关于钓鱼岛的历史文献及相关古地图，证明钓鱼岛最初是由中国人首先发现、命名、开发和管辖的，钓鱼岛主权属于中国是一个不争的事实。（2）学者们根据翔实的档案和史料，阐述了日本利用中国近代一系列内忧外患无暇顾及之机，非法窃取钓鱼岛的过程，从而有力地反驳了日本军国主义分子歪曲历史的行径。（3）学者们对与钓鱼岛问题密切相关的琉球问题等进行了深入研究，通过考证关于钓鱼岛的所有文献记述，无不证明钓鱼岛一直被记载在中国海疆之内，并非“无主地”，不是琉球的一部分，更不是日本的一部分，而是中国的领土。这些都为中国拥有钓鱼列屿主权提供了坚实的依据。

【专家点评】钓鱼岛问题由于涉及国家主权和历史问题、法律问题及其敏感的现状成为一个社会热点，也成为过去一年来中国学界研究的热点，一年来有大批新的学术成果面世，涉及历史、国际法、国际关系等学科领域。在这些研究当中，引人注目的是对钓鱼岛文献的发掘与解读，学界不满足在寻求钓鱼岛属于中国的历史地理依据方面的论述，对与钓鱼岛相关的中日关系、琉球问题等也纳入研究视野，在此基础上把钓鱼岛问题放在第二次世界大战之后国际新秩序的角度进行了深入思考。这种“问题意识”在钓鱼岛历史文献的发掘与解读中起着导向作用，除了为中国拥有钓鱼列屿主权提供坚实的历史依据外，还推进了钓鱼岛及其相关问题在学术上的研究。

（点评人：熊月之，上海社会科学院历史研究所研究员）

（原载《光明日报》，2014 年 1 月 15 日第 16 版）

2013年理论学术研究观点要览

经济学篇

鼓励"生产性努力"，遏制"分配性努力"

立"先规则、明规则"，弃"后规则、潜规则"

随着长期超高速增长的中国经济难以为继，"政策红利"的"喷涌式释放"已告一段落，体制改革也已挺进到一个攻坚克难的"深水区"阶段。新一轮改革开放的战略重点应作何调整，中国经济转型与升级的动力何在，如何把握好"升级"的要求与当前改革举措的内在联系，成为当前经济理论研究的热点问题。有学者认为，"反腐倡廉""简政放权""民营新政""城镇化"与"美丽中国"是跨越"制度转型陷阱"和经济升级的关键词。学者指出，"打造中国经济升级版"，一是继续"退够"：包括调整反思消化前阶段的负面遗留物，如"要素价格扭曲"和"虚拟经济泡沫"等；二是升级"硬件"："简政放权"，鼓励"民营企业"做大做强；三是升级"软件"：鼓励"生产性努力"，遏制"分配性努力"；让企业成为竞争规则的商定者，让"创新"成为企业的核心竞争力；四是升级"制度环境"：让此前各阶段累积起来的法律规制等改革成果升华到"法治"高度，也即"先规则、明规则"，而不再是"后规则、潜规则"。

市场和政府职能需进一步合理界定

不该管的坚决不管，该管的要管出水平

发挥经济市场配置资源的各级作用，以及完善宏观调控体系的必要性，是当前经济理论研究的一个热点问题。三中全会特别强调要加快转变政府职能，并提出科学的宏观调控和有效的政府治理的要求。关于政府和市场的关系，有的学者认为，市场如何发挥作用，取决于政府怎么样管和在哪些事情上管，如果要让市场在资源配置当中发挥关键性的作用，最重要的是要规范政府的职能，不该管的要坚决不管，该管的要坚定不移地管好、管出水平。还有的学者认为，要加强政府的宏观调控能力，科学的宏观调控在于熨平经济周期性波动的幅度，尽可能实现平稳健康可持续发展，只有这样才能有利于提高市场配置资源效率。也有学者认为，处理好政府与市场的关系，最重要的还是要加大政府职能转变力度，提高政府对市场的监管能力。政府的宏观调控，要更多地通过市场的传导机制来表现、实现，比如通过价格杠杆、通过各种市场参数实现宏观调控的预期目标等。政府和市场的职能需合理界定，两个方面需更好地分工和配合，这是使整个发展效率不断提高、发展代价不断减少的基本制度性保障。

涨工资：重点应放在初次分配

分工资："提低控高"缩小差距

随着我国经济的快速增长，收入分配差距的扩大更加引人关注。除了"涨工资"，人们也更关心"分工资"，推进收入分配改革已经迫在眉睫。有的学者认为，收入分配应"公平"优先，采取"提低控高"的办法以缩小差距。有的学者认为，对于我国不断加大的收入分配差距问题，应该认识到我国初次分配的不公平，收入分配制度改革的重点，应该放在初次分配上。对于二次分配，应把重点放在社会保障城乡一体化上。有的学者提出了具体的解决措施，包括健全完善市场，早日形成生产要素的供需双方公平竞争的环境；保障农民工城镇化过程中的合法权益；消除劳动力市场上不对称行为；在工资、福利、升迁机会等存在差别的状态下，提供更多的教育培训机会，扩大和发展职业技术教育，让更多的人都能得到同等受教育待遇，使劳动者有更好的机会升迁；鼓励创办小微企业。

"农地入市"朝着可交易方向发展

允许抵押的仅是分离出的经营权

随着城乡收入差距的不断拉大以及城市房价不断飙涨，土地制度改革成为经济学界关注的重要议题。就土地流转而言，有学者认为，鼓励"农地入市"向可交易方向发展，"土地抵押"就是变相买卖，这些是土地从集体转向私有的征兆；由于目前农村集体经营性建设用地规模很小，未来会进一步修改城乡规划法，受此影响，一些地方政府急于在农村土地制度改革上取得突破。另一些学者则强调决定中的"符合规划和用途管制"这一前提，强调允许入市的仅仅是某些集体经营性建设用地，农民集体所有性质仍没有改变；允许抵押的也仅是从承包经营权中单独分离出来的经营权，而承包权作为物权不允许抵押，这使农民失地风险处于可控范围。

（作者：孙咏梅，中国人民大学中国经济改革与发展研究院副教授）

社会学篇

教育与就业公平形塑着"每一个中国人的梦"

中国梦为每个人创造"人生出彩"的机会

学者指出，习近平总书记提出的"中国梦"，以最大公约数凝聚了社会共识，提振了民族信心，绘制了国家未来的美丽蓝图，将"两个百年"奋斗目标与国家富强、民族复兴结合起来，并通过为每个人创造"人生出彩"的机会而使之共享改革开放成果。正因为如此，在国家富强与民族复兴的同时，起点的公平、过程的公平和结果的公平才能够保障每一个中国人的梦。有学者指出，教育机会既影响着每一个人奋斗的起点的公平，也影响着每一个人过程的公平和结果的公平。现代社会的就业，就是在教育文凭的分流中将人们安置在不同收入水平的职业岗位上。所以，教育的公平与就业的公平才最终形塑着“每一个中国人的梦”。但不能忘记的是，对于那些已经退休的老年公民来说，“老有所养”和“病有所医”也在一定程度上影响着他们的梦的实现程度。

从一元管理到多元治理，重塑政府、市场与社会的关系

社会矛盾的化解能力，在激发社会活力的框架下培养

学者指出，在2013年之前，社会管理被概括为“党委领导、政府负责、社会协同、公众参与”。十八大报告的一个最大亮点，是在这“十六字方针”后增加了“法制保障”，使之成为“社会管理”领域的“二十字方针”。十八届三中全会提出的“社会治理”理念，在进一步厘清政府与社会的关系中，转变了原有“维稳”思路，而在“有限责任政府假设”的基础上，赋予社会对于自身“生成”与“演化”的冲突与矛盾的化解功能。社会的秩序化结果，不应只是政府的责任，而且还是社会与社会组织自身的责任。从一元管理到多元治理，表征了党和政府对现代化国家认识能力的飞跃，也奠定了未来一个历史时期政府处理其与社会关系的基本准则。由此开始，市场、政府与社会之间的结构与功能将在新理念下被重新塑造。一定范围发生的社会矛盾与冲突，将被视为社会常态运行中的“安全阀”，而非威胁社会总体安全的“倾覆性事件”。社会对社会自身矛盾的化解能力，也将在激发社会活力的框架下培养壮大。

当前社会阶层固化趋势导致社会向上流动乏力

阶层流动缺失是导致“社会病”存在的一个原因

社会结构和分层是社会学研究的传统课题，阶层流动问题研究是其中的一个热点。学者指出，当前社会阶层固化趋势导致底层社会向上流动乏力，如农村学生主要集中在普通地方院校与专科院校，我国优质高等教育资源的获得存在明显的阶层差异。教育机会公平逐渐丧失成为社会流动之忧。还有学者指出高房价一方面影响社会流动，一方面高房价影响社会流动，催生大量房奴，降低城市居民生活质量。房价升高会阻碍劳动力流动，尤其是青年人的择业流动，大学生及农民工群体无法更好地进入城市生活，阻碍了地区间人口流动。还有学者指出，流动性缺失是导致“社会病”存在的一个原因，如社会拥堵问题，大量底层社会群体有向上流动的需要，而现实中流动渠道狭窄，如千军万马过独木桥，必然导致社会拥堵。学者还指出阶层固化进一步加深，处在上层的社会和处在下层的社会同时出现流动乏力的情况。

“橄榄形分配格局”意在扩大中等收入者的比重

转移支付与税收调节有利于缩小财产占有差距

最近几年，社会学有关收入分配的研究层出不穷、汗牛充栋。这些研究的目的旨在影响中央的决策并找到缩小收入分配差距的可行路径。决定颁布之后，有研究指出，“橄榄形分配格局”是中央文件中第一次提出来的，而其本质意义，就是扩大中等收入者的比重。

橄榄形分配格局是与金字塔形分配格局完全相反的收入分配格局。在橄榄形分配格局下，低收入者和高收入者会日趋缩小，整个社会的收入分配差距也会趋于下降。但在金字塔形分配格局下，中等收入者的人数会被挤压，低收入群体过大的格局会长期得不到改变，从而使收入分配差距越来越大。有研究者指出，要在初次分配中缩小收入分配的差距现在还比较难，但通过二次分配（指社会保险和转移支付等社会保护网）来改善收入分配的办法则可以在短期见效。而且，转移支付与税收调节不仅会缩小现时收入差距，而且还有利于缩小财产占有差距。

（作者：张翼，中国社科院社会学研究所所长）

政治学篇

实现由管理到治理的“转型式”改革

坚持摸着石头过河与顶层设计统一

当今，我国处在历史大变革、结构大调整、格局大变动的新的历史起点上。学者认为，新起点上的改革是破解影响发展和稳定的体制机制障碍与利益固化藩篱的“命运性”改革，公平正义是改革的逻辑起点，是改革必须坚持的重要取向，也是全社会最大公约数之一。学者认为，当前“公平正义性”改革，是实现由管理到治理的“转型式”改革，是坚持摸着石头过河与顶层设计统一的“科学性”改革。学者指出，公平正义改革理论是新历史起点上理论创新的生长点，必须从根本上对既往的改革思路和改革举措进行反思，全面而细致地清理一切妨碍权利公平、机会公平、规则公平的制度、体制和机制，通过对“改革”的改革，努力营造公平的社会环境，把平等参与、平等发展的权利还给人民，才能使改革的逻辑起点真正复归到公平正义上来。

制度建设和国家治理能力问题研究升温

再分配体制、预算管理体制等成热议主题

2013年政治学界对国家体制的关注正在逐渐从一般宪法意义上的政治体制，向侧重基本制度建设和国家治理能力的方向转变。这其中一个重要的表现是关于体制和制度有效性，以及国家治理能力问题的实证研究正在逐渐升温。国家的社会监管能力

和相关制度建设开始越来越多地进入政治学研究的视野，越来越多的政治学者认识到，中国要为一个即将崛起的大国提供全国性的公共产品，无论采取何种政治形式，其必要前提在于需要国家具备一套优良的管制体制和充足的治理资源和能力。从政治学研究成果来看，产生了一批以中国国家基本制度建设为主题的一系列议题，既包括传统的国家财税体制、再分配体制，预算管理体制，又包括廉政制度建设、财产申报与公示制度建设等反映时下改革热点议程的研究。

“参与式民主”：中国特色的“横向民主”

“协商民主”是民主发展的路径和重点

党的十六大提出“扩大公民有序的政治参与”，十八大报告提出“加快推进社会主义民主政治制度化、规范化、程序化，从各层次各领域扩大公民有序政治参与”。这一目标在理论界被结合现实经验表述为“参与式民主”。在今天，参与式民主已经不再是一般意义上的理论问题，而是有着强烈的现实政治和制度需求。2013 年，中国政治学界紧密围绕这一主题展开相关研究，主流的讨论已经不再满足于介绍西方参与式民主理论或相关的理论辨析，而是立足国情，旨在探索契合中国政治发展需要的参与式民主。有学者提出，中国所要探索的“参与式民主”，是一种“横向民主”而不是以西方代议制为代表的“纵向民主”，横向参与的主体是平等、独立的个体，而参与的范围比纵向民主更广泛，参与渠道更直接。

如果说“参与式民主”是学术界对中国民主政治发展可行模式的一种表述，那么发展“协商民主”则是执政党正式提出的民主发展的路径和重点。十八大报告首次提出“社会主义协商民主是我国人民民主的重要形式”，要求健全社会主义协商民主制度，完善协商民主制度和工作机制，推进协商民主广泛、多层、制度化发展。加快探索发展协商民主，已然成为 2013 年学术界和党政领域的基本共识。

“集体领导制”具有更明显的信息优势和决策优势

中央决策是一个多主体、多层次的多轮互动过程

近年来，中国政治学界在继续保持基层民主经验研究的同时，一大批学者将视角转移，与基层民主研究“向下看”不同，新的研究亮点更加注重“向上看”——2013 年十八大“开局”之年所产出的一大批新的研究成果，明显将注意力放在了决定中国宏观的高层党政体制方面，更加着眼于分析中国政治体制显示的动态过程和机制，注重从体制运作的角度认识和解释现实政治，这成为 2013 年政治学研究的新亮点。有学者认为中国的“集体领导制”与其他西方政治体制，具有更明显的信息优势和决策优势。

有学者对中央决策机制的新特征和新变化给予一个新的解释，认为中国体制内的部门设置并没有妨碍重大决策共识的形成，这是由于中央体制内存在多层次的协商和协调机制，通过这些机制，中央决策过程变成了一个多主体、多层次的多轮互动过程，这些内容构成了中国政府决策高效能表现的制度基础。

（作者：樊鹏，中国社科院政治学研究所副研究员）

哲学篇

重新思考马克思主义的公正观

应对和求解现实公平公正问题

立足于当代中国社会发展问题，深化对历史唯物主义研究成为 2013 年中国哲学界的重要学术关注点。学者认为，对中国发展道路应进行历史唯物主义审察，如对当今全面深化改革的讨论，一个重要的方面就是从历史唯物主义层面的思考，在分析我国社会基本矛盾状况的基础上加以把握。中国现代化进程中的民生问题、幸福问题、文化问题、生态问题等，都有必要在历史唯物主义视域下予以合理解读，从而为中国发展提供与时俱进的思想资源。另外，唯物史观视野中的公平、公正问题也得到学界的格外关注。学者指出，社会公平正义问题已成为最突出、最重要的“中国问题”。因此，有必要从理论与实践角度重新思考马克思主义的公正观，以应对和求解中国的现实公平公正问题，提升历史唯物主义的时代精神。

检验学术话语体系创新的标准，是能否回答实践提出的问题

增强国际学术话语权，关键是找到构建中国话语体系的突破口

打造中国学术话语体系，是重大而紧迫的时代课题。学界对此进行了深入探讨。有学者认为，检验学术话语体系创新的最终标准，是能不能回答中国特色社会主义实践提出的新问题，能不能为中国特色社会主义实践提供雄厚的理论支撑，中国学术话语体系创新重点要在突出中国特色、中国风格、中国气派上下功夫。

学者认为，当前中国要增强自身国际学术话语权，关键是要在对冷战后的西方主导性国际话语进行分析的基础上，找到构建中国话语体系的突破口。如“历史终结论”“文明冲突论”“霸权稳定论”“民主和平论”“民主化第三波”等都基于一些著名学者和理论家的学术研究，尽管对于基于事实歪曲和价值偏见的西方话语，我们不能认同，但批驳它们的最好方式不是道德审判和价值的谴责，也非政策宣示性的否定，而是学术上的回应。因此，新的国际议题的设置和话语引导的达成，新的学术概念、

范畴和表述的提出，都必须基于深入的学术研究和理论思考之上。

推动中国特色社会主义"走出去"

消除外国对中国的"误读"和"误解"

学者们认为，马克思主义是属于全人类的，马克思主义事业不仅仅是一个国家的事业，而且是全人类的事业。中国化马克思主义既是中国的，也是世界的。中国特色社会主义理论必须"走出去"，学者理应在其中做出自己应有的贡献。中国学者要扩大研究与交流视野，积极吸收借鉴国外优秀科研成果，主动"引进来"；不仅不应在国际交流中缺席，还要主动"走出去"；既要有对中国特色社会主义的理论自信，还要有对中国特色社会主义的理论自觉。为此，中国学者承担着推动中国特色社会主义走向世界的重要使命，是推动中国特色社会主义走向世界的重要力量，可以利用角色和学术优势积极开展理论外交，客观、准确地向外国学者介绍中国基本国情、价值观念、发展道路、内外政策，消除外国学者、政要、普通民众对中国的"误读"和"误解"，展现中国文明、民主、开放、进步的良好形象。

（作者：李建国，中国社会科学院马克思主义研究院副研究员）

伦理学篇

网络发展蕴含着丰富的政治伦理

网络媒体负伦理价值靠法治监控

2013年对网络传播环境的治理引起有关网络伦理的讨论。学者们认为，网络发展的某些趋势，有助于现代政治伦理的时代精神、公民精神、主体精神、平等精神等伦理精神的建设和发展，蕴含着丰富的政治伦理。网络给予进入网络社会的人们以道义上的平等权，促进了社会资源特别是信息资源分配上的平等与进步。网络媒体的伦理价值具有两重性，即正、负两极性，网络媒体的负伦理价值时时困扰着人类，应关注网络媒体的负伦理价值的研究，在网络媒体造福于人类的同时，要防止网络媒体的负效应；面对网络媒体出现的情色传播和泛滥、网恋、网婚、网络情爱、网络谣言、网络言论非理性化等，应加强网络的立法监督和分类管理，尤其应当为广大青少年网民提供一片清朗的网络空间。

既要遵守技术决策的人道原则

又要遵守技术决策的生态原则

"黄金大米"以及昆明"PX"项目引发人们抗议等问题，引起了人们对技术伦理的极大关注。学者认为，技术决策的伦理原则包括以人为本原则、公正原则、敬畏生命原则和安全原则。技术决策者的伦理责任既包括事前责任和决策责任，又包括事后责任和追究性责任。学者们认为，对技术进行伦理评价应遵循三个基本原则，即技术与人之间关系层面的技术人道主义原则、技术与自然之间关系层面的技术生态主义原则和技术与社会之间关系层面的责任原则。技术人道主义原则主要包括对生命的尊重、对人类情感的关注以及对人性的保护等。技术生态主义原则旨在重建人与自然的关系，追求人与自然的协调发展。责任原则强调对自然、后代和社会的责任，要求技术工作者和管理决策者尽可能客观、公正、负责任地向公众揭示新技术的潜在风险。针对技术决策中普遍出现的"伦理缺位"的现象，必须把技术因素、经济因素、伦理因素和社会因素紧密结合起来综合对待。

立根传统伦理才能吸取人类伦理的积极因素

道德建设贵在形成符合社会要求的个人道德

道德建设是近些年伦理学研究的一个热点。学者指出，重建道德伦理的一项关键措施是重拾传统道德话语，应该注重把儒家人生哲学和中国特色社会主义共同理想结合起来，并积极吸取西方科学精神和自由个性的积极因素，拓展传统文化中的其他合理要素，以形成符合社会要求的微观个人道德和心理结构。

有学者提出了"中华新伦理"构想，即"新三纲五常"。"新三纲"是"民为政纲、义为人纲、生为物纲"；"新五常"体现为"天人和""族群宁""社会公""人人义""亲友亲"以及"仁、义、礼、智、信"。学者指出，在道德生活中恢复中华优秀道德传统及其伦理话语的根基性地位，并不是说要完全回到传统，也不是说只有传统伦理话语才是合理的。我们之所以要坚持传统，是因为只有在传统伦理的根基上，我们才可能吸取各种世界性和人类性伦理的积极因素，在当代道德生活中取得建设性的进步。

（作者：陈士平，中央财经大学网络教育学院副院长）

党史学篇

群众路线孕育产生于红军时期

党的历史上曾有三次系统总结

随着以为民、务实、清廉为主题的群众路线教育实践活动的展开，不少研究者对群众路线的历史由来和现实价值进行了梳理分析。

有研究者认为群众路线是在红军时期孕育产生的。关于群众路线，我党历史上有三次系统总结，分别是党的七大、党的八大和党的十一届六中全会。

有研究者对群众路线的形成发展进行了梳理后提出，群众路线思想是在民主革命时期提出和形成的，在社会主义革命和建设时期得到发展也受到挫折，在改革开放新时期得到发展和提升。

有研究者认为，通过群众路线，中国共产党找到了保持自身清廉、民主的强大武器，明确了如何做到为民服务的现实路径，明晰了中共自身的立党之本是为人民服务。

领袖人物思想的当代价值备受学界关注

十八大和历届党代会研究的论著质量高

2013年是毛泽东诞辰120周年。不少研究者撰文纪念毛泽东，涉及毛泽东思想与中国特色社会主义理论体系之间的思想渊源、继承发展关系；总结毛泽东推进马克思主义中国化的独创性贡献；毛泽东对新中国创建与发展的历史贡献；毛泽东的历史地位和毛泽东思想的当代价值；如何看待毛泽东的晚年错误；毛泽东关于党的建设的理论，特别是群众路线思想、反腐倡廉思想等。

在习仲勋同志诞辰100周年之际，出版了《习仲勋传》《习仲勋画传》，拍摄了相关文献纪录片，对习仲勋光辉战斗的一生给予了全面梳理。不少人撰文忆述习仲勋，尤其是介绍了习仲勋在推动对外开放、做统战工作等方面发挥的重要作用。

不少人还撰文研究纪念刘少奇、周恩来、邓小平、陈云等党史人物在革命生涯、建设年代和改革岁月的重要贡献。此外，党史学界还展开了对党的十八大与历届党代会等的研究，出现了不少高质量论著。

党史个案研究远没达到应有的水平

个案研究和宏大叙事是上下游关系

有学者认为，个案研究是历史研究的基础。没有个案研究，所谓宏大叙事就失去了根基，失去了赖以支撑的素材。现在党史个案研究还远没达到应有的水平，当下应该以扎实的个案研究为主要方向。

有学者则认为，党史研究很大程度上是一种政治史，需要总结历史经验，必须坚持宏大叙事。研究不能拘泥于个案，而要放宽研究视野，构建学术框架。

有学者认为，个案研究不能为了个案而个案，而是需要有时代的大关怀。个案研究和宏大叙事之间是河流上下游的关系。个案研究是河的上游，提供涓涓细水。宏大叙事是河的下游，是在无数个个案研究基础上汇聚成的岸宽水阔。二者在历史研究中都不可或缺。

地方民主政治建设受到了重视

地方党史研究薄弱状况有改观

以往党史研究的一个突出特点是研究高层政策过程的多、研究基层党史的少。今年，地方党史研究受到大家重视，好文不断问世。如《北京党史》杂志专门开辟京华春秋、口述北京等栏目，介绍北京地方党史研究进展。

有学者就新中国成立初期北京市区各界人民代表会议进行了历史考察，指出在区代会具体的运作过程中，中共将自己的“阶级政策”和“民主运动”紧密地结合在一起，形成了以“协商”为核心的中国特色民主。

有学者就新中国成立初期华东区人民监察通讯员制度及其实践进行了考察，指出人民监察通讯员积极活跃，积极宣传监察工作，不断探索行之有效的途径和方法，在“三反”“五反”运动中发挥了重要作用。这一制度在华东区的政权建设与民主政治建设中也发挥了积极作用。

土地政策深刻影响农村社会转型

知识分子参与土改的效果不均衡

今年，土改研究多关注微观研究和个案研究。

有学者以1949—1952年湖南省攸县为个案，对土地改革与农村社会转型的关系进行了分析，指出通过土改，农村社会结构被重新构造，乡村权势力量发生了转移，党政权力逐渐成为乡村社会变迁的主导性力量。与此相适应的是新的良性的国家与社会关系的建构。

也有学者以新中国成立之初土地改革中的多样叙事为题，就知识分子参与土改进行了分析，详述了土地改革运动作为知识分子接受革命锻炼场景的构造，指出了新政权试图以土地改革推动知识分子思想改造的想法，但借力土改进行知识分子思想改造显然还存在不少问题。

还有学者就新中国成立初期的京郊土改政策进行了分析。

（作者：沈传亮，中央党校教授；王亚慧，硕士研究生）

文化学篇

行政改革对文化产业影响显而易见

文化民企的国民待遇有望得到提升

从文化产业的角度来说，政府行政改革对文化产业的影响是显而易见的。

有学者具体分析了十八届三中全会决定，认为决定中“建立多层次文化产品和要素市场，鼓励金融资本、社会资本、文化资源相结合”的要求，有助于促进文化市场基本要素的统一和文化产业市场化程度的提升。决定所提出的“鼓励非公有制文化企业发展，降低社会资本进入门槛，允许参与对外出版、网络出版，允许以控股形式参与国有影视制作机构、文艺院团改制经营”。旨在重视各种所有制形式的企业平等竞争，提升并实现文化民企的国民待遇。

有学者认为，市场化是我国文化产业发展的主要方向，十八届三中全会关于市场化的指导意见，是从行政主导到市场竞争的一个重要标志，而对政府公款消费的限制，其实在整个2013年都激发了市场化的地位和民营企业的竞争意识。

有学者认为，决定对于深化文化体制机制改革的要求，就是要在保障国家文化安全的前提下，尽力扩大对内的市场开放力度，实现对文化内容创作和民营文化企业更有效的激励。

有学者认为，今年文化市场化的趋势已经逐步显现。“八项规定”无疑对依赖政府支出和机构消费的文化产业领域带来了很大的冲击。企业变化的显著特点就是，凡是高度依赖政府资源和支出的文化企业，就会受到比较严重的冲击，而且这些企业还将持续面临政府开支减少的格局。因此，传统型和政府依赖型的企业，需要探索新的商业模式来回应新的竞争格局所带来的挑战。

企业并购要防大企业垄断市场

也要起到激励中小企业的作用

今年，数字文化产业的企业和一些已经上市的传统企业都进行了多样性的并购，包括向新媒体方向转型、扩展和扩张型的战略性并购。

有学者认为，企业的并购既存在大企业垄断市场的嫌疑，也存在激励中小企业的作用。

也有学者认为，企业之间并购的加剧会造成文化创意领域的企业出现新的两极分化。一方面，大型企业和公司越来越大，它们不断通过并购获得规模化的扩张，企业的规模更加壮大。另一方面，一些创新型企业的创新很容易被腾讯、百度和阿里集团等借鉴和模仿，并且反过来以各种资源的投入超越这些创新的中小企业。

新的行政文化方向确立

行政改革也要做加减法

有学者认为十八届三中全会提出了行政文化建设的基本诉求。它对某些文化领域带来了冲击，又提供了全方位的市场竞争机遇。

有学者认为，行政改革的工作可以分为加法和减法。加法的部分是增加市场主体和市场竞争，而减法则是要减少政府公款支出、行政干预和减少企业对资源的依赖。总之，政府改革的力度是空前的，在改革的框架和行动的主导下已经确立了新的行政文化方向，并逐步成为文化习尚。

“土豪”称呼折射杂糅的社会心理

“土豪文化”实质是网络快餐文化

“土豪”是近来流行的网络热词，意指现实世界中物质富足但又缺乏文化内涵的社会群体。“土豪”的称呼反映了一种玩世不恭、批评性和诙谐化等特点结合的社会文化（心理）。

有学者认为，“土豪文化”实际上是网络时代快餐文化的一部分，随着公众的关注和使用迅速流行开来。“土豪文化”的流行满含对现实世界部分社会群体的嘲讽，其出现虽然不能说完全没有合理性，但其对拜金主义的助虐，对公众价值观念的误导，都值得我们思考。

也有学者认为，某些社会群体在物质相对富足的同时，忽视了文化内涵的积累，成为“土豪文化”的标杆。“土豪文化”的流行从一个侧面也体现了公众对社会公平的呼唤。面对“土豪文化”，我们既不必过于焦虑，也不要熟视无睹。

（作者：陈少峰，北京大学文化产业研究院副院长）

法学篇

软法研究范式大体形成呼之欲出

软法研究为国家治理开拓新思路

2013年中国软法文集《软法亦法》英文版在美国出版，这标志着中国学者对软法的系统理论研究成果将从国内走向美欧。

有学者认为，软法与硬法同为现代法的基本表现形式，软法在法治社会建设和社会共同体全面法治化方面起着硬法难以发挥的作用，为共同体的法治化提供了工具和路径。

也有学者认为软法研究从无到有、从小到大，逐步成长为一个有别于传统法学研究的新范式，软法研究范式已经大体形成、呼之欲出了。

法治国家遵循人权保障的基本价值

崇尚“宪法和法律至上”的法治精髓

十八届三中全会提出建设“法治中国”，引起宪法学界对法治国家建设与宪法实施的关注。

有学者认为，法治国家的出发点和目标是个人权利与自由的保障，整个宪法体系也要遵循人权保障的基本价值。

也有学者认为，法治国家崇尚的是一种“法治”精神，即“宪法和法律至上”的法治精髓。从法理上看，法治国家主要还是从国家的统治和治理职能角度出发的，它的基本要求是国家各项工作的法治化。

有学者认为，在我国社会转型时期，要深化改革，推进依法治国，首先必须形成宪法共识，树立宪法权威。

公益诉讼中，民事公益可分成两类

一是集合性公益，二是纯粹性公益

有学者对公益诉讼制度提出了新见解，创新性地将民事公益分成两种类型——集合性公益与纯粹性公益。

有学者认为，公益诉讼首先应解决公益诉讼的涵义问题，什么是公共利益、什么是公益诉讼、什么情况下会涉及到公共利益、公益诉讼又该在何种情况下提起？这些问题都需要结合具体实践进行讨论，经过详细的理论研究之后再以立法手段进行明确。

也有学者认为，公益诉讼的制度设计远远超出了民诉法的范围，目前对公益诉讼研究仍限制在私权保护中，学界对公益诉讼的研究思路应转变，对公共利益的立法应当放到国家利益的角度来研究而非仅仅停留在制度规定上。

“法治中国”为繁荣法学提供新的契机

立法法完善重在防止越权或重复立法

十八届三中全会提出的建设“法治中国”命题，

为繁荣中国行政法学研究提供了新的契机。

有学者对中国行政法学理论基础进行了重构，认为中国行政法应该从"对峙"模式走向"合作"模式，进而走向和谐行政法。

也有学者认为，与其奢谈空谈依法行政，不如扎扎实实地设计一套科学精细的法治政府指标体系。

有学者认为，现行立法法对地方立法权限的规定还比较宽泛，不够清晰。这会衍生出两个方面的问题：越权立法和重复立法。

有学者认为，来自最高法院的司法解释数量庞大，存在着一些与法律冲突之处。在司法事务中，如果存在冲突，法官更愿意遵从司法解释而不是法律。所以，立法法的修改应该对最高法院的司法解释权做出明确的规范。

行政诉讼制度的修改事关治理能力现代化

过分强调格式使得裁判文书改革陷入停滞

有学者认为，行政诉讼制度的修改事关国家治理体系和治理能力现代化，涉及实体性和程序性两大问题，首先应增加法院的权威和司法的公信力。

有学者建议将对抽象行为的审查纳入行政诉讼受案范围，注意如何与相应的体系和程序相衔接。还建议将行政合同争议纳入行政诉讼的受案范围，使行政相对人可以通过行政诉讼有效维护自己的合法权益。

有学者认为民事判决书应当反映诉辩式的审判过程，应有针对性地反映当事人举证、质证情况和法院认证意见，判决理由应做到说理、论证透彻有力。

有学者指出由于过分强调格式，才使得我国目前的裁判文书改革陷入了停滞。

（作者：刘武俊，司法部《中国司法》杂志总编、研究员）

历史学篇

坚持了"两个不能否定"

就是坚持"辩证统一论"

有学者指出，两个历史时期都不能否定，因为这直接关系到中国特色社会主义的两个关键性的问题，即在中国要不要坚持社会主义、要不要搞改革开放。否定了改革开放前后两个历史时期中的任何一个时期，就否定了中国特色社会主义。

有学者提出"辩证统一论"。认为中国特色社会主义是在改革开放前中国已进入社会主义并已进行了20多年社会主义建设的基础上开创的。如果1949年不建立新中国，新中国不选择社会主义道路，不进行大规模工业化建设和农田水利基本建设，没有形成独立的完整的工业体系和国民经济体系，没有培养出大批从事经济、科技、文教事业的人才，改革开放是难以起步的。

也有学者认为，正确认识和把握改革开放前后两个历史时期关系的关键，在于分清改革开放前历史的主流和支流。改革开放前的历史虽然有曲折，但它取得的成就和经验是主要的。在那段历史时期提出了一系列正确观点和方针，有些当年虽然没有得到很好贯彻，但在改革开放时期却发挥了和正在发挥着重要作用。

1960—1964年人口大量减少

历史原因得到进一步详细分析

有学者考察1959年以前人口迁移中的重报虚报户籍人口、因户籍制度不健全而造成的死亡漏报，1960年前后实施《户口登记条例》和1964年进行全国第二次人口普查中上述虚假户籍人口被注销，以及1960年到1963年间开展的大规模精减市镇人口中产生的漏报户籍人口等情况，算出1960—1964年间我国户籍统计人口（不考虑自然增长）减少了3394万，其中包括1162万重报虚报户籍人口被注销，750万死亡漏报人口被注销，1482万户籍人口被漏报。这是这一期间户籍统计人口数大量减少的真正原因。这些减少都仅仅是统计数字的减少，并不是这一时期实际人口的真实减少。这些减少与这一期间我国实际人口的变化没有关系，更不是由人口非正常死亡造成的。据此，"饿死三千万"不是事实。

不仅如此，这一观点还认为，三年困难时期，我国一些地区确实出现了"营养性死亡"现象，而"饿死"只是其中的一小部分。"营养性死亡"既是天灾，也是人祸。

"国史理论"揭示什么是国史及其如何发展

"国史研究理论"回答如何认识和研究国史

有学者认为，人们认识和研究国史，既可以形成"国史理论"，也可以形成"国史研究理论"。这两种理论形态相互联系，但在内涵、意义与作用上又有所不同。"国史理论"主要揭示什么是国史及其如何发展，"国史研究理论"则要解决的是如何认识和研究国史。

有学者分析，"国史理论"是关于国史上社会矛盾关系及其变化发展的带有规律性的思想认识成果，包括国史发展的主题与主线、动力与条件、内涵与本质等基本立场、观点和方法。"国史研究理论"是关于国史的认识论与方法论，它既包括国史观，又包括国史史料学、编纂学、史学史以及一系列以史论结合为特点的研究方法。

（作者：宋月红，中国社会科学院当代中国研究所研究员）

新闻传播学篇

群众路线是新闻工作的灵魂

人民群众是新闻的认识源泉

有学者认为，群众路线是新闻工作的灵魂，更是新闻工作的生命线。在今天的信息化时代，新闻工作领域的群众路线的理论内涵也需要根据时代的发展予以充实和创新。坚持走基层、转作风、改文风，扎实开展群众路线教育实践活动，才能改正浮躁习气和不接地气的毛病，才能切实做好下情上达和上情下达的双向循环往复。

也有学者认为，群众是新闻的认识源泉，生动、丰富、具体的新闻原料都来自于群众，将新闻之根深深扎于人民群众实践的土壤之中，才能使新闻之树常青。同时，人民群众又是新闻的接受主体，新闻工作具有宣传群众、动员群众、引导群众的功能。具体到群众路线的践行上，新闻宣传报道要把握立足点、选好结合点、找准切入点。

深入阐发党性与人民性相统一

厘清新闻宣传指导思想的困惑

有学者认为，从理论来源上说，党性和人民性概念原本各有其使用范围，党性来源于政党，是可能会消失的，但是人民是永恒存在的，人民离开了政党是可以存在的，因此二者并不能构成一对矛盾范畴。

有更多的学者认为，从本质上讲，党性寓于人民性之中，没有脱离人民性的党性，也没有脱离党性的人民性。正视这点，就不会出现“你是替党讲话，还是替老百姓讲话”“你是站在党的一边，还是站在群众一边”这种将党性和人民性割裂甚至对立起来的认知错误，从而厘清新闻宣传指导思想的困惑，明确方向、站稳立场，胸怀大局、把握大势、着眼大事，讲好中国故事，传播好中国声音。

大数据技术提升受众反馈价值

大数据对媒体的价值不宜高估

“大数据”一词越来越受到关注，它对各行各业将会产生一定的冲击，作为信息传播前沿行业的新闻传媒业，受到大数据技术的冲击和影响到底有多大？这也是今年的一个热点话题。

有学者认为，大数据技术将对媒体现有的新闻生产模式与机制产生影响，它将渗透到新闻生产的核心环节，提升专业媒体的报道水准，提升受众反馈的价值，拓展用户分析广度与深度。

也有学者认为，大数据对媒体的价值不宜高估，因为媒体业缺乏处理大数据的能力。所以媒体业虽受大数据的冲击和影响，但难以出现颠覆性的创新，无法孵化出新的业务形态。

微博服务应优化秩序

微博治理要多元共治

今年，我国的微博用户突破 5 亿。微博已成为非理性声音和谣言的集散中心，对社会和谐稳定形成了新挑战，因而微博的治理成为研究的热点。

有学者认为，对微博服务要进行严格审批；推行微博实名制；提高互联网从业人员的职业素质；发挥社会主流意识形态的引导作用，并从国家文化安全、国家意识形态安全的高度来认识微博。

也有学者认为，微博治理应采用多元共治机制：充分利用微博及时地发布权威真实的信息；要让传统媒体和微博成为辟谣“利器”；加强对微博“大V”的监管，谨防“大 V”成“大谣”；加强公民媒介素养教育，等等。

（作者：黄春平，深圳大学新闻系主任、教授）

（原载 2013 年 12 月 30 日《北京日报 · 理论周刊》）

2013 年理论视野中的热词新语

本刊综合《学习时报》《新华文摘》《人民论坛》《中国社会科学报》理论学术报道选出

2013 年，伴随着我国改革的发展与社会生活的变迁，大量热词新语不断涌现。这些热词新语犹如现实生活的一面镜子，照射出人们的情绪和态度，反映着人们对事件和问题的看法和思考。本刊综合《学习时报》《新华文摘》《人民论坛》《中国社会科学报》等理论学术报道，遴选出本年度为理论学术界所关注的若干热词新语，概要地梳理出学界关于这些热词新语的基本思考和见解。这为深入观察和认识改革中国、发展中国、法治中国等提供些以点带面、以事见理的视角。——编者

“中国梦”一词家喻户晓

中国梦：中国人民的最大公约数

2013 年以来，习近平总书记关于中国梦的系列重要讲话，以清新理念和亲民风格，使“中国梦”一词迅速成为年度全民流行语。而中国梦更是今年学术理论界普遍关注的理论热点。

学界认为，中国梦有着深刻而丰富的内涵，国家富强、民族振兴和人民幸福是基本内涵，核心是中华民族伟大复兴；中国梦既是个人梦，也是国家梦，归根到底是人民的梦。作为一种形象的表达，中国梦以一种为社会易于接受的语言，道出人民的心声，是中国人民的最大公约数。

关于中国梦的特点，有学者认为是最广泛的民族共识、最强烈的民族情怀、最彻底的民族信念。也有学者认为，作为一种最为朴素、浓烈的民族情感，强烈的忧患意识、坚定的民族自信是其突出特点，体现了理想与现实、共性与个性、世情与国情、国富与民富的统一，既是历史的，也是现实的，更

是未来的。

关于中国梦的实现路径，学界认为，实现中国梦必须靠实干，要围绕中华民族伟大复兴这个核心和主题不断激活和传递正能量，为实现中国梦打下坚实基础。有学者提出，必须把中国梦与中国特色社会主义有机统一起来。中国特色社会主义道路是实现中国梦的根本途径，中国特色社会主义理论体系是实现中国梦的行动指南，中国特色社会主义制度是实现中国梦的制度保障。

“转变政府职能”成为探讨新一轮机构改革的核心词

大部门制改革：从“物理组合”转向“化学整合”

2月，党的十八届二中全会审议通过的《国务院机构改革和职能转变方案》经全国人大审议通过后正式实施，由此拉开了继2008年机构改革之后新一轮机构改革大幕。

学界普遍认为，此次机构改革是我国深化行政体制改革、推动政府职能转变的重大举措，对于优化政府组织结构，更好地解决部门之间职能交叉、权责脱节、职责不清、推诿扯皮等弊端有重要意义。大部门制作为一种集约设置行政职能及相应行政机构的政府组织模式，是一种简约、高效、协调的行政体制，是推动建设服务型政府、实现政府管理科学化的必然要求。

针对有社会舆论简单地把这一轮行政体制改革归结为大部门改革、把大部门制改革等同于部门合并，有学者提出，深化行政体制改革，转变政府职能是核心。实行大部门制改革只是转变政府职能的一个手段，是优化政府组织结构的一个具体路径，不能把行政体制改革简单地等同于大部门制改革。大部门制改革也不能以精减了多少人员、裁并了多少机构作为衡量改革成效的唯一标准和依据，关键要看政府机构是否与职能相适应。

学界认为，大部门制改革在一些关键领域的突破刚刚开始，改革尚需一步一个脚印地循序推进，其中关键是切实转变政府职能，推进机构改革从“物理组合”到“化学整合”转变。鉴于大部门制改革对整个机构改革具有辐射作用，有学者提出，应以大部门制改革带动事业单位改革、机构编制科学化等其他相关改革。更为重要的是，大部门制改革应当同党群机构和国家其他机构改革相结合，统筹推进。

“把权力关进制度的笼子里”，引用频率高

腐败治理：“老虎”“苍蝇”一起打

6月，党的群众路线教育实践活动拉开帷幕，此次活动把主要任务聚焦到作风建设上，集中解决形式主义、官僚主义、享乐主义和奢靡之风这“四风”问题。在这种情况下，学界关于贪腐治理研究的著述相当集中。

学界认为：2013年，中央反腐工作继续保持高压态势，力度、强度、透明度前所未有；“把权力关进制度的笼子里”“要坚持‘老虎’‘苍蝇’一起打”……这些铿锵有力的表态，体现了中央打击腐败、建设廉洁政治的决心和态度。学界一致认同，中央重拳，力度空前，手段升级，机构调整，均是在履行一个承诺：不论什么人，不论其职务多高，只要触犯了党纪国法，都要受到严肃追究和严厉惩处。

学界对当前腐败主体、形式、领域、手段、范围等出现的新变化以及治理问题，进行了深入研究。有学者提出，以国际公布的“贪腐印象指数”看，中国离反腐成功的终点，还有漫长而艰辛的路要走，当前反腐败形势仍不容乐观。有学者提出：加强对权力的制约与监督是预防腐败的不二法门；尤其是对那些不想接受监督、不能自觉接受监督、觉得接受监督很不舒服的人，更要加强监督，挤压权力肆意作为的空间。多数学者认为，必须加强制度建设，构建一个教育防范、监督制约、惩处治理相互配合的制度体系，让权力不愿腐、不易腐、不敢腐。

“网络大谣”成为网络法治研究的新名词

网络治理让网络清朗起来

9月，两院发布《关于办理利用信息网络实施诽谤等刑事案件适用法律若干问题的解释》。有学者认为，这是完善我国信息网络管理法律法规的重要步骤，是依法惩治网络犯罪、维护网络秩序和国家利益的重要举措。互联网的迅猛发展，带来了舆论生成方式和传播方式的革命性变化，重塑着社会舆论格局和传媒生态。

有学者认为，网络作为舆论平台虽有利于反映民意、进行舆论监督和疏解社会不满情绪，但网络谣言、网络侵权等乱象纷呈，也严重妨碍了网络积极作用的发挥。有学者提出，网络谣言已经成为互联网信息领域必须正视的公害。尤其是网络大V，多是网络上的意见领袖，在网络上十分活跃并拥有众多粉丝。如果网络大V成了“网络大谣”，其危害可想而知。有学者认为，网络不是法外之地。应进一步加强网络立法，完善法律法规，加强网络执法，让依法管网成为常态。只有依法治理网络乱象、抑制网络负能量，才能让网络空间清朗起来。

“中国汉字听写大会”受到热议

唤起民族的文化符号记忆和文化心理认同

8月，央视《中国汉字听写大会》节目开播。这一节目受到关注和热议。节目所考字词散见于《水经注》《红楼梦》等中国名著，内容涵盖天文、地理、方言术语、生僻地名，等等。

学者认为，中国汉字听写大会的举办，既可以检验我国民众整体的汉字书写水准，又可以让汉字文化得以传承，让汉字书写美德的观念得以传递，充分展示了汉字书写的真谛和魅力。有学者从传播学视角分析认为，该节目是用原创拯救危机的有效途径和可贵探索，与一些充满着争议的炒作节目不同，它让受众感受到的是汉字的美及其背后蕴含的中华文化内涵和文化魅力。“书写的文明传递，民族的未雨绸缪”，这句话不仅是节目的宣传语，也道出了国人近年对汉字传承的危机感。

有学者在分析国人内心深处潜存的文化认同危机后认为，用惯了电脑的现代人手写汉字的能力普遍蜕化，这个节目唤起了民族的文化符号记忆和文化心理认同。也有学者认为，英语学习、西方技术等对汉语学习的冲击，以及网络用语的流行，导致了汉语有种被戏谑化的现象，这在无形中消解着汉语的美感。随着社会文明程度的不断提高，人们追求内在文化底蕴的渴望与日俱增。重新审视汉字，是对中华传统文化的一种回归。

“市场在资源配置中起决定性作用”，被誉为重大理论创新

开启全面深化改革的新征程

11月上旬，党的十八届三中全会提出了全面深化改革的总目标、总任务和路线图，对全面深化改革进行了战略部署。

学界一致认为，十八届三中全会通过的《中共中央关于全面深化改革若干重大问题的决定》（以下简称《决定》），句句是改革，主题全面、主线清晰、重点突出、力度空前、落实有力，体现新一届中央领导集体坚定改革、敢于碰硬的执政作风和理念，必将把我国改革开放事业推进到新的阶段。

学者认为，《决定》把经济体制改革作为全面深化改革的重点，把正确处理政府与市场关系作为核心问题，抓住了所有制经济、市场体制、行政体制、土地制度、户籍制度、财税体制、金融体制、资源价格、收入分配、司法体制、社会治理体制等关键改革，描绘了全面深化改革的蓝图。学者较多关注的是《决定》对改革总目标的顶层设计，尤其是对市场作用、对政府职能作用的准确定位，对国家治理能力与治理体系现代化目标的确定等。

许多学者认为，《决定》在党的十四大提出使市场对资源配置起基础性作用的基础上，明确提出“使市场在资源配置中起决定性作用”，并要求更好发挥政府作用。这是我们党关于市场在市场经济中地位的重大理论创新，既是对市场功能的重新定位，也是对政府在市场经济中地位的厘清，必将激发更大市场活力。

“研究制定渐进式延迟退休年龄政策”，广受关注

延迟退休：是否会增加就业难度

11月，“延迟退休”因为党的十八届三中全会提出“研究制定渐进式延迟退休年龄政策”而再次成为社会热点。有学者认为，延迟退休年龄是大势所趋，可借鉴西方弹性退休政策，以“小步慢走”的方式实施，以减少负面影响。也有学者担心，延迟退休是经济粗放型发展模式在社保体系的“写真”。

关于延迟退休的争议焦点是实施该政策是否会使本已十分严峻的就业形势雪上加霜。有学者认为，当前和今后一段时期就业总趋势仍然是劳动力供大于求，但同时也要考虑已经出现的劳动力资源总量下降的端倪和劳动力无限供给终将结束的趋势，要研究如何更加充分、有效利用我国宝贵的劳动力资源。还有学者认为，我国劳动力配置与供给应与经济社会发展水平与经济结构调整趋势相适应。

关于延迟退休应从哪部分群体开始实施，有学者提出，应从那些人力资源替代弹性系数较低的群体开始，即入行门槛高、核心竞争力强、替代性弱的群体，如工程师、医生等高端人力资源群体，以更好地发挥其优势。

“法院裁判文书”公开，成为法治中国研究的亮点

让正义以看得见的方式实现

11月，最高人民法院设立了官方微博，开设“中国裁判文书网”，将逐步实现四级人民法院依法可以公开的生效裁判文书全部上网。学界普遍认为，这都是向司法公开迈出的步伐。

有学者认为，公正是司法追求的主要目标和价值，“正义不仅要实现而且需以看得见的方式实现”。有学者分析认为，裁判文书作为司法机关活动的真实、完整记录，公开裁判文书，以案释法、以案讲法，能让公众更好地认识法律所保护及所禁止、所惩罚的行为，可以提高公众的法制观念和法律意识。还有学者认为，司法体制改革是一项长期而艰巨的任务。当前，司法不严格、不规范、不公正的问题仍然存在，办关系案、人情案、金钱案的现象时有发生，严重损害了司法权威和社会公正。深化司法公开是推进司法体制改革的重要步骤，它让司法权力更好地在阳光下运行，有利于保障公众对司法工作的知情权，增强有效监督，促进司法公正，树立司法公信。

也有学者认为，深化司法体制改革，司法公开仅是第一步，还要进一步健全司法权力运行机制，着力解决在一些地方不同程度地存在的司法行政化问题，理顺司法权与司法行政事务权、司法权与监督权的关系，健全权责统一、权责明晰的司法权力运行机制。

“2014年放假安排”引发专家、网友“吐槽”和“自嘲”

法定节假日调休方案：“改来改去都是错”的尴尬

12月9日，“2014年放假安排”高居百度热词排行榜首，假日安排引发了专家、网友和社会公众的“吐槽”和“自嘲”。

有学者认为，此次法定假日调休方案充分考虑了公众实际感受，并请公众发表意见，充分体现了民意。但也有学者认为，休假安排是人们生活方式的一部分，此次假日方案固守总假时间不变，将除夕调来调去，从心理上让一些人产生“相对剥夺感”。

有学者提出，长远看，满足国民休假权利，需要法定节假日和带薪休假制度“两手抓”。随着社会的发展，法定节假日应根据情况通过立法程序调整，当前最急迫的问题是如何保证带薪休假制度更有效落地。

有学者认为，在节假日安排这种关系到每个人的事情上，如何求得民意的“最大公约数”是最难的问题。假日调整引出的争议，折射出一些公共政策在制订过程中仍不同程度地存在过程不透明、信息不对称、公众缺少有效参与平台等问题。有学者认为，政策制订之前应尽量掌握公众诉求，达成共识，否则很难避开“改来改去都是错”的尴尬。所以，应保证各个群体都有表达诉求的机会，建立公众参与公共政策制定的长效机制。

“城怎么建”“地怎么管”“钱从哪儿来”，受到多层次回应

要用“人”串起新型城镇化的点和面

12月中旬，中央城镇化工作会议召开。这是改革开放以来我们党召开的首次城镇化工作会议，会上明确提出了推进新型城镇化的指导思想、主要目标、基本原则、重点任务，为我国新型城镇化发展绘制了蓝图。

新型城镇化是国家发展大战略，也是中国经济发展新引擎。学界关注较多的是此次会议对“城怎么建”“地怎么管”“钱从哪儿来”等社会普遍关切的问题给予了充分回应。亿万农业转移人口如何尽快实现市民化？土地财政困局如何破解？城市扩张会不会过分侵占耕地而危及粮食安全？如何通过城镇化缩小收入差距？围绕这些问题，学界从中国新型城镇化发展的战略规划、主要任务、发展路径、空间布局、产业支撑、土地制度改革、投融资体制、人口转移、城市住房、生态保护、行政区划设置以及移居人口的就业、公共服务、社会治理等方面进行了多角度深入研究。

古希腊思想家亚里士多德说：“人们聚集于城市，是为了活着；而居留于城市，则是为了活得更好。”学界普遍认为，新型城镇化发展关键是要以人为本，要用“人”串起新型城镇化的点和面，“让居民望得见山、看得见水、记得住乡愁”。

有学者提出，新型城镇化，要以土地制度改革为基础，以户籍管理制度改革为核心，进行科学的制度规划和设计。重点推进以下方面的制度变革：一是改变用地指标分配机制，推进土地与户籍联动改革。二是调整既得利益结构，实现土地增值收益回归城镇化主体。三是改变体制换粮断奶，将地方政府拔出卖地财政陷阱。四是合理规划城市规模布局和特大城市发展模式。五是科学规划人口市民化进度，改变目前“只要土地不要人”的现状。

“新型城镇化需要改变体制上的缺陷”“信息化是新型城镇化的强大引擎”“城镇化要走出‘围城’困境”“中国城镇化建设要避免‘造城运动’，防止城市低水平扩张”，这些都是学界热议的话题。

（统筹策划：本刊编辑部；撰稿：国家行政学院决策咨询部王君琦）

（原载2013年12月30日《北京日报·理论周刊》）

140字能表达什么

——关于微博是否适宜学术表达的探讨

微博表达限制在140字以内，内容由简单的只言片语组成，但其自身表现出的优势，业已使其进入知识分子的视野和学术研究圈中。微博在被广泛使用的过程中，也引起了一些新的问题值得讨论。譬如，140字能表达什么？微博上能否进行有价值的学术讨论？

140字什么也不够写，什么都能写

《世说新语》以下，历代笔记很多都是几句话说完

陈尚君（复旦大学中文系教授）：140字能写什么呢？按照现在学术论文的规范，什么也不够写。但从另一立场说，什么都能写。在这方面，古人是我们的榜样，从《世说新语》以下，历代笔记很多都是几句话说完。生活在今日的快节奏中，文章已经写得很辛苦，严限140字规矩，逼迫在有限的字数里写完事情，不用像学术论文那样一等几年。

最简单的当然是追忆往事或叙述所闻。如我的一篇微博《涅瓦河暴风雨》：“从圣彼得堡大学到冬宫，也就七八百米，走去。天阴，开始刮风，到桥头开始飘雨。桥仅二百米吧，走一半已成急风暴雨，行人皆躲避，但桥上无可遮蔽处。我捂着眼镜和口袋，急奔到对面桥头堡下。稍慢的几位，一位眼镜吹落河中，一位手机被风刮走。五六分钟后，已雨霁。忽悟高尔基《海燕》正写此欤！”这是我2010

年的亲身经历，暴风雨的倏忽来去，真感震撼。最后一句感慨，提升主题，虽未必妥当，但可让未经历者去联想。

议论历史和时政虽然很沉重，但在微博上也可以轻快出之。如《波兰的故事》："1939 年德国占波兰西半，苏俄占东半。稍后罗斯福希望斯大林站队到自己一边，斯大林的条件是战后必须承认苏对波兰的占领。丘吉尔为难，罗斯福笑谈间拿出一支牙签，往德国那边挪了一格。问题解决了。战后1000多万德国人被赶出他们祖祖辈辈居住的家园，往西。理解为何欧美都不承认'自古以来'了。"这些史实有的众所周知，有的知者稍少，但因此可以解释东西的文化和政治差异。

臧否人物是中国文学悠久的传统。我写《斯世再无熊希龄》："熊在袁时期任国务总理，他真正的事业在他退职后才开始。他创办香山慈幼院，将个人所有财产全数捐出，自己每月只支领 200 元生活费。仅此就可以理解何以留过洋的才女毛彦文不屑书呆子吴宓，三十三岁坚持嫁给六十六岁的熊，仅提一条件，熊必须去须。婚后二年熊逝于香港，毛将其慈善坚持下来。"尽管熊政绩一般，訾议仍有，但能裸捐办慈善，真值得褒扬。这些是希望将读书中感受到的历史名人另一面写出。

讲人际礼仪当然是微博应尽的社会责任。比如《电梯之礼仪》："礼貌无处不在。进出洗手间，对面出来一女生，恭敬问候：'老师好!'其实可免。还有电梯，门开了，谁也不动，在那儿礼让，也不必。日本的理论，电梯是危险的地方，不应该让尊贵的客人先进，该是卑者先进，确认安全，再让尊者进去。出则尊者先。某校曾将外宾礼让先进，寻故障，将客人困许久。"简单事情的道理，其实要说清楚也不容易。

"微"时代的文化生活，让人着迷又引人忧虑

"微化"，其实也就是碎片化，碎片化地接受信息，碎片化地阅读和理解事务

张颐武（北京大学中文系教授）：微博和微信，这两个以个人为单位的自媒体，其新的社会主流交流工具的特性和功用正在前所未有的凸显出来。微博已经许多次地发挥了它的社会功能。一方面，微博现在已经成为人们接受信息的主渠道，人们尤其是"80后"和"90后"的年轻人开始越过传统媒体或新媒体的其他方式，依赖微博来接受信息，因此也深受微博中的报道和观点的影响。另一方面，微博也是每个人直击信息，进行报道和参与社会生活的主要渠道。它所具有的弥漫式的传播能力和短小精悍的特点都让人着迷。相对于微博，微信的力量在于人际关系的紧密性比微博更强，在其中相互加关注的都是见过面的熟人，给予我们相互信任的交流。我们都会在各种不同的微信群中乐此不疲地发布信息，引起讨论，微信的公共账号，更加定点化地将意见传播给你。

这两者都带来我们阅读方式的相当大的转变。一是平台的转变，原来我们的阅读平台或了解信息或工作的平台，或者是依靠传统的媒介如书籍、报纸杂志、电视等，或者依赖电脑和互联网，但现在变为以移动互联网和手机为入口的新的生活方式。二是生活形态的转移，原来我们分为多种形态的生活，如支付靠银行卡或现金，看电视靠电视机和电视台，阅读靠书籍，现在都整合到了手机端。这当然极大地方便了我们的生活。

微博和微信也是双面刃。微博上每个人都是发布者，就没有了传统媒体的"守门人"，而且微博的门槛很低，只需要 140 个字就可以了。同时，微博里有大量匿名人群，他们发布的信息往往和他们的身份一样无法证实。于是微博从开始时，虚假信息就一直是一个被人诟病的方面。有些时候，由于许多人都有先入为主的观念，因此，对一些适合他们的趣味或想法的虚假信息缺少辨别能力，也会出现辟谣往往不如谣言走得远的现实情况。与此同时，微博由于其短小精悍，往往强化论点而缺少论证，往往是依靠情绪化的语言打动人，而不需要理性的讨论，这就造成微博里骂声一片，客观理性的意见往往受到忽视或蔑视。这就使得整个虚拟社会中的言论趋于不同的极端，而复杂的观点难以展开。微博将我们接受信息的平台"微化"的同时，微信将我们的人际关系"微化"。

"微化"其实也就是碎片化，碎片化地接受信息，碎片化地阅读和理解事务。这当然也有某种优势，我们可以快速地知道某些信息，快速地了解某些事情。但问题在于，一是我们的连续性的思维常常被海量的信息所淹没，常常不能集中注意力，做复杂的思考，往往会为情绪所左右。二是我们越来越依赖社交"关系"而非社会来进入阅读和理解。我们往往越来越对社会缺少信任，而对于社交的关系网络有更多的依赖。我们的社会扁平化了。原来的自上而下的纵向的结构越来越被横向的联系所取代。

微博是普及学术的好场所

学术见解，可能在论著中提出，但湮没在书海中，微博可以作特别的提醒

陈尚君（复旦大学中文系教授）：以微博谈学术，如果把握分寸，也是可以的。这里也录一段。如《学问之德识才学》："1979 年涉学之初，读天津师大学报连载王梓坤《科学发现纵横谈》，从德、识、才、学四方面谈治学，虽以自然科学为要，感悟实深，文理学异，为道一也。德下则不抄袭，上则修身淑世皆可属之。识即悟性，亦即蓦然回首那瞬间之参透。才则天分各有不同，学则后天努力尚

可弥补。学者当融会悟之。”其实我后来作唐诗辑佚，确实受到此文的影响。

微博也是普及学术的好场所。学术见解，可能在论著中提出，但湮没在书海中，微博可以作特别的提醒。如《存世唐诗知多少》：“清定《全唐诗》康熙爷序作49800首，约数也。日学者平康武夫逐首统计，得49403首又1555句。其中误收他代诗约千首，互见约6800首，精算恐不足4.5万。拙辑《全唐诗补编》补6400首，删伪误加起来，约5万稍过。此外近20年新见约二千余，感觉总数似不曾超过5.3万。数年后会有精算。”百余字里凝聚了我30多年治唐诗的体会，大的估计基本准确，发出去之后也都能有较积极的反馈。

以微博写书评，可以直接明快，把最直接的感受写出来。如《徐渭礼文书》：“浙江武义徐渭礼墓出土南宋知泉州徐渭礼平生官告文书，提供了南宋官僚文化的极其珍贵的文物。其中授官诰是原件，由官员保存，而推荐官员则是副本，一足见当时文书复制技术已经极其发达，二见推荐官员是极其严肃认真的事情，被推荐官员的今后所为，推荐者要负责。史书常见之坐累贬官，即属此类。”这是中华书局刚出的大书，我的感受必须与新书广告有所不同，所以特别说其在官场文化中的意义。意外的是，该微博发出不到十分钟，就见该书责编的兴奋回复：愉快！

学人参与让自媒体表达更规范

《道德经》不过就是5000多个汉字，换算成新浪微博，还不到40个段子。40个微博凭借思想的力量影响中国数千年

马勇（中国社科院近代史所研究员）：微博是网络时代的自媒体，对于中国人来说，就像造纸术、印刷术的发明一样重要。造纸术、印刷术之前，中国人的书写工具、文明的传承方式没有办法落实，直至这两项重要发明出现，使中国文明的创造犹如井喷。新时代的微博、“朋友圈”等改写了“纸质文明”时代的规则，让文明的创造与发展变得并不是那样深不可测，专业知识人可以在这个平台提供更优质的知识产品，一般民众只要有想法也可以自由地进行表达。

对于知识人来说，自媒体、微博、朋友圈，当然不是自己唯一的工作平台，更不能全天候在这里为了“粉丝”而活着。知识人在自媒体上可以发表看法，引领或者谦虚点说刺激、诱导新看法。就我个人的观感，中国的自媒体真正进入专业知识人的视野到现在不过三五年时间，少数知识人的进入在很大程度上改变了自媒体的生态。换言之，如果没有知识人的进入，今天的自媒体发展已经不可想象，三五年前我们这一代人刚进入的时候，一片茫然，不知道那些特殊的符号，还有那些莫名其妙的语词。至少就语言文字而言，知识人的进入使自媒体的表达更规范，而不是相反。

至于专业领域，许多学人认为自媒体不适宜于学术的表达，就像《北京日报》的问题那样：140字能说什么？这个问题对西方来说可能是个问题，但对中国而言，恰恰回到了文明的初始与本原。

西方文明自希腊、罗马时代就与中国文明同步不同调，亚里士多德、柏拉图等西哲，无不喜欢长篇大论、夸夸其谈，周密的论证，层层推理，让西方文明在逻辑学上有突出贡献。这个传统一直被西方学者继承下来，现在的西方学术至少在形式上依然谨守传统，强调逻辑、论证，资料丰富，叙述周延。

与西方文明稍有不同，中国文明自孔子、老子开始，就倾向于简单明了，倾向于智慧，倾向于格言。中国文明的这个特征，或许像利玛窦所批评的那样，缺少逻辑与论证，但利玛窦也承认孔子那些近乎格言的表达，确实深刻影响了中国几千年。其思想的深邃与周延，媲美于世界上任何思想流派。

至于老子，开创了后来一个绵延数千年的学派，但我们去阅读那本《道德经》，那么多极富哲理、充满智慧的思想，不过就是5000多个汉字。换算成新浪微博，还不到40个段子。40个微博能够改变中国，影响中国数千年，其思想的力量并不弱于西方任何一个长篇大论的哲学家、历史学家。

当然，就今天中国的学术环境而言，也并不是每一个知识人都适合到自媒体上去表达。各人情况千差万别，上还是不上微博，还应该像胡适忠告青年学生的那样，性之所近，能之所及。

人生苦短，喜欢就好。

“微学习”有了新特点

许多人通过博客、微博、微信等来发布自己的研究心得、分析发现，使得这些知识传播的针对性和快捷性大大提高了

杨雪冬（中央编译局研究员）：网络时代，博客、微博、微信这些新的交往工具，给个人提供了“微学习”的机会。许多人不仅依靠网络来搜索、查找信息，也通过博客、微博、微信等来发布自己的研究心得、分析发现，使得这些知识传播的针对性和快捷性大大提高了。根据我的个人经验，“微学习”大致有以下几个特点。

一是保持在网络时代学习的主动性。对于许多研究者来说，海量的信息往往会超出个人的信息收集和分析能力，造成整日沉溺在信息的检索和收集，弱化对这些信息的判断和分析能力。而利用这些新的工具，可以增强研究者在网络上利用信息的自主性。研究者除了通过微博、微信等工具进行通信外，还可以将其作为数据库进行建设，根据自己的兴趣偏好，自主选择关注的对象、取舍信息的来源，并

且可以将这些信息进行适当的分类。

二是保持信息来源的多样性。在大数据时代，你既可以获得即时的各类信息，也可以读到各种不同的观点，也能通过各种搜索引擎获得各个学科的基础文献以及最新成果。如此多类型、多领域信息的同步展现显然是传统知识载体，比如报纸、期刊、书籍等无法做到的。微博可能集中体现了多样化信息同步展现的功能。只要你选择关注对象的时候，有意识地采取多样化标准，就会使自己能时刻接触到所关注领域的最新进展。

三是实现信息交流的互动性。知识的生产需要交流互动，所谓“游学”“切磋”“商榷”“对话”都说明了交流互动的重要性。网络的出现，克服了交流互动的时空障碍，既可以使知识的生产者与接受者处于同一个时空之中，也可以使不同的知识生产者汇聚在一起，围绕共同感兴趣的话题进行讨论，这是“隔行如隔山”的传统社会难以想象的。现在有越来越多的教师、学者已经开始建立专业性的微博、微信群，作为学习交流的平台。由于网络的开放性，很容易将更多的陌生人吸引进来，扩大知识的交流互动范围。

四是提高信息交流的针对性。网络既有开放性，也有可选择性，可以根据个人的偏好选择浏览的网站、交流的平台、常用的工具。网络的可选择性能够转化为信息获取和交流的针对性，只要使用者有自己的目标和标准。随着越来越多专业性微博的出现，专业化网站以及信息综合平台的出现，信息交流的针对性有了明显的提高。

微博将平民和莎士比亚拉到同一水平线，好事还是坏事

平等是平等了，但没有沉潜把玩，不经长期思考，文化上的创造性，没有被激发出来

陈平原（北京大学教授）：我之落伍，最新的表现形态是拒绝微博。以140字的文字更新信息并实现实时分享，此微博引入中国没几年，已“风风火火闯九州”，以致很多人见面就问：“你微博了吗?”似乎生活在当今中国，不微博就落伍，就出局，就没有发展前途，就对不起这伟大的时代了。

自主发布，实时播报，短小精悍，写作便捷，门槛很低，商机极大……这我都相信，但如此随时随地发感慨、晒心情，不正是知识及思维日益碎片化的表现吗？本来是沟通信息、联络感情为主，因中国的特殊国情，有人用来炫耀财富，有人用来反腐揭弊，有人用来聚集人气，有人“随时随地分享身边的新鲜事儿”，有人则“把握营销未来”，最有趣的说法，莫过于“微博有利于身体健康”——大家都活得很压抑，有微博发泄不满、获得自信，因而一扫阴霾，何乐而不为!

我以为，微博作为一种表达形式，自娱可以，交友可以，揭弊也很好；但文体上有明显缺陷，写作心态不佳，传播效果也可疑。大学生偶尔玩玩可以，但如果整天沉迷其间，忙着写，忙着读，不考虑花费多少时间和精力，则有点可惜。很多人欢欣鼓舞，理由是“在微博上，140字的限制将平民和莎士比亚拉到了同一水平线上”。如此强调草根性，这到底是好事还是坏事？平等是平等了，但文化上的创造性，真的被激发出来了吗？我感到忧虑的是，没有沉潜把玩，不经长期思考，过于强调时效性，且最大限度地取悦受众，久而久之，会成为一种生活方式及思维习惯。而这，无论对于学者还是文人，都是致命的诱惑。

新媒体带来了一种全新的创作形式

一句感慨可能引起无数回复，来来往往，就形成了一种有意味的形式，似乎就带有了学术创作的性质

马汉广（黑龙江大学文学院教授）：近几年参加一些学术会议，其中一个颇受关注的话题就是新媒体与学术观念。新媒体技术改变了它的写作方式、阅读方式和作品的存在方式，并将虚拟世界中的游戏规则带入到现实。这是我们过去根本无法想象的，也是那些后现代理论家们所没有预料到的。

微博和微信流行起来，引发了我对这种形式新的思考。比如在微信朋友圈中，某人发了一个状态，也许只是一句感慨，或者是自己遇到的一种具体情境，对于陌生人来说也许没有意义，但在朋友圈中却可能会引起无限的遐想，引起无数的回复。而原作者也可以继续参与其中，来来往往，就形成了一种有意味的形式，似乎就带有了学术创作的性质。当然这种学术不是以固定的文本的形式存在的，对阅读者来说招之即来、挥之即去；这种形式也没有了固定的作者，朋友们都是以平等的、自由的身份参与其中，而且它的发展方向也是人们在事先根本无法把握的，完全依据当时的具体情境，以及每个参与者当时的具体心境而定，形成了一场话语的狂欢；这些东西也永远处于一种待完成状态，无论何时何地，人们看到这些东西，都可以继续回复，将之继续下去。

今天的微博对写作者来说可能是误导和残害

“腹有诗书气自华”，每天习惯写100多字的微博，而读书少了，书卷气就少了；知识有了，但修养没有了

陈平原（北京大学教授）：每天习惯写100多字的微博，养成了这个习惯是很难再改变了。能够写几句俏皮话，写不成一篇完整的文章。我们今天太多地在强调知识的广博，很少强调思维的深度。思考有广度，缺深度，这和我们阅读的习惯有关系。我们每个人都是“知道分子”，比起以前的世代的人的常识要多，但思考、辨析能力不足。这跟大家缺

少琢磨的时间有关。没有时间、没有耐心来仔细琢磨一个事情。

还有一个特点，就是自主记忆力的衰退。我们全世界的人都一个样，把记忆力交给电脑了，把所有的知识交给数据库。我们以前必须要记忆很多东西，所谓读书破万卷，北大中文系有很多传奇性的老学者，你说一句话他能马上告诉你在哪本书的第几卷第几页，以前觉得特了不起。今天大家已经不再读书了，已经查书了。阅读被检索取代是一个很可怕的问题。我不知道你怎么样，我自己是常常很惊讶于自己会突然有记忆力的衰退，我们以前总是想拼命地记住某些东西，现在已经没有这种动力了——“没关系，我的电脑里有”。我常跟学生说，检索能力是很容易学会的。将来稀缺的是独立思考、批判精神，不依附于前人、古人，不盲从于社会，时髦不能动。

读书最关键的功能并非求知，而是自我修养。知识变得唾手可得之后，读书原有的三个功能——阅读、求知、修养，都受到了影响。我们以前读书，求知和自我的修养是同步的，现在求知这个层面被检索所取代，只要知道一个书名和人名，检索就行了；而阅读的功能更强调了娱乐功能。原来苦苦追寻、上下求索的状态消失之后，知识有了，但修养没有了。我们以前推崇苏东坡的诗“腹有诗书气自华”，读书多了，平常人说的书卷气就出来了。

今天我说的是阅读和修养两者不再同步之后，尤其是140字的微博，读书对人格、心灵、气质、外在形象的塑造都被切断了，这是很严重的问题。

新媒体在学院派中还是受排斥的

新媒体的种种样式，能如此吸引年轻人，是我们不应该忽视的，我们还必须放下大学教授的架子，了解这种大语境

马汉广（黑龙江大学文学院教授）：网络的世界是一个虚拟的世界，但是这个虚拟的世界也以它独特的方式对现实世界产生着影响。今年3月初我在网上看到了许多高校打出了祝贺“女生节”的横幅，我还以为是高校男生想为女同学过三八节，后来和我的学生说起此事来，他们嘲讽我out了，女生节是3月7日。原来这个节日的由来竟然源于一个游戏色彩的短信，说女生与女人之间是一日之差。后来“一日之差”的说法，被未婚女性普遍接受，于是就有了这样一个女生节。这时你再祝那些未婚女性三八节快乐，她们会非常郑重地提醒你，我不是妇女，我是女生。也许开始之初他们只是为了标新立异，但随之就成了一股潮流。就是在这种潮流，深刻影响着年轻人的观念，而我们还置身其外。

关于新媒体，在正统的学院派之中还是一直受排斥的。多数人们还是把它排除在文学的大门之外，虽然近年来也有一些人成为了网络潮人，开博客、开微博等，但他们也并未真正进入到新媒体的深处，或者换句话说，他们并没有真正成为赛博时代的写手，仍然是精英文人而已。

因而在大学教授和学生之间，形成了一种真正的隔阂。作为高校老师，我们都有过这样的经验，当我们去给学生上课时发现，一些坐在下面的学生从上课到下课几乎都在翻看着自己的手机，阅读那里面的信息，不管你给他们布置什么样的经典作品让他们去读，对老师布置的东西根本不闻不问。我想，这可能是老师和学生之间真正的隔阂所在，我们总希望以我们的经典去改造学生，但多少年以后也许我们的经典都不是经典了，而只有学生们阅读的才是经典。新媒体出现的这种种样式，能如此吸引我们的年轻人，是我们不应该忽视的。所以，我们还必须放下大学教授的架子，真正接触那些新媒体作家，或者是自己真正去尝试新媒体的写作，了解在这样一种大的语境中文学将会成为什么。

（原载2013年12月30日《北京日报·理论周刊》）

·科研课题·

概　述

本栏目记述2013年度4个国家级社会科学研究申报说明、课题指南、招标选题，10个国家级和部级（北京地区）及5个北京市级单位在人文社会科学方面的申报公告、通知和已通过评审获准立项的课题，这些课题涉及20多个学科及其众多研究领域，包括重大项目、重点项目、一般项目、青年项目、资助项目等，以及这些课题的项目名称、承担单位、项目负责人、项目来源、成果形式及完成的时间等内容；记述北京地区部分高校、科研单位承担的省部级以上人文社会科学研究项目及各院校校级社会科学研究项目等内容。这些信息反映了北京社会科学研究的概貌及2013年度社会科学研究的重点和特点。

2013年度国家社会科学基金项目申报说明

一、申报国家社会科学基金项目的指导思想是，高举中国特色社会主义伟大旗帜，以邓小平理论、“三个代表”重要思想、科学发展观为指导，深入贯彻落实党的十八大精神，坚持解放思想、实事求是、与时俱进、求真务实，坚持以重大现实问题为主攻方向，坚持基础研究和应用研究并重，构建哲学社会科学创新体系，发挥国家社会科学基金示范引导作用，推动哲学社会科学为党和国家工作大局服务、为社会主义文化大发展大繁荣服务。

二、《国家社科基金项目2013年度课题指南》围绕十八大报告提出的一系列新思想、新观点、新论断，拟定了一批重要选题，放在各学科突出位置，相关学科要结合自身的特点和优势申报重点课题，着力推出有分量有深度的研究成果。

三、申报国家社会科学基金项目，基础研究要力求具有原创性、开拓性和较高的学术理论价值，应用研究要具有现实性、针对性和较强的决策参考价值，着力推出体现国家水准的研究成果。

四、课题申请人须符合以下条件：重点项目和一般项目申请人须具有副高级（或相当于副高级）以上职称；青年项目申请人（包括课题组成员）年龄不得超过39周岁（1974年3月1日后出生），不具有副高级以上职称人员申请青年项目须由两名具有正高级职称的同行专家推荐；申请人必须从事实际研究工作并真正承担和负责组织项目实施；课题参加者或推荐人须征得本人同意并签字确认，否则视为违规申报。

五、课题申请单位须符合以下条件：在相关领域具有较雄厚的学术资源和研究实力；设有科研管理职能部门；能够提供开展研究的必要条件并承诺信誉保证。

六、课题申报范围涉及23个学科，须按照《国家社会科学基金项目申报数据代码表》填写申请书。跨学科研究课题要以“靠近优先”原则，选择一个为主学科申报。教育学、艺术学、军事学单列学科的申报分别由全国教育科学规划办、全国艺术科学规划办、全军社科规划办另行组织。

七、《国家社科基金项目2013年度课题指南》条目一般只规定研究范围、研究方向和研究重点，申请人要自行设计具体题目，没有明确的研究对象和问题指向的申请不予受理和立项。只要符合《课题指南》的指导思想和基本要求，各学科均鼓励根据申请人的研究兴趣和学术积累申报自选课题。自选课题与按《课题指南》申报的选题在评审程序、评审标准、立项指标、资助强度等方面同样对待。无论是按《课题指南》拟定的选题还是自选课题，课题名称的表述应科学、严谨、规范、简明，一般不加副标题。

八、2013年度国家社会科学基金项目继续实行限额申报，限额指标和操作说明另行下达。各地社会科学规划办和在京委托管理机构要努力提高申报质量，适当控制申报规模，减少同类选题重复申报。

九、申报课题的资助额度为：重点项目25万~30万元，一般项目和青年项目15万~18万元。申请人应根据实际需要，按照《国家社会科学基金项目经费管理办法》编制合理的经费预算。

十、国家社会科学基金项目的完成时限，基础理论研究一般为三年左右，也可根据研究工作的实际需要适当延长；应用对策研究要根据研究问题的时效性确定，至少不能低于一年。

十一、申报课题的负责人同年度只能申报一个项目。在研的国家社会科学基金和国家自然科学基金各类项目负责人不能申请新项目（结项证书标注日期在2013年3月1日之前的可以申请）。申报国家社会科学基金项目的负责人同年度不能申报国家自然科学基金或其他国家科技计划项目，其课题组成员也不能作为负责人以内容相同或相近选题申报国家自然科学基金或其他国家科技计划项目。

十二、申报课题须按照新修订的《国家社会科学基金项目申请书》（2012年12月版）要求如实填写材料，并保证没有知识产权争议。凡弄虚作假者，一经查实取消三年申报资格；如获立项即予撤项并通报批评。为保证申报评审的公正性和严肃性，评审会议召开前申报单位或个人不得以任何名义走访、咨询学科评审组专家或邀请学科组专家进行申报辅导。凡行贿评审专家者，一经查实将予通报批评；如获立项即予撤项，五年内不得申报国家社科基金项目。

十三、申报课题全部实行同行专家通讯初评，初评采用活页匿名方式，活页论证字数不超过4000字，要按规定方式列出前期相关研究成果。

十四、课题负责人在项目执行期间要遵守相关承诺，履行约定义务，按期完成研究任务。最终成果实行匿名通讯鉴定，鉴定等级予以公布。除特殊情况外，研究成果须先鉴定、后出版，擅自出版者视为自行终止资助协议。凡以博士学位论文（或博士后出站报告）为基础申报的课题，须在《申请书》中注明申请项目与学位论文（报告）的联系和区别，申请鉴定结项时提交学位论文（报告）原件。

十五、项目申报材料从我办网站“项目申报与结项”栏下载，或向受理单位索取。《申请书》经所在单位审查盖章后，报送各地社会科学规划办或在京委托管理机构。

十六、各地社科规划办、在京委托管理机构和基层科研管理部门要加强对申报工作的组织和指导，严格审核申报资格、前期研究成果的真实性、课题组的研究实力和必备条件等，签署明确意见。

十七、各省（区、市）社科规划办受理当地的课题申报，新疆生产建设兵团社科规划办受理兵团的课题申报，中国社会科学院科研局受理本院的课题申报，中央党校科研部受理中央国家机关及在京直属单位的课题申报，教育部社科司受理中央各部委所属在京普通高等院校的课题申报，全军社科规划办受理军队系统（含地方军队院校）的课题申报。全国社科规划办不直接受理个人申报。

十八、各地社科规划办、在京委托管理机构和基层科研管理部门要按规定做好申报数据录入、打印报表和申请书汇总报送等工作。

十九、课题申报时间为2012年12月27日至2013年3月1日。各省（区、市）、兵团社科规划办，在京委托管理机构须于2013年3月10日前将汇总的申请书“数据表”数据发至我办邮箱（npopss@vip.163.com），并确保电子数据和申请书“数据表”一致；3月15日前将申请书和统计表报送至我办，逾期不予受理。

马克思主义·科学社会主义

1. 科学发展观的历史地位研究
2. 科学发展观的精神实质研究
3. 深入贯彻落实科学发展观的基本要求研究
4. 中国特色社会主义道路研究
5. 中国特色社会主义理论体系研究
6. 中国特色社会主义制度研究
7. 建设中国特色社会主义总依据研究
8. 建设中国特色社会主义总布局研究
9. 建设中国特色社会主义总任务研究
10. 坚持和发展中国特色社会主义研究
11. 中国特色社会主义的实践特色、理论特色、民族特色、时代特色研究
12. 中国特色社会主义道路自信、理论自信、制度自信研究
13. 十六大以来全面建设小康社会十年的实践成就和经验研究
14. 全面建成小康社会目标要求研究
15. 毛泽东思想在马克思主义中国化进程中的地位与作用研究
16. 邓小平理论在马克思主义中国化进程中的地位与作用研究
17. “三个代表”重要思想在马克思主义中国化进程中的地位与作用研究
18. 科学发展观在马克思主义中国化进程中的地

位与作用研究

19. 马克思主义中国化方法论研究

20. 马克思主义中国化的国际影响与世界意义研究

21. 马克思主义中国化的重要人物研究

22. 马克思主义中国化与党的建设关系研究

23. 马克思主义中国化与中国社会主义现代化互动发展研究

24. 马克思主义通史、简史

25. 马克思主义当代发展的中国形态研究

26. 马克思主义当代发展的国外形态研究

27. 马克思主义不同流派发展史研究

28. 马克思主义在不同国家或地域的发展史研究

29. 马克思恩格斯论述未来社会的科学方法论研究

30. 马克思恩格斯的国家政权建设思想与20世纪社会主义的教训研究

31. 马克思主义人本思想的历史演进及理论成果研究

32. 马克思主义关于落后国家社会发展的重要著作和基本理论研究

33. 马克思主义基本原理的科学体系及其当代价值研究

34. 马克思主义发展的基本规律研究

35. 马克思主义发展历史中重大关系问题研究

36. 马克思主义阶段划分及其阶段发展史研究

37. 马克思主义经典文本形成史研究

38. 马克思主义经典作家的思想发展史研究

39. 马克思主义科学技术思想史研究

40. 马克思主义意识形态史研究

41. 马克思主义生态学思想史研究

42. 马克思主义与现时代紧密相关的专题思想史研究

43. 马克思主义与儒学研究

44. 传统文化与马克思主义中国化研究

45. 马克思主义文化产业理论研究

46. 马克思主义生态哲学的中国话语体系建构研究

47. 马克思主义绿色发展观研究

48. 马克思主义妇女观与群众路线研究

49. 东欧新马克思主义文论研究

50. 科学社会主义基本问题研究

51. 科学社会主义的逻辑起点研究

52. 科学社会主义学科体系研究

53. 社会主义发展阶段理论研究

54. 中国社会主义思想通史

55. 中国道路的基本内涵及其世界意义研究

56. 科学发展观理论体系建构研究

57. 加强中国特色社会主义理论体系的学科建设研究

58. 中国特色社会主义基本问题研究

59. 中国特色社会主义的内在逻辑研究

60. 基于系统科学方法的中国特色社会主义理论体系研究

61. 现代社会的发展与我国社会主义现代化规律探索研究

62. 西方民主输出与我国意识形态安全研究

63. 中国特色社会主义制度在民族地区的实践研究

64. 中国特色社会主义文化发展道路研究

65. 社会主义核心价值观研究

66. 社会主义核心价值观的国际影响和意义研究

67. 科学发展观视野中的集体主义价值观建构研究

68. 中西价值观比较研究与我国当代核心价值观的建立研究

69. 当代中国国家凝聚力研究

70. 当代中国主流意识形态建设与马克思意识形态理论研究

71. 当代社会思潮对青年思想和行为的影响及对策研究

72. 当前社会思潮及其发展趋势对社会成员的思想影响及其对策研究

73. 后国际金融危机时期西方意识形态的渗透与对策研究

74. 开放条件下国外思潮对中国意识形态建设的影响研究

75. 经济全球化背景下中华文化的复兴研究

76. 中西文化激荡下的中国文化变迁问题研究

77. 科学引领社会思潮的机制和方法研究

78. 实现以人为本的具体路径及其体制机制研究

79. 创新型人才成长的规律与路径研究

80. 国民素质的提升与人的现代化研究

81. 思想政治教育的人文关怀和心理疏导研究

82. 思想政治教育环境变化与新方法、新载体和新途径研究

83. 思想政治教育的主客体关系研究

84. 社会主义生态文明建设研究

85. 建设和谐世界思想研究

86. 军队思想政治建设基本理论研究

87. 中国共产党执政道路研究

88. 中国特色社会主义理论体系与其他理论思潮比较研究

89. 苏东剧变后各社会主义流派的发展变化研究

90. 当代托派研究

91. 国际共产主义运动在人类文明发展史中的历史意义研究

92. 社会主义国家国际关系理论研究

93. 当代资本主义最新动向研究

94. 当代资本主义经济的虚拟化和金融化研究

95. 当代资本主义发展的历史走向与世界格局的变动研究

党史·党建

1. 加强党的执政能力建设、先进性和纯洁性建设研究

2. 建设学习型、服务型、创新型的马克思主义执政党研究

3. 中国共产党应对“四大考验”、化解“四个危险”研究

4. 落实改进工作作风密切联系群众“八项规定”常态化机制建设研究

5. 推进学习型党组织创建与坚守共产党人精神追求研究

6. 健全党内民主制度体系研究

7. 实行党代会代表提案制度研究

8. 深化干部人事制度改革和建设高素质执政骨干队伍研究

9. 创新基层党建工作和夯实党执政的组织基础研究

10. 全面推进惩治和预防腐败体系建设与干部清正、政府清廉、政治清明研究

11. 增强党的团结统一、严肃党的政治纪律和组织纪律研究

12. 中国特色社会主义事业与青年成长创业研究

13. 中国共产党90多年的奋斗历史与中国特色社会主义的开创与发展研究

14. 以毛泽东同志为核心的党的第一代中央领导集体为新时期开创中国特色社会主义提供宝贵经验、理论准备和物质基础研究

15. 以邓小平同志为核心的党的第二代中央领导集体开创中国特色社会主义的实践与基本经验研究

16. 以江泽民同志为核心的党的第三代中央领导集体把中国特色社会主义推向21世纪的实践与基本经验研究

17. 以胡锦涛同志为总书记的党中央在新的历史起点上坚持与发展中国特色社会主义的实践与基本经验研究

18. 党的两个“若干历史问题的决议”与毛泽东、毛泽东思想的历史地位研究

19. 科学发展观的形成与发展及其对中国特色社会主义事业的指导意义的历史考察

20. 改革开放以来党领导人民从总体上达到小康水平到开启全面建成小康社会新征程的实践与基本经验研究

21. 新中国成立以来社会主义协商民主制度的形成与发展及其重大意义研究

22. 改革开放以来党充分发挥中国特色社会主义制度的优势、推进经济发展和社会进步的实践与经验研究

23. 改革开放以来党领导人民坚持走中国特色社会主义政治发展道路、推进社会主义政治体制改革的实践与经验研究

24. 改革开放以来党领导人民坚持走中国特色社会主义文化发展道路、推进社会主义文化强国建设的实践与基本经验研究

25. 十六大以来党在改善民生和创新社会管理中加强社会主义和谐社会建设的实践与基本经验研究

26. 改革开放以来党维护社会公平正义、逐步实现共同富裕的实践与基本经验研究

27. 新中国成立以来党领导人民建设社会主义生态文明的实践与基本经验研究

28. 90多年来党加强纯洁性建设的实践与基本经验研究

29. 在革命、建设、改革的不同历史时期党应对各种风险和考验的历史经验研究

30. 新中国成立以来在建设、改革的不同历史时期党正确处理人民内部矛盾、促进社会和谐稳定的历史经验研究

31. 新中国成立以来党推进民族团结进步事业的历史经验研究

32. 新中国成立以来党推进国防和军队现代化建设的实践与经验研究

33. 改革开放以来党推动海峡两岸和平发展、促进祖国统一的实践与经验研究

34. 新中国成立以来党维护国家主权和领土完整的历史经验研究

35. 新中国成立以来党处理同周边国家关系的历史经验研究

36. 中国共产党历史的主题和主线、主流和本质研究

37. 中国共产党专题史研究

38. 中国共产党的重大决策与事件研究

39. 中国共产党历史的分时期综合性研究

40. 中国共产党的重要会议与重要人物研究

41. 党的中央领导集体形成的历史研究

42. 中共党史资料的收集、整理与研究

43. 90多年来党坚持用自己的历史教育引导党员干部的实践与经验研究

44. 加强中共党史学科建设研究

45. 科学发展观对马克思主义执政党建设的理论贡献与实践指导研究

46. 中国特色社会主义党建理论体系研究

47. 党的指导思想与时俱进的经验与启示研究

48. 新时期保持和发挥中国共产党的优势研究

49. 提高党委依法执政自觉性和推进社会主义法治建设的能力问题研究

50. 进一步落实党要管党、从严治党方针问题研究

51. 健全党员民主权利保障制度问题研究

52. 强化全委会决策和监督作用问题研究

53. 加强党员领导干部思想道德建设问题研究

54. 拓宽社会优秀人才进入党政干部队伍渠道问题研究

55. 加强非公经济组织中党的建设和党的工作创新问题研究

56. 基层党组织创先争优活动常态化长效化问题研究

57. 完善党员队伍规模结构、确保党员质量问题研究

58. 完善反腐倡廉制度、提高拒腐防变工作科学化水平问题研究

59. 坚持权为民所用、防止利益冲突问题研究

60. 执政党的意识形态建设规律研究

哲学

1. 中国特色社会主义道路、理论体系、制度“三位一体”的哲学研究

2. 科学发展观与中国特色社会主义“五位一体”总布局的哲学研究

3. 科学发展观与马克思主义关于发展的世界观、方法论研究

4. 坚持人民主体地位的理论和实践研究

5. 文化自觉和文化自信问题研究

6. 建设社会主义文化强国战略研究

7. 建设社会主义核心价值体系与培育社会主义核心价值观研究

8. 生态文明建设及其在中国特色社会主义总布局中的战略地位和作用研究

9. 我国公民道德状况调查和道德领域突出问题研究

10. 全面提高公民道德素质和推进公民道德建设工程研究

11. 推动学雷锋活动、学习宣传道德模范常态化研究

12. 马克思主义哲学经典著作研究

13. 马克思恩格斯哲学思想及其当代价值研究

14. 列宁哲学思想及其当代价值研究

15. 毛泽东哲学思想及其当代价值研究

16. 中国化马克思主义哲学的理论形态与学术话语体系研究

17. 全球化视野中的马克思主义政治哲学研究

18. 历史唯物主义与文化发展问题研究

19. 比较视野中的马克思主义哲学研究

20. 苏联意识形态的历史演变及其经验教训研究

21. 马克思主义哲学世界观、方法论教育研究

22. 马克思主义无神论及其宣传教育研究

23. 国外马克思主义哲学前沿问题研究

24. 社会性别视角下的国外马克思主义研究

25. 中国哲学基本概念、范畴研究

26. 中国哲学经典诠释中的方法论问题研究

27. 中国古代哲学发展专题研究

28. 中国百年来哲学与哲学家研究

29. 中外哲学交流和中国哲学海外传播研究

30. 中国传统文化的当代价值研究

31. 中国哲学与西方哲学比较研究

32. 西方哲学史的编纂及方法论研究

33. 外国哲学史、断代史和国别史研究

34. 当代国外哲学思潮、流派和前沿问题研究

35. 西方政治哲学研究

36. 俄罗斯哲学研究

37. 我国公民道德发展的重大理论问题研究

38. 坚持依法治国和以德治国相结合研究

39. 全面建成小康社会进程中的诚信问题研究

40. 环境伦理与美丽中国建设研究

41. 中外伦理思想史重要专题研究

42. 当代应用伦理学前沿问题研究

43. 科学哲学史、国别史和流派史研究

44. 新兴科学技术哲学研究

45. 科学技术与公共政策的基本理论问题研究

46. 科学技术与社会管理研究

47. 当代科学技术前沿问题的哲学研究

48. 中国美学重大问题研究

49. 环境美学与生态文明建设的理论与实践研究

50. 西方美学主要流派、范畴和美学家研究

51. 域外中国美学研究

52. 美学与中国文化建设关系的基础理论研究

53. 现代逻辑前沿问题研究

54. 逻辑哲学问题研究

55. 逻辑的社会与文化功能研究

56. 中国古代的应用逻辑和逻辑理论研究

57. 汉藏因明思想史研究

理论经济

1. 科学发展观的经济学研究

2. 中国特色社会主义经济理论体系研究

3. 全面建成小康社会的经济目标体系研究

4. 走共同富裕道路研究

5. 加快形成新的经济发展方式研究

6. 激发各类市场主体发展新活力研究

7. 增强创新驱动发展新动力研究

8. 构建现代产业发展新体系研究

9. 培育开放型经济发展新优势研究

10. 工业化、信息化、城镇化、农业现代化同步发展研究

11. 积极稳妥推进城镇化和提高城镇化质量问题研究

12. 增强国有经济活力、控制力、影响力研究
13. 鼓励、支持、引导非公有制经济发展研究
14. 全面深化经济体制改革的顶层设计和总体规划研究
15. 解决制约经济持续健康发展的结构性问题研究
16. 形成以工促农、以城带乡、工农互惠、城乡一体的新型工农、城乡关系研究
17. 中国当代农民问题研究
18. 科学规划城市群规模和布局研究
19. 促进沿海内地沿边开放优势互补研究
20. 深化收入分配制度改革研究
21. 统筹推进城乡社会保障体系建设研究
22. 促进基本公共服务均等化研究
23. 加强生态文明制度建设研究
24. 优化国土空间开发格局研究
25. 未来 20 年中国经济增长基本条件的变化趋势研究
26. 新一轮世界经济结构调整期中国的应对策略研究
27. 全球产业变革对我国产业发展影响研究
28. 第三次工业革命研究
29. 我国新型工业化的主导产业研究
30. 中国特色自主创新道路理论和实践研究
31. 发达国家再工业化与我国的应对策略研究
32. 民营企业与国有企业融合发展的政策研究
33. 我国民营经济的产业升级研究
34. 我国小微企业发展研究
35. 我国文化产业与文化市场建设研究
36. 城乡公共资源均衡配置的制度安排研究
37. 城镇化与新农村建设协调发展研究
38. 城市集群理论及我国经济发展的非均衡空间战略研究
39. 农村新型合作经济发展研究
40. 农村金融改革与制度创新研究
41. 家庭承包责任制与农业现代化研究
42. 新型农业经营体系研究
43. 乡村贫困向城市转移问题研究
44. 调整国民收入分配格局与共同富裕研究
45. 居民财产占有差距与收入差距的关系研究
46. 当代中国社会阶层的经济状况研究
47. 当代中国工人阶级经济状况调查研究
48. 人口老龄化对我国经济持久性影响研究
49. 深化流通体制改革研究
50. 深化税收体制改革研究
51. 中国特色生态经济模式研究
52. 我国生态文明建设的策略和路径研究
53. 中国特色生态城市模式研究
54. 分布式能源与网络的应用前景研究
55. 黄河上游生态建设与生态补偿问题研究
56. 长江上游生态建设与生态补偿问题研究
57. 防灾减灾的经济学研究
58. 建设海洋强国的经济对策研究
59. 港澳经济的持续繁荣发展研究
60. 国际金融危机及其影响的深化研究
61. 国际援助有效性与中国对外援助的质量研究
62. 中国企业海外投资的战略性调整研究
63. 中国经济史问题研究
64. 中国经济思想史问题研究
65. 近代中国城市化与城乡关系的演进研究
66. 马克思主义经济学框架下的世界市场经济理论研究
67. 马克思主义经济学在中国的传播研究
68. 国外马克思主义经济学研究
69. 西方经济学前沿问题研究

应用经济

1. 2011—2020 年城乡居民人均收入翻一番研究
2. 加强宏观调控目标和政策手段机制化研究
3. 健全中央和地方财力和事权相匹配体制研究
4. 多渠道增加居民财产性收入研究
5. 加快建立扩大消费需求长效机制研究
6. 实行更加有利于实体经济发展的政策措施研究
7. 健全促进宏观经济稳定和支持实体经济发展的现代金融体系研究
8. 完善各类国有资产管理体制研究
9. 信息化和工业化深度融合问题研究
10. 工业化和城镇化良性互动问题研究
11. 城镇化和农业现代化相互协调问题研究
12. 发展现代信息技术产业体系研究
13. 构建技术创新体系研究
14. 推动现代服务业发展壮大研究
15. 增强中小城市和小城镇功能研究
16. 确保国家粮食安全和重要农产品有效供给研究
17. 提高农民在土地增值收益中的分配比例研究
18. 建立反映生态文明要求的目标体系和考核办法研究
19. 实施重大生态修复工程增强生态产品生产能力研究
20. 提高海洋资源开发能力研究
21. 推动资源利用方式根本转变研究
22. 推动能源生产和消费革命研究
23. 深化资源性产品价格和税费改革研究
24. 建立资源有偿使用制度和生态补偿制度研究
25. 开展节能量、碳排放权、排污权、水权交易试点研究
26. 稳步推进利率和汇率市场化改革研究

27. 加快发展民营金融机构研究
28. 提高银行、证券、保险等行业竞争力研究
29. 构建地方税体系研究
30. 推动实现更高质量的就业研究
31. 健全劳动标准体系和劳动关系协调机制问题研究
32. 建立市场配置和政府保障相结合的住房制度研究
33. 建立社会保险基金投资运营制度研究
34. 强化贸易政策和产业政策协调研究
35. 促进加工贸易转型升级研究
36. 提高利用外资综合优势和总体效益研究
37. 加快实施自由贸易区战略研究
38. 2013—2020 年我国潜在经济增长率研究
39. 未来十年世界经济格局演变趋势及我国对策研究
40. 我国工业产能过剩的趋势与结构调整政策的作用研究
41. 深化国有企业改革问题研究
42. 反垄断问题研究
43. 企业自主创新及实现方式问题研究
44. 促进产业升级的政策研究
45. 制造业与物流业联动发展的模式研究
46. 国际贸易保护主义对我国制造业发展影响研究
47. 知识产权贸易与创新型国家构建研究
48. 提高服务业国际竞争力的政策研究
49. 我国应急产品储备与供应问题研究
50. 构建新型产业集群式经济圈问题研究
51. 对外投资带动产业转型升级研究
52. 我国城市空间结构优化研究
53. 我国城市可持续发展能力研究
54. 缩小城乡发展差距问题研究
55. 农民收入增长变化对消费结构的影响研究
56. 我国食用植物油安全战略对策研究
57. 农村宅基地退出和补偿机制研究
58. 农业水价改革与农业节水战略研究
59. 我国重要农产品价格波动与调控政策研究
60. 我国新生代农民工收入状况与消费行为研究
61. 新时期我国农村公共产品有效供给理论与政策研究
62. 我国粮食主产区利益补偿机制研究
63. 现代农业支撑体系评价与优化研究
64. 农村土地产权制度改革研究
65. 改革农村征地制度问题研究
66. 土地承包经营权流转与规模经营问题研究
67. 农村集体资产管理制度研究
68. 新型农业经营体系研究
69. 发展农民专业合作和股份合作问题研究
70. 新时期我国连片特困地区扶贫开发研究
71. 我国种业安全战略研究
72. 农村人口结构布局变化趋势研究
73. 流通体系创新与扩大国内消费市场问题研究
74. 新时期我国城市蔬菜产销体系研究
75. 扩大消费的政策体系研究
76. 扩大服务消费问题研究
77. 建设世界旅游强国的理论与实践研究
78. 政府调整收入分配格局的途径与政策研究
79. 缩小收入分配差距的对策研究
80. 行业收入差距的实证分析与对策研究
81. 我国失业预警问题研究
82. 我国高校毕业生就业创业问题研究
83. 经济转型背景下我国就业和劳动力市场问题研究
84. 发展老龄服务产业研究
85. 我国劳动力供求的中长期趋势及政策研究
86. 我国房地产市场风险预警研究
87. 统筹户籍制度改革和基本公共服务均等化研究
88. 房产税的定位及其改革路径研究
89. 建立住房保障体系研究
90. 我国国家资产负债表研究
91. 阶梯定价理论及其应用研究
92. 建立公共资源出让利益共享机制研究
93. 保险消费者权益保护体制机制研究
94. 地方政府性债务风险的评估与审计研究
95. 加快发展债券市场体系提高直接融资比例研究
96. 我国金融体系的系统性风险与金融监管改革研究
97. 我国推进期货和金融衍生品市场发展的对策研究
98. 人民币汇率变动的综合效应评估研究
99. 财政性教育经费投入保障机制研究
100. 主要矿产资源供需关系问题研究
101. 稀有资源类产品进出口政策体系研究
102. 大宗资源类产品贸易定价权研究
103. 我国碳排放交易市场研究
104. 建立青藏高原碳汇功能区研究
105. 我国沿海滩涂围垦生态补偿机制研究
106. 我国草原生态补偿政策研究
107. 建立健全生态功能区利益补偿机制研究
108. 我国海洋经济发展问题研究
109. 我国温室气体减排的技术经济优化路径与政策仿真研究
110. 我国经济发展中环境效应测度研究
111. 创新开放模式研究
112. CEPA、ECFA 以及自由贸易区战略的实施

效果分析及评估研究

113. 开放经济条件下双边贸易差额的真实利益分析与评估研究

114. 世界主要经济体竞争政策比较研究

115. 我国粮食国际贸易战略研究

116. 我国出口退税政策绩效评估研究

117. 我国进口税收优惠政策有效性评估与研究

118. 数量经济学方法在创新型国家测度中的应用研究

119. 应用经济学科基础理论研究

统计学

1. 全面建成小康社会的统计监测方法研究

2. 生态文明建设统计测度方法研究

3. 循环经济统计测度方法研究

4. 城镇化测度及其与经济发展关系统计研究

5. 中国住户调查一体化的理论、方法及数据质量控制研究

6. 中国价格指数季节调整研究

7. 中国金融状况指数的构建与应用研究

8. 我国最低生活保障线的测定方法研究

9. 我国城乡社会保障非均等程度测定及其改进路径研究

10. 居民收入分配的统计监测方法研究

11. 中国能源利用效率统计研究

12. 个人信用评级的统计方法研究

13. 中国重大灾害信息统计方法研究

14. 工业发展速度测算研究

15. 空间统计方法及其在社会经济领域的应用研究

16. 温室气体排放统计方法研究

17. 分层线性模型及其在社会经济领域的应用研究

18. 要素密集度逆转与收入分配重构研究

19. 中国“中等收入陷阱”问题的统计分析与预测研究

20. 综合评价方法优良标准研究

21. 金融随机模型参数估计及其算法研究

22. 大数据技术及应用研究

政治学

1. 中国特色社会主义政治发展道路研究

2. 人民依法实行民主选举、民主决策、民主管理、民主监督研究

3. 积极稳妥推进政治体制改革的总体战略和实施路径研究

4. 各层次各领域扩大公民有序政治参与研究

5. 完善人大代表联系群众制度研究

6. 推进协商民主广泛、多层、制度化发展研究

7. 建设服务型政府研究

8. 深化行政审批制度改革研究

9. 推进政企分开、政资分开、政事分开、政社分开研究

10. 稳步推进大部门制改革研究

11. 优化行政层级研究

12. 优化行政区划设置研究

13. 创新行政管理方式研究

14. 推进政府绩效管理研究

15. 降低行政成本研究

16. 健全决策权、执行权、监督权既相互制约又相互协调的机制研究

17. 健全科学合理民主决策机制和程序研究

18. 巩固最广泛爱国统一战线的思想和政治基础研究

19. 巩固和深化两岸关系和平发展的政治、经济、文化、社会基础研究

20. 全面建成小康社会的政治基础和政治发展战略研究

21. 政治建设在中国特色社会主义建设总格局中的地位和功能研究

22. 中国特色社会主义政治制度机理和优势研究

23. 中国特色社会主义政治理论体系研究

24. 中国特色社会主义信仰体系及其实现机制研究

25. 政治体制改革与政治制度建设的关系研究

26. 中国共产党执政方式与国家有效治理的关系研究

27. 党的群众路线与国家有效治理的关系研究

28. 完善党员干部直接联系群众制度研究

29. 实现社会公平正义和共同富裕的政府责任研究

30. 生态文明建设的政府管理体制和运行机制研究

31. 促进生态文明建设的政府绩效评价指标体系研究

32. 健全生态环境保护的政府管理责任追究制度研究

33. 县域生态文明建设研究

34. 低碳视角下的高效节约型政府建设研究

35. 生态环保中的社会政治风险与化解机制研究

36. 资源依赖型城市发展方式创新的政府职能研究

37. 流域水分配和治理中的地方政府协同机制研究

38. 提高以法治思维和法治方式维护政治稳定的能力研究

39. 人民代表大会全口径审查监督政府预算决算的制度建设研究

40. 地方人大代表角色认知和依法履职状况研究

41. 人大代表、政协委员提案进入公共决策机制

研究

42. 人民政协作为我国社会主义协商民主的重要制度研究

43. 人民政协公共外交研究

44. 强化和优化农村基层治理民主协商机制研究

45. 健全企事业单位民主管理制度研究

46. 完善竞争性选拔干部方式研究

47. 健全干部评价与管理体制研究

48. 人才发展体制机制改革和政策创新研究

49. 人力资源管理创新和科学评估体系研究

50. 确保国家机关依法行使权力的机制研究

51. 建立决策问责和纠错制度研究

52. 党和政府重大决策咨询制度研究

53. 推进权力运行公开化、规范化的途径研究

54. 健全质询、问责、审计、引咎辞职、罢免等监督制度研究

55. 加强政治监督、法律监督和舆论监督的机制研究

56. 加强对领导干部特别是主要领导干部的监督研究

57. 强化和提高反腐倡廉的科学有效性研究

58. 调整优化政府组织机构与效能政府建设研究

59. 公共服务供给的多种机制及其绩效评估研究

60. 加强政务诚信研究

61. 领导干部政治道德和职业道德研究

62. 收入分配改革与国家政治稳定研究

63. 实现城镇基本公共服务常住人口全覆盖研究

64. 政府的养老保障职能和实现机制研究

65. 实施创新驱动发展战略的政府公共政策研究

66. 信访体制和机制创新研究

67. 建立健全党和政府主导的维护群众权益机制研究

68. 网络社团监管问题研究

69. 新兴媒体背景下公民有序政治参与制度建设研究

70. 高铁建设和运行背景下跨区域协同治理研究

71. 行业协会与政府职能转变研究

72. 农村非政府组织的发展研究

73. 政府促进就业和鼓励创业的公共政策研究

74. 政府管理慈善事业的体制机制研究

75. 电子政府构建和运行的保障体系研究

76. 流动人群突发事件及其应急管理机制研究

77. 我国民族自治区主体民族的国家认同研究

78. 民族地区贫困县政府公共服务能力建设研究

79. 民族地区和谐政治文化建设研究

80. 发挥宗教界人士和信教群众积极作用研究

81. 进一步落实党的侨务政策研究

82. 非营利组织与海外华侨权利保障问题研究

83. 我国国籍管理制度的改革和完善研究

84. 我国公民境外权益保障的做法、责任和实现机制研究

85. 完善国家安全战略和工作机制研究

86. 新时期反对民族分裂主义的理论建设研究

87. 防范敌对势力分裂、渗透、颠覆活动的机制研究

88. 维护国家海洋权益的政府管理体制研究

89. 维护我国海疆安全的实施机制研究

90. 我国政府对境外非政府组织分类管理研究

91. “一国两制”与香港、澳门和谐发展研究

92. 香港公共治理和公共服务体制机制研究

93. 当代中国公众人权观念研究

94. 当代中国知识分子的政治认同研究

95. 新时期政治社会化与思想政治工作研究

96. 公民社会主义核心价值观及其培育机制研究

97. 中国传统思想文化资源与现代公民意识研究

98. 发展中国家不同政治发展道路比较研究

99. 经济转型国家治理腐败的经验比较研究

100. 欧洲福利国家理论、制度和政策的政治学分析

101. 欧洲债务危机与美国债务问题的比较政治分析

102. 西方近现代国家制度建设理论研究

103. 当代西方政治哲学跟踪研究

法学

1. 完善中国特色社会主义法律体系的理论与实践研究

2. 加快建设社会主义法治国家研究

3. 维护国家法制统一、尊严、权威研究

4. 深化司法体制改革研究

5. 加强立法工作组织协调研究

6. 加强对“一府两院”的监督研究

7. 加强对政府全口径预算决算的审查和监督研究

8. 推进依法行政和严格规范公正文明执法研究

9. 保障人民知情权、参与权、表达权、监督权研究

10. 转变经济发展方式与法制改革研究

11. 美丽中国生态文明建设的法律保障研究

12. 保障少数民族合法权益研究

13. 加强劳动保障监察和争议调解仲裁研究

14. 坚持依法办事和依法维权相结合研究

15. 加强社会管理法律制度研究

16. 完善立体化社会治安防控体系研究

17. 完善与基本法实施相关的制度和机制研究

18. 维护我国海外合法权益研究

19. 政治体制改革与法制建设研究

20. 党内规章与国家法律协调性研究

21. 社会变迁与法治改革研究

22. 世界法治指数研究
23. 现代权利理论研究
24. 法律解释规则及其运用研究
25. 中国法理学史研究
26. 中国古代司法的基本构造与运作研究
27. 当代中国司法哲学基本范畴和实践研究
28. 中国传统文化与法治建设的冲突与互动研究
29. 当代中国法律文化创建的理论与实践研究
30. 当代中华法系再发展若干重大问题研究
31. 我国地方立法权配置问题研究
32. 维护社会稳定的长效法律机制研究
33. 现代科技发展与法治改革研究
34. 宪法实施和运行机制问题研究
35. 海峡两岸事务性协议实施法律问题研究
36. 拓展人民有序参与立法途径研究
37. 行政体制改革的法律保障研究
38. 行政听证的理论和实践研究
39. 行政裁量法治化治理研究
40. 突发事件中的公安行政强制措施研究
41. 部门行政组织法研究
42. 行政复议法修改研究
43. 我国无效行政行为制度的司法探索研究
44. 中外行政问责制比较研究
45. 公法学视野下我国群体性事件善治策略研究
46. 我国地理信息安全政策与法规研究
47. 和谐世界语境下刑事法治国际化研究
48. 我国刑罚目的再审视研究
49. 刑罚体系与结构改革研究
50. 刑法修正案（八）对监狱行刑影响及评估研究
51. 现代风险社会中城市交通安全的刑法规制研究
52. 公共突发事件的处置和刑事法对策研究
53. 非传统安全犯罪对策研究
54. 新型恐怖活动犯罪及其法律对策研究
55. 金融违法犯罪研究
56. 非法经营罪研究
57. 贪污贿赂犯罪刑法对策研究
58. 民法精神构造与法治生态转型研究
59. 权利本位论与中国民法典总则立法研究
60. 民事立法的体系化和科学化研究
61. 我国财产法体系结构研究
62. 公众共用物法律调整机制研究
63. 国有土地租赁合同研究
64. 集体土地产权制度改革研究
65. 生态保护与物权配置研究
66. 以法律法规调整政府与市场的关系研究
67. 网络侵权责任分担研究
68. 票据法修改研究
69. 我国航运法律的国际化与本土化研究
70. 第三方支付平台法律问题研究
71. 证据制度与诉讼制度的关系研究
72. 刑事诉讼中的指定管辖制度研究
73. 刑事证据法新问题研究
74. 职务犯罪侦查与防控研究
75. 构建犯罪记录查询体系研究
76. 我国刑事错案研究
77. 行政执法与刑事司法衔接机制研究
78. 民事行政案件执行制度比较研究
79. 少数民族传统诉讼观念与现代司法改革研究
80. 我国司法鉴定的法制化研究
81. 海峡两岸司法鉴定体制比较研究
82. 区域经济发展的法治保障研究
83. 宏观调控法研究
84. 市场监管法研究
85. 我国财税法制变革与理论创新研究
86. 国企改革与国有资产保护法律问题研究
87. 企业基金会法律制度研究
88. 责任保险法律制度完善研究
89. 若干重点行业反垄断法律问题研究
90. 城市化进程中农村社会发展的法律保障制度研究
91. 社会公共事业立法研究
92. 我国物流统一立法研究
93. 农村产权法律制度研究
94. 信息交易法律制度研究
95. 金融消费者保护法律制度研究
96. 规制工具的理论与实践研究
97. 金融风险与安全法律问题研究
98. 政府采购法律体系化研究
99. 能源发展转型战略和法律制度研究
100. 我国食品安全法制建设研究
101. 我国农业补贴法律保障机制研究
102. 知识产权反垄断执法研究
103. 植物新品种与生物技术的知识产权保护研究
104. 物联网知识产权保护研究
105. 知识产权评估制度研究
106. 网络环境下著作权制度创新研究
107. 知识产权救济措施研究
108. 著作权集体管理制度研究
109. 著作权法修订研究
110. 水下文化遗产的管辖与归属研究
111. 环境损害赔偿技术体系构建与制度设计研究
112. 社会法的价值基础与制度体系研究
113. 社会保障法重大问题研究
114. 基本公共服务法治保障体系研究

115. 基本医疗服务保障立法研究
116. 婚姻家庭中妇女权利保障法律问题研究
117. 社会保险反欺诈的法律问题研究
118. 劳动关系预警机制的法律制度研究
119. 当代中国劳资伦理法律规制问题研究
120. 文化产业政策激励机制与法制保障研究
121. 非物质文化遗产法研究
122. 我国城镇居民财产性收入增长的法治保障研究
123. 当代国际争端解决的国际法新议题与中国对策研究
124. 跨境经济合作区法律问题研究
125. 涉外民事关系法律适用法实施研究
126. 海外利益法律保护的中国模式研究
127. 建立国际经济新秩序重大法律问题研究
128. 全球治理视野下的国际金融软法研究
129. 全球化背景下我国金融安全的法律保障研究
130. 国际金融中心法律保障比较研究
131.《与贸易有关的知识产权协议》（TRIPS）框架下中国药品试验数据保护制度研究
132. WTO 体制下烟草控制与贸易争端问题研究
133. “金砖五国”法律指标比较研究
134. 海洋生态损害国家索赔制度构建研究
135. 国际海洋法在解决我国南海权益争端中的应用研究
136. 东亚海洋环境合作机制研究
137. 区域一体化法律问题研究
138. 双边投资协定发展趋势研究
139. 知识产权发展战略的国别比较研究
140. 时际法的理论与国际实践研究

社会学

1. 构建中国特色社会主义社会管理体系研究
2. 加快推进社会体制改革研究
3. 创新社会管理与社会主义和谐社会建设研究
4. 以保障和改善民生为重点加强社会建设研究
5. 统筹推进城乡社会保障体系建设研究
6. 基层社会管理和服务体系建设研究
7. 健全重大决策社会稳定风险评估机制研究
8. 强化公共安全体系研究
9. 培育自尊自信、理性平和、积极向上的社会心态研究
10. 现代社会组织体制研究
11. 农民工子女平等接受教育研究
12. 完善社会救助体系研究
13. 加强医德医风建设研究
14. 生态文明建设与形成合理消费的社会风尚研究
15. 中国马克思主义社会学现状与趋势研究
16. 当代中国社会学的成就、问题及趋势研究
17. 中国社会学学派及其代表人物研究
18. 费孝通学术思想的当代意义研究
19. 西方社会学的新流派研究
20. 西方社会学研究方法新进展研究
21. 宗教社会学基本理论研究
22. 社会运动理论研究
23. 中国社会事业史研究
24. 民生理论及民生指标体系研究
25. 社会管理制度创新的本土资源研究
26. 当代中国社会失范问题研究
27. 我国新型城市化道路的社会学探索
28. “城市病”形成机理及对策研究
29. 流动人口与我国社会结构变迁研究
30. 流动人口“同城同待遇”问题研究
31. 规划建设项目的社会和文化影响分析研究
32. 城市化与村级集体经济协同机制研究
33. 城乡一体化进程中的地方社会包容与社会发展研究
34. 基本公共服务与城乡一体化研究
35. 农民工迁移意愿与城乡一体化道路研究
36. 农村新型社区化与社会管理创新研究
37. 新农村建设过程中的社区记忆保护机制研究
38. 快速城市化过程中传统文化的损失与传承机制研究
39. 促进包容性增长的社会发展战略研究
40. 我国社会政策理念基础创新研究
41. 城乡居民人均收入倍增计划下保障和改善民生的社会政策研究
42. 我国贫富分化的社会机制和政策选择研究
43. 专项扶贫政策执行的有效性研究
44. 全面建成小康社会进程中贫困群体的社会保障制度研究
45. 城市养老保障制度研究
46. 农村养老保障政策与农村养老模式研究
47. 农村留守老年人的物质和精神生活现状及对策研究
48. 劳务输出地留守妇女儿童社区援助模式研究
49. 空巢和独居老年妇女的社会保障状况研究
50. 发展型社会救助服务的理论和实践模式研究
51. 非正规就业群体的基本公共服务保障研究
52. 社会性别视野中的大学生就业竞争差异研究
53. 新医改背景下加快中国医学社会学学科建设问题研究
54. 民政改革与社会建设互动研究
55. 社会工作发展范式的国际比较研究
56. 我国社会工作的理论与实践研究
57. 社会工作协同社会管理研究
58. 政府购买社会工作服务研究

59. 我国儿童保护的现状及影响因素研究
60. 农村流动儿童的教育与发展研究
61. 高校社会工作教师领办社会服务机构研究
62. 信息技术革命对社会结构变迁的影响研究
63. 多元利益格局下的社会阶层间和谐互动研究
64. 当前社会分配中制度的正义和公平性研究
65. 社会不平等的代际传递现象研究
66. 新生代农民工社会认同问题研究
67. 新生代青年群体对中国社会稳定的影响力分析研究
68. “80 后”创业问题的社会学研究
69. 发展中国家和地区社会矛盾比较研究
70. 集体行为的社会心理机制研究
71. 新生代工人集体行动研究
72. 区隔化福利体制下的群体认同与对立研究
73. 我国社会心态的变化趋势研究
74. 涂尔干的道德教育思想及其现实意义研究
75. 社会中介组织效能测评研究
76. 社会组织创新发展的路径研究
77. 民生安全与企业社会责任研究
78. 不同产业劳动关系的特点及建立和谐劳动关系对策研究
79. 中国特色公益社会学研究
80. 我国慈善公益事业现状及未来发展的社会学研究
81. 西部生态脆弱区环境恶化的社会文化原因研究
82. 少数民族社区的环境观（产权观、生态观）研究
83. 可持续性消费行为研究
84. 自然资源的可持续利用与社区发展研究
85. 环保类群体性事件的新趋势研究
86. 西方灾害人类学与中国经验研究
87. 中国特色生态现代化研究
88. 大众消费行为的符号化倾向研究
89. 市场社会学的理论路向与中国经验研究
90. 马克思主义视域下的消费社会研究
91. 网络时代人际交往方式变化的社会学研究
92. 文化认同视域下的网络社区研究
93. 网络交易秩序的社会因素与对策研究
94. 网络化时代的社会认同整合机制研究
95. 城市化进程中少数民族社区管理与服务方式转变研究
96. 民族地区经济社会发展与幸福感比较研究
97. 民族地区资源开发的社会文化影响研究
98. 中国历史上“国家”认同和“中华文化”认同的文献考察研究
99. 边疆地区民俗宗教研究
100. 农村宗教群体活动及其社会作用研究
101. 土地伦理的人类学研究
102. 家庭社会政策研究
103. 城乡家庭关系与家庭稳定性调查研究
104. 乡村留守家庭的情感需求和社会支持研究

人口学

1. 坚持男女平等基本国策研究
2. 有序推进农业转移人口市民化研究
3. 大力发展老龄服务事业和产业研究
4. 2020 年全面建成小康社会人口状况研究
5. 人口变动对 2020 年国民收入翻番的影响研究
6. 未来十年我国劳动力供求变动研究
7. 我国当前实际生育水平研究
8. 我国人口持续低增长对城乡、地区分布影响研究
9. 产业升级、结构调整与人口流动、人口迁移研究
10. 人口城市化规模和结构研究
11. 人口老龄化的社会风险与社会建设研究
12. 人力资源强国评价指标体系及实证研究
13. 21 世纪上半叶我国人口转变趋势与问题研究
14. 人口和民生政策仿真及决策支持系统研究
15. 人口与气候变化问题研究
16. 人口与资源环境承载力研究
17. 人口迁移流动与妇女发展研究
18. 城市边缘失地农民就业行为过程、模式及机制研究
19. 农村流动人口生存与发展的社会服务管理及对策研究
20. 女性流动人口与生育健康公共服务均等化研究
21. 流动人口动态发展的高频率仿真与人口承载力模型方法研究
22. 人口城市化理论前沿研究
23. 都市圈理论与中国的实践研究
24. 超大城市人口调控与“城市病”防治策略研究
25. 农村留守儿童研究
26. 农村留守老年人口研究
27. 环首都经济圈贫困带人口状况研究
28. 京津冀劳动力转移路径研究
29. 流动人口健康状况调查研究
30. 国际人口城市化趋势与特点研究
31. 国际人口迁移问题研究
32. 发挥养老保障促进经济增长的机制与政策研究
33. 农村新型养老保险“全覆盖”问题研究
34. 老年人口居住方式研究
35. 老年人口消费对经济增长影响研究
36. 城市社区老龄人口卫生服务模式研究

37. 城市老年人口社会保障体制机制创新研究
38. 应对未来养老金缺口的政策选择研究
39. 做实养老金个人账户空账的对策研究
40. 推迟养老金支付和退休年龄问题研究
41. 人口老龄化对西部大开发的影响及对策研究
42. 青少年心理健康研究
43. 残疾人心理健康研究
44. 人口普查数据质量评估研究
45. “第六次人口普查”数据资料开发研究
46. 独生子女增长对国防建设影响研究
47. 社会转型时期城乡家庭变动研究
48. 东北老工业基地下岗失业问题研究
49. 资源枯竭型城市人口就业问题研究
50. 滇池流域百年人口史研究
51. 黄河流域人口变迁研究
52. 长江三峡移民效果研究

民族问题研究

1. 全面正确贯彻落实党的民族政策研究
2. 巩固和发展平等团结互助和谐的社会主义民族关系研究
3. 中国特色社会主义制度与民族区域自治制度研究
4. 社会主义核心价值体系建设与民族团结进步教育研究
5. 全面建成小康社会与加快少数民族地区发展研究
6. 全面建成小康社会与“两个共同”研究
7. 促进各民族和睦相处、和衷共济、和谐发展研究
8. 社会主义文化建设与繁荣发展少数民族文化事业研究
9. 生态文明建设与少数民族地区经济社会发展评价体系研究
10. 中国特色社会主义理论体系与民族理论创新研究
11. 科学发展观与民族工作的创新发展研究
12. 科学发展观与少数民族地区经济社会发展研究
13. 坚持和完善民族区域自治制度研究
14. 全面贯彻落实民族区域自治法与依法治国研究
15. 自治区自治条例的制定与国家各项工作法治化研究
16. 全面正确贯彻落实民族政策与维护社会公平正义研究
17. 西部地区生态环境与国土空间开发布局研究（区域、类型）
18. 西部地区生态环境与生态文明制度建设研究
19. 西部地区资源开发与资源性产品价格和税费改革研究
20. 少数民族地区城乡一体化与“三农”（“三牧”）问题研究
21. 少数民族城乡社区基层党组织建设研究
22. 城乡多民族社区自治管理与和谐共建研究
23. 少数民族传统社区文化环境的保护与发展研究
24. 扶持和发展少数民族医药业研究
25. 城镇化进程中少数民族农村（牧区）劳动力就业与创业能力研究
26. 健全少数民族山区（牧区）三级医疗卫生服务网络研究
27. 弘扬民族精神与文化自觉和文化自信研究
28. 基于第六次人口普查资料的少数民族人口研究（全国、区域、族别）
29. 少数民族文字珍善本的搜集、整理和研究
30. 台湾“原住民”自治诉求及其立法研究
31. 中国少数民族史（志）研究
32. 民族国家建构与国家民族整合的理论与实证研究
33. 西方国家多元文化主义政策及其当代困境研究（地区、国别）

国际问题研究

1. 准确判断重要战略机遇期内涵和条件的变化研究
2. 推动国际关系民主化研究
3. 推动建立长期稳定健康发展的新型大国关系研究
4. 统筹双边、多边、区域次区域开放合作研究
5. 中国加强同世界主要经济体宏观经济政策协调研究
6. 中国积极参与全球经济治理研究
7. 推动贸易和投资自由化便利化与反对各种形式的保护主义研究
8. 马克思主义国际问题理论在当今世界新的坚持与发展研究
9. 当今时代与时代主题研究
10. “三个世界划分”理论及其当代价值研究
11. 当今世界格局现状及发展趋势研究
12. 马克思主义经典作家关于战争与和平的理论研究
13. 国际政治理论思潮研究
14. 霸权主义与强权政治新特征研究
15. 国际金融垄断现状、发展趋势及相关建议研究
16. 世界文化多样性与文明对话研究
17. 国际话语权及相关建议研究
18. 科技创新与国际关系研究
19. 新形势下坚持联合国宪章宗旨原则与和平共

处五项原则研究

20. 新形势下我国安全与外交转型研究

21. 我国大周边战略设计研究

22. “中国梦”实现的国际借鉴研究

23. 我国网络安全研究

24. 我国海洋安全研究

25. 我国能源安全研究

26. 太空安全与国际关系研究

27. 美国“亚太再平衡战略”与新疆问题研究

28. 海上通道安全与国家利益拓展研究

29. 极地问题与我国极地实质性存在的理论及实践问题研究

30. 中国与新兴市场国家共赢性发展互动机制研究

31. 新时期我国民间外交研究

32. 华侨华人在中外关系发展中的作用及途径研究

33. 加强与各国政党和政治组织的友好往来研究

34. 中国对外关系数据库及案例库研究

35. 亚太地区政治、安全、经济合作框架设计研究

36. 新形势下中国—东盟自由贸易区建设研究

37. 中国东北亚地缘安全环境与战略研究

38. 新时期日本对外战略研究

39. 日本政党政治的沿革及特色研究

40. 冲绳归属问题研究

41. 中东北非局势现状、发展趋势及相关建议研究

42. 伊斯兰国家政治格局及其对我国民族宗教问题的影响与对策研究

43. 阿拉伯国家社会结构的演变及其对社会稳定的影响研究

44. 伊斯兰世界与西方的文化差异及矛盾研究

45. 泛中亚区域经济合作研究

46. 美国“巧实力”与公共外交战略调整研究

47. 美国国际地位变化与国际秩序重建研究

48. 美国东北亚战略研究

49. 跨太平洋战略经济伙伴关系协定（TPP）现状、发展趋势及对策研究

50. 当今世界转基因技术产品的现状、发展趋势及相关建议研究

51. 欧债危机的现状、发展趋势及对策研究

52. 欧美关系与世界安全秩序的演变研究

53. 德国外交政策中的价值观念对中德关系的影响研究

54. 欧洲移民政策研究

55. 中俄更紧密战略伙伴关系研究

56. 苏联知识分子政策及苏联解体研究

57. 苏东剧变后苏东各国共产党处境、现状及发展趋势研究

58. 非洲政治、经济和社会现状及发展趋势研究

59. 中国发展模式与西方发展模式比较研究

60. 全球治理与主权国家利益之间的协调关系研究

61. 低碳经济与全球经济增长模式的发展趋势研究

62. 国际媒体在国际关系中的角色与作用研究

63. 国际货币体系改革的出路及世界主要货币的地位研究

64. 人民币国际化与区域化的各种前景及对策研究

65. 全球金融监管的发展方向及对国际金融体系的影响研究

66. 全球大宗商品供求格局、价格形成机制与安全研究

67. 国际安全环境演变与中国国防发展战略研究

68. 新保护主义与多边贸易规则谈判研究

69. 全球气候变化谈判与清洁能源的前景研究

70. 大国智库研究

71. 西方文化霸权的当代特性研究

72. 经济全球化视野下的人权问题研究

73. 世界主要国家军事战略研究

74. 当今社会主义国家合作机制及平台研究

75. 世界各主要国家共产党现状、发展趋势及相关建议研究

76. 世界各主要国家共产党理论建设研究

77. “国际共产党人研讨会”“共产党和工人党国际会议”和“世界社会论坛”跟踪研究

78. 全球贫富差距加大与左翼、社会主义思潮复兴研究

中国历史

1. 唯物史观与中国特色社会主义理论体系研究

2. 唯物史观与中国历史发展道路研究

3. 20世纪中国史学演进路径研究

4. 唯物史观与历史考证学派关系研究

5. 中华民族复兴进程研究

6. 中华文化海外传播史研究

7. 中国国家起源问题研究

8. 历史上民族交流与社会发展研究

9. 中国古代历史教育研究

10. 中国古代国家认同与社会治理研究

11. 中国古代军事制度研究

12. 中国古代边疆移民研究

13. 中国古代交通制度史研究

14. 中国古代生态思想研究

15. 中国历代保护海洋权益和开发海洋资源研究

16. 中国古代海洋意识的觉醒与海洋文献研究

17. 新中国处理海洋权益争端历史研究（1949—

2010）

18. 中国历代石刻文献的整理与研究
19. 区域经济史研究
20. 区域文化史研究
21. 水利史研究
22. 战国秦汉简牍史料中的土地制度研究
23. 古代北方少数民族的活动与环境变迁研究
24. 草原民族国家起源研究
25. 宋元明清中央机构的演变及其职能变迁研究
26. 秦汉至唐宋历史文化遗存、非文字资料整理与研究
27. 南北朝到隋唐历史发展的曲折性与特质研究
28. 明清西北地区筑城碑记整理与研究
29. 清代刑部档案与基层社会研究
30. 晚清体制改革中中央与地方权力的消长与制衡研究
31. 晚清至民国时期的经学研究史
32. 中国古代女性伦理思想研究
33. 中国近代政治制度变革研究
34. 中国近代城市化问题研究
35. 中国近代民粹主义研究
36. 中国近现代教育发展研究
37. 民国学术史研究
38. 20 世纪以来公共图书馆事业与文化传承研究
39. 20 世纪“新史学”流派学术成就研究
40. 新中国国防史研究
41. 新中国农垦史研究
42. 新中国三线建设史研究
43. 新中国内陆边疆地区城市发展与社会变迁研究
44. 中国协商民主制度历史发展研究
45. 改革开放以来农民合作经济研究
46. 方志学基本理论研究
47. 故宫史与故宫学研究

世界历史

1. 世界文明特殊性和多样性的历史考察
2. 古代世界的社会文化史研究
3. 古代世界的历史文献与铭文整理研究
4. 欧洲诸国农奴制依附关系的萌生和演变研究
5. 新航路开辟后海洋大国兴衰研究
6. 工业革命以来的环境问题研究
7. 欧美近现代民众社团研究
8. 世界近现代史上大国的身份意识与对外政策研究
9. 20 世纪美国与亚太地区国际关系的演变研究
10. 东北亚地区领土争端的历史由来研究
11. 中东社会主义的理论与实践研究
12. 中东国家宗教与政治的历史考察
13. 社会主义国家的政治经济体制改革史研究
14. 欧洲国家的社会主义思潮及政党的历史演变研究
15. 战后欧亚极右势力的历史考察
16. 欧美地区之外的 20 世纪史学史研究
17. 20 世纪世界城市化的趋势、主要特征及其影响研究
18. 传播文化与政治、社会变迁的历史考察
19. 苏联解体后的俄罗斯史学研究

考古学

1. 旧、新石器文化过渡遗存研究
2. 史前考古学文化的分区分期研究
3. 史前聚落形态的考古学研究
4. 中国文明起源和形成的考古学研究
5. 夏商周时期的考古学文化研究
6. 中国古代青铜文化区域、体系研究
7. 古代城市与村镇的考古学研究
8. 古代墓葬制度的考古学研究
9. 古代手工业遗存的考古学研究
10. 古代佛教遗存的考古学研究
11. 中外文化交流的考古学研究
12. 外国考古学研究
13. 中国考古学史研究
14. 动植物考古遗存及相关问题研究
15. 考古地理信息系统构建研究
16. 古骆越方国考

宗教学

1. 全面贯彻党的宗教工作基本方针研究
2. 马克思主义宗教观及其中国化研究
3. 无神论的历史及理论体系研究
4. 全球化时期宗教发展问题研究
5. 宗教与文化发展繁荣的关系研究
6. 宗教学体系及方法论研究
7. 宗教与文化及文明的关系研究
8. 宗教文学艺术研究
9. 古今宗教经典及宗教名著翻译与整理
10. 当代中国宗教研究成果的外文翻译
11. 宗教思想史、文化史研究
12. 宗教与社会民俗的关系研究
13. 宗教与地缘政治的关系研究
14. 宗教礼仪、宗教景观研究
15. 宗教与国际关系研究
16. 宗教与可持续发展战略研究
17. 网络宗教发展研究
18. 宗教与社区文化发展的关系研究
19. 宗教与社会和谐的关系研究
20. 宗教信仰与妇女发展研究
21. 宗教与自然、生态的关系研究
22. 宗教与边疆问题研究
23. 宗教与经济的关系研究

24. 世界各宗教的历史与现状研究
25. 中国宗教历史与现状研究
26. 宗教与民族的关系研究
27. 儒学与儒教问题研究
28. 道教及其思想文化发展研究
29. 佛教及其思想文化发展研究
30. 民间信仰及其国际化发展研究
31. 藏传佛教历史与现状研究
32. 基督教及其思想文化发展研究
33. 伊斯兰教及其思想文化发展研究
34. 海外华人宗教状况研究
35. 宗教的"本土化""中国化"问题研究
36. 少数民族地区宗教本土化研究
37. 宗教与科学技术的关系研究
38. 中国传统农耕社会与民众宗教意识研究

中国文学

1. 坚持"双百方针"与发扬学术民主、艺术民主研究
2. 坚持以人民为中心的创作导向研究
3. 建设优秀传统文化传承体系研究
4. 文学基础理论问题研究
5. 当代马克思主义文艺理论中国化研究
6. 社会主义核心价值观与文学评价体系研究
7. 当代文艺批评研究
8. 中国文学与东亚文化圈研究
9. 中国考古新发掘的文学价值研究
10. 中国文学与政治、经济、文化的历史关系研究
11. 中国历代重要作家作品研究
12. 中国历代文学制度研究
13. 中国文学古籍的整理与诠释研究
14. 我国少数民族文学典籍研究
15. 中国各民族神话谱系研究
16. 中国民间口传史诗和口传文学研究
17. 中国文学史学术回顾与文学史学理论研究
18. 中国城市文学与乡村文学发展研究
19. 中国儿童文学（包括科幻作品）与社会主义新人培养研究
20. 海外各大洲华人新移民文学研究
21. 中国古今文学的世界影响研究
22. 莫言等新时期作家成长与创作研究
23. 现代科技与文学传播研究
24. 中国网络文学研究
25. 社会性别意识与21世纪女性写作的转型研究

外国文学

1. 外国国别生态文学传统与演变研究
2. 外国国别文学与民族道德的重构研究
3. 新时期以来对外国文论接受的现状与反思研究
4. 外国文学的区域研究（如黑非洲、加勒比、高加索等）
5. 外国文学作品的汉译研究
6. 外国重要作家、作品研究（以形式、结构研究为主）
7. 外国重要文论家、批评家研究
8. 外国畅销作品批评研究

语言学

1. 推广和规范使用国家通用语言文字研究
2. 中国境内语言的类型特征及语言普遍现象研究（汉语、各少数民族语言）
3. 声调类型学研究
4. 中国濒危语言有声语档建设的理论与实践研究
5. 现代通用汉字的历史读音研究
6. 现代汉语常用词的构成理据及其历史源流研究
7. 句法和语义的互动关系研究
8. 汉语词类的新探索和特殊小类研究
9. 汉语常用句式的句法语义新研究
10. 虚词的语义结构与语用功能研究
11. 方言研究数字化基础建设研究
12. 汉语方言特征研究（区、片、边界点等）
13. 与汉语方言音韵层次研究相结合的音韵学研究
14. 近代汉语官话语音研究
15. 汉语的起源与形成研究
16. 上古汉语形态与谐声字研究
17. 汉藏历史比较语言学研究
18. 基于语料库的出土上古文献语言研究
19. 聋哑人手语的神经机制研究
20. 基于汉语和部分民族语言的手语语料库建设研究
21. 汉语儿童语言习得与失语症研究
22. 语言治疗标准与汉语语言能力评估
23. 当代英汉/汉英平行语料库的创建与应用研究
24. 我国外语能力标准研究
25. 双语对比与翻译研究
26. 切合中国外语学习者的教学理论与方法研究

新闻学与传播学

1. 构建和发展现代传播体系研究
2. 加强和改进网络内容建设研究
3. 掌握意识形态工作领导权和主导权研究
4. 壮大主流思想舆论研究
5. 加强网络依法管理研究
6. 加强权力运行的舆论监督研究
7. 中国特色国际传播理论和实践研究

8. 构建中国特色传媒文化体系研究

9. 社会主义核心价值观引领民生新闻的发展走向研究

10. 中国文化的国际传播路径研究

11. 多媒体融合发展的政策选择研究

12. 构建当代中国话语的理论、方法与问题意识研究

13. 中国特色报刊内容质量评测指标体系研究

14. 媒介融合背景下的我国媒体政策和法规研究

15. 重大事件中舆论引导效果研究

16. 互联网时代中国社会信息传播的结构、模式、特点、规律研究

17. 新闻媒体在生态文明建设中的角色研究

18. 社会转型背景下我国新闻传媒转型发展战略研究

19. 当代中国主流价值体系与媒介引导研究

20. 我国政治文明建设与新闻法制研究

21. 唱响网上主旋律研究

22. 微信传播的特点与功能研究

23. 网络舆论传播与演化机制研究

24. 虚拟世界环境下网络信息伦理与诚信研究

25. 微博传播的特点与效果研究

26. 新闻网站市场化问题研究

27. 新媒体环境下传统媒体的战略转型研究

28. 网络舆情与社会治理研究

29. 微博的公益传播研究

30. 网络问政与政府形象传播研究

31. 网络时代个人信息保护研究

32. 媒介公信力研究

33. 社会化媒体的责任边际研究

34. 媒介融合背景下的广播电视发展研究

35. 媒介融合背景下我国媒介功能研究

36. 西方“中国观”的变迁与中国国家形象的塑造研究

37. 全球媒体的中国形象和中国媒体的全球图像研究

38. 群体性冲突事件的传媒引导研究

39. 环境传播研究

40. 国家领导人会议形象传播改进工程研究

41. 跨文化交流中的价值取向定位研究

42. 国外主流意识形态的现状及传播特点研究

43. 中日主流舆论与中日关系的互动和影响研究

44. 中国在非洲国家形象及影响力传播研究

45. 媒介融合背景下的报刊发展研究

46. 国际新闻出版业营销渠道研究

47. 国内外学术著作出版规范与标准研究

48. 出版文化研究

49. 中国出版家人物研究

50. 社交媒体与公民媒介素养研究

51. 未来十年中国新闻教育的目标及改革途径研究

52. 媒介融合时代新闻传播教育研究

53. 中国新闻史专题研究

54. 近代报刊媒体与社会性别史研究

图书馆、情报与文献学

1. 完善知识创新体系研究

2. 健全信息安全保障体系研究

3. 加强社会管理信息化建设研究

4. 开展全民阅读活动与建设学习型社会研究

5. 面向文化强国建设的公共图书馆服务体系研究

6. 公共数字文化服务体系的建设与研究

7. 我国图书馆事业的顶层设计研究

8. 全媒体时代图书馆联盟的定位和发展研究

9. 图书馆转型及业务评估方式创新研究

10. 图书馆服务生态文明建设的途径和策略研究

11. 图书馆学情报学核心竞争力和学科品牌研究

12. 图书馆职业价值与职业化问题研究

13. 图书馆组织文化研究

14. 国外数据库商业版权模式及图书馆应对策略研究

15. 图书馆信息资源的公益性开发研究

16. 我国阅读困难群体的分布状况与图书馆服务对策研究

17. 老龄社会的阅读服务保障研究

18. 图书馆电子书服务体系研究

19. 移动图书馆服务质量影响因素与提升策略研究

20. 手机知识服务模式及效果研究

21. 中美公共图书馆儿童服务比较研究

22. 图书馆用户信息资源化管理研究

23. 协同信息检索技术及其用户查询行为研究

24. 基于用户认知的数字资源服务平台评价研究

25. 面向公众的公益信息服务组织与运营机制研究

26. 社会网络环境下的用户信息行为研究

27. 我国高等院校读者图书馆利用习惯调查研究

28. 面向知识服务的学科领域术语语义分析及应用研究

29. 基于协同网络信息的行业知识库的构建及其应用研究

30. 面向知识服务的信息组织与检索机制研究

31. 隐性知识转移机制及支持系统研究

32. 知识创新体系中的评价机制研究

33. 基于创新管理的社会科学情报服务创新机制研究

34. 文献计量学视角下的中国问题研究

35. 国家战略性情报研究体系构建研究

36. 移动宽带互联网背景下的网络舆情及引导机制研究

37. 和平发展的国际舆情监测研究

38. 大数据理论与方法在情报工作中的应用研究

39. 服务网络的动力机制研究

40. 捍卫国家主权和海权的情报战略研究

41. 大规模个性化定制环境下的竞争情报研究

42. 支撑战略新兴产业发展的技术竞争情报体系建设研究

43. 传统文化信息资源保障机制与民族文化创意产业融合发展研究

44. 我国信息资源开发利用战略及政策研究

45. 海洋强国建设中的信息资源保障研究

46. 数字化平面媒体资源开发与利用模式研究

47. 数字信息资源深度聚合和组织研究

48. 基于在线用户生成内容的开放式创新机制研究

49. 面向资源聚合和深度交互的社会化媒体用户体验设计研究

50. 基于大数据的信息用户行为分析研究

51. 网络信息服务质量评价研究

52. 社交网络环境下群体信息交互模式研究

53. 基于生态化程度测评的网络信息生态系统研究

54. 我国互联网信息自由问题研究

55. 个人信息安全问题研究

56. 网络信息资源的融合利用与质量保障问题研究

57. W3C 的 RDB2RDF 标准规范及其应用研究

58. 基于知识管理的企业创新设计研究

59. 中小企业知识资本及运营模式研究

60. 儒法两家经典词频分析与研究

61. 数字目录学研究

62. 面向深度利用的政府信息公开质量保障体系研究

63. 政府信息资源开发利用问题研究

64. 政府数字资源建设的问题与对策研究

65. 档案强国战略研究

66. 档案文化在中华民族文化传承中的历史地位研究

67. 文化遗产档案式保护的模式与实现机制研究

68. 中华档案文化对外传播的方法路径研究

69. 中国档案事业发展指数的测度研究

70. 面向社会的档案服务体系建设与创新研究

71. 我国公共档案馆馆藏结构优化研究

72. 档案数字资源建设研究

73. 数字档案安全及长期保存策略研究

74. 档案资源体系建设中的主动建档及其理论与实践价值研究

75. 数字档案信息资源集成服务实现机制研究

76. 数字档案馆生态系统培育与管理研究

77. 电子文件管理与业务活动的集成机制研究

78. 传统工业基地改造中国有企业档案管理及其价值研究

体育学

1. 促进群众体育与竞技体育全面发展研究

2. 全面建成小康社会进程中的中国体育发展道路研究

3. 体育在当代中国社会中的地位、作用与影响研究

4. 中国特色社会主义体育文化建设研究

5. 社会转型期我国体育体制改革与机制创新研究

6. 我国青少年体育保障与组织支撑体系研究

7. “健康中国”背景下体育促进国民素质提升研究

8. 社会转型期体育的价值与功能研究

9. 中国体育社会科学理论体系研究

10. 我国传统体育现代化研究

11. 现代体育科学的现状与发展趋势研究

12. 我国足、篮、排“三大球”的现状、问题与发展研究

13. 坚持与完善竞技体育“举国体制”问题研究

14. 田径、游泳等基础大项赶超世界先进水平研究

15. 我国体育赛事的改革与创新研究

16. 我国体育社团建设研究

17. 我国体育文化产业研究

18. 体育文化传播与国家形象的构建研究

19. 现代体育传播体系与文化影响力研究

20. 体育与社会建设、文化建设协同发展研究

21. 体育发展方式由要素驱动粗放型向创新驱动集约型转变研究

22. 体育与人的全面发展研究

23. 当代中国公民体育意识培育研究

24. 政府体育公共服务职能研究

25. 体育公共服务政策研究

26. 体育公共服务体系的理论与实践研究

27. 我国体育公共设施建设研究

28. 城镇化过程中体育公共服务体系研究

29. 政府介入体育的国际经验研究

30. 我国中、西部地区与东部地区体育协调发展研究

31. 体育行业道德规范研究

32. 社会体育发展的组织化研究

33. 我国公民体育基本权益研究

34. 体育与提高我国人口素质研究

35. 老年人体育与生活幸福指数研究
36. 社会转型期我国残疾人体育的发展路径研究
37. 社会变迁过程中的农村体育研究
38. 我国职业体育发展定位与体制机制研究
39. 优化我国竞技体育结构与质量研究
40. 我国竞技体育综合实力与国际竞争力研究
41. 运动员文化教育与后备人才培养研究
42. 完善体育产业法规政策研究
43. 我国大中型体育场馆的运营与管理研究
44. 我国体育无形资产的开发与利用研究
45. 体育产业与区域经济发展研究
46. 体育与城市发展研究
47. 我国体育旅游的价值、功能与开发研究
48. 少数民族体育文化遗产的挖掘与整理研究
49. 体育对促进民族团结的作用研究
50. 现代社会条件下民俗与民间体育的改革创新发展研究
51. 休闲体育研究
52. 学校体育与教育制度改革研究
53. 学校体育环境与安全法规研究
54. 青少年体育与健康成长研究
55. 国外青少年体育制度研究

管理学

1. 在创新管理中加强社会建设研究
2. 促进基本公共服务均等化的公共财政体系研究
3. 促进主体功能区建设的公共财政体系研究
4. 建立公共资源出让收益合理共享机制研究
5. 促进城乡要素平等交换和公共资源均衡配置研究
6. 支持小微企业特别是科技型小微企业发展研究
7. 增强企业国际化经营能力研究
8. 加强技术集成和商业模式创新研究
9. 完善科技创新评价标准、激励机制、转化机制研究
10. 促进创新资源高效配置和综合集成研究
11. 深化科技体制改革研究
12. 探索省直接管理县（市）改革研究
13. 深化乡镇行政体制改革研究
14. 推进事业单位分类改革研究
15. 健全国有文化资产管理体制研究
16. 加快推进重点文化惠民工程研究
17. 加强网络社会管理研究
18. 发展新型文化业态研究
19. 完善经营性文化单位法人治理结构研究
20. 推动高等教育内涵式发展研究
21. 健全人力资源市场与完善就业服务体系研究
22. 加强保障性住房建设和管理研究
23. 健全社会保障经办管理体制和服务体系研究
24. 完善突发公共卫生事件应急和重大疾病防控机制研究
25. 健全农村三级医疗卫生服务网络和城市社区服务体系研究
26. 深化公立医院改革研究
27. 改革和完善食品药品安全监管体制机制研究
28. 建设节水型社会研究
29. 严格土地用途管制研究
30. 加强防灾减灾体系建设研究
31. 资源消耗、环境损害、生态效益纳入经济社会发展评价体系研究
32. 推进军队组织形态现代化研究
33. 中国奉行防御性的国防政策研究
34. 科学发展观指导下的管理理论创新研究
35. 创新型国家建设进程评价与检测方法研究
36. 复杂性环境下的中国企业战略变革研究
37. 工业化后期三次产业协调发展问题研究
38. 我国工业转型升级与工业强国建设问题研究
39. 我国自主创新技术赶超战略与路径研究
40. 我国战略性新兴产业发展面临的问题与政策研究
41. 我国制造业服务化与生产性服务业发展研究
42. 企业先进制造模式的理论与实践研究
43. 我国企业集团管控模式研究
44. 国有资产管理与上市国有企业治理结构研究
45. 电子商务企业的竞争战略与盈利模式研究
46. 我国企业“走出去”面临的问题与对策研究
47. 跨国公司企业社会责任的国别差异化与对策研究
48. 新形势下我国外经贸发展的战略调整问题研究
49. 全球化视野下国际会展业发展比较研究
50. 转变经济增长方式与人力资源管理模式创新问题研究
51. 我国中小企业人力资源管理问题研究
52. 民营企业家个人特质与企业文化建设的关系研究
53. 企业家精神与创业管理问题研究
54. 企业社会责任价值创造机理研究
55. 组织管理复杂性研究
56. 关系和信任导向下的供应链管理研究
57. 信息技术、运作效率与组织边界的关系研究
58. 会计信息与资源配置效率问题研究
59. 战略控制、财务质量与公司治理研究
60. 会计准则体系、公允价值与风险防范机制研究
61. 我国中小企业融资问题研究

62. 金融企业管理创新与风险传导机理研究

63. 促进我国中小金融机构健康发展研究

64. 我国货币政策的预期管理问题研究

65. 我国农村金融产业组织创新路径与政策设计研究

66. “十二五”时期城市商业银行发展战略转型研究

67. 人口变动、劳动力转移背景下我国农业发展问题研究

68. 我国粮食产量多年连续增收情况下的粮食安全战略研究

69. 我国食品安全监管效率评估与治理结构研究

70. 农村公共品和公共服务供给中的治理问题研究

71. 公益性水利建设项目治理研究

72. 城镇化推进中农村教育改革与新农村建设问题研究

73. 我国城市化进程中的农村土地问题研究

74. 我国城市化进程与提升城市化质量研究

75. 我国大中城市低碳交通体系的治理问题研究

76. 我国大城市道路拥堵缓解策略研究

77. 新时期交通运输发展的制度与政策框架研究

78. 我国工业化中后期稀有金属资源安全态势与供给保障机制研究

79. “十二五”期间我国节能减排的政策机制研究

80. 我国新能源应用的经济性分析与产业政策研究

81. 环境评价信息公开和公众参与机制研究

82. 国家安全视野下水资源管理制度体系研究

83. 碳交易的国际规则、机制和体系研究

84. 生态价值补偿标准确定与实现的环境会计方法研究

85. 扩大内需与收入分配体制改革问题研究

86. 城乡一体化中的社会保障管理体制和运行机制研究

87. 就业政策完善与提高我国劳动者就业质量研究

88. 新时期女性就业结构的现状和发展变化研究

89. 我国医疗体制改革进程评价与深化医疗保障制度改革研究

90. 城乡医疗统筹背景下我国医疗保障体系问题研究

91. 提高我国医院管理科学化水平问题研究

92. 社会医保机构与医疗机构及药品供应商的谈判机制研究

93. 提升药品生产流通全过程追溯能力研究

94. 现代学校制度建设与教育体制改革研究

95. 国家创新战略背景下大学生创新能力提升路径研究

96. 行政管理体制改革与政府职能转型研究

97. 创新行政管理方式与提高政府公信力执行力研究

98. 政府信息公开机制研究

99. 公共部门战略管理研究

100. 加强我国海关管理研究

101. 公共服务供给方式和基本公共服务均等化问题研究

102. 创新流动人口和特殊人群管理服务研究

103. 非营利组织的治理结构与管理模式研究

104. 新社会组织的类型与管理问题研究

105. 社会管理创新的方向和路径研究

106. 社会管理创新的地方实践及经验研究

107. 增强农村社区服务和管理功能研究

108. 社区公共品供给机制研究

109. 社会工程与社会管理创新研究

110. 边境地区社会管理创新研究

111. 地方政府应急管理模式研究

112. 危机状态下领导者应急心理与行为模式研究

113. 国家战略预警体系建设中的安全与风险管理问题研究

114. 快速城镇化背景下群体性突发事件的应急体系与管理研究

115. 经济社会政策的道德风险评估研究

116. 我国社会风险与公共安全治理研究

117. 新时期文化产业的动力机制与实践战略研究

118. 我国文化资源与当代文化产业发展研究

119. 旅游产业发展战略与旅游管理突出问题研究

120. 新媒体对社会管理模式的影响研究

121. 网络文化失范问题及其规制研究

122. 网络经济和新信息技术环境下组织行为问题研究

123. 国家创新体系中产学研协同的实现机制和扶持战略研究

124. 我国科研协同创新存在的问题研究

125. 科技创新管理研究

126. 项目制与项目管理问题研究

127. 我国科研课题制与科研经费管理制度改革研究

128. 国家资助科研项目的知识产权管理和商业化模式研究

129. 世界主要国家公共政策形成过程中的智库因素研究

130. 先进军事文化与文化强国建设研究

131. 军队制度执行力与战斗力研究

132. 新形势下兵役问题研究
133. 新型军事人才培养研究
134. 营销管理理论的创新及发展趋势研究
135. 管理移植与跨文化管理问题研究
136. 中国古代管理思想与实践研究
137. 新中国管理思想史研究
138. 国际化背景下的中国管理学发展研究
139. 国外管理理论与实践的新进展研究

（全国哲学社会科学规划办公室供稿）

2013年度国家社会科学基金项目立项课题（北京地区）

一、马列·科社

重点项目

项目名称	负责人	工作单位	预期成果	完成时间	批准号	项目类别
马克思主义基本原理的学科对象与理论体系研究	孙熙国	北京大学马克思主义学院	专著	2016.6.30	13AKS001	A
中国社会核心价值观变迁历程研究	邱　吉	中国人民大学	专著、论文（集）	2016.9.30	13AKS010	A

一般项目

项目名称	负责人	工作单位	预期成果	完成时间	批准号	项目类别
马克思主义当代传播机制创新及传播体系构建研究	翟杰全	北京理工大学	研究报告	2016.6.30	13BKS101	B
后冷战时期美国民主输出运行机制与我国战略机遇期意识形态安全研究	刘恩东	国家行政学院教务部	研究报告	2015.6.30	13BKS066	B
全面建成小康社会与中等收入者培育和壮大研究	杨玲玲	中共中央党校科学社会主义教研部	专著	2016.6.30	13BKS029	B
西方发达国家“新社会运动”研究	孟　鑫	中共中央党校科学社会主义教研部	专著、研究报告	2016.12.30	13BKS067	B
民主社会主义思潮在中国的影响研究	常欣欣	中共中央党校科学社会主义教研部	专著	2016.10.30	13BKS070	B
当代大学生政治认同问题研究	杨峻岭	中国地质大学（北京）	专著、研究报告	2016.12.30	13BKS109	B
马克思主义中国化进程中经典著作编译与传播问题研究（1919—1949）	王海军	中国人民大学马克思主义学院	专著	2015.12.26	13BKS019	B
正义视阈中的共同富裕思想研究	贾可卿	中国社会科学院马克思主义研究院	专著	2015.12.31	13BKS032	B
早期中国共产党人探索马克思主义中国化大众化时代化的经验、启示及意义研究	张世飞	中央财经大学	专著、研究报告	2016.6.30	13BKS104	B

续表

项目名称	负责人	工作单位	预期成果	完成时间	批准号	项目类别
当代集体主义价值观建构研究	邵士庆	中央民族大学马克思主义学院	专著	2016.8.30	13BKS009	B

青年项目

项目名称	负责人	工作单位	预期成果	完成时间	批准号	项目类别
经济全球化背景下中华文化国际影响力提升研究	魏海香	北京工商大学	专著、论文（集）	2016.7.1	13CKS017	C
基于《马克思恩格斯全集》历史考证版（MEGA）文献的《资本论》创作史研究	刘新刚	北京理工大学	专著、研究报告	2015.12.30	13CKS007	C
中国生态文明建设国际比较研究	樊阳程	北京林业大学人文社会科学学院	专著	2016.3.1	13CKS022	C
国有财产收益全民共享机制研究	贾小雷	中共北京市委党校	专著、研究报告	2016.5.31	13CKS015	C
中国特色社会主义的国际视野研究	刘武根	中国地质大学（北京）	研究报告	2016.12.31	13CKS011	C
国际前沿理论中的马克思主义公正观演进逻辑研究	张晓萌	中国人民大学马克思主义学院	专著、译著	2016.8.30	13CKS006	C
美国垄断资产阶级统治全球手段研究	王　静	中国社会科学院马克思主义研究院	专著	2016.6.30	13CKS030	C
马克思主义在我国少数民族地区传播研究	葛艳玲	中央编译局	专著、研究报告	2015.7.10	13CKS048	C
网络领域我国主流意识形态的话语权研究	谢玉进	中央财经大学马克思主义学院	论文（集）	2016.6.30	13CKS039	C

二、党史·党建

一般项目

项目名称	负责人	工作单位	预期成果	完成时间	批准号	项目类别
新中国成立初期治腐方略的功效性研究	王传利	清华大学马克思主义学院	专著	2016.3.1	13BDJ007	B
民主革命时期国共两党宣传工作比较研究（1921—1949）	卢　毅	中共中央党校中共党史教研部	专著	2015.6.30	13BDJ022	B
中国特色社会主义道路研究	郑　谦	中国共产党中央委员会党史研究室	专著	2015.12.31	13BDJ017	B

青年项目

项目名称	负责人	工作单位	预期成果	完成时间	批准号	项目类别
中国共产党高校党建史研究（1949—1978）	周良书	北京师范大学马克思主义学院	专著	2015.7.1	13CDJ015	C

续表

项目名称	负责人	工作单位	预期成果	完成时间	批准号	项目类别
互联网时代党的领导干部形象塑造研究	李　娜	中共北京市委党校	专著	2016.3.1	13CDJ022	C
改革开放后中国与朝鲜半岛关系的历史考察研究(1978—1992)	董　洁	中共中央党校党史教研部	研究报告	2016.7.1	13CDJ007	C
新中国成立以来中国共产党处理中越关系的历史梳理及经验研究	李桂华	中国农业大学思想政治教育学院	专著、研究报告	2016.12.31	13CDJ006	C

三、哲学

重点项目

项目名称	负责人	工作单位	预期成果	完成时间	批准号	项目类别
社会维度下的信息流逻辑研究	刘奋荣	清华大学人文学院	论文（集）	2016.9.1	13AZX018	A
中国古代审美意识生成机制研究	邹　华	首都师范大学文学院	专著	2016.12.31	13AZX025	A
儒家博爱论研究	向世陵	中国人民大学哲学院	专著	2016.9.30	13AZX011	A
当代后果主义伦理研究	龚　群	中国人民大学哲学院	专著	2016.3.1	13AZX023	A
18世纪末以来西方隐喻理论视域转换与问题意识研究	牛宏宝	中国人民大学哲学院	专著、译著	2016.6.30	13AZX026	A
《道藏源流考》（再增订版）整理出版	胡孚琛	中国社会科学院哲学研究所	专著	2016.1.27	13AZX010	A
提高国民逻辑素质的理论与实践探索研究	杜国平	中国社会科学院哲学研究所	专著	2016.9.10	13AZX019	A

一般项目

项目名称	负责人	工作单位	预期成果	完成时间	批准号	项目类别
生态文明视野中的聚落走向问题研究	计　彤	北京工业大学马克思主义学院	专著	2016.12.31	13BZX030	B
城市空间伦理问题研究	高春花	北京建筑工程学院	专著、研究报告	2014.12.31	13BZX087	B
金元时期北方儒学转型研究	魏崇武	北京师范大学古籍与传统文化研究院	专著	2016.12.31	13BZX049	B
“后经验转向”时代的技术伦理规约机制及模式研究	张成岗	清华大学社会科学学院	专著、研究报告	2016.12.30	13BZX024	B
《群书治要》政治伦理思想研究	刘余莉	中共中央党校哲学教研部	专著	2015.7.31	13BZX070	B
劳动文化学：历史唯物主义与文化发展问题研究	王江松	中国劳动关系学院文化传播学院	专著	2015.12.31	13BZX015	B

续表

项目名称	负责人	工作单位	预期成果	完成时间	批准号	项目类别
经典逻辑与非经典逻辑的哲学基础研究	余俊伟	中国人民大学	专著	2016.9.30	13BZX064	B
弗罗洛夫新人道主义研究	安启念	中国人民大学哲学院	专著	2016.8.31	13BZX002	B
亚里士多德《形而上学》核心卷研究	聂敏里	中国人民大学哲学院	专著	2016.9.30	13BZX056	B
中国礼学思想发展史研究	王启发	中国社会科学院历史研究所	专著	2016.8.31	13BZX048	B
马克思辩证法的历史语境与当代视域	李西祥	中国社会科学院哲学研究所	专著	2016.12.31	13BZX005	B

青年项目

项目名称	负责人	工作单位	预期成果	完成时间	批准号	项目类别
形式认识论视角下的知识传递	张　君	北京理工大学	专著	2016.6.1	13CZX028	C
林兆恩与中晚明的三教会通研究	王文娟	北京师范大学文学院	专著、论文（集）	2016.12.30	13CZX042	C
莱布尼茨正义理论研究	李少兵	北京师范大学哲学与社会学学院	专著、译著	2016.6.30	13CZX047	C
民主政治语境中的政治家与公民美德研究	陈华文	清华大学人文学院	专著	2015.12.30	13CZX074	C
传统启蒙教育中的道德养成与价值观建构研究	班高杰	清华大学人文学院哲学系	专著	2016.11.30	13CZX064	C
实验语言哲学的批判性研究	梅剑华	首都师范大学政法学院	专著	2016.12.1	13CZX051	C
唯物史观与历史主义关系研究	焦佩锋	中共中央党校	专著	2016.12.31	13CZX015	C
清代儒学在“后戴震时期”的发展与转变研究	彭公璞	中共中央党校科研部	专著	2015.12.31	13CZX038	C
历史唯物主义视域下的资本逻辑批判研究	王　巍	中共中央党校马克思主义理论教研部	专著	2015.12.30	13CZX011	C
古希腊德性思想与当代道德建设问题研究	刘　飞	中共中央党校文史教研部	专著	2016.8.31	13CZX077	C
梅洛·庞蒂的世界概念研究	郑天喆	中央编译局	专著	2016.9.30	13CZX056	C

四、经济理论

重点项目

项目名称	负责人	工作单位	预期成果	完成时间	批准号	项目类别
文化多样性与中国文化产品贸易互动关系研究	曲如晓	北京师范大学经济与工商管理学院	研究报告	2015.6.30	13AJL009	A

续表

项目名称	负责人	工作单位	预期成果	完成时间	批准号	项目类别
都市圈内中小城市功能提升的模式与路径研究	安树伟	首都经济贸易大学城市经济与公共管理学院	专著	2015. 6. 30	13AJL014	A
未来 20 年我国经济增长基本条件的变化趋势研究	林　岗	中国人民大学经济学院	专著、研究报告	2015. 12. 20	13AJL003	A
我国城乡居民收入代际传递机制比较研究	杨新铭	中国社会科学院经济研究所	专著、研究报告	2016. 6. 30	13AJL006	A

一般项目

项目名称	负责人	工作单位	预期成果	完成时间	批准号	项目类别
北宋至清代长期税收收入、人均税负及税收结构研究(997—1909)	管汉晖	北京大学经济学院	专著、论文(集)	2015. 12. 30	13BJL016	B
挤压发展下的政府与市场关系研究	朱天飚	北京大学政府管理学院	专著	2016. 6. 30	13BJL027	B
制约区际基本公共服务均等化研究	吴　强	北京工商大学	研究报告	2015. 12. 31	13BJL031	B
民国时期洋货进口与消费生活变迁研究（1927—1936）	陈晋文	北京工商大学马克思主义学院	专著、研究报告	2016. 6. 30	13BJL020	B
近年来中国 CPI 上涨的非货币原因研究	杨晓维	北京师范大学经济管理学院	论文（集）	2015. 2. 2	13BJL023	B
我国防灾减灾投入的机制和政策研究	马志福	国家发展和改革委员会投资研究所	研究报告	2014. 12. 31	13BJL094	B
非法非正常收入形成的博弈机理及其对国民收入分配格局的影响研究	王少国	首都经济贸易大学经济学院	专著、研究报告	2016. 12. 20	13BJL033	B
马克思主义社会再生产理论创新与应用研究	赵锦辉	中共中央党校经济学教研部	论文（集）、研究报告	2016. 3. 25	13BJL006	B
量化宽松政策研究：理论、效应与中国选择	何海峰	中国社会科学院金融研究所	专著、研究报告	2015. 2. 15	13BJL024	B
新历史条件下的共同富裕实现路径研究	张建刚	中国社会科学院马克思主义研究院	专著	2015. 7. 1	13BJL011	B
企业家信仰与组织绩效关系研究	谢作渺	中央民族大学管理学院	研究报告	2016. 5. 30	13BJL041	B

青年项目

项目名称	负责人	工作单位	预期成果	完成时间	批准号	项目类别
基于社会资本的我国小微企业集群融资机制研究	张　伟	北京工商大学	研究报告	2016. 6. 30	13CJL023	C
现代服务业发展质量评价对省区经济差异的影响研究	胡艳君	北京联合大学管理学院	专著、研究报告	2015. 6. 30	13CJL060	C

续表

项目名称	负责人	工作单位	预期成果	完成时间	批准号	项目类别
教育机会均等、人力资本与城乡收入差距缩小的关系研究	孙永强	北京师范大学	论文（集）、研究报告	2015. 12. 30	13CJL020	C
企业迁移的意愿与空间引导政策研究	李彦军	北京市社会科学院	专著	2015. 12. 31	13CJL025	C
中日韩自贸区推进新思路：新功能主义框架下的理论建构与机制设计	蔡彤娟	对外经济贸易大学国际经济研究院	研究报告	2016. 6. 30	13CJL042	C
空间非均衡视域下我国区域协调发展战略的政策效应与推进策略研究	刁琳琳	中共北京市委党校	研究报告	2015. 12. 31	13CJL064	C
马克思主义视阈下的现代金融资本理论研究	袁　辉	中共中央党校经济学教研部	专著、论文（集）	2015. 9. 30	13CJL002	C
大宗农产品的国际定价权博弈研究	刘艳梅	中共中央党校经济学教研部	研究报告	2016. 12. 30	13CJL039	C
国民收入分配、劳动者收入结构对居民消费需求影响的实证研究	谢　琦	中国劳动关系学院经济管理系	专著	2016. 12. 30	13CJL019	C
新生代农民工人力资本投资的动力、路径与累积研究	王　李	中国劳动关系学院经济管理系	专著、研究报告	2015. 9. 30	13CJL051	C
历史时期气候变化对华北地区粮食生产与价格波动的影响	李　军	中国农业大学经济管理学院	专著	2016. 6. 30	13CJL008	C
我国服务业二元结构及其对城市居民收入分配的影响研究	刘丹鹭	中国社会科学院财经战略研究院	论文（集）	2015. 12. 31	13CJL021	C
新型城镇化背景下扩大服务消费的制度联动研究	张颖熙	中国社会科学院财经战略研究院	论文（集）、研究报告	2015. 9. 30	13CJL046	C
中国西部农村电气化及分布式可再生能源发展的政策分析	张　莹	中国社会科学院城市发展与环境研究所	研究报告	2015. 3. 31	13CJL055	C
阶梯定价理论及其应用研究	方　燕	中国社会科学院经济研究所	论文（集）、研究报告	2015. 11. 20	13CJL024	C
我国人口—经济分布匹配性与区域均衡发展的路径选择	蔡翼飞	中国社会科学院人口与劳动经济研究所	研究报告	2015. 10. 31	13CJL068	C
中国工业化中的大国因素研究	肖　翔	中央财经大学	专著	2015. 12. 25	13CJL009	C
人民币升值对我国贫困家庭的影响路径和测度	符大海	中央财经大学国际经济与贸易学院	论文（集）、研究报告	2016. 5. 31	13CJL037	C

五、应用经济

重点项目

项目名称	负责人	工作单位	预期成果	完成时间	批准号	项目类别
世界旅游强国的科学内涵与评价体系构建研究	张凌云	北京联合大学旅游学院	专著	2015.6.30	13AJY016	A
劳动力市场转型的收入分配效应研究	罗楚亮	北京师范大学经济与工商管理学院	论文（集）	2016.6.30	13AJY007	A
大规模传染病应急产品生产能力储备研究	宋劲松	国家行政学院应急管理培训中心	研究报告	2015.12.31	13AJY003	A
我国失业预警模型构建及应用研究	莫　荣	人力资源和社会保障部国际劳动保障研究所	论文（集）、研究报告	2015.6.30	13AJY009	A
深化国有企业改革问题研究	戚聿东	首都经济贸易大学	专著、论文（集）	2015.6.30	13AJY012	A
我国金融体系的系统性风险与金融监管改革研究	胡　滨	中国社会科学院金融研究所	研究报告	2015.3.31	13AJY018	A

一般项目

项目名称	负责人	工作单位	预期成果	完成时间	批准号	项目类别
促进我国现代服务业发展的对策研究	孙永波	北京工商大学	研究报告	2016.6.30	13BJY126	B
基于平衡计分卡方法的我国出口退税政策绩效评价研究	马乃云	北京工商大学	专著	2016.12.31	13BJY153	B
基于惜赔视角的保险消费者权益保护机制设计	周建涛	北京航空航天大学	论文（集）、研究报告	2015.6.30	13BJY181	B
基于效率与公平的我国高速铁路运价研究	吴　昊	北京交通大学经济管理学院	研究报告	2014.9.30	13BJY121	B
3G/4G时代我国通信产业竞争和监管理论与政策研究	夏　俊	北京邮电大学	论文（集）、研究报告	2016.6.30	13BJY020	B
资源税的经济效应与深化我国资源税改革研究	王　萌	财政部财政科学研究所	研究报告	2015.6.30	13BJY156	B
国有经济深入调整的战略目标、路径与政策选择研究	庄序莹	对外经济贸易大学国际经济贸易学院	专著、论文（集）	2015.9.30	13BJY002	B
我国与新兴市场国家共赢性发展路径研究	李计广	对外经济贸易大学中国世界贸易组织研究院	研究报告	2014.12.31	13BJY133	B
基于碳足迹理论的我国滨海旅游业低碳化发展途径与政策研究	刘　明	国家海洋局海洋发展战略研究所	专著、研究报告	2015.6.30	13BJY143	B
中国特色的新型城镇化道路研究	黄　锟	国家行政学院经济学教研部	论文（集）、研究报告	2015.6.30	13BJY055	B

续表

项目名称	负责人	工作单位	预期成果	完成时间	批准号	项目类别
流域生态补偿绩效评价体系设计及应用研究	刘桂环	环境保护部环境规划院	研究报告	2015.12.30	13BJY028	B
中国生态经济发展模式的理论与实证研究	石　磊	清华大学	论文（集）、研究报告	2015.12.30	13BJY030	B
大学生人力资本与毕业后收入关系的定量分析	郭　茜	清华大学外国语言文学系	论文（集）、研究报告	2015.6.30	13BJY041	B
经济全球化视角下稀缺资源进出口政策研究	赵玉敏	商务部国际贸易经济合作研究院	研究、报告专著	2015.5.30	13BJY136	B
我国重要农产品价格波动与调控政策研究	林学贵	商务部国际贸易经济合作研究院	专著、研究报告	2015.3.1	13BJY141	B
消费品安全的治理绩效测度与改进路径研究	沈宏亮	首都经济贸易大学经济学院	论文（集）、研究报告	2016.7.1	13BJY132	B
我国新能源产业发展政策研究	曹　新	中共中央党校经济学教研部	专著	2015.12.31	13BJY076	B
政府主导下的城市地下水生态补偿机制研究	王　玲	中国地质大学（北京）	专著、论文（集）	2015.8.30	13BJY063	B
草原生态保护补助奖励机制对不同规模牧户的影响研究	靳乐山	中国农业大学人文与发展学院	论文（集）、研究报告	2015.12.31	13BJY031	B
农村非农就业收入的影响因素与缩小收入差距对策研究	刘晓昀	中国农业大学人文与发展学院	专著、研究报告	2015.12.31	13BJY119	B
后林改时期农户林地经营决策机理及营林效率差异研究	柯水发	中国人民大学农业与农村发展学院	论文（集）、研究报告	2015.9.30	13BJY060	B
开放情境下企业自主创新及实现方式问题研究	王保林	中国人民大学商学院	研究报告	2015.9.30	13BJY022	B
“收入倍增”框架下创新农村零售业态与开拓农村市场研究	王　强	中国人民大学商学院	研究报告	2014.12.31	13BJY129	B
我国北方荒漠化态势与治理成效研究	黄顺江	中国社会科学院城市发展与环境研究所	研究报告	2014.12.31	13BJY033	B
低碳城市建设的非技术创新系统研究	蒋　尉	中国社会科学院世界经济与政治研究所	专著、论文（集）	2015.12.31	13BJY044	B
传统产业与战略性新兴产业耦合发展视角下的科技金融机制研究	王卉彤	中央财经大学	论文（集）、研究报告	2015.6.30	13BJY176	B
近代中国地方政府债务及启示研究	马金华	中央财经大学财政学院	专著、研究报告	2015.12.31	13BJY163	B

青年项目

项目名称	负责人	工作单位	预期成果	完成时间	批准号	项目类别
基于生态旅游的市场化生态补偿机制与制度建设研究	冯　凌	北京第二外国语学院	研究报告	2015.12.30	13CJY015	C
环城市乡村地区多途径城镇化的发展模式、动力机制与质量评估研究	钟栎娜	北京第二外国语学院	研究报告、专著	2016.12.31	13CJY034	C
产业结构、能源消耗对我国碳减排目标的作用机理与影响效应研究	张宏艳	北京工商大学	研究报告	2016.6.30	13CJY048	C
我国通货膨胀率周期波动与动态调整机制研究	张凌翔	北京理工大学	论文（集）	2015.6.30	13CJY011	C
城市居民绿色消费态度—行为差异研究	陈　凯	北京林业大学经济管理学院	论文（集）、研究报告	2015.10.31	13CJY090	C
我国灾害多发区农业保险巨灾风险分散体系的模拟研究	吕晓英	北京农学院	研究报告、专著	2016.6.30	13CJY132	C
欧美“再工业化”冲击下的中国制造业“去空心化”的策略研究	余　珮	对外经济贸易大学国际经济贸易学院	论文（集）	2015.12.31	13CJY052	C
中美战略性贸易合作政策的衍变机制与效应研究	龙晓柏	对外经济贸易大学国际经济贸易学院	研究报告	2015.12.15	13CJY100	C
亚太生产网络变迁与中国自贸区战略路径优化研究	张晓静	对外经济贸易大学国际经济研究院	专著	2015.9.30	13CJY102	C
契约选择视角下的农民专业合作社联合社运行机制研究及其政策设计	谭智心	农业部农村经济研究中心	研究报告	2015.6.30	13CJY080	C
财政政策、货币政策的就业效应研究	牟俊霖	首都经济贸易大学劳动经济学院	论文（集）、研究报告	2016.6.30	13CJY021	C
市场化进程中农村居民收入流动性的演变与影响因素研究	吕之望	中国农业大学经济管理学院	论文（集）、研究报告	2015.6.30	13CJY019	C
我国粮食进口风险防控与战略安排研究	钟　钰	中国农业科学院农业经济与发展研究所	专著、研究报告	2015.6.30	13CJY095	C
信贷约束下劳动力转移对农户参与新型农业生产经营组织的影响研究	李　宾	中国人民大学农业与农村发展学院	论文（集）	2015.6.30	13CJY082	C
影子银行与正规银行间风险交叉传染研究	魏　磊	中国人民银行研究局	研究报告	2015.7.1	13CJY129	C
我国财税政策的福利效应实证研究	何　辉	中国社会科学院财经战略研究院	研究报告	2015.6.30	13CJY111	C
新兴产业自主技术标准的导入与培育	邓　洲	中国社会科学院工业经济研究所	论文（集）、研究报告	2014.12.31	13CJY064	C

续表

项目名称	负责人	工作单位	预期成果	完成时间	批准号	项目类别
非正规劳动力市场中最低工资的实施效果研究	贾　朋	中国社会科学院人口与劳动经济研究所	研究报告	2015. 6. 30	13CJY017	C
2013—2020年我国潜在经济增长率研究	娄　峰	中国社会科学院数量经济与技术经济研究所	专著、论文（集）	2014. 12. 31	13CJY001	C
跨区域碳减排的技术经济优化路径及政策研究	张友国	中国社会科学院数量经济与技术经济研究所	研究报告	2015. 7. 1	13CJY009	C
中国财政透明度提升的环境驱动因素与“度”的衡量研究	肖　鹏	中央财经大学	研究报告、论文（集）	2015. 12. 31	13CJY113	C
货币安全视角下的金融稳定及监管机制研究	蔡　辉	中央财经大学外国语学院	研究报告	2015. 3. 31	13CJY122	C

六、统计学

重点项目

项目名称	负责人	工作单位	预期成果	完成时间	批准号	项目类别
我国军工上市公司自愿性信息披露特征及重大影响因素的统计研究	李慧云	北京理工大学	研究报告	2016. 6. 1	13ATJ003	A
我国居民收入分配份额的统计测算与提升路径研究	吕光明	北京师范大学国民核算研究院	研究报告	2016. 6. 30	13ATJ005	A
大数据在政府统计中的应用研究	鲜祖德	国家统计局	研究报告	2015. 12. 31	13ATJ004	A

一般项目

项目名称	负责人	工作单位	预期成果	完成时间	批准号	项目类别
中国城乡住户调查一体化数据准确性评估与修正研究	庞新生	北京林业大学经济管理学院	论文（集）、研究报告	2014. 12. 31	13BTJ021	B
基于能源消费结构的我国温室气体排放问题的统计研究	陈首丽	北京石油化工学院经济管理学院	研究报告	2015. 12. 31	13BTJ022	B
我国中小微企业信用评价指标体系及信用评级研究	刘立新	对外经济贸易大学金融学院	论文（集）、研究报告	2016. 3. 31	13BTJ016	B
个人信用评级的统计建模研究与应用	何晓群	中国人民大学	论文（集）、研究报告	2015. 9. 30	13BTJ004	B

青年项目

项目名称	负责人	工作单位	预期成果	完成时间	批准号	项目类别
住户调查体系下住户收入统计差异研究：以国民核算为基准	唐　军	北京师范大学国民核算研究院	研究报告	2015. 12. 31	13CTJ014	C

续表

项目名称	负责人	工作单位	预期成果	完成时间	批准号	项目类别
基于大数据的个人信用评分建模及违约风险管理研究	韩　璐	清华大学五道口金融学院	专著、研究报告	2015.12.31	13CTJ004	C

七、政治学

重点项目

项目名称	负责人	工作单位	预期成果	完成时间	批准号	项目类别
健全决策、执行、监督相互制约与协调的权利关系机制研究	黄百炼	国家教育行政学院	专著、研究报告	2016.12.1	13AZZ004	A
竞争性干部选拔中的公平和效率平衡研究	胡仙芝	国家行政学院科研部	专著、研究报告	2015.12.31	13AZZ011	A

一般项目

项目名称	负责人	工作单位	预期成果	完成时间	批准号	项目类别
完善人大及其常委会预决算审查监督机制研究	王维国	北京联合大学人民代表大会制度研究所	专著	2015.6.30	13BZZ034	B
乡村治理中民主监督的法理基础与运作机制研究	马宝成	国家行政学院	研究报告	2015.7.30	13BZZ019	B
中亚与中国新疆恐怖主义问题应对机制比较研究	张友国	首都师范大学政法学院	研究报告	2015.6.30	13BZZ029	B
西方政党党内运行机制研究	谢　峰	中共中央党校党的建设教研部	专著	2016.5.30	13BZZ063	B
新世纪以来我国政治思潮的演进及社会影响研究	王炳权	中国社会科学院政治学研究所	专著	2015.12.30	13BZZ002	B
我国高绩效人力资源管理创新和科学体系评估研究	王明杰	中国政法大学	专著、研究报告	2015.12.30	13BZZ048	B
民族地区社会治理中的民意表达途径研究	周晓丽	中央民族大学管理学院	专著	2015.12.30	13BZZ024	B

青年项目

项目名称	负责人	工作单位	预期成果	完成时间	批准号	项目类别
环保类社会政治冲突化解机制研究	胡锐军	国家教育行政学院	专著	2016.7.1	13CZZ031	C
土地制度演化的政治逻辑研究	陈　明	农业部科技教育司	专著	2015.5.30	13CZZ006	C
创建我国高级专业技术类公务员管理制度研究	潘　娜	首都经济贸易大学城市经济与公共管理学院	专著、研究报告	2015.6.30	13CZZ045	C
政治哲学视域中的协商民主理论研究	王　炜	首都师范大学政法学院	专著	2016.3.1	13CZZ021	C

续表

项目名称	负责人	工作单位	预期成果	完成时间	批准号	项目类别
西方政治代表理论研究及其启示	黄小钫	中共北京市委党校	专著	2015.12.30	13CZZ011	C
我国区域生态文明建设中的政府间合作研究	刘　良	中共北京市委党校	专著、研究报告	2016.9.30	13CZZ055	C
中美“立国原则”与政治发展道路比较研究	刘晨光	中共中央党校科学社会主义教研部	专著	2016.12.31	13CZZ058	C
政府决策视野下的邻避冲突治理研究	黄振威	中共中央党校政法教研部	专著、论文（集）	2015.6.30	13CZZ033	C
重大行政决策咨询委员会制度研究	常　征	中国科学院大学	研究报告	2016.3.15	13CZZ024	C
我国城市社区参与式治理研究	赵雪峰	中央编译局	专著	2016.12.30	13CZZ041	C
政府绩效管理中的公共参与机制研究	陈雪莲	中央编译局	专著、研究报告	2015.12.31	13CZZ044	C
协商民主环境决策机制研究	李　强	中央财经大学财经研究院	专著	2016.3.1	13CZZ056	C

八、法学

重点项目

项目名称	负责人	工作单位	预期成果	完成时间	批准号	项目类别
我国在城镇化进程中构建低碳城市的法律保障措施体系研究	丁　丁	对外经济贸易大学	研究报告、论文（集）	2016.12.31	13AFX024	A
国际经济秩序的中国立场研究	车丕照	清华大学法学院	专著	2016.8.31	13AFX029	A
全口径预算决算管理改革及其法治化进程研究	朱大旗	中国人民大学法学院	研究报告、论文（集）	2015.9.30	13AFX005	A
国有企业改革与国有资产保护法律问题研究	刘俊海	中国人民大学法学院	专著	2015.9.30	13AFX019	A
可持续发展与中国民法典立法的价值取向	渠　涛	中国社会科学院法学研究所	专著	2016.12.31	13AFX014	A
中国特色的社区矫正制度研究	王顺安	中国政法大学	专著	2016.3.30	13AFX007	A

一般项目

项目名称	负责人	工作单位	预期成果	完成时间	批准号	项目类别
环境风险规制的行政法研究	金自宁	北京大学	论文（集）、研究报告	2016.3.1	13BFX032	B
我国劳动就业公共服务法治保障体系研究	薛长礼	北京化工大学文法学院	专著	2015.12.31	13BFX140	B

续表

项目名称	负责人	工作单位	预期成果	完成时间	批准号	项目类别
微博对社会稳定的影响及其对策研究	李汝川	北京警察学院	专著、研究报告	2015.5.30	13BFX047	B
自媒体时代权力与权利研究	侯登华	北京科技大学法律系	论文（集）	2016.6.1	13BFX013	B
转型期我国流浪儿童救助保护法律制度研究	林艳琴	北京师范大学	论文（集）	2016.6.30	13BFX012	B
法治思维框架下我国法律职业伦理体系构建研究	冀宗儒	对外经济贸易大学	研究报告、论文（集）	2015.12.31	13BFX007	B
我国格式条款立法缺陷的清理及修法方案研究	苏号朋	对外经济贸易大学	专著	2015.5.31	13BFX090	B
国际评级机构霸权滥用及我国应对的法律措施研究	盛建明	对外经济贸易大学	专著	2015.9.30	13BFX147	B
政府履职行为懈怠的重新界定及其治理	毕雁英	国际关系学院法律系	专著、研究报告	2015.12.31	13BFX042	B
信息化背景下中国法治改革研究	吕　芳	国家法官学院	专著、研究报告	2015.12.30	13BFX011	B
国际海洋法在南海争端中的适用及其局限问题研究	吴继陆	国家海洋局海洋发展战略研究所	专著	2016.6.30	13BFX161	B
基层治理中社会矛盾化解与法治保障研究	梁　平	华北电力大学	专著	2016.6.30	13BFX009	B
《大清新刑律》新研究及资料汇编	陈新宇	清华大学法学院	专著、工具书	2015.5.1	13BFX015	B
国际经济新秩序与主权信用评级制度研究	李晓安	首都经济贸易大学法学院	论文（集）、研究报告	2016.6.30	13BFX155	B
毒品所致精神障碍者刑事责任能力研究	蔡伟雄	司法部司法鉴定科学技术研究所	专著	2015.12.31	13BFX054	B
中国共产党党内规章与国家法律关系研究	王立峰	中共中央党校	专著、研究报告	2016.6.30	13BFX005	B
民法中的未成年人保护问题研究	朱广新	中国法学杂志社	专著、论文（集）	2015.5.1	13BFX082	B
财政民主理念下的房产税制度改革研究	姚海放	中国人民大学法学院	专著	2015.6.30	13BFX110	B
版权资本运营法律问题研究	杨延超	中国社会科学院法学研究所	专著	2015.10.30	13BFX123	B
海外利益法律保护的中国模式研究	刘敬东	中国社会科学院国际法研究所	专著	2015.12.31	13BFX148	B
“法律与文学”的意义：以中国基层司法实践为中心	刘　星	中国政法大学法学院	专著、论文（集）	2016.6.30	13BFX014	B
公权力干预家庭暴力的适度性研究	李明舜	中华女子学院	专著	2015.7.1	13BFX045	B
我国法制宣传理论和工作创新研究	张苏军	中华人民共和国司法部	专著、研究报告	2014.12.31	13BFX004	B

续表

项目名称	负责人	工作单位	预期成果	完成时间	批准号	项目类别
人民调解、行政调解、司法调解联动工作体系构建研究	郝赤勇	中华人民共和国司法部	专著、研究报告	2014. 12. 31	13BFX039	B
身份欺诈的民法效果与法律对策研究	尹　飞	中央财经大学	专著、研究报告	2015. 5. 31	13BFX084	B
电子商务课税证据法律问题研究	梁俊娇	中央财经大学	研究报告	2014. 12. 31	13BFX117	B
基于公允价值计量属性的商标权价值评估制度体系研究	刘红霞	中央财经大学	论文（集）、研究报告	2016. 7. 1	13BFX126	B

青年项目

项目名称	负责人	工作单位	预期成果	完成时间	批准号	项目类别
当代权利理论研究	刘叶深	北方工业大学文法学院法律系	论文（集）	2015. 12. 31	13CFX003	C
自然资源产品取得权研究	王社坤	北京大学法学院	研究报告	2016. 6. 30	13CFX103	C
宪法框架下的农村集体土地征收补偿款分配问题研究	刘婧娟	北京联合大学应用文理学院	研究报告	2016. 7. 1	13CFX022	C
生物技术背景下我国植物新品种保护对策研究	李菊丹	北京联合大学应用文理学院	专著	2016. 12. 31	13CFX087	C
宪法视野下房地产调控中的“央地博弈”及其法律规制研究	冯　辉	对外经济贸易大学	论文（集）、研究报告	2015. 9. 30	13CFX020	C
创新社会管理背景下社区居民自治法律规制研究	薛　源	对外经济贸易大学	专著	2016. 12. 31	13CFX030	C
职工基本医疗保险制度规范化与立法研究	娄　宇	对外经济贸易大学	论文（集）、研究报告	2016. 6. 30	13CFX107	C
社区矫正程序问题研究	司绍寒	司法部预防犯罪研究所	专著	2015. 12. 31	13CFX043	C
合并救济中限制性条件的匹配性研究	韩　伟	中国科学院大学	研究报告	2015. 12. 30	13CFX064	C
秦汉刑事证据文明研究	张琮军	中国社会科学院法学研究所	专著	2015. 5. 4	13CFX016	C
海洋争端国际仲裁的新发展与中国对策研究	刘　衡	中国社会科学院欧洲研究所	专著、研究报告	2016. 3. 31	13CFX113	C
公共项目社会稳定风险评估的法律机制研究	林鸿潮	中国政法大学法治政府研究院	专著	2015. 12. 31	13CFX070	C
欧盟航空碳排放税的国际法规制和我国对策研究	董京波	中国政法大学国际法学院	专著	2016. 9. 1	13CFX111	C
预防和惩治贪官外逃法律制度研究	陈　磊	最高人民检察院检察理论研究所	专著	2015. 12. 31	13CFX053	C

九、社会学

重点项目

项目名称	负责人	工作单位	预期成果	完成时间	批准号	项目类别
城乡一体化进程中的农村变迁研究	叶敬忠	中国农业大学人文与发展学院	专著	2016. 6. 30	13ASH007	A
我国社会心态测量指标研究	杨宜音	中国社会科学院社会学研究所	论文（集）、研究报告	2016. 12. 31	13ASH009	A
多机构合作留守妇女社区服务模式研究	张李玺	中华女子学院	论文（集）、研究报告	2015. 12. 30	13ASH008	A

一般项目

项目名称	负责人	工作单位	预期成果	完成时间	批准号	项目类别
民众消费方式与幸福感的关系研究	蒋　奖	北京师范大学心理学院	研究报告	2016. 8. 31	13BSH055	B
包容性发展与我国新型城镇化道路研究	唐　鑫	北京市社会科学院	专著、研究报告	2015. 12. 31	13BSH076	B
民间组织在农村贫困治理中的角色定位和路径选择研究	黄承伟	中国国际扶贫中心	专著	2015. 5. 10	13BSH075	B
杨庆堃与中国社会研究	孙庆忠	中国农业大学社会学系	专著	2015. 12. 31	13BSH005	B
社会救助目标定位研究	杨立雄	中国人民大学劳动人事学院	研究报告	2015. 9. 30	13BSH093	B
转型期社会分层对国民健康的影响及其后果研究	齐亚强	中国人民大学社会与人口学院	专著	2016. 9. 30	13BSH016	B
涂尔干的道德教育思想与职业伦理及公民道德的社会建设	渠敬东	中国社会科学院社会发展战略研究院	译著、论文（集）	2016. 6. 30	13BSH004	B
寻找和建构转型期中国的家庭政策体系	马春华	中国社会科学院社会学研究所	研究报告	2016. 6. 30	13BSH030	B
“70后”“80后”“90后”代际文化差异与网络参与的关系研究	赵联飞	中国社会科学院社会学研究所	研究报告	2016. 6. 30	13BSH034	B

青年项目

项目名称	负责人	工作单位	预期成果	完成时间	批准号	项目类别
现象学社会学新流派及其对基层社会的应用研究	孙飞宇	北京大学社会学系	专著、研究报告	2015. 9. 10	13CSH005	C
基层社会多元纠纷解决机制构建与社会管理创新研究	朱　涛	北京工业大学人文社会科学学院社会学系	专著	2016. 6. 30	13CSH008	C
网络人际交往与亲密关系的社会学研究	张　娜	北京科技大学文法学院社会学系	专著、研究报告	2016. 8. 30	13CSH055	C

续表

项目名称	负责人	工作单位	预期成果	完成时间	批准号	项目类别
基础教育阶段流动儿童学业水平现状及其影响因素探究	赵宁宁	北京师范大学	专著、论文（集）	2015. 7. 30	13CSH072	C
我国残疾儿童家庭支持体系构建与发展策略研究	胡晓毅	北京师范大学教育学部特殊教育系	论文（集）、研究报告	2016. 6. 30	13CSH106	C
改革开放以来工会参与社会管理的制度变迁研究	吴建平	中国劳动关系学院工会学院	专著	2016. 4. 30	13CSH007	C
农民工随迁子女的城市社会融入研究	叶鹏飞	中国劳动关系学院工会学院	专著、研究报告	2015. 12. 31	13CSH035	C
义务教育阶段之后农民工子女平等接受教育研究	汪淳玉	中国农业大学人文与发展学院	研究报告	2015. 12. 31	13CSH029	C
城市公共危机应对的社区动员研究	姜振华	中国青年政治学院社会工作学院	研究报告	2016. 7. 1	13CSH006	C
身份认同与新生代农民工利益诉求的关系研究	陈　晨	中国青少年研究中心	研究报告	2015. 12. 31	13CSH023	C
市场化进程中的结构紧张与相对剥夺感研究	魏钦恭	中国社会科学院科研局	研究报告	2015. 7. 31	13CSH024	C
城乡一体化进程中的县域治理机制研究	艾　云	中国社会科学院社会发展战略研究院	论文（集）、研究报告	2015. 6. 30	13CSH084	C
梁漱溟与费孝通乡土重建思想比较研究	张　浩	中国社会科学院社会学研究所	研究报告	2015. 12. 31	13CSH003	C
中等收入群体的发展趋势和消费模式研究	朱　迪	中国社会科学院社会学研究所	研究报告	2016. 6. 30	13CSH027	C
单位体制变迁与社会管理制度创新的组织基础研究	王修晓	中央财经大学	研究报告	2015. 2. 25	13CSH085	C
社会资本的代际传递与推进教育公平研究	林存银	中央财经大学社会发展学院	研究报告	2015. 12. 31	13CSH022	C
同性恋者生存现状研究	王晴锋	中央民族大学世界民族人类学研究中心	论文（集）	2015. 3. 1	13CSH082	C

十、人口学

重点项目

项目名称	负责人	工作单位	预期成果	完成时间	批准号	项目类别
社会转型初期家庭结构和代际关系变动研究	王跃生	中国社会科学院人口与劳动经济研究所	专著	2015. 12. 31	13ARK001	A

一般项目

项目名称	负责人	工作单位	预期成果	完成时间	批准号	项目类别
持续照料养老社区运营及服务模式研究	谢　红	北京大学护理学院	专著、研究报告	2016. 7. 30	13BRK003	B

续表

项目名称	负责人	工作单位	预期成果	完成时间	批准号	项目类别
人力资源强国评价指标体系建设及实证研究	高书国	教育部发展研究中心	专著、研究报告	2014. 6. 30	13BRK020	B
丧偶老人的居住安排研究	贾云竹	全国妇联妇女研究所	研究报告	2015. 6. 30	13BRK006	B
低生育率下北京市生育意愿与生育行为关系的追踪研究	马小红	中共北京市委党校	研究报告	2016. 5. 31	13BRK019	B
新生代流动人口健康状况及健康风险意识调查研究	和　红	中国人民大学社会与人口学院	专著	2016. 9. 30	13BRK011	B

青年项目

项目名称	负责人	工作单位	预期成果	完成时间	批准号	项目类别
老龄产业发展背景下我国涉老企业现状与走向研究	郑志刚	北京大学社会学系	论文（集）、电脑软件	2016. 2. 29	13CRK002	C
空巢老年人口的生存状况及家庭与社会保障研究	孔　涛	北京大学中国社会科学调查中心	论文（集）、研究报告	2015. 6. 30	13CRK008	C
城市随迁老人居留意愿研究	张航空	首都经济贸易大学劳动经济学院	研究报告	2016. 7. 1	13CRK007	C
经济发展方式转变背景下新生代农民工人力资本提升路径研究	尹德挺	中共北京市委党校	专著、研究报告	2016. 6. 1	13CRK029	C
家庭规模和结构变迁对能源消费与碳排放的影响研究	王钦池	中国人口与发展研究中心	论文（集）、研究报告	2015. 12. 31	13CRK028	C
农村留守老年人的生活质量状况与养老服务需求研究	孙鹃娟	中国人民大学社会与人口学院	研究报告	2015. 12. 30	13CRK010	C
农村留守老人心理适应追踪研究	唐　丹	中国人民大学社会与人口学院	论文（集）	2016. 9. 30	13CRK011	C
妇女生命历程对男孩偏好的影响研究	杨　凡	中国人民大学社会与人口学院	研究报告	2016. 9. 30	13CRK032	C
流动人口“家庭化”至“稳定化”的发展历程与影响因素研究	杨　舸	中国社会科学院人口与劳动经济研究所	研究报告	2015. 12. 31	13CRK023	C
老龄化背景下的人力资本投资对中国长期经济增长的影响研究	梁　润	中国社会科学院世界经济与政治研究所	专著、论文（集）	2016. 3. 1	13CRK030	C
流动劳动力医疗卫生服务可及性研究	郭　琳	中国医学科学院医学信息研究所	专著、研究报告	2015. 12. 30	13CRK014	C
当前我国少数民族人口实际生育水平研究	曹丽娜	中央民族大学理学院	专著、研究报告	2015. 12. 31	13CRK022	C

十一、民族问题研究

重点项目

项目名称	负责人	工作单位	预期成果	完成时间	批准号	项目类别
民族与国家关系制度化调节研究	张建新	中共中央党校科学社会主义教研部	论文（集）、研究报告	2014. 12. 20	13AMZ001	A
非政府组织（NGO）参与少数民族文化发展的实证研究	陈旭清	中央民族大学	专著、研究报告	2015. 12. 30	13AMZ003	A
我国城市民族工作改进与少数民族流动人口服务研究	李培广	中央民族大学	专著	2016. 6. 30	13AMZ008	A

一般项目

项目名称	负责人	工作单位	预期成果	完成时间	批准号	项目类别
蒙藏委员会委员长更迭与国民政府治藏政策演变轨迹研究	张　皓	北京师范大学历史学院	论文（集）、专著	2016. 12. 30	13BMZ032	B
非汉族群入主中原与官僚君主制的延续研究	陈　勇	中国社会科学院民族学与人类学研究所	专著	2016. 10. 15	13BMZ016	B
蒙古族传统生态知识及资源利用方式研究	苏日嘎拉图	中央财经大学	研究报告	2016. 6. 30	13BMZ040	B
少数民族地区生态自治立法研究	乔世明	中央民族大学法学院	专著、研究报告	2015. 12. 31	13BMZ002	B
民族地区土地流转中农民的可持续发展问题研究	李凤梅	中央民族大学管理学院	论文（集）、研究报告	2015. 12. 31	13BMZ076	B
民族地区城乡一体化进程中的普惠型农村金融体系建设研究	谢丽霜	中央民族大学经济学院	专著	2016. 12. 31	13BMZ075	B
藏族文化资源在北京市的产业开发模式研究	李　丽	中央民族大学民族学与社会学学院	研究报告	2015. 12. 31	13BMZ029	B
民族整合的理论与模式比较研究	严　庆	中央民族大学中国民族理论与民族政策研究院	专著、研究报告	2015. 12. 31	13BMZ071	B

青年项目

项目名称	负责人	工作单位	预期成果	完成时间	批准号	项目类别
非物质文化遗产的社区保护及县域实践研究	韩成艳	北京大学社会学系	专著、研究报告	2016. 6. 30	13CMZ046	C
古代藏族与西域文化关系史研究	严永山	中国藏学研究中心历史研究所	专著、研究报告	2016. 6. 1	13CMZ020	C

十二、国际问题研究

重点项目

项目名称	负责人	工作单位	预期成果	完成时间	批准号	项目类别
欧盟国家"碳泄漏"对中国碳密集型产业发展的影响研究	张晓堂	北京工商大学	研究报告	2015.12.31	13AGJ008	A

一般项目

项目名称	负责人	工作单位	预期成果	完成时间	批准号	项目类别
欧债危机的援助机制与案例研究	谢世清	北京大学经济学院	研究报告、论文（集）	2015.12.30	13BGJ014	B
区域生产者服务贸易发展提升制造业国际竞争力的综合研究	仲　鑫	北京师范大学经济与工商管理学院	研究报告	2014.12.30	13BGJ036	B
日本量化宽松政策溢出效应与东亚主要经济体货币政策协调研究	郭红玉	对外经济贸易大学	论文（集）	2015.6.30	13BGJ042	B
非盟时代非洲集体安全机制的创新与困境研究	罗建波	中共中央党校国际战略研究所	专著、研究报告	2016.6.30	13BGJ018	B
国际战略格局转变中的能源与气候问题研究	马小军	中共中央党校国际战略研究所	专著	2016.8.30	13BGJ044	B
中国特色政党外交研究	于洪君	中共中央对外联络部当代世界研究中心	专著、研究报告	2014.12.31	13BGJ005	B
战后有关钓鱼岛问题的话语建构与传播研究	刘建平	中国传媒大学传播研究院	论文（集）、研究报告	2016.12.10	13BGJ013	B
中国在上海合作组织框架内防范新型恐怖主义的地区警务合作	张　杰	中国人民公安大学	研究报告	2016.3.8	13BGJ025	B
页岩气革命背景下中俄天然气合作战略机遇与治理规则研究	徐　斌	中国石油大学（北京）中国能源战略研究院	论文（集）、研究报告	2014.12.30	13BGJ016	B
后冷战时期的美朝关系研究	韩献栋	中国政法大学	专著、研究报告	2015.6.30	13BGJ006	B

青年项目

项目名称	负责人	工作单位	预期成果	完成时间	批准号	项目类别
RTAS 原产地规则贸易保护政策工具效应的理论与实证研究	梁　瑞	北京联合大学商务学院	论文（集）、研究报告	2016.6.30	13CGJ030	C
美国 TPP 战略的经济效应与我国亚太地区 FTA 策略研究	万　璐	北京林业大学经济管理学院	论文（集）、研究报告	2015.12.31	13CGJ036	C

续表

项目名称	负责人	工作单位	预期成果	完成时间	批准号	项目类别
北非柏柏尔人问题研究	黄　慧	对外经济贸易大学	专著	2016. 2. 28	13CGJ012	C
中国投资拉美的政治和社会风险与对策研究	李紫莹	对外经济贸易大学	专著	2016. 6. 30	13CGJ016	C
区域服务贸易安排的GATS特征及其贸易影响的经验研究	周念利	对外经济贸易大学	论文（集）	2015. 12. 30	13CGJ031	C
世界政治2.0时代的新型大国关系研究	黄日涵	国际关系学院	专著	2015. 7. 1	13CGJ011	C
我国企业“走出去”海外经济利益保障机制研究	李志鹏	商务部国际贸易经济合作研究院	专著、研究报告	2014. 2. 28	13CGJ039	C
中国国有企业“走进”非洲对当代中国外交政策的影响研究	李　欣	中国科学院地理科学与资源研究所	论文（集）、研究报告	2014. 6. 30	13CGJ015	C
金融危机后新兴经济体金融体系宏观审慎监管研究	耿　楠	中国社会科学院金融研究所	研究报告	2014. 12. 30	13CGJ035	C
美国国会涉华关键议员行为研究	刁大明	中国社会科学院美国研究所	专著、论文（集）	2016. 3. 30	13CGJ041	C
低碳经济下金砖国家产业发展与经济增长模式研究	马　涛	中国社会科学院世界经济与政治研究所	研究报告	2015. 12. 31	13CGJ027	C
亚太区域一体化美国路线图与亚洲路线图的竞争性和相容性及中国对策研究	东　艳	中国社会科学院世界经济与政治研究所	专著	2015. 6. 30	13CGJ043	C

十三、中国历史

重点项目

项目名称	负责人	工作单位	预期成果	完成时间	批准号	项目类别
分类断代与环境变迁背景下殷墟甲骨文地名遗产再研究	马保春	首都师范大学历史学院	专著	2016. 12. 31	13AZS003	A
秦汉时期的海洋探索与早期海洋学研究	王子今	中国人民大学国学院	专著	2016. 9. 30	13AZS005	A
隋代经济史研究	魏明孔	中国社会科学院经济研究所	专著	2016. 12. 30	13AZS008	A
古骆越方国考	梁庭望	中央民族大学	专著、论文（集）	2014. 12. 30	13AZS019	A

一般项目

项目名称	负责人	工作单位	预期成果	完成时间	批准号	项目类别
清代来华西方人汉语教育史研究	施正宇	北京大学对外汉语教育学院	专著	2016. 12. 31	13BZS100	B

续表

项目名称	负责人	工作单位	预期成果	完成时间	批准号	项目类别
拓跋起源的考古发现与研究	倪润安	北京大学考古文博学院	专著	2016.12.31	13BZS068	B
明清时期士大夫和书院互动关系研究	赵连稳	《北京联合大学学报》编辑部	专著	2015.12.31	13BZS037	B
唯物史观与历史考证学派关系研究	张　越	北京师范大学历史学院	专著	2016.2.1	13BZS006	B
近现代管县派出政府制度研究（1932—2002年）	侯桂红	北京师范大学历史学院	专著	2015.12.31	13BZS104	B
18—20世纪西文历史图籍中的钓鱼岛研究	程　龙	北京语言大学人文学院	专著	2016.3.1	13BZS073	B
汉代弩兵制度与弩机技术研究	游战洪	清华大学图书馆	专著	2016.12.31	13BZS021	B
唐代制举考试与社会变迁研究	金滢坤	首都师范大学历史学院	专著	2016.6.30	13BZS029	B
新刊石刻文献与7—10世纪华北社会经济变迁研究	张天虹	首都师范大学历史学院	专著	2016.7.1	13BZS085	B
20世纪30年代的马克思主义思潮研究	张太原	中共中央党校中共党史教研部	专著	2015.12.31	13BZS001	B
唐代军事制度研究	孟宪实	中国人民大学国学院	专著	2015.12.30	13BZS027	B
《武义南宋徐谓礼文书》与宋代政务运行机制研究	李全德	中国人民大学历史学院	专著	2015.12.31	13BZS030	B
“康党”与戊戌时期的学术、政治纷争研究	贾小叶	中国社会科学院近代史研究所	专著	2017.12.31	13BZS062	B
明代服饰研究	赵连赏	中国社会科学院历史研究所	专著	2015.8.1	13BZS034	B
海岱早期文明的演进及其与中原的互动研究	王震中	中国社会科学院历史研究所	专著	2016.11.30	13BZS082	B
法国吉美博物馆所藏伯希和档案整理与研究	王　楠	中国社会科学院文学研究所	专著	2016.3.1	13BZS010	B
晚清团练大臣研究	崔　岷	中央民族大学历史文化学院	专著	2015.12.31	13BZS046	B

青年项目

项目名称	负责人	工作单位	预期成果	完成时间	批准号	项目类别
京津塘地区煤矿环境问题的历史考察	李　娜	北京联合大学应用文理学院	专著	2016.6.30	13CZS059	C
出土文献与商周亲属制度研究	黄国辉	北京师范大学历史学院	专著	2016.3.1	13CZS006	C
中国近代中学历史教育与考试互动研究	吴四伍	教育部考试中心《中国考试》杂志社	专著	2016.6.30	13CZS071	C
20世纪中国性病控制社会史研究	杜　鹃	中共北京市委党校	专著	2016.3.1	13CZS049	C

续表

项目名称	负责人	工作单位	预期成果	完成时间	批准号	项目类别
“五四”时期的“四大副刊”研究	岳　亮	中共中央党校科学社会主义教研部	专著	2015.12.28	13CZS039	C
民国通志馆与近代方志转型研究	曾　荣	中国地方志指导小组办公室	专著	2016.6.30	13CZS042	C
抗战时期中德文化关系研究	崔文龙	中国人民抗日战争纪念馆	专著	2016.3.1	13CZS040	C
战国长城研究	任会斌	中国社会科学院历史研究所	专著、研究报告	2016.12.30	13CZS009	C
明代科举体制下的经学与地域研究	陈时龙	中国社会科学院历史研究所	专著	2016.12.30	13CZS017	C
清初辽、金、元三史满、蒙翻译研究	乌兰巴根	中国社会科学院中国边疆史地研究中心	专著、研究报告	2016.4.1	13CZS004	C
清末新政时期中央政府对边疆地区的治理与统合研究	高　月	中国社会科学院中国边疆史地研究中心	专著	2015.12.30	13CZS054	C

十四、世界历史

重点项目

项目名称	负责人	工作单位	预期成果	完成时间	批准号	项目类别
独立以来美国的身份意识与对外政策研究	王立新	北京大学历史学系	论文（集）	2017.6.30	13ASS005	A
古希腊史研究	晏绍祥	首都师范大学历史学院	专著	2017.12.31	13ASS002	A

一般项目

项目名称	负责人	工作单位	预期成果	完成时间	批准号	项目类别
后现代主义之后的历史理性问题研究	董立河	北京师范大学历史学院	专著	2015.11.30	13BSS003	B
中日甲午战争的英美报刊舆论研究	刘文明	首都师范大学历史学院	专著	2016.6.30	13BSS009	B
中世纪后期英国贵族群体社会政治活动研究	孟广林	中国人民大学历史学院	论文（集）	2016.6.30	13BSS011	B
时间史研究	俞金尧	中国社会科学院世界历史研究所	专著	2016.12.31	13BSS007	B
古埃及王权研究	郭子林	中国社会科学院世界历史研究所	专著	2016.12.31	13BSS010	B

青年项目

项目名称	负责人	工作单位	预期成果	完成时间	批准号	项目类别
欧洲危机下苏联外交的变革与大国身份的重构研究（1938—1941）	梁　强	中国社会科学院俄罗斯东欧中亚研究所	专著、研究报告	2015.3.1	13CSS029	C

续表

项目名称	负责人	工作单位	预期成果	完成时间	批准号	项目类别
18—19世纪日俄岛屿问题的历史研究	李文明	中国社会科学院世界历史研究所	专著	2016. 12. 31	13CSS009	C
巴勒斯坦民族国家构建的进程与困境研究	姚惠娜	中国社会科学院世界历史研究所	专著	2016. 12. 31	13CSS014	C

十五、考古学

一般项目

项目名称	负责人	工作单位	预期成果	完成时间	批准号	项目类别
云南史前农业经济的考古学研究	秦　岭	北京大学考古文博学院	专著、研究报告	2015. 12. 31	13BKG006	B
土木营造中的节俭观和生态思想研究	方　拥	北京大学考古文博学院	研究报告	2014. 12. 31	13BKG019	B
淅川申明铺遗址研究	宋国定	中国科学院大学	专著	2016. 12. 31	13BKG004	B
河南淅川下王岗2008—2010年考古发掘研究报告	高江涛	中国社会科学院考古研究所	专著	2016. 6. 30	13BKG002	B

青年项目

项目名称	负责人	工作单位	预期成果	完成时间	批准号	项目类别
蒙元时期墓葬研究	袁　泉	首都师范大学历史学院	专著、论文（集）	2016. 7. 1	13CKG015	C
周代的“东土”研究	曹　斌	中国人民大学历史学院	研究报告	2015. 12. 31	13CKG013	C
殷墟遗址的动物考古学研究	李志鹏	中国社会科学院考古研究所	研究报告	2015. 12. 30	13CKG012	C

十六、宗教学

重点项目

项目名称	负责人	工作单位	预期成果	完成时间	批准号	项目类别
台湾地区的宗教状况及对大陆的启示研究	卢云峰	北京大学社会学系	研究报告、论文（集）	2016. 5. 1	13AZJ010	A
《剑桥基督教史》（九卷本）翻译	卓新平	中国社会科学院世界宗教研究所	译著	2016. 3. 1	13AZJ005	A
梵蒂冈原传信部所藏中国天主教会档案文献编目（1622—1939）	刘国鹏	中国社会科学院世界宗教研究所	工具书	2016. 12. 20	13AZJ006	A
宗教认同研究	何其敏	中央民族大学哲学与宗教学学院	专著	2016. 12. 31	13AZJ002	A

一般项目

项目名称	负责人	工作单位	预期成果	完成时间	批准号	项目类别
当代伊斯兰新思想思潮研究	王宇洁	中国人民大学	专著	2016. 10. 10	13BZJ028	B

青年项目

项目名称	负责人	工作单位	预期成果	完成时间	批准号	项目类别
达瓦宣教组织研究	沈　毅	国家宗教事务局宗教研究中心	研究报告、论文（集）	2014. 12. 21	13CZJ015	C

十七、中国文学

重点项目

项目名称	负责人	工作单位	预期成果	完成时间	批准号	项目类别
元人著述总目丛考	李　军	北京师范大学古籍与传统文化研究院	专著	2016. 12. 31	13AZW005	A

一般项目

项目名称	负责人	工作单位	预期成果	完成时间	批准号	项目类别
日本江户时代的《史记》学研究	杨海峥	北京大学中国语言文学系	论文（集）、专著	2015. 12. 31	13BZW049	B
中国古代神怪小说传统的理论阐释	刘勇强	北京大学中国语言文学系	译著	2016. 12. 31	13BZW100	B
女性镜像与当代中国的主体认同（1940—2010）	贺桂梅	北京大学中国语言文学系	专著	2016. 6. 30	13BZW129	B
中国文体论的原初生成与现代嬗变	姚爱斌	北京师范大学文学院	专著	2016. 12. 1	13BZW016	B
20世纪《庄子》在英语世界的传播	于雪棠	北京师范大学文学院	专著	2016. 6. 30	13BZW042	B
中国新时期诗人中的精神危机及其拯救研究	谭五昌	北京师范大学文学院	专著	2016. 2. 24	13BZW124	B
莫言剧作及小说中的戏剧性研究	邹　红	北京师范大学文学院	专著	2015. 9. 30	13BZW153	B
两宋理学诗研究	王培友	北京语言大学人文学院	专著	2016. 6. 30	13BZW065	B
民间商贸活动视域下的宋代小说研究	罗陈霞	对外经济贸易大学中国语言文学学院	专著	2016. 5. 1	13BZW067	B
东亚文化交融语境中的《沧浪诗话》研究	程小平	对外经济贸易大学中文学院	专著	2016. 12. 30	13BZW013	B
《西游记》汇校汇评	张平仁	首都师范大学初等教育学院	工具书	2016. 6. 30	13BZW087	B
清代八旗女性文学创作研究	詹　颂	首都师范大学国际文化学院	专著	2016. 12. 31	13BZW081	B

续表

项目名称	负责人	工作单位	预期成果	完成时间	批准号	项目类别
西方马克思主义悲剧理论的价值批判研究	陈奇佳	中国人民大学文学院	专著	2016. 9. 30	13BZW003	B
精神分析学的文学批评维度	马元龙	中国人民大学文学院	专著	2016. 9. 30	13BZW019	B
英国文学名著的汉译形象研究	李　今	中国人民大学文学院	专著	2016. 9. 30	13BZW136	B
《五经正义》文学思想研究	王秀臣	中国社会科学院文学研究所	专著	2015. 12. 30	13BZW029	B
民营话剧文学创作现状之研究	刘　平	中国社会科学院文学研究所	专著	2016. 12. 30	13BZW036	B
唐代音乐活动与乐府诗关系研究	左汉林	中央财经大学	专著	2016. 2. 26	13BZW062	B
中国新时期文学在日本的传播与研究	卢茂君	中央财经大学	专著	2016. 5. 31	13BZW132	B
《玛纳斯》史诗五个唱本传统诗章“阔阔托依的祭典”的比较研究	托汗·依萨克	中央民族大学哈萨克语言文学系	专著	2015. 12. 30	13BZW158	B
维吾尔族民间艺术“恰克恰克”研究	艾克拜尔	中央民族大学维吾尔语言文学系	专著、研究报告	2015. 6. 30	13BZW159	B

青年项目

项目名称	负责人	工作单位	预期成果	完成时间	批准号	项目类别
网络文学的媒介转型研究	许苗苗	北京市社会科学院	专著	2015. 12. 31	13CZW004	C
中国近现代女性观的演变与文学内外的新女性形象研究	颜　浩	中国传媒大学	专著	2016. 12. 31	13CZW083	C
国家话语与民间文学的理论建构（1949—1966）	毛巧晖	中国社会科学院民族文学研究所	专著	2016. 6. 30	13CZW090	C
唐宋诗词中的生态审美与中国文化精神	王　莹	中国社会科学院文学研究所	专著	2016. 3. 31	13CZW039	C
新中国成立初期的城市文艺改造研究	王秀涛	中国现代文学馆	专著	2016. 12. 31	13CZW077	C
欧洲藏中国明清唱本研究	崔蕴华	中国政法大学人文学院	专著、研究报告	2016. 7. 1	13CZW045	C

十八、外国文学

重点项目

项目名称	负责人	工作单位	预期成果	完成时间	批准号	项目类别
现代斯拉夫文论：轴心学说及其世界影响	周启超	中国社会科学院外国文学研究所	专著	2016. 12. 31	13AWW003	A

一般项目

项目名称	负责人	工作单位	预期成果	完成时间	批准号	项目类别
美国幻觉型诗人研究	彭　予	北京航空航天大学	专著	2016. 12. 31	13BWW052	B
中日古代文论范畴关联考论	王向远	北京师范大学文学院	专著	2015. 12. 31	13BWW021	B
当代美国少数族裔女作家的后现代家园书写研究	胡　俊	北京语言大学外国语学院英语系	专著	2016. 6. 30	13BWW055	B
乔叟诗歌《禽鸟议会》写本和刊本的比对研究	石小军	对外经济贸易大学	论文（集）、电脑软件	2015. 8. 30	13BWW042	B
非洲裔美国人自传的类文本研究	许德金	对外经济贸易大学	专著	2016. 12. 31	13BWW064	B
多克特罗小说艺术研究	陈世丹	中国人民大学外国语学院	专著	2017. 9. 30	13BWW038	B

青年项目

项目名称	负责人	工作单位	预期成果	完成时间	批准号	项目类别
运用认知诗学对跨文化叙事理解的探索	张叶鸿	清华大学外文系	专著	2016. 10. 1	13CWW002	C
克拉考尔唯物主义文化批判研究	林雅华	中共中央党校文史教研部	专著	2015. 12. 30	13CWW001	C

十九、语言学

重点项目

项目名称	负责人	工作单位	预期成果	完成时间	批准号	项目类别
历代训注古今字汇纂及数据库建设	李运富	北京师范大学文学院	工具书、电脑软件	2016. 6. 30	13AYY006	A
城镇化背景下农村方言的社会分层研究——以浙江的10个村庄为例	黄晓东	北京语言大学语言研究所	论文（集）、研究报告	2016. 6. 30	13AYY003	A

一般项目

项目名称	负责人	工作单位	预期成果	完成时间	批准号	项目类别
汉语作为第二语言的界面关系习得研究	赵　杨	北京大学对外汉语教育学院	专著	2016. 8. 31	13BYY092	B
宋朝两代“篇韵”及其相关辞书的综合比较研究	张渭毅	北京大学中文系	论文（集）、研究报告	2016. 12. 20	13BYY109	B
汉语时制范畴加工的认知神经机制研究	齐振海	北京第二外国语学院	专著、研究报告	2016. 12. 31	13BYY070	B
现代汉语宏事件语义类型学实证研究	李福印	北京航空航天大学	专著、论文（集）	2016. 7. 30	13BYY012	B
基于语料库的英汉话语标记语语义结构与语用功能研究	向明友	北京航空航天大学	专著	2016. 6. 30	13BYY018	B

续表

项目名称	负责人	工作单位	预期成果	完成时间	批准号	项目类别
基于大型可比语料库的中国学者（科学家）学术英语现状研究	卫乃兴	北京航空航天大学	专著、电脑软件	2017. 12. 30	13BYY074	B
基于句法语义互动的英汉分裂结构研究	刘　伟	北京交通大学语言与传播学院	专著	2016. 6. 30	13BYY015	B
基于语料库的聋人汉语书面语研究	吕会华	北京联合大学人文社会科学教学部	研究报告、电脑软件	2016. 12. 31	13BYY096	B
动词论元结构的儿童习得研究	范　莉	北京林业大学外语学院	论文（集）	2016. 9. 30	13BYY068	B
外国学生汉语体貌成分习得研究	丁崇明	北京师范大学汉语文化学院	论文（集）	2016. 9. 30	13BYY093	B
汉语句子信息结构的类型学研究	周士宏	北京师范大学文学院	专著	2016. 6. 30	13BYY008	B
现代汉语常用词的构成理据研究	孙银新	北京师范大学文学院	专著	2016. 12. 31	13BYY123	B
基于语料库的中国文化英语表述中外对比研究	李文中	北京外国语大学	论文（集）、研究报告	2016. 6. 12	13BYY019	B
中国现当代文学在英语国家的翻译和接受研究	马会娟	北京外国语大学	专著	2016. 12. 31	13BYY041	B
基于梵汉平行语料库的汉译佛经时体标记研究	王继红	北京外国语大学	专著	2016. 12. 30	13BYY111	B
ICT 环境下计算机辅助口译学习系统研究	许　明	北京语言大学高级翻译学院	论文（集）	2016. 12. 31	13BYY042	B
新疆维吾尔族汉语使用的社会语言学研究	朱学佳	北京政法职业学院	专著	2016. 12. 30	13BYY064	B
俄罗斯语言学家帕杜切娃动态语义学思想研究	蔡　晖	首都师范大学外国语学院俄语系	专著	2016. 7. 1	13BYY164	B
格曼语的深度描写及其与藏语、羌语的语法对比研究	李大勤	中国传媒大学	专著	2016. 3. 1	13BYY138	B
类型学视野下的汉语连动式研究	高增霞	中国人民大学	专著	2016. 9. 30	13BYY118	B
方言自动处理系统功能扩展研究	李　蓝	中国社会科学院语言研究所	电脑软件、研究报告	2014. 12. 31	13BYY045	B
上古汉语闭口韵与非闭口韵通转关系研究	孟蓬生	中国社会科学院语言研究所	专著	2016. 12. 31	13BYY100	B
基于语言地理学的北京方言调查研究	卢小群	中央民族大学文学与新闻传播学院	专著	2016. 12. 31	13BYY053	B

青年项目

项目名称	负责人	工作单位	预期成果	完成时间	批准号	项目类别
上古汉语状语研究	苏　颖	北方工业大学文法学院中文系	专著	2015. 12. 31	13CYY057	C

续表

项目名称	负责人	工作单位	预期成果	完成时间	批准号	项目类别
机器翻译理论框架下俄汉语篇内句子的同义转换研究	胡连影	北京大学外国语学院	研究报告	2014. 4. 1	13CYY093	C
“出国留学”语境下中国大学生英语产出型技能发展的规律与特点研究	吴建设	北京第二外国语学院	研究报告	2015. 12. 31	13CYY029	C
致使结构中属性化问题的汉日对比研究	王　鹏	北京第二外国语学院	研究报告	2015. 12. 28	13CYY092	C
现代日语形容词语法语义互动机制的实证研究	周　彤	北京科技大学外国语学院	专著	2016. 12. 31	13CYY091	C
中学英语新教师发展及培养模式研究	徐　浩	北京外国语大学中国外语教育研究中心	研究报告	2015. 12. 31	13CYY028	C
类型学视野下的汉语动词“完结”范畴研究	玄　玥	北京语言大学	专著、研究报告	2015. 12. 1	13CYY066	C
外国留学生汉语中介语“洋腔洋调”的产生机制研究	陈　默	北京语言大学汉语进修学院	专著	2016. 12. 31	13CYY036	C
现代汉语新闻语体计量研究	黄　伟	北京语言大学汉语水平考试中心	论文（集）	2016. 12. 31	13CYY022	C
基于大规模语料的北京话虚词的发展演变研究	崔　蕊	对外经济贸易大学中国语言文学学院	研究报告	2016. 7. 1	13CYY064	C
基于认知语言学角度的日语“に-が”构式研究	赵　蓉	清华大学外国语言文学系	专著	2016. 6. 30	13CYY090	C
我国大学英语学习者“学习文化”的实证研究及理论阐释	黄文红	外交学院英语系	研究报告	2016. 6. 30	13CYY033	C
汉语语体多维度、多特征计量研究	刘艳春	中国传媒大学文学院	论文（集）、电脑软件	2016. 6. 30	13CYY038	C
英语国际语视角下高校学生跨文化交际能力提升研究	任　伟	中国科学院大学外语系	专著	2015. 12. 31	13CYY030	C
汉语构式省缩的理论建构与实证研究	董正存	中国人民大学文学院	专著	2016. 9. 30	13CYY059	C
粟特语、吐火罗语与古代维吾尔语接触研究	木再帕尔	中国社会科学院民族学与人类学研究所	专著	2016. 12. 30	13CYY077	C
藻敏瑶语汉借词的历史层次及其在瑶语历史研究中的作用研究	龙国贻	中国社会科学院民族学与人类学研究所	专著	2016. 6. 28	13CYY083	C
普通话婴幼儿声调范畴的建立机制研究	高　军	中国社会科学院语言研究所	研究报告	2015. 12. 31	13CYY025	C
基于语料库的汉语应答性成分语义和话语功能研究	侯瑞芬	中国社会科学院语言研究所	研究报告	2016. 6. 30	13CYY061	C

续表

项目名称	负责人	工作单位	预期成果	完成时间	批准号	项目类别
类型学视野的疑问和焦点互动关系研究	祁　峰	中国社会科学院语言研究所	专著	2015. 12. 30	13CYY062	C
蒙古语短语结构——在最简方案框架内的研究	高莲花	中央民族大学蒙古语言文学系	专著	2016. 12. 30	13CYY075	C

二十、新闻学

重点项目

项目名称	负责人	工作单位	预期成果	完成时间	批准号	项目类别
新媒体环境下传统媒体的转型战略研究	郭全中	国家行政学院	专著	2015. 12. 31	13AXW006	A
国家领导人报道及形象传播战略研究	刘思扬	新华社总编辑室	研究报告	2014. 6. 30	13AXW001	A
媒介融合背景下的我国媒体政策与法律研究	李丹林	中国传媒大学政治与法律学院	专著、论文(集)	2016. 3. 1	13AXW005	A
媒介融合时代新闻传播教育研究	蔡　雯	中国人民大学新闻学院	专著、研究报告	2015. 12. 30	13AXW002	A
中国在非洲国家形象及影响力传播研究	于运全	中国外文出版发行事业局对外传播研究中心	研究报告	2015. 12. 31	13AXW009	A
基于大数据的互联网阅读行为模型研究	林晓芳	中国新闻出版研究院	研究报告	2015. 6. 30	13AXW011	A
大数据时代网络媒介生态环境下个人信息保护体系的构建研究	章　宁	中央财经大学信息学院	专著、电脑软件	2016. 8. 30	13AXW010	A

一般项目

项目名称	负责人	工作单位	预期成果	完成时间	批准号	项目类别
新媒体传播中个人信息安全的法律保护研究	路　鹃	北京工商大学艺术与传媒学院新闻系	专著	2016. 6. 30	13BXW025	B
数字时代传媒商业模式的创新研究	禹建强	北京师范大学文学院	专著	2015. 6. 30	13BXW014	B
19世纪在华外报与中国形象研究	谢庆立	北京外国语大学	专著	2016. 9. 30	13BXW008	B
我国出版业文化遗产保护对策研究	彭俊玲	北京印刷学院图书馆	专著、研究报告	2015. 12. 30	13BXW020	B
中国对外传播话语模式研究	刘立华	对外经济贸易大学	专著	2016. 5. 31	13BXW031	B
中国在非洲国家形象与影响力研究	张艳秋	中国传媒大学传播研究院	专著	2015. 12. 30	13BXW032	B
网络公关治理与网络公信力研究	刘徐州	中国政法大学新闻与传播学院	专著、论文(集)	2015. 9. 30	13BXW035	B

青年项目

项目名称	负责人	工作单位	预期成果	完成时间	批准号	项目类别
当代中国社会主义核心价值观与媒介引导研究	张　杰	北京交通大学语言与传播学院	研究报告	2016. 6. 30	13CXW052	C
中国文化对外社交媒体传播机制研究	徐　翔	北京市社会科学院	专著、研究报告	2014. 12. 30	13CXW050	C
移动社交网络的自我呈现与人际传播研究	黄　佩	北京邮电大学数字媒体与设计艺术学院	研究、报告专著	2015. 6. 30	13CXW018	C
网游沉溺机制研究	冀付军	首都经济贸易大学信息学院	研究报告	2016. 6. 30	13CXW057	C
新媒体条件下党管理媒体遇到的挑战和对策研究	申　琰	新华通讯社新闻研究所	研究报告	2014. 6. 30	13CXW003	C
我国网络媒体公信力研究	詹　骞	中国传媒大学	专著	2015. 4. 30	13CXW027	C
新生代农民工自媒体传播增权研究	高传智	中国劳动关系学院文化传播学院	研究报告	2016. 12. 31	13CXW036	C

二十一、图书馆、情报与文献学

重点项目

项目名称	负责人	工作单位	预期成果	完成时间	批准号	项目类别
图书馆面向残疾人的服务模式与规范研究	陈　力	国家图书馆	研究报告	2016. 12. 31	13ATQ002	A
中国古代版印图录	李致忠	国家图书馆	专著	2014. 6. 30	13ATQ003	A
中国民间家书的文化价值与抢救性收藏研究	张　丁	中国人民大学博物馆	专著	2016. 9. 30	13ATQ004	A

一般项目

项目名称	负责人	工作单位	预期成果	完成时间	批准号	项目类别
国外数据库商业版权模式及图书馆应对策略研究	刘兹恒	北京大学信息管理系	论文（集）	2015. 12. 31	13BTQ014	B
社会网络中意见领袖对个性化信息推荐服务质量的影响研究	张　莉	对外经济贸易大学信息学院	论文（集）、研究报告	2016. 12. 31	13BTQ027	B
20 世纪 70 年代“保钓运动”历史文献与口述历史的整理研究	高　瑄	清华大学图书馆	论文（集）、研究报告	2016. 6. 30	13BTQ037	B
跨系统区域图书馆联盟建设与发展研究	邓菊英	首都图书馆	论文（集）、研究报告	2014. 6. 30	13BTQ002	B
国家叙词库构建方式与发展机制研究	吴雯娜	中国科学技术信息研究所	研究报告、电脑软件	2016. 12. 30	13BTQ013	B
面向共享的科技计划项目元数据框架研究	刘春燕	中国科学技术信息研究所	论文（集）、研究报告	2014. 7. 1	13BTQ018	B

续表

项目名称	负责人	工作单位	预期成果	完成时间	批准号	项目类别
面向公共安全决策需求的信息资源开发利用战略及政策研究	马德辉	中国人民公安大学	研究报告	2015. 12. 31	13BTQ017	B

青年项目

项目名称	负责人	工作单位	预期成果	完成时间	批准号	项目类别
高校图书馆基于区域图书馆联盟开展阅读推广活动的策略研究	刘彦丽	北京大学图书馆	论文（集）、研究报告	2015. 4. 25	13CTQ001	C
大规模个性化定制环境下的情报系统研究	徐　扬	北京大学信息管理系	论文（集）、研究报告	2015. 12. 31	13CTQ022	C
科研领域合作关系的识别与关联强度分析	吕　娜	北京理工大学	研究报告	2016. 3. 1	13CTQ024	C
我国数字档案信息长期保存的策略体系研究	谢永宪	北京联合大学应用文理学院	论文（集）	2016. 6. 30	13CTQ051	C
面向知识创新的企业知识利用行为分析	张　勤	北京物资学院	研究报告	2016. 7. 1	13CTQ044	C
研究型图书馆电子资源优先策略研究	孔青青	中国社会科学院图书馆	专著	2016. 12. 31	13CTQ010	C
基于 R2RML 的 RDB 到 RDF 的转换模式研究与实现	吴思竹	中国医学科学院医学信息研究所	论文（集）、研究报告	2016. 7. 30	13CTQ009	C
医学知识组织体系映射模式及其在医保中的应用服务研究	李亚子	中国医学科学院医学信息研究所	研究报告、电脑软件	2015. 12. 31	13CTQ032	C

二十二、体育学

重点项目

项目名称	负责人	工作单位	预期成果	完成时间	批准号	项目类别
城市老年人身体活动的经济性研究	仇　军	清华大学	研究报告	2016. 9. 10	13ATY003	A

一般项目

项目名称	负责人	工作单位	预期成果	完成时间	批准号	项目类别
体育公共服务政策协同研究	李圣鑫	北京体育大学	专著、研究报告	2016. 2. 28	13BTY012	B
中国体育学术期刊国际化研究	李勇勤	北京体育大学	研究报告	2015. 10. 30	13BTY022	B
中外青少年体育制度研究	张莉清	北京体育大学	论文（集）、研究报告	2015. 12. 30	13BTY027	B

续表

项目名称	负责人	工作单位	预期成果	完成时间	批准号	项目类别
当代社会背景下中国学校体育角色定位研究	姚蕾	北京体育大学	研究报告	2016.6.30	13BTY035	B
我国民族传统体育文化传承与区域影响力研究	王智慧	对外经济贸易大学体育部	研究报告	2016.7.1	13BTY016	B
我国青少年体质发展的现状、趋势及对策研究	李曼丽	清华大学教育研究院	研究报告	2015.12.31	13BTY038	B
建立我国体育产权交易平台的路径、运营体系及技术难点研究	张自如	中央财经大学	研究报告	2015.6.30	13BTY029	B

青年项目

项目名称	负责人	工作单位	预期成果	完成时间	批准号	项目类别
我国职业体育法律制度研究	裴洋	北京师范大学法学院	研究报告	2016.6.3	13CTY019	C
社会转型背景下村落体育生态变迁研究	孙风林	北京物资学院	研究报告	2016.12.31	13CTY014	C

二十三、管理学

重点项目

项目名称	负责人	工作单位	预期成果	完成时间	批准号	项目类别
城乡医疗统筹背景下我国医疗保障体系问题研究	王红漫	北京大学医学人文研究院	专著、研究报告	2014.12.31	13AGL010	A
推进我国事业单位分类改革实施战略与相关政策研究	黄恒学	北京大学政府管理学院	专著、研究报告	2016.12.31	13AGL008	A
生态位理论范式下的股东关系及其经济后果研究	杨松令	北京工业大学经管学院	专著、论文（集）	2016.12.31	13AGL003	A
现代西方管理思想的演进逻辑及其范式转换研究	彭新武	中国人民大学哲学院	专著	2016.8.31	13AGL001	A

一般项目

项目名称	负责人	工作单位	预期成果	完成时间	批准号	项目类别
我国药品监管模式优化研究	江滨	北京大学医学部药学院	论文（集）、研究报告	2015.12.10	13BGL141	B
价值链节点企业的风险传导、风险测度与价值回报研究	尹美群	北京第二外国语学院	研究、报告专著	2016.6.30	13BGL042	B
旅游市场失范行为的法律调控机制研究	孟凡哲	北京第二外国语学院	专著、研究报告	2015.6.30	13BGL090	B

续表

项目名称	负责人	工作单位	预期成果	完成时间	批准号	项目类别
组织社会化策略对女性员工工作适应与职业成长的作用机理研究	何　辉	北京工商大学商学院	研究报告	2016. 6. 30	13BGL084	B
基于社会责任和环境保护视角下我国企业可持续供应链管理研究	谢　琍	北京工业大学数理学院	论文（集）	2016. 12. 31	13BGL007	B
低空开放背景下基于政策导向的我国通用航空产业联盟化发展研究	高远洋	北京航空航天大学	研究报告	2014. 12. 31	13BGL012	B
我国租赁业供应链中承租人的有限理性决策行为与激励机制研究	刘　斌	北京化工大学经济管理学院	专著、研究报告	2016. 11. 11	13BGL065	B
建筑垃圾资源化利用对策研究	李　颖	北京建筑工程学院	研究报告	2015. 12. 30	13BGL103	B
产品架构的战略价值评估机制与方法研究	顾元勋	北京交通大学经济管理学院	专著	2016. 12. 31	13BGL020	B
以学生为本的专业选择与高等教育制度创新研究	庞海芍	北京理工大学	专著、研究报告	2015. 12. 31	13BGL127	B
农村居民电价政策的利益博弈动态演化及共赢机制研究	罗　斌	北京理工大学管理学院	研究报告、电脑软件	2016. 12. 31	13BGL123	B
企业生态文明建设的实施意愿与行为研究	张　波	北京联合大学科研处	专著	2015. 12. 31	13BGL073	B
保障我国畜产品食用安全对策研究	邓　蓉	北京农学院	论文（集）、研究报告	2016. 12. 30	13BGL098	B
员工帮助计划（EAP）的效果评估及影响因素研究	张西超	北京师范大学心理学院	研究报告、工具书	2016. 9. 30	13BGL083	B
基于行为视角的食品供应链风险形成微观机理与防控机制研究	刘永胜	北京物资学院	论文（集）、研究报告	2015. 12. 31	13BGL062	B
制造商在产业转型中的电子渠道治理机制研究	熊　伟	对外经济贸易大学	专著、论文（集）	2016. 8. 31	13BGL071	B
促进我国文化企业海外投资经营的政策措施研究	吴承忠	对外经济贸易大学	研究报告	2016. 6. 30	13BGL160	B
维护我国海洋权益背景下的中国所涉自贸区原产地规则与企业对策研究	徐进亮	对外经济贸易大学国际经济贸易学院	研究报告	2015. 12. 31	13BGL016	B
“健康生活方式行动”对城市社区空巢老人慢性病防控的干预及效果评估研究	薛　镭	清华大学经济管理学院	研究报告	2016. 12. 30	13BGL137	B
公益类事业单位治理结构模式及运行机制研究	柳学信	首都经济贸易大学工商管理学院	研究报告	2015. 12. 31	13BGL121	B

续表

项目名称	负责人	工作单位	预期成果	完成时间	批准号	项目类别
新中国会计制度发展演变研究	付　磊	首都经济贸易大学会计学院	专著、研究报告	2015. 12. 31	13BGL052	B
“新医改”目标下我国医疗卫生体制改革进程评价研究	张　琪	首都经济贸易大学劳动经济学院	专著	2016. 7. 1	13BGL138	B
大病保障制度的模式与路径研究	梁铭会	卫生部医院管理研究所	研究报告	2014. 10. 30	13BGL140	B
我国跨国公司海外分支机构管控模式研究	李　蕾	中共中央党校经济学教研部	专著	2016. 6. 30	13BGL017	B
中国企业的“关系”管理思想研究	乔　东	中国劳动关系学院工会学院	论文（集）、研究报告	2016. 7. 31	13BGL002	B
国有企业社会责任的理论探索与价值创造机理研究	王　斌	中国农业发展集团有限公司	研究报告	2016. 6. 30	13BGL055	B
城乡统筹背景下我国医疗保障制度转型与路径选择研究	仇雨临	中国人民大学劳动人事学院	专著、研究报告	2015. 9. 30	13BGL114	B

青年项目

项目名称	负责人	工作单位	预期成果	完成时间	批准号	项目类别
基于利益相关者协同参与的非营利组织绩效导向治理结构研究	于国旺	北方工业大学经济管理学院会计系	研究报告	2015. 6. 30	13CGL049	C
城市会展产业发展模式的国际比较研究	王起静	北京第二外国语学院	论文（集）、研究报告	2015. 12. 31	13CGL075	C
跨境上市、会计信息质量与资源配置效率研究	刘　婷	北京工商大学商学院	研究报告	2015. 12. 31	13CGL037	C
网络组织复杂性测试及应对策略研究	何喜军	北京工业大学	论文（集）、研究报告	2016. 12. 31	13CGL002	C
林区农户生态创业机理与培育路径研究	薛永基	北京林业大学经济管理学院	论文（集）、研究报告	2015. 6. 30	13CGL089	C
后4%时代财政性教育经费投入、使用和监管国际比较研究	刘　强	北京师范大学教育学部	专著	2015. 12. 31	13CGL119	C
内涵式发展视角下的我国高校规模、结构、质量与办学效率研究	成　刚	北京师范大学教育学部	论文（集）、研究报告	2015. 5. 2	13CGL121	C
基于盈余波动性的管理者财务决策非理性行为研究	吕兆德	北京师范大学经济管理学院	论文（集）、研究报告	2016. 6. 30	13CGL036	C
基于城市管理视角的社会管理创新研究	黄天航	清华大学公共管理学院	研究报告、论文（集）	2015. 12. 30	13CGL103	C
政府会计、政府审计的协同治理效应与制度优化研究	戚艳霞	审计署审计科研所	论文（集）、研究报告	2015. 12. 31	13CGL028	C

续表

项目名称	负责人	工作单位	预期成果	完成时间	批准号	项目类别
转型期劳资关系对企业二元创新能力的影响机制研究	黄苏萍	首都经济贸易大学工商管理学院	专著	2015. 6. 30	13CGL073	C
缓解大城市道路拥堵的公交优先策略研究	李　凤	中共交通运输部党校	研究报告	2015. 5. 1	13CGL150	C
绿色技术创新驱动我国战略性新兴产业发展的战略研究	张　涛	中国科学技术信息研究所	论文（集）、研究报告	2015. 6. 30	13CGL007	C
家庭因素影响教育人力资本的机制及对策研究	范静波	中国科学院大学	专著、研究报告	2015. 12. 31	13CGL120	C
我国旅游地产投资过热的形成机理及其规制研究	蒋艳霞	中国旅游研究院	专著、研究报告	2016. 12. 31	13CGL078	C
公立医院改革追踪评估研究	曹　琦	中国人民大学公共管理学院	研究报告	2016. 9. 1	13CGL137	C
基于内部债务机制的养老保险基金投资管理模式研究	杨　俊	中国人民大学劳动人事学院	研究报告	2016. 9. 30	13CGL100	C
异质信念、卖空机制与企业定向增发行为研究	徐　枫	中国社会科学院金融研究所	专著、论文（集）	2016. 6. 30	13CGL033	C
国家安全视野下水资源管理制度体系研究	王喜峰	中国社会科学院数量经济与技术经济研究所	论文（集）、研究报告	2015. 12. 30	13CGL091	C

（全国哲学社会科学规划办公室供稿）

教育部办公厅关于做好全国教育科学“十二五”规划 2013 年度课题组织申报工作的通知

教办厅函［2013］34 号

各省、自治区、直辖市教育厅（教委），教育科学研究院（所），教育科学规划领导小组办公室，新疆生产建设兵团教育局，解放军总参谋部军训部、全军军事教育科学规划办公室，部属各高等学校，部内各司局、各直属单位：

为深入贯彻落实党的十八大精神和《国家中长期教育改革和发展规划纲要（2010—2020 年）》，经全国教育科学规划领导小组批准，决定自 2013 年 6 月 4 日起组织 2013 年度课题申报工作。本年度只设重点招标课题指南（见附件），其他类别课题不设指南，由申请人自拟课题名称。申报青年课题者（包括课题组成员）年龄不得超过 35 岁（1978 年 6 月 4 日之后出生）。课题申报所需的各种材料均可从全国教育科学规划领导小组办公室网站（http：//onsgep. moe. edu. cn）、全国哲学社会科学规划办公室网站单列学科栏目（http：//www. npopss-cn. gov. cn）和中国教育科学研究院（http：//www. nies. net. cn）下载。重点招标课题《评审书》纸质材料一式 6 份（原件 1 份，复印件 5 份）；其他类别课题《评审书》纸质材料一式 3 份（原件 1 份，复印件 2 份）、《课题设计论证》活页 6 份。本年度课题受理申报时间从 2013 年 6 月 4 日起至 7 月 25 日止。各省（区、市）教育科学规划领导小组办公室（或相应的科研主管机构）、教育部各司局办公室、部直属高等学校科研处（社科处）和国家级教育科研机构科研管理部门务必认真负责，做好课题申报汇总表制作，确保数据录入准确、完整，于2013年7月20日前将审查合格的《课题申请·评审书》和汇总表的电子版及纸质版统一报送全国教育科学规划领导小组办公室，逾期不予受理。办公室咨询电话：010—62003307，62003471；电子邮箱：jks.qgb@nies.net.cn；邮政编码：100088；地址：北京市海淀区北三环中路46号全国教育科学规划领导小组办公室。

全国教育科学“十二五”规划2013年度课题组织申报办法其他要求与去年相同，请参照有关规定执行。

附件：全国教育科学“十二五”规划2013年度重点招标课题指南

教育部办公厅

二〇一三年六月四日

（全国教育科学规划领导小组办公室供稿）

2013年度全国教育科学规划重点招标课题指南

1. 教育现代化评价指标体系及推进路径研究
2. 以课程和教材改革推进立德树人研究
3. 人力资源强国评价指标体系与实践路径研究
4. “人民满意的教育”内涵及测评研究
5. 升学考试制度改革的基本目标与总体框架研究
6. 中小学生数字化学习能力与测评研究
7. 学生健康素养评价指标体系研究
8. 职业教育推进县域经济和城镇化发展的实践研究
9. 以生为本的高校教育质量评价体系研究
10. 教育国际化政策及其实施效果的国际比较研究

（全国教育科学规划领导小组办公室供稿）

全国教育科学“十二五”规划2013年度课题评审结果（北京地区）

课题批准号	课题类别	课题名称	姓名	单位
AIA130005	国家重点	以学生为本的高校教育质量评价体系研究	吴 岩	教育部高教评估中心
ADA130006	国家重点	教育国际化政策及其实施效果的国际比较研究	马健生	北京师范大学
BBA130011	国家一般	有效鉴别小学生英语阅读学习困难的研究	陶 沙	北京师范大学
BDA130023	国家一般	现代大学治理模式的国际比较研究	王晓辉	北京师范大学
BFA130032	国家一般	大学附属中学办学特色研究	沈 杰	首都师范大学附属中学
BHA130054	国家一般	小、初、高一体化课程建设与育人模式变革研究	于会祥	北京市育英学校
BIA130070	国家一般	探索中国特色现代大学制度：理论建构与政策实践	许 杰	国家教育行政学院
BIA130073	国家一般	创新型人才培养与高校教学改革研究——基于不同群体对大学生学习观理解	郭广生	北京工业大学
BLA130104	国家一般	基于网络集群技术的高校长跑运动负荷监控方法研究	张新贵	清华大学

续表

课题批准号	课题类别	课题名称	姓名	单位
BMA130111	国家一般	少数民族学前幼儿汉语能力标准及测评方式研究	赵晓非	人民教育出版社
BMA130113	国家一般	我国民族特困地区县域教育发展现状及对策研究——以内蒙古、宁夏、广西为个案	陈立鹏	教育部民族教育发展中心
CBA130122	国家青年	初中学习困难学生情绪智力对学业成绩的影响和干预研究	张　冲	中国教育科学研究院
CBA130123	国家青年	父母婚姻冲突对大学生人际冲突的影响及作用机制	邓林园	北京师范大学
CCA130135	国家青年	利用信息技术促进留守儿童全面发展的实证研究	张　生	北京师范大学
CFA130151	国家青年	中学专任教师工作量状况及标准研究	李新翠	中国教育科学研究院
CFA130152	国家青年	学前教育成本核算、成本分担与收费定价研究	张曾莲	北京科技大学
CGA130157	国家青年	我国高等教育区域布局优化研究	赵晶晶	中国教育科学研究院
CGA130158	国家青年	“中国大学先修课程”的目标与实现——政策评估的视角	马莉萍	北京大学
CLA130192	国家青年	大学生体质健康相关行为的调查及干预研究	向静文	首都体育学院
CLA130194	国家青年	体育产业与区域经济发展的关系的研究	张　龙	中国地质大学（北京）
CLA130195	国家青年	学校体育伤害“校闹”的治理机制研究	王兆红	北京师范大学
CLA130196	国家青年	独生子女国策下“北上广”一线城市中学体育发展与对策研究	李文超	首都体育学院
DBA130218	教育部重点	4—7 岁儿童数感发展及障碍研究	张树东	北京师范大学
DBA130219	教育部重点	情绪状态对加工快速呈现信息视觉行为的影响及脑神经机制	王爱平	北京师范大学
DCA130227	教育部重点	教师网络研修社区的专业发展支持服务体系构建与应用	杨　卉	首都师范大学
DCA130229	教育部重点	学习分析技术及其在网络高等教育中的应用研究	魏顺平	国家开放大学
DDA130232	教育部重点	中日教育理念比较研究	严加红	国家教育行政学院
DFA130244	教育部重点	大学与中小学共建教师专业发展共同体的治理研究	王天晓	首都师范大学
DGA130251	教育部重点	学习型城市发展指数的构建与应用研究	谢　浩	北京师范大学
DGA130252	教育部重点	2030 年我国学龄人口变化趋势预测分析	杨晓明	北京科技大学
DHA130257	教育部重点	高中生科学素养形成机制的实践研究	吴晗清	首都师范大学
DHA130258	教育部重点	PISA 与我国高考的能力比较研究	王　蕾	教育部考试中心
DHA130260	教育部重点	随班就读自闭症儿童问题行为类型、影响因素及干预方案研究	杨希洁	中国教育科学研究院
DHA130279	教育部重点	构建基于培养创新人才的中学技术课程体系的校本实践研究	何　斌	北京市第八十中学

续表

课题批准号	课题类别	课题名称	姓名	单位
DIA130294	教育部重点	国际视域下的教师教育模式创新研究——对“教育人才的成长和培养”规律的探索	张 倩	首都师范大学
DIA130314	教育部重点	高校协同创新相对绩效评价指标体系研究	南荣素	中央财经大学
DJA130333	教育部重点	精品课程建设促进职业教育优质教学路径研究	李兴洲	北京师范大学
DJA130337	教育部重点	大都市圈城市化进程中新生代农民工教育需求的实证研究——以北京地区为案例	梁 燕	北京联合大学
DLA130355	教育部重点	中小学戏剧教育的育人功能及实施模式研究	张卫光	中共海淀区委教工委
EBA130369	教育部青年	低家庭社会经济地位的学生抗逆力的保护机制研究	张 娜	北京教育科学研究院
EBA130370	教育部青年	自主支持策略对学习投入的效用机制研究：基于追踪数据分析	张丹慧	北京师范大学
EGA130389	教育部青年	影响随迁子女义务教育后就地升学的社会因素研究	周秀平	北京师范大学
EHA130396	教育部青年	中小学教师课堂教学决策模型的构建与实践研究	冯启磊	北京教育学院
EIA130399	教育部青年	我国研究生教育宏观结构与经济、科技发展的协调性研究	王传毅	清华大学
EIA130412	教育部青年	普通高校本科毕业生就业能力提升模式的研究	施 炜	中国矿业大学
ELA130434	教育部青年	音乐教育与小学生非音乐能力发展的关系及心理机制追踪研究	李红菊	北京师范大学
EOA130441	教育部青年	1862 年美国赠地学院法案研究	崔高鹏	首都经济贸易大学

（全国教育科学规划领导小组办公室供稿）

2013 年度国家社会科学基金艺术学项目申报公告

《2013 年度国家社会科学基金艺术学项目课题指南》经文化部和全国艺术科学规划领导小组批准，即日发布，全国艺术科学规划领导小组办公室同时开始受理 2013 年度国家社会科学基金艺术学项目申报。现将申报工作的有关事项公告如下。

一、2013 年度国家社会科学基金艺术学项目申报工作的指导思想是：高举中国特色社会主义伟大旗帜，以邓小平理论、“三个代表”重要思想和科学发展观为指导，深入学习宣传和全面贯彻落实党的十八大精神，坚持解放思想、实事求是、与时俱进，坚持以重大现实问题为主攻方向，坚持基础研究与应用研究并重，努力构建艺术科学体系，为党和国家工作大局服务，为推动社会主义文化大发展大繁荣、建设社会主义文化强国服务。

二、申报 2013 年度国家社会科学基金艺术学项目，要围绕党的十八大确立的重大理论观点、重大方针政策、重大工作部署，紧密联系我国改革开放与中国特色社会主义建设特别是文化艺术建设实践，以重大理论和现实问题为中心，坚持基础研究和应用对策研究相结合，推进、完善中国特色社会主义艺术科学学科理论体系建设，深化、拓展我国文化艺术建设实践中的重大现实问题研究。基础研究要具有原创性和开拓性，应用研究要具有现实性、针对性和时效性，努力推动传统学科、新兴学科和交叉学科健康发展，力求居于学科前沿，避免低水平重复，着力推出代表国家水平的艺术科学研究成果。

三、本年度国家社会科学基金艺术学项目设置重点项目、一般项目、青年项目；同时，设立文化部文化艺术科学研究项目。国家社会科学基金艺术学项目面向全社会，文化部文化艺术科学研究项目原则上面向文化系统人员所申报的课题以及研究内容紧密围绕国家和地方文化艺术建设实际、亟须开展的研究课题。

申请人要依据《国家社会科学基金项目经费管理办法》和《全国艺术科学规划课题管理办法》的相关规定和本通知的要求申报课题。申请资助经费要有合理的预算，根据研究工作的实际需要并根据管理办法中的有关规定提出。

四、为进一步突出重点，针对我国艺术科学各门类学科理论体系建设中的薄弱环节、我国文化建设中亟待研究回答的重大理论与实践问题，《2013年度国家社会科学基金艺术学项目课题指南》确定了若干重点领域和优先研究方向，为全国艺术科研机构、科研人员和社会各界有关人士提供研究参考，具备相应学术积累、学术资源和研究实力的申请者可在相关的范围和方向下自行拟定题目，其中优先研究方向的申报课题一经获准立项，可根据研究工作的实际需求，适度放宽资助额度。鼓励艺术科学学科理论体系建设重要领域、方向与我国文化建设重大现实问题研究的集体攻关项目，鼓励这些研究领域与方向中优势学术资源的整合；除重要的基础研究外，鼓励以高水平论文和研究报告作为最终研究成果进行申报。

跨学科课题应根据主要研究内容按照“尽量靠近”原则，选定为主的学科进行申报，并在《国家社会科学基金艺术学项目申报、评审书》（以下简称《申报、评审书》）封面“学科分类”栏中，注明主要涉及的学科。

五、国家社会科学基金艺术学项目的完成时限，自课题批准立项之日起计算，基础理论研究一般为2—3年，也可根据研究工作的实际需要适当延长；应用对策研究类课题应根据所研究问题的紧迫性和时效性确定完成的时间，一般应在1年内完成。

六、国家社会科学基金艺术学项目申请人必须符合以下条件：申请人享有中华人民共和国公民权，遵守中华人民共和国宪法，拥护社会主义制度和中国共产党的领导；申请人必须从事实际研究工作并真正承担和负责组织项目的实施。

重点项目的申请者，须具有副高级以上（含副高级）专业技术职务（或相当于副高级以上专业技术职务），且须是完成过省、部级以上同专业研究课题的负责人（需在《申报、评审书》中提供完成过的省、部级以上同专业研究课题的证明材料）；

一般项目的申请者，须具有副高级以上（含副高级）专业技术职务（或相当于副高级以上专业技术职务），且须在与申报项目相关研究领域的核心期刊发表相关研究论文至少3篇（需在《申报、评审书》中注明论文发表的题目、期刊名称及时间）；

青年项目的申请者（包括课题组成员），年龄不得超过39周岁（1974年3月10日之后出生）。如申请人不具备副高级以上专业技术职务，须由2名具有正高级专业技术职务的同行专家推荐。

申请人填报项目课题组成员或推荐人有关信息资料前，必须征得本人同意并签名，否则视为违规申报。

文化部文化艺术科学研究项目的申请资格参照以上要求。

七、国家社会科学基金艺术学项目承担单位必须符合以下条件：在相关领域具有较雄厚的学术资源和研究实力；设有科研管理的职能部门；能够提供开展研究工作的必要条件并承担信誉保证。

八、申报国家社会科学基金艺术学项目的负责人同年度只能申报一个课题；申报国家社会科学基金艺术学项目的负责人，同年度不能申报国家社会科学基金其他项目或其他国家科技计划项目，其课题组成员不能作为负责人以内容相同或相近的课题申报国家社会科学基金其他项目或其他国家科技计划项目。得到政府基金项目（国家自然科学基金、国家社会科学基金以及教育部人文社会科学课题、其他部委办以及省级社会科学基金项目等）资助的课题结项前，其负责人不得再次申报国家社会科学基金艺术学项目。上述各类课题的结项，均以结项证书注明的时间为准，并须提供结项证书复印件，附于《申报、评审书》中。

九、为保证全国艺术科学规划的延续性和立项项目的结项率，各受理单位及有关单位科研管理部门，要切实加强领导，对历年立项项目的完成情况进行全面检查和清理，提供必要条件，确保项目如期完成。在此基础上，开展2013年度国家社会科学基金艺术学项目申报工作的宣传、组织、管理和指导工作。要认真负责地做好本系统（本单位）课题的审核、申报数据录入、打印报表和申请书（包括电子申报材料）汇总报送等工作，确保数据录入准确和报送材料完整。

申请人所在单位上一年的国家社会科学基金艺术学项目按时完成率低于70%的，本年度申报课题数不得超过其上一年度申报课题总数的70%；按时完成率低于60%的，本年度不得申报。

十、申请人要如实填写申请材料，并在《申报、评审书》中“申请者的承诺”下方签名，保证申报内容的真实性且不涉及知识产权争议；论证活页的字数不超过4000字（A4纸不得超过5页），应注明申报课题的名称，并不得出现申请人、课题组成员姓名和申请人所在单位名称等有关信息，否则不予评审。申请人所在单位要根据本通知及有关规定严格审核《申报、评审书》的所有栏目内容，特别是严格审核申报资格、前期成果的真实性、选题、课题设计与论证的科学性及可行性，课题组的研究实力和完成任务的必备条件等，签署明确意见，承担信誉保证。如违规申报，申请人所在单位将被通报批评。中级管理单位要加强组织和指导，认真审核，严格把关，努力提高申报质量。

凡发现弄虚作假等违规申报者，经查实后，取消3年申报资格，如获准立项即作撤项处理并通报批评。

十一、为保证项目申报和评审工作的公正性和严肃性，评审期间，申报单位或申请人均不得以任何名义走访、咨询学科评审组专家或邀请学科评审组专家进行申报辅导。凡行贿评审专家的，一经查实，将予以公开通报批评；如获立项，一律撤项，5年之内不得申报国家社会科学基金艺术学项目。

十二、所有申报项目将分别通过资格审查、初评和终评等程序。资格审查和评审工作严格按照《全国艺术科学规划课题管理办法》及本通知的规定进行，项目评审坚持公平、公正原则，保证质量，宁缺毋滥。评审结果报全国艺术科学规划领导小组审批后公示。申报课题落选原因不予解释。

十三、属于下列情况之一的，不予立项：

（1）编著或一般性的译著；

（2）教材编写和一般性的工作研究；

（3）以编纂丛书为目的；

（4）已立过项的选题，且此次申报论证中又无新的研究内容。

十四、如课题获准立项，申请人填写立项通知书回执后，《申报、评审书》即成为有约束力的协议。项目负责人在项目执行期间要遵守相关承诺，履行约定义务，按期完成研究任务。项目研究的最终成果将实行匿名通讯鉴定制度。除特殊情况外，计划出版的成果须先鉴定后出版，违反规定擅自出版者视为自行终止相关资助协议；经批准同意出版的成果出版后须报送全国艺术科学规划领导小组办公室2套样书。成果鉴定为优秀的项目负责人，申请新项目将优先考虑；成果鉴定不合格或被撤项的项目负责人，3年内不得申请新项目。

十五、2013年度国家社会科学基金艺术学项目实行三级申报制度。各单位科研管理部门作为初级管理单位，要做好申报组织及申报材料的审核把关工作，承担信誉保证。除北京市外的各省、自治区、直辖市艺术科学规划领导小组办公室或文化厅（局）科教处（或艺术科研管理部门）作为中级管理单位，受理本行政区划内的课题申报。全国艺术科学规划领导小组办公室委托文化部民族民间文艺发展中心承担在京单位的课题申报及各地申报材料的受理、分类汇总及初审工作。全国艺术科学规划领导小组办公室不直接受理申报。

十六、课题申报所需要的各种材料，包括《2013年度国家社会科学基金艺术学项目课题指南》《国家社会科学基金项目经费管理办法》《全国艺术科学规划课题管理办法》《全国艺术科学规划历年立项课题汇编》《申报、评审书》（含论证活页，2012年修订版）等，均同时在文化部网站（http：//www. mcprc. gov. cn）和全国哲学社会科学规划办公室网站（http：//www. npopss-cn. gov. cn）发布，请申请人自行查询、下载。

十七、申报时间从即日起至2013年3月10日止，逾期不予受理。

申报材料包括：审查合格的《申报、评审书》一式2份（用计算机填写，1份原件、1份复印件），5份论证活页，配套的《申报、评审书》及论证活页电子版。材料不齐全者，不予评审。

请北京市各单位科研管理部门于2013年3月10日前，其他各省、自治区、直辖市受理单位于2013年3月20日前，将审查合格的《申报、评审书》汇总后统一报送至文化部民族民间文艺发展中心。

同时将课题申报情况按照序号、课题类别、学科分类、课题名称、申报人姓名、工作单位、联系电话、所属省份的栏目顺序（见表例）制成EXCEL电子文件，发送至指定邮箱（ktsb2009@163. com），并确保电子数据与《申报、评审书》数据表一致。

文化部民族民间文艺发展中心地址：北京市东城区北河沿大街83号

邮政编码：100009

联系人：邱邑洪

电话：010－84019554

十八、2013年度国家社会科学基金艺术学项目试行网上申报。网上申报平台于2013年1月30日左右在文化部网站（www. mcprc. gov. cn）开通。请申报人在报送纸质材料的同时，积极进行网上申报，以便熟悉、掌握网上申报相关流程。从2014年开始，将正式实行网上申报，不再接受纸质材料报送。

全国艺术科学规划领导小组办公室

二〇一三年一月六日

（全国艺术科学规划领导小组办公室供稿）

2012—2013年度国家社会科学基金艺术学重大项目招标公告

经文化部和全国艺术科学规划领导小组批准，2012—2013年度国家社会科学基金艺术学重大项目面向全国公开招标，现将有关事项公告如下。

一、招标单位

全国艺术科学规划领导小组办公室。

二、招标对象

主要包括文化行政机关、文化艺术研究领域重点研究机构、高等院校以及社科研究机构等。投标要以单位名义进行，多单位联合投标须确定一个责任单位。

三、招标工作的指导思想

高举中国特色社会主义伟大旗帜，坚持以邓小平理论和“三个代表”重要思想为指导，深入贯彻落实科学发展观，贯彻落实党的十八大、十七届六中全会精神，认真实施《全国艺术科学研究“十二五”（2011—2015年）规划》，坚持解放思想，实事求是，与时俱进，大力推进理论创新，发挥国家社科基金示范引导作用，为党和国家工作大局服务，为推动社会主义文化大发展大繁荣服务。

四、招标数量和资助强度

本批重大项目招标共发布9个选题，每个招标选题原则上只确定一项中标课题。资助强度根据研究的实际需要确定，一般为每项60万—80万元。

五、投标资格要求

（一）投标责任单位须具备下列条件：

（1）在艺术学科领域具有雄厚的研究实力和学术积累。

（2）设有负责科研管理工作的职能部门。

（3）能够提供开展重大课题研究的良好条件。

（二）投标者须具备下列条件：

（1）首席专家须具有中华人民共和国国籍，具有较高的政治素质；在艺术科学研究领域具有深厚的学术造诣、公认的学术成就和丰富的前期研究成果，社会责任感强，学风优良；具有正高级专业技术职务或局级以上（含）领导职务，承担实质性研究工作并担负科研组织指导职责。每个项目设首席专家1名。课题组成员在专业背景、知识结构、研究专长等方面应对应项目研究内容，合理配置，体现交叉特征和互补性。

（2）在研的国家社科基金重大项目、马克思主义理论研究和建设工程重大项目、教育部人文社会科学重大项目、国家出版基金项目、国家软科学研究计划重大项目、国家自然科学基金重大或重点项目，以及其他部委重大项目或重点专项的课题负责人，不能作为首席专家或子课题负责人参加本次投标。

（3）首席专家只能投标一个项目，且不能作为子课题负责人或课题组成员参与本次投标的其他课题。子课题负责人只能参与一个投标课题，课题组成员最多参与两个投标课题。

（三）中级管理单位应加强管理，切实做好管理工作。

2012—2013年度国家社会科学基金艺术学重大项目实行三级申报制度。除北京市外的各省、自治区、直辖市艺术科学规划领导小组办公室或文化厅（局）科教处（或艺术科研管理部门）作为中级管理单位，受理并审核本行政区划内的投标课题申报。全国艺术科学规划领导小组办公室委托文化部民族民间文艺发展中心承担在京单位的投标课题申报及各地申报材料的受理及分类汇总工作。全国艺术科学规划领导小组办公室不直接受理申报。

六、投标课题要求

（1）投标者须按本《公告》发布的《2012—2013年度国家社会科学基金艺术学重大项目招标选题》研究范围（附后）投标，自选课题不予受理。投标者须按《2012—2013年度国家社会科学基金艺术学重大项目投标书》（以下简称《投标书》）的规定内容和要求填写申报材料。《投标书》文本要简洁、规范、清晰，不加附件。

（2）课题论证要坚持问题导向，面向决策需求，注重协同创新，强调研究方法；研究框架设计要突出研究重点，体现有限目标，不宜过于宽泛，避免大而全，子课题数量一般不超过5个。

（3）《投标书》要重点介绍首席专家近年来在相关研究领域的学术贡献和社会影响，要在总体把握国内外研究前沿和动态、综合评析同类课题研究状况和他人研究成果的基础上，阐明本选题的价值和意义，体现投标者创新的学术思想、独到的学术见解和可能取得的突破。

（4）项目经费预算按照研究工作需要和《国家社科基金项目经费管理办法》的规定进行科学编制。项目完成时间根据实际需要确定，一般应在3—5年完成。预期研究成果要确保质量和学术水准，多出精品力作，力求务实管用，不要盲目追求数量和规模。

七、投标纪律要求

(1) 投标责任单位和首席专家要加强审查把关，严把政治方向关和学术质量关。各地中级管理单位要从选题内容、论证质量、首席专家条件、前期成果、科研团队和责任单位情况等方面进行资格审查，合格者予以上报。

(2) 投标者要弘扬严谨求实、注重诚信的优良学风，自觉坚持公平竞争、择优立项的评审原则，严格遵守国家社科基金项目管理规定。凡有弄虚作假、抄袭剽窃、违规违纪等行为的，一经查实，即取消参评资格；如获中标，一律撤项，首席专家5年内不得申报国家社科基金项目。

(3) 子课题负责人和课题组成员必须征得本人同意，子课题负责人必须在《投标书》上签字，否则视为违规申报。如获中标，子课题负责人一般不得变更。

(4) 投标者可提出2名(含)以内建议回避评审专家，我办将根据评审工作的实际情况予以考虑。

八、投标要求及具体时间安排

(1) 投标者请登录文化部网站(http://www.mcprc.gov.cn/)和全国哲学社会科学规划办公室网站(http://www.npopss-cn.gov.cn)发布查阅下载本《公告》《招标选题》《投标书》及《2012—2013年度国家社会科学基金艺术学重大项目投标材料汇总表》。《投标书》一律用计算机填写、A3纸双面印制中缝装订，经责任单位审核盖章，由各地中级管理单位审核汇总后，于2013年2月28日前(以邮戳时间为准)统一报送至文化部民族民间文艺发展中心，逾期不予受理。报送的材料包括：①审查合格的纸质《投标书》一式6份，其中1份原件、5份复印件；②每项《投标书》的电子文本1份(请用WORD文件格式制作)；③投标材料汇总表1份(请严格按照表格样式用EXCEL文件格式制作)。《投标书》电子文本和汇总表电子表格请通过电子邮件发至我办邮箱(ysghb809@163.com)。

(2) 2013年3月，我办对《投标书》进行资格审查和初评。

(3) 2013年4月，组织初评入围者进行会议陈述和答辩，产生建议中标课题。

(4) 2013年5月，将建议中标课题报全国艺术科学规划领导小组审批后，在文化部及全国社科规划办网站上公示一周，对未被提出异议者下达立项通知书。

附件：

(1) 2012—2013年度国家社会科学基金艺术学重大项目招标选题；

(2) 2012—2013年度国家社会科学基金艺术学重大项目投标书(略)；

(3) 2012—2013年度国家社会科学基金艺术学重大项目投标材料汇总表(略)。

全国艺术科学规划领导小组办公室

二〇一二年十二月二十六日

(全国艺术科学规划领导小组办公室供稿)

2012—2013年度国家社会科学基金艺术学重大项目招标选题

1. 小康社会的文化建设目标研究
2. 中国电影海外市场竞争策略可行性研究
3. 戏曲艺术传承方式与发展路径研究
4. 多元文化背景下中国当代音乐发展研究
5. 绿色设计与可持续发展研究
6. 公共文化服务体系建设中的财政保障标准与保障方式研究
7. 国有表演艺术院团体制改革现状调查与发展路径研究
8. 文化与科技融合视域下的文化产业发展路径研究
9. 小康社会实践技能型艺术人才的社会需求与培养模式研究

(全国艺术科学规划领导小组办公室供稿)

2013 年度国家社会科学基金艺术学项目课题指南

《2013 年度国家社会科学基金艺术学项目课题指南》（以下简称《课题指南》）的指导思想是：高举中国特色社会主义伟大旗帜，以邓小平理论、“三个代表”重要思想、科学发展观为指导，深入学习宣传贯彻党的十八大精神，坚持解放思想、实事求是、与时俱进，坚持以重大现实问题为主攻方向，坚持基础研究与应用研究并重，努力构建艺术科学体系，为党和国家工作大局服务，为推动社会主义文化大发展大繁荣、建设社会主义文化强国服务。

申报 2013 年度国家社会科学基金艺术学项目，要围绕党的十八大确立的重大理论观点、重大方针政策、重大工作部署，紧密联系我国改革开放与中国特色社会主义建设特别是文化艺术建设实践，以重大理论和现实问题为中心，坚持基础研究和应用对策研究相结合，推进、完善中国特色社会主义艺术科学体系建设，深化、拓展我国文化建设实践中的重大现实问题研究，着力推出代表国家水平的艺术科学研究成果。

为进一步突出重点，针对我国艺术科学各门类学科理论体系建设中的薄弱环节、我国文化建设中亟待研究回答的重大理论与实践问题，本《课题指南》确定了若干重点领域和优先研究方向（以*标注），为全国艺术科研机构、科研人员和社会各界有关人士提供研究参考，具备相应学术积累、学术资源和研究实力的申请者可在相关的范围和方向下自行拟定题目，其中优先研究方向的申报课题一经获准立项，可根据研究工作的实际需求，适度放宽资助额度。基础研究要具有创新性和开拓性，应用研究要具有现实性、针对性和时效性；鼓励艺术科学体系建设重要领域、方向与我国文化建设重大现实问题研究的集体攻关项目，鼓励这些研究领域与方向中优势学术资源的整合；努力推动传统学科、新兴学科和交叉学科健康发展，力求居于学科前沿，避免低水平重复。除重要的基础研究外，鼓励以高水平的论文和研究报告作为最终研究成果进行申报。

为切实提高规划水平和研究水平，2013 年度国家社会科学基金艺术学项目的评审立项要与学科建设、队伍建设、基地建设、人才培养及科研结构调整、合理布局结合起来，加强协同攻关，加强整合创新。在选题上应注意处理好几个方面的关系：

（1）注意处理好总结历史、研究现实以及准确把握未来三者之间的关系，努力使研究项目体现出科学性、时代性与前瞻性。

（2）注意处理好理论和实践统一的关系，防止理论与实践脱节的倾向。

（3）注意处理好共性与个性的关系，既要认真开展对当前艺术学发展有普遍指导意义的课题研究，也要针对本学科领域和本地区存在的特殊问题，深入开展个案研究和实证性研究。

（4）在数量和质量上注意做到缩短战线，控制规模，注重立项课题的质量，杜绝低水平重复选题，切实提高全国艺术科学研究的整体水平。

（5）在研究方法上，提倡运用现代科技手段，提倡定性研究与定量研究、理论研究与实证研究相结合，实现研究方法的科学性、规范性和严谨性。

根据突出重点、兼顾一般、控制规模、提高质量的要求，本年度项目将对我国文化建设实践中的重大现实问题研究给予重点关注，推出一批有代表性和重要社会影响的应用对策研究项目，以充分发挥项目的决策咨询功能，更好地为社会主义文化建设大局服务。同时，对在学科建设方面具有填补空白意义的基础理论研究、民族民间艺术研究等集体攻关课题以及边远贫困地区和少数民族地区特别是西部地区艺术研究给予一定倾斜。

艺术基础理论研究

马克思主义艺术学研究*

中国艺术学方法论研究

中国艺术史观与方法研究

中国传统艺术分类体系研究

中国现代艺术体系研究

中国近现代艺术史研究

地方艺术史研究

新中国成立以来艺术发展研究

新时期艺术理论、艺术学发展研究

艺术社会学研究

艺术创造与艺术心理学研究

艺术文化学研究

艺术人类学基础理论研究

20 世纪重要艺术理论家研究

口述艺术史资料整理研究

中国现当代艺术批评研究

艺术学新兴、交叉学科发展状况及学科建设研究*

中国当前文艺热点与前沿问题研究*

中国艺术与世界艺术发展关系研究
西方现当代艺术理论与批评研究
戏剧（含曲艺、木偶、皮影、杂技、魔术）研究
中国戏曲表演艺术研究*
中国戏曲作曲及演奏技法研究
当代戏剧导演与编剧研究
中国各剧种史论研究
中国戏剧史断代研究
中国戏剧口述史研究
中国戏剧演出史研究
中国戏剧批评通史研究
地方剧种文献文物整理与研究
中国戏剧（戏曲、曲艺、木偶、皮影、杂技、魔术）艺术家、剧本研究及影像信息资料数据库建设
戏曲艺术传承方式与发展路径研究
中国现当代话剧观念与小剧场发展研究
中国舞台剧的叙述模式研究
音乐剧研究
当代戏剧舞台美术研究
景观演出研究
中国剧场演出院线体系研究
戏剧受众与文化影响研究*
戏剧传播途径研究
中国地方曲种研究*
曲艺老艺人口述史研究
濒危曲种保护与传承研究
民间曲艺发展问题的对策研究
木偶戏、皮影戏、杂技、魔术史论研究
电影、广播电视及新媒体艺术研究
中国电影通史研究*
中国电影评论史研究
中国电影、电视剧、动画创作现状与传播方式研究*
电影叙事研究
电影观众心理学研究
电影、电视剧导演与表演艺术家研究
电影、电视剧批评及其价值取向研究
电影数字艺术与技术创新研究
当代电视娱乐栏目的价值取向研究
电影、电视艺术作品的文化价值观研究
电影、电视发展与国家文化政策研究*
电影体制改革与创新机制研究
中国电影海外市场竞争策略可行性研究
我国电影、动漫产业现状与发展研究
电影院线建设与影院运营研究
农村电影研究
中外电影比较研究
外国电影研究
新媒体艺术研究
广播艺术研究
音乐研究
音乐史学理论研究
中国近现代音乐史研究
中国传统音乐美学研究*
中国传统音乐乐器学研究*
中国少数民族传统音乐中的知识体系研究
区域音乐研究
音乐社会学研究
音乐文献文物资料整理及数字化标准研究
20世纪各区域音乐史料搜集整理与研究
20世纪中国音乐家研究
中国当代音乐作品与作曲家研究
多元文化背景下中国当代音乐发展研究*
中国歌剧创作研究
中国音乐产业发展研究
音乐剧制作研究
新媒体音乐研究
广播影视音乐研究
音乐传播研究
社会音乐文化建设研究
当代西方音乐发展研究
舞蹈研究
中国舞蹈文化史研究*
中国民间舞蹈研究
中国少数民族舞蹈研究
中国现当代舞蹈发展研究
中国当代舞剧理论与实践研究
舞蹈编导学研究
当代舞蹈的表演艺术体系研究
舞蹈批评学研究
区域舞蹈研究
舞蹈记录方式数字化研究
舞蹈社会功能研究*
舞蹈文化产业研究
舞蹈市场运行研究
中国舞蹈的国际传播研究*
美术研究
中国美术史专题研究
中国雕塑史研究
中国古代书画著录研究
中国古代绘画的调查、整理与研究*
民间美术传承人口述史研究
民间美术传统技艺研究
中国少数民族美术研究
中国当代美术发展现状研究
中国书籍装帧与插图创作现状研究

信息技术在美术领域中的应用研究
美术批评研究
美术年展现状、问题与对策研究
美术馆博物馆的社会功能研究
中国当代书法艺术研究
摄影艺术研究
艺术品消费行为与消费模式研究*
当代中国艺术品市场现状、问题与对策研究
中外美术交流与比较研究
中外艺术品市场政策法规比较研究*
外国美术史专题研究

设计艺术研究

中国设计艺术史研究
中国设计思想研究
中国染织设计历史与方法研究
区域文化与设计文化形态研究
20 世纪中国著名设计艺术家研究
当代中国设计艺术理论与实践研究*
节约型社会的设计理论与实践研究
设计艺术批评研究
设计艺术与社会心理研究
当代设计艺术与传统工艺美术产业研究
设计艺术在文化创意产业发展中的地位研究*
当代中国文化会展（博览会）中的艺术设计实践研究
中国民族服装服饰的当代发展研究
城市发展与规划设计研究
环境艺术研究
交互设计研究
中外设计艺术及其产业竞争力的比较研究*

艺术文化综合研究

中国特色社会主义文化制度研究
小康社会的文化建设目标研究*
中国文化安全体系构建研究*
文化领域主要统计指标体系研究
社会主义市场经济条件下文化艺术的分类管理研究
我国大众文化消费结构调查与研究
我国农村群众文化需求调查与研究
我国公共文化服务体系建设保障机制研究
激发我国公民艺术创造活力的体制机制和政策研究
当代文化发展繁荣与文化立法的关系研究
艺术生产评价体系研究
文化产业发展方式转变与创新研究
文化艺术赞助机制及政策研究
我国文化产业投融资体系建设研究
特色文化产业研究
全国艺术院团建设标准与评估体系研究
国有表演艺术院团体制改革现状调查与研究
国有文化资产管理体制与运营方式研究
公益性文化事业单位体制机制研究
民营艺术表演团体现状调查与研究
国有文化企业法人治理结构及经营管理机制研究
艺术资源信息库建设与应用研究
艺术产品的产权交易研究
文化市场监管体制机制建设研究
网络文化发展对社会文化生活的影响研究
新媒体时代的文化管理体系创新研究*
非物质文化遗产保护与传承研究
我国文化艺术行业的人才队伍现状与对策研究
文化与科技融合视域下的文化产业发展路径研究
国际艺术节的运作模式及促进社会发展的作用研究
我国艺术产品的国际传播与国际贸易研究
世界各国文化法律、文化政策比较研究
世界文化思潮及文化热点问题研究
（*为优先研究方向）

（全国艺术科学规划领导小组办公室供稿）

国家社会科学基金艺术学“十二五”规划 2013 年度项目（北京地区）

项目名称	负责人	负责人所在单位	批准号	项目类别	预期成果形式	计划完成时间
小康社会的文化建设目标研究	潘公凯	中央美术学院	13ZD01	国家重大项目	专著	2016. 6. 30

续表

项目名称	负责人	负责人所在单位	批准号	项目类别	预期成果形式	计划完成时间
中国电影海外市场竞争策略可行性研究	丁亚平	中国艺术研究院	13ZD02	国家重大项目	专著、研究报告	2016. 6. 30
国有表演艺术院团体制改革现状调查与发展路径研究	李小牧	北京第二外国语学院	13ZD05	国家重大项目	专著、数据库研究报告	2016. 6. 30
中国当前文艺热点与前沿问题研究	祝东力	中国艺术研究院	13AA001	国家重点项目	专著	2015. 12. 31
中国电影通史	饶曙光	中国电影艺术研究中心	13AC002	国家重点项目	专著	2016. 12. 31
中国传统音乐的美学研究	王次炤	中央音乐学院	13AD003	国家重点项目	专著	2016. 12. 31
文化艺术与科技融合视域下的文化产业发展路径研究	白国庆	中国艺术科技研究所	13AH006	国家重点项目	专著、研究报告	2015. 12. 31
文化传播理论	隋　岩	中国传媒大学	13BA009	国家一般项目	专著	2015. 12. 31
中国戏曲演出制作模式探索	徐永胜	中央戏剧学院	13BB012	国家一般项目	专著、论文、研究报告	2015. 12. 31
京剧表演理论体系——三身理念定律	于　萍	中国戏曲学院	13BB013	国家一般项目	专著、论文	2016. 12. 31
当代美国戏剧思潮研究	韩　曦	北京大学	13BB014	国家一般项目	专著、论文	2015. 12. 31
电视剧传播的视觉形式作用机制研究	潘可武	中国传媒大学	13BC024	国家一般项目	专著	2015. 12. 31
当代台湾电影史纲（1979—2013）	吴涤非	中国艺术研究院	13BC025	国家一般项目	专著	2016. 12. 31
中国类型电影叙事策略及价值观研究	路春艳	北京师范大学	13BC026	国家一般项目	专著	2016. 12. 31
动漫形象研究——艺术、消费与产业	周　雯	北京师范大学	13BC027	国家一般项目	专著、论文、研究报告	2015. 12. 31
亚洲北方草原音乐文化的跨境研究	杨　红	中国音乐学院	13BD030	国家一般项目	专著、研究报告	2016. 12. 31
中国古典舞学科理论体系研究与实践	满运喜	北京舞蹈学院	13BE042	国家一般项目	专著、其他	2015. 12. 31
“超前卫”之后的意大利当代美术	王端廷	中国艺术研究院	13BF045	国家一般项目	专著	2015. 12. 31
德国工业设计思想在中国的传播、实践与重构	宗明明	北京理工大学	13BG059	国家一般项目	论文、研究报告	2016. 12. 31
文化创意产业发展背景下节约型包装设计艺术应用研究	严　晨	北京印刷学院	13BG060	国家一般项目	专著、论文、研究报告	2016. 12. 31

续表

项目名称	负责人	负责人所在单位	批准号	项目类别	预期成果形式	计划完成时间
非物质文化遗产科学保护论	李荣启	中国艺术研究院	13BH076	国家一般项目	专著、论文	2015.12.31
中国传统节日的当代走向及保护对策研究	林　慧	中国人民大学	13BH077	国家一般项目	专著、论文	2015.12.31
非物质文化遗产青少年传承研究	袁爱俊	世界遗产青少年教育中心	13BH078	国家一般项目	专著、论文、研究报告	2015.12.31
我国公共文化服务设施运营机制研究	隋吉林	中央文化管理干部学院	13BH082	国家一般项目	研究报告	2014.12.31
戏曲文化产业化：思路、困境与对策调查研究	孙红侠	中国艺术研究院	13CB085	国家青年项目	专著、论文	2016.12.31
新中国戏曲批评史（1949—2000）	张之薇	中国艺术研究院	13CB086	国家青年项目	专著	2016.12.31
电影在中国传入史研究	刘小磊	北京电影学院	13CC092	国家青年项目	专著、论文	2014.12.31
产业化语境下当代中国电影剧作研究	姚　睿	中国电影艺术研究中心	13CC093	国家青年项目	专著	2015.12.31
中美中低成本影片比较研究	李铭韬	中央戏剧学院	13CC094	国家青年项目	专著	2015.12.31
20世纪80年代以来的中国广播剧音乐	于祥国	中国戏曲学院	13CD099	国家青年项目	专著、论文	2015.12.31
纳西族仪式舞蹈研究	冯　莉	中国民间文艺家协会	13CE104	国家青年项目	专著、研究报告	2016.12.31
“85美术新潮”口述资料整理与研究	刘立彬	中央美术学院	13CF106	国家青年项目	论文、研究报告	2016.12.31
当代民间手工艺品的消费需求调查研究	吴　昊	中国艺术研究院	13CG107	国家青年项目	专著、研究报告	2015.12.31
中外设计艺术及其产业竞争力的比较研究	郝凝辉	中央美术学院	13CG111	国家青年项目	论文、研究报告	2014.12.31
中国新乡土景观设计研究——基于节约型社会的视角	侯晓蕾	中央美术学院	13CG112	国家青年项目	论文、研究报告、其他	2015.12.31
交互设计学科发展现状及学科建设研究	张　烈	清华大学	13CG113	国家青年项目	论文、研究报告	2015.12.31
可持续性产品设计的创新方法研究	余森林	北方工业大学	13CG117	国家青年项目	论文、研究报告	2014.12.31
当代中国本土化设计艺术的理论与实践研究	陈晓环	北京工商大学	13CG118	国家青年项目	专著、研究报告	2016.12.31
国有文艺表演团体体制机制改革之效果评估及发展策略研究	尹　博	北京大学	13CH127	国家青年项目	论文	2014.12.31

批准号释义：

（1）“13”——2013年度。

（2）第一个英文字母分别代表：ZD——国家重大项目；A——国家重点项目；B——国家一般项目；C——国家青年项目。

（3）第二个英文字母分别代表：A——艺术基础理论研究；B——戏剧（含曲艺、木偶、皮影、杂技、魔术）研究；C——电影、广播电视及新媒体艺术研究；D——音乐研究；E——舞蹈研究；F——美术研究；G——设计艺术研究；H——艺术文化综合研究。

（4）最后二或三位数字为序号。

（全国艺术科学规划领导小组办公室供稿）

2013年度教育部在京高校国家社会科学基金重大项目（第一批）

批准号	首席专家	课题名称	责任单位
13&ZD001	杨　河	坚定中国特色社会主义道路自信、理论自信、制度自信研究	北京大学
13&ZD014	林毅夫	深化改革的基本方向、重点难点和有效路径研究	北京大学
13&ZD028	刘剑文	促进收入公平分配的财税法制创新研究	北京大学
13&ZD042	孙祁祥	建立社会公平保障体系与维护社会公平正义研究	北京大学
13&ZD056	赵敦华	20世纪中国传统哲学与马克思主义哲学、西方哲学关系研究	北京大学
13&ZD067	刘华杰	西方博物学文化与公众生态意识关系研究	北京大学
13&ZD075	王新生	宗教与东亚近代化研究	北京大学
13&ZD082	韩茂莉	中国历史农业地理研究与地图绘制	北京大学
13&ZD087	荣新江	敦煌与于阗：佛教艺术与物质文化的交互影响	北京大学
13&ZD107	刘玉才	国家图书馆藏未刊稿整理与研究	北京大学
13&ZD153	王余光	中国图书馆学史	北京大学
13&ZD026	赵　坚	集约、智能、绿色、低碳的新型城镇化道路研究	北京交通大学
13&ZD039	汪大海	新型城镇化背景下社会管理体系转型升级研究	北京师范大学
13&ZD057	王炳林	中共党史学科基本理论研究	北京师范大学
13&ZD065	廖申白	希腊罗马伦理学综合研究	北京师范大学
13&ZD073	金盛华	中国本土心理学核心理论的突破与建构研究	北京师范大学
13&ZD085	晁福林	上博简《诗论》综合研究	北京师范大学
13&ZD125	曹卫东	《本雅明全集》翻译与研究	北京师范大学
13&ZD129	李运富	“古今字”资料库建设及相关专题研究	北京师范大学
13&ZD133	刁晏斌	百年汉语发展演变数据平台建设与研究	北京师范大学
13&ZD188	伍新春	残疾人语言障碍与学习机制研究	北京师范大学
13&ZD134	石　锋	普通话语音标准声学和感知参数数据库建设	北京语言大学

续表

批准号	首席专家	课题名称	责任单位
13&ZD005	李　捷	中国梦理论与实践研究	清华大学
13&ZD068	吴　彤	科学实践哲学与地方性知识研究	清华大学
13&ZD190	孙茂松	基于大规模社交媒体的汉语模因传播机理量化研究	清华大学
13&ZD023	马九杰	推动“三农”问题解决的城乡发展一体化体制机制与政策研究	中国人民大学
13&ZD045	曾贤刚	生态产品的供给机制与制度创新研究	中国人民大学
13&ZD092	夏明方	清代灾荒纪年暨信息集成数据库建设	中国人民大学
13&ZD150	王利明	法学方法论与中国民商法研究	中国人民大学
13&ZD155	时　勘	中华民族伟大复兴的社会心理促进机制研究	中国人民大学
13&ZD164	王晓军	我国养老保障体系应对人口老龄化挑战的对策研究	中国人民大学
13&ZD165	王虎峰	我国健康国家建设和慢性病社会经济危害预测与治理研究	中国人民大学
13&ZD182	陈力丹	微博微信公共事件与社会情绪共振机制研究	中国人民大学
13&ZD184	安小米	国家数字档案资源整合与服务机制研究	中国人民大学
13&ZD193	欧阳淞	中共党史学科基本理论问题研究	中国人民大学
13&ZD159	张宝生	非常规油气开发利用对国家能源安全和社会经济的影响	中国石油大学（北京）
13&ZD034	石亚军	内涵式大部制改革视野下的政府职能根本转变研究	中国政法大学
13&ZD136	张定京	新疆多民族语言有声调查与数据库建设	中央民族大学

（高校社科管理中心白晓供稿）

2013 年度教育部人文社会科学研究一般项目（北京地区）

序号	学科门类	学校名称	项目类别	项目名称	项目批准号	申请人
1	法学	北京大学	青年基金项目	自杀关联型犯罪研究	13YJC820005	车　浩
2	管理学	北京大学	规划基金项目	社会网络化时代品牌污名化的形成机制与应对策略：基于文化价值观和群际情感的研究	13YJA630066	彭泗清
3	管理学	北京大学	青年基金项目	基于住院病案和患者满意度双重视角的医疗质量综合评估研究	13YJC630066	孔桂兰
4	国际问题研究	北京大学	规划基金项目	小国与国际安全	13YJAGJW008	韦　民
5	交叉学科/综合研究	北京大学	规划基金项目	幼儿园和小学儿童预防性侵犯教育研究	13YJAZH008	陈晶琦

续表

序号	学科门类	学校名称	项目类别	项目名称	项目批准号	申请人
6	交叉学科/综合研究	北京大学	规划基金项目	《精神卫生法》实施中强制医疗问题的调查与研究	13YJAZH093	王岳
7	交叉学科/综合研究	北京大学	青年基金项目	痴呆老人不同管理模式下照顾成本与效果的经济学评价	13YJCZH190	王志稳
8	交叉学科/综合研究	北京大学	青年基金项目	城市低收入人群的就业可达性研究——以北京为例	13YJCZH240	张纯
9	交叉学科/综合研究	北京大学	青年基金项目	跨文化的文类构建：以晚清民国文学翻译为例	13YJCZH245	张丽华
10	教育学	北京大学	规划基金项目	农村第一代大学生校园参与和学业成就的影响机制研究	13YJA880002	鲍威
11	教育学	北京大学	规划基金项目	利用教育游戏培养学生创造力的理论与实践研究	13YJA880061	尚俊杰
12	经济学	北京大学	规划基金项目	“市场竞争和中国抗生素滥用的成因：以抗生素管理为核心”	13YJA790064	林莞娟
13	经济学	北京大学	规划基金项目	多维贫困视角下的城乡贫困问题研究	13YJA790125	夏庆杰
14	经济学	北京大学	青年基金项目	中国农村居民的健康需求与寻医行为研究	13YJC790125	孙梦洁
15	经济学	北京大学	青年基金项目	农村代际间财产转移特点及其对农村养老政策与改革的启示：理论与实证分析	13YJC790144	王辉
16	经济学	北京大学	青年基金项目	收入不均与幸福感：基于隧道效应与地位效应的倒U形曲线分析	13YJC790189	俞宗火
17	经济学	北京大学	青年基金项目	中国电信体制改革、行业效率与外部溢出效应研究	13YJC790219	郑世林
18	考古学	北京大学	青年基金项目	沉船所见景德镇明代青花瓷的考古学研究	13YJC780001	陈冲
19	历史学	北京大学	规划基金项目	菲律宾现代农业的形成及其转型：一项农业生态史研究（1780—2010）	13YJA770001	包茂红
20	马克思主义/思想政治教育	北京大学	规划基金项目	思想政治教育视域中公民教育的科学阐释——中国公民教育的历史考察	13YJA710020	李毅红
21	民族学与文化学	北京大学	规划基金项目	以色列阿拉伯少数民族的基本状况及以色列的民族政策研究	13YJA850017	王宇
22	民族学与文化学	北京大学	青年基金项目	转型期民族身份与公民身份的建设性关系研究——以湖南维吾尔族流动人口为例	13YJC850017	佟春霞
23	社会学	北京大学	青年基金项目	并行数据挖掘及其在社会调查质量管理中的应用研究	13YJC840006	丁华
24	图书馆、情报与文献学	北京大学	青年基金项目	清代宫廷戏曲文献整理及研究	13YJC870027	熊静

续表

序号	学科门类	学校名称	项目类别	项目名称	项目批准号	申请人
25	外国文学	北京大学	青年基金项目	西班牙语文学与基督教文化传统	13YJC752005	范　晔
26	艺术学	北京大学	青年基金项目	东汉佛教入华的图像学研究	13YJC760121	朱　浒
27	语言学	北京大学	规划基金项目	大规模词语搭配情感词典的自动构建研究	13YJA740060	吴云芳
28	语言学	北京大学	规划基金项目	过渡性理论观照下的俄语语法研究	13YJA740085	周海燕
29	语言学	北京大学	青年基金项目	西班牙语习语研究	13YJC740135	张慧玲
30	哲学	北京大学	青年基金项目	《汉书·五行志》研究——以西汉经学为中心	13YJC720006	程苏东
31	中国文学	北京大学	规划基金项目	唐诗体格律问题研究	13YJA751010	杜晓勤
32	管理学	北京第二外国语学院	青年基金项目	主体性视角下组织操作常规演化及动态能力影响机制研究——服务连锁型企业为例	13YJC630069	李　彬
33	管理学	北京第二外国语学院	青年基金项目	生态文明建设视角下区域旅游业碳效率测评及优化模式研究	13YJC630144	唐承财
34	国际问题研究	北京第二外国语学院	青年基金项目	管理规制视角下中国参与北极航道安全合作实践研究	13YJCGJW012	肖　洋
35	交叉学科/综合研究	北京第二外国语学院	青年基金项目	对外传播视角下的中国文化经典标志元素的挖掘与呈现的研究	13YJCZH282	朱　麟
36	经济学	北京第二外国语学院	规划基金项目	电子商务对旅游产业链条演进的影响及对策研究	13YJA790045	李　宏
37	经济学	北京第二外国语学院	规划基金项目	“营改增”试点：财务绩效、市场效应与税收政策建议	13YJA790075	陆　勇
38	经济学	北京第二外国语学院	青年基金项目	多重目标约束下的我国税制结构优化研究	13YJC790031	高凌江
39	外国文学	北京第二外国语学院	青年基金项目	跨文化视域下的爱默生思想研究	13YJC752014	龙　云
40	语言学	北京第二外国语学院	青年基金项目	现代汉语转折类话语标记研究	13YJC740079	宋　晖
41	艺术学	北京电影学院	青年基金项目	中国电影二级市场发展策略研究	13YJC760089	翁　旸
42	管理学	北京工商大学	规划基金项目	制度环境、会计稳健性与公司投资行为研究	13YJA630014	崔学刚
43	交叉学科/综合研究	北京工商大学	规划基金项目	中国近代对外贸易与国内居民消费生活研究（1927—1936）	13YJAZH007	陈晋文
44	交叉学科/综合研究	北京工商大学	青年基金项目	公职人员养老保障制度改革的经济效应——基于世代交叠模型的一般均衡研究	13YJCZH141	乔　杨

续表

序号	学科门类	学校名称	项目类别	项目名称	项目批准号	申请人
45	经济学	北京工商大学	规划基金项目	我国一线城市家庭金融：配置特征、行为偏差及政策含义	13YJA790091	乔云霞
46	经济学	北京工商大学	青年基金项目	基于广义 Logistic 和结构方程模型的糖农种植行为影响因素分析	13YJC790097	刘晓雪
47	外国文学	北京工商大学	青年基金项目	论唐·德里罗小说的后现代政治写作	13YJC752019	史岩林
48	新闻学与传播学	北京工商大学	青年基金项目	微博消息的多元动态可信度模型研究	13YJC860006	段大高
49	艺术学	北京工商大学	规划基金项目	面向大型城市公共交通立体化运营的服务设计研究	13YJA760071	郑子云
50	艺术学	北京工商大学	青年基金项目	面向老龄化社会的公共自助服务设计策略研究	13YJC760110	张　明
51	交叉学科/综合研究	北京工业大学	青年基金项目	基于在线社交网络的信息传播模型及演化机理研究	13YJCZH065	姜　伟
52	社会学	北京工业大学	青年基金项目	空间城镇化与国家权力：河北两个镇的比较研究	13YJC840018	李阿琳
53	艺术学	北京工业大学	规划基金项目	运动数据在二维动画创作中的应用研究	13YJA760051	吴伟和
54	交叉学科/综合研究	北京航空航天大学	青年基金项目	基于政策网络的中国孤儿药供给保障机制研究	13YJCZH075	李丹阳
55	经济学	北京航空航天大学	规划基金项目	基于新 Basel 协议 III 的金融市场风险度量方法及其应用研究	13YJA790082	马　杰
56	外国文学	北京航空航天大学	规划基金项目	特奥多尔·冯塔纳小说隐匿诗学研究	13YJA752024	吴晓樵
57	外国文学	北京航空航天大学	青年基金项目	犹太女性文化身份的自我书写与重构：美国犹太女作家研究	13YJC752044	郑　丽
58	哲学	北京航空航天大学	青年基金项目	产业发展人性关怀的哲学研究	13YJC720039	王　妍
59	管理学	北京建筑大学	青年基金项目	市域城乡基础设施建设一体化管理体系研究	13YJC630155	万冬君
60	艺术学	北京建筑大学	青年基金项目	推进文化建设背景下的中国当代地铁公共艺术文化系统研究	13YJC760103	杨　晓
61	法学	北京交通大学	青年基金项目	云计算技术条件下知识产权问题研究	13YJC820009	陈明涛
62	管理学	北京交通大学	规划基金项目	中国国有上市公司高管薪酬结构与粘性的研究——基于与世界500强企业的对比研究	13YJA630140	赵健梅
63	交叉学科/综合研究	北京交通大学	青年基金项目	大城市节假日峰值出行需求条件下的停车交通组织方案和多边治理机制研究：以北京市为例	13YJCZH082	李　娟
64	交叉学科/综合研究	北京交通大学	青年基金项目	低碳经济下再制造集成供应链物流网络设计	13YJCZH186	王雅璨

续表

序号	学科门类	学校名称	项目类别	项目名称	项目批准号	申请人
65	经济学	北京交通大学	青年基金项目	高速铁路影响下京津冀地区旅游空间结构演化研究	13YJC790184	殷　平
66	马克思主义/思想政治教育	北京交通大学	青年基金项目	中国共产党思想纯洁性建设研究	13YJC710051	王永凤
67	政治学	北京科技大学	青年基金项目	群体性事件频发背景下公民有序利益表达研究	13YJC810019	吴群芳
68	法学	北京理工大学	规划基金项目	最低生活保障标准立法规范化研究	13YJA820010	韩君玲
69	法学	北京理工大学	规划基金项目	专利池在中国的构建和运营：理论与实践	13YJA820039	曲三强
70	法学	北京理工大学	青年基金项目	我国新能源法律制度完善与创新研究——基于智能电网发展的分析	13YJC820024	龚向前
71	管理学	北京理工大学	青年基金项目	面向新兴技术的技术发展路径研究：以纳米药物递呈系统为例	13YJC630042	郭　颖
72	交叉学科/综合研究	北京理工大学	规划基金项目	中国对外贸易隐含碳排放测算及对策研究——贸易结构和产业结构向低碳转型的视角	13YJAZH122	余晓泓
73	港澳台问题研究	北京联合大学	规划基金项目	台湾思想库在两岸关系中的角色研究：结构、机制与影响力互动的视角	13YJAGAT002	刘文忠
74	管理学	北京联合大学	规划基金项目	制度环境对企业社会责任行为的驱动机制研究——以会计师事务所为例	13YJA630090	王彤彤
75	管理学	北京联合大学	青年基金项目	林业碳中和循环下中国碳交易市场的建立与运行研究	13YJC630153	田　园
76	交叉学科/综合研究	北京联合大学	青年基金项目	我国典型地区经济效率时空演变规律与调控研究——以首都圈为例	13YJCZH103	刘建国
77	教育学	北京联合大学	规划基金项目	我国特殊教育教师职前培养的问题与对策研究	13YJA880050	刘全礼
78	经济学	北京联合大学	青年基金项目	基于福利视角的小额信贷可持续发展研究	13YJC790084	李雅宁
79	马克思主义/思想政治教育	北京联合大学	青年基金项目	苏美意识形态心理战对我国高校意识形态工作的启示——以勃列日涅夫时期大学生思想为例	13YJC710025	凌　霞
80	马克思主义/思想政治教育	北京联合大学	青年基金项目	美国的中国特色社会主义理论体系研究述评	13YJC710073	周文华
81	管理学	北京林业大学	青年基金项目	政策执行多样性的影响因素及作用机理研究——以退耕还林政策为例	13YJC630006	陈　佳
82	交叉学科/综合研究	北京林业大学	青年基金项目	林木生物质能源产业链优化路径研究	13YJCZH131	米　锋

续表

序号	学科门类	学校名称	项目类别	项目名称	项目批准号	申请人
83	经济学	北京林业大学	规划基金项目	低碳经济下中国木质林产品贸易政策转型研究	13YJA790106	田明华
84	艺术学	北京林业大学	规划基金项目	写意精神与中国美术的现代转型	13YJA760009	程亚鹏
85	管理学	北京社会管理职业学院	青年基金项目	中国非营利组织能力建设研究——基于个案的比较与分析	13YJC630071	李长文
86	管理学	北京师范大学	规划基金项目	基于国际标准的政府债务统计与预警管理体系研究	13YJA630005	陈梦根
87	管理学	北京师范大学	青年基金项目	Web 2.0 中用户参与微创新的行为、动因及激励机制研究	13YJC630250	朱艳春
88	教育学	北京师范大学	规划基金项目	高中数学课程标准的国际比较研究	13YJA880003	曹一鸣
89	教育学	北京师范大学	规划基金项目	基于科学概念学习进阶的教学设计模型研究	13YJA880022	郭玉英
90	教育学	北京师范大学	规划基金项目	职业教育产教融合制度创新研究	13YJA880025	和　震
91	教育学	北京师范大学	规划基金项目	基于交互式电子白板多元互动课堂的教学策略重构	13YJA880040	李　芒
92	教育学	北京师范大学	规划基金项目	义务教育阶段体育教育均衡发展的研究	13YJA880104	张吾龙
93	教育学	北京师范大学	青年基金项目	新课程背景下教材质量的评价研究：以小学数学为例	13YJC880078	王烨晖
94	经济学	北京师范大学	青年基金项目	碳排放权市场化分配机制及其社会经济影响的实验研究	13YJC790039	何浩然
95	历史学	北京师范大学	规划基金项目	清朝咸同财政与社会	13YJA770022	倪玉平
96	历史学	北京师范大学	青年基金项目	日本杏雨书屋藏《敦煌秘笈》非佛文献辑录与研究——以李盛铎旧藏敦煌文书为中心	13YJC770004	陈　涛
97	马克思主义/思想政治教育	北京师范大学	规划基金项目	马克思主义人学视域下的中国特色社会主义制度研究	13YJA710049	徐　斌
98	马克思主义/思想政治教育	北京师范大学	青年基金项目	学科交叉视野下思想政治教育生态相关问题研究	13YJC710058	杨增岽
99	民族学与文化学	北京师范大学	规划基金项目	民间年画的技艺表现与民俗志书写——以朱仙镇为调查点	13YJA850015	万建中
100	体育科学	北京师范大学	规划基金项目	中小学体育与健康课程中构建生存教育模式的实验研究	13YJA890025	孙　璞
101	外国文学	北京师范大学	青年基金项目	朱迪斯·巴特勒与女性主义伦理批评	13YJC752024	王　楠

续表

序号	学科门类	学校名称	项目类别	项目名称	项目批准号	申请人
102	心理学	北京师范大学	规划基金项目	抑郁大学生人际认知特点及其干预	13YJA190009	刘翔平
103	艺术学	北京师范大学	规划基金项目	世界纪录片品牌研究	13YJA760068	张同道
104	语言学	北京师范大学	规划基金项目	基于功能语言学的英语课程的目的和目标研究	13YJA740006	程晓堂
105	哲学	北京师范大学	青年基金项目	王弼玄学中的庄学精神研究	13YJC720018	蒋丽梅
106	中国文学	北京师范大学	青年基金项目	中国古典诗歌叙事传统研究	13YJC751084	周剑之
107	宗教学	北京师范大学	青年基金项目	佛教“格义”研究	13YJC730006	唐　嘉
108	管理学	北京外国语大学	规划基金项目	基于预售融资的供应链生产订货策略研究	13YJA630125	张继红
109	管理学	北京外国语大学	青年基金项目	商科教育国际化模式、动力机制及其绩效的实证研究：多国比较视角	13YJC630114	牛华勇
110	交叉学科/综合研究	北京外国语大学	青年基金项目	文献与学术：宋代典籍海外流传与英语世界宋史研究	13YJCZH154	孙　健
111	交叉学科/综合研究	北京外国语大学	青年基金项目	科学的权威化与“文学史”的西学东渐：中国文学史学科话语实践的发生	13YJCZH279	周小琴
112	外国文学	北京外国语大学	青年基金项目	世纪之交的亚裔美国文学研究	13YJC752013	刘葵兰
113	语言学	北京外国语大学	规划基金项目	来华留学生汉语学习动机动态变化研究	13YJA740011	丁安琪
114	语言学	北京外国语大学	青年基金项目	甲骨文记事刻辞研究	13YJC740020	方稚松
115	语言学	北京外国语大学	青年基金项目	全国 MTI 学生口译能力与外语能力的追踪对比研究	13YJC740035	蒋凤霞
116	中国文学	北京外国语大学	规划基金项目	当代华裔美国文学与中国文化传统	13YJA751058	杨　春
117	图书馆、情报与文献学	北京戏曲艺术职业学院	青年基金项目	基于互联网开放领域构建京剧专业语料库	13YJC870011	乐　娟
118	交叉学科/综合研究	北京信息科技大学	青年基金项目	物质文化视域下的民国设计史及其思想研究	13YJCZH244	张　黎
119	法学	北京印刷学院	规划基金项目	文化（产业）法的基本理论问题研究	13YJA820077	周艳敏
120	新闻学与传播学	北京印刷学院	青年基金项目	主流媒体在网络公共领域中的商谈实践研究（2003—2012）	13YJC860004	畅　榕
121	新闻学与传播学	北京印刷学院	青年基金项目	价值网视角下的数字出版商业模式创新研究	13YJC860042	张新华

续表

序号	学科门类	学校名称	项目类别	项目名称	项目批准号	申请人
122	法学	北京邮电大学	青年基金项目	跨国银行破产法律问题专论	13YJC820070	苏洁澈
123	管理学	北京邮电大学	规划基金项目	基于舆论动力学的在线点评观点演化建模和企业评论管理策略研究	13YJA630084	万　岩
124	管理学	北京邮电大学	青年基金项目	适度住房保障水平与缩小收入分配差距的关系研究	13YJC630011	陈　伟
125	经济学	北京邮电大学	规划基金项目	企业财务呈报创新、扩散及资本市场效应研究	13YJA790023	高锦萍
126	艺术学	北京邮电大学	青年基金项目	电视节目审美评价体系研究与构建	13YJC760109	张蓝姗
127	语言学	北京邮电大学	青年基金项目	语言模因论对非英语专业研究生英语习得影响的探究	13YJC740056	刘琳琪
128	语言学	北京语言大学	规划基金项目	中外留学生语言测试体系比较与研究	13YJA740002	柴省三
129	语言学	北京语言大学	规划基金项目	来华留学生商务汉语实践教学研究	13YJA740045	沈庶英
130	语言学	北京语言大学	规划基金项目	清代以来北京话副词研究	13YJA740058	魏兆惠
131	语言学	北京语言大学	青年基金项目	大城市方言文化信息系统建设研究	13YJC740058	刘晓海
132	语言学	北京语言大学	青年基金项目	美国汉语学者的汉语研究及汉语教学研究史	13YJC740068	孟艳华
133	中国文学	北京语言大学	规划基金项目	中国古典文学名著跨文化影像改编研究	13YJA751020	李　萍
134	中国文学	北京语言大学	规划基金项目	梁启超 20 世纪 20 年代的文学思想研究	13YJA751061	张冠夫
135	管理学	北京中医药大学	青年基金项目	我国医疗卫生体系绩效评估及其影响因素研究	13YJC630004	曹　雁
136	交叉学科/综合研究	北京中医药大学	青年基金项目	基于城市社区视角的中医参与纵向医疗服务体系研究	13YJCZH199	吴　欣
137	马克思主义/思想政治教育	北京中医药大学	规划基金项目	马克思恩格斯思想政治教育方法的现代审视	13YJA710021	李　征
138	语言学	北京中医药大学	规划基金项目	互文性视阈下的中医药产品说明书英译研究	13YJA740032	刘艾娟
139	法学	对外经济贸易大学	规划基金项目	动产担保公示及其优先顺位规则研究	13YJA820054	徐海燕
140	法学	对外经济贸易大学	规划基金项目	保险消费者保护制度及实施研究	13YJA820060	于海纯
141	法学	对外经济贸易大学	青年基金项目	消费者跨境电子商务争议解决机制研究	13YJC820007	陈剑玲

续表

序号	学科门类	学校名称	项目类别	项目名称	项目批准号	申请人
142	法学	对外经济贸易大学	青年基金项目	民法典视野下的不当得利制度研究——欧洲的经验与中国的选择	13YJC820018	傅广宇
143	法学	对外经济贸易大学	青年基金项目	修辞学视野中的判决理由——基于中国实践的理论与实证研究	13YJC820091	杨　贝
144	法学	对外经济贸易大学	青年基金项目	行政裁量的司法审查技术研究：基于中美经典判例的比较研究	13YJC820114	郑雅方
145	港澳台问题研究	对外经济贸易大学	规划基金项目	全球价值链视角下的两岸产业合作研究	13YJAGAT001	华晓红
146	管理学	对外经济贸易大学	规划基金项目	社会责任，合法性与适应能力：国有企业提升长期绩效的路径研究	13YJA630017	范黎波
147	管理学	对外经济贸易大学	规划基金项目	高校后勤社会化改革中保持公益性的长效管理机制	13YJA630061	吕维霞
148	管理学	对外经济贸易大学	规划基金项目	和谐社会视野下公共领导力与执行力建设研究	13YJA630067	彭向刚
149	管理学	对外经济贸易大学	规划基金项目	中央企业境外资产监管问题研究	13YJA630146	周　煊
150	交叉学科/综合研究	对外经济贸易大学	青年基金项目	农户生猪养殖合作经营创新发展与金融支持政策研究	13YJCZH142	邱俊杰
151	交叉学科/综合研究	对外经济贸易大学	青年基金项目	近代海河航道治理研究	13YJCZH166	王长松
152	交叉学科/综合研究	对外经济贸易大学	青年基金项目	国家边界安全空间演变与政策实践研究——兼论美国对中国的启示	13YJCZH175	王吉美
153	经济学	对外经济贸易大学	规划基金项目	税收对居民收入的福利效应及调节机制研究	13YJA790008	崔景华
154	经济学	对外经济贸易大学	规划基金项目	我国金融消费者保护研究	13YJA790011	丁建臣
155	经济学	对外经济贸易大学	规划基金项目	赶超型工业化的模式变迁与经常项目顺差：一个经济史与政治经济学的分析视角	13YJA790114	王剑锋
156	经济学	对外经济贸易大学	青年基金项目	中国城镇化进程中消费增长动力研究	13YJC790049	胡若痴
157	经济学	对外经济贸易大学	青年基金项目	结构改革与中国区域协调发展异质性模式研究	13YJC790075	李　明
158	经济学	对外经济贸易大学	青年基金项目	宏观视角下的跨境金融市场风险传染研究	13YJC790146	王天一
159	经济学	对外经济贸易大学	青年基金项目	异质性信念与资产价格泡沫	13YJC790153	王　勇
160	经济学	对外经济贸易大学	青年基金项目	系统性风险度量指标在主权及地方政府债务风险测算中的应用研究	13YJC790174	颜建晔
161	经济学	对外经济贸易大学	青年基金项目	刘易斯拐点、产业结构调整与经济转型的路径依赖——基于美日德韩转型经验的实证分析	13YJC790195	张军生

续表

序号	学科门类	学校名称	项目类别	项目名称	项目批准号	申请人
162	经济学	对外经济贸易大学	青年基金项目	中国式财政分权与地方政府财政行为的周期性悖论研究	13YJC790217	赵旭杰
163	历史学	对外经济贸易大学	青年基金项目	俄国立宪民主党领袖米留科夫思想研究（1905—1917）	13YJC770060	尹绍伟
164	外国文学	对外经济贸易大学	青年基金项目	言、象、境的循环与复现——《红楼梦》法译研究	13YJC752001	陈　寒
165	新闻学与传播学	对外经济贸易大学	规划基金项目	我国出版企业的专业化与多元化经营研究	13YJA860005	顾永才
166	新闻学与传播学	对外经济贸易大学	规划基金项目	出版企业的文化责任研究	13YJA860015	刘　军
167	管理学	首都经济贸易大学	规划基金项目	我国远程医疗管理模式研究：基于技术持续性采纳理论	13YJA630073	佘镜怀
168	管理学	首都经济贸易大学	青年基金项目	量子视角下的模糊投资组合选择问题研究	13YJC630012	陈　炜
169	管理学	首都经济贸易大学	青年基金项目	基于跨层次视角的团队知识分享报酬作用机制及有效性研究	13YJC630036	高中华
170	经济学	首都经济贸易大学	规划基金项目	社会组织公共服务有效供给研究——理论模型构建与经验实证分析	13YJA790002	蔡秀云
171	经济学	首都经济贸易大学	规划基金项目	独立审计市场创新研究——基于顾客价值视角	13YJA790026	顾奋玲
172	经济学	首都经济贸易大学	规划基金项目	会计准则变迁、盈余持续性与市场定价研究	13YJA790031	贺　宏
173	经济学	首都经济贸易大学	规划基金项目	中国对外直接投资逆向技术溢出效应对技术进步影响程度与政策仿真研究	13YJA790066	刘　宏
174	经济学	首都经济贸易大学	青年基金项目	国际能源价格上涨对中国工业全要素生产率的影响路径研究	13YJC790119	申　萌
175	社会学	首都经济贸易大学	规划基金项目	城市化进程中的北京城市空间结构变迁及人口合理布局研究	13YJA840032	曾宪新
176	语言学	首都经济贸易大学	青年基金项目	汉语中介语特殊句式习得的化石化现象探析：以汉文化圈的留学生为例	13YJC740013	崔淑燕
177	法学	首都师范大学	规划基金项目	基本义务的宪法界限与司法审查标准	13YJA820074	郑贤君
178	交叉学科/综合研究	首都师范大学	规划基金项目	中国琵琶演奏艺术多学科交叉创新科学知识体系研究	13YJAZH086	王超慧
179	交叉学科/综合研究	首都师范大学	青年基金项目	美国东方学会与美国的东方文学研究	13YJCZH039	冯新华
180	交叉学科/综合研究	首都师范大学	青年基金项目	多元文化背景下青少年读写素质与身份认同感形成关系研究	13YJCZH149	盛　静
181	交叉学科/综合研究	首都师范大学	青年基金项目	新生代农民工社会融合能力及其培养机制研究	13YJCZH169	王　东

续表

序号	学科门类	学校名称	项目类别	项目名称	项目批准号	申请人
182	教育学	首都师范大学	规划基金项目	教师在线实践社区中的知识管理与知识创新研究	13YJA880077	王　陆
183	教育学	首都师范大学	青年基金项目	中国公立高等学校法人制度的改革进路研究	13YJC880049	罗　爽
184	教育学	首都师范大学	青年基金项目	中国古代书院文化在日本的传播和影响	13YJC880129	朱玲莉
185	历史学	首都师范大学	青年基金项目	基于类组差异现象的甲骨文字考释	13YJC770052	王子杨
186	社会学	首都师范大学	规划基金项目	青少年应对父母离婚的积极策略研究——基于抗逆力理论与 50 例访谈个案	13YJA840020	田国秀
187	外国文学	首都师范大学	规划基金项目	文学本体的神圣化：对法国现代叙事文学的思想史研究	13YJA752004	龚　觅
188	艺术学	首都师范大学	规划基金项目	新版中小学教材中的中国近现代音乐作品研究——兼及教学实施建议	13YJA760003	蔡　梦
189	艺术学	首都师范大学	青年基金项目	台湾电影复兴浪潮研究	13YJC760105	于丽娜
190	语言学	首都师范大学	青年基金项目	马克思主义在中国的早期翻译特征研究	13YJC740017	方　红
191	语言学	首都师范大学	青年基金项目	甲骨断片边缘残字的搜集与整理	13YJC740060	刘　影
192	语言学	首都师范大学	青年基金项目	基于中日双语儿童语料库对语码转换句法结构限制的研究	13YJC740067	孟海蓉
193	政治学	首都师范大学	青年基金项目	国际金融话语权的变迁、重构及中国的对策研究——基于地缘政治的视角	13YJC810018	文　学
194	中国文学	首都师范大学	规划基金项目	“莫言的文学世界”研究	13YJA751066	张志忠
195	中国文学	首都师范大学	青年基金项目	唐代教育与文学关系研究	13YJC751012	郭　丽
196	教育学	首都体育学院	规划基金项目	中国百年学校体育发展史	13YJA880082	王　莹
197	交叉学科/综合研究	首都医科大学	青年基金项目	基于竞争风险模型的北京市老年纵向队列人群心脑血管疾病及其相关影响因素研究	13YJCZH090	李　霞
198	交叉学科/综合研究	首都医科大学	青年基金项目	村卫生室药品安全的政府规制问题研究	13YJCZH269	赵晓佩
199	新闻学与传播学	中国传媒大学	规划基金项目	中国共产党国际传播思想研究	13YJA860028	张毓强
200	新闻学与传播学	中国传媒大学	青年基金项目	微博参与社会管理的长效机制建设研究	13YJC860036	谢进川

续表

序号	学科门类	学校名称	项目类别	项目名称	项目批准号	申请人
201	艺术学	中国传媒大学	规划基金项目	城市形象中的公共艺术与设计系统开发	13YJA760043	舒　怡
202	艺术学	中国传媒大学	青年基金项目	我国微电影发展生态与管理策略研究	13YJC760067	司　若
203	艺术学	中国传媒大学	青年基金项目	全球化背景下中国数字音乐市场发展态势研究	13YJC760073	佟雪娜
204	艺术学	中国传媒大学	青年基金项目	新媒体语境下的动画跨文化研究	13YJC760077	王可越
205	艺术学	中国传媒大学	青年基金项目	中国电视剧中的城市想象与文化意义	13YJC760078	王利丽
206	语言学	中国传媒大学	青年基金项目	现代汉语常用词汇中的广义外来词统计研究	13YJC740140	张　彤
207	管理学	中国矿业大学（北京）	青年基金项目	国家煤炭应急储备体系建设关键问题决策与管理研究	13YJC630157	汪文生
208	经济学	中国矿业大学（北京）	青年基金项目	客户重要性、微观执业环境与审计质量——基于财务重述视角的经验证据	13YJC790048	胡南薇
209	社会学	中国劳动关系学院	规划基金项目	工会组织在职工教育培训中的作用	13YJA840010	李　桃
210	社会学	中国劳动关系学院	青年基金项目	企业年金制度可持续发展的理论分析及实证检验	13YJC840026	刘军丽
211	艺术学	中国劳动关系学院	青年基金项目	BBC 剧情纪录片启示	13YJC760107	喻　溟
212	交叉学科/综合研究	中国农业大学	青年基金项目	食品可追溯体系中各参与主体的行为特征及其影响因素研究	13YJCZH182	王瑞梅
213	教育学	中国农业大学	青年基金项目	中国研究型大学国际化策略建构——基于组织理论的实证案例研究	13YJC880033	金　帷
214	经济学	中国农业大学	规划基金项目	期刊论文视角的当代中国农业经济学发展研究	13YJA790020	冯开文
215	经济学	中国农业大学	规划基金项目	经济转型背景下的农业增长：中国粮食全要素生产率变化及其影响因素分析	13YJA790162	郑志浩
216	图书馆、情报与文献学	中国农业大学	青年基金项目	基于重叠结构的学科交叉演化研究	13YJC870001	陈仕吉
217	法学	中国青年政治学院	青年基金项目	刑事证明责任分配困局与对策研究——以实证考察为中心	13YJC820010	程　捷
218	法学	中国青年政治学院	青年基金项目	刑事诉讼法解释论研究	13YJC820072	孙　远
219	交叉学科/综合研究	中国青年政治学院	规划基金项目	网络媒介泛性化对青少年性价值观影响的实证研究	13YJAZH048	李永健
220	交叉学科/综合研究	中国青年政治学院	青年基金项目	当代中国大学生的保护性价值观及其对行为决策的影响研究	13YJCZH267	赵　雷

续表

序号	学科门类	学校名称	项目类别	项目名称	项目批准号	申请人
221	历史学	中国青年政治学院	规划基金项目	文明入侵与夏威夷近代社会转型研究，1778—1854	13YJA770031	王　华
222	马克思主义/思想政治教育	中国青年政治学院	青年基金项目	社会主义核心价值观在大学生中的认同状况与培育路径研究	13YJC710046	万资姿
223	艺术学	中国青年政治学院	青年基金项目	百年中国戏曲电影理论研究	13YJC760086	王怡琳
224	管理学	中国人民大学	青年基金项目	高绩效工作系统对员工态度作用机制的跨层研究：基于不同社会交换关系	13YJC630112	苗仁涛
225	管理学	中国人民大学	青年基金项目	土地用途管制下不同类型农户福利损失与补偿机制研究	13YJC630175	王雨濛
226	交叉学科/综合研究	中国人民大学	青年基金项目	我国农村地区儿童零食食品安全风险分析及监管制度创新研究	13YJCZH078	李佳洁
227	交叉学科/综合研究	中国人民大学	青年基金项目	以资产为基础的农村家庭动态贫困及福利分析	13YJCZH231	尤　婧
228	教育学	中国人民大学	规划基金项目	高等教育的溢出效应研究——个体教育获得对家庭流动的影响	13YJA880057	秦惠民
229	经济学	中国人民大学	规划基金项目	我国产业经济转型的路径研究	13YJA790013	杜朝晖
230	经济学	中国人民大学	规划基金项目	管制、过度医疗与新医改背景下的付费机制改革	13YJA790072	刘小鲁
231	经济学	中国人民大学	规划基金项目	农业生产领域的资本主导型经营模式对生产要素配置的影响研究	13YJA790077	吕亚荣
232	经济学	中国人民大学	规划基金项目	农产品产销调控机制创新研究	13YJA790134	杨　晶
233	经济学	中国人民大学	青年基金项目	食品安全问题的信息经济学分析	13YJC790077	李三希
234	经济学	中国人民大学	青年基金项目	开放经济条件下资本流动对中国经济的影响	13YJC790192	张　鹤
235	经济学	中国人民大学	青年基金项目	国际趋同背景下的争议性会计规则：规范分析、实证检验与改进策略	13YJC790223	周　华
236	马克思主义/思想政治教育	中国人民大学	青年基金项目	海外中国特色社会主义研究	13YJC710035	路克利
237	马克思主义/思想政治教育	中国人民大学	青年基金项目	马克思主义公正观的逻辑路径及其当代意义	13YJC710065	张晓萌
238	图书馆、情报与文献学	中国人民大学	青年基金项目	全程管理框架下的电子文件与档案分类：模型构建与实证研究	13YJC870018	马林青
239	心理学	中国人民大学	规划基金项目	解释水平视角下道德情绪对道德心理许可的影响研究	13YJA190007	胡　平

续表

序号	学科门类	学校名称	项目类别	项目名称	项目批准号	申请人
240	艺术学	中国人民大学	青年基金项目	近代戏曲译介与跨文化评价个案研究	13YJC760038	江 棘
241	哲学	中国人民大学	规划基金项目	马克思政治哲学的基本问题研究	13YJA720024	张文喜
242	哲学	中国人民大学	青年基金项目	伦理学视域下的人的尊严问题研究	13YJC720034	王福玲
243	宗教学	中国人民大学	规划基金项目	日本当代的中国佛教研究	13YJA730005	张文良
244	法学	中国人民公安大学	青年基金项目	恐怖活动案件刑事诉讼程序研究	13YJC820105	张小玲
245	管理学	中国石油大学	青年基金项目	我国隐含石油进出口结构优化的多目标决策及策略研究	13YJC630148	唐 旭
246	经济学	中国石油大学	青年基金项目	Knight 不确定下基于异质信念的资产定价及投资组合研究	13YJC790112	泮 敏
247	外国文学	中国石油大学	青年基金项目	立足地方的世界主义：芭芭拉·金索尔弗的小说研究	13YJC752021	唐建南
248	语言学	中国石油大学	规划基金项目	叙事语篇“视角”的认知诗学研究	13YJA740082	赵秀凤
249	交叉学科/综合研究	中国音乐学院	青年基金项目	中国常用民族乐器音色的声学测定及听觉心理实验	13YJCZH084	李丽敏
250	法学	中国政法大学	规划基金项目	我国亲子鉴定现状及其法律规制研究	13YJA820031	鲁 涤
251	法学	中国政法大学	规划基金项目	人格权及其救济制度研究	13YJA820059	尹志强
252	法学	中国政法大学	规划基金项目	医疗过错与损害后果间因果关系中的原因力研究	13YJA820064	张凤芹
253	法学	中国政法大学	青年基金项目	证人弹劾制度研究	13YJC820073	汪诸豪
254	法学	中国政法大学	青年基金项目	唐令的复原与研究	13YJC820110	赵 晶
255	法学	中国政法大学	青年基金项目	继承法基础理论与规范体系之重构：以遗产移转的正当性为中心	13YJC820117	朱庆育
256	国际问题研究	中国政法大学	规划基金项目	中美合作机制与新型大国关系构建研究	13YJAGJW004	刘长敏
257	交叉学科/综合研究	中国政法大学	青年基金项目	民国北京婚姻纠纷研究——基于诉讼档案的考察	13YJCZH238	张蓓蓓
258	哲学	中国政法大学	青年基金项目	乡村家庭伦理研究——以山东与湖南的两个村庄为例	13YJC720051	赵庆杰
259	法学	中央财经大学	青年基金项目	经济政策与经济法——经济法立法精细化研究	13YJC820084	邢会强
260	法学	中央财经大学	青年基金项目	我国宪法第五十一条的内涵与效力研究	13YJC820098	于文豪

续表

序号	学科门类	学校名称	项目类别	项目名称	项目批准号	申请人
261	法学	中央财经大学	青年基金项目	美国民事执行制度研究	13YJC820106	张晓冰
262	管理学	中央财经大学	规划基金项目	网络群体性事件中从众行为的动因、演化和干预机制研究	13YJA630089	王天梅
263	管理学	中央财经大学	规划基金项目	地方政府投融资公私合作的监管机制创新研究	13YJA630101	温来成
264	管理学	中央财经大学	青年基金项目	“半强制”股利政策、股利支付行为及经济后果	13YJC630160	王春飞
265	管理学	中央财经大学	青年基金项目	领导—成员交换关系差异化的影响因素和影响效果：基于资源和资源分配视角的多层次研究	13YJC630176	王　震
266	管理学	中央财经大学	青年基金项目	社会资本视域下政府跨部门协同中的知识转移研究	13YJC630211	于　鹏
267	国际问题研究	中央财经大学	青年基金项目	偏好、模式与实施效果：美欧俄经济制裁方略的比较研究	13YJCGJW008	刘建伟
268	交叉学科/综合研究	中央财经大学	青年基金项目	经济学语言转向的根源和影响研究	13YJCZH005	蔡　辉
269	经济学	中央财经大学	规划基金项目	政府采购走向规范化的路径设计——基于信息透明化视角	13YJA790037	姜爱华
270	经济学	中央财经大学	规划基金项目	房产税对地方经济影响的模拟研究——以北京市为例	13YJA790108	汪　昊
271	经济学	中央财经大学	规划基金项目	基于非对称特征的我国鲜活农产品价格波动传递及其福利效应研究	13YJA790142	于爱芝
272	经济学	中央财经大学	青年基金项目	中国出口双重集聚的测度、形成机制及效应研究	13YJC790044	胡　翠
273	经济学	中央财经大学	青年基金项目	对外贸易、异质性企业的区位选择与中国的地区差异	13YJC790076	李瑞琴
274	艺术学	中央美术学院	青年基金项目	法度与意趣——20 世纪中国美术家书法研究	13YJC760003	边　恺
275	经济学	中央民族大学	青年基金项目	审计治理与投资者保护：机制、效应及其评价	13YJC790121	盛庆辉
276	马克思主义/思想政治教育	中央民族大学	规划基金项目	党代会常任制构想与决策民主化、科学化关系研究	13YJA710039	苏海舟
277	民族学与文化学	中央民族大学	规划基金项目	多民族杂居地区民族宽容研究	13YJA850004	何俊芳
278	社会学	中央民族大学	规划基金项目	当代泰国城市中产阶层佛教信仰与实践的人类学研究	13YJA840004	龚浩群
279	语言学	中央民族大学	规划基金项目	中日法律词汇对比研究	13YJA740051	陶　芸
280	语言学	中央民族大学	青年基金项目	藏缅语名词性别标记比较研究	13YJC740087	田　静

续表

序号	学科门类	学校名称	项目类别	项目名称	项目批准号	申请人
281	中国文学	中央民族大学	规划基金项目	民国时期北京报纸文艺副刊研究	13YJA751027	刘淑玲

（高校社科管理中心白晓供稿）

2013 年度教育部哲学社会科学研究重大攻关项目（北京地区）

项目批准号	项目名称	单位	项目负责人
13JZD008	城乡一体化发展与土地管理制度改革研究	北京大学	周其仁
13JZD017	提升中国产品海外形象研究	对外经济贸易大学	林汉川
13JZD031	汉字认知与中华优秀传统文化的现代价值研究	首都师范大学	解小青
13JZD032	中华文化的跨文化阐释与对外传播研究	北京语言大学	李庆本
13JZD035	京剧百部经典英译系列工程	中国人民大学	孙　萍
13JZD034	艺术学科发展和艺术院校人才培养模式研究	中央美术学院	余　丁
13JZD045	学生体质健康测试与学生、学校评价机制研究	北京体育大学	谢敏豪
13JZD047	中国现代职业教育质量保障体系研究	北京师范大学	赵志群
13JZD049	创新专业学位研究生培养模式研究	清华大学	贺克斌

（高校社科管理中心白晓供稿）

2013 年度教育部哲学社会科学研究后期资助项目（北京地区）

学　校	负责人	项目名称	学　科	立项类别
北京师范大学	姜海军	南宋经学的传承、诠释与思想研究	哲学	重点
中国人民大学	高圣平	荷兰民法典（译著）	法学	重点
中国传媒大学	张民权	万光泰音韵学稿本校释	语言学	重点
北京师范大学	周作宇	高等教育测量、评估与评价手册	教育学	重点
北京外国语大学	米　良	泰国民商法典（译著）	法学	一般
中国政法大学	李训虎	证明力规则研究	法学	一般
北京外国语大学	武瑷华	外交话语研究	国际问题研究	一般
北京大学	牛　军	剑桥冷战史（译著）	历史学	一般
中国政法大学	邓庆平	唐代以降华北边地的政区调整与基层社会变迁——以蔚州地区为例	历史学	一般

续表

学　校	负责人	项目名称	学　科	立项类别
北京语言大学	朱天曙	清代书学文献叙录与研究	艺术学	一般
北京理工大学	陈　洁	禅宗自由思想研究	宗教学	一般
北京邮电大学	吴　洪	资源整合机制下的产学研协同创新	管理学	一般
中央财经大学	王存同	回归分析在社会科学中的应用	社会学	一般
北京林业大学	秦　涛	中国林业金融需求与供给问题研究	管理学	一般
中央财经大学	王玉涛	信息环境变化、盈余管理与投资者行为研究	管理学	一般
北京工商大学	龚晓菊	欠发达地区跨越式发展金融支持体系研究	经济学	一般
北京工业大学	杨　韡	跨越式发展背景下西藏战略性支撑产业发展的政策与对研究	经济学	一般
中国人民大学	李炳海	《周易》本经注译辨析	中国文学	一般
北京语言大学	于小植	中国文学作品透析与意象的突围	中国文学	一般

（高校社科管理中心白晓供稿）

2013 年北京市哲学社会科学规划项目

序号	项目编号	项目名称	项目负责人	申报学科	资助等级	信誉保证单位	备注
1	13ZDA01	中国特色社会主义在北京的实践研究	徐永利	科社·党建·政治学	重大项目	北京联合大学	重大项目
2	13ZDA02	新时期北京市领导干部坚持群众路线，改进工作作风长效机制研究	刘　阳	科社·党建·政治学	重大项目	中共北京市委党校	重大项目
3	13ZDA03	推进首都经济结构战略性调整研究	刘　瑞	经济·管理	重大项目	中国人民大学	重大项目
4	13ZDA04	北京率先形成城乡发展一体化新格局研究	郑风田	经济·管理	重大项目	中国人民大学	重大项目
5	13ZDA05	北京市法治政府建设研究	许传玺	法学	重大项目	北京市社会科学院	重大项目
6	13ZDA06	北京社会管理体制机制创新研究	唐　军	社会学	重大项目	北京工业大学	重大项目
7	13ZDA07	首都网络舆情引导机制研究	周　星	综合	重大项目	北京师范大学	重大项目
8	13ZDB08	社会主义 500 年编年史	崔耀中	科社·党建·政治学	重大项目	中共北京市委讲师团	重大项目
9	13ZDB09	首都发展的阶段性特征研究	谭维克	经济·管理	重大项目	北京市社会科学院	重大项目

续表

序号	项目编号	项目名称	项目负责人	申报学科	资助等级	信誉保证单位	备注
10	13ZDB10	北京市网络舆情生态传播系统研究	张真继	综合	重大项目	北京交通大学	重大项目
11	13ZDB11	北京建设学术之都的政策研究	李　强	综合	重大项目	清华大学	重大项目
12	13ZDC12	实现中华民族伟大复兴“中国梦”研究	郑水泉	科社·党建·政治学	重大项目	中国人民大学	重大项目
13	13ZDC13	中国特色社会主义制度体系研究	秦　宣	科社·党建·政治学	重大项目	中国人民大学	重大项目
14	13ZDC14	社会主义核心价值观研究	韩　震	科社·党建·政治学	重大项目	北京外国语大学	重大项目
15	13CSB001	加快推进北京市智慧社区建设的对策研究	梁　丽	城市学	一般项目	中共北京市委党校	年度项目
16	13CSB002	基于房租补贴政策的北京市保障性住房体系的系统动力学研究	王志锋	城市学	一般项目	中央财经大学	年度项目
17	13CSB003	北京公共交通枢纽优化换乘功能的服务设计研究	郑子云	城市学	一般项目	北京工商大学	年度项目
18	13CSB004	北京城市形象的国际传播研究	赵永华	城市学	一般项目	中国人民大学	年度项目
19	13CSB005	基层协商民主推进首都社区善治研究	姜之茂	城市学	一般项目	北京社会主义学院	年度项目
20	13CSB006	北京市大气污染防治政策研究	刘建伟	城市学	一般项目	北京建筑大学	年度项目
21	13CSB007	首都雾霾天气及其健康损害价值评估研究	郑海霞	城市学	一般项目	北京联合大学	年度项目
22	13CSC008	北京建设世界城市中新城多中心治理模式研究	龚文婧	城市学	青年项目	中共北京市委党校	年度项目
23	13CSC009	多目标导向下的首都空间格局优化研究	赵继敏	城市学	青年项目	北京市社会科学院	年度项目
24	13CSC010	北京城市排水管道沉积物控制与管理对策研究	李海燕	城市学	青年项目	北京建筑大学	年度项目
25	13CSC011	北京市交通可达性对城市空间扩展的影响及优化调控	关兴良	城市学	青年项目	全国市长研修学院	年度项目
26	13CSC012	生态文明视域下北京低碳创新城市建设研究	陆小成	城市学	青年项目	北京市社会科学院	年度项目
27	13FXA001	北京市预防爆炸恐怖犯罪的对策研究	王新建	法学	重点项目	中国人民公安大学	年度项目
28	13FXA002	北京非物质文化遗产保护研究	曲三强	法学	重点项目	北京理工大学	年度项目
29	13FXA003	反垄断法实施中的法益平衡问题研究	戴　龙	法学	重点项目	中国政法大学	年度项目

续表

序号	项目编号	项目名称	项目负责人	申报学科	资助等级	信誉保证单位	备注
30	13FXB004	从《圣经》审判案例看希伯来律法文化的现代法学意义	刘阳阳	法学	一般项目	中国政法大学	年度项目
31	13FXB005	明清北京地方职官请托犯罪研究	孙　旭	法学	一般项目	中国政法大学	年度项目
32	13FXB006	北京市完善立体化社会治安防控体系研究	殷星辰	法学	一般项目	北京市社会科学院	年度项目
33	13FXB007	禁令在首都环境保护中的适用研究	谭　红	法学	一般项目	国家法官学院	年度项目
34	13FXB008	北京市社会工作者状况与社会工作者管理立法研究	韩君玲	法学	一般项目	北京理工大学	年度项目
35	13FXB009	北京市社区诚信体系建设研究	王雨本	法学	一般项目	北京市法学会	年度项目
36	13FXB010	北京农村土地可持续利用法律制度研究	郑　翔	法学	一般项目	北京交通大学	年度项目
37	13FXB011	京郊农村征地补偿法律制度研究	周　晖	法学	一般项目	北京农业职业学院	年度项目
38	13FXB012	北京市农村住房养老法律制度研究	张晓霞	法学	一般项目	北京建筑大学	年度项目
39	13FXB013	首都青少年犯罪心理特征分析	李玫瑾	法学	一般项目	中国人民公安大学	年度项目
40	13FXB014	北京互联网犯罪侦防的现实困境及对策研究	柴艳茹	法学	一般项目	北京警察学院	年度项目
41	13FXB015	网络信息安全立法研究	龙卫球	法学	一般项目	北京航空航天大学	年度项目
42	13FXB016	恶意诉讼行为的侵权法规制	胡　岩	法学	一般项目	国家法官学院	年度项目
43	13FXB017	北京市加强劳动保障监察和争议调解仲裁研究	郑尚元	法学	一般项目	清华大学	年度项目
44	13FXB018	北京市重大集体劳动争议处理机制研究	程延园	法学	一般项目	中国人民大学	年度项目
45	13FXB019	医疗纠纷诉讼外解决机制研究	梁　平	法学	一般项目	华北电力大学	年度项目
46	13FXB020	与基本医疗相适应的损害赔偿规则研究	马　辉	法学	一般项目	首都医科大学	年度项目
47	13FXB021	北京新农村出嫁女财产权与妇女合法权益保护问题研究	孟德花	法学	一般项目	北京政法职业学院	年度项目
48	13FXB022	股东知情权：理论体系与裁判经验的展开	李建伟	法学	一般项目	中国政法大学	年度项目
49	13FXB023	北京食品安全监管法律对策研究	郝琳琳	法学	一般项目	北京工商大学	年度项目

续表

序号	项目编号	项目名称	项目负责人	申报学科	资助等级	信誉保证单位	备注
50	13FXB024	论宪法的国事管理权规范	蒋劲松	法学	一般项目	北京市人大理论研究会	年度项目
51	13FXB025	关于区县人大常委会组成人员专职化问题研究	关成启	法学	一般项目	北京市人大理论研究会	年度项目
52	13FXB026	北京居民环境法律意识状况研究	戴秀丽	法学	一般项目	北京林业大学	年度项目
53	13FXC027	宪法序言的规范属性与实施问题研究	翟志勇	法学	青年项目	北京航空航天大学	年度项目
54	13FXC028	“法治北京”建设规划纲要研究	李　倩	法学	青年项目	北京市法学会	年度项目
55	13FXC029	宋代司法官群体研究	赵　晶	法学	青年项目	中国政法大学	年度项目
56	13FXC030	北京市突发公共卫生事件中的公安行政强制措施研究	马韶青	法学	青年项目	北京中医药大学	年度项目
57	13FXC031	北京高校行政事业单位国有资产管理中的法律问题	张江莉	法学	青年项目	北京师范大学	年度项目
58	13FXC032	侦查机关鉴定人出庭作证制度构建研究	杨天潼	法学	青年项目	中国政法大学	年度项目
59	13FXC033	合成毒品滥用与首都社会公共安全问题研究	张　黎	法学	青年项目	中国人民公安大学	年度项目
60	13FXC034	北京市青少年犯罪团伙实证研究	姚　兵	法学	青年项目	北京市社会科学院	年度项目
61	13FXC035	首都互联网产业自律与发展研究	朱　巍	法学	青年项目	中国政法大学	年度项目
62	13FXC036	在京非法移民区别治理研究	郭　晶	法学	青年项目	北京师范大学	年度项目
63	13FXC037	北京市文化创意产业保护的立法研究	卢海君	法学	青年项目	对外经济贸易大学	年度项目
64	13FXC038	北京市社会保险基金收支平衡法律问题研究	叶　姗	法学	青年项目	北京大学	年度项目
65	13FXC039	食品安全中行政执法和刑事司法衔接问题研究	邵彦铭	法学	青年项目	北京联合大学	年度项目
66	13FXC040	新监管体制下北京市食品安全问题实证研究	王小龙	法学	青年项目	中国农业大学	年度项目
67	13FXC041	基本药物语境下北京市乡村药品安全政府规制问题研究	赵晓佩	法学	青年项目	首都医科大学	年度项目
68	13JYA001	面向卓越工程人才培养的首都高校管理协同创新机制研究	王兴芬	教育学	重点项目	北京信息科技大学	年度项目
69	13JYA002	北京地区大学分校研究(1978—1985)	张　楠	教育学	重点项目	北京联合大学	年度项目
70	13JYA003	北京建设中国特色世界城市与教育国际化问题研究	刘宝存	教育学	重点项目	北京师范大学	年度项目

续表

序号	项目编号	项目名称	项目负责人	申报学科	资助等级	信誉保证单位	备注
71	13JYA004	北京市农村地区初中学习困难学生预警和干预研究	梁　威	教育学	重点项目	北京师范大学	年度项目
72	13JYB005	运动干预对北京大学生社会适应性影响的实证研究	刘立新	教育学	一般项目	北京工商大学	年度项目
73	13JYB006	基于职业对接的专业组织嵌入式专业硕士培养模式研究	阎为民	教育学	一般项目	北京信息科技大学	年度项目
74	13JYB007	北京高校理工交叉学科研究生培养模式与质量提升途径研究	王　颖	教育学	一般项目	北京理工大学	年度项目
75	13JYB008	首都高校应用型创新人才培养的协同机制研究	金保华	教育学	一般项目	北京工业大学	年度项目
76	13JYB009	北京高校英语教师的形成性评估理念与教育评估政策研究	曹荣平	教育学	一般项目	北京林业大学	年度项目
77	13JYB010	北京市理工科大学生团队科学创造力：结构、影响因素及干预研究	张建卫	教育学	一般项目	北京理工大学	年度项目
78	13JYB011	基于游戏化学习的创造性思维的培育策略研究	尚俊杰	教育学	一般项目	北京大学	年度项目
79	13JYB012	融合教育背景下北京市特殊教育教师在职培训研究	许家成	教育学	一般项目	北京联合大学	年度项目
80	13JYB013	残疾人高等教育入学机会的保障体系研究	滕祥东	教育学	一般项目	北京联合大学	年度项目
81	13JYB014	汉语儿童叙述能力的发展研究	郝美玲	教育学	一般项目	北京语言大学	年度项目
82	13JYB015	北京市幼儿园课程改革成效研究	于开莲	教育学	一般项目	首都师范大学	年度项目
83	13JYC016	网络背景下首都大学生心理健康问题研究	张　梅	教育学	青年项目	中央财经大学	年度项目
84	13JYC017	基于学生学习投入与学科竞争力的首都高等教育质量评价研究	苏林琴	教育学	青年项目	北京工业大学	年度项目
85	13JYC018	北京人口变动对教育需求的影响	赵　勇	教育学	青年项目	北京市社会科学院	年度项目
86	13JYC019	北京青年科技创新人才成长机制研究——人才与城市互动的视角	黄海刚	教育学	青年项目	对外经济贸易大学	年度项目
87	13JYC020	“数字一代”学习方式调查及电子教材设计对策研究	王晓晨	教育学	青年项目	首都师范大学	年度项目

续表

序号	项目编号	项目名称	项目负责人	申报学科	资助等级	信誉保证单位	备注
88	13JYC021	“四化同步”背景下北京市职业教育的总体布局和宏观结构研究	胡茂波	教育学	青年项目	清华大学	年度项目
89	13JYC022	基于人口预测的北京市幼教师资需求分析：2015—2025	沙　莉	教育学	青年项目	首都师范大学	年度项目
90	13JYC023	北京市小学新教师专业发展的校本支持研究	赵　萍	教育学	青年项目	北京师范大学	年度项目
91	13JYC024	北京市基础教育对外开放的文化安全隐患与应对策略	王　熙	教育学	青年项目	北京师范大学	年度项目
92	13JYC025	北京市流动儿童放学后处境及社会教育支持机制研究	周金燕	教育学	青年项目	北京师范大学	年度项目
93	13JGA001	北京都市型现代农业新型经营主体发展与支持政策研究	孔祥智	经济·管理	重点项目	中国人民大学	年度项目
94	13JGA002	北京旅游产业转型升级对策研究	黄先开	经济·管理	重点项目	北京联合大学	年度项目
95	13JGA003	北京现代籽种产业发展问题研究	刘　芳	经济·管理	重点项目	北京农学院	年度项目
96	13JGA004	中关村中小企业创新模式研究——基于网络社区众包机制视角	涂　艳	经济·管理	重点项目	中央财经大学	年度项目
97	13JGA005	北京社会建设领域政府购买社会组织服务研究	张　坚	经济·管理	重点项目	市委社会工委	年度项目
98	13JGA006	北京市旅游竞争力研究	王琪延	经济·管理	重点项目	中国人民大学	年度项目
99	13JGA007	共筑中国梦：北京市社会公平保障体系建设研究	魏　杰	经济·管理	重点项目	清华大学	年度项目
100	13JGA008	基于碳户籍管理方法的北京中心城区交通拥堵综合治理研究	赵立祥	经济·管理	重点项目	北京工业大学	年度项目
101	13JGA009	科技成果转化绩效评价、影响因素分析和对策研究	唐五湘	经济·管理	重点项目	北京信息科技大学	年度项目
102	13JGB010	北京市上市公司内部控制水平评价	陈关亭	经济·管理	一般项目	清华大学	年度项目
103	13JGB011	北京地区高校商学教育国际化研究	牛华勇	经济·管理	一般项目	北京外国语大学	年度项目
104	13JGB012	北京高端服务业的发展路径与对策研究	申　静	经济·管理	一般项目	北京大学	年度项目
105	13JGB013	北京绿色产业与绿色城镇化互动发展机制研究	曾　煜	经济·管理	一般项目	中华女子学院	年度项目
106	13JGB014	北京市促进低碳消费的财税政策研究	申嫦娥	经济·管理	一般项目	北京师范大学	年度项目

续表

序号	项目编号	项目名称	项目负责人	申报学科	资助等级	信誉保证单位	备注
107	13JGB015	北京市房地产税税制优化研究及政策建议	郭婧娟	经济·管理	一般项目	北京交通大学	年度项目
108	13JGB016	北京市公共服务公私合作的价格监管机制创新研究	温来成	经济·管理	一般项目	中央财经大学	年度项目
109	13JGB017	北京市居民食物消费生态足迹与“绿色”可持续消费政策研究	张彩萍	经济·管理	一般项目	中央财经大学	年度项目
110	13JGB018	北京市碳金融市场价格调节及形成机制研究	郭冬梅	经济·管理	一般项目	中央财经大学	年度项目
111	13JGB019	北京市文化创意产业集群空间演化研究	姜　玲	经济·管理	一般项目	中央财经大学	年度项目
112	13JGB020	北京市小微企业金融服务与外地中小银行市场进入的影响	粟　勤	经济·管理	一般项目	对外经济贸易大学	年度项目
113	13JGB021	北京市新能源汽车市场化机制及产业政策研究	丁慧平	经济·管理	一般项目	北京交通大学	年度项目
114	13JGB022	北京提升参与国际产业分工高端链条竞争能力的对策研究	王　卓	经济·管理	一般项目	北京工商大学	年度项目
115	13JGB023	北京应急产品储备与供应问题研究	李　兵	经济·管理	一般项目	对外经济贸易大学	年度项目
116	13JGB024	构建支持北京大气污染治理的绿色金融体系研究	郭红玉	经济·管理	一般项目	对外经济贸易大学	年度项目
117	13JGB025	国际粮食市场“金融化”背景下北京市粮食价格形成机制与稳定对策研究	辛　毅	经济·管理	一般项目	中国人民大学	年度项目
118	13JGB026	环境约束下京津冀城市群产业协调发展研究	李彦军	经济·管理	一般项目	北京市社会科学院	年度项目
119	13JGB027	基于CGE模型的外商直接投资对北京制造业竞争力影响研究	韩景华	经济·管理	一般项目	北京第二外国语学院	年度项目
120	13JGB028	基于全球价值链理论的北京服务外包产业升级研究——对样本企业的跨案例分析	姜荣春	经济·管理	一般项目	对外经济贸易大学	年度项目
121	13JGB029	面向世界城市的北京智慧旅游城市的基本内涵与实践路径研究	李云鹏	经济·管理	一般项目	首都经济贸易大学	年度项目
122	13JGB030	人民币国际化对北京市金融产业竞争力的影响研究	涂永红	经济·管理	一般项目	中国人民大学	年度项目
123	13JGB031	生产性服务业引领北京市产业转型升级研究	张淑梅	经济·管理	一般项目	北京财贸职业学院	年度项目

续表

序号	项目编号	项目名称	项目负责人	申报学科	资助等级	信誉保证单位	备注
124	13JGB032	特大消费型城市循环经济发展模式构建及其评价研究——以北京为例	程会强	经济·管理	一般项目	北京工业大学	年度项目
125	13JGB033	小额信贷视角下北京市小微企业融资难问题研究	张正平	经济·管理	一般项目	北京工商大学	年度项目
126	13JGB034	营业税改征增值税背景下北京市税收收入可持续研究	陆跃祥	经济·管理	一般项目	北京师范大学	年度项目
127	13JGB035	北京居民消费价格指数驱动因素、波动规律及监测预警研究	许　伟	经济·管理	一般项目	中国人民大学	年度项目
128	13JGB036	基于项目区分理论的北京市基础设施多元融资架构设计	马若微	经济·管理	一般项目	北京工商大学	年度项目
129	13JGB037	北京市包容性创新系统构建与配套政策研究	邢小强	经济·管理	一般项目	对外经济贸易大学	年度项目
130	13JGB038	北京可再生能源定量评价体系研究	李春华	经济·管理	一般项目	北京农业职业学院	年度项目
131	13JGB039	“营改增”效应与首都现代服务企业财务对策研究	陆　勇	经济·管理	一般项目	北京第二外国语学院	年度项目
132	13JGB040	北京都市型蔬菜产业经营体制创新研究	张领先	经济·管理	一般项目	中国农业大学	年度项目
133	13JGB041	北京农业科技企业自主创新运行机制及模式研究	李　萍	经济·管理	一般项目	北京农学院	年度项目
134	13JGB042	北京市电动汽车充换电站运营优化研究	华国伟	经济·管理	一般项目	北京交通大学	年度项目
135	13JGB043	北京市金融企业雇主品牌、员工态度和行为及服务质量间的影响关系及机理研究	朱　飞	经济·管理	一般项目	中央财经大学	年度项目
136	13JGB044	北京市居民生活垃圾源头分类行为、影响机理与规制政策制定	徐　颖	经济·管理	一般项目	北京信息科技大学	年度项目
137	13JGB045	北京市农产品产销协同一体化模式研究	李先国	经济·管理	一般项目	中国人民大学	年度项目
138	13JGB046	北京市三项基本医疗保障制度比较及整合研究	张　琪	经济·管理	一般项目	首都经济贸易大学	年度项目
139	13JGB047	北京市中小企业云计算应用及效果实证研究	孙玥璠	经济·管理	一般项目	北京工商大学	年度项目
140	13JGB048	北京新生代农民工人力资本投资行为及政策激励研究	陈雄鹰	经济·管理	一般项目	北京联合大学	年度项目
141	13JGB049	促进北京高端制造业自主创新能力研究	瞿　昕	经济·管理	一般项目	北京大学	年度项目

续表

序号	项目编号	项目名称	项目负责人	申报学科	资助等级	信誉保证单位	备注
142	13JGB050	低碳发展下北京市企业能源效率优化管理模式研究	黄元生	经济·管理	一般项目	华北电力大学	年度项目
143	13JGB051	互联网时代北京旅游的国际营销	冯捷蕴	经济·管理	一般项目	对外经济贸易大学	年度项目
144	13JGB052	基于"艺术城市"概念的"北京古村落文化旅游经济圈"构建研究	刘　彤	经济·管理	一般项目	北京印刷学院	年度项目
145	13JGB053	基于国际比较视角下的北京中心城区交通拥堵综合治理研究	刘　波	经济·管理	一般项目	北京市社会科学院	年度项目
146	13JGB054	基于节能减排的北京市电动汽车充电模式研究	张兴平	经济·管理	一般项目	华北电力大学	年度项目
147	13JGB055	基于综合绩效评价体系的北京市公交巴士企业补贴机制研究	卢　宇	经济·管理	一般项目	首都经济贸易大学	年度项目
148	13JGB056	价值管理视角：北京市企业集团轻资产模式财务风险研究	穆林娟	经济·管理	一般项目	北京工商大学	年度项目
149	13JGB057	京郊各类合作社协调发展研究	冯开文	经济·管理	一般项目	中国农业大学	年度项目
150	13JGB058	首都网络舆情治理主体协同机制及治理对策研究	李雪峰	经济·管理	一般项目	中央财经大学	年度项目
151	13JGC059	"职住分离"对北京经济社会发展的影响及对策研究	蔡宏波	经济·管理	青年项目	北京师范大学	年度项目
152	13JGC060	北京城乡一体化居民基本医疗保险制度研究	徐　徐	经济·管理	青年项目	北京工商大学	年度项目
153	13JGC061	北京创新农业经营体制机制研究	毛　飞	经济·管理	青年项目	中国人民大学	年度项目
154	13JGC062	北京构建科技创新平台体制机制研究	赖先进	经济·管理	青年项目	北京大学	年度项目
155	13JGC063	北京农村建设用地流转模式创新研究——以昌平区为例	桂　琳	经济·管理	青年项目	北京农学院	年度项目
156	13JGC064	北京实施居民收入倍增的税收福利效应及政策机制研究	崔景华	经济·管理	青年项目	对外经济贸易大学	年度项目
157	13JGC065	北京市老年人身体活动的经济性研究	于洪军	经济·管理	青年项目	清华大学	年度项目
158	13JGC066	北京市能源消耗与碳排放的历史特征及发展趋势研究	耿玉环	经济·管理	青年项目	北京联合大学	年度项目
159	13JGC067	北京市商业集群体系研究	刘玉奇	经济·管理	青年项目	北京物资学院	年度项目
160	13JGC068	北京市碳排放权交易市场定价机制与价格管理策略研究	王　遥	经济·管理	青年项目	中央财经大学	年度项目

续表

序号	项目编号	项目名称	项目负责人	申报学科	资助等级	信誉保证单位	备注
161	13JGC069	北京文化创意产业集群创新能力升级研究：测度、机制与协调	刘寿先	经济·管理	青年项目	北京印刷学院	年度项目
162	13JGC070	财税改革与北京加快转变经济发展方式：基于“营改增”视角的研究	毛　捷	经济·管理	青年项目	对外经济贸易大学	年度项目
163	13JGC071	产业结构优化对北京市碳减排目标的影响效应研究	张宏艳	经济·管理	青年项目	北京工商大学	年度项目
164	13JGC072	基于 SFDI 的北京市产业结构优化研究	刘丽艳	经济·管理	青年项目	北京石油化工学院	年度项目
165	13JGC073	基于能源优化配置的北京地区可再生能源发电并网机制研究	方　勇	经济·管理	青年项目	北京化工大学	年度项目
166	13JGC074	京津冀地区能源密集型产业的共生发展模式研究	李　莉	经济·管理	青年项目	北京信息科技大学	年度项目
167	13JGC075	老龄化进程中的北京居民消费规模和结构变化研究	蒯鹏州	经济·管理	青年项目	北京工商大学	年度项目
168	13JGC076	异质性企业贸易理论视角下北京“双自主”企业国际市场开拓研究	杨丽花	经济·管理	青年项目	中国政法大学	年度项目
169	13JGC077	北京市城乡居民养老保险收支测算及政策标准研究	杨　娟	经济·管理	青年项目	中国青年政治学院	年度项目
170	13JGC078	北京绿色物流发展的统计测度与量化研究	周　丽	经济·管理	青年项目	北京物资学院	年度项目
171	13JGC079	“去家族化”争议背景下家族影响与组织公民行为间的关系研究——基于北京市家族企业的调研	艾凤义	经济·管理	青年项目	北京理工大学	年度项目
172	13JGC080	北京城市功能疏解与空间布局研究	邓慧慧	经济·管理	青年项目	对外经济贸易大学	年度项目
173	13JGC081	北京金融产业监管中会计信息不对称问题研究	柯　剑	经济·管理	青年项目	北京工商大学	年度项目
174	13JGC082	北京居民蔬菜类生活必需品供应保障体系建设研究	张　浩	经济·管理	青年项目	北京工商大学	年度项目
175	13JGC083	北京科技创新平台运行机制研究	吴　杨	经济·管理	青年项目	北京理工大学	年度项目
176	13JGC084	北京母公司与地方子公司集团内部资金转移研究	许　荣	经济·管理	青年项目	中国人民大学	年度项目
177	13JGC085	北京市 G2G 电子政务业务协同的动力机制、推进方法与实证研究	范　静	经济·管理	青年项目	北京外国语大学	年度项目

续表

序号	项目编号	项目名称	项目负责人	申报学科	资助等级	信誉保证单位	备注
178	13JGC086	北京市保障房建设与住宅商品房市场协调发展研究	张　鹤	经济·管理	青年项目	中国人民大学	年度项目
179	13JGC087	北京市轨道交通节能型运营调度方法研究	李　想	经济·管理	青年项目	北京化工大学	年度项目
180	13JGC088	北京市食品质量安全风险预警体系研究	崔　丽	经济·管理	青年项目	北京工商大学	年度项目
181	13JGC089	北京市突发事件应急资源保障体系优化设计研究	王　晶	经济·管理	青年项目	北京工商大学	年度项目
182	13JGC090	北京市文化产业重大项目促进与绩效评价研究	郭彦丽	经济·管理	青年项目	北京联合大学	年度项目
183	13JGC091	北京中小型高新技术企业风险监测模式研究	李兴伟	经济·管理	青年项目	北京市科学技术研究院	年度项目
184	13JGC092	基于 Living Lab 的北京智慧旅游服务创新模式研究	郝金星	经济·管理	青年项目	北京航空航天大学	年度项目
185	13JGC093	基于城市脆弱性的应急资源配置及其评估与调整研究	于瑛英	经济·管理	青年项目	北京信息科技大学	年度项目
186	13JGC094	基于公共价值的北京食品安全监管：绩效评估与治理创新	王　蕾	经济·管理	青年项目	首都经济贸易大学	年度项目
187	13JGC095	基于会计视角的北京市城市公用事业价格形成机制及其管理研究	张曾莲	经济·管理	青年项目	北京科技大学	年度项目
188	13JGC096	基于知识管理的供应链应急管理	王红春	经济·管理	青年项目	北京建筑大学	年度项目
189	13JGC097	京郊旅游型小城镇“特色建构”模式与可持续用地政策支持研究	刁琳琳	经济·管理	青年项目	中共北京市委党校	年度项目
190	13JGC098	首都智能电网中微网系统的优化集成与发展机制研究	王永利	经济·管理	青年项目	华北电力大学	年度项目
191	13JGC099	物联网环境下新型物流业务体系研究	唐恒亮	经济·管理	青年项目	北京物资学院	年度项目
192	13JGC100	新型城镇化视角下北京市流通业现代化发展研究	汪　洋	经济·管理	青年项目	首都经济贸易大学	年度项目
193	13JGC101	资源环境约束下北京市居民低碳消费行为影响因素研究	黄苏萍	经济·管理	青年项目	首都经济贸易大学	年度项目
194	13KDA001	劳动解放与政治正义：重建工人的政治主体性	彭恒军	科社·党建·政治学	重点项目	中国劳动关系学院	年度项目
195	13KDA002	印度人对中国形象和文化软实力的认知研究	尚会鹏	科社·党建·政治学	重点项目	北京大学	年度项目
196	13KDA003	国际舆论对中国和平发展的认知差异分析	卢　静	科社·党建·政治学	重点项目	外交学院	年度项目

续表

序号	项目编号	项目名称	项目负责人	申报学科	资助等级	信誉保证单位	备注
197	13KDB004	当代海外北京研究的政治学视角——以《中国季刊》(*The China Quarterly*)为例(1960—2010)	管永前	科社·党建·政治学	一般项目	北京外国语大学	年度项目
198	13KDB005	唯物史观视域下“中国梦”的实现问题研究	王聚芹	科社·党建·政治学	一般项目	华北电力大学	年度项目
199	13KDB006	国外政党处理党群关系的经验教训及对我党的借鉴与启示	秦德占	科社·党建·政治学	一般项目	中共北京市委党校	年度项目
200	13KDB007	马克思主义风险社会理论与北京市当前社会风险治理研究	宋宪萍	科社·党建·政治学	一般项目	北京理工大学	年度项目
201	13KDB008	双重管理体制改革后的社会组织支撑体制研究：以北京、上海与广东的探索为例	闫　东	科社·党建·政治学	一般项目	北京服装学院	年度项目
202	13KDB009	改革开放以来北京市应对严重灾害的历史经验及启示	赵朝峰	科社·党建·政治学	一般项目	北京师范大学	年度项目
203	13KDB010	北京市环境群体性事件原因、特征及其对策研究	任丙强	科社·党建·政治学	一般项目	北京航空航天大学	年度项目
204	13KDB011	北京市政务微博传播效果及其影响因素研究	闫　强	科社·党建·政治学	一般项目	北京邮电大学	年度项目
205	13KDB012	信息网络化条件下政府形象传播研究	周小华	科社·党建·政治学	一般项目	北京联合大学	年度项目
206	13KDB013	当代中国乡村基层协商民主的实践研究——以北京郊区农村为例	丁　云	科社·党建·政治学	一般项目	北京工业大学	年度项目
207	13KDB014	北京地区邪教发展趋势研究	李广仓	科社·党建·政治学	一般项目	中国人民公安大学	年度项目
208	13KDB015	新的媒体环境下文化安全的内涵、范畴、对象辨析及保护对策探讨	董　璐	科社·党建·政治学	一般项目	国际关系学院	年度项目
209	13KDB016	充分发挥人大代表在监督司法工作中的作用研究	刘维林	科社·党建·政治学	一般项目	北京市人大理论研究会	年度项目
210	13KDB017	地方人代会会前活动研究	李燕奇	科社·党建·政治学	一般项目	北京市人大理论研究会	年度项目
211	13KDC018	选择与命运：伯恩施坦主义与列宁主义比较研究	张茂林	科社·党建·政治学	青年项目	北方工业大学	年度项目
212	13KDC019	社会主义平等观——全球语境中核心价值体系建设	张晓萌	科社·党建·政治学	青年项目	中国人民大学	年度项目
213	13KDC020	首都经济圈生态文明建设中的跨区域政府间合作研究	刘　良	科社·党建·政治学	青年项目	中共北京市委党校	年度项目

续表

序号	项目编号	项目名称	项目负责人	申报学科	资助等级	信誉保证单位	备注
214	13KDC021	北京—河北“接点地区”跨界协作与府际治理机制的创新	孙广厦	科社·党建·政治学	青年项目	中国青年政治学院	年度项目
215	13KDC022	北京市社会冲突事件发展趋势及对策研究	胡锐军	科社·党建·政治学	青年项目	国家教育行政学院	年度项目
216	13KDC023	北京非传统安全领域网络舆情预警机制研究	王沙骋	科社·党建·政治学	青年项目	中央财经大学	年度项目
217	13KDC024	基于系统分析的首都市民思想政治道德影响因素调查及对策研究	张毅翔	科社·党建·政治学	青年项目	北京理工大学	年度项目
218	13KDC025	外交软实力：中国和平发展的理论与实践研究	姚　遥	科社·党建·政治学	青年项目	外交学院	年度项目
219	13LSA001	北京地区辽代矿冶遗址调查与研究	刘乃涛	历史学	重点项目	北京市文物局	年度项目
220	13LSA002	明清皇家坛庙文献整理及研究	郗志群	历史学	重点项目	首都师范大学	年度项目
221	13LSB003	北京地区新石器至西周考古学编年与文化谱系研究	袁广阔	历史学	一般项目	首都师范大学	年度项目
222	13LSB004	北京城市历史色彩环境保护与发展研究	杜　异	历史学	一般项目	清华大学	年度项目
223	13LSB005	北京工业遗产研究	章永俊	历史学	一般项目	北京市社会科学院	年度项目
224	13LSB006	清末民国时期北京中医外科史研究	裴晓华	历史学	一般项目	北京中医药大学	年度项目
225	13LSB007	中国近现代学校历史教育史研究	赵亚夫	历史学	一般项目	首都师范大学	年度项目
226	13LSB008	北京古代学术发展史研究	刘仲华	历史学	一般项目	北京市社会科学院	年度项目
227	13LSB009	民国故宫博物院史	章宏伟	历史学	一般项目	故宫博物院	年度项目
228	13LSB010	18世纪西方文献中的北京城——《北京志》（*Description de la Ville de Peking*, 1765）翻译及研究	李　真	历史学	一般项目	北京外国语大学	年度项目
229	13LSB011	近代北京城市公共空间对城市文化影响研究	孙希磊	历史学	一般项目	北京建筑大学	年度项目
230	13LSB012	中国建筑中的节俭观和生态思想	方　拥	历史学	一般项目	北京大学	年度项目
231	13LSC013	隋唐时期的北京地区墓志铭研究	蒋爱花	历史学	青年项目	中央民族大学	年度项目

续表

序号	项目编号	项目名称	项目负责人	申报学科	资助等级	信誉保证单位	备注
232	13SHA001	北京市流动人口的社会融合研究	周　皓	社会学	重点项目	北京大学	年度项目
233	13SHA002	北京城市社区心理健康服务体系建设研究	杨凤池	社会学	重点项目	首都医科大学	年度项目
234	13SHB003	新世纪以来北京市转居农民就业状况调查	宋国恺	社会学	一般项目	北京工业大学	年度项目
235	13SHB004	农民工流动子女社会文化融合的人类学研究——对北京市农民工子女教育活动的田野调查	樊秀丽	社会学	一般项目	首都师范大学	年度项目
236	13SHB005	智慧社区在创新社会服务管理中的建设与应用研究	王京春	社会学	一般项目	清华大学	年度项目
237	13SHB006	北京市智慧社区建设研究	蔡大鹏	社会学	一般项目	北京青年政治学院	年度项目
238	13SHB007	京郊农村残障者社区康复服务研究	胡　勇	社会学	一般项目	北京农学院	年度项目
239	13SHB008	北京老旧小区物业管理困境及改革路径研究	袁汝海	社会学	一般项目	清华大学	年度项目
240	13SHB009	老年人长期护理服务需求评估与护理保险设计	胡宏伟	社会学	一般项目	华北电力大学	年度项目
241	13SHB010	北京市独生子女伤残、死亡家庭的养老问题研究	赵仲杰	社会学	一般项目	北京建筑大学	年度项目
242	13SHB011	北京率先实行智能化养老服务研究	李　伟	社会学	一般项目	中国老龄协会老年人才信息中心	年度项目
243	13SHB012	北京市近年婚姻匹配模式的变迁	高　颖	社会学	一般项目	北京师范大学	年度项目
244	13SHB013	北京市最低生活保障标准对低收入群体收入影响的实证研究	杨立雄	社会学	一般项目	中国人民大学	年度项目
245	13SHB014	北京市城中村改造村民可持续生存利益保障研究	周毕文	社会学	一般项目	北京理工大学	年度项目
246	13SHB015	北京市微博舆情现状及应对策略研究	姚翠友	社会学	一般项目	首都经济贸易大学	年度项目
247	13SHB016	基于信访视角的社会心态管理与风险预警机制研究	曹　颖	社会学	一般项目	中共北京市委党校	年度项目
248	13SHC017	老龄产业发展背景下北京市涉老企业现状与走向研究	郑志刚	社会学	青年项目	北京大学	年度项目
249	13SHC018	新生代农民工与北京市民的双向社会距离研究	邢朝国	社会学	青年项目	北京科技大学	年度项目
250	13SHC019	新媒体语境下转型社区农村青年的代际交往	高　崇	社会学	青年项目	北京大学	年度项目

续表

序号	项目编号	项目名称	项目负责人	申报学科	资助等级	信誉保证单位	备注
251	13SHC020	北京市新生代外来农民工社会融合的期望与测量	胡新萍	社会学	青年项目	北京农学院	年度项目
252	13SHC021	北京市服务农民工社会组织调查研究	张小霞	社会学	青年项目	中国人民公安大学	年度项目
253	13SHC022	在京外国留学人员跨文化适应与管理问题研究	陈　正	社会学	青年项目	国家教育行政学院	年度项目
254	13SHC023	社会工作介入社区矫正的北京经验研究	方　舒	社会学	青年项目	中央财经大学	年度项目
255	13SHC024	城市社区冲突的发展及治理机制研究	张菊枝	社会学	青年项目	北京城市学院	年度项目
256	13SHC025	社会变迁与北京市中老年人家庭代际关系	边　静	社会学	青年项目	北京科技大学	年度项目
257	13SHC026	北京市老年季节性迁移机理及社会支持体系研究	黄　璜	社会学	青年项目	中国社会科学院数量经济与技术经济研究所	年度项目
258	13SHC027	北京市空巢老人的心理健康：社会认知的影响及其干预	徐　华	社会学	青年项目	北京联合大学	年度项目
259	13SHC028	北京市民的社会心态研究——"公平感"与"冲突感"的视角	秦广强	社会学	青年项目	中央民族大学	年度项目
260	13SHC029	京郊农村股份合作社的产权问题研究	潘建雷	社会学	青年项目	中共北京市委党校	年度项目
261	13SHC030	北京社会企业的培育与发展策略研究	祝玉红	社会学	青年项目	中国人民大学	年度项目
262	13SHC031	北京市公共危机事件在网络传播中的演化机制与模型研究	段建勇	社会学	青年项目	北方工业大学	年度项目
263	13SHC032	北京市政府购买社区养老服务的运作模式与绩效评价研究	李　春	社会学	青年项目	首都师范大学	年度项目
264	13WYA001	公示语汉英/英汉翻译语料库研究与建设	吕和发	语言·文学·艺术	重点项目	北京第二外国语学院	年度项目
265	13WYA002	莫言与新时期文学创新经验研究	张志忠	语言·文学·艺术	重点项目	首都师范大学	年度项目
266	13WYA003	《方言》明清校注本整理集成	华学诚	语言·文学·艺术	重点项目	北京语言大学	年度项目
267	13WYA004	1980 年以来的北京当代艺术研究	汪民安	语言·文学·艺术	重点项目	北京外国语大学	年度项目
268	13WYB005	唐诗的平仄音读与字义异同关系研究	刘子瑜	语言·文学·艺术	一般项目	北京大学	年度项目

续表

序号	项目编号	项目名称	项目负责人	申报学科	资助等级	信誉保证单位	备注
269	13WYB006	“困境求变”：语用研究的经济分析视角	向明友	语言·文学·艺术	一般项目	北京航空航天大学	年度项目
270	13WYB007	房山琉璃河出土燕国铜器铭文及相关问题研究	罗卫东	语言·文学·艺术	一般项目	北京语言大学	年度项目
271	13WYB008	北京市少数民族流动人口语言适应问题调查研究	丁石庆	语言·文学·艺术	一般项目	中央民族大学	年度项目
272	13WYB009	清末民初北京话助词研究	翟　燕	语言·文学·艺术	一般项目	中央民族大学	年度项目
273	13WYB010	北京话历时语法研究	龙国富	语言·文学·艺术	一般项目	中国人民大学	年度项目
274	13WYB011	北京地区清代满汉合璧小学文献语言研究	李　红	语言·文学·艺术	一般项目	首都师范大学	年度项目
275	13WYB012	基于学术论文语料库的中国英语变体多维研究	何宇茵	语言·文学·艺术	一般项目	北京航空航天大学	年度项目
276	13WYB013	复杂英语二语句子加工的句法和语义界面关系研究	任虎林	语言·文学·艺术	一般项目	华北电力大学	年度项目
277	13WYB014	首都留学生跨文化适应研究	王佶旻	语言·文学·艺术	一般项目	北京语言大学	年度项目
278	13WYB015	北京市农民工阅读状况调研及对策研究	叶　新	语言·文学·艺术	一般项目	北京印刷学院	年度项目
279	13WYB016	都市经验的拓展与乡村记忆的重构——新世纪北京文学发展趋向研究	王德领	语言·文学·艺术	一般项目	北京联合大学	年度项目
280	13WYB017	世界华文文学对“中国”形象的创造与想象	王秀琳	语言·文学·艺术	一般项目	北京第二外国语学院	年度项目
281	13WYB018	中外文化比较视野下的北京传说故事研究	舒　燕	语言·文学·艺术	一般项目	北京语言大学	年度项目
282	13WYB019	《王官谷集》笺校	陶礼天	语言·文学·艺术	一般项目	首都师范大学	年度项目
283	13WYB020	北京西南地区散存民间传说整理研究	王瑞玲	语言·文学·艺术	一般项目	北京农业职业学院	年度项目
284	13WYB021	当代文学中的“北京”形象及其国际传播	胡少卿	语言·文学·艺术	一般项目	对外经济贸易大学	年度项目
285	13WYB022	梅列日科夫斯基创作中的世界文化形象研究	武晓霞	语言·文学·艺术	一般项目	北京航空航天大学	年度项目
286	13WYB023	北京东岳庙庙会的文化记忆与公共文化建设研究	邢　莉	语言·文学·艺术	一般项目	中央民族大学	年度项目
287	13WYB024	齐如山老北京文化研究	梁　燕	语言·文学·艺术	一般项目	北京外国语大学	年度项目
288	13WYB025	北京城乡结合部文化支撑体系研究——以丰台为例	张小乐	语言·文学·艺术	一般项目	首都经济贸易大学	年度项目

续表

序号	项目编号	项目名称	项目负责人	申报学科	资助等级	信誉保证单位	备注
289	13WYB026	北京城市文化形象国际传播效果与传播战略研究	刘　琛	语言·文学·艺术	一般项目	北京外国语大学	年度项目
290	13WYB027	首都动漫产业标准化体系建设	王　可	语言·文学·艺术	一般项目	北京航空航天大学	年度项目
291	13WYB028	中国当代音乐剧创作研究	周映辰	语言·文学·艺术	一般项目	北京大学	年度项目
292	13WYB029	北京民间绘画研究	宋红雨	语言·文学·艺术	一般项目	首都师范大学	年度项目
293	13WYB030	古代寺观叙事性壁画的动漫化研究	刘　锋	语言·文学·艺术	一般项目	北京印刷学院	年度项目
294	13WYB031	北京舞蹈群落研究	史　红	语言·文学·艺术	一般项目	首都师范大学	年度项目
295	13WYB032	中国话剧观念的流变与小剧场话剧的实践	白　莲	语言·文学·艺术	一般项目	北京戏曲艺术职业学院	年度项目
296	13WYB033	北京影视创作与都市文化研究	路春艳	语言·文学·艺术	一般项目	北京师范大学	年度项目
297	13WYB034	北京市影视剧产业的融资环境与制度创新	张辉锋	语言·文学·艺术	一般项目	中国人民大学	年度项目
298	13WYB035	明清官式建筑彩画比较研究	李　沙	语言·文学·艺术	一般项目	北京建筑大学	年度项目
299	13WYC036	先秦汉语动词及物性的变价视角	王丽玲	语言·文学·艺术	青年项目	首都师范大学	年度项目
300	13WYC037	系统功能语言学新及物性模式下的隐喻研究	何中清	语言·文学·艺术	青年项目	北京科技大学	年度项目
301	13WYC038	新城镇化进程中北京市流动学前儿童语言教育问题及对策研究	尹　静	语言·文学·艺术	青年项目	北京交通大学	年度项目
302	13WYC039	新世纪北京文学中的底层人物研究	于小植	语言·文学·艺术	青年项目	北京语言大学	年度项目
303	13WYC040	多元文化语境下的美国犹太女作家研究	郑　丽	语言·文学·艺术	青年项目	北京航空航天大学	年度项目
304	13WYC041	民国北京艺术市场研究	张　涛	语言·文学·艺术	青年项目	中央美术学院	年度项目
305	13WYC042	传统器乐类工尺谱研究	王先艳	语言·文学·艺术	青年项目	中国音乐学院	年度项目
306	13WYC043	新世纪北京民营戏剧研究	梁振华	语言·文学·艺术	青年项目	北京师范大学	年度项目
307	13WYC044	北京宫廷昆曲文化遗产的保护研究	蒯卫华	语言·文学·艺术	青年项目	北京师范大学	年度项目
308	13WYC045	都市新空间与历史记忆研究	许苗苗	语言·文学·艺术	青年项目	北京市社会科学院	年度项目

续表

序号	项目编号	项目名称	项目负责人	申报学科	资助等级	信誉保证单位	备注
309	13WYC046	新媒介背景下北京市公共信息服务设计研究	吴　琼	语言·文学·艺术	青年项目	清华大学	年度项目
310	13ZXB001	马克思与怀特海的哲学比较研究	张秀华	哲学	一般项目	中国政法大学	年度项目
311	13ZXB002	现象学语境中的移情	张浩军	哲学	一般项目	中国政法大学	年度项目
312	13ZXB003	道家生态美学思想及其当代价值	罗美云	哲学	一般项目	北京林业大学	年度项目
313	13ZXB004	网络文本的社会符号学研究	叶起昌	哲学	一般项目	北京交通大学	年度项目
314	13ZXB005	北京生态安全与生态文明建设研究	刘宽红	哲学	一般项目	北京交通大学	年度项目
315	13ZXB006	新马克思主义空间正义思想与北京城市空间正义研究	马晓燕	哲学	一般项目	北京科技大学	年度项目
316	13ZXB007	首都藏传佛教文化传统与践行“北京精神”关系研究	王文东	哲学	一般项目	中央民族大学	年度项目
317	13ZXC008	先秦哲学中的道与言问题研究	刘　黛	哲学	青年项目	清华大学	年度项目
318	13ZXC009	重审“发现”与“辩护”——基于科学实践的视角	王　娜	哲学	青年项目	北京航空航天大学	年度项目
319	13ZXC010	生态文明的生命原则研究	院成纯	哲学	青年项目	北京第二外国语学院	年度项目
320	13ZXC011	“中国梦”话语体系建构研究	王　磊	哲学	青年项目	北京第二外国语学院	年度项目
321	13ZHA001	海外北京研究者数据库	李雪涛	综合	重点项目	北京外国语大学	年度项目
322	13ZHA002	北京市医疗纠纷诉讼外解决机制研究	乔世明	综合	重点项目	中央民族大学	年度项目
323	13ZHB003	社区环境质量与北京城市居民幸福感的研究	吴建平	综合	一般项目	北京林业大学	年度项目
324	13ZHB004	北京农村生态文明传播策略研究	金鸣娟	综合	一般项目	北京林业大学	年度项目
325	13ZHB005	基于情景分析的北京市家庭医生式服务发展策略研究	杜　娟	综合	一般项目	首都医科大学	年度项目
326	13ZHB006	北京市民营医院发展对策研究*	孟　开	综合	一般项目	首都医科大学	年度项目
327	13ZHB007	北京市服务业清洁生产实施战略及路径研究	吕竹明	综合	一般项目	北京市科学技术研究院	年度项目
328	13ZHB008	身体活动对儿童学习与认知的影响	蒋长好	综合	一般项目	首都体育学院	年度项目

续表

序号	项目编号	项目名称	项目负责人	申报学科	资助等级	信誉保证单位	备注
329	13ZHB009	北京城市青年街区研究	陈彤旭	综合	一般项目	中国青年政治学院	年度项目
330	13ZHB010	世界城市建设进程中的北京媒介发展研究	郭媛媛	综合	一般项目	首都经济贸易大学	年度项目
331	13ZHB011	北京市网络媒体市场外资行为、影响对策研究	闻　学	综合	一般项目	北京交通大学	年度项目
332	13ZHB012	北京互联网犯罪防控的现实困境与对策研究	黄淑华	综合	一般项目	中国人民公安大学	年度项目
333	13ZHB013	网络环境中的个人信息安全保护研究：以北京市为例	安小米	综合	一般项目	中国人民大学	年度项目
334	13ZHC014	北京绿色发展与科技创新战略研究	刘　薇	综合	青年项目	北京市社会科学院	年度项目
335	13ZHC015	北京市科技政策对中小企业创新绩效的影响及作用机制研究	江　洁	综合	青年项目	北京青年政治学院	年度项目
336	13ZHC016	都市文化的生长与重塑：北京当代城市的空间与形象研究	赵　斌	综合	青年项目	北京工业大学	年度项目
337	13ZHC017	北京生态涵养区生态安全预警评价与调控对策研究	付　晓	综合	青年项目	北京联合大学	年度项目
338	13ZHC018	北京市灾害社会易损性评估及管理体系构建	唐　玲	综合	青年项目	北京市科学技术研究院	年度项目
339	13ZHC019	基于乘客体验的北京市出租车投诉奏效机制研究	李丹阳	综合	青年项目	北京航空航天大学	年度项目
340	13ZHC020	社交媒体与北京市青少年的政治社会化研究	卢家银	综合	青年项目	中国青年政治学院	年度项目
341	13ZHC021	北京市突发公共事件在自媒体中的传播和线下动员机制研究	李　彪	综合	青年项目	中国人民大学	年度项目
342	13ZHC022	北京市法制事件的舆论形成模式及疏导策略研究	王天铮	综合	青年项目	中国政法大学	年度项目
343	13ZHC023	首都媒体“社交化”发展研究	徐　翔	综合	青年项目	北京市社会科学院	年度项目
344	13JDCSD002	北京公共交通网络对城市空间结构的作用机理及优化对策研究	张梅青	城市学	特别委托项目	北京交通发展研究基地	研究基地项目
345	13JDCSD001	首都城市发展的阶段性及其时空特征研究	张景秋	城市学	特别委托项目	北京学研究基地	研究基地项目
346	13JDCSC011	北京郊区宜居社区规划与建设研究	张　艳	城市学	青年项目	北京学研究基地	研究基地项目

续表

序号	项目编号	项目名称	项目负责人	申报学科	资助等级	信誉保证单位	备注
347	13JDCSD003	北京城市功能疏解与首都圈城镇体系研究	叶堂林	城市学	特别委托项目	北京市经济社会发展政策研究基地	研究基地项目
348	13JDCSB008	北京新城建设成效评价及政策建议	吴庆玲	城市学	一般项目	北京市经济社会发展政策研究基地	研究基地项目
349	13JDCSD004	北京市水污染治理对策研究	王鸿春	城市学	特别委托项目	北京决策研究基地	研究基地项目
350	13JDCSA006	首都安全战略研究	王力丁	城市学	重点项目	北京决策研究基地	研究基地项目
351	13JDCSA007	遏制北京市城乡居民慢性病快速增长趋势政策研究	刘英骥	城市学	重点项目	北京决策研究基地	研究基地项目
352	13JDCSB009	北京噪声污染调查及防治建议	盛继洪	城市学	一般项目	北京决策研究基地	研究基地项目
353	13JDCSD005	北京历史文化魅力走廊——“中轴线与朝阜路” 文化内涵挖掘与传播利用	宋国华	城市学	特别委托项目	北京建筑文化研究基地	研究基地项目
354	13JDCSB010	美国纽约城市地标法对北京建筑遗产保护的启示	左金风	城市学	一般项目	北京建筑文化研究基地	研究基地项目
355	13JDCSD012	首都城市环境建设评价与指数研究	刘承水	城市学	特别委托项目	首都城市环境建设研究基地	研究基地项目
356	13JDCSA013	首都城市管理体制改革创新研究	冯　刚	城市学	重点项目	首都城市环境建设研究基地	研究基地项目
357	13JDCSA014	健康是生产力研究	王彦峰	城市学	重点项目	北京健康城市建设研究中心	研究基地项目
358	13JDCSA015	生物多样性与推动北京健康城市建设研究	张　燕	城市学	重点项目	北京健康城市建设研究中心	研究基地项目
359	13JDCSB016	北京森林休养发展对策研究	周彩贤	城市学	一般项目	北京健康城市建设研究中心	研究基地项目
360	13JDCSA017	推动北京市电动汽车分类发展对策研究	鹿春江	城市学	重点项目	北京健康城市建设研究中心	研究基地项目
361	13JDFXB004	世界城市视野下的北京地方立法问题研究	唐莹莹	法学	一般项目	北京市政治文明建设研究中心	研究基地项目
362	13JDFXC007	支持北京市新能源产业发展的绿色金融法规体系研究	沈　磊	法学	青年项目	北京能源发展研究基地	研究基地项目
363	13JDFXD001	北京市法治政府评价指标体系研究	马怀德	法学	特别委托项目	法治政府研究基地	研究基地项目
364	13JDFXB002	社会稳定风险评估的法律机制研究	林鸿潮	法学	一般项目	法治政府研究基地	研究基地项目

续表

序号	项目编号	项目名称	项目负责人	申报学科	资助等级	信誉保证单位	备注
365	13JDFXB003	重大行政决策程序立法研究	王万华	法学	一般项目	法治政府研究基地	研究基地项目
366	13JDFXB005	北京农地融资法律问题研究	李　蕊	法学	一般项目	北京新农村建设研究基地	研究基地项目
367	13JDFXB006	应对非传统安全威胁的首都大型活动反恐安保工作研究	梅建明	法学	一般项目	首都社会安全研究基地	研究基地项目
368	13JDJYC004	北京市义务教育阶段“就近入学”政策背景下的择校行为研究	郑 磊	教育学	青年项目	首都教育经济研究基地	研究基地项目
369	13JDJYC005	北京与世界主要首都城市教育经费投入、使用和监管比较研究	刘　强	教育学	青年项目	首都教育经济研究基地	研究基地项目
370	13JDJYB002	北京高校教师教学学术现状和发展策略研究	宋中英	教育学	一般项目	首都高等教育发展研究基地	研究基地项目
371	13JDJYB003	北京高校外籍英语教师在对外文化交流中的作用	陈亚平	教育学	一般项目	北京对外文化交流与世界文化研究基地	研究基地项目
372	13JDJYD001	实践取向的教师教育改革研究	蔡　春	教育学	特别委托项目	北京基础教育研究基地	研究基地项目
373	13JDJYC006	基础教育的新教师招聘优势才能识别模型构建	肖　晶	教育学	青年项目	北京基础教育研究基地	研究基地项目
374	13JDJYB007	中外青少年网络学习行为研究	姜闽虹	教育学	一般项目	北京青少年教育与发展研究基地	研究基地项目
375	13JDJGB036	首都城镇化进程中的农民工劳动报酬影响因素研究：以建筑业为例	孙咏梅	经济·管理	一般项目	马克思主义研究基地	研究基地项目
376	13JDJGD001	北京市出租车行业管理对策研究	叶　龙	经济·管理	特别委托项目	北京交通发展研究基地	研究基地项目
377	13JDJGC050	北京市轨道交通行业高绩效工作系统研究	郭　名	经济·管理	青年项目	北京交通发展研究基地	研究基地项目
378	13JDJGB035	北京城市发展、经济集聚与城市交通动态适应性研究	高宏伟	经济·管理	一般项目	北京交通发展研究基地	研究基地项目
379	13JDJGD002	基于产业安全的首都经济圈产业转移研究	李文兴	经济·管理	特别委托项目	北京产业安全与发展研究基地	研究基地项目
380	13JDJGA014	基于生态链的北京市智慧城市信息安全保障体系研究	刘世峰	经济·管理	重点项目	北京产业安全与发展研究基地	研究基地项目

续表

序号	项目编号	项目名称	项目负责人	申报学科	资助等级	信誉保证单位	备注
381	13JDJGC051	北京市文化创意产业融资问题研究——基于全生命周期的视角	张　娜	经济·管理	青年项目	北京产业安全与发展研究基地	研究基地项目
382	13JDJGA015	京台文创产业合作前景及其路径研究	乔东亮	经济·管理	重点项目	京台文化交流研究中心	研究基地项目
383	13JDJGA016	京台现代服务业合作的政府与市场关系研究——以石景山区、东城区台湾特色街区为例	孙兆慧	经济·管理	重点项目	京台文化交流研究中心	研究基地项目
384	13JDJGA017	北京市残疾人教育与贫困问题研究	赖德胜	经济·管理	重点项目	首都教育经济研究基地	研究基地项目
385	13JDJGD003	基于行为价值管理视角的首都零售业内部控制评价研究	杨有红	经济·管理	特别委托项目	首都流通业研究基地	研究基地项目
386	13JDJGA018	基于商务服务视角的北京现代服务业发展比较优势研究	李宝仁	经济·管理	重点项目	首都流通业研究基地	研究基地项目
387	13JDJGA019	北京“老字号”品牌营销创新案例研究	张景云	经济·管理	重点项目	首都流通业研究基地	研究基地项目
388	13JDJGC052	北京大型零售企业软实力提升路径研究	王长斌	经济·管理	青年项目	首都流通业研究基地	研究基地项目
389	13JDJGC053	重大事件对北京市生猪及猪肉价格波动的影响研究	郭志超	经济·管理	青年项目	首都流通业研究基地	研究基地项目
390	13JDJGD004	京津冀都市圈高端制造业与生产性服务业协同创新研究	李京文	经济·管理	特别委托项目	北京现代制造业发展研究基地	研究基地项目
391	13JDJGB037	京津冀都市圈现代制造业生产要素协同创新研究	蒋国瑞	经济·管理	一般项目	北京现代制造业发展研究基地	研究基地项目
392	13JDJGB038	资源与环境约束下北京新能源汽车产业发展对策研究	武玉英	经济·管理	一般项目	北京现代制造业发展研究基地	研究基地项目
393	13JDJGD005	北京市房地产行业发展研究	刘　伟	经济·管理	特别委托项目	中国都市经济研究基地	研究基地项目
394	13JDJGA020	京津唐城市群一体化格局研究	张　辉	经济·管理	重点项目	中国都市经济研究基地	研究基地项目
395	13JDJGB039	市场整合与经济发展：近代京津都市圈实证研究	赵留彦	经济·管理	一般项目	中国都市经济研究基地	研究基地项目
396	13JDJGB040	我国住房保障制度设计与政策实施问题研究——以北京市为例	方　敏	经济·管理	一般项目	中国都市经济研究基地	研究基地项目
397	13JDJGD006	上市公司财务状况质量及其评价研究——基于北京上市公司的应用研究	张新民	经济·管理	特别委托项目	北京企业国际化经营研究基地	研究基地项目

续表

序号	项目编号	项目名称	项目负责人	申报学科	资助等级	信誉保证单位	备注
398	13JDJGA021	北京实体经济发展的现状与趋势研究	范黎波	经济·管理	重点项目	北京企业国际化经营研究基地	研究基地项目
399	13JDJGA022	北京市提升利用外资质量研究	郑建明	经济·管理	重点项目	北京企业国际化经营研究基地	研究基地项目
400	13JDJGC054	北京战略性新兴产业培育国际知名品牌的影响因素与路径研究	王分棉	经济·管理	青年项目	北京企业国际化经营研究基地	研究基地项目
401	13JDJGA023	北京城乡居民家庭能源消费结构与问题研究	姚建平	经济·管理	重点项目	北京能源发展研究基地	研究基地项目
402	13JDJGB041	北京市居民生活用电量的历史特征及发展趋势研究	张福伟	经济·管理	一般项目	北京能源发展研究基地	研究基地项目
403	13JDJGC055	基于用电量分析的北京经济行业波动传导和监测预警模型研究	刘　达	经济·管理	青年项目	北京能源发展研究基地	研究基地项目
404	13JDJGA024	北京市低碳经济量化模型与政策研究	廖明球	经济·管理	重点项目	北京市经济社会发展政策研究基地	研究基地项目
405	13JDJGB042	我国CBD金融资源优化模式研究	李　新	经济·管理	一般项目	CBD发展研究基地	研究基地项目
406	13JDJGD007	北京市休闲经济发展、休闲功能布局与相关政策研究	魏　翔	经济·管理	特别委托项目	北京旅游发展研究基地	研究基地项目
407	13JDJGA025	北京旅游目的地形象测量与定位研究	李　宏	经济·管理	重点项目	北京旅游发展研究基地	研究基地项目
408	13JDJGC056	北京创意旅游纪念品的设计与研发策略研究	王馨欣	经济·管理	青年项目	北京旅游发展研究基地	研究基地项目
409	13JDJGD008	人文社科项目经费使用与绩效管理研究	张　健	经济·管理	特别委托项目	北京市知识管理研究基地	研究基地项目
410	13JDJGA026	基于科技金融智力资产的金融分析	谭祖卫	经济·管理	重点项目	北京市知识管理研究基地	研究基地项目
411	13JDJGB043	基于知识流的产业集群知识共享研究	刘　宇	经济·管理	一般项目	北京市知识管理研究基地	研究基地项目
412	13JDJGB044	北京市科技型小微企业的税收遵从成本研究	孙玉霞	经济·管理	一般项目	北京市知识管理研究基地	研究基地项目
413	13JDJGA067	北京市首批哲学社会科学研究基地第三批建设绩效评估	王　琪	经济·管理	重点项目	北京市知识管理研究基地	研究基地项目
414	13JDJGD009	基于"科技驱动"的北京服装设计产业提升路径与对策研究	宁　俊	经济·管理	特别委托项目	首都服饰文化与服装产业研究基地	研究基地项目

续表

序号	项目编号	项目名称	项目负责人	申报学科	资助等级	信誉保证单位	备注
415	13JDJGB045	循环经济驱动下北京纺织服装产业绿色发展路径的实证研究	姚　蕾	经济·管理	一般项目	首都服饰文化与服装产业研究基地	研究基地项目
416	13JDJGC057	典型服饰老字号品牌发展及案例研究	席　阳	经济·管理	青年项目	首都服饰文化与服装产业研究基地	研究基地项目
417	13JDJGD010	中国特色世界城市建设与应急管理模式创新研究	薛　澜	经济·管理	特别委托项目	应急管理研究基地	研究基地项目
418	13JDJGA027	北京市空气污染治理的区域联动机制研究	刘　冰	经济·管理	重点项目	应急管理研究基地	研究基地项目
419	13JDJGA028	北京市财政收支不确定性与财政脆弱性研究	王立勇	经济·管理	重点项目	北京财经研究基地	研究基地项目
420	13JDJGB046	北京市经济恢复力政策框架与操作机制研究——基于世界城市的视角	李　强	经济·管理	一般项目	北京财经研究基地	研究基地项目
421	13JDJGD011	北京设计竞争力研究	吴学夫	经济·管理	特别委托项目	首都传媒经济研究基地	研究基地项目
422	13JDJGC058	微信平台对首都政务建设的影响研究	徐　琦	经济·管理	青年项目	首都传媒经济研究基地	研究基地项目
423	13JDJGC059	北京视听新媒体产业政策研究	赵　敬	经济·管理	青年项目	首都传媒经济研究基地	研究基地项目
424	13JDJGA029	医院全面质量管理检查标准的前瞻性研究	申昆玲	经济·管理	重点项目	首都卫生管理与政策研究基地	研究基地项目
425	13JDJGD012	京郊区县农民专业合作社创新发展研究	郑文堂	经济·管理	特别委托项目	北京新农村建设研究基地	研究基地项目
426	13JDJGA030	北京都市型现代农业文化发展比较研究	华玉武	经济·管理	重点项目	北京新农村建设研究基地	研究基地项目
427	13JDJGA031	北京“升级版”人口红利统计测算及兑现途径	王文杰	经济·管理	重点项目	北京市经济社会数据分析与监测评价研究基地	研究基地项目
428	13JDJGB047	北京都市型现代农业监测评价指标体系研究	邵建民	经济·管理	一般项目	北京市经济社会数据分析与监测评价研究基地	研究基地项目
429	13JDJGC060	从北京潜在经济增速分析政府宏观调控的着力点	刘立功	经济·管理	青年项目	北京市经济社会数据分析与监测评价研究基地	研究基地项目

续表

序号	项目编号	项目名称	项目负责人	申报学科	资助等级	信誉保证单位	备注
430	13JDJGA032	考虑循环经济与低碳经济因素的流程工业企业综合绩效评价体系研究——以钢铁、水泥企业研究为例	戴淑芬	经济·管理	重点项目	北京企业低碳运营战略研究基地	研究基地项目
431	13JDJGB048	北京市城市物流网络碳足迹及低碳对策研究	杨建华	经济·管理	一般项目	北京企业低碳运营战略研究基地	研究基地项目
432	13JDJGA033	北京南部新区环境碳容量约束与产业发展对策研究	闫笑非	经济·管理	重点项目	北京现代产业新区发展研究基地	研究基地项目
433	13JDJGB049	社会融合视角下失地农民回迁社区安置政策研究——以北京市大兴新区为例	赵春燕	经济·管理	一般项目	北京现代产业新区发展研究基地	研究基地项目
434	13JDJGA034	打造“北京创造”品牌研究	甫玉龙	经济·管理	重点项目	北京知识产权研究基地	研究基地项目
435	13JDJGD013	北京市电子商务物流发展对策研究	刘丙午	经济·管理	特别委托项目	北京现代物流研究基地	研究基地项目
436	13JDJGB061	首都流动摊贩治理困境与对策研究	刘玲玲	经济·管理	一般项目	首都城市环境建设研究基地	研究基地项目
437	13JDJGA062	北京国际商贸中心流通软实力研究	王成荣	经济·管理	重点项目	北京国际商贸中心研究基地	研究基地项目
438	13JDJGB063	北京商业品牌发展研究	赖　阳	经济·管理	一般项目	北京国际商贸中心研究基地	研究基地项目
439	13JDJGB064	北京社区民生商业创新研究	韩凝春	经济·管理	一般项目	北京国际商贸中心研究基地	研究基地项目
440	13JDJGA065	北京市高校、科研院所技术转移模式研究	刘　鸿	经济·管理	重点项目	海淀区应用对策研究基地	研究基地项目
441	13JDJGA066	延庆旅游综合改革的探索与研究	张素枝	经济·管理	重点项目	延庆县应用对策研究基地	研究基地项目
442	13JDKDD001	建设中国特色社会主义的总布局研究	张云飞	科社·党建·政治学	特别委托项目	马克思主义研究基地	研究基地项目
443	13JDKDA004	首都市民低碳生活价值观研究	邱　吉	科社·党建·政治学	重点项目	马克思主义研究基地	研究基地项目
444	13JDKDC016	新形势下北京城乡结合部党群关系研究	赵淑梅	科社·党建·政治学	青年项目	马克思主义研究基地	研究基地项目
445	13JDKDA005	构建高效和谐党群关系的对策研究	吴　萱	科社·党建·政治学	重点项目	首都大学生思想政治教育研究基地	研究基地项目
446	13JDKDB009	新时期政治传播中意识形态的作用与变化研究	施惠玲	科社·党建·政治学	一般项目	首都大学生思想政治教育研究基地	研究基地项目

续表

序号	项目编号	项目名称	项目负责人	申报学科	资助等级	信誉保证单位	备注
447	13JDKDA006	提升人大及其常委会公信力研究	郑广永	科社·党建·政治学	重点项目	北京市政治文明建设研究中心	研究基地项目
448	13JDKDC017	北京市领导干部新媒体应对能力研究	李　娜	科社·党建·政治学	青年项目	北京党建研究基地	研究基地项目
449	13JDKDA007	微博客与政府沟通能力建设	杨雪冬	科社·党建·政治学	重点项目	马克思主义大众化研究基地	研究基地项目
450	13JDKDB010	2013年《大讲堂》讲稿精选集	崔耀中	科社·党建·政治学	一般项目	马克思主义大众化研究基地	研究基地项目
451	13JDKDB011	后冷战时期美国民主输出运行机制与我国战略机遇期意识形态安全研究	刘恩东	科社·党建·政治学	一般项目	马克思主义大众化研究基地	研究基地项目
452	13JDKDC018	外国民众对华政治认知及沟通模式	周鑫宇	科社·党建·政治学	青年项目	马克思主义大众化研究基地	研究基地项目
453	13JDKDD002	北京市人大预算监督能力的影响因子和提升途径研究	李俊生	科社·党建·政治学	特别委托项目	北京财经研究基地	研究基地项目
454	13JDKDB012	基于儒家伦理思想的社会主义核心价值体系文化渊源探析	姚小玲	科社·党建·政治学	一般项目	首都高校党建研究基地	研究基地项目
455	13JDKDB013	书院制下大学生思想政治教育新模式探索	万林艳	科社·党建·政治学	一般项目	首都高校党建研究基地	研究基地项目
456	13JDKDD003	党的十六大以来中国特色社会主义在北京实践的经验与特点研究	左宪民	科社·党建·政治学	特别委托项目	马克思主义理论研究与传播基地	研究基地项目
457	13JDKDB014	北京市建设世界城市的城市外交策略研究	熊　炜	科社·党建·政治学	一般项目	北京对外交流与外事管理研究基地	研究基地项目
458	13JDKDC019	外交官与中国现代政治思潮的发展	杨　晖	科社·党建·政治学	青年项目	北京对外交流与外事管理研究基地	研究基地项目
459	13JDKDA008	十六大以来北京市思想政治工作规律研究	周　欣	科社·党建·政治学	重点项目	北京市基层思想文化建设研究基地	研究基地项目
460	13JDKDB015	北京市城镇化中农民身份转变后思想观念提升研究	朱华东	科社·党建·政治学	一般项目	北京市基层思想文化建设研究基地	研究基地项目
461	13JDKDA020	十八大新党章的时代内涵与指导意义研究	谭振亚	科社·党建·政治学	重点项目	首都高校党建研究基地	研究基地项目
462	13JDKDA021	北京市爱国主义教育基地现状及作用进一步发挥对策调研	周　欣	科社·党建·政治学	重点项目	北京市基层思想文化建设研究基地	研究基地项目

续表

序号	项目编号	项目名称	项目负责人	申报学科	资助等级	信誉保证单位	备注
463	13JDKDA022	顺义区党政领导干部考核评价机制创新研究	车克欣	科社·党建·政治学	重点项目	顺义区应用对策研究基地	研究基地项目
464	13JDKDA023	顺义区推进“四个转型升级”视域下群众工作创新研究	周颖博	科社·党建·政治学	重点项目	顺义区应用对策研究基地	研究基地项目
465	13JDLSA001	北京市东城区历史建筑调查及保护对策研究	金　晖	历史学	重点项目	东城区应用对策研究基地	研究基地项目
466	13JDLSA002	北京西城核心区历史文化名城保护模式创新研究	王少峰	历史学	重点项目	西城区应用对策研究基地	研究基地项目
467	13JDLSA003	北京西城老字号历史传承分析与品牌创新研究	王都伟	历史学	重点项目	西城区应用对策研究基地	研究基地项目
468	13JDSHD002	网络化条件下北京市职业群体社会管理创新研究	刘少杰	社会学	特别委托项目	北京社会建设研究基地	研究基地项目
469	13JDSHB007	北京市“失独”家庭生存状况及相关政策研究	宋　健	社会学	一般项目	北京社会建设研究基地	研究基地项目
470	13JDSHC010	北京市完善养老服务体系研究—对居家养老的现状分析和供需预测	陶　涛	社会学	青年项目	北京社会建设研究基地	研究基地项目
471	13JDSHB008	北京基层社会协同治理模式研究——以麦子店街道“问政”实践为例	刘金伟	社会学	一般项目	北京社会管理研究基地	研究基地项目
472	13JDSHC011	北京近郊区城中村改造与外来人口管理研究	李　升	社会学	青年项目	北京社会管理研究基地	研究基地项目
473	13JDSHA003	北京市新生代农民工城市文化融合研究	洪小良	社会学	重点项目	北京人口发展研究中心	研究基地项目
474	13JDSHB009	女性家庭生命周期与职业生命周期统合研究	李　宁	社会学	一般项目	北京人口发展研究中心	研究基地项目
475	13JDSHC012	社会网络视角下的北京市流动人口风险性行为与生殖健康	杜　鹃	社会学	青年项目	北京人口发展研究中心	研究基地项目
476	13JDSHD001	基于信任理论的首都国际化大都市医患关系研究	吕兆丰	社会学	特别委托项目	首都卫生管理与政策研究基地	研究基地项目
477	13JDSHA004	医院安全文化测评与改进的前瞻性队列研究	席修明	社会学	重点项目	首都卫生管理与政策研究基地	研究基地项目
478	13JDSHA005	社会心态与民生建设研究	谭日辉	社会学	重点项目	北京社区研究基地	研究基地项目
479	13JDSHA006	建设世界城市背景下的首都外国人管理问题研究	刘宏斌	社会学	重点项目	首都社会安全研究基地	研究基地项目

续表

序号	项目编号	项目名称	项目负责人	申报学科	资助等级	信誉保证单位	备注
480	13JDSHA013	中国特色社会主义文化视阈中的网络文化建设与青少年的发展	梁绿琦	社会学	重点项目	北京青少年教育与发展研究基地	研究基地项目
481	13JDSHB014	北京城市边缘区社会环境优化对策研究	霍晓英	社会学	一般项目	首都城市环境建设研究基地	研究基地项目
482	13JDWYA002	北京童谣的文化教育意义及推广策略研究	陈　晖	语言·文学·艺术	重点项目	北京文化发展研究基地	研究基地项目
483	13JDWYA003	北京区域划分的历史沿革及其文化功能的演变	张海明	语言·文学·艺术	重点项目	北京文化发展研究基地	研究基地项目
484	13JDWYA004	口述历史与北京濒临消失的文化史料抢救	傅光明	语言·文学·艺术	重点项目	北京文化发展研究基地	研究基地项目
485	13JDWYA005	中国传统服饰数字化保护模式实证研究	商书元	语言·文学·艺术	重点项目	首都服饰文化与服装产业研究基地	研究基地项目
486	13JDWYA006	中华经典英译与跨文化阐释研究	李庆本	语言·文学·艺术	重点项目	首都国际文化研究基地	研究基地项目
487	13JDWYB008	英语世界对明清小说的研究(1980—2010)	成　敏	语言·文学·艺术	一般项目	首都国际文化研究基地	研究基地项目
488	13JDWYB009	弘扬北京文化经典，打造“世界城市”文化名片——中西文化交流语境中的《红楼梦》当代阐释	张洪波	语言·文学·艺术	一般项目	北京对外文化交流与世界文化研究基地	研究基地项目
489	13JDWYD001	“北京传统音乐节”在高校服务文化创意产业方面的实践和探索	谢嘉幸	语言·文学·艺术	特别委托项目	北京民族音乐研究与传播基地	研究基地项目
490	13JDWYA002	北京社区音乐教育的实践与理论研究	张　援	语言·文学·艺术	重点项目	北京民族音乐研究与传播基地	研究基地项目
491	13JDWYB010	北京地区公共数字文化资源需求与使用状况研究	畅　榕	语言·文学·艺术	一般项目	北京出版产业与文化研究基地	研究基地项目
492	13JDWYA007	电影信息分析咨询系统平台的构建研究	夏卫国	语言·文学·艺术	重点项目	北京影视艺术研究基地	研究基地项目
493	13JDWYA012	梅兰芳1935年访苏演出研究	周丽娟	语言·文学·艺术	重点项目	北京戏曲文化传承与发展研究基地	研究基地项目
494	13JDWYA013	戏曲舞台语言体系研究	田志平	语言·文学·艺术	重点项目	北京戏曲文化传承与发展研究基地	研究基地项目

续表

序号	项目编号	项目名称	项目负责人	申报学科	资助等级	信誉保证单位	备注
495	13JDWYC014	京剧翻译原则与方法研究	董　单	语言·文学·艺术	青年项目	北京戏曲文化传承与发展研究基地	研究基地项目
496	13JDWYD015	文化与科技融合视域下的中国大电影产业及其发展路径研究	侯光明	语言·文学·艺术	特别委托项目	北京影视艺术研究基地	研究基地项目
497	13JDWYA016	北京市打造文化航母路径研究	周茂非	语言·文学·艺术	重点项目	北京文化创意产业改革发展研究中心	研究基地项目
498	13JDWYA017	首都文化消费新趋势研究	张慧光	语言·文学·艺术	重点项目	北京文化创意产业改革发展研究中心	研究基地项目
499	13JDZXA001	视觉北京——都市形象与空间逻辑	吴　琼	哲学	重点项目	人文北京研究基地	研究基地项目
500	13JDZXB002	新启蒙运动与中国近现代思维方式的变迁	常百灵	哲学	一般项目	北京市政治文明建设研究中心	研究基地项目
501	13JDZXB003	社会主义城市空间正义研究	张　华	哲学	一般项目	北京建筑文化研究基地	研究基地项目
502	13JDZXC004	城市景观美学与建设“美丽北京”研究	贾　澎	哲学	青年项目	北京世界城市研究基地	研究基地项目
503	13JDZHD001	“北京城市记忆”数字资源库建设研究	冯惠玲	综合	特别委托项目	人文北京研究基地	研究基地项目
504	13JDZHB004	全球化背景下的境外媒体管理政策研究	孙维佳	综合	一般项目	人文北京研究基地	研究基地项目
505	13JDZHC007	北京生态涵养区旅游生态安全与生态文明建设研究	唐承财	综合	青年项目	北京旅游发展研究基地	研究基地项目
506	13JDZHB005	外媒涉华报道全文索引数据库建设研究	罗智勇	综合	一般项目	首都国际文化研究基地	研究基地项目
507	13JDZHB008	生态文明视域下城市两型社区研究	赵　清	综合	青年项目	北京社区研究基地	研究基地项目
508	13JDZHA003	北京地区数字出版商业模式创新研究	张新华	综合	重点项目	北京出版产业与文化研究基地	研究基地项目
509	13JDZHD002	北京中医药文化科普传播效果研究	靳　琦	综合	特别委托项目	北京中医药文化研究基地	研究基地项目
510	13JDZHB006	我国大型综合性体育赛事的绩效评估研究	王庆伟	综合	一般项目	北京体育赛事管理与营销基地	研究基地项目

续表

序号	项目编号	项目名称	项目负责人	申报学科	资助等级	信誉保证单位	备注
511	13JDZHB009	“城镇化”背景下北京农村青少年的媒介使用现状、影响及对策——以顺义李桥镇王家场村为个案	周　敏	综合	一般项目	北京青少年教育与发展研究基地	研究基地项目
512	13JDZHA010	中关村核心区发展模式研究	陈名杰	综合	重点项目	海淀区应用对策研究基地	研究基地项目
513	13JDZHA011	坚持生态型产业发展方向提速中国乐谷建设研究	韦小玉	综合	重点项目	平谷区应用对策研究基地	研究基地项目
514	13JDZHA012	关于推进平谷区文化创意产业体制机制创新研究	李宝峰	综合	重点项目	平谷区应用对策研究基地	研究基地项目
515	13JDZHA013	延庆县生态文明建设途径探索	吕桂富	综合	重点项目	延庆县应用对策研究基地	研究基地项目
516	13CSB013	中俄环保合作对北京建设健康城市的启示研究	吴　军	城市学	一般项目	对外经济贸易大学	增补项目
517	13FXC042	卫生行政强制法律制度研究：以北京市为例	李筱永	法学	青年项目	首都医科大学	增补项目
518	13FXA043	当代中国重大刑事法治事件研究	赵秉志	法学	重点项目	北京师范大学	增补项目
519	13FXB044	境外追赃国际合作研究——以习近平同志反腐败思想为切入点	张　磊	法学	一般项目	北京师范大学	增补项目
520	13FXB045	司法公正与死刑个案民意研究	袁　彬	法学	一般项目	北京师范大学	增补项目
521	13FXB046	依法加强我国网络社会管理研究	孙午生	法学	一般项目	北京政法职业学院	增补项目
522	13FXC047	依法加强网络社会管理研究——侧重网络时代著作权的刑事法规制	郭　烁	法学	青年项目	北京交通大学	增补项目
523	13FXC048	生态文明建设的刑事法律保障研究	郭理蓉	法学	青年项目	北京师范大学	增补项目
524	13FXC049	“城市梦”下的北京市流动人口犯罪的治理	王剑波	法学	青年项目	首都经济贸易大学	增补项目
525	13FXC050	新时期社会主义法治权威建设研究	季桥龙	法学	青年项目	中共北京市委党校	增补项目
526	13FXC051	首都司法的群众路线之路：马锡五矛盾化解法的创新实践	栗　峥	法学	青年项目	中国政法大学	增补项目
527	13JYB026	建设中国特色的计算机科学教育国际化问题研究与实践	王移芝	教育学	一般项目	北京交通大学	增补项目
528	13JYB027	应用型大学精英人才思想道德素质培养路径研究	周志成	教育学	一般项目	北京联合大学	增补项目

续表

序号	项目编号	项目名称	项目负责人	申报学科	资助等级	信誉保证单位	备注
529	13JYB028	北京市属高校人才培养模式研究	张　强	教育学	一般项目	北京青年政治学院	增补项目
530	13JYC029	北京市学生网络学习问题研究	李　岩	教育学	青年项目	中国农业大学	增补项目
531	13JYB030	中国梦的教育学内涵及其价值实现	苏尚锋	教育学	一般项目	首都师范大学	增补项目
532	13JYB031	大学促进文化强国建设实践的国际比较研究	郭德红	教育学	一般项目	中央财经大学	增补项目
533	13JGB102	京津冀城市群地价演化与产业结构高级化耦合发展研究	周　霞	经济·管理	一般项目	北京建筑大学	增补项目
534	13JGC103	基于高速铁路发展的京津冀旅游一体化战略研究	殷　平	经济·管理	青年项目	北京交通大学	增补项目
535	13JGC104	北京市公共社区与区域创新创业体系发展的协同关系研究	蔡　芸	经济·管理	青年项目	北京交通大学	增补项目
536	13JGA105	北京市政府投资管理问题研究	姚光业	经济·管理	重点项目	北京经济管理职业学院	增补项目
537	13JGA106	北京市创意产业与旅游业融合发展及其对西双版纳州的启示	叶　晓	经济·管理	特别委托项目	北京联合大学	增补项目
538	13JGA107	北京智慧城市发展水平评价研究	刘卫国	经济·管理	特别委托项目	北京石油化工学院	增补项目
539	13JGA108	首都民办社科研究机构规范发展研究	唐　鑫	经济·管理	特别委托项目	北京市社会科学院	增补项目
540	13JGA109	基于国际化视角的北京市新能源产业的绿色金融支持体系研究	蒋先玲	经济·管理	重点项目	对外经济贸易大学	增补项目
541	13JGB110	北京市公用企业社会责任研究	余恩海	经济·管理	一般项目	华北电力大学	增补项目
542	13JGA111	北京经济与文化互动发展的模式与路径研究	祝合良	经济·管理	特别委托项目	首都经济贸易大学	增补项目
543	13JGC112	北京市高端制造业产业集群高级化途径与对策研究——基于知识网络的视角	李左峰	经济·管理	青年项目	中国人民大学	增补项目
544	13JGC113	北京市大中型企业与期货市场对接模式研究	邵永同	经济·管理	青年项目	中国社会科学院经济研究所	增补项目
545	13JGA114	促进北京市地方金融业发展的路径与对策研究	孙宝文	经济·管理	特别委托项目	中央财经大学	增补项目
546	13JGB115	乡村旅游发展与北京率先形成城乡一体化新格局研究	殷　敏	经济·管理	一般项目	北京第二外国语学院	增补项目

续表

序号	项目编号	项目名称	项目负责人	申报学科	资助等级	信誉保证单位	备注
547	13JGB116	通过发展社区支持农业（CAS）推动首都生态环境保护的路径与政策研究	倪国华	经济·管理	一般项目	北京工商大学	增补项目
548	13JGB117	实施创新驱动战略，建设中关村国家创新特区研究	冯　华	经济·管理	一般项目	北京交通大学	增补项目
549	13JGB118	低碳经济背景下北京乡村旅游转型升级研究	何忠伟	经济·管理	一般项目	北京农学院	增补项目
550	13JGB119	大数据时代网络社会的管理博弈及政府策略选择	孙　宇	经济·管理	一般项目	北京师范大学	增补项目
551	13JGB120	贸易强国战略与“中国梦”的实现——基于要素内涵式演进的分析视角	赵春明	经济·管理	一般项目	北京师范大学	增补项目
552	13JGB121	基于旧城改造的北京市核心区人口疏解模式研究	赵秀池	经济·管理	一般项目	首都经济贸易大学	增补项目
553	13JGB122	首都地区征收交通拥挤税与烟尘排放税的可行性分析——北京大气污染治理的财税政策匹配	白彦锋	经济·管理	一般项目	中央财经大学	增补项目
554	13JGC123	北京市生态文明发展评价及区域差异性研究	盛晓娟	经济·管理	青年项目	北京联合大学	增补项目
555	13JGC124	北京旅游品牌的自媒体传播研究	张　超	经济·管理	青年项目	北京第二外国语学院	增补项目
556	13JGC125	北京市经济增长与生态环境协调发展研究	王德利	经济·管理	青年项目	北京市社会科学院	增补项目
557	13JGC126	国家审计反腐败路径研究	张　军	经济·管理	青年项目	北京物资学院	增补项目
558	13JGC127	北京市经济发展与生态环境的演化关系及双赢路径分析	李春梅	经济·管理	青年项目	首都经济贸易大学	增补项目
559	13JGC128	网络媒体舆论检测及宣传引导策略研究	祝世伟	经济·管理	青年项目	中央财经大学	增补项目
560	13KDA026	“中国梦”与青年发展研究	楚国清	科社·党建·政治学	特别委托项目	北京青年政治学院	增补项目
561	13KDA027	首都大学生对“中国梦”认知情况调研	陶世日旦	科社·党建·政治学	特别委托项目	大学生杂志社	增补项目
562	13KDA028	实现中国梦背景下北京市领导干部思想状况调研	周春明	科社·党建·政治学	重点项目	中共北京市委党校	增补项目
563	13KDA029	中国现代化进程中的“中国梦”内容体系研究	程美东	科社·党建·政治学	重点项目	北京大学	增补项目
564	13KDB030	重视社会心态与防范脱离群众危险研究	丁　青	科社·党建·政治学	一般项目	中共北京市委党校	增补项目

续表

序号	项目编号	项目名称	项目负责人	申报学科	资助等级	信誉保证单位	备注
565	13KDB031	新自由主义无助于中国梦的实现	白雪秋	科社·党建·政治学	一般项目	北京大学	增补项目
566	13KDA032	北京市互联网突发事件和网络舆情引导研究	熊光清	科社·党建·政治学	重点项目	对外经济贸易大学	增补项目
567	13KDA033	网络环境下中共党史宣传面临的挑战及破解路径研究	谢荫明	科社·党建·政治学	重点项目	中共北京市委党史研究室	增补项目
568	13KDA034	共产党人理想信念信仰问题研究：以当代北京市为例	杨德山	科社·党建·政治学	重点项目	中国人民大学	增补项目
569	13KDB035	微时代高校思想政治工作新模式探析	赵　洁	科社·党建·政治学	一般项目	北京航空航天大学	增补项目
570	13KDB036	建设“美丽北京”，培育理性生态人研究	路日亮	科社·党建·政治学	一般项目	北京交通大学	增补项目
571	13KDB037	中国梦对内宣传、对外传播的话语策略研究	吴　琼	科社·党建·政治学	一般项目	北京交通大学	增补项目
572	13KDB038	国际视阈下的中国发展道路、发展模式评析	刘文忠	科社·党建·政治学	一般项目	北京联合大学	增补项目
573	13KDB039	“丝绸之路经济带”与“中国梦”关系研究	李　兴	科社·党建·政治学	一般项目	北京师范大学	增补项目
574	13KDB040	基于手机媒体的大学生思想政治教育创新研究	吴　惠	科社·党建·政治学	一般项目	北京石油化工学院	增补项目
575	13KDB041	北京高校意识形态工作现状与优化策略研究	张小锋	科社·党建·政治学	一般项目	对外经济贸易大学	增补项目
576	13KDB042	构筑当代大学生“中国梦”的文化力量研究	朱效梅	科社·党建·政治学	一般项目	清华大学	增补项目
577	13KDB043	“中国梦”在青年群体中的传播路径与分层策略研究	石国亮	科社·党建·政治学	一般项目	首都师范大学	增补项目
578	13KDB044	北京青年核心价值观的群体差异及其形成机制研究	王　东	科社·党建·政治学	一般项目	首都师范大学	增补项目
579	13KDB045	北京周边地区革命史迹整合研究	董增刚	科社·党建·政治学	一般项目	首都师范大学	增补项目
580	13KDB046	网络时代的领导干部意识形态能力问题研究	朱继东	科社·党建·政治学	一般项目	中国民主建国会北京市委员会	增补项目
581	13KDB047	中国共产党作风建设理论与实践创新及对群众路线教育实践活动的启示研究	张世飞	科社·党建·政治学	一般项目	中央财经大学	增补项目
582	13KDC048	总体性视域下的党性和人民性统一关系研究	史文瑞	科社·党建·政治学	青年项目	北京联合大学	增补项目
583	13KDC049	三重维度下中国梦与中国精神的关联与互动	温　静	科社·党建·政治学	青年项目	北京师范大学	增补项目

续表

序号	项目编号	项目名称	项目负责人	申报学科	资助等级	信誉保证单位	备注
584	13KDC050	中国特色社会主义理论体系逻辑结构与大众认同研究	刘洪森	科社·党建·政治学	青年项目	北京师范大学	增补项目
585	13KDC051	比较视野中的“中国梦”研究——“中国梦”的科学内涵及实现路径研究	王贵贤	科社·党建·政治学	青年项目	清华大学	增补项目
586	13KDC052	以社会主义核心价值体系建设推进社会主义文化强国建设	韩文乾	科社·党建·政治学	青年项目	首都师范大学	增补项目
587	13KDC053	依法加强互联网宣传思想工作管理及正向引导策略构建研究——以微博为主要研究对象	金英君	科社·党建·政治学	青年项目	中共北京市委党校	增补项目
588	13KDC054	“中国梦”对外传播的路径与策略研究	段　鹏	科社·党建·政治学	青年项目	中国传媒大学	增补项目
589	13KDC055	改革开放以来中国共产党群众路线理论和实践与保持党的纯洁性之研究	夏　璐	科社·党建·政治学	青年项目	中国人民大学	增补项目
590	13KDC056	网络时代背景下的群众路线创新研究	吴韵曦	科社·党建·政治学	青年项目	中国政法大学	增补项目
591	13LSA014	抗战时期中国共产党党风廉政建设史论	沈　强	历史学	重点项目	中国人民抗日战争纪念馆	增补项目
592	13SHA033	宗教在首都和谐社会建设中的独特作用	赵文芝	社会学	重点项目	北京市政协	增补项目
593	13SHB034	“中国梦”的科学内涵及实现路径研究	胡　平	社会学	一般项目	中国人民大学	增补项目
594	13SHC035	北京流动人口“中国梦”的社会心理表征及其对城市认同的影响研究	杨金花	社会学	青年项目	北京联合大学	增补项目
595	13WYB047	北京市网络游戏产品的国际传播研究	黄　佩	语言·文学·艺术	一般项目	北京邮电大学	增补项目
596	13WYB048	中宣部“五个一工程”奖获奖电视剧中的共产党员形象研究	张小琴	语言·文学·艺术	一般项目	清华大学	增补项目
597	13WYB049	“中国梦”与中国精神研究	高旭东	语言·文学·艺术	一般项目	中国人民大学	增补项目
598	13WYC050	北京影视形象的建构与传播战略研究	盖　琪	语言·文学·艺术	青年项目	首都师范大学	增补项目
599	13ZXB012	生态文明建设基本原则的哲学研究	李东松	哲学	一般项目	北京工业大学	增补项目
600	13ZHA024	文化原创力与北京文化创新机制研究	曹卫东	综合	特别委托项目	北京师范大学	增补项目

续表

序号	项目编号	项目名称	项目负责人	申报学科	资助等级	信誉保证单位	备注
601	13ZHA025	党性和人民性一致性研究	陈力丹	综合	重点项目	中国人民大学	增补项目
602	13ZHA026	公共外交视野下“中国梦”的国际传播研究	钟　新	综合	重点项目	中国人民大学	增补项目
603	13ZHB027	腐败与反腐败的文化心理机制研究	刘　力	综合	一般项目	北京师范大学	增补项目
604	13ZHB028	北京市住房反向抵押养老保险运行模式研究	李文中	综合	一般项目	首都经济贸易大学	增补项目
605	13ZHB029	中国特色社会主义文化国际传播策略及效果研究	郭晓明	综合	一般项目	中国人民大学	增补项目
606	13ZHB030	主流媒体的责任伦理对策：化解微博传播风险	张　燕	综合	一般项目	中国传媒大学	增补项目
607	13ZHB031	以微博直播庭审活动为视点论网络环境下的传媒与司法关系	姚广宜	综合	一般项目	中国政法大学	增补项目
608	13FXB052	“正确认识和把握法治社会建设理论的若干基本问题”	韩德强	法学	一般项目	中共北京市委党校	预立项项目
609	13FXB053	“十八届三中全会”关于促进互联网经济发展与依法治理的解读	朱　巍	法学	一般项目	中国政法大学	预立项项目
610	13FXB054	全面深化改革　建设法治中国	许传玺	法学	一般项目	北京市社科院	预立项项目
611	13JYB032	新形势下高校意识形态工作的使命与责任	姚小玲	教育学	一般项目	北京航空航天大学	预立项项目
612	13JYB033	必须重视中国近代史宣传教育	黄廷敏	教育学	一般项目	首都师范大学	预立项项目
613	13JGB129	深化改革中政府和市场关系的再权衡与新抉择	孙咏梅	经济·管理	一般项目	中国人民大学	预立项项目
614	13JGB130	以市场化改革推动首都金融业稳健发展	涂永红	经济·管理	一般项目	中国人民大学	预立项项目
615	13JGB131	更加尊重市场规律，更好发挥政府作用	卫星华	经济·管理	一般项目	中国人民大学	预立项项目
616	13JGB147	基于国家治理的新一轮财政改革	刘尚希	经济·管理	一般项目	财政部财政科学研究所	预立项项目
617	13JGB148	使市场在资源配置中起决定性作用	高尚全	经济·管理	一般项目	中国经济体制改革研究会	预立项项目
618	13KDB057	“新自由主义”是治世真经吗	李代祥	科社·党建·政治学	一般项目	北京市思想政治研究会	预立项项目
619	13KDB058	中国特色社会主义是成就中国奇迹的根本	贺亚兰	科社·党建·政治学	一般项目	中共北京市委讲师团	预立项项目

续表

序号	项目编号	项目名称	项目负责人	申报学科	资助等级	信誉保证单位	备注
620	13KDB059	科学地理解和坚持“三个自信”	姚桓	科社·党建·政治学	一般项目	中共北京市委党校	预立项项目
621	13KDB060	群众路线是党的生命线和根本工作路线	殷庆言	科社·党建·政治学	一般项目	中共北京市委党校	预立项项目
622	13KDB061	以人民满意为标准建立健全转变作风的长效机制	韩玉芳	科社·党建·政治学	一般项目	中共北京市委党校	预立项项目
623	13KDB062	反对“四风”重在探索“把权力送进制度的笼子里”	薛梅	科社·党建·政治学	一般项目	中共北京市委党校	预立项项目
624	13KDB063	加强和改善党对全面深化改革的领导	王春玺	科社·党建·政治学	一般项目	中央财经大学	预立项项目
625	13KDB064	“中国梦”视野下的文化“人民性”	卢燕娟	科社·党建·政治学	一般项目	中国政法大学	预立项项目
626	13KDB065	打牢坚持党领导的共同思想基础	许志功	科社·党建·政治学	一般项目	国防大学	预立项项目
627	13KDB066	高举理想信念精神旗帜做好中国特色社会主义这篇大文章	杨奎	科社·党建·政治学	一般项目	北京市社科院	预立项项目
628	13KDB067	群众路线的唯物史观意蕴的认识与实践途径	欧阳媛	科社·党建·政治学	一般项目	北京联合大学	预立项项目
629	13KDB068	论新形势下做好宣传思想工作的保障机制	陈树文	科社·党建·政治学	一般项目	北京交通大学	预立项项目
630	13KDB069	旗帜鲜明坚持党性人民性相统一	杨绍华	科社·党建·政治学	一般项目	北京科学社会主义学会	预立项项目
631	13KDB070	充分认识意识形态工作的极端重要性	李文阁	科社·党建·政治学	一般项目	北京科学社会主义学会	预立项项目
632	13KDB071	宣传思想工作比以往任何时候都更加需要创新	陈之昌	科社·党建·政治学	一般项目	《前线》杂志社	预立项项目
633	13KDB072	在有效沟通中巩固共同思想基础	刘陈德	科社·党建·政治学	一般项目	《前线》杂志社	预立项项目
634	13KDB073	中国梦与青年发展	倪邦文	科社·党建·政治学	一般项目	《大学生》杂志社	预立项项目
635	13KDB074	理解“三个自信”的三个维度	孙代尧	科社·党建·政治学	一般项目	北京大学	预立项项目
636	13KDB075	改善民生是实现中国梦的基础工程	王炳林	科社·党建·政治学	一般项目	北京师范大学	预立项项目
637	13ZXB013	把握科学的思想方法	陶文昭	哲学	一般项目	中国人民大学	预立项项目
638	13ZHB032	充分发挥新闻媒体推动经济社会发展的重要作用	鞠宏磊	综合	一般项目	北京师范大学	预立项项目

续表

序号	项目编号	项目名称	项目负责人	申报学科	资助等级	信誉保证单位	备注
639	13JYB034	全国大运会“校长杯”对引领北京高校体育创新发展的实证研究	谢伦立	教育学	一般项目	北京工业大学	联合立项项目
640	13JYB035	北京大学生体育锻炼行为的特征和干预研究	蒋　薇	教育学	一般项目	首都经济贸易大学	联合立项项目
641	13JYB036	志愿高校——志愿服务与高校人才培养模式研究	梁绿琦	教育学	一般项目	北京青年政治学院	联合立项项目
642	13JYB037	全媒体传播环境对大学生思想政治教育的影响及其对策研究	秦世成	教育学	一般项目	中国农业大学	联合立项项目
643	13JYB038	辅导员专业化培训核心课程构建研究	叶静漪	教育学	一般项目	北京大学	联合立项项目
644	13JYB039	学术软环境建设对培养研究生拔尖创新人才的促进作用研究	张小平	教育学	一般项目	清华大学	联合立项项目
645	13JYB040	培养机制改革视域下的研究生师生关系研究	程基伟	教育学	一般项目	北京航空航天大学	联合立项项目
646	13JYB041	增强思想政治理论课教学效果的途径与方法研究——以“思想道德修养与法律基础”课为例	彭庆红	教育学	一般项目	北京科技大学	联合立项项目
647	13JYB042	高校学生党员全程化培养机制的研究与实践	任新钢	教育学	一般项目	北京化工大学	联合立项项目
648	13JYB043	深度辅导工作现状调查研究	姚念龙	教育学	一般项目	北京交通大学	联合立项项目
649	13JYB044	中国传统文化与大学生心理素质教育	赵　旻	教育学	一般项目	北京语言大学	联合立项项目
650	13JYB045	高校青年教师思想政治工作体制机制研究	朱光好	教育学	一般项目	北京服装学院	联合立项项目
651	13JYB046	基于建构主义学习理论的大学生学业辅导模式研究	高春娣	教育学	一般项目	北京工业大学	联合立项项目
652	13JYB047	首都高校大学生思想政治教育协同创新研究	缪劲翔	教育学	一般项目	首都师范大学	联合立项项目
653	13JYB048	首都大学生北京精神的培育研究	宋志强	教育学	一般项目	北京联合大学	联合立项项目
654	13JYB049	首都高职院校学生学风建设有效机制构建研究	佟　怡	教育学	一般项目	北京青年政治学院	联合立项项目
655	13JGB132	基于廉政风险防控的北京高校科研经费管理制度创新研究	冯　虹	经济·管理	一般项目	北京工业大学	联合立项项目

续表

序号	项目编号	项目名称	项目负责人	申报学科	资助等级	信誉保证单位	备注
656	13JGB133	北京市真实贸易结构：测算、评价与优化	姜延书	经济·管理	一般项目	北方工业大学	联合立项项目
657	13JGB134	北京零售企业竞争力提升关键问题研究	孙永波	经济·管理	一般项目	北京工商大学	联合立项项目
658	13JGB135	北京城市货运公交化共同配送体系研究	何明珂	经济·管理	一般项目	北京工商大学	联合立项项目
659	13JGB136	碳规则对北京市产业国际竞争力影响的实证研究	徐　岭	经济·管理	一般项目	北京石油化工学院	联合立项项目
660	13JGB137	农民工平等就业法律救济机制研究	王春光	经济·管理	一般项目	北京农学院	联合立项项目
661	13JGB138	北京市新型农村合作医疗大病保障的实施对疾病经济负担的影响研究	高广颖	经济·管理	一般项目	首都医科大学	联合立项项目
662	13JGB139	土地征收补偿制度研究——以北京市为中心	蔡乐渭	经济·管理	一般项目	首都师范大学	联合立项项目
663	13JGB140	北京市中小学校长专业发展的制度体系研究	傅树京	经济·管理	一般项目	首都师范大学	联合立项项目
664	13JGB141	当代北京艺术品市场生态研究	吴明娣	经济·管理	一般项目	首都师范大学	联合立项项目
665	13JGB142	北京市零售企业商业模式创新研究	齐　严	经济·管理	一般项目	北京物资学院	联合立项项目
666	13JGB143	北京市产业空间结构体系构建与城市空间转型研究	田新民	经济·管理	一般项目	首都经济贸易大学	联合立项项目
667	13JGB144	企业价值观对企业可持续战略及其绩效的影响研究	张映红	经济·管理	一般项目	首都经济贸易大学	联合立项项目
668	13JGB145	北京种业整合战略及其平台建设研究	侯军岐	经济·管理	一般项目	北京信息科技大学	联合立项项目
669	13JGB146	环境污染治理与规制博弈研究	王　斌	经济·管理	一般项目	北京信息科技大学	联合立项项目
670	13SHB036	19世纪法国的社会危机及社会重建研究	倪玉珍	社会学	一般项目	首都师范大学	联合立项项目
671	13WYB051	蒙古高原古今音乐文化的跨境研究	杨　红	语言·文学·艺术	一般项目	中国音乐学院	联合立项项目
672	13WYB052	中国戏曲跨文化传播人才培养战略研究	于建刚	语言·文学·艺术	一般项目	中国戏曲学院	联合立项项目
673	13WYB053	中外电影大师精品解读	苏　牧	语言·文学·艺术	一般项目	北京电影学院	联合立项项目
674	13WYB054	爱默生与美国诗歌传统研究	黄宗英	语言·文学·艺术	一般项目	北京联合大学	联合立项项目
675	13ZHB033	中国电影舆论传播研究	凌　燕	综合	一般项目	首都师范大学	联合立项项目

续表

序号	项目编号	项目名称	项目负责人	申报学科	资助等级	信誉保证单位	备注
676	13ZHB034	北京文化符号的认定与传播研究	曲　茹	综合	一般项目	北京第二外国语学院	联合立项项目

（北京市哲学社会科学规划办公室供稿）

北京市教育委员会 2013 年评出的 2014 年度社会科学计划批准立项重点项目

项目编号	项目名称	承担单位	项目负责人	成果形式	拟完成时间
SZ201410005001	基于廉政风险防控的北京高校科研经费管理制度创新研究	北京工业大学	冯　虹	论文、研究报告	2016. 1
SZ201410005002	全国大运会“校长杯”对引领北京高校体育创新发展的实证研究	北京工业大学	谢伦立	论文、研究报告	2015. 12
SZ201410009003	北京市真实贸易结构：测算、评价与优化	北方工业大学	姜延书	论文、专著	2015. 12
SZ201410011004	北京零售企业竞争力提升关键问题研究	北京工商大学	孙永波	论文、研究报告	2015. 12
SZ201410011005	北京城市货运公交化共同配送体系研究	北京工商大学	何明珂	论文、研究报告	2015. 8
SZ201410017006	碳规则对北京市产业国际竞争力影响的实证研究	北京石油化工学院	徐　岭	论文、研究报告	2016. 12
SZ201410020007	农民工平等就业法律救济机制研究	北京农学院	王春光	论文、专著	2016. 12
SZ201410025008	北京市新型农村合作医疗大病保障的实施对疾病经济负担的影响研究	首都医科大学	高广颖	论文、研究报告	2016. 12
SZ201410028009	中国电影舆论传播研究	首都师范大学	凌　燕	论文、专著	2015. 12
SZ201410028010	19 世纪法国的社会危机及社会重建研究	首都师范大学	倪玉珍	论文、专著	2016. 1
SZ201410028011	土地征收补偿制度研究——以北京市为中心	首都师范大学	蔡乐渭	专著	2016. 12
SZ201410028012	北京市中小学校长专业发展的制度体系研究	首都师范大学	傅树京	论文、研究报告	2016. 12
SZ201410028013	当代北京艺术品市场生态研究	首都师范大学	吴明娣	论文、专著	2016. 12
SZ201410031014	北京文化符号的认定与传播研究	北京第二外国语学院	曲　茹	研究报告	2015. 12
SZ201410037015	北京市零售企业商业模式创新研究	北京物资学院	齐　严	论文、研究报告	2016. 12

续表

项目编号	项目名称	承担单位	项目负责人	成果形式	拟完成时间
SZ201410038016	北京市产业空间结构体系构建与城市空间转型研究	首都经济贸易大学	田新民	论文、研究报告	2015.12
SZ201410038017	企业价值观对企业可持续战略及其绩效的影响研究	首都经济贸易大学	张映红	论文、专著	2016.12
SZ201410038018	北京大学生体育锻炼行为的特征和干预研究	首都经济贸易大学	蒋　薇	论文、研究报告	2016.1
SZ201410046019	蒙古高原古今音乐文化的跨境研究	中国音乐学院	杨　红	专著	2016.12
SZ201410049020	中国戏曲跨文化传播人才培养战略研究	中国戏曲学院	于建刚	论文、专著	2016.12
SZ201410050021	中外电影大师精品解读	北京电影学院	苏　牧	专著	2016.12
SZ201411232022	北京种业整合战略及其平台建设研究	北京信息科技大学	侯军歧	论文、专著	2016.12
SZ201411232023	环境污染治理与规制博弈研究	北京信息科技大学	王　斌	论文、专著	2016.12
SZ201411417024	爱默生与美国诗歌传统研究	北京联合大学	黄宗英	论文、专著	2016.12
SZ201411626025	志愿高校——志愿服务与高校人才培养模式研究	北京青年政治学院	梁绿琦	论文、专著	2015.12

（北京市教育委员会科学技术与研究生工作处供稿）

北京市教育委员会2013年评出的2014年度社会科学计划批准立项面上项目

项目编号	项目名称	承担单位	承担人	成果形式	拟完成时间
SM201410005001	批评性话语分析视角下中西英语新闻报道与翻译	北京工业大学	龚文静	论文	2015.12
SM201410005002	文化产业人才社会需求与高校供应关系研究	北京工业大学	张　雯	论文、研究报告	2015.12
SM201410005003	北京市基层多元纠纷解决机制构建研究	北京工业大学	朱　涛	论文、研究报告	2015.6
SM201410005004	北京市现代社会组织体制建设研究	北京工业大学	曹飞廉	研究报告	2015.6
SM201410005005	我国产业共性技术创新体系研究	北京工业大学	张风帆	论文、研究报告	2015.6
SM201410005006	北京市服务业循环经济发展研究	北京工业大学	李艳梅	论文、研究报告	2015.12

续表

项目编号	项目名称	承担单位	承担人	成果形式	拟完成时间
SM201410005007	创新性法学实践课程体系研究	北京工业大学	席志国	论文、教材	2014.12
SM201410005008	视错觉在交互界面设计教学中的应用研究	北京工业大学	栾建霞	论文	2016.12
SM201410005009	陶瓷材料与表现形式在城市景观中模数化设计的创新应用研究	北京工业大学	杨晓娟	论文、研究报告	2016.12
SM201410005010	北京创意文化产品体系研究	北京工业大学	杨　苗	论文	2016.12
SM201410005011	建设世界城市背景下地方高水平大学国际化人才培养模式研究	北京工业大学	金保华	论文、研究报告	2015.12
SM201410005012	技术创新网络演化与节点进退机制研究	北京工业大学	刘晓燕	论文	2015.12
SM201410005013	基于全球价值链的外商直接投资对北京制造业产业升级影响研究	北京工业大学	王　涛	论文	2015.12
SM201410005014	基于知识图谱的战略性新兴技术辨识与发展对策研究	北京工业大学	刘俊婉	论文	2015.6
SM201410009001	北京地标：文人故迹与文学意象中的城市文明——以20世纪中国作家为核心	北方工业大学	冯　雷	论文、专著	2016.12
SM201410009002	口译过程中认知负荷强度的研究	北方工业大学	秦小雅	论文、专著	2016.12
SM201410009003	中关村高技术企业突破性创新能力研究：基于技术能力和营销能力匹配视角	北方工业大学	童泽林	论文	2016.12
SM201410009004	北京城市居民低碳消费行为及引导政策研究	北方工业大学	高鹤文	论文	2016.12
SM201410009005	现代生产条件下中国传统家具制作技艺的传承	北方工业大学	王　湘	论文、专著	2016.12
SM201410009006	毛泽东重要哲学著作版本考证	北方工业大学	张治银	论文、专著	2016.12
SM201410011001	老龄化进程中的北京居民行为调整及其经济影响研究	北京工商大学	蒯鹏州	论文、研究报告	2016.12
SM201410011002	北京居民蔬菜类生活必需品供应保障体系建设	北京工商大学	张　浩	专著	2016.12
SM201410011003	北京农产品供应链质量风险控制研究	北京工商大学	崔　丽	专著	2015.12
SM201410011004	金融工具准则修订对北京金融业会计监管的影响研究	北京工商大学	柯　剑	论文、研究报告	2015.12
SM201410011005	全媒体视域下北京地区突发公共事件舆论流变与引导机制研究	北京工商大学	罗　昶	论文	2015.12
SM201410011006	新媒体环境下的北京老字号品牌传播研究	北京工商大学	丛　珩	论文	2015.12

续表

项目编号	项目名称	承担单位	承担人	成果形式	拟完成时间
SM201410011007	北京地区城镇化进程中失地农民的就业问题研究	北京工商大学	王　轶	论文、研究报告	2015.12
SM201410011008	支持北京市新能源产业发展的绿色金融体系研究	北京工商大学	徐　凤	论文、研究报告	2015.12
SM201410011009	基于断点检测的重大事件对首都猪产品价格影响研究	北京工商大学	郭志超	论文	2015.12
SM201410012001	艺术观念的社会史	北京服装学院	杨道圣	论文、专著	2016.12
SM201410012002	开放复杂系统视角下的可持续艺术设计基础理论研究	北京服装学院	董治年	论文、研究报告	2015.12
SM201410012003	北京家纺产品消费行为及品牌认知研究	北京服装学院	韩　燕	论文、研究报告	2015.12
SM201410015001	北京出版企业创意管理研究	北京印刷学院	田烈旭	论文、研究报告	2015.12
SM201410015002	基于整合性技术接受和使用理论的移动阅读用户接受研究	北京印刷学院	蒋　骁	论文、研究报告	2015.12
SM201410015003	以北京印刷学院为例的北京市高校校园导视系统应用现状分析及创新指向	北京印刷学院	史　墨	论文、专著	2015.12
SM201410015004	基于认知的英语多义词义项延伸机制研究	北京印刷学院	孙边旗	论文、专著	2015.12
SM201410015005	关于体育赛事对民族传统体育国际化传播影响之研究	北京印刷学院	邝华利	论文、专著	2015.12
SM201410016001	北京城市移民的空间公平感研究	北京建筑大学	孙　莹	论文、研究报告	2015.12
SM201410016002	人力资本理论与现代人力资源研究	北京建筑大学	杨兴坤	专著	2015.12
SM201410016003	首都城乡统一建设用地市场运行和调控管理机制研究	北京建筑大学	张笑楠	论文、研究报告	2015.12
SM201410016004	市属高校职员队伍可持续发展问题研究	北京建筑大学	李大伟	论文、研究报告	2016.12
SM201410017001	大学英语分级综合语料库建设与阅读教学应用研究	北京石油化工学院	王经益	论文、研究报告	2016.7
SM201410017002	基于素质教育视野下首都高校校园体育文化研究	北京石油化工学院	房晓伟	论文、研究报告	2015.12
SM201410017003	北京市旅游业能源消耗与碳排放量估算——旅游业节能减排潜力评估研究	北京石油化工学院	周燕芳	论文、研究报告	2015.12
SM201410020001	H7N9禽流感对北京市禽类市场的冲击影响分析	北京农学院	胡向东	论文、研究报告	2015.12
SM201410020002	北京市重点小城镇发展梯次推进战略研究	北京农学院	徐广才	论文、研究报告	2015.12

续表

项目编号	项目名称	承担单位	承担人	成果形式	拟完成时间
SM201410020003	京郊乡村旅游对农村社区居民的影响研究	北京农学院	张　鲸	论文、研究报告	2016. 12
SM201410020004	北京沟域经济法制保障研究	北京农学院	赵志毅	论文、专著	2015. 12
SM201410025001	医学生核心价值观培育的影响因素与对策研究	首都医科大学	杜长林	论文	2015. 12
SM201410025002	打击无证行医在卫生行政执法领域中的法律问题研究	首都医科大学	李筱永	论文、研究报告	2015. 12
SM201410025003	基于组织行为学框架下的首都城市和乡村医患信任关系比较研究	首都医科大学	杨　佳	论文、专著	2016. 12
SM201410025004	北京市高校体育风险管理体系建设研究	首都医科大学	王钟音	论文、研究报告	2016. 12
SM201410025005	北京市社区公共卫生人员工作职能及人力分布研究	首都医科大学	赵亚利	研究报告	2016. 12
SM201410025006	北京农村山区卫生人才定向培养政策的有效性与前瞻性研究	首都医科大学	韩飞舟	论文、研究报告	2016. 12
SM201410028001	21世纪以来中美当代文学理论领域的交流研究	首都师范大学	胡燕春	论文、研究报告	2015. 12
SM201410028002	美国民权运动斗争策略研究	首都师范大学	于　展	论文	2016. 12
SM201410028003	我国科研诚信制度建设研究	首都师范大学	解本远	论文、研究报告	2016. 12
SM201410028004	北京市公益组织诚信制度建设	首都师范大学	朱慧玲	研究报告	2016. 12
SM201410028005	实践——研究取向区域教师研修共同体建设与推广	首都师范大学	王海燕	研究报告	2015. 12
SM201410028006	西克苏“阴性书写”观及其在中国的嬗变与反思研究	首都师范大学	王　迪	论文	2016. 12
SM201410028007	快速老龄化背景下北京市社区养老服务体系建设研究	首都师范大学	李　春	研究报告	2015. 12
SM201410028008	百年中国钢琴音乐创作研究(1913—2013)	首都师范大学	周　琴	专著	2016. 12
SM201410028009	优秀传统文化传承体系建设研究——传统中国画材料研究	首都师范大学	孙　涤	专著	2015. 12
SM201410028010	碑帖学的体系建构及其对书法研究的意义	首都师范大学	宗成振	专著	2016. 12
SM201410028011	中小学国学教育的价值及内容研究	首都师范大学	张平仁	研究报告	2015. 12
SM201410028012	戏剧教育融入学前教师教育模式的实践研究	首都师范大学	张　征	论文、研究报告	2016. 12
SM201410028013	基于语言教学的汉语言与民俗文化的互证研究	首都师范大学	李俊红	论文	2016. 12

续表

项目编号	项目名称	承担单位	承担人	成果形式	拟完成时间
SM201410028014	全球化时代中美外语教育政策价值取向比较研究	首都师范大学	曹迪	论文	2015.12
SM201410028015	新中国成立以来思想政治理论课推进高校马克思主义大众化的基本历程与基本经验研究	首都师范大学	刘文革	论文	2016.12
SM201410029001	中国古典舞国际推广中的文化要素解析与英文释译研究	首都体育与学员	王皋华	研究报告	2014.12
SM201410029002	当代中国体育文化价值的研究与思考	首都体育与学员	杨意青	研究报告	2016.12
SM201410029003	北京市大型公共体育场馆公益性服务供给研究	首都体育与学员	陈文倩	研究报告	2015.12
SM201410029004	“李娜效应”影响下中国网球运动员“单飞”培养模式可持续发展研究	首都体育与学员	刘占捷	研究报告	2015.12
SM201410029005	公益性社会体育指导员在首都城乡体育发展一体化中的作用研究	首都体育与学员	高天	论文、研究报告	2015.12
SM201410031001	二语听力能力差异成因及干预研究	北京第二外国语学院	张晓东	专著、研究报告	2016.12
SM201410031002	比较文学形象学在世界华文文学研究中的应用	北京第二外国语学院	王秀琳	论文	2016.12
SM201410031003	战后日本大众传播学研究的流变	北京第二外国语学院	孙庚	专著	2015.12
SM201410031004	北京乡村民俗旅游社区参与度评价与发展模式研究	北京第二外国语学院	唐承财	研究报告	2015.12
SM201410031005	生态翻译学视角下的媒体翻译研究	北京第二外国语学院	程维	论文、研究报告	2014.12
SM201410031006	北京市旅游品牌构建研究	北京第二外国语学院	马爱萍	论文、研究报告	2014.12
SM201410037001	中关村示范区上市公司投资者关系管理模式研究	北京物资学院	刘华	论文、研究报告	2015.12
SM201410037002	基于信用风险转移的科技企业融资保险机制研究	北京物资学院	孟繁军	论文、研究报告	2015.12
SM201410037003	北京市零售业深度发展与区位优化研究	北京物资学院	周学勤	论文、专著	2015.12
SM201410037004	欧洲先进物流理论翻译与研究	北京物资学院	张春颖	论文、研究报告	2015.12
SM201410037005	现代物流业的法律规制研究	北京物资学院	高泉	论文、研究报告	2015.12
SM201410037006	基于自组织理论的北京市配送系统演化机制与系统构建研究	北京物资学院	梁晨	论文、研究报告	2015.12
SM201410037007	基于素质模型的北京市应急物流人才队伍建设研究	北京物资学院	解进强	论文、研究报告	2015.12

续表

项目编号	项目名称	承担单位	承担人	成果形式	拟完成时间
SM201410038001	不同空间尺度北京市农村居民点用地变化驱动机制研究	首都经济贸易大学	刘正恩	研究报告	2015.12
SM201410038002	银行业非利息收入结构及其风险防范研究	首都经济贸易大学	周　晔	论文、研究报告	2015.12
SM201410038003	准则变更、会计信息质量与投资者利益保护	首都经济贸易大学	尹世芬	论文、研究报告	2015.12
SM201410038004	我国企业员工乐观解释风格对工作绩效的影响研究	首都经济贸易大学	崔佳颖	论文、研究报告、专著	2015.12
SM201410038005	基于分层线性模型的北京市城镇居民幸福指数的追踪研究	首都经济贸易大学	郭洪伟	研究报告	2015.12
SM201410038006	北京市高校流行文化趋势及其引领机制研究	首都经济贸易大学	王　颖	论文	2015.12
SM201410038007	"生态大我"与生态批评的构建	首都经济贸易大学	朱利华	专著	2015.12
SM201410038008	中国现代文学中北京书写与想象的研究	首都经济贸易大学	司新丽	论文、研究报告	2015.12
SM201410038009	省级部门行政成本现状、成因与治理：基于北京市的研究	首都经济贸易大学	何　晴	论文、研究报告	2015.12
SM201410038010	新媒体情境下北京老字号品牌怀旧营销策略研究	首都经济贸易大学	黄苏萍	论文、研究报告	2015.12
SM201410038011	城乡一体化进程中体育公共服务均等化模型构建与路径选择研究	首都经济贸易大学	杨　华	研究报告	2015.12
SM201410038012	企业视觉传达的传播效应及对企业文化构建的研究	首都经济贸易大学	李　毅	专著	2015.12
SM201410038013	企业信息化投资决策风险管理与效益研究	首都经济贸易大学	武　装	论文、研究报告、专著	2014.12
SM201410038014	基于北京财政可持续发展的土地财政治理研究	首都经济贸易大学	史兴旺	研究报告	2015.12
SM201410046001	中（朝鲜族）、朝、韩音乐比较研究	中国音乐学院	权吉浩	研究报告	2015.12
SM201410046002	传统器乐类工尺谱体系及其念唱研究	中国音乐学院	王先艳	研究报告	2015.12
SM201410046003	全球在地化语境中的景颇族基督教音乐与巴扎（风笛）音乐研究	中国音乐学院	徐天祥	研究报告	2015.12
SM201410046004	中国及周边中亚地区"双声音乐区"研究	中国音乐学院	徐　欣	论文	2015.12
SM201410046005	全国部分高校音乐教育专业办学现状及发展方向研究	中国音乐学院	宋阿娜	研究报告	2015.12
SM201410049001	首都高等艺术院校科研经费管理研究	中国戏曲学院	刘　婧	论文、研究报告	2016.12

续表

项目编号	项目名称	承担单位	承担人	成果形式	拟完成时间
SM201410049002	程派艺术及当代教学研究	中国戏曲学院	张莉莉	论文、舞台实践	2016.12
SM201410049003	评剧作曲技法研究	中国戏曲学院	马　骏	专著	2016.12
SM201410049004	程砚秋玉霜簃所藏戏曲抄本整理与研究	中国戏曲学院	蔺文锐	专著	2016.12
SM201410049005	戏曲“陌生化传播”研究	中国戏曲学院	胡晓宏	论文	2016.12
SM201410050001	新灯具、新光源对当代电影照明创作的影响	北京电影学院	何　清	专著	2016.12
SM201410050002	摄影画面语言研究	北京电影学院	唐东平	专著	2016.12
SM201410050003	电影哲学专题研究	北京电影学院	叶远厚	专著	2016.12
SM201410050004	电影表演本科专业教学研究	北京电影学院	许晓丹	论文	2015.12
SM201410050005	北京文化创意产业中新媒体艺术的发展与前景研究	北京电影学院	王　跖	论文	2015.12
SM201410050006	影视特效塑形创作研究	北京电影学院	聂春晖	专著	2015.12
SM201410050007	中国微电影营销与制作	北京电影学院	刘笑微	专著	2016.12
SM201410050008	网络影像文化研究	北京电影学院	吴　毅	专著	2016.12
SM201410050009	中国传统服饰在影视作品中的应用研究	北京电影学院	罗　婷	专著	2015.12
SM201410051001	中国古典舞历史资料建设与研究	北京舞蹈学院	满运喜	研究报告、其他	2015.12
SM201410051002	当代中国民间舞的身份、模态与话语	北京舞蹈学院	赵铁春	专著	2015.12
SM201410051003	汉族民间舞仪式研究	北京舞蹈学院	李　卿	研究报告	2015.12
SM201410051004	北京市舞蹈发展与社区艺术管理模式创新问题研究	北京舞蹈学院	张朝霞	论文、译著、研究报告	2015.12
SM201410051005	英、美国音乐剧作曲风格与流派研究	北京舞蹈学院	张小群	论文、研究报告	2014.12
SM201411232001	人口老龄化背景下的企业年金及其会计问题研究	北京信息科技大学	彭　燕	论文、研究报告	2015.12
SM201411232002	基于知识管理的北京地区地理标志品牌塑造策略研究	北京信息科技大学	张　宇	论文、研究报告	2015.12

续表

项目编号	项目名称	承担单位	承担人	成果形式	拟完成时间
SM201411232003	北京市新劳工群体的形成及其对产业支持研究——以建筑业和制造业为例	北京信息科技大学	聂铁力	研究报告、论文、专著	2015.12
SM201411232004	大城市智能动态应急联盟协调联动机制建模与仿真研究	北京信息科技大学	胡　敏	论文、研究报告	2015.12
SM201411232005	新媒体环境下 798 艺术区传播形态研究	北京信息科技大学	李　晋	论文、研究报告	2015.12
SM201411232006	高校在学生管理中的法律定位研究	北京信息科技大学	王英红	论文、专著	2015.12
SM201411232007	基于英汉平行语料库的儿童文学翻译研究	北京信息科技大学	张群星	论文、研究报告	2015.12
SM201411232008	我国高等教育后大众化进程及发展模式研究	北京信息科技大学	张文格	论文、研究报告、专著	2015.12
SM201411417001	京台休闲农业合作研究	北京联合大学	孙兆慧	研究报告	2014.12
SM201411417002	北京非物质文化遗产传承人口述史研究	北京联合大学	李　扬	论文、研究报告	2015.12
SM201411417003	北京市属高校大学生媒介素养教育的可行性研究	北京联合大学	杭孝平	研究报告、论文	2015.12
SM201411417004	大数据时代的中国学术期刊转型研究	北京联合大学	孙俊青	论文、研究报告	2015.12
SM201411417005	食品安全治理中的社会公众参与机制研究	北京联合大学	邵彦铭	论文、研究报告	2015.12
SM201411417006	北京市“三山五园”历史文化元素的谱系构建	北京联合大学	尹　凌	论文、研究报告	2015.12
SM201411417007	北京不同类型景区的门票价格规制模式研究	北京联合大学	刘　宇	研究报告	2015.10
SM201411417008	城乡一体化背景下北京历史文化名村名镇发展面临问题及对策研究	北京联合大学	苑焕乔	论文、研究报告	2015.12
SM201411417009	京台文化创意产业互补性分析及交流合作研究	北京联合大学	李　立	专著	2015.12
SM201411417010	外商直接投资对北京市产业结构优化的影响研究	北京联合大学	张宇馨	论文、研究报告	2015.12
SM201411626001	高职院校学生思政课学习特点与对策研究	北京青年政治学院	赵卫民	研究报告	2015.12
SM201411626002	公共危机事件中应急志愿管理研究	北京青年政治学院	高艳蓉	研究报告	2015.12
SM201411626003	新型城镇化与农业转移人口市民化良性驱动研究	北京青年政治学院	韩永宝	论文、研究报告	2015.12
SM201411626004	城镇化进程中青年生存压力与社会信心的研究	北京青年政治学院	景晓娟	论文、研究报告	2015.12

续表

项目编号	项目名称	承担单位	承担人	成果形式	拟完成时间
SM201411626005	北京建设世界城市的金融支持问题研究	北京青年政治学院	韩文琰	论文	2015.12
SM201411626006	北京智慧城市建设中的数字化策略研究	北京青年政治学院	王红霞	研究报告	2015.12
SM201451638001	北京实体零售与网络零售商业模式的比较研究	北京财贸职业学院	张艳	专著、研究报告	2014.12
SM201451638002	基于社区商业构建北京终端物流体系研究	北京财贸职业学院	王艳	论文、研究报告	2014.12
SM201451638003	高等职业教育会计专业课程体系设计研究与实践	北京财贸职业学院	刘殿成	论文、研究报告	2014.12
SM201451638004	以言成事原则下的北京市商业服务用语调查研究	北京财贸职业学院	李明	研究报告	2014.12
SM201451638005	京台职业教育工商管理类专业比较研究	北京财贸职业学院	韩宪洲	研究报告	2014.12
SM201410858001	基于消费者视角的北京市保障性住房居住福利研究	北京电子科技职业学院	戚瑞双	论文、专著	2015.12
SM201410858002	高职教师专业发展研究	北京电子科技职业学院	田宏忠	论文、研究报告	2015.12
SM201410858003	首都工艺美术产业构建的策略研究	北京电子科技职业学院	张峻	论文、研究报告	2015.12
SM201410853001	以地域文化资源推动北京高职院校人文素质教育的路径研究	北京工业职业学院	高海霞	研究报告	2015.12
SM201412448001	北京市农民专业合作社财务管理规范化研究	北京农业职业学院	白兆秀	论文、研究报告	2014.12
SM201412448002	网络营销在京郊专业合作社中的应用研究	北京农业职业学院	仝彦丽	论文、研究报告	2015.12
SM201412448003	三口之家京郊游目的地选择影响因素研究	北京农业职业学院	何艳琳	论文、研究报告	2015.11
SM201412448004	北京农民专业合作社项目化管理模式研究	北京农业职业学院	吕娜	论文、研究报告	2015.12
SM201450061001	借助实验促进学生对生物学核心概念理解的研究	北京教育学院	杨青青	论文	2015.6
SM201450061002	批判性思维与中小学外语教学	北京教育学院	周莹	论文、研究报告	2014.12
SM201450061003	中小学美术教师培训中设计教学的开发——废旧材料创意设计课程	北京教育学院	刘宇	论文	2015.12
SM201414075001	国家高职骨干院校建设重点专业人才培养模式研究——以北京劳动保障职业学院人力资源管理专业为例	北京劳动保障职业学院	郑振华	论文、研究报告	2014.12
SM201414073001	新管理视角下高职经管类专业职业素养和职业能力训练体系研究	北京经济管理职业学院	周景勤	研究报告、论文	2015.12

续表

项目编号	项目名称	承担单位	承担人	成果形式	拟完成时间
SM201414073002	基于能力目标的高职课程建设和保障条件研究	北京经济管理职业学院	苏春林	研究报告	2015.12

说明：北京市教育委员会从1996年开始设立人文社会科学研究计划项目。2003年开始该计划项目分为重点项目和面上项目，重点项目同时列入北京市哲学社会科学规划项目，与北京市哲学社会科学规划办公室联合立项并实施管理。2007年依据《北京市市级教育经费项目支出预算管理办法（试行）》的规定，北京市教委、北京市财政局联合印发了《北京市属高等学校科学研究项目管理办法（暂行）》，（以下简称《管理办法》）。根据新的《管理办法》，规范了项目类别，北京市教委人文社会科学研究计划项目更名为社科计划项目。北京市教育委员会2014年度社科计划批准立项项目193项，其中重点项目25项，面上项目168项。

（北京市教育委员会科学技术与研究生工作处供稿）

2013年度北京市调查研究重点课题

题目	主持人
一、常委会统筹课题	
加强统筹和培育新增长点问题	市委常委
交通问题	市委常委
人口问题	市委常委
城乡结合部问题	市委常委
城市精细化管理问题	市委常委
首都功能核心区居民居住生活环境改善问题	市委常委
全国文化中心建设问题	市委常委
生活服务业提升和新兴服务业发展问题	市委常委
公共服务价格问题	市委常委
二、市级领导同志调研课题	
加强和改进代表建议办理工作研究	杜德印
关于全面深化“平安北京”建设的调研	吉　林
关于首都城市发展若干问题的调研	吉　林　沈宝昌
关于加强对权力运行的制约和监督对策研究	叶青纯
关于在城乡一体化进程中发挥农村党组织引领作用的对策研究	吕锡文
统筹推动重点功能区发展和新的经济增长点研究	李士祥
北京市加强商会组织建设研究	牛有成
关于深化改革，增强农村发展活力的研究	牛有成
高校协同创新体制机制研究	赵凤桐
大力推进宣传思想工作改革创新	李　伟

续表

题目	主持人
适应新的形势任务要求，依法推进本市国防教育，努力增强全民国防意识	郑传福
关于建设最安全城市的实践与思考	傅政华
北京城市总体规划实施情况及未来实施思路研究	陈　刚
本市大气污染状况及防治对策研究	梁　伟
法规预案研究工作总结	柳纪纲
深化预算监督，推进全口径预算管理	唐　龙
首都科技创新体系建设情况研究	孙康林
传统优势产业提升研究	荀仲文
北京加快服务贸易发展研究	程　红
治理北京交通拥堵问题研究	张　工
分类指导，梯次推进郊区小城镇发展研究	林克庆
首都人口服务管理研究	张延昆
关于北京市水环境治理问题的调研	赵文芝
工资集体协商建议案及调研报告	赵文芝
关于社会管理网格化问题的调研	赵文芝
建筑垃圾建议案及调研报告	赵文芝
关于落实宗教房产政策有关问题的调研	赵文芝
关于打造公平竞争环境、促进中小企业发展的调研	闫仲秋
关于本市科技企业孵化器问题的调研	闫仲秋
关于贯彻党的十八大精神，加强全市法院领导班子建设的调查研究	慕　平
检察机关参与廉政风险防控机制建设研究	池　强
三、各民主党派市委主委调研课题	
关于进一步加强首都社会建设和管理的调研与建设	傅惠民
促进生态服务型产业体系建设　实现城乡一体化发展	葛剑平
利用碳汇交易新契机　培育首都新增长点	王永庆
北京市近十年文化创意产业扶持政策效果评估研究	刘新成
关于北京市医疗共同体建设的研究	于文明
实施首都创新驱动发展战略研究	李昭玲
加强区域合作　共建首都生态文明	马大龙
关于北京城乡结合部集体土地乡镇统筹工作的研究	蔡国雄
四、区县部委办局调研课题	
关于加强城市精细化管理的研究	东城区　杨柳荫
以中关村雍和园区扩园为契机，推动产业转型升级、经济高端发展的研究	东城区　牛青山
西城区生活性服务业体系建设研究	西城区　王　宁

续表

题目	主持人
关于促进优质教育资源均衡发展的研究与思考	西城区　王少峰
关于"文化强区"发展战略的研究	朝阳区　程连元
新城镇化战略下的朝阳区城乡结合部发展和管理创新研究	朝阳区　吴桂英
发挥驻区单位资源优势，推动区域融合发展模式研究	海淀区　隋振江
国家科技金融创新中心功能区建设研究	海淀区　孙文锴
新形势下丰台区群众工作研究	丰台区　李超钢
丰台区经济发展质量与功能提升研究	丰台区　冀　岩
关于石景山区深化全面转型，实现可持续发展的战略研究	石景山区　荣　华
关于把石景山区打造成为首都新的经济增长极的战略研究	石景山区　夏林茂
关于创新街道管理体制的研究	门头沟区　韩子荣
门头沟区优化服务设施布局，提高城市生活品质问题研究	门头沟区　王洪钟
关于落实党的十八大"四化同步"的战略要求，加快房山跨越发展的思考	房山区　刘　伟
关于强化生态文明理念，建设美丽房山的实践与思考	房山区　祁　红
关于进一步促进首都城市副中心文化产业发展的实践与思考	通州区　王云峰
关于首都城市副中心重大基础设施、公共服务设施和重点项目布局与建设的研究与实践	通州区　岳　鹏
推进北京国际航空中心核心区建设的路径与措施研究	顺义区　王　刚
顺义区推进城镇化的实践与思考	顺义区　卢映川
昌平转型发展背景下的生态建设调查研究	昌平区　侯君舒
昌平区进一步加快产业转型升级的思考	昌平区　张燕友
大兴区城乡结合部产业升级问题研究	大兴区　李长友
关于新型农村社区建设的调查研究	大兴区　谈绪祥
加快重点小城镇建设步伐，在推进城镇化进程中实现新发展	怀柔区　齐　静
关于加快产业结构转型升级，提升怀柔综合经济实力的思考	怀柔区　常　卫
大都市郊区城镇化路径研究	平谷区　张吉福
关于平谷区加快农业现代化的探索与实践	平谷区　姜　帆
关于干部选拔任用工作的实践与思考	密云县　汪先永
对新农村建设几个重点问题的研究	密云县　王海臣
关于 2019 年世园会带动区域发展的研究	延庆县　李志军
关于农业现代化与农村集体合作组织发展的研究	延庆县　李先忠
加强基层统战工作的探索与思考——以西城为例	市委统战部　闵　克
北京市少数民族经济现状及发展建设路径研究	市委统战部　张　洋
首都宗教界人士和信教群众作用发挥机制研究	市委统战部　张　洋
新媒体从业人员与网络意见人士统战工作研究	市委统战部　赵宏生
北京市健全社会主义协商民主制度专题研究	市委统战部　周开让

续表

题目	主持人
以“三进两促”活动为抓手，完善机关党员干部直接联系群众制度研究	市直机关工委　夏尚武
建设高素质机关党务干部队伍问题研究	市直机关工委　杨公鼎
加强服务型机关基层党组织建设问题研究	市直机关工委　杨公鼎
加强市级教育统筹研究	市教委　线联平
北京高校服务型基层党组织建设研究	市委教育工委　刘　建
建立健全首都教育公共服务体系若干重点问题的研究	市政府教育督导室　线联平
关于深化农村集体产权制度改革的几个问题	市农委　王孝东
北京职工发展研究	市总工会　曾繁新
北京青年流动大学毕业生调研	团市委　常　宇
北京流动妇女状况与社会管理政策研究	市妇联　赵津芳
关于培育社会主义核心价值观，推进首都公民道德建设的调查与思考	首都文明办　陈　冬
提升高端产业功能区发展质量的政策措施研究	市发展改革委　张建东
关于建立首都科技创新统筹协调机制的研究	市科委　闫傲霜
首都工业和信息化人才队伍建设对企业技术创新影响的研究	市经济信息化委　李　平
如何发挥北京产学研合作中产业主导作用	市经济信息化委　姜贵平
北京实施村庄改造新模式调研	市规划委　黄　艳
关于全面发展绿色建筑，推动生态城市建设研究	市规划委　黄　艳
完善房地产调控政策和长效管理机制研究	市住房城乡建设委　杨　斌
保障性住房分配制度研究	市住房城乡建设委　杨　斌
北京建筑业健康指标体系研究	市住房城乡建设委　杨　[illegible]
出租汽车综合管理研究	市交通委　刘小明
总部企业在京发展研究	市商务委　卢　彦
北京民用机场管理立法研究	市政府口岸办　王卫平
北京旅游综合配套改革研究	市旅游委课题组
北京市人口与资源环境、经济社会均衡协调发展评价体系研究	市人口计生委　刘　志
统筹外事资源渠道　服务本市经济发展方式转型	市政府外事办　赵会民
北京市加快法治政府建设的目标和任务研究	市政府法制办　周继东
北京市政府规章领域分布和立法需求研究	市政府法制办　刘振刚
做好新形势下“送上门来”的群众工作的思考	市政府信访办　薄　钢
基层民政能力建设研究	市民政局　李万钧
关于推进基本公共法律服务的思考	市司法局　于鸿源
关于统筹建立多元化公共投融资体系的研究	市财政局　李颖津
北京市创业环境现状与对策研究	市人力社保局　张欣庆　张祖德
北京市集体土地管理及利用研究	市国土局　魏成林

续表

题目	主持人
关于编制北京市环境总体规划的研究	市环保局　陈　添
北京水环境容量补偿机制研究	市水务局　金树东
北京城镇化进程中水资源与水环境研究	市水务局　聂玉藻
文化驱动力专题研究	市文化局　陈　冬
北京市医疗资源结构分析与布局研究	市卫生局　方来英
经济责任审计对权力的制约和监督作用研究	市审计局　吴素芳
保障性安居工程建设管理现状及应对建议	市审计局　吴素芳
关于加强本市总部经济税源管理的思考	市地税局　杨志强
关于加强处级领导班子建设的实践与思考	市地税局　刘江平
支持行业协会参与市场监管促进政府职能转变　提升工作效能的实践与思考	市工商局　杨艺文
建立城市精细化管理标准化体系研究	市质监局　赵长山
安全发展城市指标体系研究	市安监局　张家明
发挥全国文化中心示范作用，推动首都广播影视产业科学发展战略研究	市广电局　李春良
加强首都广播电视全媒体发展研究	市广电局　李春良　杨培丽
建立北京广播影视产业政策法规体系研究	市广电局　杨培丽
国内外高科技产业园区建设经验对北京国家数字出版基地建设的借鉴意义研究	市新闻出版局　冯俊科
关于北京名人故居纳入文物保护的标准及保护与利用原则的研究	市文物局　舒小峰
[illegible]两级管理体制加强文物执法的调查研究	市文物局　舒小峰
[illegible]市古玩旧货市场现状及管理政策调研	市文物局　舒小峰
对北京实现两个“同步增长”的研究与思考	市统计局　李　纲
园林绿化推进首都生态绿岗就业政策研究	市园林绿化局　邓乃平
北京市知识产权产业研究	市知识产权局　汪　洪
北京市设施大棚租赁使用状况及对农业生产农民收入影响情况调研	市农业局　赵根武
中小学国民教育的药品安全普及教育研究	市药监局　丛骆骆
基于互联网销售药品监管政策研究	市药监局　丛骆骆
五、社会单位调研课题	
北京地区农村消费金融创新研究	北银消费金融有限公司　宋文昌

（中共北京市委研究室供稿）

2013年度北京市人大常委会调查研究课题

一、2013年市人大常委会主任、副主任重点调研课题

序号	题目名称	负责人	工作单位	成果形式	完成时间
1	加强和改进代表建议办理工作研究	杜德印	市人大常委会	调研报告	12月
2	本市大气污染状况及防治对策研究	梁　伟	市人大常委会	调研报告	12月
3	开展法规预案研究工作总结	柳纪纲	市人大常委会	调研报告	12月
4	深化预算监督，推进全口径预算管理	唐　龙	市人大常委会	调研报告	12月
5	首都科技创新体系建设情况	孙康林	市人大常委会	调研报告	12月

二、2013年市人大常委会重点调研课题

序号	题目名称	责任部门	负责人	完成时间
1	完善市人大常委会会议工作程序研究	办公厅	张　清	12月
2	继续支持检察院深化诉讼监督工作研究	内务司法办公室	刘维林	12月
3	市人大代表参与市级项目支出事前绩效评估工作研究	财政经济办公室	陈京朴	12月
4	提高人民代表大会会议质量研究	研究室	黄石松	12月

三、2013年市人大专门委员会及常委会工作机构调研课题

序号	题目名称	申报部门	负责人	完成时间
1	具有人大特色的互联网舆情信息收集和分析机制研究	办公厅	张凤华	12月
2	关于涉诉信访化解的调研	办公厅	闫景联	12月
3	修订《北京市老年人权益保障条例》立项论证调研	内务司法办公室	袁　芳	12月
4	关于社会救助立法有关问题的研究	内务司法办公室	袁　芳	12月
5	刑诉法实施中的重点、难点问题及对策研究	内务司法办公室	王　玲	12月
6	养老体系建设代表建议督办工作调研	内务司法办公室	刘振宇	12月
7	修订北京市统计管理条例	财政经济办公室	程晓君	12月
8	关于北京市全民健身条例立项论证的调研	教科文卫体办公室	傅雁南	12月
9	关于北京市控制吸烟条例立项论证的调研	教科文卫体办公室	张秀芳	12月

续表

序号	题目名称	申报部门	负责人	完成时间
10	关于推进本市出租车行业持续健康发展的调研	城建环保办公室	郭普金	12月
11	关于北京市绿道建设情况的调研	农村办公室	徐再城	12月
12	关于北京市水土保持工作情况的调研	农村办公室	潘爱兵	12月
13	关于北京市少数民族权益保障条例修订的调研	民宗侨办公室	武高山	12月
14	关于本市宗教场所落证情况的调研	民宗侨办公室	武高山	12月
15	关于本市侨务工作的调研	民宗侨办公室	吴宝华	12月
16	进一步完善人大调查研究工作机制研究	研究室	李正斌	12月
17	进一步整合刊物资源，促进调研成果转化问题研究	研究室	田洪俊	12月
18	进一步加强人大新闻宣传工作研究	研究室	黄石松	12月
19	加强机关干部队伍建设调研	人事室	张　越	12月

（北京市人大常委会研究室艾淑英供稿）

部分高校、科研等单位承担国家或省部级人文社会科学研究项目及院校级文科项目

北京大学

2013年度承担国家级、省部级社会科学研究项目

序号	项目名称	项目负责人	承担部门	项目分类、类别	项目来源单位	预期成果形式	计划完成日期
1	环境风险规制的行政法研究——以案例分析为方法	金自宁	深圳研究生院	国家社会科学基金、一般项目	全国哲学社会科学规划办公室	专题论文（集）、研究报告	2016.3
2	欧债危机的援助机制与案例研究	谢世清	经济学院	国家社会科学基金、一般项目	全国哲学社会科学规划办公室	研究报告、专题论文（集）	2015.12
3	基于药品监管能力的中国药品监管模式优化研究	江　滨	医学部	国家社会科学基金、一般项目	全国哲学社会科学规划办公室	专题论文（集）、研究报告	2015.12
4	挤压发展下的政府与市场关系研究	朱天飚	政府管理学院	国家社会科学基金、一般项目	全国哲学社会科学规划办公室	专著	2016.6
5	我国长期税收收入、人均税负及税收结构（997—1909）	管汉晖	经济学院	国家社会科学基金、一般项目	全国哲学社会科学规划办公室	专著、专题论文（集）	2015.12

续表

序号	项目名称	项目负责人	承担部门	项目分类、类别	项目来源单位	预期成果形式	计划完成日期
6	转型时期中国城乡收入差距的形成机制——基于农村金融和土地流转市场约束视角	吴佩勋	深圳研究生院	国家社会科学基金、一般项目	全国哲学社会科学规划办公室	专题论文(集)、研究报告	2015.12
7	云南史前农业经济的考古学研究	秦　岭	考古文博学院	国家社会科学基金、一般项目	全国哲学社会科学规划办公室	专著、研究报告	2015.12
8	土木营造中的节俭观和生态思想	方　拥	考古文博学院	国家社会科学基金、一般项目	全国哲学社会科学规划办公室	研究报告	2014.12
9	持续照料养老社区运营及服务模式研究	谢　红	光华管理学院	国家社会科学基金、一般项目	全国哲学社会科学规划办公室	专著、研究报告	2016.7
10	国外数据库商业版权模式及图书馆应对策略研究	刘兹恒	信息管理系	国家社会科学基金、一般项目	全国哲学社会科学规划办公室	专题论文(集)	2015.12
11	汉语作为第二语言的界面关系习得研究	赵　杨	对外汉语教育学院	国家社会科学基金、一般项目	全国哲学社会科学规划办公室	专著	2016.8
12	宋朝两代“篇韵”及其相关辞书的综合比较研究	张渭毅	中文系	国家社会科学基金、一般项目	全国哲学社会科学规划办公室	专题论文(集)、研究报告	2016.12
13	清代来华西方人汉语教育史	施正宇	对外汉语教育学院	国家社会科学基金、一般项目	全国哲学社会科学规划办公室	专著	2016.12
14	拓跋起源的考古发现与研究	倪润安	考古文博学院	国家社会科学基金、一般项目	全国哲学社会科学规划办公室	专著	2016.12
15	中国古代神怪小说传统的理论阐释	刘勇强	中文系	国家社会科学基金、一般项目	全国哲学社会科学规划办公室	译著	2016.12
16	女性镜像与当代中国的主体认同(1940—2010)	贺桂梅	中文系	国家社会科学基金、一般项目	全国哲学社会科学规划办公室	专著	2016.6
17	日本江户时代的《史记》学研究	杨海峥	中文系	国家社会科学基金、一般项目	全国哲学社会科学规划办公室	专题论文(集)、专著	2015.12
18	城乡医疗统筹背景下我国医疗保障体系问题研究	王红漫	人口研究所	国家社会科学基金、重点项目	全国哲学社会科学规划办公室	专著、研究报告	2014.12

续表

序号	项目名称	项目负责人	承担部门	项目分类、类别	项目来源单位	预期成果形式	计划完成日期
19	马克思主义基本原理的学科对象与理论体系研究	孙熙国	马克思主义学院	国家社会科学基金、重点项目	全国哲学社会科学规划办公室	专著	2016. 6
20	独立以来美国的身份意识与对外政策	王立新	历史系	国家社会科学基金、重点项目	全国哲学社会科学规划办公室	专题论文（集）	2017. 6
21	台湾地区的宗教状况及对大陆的启示	卢云峰	社会学系	国家社会科学基金、重点项目	全国哲学社会科学规划办公室	研究报告、专题论文（集）	2016. 5
22	推进我国事业单位分类改革实施战略与相关政策研究	黄恒学	政府管理学院	国家社会科学基金、重点项目	全国哲学社会科学规划办公室	专著、研究报告	2016. 12
23	多卷本《德国通史》	朱孝远	历史系	国家社会科学基金、重点项目	全国哲学社会科学规划办公室	专著	2016. 12
24	基于严格语音对应的汉语与民族语关系字研究	陈保亚	中文系	国家社会科学基金、重点项目	全国哲学社会科学规划办公室	专著、研究报告	2016. 5
25	机器翻译理论框架下俄汉语篇内句子的同义转换	胡连影	外国语学院	国家社会科学基金、青年项目	全国哲学社会科学规划办公室	研究报告	2014. 4
26	高校图书馆基于区域图书馆联盟开展阅读推广活动的策略研究	刘彦丽	图书馆	国家社会科学基金、青年项目	全国哲学社会科学规划办公室	专题论文（集）、研究报告	2015. 4
27	大规模个性化定制环境下的情报系统研究	徐　扬	信息管理系	国家社会科学基金、青年项目	全国哲学社会科学规划办公室	专题论文（集）、研究报告	2015. 12
28	老龄产业发展背景下我国涉老企业现状与走向研究	郑志刚	社会学系	国家社会科学基金、青年项目	全国哲学社会科学规划办公室	专题论文（集）、电脑软件	2016. 2
29	现象学社会学新流派及其对基层社会的应用研究	孙飞宇	社会学系	国家社会科学基金、青年项目	全国哲学社会科学规划办公室	专著、研究报告	2015. 9
30	非物质文化遗产的社区保护及县域实践研究	韩成艳	社会学系	国家社会科学基金、青年项目	全国哲学社会科学规划办公室	专著、研究报告	2016. 6
31	空巢老年人口的生存状况及家庭与社会保障研究	孔　涛	中国社会科学调查中心	国家社会科学基金、青年项目	全国哲学社会科学规划办公室	专题论文（集）、研究报告	2015. 6

续表

序号	项目名称	项目负责人	承担部门	项目分类、类别	项目来源单位	预期成果形式	计划完成日期
32	教育机会均等、人力资本与城乡收入差距缩小的关系研究	孙永强	国家发展研究院	国家社会科学基金、青年项目	全国哲学社会科学规划办公室	专题论文（集）、研究报告	2015.12
33	自然资源产品取得权研究	王社坤	法学院	国家社会科学基金、青年项目	全国哲学社会科学规划办公室	研究报告	2016.6
34	上市公司财务运作的法律规制——路径探寻	刘　燕	法学院	国家社会科学基金后期资助项目	全国哲学社会科学规划办公室	专著、研究报告	2016.12
35	西班牙当代女性成长小说	王　军	外国语学院	国家社会科学基金后期资助项目	全国哲学社会科学规划办公室	专著	2016.12
36	我国人口发展与经济社会可持续发展战略研究	郭志刚	社会学系	国家社会科学基金成果文库立项	全国哲学社会科学规划办公室	专著、研究报告	2016.8
37	历史语言学方法论与汉语方言音韵史个案研究	王洪君	中文系	国家社会科学基金成果文库立项	全国哲学社会科学规划办公室	专著	2016.8
38	坚定中国特色社会主义道路自信、理论自信、制度自信研究	杨　河	马克思主义学院	国家社会科学基金、重大项目	全国哲学社会科学规划办公室	著作	2016.12
39	深化改革的基本方向、重点难点和有效路径研究	林毅夫	国家发展研究院	国家社会科学基金、重大项目	全国哲学社会科学规划办公室	著作	2016.12
40	促进收入公平分配的财税法制创新研究	刘剑文	法学院	国家社会科学基金、重大项目	全国哲学社会科学规划办公室	著作	2016.8
41	建立社会公平保障体系与维护社会公平正义研究	孙祁祥	经济学院	国家社会科学基金、重大项目	全国哲学社会科学规划办公室	著作	2016.12
42	20世纪中国传统哲学与马克思主义哲学、西方哲学关系研究	赵敦华	哲学系	国家社会科学基金、重大项目	全国哲学社会科学规划办公室	著作	2017.12
43	西方博物学文化与公众生态意识关系研究	刘华杰	哲学系	国家社会科学基金、重大项目	全国哲学社会科学规划办公室	著作	2016.12
44	宗教与东亚近代化研究	王新生	历史系	国家社会科学基金、重大项目	全国哲学社会科学规划办公室	著作	2016.12

续表

序号	项目名称	项目负责人	承担部门	项目分类、类别	项目来源单位	预期成果形式	计划完成日期
45	中国历史农业地理研究与地图绘制	韩茂莉	城市与环境学院	国家社会科学基金、重大项目	全国哲学社会科学规划办公室	著作	2018.12
46	敦煌与于阗——佛教艺术与物质文化的交互影响	荣新江	中古史中心	国家社会科学基金、重大项目	全国哲学社会科学规划办公室	著作	2017.12
47	国家图书馆藏未刊稿整理与研究	刘玉才	中文系	国家社会科学基金、重大项目	全国哲学社会科学规划办公室	著作	2017.12
48	中国图书馆学史	王余光	信息管理学院	国家社会科学基金、重大项目	全国哲学社会科学规划办公室	著作	2016.12
49	自杀关联型犯罪研究	车　浩	法学院	教育部哲学社会科学项目、青年基金项目	教育部	论文	2016.12
50	基于住院病案和患者满意度双重视角的医疗质量综合评估研究	孔桂兰	医学部	教育部哲学社会科学项目、青年基金项目	教育部	研究报告	2016.12
51	城市低收入人群的就业可达性研究——以北京为例	张　纯	城市与环境学院	教育部哲学社会科学项目、青年基金项目	教育部	研究报告	2016.12
52	痴呆老人不同管理模式下照顾成本与效果的经济学评价	王志稳	医学部	教育部哲学社会科学项目、青年基金项目	教育部	研究报告	2016.12
53	跨文化的文类构建——以晚清民国文学翻译为例	张丽华	中文系	教育部哲学社会科学项目、青年基金项目	教育部	论文	2016.12
54	中国电信体制改革、行业效率与外部溢出效应研究	郑世林	光华管理学院	教育部哲学社会科学项目、青年基金项目	教育部	论文	2016.12
55	收入不均与幸福感——基于隧道效应与地位效应的倒U形曲线分析	俞宗火	光华管理学院	教育部哲学社会科学项目、青年基金项目	教育部	论文	2016.12

续表

序号	项目名称	项目负责人	承担部门	项目分类、类别	项目来源单位	预期成果形式	计划完成日期
56	农村代际间财产转移特点及其对农村养老政策与改革的启示——理论与实证分析	王　辉	光华管理学院	教育部哲学社会科学项目、青年基金项目	教育部	研究报告	2016.12
57	中国农村居民的健康需求与寻医行为研究	孙梦洁	经济学院	教育部哲学社会科学项目、青年基金项目	教育部	研究报告	2016.12
58	沉船所见景德镇明代青花瓷的考古学研究	陈　冲	考古文博学院	教育部哲学社会科学项目、青年基金项目	教育部	专著、研究报告	2016.12
59	转型期民族身份与公民身份的建设性关系研究——以湖南维吾尔族流动人口为例	佟春霞	社会学系	教育部哲学社会科学项目、青年基金项目	教育部	研究报告	2016.12
60	并行数据挖掘及其在社会调查质量管理中的应用研究	丁　华	社会科学调查中心	教育部哲学社会科学项目、青年基金项目	教育部	论文	2016.12
61	清代宫廷戏曲文献整理及研究	熊　静	信息管理学院	教育部哲学社会科学项目、青年基金项目	教育部	论文	2016.12
62	西班牙语文学与基督教文化传统	范　晔	外语学院	教育部哲学社会科学项目、青年基金项目	教育部	论文	2016.12
63	东汉佛教入华的图像学研究	朱　浒	考古文博学院	教育部哲学社会科学项目、青年基金项目	教育部	论文	2016.12
64	西班牙语习语研究	张慧玲	外语学院	教育部哲学社会科学项目、青年基金项目	教育部	论文	2016.12
65	《汉书·五行志》研究——以西汉经学为中心	程苏东	哲学系	教育部哲学社会科学项目、青年基金项目	教育部	论文	2016.12

续表

序号	项目名称	项目负责人	承担部门	项目分类、类别	项目来源单位	预期成果形式	计划完成日期
66	社会网络化时代品牌污名化的形成机制与应对策略——基于文化价值观和群际情感的研究	彭泗清	光华管理学院	教育部哲学社会科学项目、规划基金项目	教育部	研究报告	2016.12
67	小国与国际安全	韦　民	国际关系学院	教育部哲学社会科学项目、规划基金项目	教育部	专著、论文	2016.12
68	《精神卫生法》实施中强制医疗问题的调查与研究	王　岳	医学部	教育部哲学社会科学项目、规划基金项目	教育部	研究报告	2016.12
69	幼儿园和小学儿童预防性侵犯教育研究	陈晶琦	医学部	教育部哲学社会科学项目、规划基金项目	教育部	研究报告	2016.12
70	利用教育游戏培养学生创造力的理论与实践研究	尚俊杰	教育学院	教育部哲学社会科学项目、规划基金项目	教育部	论文、研究报告	2016.12
71	农村第一代大学生校园参与和学业成就的影响机制研究	鲍　威	教育学院	教育部哲学社会科学项目、规划基金项目	教育部	研究报告	2016.12
72	多维贫困视角下的城乡贫困问题研究	夏庆杰	经济学院	教育部哲学社会科学项目、规划基金项目	教育部	专著、研究报告	2016.12
73	市场竞争和中国抗生素滥用的成因——以抗生素管理为核心	林莞娟	光华管理学院	教育部哲学社会科学项目、规划基金项目	教育部	研究报告	2016.12
74	菲律宾现代农业的形成及其转型——一项农业生态史研究（1780—2010）	包茂红	历史系	教育部哲学社会科学项目、规划基金项目	教育部	论文	2016.12
75	思想政治教育视域中公民教育的科学阐释——中国公民教育的历史考察	李毅红	马克思主义学院	教育部哲学社会科学项目、规划基金项目	教育部	论文	2016.12

续表

序号	项目名称	项目负责人	承担部门	项目分类、类别	项目来源单位	预期成果形式	计划完成日期
76	以色列阿拉伯少数民族的基本状况及以色列的民族政策研究	王　宇	外语学院	教育部哲学社会科学项目、规划基金项目	教育部	专著、论文	2016. 12
77	大规模词语搭配情感词典的自动构建研究	吴云芳	信息科学技术学院	教育部哲学社会科学项目、规划基金项目	教育部	论文	2016. 12
78	过渡性理论观照下的俄语语法研究	周海燕	外语学院	教育部哲学社会科学项目、规划基金项目	教育部	论文	2016. 12
79	唐诗体格律问题研究	杜晓勤	中文系	教育部哲学社会科学项目、规划基金项目	教育部	论文	2016. 12
80	城乡一体化发展与土地管理制度改革研究	周其仁	国家发展研究院	教育部重大项目	教育部	专著	2016. 12
81	北族王朝的政治文化特征——以辽金为中心	刘浦江	历史系	教育部基地项目	教育部	专著	2016. 12
82	现代汉语构式知识库建设及其应用研究	陆俭明	中文系	教育部基地项目	教育部	专著、研究报告	2016. 12
83	汉语声调认知的实验研究——声学变异、范畴感知与连读变调	王韫佳	中文系	教育部基地项目	教育部	专著、研究报告	2016. 12
84	印度古代文学的文本与图像研究	陈　明	外国语学院	教育部基地项目	教育部	专著	2016. 12
85	《大唐西域记》研究——历史、宗教、文学与图像	唐孟生	外国语学院	教育部基地项目	教育部	专著	2016. 12
86	中古时期丧葬的观念风俗与礼仪制度	齐东方	考古文博学院	教育部基地项目	教育部	专著	2016. 12
87	欧亚草原考古	李　零	中文系	教育部基地项目	教育部	专著	2016. 12
88	宗教改革和西方近代政治哲学	赵敦华	哲学系	教育部基地项目	教育部	专著	2016. 12
89	国家理性——从马基雅维里到黑格尔	吴增定	哲学系	教育部基地项目	教育部	专著	2016. 12
90	中国政府决策民主协商机制建设研究	赵成根	政府管理学院	教育部基地项目	教育部	专著	2016. 12
91	当代中国的信仰体系与政治发展	关海庭	政府管理学院	教育部基地项目	教育部	专著	2016. 12

续表

序号	项目名称	项目负责人	承担部门	项目分类、类别	项目来源单位	预期成果形式	计划完成日期
92	中国的城乡一体化与健康不平等研究——证据、挑战与社会政策方向	熊跃根	社会学系	教育部基地项目	教育部	专著	2016.12
93	少数民族地区生育水平与个体生育意愿研究	周　云	社会学系	教育部基地项目	教育部	专著	2016.12
94	中国城乡发展一体化研究	白雪秋	马克思主义学院	教育部基地项目	教育部	专著	2016.12
95	中国特色社会主义“五位一体”总布局研究	郭建宁	马克思主义学院	教育部基地项目	教育部	专著	2016.12
96	高校毕业生就业结构的实证研究	岳昌君	教育学院	教育部基地项目	教育部	专著	2016.12
97	经济发展方式转变与产业结构升级背景下的高等教育分类管理与结构调整研究	丁小浩	教育学院	教育部基地项目	教育部	专著	2016.12
98	行政程序法典化研究	姜明安	法学院	教育部基地项目	教育部	专著	2016.12
99	执政模式的法治化研究	徐爱国	法学院	教育部基地项目	教育部	专著	2016.12
100	大学生党支部建设案例研究	霍晓丹	组织部	教育部各类专项项目、高校思政	教育部	论文	2013.12
101	中国特色马克思主义“五位一体”总体布局研究	郭建宁	马克思主义学院普及读物	教育部各类专项项目、普及读物	教育部	专著	2014.12
102	从封建到现代——五百年西方政治形态变迁	钱乘旦	历史系	教育部各类专项项目、普及读物	教育部	专著	2014.12
103	中国城镇家庭消费报告	符国群	光华管理学院	教育部各类专项项目、发展报告	教育部	研究报告	2013.12
104	剑桥冷战史	牛　军	国际关系学院	教育部各类专项项目、后期资助	教育部	专著	2014.12
105	马克思主义理论学科建设与理论创新研究	宇文利	邓小平理论中心	教育部各类专项项目、马三化	教育部	研究报告	2013.12
106	进一步推进哲学社会科学繁荣发展的理论研究	周　程	哲学系	教育部各类专项项目、马三化	教育部	研究报告	2013.12

续表

序号	项目名称	项目负责人	承担部门	项目分类、类别	项目来源单位	预期成果形式	计划完成日期
107	毛泽东评价历史人物方法研究	王浩雷	宣传部	教育部各类专项项目、马三化	教育部	研究报告	2013. 12
108	中国协商治理的基本特点研究	王浦劬	政府管理学院	教育部各类专项项目、马三化	教育部	研究报告	2013. 12
109	关于“中国梦”的理论思考研究	闫志民	马克思主义学院	教育部各类专项项目、马三化	教育部	研究报告	2013. 12
110	毛泽东与新中国经济建设研究	黄宗良	国际关系学院	教育部各类专项项目、马三化	教育部	研究报告	2013. 12
111	马克思主义美育理论研究	董学文	中文系	教育部各类专项项目、马三化	教育部	研究报告	2013. 12
112	马克思主义中国化研究学科建设现状与前景	程美东	马克思主义学院	教育部各类专项项目思政理论课择优资助计划	教育部	研究报告	2013. 12
113	基于游戏化学习的创造性思维的培育策略研究	尚俊杰	教育学院	北京市社会科学基金、一般项目	北京市哲学社会科学规划办公室	论文	2016. 12
114	北京高端服务业的发展路径与对策研究	申　静	信息管理系	北京市社会科学基金、一般项目	北京市哲学社会科学规划办公室	研究报告	2016. 12
115	促进北京高端制造业自主创新能力研究	瞿　昕	光华管理学院	北京市社会科学基金、一般项目	北京市哲学社会科学规划办公室	研究报告	2016. 12
116	中国建筑中的节俭观和生态思想	方　拥	考古文博学院	北京市社会科学基金、一般项目	北京市哲学社会科学规划办公室	专著、研究报告	2016. 12
117	唐诗的平仄音读与字义异同关系研究	刘子瑜	中文系	北京市社会科学基金、一般项目	北京市哲学社会科学规划办公室	论文	2016. 12
118	中国当代音乐剧创作研究	周映辰	艺术学院	北京市社会科学基金、一般项目	北京市哲学社会科学规划办公室	论文	2016. 12
119	北京构建科技创新平台体制机制研究	赖先进	经济学院	北京市社会科学基金、青年项目	北京市哲学社会科学规划办公室	研究报告	2016. 12

续表

序号	项目名称	项目负责人	承担部门	项目分类、类别	项目来源单位	预期成果形式	计划完成日期
120	老龄产业发展背景下北京市涉老企业现状与走向研究	郑志刚	社会学系	北京市社会科学基金、青年项目	北京市哲学社会科学规划办公室	研究报告	2016.12
121	新媒体语境下转型社区农村青年的代际交往	高　崇	社会学系	北京市社会科学基金、青年项目	北京市哲学社会科学规划办公室	研究报告	2016.12
122	印度人对中国形象和文化软实力的认知研究	尚会鹏	国际关系学院	北京市社会科学基金、重点项目	北京市哲学社会科学规划办公室	研究报告	2016.12
123	北京市流动人口的社会融合研究	周　皓	社会学系	北京市社会科学基金、重点项目	北京市哲学社会科学规划办公室	研究报告	2016.12
124	京津唐城市群一体化格局研究	张　辉	经济学院	北京市哲学社会科学基地项目	北京市哲学社会科学规划办公室	专著、研究报告	2016.12
125	市场整合与经济发展——近代京津都市圈实证研究	赵留彦	经济学院	北京市哲学社会科学基地项目	北京市哲学社会科学规划办公室	专著、研究报告	2016.12
126	我国住房保障制度设计与政策实施问题研究——以北京市为例	方　敏	经济学院	北京市哲学社会科学基地项目	北京市哲学社会科学规划办公室	研究报告	2016.12
127	北京市房地产行业发展研究	刘　伟	经济学院	北京市哲学社会科学基地项目	北京市哲学社会科学规划办公室	专著、研究报告	2016.12

（北京大学社会科学部供稿）

中国人民大学

2013 年度承担国家级、省部级社会科学研究项目

序号	项目名称	项目负责人	承担部门	项目分类、类别	项目来源单位	预期成果形式	计划完成日期
1	秦汉称谓研究	王子今	国学院	国家社会科学基金项目、国家哲学社会科学成果文库	全国哲学社会科学规划办公室	论文、著作或研究报告	2014.12.31
2	内需可持续增长的结构基础与政策选择	杨瑞龙	经济学院	国家社会科学基金项目、国家哲学社会科学成果文库	全国哲学社会科学规划办公室	论文、著作或研究报告	2014.12.31
3	徽商与明清文学	朱万曙	文学院	国家社会科学基金项目、国家哲学社会科学成果文库	全国哲学社会科学规划办公室	论文、著作或研究报告	2014.12.31

续表

序号	项目名称	项目负责人	承担部门	项目分类、类别	项目来源单位	预期成果形式	计划完成日期
4	问题中的哲学	陈先达	哲学院	国家社会科学基金项目、国家哲学社会科学成果文库	全国哲学社会科学规划办公室	论文、著作或研究报告	2014. 12. 31
5	中国哲学思潮发展史	张立文	哲学院	国家社会科学基金项目、国家哲学社会科学成果文库	全国哲学社会科学规划办公室	论文、著作或研究报告	2014. 12. 31
6	法学方法论与中国民商法研究	王利明	法学院	国家社会科学基金项目、重大项目	全国哲学社会科学规划办公室	论文、著作或研究报告	2017. 9. 13
7	我国健康国家建设和慢性病社会经济危害预测与治理研究	王虎峰	公共管理学院	国家社会科学基金项目、重大项目	全国哲学社会科学规划办公室	论文、著作或研究报告	2017. 12. 13
8	生态产品的供给机制与制度创新研究	曾贤刚	环境学院	国家社会科学基金项目、重大项目	全国哲学社会科学规划办公室	论文、著作或研究报告	2016. 6. 1
9	中共党史学科基本理论问题研究	杨凤城	马克思主义学院	国家社会科学基金项目、重大项目	全国哲学社会科学规划办公室	论文、著作或研究报告	2018. 1. 16
10	推动“三农”问题解决的城乡发展一体化体制机制与政策研究	马九杰	农业与农村发展学院	国家社会科学基金项目、重大项目	全国哲学社会科学规划办公室	论文、著作或研究报告	2015. 12. 31
11	清代灾荒纪年暨信息集成数据库建设	夏明方	历史学院	国家社会科学基金项目、重大项目	全国哲学社会科学规划办公室	论文、著作或研究报告	2018. 12. 11
12	我国养老保障体系应对人口老龄化挑战的对策研究	王晓军	统计学院	国家社会科学基金项目、重大项目	全国哲学社会科学规划办公室	论文、著作或研究报告	2018. 12. 4
13	中华民族伟大复兴的社会心理促进机制研究	时　勘	心理学系	国家社会科学基金项目、重大项目	全国哲学社会科学规划办公室	论文、著作或研究报告	2018. 12. 5
14	微博微信公共事件与社会情绪共振机制研究	陈力丹	新闻学院	国家社会科学基金项目、重大项目	全国哲学社会科学规划办公室	论文、著作或研究报告	2018. 12. 12
15	国家数字档案资源整合与服务机制研究	安小米	信息资源管理学院	国家社会科学基金项目、重大项目	全国哲学社会科学规划办公室	论文、著作或研究报告	2017. 12. 13

续表

序号	项目名称	项目负责人	承担部门	项目分类、类别	项目来源单位	预期成果形式	计划完成日期
16	中国民间家书的文化价值与抢救性收藏研究	张　丁	档案馆	国家社会科学基金项目、重点项目	全国哲学社会科学规划办公室	专著	2016. 9. 30
17	全口径预算决算管理改革及其法治化进程研究	朱大旗	法学院	国家社会科学基金项目、重点项目	全国哲学社会科学规划办公室	研究报告、专题论文（集）	2015. 9. 30
18	国有企业改革与国有资产保护法律问题研究	刘俊海	法学院	国家社会科学基金项目、重点项目	全国哲学社会科学规划办公室	专著	2015. 9. 30
19	秦汉时期的海洋探索与早期海洋学研究	王子今	国学院	国家社会科学基金项目、重点项目	全国哲学社会科学规划办公室	专著	2016. 9. 30
20	未来 20 年我国经济增长基本条件的变化趋势研究	林　岗	经济学院	国家社会科学基金项目、重点项目	全国哲学社会科学规划办公室	专著、研究报告	2015. 12. 20
21	推动实现更高质量的就业研究	曾湘泉	劳动人事学院	国家社会科学基金项目、重点项目	全国哲学社会科学规划办公室	论文、著作或研究报告	2015. 12. 31
22	中国社会核心价值观变迁历程研究	邱　吉	马克思主义学院	国家社会科学基金项目、重点项目	全国哲学社会科学规划办公室	专著、专题论文（集）	2016. 9. 30
23	农业灾害风险评估研究	朱信凯	农业与农村发展学院	国家社会科学基金项目、重点项目	全国哲学社会科学规划办公室	论文、著作或研究报告	2016. 12. 22
24	农业现代化体制机制创新及其与工业化、信息化、城镇化同步发展研究	孔祥智	农业与农村发展学院	国家社会科学基金项目、重点项目	全国哲学社会科学规划办公室	论文、著作或研究报告	2015. 10. 1
25	大数据时代统计学理论的重构与创新研究	田茂再	统计学院	国家社会科学基金项目、重点项目	全国哲学社会科学规划办公室	论文、著作或研究报告	2017. 12. 29
26	秦汉六朝字形专题研究	王贵元	文学院	国家社会科学基金项目、重点项目	全国哲学社会科学规划办公室	论文、著作或研究报告	2018. 9. 13
27	媒介融合时代新闻传播教育研究	蔡　雯	新闻学院	国家社会科学基金项目、重点项目	全国哲学社会科学规划办公室	专著、研究报告	2015. 12. 30
28	现代西方管理思想的演进逻辑及其范式转换研究	彭新武	哲学院	国家社会科学基金项目、重点项目	全国哲学社会科学规划办公室	专著	2016. 8. 31

续表

序号	项目名称	项目负责人	承担部门	项目分类、类别	项目来源单位	预期成果形式	计划完成日期
29	18世纪末以来西方隐喻理论视域转换与问题意识研究	牛宏宝	哲学院	国家社会科学基金项目、重点项目	全国哲学社会科学规划办公室	专著、译著	2016. 6. 30
30	当代后果主义伦理研究	龚　群	哲学院	国家社会科学基金项目、重点项目	全国哲学社会科学规划办公室	专著	2016. 3. 1
31	儒家博爱论研究	向世陵	哲学院	国家社会科学基金项目、重点项目	全国哲学社会科学规划办公室	专著	2016. 9. 30
32	财政民主理念下的房产税制度改革研究	姚海放	法学院	国家社会科学基金项目、一般项目	全国哲学社会科学规划办公室	专著	2015. 6. 30
33	唐代军事制度研究	孟宪实	国学院	国家社会科学基金项目、一般项目	全国哲学社会科学规划办公室	专著	2015. 12. 30
34	城乡统筹背景下我国医疗保障制度转型与路径选择研究	仇雨临	劳动人事学院	国家社会科学基金项目、一般项目	全国哲学社会科学规划办公室	专著、研究报告	2015. 9. 30
35	社会救助目标定位研究	杨立雄	劳动人事学院	国家社会科学基金项目、一般项目	全国哲学社会科学规划办公室	研究报告	2015. 9. 30
36	中世纪后期英国贵族群体社会政治活动研究	孟广林	历史学院	国家社会科学基金项目、一般项目	全国哲学社会科学规划办公室	专题论文(集)	2016. 6. 30
37	《武义南宋徐谓礼文书》与宋代政务运行机制研究	李全德	历史学院	国家社会科学基金项目、一般项目	全国哲学社会科学规划办公室	专著	2015. 12. 31
38	马克思主义中国化进程中经典著作编译与传播问题研究(1919—1949)	王海军	马克思主义学院	国家社会科学基金项目、一般项目	全国哲学社会科学规划办公室	专著	2015. 12. 26
39	后林改时期农户林地经营决策机理及营林效率差异研究	柯水发	农业与农村发展学院	国家社会科学基金项目、一般项目	全国哲学社会科学规划办公室	专题论文(集)、研究报告	2015. 9. 30
40	开放情境下企业自主创新及实现方式问题研究	王保林	商学院	国家社会科学基金项目、一般项目	全国哲学社会科学规划办公室	研究报告	2015. 9. 30
41	“收入倍增”框架下创新农村零售业态与开拓农村市场研究	王　强	商学院	国家社会科学基金项目、一般项目	全国哲学社会科学规划办公室	研究报告	2014. 12. 31

续表

序号	项目名称	项目负责人	承担部门	项目分类、类别	项目来源单位	预期成果形式	计划完成日期
42	新生代流动人口健康状况及健康风险意识调查研究	和　红	社会与人口学院	国家社会科学基金项目、一般项目	全国哲学社会科学规划办公室	专著	2016.9.30
43	转型期社会分层对国民健康的影响及其后果研究	齐亚强	社会与人口学院	国家社会科学基金项目、一般项目	全国哲学社会科学规划办公室	专著	2016.9.30
44	个人信用评级的统计建模研究与应用	何晓群	统计学院	国家社会科学基金项目、一般项目	全国哲学社会科学规划办公室	专题论文（集）、研究报告	2015.9.30
45	多克特罗小说艺术研究	陈世丹	外国语学院	国家社会科学基金项目、一般项目	全国哲学社会科学规划办公室	专著	2017.9.30
46	类型学视野下的汉语连动式研究	高增霞	文学院	国家社会科学基金项目、一般项目	全国哲学社会科学规划办公室	专著	2016.9.30
47	英国文学名著的汉译形象研究	李　今	文学院	国家社会科学基金项目、一般项目	全国哲学社会科学规划办公室	专著	2016.9.30
48	精神分析学的文学批评维度	马元龙	文学院	国家社会科学基金项目、一般项目	全国哲学社会科学规划办公室	专著	2016.9.30
49	西方马克思主义悲剧理论的价值批判研究	陈奇佳	文学院	国家社会科学基金项目、一般项目	全国哲学社会科学规划办公室	专著	2016.9.30
50	弗罗洛夫新人道主义研究	安启念	哲学院	国家社会科学基金项目、一般项目	全国哲学社会科学规划办公室	专著	2016.8.31
51	经典逻辑与非经典逻辑的哲学基础研究	余俊伟	哲学院	国家社会科学基金项目、一般项目	全国哲学社会科学规划办公室	专著	2016.9.30
52	亚里士多德《形而上学》核心卷研究	聂敏里	哲学院	国家社会科学基金项目、一般项目	全国哲学社会科学规划办公室	专著	2016.9.30
53	公立医院改革追踪评估研究	曹　琦	公共管理学院	国家社会科学基金项目、青年项目	全国哲学社会科学规划办公室	研究报告	2016.9.1
54	基于内部债务机制的养老保险基金投资管理模式研究	杨　俊	劳动人事学院	国家社会科学基金项目、青年项目	全国哲学社会科学规划办公室	研究报告	2016.9.30

续表

序号	项目名称	项目负责人	承担部门	项目分类、类别	项目来源单位	预期成果形式	计划完成日期
55	周代的“东土”研究	曹斌	历史学院	国家社会科学基金项目、青年项目	全国哲学社会科学规划办公室	研究报告	2015.12.31
56	回归与超越：国际前沿理论中的马克思主义公正观演进逻辑考察	张晓萌	马克思主义学院	国家社会科学基金项目、青年项目	全国哲学社会科学规划办公室	专著、译著	2016.8.30
57	信贷约束下劳动力转移对农户参与新型农业生产经营组织的影响研究	李宾	农业与农村发展学院	国家社会科学基金项目、青年项目	全国哲学社会科学规划办公室	专题论文（集）	2015.6.30
58	妇女生命历程对男孩偏好的影响研究	杨凡	社会与人口学院	国家社会科学基金项目、青年项目	全国哲学社会科学规划办公室	研究报告	2016.9.30
59	农村留守老人心理适应追踪研究	唐丹	社会与人口学院	国家社会科学基金项目、青年项目	全国哲学社会科学规划办公室	专题论文（集）	2016.9.30
60	农村留守老年人的生活质量状况与养老服务需求研究	孙鹃娟	社会与人口学院	国家社会科学基金项目、青年项目	全国哲学社会科学规划办公室	研究报告	2015.12.30
61	汉语构式省略的理论建构与实证研究	董正存	文学院	国家社会科学基金项目、青年项目	全国哲学社会科学规划办公室	专著	2016.9.30
62	中国梦的基础理念研究	陶文昭	马克思主义学院	国家社会科学基金项目、特别委托项目	全国哲学社会科学规划办公室	论文、著作或研究报告	2015.12.31
63	涉藏信息传播的路径依赖及效果生成	周勇	新闻学院	国家社会科学基金项目、特别委托项目	全国哲学社会科学规划办公室	论文、著作或研究报告	2015.5.14
64	地方政府债务研究	类承曜	财政金融学院	国家社会科学基金项目、后期资助项目	全国哲学社会科学规划办公室	论文、著作或研究报告	2014.12.30
65	民变、邪教与清中叶的政治、学术与社会——以天理教事件为中心的考察	张瑞龙	历史学院	国家社会科学基金项目、后期资助项目	全国哲学社会科学规划办公室	论文、著作或研究报告	2013.11.30
66	中国现代农业经营与建设主体研究	朱信凯	农业与农村发展学院	国家社会科学基金项目、后期资助项目	全国哲学社会科学规划办公室	论文、著作或研究报告	2014.12.31
67	会计规则的由来——对美国经验的辩证分析	周华	商学院	国家社会科学基金项目、后期资助项目	全国哲学社会科学规划办公室	论文、著作或研究报告	2013.12.31

续表

序号	项目名称	项目负责人	承担部门	项目分类、类别	项目来源单位	预期成果形式	计划完成日期
68	尚秉和易学思想研究	韩慧英	文学院	国家社会科学基金项目、后期资助项目	全国哲学社会科学规划办公室	论文、著作或研究报告	2014. 12. 30
69	实践与历史内在论——历史唯物主义的存在范畴	罗　骞	哲学院	国家社会科学基金项目、后期资助项目	全国哲学社会科学规划办公室	论文、著作或研究报告	2014. 2. 28
70	中国传统节日的当代走向及保护对策研究	林　慧	外国语学院	全国艺术科学规划项目、一般项目	全国艺术科学规划办公室	论文、著作或研究报告	2015. 12. 31
71	金融学	汤　珂	汉青高级经济与金融研究院	国家自然科学基金项目、国家杰出青年科学基金	国家自然科学基金	论文、著作或研究报告	2018. 12. 31
72	在线个性化定制系统的设计特性对消费者定制行为的影响研究	王刊良	商学院	国家自然科学基金项目、重点项目	国家自然科学基金	论文、著作或研究报告	2018. 12. 31
73	变化市场中农产品价值链转型及价格、食品安全的互动关系——以蔬菜、渔产品和乳制品为例	REARDON THOMASA NTHONY	农业与农村发展学院	国家自然科学基金项目、国际合作与交流项目	国家自然科学基金	论文、著作或研究报告	2018. 12. 31
74	IT服务外包供应商应对环境剧变的过程和影响因素研究	MAOJIYE	商学院	国家自然科学基金项目、国际合作与交流项目	国家自然科学基金	论文、著作或研究报告	2018. 12. 31
75	面向大数据的税收微观数据体系构建与政策效应分析应用	谢波峰	财政金融学院	国家自然科学基金项目、面上项目	国家自然科学基金	论文、著作或研究报告	2017. 12. 31
76	低碳导向的北京城市空间结构优化研究	秦　波	公共管理学院	国家自然科学基金项目、面上项目	国家自然科学基金	论文、著作或研究报告	2017. 12. 31
77	基于政策网络视角的城市战略性规划决策与实施过程研究	李东泉	公共管理学院	国家自然科学基金项目、面上项目	国家自然科学基金	论文、著作或研究报告	2013. 12. 31
78	互动视角的组织社会化动态跟踪研究	李超平	公共管理学院	国家自然科学基金项目、面上项目	国家自然科学基金	论文、著作或研究报告	2017. 12. 31
79	农业政策与湿地保护政策对三江平原湿地影响的空间计量分析	刘子刚	环境学院	国家自然科学基金项目、面上项目	国家自然科学基金	论文、著作或研究报告	2017. 12. 31

续表

序号	项目名称	项目负责人	承担部门	项目分类、类别	项目来源单位	预期成果形式	计划完成日期
80	面向创新驱动发展战略的高校人才培养模式改革研究	周光礼	教育学院	国家自然科学基金项目、面上项目	国家自然科学基金	论文、著作或研究报告	2017.12.31
81	贸易地理特征与中国出口国内附加值低下之“谜”	张　杰	经济学院	国家自然科学基金项目、面上项目	国家自然科学基金	论文、著作或研究报告	2017.12.31
82	相对收入的行为影响及其在政策设计中的应用	王湘红	经济学院	国家自然科学基金项目、面上项目	国家自然科学基金	论文、著作或研究报告	2017.12.31
83	农民工的住房保障、在外居住抉择与家乡住房投资行为研究	陈传波	农业与农村发展学院	国家自然科学基金项目、面上项目	国家自然科学基金	论文、著作或研究报告	2017.12.31
84	社区支持农业消费者食品信任发展的纵向研究	陈卫平	农业与农村发展学院	国家自然科学基金项目、面上项目	国家自然科学基金	论文、著作或研究报告	2017.12.31
85	食品安全威胁下的一家两制与社会自我保护研究	周　立	农业与农村发展学院	国家自然科学基金项目、面上项目	国家自然科学基金	论文、著作或研究报告	2017.12.31
86	中国食品价格上涨的非对称性调整研究	刘晓鸥	农业与农村发展学院	国家自然科学基金项目、面上项目	国家自然科学基金	论文、著作或研究报告	2017.12.31
87	经济增长、制度变迁与文化传承视角下的中国森林转型研究	刘金龙	农业与农村发展学院	国家自然科学基金项目、面上项目	国家自然科学基金	论文、著作或研究报告	2014.12.31
88	集团管控模式与内部资本市场运作	王化成	商学院	国家自然科学基金项目、面上项目	国家自然科学基金	论文、著作或研究报告	2017.12.31
89	组织中的领地性——理论探讨与实证检验	刘　军	商学院	国家自然科学基金项目、面上项目	国家自然科学基金	论文、著作或研究报告	2017.12.31
90	中国大型企业集团管控模式的多样性与演进路径研究——基于管理实践的演化论视角探索	王凤彬	商学院	国家自然科学基金项目、面上项目	国家自然科学基金	论文、著作或研究报告	2017.12.31
91	中国企业创业中制度缺失与战略反应的研究	徐二明	商学院	国家自然科学基金项目、面上项目	国家自然科学基金	论文、著作或研究报告	2017.12.31

续表

序号	项目名称	项目负责人	承担部门	项目分类、类别	项目来源单位	预期成果形式	计划完成日期
92	基于社会学习理论的中国企业服务型领导多层垂滴效应的纵向研究	宋继文	商学院	国家自然科学基金项目、面上项目	国家自然科学基金	论文、著作或研究报告	2017.12.31
93	人力资源管理、领导力与人力资本促进组织二元创新平衡的联结机制研究	周　禹	商学院	国家自然科学基金项目、面上项目	国家自然科学基金	论文、著作或研究报告	2017.12.31
94	基于顾客选择的医疗呼叫中心的设计与优化	王晓芳	商学院	国家自然科学基金项目、面上项目	国家自然科学基金	论文、著作或研究报告	2017.12.31
95	房价波动与房贷违约风险	况伟大	商学院	国家自然科学基金项目、面上项目	国家自然科学基金	论文、著作或研究报告	2017.12.31
96	基于异质企业贸易模型研究中国企业创新行为异质性与国际化战略	易靖韬	商学院	国家自然科学基金项目、面上项目	国家自然科学基金	论文、著作或研究报告	2017.12.31
97	主体功能区规划背景下人口有序流动及合理分布研究	张耀军	社会与人口学院	国家自然科学基金项目、面上项目	国家自然科学基金	论文、著作或研究报告	2017.12.31
98	中国农村计划生育家庭发展能力研究	杜本峰	社会与人口学院	国家自然科学基金项目、面上项目	国家自然科学基金	论文、著作或研究报告	2017.12.31
99	企业异质性与最优货币政策研究	肖争艳	统计学院	国家自然科学基金项目、面上项目	国家自然科学基金	论文、著作或研究报告	2017.12.31
100	临床试验中的创新设计及统计方法	胡飞芳	统计学院	国家自然科学基金项目、面上项目	国家自然科学基金	论文、著作或研究报告	2017.12.31
101	基于关联书目数据的分层聚合与导航机制研究	索传军	信息资源管理学院	国家自然科学基金项目、面上项目	国家自然科学基金	论文、著作或研究报告	2017.12.31
102	主权债务问题研究	钱宗鑫	财政金融学院	国家自然科学基金项目、青年科学基金项目	国家自然科学基金	论文、著作或研究报告	2016.12.31
103	新能源产业空间布局模式与风险的空间传导路径研究	徐　瑛	经济学院	国家自然科学基金项目、青年科学基金项目	国家自然科学基金	论文、著作或研究报告	2016.12.31
104	食品安全监管问题的新规制经济学分析	李三希	经济学院	国家自然科学基金项目、青年科学基金项目	国家自然科学基金	论文、著作或研究报告	2016.12.31

续表

序号	项目名称	项目负责人	承担部门	项目分类、类别	项目来源单位	预期成果形式	计划完成日期
105	地方政府土地供给行为研究——财政激励、土地用途组合与产业结构影响	张清勇	农业与农村发展学院	国家自然科学基金项目、青年科学基金项目	国家自然科学基金	论文、著作或研究报告	2016. 12. 31
106	粮食主产区土地用途管制的耕地保护绩效与政策优化研究——基于农户分化的视角	王雨濛	农业与农村发展学院	国家自然科学基金项目、青年科学基金项目	国家自然科学基金	论文、著作或研究报告	2016. 12. 31
107	环境不确定条件下的农产品供应链柔性匹配机制研究	于亢亢	农业与农村发展学院	国家自然科学基金项目、青年科学基金项目	国家自然科学基金	论文、著作或研究报告	2016. 12. 31
108	中国企业职场排斥的成因、结果及影响机制——基于社会影响与社会认同视角的研究	杨　俊	商学院	国家自然科学基金项目、青年科学基金项目	国家自然科学基金	论文、著作或研究报告	2016. 12. 31
109	服务行业中预售退订的价格歧视机制及价格承诺的影响	张泽林	商学院	国家自然科学基金项目、青年科学基金项目	国家自然科学基金	论文、著作或研究报告	2016. 12. 31
110	基金的投资分散化行为与决定因素研究	王　雪	商学院	国家自然科学基金项目、青年科学基金项目	国家自然科学基金	论文、著作或研究报告	2016. 12. 31
111	组织间合作情景下管理控制体系与企业吸收能力的交互影响及制度约束	戴　璐	商学院	国家自然科学基金项目、青年科学基金项目	国家自然科学基金	论文、著作或研究报告	2016. 12. 31
112	政府监管、市场监督与公司信用债券定价	孟庆斌	商学院	国家自然科学基金项目、青年科学基金项目	国家自然科学基金	论文、著作或研究报告	2016. 12. 31
113	复杂空间和时空数据的统计模型研究	褚挺进	统计学院	国家自然科学基金项目、青年科学基金项目	国家自然科学基金	论文、著作或研究报告	2016. 12. 31
114	预测模型的结构化变量选择方法研究	李　扬	统计学院	国家自然科学基金项目、青年科学基金项目	国家自然科学基金	论文、著作或研究报告	2016. 12. 31
115	基于使用满意理论的微博瘾形成过程和影响因素研究	李　倩	信息学院	国家自然科学基金项目、青年科学基金项目	国家自然科学基金	论文、著作或研究报告	2016. 12. 31
116	面向企业的商品评论代表性意见提取策略研究	任　明	信息资源管理学院	国家自然科学基金项目、青年科学基金项目	国家自然科学基金	论文、著作或研究报告	2016. 12. 31

续表

序号	项目名称	项目负责人	承担部门	项目分类、类别	项目来源单位	预期成果形式	计划完成日期
117	应对非常规突发事件的抗逆力模型集成方法	时勘	心理学系	国家自然科学基金项目、重大研究计划培育项目	国家自然科学基金	论文、著作或研究报告	2014. 12. 31
118	非常规突发事件应急管理本体建模与时空数据集成研究	许伟	信息学院	国家自然科学基金项目、重大研究计划培育项目	国家自然科学基金	论文、著作或研究报告	2014. 12. 31
119	促进农村土地流转、增加农民收入的改革政策与配套措施研究	陶然	经济学院	国家自然科学基金项目、主任基金	国家自然科学基金	论文、著作或研究报告	2014. 8. 31
120	自然科学基金委管理科学部网站及项目查询数据库开发及维护	王卫东	社会与人口学院	国家自然科学基金项目、主任基金	国家自然科学基金	论文、著作或研究报告	2014. 12. 31
121	关于国家自然科学基金加强资助经济学研究的报告	袁卫	统计学院	国家自然科学基金项目、主任基金	国家自然科学基金	研究报告	2013. 12. 31
122	"绿色经济"研讨会	陈彦斌	经济学院	国家自然科学基金项目、国际合作与交流项目	国家自然科学基金	论文、著作或研究报告	2013. 8. 31
123	农村科技创新创业金融体系建设与服务创新研究	马九杰	农业与农村发展学院	国家软科学研究计划	科技部	论文、著作或研究报告	2014. 12. 31
124	中国流动人口社会融合研究	杨菊华	社会与人口学院	教育部人文社科项目、重大课题攻关项目	教育部	论文、著作或研究报告	2016. 12. 31
125	京剧百部经典英译系列工程	孙萍	文学院	教育部人文社科项目、重大课题攻关项目	教育部	译著	2016. 12. 31
126	人口转变、产业转型与中国经济社会可持续发展研究	杨成钢	社会与人口学院	教育部人文社科项目、基地重大项目	教育部	论文、著作或研究报告	2015. 12. 31
127	佛教文献研究译丛(第一辑)	侯冲	哲学院	教育部人文社科项目、基地重大项目	教育部	论文、著作或研究报告	2015. 12. 31
128	影子银行、信用扩张与系统风险	瞿强	财政金融学院	教育部人文社科项目、基地重大项目	教育部	论文、著作或研究报告	2015. 12. 31
129	结构性减税的效果评估	吕冰洋	财政金融学院	教育部人文社科项目、基地重大项目	教育部	论文、著作或研究报告	2015. 12. 31

续表

序号	项目名称	项目负责人	承担部门	项目分类、类别	项目来源单位	预期成果形式	计划完成日期
130	刑事证据问题研究	陈卫东	法学院	教育部人文社科项目、基地重大项目	教育部	论文、著作或研究报告	2015.12.31
131	构建有中国特色保安处分制度研究	时延安	法学院	教育部人文社科项目、基地重大项目	教育部	论文、著作或研究报告	2015.12.31
132	民法总则研究	朱　岩	法学院	教育部人文社科项目、基地重大项目	教育部	论文、著作或研究报告	2015.12.31
133	合同法理论与规范问题研究	李永军	法学院	教育部人文社科项目、基地重大项目	教育部	论文、著作或研究报告	2015.12.31
134	中国与欧洲的国际关系理论视角——中欧学术对话	吴　勇	国际关系学院	教育部人文社科项目、基地重大项目	教育部	论文、著作或研究报告	2015.12.31
135	欧债危机中的中东欧国家——中国与中东欧国家关系发展面临的机遇与挑战	程大为	经济学院	教育部人文社科项目、基地重大项目	教育部	论文、著作或研究报告	2015.12.31
136	中国经济的结构性减速与结构性改革	杨天宇	经济学院	教育部人文社科项目、基地重大项目	教育部	论文、著作或研究报告	2015.12.31
137	中国宏观经济困境的形成机理与应对策略	陈彦斌	经济学院	教育部人文社科项目、基地重大项目	教育部	论文、著作或研究报告	2015.12.31
138	近些年来国外学者对中国道路的研究及评析	郑吉伟	马克思主义学院	教育部人文社科项目、基地重大项目	教育部	论文、著作或研究报告	2015.12.31
139	新时期中国宗教公益慈善问题研究	何虎生	马克思主义学院	教育部人文社科项目、基地重大项目	教育部	论文、著作或研究报告	2015.12.31
140	17世纪西班牙文献中的郑成功家族史料辑录、翻译与研究	张先清	历史学院	教育部人文社科项目、基地重大项目	教育部	论文、著作或研究报告	2015.12.31
141	大英图书馆藏清代珍稀史料辑录及考释	王天根	历史学院	教育部人文社科项目、基地重大项目	教育部	论文、著作或研究报告	2015.12.31
142	社区建设与社区社会组织发展研究	夏建中	社会与人口学院	教育部人文社科项目、基地重大项目	教育部	论文、著作或研究报告	2015.12.31

续表

序号	项目名称	项目负责人	承担部门	项目分类、类别	项目来源单位	预期成果形式	计划完成日期
143	国际比较视野下的中国城乡居民环境意识研究	洪大用	社会与人口学院	教育部人文社科项目、基地重大项目	教育部	论文、著作或研究报告	2015.12.31
144	中国第六次人口普查资料分析研究	宋　健	社会与人口学院	教育部人文社科项目、基地重大项目	教育部	论文、著作或研究报告	2015.12.31
145	中国统计学科史研究	袁　卫	统计学院	教育部人文社科项目、基地重大项目	教育部	论文、著作或研究报告	2015.12.31
146	面板数据模型的随机效应和序列相关性检验理论及其应用研究	苏为华	统计学院	教育部人文社科项目、基地重大项目	教育部	论文、著作或研究报告	2015.12.31
147	新媒体环境下新闻教育改革研究	蔡　雯	新闻学院	教育部人文社科项目、基地重大项目	教育部	论文、著作或研究报告	2015.12.31
148	清代新闻传播史	周建明	新闻学院	教育部人文社科项目、基地重大项目	教育部	论文、著作或研究报告	2015.12.31
149	科学发展观与转变经济发展方式研究	张　旭	哲学院	教育部人文社科项目、基地重大项目	教育部	论文、著作或研究报告	2015.12.31
150	西方现代政治伦理思想研究	张传有	哲学院	教育部人文社科项目、基地重大项目	教育部	论文、著作或研究报告	2015.12.31
151	马克思主义经典作家政治伦理思想研究	詹世友	哲学院	教育部人文社科项目、基地重大项目	教育部	论文、著作或研究报告	2015.12.31
152	教育部直属单位领导班子和干部队伍建设研究	张成福	公共管理学院	教育部人文社科项目、重大委托课题	教育部	论文、著作或研究报告	2013.4.30
153	中国经济改革发展报告	林　岗	经济学院	教育部人文社科项目、发展报告项目	教育部	论文、著作或研究报告	2016.12.31
154	中国区域经济发展报告（培育）	孙久文	经济学院	教育部人文社科项目、发展报告项目	教育部	论文、著作或研究报告	2016.12.31
155	荷兰民法典（译著）	高圣平	法学院	教育部人文社科项目、后期资助项目	教育部	译著	2015.12.31

续表

序号	项目名称	项目负责人	承担部门	项目分类、类别	项目来源单位	预期成果形式	计划完成日期
156	《周易》本经注译辨析	李炳海	文学院	教育部人文社科项目、后期资助项目	教育部	论文、著作或研究报告	2015. 12. 31
157	法律解释学读本	王利明	法学院	教育部人文社科项目、普及读物项目	教育部	著作	2016. 12. 31
158	社会保障理论与政策解析	郑功成	劳动人事学院	教育部人文社科项目、普及读物项目	教育部	著作	2016. 12. 31
159	中国特色社会主义简明读本	秦　宣	马克思主义学院	教育部人文社科项目、普及读物项目	教育部	著作	2015. 3. 1
160	中国工业化历程简明读本	温铁军	农业与农村发展学院	教育部人文社科项目、普及读物项目	教育部	著作	2015. 3. 1
161	图解中国市场	马龙龙	商学院	教育部人文社科项目、普及读物项目	教育部	著作	2015. 3. 1
162	品味社会学	郑杭生	社会与人口学院	教育部人文社科项目、普及读物项目	教育部	著作	2015. 3. 1
163	GDP 的科学性和实际价值在哪里	赵彦云	统计学院	教育部人文社科项目、普及读物项目	教育部	著作	2016. 12. 31
164	数说经济与社会	袁　卫	统计学院	教育部人文社科项目、普及读物项目	教育部	著作	2015. 3. 1
165	微博时代的舆情管理——领导干部通俗读本	喻国明	新闻学院	教育部人文社科项目、普及读物项目	教育部	著作	2015. 3. 1
166	农产品产销调控机制创新研究	杨　晶	继续教育学院	教育部人文社科项目、规划项目	教育部	论文、咨询报告	2016. 9. 1
167	高等教育的溢出效应研究——个体教育获得对家庭流动的影响	秦惠民	教育学院	教育部人文社科项目、规划项目	教育部	论文	2016. 9. 1
168	我国产业经济转型的路径研究	杜朝晖	经济学院	教育部人文社科项目、规划项目	教育部	著作、论文	2016. 9. 1

续表

序号	项目名称	项目负责人	承担部门	项目分类、类别	项目来源单位	预期成果形式	计划完成日期
169	管制、过度医疗与新医改背景下的付费机制改革	刘小鲁	经济学院	教育部人文社科项目、规划项目	教育部	著作、论文	2016.9.1
170	农业生产领域的资本主导型经营模式对生产要素配置的影响研究	吕亚荣	农业与农村发展学院	教育部人文社科项目、规划项目	教育部	论文、咨询报告	2016.9.1
171	解释水平视角下道德情绪对道德心理许可的影响研究	胡　平	心理学系	教育部人文社科项目、规划项目	教育部	论文	2016.9.1
172	马克思政治哲学的基本问题研究	张文喜	哲学院	教育部人文社科项目、规划项目	教育部	著作、论文	2016.9.1
173	日本当代的中国佛教研究	张文良	哲学院	教育部人文社科项目、规划项目	教育部	著作、论文	2016.9.1
174	开放经济条件下资本流动对中国经济的影响	张　鹤	财政金融学院	教育部人文社科项目、青年项目	教育部	论文	2016.9.1
175	食品安全问题的信息经济学分析	李三希	经济学院	教育部人文社科项目、青年项目	教育部	论文、咨询报告	2016.9.1
176	高绩效工作系统对员工态度作用机制的跨层研究：基于不同社会交换关系	苗仁涛	劳动人事学院	教育部人文社科项目、青年项目	教育部	论文、咨询报告	2016.9.1
177	海外中国特色社会主义研究	路克利	马克思主义学院	教育部人文社科项目、青年项目	教育部	著作、论文	2016.9.1
178	我国农村地区儿童零食食品安全风险分析及监管制度创新研究	李佳洁	农业与农村发展学院	教育部人文社科项目、青年项目	教育部	论文	2016.9.1
179	以资产为基础的农村家庭动态贫困及福利分析	尤　婧	农业与农村发展学院	教育部人文社科项目、青年项目	教育部	论文	2016.9.1
180	土地用途管制下不同类型农户福利损失与补偿机制研究	王雨濛	农业与农村发展学院	教育部人文社科项目、青年项目	教育部	论文	2016.9.1
181	国际趋同背景下的争议性会计规则：规范分析、实证检验与改进策略	周　华	商学院	教育部人文社科项目、青年项目	教育部	著作、论文	2016.9.1
182	近代戏曲译介与跨文化评价个案研究	江　棘	文学院	教育部人文社科项目、青年项目	教育部	论文	2016.9.1

续表

序号	项目名称	项目负责人	承担部门	项目分类、类别	项目来源单位	预期成果形式	计划完成日期
183	全程管理框架下的电子文件与档案分类：模型构建与实证研究	马林青	信息资源管理学院	教育部人文社科项目、青年项目	教育部	论文、咨询报告	2016. 9. 1
184	伦理学视域下的人的尊严问题研究	王福玲	哲学院	教育部人文社科项目、青年项目	教育部	论文、著作或研究报告	2016. 9. 1
185	教育部人文社会部科学研究管理平台 2012	陈　健	出版社	教育部人文社科项目、委托项目	教育部	论文、著作或研究报告	2014. 3. 1
186	高校人文社科网建设经费 2012	李永强	出版社	教育部人文社科项目、委托项目	教育部	论文、著作或研究报告	2014. 3. 1
187	关于新形势下大中小学开展中华优秀传统文化教育研究	郑水泉	党委宣传部	教育部人文社科项目、委托项目	教育部	论文、著作或研究报告	2013. 12. 31
188	普通法传统对“一国两制”及香港基本法实施的影响研究	黄明涛	法学院	教育部人文社科项目、委托项目	教育部	研究报告	2015. 10. 31
189	学习宣传贯彻党的十八大精神理论研究课题 1	喻国明	新闻学院	教育部人文社科项目、委托项目	教育部	论文、著作或研究报告	2013. 12. 31
190	教育部社科委哲学学部 2013 年度活动经费	郭　湛	哲学院	教育部人文社科项目、委托项目	教育部	论文、著作或研究报告	2014. 1. 1
191	教育部社科委哲学学部 2012 年度活动经费	郭　湛	哲学院	教育部人文社科项目、委托项目	教育部	论文、著作或研究报告	2014. 3. 1
192	“2011 协同创新计划”总体规划和管理办法研究	郝立新	哲学院	教育部人文社科项目、委托项目	教育部	论文、著作或研究报告	2013. 12. 31
193	学习宣传贯彻党的十八大精神理论研究课题 2	方立天	哲学院	教育部人文社科项目、委托项目	教育部	论文、著作或研究报告	2015. 3. 1
194	中国梦的基本内涵和主要特征研究	陶文昭	马克思主义学院	教育部人文社科项目、专项任务项目	教育部	论文、著作或研究报告	2014. 9. 6
195	《实践论》《矛盾论》与马克思主义哲学教学体系之间关系研究	陈世珍	哲学院	教育部人文社科项目、专项任务项目	教育部	论文、著作或研究报告	2014. 9. 6

续表

序号	项目名称	项目负责人	承担部门	项目分类、类别	项目来源单位	预期成果形式	计划完成日期
196	自媒体时代下高校宣教网络建设探究	丁　凯	经济学院	教育部人文社科项目、思想政治工作项目	教育部	论文、研究报告	2016. 9. 1
197	青少年健康对其教育程度的影响：来自中国农村水项目的经验研究	张　静	财政金融学院	教育部留学归国人员科研启动基金项目	教育部	论文、著作或研究报告	2014. 9. 30
198	高速公路特许经营制度中的政府监管法律责任研究（留学）	喻文光	法学院	教育部留学归国人员科研启动基金项目	教育部	论文、著作或研究报告	2014. 9. 30
199	网络空间中的言论自由及其宪法界限	郑海平	法学院	教育部留学归国人员科研启动基金项目	教育部	论文、著作或研究报告	2014. 9. 30
200	地方政府在生态文明建构中的角色：中国、德国和美国的比较视角	冉　冉	国际关系学院	教育部留学归国人员科研启动基金项目	教育部	论文、著作或研究报告	2015. 5. 31
201	房价波动对老年家庭耐用品消费的影响	孙　伟	汉青高级经济与金融研究院	教育部留学归国人员科研启动基金项目	教育部	论文、著作或研究报告	2014. 9. 30
202	高分辨率土壤微生物基因解析法的建立与应用	刘国华	环境学院	教育部留学归国人员科研启动基金项目	教育部	论文、著作或研究报告	2015. 5. 31
203	中国城市居民对大气细颗粒物（PM2. 5）健康风险的认知及支付意愿研究	曾贤刚	环境学院	教育部留学归国人员科研启动基金项目	教育部	论文、著作或研究报告	2015. 5. 31
204	“以明代清”：清初死刑监候制度研究	胡祥雨	历史学院	教育部留学归国人员科研启动基金项目	教育部	论文、著作或研究报告	2014. 9. 30
205	农产品供应链柔性与市场环境的匹配机制研究	于亢亢	农业与农村发展学院	教育部留学归国人员科研启动基金项目	教育部	论文、著作或研究报告	2016. 1. 1
206	中国农村贫困的动态变化研究——基于家庭资产的视角	尤　婧	农业与农村发展学院	教育部留学归国人员科研启动基金项目	教育部	论文、著作或研究报告	2016. 1. 1
207	投资集中度与投资业绩：基于国际共同基金的研究	王　雪	商学院	教育部留学归国人员科研启动基金项目	教育部	论文、著作或研究报告	2016. 1. 1

续表

序号	项目名称	项目负责人	承担部门	项目分类、类别	项目来源单位	预期成果形式	计划完成日期
208	纵向数据边际化随机效应模型的理论和应用	李　扬	统计学院	教育部留学归国人员科研启动基金项目	教育部	论文、著作或研究报告	2016.1.1
209	德语三格系列研究	杜　荣	外国语学院	教育部留学归国人员科研启动基金项目	教育部	论文、著作或研究报告	2015.5.31
210	中美新闻发布会媒体关系维护策略比较研究	张　迪	新闻学院	教育部留学归国人员科研启动基金项目	教育部	论文、著作或研究报告	2014.9.30
211	中国式分权视角下的房地产租税、城市公共品供给与住房价格关系研究——基于嵌入式资产定价模型的分析	黄燕芬	公共管理学院	教育部科技发展中心项目、高等学校博士学科点专项科研基金	教育部	论文、著作或研究报告	2016.12.31
212	粮食主产区农户测土配方施肥技术的认知、采纳、绩效及其创建长效发展机制研究	王志刚	农业与农村发展学院	教育部科技发展中心项目、高等学校博士学科点专项科研基金	教育部	论文、著作或研究报告	2016.12.31
213	基于省级面板数据的中国绿色增长预测	尤　婧	农业与农村发展学院	教育部科技发展中心项目、高等学校博士学科点专项科研基金	教育部	论文、著作或研究报告	2016.12.31
214	粮食主产区内不同类型农户农业技术需求与推广机制研究	王雨濛	农业与农村发展学院	教育部科技发展中心项目、高等学校博士学科点专项科研基金	教育部	论文、著作或研究报告	2016.12.31
215	复杂分层结构数据的统计推断及应用	田茂再	统计学院	教育部科技发展中心项目、高等学校博士学科点专项科研基金	教育部	论文、著作或研究报告	2013.12.31
216	基于网络的科技论文学术生命周期测度方法与推荐策略研究	索传军	信息资源管理学院	教育部科技发展中心项目、高等学校博士学科点专项科研基金	教育部	论文、著作或研究报告	2014.12.31
217	中小学心理辅导室基本标准研究	俞国良	社会与人口学院	教育部其他司局委托项目	教育部	论文、著作或研究报告	2014.8.31
218	中小学心理健康教育指导纲要	俞国良	社会与人口学院	教育部其他司局委托项目	教育部	论文、著作或研究报告	2014.5.10
219	中小学心理健康教育示范校标准研究	俞国良	社会与人口学院	教育部其他司局委托项目	教育部	论文、著作或研究报告	2013.6.30

续表

序号	项目名称	项目负责人	承担部门	项目分类、类别	项目来源单位	预期成果形式	计划完成日期
220	实现中华民族伟大复兴“中国梦”研究	郑水泉	党委宣传部	北京市哲学社会科学规划项目、重大项目	北京市哲学社会科学规划办公室	研究报告	2014.12.31
221	推进首都经济结构战略性调整研究	刘　瑞	经济学院	北京市哲学社会科学规划项目、重大项目	北京市哲学社会科学规划办公室	研究报告	2014.12.30
222	中国特色社会主义制度体系研究	秦　宣	马克思主义学院	北京市哲学社会科学规划项目、重大项目	北京市哲学社会科学规划办公室	专著	2015.1.30
223	北京率先形成城乡发展一体化新格局研究	郑风田	农业与农村发展学院	北京市哲学社会科学规划项目、重大项目	北京市哲学社会科学规划办公室	研究报告、论文（集）	2016.12.31
224	北京市旅游竞争力研究	王琪延	继续教育学院	北京市哲学社会科学规划项目、重点项目	北京市哲学社会科学规划办公室	研究报告	2015.4.15
225	经济学发展报告——中国经济热点前沿、国外经济热点前沿	黄泰岩	经济学院	北京市哲学社会科学规划项目、重点项目	北京市哲学社会科学规划办公室	专著	2014.6.30
226	共产党人理想信念信仰问题研究：以当代北京市为例	杨德山	马克思主义学院	北京市哲学社会科学规划项目、重点项目	北京市哲学社会科学规划办公室	论文（集）	2014.12.31
227	北京都市型现代农业新型经营主体发展与支持政策研究	孔祥智	农业与农村发展学院	北京市哲学社会科学规划项目、重点项目	北京市哲学社会科学规划办公室	研究报告	2015.6.30
228	公共外交视野下“中国梦”的国际传播研究	钟　新	新闻学院	北京市哲学社会科学规划项目、重点项目	北京市哲学社会科学规划办公室	研究报告	2015.12.30
229	党性和人民性一致性研究	陈立丹	新闻学院	北京市哲学社会科学规划项目、重点项目	北京市哲学社会科学规划办公室	研究报告	2015.8.31
230	人民币国际化对北京市金融产业竞争力的影响研究	涂永红	财政金融学院	北京市哲学社会科学规划项目、一般项目	北京市哲学社会科学规划办公室	研究报告	2014.12.31
231	中国特色社会主义文化国际传播策略及效果研究	郭晓明	出版社	北京市哲学社会科学规划项目、一般项目	北京市哲学社会科学规划办公室	研究报告	2015.1.30
232	北京市最低生活保障标准对低收入群体收入影响的实证研究	杨立雄	劳动人事学院	北京市哲学社会科学规划项目、一般项目	北京市哲学社会科学规划办公室	研究报告	2014.12.31

续表

序号	项目名称	项目负责人	承担部门	项目分类、类别	项目来源单位	预期成果形式	计划完成日期
233	北京市重大集体劳动争议处理机制研究	程延园	劳动人事学院	北京市哲学社会科学规划项目、一般项目	北京市哲学社会科学规划办公室	研究报告	2014.12.31
234	国际粮食市场“金融化”背景下北京市粮食价格形成机制与稳定对策研究	辛　毅	农业与农村发展学院	北京市哲学社会科学规划项目、一般项目	北京市哲学社会科学规划办公室	研究报告	2015.6.30
235	北京市农产品产销协同一体化模式研究	李先国	商学院	北京市哲学社会科学规划项目、一般项目	北京市哲学社会科学规划办公室	研究报告、论文（集）	2015.6.30
236	“中国梦”与中国精神研究	高旭东	文学院	北京市哲学社会科学规划项目、一般项目	北京市哲学社会科学规划办公室	专著、研究报告	2015.10.1
237	北京话历时语法研究	龙国富	文学院	北京市哲学社会科学规划项目、一般项目	北京市哲学社会科学规划办公室	论文（集）	2016.7.30
238	“中国梦”的科学内涵及实现路径研究	胡　平	心理学系	北京市哲学社会科学规划项目、一般项目	北京市哲学社会科学规划办公室	专著、研究报告	2016.12.31
239	北京市影视剧产业的融资环境与制度创新	张辉锋	新闻学院	北京市哲学社会科学规划项目、一般项目	北京市哲学社会科学规划办公室	论文（集）	2014.10.15
240	北京城市形象的国际传播研究	赵永华	新闻学院	北京市哲学社会科学规划项目、一般项目	北京市哲学社会科学规划办公室	研究报告	2016.6.30
241	北京居民消费价格指数驱动因素、波动规律及监测预警研究	许　伟	信息学院	北京市哲学社会科学规划项目、一般项目	北京市哲学社会科学规划办公室	研究报告、论文（集）	2014.12.31
242	网络环境中的个人信息安全保护研究：以北京市为例	安小米	信息资源管理学院	北京市哲学社会科学规划项目、一般项目	北京市哲学社会科学规划办公室	研究报告	2015.5.30
243	北京市保障房建设与住宅商品房市场协调发展研究	张　鹤	财政金融学院	北京市哲学社会科学规划项目、青年项目	北京市哲学社会科学规划办公室	论文（集）	2015.6.30
244	北京母公司与地方子公司集团内部资金转移研究	许　荣	财政金融学院	北京市哲学社会科学规划项目、青年项目	北京市哲学社会科学规划办公室	论文（集）	2014.12.31
245	北京历史文化研究	李左峰	国际学院	北京市哲学社会科学规划项目、青年项目	北京市哲学社会科学规划办公室	研究报告	2014.12.31

续表

序号	项目名称	项目负责人	承担部门	项目分类、类别	项目来源单位	预期成果形式	计划完成日期
246	改革开放以来中国共产党群众路线理论和实践与保持党的纯洁性之研究	夏　璐	马克思主义学院	北京市哲学社会科学规划项目、青年项目	北京市哲学社会科学规划办公室	其他	2015.12.31
247	社会主义平等观——全球语境中核心价值体系建设	张晓萌	马克思主义学院	北京市哲学社会科学规划项目、青年项目	北京市哲学社会科学规划办公室	专著	2016.3.10
248	北京创新农业经营体制机制研究	毛　飞	农业与农村发展学院	北京市哲学社会科学规划项目、青年项目	北京市哲学社会科学规划办公室	研究报告	2015.6.30
249	北京社会企业的培育与发展策略研究	祝玉红	社会与人口学院	北京市哲学社会科学规划项目、青年项目	北京市哲学社会科学规划办公室	研究报告	2015.3.31
250	北京市突发公共事件在自媒体中的传播和线下动员机制研究	李　彪	新闻学院	北京市哲学社会科学规划项目、青年项目	北京市哲学社会科学规划办公室	研究报告	2014.12.31
251	首都城镇化进程中的农民工劳动报酬影响因素研究：以建筑业为例	孙咏梅	经济学院	北京市哲学社会科学规划项目、研究基地项目	北京市哲学社会科学规划办公室	研究项目	2016.6.30
252	建设中国特色社会主义的总布局研究	张云飞	马克思主义学院	北京市哲学社会科学规划项目、研究基地项目	北京市哲学社会科学规划办公室	专著、论文（集）	2016.12.30
253	首都市民低碳生活价值观研究	邱　吉	马克思主义学院	北京市哲学社会科学规划项目、研究基地项目	北京市哲学社会科学规划办公室	研究报告	2016.4.1
254	新形势下北京城乡结合部党群关系研究	赵淑梅	马克思主义学院	北京市哲学社会科学规划项目、研究基地项目	北京市哲学社会科学规划办公室	研究报告	2014.12.31
255	网络化条件下北京市职业群体社会管理创新研究	刘少杰	社会与人口学院	北京市哲学社会科学规划项目、研究基地项目	北京市哲学社会科学规划办公室	研究报告	2014.6.30
256	北京市“失独”家庭生存状况及相关政策研究	宋　健	社会与人口学院	北京市哲学社会科学规划项目、研究基地项目	北京市哲学社会科学规划办公室	研究报告	2015.12.30
257	北京市完善养老服务体系研究——对居家养老的现状分析和供需预测	陶　涛	社会与人口学院	北京市哲学社会科学规划项目、研究基地项目	北京市哲学社会科学规划办公室	研究报告	2015.5.1

续表

序号	项目名称	项目负责人	承担部门	项目分类、类别	项目来源单位	预期成果形式	计划完成日期
258	“北京城市记忆”数字资源库建设研究	冯惠玲	信息资源管理学院	北京市哲学社会科学规划项目、研究基地项目	北京市哲学社会科学规划办公室	论文、著作或研究报告	2014.12.31
259	视觉北京——都市形象与空间逻辑	吴　琼	哲学院	北京市哲学社会科学规划项目、研究基地项目	北京市哲学社会科学规划办公室	专著	2015.12.31
260	全球化背景下的境外媒体管理政策研究	孙维佳	哲学院	北京市哲学社会科学规划项目、研究基地项目	北京市哲学社会科学规划办公室	研究报告、其他	2014.12.31
261	北京市碳排放影响因素、削减潜力及低碳发展策略研究	柯水发	农业与农村发展学院	北京市自然科学基金项目、面上项目	北京市科委	论文、著作或研究报告	2015.12.31
262	面向跨平台微博的复杂社区发现和用户网络结构关系研究	梁　循	信息学院	北京市自然科学基金项目、面上项目	北京市科委	论文、著作或研究报告	2015.12.31
263	基于文献推荐的科研选题决策支持系统	余　力	信息学院	北京市自然科学基金项目、面上项目	北京市科委	论文、著作或研究报告	2015.12.31
264	行政过程论视野中的法治政府建设研究	杨建顺	法学院	北京市教育委员会共建项目	北京市教委	论文、著作或研究报告	2014.6.1
265	提高首都文化竞争力研究——基于国际比较视野	王琪延	继续教育学院	北京市教育委员会共建项目	北京市教委	论文、著作或研究报告	2014.6.1
266	北京市文化科技融合发展战略研究	牛维麟	教育学院	北京市教育委员会共建项目	北京市教委	论文、著作或研究报告	2014.6.1
267	提升北京创新能力，打造环渤海经济新引擎	杨瑞龙	经济学院	北京市教育委员会共建项目	北京市教委	论文、著作或研究报告	2014.6.1
268	北京市专业学位研究生学位授予研究	刘凤良	经济学院	北京市教育委员会共建项目	北京市教委	论文、著作或研究报告	2014.6.1
269	2013年科学研究与研究生培养共建项目——科研基地（马克思主义研究基地）	秦　宣	马克思主义学院	北京市教育委员会共建项目	北京市教委	论文、著作或研究报告	2014.6.1
270	多层次资本市场体系促进首都经济结构转型升级的路径和机制研究	伊志宏	商学院	北京市教育委员会共建项目	北京市教委	论文、著作或研究报告	2014.6.1

续表

序号	项目名称	项目负责人	承担部门	项目分类、类别	项目来源单位	预期成果形式	计划完成日期
271	2013年科学研究与研究生培养共建项目——科研基地（社会建设研究基地）	翟振武	社会与人口学院	北京市教育委员会共建项目	北京市教委	论文、著作或研究报告	2014.6.1
272	2013年基地项目——北京市家庭幸福状况及影响因素研究	宋　健	社会与人口学院	北京市教育委员会共建项目	北京市教委	论文、著作或研究报告	2014.6.1
273	社会转型和媒体转换期集体记忆构建研究	冯惠玲	信息资源管理学院	北京市教育委员会共建项目	北京市教委	论文、著作或研究报告	2014.6.1
274	中国文档管理的传统经验与现代启示	梁继红	信息资源管理学院	北京市教育委员会共建项目	北京市教委	论文、著作或研究报告	2014.6.1
275	2013年科学研究与研究生培养共建项目——科研基地（人文北京研究基地）	郝立新	哲学院	北京市教育委员会共建项目	北京市教委	论文、著作或研究报告	2014.6.1
276	2013年基地项目——北京市城市发展进程中的制度创新研究	徐尚昆	哲学院	北京市教育委员会共建项目	北京市教委	论文、著作或研究报告	2014.6.1
277	新形势下高等学校廉政文化体系建设研究	牛维麟	教育学院	北京市教育科学规划、重点项目	北京市教委	研究报告	2015.4.17
278	2020—2030年基础教育学龄人口变化预测研究	李　丁	社会与人口学院	北京市教育科学规划、重点项目	北京市教委	论文、著作或研究报告	2016.7.31
279	社会生态视角下的社会工作专业硕士就业意向与对策研究	张会平	社会与人口学院	北京市教育科学规划、青年专项	北京市教委	论文、著作或研究报告	2015.3.31
280	北京市战略性新兴产业集群发展报告	许　伟	信息学院	北京市科委项目	北京市科委	论文、著作或研究报告	2013.12.31

2013年度校级社会科学研究项目

序号	项目名称	项目负责人	承担部门	项目分类、类别	预期成果形式	计划完成日期
1	多人交互模式下儿童结果评价的脑机制	买晓琴	心理学系	明德青年学者计划	论文、著作或研究报告	2015.12.31
2	统计机器学习若干问题研究	尹建鑫	统计学院	明德青年学者计划	论文、著作或研究报告	2015.12.31
3	中国刑法犯罪构成的教义学分析	王　莹	法学院	明德青年学者计划	专著、论文	2015.12.31

续表

序号	项目名称	项目负责人	承担部门	项目分类、类别	预期成果形式	计划完成日期
4	农民工市民化研究	陈传波	农业与农村发展学院	明德青年学者计划	专著、论文	2015.12.31
5	青年马克思思想新解读——以《马克思恩格斯全集》历史考证版第二版（MEGA2）为基础	赵玉兰	马克思主义学院	明德青年学者计划	专著	2015.12.31
6	20世纪50年代地方粮食政治研究——以安徽省无为县为考察中心	徐　进	马克思主义学院	明德青年学者计划	专著	2015.12.31
7	清代汉学考据兴衰再研究	张瑞龙	历史学院	明德青年学者计划	论文	2015.12.31
8	马克思早期政治哲学文本解读及其中国语境研究	臧峰宇	哲学院	明德青年学者计划	专著	2015.12.31
9	自然主义世界观下表征理论、语义理论及其逻辑应用	许涤非	哲学院	明德青年学者计划	专著、论文	2015.12.31
10	中国法治进程中的若干重大伦理问题研究	曹　刚	哲学院	明德青年学者计划	专著	2015.12.31
11	亚里士多德《欧德谟伦理学》研究	刘　玮	哲学院	明德青年学者计划	专著、译著、论文	2015.12.31
12	早期音乐教育对儿童的个人素质提升作用机制的研究	刘　琉	艺术学院	明德青年学者计划	论文	2015.12.31
13	清代驿站与驿传体系研究	刘文鹏	清史所	明德青年学者计划	专著	2015.12.31
14	开放式可持续电子文件格式的设计和实现	崔　鹏	信息资源管理学院	明德青年学者计划	专著、电脑软件	2015.12.31
15	形象·影响·传播力——网络时代的新闻工作者声誉管理	高贵武	新闻学院	明德青年学者计划	专著、论文、研究报告	2015.12.31
16	国际汉语教材编写理念创新研究	李　泉	文学院	明德青年学者计划	论文	2015.12.31
17	山东方言声调的语音学与音系学综合研究	吴永焕	文学院	明德青年学者计划	专著、论文	2015.12.31
18	重叙"中国故事"——新世纪小说叙事研究	杨庆祥	文学院	明德青年学者计划	专著、论文	2015.12.31
19	中国古代文论基本观念研究——以其内在问题及当代意义为中心	徐　楠	文学院	明德青年学者计划	论文	2015.12.31
20	族群、革命与现代化——清末民初的中国历史学	姜　萌	历史学院	明德青年学者计划	专著、论文	2015.12.31

续表

序号	项目名称	项目负责人	承担部门	项目分类、类别	预期成果形式	计划完成日期
21	同伴互动语码转换对英语学习者交际意愿的影响研究	田丽丽	外国语学院	明德青年学者计划	论文、研究报告	2015.12.31
22	非线性动态随机一般均衡模型的求解方法及其在中国货币政策分析的应用	肖争艳	统计学院	明德青年学者计划	论文、研究报告	2015.12.31
23	中年空巢的心理适应——发展、影响因素及前瞻意义	唐　丹	社会与人口学院	明德青年学者计划	论文、研究报告	2015.12.31
24	社会地位、不平等与健康——关于国民健康的社会影响因素及其作用机理研究	齐亚强	社会与人口学院	明德青年学者计划	论文	2015.12.31
25	从异质企业贸易模型的视角来研究中国企业创新行为与国际化战略	易靖韬	商学院	明德青年学者计划	论文	2015.12.31
26	基尼系数测度不平等的几个基本理论难题研究	程永宏	公共管理学院	明德青年学者计划	论文、研究报告	2015.12.31
27	房地产税评估与征管研究	曲卫东	公共管理学院	明德青年学者计划	专著、论文、研究报告	2015.12.31
28	有效控制大流行性流感传播的政策体系设计与政策模型构建	钟　玮	公共管理学院	明德青年学者计划	论文、计算机模型	2015.12.31
29	宪法专政理论研究	孟　涛	法学院	明德青年学者计划	译著、论文	2015.12.31
30	基本权利教义学研究	张　翔	法学院	明德青年学者计划	译著、论文	2015.12.31

（中国人民大学科研处关晓斌供稿）

清华大学

2013 年度承担国家级、省部级社会科学研究项目

序号	项目名称	院系	负责人	项目来源
国家社会科学基金重大项目				
1	科学实践哲学与地方性知识研究	社科学院	吴　彤	全国哲学社会科学规划办公室
2	基于大规模社交媒体的汉语模因传播机理量化研究	计算机系	孙茂松	全国哲学社会科学规划办公室
3	中国梦理论与实践研究	马克思主义学院	李　捷	全国哲学社会科学规划办公室
国家社会科学基金重点项目				
4	当代中国公民道德状况跟踪调查和突出问题治理对策研究	马克思主义学院	吴潜涛	全国哲学社会科学规划办公室
5	法学方法论与中国民商法研究	法学院	崔建远	全国哲学社会科学规划办公室

续表

序号	项目名称	院系	负责人	项目来源
国家社会科学基金委托项目				
6	中华民族伟大复兴中国梦的内涵与展望	公管学院	胡鞍钢	全国哲学社会科学规划办公室
国家社会科学基金一般项目				
7	国际经济秩序的中国立场研究	法学院	车丕照	全国哲学社会科学规划办公室
8	《大清新刑律》新研究及资料汇编	法学院	陈新宇	全国哲学社会科学规划办公室
9	基于城市管理视角的社会管理创新研究	公管学院	黄天航	全国哲学社会科学规划办公室
10	异质信念、卖空机制与企业定向增发行为研究	公管学院	徐　枫	全国哲学社会科学规划办公室
11	中国生态经济发展模式的理论与实证研究	环境学院	石　磊	全国哲学社会科学规划办公室
12	我国青少年体质发展的现状、趋势及对策研究	教育研究院	李曼丽	全国哲学社会科学规划办公室
13	基于大数据的个人信用评分建模及违约风险管理研究	金融学院	韩　璐	全国哲学社会科学规划办公室
14	“健康生活方式行动”对城市社区空巢老人慢性病防控的干预及效果评估研究	经管学院	薛　镭	全国哲学社会科学规划办公室
15	新中国成立初期治腐方略的功效性研究	马克思主义学院	王传利	全国哲学社会科学规划办公室
16	传统启蒙教育中的道德养成与价值观建构研究	人文学院	班高杰	全国哲学社会科学规划办公室
17	民主政治语境中的政治家与公民美德研究	人文学院	陈华文	全国哲学社会科学规划办公室
18	社会维度下的信息流逻辑研究	人文学院	刘奋荣	全国哲学社会科学规划办公室
19	“后经验转向”时代的技术伦理规约机制及模式研究	社科学院	张成岗	全国哲学社会科学规划办公室
20	城市老年人身体活动的经济性研究	体育部	仇　军	全国哲学社会科学规划办公室
21	20世纪70年代“保钓运动”历史文献与口述历史的整理研究	图书馆	高　瑄	全国哲学社会科学规划办公室
22	汉代弩兵制度与弩机技术研究	图书馆	游战洪	全国哲学社会科学规划办公室
23	大学生人力资本与毕业后收入关系的定量分析	外文系	郭　茜	全国哲学社会科学规划办公室
24	运用认知诗学对跨文化叙事理解的探索	外文系	张叶鸿	全国哲学社会科学规划办公室
25	基于认知语言学角度的日语“に-が”构式研究	外文系	赵　蓉	全国哲学社会科学规划办公室
国家哲学社会科学成果文库项目				
26	《巴黎手稿》研究——马克思的转折点	人文学院	韩立新	全国哲学社会科学规划办公室
27	社会主义荣辱观研究	马克思主义学院	吴潜涛	全国哲学社会科学规划办公室
国家社会科学基金后期资助项目				
28	刑事错案成因与制度修补	法学院	张建伟	全国哲学社会科学规划办公室
29	习惯法的当代传承与弘扬	法学院	高其才	全国哲学社会科学规划办公室
30	担保物权研究	法学院	程　啸	全国哲学社会科学规划办公室

续表

序号	项目名称	院系	负责人	项目来源
31	跨文化视野下的希腊形而上学反思	人文学院	王晓朝	全国哲学社会科学规划办公室
32	严复《政治讲义》研究	人文学院	戚学民	全国哲学社会科学规划办公室
33	文化互文本中的文学批评理论	外语系	陈永国	全国哲学社会科学规划办公室
34	澹轩文集校注	出版社	马庆洲	全国哲学社会科学规划办公室
国家社科基金中华学术外译项目				
35	中国教育政策的形成与变迁——1978—2007年的教育政策话语分析	教研院	文　雯	全国哲学社会科学规划办公室
国家社科基金艺术学项目				
36	交互设计学科发展现状及学科建设研究	美术学院	张　烈	全国艺术科学规划办公室
国家社科基金教育学项目				
37	基于网络集群技术的高校长跑运动负荷监控方法研究	体育部	张新贵	全国教育科学规划办公室
38	我国研究生教育宏观结构与经济、科技发展的协调性研究	教研院	王传毅	全国教育科学规划办公室
教育部人文社会科学重大课题攻关项目				
39	创新专业学位研究生培养模式研究	环境学院	贺克斌	教育部社会科学司
教育部人文社会科学重大课题委托项目				
40	互联网社会思潮与网民心态研究	马克思主义学院	翁铁慧	教育部社会科学司
教育部人文社会科学重点研究基地重大项目				
41	《马克思恩格斯文集》《列宁专题文集》德育思想解读研究	马克思主义学院	赵甲明	教育部社会科学司
42	开放条件下建设创新型国家的战略和对策研究	经管学院	吴贵生	教育部社会科学司
43	培育社会主义核心价值观研究	马克思主义学院	刘书林	教育部社会科学司
44	社会化媒体对企业的价值研究	经管学院	黄京华	教育部社会科学司
45	碳排放权交易在我国气候变化政策中的定位和目标研究	经管学院	段茂盛	教育部社会科学司
教育部人文社会科学规划项目				
46	文化自觉视角下大学生忧患意识教育研究	马克思主义学院	朱效梅	教育部社会科学司
47	美国智库外交研究对扎实推进中国公共外交和人文交流的借鉴意义	社科学院	赵曙光	教育部社会科学司
48	构建软实力——美国研究型大学国际化战略研究	教研院	赵　可	教育部社会科学司
49	网络社会发展与思想政治教育创新研究	马克思主义学院	张　瑜	教育部社会科学司
50	媒体、集体行动与底层舆论的互动关系研究	新闻学院	曾繁旭	教育部社会科学司
51	近代中国城市化中土地权益思想研究	社科学院	熊金武	教育部社会科学司

续表

序号	项目名称	院系	负责人	项目来源
52	中国出口固化的成因研究——新—新贸易理论拓展模型的分析	社科学院	项松林	教育部社会科学司
53	基于行为的多属性群决策方法的研究	经管学院	夏梅梅	教育部社会科学司
54	最严格水资源管理制度框架下流域初始水权分配研究	公管学院	吴　丹	教育部社会科学司
55	“金砖国家”对外发展援助的战略、模式与合作前景	社科学院	庞　珣	教育部社会科学司
56	清华简与传世经部文献研究	人文学院	马　楠	教育部社会科学司
57	发展中国家民主化的经济和社会绩效研究	社科学院	刘　瑜	教育部社会科学司
58	我国廉政测评体系研究	公管学院	过　勇	教育部社会科学司
教育部人文社会科学专项任务项目				
59	学术期刊协同创新与人文社科科研评价体系构建	学报	仲伟民	教育部社会科学司
60	社会学通识教育读本	社科学院	李　强	教育部社会科学司
61	基于GOTD理念的卓越车辆工程人才实践培养模式创新研究	汽车系	边明远	教育部社会科学司
国家体育总局项目				
62	我国篮球职业联赛引入伤病保险制度研究	体育部	陆　淳	国家体育总局
63	马约翰体育思想的传承与发展研究	体育部	刘静民	国家体育总局
64	运动员主观幸福感及其影响因素研究	体育部	曹春梅	国家体育总局
国务院侨办项目				
65	外国侨务公共外交机制及其借鉴研究	社科学院	赵可金	国务院侨办
66	欧洲华商的转型与发展研究	社科学院	王安富	国务院侨办
67	中国侨资企业发展年度报告2012—2013	社科学院	龙登高	国务院侨办
科技部国家软科学计划项目				
68	中国经济发展的风险与战略机遇	经管学院	雷家骕	科技部
69	适应生态文明建设的科技发展战略研究	社科学院	李正风	科技部
北京哲学社科规划项目				
70	北京老旧小区物业管理困境及改革路径研究	房管处	袁汝海	北京哲学社会科学规划办公室
71	北京市老年人身体活动的经济性研究	体育部	于洪军	北京哲学社会科学规划办公室
72	新媒介背景下北京公共信息服务设计研究	美术学院	吴　琼	北京哲学社会科学规划办公室
73	共筑中国梦——北京市社会公平保障体系建设研究	经管学院	魏　杰	北京哲学社会科学规划办公室
74	智慧社区在创新社会服务管理中的建设与应用研究	街道办	王京春	北京哲学社会科学规划办公室
75	构筑当代大学生“中国梦”的文化力量研究	马克思主义学院	朱效梅	北京哲学社会科学规划办公室

续表

序号	项目名称	院系	负责人	项目来源
76	中宣部"五个一工程"奖获奖电视剧中的共产党员形象研究	新闻学院	张小琴	北京哲学社会科学规划办公室
77	比较视野中的"中国梦"研究——"中国梦"的科学内涵及实现路径研究	马克思主义学院	王贵贤	北京哲学社会科学规划办公室
78	"设计之都"的品牌策略——北京设计产业发展状况调研	美术学院	田　君	北京哲学社会科学规划办公室
79	先秦哲学中的道与言问题研究	人文学院	刘　黛	北京哲学社会科学规划办公室
80	北京建设学术之都的政策研究	社科学院	李　强	北京哲学社会科学规划办公室
81	"四化同步"背景下北京市职业教育的总体布局和宏观结构研究	教研院	胡茂波	北京哲学社会科学规划办公室
82	北京城市历史色彩环境保护与发展研究	美术学院	杜　异	北京哲学社会科学规划办公室
83	北京市上市公司内部控制水平评价	经管学院	陈关亭	北京哲学社会科学规划办公室
北京哲学社会科学基地项目				
84	中国特色世界城市建设与应急管理模式创新研究	公管学院	薛　澜	北京哲学社会科学规划办公室
85	北京市空气污染治理的区域联动机制研究	公管学院	刘　冰	北京哲学社会科学规划办公室
北京市教育科学规划项目				
86	基于网络教学平台的学习分析研究	教研院	韩锡斌	北京市教育科学规划办公室

（清华大学文科建设处供稿）

北京师范大学

2013年度承担国家级、省部级社会科学研究项目

序号	项目名称	承担部门	项目负责人	项目来源	预期成果形式	计划完成时间
1	中国社会管理创新研究信息库建设	中国社会科学管理研究院	魏礼群	国家社会科学基金特别委托项目	数据库	2016.5
2	基于国际标准的政府债务统计与预警管理体系研究	国民核算研究院	陈梦根	教育部人文社会科学研究规划基金项目	论文	2016.5.21
3	职业教育产教融合制度创新研究	教育学部	和　震	教育部人文社会科学研究规划基金项目	论文	2016.5.21
4	基于交互式电子白板多元互动课堂的教学策略重构	教育学部	李　芒	教育部人文社会科学研究规划基金项目	研究报告、专著、论文	2016.5.21
5	新课程背景下教材质量的评价研究——以小学数学为例	教育学部	王烨晖	教育部人文社会科学研究青年基金项目	研究论文	2016.5.21
6	Web2.0中用户参与微创新的行为、动因及激励机制研究	经济与工商管理学院	朱艳春	教育部人文社会科学研究青年基金项目	研究报告	2016.5.21
7	碳排放权市场化分配机制及其社会经济影响的实验研究	经济与工商管理学院	何浩然	教育部人文社会科学研究青年基金项目	研究论文、研究报告与政策建议	2016.5.21

续表

序号	项目名称	承担部门	项目负责人	项目来源	预期成果形式	计划完成时间
8	日本杏雨书屋藏《敦煌秘笈》非佛文献辑录与研究——以李盛铎旧藏敦煌文书为中心	历史学院	陈涛	教育部人文社会科学研究青年基金项目	论文、专著或论文（集）	2016.5.21
9	清朝咸同财政与社会	历史学院	倪玉平	教育部人文社会科学研究规划基金项目	专著	2016.5.21
10	学科交叉视野下思想政治教育生态相关问题研究	马克思主义学院	杨增岽	教育部人文社会科学研究青年基金项目	专著、论文	2016.5.21
11	马克思主义人学视域下的中国特色社会主义制度研究	马克思主义学院	徐斌	教育部人文社会科学研究规划基金项目	专著或论文（集）	2016.5.21
12	高中数学课程标准的国际比较研究	数学科学学院	曹一鸣	教育部人文社会科学研究规划基金项目	专著、论文、研究报告	2016.5.21
13	义务教育阶段体育教育均衡发展的研究	体育与运动学院	张吾龙	教育部人文社会科学研究规划基金项目	研究报告、论文	2016.5.21
14	中小学体育与健康课程中构建生存教育模式的实验研究	体育与运动学院	孙璞	教育部人文社会科学研究规划基金项目	专著、论文、研究报告	2016.5.21
15	基于功能语言学的英语课程的目的和目标研究	外国语言文学学院	程晓堂	教育部人文社会科学研究规划基金项目	论文、研究报告	2016.5.21
16	朱迪斯·巴特勒与女性主义伦理批评	外文语言文学学院	王楠	教育部人文社会科学研究青年基金项目	论文	2016.5.21
17	民间年画的技艺表现与民俗志书写——以朱仙镇为调查点	文学院	万建中	教育部人文社会科学研究规划基金项目	专著	2016.5.21
18	中国古典诗歌叙事传统研究	文学院	周剑之	教育部人文社会科学研究青年基金项目	专著	2016.5.21
19	佛教“格义”研究	文学院	唐嘉	教育部人文社会科学研究青年基金项目	专著	2016.5.21
20	基于科学概念学习进阶的教学设计模型研究	物理系	郭玉英	教育部人文社会科学研究规划基金项目	论文、教学设计及实施案例集	2016.5.21
21	抑郁大学生人际认知特点及其干预	心理学院	刘翔平	教育部人文社会科学研究规划基金项目	论文	2016.5.21
22	世界纪录片品牌研究	艺术与传媒学院	张同道	教育部人文社会科学研究规划基金项目	著作	2016.5.21
23	王弼玄学中的庄学精神研究	哲学与社会学学院	蒋丽梅	教育部人文社会科学研究青年基金项目	著作、论文	2016.5.21
24	老年人夫妻依恋稳定性的研究	发展心理研究所	王大华	教育部重点研究基地重大项目	论文、研究报告、编制工具	2016.6.19
25	分析哲学传统中的英美价值论研究	价值与文化研究中心	李红	教育部重点研究基地重大项目	译著、专著	2016.6.19

续表

序号	项目名称	承担部门	项目负责人	项目来源	预期成果形式	计划完成时间
26	乾嘉经史考据笔记纵论	民俗典籍文字研究中心	齐元涛	教育部重点研究基地重大项目	专著	2016.6.19
27	《说文解字》词汇语义范畴化的功能——认知研究	民俗典籍文字研究中心	彭宣维	教育部重点研究基地重大项目	专著、工具书	2016.6.19
28	中国文学艺术思想通史·现代卷	文艺学研究中心	陈太胜 孟　泽	教育部重点研究基地重大项目	专著	2016.6.19
29	中国文学艺术思想通史·近代卷	文艺学研究中心	陈雪虎	教育部重点研究基地重大项目	专著	2016.6.19
30	早期基督教史学研究	史学理论与史学史研究中心	刘林海	教育部重点研究基地重大项目	专著	2016.6.19
31	20世纪史学与中国形象的重构	史学理论与史学史研究中心	张昭军	教育部重点研究基地重大项目	专著	2016.6.19
32	创建世界一流大学政策的国际比较研究	国际与比较教育研究院	刘宝存	教育部重点研究基地重大项目	研究报告、专著	2016.6.19
33	高等学校分类管理的国际比较研究	国际与比较教育研究院	高益民	教育部重点研究基地重大项目	论文、研究报告	2016.6.19
34	马克思主义宗教观与当代大学生信仰教育	马克思主义学院	尚九玉	教育部人文社会科学研究专项任务项目（马克思主义中国化、时代化、大众化）	论文	2014.5.21
35	我国基础教育和高等教育阶段学生核心素养总体框架研究	心理学院	林崇德	立德树人工程	咨询报告	2014.6.30
36	文化多样性与中国文化产品贸易互动关系研究	经济与工商管理学院	曲如晓	国家社会科学基金重点项目	研究报告	2015.6.30
37	劳动力市场转型的收入分配效应研究	经济与工商管理学院	罗楚亮	国家社会科学基金重点项目	专题论文（集）	2016.6.30
38	我国居民收入分配份额的统计测算与提升路径研究	国民核算研究院	吕光明	国家社会科学基金重点项目	研究报告	2016.6.30
39	元人著述总目丛考	古籍与传统文化研究院	李　军	国家社会科学基金重点项目	专著	2016.12.31
40	历代训注古今字汇纂及数据库建设	文学院	李运富	国家社会科学基金重点项目	工具书、电脑软件	2016.6.30
41	金元时期北方儒学转型研究	古籍与传统文化研究院	魏崇武	国家社会科学基金一般项目	专著	2016.12.31
42	近年来中国CPI上涨的非货币原因研究	经济管理学院	杨晓维	国家社会科学基金一般项目	专题论文（集）	2015.2.2
43	转型期我国流浪儿童救助保护法律制度研究	法学院	林艳琴	国家社会科学基金一般项目	专题论文（集）	2016.6.30
44	民众消费方式与幸福感的关系研究	心理学院	蒋　奖	国家社会科学基金一般项目	研究报告	2016.8.31

续表

序号	项目名称	承担部门	项目负责人	项目来源	预期成果形式	计划完成时间
45	蒙藏委员会委员长更迭与国民政府治藏政策演变轨迹研究	历史学院	张皓	国家社会科学基金一般项目	专题论文(集)、专著	2016.12.30
46	区域生产者服务贸易发展提升制造业国际竞争力的综合研究	经济与工商管理学院	仲鑫	国家社会科学基金一般项目	研究报告	2014.12.30
47	唯物史观与历史考证学派关系研究	历史学院	张越	国家社会科学基金一般项目	专著	2016.2.1
48	近现代管县派出政府制度研究（1932—2002）	历史学院	侯桂红	国家社会科学基金一般项目	专著	2015.12.31
49	后现代主义之后的历史理性问题研究	历史学院	董立河	国家社会科学基金一般项目	专著	2015.11.30
50	中国文体论的原初生成与现代嬗变	文学院	姚爱斌	国家社会科学基金一般项目	专著	2016.12.1
51	20世纪《庄子》在英语世界的传播	文学院	于雪棠	国家社会科学基金一般项目	专著	2016.6.30
52	中国新时期诗人中的精神危机及其拯救研究	文学院	谭五昌	国家社会科学基金一般项目	专著	2016.2.24
53	莫言剧作及小说中的戏剧性研究	文学院	邹红	国家社会科学基金一般项目	专著	2015.9.30
54	中日古代文论范畴关联考论	文学院	王向远	国家社会科学基金一般项目	专著	2015.12.31
55	汉语句子信息结构的类型学研究	文学院	周士宏	国家社会科学基金一般项目	专著	2016.6.30
56	外国学生汉语体貌成分习得研究	汉语文化学院	丁崇明	国家社会科学基金一般项目	专题论文(集)	2016.9.30
57	现代汉语常用词的构成理据研究	文学院	孙银新	国家社会科学基金一般项目	专著	2016.12.31
58	数字时代传媒商业模式的创新研究	文学院	禹建强	国家社会科学基金一般项目	专著	2015.6.30
59	员工帮助计划（EAP）的效果评估及影响因素研究	心理学院	张西超	国家社会科学基金一般项目	研究报告、工具书	2016.9.30
60	中国共产党高校党建史研究(1949—1978)	马克思主义学院	周良书	国家社会科学基金青年项目	专著	2015.7.1
61	林兆恩与中晚明的三教会通研究	文学院	王文娟	国家社会科学基金青年项目	专著、专题论文集	2016.12.30
62	莱布尼茨正义理论研究	哲学与社会学学院	李少兵	国家社会科学基金青年项目	专著、译著	2016.6.30
63	住户调查体系下住户收入统计差异研究——以国民核算为基准	国民核算研究院	唐军	国家社会科学基金青年项目	研究报告	2015.12.31

续表

序号	项目名称	承担部门	项目负责人	项目来源	预期成果形式	计划完成时间
64	基础教育阶段流动儿童学业水平现状及其影响因素探究	文学院	赵宁宁	国家社会科学基金青年项目	专著、专题论文（集）	2015. 7. 30
65	我国残疾儿童家庭支持体系构建与发展策略研究	教育学部	胡晓毅	国家社会科学基金青年项目	专题论文（集）、研究报告	2016. 6. 30
66	出土文献与商周亲属制度研究	历史学院	黄国辉	国家社会科学基金青年项目	专著	2016. 3. 1
67	我国职业体育法律制度研究	法学院	裴　洋	国家社会科学基金青年项目	研究报告	2016. 6. 3
68	基于盈余波动性的管理者财务决策非理性行为研究	经济管理学院	吕兆德	国家社会科学基金青年项目	专题论文（集）、研究报告	2016. 6. 30
69	后4%时代财政性教育经费投入、使用和监管国际比较研究	教育学部	刘　强	国家社会科学基金青年项目	专著	2015. 12. 31
70	内涵式发展视角下的我国高校规模、结构、质量与办学效率研究	教育学部	成　刚	国家社会科学基金青年项目	专题论文（集）、研究报告	2015. 5. 2
71	新型城镇化背景下社会管理体系转型升级研究	政府管理学院	汪大海	国家社会科学基金重大项目	论文、研究报告	2016. 9. 30
72	政府、市场与中产阶级	历史学院	安　然	国家社会科学基金后期资助项目	专著	2013. 12. 31
73	经验范式的辩证法解读——阿多诺“否定的辩证法”研究	哲学与社会学学院	郑　伟	国家社会科学基金后期资助项目	专著	2013. 12. 30
74	中国梦的国家传播战略研究	文学院	毛　峰	国家社会科学基金特别委托项目	理论文章、咨询报告	先期资助1年，后根据成果考虑是否给予延续资助
75	首都网络舆情引导机制研究	艺术与传媒学院	周　星	北京市哲学社会科学规划项目重大项目	系列论文	2015. 1. 1
76	社会主义核心价值观研究	价值与文化研究中心	韩　震	北京市哲学社会科学规划项目重大项目	专著	2015. 1. 1
77	中国类型电影叙事策略及价值观研究	艺术与传媒学院	路春艳	国家社会科学基金艺术学项目	专著	2016. 12. 31
78	动漫形象研究——艺术、消费与产业	艺术与传媒学院	周　雯	国家社会科学基金艺术学项目	专著、论文、研究报告	2015. 12. 31
79	关于新形势下大中小学开展中华优秀传统文化教育研究	教育学部	杜　霞	教育部人文社科研究专项委托项目	研究报告、论文	2013. 12. 31
80	关于新形势下大中小学开展中华优秀传统文化教育研究	教育学部	徐　勇	教育部人文社科研究专项委托项目	专著、研究报告	2013. 12. 31

续表

序号	项目名称	承担部门	项目负责人	项目来源	预期成果形式	计划完成时间
81	高等教育测量、评估与评价手册	教育学部	周作宇	教育部后期资助重点项目	书稿	2015. 12. 31
82	南宋经学的传承、诠释与思想研究	历史学院	姜海军	教育部后期资助重点项目	专著	2015. 12. 31
83	什么样的教育能让人民满意	教育学部	石中英	教育部哲学社会科学研究普及读物项目	专著	2014. 10. 15
84	中国现代职业教育质量保障体系研究	教育学部	赵志群	教育部哲学社会科学研究重大课题攻关项目	专著、论文、研究报告	2016
85	中国劳动力市场发展报告	经济与工商管理学院	赖德胜	教育部哲学社会科学发展报告建设（培育）项目	研究报告	2016. 10. 15
86	中国民办教育发展报告	教育学部	周海涛	教育部哲学社会科学发展报告建设（培育）项目	研究报告	2016. 10. 15
87	暴力犯罪死刑适用标准研究	刑事法律科学研究院	赵秉志	国家社会科学基金《国家哲学社会科学成果文库》	著作	2013. 12. 20
88	超主权国际货币的构建——国际货币制度的改革	经济与工商管理学院	李　翀	国家社会科学基金《国家哲学社会科学成果文库》	著作	2013. 12. 20
89	高等教育质量保证体系比较研究	教育学部	马健生	国家社会科学基金《国家哲学社会科学成果文库》	专著、论文、研究报告	2013. 12. 20
90	先秦两汉艺术观念史	哲学与社会学学院	刘成纪	国家社会科学基金后期资助项目	专著	2014. 12. 30
91	组织学习的多层结构、跨层作用和生成机制研究	政府管理学院	于海波	国家社会科学基金后期资助项目	专著	2015. 12. 12
92	北京高校行政事业单位国有资产管理中的法律问题	法学院	张江莉	北京市哲学社会科学规划项目青年项目	研究报告	2015. 5. 1
93	在京非法移民区别治理研究	刑事法律科学研究院	郭　晶	北京市哲学社会科学规划项目青年项目	论文（集）	2015. 12. 31
94	北京市小学新教师专业发展的校本支持研究	教育学部	赵　萍	北京市哲学社会科学规划项目青年项目	研究报告	2015. 6. 30
95	北京市基础教育对外开放的文化安全隐患与应对策略	教育学部	王　熙	北京市哲学社会科学规划项目青年项目	论文（集）	2015. 8. 31
96	北京市流动儿童放学后处境及社会教育支持机制研究	教育学部	周金燕	北京市哲学社会科学规划项目青年项目	研究报告	2014. 12. 30
97	北京建设中国特色世界城市与教育国际化问题研究	教育学部	刘宝存	北京市哲学社会科学规划项目重点项目	研究报告	2016. 6. 30

续表

序号	项目名称	承担部门	项目负责人	项目来源	预期成果形式	计划完成时间
98	北京市农村地区初中学习困难学生预警和干预研究	教育学部	梁　威	北京市哲学社会科学规划项目重点项目	研究报告	2015.12.31
99	“职住分离”对北京经济社会发展的影响及对策研究	经济与工商管理学院	蔡洪波	北京市哲学社会科学规划项目青年项目	研究报告	2014.12.30
100	北京市促进低碳消费的财税政策研究	经济与工商管理学院	申嫦娥	北京市哲学社会科学规划项目一般项目	研究报告	2015.3.30
101	营业税改征增值税背景下北京市税收收入可持续研究	经济与工商管理学院	陆跃祥	北京市哲学社会科学规划项目一般项目	论文、研究报告	2014.9.30
102	改革开放以来北京市应对严重灾害的历史经验及启示	马克思主义学院	赵朝峰	北京市哲学社会科学规划项目一般项目	著作	2016.7.1
103	北京市近年婚姻匹配模式的变迁	社会发展与公共政策学院	高　颖	北京市哲学社会科学规划项目一般项目	专著	2014.6.30
104	新世纪北京民营戏剧研究	文学院	梁振华	北京市哲学社会科学规划项目青年项目	研究报告	2015.6.1
105	北京宫廷昆曲文化遗产的保护研究	艺术与传媒学院	蒯卫华	北京市哲学社会科学规划项目青年项目	论文（集）	2015.4.17
106	北京影视创作与都市文化研究	艺术与传媒学院	路春艳	北京市哲学社会科学规划项目一般项目	专著	2016.9.1
107	北京市义务教育阶段“就近入学”政策背景下的择校行为研究	教育学部	郑　磊	北京市哲学社会科学规划项目青年项目	论文（集）	2015.6.30
108	北京与世界主要首都城市教育经费投入、使用和监管比较研究	教育学部	刘　强	北京市哲学社会科学规划项目青年项目	研究报告	2015.6.15
109	北京市残疾人教育与贫困问题研究	经济与工商管理学院	赖德胜	北京市哲学社会科学规划项目重点项目	研究报告	2015.12.30
110	北京童谣的文化教育意义及推广策略研究	文学院	陈　晖	北京市哲学社会科学规划项目重点项目	专著	2016.9.1
111	北京区域划分的历史沿革及其文化功能的演变	清华大学人文学院	张海明	北京市哲学社会科学规划项目重点项目	专著	2015.12.31
112	口述历史与北京濒临消失的文化史料抢救	中国现代文学馆	傅光明	北京市哲学社会科学规划项目重点项目	专著	2015.12.31
113	当代中国重大刑事法治事件研究	刑事法律科学研究院	赵秉志	北京市哲学社会科学规划项目重点项目	专著	2015.12.31
114	境外追赃国际合作研究——以习近平同志反腐败思想为切入点	刑事法律科学研究院	张　磊	北京市哲学社会科学规划项目一般项目	专著	2015.5.31
115	司法公正与死刑个案民意研究	刑事法律科学研究院	袁　彬	北京市哲学社会科学规划项目一般项目	专著	2015.12.31
116	生态文明建设的刑事法律保障研究	刑事法律科学研究院	郭理蓉	北京市哲学社会科学规划项目青年项目	研究报告	2015.12.31

续表

序号	项目名称	承担部门	项目负责人	项目来源	预期成果形式	计划完成时间
117	大数据时代网络社会的管理博弈及政府策略选择	管理学院	孙　宇	北京市哲学社会科学规划项目一般项目	专著、研究报告	2015.12.31
118	贸易强国战略与“中国梦”的实现——基于要素内涵式演进的分析视角	经济与工商管理学院	赵春明	北京市哲学社会科学规划项目一般项目	专著、研究报告	2015.7.30
119	“丝绸之路经济带”与“中国梦”关系研究	政府管理学院	李　兴	北京市哲学社会科学规划项目一般项目	研究报告、论文（集）	2015.12.31
120	三重维度下中国梦与中国精神的关联与互动	马克思主义学院	温　静	北京市哲学社会科学规划项目青年项目	研究报告	2015.10.30
121	中国特色社会主义理论体系逻辑结构与大众认同研究	马克思主义学院	刘洪森	北京市哲学社会科学规划项目青年项目	研究报告	2015.12.1
122	腐败与反腐败的文化心理机制研究	心理学院	刘　力	北京市哲学社会科学规划项目一般项目	论文（集）	2016.12.30
123	校本课程体系的协作构建与学校特色发展	教育学部	胡定荣	北京市教科规划重点课题（优先关注）	研究报告、论文	2016.8.30
124	北京市小学生学习障碍的诊断、认知机制及教育对策研究	教育学部	张树东	北京市教科规划重点课题	研究报告、论文	2016.9.30
125	北京市小学生父母教育卷入质量现状及其对学业成绩影响的机制研究	认知神经科学与学习国家重点实验室	罗　良	北京市教科规划重点课题	研究报告、论文	2016.5.31
126	自闭症儿童沟通辅助工具的设计、开发与应用研究	教育学部	胡晓毅	北京市教科规划青年专项课题	研究报告、论文	2015.8.30
127	大学生生命教育研究	教育学部	肖贵祥	北京市教科规划重点课题	研究报告、专著	2015.6.30
128	研究生教育全面收费背景下北京市研究生教育投入机制研究	教育学部	刘　强	北京市教科规划青年专项课题	研究报告、论文	2015.7.30
129	首都学习型城市建设监测评价工具研究	教育学部	谢　浩	北京市教科规划青年专项课题	研究报告、论文	2015.3.30
130	运动教育模式在中学体育课程教学中的应用研究	体育与运动学院	高　嵘	北京市教科规划重点课题	研究报告、专著	2016.7.30
131	中小学教学领导力的诊断与提升研究	教育学部	赵德成	北京市教科规划重点课题	研究报告、论文	2015.10.30
132	保持专业发展的热情与动力——北京市中小学教师心理韧性研究	教育学部	李　琼	北京市教科规划青年专项课题	研究报告、论文	2015.12.30
133	教师资格与考试制度的国际比较研究	教育学部	袁　丽	北京市教科规划青年专项课题	研究报告、论文	2014.9.30
134	新媒体在中小学家校合作方面的模式及效果研究	教育学部教育技术学院	董　艳	北京市教科规划重点课题（优先关注）	研究报告、专著	2015.8.30

续表

序号	项目名称	承担部门	项目负责人	项目来源	预期成果形式	计划完成时间
135	中共党史学科基本理论研究	马克思主义学院	王炳林	国家社会科学基金重大项目	专著、论文（集）、研究报告	2016.12.31
136	希腊罗马伦理学综合研究	哲学与社会学学院	廖申白	国家社会科学基金重大项目	专著、译著	2022.12.31
137	中国本土心理学核心理论的突破与建构研究	心理学院	金盛华	国家社会科学基金重大项目	论文（集）、研究报告	2017.12.31
138	上博简《诗论》综合研究	历史学院	晁福林	国家社会科学基金重大项目	专著、论文（集）	2018.12.31
139	《本雅明全集》翻译与研究	文学院	曹卫东	国家社会科学基金重大项目	专著、译著	2018.12.31
140	“古今字”资料库建设及相关专题研究	文学院	李运富	国家社会科学基金重大项目	工具书、电脑软件	2018.12.31
141	百年汉语发展演变数据平台建设与研究	文学院	刁晏斌	国家社会科学基金重大项目	专著	2018.12.31
142	残疾人语言障碍与学习机制研究	心理学院	伍新春	国家社会科学基金重大项目	论文（集）、研究报告	2017.12.31
143	合作行为的博弈论与计算模拟研究	政府管理学院	杨冠琼	国家社会科学基金重点项目	专著	2018.12.31
144	中国实施国际比较项目（ICP）的技术难点与创新研究	国民核算研究院	陈梦根	国家社会科学基金重点项目	论文（集）研究报告	2017.12.31
145	西方“马克思学”的形成和发展研究	哲学与社会学学院	鲁克俭	国家社会科学基金重点项目	专著、译著、研究报告、工具书	2018.12.31
146	莫言与当代中国文学的变革研究	文学院	张清华	国家社会科学基金重点项目	专著	2017.12.31
147	美国“大华府”地区华侨华人在促进中美关系中的特殊作用	教育学部	郭玉贵	国务院侨务办公室课题一般课题	研究报告	2015.11.30
148	文化原创力与北京文化创新机制研究	文学院	曹卫东	北京市哲学社会科学规划项目特别委托项目	研究报告	2016.12.31
149	我国惩治腐败犯罪中外联合诉讼法律适用及模式探讨	刑事法律科学研究院	王秀梅	国家法治与法学理论研究一般项目	专著	2015.12.31
150	中国特色前科消灭制度构建研究	刑事法律科学研究院	彭新林	国家法治与法学理论研究中青年项目	专著	2015.8.31
151	全球化背景下腐败犯罪赃物的境外追缴研究	刑事法律科学研究院	张　磊	国家法治与法学理论研究中青年项目	专著	2015.9.31
152	中国刑事证据法学研究的启蒙与转型	刑事法律科学研究院	王　超	国家法治与法学理论研究委托项目	专著	2015.12.31

续表

序号	项目名称	承担部门	项目负责人	项目来源	预期成果形式	计划完成时间
153	我国经济发展中的环境效应测度研究	经济与资源管理研究院	林永生	全国统计科学研究计划项目	论文（集）、研究报告	2015.11.29
154	凝聚中国力量实现中国梦	马克思主义学院	王炳林	国家社会科学基金特别委托项目	论文	2014.9.30
155	“道路自信、理论自信、制度自信”融入大学生思想政治教育研究	马克思主义学院	张润枝	马克思主义中国化、时代化、大众化专项	论文、咨询报告	2014.5.21
156	科学哲学视域下的马克思主义中国化方法论研究	马克思主义学院	李海春	马克思主义中国化、时代化、大众化专项	论文	2014.5.21
157	方回诗文集编年校注	古籍与传统文化研究院	魏崇武	全国高等院校古籍整理研究工作委员会重点科研项目	著作	2017.12.31
158	张金吾《广释名》校释	文学院	刘丽群	全国高等院校古籍整理研究工作委员会重点科研项目	论文、专著	2015.12.31
159	《杜预集》辑校笺注	古籍与传统文化研究院	方　韬	全国高等院校古籍整理研究工作委员会重点科研项目	专著、论文	2016.7.30
160	教育国际化政策及其实施效果的国际比较研究	教育学部	马健生	国家社会科学基金“十二五”规划教育学重点项目	专著	2016.12.30
161	有效鉴别小学生英语阅读学习困难的研究	脑与认知科学研究院	陶　沙	国家社会科学基金“十二五”规划教育学一般项目	论文	2016.12.31
162	现代大学治理模式的国际比较研究	教育学部	王晓辉	国家社会科学基金“十二五”规划教育学一般项目	专著	2016.12.31
163	父母婚姻冲突对大学生人际冲突的影响及作用机制	教育学部	邓林园	国家社会科学基金“十二五”规划教育学青年项目	论文、研究报告	2016.12.31
164	利用信息技术促进留守儿童全面发展的实证研究	教育学部	张　生	国家社会科学基金“十二五”规划教育学青年项目	专著、论文、研究报告	2016.9.15
165	学校体育伤害“校闹”的治理机制研究	体育与运动学院	王兆红	国家社会科学基金“十二五”规划教育学青年项目	论文、研究报告	2016.12.13
166	4—7岁儿童数感发展及障碍研究	教育学部	张树东	全国教育科学“十二五”规划教育部重点项目	论文、研究报告	2016.7.30

续表

序号	项目名称	承担部门	项目负责人	项目来源	预期成果形式	计划完成时间
167	情绪状态对加工快速呈现信息视觉行为的影响及脑神经机制	心理学院	王爱平	全国教育科学“十二五”规划教育部重点项目	论文、研究报告	2014. 12. 31
168	学习型城市发展指数的构建与应用研究	教育学部	谢　浩	全国教育科学“十二五”规划教育部重点项目	论文、研究报告	2015. 9. 30
169	精品课程建设促进职业教育优质教学路径研究	教育学部	李兴洲	全国教育科学“十二五”规划教育部重点项目	论文、研究报告	2016. 9. 30
170	自主支持策略对学习投入的效用机制研究——基于追踪数据分析	教育学部	张丹慧	全国教育科学“十二五”规划教育部青年项目	论文、研究报告	2014. 12. 31
171	影响随迁子女义务教育后就地升学的社会因素研究	教育学部	周秀平	全国教育科学“十二五”规划教育部青年项目	论文、研究报告	2014. 12. 30
172	音乐教育与小学生非音乐能力发展的关系及心理机制追踪研究	艺术与传媒学院	李红菊	全国教育科学“十二五”规划教育部青年项目	论文、研究报告	2016. 12. 31

（北京师范大学社科处刘娜供稿）

中央民族大学

2013 年度承担国家级、省部级社会科学研究项目

序号	项目名称	负责人	承担部门	项目来源	预期成果形式	计划完成日期
1	维吾尔族民间艺术“恰克恰克”研究	艾克拜尔	维吾尔语言文学系	国家社会科学基金	专著	2014. 12
2	当前我国少数民族人口实际生育水平研究	曹丽娜	理学院	国家社会科学基金	专著	2015. 12
3	胡仁·乌力格尔流派和传承人研究	朝克图	少数民族语言文学系	国家社会科学基金	专著	2016. 11
4	非政府组织（NGO）参与少数民族文化发展的实证研究	陈旭清	管理学院	国家社会科学基金	专著	2015. 12
5	晚清团练大臣研究	崔　岷	历史文化学院	国家社会科学基金	专著	2015. 12
6	贱诉与健诉——清代州县诉讼的基本结构	邓建鹏	法学院	国家社会科学基金	专著	2016. 11
7	蒙古语短语结构——在最简方案框架内的研究	高莲花	蒙古语言文学系	国家社会科学基金	专著	2016. 12
8	宗教认同研究	何其敏	哲学与宗教学学院	国家社会科学基金	专著	2016. 12

续表

序号	项目名称	负责人	承担部门	项目来源	预期成果形式	计划完成日期
9	民族地区土地流转中农民的可持续发展问题研究	李凤梅	管理学院	国家社会科学基金	专著	2015.12
10	国家社会科学基金决策咨询点	李俊清	管理学院	国家社会科学基金	研究报告	2014.10
11	藏族文化资源在北京市的产业开发模式研究	李　丽	民族学与社会学学院	国家社会科学基金	专著	2015.12
12	我国城市民族工作改进与少数民族流动人口服务研究	李培广	管理学院	国家社会科学基金	专著	2016.6
13	古骆越方国考	梁庭望	老干处	国家社会科学基金	专著	2014.12
14	基于语言地理学的北京方言调查研究	卢小群	文学与新闻传播学院	国家社会科学基金	专著	2016.12
15	少数民族地区生态自治立法研究	乔世明	法学院	国家社会科学基金	专著	2015.12
16	当代集体主义价值观建构研究	邵士庆	马克思主义学院	国家社会科学基金	专著	2016.8
17	《玛纳斯》史诗五个唱本传统诗章“阔阔托依的祭典”的比较研究	托汗·依萨克	哈萨克语言文学系	国家社会科学基金	专著	2015.12
18	同性恋者生存现状研究	王晴锋	世界民族学人类学研究中心	国家社会科学基金	专著	2015.3
19	新中国语言政策演变对新疆语言生活的影响研究	王远新	少数民族语言文学系	国家社会科学基金	专著	2016.11
20	民族地区城乡一体化进程中的普惠型农村金融体系建设研究	谢丽霜	经济学院	国家社会科学基金	专著	2016.12
21	企业家信仰与组织绩效关系研究	谢作渺	管理学院	国家社会科学基金	专著	2016.5
22	中国少数民族人类起源神话研究	徐鲁亚	外国语学院	国家社会科学基金	专著	2014.12
23	民族整合的理论与模式比较研究	严　庆	马克思主义学院	国家社会科学基金	专著	2015.12
24	清朝与准格尔部关系史研究综述	袁　剑	世界民族学人类学研究中心	国家社会科学基金	专著	2016.1
25	新疆多民族语言有声调查与数据库建设	张定京	少数民族语言文学系	国家社会科学基金	专著	2016.11
26	民族地区社会治理中的民意表达途径研究	周晓丽	管理学院	国家社会科学基金	专著	2015.12
27	当代泰国城市中产阶层佛教信仰与实践的人类学研究	龚浩群	世界民族学人类学研究中心	教育部人文社会科学	专著、论文	2016.5

续表

序号	项目名称	负责人	承担部门	项目来源	预期成果形式	计划完成日期
28	多民族杂居地区民族宽容研究	何俊芳	民族学与社会学学院	教育部人文社会科学	专著、研究报告	2015.12
29	民国时期北京报纸文艺副刊研究	刘淑玲	文学与新闻传播学院	教育部人文社会科学	专著	2016.1
30	审计治理与投资者保护——机制、效应及其评价	盛庆辉	管理学院	教育部人文社会科学	专著、论文	2016.5
31	党代会常任制构想与决策民主化、科学化关系研究	苏海舟	马克思主义学院	教育部人文社会科学	论文、研究报告	2014.12
32	中日法律词汇对比研究	陶　芸	外国语学院	教育部人文社会科学	论文、词典	2015.12
33	藏缅语名词性别标记比较研究	田　静	中国少数民族语言文学学院	教育部人文社会科学	专著	2015.12
34	大学文化传承创新中的几个基本问题	颜杰峰	马克思主义学院	教育部人文社会科学	研究报告	2014.9
35	泰国克伦族社区森林实践的生态人类学研究	龚浩群	世界民族学人类学研究中心	教育部留学回国人员科研启动基金	论文、研究报告	2014.12
36	跨境民族语边疆公共事务治理	李俊清	管理学院	教育部人文社会科学基地重大项目	专著	2016.12
37	濒危语言保护标准研究	李锦芳	少数民族语言文学系	国家语委	论文、研究报告	2015.12
38	中国近代行政诉讼与社会纠纷解决机制研究	宋　玲	法学院	司法部	专著	2015.4
39	我国药品不良反应损害的法律救济研究	王　瑛	法学院	司法部	研究报告	2015.12
40	大部门制改革问题研究	熊文钊	法学院	司法部	专著、研究报告	2015.4
41	食品安全责任保险法律制度研究	张长利	法学院	司法部	论文	2015.12
42	北京市少数民族流动人口语言适应问题调查研究	丁石庆	少数民族语言文学系	北京市哲学社会科学规划	专著	2014.10
43	隋唐时期的北京地区墓志铭研究	蒋爱花	历史文化学院	北京市哲学社会科学规划	研究报告	2015.7
44	北京市医疗纠纷诉讼外解决机制研究	乔世明	法学院	北京市哲学社会科学规划	专著	2014.12
45	北京市民的社会心态研究——"公平感"与"冲突感"的视角	秦广强	民族学与社会学学院	北京市哲学社会科学规划	研究报告	2015.6
46	首都藏传佛教文化传统与践行"北京精神"关系研究	王文东	哲学与宗教学学院	北京市哲学社会科学规划	研究报告	2014.12

续表

序号	项目名称	负责人	承担部门	项目来源	预期成果形式	计划完成日期
47	北京东岳庙庙会的文化记忆与公共文化建设研究	邢 莉	文学与新闻传播学院	北京市哲学社会科学规划	专著	2016.12
48	清末民初北京话助词研究	翟 燕	文学与新闻传播学院	北京市哲学社会科学规划	研究报告	2015.12
49	突发事件与大学生网络舆论引导模式研究——基于首都若干高校的实证研究	周晓丽	管理学院	北京教育科学规划	研究报告	2014.12
50	北京市少数民族语言文学研究与国际的接轨问题研究	阿不都热西提·亚库甫	少数民族语言文学学院	北京市教委	著作	2013.12
51	北京宗教文化资源与世界城市建设之关系研究	谢路军	哲学与宗教学学院	北京市教委	著作	2015.12
52	北京城市发展新区人口快速增长与公共服务分布的协调性分析	徐世英	理学院	北京市教委	著作、报告	2013.12
53	政策法规与依法行政	张步峰	法学院	北京市科技专项	论文、研究报告	2014.6
54	北京市公益服务类社会组织培育的机制创新研究	车 峰	管理学院	北京市社科联	论文、研究报告	2015.12
55	少数民族语言水平测试标准研究	李锦芳	少数民族语言文学系	国家民委教育科技司	论文、研究报告	2015.12
56	雍和宫佛教仪轨音乐研究	包爱军	音乐学院	国家民委教育科技司	著作	2015.12
57	21世纪前10年我国少数民族人口死亡水平研究	曹丽娜	理学院	国家民委教育科技司	论文	2013.12
58	中国跨界民族舞蹈研究	车延芬	舞蹈学院	国家民委教育科技司	著作	2015.6
59	民族院校蒙古族大学生英语习得性无助感归因研究及对策	陈 昊	外国语学院	国家民委教育科技司	报告	2014.12
60	中国西南民族地区不同类型生态博物馆的比较研究	段阳萍	历史文化学院	国家民委教育科技司	研究报告	2013.12
61	行政事业单位项目绩效评价体系研究	葛忠兴 侯超惠	经济学院	国家民委教育科技司	著作	2013.12
62	后金正日时代朝鲜半岛局势对中国东北民族聚居区的影响	宫玉涛	马克思主义学院	国家民委教育科技司	论文	2013.9
63	西藏林芝地区农牧民参与乡村旅游的机制与模式研究	谷 明	管理学院	国家民委教育科技司	论文	2013.8

续表

序号	项目名称	负责人	承担部门	项目来源	预期成果形式	计划完成日期
64	体质研究视角下我国少数民族大学生人体适应能力的研究	侯会生	体育学院	国家民委教育科技司	研究报告	2013.12
65	社会转型期民族经济关系的变化及协调机制研究	黄健英	经济学院	国家民委教育科技司	研究报告	2013.6
66	中央民族大学廉政风险防控机制建设研究	李东光	校长办公室	国家民委教育科技司	研究报告	2013.7
67	民族地区金融市场的资源配置研究	李晋枝	理学院	国家民委教育科技司	著作	2013.12
68	藏族传统婚姻文化研究	切吉卓玛	藏学研究院	国家民委教育科技司	著作	2013.12
69	西部少数民族地区信息技术教育现状调查与对策研究	索兴梅	信息工程学院	国家民委教育科技司	研究报告	2013.9
70	民族地区生态安全的法律保障研究	张　杰	法学院	国家民委教育科技司	研究报告	2013.6
71	中国少数民族传统服饰形象的当代建构研究——以西江苗族展演服饰设计为例	周　莹	美术学院	国家民委教育科技司	研究报告	2013.7
72	民族地区资源开发与民生改善法律问题研究	陈群峰	法学院	国家民委民族问题研究	论文、研究报告	2014.12
73	外部民族冲突对我国西部边疆安全的影响与对策研究	宫玉涛	马克思主义学院	国家民委民族问题研究	论文、研究报告	2014.12
74	涉及民族问题群体犯罪的发生机制与防控模式研究	韩　轶	法学院	国家民委民族问题研究	论文、研究报告	2014.12
75	新世纪以来中国民族问题研究述评	贾仲益	期刊社	国家民委民族问题研究	论文	2014.12
76	东北边境民族地区稳定与发展问题研究	金炳镐	马克思主义学院	国家民委民族问题研究	论文、研究报告	2014.12
77	中国特色解决民族问题的道路、理论体系与制度研究	金炳镐	马克思主义学院	国家民委民族问题研究	论文、研究报告	2014.12
78	创新涉及民族因素突发事件处理机制研究	李俊清 卢小平	管理学院	国家民委民族问题研究	论文、研究报告	2014.12
79	当前我国民族地区社会保障状况研究	李明杰	理学院	国家民委民族问题研究	论文、研究报告	2014.12
80	民族地区理工科人才培养研究——以适应高校理工科素质要求的藏区高中数学教学改革途径为中心	梁　芳	理学院	国家民委民族问题研究	论文、研究报告	2014.12
81	环境承载压力下我国牧区人口流动和城镇化问题研究	马胜春	理学院	国家民委民族问题研究	论文、研究报告	2014.12

续表

序号	项目名称	负责人	承担部门	项目来源	预期成果形式	计划完成日期
82	民族文化对外传播研究	阮　静	国际教育学院	国家民委民族问题研究	论文、研究报告	2014.12
83	马克思主义民族理论大众化研究	石亚洲	后勤产业集团	国家民委民族问题研究	论文、研究报告	2014.12
84	世界各国处理民族问题的基本政策类型研究	王　军	马克思主义学院	国家民委民族问题研究	论文、研究报告	2014.12
85	跨界民族问题与我国东北地区边疆安全预警机制研究	王　伟	学生处	国家民委民族问题研究	论文、研究报告	2014.12
86	从民族敌对到民族和解的国外案例的启示研究	严　庆	马克思主义学院	国家民委民族问题研究	论文、研究报告	2014.12
87	新形势下新疆民族关系分析	杨圣敏	民族学与社会学学院	国家民委民族问题研究	论文、研究报告	2014.12
88	我国中东部地区乡镇少数民族流动人口管理问题与对策研究	余梓东	统战部	国家民委民族问题研究	论文、研究报告	2014.12
89	2012年度民族自治地方发展评估报告	张冬梅	经济学院	国家民委民族问题研究	论文、研究报告	2014.12
90	民族事务治理体系和治理能力现代化研究	张海洋	世界民族学人类学研究中心	国家民委民族问题研究	著作	2014.12
91	民族地区实施《全国主体功能区规范》的监测与评估研究	张昆龙	理学院	国家民委民族问题研究	论文、研究报告	2014.12
92	“阿拉伯之春”运动与北非民族国家建构研究	庄晨燕	世界民族学人类学研究中心	国家民委民族问题研究	论文、研究报告	2014.12

（中央民族大学科研处供稿）

中国政法大学

2013年度承担国家级、省部级社会科学研究项目

序号	项目名称	负责人	承担单位	项目类别	预期成果形式	计划完成日期
1	内涵式大部制改革视野下的政府职能根本转变研究	石亚军	政治与公共管理学院	国家社会科学基金重大项目	专著、论文	2015.8
2	卫生法体系建构研究	刘　莘	法学院	国家社会科学基金重点项目	专著	2015.12
3	国际法视角下的人民币国际化问题研究	刘少军	民商经济法学院	国家社会科学基金重点项目	专著、研究报告	2017.9
4	中国特色的社区矫正制度研究	王顺安	刑事司法学院	国家社会科学基金重点项目	专著	2016.3
5	“法律与文学”的意义——以中国基层司法实践为中心	刘　星	法学院	国家社会科学基金一般项目	专著、论文（集）	2016.6

续表

序号	项目名称	负责人	承担单位	项目类别	预期成果形式	计划完成日期
6	后冷战时期的美朝关系研究	韩献栋	政治与公共管理学院	国家社会科学基金一般项目	专著、研究报告	2015.6
7	网络公关治理与网络公信力研究	刘徐州	新闻与传播学院	国家社会科学基金一般项目	专著	2016.6
8	我国高绩效人力资源管理创新和科学体系评估研究	王明杰	政治与公共管理学院	国家社会科学基金一般项目	专著、研究报告	2015.12
9	公共项目社会稳定风险评估的法律机制研究	林鸿潮	法治政府研究院	国家社会科学基金青年项目	专著	2015.12
10	欧盟航空碳排放税的国际法规制和我国对策研究	董京波	国际法学院	国家社会科学基金青年项目	专著	2016.9
11	欧洲藏中国明清唱本研究	崔蕴华	人文学院	国家社会科学基金青年项目	专著、研究报告	2016.7
12	公共文化服务保障法（保密）	马怀德	法治政法研究院	国家社会科学基金特别委托项目	研究报告	2013.10
13	公共文化服务保障立法研究（保密）	马怀德	法治政府研究院	国家社会科学基金特别委托项目	研究报告	2012.11
14	依法治理网络谣言研究（保密）	马怀德	法治政法研究院	国家社会科学基金特别委托项目	研究报告	2013.10
15	依法治理网络谣言研究（保密）	曲新久	刑事司法学院	国家社会科学基金特别委托项目	研究报告	2013.10
16	中国公司法（日本版）	陈景善	民商经济法学院	国家社会科学基金中华外译项目	专著	
17	法律行为的思想阐释与制度反思——以私人自治为中心	易军	民商经济法学院	国家社会科学基金后期资助项目	论文（集）	2014.12
18	环境侵权责任法理论的重构	侯佳儒	民商经济法学院	国家社会科学基金后期资助项目	专著	2014.1
19	劳动与财产——约翰·洛克思想研究	王楠	社会学院	国家社会科学基金后期资助项目	专著	2014.3
20	美国贸易逆差对经济增长的作用机制	杨丽花	商学院	国家社会科学基金后期资助项目	专著	2014.4
21	民法占有研究	隋彭生	民商经济法学院	国家社会科学基金后期资助项目	专著	2014.12
22	社区服刑人员心理矫治研究	刘邦惠	社会学院	国家社会科学基金后期资助项目	专著	2014.12
23	优先购买权：理论、立法与实践	戴孟勇	民商经济法学院	国家社会科学基金后期资助项目	专著	2014.3
24	EIIIA/EDA-FN，TGF-β1 和 MMP-2 在骨骼肌损伤时间推断中应用价值的研究 microRNAs 芯片高通量分析的法医早期损伤时间研究	百茹峰	证据科学研究院	国家自然科学基金面上项目	论文	2017.12

续表

序号	项目名称	负责人	承担单位	项目类别	预期成果形式	计划完成日期
25	基于管理决策和法庭决策的证据评价模型及其应用研究	张保生	证据科学研究院	国家自然科学基金面上项目	论文	2017.12
26	组织管理新思维	王　玲	商学院	国家自然科学基金国际（地区）合作与交流项目	论文	2014.12
27	A类国家人权机构的设立模式研究——以联合国“巴黎原则”为依据	张　伟	人权研究院	教育部人文社会科学研究重点研究基地重大项目	立法建议、资料汇编	2016.6
28	人权教育与研究	张　伟	人权研究院	教育部人文社会科学研究重点研究基地重大项目	丛书	2014.12
29	死刑案件的证据适用	吴宏耀	诉讼法学研究院	教育部人文社会科学研究重点研究基地重大项目	专著	2016.6
30	诉讼功能与司法权威研究	谭秋桂	诉讼法学研究院	教育部人文社会科学研究重点研究基地重大项目	专著	2016.6
31	中国古代的法制与秩序：从“清官”到“青天”的司法秩序	周少元	法律史学研究院	教育部人文社会科学研究重点研究基地重大项目	专著、系列论文、研究报告	2016.6
32	中华法系原理研究	张中秋	法律史学研究院	教育部人文社会科学研究重点研究基地重大项目	专著	2016.6
33	我国亲子鉴定现状及其法律规制研究	鲁　涤	证据科学研究院	教育部人文社会科学研究一般项目（规划项目）	著作	2016.5
34	人格权及其救济制度研究	尹志强	民商经济法学院	教育部人文社会科学研究一般项目（规划项目）	著作	2016.5
35	医疗过错与损害后果间因果关系中的原因力研究	张凤芹	证据科学研究院	教育部人文社会科学研究一般项目（规划项目）	著作、论文	2016.5
36	中美合作机制与新型大国关系构建研究	刘长敏	政治与公共管理学院	教育部人文社会科学研究一般项目（规划项目）	论文	2016.5
37	跨国银行破产法律问题专论	苏洁澈	民商经济法学院	教育部人文社会科学研究一般项目（青年项目）	著作、论文	2016.5
38	证人弹劾制度研究	汪诸豪	证据科学研究院	教育部人文社会科学研究一般项目（青年项目）	论文	2016.5

续表

序号	项目名称	负责人	承担单位	项目类别	预期成果形式	计划完成日期
39	唐令的复原与研究	赵　晶	法律古籍整理研究所	教育部人文社会科学研究一般项目（青年项目）	著作	2016.5
40	继承法基础理论与规范体系之重构——以遗产移转的正当性为中心	朱庆育	民商经济法学院	教育部人文社会科学研究一般项目（青年项目）	著作	2016.5
41	民国北京婚姻纠纷研究——基于诉讼档案的考察	张蓓蓓	法律古籍整理研究所	教育部人文社会科学研究一般项目（青年项目）	著作	2016.5
42	乡村家庭伦理研究——以山东与湖南的两个村庄为例	赵庆杰	马克思主义学院	教育部人文社会科学研究一般项目（青年项目）	著作	2016.5
43	高校反腐倡廉建设考核评价指标体系研究	李景华	商学院	教育部人文社会科学研究专项任务（教育廉政）	论文、咨询报告	2014.5
44	社科类学术不端行为的认定与惩处立法研究	李　响	民商经济法学院	教育部人文社会科学研究专项任务（科研诚信和学风建设）	论文	2014.12
45	证明力规则研究	李训虎	证据科学研究院	教育部哲学社会科学研究后期资助项目	专著	2015.12
46	唐代以降华北边地的政区调整与基层社会变迁——以蔚州地区为例	邓庆平	人文学院	教育部哲学社会科学研究后期资助项目	论著	2015.12
47	辉煌的中华法制文明	张晋藩	法律史学研究院	教育部哲学社会科学研究普及读物项目	著作	2014.3
48	刑事诉讼法读本	陈光中	诉讼法学研究院	教育部哲学社会科学研究普及读物项目	著作	2014.3
49	回国人员科研启动基金项目	刘建清	社会学院	教育部留学回国人员科研启动基金项目	论文、研究报告	
50	文化财产返还的多元解决机制	霍政欣	国际法学院	教育部留学回国人员科研启动基金项目	论文、专著	
51	插值函数推断死亡时间的研究	杨天潼	证据科学研究院	教育部留学回国人员科研启动基金项目	找出规律、推断方法	

续表

序号	项目名称	负责人	承担单位	项目类别	预期成果形式	计划完成日期
52	武器贸易的国际法规制研究	朱利江	国际法学院	教育部留学回国人员科研启动基金项目	论文	
53	直属高校选人用人监督检查制度研究	曹义孙	法学教育研究与评估中心	教育部委托项目	咨询报告	
54	关于基本法规定下的中央权力及其实践研究	焦洪昌	法学院	教育部特别委托项目	总报告、分报告	2015.10
55	如何制衡司法——香港特别行政区的实践和未来	闫 晶	法学院	教育部特别委托项目	研究报告	2015.4
56	香港立法会主席职权及其对立法会监督权的影响研究	陈咏华	法学院	教育部特别委托项目	研究报告	2015.4
57	中国近代行政监督制度研究	张晋藩	法律史学研究院	国家法治与法学理论研究重点项目	专著	2015.4
58	恶意诉讼问题研究	宋朝武	民商经济法学院	国家法治与法学理论研究一般项目	论文、研究报告	2015.3
59	行政任务民营化的理论与实践研究	刘 飞	中欧法学院	国家法治与法学理论研究一般项目	论文	2015.4
60	民事诉讼中的电子数据证据规则研究	毕玉谦	民商经济法学院	国家法治与法学理论研究一般项目	专著	2015.12
61	全球化信息环境中的新型跨国犯罪研究	于志刚	刑事司法学院	国家法治与法学理论研究一般项目	专著	2015.4
62	网络时代信息安全法律问题研究	张 楚	科学技术教学部	国家法治与法学理论研究一般项目	专著	2015.12
63	我国 BIT 谈判中的国家主导经济议题及其对策	孔庆江	国际法学院	国家法治与法学理论研究一般项目	论文、研究报告	2013.12
64	中国实施自由贸易区战略的法律对策研究	武长海	法和经济学研究中心	国家法治与法学理论研究一般项目	专著、论文	2015.3
65	中国知识产权思想史研究	杨利华	民商经济法学院	国家法治与法学理论研究一般项目	专著	2014.12
66	基层司法调解的社会支持体系与区域化机制研究	栗 峥	诉讼法学研究院	国家法治与法学理论研究中青年项目	论文	2015.9

续表

序号	项目名称	负责人	承担单位	项目类别	预期成果形式	计划完成日期
67	面向低碳经济的可再生能源法治研究	于文轩	民商经济法学院	国家法治与法学理论研究中青年项目	论文	2015. 9
68	欧洲问责制研究	曹　鎏	法治政府研究院	国家法治与法学理论研究中青年项目	论文	2014. 9
69	社会本位司法理念与妇女权益保护——以南京国民政府时期婚姻诉讼案为中心	张蓓蓓	法律古籍整理研究所	国家法治与法学理论研究中青年项目	专著	2015. 12
70	未成年人刑事司法社会支持机制研究	王贞会	诉讼法学研究院	国家法治与法学理论研究中青年项目	专著	2014. 12
71	刑事诉讼法解释研究	汪海燕	刑事司法学院	国家法治与法学理论研究中青年项目	专著	2015. 1
72	两岸建立军事安全互信机制法律问题研究	丛文胜	法学院	国家法治与法学理论研究专项任务	研究报告	2014. 12
73	律师社会责任评价体系研究	刘晓兵	法学院	国家法治与法学理论研究专项任务	专著	2015. 4
74	民事执行权与审批权界域研究	邱星美	民商经济法学院	国家法治与法学理论研究专项任务	专著	2015. 4
75	商业秘密司法鉴定问题研究	李祖明	民商经济法学院	国家法治与法学理论研究专项任务	专著	2015. 12
76	司法体制改革与司法公信力建设	崔永东	法学院	国家法治与法学理论研究专项任务	论文	2015. 12
77	学术腐败的知识产权法律规制研究	李玉香	民商经济法学院	国家法治与法学理论研究专项任务	论文	2015. 4
78	医疗纠纷诉讼外解决机制研究	纪格非	民商经济法学院	国家法治与法学理论研究专项任务	论文	2015. 3
79	反垄断法实施中的法益平衡问题研究	戴　龙	国际法学院	北京市哲学社会科学规划重点项目	研究报告	2015. 8

续表

序号	项目名称	负责人	承担单位	项目类别	预期成果形式	计划完成日期
80	重大行政决策程序立法研究	王万华	法治政府研究院	北京市哲学社会科学规划一般项目（基地项目）	研究报告	2014.12
81	社会稳定风险评估的法律机制研究	林鸿潮	法治政府研究院	北京市哲学社会科学规划一般项目（基地项目）	研究报告	2015.12
82	从《圣经》审判案例看希伯来律法文化的现代法学意义	刘阳阳	外国语学院	北京市哲学社会科学规划一般项目	专著	2016.4
83	股东知情权——理论体系与裁判经验的展开	李建伟	民商经济法学院	北京市哲学社会科学规划一般项目	专著	2015.3
84	马克思与怀特海的哲学比较研究	张秀华	马克思主义学院	北京市哲学社会科学规划一般项目	专著	2016.12
85	明清北京地方职官请托犯罪研究	孙　旭	法律古籍整理研究所	北京市哲学社会科学规划一般项目	专著	2016.6
86	现象学语境中的移情	张浩军	人文学院	北京市哲学社会科学规划一般项目	专著	2016.6
87	以微博直播庭审活动为视点论网络环境下的传媒与司法关系	姚广宜	新闻与传播学院	北京市哲学社会科学规划一般项目	研究报告	2015.12
88	首都互联网产业自律与发展研究	朱　巍	新闻与传播学院	北京市哲学社会科学规划青年项目	专著	2014.10
89	首都司法的群众路线之路——马锡五矛盾化解法的创新实践	栗　峥	诉讼法学研究院	北京市哲学社会科学规划青年项目	研究报告	2015.12
90	宋代司法官群体研究	赵　晶	法律古籍整理研究所	北京市哲学社会科学规划青年项目	专著	2016.6
91	网络时代背景下的群众路线创新研究	吴韵曦	马克思主义学院	北京市哲学社会科学规划青年项目	论文集	2016.9
92	异质性企业贸易理论视角下北京“双自主”企业国际市场开拓研究	杨丽花	商学院	北京市哲学社会科学规划青年项目	研究报告	2014.12

续表

序号	项目名称	负责人	承担单位	项目类别	预期成果形式	计划完成日期
93	侦查机关鉴定人出庭作证制度构建研究	杨天潼	证据科学研究院	北京市哲学社会科学规划青年项目	其他	2015.12
94	北京市法制事件的舆论形成模式及疏导策略研究	王天铮	新闻与传播学院	北京市哲学社会科学规划青年项目	研究报告	2015.6
95	北京市法治政府评价指标体系研究	马怀德	法治政府研究院	北京市哲学社会科学规划特别委托项目（基地项目）	研究报告	2014.8
96	甲基苯丙胺急性中毒大鼠心肌表达差异性蛋白初筛	张海东	证据科学研究院	北京市自然科学基金面上项目	论文	2015.12
97	北京城市管理法治化的研究成果应用——以特大城市管理为背景	马怀德	法治政府研究院	北京市共建项目	专著	2016.12
98	北京科技园建设与发展中的法律问题研究	卫跃宁	刑事司法学院	北京市共建项目	专著	2014.12
99	北京市城乡居民饮食消费新趋势研究	刘志雄	商学院	北京市共建项目	调研报告	2014.12
100	北京市医疗纠纷诉讼外解决机制研究	邱星美	民商经济法学院	北京市共建项目	专著	2014.12
101	北京市证据法治指数研究	张　中	证据科学研究院	北京市共建项目	调研报告	2014.12
102	行政问责立法研究	曹　鎏	法治政府研究院	北京市共建项目	论文	2014.12

2013 年重要横向课题（省、部级单位委托研究）

序号	项目名称	负责人	承担部门	项目来源	预期成果形式	计划完成日期
1	基本建设项目流程法律与实证分析	薄燕娜	比较法学研究院	北京市政府法制办	研究报告	2014.5
2	城市建设领域法律问题综合研究	薄燕娜	比较法学研究院	北京市政府法制办	研究报告	2014.5
3	人身损害赔偿参与度评定指南	常　林	证据科学研究院	司法部	研究报告	2013.12
4	《欧盟国别政府采购制度比较研究》翻译	董京波	国际法学院	外交部	著作	2013.10
5	GPA 非歧视原则	董京波	国际法学院	外交部	研究报告	2014.2
6	民事手段在政府管理中的应用研究	高家伟	诉讼法学研究院	北京市政府法制办	研究报告	2014.12

续表

序号	项目名称	负责人	承担部门	项目来源	预期成果形式	计划完成日期
7	商务部反垄断局委托保密课题	郝倩	法治政府研究院	商务部	研究报告	2013.10
8	土壤环境保护法规起草	胡静	民商经济法学院	环境保护部	研究报告	2013.12
9	环境公益诉讼立法研究	胡静	民商经济法学院	环境保护部	研究报告	2014.2
10	组织履约热点问题研究和参加国际谈判	胡静	民商经济法学院	环境保护部	研究报告	2014.2
11	“1970年公约”适用于香港地区的可行性及路线图研究	霍政欣	国际法学院	国家文物局	研究报告	2014.11
12	企业专利战略政策研究	来小鹏	民商经济法学院	国家知识产权局	研究报告	2014.5
13	我国知识产权保护工作机制研究	来小鹏	民商经济法学院	商务部	研究报告	2014.6
14	行政权力介入市场流通领域的法律问题研究	郎佩娟	法学院	商务部	研究报告	2013.3
15	推动城乡发展一体化过程中的法律问题研究	郎佩娟	法学院	国务院研究室	研究报告	2013.12
16	《军事法制常用术语》编纂	冷新宇	法学院	中央军委法制局	调研报告	2013.12
17	市场价格行为监管立法建议研究	李曙光	民商经济法学院	国家发改委	研究报告	2014.6
18	中国保安企业开展海外业务的法律与监管问题研究	李卫海	法学院	公安部	研究报告	2014.9
19	海洋生物多样性保护的国际环境法规制研究	林灿铃	国际法学院	广西壮族自治区人大法制委员会	研究报告	2016.5
20	静电压痕仪检验规程	刘建伟	证据科学研究院	司法部	研究报告	2013.12
21	行政复议证据规则实务研究——以行政复议制度改革为背景	刘莘	法学院	北京市政府法制办	研究报告	2013.12
22	青少年法制宣传教育研究	马怀德	法治政府研究院	司法部	研究报告	2014.12
23	《学位条例》修订课题	马怀德	法治政府研究院	国务院学位委员会	研究报告	2013.12
24	养老机构管理办法	潘小娟	政治与公共管理学院	民政部	研究报告	2013.3
25	失独家庭养老服务研究	潘小娟	政治与公共管理学院	民政部	研究报告	2014.1
26	中国境外直接投资调理涉及规划课题研究	祁欢	国际法学院	国家发改委	研究报告	2013.11

续表

序号	项目名称	负责人	承担部门	项目来源	预期成果形式	计划完成日期
27	各国及多边贸易救济体制和规则的新发展	史晓丽	国际法学院	商务部	研究报告	2014.1
28	《台湾同胞投资保护法》及《实施细则》的修订研究	史晓丽	国际法学院	商务部	研究报告	2014.1
29	环境保护法修改专题论证	王灿发	民商经济法学院	环境保护部	研究报告	2013.12
30	环境教育立法调研论证课题	王灿发	民商经济法学院	环境保护部	调研报告	2013.1
31	保密法制宣传教育评估指标体系研究	王称心	法学院	国家保密局	研究报告	2013.10
32	发展规划促进经济增长作用的法制保障	王敬波	法治政府研究院	国家发改委	研究报告	2013.12
33	商务领域内市场监管体系建设研究	王敬波	法治政府研究院	商务部	研究报告	2014.12
34	《北京市机关事务管理办法》立法课题研究	王敬波	法治政府研究院	北京市政府机关事务管理委员会	研究报告	2014.12
35	《北京市献血管理办法》后评估	王青斌	法治政府研究院	北京市政府法制办公室	研究报告	2013.12
36	相对独立的行政复议体制重构研究	王万华	诉讼法学研究院	北京市政府法制办公室	研究报告	2014.4
37	规范行政执法程序立法研究	王万华	诉讼法学研究院	国务院法制办	研究报告	2014.3
38	高尔夫球场规范化发展的相关法律研究	王小平	体育教学部	国家体育总局	研究报告	2014.9
39	人身损害受伤人员后续诊疗项目评定指南	王　旭	证据科学研究院	司法部	研究报告	2013.12
40	文物保护法修订研究	王　涌	民商经济法学院	国家文物局	文物保护公益诉讼立法建议	2013.12
41	行政司法案例评选	谢立斌	比较法学研究院	环境保护部	著作	2014.3
42	《反垄断法》执行中有关问题研究	辛崇阳	法律硕士学院	国家发改委	研究报告	2013.12
43	行政审批制度改革中的监管机制研究	徐　妍	比较法学研究院	国务院法制办	研究报告	2013.12
44	编著《畜禽养殖污染防治条例释义》	杨素娟	民商经济法学院	国家环境保护部	著作	2014.5
45	大学生自媒体行为规范	阴卫芝	新闻与传播学院	共青团北京市委员会	研究报告	2014.2
46	北京市依法行政状况评估(2004—2014)	应松年	法治政府研究院	北京市政府法制办公室	研究报告	2013.9

续表

序号	项目名称	负责人	承担部门	项目来源	预期成果形式	计划完成日期
47	北京市加快法治政府建设的目标和任务研究	应松年	法治政府研究院	北京市政府法制办公室	研究报告	2013.12
48	行政检察权与促进法治政府建设	应松年	法治政府研究院	最高人民检察院	研究报告	2014.8
49	社会组织法律政策的改革创新实践调查研究	于志刚	刑事司法学院	民政部	调研报告	2013.6
50	各国缔结条约程序立法翻译	曾　涛	国际法学院、国际教育学院	外交部	翻译文稿	2013.6
51	GPA 基本原则及其中国加入 GPA 的应对研究——透明度原则	曾　涛	国际法学院	外交部	研究报告	2014.2
52	公益性社会组织税收减免政策研究	翟继光	民商经济法学院	民政部	研究报告	2013.5
53	移动互联网文化市场执法监督	张　楚	科学技术教学部	文化部	研究报告	2014.10
54	社会领域的改革与法治政府建设基础研究	张　凌	刑事司法学院	国务院研究室	研究报告	2013.12
55	习惯国际法的形成与证据	朱利江	国际法学院	外交部	研究报告	2013.10

2013 年度校级人文社会科学研究项目

序号	项目名称	负责人	所在单位	预期成果形式	计划完成日期
1	中西元点政法比较研究	曹　兴	政治与公共管理学院	专著	2016.7
2	法律的内在道德与法治	陈景辉	法学院	论文	2016.7
3	低碳背景下零售商环境经营提高企业绩效的作用机制研究	葛建华	商学院	研究报告	2016.7
4	康德《道德形而上学奠基》研究	宫　睿	人文学院	专著	2016.7
5	近代中国非马克思主义者对马克思主义的质疑及其启示研究	孔祥宇	马克思主义学院	论文	2016.7
6	法律体系的融贯性论证与建构——理论问题及其中国样态	雷　磊	法学院	论文	2016.7
7	消费者合同法研究	刘承韪	比较法学研究院	专著	2016.7
8	中国参与全球治理与全球秩序的塑造	刘贞晔	全球化与全球问题研究所	专著	2016.7
9	全球生物乙醇燃料产业发展对我国大宗农产品供求的影响	刘志雄	商学院	研究报告	2016.7
10	改革完善征地制度，构建农民土地权益保护的长效机制	齐　勇	商学院	研究报告	2016.7

续表

序号	项目名称	负责人	所在单位	预期成果形式	计划完成日期
11	从艺术品市场上文人书法的崛起看当代书法中的文人书法的缺失	孙　鹤	人文学院	论文	2016.7
12	新生代大学生员工离职行为影响机制与路径选择研究	王　霆	商学院	研究报告	2016.7
13	中外报业数字化转型比较研究	王永亮	新闻与传播学院	论文、研究报告	2016.7
14	古汉语“说话类”动词语义场研究	杨凤仙	人文学院	专著	2016.7
15	高价城市化对城市经济内生创新增长的影响及对策研究——基于空间配置效应视角	岳清唐	商学院	论文、研究报告	2016.7
16	晚清法律翻译研究	张立新	外国语学院	论文	2016.7
17	历史、实践与过程——马克思和怀特海哲学的比较研究	张秀华	马克思主义学院	专著	2016.7
18	生态危机与马克思主义时代化研究	赵卯生	马克思主义学院	论文	2016.7
19	家庭与中国传统伦理精神的生长	赵庆杰	马克思主义学院	研究报告	2016.7
20	房地分离与房地一体——公有制背景下房地权利关系研究	朱庆育	民商经济法学院	著作	2016.7
21	法律语言学视角下询问和讯问笔录的对比实证研究	崔玉珍	人文学院	研究报告	2016.7
22	现代西方国家政治制度构成和运行机理研究	李　筠	政治与公共管理学院	论文	2016.7
23	《圣经》审判案例的法学意义探究	刘阳阳	外国语学院	专著、论文	2016.7
24	犯罪构成与证明责任	罗　翔	刑事司法学院	论文	2016.7
25	基于新闻文本的融合新闻研究与应用	孟　盈	新闻与传播学院	论文	2016.7
26	相依风险下的非寿险定价研究	王雅实	科学技术教学部	论文	2016.7
27	解构与重建：伊格尔顿马克思主义文化批判理论研究	闫　琛	外国语学院	论文	2016.7
28	传统工艺美术的发展与法律保护	臧小戈	人文学院	论文	2016.7
29	六朝历史文献编纂研究——以地理、谱牒、目录三类文献为中心	张蓓蓓	法律古籍整理研究所	研究报告	2016.7
30	审美政治的悖论	张　磊	外国语学院	专著	2016.7
31	合同法语言规范及法律教学应用	张鲁平	外国语学院	专著	2016.7

（中国政法大学科研处刘璐供稿）

中央财经大学

2013年度承担国家级、省部级社会科学研究项目

序号	项目名称	负责人	所属机构	项目分类、类别	项目来源单位	预期成果形式	计划完成时间
1	社会计量地位和社会拒斥痛觉对大学生宿舍冲突的影响——以北京市高校为例	窦东徽	社会发展学院	北京市教育科学规划、青年专项项目	北京市教育科学规划领导小组办公室	研究或咨询报告	2015.6
2	美国大学跨学科课程的建设与启示研究	郭德红	高教研究所	北京市教育科学规划、重点项目	北京市教育科学规划领导小组办公室	研究或咨询报告	2015.12
3	北京市碳排放权交易市场定价机制与价格管理策略研究	王　遥	财经研究院	北京市社会科学规划、青年项目	北京市哲学社会科学规划办公室	研究或咨询报告	2015.6
4	网络媒体舆论检测及宣传引导策略研究	祝世伟	信息学院	北京市社会科学规划、青年项目	北京市哲学社会科学规划办公室	研究或咨询报告	2016.9
5	社会工作介入社区矫正的北京经验研究	方　舒	社会发展学院	北京市社会科学规划、青年项目	北京市哲学社会科学规划办公室	研究或咨询报告	2015.6
6	北京非传统安全领域网络舆情预警机制研究	王沙骋	国防经济与管理研究院	北京市社会科学规划、青年项目	北京市哲学社会科学规划办公室	研究或咨询报告	2015.4
7	网络背景下首都大学生心理健康问题研究	张　梅	社会发展学院	北京市社会科学规划、青年项目	北京市哲学社会科学规划办公室	研究或咨询报告	2016.2
8	中国共产党作风建设理论与实践创新及对群众路线教育实践活动的启示研究	张世飞	马克思主义学院	北京市社会科学规划、一般项目	北京市哲学社会科学规划办公室	研究或咨询报告	2015.6
9	首都地区征收交通拥挤税与烟尘排放税的可行性分析——北京大气污染治理的财税政策匹配	白彦锋	财政学院	北京市社会科学规划、一般项目	北京市哲学社会科学规划办公室	研究或咨询报告	2015.12
10	大学促进文化强国建设实践的国际比较研究	郭德红	高教研究所	北京市社会科学规划、一般项目	北京市哲学社会科学规划办公室	专著	2015.6
11	北京市经济恢复力政策框架与操作机制研究——基于世界城市的视角	李　强	财经研究院	北京市社会科学规划、一般项目	北京市哲学社会科学规划办公室	研究或咨询报告	2015.12
12	首都网络舆情治理主体协同机制及治理对策研究	李雪峰	信息学院	北京市社会科学规划、一般项目	北京市哲学社会科学规划办公室	研究或咨询报告	2015.12

续表

序号	项目名称	负责人	所属机构	项目分类、类别	项目来源单位	预期成果形式	计划完成时间
13	北京市文化创意产业集群空间演化研究	姜　玲	政府管理学院	北京市社会科学规划、一般项目	北京市哲学社会科学规划办公室	研究或咨询报告	2015.12
14	北京市碳金融市场价格调节及形成机制研究	郭冬梅	经济学院	北京市社会科学规划、一般项目	北京市哲学社会科学规划办公室	研究或咨询报告	2015.8
15	北京市居民食物消费生态足迹与“绿色”可持续消费政策研究	张彩萍	经济学院	北京市社会科学规划、一般项目	北京市哲学社会科学规划办公室	研究或咨询报告	2015.12
16	北京市公共服务公私合作的价格监管机制创新研究	温来成	财政学院	北京市社会科学规划、一般项目	北京市哲学社会科学规划办公室	研究或咨询报告	2015.6
17	基于房租补贴政策的北京市保障性住房体系的系统动力学研究	王志锋	管理科学与工程学院	北京市社会科学规划、一般项目	北京市哲学社会科学规划办公室	研究或咨询报告	2014.12
18	北京市金融企业雇主品牌、员工态度和行为及服务质量间的影响关系及机理研究	朱　飞	商学院	北京市社会科学规划、一般项目	北京市哲学社会科学规划办公室	论文集	2016.6
19	北京市财政收支不确定性与财政脆弱性研究	王立勇	经济学院	北京市社会科学规划、重点项目	北京市哲学社会科学规划办公室	研究或咨询报告	2015.12
20	中关村中小企业创新模式研究——基于网络社区众包机制视角	涂　艳	信息学院	北京市社会科学规划、重点项目	北京市哲学社会科学规划办公室	研究或咨询报告	2014.12
21	促进北京市地方金融业发展的路径与对策研究	孙宝文	信息学院	北京市社会科学规划、专项项目	北京市哲学社会科学规划办公室	研究或咨询报告	2015.12
22	北京市人大预算监督能力的影响因子和提升途径研究	李俊生	财政学院	北京市社会科学规划、专项项目	北京市哲学社会科学规划办公室	研究或咨询报告	2015.12
23	北京市变轨型高技术企业创业——市场变轨初期的营销模式研究	肖海林	商学院	北京市自然科学基金、预探索项目	北京市自然科学基金	研究或咨询报告	2015.12
24	走向规则的经济法原理	邢会强	法学院	国家社会科学基金、后期资助项目	全国哲学社会科学规划办公室	专著	2014.6
25	单位体制变迁与社会管理制度创新的组织基础研究	王修晓	社会发展学院	国家社会科学基金、青年项目	全国哲学社会科学规划办公室	研究或咨询报告	2015.2

续表

序号	项目名称	负责人	所属机构	项目分类、类别	项目来源单位	预期成果形式	计划完成时间
26	社会资本的代际传递与推进教育公平研究	林存银	社会发展学院	国家社会科学基金、青年项目	全国哲学社会科学规划办公室	研究或咨询报告	2015. 12
27	协商民主环境决策机制研究	李　强	财经研究院	国家社会科学基金、青年项目	全国哲学社会科学规划办公室	专著	2016. 3
28	中国财政透明度提升的环境驱动因素与“度”的衡量研究	肖　鹏	财政学院	国家社会科学基金、青年项目	全国哲学社会科学规划办公室	研究或咨询报告	2015. 12
29	货币安全视角下的金融稳定及监管机制研究	蔡　辉	外国语学院	国家社会科学基金、青年项目	全国哲学社会科学规划办公室	研究或咨询报告	2015. 3
30	人民币升值对我国贫困家庭的影响路径和测度	符大海	国际经济与贸易学院	国家社会科学基金、青年项目	全国哲学社会科学规划办公室	论文集	2016. 5
31	中国工业化中的大国因素研究	肖　翔	马克思主义学院	国家社会科学基金、青年项目	全国哲学社会科学规划办公室	专著	2015. 12
32	网络领域我国主流意识形态的话语权研究	谢玉进	马克思主义学院	国家社会科学基金、青年项目	全国哲学社会科学规划办公室	论文集	2016. 6
33	早期中国共产党人探索马克思主义中国化大众化时代化的经验、启示及意义研究	张世飞	马克思主义学院	国家社会科学基金、一般项目	全国哲学社会科学规划办公室	专著	2016. 6
34	建立我国体育产权交易平台的路径、运营体系及技术难点研究	张自如	体育经济与管理学院	国家社会科学基金、一般项目	全国哲学社会科学规划办公室	研究或咨询报告	2015. 6
35	中国新时期文学在日本的传播与研究	卢茂君	外国语学院	国家社会科学基金、一般项目	全国哲学社会科学规划办公室	专著	2016. 5

续表

序号	项目名称	负责人	所属机构	项目分类、类别	项目来源单位	预期成果形式	计划完成时间
36	唐代音乐活动与乐府诗关系研究	左汉林	文化与传媒学院	国家社会科学基金、一般项目	全国哲学社会科学规划办公室	专著	2016.2
37	蒙古族传统生态知识及资源利用方式研究	苏　日	社会发展学院	国家社会科学基金、一般项目	全国哲学社会科学规划办公室	研究或咨询报告	2015.6
38	基于公允价值计量属性的商标权价值评估制度体系研究	刘红霞	会计学院	国家社会科学基金、一般项目	全国哲学社会科学规划办公室	研究或咨询报告	2016.7
39	电子商务课税证据法律问题研究	梁俊娇	税务学院	国家社会科学基金、一般项目	全国哲学社会科学规划办公室	研究或咨询报告	2014.12
40	身份欺诈的民法效果与法律对策研究	尹　飞	法学院	国家社会科学基金、一般项目	全国哲学社会科学规划办公室	专著	2015.5
41	传统产业与战略性新兴产业耦合发展视角下的科技金融机制研究	王卉彤	财经研究院	国家社会科学基金、一般项目	全国哲学社会科学规划办公室	论文集	2015.6
42	近代中国地方政府债务及启示研究	马金华	财政学院	国家社会科学基金、一般项目	全国哲学社会科学规划办公室	专著	2015.12
43	在华外资企业经营与税收实务	杨　华	财政学院	国家社会科学基金、中华外译项目	全国哲学社会科学规划办公室	译著	2014.12
44	大数据时代网络媒介生态环境下个人信息保护体系的构建研究	章　宁	信息学院	国家社会科学基金、重点项目	全国哲学社会科学规划办公室	专著	2016.8
45	相对绩效评价指标设计理论——基于企业社会责任视角	周　宏	会计学院	国家自然科学基金、面上项目	国家自然科学基金委员会	研究或咨询报告	2017.12
46	不完美资本市场下中小企业供应链金融的风险与决策研究：基于 MCDM 的视角	晏妮娜	商学院	国家自然科学基金、面上项目	国家自然科学基金委员会	研究或咨询报告	2017.12

续表

序号	项目名称	负责人	所属机构	项目分类、类别	项目来源单位	预期成果形式	计划完成时间
47	基础设施项目可持续建设的 IPD 模型与价值评价方法研究	周 君	管理科学与工程学院	国家自然科学基金、面上项目	国家自然科学基金委员会	研究或咨询报告	2017. 12
48	财政政策的收入分配属性研究	乔宝云	中国公共财政与政策研究院	国家自然科学基金、面上项目	国家自然科学基金委员会	研究或咨询报告	2017. 12
49	养老模式的选择行为与选择预期研究	王 俊	财政学院	国家自然科学基金、面上项目	国家自然科学基金委员会	研究或咨询报告	2017. 12
50	大都市圈区域一体化下的区域补偿理论与政策研究	姜 玲	政府管理学院	国家自然科学基金、面上项目	国家自然科学基金委员会	研究或咨询报告	2017. 12
51	我国外向型地区政府治理创新研究：逻辑、路径与系统动力学仿真	王志锋	管理科学与工程学院	国家自然科学基金、面上项目	国家自然科学基金委员会	研究或咨询报告	2017. 12
52	会计师事务所内部治理与审计行为研究	王春飞	会计学院	国家自然科学基金、青年项目	国家自然科学基金委员会	研究或咨询报告	2016. 12
53	贸易品类别、资产互持与国际经济周期协动性及汇率政策研究	梅冬州	国际经济与贸易学院	国家自然科学基金、青年项目	国家自然科学基金委员会	研究或咨询报告	2017. 12
54	多级政府下的地方政府财政政策与通货膨胀——基于空间向量自回归方法的研究	赵文哲	经济学院	国家自然科学基金、青年项目	国家自然科学基金委员会	研究或咨询报告	2017. 12
55	基于压力门槛假说的中国城市家庭居住满意度与迁居决策研究	谢 娜	管理科学与工程学院	国家自然科学基金、青年项目	国家自然科学基金委员会	研究或咨询报告	2017. 12
56	不确定信道下无线 CSMA 网络优化理论与算法研究	王 悦	信息学院	国家自然科学基金、青年项目	国家自然科学基金委员会	研究或咨询报告	2016. 12
57	由布朗运动和分数布朗运动驱动的一类随机控制问题及应用	井 帅	管理科学与工程学院	国家自然科学基金、青年项目	国家自然科学基金委员会	研究或咨询报告	2016. 12
58	基于国有控股视角的信息风险及其影响后果分析	薄仙慧	会计学院	国家自然科学基金、青年项目	国家自然科学基金委员会	研究或咨询报告	2016. 12
59	CEO 道德型领导对管理者非道德行为的影响及其下行传递效应：社会学习的视角	王 震	商学院	国家自然科学基金、青年项目	国家自然科学基金委员会	研究或咨询报告	2016. 12

续表

序号	项目名称	负责人	所属机构	项目分类、类别	项目来源单位	预期成果形式	计划完成时间
60	我国企业海外并购研究：双边政治关系的视角	李培馨	商学院	国家自然科学基金、青年项目	国家自然科学基金委员会	研究或咨询报告	2016.12
61	关联基础设施网络弹性提升的机制与方法研究——以城市住区为例	李玉龙	管理科学与工程学院	国家自然科学基金、青年项目	国家自然科学基金委员会	研究或咨询报告	2016.12
62	基于混合法的我国碳金融市场排放交易的定价机制与仿真研究	郭冬梅	经济学院	国家自然科学基金、青年项目	国家自然科学基金委员会	研究或咨询报告	2016.12
63	面向知识管理的社会化媒体多源信息整合研究	杨　铭	信息学院	国家自然科学基金、青年项目	国家自然科学基金委员会	研究或咨询报告	2016.12
64	理性量子秘密共享协议理论研究	贾恒越	信息学院	国家自然科学基金、青年项目	国家自然科学基金委员会	研究或咨询报告	2016.12
65	基于人口迁移网络的城镇等级体系演变及其机理研究：以京津冀为例	温锋华	政府管理学院	国家自然科学基金、青年项目	国家自然科学基金委员会	研究或咨询报告	2016.12
66	大都市圈中心城市产业结构升级的特征、机理及其区域影响研究——以京津冀都市圈为例	陈红霞	政府管理学院	国家自然科学基金、青年项目	国家自然科学基金委员会	研究或咨询报告	2016.12
67	过度自信理论与内幕交易研究	周德清	金融学院	国家自然科学基金、青年项目	国家自然科学基金委员会	研究或咨询报告	2016.12
68	基于体制转移和决策行为因素不确定的金融保险最优决策研究	伍慧玲	中国精算研究院	国家自然科学基金、青年项目	国家自然科学基金委员会	研究或咨询报告	2016.12
69	在不确定性、通胀和风险限制下的最优决策	刘敬真	保险学院	国家自然科学基金、青年项目	国家自然科学基金委员会	研究或咨询报告	2016.12
70	基于负相协随机数据的带加法噪声密度函数的小波估计	王慧颖	应用数学学院	国家自然科学基金、青年项目	国家自然科学基金委员会	研究或咨询报告	2016.12
71	开放式创新下基于创新价值链双元平衡的创新搜索及其作用机理研究	陈金亮	商学院	国家自然科学基金、青年项目	国家自然科学基金委员会	文章	2016.12
72	物理中的几何流与几何孤立子	孙晓伟	应用数学学院	国家自然科学基金、青年项目	国家自然科学基金委员会	论文	2016.12

续表

序号	项目名称	负责人	所属机构	项目分类、类别	项目来源单位	预期成果形式	计划完成时间
73	随机右删失数据半参数回归模型的光滑 FIC 平均估计理论及其应用	孙志猛	统计学院	国家自然科学基金、青年项目	国家自然科学基金委员会	论文	2016.12
74	网络出版的影响及我国大学出版社转型发展策略研究	王克方	学报编辑部	国家自然科学基金、专项项目	国家自然科学基金委员会	研究或咨询报告	2014.12
75	基于投资者有限理性和社会互动的上市公司传闻研究	周战强	经济学院	国家自然科学基金、专项项目	国家自然科学基金委员会	研究或咨询报告	2016.12
76	政府中期支出框架体系研究	李俊生	财政学院	国家自然科学基金、专项项目	国家自然科学基金委员会	研究或咨询报告	2016.12
77	国家自然科学基金加大支持经济学科研究的依据及建议	李海峥	中国人力资本与劳动经济研究中心	国家自然科学基金、专项项目	国家自然科学基金委员会	研究或咨询报告	2013.12
78	双边政治关系和中国企业海外并购研究	李培馨	商学院	教育部博士点基金项目	教育部	研究或咨询报告	2016.12
79	开放经济下中国与世界经济周期协动性和汇率政策研究	梅冬州	国际经济与贸易学院	教育部博士点基金项目	教育部	研究或咨询报告	2016.12
80	跨国研发中心嵌入与中国开放式 NIS 演化路径的理论与实证研究	崔新健	商学院	教育部博士点基金项目	教育部	研究或咨询报告	2016.12
81	关于中国居民通货膨胀预期形成机制异质性的研究	李新荣	经济学院	教育部留学回国人员科研启动基金项目	教育部	研究或咨询报告	2015.12
82	会计政策变更对寿险公司资产负债管理的影响研究	郑苏晋	中国精算研究院	教育部留学回国人员科研启动基金项目	教育部	论文	2014.12
83	公司传闻及其澄清信息对股票交易行为的影响——以沪深 A 股上市公司为例	周战强	经济学院	教育部留学回国人员科研启动基金项目	教育部	译著	2014.12
84	含糊性及其逻辑研究	张立英	文化与传媒学院	教育部留学回国人员科研启动基金项目	教育部	论文	2014.12

续表

序号	项目名称	负责人	所属机构	项目分类、类别	项目来源单位	预期成果形式	计划完成时间
85	动力系统的复杂度及相关量	孙　鹏	中国经济与管理研究院	教育部留学回国人员科研启动基金项目	教育部	论文	2014. 12
86	地方政府投融资公私合作的监管机制创新研究	温来成	财政学院	教育部人文社会科学、规划项目	教育部	研究或咨询报告	2015. 12
87	基于非对称特征的我国鲜活农产品价格波动传递及其福利效应研究	于爱芝	经济学院	教育部人文社会科学、规划项目	教育部	研究或咨询报告	2015. 12
88	房产税对地方经济影响的模拟研究——以北京市为例	汪　昊	税务学院	教育部人文社会科学、规划项目	教育部	研究或咨询报告	2015. 12
89	政府采购走向规范化的路径设计——基于信息透明化视角	姜爱华	财政学院	教育部人文社会科学、规划项目	教育部	研究或咨询报告	2015. 12
90	网络群体性事件中从众行为的动因、演化和干预机制研究	王天梅	信息学院	教育部人文社会科学、规划项目	教育部	研究或咨询报告	2016. 6
91	《思想道德修养与法律基础》教学内容的主题式整合	冯秀军	马克思主义学院	教育部人文社会科学、规划项目	教育部	研究或咨询报告	2015. 12
92	回归分析在社会科学中的应用	王存同	社会发展学院	教育部人文社会科学、后期资助项目	教育部	专著	2015. 12
93	信息环境变化、盈余管理与投资者行为研究	王玉涛	会计学院	教育部人文社会科学、后期资助项目	教育部	专著	2016. 12
94	社会资本视域下政府跨部门协同中的知识转移研究	于　鹏	政府管理学院	教育部人文社会科学、青年项目	教育部	研究或咨询报告	2015. 12
95	经济政策与经济法——经济法立法精细化研究	邢会强	法学院	教育部人文社会科学、青年项目	教育部	研究或咨询报告	2015. 12
96	我国宪法第五十一条的内涵与效力研究	于文豪	法学院	教育部人文社会科学、青年项目	教育部	研究或咨询报告	2015. 12
97	美国民事执行制度研究	张晓冰	法学院	教育部人文社会科学、青年项目	教育部	研究或咨询报告	2015. 12

续表

序号	项目名称	负责人	所属机构	项目分类、类别	项目来源单位	预期成果形式	计划完成时间
98	半强制股利政策、股利支付行为及经济后果	王春飞	会计学院	教育部人文社会科学、青年项目	教育部	研究或咨询报告	2013.12
99	领导—成员交换关系差异化的影响因素和影响效果——基于资源和资源分配视角的多层次研究	王　震	商学院	教育部人文社会科学、青年项目	教育部	研究或咨询报告	2015.12
100	偏好、模式与实施效果——美欧俄经济制裁方略的比较研究	刘建伟	国防经济与管理研究院	教育部人文社会科学、青年项目	教育部	研究或咨询报告	2015.12
101	中国出口双重集聚的测度、形成机制及效应研究	胡　翠	国际经济与贸易学院	教育部人文社会科学、青年项目	教育部	研究或咨询报告	2015.12
102	对外贸易、异质性企业的区位选择与中国的地区差异	李瑞琴	国际经济与贸易学院	教育部人文社会科学、青年项目	教育部	研究或咨询报告	2015.12
103	中国保险业第二代偿付能力资本量化研究	李俊生	财政学院	教育部人文社科重点研究基地、重大项目	教育部	论文	2016.6
104	基于时空分布的农业生产风险评估	张　峭	中国精算研究院	教育部人文社科重点研究基地、重大项目	教育部	研究或咨询报告	2016.6
105	金融视角下新兴市场国家的货币政策理论与实践	黄志刚	金融学院	教育部优秀博士论文资助项目	教育部	研究或咨询报告	2017.12
106	高校协同创新相对绩效评价指标体系研究	南荣素	行政机关	全国教育科学规划、重点项目	全国教育科学规划办	研究或咨询报告	2015.12
107	面向电子商务的个性化消费技术与系统研究开发	孙宝文	信息学院	国家科技支撑计划项目	科技部	研究或咨询报告	2015.12

（中央财经大学科研处供稿）

对外经济贸易大学

2013 年度承担国家级、省部级社会科学研究项目

序号	课题名称	负责人	承担部门	项目分类、类别	项目来源单位	预期成果形式	计划完成时间
1	我国在城镇化进程中构建低碳城市的法律保障措施体系研究	丁　丁	法学院	国家社会科学基金重点项目	全国哲学社会科学规划办公室	专题论文（集）、研究报告	2016.12

续表

序号	课题名称	负责人	承担部门	项目分类、类别	项目来源单位	预期成果形式	计划完成时间
2	全面提高开放型经济水平研究	洪俊杰	国际经济贸易学院	国家社会科学基金重点项目	全国哲学社会科学规划办公室	专著、研究报告	2015.12
3	国家治理、国家审计制度与预防惩治腐败体系创新研究	叶陈刚	国际商学院	国家社会科学基金重点项目	全国哲学社会科学规划办公室	专著、研究报告	2015.6
4	法治思维框架下我国法律职业伦理体系构建研究	冀宗儒	法学院	国家社会科学基金一般项目	全国哲学社会科学规划办公室	专题论文（集）、研究报告	2015.12
5	国际评级机构霸权滥用及我国应对的法律措施研究	盛建明	法学院	国家社会科学基金一般项目	全国哲学社会科学规划办公室	专著	2015.9
6	我国格式条款立法缺陷的清理及修法方案研究	苏号朋	法学院	国家社会科学基金一般项目	全国哲学社会科学规划办公室	专著	2015.5
7	中国对外传播话语模式研究	刘立华	英语学院	国家社会科学基金一般项目	全国哲学社会科学规划办公室	专著	2016.5
8	乔叟诗歌《禽鸟议会》写本和刊本的比对研究	石小军	英语学院	国家社会科学基金一般项目	全国哲学社会科学规划办公室	专题论文（集）、电脑软件	2015.8
9	非洲裔美国人自传的类文本研究	许德金	英语学院	国家社会科学基金一般项目	全国哲学社会科学规划办公室	专著	2016.12
10	维护我国海洋权益背景下的中国所涉自贸区原产地规则与企业对策研究	徐进亮	国际经济贸易学院	国家社会科学基金一般项目	全国哲学社会科学规划办公室	研究报告	2015.12
11	国有经济深入调整的战略目标、路径与政策选择研究	庄序莹	国际经济贸易学院	国家社会科学基金一般项目	全国哲学社会科学规划办公室	专著、专题论文（集）	2015.9
12	日本量化宽松政策溢出效应与东亚主要经济体货币政策协调研究	郭红玉	金融学院	国家社会科学基金一般项目	全国哲学社会科学规划办公室	专题论文（集）	2015.6
13	我国中小微企业信用评价指标体系及信用评级研究	刘立新	统计学院	国家社会科学基金一般项目	全国哲学社会科学规划办公室	专题论文（集）、研究报告	2016.3
14	东亚文化交融语境中的《沧浪诗话》研究	程小平	中国语言文学学院	国家社会科学基金一般项目	全国哲学社会科学规划办公室	专著	2016.12

续表

序号	课题名称	负责人	承担部门	项目分类、类别	项目来源单位	预期成果形式	计划完成时间
15	民间商贸活动视域下的宋代小说研究	罗陈霞	中国语言文学学院	国家社会科学基金一般项目	全国哲学社会科学规划办公室	专著	2016.5
16	制造商在产业转型中的电子渠道治理机制研究	熊　伟	国际商学院	国家社会科学基金一般项目	全国哲学社会科学规划办公室	专著、专题论文（集）	2016.8
17	促进我国文化企业海外投资经营的政策措施研究	吴承忠	公共管理学院	国家社会科学基金一般项目	全国哲学社会科学规划办公室	研究报告	2016.6
18	我国与新兴市场国家共赢性发展路径研究	李计广	中国 WTO 研究院	国家社会科学基金一般项目	全国哲学社会科学规划办公室	研究报告	2014.12
19	社会网络中意见领袖对个性化信息推荐服务质量的影响研究	张　莉	信息学院	国家社会科学基金一般项目	全国哲学社会科学规划办公室	专题论文（集）、研究报告	2016.12
20	我国民族传统体育文化传承与区域影响力研究	王智慧	体育部	国家社会科学基金一般项目	全国哲学社会科学规划办公室	研究报告	2016.7
21	中美战略性贸易合作政策的衍变机制与效应研究	龙晓柏	国际经济贸易学院	国家社会科学基金青年项目	全国哲学社会科学规划办公室	研究报告	2015.12
22	欧美“再工业化”冲击下的中国制造业“去空心化”的策略研究	余　珮	国际经济贸易学院	国家社会科学基金青年项目	全国哲学社会科学规划办公室	专题论文（集）	2015.12
23	中日韩自贸区推进新思路——新功能主义框架下的理论建构与机制设计	蔡彤娟	国际经济研究院	国家社会科学基金青年项目	全国哲学社会科学规划办公室	研究报告	2016.6
24	亚太生产网络变迁与中国自贸区战略路径优化研究	张晓静	国际经济研究院	国家社会科学基金青年项目	全国哲学社会科学规划办公室	专著	2015.9
25	宪法视野下房地产调控中的“央地博弈”及其法律规制研究	冯　辉	法学院	国家社会科学基金青年项目	全国哲学社会科学规划办公室	专题论文（集）、研究报告	2015.9
26	创新社会管理背景下社区居民自治法律规制研究	薛　源	法学院	国家社会科学基金青年项目	全国哲学社会科学规划办公室	专著	2016.12
27	北非柏柏尔人问题研究	黄　慧	外语学院	国家社会科学基金青年项目	全国哲学社会科学规划办公室	专著	2016.2

续表

序号	课题名称	负责人	承担部门	项目分类、类别	项目来源单位	预期成果形式	计划完成时间
28	中国投资拉美的政治和社会风险与对策研究	李紫莹	外语学院	国家社会科学基金青年项目	全国哲学社会科学规划办公室	专著	2016. 6
29	职工基本医疗保险制度规范化与立法研究	娄　宇	保险学院	国家社会科学基金青年项目	全国哲学社会科学规划办公室	专题论文（集）、研究报告	2016. 6
30	区域服务贸易安排的GATS特征及其贸易影响的经验研究	周念利	中国WTO研究院	国家社会科学基金青年项目	全国哲学社会科学规划办公室	专题论文（集）	2015. 12
31	基于大规模语料的北京话虚词的发展演变研究	崔　蕊	中国语言文学学院	国家社会科学基金青年项目	全国哲学社会科学规划办公室	研究报告	2016. 7
32	国家社会科学基金决策咨询点	桑百川	国际经济研究院	国家社会科学基金决策咨询点项目	全国哲学社会科学规划办公室	研究报告	2014. 12
33	中国企业的转型升级战略及其竞争优势研究	林汉川	国际商学院	国家自然科学基金重点项目	国家自然科学基金委员会	论文、专著、研究报告	2018. 12
34	政策不确定性、市场竞争与资本配置效率	陈德球	国际商学院	国家自然科学基金面上项目	国家自然科学基金委员会	论文、专著	2017. 12
35	工作和家庭中员工的情绪劳动及其影响机制研究——基于不同互动情境的理论拓展和实证检验	刘小禹	国际商学院	国家自然科学基金面上项目	国家自然科学基金委员会	论文、专著、研究报告	2017. 12
36	基于结构匹配模型的消费者服务对比购买决策过程研究——自我调节导向理论的视角	孙　瑾	国际商学院	国家自然科学基金面上项目	国家自然科学基金委员会	论文	2017. 12
37	非对称信息的供应链合同模型研究	赵映雪	国际经济贸易学院	国家自然科学基金面上项目	国家自然科学基金委员会	论文、专著、研究报告	2017. 12
38	中国烟草税制与烟草控制的实证分析与政策评估	郑　榕	国际经济贸易学院	国家自然科学基金面上项目	国家自然科学基金委员会	论文、研究报告	2017. 12
39	金融市场参与行为对财富分布的影响及其政策模拟研究	吴卫星	金融学院	国家自然科学基金面上项目	国家自然科学基金委员会	论文、著作、研究报告	2017. 12
40	目标冲突下的农村小额保险效率模型构建及评价体系研究	黄　薇	保险学院	国家自然科学基金面上项目	国家自然科学基金委员会	论文、专著、研究报告	2017. 12

续表

序号	课题名称	负责人	承担部门	项目分类、类别	项目来源单位	预期成果形式	计划完成时间
41	二阶弹性振动系统的自适应边界反馈镇定与参数估计	郭伟	统计学院	国家自然科学基金面上项目	国家自然科学基金委员会	论文	2017.12
42	截面个体变系数面板数据模型中的分位数回归方法及其应用	冯强	国际经济贸易学院	国家自然科学基金青年项目	国家自然科学基金委员会	论文	2016.12
43	基于村庄选举和宗族相结合视角的农户投资融资行为研究	郭云南	国际经济贸易学院	国家自然科学基金青年项目	国家自然科学基金委员会	论文、研究报告	2016.12
44	中国私募股权基金背景与投资行为周期研究	江萍	国际经济贸易学院	国家自然科学基金青年项目	国家自然科学基金委员会	论文、著作	2016.12
45	对内开放背景下的结构改革与中国地区发展收敛模式研究	李明	国际经济贸易学院	国家自然科学基金青年项目	国家自然科学基金委员会	论文、研究报告	2016.12
46	中国海外并购真的与众不同？基于广义二阶段引力模型与匹配——双重差分模型的研究	刘青	国际经济贸易学院	国家自然科学基金青年项目	国家自然科学基金委员会	论文	2016.12
47	会计控制系统的整合与导入——中国本土PE与创业者的合作共融机制	戴天婧	国际商学院	国家自然科学基金青年项目	国家自然科学基金委员会	论文、研究报告、著作	2016.12
48	传统制造企业电子商务化的最优时点及供应链协调与优化——基于博弈模型的研究	邵婧	国际商学院	国家自然科学基金青年项目	国家自然科学基金委员会	论文、研究报告	2016.12
49	基于高频数据信息的波动率衍生品定价研究	王天一	金融学院	国家自然科学基金青年项目	国家自然科学基金委员会	论文、研究报告	2016.12
50	国际资本流动与宏观审慎性政策研究	余昌华	金融学院	国家自然科学基金青年项目	国家自然科学基金委员会	论文	2016.12
51	地方政府策略性博弈行为背景下的税收竞争与经济集聚——理论建模、实证检验和政策意涵	邓慧慧	国际经济研究院	国家自然科学基金青年项目	国家自然科学基金委员会	论文、研究报告、专著	2016.12
52	风险信息共享背景下的个体风险评估研究	谢远涛	保险学院	国家自然科学基金青年项目	国家自然科学基金委员会	论文、专著	2016.12
53	城市水务产业规制改革的公益性回归：维度构建、影响效应与路径优化	郭蕾	公共管理学院	国家自然科学基金青年项目	国家自然科学基金委员会	论文、专著、研究报告	2016.12

续表

序号	课题名称	负责人	承担部门	项目分类、类别	项目来源单位	预期成果形式	计划完成时间
54	消费者全球当地认同与全球品牌态度	郭晓凌	国际商学院	国家自然科学基金国际（地区）合作与交流项目	国家自然科学基金委员会	论文	2013.10
55	单叶函数族及其子集合的非线性积分算子研究	王利梅	统计学院	国家自然科学专项基金项目/数学天元青年基金	国家自然科学基金委员会	论文	2014.12
56	中国（上海）自由贸易试验区贸易模式转型与贸易便利化研究	王　强	国际经济贸易学院	国家自然科学专项基金项目/科学部主任基金/应急科学研究专款项目	国家自然科学基金委员会	论文、研究报告	2014.9
57	中国（上海）自由贸易试验区配套政策、风险及影响评估	洪俊杰	国际经济贸易学院	国家自然科学专项基金项目/科学部主任基金/应急科学研究专款项目	国家自然科学基金委员会	论文、研究报告	2014.9
58	中国（上海）自由贸易试验区国际直接投资政策研究	崔　凡	国际经济贸易学院	国家自然科学专项基金项目/科学部主任基金/应急科学研究专款项目	国家自然科学基金委员会	论文、研究报告	2014.9
59	中国（上海）自由贸易试验区服务业开放现行政策效应评估	樊　瑛	国际经济贸易学院	国家自然科学专项基金项目/科学部主任基金/应急科学研究专款项目	国家自然科学基金委员会	论文、研究报告	2014.9
60	提升中国产品海外形象研究	林汉川	国际商学院	教育部人文社会科学基金重大攻关项目	教育部社科司	论文、研究报告	2016.12
61	动产担保公示及其优先顺位规则研究	徐海燕	法学院	教育部人文社会科学规划基金项目	教育部社科司	著作、论文	2015.12
62	保险消费者保护制度及实施研究	于海纯	法学院	教育部人文社会科学规划基金项目	教育部社科司	著作、论文	2015.12

续表

序号	课题名称	负责人	承担部门	项目分类、类别	项目来源单位	预期成果形式	计划完成时间
63	我国金融消费者保护研究	丁建臣	金融学院	教育部人文社会科学规划基金项目	教育部社科司	研究报告	2015.9
64	赶超型工业化的模式变迁与经常项目顺差——一个经济史与政治经济学的分析视角	王剑锋	金融学院	教育部人文社会科学规划基金项目	教育部社科司	论文	2015.12
65	税收对居民收入的福利效应及调节机制研究	崔景华	公共管理学院	教育部人文社会科学规划基金项目	教育部社科司	论文、研究报告	2016.7
66	高校后勤社会化改革中保持公益性的长效管理机制	吕维霞	公共管理学院	教育部人文社会科学规划基金项目	教育部社科司	论文	2014.12
67	和谐社会视野下公共领导力与执行力建设研究	彭向刚	公共管理学院	教育部人文社会科学规划基金项目	教育部社科司	论文	2014.12
68	全球价值链视角下的两岸产业合作研究	华晓红	国际经济研究院	教育部人文社会科学规划基金项目	教育部社科司	著作、论文	2015.12
69	社会责任、合法性与适应能力——国有企业提升长期绩效的路径研究	范黎波	国际商学院	教育部人文社会科学规划基金项目	教育部社科司	论文	2016.3
70	中央企业境外资产监管问题研究	周　煊	国际商学院	教育部人文社会科学规划基金项目	教育部社科司	论文	2015.12
71	我国出版企业的专业化与多元化经营研究	顾永才	出版社	教育部人文社会科学规划基金项目	教育部社科司	论文	2015.9
72	出版企业的文化责任研究	刘　军	出版社	教育部人文社会科学规划基金项目	教育部社科司	论文	2015.7
73	消费者跨境电子商务争议解决机制研究	陈剑玲	法学院	教育部人文社会科学青年基金项目	教育部社科司	论文	2016.6
74	民法典视野下的不当得利制度研究——欧洲的经验与中国的选择	傅广宇	法学院	教育部人文社会科学青年基金项目	教育部社科司	论文	2015.6
75	修辞学视野中的判决理由——基于中国实践的理论与实证研究	杨　贝	法学院	教育部人文社会科学青年基金项目	教育部社科司	著作、论文	2016.3

续表

序号	课题名称	负责人	承担部门	项目分类、类别	项目来源单位	预期成果形式	计划完成时间
76	行政裁量的司法审查技术研究——基于中美经典判例的比较研究	郑雅方	法学院	教育部人文社会科学青年基金项目	教育部社科司	论文	2015.12
77	农户生猪养殖合作经营创新发展与金融支持政策研究	邱俊杰	金融学院	教育部人文社会科学青年基金项目	教育部社科司	论文、研究报告	2014.12
78	宏观视角下的跨境金融市场风险传染研究	王天一	金融学院	教育部人文社会科学青年基金项目	教育部社科司	论文	2015.12
79	系统性风险度量指标在主权及地方政府债务风险测算中的应用研究	颜建晔	金融学院	教育部人文社会科学青年基金项目	教育部社科司	论文、研究报告	2015.7
80	近代海河航道治理研究	王长松	公共管理学院	教育部人文社会科学青年基金项目	教育部社科司	论文	2015.12
81	结构改革与中国区域协调发展异质性模式研究	李　明	国际经济贸易学院	教育部人文社会科学青年基金项目	教育部社科司	论文、研究报告	2015.8
82	异质性信念与资产价格泡沫	王　勇	国际经济贸易学院	教育部人文社会科学青年基金项目	教育部社科司	论文	2015.12
83	中国式财政分权与地方政府财政行为的周期性悖论研究	赵旭杰	国际经济贸易学院	教育部人文社会科学青年基金项目	教育部社科司	论文、研究报告	2015.12
84	中国城镇化进程中消费增长动力研究	胡若痴	国际经济研究院	教育部人文社会科学青年基金项目	教育部社科司	著作	2016.6
85	刘易斯拐点、产业结构调整与经济转型的路径依赖——基于美日德韩转型经验的实证分析	张军生	国际经济研究院	教育部人文社会科学青年基金项目	教育部社科司	论文	2014.12
86	言、象、境的循环与复现——《红楼梦》法译研究	陈　寒	外语学院	教育部人文社会科学青年基金项目	教育部社科司	著作、论文	2014.12
87	俄国立宪民主党领袖米留科夫思想研究（1905—1917）	尹绍伟	外语学院	教育部人文社会科学青年基金项目	教育部社科司	论文	2015.6
88	国家边界安全空间演变与政策实践研究——兼论美国对中国的启示	王吉美	英语学院	教育部人文社会科学青年基金项目	教育部社科司	论文、研究报告	2015.12

续表

序号	课题名称	负责人	承担部门	项目分类、类别	项目来源单位	预期成果形式	计划完成时间
89	高校采购管理信息与监督系统研究	杨逢华	党委办公室	教育部专项任务研究教育廉政理论研究	教育部社科司	研究报告、软件	2014.1
90	自媒体时代高校网络生态文明建设研究	张小锋	思想政治理论课教学科研部	教育部人文社会科学专项基金项目	教育部社科司	论文	2014.12
91	优秀辅导员成长规律及培育机制研究——以北京市已评40名十佳辅导员为个案	杨　熙	国际经济贸易学院	教育部人文社会科学专项基金项目	教育部社科司	论文、研究报告	2014.1
92	WTO视野下我国产业补贴制度化研究	陈卫东	中国WTO研究院	教育部人文社会科学基金基地重大项目	教育部社科司	论文、研究报告	2016.12
93	科教结合的国际化战略研究	刘　亚	国际科技合作战略研究中心	教育部科技委软科学研究重点项目	教育部科技委	研究报告	2013.3
94	中国中小企业发展报告(2013—2015)	林汉川	国际商学院	教育部哲学社会科学发展报告建设项目	教育部社科司	研究报告	2016.12
95	中国企业海外发展报告(2013—2015)	张新民	国际商学院	教育部哲学社会科学发展报告培育项目	教育部社科司	研究报告	2016.12
96	不得当立法上的“原因”——比较法与法教义学的研究	傅广宇	法学院	教育部留学回国人员科研启动金46批	教育部（中国）留学服务中心	论文或研究报告	2015.1
97	商务对话口译中的译者角色——基于语料库的研究	蒋莉华	英语学院	教育部留学回国人员科研启动金46批	教育部（中国）留学服务中心	论文或研究报告	2015.1
98	尼古拉·弗雷列及其中国人文思想	裴　媛	外语学院	教育部留学回国人员科研启动金46批	教育部（中国）留学服务中心	论文或研究报告	2015.1
99	商务话语中的隐喻研究——认知社会语言学视角	孙　亚	英语学院	教育部留学回国人员科研启动金46批	教育部（中国）留学服务中心	论文或研究报告	2015.1

续表

序号	课题名称	负责人	承担部门	项目分类、类别	项目来源单位	预期成果形式	计划完成时间
100	基于能力视角的新农保筹资机制研究	周志凯	保险学院	教育部留学回国人员科研启动金46批	教育部（中国）留学服务中心	论文或研究报告	2015.1
101	ATO供应链系统中的权利结构分析研究	丁　鼎	国际经济贸易学院	教育部留学回国人员科研启动金47批	教育部（中国）留学服务中心	论文或研究报告	2015.1
102	新兴网络媒体对投资者行为的冲击	董　毅	金融学院	教育部留学回国人员科研启动金47批	教育部（中国）留学服务中心	论文或研究报告	2015.1
103	劳动法请求权体系之架构——以德国法为中心的考察与制度本土化讨论	娄　宇	保险学院	教育部留学回国人员科研启动金47批	教育部（中国）留学服务中心	论文或研究报告	2015.1
104	巴尔加斯·略萨后现代小说叙事策略——以《凯尔特人之梦》为例	毛　频	外语学院	教育部留学回国人员科研启动金47批	教育部（中国）留学服务中心	论文或研究报告	2015.1
105	离散供应链中库存共享问题的研究	邵　婧	国际商学院	教育部留学回国人员科研启动金47批	教育部（中国）留学服务中心	论文或研究报告	2015.1
106	我国私募基金法律制度的构建研究	梁清华	法学院	司法部一般项目	司法部	论文	2014.9
107	中日韩关于海洋垃圾处理的国际纠纷问题研究	李　玫	法学院	司法部一般项目	司法部	专著	2015.3
108	不被强迫自证其罪在我国的解释与适用	陈学权	法学院	司法部中青年项目	司法部	论文	2015.12
109	论“竞争中立”法律制度对我国企业国际化经营的影响及其对策	石　伟	法学院	司法部中青年项目	司法部	专著	2015.9
110	打击跨国犯罪理论与实务研究	李晓欧	法学院	司法部专项任务项目	司法部	研究报告	2015.12
111	融资租赁与节能减排投融资及相关政策研究	史燕平	国际经济贸易学院	国家软科学研究计划出版项目	科技部	专著	2013.12
112	上市公司财务状况质量及其评价研究——基于北京上市公司的应用研究	张新民	国际商学院	北京市哲学社会科学规划特别委托项目	北京市哲学社会科学规划办公室	研究报告、论文（集）	2015.12

续表

序号	课题名称	负责人	承担部门	项目分类、类别	项目来源单位	预期成果形式	计划完成时间
113	北京实体经济发展的现状与趋势研究	范黎波	国际商学院	北京市哲学社会科学规划重点项目	北京市哲学社会科学规划办公室	研究报告	2013.5
114	北京市提升利用外资质量研究	郑建明	国际商学院	北京市哲学社会科学规划重点项目	北京市哲学社会科学规划办公室	研究报告	2015.6
115	基于国际化视角下的北京市能源产业的绿色金融支持体系研究	蒋先玲	国际经济贸易学院	北京市哲学社会科学规划重点项目	北京市哲学社会科学规划办公室	研究报告	2015.6
116	北京市互联网突发事件和网络舆情引导研究	熊光清	国际关系学院	北京市哲学社会科学规划重点项目	北京市哲学社会科学规划办公室	论文（集）	2015.12
117	构建支持北京大气污染治理的绿色金融体系研究	郭红玉	金融学院	北京市哲学社会科学规划一般项目	北京市哲学社会科学规划办公室	研究报告	2015.5
118	北京市小微企业金融服务与外地中小银行市场进入的影响	粟　勤	金融学院	北京市哲学社会科学规划一般项目	北京市哲学社会科学规划办公室	研究报告	2015.5
119	北京市包容性创新系统构建与配套政策研究	邢小强	国际商学院	北京市哲学社会科学规划一般项目	北京市哲学社会科学规划办公室	研究报告、论文（集）	2015.12
120	基于全球价值链理论的北京服务外包产业升级研究——对样本企业的跨案例分析	姜荣春	国际经济研究院	北京市哲学社会科学规划一般项目	北京市哲学社会科学规划办公室	论文（集）	2014.8
121	互联网时代北京旅游的国际营销	冯捷蕴	英语学院	北京市哲学社会科学规划一般项目	北京市哲学社会科学规划办公室	论文（集）	2015.6
122	北京应急产品储备与供应问题研究	李　兵	信息学院	北京市哲学社会科学规划一般项目	北京市哲学社会科学规划办公室	论文（集）	2015.12
123	当代文学中的“北京”形象及其国际传播	胡少卿	中国语言文学学院	北京市哲学社会科学规划一般项目	北京市哲学社会科学规划办公室	研究报告	2015.12
124	中俄环保合作对北京建设健康城市的启示研究	吴　军	外语学院	北京市哲学社会科学规划一般项目	北京市哲学社会科学规划办公室	研究报告	2015.12
125	北京高校意识形态工作现状与优化策略研究	张小锋	思想政治理论课教学科研部	北京市哲学社会科学规划一般项目	北京市哲学社会科学规划办公室	研究报告	2015.12

续表

序号	课题名称	负责人	承担部门	项目分类、类别	项目来源单位	预期成果形式	计划完成时间
126	财税改革与北京加快转变经济发展方式——基于"营改增"视角的研究	毛　捷	国际经济贸易学院	北京市哲学社会科学规划青年项目	北京市哲学社会科学规划办公室	研究报告	2015.6
127	北京战略性新兴产业培育国际知名品牌的影响因素与路径研究	王分棉	国际商学院	北京市哲学社会科学规划青年项目	北京市哲学社会科学规划办公室	论文（集）	2015.12
128	北京城市功能疏解与空间布局研究	邓慧慧	国际经济研究院	北京市哲学社会科学规划青年项目	北京市哲学社会科学规划办公室	其他	2015.8
129	北京市文化创意产业保护的立法研究	卢海君	法学院	北京市哲学社会科学规划青年项目	北京市哲学社会科学规划办公室	研究报告	2015.5
130	北京实施居民收入倍增的税收福利效应及政策机制研究	崔景华	公共管理学院	北京市哲学社会科学规划青年项目	北京市哲学社会科学规划办公室	研究报告	2015.8
131	北京青年科技创新人才成长机制研究——基于人才与城市互动的视角	黄海刚	国际科技合作战略研究中心	北京市哲学社会科学规划青年项目	北京市哲学社会科学规划办公室	研究报告	2014.12
132	北京市科技保险政策实施效果评价及对策研究	吕文栋	国际商学院	北京市教委共建项目	北京市教育委员会	研究报告	2014.6
133	北京市空气污染综合治理政策法律体系建设研究	王　军	法学院	北京市教委共建项目	北京市教育委员会	研究报告	2014.6
134	北京市服务贸易发展战略与路径研究	洪俊杰	国际经济贸易学院	北京市教委共建项目	北京市教育委员会	研究报告	2014.6
135	影响首都社会稳定的主要风险及防范对策研究	戴长征	国际关系学院	北京市教委共建项目	北京市教育委员会	研究报告	2014.6
136	北京市企业协同创新能力与支撑体系研究	王永贵	国际商学院	北京市教委共建项目	北京市教育委员会	研究报告	2014.6
137	北京市高校对外体育交流的现状与发展策略研究	翟京云	体育部	北京市教育科学"十二五"规划2013年度课题/重点课题	北京市教育科学规划领导小组办公室	论文、研究报告	2015.12
138	制度环境、合法性约束、市场进入和成长战略——基于北京市高科技企业的实证研究	周晓艳	国际商学院	北京市自然科学面上项目	北京市自然科学基金委员会	论文、研究报告	2014.12
139	北京市政府采购促进科技成果转化的实证与政策研究——基于VAR模型	徐进亮	国际经济贸易学院	北京市自然科学面上项目	北京市自然科学基金委员会	论文、研究报告	2015.12

2013年度校级社会科学研究项目

序号	项目名称	负责人	承担部门	项目分类、类别	预期成果形式	计划完成时间
1	UIBE全球投资环境指数	洪俊杰	国际经济贸易学院	特色科研项目	数据库研究报告	2016.12
2	中国企业“走出去”案例库建设	汤谷良	国际商学院	特色科研项目	数据库研究报告	2016.12
3	服务“走出去”战略的国家信用风险数据库与指标研究	郭　敏	金融学院	特色科研项目	数据库研究报告	2016.12
4	海关便利化指数及其应用	崔鑫生	公共管理学院	特色科研项目	数据库研究报告	2016.12
5	国际媒体倾向性指数	吴　军	外语学院	特色科研项目	数据库研究报告	2016.12
6	世界主要国家国际战略关联指数	戴长征	国际关系学院	特色科研项目	数据库研究报告	2016.12
7	中国前50强企业文化资本全球影响指数级数据库建设	许德金	英语学院	特色科研项目	数据库研究报告	2016.12
8	数量经济学理论与应用学术创新团队	陈志鸿	国际经济贸易学院	学术创新团队	论文、专著	2016.12
9	中国企业海外投资的动机、模式与风险研究学术创新团队	马　捷	国际经济贸易学院	学术创新团队	论文、专著	2016.12
10	转型期国民收入分配模式学术创新团队	钱震杰	金融学院	学术创新团队	论文、专著	2016.12
11	经济金融的博弈论应用研究学术创新团队	王剑锋	金融学院	学术创新团队	论文、专著	2016.12
12	“亚太区域合作：国际制度重塑与中国战略调整”学术创新团队	熊李力	国际关系学院	学术创新团队	论文、专著	2016.12
13	公共外交学术创新团队	檀有志	国际关系学院	学术创新团队	论文、专著	2016.12
14	“走出去”背景下中国企业创新能力提升战略学术创新团队	尹建华	国际商学院	学术创新团队	论文、专著	2016.12
15	全球经济治理变革与我国的策略研究学术创新团队	屠新泉	中国WTO研究院	学术创新团队	论文、专著	2016.12
16	实施中国企业“走出去”战略的政府能力建设研究学术创新团队	吕维霞	公共管理学院	学术创新团队	论文、专著	2016.12
17	复合移动假日因素调整与影响时效测度研究	丁　岚	统计学院	一般项目	论文	2014.12
18	扩散风险下的带障碍现值的最大化	王明明	保险学院	一般项目	论文	2014.12

续表

序号	项目名称	负责人	承担部门	项目分类、类别	预期成果形式	计划完成时间
19	大数据和云计算环境下的信息足迹研究	王树西	信息学院	一般项目	论文	2014. 12
20	当代西方马克思主义空间政治转向的意识形态价值研究	王贵楼	思想政治理论课教学科研部	一般项目	论文	2014. 12
21	国家建设视角下的地方财政行为研究	叶　静	国际关系学院	一般项目	论文	2014. 12
22	美国媒体的中国企业形象——以《纽约时报》（2001—2013）为例	边　巍	中国语言文学学院	一般项目	论文	2014. 12
23	世界革命时代视阈下中共反帝理论与早期马克思主义中国化——基于经典文本的研究	刘建萍	思想政治理论课教学科研部	一般项目	论文	2014. 12
24	基于高频数据的中国股市日内联动机制研究	西村友作	经研院	一般项目	论文	2014. 12
25	中国企业在阿拉伯国家的机遇、挑战与应对	佘　莉	外语学院	一般项目	论文	2014. 12
26	拉普拉斯正则化的半监督学习算法研究	佟宏志	统计学院	一般项目	论文	2014. 12
27	传统武术文化的传承研究——以太极拳为例	张旭光	体育部	一般项目	论文	2014. 12
28	中国企业“走出去”的跨文化商务沟通策略研究	张翠萍	英语学院	一般项目	论文	2014. 12
29	面向供应链的环保 NGO 压力监督研究	张　毅	公共管理学院	一般项目	论文	2014. 12
30	全国高等院校高水平运动队建设与发展新格局探究	李　茜	体育部	一般项目	论文	2014. 12
31	语言测试理论及其应用研究——以俄语为例	李锡奎	外语学院	一般项目	论文	2014. 12
32	基于利率市场化的融资融券投资者信用风险评估研究	徐　云	统计学院	一般项目	论文	2014. 12
33	基于半参数理论的随机波动模型构建与应用研究	柴文义	统计学院	一般项目	论文	2014. 12
34	“走出去”战略下的主权财富基金——政府所有制、国际规制与对策研究	高　洁	金融学院	一般项目	论文	2014. 12
35	社交网络中的社会资本对在线评论感知有用性的影响研究	崔金红	信息学院	一般项目	论文	2014. 12
36	回指语句法位置可及性及其限制因素	崔艳蕾	中国语言文学学院	一般项目	论文	2014. 12

续表

序号	项目名称	负责人	承担部门	项目分类、类别	预期成果形式	计划完成时间
37	实现双倍增目标的中国税制结构收入分配效应及与经济增长的关系研究	曹永栋	思想政治理论课教学科研部	一般项目	论文	2014.12
38	外资企业履行社会责任评估与影响因素实证分析	太　平	经研院	青年项目	论文	2014.12
39	动态视角下我国出口企业市场进入与扩张的路径选择与对策研究	王丽丽	经研院	青年项目	论文	2014.12
40	金融连续时间序列 Levy 过程中均值回归参数估计的偏差修正研究	王　芸	国际经济贸易学院	青年项目	论文	2014.12
41	社会网络视角下合作与竞争对工作绩效的影响机理研究：国企和外企的比较	卢　苏	国际商学院	青年项目	论文	2014.12
42	美国反恐法律域外管辖对我国银行业的影响及对策	卢杰锋	法学院	青年项目	论文	2014.12
43	比较法视角下相邻关系中的不可量物侵害研究	刘　丽	英语学院	青年项目	论文	2014.12
44	从“有限责任”到“特殊普通合伙”——论会计师事务所改制对审计质量及收费的影响	刘雪娇	国际商学院	青年项目	论文	2014.12
45	基于动态优化的保险公司风险控制策略研究	李　岩	保险学院	青年项目	论文	2014.12
46	欧美总裁经济思想的隐喻表达研究及其启示	李　琳	英语学院	青年项目	论文	2014.12
47	为动物立传——兼议伍尔夫新传记艺术	郑佰青	英语学院	青年项目	论文	2014.12
48	基于地方政府主要统计指标数据可信度估计方法体系的构建研究	唐晓彬	统计学院	青年项目	论文	2014.12
49	委托代理关系下的基金经理投资行为	崔　鑫	国际商学院	青年项目	论文	2014.12
50	翻译研究的构式途径	王雪明	英语学院	新进青年教师科研启动项目	论文	2014.12
51	当代巴勒斯坦流散文学研究	邓苏宁	外语学院	新进青年教师科研启动项目	论文	2014.12
52	中国女作家作品英译合集研究（1979—2010）	付文慧	英语学院	新进青年教师科研启动项目	论文	2014.12
53	人口结构与国际贸易	田　魏	国际经济贸易学院	新进青年教师科研启动项目	论文	2014.12

续表

序号	项目名称	负责人	承担部门	项目分类、类别	预期成果形式	计划完成时间
54	在删失数据下两样本问题的研究	白芳芳	统计学院	新进青年教师科研启动项目	论文	2014.12
55	我国反垄断法在促进中小企业发展与创新方面的作用与影响	刘佳佳	英语学院	新进青年教师科研启动项目	论文	2014.12
56	关于汉语“V来、V去”与日语的“V来、V去”比较研究	刘雅静	外语学院	新进青年教师科研启动项目	论文	2014.12
57	基于高频数据的金融市场极端风险研究	余　超	统计学院	新进青年教师科研启动项目	论文	2014.12
58	俄罗斯白银时代的列夫·托尔斯泰研究	吴允兵	外语学院	新进青年教师科研启动项目	论文	2014.12
59	同场对抗性项目竞技能力表现的人种差异性研究	吴　超	体育部	新进青年教师科研启动项目	论文	2014.12
60	基于云计算的IT业务价值研究	李　亮	信息学院	新进青年教师科研启动项目	论文	2014.12
61	政治现实主义与理性	杨吉平	国际关系学院	新进青年教师科研启动项目	论文	2014.12
62	写作与生存——刘鹗及其《老残游记》若干问题研究	陆楠楠	中国语言文学学院	新进青年教师科研启动项目	论文	2014.12
63	闽南方言特殊语法现象研究	陈伟蓉	中国语言文学学院	新进青年教师科研启动项目	论文	2014.12
64	公共财政购买教育服务研究	陈建伟	教育与开放经济研究中心	新进青年教师科研启动项目	论文	2014.12
65	开放条件下劳动力市场的学历误配形成机制研究	陈　昊	经研院	新进青年教师科研启动项目	论文	2014.12
66	国际公司法律之权利人利益平衡机制比较研究	周玲玲	英语学院	新进青年教师科研启动项目	论文	2014.12
67	转移支付对地方政府投资决策的影响研究	苑德宇	国际经济贸易学院	新进青年教师科研启动项目	论文	2014.12
68	杜诗中的鸥鸟意象和诗人自我形象的表达	赵　化	中国语言文学学院	新进青年教师科研启动项目	论文	2014.12
69	中国梦与中国现代化的三重主体	高　蕾	思政教研部	新进青年教师科研启动项目	论文	2014.12
70	19世纪初驻印英国传教士之中文事业与早期中西对话初探	康太一	中国语言文学学院	新进青年教师科研启动项目	论文	2014.12
71	我国公共政策咨询机制分析研究	傅雨飞	公共管理学院	新进青年教师科研启动项目	论文	2014.12
72	未成年人社会调查制度研究	曾新华	法学院	新进青年教师科研启动项目	论文	2014.12

续表

序号	项目名称	负责人	承担部门	项目分类、类别	预期成果形式	计划完成时间
73	北朝后期皇权政治形态研究	曾　磊	思政教研部	新进青年教师科研启动项目	论文	2014.12
74	西方国家工人阶级意识的现状、原因和趋势问题研究	童　晋	思政教研部	新进青年教师科研启动项目	论文	2014.12
75	庞迪我在明清西班牙来华传教士中的作用	魏京翔	外语学院	新进青年教师科研启动项目	论文	2014.12
76	2013年奢侈品行业发展报告	冷柏军	国际经济贸易学院	学术出版资助	专著	2014.12
77	比较视野下的违约与侵权责任竞合	周丽霞	英语学院	学术出版资助	专著	2014.12
78	中国与欧洲历史反差原因之研究——地理差异与经济人选择	赵　峰	公共管理学院	学术出版资助	专著	2014.12
79	中国还是发展中国家吗——与日本、德国的经济比较	贾保华	国际经济研究院	学术出版资助	专著	2014.12
80	环保政策对外商直接投资企业选址的影响研究	王春华	国际经济贸易学院	WTO专项	论文	2014.12
81	我国海外投资对东道国的环境保护义务	边永民	法学院	WTO专项	论文	2014.12
82	中国自由贸易园区的发展模式探索	刘　斌	中国世界贸易组织研究院	WTO专项	论文	2014.12
83	中国FTA：绩效评估与未来路径选择的指标体系	李　杨	中国世界贸易组织研究院	WTO专项	论文	2014.12
84	高校智库建设研究：借鉴国际经验	王　宁	金融学院	科研管理专项	研究报告	2014.12
85	协同创新视角下高校非实体科研机构社会服务功能的管理与探究	刘　帅	科研处	科研管理专项	研究报告	2014.12
86	财经外语类院校学术竞争力比较研究	刘　阳	英语学院	科研管理专项	研究报告	2014.12
87	高校核心期刊认定与分类研究——以对外经济贸易大学为例	李　岩	科研处	科研管理专项	研究报告	2014.12
88	高校哲学社会科学学术不端行为的产生机理分析及预防机制探究	沈丹丹	思想政治理论课教学科研部	科研管理专项	研究报告	2014.12
89	协同视角下的高校文科科研团队建设绩效及影响因素研究	柳　瑛	科研处	科研管理专项	研究报告	2014.12
90	高校青年党政管理干部科研需求及现状调查研究	耿慧芳	国际商学院	科研管理专项	研究报告	2014.12

续表

序号	项目名称	负责人	承担部门	项目分类、类别	预期成果形式	计划完成时间
91	ESI基本科学指标数据库的研究与应用	郭亚博	保险学院	科研管理专项	研究报告	2014.12
92	高校协同创新机制研究	常文磊	学科建设办公室	科研管理专项	研究报告	2014.12
93	当代货币殖民倾向研究	丁志杰	金融学院	杰出青年学者培育计划	论文	2015.12
94	国际文化贸易法新论	石静霞	法学院	杰出青年学者培育计划	论文	2015.12
95	外贸转型升级下的中国区域布局优化研究——基于全球生产网络演进的视角	汤　碧	国际经济研究院	杰出青年学者培育计划	论文	2015.12
96	国家文化资本影响指数及数据库建设	许德金	英语学院	杰出青年学者培育计划	论文	2015.12
97	并行型对外直接投资的特征、影响因素与绩效研究	李自杰	国际商学院	杰出青年学者培育计划	论文	2015.12
98	不对称信息环境下的采购机制研究	李建培	国际经济贸易学院	杰出青年学者培育计划	论文	2015.12
99	中国微型金融发展研究	黄　薇	保险学院	杰出青年学者培育计划	论文	2015.12
100	中外企业海外经济利益保护	李志永	国际关系学院	优秀青年学者培育计划	论文	2016.12
101	中国企业应对贸易壁垒的策略体系研究	邓慧慧	国际经济研究院	优秀青年学者培育计划	论文	2016.12
102	中国事业单位养老保险制度改革研究	孙守纪	保险学院	优秀青年学者培育计划	论文	2016.12
103	互联网用户评论对消费者决策的影响机制与管理策略研究	殷国鹏	信息学院	优秀青年学者培育计划	论文	2016.12
104	司法裁量权滥用规制研究	陈杭平	法学院	优秀青年学者培育计划	论文	2016.12
105	全球价值链下我国产业竞争力研究：指标设计与政策含义	裴建锁	国际经济贸易学院	优秀青年学者培育计划	论文	2016.12
106	机场和航空公司之间的收入分享合作研究及政策启示	杨杭军	国际经济贸易学院	优秀青年学者培育计划	论文	2016.12
107	宏观审慎金融监管工具的微观机制分析：以或有资本监管为例	郭桂霞	国际经济研究院	优秀青年学者培育计划	论文	2016.12
108	财政政策拉动内需的宏观效应及传导机制研究	李晓嘉	公共管理学院	优秀青年学者培育计划	论文	2016.12

续表

序号	项目名称	负责人	承担部门	项目分类、类别	预期成果形式	计划完成时间
109	非正规金融风险与绩效的定量研究	张海洋	金融学院	优秀青年学者培育计划	论文	2016.12
110	政策不确定性、市场竞争与企业资本配置效率	陈德球	国际商学院	优秀青年学者培育计划	论文	2016.12
111	科学研究与创新人才培养的互动机制研究——基于协同创新的视角	黄海刚	中国开放经济与国际科技合作战略研究中心	优秀青年学者培育计划	论文	2016.12
112	基于网络的建导式团队协作在中外案例背景下的多视角研究	程絮森	信息学院	优秀青年学者培育计划	论文	2016.12
113	媒体特征、高管背景与公司治理——基于上市公司财务欺诈行为的研究	孙艳梅	金融学院	优秀青年学者培育计划	论文	2016.12
114	魅力领导的两面性——组织中公权与私权领导的追踪研究	刘小禹	国际商学院	优秀青年学者培育计划	论文	2016.12

（对外经济贸易大学科研处供稿）

中国传媒大学

2013 年度承担国家级、省部级社会科学研究项目

序号	项目名称	负责人	承担部门	项目分类	项目来源单位	预期成果形式	计划完成时间
1	我国新闻记者职务权利保障研究	唐远清	电视与新闻学院	国家新闻出版广电总局项目	国家新闻出版广电总局	研究报告	2014.8
2	体育传播理论与实践发展研究	王大中	体育部	国家体育总局项目	国家体育总局	研究报告	2014.9
3	基层广播影视人才队伍建设研究	毕根辉	远程与继续教育学院	国家其他部委项目	国家新闻出版广电总局	研究报告	2014.6
4	新世纪中国类型电视剧及产业发展研究	杨洪涛	学报	国家其他部委项目	国家新闻出版广电总局	专著	2014.6
5	媒介发展新态势下广播节目模式创新研究	孟　伟	传播研究院	国家其他部委项目	国家新闻出版广电总局	专著	2014.6
6	基于数字媒体资产版权开发的广播影视内容产业价值链构建	宋培义	经济与管理学院	国家其他部委项目	国家新闻出版广电总局	研究报告	2014.6
7	广播影视国际传播与中华文化传播战略研究	乐　琦	对外汉语教育学院（留学生院）	国家其他部委项目	国家新闻出版广电总局	研究报告	2014.6
8	省级卫视频道管理调控与战略发展研究	郎劲松	电视与新闻学院	国家其他部委项目	国家新闻出版广电总局	研究报告	2014.6

续表

序号	项目名称	负责人	承担部门	项目分类	项目来源单位	预期成果形式	计划完成时间
9	中国电视剧创作与弘扬社会主义核心价值体系研究(总局)	杜莹杰	文学院	国家其他部委项目	国家新闻出版广电总局	研究报告	2014.6
10	媒介融合背景下的我国媒体政策与法律研究	李丹林	政治与法律学院	国家社会科学基金项目	国家社科规划办公室	专著、论文集	2016.3
11	中国在非洲国家形象与影响力研究	张艳秋	传播研究院	国家社会科学基金项目	国家社科规划办公室	专著、研究报告	2015.11
12	我国网络媒体公信力研究	詹　骞	电视与新闻学院	国家社会科学基金项目	国家社科规划办公室	专著、论文集	2015.4
13	中国近现代女性观的演变与文学内外的新女性形象研究	颜　浩	文学院	国家社会科学基金项目	国家社科规划办公室	专著	2016.12
14	战后有关“钓鱼岛”问题的话语建构与传播研究	刘建平	传播研究院	国家社会科学基金项目	国家社科规划办公室	论文集、研究报告	2016.12
15	汉语语体多维度、多特征计量研究	刘艳春	文学院	国家社会科学基金项目	国家社科规划办公室	论文集、电脑软件	2016.12
16	格曼语的深度描写及其与藏语、羌语的语法对比研究	李大勤	文学院	国家社会科学基金项目	国家社科规划办公室	专著	2016.3
17	广播电视国际传播力建设研究	高晓虹	电视与新闻学院	国家其他部委项目	国家新闻出版广电总局	专著	2014.12
18	电视新闻语体变革与提高舆论引导力研究	任前方	对外汉语教育学院	国家其他部委项目	国家新闻出版广电总局	研究报告	2014.12
19	互联网电视发展趋势与监管问题研究	戴建华	经济与管理学院	国家其他部委项目	国家新闻出版广电总局	研究报告	2014.12
20	三网融合背景下手机电视新业务模式研究	严　明	理工学部	国家其他部委项目	国家新闻出版广电总局	研究报告	2014.12
21	中国电视剧中的城市想象与文化意义	王利丽	戏剧影视学院	教育部人文社会科学研究项目	教育部	专著	2016.5
22	新媒体语境下的动画跨文化研究	王可越	动画与数字艺术学院	教育部人文社会科学研究项目	教育部	专著	2016.5
23	我国微电影发展生态与管理策略研究	司　若	戏剧影视学院	教育部人文社会科学研究项目	教育部	调研报告、系列论文	2016.5
24	城市形象中的公共艺术与设计系统开发	舒　怡	广告学院	教育部人文社会科学研究项目	教育部	专著	2016.5
25	中国共产党国际传播思想研究	张毓强	传播研究院	教育部人文社会科学研究项目	教育部	专著	2016.5

续表

序号	项目名称	负责人	承担部门	项目分类	项目来源单位	预期成果形式	计划完成时间
26	媒介融合背景下提高我国广播电视舆论引导能力研究（教育部重大项目）	段　鹏	广播电视研究中心	教育部人文社会科学研究项目	教育部	专著	2016.5
27	开展虚拟空间语言主权与语言安全的监测研究	段　鹏	广播电视研究中心	国家其他部委项目	国家语言文字委员会	研究报告	
28	全媒体时代的文艺形态研究	张鸿声	文学院	教育部人文社会科学研究项目	教育部	研究报告	
29	微博参与社会管理的长效机制建设研究	谢进川	政治与法律学院	教育部人文社会科学研究项目	教育部	研究报告	2016.5
30	全球化背景下中国数字音乐市场发展态势研究	佟雪娜	音乐与录音艺术学院	教育部人文社会科学研究项目	教育部	研究报告	2016.5
31	中国影视观众的视觉素养调查研究	赵风民	戏剧影视学院	国家其他部委项目	文化部	专著	2016.12
32	文化传播理论	隋　岩	电视与新闻学院	国家社会科学基金项目	文化部	专著	2016.12
33	电视剧传播的视觉形式作用机制研究	潘可武	学报	国家社会科学基金项目	文化部	专著	2016.5
34	现代汉语常用词汇中的广义外来词统计研究	张　彤	外国语学院	教育部人文社会科学研究项目	教育部	研究报告	2016.5
35	中国艺术批评模式初探	蒲震元	文学院	国家社会科学基金项目	国家社会科学规划办公室	专著	2016.5
36	云计算环境下智能化数字文化资源信息采集和资源整合及服务模式研究	范　周	文化发展研究院	国家其他部委项目	文化部	研究报告	2015.8
37	北京设计竞争力研究	吴学夫	广告学院	省级人文哲学社会科学基金项目	北京市哲学社会科学规划办公室	研究报告	2016.3
38	微信平台对首都政务建设的影响研究	徐　琦	新媒体研究院	省级人文哲学社会科学基金项目	北京市哲学社会科学规划办公室	研究报告	2016.3
39	北京视听新媒体产业政策研究	赵　敬	新媒体研究院	省级人文哲学社会科学基金项目	北京市哲学社会科学规划办公室	研究报告	2016.3
40	共建“国家语言资源监测与研究有声媒体中心”	侯　敏	文学院	国家其他部委项目	国家语言文化委员会	研究报告	2016.5

续表

序号	项目名称	负责人	承担部门	项目分类	项目来源单位	预期成果形式	计划完成时间
41	美国华文网络媒体的发展及其对在美华人影响力研究	姚林青	经济与管理学院	国家其他部委项目	国务院侨办	研究报告	2016. 7
42	“中国梦”对外传播的路径与策略研究	段　鹏	广播电视研究中心	省级人文哲学社会科学基金项目	北京市哲学社会科学规划办公室	专著	2016. 12
43	主流媒体的责任伦理对策：化解微博传播风险	张　燕	经济与管理学院	省级人文哲学社会科学基金项目	北京市哲学社会科学规划办公室	研究报告	2016. 12
44	苏东民族政策得失再认识及中国的启示	杨　勉	政治与法律学院	国家其他部委项目	国家民族文化委员会	研究报告	2015. 3

2013 年校级社会科学研究项目

序号	课题名称	负责人	承担部门	项目类别	预期成果形式	计划完成时间
1	中国共产党国际传播思想史纲	张毓强	传媒博物馆	重点和优势学科	论文（集）	2014. 12
2	媒介融合背景下提高我国广播电视舆论引导能力研究	段　鹏	研究生院	重点和优势学科	论文（集）	2014. 12
3	社会工作在社会管理与服务创新中的作用——构建失独家庭社区服务模式的研究	季　蕾	政治与法律学院	重点和优势学科	研究报告	2014. 12
4	媒介系统的变迁范式与社会机制	崔　林	电视与新闻学院	重点和优势学科	论文（集）	2014. 12
5	转型期广播电视新闻评论的舆论功能及其实现	李　舒	党委校长办公室	重点和优势学科	论文（集）	2014. 12
6	“动新闻”在中国电视新闻中的发展动态及趋势研究	付海钲	电视与新闻学院	重点和优势学科	研究报告	2014. 12
7	虚拟社区与集体行动：社交媒体背景下的中国公益传播	周　逵	电视与新闻学院	重点和优势学科	论文（集）、研究报告	2014. 12
8	人格魅力与时代交响——当代人物传记性电视剧审美特征论	李文宁	远程与继续教育学院	重点和优势学科	研究报告	2014. 12
9	全球视野下的拉美传播研究	张志华	电视与新闻学院	重点和优势学科	论文（集）	2014. 12
10	设计管理人才培养模式研究	吴　颖	广告学院	重点和优势学科	论文（集）	2014. 12
11	英国融合媒介的创意研发与内容生产研究	张　龙	国际交流与合作	重点和优势学科	研究报告	2014. 12
12	中美儿童教育电视节目中的成年人形象研究	哈　澍	文学院	重点和优势学科	专著、研究报告	2014. 12

续表

序号	课题名称	负责人	承担部门	项目类别	预期成果形式	计划完成时间
13	乐律的听感协和性研究	王　鑫	音乐与录音艺术学院	重点和优势学科	专著	2014.12
14	移动互联网时代的广播发展研究	庞　亮	工会	重点和优势学科	研究报告	2014.12
15	健康传播与媒体责任——艾滋病议题的媒介建构研究	夏丽丽	电视与新闻学院	重点和优势学科	论文（集）、研究报告	2014.12
16	新媒体受众研究的转向及本土化问题研究	顾　洁	电视与新闻学院	重点和优势学科	论文（集）、研究报告	2014.12
17	中国3D电视发展与文化软实力潜在拓展空间研究	于　然	电视与新闻学院	重点和优势学科	论文（集）	2014.12
18	现代水墨风格的三维毛发动画研究	艾胜英	动画与数字艺术学院	重点和优势学科	研究报告	2014.12
19	生产性保护背景下我国“非遗”走出去的路径与对策	蒋　多	文化发展研究院	重点和优势学科	论文（集）	2014.12
20	周易四象学研究	王　永	文学院	重点和优势学科	论文（集）	2014.12
21	媒体管理经典案例分析研究	刘　亮	党委校长办公室	重点和优势学科	专著	2014.12
22	基于受众分群视角的网络视频广告传播效果研究	杨雪睿	广告学院	重点和优势学科	论文（集）	2014.12
23	影视艺术作品对在校大学生思想的影响	冯宗泽	教务处	重点和优势学科	研究报告	2014.12
24	四重维度透视当代视觉文化	刘　刻	中国纪录片研究中心	重点和优势学科	研究报告	2014.12
25	传播政治经济学与文化研究学派比较研究	黄典林	传播研究院	重点和优势学科	专著	2014.12
26	中国出版产业政策研究——社会转型与价值观重构	刘大年	出版社	重点和优势学科	专著	2014.12
27	移动互联网视频业务发展研究	赵　敬	新媒体研究院	重点和优势学科	专著、研究报告	2014.12
28	中东海湾媒体的国际传播以及影响力研究	钟丹丹	信息工程学院	重点和优势学科	论文（集）、研究报告	2014.12
29	学生视角下辅导员职能定位研究	刘　妍	学生工作处	重点和优势学科	研究报告	2014.12
30	新世纪以来国产动画片叙事特征探析	梁　艳	动画与数字艺术学院	重点和优势学科	论文（集）、研究报告	2014.12
31	多媒体影像在电视文艺晚会中的应用研究	孙　斌	戏剧影视学院	重点和优势学科	专著	2014.12
32	个人化的影像社会史——1976年以来中国大陆的社会纪实摄影	徐竟涵	戏剧影视学院	重点和优势学科	专著、研究报告	2014.12

续表

序号	课题名称	负责人	承担部门	项目类别	预期成果形式	计划完成时间
33	新媒体使用与社区社会资本培育研究	曾　兴	电视与新闻学院	重点和优势学科	论文（集）	2014.12
34	微信传播在少数民族地区舆论调控中的作用研究	王咏梅	文科科研处	重点和优势学科	研究报告、论文	2014.12
35	中外情感类谈话节目比较	郭瑛霞	组织部	重点和优势学科		2014.12
36	公民新闻与大众传媒公共性的提升：理论与路径研究	申金霞	教务处	基础学科	研究报告	2014.12
37	体育节目主持人才培养的问题研究	刘　涛	体育部	基础学科	论文（集）、研究报告	2014.12
38	社会性别视角下的女性时尚杂志研究——以《时尚·COSMOPOLITAN》为个案	贾　静	远程与继续教育学院	基础学科	研究报告	2014.12
39	文化体制改革背景下的中印电视业发展比较研究	车子龙	外国语学院	基础学科	专著	2014.12
40	依存结构树形式化研究	胡凤国	文学院	基础学科	论文（集）	2014.12
41	基于语料库的现代汉语语体计量研究	刘艳春	文学院	基础学科	专著	2014.12
42	国族、政治与性别——张爱玲后期作品研究	颜　浩	文学院	基础学科	论文（集）	2014.12
43	海峡两岸词语互动交融趋势研究	许　蕾	文学院	基础学科	译著、论文（集）	2014.12
44	景观与类型：当代魔幻电影研究	刘思佳	艺术研究院	基础学科	专著	2014.12
45	学术期刊中的音乐传播学论文作者群研究（2000—2012）	韦　杰	艺术研究院	基础学科	专著	2014.12
46	国内视频网站自制剧制作发展策略、商业模式及前景展望	舒　敏	艺术研究院	基础学科	专著	2014.12
47	汉语欧化状况多视角研究	张　彤	外国语学院	基础学科	研究报告	2014.12
48	我国对外文化交流与文化贸易的制度创新研究	虞海侠	经济与管理学院	基础学科	专著、论文（集）	2014.12
49	后七五时代新媒体的使用与新疆的稳定研究	田维钢	电视与新闻学院	交叉学科	论文（集）、研究报告	2014.12
50	国产影片的跨文化传播效果实证研究——以《国医》为例	王大为	经济与管理学院	交叉学科	研究报告	2014.12
51	基于长尾理论的中国电影利基市场开发研究	于　晗	经济与管理学院	交叉学科	论文（集）、研究报告	2014.12

续表

序号	课题名称	负责人	承担部门	项目类别	预期成果形式	计划完成时间
52	“免费开放”背景下公共文化场馆的经营模式研究	李素艳	经济与管理学院	交叉学科	论文（集）	2014.12
53	中国电视剧英雄叙事及主流文化价值观研究	杜莹杰	文学院	交叉学科	电脑软件	2014.12
54	中国体育解说的历史演变与未来发展研究	徐　力	播音主持艺术学院	交叉学科	研究报告	2014.12
55	媒体工作者及管理者的性别观念与媒介素养——基于北京市10家媒体机构的调查	张敬婕	传播研究院	交叉学科	研究报告	2014.12
56	基于增强现实技术（AR）在移动智能终端中的互动友好性策略研究	郑志亮	电视与新闻学院	交叉学科	研究报告、电脑软件	2014.12
57	数字影像的非线性与互动叙事研究	王　雷	动画与数字艺术学院	交叉学科	专著	2014.12
58	基于移动平台的视频内容营销策略研究	宋　戈	动画与数字艺术学院	交叉学科	论文（集）	2014.12
59	国际纪录片项目运营模式研究	李　宁	中国纪录片研究中心	交叉学科	专著	2014.12
60	中国网络媒介与社会发展口述史纲	周雪梅	传媒博物馆	交叉学科	论文（集）、研究报告	2014.12
61	中国电视剧中的城市想象与文化传播	王利丽	戏剧影视学院	交叉学科	论文（集）、研究报告	2014.12
62	基于大数据挖掘的影视内容传播模式研究	黄　建	传播研究院	交叉学科	研究报告	2014.12
63	数字媒体艺术在现代化博物馆展览展示设计中的应用研究	张遵璐	传媒博物馆	交叉学科	论文（集）、研究报告	2014.12
64	社会化网络时代的产品营销模式及交互设计研究	侯　玥	动画与数字艺术学院	交叉学科	论文（集）	2014.12
65	新媒体时代互动叙事的设计和应用研究	赵慧文	动画与数字艺术学院	交叉学科	研究报告、电脑软件	2014.12
66	中国宏观经济波动最适幅度研究	池建宇	经济与管理学院	交叉学科	论文（集）	2014.12
67	北京市大学生体质现况与影响因素分析	张　弛	体育部	交叉学科	论文（集）、研究报告	2014.12
68	中外传媒类博物馆比较研究	吴志勇	传媒博物馆	交叉学科	研究报告	2014.12
69	新世纪以来中国数字特效电影发展研究	陈念群	动画与数字艺术学院	交叉学科	论文（集）、研究报告	2014.12
70	偶像剧对青少年消费文化的影响及对策分析——基于消费者社会化理论	杨　悦	经济与管理学院	交叉学科	专著、论文（集）	2014.12

续表

序号	课题名称	负责人	承担部门	项目类别	预期成果形式	计划完成时间
71	中国古代戏曲音乐乐谱研究	朱星辰	音乐与录音艺术学院	交叉学科	论文（集）、研究报告	2014.12
72	全媒体背景下，播音主持专业人才思维能力提升策略研究	杨蔚蔚	播音主持艺术学院	交叉学科	研究报告	2014.12
73	全球视野下的学生数字创新创业研究	郭蔓蔓	动画与数字艺术学院	交叉学科	研究报告	2014.12
74	高校青年教师激励机制改革与创新研究	李　毅	人事处	交叉学科	研究报告、论文	2014.12
75	新媒体环境下中国电视剧可持续发展及策略研究	张国涛	学报编辑部	自选项目	研究报告、电脑软件	2014.12
76	班集体建设精致化发展在传媒专业学生素养培养中的动力作用探析	傅　楠	电视与新闻学院	自选项目	研究报告	2014.12
77	法国对非洲的法语推广策略研究及其对中国的启示	徐海燕	外国语学院	后期资助	专著	2014.12
78	中国明代小说《剪灯新话》韩译史研究	孙鹤云	外国语学院	后期资助	专著	2014.12

（中国传媒大学文科科研处供稿）

中国农业大学

2013年度承担国家级、省部级等社会科学研究项目

序号	项目名称	负责人	承担部门	项目分类、类别	项目来源单位	预期成果形式	计划完成时间
1	城乡一体化进程中的农村变迁研究	叶敬忠	人文与发展学院	国家社会科学基金、重点项目	全国哲学社会科学规划办公室	著作	2016.6
2	杨庆堃与中国社会研究	孙庆忠	人文与发展学院	国家社会科学基金、规划项目	全国哲学社会科学规划办公室	著作	2015.12
3	草原生态保护补助奖励机制对不同规模牧户的影响研究	靳乐山	人文与发展学院	国家社会科学基金、规划项目	全国哲学社会科学规划办公室	论文、研究报告	2015.12
4	农村非农就业收入的影响因素与缩小收入差距对策研究	刘晓昀	人文与发展学院	国家社会科学基金、规划项目	全国哲学社会科学规划办公室	著作	2015.12
5	新中国成立以来中国共产党处理中越关系的历史梳理及经验研究	李桂华	思想政治教育学院	国家社会科学基金、青年项目	全国哲学社会科学规划办公室	著作	2016.12

续表

序号	项目名称	负责人	承担部门	项目分类、类别	项目来源单位	预期成果形式	计划完成时间
6	市场化进程中农村居民收入流动性的演变与影响因素研究	吕之望	经济管理学院	国家社会科学基金、青年项目	全国哲学社会科学规划办公室	论文集	2015.6
7	义务教育阶段之后农民工子女平等接受教育研究	汪淳玉	人文与发展学院	国家社会科学基金、青年项目	全国哲学社会科学规划办公室	研究报告	2015.12
8	历史时期气候变化对华北地区粮食生产与价格波动的影响	李　军	经济管理学院	国家社会科学基金、青年项目	全国哲学社会科学规划办公室	著作	2016.6
9	经济转型背景下的农业增长——中国粮食全要素生产率变化及其影响因素分析	郑志浩	经济管理学院	教育部人文社会科学研究、规划项目	教育部	论文	2016.12
10	期刊论文视角的当代中国农业经济学发展研究	冯开文	经济管理学院	教育部人文社会科学研究、规划项目	教育部	研究报告	2015.12
11	中国研究型大学国际化策略建构——基于组织理论的实证案例研究	金　帷	人文与发展学院	教育部人文社会科学研究项目、青年项目	教育部	论文、研究报告	2015.12
12	基于重叠结构的学科交叉演化研究	陈仕吉	图书馆	教育部人文社会科学研究项目、青年项目	教育部	论文、研究报告	2015.12
13	食品可追溯体系中各参与主体的行为特征及其影响因素研究	王瑞梅	经济管理学院	教育部人文社会科学研究、青年项目	教育部	研究报告	2015.12
14	增强高校青年教师思想政治工作针对性实效性研究	宁秋娅	党委宣传部	教育部人文社会科学研究、专项任务项目	教育部	论文、研究报告	2015.1
15	京郊各类合作社协调发展研究	冯开文	经济管理学院	北京市哲学社会科学、规划项目	北京市哲学社会科学规划办公室	研究报告	2014.12
16	北京都市型蔬菜产业经营体制创新研究	张领先	信息与电气工程学院	北京市哲学社会科学、规划项目	北京市哲学社会科学规划办公室	研究报告	2015.6
17	新监管体制下北京市食品安全问题实证研究	王小龙	人文与发展学院	北京市哲学社会科学、青年项目	北京市哲学社会科学规划办公室	研究报告	2015.6

续表

序号	项目名称	负责人	承担部门	项目分类、类别	项目来源单位	预期成果形式	计划完成时间
18	北京市学生网络学习问题研究	李　岩	国际学院	北京市哲学社会科学、青年项目	北京市哲学社会科学规划办公室	研究报告	2015.6
19	进城农民工食物消费结构变化调查	陈永福	经济管理学院	农业部软科学委员会研究项目	农业部软科学委员会办公室	研究报告	2013.12
20	草原生态保护和建设问题研究——以内蒙古草原为例	赵　霞	经济管理学院	农业部软科学委员会研究项目	农业部软科学委员会办公室	研究报告	2013.12
21	农民资金互助合作组织发育与风险防控问题研究	鞠荣华	经济管理学院	农业部软科学委员会研究项目	农业部软科学委员会办公室	研究报告	2013.12
22	发展规模养殖与生态环境保护问题研究	马　骥	经济管理学院	农业部软科学委员会研究项目	农业部软科学委员会办公室	研究报告	2013.12
23	农业适度规模经营问题研究——基于我国粮食生产的实证分析	郑志浩	经济管理学院	农业部软科学委员会研究项目	农业部软科学委员会办公室	研究报告	2013.12
24	农村科技创新与创业一体化发展模式研究	翟留栓	经济管理学院	国家软科学研究计划项目	科技部	研究报告	2013.12
25	世界甘蔗燃料乙醇产业发展对中国糖业市场的影响	司　伟	经济管理学院	国家自然科学基金	国家自然科学基金委员会	论文	2016.12
26	食品追溯体系利益相关者行为及额外价格分配机制研究——以蔬菜产业为例	廖媛红	经济管理学院	国家自然科学基金	国家自然科学基金委员会	论文	2016.12
27	高校女性学课程与女大学生价值观培育	王新婷	思想政治教育学院	北京市委教育工委项目	北京市委教育工作委员会	论文	2014.12
28	"中国梦"教育融入概论课教学的探索	陈东琼	思想政治教育学院	北京市委教育工委项目	北京市委教育工作委员会	论文	2014.3
29	大学生在虚拟社交网络生存状态对思想政治教育影响研究	黄振翔	水利与土木工程学院	北京市委教育工委项目	北京市委教育工作委员会	论文	2015.2
30	"朋辈帮辅"对提升大学生自我管理能力的效果研究	尹　蛟	资源与环境学院	北京市委教育工委项目	北京市委教育工作委员会	论文	2015.3

续表

序号	项目名称	负责人	承担部门	项目分类、类别	项目来源单位	预期成果形式	计划完成时间
31	首都高等农林院校大学生生态文明观培育研究	刘　巍	思想政治教育学院	北京市委教育工委项目	北京市委教育工作委员会	论文	2015.3
32	首都高校大学生领导力培养现状调查及对策研究	张　晖	思想政治教育学院	北京市委教育工委项目	北京市委教育工作委员会	论文	2015.4

（中国农业大学科学技术发展研究院王虹供稿）

中国地质大学

2013 年度承担国家级、省部级社会科学研究项目

序号	项目名称	负责人	承担部门	项目分类、类别	项目来源单位	预期成果形式	计划完成时间
1	政府主导下的城市地下水生态补偿机制研究	王　玲	人文经管学院	国家社会科学基金一般项目	全国哲学社会科学规划办公室	论文、研究报告	2015.8
2	黄河几字湾经济区可持续发展战略研究	徐春骐	人文经管学院	国家软科学项目	科技部	论文、研究报告	2013.12
3	城市生活源固废废物流模拟及其资源环境响应研究	张　华	人文经管学院	国家自然科学基金青年基金项目	国家自然科学基金委	论文、研究报告	2015.12
4	体育产业与区域经济发展的关系研究	张　龙	人文经管学院	国家社会科学基金项目青年基金项目——教育学类	国家社会科学基金委	论文、研究报告	2015.12
5	地质调查与相关行业体制机制比较研究	安海忠	人文经管学院	国土资源部	中国地质调查局发展研究中心	论文、研究报告	2014.4
6	国土资源人才管理信息系统原型设计与开发	安海忠	人文经管学院	国土资源部	人力资源开发中心	论文、研究报告	2013.12
7	我国主要矿产品进出口形势与对策研究	安海忠	人文经管学院	国土资源部	中国地质调查局发展研究中心	论文、研究报告	2014.3
8	矿业权实地核查成果开发与应用（地大北京）	曹希绅	人文经管学院	国土资源部	中国地质调查局发展研究中心	论文、研究报告	2013.11
9	区域地质调查标准应用现状调研及应用效果评价	杜国银	人文经管学院	国土资源部	中国地质调查局发展研究中心	论文、研究报告	2014.3

续表

序号	项目名称	负责人	承担部门	项目分类、类别	项目来源单位	预期成果形式	计划完成时间
10	全球钛矿和锂矿资源分布与潜力分析研究	林善园 安海忠	人文经管学院	国土资源部	中国地质调查局发展研究中心	论文、研究报告	2014.5
11	稀土资源勘查与开发信息监测与分析	刘慧芳	人文经管学院	国土资源部	信息中心	论文、研究报告	2013.12
12	三资关系的相关基础理论研究	沙景华	人文经管学院	国土资源部	中国地质调查局	论文、研究报告	2014.3
13	中央公益性地质调查队伍人才教育培训研究体系集成研究	余际从	人文经管学院	国土资源部	中国地质调查局发展研究中心	论文、研究报告	2014.5
14	东盟主要国家非常规天然气开发利用研究	安海忠	人文经管学院	国土资源部	油气资源战略研究中心	论文、研究报告	2014.2
15	国外主要国家油气资源管理相关问题研究	安海忠	人文经管学院	国土资源部	油气资源战略研究中心	论文、研究报告	2013.10
16	主要国家能源战略与油气法律制度研究	安海忠	人文经管学院	国土资源部	油气资源战略研究中心	论文、研究报告	2014.6
17	矿产资源与区域经济增长的理论与实证研究	吴三忙	人文经管学院	教育部	新世纪优秀人才支持计划	论文、研究报告	2016.12
18	“以‘艰苦朴素、求真务实’为特色，构建中国地质大学（北京）教师思想政治建设体系	邹世享	思想政治教育学院	教育部教师工作司项目	教育部教师工作司	研究或咨询报告	2015.12
19	“概论”中的科学马克思主义观教育研究	刘武根	思想政治教育学院	北京市教工委项目	北京市教工委	论文、研究报告	2014.12
20	“中国梦”与大学生理想信念教育目标一致性研究	刘海燕	思想政治教育学院	北京市教工委项目	北京市教工委	论文、研究报告	2015.3
21	人的全面发展理论对《概论课》教学模式创新的启示	张秀荣	思想政治教育学院	北京市教工委项目	北京市教工委	论文、研究报告	2015.3
22	《纲要》课教学中运用国外中国学成果研究	韦　磊	思想政治教育学院	北京市教工委项目	北京市教工委	论文、研究报告	2015.4
23	大学生积极信念训练模式研究	陶　塑	思想政治教育学院	北京市教工委项目	北京市教工委	论文、研究报告	2014.12
24	当代大学生道德状况调查及其突出问题治理	杨峻岭	思想政治教育学院	教育部新世纪优秀人才支持计划（人才计划）	教育部	研究或咨询报告	2016.9
25	威县社会建设现状与发展趋势研究	张秀荣	思想政治教育学院	其他省、市、自治区科技项目	威县人力资源与社会保障局	研究或咨询报告	2014.6

续表

序号	项目名称	负责人	承担部门	项目分类、类别	项目来源单位	预期成果形式	计划完成时间
26	MOOC视域中的高校思想政治理论课教学新探	刘武根	思想政治教育学院	北京市教工委项目	北京市教工委宣教处（首都大学生政课题）	论文、研究报告	2013.12
27	当代大学生政治认同问题研究	杨峻岭	思想政治教育学院	国家社会科学基金、国家社科基金一般项目	全国哲学社会科学规划办公室	专著	2016.12
28	中国特色社会主义的国际视野研究	刘武根	思想政治教育学院	国家社会科学基金、国家社科基金一般项目	全国哲学社会科学规划办公室	研究或咨询报告	2016.12
29	学生组织在研究生思想政治教育中的作用研究	王静修	思想政治教育学院	横向项目、企事业单位委托项目	北京市教工委	论文	2014.04
30	过程性评价机制与学习动机、学习策略及学习成绩的相关性研究	高淑芬	外语学院	企事业单位委托横向项目	上海外语教育出版社	研究报告	2013.12
31	高等学校文化设施在公共文化服务体系中发挥作用的模式研究	刘海燕	思想政治教育学院	横向项目、企事业单位委托项目	民进海淀区委	论文、研究报告	2013.11

2013年度校级社会科学研究项目

序号	项目名称	负责人	承担部门	项目分类、类别	预期成果形式	计划完成时间
1	经济时间序列双变量动态线性回归模型研究：基于复杂网络理论	安海忠	人文经管学院	中央高校基本业务费	论文、研究报告	2014.12
2	中国铁矿石进口贸易对生态经济系统的传导机制研究	安海忠	人文经管学院	中央高校基本业务费	论文、研究报告	2014.12
3	面向高维稀疏数据的序列模式挖掘算法研究	崔 巍	人文经管学院	中央高校基本业务费	论文、研究报告	2016.12
4	我国区域经济发展方式转变研究：基于1987—2007年的投入产出表分析	吴三忙	人文经管学院	中央高校基本业务费	论文、研究报告	2015.12
5	英汉句式的句法语义研究	张焕香	外语学院	中央高校基本业务费	论文	2014.12
6	后理论时代文学思潮研究	纪爱梅	外语学院	中央高校基本业务费	论文	2014.12
7	大学英语与中学英语衔接的实证研究	王丽娟	外语学院	中央高校基本业务费	论文	2014.12

续表

序号	项目名称	负责人	承担部门	项目分类、类别	预期成果形式	计划完成时间
8	高等教育国际化背景下维护国家文化安全的外语教育研究	许秀妍	外语学院	中央高校基本业务费	论文	2014.12
9	乔伊斯笔下“顿悟”的破解—动态认知文体学维度	张之俊	外语学院	中央高校基本业务费	论文	2014.12
10	翻译理论的整合范式研究	罗　雷	外语学院	中央高校基本业务费	论文	2013.12
11	理工科高校外语教师专业发展调查与研究	李　立	外语学院	中央高校基本业务费	论文	2014.12
12	形式与结构：后结构主义时期语言诗学研究	隗雪燕	外语学院	中央高校基本业务费	论文	2014.12
13	中西科技英语口语及书面语篇多维对比研究	张庆华	外语学院	中央高校基本业务费	论文	2014.12
14	基于我国世界地质公园的中英文公示语，研究双语平行对译语料库的构建	张翼翼	外语学院	中央高校基本业务费	论文	2014.12
15	当代大学生政治认同问题研究	杨峻岭	思想政治教育学院	中央高校基本业务费	论文	2015.05

［中国地质大学（北京）科技处供稿］

北京科技大学

2013 年度承担国家级、省部级社会科学研究项目

序号	项目名称	负责人	承担部门	项目分类、类别	项目来源单位	预期成果形式	计划完成时间
1	现代日语形容词语法语义互动机制的实证研究	周　彤	外国语学院	国家社会科学基金、青年项目	全国哲学社会科学规划办公室	专著	2016.12.31
2	自媒体时代权力与权利研究	侯登华	文法学院	国家社会科学基金、一般项目	全国哲学社会科学规划办公室	论文（集）	2016.6.1
3	网络人际交往与亲密关系的社会学研究	张　娜	文法学院	国家社会科学基金、青年项目	全国哲学社会科学规划办公室	专著、研究报告	2016.8.30
4	大数据时代的信息可视化与信息设计	覃京燕	机械工程学院	国家社会科学基金、后期资助项目	全国哲学社会科学规划办公室	专著	2014.12.30
5	企业集团网络组织特性及协作机制研究	高俊山	经济管理学院	国家社会科学基金、一般项目	全国哲学社会科学规划办公室	研究报告	2014.7.31

续表

序号	项目名称	负责人	承担部门	项目分类、类别	项目来源单位	预期成果形式	计划完成时间
6	学前教育成本核算、成本分担与收费定价研究	张曾莲	经济管理学院	国家社会科学基金“十二五”规划2013年度教育学青年课题	全国教育科学规划领导小组办公室	专著、论文	2015.6.30
7	2030年我国学龄人口变化趋势预测分析	杨晓明	教育经济管理研究所	全国教育科学“十二五”规划年度教育部重点课题	全国教育科学规划领导小组办公室	研究报告、论文	2015.9.30
8	中小学学困生学习心理发展特点及教育矫正研究	官群	外国语学院	全国教育科学“十二五”规划年度教育部重点课题	全国教育科学规划领导小组办公室	论文	2015.12.31
9	以职业能力培养为导向的全日制工程硕士研究生培养模式创新研究	宁晓钧	机关	教育部人文社会科学规划项目	教育部社科司	论文、咨询报告	2015.6.30
10	群体性事件频发背景下公民有序利益表达研究	吴群芳	文法学院	教育部人文社会科学规划项目	教育部社科司	专著	2016.5.31
11	大学生生态文明教育研究	孙文营	马克思主义学院	教育部人文社会科学规划项目	教育部社科司	论文、咨询报告	2014.12.31
12	“高校思想政治理论课程网站”共建团队	彭庆红	马克思主义学院	教育部人文社会科学规划项目	教育部社科司	研究报告	2013.12.31
13	“思想道德修养与法律基础”课程教学模式创新的理论与实践探索	彭庆红	马克思主义学院	教育部人文社会科学规划项目	教育部社科司	研究报告	2014.12.31
14	高校思想政治教育学科建设前沿问题研究	彭庆红	马克思主义学院	教育部思政司委托研究项目	教育部思政司	研究报告	2014.12.31
15	考虑循环经济与低碳经济因素的流程工业企业综合绩效评价体系研究——以钢铁、水泥企业研究为例	戴淑芬	经济管理学院	北京市哲学社会科学规划项目	北京市哲学社会科学规划办公室	研究报告	2015.5.31
16	北京市城市物流网络碳足迹及低碳对策研究	杨建华	经济管理学院	北京市哲学社会科学规划项目	北京市哲学社会科学规划办公室	研究报告	2014.12.31

续表

序号	项目名称	负责人	承担部门	项目分类、类别	项目来源单位	预期成果形式	计划完成时间
17	新马克思主义空间正义思想与北京城市空间正义研究	马晓燕	马克思主义学院	北京市哲学社会科学规划项目	北京市哲学社会科学规划办公室	研究报告、论文（集）	2016. 4. 30
18	基于会计视角的北京市城市公用事业价格形成机制及其管理研究	张曾莲	经济管理学院	北京市哲学社会科学规划项目	北京市哲学社会科学规划办公室	研究报告	2014. 12. 31
19	新生代农民工与北京市民的双向社会距离研究	邢朝国	文法学院	北京市哲学社会科学规划项目	北京市哲学社会科学规划办公室	论文（集）	2015. 7. 31
20	社会变迁与北京市中老年人家庭代际关系	边　静	外国语学院	北京市哲学社会科学规划项目	北京市哲学社会科学规划办公室	研究报告	2016. 5. 31
21	系统功能语言学新及物性模式下的隐喻研究	何中清	外国语学院	北京市哲学社会科学规划项目	北京市哲学社会科学规划办公室	研究报告	2015. 6. 30
22	研究生留学生教育成本与成本分担研究	李晓静	经济管理学院	北京市教育科学规划项目	北京市教育科学规划办公室	研究报告、论文	2015. 6. 31
23	我国职业体育反兴奋剂制度研究	王霁霞	文法学院	国家体育总局年度课题	国家体育总局	研究报告	2014. 1. 30
24	“美国出口倍增计划”等对我国产业安全的影响及对策研究	何维达	经济管理学院	商务部政策研究课题	商务部	研究报告	2013. 12. 31
25	少数民族就业跟踪研究——以其在企业内的职业发展为中心	王凡妹	经济管理学院	国家民委民族问题研究项目年度课题	国家民委民族理论政策研究室	研究报告	2013. 10. 31
26	社会工作与社会参与关系研究——社会工作视阈下的社区组织模式与视角	许　斌	文法学院	民政部招标课题	民政部	研究报告	2013. 8. 20
27	美国社区环境保护政策研究	唐德龙	文法学院	环保部委托项目	环保部环境与经济政策研究中心	研究报告	2013. 12. 31
28	安全生产阶段形势预测预判分析系统项目建设	刘　建	土木与环境工程学院	国家安监局委托课题	国家安全生产监督管理总局	研究报告	2013. 12. 31
29	经济和信息化领域依法行政工作立法与执法支撑服务	侯登华	文法学院	北京市经济和信息化委员会服务项目	北京市经济和信息化委员会	研究报告	2013. 6. 30

续表

序号	项目名称	负责人	承担部门	项目分类、类别	项目来源单位	预期成果形式	计划完成时间
30	《世界反兴奋剂条例》修改研究	王霁霞	文法学院	国家体育总局科研项目	国家体育总局	研究报告	2013. 3. 31
31	基于教学信息员听课调研情况的 2014 年度北京高校思想政治理论课教学现状分析	彭庆红	马克思主义学院	北京市教工委首都大学生思想政治教育研究课题 2014 年度委托课题	北京市教工委	研究报告	2014. 12. 12
32	以“中国近现代史纲要”课程推动理工科高校人文素质教育研究	李　怡	文法学院	北京市教工委高校思想政治理论课专项项目	北京市教工委	研究报告	2013. 6. 30
33	马克思主义宗教观教育教学工作室	左　鹏	马克思主义学院	2013 年度北京高校思想政治理论课名师工作室	北京市教工委	研究报告	2013. 6. 30

2013 年度校级社会科学研究项目

序号	项目名称	负责人	承担部门	项目分类、类别	预期成果形式	计划完成时间
1	基于广义虚拟经济视角下的我国文化产业发展研究	冯　梅	东凌经济管理学院	学校社科项目	研究报告	2014. 12. 31
2	高校留学生教育成本的计量、核算与方法选择研究	李晓静	东凌经济管理学院	学校社科项目	论文	2014. 12. 31
3	首都高校形势与政策教育现状调研及对策研究	段晓芳	马克思主义学院	学校社科项目	论文	2014. 12. 31
4	体育卫生与艺术教育——北京高校文化传承与实践系列活动	韩学周	文法学院	学校社科项目	论文	2014. 12. 31
5	《2012 年突发事件典型案例汇编》编写和印刷合同	刘　建	土木与环境工程学院	学校社科项目	研究报告	2014. 12. 31
6	北京市市级应急队伍认定标准研究合同	刘　建	土木与环境工程学院	学校社科项目	研究报告	2014. 12. 31
7	我国廉政评价指标体系创新研究	宋　伟	马克思主义学院	学校社科项目	研究报告	2014. 12. 31
8	基于“雁阵效应”的高校班级建设模式探析	苏　栋	机关	学校社科项目	论文	2014. 12. 31

（北京科技大学科学研究与发展部李静供稿）

北京交通大学

2013 年度承担国家级、省部级等社会科学研究项目

序号	项目名称	负责人	承担部门	项目来源	预期成果形式	计划完成日期
1	集约、智能、绿色、低碳的新型城镇化道路研究	赵　坚	北京交通大学	国家社会科学基金重大项目	论文、研究报告	2015.12.30
2	北京市地铁系统脆弱性评价及控制策略研究	宋守信	北京交通大学	国家社会科学基金重点项目	专著、研究报告	2017.12.30
3	基于效率与公平的我国高速铁路运价研究	吴　昊	北京交通大学	国家社会科学基金一般项目	研究报告	2014.9.30
4	基于句法语义互动的英汉分裂结构研究	刘　伟	北京交通大学	国家社会科学基金一般项目	专著	2016.6.30
5	产品构架的战略价值评估机制与方法研究	顾元勋	北京交通大学	国家社会科学基金一般项目	专著	2016.12.31
6	当代中国社会主义核心价值观与媒介引导研究	张　杰	北京交通大学	国家社会科学基金青年项目	研究报告	2016.6.01
7	高速铁路在现代区域经济社会发展中的基础作用及定量分析	林晓言	北京交通大学	国家社会科学基金后期资助项目	著作	2014.12.31
8	三方交际的语用学研究	夏登山	北京交通大学	国家社会科学基金后期资助项目	专著	2016.12.30
9	中国国有上市公司高管薪酬结构与粘性的研究——基于与世界 500 强企业的对比研究	赵健梅	北京交通大学	教育部人文社会科学规划基金项目	论文、研究报告	2015.12.31
10	云计算技术条件下知识产权问题研究	陈明涛	北京交通大学	教育部人文社会科学青年基金项目	论文、研究报告	2015.9.01
11	大城市节假日峰值出行需求条件下的停车交通组织方案和多边治理机制研究：以北京市为例	李　娟	北京交通大学	教育部人文社会科学青年基金项目	论文、专著、研究报告	2015.12.31
12	低碳经济下再制造集成供应链物流网络设计	王雅璨	北京交通大学	教育部人文社会科学青年基金项目	论文、专著	2016.9.30
13	高速铁路影响下京津冀地区旅游空间结构演化研究	殷　平	北京交通大学	教育部人文社会科学青年基金项目	论文及研究报告	2015.12.31
14	中国共产党思想纯洁性建设研究	王永凤	北京交通大学	教育部人文社会科学青年基金项目	论文、著作	2015.12.31
15	社会主义核心价值观引领高校青年教师政治态度研究	何玉芳	北京交通大学	教育部人文社会科学马克思主义中国化、时代化、大众化专项	论文、研究报告	2013.12.31

续表

序号	项目名称	负责人	承担部门	项目来源	预期成果形式	计划完成日期
16	中国特色社会主义公平正义观及其当代价值研究	王晓青	北京交通大学	教育部人文社会科学马克思主义中国化、时代化、大众化专项	论文	2015. 1. 11
17	大学生思想政治教育整体性研究——途径方法的整合研究	段海超	北京交通大学	教育部人文社会科学高校思想政治工作专项	论文、研究报告	2014. 6. 30
18	基于行为的多属性群决策方法的研究	夏梅梅	北京交通大学	教育部人文社会科学青年基金项目	论文	2015. 12. 31
19	北京市网络舆情生态传播系统研究	张真继	北京交通大学	北京市哲学社会科学重大项目	研究报告	2014. 12. 31
20	北京公共交通网络对城市空间结构的作用机理及优化对策研究	张梅青	北京交通大学	北京市哲学社会科学特别委托项目	研究报告	2015. 12. 31
21	北京市出租车行业管理对策研究	叶　龙	北京交通大学	北京市哲学社会科学特别委托项目	研究报告	2014. 12. 31
22	基于产业安全的首都经济圈产业转移研究	李文兴	北京交通大学	北京市哲学社会科学特别委托项目	研究报告	2015. 4. 01
23	构建高效和谐党群关系的对策研究	吴　萱	北京交通大学	北京市哲学社会科学重点项目	研究报告、论文	2015. 9. 30
24	基于生态链的北京市智慧城市信息安全保障体系研究	刘世峰	北京交通大学	北京市哲学社会科学重点项目	研究报告	2014. 12. 31
25	北京农村土地可持续利用法律制度研究	郑　翔	北京交通大学	北京市哲学社会科学一般项目	研究报告、专著	2015. 4. 30
26	北京市房地产税税制优化研究及政策建议	郭婧娟	北京交通大学	北京市哲学社会科学一般项目	研究报告、其他	2015. 6. 30
27	北京市新能源汽车市场化机制及产业政策研究	丁慧平	北京交通大学	北京市哲学社会科学一般项目	研究报告	2015. 12. 31
28	北京市电动汽车充换电站运营优化研究	华国伟	北京交通大学	北京市哲学社会科学一般项目	论文（集）	2015. 12. 30
29	网络文本的社会符号学研究	叶起昌	北京交通大学	北京市哲学社会科学一般项目	专著	2015. 12. 31
30	北京生态安全与生态文明建设研究	刘宽红	北京交通大学	北京市哲学社会科学一般项目	研究报告、论文	2015. 12. 30
31	北京市网络媒体市场外资行为、影响对策研究	闻　学	北京交通大学	北京市哲学社会科学一般项目	研究报告	2015. 6. 30

续表

序号	项目名称	负责人	承担部门	项目来源	预期成果形式	计划完成日期
32	北京城市发展、经济集聚与城市交通动态适应性研究	高宏伟	北京交通大学	北京市哲学社会科学一般项目	研究报告	2013.12.30
33	新时期政治传播中意识形态的作用与变化研究	施惠玲	北京交通大学	北京市哲学社会科学一般项目	研究报告	2015.9.01
34	实施创新驱动战略，建设中关村国家创新特区研究	冯　华	北京交通大学	北京市哲学社会科学一般项目	研究报告	2014.12.31
35	建设“美丽北京”，培育理性生态人研究	路日亮	北京交通大学	北京市哲学社会科学一般项目	论文、研究报告	2015.12.31
36	中国梦对内宣传、对外传播的话语策略研究	吴　琼	北京交通大学	北京市哲学社会科学一般项目	研究报告	2015.12.31
37	建设中国特色的计算机科学教育国际化问题研究与实践	王移芝	北京交通大学	北京市哲学社会科学一般项目	研究报告、论文	2015.12.31
38	北京市轨道交通行业高绩效工作系统研究	郭　名	北京交通大学	北京市哲学社会科学青年项目	研究报告	2014.12.31
39	北京市文化创意产业融资问题研究——基于全生命周期的视角	张　娜	北京交通大学	北京市哲学社会科学青年项目	论文（集）	2014.12.31
40	新城镇化进程中北京市流动学前儿童语言教育问题及对策研究	尹　静	北京交通大学	北京市哲学社会科学青年项目	研究报告	2015.4.05
41	依法加强网络社会管理研究——侧重网络时代著作权的刑事法规制	郭　烁	北京交通大学	北京市哲学社会科学青年项目	论文	2015.12.31
42	首都公共社区与区域创新创业体系发展的协同关系研究	蔡　芸	北京交通大学	北京市哲学社会科学青年项目	研究报告、论文	2014.9.30
43	基于高速铁路发展的京津冀旅游一体化战略研究	殷　平	北京交通大学	北京市哲学社会科学青年项目	研究报告	2014.12.31
44	政务诚信评价指标体系与首都“诚信政府立法”	张　生	北京交通大学	北京市社工委政府购买社会组织项目	研究报告、论文	2014.5.31

（北京交通大学人文社会科学处供稿）

首都师范大学

2013年度承担国家级、省部级社会科学研究项目

序号	项目名称	负责人	承担部门	项目分类	项目来源单位	预期成果形式	计划完成日期
1	《乐府诗集》整理与补编	吴相洲	文学院	国家社会科学基金、重大项目	全国哲学社会科学规划办公室	专著	2019.12.31

续表

序号	项目名称	负责人	承担部门	项目分类	项目来源单位	预期成果形式	计划完成日期
2	世界性与本土性交汇：莫言文学道路与中国文学的变革研究	张志忠	文学院	国家社会科学基金、重大项目	全国哲学社会科学规划办公室	专著、资料集	2018.12.31
3	中国古代审美意识生成机制研究	邹　华	文学院	国家社会科学基金、重点项目	全国哲学社会科学规划办公室	专著	2016.12.31
4	古希腊史研究	晏绍祥	历史学院	国家社会科学基金、重点项目	全国哲学社会科学规划办公室	专著	2017.12.29
5	河洛大遗址保护利用的可持续发展研究	袁广阔	历史学院	国家社会科学基金、重点项目	全国哲学社会科学规划办公室	专著	2017.12.29
6	分类断代与环境变迁背景下殷墟甲骨文地名遗产再研究	马保春	历史学院	国家社会科学基金、重点项目	全国哲学社会科学规划办公室	专著	2016.12.30
7	中日甲午战争的英美报刊舆论研究	刘文明	历史学院	国家社会科学基金、一般项目	全国哲学社会科学规划办公室	专著	2016.6.30
8	俄罗斯语言学家帕杜切娃动态语义学思想研究	蔡　晖	外国语学院	国家社会科学基金、一般项目	全国哲学社会科学规划办公室	专著	2016.7.1
9	唐代制举考试与社会变迁研究 2	金滢坤	历史学院	国家社会科学基金、一般项目	全国哲学社会科学规划办公室	专著	2016.6.30
10	新刊石刻文献与7—10世纪华北社会经济变迁研究	张天虹	历史学院	国家社会科学基金、一般项目	全国哲学社会科学规划办公室	专著	2016.7.1
11	清代八旗女性文学创作研究	詹　颂	国际文化学院	国家社会科学基金、一般项目	全国哲学社会科学规划办公室	专著	2016.12.30
12	《西游记》汇校汇评	张平仁	初等教育学院	国家社会科学基金、一般项目	全国哲学社会科学规划办公室	工具书	2016.6.30
13	中亚与中国新疆恐怖主义问题应对机制比较研究	张友国	政法学院	国家社会科学基金、一般项目	全国哲学社会科学规划办公室	研究报告	2015.6.30
14	蒙元时期墓葬研究	袁　泉	历史学院	国家社会科学基金、青年项目	全国哲学社会科学规划办公室	专著、论文（集）	2016.7.1

续表

序号	项目名称	负责人	承担部门	项目分类	项目来源单位	预期成果形式	计划完成日期
15	实验语言哲学的批判性研究	梅剑华	政法学院	国家社会科学基金、青年项目	全国哲学社会科学规划办公室	专著	2016.12.30
16	政治哲学视域中的协商民主理论研究	王　炜	政法学院	国家社会科学基金、青年项目	全国哲学社会科学规划办公室	专著	2016.3.1
17	民国语文教育史论	蔡　可	教育学院	国家社会科学基金、后期资助项目	全国哲学社会科学规划办公室	专著	2014.7.12
18	汉代死刑制度研究	宋　杰	历史学院	国家社会科学基金、后期资助项目	全国哲学社会科学规划办公室	专著	2014.6.30
19	文化现代主义	易晓明	文学院	国家社会科学基金、后期资助项目	全国哲学社会科学规划办公室	专著	2014.7.11
20	道德与存在——心学传统的存在论阐释	盛　珂	政法学院	国家社会科学基金、后期资助项目	全国哲学社会科学规划办公室	专著	2015.6.30
21	考试招生制度改革的总体目标和基本框架	孟繁华	教育学院	教育部哲学社会科学研究、重大项目	教育部	研究报告	2013.10.31
22	汉字认知与中华优秀传统文化的现代价值研究	解小青	中国书法文化研究院	教育部哲学社会科学研究、重大项目	教育部	专著	2018.3.30
23	宋代文体与诗学研究及资料萃编	马自力	文学院	教育部人文社会科学研究、重点项目	教育部	资料汇编、论文	2015.7.1
24	教师网络研修社区的专业发展支持服务体系构建与应用	杨　卉	教育技术系	全国教育科学规划教育部、重点课题	全国教育科学规划领导小组办公室	研究论文、研究报告	2016.7.8
25	大学与中小学共建教师专业发展共同体的治理研究	王天晓	高等教育研究室	全国教育科学规划教育部、重点课题	全国教育科学规划领导小组办公室	研究论文、研究报告	2016.7.30
26	高中生科学素养形成机制的实践研究	吴晗清	化学系	全国教育科学规划教育部、重点课题	全国教育科学规划领导小组办公室	研究论文、研究报告	2016.6.30

续表

序号	项目名称	负责人	承担部门	项目分类	项目来源单位	预期成果形式	计划完成日期
27	国际视阈下的教师教育模式创新研究——对“教育人才的成长和培养”规律的探索	张　倩	教育学院	全国教育科学规划教育部、重点课题	全国教育科学规划领导小组办公室	研究论文、研究报告	2016. 9. 1
28	“莫言的文学世界”研究	张志忠	文学院	教育部人文社会科学研究、规划基金项目	教育部	著作	2016. 6. 30
29	文学本体的神圣化：对法国现代叙事文学的思想史研究	龚　觅	外国语学院	教育部人文社会科学研究、规划基金项目	教育部	著作、论文	2016. 6. 6
30	新版中小学教材中的中国近现代音乐作品研究——兼及教学实施建议	蔡　梦	音乐学院	教育部人文社会科学研究、规划基金项目	教育部	著作、论文	2016. 6. 30
31	基本义务的宪法界限与司法审查标准	郑贤君	政法学院	教育部人文社会科学研究、规划基金项目	教育部	论文	2016. 9. 30
32	青少年应对父母离婚的积极策略研究——基于抗逆力理论与50例访谈个案	田国秀	政法学院	教育部人文社会科学研究、规划基金项目	教育部	论文	2015. 12. 31
33	教师在线实践社区中的知识管理与知识创新研究	王　陆	教育技术系	教育部人文社会科学研究、规划基金项目	教育部	著作、论文、活动设计原理模型	2016. 8. 31
34	中国琵琶演奏艺术多学科交叉创新科学知识体系研究	王超慧	音乐学院	教育部人文社会科学研究、规划基金项目	教育部	论文、研究报告	2015. 12. 31
35	马克思主义在中国的早期翻译特征研究	方　红	外国语学院	教育部人文社会科学研究、青年基金项目	教育部	论文	2016. 3. 31
36	甲骨断片边缘残字的搜集与整理	刘　影	文学院	教育部人文社会科学研究、青年基金项目	教育部	论文	2015. 12. 31

续表

序号	项目名称	负责人	承担部门	项目分类	项目来源单位	预期成果形式	计划完成日期
37	基于中日双语儿童语料库对语码转换句法结构限制的研究	孟海蓉	初等教育学院	教育部人文社会科学研究、青年基金项目	教育部	著作、论文	2016. 1. 31
38	唐代教育与文学关系研究	郭　丽	文学院	教育部人文社会科学研究、青年基金项目	教育部	著作	2016. 4. 30
39	台湾电影复兴浪潮研究	于丽娜	文学院	教育部人文社会科学研究、青年基金项目	教育部	著作	2016. 5. 31
40	基于类组差异现象的甲骨文字考释	王子扬	文学院	教育部人文社会科学研究、青年基金项目	教育部	论文	2016. 6. 30
41	国际金融话语权的变迁、重构及中国的对策研究——基于地缘政治的视角	文　学	政法学院	教育部人文社会科学研究、青年基金项目	教育部	论文	2015. 12. 31
42	中国公立高等学校法人制度的改革进路研究	罗　爽	教育学院	教育部人文社会科学研究、青年基金项目	教育部	论文	2015. 12. 31
43	中国古代书院文化在日本的传播和影响	朱玲莉	外国语学院	教育部人文社会科学研究、青年基金项目	教育部	著作	2016. 1. 31
44	美国东方学会与美国的东方文学研究	冯新华	文学院	教育部人文社会科学研究、青年基金项目	教育部	著作、论文	2016. 1. 31
45	多元文化背景下青少年读写素质与身份认同感形成关系研究	盛　静	外国语学院	教育部人文社会科学研究、青年基金项目	教育部	研究报告	2016. 1. 31
46	新生代农民工社会融合能力及其培养机制研究	王　东	教育学院	教育部人文社会科学研究、青年基金项目	教育部	论文	2015. 12. 31

续表

序号	项目名称	负责人	承担部门	项目分类	项目来源单位	预期成果形式	计划完成日期
47	高校学生组织在推进马克思主义大众化中的作用研究	缪劲翔	学生处	教育部人文社会科学研究、一般项目	教育部	论文、研究报告	2014.9.30
48	文化研究发展年度报告	陶东风	文学院	教育部哲学社会科学研究、一般项目	教育部	年度报告	2016.12.31
49	中古中国的冥界信仰研究	游自勇	历史学院	教育部、一般项目	教育部	专著、论文	2016.12.31
50	中小学生课后活动机制研究	孟繁华	教育学院	教育部、一般项目	教育部	研究报告	2014.10.31
51	现当代著名俄罗斯作曲家及其重要代表作研究	邵晓勇	音乐学院	教育部、一般项目	教育部	论文	2015.12.31
52	文化学视野的中国大书法史研究	何学森	文学院	文化部文化艺术科学研究、一般项目	文化部	专著	2016.6.30
53	国产电影舆论环境研究	凌　燕	文学院	国家广播电影电视总局部级社科研究、一般项目	国家广播电影电视总局	论文、研究报告	2016.6.30
54	人格权的权利基础与权利构造研究	刘召成	政法学院	司法部国家法治与法学理论研究、一般项目	司法部	论文	2015.12.20
55	《遭受侧击：1976年蒙特利尔奥运会中的国际奥委会与中国问题》的翻译与辨析	曹莉群	外国语学院	国家体育总局体育哲学社会科学研究、一般项目	国家体育总局	译著	2014.9.30
56	事业单位聘用合同制度完善对策研究	赵新峰	管理学院	人力资源和社会保障部、一般项目	人力资源和社会保障部	研究报告	2014.12.30
57	网络环境下“90后”大学生骨干的行为特点分析及培养路径研究	刘炳全	团委	中国共产主义青年团中央委员会、一般项目	中国共产主义青年团中央委员会	研究报告	2013.9.30
58	实践取向的教师教育改革研究	蔡　春	教育学院	北京市社会科学基金、重大项目	北京市哲学社会科学规划办公室	研究报告	2015.12.31

续表

序号	项目名称	负责人	承担部门	项目分类	项目来源单位	预期成果形式	计划完成日期
59	莫言与新时期文学创新经验研究	张志忠	文学院	北京市社会科学基金、重点项目	北京市哲学社会科学规划办公室	专著	2016.12.31
60	明清皇家坛庙文献整理及研究	郗志群	历史学院	北京市社会科学基金、重点项目	北京市哲学社会科学规划办公室	论文（集）、其他	2016.12.31
61	北京市幼儿园课程改革成效研究	于开莲	学前教育学院	北京市社会科学基金、一般项目	北京市哲学社会科学规划办公室	论文（集）	2016.6.1
62	中国梦的教育学内涵及其价值实现	苏尚锋	首都基础教育发展研究院	北京市社会科学基金、一般项目	北京市哲学社会科学规划办公室	研究报告	2015.12.30
63	“中国梦”在青年群体中的传播路径与分层策略研究	石国亮	政法学院	北京市社会科学基金、一般项目	北京市哲学社会科学规划办公室	研究报告	2015.6.30
64	北京青年核心价值观的群体差异及其形成机制研究	王　东	教育学院	北京市社会科学基金、一般项目	北京市哲学社会科学规划办公室	研究报告	2015.12.31
65	北京周边地区革命史迹整合研究	董增刚	历史学院	北京市社会科学基金、一般项目	北京市哲学社会科学规划办公室	研究报告	2015.6.1
66	北京地区新石器至西周考古学编年与文化谱系研究	袁广阔	历史学院	北京市社会科学基金、一般项目	北京市哲学社会科学规划办公室	专著	2016.6.1
67	中国近现代学校历史教育史研究	赵亚夫	历史学院	北京市社会科学基金、一般项目	北京市哲学社会科学规划办公室	专著	2015.9.1
68	农民工流动子女社会文化融合的人类学研究——对北京市农民工子女教育活动的田野调查	樊秀丽	教育学院	北京市社会科学基金、一般项目	北京市哲学社会科学规划办公室	研究报告	2016.5.31
69	北京地区清代满汉合璧小学文献语言研究	李　红	文学院	北京市社会科学基金、一般项目	北京市哲学社会科学规划办公室	专著	2016.6.1
70	《王官谷集》笺校	陶礼天	文学院	北京市社会科学基金、一般项目	北京市哲学社会科学规划办公室	专著	2016.5.30
71	北京民间绘画研究	宋红雨	美术学院	北京市社会科学基金、一般项目	北京市哲学社会科学规划办公室	专著	2015.9.25

续表

序号	项目名称	负责人	承担部门	项目分类	项目来源单位	预期成果形式	计划完成日期
72	北京舞蹈群落研究	史　红	政法学院	北京市社会科学基金、一般项目	北京市哲学社会科学规划办公室	研究报告	2015. 12. 31
73	当代西方美学"艺术"定义史研究	黄应全	文学院	北京市社会科学基金、一般项目	北京市哲学社会科学规划办公室	专著	2015. 12. 31
74	北京特色文化资源整合与传播研究	李　艳	文学院	北京市社会科学基金、一般项目	北京市哲学社会科学规划办公室	专著、研究报告、论文	2014. 12. 31
75	唐五代童蒙教育研究	金滢坤	历史学院	北京市社会科学基金、一般项目	北京市哲学社会科学规划办公室	专著	2015. 12. 31
76	古代希腊与东方文明的交流及互动研究	李永斌	历史学院	北京市社会科学基金、一般项目	北京市哲学社会科学规划办公室	论文	2015. 1. 31
77	两岸关系和平发展思想研究	李松林	马克思主义教育学院	北京市社会科学基金、一般项目	北京市哲学社会科学规划办公室	专著	2014. 12. 31
78	基础教育的新教师招聘优势才能识别模型构建	肖　晶	教育学院	北京市社会科学基金、青年项目	北京市哲学社会科学规划办公室	研究报告	2015. 6. 1
79	先秦汉语动词及物性的变价视角	王丽玲	文学院	北京市社会科学基金、青年项目	北京市哲学社会科学规划办公室	专著	2016. 6. 1
80	北京市政府购买社区养老服务的运作模式与绩效评价研究	李　春	管理学院	北京市社会科学基金、青年项目	北京市哲学社会科学规划办公室	研究报告	2015. 5. 31
81	"数字一代"学习方式调查及电子教材设计对策研究	王晓晨	教育技术系	北京市社会科学基金、青年项目	北京市哲学社会科学规划办公室	研究报告	2015. 6. 1
82	以社会主义核心价值体系建设推进社会主义文化强国建设	韩文乾	马克思主义教育学院	北京市社会科学基金、青年项目	北京市哲学社会科学规划办公室	论文集	2015. 6. 30
83	基于人口预测的北京市幼教师资需求分析：2015—2025	沙　莉	学前教育学院	北京市社会科学基金、青年项目	北京市哲学社会科学规划办公室	调研报告	2014. 11. 30
84	北京影视形象的建构与传播战略研究	盖　琪	文化研究院	北京市社会科学基金、青年项目	北京市哲学社会科学规划办公室	研究报告	2016. 6. 1

2013 年度校级社会科学研究项目

序号	项目名称	负责人	承担部门	项目分类	预期成果形式	计划完成日期
1	哲学社会科学青年学者拔尖人才培养计划项目 23	程世勇	管理学院	学校社会科学项目、一般项目	首都师范大学省部级项目	2014. 3. 31
2	新型城镇化背景下地方政府职能转变及机构改革研究	李水金	管理学院	学校社会科学项目、一般项目	专著	2016. 5. 31
3	哲学社会科学青年学者拔尖人才培养计划项目 22	龙玉其	管理学院	学校社会科学项目、一般项目	省部级项目或专著	2014. 7. 1
4	马克思产权理论的当代价值	孙　飞	管理学院	学校社会科学项目、一般项目	专著	2013. 12. 31
5	基于用户行为的政务微博绩效评价模型与方法研究	王锁柱	管理学院	学校社会科学项目、一般项目	专著	2014. 2. 28
6	GDP 的理论缺陷与可持续国民财富核算	杨充霖	管理学院	学校社会科学项目、一般项目	专著	2013. 12. 31
7	哲学社会科学青年学者拔尖人才培养计划项目 27	姜国权	国际文化学院	学校社会科学项目、一般项目	省部级以上项目或省部级奖项或专著	2013. 12. 31
8	哲学社会科学青年学者拔尖人才培养计划项目 26	李秉震	国际文化学院	学校社会科学项目、一般项目	专著或省部级项目	2016. 5. 31
9	建立语言能力描述语数据库制订汉语能力标准研究	刘　壮	国际文化学院	学校社会科学项目、一般项目	专著	2013. 12. 31
10	哲学社会科学青年学者拔尖人才培养计划项目 17	王寰安	教育学院	学校社会科学项目、一般项目	省部级项目或专著	2014. 7. 1
11	哲学社会科学青年学者拔尖人才培养计划项目 16	王异芳	教育学院	学校社会科学项目、一般项目	省部级项目或奖项	2016. 5. 31
12	哲学社会科学青年学者拔尖人才培养计划项目 19	魏　萍	教育学院	学校社会科学项目、一般项目	省部级奖项	2013. 12. 31
13	哲学社会科学青年学者拔尖人才培养计划项目 18	肖　晶	教育学院	学校社会科学项目、一般项目	省部级项目	2014. 6. 30
14	哲学社会科学青年学者拔尖人才培养计划项目 15	薛海平	教育学院	学校社会科学项目、一般项目	省部级项目或专著	2013. 12. 31
15	哲学社会科学青年学者拔尖人才培养计划项目 10	后晓荣	历史学院	学校社会科学项目、一般项目	省部级项目或专著	2014. 1. 1
16	当代史学前沿与走向	江　湄	历史学院	学校社会科学项目、一般项目	专著	2014. 1. 31
17	20 世纪中国婚姻史研究	梁景和	历史学院	学校社会科学项目、一般项目	专著	2016. 5. 31
18	哲学社会科学青年学者拔尖人才培养计划项目 9	马保春	历史学院	学校社会科学项目、一般项目	专著	2013. 6. 30
19	哲学社会科学青年学者拔尖人才培养计划项目 8	钱益汇	历史学院	学校社会科学项目、一般项目	国家级项目或专著	2014. 1. 1
20	哲学社会科学青年学者拔尖人才培养计划项目 12	王毓蔺	历史学院	学校社会科学项目、一般项目	专著或省部级项目	2016. 5. 31

续表

序号	项目名称	负责人	承担部门	项目分类	预期成果形式	计划完成日期
21	哲学社会科学青年学者拔尖人才培养计划项目11	姚百慧	历史学院	学校社会科学项目、一般项目	省部级项目或奖项	2016.5.31
22	哲学社会科学青年学者拔尖人才培养计划项目28	黄延敏	马克思主义教育学院	学校社会科学项目、一般项目	专著或省部级项目	2014.6.30
23	哲学社会科学青年学者拔尖人才培养计划项目25	陶　宇	美术学院	学校社会科学项目、一般项目	专著	2016.5.31
24	哲学社会科学青年学者拔尖人才培养计划项目20	龚　觅	外国语学院	学校社会科学项目、一般项目	专著	2014.1.31
25	哲学社会科学青年学者拔尖人才培养计划项目21	于明清	外国语学院	学校社会科学项目、一般项目	国家级项目或专著	2013.12.31
26	哲学社会科学青年学者拔尖人才培养计划项目1	艾　尤	文学院	学校社会科学项目、一般项目	专著	2016.5.31
27	哲学社会科学青年学者拔尖人才培养计划项目7	陈英杰	文学院	学校社会科学项目、一般项目	专著	2013.12.31
28	哲学社会科学青年学者拔尖人才培养计划项目2	冯　艳	文学院	学校社会科学项目、一般项目	省部级项目	2014.7.1
29	哲学社会科学青年学者拔尖人才培养计划项目3	胡疆锋	文学院	学校社会科学项目、一般项目	省部级项目或奖项或专著	2016.5.31
30	哲学社会科学青年学者拔尖人才培养计划项目4	胡燕春	文学院	学校社会科学项目、一般项目	省部级项目或专著	2014.6.30
31	哲学社会科学青年学者拔尖人才培养计划项目6	江海燕	文学院	学校社会科学项目、一般项目	专著	2014.1.31
32	哲学社会科学青年学者拔尖人才培养计划项目5	刘尊举	文学院	学校社会科学项目、一般项目	专著	2013.12.31
33	新时期文学经验与文化创新能力的弘扬	张志忠	文学院	学校社会科学项目、一般项目	专著	2016.5.31
34	中国古代审美意识生成机制研究	邹　华	文学院	学校社会科学项目、一般项目	专著	2016.5.31
35	哲学社会科学青年学者拔尖人才培养计划项目32	白　欣	物理系	学校社会科学项目、一般项目	省部级以上项目或专著	2016.5.31
36	哲学社会科学青年学者拔尖人才培养计划项目30	王晶莹	物理系	学校社会科学项目、一般项目	省部级以上项目或专著或省部级奖项	2014.7.1
37	哲学社会科学青年学者拔尖人才培养计划项目31	尹晓冬	物理系	学校社会科学项目、一般项目	省部级项目或专著	2014.6.30
38	哲学社会科学青年学者拔尖人才培养计划项目29	严　冷	学前教育学院	学校社会科学项目、一般项目	省部级项目或奖项或专著	2013.12.31
39	哲学社会科学青年学者拔尖人才培养计划项目24	司冰琳	音乐学院	学校社会科学项目、一般项目	专著或省部级项目	2013.12.31
40	后义务教育阶段随迁子女教育选择的文化适应性研究	冯　跃	政法学院	学校社会科学项目、一般项目	专著	2016.5.31

续表

序号	项目名称	负责人	承担部门	项目分类	预期成果形式	计划完成日期
41	哲学社会科学青年学者拔尖人才培养计划项目14	韩　华	政法学院	学校社会科学项目、一般项目	专著或国家级项目	2014.6.30
42	哲学社会科学青年学者拔尖人才培养计划项目13	李怀涛	政法学院	学校社会科学项目、一般项目	省部级项目或专著	2016.5.31
43	精神分析法学对权利哲学的批判与重构	龙文懋	政法学院	学校社会科学项目、一般项目	专著	2013.12.31
44	中国特色社会主义民主理论创新研究	聂月岩	政法学院	学校社会科学项目、一般项目	专著	2014.6.30
45	新时期中共整合政治资源应对突发公共卫生事件的举措及经验研究	王冠中	政法学院	学校社会科学项目、一般项目	专著	2013.12.31
46	推进新型城镇化建设过程中社会风险应急机制研究	张静波	政法学院	学校社会科学项目、一般项目	专著	2016.5.31
47	刑事法律保护义务的司法审查标准	郑贤君	政法学院	学校社会科学项目、一般项目	专著	2014.6.30
48	汉字认知与中华优秀传统文化的现代价值研究	解小青	中国书法文化研究院	学校社会科学项目、一般项目	专著	2016.5.31
49	北京城市创新职能的演变、格局与未来发展研究	吕拉昌	资源环境与旅游学院	学校社会科学项目、一般项目	专著	2014.1.31
50	北京地域文化挖掘与旅游商品品牌建设研究	陶　犁	资源环境与旅游学院	学校社会科学项目、一般项目	专著	2013.5.31
51	老子的道德系统思想及其当代德育价值	刘峻杉	初等教育学院	学校社会科学项目、青年项目	论文	2013.12.31
52	儿童心理需要满足的现状研究—自我决定理论的视角	张　俊	初等教育学院	学校社会科学项目、青年项目	论文	2016.5.31
53	英国唯美主义文化遗产的当代开发	胡永华	大学英语教研部	学校社会科学项目、青年项目	论文	2014.6.30
54	道法自然：厄休拉．勒奎恩的科幻世界构成纲领	刘　晶	大学英语教研部	学校社会科学项目、青年项目	论文	2016.5.31
55	首都师范大学大学一年级新生的跨文化交际能力研究	王洁卿	大学英语教研部	学校社会科学项目、青年项目	论文	2014.1.31
56	形声字教学软件的设计与实现	宫天然	国际文化学院	学校社会科学项目、青年项目	论文	2013.12.31
57	初中级阶段汉语第二语言教学差比范畴研究	马思宇	国际文化学院	学校社会科学项目、青年项目	论文	2014.1.31
58	教育信息可视化设计研究	乔凤天	教育技术系	学校社会科学项目、青年项目	论文	2016.5.31
59	反思：作为一种意识——关于教师反思的现象学研究	胡　萨	教育学院	学校社会科学项目、青年项目	论文	2016.5.31
60	清末民初留美中国学生的国家认同	林　伟	教育学院	学校社会科学项目、青年项目	论文	2016.5.31

续表

序号	项目名称	负责人	承担部门	项目分类	预期成果形式	计划完成日期
61	初中生数学理解层次研究	王瑞霖	教育学院	学校社会科学项目、青年项目	论文	2014.6.30
62	秦汉行政问责的发起与启动研究	刘晓满	历史学院	学校社会科学项目、青年项目	论文	2013.12.31
63	汉唐储官制度研究	孙正军	历史学院	学校社会科学项目、青年项目	论文	2013.12.31
64	华北农村基层权力构造的变迁与村民生活——以北京市顺义县沙井村为例	殷志强	历史学院	学校社会科学项目、青年项目	论文	2016.5.31
65	新疆东黑沟遗址出土动物骨骼研究	尤　悦	历史学院	学校社会科学项目、青年项目	论文	2014.1.31
66	西北地区考古新发现所见早期中西方文化交流——技术与文化的考察	员雅丽	历史学院	学校社会科学项目、青年项目	论文	2016.5.31
67	中国共产党“新三反”工作研究	赵　亮	马克思主义教育学院	学校社会科学项目、青年项目	论文	2014.6.30
68	北京地区小学推行“活力体育”模式研究	陈少青	体育教学研究部	学校社会科学项目、青年项目	论文	2016.5.31
69	安娜·玛利亚·玛图特奇幻文学作品研究	蔡潇洁	外国语学院	学校社会科学项目、青年项目	论文	2016.5.31
70	美国大学校友会专业化历程及其启示	陈　璞	外国语学院	学校社会科学项目、青年项目	论文	2016.5.31
71	卡夫卡小说中的艺术与艺术家问题研究	黄河清	外国语学院	学校社会科学项目、青年项目	论文	2014.6.30
72	西班牙语科技文献语料库主题词及词表生成研究	廖　菡	外国语学院	学校社会科学项目、青年项目	论文	2016.5.31
73	语言的自由与限制：美国官方语言争议的历史学视角	于江霞	外国语学院	学校社会科学项目、青年项目	论文	2013.12.31
74	五四人道主义危机的伦理意涵：以鲁迅为中心	符　鹏	文化研究院	学校社会科学项目、青年项目	论文	2014.1.31
75	90后大学生价值观和生活形态研究	郭　嘉	文学院	学校社会科学项目、青年项目	论文	2014.6.30
76	唐代女性教育与女性的文学活动	郭　丽	文学院	学校社会科学项目、青年项目	论文	2014.6.30
77	殷墟村中南新出甲骨的整理与研究	刘　影	文学院	学校社会科学项目、青年项目	论文	2013.12.31
78	《小屯南地甲骨》《英国所藏甲骨集》字体分类研究	莫伯峰	文学院	学校社会科学项目、青年项目	论文	2014.3.31
79	面向汉语国际教育的现代汉语口语词研究	王伟丽	文学院	学校社会科学项目、青年项目	论文	2016.5.31

续表

序号	项目名称	负责人	承担部门	项目分类	预期成果形式	计划完成日期
80	基于类组差异现象的甲骨文字考释	王子扬	文学院	学校社会科学项目、青年项目	论文	2014.7.1
81	幼儿在同伴冲突中的谦让行为研究	刘晓晔	学前教育学院	学校社会科学项目、青年项目	论文	2013.12.31
82	主要发达国家“幼儿教师的职级化资格制度”研究：特点及启示	沙　莉	学前教育学院	学校社会科学项目、青年项目	论文	2013.12.31
83	我国农村学前教育普惠性发展模式研究	夏　婧	学前教育学院	学校社会科学项目、青年项目	论文	2014.6.30
84	大学生音乐素养的监测研究	雷美琴	音乐学院	学校社会科学项目、青年项目	论文	2016.5.31
85	学术诚信道德建设研究	解本远	政法学院	学校社会科学项目、青年项目	论文	2013.12.31
86	功利主义与正义原则：再论效率与公平	王　炜	政法学院	学校社会科学项目、青年项目	论文	2016.5.31
87	余英时学术思想研究	王晓黎	政法学院	学校社会科学项目、青年项目	论文	2016.5.31
88	中国家庭寄养儿童的抗逆力研究	王　玥	政法学院	学校社会科学项目、青年项目	论文	2014.6.30

（首都师范大学社科处黄胤英供稿）

首都经济贸易大学

2013年度承担国家级、省部级等社会科学研究项目

序号	项目名称	负责人	承担部门	项目分类、类别	项目来源单位	预期成果形式	计划完成时间
1	转型期劳资关系对企业二元创新能力的影响机制研究	黄苏萍	工商管理学院	国家社会科学基金、青年项目	全国哲学社会科学规划办公室	专著	2015.6
2	城市随迁老人居留意愿研究	张航空	劳动经济学院	国家社会科学基金、青年项目	全国哲学社会科学规划办公室	研究报告	2016.7
3	网游沉溺机制研究	冀付军	信息学院	国家社会科学基金、青年项目	全国哲学社会科学规划办公室	研究报告	2016.6
4	财政政策、货币政策的就业效应研究	牟俊霖	劳动经济学院	国家社会科学基金、青年项目	全国哲学社会科学规划办公室	论文（集）、研究报告	2016.6
5	创建我国高级专业技术类公务员管理制度研究	潘　娜	城市经济与公共管理学院	国家社会科学基金、青年项目	全国哲学社会科学规划办公室	专著、研究报告	2015.6

续表

序号	项目名称	负责人	承担部门	项目分类、类别	项目来源单位	预期成果形式	计划完成时间
6	国际经济新秩序与主权信用评级制度研究	李晓安	法学院	国家社会科学基金、一般项目	全国哲学社会科学规划办公室	论文（集）、研究报告	2016.6
7	公益类事业单位治理结构模式及运行机制研究	柳学信	工商管理学院	国家社会科学基金、一般项目	全国哲学社会科学规划办公室	研究报告	2015.12
8	新中国会计制度发展演变研究	付　磊	会计学院	国家社会科学基金、一般项目	全国哲学社会科学规划办公室	专著、研究报告	2015.12
9	“新医改”目标下我国医疗卫生体制改革进程评价研究	张　琪	劳动经济学院	国家社会科学基金、一般项目	全国哲学社会科学规划办公室	专著	2016.7
10	非法非正常收入形成的博弈机理及其对国民收入分配格局的影响研究	王少国	经济学院	国家社会科学基金、一般项目	全国哲学社会科学规划办公室	专著、研究报告	2016.12
11	消费品安全的治理绩效测度与改进路径研究	沈宏亮	经济学院	国家社会科学基金、一般项目	全国哲学社会科学规划办公室	论文（集）、研究报告	2016.7
12	都市圈内中小城市功能提升的模式与路径研究	安树伟	城市经济与公共管理学院	国家社会科学基金、重点项目	全国哲学社会科学规划办公室	专著	2015.6
13	深化国有企业改革问题研究	戚聿东	工商管理学院	国家社会科学基金、重点项目	全国哲学社会科学规划办公室	专著、专题论文（集）	2015.6
14	宪法社会学	喻　中	法学院	国家社会科学基金、后期资助项目	全国哲学社会科学规划办公室	著作	2014.12
15	1862 年美国赠地学院法案研究	崔高鹏	城市经济与公共管理学院	全国教育科学“十二五”、教育部规划项目	全国教育科学规划办公室	论文、研究报告	2016.1
16	我国远程医疗管理模式研究：基于技术持续性采纳理论	佘镜怀	工商管理学院	教育部人文社会科学研究、规划基金项目	教育部	著作、论文	2015.12
17	基于跨层次视角的团队知识分享报酬作用机制及有效性研究	高中华	工商管理学院	教育部人文社会科学研究、青年基金项目	教育部	著作、论文	2015.12

续表

序号	项目名称	负责人	承担部门	项目分类、类别	项目来源单位	预期成果形式	计划完成时间
18	量子视角下的模糊投资组合选择问题研究	陈　炜	信息学院	教育部人文社会科学研究、青年基金项目	教育部	咨询报告	2016.12
19	会计准则变迁、盈余持续性与市场定价研究	贺　宏	会计学院	教育部人文社会科学研究、规划基金项目	教育部	论文	2016.5
20	独立审计市场创新研究——基于顾客价值视角	顾奋玲	会计学院	教育部人文社会科学研究、规划基金项目	教育部	咨询报告	2015.12
21	中国对外直接投资逆向技术溢出效应对技术进步影响程度与政策真研究仿	刘　宏	经济学院	教育部人文社会科学研究、规划基金项目	教育部	著作、论文、咨询报告	2015.12
22	社会组织公共服务有效供给研究——理论模型构建与经验实证分析	蔡秀云	财政税务学院	教育部人文社会科学研究、规划基金项目	教育部	论文、咨询报告	2015.12
23	国际能源价格上涨对中国工业全要素生产率的影响路径研究	申　萌	经济学院	教育部人文社会科学研究、青年基金项目	教育部	论文	2016.1
24	城市化进程中的北京城市空间结构变迁及人口合理布局研究	曾宪新	劳动经济学院	教育部人文社会科学研究、规划基金项目	教育部	著作	2015.12
25	汉语中介语特殊句式习得的化石化现象探析：以汉文化圈的留学生为例	崔淑燕	国际学院	教育部人文社会科学研究、青年基金项目	教育部	研究报告	2015.12
26	用百度视野搜索指数预测中国宏观经济变化	苏　志	劳动经济学院	教育部留学回国人员科研启动基金、科研启动基金项目	教育部	研究报告	2014.12
27	面向世界城市的北京智慧旅游城市的基本内涵与实践路径研究	李云鹏	工商管理学院	北京市社会科学基金、一般项目	北京市哲学社会科学规划办公室	研究报告	2014.12
28	北京市三项基本医疗保障制度比较及整合研究	张　琪	劳动经济学院	北京市社会科学基金、一般项目	北京市哲学社会科学规划办公室	研究报告	2016.7

续表

序号	项目名称	负责人	承担部门	项目分类、类别	项目来源单位	预期成果形式	计划完成时间
29	基于综合绩效评价体系的北京市公交巴士企业补贴机制研究	卢　宇	工商管理学院	北京市社会科学基金、一般项目	北京市哲学社会科学规划办公室	研究报告	2015.12
30	北京市微博舆情现状及应对策略研究	姚翠友	信息学院	北京市社会科学基金、一般项目	北京市哲学社会科学规划办公室	研究报告	2015.12
31	北京城乡结合部文化支撑体系研究——以丰台为例	张小乐	文化与传播学院	北京市社会科学基金、一般项目	北京市哲学社会科学规划办公室	研究报告、其他	2015.6
32	世界城市建设进程中的北京媒介发展研究	郭媛媛	文化与传播学院	北京市社会科学基金、一般项目	北京市哲学社会科学规划办公室	研究报告	2015.5
33	基于公共价值的北京食品安全监管：绩效评估与治理创新	王　蕾	城市经济与公共管理学院	北京市社会科学基金、青年项目	北京市哲学社会科学规划办公室	研究报告、论文集	2015.6
34	新型城镇化视角下北京市流通业现代化发展研究	汪　洋	经济学院	北京市社会科学基金、青年项目	北京市哲学社会科学规划办公室	研究报告	2015.12
35	资源环境约束下北京市居民低碳消费行为影响因素研究	黄苏萍	工商管理学院	北京市社会科学基金、青年项目	北京市哲学社会科学规划办公室	研究报告	2015.9
36	北京市低碳经济量化模型与政策研究	廖明球	经济学院	北京市社会科学基金、青年项目	北京市哲学社会科学规划办公室	研究报告	2015.12
37	北京城市功能疏解与首都圈城镇体系研究	叶堂林	城市经济与公共管理学院	北京市社会科学基金、特别委托项目	北京市哲学社会科学规划办公室	研究报告	2015.12
38	北京新城建设成效评价及政策建议	吴庆玲	城市经济与公共管理学院	北京市社会科学基金、一般项目	北京市哲学社会科学规划办公室	研究报告	2015.12
39	我国 CBD 金融资源优化模式研究	李　新	金融学院	北京市社会科学基金、一般项目	北京市哲学社会科学规划办公室	研究报告	2015.6
40	北京经济与文化互动发展的模式与路径研究	祝合良	经济学院	北京市社会科学基金、特别委托项目	北京市哲学社会科学规划办公室	研究报告	2015.6
41	基于旧城改造的北京市核心区人口疏解模式研究	赵秀池	城市经济与公共管理学院	北京市社会科学基金、一般项目	北京市哲学社会科学规划办公室	调研报告	2015.12

续表

序号	项目名称	负责人	承担部门	项目分类、类别	项目来源单位	预期成果形式	计划完成时间
42	北京市住房反向抵押养老保险运行模式研究	李文中	金融学院	北京市社会科学基金、一般项目	北京市哲学社会科学规划办公室	研究报告	2015.6
43	北京市经济发展与生态环境的演化关系及双赢路径分析	李春梅	经济学院	北京市社会科学基金、青年项目	北京市哲学社会科学规划办公室	研究报告	2015.12
44	"城市梦"下的北京市流动人口犯罪的治理	王剑波	法学院	北京市社会科学基金、青年项目	北京市哲学社会科学规划办公室	研究报告	2015.12
45	企业内部控制评价研究	李百兴	会计学院	全国会计领军（后备）人才课题研究、重点项目	财政部	研究报告、论文、评价软件	2014.4
46	北京市空气质量变动模式及环境承载力测算分析研究	刘黎明	统计学院	全国统计科学研究计划、重点项目	国家统计局	研究报告、论文	2015.7
47	基于内部控制评价的国有企业风险预警指标体系研究	许江波	统计学院	全国统计科学研究计划、一般项目	国家统计总局	研究报告、论文	2015.11
48	城市社区社会组织发展管理研究	周宇红	马克思主义学院	民政部中国社会组织建设与管理理论研究部级课题	民政部	研究报告	2013.10
49	山西省农村民间融资问题研究	李树生	金融学院	山西省哲学社会科学"十二五"规划、年度课题	山西省哲学社会科学规划办公室	研究报告	2015.6
50	破产程序中的信息披露制度研究——以司法公信力为视角	张世君	法学院	国家法治与法学理论研究、中青年课题	司法部	论文	2015.12
51	大气污染区域联防联治法律对策研究	高桂林	法学院	国家法治与法学理论研究、一般课题	司法部	专著	2015.10

续表

序号	项目名称	负责人	承担部门	项目分类、类别	项目来源单位	预期成果形式	计划完成时间
52	文化产品政府采购研究	张祖群	工商管理学院	文化产业重大课题研究计划，一般项目	中国社会科学院	标志性论文、研究报告、专著	2013.9
53	马克思主义中国化国际战略思想研究	李久林	马克思主义学院	北京市教育委员会科研计划、社会科学重点	北京市教育委员会	专著	2015.12
54	北京“世界文化遗产类”旅游景区实现精细化管理的路径研究	蔡　红	工商管理学院	北京市教育委员会科研计划、社会科学重点	北京市教育委员会	研究报告、论文	2015.6
55	资产型通货膨胀与货币政策选择问题研究	马方方	经济学院	北京市教育委员会科研计划、社会科学重点	北京市教育委员会	专著、论文	2015.12
56	北京市属国有企业经营者管控模式创新研究	徐　炜	工商管理学院	北京市教育委员会科研计划、社会科学面上	北京市教育委员会	研究报告、论文	2014.12
57	养老保险法律问题研究	王显勇	法学院	北京市教育委员会科研计划、社会科学面上	北京市教育委员会	研究报告、论文	2014.12
58	上市公司并购重组资产评估和定价研究	王竞达	财政税务学院	北京市教育委员会科研计划、社会科学面上	北京市教育委员会	专著、论文	2014.12
59	医疗开支对家庭消费的影响研究	宋　捷	统计学院	北京市教育委员会科研计划、社会科学面上	北京市教育委员会	论文	2014.12
60	新媒体时代下的广告传播思维模式与实践案例研究	母晓文	文化与传播学院	北京市教育委员会科研计划、社会科学面上	北京市教育委员会	研究报告、论文	2014.12
61	北京市社区体育赛事发展现状及对策研究	张小航	体育部	北京市教育委员会科研计划、社会科学面上	北京市教育委员会	研究报告、论文	2014.12

续表

序号	项目名称	负责人	承担部门	项目分类、类别	项目来源单位	预期成果形式	计划完成时间
62	北京市居民幸福指数的关联分析与追踪研究	张贝贝	统计学院	北京市教育委员会科研计划、社会科学面上	北京市教育委员会	研究报告、论文	2014. 12
63	北京市服务型政府服务质量评估系统的实证分析	张杉杉	劳动经济学院	北京市教育委员会科研计划、社会科学面上	北京市教育委员会	研究报告、论文	2013. 12
64	外语专业大学生思辨能力发展研究	高秋萍	外语系	北京市教育委员会科研计划、社会科学面上	北京市教育委员会	专著、论文	2014. 12
65	国际化大城市的信用演化与借鉴	高杰英	金融学院	北京市教育委员会科研计划、社会科学面上	北京市教育委员会	研究报告、论文	2013. 12
66	云计算时代的在线会计服务研究	蔡立新	会计学院	北京市教育委员会科研计划、社会科学面上	北京市教育委员会	研究报告、论文	2014. 12
67	北京市智能手机软件应用商店的消费者采纳研究	陈蔚珠	工商管理学院	北京市教育委员会科研计划、社会科学面上	北京市教育委员会	研究报告、论文	2014. 12
68	北京低碳城市建设目标与对策	单吉堃	城市经济与公共管理学院	北京市教育委员会科研计划、社会科学面上	北京市教育委员会	专著、研究报告	2013. 12
69	基于 LPP 理论视角的微博用户参与行为研究	胡　磊	信息学院	北京市教育委员会科研计划、社会科学面上	北京市教育委员会	研究报告、论文	2014. 12
70	促进北京文化服务管理和文化创意产业财税政策改革与创新对策研究	蔡秀云	财政税务学院	北京市属高校创新能力提升计划项目、创新能力提升计划项目	北京市教育委员会	研究报告	2016. 9
71	北京率先实现城乡一体化对策体系	张　强	城市经济与公共管理学院	北京市属高校创新能力提升计划项目、创新能力提升计划项目	北京市教育委员会	研究报告	2015. 12

续表

序号	项目名称	负责人	承担部门	项目分类、类别	项目来源单位	预期成果形式	计划完成时间
72	市属高校章程制定试点研究	柯文进	工商管理学院	北京市教育科学规划、委托项目	北京市教育科学规划办公室	研究报告	2013.12
73	2020—2030 年基础教育学龄人口变化预测研究	姚翠友	信息学院	北京市教育科学规划、重点课题（优先关注）	北京市教育科学规划办公室	论文、研究报告	2016.12
74	北京市属高校新生适应性教育模式初探	蔡　丹	安全与环境工程学院	北京市教育工委首都大学生思想政治教育研究、支持课题	北京市委教育工作委员会	研究报告、调查报告、论文	2013.10
75	信仰与心理健康的相关研究	徐　辉	马克思主义学院	北京市教育工委首都大学生思想政治教育研究、一般课题	北京市委教育工作委员会	论文	2014.5
76	北京市公开选拔局处级领导干部的制度变迁与发展趋势——基于制度主义视角	陈书洁	劳动经济学院	北京市委组织部优秀人才培养资助、D类	北京市委组织部	研究报告	2016.1
77	双元创新平衡驱动下北京高科技企业知识型团队的激励模式研究	高中华	工商管理学院	北京市委组织部优秀人才培养资助、D类	北京市委组织部	研究报告	2016.12
78	北京市随迁老人社会保障需求及对居留意愿的影响研究	张航空	劳动经济学院	北京市委组织部优秀人才培养资助、D类	北京市委组织部	研究报告	2015.12
79	基于顾客体验的文化创意产品口碑再传播影响机制研究——以北京市为例	赵　冰	工商管理学院	北京市委组织部优秀人才培养资助、D类	北京市委组织部	研究报告	2015.12
80	北京文化多样性研究：逻辑、案例与政策	张祖群	工商管理学院	北京市委组织部优秀人才培养资助、D类	北京市委组织部	研究报告	2014.12
81	文化创意产业发展的法律保障机制研究	张世君	法学院	北京市委组织部优秀人才培养资助、D类	北京市委组织部	研究报告	2015.12

续表

序号	项目名称	负责人	承担部门	项目分类、类别	项目来源单位	预期成果形式	计划完成时间
82	多目标蜂群优化算法及其应用研究	陈　炜	信息学院	北京市委组织部优秀人才培养资助、D类	北京市委组织部	研究报告	2015.12
83	省级行政成本现状、成因与治理：基于北京市的研究	何　晴	财政税务学院	北京市委组织部优秀人才培养资助、D类	北京市委组织部	研究报告	2015.12
84	群体异质性收入分布的统计测度方法及其实证研究	阮　敬	统计学院	北京市委组织部优秀人才培养资助、D类	北京市委组织部	研究报告	2015.12
85	北京流动人口犯罪治理研究	王剑波	法学院	北京市委组织部优秀人才培养资助、D类	北京市委组织部	研究报告	2015.12

2013 年度校级社会科学研究项目

序号	项目名称	负责人	承担部门	项目分类、类别	预期成果形式	计划完成时间
1	北京市财政可持续性研究	黄芳娜	财政税务学院	首都经济贸易大学科学研究、规划项目	研究报告	2013.12
2	首都圈房地产业促进新城发展研究	吴庆玲	城市经济与公共管理学院	首都经济贸易大学科学研究、规划项目	研究报告	2013.12
3	促成城市居民绿色消费的路径研究——以北京市为例	武永春	城市经济与公共管理学院	首都经济贸易大学科学研究、规划项目	研究报告、论文	2013.12
4	论环境公益诉讼的原告资格扩展的理性边界	高　雁	法学院	首都经济贸易大学科学研究、规划项目	研究报告、论文	2013.12
5	品牌延伸评价模型的建立及内在机理研究	韩光军	工商管理学院	首都经济贸易大学科学研究、规划项目	研究报告	2013.12
6	环境责任履行影响企业品牌资产的机理与实验研究	刘建梅	工商管理学院	首都经济贸易大学科学研究、规划项目	研究报告、论文	2013.12
7	我国食品生产企业社会责任缺失的机理及其治理	汪翔红	工商管理学院	首都经济贸易大学科学研究、规划项目	研究报告、论文	2013.12

续表

序号	项目名称	负责人	承担部门	项目分类、类别	预期成果形式	计划完成时间
8	语言测试对教学活动的反拨作用研究	常晓宇	国际学院	首都经济贸易大学科学研究、规划项目	论文	2013.12
9	上市公司综合收益价值相关性研究	贺　宏	会计学院	首都经济贸易大学科学研究、规划项目	研究报告、论文	2013.12
10	北京市文化产业投融资模式研究	王德河	金融学院	首都经济贸易大学科学研究、规划项目	研究报告	2013.12
11	结构变动环境下我国服务贸易补贴政策及其有效性研究	王佃凯	经济学院	首都经济贸易大学科学研究、规划项目	研究报告	2013.12
12	贸易便利化与海关效率问题研究	燕秋梅	经济学院	首都经济贸易大学科学研究、规划项目	研究报告	2013.12
13	国际比较视野的中国模式研究	张锦冬	经济学院	首都经济贸易大学科学研究、规划项目	研究报告、论文	2013.12
14	构建老年人长期护理保险制度的路径选择研究——以北京市失能老人和高龄老人为例	陈　红	劳动经济学院	首都经济贸易大学科学研究、规划项目	论文、专著	2013.12
15	员工工作倦怠与抑郁的关系及其影响因素研究	唐　军	劳动经济学院	首都经济贸易大学科学研究、规划项目	研究报告	2013.12
16	马克思主义整体性与学科发展建设研究	谷　军	马克思主义学院	首都经济贸易大学科学研究、规划项目	研究报告、论文	2013.12
17	阳光体育目标下我校学生体能锻炼支撑体系构建研究	吴春霞	体育部	首都经济贸易大学科学研究、规划项目	研究报告、论文	2013.12
18	我国上市公司现金持有水平及其影响因素研究	张玉春	统计学院	首都经济贸易大学科学研究、规划项目	研究报告、论文	2013.12
19	高校外语教师发展的“双语写作”实践研究	蒋立珠	外语系	首都经济贸易大学科学研究、规划项目	论文	2013.12
20	文化视角下中国百年英语教育变迁及英语教育价值观形成研究	赵海燕	外语系	首都经济贸易大学科学研究、规划项目	研究报告、论文	2013.12

续表

序号	项目名称	负责人	承担部门	项目分类、类别	预期成果形式	计划完成时间
21	我国公益广告发展探究	杨景越	文化与传播学院	首都经济贸易大学科学研究、规划项目	研究报告	2013.12
22	功能安全评估安全评价体系研究	文　华	安全与环境工程学院	首都经济贸易大学科学研究、青年项目	论文、研究报告	2013.12
23	周期性行业企业价值评估收益法模型改进研究——以金融危机背景为例	陈　蕾	财政税务学院	首都经济贸易大学科学研究、青年项目	研究报告、论文	2013.12
24	第三方评估慈善组织治理绩效的机制研究	王　蕾	城市经济与公共管理学院	首都经济贸易大学科学研究、青年项目	研究报告	2013.12
25	住房调控政策的经济效应和长效机制研究	徐　虹	城市经济与公共管理学院	首都经济贸易大学科学研究、青年项目	研究报告	2013.12
26	海上货物运输中港口经营人法律责任研究	李璐玲	法学院	首都经济贸易大学科学研究、青年项目	专著、论文	2013.12
27	北京市中小企业社会责任研究——基于关系资本与竞争优势的视角	黄苏萍	工商管理学院	首都经济贸易大学科学研究、青年项目	研究报告	2013.12
28	区域差异、政治关联与资本结构动态调整研究	陈　杰	会计学院	首都经济贸易大学科学研究、青年项目	论文	2013.12
29	北京市区属国有企业高管薪酬、薪酬差距和企业绩效研究	王　伟	会计学院	首都经济贸易大学科学研究、青年项目	专著、论文	2013.12
30	中国农村小额保险市场发展研究	雒庆举	金融学院	首都经济贸易大学科学研究、青年项目	论文	2013.12
31	国际大宗商品市场金融化问题研究	谢　飞	金融学院	首都经济贸易大学科学研究、青年项目	论文	2013.12
32	国有上市公司违规行为监管的选择性执行研究	赵　娟	经济学院	首都经济贸易大学科学研究、青年项目	研究报告	2013.12
33	集体协商制度在行业层面的实施状况研究——基于北京市的实证研究	宋　玥	劳动经济学院	首都经济贸易大学科学研究、青年项目	研究报告、论文	2013.12

续表

序号	项目名称	负责人	承担部门	项目分类、类别	预期成果形式	计划完成时间
34	关于北京市人口老龄化特征的再思考——基于国际比较和省际比较的视角	张航空	劳动经济学院	首都经济贸易大学科学研究、青年项目	论文	2013. 12
35	中共第一代领导人执政思想及启示研究	成林萍	马克思主义学院	首都经济贸易大学科学研究、青年项目	研究报告	2013. 12
36	分红保险下保险公司的最优投资与再保险策略	聂高琴	统计学院	首都经济贸易大学科学研究、青年项目	论文	2013. 12
37	北京居民消费价格指数波动规律及影响因素研究	钟　路	统计学院	首都经济贸易大学科学研究、青年项目	研究报告	2013. 12
38	英语专业本科教学中的中国文化导入策略研究	刘　欣	外语系	首都经济贸易大学科学研究、青年项目	论文	2013. 12
39	生态视阈下中国审美范畴“中和”“意境”的研究	朱利华	外语系	首都经济贸易大学科学研究、青年项目	研究报告、论文	2013. 12
40	构建北京特色文化城市形象的传播路径研究	王　冲	文化与传播学院	首都经济贸易大学科学研究、青年项目	研究报告、论文	2013. 12
41	基于LPP理论视角的大学生微博参与行为影响因素实证研究	胡　磊	信息学院	首都经济贸易大学科学研究、青年项目	论文	2013. 12
42	我国非密敏感信息保护政策评价体系研究	杨艳红	信息学院	首都经济贸易大学科学研究、青年项目	论文	2013. 12

（首都经济贸易大学科研处供稿）

北京工商大学

2013年度承担国家级、省部级等社会科学研究项目

序号	项目名称	项目负责人	承担部门	项目分类、类别	项目来源单位	预期成果形式	计划完成日期
1	欧盟国家“碳泄漏”对中国碳密集型产业发展的影响研究	张晓堂	经济学院	重点项目	全国哲学社会科学规划办公室	研究报告	2015. 12
2	促进我国现代服务业发展的对策研究	孙永波	商学院	一般项目	全国哲学社会科学规划办公室	研究报告	2016. 6

续表

序号	项目名称	项目负责人	承担部门	项目分类、类别	项目来源单位	预期成果形式	计划完成日期
3	基于平衡记分卡方法的我国出口退税政策绩效评价研究	马乃云	经济学院	一般项目	全国哲学社会科学规划办公室	专著	2016.12
4	制约区际基本公共服务均等化研究	吴　强	经济学院	一般项目	全国哲学社会科学规划办公室	研究报告	2015.12
5	民国时期洋货进口与消费生活变迁研究（1927—1936）	陈晋文	法学院（马克思主义学院）	一般项目	全国哲学社会科学规划办公室	专著、研究报告	2016.6
6	新媒体传播中个人信息安全的法律保护研究	路　鹃	艺术与传媒学院	一般项目	全国哲学社会科学规划办公室	专著	2016.6
7	组织社会化策略对女性员工工作适应与职业成长的作用机理研究	何　辉	商学院	一般项目	全国哲学社会科学规划办公室	研究报告	2016.6
8	经济全球化背景下中华文化国际影响力提升研究	魏海香	法学院（马克思主义学院）	青年项目	全国哲学社会科学规划办公室	专著、专题论文（集）	2016.6
9	基于社会资本的我国小微企业集群融资机制研究	张　伟	经济学院	青年项目	全国哲学社会科学规划办公室	研究报告	2016.6
10	产业结构、能源消耗对我国碳减排目标的作用机理与影响效应研究	张宏艳	经济学院	青年项目	全国哲学社会科学规划办公室	研究报告	2016.6
11	跨境上市、会计信息质量与资源配置效率研究	刘　婷	商学院	青年项目	全国哲学社会科学规划办公室	研究报告	2015.12
12	当代中国本土化设计艺术的理论与实践研究	陈晓环	艺术与传媒学院	青年项目	全国艺术科学规划领导小组办公室	研究报告	2015.12
13	权力配置对企业纵向一体化行为及经济后果的影响研究：基于产权理论的考察	张伟华	商学院	青年科学基金项目	国家自然科学基金委员会	研究报告	2016.12
14	制度环境、会计稳健性与公司投资行为研究	崔学刚	商学院	规划基金项目	教育部	研究报告、论文	2016.7
15	中国近代对外贸易与国内居民消费生活研究（1927—1936）	陈晋文	法学院（马克思主义学院）	规划基金项目	教育部	研究报告、论文	2016.7

续表

序号	项目名称	项目负责人	承担部门	项目分类、类别	项目来源单位	预期成果形式	计划完成日期
16	公职人员养老保障制度改革的经济效应——基于世代交叠模型的一般均衡研究	乔杨	计信学院	青年基金项目	教育部	研究报告、论文	2016.7
17	我国一线城市家庭金融：配置特征、行为偏差及政策含义	乔云霞	经济学院	规划基金项目	教育部	研究报告、论文	2016.7
18	基于广义 Logistic 和结构方程模型的糖农种植行为影响因素分析	刘晓雪	经济学院	青年基金项目	教育部	研究报告、论文	2016.7
19	论唐·德里罗小说的后现代政治写作	史岩林	外国语学院	青年基金项目	教育部	研究报告、论文	2016.7
20	微博消息的多元动态可信度模型研究	段大高	计信学院	青年基金项目	教育部	研究报告、论文	2016.7
21	面向大型城市公共交通立体化运营的服务设计研究	郑子云	艺术与传媒学院	规划基金项目	教育部	研究报告、论文	2016.7
22	面向老龄化社会的公共自助服务设计策略研究	张明	艺术与传媒学院	青年基金项目	教育部	研究报告、论文	2016.7
23	欠发达地区跨越式发展金融支持体系研究	龚晓菊	经济学院	教育部后期资助一般项目	教育部	研究报告、论文	2016.10
24	中国粮食安全发展报告	洪涛	经济学院	教育部发展报告培育项目	教育部	研究报告、论文	2016.12
25	北京食品安全输入性风险的防控机制研究	谭向勇	经济学院	重大项目	北京市哲学社会科学规划办公室	研究报告、论文	2015.6
26	北京公共交通枢纽优化换乘功能的服务设计研究	郑子云	艺术与传媒学院	一般项目	北京市哲学社会科学规划办公室	研究报告	2015.9
27	北京食品安全监管法律对策研究	郝琳琳	法学院（马克思主义学院）	一般项目	北京市哲学社会科学规划办公室	研究报告	2015.9
28	运动干预对北京大学生社会适应性影响的实证研究	刘立新	体育与艺术教学部	一般项目	北京市哲学社会科学规划办公室	研究报告、其他	2015.9
29	北京提升参与国际产业分工高端链条竞争能力的对策研究	王卓	商学院	一般项目	北京市哲学社会科学规划办公室	研究报告	2015.9

续表

序号	项目名称	项目负责人	承担部门	项目分类、类别	项目来源单位	预期成果形式	计划完成日期
30	小额信贷视角下北京市小微企业融资难问题研究	张正平	经济学院	一般项目	北京市哲学社会科学规划办公室	研究报告	2015.9
31	基于项目区分理论的北京市基础设施多元融资架构设计	马若微	经济学院	一般项目	北京市哲学社会科学规划办公室	研究报告	2015.9
32	北京市中小企业云计算应用及效果实证研究	孙玥璠	商学院	一般项目	北京市哲学社会科学规划办公室	研究报告	2015.8
33	价值管理视角：北京市企业集团轻资产模式财务风险研究	穆林娟	商学院	一般项目	北京市哲学社会科学规划办公室	研究报告	2015.8
34	北京城乡一体化居民基本医疗保险制度研究	徐　徐	经济学院	青年项目	北京市哲学社会科学规划办公室	研究报告、论文（集）	2015.9
35	产业结构优化对北京市碳减排目标的影响效应研究	张宏艳	经济学院	青年项目	北京市哲学社会科学规划办公室	研究报告	2015.9
36	老龄化进程中的北京居民消费规模和结构变化研究	蒯鹏州	商学院	青年项目	北京市哲学社会科学规划办公室	研究报告	2015.9
37	北京金融产业监管中会计信息不对称问题研究	柯　剑	商学院	青年项目	北京市哲学社会科学规划办公室	研究报告	2015.8
38	北京居民蔬菜类生活必需品供应保障体系建设研究	张　浩	商学院	青年项目	北京市哲学社会科学规划办公室	研究报告、论文（集）	2015.8
39	北京市食品质量安全风险预警体系研究	崔　丽	商学院	青年项目	北京市哲学社会科学规划办公室	研究报告、论文（集）	2015.9
40	北京市突发事件应急资源保障体系优化设计研究	王　晶	商学院	青年项目	北京市哲学社会科学规划办公室	研究报告、论文（集）	2015.9
41	通过发展社区支持农业（AS）推动首都生态环境保护的路径与政策研究	倪国华	经济学院	一般项目	北京市哲学社会科学规划办公室	研究报告	2015.12
42	基于行为价值管理视角的首都零售业内部控制评价研究	杨有红	商学院	特别委托项目	北京市哲学社会科学规划办公室	研究报告	2015.12

续表

序号	项目名称	项目负责人	承担部门	项目分类、类别	项目来源单位	预期成果形式	计划完成日期
43	基于商务服务视角的北京现代服务业发展比较优势研究	李宝仁	经济学院	重点项目	北京市哲学社会科学规划办公室	研究报告	2015.12
44	北京"老字号"品牌营销创新案例研究	张景云	商学院	重点项目	北京市哲学社会科学规划办公室	研究报告	2015.12
45	北京大型零售企业软实力提升路径研究	王长斌	商学院	青年项目	北京市哲学社会科学规划办公室	研究报告	2015.12
46	重大事件对北京市生猪及猪肉价格波动的影响研究	郭志超	经济学院	青年项目	北京市哲学社会科学规划办公室	研究报告	2015.12
47	北京蔬菜流通体系优化研究	徐振宇	经济学院	青年项目	北京市社会科学界联合会	研究报告	2014.12
48	北京市城镇居民基本医疗保险制度评价与完善研究	徐　徐	经济学院	青年项目	北京市社会科学界联合会	研究报告	2014.12
49	提升首都网上零售业竞争力的研究	罗朝能	外国语学院	一般项目	北京市社会科学界联合会	研究报告	2015.12
50	危机生活事件对首都大学生心理反应的影响及对策研究	陈红敏	体育与艺术教学部	青年项目	北京市社会科学界联合会	研究报告	2015.12
51	北京市农产品供应链质量风险控制研究	孙永波	商学院	一般项目	北京市社会科学界联合会	研究报告	2015.12
52	新形势下进一步加强税收执法风险管控机制建设研究	李友元	经济学院	一般项目	北京市西城区社会科学界联合会	研究报告	2015.12
53	食品添加剂非法添加和滥用的法律规制与社会控制体系研究	刘筠筠	法学院（马克思主义学院）	一般项目	北京市科协	研究报告	2015.12
54	人口变动对北京教育发展的影响：机理、趋势与对策研究	蒯鹏州	商学院	重点项目	北京市教育科学规划领导小组办公室	研究报告、论文	2015.12
55	高校本科生导师制的质量评价体系构建研究	罗朝能	外国语学院	重点项目	北京市教育科学规划领导小组	研究报告、论文	2015.12

续表

序号	项目名称	项目负责人	承担部门	项目分类、类别	项目来源单位	预期成果形式	计划完成日期
56	构建促进消费的法制环境研究	李仁玉	法学院（马克思主义学院）	一般项目	商务部	研究报告	2015.12
57	中西部地区承接产业转移的金融支持模式与政策研究	龚晓菊	经济学院	一般项目	国家发改委员会	研究报告	2015.12
58	农产品流通体系优化研究	徐振宇	经济学院	一般项目	农业部	研究报告	2015.12
59	糖料市场、贸易及产业政策研究（2013年）	刘晓雪	经济学院	一般项目	农业部	研究报告	2015.12
60	首都高校青年创新人才的心理特征及其成长机制研究	陈红敏	体育与艺术教学部	D类项目	北京市市委组织部	研究报告、论文	2015.12
61	基于沙普利值法的北京市农业产业链农户联盟绩效最优模式研究	梁 鹏	经济学院	D类项目	北京市市委组织部	研究报告、论文	2015.12
62	基于OLG模型的北京市人口老龄化经济影响研究	蒯鹏州	商学院	D类项目	北京市市委组织部	研究报告、论文	2015.12
63	我国农村土地信托法律问题研究	陈 敦	法学院（马克思主义学院）	D类项目	北京市市委组织部	研究报告、论文	2015.12
64	基于多媒体技术的艺术品电子商务交易平台建设研究	吕燕茹	艺术与传媒学院	D类项目	北京市市委组织部	研究报告、论文	2015.12
65	北京零售企业竞争力提升关键问题研究	孙永波	商学院	重点项目	北京市教育委员会	研究报告、论文	2015.12
66	北京城市货运公交化共同配送体系研究	何明珂	商学院	重点项目	北京市教育委员会	研究报告、论文	2015.12
67	老龄化进程中的北京居民行为调整及其经济影响研究	蒯鹏州	商学院	面上项目	北京市教育委员会	研究报告、论文	2015.12
68	北京居民蔬菜类生活必需品供应保障体系建设	张 浩	商学院	面上项目	北京市教育委员会	研究报告、论文	2015.12
69	北京农产品供应链质量风险控制研究	崔 丽	商学院	面上项目	北京市教育委员会	研究报告、论文	2015.12
70	金融工具准则修订对北京金融业会计监管的影响研究	柯 剑	商学院	面上项目	北京市教育委员会	研究报告、论文	2015.12
71	全媒体视域下北京地区突发公共事件舆论流变与引导机制研究	罗 昶	艺术与传媒学院	面上项目	北京市教育委员会	研究报告、论文	2015.12
72	新媒体环境下的北京老字号品牌传播研究	丛 珩	艺术与传媒学院	面上项目	北京市教育委员会	研究报告、论文	2015.12

续表

序号	项目名称	项目负责人	承担部门	项目分类、类别	项目来源单位	预期成果形式	计划完成日期
73	北京地区城镇化进程中失地农民的就业问题研究	王　轶	科学技术处	面上项目	北京市教育委员会	研究报告、论文	2015.12
74	支持北京市新能源产业发展的绿色金融体系研究	徐　凤	经济学院	面上项目	北京市教育委员会	研究报告、论文	2015.12
75	基于断点检测的重大事件对首都猪产品价格影响研究	郭志超	经济学院	面上项目	北京市教育委员会	研究报告、论文	2015.12

2013 年校级人文社会科学研究项目

序号	项目名称	项目负责人	承担部门	项目分类、类别	预期成果形式	计划完成日期
1	国有资产重组中的企业价值评估研究	牛晓燕	经济学院	人文社科类青年教师科研启动基金项目	论文	2015.6
2	参与式社区治理中的社会组织培育研究	王俊峰	法学院（马克思主义学院）	人文社科类青年教师科研启动基金项目	论文	2015.6
3	品牌传播中的动态图形“娱乐化”设计	吴思森	艺术与传媒学院	人文社科类青年教师科研启动基金项目	论文	2015.6
4	大学生分离——个体化水平对心理健康的影响	张　明	体育与艺术教学部	人文社科类青年教师科研启动基金项目	论文	2015.6
5	西方财经媒体“数据化”转型研究	李杰琼	艺术与传媒学院	人文社科类青年教师科研启动基金项目	论文	2015.6
6	两栖理论视角下跨国企业FDI均衡与公司价值关系研究	杨　阳	商学院	人文社科类青年教师科研启动基金项目	论文	2015.6
7	品牌识别图形化系统的构建研究	肖　洁	艺术与传媒学院	人文社科类青年教师科研启动基金项目	论文	2015.6
8	中国古代他物权制度及其法文化传统研究	邹亚莎	法学院（马克思主义学院）	人文社科类青年教师科研启动基金项目	论文	2015.6
9	转售价格维持行为的竞争影响及立法现状研究	易　芳	经济学院	人文社科类青年教师科研启动基金项目	论文	2015.6
10	中小企业的信贷配给问题研究	郭冠楠	经济学院	人文社科类青年教师科研启动基金项目	论文	2015.6

续表

序号	项目名称	项目负责人	承担部门	项目分类、类别	预期成果形式	计划完成日期
11	Model-Guided 非参数修正权定价方法研究及其应用	樊鹏英	经济学院	人文社科类青年教师科研启动基金项目	论文	2015.6
12	银行理财产品的消费者权益保护法律问题	颜　苏	法学院（马克思主义学院）	人文社科类青年教师科研启动基金项目	论文	2015.6
13	北京市农产品供应链视角下农户联盟绩效最优模式研究	梁　鹏	经济学院	北京市哲学社会科学首都流通业研究基地2013年度重点项目	研究报告	2015.6
14	新型城镇化背景下北京商业地产开发模式的创新研究	潘　忠	经济学院	北京市哲学社会科学首都流通业研究基地2013年度一般项目	研究报告	2015.6
15	首都流通业发展环境研究	徐　凤	经济学院	北京市哲学社会科学首都流通业研究基地2014年度一般项目	研究报告	2015.6
16	北京“老字号”营销中存在的问题和对策研究	张景云	商学院	北京市哲学社会科学首都流通业研究基地2015年度一般项目	研究报告	2015.6
17	首都流通业拓展海外市场的对策研究	朱振荣	经济学院	北京市哲学社会科学首都流通业研究基地2016年度一般项目	研究报告	2015.6
18	以服务消费推动首都经济圈区域合作研究	龚晓菊	经济学院	北京市哲学社会科学首都流通业研究基地2017年度一般项目	研究报告	2015.6
19	首都零售业经营模式的创新研究	耿丽萍	经济学院	北京市哲学社会科学首都流通业研究基地2018年度一般项目	研究报告	2015.6
20	电子商务发展对首都流通业的影响研究	洪　涛	经济学院	北京市哲学社会科学首都流通业研究基地2019年度一般项目	研究报告	2015.6
21	保险助力首都流通业小微企业融资的对策研究	栾　红	经济学院	北京市哲学社会科学首都流通业研究基地2020年度一般项目	研究报告	2015.6

（北京工商大学科学技术处王葳供稿）

北京工业大学

2013 年度承担国家级、省部级社会科学研究项目

序号	项目名称	负责人	所属单位	项目分类	预期成果形式	计划完成日期
1	中文专利侵权检测与分析理论方法及关键技术研究	翟东升	经管学院	北京市自然科学基金面上项目	研究报告、论文	2015. 12. 31
2	北京市低碳投融资模式与运作模拟研究	李京文	经管学院	北京市自然科学基金面上项目	研究报告、论文	2015. 12. 31
3	大学治理框架下的教学改革机制研究	肖　念	高等教育研究所	北京市教委社会科学计划重点项目	研究报告、论文	2014. 12. 31
4	基于学生发展的首都高校教育质量评价研究	苏林琴	高等教育研究所	北京市教育科学规划项目	研究报告、论文	2016. 12. 31
5	应用型大学人才培养质量评价体系研究	肖　念	高等教育研究所	北京市教育科学规划项目	研究报告、论文	2013. 12. 31
6	建设高等教育强国背景下地方高水平大学发展战略研究	金保华	高等教育研究所	北京市教育科学规划项目	研究报告、论文	2014. 12. 31
7	博物馆“临时展览”“会展”室内导览系统设计	邹　锋	艺术设计学院	北京市科委科技计划项目	研究报告、论文	2014. 3. 31
8	博物馆展陈设计与空间实现北京市重点实验室 2012 年阶梯计划项目	张　琪	艺术设计学院	北京市科委科技计划项目	研究报告、论文	2013. 12. 31
9	国外科技服务业规则及借鉴研究	黄鲁成	经管学院	北京市软科学研究计划课题	研究报告、论文	2014. 7. 31
10	北京市能源消费与碳排放现状、预测及低碳发展路径选择研究	李云燕	循环经济研究院	北京市软科学研究计划课题	研究报告、论文	2013. 12. 31
11	北京近郊区城中村改造与外来人口管理研究	李　升	人文学院	北京市哲学社会科学规划项目	研究报告、论文	2015. 4. 1
12	北京基层社会协同治理模式研究——以麦子店街道“问政”实践为例	刘金伟	人文学院	北京市哲学社会科学规划项目	研究报告、论文	2014. 12. 31
13	资源与环境约束下北京新能源汽车产业发展对策研究	武玉英	经管学院	北京市哲学社会科学规划项目	研究报告、论文	2014. 12. 31
14	京津冀都市圈现代制造业生产要素协同创新研究	蒋国瑞	经管学院	北京市哲学社会科学规划项目	研究报告、论文	2014. 12. 31
15	京津冀都市圈高端制造业与生产性服务业协同创新研究	李京文	经管学院	北京市哲学社会科学规划项目	研究报告、论文	2015. 12. 31
16	北京市社会建设和管理体制机制研究	唐　军	人文学院	北京市哲学社会科学规划项目	研究报告、论文	2014. 4. 30
17	北京市居民居住区隔研究	魏亚萍	人文学院	北京市哲学社会科学规划项目	研究报告、论文	2014. 4. 30

续表

序号	项目名称	负责人	所属单位	项目分类	预期成果形式	计划完成日期
18	北京地区理工科高校科研竞争力分析	李双杰	经管学院	北京市哲学社会科学规划项目	研究报告、论文	2014. 12. 31
19	通过技术并购促进北京市传统优势企业转型升级的路径研究	王宛秋	经管学院	北京市哲学社会科学规划项目	研究报告、论文	2014. 12. 31
20	机动车交通事故责任研究——以侵权责任法实施为基点	孙玉荣	人文学院	北京市哲学社会科学规划项目	研究报告、论文	2014. 9. 30
21	北京文化大发展大繁荣背景下的知识产权保护	靳晓东	人文学院	北京市哲学社会科学规划项目	研究报告、论文	2013. 12. 31
22	"北京精神"融入首都高校校园文化建设机制研究	沈自友	学生处	北京市哲学社会科学规划项目	研究报告、论文	2014. 12. 31
23	汽车制造供应网络的稳定性及实证研究	何喜军	经管学院	北京市哲学社会科学规划项目	研究报告、论文	2013. 12. 31
24	人本哲学视角下北京建设世界城市的生成论研究	计 彤	马克思主义学院	北京市哲学社会科学规划项目	研究报告、论文	2014. 6. 30
25	生态位理论范式下的股东关系及其经济后果	杨松令	经管学院	国家社会科学基金项目	研究报告、论文	2016. 6. 30
26	基层社会多元纠纷解决机制构建与社会管理创新	朱 涛	人文学院	国家社会科学基金项目	研究报告、论文	2016. 12. 31
27	基于多 Agent 制造业供应链产销协同冲突协商研究	蒋国瑞	经管学院	国家社会科学基金项目	研究报告、论文	2017. 12. 31
28	网络组织复杂性测试及应对策略研究	何喜军	经管学院	国家社会科学基金项目	研究报告、论文	2016. 12. 31
29	生态文明视野中的聚落走向问题研究	计 彤	马克思主义学院	国家社会科学基金项目	研究报告、论文	2016. 12. 31
30	大城市民用汽车"碳户籍"管理研究——以北京为例	赵立祥	经管学院	教育部博士点学科专项科研基金	研究报告、论文	2015. 12. 31
31	地方高水平大学科技体制及运行机制改革研究	郭广生	高等教育研究所	教育部科学研究重大项目	研究报告、论文	2014. 5. 31

（北京工业大学科技处张爱民供稿）

北京林业大学

2013 年度承担国家级、省部级社会科学研究项目

序号	项目名称	负责人	所属单位	项目类别	项目来源单位	预期成果形式	计划完成日期
1	保护与发展：社区视角下协调机制研究	温亚利	经济管理学院	国家自然科学基金项目、面上项目	国家自然科学基金委员会	研究报告、学术论文	2017. 12. 31

续表

序号	项目名称	负责人	所属单位	项目类别	项目来源单位	预期成果形式	计划完成日期
2	基于集成理论的中国产业创新模式、路径与策略研究	余吉安	经济管理学院	国家自然科学基金项目、青年项目	国家自然科学基金委员会	论文	2014. 12. 31
3	关系、参考群体行为和销售人员灰色营销决策	彭 茜	经济管理学院	国家自然科学基金项目、青年项目	国家自然科学基金委员会	论文成果	2016. 12. 31
4	中国公共政策执行多样性的理论与实证研究——基于“制度激励—网络结构”的分析框架	陈 佳	人文社会科学学院	国家自然科学基金项目、青年项目	国家自然科学基金委员会	论文	2016. 12. 31
5	中国城乡住户调查一体化数据准确性评估与修正研究	庞新生	经济管理学院	国家社会科学基金项目、一般项目	全国哲学社会科学规划办公室	论文（集）、研究报告	2014. 12. 31
6	动词论元结构的儿童习得	范 莉	外语学院	国家社会科学基金项目、一般项目	全国哲学社会科学规划办公室	论文（集）	2016. 9. 30
7	美国TPP战略的经济效应及我国亚太地区FTA策略研究	万 璐	经济管理学院	国家社会科学基金项目、青年项目	全国哲学社会科学规划办公室	论文（集）	2015. 12. 31
8	林区农户生态创业机理与培育路径研究	薛永基	经济管理学院	国家社会科学基金项目、青年项目	全国哲学社会科学规划办公室	论文（集）、研究报告	2015. 6. 30
9	城市居民绿色消费态度——行为差异研究	陈 凯	经济管理学院	国家社会科学基金项目、青年项目	全国哲学社会科学规划办公室	论文（集）、研究报告	2015. 10. 31
10	中国生态文明建设国际比较研究	樊阳程	人文社会科学学院	国家社会科学基金项目、青年项目	全国哲学社会科学规划办公室	专著	2016. 3. 1
11	中国生态文明建设发展报告	严 耕	人文社会科学学院	教育部人文社会科学研究项目、社科发展报告项目	教育部	报告	2016. 12. 12

续表

序号	项目名称	负责人	所属单位	项目类别	项目来源单位	预期成果形式	计划完成日期
12	中国林业金融需求与供给问题研究	秦　涛	经济管理学院	教育部人文社会科学研究项目、社科发展报告项目	教育部	研究报告	2015. 12. 31
13	低碳经济下中国木质林产品贸易政策转型研究	田明华	经济管理学院	教育部人文社会科学研究项目、一般项目	教育部	论文、报告	2015. 6. 30
14	2013 年度教育部人文社会科学研究专项任务项目（高校思想政治工作）	李铁铮	党委宣传部新闻办	教育部人文社会科学研究项目、专项任务项目	教育部	论文	2014. 12. 30
15	写意精神与中国美术的现代转型	程亚鹏	材料科学与技术学院	教育部人文社会科学研究项目、青年基金项目	教育部	论文、专著	2015. 12. 31
16	政策执行多样性的影响因素及作用机理研究——以退耕还林政策为例	陈　佳	人文社会科学学院	教育部人文社会科学研究项目、青年基金项目	教育部	论文、报告	2016. 5. 31
17	林木生物质能源产业链优化路径研究	米　锋	经济管理学院	教育部人文社会科学研究项目、青年基金项目	教育部	论文、报告	2015. 12. 31
18	道家生态美学思想及其当代价值	罗美云	人文社会科学学院	北京市哲学社会科学规划项目、一般项目	北京市哲学社会科学规划办公室	专著	2015. 9. 10
19	北京居民环境法律意识状况研究	戴秀丽	人文社会科学学院	北京市哲学社会科学规划项目、一般项目	北京市哲学社会科学规划办公室	研究报告	2015. 9. 30
20	北京农村生态文明传播策略研究	金鸣娟	人文社会科学学院	北京市哲学社会科学规划项目、一般项目	北京市哲学社会科学规划办公室	研究报告、论文（集）	2015. 8. 18
21	社区环境质量与北京城市居民幸福感的研究	吴建平	人文社会科学学院	北京市哲学社会科学规划项目、一般项目	北京市哲学社会科学规划办公室	研究报告	2015. 7. 31

续表

序号	项目名称	负责人	所属单位	项目类别	项目来源单位	预期成果形式	计划完成日期
22	北京高校英语教师的形成性评估理念与教育评估政策研究	曹荣平	外语学院	北京市哲学社会科学规划项目、一般项目	北京市哲学社会科学规划办公室	期刊论文、研究报告	2015. 3. 31
23	我国自然保护区生态旅游管理问题的调查研究	刘　萍	经济管理学院	国家林业局林业软科学研究项目	国家林业局	研究报告	2014. 12. 31
24	生态文明视域下的森林文化应用与发展研究	李文军	期刊编辑部	国家林业局林业软科学研究项目	国家林业局	发表论文、组织会议	2014. 12. 31

2013 年度校级社会科学研究项目

序号	项目名称	负责人	所属单位	项目类别	预期成果形式	计划完成日期
1	中国传统重彩壁画创新应用研究	房钰栋	艺术设计学院	北京林业大学科技创新计划项目	论文和作品	2013. 12. 31
2	生态主义心理学的理论建构与实践探索	田　浩	人文社会科学学院	北京林业大学科技创新计划项目	专著、论文	2015. 12. 31
3	针对信息科技产品的审美交互设计方法	李　健	艺术设计学院	北京林业大学科技创新计划项目	论文	2013. 12. 31
4	佛教雕塑艺术当代化的实践与研究	史钟颖	艺术设计学院	北京林业大学科技创新计划项目	论文、作品发表	2013. 12. 31
5	绿色供应链视角下的林业产业绿色增长研究	余吉安	经济管理学院	北京林业大学科技创新计划项目	论文	2014. 3. 6
6	水墨动画电影中笔墨美术造型艺术研究	白志勇	艺术设计学院	北京林业大学科技创新计划项目	论文等	2013. 12. 30
7	壁画艺术的拓展与空间表达	高　超	园林学院	北京林业大学科技创新计划项目	论文 1 篇，作品 1 套	2015. 6. 30
8	干旱半干旱地区森林资源生态服务价值变化及其驱动模式研究	袁畅彦	经济管理学院	北京林业大学科技创新计划项目	发表 SCI 论文 1 到 3 篇	2015. 7. 1
8	全球化趋势下我国林木生物质能源	张　兰	经济管理学院	北京林业大学科技创新计划项目	发表 CSSCI 论文两篇	2015. 7. 1
10	中国文人绘画对中国传统园林的演绎	赵　佳	园林学院	北京林业大学科技创新计划项目	学术论文	2015. 7. 1
11	再生纸材料产品创新设计应用研究	王渤森	艺术设计学院	北京林业大学科技创新计划项目	论文与设计实物	2015. 7. 1
12	现代木雕艺术设计与应用研究	刘　冠	材料科学与技术学院	北京林业大学科技创新计划项目	论文	2013. 12. 31

续表

序号	项目名称	负责人	所属单位	项目类别	预期成果形式	计划完成日期
13	中国林业区域创新型发展模式研究——基于区域多层供、需视角	姜雪梅	经济管理学院	北京林业大学科技创新计划项目	发表文章与形成报告	2014. 6. 24
14	我国廉租房可持续的物业服务模式研究	康琪雪	经济管理学院	北京林业大学科技创新计划项目		2014. 7. 1
15	林业金融产品创新与风险管理体系研究	秦　涛	经济管理学院	北京林业大学科技创新计划项目	论文	2015. 12. 31
16	生态文明建设国际比较	樊阳程	人文社会科学学院	北京林业大学科技创新计划项目	论文、著作	2015. 12. 31
17	基于移动终端的棋类游戏《橘中戏 2. 0》的设计与实践	上官大堰	艺术设计学院	北京林业大学科技创新计划项目	论文与软件	2013. 12. 31
18	林木生物质能源产业路径优化研究	陈　凯	经济管理学院	北京林业大学科技创新计划项目		2013. 12. 31
19	城市传统文化与特色的现代照明设施创新设计研究	韩　鹏	艺术设计学院	北京林业大学科技创新计划项目	论文	2013. 12. 31
20	新媒体艺术在林业科普宣传中的应用研究	靳　晶	艺术设计学院	北京林业大学科技创新计划项目	艺术设计作品	2013. 12. 31
21	创造性思维方式在景观设计中的应用	张晓燕	艺术设计学院	北京林业大学科技创新计划项目	论文	2013. 12. 31
22	基于三维打印的园林景观表现研究	罗　岱	艺术设计学院	北京林业大学科技创新计划项目	软件著作权论文	2013. 12. 31
23	基于校园文化的参与性景观设计研究	关丹旸	艺术设计学院	北京林业大学科技创新计划项目	核心期刊论文 2 篇、设计方案 1 套、结题报告 1 份	2013. 12. 31
24	传统视觉元素在产品设计中的应用研究	冯　乙	艺术设计学院	北京林业大学科技创新计划项目	论文　设计效果图	2013. 12. 31
25	基于北京地区民间玩具的旅游纪念品设计研究	石　洁		北京林业大学科技创新计划项目	论文 样品	2013. 12. 31
26	基于全息投影的“绿色微型生态”科普展示系统	王婧慧	艺术设计学院	北京林业大学科技创新计划项目	论文、艺术成果	2013. 12. 31
27	儿童视角与现代建筑空间构成的关系研究	丁　可	材料科学与技术学院	北京林业大学科技创新计划项目	论文及汇报	2013. 12. 31
28	林产品供应链管理研究	尤薇佳	经济管理学院	北京林业大学科技创新计划项目	论文	2013. 12. 31
29	基于智能终端的互动式动画艺术形态研究	蔡东娜	信息学院	北京林业大学科技创新计划项目	论文、软件著作权	2014. 12. 31
30	我国安全生产法修改相关法律问题研究	黄军辉	人文社会科学学院	北京林业大学科技创新计划项目	CSSCI 论文 2 篇	2014. 12. 31
31	伦理维度的生态公民研究	周国文	人文社会科学学院	北京林业大学科技创新计划项目	研究报告	2014. 12. 31

续表

序号	项目名称	负责人	所属单位	项目类别	预期成果形式	计划完成日期
32	中国省域生态补偿标准研究	吴明红	人文社会科学学院	北京林业大学科技创新计划项目	论文	2014.12.31
33	在阳光体育背景下学校校本体育课程资源的开发与利用评价	满昌慧	体育教学部	北京林业大学科技创新计划项目	论文	2014.12.31
34	西方林产品绿色政府采购进程对中国林产品贸易影响研究	李小勇	经济管理学院	北京林业大学科技创新计划项目	论文	2014.12.31
35	汉英俄三语习得的语言迁移分析	王剑青	外语学院	北京林业大学科技创新计划项目	论文	2014.12.31
36	小说和电影的叙事学研究	吕丽塔	外语学院	北京林业大学科技创新计划项目	论文	2014.12.31
37	英语语境下的中国传统文化研究	李　岩	外语学院	北京林业大学科技创新计划项目	书和论文	2014.12.31
38	话语、权势与认同——课堂话语与师生身份建构	姚晓东	外语学院	北京林业大学科技创新计划项目	论文	2014.12.31
39	我国旅游景区导向标识系统研究	王　瑾	艺术设计学院	北京林业大学科技创新计划项目	论文、专著	2014.12.31
40	儿童纸板坐具的拆装结构与益智功能设计研究	耿晓杰	材料科学与技术学院	北京林业大学科技创新计划项目		2014.12.31
41	“社区养老中心”居住环境设计的研究	贾　娣	材料科学与技术学院	北京林业大学科技创新计划项目	论文、设计作品	2014.12.31
42	以当代艺术为载体的文化创新研究	郭　茜	材料科学与技术学院	北京林业大学科技创新计划项目	论文	2014.12.31
43	中国油画本土化的时代选择——民间美术与现当代油画的结合	萧　睿	艺术设计学院	北京林业大学科技创新计划项目	论文、作品	2014.12.31
44	生态文明视野下环境权的证成和构造	杨朝霞	人文社会科学学院	北京林业大学科技创新计划项目	论文	2014.12.31
45	生态马克思主义与中国特色社会主义生态文明理论比较研究	朱洪强	人文社会科学学院	北京林业大学科技创新计划项目	论文	2014.12.31
46	林业装备产品识别设计研究	程旭锋	工学院	北京林业大学科技创新计划项目	论文等	2014.12.31
47	蒙特利尔进程标准指标体系应用和评价研究	王兰会	经济管理学院	北京林业大学科技创新计划项目	论文与报告	2014.12.31
48	中国服务业研发创新激励政策的路径选择	付亦重	经济管理学院	北京林业大学科技创新计划项目	CSSCI 两篇	2014.12.31
49	基于低碳经济视角的中国木质林产品国际贸易隐含碳问题研究	印中华	经济管理学院	北京林业大学科技创新计划项目	论文	2014.12.31

续表

序号	项目名称	负责人	所属单位	项目类别	预期成果形式	计划完成日期
50	欧美绿色采购政策对中国木材产品贸易的影响研究	侯方淼	经济管理学院	北京林业大学科技创新计划项目	学术论文 3 篇，研究生培养	2014. 12. 31
51	廉租房租户群体的物业 BoP 模式创新过程研究	程　鹏	经济管理学院	北京林业大学科技创新计划项目	论文	2014. 12. 31
52	中国文化创意产业“走出去”的路径研究	李　欣	外语学院	北京林业大学科技创新计划项目	论文	2014. 12. 31
53	欧美生态女性主义批评关键词研究	武田田	外语学院	北京林业大学科技创新计划项目	专著	2014. 12. 31
54	以英语为媒介传播与弘扬中华文化的探索与实践	魏　文	外语学院	北京林业大学科技创新计划项目	发表论文	2014. 12. 31
55	新媒体艺术在生态文明传播中的应用研究	韩静华	艺术设计学院	北京林业大学科技创新计划项目	论文、软件著作权	2014. 12. 31
56	基于艺术视角的川藏小镇景观风貌特色的保护与传承研究——以四川甘孜州巴塘县城市设计为例	公　伟	艺术设计学院	北京林业大学科技创新计划项目	论文	2014. 12. 31
57	书籍形态创新设计研究	李湘媛	艺术设计学院	北京林业大学科技创新计划项目	论文	2014. 12. 31
58	六百年间华北地区生态环境变迁研究——以京津为中心	赵　亮	人文社会科学学院	北京林业大学科技创新计划项目	2 篇核心论文	2014. 12. 31
59	游客参与游憩体验价值共创的结构方程模型与实证研究——以北京城市公园为例	李丽娟	园林学院	北京林业大学科技创新计划项目	论文 2 篇	2014. 12. 31
60	不同体育锻炼方式对大学生身体自尊、社会性体格焦虑、主观幸福感影响的实验研究	姜志明	体育教学部	北京林业大学科技创新计划项目	研究报告、论文	2014. 12. 31
61	“林改”后林区公共物品供给的机制和效率研究——以江西为例	吴成亮	经济管理学院	北京林业大学科技创新计划项目	研究报告	2014. 12. 31
62	高经济附加值物种繁育利用对物种保护影响的经济分析与管理策略研究	陈文汇	经济管理学院	北京林业大学科技创新计划项目	论文	2014. 12. 31
63	钓鱼岛争端与中日两国的国家海洋战略	刘笑非	外语学院	北京林业大学科技创新计划项目	论文	2014. 12. 31
64	民族主义与现代国家	祖国霞	外语学院	北京林业大学科技创新计划项目	发表论文	2014. 12. 31
65	基于需求分析的学术英语写作教材评价与优化——以 EnglishScientificPaperWriting 为例	黄佩娟	外语学院	北京林业大学科技创新计划项目	论文、报告	2014. 12. 31
66	我国环境规制的效率及对技术创新的影响研究	王海燕	信息学院	北京林业大学科技创新计划项目	论文	2014. 12. 31

续表

序号	项目名称	负责人	所属单位	项目类别	预期成果形式	计划完成日期
67	中国魏晋南北朝石窟装饰艺术比较研究	高　阳	艺术设计学院	北京林业大学科技创新计划项目	论文	2014.12.31

（北京林业大学科技处张力供稿）

北京联合大学

2013 年度承担国家级、省部级社会科学研究项目

序号	项目名称	项目编号	项目负责人	项目来源
1	宪法框架下的农村集体土地征收补偿款分配问题研究	13CFX022	刘婧娟	国家社会科学基金项目
2	生物技术背景下我国植物新品种保护对策研究	13CFX087	李菊丹	国家社会科学基金项目
3	RTAS 原产地规则贸易保护政策工具效应的理论与实证研究	13CGJ030	梁　瑞	国家社会科学基金项目
4	现代服务业发展质量评价对省区经济差异的影响研究	13CJL060	胡艳君	国家社会科学基金项目
5	我国数字档案信息长期保存的策略体系研究	13CTQ051	谢永宪	国家社会科学基金项目
6	京津塘地区煤矿环境问题的历史考察	13CZS059	李　娜	国家社会科学基金项目
7	企业生态文明建设的实施意愿与行为研究	13BGL073	张　波	国家社会科学基金项目
8	基于语料库的聋人汉语书面语研究	13BYY096	吕会华	国家社会科学基金项目
9	完善人大及其常委会预决算审查监督机制研究	13BZZ034	王维国	国家社会科学基金项目
10	明清时期士大夫和书院互动关系研究	13BZS037	赵连稳	国家社会科学基金项目
11	世界旅游强国的科学内涵与评价体系构建研究	13AJY016	张凌云	国家社会科学基金项目
12	汉代郡国分治的考古学观察——以关东地区汉代墓葬为中心	13FKG001	宋　蓉	国家社会科学基金项目
13	汉语盲文语料库建设研究	13&ZD187	钟经华	国家社会科学基金项目
14	基于福利视角的小额信贷可持续发展研究	13YJC790084	李雅宁	教育部人文社会科学项目
15	我国典型地区经济效率时空演变规律与调控研究——以首都圈为例	13YJCZH103	刘建国	教育部人文社会科学项目
16	台湾思想库在两岸关系中的角色研究：结构、机制与影响力互动的 视角	13YJAGAT002	刘文忠	教育部人文社会科学项目
17	苏美意识形态心理战对我国高校意识形态工作的启示——以勃列日涅夫时期大学生思想为例	13YJC710025	凌　霞	教育部人文社会科学项目
18	我国特殊教育教师职前培养的问题与对策研究	13YJA880050	刘全礼	教育部人文社会科学项目
19	林业碳中和循环下中国碳交易市场的建立与运行研究	13YJC630153	田　园	教育部人文社会科学项目

续表

序号	项目名称	项目编号	项目负责人	项目来源
20	中国特色社会主义在北京的实践研究	13ZDA01	徐永利	北京市哲学社会科学规划项目
21	北京地区大学分校研究（1978—1985）	13JYA002	张　楠	北京市哲学社会科学规划项目
22	北京旅游产业转型升级对策研究	13JGA002	黄先开	北京市哲学社会科学规划项目
23	首都雾霾天气及其健康损害价值评估研究	13CSB007	郑海霞	北京市哲学社会科学规划项目
24	融合教育背景下北京市特殊教育教师在职培训研究	13JYB012	许家成	北京市哲学社会科学规划项目
25	残疾人高等教育入学机会的保障体系研究	13JYB013	滕祥东	北京市哲学社会科学规划项目
26	北京新生代农民工人力资本投资行为及政策激励研究	13JGB048	陈雄鹰	北京市哲学社会科学规划项目
27	信息网络化条件下政府形象传播研究	13KDB012	周小华	北京市哲学社会科学规划项目
28	都市经验的拓展与乡村记忆的重构——新世纪北京文学发展趋向研究	13WYB016	王德领	北京市哲学社会科学规划项目
29	食品安全中行政执法和刑事司法衔接问题研究	13FXC039	邵彦铭	北京市哲学社会科学规划项目
30	北京市能源消耗与碳排放的历史特征及发展趋势研究	13JGC066	耿玉环	北京市哲学社会科学规划项目
31	北京市文化产业重大项目促进与绩效评价研究	13JGC090	郭彦丽	北京市哲学社会科学规划项目
32	北京市空巢老人的心理健康：社会认知的影响及其干预	13SHC027	徐　华	北京市哲学社会科学规划项目
33	北京生态涵养区生态安全预警评价与调控对策研究	13ZHC017	付　晓	北京市哲学社会科学规划项目
34	京台文创产业合作前景及其路径研究	13JDJGA015	乔东亮	北京市哲学社会科学规划项目
35	京台现代服务业合作的政府与市场关系研究——以石景山区、东城区台湾特色街区为例	13JDJGA016	孙兆慧	北京市哲学社会科学规划项目
36	提升人大及其常委会公信力研究	13JDKDA006	郑广永	北京市哲学社会科学规划项目
37	世界城市视野下的北京地方立法问题研究	13JDFXB004	唐莹莹	北京市哲学社会科学规划项目
38	新启蒙运动与中国近现代思维方式的变迁	13JDZXB002	常百灵	北京市哲学社会科学规划项目
39	首都城市发展的阶段性及其时空特征研究	13JDCSD001	张景秋	北京市哲学社会科学规划项目
40	北京郊区宜居社区规划与建设研究	13JDCSC011	张　艳	北京市哲学社会科学规划项目
41	《北京学研究报告2013》（基地年度研究报告）		张宝秀	北京市哲学社会科学规划项目
42	应用型大学精英人才思想道德素质培养路径研究	13JYB027	周志成	北京市哲学社会科学规划项目
43	北京市创意产业与旅游业融合发展及其对西双版纳州的启示	13JGA106	叶　晓	北京市哲学社会科学规划项目
44	国际视阈下的中国发展道路、发展模式评析	13KDB038	刘文忠	北京市哲学社会科学规划项目
45	北京市生态文明发展评价及区域差异性研究	13JGC123	盛晓娟	北京市哲学社会科学规划项目

续表

序号	项目名称	项目编号	项目负责人	项目来源
46	总体性视域下的党性和人民性统一关系研究	13KDC048	史文瑞	北京市哲学社会科学规划项目
47	北京流动人口“中国梦”的社会心理表征及其对城市认同的影响研究	13SHC035	杨金华	北京市哲学社会科学规划项目
48	影响区域经济效率时空演变的要素与机制研究——以首都圈为例	41301116	刘建国	国家自然科学基金
49	我国廊道遗产空间结构与功能协同演化研究——以“茶马古道”为例	41301152	李　飞	国家自然科学基金
50	生活活动空间的郊区化研究：以北京市为例	41301174	张　艳	国家自然科学基金
51	线性文化遗产空间解构与区域响应研究	41371158	张宝秀	国家自然科学基金
52	基于全新融合机制的模糊认知图集成分类器模型与算法研究	61300078	马　楠	国家自然科学基金
53	分数阶变分 PDE 图像复原关键技术研究	61370138	何　宁	国家自然科学基金
54	基于客户感知的异构认知网络无线资源管理技术研究	61372088	杜　煜	国家自然科学基金
55	跨媒体互联网社群图像语义理解	61372148	刘宏哲	国家自然科学基金
56	基于多模态网络数据挖掘的景区游客流量预测与预警研究	71373023	黄先开	国家自然科学基金
57	编码密码中涉及的指数和及其应用研究	1144012	夏伶莉	北京市自然科学基金
58	果蔬快速采摘机器人柔性负载振动机理与控制研究	4142018	方建军	北京市自然科学基金
59	牛磺酸调控胆固醇降解限速酶 CYP7A1 的分子机制研究	5142004	陈　文	北京市自然科学基金
60	小蓟中细胞毒活性成分的发现和研究	7142028	尚小雅	北京市自然科学基金
61	科技金融网络的结构、演化及创新机制研究	9142006	杨　宜	北京市自然科学基金
62	北京市文化创意产业聚集区创新动力与路径研究	9142007	尹贻梅	北京市自然科学基金
63	我国特大城市灾害危机下经济脆弱性研究	9142008	徐怀礼	北京市自然科学基金
64	嗜污微藻处理餐厨垃圾发酵液与油脂积累	KZ201411417038	叶　晓	北京市自然科学基金

（北京联合大学科研处李林供稿）

首都体育学院

2013 年度承担国家级、省部级社会科学研究项目

序号	项目名称	负责人	承担部门	项目分类、类别	项目来源单位	预期成果形式	计划完成时间
1	大学生体质健康相关行为的调查及干预研究	向静文	武术与表演学院	国家社会科学基金“十二五”规划、青年项目	全国教育科学规划办公室	论文、研究报告	2016.12

续表

序号	项目名称	负责人	承担部门	项目分类、类别	项目来源单位	预期成果形式	计划完成时间
2	独生子女国策下“北上广”一线城市中学体育发展与对策研究	李文超	体育教育训练学院	国家社会科学基金“十二五”规划、青年项目	全国教育科学规划办公室	论文、研究报告	2016.3
3	我国大型综合性体育赛事的绩效评估研究	王庆伟	管理与传播学院	北京市社会科学基金、基地项目	北京市哲学社会科学规划办公室	研究报告	2015.5
4	身体活动对儿童学习与认知的影响	蒋长好	运动科学与健康学院	北京市社会科学基金、一般项目	北京市哲学社会科学规划办公室	研究报告、其他	2015.6
5	中国百年学校体育发展史	王　莹	武术与表演学院	教育部人文社会科学研究、一般项目	教育部	著作	2016.1
6	河北民间舞蹈的文化意象及社会功能分析	冯爱云	武术与表演学院	文化部文化艺术科学研究、一般项目	文化部	著作、研究报告、论文	2014.12
7	我国体育赛事文化建设的理论与实践研究	李鸿江	体育教育训练学院	国家体育总局体育哲学社会科学研究、一般项目	国家体育总局	研究报告	2014.9
8	预防青少年犯罪的体育干预制度研究	王凯珍	休闲与社会体育学院	国家体育总局体育哲学社会科学研究、一般项目	国家体育总局	研究报告	2014.9
9	“云健身”社区健身资源信息的互动互享平台建设研究	吴　昊	运动科学与健康学院	国家体育总局体育哲学社会科学研究、一般项目	国家体育总局	研究报告	2014.9
10	我国排球项目发展现状及对策研究	潘迎旭	体育教育训练学院	国家体育总局体育哲学社会科学研究、一般项目	国家体育总局	研究报告	2014.9
11	国家女曲备战里约奥运会训赛要素及相互关系研究	于振峰	体育教育训练学院	国家体育总局科研项目	国家体育总局	论文、研究报告	2014.10

续表

序号	项目名称	负责人	承担部门	项目分类、类别	项目来源单位	预期成果形式	计划完成时间
12	中国女子手球队应对韩国扩大防守阵形的进攻战术研究	高 斌	体育教育训练学院	国家体育总局科研项目	国家体育总局	研究报告	2014.10
13	促进运动员比赛技术发挥稳定性的研究——中国飞碟射击队运动员的神经疲劳监测与心理技能训练	李四化	运动科学与健康学院	国家体育总局科研项目	国家体育总局	著作、论文、研究报告、其他	2014.10
14	羽毛球年轻运动员成名初期比赛发挥容易失常的原因及预防对策	徐守森	运动科学与健康学院	国家体育总局科研项目	国家体育总局	研究报告、技术材料	2015.12
15	中国艺术体操队备战2016年奥运会成套动作编排创新科研攻关与科技服务	高 扬	武术与表演学院	国家体育总局科研项目	国家体育总局	研究报告、其他	2014.12
16	国家女子沙滩排球队运动员体能训练方法与手段的改进研究	潘迎旭	体育教育训练学院	国家体育总局科研项目	国家体育总局	研究报告	2014.10

（首都体育学院科研处罗笛供稿）

外交学院

2013年度承担国家级、省部级社会科学研究项目

序号	项目名称	负责人	承担部门	项目分类、类别	项目来源单位	预期成果形式	计划完成时间
1	我国大学英语学习者“学习文化”的实证研究及理论阐释	黄文红	英语系	国家社会科学基金、青年项目	全国哲学社会科学规划办公室	研究报告	2016.6
2	北欧的法律文明：斯堪的纳维亚法系研究	李红勃	国际法系	教育部人文社会科学研究、规划项目	教育部	著作	2016.6
3	国际舆论对中国和平发展的认知差异分析	卢 静	国际关系研究所	北京市社会科学基金、重点项目	北京市哲学社会科学规划办公室	研究报告	2014.12
4	北京市建设世界城市的城市外交策略研究	熊 炜	外交学系	北京市社会科学基金、一般项目	北京市哲学社会科学规划办公室	研究报告	2015.5
5	外交官与中国现代政治思潮的发展	杨 晖	外交学系	北京市社会科学基金、青年项目	北京市哲学社会科学规划办公室	研究报告	2014.6
6	外交软实力：中国和平发展的理论与实践研究	姚 遥	国际关系研究所	北京市社会科学基金、青年项目	北京市哲学社会科学规划办公室	著作	2014.4

续表

序号	项目名称	负责人	承担部门	项目分类、类别	项目来源单位	预期成果形式	计划完成时间
7	语言与国际关系——话语策略与话语建设	孙吉胜	英语系	共建项目	北京市教育委员会	著作	2013.12
8	文化权利实现的法律保障与北京文化中心城市建设	许军珂	国际法系	共建项目	北京市教育委员会	研究报告	2013.12
9	国外社科研究项目管理对北京高校的启示	郦　莉	科研处	青年社科人才项目	北京市社会科学界联合会	著作	2015.11
10	影响北京西城“中华老字号”发展的关键因素分析	何　敏	国际经济学院	青年社科人才项目	北京市社会科学界联合会	研究报告	2015.10

（外交学院科研处陈海花供稿）

2013 年度校级社会科学研究项目

序号	项目名称	负责人	承担部门	项目分类、类别	预期成果形式	计划完成时间
1	外交学院科研发展面临的问题及其应对	陈海花	科研处	教育部、财政部资助的中央高校基本科研业务费专项资金（以下简称“中央高校专项资金”）委托项目	研究或咨询报告	2015.1
2	东北亚贸易模式的演变及影响因素研究	何　敏	国际经济学院	中央高校专项资金科研创新项目	研究或咨询报告	2014.12
3	武装冲突中国家侵权行为的管辖豁免问题研究	王　佳	国际法系/国际法研究所	中央高校专项资金科研创新项目	研究或咨询报告	2014.12
4	网络空间安全对未来大国关系的影响	邱　晓	外交学与外事管理系	中央高校专项资金科研创新项目	研究或咨询报告	2014.12
5	探析法国欧洲一体化政策的缘起	阚四进	院办	中央高校专项资金科研创新项目	研究或咨询报告	2014.10
6	英国文化研究视角下英语研究的对象和范式转变	赵　冰	英语系	中央高校专项资金科研创新项目	论文	2014.12
7	国际直接投资保护主义研究	李　锋	国际经济学院	中央高校专项资金科研创新项目	研究或咨询报告	2014.11
8	官僚政治环境下政策制定的路径依赖及影响因素分析——以中国制定能源政策为例	周彦喆	教务处	中央高校专项资金科研创新项目	研究或咨询报告	2014.10
9	美国中东战略转型及其影响	马　妍	国际关系研究所	中央高校专项资金科研创新项目	研究或咨询报告	2014.11

续表

序号	项目名称	负责人	承担部门	项目分类、类别	预期成果形式	计划完成时间
10	东盟安全合作研究：历程、特征与趋势	季　玲	亚洲研究所	中央高校专项资金科研创新项目	研究或咨询报告	2014. 11
11	20世纪京剧在日本的传播及影响	丁　曼	外语系	中央高校专项资金科研创新项目	研究或咨询报告	2014. 12
12	国际格局转换期的中国国家能力建设	雷建锋	外交学与外事管理系	中央高校专项资金科研创新项目	研究或咨询报告	2014. 11
13	非洲区域组织安全机制的发展与“保护的责任”	王　媚	国际法系/国际法研究所	中央高校专项资金科研创新项目	研究或咨询报告	2014. 11
14	全球化时代的文化多样性	张晓立	英语系	中央高校专项资金科研创新项目	编著或教材	2014. 12
15	金砖国家经济增长、能源消费与能源合作——基于kalman滤波的实证研究	闫世刚	国际经济学院	中央高校专项资金科研创新项目	研究或咨询报告	2014. 11
16	中美关系与中国对亚非国家的政策（1955—1965）	李潜虞	外交学与外事管理系	中央高校专项资金科研创新项目	研究或咨询报告	2014. 12
17	外交心理学	姜　琳	基础教学部	中央高校专项资金科研创新项目	研究或咨询报告	2015. 11
18	电子货币虚拟货币理论前沿问题研究	胡再勇	国际经济学院	中央高校专项资金科研创新项目	专著	2015. 11
19	全球金融危机以来的国际经济关系新格局研究	樊　莹	国际经济学院	中央高校专项资金科研创新项目	专著	2015. 12
20	利益法学与占有制度：管窥德国法学方法的转向	吴香香	国际法系/国际法研究所	中央高校专项资金科研创新项目	专著	2015. 11
21	博弈论在外交决策中应用研究——基于经济外交的视角	杨　莉	国际经济学院	中央高校专项资金科研创新项目	专著	2015. 12
22	援外培训与中国国际形象建设研究	郑启荣	外交学与外事管理系	中央高校专项资金科研创新项目	研究或咨询报告	2015. 12
23	中国经济外交的新进展与理论探讨	江瑞平	国际经济学院	中央高校专项资金科研创新项目	专著	2015. 12
24	网络时代消费者权益保护的法律问题	许军珂	国际法系/国际法研究所	中央高校专项资金科研创新项目	专著	2015. 12
25	《古事记》注	李濯凡	外语系	中央高校专项资金预研项目	研究或咨询报告	2015. 4
26	论如何用公共外交化解西方对中国的误读	周加李	外交学与外事管理系	中央高校专项资金预研项目	研究或咨询报告	2015. 4
27	海底“可燃冰”地缘战略研究	韩银安	纪委、监察	中央高校专项资金预研项目	研究或咨询报告	2015. 5
28	外语院校学生跨文化交际能力的动态跟踪研究	黄文红	英语系	中央高校专项资金预研项目	研究或咨询报告	2015. 7
29	次国家行为体参与公共外交的现状及对策研究	李　慧	国际交流中心	中央高校专项资金预研项目	研究或咨询报告	2015. 5

续表

序号	项目名称	负责人	承担部门	项目分类、类别	预期成果形式	计划完成时间
30	机构新闻翻译中的国家形象建构研究	徐　英	英语系	中央高校专项资金预研项目	专著	2015.7
31	教育公共外交与"中国梦"的实现	石　毅	英语系	中央高校专项资金预研项目	研究或咨询报告	2015.5
32	语法隐喻的语篇意义构建模式	张延君	英语系	中央高校专项资金预研项目	研究或咨询报告	2015.5
33	交流逻辑学	姜　琳	基础教学部	中央高校专项资金预研项目	专著	2015.6
34	美韩同盟再定义及对东北亚安全格局的影响	孙俊华	科研处	中央高校专项资金预研项目	研究或咨询报告	2015.5
35	东亚区域金融稳定与中日韩金融合作研究	邓　鑫	国际经济学院	中央高校专项资金青年教师科研启动基金项目	研究或咨询报告	2014.5
36	新中国和平发展的理论与实践研究	姚　遥	国际关系研究所	中央高校专项资金青年教师科研启动基金项目	专著	2014.4
37	基于 SSCI、AHCI、ISSHP 与 CSSCI 对外交学院 1998—2012 年社科研究的统计与分析	胡　波	图书馆	中央高校专项资金青年教师科研启动基金项目	研究或咨询报告	2014.5
38	思的向度——布朗肖美学思想研究	朱玲玲	基础教学部	中央高校专项资金青年教师科研启动基金项目	论文	2014.5
39	日语学习者跨文化语用失误及对策研究	王　源	外语系	中央高校专项资金青年教师科研启动基金项目	研究或咨询报告	2015.5
40	基于数字技术的图书馆个性化信息服务研究	刘　丹	图书馆	中央高校专项资金青年教师科研启动基金项目	专著	2015.6
41	中国近现代政治思潮转型与外交的互动	杨　晖	外交学与外事管理系	中央高校专项资金青年教师科研启动基金项目	专著	2015.6
42	日本谣曲的译介与研究	丁　曼	外语系	中央高校专项资金青年教师科研启动基金项目	研究或咨询报告	2014.3
43	国际关系中的多身份现象研究	李　敏	教务处	中央高校专项资金青年教师科研启动基金项目	研究或咨询报告	2014.5
44	美国进步运动中中产阶级白人妇女价值观的研究及其对中国的启发——以 Jane Adams 和 Florence Kelley 为例	魏腊梅	英语系	中央高校专项资金预研项目	研究或咨询报告	2015.7

续表

序号	项目名称	负责人	承担部门	项目分类、类别	预期成果形式	计划完成时间
45	女子教育与日本女性文学的伦理空间建构研究	周萍萍	外语系	中央高校专项资金预研项目	研究或咨询报告	2015.4

（外交学院科研处孙俊华供稿）

国家行政学院

2013年度承担国家级社会科学研究项目

序号	项目名称	负责人	承担部门	项目分类、类别	项目来源单位	预期成果形式	计划完成时间
1	社会体制改革的总体目标整体规划和配套设计研究	丁元竹	决策咨询部	国家社会科学基金、重点项目	全国哲学社会科学规划办公室	专著、研究报告	2015.5.1
2	大规模传染病应急产品生产能力储备研究	宋劲松	应急管理培训中心	国家社会科学基金、重点项目	全国哲学社会科学规划办公室	研究报告	2015.12.31
3	竞争性干部选拔中的公平和效率平衡研究	胡仙芝	科研部	国家社会科学基金、重点项目	全国哲学社会科学规划办公室	专著、研究报告	2015.12.31
4	新媒体环境下传统媒体的转型战略研究	郭全中	社会和文化教研部	国家社会科学基金、重点项目	全国哲学社会科学规划办公室	专著	2015.12.31
5	后冷战时期美国民主输出运行机制与我国战略机遇期意识形态安全研究	刘恩东	教务部	国家社会科学基金、一般项目	全国哲学社会科学规划办公室	研究报告	2015.6.30
6	乡村治理中民主监督的法理基础与运作机制研究	马宝成	科研部	国家社会科学基金、一般项目	全国哲学社会科学规划办公室	研究报告	2015.7.30
7	中国特色的新型城镇化道路研究	黄　锟	经济学教研部	国家社会科学基金、一般项目	全国哲学社会科学规划办公室	论文集、研究报告	2015.6.30

2013年国家行政学院院级招标课题

序号	项目名称	负责人	承担部门	项目分类、类别	项目来源单位	预期成果形式	计划完成时间
1	中国梦的理论阐释、政府使命和实现战略研究	于　军	政治学教研部	重大项目	国家行政学院	重大项目最终成果要求：专著或教材1本、研究报告1份或者教学案例2个、论文3—5篇	2016.6.30
2	现代政府的基本理论及其建设研究	李军鹏	公共管理教研部	重大项目	国家行政学院		2016.6.30
3	当前政府机构改革与职能转变重大问题研究	马庆钰	社会和文化教研部	重大项目	国家行政学院		2016.6.30
4	中国特色社会主义协商民主研究	刘　峰	政治学教研部	重大项目	国家行政学院		2016.6.30

续表

序号	项目名称	负责人	承担部门	项目分类、类别	项目来源单位	预期成果形式	计划完成时间
5	新形势下廉洁政府建设研究	孙晓莉	政治学教研部	重大项目	国家行政学院		2016.6.30
6	打造中国经济升级版研究	董小君	经济学教研部	重大项目	国家行政学院		2016.6.30
7	释放经济改革红利研究	慕海平	决策咨询部	重大项目	国家行政学院		2016.6.30
8	提高城镇化质量和效益研究——基于有序推进农民工市民化的视角	张占斌	经济学教研部	重大项目	国家行政学院		2016.6.30
9	法治政府指标体系研究	杨小军	法学教研部	重大项目	国家行政学院		2016.6.30
10	用法治思维和法治方式履行政府职能研究	胡建淼	法学教研部	重大项目	国家行政学院		2016.6.30
11	城镇化进程中社会体制改革研究	龚维斌	应急管理培训中心	重大项目	国家行政学院		2016.6.30
12	建立健全重大决策社会稳定风险评估机制研究	乔仁毅	教务部	重大项目	国家行政学院		2016.6.30
13	电子政务环境下的政府信息公开模式研究	王益民	电子政务研究中心	重大项目	国家行政学院		2016.6.30
14	服务型政府绩效管理研究	尹艳红	公共管理教研部	一般项目	国家行政学院	一般项目最终成果：研究报告1份或者教学案例1个、论文2篇	2014.6.30
15	公平政府基本理论与中国政府改革研究	孔新峰	政治学教研部	一般项目	国家行政学院		2014.6.30
16	民生政府的内涵及其建设研究	李志明	社会和文化教研部	一般项目	国家行政学院		2014.6.30
17	生态文明融入城镇化建设研究	李江涛	经济学教研部	一般项目	国家行政学院		2014.6.30
18	城乡居民实现共同富裕战略研究	樊继达	经济学教研部	一般项目	国家行政学院		2014.6.30
19	维稳工作法治化研究	杨伟东	法学教研部	一般项目	国家行政学院		2014.6.30
20	中国近代行政监察法律制度研究	焦　利	法学教研部	一般项目	国家行政学院		2014.6.30
21	支持和规范社会组织发展研究	黄　伟	科研部	一般项目	国家行政学院		2014.6.30
22	释放就业创业创新活力研究——基于大学生就业创业的典型调查	张　青	经济学教研部	一般项目	国家行政学院		2014.6.30
23	微博客环境下的政府形象塑造	丁　艺	电子政务研究中心	一般项目	国家行政学院		2014.6.30

（国家行政学院科研部项纪旸供稿）

中国青年政治学院

2013 年度承担国家级、省部级社会科学研究项目

序号	项目名称	负责人	承担部门	项目分类、类别	项目来源单位	预期成果形式	计划完成时间
1	城市公共危机应对的社区动员研究	姜振华	社会工作学院	国家社会科学基金、青年项目	全国哲学社会科学规划办公室	研究报告	2016. 7. 1
2	北京市城乡居民养老保险收支测算及政策标准研究	杨　娟	经济管理学院	北京市社会科学基金、青年项目	北京市哲学社会科学规划办公室	研究报告	2014. 12. 31
3	社交媒体与北京市青少年的政治社会化研究	卢家银	新闻与传播系	北京市社会科学基金、青年项目	北京市哲学社会科学规划办公室	研究报告	2015. 12. 31
4	北京—河北“接点地区”跨界协作与府际治理机制的创新	孙广厦	公共管理系	北京市社会科学基金、青年项目	北京市哲学社会科学规划办公室	研究报告、论文集	2014. 6. 30
5	北京城市青年街区研究	陈彤旭	新闻与传播系	北京市社会科学基金、一般项目	北京市哲学社会科学规划办公室	研究报告	2015. 6. 30
6	文明入侵与夏威夷近代社会转型研究 1778—1854	王　华	党委组织部	教育部人文社会科学研究、规划项目	教育部	著作、论文	2015. 12. 31
7	网络媒介泛性化对青少年性价值观影响的实证研究	李永健	新闻与传播系	教育部人文社会科学研究、规划项目	教育部	著作、论文	2015. 12. 31
8	刑事诉讼法解释论研究	孙　远	法学院	教育部人文社会科学研究、青年项目	教育部	著作、论文	2015. 1. 31
9	刑事证明责任分配困局与对策研究——以实证考察为中心	程　捷	法学院	教育部人文社会科学研究、青年项目	教育部	著作	2016. 3. 31
10	当代中国大学生的保护性价值观及其对行为决策的影响	赵　雷	规划与评估处	教育部人文社会科学研究、青年项目	教育部	论文、咨询报告	2015. 12. 31
11	社会主义核心价值观在大学生中的认同状况与培育路径研究	万资姿	中国马克思主义学院	教育部人文社会科学研究、青年项目	教育部	著作、论文	2016. 1. 31

续表

序号	项目名称	负责人	承担部门	项目分类、类别	项目来源单位	预期成果形式	计划完成时间
12	百年中国戏曲电影理论研究	王怡琳	新闻与传播系	教育部人文社会科学研究、青年项目	教育部	著作、论文	2014. 12. 31
13	高校团组织在开展大学生思想政治教育工作中的效能研究	沈健平	团委	教育部人文社会科学研究、高校思想政治工作专项	教育部	论文、咨询报告	2014. 2. 28
14	教育部新世纪优秀人才支持计划项目（2013）	柴宝勇	公共管理系	教育部新世纪优秀人才支持计划	教育部		2016. 12. 31
15	基于手机电视的青年亚文化传播与社会整合研究	罗自文	新闻与传播系	国家广播电影电视总局部级社科研究项目、一般项目	国家广播电影电视总局	专著	2014. 6. 30
16	我国青年自组织的发展方向与职能探析	沈健平	团委	民政部中国社会组织建设与管理理论研究部级课题	民政部	研究报告	2013. 12. 2
17	治理视阈下政府部门对社会组织的多元监管机制研究	皇　娟	公共管理系	民政部中国社会组织建设与管理理论研究部级课题	民政部	研究报告	2013. 12. 2

2013 年度校级社会科学研究项目

序号	项目名称	负责人	承担部门	项目分类、类别	预期成果形式	计划完成时间
1	当代青年民主法治意识研究	王莉君	法学院	重大项目	论文	2016. 6. 30
2	改革开放以来中国青年发展报告（1978—2013）	沈　杰	青少年研究院	重大项目	论文、研究报告	2016. 6. 30
3	青年研究的哲学向度（第 2 期）	肖　峰	中国马克思主义学院	重大项目	论文	2016. 6. 30
4	《劳动合同法》的修改与劳务派遣的法律规制	周宝妹	法学院	一般项目	论文	2014. 6. 30
5	WTO 之中国议题的挑战…人民币汇率问题纳入 WTO 框架问题研究	张新娟	法学院	一般项目	论文、研究报告	2014. 6. 30

续表

序号	项目名称	负责人	承担部门	项目分类、类别	预期成果形式	计划完成时间
6	证据“补正”与“合理解释”之研究	孙 远	法学院	一般项目	论文	2014.6.30
7	我国法律对委员长会议职权的规定	马 岭	法学院	一般项目	论文	2014.3.11
8	财税入宪相关问题研究	刘映春	法学院	一般项目	论文	2014.6.30
9	利益关系调整的法律机制与政策机制	李 会	法学院	一般项目	论文、研究报告	2014.6.30
10	刑法中的规范目的理论及其实务影响研究	何庆仁	法学院	一般项目	译著、论文	2014.6.30
11	发生灾害时人员保护的国际合作义务研究	陈晓华	法学院	一般项目	论文	2014.6.30
12	发展绿色经济与开征环境保护税探讨	欧阳晓慧	经济管理学院	一般项目	论文	2014.6.30
13	大学计算机通识教育研究	徐卫克	计算机教学与应用中心	一般项目	论文	2014.6.30
14	非线性视频编辑教学及流媒体视频相关技术研究	张 戈	计算机教学与应用中心	一般项目	论文	2014.6.30
15	计算机教学与大学生培养模式的研究	马竹青	计算机教学与应用中心	一般项目	论文	2014.6.30
16	后PC时代新兴技术在文科计算机教育领域的应用	鞠文飞	计算机教学与应用中心	一般项目	论文	2014.3.11
17	高速铁路全景图生成关键问题研究	蒋欣兰	计算机教学与应用中心	一般项目	论文	2014.6.30
18	夏威夷近代社会转型研究1778—1854	王 华	党委组织部	一般项目	论文	2014.6.30
19	县级政府自主性决策的动力机制与扩张路径探析	孙广厦	公共管理系	一般项目	论文	2014.6.30
20	章士钊国家观研究	任 玥	公共管理系	一般项目	论文	2014.6.30
21	村民参与机制与乡镇政府的职能转变	高 旺	公共管理系	一般项目	论文	2014.6.30
22	创意产业人才培养机理与成才环境考量	徐丽艳	经济管理学院	一般项目	论文	2014.6.30
23	OEM企业转型升级研究	杨立宇	经济管理学院	一般项目	论文	2014.6.30
24	新型城镇化建设中的金融创新研究	韩 莉	经济管理学院	一般项目	论文	2014.6.30
25	工业行业公允价值变动损益与高管薪酬	周林洁	经济管理学院	一般项目	论文	2014.6.30
26	国外收入分配制度改革的借鉴与反思	王秀云	经济管理学院	一般项目	论文	2014.6.30
27	从高校学费角度看教育机会公平问题	郑艳霞	经济管理学院	一般项目	论文	2014.6.30

续表

序号	项目名称	负责人	承担部门	项目分类、类别	预期成果形式	计划完成时间
28	我国城乡居民消费函数实证研究	邓艳娟	经济管理学院	一般项目	论文	2014.6.30
29	英国电影振兴战略以及对中国电影发展的借鉴意义研究	汪方华	新闻与传播系	一般项目	论文	2014.6.30
30	家庭社会资本和学校社会资本对中小学生心理健康影响的研究	周华珍	青少年工作系	一般项目	论文、研究报告	2014.6.30
31	儿童政治社会化发展过程及特点研究	郑　伦	青少年研究院	一般项目	论文、研究报告	2014.6.30
32	转业视角下的少数民族团干部核心胜任力实证研究	李　伟	青少年研究院	一般项目	专著、论文	2014.6.30
33	中国青年人口构成研究	樊新民	社会工作学院	一般项目	论文	2014.6.30
34	城镇化进程中我国青年流动人口生育行为的转变	吴丽丽	社会工作学院	一般项目	论文	2014.6.30
35	“80后”员工需求与理念的代际特征及多途径管理研究	马　灿	社会工作学院	一般项目	论文	2014.3.11
36	中国大学生篮球联赛体制创新研究	张春燕	体育教学中心	一般项目	论文	2014.6.30
37	对高校网球课程分级教学模式的重要性研究	刘颖平	体育教学中心	一般项目	论文	2014.6.30
38	北京市高校啦啦操运动开展现状及对策研究	马　铮	体育教学中心	一般项目	论文	2014.6.30
39	武术段位制与学校体育相结合的可行性研究	樊　蕊	体育教学中心	一般项目	论文	2014.6.30
40	大学生耐久跑强度采集分析研究	王哲广	体育教学中心	一般项目	论文	2014.6.30
41	大学生志愿者在社区社会体育组织中发挥作用的实践与探索	张韶光	体育教学中心	一般项目	论文	2014.6.30
42	培养艺术体操青少年柔韧素质及审美价值的研究	庞　丁	体育教学中心	一般项目	论文	2014.3.11
43	嘻哈文化的全球化发展趋势和语言建构	陈　敏	外国语言文学系	一般项目	论文	2014.3.11
44	美国文化软实力与青年价值观导向研究	崔　丽	外国语言文学系	一般项目	论文	2014.6.30
45	评判性阅读与英语专业学生思辨能力培养的研究	范慧玉	外国语言文学系	一般项目	论文	2014.6.30
46	近十年美国国家图书奖获奖青少年小说研究	杨　春	外国语言文学系	一般项目	论文	2014.6.30
47	社会方言和地区方言对青少年英语语言习得的影响	张　捷	外国语言文学系	一般项目	论文	2014.6.30

续表

序号	项目名称	负责人	承担部门	项目分类、类别	预期成果形式	计划完成时间
48	中国古典诗词中的隐喻认知研究	刘珊珊	外国语言文学系	一般项目	论文	2014.6.30
49	如何实现从大学公共英语到学术英语的科学转变	刘旭亮	外国语言文学系	一般项目	论文	2014.6.30
50	社会责任理论视域下的电视节目综合评价体系研究	漆亚林	新闻与传播系	一般项目	论文	2014.6.30
51	专题报道研究	戚　鸣	新闻与传播系	一般项目	专著、论文	2014.6.30
52	新媒体环境下的隐私保护数据挖掘研究	刘英华	新闻与传播系	一般项目	论文	2014.6.30
53	弱势群体的新闻采访策略研究	刘　津	新闻与传播系	一般项目	论文	2014.6.30
54	创伤报道的媒体责任和伦理原则	李青藜	新闻与传播系	一般项目	论文	2014.6.30
55	新闻评论伦理研究	杜　涛	新闻与传播系	一般项目	论文	2014.6.30
56	后亚文化时代的流行音乐生产机制研究	陈彤旭	新闻与传播系	一般项目	论文	2014.6.30
57	风格与类型：国产青春剧的发展演变研究	沈小风	新闻与传播系	一般项目	论文	2014.6.30
58	积极心理疗法对抑郁症的干预效果研究	周少贤	学生工作部	一般项目	论文	2014.6.30
59	论基督教对近代中国学校教育发展的影响	薛晓建	中国马克思主义学院	一般项目	论文	2014.6.30
60	马克思幸福观及其当代价值	于　昆	中国马克思主义学院	一般项目	论文	2014.6.30
61	基督教人道主义	赖辉亮	中国马克思主义学院	一般项目	论文	2014.6.30
62	本雅明思想研究	于闽梅	中国语言文学系	一般项目	论文	2014.6.30
63	亨利·戴维·梭罗研究	何玉蔚	中国语言文学系	一般项目	论文	2013.11.1
64	西汉政治、思想文化语境中的散文	刘国民	中国语言文学系	一般项目	论文	2014.6.30
65	洪业研究	曾祥波	中国语言文学系	一般项目	论文	2014.6.30
66	刑事证明责任分配机制与实证考察研究	程　捷	法学院	青年教师科研专项	论文	2014.3.11
67	WTO服务贸易规则及其解释研究	李晓玲	法学院	青年教师科研专项	论文	2015.4.30

续表

序号	项目名称	负责人	承担部门	项目分类、类别	预期成果形式	计划完成时间
68	证券投资基金课税实现机制的审思与前瞻——基于新《证券投资基金法》第 8 条的追问	汤洁茵	法学院	青年教师科研专项	论文	2015. 4. 30
69	核能安全立法研究	伏创宇	法学院	青年教师科研专项	论文	2014. 3. 11
70	中国劳动力市场招聘歧视的表现及原因研究	李　璐	公共管理系	青年教师科研专项	论文	2015. 4. 30
71	人文社科领域青年创新人才的心理特征及其成长机制研究	赵　雷	规划与评估处	青年教师科研专项	论文	2015. 4. 30
72	基于深度学习的学科领域术语语义分析及应用研究	翟剑锋	计算机教学与应用中心	青年教师科研专项	论文	2015. 4. 30
73	融合几何和纹理动态特征的三维人脸表情识别研究	盖　赟	计算机教学与应用中心	青年教师科研专项	论文	2015. 4. 30
74	基于无监督算法的多维情感分析模型及应用研究	朱　俭	计算机教学与应用中心	青年教师科研专项	论文	2015. 4. 30
75	健全促进我国战略性新兴产业发展的融资机制研究	胡吉亚	经济管理学院	青年教师科研专项	研究报告、专著	2015. 4. 30
76	时尚文化，价值观与当代大学生消费观的研究	王　菲	经济管理学院	青年教师科研专项	论文	2015. 4. 30
77	面向青年群体的中国共产党软力量建设研究	崔保锋	科研处	青年教师科研专项	论文	2015. 4. 30
78	社会资本与农村社区公共物品供给	温莹莹	青少年工作系	青年教师科研专项	论文	2015. 4. 30
79	新型城镇化与新生代农民工迁移问题的实证研究——以中小城市农民工为例	赵　莉	社会工作学院	青年教师科研专项	论文	2015. 4. 30
80	基于社区的戒毒干预模式研究：以北京市新型毒品滥用青少年为例	赵亮员	社会工作学院	青年教师科研专项	研究报告	2015. 4. 30
81	高校体育锻炼监控系统的开发	李贵森	体育教学中心	青年教师科研专项	论文	2015. 4. 30
82	新时期校园体育文化建设的思考与研究	王保勇	体育教学中心	青年教师科研专项	论文	2015. 4. 30
83	网络青年求虐亚文化的兴起及影响研究	姜微微	外国语言文学系	青年教师科研专项	论文	2014. 3. 11
84	汉英论辩语篇对比修辞研究	高海龙	外国语言文学系	青年教师科研专项	专著	2013. 11. 1
85	青年亚文化与新词汇的产生——嬉皮士俚语的时空图景	杨迎兵	外国语言文学系	青年教师科研专项	论文	2015. 4. 30

续表

序号	项目名称	负责人	承担部门	项目分类、类别	预期成果形式	计划完成时间
86	大学英语教学改革实践研究——以合作学习模式在教学中的应用为例	丁潇潇	外国语言文学系	青年教师科研专项	论文	2015. 4. 30
87	大学英语专业教学中的青年思想道德教育探究	李　蕊	外国语言文学系	青年教师科研专项	论文	2015. 4. 30
88	两岸青少年网络活动的法律保护比较研究	卢家银	新闻与传播系	青年教师科研专项	论文	2015. 4. 30
89	高校官方微博研究——以四所高校官方微博为例	毕　琳	新闻与传播系	青年教师科研专项	论文	2015. 4. 30
90	早期戏曲电影理论研究	王怡琳	新闻与传播系	青年教师科研专项	论文	2015. 4. 30
91	青少年文化视域下动漫符号的解读与延异	张　威	新闻与传播系	青年教师科研专项	论文	2015. 4. 30
92	20 世纪 30 年代中国国家社会党政治思想研究	魏万磊	中国语言文学系	青年教师科研专项	论文	2014. 3. 11
93	唐代文人的幕府生涯和文学心态	李　俊	中国语言文学系	青年教师科研专项	论文	2014. 3. 11
94	鲁迅研究的价值重构与历史对话——80 年代鲁迅研究的回顾与展望	陈华积	中国语言文学系	青年教师科研专项	论文	2015. 4. 30
95	风景的发现：现代作家的文体实验	丁　文	中国语言文学系	青年教师科研专项	论文	2015. 4. 30
96	高校学生记者队伍的建设与管理研究——以中国青年政治学院为例	梅铁竹	党委宣传部	行政教辅项目	研究报告	2014. 11. 30
97	中国青年政治学院组织微博现状研究	毛赟美	党委宣传部	行政教辅项目	研究报告	2014. 11. 30
98	北京高校研究生学术道德制度建设比较研究	唐潇潇	法学院	行政教辅项目	研究报告	2014. 11. 30
99	通识课程体系改革与构建的探索——以中国青年政治学院为例	张洪磊	教务处	行政教辅项目	研究报告	2014. 11. 30
100	高校毕业生流动党员管理机制研究	崔　伟	人事处	行政教辅项目	研究报告	2014. 11. 30
101	社会工作专业介入大学生就业工作的实务研究	彭　振	社会工作学院	行政教辅项目	研究报告	2014. 11. 30
102	课外体质监测信息化系统设计与研究	张　旋	体育教学中心	行政教辅项目	研究报告	2014. 11. 30
103	高校内部规章制度体系建设研究——以中国青年政治学院为例	韦平伟	校长办公室	行政教辅项目	研究报告	2014. 11. 30

续表

序号	项目名称	负责人	承担部门	项目分类、类别	预期成果形式	计划完成时间
104	关于进一步加强学校档案管理工作的合理化建议	宣飞霞	校长办公室	行政教辅项目	研究报告	2014. 11. 30
105	高校突发事件的应急管理机制探析	曹　征	学生工作部	行政教辅项目	研究报告	2014. 11. 30

（中国青年政治学院科研处供稿）

中国劳动关系学院

2013年度承担国家级、省部级社会科学研究项目

序号	项目名称	项目负责人	项目来源	预期成果形式	计划完成日期
1	劳动文化学：历史唯物主义与文化发展问题研究	王江松	国家社会科学基金项目	专著	2015. 12
2	中国企业的“关系”管理思想研究	乔　东	国家社会科学基金项目	专著	2015. 12
3	国民收入分配、劳动者收入结构对居民消费需求影响的实证研究	谢　琦	国家社会科学基金项目	专著	2015. 12
4	新生代农民工人力资本投资：动力、路径与累积研究	王　李	国家社会科学基金项目	专著	2015. 12
5	改革开放以来中国工会参与社会管理的制度变迁研究	吴建平	国家社会科学基金项目	专著	2015. 12
6	农民工随迁子女的城市社会融入研究	叶鹏飞	国家社会科学基金项目	专著	2015. 12
7	新生代农民工自媒体传播增权研究	高传智	国家社会科学基金项目	专著	2015. 12
8	工会组织在职工教育培训中的作用	李　桃	教育部人文社会科学研究项目	专著	2015. 12
9	企业年金制度可持续发展的理论分析及实证检验	刘军丽	教育部人文社会科学研究项目	专著	2015. 12
10	BBC剧情纪录片启示	喻　溟	教育部人文社会科学研究项目	专著	2015. 12
11	劳动解放与政治正义：重建工人的政治主体性	彭恒军	北京市哲学社会科学规划项目	专著	2015. 12
12	首都高校创新创业教育体系研究	岳　玲	北京市教育科学“十二五”规划项目	专著	2015. 12
13	城镇化背景下农村土地制度改革与农民工融入城市研究	颜　辉	中华全国总工会委托项目	研究报告	2013. 12
14	工会促进职工就业能力提升的方法和途径	李德齐	中华全国总工会委托项目	研究报告	2013. 12
15	在实践创新中加强工会组织凝聚力建设	赵健杰	中华全国总工会委托项目	研究报告	2013. 12

续表

序号	项目名称	项目负责人	项目来源	预期成果形式	计划完成日期
16	我国社会转型中的强势利益集团及其遏制研究	彭恒军	中华全国总工会委托项目	研究报告	2013.12
17	工会参与建设更可靠的社会保障制度的思路与措施	黄任民	中华全国总工会委托项目	研究报告	2013.12
18	改革国民收入分配结构，维护劳动收入的主体地位	信卫平	中华全国总工会委托项目	研究报告	2013.12

（中国劳动关系学院科研处陈邓海供稿）

国务院发展研究中心

2013年度主要软件科学项目

序号	课题名称	部门	负责人
1	中国：推进包容、可持续的城镇化	中心跨部门	李伟
2	进一步完善社会主义市场经济体制若干重大问题研究		李伟 刘鹤
3	增长阶段转换的成因、风险与对策		张军扩
4	我国粮食价格支持效果与调整思路	办公厅	程国强
5	高质量政府智库建设中财政资金使用改革研究		张力
6	我国电子商务服务业的发展特征、面对的问题与对策		来有为
7	新时期我国财政、货币政策面临的挑战与对策	宏观经济研究部	余斌
8	改革方法论研究		魏加宁
9	中国应急救援装备产业发展与示范		余斌
10	市场经济条件下优化生产力布局研究	发展战略和区域经济研究部	侯永志
11	区域间产业同构和产业转移研究		刘云中
12	现代化视角下的中央与地方关系研究		宣晓伟
13	舟山自由贸易园区发展研究		李泊溪
14	西部地区城镇化建设路径研究		刘勇
15	三沙市战略腹地建设研究		侯永志
16	中国省际间投入产出表数据加工		李善同
17	天津市经济发展阶段及战略方向和重点选择专项评估		刘云中
18	推进城乡发展一体化体制机制研究	农村经济研究部	叶兴庆、徐小青
19	农业转移人口消费特点的群体性差异及消费潜力研究		金三林
20	涉农企业科技创新能力建设与支持政策研究		张云华
21	城镇化进程中的耕地保护和粮食安全问题研究		韩俊
22	农民工宅基地等权益保障研究		刘守英
23	土地整治与国家粮食安全研究		刘守英
24	深化农村产权制度改革，促进城乡要素平等交换		徐小青

续表

序号	课题名称	部门	负责人
25	抓住第三次工业革命的历史契机，推动产业结构的战略性调整	产业经济研究部	冯　飞
26	我国集成电路产业发展研究		冯　飞
27	我国重点产业竞争力分析评价		冯　飞
28	中央企业投入与产出、规模与效益关系研究		冯　飞
29	基于经济发展转型形势分析的总量控制制度研究		冯　飞
30	实施创新驱动发展战略的制度与政策研究	技术经济研究部	吕　薇
31	我国电子商务创新及政府角色研究——以阿里巴巴为例		戴建军、田杰棠
32	《国家知识产权战略纲要》五年目标评估		吕　薇
33	加快提升基础工业能力的政策研究		吕　薇
34	创新驱动与区域转型：规律、经验和政策		马名杰
35	我国经济科技发展阶段及趋势与现行专利制度		吕　薇
36	智库资源支撑首都发展效果评价研究		李志军
37	中国发展对世界经济的影响	对外经济研究部	赵晋平
38	中国（上海）自由贸易试验区研究		赵晋平
39	我国自由贸易区总体战略研究		赵晋平
40	建设欧亚经济合作试验区总体方案研究		赵晋平
41	澳大利亚 FTA 战略及对中澳双边谈判的启示		张　琦
42	老龄化相关的若干重大战略问题研究	社会发展研究部	葛延风
43	中国经济增长周期分析		李建伟
44	中国信用评级体系建设对策研究		李建伟
45	全球化背景下我国社会经济发展态势及对资源的需求		周宏春
46	绿色发展战略与路径研究		周宏春
47	中国计划生育政策和计划生育工作		苏　杨
48	公共科研机构激励机制和薪酬制度改革研究		葛延风
49	新时期我国消费新增长点研究	市场经济研究所	任兴洲
50	推进我国服务业增值税改革的政策研究		刘　涛
51	国有土地经营方式创新		邵　挺
52	中国企业的国际化和全球竞争力研究	企业研究所	赵昌文
53	构建小微企业社会化金融体系研究		赵昌文
54	昌平区“十二五”规划纲要中期专题评估		亓长东
55	中国金融改革研究	金融研究所	张承惠
56	国际经济金融结构与治理框架的变化及对我国的影响		巴曙松
57	中国金融信息安全与设备国产化		张承惠

续表

序号	课题名称	部门	负责人
58	生态文明建设科学评价与政府考核体系研究	资源与环境政策研究所	谷树忠
59	黄河三角洲高效生态经济区低碳经济发展路径与对策研究		谷树忠
60	我国不同规模流域水资源保护与水污染防治工作开展现状及问题分析		谷树忠
61	循环经济产业园发展模式研究		李佐军
62	中国石化成品油经营战略规划		高世楫
63	中国能源监管体系：职能、机构和立法需求		高世楫
64	县域循环经济发展模式研究		程会强

（国务院发展研究中心办公厅科研处郭巍供稿）

中共中央编译局

2013 年度承担国家级、省部级社会科学研究项目

类别	申报人	课题名称	最终成果
A 类	林进平	历史唯物主义与正义的关系研究	专著
	刘承礼	基于财政分权理论的分权化治理问题研究	专著
	闫　健	走向国家失效之路：从民主刚果到索马里	专著
	吕增奎	海外学者对十八大后中国特色社会主义研究信息跟踪	研究报告译著 内参
	包雅钧	中西核心价值观比较研究（自筹）	专著
B 类	朵宸颉	政治文献中中国特色词汇的阿拉伯语翻译研究	专著
	彭萍萍	欧盟全球治理转型研究	专著
	贺　羡	一元三维正义论——南希·弗雷泽的正义理论研究	专著研究报告
	苑　洁	当代资本主义跟踪研究	编著
	朱芳芳	基层公共预算改革：预算民主化的路径选择	专著
	曾令发	社会组织与政府间关系的差序格局研究——基于珠三角社会组织管理创新的考察	专著
	李义天	马克思主义理论的伦理基础研究：以凯·尼尔森为中心	论文和译著
	靳呈伟	拉美民主进程中的政党治理——基于党内法规建设的角度	专著
	韦文英	区域性格与政府治理创新	专著
C 类	蒋芳婧	中央文献中译日的翻译理论与实践研究——以国务院政府工作报告为例	论文
	吕　楠	英国自由民主党研究兼论“第三党”的政治功能	论文
	易小明	中东政党竞争中的制约因素	论文
	吕　静	共产国际东方战略中的“两个联盟”策略对中国革命的影响	论文
	崔丽华	历史唯物主义的重建：大卫·哈维空间理论研究	论文
	王欣欣	社会批判与自由主义——马克思与罗尔斯正义思想比较研究	论文

续表

类别	申报人	课题名称	最终成果
C类	黄皖毅	《新青年》与马克思主义中国化	论文研究报告
	周文华	马克思《古代法制史讲演录》述评	研究报告
	朱宗友	列宁文化建设思想及其当代价值研究	论文研究报告
	张治银	毛泽东重要哲学著作版本研究	论文
	赵付科	中共早期报刊与马克思主义中国化研究	论文
	王燕燕	论我国农地金融制度的构建	论文
	王　浩	全球金融治理与金砖国家合作研究	论文研究报告
	才凤伟	基层社区居民政治参与的实践模式研究	论文
	钟金燕	国家与社会合作视野下的中国综合治理研究	论文
	李慧明	后德班时代国际气候政治格局变迁下的中国气候战略研究	研究报告或论文
	宣兴章	新媒体与执政党关系研究：以北京为例	研究报告
	孙召鹏	新型城镇化背景下乡级政府角色定位与转型路径选择	论文或研究报告
	张甲秀	经济和谐论辨析——论马克思对巴师夏的批判	论文
	张炳辉	政府治理创新视野下的网络舆情治理问题研究	论文

（中共中央编译局供稿）

国家发展和改革委员会宏观经济研究院

2013年度院级重点课题

序号	课题名称	负责人	承担单位	预期成果形式	计划完成时间
1	人民币国际化战略与实施路径研究	张岸元 李世刚	经济研究所	研究报告	2013.12
2	转变经济发展方式与深化改革研究	俞建国 曾　铮	经济研究所	研究报告	2013.12
3	宏观调控目标和政策手段机制化研究	王　元 杜飞轮	经济研究所	研究报告	2013.12
4	新形势下中日经济关系研究	丁　刚 郝　洁	对外经济研究所	研究报告	2013.12
5	我国重要战略机遇期内涵和条件变化研究	吴涧生 杨长湧	对外经济研究所	研究报告	2013.12
6	地方政府债务融资可持续性研究	林勇明	投资研究所	研究报告	2013.12
7	城镇基础设施投融资研究	祁玉清	投资研究所	研究报告	2013.12
8	我国工业发展的阶段性变化研究	付保宗	产业经济与技术经济研究所	研究报告	2013.12
9	服务业与制造业融合研究	郭怀英	产业经济与技术经济研究所	研究报告	2013.12
10	我国陆海统筹发展研究	曹忠祥 高国力	国土开发与地区经济研究所	研究报告	2013.12

续表

序号	课题名称	负责人	承担单位	预期成果形式	计划完成时间
11	我国城市群发展研究	汪阳红	国土开发与地区经济研究所	研究报告	2013.12
12	促进社会力量参与社会事业研究	邢 伟 杨宜勇	社会发展研究所	研究报告	2013.12
13	重大决策社会稳定风险评估研究	顾 严 张本波	社会发展研究所	研究报告	2013.12
14	推动我国能源生产和消费革命研究	高世宪 任东明	能源研究所	研究报告	2013.12
15	我国城市绿色低碳发展研究	杨宏伟	能源研究所	研究报告	2013.12
16	新阶段我国交通运输持续健康发展的思路研究	樊 桦	综合运输研究所	研究报告	2013.12
17	新时期交通基础设施投融资体制改革研究	罗仁坚 宿凤明	综合运输研究所	研究报告	2013.12
18	我国户籍制度改革问题研究	李振京 张林山	经济体制与管理研究所	研究报告	2013.12
19	我国国民收入初次分配制度研究	齐桂珍	经济体制与管理研究所	研究报告	2013.12

（国家发展和改革委员会宏观经济研究院丁刚供稿）

中共北京市委党校、北京行政学院

2013 年度承担国家级、省部级社会科学研究项目

序号	项目名称	项目负责人	项目来源	预期成果形式	计划完成时间
1	低生育率下北京市生育意愿与生育行为关系的追踪研究	马小红	国家社会科学基金一般项目	研究报告	2016.5
2	国有财产收益全民共享机制研究	贾小雷	国家社会科学基金青年项目	研究报告、专著	2016.5
3	互联网时代党的领导干部形象塑造研究	李 娜	国家社会科学基金青年项目	专著	2016.3
4	空间非均衡视域下我国区域协调发展战略的政策效应与推进策略研究	刁琳琳	国家社会科学基金青年项目	研究报告	2015.12
5	西方政治代表理论研究及其启示	黄小钫	国家社会科学基金青年项目	专著	2015.12
6	我国区域生态文明建设中的政府间合作研究	刘 良	国家社会科学基金青年项目	研究报告、专著	2016.9
7	经济发展方式转变背景下新生代农民工人力资本提升路径研究	尹德挺	国家社会科学基金青年项目	研究报告、专著	2016.1
8	20 世纪中国性病控制社会史研究	杜 鹃	国家社会科学基金青年项目	专著	2016.3
9	康德《纯粹理性批判》中“先验演绎”结构研究及其相关问题	董滨宇	国家社会科学基金后期资助项目	专著	2015.7

续表

序号	项目名称	项目负责人	项目来源	预期成果形式	计划完成时间
10	新时期北京市领导干部坚持群众路线，改进工作作风长效机制研究	刘　阳	北京市哲学社会科学规划重大项目	研究报告	2014. 6
11	北京市新生代农民工城市文化融合研究	洪小良	北京市哲学社会科学重点项目	研究报告	2015. 12
12	加快推进北京市智慧社区建设的对策研究	梁　丽	北京市哲学社会科学一般项目	研究报告	2015. 6
13	国外政党处理党群关系的经验教训及对我党的借鉴与启示	秦德占	北京市哲学社会科学一般项目	研究报告	2015. 5
14	基于信访视角的社会心态管理与风险预警机制研究	曹　颖	北京市哲学社会科学一般项目	研究报告	2015. 12
15	女性家庭生命周期与职业生命周期统合研究	李　宁	北京市哲学社会科学一般项目	研究报告	2016. 12
16	北京建设世界城市中新城多中心治理模式研究	龚文婧	北京市哲学社会科学青年项目	研究报告	2015. 4
17	京郊旅游型小城镇“特色建构”模式与可持续用地政策支持研究	刁琳琳	北京市哲学社会科学青年项目	研究报告	2015. 4
18	首都经济圈生态文明建设中的跨区域政府间合作研究	刘　良	北京市哲学社会科学青年项目	研究报告	2015. 6
19	京郊农村股份合作社的产权问题研究	潘建雷	北京市哲学社会科学青年项目	研究报告	2016. 6
20	北京市领导干部新媒体应对能力研究	李　娜	北京市哲学社会科学青年项目	研究报告	2016. 7
21	社会网络视角下的北京市流动人口风险性行为与生殖健康	杜　鹃	北京市哲学社会科学青年项目	研究报告、论文（集）	2016. 12
22	关于党政干部阅读文化的思考——以北京市党政干部阅读调查为例	俞景华	全国党校系统重点课题	研究报告	2014. 6
23	北京市非政府组织与政府的关系研究	金英君	全国党校系统重点课题	研究报告	2014. 6
24	北京市文化遗产保护的法治化问题研究——以《北京市博物馆条例》为例	李秀梅	全国党校系统重点课题	研究报告	2014. 6

2013 年度校（院）级社会科学研究项目

序号	项目名称	负责人	承担部门	预期成果形式	计划完成时间
1	北京市基层社会组织与政府关系研究——基于海淀区的考察	金英君	政治学教研部	研究报告	2014. 12
2	特大城市乡镇治理研究——基于北京典型地区的实践	黄伯平	公共管理教研部	研究报告	2014. 12
3	北京市城乡结合部治理问题研究——基于顺义区仁和镇平各庄村的分析	何　军	政治学教研部	研究报告	2014. 12

续表

序号	项目名称	负责人	承担部门	预期成果形式	计划完成时间
4	北京市农民增收形势分析与对策思路研究	李　中	工商管理教研部	研究报告	2014.12
5	北京市文化创意产业发展研究	陆园园	工商管理教研部	研究报告	2014.12
6	人口老龄化的发展趋势及长期经济效应研究——北京的挑战与对策	闫　萍	社会学教研部	研究报告	2014.12
7	北京技术转移的机制创新研究——中关村地区技术转移的调查	贺　艳	经济学教研部	研究报告	2014.12
8	提升北京市社区生活服务业研究	吴　刚	公共管理教研部	研究报告	2014.12
9	北京市应对生育政策调整的对策思路研究	马小红	社会学教研部	研究报告	2014.12
10	密尔的政治哲学	刘永红	哲学教研部	论文	2014.12
11	后现代文化现象对中国文化建设的利弊分析	詹宇国	哲学教研部	论文	2014.12
12	我国产业结构调整方向研究	计保平	经济学教研部	论文	2014.12
13	我国激励自主创新的税收政策研究	朱晓青	经济学教研部	论文	2014.12
14	人民政协民主监督反馈机制建设研究	李　罡	政治学教研部	论文	2014.12
15	我国政治体制改革若干热点问题理论综述	周五一	政治学教研部	论文	2014.12
16	北京市创建服务型基层党组织的调查与思考	李秀云	党史党建教研部	论文	2014.12
17	中共国家文化安全战略思想的形成和发展研究	孙　宁	党史党建教研部	论文	2014.12
18	西方国家公共服务提供中政府与社会合作机制及其借鉴	孔祥利	公共管理教研部	论文	2014.12
19	首都社会矛盾与社会风险预警研究	曹　颖	公共管理教研部	论文	2014.12
20	经济转型环境下的民间资本投资问题	张隆华	工商管理教研部	论文	2014.12
21	国家创新体系建设的有关问题研究	杨东德	工商管理教研部	论文	2014.12
22	新形势下公权力行使与人权保护问题研究	韩德强	法学教研部	论文	2014.12
23	我国民事诉讼调解制度前沿研究	李秀梅	法学教研部	论文	2014.12
24	中国特色社会主义社会建设的若干问题研究	嘎日达	社会学教研部	论文	2014.12
25	人口红利研究的历史发展与理论论争	尹德挺	社会学教研部	论文	2014.12
26	英汉对比与翻译教学实践	孙雪梅	外语教研部	论文	2014.12
27	国际语言环境建设对于世界城市建设的作用研究	刘　敏	外语教研部	论文	2014.12

续表

序号	项目名称	负责人	承担部门	预期成果形式	计划完成时间
28	微博在社会舆论中的作用及引导对策研究——以新浪微博为例	梁　丽	信息部	论文	2014.12
29	物联网环境下智慧图书馆的构建与服务研究	陈国彦	图书馆	论文	2014.12
30	《〈政治经济学批判〉序言》的基本思想及其当代价值	黄　杰	哲学教研部	论文	2014.12
31	中国特色社会主义宗教理论的若干重要问题	王志捷	哲学教研部	论文	2014.12
32	中国特色社会主义生态文明建设探析	朱晓青	经济学教研部	论文	2014.12
33	领导者的战略思维能力	梁　骏	国际交流部	论文	2014.12
34	中国特色社会主义理论体系是当代中国的马克思主义	杜保友	研究生部	论文	2014.12
35	走中国特色的生态城镇化之路——基于中国生态城市建设的理性思考	刁琳琳	经济学教研部	论文	2014.12
36	《社会主义从空想到科学的发展》导读	金英君	政治学教研部	论文	2014.12
37	《中国革命和中国共产党》导读	李明伟	党史党建教研部	论文	2014.12
38	深入学习和执行《中国共产党章程》，增强党性修养	江　伟	党史党建教研部	论文	2014.12
39	处级领导干部（公务员）执行力提升	董　武	公共管理教研部	论文	2014.12
40	领导干部风险管理能力提升	黄伯平	公共管理教研部	论文	2014.12
41	领导者的能力结构及其完善——基于领导者成长规律的分析	王　昊	工商管理教研部	论文	2014.12
42	北京市转变经济发展方式研究——以北京数码大方科技股份有限公司为例（案例教学）	陆园园	工商管理教研部	论文	2014.12
43	中国明清时期耶稣会士洋官员的官德	李秀梅	法学教研部	论文	2014.12
44	领导干部的法治思维能力	金国坤	法学教研部	论文	2014.12
45	行政诉讼模拟法庭（案例教学）	傅　强	法学教研部	论文	2014.12
46	政策过程中的利益博弈与“政策镜像”中的角色认知——北京市异地高考政策案例研讨（案例教学）	刘　良	公共管理教研部	论文	2014.12
47	干部教育培训教学评估体系研究	杜　鹏	社会学教研部	论文	2014.12

（北京市委党校供稿）

中国社会科学院

2013年度承担国家社科基金重大、重点、青年基金项目

序号	项目类别	项目名称	项目负责人	工作单位
1	重大项目	社会主义核心价值观研究	孙伟平	哲学研究所
2	重大项目	推动我国经济持续健康发展的基本要求、根本途径和政策选择研究	张晓晶	经济研究所
3	重大项目	《剑桥基督教史》（九卷本）翻译与研究	卓新平	世界宗教研究所
4	重大项目	汉魏六朝集部文献集成	刘跃进	文学研究所
5	重大项目	柯尔克孜族百科全书《玛纳斯》综合研究	阿地里·居玛吐尔地	民族文学研究所
6	重大项目	中国与周边国家电力互联互通战略研究	史　丹	财经战略研究院
7	重点项目	可持续发展与中国民法典立法的价值取向	渠　涛	法学研究所
8	重点项目	我国城乡居民收入代际传递机制比较研究	杨新铭	经济研究所
9	重点项目	我国金融体系的系统性风险与金融监管改革研究	胡　滨	金融研究所
10	重点项目	社会转型初期家庭结构和代际关系变动研究	王跃生	人口与劳动经济研究所
11	重点项目	我国社会心态测量指标研究	杨宜音	社会学研究所
12	重点项目	现代斯拉夫文论：轴心学说及其世界影响	周启超	外国文学研究所
13	重点项目	改进工作作风密切联系群众研究	邓纯东	马克思主义研究院
14	重点项目	中俄关系通史（六卷本）	李静杰	俄罗斯东欧中亚研究所
15	重点项目	重大技术进步和我国高新技术行业发展研究	钟春平	财经战略研究院
16	重点项目	城市生态文明的科学内涵与实践路径研究	潘家华	城市与环境研究所
17	重点项目	《剑桥基督教史》（九卷本）翻译	卓新平	世界宗教研究所
18	重点项目	梵蒂冈原传信部所藏中国天主教会档案文献编目（1622—1939）	刘国鹏	世界宗教研究所
19	重点项目	隋代经济史研究	魏明孔	经济研究所
20	重点项目	《道藏源流考》（再增订版）整理出版	胡孚琛	哲学研究所
21	重点项目	提高国民逻辑素质的理论与实践探索研究	杜国平	哲学研究所
22	一般项目	版权资本运营法律问题研究	杨延超	法学研究所
23	一般项目	海外利益法律保护的中国模式研究	刘敬东	国际法研究所
24	一般项目	新历史条件下的共同富裕实现路径研究	张建刚	马克思主义研究院
25	一般项目	量化宽松政策研究：理论、效应与中国选择	何海峰	金融研究所
26	一般项目	我国北方荒漠化态势与治理成效研究	黄顺江	城市发展与环境研究所
27	一般项目	低碳城市建设的非技术创新系统研究	蒋　尉	世界经济与政治研究所
28	一般项目	河南淅川下王岗2008—2010年考古发掘研究报告	高江涛	考古研究所
29	一般项目	正义视阈中的共同富裕思想研究	贾可卿	马克思主义研究院

续表

序号	项目类别	项目名称	项目负责人	工作单位
30	一般项目	非汉族群入主中原与官僚君主制的延续研究	陈　勇	民族学与人类学研究所
31	一般项目	涂尔干的道德教育思想与职业伦理及公民道德的社会建设	渠敬东	社会发展战略研究院
32	一般项目	寻找和建构转型期中国的家庭政策体系	马春华	社会学研究所
33	一般项目	“70后”“80后”“90后”代际文化差异与网络参与的关系研究	赵联飞	社会学研究所
34	一般项目	时间史研究	俞金尧	世界历史研究所
35	一般项目	古埃及王权研究	郭子林	世界历史研究所
36	一般项目	方言自动处理系统功能扩展研究	李　蓝	语言研究所
37	一般项目	上古汉语闭口韵与非闭口韵通转关系研究	孟蓬生	语言研究所
38	一般项目	法国吉美博物馆所藏伯希和档案整理与研究	王　楠	文学研究所
39	一般项目	明代服饰研究	赵连赏	历史研究所
40	一般项目	“康党”与戊戌时期的学术、政治纷争研究	贾小叶	近代史研究所
41	一般项目	海岱早期文明的演进及其与中原的互动研究	王震中	历史研究所
42	一般项目	《五经正义》文学思想研究	王秀臣	文学研究所
43	一般项目	民营话剧文学创作现状之研究	刘　平	文学研究所
44	一般项目	马克思辩证法的历史语境与当代视域	李西祥	哲学研究所
45	一般项目	中国礼学思想发展史研究	王启发	历史研究所
46	一般项目	新世纪以来我国政治思潮的演进及社会影响研究	王炳权	政治学研究所
47	青年项目	秦汉刑事证据文明研究	张琮军	法学研究所
48	青年项目	海洋争端国际仲裁的新发展与中国对策研究	刘　衡	欧洲研究所
49	青年项目	低碳经济下金砖国家产业发展与经济增长模式研究	马　涛	世界经济与政治研究所
50	青年项目	金融危机后新兴经济体金融体系宏观审慎监管研究	耿　楠	金融研究所
51	青年项目	美国国会涉华关键议员行为研究	刁大明	美国研究所
52	青年项目	亚太区域一体化美国路线图与亚洲路线图的竞争性和相容性及中国对策研究	东　艳	世界经济与政治研究所
53	青年项目	异质信念、卖空机制与企业定向增发行为研究	徐　枫	金融研究所
54	青年项目	国家安全视野下水资源管理制度体系研究	王喜峰	数量经济与技术经济研究所
55	青年项目	我国服务业二元结构及其对城市居民收入分配的影响研究	刘丹鹭	财经战略研究院

续表

序号	项目类别	项目名称	项目负责人	工作单位
56	青年项目	阶梯定价理论及其应用研究	方　燕	经济研究所
57	青年项目	新型城镇化背景下扩大服务消费的制度联动研究	张颖熙	财经战略研究院
58	青年项目	中国西部农村电气化及分布式可再生能源发展的政策分析	张　莹	城市发展与环境研究所
59	青年项目	中国人口——经济分布匹配性与区域均衡发展的路径选择	蔡翼飞	人口与劳动经济研究所
60	青年项目	2013—2020年我国潜在经济增长率研究	娄　峰	数量经济与技术经济研究所
61	青年项目	跨区域碳减排的技术经济优化路径及政策研究	张友国	数量经济与技术经济研究所
62	青年项目	非正规劳动力市场中最低工资的实施效果研究	贾　朋	人口与劳动经济研究所
63	青年项目	新兴产业自主技术标准的导入与培育	邓　洲	工业经济研究所
64	青年项目	我国财税政策的福利效应实证研究	何　辉	财经战略研究院
65	青年项目	殷墟遗址的动物考古学研究	李志鹏	考古研究所
66	青年项目	美国垄断资产阶级统治全球手段研究	王　静	马克思主义研究院
67	青年项目	流动人口“家庭化”至“稳定化”的发展历程与影响因素研究	杨　舸	人口与劳动经济研究所
68	青年项目	老龄化背景下的人力资本投资对中国长期经济增长的影响研究	梁　润	世界经济与政治研究所
69	青年项目	梁漱溟与费孝通乡土重建思想比较研究	张　浩	社会学研究所
70	青年项目	市场化进程中的结构紧张与相对剥夺感研究	魏钦恭	科研局
71	青年项目	中等收入群体的发展趋势和消费模式研究	朱　迪	社会学研究所
72	青年项目	城乡一体化进程中的县域治理机制研究	艾　云	社会发展战略研究院
73	青年项目	18—19世纪日俄岛屿问题的历史研究	李文明	世界历史研究所
74	青年项目	巴勒斯坦民族国家构建的进程与困境研究	姚惠娜	世界历史研究所
75	青年项目	欧洲危机下苏联外交的变革与大国身份的重构（1938—1941）	梁　强	俄罗斯东欧中亚研究所
76	青年项目	研究型图书馆电子资源优先策略研究	孔青青	图书馆
77	青年项目	普通话婴幼儿声调范畴的建立机制研究	高　军	语言研究所
78	青年项目	基于语料库的汉语应答性成分语义和话语功能研究	侯瑞芬	语言研究所
79	青年项目	类型学视野的疑问和焦点互动关系研究	祁　峰	语言研究所
80	青年项目	粟特语、吐火罗语与古代维吾尔语接触研究	木再帕尔	民族学与人类学研究所
81	青年项目	藻敏瑶语汉借词的历史层次及其在瑶语历史研究中的作用	龙国贻	民族学与人类学研究所

续表

序号	项目类别	项目名称	项目负责人	工作单位
82	青年项目	清初辽、金、元三史满、蒙翻译研究	乌兰巴根	中国边疆史地研究中心
83	青年项目	战国长城研究	任会斌	历史研究所
84	青年项目	明代科举体制下的经学与地域研究	陈时龙	历史研究所
85	青年项目	民国通志馆与近代方志转型研究	曾　荣	中国地方志指导小组办公室
86	青年项目	清末新政时期中央政府对边疆地区的治理与统合研究	高　月	中国边疆史地研究中心
87	青年项目	唐宋诗词中的生态审美与中国文化精神	王　莹	文学研究所
88	青年项目	国家话语与民间文学的理论建构（1949—1966）	毛巧晖	民族文学研究所
89	后期资助项目	苏联1932—1933年饥荒与当代乌俄两国关系研究	李　燕	世界经济与政治研究所
90	后期资助项目	奈保尔文学创作研究	石海军	外国文学研究所
91	后期资助项目	"的"的性质与功能	完　权	语言研究所
92	后期资助项目	汉语助动词的历史演变研究	李　明	语言研究所
93	后期资助项目	明四夷馆鞑靼馆及《华夷译语》鞑靼"来文"研究	乌云高娃	历史研究所
94	后期资助项目	国难中的碰撞：中国经济学界言论研究（1932—1937）	吴敏超	近代史研究所
95	后期资助项目	商代地理环境研究	张兴照	历史研究所
96	后期资助项目	明代山东海防研究	张金奎	历史研究所
97	后期资助项目	现代化之路：近代开滦煤矿的启示	云　妍	近代史研究所
98	后期资助项目	巴黎和会与北京政府的内外博弈	邓　野	近代史研究所
99	后期资助项目	中国国民党"左派"研究（1924—1935）	李志毓	近代史研究所
100	后期资助项目	制度建构与日常生活：现代公共卫生在北京的诞生	杜丽红	近代史研究所
101	后期资助项目	论语还原	杨　义	文学研究所
102	后期资助项目	民间文学的存在论——中国民间文学研究批判	户晓辉	文学研究所
103	成果文库	技术经济范式协同转变与战略性新兴产业发展	吕　铁	工业经济研究所
104	成果文库	普遍整合的福利体系	景天魁	社会学研究所

续表

序号	项目类别	项目名称	项目负责人	工作单位
105	成果文库	美国环境史学研究	高国荣	世界历史研究所
106	成果文库	殷墟花园庄东地甲骨文例研究	孙亚冰	历史研究所
107	成果文库	满族小说与中华文化	关纪新	民族文学研究所

2013 年度中国社会科学院创新工程重大研究项目

序号	课题名称	首席专家	单位
1	中国特色社会主义的哲学依据研究	李景源	哲学所
2	“中国梦”与中华民族复兴研究	郑大华	近代史所
3	对外关系、和谐边疆与中国战略定位研究——周边环境新变化与我国边疆安全稳定发展	邢广程	边疆中心
4	加快经济结构调整和经济发展方式转变的若干重大问题研究	刘戒骄	工经所
5	人口结构变化的宏观经济影响研究	郑真真	人口所
6	中国特色社会主义城镇化研究	梁本凡	城环所
7	加强社会建设若干重大理论和实践问题研究	陈光金	社会学所
8	新兴经济体与国际经济新秩序	姚枝仲	世经政所

（中国社会科学院朱丽雅供稿）

北京市社会科学院

2013 年度承担国家级、省部级社会科学研究项目

序号	项目名称	负责人	承担部门	项目分类、类别	项目来源单位	预期成果形式	计划完成日期
1	包容性发展与我国新型城镇化道路研究	唐　鑫	市情中心	国家社会科学基金、一般项目	全国哲学社会科学规划办公室	专著	2015. 6. 30
2	企业迁移的意愿与空间引导政策研究	李彦军	经济所	国家社会科学基金、青年项目	全国哲学社会科学规划办公室	专著	2015. 12. 31
3	网络文学的媒介转型研究	许苗苗	文化所	国家社会科学基金、青年项目	全国哲学社会科学规划办公室	专著	2015. 12. 31
4	中国文化对外社交媒体传播机制研究	徐　翔	文化所	国家社会科学基金、青年项目	全国哲学社会科学规划办公室	专著	2014. 12. 31
5	首都发展的阶段性特征研究	谭维克	院办	北京市社会科学基金、重大项目	北京市哲学社会科学规划办公室	研究报告	2014. 5. 30
6	北京市法治政府建设研究	许传玺	院办	北京市社会科学基金、重大项目	北京市哲学社会科学规划办公室	研究报告	2014. 11. 30

续表

序号	项目名称	负责人	承担部门	项目分类、类别	项目来源单位	预期成果形式	计划完成日期
7	多目标导向下的首都空间格局优化研究	赵继敏	城市所	北京市社会科学基金、青年项目	北京市哲学社会科学规划办公室	研究报告	2014. 12. 31
8	生态文明视域下北京低碳创新城市建设研究	陆小成	管理所	北京市社会科学基金、青年项目	北京市哲学社会科学规划办公室	论文（集）	2014. 6. 30
9	北京市青少年犯罪团伙实证研究	姚　兵	综治所	北京市社会科学基金、青年项目	北京市哲学社会科学规划办公室	研究报告	2014. 12. 31
10	北京市完善立体化社会治安防控体系研究	殷星辰	综治所	北京市社会科学基金、一般项目	北京市哲学社会科学规划办公室	研究报告	2014. 12. 31
11	北京人口变动对教育需求的影响	赵　勇	城市问题编辑部	北京市社会科学基金、青年项目	北京市哲学社会科学规划办公室	论文（集）	2014. 6. 30
12	环境约束下京津冀城市群产业协调发展研究	李彦军	经济所	北京市社会科学基金、一般项目	北京市哲学社会科学规划办公室	研究报告	2014. 6. 30
13	基于国际比较视角下的北京中心城区交通拥堵综合治理研究	刘　波	外国所	北京市社会科学基金、一般项目	北京市哲学社会科学规划办公室	专著	2014. 12. 31
14	北京工业遗产研究	章永俊	历史所	北京市社会科学基金、一般项目	北京市哲学社会科学规划办公室	专著	2015. 12. 31
15	北京古代学术发展史研究	刘仲华	历史所	北京市社会科学基金、一般项目	北京市哲学社会科学规划办公室	专著	2015. 12. 31
16	都市新空间与历史记忆研究	许苗苗	文化所	北京市社会科学基金、青年项目	北京市哲学社会科学规划办公室	论文（集）	2014. 12. 31
17	北京绿色发展与科技创新战略研究	刘　薇	经济所	北京市社会科学基金、青年项目	北京市哲学社会科学规划办公室	专著	2015. 5. 20
18	首都媒体“社交化”发展研究	徐　翔	文化所	北京市社会科学基金、青年项目	北京市哲学社会科学规划办公室	专著	2014. 9. 30
19	北京市经济增长与生态环境协调发展研究	王德利	经济所	北京市社会科学基金、青年项目	北京市哲学社会科学规划办公室	研究报告	2014. 10. 30

续表

序号	项目名称	负责人	承担部门	项目分类、类别	项目来源单位	预期成果形式	计划完成日期
20	党的十六大以来中国特色社会主义在北京实践的经验与特点研究	左宪民	科社所	北京市社会科学基金、特别委托项目	北京市哲学社会科学规划办公室	研究报告	2015. 6. 30
21	城市景观美学与建设“美丽北京”研究	贾　澎	市情中心	北京市社会科学基金、青年项目	北京市哲学社会科学规划办公室	研究报告	2014. 5. 20
22	生态文明视域下城市两型社区研究	赵　清	城市所	北京市社会科学基金、青年项目	北京市哲学社会科学规划办公室	研究报告	2014. 5. 30
23	社会心态与民生建设研究	谭日辉	城市所	北京市社会科学基金、重点项目	北京市哲学社会科学规划办公室	研究报告	2014. 6. 30
24	首都民办社科研究机构规范发展研究	唐　鑫	市情中心	北京市社会科学基金、重点项目	北京市哲学社会科学规划办公室	研究报告	2014. 5. 1
25	全面深化改革　建设法治中国	许传玺	院办	北京市社会科学基金、预立项项目	北京市哲学社会科学规划办公室	论文	2013. 12. 31
26	高举理想信念的旗帜	杨　奎	科社所	北京市社会科学基金、预立项项目	北京市哲学社会科学规划办公室	论文	2013. 12. 31

2013 年度院级社会科学研究项目

序号	课题名称	课题负责人	承担部门	项目类别	预期成果形式	计划完成时间
1	2020 北京城市空间格局优化研究	赵继敏	城市所	重点项目	专著	2013. 12. 31
2	2020 北京社会结构趋势研究	李晓壮	市情调研中心	重点项目	著作	2013. 12. 31
3	2020 北京生态文明建设研究	刘　薇	经济所	重点项目	研究报告	2013. 12. 31
4	政府重大事项决策绩效研究	李江涛	管理所	重点项目	专著	2013. 12. 31
5	首都新机场建设中的前瞻性重大问题研究	孙　莉	经济所	重点项目	研究报告	2013. 12. 31
6	新型城镇化过程中的农村集体土地开发建设模式创新研究	王朝华	经济所	重点项目	研究报告	2013. 12. 31
7	北京社区养老研究	缪　青	社会学所	重点项目	研究报告	2013. 12. 31
8	首都社会管理法治化研究	袁振龙	综治所	重点项目	研究报告	2013. 12. 31
9	基于国际比较视角下的北京交通治理研究	刘　波	外国所	重点项目	研究报告	2013. 12. 31

续表

序号	课题名称	课题负责人	承担部门	项目类别	预期成果形式	计划完成时间
10	北京文化与科技融合发展路径研究	郭万超		重点项目	研究报告	2013.12.31
11	北京法治政府建设研究	成协中	法学所	重点项目	研究报告	2013.12.31
12	北京非基本公共服务市场化供给机制研究	鄢圣文	管理所	重点项目	专著	2013.12.31
13	首都经济圈建设中的产业协作发展研究	李彦军	经济所	重点项目	研究报告	2013.12.31
14	北京城市管理应急体制、机制创新研究	姚　兵	综治所	重点项目	专著	2013.12.31
15	北京园林史	董　焱	历史所	重点项目	专著	2013.12.31
16	习近平关于建设社会主义法治国家研究	张真理	法学所	重点项目	研究报告	2013.12.31
17	习近平关于国际问题研究	刘　波	外国所	重点项目	研究报告	2013.12.31
18	习近平关于树立理想、信念问题研究	杨　奎	科社所	重点项目	研究报告	2013.12.31
19	中关村推进群众路线教育实践活动研究	杨　奎	科社所	重点项目	研究报告	2013.12.31
20	新时期提升首都网络舆论引导力研究	尤国珍	科社所	重点项目	研究报告	2013.12.31
21	增强统筹国际国内两个大局能力研究	张　丽	外国所	重点项目	研究报告	2013.12.31
22	“中国梦”实现进程中的知识分子地位与作用研究	尤国珍	科社所	重点项目	研究报告	2013.12.31
23	在社会管理创新中贯彻党的群众路线研究	马晓燕	综治所	重点项目	研究报告	2013.12.31
24	推动中国学术研究走向世界研究	王玉峰	哲学所	重点项目	研究报告	2013.12.31
25	北京市促进非营利组织参与民生建设的对策研究	李　洋	社会学所	重点项目	研究报告	2013.12.31
26	北京城市基础设施领域进一步向私人资本开放的可行性、范围及配套政策研究	杨　松	经济所	重点项目	研究报告	2013.12.31
27	北京市农村集体经济组织产权制度改革研究	于雯雯	法学所	重点项目	研究报告	2013.12.31
28	首都大气污染联防联控研究	唐　鑫	市情调研中心	重点项目	研究报告	2013.12.31
29	学习贯彻习近平总书记系列重要讲话研究文集	许传玺	院办	重点项目	编著	2013.12.31
30	学习贯彻全国宣传思想工作会议研究文集	周　航	院办	重点项目	编著	2013.12.31

续表

序号	课题名称	课题负责人	承担部门	项目类别	预期成果形式	计划完成时间
31	北京市社会科学院成立35周年纪念文集	殷爱平	院办	重点项目	编著	2013.12.31
32	学习贯彻十八届三中全会精神文集	赵　弘	院办	重点项目	编著	2014.4.9
33	首都人口规模结构变化规律与调控机制研究	赵　弘	北京方迪经济发展研究院	重点项目	研究报告	2014.3.10
34	公共服务市场化改革研究	施昌奎	管理所	重点项目	研究报告	2014.3.10
35	北京市农村集体经营改革研究	张真理	法学所	重点项目	研究报告	2014.3.10
36	北京社会组织发展治理方式研究	袁振龙	综治所	重点项目	研究报告	2014.3.10
37	北京市文化创意产业融合发展研究	赵玉宏	首都文化发展研究中心	青年项目	动态综述、研究报告、论文	2013.12.31
38	北京市文化创意产业空间布局优化研究	赵雅萍	首都文化发展研究中心	青年项目	动态综述、研究报告、论文	2013.12.31
39	北京地区谣言活跃度内容预测因子研究	熊　炎	综治所	青年项目	动态综述、研究报告、论文	2013.12.31
40	食品安全刑法适用问题研究	左袖阳	综治所	青年项目	研究报告、系列论文	2013.12.31
41	北京市政府激励企业科技投入优化研究	罗　植	管理所	青年项目	动态综述、研究报告、论文	2013.12.31
42	清代北京的旗人与寺庙研究	关笑晶	满学所	青年项目	动态综述、研究报告、论文	2013.12.31
43	北京市家政服务业的雇主需求研究	马　丹	社会学所	青年项目	动态综述、研究报告、论文	2013.12.31
44	北京经济发展方式转变绩效研究	李　茂	市情调研中心	青年项目	动态综述、研究报告、论文	2013.12.31
45	环境规制强度提升对北京经济增长的影响——基于一般均衡分析	刘小敏	市情调研中心	青年项目	动态综述、研究报告、论文	2013.12.31
46	城市景观美学与“美丽北京”建设研究	贾　澎	市情调研中心	青年项目	动态综述、研究报告、论文	2013.12.31
47	北京新城统筹城乡发展研究	袁　蕾	城市所	青年项目	动态综述、研究报告、论文	2013.12.31
48	当代中国城市社会的“个体化”特征研究	宋　梅	城市所	青年项目	专著、动态综述、研究报告、论文	2013.12.31
49	北京宜居城市建设的产业支撑体系研究	杨　波	城市所	青年项目	动态综述、研究报告、论文	2013.12.31
50	北京率先形成城乡一体化新格局突破点研究	柴浩放	城市所	青年项目	动态综述、研究报告、论文	2013.12.31

续表

序号	课题名称	课题负责人	承担部门	项目类别	预期成果形式	计划完成时间
51	环境犯罪空白构成要件的解释与适用研究	张　苏	法学所	青年项目	动态综述、研究报告、论文	2013.12.31
52	首都文化创意产业知识产权保护法律问题研究	于雯雯	法学所	青年项目	动态综述、研究报告、论文	2013.12.31
53	亦庄新城产业、人口发展与公共服务设施规划布局研究	孙　莉	经济所	青年项目	研究报告、系列论文	2013.12.31
54	北京市城市化发展质量的综合测度与提升路径	王德利	经济所	青年项目	研究报告、系列论文	2013.12.31
55	女真、西夏语言和中古北方汉语的变迁	戴光宇	满学所	一般项目	系列论文	2013.12.31
56	清初满洲家族的类型及其发展——以舒穆禄氏、伊尔根觉罗氏为例	常越男	满学所	一般项目	系列论文	2013.12.31
57	清初蒙古部落与八旗制研究	哈斯巴根	满学所	一般项目	系列论文	2013.12.31
58	蔡友梅研究	王鸿莉	满学所	一般项目	系列论文	2013.12.31
59	清乾隆年间编写的满蒙词典个案研究	晓　春	满学所	一般项目	系列论文	2013.12.31
60	中国影视动画产业转型升级研究	刘　瑾	文化所	一般项目	系列论文	2013.12.31
61	北京古代城市文化生态研究	傅秋爽	文化所	一般项目	系列论文	2013.12.31
62	基于历史规划的首都文化产业发展战略研究	沈望舒	文化所	一般项目	系列论文	2013.12.31
63	社交媒体传播与管理研究	徐　翔	文化所	一般项目	系列论文	2013.12.31
64	文化创新与创新型城市建设	陈红玉	文化所	一般项目	系列论文	2013.12.31
65	战争下的文化触变：沦陷区的中日文学交流	陈玲玲	文化所	一般项目	系列论文	2013.12.31
66	网络文学的媒介转型研究	许苗苗	文化所	一般项目	系列论文	2013.12.31
67	美学、审美文化与文化软实力建设	杨　震	文化所	一般项目	系列论文	2013.12.31
68	国外首都城市文化发展战略及对北京的启示	王林生	文化所	一般项目	系列论文	2013.12.31
69	晚清北京文化史研究——以汉学之嬗变为中心	程二奇	历史所	一般项目	专著	2013.12.31
70	明清时期北京城市商业研究	高福美	历史所	一般项目	系列论文	2013.12.31
71	民国初年北京文化生态研究（1912—1928）	王建伟	历史所	一般项目	系列论文	2013.12.31
72	清代北京移民社会融入问题专题研究	赵雅丽	历史所	一般项目	系列论文	2013.12.31
73	近代北京地区疾疫研究	张艳丽	历史所	一般项目	系列论文	2013.12.31

续表

序号	课题名称	课题负责人	承担部门	项目类别	预期成果形式	计划完成时间
74	17—20世纪京畿学术与地域文化发展	刘仲华	历史所	一般项目	系列论文	2013.12.31
75	“燕京八绝”研究	章永俊	历史所	一般项目	系列论文	2013.12.31
76	秦汉幽燕地区文化研究	靳 宝	历史所	一般项目	系列论文	2013.12.31
77	元大都的园林研究	王 岗	历史所	一般项目	系列论文	2013.12.31
78	北京高技术企业创新成效及障碍研究	凌 宁	经济所	一般项目	系列论文	2013.12.31
79	北京产业创新发展的实证研究	唐 勇	经济所	一般项目	系列论文	2013.12.31
80	2013年北京房地产市场形势与政策分析	丁 军	经济所	一般项目	系列论文	2013.12.31
81	北京市产业空间布局演变及优化研究	李彦军	经济所	一般项目	系列论文	2013.12.31
82	北京市能源消费与经济增长和环境关系研究	王朝华	经济所	一般项目	系列论文	2013.12.31
83	北京国际活动聚集的经济效益与基础设施承载能力研究	杨 松	经济所	一般项目	系列论文	2013.12.31
84	基于能源管理的低碳贸易战略研究	温晓红	经济所	一般项目	系列论文	2013.12.31
85	北京市农民专业合作社建设发展问题研究	魏 巍	经济所	一般项目	系列论文	2013.12.31
86	经济视角下北京市人口增长实证研究	年 炜	经济所	一般项目	系列论文	2013.12.31
87	新科技革命与全球产业变革对中国的影响研究	梁昊光	经济所	一般项目	系列论文	2013.12.31
88	资源环境约束下首都经济圈产业发展问题研究	姚腾霄	经济所	一般项目	系列论文	2013.12.31
89	北京生态文明制度建设研究	刘 薇	经济所	一般项目	系列论文	2013.12.31
90	北京服务经济创新与升级研究	邓丽姝	经济所	一般项目	系列论文	2013.12.31
91	北京市实体经济增长路径研究	杨维凤	经济所	一般项目	系列论文	2013.12.31
92	新中国成立初期党的分配政策演进及其当代启示	尤国珍	科社所	一般项目	系列论文	2013.12.31
93	协商民主路径研究	张洪武	科社所	一般项目	系列论文	2013.12.31
94	关于党的十八大以来若干新提法的理论分析和思考	张 宁	科社所	一般项目	系列论文	2013.12.31
95	全球化与越南、古巴等国的社会主义道路比较研究	张登文	科社所	一般项目	系列论文	2013.12.31

续表

序号	课题名称	课题负责人	承担部门	项目类别	预期成果形式	计划完成时间
96	中国特色社会主义实践中的价值观演进研究	杨　奎	科社所	一般项目	系列论文	2013. 12. 31
97	保持党的纯洁性面临的问题及对策研究	刘冀瑗	科社所	一般项目	系列论文	2013. 12. 31
98	中国特色社会主义实践形式研究	左宪民	科社所	一般项目	系列论文	2013. 12. 31
99	人民政协政治协商制度建设研究	孙照红	科社所	一般项目	系列论文	2013. 12. 31
100	微观民主：治理架构与多层面功能	缪　青	社会学所	一般项目	系列论文	2013. 12. 31
101	民生、结构与社会建设——以北京市为例	李　洋	社会学所	一般项目	系列论文	2013. 12. 31
102	现阶段北京城市化过程中的民生问题	李伟东	社会学所	一般项目	系列论文	2013. 12. 31
103	德国国民教育研究	谢　芳	社会学所	一般项目	系列论文	2013. 12. 31
104	中国外来务工青年的职业教育和社会再生产	韩嘉玲	社会学所	一般项目	研究报告	2013. 12. 31
105	城市化进程中的人口较少民族研究	包路芳	社会学所	一般项目	论文和专著	2013. 12. 31
106	以民生服务为重点的基层社会管理与服务体系建设研究	曹婷婷	社会学所	一般项目	系列论文	2013. 12. 31
107	北京重点村城市化建设的实践与反思	冯晓英	社会学所	一般项目	系列论文	2013. 12. 31
108	北京新的发展阶段下的社会建设研究	江树革	社会学所	一般项目	系列论文	2013. 12. 31
109	中国“阳光工程”戒毒模式评估报告	张　西	社会学所	一般项目	系列论文	2013. 12. 31
110	京港移民的历史变迁和社会融入：比较与借鉴	汪琳岚	社会学所	一般项目	系列论文	2013. 12. 31
111	北京市食品安全信息化管理体系构建研究	门玉峰	管理所	一般项目	系列论文	2013. 12. 31
112	复杂组织决策与绩效研究	李江涛	管理所	一般项目	研究报告	2013. 12. 31
113	北京市农村要素市场发展与社会保障体系建设研究	杜　鑫	管理所	一般项目	系列论文	2013. 12. 31
114	政府科研经费绩效评价研究	李志斌	管理所	一般项目	系列论文	2013. 12. 31
115	北京非基本公共服务市场化发展研究	鄢圣文	管理所	一般项目	系列论文	2013. 12. 31
116	首都区域科技创新体系建设绩效研究	张　耘	管理所	一般项目	系列论文	2013. 12. 31

续表

序号	课题名称	课题负责人	承担部门	项目类别	预期成果形式	计划完成时间
117	北京低碳创新与生态文明建设研究	陆小成	管理所	一般项目	系列论文	2013.12.31
118	北京市适应气候变化能力评估指标体系研究	吴向阳	管理所	一般项目	系列论文	2013.12.31
119	北京城市与交通和谐发展研究	庞世辉	管理所	一般项目	系列论文	2013.12.31
120	北京公共服务：布局·标准·路径	施昌奎	管理所	一般项目	专著	2013.12.31
121	高科技企业股权融资问题与对策	付立春	管理所	一般项目	系列论文	2013.12.31
122	北京科技政策绩效评价研究	毕　娟	管理所	一般项目	系列论文	2013.12.31
123	终身教育理念下继续教育发展模式研究	赵苏阳	外国所	一般项目	系列论文	2013.12.31
124	西方人道主义干预理论研究	刘　波	外国所	一般项目	系列论文	2013.12.31
125	以市民为主体的日本城市建设研究	张　暄	外国所	一般项目	系列论文	2013.12.31
126	社会管理服务与创新	邱莉莉	外国所	一般项目	系列论文	2013.12.31
127	国际安全结构与中俄合作研究	张　丽	外国所	一般项目	系列论文	2013.12.31
128	北京城市文化形象的塑造与国际传播力研究	张　力	外国所	一般项目	系列论文	2013.12.31
129	北京文化创意产业空间格局研究	赵继敏	城市所	一般项目	系列论文	2013.12.31
130	生态文明导向下世界城市的发展与“绿色北京”建设	肖亦卓	城市所	一般项目	系列论文	2013.12.31
131	提升北京世界城市网络地位深化研究	齐　心	城市所	一般项目	系列论文	2013.12.31
132	社区福利体系的本土化建构——以北京为例	于燕燕	城市所	一般项目	系列论文	2013.12.31
133	北京生态城市建设体系构成研究	冯　刚	城市所	一般项目	系列论文	2013.12.31
134	梅洛·庞蒂后期哲学研究	李婉莉	哲学所	一般项目	系列论文	2013.12.31
135	亚里士多德友爱论研究	王双洪	哲学所	一般项目	系列论文	2013.12.31
136	传统道德思想研究	梁劲泰	哲学所	一般项目	系列论文	2013.12.31
137	生态文明的哲学思考	程倩春	哲学所	一般项目	系列论文	2013.12.31
138	关注社会心态与包容性发展问题研究	刘　东	哲学所	一般项目	系列论文	2013.12.31
139	西方近代价值体系研究	杜丽燕	哲学所	一般项目	系列论文	2013.12.31
140	形而上学中的权力意志	王玉峰	哲学所	一般项目	系列论文	2013.12.31

续表

序号	课题名称	课题负责人	承担部门	项目类别	预期成果形式	计划完成时间
141	邓豁渠研究	王　杰	哲学所	一般项目	系列论文	2013.12.31
142	我国宗教政策与宗教管理工作研究	于丽娜	综治所	一般项目	系列论文	2013.12.31
143	中国传统禁约制度的现代价值研究	万　川	综治所	一般项目	著作	2013.12.31
144	未成年人加入犯罪帮派：危险因子、生涯历程与防治对策	姚　兵	综治所	一般项目	研究报告	2013.12.31
145	社会管理创新深化研究	殷星辰	综治所	一般项目	系列论文	2013.12.31
146	社会管理科学化研究	杨锦炎	综治所	一般项目	系列论文	2013.12.31
147	社会管理的理论思考与实践分析	袁振龙	综治所	一般项目	系列论文	2013.12.31
148	社会管理的公众参与体系研究	马晓燕	综治所	一般项目	系列论文	2013.12.31
149	首都社会管理创新机制研究	孟永恒	综治所	一般项目	系列论文	2013.12.31
150	北京社会治安状况评价指标体系研究	张真理	法学所	一般项目	研究报告	2013.12.31
151	行政决策法治路径研究	成协中	法学所	一般项目	系列论文	2013.12.31
152	出版自由原则与出版体制改革法律问题研究	王伟伟	法学所	一般项目	系列论文	2013.12.31
153	空气污染治理的法律对策研究	陶品竹	法学所	一般项目	系列论文	2013.12.31
154	首都经济新增长极的产业案例分析	唐　鑫	市情调研中心	一般项目	系列论文	2013.12.31
155	北京全面建成小康社会差距轴心分析与对策研究	李晓壮	市情调研中心	一般项目	系列论文	2013.12.31
156	北京公共图书馆效率评价研究	朱相宇	市情调研中心	一般项目	系列论文	2013.12.31
157	从“左派”领袖到“清党”首义——吴稚晖走上反共道路的原因	陈清茹	《北京社会科学》编辑部	一般项目	系列论文	2013.12.31
158	学术的方向——当前人文社会科学研究现状及走势分析	牛金莉	《北京社会科学》编辑部	一般项目	专著	2013.12.31
159	北京经济安全研究	孙天法	北京市社会科学院其他	一般项目	系列论文	2013.12.31
160	文化创意产业发展热点问题研究	郭万超	首都文化发展研究中心	一般项目	研究报告	2013.12.31
161	新“城市时代”背景下城市化及其实践若干问题研究	辛章平	《城市问题》编辑部	一般项目	系列论文	2013.12.31

续表

序号	课题名称	课题负责人	承担部门	项目类别	预期成果形式	计划完成时间
162	北京建设具有世界影响力文化中心城市研究	李建盛	文化所	一般项目	系列论文	2013.12.31
163	民国初年北京文化史研究	季剑青	文化所	一般项目	系列论文	2013.12.31
164	欧陆科学哲学研究	郝　苑	哲学所	一般项目	系列论文	2013.12.31
165	北京历史文化资源个案研究	郑永华	历史所	一般项目	系列论文	2013.12.31
166	北京私家园林万柳堂考论	孙冬虎	历史所	一般项目	系列论文	2013.12.31
167	北京市生产性服务业空间集聚机制与演变格局研究	王德利	经济所	一般项目	系列论文	2013.12.31
168	食品犯罪中疫学因果关系的认定问题研究	左袖阳	综治所	一般项目	系列论文	2013.12.31
169	北京文化发展国际比较研究	白志刚	外国所	一般项目	系列论文	2013.12.31

（北京市社会科学院科研处供稿）

北京市档案局

2013 年度承担省部级以上社会科学研究项目

序号	项目名称	项目负责人	承担部门	项目来源	预期成果形式	计划完成日期
1	北京市市属机关档案工作规范研究	陈　俐	北京市档案局	国家档案局	研究报告、地方标准	2014.11
2	电子文件归档范围和保管期限表编制研究	刘月娥	北京市档案局	国家档案局	研究报告	2014.12
3	智慧档案馆的关键要素研究	薛四新 王　贞	清华大学档案馆 北京市档案局	国家档案局	研究报告	2014.10

2013 年度北京市档案局社会科学研究项目

序号	项目名称	负责人	承担单位	预期成果形式	计划完成日期
1	北京市综合档案馆档案数字资源管理规范研究	宋　红	北京市档案局	研究报告、地方标准	2015.6
2	国土资源系统数字化专业档案整合应用研究	陈　轲	市土地权属登记事务中心	研究报告	2014.12
3	北京名人故居档案展览研究	张　斌	市城建档案馆	研究报告	2014.12
4	老字号企业特色档案研究	李茂福	西城区档案局	研究报告	2015.12
5	区县档案馆馆藏结构优化研究	张相明	石景山区档案局	研究报告	2015.6
6	档案馆爱国主义教育基地品牌发展研究	芦晓竹	昌平区档案局	研究报告、学术论文	2014.12
7	区县馆藏珍贵档案的价值鉴定与抢救	李德玉	房山区档案局	研究报告	2014.12

续表

序号	项目名称	负责人	承担单位	预期成果形式	计划完成日期
8	档案库房温湿度自主管理研究	刘望鸿 程浩	门头沟区档案史志局	研究报告	2015. 12
9	地区艺术家档案的建立与管理	高德澍	通州区档案局	研究报告	2014. 12
10	地域文化特色档案的研究	姬书玉	延庆县档案局	研究报告	2014. 12
11	城乡一体化建设安置档案管理工作研究	果洪斌	怀柔区档案局	研究报告	2015. 12
12	基于长期保存的档案数字资源可信认证研究	钱毅	中国人民大学信息资源管理学院	研究报告、学术论文	2014. 12
13	档案馆突发事件应急资源配置的研究	张美芳	中国人民大学信息资源管理学院	研究报告、学术论文	2015. 12
14	校政合作模式提升档案科研水平研究	沈蕾	北京联合大学应用文理学院	研究报告、学术论文	2014. 12
15	档案部门参与非物质文化遗产保护的模式研究	王巧玲	北京联合大学应用文理学院	研究报告、学术论文	2014. 12

（北京市档案局科教处胡晓燕供稿）

北京市社会科学界联合会

2013 年度决策咨询课题

项目编号	项目名称	负责人	所在单位	预期成果形式	计划完成日期
2013－JC－001	对中国梦的认识及推进首都工作的战略设想	萧琛	北京大学	调研报告	2014. 12
2013－JC－002	对中国梦的认识及推进首都工作的战略设想	朱锋	北京大学	调研报告	2014. 12
2013－JC－003	首都进一步发挥法治在国家治理和社会管理中的作用研究	何兵	中国政法大学	调研报告	2013. 12
2013－JC－004	首都进一步发挥法治在国家治理和社会管理中的作用研究	史际春	中国人民大学	调研报告	2013. 12
2013－JC－005	坚持和完善人民代表大会制度，提高人民代表大会会议质量和实效研究	徐永利	北京联合大学	调研报告	2013. 12
2013－JC－006	首都金融业发展问题研究	郑建明	对外经济贸易大学	调研报告	2013. 12
2013－JC－007	首都金融业发展问题研究	涂永红	中国人民大学	调研报告	2013. 12
2013－JC－008	非公有制经济企业行业商会建设工作	李曦辉	中央民族大学	调研报告	2013. 12
2013－JC－009	首都城乡一体化进程中农村党组发挥引领作用研究	李丽娜	首都经济贸易大学	调研报告	2014. 12
2013－JCYY－001	首都小城镇建设问题研究	张强	首都经济贸易大学	调研报告	2013. 12

续表

项目编号	项目名称	负责人	所在单位	预期成果形式	计划完成日期
2013－JCYY－002	如何实施创新驱动战略，推动首都经济发展方式转型	文　魁	首都经济贸易大学	调研报告	2013. 12
2013－JCYY－003	首都小城镇建设问题研究	骆中钊	北京城市发展研究院	调研报告	2013. 12
2013－JCYY－004	实施创新驱动战略推动首都经济发展方式转型研究	陆小成	北京市社会科学院	调研报告	2013. 12
2013－JCYY－005	北京市水资源保护问题研究	冉连起	北京城市发展研究院	调研报告	2013. 12
2013－JCYY－006	北京市和大洛杉矶地区空气质量管理模式比较研究	宋国君	中国人民大学	调研报告	2013. 12
2013－JCYY－007	以创新驱动促进首都经济发展方式转变的对策研究	张　旭	中国人民大学	调研报告	2013. 12
2013－JCYY－008	提升首都网上零售业的竞争力的研究	罗朝能	北京工商大学	调研报告	2013. 12
2013－JCYY－009	北京市水资源保护问题研究	张贵祥	首都经济贸易大学	调研报告	2013. 12
2013－JCYY－010	北京市保障性住房分配服务均等化研究	张跃松	中国人民大学	调研报告	2013. 12
2013－JCYY－011	北京大气污染治理研究	王　军	对外经济贸易大学	调研报告	2013. 12
2013－JCYY－012	首都金融功能区定位与发展问题研究	盖艳梅	北京市委党校	调研报告	2013. 12
2013－JCYY－013	加强法制建设，推进质量安全管理	李　俊	对外经济贸易大学	调研报告	2014. 12
2013－JCYY－014	北京房地产业发展新态势研究	李雪妍	北京联合大学	调研报告	2013. 12
2013－JCYY－015	北京文化创新与文化产业结构转型	王　晖	首都经济贸易大学	调研报告	2013. 12
2013－JCYY－016	统一战线服务首都社会建设研究	楚国清	北京青年政治学院	调研报告	2013. 12
2013－JCYY－017	北京新兴媒体文化发展研究	万安伦	北京师范大学	调研报告	2013. 12
2013－JCYY－018	当代北京旅游空间研究	朱文一	清华大学	调研报告	2013. 12
2013－JCYY－019	北京文化主体形象的建构与传播	周　勇	中国人民大学	调研报告	2013. 12
2013－JCYY－020	城市化背景下北京市居民环境友好型消费方式引导研究	武永春	首都经济贸易大学	调研报告	2013. 12
2013－JCYY－021	发挥法治在首都社会管理中的作用研究	金国坤	北京市委党校	调研报告	2013. 12
2013－JCYY－022	北京文化的影响力、辐射力研究	郭媛媛	首都经济贸易大学	调研报告	2013. 12
2013－JCYY－023	北京市居民生活理念、消费方式引导研究	杜　军	首都经济贸易大学	调研报告	2013. 12

续表

项目编号	项目名称	负责人	所在单位	预期成果形式	计划完成日期
2013－JCYY－024	发挥法治在国家治理和社会管理中的作用研究——法治城市、法治政府、法治社会一体建设的北京包容性法治城市机制探究	袁达松	北京师范大学	调研报告	20134.12
2013－JCYY－025	社科成果的协同评价机制研究	余　力	中国人民大学	调研报告	2013.12
2013－JC－035	首都智库联盟建设研究	赵曙光	清华大学	调研报告	2014.12
2013－ZZ－01	“世界记忆遗产”国际东巴古籍数字化采集与传承	张　旭	北京东巴文化艺术发展促进会	调研报告	2013.12

2013 年度首都社科专家进基层课题

项目编号	项目名称	负责人	所在单位	预期成果形式	计划完成日期
2013SKLJJC001	丰台区中秋文化产业发展规划	金元浦	中国人民大学	调研报告	2013.12
2013SKLJJC002	丰台区园艺花卉文化产业发展规划	王琪延	中国人民大学	调研报告	2013.12
2013SKLJJC003	丰台区汽车文化产业发展规划	张春河	中国传媒大学	调研报告	2013.12
2013SKLJJC004	城市副中心建设视野下的通州城乡一体化体制机制创新研究	张　强	首都经济贸易大学	调研报告	2014.12
2013SKLJJC005	核心区历史文化名城保护模式的创新与思考	刘　宛	清华大学	调研报告	2014.12
2013SKLJJC006	大栅栏琉璃厂历史文化保护区发展模式的探索	朱永杰	北京联合大学	调研报告	2013.12
2013SKLJJC007	西城区老字号历史传承分析与品牌创新研究	马维利	西城区社科联	调研报告	2013.12
2013SKLJJC008	政府行政权力公开透明运行的西城实践与思考	程　洁	清华大学	调研报告	2014.12
2013SKLJJC009	西城区健全权力制约和监督机制研究	封丽霞	中央党校	调研报告	2013.12
2013SKLJJC010	西城区党外代表人士队伍建设状况调研与思考	李　涛	北京市政治学行政学学会	调研报告	2013.12
2013SKLJJC016	门头沟区生态文明建设与山区产业转型研究	叶文虎	北京大学	调研报告	2013.12
2013SKLJJC017	门头沟文化品牌提升与文化产业突破对策研究	金元浦	中国人民大学	调研报告	2013.12
2013SKLJJC018	密云生态服务价值评估分析	董孝斌	北京师范大学	调研报告	2014.12
2013SKLJJC019	密云县实现“生态、生活、生产”共赢发展的路径研究	叶文虎	北京三生环境与发展研究院	调研报告	2014.12
2013SKLJJC020	密云文化创意与旅游产业融合发展研究	丁　芸	首都经济贸易大学	调研报告	2014.12
2013SKLJJC021	京煤集团与京郊城乡一体化研究	张　强	首都经济贸易大学	调研报告	2014.12

（北京市社科联科研工作部供稿）

北京市中国特色社会主义理论体系研究中心

2013年度北京市中国特色社会主义理论体系研究中心立项课题

序号	项目名称	负责人	承担部门	项目来源	预期成果形式	计划完成时间
1	2013“理论热点面对面”通俗理论读物编写调研		北京工商大学马克思主义学院	中宣部委托课题	调研报告	2013
2	近期思想理论领域情况分析	徐志宏	研究中心	中宣部委托课题	材料信息	2013
3	关于认清“普世价值”的实质	张　剑	研究中心	中宣部委托课题	报告、文章	2013
4	凝聚中国力量，实现中国梦	王炳林	研究中心	马克思主义理论研究和建设工程重大课题	文章	2013
5	实现中国梦的关键：党的坚强领导与自我净化	朱峻峰	研究中心	马克思主义理论研究和建设工程重大课题	文章	2013
6	社会主义核心价值观研究	韩　震	北京师范大学	研究中心重大课题	专著	2015
7	中国特色社会主义制度体系研究	秦　宣	中国人民大学	研究中心重大课题	专著	2015
8	水资源在北京生态文明链中的理论研究与实践对策	曹和平	北京大学	研究中心重大课题	专著	2015
9	实现中华民族伟大复兴（“中国梦”）研究	郑水泉	中国人民大学	研究中心重大课题	专著	2015
10	中国特色社会主义道路研究	郑　谦	中共党史学会	研究中心重大课题	专著	2015
11	提高党的建设科学化水平研究	侯且岸	中共北京市委党校	研究中心重大课题	专著	2015
12	中国特色社会主义产权制度研究	白暴力	北京师范大学	研究中心重点课题	专著	2015
13	当代中国发展理论研究	夏文斌	北京大学	研究中心重点课题	专著	2015
14	社会主义政治经济学导论：从经典到当代	张　宇	中国人民大学	研究中心重点课题	专著	2015
15	改革开放连着你我他的中国梦	王　珍	北京市青年党建研究会	市委宣传部委托课题	文章	2013
16	揭开“普世价值”的神秘面纱	楚国清	北京青年政治学院	市委宣传部委托课题	文章	2013
17	文化强国的必由之路	李欣平	研究中心	研究中心重大课题	文章	2013
18	在彰显特色中坚持和发展中国特色社会主义	夏文斌	研究中心	研究中心重大课题	文章	2013
19	廉洁政治与长治久安	邵景均	研究中心	研究中心重大课题	文章	2013

续表

序号	项目名称	负责人	承担部门	项目来源	预期成果形式	计划完成时间
20	打造中国经济"升级版"		研究中心	研究中心重大课题	文章	2013
21	在党的领导下实现中国梦		研究中心	研究中心重大课题	文章	2013
22	更加科学有效地防治腐败	邵景均	研究中心	研究中心重大课题	文章	2013
23	工人阶级是先进生产力和生产关系的代表	卫兴华	研究中心	研究中心重大课题	文章	2013
24	首先是管　关键在严——论党要管党、从严治党	邵景均	研究中心	研究中心重大课题	文章	2013
25	反腐败必须反对特权思想、特权现象	邵景均	研究中心	研究中心重大课题	文章	2013
26	国企改革的成就与经验	李欣平	研究中心	研究中心重大课题	文章	2013
27	崇尚劳动：中国梦的价值支撑	李欣平	研究中心	研究中心重大课题	文章	2013
28	坚守群众路线这条"生命线"	李欣平	研究中心	研究中心重大课题	文章	2013
29	始终坚持人民至上	郭建宁	研究中心	研究中心重大课题	文章	2013
30	把握党的群众路线教育实践活动总要求		研究中心	研究中心重大课题	文章	2013
31	清除享乐主义之风	邵景均	研究中心	研究中心重大课题	文章	2013
32	中国精神：中国梦的深层底蕴	崔新建	研究中心	研究中心重大课题	文章	2013
33	坚持中心工作与意识形态工作两手抓	张连伟	研究中心	研究中心重大课题	文章	2013
34	超越资产阶级民主的理论思考	闫志民	研究中心	研究中心重大课题	文章	2013
35	改革开放是我们党最鲜明的旗帜——深入学习领会习近平同志关于全面深化改革的重要论述	萧　延	研究中心	研究中心重大课题	文章	2013
36	新型城镇化要以人为核心	李欣平	研究中心	研究中心重大课题	文章	2013
37	中华民族伟大复兴需要中华文化发展繁荣——学习习近平同志在山东考察时的重要讲话精神	李翔海	研究中心	研究中心重大课题	文章	2013

（北京市中国特色社会主义理论体系研究中心供稿）

北京市教育学会

2013 年度承担社会科学研究项目

序号	项目名称	项目负责人	承担部门	项目来源	预期成果形式	计划完成日期
1	北京数字学校特级教师综合课程资源开发	钟作慈	北京市教育学会	北京市教育委员会委托	300 节特级教师综合课程的制作	2013.12
2	北京数字学校建设——虚拟课堂建设项目	李观政	北京市教育学会	北京市教育委员会委托	部分学科虚拟课堂数据库（教学资源库）	2013.12
3	北京市 0—6 岁儿童社区早期教育和服务	李观政	北京市教育学会	北京市教育委员会委托	信息同步指导家长育儿手册	2013.12
4	6—12 岁小学家长手册的研制与家庭教育的开展	李观政	北京市教育学会	北京市教育委员会委托	出版家长指导手册 + 两套课程	2013.12
5	北京市农村地区小学数学教师专业发展培训	李观政 吴正宪	北京市教育学会	北京市教育委员会委托	3 本书、培训资料、学员研修手册	2013.12
6	伴随成长 父母学院	李观政	北京市教育学会	北京市教育委员会委托	对北京市 17 万一年级学生家庭，编写完成 52 封指导彩信内容及 400 余张图片	2014.8
7	初中阶段家长手册的研制与家庭教育的开展	李观政	北京市教育学会	北京市教育委员会委托	两本手册 + 两套课程	2013.12
8	随迁子女学习生活状况调查及其对策研究	李观政	北京市教育学会	北京市教育委员会委托	调研报告	2013.12
9	家庭 E 课堂	李观政	北京市教育学会	北京市教育委员会委托	完成 240 课时家庭教育视频课程	2013.12
10	基于云和数据终端技术的新教学模式实验	李观政	北京市教育学会	北京市教育委员会委托	完成一门学科教学资源的数字化，并对 4 所学校进行云计算方式提供服务	2013.12
11	北京市中小学体育教师专业发展现状调研	陈雁飞	北京市教育学会	北京市教育委员会委托	研究报告	2013.12
12	北京市体育教师名师百节优秀课例展示活动	陈雁飞	北京市教育学会	北京市教育委员会委托	课例光盘集	2013.12
13	北京市特殊教育研究与教研	王克南	北京市教育学会	北京市教育委员会委托	出版经验集锦	2013.12

（北京市教育学会李文鸾供稿）

·获奖成果·

概　述

本栏目记述了北京地区21个高校、科研单位获国家、省部级人文社会科学研究成果奖获奖情况，以及获一等奖成果简介。获奖成果的记述，包括成果名称、作者姓名、颁奖单位、奖励等级、成果形式等内容。这些信息反映出北京地区社会科学研究领域的最新成果和理论贡献。

部分高校、科研等单位获国家或省部级人文社会科学研究成果奖

北京大学

序号	成果名称	主要作者	奖项名称	颁奖单位	成果形式	获奖等级
1	教育的“技术”发展史	郭文革	北京市第六届教育科学研究优秀成果奖	北京市教育委员会	论文	一等奖
2	CSIEC：A computer assisted English learning chatbot based on textual knowledge and reasoning	贾积有	北京市第六届教育科学研究优秀成果奖	北京市教育委员会	论文	二等奖
3	如何学习研究世界史	朱孝远	北京市第六届教育科学研究优秀成果奖	北京市教育委员会	著作	三等奖

（北京大学社会科学部供稿）

一等奖成果简介

《教育的“技术”发展史》（论文）

北京大学　郭文革

北京大学出版社　2011年6月出版

本文在媒介技术史和教育史的基础上，提出一个教育的“技术”发展史的分析框架，试图在历史发展的脉络中寻找“技术”影响教育发展的规律，解读“信息技术对教育发展阶段的革命性影响”。本文首先提出从符号、载体、复制方式和传播特征等四个方面来界定一种“媒介”技术。其次，利用这个四维度的“媒介技术”定义，分析了人类媒介发

展的五个历史阶段——口传、手工抄写、印刷、电子传播和数字传播。最后，在教育史和媒介发展史提供的大量历史证据基础上，提出了一个教育的"技术"发展史的分析框架。教育的"技术"发展史提示我们，一种"新媒介"技术的出现改变了人类记录和表达"事实"的方式，并进而引起了学术探索和教育传播的变革。

郭文革，女，北京大学教育技术系副教授，入选2011年"教育部新世纪人才"计划。兼任全国教师教育网络联盟公共服务平台建设专家工作组专家、教育部教师司"国培计划"网络培训专家、北京市教育科学研究院"北京市基础教育电子教材开放机制与试验研究项目"指导专家、北京大学信息化建设专家委员会委员等社会职务。主要教授课程有教育技术学基础、新媒体与教育等。研究方向：网络教育、计算机为中介的传播、教育政策研究。发表"互联网基因与新、旧网络教育——从MOOC谈起"（《北京大学教育评论》，2013.4，173—184）等20余篇论文，译著《教学技术与媒体》（高等教育出版社2008年出版）等。

（北京大学社会科学部供稿）

中国人民大学

序号	成果名称	作者	奖项名称	颁奖单位	成果形式	获奖等级
1	法律解释学导论——以民法为视角	王利明	高等学校科学研究优秀成果奖（人文社会科学）	教育部	著作	一等奖
2	中国社会保障改革与发展战略：理念、目标与行动方案	郑功成	高等学校科学研究优秀成果奖（人文社会科学）	教育部	研究报告	一等奖
3	行政伦理的观念与视野	张康之	高等学校科学研究优秀成果奖（人文社会科学）	教育部	著作	一等奖
4	中国特色社会主义史	秦　宣	高等学校科学研究优秀成果奖（人文社会科学）	教育部	著作	一等奖
5	电子文件风险管理	冯惠玲	高等学校科学研究优秀成果奖（人文社会科学）	教育部	著作	一等奖
6	精神交往论——马克思、恩格斯的传播观	陈力丹	高等学校科学研究优秀成果奖（人文社会科学）	教育部	著作	一等奖
7	康德著作全集	李秋零	高等学校科学研究优秀成果奖（人文社会科学）	教育部	著作	一等奖
8	马克思主义基础理论若干重大问题研究	陈先达	高等学校科学研究优秀成果奖（人文社会科学）	教育部	著作	一等奖
9	侵权责任法立法研究	张新宝	高等学校科学研究优秀成果奖（人文社会科学）	教育部	著作	二等奖
10	Design and analysis of diagnostic service centers（诊断服务中心的设计与分析）	王晓芳	高等学校科学研究优秀成果奖（人文社会科学）	教育部	论文	二等奖

续表

序号	成果名称	作者	奖项名称	颁奖单位	成果形式	获奖等级
11	中国农村金融论纲	陈雨露	高等学校科学研究优秀成果奖（人文社会科学）	教育部	著作	二等奖
12	公共教育政策、经济增长与人力资本溢价	郭庆旺	高等学校科学研究优秀成果奖（人文社会科学）	教育部	论文	二等奖
13	银行制度改革与人民币国际化：历史、理论与政策	张　杰	高等学校科学研究优秀成果奖（人文社会科学）	教育部	著作	二等奖
14	最低工资管制的就业效应分析——兼论《劳动合同法》的交互影响	丁守海	高等学校科学研究优秀成果奖（人文社会科学）	教育部	论文	二等奖
15	中国居民消费需求不足原因研究——基于中国城乡分省数据	方福前	高等学校科学研究优秀成果奖（人文社会科学）	教育部	论文	二等奖
16	中国产业竞争力研究	赵彦云	高等学校科学研究优秀成果奖（人文社会科学）	教育部	著作	二等奖
17	中国伦理思想史（上、下卷）	罗国杰	高等学校科学研究优秀成果奖（人文社会科学）	教育部	著作	二等奖
18	思想的攻防：另类科学哲学的兴起和演化	刘大椿	高等学校科学研究优秀成果奖（人文社会科学）	教育部	著作	二等奖
19	耦合经济法论	徐孟洲	高等学校科学研究优秀成果奖（人文社会科学）	教育部	著作	三等奖
20	中国上市公司盈余质量研究	王化成	高等学校科学研究优秀成果奖（人文社会科学）	教育部	著作	三等奖
21	战略问题三十篇——中国对外战略思考	时殷弘	高等学校科学研究优秀成果奖（人文社会科学）	教育部	著作	三等奖
22	日本大国化趋势与中日关系	黄大慧	高等学校科学研究优秀成果奖（人文社会科学）	教育部	著作	三等奖
23	汇率变化与中国产业结构调整研究	谷克鉴	高等学校科学研究优秀成果奖（人文社会科学）	教育部	著作	三等奖
24	基尼系数组群分解新方法研究：从城乡二亚组到多亚组	程永宏	高等学校科学研究优秀成果奖（人文社会科学）	教育部	论文	三等奖

续表

序号	成果名称	作者	奖项名称	颁奖单位	成果形式	获奖等级
25	马克思主义经济学与西方经济学比较研究	吴易风	高等学校科学研究优秀成果奖（人文社会科学）	教育部	著作	三等奖
26	滞后效应、多重均衡与反向软着陆：中国需求管理经验	郑超愚	高等学校科学研究优秀成果奖（人文社会科学）	教育部	论文	三等奖
27	社会主义和谐社会利益关系研究	胡乃武	高等学校科学研究优秀成果奖（人文社会科学）	教育部	著作	三等奖
28	中国证券分析师的盈余预测行为有效性研究	郭　杰	高等学校科学研究优秀成果奖（人文社会科学）	教育部	论文	三等奖
29	中国通胀惯性特征与货币政策启示	张成思	高等学校科学研究优秀成果奖（人文社会科学）	教育部	论文	三等奖
30	中国加入区域经济一体化研究	黄卫平	高等学校科学研究优秀成果奖（人文社会科学）	教育部	著作	三等奖
31	“她”字的文化史——女性新代词的发明与认同研究	黄兴涛	高等学校科学研究优秀成果奖（人文社会科学）	教育部	著作	三等奖
32	郭店竹简与思孟学派	梁　涛	高等学校科学研究优秀成果奖（人文社会科学）	教育部	著作	三等奖
33	中国荒政书集成（12卷本）	李文海	高等学校科学研究优秀成果奖（人文社会科学）	教育部	著作	三等奖
34	社会性别视角下的中国社会政策：冲突与协调	“社会性别视角下的中国社会政策：冲突与协调”课题组	高等学校科学研究优秀成果奖（人文社会科学）	教育部	研究报告	三等奖
35	农民中国——后乡土社会与新农村建设研究	陆益龙	高等学校科学研究优秀成果奖（人文社会科学）	教育部	著作	三等奖
36	新闻道德论	杨保军	高等学校科学研究优秀成果奖（人文社会科学）	教育部	著作	三等奖
37	中国社会舆情报告（2010）	喻国明	高等学校科学研究优秀成果奖（人文社会科学）	教育部	研究报告	三等奖

续表

序号	成果名称	作者	奖项名称	颁奖单位	成果形式	获奖等级
38	马克思主义公正观的基本向度及方法论原则	马俊峰	高等学校科学研究优秀成果奖（人文社会科学）	教育部	论文	三等奖
39	文学讲稿：“八十年代”作为方法	程光炜	高等学校科学研究优秀成果奖（人文社会科学）	教育部	著作	三等奖
40	身边的法律顾问：劳动合同与社会保障	黎建飞	高等学校科学研究优秀成果奖（人文社会科学）	教育部	成果普及	普及奖

（中国人民大学科研处张玉洁供稿）

一等奖成果简介

《电子文件风险管理》（著作）

中国人民大学　冯惠玲等

中国人民大学出版社　2008 年出版

本专著共分为五个部分，分别从电子文件风险的管理导论、管理规划与监控，以及识别、评估和应对五个方面进行论述。创建了电子文件风险管理的概念框架，深入剖析了电子文件的诸多风险及其复杂多变的深层原因，提出了电子文件风险管理规划的内容框架和制定规划；阐述了电子文件风险监控的特点、依据、方法和预警机制，全面、精确地识别了电子政务系统中的文件风险、风险因素和风险事故的具体表现，梳理出含 100 多项风险因素在内的风险分类清单，从宏观、中观、微观三个层面，全面构建了严密、系统、立体的电子文件风险应对体系，是国际上首部基于风险管理视角，系统、深入、集中研究电子文件的专著，在国际档案界居于突出的领先地位。本专著得到党政军领导机关、各级档案管理机构、高校及科研机构的一致好评和国际档案界的赞誉，被视为电子文件风险管理理论与实践研究的科学力作，在中国电子文件管理与档案管理领域具有开创意义，是国际文件、档案管理领域具有开拓性的前沿成果，具有重要的理论与实践指导价值。

冯惠玲，女，1953 年 8 月生，教授，博士生导师，中国人民大学常务副校长。兼任第六届国务院学科评议组成员，国家电子文件管理专家委员会主任，教育部社会科学委员会委员，教育部档案学科教学指导委员会主任，北京市哲学社会科学联合会副主席，中国人民大学电子文件管理研究中心主任，人文北京/人文奥运研究中心主任等。主要学术方向为信息资源管理、档案学、电子文件管理、人文奥运等。主持多项国家和省部级科研项目，撰写和主持编写著作、教材 30 余部，发表论文 120 余篇，获得省部级以上优秀教学科研奖多项。1991 年、2004 年两度被评为北京市优秀教师，1997 年入选北京市“社科理论人才百人工程”，1999 年 7 月入选教育部“跨世纪优秀人才培养计划”，2000 年 6 月获国务院颁发的政府特殊津贴。

《中国社会保障改革与发展战略：理念、目标与行动方案》（研究报告）

中国人民大学　郑功成主笔

人民出版社　2008 年出版

该报告是一项立足国家战略层面并集全国众多专家学者集体智慧的一项重大战略成果，它历经 11 个省市专题调研、19 次专家研讨会、16 次征求意见会（四部委及 12 省），从理论上为我国社会保障体系建设及其健康、持续发展战略规划了全景式蓝图，是对我国社保制度改革与发展面向未来的顶层设计。报告从国家战略视角出发，梳理了社保制度发展的客观规律，澄清了诸多认识误区，确立了“公平、正义、共享”的建制理念与六大原则，科学阐述了中国特色社保制度选择中的重大理论问题，提出了中国特色社保体系建设与长远发展的战略目标与制度框架，界定了社会保障中国模式，论证了中国特色福利社会“三步走”战略及宏观政策建议，并对养老保险、医疗保障、社会救助等基本制度的未来发展做出了清晰的理论规划。温家宝总理、张德江副总理等国家领导人分别对报告做出过重要批示，认为该报告“具有指导性和可操作性，可作为政府制定社会保障制度及相关政策的重要参考依据”，并称“这一成果必定会为我国社会保障制度及相关政策的制定与长远发展提供重要的理论背景，并对与之相关的经济社会转型与长远发展产生深远的影响”。

郑功成，男，湖南平江人，1964 年 9 月生。1985 年毕业于武汉大学政治经济学专业。1985—2000 年 5 月先后任武汉大学经济学院助教、讲师、副教授、教授，兼武汉大学社会保障研究所所长、武汉市政协常委。2000 年 5 月至今任中国人民大学社会保障学科教授，兼全国人大常委会委员等。长期从事社会保障及与民生相关领域的研究，主持过国家重大战略项目与国家社科基金重大攻关项目及部委重大或重点项目 30 多项，出版 20 多种著作，发表学术文章 400 多篇，多篇论文被《新华文摘》等转载，约 20 项重要政研成果获中央领导同志批示。入选教育部新世纪优秀人才支持计划、国家百千万人才工程国家级人选等，是有突出贡献的中青年专家和国务院政府津贴获得者。

《行政伦理的观念与视野》（著作）

中国人民大学　张康之

中国人民大学出版社　2008 年出版

本书的主要观点包括：人类历史经历了农业社会向工业社会的转变，现在正处在向后工业社会的转变中，现有的社会治理方式已不再适用，我们正面临着建构具有后工业社会性质的治理方式之任务；农业社会的治理方式是以权力为基础的治理，工业社会的治理是以法律为基础的治理，平等关系决定了法律以及法的精神能够得以张扬，社会治理选择了法治；工业社会的治理结构是一个“中心—边缘”结构，有效率但反公平；伦理平等是实质平等，它要求在治理领域建立起一种道德制度（德制），确立起平等的框架；后工业化的进程是与全球化的进程同步的，早期资本主义世界化是与工业化同步的，而全球化则是在民族国家自主的前提下展开的，所要造就的是一个平等的世界。本书的创新之处在于提出了“德制”构想，探讨了如何从法制（法律制度）走向德制（道德制度）的问题，对德制产生的历史必然性和未来可能性进行的论证。《行政伦理的观念与视野》是教育部人文社会科学重点研究基地（中山大学）重大项目成果，于 2010 年获得了“北京市哲学社会科学优秀成果奖”一等奖，自出版以来有 9 篇书评发表。

张康之，男，1957 年生。先后就学于南京大学和中国人民大学，现为中国人民大学公共管理学院教授、博士生导师，教育部长江学者特聘教授，兼任国内外 20 多所大学的兼职教授、客座教授、讲座教授。主要从事行政学理论研究。出版的主要著作和教材有《公共行政中的哲学与伦理》《社会治理的历史叙事》《公共行政学》《公共管理伦理学》等 10 多部，发表论文 300 多篇。主持“行政学学科体系建设研究”等多项国家级课题。

《精神交往论——马克思恩格斯的传播观》（著作）

中国人民大学　陈力丹

中国人民大学出版社　2008 年 7 月出版

《精神交往论——马克思恩格斯的传播观》从信息传播的角度，系统展现了马克思和恩格斯开放的思想体系。全书 16 章 75 节，共 45 万字，论证了他们历史唯物主义的传播理论和世界交往的基本理念，详尽地阐述了马克思恩格斯所谈到的几乎所有涉及人类传播的各种现象和形态，诸如思维、语言、文字、印刷术、宗教、文艺、宣传、新闻、报刊等，还论证了他们关于传播与法、传播心理、工人政党内部的精神交往、人类传播历经的三个发展形态等观点。作者写作此书，历时十年，通读马克思恩格斯的全部著作，作名目索引约 1 万条、卡片 3000 张和一本提要笔记，书中介绍的马克思和恩格斯的许多传播观点，是人们所不熟悉的，对开阔思想很有教益。一些大学新闻传播院系已将该书列为研究生马克思主义新闻学基础理论书目。

陈力丹，男，1951 年 2 月出生，江苏通州人。现为中国人民大学二级教授，该校新闻学院新闻学责任教授、传播学方向博士生导师、博士后流动站站长、《国际新闻界》月刊主编、新闻与社会发展研究中心新闻传播所所长。1976 年毕业于北京大学中文系新闻专业。1976—1978 年为《光明日报》编辑。1981 年毕业于中国社会科学院研究生院新闻系。1981—2003 年在中国社会科学院新闻与传播研究所工作，1993 年起为研究员、享受国务院特殊津贴。2003 年至今，在中国人民大学新闻学院工作。主要研究方向为新闻理论、新闻史、传播学、舆论学。代表作品有《精神交往论》《舆论学》《马克思主义新闻思想概论》《马克思主义新闻观思想体系》等。

《法律解释学导论——以民法为视角》（著作）

中国人民大学　王利明

中国人民大学出版社　2009 年出版

本书包括“导论”“法律解释方法的基本理论”“法律解释的具体方法”三个部分，共 78 余万字。从民法这一部门法的视角出发，首先对法律解释的主体、目标、对象、方法、与意思表示的解释以及基本原则等有关法律解释方法的基本理论进行了全面阐释。在此基础上，将法律解释的具体方法与民法的具体制度和理论相结合，对各种具体的法律解释方法逐一进行分析，对其内涵以及具体运用方法进行了详细剖析。同时，本书还针对不确定概念和一般条款的具体化、法律漏洞的填补以及解释方法的综合运用及顺序等问题进行了系统、深入的分析与论证，并对我国法律解释学的研究现状和未来发展进行了深入探讨。本书出版后受到学术界和实务界的广泛欢迎和好评，对于法律解释学的有关理论研究有着极高的参考价值，有利于学者充分结合部门法加深对法律解释学的理解和研究，并成为司法审判实践的参考工具书。同时，本书对于法学教育也具有极大的参考价值，已经成为国内诸多高校法学方法教学的重要参考书目。

王利明，1960 年 2 月生，湖北省仙桃市人。1981 年于湖北财经学院获法学学士学位；1984 年于中国人民大学获法学硕士学位并留校任教；1990 年于中国人民大学获法学博士学位，是新中国第一位民法博士。现任中国人民大学副书记兼副校长，国务院学位委员会法学学科评议组成员兼召集人，中国法学会副会长，九届、十届、十一届全国人大代表，十届、十一届全国人大法律委员会委员。曾获中国“第一届十大杰出青年法学家”、教育部优秀青年教师奖等奖励。研究领域为：民法总论、商法理论、物权法、债与合同法、侵权行为法。主要学术成果有个人专著《违约责任论》《侵权行为法归责原则研究》《司法改革研究》等，个人论文集《民商法研究》（1—6 辑）等。

《关于马克思主义基础理论若干重大问题研究》（著作）

中国人民大学　陈先达　马俊峰
张雷声　林　岗　郝立新　梁树发等人
经济科学出版社　2009 年出版

本书是教育部社会科学研究重大课题攻关项目的最终成果。全书共分四篇，分别从马克思主义的本质与创新、马克思主义哲学问题、马克思主义经济学和社会主义理论于实践四个方面进行讨论。本书在马克思主义整体性问题上，对什么是马克思主义作了符合马克思主义科学性和创造性本性的解答；对当代发展着的马克思主义哲学进行了探讨，科学的估计了实践在马克思主义哲学中的地位和作用，反对唯实践论、实践本体论、实践超越论，正确地处理了辩证法、唯物主义和实践在马克思主义哲学中的相互关系和作用；着重经济学的方法论研究，力图在马克思主义经济学分析范式和当代现实关系上有所突破。本书有利于深化对马克思主义中国化的研究，有助于在重大原则问题上澄清理论是非，推进马克思主义理论研究工作，有利于马克思主义理论学科和思想政治教育课的理论建设。

陈先达，中国人民大学哲学院教授，博士生导师，1953 年毕业于复旦大学历史系，1956 年从中国人民大学哲学研究班毕业后留校任教至今。曾任中国人民大学哲学系主任，第三届国务院学科评议组成员，北京市哲学学会会长等。从 1991 年起，获政府特殊津贴。独著有《陈先达文集》《处理夹缝中的哲学》《哲学心语——我的哲学人生》《哲学闲思录》；合著有《被肢解的马克思》《马克思恩格斯思想史》《马克思恩格斯哲学思想总览》等。著作和论文曾两次获“五个一工程”奖、北京市社科特等奖和两次吴玉章著作奖等多种奖项。

《康德著作全集》（多卷本）（著作）

中国人民大学　李秋零主编
中国人民大学出版社　2010 年出版

《康德著作全集》是康德思想研究的一个大工程，作者前后花费十年精力完成。《康德著作全集》依据德国权威版本科学院版，收录了康德生前发表的全部作品，涉及形而上学、伦理学、美学、宗教学、政治哲学、历史哲学、法学、教育学、自然科学等诸多领域，计约 340 余万字，全部从原文（德文、拉丁文）翻译，对已有汉语版本的著作也一律重译，使汉语学界第一次拥有了完整的康德著作汉语文本。编译者以当代汉语流畅地表达康德思想，并在一定程度上统一了汉语语言中的康德哲学术语，弥补了以往康德著作汉译中的转手翻译、版本不统一、译名不统一等缺陷，并纠正了以往译本中的一些错误，提出了一些新的译法，从而全面地、准确地提供了康德思想研究的文本基础，并借翻译之际展现了编译者对康德思想的一些特殊理解。本书出版后受到学术界的广泛欢迎和好评，《光明日报》曾以整版介绍《康德著作全集》及其翻译情况，其他媒体和各大网站亦有广泛宣传，被誉为“学界之盛事，译林之功德”。《康德著作全集》已成为学界康德研究普遍采用的文本，各卷亦一版再版。

李秋零，1957 年生，河南唐河人，中国人民大学哲学院教授、博士生导师。1978 年考入中国人民大学哲学系读本科，毕业后赴联邦德国法兰克福大学哲学系进修哲学，1985 年回国在中国人民大学哲学系（院）任教至今，曾任中国人民大学哲学系副主任，教育部重点研究基地中国人民大学佛教与宗教学理论研究所副所长，现兼任中国宗教学会理事、中华全国外国哲学史学会理事等。主要研究领域为基督教神哲学、德国古典哲学，著有《上帝·宇宙·人》《德国哲人视野中的历史》等学术专著，并翻译出版 30 余部西方学术名著。曾荣获教师节“校长特别奖”“北京市师德先进个人”“北京高校育人标兵”称号，2011 年荣获“北京高校优秀共产党员”称号。

《中国特色社会主义史》（上、下卷）（著作）

中国人民大学　秦宣主编

高等教育出版社　2009年出版

本书共分上下两卷，除总论和结束语外，分四编，分别论述毛泽东对适合中国国情社会主义道路的初步探索、邓小平与中国特色社会主义理论的初步形成、江泽民对中国特色社会主义理论的发展，以及党的十六大以来中国特色社会主义理论的新发展。本书坚持理论与实践、历史与逻辑相统一的原则，通过回顾中国共产党成立以来的理论创新和实践创新的历史，对中国特色社会主义的形成和发展进行了历史性的研究，深化了人们对中国特色社会主义道路、理论体系和制度的认识，也深化了对中国特色社会主义主要内容、精神实质、历史地位和指导意义的认识。本书2009年入选国家新闻出版总署、中宣部评选的庆祝新中国成立60周年重点书系《辉煌历程》，并获教育部人文社会科学基金专项资助。出版后受到学术界的广泛欢迎和好评，曾被《人民日报》《光明日报》等多家媒体全力推介，并获得“第六届吴玉章人文社会科学优秀奖”。

秦宣，男，湖北荆门人，1963年11月出生，1991年毕业于中国人民大学，获法学博士学位，同年留校任教，1999年被评为教授和博士生导师，2003年10月开始担任中国人民大学马克思主义学院院长。主要研究领域为马克思主义、科学社会主义和中国特色社会主义。学术研究成果方面主要有：先后组织和承担了10余项科研项目，个人或与他人合作著有《当代中国与邓小平理论》《邓小平与中国现代化》等学术专著，出版有个人论文集《秦宣自选集》，主编有《邓小平理论研究述评》《“三个代表”重要思想研究述评》等著作，主编或与他人联合主编大学生思想政治理论课教材10余部，多项研究成果获奖。

中国人民大学获2014年全国百篇优秀博士论文奖

论文名称	作者姓名	导师姓名	单位
议会主权下的英国违宪审查	李蕊佚	韩大元	中国人民大学
唐代中书舍人与文学研究	鞠　岩	傅璇琮	中国人民大学
公允价值计量与资产价格波动	曾雪云	徐经长	中国人民大学

成果简介

《议会主权下的英国违宪审查》

《议会主权下的英国违宪审查》专门体系化研究英国违宪审查制度，以大量的第一手资料，详细地论述了英国如何以制度设计为突破口创建独特的违宪审查制度——既维护了议会主权，又有效地保护了公民的基本权利。自从美国学者比克尔在《最不危险的分支》中提出了“反多数难题”后，司法审查与民主政治之间的冲突便一直困扰着世界各国的宪法学者。该博士论文试图跳出这一非此即彼的思维定式，提出立法机关与司法机关可以建立一种良性的“宪法对话”机制这一重要观点，即通过适当改良普通的司法审查制度，最终借用司法审查的一些手段，达成立法机关与司法机关之间良性交流、互动的关系。该理论不仅绕开了“反多数难题”的理论困境，而且最终可以为实行立法机关至上的国家建立违宪审查制度提供理论支持。中国宪法明确规定全国人民代表大会为最高国家权力机关，监督宪法的实施。在这一点上，中国与英国的宪政结构具有了一定的相似性。如何既能维护全国人大作为最高国家权力机关的宪法地位，同时又能建立具有时效性的违宪审查制度，也是我国在法治建设进程中的重大理论课题。该博士论文采用比较法的研究方式，通过深入了解英国违宪审查制度的相关理论和运行效果，结合中国的实际情况，提出如何在中国现行宪政架构内、整合已有的制度，使其发挥与违宪审查类似的功效，包括如何加强法官在审判中发挥维护宪法与法律统一的角色，以及如何完善2004年业已建立的法规审查备案室在法律审查方面的作用。

李蕊佚，女，1982年8月出生于重庆，2006年于西南政法大学获得法学学士学位，2007年于英国布里斯托大学获得欧盟法硕士学位，2011年于中国人民大学获得法学博士学位，2011—2013年期间在清华大学法学院从事博士后研究工作，现于南开大学法学院任教。此外，其先后于牛津大学、香港大学、比勒陀利亚大学（南非）从事过访问研究工作。李蕊佚主要从事比较宪法的研究，目前已在《法学家》《法学评论》等中文法学核心期刊上发表过数篇学术论文，独立主持一项博士后面上资助项目，主要参与了三项国家级课题，其博士论文《议会主权下的英国违宪审查》荣获“2013年全国优秀博士学位论文提名奖”。

《唐代中书舍人与文学研究》

本文从历史文化的视角研究唐代文学，将中书舍人作为一个社会、政治和文学的群体来加以研究，进而探讨唐代士人心态，以及其与唐代文学发展、演进之间的关系。采用文史结合的研究方法，首先，从历史学的角度对中书舍人职官制度进行考察，探究唐代中书舍人的职掌及其演变；其次，从文化的角度，考察中书舍人政治地位、文学声望以及文化心态的变化；最后，进入到文学层面，分别讨论“中书舍人与文学”的若干专题，如中书舍人权知贡举的文学史意义、中书舍人与唐代诗文酬唱之风、中书舍人与唐代制诰文改革、中书舍人诗文创作之个案研究等。既注重史学研究与文学研究相结合，也注重宏观论述与个案剖析相结合。本文获2012年北京市优秀博士学位论文奖、2013年全国优秀博士学位论文提名奖。

鞠岩，男，山东文登人，1981年1月生。2011年毕业于中国人民大学国学院，获文学博士学位。现任教于中国海洋大学文学与新闻传播学院。主要研究领域为唐宋文学。代表论文有《〈玉海〉卷一二一“直中书郎”考辨》，《中国典籍与文化》2009年第4期；《贾至中书制诰与唐代古文运动》，《北京大学学报》2010年第4期（人大复印资料《中国古代、近代文学研究》2010年第11期全文转载）；《制举并未促成唐代隐逸风尚》，《文学遗产》2010年第5期；《唐代中书舍人权知贡举的文学史意义》，《社会科学研究》2011年第1期（人大复印资料《中国古代、近代文学研究》2011年第5期全文转载）；《唐代制诰文改革与古文运动之关系》，《文艺研究》2011年第5期；《朴实中的新见》，《中国社会科学报》2012年3月30日第8版。

《公允价值计量与资产价格波动》

该文首度从社会属性与公共管理政策的视角，对会计在金融稳定与宏观调控方面的基础性作用进行了开创性的经验研究，为会计学的研究提供了新的分析思路。作者在论著中融合了中西方会计思想，突破会计是信息系统的概念约束，立足于会计的社会属性，通过中国的经验证据系统、深入地考察了公允价值会计对金融风险的影响机理，重新阐释了公允价值会计在社会经济体系中的角色定位，同时对公允价值会计的经济后果进行了全面的分析。研究结论对于改进会计准则和维护金融稳定具有重要理论和现实意义，在学术界有较大的影响力，相关论文发表在《金融研究》等重点期刊且被大量下载和引用。

曾雪云，女，湖南娄底人，1976年出生，北京大学光华管理学院博士后，北京邮电大学经济管理学院副教授，曾在中国长江三峡集团工作多年，一直对会计准则、资本市场监管、上市公司投融资行为以及国际并购等领域有专注而广泛的研究，著有《公允价值计量与金融市场风险》，现已在《管理世界》《金融研究》《会计研究》《财贸经济》期刊发表论文20余篇，先后主持中国博士后科学基金特别资助等多个科研项目。研究成果先后获得全国优秀博士学位论文提名、中国人民大学优秀博士学位论文、中国会计学会优秀论文、全国首届MPAcc优秀学位论文等奖励。

（中国人民大学科研处张玉洁供稿）

清华大学

序号	成果名称	主要作者	奖项名称	颁奖单位	成果形式	获奖等级
1	法院如何发展行政法	余凌云	教育部第六届高等学校科学研究（人文社会科学）优秀成果奖	教育部	论文	二等奖
2	国家“十二五”规划总体思路与目标研究	胡鞍钢 鄢一龙 王亚华 王　磊 魏　星	教育部第六届高等学校科学研究（人文社会科学）优秀成果奖	教育部	研究报告	二等奖

续表

序号	成果名称	主要作者	奖项名称	颁奖单位	成果形式	获奖等级
3	中国学位与研究生教育发展规划纲要研究（2008—2020）	谢维和 袁本涛 王孙禺 刘惠琴 延建林 李锋亮	教育部第六届高等学校科学研究（人文社会科学）优秀成果奖	教育部	研究报告	二等奖
4	中国区域经济差异与收敛	潘文卿	教育部第六届高等学校科学研究（人文社会科学）优秀成果奖	教育部	论文	二等奖
5	文物中的古文明	李学勤	教育部第六届高等学校科学研究（人文社会科学）优秀成果奖	教育部	著作	二等奖
6	网络思想政治教育研究	张再兴 曾国屏 张　瑜 冯务中 金兼斌 樊富珉	教育部第六届高等学校科学研究（人文社会科学）优秀成果奖	教育部	著作	二等奖
7	城市化进程中的重大社会问题及其对策研究	李　强 刘佳燕 彭剑波 肖　林 王大为 许　健	教育部第六届高等学校科学研究（人文社会科学）优秀成果奖	教育部	著作	二等奖
8	设计道——中国设计的基本问题	杭　间 陈岸瑛 连　冕 田　君	教育部第六届高等学校科学研究（人文社会科学）优秀成果奖	教育部	著作	二等奖
9	中外关系鉴览 1950—2005——中国与大国关系定量衡量	阎学通 周方银 漆海霞 徐　进 姜宅九 阎　梁	教育部第六届高等学校科学研究（人文社会科学）优秀成果奖	教育部	著作	二等奖
10	论归责原则与侵权责任方式的关系	崔建远	教育部第六届高等学校科学研究（人文社会科学）优秀成果奖	教育部	论文	三等奖
11	深化行政管理体制改革问题研究	王有强 杨永恒 宋玉萍 孟　芊 张万宽 丁　姿	教育部第六届高等学校科学研究（人文社会科学）优秀成果奖	教育部	研究报告	三等奖

续表

序号	成果名称	主要作者	奖项名称	颁奖单位	成果形式	获奖等级
12	全球创业观察报告 2007——创业转型与就业效应	高　建 程　源 李习保 姜彦福 石书德	教育部第六届高等学校科学研究（人文社会科学）优秀成果奖	教育部	著作	三等奖
13	研究型大学与区域创新体系：首都地区案例研究与数量分析	何建坤 李应博 周　立 孟　浩 吴玉鸣 张继红	教育部第六届高等学校科学研究（人文社会科学）优秀成果奖	教育部	著作	三等奖
14	*Domination of the scientific field: the capital struggle in a Chinese isotope lab*	洪　伟	教育部第六届高等学校科学研究（人文社会科学）优秀成果奖	教育部	论文	三等奖
15	工程师与工程教育新论	李曼丽	教育部第六届高等学校科学研究（人文社会科学）优秀成果奖	教育部	著作	三等奖
16	中国的早期近代经济——1820 年代华亭—娄县地区 GDP 研究	李伯重	教育部第六届高等学校科学研究（人文社会科学）优秀成果奖	教育部	著作	三等奖
17	*Von Wright's "The Logic of Preference" Revisited*	刘奋荣	教育部第六届高等学校科学研究（人文社会科学）优秀成果奖	教育部	论文	三等奖
18	论耻感的基本内涵、本质属性及主要特征	吴潜涛 杨峻岭	教育部第六届高等学校科学研究（人文社会科学）优秀成果奖	教育部	论文	三等奖
19	新出简帛与古文字古文献研究	赵平安	教育部第六届高等学校科学研究（人文社会科学）优秀成果奖	教育部	著作	三等奖
20	论道德运气	唐文明	教育部第六届高等学校科学研究（人文社会科学）优秀成果奖	教育部	论文	三等奖
21	考文叙事录——中国现代文学文献校读论丛	解志熙	教育部第六届高等学校科学研究（人文社会科学）优秀成果奖	教育部	著作	三等奖

（清华大学文科建设处供稿）

北京师范大学

序号	成果名称	主要作者	奖项名称	颁奖单位	成果形式	获奖等级
1	城乡教育一体化：体系重构与制度创新——中国教育二元结构及其破解	褚宏启	第六届高等学校科学研究优秀成果奖（人文社会科学）	教育部	论文	二等奖
2	中国义务教育财政研究	杜育红 孙志军 胡咏梅 杜　屏 成　刚 刘泽云等	第六届高等学校科学研究优秀成果奖（人文社会科学）	教育部	著作	二等奖
3	改革开放30年中国教育纪实	顾明远 刘复兴 黄　济 劳凯声 周满生 刘宝存等	第六届高等学校科学研究优秀成果奖（人文社会科学）	教育部	著作	二等奖
4	信息技术与课程深层次整合	何克抗	第六届高等学校科学研究优秀成果奖（人文社会科学）	教育部	著作	二等奖
5	中国大学合并与整合管理研究	毛亚庆 杜　媛	第六届高等学校科学研究优秀成果奖（人文社会科学）	教育部	著作	二等奖
6	中国学前教育立法：思考与进程	庞丽娟 韩小雨	第六届高等学校科学研究优秀成果奖（人文社会科学）	教育部	论文	一等奖
7	中国高等教育发展地图集	钟秉林 主编	第六届高等学校科学研究优秀成果奖（人文社会科学）	教育部	著作	二等奖
8	当前我国就业领域的主要矛盾及对策	赖德胜	第六届高等学校科学研究优秀成果奖（人文社会科学）	教育部	论文	三等奖
9	马克思主义国际经济学的构建	李　翀	第六届高等学校科学研究优秀成果奖（人文社会科学）	教育部	著作	三等奖
10	中国居民收入分配研究（Ⅲ）	李　实 史泰丽 别雍·古斯塔夫森主编	第六届高等学校科学研究优秀成果奖（人文社会科学）	教育部	著作	二等奖
11	2010中国绿色发展指数年度报告	北京师范大学科学发展观与经济可持续发展研究基地等	第六届高等学校科学研究优秀成果奖（人文社会科学）	教育部	著作	二等奖

续表

序号	成果名称	主要作者	奖项名称	颁奖单位	成果形式	获奖等级
12	白寿彝文集	白寿彝（已故）	第六届高等学校科学研究优秀成果奖（人文社会科学）	教育部	著作	一等奖
13	新出简帛的学术探索	李　锐	第六届高等学校科学研究优秀成果奖（人文社会科学）	教育部	著作	二等奖
14	新中国思想政治教育史纲1949—2009	王树荫　王　炎	第六届高等学校科学研究优秀成果奖（人文社会科学）	教育部	著作	三等奖
15	从人文主义到保守主义	张　源	第六届高等学校科学研究优秀成果奖（人文社会科学）	教育部	著作	三等奖
16	康震评说苏东坡	康　震	第六届高等学校科学研究优秀成果奖（人文社会科学）	教育部	著作	成果普及奖
17	日本体验与中国现代文学的发生	李　怡	第六届高等学校科学研究优秀成果奖（人文社会科学）	教育部	著作	二等奖
18	新伦理与旧角色：五四新女性身份认同的困境	杨联芬	第六届高等学校科学研究优秀成果奖（人文社会科学）	教育部	论文	三等奖
19	中国民俗史	钟敬文（已故）主编	第六届高等学校科学研究优秀成果奖（人文社会科学）	教育部	著作	一等奖
20	创新人才与教育创新研究	林崇德等	第六届高等学校科学研究优秀成果奖（人文社会科学）	教育部	著作	二等奖
21	西方犯罪学史	吴宗宪	第六届高等学校科学研究优秀成果奖（人文社会科学）	教育部	著作	三等奖
22	和谐社会构建与宽严相济刑事政策的贯彻	赵秉志	第六届高等学校科学研究优秀成果奖（人文社会科学）	教育部	论文	一等奖
23	首都未成年人电视收视行为分析报告	黄会林	第六届高等学校科学研究优秀成果奖（人文社会科学）	教育部	咨询报告	三等奖
24	结构混乱与迎法下乡	董磊明　陈伯峰　聂良波	第六届高等学校科学研究优秀成果奖（人文社会科学）	教育部	论文	三等奖

续表

序号	成果名称	主要作者	奖项名称	颁奖单位	成果形式	获奖等级
25	自然美的哲学基础	刘成纪	第六届高等学校科学研究优秀成果奖（人文社会科学）	教育部	著作	三等奖
26	东方的崛起：关于中国式现代化的哲学反思	杨　耕	第六届高等学校科学研究优秀成果奖（人文社会科学）	教育部	著作	二等奖
27	薄弱学校的教学改进研究	胡定荣 李先平 黄晓青 张素元 马国红	北京市基础教育教学成果奖第四届	中共北京市委、北京市人民政府	论文、著作、研究报告	一等奖
28	儿童入学成熟水平提升方案研究——“去小学化”式幼小衔接的视角	钱志亮 黄　珊 吴华英 柳　茹 冯慧燕	北京市基础教育教学成果奖第四届	中共北京市委、北京市人民政府	论文、著作、研究报告	一等奖
29	创新教研机制，促进教师自主发展——高校与基础教育英语教师合作行动研究	王　蔷 陈则航 马　欣 罗少茜 张　虹	北京市基础教育教学成果奖第四届	中共北京市委、北京市人民政府	论文、著作、研究报告	一等奖
30	下一代互联网基础教育观摩课共享平台	曹卫东 黄　珊 吴建民 刘冬雪 刘　臻	北京市基础教育教学成果奖第四届	中共北京市委、北京市人民政府	论文、著作、研究报告	二等奖
31	基于学生发展的多学科教师合作的校本研究模式的构建和实践	梁　威 卢立涛 何光峰 胡　进 张丽娜	北京市基础教育教学成果奖第四届	中共北京市委、北京市人民政府	论文、著作、研究报告	二等奖
32	基于“高端备课”促进课堂教学改进和教师专业发展的研究和实践	王　磊 支　瑶 胡久华 陈　颖 黄燕宁	北京市基础教育教学成果奖第四届	中共北京市委、北京市人民政府	论文、著作、研究报告	二等奖
33	中途办高中地理教材编写与实践	王　民 钟作慈 杨德军 田　忠 蔚东英	北京市基础教育教学成果奖第四届	中共北京市委、北京市人民政府	论文、著作、研究报告	二等奖

续表

序号	成果名称	主要作者	奖项名称	颁奖单位	成果形式	获奖等级
34	北京市小学英语阅读“学与教”综合解决方案	王文静 罗　良 李艳芳	北京市基础教育教学成果奖第四届	中共北京市委、北京市人民政府	论文、著作、研究报告	二等奖
35	合作学习与课堂	伍新春 管　琳	北京市基础教育教学成果奖第四届	中共北京市委、北京市人民政府	论文、著作、研究报告	二等奖
36	石景山区中学语文课堂教学改进行动研究	郑国民 吴欣歆 林秀艳 张　菁 纪秋香	北京市基础教育教学成果奖第四届	中共北京市委、北京市人民政府	论文、著作、研究报告	二等奖

（北京师范大学社科处刘娜供稿）

一等奖成果简介

《白寿彝文集》（七卷本）（著作）

北京师范大学　白寿彝

《白寿彝文集》全面收录了著名历史学家白寿彝教授在他所致力的历史学各个领域的研究成果，包括中国通史理论、民族宗教史研究、中国史学史研究、历史教育研究、中国交通史研究等方面，是迄今最为全面地收录他的研究成果的文集著作。此书共分为7卷，其中，第1卷为《论中国通史·论中国封建社会》；第2卷为《伊斯兰史存稿》；第3卷为《民族宗教论集》（上、下两册）；第4卷为《中国史学史教本初稿·史记新论·中国史学史（第一册）》；第5卷为《中国史学史论》；第6卷为《历史教育·序跋·评论》；第7卷为《朱熹撰述丛考·中国交通史》。此书全面反映了白寿彝教授以通识和器局为其治学特点的创新成果：在通史理论方面，关于马克思主义唯物史观与中国通史撰述理论的观点，包括中国通史的年代和分期的看法、民族史在中国通史中的地位和封建社会内部分期的理论依据等；在民族史研究方面，关于各民族共同创造中国历史与中华文明的阐释、对统一多民族国家形成与发展史的研究、对历史上的民族关系的看法等；在史学史研究方面，关于史学史学科的性质、研究内容、研究任务的论述等；在历史教育方面的理论阐述等。此书完整地展现了白寿彝教授的学术建树，是人们学习、了解、研究和继承白寿彝教授的学术思想的重要著作。此书出版后，在学术界和社会产生广泛影响。2009年5月8日在北京师范大学举办此书的出版首发会，来自教育部、国家民委、统战部、中国伊斯兰教协会、国家古籍整理委员会、北京社会科学联合会、中国社会科学院以及北京地区部分高校等单位的学者和领导出席了本次会议。《人民日报》《光明日报》等新闻单位介绍并报道了本成果的出版及首发式情况。著名学者何兹全、齐世荣、林甘泉、张岂之、蔡美彪、龚书铎、刘家和、张传玺、马克垚、李文海、张海鹏、张忠培等人对此书予以高度评价。著名史学理论与史学史专家瞿林东教授、民族史专家李松茂教授、史学思想史专家吴怀祺教授等人分别撰写了书评，从各个方面对此书进行了评析。

白寿彝，男，史学家、教育家、社会活动家，《光明日报》的创办者之一。研究领域：中国史学、伊斯兰教史、回族史以及相关学科领域。主要职务：国务院学位委员会委员、国务院古籍整理规划领导小组成员、国家教委全国高校古籍整理研究工作指导委员会副主任、中国史学会理事、中国教育学会历史分会会长、中国民俗学会会长、中国少数民族5套丛书编委会副主任、中国大百科全书民族编委会顾问、北京师范大学史学研究所所长、古籍研究所所长等社会职务。主要成果：《中国通史纲要》《史学概论》《中国史学史》《中国交通史》《回族人物志》等在学术界产生很大影响。1999年，由他总主编的《中国通史》12卷22册全部出版，江泽民亲笔致信祝贺，对《中国通史》给予高度评价，认为《中国通史》的出版，是中国史学界的一大喜事。

《中国学前教育立法：思考与进程》（论文）

北京师范大学　庞丽娟

《中国学前教育立法：思考与进程》这篇论文共

4部分，包括：学前教育是以公益性为根本属性的准公共产品；将学前教育纳入公共服务体系是现代政府的重要职能；当前我国学前教育事业发展的诸多问题亟待立法保障和解决；我国学前教育立法基础、进程与立法重点的思考。论文主要阐述了以下几个观点：第一，学前教育是以公益性为根本属性的准公共产品，对国家、社会与个人均有广泛而显著的战略意义与价值。第二，将学前教育纳入公共服务体系，立法保障学前教育事业发展是现代政府职能的重要内容。第三，当前我国学前教育事业发展的诸多问题亟待立法保障和解决，但我国学前教育专门法缺失。第四，学前教育立法基本理念应包括：强化学前教育的公共性与公益性；凸显和增强政府职责；以公平和均衡为基本价值取向。重点应包括：明确学前教育的性质、地位；明确中央和地方各级政府及相关部门的职责；明确学前教育管理体制与机构；建立健全学前教育投入体制等。此文选题具有重大现实价值与前瞻性，有效地填补了我国当前学前教育理论、研究和教育法律政策研究领域的空缺。研究思路具有创新性，综合运用多学科、多视角、多方法对问题进行深入、系统的研究与探讨。研究结果与观点具有战略性、独到性和可行性，对我国学前教育立法的理论建构、原则、框架与重点等均具有重要的借鉴价值。该论文在社会上和教育界引起了较大反响。《人民日报》《光明日报》《法制日报》《中国教育报》《新华文摘》《中国社会科学文摘》等对文中主要观点进行了报道或转载；基于此提出的提案被2011年全国政协十一届四次会议评为重点提案。得到了教育部高度关注与重视。

庞丽娟，女，教授，博士生导师，跨世纪人才，百千万人才工程。研究领域：学前教育事业发展与政策；教师发展与教师政策；基础教育政策；儿童发展与教育研究 。社会任职：全国人大常委国家督学；世界学前教育组织中国委员会主席；北京师范大学校务委员会副主任；中国教育政策研究院执行副院长。获奖情况：1994年获第八届中国图书奖；1998年获第二届中国高校人文社会科学研究优秀成果奖；1998年获霍英东教育基金会第六届高校教师研究优秀成果奖；1997年被国家教育部遴选为第一批“跨世纪优秀人才”；1999年获国务院“政府特殊津贴”；1998年当选为第九届全国政协委员。出版著作14本，在国内外学术刊物上发表论文120余篇。

《和谐社会构建与宽严相济刑事政策的贯彻》（论文）

北京师范大学　赵秉志

《和谐社会构建与宽严相济刑事政策的贯彻》这篇论文分为3部分。第一部分系统阐释和谐社会的基本内涵暨和谐社会确立宽严相济刑事政策的必要性。第二部分论述了宽严相济刑事政策作为我国现阶段基本刑事政策的重要地位及基本内涵。第三部分从3个方面对和谐社会构建过程中如何贯彻宽严相济刑事政策进行了研究。主要阐述了以下几方面的内容：宽严相济刑事政策有助于化解社会矛盾，最大限度地减少不和谐因素；既有助于充分保障人权，也有利于公正惩治犯罪，维护和谐、稳定的社会秩序。宽严相济刑事政策应作为我国现阶段的基本刑事政策，而非仅是刑事司法政策。宽严相济刑事政策的基本内容可概括为：当宽则宽，该严则严，轻中有严，重中有宽，宽严有度，宽严适时；其核心是区别对待。在构建和谐社会的过程中，既要注重运用宽松的刑事政策，也要合理运用严格的刑事政策，将二者协调起来，完善刑事立法，规范刑事司法。这篇论文，在建设和谐社会这一宏大的社会背景下，找到了宽严相济刑事政策与社会发展的契合点，即将和谐社会对民主法治的追求、对公平正义的恪守，与宽严相济刑事政策在化解社会矛盾、稳定社会秩序等方面的积极价值统一起来，着力对和谐社会建构过程中宽严相济刑事政策的具体贯彻进行了深入的、具有开拓性的探讨，尤其是对现阶段如何贯彻“少杀、慎杀”的死刑政策来体现和谐社会对以人为本、公平正义理念的追求提出了有新意的见解。自2008年年初在《吉林大学社会科学学报》第1期发表以来，在法学界产生了广泛影响，曾陆续被《新华文摘》（全文转载）、《法治百家谈》（第二辑）（中国法学会编），以及《和谐社会的刑事法治建设》（康均心等主编）等国家重点期刊和专题文集所收录；从中国知网录入的论文来看，亦被刊载在《北京师范大学学报》《刑法论丛》等丛刊上的30余篇论文所引用，产生了良好的社会效益。

赵秉志，我国刑法学家，现任北京师范大学刑事法律科学研究院暨法学院院长、教授、博士生导师。兼任中国法学会常务理事暨学术委员会委员，中国法学会刑法学研究会会长，中国法学会审判理论研究会副会长，国际刑法学协会中国分会主席，国务院学位委员会学科评议组法学组成员，国家社会科学基金项目学科评审组专家，最高人民法院特邀咨询员，最高人民检察院专家咨询委员会委员等社会职务。创建国家重点研究基地中国人民刑事法律科学研究中心并曾任该中心第一、二届主任（1999—2005）。国家授予“做出突出贡献的中国博士学位获得者”称号（1991）；中国法学会评定为首届“全国十大杰出青年法学家”（1995）；北京市评选纳入首批“百人工程”（1995）；国家人事部评选纳入首批“百千万人才工程”（1997）；教育部评选纳入“跨世纪优秀人才培养计划”（1999）；“新世纪社科理论人才工程”（2001）；入选教育部“长江学者特聘教授”（2006）。他是新中国培养的首届刑法学博士（1988.3），在老一辈刑法学家的培养和关怀下，近年来迅速成长为我国新一代刑法学界的领军人物。他以踏实的学风、开阔的视野、丰厚的学识、卓著的成果确立了自己的学术地位，成为法学青年的良好楷模。

《中国民俗史》（多卷本）（著作）

北京师范大学　萧　放

《中国民俗史》（多卷本）是中国第一部以国家课题形式确定的系统的中国民俗史研究成果。全书共分6卷。分别是先秦民俗卷（晁福林）、汉魏民俗卷（郭必恒等）、隋唐民俗卷（韩养民等）、宋辽金元民俗卷（游彪等）、明清民俗卷（萧放等）、民国民俗卷（万建中等），另有民间工艺专题（华觉明等）、民间戏曲专题（刘祯等）融入各卷之中。全书近400万字，珍贵民俗图片千余幅，研究了先秦至民国六大民俗历史时段。此书每卷前有总论性的文字，接着按物质民俗、社会民俗、精神民俗三大部分进行叙述。各卷附说上层习俗，对少数民族习俗亦有相应地记述。通过对中国民众精神史与生活史的系统研究，使长期被忽视的民众最切身的文化史得到深入而全面的展现，从而揭示一般民众在民族文化发生、发展中所起到的重大作用。全书的创新之处：第一，体例创新。本书以钟敬文倡导的历史民俗学理论为指导，以民俗学分类方法，第一次系统全面地清理中国民俗的起源与发展历史，在中国学术史上具有意义。第二，研究视角与写作方式创新。本书重点在于对民族中、下层的民俗文化史做了充分地展示与分析，通过对不同时期的民俗表现的论述，把握各个历史阶段的民俗心态，以及了解民众如何利用或创造民俗来服务自己生活的生动过程。为中国民俗学的理论建设提供历史的依据。第三，观念创新。当代人写中国民俗史需要人民主体的意识，同时关注中国历史社会上层文化对民间生活的影响。还关注到历史时期少数民族民俗文化，打破了单一汉族习俗描述的传统模式。是首次对中、下层民众观念史与生活史的全面清理，它是对中国文化史的重要补充，同时也丰富了世界人类文化史。该书出版后，受到相关学界与公共知识界的广泛关注。《人民日报》《光明日报》等重要报刊以及新华网、人民网等各大知名网站均有评论与报道。《中国图书评论》《民俗研究》等核心学术刊物发表多篇专题评论文章，称为“历史民俗学的奠基之作”。先后获第九届中国民间文艺山花奖·民间文艺学术著作奖（2009）。获北京市第十一届哲学社会科学优秀成果特等奖（2010）。著名社会学家郑杭生说：《中国民俗史》是“中国民俗学界的争气之作”。国家社科基金办在对本成果项目终审评价说：这是“规模宏大、学术性强、有历史厚重感的研究成果”，并入选中国社科基金优秀成果文库。

萧放，男，教授，博士生导师、国家教育部人文社会科学重点研究基地——民俗典籍文字研究中心民俗研究室主任。兼任中国民俗学会理事、《中国博士后》杂志编委，曾主持、参与多项国家及省部级科研课题。在省级以上全国性学术刊物上发表论文80余篇，出版专著4部，曾参加《民俗学概论》《中国文化概论》的编写，以及古籍校注编译若干部。曾获北京师范大学励耘奖研究生一等奖。博士论文《荆楚岁时记研究——兼论传统中国民众生活中的时间观》被评为北京师范大学优秀博士论文，论文成书出版后获中国文联、中国民间文艺家协会颁发的民间文艺山花奖首届学术著作奖一等奖。2000年获全国博士后学术大会优秀论文三等奖，2002年《中国博士后》杂志来稿一等奖。

（北京师范大学社科处刘娜供稿）

中央民族大学

序号	项目名称	项目负责人	奖项名称	颁奖单位	成果形式	获奖等级
1	朝鲜文学通史	李　岩	高等学校科学研究优秀成果奖（人文社会科学）	教育部	著作	二等奖
2	彝语义诺话研究	曲木铁西	高等学校科学研究优秀成果奖（人文社会科学）	教育部	著作	三等奖
3	中国阿尔泰语系诸民族神话比较研究	那木吉拉	高等学校科学研究优秀成果奖（人文社会科学）	教育部	著作	三等奖

续表

序号	项目名称	项目负责人	奖项名称	颁奖单位	成果形式	获奖等级
4	中国高校哲学社会科学发展报告1978—2008·民族学	杨圣敏主编	高等学校科学研究优秀成果奖（人文社会科学）	教育部	著作	三等奖
5	当代中国少数民族新闻事业调查报告	白润生主编	高等学校科学研究优秀成果奖（人文社会科学）	教育部	研究报告	三等奖
6	教育人类学的理论与实践——本土经验与学科建构	滕 星	高等学校科学研究优秀成果奖（人文社会科学）	教育部	著作	三等奖
7	清江流域土家族始祖信仰现代表述研究	林继富	中国民间文艺山花奖·民间文艺学术著作奖	中国文学艺术界联合会、中国民间文艺家协会	著作	著作奖

（中央民族大学科研处供稿）

中国政法大学

序号	奖项名称	成果名称	主要作者	颁奖单位	成果形式	获奖等级
1	第六届高等学校科学研究优秀成果奖（人文社会科学）	中日法律文化交流比较研究——以唐与清末中日文化的输出与输入为视点	张中秋	教育部	专著	二等奖
2	第六届高等学校科学研究优秀成果奖（人文社会科学）	中华法制文明的演进	张晋藩	教育部	专著	二等奖
3	第六届高等学校科学研究优秀成果奖（人文社会科学）	网络犯罪与中国刑法应对	于志刚	教育部	论文	二等奖
4	第六届高等学校科学研究优秀成果奖（人文社会科学）	中国行政管理体制现状调查与改革研究	石亚军	教育部	专著	二等奖
5	第六届高等学校科学研究优秀成果奖（人文社会科学）	沈家本全集（全8册）	法律古籍整理研究所	教育部	古籍整理著作	三等奖
6	第六届高等学校科学研究优秀成果奖（人文社会科学）	行政规划法治化研究	王青斌	教育部	专著	三等奖
7	第六届高等学校科学研究优秀成果奖（人文社会科学）	国际商事争议解决机制研究	黄 进	教育部	专著	三等奖
8	第六届高等学校科学研究优秀成果奖（人文社会科学）	中国有组织犯罪研究（两卷本）	何秉松	教育部	专著	三等奖
9	第六届高等学校科学研究优秀成果奖（人文社会科学）	“气场”与群体性事件的发生机制	应 星	教育部	论文	三等奖

（中国政法大学科研处刘璐供稿）

中央财经大学

序号	成果名称	主要作者	奖项名称	颁奖单位	成果形式	获奖等级
1	中国城市居民的金融受排斥状况研究	李　涛	北京市第十二届哲学社会科学优秀成果奖	中共北京市委、北京市人民政府	论文	一等奖
2	公共行政执行中层理论——政府执行力研究	曹堂哲	北京市第十二届哲学社会科学优秀成果奖	中共北京市委、北京市人民政府	著作	二等奖
3	落实科学发展观的财税政策体系研究	白彦锋	北京市第十二届哲学社会科学优秀成果奖	中共北京市委、北京市人民政府	著作	二等奖
4	企业管理范式转型研究	肖海林	北京市第十二届哲学社会科学优秀成果奖	中共北京市委、北京市人民政府	著作	二等奖
5	我国对美离岸服务外包影响因素与竞争力研究	章　宁	北京市第十二届哲学社会科学优秀成果奖	中共北京市委、北京市人民政府	著作	二等奖
6	大学生社会实践教育理论与方法	胡树祥	第六届高等学校科学研究优秀成果奖（人文社会科学）	教育部	著作	三等奖
7	私有化理论的局限	林光彬	第六届高等学校科学研究优秀成果奖（人文社会科学）	教育部	著作	三等奖
8	未观测金融与经济运行	李建军	第六届高等学校科学研究优秀成果奖（人文社会科学）	教育部	著作	三等奖
9	基于字典学习的网络社团结构探测算法	张忠元	第十一届全国统计科学研究优秀成果奖	国家统计局	论文	三等奖

（中央财经大学科研处供稿）

一等奖成果简介

《中国城市居民的金融受排斥状况研究》（论文）

中央财经大学经济学院　李　涛

《经济研究》2010 年第 7 期

中国城市居民在储蓄、基金、保险、贷款等方面存在着严重的金融受排斥状况，即他们不能以恰当合理的方式获得这些金融服务。这种金融受排斥状况的影响因素是什么？基于 2007 年中国城市居民投资行为调查数据，本文发现，家庭资产的增加和社会互动程度的提高都可以降低居民受到金融排斥的可能性，而居民在储蓄方面没有被排斥也可以降低他们在基金、保险、贷款等方面受到排斥的可能性。不同金融服务的排斥状况也有着其他不同的影响因素。本文的政策含义在于：维护和增进中国居民的福利需要解决他们的金融排斥问题，这需要有关机构采取措施来增加居民的家庭资产积累、改善居民在获得金融服务时的社会结构以及保证居民有一定的储蓄存款。

李涛：男，1977 年 4 月出生。中央财经大学经济学院教授、副院长。主要研究方向：转型经济、社会资本、中国经济、银行监管、经济发展、财政政策。主持完成国家自然科学基金等项目，在 *Journal of Regional Science*、*China Economic Reiew*、《经济研究》《管理世界》等学术期刊发表论文 30 多篇。

（中央财经大学科研处供稿）

对外经济贸易大学

序号	成果名称	主要作者	奖项名称	颁奖单位	成果形式	获奖等级
1	顾客创新论——全球竞争环境下“价值共创”之道	王永贵	第六届高等学校科学研究优秀成果奖（人文社科类）	教育部	著作	二等奖
2	关于“高校毕业生低收入聚居群体”（蚁族）的调研报告	廉　思	第六届高等学校科学研究优秀成果奖（人文社科类）	教育部	报告	二等奖
3	新准则下利润结构质量分析体系的重构	钱爱民 张新民	第六届高等学校科学研究优秀成果奖（人文社科类）	教育部	论文	三等奖
4	*The impact of information technology on the financial performance of third-party logistics firms in China*	王　强	第六届高等学校科学研究优秀成果奖（人文社科类）	教育部	论文	三等奖
5	*Telecommunications Universal Services in China: Making The Grade on A Harmonious Information Society*	石静霞	第六届高等学校科学研究优秀成果奖（人文社科类）	教育部	论文	三等奖
6	*Interkulturelle Kompetenz als Prozess*	潘亚玲	第六届高等学校科学研究优秀成果奖（人文社科类）	教育部	著作	三等奖
7	操纵人民币汇率的可能与现实	孙华妤 潘红宇	第六届高等学校科学研究优秀成果奖（人文社科类）	教育部	论文	三等奖
8	贸易自由化、要素分布和制造业集聚	邓慧慧	第六届高等学校科学研究优秀成果奖（人文社科类）	教育部	论文	三等奖
9	*Minimizing the expected complete influence time of a social network*	倪耀东	第六届高等学校科学研究优秀成果奖（人文社科类）	教育部	论文	三等奖
10	*Coordination of Supply Chains by Option Contracts: A Cooperative Game Theory Approach*	赵映雪	第六届高等学校科学研究优秀成果奖（人文社科类）	教育部	论文	三等奖
11	“走出去”战略与中国跨国公司崛起	卢进勇	2012/2013 全国商务发展研究成果奖	商务部	著作	二等奖
12	经济全球化视角下的 FDI 与自主创新	李玉梅	2012/2013 全国商务发展研究成果奖	商务部	著作	二等奖
13	缔结“区域贸易安排”能否有效促进发展中经济体的服务出口	周念利	2012/2013 全国商务发展研究成果奖	商务部	论文	二等奖
14	中国出口产业国际竞争力研究报告 2011	桑百川 张军生 蓝庆新等	2012/2013 全国商务发展研究成果奖	商务部	报告	二等奖

续表

序号	成果名称	主要作者	奖项名称	颁奖单位	成果形式	获奖等级
15	境外国有资产监管问题研究	周 煊	2012/2013 全国商务发展研究成果奖	商务部	著作	三等奖
16	中国高技术产业价值链地位的测度和影响因素分析	汤 碧	2012/2013 全国商务发展研究成果奖	商务部	论文	三等奖
17	中国开放新阶段的政策选择	李计广	2012/2013 全国商务发展研究成果奖	商务部	论文	三等奖
18	中国贸易顺差增长与波动的政治经济学分析——中国式分权体制的视角	王剑锋 顾 标	2012/2013 全国商务发展研究成果奖	商务部	论文	三等奖
19	产品异质条件下市场势力估计与垄断损失测度：运用新实证产业组织方法对白酒制造业的研究	周 末 王 璐	2012/2013 全国商务发展研究成果奖	商务部	论文	三等奖
20	新经济地理学框架下跨国公司在中国分层区位选择研究	余 珮 陈继勇	2012/2013 全国商务发展研究成果奖	商务部	论文	三等奖
21	后 TRIPs 时代国际商标立法：从最低保护到规则统一	薛 源	2012/2013 全国商务发展研究成果奖	商务部	论文	优秀奖
22	论经济全球化与国际劳工标准之互动关系及其对中国的影响	李卫刚 王丛虎 唐腊梅	2012/2013 全国商务发展研究成果奖	商务部	论文	优秀奖
23	“同类产品”判定中的文化因素考量与中国文化贸易发展	石静霞	2012/2013 全国商务发展研究成果奖	商务部	论文	优秀奖
24	中国企业在拉美投资的政治风险及其对策	李紫莹	2012/2013 全国商务发展研究成果奖	商务部	论文	优秀奖
25	国际品牌：一个新的概念框架及实证分析	王分棉 林汉川	2012/2013 全国商务发展研究成果奖	商务部	论文	优秀奖
26	从单一的比较优势到系统的竞争优势：我国企业竞争力的演进路径	王铁栋 任冠华	2012/2013 全国商务发展研究成果奖	商务部	论文	优秀奖
27	技术进步对中国二氧化碳排放的影响——基于省际面板数据的经验研究	魏巍贤	第十一届全国统计科研优秀成果奖	国家统计局	论文	三等奖

（对外经济贸易大学科研处供稿）

中国传媒大学

序号	成果名称	主要作者	奖励名称	颁奖单位	成果形式	获奖等级
1	声音设计与制作——CG 影像与动画	付 龙	2013 年度北京市高等教育精品教材	北京市高等教育委员会	编著或教材	其他奖

续表

序号	成果名称	主要作者	奖励名称	颁奖单位	成果形式	获奖等级
2	舞蹈编导《最初的梦想》	杨　扬	2013北京市青年艺术节第三届“青春艺术奖”舞蹈银奖	共青团北京市委员会、中共北京市委宣传部、北京市文化局	创作类成果	二等奖
3	《试论超媒体时代对中国电视媒体的影响》	姜　燕	第三届星光电视文艺论文奖	广电总局	论文	二等奖
4	《解码本能——扇形减肥记》	刘　楠	“金熊猫”奖（科学实证类优秀纪录片奖）	四川国际电视节“金熊猫”奖国际电视节目评选办公室	创作类成果	其他奖
5	第四届北京大学生艺术展演	杨　扬	舞蹈作品《出发》	北京市教委	创作类成果	一等奖
6	国家百千万人才工程	隋　岩	国家百千万人才工程“有突出贡献中青年专家”	中华人民共和国人力资源和社会保障部	论文	其他奖
7	从音乐的学科属性来看音乐教育的综合性	朱星辰	北京高校青年教师教学基本功比赛	北京市教委等	论文	其他奖
8	第八次优秀高等教育科研成果奖	田维义	大学生思想政治教育载体创新研究	北京市高等教育学会	论文	三等奖
9	大学生思想政治教育载体创新研究	彭文祥	北京市高等教育学会第八次优秀高等教育科研成果奖	北京市教委、北京市高等教育学会	论文	三等奖
10	《中国动画高等教育调研与动画人才培养规范研究》	高福安	第七届（2012）北京市高等教育教学成果二等奖	北京市教委	研究或咨询报告	二等奖
11	第四届北京十佳电影工作者	梁　明	第四届北京十佳电影工作者	北京市文学艺术界联合会	创作类成果	一等奖
12	《淮南子传奇》	高薇华	国家广电总局2012优秀动画创作人才最佳奖	国家广电总局	创作类成果	一等奖
13	群体性事件：信息传播与政府应对	曾庆香	第六届高等学校科学研究优秀成果奖	教育部	专著	三等奖
14	中国现代性的影像书写——新时期改革题材电视剧的研究	彭文祥	第六届高等学校科学研究优秀成果奖（人文社会科学）著作奖	教育部	专著	三等奖
15	电视受众审美研究	胡智锋	第六届高等学校科学研究优秀成果奖（人文社会科学）	教育部	专著	三等奖

续表

序号	成果名称	主要作者	奖励名称	颁奖单位	成果形式	获奖等级
16	高等教育地方化研究新视野	王保华	北京市第六届教育科学研究优秀成果奖	北京市教委	论文	二等奖
17	自由与和谐——大学教师学术生态研究	耿益群	北京市第六届教育科学研究优秀成果奖	北京市教委	论文	二等奖
18	建设世界城市，打造东方影视之都	杨乘虎	北京市第十二届哲学社会科学优秀成果奖（调研报告）	中共北京市委宣传部	研究或咨询报告	二等奖
19	中国现代性的影像书写：新时期改革题材电视剧研究	彭文祥	北京市第十二届哲学社会科学优秀成果奖（著作）	中共北京市委宣传部	专著	其他奖
20	当代中美主流电视剧比较	郭艳民	北京市第十二届哲学社会科学优秀成果奖	中共北京市委宣传部	专著	其他奖

（中国传媒大学文科科研处供稿）

中国地质大学（北京）

序号	成果名称	主要作者	奖项名称	颁奖单位	成果形式	获奖等级
1	论耻感的基本涵义、本质属性及其主要特征	吴潜涛 杨峻岭	第六届高等学校人文科学研究优秀成果奖	教育部	论文	三等奖

[中国地质大学（北京）科技处供稿]

北京科技大学

序号	成果名称	主要作者	奖项名称	颁奖单位	成果形式	获奖等级
1	研究生教育与国家创新体系	许　放	北京市第六届教育科学研究优秀成果奖	北京市教委、北京市教育科学规划办公室	专著	三等奖

（北京科技大学科学研究与发展部李静供稿）

首都师范大学

序号	成果名称	主要作者	奖励名称	颁奖单位	成果形式	获奖等级
1	“乡绅入侵”：英国都铎王朝议会选举中的异常现象	刘新成	第六届高等学校科学研究优秀成果奖（人文社会科学）	教育部	论文	三等奖
2	北京美术史（上、下）	李福顺	第六届高等学校科学研究优秀成果奖（人文社会科学）	教育部	专著	二等奖
3	公立学校200年：问题与变革	劳凯声	第六届高等学校科学研究优秀成果奖（人文社会科学）	教育部	论文	三等奖

续表

序号	成果名称	主要作者	奖励名称	颁奖单位	成果形式	获奖等级
4	藏传佛教艺术发展史	谢继胜	第六届高等学校科学研究优秀成果奖（人文社会科学）	教育部	专著	三等奖
5	汉代乐府制度与诗歌研究	赵敏俐	第六届高等学校科学研究优秀成果奖（人文社会科学）	教育部	专著	三等奖
6	甲骨拼合集	黄天树	第六届高等学校科学研究优秀成果奖（人文社会科学）	教育部	编著或教材	二等奖

（首都师范大学社科处黄胤英供稿）

首都经济贸易大学

序号	项目名称	项目负责人	奖项名称	颁奖单位	成果形式	获奖等级
1	论会计文化、会计文化传承和会计文化传承的载体	杨世忠	中华人民共和国财政部2012年中国会计文化建设有奖征文	财政部	论文	一等奖
2	促进我国服务外包业发展的税收政策建议	赵书博	全国商务发展研究成果奖	商务部	论文	三等奖
3	股权性质、环境不确定性与会计信息的治理效应	申慧慧	中国会计学会2012年度会计学优秀论文奖	财政部	论文	三等奖
4	新版四大名著电视剧艺术传播总论	王　昕	第三届飞天电视剧评选奖	国家新闻出版广电总局；中国电视艺术委员会	论文	三等奖
5	中国省际社会保障经济公平的非均衡评估：2001—2010	江　华	第五届中国社会保障论坛主题征文	人力资源和社会保障部	论文	三等奖
6	带有删失数据的线性EV模型的统计推断	刘　强	第十一届全国统计科学研究优秀成果奖	国家统计局	论文	三等奖
7	中国ODI逆向技术溢出对全要素生产率的影响程度研究	刘　宏	2012、2013年度全国商务发展研究成果奖	商务部	论文	其他奖
8	我国健康保障制度的技术效率评价——基于时间序列的DEA分析	李文中	中国社会保障论坛优秀论文奖	人力资源和社会保障部	论文	其他奖

（首都经济贸易大学科研处供稿）

一等奖成果简介

《论会计文化、会计文化传承和会计文化传承的载体》（论文）

首都经济贸易大学　杨世忠　马元驹

论文通过对会计文化产生的渊源、会计文化概念的形成、会计文化传承及其载体，进行层层递进地研究，提出了“会计文化是会计职业群体在长期的社会实践中逐渐培育和养成并一致认同的价值信念、行为规范和行为方式的总和”的观点；指出了会计文化的传承首先是对会计价值取向（信念）的传承，然后才是对会计规范和会计行为方式的传承；

从会计文字语言符号、会计雕塑绘画符号、会计徽标图案符号3个方面，对不同会计文化传承载体所表现的思想和积极意义进行了解读和诠释。

杨世忠，男，1957年5月出生，云南省普洱市人。管理学博士，教授，博士生导师，现为首都经济贸易大学党委常委、纪委书记、校工会教代会主席，中国会计学会和中国成本研究会常务理事，北京会计学会、北京总会计师协会和北京内部审计协会副会长。主要从事成本管理会计、会计文化、财务管理等领域的研究工作。主持两项省部级研究课题和20余项政府与知名企业委托课题。著有《市场经济与国有资产管理》《管理咨询》等10余部专著与教材。在《会计研究》《求是》等期刊发表论文90余篇。被评为北京市爱国立功标兵（1997）和北京市先进会计工作者（2008）。

马元驹，男，1957年出生，甘肃省兰州市人。研究生毕业，获管理学博士学位。现为首都经济贸易大学会计学院会计学教授，博士生导师。2009年获“北京市优秀教师”称号。本人的主要研究领域集中在“会计伦理”“会计文化建设”“会计公正理论”“会计信息披露”“会计伦理教育”等研究领域。先后主持国家自然科学基金项目“我国上市公司‘信息界圈’现象分析及其治理研究”（项目批准号：70872080）和教育部2006年人文社科研究规划基金项目“我国会计公正问题研究”项目（项目批准号：06JA790080）等课题。先后出版专著《会计公正问题研究》及《管理会计模拟实验教程》等10余部教程。先后发表《基于构建和谐社会的会计公正问题研究》《企业经济信息传递过程中的“差序信息”现象分析》《账目常清友谊长在》等数十篇论文。

（首都经济贸易大学科研处供稿）

北京工商大学

序号	成果名称	主要作者	奖项名称	颁奖单位	成果形式	奖励等级
1	北京现代服务业与经济增长实证研究	李朝鲜	北京市第十二届哲学社会科学优秀成果奖	中共北京市委、北京市人民政府	著作	二等奖
2	企业文化的沉思	魏中龙	北京市第十二届哲学社会科学优秀成果奖	中共北京市委、北京市人民政府	著作	二等奖
3	论政与启蒙：近代同人报刊研究——以《努力周报》为例	沈　毅	北京市第十二届哲学社会科学优秀成果奖	中共北京市委、北京市人民政府	著作	二等奖
4	会计与投资者保护——理论、证据与案例	崔学刚	北京市第十二届哲学社会科学优秀成果奖	中共北京市委、北京市人民政府	著作	二等奖

（北京工商大学科学技术处供稿）

北京工业大学

序号	项目名称	项目负责人	颁奖单位	成果形式	奖项名称	获奖等级
1	当代中国社会结构	陆学艺　胡建国 宋国恺　赵卫华 杨桂宏　谢振忠	教育部	著作	第六届高等学校科学研究优秀成果奖（人文社会科学）	二等奖
2	中国油气产业全球化发展研究	穆献中	教育部	著作	第六届高等学校科学研究优秀成果奖（人文社会科学）	二等奖

续表

序号	项目名称	项目负责人	颁奖单位	成果形式	奖项名称	获奖等级
3	《北京社会建设分析报告》	陆学艺 唐军	中共北京市委社工委	研究报告	北京社会建设研究优秀成果	一等奖

（北京工业大学科技处张爱民供稿）

北京林业大学

序号	项目名称	主要作者	奖项名称	颁奖单位	成果形式	获奖等级
1	中国省域生态文明建设评价报告（ECI2010）	严耕 林霞 杨志华 吴明红 刘洋 樊阳程	高等学校科学研究优秀成果奖（人文社科）	教育部	著作	三等奖

（北京林业大学科技处张力供稿）

首都体育学院

序号	成果名称	主要作者	奖项名称	颁奖单位	成果形式	获奖等级
1	备战2012年伦敦奥运会国家自行车队重点运动员体能训练研究	郑晓鸿	第三十届奥运会科研攻关与科技服务项目贡献奖	国家体育总局	研究报告	省部级

（首都体育学院科研处罗笛供稿）

中国青年政治学院

序号	成果名称	主要作者	奖项名称	颁奖单位	成果形式	获奖等级
1	欧洲文艺复兴史（12卷）	刘明翰	第六届教育部高等学校科学研究优秀成果奖（人文社会科学）	教育部	系列专著	一等奖

（中国青年政治学院科研处供稿）

一等奖成果简介

《欧洲文艺复兴史》（12卷）（专著）

中国青年政治学院　刘明翰

人民出版社　2010年出版

一、篇章结构：该丛书由来自中国青年政治学院、中国人民大学、复旦大学、北京师范大学、中央民族大学、湖南师范大学等19所高校中的20多位教授、学者分工撰写，历时10年，六易其稿，最终在2010年11月定稿付梓。

全书共分12卷，即总论卷、政治卷、经济卷、哲学卷、科学技术卷、文学卷、艺术卷、教育卷、法学卷、宗教卷、史学卷和城市与社会生活卷，每卷40万字左右，全书500余万字。各卷的结构体例基本一致。全书有总序，各专题卷之始是导论（序言），不设篇，各章、节下列出专题。

二、基本内容：该书是欧洲文艺复兴史研究领域的一项重大成果。书中除总论卷阐述宗旨、理论和方法外，政、经、法、史、科学、哲学、文学、教育、宗教、艺术、城市等各卷，既各自独立，又互相联系，组成了一幅欧洲文艺复兴的全面图景，代表了国内学术界在欧洲文艺复兴史研究领域的最高学术水平。

三、主要创新：该书各卷深入探讨了欧洲各国文艺复兴内容的不同特征，除传统的文学、科学、艺术和哲学等研究领域外，又新增了城市与社会生活等7个专题卷以及东欧、北欧文艺复兴的内容。此外，总论卷还辟出专章分析文艺复兴在中国传播的3个历程，结合丰富的史实论证了“文艺复兴是人类历史上第一次思想解放运动”和“科技是第一生产力”两大命题，阐明了“经济基础通常决定文化，但文化并非永远跟在经济之后”“先进思想文化也是推进历史发展的重要动力”等观点。

四、社会影响：该丛书出版后，新华社、光明日报社、中国教育报社、中华读书报社、科学时报社、中国新闻报社、人民日报社（海外版）、人民网、凤凰网、京华时报社等20多家新闻媒体进行了重点报道，一致认为该丛书“不仅与国际文艺复兴史研究前沿接轨，而且是国际文艺复兴史研究的一部前沿著作”。著名历史学家、首都师范大学戚国淦教授专门撰文分析了该书同欧美相关著作相比在学术观点上的独特之处，着重指出了书中阐明的“先进思想文化是推动人类历史前进的动力”以及按专题分卷等创新之处。书中某些分卷曾获省部级高等教育精品教材等奖项。

刘明翰，男，1932年4月出生，黑龙江省牡丹江市人。山东大学、湖南师范大学、中国青年政治学院教授，1988年被聘为德国弗赖堡大学历史系讲座教授，是我国著名世界史研究专家。曾任中国世界中世纪史研究会理事长，中国世界民族学会及中国日本史学会常务理事等职务。主编的《世界史·中世纪史》是国家教委统编高校教材。先后讲授“世界文化史”等14门课。主要著作计有《罗马教皇列传》《日本女皇·孝谦传》《世界史简编》《美洲印第安人史略》等21部约500万字。

（中国青年政治学院科研处供稿）

国家行政学院

序号	成果名称	主要作者	奖项名称	颁奖单位	成果形式	获奖等级
1	监督大变革：从控制走向治理——当代中国政府审计功能演进	易丽丽	第三届优秀科研咨询成果奖	国家行政学院	著作	一等奖
2	风险治理与政府应急管理流程优化	钟开斌	第三届优秀科研咨询成果奖	国家行政学院	论文	一等奖
3	转变发展方式重在创新	樊继达	第三届优秀科研咨询成果奖	国家行政学院	论文	一等奖
4	当代中国社会体制的改革与创新	丁元竹	第三届优秀科研咨询成果奖	国家行政学院	论文	一等奖
5	互联网时代的政府公信力建设	褚松燕	第三届优秀科研咨询成果奖	国家行政学院	论文	一等奖
6	“十二五”时期我国产业重在“四张网”建设	董小君	第三届优秀科研咨询成果奖	国家行政学院	研究报告	一等奖
7	关于我国应急产业和装备发展现状的调研报告	刘钊	第三届优秀科研咨询成果奖	国家行政学院	研究报告	一等奖
8	财政风险概论	许正中	第三届优秀科研咨询成果奖	国家行政学院	教材	一等奖
9	低碳经济视角下的地方政府征集指标体系研究	王茹	第三届优秀科研咨询成果奖	国家行政学院	著作	二等奖
10	权力论——权力制约与监督法律制度研究	魏宏	第三届优秀科研咨询成果奖	国家行政学院	著作	二等奖
11	人民币汇率制度选择研究	马小芳	第三届优秀科研咨询成果奖	国家行政学院	著作	二等奖
12	经济学范式革命与中国模式解读——基于社会原组织理论的模式经济学	张孝德	第三届优秀科研咨询成果奖	国家行政学院	著作	二等奖
13	中美利益集团与政府决策的比较研究	刘恩东	第三届优秀科研咨询成果奖	国家行政学院	著作	二等奖

续表

序号	成果名称	主要作者	奖项名称	颁奖单位	成果形式	获奖等级
14	人民币升值给中国经济带来的风险及对策建议	马小芳	第三届优秀科研咨询成果奖	国家行政学院	论文	二等奖
15	以“控”“疏”协调的宏观经济政策治理通货膨胀	王　健	第三届优秀科研咨询成果奖	国家行政学院	论文	二等奖
16	“大城管”模式下城市综合执法联动机制研究——以贵阳市为例	张小明	第三届优秀科研咨询成果奖	国家行政学院	论文	二等奖
17	我国政府审计的绩效及其特征——基于1983—2008年间的数据分析	易丽丽	第三届优秀科研咨询成果奖	国家行政学院	论文	二等奖
18	发达国家如何求解食品安全之惑	车文辉	第三届优秀科研咨询成果奖	国家行政学院	论文	二等奖
19	美国联邦政府远程办公改革对我国节约型机关建设的启示	李　明	第三届优秀科研咨询成果奖	国家行政学院	论文	二等奖
20	十二五期间应进一步巩固和推进“万村千乡市场工程”	蔡春红	第三届优秀科研咨询成果奖	国家行政学院	论文	二等奖
21	裁量基准效力研究	戴建华	第三届优秀科研咨询成果奖	国家行政学院	论文	二等奖
22	有关对物权行政限制的几个法律问题	胡建淼	第三届优秀科研咨询成果奖	国家行政学院	论文	二等奖
23	阻碍我国经济长期增长的三大思维误区	李江涛	第三届优秀科研咨询成果奖	国家行政学院	论文	二等奖
24	预防和减少信访问题根本在于加快推进依法行政	钟开斌	第三届优秀科研咨询成果奖	国家行政学院	研究报告	二等奖
25	中国旅游公共服务发展“十二五”规划	李军鹏	第三届优秀科研咨询成果奖	国家行政学院	研究报告	二等奖
26	加强经费管理，预防科研腐败	季成亮	第三届优秀科研咨询成果奖	国家行政学院	研究报告	二等奖
27	当前新疆社会稳定和社会管理的认识和建议	胡颖廉	第三届优秀科研咨询成果奖	国家行政学院	研究报告	二等奖
28	完善地票交易制度的几点建议	宋志红	第三届优秀科研咨询成果奖	国家行政学院	研究报告	二等奖
29	全面总结奥运会、世博会安保经验，推进中国特色应急管理和社会管理体制创新	乔仁毅	第三届优秀科研咨询成果奖	国家行政学院	研究报告	二等奖
30	领导能力提升简明读本	刘　峰	第三届优秀科研咨询成果奖	国家行政学院	教材	二等奖
31	能源应急管理：国际事件与中国探索	李江涛	第三届优秀科研咨询成果奖	国家行政学院	教材	三等奖
32	中国文化产业发展前沿——“十二五”展望	祁述裕	第三届优秀科研咨询成果奖	国家行政学院	著作	三等奖

续表

序号	成果名称	主要作者	奖项名称	颁奖单位	成果形式	获奖等级
33	形式辨认的原理与规制	王　佳	第三届优秀科研咨询成果奖	国家行政学院	著作	三等奖
34	当代中国公共政策输入过程研究——应急管理长效机制的治本之道	张小明	第三届优秀科研咨询成果奖	国家行政学院	著作	三等奖
35	突发事件应急指挥	宋劲松	第三届优秀科研咨询成果奖	国家行政学院	著作	三等奖
36	当代国际救灾体系比较研究	游志斌	第三届优秀科研咨询成果奖	国家行政学院	著作	三等奖
37	中国责任政府建设：基本评估与发展趋势	李军鹏	第三届优秀科研咨询成果奖	国家行政学院	论文	三等奖
38	《比希莫特》与霍布斯的政治教育	孔新峰	第三届优秀科研咨询成果奖	国家行政学院	论文	三等奖
39	中国的公务员制度：对西方经验的拒绝、改造、引进与超越	宋世明	第三届优秀科研咨询成果奖	国家行政学院	论文	三等奖
40	应急管理理论与实践的经济学视角	李　明	第三届优秀科研咨询成果奖	国家行政学院	论文	三等奖
41	政府公共服务创新：类型、动力机制及创新失败	孙晓莉	第三届优秀科研咨询成果奖	国家行政学院	论文	三等奖
42	少数民族地区公共服务建设的难点及对策	黄　伟	第三届优秀科研咨询成果奖	国家行政学院	论文	三等奖
43	不同地区基层党政干部工作满意度实证调查	胡月星	第三届优秀科研咨询成果奖	国家行政学院	论文	三等奖
44	应急救援队伍建设：德国模式及借鉴	张　磊	第三届优秀科研咨询成果奖	国家行政学院	论文	三等奖
45	驾驭经济危机、重构世界货币体系	许正中	第三届优秀科研咨询成果奖	国家行政学院	论文	三等奖
46	构建国家应急广播体系的分析与思考	王彩平	第三届优秀科研咨询成果奖	国家行政学院	论文	三等奖
47	英国政府改革中的执行机构	宋雄伟	第三届优秀科研咨询成果奖	国家行政学院	论文	三等奖
48	社会保险权的历史发展：从工业公民资格到社会公民资格	李志明	第三届优秀科研咨询成果奖	国家行政学院	论文	三等奖
49	中国检查制度改革应侧重行政权监督	李　勇	第三届优秀科研咨询成果奖	国家行政学院	论文	三等奖
50	全面认识资本管制　稳步推进资本项目可兑换	陈炳才	第三届优秀科研咨询成果奖	国家行政学院	论文	三等奖
51	感知国家话语下市场话语的脉动——我国网络新媒体管理政策的宏观思考	高宏存	第三届优秀科研咨询成果奖	国家行政学院	论文	三等奖

续表

序号	成果名称	主要作者	奖项名称	颁奖单位	成果形式	获奖等级
52	关于进一步完善产品质量责任制度的建议	车文辉	第三届优秀科研咨询成果奖	国家行政学院	论文	三等奖
53	关于建立我国减灾救灾的社会联运参与机制的研究报告	褚松燕	第三届优秀科研咨询成果奖	国家行政学院	论文	三等奖
54	提升我国民用大飞机关键技术研发水平——中国民用大飞机发展战略及产业政策研究之四	程　萍	第三届优秀科研咨询成果奖	国家行政学院	研究报告	三等奖
55	解决我国民间高利贷问题的政策建议	陈炳才	第三届优秀科研咨询成果奖	国家行政学院	研究报告	三等奖
56	加强特殊人群社会管理服务	张林江	第三届优秀科研咨询成果奖	国家行政学院	研究报告	三等奖
57	解开民族心理上的结	丁元竹	第三届优秀科研咨询成果奖	国家行政学院	研究报告	三等奖
58	经济社会热点问题研究	蒲　实	第三届优秀科研咨询成果奖	国家行政学院	研究报告	三等奖
59	依法保障主体功能区建设的建议	杨小军	第三届优秀科研咨询成果奖	国家行政学院	研究报告	三等奖
60	社会组织能力建设	马庆钰	第三届优秀科研咨询成果奖	国家行政学院	教材	三等奖

（国家行政学院科研部项纪旸供稿）

国家发展和改革委员会宏观经济研究院

序号	项目名称	负责人	完成单位	成果形式	获奖等级
1	面向2020年的我国经济发展战略研究	刘树杰	经济研究所	研究报告	一等奖
2	我国能源安全战略研究	韩文科	能源研究所	研究报告	二等奖
3	优化国土空间开发格局研究	肖金成	国土开发与地区经济研究所	研究报告	二等奖
4	2020年非化石能源满足15%能源需求目标的途径和措施研究	王仲颖	能源研究所	研究报告	二等奖
5	中国经济体制改革顶层设计研究	聂高民	经济体制与管理研究所	研究报告	二等奖
6	走向2020：中国中长期发展的挑战和对策	王一鸣	宏观经济研究院	研究报告	二等奖
7	培育我国产业动态比较优势研究	王岳平	产业经济与技术经济研究所	研究报告	三等奖
8	我国经济潜在增长率研究	刘雪燕	经济研究所	研究报告	三等奖

（国家发展和改革委员会宏观经济研究院丁刚供稿）

北京市中国特色社会主义理论体系研究中心

序号	成果名称	主要作者	奖项名称	颁奖单位	成果形式	获奖等级
1	马克思主义中国化研究——历史进程和基本经验	龚育之 石仲泉	北京市第十二届哲学社会科学优秀成果奖	中共北京市委、北京市人民政府	著作	特等奖
2	纪念中国共产党成立90周年文库	张静如	北京市第十二届哲学社会科学优秀成果奖	中共北京市委、北京市人民政府	著作	二等奖
3	中国共产党辉煌90年·全面建设小康社会	柳建辉	2009—2011年度北京市优秀党建读物	北京市党建研究会	著作	优秀奖
4	马克思主义中国化的历史进程和基本经验简明读本	石仲泉	2009—2012年度北京市优秀党建读物	北京市党建研究会	著作	鼓励奖
5	中国共产党辉煌90年·改革大潮	大力	2009—2013年度北京市优秀党建读物	北京市党建研究会	著作	鼓励奖

（北京市中国特色社会主义理论体系研究中心供稿）

·学术活动·

概 述

本栏目记述2013年度北京地区哲学社会科学各大学科的重要学术活动简况，包括国内与国际的理论研讨会、纪念座谈会、学术年会、论坛、学术报告会、选题策划会、学术讲座以及社科普及活动等学术活动。简介包括活动主题、主办协办单位、参与单位、主要出席人士、主要观点、主要成果等内容。

马克思主义 科学社会主义

党的十八大对中国特色社会主义的新发展理论研讨会 近日，由中央党校科学社会主义原理考研室举办的“党的十八大对中国特色社会主义的新发展”理论研讨会在北京进行。中央编译局副局长王学东、中央党校社科部主任王怀超、中国科学社会主义学会常务副会长严书翰、中国社科院政治学所所长房宁、中国社科院边疆史地研究中心主任邢广程、中央党校科学社会主义原理教研室主任常欣欣等专家学者出席会议。

与会同志一致认为，党的十八大最重要的贡献之一，就是从三个维度丰富了对中国特色社会主义的认识，阐明了道路、理论体系、制度的相互联系。中国特色社会主义把成功的实践上升为理论，又以正确的理论指导新的实践，并把实践中已见成效的方针政策及时上升为党和国家的制度。在当代中国，坚持和发展中国特色社会主义，就是真正坚持社会主义。

关于社会主义建设前30年与中国特色社会主义的关系，与会者指出，中国特色社会主义，既坚持了科学社会主义基本原则，又根据时代条件赋予其鲜明的中国特色，以全新的视野深化了对共产党执政规律、社会主义建设规律、人类社会发展规律的认识，从理论和实践结合上系统地回答了在中国这样一个落后国家建设什么样的社会主义、怎样建设社会主义这个根本问题，使我们国家快速发展起来，使我国人民生活水平快速提高起来。这一正确认识形成与社会主义建设前30年实践探索密切相关。以毛泽东同志为核心的党的第一代中央领导集体带领全党全国各族人民完成了新民主主义革命，进行了社会主义改造，确立了社会主义基本制度，成功实现了中国历史上最深刻、最伟大的社会变革，为当代中国一切发展进步奠定了根本政治前提和制度基础。探索中经历了严重曲折，但党在社会主义建设中取得的独创性理论成果和巨大成就，为新的历史时期开创中国特色社会主义提供了宝贵经验、理论准备、物质基础。

关于倡导社会主义核心价值观，增强中国特色社会主义的价值认同，与会专家学者认为，扎实推进社会主义文化强国建设离不开社会主义核心价值观的塑造和引领。有学者提出，从国家、社会、个人3个层面倡导社会主义核心价值观是一种积极探索，但价值观划分层次是否科学严谨值得进一步研究，此外需要分清社会主义价值观还是社会主义社会的价值观？以及是社会主义价值观还是中国特色社会主义价值观？如何在价值观上体现中国特色或中国文化传统？这些问题还需要进一步深入研究。

关于中国特色社会主义的国际视野，与会专家认为，党的十八大在重申中国一贯宣示的始终不渝走和平发展道路，坚定奉行独立自主的和平外交政策，推动建设持久和平、共同繁荣的和谐世界的同时，提出倡导人类命运共同体意识，主张在国际关系中弘扬平等互信、包容互鉴、合作共赢的精神，共同维护国际公平正义；建立更加平等均衡的新型全球发展伙伴关系，同舟共济，权责共担，增进人类共同利益。提出了中国将坚持把中国人民利益同各国人民共同利益结合起来，以更加积极的姿态参与国际事务，发挥负责任大国作用，共同应对全球性挑战，积极参与全球经济治理。

（参见《光明日报》，2013年2月4日第3版）

中国发展高层论坛2013年年会　3月23—25日，由国务院发展研究中心主办的中国发展高层论坛第十四届年会在钓鱼台国宾馆举行。3月23日举办中国发展高层论坛经济峰会。刘世锦副主任、韩俊副主任、张军扩副主任在经济峰会期间演讲或主持讨论。办公厅隆国强主任、吴敬琏研究员、宏观部余斌部长、社会部葛延风部长、外经部赵晋平副部长、市场所任兴洲所长、金融所巴曙松副所长在论坛期间发表演讲或主持讨论。中国公共外交协会会长、外交部原部长李肇星，全国政协教科文卫体委员会主任张玉台，中央财经领导小组办公室主任、国家发展和改革委员会副主任刘鹤，中央财经领导小组办公室副主任杨伟民，国土资源部副部长胡存智，国务院研究室副主任韩文秀，中国保监会副主席陈文辉等在论坛期间演讲或主持讨论。共有来自20个国家和地区的300余位境外参会代表和观察员参加了讨论。

3月24日中国发展高层论坛第十四届年会开幕，中共中央政治局常委、国务院副总理张高丽同志出席开幕式并做主旨演讲。本届论坛以“中国：改革开放与全面建成小康社会”为主题。国务院发展研究中心主任李伟，西门子股份公司总裁、首席执行官罗旭德先生分别任论坛的中、外方主席。

国家发展和改革委员会副主任朱之鑫，财政部部长楼继伟，商务部副部长王超分别发表演讲，围绕全面建成小康社会的愿景与政策、财税体制改革、全面开放新格局等重要议题与参会的中外嘉宾展开全方位、深层次讨论。论坛开幕当晚，国务院发展研究中心与河南省委、省政府共同在钓鱼台国宾馆举行“中原之夜”主题晚宴，河南省委书记、河南省省长郭庚茂，河南省委副书记谢伏瞻率领由省级部门领导、省内重要企业掌门人、知名学者组成的代表团出席，与外方代表共同商谈区域发展新战略。

（国务院发展研究中心办公厅科研处郭巍供稿）

首都理论界学习“中国梦”座谈会　4月19日，中共北京市委宣传部、北京市中国特色社会主义理论体系研究中心、北京市社会科学界联合会在京共同举办首都理论界学习“中国梦”座谈会。北京市委宣传部副部长崔耀中出席并讲话。市社科联党组书记韩凯主持会议。中央党校原副校长李君如，中央党史研究室原副主任石仲泉，国防大学颜晓峰、郭凤海，中央党校辛鸣，中国社会科学院夏春涛，清华大学艾四林，北京大学程美东，首都师范大学王淑芹，北京市社会科学院李贺林等在座谈会上发言。各区县委、工委宣传部门有关负责人，市属社科理论单位代表等近百人参加了座谈会。

崔耀中在讲话中强调，党的十八大之后，习近平总书记多次发表重要讲话，对实现中华民族伟大复兴的“中国梦”进行全面阐述，传递了新一届中央领导集体带领全党全国各族人民坚持走中国特色社会主义道路，坚持改革开放、为实现中华民族伟大复兴而奋斗的坚定信念和坚强信心。这是习总书记向全党全国各族人民发出的动员令，是新时期中华民族伟大复兴的行动纲领，为指引全党全国各族人民凝心聚力、共同推进中国特色社会主义事业注入了强大的正能量。在“中国梦”学习研究宣传教育过程中，首都理论界责无旁贷、大有可为。理论界要把对中国梦的研究摆在重要位置、作为重要任务，不断加大研究阐释力度、宣传普及力度，为学习“中国梦”、宣传“中国梦”、实现“中国梦”贡献力量。

与会专家一致认为，“中国梦”视野宽广、内涵丰富，升华了我们党的执政理念，是当今中国的高昂旋律和精神旗帜。“中国梦”科学有力，是新一届党中央对全体人民的庄严承诺，也是党和国家未来发展的政治号召。首都理论工作者要把对“中国梦”的研究和中国特色社会主义理论体系研究、社会主义核心价值体系研究结合起来，与首都改革开放和现代化建设的规律研究结合起来。要在研究中强化问题意识，强化实践意识，准确把握首都发展的阶段性特征，突出“中国梦”在首都科学发展中的动员和激励作用，深入研究在“中国梦”指引下统筹推进首都经济、政治、文化、社会和生态文明建设的实践和规律。

（北京市中国特色社会主义理论体系研究中心供稿）

中国特色社会主义理论“走出去”研讨会　日前，由中国社科院马克思主义研究院和湖南人民出版社共同主办的“中国特色社会主义理论‘走出去’研讨会暨《什么是中国特色社会主义?》（中英文）出版座谈会”，在北京举行。来自中国社科院、北京大学、清华大学、中国人民大学、北京语言文化大学、内蒙古大学、国家新闻出版广电总局、中联部、中央编译局、中央文献研究室等单位的50多位专家学者莅会。

与会者认为，中国特色社会主义理论要“走出去”，中国学者首先要扩大研究与交流视野，积极吸收借鉴国外优秀科研成果，主动“引进来”；不仅不应在国际交流中缺席，还要主动“走出去”；既要有对中国特色社会主义的理论自信，还要有对中国特色社会主义的理论自觉。为此，中国学者必须要增强推动理论和学术创新的底气和勇气；要着力提升学术创新能力，打造具有中国特色的学术话语体系；要善于用中国话语回应国际社会的关切。

与会者一致表示，学者与出版社协作，共商主题，以外文出版物形式来推进中国特色社会主义理论“走出去”，有助于让外国人了解中国特色社会主义理论与实践。由湖南人民出版社出版、赵智奎研究员所著的《什么是中国特色社会主义?》（中英文），不仅用大众化语言向国内读者讲述中国特色社会主义理论，而且向国外读者讲述中国特色社会主义，这一学术成果值得鼓励和推荐。希望出版界与学术界今后有更多的合作，写出并出版更多更好的外文作品，使中国特色社会主义理论不仅要“走出去”，还要走得远、走得好。

（参见《光明日报》，2013年4月21日第11版）

中国特色社会主义研究方法讲座 5月6日，由外交学院基础教学部和科研处共同主办的中国特色社会主义研究方法讲座在外交学院举行。讲座由外交学院基础教学部主任余科杰教授主持，由北京大学马克思主义学院博导孙代尧教授主讲，其演讲主题为科学研究中国特色社会主义。

孙代尧教授提出了两个问题，一是国外的“当代中国研究”中提出的“北京共识”或“中国模式”的问题。未来给予人民实践（包括自发性实践）的空间越大，理论创新的空间就越大，那么中国特色社会主义理论体系就会越来越丰富，中国特色社会主义道路才能越走越宽广。二是国内理论界对该问题的研究状况及不足。孙教授提出自己的观点：中国特色社会主义是当代中国的科学社会主义，要用科学的态度研究改革开放30年来的中国特色社会主义理论体系，并将其作为一门科学来研究，以此来提升中国特色社会主义的学术含量，构建中国的话语权。接下来，孙教授从4个方面具体阐述了他的观点。第一，要确切地描述中国特色社会主义道路的现实过程。第二，中国特色社会主义理论需要“再理论化”。第三，要有“大历史”视野，研究角度不能只局限于中国。第四，“危机—回应”研究途径。

余教授指出，孙代尧教授为研究中国特色社会主义提供了新的视角和方法，尤其是如何描述中国特色社会主义道路的现实过程这一方法，对研究社科问题非常有借鉴意义；余教授有关中国特色社会主义的4个方面的内容，既是科学方法，也是学界现存的问题，需要进行深入研究。

（外交学院科研处郦莉供稿）

电视片《正道沧桑——社会主义500年》专家研讨会 5月15日，北京市社会科学界联合会、北京市中国特色社会主义理论体系研究中心、北京市科学社会主义学会、中国特色社会主义研究杂志社在京共同举办“电视片《正道沧桑——社会主义500年》专家研讨会”。会议由市社科联党组副书记、市中国特色社会主义理论体系研究中心副主任崔新建主持。

北京大学闫志民、李青宜，中央文献研究室张贺福，市社科联马仲良，市社会科学院左宪民等10多位专家学者在会上发言，对电视片的内容、宣传以及后期应用进行了深入研讨。与会专家一致认为，该电视片运用现代传媒和影视技术，第一次把社会主义500年发展史通过视频形象生动地呈现出来，是一部集文献性、史料性、权威性和观赏性的史诗般的电视政论大片。电视片对学习中国特色社会主义理论，增强道路自信、理论自信和制度自信具有重大的理论学习价值，对实现中华民族伟大复兴的“中国梦”能起到很好的激励作用。

（北京市中国特色社会主义理论体系研究中心供稿）

经典著作与马克思主义传播论坛 6月15日，由中共中央编译局马克思主义文献典藏研究中心、中国传媒大学马克思主义传播与大众化研究中心联合主办的经典著作与马克思主义传播论坛在中共中央编译局会议厅召开。

中央编译局副局长魏海生、中央编译局马克思主义文献典藏研究中心主任郗卫东、中国传媒大学党委副书记刘利群等领导出席会议并致辞。中国传媒大学马克思主义传播与大众化研究中心执行主任张付教授、传播研究院院长雷跃捷教授，中央编译局文献典藏研究中心副主任赖海榕研究员等知名专家学者，以及中国传媒大学思政部研究生60余人共同出席论坛。

魏海生副局长介绍了中央编译局在马克思主义经典著作收集、整理、编译、出版、传播、典藏等方面的基本情况，回顾了中国人民选择、运用和发展马克思主义的历程，强调了马克思主义传播与大众化及其研究的重要性。

与会人员围绕马克思主义文献的收集、整理、典藏与研究工作，马克思主义传播的历史进程、传播载体及路径研究，马克思主义传播的主体及受众研究，以及如何推进马克思主义传播研究等议题进行了广泛深入地交流与探讨。

此次论坛旨在整合中央编译局在马克思主义文献的收集、整理、典藏与研究等方面的优势资源，充分发挥中国传媒大学传播学研究的特色，以中国传媒大学马克思主义传播与大众化研究中心为依托，建立长期和多方位的合作，共同搭建研究平台，进一步推进马克思主义传播研究。

（中国传媒大学文科科研处供稿）

马克思主义中国化论坛·2013　6月19日，为进一步研究、阐释党的十八大精神，深化中国特色社会主义与中国梦研究，中共北京市委宣传部、北京市中国特色社会主义理论体系研究中心、北京市社会科学界联合会、北京大学马克思主义学院、清华大学马克思主义学院、中国人民大学马克思主义学院、北京师范大学马克思主义学院在京联合举办“马克思主义中国化论坛·2013”。北京市委宣传部副部长、北京市中国特色社会主义理论体系研究中心常务副主任崔耀中，北京师范大学党委书记刘川生出席论坛并致辞。北京市社科联党组书记、常务副主席、北京市中国特色社会主义理论体系研究中心常务副主任韩凯主持论坛。

此次论坛由北京市中国特色社会主义理论体系研究中心办公室和北京师范大学马克思主义学院承办。国家教育行政学院院长顾海良、中央党校研究生院院长韩庆祥、山东社会科学院院长唐洲雁、北京师范大学党委副书记王炳林、中央党史研究室研究员张士义、北京大学马克思主义学院院长郭建宁、《教学与研究》主编秦宣、清华大学马克思主义学院院长艾四林、北京师范大学马克思主义学院院长王树荫相继做主题发言，分别围绕马克思主义中国化与中国梦、中国特色社会主义的历史方位、中国梦的科学内涵及时代价值等相关问题进行了深入探讨。

崔耀中指出，深入研究阐释中国特色社会主义和民族复兴中国梦，是当前和今后一个时期首都理论界的首要使命。要把对中国梦的研究与首都改革开放和现代化建设的规律研究结合起来，强化问题意识，强化实践意识，准确把握首都发展的阶段性特征，更好地发挥中国梦在首都科学发展中的动员和激励作用，深入研究在中国梦指引下统筹推进首都经济、政治、文化、社会和生态文明建设的实践和规律。要在深刻理解中国梦的科学内涵、实现路径、实践要求的基础上，找准北京市学习宣传中国梦的切入点和落脚点，全面深化学习宣传教育工作。

大家一致认为，要从不同学科和学科综合的角度，深入研究中国特色社会主义的重大理论和现实问题，深入阐释中国梦的重大意义、精神实质和实践要求，集中推出一批研究成果，为增强道路自信、理论自信、制度自信提供有力的学理支撑。在中国特色社会主义和中国梦研究阐释和学习宣传教育过程中，首都理论界责无旁贷、大有可为。要把对中国特色社会主义和中国梦的研究摆在重要位置、作为重要任务，不断加大研究阐释力度、宣传普及力度，为学习中国梦、宣传中国梦、实现中国梦贡献力量。

在京全国中国特色社会主义理论体系研究中心代表，首都部分高校的马克思主义学院院长，北京大学、清华大学、中国人民大学、北京师范大学部分师生代表，论坛征文作者代表，有关专家学者和理论工作者等100余人参加了论坛。

（北京市中国特色社会主义理论体系研究中心供稿）

坚持和发展中国特色社会主义暨纪念中国科学社会主义学会成立30周年年会　日前，由中国科学社会主义学会和中央党校科学社会主义教研部联合举办的“坚持和发展中国特色社会主义暨纪念中国科学社会主义学会成立30周年年会”在中央党校召开。中央文献研究室主任、中国科学社会主义学会会长冷溶致开幕词。中共中央党校常务副校长李景田、副校长张伯里、嘉宾代表中国关心下一代工作委员会主任顾秀莲出席开幕式并发表讲话。开幕式由中央党校科学社会主义教研部主任、中国科学社会主义学会副会长王怀超主持。中国科学社会主义学会名誉会长江流、赵曜、学术顾问代表徐崇温、副会长李忠杰和闫志民做了发言，来自全国各省、市、自治区科学社会主义领域的专家学者200多人参加了会议。

本次会议主要有3项内容。一是纪念中国科学社会主义学会成立30周年；二是深入研讨党的十八大精神的核心，即坚持和发展中国特色社会主义；三是召开中国科学社会主义学会第八次会员代表大会，选举产生新一届中国科学社会主义学会理事会。

冷溶会长代表学会做了工作报告。他回顾了中国科学社会主义学会30年发展的历程和主要活动，提出了进一步做好中国科学社会主义学会工作的基本思路。一是要进一步加强对十八大以来习近平总书记一系列重要讲话的学习和研究，特别要加强对坚持和发展中国特色社会主义、民族复兴中国梦、全面深化改革开放、生态文明建设以及坚持和发展中国特色社会主义关键在党的研究，还要加强对当前热点问题的研究，并在理论上做出有说服力的回答；二是进一步加强科学社会主义基本理论研究，着力推进科学社会主义学科建设；三是以学术研讨为抓手，从实际出发，进一步开展好中国科学社会主义学会活动；四是虚心听取主管单位和管理部门的意见和建议，克服学会工作中的不足，努力把中国科学社会主义学会办成全国优秀的一级学会。

会议紧紧围绕“坚持和发展中国特色社会主义”这一主题进行了广泛而深入地研讨交流。与会者认为，应该着重加强对如下4个方面问题的研究。一是深化对中国特色社会主义的研究，特别要深入研究，中国特色社会主义理论的基石、基本原理和基本范畴等；二是要深入研究民族复兴中国梦，特别要重视研究中国梦提出的背景和准确内涵，同时要全面客观地宣传中国梦；三是要重视对社会主义500年发展史的研究，尤其是对社会主义思想史的研究；四是要加强对当前理论与实践中的热点问题的研究，要冷静对待理论问题，勇敢面对现实问题。

与会代表认为，党的十八大以来，以习近平同志为总书记的党中央，深入贯彻十八大精神，励精图治，开拓创新，中国特色社会主义事业呈现新局面和新气象，这给全国科学社会主义学界的老中青学者提供了难得的发挥自己才干的机会。大家表示一定解放思想，实事求是，与时俱进，在为实现中华民族伟大复兴的奋斗征途中做出科学社会主义理论工作者应有的贡献。

在中国科学社会主义学会第八次会员代表大会上，王怀超副会长向全体会员代表介绍了换届的基本情况、换届原则，宣读了中国科学社会主义学会常务理事会通过的换届名单。大会通过了第八届中国科学社会主义学会理事会的名单，决定由冷溶继续担任会长，王怀超担任常务副会长。

（参见《光明日报》，2013年9月3日第11版）

纪念毛泽东同志诞辰120周年学术研讨会 9月16日，为纪念毛泽东同志诞辰120周年，由中共中央文献研究室、中国中共文献研究会、毛泽东思想生平研究分会联合主办的纪念毛泽东同志诞辰120周年学术研讨会在北京召开。本次研讨会的主题为毛泽东与中华民族的伟大复兴。来自全国各地的200多位专家学者参加了研讨会。中央文献研究室主任冷溶在会上做主旨发言。11位专家做大会发言。中央文献研究室常务副主任杨胜群、军事科学院副院长徐莉莉分别主持会议，中央文献研究室副主任陈晋做总结发言。

毛泽东同志是伟大的马克思主义者，伟大的无产阶级革命家、战略家和理论家，中国共产党、中国人民解放军、中华人民共和国的主要缔造者，是近代以来中国伟大的爱国者和民族英雄，是领导中国人民彻底改变民族命运和国家面貌的一代伟人。他的革命实践和光辉业绩已经载入中华民族的史册。他的名字、他的思想、他的精神，将永远鼓舞着我们继续推动中国社会向前发展。

冷溶指出，党的十八大以来，习近平总书记提出和阐述了实现中华民族伟大复兴的中国梦，表明了新一届中央领导集体继承先辈伟业，在中国特色社会主义道路上实现中华民族伟大复兴的坚定决心。中国梦是近代以来中国人民不懈追求的共同理想，凝结了一代代中国共产党人的英勇奋斗和流血牺牲。毛泽东同志作为党的第一代中央领导集体的核心，为中国新民主主义革命的胜利、社会主义革命的成功和社会主义建设的进行，为实现中华民族的独立和振兴、中国人民的解放和幸福，做出了彪炳史册的贡献。

冷溶指出，在中华民族伟大复兴历史进程中，有4个具有里程碑意义、起了关键作用的重大事件和历史节点，即1911年辛亥革命，1921年中国共产党成立，1949年中华人民共和国建立，1978年实行改革开放。从毛泽东同志与这几件大事的关系上，可以清楚地看出他对中华民族伟大复兴做出的历史性贡献。我们要永远铭记毛泽东同志为我们党、军队、国家和民族建立的不朽功绩，倍加珍惜他留给我们的精神遗产，自觉运用他的思想理论和宝贵经验来更好地指导我们今天的工作。

与会专家学者围绕毛泽东与中华民族伟大复兴这一主题，从不同的角度和不同的领域，阐述了毛泽东同志对中华民族复兴伟业的历史贡献。包括：毛泽东同志对党的建设的贡献，对人民军队和国防建设事业的贡献，关于从新民主主义过渡到社会主义并通过社会主义实现民族复兴中国梦的基本设计，关于探索社会主义现代化建设取得的独创性理论成果，关于应对西方敌对势力西化分化图谋的战略考虑，关于他卓越的领导才能和工作方法给我们的宝贵经验，关于毛泽东思想的重要特征及其当代发展，等等。

与会专家学者认为，毛泽东同志作为中国共产党的主要缔造者，对中国共产党建设为马克思主义先进政党起了决定性作用；作为人民军队的主要缔造者，对人民军队成为保卫国家安全的坚强柱石起了决定性作用；作为社会主义中国的主要缔造者，对建立社会主义基本制度起了决定性作用；作为毛泽东思想的主要创立者，为中国特色社会主义理论体系的创立奠定了理论基础。

与会专家学者指出，毛泽东思想和中国特色社会主义理论体系是马克思主义中国化的两大理论成果，是一脉相承的；后者是对前者的继承和发展，前者是后者的思想来源和理论基础。中国特色社会主义理论体系是在新的历史条件下，总结新的实践经验，形成的一系列新思想、新观点、新理论。这个理论体系为实现社会主义现代化和中华民族伟大复兴的中国梦开辟了一条新路，这就是中国特色社会主义道路。

陈晋在总结发言中指出，这次会议产生了100多篇高质量的学术论文，是对毛泽东生平和思想研究的一次全面检阅。会议取得的学术成果，主要表现在3个方面：一是深入研讨毛泽东同志在中国革命和建设中所建立的丰功伟绩，特别是为中华民族伟大复兴所做出的卓越贡献，进一步深化了对毛泽东同志的历史贡献和历史地位的认识。二是深入研讨毛泽东思想的科学体系、基本内容和思想精髓，特别是毛泽东思想与中国特色社会主义理论体系的关系，进一步深化了对毛泽东思想一些重要问题的认识。三是深入研讨以毛泽东同志为代表的中国共产党人的优良传统，特别是密切联系群众的作风，进一步深化了对毛泽东同志精神风范的认识。

本次研讨会从500多篇征文中评选出90多篇入选，同时邀请国内知名学者撰写文章20多篇。这些论文对毛泽东生平和思想进行了广泛的研究和探讨，反映了现阶段学术界关于毛泽东和毛泽东思想研究的新思考、新成果。

（中央文献研究室胡昌勇供稿）

中国梦与中国特色社会主义研讨会　9月28日，由北京市科学社会主义学会、北京市马克思主义理论研究与传播基地共同主办的中国梦与中国特色社会主义研讨会在北京市社科院召开，北京市社科院院长、北京市马克思主义理论研究与传播基地负责人谭维克研究员出席会议并致辞。本次会议由北京市科学社会主义学会会长、国家行政学院许耀桐教授主持。在发言中，北京大学闫志民教授认为，中国特色社会主义本身就是马克思主义与中国国情的结合。国防大学姜汉斌教授认为，中国梦离不开强军梦，他的关注点聚焦在中国特色社会主义的安全环境问题上。北京社科院杨奎研究员围绕中国梦与中国特色社会主义道路的关系，以"中国特色社会主义道路：实现中国梦的必由之路"为题进行主题发言。中共中央文献研究室张贺福研究员在发言中分析了中国梦提出的背景与原因，认为中国梦的提出是更好地坚持和发展中国特色社会主义的要求，中国梦与坚持和发展中国特色社会主义是一致的，中国梦使中国特色社会主义更加贴近人心。

（北京市社会科学院科研处供稿）

马克思主义与中国发展论坛　10月，北京工业大学马克思主义学院发起和组织了马克思主义与中国发展论坛，论坛定位是：马克思主义学院师生进行学术交流特别是学术前沿问题交流的平台；马克思主义学院对内和对外交流的学术品牌；相关专业研究生了解学术、追求学术的第二课堂。该论坛的基本学术趋向是：依托马克思主义理论一级学科，以当代中国发展中的现实问题为中心，一方面关注马克思主义本身的理论发展，另一方面从马克思主义的理论视角出发，探寻对中国发展现实问题的理论解决。该论坛将为马克思主义学院的教学、研究及学生培养工作，以及推动马克思主义在北京工业大学的深入传播等方面提供有效平台和持续动力。

（北京工业大学科技处张爱民供稿）

中国梦与中国道路理论研讨会　11月1日，中央文献研究室在京召开中国梦与中国道路理论研讨会，同时发布《中国梦与中国道路》丛书。

习近平同志指出：实现中华民族伟大复兴，就是中华民族近代以来最伟大的梦想。实现中国梦必须走中国道路。这就是中国特色社会主义道路。与会同志围绕中国梦与中国道路进行了深入研讨。认为，中国特色社会主义道路是全面建成小康社会、实现社会主义现代化和中华民族伟大复兴中国梦的必由之路。它是在改革开放30多年的伟大实践中走出来的，是在中华人民共和国成立60多年的持续探索中走出来的，是在对近代以来170多年中华民族发展历程的深刻总结中走出来的，是在对中华民族5000多年悠久文明的传承中走出来的，具有深厚的历史渊源和广泛的现实基础。它不仅包括经济、政治、文化、社会、生态文明建设五位一体的总布局，而且包括其他不同领域、不同层面的若干具体道路。与会同志从不同方面研讨了中国特色社会主义道路和各方面发展道路形成发展的背景、过程、主要内容、基本规律、基本经验以及坚持和发展中国特色社会主义道路对实现中国梦的重大意义。

《中国梦与中国道路》丛书由中央文献研究室组织课题组负责编写，丛书共11本，分别是《中国梦与中国道路》《中国特色社会主义经济发展道路》《中国特色社会主义经济发展道路（市场经济篇）》《中国特色社会主义政治发展道路》《中国特色社会主义文化发展道路》《中国特色社会主义社会建设道路》《中国特色社会主义生态文明建设道路》《中国特色社会主义国防军队建设道路》《实现共同发展、促进祖国统一》《中国特色社会主义和平发展道路》《中国共产党自身建设道路（改革开放新时期篇）》。这套丛书对改革开放30多年来我们党的重要思想、路线方针政策的发展做了比较系统的梳理，有较强的现实意义和学术价值，对于深入学习理解党的十八大以来习近平总书记关于坚持和发展中国特色社会主义的重要论述、关于实现中华民族伟大复兴中国梦的重要论述，很有帮助。

（中央文献研究室胡昌勇供稿）

《中国梦：一个东方大国的成长之道》学术研讨暨出版座谈会　11月6日，由首都文化发展研究中心举办的"中国梦——一个东方大国的成长之道"学术研讨暨出版座谈会在京召开。中共北京市委原常委、秘书长、现北京市地方志主编段柄仁研究员、中共北京市委党刊前线杂志社陈之昌社长、北京市社会科学院副院长许传玺研究员、中国社会科学院中国特色社会主义理论体系研究中心秘书长辛向阳研究员等出席会议。中宣部《党建》杂志翁淮南主任亲自送来中央领导批示并传达中央领导对郭万超相关研究成果的指示精神。此外，来自国家行政学院、清华大学、《人民日报》《光明日报》《北京日报》《中国社会科学版》《人民论坛》、首都之窗、北京联合大学、北京市社会科学院等单位30多人出席了会议。近几日，以上媒体对会议进行了报道或发表书评。郭万超在发言中认为，对于中国发展之道的探讨，可以更好地揭示发展之谜。中国“以人为本”为核心的发展观抓住了发展的关键，而西方经济学把劳动者等同于物或生产要素。而造成一个社会或民族的人的思维与行为差异的原因正是文化。文化塑造了人，所以文化是解释发展的最深层次。

（北京市社会科学院科研处供稿）

纪念毛泽东同志诞辰120周年学术研讨会 12月12日，中共北京市委党校、行政学院系统举办纪念毛泽东同志诞辰120周年学术研讨会。北京市委党校、行政学院常务副校（院）长王民忠出席并致开幕词。中国社会科学院马克思主义研究院党委书记、院长邓纯东，中国社会科学院当代中国研究所副所长、教授张星星，中共中央党史研究二室原主任、教授张化作为报告嘉宾出席。北京市委党校、北京行政学院和各委、区县、局（总公司）党校、行政学院代表及论文作者150余人参加了会议。

本次研讨会紧紧围绕毛泽东关于群众路线思想、人民民主专政思想、中国革命建设思想、干部教育思想等主题进行了深入而广泛地交流。邓纯东、张星星和张化分别围绕毛泽东党的思想建设理论及其当代价值、毛泽东人民民主专政理论及其时代意义、毛泽东与新中国工业化的奠基等主题发表主题演讲；北京市委党校、北京行政学院专家紧扣会议主题，从毛泽东关于干部教育培训工作的伟大贡献及启示、对党的群众路线的创造性贡献、对中国特色社会主义制度的重要贡献等领域做了学术报告。来自委、区县、局（总公司）党校、行政学院的代表分别就坚持毛泽东思想指导地位意义重大、毛泽东干部教育思想及当代意蕴、新中国成立初期毛泽东反贫困思想与实践等主题做了发言。

人民网、中央人民广播电台、中央党校理论网、《北京日报》等多家媒体对此次研讨会予以了关注和报道，研讨会部分优秀征文将在全国中文核心期刊《北京行政学院学报》（增刊）上刊登发表。

（中共北京市委党校科研处供稿）

纪念毛泽东同志诞辰120周年学术座谈会 日前，由中国社科院当代中国研究所、马克思主义研究学部及中华人民共和国国史学会联合主办的纪念毛泽东同志诞辰120周年学术座谈会在京举行。中国社会科学院原副院长、当代中国研究所原所长、国史学会常务副会长朱佳木，国防大学原副校长侯树栋，中央党史研究室原副主任沙健孙，北京大学原副校长梁柱，中国社会科学院马克思主义研究学部主任程恩富、当代中国研究所副所长武力、当代中国研究所研究员田居俭等50余位学者参加了会议。与会专家围绕毛泽东对中国革命和社会主义建设的伟大贡献、毛泽东对世界社会主义运动的贡献等问题进行了热烈交流。朱佳木指出，回顾毛泽东同志和以他为核心的党的第一代中央领导集体对于什么是社会主义问题的探索，对于我们进一步了解毛泽东做出了哪些超出前人的理论贡献，邓小平和以他为核心的第二代中央领导集体又是如何继承和发展这些贡献的，具有重要意义；对于我们进一步认识什么是社会主义、什么是中国特色社会主义，也有重要意义。通过分析毛泽东关于社会主义所有制基本建立后，还要继续变革生产关系、调整上层建筑和提高人的思想觉悟，继续解决劳动生产中人与人的关系问题，保证管理者始终以平等态度对待劳动者和坚持为人民服务密切联系人民群众，继续解决分配领域中的问题，注重共同富裕、防止两极分化，以不断解放和发展生产力的思想，朱佳木指出毛泽东在对社会主义探索过程中虽然有不少失误，但也取得了许多正确认识，丰富了科学社会主义理论宝库，为我们深化对中国特色社会主义的认识提供了思想营养。

（参见《光明日报》2013年11月20日第11版）

哲学社会科学话语体系建设座谈会 12月16日，中国社会科学院在北京召开哲学社会科学话语体系建设座谈会。会议认为，加强哲学社会科学话语体系建设是一项重要战略任务，对于繁荣发展哲学社会科学，坚定理论自觉、理论自信，掌握话语主导权，增强中国学术的国际影响力具有重要意义。

会议提出，推进哲学社会科学话语体系建设，要坚持以当代中国马克思主义为指导，深入贯彻落实党的十八大和十八届三中全会精神，深入学习贯彻习近平总书记系列讲话精神，植根中国特色社会主义生动实践，汲取中华优秀传统文化精华，深化党的理论创新成果的学理阐释，大力推动哲学社会科学话语体系创新，努力构建充分体现中国特色、中国风格、中国气派的哲学社会科学话语体系，进一步增强学术话语的说服力、吸引力和感染力。

中央有关部门、高等院校、科研院所负责同志和专家学者参加会议。中宣部常务副部长雒树刚、中国社会科学院院长王伟光在会上发言。

（参见《光明日报》，2013年12月17日第2版）

全面深化改革与中国特色社会主义理论研讨会 12月18日，由中国人民大学马克思主义与中国道路协同创新中心、中国特色社会主义理论体系研究中心和马克思主义学院共同主办的全面深化改革与中国特色社会主义理论研讨会在中国人民大学图书馆举行。中国人民大学校长助理、马克思主义学院院长郝立新教授主持会议；校党委书记靳诺教授出席研讨会并致辞；教育部教育发展研究中心主任张力教授，中国人民大学顾海良教授、陈先达教授、郭湛教授等嘉宾出席研讨会并致辞。中国社科院、清华大学、武汉大学、中山大学、复旦大学以及山东大学等高校的专家学者出席会议。在本次会议上，围绕全面深化改革与中国特色社会主义这一主题，与会者就当前我国深化改革和中国特色社会主义理论建设等问题展开了研讨，并就如何深化认识三中全会精神做了主题发言。与会学者认为，中国特色社会主义建设的实践离不开马克思主义理论的指导；全面深化改革、发挥人民群众的主体作用以及解决复杂社会矛盾都需要掌握历史唯物主义原理和方法论。此外，与会学者还就下一阶段如何开展马克思主义与中国道路研究的协同创新进行了深入交流，并对下一阶段工作做出部署。

（中国人民大学科研处关晓斌供稿）

王大明同志谈改革系列著作出版座谈会　12月25日，北京市社会科学界联合会组织召开王大明同志谈改革系列著作出版座谈会，会议主题为“学习三中全会精神，推进全面深化改革”。市第八届政协主席、社科联名誉主席王大明，市委常委、宣传部部长李伟，国家经贸委原副主任蒋黔贵，文化部原部长、著名作家王蒙，市人大常委会原副主任段柄仁，宣传部副部长崔耀中，著名文化学者舒乙，市社科联党组书记韩凯，前线杂志社社长陈之昌，以及中央和北京市有关部门负责人、老同志出席座谈会。会议由社科联主席满运来主持。王大明同志谈改革系列著作包括《谈国有企业管理和改革》《谈解放思想和转变观念》《谈统一战线和政协工作》《无悔的选择》4卷本，由北京出版社出版。

（北京市社科联研究室供稿）

毛泽东与当代中国和世界国际学术研讨会　近日，为纪念毛泽东诞辰120周年，教育部高校社会科学发展研究中心和北京大学中国特色社会主义理论体系研究中心、马克思主义学院联合主办的“毛泽东与当代中国和世界”国际学术研讨会，在北京大学举行，中外60多位专家学者出席会议。

与会专家学者围绕毛泽东的历史地位和贡献、毛泽东思想与中国特色社会主义的关系，以及毛泽东对世界的影响等问题展开了研讨。中央党史研究室原副主任沙健孙指出，科学地评价毛泽东的历史地位，不仅是一个重大的理论问题，也是一个重大的政治问题，关系到党和国家未来的发展道路。他从全面确立社会主义制度、探索适合中国国情的社会主义道路并取得成果、开始全面建设社会主义并取得重大进展、打开新中国成立后的外交新阶段4个方面分别阐述了毛泽东的突出贡献。中央文献研究室原常务副主任金冲及以毛泽东与周恩来的关系为视角，通过阐述他们共同的经历以及重大的历史事件的决策，来分析两位伟人的性格特点、做事风格，充分肯定了他们之间的伟大友谊。北京大学资深教授梁柱认为，毛泽东思想是对科学社会主义理论的丰富和发展，他以一篇文章即《关于正确处理人民内部矛盾的问题》、一个观点即辩证的观点、一个方法即正确把握矛盾的不平衡性方法为切入点，阐述了什么是马克思主义中国化，以及毛泽东思想在今天具有的指导意义。来自美国的理查德·沃林教授以“毛泽东的影响：东风西进”为题，谈了毛泽东思想在20世纪60年代对美洲、欧洲、拉丁美洲等世界各地的政治人物、共产党人、知识分子和青年学生产生的重要影响。

（参见《光明日报》，2013年12月29日第7版）

中国马克思主义论坛2013　12月29日，由中国马克思主义研究基金会主办的“中国马克思主义论坛2013”在中央党校举行。论坛围绕学习贯彻党的十八届三中全会精神，以“改革进行时：理论、方法与实践”为主题展开。

中央党校常务副校长、中国马克思主义研究基金会理事长何毅亭致辞并做开题演讲。杨春贵、辜胜阻、何增科、房宁、李建明、李兴山、刘尚希、叶兴庆等12位相关领域专家，围绕“全面深化改革的指导思想和总体目标”“经济体制改革的牵引作用”“政治、文化、社会、生态文明体制改革”3个分论题分别发表了专题演讲。280多位理论工作者出席论坛开幕式。

与会专家认为，中国特色社会主义命题，是在改革开放的伟大实践中提出来的；中国特色社会主义道路，是在改革开放的伟大实践中逐步开辟、拓展并越走越宽阔的；中国特色社会主义理论体系，是在改革开放的伟大实践中逐步形成和不断丰富、发展的；中国特色社会主义制度，是在改革开放的伟大实践中不断健全和完善的。中国特色社会主义与改革开放，就是这样内在地、有机地、不可分离地紧紧联系在一起的。

与会专家强调，十八届三中全会以前所未有的广度、力度和深度对全面深化改革做出总体部署，这是以习近平同志为总书记的党中央坚定不移高举改革开放旗帜的重要体现，也是党中央坚定不移坚持和发展中国特色社会主义的生动体现。

论坛期间还举行了中国马克思主义研究基金会“第三届马克思主义中国化研究优秀成果奖”颁奖仪式。“中国马克思主义论坛”是中国马克思主义研究基金会主办的大型学术理论论坛，是基金会的公益品牌项目，每年举办一届，今年是第五届。

（参见《光明日报》，2013年12月30日第1版）

纪念毛泽东同志诞辰120周年理论座谈会 日前，由中国社会科学院中国特色社会主义理论体系研究中心主办的“纪念毛泽东同志诞辰120周年”理论座谈会在京召开。来自中国，社会科学院、中央党史研究室、北京大学、中国人民大学、山东省社会科学院等单位的10多位专家学者，围绕毛泽东的历史地位、历史贡献和毛泽东思想的当代价值等主题展开深入探讨。

与会专家学者一致认为，牢固树立中国特色社会主义的道路自信、理论自信、制度自信，必须正确认识毛泽东、毛泽东思想的历史贡献，科学评价毛泽东、毛泽东思想的历史地位，反对“非毛化”的历史虚无主义思潮。

有学者指出，毛泽东在新中国成立后的近30年时间里的历史性贡献主要表现在全面确立社会主义基本制度，探索适合中国国情的社会主义建设道路，开始全面建设社会主义，创造建设社会主义的和平国际环境等方面。理论工作者必须坚持党对毛泽东、毛泽东思想的历史地位所做的正确评价。

有学者论述了毛泽东对什么是社会主义、怎样促进生产力发展的探索及贡献，促进生产力发展必须继续变革生产关系和调整上层建筑，依靠和发动群众，促进人的思想觉悟提高；必须不断解决劳动生产中人与人的关系问题，保证党的各级干部始终以平等态度对待劳动者和坚持为人民服务的宗旨；必须认真解决分配领域中的问题，防止两极分化，注重共同富裕。

有学者从毛泽东在社会主义时期的文章、观点和决策方法，具体说明他的探索在当下仍然具有重要的现实指导意义。为我们指明了什么是马克思主义中国化，怎样才能做到马克思主义中国化，如何在中国运用马克思主义立场、观点和方法说出新话、解决新问题。

有学者表示，毛泽东思想是一个有机整体，是博大精深的科学体系，是马克思主义中国化“第一次历史性飞跃”的伟大成果，也是共产党人进行理论创新的典范，具有长远的指导意义；在新时期，我们党创立的中国特色社会主义理论体系，是在新的历史条件下，对毛泽东思想的坚持、运用、发展和创新。毛泽东的艰辛探索为开创中国特色社会主义事业奠定了坚实的基础，应从历史的高度和时代的前沿对毛泽东进行评价，不拘泥于一时一事的得失与成败。

还有学者阐述了毛泽东为内参及其机制的形成和成熟所做出的不可磨灭的重大贡献。从毛泽东在1959—1962年间做的10次自我批评，论述了毛泽东对“大跃进”的反思。

会议还从毛泽东的经济思想、三线建设思想、人民主体思想、妇女解放思想等方面，探讨了毛泽东及其思想的历史贡献和现实指导意义。

（参见《光明日报》，2013年12月31日第16版）

哲学（含自然辩证法、逻辑学、伦理学、美学）

生态和谐社会伦理范式阐释研究学术研讨会 1月11—13日，中国自然辩证法研究会环境哲学专业委员会、北京林业大学人文社会科学学院、北京林业大学生态文明研究中心、生态和谐社会伦理范式阐释研究课题组、北京工业大学信仰危机的现代性根源探究课题组在北京林业大学举办生态和谐社会的伦理范式阐述研究学术研讨会。与会专家围绕“生态和谐”的中心议题，从生态伦理、生态幸福、生态消费、生态人与自然的和谐之道等展开了多方面全方位的深入探讨。专家们纷纷表示生态和谐社会是资源节约型与环境友好型社会的概括，是人与自然的和谐共生。建立生态和谐社会，学术界要发挥科研优势，立足现实，造福百姓，为我国的生态文明建设做出贡献。来自台湾辅仁大学等高校、教育部高等学校社会科学发展中心等单位的40多名环境哲学及伦理学的知名专家和学者参会。

（北京林业大学科技处张力供稿）

李大钊—冯定—黄枬森学术研讨会 5月3日，由教育部人文社会科学重点研究基地北京大学中国特色社会主义理论体系研究中心和北大马克思主义学院、马克思主义哲学研究中心等单位联合主办的“2013北大五四论坛暨纪念李大钊—冯定—黄枬森”学术研讨会在京举行。杨河、王东、梁柱、陈志尚等30多位专家学者出席会议。此次论坛的主题为“五四精神、北大传统与中国梦”。

与会学者一致认为，习近平总书记提出民族复兴的“中国梦”，在理论学术界引起热烈反响。“中国梦”的提出有着深厚的历史渊源和人文积淀，包含着国家富强、民族复兴、人民幸福等现实内容，与五四精神一脉相承，是对中华民族共同理想的高度概括与通俗表达，能够把全国人民的意志和力量凝聚起来。

大家说，北大是五四新文化运动发源地，也是马克思主义在中国传播的重要阵地，形成了李大钊—冯定—黄枬森一脉相承的马克思主义哲学中国化北大学派。与会者高度评价了李大钊、冯定、黄枬森的治学经验和学术贡献，认为他们从不同侧面研究、坚持真理，是宣传马克思主义的旗手。大家表示，要继续坚持“兼容并包、思想自由”的传统，不断增强马克思主义的吸引力，积极为“中国梦”的实现构筑坚实的理论基础。

（参见《光明日报》，2013年5月28日第11版）

第一届本科生哲学论坛　6月1日，清华大学第一届本科生哲学论坛举行。来自清华大学、北京大学25位师生参加本次论坛，共收到论文22篇，最终选出9篇优秀论文进行论文发表。论坛上，参加论文发表的学生分别对中国哲学、西方哲学、马克思主义哲学的许多问题做出了自己的阐释。哲学系三年级的杨雯琦做了全英文报告，从女性主义的角度对科学哲学进行了分析，对女性在科学领域中受到的歧视以及提高女性地位做出了独特的阐释，获得首届论坛的一等奖；二年级的李潇详细介绍了马克思主义学派代表人物约翰·罗默的剥削理论，并提出自己的反思。四年级的胡少博分析了《箭喻经》中佛陀对形而上学和解脱的看法，两人共同获得二等奖。清华大学人文学院中文系的高渊和北京大学哲学系的李震分别分析了《墨子》和《性自命出》的理论，并做了展示。哲学系教师王晓朝、曹峰、黄裕生、圣凯和夏莹对每一位进行论文发表和展示的学生进行了详细点评，讲授了哲学论文写作的方法及注意事项。清华大学本科生哲学论坛在哲学系教师的指导下，由学生自发筹备、组织，旨在提升本科生对哲学的兴趣，促进学生对宇宙人生的思考，扩大哲学学科在全校的影响力，加强师生的学术探讨，提高不同院系乃至校际之间学生的交流，同时提高学生的组织与自我管理能力，加强学生之间的沟通与合作。论坛还邀请专业教师对相关论文进行评阅与评点。

（清华大学文科建设处刘金梅供稿）

第十三届马克思哲学论坛　10月26—27日，第十三届“马克思哲学论坛”在北京大学举行。本届论坛由中国社会科学杂志社和北京大学哲学系联合主办，主题为“马克思主义哲学史研究：经典与当代”。来自北京大学和中国社会科学院、中央党校、复旦大学、南京大学等单位的近200位专家学者参加论坛。与会学者围绕以下4个论题展开热烈讨论。

（一）马克思主义哲学史学科反思与方法检讨

与会学者指出，近年来，马克思主义哲学史的研究遇到一些困境。例如，论题较为陈旧，缺乏新意；视野较为西化，缺乏独创；研究较为零散，缺乏整合，等等。如何突破这些困境，推动马克思主义哲学史的发展，学者们提出了自己的观点。有的学者认为，马哲史的研究必须结合具体的历史条件，通过解释当代问题展现马克思哲学的当代意义和价值。有的学者借鉴其他哲学史的书写方法进行马克思主义哲学史研究。还有的学者强调马克思主义哲学史的整体性，反对用哲学事件代替哲学逻辑。也有不少学者从马克思主义中国化的角度讨论了马克思主义哲学史学科建设问题。在解释马克思主义哲学史的多种理论范式中，中国特色社会主义理论体系已经成为众多解释范式中最为重要的一种。

（二）马克思主义哲学史个案研究

马克思文本和思想的个案研究是马克思主义哲学史的重要组成部分。在这次论坛中，与会学者深入探讨了马克思主义哲学史上的一些重要文本、人物和思想，通过个案的条分缕析凸显了马克思本人及其后继者学术创作的原创性和深刻性，拓展了马克思主义哲学史研究的视野。

关于《资本论》及其手稿的研究成为关注的热点。在《资本论》与唯物史观的关系上，有的学者认为《资本论》是对唯物史观的运用，有的学者则认为唯物史观在《资本论》中才得以最终完成，马克思通过《资本论》建构了自己的新哲学。还有学者尖锐地指出学界对《资本论》有若干误读，有些学者则综合考察了《资本论》的哲学性质和哲学史意义。

与会学者还讨论了《1844年经济学哲学手稿》（以下简称《手稿》）文本解读和理论阐发之间的复杂关系。《手稿》是马克思主义研究史上最富争议的文本之一，在国内外曾掀起多次研究热潮。在本次论坛中，如何理解《手稿》中的思想仍然是大家关注的重要话题。

（三）马克思主义哲学理论创新

创新是马克思主义哲学的固有品质。在本次论坛中，学者们结合马克思主义哲学史研究所进行的理论创新主要可以归结为以下4个方面。

一是重新解读经典文本的原理创新。学者们通过综合研究马克思、恩格斯以及卢卡奇等人的著作，重新反思马克思主义哲学与形而上学的关系问题，重新理解马克思与德国古典哲学和英国古典政治经济学的关系，并提出准确深入理解马克思社会历史哲学的若干新见解。

二是基于部门哲学的理论创新。学者们提出通过清理价值哲学来对社会生活进行研究，通过彰显经济哲学来突破对经济生活的狭窄理解，通过政治哲学研究为现代政治生活提供规范性理论。

三是借鉴国外研究前沿的综合理论创新。部分学者借鉴了国外现代性批判、空间理论、交往理性等理论资源，来激活马克思经典论述的当代意义。

四是中国特色社会主义理论体系的独特理论创新。学者们提出，中国特色社会主义本身就是一项重大的实践创新和理论创新，作为一种崭新的社会形态，中国特色社会主义具有独特价值和伟大意义。马克思主义与中国实际相结合，既是为了解决中国的问题，也是为了发展马克思主义理论。

（四）国际视野中的马克思主义哲学研究

“国际化”和“中国化”是马克思主义哲学研究相互统一的两个方面。我国过去的马克思主义哲学研究较为重视马克思主义中国化的方面，近年来，越来越多的马克思主义理论工作者开始积极、全面地了解国外马克思主义的历史和现状，实现与国外马克思主义学者实质性的学术对话，有力地推动了我国马克思主义哲学的研究。在这次论坛中，一些学者根据国外最新的学术资源重新反思马克思与黑格尔的关系，还有的学者将马克思主义的研究与法兰克福学派、英国新马克思主义以及海德格尔等联系在一起，拓展了马克思主义哲学的理论空间。

（参见《光明日报》，2013年11月26日第11版）

哲学前沿问题高层论坛　近日，中央党校哲学教研部、科研部和中国马克思主义研究基金会联合召开的“哲学前沿问题高层论坛”在北京举行。与会者围绕马克思主义哲学、中国哲学与西方哲学、科技哲学等哲学前沿问题进行了研讨。

与会者认为，马克思主义哲学的生命力源于对现实问题的理论解答。当前，马克思主义哲学创新的任务十分紧迫。应在文本解读、体系再造的基础上将基本原理的创新向实质层面推进，自觉纠正理论脱离实际以及认人、认门而不认理的不良学风。

与会者认为，要立足实践和问题展开学科之间的对话，深化中国哲学和西方哲学的文本研究和发展史研究；注重对哲学史发展不同阶段之间的衔接、逻辑线索、哲学史分期与世界史分期关系的研究，加强对哲学著作的翻译、解释、推广和普及；充分借鉴西方的诠释学资源，充分认识中国的民族文化对于当代中国政治、马克思主义中国化发展的重要性。

与会者认为，科学技术的迅猛发展对哲学形成严峻挑战，哲学工作者应将研究深入到产业革命、技术创新等具体领域中去。科技创新的实质是认知价值向经济价值的转换问题，能否转换好，直接影响自主创新能力的提高。在科技成果的转化问题上，要从创新系统向创新生态转变，这是提升创新效能的关键；哲学要密切关注科技发展的前沿态势和市场需要，这是哲学创新的立足点。

（参见《人民日报》，2013年11月25日第7版）

2013年数学哲学与数学文化研讨会　近日，由中国自然辩证法研究会数学哲学专业委员会、北京大学哲学系和中国人民大学哲学院联合主办的“2013年数学哲学与数学文化研讨会”在北京大学召开。来自中国科学院、中国社会科学院、北京大学、南京大学等高等院校和科研院所的专家学者30余人参加了会议。

中国数学哲学研究的建制化是伴随着改革开放的大潮起步的，在数学方法论研究的开创者徐利治先生的积极倡导下，20世纪80年代成立了数学哲学专业委员会，建立了中国学者交流的专业共同体，开辟了数学哲学研究的优良传统。

为了继续发扬老一辈所开创的优良传统、凝聚研究队伍、促进学者交流，将数学哲学的研究进一步推向深入，本次会议围绕如下几个议题展开讨论：数学哲学问题研究与前沿进展；数学文化的价值及其在中国的传播；数学方法论与数学教育哲学；数学基础与数学哲学。学者们在紧张而热烈的氛围中展开了富有成效的交流。

会上，《科学方法纵横谈》的作者、中国科学院院士王梓坤对概率论引发的哲学问题做出了诠释；出版过专著《数学哲学》的中国社会科学院林夏水探讨了非线性数学哲学问题，并呼吁关注数学方法论及其在数学教育实践中的应用；我国最早一批开始数学哲学研究的北京大学的孙小礼介绍了数学家张景中的《数学与哲学》一书，谈了数学与哲学的关系；从事多年科学史、数学史与数学文化研究的中国科学院的胡作玄在“什么是数学”的发言中，结合数学和自然科学发展历史的考察，认为讨论数学哲学问题首先应廓清什么是数学，对数学与自然科学的划界有清晰的标准，以避免造成概念混淆。数理逻辑学者、中国科学院软件所的杨东屏从音乐绘画和数学研究的异同入手，以学习数学和研究数理逻辑的经历，对形象思维与逻辑思维的互补作用做了精彩而生动的诠释。中国科学院的数学史学者李文林通过笛卡儿创立解析几何如何与他发现真理的方法论原则结合的案例分析，指出要注重发掘在教科书上难以找到的数学家“鲜活的数学思想”，向与会者生动地诠释了“数学家思，故数学家在”的深刻意蕴。国际科学史联合会主席、中国科学院自然科学史所的刘钝在“维多利亚文化与英国数学的复兴”报告中，以大量引人入胜的史料和图片解析了18世纪中晚期英国维多利亚时代的科学文化和社会环境如何为数学的复兴提供了土壤和条件。

本次会议还邀请到德国理工大学的数学家和现象学哲学家凯·豪瑟做了报告。他认为，数学是否是我们通过一种感知和直觉的认识通道与抽象对象打交道的问题困扰了许多思想家。他试图运用胡塞尔现象学来阐明这个问题：存在像数学理想对象这样的非物质的对象，而且可以通过非常接近通常的感知的认识过程去认知它们。

会议特别设立了“数学方法论与数学教育哲学”专题。南京大学郑毓信回顾了自己如何从数学哲学到数学方法论的研究，再到数学教育哲学的研究，直到最终关注小学数学教育的学术道路，并呼吁数学哲学工作者不要局限在象牙塔里进行研究，而应考虑数学哲学研究成果对于数学和数学教育的价值。发掘数学哲学应用的新的学科生长点。

本次会议是一次数学家、数学史家与哲学家相互交流、展开争鸣的盛会，特别是关于数学对象、数学本质和数学真理的争论，针锋相对、高潮迭起，为今后数学哲学的研究继续发扬传统、关注前沿、遵守学术规范，起到了很好地推动作用。

（参见《光明日报》，2013 年 11 月 26 日第 11 版）

政治学（含思想政治工作、党建、统战）

强军目标与中国梦理论座谈会　3 月 28 日，由国防大学科研部、中国特色社会主义理论体系研究中心与解放军报社联合举办的“强军目标与中国梦”理论座谈会在国防大学召开，来自军队的领导、专家，以及部队基层代表等共 50 多人参加会议。与会代表围绕会议主题进行了深入研讨交流。

座谈会深化了对中国梦与强军梦关系的理解。实现中华民族伟大复兴的中国梦，是强国梦，对军队来说，也是强军梦。与会代表一致认为，富国与强军，紧密相连，不可分割，是实现中华民族伟大复兴的两大基石。强国梦包含强军梦、牵引强军梦，强军梦支撑强国梦。强军梦不圆，强国梦难圆。

座谈会提高了对新形势下党的强军目标的认识。习近平主席指出，建设一支听党指挥、能打胜仗、作风优良的人民军队，是党在新形势下的强军目标。与会代表普遍指出，强军目标是人民军队优良传统鲜明而生动的集中体现，是党对军队发展方向的战略定位、对军队建设全局的顶层谋划，凸显宏阔高远的战略智慧，具有总揽全局的战略价值。新形势下，我们要坚持用强军目标引领中国特色强军之路，充分发挥强军目标对军队各项建设和工作的统揽作用，围绕强军目标抓好各项军事斗争准备，着眼强军目标推进各项改革，聚焦强军目标加强各项建设。

座谈会坚定了实现党的强军目标的信心。与会代表共同强调，实现强军梦绝非易事，但我们也具备难得的机遇和有利条件，强国梦强军梦一定能够实现。要把党对军队的思想领导、政治领导和组织领导落到实处，全面铸牢党对军队绝对领导的“军魂”。要全方位贯彻战斗力标准，努力锻造听党指挥的忠诚之师，能打胜仗的威武之师，作风优良的文明之师。各级领导干部是落实强军目标的具体组织实施者，必须增强使命感、责任感，切实肩负起强军的历史责任，把国防和军队现代化建设搞上去。

（参见《光明日报》，2013 年 4 月 6 日第 7 版）

宣传思想文化工作的基本规律课题座谈会　4 月 9 日，北京市社会科学界联合会韩凯同志主持召开专家座谈会，推进中共北京市委宣传部做好宣传思想文化工作的基本规律课题调研工作，姚桓、王树荫、韩振峰、郭媛媛、杨奎等专家，围绕用中国特色社会主义凝聚思想共识、社会主义核心价值体系建设等问题进行了座谈交流。市委宣传部理论处、市社科联相关负责人参加。

（北京市社科联研究室供稿）

解读政治极端主义讲座　5 月 17 日，美国佐治亚大学公共与国际事务学院副院长罗伯特·格拉弗斯坦（Robert Grafstein）教授应邀为外交学院师生做了题为“解读政治极端主义”的讲座。外交学院国际关系研究所所长卢静教授主持讲座。

格拉弗斯坦教授认为政治极端主义（political extremism）是一种普遍存在的政治现象，需要做出理论解释。他强调将政治极端主义视为非理性、疯狂行为的研究是不完全的，而是主张基于理性选择理论对政治极端主义做出内生性解释。他假定个人或社会集团都是理性行为体，都希望获得更多的资源，政治极端主义是一种有助于行为体获得或维持资源的方式。他进而区分了两种不同的极端主义：保守极端主义和分配型极端主义。前者是为了保护自己已经获得的资源而不愿意妥协，当要素流动程度较低时，对资产损失的恐惧感最高，易于导致这种极端主义立场；后者是指为了获得资源而不惜破坏社会秩序的极端主义。他认为，外部环境、而非心理特征，决定了行为体的政治立场；产生政治极端主义有不同的原因，一种是行为体处于破坏现状优于维持现状的环境下，另一种是对改变现状必然带来重要损失的状态。在这两种情况下，行为体的立场和行为会倾向于变得极端，难以实现政治妥协。

（外交学院科研处郦莉供稿）

两岸关系和平发展恳谈会　5 月 24 日，全国政协港澳台侨委员会在京举行“两岸关系和平发展恳谈会”。部分本届和往届全国政协委员、涉台专家学者与应邀来访的台湾民意代表交流参访团成员进行座谈交流。大家就进一步加强经贸合作、扩大文化交流、增强政治互信，不断巩固和深化两岸关系和平发展等议题展开探讨。

此次恳谈会上，与会代表表示，大陆政协委员和台湾民意代表是两岸各界人士的代表，双方就两岸同胞共同关心的议题集思广益、坦诚交流，有助于增进共识、积累共识，更好地巩固和深化两岸关系和平发展。双方认为，两岸关系和平发展，符合中华民族的整体利益，符合两岸同胞的根本福祉，是两岸人民的共同心愿。当前两岸关系中还存在着一些复杂问题，需要双方积极思考，通过协商对话创造条件，寻求解决途径。

（参见《人民日报》（海外版），2013 年 5 月 25 日第 4 版）

陈云党风廉政思想研讨会　近日，为深入贯彻落实党的十八大关于全面加强党的建设的精神，推动老一辈革命家党风建设思想的学习和研究，推进党风廉政建设，中共中央文献研究室第三编研部和陈云纪念馆在北京举行陈云党风廉政思想研讨会。中共中央文献研究室主任冷溶主持会议，全国政协副主席陈元出席会议并讲话，中共中央纪律检查委员会副书记吴玉良，中共中央文献研究室常务副主任杨胜群，国家开发银行党委书记、董事长胡怀邦等在会上发言。中共中央党校、中共中央党史研究室、中国社会科学院、国家开发银行和中共北京市纪委、中共上海市纪委、中共上海市委宣传部、中共武汉市纪委、中国人民抗日战争纪念馆和有关高等院校的领导、专家、学者，以及陈云同志亲属和身边工作人员近100人参加研讨会。

与会同志指出：陈云同志是以毛泽东同志为核心的党的第一代中央领导集体和以邓小平同志为核心的党的第二代中央领导集体的重要成员。他高度关注执政条件下的党风廉政建设，是执着地坚持不懈地抓党风廉政建设的领导人之一。在长期的实践中，陈云同志提出并阐发了“执政党的党风问题是有关党的生死存亡的问题”等一系列重要观点，形成了内容丰富、内涵深刻的党风廉政思想。陈云同志的党风廉政建设思想，是我们党宝贵的精神财富，对于今天党风廉政建设和反腐败斗争具有重要指导意义。大家认为，党风廉政建设和反腐败斗争，是建设中国特色社会主义的重大任务。面对新的形势，要牢牢把握加强党的执政能力建设、先进性和纯洁性建设这条主线，全面加强党的思想建设、组织建设、作风建设、反腐倡廉建设、制度建设。广大党员、干部要认真学习、切实贯彻落实习近平总书记关于党风廉政建设的重要论述，从老一辈革命家党风廉政思想中吸取营养，把中央八项规定精神落到实处。

（参见《光明日报》，2013年7月3日第11版）

群众路线教育实践活动座谈会　8月7日，市委教育工委、市教委召开市属高校座谈会，就教育系统党的群众路线教育实践活动征求意见。市委常委、教育工委书记苟仲文出席并讲话。

7月31日，市委教育工委、市教委启动党的群众路线教育实践活动征求意见工作，以座谈会、调查问卷、网上邮箱等多种方式，集中征求基层党员群众、相关委办局、幼儿园、小学、中学、大学等对市委教育工委、市教委、市政府教育督导室领导班子及成员在工作作风、密切联系群众等方面的意见和建议。

在座谈会上，北京工业大学、首都师范大学等13所市属学校的负责人围绕如何加强对市属高校的分类指导、支持人才引进、改进会风等问题提出建议。

苟仲文指出，市委教育工委、市教委将集中梳理和汇总征集上来的意见和建议，并召开领导班子专题会进行研讨。同时，各市属高校要充分认识党的群众路线教育实践活动的重要性，通过实践活动解决实际工作中的问题，将党的群众路线落到实处。

（参见《北京日报》，2013年8月8日第2版）

军备控制与战略稳定研讨会　8月8日，由中国军控与裁军协会举办的“军备控制与战略稳定”国际研讨会在京开幕。来自中国、美国、俄罗斯、澳大利亚等国及全面禁止核试验条约组织、联合国裁军研究所、国际危机组织的120余位专家学者参加了此次研讨会。

第十一届全国政协副主席、中国人民争取和平与裁军协会副会长厉无畏发表了题为“坚持和平发展，实现合作共赢”的主旨演讲。全国政协委员兼中国军控与裁军协会副会长钱利华在开幕式上讲话，阐述了应对亚太地区威胁、促进联合国在国际和平中的作用及中国国防政策等问题的看法和主张。

（参见《人民日报》，2013年8月9日第3版）

第六届北京人权论坛　9月12日，由中国人权研究会和中国人权发展基金会共同主办的第六届北京人权论坛在北京开幕。本届论坛的主题为“建设可持续的人权发展环境”。来自联合国以及33个国家和地区的人权高级官员和专家学者，相关国家驻华使节代表和国内人权领域专家学者100余人出席论坛。全国人大常委会副委员长万鄂湘出席论坛开幕式。

中国人权研究会会长罗豪才在致辞中指出，人权不是孤立的，而是置身于经济、政治、社会、文化等网络之中，是社会中的人权，人权的保障离不开一定的内外环境和制度安排。人权的实现不只包含了对权力本身的主张，也包含了对一种有利于人权发展的环境的要求。创造一种有利于人权充分实现的秩序，建设可持续的人权发展环境，是我们人权保障工作的重心。

罗豪才表示，人权的具体内容和保障路径等都是动态的、发展的。人权发展不可能是单行道，每个国家加强人权建设和强化人权保障的具体环境都是不同的，必须在与其所处国家的经济、社会、文化发展阶段相适应的基础上，寻找自己的人权发展可持续之路。

中国人权发展基金会理事长黄孟复在致辞中说，“建设可持续的人权发展环境”这一主题切合了当前时代潮流和人权发展要求。中国的人权状况之所以能得到不断地改善和发展，正是因为中国政府从本国的国情和实际出发，将人类先进的人权理念与中华传统文化“以人为本”的思想精髓相融合，选择了适合中国经济基础和人文环境的人权发展道路。随着中国特色社会主义建设事业的发展，中国必将为推动世界人权事业的新发展提供更有力的理论支持和思想引领。

黄孟复还说，中国人权事业的发展从来不是孤立的，而是同人类的命运、社会的发展、国家的强弱、民族的兴衰紧密相连的。当前，中国举国上下都在以极大热情投身于实现中华民族伟大复兴的“中国梦”的实践。“中国梦”承载着华夏儿女的恢宏理想，实现“中国梦”是全体中国人民的热切追求，也是中国人权事业发展的美好愿景。

国务院新闻办公室主任蔡名照在致辞中说，享有充分的人权，是人类共同的追求。长期以来，各国人民为争取人权进行了不懈努力，取得了重大成果，但距离达到享有充分的人权这一崇高目标仍任重道远。中国共产党和中国政府把尊重和保障人权作为治国理政的重要原则，将人权的普遍性原则与中国实际相结合，将人权事业的发展与经济建设、政治建设、文化建设、社会建设和生态文明建设相结合，努力做到全面协调可持续发展，成功地走出了一条符合本国国情的人权发展道路，人权保障水平不断迈上新台阶。

蔡名照指出，如何建设可持续的人权发展环境，已成为当今各国政府治国理政的重要议题。中国共产党已提出“两个一百年”的奋斗目标，实现国家富强、民族振兴、人民幸福的“中国梦”，是中华民族孜孜以求的质朴理想和美好愿景，是中国各族人民的共同追求。“中国梦”与各国梦、与世界梦是相通相连的。“中国梦”不仅造福中国人民，也造福全人类。中国将为创造人类社会更美好的明天做出更大的贡献。

在开幕式上，秘鲁宪法法院大法官费尔南多·阿尔贝托·卡列·阿延从个人权利与集体权利、私法与环境、人权和社会状况等方面论述了环境保护的重要性。韩国国家人权委员会常任委员会委员金荣惠，联合国人权高专办驻地行动和技术合作司国别人权审查部门负责人克里斯托弗·培修也在开幕式上致辞。

自 2008 年至今，北京人权论坛已经成功举办了 5 届。北京人权论坛已成为国际人权领域一个知名的高端交流平台，来自不同国度、不同民族、不同文化背景的人权专家学者、知名人士和人权官员，以平等、开放、务实的态度，共话当代人权理论与发展，为促进国际人权事业的可持续发展贡献智慧和力量。本届论坛为期两天，9 月 13 日闭幕。

（参见《光明日报》，2013 年 9 月 13 日第 5 版）

首都理论界召开学习习近平总书记系列讲话精神座谈会　10 月 10 日，中共北京市委宣传部、北京市中国特色社会主义理论体系研究中心、北京市社会科学界联合会在京共同举办首都理论界学习习近平总书记系列讲话精神座谈会。北京市委宣传部副部长崔耀中出席会议并讲话。市社科联党组书记韩凯主持会议。中央党校原副校长李君如，中国社科院辛向阳，国防大学颜晓峰，北京大学郭建宁，《教学与研究》秦宣，北京师范大学王炳林，中央党校辛鸣，中央纪委邵景均，前线杂志社陈之昌，北京市社科院谭维克等在座谈会上发言。各区县委、工委宣传部门有关负责人，市属社科理论单位负责人，市社科联直属学会代表等百余人参加了座谈会。崔耀中在讲话中强调，十八大以来，习近平总书记围绕中国梦、中国特色社会主义、改革开放、意识形态工作等重大主题发表了一系列重要讲话，提出了许多治国理政的新思想新观点新论断新要求。这些讲话思想深邃、内涵丰富、论述精辟，显示了对世情、国情、党情的深刻洞察和科学把握，对于我们推进各项事业，全面建成小康社会、实现中华民族伟大复兴的中国梦，具有重大的现实意义和深远的历史意义。北京是全国的思想高地，也是各种思潮交流交融交锋的前沿阵地，做好首都思想理论工作，是千钧重担和神圣使命。广大理论工作者要掌握系列讲话的思想武器，带头学习好、宣传好、贯彻好、落实好系列讲话精神。

与会专家一致认为，认真学习贯彻习近平总书记系列讲话精神，要先学一步，学深一步，深刻领会讲话中的新思想、新观点、新论断，领悟讲话的精神要义和精髓所在，把握讲话中所蕴涵的马克思主义的立场、观点、方法，增强用马克思主义理论观察、思考和解决问题的能力。要做研究阐释的主力军，充分发挥首都理论界资源优势，集体攻关，努力推出一批有分量有深度的研究成果，深入阐释解读系列讲话的时代背景、重大意义、核心思想、精神实质，帮助广大党员干部更好地学习领会讲话精神。要做自觉运用践行的主力军，在系列讲话精神的指引下，做好首都哲学社会科学研究工作，承担起做好意识形态工作的历史使命。多研究改革发展稳定的重大问题，多研究人民最关心、最直接、最现实的利益问题，多研究党的建设的突出问题，创造性提出理念、思路和举措，当好党和政府决策的思想库、智囊团。

（北京市中国特色社会主义理论体系研究中心供稿）

如何治理村官腐败公共政策评论会　10 月 28 日，由中国人民大学国家发展与战略研究院主办的如何治理村官腐败公共政策评论会在中国人民大学国学馆举行。本次会议是在密集的舆论监督和反腐败的高压态势下，“村官腐败”又一次在引起社会各界高度关注的背景下举行的。中国村社发展促进会常务理事曹国英、北京师范大学社会学系董磊明教授和人民大学国家发展与战略研究院研究员仝志辉副教授3位专家进行了主题发言，从村官腐败的形式和危害、防治村官腐败的政策反思、防治村官的工作目标以及防治村官腐败的新思路等几个角度展开研讨，并与参会的媒体记者以互动的形式探讨了如何遏制村官腐败的多发态势这一问题。

（中国人民大学科研处关晓斌供稿）

首都理论界召开学习十八届三中全会精神座谈会
11月22日，中共北京市委宣传部、北京市中国特色社会主义理论体系研究中心、北京市社会科学界联合会在京共同举办首都理论界学习十八届三中全会精神座谈会。北京市委宣传部副部长崔耀中出席并讲话。市社科联党组书记韩凯主持会议。国防大学夏兴有，中央党校韩庆祥，国家行政学院丁元竹，北京大学郭建宁，中国人民大学赵锡军，北京师范大学赖德胜，中国传媒大学齐勇锋，前线杂志社社长陈之昌，首都经济贸易大学文魁等在座谈会上发言。市属社科理论单位代表，市社科联直属学会代表等近百人参加了座谈会。

与会专家认为，党的十八届三中全会重点研究部署全面深化改革问题，这是我们党立足当前、面向未来做出的主动选择，充分体现了以习近平同志为总书记的党中央高举改革开放旗帜的鲜明立场和坚定决心。贯彻落实全会精神必将使我们党和国家事业焕发出新的勃勃生机，必将对实现“两个一百年”奋斗目标、实现中华民族伟大复兴的中国梦产生深远影响。

与会专家一致认为，全会勾画了全面深化改革的纲领，凝聚起人们在深化改革这一重大问题上的共识。首都理论界要联系实际、研机析理、解疑释惑，全面准确领会全会精神，全面准确领会全会提出的新思想、新论断、新举措。要做研究阐释的主力军，深入阐释解读全面深化改革的指导思想、总体目标和方针原则，深入阐释解读全面深化改革的重大部署、创新举措和根本保证，充分发挥首都理论界资源优势，集体攻关，努力推出一批有价值有分量的理论研究成果，帮助广大党员干部更好地学习领会全会精神。

（北京市中国特色社会主义理论体系研究中心供稿）

人权建设与改革学术研讨会 12月10日，中国政法大学在学院路校区召开人权建设与改革学术研讨会。中国人权研究会会长罗豪才，中国政法大学校长黄进以及部分高校学者近50人参加了会议。研讨会由人权研究院常务副院长张伟主持。

罗豪才指出，如何进一步推动改革全面深化，促进人权事业发展，一是要务实，二是要全面，三是要依法。黄进指出，人权司法保障从目标上要建立完善的司法法律制度，真正在司法制度中能体现公平、公开、公正，能够依法保障司法实践、司法程序、司法活动中当事人的合法权益，实现司法领域对人权的全面保障。这是我们完善人权司法保障的目标。与会专家学者纷纷表达了各自的人权主张，阐述了不同的人权观念。会议将会对推动改革深化、促进人权发展产生积极影响。

（中国政法大学科研处刘璐供稿）

《历史文化认同与中国统一多民族国家》新书发布暨学术研讨会 12月13日，由北京师范大学历史学院、北京师范大学史学理论与史学史研究中心和河北人民出版社共同主办的《历史文化认同与中国统一多民族国家》新书发布暨学术研讨会在北京召开。河北出版传媒集团副总经理张晨光，北京师范大学历史学院院长、北师大史学理论与史学史研究中心主任杨共乐在致辞中阐述了这一选题的重要意义。该书主编瞿林东和河北人民出版社副总编辑王苏凤分别介绍了该书的研究进展和编辑经过。陈祖武、徐凯、郝春文、吴恩远、郑师渠、陈其泰、晁福林、孟广林、王岗等专家对该书的出版给予了高度评价。大家认为历史文化认同是中国统一多民族国家历史发展的思想纽带，这一课题纵论古今、打通中外，厘清了许多历史文化认同与统一多民族国家研究中的重要概念，并继承了中国史学重视“贯通”“通古今之变”的优良传统，从宏观的视角论证了中华民族历史发展的连续性和延续性，具有重大历史意义和现实意义，也反映出北京师范大学历史学科长期以来所坚持的治学路向和治学特点。

《历史文化认同与中国统一多民族国家》一书，是由北京师范大学历史学院承担的国家“211工程”建设项目“历史文化认同与中国统一多民族国家”课题的研究成果，历经10年时间的努力而完成，被国家新闻出版总署列入“十二五”国家重点出版规划项目。全书由北京师范大学资深教授瞿林东先生主编，北师大历史学院刘家和、陈其泰等多位专家参与了研究和撰写。该书分为5卷，120余万字。第一卷为“历史文化认同的趋势与统一多民族国家的形成”，第二卷为“历史文化认同的深入与统一多民族国家的发展”，第三卷为“历史文化认同的扩大与统一多民族国家的巩固”，第四卷为“历史文化认同的升华与统一多民族国家从危机走向新生”，第五卷为“历史文化认同与中国统一多民族国家——在世界历史背景下的考察”。全书大体分先秦秦汉、魏晋南北朝隋唐、宋辽金元、明清、近代诸时段，纵向考察了中华民族历史上的历史文化认同与统一多民族国家之思想观念的发展、演变及深化的过程，又从世界历史背景的视角横向考察了中华民族历史文化认同的特点，是迄今对这一重大课题的最全面、最系统的研究成果。

（参见《光明日报》，2013年12月28日第5版）

经济学

第十七届（2013年度）中国资本市场论坛 1月12日，由中国人民大学金融与证券研究所、中国证券报社、财达证券有限责任公司和资本市场杂志社共同主办的第十七届（2013年度）中国资本市场论坛在中国人民大学逸夫会堂举行。本次论坛的主题为“中国资本市场：变革与成长”。中国证监会副主席姚刚发表主旨演讲；中国社会科学院副院长李扬、中国人民大学校长助理吴晓求教授分别做了主题报告；经济学家韩志国发表专题演讲。来自中央国家机关、高校、研究机构等有关负责人和国内外著名专家学者及证券公司、基金公司、上市公司嘉宾共计500余人出席了论坛。本次会议指出，全球经济状况随着阶段性量化宽松迂回在增长与衰退之间，而中国经济随着人口红利地逐渐消隐而游走在中等收入陷阱的边缘。面对这种情况，在新的历史时期，从“投资与出口拉动”的外延式增长向“投资、出口、消费协同发展”的内涵式增长转型，是实现“双倍增”计划、使我国步入高收入国家行列的必经之路。另外，中国资本市场全面改革的时机已经成熟，因此要实现资本市场与实体经济的良性互动和协调发展。

（中国人民大学科研处关晓斌供稿）

农产品市场与农户经济行为研讨会 1月13日，由中国农业大学中国农户经济研究中心主办的农户经济问题研讨会在京召开。来自农业部、北京市农委、北京市平谷区人民政府、相关高等院校、科研机构以及企业的近60余人参加了此次研讨会。

与会专家、学者以农产品市场与农户经济行为为主题，以近年来我国农产品市场波动及其对农户收入造成的影响为背景，重点围绕稳定我国农产品市场以及促进农民增收问题，就我国主要农产品市场的价格波动、农户增收、农产品供应链管理、农超对接、农业经营制度以及外国农产品市场运行模式等问题进行了深入的研讨，同时就中国农户经济研究中心后期的发展问题进行了广泛的讨论和意见征集。

（中国农业大学科学技术发展研究院王虹供稿）

2013年中国宏观经济形势展望高层研讨会 1月18—20日，由国务院发展研究中心宏观经济研究部、毕马威全球中国业务发展中心、长江商学院中国与世界经济研究中心联合主办的“2013年中国宏观经济形势展望高层研讨会暨全球宏观经济官产学三方对话——M3第一届季度会议”在京召开。在活动启动仪式上，国务院发展研究中心主任李伟出席并发表了题为“增进了解、合作共赢”的讲话。刘鹤书记、刘世锦副主任分别主持了2013年中国宏观经济形势展望、中国改革形势展望两个环节的讨论。在2013年中国宏观经济形势展望环节，宏观部部长余斌、外经部部长隆国强、市场所副所长邓郁松分别就2013年中国宏观经济形势、外贸形势、房地产市场形势发表专题演讲；在中国改革形势展望环节，中心原党组书记陈清泰、国家税务总局原副局长许善达、中国银行首席经济学家曹远征分别就国企改革、财税改革及宏观配套改革发表了专题演讲。

在1月19—20日的M3圆桌会议上，刘世锦、卢中原、侯云春3位副主任分别出席世界经济形势对中国经济的影响、中国经济走势对世界经济的影响等环节的讨论并致辞。参加M3圆桌会议的有中国相关部委、美国财政部、欧盟以及日本内阁府在内的政府官员，有中投公司、中国出口信用保险公司、美国GE公司、ABB公司等企业界代表，还有吴敬琏、皮耶特·鲍泰利在内的来自中国、美国、英国、日本等国的专家学者。

（国务院发展研究中心办公厅科研处郭巍供稿）

2013年中国能源环境“百家讲坛” 2月1日，为进一步推进中国能源环境“百千万万”活动实施，2013年中国能源环境“百家讲坛”在对外经济贸易大学召开。论坛的主题为生态文明与能源革命、世界500强液空集团鲁奇洁净能源转化技术、能源环境发展趋势。

对外经济贸易大学副校长赵忠秀教授、国际经济研究院院长桑百川教授为大会致辞。国家发展改革委国家气候战略中心主任李俊峰做了题为“生态文明建设与能源革命”的主旨演讲，并与与会人员进行了精彩互动。法国液空集团全球工程技术副总裁刘芳发表“世界500强液空集团鲁奇洁净能源转化技术”的主旨演讲，鲁奇3位高管展示了鲁奇煤气化技术、鲁奇气体净化技术、鲁奇煤制烯烃技术的开发与应用前景。中石油实业家范庆瑞、中国科技大学教授孟广耀表达了他们对中国能源环境高峰论坛聚合高质环保机构和产品、高速消灭PM2.5的期待。

来自清华大学、北京大学、对外经济贸易大学、北京师范大学、北京化工大学、华北电力大学、中国矿业大学等30多所高校关注能源环境的师生参加了此次论坛并与嘉宾积极研讨和互动。同时，本期讲坛开设了中国能源环境高峰论坛官方微博，“百家讲坛”微博墙全程跟踪、即时发布互动信息，取得了良好的效果。

（对外经济贸易大学科研处供稿）

第十一届中国企业发展高层论坛 日前，由国务院发展研究中心企业研究所和中国移动联合主办的第十一届“中国企业发展喜忧参半论坛”，在钓鱼台国宾馆举行。本届论坛的主题是“经济调整期中国企业的转型发展”。全国人大常委会副委员长陈昌智，全国政协副主席徐匡迪，著名经济学家吴敬琏，工信部部长苗圩，国家发改委副主任张晓强，财政部副部长王军，人力资源与社会保障部副部长信长星，国家税务总局总会计师汪康，银监会副主席王兆星，全国政协教科文体副主任张玉台，财政部原部长金人庆，国务院发展研究中心主任李任、书记刘鹤，发展中心原党组书记陈清泰、副主任刘世锦、副主任侯云春等，对我国的经济形势与最新政策取向等问题发表了演讲。

与会学者认为，2013 年是中国经济结构调整、发展方式转变的关键一年，是全面深入贯彻落实党的十八大精神的开局之年，也是新一届政府的执政元年，面对经济调整期面临的新形势、新问题和新挑战，需要新的政策与应对措施。

本次论坛还同时发布了《中国企业发展报告2013》（以下简称《报告》）。《报告》是国务院发展研究中心企业研究所在长期深入研究和大规模实地调研的基础上，按年度连续出版的核心研究成果。《报告》由上篇和下篇两大部分组成。上篇包括“企业发展环境：2012 年回顾与 2013 年展望”“国有企业改革与发展”“中小企业发展”“中国的外商投资企业”“中国企业走出去”“中国企业并购与重组”“中国企业社会责任”共 7 章内容，全面研究了 2012 年中国经济形势、企业改革与发展的重大进展及挑战、2013 年的发展趋势，并指出，2013 年将是中国经济结构调整、发展方式转变的关键一年，将是中国企业转型发展的关键一年。

下篇是中国企业转型发展的大规模调查研究专题。由总报告和 5 个专题报告组成。总报告全面反映了企业研究所 2012 年对全国 10 个省市区 300 家企业的实地调研以及对 1491 家企业问卷调查（回收数量）的成果，反映了国际金融危机以来我国企业转型发展的进展、存在的问题和面临的主要困难，并提出了相应的政策建议。专题一至专题三分别研究了国内外有关促进企业转型发展的理论基础、实践经验和政策措施，专题四和专题五则分别从行业与区域方面对我国企业转型发展情况进行了分析研究。

（参见《光明日报》，2013 年 2 月 12 日第 3 版）

中国企业在非洲论坛 3 月 18 日，由中国公共外交协会主办，中华全国工商业联合会、国家开发银行协办的“中国企业在非洲——合作、创新、共赢”论坛在北京举行。非洲国家驻华使节、中国在非企业家代表、专家学者等约 200 人与会。他们就新形势下中非加强合作、中国在非企业形象建设等议题进行广泛、深入研讨，一致认为，中非经贸和投资合作前景广阔，中国企业应抓住机遇，为推动非洲经济社会发展、深化中非友好互利合作、增进中非相互了解与友谊发挥积极作用。

中国公共外交协会会长李肇星在做主旨发言时说，中国和非洲是好兄弟、好朋友、好伙伴。长期以来，中国为非洲国家的民族解放和发展事业提供了大量援助，非洲国家也给予了中国最真诚、最宝贵的支持。中非友谊是患难之交，也是共进之交。新时期，在中非人民的共同努力下，中非关系必将提升到更高水平，中国和非洲的明天会更美好。

外交部副部长翟隽说，当前中非关系正处于全面快速发展的“黄金时期”。再过几天，中国新任国家主席将踏上非洲大陆，访问坦桑尼亚、南非、刚果（布）三国，并出席在南非举行的金砖国家领导人第五次会晤及金砖国家与非洲领导人对话会。这是新形势下中国对非洲的又一次重要外交行动，体现了中国政府对发展中非关系的高度重视，相信此访将对全面深化中国同往访国家关系，加强发展中国家团结合作，进一步拓展中非关系起到重要推动作用。

翟隽说，作为中非关系的重要组成部分，中非经贸和投资合作成果喜人。中国自 2009 年以来一直保持非洲最大贸易伙伴地位，中非贸易额从 2000 年的约 100 亿美元发展到 2012 年的近 2000 亿美元。非洲是中国第二大承包工程市场和第四大投资目的地。中非合作带动了双方经济社会发展，也为世界繁荣和稳定做出重要贡献。

据国家发改委统计，到 2012 年年底，中国企业对非投资达到 192 亿美元，已在非洲 51 个国家和地区设立了 2000 多家企业。国家开发银行提供的数据显示，截至今年 2 月，该行已向 30 多个非洲国家提供了不同形式的投融资支持，对非贷款余额达到 160 亿美元，通过中非发展基金，直接投资超过 20 亿美元。其中 2009 年发起设立的中非中小企业专项贷款已累计发放 7 亿美元，直接增加当地两万个就业机会，使 40 万农户、养殖户间接受益。

“只有当地社会经济的可持续发展，才能促进企业的可持续发展，也才能更好地维护和发展中非之间的友谊。”谈及在非洲开展业务的感受，中国建筑股份有限公司海外事业部执行总经理李吉勤说，公司在阿尔及利亚有施工项目 120 多个，遍布 38 个省，为阿尔及利亚提供了上万个就业机会，并与当地 300 多家中小企业长期合作，带动了它们的发展。

坦桑尼亚驻华大使马尔莫表示，中国向非洲提供了大量不附加任何政治条件的无私援助，非中合作建立在真诚友好、相互尊重、平等相待、互利共赢的基础上，有力促进了非洲的发展，中国是非洲真正的朋友。希望更多的中国企业走进非洲，开展互利合作。

世界银行非洲局局长塔塔说，非洲是发展迅速充满希望的大陆，中国是非洲重要的投资来源地和基础设施建设者。世界银行愿进一步加强同中国和非洲的三方合作，为非洲减贫和发展提供更多支持。塔塔在接受本报记者采访时表示，中国是非洲的一个重要合作伙伴，中非合作为非洲的发展提供了很大的帮助。

吉布提驻中国大使米吉勒在接受本报记者采访时表示，吉布提与中国的合作涵盖教育、医疗、清洁水、减贫、人才培训和能力建设等领域，是双赢的合作。吉布提地理位置重要，愿意发挥桥梁作用，为中国企业、中国商品进入阿拉伯国家和非洲提供便利。他说，很多中国企业在非洲非常活跃，他们在做生意的同时，给非洲带来了附加值，如促进就业、技术转移等。中非合作可以成为非洲经济发展的引擎之一。

（参见《人民日报》，2013年3月19日第21版）

2013年中国政治经济发展论坛　日前，中国人民大学经济学院举办了“《资本论》教学与研究中心发展建设研讨会暨2013年中国政治经济学发展论坛”，中国人民大学校长陈雨露，教育部党组成员、国家教育行政学院院长顾海良，教育部社会科学委员会副主任委员、南京大学党委书记洪银兴，国务院学位委员会学科评议组召集人、南开大学统计制度与方法研究中心主任逄锦聚，中国人民大学经济学院教授卫兴华，中国人民大学经济学院教授胡钧，中国人民大学原副校长林岗等专家学者，就《资本论》的研究方向提出了各自的看法，并对中国人民大学《资本论》教学与研究中心寄予期望。

会议还发布了《2013年中国政治经济学发展报告》。自2010年起，中国人民大学经济学院每年都发布中国政治经济学年度发展报告。今年的报告分上、下两个部分：报告上部分从政治经济学的视角出发，集中探讨了危机后当代资本主义的历史走向问题。报告下部分总结了2013年中国政治经济学研究的新成果和新进展。张宇教授在介绍该报告时指出，研究此次国际金融危机主要应从5个方面着手，第一是当代资本主义经济处于什么阶段及有什么特点；第二是资本主义在危机之后如何演变；第三是资本主义经济是否度过了危机，前景如何；第四是资本主义各种模式的比较；最后一个是资本与世界体系怎么变动。此次发布的报告对这几个问题都进行了梳理，并给出了相应的解答。

（参见《光明时报》，2013年3月30日第7版）

危机后的公司治理与国企改革论坛　3月28日，由清华大学经管学院公司治理研究中心、牛津大学与清华大学经管学院高管培训中心共同主办的危机后的公司治理与国企改革论坛在清华大学举行。经管学院兼职教授李荣融与牛津大学金融学教授科林·迈耶（Colin Mayer）分别做主题报告。200余名来自企业和学界的代表参加论坛，共同探讨危机后的公司治理和国企改革。科林认为，公司是现代社会中最重要的社会组织，与当今社会所发生的一切问题相关联。对于公司目前所面临的困境，他提出，企业自己要负起责任；企业应被那些长期的、有诚意、有承诺的股东所持有；企业应清楚自己的价值观；企业应有独立董事会，符合各种利益相关人的利益；政府应避免过度监管，要使企业税收安排跟社会利益结合起来。科林还特别提到，商学院要进行改革，教育未来商界领导人要有新的教学方法，要让学生真正知道企业的价值是什么。李荣融从自己管理国有企业的多年实践经验出发探讨了公司治理的问题。他认为，现代企业制度不是一个企业成功的充分条件，而是必要条件，公司治理不能照搬西方，而要找到一条适合我们自己的道路。他介绍了2003年国资委成立以来我国国有企业改革取得的成绩，提出高效运作的董事会也是国有企业成功经验之一。李荣融表示，搞好企业要靠决策科学、执行高效和监督有效。

（清华大学文科建设处刘金梅供稿）

气候融资助推中国经济低碳转型高层论坛　3月28日，由中央财经大学气候与能源金融研究中心和国际非营利机构气候组织举办的气候融资助推中国经济低碳转型高层论坛在中央财经大学学术会堂召开，同时联合发布了《中国应对气候变化融资策略》报告。国务院参事、科技部原副部长刘燕华，国家发展和改革委员会应对气候变化司司长苏伟，英国驻华大使馆公使兼副馆长Andrew Key，中央财经大学副校长李俊生，全国政协委员、金融学院教授贺强，以及英国驻华大使馆可持续增长参赞John Edwards等专家学者进行了主题发言。

来自国家发改委、财政部、环保部、中国银监会等政府部门，北京大学、清华大学、中国人民大学、中国社科院等高校和科研机构，英国驻华大使馆、德国驻华大使馆、国际金融公司、世界资源研究院、世界自然基金会等国际机构，中国银行、中信证券等金融机构和碳金融机构的120余位嘉宾参加了论坛。新华社、中新网、路透社、证券时报社、21世纪经济报道等媒体对本次论坛进行了报道。

（中央财经大学科研处供稿）

第十届中国数据挖掘与商业智能研讨会　3月29—30日，由中国人民大学统计学院、中国台湾辅仁大学管理学院、中华资料采矿协会、首都经贸大学统计学院、中央财经大学统计学院以及对外经贸大学统计学院联合主办的海峡两岸 CATI 与数据挖掘合作 20 周年暨第十届中国数据挖掘与商业智能研讨会在中国人民大学逸夫会堂举行。中国人民大学袁卫教授、台湾中央研究院赵民德教授、台湾辅仁大学李天行教授和谢邦昌教授分别向大会致辞。此次会议中，国际及海峡两岸地区的业界与学界精英不仅做了报告，而且分享了有关数据挖掘与统计学习，以及商务智能等方面的研究。其中，有关学者和企业从业者对于大数据时代统计、数据挖掘在云端计算的应用、大数据在企业的应用与发展等话题做了相关报告，而且还以主题报告的形式介绍了其行业内部的最新数据挖掘应用研究成果；而来自全国各高校的教授学者、在读学生、业界专家则分享了关于数据挖掘在金融、保险、市场调查、互联网应用等方面的研究，以及与数据挖掘有关的理论研究，如纵向数据的聚类、变量选择、不平衡数据的处理等，并引进了相关的先进理论。

（中国人民大学科研处关晓斌供稿）

中美能源安全合作研讨会 4 月 8 日上午，中美能源安全合作学术研讨会在北京大学国际关系学院举行。本次研讨会由美国驻华大使馆建议，北京大学国际战略研究中心主办。来自美国国务院和美国驻华使馆的官员与中国的能源政策和能源研究人员齐聚一堂，共同探讨了能源安全与合作的话题。

北京大学国际战略研究中心学术委员、北京大学国际关系学院教授查道炯主持了研讨会。美国负责经济增长、能源与环境事务的副国务卿罗伯特·霍马茨（Robert Hormats）先生率团参加了会议。中方参会人员分别来自北京大学国际关系学院、北京大学工学院、国家发改委能源研究所、人民大学国际关系学院、中国石油大学和中国现代国际关系研究院。北京大学国际关系学院的 20 多位高年级研究生和博士生应邀参与了这次研讨会。

（北京大学社会科学部供稿）

中美清洁能源合作研讨会 4 月 13 日，国务委员杨洁篪与美国国务卿克里共同出席中美清洁能源合作研讨会。

杨洁篪在致辞中说，中美作为世界上两个最大的能源生产国和消费国，在清洁能源、节能环保领域拥有广泛共同利益，该领域合作已成为中美关系一大亮点。克里国务卿访华期间，中美就深化相关合作达成广泛共识，将为两国务实合作开辟广阔前景。中美应共同努力，为世界能源安全、应对气候变化做出积极贡献，更好造福两国人民和世界人民。

克里在致辞时表示，美中加强清洁能源合作是应对 21 世纪全球能源安全和气候变化挑战的迫切需要。中美应加强该领域对话，深化合作，促进全球节能环保，创造更多商机和就业。

中美清洁能源合作研讨会由中国产业海外发展和规划协会、中国美国商会联合举办。中美双方能源、经商界人士 300 人与会。

（参见《人民日报》，2013 年 4 月 15 日第 3 版）

第七届中国企业跨国投资研讨会 日前，第七届中国企业跨国投资研讨会在京举行。本次研讨会以“推动跨国投资便利化，提升对外投资能力”为主题，由中国国际贸易促进委员会主办。大会开设了投资英国、加拿大等 5 个国别分会场，煤炭、中医药行业分会场，共发布 339 个海外投资项目。

中国贸促会万季飞会长表示，中国企业“走出去”渐趋成熟和理性，民营企业已经日益成为对外投资的重要力量。他强调尽快建立完善企业“走出去”政策信息发布和共享机制，加强商协会代言工商职能，全面提升企业的跨国投资经商能力和水平。

（参见《人民日报》（海外版），2013 年 4 月 19 日第 2 版）

第五届中国管理会计论坛 4 月 19 日，由中央财经大学会计学院与国资精英俱乐部、北京诺亚舟财务咨询有限公司、新理财杂志社和甲骨文公司（Oracle）共同主办的第五届中国管理会计论坛暨管理会计实践奖颁奖典礼在中央财经大学学术会堂举办。

中央财经大学会计学院院长孟焰教授、国务院国资委研究中心主任助理王志钢先生、新理财杂志社社长陆小平先生分别代表主办方致开幕词。国务院国资委财务监督与考核评价局廖家生副局长做了《管理会计在当前经营环境下的价值》主题演讲，分析了当前国际国内环境，认为中国企业在向价值型财务管理的转型过程中，管理会计将发挥重要作用。国务院国资委研究中心主任助理王志钢介绍了“大型国有企业全面预算管理模式创新与管理提升”的课题阶段成果。神华集团财务部副总经理杨飞先生介绍了神华集团的预算管理实践经验。论坛的最后环节，由来自多家企业的嘉宾进行了“战略至上——企业预算管理的靓丽转身”和“拯救利润——复杂环境下的成本控制之道”两轮对话。

（中央财经大学科研处供稿）

首尔投资交流论坛 日前，首尔投资交流论坛在北京凯宾斯基酒店举行，200 多名中国和韩国的投资者应邀出席了活动。论坛上，首尔市政府相关负责人介绍了首尔的投资环境和各种优惠政策，在通信信息技术、生物等产业进行了投资推介，副市长苟仲文出席了活动。

首尔市政府在论坛上介绍，2012年中国对韩国FDI（对外直接投资）达到了7.27亿美元，同比上升11.7%，中国已经成为韩国的第十一大投资国，目前在韩投资的中国非金融类企业已经超过400家，服务业和制造业为主要的投资领域，京东方、首钢、三一重工等企业均在韩国有直接投资。论坛上，其对首尔通信信息技术、生物、会展业等产业进行了投资推介。

市商务委和市投资促进局在论坛上介绍了本市和韩国贸易投资的情况，并欢迎韩国企业到京投资。市商务委相关负责人介绍，目前韩国在京企业数已突破2000个，涉及农业、制造业、商业、服务业多个领域。外贸交易总额方面，韩国已成为本市第五大出口国和第六大进口国。

（参见《北京日报》，2013年4月23日第21版）

第七届“京都论坛——产业结构转型与调整”　4月27—28日，由国务院发展研究中心信息中心主办的第七届“京都论坛——产业结构转型与调整”在北京召开。会议以产业结构转型与调整为主题，对我国宏观经济发展方向、国际经济形势、新型城镇化、结构调整的机遇和挑战、产能过剩，以及能源、钢铁、汽车、房地产等进行研讨。国务院发展研究中心副主任韩俊，国家发改委副主任张晓强，国务院发展研究中心党组成员、办公厅主任隆国强，国务院发展研究中心原副主任卢中原，国家发改委原副主任张国宝，国家发改委宏观院常务副院长王一鸣，财政部财政科学研究所所长贾康，国家发改委学术委员会秘书长张燕生，国务院发展研究中心产业经济研究部部长冯飞，国务院发展研究中心市场经济研究所所长任兴洲，中国钢铁协会常务副秘书长李新创，国家信息中心信息资源开发部主任徐长明出席会议并做主题演讲。国家行政学院决策咨询部研究员王小广，中国国际金融有限公司首席经济学家彭文生，北京万科有限公司副总经理肖劲参加了圆桌论坛。来自全国各地官、产、学、研约300位代表参加论坛并与专家学者进行互动讨论。

会议分别由国务院发展研究中心学术委员会秘书长程国强、国务院发展研究中心资源与环境政策研究所所长高世楫、国家行政学院决策咨询部研究员王小广主持。

（国务院发展研究中心办公厅科研处郭巍供稿）

中国农村发展政策论坛　4月27—28日，由中国农业大学中国农村政策研究中心、加拿大国际发展研究中心（IDRC）、加拿大国际治理创新中心（CIGI）、加拿大西安大略大学联合举办的中国农村发展政策论坛在中国农业大学召开。会上，农业部经管司孙中华司长围绕完善创新农村土地承包管理制度，介绍了我国农村经营体制的基本情况、存在的问题及未来发展的方向；农业部农村经济研究中心宋洪远主任在报告中分析了我国农业经济虽然取得了广泛的成绩，但其中也存在很多制约其发展的障碍，认识与解决这些难题，对我国农业经济的可持续发展有着重要意义。

与会中外专家围绕农业与农村政策、农村经济增长、农业贸易及农村劳动力转移等影响我国“三农”问题的重要议题进行了深入研讨和交流。国内外30余位农业经济学家、政府官员及青年学者参加此次研讨会。

（中国农业大学科学技术发展研究院王虹供稿）

首届中俄经济金融论坛　5月4日，首届中俄金融经济论坛在对外经济贸易大学召开。对外经济贸易大学校长施建军致欢迎词。中俄双方30余位专家学者参加本次论坛，包括俄罗斯联邦财务署信息化联邦中心主任Alexey Makushkin教授、俄罗斯联邦总统直属国民经济与国家行政大学（西北管理分院）国际关系学院院长Yury Kosov教授、俄罗斯联邦政府财政大学金融市场和金融工程系主任Boris Rubtsov教授等9位俄方专家，辽宁大学国际关系学院院长刘洪钟教授，中国社会科学院世界经济与政治研究所全球治理研究室执行主任黄薇博士，对外经济贸易大学外语学院分党委书记刘金兰，汉语言推广办公室主任韩红，俄罗斯国立人文大学孔子学院院长韩立华教授，金融学院院长丁志杰教授、分党委书记吴卫星教授等中方专家学者。

与会专家分别从金融治理、国际金融汇率体系改革、金砖国家未来合作、中俄金融合作、中俄金融改革比较等主题进行发言。金融学院院长丁志杰对本次论坛做总结发言，张新民副校长在欢迎晚宴上致辞。该论坛为中俄两国学者提供了一个跨国界的学术交流平台，增进了双方的了解，为双方未来改革、发展、合作提供了很多有益的前沿建议，对推进学校国际化进程起到了重要和积极作用。

（对外经济贸易大学科研处供稿）

中国国际税收发展协同创新学术研讨会　5月6日，由中央财经大学税务学院与国家税务总局国际税务司、中国税务杂志社联合主办的中国国际税收发展协同创新学术研讨会及《2012中国税收发展报告》发布会、《涉外税务》更名《国际税收》发布会在中央财经大学召开。中央财经大学副校长李俊生、中国税务出版社总编辑朱承斌联合发布了《2012中国税收发展报告——中国国际税收发展战略研究》，详细分析了本期中国税收发展报告的理论内容与实践意义。

来自政府部门、实务机构、科研院所、新闻出版各界专家学者100余人参加了会议。就国际税收发展趋势、国际税收管理战略、国际税收科研合作等问题进行了交流和探讨。

（中央财经大学科研处供稿）

2013黄金市场发展趋势研讨会 5月7日，由首都经济贸易大学主办，中国黄金市场研究中心、经易金业有限公司及CPM集团共同承办的2013黄金市场发展趋势研讨会在京召开，首部《世界黄金投资市场报告2013》中文版正式发布。来自国内外黄金、银行、投资等行业的众多专家、学者、企业代表以及行业主管领导进行了主题演讲和研讨，未来黄金市场走势如何成为此次研讨会讨论的焦点议题。

《世界黄金投资市场报告2013》中文版由全球知名金融研究、分析和咨询服务机构CPM集团研究撰写，经易金业有限公司与首都经济贸易大学中国黄金市场研究中心共同发布。该报告认为，黄金投资需求的发展趋势和规模大小将继续主导黄金价格方向，并预计2013年投资者仍将继续大量买入黄金，但是规模有望进一步小幅下滑。2013年金价将在1300～1650美元之间波动，预期金价在2013年剩下的时间里将在1350～1500美元/盎司之间运行。该报告不仅可以让国内的投资者了解国内知名专家对黄金市场走势的研判，同时还可以最直接地了解世界著名的黄金研究机构对黄金市场的观察和分析，从而能够更好地制定出有效的投资策略。

（首都经济贸易大学科研处张嘉艳供稿）

我国开放型经济体系新战略高层论坛 5月14日，中国世界贸易组织研究会第三届理事会第二次会议暨我国开放型经济体系新战略高层论坛在对外经济贸易大学举行。研究会终身荣誉顾问沈觉人、谷永江、龙永图，高级顾问俞晓松、张志刚，对外经济贸易大学党委书记王玲、校长施建军、副校长赵忠秀出席。会议由中国世界贸易组织会会长孙振宇主持，商务部部长助理俞建华致辞，研究会名誉会长陈德铭和对外经济贸易大学校长施建军分别发表主旨演讲。商务部、财政部、国家发改委、农业部、海关总署、质检总局等近20个部委部门负责人，来自全国十几个省、市的行业协会、企业、大专院校和研究机构的负责人，研究会的顾问、常务理事、理事、会员以及众多高校师生共计150余人参加了此次大会。

（对外经济贸易大学科研处供稿）

旅游管理专业建设研讨会 5月18日，首都师范大学资源环境与旅游学院在北京国际文化大厦召开了旅游管理专业建设研讨会。来自国家旅游局人事教育司、《旅游学刊》、中国旅游饭店业协会等政界、学界、产业界及旅游知名报刊的10余名专家学者与会，为首都师范大学旅游管理专业的建设与发展献计献策。首都师范大学常务副校长、资源环境与旅游学院学术带头人宫辉力教授及旅游管理专业全体教师参加了会议，会议由资源环境与旅游学院院长李小娟教授主持。

本次会议是在旅游管理专业升为一级学科大类的背景下召开的，主题是探讨在旅游管理专业学科建设问题及未来发展趋势，实现本科教育与业界和学界的接轨。本次研讨会不仅从战略层次上厘清了旅游管理专业未来发展的路径，更为重要的是，通过发展良好的兄弟院校权威专家及著名企业高端领军人物的经验介绍，认识到学校重视、学院支持、专业发展三方面协同作用的必要性。

（首都师范大学社科处黄胤英供稿）

大数据·大战略·大未来——2013（首届）中国CIO论坛 5月23日，由中国人民大学信息资源管理学院主办的“大数据·大战略·大未来——2013（首届）中国CIO论坛”在中国人民大学国学馆报告厅举行。论坛由中国人民大学信息资源管理学院院长张斌教授主持，冯惠玲常务副校长致辞，国家信息中心常务副主任杜平先生做了题为“大数据创造公共价值”的主题报告。包括中国人民大学信息资源管理学院学术委员会主任赵国俊教授、党委书记王丹老师、副院长卢小宾教授，各知名企业CIO以及高校师生在内的近200人出席了本次论坛。在本届论坛高峰对话环节中，来自政府主管部门的代表与企业负责人围绕大数据未来的核心创新点、大数据对不同行业、企业带来的机遇与挑战以及关于大数据与大风险3个议题进行了对话。此外，在集团企业论坛、互联网金融论坛、电子商务论坛3个分论坛中，与会专家学者们还就涉及大数据在信息化规划中的整合、大数据如何创造新的政府业态、未来大数据对金融行业商业模式的巨大冲击等领域的议题展开了积极的讨论。

（中国人民大学科研处关晓斌供稿）

《走向核心国家——中国的“大金融”战略与发展路径》研究报告发布会 5月25日，中国人民大学重阳金融研究院为其《走向核心国家——中国的“大金融”战略与发展路径》研究报告在中国人民大学举办了发布会。中国人民银行货币政策委员会委员、中国人民大学校长陈雨露教授在该报告中提出，应将金融提升至国家战略层面，构建中国的“大金融”宏观调控体系。未来40年，中国的金融发展应结合技术创新与产业结构周期、国家经济崛起周期以及货币金融替代周期，全面支持中国完成产业升级、经济复兴和货币金融崛起，成为全球“第六个长周期”中的核心国家。报告不仅首次将金融提升至国家战略层面的高度，构建了中国的“大金融”宏观调控体系，还首次提出创立“金融失衡指数”以取代传统的CPI、PMI等经济数据等理论。

本次发布会前，重阳金融研究院理事举行了闭门会议，深入讨论《走向核心国家——中国“大金融”战略与发展路径》研究报告。中国人民大学校长陈雨露教授、副校长查显友、财政金融学院院长郭庆旺教授，中国银监会副主席阎庆民，中国证监会主席助理张育军，上海证券交易所总经理黄红元，上海重阳投资管理有限公司董事长裘国根、总裁王庆、前总裁莫泰山，上海虹口区区长吴清、高华证券首席执行官章星、美国哈佛大学费正清研究中心主任柯伟林等出席会议。

（中国人民大学科研处关晓斌供稿）

第四届中拉经贸关系研讨会　6月5日，在习近平总书记访问拉美之际，为进一步推动和加强学校对中国与拉美国家经贸关系的研究，对外经济贸易大学区域国别研究所拉美研究中心与阿根廷国立二月三日大学在京联合举办了主题为“构建中国—阿根廷新型双边贸易科技合作关系”的国际研讨会。

阿根廷共和国驻华大使古斯塔沃·马蒂诺、阿根廷国立二月三日大学副校长米盖尔·哈科维基斯和该校亚太和印度经济与贸易中心主任卡洛斯·莫内塔，以及来自商务部、科技部主管拉美事务的官员和中国社科院拉美所、新华社、北京第二外国语学院、对外经济贸易大学区域国别研究所拉美研究中心等机构的30多名专家学者与会。对外经济贸易大学赵忠秀副校长、阿根廷共和国驻华大使马蒂诺、阿根廷国立二月三日大学副校长哈科维基斯等出席开幕式并致辞。赵忠秀在致辞中指出，中拉经济与贸易具有很大的互补性，双边经济合作对各自经济的发展具有推动作用，是互利共赢的。阿根廷大使马蒂诺认为，此次研讨会的召开对中阿经贸和科技的进一步合作具有积极的意义。

这是对外经济贸易大学区域国别研究所拉美研究中心自2006年成立以来举办的第四届中拉经贸关系研讨会。阿根廷是中国在拉美加勒比地区重要的贸易伙伴之一。进入21世纪以来，中阿科技合作呈现出新的发展势头，农业食品、生物、可再生能源等科技领域的合作已经成为中国与阿根廷双边关系的重要领域，助推中阿双边合作进入新的阶段。

（对外经济贸易大学科研处供稿）

首都旅游发展论坛　6月7日，由北京市社会科学界联合会、北京旅游学会、北京联合大学共同主办，北京联合大学旅游学院承办的第三届首都旅游发展论坛在京召开。北京联合大学校长卢振洋、北京市委前线杂志社社长陈之昌、市社科联党组副书记梁立新、北京联合大学副校长鲍泓出席论坛，来自国家旅游局、北京市旅游发展委员会、河北省旅游局、首都各大高校、北京旅游业界嘉宾等共200余人参加会议。论坛由北京联合大学副校长兼旅游学院院长黄先开主持。

围绕“京冀旅游经济圈建设”主题，国家旅游局政策法规司副司长周久才、北京市旅游发展委员会副主任安金明、河北省旅游局副局长翟玉虎、中国旅游报社总编辑高舜礼、国务院发展研究中心刘锋研究员、北京交通大学旅游管理系主任张辉教授、河北省科学院地理科学研究所副所长邸明慧研究员、北京联合大学旅游学院副院长张凌云教授，分别做了题为以改革的精神推进旅游经济圈建设、完善区域旅游合作体系、推进京冀旅游经济圈建设、关于推进首都旅游经济圈建设的几点建议、对京冀旅游经济圈建设的思考、三大战略打造京冀世界级旅游目的地、构建大北京新的旅游空间结构、基于世界城市视角下的京津冀区域旅游一体化、抓住发展机遇，推进京冀区域旅游合作——以北京过境72小时免签政策为例的主题发言，并与在场听众进行了互动研讨，共同为把北京建设成为国际一流旅游城市建言献策。

首都旅游发展论坛由市社科联、北京旅游学会、北京联合大学于2011年共同发起创办，致力聚合首都旅游各界资源，在政府、学界、业界之间搭建交流平台，研讨北京旅游发展所面临的重大理论和现实问题，促进学术研究成果更好地服务政府决策与社会经济发展需求。至今，已先后以建设国际一流旅游城市、推动首都旅游产业发展——融合创新提升、京冀旅游经济圈建设为主题成功举办3届首都旅游发展论坛。

（北京市社科联学术活动部供稿）

资源环境承载力与生态文明建设学术研讨会　6月8—9日，中国地质矿产经济学会、中国国土资源经济研究院、中国地质大学（北京）主办，国土资源部资源环境承载力评价重点实验室、中国国土资源经济研究院国土资源规划所、中国地质大学（北京）人文经管学院承办，在中国地质大学（北京）国际交流中心举办资源环境承载力与生态文明建设学术研讨会。到会主要人员有：中国国土资源经济研究院院长姚华军，中国国土资源经济研究院副院长付英，中国工程院院士李佩成，国务院参事张洪涛，中国地质大学（北京）副校长雷涯邻，国务院发展研究中心资源与环境政策研究所副所长谷树忠，中国国土资源经济研究院国土资源规划所所长、院长助理孟旭光等约500人。会议就资源合理开发利用与生态文明建设、环境保护与生态文明建设、资源环境承载力与国土规划等内容进行了研讨。

［中国地质大学（北京）科技处供稿］

中国经济学前沿论坛　6月14日，北京市社会科学界联合会、辽宁大学、经济科学出版社、中国经济发展研究会等单位在京联合举办第五届中国经济学前沿论坛。市社科联党组书记韩凯，辽宁大学校长、中国经济发展研究会会长黄泰岩，市社科联党组副书记梁立新、崔新建出席会议。来自国家发改委、中国社科院、首都各大高校的专家学者共120余人参加会议。论坛由经济科学出版社总编辑吕萍和辽宁大学经济学院党委书记林木西主持。《人民日报》《光明日报》《经济日报》《环球时报》《21世纪经济报道》、中国经济信息网等媒体进行报道。

中国经济学前沿论坛是在北京市社科理论著作出版基金重点资助项目《中国经济学发展报告——中国经济学热点前沿》一书的基础上发展而来。市社科联党组书记韩凯同志向与会专家介绍了《中国经济学发展报告——中国经济学热点前沿》一书从2004—2013年的10年成长历程，辽宁大学校长黄泰岩教授现场发布了2012年中国经济学热点排名及10年变化。

围绕经济转型的中国道路主题，中国社会科学院财经战略研究院院长高培勇研究员、中国人民大学农业与农村发展学院院长温铁军教授、中国社会科学院工业经济研究所所长金碚研究员、国家发改委学术委员会秘书长张燕生研究员、辽宁大学校长黄泰岩教授、中国人民大学杨杜教授等著名经济学家，分别围绕经济改革的突破口、科学推进城镇化和城乡一体化、加快新产业体系建设、以和平发展保障经济转型、经济转型与实现中国梦、企业转型成长等做了主题发言。

中国经济学前沿论坛创办于2009年，迄今为止，已先后以全球金融危机下的中国经济、迈向世界经济大国的中国经济、经济转型中的中小企业、打造中国经济第四增长极、经济转型的中国道路为主题成功举办5届。

（北京市社科联学术活动部供稿）

《人民币国际化报告2013》发布会　6月16日上午，由中国人民大学和交通银行联合主办、中国人民大学财政金融学院和国际货币研究所承办的《人民币国际化报告2013》发布会在中国人民大学世纪馆举行，本次报告的主题为世界贸易格局变迁与人民币国际化。中国人民银行研究局局长纪志宏，国家外汇管理局资本项目管理司司长孙鲁军，国家发展和改革委员会对外经济研究室主任曲凤杰，交通银行国际部副总经理付之琳、副高级经理赵永芳，华夏银行副行长黄金老，以及中国人民大学财政金融学院副院长赵锡军教授等出席发布会。中国人民大学校长、著名金融学家陈雨露教授在发布会上指出，尽管2012年人民币国际化进程增长迅猛，同比增长达到49%，但是人民币在国际使用水平方面仍然处于起步阶段，人民币国际使用水平和国际化进程还将面临三重障碍。本次报告指出，通过对人民币国际化指数（RII）持续快速上升的数据结构分析表明，人民币的国际使用已经开始从单纯贸易计价功能的“前驱”模式，发展成为贸易计价与金融计价的“双驱”模式，从而呈现出更为合理、稳健的格局。此外，报告还分析了当前影响人民币国际使用水平和国际化进程的主要障碍，并对人民币国际化发展战略提出了政策建议。

（中国人民大学科研处关晓斌供稿）

2013计量经济学国际学术年会　6月20日，首都经济贸易大学国际经济管理学院在京举办现代计量经济学方法在社会科学中的应用2013国际学术年会。来自清华大学、首都经济贸易大学、长江商学院、南加州大学、杜克大学、美国西北大学、加拿大圭尔夫大学、澳大利亚莫纳什大学、普渡大学等中外院校及研究机构的10余名学者参加了大会。会议邀请了美国南加州大学教授、计量经济学界泰斗萧政（Cheng Hsiao）、杜克大学经济系教授沙基卜·可汗、美国西北大学市场营销学教授陈宇新（Yuxin Chen）做了主题报告。

首都经济贸易大学作为唯一一所财经类北京市属重点院校，十分重视高端的科研发展，并始终坚持把国际上优秀的、高水准的学术思想和研究方法引进来，希望能借助此次国际学术年会的平台，得到更多国际学术界大力的支持，以促进该校学术科研水平的提高。

（首都经济贸易大学科研处张嘉艳供稿）

第七届经济增长与周期论坛　6月22—23日，由中国经济增长与周期研究中心、中国社会科学院经济研究所、首都经济贸易大学、中国经济实验研究院、特大城市经济社会发展研究院、香港经济导报社联合主办的第七届经济增长与周期论坛：中国经济转型与宏观经济政策选择暨中国城市生活质量指数发布会在北京召开。本次论坛的主题是新发展阶段下的中国经济转型与政策选择。来自国内外重点大学和研究机构的近百名学者参加了此次论坛，集中讨论了中国目前的宏观经济形势及主要原因，提出了中国当前宏观经济政策选择及未来经济转型面临的核心任务。

专家对中国宏观经济形势的判断达成共识，认为经济开始减速，经济回升基础或趋势不够稳固，政府必须转型，建立完善的市场制度，为市场竞争扫清障碍，通过构建服务型政府，将政府职能转变到关注民生上来。同时，在此次峰会上，首都经济贸易大学中国实验经济研究院还发布了 2013 年 35 个城市的生活质量指数。通过调查分析结果得到的总体判断是：城市生活质量主观满意度指数已经连续两年运行在满意度期间，运行态势平稳；生活成本、房价预期、食品安全、空气质量及社会治安状况构成人们幸福生活的严峻挑战。

（首都经济贸易大学科研处张嘉艳供稿）

第七届统计科学前沿国际研讨会　6 月 28—29 日，由中国科学院数学与系统科学研究院统计科学研究中心、范剑青国际合作研究团队及首都经济贸易大学统计学院联合举办的第七届统计科学前沿国际研讨会在北京举行。会议特邀了加州大学伯克利分校的马丁韦恩赖特教授等 21 位国内外知名教授做了大会报告，内容涉及国际前沿统计理论和应用“热点”问题研究、高维数据分析、非参数理论和方法等。美国宾夕法尼亚大学沃顿商学院讲座教授、《统计年鉴》（*Annals of Statistics*）前主编、北京大学千人计划入选者蔡天文教授在开幕式上致辞。美国科学院院士、斯坦福大学伊恩·约翰斯通教授，美国爱荷华州立大学教授、上海财经大学千人计划入选者黄坚教授等国外内近 50 所高校和科研院所的知名统计专家、学者近百人到会。

本届研讨会充分展示了统计学界的最新研究成果，促进了国际统计学者的相互交流，推动了中国统计事业的发展。与会者表示，通过此次会议进一步了解了国际上统计学发展的最新动态及最新的学术成果，受到了极大启发，受益匪浅。

（首都经济贸易大学科研处张嘉艳供稿）

全球与中国影子银行风险国际研讨会　6 月 29 日，由中央财经大学金融学院、广西大学中国—东盟研究院、纽约州立大学纽帕兹分校经济系共同主办的全球与中国影子银行风险国际研讨会，在中央财经大学召开。来自美国国际经济研究所、东方资本研究、科罗拉多大学、德国波茨坦大学、纽约州立大学、野村证券（香港）国际有限公司的海外经济学家，以及中国银监会、中国社科院金融研究所、广西大学、四川大学和中央财经大学的 12 位学者发表了专题演讲。

来自加拿大多伦多大学、丹麦国际研究院、中国社科院亚太战略研究院、北京大学、北京师范大学、西南财经大学、广东财经大学、新疆财经大学、安徽财经大学、北京联合大学、昆仑信托、城市商业银行等教授、研究员、业务经理等参加了会议。本次国际研讨会的举办，进一步推动了该学术领域的研究与探索，加强了国内外高校、科研机构、金融实务界和政府金融部门的联系和合作。

（中央财经大学科研处供稿）

第五届中国农村发展研究博士生论坛　6 月 29—30 日，由中国农业大学人文与发展学院主办的第五届中国农村发展研究博士生论坛在中国农业大学召开，论坛旨在营造良好的学术氛围，拓宽博士生学术视野，提升学术研究的质量。论坛以发展的愿景与路径选择为主题，分 6 个分论坛：农村社会保障政策、公共物品与治理、城镇化与区域经济发展、生计风险与贫困、农业经济与规模经营、社会脆弱性群体。同学们以文会友、激烈交锋，展开热烈交流。论坛还邀请了来自校内外的 10 余名专家进行现场点评。论坛还特设了中外博士生对话：国际发展研究与实践；热点争议：发展的愿景与路径选择两个特别环节。来自全国 30 余所高校近百名博士研究生参加了本次论坛。

（中国农业大学科学技术发展研究院王虹供稿）

2013 领航中国电子银行业务发展高峰论坛　7 月 2 日，由金融界网站与清华大学五道口金融学院互联网金融实验室联合主办的清华五道口金融家大讲堂特别活动：2013 领航中国电子银行业务发展高峰论坛在京举行。本次大讲堂以“e 动银行·多元化创新”为主题，聚焦电子银行前沿业务。工信部信息化推进司副司长董宝青、中国银行业协会副秘书长冯红、中国电子商务协会副理事长张宝泰以及清华五道口金融学院常务副院长廖理、金融界网站总编辑黄建涛等出席论坛。董宝青在致辞中指出，电子银行业务发展非常迅速，创新潜力十分巨大，在电子银行的建设上要把握住实体经济活动与网络经济活动的本质和规律，要始终高度重视电子银行的信息安全问题，走融合、跨界、协同、创新的路子。冯红表示，互联网时代，电子银行业务以其操作便捷、优惠实用、功能全面等优势深受用户青睐，业务发展迅猛，尤其是基于移动互联网的手机银行业务短时间内突飞猛进。随着我国网络用户以及手机用户的快速增长，电子银行有着无限的发展空间和潜力，势必成为未来生活的重要组成部分。在主题演讲环节，廖理介绍了目前最前沿的互联网金融话题，将互联网金融的历史渊源与发展脉络梳理成一条主线，认为基于移动互联网和互联网的商业模式不断涌现，在一刻不停地冲击传统银行的运营方法和思维方式。这也是清华大学五道口金融学院在 2012 年 6 月成立互联网金融实验室的初衷之一，为监管层、金融机构、互联网企业、从业者提供一些学术支持与前沿的资讯。目前，清华大学五道口金融学院互联网金融实验室是国内首家以“互联网金融”为主题的研究机构。100 多位金融机构业内人士参加论坛，围绕互联网金融时代电子银行的发展展开讨论。

（清华大学文科建设处刘金梅供稿）

2013年中国绿色产业与绿色投资国际论坛 7月5日，由中央财经大学气候与能源金融研究中心、北京外国语大学国际商学院和中国管理科学学会共同主办的2013年中国绿色产业与绿色投资国际论坛在国家会议中心召开。北京外国语大学校长韩震教授、副校长彭龙教授，葡萄牙经济与创新部前部长、哥伦比亚大学 Maneul Pinhol 教授，哥伦比亚大学能源中心主任 Jason Bordoff 教授，国际能源机构前负责人、东京大学田中伸男教授，国务院参事、中央财经大学刘桓教授等诸多专家学者做了主题发言，来自绿色产业的知名研究机构和绿色先驱企业的150余位嘉宾参加了论坛。就气候融资议题进行了探讨。国家发改委应对气候变化司副司长孙翠华、清华大学核能与新能源技术研究院教授韦志洪、国家应对气候变化战略研究和国际合作中心国际合作部负责人张晓华等专家纷纷提出了若干研究建议。

（中央财经大学科研处供稿）

第四届中国技术未来分析论坛 7月6日，“第四届中国技术未来分析论坛——技术预测与产业创新研究”在北京工业大学召开。论坛由北京工业大学经济管理学院与中国技术经济学会联合主办，来自高等院校、科研院所以及企业界的代表130余人出席。论坛由北京工业大学黄鲁成教授主持。

中国科技发展战略研究院科技预测与评价研究所王革所长，武汉大学邱均平教授，电子科技大学银路教授，中国科学院科技政策与管理科学研究所余江研究员，大连理工大学裘江南教授，中机生产力促进中心系统分析研究所叶猛所长，北方微电子公司纪安宽副总裁，哈尔滨行健机器人技术有限公司王霞副总经理，天津市科学学研究所李晓锋专家以及北京工业大学经管学院黄鲁成教授、翟东升教授、吴菲菲副教授、任海英副教授分别做了大会报告。

本次会议主题围绕技术预测与产业创新展开，具体议题包括技术预测理论方法与我国实践研究、基于专利与文献分析的技术预见（预测）研究、高校科技创新能力评估、生物医药产业专利质量评估、用户体验与技术创新评价、技术路线图与科技型企业发展战略、新兴技术与新兴产业演化研究、特定产业发展前景展望与产业政策研究等。

（北京工业大学科技处张爱民供稿）

2013年中国—阿拉伯国家博览会理论研讨会 7月12日，由中国—阿拉伯国家博览会执委会、中国中东学会和对外经济贸易大学联合主办的“2013中国—阿拉伯国家博览会理论研讨会”在对外经济贸易大学举行。宁夏回族自治区党委常委、自治区副主席袁家军，外交部原副部长杨福昌等领导，以及高等学校和科研院所的专家学者150余人出席了研讨会。

本次理论研讨会的主题是“新形势下中阿务实合作的路径选择”，对外经济贸易大学副校长林桂军教授在开幕式上做了主题发言。与会专家学者围绕中国与海合会国家合作前景、中国与阿拉伯国家金融合作、宁夏内陆开放型经济的通道建设思路等3个专题进行了热烈讨论。杨言洪教授主持了“中国与海合会国家合作前景”专题讨论。卢进勇、葛铁鹰、叶文楼、薛熠、汤碧、许亦平、余玉萍等专家学者参加了研讨会并分别做了发言。

（对外经济贸易大学科研处供稿）

2013年中国竞争政策论坛 7月31—8月1日，由国务院反垄断委员会专家咨询组主办、对外经济贸易大学竞争法研究中心承办的“中国竞争政策论坛—转型中的竞争政策”在北京召开。

国务院反垄断委员会秘书长、商务部副部长王超，国家工商总局副总局长孙鸿志，中国人民银行副行长刘士余，国务院反垄断委员会专家咨询组组长、国务院法制办原副主任张穹，国务院发展研究中心研究员、著名经济学家吴敬琏，对外经济贸易大学党委书记王玲出席了开幕式。在为期两天的会议上，来自国内外的反垄断执法官员、法官、专家学者、企业界、律师界近400名代表以“中国《反垄断法》实施5年的回顾与展望”为主题，从立法、执法、司法方面总结《反垄断法》实施5年来取得的成就、积累的经验和遇到的问题，并结合当前面临的主要挑战，探讨与展望未来发展。

与会专家围绕中、美、欧竞争执法的经验比较及国际合作，转型国家竞争政策的进展与经验，创新、竞争与企业发展等议题，从国际立法和法律实施经验比较为切入点，在对美国、欧盟先进竞争法律理念进行学习借鉴的同时，特别注重转型国家竞争政策推进经验交流，对转型国家竞争法律的落实方式、产业政策和竞争政策的互动等进行了深入探讨。

（对外经济贸易大学科研处供稿）

加工贸易企业转型升级理论与实践研讨会 8月5日，对外经济贸易大学跨国公司研究中心、国际直接投资（FDI）研究中心及国际经济伦理研究中心在京联合举办了加工贸易企业转型升级理论与实践暨中国“走出去”企业海外社会责任研讨会。会议特邀美国俄亥俄州立大学 Fisher 商学院 Oded Shenkar 教授、秘鲁天主教大学教授兼国会副议长、高级顾问 MaríaMéndez 女士、华尔街金融专家 Tomas A. Myers，以及来自国家发展与改革委员会、环境保护部、商务部、海关总署的政府官员和中国社会科学院、清华大学、中央财经大学、中信集团及对外经济贸易大学国际经济贸易学院、中国 WTO 研究院、英语学院、外语学院、公共管理学院等专家参会。

对外经济贸易大学副校长林桂军教授出席研讨会并围绕 TPP、新开放经济发展等问题同与会专家学者进行了深入交流。研讨会分为“加工贸易企业转型升级理论与实践”和“中国走出去企业海外社会责任”两个主题，分别由对外经济贸易大学跨国公司研究中心主任范黎波教授和国际直接投资研究中心主任卢进勇教授主持。本次研讨会的学术探讨与交流积极、深入，充分展现了官、产、学结合，跨学科交流，自由探索研究团队建设在科学研究中的重要意义。

（对外经济贸易大学科研处供稿）

2013 年物流、信息化与服务科学国际学术年会　8 月 20—23 日，北京交通大学在京主办 2013 年物流、信息化与服务科学国际学术年会（3rd International Conference on Logistics, informatics and Service Science，简称“LISS”2013）。英国 Reading 大学的 Jasmine Tehrani 博士、University of Liverpool 的 Dong Li 教授，美国 Purdue 大学的 Ruijian Zhang 教授，加拿大 University of Windsor 的 Michael Wang 教授，西班牙 Universitat Politecnica de Catalunya 的 Vicenc Fernandez、Irene Trullas 教授、台湾成功大学林正章教授等参加会议，北京交通大学经管学院党委书记张明玉教授、副院长施先亮教授以及相关部处的领导等出席开幕式。大会开幕式由大会主席之一，北京交通大学经管学院张润彤教授主持。来自全球 12 个国家和地区的 200 多名学者及学生参会。会议旨在汇集物流、信息化、服务科学等相关领域专家学者与业内人士，讨论学术问题，把握未来发展机遇与学科发展趋势，交流最新研究成果及学术思想，目前已举办三届。来自全球 11 个国家和地区的 160 多名学者参加会议。共收到论文 379 篇，录用 157 篇。论文集由 Springer 出版发行。会议论文集已被 EI 检索。

（北京交通大学人文社会科学处供稿）

第二届金融街论坛　9 月 4—5 日，由金融局、西城区委区政府共同主办的第二届金融街论坛在京举行。论坛以“中国金融业改革与发展”为主题，邀请到金融监管机构、国际金融组织、国内外金融机构负责人和专家学者等近 500 名嘉宾参加，旨在汇聚智慧，扩大交流，助推首都金融业创新发展和首都金融中心城市建设。市委副书记、市长王安顺出席了 5 日上午的主论坛活动。

市委常委、常务副市长李士祥致辞说，当前，北京经济社会正处于转型发展的攻坚阶段，对深化金融改革有着迫切需求，也拥有改革和发展的广阔空间。加快建设具有国际影响力的金融中心城市，调整和优化升级产业结构，保障精细化城市建设和运行等，都需要金融改革与创新的大力支持。北京在做好服务的同时，也愿意在国家有关部门指导下，承担各项金融改革试点任务，为进一步推动金融改革创新探索经验，做出应有贡献。

中国人民银行副行长胡晓炼、中国银监会副主席郭利根、中国证监会副主席姜洋、中国保监会副主席王祖继分别致辞并演讲。国务院发展研究中心副主任张军扩做“当前经济形势与全年展望”的主题演讲。

全国人大财经委员会副主任委员吴晓灵，中国建设银行董事长王洪章，中国国电集团董事长乔保平，国际金融协会总裁兼 CEO 亚当斯，纽联储执行副主席西蒙·波特出席论坛。

（参见《北京日报》，2013 年 9 月 7 日第 1 版）

2013 北京 CBD 国际论坛　9 月 6 日，2013 北京 CBD 国际论坛举行，旨在构建国际交流合作平台、树立北京 CBD 良好的国际品牌形象。市委副书记、市长王安顺出席。

副市长程红致辞说，此次北京 CBD 国际论坛以“新形势下中国经济的创新和发展”为主题，既是贯彻党的十八大关于加快经济发展方式转变、实施创新驱动发展的战略需要，也是北京加快实施科技创新、文化创新“双轮驱动”的战略需要，更是走过 20 年发展历程的北京 CBD 继续创新发展的需要。希望与会嘉宾围绕主题深入探讨，交流经验，帮助出谋划策，为推动首都科学发展凝聚合力。希望北京 CBD 把握机遇，进一步发挥优势，为全市经济社会发展做出更大贡献。

北京商务区联盟主席、北京 CBD 国际论坛理事长龙永图，加拿大温哥华市副市长郑文宇，美国鹏睿金融集团大中华区主席法兰克·纽曼出席论坛。

（参见《北京日报》，2013 年 9 月 7 日第 1 版）

第六届中国能源环境高峰论坛　9 月 7—8 日，由对外经济贸易大学中国能源环境研究中心、经济杂志社、北京环境交易所联合主办，LEXUS 雷克萨斯中国参与协办的第六届中国能源环境高峰论坛在北京召开。对外经济贸易大学校党委书记王玲致开幕词，国家能源局新能源和可再生能源司副司长史立山、国家发改委国家气候战略中心主任李俊峰、国家发改委环资司副司长吕文斌、美国空间技术协会会长马克·霍普金斯等出席开幕式并发表主旨演讲。开幕式由对外经济贸易大学副校长、国际低碳经济研究所所长赵忠秀教授主持。

此次论坛由3个分论坛组成。大气污染防治与混合动力车分论坛权威解读、深度分析了我国新能源汽车——混合动力汽车和电动汽车政策与发展趋势，并重点就PM2.5防治最新进展、全混动力与传统汽车的比较、金融业促进大气污染防治的政策措施、生态文明建设与大气污染防治及排污权交易等议题进行了讨论。

空气净化与能源清洁利用国家战略与世界经验分论坛上，相关专家重点围绕发展节能环保产业推进生态文明建设、世界无碳技术及清洁能源成本未来趋势、绿色低碳转型和能源清洁利用的国家战略思考、英国治理大气污染的经验与做法、特高压及智能电网推动清洁能源发展、城市建筑绿色能源集成创新示范展示工程等议题进行了深入探讨。

在智慧（生态）城市分论坛中，住建部中国城科会数字城市工程研究中心总工程师万碧玉、北京赛迪信息工程设计有限公司副总裁柳絮分别就住建部智慧城市试点情况、智慧城市研究与思考发表演讲。

此次研讨会是对政产学媒联动机制建构的探索与完善，并尝试集四方之力，共同应对能源环境问题的挑战。

（对外经济贸易大学科研处供稿）

诺贝尔奖获得者北京论坛 9月10日，2013诺贝尔奖获得者北京论坛在人民大会堂举行。国务院发展研究中心主任李伟主持开幕式，中国科学院院长白春礼，北京市委副书记、市长王安顺致辞。本届论坛为期3天，共有4位诺贝尔经济学奖、物理学奖获得者及多位国内外著名专家学者参会，共同探讨"新材料和新能源"这一论坛年度主题。

王安顺致辞说，本届诺贝尔奖获得者北京论坛以"新材料和新能源"为主题，体现了世界产业发展趋势和全球共同关切。相信通过这一平台，大家深入交流研讨，一定能够结出丰硕的智慧果实，为北京提供宝贵的发展经验和智力支持。我们也将坚决贯彻落实中央决策部署，不断完善政策措施，充分发挥科研院所、科技人才众多的优势，积极推动新材料、新能源等新兴产业加快发展。

白春礼致辞说，"新材料和新能源"这一年度主题，紧扣人类可持续发展的共同挑战，是我国全面实施创新驱动发展战略的集中体现，彰显着首都地区打造"绿色北京"的坚定决心。多年来，我国在新材料与新能源领域的探索研究取得了显著成效，让我们站在新的起点上，继续为推动国家科技创新、实现产业结构优化调整、促进战略新兴产业发展做出更大贡献。

诺贝尔物理学奖得主乔治·斯穆特代表与会诺奖得主和专家致答谢辞。

开幕式后，举行了新材料和新能源战略论坛。国务院发展研究中心副主任张来明，北京市委常委、常务副市长李士祥，中国科协前副主席、中科院院士赵忠贤，国际科学院联席主席沃尔克·莫伊伦分别做主题演讲。

（参见《北京日报》，2013年9月11日第1版）

中国——欧盟可再生能源合作机遇探讨国际研讨会

9月13日，国务院发展研究中心资源与环境政策研究所与英国HULL大学在研究中心学术报告厅联合举办了主题为中国——欧盟可再生能源合作机遇探讨的小型国际研讨会。会议由资环所高世楫所长主持，资环所王亦楠研究员做了中国风电发展现状及展望报告，HULL大学David Gibbs教授和戴修殿博士介绍了欧盟可再生能源政策及中欧潜在的风电合作机遇，国内风机制造领军企业金风科技产品总监潘伟平介绍了其发展历程以及在海上风电领域的探索。来自中国商务部、国家发改委能源研究所、中国电力科学院新能源研究所、中国可再生能源学会、中国风机制造行业学会，以及欧盟驻中国代表处、欧盟商会、英国使馆、德国技术合作公司GIZ、中欧清洁与可再生能源学院、欧洲领先风机企业Vestas、Gamisa等多位特邀中外知名专家，发展中心技术经济研究部、资环所多位研究人员等共30多位与会代表出席会议，围绕风电产业发展前景以及中欧在此领域的合作前景等问题进行了讨论。

（国务院发展研究中心办公厅科研处郭巍供稿）

中国上市公司投资者保护论坛 9月18日，北京工商大学召开了中国上市公司投资者保护论坛暨会计投资者保护指数（AIPI 2013）发布会。北京工商大学副校长谢志华教授，商学院王国顺院长、欧阳爱平教授，科技处处长杨有红教授，以及商学院部分教师和研究生参加。发布会由学校科学技术处处长杨有红教授主持，中国证监会、北京市国资委等政府部门代表，新华社、《新京报》《中国证券报》等媒体，《会计研究》《财务与会计》《商业会计》等期刊，上市公司及投资机构代表，以及在京高校和科研机构教师代表共100余人参加了发布会。

财政部企业司刘玉廷司长出席发布会并讲话，刘司长认为随着资本市场的不断发展，有关投资者权益保护的问题正变得越来越重要，他高度评价了北京工商大学会计投资者保护团队所取得的成就，并看好其今后发展。

北京工商大学副校长谢志华教授表示，虽然近几年我国上市公司的内部控制质量和会计信息质量有一定提升，但中国上司公司的会计投资保护水平依然在低水平徘徊，会计信息质量和外部审计质量与往年持平、管理控制与财务运行质量都出现了较大的下降。商学院崔学刚教授代表项目组汇报了指数评价结果，中色股份等上市公司代表就本企业的投资保护问题在会上进行了交流。最后，参会人员回答了媒体关于投资者保护和指数方面的一些问题。

北京工商大学投资者保护项目组对中国 2470 家上市公司进行了评价，其中深市主板 470 家，沪市主板 944 家，中小板 701 家，创业板 355 家。与 2012 年相比，中小板和创业板公司有所增加，分别增加 48 家和 63 家。

对于上市公司投资者保护水平连续四年下滑的原因，谢志华认为，受后金融危机影响，过度投资带来的遗留问题导致企业成长能力低下、自我创新能力不足、价值创造乏力，加之企业结构调整与升级处于产业调整期，使投资者保护处理低潮呈现逐年下滑的态势。

（北京工商大学科学技术处供稿）

亚太经济合作组织及东南亚国家联盟投资环境促进研讨会　9 月 16—18 日，由中国政法大学比较法学研究院、澳大利亚皇家墨尔本理工大学 APEC 中心、澳大利亚堪培拉大学法学院和亚洲开发银行研究院联合主办的亚太经济合作组织及东南亚国家联盟投资环境促进研讨会在北京举行。来自中国、澳大利亚、柬埔寨、智利、印度、印度尼西亚、老挝、墨西哥、蒙古国、缅甸、巴基斯坦、巴布亚新几内亚、秘鲁、菲律宾、泰国、英国、美国、越南等国家和世界银行、国际货币基金组织、经济合作与发展组织、亚洲开发银行、亚太经合组织、东南亚国家联盟等国际组织的参与投资政策制定的高级官员与专家教授近 80 人出席了本次会议。

第一天的研讨会围绕全球和区域投资流动的最新发展，包括税收、利益免除和普通股所有权等领域的投资政策的量化指标等展开了热烈讨论。第二天的政策对话就改善亚太经合组织和东南亚国家联盟的投资环境展开。话题主要围绕主权财富基金和国有企业的投资活动的相关政策、减少投资壁垒、影响被投资国接受投资的因素、相关国际及区域性条约的功效、亚太地区的资金流动、增强投资管理体制和政策中相关投资决定的透明度和可预测性等问题进行了热烈讨论。第三天的会议围绕中澳两国投资关系展开，专家学者就中澳投资关系中的融资、税收、国有企业的本质和社会作用以及投资争端的解决等问题的进行了精彩对话。

（中国政法大学科研处刘璐供稿）

《2013 中国绿色发展指数报告》研讨会　9 月 21 日，由北京师范大学、西南财经大学和国家统计局中国经济景气监测中心联合主办的《2013 中国绿色发展指数报告》发布暨研讨会在北京举行。中国环境保护与发展国际合作委员会副秘书长徐庆华教授、北京师范大学副校长曹卫东教授和北京师范大学出版集团叶子总编辑出席会议并致辞。中国社会科学院学部委员张卓元教授，全国人民代表大会财政经济委员会副主任委员辜胜阻教授，全国政协委员、国务院发展研究中心原副主任卢中原教授，北京大学副校长刘伟教授，中国社会科学院美国研究所所长黄平教授，青海省生态环境遥感监测中心主任田俊量教授等著名专家学者发表讲演。北京师范大学学术委员会副主任李晓西教授、国家统计局中国经济景气监测中心副主任潘建成博士和西南财经大学副校长边慧敏教授共同主持了会议。

曹卫东副校长对《2013 中国绿色发展指数报告》的出版表示祝贺，并对研究报告提出了殷切的期望与建议。曹卫东指出，绿色发展是一个多领域合作、多维度推动的课题，除了要关注政府、企业的绿色发展，还要号召每一个公民对绿色发展的参与。他表示，在北京师范大学即将推出人文社会科学繁荣计划之际，《2013 中国绿色发展指数报告》的发布是学校文科建设的重大成果，是学校积极参与党中央资源节约型、环境友好型社会工作，推进生态文明，建设美丽中国的举措之一。同时，中国绿色发展指数报告进一步增强了北京师范大学的社会影响力，为学校的人文社会科学的繁荣发展做出了贡献，学校将一如既往地支持“中国绿色发展指数系列报告”。课题组负责人李晓西教授和潘建成博士对研究报告进行了介绍，并接受了中央电视台的专访。来自新华社、《人民日报》《光明日报》、中国新闻社、《环球时报》等近 20 家媒体对报告发布做了报道。

（北京师范大学社科处刘娜供稿）

第十三届中国青年经济学者论坛　9 月 21 日，第十三届中国青年经济学者论坛在北京师范大学图书馆举行。本次论坛由《经济研究》编辑部、北京大学光华管理学院、北京师范大学经济与工商管理学院和武汉大学高级研究中心共同主办。北京师范大学党委副书记刘利教授，中国社会科学院副院长李扬研究员，中国社会科学院经济研究所所长、《经济研究》主编裴长洪研究员，北京师范大学经济与工商管理学院院长赖德胜教授等出席了开幕式。开幕式由北京师范大学经济与工商管理学院分党委书记沈越教授主持。刘利副书记在致辞中代表学校向嘉宾和与会代表的到来表示欢迎，他充分地肯定了中国青年经济学者论坛的积极意义，并指出，北京师范大学正在向着建设世界一流大学的目标迈进，经济学科的发展是其中重要的一环，希望通过若干年的努力，经管学院能建设成为一流的商学院。

中国社会科学院副院长李扬研究员为在座的青年学者做了题为“全球经济危机的长期化及中国面临的挑战”的主题报告，梳理了全球危机长期化的背景、形成因素、新一轮全球化下的分工格局，认为经济危机将成为全球经济的新常态，而且，这场危机已经从发达国家扩展到新兴经济体和发展中国家。中国社会科学院经济研究所所长、《经济研究》主编裴长洪研究员、北京师范大学经济与工商管理学院李实教授、北京大学光华管理学院陈玉宇教授、山东大学中国经济研究院院长黄少安教授也分别就我国新一轮对外开放的挑战和机遇、我国收入分配中的几个重要问题、空气污染的健康后果以及中国的空气污染治理政策讨论和高房价有利于地方经济吗等问题做了主题发言。中国青年经济学者论坛创办于2001年，主要面向45岁以下的青年经济学者，是国内经济学界高规格的学术交流平台。论坛旨在推动我国青年经济学者的科研活动，加强青年学者之间的交流，培养中国经济研究的后续力量，并努力为中国的经济发展和改革实践服务。

（北京师范大学社科处刘娜供稿）

第二届中国财经科学博士后论坛 日前，中国社会科学院、全国博士后管理委员会、中国博士后科学基金会共同主办，中国社会科学院博士后管理委员会、中国社会科学院财经战略研究院联合承办的“第二届中国财经科学博士后论坛”在北京召开。与会者围绕“深化改革、创新发展”这一主题，就我国经济发展新阶段、产业结构调整、绿色GDP核算等问题进行了研讨。

与会者指出，当前我国经济在全球竞争新格局下要实现可持续增长，需要挤掉“水分”，走内涵式发展道路。现阶段我国经济增长中的“水分”，主要体现在投入产出的效率降低上。比如，一些投资虽然计入GDP，但并未真正形成生产能力；一些投资虽形成了生产能力，但造成产能过剩；一些投资建立在破坏生态环境的基础上，引发其他问题等。尤其是产能过剩，造成资源闲置，增加企业生产成本，降低企业盈利能力，影响经济健康发展，需要高度关注和有效治理。

与会者认为，当前我国已进入经济增速换挡期。这对产业结构调整既提供了新机遇，也提出了新要求。过去我们习惯于通过扩大投资、上项目和提供优惠政策，从增量上进行产业结构调整，现在则应当注重从存量上进行调整，切实把推动发展的立足点转到提高质量和效益上来，加快形成新的经济发展方式。为此，需要处理好政府和市场的关系，认识并尊重市场经济规律，重视价格机制对经济的调节功能，最大限度地发挥市场在资源配置中的基础性作用。

（参见《人民日报》，2013年9月25日第7版）

《国民核算研究报告》研讨会 9月24日，由北京师范大学国民核算研究院组织召开的《国民核算研究报告》研讨会在北京师范大学举行。著名经济学家吴敬琏，中投副总经理谢平，中国社科院张曙光教授、郑玉歆教授，北京大学张维迎教授、霍德明教授、李玲教授，全国工商联王忠明副秘书长，中国银行首席经济学家曹远征，银河证券首席经济学家左小蕾，国务院发展研究中心李善同教授、魏加宁教授，国家统计局施发启，中国改革基金会王小鲁教授，上海社科院左学金教授，浙江大学史晋川教授，北京师范大学李晓西教授、赖德胜教授、李实教授等20余位专家学者齐聚京师大厦参加此次研讨会。研讨会由国民核算研究院宋旭光教授主持。宋旭光教授介绍了国民核算研究院组织《国民核算研究报告》研究的基本设想、预期目标和现有成果。国民核算研究院徐滇庆教授代表课题组介绍了《国民核算研究报告2013》的总体框架，主要内容和基本结论，并对《国民核算研究报告2014》的部分研究内容进行了解读。本期国民核算报告包括10个专题：房价收入比、人均住房面积、房地产供求关系、居民收入资金流、内需的构成、农村剩余劳动力、GDP规模、服务业占比、对外依存度、粮食安全和大豆进口等。与会专家高度肯定了《国民核算研究报告2013》的开创性工作，认为该报告填补了我国社会科学研究的一个重要领域，对于国家重大决策有着重要的支撑作用。各位专家对《国民核算研究报告2013》给出了评点意见和建议，并对《国民核算研究报告2014》的研究工作给出了很多建设性的意见。“国民核算研究报告”课题组成员与各位专家进行了充分地讨论和交流。新华社、中央人民广播电台、《中国日报》《21世纪经济报道》《新京报》《中国财经报》、新浪财经等10余家媒体记者采访并报道了本次会议。

（北京师范大学社科处刘娜供稿）

国有企业公司治理研讨会 9月28日，由北京师范大学公司治理与企业发展研究中心、北京师范大学经济与工商管理学院主办的国有企业公司治理研讨会暨董事会治理指数（2013）发布会在京师大厦举行。本次会议发布了高明华教授主持完成的两项成果：一是《国有企业分类改革和分类治理调研报告》，该项成果经过对国有企业的细致调研，提出了较系统的国有企业分类改革和治理的思路和方向。二是《中国上市公司董事会治理指数报告2013》，该项成果是北京师范大学公司治理与企业发展研究中心推出的“中国公司治理分类指数报告系列”的第Ⅴ类第七个指数报告，该报告对中国资本市场开放以来上市公司董事会治理进行了全面评估。这两项成果是英国（中国）战略项目基金、国家哲学社会科学基金（重点）、中央高校基本科研业务费专项、国家“985”等项目的重要阶段性成果。

国务院国有重点大型企业监事会主席季晓南、国务院国资委企业改革局副局长王润秋、中国证监会研究中心研究员黄明、中共中央编译局办公厅主任崔友平、中国交通建设股份有限公司副总裁朱碧新、国务院国有重点大型企业监事会副主任郑新军、《中华工商时报》副总编辑刘杉、中国保利集团公司董事会办公室张旻、河南亚太有色金属物流园有限公司董事长陈威宪、英国驻华大使馆中国繁荣战略项目基金经济处项目经理刘可，以及北京师范大学社科处处长范立双、经济与工商管理学院分党委书记沈越等各界专家出席了会议。专家对本次会议发布的两项成果给予高度评价，普遍认为国有企业分类改革和分类治理是国有企业深化改革的必然趋势，研究成果对于国有企业改革实践具有重要指导价值。中国上市公司董事会治理指数（2013）在很多方面填补了国内外在董事会治理研究方面的空白，评价结果与企业实际高度吻合，反映了该项成果的科学性，对于指导董事会规范运作，防止企业违规行为，引导投资者理性投资，具有直接的指导意义。迄今为止，北京师范大学公司治理与企业发展研究中心成为国内出版公司治理指数评价报告最多的单位，其数据库也成为国内最大规模的公司治理分类指数专业性数据库。

（北京师范大学社科处刘娜供稿）

大国经济比较暨《世界经济数字地图》出版研讨会

日前，为了从国际视野来探讨大国经济的发展规律，从而深入研究和阐释中国经济发展道路，中国社会科学院当代中国研究所“中国产业结构演变中的大国因素研究”课题组和科学出版社在京联合举行“大国经济比较暨《世界经济数字地图》出版研讨会”。会议由当代中国研究所副所长、新中国历史研究中心主任武力主持，来自中央编译局、北京大学、清华大学、中国对外贸易大学、南开大学、江西财经大学、辽宁财经大学以及中国社会科学院当代中国研究所、世界经济与政治研究所、经济研究所、工业经济研究所、亚太战略研究院等单位的著名专家及各书主编出席会议并发言。与会学者深入分析探讨了美国、印度、巴西、德国、日本等大国的经济发展经验教训及其对中国的借鉴作用。会议还就科学出版社连续3年出版的年度《世界经济数字地图》相关情况展开讨论。大家一致认为该丛书对于我们了解国外经济情况，吸取其他国家经济发展的经验教训很有必要。据悉，今年出版的丛书共8本，涵盖了中国、美国、日本、德国、印度、巴西等6个国家和世界主要产业。3年来，丛书作者队伍不断壮大，社会影响力逐步增强。

（参见《光明日报》，2013年10月9日第11版）

2013国际税务学术论坛暨IFA中国年会　10月16—18日，由中央财经大学国际税务研究中心与国际财税协会（IFA）中国秘书处、国际财政文献局中国办公室联合主办的2013国际税务学术论坛暨IFA中国年会在中央财经大学学术会堂召开。围绕会议主题——“BEPS与国际税收的深刻变局”，IFA主席Porus KAKA先生、IFA学术委员会主席Stef van Weeghel先生、国家税务总局国际司副司长王文钦先生、国家税务总局国际司副司长廖体忠先生分别进行了发言。来自国家税务总局、国际财税协会、国际财税文献局、《国际税收》杂志、大型会计师和律师事务所、大型跨国企业、北京大学、人民大学、武汉大学、厦门大学、上海财经大学、华东政法大学、上海立信会计学院、扬州税务学院等各界代表150余人参加了此次年会。本次论坛的成功召开推动了中国国际税收学术界走上国际舞台，对国际税收发展的世界格局乃至促进整个国际经济秩序的改善产生了一定的影响。

（中央财经大学科研处供稿）

知识产权、创新和发展国际学术研讨会　10月19日，“知识产权、创新和发展：中国与世界国际学术研讨会”在对外经济贸易大学举行。来自美国的Keith Maskus教授、Kamal Saggi教授等国际知名学者，国家知识产权局发展研究中心、最高人民法院的专家以及国内高校知识产权研究领域的学者参加了研讨会。

对外经济贸易大学副校长赵忠秀教授表示，本次研讨会在知识产权领域为中外学术界和政策界、经济学界和法学界搭建了一个交流平台，与会学者和专家敏锐的洞察力、深入的分析，以及今后进一步合作的意向将为进一步推进我国知识产权政策的执行和研究做出积极贡献。

为期一天的研讨会以世界知识产权的新动向为焦点，专家学者们以创新、模仿和知识产权保护对一国福利的影响为理论基础，对我国专利权申请的最新情况及其与“十二五”规划的关系、商标法恶意中的注册、互联网服务商对知识产权保护的法律责任、家具产业的工业设计保护及知识产权中的犯罪执行等具体问题进行了深入的探讨。

（对外经济贸易大学科研处供稿）

第五届中日韩企业破产与重组研讨会 10月19—20日，由中国政法大学民商经济法学院主办，金杜律师事务所、北京市中伦（深圳）律师事务所、北京市企业清算事务所、大成（南京）律师事务所、韩国梨花女子大学法学院破产法中心协办的第五届中日韩企业破产与重组研讨会在北京举行。

研讨会在有序和有效的企业拯救的主题下，分3个单元予以展开。

第一单元围绕法庭外重组主题，北京市企业清算事务所董事长康阳、日本野村证券株式会社顾问高木新二郎先生、韩国产业银行副总经理曹圭洪先生分别以拆分式重组的实践和思考、法庭外重整与重整预案型法定重整程序、法庭外重整制度为题进行了发言。

第二单元会议围绕司法重整问题展开，日本大江桥律师事务所执行合伙人上田裕康先生以法定重整程序为题，主要就关于DIP型公司更生程序进行了介绍。首尔中央地方法院审判厅长具会根先生、中国人民大学法学院王欣新教授分别围绕中小企业重整程序的改善方案、出售式重整模式探析进行了主题发言。

第三单元围绕跨境破产相关问题进行了讨论，韩国李垠宰律师就债务人回生法的对外效力——以禁止在国外的债权执行为中心对韩国处理跨境破产问题的相关措施进行了介绍。中国郑志斌律师以其律所曾经手的案件为例，对跨境破产案件管辖权问题进行了详细的介绍。日本藤本利一教授以日本国际破产事件的规范为题做了主题发言。

（中国政法大学科研处刘璐供稿）

第三届中国企业管理创新案例研究前沿论坛 10月21日，第三届中国企业管理创新案例研究前沿论坛在对外经济贸易大学举行。中国工业经济杂志社黄群慧主编、李海舰主编，台湾科技大学卢希鹏教授，北京航空航天大学欧阳桃花教授，新加坡国立大学潘善琳教授，加拿大毅伟商学院讲座教授Paul W. Beamish应邀出席论坛并做主题报告。对外经济贸易大学副校长张新民教授、国际商学院院长汤谷良教授、副院长王永贵教授以及来自全国多所高校、研究机构的专家、学者及案例研究爱好者参加了此次论坛。

对外经济贸易大学副校长张新民教授致论坛开幕词，他对参与此次论坛的所有专家、学者表示欢迎，并鼓励大家集思广益，积极参与企业管理创新的案例研究。中国工业经济杂志社黄群慧主编在致辞中强调，我国经济发展迅速，却缺少世界公认的管理模式，这一点需要向欧美日等发达国家学习。对外经济贸易大学国际商学院院长汤谷良教授与北大荒集团肇源农场场长杨广明签订了校企合作协议。

台湾科技大学卢希鹏教授以“为什么我跳舞，成绩没变好”为题进行经验分享；北京航空航天大学的欧阳桃花教授以“触案与回案：一石三鸟”为主题展开报告；新加坡国立大学潘善琳教授向在场嘉宾系统地介绍了SPS案例研究方法，并预测了其未来的发展方向；加拿大的Paul教授则以“Case Development in China：A 30 Year Perspective”为题，从其特有的视角介绍了中国案例研究的发展，并提出了自己的见解与建议。

（对外经济贸易大学科研处供稿）

创新服务方式研讨会 10月24日，北京市工商行政管理学会召开了创新服务方式、拓展服务渠道、提高服务效能研讨会。有关专家学者、政府管理部门负责人共50余人到会。与会同志围绕发展服务型政府的意义、拓展服务的领域、服务的方式等问题进行了深入研讨，有针对性地提出了拓展服务领域、提高服务效能的意见和建议。研究报告提出的意见建议在相关政府管理部门制订工作计划时吸纳。

（北京市工商管理学会供稿）

第八届中国交通高层论坛 10月26日，北京交通大学在京举办以中国综合交通的新形势与新任务为主题的第八届中国交通高层论坛。中国工程院院士施仲衡，国务院参事、中国综合交通研究中心主任石定寰，中国交通运输系统工程学会理事长王庆云，国家发展和改革委员会基础产业司司长黄民，交通运输部科技司司长赵冲久，中国铁路总公司运输局副局长赵海宽，交通运输部规划研究院院长李兴华，国务院参事张元方，北京交管局原副局长段里仁，中国公路科学研究院院长周伟，中科院自动化所副所长王飞跃，大连交通大学校长李学伟，日本铁道综合技术研究所主任研究员厉国权以及德国环境政策、基础设施和基本政策司副司长Birgitta Worringe，北京交通大学校领导宁滨、孙守光与来自铁道部经济规划研究院、中国民航局安技中心发展战略所、美国能源基金会宇恒可持续发展交通研究中心、铁道部经济规划研究院、天津大学、西南交通大学等科研院所的专家、论文作者以及该校师生代表近300余人出席此次论坛。孙守光主持开幕式，张国伍主持闭幕式。论坛以中国的综合交通问题为对象，从加强城市群综合交通运输网络规划、综合运输体系发展、完善铁路运力布局、提高运输能力和服务质量等方面进行研讨。在分组专题会议中，专家学者围绕大部制形势下的综合交通体系建设、新时期综合交通系统协同创新机制与政策、城镇化发展中的交通规划与服务管理模式等专题进行深入交流。

（北京交通大学人文社会科学处供稿）

第十届中国金融学年会　10 月 26—27 日，第十届中国金融学年会在北京大学光华管理学院举办。来自国内外高校及研究机构的 300 余位专家、学者共聚北大，论道光华，围绕当前金融领域的重点理论和实践问题展开热烈而深入的探讨。

年会开幕式第一阶段由光华管理学院金融系主任刘玉珍教授主持。光华管理学院院长蔡洪滨教授、第十届年会理事长钱水土教授、第十届年会主席刘玉珍教授分别做开幕式致辞，加州大学伯克利分校哈斯商学院金融系主任、金融学讲习教授 Terrance Odean 发表了题为“未认知的风险”（Unrecognized Risk）的主旨演讲。开幕式第二阶段是论文颁奖环节，由年会秘书长徐信忠教授主持。最后，佐治亚大学金融系教授、Journal of Corporate Finance 联合主编 Annette Poulsen 做了题为“国际治理研究：一个杂志主编的视角”（International Governance Research: An Editor's View）的主旨演讲，为年会拉开了序幕。

本届年会共收到海内外学者提交的论文 400 多篇，采用匿名打分制，最终共有 102 篇论文入选年会交流。年会设有 26 个分会场，分会场主题涉及资产定价、公司财务、金融市场与机构、货币理论与政策等各细分领域。中国金融学年会的影响力日益增强，已成为我国与世界金融学者相互交流的重要平台。

（北京大学社会科学部供稿）

中国国际金融学会学术峰会暨 2013 年《国际金融研究》论坛（秋季）　11 月 1 日，由中国国际金融学会和中央财经大学主办，中央财经大学金融学院、中国银行国际金融研究所、《国际金融研究》编辑部和中央财经大学国际金融研究中心共同承办的“中国国际金融学会学术峰会暨 2013 年《国际金融研究》论坛（秋季）”在中央财经大学举行。来自国内高校、科研机构、金融机构、新闻媒体的专家学者、媒体记者和中央财经大学师生共计 200 余人参加了此次论坛。

中央财经大学金融学院院长、中国国际金融学会副秘书长张礼卿教授首先发表了开幕致辞。本次论坛以“变化中的全球金融业：问题与选择”为主题。中国社会科学院李扬副院长和中国银行首席经济学家曹远征博士分别发表了主旨演讲，来自国内各高校的 6 位金融学科带头人和专家发表了主题演讲。与会专家分别就中国金融改革与发展、人民币汇率与人民币国际、收入分配与金融发展的关系、民营银行发展、中国资产证券化发展、财富管理变革与金融市场发展等问题进行了研讨。作为本次论坛的网络媒体，和讯网和网易财经对本次论坛进行了实时播发，《金融时报》等报刊进行了报道。

（中央财经大学科研处供稿）

联合国 2015 年后全球可持续发展目标讲座　10 月 31 日，清华大学公管学院院长薛澜做客“新人文讲座”系列之（十三）“生态文明与美丽中国”的第十一讲，为 400 余名清华师生在清华大学大礼堂做题为《联合国 2015 年后全球可持续发展目标：挑战与机遇》的讲座。薛澜围绕讲座主题，从当前全球面临的各种挑战、全球治理失灵、如何解决全球治理失灵、联合国千年发展目标、联合国 2015 年后可持续发展目标、中国应该为全球治理做什么 6 个方面为同学们做了详细的讲解。首先，薛澜分析了当前全球面临的各种挑战，主要包括人类对地球的整体影响、环境变化、海洋资源管理、全球金融、全球公共健康等方面的问题，并介绍了成功的全球治理案例——联合国千年发展计划。薛澜介绍说，该计划主要有 8 个目标：一是消除极端贫困与饥饿，使靠每日不到 1 美元维生的人口减半，实现充分和有效的就业，使所有人包括妇女和年轻人有体面的工作，使挨饿的人口比例减半；二是普及小学教育，确保所有男童和女童都能完成全部小学教育课程；三是促进两姓平等并赋予妇女权力，争取到 2005 年在小学教育和中学教育中消除两性差别，最迟于 2015 年在各级教育中消除此种差距；四是降低儿童死亡率，将 5 岁以下儿童的死亡率降低 2/3；五是改善产妇保健，将产妇死亡率降低 3/4 并实现普及生殖健康；六是与艾滋病、疟疾和其他疾病做斗争，计划到 2010 年向所有需要者普遍提供艾滋病治疗，到 2015 年遏制并开始扭转疟疾和其他主要疾病的发病率；七是确保环境的可持续能力，将可持续发展原则纳入国家政策和方案，并扭转环境资源的损失，减少生物多样性的丧失，到 2015 年将无法持续获得安全饮用水和基本卫生设施的人口比例减半，到 2020 年使至少 1 亿贫民窟居民的生活明显改善；八是制订促进发展的全球伙伴关系，进一步发展开放的、有章可循的、可预测的、非歧视性的贸易和金融体制，满足最不发达国家、内陆发展中国家和小岛屿发展中国家的特殊需要。针对这些成功的计划即将在 2015 年到期，如何制订今后新的全球发展目标的问题，薛澜介绍了几种应对的措施，并着重指出了《可持续发展行动议程》报告提出的重要挑战，即消除包括饥饿在内的极端贫困；实现地球极限范围内的发展；为所有儿童和青年人提供有效学习，保障其生活与生计；实现所有人的性别平等、社会包容和人权；实现所有年龄群体的健康和福利；改善农业体系和促进农村繁荣；创建包容性、富有生产力和弹性的城市；遏制人为造成的气候变化，确保所有人都获得清洁能源；保障生态系统服务、生物多样性以及水资源和其他自然资源的良好管理。最后，薛澜强调，中国始终坚持经济发展、社会进步和环境保护三大支柱统筹原则，坚持发展模式多样化原则，坚持共同但有区别的责任原则。中国作为一个发展中国家，愿意与各方加强合作，携手推进全球可持续发展进程，为人类实现可持续发展做出应有的贡献。

（清华大学文科建设处刘金梅供稿）

东亚经济面临机遇与挑战国际学术研讨会 11月1日，由中央财经大学经济学院主办的东亚经济面临机遇与挑战国际学术研讨会在中央财经大学学术会堂举行。此次会议分5个议题，分别为后金融危机时期东亚经济面临机遇和挑战、东亚区域经济合作与经济增长、东亚经济融合战略选择、东亚金融制度与金融服务创新，以及东亚人口、资源和可持续发展。中央财经大学副校长李俊生结合近年来东亚经济发展以及中国同东亚各国经济合作的历史，发表了对东亚经济面临机遇与挑战的见解。来自中央财经大学、韩国江原大学、日本冈山大学的40余名专家学者参加了此次会议。

（中央财经大学科研处供稿）

和平科学、国防与和平经济学发展前沿讨论会 11月8—9日，由中央财经大学国防经济与管理研究院和美国加州大学圣地哥分校全球冲突与合作研究所联合主办，印度甘地冲突预防与管理中心协办的“和平科学、国防与和平经济学发展前沿高级讨论会”在中央财经大学举行。中央财经大学国防经济与管理研究院院长陈波教授和美国纽约州立大学宾厄姆顿分校 Manas Chatterji 教授联袂主持了会议。来自美国密歇根大学、以色列赫兹利亚跨学科研究中心、瑞士日内瓦国际关系研究生院、意大利圣心天主教大学、澳大利亚西悉尼大学、英国罗彻斯特大学、加州大学和中央财经大学国防经济与管理研究院的专家学者及国际知名期刊 *Peace Economics*、*Peace Science and Public Policy*、*International Journal of Development and Conflict* 以及国际系列丛书 *Conflict Management*、*Peace Economics and Development* 的3位主编分别围绕国际冲突的经济缘由、传统安全与非传统安全中的经济问题、全球市场与国际冲突、军备竞赛、国防工业创新、地缘政治与国际冲突、军费开支与经济增长、冲突决策管理、灾害管理等议题举行开放讨论。

（中央财经大学科研处供稿）

第十二届 WTO 与中国学术年会 11月9—10日，由对外经济贸易大学和国际贸易和可持续发展中心（ICTSD）联合主办，中国世界贸易组织研究会、河南大学经济学院协办的第十二届 WTO 与中国学术年会在北京会议中心召开，来自全国各地的专家学者共200余人出席了会议。会议围绕“新领导、新希望：WTO 与打造中国经济升级版”的主题全面展开，中国世界贸易组织研究会会长孙振宇教授、国务院发展研究中心办公厅主任隆国强研究员、对外经济贸易大学副校长林桂军教授、北京大学国家发展研究院院长姚洋教授、ICTSD 总裁 Ricardo Meléndez-Ortiz、商务部美大司副司长王旭、新加坡管理大学高树超教授、巴西 FGV 教授 Vera Thorstensen、瑞士洛桑国际管理学院 Jean-Pierre Lehmann 教授、美国蒙特雷国际研究院梁微副教授、美国斯坦福大学 Don Lewis 教授等国内外嘉宾在会场展开讨论。

（对外经济贸易大学科研处供稿）

亚欧能源政策研究网第二届年会 11月11—12日，由北京工业大学主办、北京工业大学经济与管理学院承办的亚欧能源政策研究网第二届年会在北京工业大学国际交流中心举行。亚欧能源政策研究网（AEEPRN）是由亚洲和欧洲8所高校和研究机构联合，于2012年在新加坡国立大学能源研究所正式创立的学术组织。北京工业大学经济与管理学院是这8所创始单位之一，其他的机构包括新加坡国立大学能源研究所、英国利兹大学东亚研究系、比利时布鲁塞尔自由大学欧洲研究所、英国牛津大学能源研究所、韩国大学国际研究部、日本名古屋商贸大学研究生院以及英国伦敦查塔姆研究所（皇家国际问题研究所）。本届会议的主题是从亚、欧的发展角度分析向低碳交通社会转型的可行性，重点探讨在从化石能源资源向清洁能源转型时期亚欧国家的政策及实践中的问题和应对策略。此次会议取得了两项重大成果。（1）确立了开展跨学科研究低碳交通社会转型的基本构建思路。（2）通过了构建亚欧能源政策研究网的学术交流和联合培养年轻人的初步方案。

（北京工业大学科技处张爱民供稿）

烟草税与烟草经济国际研讨会 11月13日，烟草税与烟草经济国际研讨会在对外经济贸易大学召开。财政部税政司王建凡副司长、世界卫生组织驻华代表 Bernhard Schwartlander 博士、中国控烟协会许桂华副会长、对外经济贸易大学王玲书记、赵忠秀副校长出席了开幕式并分别致辞。

研讨会上，来自国内高校和研究机构的从事烟草税与烟草经济研究项目的课题组分别展示和汇报了各自的研究成果。美国著名卫生经济学家 Frank J. Chaloupka 教授，世界卫生组织烟草与慢性病控制经济部负责人、高级经济学家 Ayda Yurekli 博士，加州大学伯克利分校、中国卫生部卫生经济研究所首席经济学家 Hu Tehwei 教授和美国约翰霍普斯金大学的 Rajeev Cherukupalli 博士分别介绍了世界各国在烟草税政策与管理方面的经验及实证研究结果，并对中国烟草税政策和管理提出了建议。

在为期3天的培训和研讨会上，来自国际组织、中国政府部门及国内外大学和研究机构的官员、学者就烟草税政策和管理进行了深入的交流和研讨，这对推动学校与国际组织及政府部门开展深入合作，提升学校的社会服务水平极具意义。

（对外经济贸易大学科研处供稿）

人民币国际化研讨会　11月12日，由中央财经大学国际金融研究中心主办的人民币国际化研讨会在中央财经大学学术会堂举行。来自加拿大、韩国、美国，以及国内高校和科研机构的知名学者参加了此次研讨会。中央财经大学金融学院院长兼国际金融研究中心主任张礼卿教授致辞，加拿大财政部前副部长温迪·多布森（Wendy Dobson）教授做了题为“人民币国际化：问题与选择”的主旨演讲，韩国工商能源部前部长郑德龟（Chung Duck-koo）先生、夏威夷大学东西方研究中心彼特·佩特里（Peter Petri）教授、北京大学国家发展研究院黄益平教授、国家外汇管理局国际收支司司长管涛博士、国务院发展研究中心世界发展研究所副所长丁一凡博士、中国社科院国际投资研究室主任张明博士和中央财经大学金融学院张礼卿教授先后做了主题发言。专家们对人民币国际化的概念、人民币国际化与实体经济的关系、人民币国际化与经济制度变革之间的关系、跨境贸易人民币结算的结构性特点及其成因、升值预期在人民币国际化中的作用、全面认识人民币国际化的利益和成本等问题进行了详细分析和讨论。

（中央财经大学科研处供稿）

三北工程与生态文明建设研讨会　11月12—13日，由国家林业局三北局、北京林业大学、中国林学会、中国绿色时报社共同举办的三北工程与生态文明建设研讨会在北京林业大学召开。

本次会议以“推进三北工程，建设生态文明，打造美丽中国”为主题，通过集中研讨，科学总结三北工程建设35年来的成就、经验、教训，深入探讨三北工程在优化国土开发、修复自然生态系统、丰富生态产品供给、健全生态文明制度方面的思路和措施，推进三北工程持续健康发展。

国家林业局副局长张永利、中国工程院院士沈国舫、国家林业局三北局局长潘迎珍、国家林业局三北局党组书记张炜、北京林业大学党委书记吴斌、北京林业大学校长宋维明、中国林学会副秘书长尹发权、《中国绿色时报》总编辑厉建祝等出席了会议。北京林业大学校长宋维明、中国科学院院士傅伯杰在研讨会上做主旨报告。国家林业局三北局书记张炜主持研讨会。

宋维明校长做了以我国西部林业生态建设政策评价与体系完善的思考为题的主旨发言。宋校长首先介绍了该校参与三北工程的情况。他指出，多年来北京林业大学积极参与三北工程的建设，林学、水土保持、森林经理等学科建立了多个科研平台，服务三北工程，取得了很多成果。他希望，学校能够发挥学科优势，继续深化合作。宋校长在发言中结合国家社科重大课题研究的阶段性成果，介绍了西部区位及林业发展特点，西部林业生态建设对生态文明建设的贡献，完善西部林业生态建设政策体系等内容。

傅伯杰做了题为生态系统服务与中国生态系统管理战略的主旨发言。北京林业大学人文学院院长、国家林业局生态文明研究中心常务副主任严耕等多位专家，结合推进三北工程，建设生态文明，打造美丽中国的主题，进行了发言。

国家林业局、三北工程省区林业厅局、主管部门、工程重点地区政府等相关领导，三北地区林业生态建设教学、科研和规划设计单位专家及企业家代表，中科院驻三北地区研究机构及各省区社科单位的专家，以及有关主流媒体采访记者等参会。

（北京林业大学科技处张力供稿）

第二届（2013）中国空间经济学年会　11月23日，2013年中国空间经济学年会在首都经济贸易大学召开，本次年会的主题是空间经济学与新型城镇化，来自60多所高校和科研机构的100余位专家和代表围绕这一主题进行了热烈讨论。共有13位知名专家与学者做了大会主题报告；38位与会代表分别围绕空间经济理论与实证、城市经济与城乡统筹发展、区域经济发展和产业经济四大主题进行了交流和研讨。

与会专家们认为，促进要素在空间更为自由流动、缩小城乡发展差距、区域发展差距和居民收入分配差距，改善区域发展不协调问题将是我国未来一段时期面临的重大经济社会问题。空间经济问题与我国目前经济社会统筹发展紧密相关；空间经济学科在未来中国经济的发展中将大有可为。中国空间经济学年会作为中国各高等院校、科研机构、政府研究政策部门等空间经济学及其相关学科领域的研究者进行共同研究、相互交流与合作的平台，为进一步推动空间经济学的学术进步及其在中国的发展，将延续每年举办一次。

（首都经济贸易大学科研处张嘉艳供稿）

2013年中国统计科学研讨会　11月22—24日，2013年中国统计科学研讨会在京举行。本次会议由中国科学院应用数学所主办，首都经济贸易大学统计学院承办。来自中国科学院、清华大学、北京大学、中国科技大学、香港科技大学等全国各高等院校、科研院所等相关领域的专家学者120余人参加了本次学术盛会。

在学术报告环节，报告人结合自己的研究经历和研究成果分别做了演讲，与会代表关于统计前沿问题进行了充分的讨论。本届研讨会充分展示了统计学界的最新研究成果，促进了境内外统计学者的相互交流。会议期间，首都经济贸易大学统计学院还组织部分高校的专家学者召开了统计学院统计学本科专业建设研讨会、统计学院统计学一级学科建设研讨会、授经济学学位的统计学专业建设研讨会3个研讨会，与会专家对首都经济贸易大学统计学科建设提出了诸多宝贵意见，对学校统计学科的进一步发展起到了积极的促进作用。

（首都经济贸易大学科研处张嘉艳供稿）

中国粮食安全战略峰会 11月22—23日，由国务院发展研究中心指导，国务院发展研究中心农村经济研究部和中国经济年鉴社共同主办的中国粮食安全战略峰会在北京举行。会议以建立高效开放可持续的粮食安全保障体系为主题展开研讨。会议邀请了中央农村工作领导小组副组长兼办公室主任陈锡文、国务院发展研究中心主任李伟、副主任韩俊、农业部副部长余欣荣、国家粮食局局长任正晓等重要领导。会议的外国嘉宾有美国农业部副部长Darci Vetter、巴西农业部副部长Neri Geller、联合国粮食及农业组织驻中国、朝鲜及蒙古国代表Misika、世界银行研究小组农业和农村发展部经理、经济合作与发展组织农产品市场与贸易处的负责人Wayne Jones等。到场的中外知名企业包括中粮集团有限公司董事长宁高宁，中国人民保险集团总裁王银成，丰益国际集团董事长兼首席执行官、益海嘉里集团董事长郭孔丰、杜邦副总裁倪博、嘉吉农业供应链全球副总裁荣世坦、邦吉公司亚太区首席执行官Christopher White，以及来自地方产粮大省政府、组织领导，河南省副省长王铁、吉林省副省长隋忠诚、内蒙古自治区人民政府副主席王玉明等200多人参加了会议。

（国务院发展研究中心办公厅科研处郭巍供稿）

中国宏观经济论坛 11月23日，由中国人民大学经济研究所、中国诚信信用管理有限公司主办的中国宏观经济论坛（2013—2014）（第28期论坛）在中国人民大学逸夫会堂举行。中国人民大学校长陈雨露教授，中国国际经济交流中心常务副理事长郑新立研究员，国务院参事室特约研究员姚景源教授，中国社会科学院学部委员、财经战略研究院院长高培勇教授，国家发改委宏观经济研究院常务副院长王一鸣教授，中国人民大学经济研究所联席所所长毛振华教授，联席所副所长、经济学院副院长刘元春教授，联席所郭杰副院长，联席所王晋斌副院长，研究生院刘凤良副院长，以及中诚信集团执行副总裁闫衍博士等专家学者出席了论坛。中国人民大学经济研究所联席所长、经济学院院长杨瑞龙教授主持了开幕式。

在本次论坛上，刘元春教授代表经济研究所课题组发布了《中国宏观经济形势分析与预测报告（2013—2014）——大改革与大转型中的中国宏观经济》（以下简称《报告》）。《报告》提出以下重要观点：首先，中国宏观经济目前的状态有利于大改革的推出，并将重树市场信心，助推宏观经济转好；其次，货币政策和宏观审慎监管要强化存量管理还要和中期定位的策略治理流动性过剩，同时充分考虑宏观经济下行压力、地方隐性支出下滑，以及建立补偿机制等因素。最后，《报告》从城镇新增就业、GDP、CPI、M2以及财政赤字等方面提出了2014年的建议水平。

（中国人民大学科研处供稿）

2013年京津冀制造业发展学术研讨会 11月25日，2013年京津冀制造业发展学术研讨会在北京工业大学国际会议中心召开，来自北京、天津、河北和内蒙古等省市的高校、研究院所和政府部门的专家、学者70余代表参加了本次学术研讨大会。会议分别对京津冀的工业发展现状及存在问题、京津冀制造业生产要素协同、区域经济、产业结构调整、国际化人才培养、新能源等方面做了深入分析，探讨了京津冀都市圈制造业发展规划，指出京津冀制造业发展要保证政治经济文化于一体，要坚持互利共赢，发挥各自比较优势，促进整体协调一体化发展。提出了优势互补、协调发展的相关政策建议。本次研讨是京津冀都市圈制造业发展管、产、学、研结合的大会，会议从合作模式创新到具体产业发展展开了深层研讨，在概念界定与理论框架研究方面有了新的进展，研究回答了京津冀制造业发展研究现实与迫切问题，并给出了很多有实际价值的政策建议。本次研讨会为致力研究“京津冀制造业协同发展和协同创新”的高教院所、政府部门、研究和咨询机构等同行提供了一个交流的机会，创建了京津冀制造业发展研究平台，分享了最新研究成果，增进了不同区域、行业的相互交流，会议成果可以为京津冀制造业发展决策与规划提供科学的支持。

（北京工业大学科技处张爱民供稿）

运输与时空经济论坛 11月26日，北京交通大学在京举办以新型城镇化与生态交通建设为主题的运输与时空经济论坛。中国工程院院士、原铁道部部长傅志寰，中国人民大学一级教授、原副校长郑杭生，国家发展和改革委员会基础产业司司长黄民，京沪高速铁路股份有限公司总经理徐海锋，戴姆勒大中华区投资有限公司总裁蒋仁才，日本岐阜大学教授应江黔，中国社会科学院教授魏后凯，北京大学经济学院教授王大树等30余名特邀嘉宾参加。会议围绕新型城镇化、运输经济、投融资等专题与该校师生进行了分组讨论和交流。

（北京交通大学人文社会科学处供稿）

我国PM2.5和雾霾污染特征与控制策略讲座　11月28日，清华大学"新人文讲座"系列之（十三）"生态文明与美丽中国"的第十五讲在大礼堂举办，清华大学环境学院院长贺克斌做题为"我国PM2.5和雾霾污染特征与控制策略"的讲座，从PM2.5和雾霾污染问题的基本背景、历史发展进程、现状特征成因和未来控制展望4个方面展开阐述。200余名师生听取讲座。讲座中，贺克斌介绍了今年年初我国中东部爆发的大规模雾霾污染事件，PM2.5成为京津冀城市群主要的首要污染物。PM是英文Particulate matter的缩写，意即大气颗粒物；PM2.5是可吸入细颗粒物，其主要的影响包括对人体健康、能见度、气候等3个方面。贺克斌认为，我国大气污染的历史发展进程主要分3个阶段：第一阶段是1970—1990年，主要污染源为工业点源，主要污染物为TSP；第二阶段是1990—2000年，主要污染源为燃煤、工业，主要污染物为SO_2、TSP，主要大气环境问题是煤烟、酸雨；第三阶段是2000—2010年，主要污染源为燃煤、工业、扬尘、机动车，机动车首次成为主要的污染源。贺克斌还分析了我国大气污染的6项特征成因：一是年均浓度绝对值高；二是PM2.5/PM10比值高；三是浓度分布呈较强区域性；四是PM2.5中二次成分比例持续增长；五是重污染时段二次成分比例高；六是东部地区二次成分比例高。贺克斌以伦敦和洛杉矶两个城市的治理为例，结合我国区域空气污染控制的短期实践，提出了6项应对策略：加快速度，加大力度，实现增长方式转变；尽快建立预报预警应急减排工作机制；尽快制定多污染物减排技术路线图；尽快建立重点区域联防联控减排机制；进一步加大重点污染源关键污染物减排力度；提倡节约型和环境友好型生活方式。他表示未来我国大气污染的治理成效将会比较乐观。也许在不久的将来，北京能重现蓝天。

（清华大学文科建设处刘金梅供稿）

营业税改增值税专题培训讲座　11月29日，北京市国际税收研究会举办"营改增"有关问题专题培训讲座。本次培训针对北京市营业税改增值税试点范围进一步扩大工作中遇到的难点及热点问题，由北京市国税局货劳处进行讲解及答疑。各会员单位100多名代表参加培训。

（北京市国际税收研究会供稿）

家庭消费促进经济发展学术研讨会　12月1日，由中央财经大学经济学院主办的首届家庭消费促进经济发展学术研讨会在中央财经大学学术会堂举行。来自北京大学、清华大学、中国人民大学和上海财经大学等10所重点院校的近30名专家学者参加了此次会议。中央财经大学经济学院院长杨运杰教授致辞，山西财经大学杭斌教授、广东外语外贸大学易行健教授、西南财经大学尹志超教授、湖南师范大学的刘子兰教授、上海财经大学的汪伟教授、清华大学的谢洁玉博士、浙江工商大学的赵卫亚教授等分别做了学术报告。本届研讨会为首届，旨在促进学者之间的深度交流，整合研究力量，形成研究合力，共同推动家庭消费与经济发展及相关领域的学术研究，为中国经济发展方式转型提供借鉴和参考。

（中央财经大学科研处供稿）

第十九届中法经济研讨会　12月5日，由国务院发展研究中心、中国贸促会和法中委员会联合主办的第19届中法经济研讨会在京举办。会议主题为"共同创新、共谋发展"。法国总理埃罗出席了会议闭幕午宴并就促进中法两国合作发表演讲。法国前总理、参议院副议长拉法兰率领的法国企业家、学者、官员代表团和中方代表约300人参加了会议。张军扩副主任出席会议致开幕词，并出席了会议闭幕午餐会。企业研究所所长赵昌文做了会议发言，技术经济研究部副部长马名杰和企业研究所副所长马骏分别主持了会议。

（国务院发展研究中心办公厅科研处郭巍供稿）

2013京津冀首都圈发展高层论坛　12月6—8日，2013京津冀首都圈发展高层论坛在北京举办。论坛由首都经济贸易大学主办，北京大学首都发展研究院、中国人民大学区域与城市经济研究所、天津滨海综合发展研究院、河北工业大学京津冀发展研究中心支持协办，北京市经济社会发展政策研究基地、首都经济贸易大学特大城市经济社会发展研究院、科研处和城市经济与公共管理学院联合承办。来自京津冀三地政府部门、高校和科研院所的专家学者百余人参加了论坛。

本次论坛以京津冀城市群空间结构优化与质量提升为主题，与会专家就首都经济圈空间布局、城市群空间联系、城市功能疏解、城市发展协调机制等京津冀城市群发展的关键环节和重点问题展开了深入的研讨和交流。本次论坛以问题为导向，对京津冀城市群建设中的一些重点、热点问题进行深入了探讨，力求为京津冀区域空间优化、协同发展和提升质量提供新思维与新路径。

（首都经济贸易大学科研处张嘉艳供稿）

地方债与中国市政债券制度设计研讨会 12月7日，由中财——鹏元地方财政投融资研究所、中央财经大学财政学院、中央财经大学中国财政发展协同创新中心共同举办的地方债与中国市政债券制度设计学术研讨会在中央财经大学举行。来自国家发改委宏观经济研究院、财政部科研所、中国社会科学院、辽宁省财政厅科研所、山东省财政厅科研所、云南省财政厅政策研究处、中国人民大学、上海财经大学、东北财经大学、中南财经政法大学、江西财经大学、山东财经大学、首都经济贸易大学、中央财经大学和鹏元资信评估有限公司的专家学者60多人参加了本次研讨会。中央财经大学温来成教授介绍了《中国市政债券制度设计研究报告》的主要内容。中国人民大学财政金融学院院长郭庆旺教授、国家发改委宏观经济研究院经济研究所副所长宋立研究员、财政部科研所金融研究室主任赵全厚研究员、中国社会科学院财经战略研究院财政研究室主任杨志勇研究员、辽宁省财政厅科研所所长王振宇研究员、山东省财政厅科研所副所长刘仲川、中南财经政法大学财税学院院长陈志勇教授、江西财经大学财税与公共管理学院院长李春根教授、山东财经大学财税学院院长岳军教授、云南省财政厅政策研究处处长常斌、中国人民大学公共管理学院党委副书记崔军教授、东北财经大学财税学院崔惠玉教授、上海财经大学公共政策与治理研究院副院长郑春荣副教授和首都经济贸易大学财税学院党总支书记李红霞教授等做了会议发言。专家们认为，对市政债券等地方政府债务问题研究，还需要从政治、经济、社会等多角度深入研究。与会专家一致对《中国市政债券制度设计研究报告》表示了肯定和好评，并提出了宝贵的建议。

（中央财经大学科研处供稿）

国家能源发展与改革研讨会 12月7日，国家能源发展与改革研讨会在中国政法大学召开，本次会议由中国政法大学能源法律与政策研究中心主办。中心顾问、中国政法大学校长黄进教授，中心主任、中国政法大学民商经济法学院党委书记王光进教授参加了本次会议，会议由中心执行主任、中国政法大学民商经济法学院郑佳宁副教授主持。

国务院国有资产监督管理委员会王润秋副局长和国家能源局丁志敏副司长进行了有关国家能源发展与改革的主题发言。在自由讨论环节中，与会嘉宾就页岩气的开采利用、电力定价机制等问题进行了讨论。王光进在与会嘉宾自由讨论的基础上做了总结性发言，并对中心未来的研究工作做了安排，指出中心应当在开展能源专业课题研究、重大政策法律咨询、能源法律人才培养等方面做出努力。

（中国政法大学科研处刘璐供稿）

第八届中国雇主品牌论坛 12月6—7日，第八届中国雇主品牌论坛在北京会议中心召开。论坛由首都经济贸易大学劳动经济学院、国际人力资源管理协会、中国国际人才交流与开发研究会、《职业》杂志、美国高科技创新委员会主办。300多位专家学者、知名企业家、人力资源界管理精英和权威媒体人士等出席了本届年会，人民日报社、中国教育电视台、人民网、新华网等50多家知名媒体到会进行采访和报道。

本次论坛主题为“雇主品牌——转型期的新竞争战略”。论坛进行了4场学术研讨、2场尖峰对话和7场专家演讲，与会领导专家、学者及企业代表从我国产业结构调整趋势和人才发展战略、不确定性雇佣关系背景下员工的心理与行为管理、雇主品牌与企业人才评价、中层管理者的雇主品牌意识与向上管理、雇主品牌研究成果回顾、央企高级经营管理人才选拔的退与进等方面做了主题发言。论坛现场揭晓了2013中国最佳雇主、2013中国最关注员工发展企业家、2013中国杰出经理人、中国最关注员工发展企业家等奖项榜单。

（首都经济贸易大学科研处张嘉艳供稿）

亚太区域经济一体化前景展望：RCEP和TPP国际论坛 12月6日，由中国世界贸易组织研究会和对外经济贸易大学共同主办的“亚太区域经济一体化前景展望：RCEP和TPP国际论”对外经济贸易大学召开。此次论坛汇聚了来自美国、日本、韩国及中国香港和中国内地等国家和地区的研究机构及高校的专家学者、商务部相关工作人员。中国世界贸易组织研究会名誉会长、海峡两岸关系协会会长、商务部前部长陈德铭，对外经济贸易大学校长施建军，商务部国际经贸关系司公使衔参赞张少刚出席论坛并致辞，中国世界贸易组织研究会会长孙振宇主持论坛。主论坛上，中国国际经济交流中心首席经济学家陈文玲女士、美国布兰迪斯大学Peter Petri教授以及亚洲开发银行研究所所长和首席执行官河合正弘先生分别从中国、美国和日本的视角进行了深入的阐释及探讨。最后，对外经济贸易大学副校长赵忠秀教授做总结发言。

（对外经济贸易大学科研处供稿）

第四届全国农林院校哲学社会科学发展研讨会 12月7日，第四届全国农林院校哲学社会科学发展研讨会在北京林业大学举办，研讨会以加强综合改革，推进农林院校哲学社会科学创新体系建设为主题，旨在深入学习贯彻三中全会精神，探索农林高校改革发展新思路、新举措，推动农林高校哲学社会科学繁荣发展，提升创新能力和服务水平，为深化综合改革、推进生态文明建设，加快建设美丽中国，实现中华民族伟大复兴做出积极贡献。

中央财经领导小组办公室副主任、中央农村工作领导小组办公室主任陈锡文，教育部社科司司长张东刚，致公党中央常委、北京大学中国持续发展研究中心主任叶文虎教授、教育部社科司规划处徐青森处长、北京林业大学校长宋维明等出席开幕式。开幕式由北京林业大学副校长张启翔主持。教育部社科司主管部门领导、全国34所农林高校专家学者、科研管理工作者200余人参加此次研讨会。

研讨会上，陈锡文主任做“贯彻十八届三中全会精神推进农村改革发展”的主题报告，他的报告围绕农业生产、农业人口城镇化等问题，对十八届三中全会中涉及三农问题的报告精神进行了详细解读；教育部社科司张东刚司长做“推进中国新型高效智库建设”的主题报告；叶文虎教授做“再论生态文明建设”的主题报告；北京林业大学校长宋维明做题为“中国林业生态建设制度体系创新”的主题报告。报告介绍中国林业生态建设取得的成就，分析了中国林业生态建设的制度体系构建。报告结合林业发展的特点，以及林业在生态文明建设中的特殊地位，详细介绍林业生态建设的制度体系完善和创新。

中国社科院李周研究员、余谋昌研究员、中国农业大学何秀荣教授、西南林业大学赵乐静教授等分别在3个分会场上做了专题报告。3个分会场分别进行了学术交流，主题分别为：“农林绿色发展与制度创新研讨会”“美丽乡村与生态文明研讨会”“科研管理制度体制机制创新”。

研讨会前组织论文征集、评奖活动：研讨会从6月份开始征集论文，共征集到来自26所农林高校投稿论文98篇，论文涵盖农林高校哲学社会科学主要科学领域和科研管理领域。（其中，涉及林业经济44篇、农业经济30篇、人文社会科学18篇、科研管理6篇）。成立论文评审专家组，由中国社科院农经所、中国人民大学、中国农业大学、国家林业局经研中心、清华大学、中国生态文明研究与促进会等单位的专家组成。论文评审采用匿名通信评审方式进行评审。在筹备会上确定了评审结果，最终确定一等奖论文3篇、二等奖论文5篇、三等奖论文8篇、优秀奖10篇，共有26篇论文获奖。

本届研讨会设计制作了会旗，有利于扩大研讨会的影响力，提升研讨会的品牌。在研讨会闭幕式上会旗转交给下一届承办单位华中农业大学。

经过第四届全国农林院校哲学社会科学发展研讨会预备会讨论决定：2014年全国高校哲学社会科学发展论坛由华中农业大学承办。

（北京林业大学科技处张力供稿）

劳动关系的集体化转型与集体劳动争议处理国际研讨会　12月14—15日，由首都经济贸易大学劳动经济学院主办的劳动关系的集体化转型与集体劳动争议处理国际研讨会在北京举行。中国经济体制改革研究会、人力资源与社会保障部、国际劳动组织、中国人民大学、英国剑桥大学、日本上智大学教授等来自11个国家和地区的70余位国内外专家学者、政府代表、工会代表出席了会议。本次研讨会得到了荷兰大使馆、法国大使馆、中国经济体制改革研究会以及中国人力资源开发研究会劳动关系分会的大力支持。

本届国际研讨会由6个主题单元构成，分别为各国劳动关系特点与比较、集体劳动关系与集体劳动争议的特点、工会与集体谈判、集体劳动关系的法律规制与政府治理、集体劳动争议的多方处理机制、集体劳动关系的转型与协调。各位参会的专家学者、工会组织等代表就相关主题做了精彩发言和深入交流。本次会议共收到论文50余篇，共有52位研究者分享了自己的研究成果，70余位参会人员表达了自己对相关问题的见解。

（首都经济贸易大学科研处张嘉艳供稿）

投资未来论坛　12月13日，气候组织发起人、英国前首相布莱尔在京举行的“投资未来论坛”上表示，随着中国目前以化石燃料为基础的产业结构的不断调整，中国经济社会向绿色低碳转型的红利将不断释放。他同时也表示，中国正在逐步引领全球清洁革命的进程。

“投资未来论坛”由国际非营利机构气候组织、友成基金会等共同举办，在论坛上启动了“投资未来”青年领袖项目及专项基金。

（参见《人民日报》（海外版），2013年12月14日第4版）

世界金融与银行研讨会　12月16—17日，由中央财经大学金融学院承办的世界金融与银行研讨会（World Finance & Banking Symposium）在京举行。来自美国、德国、意大利、英国、葡萄牙、日本、新加坡、巴西、印度、中国香港等全球30多个国家和地区的162位学者参加了此次研讨会。大会主席、葡萄牙维亚纳堡理工学院院长 João Paulo Vieito 教授和中央财经大学金融学院院长张礼卿教授分别致辞，香港科技大学的 Kaloc Chan 教授、中央财经大学张礼卿教授和长江商学院的 Leslei Young 教授发表了题为“China's B Share Market: Evidence From Natural

Experiments”“Internationalization of RMB: Benefit, Cost and Policy Issues”“Asian Financial Systems: Where Politics Meets Development”的主题演讲。与会专家就公司治理、资产定价、银行与金融机构、兼并重组、金融市场、国际金融、风险管理、衍生品、国际资产投资等进行了49场讨论。

（中央财经大学科研处供稿）

中美资源环境政策研究座谈会 12月17日，国务院发展研究中心资源与环境政策研究所与美国橡树岭国家实验室、田纳西大学安全和可持续环境研究所在研究中心学术报告厅联合举办中美资源环境政策研究座谈会。会议由谷树忠副所长主持，高世楫所长出席并致欢迎辞，双方围绕“（能源）可持续性评价”“资源环境标准化”“能源监管以及风电发展”等主题分别做了报告，与会人员对报告内容展开热烈讨论，并就中美资源环境政策研究的前景、重点及方式等纷纷发表意见和建议。

（国务院发展研究中心办公厅科研处郭巍供稿）

大数据时代的互联网金融学术论坛 12月21日，由中央财经大学信息学院主办的大数据时代的互联网金融学术论坛在中央财经大学召开。由中央财经大学信息学院院长朱建明教授致开幕词。民生证券CTO颜阳先生做了题为“数据驱动商业——大数据时代的红利”的主题报告，从空间的角度诠释了大数据，并对大数据在未来经济中的应用进行了展望。中央财经大学中国银行业研究中心主任郭田勇教授、民族证券副总裁宋群力先生、中国工商银行博士后工作站谢尔曼博士分别汇报了各自的研究成果。P2P网贷数据监测平台海树网创始人潘谨建先生、北京诺亚星云科技有限责任公司总经理王霞女士分享了各自的实践成果。此次论坛结合了2013年我国信息社会发展最热的两个话题“互联网金融”和“大数据”，受到了来自于金融界和IT界专家学者和企业从业人员的普遍关注。

（中央财经大学科研处供稿）

三生共赢论坛·2013北京会议 12月22日，由北京市社会科学界联合会、北京电子商务协会、北京三生环境与发展研究院、北京大学中国持续发展研究中心主办的三生共赢发展论坛·2013北京会议在大兴区国家教育行政学院隆重举办。本届论坛以电子商务与产业转型升级为主题，深入探讨电子商务与产业转型升级良性互动的关联因素，探寻电子商务促进产业转型升级的理论基础，促进电子商务健康发展。

北京市社科联党组副书记梁立新同志代表论坛组委会致开幕词。她指出，三生共赢发展论坛·北京会议自2009年创办以来，在社会各界人士的支持和帮助下，以实现“生态、生产、生活”三生共赢为宗旨，坚持跟踪国内外相关理论前沿，关注中国和北京的可持续发展实践，汇聚新观点、培育新思想、创建新理论、探索新模式，取得了良好的学术效果和社会影响。希望三生共赢发展论坛·北京会议能够围绕十八大提出的全面建成小康社会和十八届三中全会全面深化改革的新目标新任务，持续聚焦于中国和北京在实现生态、生产、生活三生共赢进程中的重大理论和现实问题，着力打造智者、学者、行者三者协同协作的重要平台，为北京首善之区的打造，为美丽中国的建设做出首都社科界应有的贡献。

论坛由北京电子商务人才促进中心副主席、北财集团董事长许小杰先生担任主持。中国电子商务服务联盟主席、国家信息化专家咨询委员会委员、清华大学柴跃廷教授、京东大学马成功校长、中国企业培训师联合会执行会长刘湛泉先生等分别做了大会报告。北京大学中国持续发展研究中心主任、北京三生环境与发展研究院院长叶文虎教授致闭幕词，提出了“电子商务与人类文明的演进”研究的新方向，为产业转型升级提供了理论指导。论坛得到了大兴区政府的高度重视，大兴区副区长喻华锋同志出席会议并讲话。

与会专家认为，互联网已经渗透到我们生活的方方面面，从长远看，传统企业的未来在电子商务，而电子商务的未来又在传统企业。每一次商业模式的变革，都会带来行业洗牌和行业秩序的变化，抓住变革的机遇，必将获得跨越式发展。本届论坛以“政府助力，专家指点，传统企业，新型电商齐聚，人才培育推动”为主要特色，力图搭建一个思想碰撞的新平台。北京电子商务人才促进中心还率先提出系统的人才解决方案，帮助企业跨越人才壁垒，实现转型升级。

来自300多家企业的嘉宾参加了本次论坛研讨。

（北京市社科联学术活动部供稿）

第十三届中国经济论坛 12月25日，由人民日报社《中国经济周刊》杂志社、国务院国资委新闻中心联合主办的第十三届中国经济论坛在北京举行。

本届论坛以“经济升级与创新驱动”为主题，人民日报社总编辑杨振武、国务院国资委副主任黄丹华代表主办方分别致辞。中国经济论坛名誉主席、全国人大常委会原副委员长成思危，中国经济论坛学术委员会主席、著名经济学家厉以宁，中国经济论坛专家、国家能源局原局长张国宝，中国经济论坛专家、著名法学家江平，国务院国资委监事会主席季晓南等，围绕论坛主题先后发表主旨演讲。人民日报社副社长何崇元出席会议。

杨振武在开幕致辞中说，十八届三中全会在经济体制改革方面实现了重大理论突破，这一重大理论突破和理论创新，对实践创新具有重大先导作用。我们要把改革创新贯穿于经济社会发展各个领域、各个环节，为经济持续健康发展注入新动力，为加快经济转型升级探寻动力源。

黄丹华认为，经济升级与创新驱动这个主题与我国当前面临的经济形势、发展阶段以及我们的任务深度契合。中国经济要实现转型升级，必须以改革开放为根本动力，以结构调整为主攻方向，以创新驱动为重要支撑。

除主旨演讲外，本届论坛还展开了“中国新型城镇化的实现路径”“中国实业转型升级的战略选择”两个高端对话。同时，在本次论坛上，中国经济周刊杂志社与 4 家权威研究机构联合发布了《2013 年中国经济转型升级报告》，从实业发展和新型城镇化建设两个方面探讨了中国经济的转型升级。

（参见《人民日报》，2013 年 12 月 26 日第 2 版）

中国黄金市场化改革 20 年回顾与展望暨《破茧》出版研讨会　12 月 25 日，“中国黄金市场化改革 20 年回顾与展望暨《破茧》出版研讨会”在首都经济贸易大学举行，本次研讨会由首都经济贸易大学、中国财政经济出版社主办，中国黄金市场研究中心承办，经易金业有限责任公司、经易期货经纪有限公司和山东招金投资股份有限公司协办。来自中国黄金协会、中国金币总公司、中国黄金集团、中国外汇投资研究院、澳新银行、中国农业银行、中国民生银行、北京黄金经济发展研究中心等单位的领导、专家和部分师生及新华社、光明日报社、经济日报社、中国证券报社、中国黄金报社、和讯网黄金频道等多家媒体单位的代表 130 多人参加了此次研讨会。

与会专家对中国黄金市场化改革进行了回顾，对中国黄金市场制度建设和面临的挑战、黄金交易场所的创新与发展、人民币的国际化与黄金、黄金矿山企业的市场风险规避、中国金币市场的现状与未来、中国金商的发展之路、黄金市场的未来发展等问题进行了主题演讲，并就阐述黄金市场化改革进程的力作《破茧》图书的出版和现实意义进行了研讨，取得了丰硕的交流成果，与会嘉宾对此次研讨会的成功举办高度赞赏。

（首都经济贸易大学科研处张嘉艳供稿）

社会学（含人口学）

深入学习贯彻十八大精神，加强社会组织能力建设研讨班　1 月 18 日，北京市社会科学界联合会、北京公益学学会等单位举办了“深入学习贯彻十八大精神，加强社会组织能力建设”专题研讨班，北京市社科联所属的 40 余家社会组织负责人参加了会议。会议由北京市社科联梁立新副书记主持，北京市社工委刘轩副主任到会做报告。北京市民政局谢延智副局长向会议提交书面学习体会，供大家学习讨论。同时，会议邀请到了北京市新一届政协委员、北京青少年发展基金会陈淑惠秘书长和清华大学 NGO 研究所博士后、北京工商大学商学院刘海龙老师与各社会组织负责人交流，以他们各自的视角论述了北京市的社会组织在十八大精神指引下应如何开展实践创新与理论创新。到会的各社会组织的代表畅所欲言，北京国际汉字研究会韩雷秘书长、北京市速记协会廖清秘书长、北京市文艺学会李淑敏秘书长、北京市世界语协会肖火力秘书长先后发言。

（北京市社科联学会管理部供稿）

中国食品（农产品）安全电子商务高层研讨会　2 月 22 日，中国食品（农产品）安全电子商务高层研讨会在北京工商大学举行。商务部、农业部、国家粮食局和北京市有关部门领导以及实业界、学术界专家 40 余人与会，新华社、《经济日报》多家媒体记者来到会议现场采访。会议由北京工商大学经济学院洪涛教授主持，北京工商大学副校长、中国工程院院士孙宝国教授出席研讨会并进行了总结。

本次研讨会由北京工商大学、中国食品业诚信联盟、龙宝溯源商城——中国食品安全电子商务第一个商城、诚信食品安全网共同举办。会议研讨了中国食品（农产品）安全存在的问题及其发展趋势、探讨中国食品（农产品）电子商务示范园区建设、发布了 2013—2014 年中国食品（农产品）电子商务发展报告、举行了中国食品（农产品）安全电子商务研究院授牌启动仪式。

商务部聂林海副司长充分肯定了《2013—2014 年中国食品（农产品）电子商务发展报告》，认为农产品电子商务的发展要解决当前存在的法律法规、诚信体系、标准、农产品冷链物流等问题，选择适应中国国情的农产品电子商务模式。

农业部市场与信息化司张国处长认为，要认真研究农产品电子商务如何在发展中保证安全，探讨发展电子商务对促进农民增收、加快农产品流通作用，特别提升传统的农产品流通方式和交易方式上的巨大的作用。

北京市商务委副主任申金升认为，农产品电子商务应认真思考 3 个方面问题：农产品电子商务发展到现在主要的客户群体，主要商品品类，在市场上空间分布的地理特征。农产品社区电子商务模式是一个发展趋势。

阿里巴巴研究中心高级研究员张瑞东介绍了 2013 年“光棍节”350 亿元销售情况，介绍了农村电商的“沙集模式”“特色馆模式”“遂昌模式”，从中探讨了农产品食品安全与电子商务相互关系。

京东集团张建设主任介绍了京东在农产品电商方面所做工作：一是对接农业和食品，包括种粮大户、家庭农场，合作社和龙头企业。二是提倡城乡的双向对流。三是提供网络技术服务，提供“京保贝供应链”服务。

国务院发展研究中心国际部研究员程国强、国家工商总局原副局长李建中都谈到了，食品安全过程中的“无知”“无良”“无能”等问题，并对其原因进行了分析。

中国工程院院士孙宝国教授做了总结性发言，谈了他对食品安全电子商务看法：在谈到食品安全时，他说，我国食品安全整体形势和状况是“稳定向好”，应该肯定，对于食品安全存在的问题必须发展地看，辩证地看。食品不安全在中国对消费者、公众心理上造成的“惊吓”大于对生理上造成的伤害，有的是“惊吓”出病来的，食品安全的宣传要解决“无知”的问题；对于食品安全的标准问题，他认为，一定要在确保安全的前提下制定科学合理的标准，标准不是越严越好，也不是越严越先进。目前我国禁止使用各种瘦肉精，是我国家现阶段的中国国情决定。我国是小农经济，农户养猪较多，“休药期”很难控制。而目前美国、加拿大仍然在使用瘦肉精，美国第二代瘦肉精不仅猪饲料可以使用，牛饲料也可以使用，而且美国与欧盟对瘦肉精使用的要求也是不同的；食品（农产品）电子商务是一个发展趋势，发展中存在一些问题，但不可能因为存在问题而不发展。对于食品电子商务而言，诚信是一个基础，尤其是对卖家来讲，真实性、安全性很多问题都需要我们来解决。

（北京工商大学科学技术处供稿）

高校公益论坛 2月27日，由中国扶贫基金会主办的“首届全国高校公益论坛暨公益未来项目启动仪式”在北京大学举行，120多所高校公益社团负责人和业界专家、爱心企业齐聚一堂。活动旨在通过支持高校公益社团发展，促进青年大学生了解公益慈善，培育现代公益理念，推动中国公益未来的发展。与会者分享了中国人民大学自强社、“联想青年公益创投项目”、“腾讯公益——筑力计划·微爱项目”等高校公益组织和相关公益项目成果。

（参见《人民日报》（海外版），2013年2月28日第4版）

21世纪社会科学前沿理论与方法国际研讨会 3月30—31日，由中央民族大学民族学与社会学学院组织的21世纪社会科学前沿理论与方法国际研讨会在中央民族大学举行。本次研讨会的讨论主题为：社会科学研究对象的实体是可以认识的吗？是否存在为各个国家的社会科学共同接受的普遍范式或者基本概念？以及面对全球化的世界，选择什么研究主题，人类学和社会学可能为更好地认识我们生存的世界做出贡献。

针对会议主题，来自法国的5位人类学家和中国的10位人类学家发表了他们近年来的研究成果，进行了深入的讨论与交流并对本次会议进行了精彩总结：后现代对于现代社会科学的发展产生了促进反思的积极作用，而后现代并非对世界问题不闻不问，我们对后现代应当采取公正的态度来辨别；在全球化时代，田野已经变成多元现实，研究地点的选择方面，采取多点跟踪是一种适应跨文化现实的好方法；中国人类学保留了很多传统、经典的理论范式与研究方法，中法人类学在很多方面具有相似性；在研究对象方面，人与人性、人的情感、认知以及文化塑造力、情境中的人应当是人类学的根本研究对象，人类学只能是比较的，而且人类学必须是批评的。

（中央民族大学科研处供稿）

控制吸烟条例立项论证座谈会 4月17日，北京市人大常委会教科文卫体办公室召开《北京市控制吸烟条例》立项论证工作座谈会。会上，市人大常委会教科文卫体办公室介绍了立项论证工作的具体安排；市爱卫会介绍了立项工作的进展情况，工作的重点难点问题，以及下一步的工作设想。与会人员研究商定了立项论证工作的主要内容、各部门的任务分工、各阶段的时间安排，并就立项论证需要重点解决的问题展开讨论。大家认为，北京是国家的首都，也是国际化大都市，承担着国家首善之区的建设任务，应当加快控烟立法的进度。今年的立项论证要在控烟范围、执法模式等难点问题上加大调研力度，既要注意与《国际烟草才框架公约》接轨，也要考虑法规的执行效果。

（北京市人大常委会研究室艾淑英供稿）

城市社会组织生态问题研究论坛 4月17日，北京市社会科学院博士后工作站和城市所举办以城市社会组织生态问题研究为主题的博士后论坛。本次论坛邀请了从事社会组织研究的中央财经大学社会发展学院王修晓博士、北京科技大学文法学院副院长黄家亮博士做主旨发言。邀请北京市社会科学院人事处祁建庄副处长、科研处朱霞辉副处长、城市所所长于燕燕研究员做学术顾问。城市所博士后谭日辉、赵清、杨波也分别做了主旨发言。北京市社科院科研人员以及在站博士后共40多人与邀请专家进行了探讨。

（北京市社会科学院科研处供稿）

中国农村贫困与社会发展论坛（2013） 4月20日，由中国人民大学中国社会保障研究中心与华北电力大学人文社会科学学院联合主办的中国农村贫困与社会发展论坛（2013）在华北电力大学举行。来自中国人民大学、清华大学、南开大学、中山大学、武汉大学、加拿大里贾纳大学、斯坦福大学、台湾中正大学以及香港理工大学等40多所高等院校和研究机构的专家学者，民政部、农业部、国务院扶贫办、中国残联等单位的代表，以及世界银行、联合国儿童基金会等国际组织的代表等100多人出席了会议。论坛开幕式及全体大会由华北电力大学副校长杨勇平教授主持；华北电力大学党委书记吴志功致欢迎词；中国人民大学郑功成教授致辞并发表演讲；并有中国残联、国务院扶贫办有关负责人和里贾纳大学副校长David Malloy教授在开幕式及全体会议上发表演讲。本次论坛围绕中国农村贫困与社会发展的主题，在全体大会以外分设了农村贫困理论与实践、农村贫困与社会保障、农村贫困综合论坛、农村贫困与弱势群体、农村贫困与能源、环境以及农村贫困与劳动力转移6个分论坛。与会专家学者认为，减少贫困人口、减轻贫困程度是国家发展进程中必须努力完成的繁重任务，也是建设公正社会应当追求的重要目标。

（中国人民大学科研处关晓斌供稿）

中国老龄化与发展政策对话研讨会 5月28日，由全球老龄联盟（Global Coalition on Ageing）、中国人民大学老年学研究所以及中国人民大学社会转型与社会管理协同创新中心共同主办的中国老龄化与发展政策对话研讨会在中国人民大学召开。会议由GCOA执行理事Michael Hodin博士主持，中国人民大学科研处处长、社会与人口学院老年所所长杜鹏教授致开幕词并发表了题为“中国与发展中世界的老龄化转变”的主题演讲，详细介绍了中国人口老龄化的背景与老年人现状。来自全球老龄联盟、全国老龄工作委员会、世界卫生组织、联合国人口基金会、亚洲开发银行、跨国企业以及国内外高校的30余位中外学者、专家和基层老龄工作者出席了本次会议，就全球发展议程、新兴发展中国家市场的老龄化需求、中国老龄化现状与机遇以及人口转变、经济复苏与财政挑战等老龄政策领域的重要议题发表了演讲，并就延迟退休年龄、缩小城乡差异等问题与参会者展开了积极的讨论。

（中国人民大学科研处关晓斌供稿）

北京旧城部分街区人口问题调研 5月，为深入了解旧城人口结构存在的问题，促进旧城保护和居民生活改善，市委研究室联合市规划委和东城、西城的相关部门，通过实地考察、基层座谈、专家研讨等方式，集中对什刹海、大栅栏、南锣鼓巷等地区进行调研，完成了“北京旧城部分街区人口问题调研”课题。课题分析了旧城街区人口居住生活现状、成因及其对旧城保护发展的影响，建议从改善居民居住生活质量、实现人口合理置换、建立分级分类人口疏解长效机制、健全市级统筹协调机制、鼓励社会力量参与，拓宽投融资渠道、理顺房屋产权关系等6个方面入手，解决旧城人口疏解问题，改善居民居住生活环境，实现旧城传统风貌保护。课题为2013年度常委会统筹研究核心区居民居住生活环境改善提供参考。

（中共北京市委研究室徐舟供稿）

2013公共政策国际研讨会 6月5—7日，由北京师范大学政府管理学院、政府管理研究院主办，人民日报社《民生周刊》杂志社协办的2013公共政策国际研讨会暨《2013中国民生发展报告》发布会在北京师范大学举行。第九、十届全国人大常委会副委员长蒋正华教授，第十届全国人大法律委员会副主任委员，中国生产力学会会长，原湖南、山西省委书记王茂林，人民日报社副社长何崇元先生，北京师范大学校长董奇教授，来自英国切斯特大学、荷兰特文特大学、美国中佛罗里达大学、韩国首尔大学、香港大学、美国缅因州大学、香港城市大学、法国巴黎政治学院、菲律宾吕克昂大学、中国行政管理学会、中国人民大学、北京师范大学等中央国家机关、科研院校、企业行业的90多位嘉宾、学者和国内外30多家媒体出席了此次会议。董奇教授、蒋正华教授、何崇元先生分别为大会致辞，对2013公共政策国际研讨会的召开、《2013中国民生发展报告》的发布表示祝贺，并对来自世界各地的与会专家学者表示欢迎。

《2013中国民生发展报告》课题组成员代表、北京师范大学政府管理学院王宏新副教授对报告成果进行了简要汇报。美国中佛罗里达大学Kuotsai Tom Liou教授、中国人民大学董克用教授、中国行政管理学会高小平会长、菲律宾吕克昂大学Conrado Inigo教授及韩国首尔大学Byong Seob Kim教授分别就本次国际研讨会的主题——“治理理论发展与实践”做了主题演讲。2013公共政策国际研讨会的主体为分组研讨，主要包括5个主题：“公共部门改革与服务供给”（Public Sector Reform and Provisions of Services）、“民生发展”（Minsheng Development）、“国家竞争力”（National Competitiveness）、“城市化”（Urbanization）、“环境治理”（Environmental Governance）。来自世界各地的专家、学者在专题会议上共同探讨公共政策及其治理问题。作为第三份民生发展报告，《2013中国民生发展报告》获得与会国内专家学者的高度评价，民生研究也得到国际专家学者的认可。同时，2013 公共政策国际研讨会的召开为中外学者探讨中西方语境下的公共政策及其治理构建了一个良好的交流平台，进一步提升了北京师范大学及其公共政策学科领域在国际和国内的声誉。

（北京师范大学社科处刘娜供稿）

中国民生发展论坛 6月6日，由人民日报社《民生周刊》杂志社与北京师范大学政府管理学院、政府管理研究院共同主办的第一届中国民生发展论坛在京举行。论坛发布了由北京师范大学“民生发展报告课题组”撰写的《2013 中国民生发展报告》。该报告主题为“新城市化进程中的民生隐忧”。

论坛就当前的热点民生话题，邀请了民生领域的10余位权威学者进行了探讨。国务院发展研究中心发展战略和区域经济研究部研究室主任刘勇认为，要使中国城市化健康发展，有4点要注意：第一，应有一个顶层设计；第二，要建立一个比较完善的城镇体系；第三，城市化应更有质量，要注意大中小城市的协调发展；第四，应更加注重可持续性。

（参见《人民日报》，2013 年 6 月 8 日第 3 版）

第二届全国人口、就业与社会保障学术研讨会 6月8日，第二届全国人口、就业与社会保障学术研讨会在北京会议中心召开。此次会议由首都经济贸易大学、中国人口学会、中国劳动学会共同主办，首都经济贸易大学劳动经济学院、人口经济研究所承办。会议就人口学、劳动科学及其他相关领域近期出现的热点、焦点理论问题进行了全国性的学术讨论，分为人口与发展、人口老龄化与社会保障、就业与人力资源开发3个专题，共有10位专家主持、11位专家点评、40余位学者进行了精彩的专题发言。

来自国家卫生和计划生育委员会、国家人力资源与社会保障部等政府部门的领导，中国人民大学、北京大学等多达58所高等院校和科研机构的近200位专家学者、研究生，以及《人民日报》《中国人口报》《人口研究》等国内著名报刊领导和代表出席了本次会议。

（首都经济贸易大学科研处张嘉艳供稿）

女性领导力论坛 6月8日，由北京大学和美国维斯理学院（Wellesley College）联合主办的女性领导力论坛（Women's Leadership Conference）在北京大学陈守仁国际研究中心举行，论坛主题为“全球政治挑战：女性领导的变革”（Global Political Challenge: Women Leading Change）。北京大学美国研究中心主任、北京大学国际战略研究中心常务副主任袁明教授受邀出席论坛，并与美国前国务卿奥尔布赖特（Madeleine Albright）女士对话。奥尔布赖特女士的来访标志着北大—维斯理“女性全球伙伴”项目的正式启动。在袁明教授与奥尔布赖特的对话之前，北京大学党委书记、校务委员会主任朱善璐，副校长李岩松、校务委员会副主任岳素兰、国际关系学院袁明教授等在英杰交流中心接待了奥尔布赖特一行。6月7日袁明教授还与王恩哥校长一道应美国驻华大使骆家辉邀请，赴美国驻华使馆参加骆家辉大使为奥尔布赖特举办的午宴。

6月15日，两校还在北大举行题为女性领导力：世界因此而不同的论坛。300位来自中美两国各领域的杰出女性代表将齐聚北大，共同探讨当今世界女性领袖的价值和潜力。会后全国人大常委会副委员长陈至立接见卫斯理学院代表团，袁明教授应邀出席论坛并参加会见。

（北京大学社会科学部供稿）

2013 中国信用高峰论坛 日前，由北京大学经济学院和北京大学信用研究中心联合近20个全国性社团举办的2013 中国信用高峰论坛暨第九届全国信用体系建设经验交流年会在北京大学举行。论坛的主题是“价值标准·市场机制·社会互信”。

中国经济体制改革研究会会长、中国企业改革与发展研究会会长高尚全做了关于中国经济体制改革和信用体系建设的专题演讲。中国政法大学原校长江平做了关于法制建设与社会信用建设的专题演讲。北京大学副校长、中国信用研究中心理事长刘伟在讲话中强调了信用体系建设对于经济社会发展的重要作用。北京大学经济学院院长孙祁祥在致辞中对信用研究的理论和实践提出了新的要求。

论坛设有“全球化背景下新型市场关系和信用制度构建”和“改革深化进程中的价值共识与社会互信”两个主题论坛。200多位来自北大、清华、国家行政管理学院、中国社科院、台湾大学等教育科研机构的专家学者和来自中韩两国的业界人士参与了研讨。来自全国各地政府信用工作机构、信用社会团体、信用研究机构的专业人士，在年会上交流了近年来信用服务工作的新经验。

论坛还对2013 中国信用建设论文征集获奖论文进行了颁奖，并专设交流年会，由专家评委和获奖作者进行了深入学术交流。会议发布的《中国信用共建2012 年度推荐榜》《中国城市信用环境评价年度报告》和首次出版的《中国信用报告》（蓝皮书）在本届论坛上引起了热烈反响。

（参见《光明日报》，2013 年 6 月 16 日第 7 版）

第六届京津冀研究生人口与发展论坛 6月22日，第六届京津冀研究生人口与发展论坛在中国人民大学逸夫会堂举行。本届人口与发展论坛共分为两个部分进行。第一部分是由研究生报告和展示研究成果，主要包括人口变动对区域消费水平影响研究、婚居模式对农村妇女生育孩子性别的影响以及撤点并校背景下的人口流动意愿等课题。这些课题不仅涉及人口学、老年学和环境经济学，还涵盖了社会学、社会工作、法学、医学与公共卫生以及地理学等其他专业领域。中国社会科学院郑真真研究员、首都经济贸易大学童玉芬教授以及北京大学陆杰华教授分别针对同学们的发言进行了点评。

本次会议的第二部分是以“人口、经济、资源”“人口、社会、政策”“生育、死亡、迁移变动”为主题的3个分论坛。来自中国人民大学、北京大学、南开大学、河北大学等高校的研究生在分论坛下各抒己见，分别对自己的研究成果进行了汇报。南开大学陈卫民教授、中国人民大学杨菊华教授、北京大学任强副教授以及北京行政学院尹德挺副教授对这些同学的汇报展示进行了点评。

（中国人民大学科研处关晓斌供稿）

中国生态文化高峰论坛　6月27日，第六届中国生态文化高峰论坛在北京市延庆县举行。全国政协副主席刘晓峰出席开幕式并讲话。

刘晓峰指出，生态文化是人类生态智慧的结晶，以构建人与自然共存共荣、和谐发展为目标，倡导尊重自然、珍惜资源、保护环境、绿色生活的理念。发展生态文化，是建设生态文明和美丽中国，实现中华民族伟大复兴的绿色之梦、美丽之梦的强大动力。要通过理论创新、知识传播与实践活动，推动生态文化大发展大繁荣，为建设生态文明和美丽中国构筑精神家园，创造良好条件。

本届论坛主题为“弘扬生态文化，推进生态文明，建设美丽中国”。中国生态文化协会会长江泽慧作题为“生态文明时代的主流文化”的主旨报告。中国社科院院长王伟光等多位知名专家学者分别从多方面总结交流了弘扬生态文化、促进绿色发展、倡导绿色生活的做法和经验，探讨建设美丽中国新形势下生态文化的创新发展和引领问题。

（参见《人民日报》，2013年6月28日第4版）

社会建设的理论与实践：从城镇化到城乡一体化论坛　7月22日，北京工业大学人文学院在中国社会学会学术年会期间成功举办了“社会建设的理论与实践：从城镇化到城乡一体化论坛”，这是北京工业大学人文社会科学学院连续第七年在中国社会学会学术年会主办论坛，也是第六次以“社会建设”为主题主办论坛。论坛的组织得到了学会的认可，获得了优秀论坛组织奖，这也是北京工业大学主办的论坛3年内第二次获得表彰。论坛的举办实现了既定的交流思想、提升认识、推动研究、促进合作的初衷，进一步提升了北京工业大学人文社会科学学院的学术声誉和学术影响。除此之外，法学、社会工作等专业也结合自己的专业特点组织主办了回顾中国青少年犯罪学研究31载座谈会、北京工业大学残疾人社会工作教材论证会等学术研讨会。

（北京工业大学科技处张爱民供稿）

食品安全面临挑战研讨会　8月9日，食品安全治理协同创新中心签约暨食品安全面临挑战研讨会在中国人民大学明德法学楼601学术报告厅举行。食品安全治理协同创新中心由中国人民大学、清华大学以及中国农科院等机构签约共建，旨在响应教育部“高等学校创新能力提升计划”（2011计划）的号召，有效聚集社会创新要素和资源。

中国人民大学常务副校长冯惠玲、清华大学副校长姜胜耀、中国农科院农业质量标准与检验技术研究所副所长钱永忠、中国法学会食品安全法治研究中心暨法律信息部主任李仕春，以及中科院地理科学与资源研究所主任陈同斌等出席会议。此外，来自清华大学、中国农科院、中国科学院、中国法学会等多所高校和科研机构的专家学者，以及中国人民大学发展规划处、科研处和法学院、农业和农村发展学院、环境学院、公共管理学院、新闻学院以及国际关系学院等单位的代表也共同出席了会议。参会人员就食品安全所面临的挑战和问题，以及协同创新中心运行机制和建设平台等问题展开了研讨。出席会议的专家学者提出食品安全治理工作要做到软件与硬件、自然科学与人文社会科学、人文社会科学不同学科等方面的结合，并就该中心的运行机制、研究平台设计以及研究课题落实问题发表了意见。

（中国人民大学科研处关晓斌供稿）

第16届非点源污染与水体富营养化国际会议　8月18—23日，国际水协会（IWA）第16届非点源污染与水体富营养化国际会议在北京召开。本次会议是受国际水协会委托，中国科学院生态环境研究中心和首都师范大学共同主办。中国科学院生态环境研究中心副主任杨敏研究员担任大会主席、国际水协会非点源污染委员会司库、首都师范大学资环学院王晓燕教授担任大会共同主席。会议得到中国科学院、国家自然科学基金委员会、中国环境科学研究院的大力支持。

本次会议涉及了农业非点源污染、城市非点源污染及工业污染、水质富营养化、非点源污染监测及模型、流域综合管理及最佳管理、控制非点源污染的经济政策等11个主题研讨。来自23个国家和地区的200多位专家学者参加了本次会议。

会后，参会人员到顺义、怀柔地区进行了有关城市雨水收集、流域调蓄、小型水体生态修复工程、乡村污水处理及小流域污染控制治理等方面的技术考察。

在这次国际大会期间，首都师范大学师生从学术交流、文化展示、志愿者服务等方面充分展示了良好的形象，扩大并提升了学校的学术声誉。

（首都师范大学社科处黄胤英供稿）

《理论热点面对面2013》网上座谈会 8月23日，5名专家学者做客人民网《理性看 齐心办——理论热点面对面2013》网上座谈会，以“环境恶化怎么扭转”为题与网友进行交流。这是由中宣部理论局主办的《理论热点面对面2013》网上座谈会的第三期。在此前举办的两场座谈中，10位专家学者分别围绕“公平正义怎么保障”“收入分配怎么改革”进行了深入交流。该系列访谈于22日正式启动，邀请参与编写《理论热点面对面2013》一书的部分专家学者就书中涉及的热点问题，在人民网强国论坛与网友进行9场在线座谈，活动将持续到8月29日。

“公平正义怎么保障”是开篇章节。在中央党校研究生院院长韩庆祥和北京大学马克思主义学院教授宇文利看来，这正是呼应了当前人民群众的最大关切，“公平正义就像空气、阳光、水，人人都需要。”中国人民大学教务处处长洪大用说：“不光在有形的资源分配上要追求公平，对无形的，比如对个人尊严和社会多样性的尊重，也要追求公平。”

关于“收入分配”问题，网友的提问较多，主要关注了收入分配改革难点以及如何突破。国家发展改革委社会发展研究所所长、研究员杨宜勇认为：“收入的差距、分配的结构是改革难点。”中国人民大学经济学院党委书记张宇说：“老百姓容易把收入差距大和不公平联系在一起，所以首先一定要规避非法、垄断、特权所带来的灰色收入，打消老百姓的顾虑。”北京师范大学经济与工商管理学院院长赖德胜表示：“改革一直在路上，全国已经连续多年提高最低工资标准，也已全面取消农业税。”

环境污染问题备受关注。中国人民大学环境政策与环境规划研究所所长宋国君分析认为：“治理环境污染关键在于控制污染源排放。要改变我们的环境管理体制，空气按照流域管理，水也应当按照流域管理。”中国社会科学院可持续发展研究中心副主任陈迎指出：“要坚持一个绿色城镇化的道路，在生产领域追求绿色低碳，在布局方面避免大拆大建。”国务院发展研究中心社会发展研究部研究员周宏春说：“建设美丽中国需要美丽你我，日常生活节约节能，出行乘坐公共交通。每个人的一小步，都是迈向美丽中国的一大步。”

（参见《人民日报》，2013年8月24第4版）

福利体制与经济发展系列学术报告会 8月27日，国务院发展研究中心社会发展研究部和英语俱乐部在研究中心会议室共同举办福利体制与经济发展系列学术报告会，报告会由社会发展研究部贡森副部长、市场经济研究所王微副所长分别主持。

报告会为期一天，分为三讲：社会政策与经济增长，主讲人为澳大利亚国立大学李秉勤副教授；欧洲福利体制从社会保护到社会投资，主讲人为荷兰阿姆斯特丹自由大学 Anton Cornelis Hemerijck 教授；社会政策与经济发展：德国案例分析，主讲人为德国比勒菲尔德大学刘涛讲师。

（国务院发展研究中心办公厅科研处郭巍供稿）

2013年欧盟“青年人在行动”北京论坛 日前，在北京航空航天大学开幕。该论坛是本年度欧盟“青年人在行动”国际活动部分的收官之作。中国、斯洛文尼亚、立陶宛、泰国的青年代表一起出席了当天的开幕式。

开幕式上，四国青年代表通过英语征文大赛、绿色微电影评比等多种形式，展示了中欧青年对世界性环境问题的关注以及在帮助弱势群体等方面取得的成就。在接下来的一周里，与会青年代表还将通过举办中欧关系论坛、四国青年辩论赛等活动，继续就中欧青年共同关注的话题进行交流。欧盟“青年人在行动”是一个成立于2000年、旨在推动欧洲青年人积极投身公益行动、增强与世界青年联系的欧盟项目。

（参见《人民日报》，2013年9月2日第12版）

第九届长寿风险与资本市场国际研讨会 9月6—7日，由中央财经大学中国精算研究院主办，中国精算师协会（China Association of Actuaries，CAA），加拿大滑铁卢大学保险、证券、定量金融研究所（The Waterloo Research Institute in Insurance，Securities and Quantitative Finance，University of Waterloo，Canada），美国伊利诺伊州立大学（Illinois State University，USA），英国卡斯商学院养老金协会（Pensions Institute，Cass Business School，City University London，UK），中国台湾国立政治大学风险管理与保险系（Risk Management and Insurance Department，National Cheng-Chi University，Taiwan）协办的第九届长寿风险与资本市场国际研讨会在京召开。这也是该研讨会首次在中国大陆举行。

本次研讨会邀请多位国际知名学者与金融保险的业界专家，针对欧、美与亚洲国家对长寿风险问题提出解决方案，对转移养老基金与保险公司所发行的长寿风险证券化产品（Mortality-linked Security）及市场最新发展趋势做了深入的研讨。来自中国大陆、英国、美国、德国、法国、加拿大、日本、澳大利亚、新加坡、马来西亚、荷兰、中国香港、中国台湾等10多个国家和地区的近160名专家和学者参加了本次会议。遴选论文和报告50余篇。

（中央财经大学科研处供稿）

首届中国水安全战略论坛　9月15日，首届中国水安全战略论坛在北京举行。全国政协经济委员会副主任委员、中国生物多样性保护与绿色发展基金会理事长胡德平，全国人大财经委副主任委员辜胜阻，国务院南水北调工程建设委员会专家委员会副主任宁远，人民日报社副总编辑陈俊宏等出席会议。

与会专家学者认为，我国处于工业化、城镇化加速推进时期，面临着水资源短缺和水环境恶化的压力和风险。维护中国的水安全，不仅需要继续加大工程性治理力度，还需要加强正确有效的配套制度体系建设，在推进二者的有机结合中规范涉水行为，推进治水方式转型，建设节水型社会。同时，以“安全工程”建设引领经济发展方式转变和经济结构调整，保持我国经济持续健康发展。

本次论坛发布了《中国水安全发展报告（2013）》（人民出版社出版），该报告是我国第一部关于水安全发展的综合性研究报告。

（参见《人民日报》，2013年9月16日第7版）

中国人文社会科学论坛2013　10月19日，中国人文社会科学论坛2013在中国人民大学举行，第十一届全国人大常委会副委员长华建敏出席开幕式并致辞。论坛的主题是“挑战与创新——社会转型与社会管理”，来自海内外知名院校的专家学者参加研讨。本届论坛由中国人民大学主办，社会转型与社会管理协同创新中心承办。陈雨露校长出席主论坛致辞，杨慧林副校长主持开幕式及主论坛。

（中国人民大学科研处李素萍供稿）

第八届中国老龄产业高端论坛　10月21日，第八届中国老龄产业高端论坛在北京大学英杰交流中心召开。论坛旨在为政府、学术研究机构、福祉科技领域相关企业和服务组织搭建起一个相互交流的平台，让更多的企业、研究机构和社会组织参与到发展老龄产业的事业中，促进老龄产业健康、有序、稳步地发展。论坛由北京大学人口研究所/老年学研究所、中央国家机关青联社科教育与宗教界别、中国老龄科学研究中心、中国人民大学老年学研究所、北京大成律师事务所联合主办。

本届论坛的主题是“人口老龄化挑战下的变革与转型、政策与行动”。论坛由北京大学人口研究所副所长陈功主持。全国老龄办副主任吴玉韶，中国国际商会副秘书长、中央国家机关青年联合会常委熊训林，中国老年保健医学研究会常务副会长兼秘书长傅征将军，中国第十二届全国政协常委、北京大成律师事务所主任彭雪峰，中国生殖健康产业协会副会长高松柏，中央农村调研工作领导小组副组长丁智勇等出席开幕式。

北京大学人口研究所在开幕式上率先成立老龄产业顾问和专家委员会，聘请了中国老年学学会名誉会长邬沧萍教授、全国老龄办常务主任陈传书、中国工程院院士王陇德等担任研究顾问和专家，共同打造老龄产业发展高层智库。

（北京大学社会科学部供稿）

妇女发展与媒介责任研讨会　10月23日，妇女发展与媒介责任研讨会暨全国妇联、中国妇女研究会“妇女/性别研究与培训基地”揭牌仪式在中国传媒大学举行。会议由中国传媒大学新闻传播学部和媒介与女性研究中心联合举办，MBA学院协办。全国妇联副主席、书记处书记、中国妇女研究会副会长甄砚，中华全国新闻工作者协会党组成员、书记处书记王冬梅，全国妇联宣传部副部长张晓媛，全国妇联妇女研究所副所长肖扬，北京电视台副总编辑艾冬云等出席会议并致辞。

媒介与女性研究中心和社科文献出版社共同发布了《媒介与女性蓝皮书》。与会专家学者以妇女发展和媒介责任为题进行圆桌对话，围绕妇女发展：媒体的责任与影响，女性与媒介传播：观察、行动与经验分享，传媒教育与性别意识等议题进行了研讨，为相关领域的研究、实践带来了有益启迪。

来自全国妇联、中国妇女研究会、中华全国新闻工作者协会、中央电视台、中国教育电视台、北京电视台、北京人民广播电台、凤凰卫视、太原广播电视台、人民网、《中国妇女报》、《光明日报》、《中国社科报》、社会科学文献出版社、北京外国语大学、中华女子学院以及主办方中国传媒大学等机构和高校的40余位专家学者和媒介从业者参加了会议。

（中国传媒大学文科科研处供稿）

大学生国际研讨会　10月23—27日，应中国劳动关系学院邀请，俄罗斯劳动和社会关系学院、白俄罗斯劳动和社会关系国际大学、越南工会大学、日本爱知大学4所国外高校的师生代表团于期间访问中国劳动关系学院并参加了由中国劳动关系学院举办的以社会进步与当代青年责任为主题的2013第二届大学生国际研讨会。

中国劳动关系学院院长李德齐、党委副书记张晓波、副院长沈琴琴和外事办、学工部等部门领导出席了本届研讨会。李德齐院长在致辞中指出，面对社会经济的发展和各种挑战，作为当代青年，应该勇于肩负起责任，为了推动和进一步实现社会和谐贡献自己的力量。他希望借此次研讨会为5国青年提供学习与交流的平台，围绕会议主题深入思考、共同探讨、相互启发，在思想的融合与碰撞中开拓全球视野。

研讨会上，俄罗斯、白俄罗斯、越南、日本等4所高校代表团和中国劳动关系学院代表团分别发表了主题报告，内容涉及广泛，包括环保、互联网、境外留学、野生动物保护、青年人教育与务工移民、青年人社会责任与对社会的推动力等。中国劳动关系学院100名本科生和研究生代表参加了此次研讨会。

（中国劳动关系学院科研处陈邓海供稿）

冲突解决的理论与实践研讨会 11月2日，北京林业大学绿色行政与生态环境政策研究所、生态文明建设国际比较课题组、北京理工大学公共冲突解决研究中心在北京林业大学主办（中国行政管理杂志社、北京林业大学生态法研究中心、北京林业大学心理学研究所协办）冲突解决的理论与实践2013研讨会议。与会专家围绕公共领域冲突解决的理论与实践进展、生态环境领域的冲突及其解决、冲突解决的案例研究与分析、林权纠纷的调处与解决和冲突解决的国际比较等议题做报告并进行了热烈讨论。来自全国各地的30多名冲突解决理论实践的学者专家参会。

（北京林业大学科技处张力供稿）

第十七届亚洲社会论坛研讨会 11月8—10日，第十七届亚洲社会论坛研讨会在北京召开。本届研讨会主题是：东亚地区灵活就业和社会政策。来自韩国、日本、中国台湾和中国大陆国家和地区的工会与学界近60位代表围绕主题开展深入交流。全国总工会教科文卫体工会、中国职工对外交流中心有关领导及来自中国劳动关系学院相关系部10名教师代表参加了会议。中国劳动关系学院法学系教师代表在会上做了专题报告并与各方进行了互动交流。

（中国劳动关系学院科研处陈邓海供稿）

第四届中青学术论坛 11月9日，由中国青年政治学院举办的第四届中青学术论坛在京开幕。本届论坛的主题为全球化背景下的青少年社会化与青少年发展。来自国内科研机构、高等院校、社会团体的青少年研究专家及青少年工作系的师生共130多人参加了该次会议。19名专家学者分别从社会学、政治学、教育学、心理学等研究视角，就有关全球化背景下的青少年社会化和青少年发展问题做了主题发言。

中国社会科学院社会学所研究员单光鼐、南京大学社会学系特聘教授风笑天、首都师范大学教育科学院首席专家劳凯声、清华大学政治学系主任张小劲、北京师范大学心理学院教授邹泓、北京师范大学教育学部郑新蓉、武汉大学马克思主义学院院长佘双好、中国人民大学社会与人口学院副院长段成荣、首都师范大学政法学院副院长田国秀、中国计生协副秘书长兼国际部部长洪苹、北京大学教育学院教育与人类发展系主任刘云杉和中国青年政治学院青少年工作系主任吴鲁平等专家学者参加了本次学术论坛并分别进行主题演讲。

在4个单元的讨论中，专家结合各自的研究方向和最新的研究成果，围绕群体事件中的青年“问题”，大学生就业研究的现状与思考，青少年情绪智力的发展与社会适应，青年的政治认知与政治参与，改革开放30年来青年研究方法的发展，流动儿童生存与发展面临的问题与对策，社会互构论视野下的大学生政治社会化，中国教育发展正面临新的转折点，个性追求与公正诉求——当前青年社会心理的核心向度，我国儿童政策与儿童现状，青少年应对父母离异的抗逆策略研究，过度教育——代际资源竞争中的防御机制，青少年国家认同教育的社会化选择，大学生对执政党的认同研究，大学生政府角色的内隐模型及其效应分析，青春健康教育工作的理论与实践，校园暴力的丛生现象研究，现代社会生活与后现代主义夹缝中的青少年道德发展等12个主题进行深入细致的交流和探讨。

中青学术论坛创办于2010年。论坛始终围绕“青年发展”这一主题展开相关研讨和交流，受到社会各界的广泛关注。新华网、人民网、《中国青年报》等多家媒体对本届学术论坛进行了报道。

（中国青年政治学院科研处供稿）

全面建成小康社会进程中的残疾人就业研讨会 11月30日，时值国际残疾人日到来之际，《2013中国劳动力市场发展报告》发布会暨全面建成小康社会进程中的残疾人就业研讨会，在北京师范大学英东学术会堂举行。北京师范大学副校长曹卫东出席会议并致辞。中国残疾人联合会党组成员、副理事长程凯、中国社会科学院荣誉学部委员赵人伟，国家民政部社会工作司司长柳拯，国家人力资源和社会保障部就业促进司副司长尹建堃，国务院研究室社会发展司副司长乔尚奎，国家教育部政策法规司副司长柯春晖，中国残疾人联合会政策研究室主任陈新民，中国残疾人联合会教育就业部副主任解宏德，国家发展改革委员会社会发展研究所所长杨宜勇，中国社会科学院人口与劳动经济研究所党委书记、副所长张车伟，中国劳动保障科学研究院院长刘燕斌，河北省残疾人联合会副巡视员卢连才，首都经济贸易大学劳动经济学院院长杨河清等出席会议。与会领导和专家对本报告给予了高度评价，认为报告立足残疾人就业在全面建成小康社会中的重要作用，以丰富的资料、科学的数据总结概括了我国在促进残疾人就业方面的政策选择，归纳提出了我国在残疾人就业形势、就业能力、就业渠道等十大变动趋势，专题研究了残疾人劳动保障性就业、残疾人就业需求与社会供给等焦点问题，系统翔实地展示了残疾人就业的形势与任务、规律与模式，提出了具有很强针对性的政策建议，将为丰富社会公众对残疾人的就业认识，引导学术界进一步加强残疾人就业研究，促进有关部门不断完善残疾人就业政策、深化残疾人就业实践方面发挥积极而有效的作用。

（北京师范大学社科处刘娜供稿）

社会学与中国社会建设暨陆学艺学术思想研讨会

日前，中国社会科学院社会学研究所等单位主办的“社会学与中国社会建设暨陆学艺学术思想研讨会”在北京举行。与会者高度评价了陆学艺的学术思想，讨论了当前中国社会学研究的重点问题。

与会者指出，陆学艺始终坚持马克思主义世界观和方法论，取得了许多基于扎实调研、富有理论创见的研究成果，赢得了国内外学界的广泛赞誉，为我国社会学发展做出了重要贡献。在“三农”研究领域，陆学艺认为，解决好“三农”问题，归根到底要解决好农民问题，破除城乡二元结构体制。在中国社会变迁和社会建设领域，他的研究始终紧跟实践步伐。20世纪80年代末和90年代初，他深入考察农村社会分化和社会阶层结构的变化，把当时的中国农民划分为8个阶层，受到国家有关部门重视。20世纪90年代末，他全方位研究社会变迁、社会流动、社会公平等问题，发表了许多有价值的成果。进入21世纪，他提出中国的社会建设就是要建设社会现代化，其核心是在不断改善民生的同时加快调整社会结构。作为一位有国际影响的社会学家，陆学艺始终主张并大力倡导发展中国特色、中国气派的社会学，在社会学中国化方面做出了突出贡献。

与会者认为，社会学者应继承陆学艺的学术思想和严谨学风，加强对重大理论和现实问题的研究，特别应关注以下几个方面。

在社会学研究方面，与会者提出，社会学发展中一个值得思考的问题，是现代社会学研究怎么和我国学术传统接续起来，与中国特色社会主义文化更好地融合起来。

在社会结构方面，与会者认为，目前我国的分配结构呈金字塔形，中等收入者偏少。形成以中等收入者为主的橄榄形结构，应特别重视大学毕业生、白领、个体户和中小工商业经营者、技术工人这4个群体。

在社会建设和管理方面，与会者认为，有效的社会管理需要采取综合性手段，需要政府、社会组织、个人和家庭共同大课题：一是包括流动人口在内的实有人口的服务管理，二是虚拟社会的服务管理。解决这两大课题，必须大力落实依法治国方略，做到有法可依、有法必依；加强社会组织建设，完善利益表达和协调机制；吸取一些国家陷入中等收入陷阱的教训，重视服务和管理相结合。与会者认为，当前我国社会建设具备加快发展的有利条件，如果能在改革创新上取得突破，就可以像经济建设那样实现快速发展。

（参见《人民日报》，2013年12月8日第5版）

第八届中国生态健康论坛　2月8日，由农工党中央主办的第八届中国生态健康论坛在北京召开。本届论坛以“生态健康与生态文明制度建设”为主题，以“大气污染防治与公共健康”为中心议题，聚集了知名专家学者、管理决策人员以及企业、科研院校代表200多人，共同探讨生态环境与健康领域的重要问题。

全国人大常委会副委员长、农工党中央主席陈竺在开幕式报告中指出，要加快推进生态文明制度建设，提高决策的综合性与系统性，实行生态文明的分区、分类、分级、分段管理，加大经济激励工作力度，完善生态文明建设评比考核制度与社会参与制度，用制度建设生态文明，用制度保护生态环境。

（参见《人民日报》（海外版），2013年12月9日第4版）

第三届青年学术年会　12月21—22日，北京林业大学校内人才培养工作推进会暨第三届青年学术年会在北林大召开。本次会议旨在加强人才队伍建设，引导广大教师开展教育教学和科学研究创新，全面提升学校教师的整体素质和综合水平，建立一支学术基础扎实、具有创新能力和发展潜力的高水平人才队伍，服务国家战略发展要求和我校建设高水平研究型大学需要。

校长宋维明出席会议并讲话，副校长张启翔主持会议。会上为17名取得显著科研工作成绩的青年教师颁发了“北京林业大学青年科技奖”。

宋维明在会上介绍北京林业大学人才队伍和科研创新工作取得的成绩，以及下一阶段学校人才队伍建设的任务要求。他指出，过去两年北京林业大学高水平人才队伍建设取得突破，青年人才队伍建设稳步推进，在科学研究工作上成绩显著，学科团队、教师队伍等方面都取得发展。宋维明强调，下一阶段学校人才队伍建设的任务要求，一是树立人才资源是学校事业发展第一资源的重要理念；二是坚持顶层设计，以学院为主体，各部门协同配合的工作格局；三是坚持以人文本，不断完善人才工作的机制体制；四是抓住机遇、乘势而上，实现人才队伍快速发展的良好态势。最后，宋维明感谢青年教师为学校做出的贡献，他希望，全校教职工共同努力，推动学校发展。

张启翔在会上指出，学校十分重视青年教师培养，希望青年教师展现活力，勇于创新，取得更好的成绩。他强调，各部门要切实抓好任务的贯彻落实，形成重才、爱才、惜才的浓厚氛围，支持广大教师促进他们干好事业，为学校建设做出更大的贡献。

人事处负责人、教务处负责人，科技处相关负责人分别做专题报告，介绍了部门的工作情况和未来发展方向。经管学院负责人和生物学院相关负责人与参会者分享了学院在青年教师培养方面取得的成绩和工作经验。

会后，青年教师分成自然科学一组、二组和人文社科与设计艺术3个组开展了深入地学术研讨和交流。

参会人员共计270余人，参与交流报告110余位，北京林业大学杰出青年和青年科技奖获得者做了专题报告。

此次学术交流不仅为青年教师的相互了解提供了平台，营造了相互学习合作的氛围，也为学校系统了解青年教师科研进展和精神面貌提供了机会，将有助于北京林业大学的人才计划推进，为研究型大学战略实现奠定了坚实的基础。

（北京林业大学科技处张力供稿）

社会组织培育和管理创新研讨会　12月21日，北京市科学技术协会决策咨询系列沙龙暨社会组织培育与管理创新研讨会在北京工业大学人文学院举行。此次沙龙活动是由2011协同创新计划“首都社会建设与社会管理协同创新中心”社会组织研究团队与北京市科协咨询中心及北京工业大学人文社会科学学院共同举办的。参会嘉宾主要有：国务院发展研究中心社会发展研究部部长葛延风、国家行政学院社会和文化教研部副主任马庆钰，北京市科协协会学会部部长刘晓勘，中国社会科学院社会学研究所研究员、中国社会科学院社会政策研究中心秘书长唐钧，北京科技咨询中心副主任许炜，北京市科学技术协会调研宣传部干部安振国同志，以及北京工业大学人文学院党委书记杨茹，马克思主义学院院长钱伟量，人文学院副院长唐军、付德根。

（北京工业大学科技处张爱民供稿）

第七届中青年社科理论人才“百人工程”学者论坛

12月27日，由中共北京市委宣传部、北京市社会科学界联合会和北京市哲学社会科学规划办公室联合主办，对外经济贸易大学承办的第七届北京中青年社科理论人才“百人工程”学者论坛在对外经贸大学召开。北京市社会科学界联合会党组书记、常务副主席韩凯、北京市哲学社会科学规划办公室主任王祥武、对外经贸大学党委书记王玲出席本次论坛。来自首都哲学社会科学界的专家学者、相关部门的领导和对外经贸大学的老师、同学160余人参加论坛。

本届论坛主题为“中国梦·深化改革与转型发展——聚焦十八届三中全会”。围绕主题，北京大学马克思主义学院程美东教授、中国人民大学马克思主义学院杨德山教授、对外经贸大学金融学院院长丁志杰教授、首都师范大学哲学系杨生平教授、清华大学法学院王晨光教授、北京师范大学蔡永红教授、对外经贸大学国际商学院王永贵教授、首都经济贸易大学劳动经济学院朱俊生教授等分别以从政治文化角度解读中国梦、加强和改善党对全面深化改革的领导、构建开放型经济新体制必须调整对外金融政策、文化中国——文化强国的价值坐标、法治思维和依法治国——依法治国的内在指引和基本方略、理顺治理体系，推进教育综合化改革、从创新驱动到驱动创新——以双轮驱动经济与企业成长、全局思维与社会保障制度创新为题做了精彩的学术报告。

作为“百人工程”培养计划的重要组成部分，北京中青年社科理论人才“百人工程”学者论坛迄今已经举办了6届。

（北京市社科联学术活动部供稿）

法　学

全国无烟环境立法促进研讨会　1月25日，由中国政法大学法治政府研究院与卫生法研究中心主办的全国无烟环境立法促进研讨会在北京召开。来自全国人大法工委、国务院法制办、卫生部、国家发改委、中国疾病预防控制中心、北京市爱卫会、中国控烟协会的相关负责人、高等院校和科研机构的学者以及媒体代表等50余人参加了本次会议。

研讨会共分为3个单元，分别为无烟环境立法的总体趋势、全国无烟环境立法的必要性和全国无烟环境立法的可行性。中国政法大学副校长马怀德、北京大学法学院教授湛中乐和全国人大法工委行政法室巡视员张世诚分别主持了3个单元的研讨。

（中国政法大学科研处刘璐供稿）

卫生法学科建设研讨会　3月1日，由清华大学法学院卫生法研究中心主办的卫生法学科建设研讨会在法学楼召开。中心主任王晨光、执行主任申卫星分别主持会议。研讨会围绕卫生法学科建设、教材编写、美国医改法案等内容展开讨论。与会专家介绍了各自在教学与科研一线的经验与心得，并就卫生法学在法学研究中的地位、研究现状以及最新发展等问题发表意见。与会专家认为，卫生法学的研究内容横跨多个学科，需要运用综合方法开展研究，并与各实践领域紧密结合；现有的卫生法教材存在法学理论功底不足、主要内容近似等问题，编纂一本有较高理论水平并能引导卫生法发展方向的《卫生法学》新教材对当前卫生法学发展具有重要意义，并就新教材的编纂思路进行了深入研讨，初步形成了工作的时间表和路线图。会上，美国北卡罗来纳州大学公共健康和管理学院教授迪安·哈里斯（Dean Harris）做题为“美国医改中的法律问题”的演讲，系统介绍了奥巴马医改方案相关法律议题，为更加全面理解和研究医药卫生体制改革提供借鉴。来自清华大学、台湾大学等高校的20余位卫生法研究领域专家参加研讨。

（清华大学文科建设处刘金梅供稿）

回应变革呼声：中国法律职业伦理国际学术研讨会

3月16—17日，由中国政法大学法学院法律职业伦理教研室和美国律师协会主办的“回应变革呼声：中国法律职业伦理”国际学术研讨会在中国政法大学昌平校区国际交流中心召开。来自中国内地、香港的专家学者、对法律职业伦理问题感兴趣的律师、法官和检察官以及从事职业伦理教研的国外教授参加了会议。

16日，会议主题分别是法学教育与法律职业伦理教育与法律职业伦理的困境。在第一个主题讨论中，国家检察官学院温辉教授、上海交通大学李学尧教授、香港大学胡惠生教授、山东大学肖金明教授等分别围绕法律职业伦理的价值、中国法律职业道德教育的问题和对策等问题进行了精彩的主题发言。在第二个主题讨论中。Lawrence K. Hellman 教授、韩国国立庆北大学李文镐教授、韩国律村律师事务所北京代表处首席代表郑然镐律师以及杜晋丰、郭晓飞、秘明杰等国内的教授学者共同并着重探讨了如何更好地规范法律职业行为，以及法律职业伦理教育教学面临的挑战。

17日，法律职业伦理教研室的许身健、袁钢、刘晓兵、陈宜等教授在教学实践、课题调研等实证研究的基础上，与国内外学者就法律职业伦理教育进行了深入交流和探讨，揭示了高校法律职业伦理课程现状、教学现状等，实现理论和实践有机结合，使会议内容更具实践意义。

（中国政法大学科研处供稿）

中国反垄断法实施的第一个五年：现状与展望首届年度专题研讨会　3月21日，中国政法大学中国国际反垄断与投资研究中心（CIIAI）“中国反垄断法实施的第一个五年：现状与展望首届年度专题研讨会”在北京市举行。商务部反垄断局局长尚明先生，中国政法大学校长黄进教授，国际法学院分党委书记兼副院长杜新丽教授等应邀出席了开幕式。来自15个国家和国际组织的200多位专家学者参加了会议。

会议为期2天，共分为2个专题，第一专题是反垄断热点议题讨论；第二专题为政府圆桌会议。第一专题总共有10个不同热点议题，包括相关市场界定、并购的程序性和实体性问题、反垄断民事诉讼、纵向协议、卡特尔以及其他横向协议、市场支配地位滥用问题、基础设施与反垄断、国外企业在中国将会面临的主要反垄断问题以及中国企业在国外相关国家将面临的主要反垄断问题等。每个议题由4~5名中外学者、律师以及官员组成的专家组分别从中国、美国、欧洲等视角进行分析与探讨。第二专题是圆桌会议，由商务部反垄断局尚明局长、国家发展与改革委员会价格监督检查与反垄断局李青副局长、国家工商总局反垄断与反不正当竞争执法局赵国彬处长，以及欧盟竞争总署副主任 Bernd Langeheine 先生组成，CIIAI 执行董事 Frank Fine 先生主持圆桌会议，共同探讨反垄断热点问题。

（中国政法大学科研处刘璐供稿）

北京市今后5年立法需求与重点任务课题研讨会

3月26日，北京市社会科学界联合会决策咨询课题专项汇报研讨会在市人大召开。会议就北京市今后5年立法需求与重点任务课题进行了交流研讨，市人大常委会副主任柳纪纲听取汇报，他充分肯定了课题研究成果，并对市社科联和课题组专家学者的辛勤工作表示感谢，希望社科联进一步发挥“思想库、智囊团”作用，为推动首都立法工作科学化多做贡献，会议还对社科普及立法工作进行了讨论。

（北京市社科联研究室供稿）

首届中国法治经济论坛　4月20日，首届中国法治经济论坛在北京会议中心举行，经济学、法学界众多知名专家、学者济济一堂，针对我国市场经济运行与法治国家建设及其相互关系进行了研讨和交流。

论坛的重点话题是“市场秩序”。中国人民大学教授高德步就市场化过程中的道德失范与道德重建问题提出了自己的看法。中国政法大学教授张国钧提出了“诚信生态”的概念，认为以伦理为基础的诚信生态是市场秩序健康发展的基础。中国政法大学教授李曙光对法治与经济增长的关系、中国经济下一步的改革方向等问题进行了阐述。对于公众关心的房地产市场制度建设问题，山东大学教授、长江学者黄少安针对公众关心的房地产市场制度建设问题，为地方政府给出了"租税替代"的建议。中国人民大学教授王利明则围绕不动产统一登记法建立中涉及的几个重要问题提出了见解。专家还就公司社会责任的法律分析、创新型国家需要系统激励和法律保障、警惕市场变异与改革悖论等重要的法治建设和市场环境问题发表了自己的看法。

（中国政法大学科研处刘璐供稿）

轨道交通立法需求座谈会　5月14日，北京市人大常委会城建环保办公室召开轨道交通立法需求座谈会。会上，在听取市交通委关于本市轨道交通运营服务和管理现状及问题的汇报后，针对本市轨道交通网络化和大客流的运营条件，亟须制定地方性法规，以加大轨道交通法制保障力度的问题，代表和专家对立法的必要性、可行性、调整范围、主要的制度设计等方面提出意见和建议。会议认为，要充分论证立项的必要性和可行性，以现行政府规章为基础，系统梳理轨道交通安全立法的核心需求，突出安全第一、以人为本的基本原则，坚持规范行为、强化管理、提升服务与促进发展并重，明晰政府、企业、乘客、社会等各方参与者的权利义务关系，明确立法指导思想，科学确定法规定位，深入做好法规立项论证工作。

（北京市人大常委会研究室艾淑英供稿）

《企业破产法》实施6周年研讨会　5月17日，由中国政法大学破产法与企业重组研究中心主办的《企业破产法》实施6周年研讨会在中国政法大学学院路校区召开。研讨会旨在总结破产法实施6周年来存在的问题，客观分析破产法实施的经验教训，推动破产法的发展与完善。

全国人民代表大会财经委法案室原主任朱少平、中国政法大学民商经济法学院院长王卫国、最高人民法院应用法学研究所副所长曹守晔、中华全国总工会民主管理部部长郭军、中和应泰财务顾问有限公司执行董事许美征、中国信达证券股份有限公司副董事长郑成新、金杜律师事务所合伙人王福祥、安永（中国）企业咨询有限公司重组部高级经理张燕坤、北京师范大学法学院讲师贺丹等官员、学者、法官、律师、注册会计师、金融机构等业界精英代表参与本次研讨会。研讨会由中国政法大学破产法与企业重组研究中心主任、博士生导师李曙光教授主持。

与会人员围绕这6年来破产法实施过程中的经验得失，社会转型期破产法律制度面临的问题和挑战，如重整制度与资本市场的衔接、管理人的指定及报酬、政府与法院的作用、职工劳动债权、金融机构破产、个人破产制度、破产管理局的建立等焦点问题，以及如何进一步推进相关立法等内容进行了深入讨论。

（中国政法大学科研处供稿）

东亚地区德国法专家学者研讨会　5月24—26日，中国政法大学中德法学院在北京举办了以"私法自治——任务与界限"为主题的研讨会（Tagung deutschsprachiger Juristen in Asien "Privatautonomie—Aufgaben und Grenzen"）。研讨会由德意志学术交流中心（DAAD）、阿登纳基金会（KAS）和中国政法大学资助，来自德国、日本、韩国、泰国、越南、马来西亚等国家和中国大陆及中国台湾地区的50余名德国法专家学者应邀参加。

研讨会开幕式由中德法学院院长、德国汉堡大学博士谢立斌副教授主持，德意志学术交流中心亚太项目主任Klaus Birk博士和阿登纳基金会北京项目办公室主任Thomas Awe分别致辞。研讨会为期3天，分13个单元，与会专家学者共做了26场报告。专家学者们分别从各自本国实际现状和专业领域出发，围绕私法自治的任务及界限展开了详细的研讨。韩国忠南国立大学申有哲教授做了关于东亚私法自治的报告，弗赖堡大学Dr. Uwe Blaurock教授做了题为经济秩序与个人自由的报告，日本同志社大学Dr. Hans-Peter Marutschke教授从比较和历史的角度阐释了日本法上的私法自治，南京大学Rebecka Zinser博士介绍了互联网数据保护和私法自治之间的关系，明斯特大学Dr. Sebastian Lohsse教授介绍了买卖法中的私法自治与消费者保护等。

与会专家学者对东亚各国私法自治在各个领域的不同表现形式产生了浓厚的学术兴趣，东亚德国法专家学者之间、东亚德国法专家学者与德国教授之间进行了热烈的讨论。

（中国政法大学科研处供稿）

第9期中国法学创新论坛　6月6日，由中国法学会和清华大学共同主办，法制日报社协办、中国法学会法律信息部和清华大学法学院共同承办的第9期中国法学创新讲坛在清华大学法学院举行。中国法学会常务副会长刘飏出席活动。中国社会科学院荣誉学部委员李步云、香港大学法学院教授陈弘毅、清华大学法学院教授王振民作为主讲嘉宾，围绕"法治之道"的主题为现场近200名师生做学术报告，对法治的内涵、法治的目标、法治的实现路径、中西方法治理论的比较等重大问题发表见解。清华大学法学院副院长申卫星主持讲坛活动。李步云在报告中提出，在当代社会，法治是实现社会和谐的基石，为社会和谐提供基本的规则保障。法治是解决社会矛盾的主要途径，是调节社会利益关系的基本方式，也是实现社会公平正义的重要基础。依法治国包括两层内涵，一是依法治国是一种治国的理念与指导思想，即国家的民富国强和长治久安，决定性的因素和条件主要寄希望于要建立一个良好的有权威的法律和制度；二是依法治国是一种治国理政的根本行为准则，即国家不应依照少数领导者个人的看法、智慧、注意力来治理，而必须依照符合事物规律、时代精神、人民利益、社会理想的法律来治理。在理念上，第一，依法治国主要治官，制约权力、规范权力，不让权力无限；第二，依法治国贵在良法之治，法要符合社会规律，体现人的正义，促进社会进步；第三，依法治国重在依宪治国，执政党要按照宪法来行使自己的执政权。在任何一个国家，执政党对法律、对宪法的态度，起关键作用。陈弘毅综合了西方法学主流对于“法治”的理解，分析法治所包含的不同元素，对法治提出以下重要命题。第一，法治需要立法、执法、司法领域共同推进，要求民主的立法程序、政府的有效执法和司法的正当程序。第二，法治的核心理念是对政府可能可以任意行使的权力做出限制，以法律的明确性预测各种行为的法律后果。第三，只有形式法治（rule by law）是不够的，一定要有实质法治（rule of law）。实质法治包含更高一层的要求，如对于民主、人权的尊重和对于人的尊重。第四，法治要付诸实施，只讲理论是不够的，只在法学家、法官、政府官员中讲法治也是不够的，一定要让整个社会的一般民众明白什么是法治，愿意对法律效忠，形成对法律的信仰。第五，法治不仅有国内法上的意义，在国际法层次也越来越讲法治。王振民在报告中指出，回顾西方主要法治国家的历史，在法治建设过程中都有一个强有力的政府，而不是先有了完全的民主，然后再发展法治。我们的法治之路，必须依靠党强有力的、集中统一的领导。因此，作为执政阶层，要对法治有坚定的信仰，坚定法治的目标，提高领导干部的法治思维。只要我们以法治为目标，有坚定不移地信仰法治的执政党和社会精英，加上民众的法治共识、法律文明的积累、高质量的司法队伍，法治中国就一定可以建立起来。

（清华大学文科建设处刘金梅供稿）

进一步推动醉驾和超速司法解释研讨会　6月10日，由清华大学法学院公法研究中心和中国警察法学研究会联合主办的进一步推动醉驾和超速司法解释进程及相关问题研讨会在清华大学举行，来自全国人大法工委、国务院法制办等实务部门，以及清华大学、北京大学等高校科研机构的30余位专家学者参加会议。清华大学法学院教授余凌云介绍了司法解释和执法指南专家建议稿。最高人民法院刑五庭庭长高贵君、法官曾琳介绍了危险驾驶罪司法解释的相关内容。北京市公安局交管局法制处和河北省衡水市公安局相关负责人介绍了地方公安机关办理醉酒驾驶案件的总体情况，并就执法实践中遇到的若干疑难问题跟与会人员进行讨论。与会专家学者充分肯定研究推动醉驾和超速司法解释的出台对于规范和深化治理危险驾驶行为的重要意义，并对专家建议稿中的若干具体条款提出修改建议。

（清华大学文科建设处刘金梅供稿）

中欧法学院2013年学术研讨会　6月14日，中国政法大学中欧法学院2013年学术研讨会在京召开。来自全国政协社会与法制委员会、司法部以及中国政法大学的专家学者参加了会议。研讨会以“法学教育：在21世纪的发展和前景”为主题。与会人员在法学教育的发展与经验、法学教育是学术还是职业、法学教育的职业与职业技能、法学教育的全球化与未来、中国与欧洲的法学教育等8个学术单元中畅所欲言、分享探讨，以期在全球化和法律职业跨境服务日益频繁密切的背景下，改进创新教育模式，提高人才培养质量。

（中国政法大学科研处刘璐供稿）

全国首届全球学与全球治理论坛　6月20日，全国首届全球学与全球治理论坛学术研讨会在北京成功举行。此次会议由中国政法大学全球治理与国际法治协同创新中心、国际法学院、全球化与全球问题研究所，中共中央编译局全球治理与发展战略研究中心、南开大学周恩来政府管理学院、武汉大学国际法研究所和上海大学全球学研究中心联合主办，中国政法大学全球化与全球问题研究所承办。

首届全球学与全球治理论坛学术研讨会的主题为全球治理变革与国际法治创新，来自20多家高校、科研单位和杂志社的60多位领导和专家学者参会，围绕全球治理的新环境与新走向、国际法视角下的全球治理、中国与全球治理和全球学与全球治理研究新议题等专题展开了深入热烈的讨论。各专家学者从不同的研究角度出发，就会议主题发表各自的看法，讨论既涉及不同学科之间的交流与碰撞，也涉及基础研究和对策研究的统和与协调。

论坛有力推动了中国政法大学全球治理与国际法治协同创新中心的建设和全球学交叉学科的发展，促进了不同高校和科研单位间、不同学科间的对话与交流。

（中国政法大学科研处刘璐供稿）

中国军事法治前沿论坛第七届研讨会　6月22—23日，由北京市法学会军事法学研究会、中国政法大学法学院、中国政法大学东方毅军事法研究中心共同举办的第七届中国军事法治前沿论坛在北京昌平召开，本届论坛主题为“夯实强军之基与军事法创新发展——以适应国家发展和安全战略新要求为背景"。

出席论坛的有全国人大法工委国家法室副主任孙镇平、国务院法制办政法国防法制司副司长姜秀元、中央军委法制局局长王黎红、总政治部司法局原局长石成林、解放军军事法院原副院长黄林异、军事科学院军队建设研究部原部长雷渊深等来自国家和军队有关部门的领导和专家，还有来自军事科学院、国防大学、西安政治学院、南京政治学院、武警总部、武警工程学院、吉林大学、华东政法大学等40多所军地院校和科研机构的90余位专家学者。

论坛围绕夯实强军之基与军事法创新发展这一主题，分为夯实强军之基本理论探讨、军事法治诸环节的创新发展、国际军事法治的新发展、海洋、太空、网络空间安全法律问题和人民武装警察法5个单元进行研讨。

（中国政法大学科研处刘璐供稿）

第四届证据理论与科学国际研讨会 7月20—21日，由司法文明协同创新中心、国际证据科学协会主办，中国政法大学证据科学研究院承办、法庭毒物分析公安部重点实验室协办的第四届证据理论与科学国际研讨会在北京召开。来自中国大陆和中国台湾地区的代表130余人，以及来自美国、英国、西班牙、意大利、荷兰、匈牙利、瑞士、澳大利亚、韩国等国家的20余人，共150余位证据法学家和法庭科学家齐聚一堂，围绕本次会议的主题证据科学与司法文明展开了深入的研讨。

在主旨演讲中，国际证据科学协会主席、美国西北大学威格莫尔特座教授罗纳德·J. 艾伦教授就证据改革的框架、瑞士洛桑大学的克里斯托弗·山普教授就在DNA转移问题上对DNA证据和专家意见的理解、北京大学的陈瑞华教授就新法定证据主义、意大利帕维亚大学的米歇尔·塔鲁弗教授就证据、事实与法制进行了深入研讨和交流，四川大学龙宗智教授介绍了我国非法口供排除的"痛苦规则"及相关问题，并从证据学的角度对聂树斌案件做了法理研判。

会议分为证据法学和法庭科学两个分会场，与会代表围绕各自的主题进行了深入交流。在证据法学分会场，中外代表证据法学理论和实务中的热点问题进行了主题发言，并回答了其他代表的发言。在法庭科学分会场，法庭科学家围绕法医学、物证技术等领域的问题做了分会场发言，并和与会代表进行了讨论。代表之间就证据科学中的一些焦点问题达成了共识，并对争议问题交换了意见。

（中国政法大学科研处刘璐供稿）

第二届两岸和平发展法学论坛 8月14日，由海峡两岸关系法学研究会主办的第二届两岸和平发展法学论坛在北京开幕。来自两岸法学界、法律界的180多名学者将围绕"两岸交往与法治保障"这一主题，就如何进一步保障两岸人民交往权益，包括司法权力、民商事权益、投资权益等进行为期两天的研讨交流。

据主办方介绍，本届论坛设有法制变革与权利保障、两岸司法互助、投资保护与纠纷解决3个专题，共有16家台湾法学组织、法律机构和法律院校组团出席论坛，80余名台湾专家学者与法律人士参与研讨交流。

中央台办、国台办副主任孙亚夫在开幕式致辞中说，两岸法务交流应该在一个中国原则下，维护和发展两岸同胞权益，促进两岸关系和平发展的制度化建设，加强各自保障和共同保障。他认为，这次论坛更加聚焦特定的法律事务，同时这种学术研讨也能够为两岸更多法务交流的实质性促进，起到积极作用。

（参见《人民日报》（海外版），2013年8月15日第3版）

当代刑罚改革国际研讨会 8月17—18日，由北京师范大学刑事法律科学研究院和美国纽约城市大学约翰杰刑事司法分校共同主办，并由中国刑法学研究会和国际刑法学协会中国分会协办的第五届当代刑法国际论坛在京举行。来自联合国预防犯罪与刑事司法网络、国际刑法学协会、美国、加拿大、西班牙、芬兰、荷兰、希腊、日本、韩国，以及我国最高人民法院、最高人民检察院、司法部、北京市人民检察院等政法机关、高校科研机构的专家、学者近200人出席了论坛。北京师范大学董奇校长亲切会见了美国约翰杰刑事司法分校校长特雷斯教授、国际刑法学协会主席德拉奎斯塔（De La Cuesta）教授，联合国毒品与犯罪问题办公室条约事务部主任约翰·桑德奇（John Sandage）先生、联合国亚洲及远东犯罪预防及罪犯处遇研究所所长赤根智子（Kawamoto Tetsuro）女士、韩国比较刑事法学会会长吴庆植教授，韩国东亚大学法学研究所所长许一泰教授等与会代表。

本届论坛以"当代刑罚改革"为主题，围绕社区矫正制度、量刑科学化与公正化等当代刑罚改革的热点问题进行了充分和深入的探讨，这对于推进我国刑事司法制度改革、促进社会主义刑事法治的发展以及加强我国与其他国家或者地区在刑事法方面的交流与合作，无疑将起到积极的作用。当代刑法国际论坛是北京师范大学刑事法律科学研究院于2005年创立的两年一度常设性国际论坛，旨在为各国同行的坦诚对话交流提供平台，推动相互之间在刑事法理论教学、研究、立法、司法等领域的全面有效合作，为促进国际刑事法治和人类和平进步事业而共同努力。

（北京师范大学社科处刘娜供稿）

中德社会保障法制研讨会　8月30—31日，由中国人民大学中国社会保障研究中心与德国艾伯特基金会联合举办的中德社会保障法制研讨会在中国人民大学逸夫会堂举行。中国人民大学党委副书记兼副校长王利明教授和艾伯特基金会驻中、蒙代表师人杰先生为会议致辞；德国驻华使馆社会文化参赞施伯德先生出席会议；中国人民大学中国社会保障研究中心主任、劳动人事学院郑功成教授主持会议。与会者包括德方的驻华使馆、马普协会、慕尼黑大学、耶拿大学、闵斯特大学、艾伯特基金会、布兰登堡州政府，中方的民政部、国务院法制办、社科院、全国总工会、国家行政学院、北京大学、清华大学、北京师范大学、北京理工大学、北京航空航天大学，以及伦敦经济学院、台湾政治大学等20多所高校和机构的代表共计60多人。

本次会议围绕“社会保障立法的历史与现状”“社会保险中的行政管理”“社会保障争议解决机制”“社会保障法律体系与协调机制”4个专题展开。与会者认为，中国的社保体系建设正在从长期试验性状态向定型、稳定、可持续发展转变，养老保险的顶层设计、医疗保险制度整合也在进行当中而强化社保法制建设既是社保制度稳定安全的依据与保障，也是建设法治国家的重要内容。

（中国人民大学科研处关晓斌供稿）

第四届中德宪法论坛　9月7日，中国政法大学中德法学院、中国政法大学法学院宪法学研究所、德国艾伯特基金会在北京联合主办了第四届中德宪法论坛·宪法财产权研讨会。德方参会成员包括德国联邦宪法法院法官赖因哈德·盖尔教授等学者以及艾伯特基金会的负责人。中方参会人员包括中国政法大学、中国人民大学、北京大学、清华大学、中央财经大学、北京师范大学、北京航空航天大学、中国社会科学院法学所、中国上海交通大学、西北政法大学、西南政法大学、吉林大学、中山大学、南京大学、深圳大学等高校的宪法专家学者以及立法、司法机关的实务工作者。会议围绕着宪法上财产权的概念、财产权的保护、财产的社会义务等问题进行了深入的探讨。

研讨会分为3个单元，分别为财产权的概念、财产权的保护、财产的社会义务。中国政法大学副校长李树忠教授和德国驻华大使馆公使李德仁博士发表了开幕致辞。第一单元，德国联邦宪法法院法官赖因哈德·盖尔教授和中国政法大学中德法学院谢立斌副教授分别就《德国宪法上的财产概念》《论中国宪法上的财产权概念》做了报告。第二单元，中国政法大学法学院秦奥蕾副教授和德国马堡大学莫妮卡·博姆教授分别就《财产权的宪法地位与保障结构》《对财产的保护》做了报告。第三单元，德国奥斯纳布吕克应用科学大学的来汉瑞教授和中国人民大学法学院的张翔教授分别就《德国宪法财产权的社会义务》《中国宪法财产权的社会义务》进行了发言。

（中国政法大学科研处刘璐供稿）

近代法律与社会转型学术研讨会　9月15日，由中国政法大学人文学院历史研究所、中国政法大学东方毅法治与文化研究中心主办的近代法律与社会转型学术研讨会在北京举行。来自司法部、教育部、中国社会科学院、北京大学、中国人民大学、北京交通大学、中国政法大学、光明日报社、法制日报社、检察日报社等高校、研究机构和相关单位的40多位专家学者共同出席了会议。研讨会旨在从历史学的角度探求法律史的研究旨趣和方法，增进史学界和法学界关于法律史研究的对话和交流。与会专家学者从社会史、文化史、制度史等多角度，对近代法律条文的流变、制度的转型进行了深入的研究与交流，并从更宏大的视野探讨了我国近代法制的起源及世界观的碰撞。

（中国政法大学科研处刘璐供稿）

亚洲体育法学国际研讨会　9月27—28日，中国体育法学研究会在首都体育学院召开成立大会暨首届会员代表大会，中国体育法学研究会会员100余人参加会议。中国体育法学研究会是在原中国法学会体育法学研究会基础上成立的。

大会通过了《中国体育法学研究会章程（草案）》等文件，选举产生了第一届理事会。随后召开的理事会第一次会议，选举产生了由1名会长、1名常务副会长、7名副会长和19名常务理事共28人组成的中国体育法学研究会第一届常务理事会。

国家体育总局副局长肖天同志当选为首任会长并代表研究会领导机构讲话。中国法学会研究部主任方向同志到会并致辞。国家体育总局局长、中国奥委会主席、中华全国体育总会主席刘鹏同志发来贺信。国际奥委会法律事务部、世界反兴奋剂机构法律事务部、国际体育法协会等国际机构和组织也发来了贺信。

随后，亚洲体育法学国际研讨会召开。来自中国、日本、韩国、荷兰、波兰等国家的160余位体育法学专家、学者、法律实务工作者参加会议。中国体育法学研究会会长、国家体育总局副局长肖天同志到会并致贺词。会议以“体育法治的理论与实践——推动改革创新，破解发展难题”为主题，共收到论文80余篇。研讨会围绕基本体育权利保障、职业体育、体育经营活动、体育社会团体等体育领域热点法律问题，开展了大会报告和分组发言。

（首都体育学院科研处罗笛供稿）

第二届比较法学与世界共同法国际研讨会 9月27—28日，由中国政法大学比较法学研究院主办的第二届比较法学与世界共同法国际研讨会在北京举行。

来自澳大利亚、德国、希腊、印度、意大利、日本、俄罗斯、瑞士、美国、中国等国家或地区的近80名专家学者在为期两天的会议中，就法律翻译、法律全球化背景下比较法研究的范式转换、人性与法、宪法中人的形象、中欧知识产权法的比较、隐私权的保护、法典编纂、法律移植、民法商法的法源比较、电子商务中的国际法等法律问题展开了深入的交流和对话。

（中国政法大学科研处刘璐供稿）

近代法律与社会转型学术研讨会 近日，由中国政法大学人文学院历史研究所、中国政法大学东方毅法治与文化研究中心主办的“近代法律与社会转型”学术研讨会在京举行。来自中国社会科学院、北京大学、中国人民大学、中国政法大学、首都师范大学、北京交通大学以及司法部、教育部等高校、研究机构和相关单位的40多位专家学者出席了会议。

近年来，中国法律史研究渐成史学研究中的一个热点，但也存在诸多不足，特别是作为交叉学科的法律史研究，其方法论和发展方向，即法律史研究的“法学化”还是“史学化”问题，更是学界争论的焦点。本次研讨会旨在从历史学的角度探求法律史的研究旨趣和方法，增进史学界和法学界关于法律史研究的对话和交流，与会学者具有法学、历史学、哲学的多元学科背景恰是本次会议学术旨趣的很好体现。

中国政法大学党委副书记高浣月教授在开幕致辞中指出，研究中国近代法律转型意义重大，近代法律变革的历史说明，面对中西文化的碰撞融合，国人应当保有高度的文化自觉，进而建立文化自信，以宽阔的胸襟和理性的态度面对外来文化，取其精华，去其糟粕。中国政法大学终身教授李德顺就历史研究方法和历史学的功能等问题进行了精彩论述，尤其是有关如何避免历史研究碎片化的分析引人深思。北京大学历史系赵世瑜教授从历史司法档案的利用出发，阐述了法史研究存在的两种不同取向——法学取向和史学取向，以及法史研究的意义，他认为法律史研究应该更多采用史学取向，让司法实践回到历史情境中去，这样才能使中国法律史研究具有摆脱西方话语体系束缚的可能性。

本次研讨会大致围绕以下4个议题展开：（1）从宏观角度讨论法律史研究的方法论与书写方式。中国人民大学张世明教授借用库恩的“范式”、福柯的“知识型”等概念，揭示出历史学和法学的学科底层其实具有相通的话语规则建构，即均以民族国家为“普遍的概念装置”，应对这一书写框架给予关注。（2）从中西历史比较的角度考察近代中国法律史的重大问题。北京交通大学的张生教授以最为本土化的亲属法为核心，讨论了中国近代法律改革的外国法依赖问题；中国政法大学的赵国辉、刘丹忱两位学者则分别考察了中国近代外交及其法制源起、中国的“天下观”与西方的世界秩序观的碰撞问题。（3）从具体个案入手分析中国近现代法律转型问题：太原科技大学的郭相宏教授与中国社科院近代史研究所的李在全副研究员从不同角度注意到了孙中山晚年司法思想的转变；中国政法大学的黄东副教授从社会文化史的角度讨论抗战时期根据地婚姻立法与实践之间的张力及其调适过程。（4）清代法律制度的个案研究。中国人民大学胡祥雨博士通过对清代“家长奸家下人有夫之妇”例的研究，再现了满、汉法律的融合如何实现。与会学者认为，中国法律史研究既不能单纯地“法学化”，也不能片面地“史学化”，作为一门交叉学科，研究者个人应追求法史兼修，法学界和史学界应当跨越学科鸿沟，增进交流与理解，进一步彰显中国法律史研究的学术价值和社会功能。

（参见《光明日报》，2013年10月17日第11版）

2013·法律语言高端论坛 10月19日，为期两天的2013年法律语言高端论坛在中国政法大学拉开了帷幕，论坛由中国政法大学和北京市人民检察院联合主办。来自中国政法大学、北京市人民检察院、北京高级人民法院、最高人民检察院等单位的70多名专家学者参加了论坛。围绕“法律·语言·法律人”这一大会主题，与会专家学者对公诉人语言、法官语言、律师语言等展开了研讨，在公诉文书写作、法庭辩论、裁判文书、言辞证据链等方面进行了深入的研讨。研讨内容既涉及法学、哲学、语言学等理论研究，也涉及真实案例的分析、历史事实的探讨等实践性研究。

（中国政法大学科研处刘璐供稿）

中国企业法治论坛（2013） 10月20日，由中国航天科工集团公司、中国人民大学民商事法律科学研究中心以及企业法治研究所共同举办的中国企业法治论坛（2013）在中国人民大学法学院举行。本次论坛的主题为创新发展与企业法治，旨在通过探讨中国企业法治发展的理论与实践问题，思考企业法治发展面临的挑战与未来走向。来自国资委、司法部、国务院发展研究中心、中国企业联合会、中国航天科工集团公司、中国航空集团公司以及中国钢研科技集团公司等单位的共80多位嘉宾参加了本届论坛。中国人民大学副书记兼副校长王利明教授到会并致开幕词。航天科工集团副总法律顾问王耀国，司法部法制宣传司司长查庆九，中国企业联合会常务副理事长于吉，国务院发展研究中心研究员王忠宏，中钢集团总法律顾问汤建新，军工企协法律委员会理事长李申田，维诗律师事务所主任杨安以及国联律师事务所主任许涛等出席论坛并发言。在本次会议上，与会代表一致认为，法治在企业创新发展中发挥的作用越来越明显，因此要进一步强化法治在企业经营中的地位。本次论坛释放了法治精神的正能量，有效地联合了企业界和法学界的力量，来共同推进企业法治进程，以及国家的法治建设。

（中国人民大学科研处供稿）

2013 法商管理新财富论坛　10月26日，2013法商管理新财富论坛在京成功举行，论坛由中国政法大学商学院联合多家知名企业和机构共同主办。

第九、十届全国人民代表大会常务委员会副委员长成思危，华远地产股份有限公司董事长任志强，正和岛创始人兼首席架构师、中国企业家俱乐部创始人刘东华，依文集团董事长夏华，中国政法大学商学院院长孙选中，加拿大新安大略大学亚洲管理中心主任 Paul W Beamish 等500余位知名企业家和学者，进行了广泛深入的讨论，50余家中外主流媒体参会报道。

会上，成思危对转型时期的中国经济发展进行了深入剖析，孙选中分享了法商视角下的现代企业发展观，夏华谈到了国际化开拓中的法商结合之道，任志强畅谈企业家的契约精神。此外，中国国际航空集团公司总法律顾问聂颖、加拿大毅伟商学院亚洲管理研究中心主任 Paul W Beamish、远东控股集团董事长蒋锡培、均瑶集团总裁王均豪等知名企业家和学者也发表了主题演讲。

此论坛是重点探讨新转型时期，特别是中国企业开始深度国际化的背景下，法律和规则的相关变量，对企业竞争和企业财富增长影响的高端财经论坛。

（中国政法大学科研处刘璐供稿）

国际法在美国法院的适用讲座　11月6日，外交学院国际商法研究中心和国际法系在展览路校区举办了一场以国际法在美国法院的适用为题的讲座。主讲人为历任美国肯塔基大学法学院院长、美国司法会议行为准则委员会主席、美国第六巡回上诉法院终身法官约翰·罗杰斯（John M. Rogers）教授。罗杰斯法官20世纪80年代曾在外交学院任教，此次重回外交学院，受到了师生的热烈欢迎。本次讲座由国际法系于丹翎教授主持。

罗杰斯法官首先介绍了国际法与国内法的区别。他指出国际法是平行体系，没有统一的立法机关，主要由条约、国际习惯、国际法律原则构成；相较而言，国内法是垂直体系，有统一的最高立法机关，各种法律规范的效力等级也相对明确。接下来，他阐述了国际法在美国法院的四类适用情形：（1）关于解释条约的规则；（2）自动生效的条约适用；（3）国内法实施或履行国际法；（4）为国内法提供参考依据。

在提问环节，“自动生效条约的判断标准”问题被提出，罗杰斯法官坦陈，在美国的司法实践中这是一个很困难的问题，因为将一个条约认定为非自动生效的确有不遵守国际法义务的嫌疑，但国家在没有履行国际义务时也不可避免地要承担相应的国际责任。通常情况下，法院可以自主判断某一条约是否自动生效，但也会考虑参议院的意图，以及该条约涉及的国际法上义务的性质。接下来，“美国法院在处理国际案件时是否考虑政治因素”的问题被提出，罗杰斯法官指出，在涉及豁免权等政治性较强的法律问题时，法院常会询问总统和国会的意见，政府有时也会申请以法庭之友（Amicus Curiae）的立场参与诉讼。

（外交学院科研处郦莉供稿）

农林法律保护与公证国际研讨会　11月16日，北京林业大学人文社会科学学院、中国政法大学公证法学研究中心与法国高等理事会乡村和环境法研究所共同举办农林法律保护与公证国际研讨会。会议围绕“农林法律保护与公证”这一主题，结合中法两国农林法律保护与公证领域现状，就实践中存在的问题进行深入探讨。通过集中研讨，科学论证目前农林管理特点，对比分析中法农林管理经验，完善森林管理与林权结构方面的法律制度，深化中法双方在农林管理方面合作，推进对农林法律进一步研究和理论实践。来自国内外农林法律界专家学者29人参加会议。

（北京林业大学科技处张力供稿）

深化改革与宪法发展学术圆桌会议　11月23日，清华大学法学院公法研究中心在京主办深化改革与宪法发展学术圆桌会议。法学院院长王振民做总结发言，法学院公法研究中心主任林来梵主持会议。来自北京大学、中国政法大学、国家行政学院、中央财经大学等高校的专家学者和来自中国社会科学院法学研究所、司法部研究室等研究机构的研究人员，以及来自法律实务界和法律出版界的权威人士，共20余人参会。与会人员围绕十八届三中全会通过的《中共中央关于全面深化改革若干重大问题的决定》中的涉及的一系列宪法问题，深入讨论了全面深化改革与宪法发展完善的关系，特别针对深化改革中的宪法课题与宪法实践、宪法与基本经济制度、社会主义民主政治与政府体制改革、法治中国建设、司法改革与人权司法保障制度、宪法修改与宪法变迁等问题交流了看法。

（清华大学文科建设处刘金梅供稿）

非法证据排除规则实施研讨会　11月28日，由中国政法大学陈光中教授主持的司法文明协同创新团队和刑事法律研究中心联合召开的非法证据排除规则实施研讨会在北京召开。来自最高人民法院、最高人民检察院等实务界的专家，北京大学、中国人民大学、中国政法大学和北京市著名律师事务所的主任60余人参加了会议。

研讨会上，中国政法大学张保生副校长和最高人民检察院原专职委员会委员戴玉忠致开幕词，最高人民法院黄尔梅副院长书面致辞，中国政法大学诉讼法学研究院卞建林院长和杨宇冠副院长主持，陈光中教授和郭志媛副教授代表课题组做了调研介绍，美国学者介绍了美国非法自白排除规则的重点问题，来自调研单位的领导与其他参会代表围绕非法证据排除的范围、非法证据排除的证明责任与证明标准、非法证据排除的程序等问题进行了深入研讨。

（中国政法大学科研处刘璐供稿）

首届企业法律风险学术论坛　12月6日，首届企业法律风险学术论坛在清华大学法学院举办。论坛由清华大学法学院企业法律风险研究中心与北京天驰洪范律师事务所联合主办。法学院副院长余凌云出席论坛并致欢迎词。法学院教授王保树以“商法与法律风险防控”为主题做主旨演讲，强调完善的公司治理是防范控制企业法律风险的基础，规范的公司组织形式与行为防范与控制企业法律风险的关键。美国贝克·麦坚时国际律师事务所北京代表处首席代表贾殿安，方正集团法务部总经理胡曾铮等分别就企业法律风险的产生、企业法律风险的内控机制、企业法律风险控制的环节、企业税务风险的防范等发表专题演讲。来自银行、保险公司等企业和法学教育与学术界、律师界的90余名代表参加论坛。

（清华大学文科建设处刘金梅供稿）

民族学　宗教学

中国民族融合理论学术研讨会　1月13日，北京市社会科学院满学所召开中国民族融合理论学术研讨会。此次研讨会邀请了来自北京大学历史系、中国社会科学院民族研究所、少数民族文学研究所、近代史所、国家清史编纂委员会的专家们，与满学所的全体科研人员进行研讨。此次研讨会由满学所所长赵志强研究员主持。研讨的内容包括：中国民族融合理论的现状；中国历史上民族融合的条件、途径及规律；民族政策对民族融合的影响；文化融合对民族融合的推动；民族融合的历史对当代的借鉴等。与会学者对中国民族融合理论的形成与发展、中国民族关系的历史与现状等进行了讨论。

（北京市社会科学院科研处供稿）

中国民族教育与多元文化研究学术研讨会　7月22日，北京师范大学中国民族教育与多元文化研究中心成立仪式在北京师范大学隆重召开。国家民委教科司田联刚司长、联合国儿基会驻华办公室教育处孟宁处长、北京师范大学刘川生书记以及国内外民族教育与多元文化领域的专家学者出席了会议。仪式由副校长曹卫东主持，刘川生书记和田联刚司长共同为中心揭牌。刘川生书记在致辞中指出，学校将大力支持该中心的建设和发展，期望发挥北师大的多方面学科优势，建设一个资源整合、动态开放的政策研究平台，为各级决策部门提供高质量的政策咨询建议；在不久的将来将该中心建设成为国内领先、国际上有独特影响力的研究机构，成为国内外少数民族教育学术交流与合作创新的平台。田联刚司长在发言中强调，民族教育事业的发展，对于推动民族地区的经济社会发展，促进少数民族事业的整体发展，具有重大而深远的意义。中心学术委员会主席、美国哥伦比亚大学教授林晓东女士，联合国儿基会孟宁女士分别在会上发言。

本次研讨会的主题为多学科视野下民族教育发展。来自美国卡耐基梅隆大学的 Bob Siegler 教授做了题为促进少数民族儿童学习的特约学术报告。美国哥伦比亚大学林晓东教授和北京大学的马戎教授分别就激发少数民族学生的学习动机与民族教育与民族发展做了主旨发言。来自北京大学、西北师范大学、中央民族大学、华南师范大学、新疆师范大学以及教育部基础教育质量监测中心的几位民族教育专家学者分别做了有关民族教育的学术报告。清华大学教育研究院副院长史静寰教授、华东师范大学学前与特殊教育学院方俊明教授，以及教育部民族教育发展中心卢胜华副主任、中央民大教育学院苏德教授主持开展了学术报告，并进行点评。与会嘉宾积极讨论，分享在民族教育领域的心得与体会，本次研讨会取得了圆满成功。

（北京师范大学社科处刘娜供稿）

21世纪中国人类学发展高峰论坛　10月12—13日，21世纪中国人类学发展高峰论坛在中央民族大学隆重召开。本次论坛宗旨是“促进学科交叉与融合，拓宽研究领域，展示未来发展前景”。此次活动由中国解剖学会人类学专业委员会、中国科学院古脊椎动物与古人类研究所、辽宁医学院、中央民族大学主办，中央民族大学民族学与社会学学院、辽宁医学院承办。来自全国各地的百余位学者参加了论坛，并高度评价了召开此次人类学盛会的意义。中国科学院院士、古人类学家吴新智等20余位学者分别做了专题报告，内容涉及分子人类学、古人类学、体质人类学、法医人类学、文化人类学、考古人类学、医学人类学等人类学分支近些年的最新进展。

在会议自由讨论阶段，中央民族大学民族学与社会学学院丁宏院长、杨圣敏教授、中科院高星研究员、青岛大学特聘教授杜靖、上海交通大学张海国教授、天津师范大学郑连斌教授等就人类学的进一步发展、增进各分支学科间相互借鉴与合作等议题和与会者进行了讨论。本次论坛内容丰富，促进了人类学相关学科间的交流，为未来人类学各分支学科的合作研究、探寻新的学科增长点做出了积极贡献。

（中央民族大学科研处供稿）

2013年民族关系国际研讨会　10月18—20日，中央民族大学民族理论与政策研究中心、中国人类学民族学研究会民族关系专业委员会、中央民族大学中国民族理论与民族政策研究院、国家民委重点基地中国特色民族理论研究基地在北京联合举办了主题为世界民族关系现状与发展趋势的2013年民族关系国际学术研讨会暨中国人类学民族学2013年年会民族关系分会。

来自美国东密西根大学、德国马普研究院、澳大利亚堪培拉大学、日本和光大学、马拉西亚大学等国家的国外学者，来自全国人大民族委员会、国家民委、中国社科院、广西壮族自治区人大民委、宁夏社科院、云南省社科院、《中国民族报》、中国人民大学复印资料《民族问题》编辑部、黑龙江省民族研究所、辽宁省民族宗教问题研究中心、中央民族大学、西北民族大学、中南民族大学、西南民族大学、北方民族大学、大连民族学院、贵州大学、贵州民族大学、青海民族大学、湖北民族学院、内蒙古民族大学、内蒙古师范大学、新疆大学、新疆师范大学、石河子大学、云南师范大学、江西宜春学院、唐山师范学院、廊坊师范学院、佳木斯大学、吉林师范大学等30多个民族工作机关、科研院所和高等院校的负责人、专家学者60多位参加了本次国际学术研讨会。

本次研讨会以大会发言和自由讨论相结合的形式进行，共分民族关系现状与发展趋势，民族关系与社会发展，民族关系与和谐社会，文化、经济、宗教与民族关系、自由讨论5场。德国马普研究院郁丹教授，马来西亚大学默哈穆德·罗斯澜，日本和光大学刘孝锺教授，澳大利亚堪培拉大学Richard Hu，中国学者金炳镐、张海洋等国内外专家学者通过大会发言和自由讨论，充分发表了自己的观点、看法和建议。

国家民委民族理论政策研究室副主任、巡视员，中国人类学民族学研究会秘书长黄忠彩做了重要讲话，对2013年国际民族关系研讨会给予了充分的肯定，并详细地介绍了中国人类学民族学研究会的工作重点，提出大力支持中国人类学民族学研究会民族关系专业委员会的发展。中国人类学民族学研究会民族关系专业委员会秘书长、中国社科院民族学与人类学研究所研究员郑信哲做了大会总结。中国民族博物馆副馆长韦荣慧、国家民委政法司原司长毛公宁等领导参加了闭幕式。2013年民族关系国际学术研讨会学术气氛活跃，理论探讨深入，达到预期目标。

（中央民族大学科研处供稿）

第二届宗教·法律·社会学术研讨会　10月19日，由中国政法大学宗教与法律研究中心、中国人民大学佛教与宗教学理论研究所与重庆市华岩寺联合主办的第二届宗教·法律·社会学术研讨会在北京召开。来自中国社科院、北京大学、中国人民大学、北京师范大学、中国政法大学等20多所高等院校、科研院所和政、教各界的60余名专家学者出席了研讨会。研讨会对我国当前依法管理宗教、发挥宗教积极作用助力的“中国梦”议题、宗教立法的可行性研究等社会相关热点以及宗教与法律的关系、东西方各大宗教传统的法律维度与法律背后的精神基础等重要宗教学论题进行了探讨。

（中国政法大学科研处刘璐供稿）

城市科学

城市文化与低碳城市发展学术论坛　1月5日，由对外经济贸易大学和北京联合大学联合主办，由两校合作成立的城市可持续发展研究中心与北京联合大学北京学研究基地承办的城市文化与低碳城市发展学术论坛在京召开。来自国务院发展研究中心、中国社会科学院、北京发改委节能环保中心、北京社会科学院首都文化发展研究中心、北京大学、清华大学、北京师范大学、南京大学、深圳大学、北京建筑工程学院等单位的专家学者，与两个主办高校的专家学者共计50多人就城市文化与低碳城市发展议题进行了深入、热烈的研讨。

会上，专家学者分别从环境伦理、城市规划、节能减排的路径选择等方面解读低碳城市的建设与实现路径，又从多个视角阐述了研究城市文化的语境和视角，并结合北京和南京的城市文化实证研究，分析了城市文化的价值及其产业化问题。针对北京未来的发展，与会专家和学者一致认为，首都低碳高效发展的最优路径是构建基于生态文明的一种生产和生活方式的转变。论坛的成果将结集出版。

学术论坛由北京联合大学北京学研究基地主任张宝秀教授主持，北京联合大学副校长乔东亮教授致辞。对外经济贸易大学副校长、城市可持续发展中心主任赵忠秀教授对论坛最后做了总结发言，他强调，两校协同创立的城市可持续发展研究中心是中央高校和北京市属高校合作交流的一个平台，在促进文化建设和生态文明方面能够为京内外、国内外高校与科研机构等多个层次的更多学者提供交流、合作的机会。

（对外经济贸易大学科研处供稿）

北京建设“五个之都”理论研讨会 1月15日，北京市社科院召开北京建设“五个之都”理论研讨会。本次会议由北京世界城市研究基地承办，北京市社科院院长谭维克、中国社科院城市发展与环境研究所所长潘家华、北京市社科院副院长赵弘、北京日报社副总编辑伍义林、北京联合大学应用文理学院城市科学系主任张景秋，以及《北京市社会科学院“五个之都”研究丛书》作者李建盛等参加了会议。会议由北京市社科院市情调研中心主任唐鑫主持，专家学者围绕北京建设“五个之都”进行了热烈的讨论。谭维克院长指出，北京市社科院认真学习贯彻党的十八精神和市十一次党代会精神，积极为北京建设中国特色世界城市提供智力支持，在研究有关战略框架、指标体系、战略重点等课题取得优秀成果的基础上，深入研究中国特色世界城市的“五个之都”建设，取得了优秀成果。潘家华所长对北京市社科院“五个之都”研究成果给予了充分肯定，认为这套丛书在基础理论与实证研究方面都有新突破。伍义林副总编认为，这套丛书提出的对策建议操作性强，具有很高的实用价值。张景秋主任认为，“五个之都”有着内在的关联性，其中“先进文化之都”建设是灵魂，“宜居之都”建设是根本，“人才聚集之都”建设是保障，“高端企业总部之都”和“国际活动聚集之都”建设是载体。她建议“五个之都”建设可以与“北京精神”建设紧密结合起来，实现价值观的引领作用。同时，通过提高北京产业生态化水平推动“宜居之都”建设。

（北京市社会科学院科研处供稿）

中国城市发展高层论坛·2013 4月20—21日，由中共中央党校科学社会主义教研部和中国科学社会主义学会举办的“中国城市发展高层论坛·2013”在北京举行。论坛对新型城镇化推进中的一些重大理论和实践问题进行了深入的探讨，来自中央党校、国家发展和改革委员会、人力资源和社会保障部的相关领导以及北京、上海、江苏等省份部分城市的党政负责人100余人出席了这次论坛。

与会者认为，新型城镇化的关键在于对“新型”的理解，新型城镇化应当是一种质量型城镇化，未来要在提升城镇化的质量上下大功夫，城镇化应当真正实现以人为本。

（参见《人民日报》，2013年4月22日第9版）

首都可持续发展战略国际研讨会 7月6日，“首都经济”学科群建设项目结项评审暨首都可持续发展战略国际研讨会在中国人民大学逸夫会堂举行。北京市委副秘书长张建明，国家宏观经济研究院国土开发与地区经济研究所所长肖金城研究员，北京市规划委员会研究室主任郭培宜，中国人民大学科研处处长杜鹏、劳动人事学院赵忠教授以及旧金山大学 LeGates 教授等国内外20余名专家学者出席了会议。中国人民大学常务副校长冯惠玲会见了出席会议的国内外专家学者。

本次会议全面回顾和总结了“首都经济”学科群建设项目（2010—2012）在科学研究、人才培养和社会服务等方面取得的成果，与会专家对项目取得的成果给予了高度肯定。随后，与会国内外专家围绕首都经济可持续发展、社会可持续发展、生态可持续发展、首都可持续发展的空间支持以及首都可持续发展的公共政策体系构建等一系列问题进行了研讨。

（中国人民大学科研处关晓斌供稿）

中欧城镇化领导力培训项目启动研讨会 7月18日，作为落实2012年5月中欧双方领导人在布鲁塞尔共同签署的《中欧城镇化伙伴关系共同宣言》和同年9月20日共同发布的《第15次中欧领导人会晤联合新闻公报》达成的共识，中欧城镇化领导力培训项目在京正式启动并举行研讨会。

来自欧盟委员会、欧盟成员国城市管理者与专家和此项目的中方牵头单位中国国家行政学院，以及来自全国行政学院系统的专家学者约80人聚集一堂，欧盟委员会能源总司中欧城镇化伙伴关系欧方协调人佩德罗先生与中国国家行政学院国际部副主任董青以热情洋溢的开场白拉开了启动研讨会的序幕。

研讨会上，中欧双方专家共同探讨中欧城镇化发展的现状和经验，挑战和机遇，合作与前景，并围绕公共服务体系建设与基本公共服务均等化、城镇化发展战略与政策、城镇化空间布局、城市规划与城市管理等重要议题，充分交流思想、分享经验教训、达成合作共识。

（1）中欧城镇化合作具有广阔的前景。中国正在推进的新型城镇化战略举世瞩目。新型城镇化被认为是中国现代化进程中的一个基本问题，是一个大战略、大问题，不仅正在为中国经济增长提供最强大、最持久的内生动力，为国内经济社会可持续发展开拓了新的空间，也是中国拓展与世界各国合作的新的平台。

欧盟委员会能源总司中欧城镇化伙伴关系总协调人佩德罗先生就此在会上首先指出，“正是基于这一点，就充分体现了中国和欧盟双方领导人富有的前瞻性、战略性远见”。他说，中欧城镇化合作之所以能结成伙伴关系，正是双方看到了中国城镇化快速发展阶段蕴藏的巨大发展潜力和市场空间，以及3/4人口已经生活在城市及周边地区的欧盟在城市化进程中所积累的丰富经验，双方在推进城镇化健康发展中具有共同利益和长期经济战略，同时也都面临着进一步优化城镇化布局、节约能源资源、减少温室气体排放、提高城市可持续发展能力等诸方面的挑战。因此，将欧盟城市化进程中的经验推介到中国，有助于中国推动高质量的城镇化，也为双方在能源、环保、基建、人才方面的合作提供了机会。佩德罗说，这就需要双方在各层面建立正规的、非正规的交流机制，通过建立“知识社区”以分享经验教训，并因地制宜，从而加深双方对城镇化的理解，促进城市化的主流化，促进相关领域的合作，以实现互利共赢。

国家行政学院国际部副主任董青积极回应佩德罗的观点，指出此次中欧领导力培训项目启动研讨会正是这一良好合作的开始和搭建的重要平台，也必将为实现双方的共同愿景、加快人才培训、深化伙伴关系发挥积极作用。

（2）认清城镇化本质和内涵至关重要。但中国的新型城镇化究竟是什么？与欧盟已经成熟的城市化进程有哪些差异？参会的中欧双方专家十分关注。

国家行政学院经济学教研部主任张占斌教授用“六个一”高度概括了他对中国新型城镇化的理解，即“一个新的核心”，它突出以人为本，核心是人的城镇化；“一个新的理念”，要能实现包容性增长，逐步消弭城乡二元结构的差异；“一个新的方式”，需要将生态文明建设纳入城市化整个进程；“一个新的路径”，就是工业化、信息化、城镇化和农业现代化“四化”并举相互促进；“一个新的制度设计”，即是将改革和制度建设贯穿于城镇化始终；“一个新的格局”，就是能将主体功能区和区域布局与城市规划建设紧密结合。因此，他指出，在中国城镇化率已达到52%以上水平的基础上开始的这轮新型城镇化，一定是一个强调发展质量的，以人为中心的、节约资源和保护环境的新型城镇化。这既需要借鉴欧盟好的经验，也要认清中国自己发展的阶段和历史方位。

国家行政学院公共管理教研部主任薄贵利教授则从实现公共服务均等化的视角对“新型城镇化核心是人的城镇化”进行了解读，他用我国政府基本公共服务财政支出占比对比与发达国家同阶段的差距，将中国现阶段城镇化面临的现实困境描述的更加具体和实在。他指出，实现基本公共服务均等化，不仅要提高现阶段我国基本公共服务水平，努力实现城乡全覆盖，更是要逐步缩小基本公共服务的城乡之间、发达地区和落后地区之间、不同社会阶层和群体之间的三大差距。他给与会者算了一笔账，按照人均GDP在3000～6000美元间3项基本公共服务政府财政支出占比的国际标准，我国2010年还只达到29.5%，与国际水平相差了24.5%，要到2020年我国建成全面小康社会时，基本公共服务投入与中等发达国家水平齐平，每年基本公共服务投入的增长要达到3.5%，这的确十分艰巨、任重道远。

拉脱维亚里加市议会欧洲未来能源协会董事会成员Ineta Ielite女士则从其国家城市化进程的经验谈及了她对未来城市化的理解。她说，虽然生活在较发达国度和处于城市化比较成熟的阶段，但欧盟国家今天也面临着气候变化、能源资源短缺和人口老龄化的困境，显然要按照过去已有的消费模式推进未来城市化进程会走不下去，因此，拉脱维亚在推进城市化进程中，就要在欧盟的框架内，致力于智能型、可持续和包容性的城市化。她给出的经验是：要制定清晰的政策框架，积极推进智能城市建设和低碳环保城市的发展；要加强国家公营部门与私人部门的合作共同解决资金不足的问题；政府要更有力地扶持非政府组织（NGO）机构的发展以弥补公共服务的短缺；还要整风肃纪，打击行政部门的官僚和腐败弊端，等等。

（3）推进城镇化需要战略和科学规划。对城镇化进行战略设计和规划好空间布局，是城镇化的重点，也是本次研讨会专家们关注的焦点。

国家行政学院决策咨询部主任慕海平研究员就站在宏观视角强调顶层设计的重要性。他指出，现阶段的中国城镇化进程不能无序发展，而要科学规划，这就涉及城镇化的空间布局问题，而空间布局实质上是要找到城镇化的空间载体方式，就要回答好两个问题：一是选择在哪里建设城市规划更优更合理；二是布局什么样的城市结构、体现什么样的城市形态。他提出了城市综合承载率的概念，他说，科学规划城市建设、有效推进城镇化进程，需要充分考量地理环境、资源能力、人文历史特征、人口流动特点、生产发展阶段等约束条件，正确处理好城市聚集和分散的关系。并指出，城市不是集中度越高越好，关键是要提高城市的综合承载率。他说，结合我国的空间地理状况，加快培育城市群发展，优化城市结构，实现大中小城市相结合，是符合我国实际的城市化布局的战略选择，从现在情况看，中国未来城市的集中度还会提高。

与中国研究城镇化问题的视角略有不同，法国城市能源组织执行董事 Gérard Magnin 先生、保加利亚能效中心执行董事 Zdravko Gench 先生和意大利 ALESA s. r. l. 总经理兼社区项目协调员 Antonio Di Nunzio 先生则都更关注从微观层面探讨加强城市管理、提高建筑物能效、推动城市可持续发展的具体技术问题。这也恰恰体现出中欧双方城市化进程所处不同阶段的差异，但讨论的问题和技术的思路依然有着启示意义。

法国城市能源组织执行董事 Gérard Magnin 先生说，现在城市已占有 3% 的陆地面积、聚集 80% 的社会财富、消耗 75% 的自然资源、达到 60% 的排放，因此降低城市的能耗尤为关键。他说，城市绝不是"孤岛"，需要加强共同合作，创新城市治理模式。目前，他正致力"可持续能源行动计划"，让更多的城市加入到城市可持续发展中来。

保加利亚能效中心执行董事 Zdravko Gench 先生则说，改进城市建筑物对降低城市能耗潜力巨大。他说，建筑物直接影响人们的生活质量，它既会增加能耗，但通过改进提高建筑物能效，他也会成为能源的生产者。在这方面，政府应当有所作为。

意大利 ALESA s. r. l. 总经理兼社区项目协调员 Antonio Di Nunzio 先生介绍了他正在开展的欧盟 ELENA 项目（欧盟地方能源援助项目），此项目正在吸引许多欧盟地区城市加入到提高城市能效的进程中来，通过欧盟、地方政府和第三方的合作，将节能降耗与城市规划紧密结合，推动城市的可持续发展。

（4）高度重视城镇化引致的社会问题。国家行政学院社会和文化教研部主任龚维斌教授长期从事社会管理创新研究，他以一个社会学者的独特视角看待城市化进程所产生的社会问题，引起在场专家的共鸣。他指出，现代城市化进程不仅带来了人们生存空间的变化，也带来了社会重构，如何使人深度城市化和全面发展，共享城市发展成果，实现社会各阶层和谐共处，是城市化过程中需要直面的问题。龚维斌说，城市化让人们赖以生存和发展的空间发生了变化，在城市快速发展过程中，出现了功能分区与社会分区两种趋势。一方面农村城市化，城市的边界不断扩张，城市空间不断扩大。另一方面，内部空间也在调整，旧城改造，城市里面的核心区域变成商贸、娱乐、消费场所，一些住宅区也纷纷出现。以北京为例，在北京实际上出现了 4 种比较新型的区域，比如说中关村是高等院校、科研院所、高级知识分子的聚集区，亦庄开发区是一个新型的生产人员的聚集区，望京和三里屯是外交、外国人员和使馆区。还有在城市内部又出现了商务区。这就产生了大量的社区隔离和不同的社区亚文化，不同社会地位、经济收入、工作方式的人分类聚集在一起，逐渐形成了相互封闭的交往方式、思维方式和行为方式，长此以往，必然产生不同的社区差异，城市空间占用的不平等最后导致社会分层加剧，容易引发新的社会问题。因此，他呼吁，要高度重视提高城市空间的开放度，在城市规划中加大社会公共空间的建立，推进城市群体的公共生活和社会认同感。他说，这也应当是重视人的价值、实现包容性增长在推进新型城镇化进程中的应有之义。

研讨会上的对话持续了 3 个小时，但关于城镇化的讨论依然意犹未尽。在这个相互依存、充满机遇和挑战的全球化世界，中国拥有巨大的城镇化市场潜力，欧洲不乏先进的城镇规划和治理经验，双方加强交流、相互借鉴、推进互动合作十分必要，这也正是欧盟与中国城镇化合作的广阔前景。

（国家行政学院科研部项纪旸供稿）

现代化大都市的转型与嬗变讲座　8 月 1 日，北京城科会组织开展了城市理论与城市实践学术交流活动，邀请美国纽约帕森斯设计学院副教授、城市实践研究项目主任艾西姆·伊南做"现代化大都市的转型与嬗变"专题演讲。伊南教授的演讲围绕城市理论如何促进大城市的变革这个主题，以他亲身经历的规划实践为例，讲述了规划工作如何适应社会和文化的演变，通过城市设计、城市管理的系统性工具，来促进城市经济和社会的可持续发展。

（北京社科联·北京城市科学研究会供稿）

第四届北京城市发展战略论坛　10 月 19 日，在北京工业大学人文楼 1026 会议室举行第四届北京城市发展战略论坛。论坛由北京市科学技术协会主办、北京自然辩证法研究会承办、北京工业大学马克思主义学院协办。北京市科协学会部杜杨副部长，北京工业大学马克思主义学院院长钱伟量教授，北京自然辩证法研究会理事长王鸿生教授、常务副理事长李建军教授及近 30 名理事、会员等，以及来自北京各高校的青年学者，共计 60 余人参加了论坛。

（北京工业大学科技处张爱民供稿）

第九届北京—东京论坛　10 月 26 日，由中国日报社与日本言论 NPO 共同主办的第九届北京—东京论坛26日在京开幕，来自中日两国政商、学术、传媒等各界400余人出席了开幕式。

前国务委员、中日友好协会会长唐家璇发表主旨演讲，国务院新闻办公室主任蔡名照、中国人民大学新闻学院院长赵启正以及中日友好协会会长加藤纮一、日本驻华大使木寺昌人、日本财团法人国际文化会馆理事长明石康等做了大会致辞或发言。

在为期一天半的论坛中，双方代表将围绕“东亚的和平发展与中日两国的责任——对《中日和平友好条约》历史意义的再认识”这一主题，进行开诚布公的讨论，旨在为中日两国消除误解和偏见、改善和发展两国关系、持续深化中日民间交流建言献策。

北京—东京论坛是由中国日报社与日本言论NPO于2005年共同发起举办，为促进中日关系健康发展、加强两国民众相互了解而共同搭建的平台。

（参见《人民日报》，2013年10月27日第3版）

2013年北京论坛　11月1日上午，第十届北京论坛开幕式在钓鱼台国宾馆举行。本届主题为“文明的和谐与共同繁荣——回顾与展望”。全国政协副主席、北京大学医学部主任韩启德，联合国副秘书长约瑟夫·里德，联合国文明联盟高级代表、第66届联合国大会主席纳西尔·阿卜杜勒阿齐兹·纳赛尔（Nassir Abdulaziz AL-Nasser），英国伦敦大学学院校长马尔科姆·格兰特（Malcolm Grant），韩国SK集团副董事长金在烈，韩国高等教育财团事务总长朴仁国等嘉宾出席开幕式。出席开幕式的嘉宾还有中国国家教育部副部长郝平，中国人民外交学会党组书记卢树民等领导。各国驻华使节以及来自中国教育发展研究中心等机构代表也参加了开幕式。开幕式由北京大学党委书记、校务委员会主任朱善璐主持。

（北京大学社会科学部供稿）

2013北京城市发展与文化创新研讨会　11月9日，2013北京城市发展与文化创新研讨会成功举办。北京市社会科学界联合会党组书记韩凯、首都经济贸易大学校长王稼琼分别致辞。来自中国人民大学、北京大学、国家行政学院、首都经济贸易大学、北京市文化创意产业领导小组办公室的专家学者及首都经济贸易大学文化与传播学院师生近80人参会。研讨会由首都经济贸易大学党委副书记孙善学和北京市社科联党组副书记梁立新主持。

围绕中国梦背景下的文化建设与城市发展转型为主题，中国人民大学喻国明教授、北京大学张颐武教授、国家行政学院丁元竹教授、北京市文化创意产业领导小组办公室吴锡俊副主任、首都经济贸易大学杨同庆教授和郭媛媛教授，分别以新媒体到底在改变着什么、城市文化的转型与新的城市想象、新媒体技术与北京城市社区生活品质提升、推动文化创意产业发展新阶段、广告的嬗变与广告产业、网络技术与网络文化建设为题，从传播学、文化学、社区管理、文化产业等方面阐述了新媒体给文化建设与城市发展转型带来的机遇和挑战。与会专家认为，新媒体已经并正在极大地改变着人与世界的关联方式，要深刻认识到新媒体丰富和拓展了人们的生活体验，使人们的社会判断和社会决策更加感性化，在文化建设中要形成广泛适度的文化体系、打造形神兼备的文化生态，在实现中国梦的过程中必须重视重张文化自信。

北京市社科联党组书记韩凯在致辞中指出，在经济全球化大背景下，国际间的竞争更多地表现为城市竞争力。城市核心竞争力的形成不是一朝一夕的短期行为，而是具有历史的积淀性，特别是文化的积淀性。当前，加快文化改革发展，推动首都文化大发展大繁荣需求迫切、任务艰巨、责任重大，北京作为全国政治、文化中心，文化资源聚集，人才资源荟萃，希望有志于研究北京城市建设与文化发展的专家学者们多出成果、快出成果，多建良言、多献良策，为加快社会主义先进文化之都建设发挥积极作用。

（北京市社科联科研工作部供稿）

城镇化与绿色经济论坛　11月20—22日，城镇化与绿色经济——2013北京洪堡论坛在对外经济贸易大学举行。来自世界各地的低碳经济研究专家和洪堡学者参加会议，就低碳经济、可持续发展和城镇化等问题交流研讨。

2012年5月，李克强副总理与欧盟主席巴罗佐签订了《中欧城镇化伙伴关系共同宣言》，共同决定由中欧轮流举办中欧市长论坛。首届中欧市长论坛已于2012年9月20日在布鲁塞尔欧盟地区委员会总部举行。

“城镇化与绿色经济——2013北京洪堡论坛”是第二届中欧市长论坛暨中欧城市博览会的边会。本次论坛由德国洪堡基金会与对外经济贸易大学、北京联合大学、德国欧洲经济研究院、上奥地利州应用科技大学等机构共同主办。论坛以“迎接中国城镇化高潮，建立中国高端城镇绿色经济论坛”为主题，以绿色城镇，美丽中国为中心，就中国的可持续发展、城镇化发展以及生态文明建设展开深入探讨。

（对外经济贸易大学科研处供稿）

中欧地方领导者城镇化主题对话　11月20日，由中国国家行政学院与欧盟能源总司共同举办的中欧城镇化领导力项目“中欧地方领导者城镇化主题对话”在国家行政学院举行。中国国家行政学院党委书记、副院长陈宝生，欧盟地区委员会主席瓦尔卡赛尔先生出席对话开幕式并致辞，欧盟地区委员会秘书长格哈德斯达尔先生，国家行政学院党委委员、办公厅主任李季出席开幕式。国家行政学院教务长、进修部主任陆林祥主持对话开幕式。

陈宝生书记在致辞中首先代表中国国家行政学院对出席“中欧地方领导者城镇化主题对话”的中欧双方的行政市长和地方政府官员、多边机构代表以及中欧双方有关专家学者表示热烈欢迎。

陈宝生说，“中欧地方领导者城镇化主题对话”活动是落实中欧第15次领导人会晤成果的具体措施，是为第16次中欧领导人正式会晤举行的重要配套活动，也是落实《中欧城镇化伙伴关系共同宣言》开展中欧城镇化领导力项目合作的重要内容。活动得到了中国外交部、欧盟地区委员会、欧盟委员会以及驻华代表团的大力支持。他对为组织本次主题对话如期顺利举行开展工作并付出了辛勤劳动的双方工作人员表示衷心感谢。

陈宝生指出，中国作为当今世界最大的发展中国家正在积极稳妥地推进城乡一体化统筹发展，刚刚闭幕的中国共产党十八届三中全会进一步明确要完善中国城镇化健康发展的体制机制，以解决面临的优化城镇布局、促进农村转移人口融入城市、提高城市可持续发展能力等方面的挑战，从而走出一条具有中国特色的新型城镇化道路。欧盟是工业化、城镇化走在全球前列的经济体，在城镇化领域积累了丰富的经验，特别是在高新技术、节能环保、社会治理以及软实力建设方面具备鲜明的优势。他说，中欧城镇化虽然处于不同的发展阶段，但是双方各有优势，对合作有着各自需求。中国在立足国情推进城镇化健康发展的进程中需要学习借鉴欧洲先进的城镇化理念、技术和管理经验，双方可以发挥各自特长，实现优势互补和互利共赢。

陈宝生指出，中国国家行政学院是培养高中级公务员的高等学府，是培养高层次行政管理人才和政策研究人才的重要基地，是为中央提供决策咨询服务、开展公共行政领域理论研究的重要机构，发挥着高中级公务员教育培训的主阵地作用和为政府提供决策咨询服务的思想库作用。中国国家行政学院还通过对外开放办学，目前已与世界84个国家和地区156家相关机构建立了友好合作关系，已有来自世界144个国家和地区的政府官员、企业高级管理人员和政策研究人员在中国国家行政学院参加过培训项目，并通过培训交流加深了对中国的认识。

陈宝生表示，中国国家行政学院与欧盟有着长期密切的合作关系，共同开展了中欧公共管理合作的一期和二期项目、中欧应急管理项目、中欧城镇化领导力项目等活动，这些合作对增进双方理解、相互学习借鉴、推动共同发展发挥了积极作用、产生了重要影响。中国国家行政学院愿意继续通过这些合作，为中欧双方行政官员和专家学者提供经验交流和广泛对话的平台。他希望中欧双方的城市代表能通过这个平台深入交流研讨并将各自的需求契合在一起，推进更为广泛而全面的合作，不断增进双方的了解和互信，为中欧合作结出更多丰硕的成果。

瓦尔卡赛尔先生在致辞时指出，加强地方领导力建设是一个非常重要的议题。当今城市在能源的效能管理、能源网络建设、城市交通和绿色经济发展方面扮演着重要角色。他介绍说，对欧洲来说，城市是非常重要的区域。目前欧洲的城市网络主要以中小城市为主，欧洲75%的人口都生活在城市地区，但占欧盟领土总共不到4%的面积。过去几个世纪的欧洲城市和地区发展，推动了城市规划和文化、思想和经济方面的交流。但在城市发展进程中也面临着交通拥堵、环境污染、公共服务产品供给不足和公共财政投入资金短缺等一系列问题。

瓦尔卡赛尔先生表示，城市的领导者有义务为市民提供更好质量的生活；任何一个政府都不能独自解决所有的问题。因此，欧洲的城市发展需要不断创新，需要不断加强城市间的合作。他说，事实上，近年来欧盟的各级地方政府在欧盟政策制定过程中已越来越扮演着重要的角色，在欧盟的共同体政策、公共采购政策、公共补贴政策以及环保标准制定等方面的合作已经超越了国家的范围，广泛签订了市长协议、促进环保的协议，等等。欧洲各地的市长和地区负责人以及市政议会的代表，都希望进一步分享城市管理经验，应对共同面临的问题。

瓦尔卡赛尔先生希望通过中欧城镇化领导力项目的合作，加强欧盟与中国国家行政学院之间的合作交流，通过相互学习和研讨交流，共同推动双方的地方领导力建设。

对话开幕式结束后，中欧双方的部分城市市长、多边组织机构的代表、有关专家学者按照对话议程的安排，围绕“城市公共服务”和“城市规划与城市治理”两个主题分组进行近4个小时的结构化研讨。在对话开幕式举行前，国家行政学院经济学教研部主任张占斌教授、国家行政学院公共管理教研部刘小康副教授还就中国的新型城镇化建设问题和中国地方政府决策机制的改革与完善问题向欧盟方面的城市市长和多边组织的代表进行了介绍，并回答了大家感兴趣的问题。

“中欧地方领导者城镇化主题对话”是中欧城镇化领导力项目的一个重要组成内容。此前，中国国家行政学院与欧盟能源总公司合作，今年7月在国家行政学院已经成功举办了中欧城镇化领导力项目专家会议暨合作项目启动研讨会。按照已经达成的相关项目合作协议，明年上半年中欧双方还将举行城镇化培训者培训（TOT）和培训管理者培训（TM）活动。

来自欧盟成员国的70多位市长、副市长，欧盟有关机构的官员和专家，24位中国地方城市市长、区县行政负责人以及中方有关专家出席了对话开幕式，并在开幕式后分组进行了主题研讨交流活动。

（国家行政学院科研部项纪旸供稿）

中欧城镇化伙伴关系论坛　11月21日，由发改委、交通运输部和欧盟交通总司主办，北京交通大学承办的“中欧城镇化伙伴关系论坛——城市交通分论坛”在北京交通大学举行，主题为绿色交通畅通城市。欧盟委员会副主席西姆·卡拉斯、欧盟委员会副主席内阁成员汉娜·辛瑞克斯、欧盟交通运输司司长马修·鲍斯温、欧盟交通运输司主管马克·梅哲、瑞典哥德堡市市长马尔默、欧盟驻华代表团一等秘书司马睿、交通运输部副部长翁孟勇、国家发展和改革委员会基础产业司司长黄民、北京交通大学党委书记曹国永、校长宁滨与来自欧盟各国和我国各地的城市管理者以及交通领域的200余名专家学者就城市交通规划、城市交通安全、城市拥堵管理、城市交通收费、公共交通运营与管理领域的新趋势、新战略，就中欧城市交通发展形势、面临的挑战以及合作重点进行了广泛而深入的探讨与交流。

（北京交通大学人文社会科学处供稿）

北京发展现代服务业金融支持研究研讨会　11月23日，北京工商大学经济学院举办了北京发展现代服务业金融支持研究研讨会。参加会议的有人民银行营管部姜再勇副主任、北京市金融局栗志纲副局长、中关村科技园区管理委员会科技金融处何存处长、北京市旅游委的环境与公共服务处王清处长、中国商业联合会万文英副会长（奥特莱斯创新商业管理有限公司董事长）、中国商业联合会付龙成副秘书长、北京中关村国际环保产业促进中心王彤总经理、北京商旅在线国际旅行社有限公司苏昱总经理等职能部门领导、专家，也有《经济研究》常务副主编郑红亮研究员、《经济学动态》编审白丽健研究员、《光明日报》理论部张雁主编等媒体专家。经济学院李宝仁院长、冯中越教授、孟昌教授、倪国华副教授、新进博士教师熊文、孙宁宁等校内专家以及部分研究生、本科生共60余人参加了会议。北京工商大学徐丹丹教授主持会议。

经济学院李宝仁院长致欢迎词。他对与会嘉宾和媒体朋友的到来表示热烈的欢迎和衷心的感谢。会议研讨分为两大部分。第一部分是由徐丹丹教授汇报“北京发展现代服务业的金融支持研究”的进展、成果、后续计划及需与专家交流的问题。徐丹丹教授介绍了北京现代服务业金融支持研究的主要内容、实施方案及总体框架，并就已完成的现代服务业的内涵与分类、北京现代服务业发展及金融支持现状、国际经验借鉴等内容做了详细汇报，之后市场营销系主任张运来副教授、贸经教研室副主任梁鹏副教授及经济系王云霞教授分别汇报了旅游业、商务服务业和环境服务业的金融支持研究进展、成果、难点和未来研究计划。第二大部分为校外专家、媒体专家以及校内专家与课题组成员的交流研讨。与会专家肯定了北京发展现代服务业的金融支持研究的理论价值和对促进北京现代服务业的实践价值，认为研究成果具有前瞻性。

（北京工商大学科学技术处供稿）

新型城镇化：整体规划与突破重点高级研讨会　12月8日，由新型城镇化协同创新中心主办，中国人民大学、清华大学承办的“新型城镇化：整体规划与突破重点”高级研讨会在中国人民大学逸夫会堂举行。会议由中国人民大学经济学院院长杨瑞龙主持，中国人民大学校长、新型城镇化协同创新中心主任陈雨露教授出席会议并致辞，全国人大财经委员会副主任委员、民建中央副主席辜胜阻，中国农业经济学会会长尹成杰，国家开发银行业务发展局局长刘勇，中国地理学会副理事长、清华大学建筑学院顾朝林，中国人民大学公共管理学院城市规划与管理系主任叶裕民教授等出席研讨会并发表演讲。另有国家发改委、财政部、清华大学建筑学院、中国人民大学发展规划处、经济学院、财政金融学院、农业与农村发展发学院、公共管理学院、环境学院等机构代表参加了研讨会。

在本次会议上，与会专家对于当前我国城镇化存在的问题展开了研讨，从新型城镇化的特征与中国特色、新型城镇化的路径选择、新型城镇化的投融资问题、国家城镇空间发展布局，以及以人为本促进城乡一体化等角度，研讨了新型城镇化的理论基础与战略设计、空间规划与发展战略、产业转型与就业问题研究、投融资体制改革、农业现代化及城乡统筹以及流动人口市民化等一系列问题。

（中国人民大学科研处关晓斌供稿）

首都现代服务业发展论坛　12月20日，由北京市社会科学界联合会与北京工商大学主办，北京哲学社会科学首都流通业研究基地和北京批发研究基地协办的“2013首都现代服务业发展论坛——商业地产与北京国际商贸中心建设”在京举办。

北京市社会科学界联合会党组副书记赵峰、北京工商大学副校长方德英教授出席论坛。论坛由北京工商大学商学院院长王国顺和国际合作与交流处何明珂教授主持。

本次论坛首次尝试了“主题发言 + 对话”的内容设置。在“主题发言”阶段，中国步行商业街工作委员会主任韩健徽就新型城镇化建设与商业地产，国家发改委投资研究所副所长杨萍就十八届三中全会后商业地产发展形势进行主题发言。韩健徽在发言中指出，政府应该重视宏观的商业网点规划法规建设，无论是在国际商贸中心的发展过程中，还是城市化发展建设过程中，地方的立法非常重要，能够有效避免商业网点建设、商业地产发展的无序状态。在当前特大型城市发展的新阶段，北京的商业格局开始呈现出多点多极的势态。从大的商业地产的布局、趋势来看，北京应该是集中与分散相结合。在和大的功能区结合，和枢纽结合，和城市、地区的功能结合，和产业结合等方面，我们还有很大的提升空间。在城市规划布局追求大型功能分区、追求大色块的情况下，复合型的、马赛克式的规划布局可能更加科学、更加合理，在一定程度上更加能够克服大城市病的缺点。

杨萍在发言中指出，在未来城镇化过程中，我们会强调以人为本的城市化，强调大中小城市的合理发展。不同城市之间根据要素禀赋特征的功能的划分，大城市的某些功能、某些产业会向临近的或者是更有利于资源配置效率提高的城市和地区转移，这种情况会不断出现。在这个过程当中，我们作为文化中心、商业中心的地位在大城市当中会得以进一步加强。这些地区的商业地产发展会得到更好、更良性的发展。

在随后的对话环节，绿地商业集团总经理助理/北方区商管总经理王智明、北京首开集团商业地产有限公司副总经理王颖林、北京首商集团股份有限公司常务副总经理傅跃红、搜狐焦点网商业地产总经理沈斌、北京新中关摩尔资产管理公司业务中心助理总监许莉、《红地产》杂志主编刘天子、香港专业人士（北京）协会理事长及恒基集团（北京）公司负责人黄根惠、北京工商大学商学院庞毅教授等特邀嘉宾与发言专家就商业地产的内涵和外延、商业地产的运营模式、电子商务对商业地产的影响、大数据在商业地产中的应用、社区商业发展等话题进行了广泛而深入的互动交流。

作为首都现代服务业发展的一次盛会，首都现代服务业发展论坛汇集了来自政界、学界和业界的各方声音，成为各方交流对话的重要平台。论坛对商业地产与北京国际商贸中心建设的主题进行了深入探讨，并结合全球商业地产的发展态势，提出了政策建议和实践指南，必将对北京商业地产与北京国际商贸中心建设的发展与创新起到积极推动作用。

来自北京多所科研院校的专家学者以及北京工商大学部分教师和研究生共 120 余人参加了本次论坛。

（北京市社科联学术活动部供稿）

城市国际化论坛 12 月 21—22 日，北京市社会科学界联合会与首都经济贸易大学在京联合举办 2013 城市国际化论坛。市社科联党组书记韩凯、首都经济贸易大学校长王稼琼出席会议，首都经济贸易大学副校长王文举、市社科联党组副书记梁立新、市政协科技委员会主任申建军、市哲学社会科学规划办公室副主任李建平、市委前线杂志社社长陈之昌主持会议。来自首都高校、科研院所的专家学者和相关实际工作部门人士约 100 余人参加论坛。

韩凯同志代表论坛组委会致辞。他指出，当前中国正处于历史上前所未有的城市化快速发展时期，既面临巨大的机遇，更面临诸多难题。特别是在北京这样一个有着 2000 多万常住人口的国际大都市，要实现城镇化、走出一条具有中国特色、首都特点的城市现代化道路无先例可循，实属不易。当前城市治理的挑战主要体现在新旧双重二元结构的叠加，公共服务供给难以满足多元化社会需求和社会多元治理发育滞后等方面。首都现代化的本质是首都人的现代化，解决好人的问题，是首都实现新型城镇化的关键，城市现代化是人类社会发展的客观趋势，但必须遵循发展规律，把握好以人为本、优化布局、生态文明、传承文化等基本原则。处理好政府、社会、市场的关系，在这方面，社会科学界大有作为。

论坛以城市治理中的政府、社会与市场为主题，力求聚焦城市治理中政府、社会与市场的关系，厘清和界定权力边界，为首都乃至我国经济体制改革焦点问题提供诸多的思路。中国人民大学公共政策研究院副院长毛寿龙教授、首都经济贸易大学原校长文魁教授、北京大学首都发展研究院院长李国平教授、厦门大学经济学院踪家峰教授、台北大学不动产与城乡环境学系赖世刚教授、上海交通大学第三部门研究中心主任徐家良教授、中国科学院科技政策与管理科学研究所陈锐研究员、国家发改委国土开发与地区经济研究所所长肖金成研究员，分别以城市治理的理论模型与演进逻辑、城市治理：政府与市场的辩证协同、多中心发展：消除大城市病的治本之道、大都市治理的边界、模式与方法、都市建设边界对于开发者态度之影响、城市治理与新型组织形态、中国城市化结构创新与转型发展的公共治理问题及对策、世界城市群与中国城市群展望为题，与大家分享了研究成果并进行了热烈的交流研讨。与会专家学者还围绕城市治理、政府作用、社会与市场等议题进行了小组研讨。

自 2008 年起，市社科联与首都经济贸易大学已共同举办了 6 届城市国际化论坛。6 年来，论坛致力于汇聚政、学、研各界人士进行学术交流、对话和探讨，对提升首都国际化水平，推进首都中国特色世界城市建设发挥了重要的理论先导作用。

（北京市社科联学术活动部供稿）

北京市民城市管理满意度调研 12月，结合中共北京市委全会的召开，了解市民对北京市城市管理工作的意见和建议，市委研究室社情民意课题组在全市10个区开展了问卷调查。调查内容主要包括环境治理、交通出行、流动人口服务管理和公共安全4个方面。调查对象涉及户籍人口和非户籍人口总计2006人。调查结果显示，市民对北京市城市管理工作基本肯定，其中公共安全满意度最高，其次是交通出行和城市环境，对流动人口服务和管理的满意度最低。市民对城市管理的信息化程度较为满意，但也反映存在执法力量薄弱、常态化机制和统筹协调机制缺乏等问题。调查还显示，市民参与城市管理的积极性和配合度很高，愿意在一定条件下让渡部分个人利益以配合市政府相关工作。同时希望政府在工作中要积极引导民意，及时了解群众意见，加强与社会和民众之间的交流和沟通，实现政府与民众在城市管理中的共建、共治和共享。

（中共北京市委研究室徐舟供稿）

历史学（含中共历史、中外史、考古）

中国历史文献中南海及钓鱼岛史料问题座谈会 1月9日，中国社会科学院历史研究所举办“中国历史文献中南海及钓鱼岛史料问题”座谈会。中国社会科学院副院长武寅，中国社科院历史研究所及边疆史地研究中心等单位的专家陈高华、李国强、刘荣军、卜宪群、万明等参加座谈会。专家指出，考古发现与学术研究证明，2000多年前，中国先民就已经在南海水域进行航行和渔业活动，并首先发现了南海诸岛，其后先民在南海诸岛上植树、垦荒、凿井、修建房屋，开拓了通过南海的海上丝绸之路。中国古代先民最早发现

钓鱼岛，早在14、15世纪，中国人就已对钓鱼岛进行了命名。历史文献中的相关记录，充分说明南海诸岛和钓鱼岛是中国最早发现、最早命名、最早进行开发和利用、最早并持续进行管理的；南海诸岛和钓鱼岛及其附属岛屿自古以来就是中国的固有领土，是中国领土不可分割的一部分。正是中国人的航海活动促进了这些地区经济的发展，而中国的历史文献，也为研究这些地区的历史保存了珍贵的资料。尊重历史事实，形成历史共识，是解决现实问题的基础，今后史学界将继续加强相关研究，为捍卫祖国领土完整服务。

（参见《光明日报》，2013年1月10日第11版）

形象史学学术研讨会 近日，由中国社会科学院历史研究所主办的形象史学学术研讨会在中国社会科学院学术报告厅举行。“形象史学”是把传世的包括出土（水）的具有研究价值的石刻、陶塑、壁画、雕砖、铜玉、织绣、漆器、木器、绘画等历史实物、文本图像以及文化史迹作为主要研究对象，并结合传统文献来综合考察历史的一种新的史学研究模式。历史上遗存下来的丰富的各种各样的“形象材料”，是古代的政治制度、文化礼仪、社会风俗、宗教信仰、民族习惯等多方面的综合反映，具有形象直观、简明易懂、印象深刻等特点。这些“形象材料”既是古人留传下来的文化财富，也是我们今天进行历史研究的重要史料。因此，重视对这些“形象材料”的研究，从大处说，可以补充我们关于传统文化方面的知识，加深我们对中华民族文明发展史的认识；从小处说，也可以弥补文献记载的不足，有助于解决一些具体问题。

来自国家文物局、故宫博物院、清华大学、中央美术学院、中华书局、四川大学以及中国社会科学院历史研究所、考古研究所、文学研究所、宗教研究所等多家知名大学与研究机构的50余位专家学者，就形象史学的概念、内涵、学术渊源、理论与方法等问题，从文物研究、美术考古、艺术史、宗教史以及文化史研究的理论与方法等角度进行了广泛探讨。与会者认为，虽然“形象史学”作为一种新的史学研究模式尚处于起步阶段，但随着研究的不断深入，其必将会对中国文化史学科及其理论体系的构建产生积极的推动作用。

（参见《光明日报》，2013年1月24日第11版）

纪念二七大罢工90周年座谈会 1月30日，中共北京市委党史研究室召开的“二七精神的传承与创新——纪念二七大罢工90周年座谈会”。北京大学、中国人民大学、铁道部党校、中国劳动关系学院、市总工会工运史研究室、长辛店二七纪念馆等单位的专家学者出席会议。与会者认为，二七大罢工将中国共产党发动的第一次工人运动推向高潮，谱写了中国工运史上一曲激昂、悲壮的篇章。重温二七大罢工，不仅是对二七工运的纪念，对二七烈士的缅怀，而且对新形势下如何发挥工人阶级的主人翁地位、重新定义与弘扬二七精神具有重要意义。

（中共北京市委党史研究室冯雪利供稿）

e-考据与文史研究讲座 3月14—17日，中国台湾“中研院”院士黄一农在清华大学历史系做“e-考据与文史研究”的主题讲学，包括“红学与清史的对话：揭开元妃省亲的历史原型”“史实与传说的分际——福康安与乾隆帝关系揭秘”，“e-考据与文史研究”等4场讲座。清华大学历史系主任刘北成

教授主持讲学活动。本次讲学主要以黄一农正在进行的曹雪芹与《红楼梦》的研究展开。其中，运用近年出现的各种汉籍数据，揭开康熙南巡及其宠妃祕妃王氏江南寻亲的经历，以及曹雪芹接触到祕妃寻亲、省亲故事的人脉网络，揭开《红楼梦》中元妃省亲的历史原型；重新探讨了关于福康安为乾隆帝私生子的种种证据，指出这些证据并不成立；以《李谷斋墨山水、陈紫澜字合册》为例，探讨曹芹溪的人脉网络及其是曹雪芹的可能性，并分享提出问题、解决问题的方法。

（清华大学文科建设处刘金梅供稿）

党史讲堂讲座 4月12日，北京市社会科学界联合会与中国中共党史学会联合举办党史讲堂2013年首场讲座，中央党史研究室原副主任石仲泉做题为党的十八大与坚持和发展中国特色社会主义的报告。全国政协常委、中共党史学会常务副会长龙新民主持，市社科联韩凯同志参加。花园路街道党员干部群众200余人参加活动。

（北京市社科联研究室供稿）

首届唯物史观与新中国史学发展学术研讨会 近日，中国社会科学院马克思主义史学理论论坛在北京召开了主题为“唯物史观与新中国史学发展”的首届学术研讨会。中国社会科学院党组副书记、副院长李慎明出席会议并做主旨发言，论坛主席、原副院长朱佳木致开幕词，中国历史学会会长张海鹏主持了开幕式。李慎明指出，目前全党和全国上下都在热议“中国梦”，而马克思主义理论研究特别是马克思主义史学理论研究的进一步深化，对“中国梦”的科学规划与确保实现具有十分重要的作用。我们研究历史，必须以马克思主义为指导。只有掌握真理，运用正确的理论，联系实际，史学研究才能少走弯路、认清历史、指导实践。他指出，历史研究工作者应具有强烈的历史责任意识，密切关注现实，将历史研究与推动社会文明进步有机结合起来，为此就要认真学习马克思主义，特别是马克思主义史学理论，在深刻理解的基础上，进一步解放思想、实事求是，推动研究的发展和深入。朱佳木指出，史学理论包括历史观，也包括历史研究的理论与方法论；史学发展在任何时候，也离不开史学理论的发展。马克思主义史学理论是唯物史观与史学研究实践相结合的产物，是马克思主义史学工作者从事历史研究的指导思想，也是史学理论工作者进行研究的对象。中国是一个有着悠久史学传统和深厚史学理论积淀的国家，但直到唯物史观在20世纪二三十年代传入，并为一批马克思主义史学家所掌握和运用后，才逐渐创立了具有中国特色、中国风格、中国气派的科学的史学理论。马克思主义史学理论论坛的历史使命，就是要继承和发扬老一辈马克思主义史学家的光荣传统，不断丰富和发展具有中国特色的马克思主义史学理论体系和话语体系；理直气壮地回应各种反马克思主义的社会思潮、学术思潮对唯物史观和马克思主义史学理论的攻击，并在此过程中丰富和发展马克思主义史学理论，组织和壮大马克思主义史学理论研究队伍。

会议期间，来自中共中央党校、中共中央党史研究室、求是杂志社，以及北京大学、中国人民大学、北京师范大学、武汉大学等几十所高校和中国社科院的100余位专家学者，分别从哲学和中国史、世界史、史学理论、考古学等学科领域，回顾和总结中国马克思主义史学发展的历史进程与基本经验，深入研讨唯物史观基本原理及其在史学研究中的应用、丰富和发展，共同谋划马克思主义史学理论在新的历史条件下繁荣和发展的大计。大家认为，马克思主义史学理论研究任重而道远，既要看到马克思主义史学理论研究所取得的成绩，也要清醒地认识到所面临的任务。当前，唯物史观面临着来自诸多方面的挑战，需要面对现实，在社会生活和科学研究的实践中，不断丰富自己的概念、方法和理论范畴，关注新的增长点，使其能及时地回应社会的呼唤，随着时代的发展而发展。

（参见《光明日报》，2013年4月25日第11版）

侯外庐先生诞辰110周年纪念暨学术研讨会 由中国社会科学院历史研究所主办的侯外庐先生诞辰110周年纪念暨学术研讨会近日在京举行，全国各地的侯门弟子、思想史研究领域的知名专家以及侯外庐先生家乡代表和亲属代表等近百人参加会议。侯外庐先生是我国著名历史学家、教育家，新中国成立后，曾任政务院文教委员会委员、北京师范大学历史系主任、西北大学校长、中国科学院哲学社会科学学部委员、中国社会科学院历史研究所所长等职。著有《中国思想通史》《中国古代思想学说史》《中国古代社会史论》等，主编《宋明理学史》《中国哲学简史》等，他还是《中国大百科全书》历史卷的负责人。

清华大学教授李学勤、上海大学文学院教授祝瑞开、俄罗斯科学院哲学研究所教授布罗夫、侯外庐学术传记《韧的追求》执笔者朱学文，北京师范大学教授瞿林东，侯先生长孙、北京行政学院教授侯且岸，西北大学名誉校长张岂之等在会上回忆了侯先生把马克思主义的普遍原理和中国历史、中国社会史和中国思想史的研究统一起来，身体力行、不断探索的治学特色和精神以及关怀弟子、提携后学的感人事例。与会代表还就“中国文明起源的特殊路径”“古代社会土地制度及影响”“明清之际与早期启蒙思潮”“侯外庐与中西文化的会通”等论题进行了热烈交流。其中，西北大学方光华教授的《侯外庐的宋明理学史研究》，浙江省社科院吴光研究员的《侯外庐学派的治学特色》，湖南大学岳麓书院陈谷嘉教授的《侯外庐先生“中国文明路径问题”研究》，中国社科院历史所吴锐研究员的《侯外庐“中国文明早熟论”再认识》，中国社科院经济研究所李根蟠研究员的《侯外庐的“封建生产方式理论与经济史”研究》等，对侯外庐先生的学术成就做了全面的总结和概括，并就如何继承侯先生学术思想、进一步推进相关研究提出了意见和建议。

（参见《光明日报》，2013年5月9日第11版）

《徐谓礼文书》与宋代政务运行研究学术研讨会

近日，由中国人民大学历史学院、中国人民大学唐宋史研究中心主办的“《徐谓礼文书》与宋代政务运行研究学术研讨会”在京举行。中国人民大学包伟民教授和浙江省文物考古研究所郑嘉励研究员整理出版的《武义南宋徐谓礼文书》，将南宋后期一个中下层地方官徐谓礼一生仕宦经历中的录白告身、敕黄、印纸等任官档案以完整的面貌呈现给世人，是宋代官文书研究的重大发现，具有很高的学术价值。

唐宋时期的文书行政与政务运行，是中国人民大学唐宋史研究中心近年来集中关注的研究课题。本次会议以《徐谓礼文书》与宋代政务运行为中心，深入讨论了一系列学术界长期关注的问题。首先是宋代告身及相关授官文书与制度的研究，包括宋代告身、敕牒与省札在授官文书中的不同作用，外制授官制度的演变，告身签署程式所反映的政务流程与权力分配；告身作为任官凭证在官员生前身后的意义，告身对官僚家族形成的影响等。其次是宋代“三省制”程式的特点，包括三省合一及其在文书中的体现；宋人的三省制理念以及在实际政务已不按三省格局运行的情况下，宋人在政务文书签署程式中坚持三省制体式的原因等。最后是印纸批书与考课制度，包括印纸的广义、狭义概念，发放、保存过程和作为仕宦经历象征的意义；印纸的批书制度，批书内容及其与《庆元条法事类》相对比的差异，如何理解印纸批书中的虚文不实等。中国宋史研究会会长、北京大学邓小南教授指出，学术研究需要新材料的推进，《徐谓礼文书》提供了一个重新认识一些制度及其运作实态的契机。中国人民大学历史学院刘后滨教授对会议的学术意义进行了总结，提出进一步打通唐宋、通过政务文书研究政务运行及政治体制的研究思路和计划。

（参见《光明日报》，2013年5月23日第11版）

《嬴秦始源》出版座谈会 日前，《嬴秦始源》出版座谈会在京举办，史学家李学勤以出土文物为依据，认为秦人源于山东。

座谈会由中国先秦史学会、中国社会科学出版社、山东省莱芜市委宣传部联合举办。座谈会上，学者们围绕《嬴秦始源》中关于嬴秦族源的研究成果展开讨论。《嬴秦始源》的首篇文章是李学勤的《清华简关于秦人始源的重要发现》。支撑这篇文章的主要依据来自战国竹简清华简，简中清晰地记载着“秦先人”就是西周初年因反叛失败而被强制西迁甘肃朱圉山地区的“商奄之民”，而商奄在今山东境内。据了解，嬴秦族源是中国文明史探源的重大课题，在史学界原有秦出东夷和秦为西戎两种学术观点。20世纪80年代以来，以嬴秦崛起地甘肃、陕西的专家学者为主，发表了一批论文和专著，使秦出东夷说的声音有所强化。

（参见《人民日报》，2013年6月13日第12版）

北京纪念开罗宣言70周年学术研讨会 7月5日，“开罗宣言发表70周年：历史、现实与法理”国际学术研讨会在北京中国人民抗日战争纪念馆举行，来自中、美、英、俄、韩、新加坡、澳大利亚以及台湾地区的40名专家学者和10国驻华外交官参加了此次研讨会。

专家一致认为开罗宣言是重要国际法文件，其历史与法律意义历经70年国际风云变幻而不减。研讨会由中国国际问题研究所和国家海洋局海洋发展战略研究所及中国人民抗日战争纪念馆共同举办。

（参见《人民日报》（海外版），2013年7月6日第4版）

2013年中国朝鲜史研究会学术年会 7月7—9日，北京大学历史学系与中国朝鲜史研究会共同举办了2013年中国朝鲜史研究会学术年会，来自中国、韩国各高校和研究机构的100余名专家学者参加了此次学术盛会。

学者们分为朝鲜古代史一组、朝鲜古代史二组、朝鲜近现代史、朝鲜当代史4个小组，围绕朝鲜半岛的历史发展与中国这个议题展开了深入的学术讨论。

本次会议提交的论文时间跨度大，内容涵盖面广，论题更加具体，反映了近年来中国朝鲜史研究的最新水平。与会学者们畅所欲言，充分交流了学术经验和观点。本次会议的参会人员也超过了以往，除了在学界具有影响的中老年学者以外，还有越来越多功底扎实的年轻学者与会，更有力志献身学术的硕士、博士生等新生力量参会，反映了中国朝鲜史研究队伍不断壮大，呈现出勃勃生机。

本次学术年会系统总结了中国学者对朝鲜半岛历史的最新研究成果，为逐步形成中国学者对朝鲜半岛历史的解释奠定了基础。

（北京大学社会科学部供稿）

第四期中华人民共和国史高级研修班　由中华人民共和国国史学会与中国地方志指导小组办公室联合主办的第四期中华人民共和国史高级研修班近日在当代中国研究所举行。来自全国20个省、区、市和新疆生产建设兵团史志部门及部分高校的学术骨干80余人参加研修学习。

习近平总书记在主持中共中央政治局第七次集体学习时强调："历史是最好的教科书。学习党史、国史，是坚持和发展中国特色社会主义、把党和国家各项事业继续推向前进的必修课。这门功课不仅必修，而且必须修好。"本期国史高级研修班的举办旨在贯彻习近平总书记的讲话精神，更好地践行国史研究、教学和宣传工作的光荣使命，进一步提高党史、国史和方志工作者的思想理论水平和学术创新能力，促进和加强史志编研与教学工作者的信息交流，推动当代中国史志事业的发展繁荣。

本次国史高级研修班为期6天，以授课为主，结合分组讨论与实地调研。研修班的主讲人由国史学界著名专家和学者担任，其中有中国地方志指导小组常务副组长、中华人民共和国国史学会常务副会长朱佳木，中央党史研究室原副主任、中华人民共和国国史学会副会长张启华，军事科学院军事历史和百科研究部部长曲爱国，中央党校国际战略研究所原所长、中国国际关系学会副会长宫力，当代中国研究所副所长、中华人民共和国国史学会秘书长张星星，当代中国研究所副所长武力等。他们以国史宏观视角，结合现实发展前沿，着重讲解中华人民共和国史研究中的基本理论问题，以及重点、难点和热点问题，介绍中华人民共和国史研究的最新成果。

（参见《光明日报》，2013年8月22日第11版）

宋代政治史研究的新视野国际学术研讨会　9月2—3日，北京大学中国古代史研究中心教育部人文社科重点研究基地重大项目宋代政治史研究的新视野国际学术研讨会在北京大学召开。来自中国大陆、中国台湾，日本、美国等国家和地区的70名学者参加了会议。会议包括综合报告、12场分组讨论及圆桌交流。

会议分设政务文书、赋役制度、地方行政、城市地理、民间信仰、文学史、艺术史、民族史、医疗史等专题，体现出政治史研究的新特点：传统的王朝政治史不再独尊；与此同时，权力、秩序、合法性等政治史核心概念扩展到诸多领域。与会学者自多学科多角度对于宋代政治史的观察，多板块多方面的密切沟通互动，突出了政治史多元性、渗透性的意涵，促成了格局开阔的新见。与会学者认为，政治史研究的内涵与外延已深化拓展，而跨学科尝试才刚起步，应积极探索新材料新路径，开拓宋代政治史研究的新面貌。

（北京大学社会科学部供稿）

纪念抗日战争胜利68周年座谈会　9月3日是中国人民抗日战争暨世界反法西斯战争胜利68周年纪念日，纪念座谈会在北京隆重召开。此次活动由中国人民抗日战争纪念馆主办，侵华日军南京大屠杀遇难同胞纪念馆、"九·一八"历史博物馆、新四军纪念馆、上海淞沪抗战纪念馆、滇西抗战纪念馆共同协办。中国抗日战争史学会、北京中国抗日战争史研究会支持。

主办方表示，举办此次活动，旨在重温抗战胜利成果，缅怀抗日先烈的丰功伟绩，告诫人们要牢记历史，不忘过去，自强不息，不断开创国家和平发展的新局面。发生在20世纪三四十年代的中国人民抗日战争是世界反法西斯战争的重要组成部分，是世界反法西斯战争的东方主战场。

中国人民抗日战争纪念馆馆长沈强代表全国部分抗战类纪念馆宣读《正视历史　面向未来》共同声明。声明指出：我们坚决反对日本右翼势力歪曲和美化历史的一切言行；强烈督促日本政府认真反省历史，以实际行动取信于亚洲邻国和国际社会；诚恳呼吁日本人民与世界人民一道，共同谴责日本军国主义战争罪行，携手维护战后国际秩序，为世界和平与发展做出贡献，为人类福祉和美好未来努力奋斗！

与会的抗战老兵、抗战将领后代、专家学者、抗战类纪念馆代表围绕"维护二战史实，维护二战胜利成果，批驳日本右翼错误言行"主题进行了发言。

（参见《光明日报》，2013年9月4日第5版）

《中国通史》（第二版）出版暨白寿彝学术思想座谈会　9月22日，北京师范大学、上海人民出版社、江西教育出版社联合在北京师范大学英东学术会堂举办《中国通史》（第二版）出版暨白寿彝学术思想座谈会。会议由北京师范大学历史学院院长杨共乐主持，北京市社科联党组书记韩凯，北京师范大学副校长曹卫东，中国编辑学会会长桂晓风，上海人民出版社总编辑王为松、副总编辑曹培雷，江西教育出版社社长傅伟中，江西编辑学会会长周榕芳，刘家和、瞿林东、陈其泰、吴怀祺、郑师渠、郭大钧、何绍庚等主要作者与其他专家学者一同出席了本次学术研讨会。《光明日报》《人民日报》《中国教育报》《北京晚报》《中华读书报》《中国社科报》等多家媒体进行了报道。

会上，曹卫东副校长代表北京师范大学，向白寿彝先生致以深切的缅怀之情，并对这部巨著的再版表示热烈的祝贺，认为这部著作的再版，不仅满足学术界和社会上广大读者的迫切需要，而且对树立良好学风，端正学术态度，增强学术研究工作的精品意识和社会责任感具有深刻的启迪意义。上海人民出版社总编辑王为松代表出版方就《中国通史》的概况、编辑情况等做了介绍发言。《中国通史》的研究和撰写，是20世纪中国许多史学家的愿望和追求。多卷本《中国通史》的出版，是20世纪中国历史学家集体智慧的结晶，圆了几代历史学家的大通史梦，正如总主编白寿彝先生自己所言："我们终于写出了自己的通史，终于可以宣布，我们有了新中国的历史书了。"在随后的学者交流环节中，刘家和、瞿林东、陈其泰、吴怀祺、郑师渠、房德龄、牛润珍等学者围绕本书的写作过程与出版进行了深刻而热烈的讨论。刘家和先生指出，《中国通史》贵在其"通史精神"。陈其泰先生也指出，《中国通史》不是几位学者的机械组合制作，而是自首到尾都融合了白寿彝先生的通史精神，将学者们的意见有机组合，使其共放异彩。瞿林东先生称《中国通史》为中国史学界的丰碑和品牌，同时就《中国通史》内容上的特点做了阐述。社科院的施丁先生，世界史专家廖学盛先生等史学工作者也做了相关发言。学者们高度评价《中国通史》，也对当前的史学工作提出希冀和要求。最后，中国编辑学会会长桂晓风指出，《中国通史》的总主编白寿彝先生以耄耋之年，集聚史学界四五百位专家学者，历时20年，共同完成这一历史著作，这本身就是一个伟大创举！历史上，从来都只有官方、国家政权征集全国之力编修史书，而像北京师范大学这样集众历史学人之智慧，由白寿彝先生牵头挂帅，撰写了这部《中国通史》并获得了极大的成功，这在历史上是鲜有的！2012年，上海人民出版社和江西教育出版社成立了《中国通史》（第二版）出版工作委员会，对全书进行了全面审校，根据新的研究成果做了一些补充，部分照片调整为彩色，封面和开本进行了新的设计，《中国通史》（第二版）以崭新的面貌呈现在读者面前。

（北京师范大学社科处刘娜供稿）

严复：中国与世界国际学术会议　10月12日，由北京大学主办、北大哲学系承办的严复：中国与世界国际学术会议在北京大学隆重举行。来自美国、日本、德国、意大利、丹麦、希腊、冰岛及中国近70名专家学者参与了此次会议。12日上午，会议举行了开幕式。北京大学校长王恩哥到会并致欢迎词。北京大学人文讲习教授陈鼓应及台湾台泥集团董事长辜成允则分别代表承办方与赞助方致辞。北京大学汤一介教授，台湾中央大学历史研究所汪荣祖教授等分别为大会做主题报告。

严复同北京大学具有特殊的关系。他是1912年民国初年京师大学堂改制为北京大学后的第一任校长。为民国时期北大克服困难、保持连续、向现代大学转变做出了卓越的贡献。同时，严复也是近代中国东西方文明融合、近代中国思想文化启蒙的第一人。在世界不同文明的近代转型中，他开启了近代中国思想文化和观念革新，影响了康、梁和新文化运动等几代人。

本次会议共设了若干个子议题：严复与西方文化；严复与中国文化；严复与近代中国观念和思潮；严复与近代中国知识分子的角色；严复与教育；严复与中国的"现代性"；严复与中国和世界文化的多元性；严复与东西方文明的深度视点和对话；严复与当代中国。

（北京大学社会科学部供稿）

乾隆皇帝与六世班禅学术研讨会　"乾隆皇帝与六世班禅学术研讨会"日前在京举行。中国藏学研究中心总干事拉巴平措认为，举办这次研讨会不仅具有重要的学术意义，而且对维护祖国统一、增强民族团结都具有重要意义。

作为杰出的藏传佛教领袖、伟大的爱国主义者，六世班禅罗桑·贝丹益希是自康熙皇帝册封五世班禅为班禅额尔德尼之后第一位晋京朝觐的班禅，充分反映了西藏地区广大僧俗群众维护祖国统一的信念和意志。研讨会由中国藏学研究中心、中国藏语系高级佛学院、中国民族古文字研究会、北京市公园管理中心、北京市雍和宫管理处、北京市香山公园管理处等单位共同举办。

（参见《人民日报》，2013年10月14日第11版）

首届全国青年学者社会文化史理论与方法学术研讨会　近日，由中国现代文化学会社会文化研究会、首都师范大学历史学院中国近现代社会文化史研究中心联合主办的"首届全国青年学者社会文化史理论与方法"学术研讨会在京召开。来自中国社科院、天津社科院、河北社科院、中国人民大学、中国政法大学、中国传媒大学、中华女子学院、首都师范大学及台湾东华大学等单位的80余位专家学者与会，提交会议论文30余篇。

本次会议的最大亮点是以有志于社会文化史研究的青年才俊为主角，首次集中展现了他们在这一领域的最新成果。从参会的文章来看，无论是议题选择的多样性、研究范式的前沿性，还是学理论证的逻辑性、案例分析的深入性都反映了年轻一代学人在理论探索上的锐意进取与方法运用上的严谨务实。而会议期间的热烈讨论和交流也充分彰显了经过前辈学者的筚路蓝缕和辛勤耕耘，中国近现代社会文化史这一研究取向所呈现的一派生机勃勃、后继有人的可喜景象。

（参见《光明日报》，2013年10月17日第11版）

第十三届国史学术年会 近日，由当代中国研究所与中华人民共和国国史学会联合举办的第十三届国史学术年会在北京召开，本届年会的主题为“中国特色社会主义与毛泽东的奠基和探索”。全国政协原副主席、中国社会科学院原院长、中华人民共和国国史学会会长陈奎元出席会议，中国社会科学院副院长、当代中国研究所所长、国史学会副会长李捷致开幕词。

李捷指出，中国特色社会主义是从中国近代以来为民族独立、人民解放不断奋斗不断求索中萌发的，是以新中国的创立和巩固、社会主义革命的成功与社会主义根本制度的确立、适合中国国情的社会主义建设道路的艰辛探索为起点、为根基的。而这一切基本前提，都是由中国共产党在毛泽东同志的领导下带领全国各族人民经过流血牺牲、艰苦奋斗得来的。他着重从5个方面阐述了毛泽东同志的历史地位和伟大贡献。他强调，我们要充分发挥好党史、国史对于坚持和发展中国特色社会主义、把党和国家各项事业继续推向前进的教科书、必修课的作用，使广大干部群众世代不忘、永远铭记毛泽东同志的历史地位和伟大贡献。

中共中央文献研究室原主任逄先知做了题为“毛泽东的历史功绩”的发言，着重阐述了毛泽东在新中国的创建、毛泽东思想的创立两个方面的历史功绩。他说，毛主席和他的战友们领导中国共产党和中国人民经过长期艰苦卓绝的斗争，经过多次的挫折和失败，克服了千难万险，最终取得革命胜利，建立了新中国。毛泽东思想是毛泽东同志的另一历史功绩。毛泽东思想是一个完整的、内容极其丰富的理论体系，这一理论培养了一代又一代中国共产党人，并且广泛被人民群众掌握，变成了建设中国的巨大力量。

中共中央组织部原部长、国史学会顾问张全景，中共中央文献研究室原主任滕文生，中共中央党校原常务副校长虞云耀，中共中央党史研究室原副主任沙健孙，中国社会科学院原副院长、当代中国研究所原所长、国史学会常务副会长朱佳木，中共中央党史研究室原副主任、国史学会副会长张启华，北京大学原副校长梁柱，当代中国研究所副所长武力，以及来自全国各地的90多位专家学者参加了会议。当代中国研究所副所长、国史学会秘书长张星星主持开幕式。

本次会议共入选论文72篇，分别从政治、经济、文化、社会、国防、外交和党的建设等方面对“中国特色社会主义与毛泽东的奠基和探索”这一主题进行深入研究和总结。

（参见《光明日报》，2013年10月23日第11版）

第二届东方外交史研究前沿论坛 11月24日，为了总结东方外交的历史经验，探讨东方外交史研究的发展方向，做好外交史的规划与布局，由外交学院东方外交史研究中心主办的第二届东方外交史研究前沿论坛在京举行。受邀的近40名会议代表分别来自北京大学、中国社会科学院、中国人民大学、南开大学、广西民族大学、日本早稻田大学、北京联合大学、中国政法大学、世界知识杂志社、世界知识出版社、九州出版社等国内外高校、研究机构和出版单位。本次论坛得到外交学院中央高校基本业务专项资金的支持。论坛有助于推动国内东方外交史研究的纵深开展，也有助于思考和把握当前东方国家整体崛起的发展方向。与会学者从东方外交史理论、文化研究、国别研究、东西方对比研究等不同角度进行了关于东方外交史的交流与切磋。

（外交学院科研处郦莉供稿）

毛泽东研究的回顾与前瞻研讨会 11月29日，中国人民大学、中国中共党史学会、中华人民共和国国史学会和北京市中共党史学会联合举办21世纪以来毛泽东研究的回顾与前瞻学术研讨会。来自中央文献研究室、中央党史研究室、中央党校、中国社会科学院、北京大学、人民大学、北京师范大学、华东师范大学及美国马萨诸塞州州立大学等研究机构和高校的专家学者参加会议。与会专家学者围绕新世纪以来毛泽东研究的历程和成果，探讨国内外学术研究新动态，对毛泽东研究的现状、研究重点、研究方法和研究前瞻等问题进行交流。

（中共北京市委党史研究室熊根琪供稿）

第三届北京高校研究生考古学论坛 11月30日，由中央民族大学民族学与社会学学院与中国人民大学历史学院联合主办的第三届北京高校研究生考古学论坛于中央民族大学文华楼报告厅开幕。此次论坛共有15所高校参加，参加单位有北京大学考古文博学院、北京科技大学冶金与材料史研究所、北京联合大学应用文理学院、北京师范大学历史学院、清华大学美术学院、首都师范大学历史学院、中国科学院大学人文学院科技史与科技考古系、中国社会科学院研究生考古系、中央美术学院人文学院，特邀单位有吉林大学边疆考古中心、南京大学历史学系、山西大学历史文化学院考古系、厦门大学人文学院历史系，正式嘉宾代表84人，参会的所有教师同学百余人。

此次论坛发表的36篇论文，内容涉及史前考古、历史考古、科技考古及文化遗产等多个方向，论坛历时两天，分7场进行。在两天的报告中，每位报告人都为论坛做了精彩的演讲，同学和老师进行了热烈的讨论，学术气氛浓厚，达到了学术交流、教学相长的目的。

本届论坛在继承了论坛传统的基础上，结合民族院校的特色，为论坛开拓了新的平台，新的视野，起到了承上启下的重要作用，成功实现了促进考古学界的学术交流，加强各高校间合作的愿望，提高了中央民族大学民族学与社会学学院在北京乃至全国高校中的影响力。

（中央民族大学科研处供稿）

纪念《开罗宣言》发表70周年座谈会　12月1日，纪念《开罗宣言》发表70周年座谈会暨图片展在北京台湾会馆举行，展出60余幅珍贵历史图片、历史文物原件及视频资料。

中美英三国首脑发表于1943年12月1日的《开罗宣言》是近代以来第一份明确台湾是中国领土，日本侵占台湾属非法且必须归还中国的国际法文件。

全国台联党组书记梁国扬在座谈会上发言说，70年来，《开罗宣言》的法律性质与效力为世界各国包括西方主要国家所确认。1945年7月26日发表的《波茨坦公告》规定"《开罗宣言》之条件必将实施"；同年9月2日，《日本无条件投降书》昭告世界"承担忠诚履行《波茨坦公告》各项规定之义务"。由此可见，《开罗宣言》为日本所接受，成为战后国际秩序的重要组成部分。

梁国扬说，台湾从被日本强占到回归祖国的历史，见证了台湾作为中国领土不可分割的一部分这一铁的事实。岛内"台独"势力特别是极少数政治人物，竭力鼓吹否定《开罗宣言》的法律效力，以期去除"台湾独立"的国际法障碍，纯属徒劳。

社会科学院近代史所教授李理认为，《开罗宣言》还是钓鱼岛主权归属的最好法律证明。根据《开罗宣言》，日本于1895年甲午战争末期非法窃取的钓鱼岛及其附属岛屿，理应无条件归还中国。

中国现代国际关系研究院涉台中心副主任郭拥军认为，今后两岸可以共同纪念《开罗宣言》，并且在史料整理、史书编纂方面展开更深入的合作，共同推动两岸关系和平发展。

座谈会由全国台联、北京市台联和中国人民抗日战争纪念馆共同主办。图片展分为"日本侵占台湾与中国的反抗""开罗会议与《开罗宣言》""台湾光复""珍贵影像"4个部分，全面反映了《开罗宣言》发表前后，台湾被强占、台湾同胞英勇反抗日本殖民统治，到回归祖国的全过程。展览将持续至本月8日。

台湾的历史研究者、老照片收藏者徐宗懋提供了取自美国国家档案馆的部分珍贵影像素材。他在座谈会上表示，希望今后中国近代史使用的影像资料能够全面升级，在世界范围里寻找原版的素材、更加清晰的画面和更多的细节，加强对中国近代史、尤其是抗战史的研究。

（参见《人民日报》（海外版），2013年12月2日第6版）

全球思想史和全球知识等级讲座　12月16日，清华大学中文系清华—哥伦比亚大学跨语际文化中心"世界人文"系列讲座之四在清华大学新斋335室举办，邀请德国雅各布大学教授夏多明（Dominic Sachsenmaier）做题为"全球思想史和全球知识等级"的讲座。清华大学中文系教授汪晖主持会议。来自中文系以及首都师范大学历史系等校内外学生、学者约40人听取讲座。讲座中，夏多明介绍了"全球史"的兴起及其如何挑战以欧洲为中心的"概念史"学术生产的相关研究。夏多明指出，自启蒙运动以来生活在欧洲和北美的思想精英、知识精英和经济精英中，存在较为普遍的欧洲中心主义，忽视了有关其余地方和阶层的历史和知识。自全球化生活时代以来，应该突破这种局限，在学术界的知识生产方面，注重各个地方、各个国家之间的关联，并由此重新认识启蒙主义以及近代社会的由来。夏多明重点指出，欧洲中心主义在欧洲以及美国大学历史系中的学术生产机制，并指出这种机制发生变化的可能性和必要性。清华—哥伦比亚大学跨语际文化中心"世界人文"系列讲座以探讨学术生产中新问题、新理论、新边界为目标，邀请国内外具有前沿学术问题意识和全球意识的学者来做讲演，力求突破学术生产机制的惯性，积极寻求人文学科新的、富有建设性的学术生产方式。夏多明主要的学术兴趣是中国和西方研究全球史的方法，以及通过跨国的视野来研究中国的政治文化和思想文化，在17世纪中西文化关系、东南亚的华人社区以及多种现代性等方面颇有著述，最近出版了著作《全球视野下的全球史：互为连接世界中的理论和方法》。任亚洲、欧洲和美国多个学术期刊的编委、多个顾问委员会的成员。

（清华大学文科建设处刘金梅供稿）

教育学　心理学

师资培养论坛　1月19日，北京市教育学会学科英语教育研究分会在京举办2013学科英语教育师资培养与发展论坛暨师资培养合作项目签约仪式。

各位专家从不同的视角深入分析了英语教学的现状、问题与努力方向，无论是双语教育还是学科英语教育，都是我国英语教学改革的推动力量。建立优质、稳定的英语教学师资来源是实现教学目标的基础。分析了双语教育对师资的需求与当前存在的问题与学科英语教育师资的标准，同时提出了针对学科英语师资培养现阶段的主要矛盾和解决方法。

论坛上举行了学科英语教育师资联合培养签约仪式。“学科英语教育师资培养合作项目”在长春师范学院内开设学科英语教育专业，在本科生中定向培养学科英语教育的师资。“学科英语教育师资实习就业基地”项目中，瑞思学科英语将作为千春师范学院相关专业学生的实习就业基地，共同培养学科英语教育师资。学科英语教育师资联合培养项目的成立，不仅进一步解决了学科英语师资短缺问题，更加保障了师资的素质，将成为学科英语教育发展的重要里程碑。

（北京市教育学会陈龙侠、李文骞供稿）

中美老年心理国际研讨会 4月20—21日，中美老年心理国际研讨会在北京师范大学京师大厦举行。北京师范大学党委副书记刘利，资深教授、中国心理学会前理事长林崇德，美国老年学学会候任主席Rosemary Blieszner，中国老年学学会秘书长翟静娴出席研讨会并致辞。美国老年学学会协调员陈寄兰、北京师范大学发展心理研究所所长方晓义、天津师范大学心理与行为研究院副院长吴捷出席研讨会。北京师范大学董奇校长出席了开幕式当晚的欢迎宴会并高度肯定了此次论坛对促进中国老年心理学学科发展的意义，同时强调在此领域开展国际国内合作的必要性和良好前景。刘利教授代表北京师范大学致开幕词，对发展心理研究所在北京师范大学老年心理学学科建设的基础性工作予以肯定，对美国老年学学会在促进老年学学科交流及成果转化上的成绩表示赞赏，并提出加强领域内互动交流、深化组织与机构间合作、促进研究成果转化应用3点希望。林崇德教授充分肯定老龄化加剧背景下召开此次中美老年心理国际研讨会的意义，回顾了我国老年心理学学科发展历程，指出我国老年心理学存在学科体系和队伍不成熟的问题，希望以此次研讨会为契机，向发达国家老年心理学专家学习，形成队伍建设的良好开端。Blieszner教授详细介绍了美国老年学学会的历史沿革及其主要工作，希望能逐步深化美国老年学学会与中国老年学领域科研机构和组织的交流合作，共同促进老年学学科发展和成果转化应用。翟静娴秘书长充分肯定美国老年学学会和北京师范大学发展心理研究所在老年学领域所做的工作。希望发挥中国老年学学会的桥梁和平台作用，增进交流，开拓合作机会，共同构建老龄化背景下的“和谐社会”。

本次研讨会由北京师范大学发展心理研究所发起，并与美国老年学学会联合主办，天津师范大学为协办单位。大会的议题是社区老年人积极老化的理论与实践，围绕老年心理健康问题、社区老人认知功能的维护、社区老人的家庭照料、老年人的社会工作四大主题，9位国内外专家进行了主题报告。同时，论坛还开展面对面成果交流和机构间合作作讨论。约100名来自高校、科研机构、医疗机构、政府部门的相关研究人员参与了此次会议。

（北京师范大学社科处刘娜供稿）

首届全国民族（地区）院校马克思主义理论高层论坛 5月4日，由中央民族大学主办，中央民族大学马克思主义学院（中国民族理论与民族政策研究院）承办的首届全国民族（地区）院校马克思主义理论高层论坛暨民族院校马克思主义学院院长联席会成立大会在北京召开。

教育部、国家民族事务委员会相关领导及来自全国二十三所民族（地区）院校的马克思主义学院院长参加了此次会议。会上，来自全国民族（地区）院校的马克思主义学院院长、教授、骨干教师就民族院校马克思主义理论学科建设的规律和经验、民族院校社会主义核心价值体系建设、民族院校思想政治理论课教育教学的热点难点问题以及“十八大精神”进课堂等问题展开了热烈的研讨，共有20名来自全国民族（地区）院校的马克思主义学院院长做了典型发言，并就民族（地区）院校马克思主义理论学科建设提出了富有建设性的意见、建议和要求。

会议研究、决定成立了中国民族院校马克思主义学院院长联席会，并选举产生了相关的组织机构。本次大会的召开，将进一步增进各民族（地区）院校马克思主义理论教学科研单位的交流与合作，推动各民族（地区）院校马克思主义理论学科的协同创新，提升各民族（地区）院校马克思主义理论学科的建设水平和思想政治理论课的教育教学水平，促进民族院校大学生思想政治素质的提高和民族团结教育的深入开展。

（中央民族大学科研处供稿）

基于育人目标的课堂教学研讨会 5月16日，北京市教育学会在芳草地国际学校召开了主题为基于育人目标的课堂教学研讨会。此次活动由北京市教育学会主办，芳草地国际学校承办。北京市教委、北京市教育学会、北京教科院等有关单位的专家领导出席了会议。

研讨会上，芳草地国际学校的老师展示了12节观摩课。与会人员在观摩研究课的基础上，就学校育人理念、课程研发及教学中的核心问题进行深入研讨。专家们认为芳草地国际学校探讨实践了在领域和主题确定基础上的课程内容整合和以学生发展为基础的课程类型整合两种有效整合方式，改变了课程过多过杂的现状。主要体现在4个方面，第一，根据学生的需求差异，探索出重组教育要素、丰富教育供给的策略方法，对于促进学生发展具有重要意义。第二，学校的育人理念、课程理念、课程建设策略及自下而上的推进方式等作为精华和亮点起到了示范引领作用，可以进行有效迁移。第三，打破学科、学段等育人壁垒，聚焦基本的育人单元，是综合、整体育人的有效载体。第四，聚焦基本问题的解决，探索解决问题的策略方法。如通过学生兴趣培养及内容融合的方法解决学生负担过重问题、运用信息技术优化诊断、测验和评价等。

（北京市教育学会李文骞供稿）

学习与思维教育研讨会　5月17日，北京市教育学会在北京小学红山分校召开了学习与思维教育研讨会。

首先，红山分校向与会者展示了两节各20分钟的研究课，两节课都是围绕《有趣的七巧板》这一校本课程的实施展开。数学教师石金凤讲授了“七巧板的拼组”，让学生在摆摆拼拼的过程中，了解了三角形、正方形、长方形、平行四边形、梯形等基本的几何图形和数字，还通过想象小动物（狐狸）的各种姿态自由创作，拼组不同姿态的狐狸图形，恰到好处地发展了孩子们的再造想象和创造想象能力。既体现了数形结合的数学方法，又实现了“玩转七巧板，快乐在身边”的教学理念。美术教师王晶“七巧板的想象世界”是让孩子们为自己已经创作好的拼图添加背景，创编故事，引导学生选择多样的艺术形式，表达自己的奇思妙想，并让孩子们大胆地讲出自己创编的故事，不仅培养了孩子们的想象能力，更培养了孩子的口语表达能力。

会上，教育学院原院长温寒江先生做了题为现代信息技术与学科教学的整合同发展学生思维关系的专题报告。他从对传统媒体和现代媒体优势与不足的分析入手，提出现代媒体是学习的好工具，是传承、交流思维与思想的好载体；现代媒体为我们深化传统教学体制的改革提供了良好的条件；信息技术与学科教学的结合点是思维等观点。

专家们先后对两节课做了讲评。他们分别从不同角度充分肯定了两位教师的授课。特别强调教师要有为学生的终生发展奠基的意识，肯定了这种把形和数结合起来，在数学课教学中学习美术知识，在美术课教学中学习数学知识、语文知识，把培养想象能力与形象思维的表达能力结合起来的做法。并指出，今后的研究方式就是到学校去，到课堂里去，扎扎实实地研究，切实解决教育教学中的实际问题。

市教育学会、学习与思维研究会及来自团体会员单位的领导与教师近60人出席了研讨会。

（北京市教育学会董素艳、李文骞供稿）

第二届流动儿童学前教育发展论坛　5月12—13日，第二届流动儿童学前教育发展论坛在北京师范大学举行。此次论坛由北京师范大学教育学部与北京师范大学流动儿童教育问题研究中心共同举办。出席本次论坛的嘉宾有原教育部基础教育司副司长朱慕菊，北京师范大学副校长陈光巨，中国儿童中心主任丛中笑，国务院发展研究中心中国发展基金会副秘书长赵树凯，北京师范大学教育学部副部长顾定倩，全国政协委员、北京师范大学教育学部教授刘焱，联合国儿童基金会驻中国办公室项目官员陈学锋。大会由中国教育科学研究院研究员、奕阳教育研究院院长高峡主持。

流动儿童的学前教育不仅是一个教育问题，更是一个社会问题。学前教育是一项综合性的事业，不仅关乎每个适龄幼儿的受教育权，同时也关乎每个幼儿的发展权和应享有的福利。只有各方用实际行动推动流动儿童学前教育相关政策的建立和教育环境的改善，才能真正守护每个流动儿童应享有的幸福童年。

（北京师范大学社科处刘娜供稿）

中非教育合作与交流圆桌活动　5月21日，由北京师范大学、联合国教科文组织国际农村教育研究与培训中心和商务部国际商务官员研修学院共同组织的中非教育合作与交流圆桌活动在北京师范大学国际学术交流中心举行，来自非洲13个国家的30名政府教育部门官员、校长、教师，以及来自商务部研修学院、华东师范大学、中国妇女报社、北京师范大学国际交流与合作处、中国文化国际传播研究院、中国教育政策研究院、中国公益研究院、社会发展与公共政策学院、经济与资源管理研究院和国际农教中心的20余名代表参加了此次活动。活动中，来自华东师范大学、北京师范大学和国际农教中心的专家分享了中国在农村可持续发展、技能培训和劳动力转移等方面的经验，津巴布韦、苏丹等非洲国家的代表介绍了本国在教育与农村发展方面的政策和实践；双方还探讨了中非教育发展共同面临的挑战，和中非合作的机遇，以及北京师范大学、国际农教中心和商务部研修学院等机构在加强中非合作中的作用。

此次圆桌活动是由中国商务部主办、国际农教中心与商务部研修学院合作承办的“2013教育与农村发展研修班”项目的一项重要内容，是继去年10月国际农教中心与联合国教科文组织非洲能力建设国际研究所合作举办的中非教育合作圆桌活动的又一次交流活动，是国际农教中心支持联合国教科文组织非洲优先战略的系列举措之一。

（北京师范大学社科处刘娜供稿）

中国金融学科发展论坛　6月1日，由刘鸿儒金融教育基金会和中国人民大学联合举办的2013年度中国金融学科终身成就奖颁奖典礼暨中国金融学科发展论坛在中国人民大学世纪馆北大厅举行。著名经济学家、中国人民大学财政金融学院荣誉一级教授周升业荣获此项殊荣。全国人大财经委副主任委员吴晓灵，中国人民银行副行长兼国家外汇管理局局长易纲、中国社会科学院副院长、“中国金融学科终身成就奖”评奖委员会副主任委员李扬，以及中国人民大学校长陈雨露教授等出席了颁奖典礼。周升业教授是中国人民大学第三位获此殊荣的学者。

在颁奖典礼后，中国金融学科发展论坛按照议程安排正常进行。本次论坛由中央财经大学校长、“中国金融学科终身成就奖”评奖委员会副主任委员王广谦教授主持，中国国际金融学会副会长吴念鲁、北京大学曹凤岐教授、中国人民大学校长助理吴晓求教授、华夏银行副行长黄金老先后在会议上发言。各位金融专家、学者分别从不同的角度切入，对我国金融学研究史、教育史的发展脉络进行了清晰地梳理并提出一系列专业见解，如：金融学要回归本源，应创立“人大财政金融学派”，以及中国金融的结构性变革的紧迫性等，并对当下的一系列学术前沿热点问题做出了生动解读。

（中国人民大学科研处供稿）

2013北京教育督导与评价研讨会 6月14日，北京2013教育督导与评价研讨会在北京工业大学举行。本次研讨会由教育部教育督导团办公室、北京市人民政府教育督导室、北京市教育委员会、北京教育科学研究院主办，北京工业大学高教所承办，以“教师队伍建设与督导评价”为主题。北京市政府教育督导室主任线联平、教育部督导办公室主任何秀超、教育部教师工作司司长许涛、上海市政府教育督导室主任杨国顺、北京市十一学校校长李希贵、北京师范大学教师教育研究中心朱旭东教授、东北师范大学李广教授、北京教育学院院长李方、山东省青岛市人民政府教育督导室主任张坤杰、海淀区人民政府教育督导室主任尹丽君、北京教育科学研究院职业与成人教育研究所所长吉利等出席了研讨会并演讲。来自北京、上海、吉林、山东等地的教育行政官员、督学、专家100余人，共同分享了本地教师队伍建设的理论研究、政策设计与实践探索，以及教师队伍建设与督导评价的思想和理念、评价内容和标准、评价技术和工具、评价方法和结果的使用等成果。

（北京工业大学科技处张爱民供稿）

首届小学教育国际会议 6月14—16日，由中国基础教育质量评价与提升协同创新中心与北京师范大学教育学部、教育部小学校长培训中心、全国小学课程改革联盟、斯坦福大学评价学习与公平中心、国际教育荣誉协会联合主办的首届小学教育国际会议在北京举办。来自中国内地和香港、澳门地区及美国教育研究专家、学区负责人、小学一线的校长和教师共1000余人参加了会议。本次会议旨在搭建一个专业的小学教育国际交流平台，审视教育全球化的大背景下的小学教育实践，分析小学教育质量定义、保障和提升共同面对的问题和挑战，探索小学教育未来的发展和改革方向。会议以小学一线校长和教师为主体，采用“基于项目的学习”的方式，对学校的课程、教与学、教师发展及评价、学生发展及评价、学校领导力、学校建筑设计、体育与健康等进行交流研讨。

北京师范大学校长、中国基础教育质量评价与提升协同创新中心主任董奇教授出席全体大会并致辞。他高度评价了此次会议在深化中美小学教育交流与合作方面的重要意义，并向与会者简要介绍了北京师范大学为满足国家重大需求、创建世界一流教育学科而牵头成立的中国基础教育质量评价与提升协同创新中心。他提出，小学教育是基础教育的基础，提升小学教育质量，既是国家重大需要，也是老百姓迫切关心的民生工程。我国教育研究领域对小学教育的研究力量相对薄弱。此次会议，创新了大学与小学携手、中外一线小学教师面对面交流对话的新形式，对于深化小学教育研究、创新小学教育的未来具有重要意义。北京师范大学应以中国基础教育质量评价与提升协同创新平台的建立为契机，积极协同全国教育研究力量，与小学教育界保持密切合作，为深化国家小学教育改革提出一流的专业服务和支持。会上，北京师范大学资深教授顾明远先生，美国斯坦福大学安·莉伯曼博士以及一大批国内知名教育学者与大家分享了各自有关小学教育的见解。与会代表纷纷表示此次会议形式独特、内容丰富，无论是课堂实践还是学术报告和互动交流，引人深思、受益匪浅。代表们普遍认为这次会议对推进我国小学教育改革与发展将会产生重要影响。

（北京师范大学社科处刘娜供稿）

第二届休闲体育论坛 第二届中国休闲体育·北京论坛日前在首都体育学院举行，来自全国体育院校、休闲体育研究领域的百余位专家、学者出席。本次活动以“国民旅游与休闲体育”为主题，是《国民旅游休闲纲要（2013—2020年）》颁布后，体育界关于国民休闲的高端论坛。

活动中，与会者就从政府体育部门推动休闲体育发展的举措和效果，休闲社会、休闲体育与休闲旅游的关系等方面进行讨论。首都体育学院休闲与社会体育学院院长李相如在发言中表示，现阶段全民健身已成为最重要的休闲体育实现方式，但在构建全民健身服务体系的过程中，存在引进大量国外运动项目却难以汲取这些项目的精神文化的问题。他同时指出，由于国民体育文化教育的缺失，球迷闹事、教练员与运动员反目成仇、锦标主义、假球黑哨等现象在中国体育界时有发生；因此，应在社会上开展休闲体育观念的启蒙教育，使人们科学利用健身设施，让休闲体育成为日常生活的重要部分。

（参见《北京日报》，2013 年 6 月 20 日第 16 版）

批判性思维课程建设专题研讨会 6 月 27 日，由北京市逻辑学会和北京师范大学哲学与社会学学院联合举办的批判性思维课程建设专题研讨会在北京师范大学举办。会议由北京大学哲学系周北海教授主持，华中科技大学客座教授董毓（加拿大籍）、中国人民大学哲学院陈慕泽教授以及中国青年政治学院谷振诣教授分别报告和说明了他们各自从事的《批判性思维》课程教育的核心理念和内容，北京师范大学哲学与社会学学院江怡教授对 3 位主讲人的报告做了点评。来自美国、加拿大，以及中国武汉和北京的 60 余名师生参加了此次研讨会。此次研讨会是一次国内高端的讨论会，集中反映了国内批判性思维教学和研究领域的 3 种代表性观点，而各种观点的交流辩论，这本身就是批判性思维的表现，要大力推进批判性思维教育，要培养学生分析、判断问题的能力。研究什么不重要，重要的是怎么研究，论证结果是什么不重要，重要的是论证的过程。不能把逻辑与批判性思维混为一谈，逻辑和批判性思维是不同层次的，批判性思维不是一门专门学科，而是一种方法。此外，很多人把批判性思维教育解释为“教育哲学”，其实应该把它理解成一种“哲学教育”，“哲学教育”体现的就是一种批判性思维的精神。批判性思维作为教育中重要的一环，哲学和逻辑又是批判性思维教育中必不可少的。

（北京师范大学社科处刘娜供稿）

中国语言文学学科建设暨学术前沿问题高层论坛 6 月 28 日，首都师范大学文学院发起倡导的中国语言文学学科建设暨学术前沿问题高层论坛在京举行。首都师范大学党委书记张雪等人以及文学院学术委员会成员出席了会议；山东大学原校长曾繁仁教授以及来自中国人民大学等全国各地十几所高校的文学院院长，共近 40 名专家学者参加了会议。大会开幕式由首都师范大学副校长、文学院院长邱运华主持。

在开幕式上，张雪书记代表首都师范大学党委和校领导班子向莅临本次论坛的各位学术名家表示欢迎，并预祝本次论坛圆满成功，期待本次论坛的核心成果《中国语言文学学科学术前沿问题白皮书(2013—2015)》早日面世。山东大学原校长曾繁仁教授在开幕式致辞中强调，大学精神建设的本质乃是人文精神的建设，在学科建设中，一定要着力思考如何发扬艰苦扎实、诚信坚守的人文精神，致力于这种精神的传承和弘扬。

大会主题发言由首都师范大学文学院副院长马自力教授主持。主题发言后，左东岭教授和文学院副院长张桃洲教授，分别主持了题为中文学科发展问题和中文学科研究前沿问题的分论坛。本次中国语言文学学科建设暨学术前沿问题高层论坛就如何推进本学科建设提出了许多建设性意见，达成了一系列重要共识，对推动中国语言文学学科建设具有重要而深远的意义。

（首都师范大学社科处黄胤英供稿）

2013 年全国新闻学教学方法及创新高级研讨班 7 月 3—5 日，由全国新闻学研究会、中国传媒大学新闻传播学部、中国人民大学新闻与社会发展研究中心共同主办的全国新闻学教学方法及创新高级研讨班在中国传媒大学举行。100 余名来自全国新闻院校从事新闻理论、新闻史、新闻业务课程教学的教师参加了此次研讨班。

全国新闻学研究会副会长、复旦大学新闻学院常务副院长黄瑚教授主持开班仪式。全国新闻学研究会会长、中国人民大学新闻与社会发展研究中心主任郑保卫教授致辞。中国传媒大学高晓虹教授、刘昶教授、雷跃捷教授分别代表主办单位致辞。全国新闻学研究会副会长，武汉大学强月新教授，华中科技大学刘洁教授，暨南大学曾建雄教授，研究会秘书长、中国人民大学杨保军教授，研究会常务理事，四川大学吴建教授，南京大学段京肃教授，上海大学张咏华教授，兰州大学樊亚平教授，北京大学吕艺教授，新乡学院祁晓霞教授，深圳大学刘劲松教授等出席了开班仪式。

此次研讨班旨在为全国新闻院系老师交流新闻教学经验搭建平台。郑保卫、雷跃捷、黄瑚、强月新、曾建雄、刘昶、李彬、李希光、张征、杨保军等 10 位老师分别就新闻学学科发展、马克思主义新闻观、新闻理论、新闻史、新闻采访与写作、新闻评论，以及传播学的教学方法及创新做了专题讲座。新乡学院新闻传播学院院长祁晓霞教授介绍了该校组织全国青年新闻学者优秀学术成果评奖活动的做法及体会。研讨班还组织参会老师就新闻理论、新闻史、新闻业务教学与研究中的问题等内容进行了讨论交流。此次研讨班参与人员多，讲座内容丰富，研讨交流充分，达到了预期效果。

（中国传媒大学文科科研处供稿）

第九届国际博士研究生学术研讨会 7 月 6—7 日，

由中国传媒大学主办，新闻传播学部传播研究院、传媒高等教育国际联盟以及研究生院联合承办的第九届国际博士研究生学术研讨会在中国传媒大学成功举行。中国传媒大学副校长袁军，北京人民广播电台副台长边建，清华大学新闻与传播学院党委书记金兼斌，传播研究院院长雷跃捷、研究生院副院长田智辉、新闻传播学部党委副书记张艳秋等领导和嘉宾出席开幕式。来自澳大利亚麦考瑞大学、巴黎第三大学、泰国朱拉隆功大学、清华大学以及中国传媒大学的知名新闻传播学学者和博士生约40人参加了研讨。

本次研讨会的主题是“传播与传媒研究中的方法论问题”，与会专家及嘉宾从社会媒介素养、社交网络媒体、公共外交等方面探讨了该领域中具有普遍性的方法论、研究设计、方法技术等问题。此外，研讨会还设置了小组论文宣读和问答互动环节，共有来自合作院校的22名博士生宣读了论文，内容涵盖传媒文化消费研究、国家形象品牌设计、公共关系与危机传播、软实力与公共外交研究、网络传播中的言论边界和法制规范研究等。

国际博士研究生学术研讨会是由澳大利亚麦考瑞大学和清华大学发起的一个集学术研讨、人才培养、国际合作于一体的高端学术活动。研讨会旨在通过学术研讨的形式，促进合作院校在博士生培养、学术研究以及国际校际合作等方面开展深度交流与合作。

（中国传媒大学文科科研处供稿）

北京高校中国化马克思主义教学研究会暑期研讨会

近日，北京高教学会中国化马克思主义教学研究会主办的北京高校中国化马克思主义教学研究会暑期研讨会在北京举行，与会者围绕加强和改进高校思想政治理论课教学等问题进行了研讨。

与会者认为，加强和改进高校思想政治理论课教学，必须认真学习贯彻中央最新精神。目前，重点是学习贯彻党的十八大和习近平同志一系列重要讲话精神，深入理解和掌握中国特色社会主义的科学内涵。与会者强调，加强和改进高校思想政治理论课教学，对于全面贯彻党的教育方针、培养全面发展的社会主义建设者和接班人具有重要意义。一是在阐述基本理论上下工夫。基本理论具有重要指导意义。高校思想政治理论课应在基本理论的阐释和引导上多下功夫，尤其是重点阐述中国特色社会主义理论体系的基本内容。二是在推动学科研究上动脑筋。思想政治理论课教师应加强马克思主义理论的学习和研究，并以此改进教学。三是在了解学生需求上花心思。把认真研究教材和认真研究学生需求结合起来，根据学生实际进行教学。四是在提高教学实效上创经验。近年来，高校在加强和改进思想政治理论课教学方面积累了不少经验。应在巩固成果的基础上进一步推动教学创新，努力取得更大成效。

（参见《人民日报》，2013年7月22日第7版）

第八届华人心理学家学术研讨会　8月26—28日，在北京师范大学举办了以“心理学研究的中国化：迈向心理学学术自主的新纪元”为主题的华人心理学家学术研讨会。大会由北京师范大学心理学院主办，中国心理学会、中国社会心理学会、中国心理卫生协会协办。来自中国的学者和学生以及澳大利亚、新西兰、新加坡、英国、荷兰等国有和地区的华人心理学家420人出席会议。“华人心理学家学术研讨会”旨在为世界各地华人心理学工作者搭建学术交流的平台，推动华人心理学研究的进步。1995年在台湾大学心理学系举办了首届研讨会，之后在台北、北京、香港、苏州等地陆续举办了7次会议，经过18年的发展，华人心理学家学术研讨会已经在华人心理学界建立起了相当的声望，并逐渐在国际心理学领域产生了影响。今年是第八次举行华人心理学家学术研讨会。开幕式由大会执行主席、北京师范大学心理学院许燕教授主持。北京师范大学党委书记刘川生教授，大会主席、北京师范大学校长董奇教授，台湾大学心理学系朱瑞玲教授，亚洲社会心理学会前任主席、国际心理科学联合会执委张建新研究员等出席会议并致辞。中国心理学会理事长莫雷教授发来贺信，期待大会在文化交融、科学创新、学术传承等方面取得丰硕成果。围绕本届大会的主题“心理学研究的中国化”，特别设立了“圆桌论坛”，中国和新加坡的心理学专家们就中国心理学未来应如何发展展开了深入的研讨。

（北京师范大学社科处刘娜供稿）

2013传媒高等教育国际联盟国际学术委员会年会

9月27日，2013传媒高等教育国际联盟国际学术委员会年会在中国传媒大学举行。会议由中国传媒大学与传媒高等教育国际联盟主办，联盟秘书处、文法学部政治与法律学院、媒介与女性研究中心、艺术学部戏剧影视学院和经济与管理学院联合承办。

本次年会以WEB 2.0时代的大学教育及传媒高等教育的国际化为主题，围绕“以国际化推动高校教育教学改革的挑战与路径”，议题涉及建设复合型、国际化的精英人才培养模式，国际优质教学资源共享机制，国际联合实习基地和国际化教育质量评估认证体系等。联合国教科文组织传播领域教席联合会（Orbicom）主席、国际传播教席主持人伯传德·凯博多奇等近20所国外传媒高校的学科带头人，以及来自国家新闻出版广电总局、中央电视台、清华大学、中国人民大学、中国农业大学等50余位中外代表参加年会。

年会由4个分论坛组成，分别为传媒高等教育的组织创新和国际化：教育模式的改革与思考，新媒体表达权与传媒高等教育变革，融合媒体时代的新闻传播学教育，以及社会化媒体发展与传媒高等教育改革。本次会议成果将列入去年联盟年会期间启动的《国际传媒高等教育发展蓝皮书》出版计划，成为最新的关于全球传媒与信息传播高等教育发展趋势的研究报告。

（中国传媒大学文科科研处供稿）

第八届全国艺术院校院（校）长高峰论坛　9月27日，第八届全国艺术院校院（校）长高峰论坛在北京师范大学北国剧场开幕。此次论坛由文化部文化科技司与中国文化传媒集团共同主办，北京师范大学艺术与传媒学院、艺术市场杂志社有限责任公司、《艺术教育》杂志共同承办。北京师范大学党委书记刘川生、校长董奇，中国文化传媒集团董事长、总经理兼中国文化报社社长刘承萱，教育部体育卫生与艺术教育司副司长万丽君，文化部文化科技司副司长王丰，国务院学位委员会艺术学科评议组召集人、中国文联原副主席仲呈祥等出席开幕式并发表致辞。北京师范大学艺术与传媒学院院长周星主持开幕式。全国艺术专业权威机构专家曹意强、周海宏、吴卫民、张杰、朱明健、刘伟冬、侯光明、王廷信、周宪等发表主题讲话。本届论坛的主题是“艺术‘中国梦’的美善追求：艺术人才培养的跨越发展”，文化部、教育部有关部门领导及全国百余所艺术高校（学院）近200位专家、学者、院（校）长参会。在开幕式和主题发言中，各位领导与专家肯定了过去10年艺术教育规模的快速发展，指出繁荣艺术教育对于实现中国梦的重要作用，同时也针对健全分类管理、制定专业规范与质量、促进艺术与技术有机结合等方面的问题发表了见解。全国艺术院校院（校）长高峰论坛于2005年由《艺术教育》杂志发起，论坛旨在为艺术院校搭建一个充满活力的学术交流的平台，每届论坛的主题都和艺术教育事业的现实发展紧密联系，是引领全国艺术教育事业发展的品牌性学术活动。

（北京师范大学社科处刘娜供稿）

2013海峡两岸教育论坛　10月14日，2013海峡两岸教育论坛在北京科技大学举行。

教育部港澳台办常务副主任赵灵山在论坛致辞时介绍，2011年台湾高校首次接受大陆学生到台湾攻读学位学历；2013年已有1890名大陆学生到台湾高校学习。截至2012年，台湾在大陆就读的学生数共有8316人。今年年初，台湾方面承认大陆的学历由原来的41所扩大到全部100多所“211工程”高校。同时，为了更好地吸引大陆学生到台湾就读，台湾新推出允许大陆学生高职毕业后去台湾升读本科学位政策，并承认大陆191所高职学校的学历。目前这一项专升本工作已在广东和福建开始进行。

赵灵山希望台湾方面进一步出台吸引措施，取消“三限六不”等政策，促进两岸学校和教育的交流与合作。

据介绍，本次论坛共分为主论坛和分论坛两部分，两岸学者将围绕“新形势下海峡两岸教育的合作与发展”“全球化创新型人才的培养”“大学在推动社会可持续发展中的角色与作用”等主题展开讨论。

（参见《人民日报》（海外版），2013年10月15日第3版）

2013清华艺术基础教育教学论坛　10月19—20日，2013清华艺术基础教育教学论坛在清华大学美术学院举行。来自美国、英国、韩国及中国各大艺术设计院校以及台湾的教育工作者们参加论坛，探讨关于艺术基础教育教学的经验和思考。美术学院院长鲁晓波、副院长张敢分别出席论坛并致辞。论坛上，美国卡耐基梅隆设计学院教授克瑞斯汀·休斯（Kristing Hughes）做主题为“逆学习—再学习—共学习—再视觉化过程”的演讲，强调基于环境的基础课教学，让学生在不同的环境中去观察去发现，再思考再创造，注重过程的探索而不是结果。英国中央圣马丁艺术设计学院基础部课程负责人提摩西·米拉（Timothy Meara）、韩国KAIST大学教授白桑珉（Sangmin Bae）、中央美术学院建筑学院教授王兵分别介绍了各自学校的基础教学课程内容。台湾科技大学教授林廷宜分享了台湾设计基础教育的基础与成果。清华大学美术学院多位教授也在论坛上做主题发言。邱松系统介绍了美术学院基础教学改革的特点和成果；柳冠中做主题为“培养扩展知识的和表达思想的能力基础”的演讲，阐述了对设计基础教育的独创性、批判性思考；李睦做主题为“回顾与思考——清华大学美术学院基础课教学研究综述”的演讲，系统、深入地阐述了对基础教学的认识和观点。本次论坛由美术学院基础教研室、教务办、装饰杂志社共同主办，中国工业协会为论坛的支持单位。

（清华大学文科建设处刘金梅供稿）

中国价值观教育的理论与实践论坛　10月20日，中国价值观教育的理论与实践论坛暨北京师范大学政教系成立60周年大会在北京师范大学英东学术会堂举办。教育部思想政治工作司司长冯刚、北京师范大学党委副书记刘利、副校长杨耕、高校思想政治教育院系的领导和专家代表、全国中小学政治课教师代表、学校职能部处及兄弟院系领导、相关院系离退休教师、思政专业学生代表共300余人出席大会。全国政协民族和宗教委员会原主任、70届校友田聪明学长，北京市社会科学界联合会原党委书记、69届校友张文啟学长等校友回到母校同话师生友谊，共谋学院发展，庆祝北京师范大学政教系成立60周年。

北京师范大学党委副书记刘利在致辞中首先对关心、支持学校思想政治教育学科发展的校友和各界人士表示感谢，向师生和各界校友表示祝贺。他指出，思想政治教育工作是党指导经济工作和其他工作的生命线，在中国革命和建设的事业中发挥着重要作用，党和国家历来高度重视思想政治教育事业的建设和发展。刘利对思政系60年来在专业人才培养、服务党和国家决策、课程标准研制以及教师的培养培训等领域取得的成就给予高度评价。冯刚司长代表教育部思想政治工作司对政教系成立60周年表示祝贺，就积极培育和进行社会主义核心价值观，加强价值观教育与大家进行了交流。全国政协民族和宗教委员会原主任、70届校友田聪明学长在致辞中回忆了自己在北京师范大学政教系求学的往事，他认为要始终把扶持和培养年轻教师放在突出的地位，建设和发展年龄结构合理的教师队伍，为思政专业持续发展奠定坚实基础。江怡院长在致辞中代表学院向嘉宾、老师们表示衷心地感谢，有信心在学校的指导下、同人和校友的帮助下、全院师生的努力下，把思想政治教育专业办得更好，使价值观教育成为中国现代化建设的重要推动力。

（北京师范大学社科处刘娜供稿）

中国体育产业创新发展研讨会 10月25日，由国家体育总局体育经济司、中国体育报业总社、中央财经大学共同主办，中央财经大学体育经济与管理学院和中国体育报业总社健身产业发展中心联合承办的中国体育产业创新发展研讨会在中央财经大学学术会堂召开。国家体育总局体育经济司司长刘扶民、教育部体育卫生与艺术司副司长刘培俊、中央财经大学校长王广谦、中国体育报业总社副社长王平，北京市体育休闲产业协会主席田长波本别做主题发言。来自山东财经大学、北京师范大学、中国政法大学、北京交通大学等兄弟院校的领导、体育业界专家和精英企业家代表，以及体育经济与管理学院120余名师生，共同参加了本次研讨会。中国体育报业总社副社长、华奥星空董事长王平代表华奥星空与中央财经大学体育经济与管理学院签署了战略合作协议，并为中央财经大学体育经济与管理学院人才培养基地揭牌。

（中央财经大学科研处供稿）

英语专业与大学英语教学高峰论坛 10月26—27日，由北京师范大学外文学院主办的英语专业与大学英语教学高峰论坛——聚焦课堂教学在北京师范大学英东学术会堂举办。校党委副书记王炳林教授出席开幕式并致辞，他表示，社会对于高等教育阶段高质量英语教育的呼声十分强烈，探索在新形势下英语专业和大学英语教学发展的有效途径显得尤为重要。本次论坛为广大高校英语专业和大学英语任课教师提供了一次宝贵的交流机会，希望老师们能够充分研讨，为推动英语专业和大学英语教育的改革与发展，探索新形势下大学阶段英语教学的有效途径，提升课堂教学的有效性，加强英语专业与大学英语之间的合作做出自己应有的贡献。

北京师范大学外文学院外语教育与教师教育研究所所长王蔷教授以外语教师知识的构成与发展为题做了主旨发言。她详细梳理了关于外语教师专业知识构成的各种观点，分析和探讨了外语教师教学知识在日常教学中的体现及其成因，她认为，外语教师教育应从长期以来以学习各种外语教学法知识为主导，逐步发展为“后方法时代”对外语教师知识与能力构成和发展的再认识和再反思。外语教师要在课堂教学实践中不断发展个人教学知识与能力。来自复旦大学的蔡基刚教授分析了当前国际国内政治经济发展形势对高校英语教学提出的要求。他提出了“回归大学英语本源”的观点。中国人民大学外国语学院贾国栋教授在主旨发言中介绍了该校开展的“拔尖型与普及型”培养模式的探索。即以交际教学理论为指导，以“输出假设”为基础，以《欧洲语言共同参考框架》能力描述为参照，研究制定了《中国人民大学英语口语能力标准》，并以其作为培养学生语言输出能力的准绳和设计以“口语表达”为驱动的听说综合能力培养的依据。北京师范大学外文学院院长程晓堂教授针对“英语课堂究竟应该做什么”这个看似简单而又从未得到很好回答的问题与在场师生展开了深入的讨论。

（北京师范大学社科处刘娜供稿）

思想政治教育学科建设专题研讨会 10月28—30日，为加强高校思想政治教育学科建设，总结经验，找准当前学科建设中存在的问题，推进学科发展，由教育部思想政治工作司主办、全国高校思想政治教育研究会会刊《思想教育研究》编辑部（挂靠我校马克思主义学院）承办的思想政治教育学科建设专题研讨会在京成功举办。教育部思想政治工作司司长冯刚出席并做重要讲话，北京科技大学党委副书记陈曦代表该校以及《思想教育研究》编辑部致欢迎词。来自北京大学、清华大学、中国人民大学、北京师范大学、复旦大学、武汉大学、中山大学、吉林大学、兰州大学等高校的30多位知名专家参加了本次研讨会，近40位青年学者、博士生代表旁听了会议。

本次专题研讨会是近年来思想政治教育学科少有的高层次会议，会议方案经过精心策划，与会代表集中了一批国内本学科资深权威专家与优秀青年专家。全国高校思想政治教育研究会学术委员会主任委员、中山大学郑永廷教授等资深专家，中国人民大学刘建军教授、武汉大学沈壮海教授等长江学者为代表的中青年专家，清华大学党委原副书记张再兴教授、辽宁省委高校工委原副书记曲建武教授、东北师范大学党委副书记兼副校长李忠军教授等学生工作管理专家在研讨会上做了主题发言。

研讨会设立了三大研讨内容板块，并安排了讨论、点评与学术总结。在学科建设总论主题中，郑永廷教授做了题为学科基本理论的深化研究的发言，梳理了当前思想政治教育研究的前沿课题。之后，吉林大学陈秉公教授、武汉大学党委副书记骆郁廷教授、北京师范大学马克思主义学院院长王树荫教授、中国人民大学刘建军教授、武汉大学沈壮海教授等专家也分别做了关于思想政治教育学科的定位与学科界限、思想政治教育学科定位、近年来思想政治教育学科发展的交流发言。在基础理论与学科发展主题中，清华大学吴潜涛教授就道德治理、中国精神、核心价值体系与核心价值观问题、道德规范和道德价值观、政治道德和思想道德等若干概念进行辨析。之后，武汉大学马克思主义学院院长佘双好教授，复旦大学社科部主任高国希教授、邱柏生教授，华中师范大学万美容教授，西南交通大学政治学院院长林伯海教授，西南大学罗洪铁教授等专家也分别就优秀传统文化与思想政治教育、思想政治教育的基础性理论难题、思想政治教育学科理论发展、思想政治教育方法论研究问题、深化思想政治教育研究的问题等问题发言。在专业建设和人才培养主题中，辽宁省委高校工委原副书记曲建武教授结合自身的经历，指出了当前我国辅导员队伍在工作、待遇等方面存在的一些不足，提出思想政治教育学科应该更好地为辅导员队伍建设服务。之后，清华大学党委原副书记张再兴教授，东北师范大学党委副书记、副校长李忠军教授，桂林理工大学党委副书记、纪委书记赵君教授，兰州大学马克思主义学院院长王学俭教授，北京科技大学马克思主义学院院长彭庆红教授等专家分别就思想政治教育队伍建设、思想政治教育专业人才培养、思想政治教育实践工作如何开展等问题发言。

（北京科技大学科学研究与发展部李静供稿）

第四届北大人文体育高层论坛　10月31日，为期两天的第四届北大人文体育高层论坛："体育·女性·中国梦"在北京大学五四体育中心顺利举行。本届论坛的主题为"体育·女性·中国梦"，与会专家学者在两天的会议中就如何继续发挥体育的作用，充分释放女性能力和潜力，引导休闲健康的生活方式等展开深入探讨与交流。来自海峡两岸的30多所高校主管体育的校领导、体育部主任、专家学者、媒体记者等共150余人参加论坛，论坛由北京大学体育部书记张锐教授主持。国家体育总局体育科研所副所长祝莉、国家体育总局政法司政策法规处处长卫虹霞、教育部体卫艺司副处长许弘、北京市教委体卫艺处王东江处长、北京大学常务副校长刘伟等领导和嘉宾出席开幕式。论坛还特邀来自英国和新西兰的国际体育社会学学会主席 Elizabeth Pike 教授、副主席 Steve Jackson 教授亲临现场。

此次论坛是一次云集众多政府官员、大学领导、体育部门主管和专家学者的对话讨论活动，从体育与中华民族振兴的世纪历程回眸，展望"中国梦"背景下体育、女性的未来发展与走向，为推动我国体育事业的发展产生积极深远的影响，为北京大学加快创建世界一流大学做出了北大体育人的贡献和表率。

（北京大学社会科学部供稿）

京蒙学前教育发展论坛　10月28—29日，北京市教育学会在北京昌平温都水城会议中心举办了京蒙学前教育发展论坛。论坛的主题是"学习贯彻十八大精神，密切联系人民群众，办好人民满意的学前教育"。论坛上，学前教育的专家做了"办高质量幼儿园，让人民满意"的专题讲座。针对当前学前教育的热点、难点问题，京蒙两地幼儿教师提出自己困惑的问题，专家都认真倾听，并谈出自己的感受和建议。论坛上，京蒙两地6名幼儿园园长交流了工作经验。组织与会人员实地考察了北京市昌平区教工幼儿园和北京市昌平区工业幼儿园，并观摩了幼儿园的上课、儿童活动、生活状况等，京蒙两地幼儿园还举行了签订手拉手的协议。专家讲座、两地幼儿园的交流、观摩及建立手拉手的仪式，推动了京蒙两地学前教育的交流与合作。

论坛是由北京市教育学会和内蒙古自治区教育学会共同举办。共有220名幼儿园园长及教师参加。

（北京市教育学会李文莺供稿）

高等学校招生政策国际研讨会　10月31—11月1日，国际顶尖教育学院联盟（IALEI）年会暨高等学校招生政策国际研讨会在北京召开。会议由联盟轮值主席单位北京师范大学教育学部承办。来自英国伦敦大学教育学院、美国威斯康星大学麦迪逊分校教育学院、加拿大多伦多大学安大略教育研究院、澳大利亚墨尔本大学教育研究院、丹麦奥尔胡斯大学教育学院、新加坡南洋理工大学国立教育研究院、韩国国立首尔大学教育学院、南非开普敦大学教育学院、和巴西圣保罗大学教育学院的院长或代表出席了此次大会，除国际教育学院联盟国的代表外，还有来自新加坡、日本、瑞典、葡萄牙、芬兰、墨西哥等国的专家、学者、教师、学生共百余人参加了此次大会。与会人员围绕高等学校招生政策这一主题，就高校招生政策的理论研究，高校招生政策与教育公平、教育质量、学生资助的关系，高等教育国际化与国际学生招生政策展开了深入交流和探讨。

会议开幕式由北京师范大学教育学部王英杰教授主持，校长董奇教授对中外来宾致以热烈欢迎，并对大会的重要性和必要性给予了充分肯定。中国教育学会会长钟秉林教授、伦敦大学教育学院荣誉院长 Geoff Whitty 教授、美国威斯康星大学麦迪逊分校的 Gloria Ldson-Billings 教授、墨尔本大学副校长 Richard James 教授和美国教师教育学院协会主席 Sharon Robinson 教授做了大会主旨发言。与会专家认为，通过促进高等教育公平来助推社会公平正义，通过提高高等教育质量来反哺教育公平是高等教育的价值主流和追求。在价值追求过程中，政府、市场、大学、社会等共同协作是解决高等教育发展瓶颈和困境的不二选择。闭幕式上，10 位教育学院（部）院（部）长签署了成立新联盟的备忘录。北京师范大学教育学部部长石中英教授将主办旗帜交给了下一届国际教育学院联盟会议轮值单位的代表——巴西圣保罗大学教育学院的院长。

（北京师范大学社科处刘娜供稿）

中美日韩“新媒体与少年儿童教育”论坛　11 月 12 日，由中国青年政治学院与中国青少年研究中心联合在京举办的中美日韩“新媒体与少年儿童教育”论坛开幕。来自中国、美国、日本、韩国四国的 10 余位学者共聚一堂，将在为期两天的论坛中，比较分析四国青少年成长情况，探讨新媒体视野下少年儿童的教育与发展，为新媒体时代少年儿童的健康成长建言献策。

中国青年政治学院党委书记倪邦文，中国青少年研究中心主任酒曙光，校党委常委、副校长王义军出席开幕式。开幕式由中国青少年研究中心副主任孙云晓主持。

论坛上，日本常盘大学教授坂井知志，美国罗德岛大学人文发展与家庭研究系教授肖经建、芭芭拉·纽曼，美国蒙大拿大学人文科学与教育学院教授丽莎布兰克，韩国青少年活动振兴院活动开发总部经理助理金珠熙，中国青少年研究中心助理研究员赵霞，中国青年政治学院副教授童小军，韩国青少年政策研究院研究员李昌镐，日本国立青少年教育振兴机构策划与综合事务部顾问蓬田伸光，日本青少年研究所研究员胡霞等海内外专家学者将围绕论坛主题和学术成果发言。

中国青年政治学院科研处、国际交流处等部门负责人参加本次论坛。

（中国青年政治学院科研处供稿）

首都教育论坛　11 月 29—30 日，由北京市社会科学界联合会和首都师范大学联合举办的 2013 首都教育论坛正式开幕，教育部基础教育课程教材发展中心主任田慧生、市社科联党组副书记梁立新、市教委副主任付志锋等出席论坛。首都师范大学党委书记张雪致欢迎辞。来自中国大陆及中国香港、台湾地区的专家学者、出版机构代表和中小学一线教师百余人围绕教科书研究的主题进行了深入交流。

围绕“教科书：教育质量和教学改革的核心文本”的主题，教育部基础教育课程教材发展中心主任田慧生做了题为关于我国中小学教科书建设的若干思考的主题发言，首都师范大学石欧教授就课程改革教科书的成就与问题、台湾淡江大学游家政教授就台湾中小学教科书评鉴机制、香港中文大学林智中教授就香港教科书的局限及改善方法、华南师范大学高翎飕教授就好教材的标准等进行了主题演讲。

分会场上，聚焦教科书这一特殊文本，台北市立大学张芬芬教授、叶兴华教授，衢州学院李长吉教授，内蒙古师范大学李素梅教授、金志远教授，宁波大学吴小鸥教授，聊城大学赵长林教授等学者就教科书的研究方法、电子教科书的发展、教科书的农村适切性问题、乡土教材、少数民族教科书等教科书理论研究与实践建设问题进行了深入交流。

论坛为教科书研究人员和教育教学实践人员成功搭建起了对话交流的平台，对提升教科书研究水平、促进中小学教科书品质的提高具有重要推动作用。

（北京市社科联学术活动部供稿）

第七届首都特色行业院校改革与发展论坛　12 月 12 日，第七届首都特色行业院校改革与发展论坛在中国劳动关系学院举行。本届论坛由北京市教委主办，中国劳动关系学院承办。北京市教委叶茂林副主任、黄侃委员等出席本次论坛。全国总工会组织部巡视员、副部长杨军日代表学院主管部门参加论坛。来自北京电子科技学院、北京体育大学、北京协和医学院、国际关系学院、外交学院、中国青年政治学院、中国人民公安大学、中华女子学院、中央民族大学和中国劳动关系学院在京 10 所部属特色行业院校的领导、教务处及相关院系教师代表共 70 余人参加本届论坛。论坛由中国劳动关系学院副院长刘玉方教授主持。

首先，院长李德齐教授致辞，对北京市教委和与会各兄弟院校代表莅临论坛表示欢迎，并对长期以来北京市教委和各兄弟院校对中国劳动关系学院的支持、合作与相关共建项目的推进表示衷心感谢，同时结合2013年学院接受教育部合格评估开展“以评促建”基本情况介绍了该校办学的新近发展。北京市教委黄侃委员致辞，并向与会高校提出了四点建议，一是重视教学质量；二是发挥行业优势和特色；三是锐意推进资源整合，加强合作，共谋发展；四是不断加强对社会文化的传承。

会上的主题发言有：北京电子科技学院毛明副院长做了题为《创新人才培养模式，突出人才培养特色》的报告，介绍了该校如何根据社会需求和服务面向，提高密码学专业学生的政治素质和专业素养；北京体育大学运动康复系主任王安利教授介绍了该校运动康复专业在“产学研”一体化办学模式上的实践与创新；协和医学院教务处杨萍副处长介绍了该校的高考招生新模式——增加结构式面试环节对护理专业考生综合素质的判断；国际关系学院陶坚院长就该校“关注教师发展，提升教学质量，培养特色人才”的做法进行了介绍，向与会代表展示了该校培养教师“从平凡到优秀，从优秀到卓越”的探索；外交学院江瑞平副院长介绍了该校在坚持特色发展之路上围绕服务国家外交构建学科特色、围绕英语打造教学特色、围绕智库凝练科研特色的做法；中国青年政治学院王新清常务副院长从教学质量目标系统、教学质量标准系统、教学质量监控系统和教学质量反馈系统4个方面展示了具有中青院特色的教学质量保障体系的构架；中国人民公安大学田全华副校长介绍了该校近年来本科教学工作成绩以及学校深入发展面临的主要挑战，并提出了进一步发展的思路；中华女子学院文化产业管理教研室主任应莉老师介绍了该专业在产学研合作育人、服务社会方面的鲜活个案；中央民族大学历史文化学院副院长彭勇教授介绍了该校在历史学研究型创新人才培养模式上的创新探索；中国劳动关系学院教务处处长王淑芬教授介绍了近年来该院围绕应用型人才培养开展实践教学体系建设的基本做法。

（中国劳动关系学院科研处陈邓海供稿）

语言学　文学

漫谈诗词与时代精神讲座　4月2日，北京诗词学会在京民大厦礼堂举办了诗词讲座。中华诗词学会副会长李树喜应邀主讲，来自各区县诗词学会、诗社的会员诗友400余人参加了讲座。

李树喜副会长以漫谈诗词与时代精神为题，从4个方面进行了讲解，即诗词当随时代，汇成时代精神三要素，诗词的社会环境与角色担当，诗词面临新课题。总体说，一种文学艺术形式，有无生命力和能否为大众接受，在于能否反映时代生活，诗词亦当如此。深厚的传统和丰富多彩的现实生活，令诗词展现出空前活力和时代精神。时代与大众，普及与提高，继承与创新，复兴与复古，是当代诗词面临的主要课题。

（北京诗词学会办公室陆奇供稿）

中国散文研究学术研讨会　5月15日，《中国散文通史》新书发布暨中国散文研究学术研讨会在北京师范大学文学院励耘学术报告厅举行。《中国散文通史》是由已故著名中国古典文学研究专家、教育家郭预衡先生与北师大文学院郭英德教授担任总主编，文学院中国古代文学研究所、中国现当代文学研究所的教师共同组织编写的古今散文通史。该书总字数425.8万，写作时间长达10年，今年1月由安徽教育出版社出版发行。中国社会科学院文学研究所谭家健研究员、北京师范大学文学院刘锡庆教授、北京师范大学文学院院长过常宝教授、安徽教育出版社社长郑可、中国人民大学文学院院长孙郁教授、鲁迅博物馆副馆长黄乔生研究员、陕西师范大学文学院张新科教授、北京大学中文系傅刚教授等来自全国各地的50余位专家学者出席了会议，并对《中国散文通史》的学术价值给予了高度评价。

（北京师范大学社科处刘娜供稿）

第二届全国商务翻译高端论坛　5月25—26日，第二届全国商务翻译高端论坛在对外经济贸易大学举行，论坛主题为“中国文化与企业走出去战略中的翻译——问题与对策”。近百名来自中国大陆、香港以及新西兰等国家和地区的40多所高校的知名专家和中青年学者参加了此次论坛，与会者就商务翻译实务、商务翻译研究、商务论文写作、商务翻译教学，以及中国文化与企业“走出去”战略实施中的相关翻译问题进行深入探讨，并积极寻求良策。

对外经济贸易大学副校长赵忠秀教授出席了开幕式并致欢迎词。主旨演讲环节，9名教授就各自研究领域发表了演讲。其中，教育部“长江学者”特聘教授、CSSCI期刊《中国外语》主编、中山大学翻译学院院长黄国文教授就商务翻译教学领域MTI毕业论文的写作要求进行了详细解读；对外经济贸易大学英语学院院长王立非教授对国内外商务英语学术研究现状进行了分析。

黑龙江大学《外语学刊》主编李洪儒教授对本次论坛的主要发言内容做了简要总结，清华大学罗选民教授为本次论坛致闭幕词。两位教授对本次论坛给予了高度评价，认为这是一次高水平的学术前沿对话，此次论坛继往开来，意义深远，必将推动商务翻译研究、商务英语研究的深入发展，必将更好地服务于国家发展战略。

（对外经济贸易大学科研处供稿）

吐火罗问题学术座谈会 中国人民大学国学院西域历史语言研究所近日举办了“吐火罗问题”学术座谈会。来自国内外不同学科的近30位学者与会，分别从考古学、语言学、历史学、体质人类学、分子人类学等不同学科视角对这一问题展开了讨论。吐火罗问题原是由语言学家所导引出来的。欧洲语言学家在20世纪初西方探险家于新疆获得的公元5—12世纪的古代写本中，发现了一种十分古老的原始印欧语——吐火罗语，并认为这种语言很早就已从印欧语系中分化出来。有学者就此提出假说，认为新疆最早的居民就是吐火罗人，并和新疆孔雀河流域发现的古墓沟遗址联系起来。作为古墓沟墓地的发掘主持人，中国人民大学教授王炳华通过对考古材料的详细分析，指出语言的传播、人群的迁徙与文化的扩散的关系十分错综复杂，语言学推论与考古学资料之间存在着巨大鸿沟，上述观点只能是一种假说，尚未得到考古证据支持。中国社科院历史所研究员李锦绣从文献角度探讨了与隋唐时期吐火罗国相关的几个问题。她根据于阗出土唐代汉文文书中的“头货里”“□货坊”的记载，认为唐代于阗有吐火罗人居住。北京大学教授荣新江从原始文献出发，对“toγri”一词进行了探讨，认为toγri一词是高昌回鹘时期使用的，是高昌摩尼教慕阇对于东方教区的代指，为解释所谓的“吐火罗语”的名称问题提供一条新思路。复旦大学教授李辉、韩昇指出，引入DNA技术或许是解决吐火罗问题的一条新思路，从DNA分析来看，青铜时代东西方人群就已经大规模混合，而且混合程度已经很深。

（参见《光明日报》，2013年6月19日第11版）

跨文化的世界文学史理论与翻译研究高端学术论坛 6月22日，由首都经济贸易大学与苏州大学联合主办的跨文化的世界文学史理论与翻译研究高端学术论坛在京成功举办。来自中国社会科学院、北京大学、关岛大学、Wyoming大学等20家高校与科研院所的专家学者参加论坛，人民日报、中国社会科学报、商务印书馆等媒体和业内机构参会支持。

在大会主题发言中，陈众议、陆建德、张玉安、常耀信等11位学界知名学者先后进行了代表发言，围绕多层面、多角度，从中外文学文化关系、文学文本的个案研究、国别文学流派研究、项目申报、诗歌和典籍的翻译、戏剧与非戏剧之间的联系，基督教神学和佛教对文学作品的影响等多个方面进行了深入探讨，高屋建瓴地提出了当前世界文学与中国文学发展所面临的机遇和挑战。

（首都经济贸易大学科研处张嘉艳供稿）

当代旧体诗的流派视角讲座 6月15日，北京诗词学会在京民大厦礼堂举办了诗词讲座，300多名会员诗友听课。这次讲座特邀《中华诗词》执行主编、《中国文化报》主任记者、理论部副主任高昌讲授，题目是“当代旧体诗的流派视角”。高昌从诗歌流派的划分、形成和成为当代旧体诗从复苏走向复兴、繁荣的标志讲起。他认为了解当代旧体诗歌流派的成熟演进和审美嬗变，对我们的诗歌发展是有积极作用的。要谈论当代诗歌的生态问题，除了新诗的话题，也应该包括旧体诗。

（北京诗词学会办公室陆奇供稿）

余华长篇小说《第七天》研讨会 7月3日，由北京师范大学国际写作中心和复旦大学中国当代文学创作与研究中心共同主办的余华长篇小说《第七天》研讨会在北京师范大学文学院励耘学术报告厅举行。北京师范大学副校长、著名学者曹卫东教授，《第七天》的作者、著名作家余华，著名诗人欧阳江河，批评家陈晓明、程光炜、张柠、张新颖、林建法、黄燎宇等参与了此次研讨会。曹卫东副校长在致辞中表示，各位作家学者欢聚一堂，共同讨论《第七天》——这部在当今文学界乃至社会范围内产生广泛影响的文学作品，是很有意义的。他指出，文学作品一经面世，饱受争议是正常现象，真正的经典往往不是自然生成的，而是积淀而成的，要让读者、时间和历史慢慢来认可、接受一部作品，它才有称之为经典的可能。同时他也希望，与会的各位学者能从作品内容出发，对《第七天》的文学价值给予全新阐释。余华最后在发言中详细谈到了创作《第七天》的过程，正是由于“现实的荒唐远远超过了艺术想象的范围”，因此在情节的琢磨和结构的梳理中，小说写作举步维艰。面对这部作品，余华总体态度比较满意，他认为《第七天》无论是结构还是内容，都称得上是自己精雕细琢的创作，尤其是小说语言，他曾仔细修改数遍，已经达到了内心的最高期许。谈及这部作品在他心目中的地位，余华表示：“假如要列出一部最能够代表我全部风格的小说，只能是这一部，因为从20世纪80年代一直到现在，我所有作品中的所有因素，它已经统统包含进去了。”

（北京师范大学社科处刘娜供稿）

梁庄系列作品研讨会 7月5日，梁鸿“梁庄”系列作品研讨会在中国青年政治学院举行。研讨会由中国青年政治学院、人民文学杂志社和南方文艺杂志社联合举办。

校党委副书记、常务副校长王新清出席研讨会并讲话。中国作家协会书记处书记李敬泽，《人民文学》杂志主编施战军，《南方文坛》主编张燕玲出席并致辞。著名作家阎连科、李洱、徐则臣，著名评论家阎晶明、吴义勤、孙郁、程光炜、张清华、何向阳、刘颋、彭学明、杨庆祥、何平、张莉，出版方代表王来雨等与会并发言。研讨会由中国青年政治学院中国语言文学系主任张跣主持。

《人民日报》《光明日报》《新京报》《中华图书报》《纽约时报》中文网、《中国青年报》《北京青年报》《北京日报》《中国教育报》等媒体代表参加了本次研讨会。

“梁庄”系列作品是中国青年政治学院教授、著名作家梁鸿创做出版的非虚构类文学作品，也是中国作家协会重点扶持作品。目前已完成《中国在梁庄》和《出梁庄记》两部作品。《中国在梁庄》记述了梁庄近30年来的变迁，真实呈现了梁庄在城市化进程中出现的问题，并因此获得2010年“人民文学奖”等多个奖项。《出梁庄记》将关注的目光由梁庄投向全国，直击散布在全国各地的梁庄人的悲欢离合。凭借《出梁庄记》，梁鸿教授获得第十一届华语文学传媒大奖“年度散文家”奖、第一届全国青年作家批评家主题峰会“年度青年作家”奖等重要奖项。

（中国青年政治学院科研处供稿）

第二届汉语国际传播学术研讨会　7月20—21日，由中国语文现代化学会汉语国际传播研究分会主办、中央民族大学承办第二届汉语国际传播学术研讨会在北京召开。来自16个国家和地区的120多位专家学者齐聚中央民族大学，共同探讨汉语国际传播的理论与实践问题。会议的主要议题有：汉语国际传播方略研究；汉语国际传播国别问题研究；汉语国际传播体制、机制与发展问题研究；汉语教学的本土化问题研究；汉语国际传播与国家软实力建设研究；汉语国际传播的典型个案研究；汉语国际传播的有关标准研究；汉语国际传播的项目评估体系研究；现代教育技术与汉语国际传播研究；汉语国际传播史研究。大会共有41篇论文在分会场上进行报告，与会代表围绕报告论文展开了热烈的讨论。这次大会具体表现出以下特点：（1）代表的广泛性和国际性。参会人员分别来自美国、英国、加拿大、法国、韩国、日本、泰国、缅甸、土耳其、越南、马来西亚、塔吉克斯坦、中国大陆、中国台湾地区等16个国家和地区。（2）会议充分体现了汉语国际传播研究这一主旨，显现出鲜明的主题特色。（3）学术视野广阔，新鲜见解多，富有启发性。来自不同领域专家学者共同探讨汉语国际传播的理论与实践问题，学术视野非常广阔，出现了不少新鲜的见解和富有创新性的观点。比如，从语文现代化的视角提出“一语双文”的主张；通过研究汉语传播的历史，帮助我们了解汉语发展演变的一些线索，更好地认识汉语史；叙事探究的研究方法也得到了代表们的共鸣。

这次会议很好地体现了汉语国际传播研究分会的3条办会原则：打通国内语言学与国外语言学的阻隔，推动汉语国际传播的研究工作；打通中文界与外语界的学科界限，通力协作，相济互补，为搞好汉语国际传播研究共同努力；打通汉语语言学、汉字学、汉文化等相关研究领域的阻隔，拓宽学术视野，推进汉语国际传播研究。

（中央民族大学科研处供稿）

世界语言：角色和功能国际高层论坛　7月22—24日，为期两天的“世界语言：角色和功能”国际高层论坛暨Journal of World Languages创刊发布会在北京科技大学外国语学院314多功能学术研讨中心举办。

功能语言学创始人、澳大利亚悉尼大学荣休教授M. A. K. Halliday先生，澳大利亚麦考利大学荣休教授Ruqaiya Hasan先生，英国加的夫大学荣休教授Robin P. Fawcett先生，英国利物浦大学Geoff Thompson教授，香港城市大学韩礼德功能语言学研究中心主任Jonathan Webster教授，国际功能语言学协会现任会长、长江学者、中山大学翻译学院院长黄国文教授，北京科技大学外国语学院院长张敬源教授，北京科技大学外国语学院副院长何伟教授等出席会议。

此次高层论坛汇聚了来自中国、英国、美国、澳大利亚、法国、阿根廷、韩国、中国香港等多个国家和地区的数十位专家学者，期间，大家热烈讨论了Journal of World Languages所涉及的主题、运作模式等，以及成立Journal of World Languages协会的必要性。同时，多位专家做了精彩的主题发言。此外，专家们还就世界语言研究过程中的热点问题进行了卓有成效的探讨。此次高层论坛加深了各位专家对语言及世界的了解，对于语言的纵深研究大有裨益，有力提升了北京科技大学外语学科在国内外学界的知名度，对于今后该校外语学科建设与发展有着重要意义。

（北京科技大学科学研究与发展部李静供稿）

文学在古老东方的使命对谈　8月13日，由北京师范大学国际写作中心主办的“‘从伤口长出翅膀’：文学在古老东方的使命——阿多尼斯与莫言及中国作家的对谈”活动，在北京师范大学京师学堂举行。此次对谈的主角为来自叙利亚的著名诗人阿多尼斯和北师大国际写作中心主任、著名作家莫言，除此之外，格非、李洱、西川、欧阳江河、王家新、薛庆国、吴思敬、唐晓渡、王宁、田原、树才、高兴、阎晶明、骆英、邱华栋、周庆荣、潇潇、林丰民、张柠、张桃洲等一批著名的诗人、作家、翻译家及评论家参与了对谈。北师大副校长、著名学者曹卫东教授，北师大资深教授、著名学者童庆炳先生也一并出席了活动。北师大副校长曹卫东教授在致辞中高度肯定了阿多尼斯先生对诗歌功能“是让人摆脱世俗生活”的看法，并进一步指出诗歌不仅仅是要让个人摆脱世俗的生活，更要让一个民族，乃至整个人类摆脱世俗的生活。他坦言自己在阅读阿多尼斯的作品时备受鼓舞，希望此次两位世界级文学大师以及众多中国著名作家参与的对谈活动圆满成功。

对于“文学在古老东方的使命”的论题，阿多尼斯和莫言主要围绕着文学与意识形态的关系和文学的作用这两个命题各自发表了看法。阿多尼斯认为，对作家或是诗人而言，“不存在一种预先设定的使命”，他们的思想是通过文本来表达的。同时他指出，“伊斯兰的历史某种程度上是权势和权势的附庸者与伟大的创作者——包括哲学家、思想家、诗人、文学家之间较量的历史”，因此人民也好，使命也好，种种说法似乎都具有强烈的意识形态色彩。而“我是反对意识形态的，所以更倾向于用‘人’这样的字眼。诗歌和人的关系，应该是文本和读者的一种相会。一个作家、诗人的写作目的首先是为了更好地了解自身，更好地了解他者和更好地了解世界”。莫言赞同阿多尼斯对文学的阐释，他认为把诗歌当成自我剖析、审视内心的工具，从人的角度上写作是所有从事艺术创作的人必须遵循的准则。他指出，中国几千年的历史非常复杂，难以用一句话来简单概括，不过思想者与权势者的矛盾肯定存在并且贯穿始终。伟大诗人的作品不仅应该有对权势的对抗和质疑，更应该对于其有所超越。莫言说：“一旦诗歌、小说具体到跟意识形态等量齐观的层面上，我想艺术就失去了它超脱于现实的意义。所以好的诗歌应该是放之四海而皆准，应该超越时空的。”

与会的各位诗人、学者也踊跃参与对谈，许多人提出了很有价值的意见。著名作家、清华大学教授格非认为，“文学的使命”这个命题非常重要，他认为当下我们更应当倾听古老的智慧，同时也必须把未来纳入到自己的写作中去。在他看来，文学是一种“待访”的东西，文学的使命、价值可能它自身并不清楚，但它一定是有重要作用的，不过在“等待”人的发掘和访问。著名评论家吴思敬在谈到文学使命时指出，滚滚红尘使许多人陷落，但同时应该有“挺身而出，捍卫一种精神的领地，仰望天空的人”。中国传统文化中早就有仰望天空、关心宇宙人生、关心对人性的深度开掘的内容，我们谈当下文学的使命，还是应该强调着眼于人类灵魂这样一个最高的视点。著名诗人王家新希望阿多尼斯谈谈他最认可的西方诗人，阿多尼斯指出自己最喜欢对西方的政治文化体系持批判态度的诗人、思想家，比如兰波和尼采，他认为自己受这些人的影响比较大，同时他提出一个身份问题，即“人的身份不在于他所继承的东西，而更多地在于他所创造的东西，人的身份应该像树木一样，是向空间开放的”。基于此他提出了一个非常重要的观点，他说：“我不是阿拉伯人，我在变成阿拉伯人，我更多的考虑的是我如何变成阿拉伯人，我成为阿拉伯人意味着什么。”著名诗人西川认为阿多尼斯的“我正在变成阿拉伯人”的说法非常有意思，以其同理，他想说我们可不可以说自己正在变成中国人？他指出如果在今天这样一个当代知识的大背景下我们不继承中国的传统，那可能意味着对传统的背叛，这“是很尖锐的，但是却是摆在我们每个人面前的问题”。童庆炳先生总结指出，这次对谈会涉及内容丰富，问题深刻复杂，阿多尼斯先生及与会的众多中国作家诗人都对此提出了很好的看法。然而值得我们注意的是，阿多尼斯先生和我们处在不同的历史语境之中，即使对很多问题都有不同的理解，但在对诗歌，对文学的作用的理解上还是达成了一致，那就是“诗歌是对我们人的生命、生存状况，以及我们生活的愿望、理想等诸多问题的一种提问、探索和探究，这种探究永远也不会结束。我们应当努力，让诗歌走向一个广阔的天地，走向广阔的未来”。

（北京师范大学社科处刘娜供稿）

毛泽东诗词的审美超越与格律变通讲座 9月17日，北京诗词学会为纪念毛泽东诞辰120周年，在京民大厦举办了诗词讲座。400多名会员诗友听课。主讲人是中华诗词学会副会长周兴俊，题目是毛泽东诗词的审美超越与格律变通。周兴俊引用一位外籍华人文章中的一段话：“我想告诉国内读者一句话，世界上即使最反共反毛的人士，都要拜读毛泽东诗词，都折服于毛泽东诗词的非凡魅力。”表明了大部分人的观点。他提到了也有例外，例如胡适就认为毛泽东的《蝶恋花》没有一句通的。周兴俊认为恰恰相反，是没有一句不通。不仅通，而且是通畅、瑰丽、浪漫、婉约而又悲壮的前无古人的巅峰之作。

（北京诗词学会办公室陆奇供稿）

清华大学新人文讲座——文学专场 10月24日、26日，台湾作家、文化学者，台湾日月书院讲座主持人马叔礼做客清华大学“新人文讲座”之文学专场，分别做题为“李白——谪仙访唐、迷花谢君、醉染黄河、笑摘星辰”“杜甫——风卷茅屋、大庇寒士、捣烂山河、吟成诗句”的讲座，解析“诗仙”李白、“诗圣”杜甫的作品。校内外学生 1100 余人次分别听取了讲座。在介绍李白时，马叔礼沿着李白的文字生涯，将其诗作分为法贤出新、静观山水、壮志入京、得宠奉诏、失宠离京、永王逼宫、夜郎赦还、好友往还、心驰侠义、亲月酒趣、游山修仙、志绍孔圣等片段，依托大唐由盛转衰的历史文化背景，选取李白经典诗作，点出了李白诗作天真浪漫、匠心独运、狂放不羁的文学特点，同时梳理了入京前后李白文学创作的变化，重点围绕李白入京后豪情壮志不得实现，而后放浪于形骸之外这一历史脉络，饱满地再现了李白这一文化巨子可爱、可叹、可敬的一生。在介绍杜甫时，马叔礼首先强调，杜甫非常具有创造力，一生留下 1000 多首诗句，不仅高产而且质量也高，在唐诗格律的创立中起了主要的作用，并以自己的诗作印证了唐诗格律的形式之大美。马叔礼循着杜甫的人生轨迹，从早期作品到晚期作品进行了精彩的解析，并指出，杜甫的一生起起伏伏，唯一不变的是他那颗忧国忧民的赤诚之心；杜甫炼句用词的精准后人也许能够学得来，但恐难达到杜甫“字字写泪”的“真感情”。马叔礼还概括了中国千年古代文人的家国情怀。

（清华大学文科建设处刘金梅供稿）

从《废都》到《带灯》——贾平凹创作回顾研讨会

11 月 5 日，由北京师范大学国际写作中心、文学院主办的“金秋 2013 · 北京师范大学国际文学周”系列活动之“首任驻校作家贾平凹入校仪式暨从《废都》到《带灯》——贾平凹创作回顾研讨会”在北京师范大学举行。北京师范大学副校长杨耕，北京师范大学国际写作中心主任、国际写作中心主席、著名作家莫言，著名作家贾平凹，北京师范大学著名学者童庆炳，中国人民大学文学院院长孙郁，中国社科院文学所研究员、中国当代文学研究会会长白烨，沈阳师范大学特聘教授、中国文化研究所所长孟繁华，中国作家协会《文艺报》总编著名评论家阎晶明，中国作家协会创研部主任著名评论家梁鸿鹰，沈阳师范大学特聘教授著名评论家贺绍俊，首都师范大学教授著名评论家张志忠，中国社科院文学所研究员著名评论家陈福民，中国作家协会创研部副主任著名评论家何向阳，中国作家协会创研部副主任著名评论家彭学明，著名作家苏州市作家协会副主席朱文颖等出席会议。杨耕副校长在致辞中表示，贾平凹先生是当代中国最富创造精神、具有世界影响的作家之一，为中国当代文学贡献了一块独特而奇异的文学版图，相信贾平凹先生的驻校将会给北京师范大学的文学教育和文学创作撒播出明媚的春光，沉积下更多的成熟的秋色。

童庆炳教授认为贾平凹的创作具有浓郁的地域性，是对传统民族文化的一种文学表达，他把粗犷与灵秀结合在创作中，具有真实性与诗意的完美统一，并能写出一种素朴的农民的幽默感和喜剧感，表示贾平凹的到来一定会为北京师范大学的教学和研究增添鲜明的文学色彩。贾平凹表示北京师范大学邀请他驻校是大胸怀、大手笔、大眼光，他对未来的驻校生涯充满憧憬，将在这里多学习、多交流，希望在以后来驻校的时间能开发自己，收获一段值得回忆、难以忘怀的经历。国际写作中心主任、主席莫言认为贾平凹是时代的忠实记录者，并提出两个研究维度：贾平凹出生地秦岭南北交界、集合南方的灵秀和北方的粗犷的文学地理学意义，以及贾平凹小说语言中的方言运用。他表示贾平凹在将近 40 年的创作历程中在各个方面、各个文体都有创造性的贡献，他是一直坚持不懈地写作的作家中最耀眼的一颗明星。

（北京师范大学社科处刘娜供稿）

媒介与文艺理论的创新学术研讨会　11 月 17 日，中国青年政治学院中国语言文学系建系 10 周年之媒介与文艺理论的创新学术研讨会在中国青年政治学院召开。研讨会由中国语言文学系与中国中外文艺理论学会新媒介文论研究会联合举办。

来自全国 20 余所高校和科研机构的 60 多位专家学者齐聚中国青年政治学院，以新媒介语境下文艺理论研究面临的挑战与机遇为基本关注点，共同探讨研究当今社会的媒介现象和学术问题。校党委常委、副校长陆玉林出席开幕式并致辞。

本次研讨会的主要议题包括媒介文化语境下文学研究的守正、创新与转向、跨文化视界中的网络文学与媒介批评、媒介文化冲击下的文学创作与批评、生产与消费、新媒介文化语境下文学观念与美学观念的嬗变、文学研究视角下的媒介技术、图像及资本等。

著名文艺理论家、批评家、北京大学张颐武教授，北京师范大学文学院蒋原伦教授，中国人民大学教授、中国中外文艺理论学会副会长金元浦，中国社会科学院文学研究所研究员、中国中外文艺理论学会副会长刘方喜教授，以及来自北京语言大学、首都师范大学、四川大学、西南大学、山东大学、山东师范大学、河南大学、杭州师范大学、辽宁大学、中央党校、中央编译局等高校和科研机构的 20 多位专家学者先后进行主题发言。

（中国青年政治学院科研处供稿）

中国民间文学与民族历史记忆学术研讨会　11 月 23—24 日，由中央民族大学文学与新闻学院承办的中国民间文学与民族历史记忆学术研讨会在中央民族大学成功召开。本次研讨会秉承民俗学服务于社会发展和国家文化建设的宗旨，以进一步加强民俗学在非物质文化遗产保护的理论实践、加快民俗学人才培养工程的质量建设为目标，搭建民间文学理论研究、交流之平台，推进中国少数民族民俗文化的创新与发展。

中央民族大学副校长宋敏教授出席会议并致欢迎词，对来自海峡两岸民俗学和民间文学界90多位代表表示欢迎。参加本次会议的学者主要有：中国社会科学院荣誉院士、中国非物质文化遗产保护专家委员会副主任委员刘魁立研究员，中国民俗学会会长、中国少数民族文学学会会长、中国社会科学院民族文学研究所所长朝戈金研究员，中国文联研究员刘锡诚先生，台湾东吴大学中文系鹿忆鹿教授，台湾东华大学的刘惠萍教授，中国民俗学会副会长、青海社会科学院院长赵宗福教授，贵州民族大学副校长肖远平教授，文学与新闻传播学院王华军书记。

开幕式后，来自海峡两岸的学者们以分组讨论的形式，进行了为期一天半的学术交流。研讨主要围绕着中国民间文学与民族历史记忆展开，主要包括中国民间文学与民族历史记忆关系史、中国民间文学基本理论建构与民族历史记忆研究、中国民间文学中的民族历史、民族关系与民族记忆研究、民间文学记忆与跨文化传播、民间文学记忆与当代传承等热点问题和有关的新思想、新理论展开热烈的讨论，会场学术气氛浓厚、反响热烈。

中央民族大学林继富教授在闭幕式上代表承办方和会议组委会总结发言。他认为本次学术研讨会是一场具有高水准、高质量的学术会议，是一次彰显海峡两岸民俗学和民间文学研究最新研究成果的学术会议。他还指出，本次学术会议对促进两岸民俗学的共同发展和进步、民俗学和民间文学的学术繁荣起到重要的推动作用。

（中央民族大学科研处供稿）

趣诗与诗趣讲座会 11月27日，北京诗词学会在京民大厦举办了诗词讲座，300多会员诗友听课。主讲人为北京诗词学会副会长赵永生，题目是趣诗与诗趣，赵永生在讲座中综合14种杂体诗，即打油诗、剥皮诗、塔形诗、连环诗、回文诗、辘轳体诗、连珠体诗、玻璃字诗、六言诗、集句诗、六句的律诗、借句诗、藏头诗、嵌珠诗。赵永生结合典型诗句的解读，为诗友讲解了杂诗中的一些有趣的诗和它们不同于众的趣味。他认为古典诗歌在形成的过程中，出现了许多脍炙人口的佳作。但由于我们所处的环境有限，大多数诗友仅对古风和格律诗词比较熟悉，而对诸多杂体诗接触不多。其实，在诗的国度里，许多体式的诗歌是别有韵味的。

（北京诗词学会办公室陆奇供稿）

元代文学与文献研究高端论坛 12月21日，由北京师范大学古籍与传统文化研究院主办的元代文学与文献研究高端论坛暨元代文学学会筹备会在英东楼二层讲学厅召开。会议由古籍与传统文化研究院院长韩格平教授主持。古籍传统文化研究院李修生先生、校党委副书记刘利教授出席会议，来自北京师范大学、中国社会科学院、复旦大学、浙江大学、武汉大学、南开大学、中山大学等国内著名高校、科研院所的30多位元代文学研究专家、学者与会，交流元代文学文献相关研究现状，探讨展望未来的研究空间与方向，并就筹备成立元代文学学会事宜建言献策。

李修生先生深情回顾了陈垣、钟敬文、李长之等先生对自己的教导，高度评价了元代在中华文明史和世界发展史上的重要地位，并结合自己研究元代儒户、王沂孙出仕时间与生卒年的经验谈了治学的体会。校党委副书记刘利在致辞中表示，随着国家对传统文化研究越来越重视，元代文献不论是本身的整理还是运用，其史学、文学、语言学等方面的价值越来越得到凸显，对于我们处理好当代民族关系、外交关系等也能提供很好的理论支持。从学术本身和服务社会来讲，元代文献的整理与研究都大有可为，元代也因此必将成为学术界共同关注的学术领地。并充分肯定了古籍与传统文化研究院30多年来在元代古籍整理与传统文化研究方面取得的成绩，他表示，学校很珍惜李修生先生奠定的研究方向和科研队伍，也将会给元代方向的研究给予更多的政策、经费等方面的支持。

与会学者一致认为这是元代文学研究界的一次盛会，北京师范大学具有悠久深厚的文史研究传统，古籍与传统文化研究院经过30多年的积淀，业已形成了以元代文献与文学研究为特色的学术方向，是全国元代文学文献研究的重镇与旗帜，因此，由北师大引领成立元代文学学会，有益于社会，有益于学术，必能进一步团结全国有志于元代文学、文献、文化研究的同人，构建一个元代古籍整理与研究高水平学术平台，将元代文学相关研究推向新的高峰。与会学者就成立元代文学学会一事达成共识，同时还就成立元代文学学会的具体问题进行了讨论。

（北京师范大学社科处刘娜供稿）

文化　艺术（含民俗）

第十三届全国纺织品设计大赛暨国际理论研讨会

3月25日，第十三届全国纺织品设计大赛暨国际理论研讨会在清华大学美术学院举行。大赛展示了全国20余所艺术院校学生的300余件设计作品，最终评出金奖6名、银奖8名、铜奖10名、优秀奖63名。清华大学美术学院学生王剑慈的作品《魔方王国》、罗丽梅的《游园姿幽赏》获得金奖，李世铃的《我们》、高雅洁的《叠罗汉》获得银奖，吴青蔓的《窗》、刁凤涛的《童年心境》、张凯迪的《游》、崔瑶的《彩云间》获得铜奖。当日下午，主题为传承与创新的国际理论研讨会在美术学院B405会议室举行。印度尼西亚万隆科技大学工艺美术系主任卡菲爱提·卡达（Kahfiati Kahda）、美国加州大学戴维斯分校设计系教授苏珊·塔博·阿维拉（Susan Taber Avila）和清华大学美术学院染织服装系副教授张树新分别做主题报告。与会人员以人类传统纺织文化为切入点，极力倡导纺织设计可持续的发展观，力求以传统民族文化与纺织工艺为基石，创新、丰富当代世界纺织文化与时尚生活。国内外专家学者共150余人参加讲座。与此同时，以经纬之韵为主题的2013年国际纹织艺术设计大展暨理论研讨会在美术学院举行，汇集世界各国纹织艺术家和纺织艺术设计者的作品300余件。本次展览由清华大学艺术与科学研究中心主办，中国家用纺织品行业协会、中国纺织服装教育学会、中国流行色协会、中国工艺美术协会、清华大学美术学院联合举办，清华大学美术学院染织服装艺术设计系承办。展览持续至4月1日。

（清华大学文科建设处刘金梅供稿）

公共文化研究中的数据搜集与方法选择研讨会 3月28日，由北京市社科院市情调研中心举办的公共文化研究中的数据搜集与方法选择研讨会在京举行。文化部国家公共文化服务体系建设专家委员会副主任、中国图书馆学会学术研究委员会常务副主任、北京大学博士生导师李国新教授及其学术团队，以及北京市社科院文化所所长李建盛、图书信息中心主任赖勤等参加了研讨会。李国新教授带领的学术团队分别就美国数据资源来源情况、西雅图文化供给体系研究、纽约皇后区图书馆相关数据收集、加拿大、英国、德国数据和信息检索、澳大利亚公共文化体系研究与收集分析、欧盟公共文化领域数据检索等问题展开了详细的介绍与分析。李国新教授认真地总结了以上案例成功经验后，并着力介绍了其长期关注和研究的“日本公共文化领域的统计数据来源渠道”问题。会后，与会人员普遍表示通过此次研讨学习了新方法、扩展了新视野，有助于提高自身数据收集和方法选择的水平。

（北京市社会科学院科研处供稿）

中国人文社会科学学术期刊国际化战略座谈会 4月10日，清华大学文科建设处、《清华大学学报》（哲社版）在京组织召开中国人文社会科学学术期刊国际化战略座谈会。清华大学副校长谢维和出席并致辞。汤森路透集团（SCI/SSCI/A&HCI数据库创办者）代表、国内人文社会科学学术期刊代表等应邀参会。会议由清华大学文科处副处长、《清华大学学报》常务副主编仲伟民主持。谢维和在致辞中指出，中国学术“走出去”固然需要创办英文学术期刊、撰写英文学术论文，但更重要的是用中文表达中国的学术，并尊重中国的学术标准。他建议汤森路透收录更多高水平中文人文社科学术期刊。汤森路透集团期刊部主任吉姆（Jim Testa）介绍了SSCI/AHCI的选刊标准以及收录非英语期刊的原则。清华大学人文学院教授王宁做中国人文社会科学的国际化战略的主题发言。清华大学人文学院教授罗选民、汤森路透中国区总经理刘煜、人大复印报刊资料中心总编辑高自龙、《经济研究》常务主编郑宏亮、《北京师范大学学报》主编蒋重跃、《北京大学学报》常务副主编刘曙光、《中国人民大学学报》副主编武京闽、《清华大学教育研究》副主编叶富贵，以及《外国文学》《外语教学与研究》等学术期刊的代表等针对目前SSCI/AHCI的中文入选刊与大家心目中的优秀中文学术期刊之间的差距、国内外学术标准的差异、如何克服期刊进入数据库时的语言障碍、SSCI/AHCI与学术评价的关系等议题展开热烈讨论。

（清华大学文科建设处刘金梅供稿）

第二届中国少数民族风格室内乐新作品比赛研讨会

4月20日，第二届中国少数民族风格室内乐新作品比赛研讨会在中央民族大学音乐厅隆重举行。出席此次研讨会的有杜鸣心先生，著名作曲家王震亚先生、唐建平先生、高为杰先生、王西麟先生、金湘先生，著名音乐理论家李吉提先生，著名指挥家、作曲家、音乐教育家金正平先生，中国音协副主席陈卫东先生、中央民族大学音乐学院原作曲系主任斯仁教授、首都师范大学特聘教授高平等。《人民音乐》《音乐周报》《音乐创作》等媒体的代表也参加了会议。与会者主要针对本次参赛的新作品以及今后少数民族音乐的创作方向展开了讨论。提出作品的创作要把情感与音乐素材进行深入的结合、用更简练的手段表达最丰富的感情和多样性；对少数民族乐器要做更加扎实的研究等观点。

中央民族大学音乐学院主办的两届中国少数民族风格室内乐新作品比赛（第一届举办于2010年），得到了国内学界以及评委会专家一致好评和充分肯定，认为在目前如此浮躁、急功近利的创作时代，能够保持清净的学术情操，履行纯真的学术正业，是难能可贵的，也期望音乐人和中央民族大学继续弘扬民族音乐文化，肩负起这一光荣的历史使命，希望把中国少数民族风格室内乐新作品比赛持续健康地办下去，为传承中国少数民族音乐做出更大的贡献。

（中央民族大学科研处供稿）

探寻电影之美高峰论坛　由北京国际电影节组委会和中国电影博物馆主办、中国影视技术学会化装专业委员会协办的“探寻电影之美高峰论坛——国际电影化装造型论坛”，日前在中国电影博物馆举办。

论坛致力从“电影美学”的角度，分析电影艺术和电影技术蕴含的审美心理、审美意识和审美特征，深入研讨、交流电影作品在打动人、感染人、陶冶和净化心灵以及提升精神境界等方面所具有的美学效果和科学规律。列纳德·英格曼、朱莉·达特内尔、姜大英等国外顶尖电影化装大师和王希钟、张立堂、刘秉魁等10余位中国化装专家从幕后走到台前，对当代中外电影化装造型发展的新探索、新追求进行了深度探讨。

（参见《人民日报》（海外版），2013年4月29日第7版）

和文化与中国梦高峰论坛　5月18日，和文化与中国梦高峰论坛在全国政协礼堂举行。中国国际交流协会会长周铁农，中国社会科学院院长王伟光，人民日报社总编辑杨振武，海南省政协主席于迅，全国政协副秘书长仝广成等出席。来自北京大学、清华大学、中国人民大学、北京师范大学、中国社科院、中央党校等单位的数十位知名专家学者，围绕和文化的时代价值、五和文化与中国梦、和实力助推中国梦等主题展开研讨。

杨振武在致辞中说，习近平总书记提出中华民族伟大复兴的“中国梦”，把握社会前进脉搏、洞悉时代发展规律，反映了中国人民的共同心声、共同愿景、共同意志。我们在这里研讨“和文化与中国梦”，怀着一种理想，传递一种能量，肩负一种使命。梦想要激发力量、鼓励奋斗，离不开现实的深厚基础；梦想要开花结果、落地生根，更有赖于现实的强力支撑。今天，面对纷繁复杂的社会思潮，如何在多元中立主导，在多样中谋共识，深入研究和文化的时代意义，有效发挥和合精神的现实作用，为共筑“中国梦”营造和谐安定的外部生存环境，凝聚自强不息的内生发展动力，构筑坚实厚重的精神文化支撑，是重要而紧迫的时代议题、现实课题。

周铁农在讲话中指出，和文化与和合精神，在历史的变迁和演进中贯穿，在传统的继承和光大中绵延，在世代国人的思想和生活中流传，在中国梦的内涵中得到了新的升华与发展。中国梦凝聚了国家、民族和个体的期待，容纳了多元社会思潮和多样价值诉求，统合了国家发展目标与世界和人类的进步趋势。中国梦本身就是一个“和合”的梦，中国梦的实现也有赖于国家“和实力”的提升。

王伟光做开题演讲。在对话研讨单元，专家学者围绕“和文化与中国梦”展开了热烈讨论。

“和文化与中国梦”高峰论坛由人民论坛杂志社、人民政协报社、海南省三亚市政协主办，海南三亚五和文化传播协办。

（参见《人民日报》，2013年5月19日第4版）

传统节日的现代传播研讨会　5月25日，传统节日的现代传播研讨会在中国传媒大学召开。国家文物局段勇司长等相关部委领导，民俗与传播学者，新华社《瞭望》周刊、光明日报、中国文化报等媒体资深记者，中央电视台2008和2011年春晚总导演陈临春，北京电视台春节与中秋晚会总导演李雪萍，中央电视台《中华长歌行》总导演冯其器等参加了此次研讨会。

研讨会由电视与新闻学院主办，周文教授发起并做主题发言。他提出，应从“自然文化”“社会历史文化”“个体生命文化”3个角度重新审视传统节日的文化内涵，寻找“传统节日内涵”与“现代传播特点”的结合点，增强传播效果，最终构建出传统节日具有“节日符号标志、吉祥物、意象、情境、仪轨”等元素的完善的“仪式体系”。

与会人员对“传统节日的现代传播”相关问题进行了深入研讨。段勇司长从政府部门角度，表达了对“外部力量与传统文化塑造”问题的关切，“政府行为和媒体力量都有可能破坏传统文化本性，要尽量让传统节日、传统文化自然地生长和流变。”陈默教授十分认可周文教授从“个体生命”层面对传统节日内涵的考察，认为“传统节日电视节目应与改变人们的生活方式相结合，将单纯的‘视觉过节’变为参与式体验”。来自媒体的业内人士更多表达了实践操作中的现实困境：陈临春导演认为，“没有任何一种文化和仪式能为百姓所完全认同”，历年春晚和类似节目设计传统文化环节难度都很大。李雪萍导演也表示，“如何突出传统文化内涵、设立能与晚会自然结合的‘节日仪式’，是最大的难题”。

（中国传媒大学文科科研处供稿）

艺术市场·北京论坛　5月26日，为期两天的首届艺术市场·北京论坛在首都师范大学国际文化大厦落幕。本次论坛由首都师范大学主办，美术学院、文化研究院承办，艺术市场杂志社协办。首都师范大学党委书记张雪、文化部市场司副司长庹祖海出席开幕式并讲话。文化部中国画研究院副院长赵榆，艺术市场杂志社社长代柳梅等来自政府部门、业内企业、学术界的几十位嘉宾到会并做主题发言。开幕式由首都师范大学副校长邱运华主持，美术学院领导及部分师生参会。

本次论坛分为中西方艺术市场比较，艺术品拍卖市场报告，艺术市场研究，艺术金融资产市场，艺术资产交易管理及法规，艺术品电子商务、艺术品授权及艺术品收藏，艺术市场学科建设 7 个主题，与会的政府官员、国内外及港澳台拍卖行业协会负责人及各大拍卖行高管、高校和艺术研究机构权威专家，以及艺术品金融机构、法律机构、艺术媒体资深负责人围绕不同的主题发表演讲。

首届艺术市场·北京论坛汇聚了中外艺术市场研究者、管理者、参与者的经验和智慧，为业界同人提供了一个探讨如何建设和繁荣艺术市场的良好机会，对于促进国内艺术市场健康发展必将起到极大的促进作用。

（首都师范大学社科处黄胤英供稿）

中国文化的价值应用与传播路径论坛　6 月 8 日，市社科联所属首都文化创新与文化传播工程研究院举办文化走出去：中国文化的价值应用与传播路径论坛，博华、张淼同志出席论坛并讲话。市社科联韩凯同志出席。赵启正、黄会林等专家做主题发言。首都文化专家、北京师范大学师生 100 余人参加论坛。

（北京市社科联研究室供稿）

民间文学类非物质文化遗产保护学术研讨会　6 月 13—14 日，民间文学类非物质文化遗产保护学术研讨会在中央民族大学召开。会议由国家文化部非物质文化遗产司和中央民族大学联合主办，中央民族大学文学与新闻传播学院承办，中央民族大学北京市非物质文化遗产研究基地协办。这是国家启动非物质文化遗产保护工程 10 年来，在第八个文化遗产日之际，第一次召开民间文学类非物质文化遗产保护学术研讨会，对非物质文化遗产中民间文学类相关项目的保护问题进行研讨与交流。

会议除邀请各地高校和科研院所的专家、学者以外，还有部分地方非物质文化遗产保护单位的工作人员与会，对目前地方实际保护中的现状和问题做了汇报，并引起部分专家、学者学理层面的探讨，取得了良好的互动效果。此外，会议还邀请到新华社、人民日报、光明日报以及中央电视台、北京电视台等在内的多家媒体，他们对会议分别做了报道或专题访问，报道播出或登载后将为民间文学类非物质文化遗产的保护提供更为广阔的舆论支持，鼓励更多人参与其中。

13 日晚，6 位国家级非物质文化遗产项目代表性传承人，为与会代表和广大师生上演了“人人都是文化遗产的主人·国家级非物质文化遗产传承人进校园”的主题晚会。

（中央民族大学科研处供稿）

北京文化论坛　6 月 28 日，北京市社会科学界联合会、北京社会主义学院、中国农工党北京市委员会、北京联合大学、北京改革和发展研究会等单位联合主办了以节日与市民生活为主题的第五届北京文化论坛。市社科联党组书记韩凯、北京社会主义学院党组书记马兰霞出席论坛并为获奖征文颁奖，北京社会主义学院副院长陈剑、市政协副秘书长张新建、市社科联党组副书记梁立新先后主持论坛。来自首都高校、科研机构、民主党派的专家学者及市旅游委、市公园管理中心、大兴区人民政府、大兴区旅游委、通州区旅游委、怀柔区旅游委等政府部门的同志共 100 余人参加会议。

北京师范大学教授萧放、北京联合大学副教授张勃、中国农工党中央宣传部原部长李汉秋、北京民俗协会秘书长高巍、北京市旅游发展委员会副主任安金明、大兴区旅游发展委员会主任颜淑敏、北京九鼎辉煌旅游发展研究院院长朱万峰、北京市公园管理中心副主任高大伟围绕主题，分别以“中国传统节日的复兴和未来的走向”“北京节日的历史”“现状和未来建设”“北京市公共空间与节庆活动”“传统节日与新民俗建设”“节日旅游与旅游节日——市民生活的需求管理”“绿海甜园喜迎八方宾朋　魅力新区彰显首邑雄风”“创意点亮旅游节庆”“节庆活动对北京节日民俗的影响”为题做了大会发言并展开了热烈研讨。北京大学教授陆地、北京社会主义学院副院长陈剑做了精彩点评。

北京文化论坛旨在聚合首都文化领域的社科研究资源，研讨北京文化发展所面临的重大理论与现实问题，推动理论工作部门与实际工作部门之间的联系，促进首都文化大发展、大繁荣，服务北京中国特色社会主义先进文化之都建设。论坛自 2009 年推出以来，已先后以北京文化产业发展、建设世界城市　提升首都软实力、打造先进文化之都　培育创新文化、首都非物质文化遗产保护、节日与市民生活为主题举办了 5 届，编印《北京文化论坛文集》5 册，在首都文化界引起了积极反响，并收到了良好的社会效果。

（北京市社科联学术活动部供稿）

非物质文化遗产与档案工作研讨会　7 月 10 日，非物质文化遗产与档案工作研讨会在北京市档案局四层会议室召开。会议包括 3 项议题：一是非物质文化遗产本身是不是档案；二是非物质文化遗产如何档案化；三是档案部门在非物质文化遗产保护中着力做些什么。会议邀请了北京联合大学、中国人民大学的专家介绍了有关理论研究前沿成果，海淀区、西城区、朝阳区介绍了各区在非物质文化遗产档案收集和指导工作中遇到的问题及目前的做法。与会同志畅所欲言，纷纷发表了自己的观点。最后马素萍同志做总结，她强调：此次研讨会让大家带着问题学习思考，理清思路，达成共识，明确档案部门在非物质文化遗产保护工作中要到位不越位、不缺位。研讨会的目的在于更好依法履行档案部门职责，改进工作。

（北京市档案局科教处供稿）

对外经济贸易大学首届国际文化管理2013年会

7月13日，对外经济贸易大学首届国际文化管理2013年会在京隆重举行。国务院研究室综合司司长陈文玲，对外经济贸易大学副校长赵忠秀、国际交流合作处处长夏海泉、公共管理学院院长彭向刚、党委宣传部部长张小锋等出席本次会议。

本届年会以全球化中的文化发展与政策为中心议题，分议题涉及国家文化战略、文化法规、文化贸易、艺术管理、文化遗产和旅游等15个主题，来自全球7个国家和地区的近200名学者出席了年会。赵忠秀副校长致开幕词，对来自世界各地及国内外兄弟院校的专家学者们的到来表示感谢。会议由对外经济贸易大学文化与休闲产业研究中心主任吴承忠教授主持。

讨论会由全球化与文化发展、全球化与文化政策、文化产业与创意产业管理、文化资本与艺术管理、文化遗产与文化资源、旅游休闲管理6个部分组成。年会共收到国内外学术论文近40篇，论文评审会精心挑选20余篇文章在两个分会场分别宣读和交流。全球顶尖的文化经济学家和区域文化发展政策学者、美国加州大学洛杉矶分校公共政策学院和地理系双聘教授 Allen J. Scott 以“Beyond the Creative City: Cognitive-Cultural Economy and the New Urbanism”为题做了年会开场报告，德国美因茨大学教授 Alfred Hornung 就中美在全球化背景下的文化事务管理进行了深入探讨。中国人民大学中国文化产业研究中心主任金元浦教授和清华大学国家文化产业研究中心主任熊澄宇教授分别就全球本土化、本土全球化与文化间性和全球化语境中的中国文化发展战略做专题报告。

（对外经济贸易大学科研处供稿）

第五届中国（西和）乞巧文化高峰论坛 8月7日，以“西和乞巧民俗与传统节日文化的保护与发展”为主题的第五届中国（西和）乞巧文化高峰论坛在京开幕。顾秀莲、联合国妇女署中国区首席代表汤竹丽出席会议并讲话。人民日报社副社长何崇元出席会议。

“乞巧节”意指妇女向天上的“巧娘娘”乞求智慧、心灵手巧和幸福婚姻，因此也被称为“女儿节”。针对乞巧文化保护传承和创新发展，中国民俗学会荣誉会长乌丙安等专家充分肯定了甘肃陇南非遗保护工作的阶段性成果，并认为其保护工作经验很有推广价值。专家建议，严格遵照国家“非遗法”及国务院相关文件实施保护，在地方层面及早对乞巧节保护进行立法。

（参见《人民日报》，2013年8月8日第4版）

中国敦煌吐鲁番学会成立30周年国际学术研讨会

8月17—21日，中国敦煌吐鲁番学会成立30周年国际学术研讨会在首都师范大学成功举办。

本次会议由首都师范大学历史学院、中国敦煌吐鲁番学会、敦煌研究院和兰州大学敦煌学研究所共同主办，由首都师范大学历史学院承办。8月18日上午，开幕式在首都师范大学北一区国际文化大厦报告厅举行。开幕式由中国敦煌吐鲁番学会会长、首都师范大学历史学院院长郝春文教授主持，张雪书记、刘新成校长出席了开幕式，刘校长为开幕式致辞。随后6位学者进行了大会主题发言。从18日下午到20日下午，会议共进行了18场次的分组发表与讨论。

本次会议表现出3个特点。第一，规模大。第二，层次高。第三，学术水平高。与会学者为这次会议提交的论文有将近100篇，这些论文的内容既包括对20世纪敦煌吐鲁番学发展的总结，也包括对21世纪敦煌吐鲁番学前景的展望，更多的是利用敦煌吐鲁番文献和洞窟图像资料探讨法律、官制、社会、文学、艺术、舞蹈、少数民族、宗教、典籍等方面的具体问题，充分展示了当今国际敦煌吐鲁番学的水平，并为21世纪敦煌吐鲁番学的发展提出了前瞻性建议。这次会议将有力地推动敦煌吐鲁番文献研究的深入，极大地促进敦煌吐鲁番学的发展。

（首都师范大学社科处黄胤英供稿）

第四届中国文化软实力研究高层论坛 最近，中国文化软实力研究中心等单位在北京联合举办第四届中国文化软实力研究高层论坛暨《中国文化软实力发展报告2012》新闻发布会。来自中央有关部门、高等院校等近百名专家学者围绕“软实力与中国梦”的关系，从不同角度就如何赋予“软实力”以中国的诠释、如何正确理解“中国梦”提出的重大意义、如何通过加强文化软实力建设推动中华民族伟大复兴的历史进程以实现中国梦进行了学术交流。

与会者认为《中国文化软实力发展报告2012》从“软实力”与“硬实力”的辩证关系出发，对如何界定中国文化软实力范畴、如何科学评价中国文化软实力发展现状，进行了十分有益的探索，是中国文化软实力研究领域的创新之作。

（参见《人民日报》，2013年7月25日第7版）

第三届中国发展广告学论坛 8月26日，由北京大学新闻与传播学院主办的第三届中国发展广告学论坛在北京大学举行，本届论坛的主题为资本与中国广告业的发展。来自北京大学、武汉大学、中国传媒大学、上海外国语大学、上海大学、华东师范大学等20余所高校的广告学科带头人、青年教师、研究生等70余人参加了本次论坛。中国广告协会秘书长燕军、北京市工商局广告处处长王珊作为行业代表在论坛开幕式发言。与前两届论坛不同的是，围绕着“资本”这一主题，本届发展广告学论坛邀请了更多的在广告行业的资本运作方面拥有着极为丰富的实操经验的顶级的操盘者，与发展广告学研究共同体中的学者一起分享和探讨资本在广告业发展中的影响作用。

第三届中国广告学发展论坛资本与中国广告业发展专题讨论，是发展广告学整体研究的又一次极具代表性意义相聚。是我们在跨过门槛后的又一次自我提升。为学者们今后的相关研究找到了方向，铺平了道路。发展广告学由北京大学新闻与传播学院副院长陈刚教授提出，并已在美国学术界引起关注，部分国际学者认为这一研究有可能成为未来全球广告研究引领性的学术方向。

（北京大学社会科学部供稿）

清华大学新人文讲座——剑桥大学系列专场　9月23—24日，剑桥大学Fitzwilliam博物馆讲解团主席柯瑞思（Nicholas Chrimes）做客清华大学新人文讲座——剑桥大学系列专场，分别在清华大学大礼堂和旧经管报告厅为到场的清华师生阐述了“Fitzwilliam博物馆与大学对民族文化的守护”和“女性对剑桥大学的影响”。在23日的讲座中，柯瑞思以剑桥大学Fitzwilliam博物馆古文物收藏和展出的传统和历史，说明大学充当着文化守护人的角色，其保留的记录是民族文化“自我认同”的关键。柯瑞思介绍说，英语文化的守护者在公元600—1200年是由寺院和教会来充当的，从1200年开始由大学和学院来充当；对于古文物的收藏和保护，1700—1800年是由私人博物馆来完成，1800年起才转由国家博物馆来完成这一重任。接着，柯瑞思回顾了Fitzwilliam博物馆建馆的历史，从建筑风格的角度解读了Fitzwilliam博物馆的变化和其背后暗藏的文化之间的竞争与融合。据他介绍，Fitzwilliam博物馆的藏品主要分3类：第一类是硬币、插图手抄本、瓷器和雕塑；第二类是绘画；第三类是印刷品、复制品和钟表。除了英国本土的文物以外，还有很多来自世界各个国家的文物。最后，柯瑞思向大家介绍了剑桥大学特殊的学院建制以及长期以来与中国和中国大学所保留的良好合作关系。柯瑞思说，清华大学、北京大学、中国社会科学院、中国科学院等中国高等学府和研究机构都与之有经常的交流与合作。如果说是徐志摩和“再别康桥”使得剑桥大学在中国家喻户晓，那么剑桥大学也对中国表示了特殊的礼遇，除了每年接纳越来越多的中国学生、学者在剑桥访问学习之外，在剑桥大学的校园里中国人是唯一享有雕像和纪念碑礼遇的外国人，如孔子像、徐志摩纪念碑等。三联书店最新出版了柯瑞斯所著*Cambridge-Treasure Island in the Fens*的中译本《泽中宝岛》。这是一本以历史主题为线索，全面介绍剑桥大学800年历史变迁的书。作者此次中国之行是为了结合本书在清华、北大等大学做巡回演讲，并和央视国际频道合作制作一套介绍剑桥大学今昔的专题电视节目。

24日下午，柯瑞思在为到场的400多名学生做的“女性对剑桥大学的影响”讲座中，介绍了女性在剑桥大学历史上的印记，并与中国古代女性的处境进行了对比。他从基督教传统中的性别角色讲起，揭示女性为争取受教育的平等权利所做的抗争和欧洲经典艺术作品中对女性带有成见的描绘。基督教信条的核心与女性息息相关，既有以圣母玛利亚为代表的圣女形象，也有罗马天主教神学对女性的妖魔化，认为女性是原罪的源泉，如米开朗琪罗画在梵蒂冈西斯廷教堂的巨型壁画：《原罪和逐出伊甸园》对夏娃和撒旦的再现。柯瑞思表示，这种观念也同样影响着中世纪的剑桥大学。当时，剑桥大学只招收男学生，教师都是牧师，他们培养的学生也成为了牧师。女性被大学和教堂拒之门外。柯瑞思还把中世纪欧洲女性被剥夺了受教育的权利的状况与中国古代“女子无才便是德”进行了对比。柯瑞思说，尽管女性在中世纪的剑桥大学地位低下，但剑桥大学的一些学院却是由女性创立的，比如Clare学院、Queens'学院、Newnham学院等。创立这些学院的女性同时也参与了学院的管理，成为女性知识分子的佼佼者。这些女性是当时社会的例外，如中国东汉时期的班昭。柯瑞思指出，剑桥大学拥有最为保守的文化传统。早期的剑桥大学不接纳女性，甚至指责女性使年轻的男性学者误入歧途。随着时代的发展，女性逐渐可以接受高等教育，但是需要和男性分开进行。1870年，Newnham学院最早招收了5位女性。此后，虽然女学生的人数有所上升，但总体数目仍然非常小，而且对女学生有着种种行为上的限制。从总体来讲，剑桥是一个“男性”大学，1974年女性教授只占其教授总数的3%，所占教职和领导岗位也远远低于男性。目前女教授的比例是25%，讲座教授90%为男性。但是剑桥拥有不少杰出的女性，如前校长Alison Richard，诺贝尔奖获得者Dorothy Hodgkin、Elizabeth Blackburn，参与发现和展示DNA双螺旋结构的Rosalind Franklin等。

（清华大学文科建设处刘金梅供稿）

第七届“创意中国·和谐世界”文化产业国际论坛

10月6日，第七届“创意中国·和谐世界”文化产业国际论坛在北京国家广告产业园区公共服务中心举行。本届论坛由国家文化部文化产业司、中国联合国教科文组织全国委员会指导，中国传媒大学主办，中国传媒大学文化发展研究院、北京国家广告产业园区共同承办。北京市委宣传部副部长张淼，联合国教科文组织北京办事处文化项目官于连、中国联合国教科文组织全国委员会秘书处副秘书长秦昌威，中国传媒大学校务委员会主任李培元、协同创新中心党委书记兼常务副主任王晖、副书记卜希霆、副主任兼文化发展研究院院长范周等出席论坛。来自世界20多个国家的国际著名学者、文化官员、驻华文化参赞参加了论坛。

本届论坛以“文化产业在新型城镇化中的担当”为主题，围绕文化城市建设、文化产业集聚、城市创意生活、城市软实力建设、文化遗产保护等多个核心议题，对中国新型城镇化中的文化因素展开了深入探讨。

“创意中国·和谐世界”文化产业国际论坛由中国传媒大学文化发展研究院于2006年开始承办。每届论坛都吸引了数十个国家和地区的超过200位国际学者、企业家、政府官员及研究人员参会。

（中国传媒大学文科科研处供稿）

2013中国文化产业高端峰会 9月8日，由中国传媒大学主办，文化发展研究院承办的2013中国文化产业高端峰会在北京市朝阳规划艺术馆隆重举行。来自国家有关部委，北京市、朝阳区相关部门，清华大学、北京大学、中国人民大学、中国社科院等20余所科研院校的专家和学者，以及京内外文化机构代表，驻华使馆文化参赞，文化产业企业代表等出席了峰会。北京市副市长杨晓超、文化部文化产业司司长刘玉珠、北京市朝阳区委书记程连元、中国传媒大学校长苏志武、中国传媒大学协同创新中心主任金德龙等领导出席论坛并发言。

本届高端峰会围绕“文化产业协同创新”这一主题，通过深入探讨新型城镇化与文化发展、城市文化与文化产业发展、文化产业的产业融合与区域合作和文化传承创新等问题，进一步推动文化产业理论和实践创新。

来自政府、学界和业界的专家针对文化产业协同创新领域的关键领域和重点问题，展开了深入的研讨和交流。从文化与科技融合、文化与旅游结合、文化与金融对接、文化产业的区域协同、行业融合、市场整合、管理综合和深入改革等角度，对未来文化产业协同发展的理论创新与实践创新等层面，提出了中肯的建议和务实的对策。

（中国传媒大学文科科研处供稿）

《毛泽东读书十法》等4部图书出版座谈会 近日，纪念毛泽东同志诞辰120周年暨《毛泽东读书十法》《毛泽东是怎样读二十四史的》《忧患百姓忧患党》《中华人民共和国史稿》出版座谈会在京举行。座谈会由中国社会科学院当代中国研究所、世界社会主义研究中心和江苏中远助学帮老基金会等单位联合举办。王稼祥同志夫人朱仲丽，中央组织部原部长张全景，中国社会科学院原副院长李慎明，求是杂志社原总编辑有林，中共中央办公厅老干部局原局长、《毛泽东读书十法》的作者徐中远等出席座谈会并发言。中国人民解放军总后勤部政委刘源，中央党校原常务副校长、全国党建研究会会长虞云耀，中央文献研究室原主任滕文生，以及毛泽东同志的身边工作人员和来自学术界、理论界的100多位专家学者出席会议。中国社会科学院副院长、当代中国研究所所长李捷在会上致辞。

李捷指出，毛泽东同志为我们党和中国人民解放军的创立和发展，为中国各族人民解放事业的胜利，为中华人民共和国的缔造和我国社会主义事业的发展，建立了不可磨灭的功勋，为世界被压迫民族的解放和人类进步事业做出了重大的贡献。他表示，李慎明、徐中远同志的著作从一个侧面说明，毛泽东同志的历史地位和丰功伟绩，是无可争辩的历史事实，永远镌刻在中华民族伟大复兴的历史丰碑之上，永远为中国人民所铭记。由当代中国研究所几代国史研究者经过20年的艰辛撰写而成的5卷本《中华人民共和国史稿》（以下简称《国史稿》），可以称得起是广大干部和青年知识分子学习国史的最好教材。《国史稿》是本着“坚持实事求是的思想路线，分清主流和支流，坚持真理，修正错误，发扬经验，吸取教训”的指导思想写成的，突出体现了国史的主题和主线，突出体现了新中国发展历程中取得的成就，积累的经验，取得的理论成果，生动地展现了改革开放初期邓小平同志带领中国共产党开创中国特色社会主义的伟大历程。

会上，李慎明、张全景、朱仲丽和徐中远分别谈了毛泽东同志践行群众路线、读书治学等方面的有关情况和经验方法，提出要学习毛泽东同志密切联系群众、密切联系实际读书的思想观点和工作经验。有林介绍了《国史稿》编撰和修改过程中的经验和体会，提出要以唯物史观为指导，多出经得起实践和历史检验的佳作，充分发挥国史资政、育人功能。会议由当代中国研究所副所长张星星主持。

（参见《光明日报》，2013年10月9日第11版）

北京尼山世界文明论坛 10月12—13日，由北京师范大学人文宗教高等研究院、尼山世界文明论坛组委会和中国文化院共同主办的北京尼山世界文明论坛在北京师范大学举行。第九、第十届全国人大常委会副委员长，尼山世界文明论坛组委会主席，北京师范大学人文宗教高等研究院院长许嘉璐，尼山世界文明论坛组委会副主席叶小文、赵启正、刘长乐、陈秋途、学诚、张继禹，国家宗教事务局副局长蒋坚永，北京师范大学校长董奇、副校长曹卫东等出席论坛，来自海内外的知名专家学者和宗教人士，北京师范大学、山东大学等高校师生，以及国内相关媒体等近800人次参与了本次论坛的系列活动。尼山世界文明论坛，简称“尼山论坛”，由许嘉璐先生倡议发起，是以中国古代思想家、教育家孔子诞生地尼山命名，以联合国倡导的开展世界不同文明对话为主题，以维护世界文化多样性、促进不同文化交流、推动建设和谐世界为目的，学术性与民间性、国际性与开放性相结合的国际文化学术交流活动。自2010年首届论坛以来，已在尼山成功举办两届。此外，还分别在法国和美国举办了巴黎尼山世界文明论坛和纽约尼山世界文明论坛，在世界范围内产生了广泛影响。本次论坛以“信仰·伦理”为主题，来自中国大陆、中国台湾地区、美国、印度、韩国等国家和地区的近30位知名专家学者和宗教人士会聚一堂，围绕信仰与人类精神生活、不同文明信仰之异同和人类伦理与社会发展等议题进行了6场对话，对世界不同文明中信仰与伦理的内涵、异同、价值以及在新时代与新形势下面临的挑战和出路等问题进行探讨，增进不同文明之间的相互理解与尊重、相互包容与和睦相处。

许嘉璐院长在开幕式和闭幕式上分别致辞，指出“信仰”是人类永远探索的主题之一，是人类的根基与灵魂。文化的多样性始终没有被经济全球化和高速发展的现代科技所消灭，但它的确在被挑战、被压迫，我们对于他者应该采取承认、尊重、爱护和交往的态度，并将这种态度化为行动，那就是对话。论坛举办的目的就是要用不同文明历史上的辉煌，以及智者的理性唤醒人们关注渐被遗忘的不同民族优秀的文化传统，探索信仰与伦理的合一，将对话的理念扩大到世界各个角落中去，让更多的人参与其中，并且永远坚持下去。

（北京师范大学社科处刘娜供稿）

中国与阿拉伯国家博物馆馆长论坛　10月15—16日，13个阿拉伯国家的博物馆馆长代表以及古丝绸之路在中国境内沿线的博物馆馆长代表，在京齐聚中国与阿拉伯国家博物馆馆长论坛，共同探讨中国和阿拉伯国家博物馆的发展现状、成功经验以及合作愿景。闭幕之际，与会的20余位博物馆馆长倡议通过了《中国—阿拉伯国家博物馆馆长北京宣言》，呼吁在中阿博物馆之间建立对口合作关系，建立日常联络机制，继续执行与推动中阿博物馆间的交流与合作。

（参见《人民日报》，2013年10月17日第16版）

第七届话语、交际与企业国际研讨会　10月19—20日，第七届话语、交际与企业国际研讨会在对外经济贸易大学召开。本届大会首次在中国举办，来自中国、美国、英国、德国、意大利、澳大利亚、挪威、日本、新加坡、马来西亚共计10个国家以及中国香港、中国台湾地区的近70名专家学者参加了本次会议。

对外经济贸易大学英语学院王立非教授做了题为“从商务语言到商务语言学：商务英语研究的不同视角”的主题发言，提出了商务语言学的理论构想，并进行了充分的论证。英国德蒙福特大学教授金立贤和来自意大利米兰大学的教授也相继做了演讲。10月19日下午分会场讨论中，各位学者就跨语言和跨文化商务交际、商务环境中的跨文化适应、商务语言学研究与教学等一系列商务话语与跨文化交际领域的热点问题发表看法并进行积极的讨论。20日上午，来自德国吕内堡大学的尤尔根·戴勒教授、美国亚利桑那大学的张青教授和对外经济贸易大学英语学院史兴松教授分别发表了主题演讲。

据悉，此前话语、沟通与企业国际研讨会已成功在里斯本、维哥、里约热内卢、诺丁汉、米兰和中国香港举办6届，第八届会议将在意大利那不勒斯召开。

（对外经济贸易大学科研处供稿）

首届东西方文化融通与传播论坛　10月30日，由中国传媒大学、中外新闻社主办，传媒高等教育国际联盟及22国驻华使馆协办的首届东西方文化融通与传播论坛在中国传媒大学图书馆圆形会议厅举行。此次论坛旨在以国际合作推动东西方文化的融通与传播，同时通过多国驻华使馆推动中国传媒大学与各国使馆文化使节的国际合作。全国政协常委、民革中央副主席何丕洁，中共中央宣传部新闻出版局副局长张凡，国务院研究室综合司副司长范必，文化部副司长王炳义，欧美同学基金会党组副书记刘琅，新华社内参部主任王永平，国家发改委党委办公室主任姜志民、哈尔滨市委常委宣传部长张丽欣，铜陵市副市长张国义，中国传媒大学副校长胡正荣，中外新闻社总裁韦燕等出席论坛。北京市政府、中国记协等单位代表，以及来自匈牙利、巴基斯坦、希腊、罗马尼亚、埃及、哥斯达黎加、毛里求斯、赞比亚、乌克兰、韩国、尼泊尔等国家的11国驻华大使或副大使、22国文化新闻参赞参加了论坛。

本次论坛通过了《“首届东西方文化融通与传播论坛”北京宣言》。讨论环节由传媒高等教育国际联盟秘书长、联盟总部学院常务副院长罗青和国际交流与合作处副处长张龙主持，围绕“推动文化融通，加强国际合作”的主题，多国驻华使馆的文化新闻参赞共同探讨了文化多样性保护和文化传播与融通的关系，并与中国传媒大学新闻传播学部电视学院、外国语学院学生进行现场对话。

论坛组委会还颁发了“最具东方（西方）特色文化城市”“东西方文化交流杰出贡献”“传播中华文化杰出贡献”等奖项。

（中国传媒大学文科科研处供稿）

图书馆第十一届五四科学讨论会 北京大学图书馆有良好的学术传统，每两年举办一次五四科学讨论会，今年的主题为“图书馆服务创新与未来发展”。本届共收到66篇学术论文，会议开幕前已印制成论文集。

11月1日，肖珑副馆长主持了本届五四科学讨论会主题发言暨颁奖仪式，中国科学院国家科学图书馆馆长张晓林博士、北京大学图书馆朱强馆长、北京大学图书馆古籍部姚伯岳老师分别做了题为“从数字图书馆到开放知识创新平台”“数字时代大学图书馆的转型策略”“在古籍编目中发现京师大学堂藏书楼的源头”的主题发言。

11月8日，别立谦副馆长主持了题为“图书馆服务创新”的主题分会，优秀论文作者分别做了报告，探讨新环境下的图书馆服务创新，对图书馆近两年的服务开展以及未来趋势做了扎实的总结和前瞻性的探索。

11月15日，聂华副馆长主持了题为“泛在信息环境下图书馆信息资源建设”的主题分会，优秀论文作者分别对泛在信息环境下的馆藏发展政策、特藏和机构知识库建设、开放获取资源的搜索、数据管理等领域进行了充分的探讨和阐述。

本届讨论会深入务实，对于提升北大图书馆人的研究水平，推动同人间的学术交流，促进图书馆业务的提高，都起到了很好的作用。

（北京大学社会科学部供稿）

全国艺术理论学科发展高端论坛 11月2日，作为庆祝清华大学美术学院（原中央工艺美术学院）艺术史论系成立30周年和“2013清华艺术·设计国际学术月”系列学术活动之一，艺术史论新思维——全国艺术学理论学科发展高端论坛在清华大学美术学院A301室举行。论坛由清华大学美术学院、艺术与科学研究中心联合主办，美术学院艺术史论系教授陈池瑜、尚刚、李砚祖分别主持论坛。2011年3月，艺术学成为学科门类，艺术学理论升级为一级学科，升格后的艺术学如何构架学科体系、升级为一级学科后的艺术学理论如何发展，从当下社会对艺术人才的需求和艺术院校现状来看，在学科规划和建设方面仍有很大的拓展空间。本次论坛主要围绕“艺术学理论这一新学科的规划和建设”等主题展开，旨在相互借鉴各高校在艺术史论发展规划上的成果和经验。来自清华大学美术学院、北京大学艺术学院、东南大学艺术学院、中央美术学院研究生院、中国国家画院、山东工艺美术学院、上海大学美术学院、中国美术学院艺术人文学院、南京艺术学院设计学院、广州美术学院艺术与人文学院、四川美术学院影视动画学院、四川大学艺术学院、北京师范大学艺术与传媒学院、浙江大学人文学院、中国艺术研究院艺术人类学中心、西安美术学院美术史论系、北京服装学院设计学院17个院校的代表分别做专题发言，结合所在院校的学科发展特点，就艺术学理论的学科构架体系、课程设置、人才培养、专业布局等学科发展方面的问题发表观点。来自全国各高校的100余名代表参加大会，一致认为艺术学理论的学科发展应该具备一个开放的态度，但同时也要建立自己独立的学科体系。

（清华大学文科建设处刘金梅供稿）

“境”首届国际家具设计展暨学术论坛 11月9—15日，“境”首届国际家具设计展暨学术论坛在清华大学美术学院B区展厅举行。展览和论坛以“境”为主题，阐释家具与环境的关系，强调家具不仅仅是满足人们坐卧起居的日常用具，也是社会、文化背景，身份品味和时尚的体现。家具集实用性、技术性、文化性于一身，在满足功能的同时反映着其与生俱来的人文属性。本次展览的作品分为邀请展和征集展两部分，邀请展包括国外知名设计师、国内目前活跃在设计一线的设计师、艺术家，设计类高校教师的作品40余件；征集展为国内10所设计类院校的学生作品30余件。最终评出获奖作品6件，其中，清华大学美术学院环艺系2012级研究生郭蔓菲的作品《jenga》获得二等奖，环艺系2011级研究生陈静、工业设计系2011级研究生吴雨练的作品《成长的宝贝》获得三等奖。在展览开幕式后举行的家具设计研讨会上，来自清华大学美术学院、芬兰阿尔托大学等10余所高校家具相关专业的教师，30余位目前活跃在家具设计界一线的设计师参会并发言。与会人员对家具设计与环境、家具造型、家具设计产业化、家具的文化性、家具设计教育、中国家具的设计的发展趋势等话题进行了深入探讨。

（清华大学文科建设处刘金梅供稿）

首都文化创意产业发展研讨会 11月12日，文化研究学院承办的首都文化创意产业发展研讨会——市场与政策召开。会议由政协北京市委员会、民进北京市委主办，北京市文化发展中心协办。市委宣传部副部长张淼等出席研讨会。文化研究院陈国战博士等参加研讨会。

本次研讨会的主题是市场与政策。本次研讨会的目的就是通过研讨和交流，进一步了解市场主体需求，树立和评估现有产业政策，促进产业政策和市场需求衔接，协助党委和政府推进文创产业政策的完善。

本次研讨会安排一项主旨发言，6项主题发言以及自由发言几个阶段。主旨发言是“关于充分发挥政策引导作用，强化北京市文化创意产业政策体系建设的建议”。

（首都师范大学社科处黄胤英供稿）

泛在信息环境下的法律图书馆学术研讨会　11月22日，清华大学法学院承办北京市法学会法律图书馆与法律信息研究会2013年年会暨泛在信息环境下的法律图书馆学术研讨会在京召开。北京市法学会副会长杜石平、清华大学法学院副院长余凌云、清华大学图书馆馆长邓景康出席开幕式并分别致辞。会上，清华大学法学院图书馆馆长、北京市法学会法律图书馆与法律信息研究会秘书长于丽英代表研究会做2013年研究会工作报告，并报告了下一年度工作的主要设想。北京市高级人民法院信息技术处处长王岚生做题为基于公众需求的信息化立体运行模式：北京法院司法公开探索与实践的报告；人民网舆情监测室主任分析师朱毅做题为“涉法网络舆情现状与应对”的报告；国家图书馆立法决策服务部主任、研究会副会长卢海燕则以法律文明与图书馆用户服务为题，分析了图书馆事业赖以生存和发展的法律环境和法律保障。研究会会员、法律图书出版和数据库公司等合作单位的代表近80人参加大会。

（清华大学文科建设处刘金梅供稿）

山东民歌的传承、传播与创新学术研讨会　11月30—12月1日，由中央民族大学中国民族文化产业创意研究中心主办的山东民歌的传承、传播与创新研究学术研讨会在中央民族大学举行。来自中国艺术研究院、中国社会科学院、中央民族大学、中国传媒大学、山东师范大学、曲阜师范大学、山东歌舞剧院、山东省艺术馆以及山东部分地市的50余名专家学者和民歌演唱家、民歌传承人共聚一起，探讨山东民歌的历史、现状与发展。

在为期两天的学术研讨中，与会专家就“山东民歌的现状”“著名演唱家研究”“民俗文化背景”“特色技法传承与教学方法”“山东民歌传播”等议题展开讨论。中国艺术研究院音乐研究所所长项阳认为，山东民歌是中国民间艺术的瑰宝，应该对山东民歌给予更多关注。他从民间小调的风俗性、商业性等特点对民歌创作、民歌流传等的生成机制和传承机制进行了深入的分析。著名民俗学家叶涛在主题发言中指出，民间仪式是民歌生存的基础，民歌的发展得益于民间信仰的复兴，而民间信仰的场域是传承民间曲艺的重要基础。曲阜师范大学音乐学院院长褚灏从传承方式、地方政府的管理、流行音乐的冲击、物质生活的进步、学术研究的忽视等5个方面阐述了山东民歌的生存现状与存在的问题，并提出了借鉴采风制度、借助高校与教育部门的力量等保护措施与办法。著名作曲家郭洪钧在发言中通过梳理中国民歌保护传承的学术格局与继往开来的时代格局，对山东民歌的传承传播提出了自己的学术见解。山东师范大学教授音乐学院教授丁汝燕、曲阜师范大学音乐学院教授张拜侬、中央民族大学音乐学院教授柯琳等分别就艺术院校民族声乐教学中的民歌传承、创新等方面问题展开了讨论。中央民族大学文学与新闻传播学院教授林继富、曲阜师范大学音乐学院院长褚灏分别主持了研讨会的主题发言和学术讨论。

（中央民族大学科研处供稿）

艺术设计中的低碳、生态与可持续讲座　12月5日，清华大学美术学院教授周浩明做客清华大学新人文讲座系列之（十三）“生态文明与美丽中国”的第十六讲，在大礼堂为近400名师生做题为“艺术设计中的低碳、生态与可持续”的演讲。讲座中，周浩明剖析了“低碳”“绿色”“生态”“可持续”这一组相互关联的概念及其异同，以建筑和室内环境设计为主线，阐述了可持续建筑的理念与实践。他指出，有价值的生态建筑设计在遵守美学法则之余，还应注重节约、环保、健康、高效（长效）等因素。周浩明提出了生态建筑与室内环境设计的5R原则：重新评价现代化（Revalue）、旧建筑更新（Renew）、旧材料再利用（Reuse）、物质循环利用（Recycle）、减少资源消耗与环境破坏（Reduce）。他强调，可持续建筑的室内环境必须兼顾使用对象和需求两方面的动态性，同时也要保证室内的空气质量和热舒适程度，合理利用温室效应；新居装修时要特别注意电线布局，尽量降低电磁辐射对人体的不利影响。在谈及艺术性、技术性和文化传统的关系时，他指出，艺术的追求本身不会破坏生态，而生态保护也不应成为降低艺术水准的借口。最后，周浩明展示了他与芬兰艺术家合作设计的东西方系列椅与绿色室内用品。讲座结束后，现场学生就展示设计的性质、世博会场馆的回收利用以及艺术设计的使用率等问题与周浩明进行了交流。

（清华大学文科建设处刘金梅供稿）

儒释道融合之因缘研讨会　由中国文化院和北京师范大学人文宗教高等研究院共同主办的儒释道融合之因缘研讨会11月9—10日在北京师范大学举行。许嘉璐、杜维明、陈来、林安梧、学诚、张继禹、牟钟鉴、蒋坚永、董奇等众多学者，以及各宗教人士，北京部分高校师生、社会人士及国内相关媒体等近300人参与了本次论坛的系列活动。

本次研讨会以“儒释道融合之因缘”为主题，围绕“民族精神与宗教信仰”“修身养性与社会责任”“学说传承与理念创新”等议题进行主旨演讲和5场研讨对话，深入地、多角度地分析儒释道融合的时代背景、生长土壤等因缘，探讨儒释道之间的相互学习、争辩对各家成长的促进作用以及这种融合的态势对当今中华文化自身发展、建设的积极意义，并把中国经验介绍给世界，以增进世界不同文明之间的相互理解与尊重、相互包容与和睦相处。

（参见《光明日报》，2013年12月2日第2版）

汉学家与中外文化交流座谈会 12月3日，由文化部主办、中国艺术研究院和中外文化交流中心承办的“汉学家与中外文化交流”座谈会在中国国家博物馆开幕。

文化部部长蔡武在开幕致辞中指出，汉学家们为世界构筑了一个关于中国人和中国文化的知识和想象空间，成为中外文化交流不可或缺的桥梁和纽带。中国本土学术对国际汉学的研究和深度回应，激活了双方的交流机制，为汉学研究洞悉中国文化的深层奥秘和中国学术激活自身古老的思想传统提供了历史契机，这样的互动会大大促进中外文化交流。德国汉学家施寒微代表海外汉学家在发言中表示，应当运用不同的视角来研究中国，发掘新的见解和思路，而中国学者与汉学家的深入交流将带来巨大的机遇。莫言作为中方学者代表在开幕式致辞中，感谢汉学家对中国文化的推广和传播所做出的贡献，并愿借助文学的力量为中国文化的传播而不懈努力。

座谈会上，与会的中外学者围绕“文化交流：碰撞与交融，共性与差异”“中国当代作品译介”“世界文学中的中国文学：现状与发展”等3个议题深入进行了探讨。出席本次座谈会的共有36位国内外专家学者。其中21位知名汉学家来自全球17个国家，在汉学研究领域各有建树。

（参见《人民日报》，2013年12月4日第12版）

诵读中国梦高端文化论坛 12月4日，第十五届齐越朗诵艺术节暨全国大学生朗诵大会系列活动之诵读中国梦高端文化论坛在中国传媒大学图书馆报告厅举行。中国作家协会副主席、诗人高洪波，教育部语文出版社社长王旭明，香港城市大学教师全玉莉等出席论坛。中国传媒大学播音主持艺术学院院长鲁景超和部分师生代表，以及来自国内90多所高校的教师代表参加论坛。

中国作家协会副主席高洪波谈到，诗歌是付诸声音的艺术，有声语言对于诗歌和人类文化的传承起到了重要的作用。真正意义上的诗歌应该是“上口成诵、过耳不忘、音韵和谐、意境曼妙”。

教育部语文出版社社长王旭明从语文教育的角度阐述了朗诵和口头表达的重要性。他强调语文教育应“语”“文”并重，重视朗诵在语文教育中的独特功能，重视口头表达在语文教育中不可或缺的重要作用，并借此提高我们国家和民族的软实力。

论坛上，播音主持艺术学院的学生现场演绎了高洪波副主席和王旭明社长的诗作，并与两位老师进行了交流。

长期在香港从事普通话的教学以及朗诵活动推广工作的全玉莉老师在论坛上介绍了香港大专普通话朗诵社的发展历程和活动实践。此外，河南大学的强海峰、中南财经政法大学的胡先锋、首都师范大学的郑伟、河南大学的冯媛媛、山西传媒学院的李克萌、南京艺术学院的宋奕以及中国传媒大学的刘卓等在论坛上相继发言。

（中国传媒大学文科科研处供稿）

中国传统文化反思与展望学术研讨会 12月6日，中国传统文化反思与展望学术研讨会在北京大学光华管理学院一楼报告厅成功举办。在我国著名哲学史家、佛学家、北京大学宗教文化研究院名誉院长楼宇烈先生八十华诞之际，北京大学哲学系、宗教学系主办此次研讨会。国家宗教事务局副局长蒋坚永，中国佛教协会副会长印顺法师，北京大学党委常务副书记、副校长张彦，北京大学哲学系、宗教学系主任王博等出席此次研讨会开幕式，开幕式由北京大学哲学系副主任李四龙教授主持。

首先，张彦、蒋坚永先生致辞。向楼宇烈先生表示诚挚问候，并对其多年来对宗教工作的关心和支持表示衷心的感谢。随后，印顺法师代表中国佛教协会宣读贺信。他表示，楼宇烈先生是中国优秀传统文化的真诚实践者、倡导者、弘扬者。之后，楼宇烈先生在开幕式中就中国传统文化存在问题的反思做演讲。他强调，很多宗教专家学者不自觉地用西方文化理念了解、诠释中国文化，导致中国文化逐步扭曲，失去了中国宗教的特点。

此次研讨会共收到学术论文80余篇，国内外30余家单位的150位专家学者与会。专家学者共同解读中国文化的优秀传统，畅叙在新形势下的中国文化建设，有利于深化共识，推动社会主义文化的大发展大繁荣。

（北京大学社会科学部供稿）

中德语言文化政策论坛 12月8日，以“语言——中德文化之桥”为主题的中德语言文化政策高层论坛在京举行，来自中国、德国两国的70余名专家、学者参会。本次论坛聚焦中德语言文化政策，与会专家围绕“德国和中国的语言政策及语言推广”“语言与跨文化”“语言的规范化建设”等议题进行了探讨。

据悉，本次论坛是“中德语言年”项目的组成部分，由中国教育部、中国国家语言文字工作委员会和德国驻华大使馆联合举办，由北京外国语大学承办。

（参见《人民日报》（海外版），2013年12月9日第4版）

当代中国语境下的文化矛盾与文化走向学术研讨会

12月9日，由清华大学哲学系、光明日报理论部联合主办的当代中国语境下的文化矛盾与文化走向学术研讨会在清华大学举行。来自清华大学、中央党校、中国社科院、中国人民大学、北京师范大学、首都师范大学等院校的20多位专家学者，围绕“当代中国的文化现状与走向”等主题展开深入讨论。

清华大学哲学系邹广文教授指出，改革开放以来，中国的经济发展成就巨大，但也逐渐暴露出一些文化矛盾，如文化生态圈受损、文化创造力减弱、文化信仰缺失，着实令人担忧，需要学界对此进行深刻剖析和提出对策。中国社会科学院李鹏程研究员从全局视野出发，提出一种“大文化研究”的思考路径。他认为，向前看，中国的文化问题几乎贯穿了整个中国近代史；向后看，对文化的求索又是对民族命运走向的探寻。因此，对文化问题的研究，要有一个“大文化”观点，或“文明观点”。具体来说，对文化矛盾的解读既要注重现实与传统的有机结合，又要思考文化秩序背后的价值支撑；既要考察社会制度缺失带来的文化后果，又要在国际政治与经济交往中寻找各主体中的文化间性。

首都师范大学杨生平教授指出，文化定义繁多，只有通过多学科的综合研究才能得其全貌。他从学理角度对文化研究的若干层次给予重点阐释。首先，从整体性上把握文化研究，如美国人类学家格尔茨的文化象征系统理论，即可做范例；其次，从解释学角度把握文化研究，克服既有的泛科学主义研究倾向；最后，在文化意识形态化的程度上谨慎拿捏，文化研究既要达到意识形态的高度与视野，又不能与其彻底同一，需要在意识形态之外建立文化象征体系。

中国人民大学马俊峰教授则将论题聚焦于文化与价值。他认为，文化的根本是我们的价值观念，文化的一切作用都是价值观念的展开，而文化建设也就是一个价值观念转变的问题。他用三对范畴对此进行诠释：第一，虚实关系，文化是“虚”的，但要用做“实”事的态度来对待。第二，上下关系，“上”是指理论和宣传层面的文化，“下”则是老百姓身边的现实的文化。两者相比，更要强调“下”的落实。第三，远近关系，要将文化的长远发展作为一个总的立足点，而不能只看眼前，急功近利。

此外，学者们还就文化建设的落地问题、中国传统社会中的熟人社会模型、当代中国的消费文化转向、新媒体时代的文化话语权以及中国特色学术话语的表现力等表达了各自的观点，不仅从学术视角与哲学高度把脉当代中国文化，而且对文化矛盾进行辨析与阐明，为中国未来文化战略的制定提供了富有启示性价值的理论资源。

（参见《光明日报》，2013年12月10日第11版）

全球化与当代文化发展论坛　12月14日，由北京市社会科学界联合会、中国历史唯物主义学会人的发展研究会、首都师范大学联合主办，首都师范大学全球化与文化研究中心、首都师范大学政法学院承办的2013全球化与当代中国文化发展论坛在京举办。首都师范大学校长宫辉力致辞，北京市社会科学界联合会党组副书记梁立新主持。来自中国社会科学院、北京市中国特色社会主义理论体系研究中心、国防大学、清华大学、北京师范大学、北京第二外国语大学、北京化工大学、首都师范大学等高等院校和科研单位的专家学者80多人出席论坛。

围绕“全球化语境下中国精神的文化意蕴”的论坛主题，首都师范大学杨生平教授、中国社会科学院哲学所李鹏程研究员、北京市中国特色社会主义理论体系研究中心崔新建教授等专家学者分别以民族精神的文化规定——一种方法论思考、全球化情况下中国精神世界化的前瞻和难题——论地方话语向世界话语的嬗变、中国精神的当代形态为题进行主题演讲。首都师范大学刘新成教授点评。

全球化与当代中国文化发展论坛由首都师范大学全球化与文化研究中心目前已成功举办了3届，在国内学界产生了较好的学术影响，是全球化与当代中国文化研究与交流的重要平台。本次论坛以全球化发展为时代背景，其主题从中华文化复兴、当代中国先进文化建设到中国精神的文化意蕴的变化，不仅突出了文化自身发展的时空维度，而且彰显了全球化与当代中国文化发展论坛的理论前沿性和现实前瞻性，对中国文化的发展和建设有着重要的理论指导意义和实践推动价值。

（北京市社科联学术活动部供稿）

哈萨克文字问题北京圆桌会议　12月16日，由中央民族大学哈萨克语言文学系与哈萨克斯坦共和国教育与科技部语言学研究所联合举办的哈萨克文字问题北京圆桌会议在中央民族大学文华楼中国少数民族语言文学学院学术报告厅举行。本次研讨会的主题为哈萨克文字的拉丁化问题："经验与方案"。中国方面和哈萨克斯坦方面，共计35人出席的圆桌会议。

会上，哈萨克斯坦著名语音学者、文字改革学者艾里木汗·居努斯别阔夫研究员和中央民族大学哈萨克语言文学系主任张定京教授代表哈方和中方分别做了"哈萨克文字的拉丁化进程"和"中国的哈萨克文字的改革的进程与拉丁化问题"的主题报告。双方报告均涉及哈萨克文字改革的历史、文字改革的理论问题和具体的拉丁化方案，强调遵循哈萨克语自身的语音规律，提出单体字母使用不足时，可使用附加符号等原则思路，这些思路已贴近现有的字母方案。

报告引发热烈讨论，两国代表先后发言，就文字改革和拉丁化的原则与思路、拉丁化的优势、拉丁化工作的步骤与方法、确定字符的原则、语言与文字的关系、目前文字系统给哈萨克语带来的问题、20世纪60—80年代拉丁化新文字的实施情况及其覆盖面与深度等问题进行了广泛的和具有一定深度的探讨。

会议相约2014年5月在哈萨克斯坦举办的专题会议上继续讨论相关问题。哈萨克斯坦国家电视台对此次会议情况和中央民族大学哈萨克语言文学系进行了采访报道。

（中央民族大学科研处供稿）

第十届国际儒学论坛　由中国人民大学与韩国高等教育财团联合主办的第十届"国际儒学论坛"近日在北京举行。来自海内外近百位学者参加会议。本届会议的主题是"儒学思想与理想之治"。围绕这一主题，与会学者展开热烈的讨论，取得了丰硕的成果。

儒家主张经世致用，儒者一向将国家治理之方与社会问题的有效解决作为自己关心和思考的主要问题。这些政治理论对当今社会仍具有很强的参考价值。韩国成均馆大学崔英辰教授指出：儒教以有机的世界观为基础，重视自我与他者之间的和谐关系，其思想有助于理想国家形态的建构。中国人民大学向世陵教授认为：礼乐通过互为动静和相互渗透来治理社会。礼之序与乐之和合力互动，使和谐社会和王道政治的实现成为可能。日本东京大学荣誉教授池田知久系统论述了《淮南子》以道家为中心，对诸子百家思想加以统一，以及对于董仲舒的儒学国教化、一统化的思想影响。中国人民大学彭永捷教授指出：儒家政治哲学的特质是以仁义及建立其上的民本、王道等思想为核心，维护家庭秩序和社会秩序的上佳方式，儒家当代政治哲学应当秉承儒家之核心义理，探索在当代社会实现仁义之道的方式。

在实现儒家的理想政治的过程中，如何对现行政策进行改进与变更，根据什么原则来进行变革，什么是变革的价值根据——对于这些问题的探讨，构成了儒家的社会正义论。中国人民大学张立文教授指出：集权与分权，关系着各民族国家之间的和平、安全、发展和合作，应该使集权与分权互为体用、相互协调、和合发展，构建一种新的政治制度模式，达到天地人共和乐的和合世界。中国人民大学宋志明教授认为：在儒学中，礼、乐、仁是3个重要范畴。当今社会，"礼"指制度文明，"乐"指艺术文明，"仁"指道德文明，应该恢复三者的动态联系，发挥其当代价值。

儒家政治哲学与政治智慧并不是历史遗迹，它深刻影响着中国乃至东亚各国的价值观与思维方式，政治理念与社会秩序。探讨儒家理想之治的现代价值，具有非常之意义。日本桃山学院大学串田久治教授认为：在祖先崇拜的儒教中，家族是社会的基本单位，家族是婚姻的产物，故儒教将婚姻的意义文明化，提倡理想的婚姻。越南胡志明市国家大学黄国胜教授认为：越南南部的礼俗体现出"儒道"特征，是一种"儒教政治文化"，是值得深入研究的重要文化遗产。日本筑波大学井川义次教授指出：传教士用与基督教教义不相抵触的路线翻译儒家传统经典，使具有西方启蒙主义的哲学家了解中国哲学的真实面貌。

国际儒学联合会副会长李瑞智先生提出：儒家思想在世界范围内引起广泛关注和尊重。西方世界的规范和原则可能因此需要被重估。亚洲的和平崛起与儒家思想复兴息息相关。韩国东明大学成海俊教授认为：理想政治的前提，是"君子"的广泛存在。实现大同社会需要真正的道德之人，现代政治应该参考儒家思想。韩国江原大学高在旭教授指出：孔子的社会思想以现实为基底，以仁和礼确立道德性，为政者用"仁德"实现社会的安定，值得当代社会学习。韩国朝鲜大学李哲承教授认为：《论语》中的君子观的政治意识，能帮助解决当今社会矛盾以及新自由主义和分质化理念所派生出的问题。

"国际儒学论坛"每年举办一次，现已成功举办10届，由于其持续性与一贯性，"国际儒学论坛"在国际上越来越具有影响力。

（参见《光明日报》，2013年12月30日第15版）

管理学（含人才学、信息学）

行政管理机制创新研讨会　近日，中国行政管理学会2012年年会暨"行政管理机制创新"研讨会在北京举行，来自全国各地政府部门、高等院校、党校、行政学院的专家学者300多人出席会议。与会同志认真学习十八大精神，交流学习心得、梳理理论认知、关注社会热点，发掘研究命题，就“行政管理机制创新”的若干问题形成了广泛的共识。

与会代表一致认为，进一步推进行政管理机制创新研究具有非常重要的理论意义与现实意义，不仅是贯彻科学发展观、深化行政体制改革的必然要求，同时也是加强政府自身建设、构建社会主义和谐社会的必由之路。行政管理机制承接中国政治体制及行政体制改革的方向，是中国特色社会主义行政管理理论的重要组成部分，是深入推进政治建设、经济建设、文化建设、社会建设及生态文明建设的重要途径。加强行政管理机制创新，不仅可以推动服务政府、责任政府、廉洁政府、法治政府的建设进程，有助于政府职能转变和行政服务功能的实现，而且有助于解决制约社会发展的重要障碍，强化政府的公共服务职能和社会保障职能，提高人民生活水平，推进社会主义市场经济的健康发展。同时还可以对我国行政管理机制创新历程进行分析，在中国特色社会主义发展道路与模式的总体命题下，运用相关方法，总结相关规律，进行学理分析，形成中国行政管理体制的原创性理论，提升中国行政管理学科在国际学术界的地位和影响，扩大中国行政管理理论研究的话语权。

行政管理机制创新涉及复杂利益关系和多方权力格局的调整，直接影响着经济发展和社会稳定，必须准确把握行政管理机制创新的战略方向。专家们认为，行政管理机制创新须采用“整体规划—统筹协调—分步到位”的发展策略，坚持循序渐进的方针，总体筹措、全盘安排、集中实施，从中央到地方各级政府逐级展开，针对不同行业系统的特性，分别采用符合各自特性的管理方式进行优化，积极稳妥地推进行政机制创新。有专家指出，一方面，要摸清行政管理机制创新改革的关键点，加强领导、统筹规划、精心组织、妥善安排，科学界定政府职责、优化政府管理方式、完善政府组织架构、全面推进依法行政，做到机制创新方案周密稳妥、工作推进深入细致、风险防范及时有效，推进建设服务政府、责任政府、法治政府的进程；另一方面，需不断探索行政管理机制创新的操作方式，在坚持社会主义方向的基础上，立足于本国国情，大胆探索、勇于实践，充分借鉴人类文明的共同成果，遵循行政管理规律与经济发展规律，将行政管理机制视为多个管理要素构成的有机系统，从行政管理的整体效能目标出发，找寻制约行政管理机制整体作用发挥的症结与障碍，分别对各个单一机制加以完善，充分发挥各个机制之间的相互促进与协调作用，实现行政管理机制创新的协同推进，建立行为规范、运转协调、公正透明、廉洁高效的行政管理机制，致力于行政管理体制的整体完善。

（参见《光明日报》，2013年1月8日第11版）

中国政策论坛　3月9日，国家行政学院与中央电视台在国家行政学院联合举办“中国政策论坛——生态美·中国美”。本次论坛是国家行政学院省部级、厅局级领导干部推进生态文明建设研讨班的给力之作，也是中央电视台中国政策论坛高端品牌之作。

论坛分为两场。第一场论坛的主题是“绿色低碳与生态文明”，论坛的主线是绿色低碳与发展困局、绿色低碳与解决之道、绿色低碳与新型政绩观。出席论坛的主嘉宾是国家发展和改革委员会副主任解振华、国家行政学院副院长周文彰，国家行政学院省部级领导干部推进生态文明建设研讨班全体学员参加了论坛，并特邀专家中国工程院院士、清华大学教授钱易。论坛由中央电视台财经频道著名主持人芮成钢主持。第二场论坛的主题是“环境治理与生态文明”，论坛的主线是直面环境事件，探索解决之道：大气之困、水之困、土壤之困。出席论坛的主嘉宾是环境保护部副部长翟青、中国神华集团总经理张玉卓，国家行政学院厅局级领导推进生态文明建设研讨班全体学员参加了论坛，并特邀专家中国工程院院士、清华大学教授钱易，东风汽车股份有限公司领导，水污染地图制作者、公众环境研究中心主任马军先生等。论坛由中央电视台财经频道主持人马洪涛主持。两场论坛录制近5个小时，期间台上台下嘉宾积极互动，思想交融，气氛热烈。节目将于近期在中央电视台财经频道播出。

举办本次“中国政策论坛——生态美·中国美”，对推动我国的生态文明建设有着重要意义。一是论坛认真贯彻落实党的十八大关于大力推进生态文明建设的重要精神，积极探索生态文明建设与经济建设、政治建设、文化建设、社会建设深度融合的实现形式和符合我国国情的生态文明建设道路，深入研讨当前推进生态文明建设的重点难点问题，力争寻求解决问题的对策和措施，不断增强领导干部推进生态文明建设的战略思维和领导能力。二是论坛的举办，进一步促进了推进生态文明建设研讨班的学习和研讨，展示了研讨班的学习研讨成果，是对本次推进生态文明建设研讨班一个很好的总结。三是通过中央电视台中国政策论坛这个平台，对于锻炼和提高省部级、厅局级领导干部应对媒体的能力，让他们在这个平台上向人民群众阐述政府的观点、政策和措施，拉近政府官员与百姓的距离，在营造我国生态文明建设良好的环境，引导全社会从我做起、从现在做起、从小事做起方面发挥积极的作用。

（国家行政学院科研部项纪旸供稿）

以财政金融视角审视历史进程国际学术论坛　4月25日，国家行政学院举办了一场题为以财政金融视角审视历史进程的国际学术论坛。哈佛大学的尼尔·弗格森教授应何家成常务副院长邀请来学院访学。借此机会，国家行政学院经济学教研部的董小君和许正中两位教授与大师就热点经济话题进行了一场精彩的对话。在中央电视台英语频道主持人田微的主持下，还针对国际金融危机、中国的改革进程等问题进行了热烈探讨。国家行政学院部分教师和第十二期青年干部培训班学员参加了本次论坛，并与3位嘉宾进行了积极互动。

国家行政学院是中国培训中高级公务员的地方，面对国内外形势，本次论坛会为学员带来怎样的视角和判断呢?

弗格森是哈佛大学教授、英国最著名的历史学家之一。其所撰的《西方的衰落》《文明》《帝国》《货币崛起》《罗斯柴尔德家族》等著作广受读者喜爱。“金融危机后的全球经济，需要放到历史背景下来观察。危机对中国意味着什么? 对其他地方又意味着什么?”弗格森的开场白紧紧切合了大家的关注点。回顾中国过去30多年的发展历程，他认为中国经济可以用“一帆风顺”来形容。中国经济增长占全球增长的比例越来越高。弗格森表示，全世界增长的1/4~1/3都源自中国的增长。“大家正在经历人类历史上规模最大、速度最快的工业化进程。”但未来至少面临四大挑战。潜在经济增长率下降。根据IMF预测，今明两年，中国的经济增长都会达到8%以上，但弗格森却表示这可能过于乐观了。未来中国经济很难达到8%以上的增长。“从长期来看，包括中国的经济学家都认为中国经济的潜在增长率正在下降。预计到2030年，中国经济增速会跌到6%以下。”

日趋加剧老龄化。“在2030年到2040年之间，中国的老龄人口占比就将达到25%，中国将成为老龄化国家。”弗格森表示，劳动力供给减少的同时，社会负担却在加重。能源对外依存度越来越高。弗格森提醒说，相反美国却正在走向“能源独立”。“美国能源价格的下降，带动了制造业的复苏，这已经成为美国最大的优势。美国目前已经开始出口石油，其石油输出量甚至有可能超过沙特。”可能发生的金融系统风险。这是弗格森眼中中国面临的第四大挑战。他说，中国的非银行信贷快速扩张，发生危机的可能性越来越大。

在弗格森看来，其他的挑战还包括制造业低附加值、环境污染严重、社会不公现象等。不过这些主要是国内需要解决的难题，“中国经济发展面临的最大阻力可能来自国外，发达国家中央银行之间日益激烈的竞争，使中国承受了发达国家激进货币政策的压力。包括贸易壁垒等也会阻碍中国出口的发展，而经济增长由外转内还未实现。”

弗格森说，在实行量化宽松货币政策的同时，大多数发达国家同时采取了紧缩的财政政策。在7国集团里，只有两个国家没有这样做。因此，当前呈现出的是一个“推推拉拉”的世界环境。“货币政策朝向一方，财政政策朝另一方。这对他们自己和中国都带来挑战。”

不过弗格森认为，中国正在积聚领先世界的“杀手锏”。在《文明》一书中他特别提到：1420年，南京是全球最大的城市。在永乐皇帝治下启动的中国学问编修工程，集合了2000多位学者之力，编纂而成11000多册的《永乐大典》。作为全球最大规模的百科全书，此后几乎整整600年，才于2007年被维基百科所超越。但中国在明朝之后却长期处于停滞状态。他认为，西方之所以能在1500年后崛起并领先于世界其他地区（包括中国），要归因于一系列的体制革新。包括竞争、科学革命、法治政府、现代医学、消费社会、工作伦理等，这被认为是推动世界文明进程的六大杀手锏。他认为，几百年来，这些杀手锏为欧洲或派生的北美及澳大利亚所独享。在明朝很久以前，中华文明一直利用着技术创新来领先世界。而中国在1978年实行改革开放后开始崛起，领先世界的“杀手锏”重新在中国积聚。

对于中国能不能在金融危机之后抓住领先世界的历史机遇，国家行政学院经济学教研部副主任董小君教授从财富的角度抛出了她的六大“杀手锏”。董小君认为，中国重新崛起需要把握世界财富分配的逻辑，要从以下6个方面来梳理。第一，主权货币在全球的运转能力；第二，对全球资源的控制能力；第三，世界市场规则的制定能力；第四，引领地球产业的能力；第五，国家间利益约定的制度设计能力；第六，理论体系的全球传播力。董小君强调，为什么撒切尔夫人指出“中国富起来了，但强大还需要一个过程”，这就是因为，中国还缺乏在全球范围内具有传染力的理论体系。

国家行政学院经济学教研部许正中教授则从全球化的角度阐述了一国崛起必须具备的能力和特质。许正中也总结了6个方面。第一，商业模式创新的速度。商业模式决定了一个国家在全球产业链中的地位；第二，捕捉创富机会的能力；第三，产业联盟的能力。强大的产业联盟会左右世界产业格局。第四，金融催化的能力。第五，全球网联的能力。全球网联的能力决定了在全球范围内整合资源的能力。第六，一个高效透明的政府。

3位嘉宾还就人民币国际化、福利社会建设，以及中美新型大国关系与学员进行了对话。

（国家行政学院科研部项纪旸供稿）

华人学者管理科学与工程协会第六次国际年会 6月30日—7月2日，华人学者管理科学与工程协会(CSAMSE)第六次国际年会在光华管理学院成功举办。

本届年会由华人学者管理科学与工程协会主办，北京大学光华管理学院承办，年会以“创新、科技与实践”为主题，旨在推动管理理论和实践在中国的发展，促进海内外管理领域学术界和工业界之间的交流。美国哥伦比亚大学商学院终身讲席教授、华人学者管理科学与工程协会主席陈方若教授担任大会主席，光华管理学院管理科学与信息系统系主任陈丽华教授担任大会联合主席。

6月30日上午的开幕式由陈丽华教授主持，北京大学研究生院院长陈十一教授、光华管理学院院长蔡洪滨教授、大会主席陈方若教授分别代表组会各方在年会上发表了致辞。蔡洪滨院长在致辞中对大会组织各方的辛勤付出以及参会者的积极参与表达了感谢，向与会者表示了热烈欢迎。他表示光华管理学院在创新创业方面正努力进行着尝试，此次年会的主题与光华的发展理念不谋而合，并祝愿与会嘉宾、学者能借助大会平台展开充分的交流，取得丰硕的成果。

本届年会设有主旨演讲、圆桌论坛、特邀演讲、青年学者研讨会、分组报告及最佳论文颁奖等多个环节。在为期3天的会议上，232位来自国内外的管理科学与工程领域的知名学者、企业高管以光华为舞台展开交流，分享了他们的经验和最新研究成果。

（北京大学社会科学部供稿）

第二届大数据视点研讨会　7月8日，中国人民大学萨师煊大数据研究中心第二届大数据视点研讨会在中国人民大学逸夫会议中心第一报告厅举行。会议以大数据视点为主题，围绕不同领域中大数据应用的挑战、大数据的基础科学和技术问题，以及如何进行大数据学术研究等议题进行了深入探讨，分享经验与资源，推动大数据领域的学科交叉与合作。国内外大数据领域一流专家学者、华为诺亚方舟实验室杨强教授，加拿大西安大略大学凌晓峰教授，蒙特利尔大学聂建云教授，中科院计算所程学旗博士，微软亚洲研究院聂再清博士，百度深度学习研究院余凯，美国纽约大学宾汉姆顿分校孟卫一教授，美国佐治亚理工学院刘伶教授、Calton Pu 教授等学者参加本次会议并发表演讲或参与讨论，中国人民大学信息学院杜小勇院长、周晓方教授以及文继荣教授分别致辞。

与会专家学者在研讨过程中，分别从各自的角度畅谈了对大数据的理解、大数据的发展趋势及深刻影响并对传统和新兴的数据处理方法进行了分析对比；会议不仅提出了大数据处理真正要解决的问题，分享了大数据处理的应用场景和方法，而且对大数据研究的现状和未来趋势进行了预测。

（中国人民大学科研处关晓斌供稿）

大金融、大合作、大治理国际智库研讨会　8月21—22日，由中国人民大学主办、中国人民大学重阳金融研究院承办的大金融、大合作、大治理国际智库研讨会在中国人民大学举行。来自20国的智库代表首次齐聚中国北京，就“后金融危机时代的全球治理”、“新兴经济体的作用以及中国的发展”与“G20 的未来”等三大议题展开讨论。包括国家政要、驻华使节、国际组织代表、专家学者、中外企业家代表以及20国智库代表等在内的100余人参加了本次会议，前中国外交部部长李肇星、中国人民大学校长陈雨露教授、诺贝尔经济学奖得主罗伯特·蒙代尔教授、全球中小企业联盟主席卡洛斯·马格里诺斯等进行了主旨演讲。中国人民大学副校长伊志宏主持开幕式，冯惠玲常务副校长出席闭幕式并致辞。在本次论坛上，各国智库代表和学者反思金融危机，探讨如何构建更加有效稳定的金融体系，研究和完善全球经济治理的对策，着眼策略性、战略性规划以应对能源、安全、环境等方面长期的挑战，并为各国领导人提供了经济治理的参考意见。

（中国人民大学科研处关晓斌供稿）

第二届公共政策与行政研究青年学者国际研讨会

8月22—25日，由中央财经大学政府管理学院与美国公共行政学会（ASPA）联合举办的第二届公共政策与行政研究青年学者国际研讨会（2nd Annual International Young Scholars Workshop in Public Policy and Administration Research）在中央财经大学学术会堂召开。来自中国、美国、日本、印度、韩国、泰国、墨西哥、中国香港、中国台湾等10多个国家和地区的近40名专家和学者参加了本次会议，大会遴选论文20余篇。

美国公共行政学会执行总监 Antoinette Samuel 女士、中央财经大学政府管理学院院长赵景华教授、中国行政管理学会执行副会长兼秘书长高小平研究员、美国公共行政学会候任主席 Allan Rosenbaum 教授分别致辞。美国公共行政协会候任主席 Allan Rosenbaum 教授、美国弗吉尼亚大学 Susan Gooden 教授、美国路易斯安那大学 Jared J. Llorens 副教授、北京大学周志忍教授、中国人民大学范永茂副教授、国家行政学院马晓芳副教授、清华大学张彦兵副教授分别进行了主题发言。与会成员分别围绕政府职能转变、治理机制、政府与非营利组织关系、财政责任、财政纪律与财政透明、中国公共事务教育、学校供膳、人力资本与自然资源、医疗卫生体系等主题展开研究汇报和讨论。

（中央财经大学科研处供稿）

中法行政体制改革比较双边学术研讨会　9月16日，中国行政体制改革研究会与法国国家行政学院联合组织主题为“中法行政体制改革比较”，双边学术研讨在京召开。此次研讨活动旨在通过对中法两国行政体制改革的背景、内容、做法、面临的挑战和未来趋势进行比较，深化双方学者对彼此行政体制改革的了解，为两国行政体制改革提供有益的参考和借鉴。国家行政学院常务副院长、中国行政体制改革研究会副会长何家成，法国驻华公使杰克·贝雷出席会议并致辞。

在致辞中，何家成回顾了法国国家行政学院与国有行政学院长期以来开展的合作，肯定了合作取得的成果，对两院的办学理念和办学模式进行了比较，希望今后两院进一步加强合作，相互学习和借鉴。

何家成指出，过去30多年里，中国的行政体制改革不断深化。当前中国进入了新的发展阶段，面对新形势和新任务，继续深化包括行政体制改革在内的各个领域的改革，是中国社会各阶层的一致共识。中国新一届中央领导集体提出改革不停顿、开放不止步，显示了坚定不移推进改革开放的决心和信心。新一届政府提出要在以往改革成果的基础上继续深化行政体制改革，致力建设创新政府、廉洁政府、法治政府。今年以来，以《国务院职能改革和实施方案》的颁布和实施为标志，中国新一轮行政体制改革正在有序推进并取得阶段性成果。法国在行政体制改革方面有丰富的经验，尽管中法两国国情不同，但对中法两国的行政体制改革进行比较，了解和研究法国行政体制改革的经验，将对中国有借鉴和启示作用。另一方面，对中国的行政体制改革实践进行研究和总结，也可以发展和丰富公共行政理论，为其他国家的行政体制改革提供重要参考。

何家成还指出，中国行政体制改革研究会既是中国国家行政学院的一个重要平台，也是全国性开展公共行政理论研究的高层次学术团体，是为推动和实施行政体制改革建言献策的重要智库。中国行政体制改革研究会与法国国家行政学院联合主办此次学术研讨会，将有助于研究会进一步加强对外联系，扩大国际合作，也会对推进两国未来的行政体制改革发挥积极作用。

法国驻华公使杰克·贝雷在致辞中说，法中两国都有久远且深厚的行政传统，双方加强行政体制改革方面的经验交流，将产生有益的成果。当前法中两国都有很多改革正在进行，法国在2012—2017年期间，开展公共行动现代化进程，旨在明确中央政府与地方政府的责任，简化公共行政，使其更加贴近公众，从而提高行政效率、降低行政成本。法中两国行政体制改革有许多共同的议题，今后要开展更多此类学术交流活动。

中法两国的专家学者围绕国家基本政治制度和领导体制、政府职能转变、公共服务现代化、中央与地方关系、公共财政体制改革、法律制度变革等6个专题展开了研讨。中国行政体制改革研究会副会长、国家行政学院政治学部主任刘峰教授，中国行政体制改革研究会副会长、国家行政学院汪玉凯教授，法国国家行政学院院长娜塔莉·卢瓦泽，法国公职局指导与跨部门政策司司长皮埃尔·古拉尔等中法两国14位专家学者就上述专题发表了精彩演讲，并与其他专家进行了互动讨论。

来自国家行政学院、中国行政体制改革研究会、中国政法大学、财政部和法国国家行政学院、法国公职总局、巴黎政治学院、巴黎第一大学、斯特拉斯堡大学等中法两国学术机构和政府部门的40余位专家学者和官员出席了此次研讨活动。

（国家行政学院科研部项纪旸供稿）

首届北京行政论坛（国际） 10月16日，北京行政学院与俄罗斯总统附属国民经济与公共管理学院西北分院在北京市委党校共同举办了首届北京行政论坛（国际）。北京行政学院常务副院长王民忠、俄罗斯总统附属国民经济与公共管理学院西北分院社会学系主任弗拉基米尔·尼古拉耶维奇·基谢廖夫、国家行政学院科研部主任史美兰做开幕致辞。全国政协委员、北京市农村工作委员会副主任李成贵，北京大学政治发展与政府管理研究所所长王浦劬，国家行政学院社会与文化教研部主任龚维斌，《中国行政管理》杂志副主编、全国政策科学研究会副会长解亚红作为演讲嘉宾出席。

本次论坛的主题是“新型城镇化与公共政策创新”。李成贵、王浦劬、龚维斌和董晓宇4位专家分别围绕着北京城乡一体化的发展模式、城镇化中社会矛盾化解的行政信访政策机制、城市化——空间变化与社会政策选择、统筹城乡发展的政策变革发表主题演讲。中俄双方会议代表深入交流了城镇化过程中某些具体问题的政策经验。俄方代表阿那托利·克柳耶夫和叶甫根尼娅·库克林娜分别介绍了俄罗斯的劳动力迁移（以圣彼得堡为例）和创新激励机制。

论坛初步取得了一定的社会和学术影响，光明日报、人民网、北京日报和北京电视台等重要媒体予以关注和报道，《中国行政管理》和《北京行政学院学报》将以适当形式刊发稿件。

（中共北京市委党校科研处供稿）

领导力国际论坛 10月16日，国家行政学院、新加坡公共服务学院和英国阿什里奇商学院在国家行政学院共同举办领导力国际论坛。国家行政学院纪委书记、中国特色社会主义研究中心主任杨文明和国家公务员局副局长杨春光出席论坛并讲话，新加坡驻华大使罗家良、英国驻华使馆政务参赞岳德伟出席论坛并致辞。

杨文明在致辞中介绍了国家行政学院以及学院领导科学的建设和发展情况，强调学院一直高度重视对学员的领导力培训，把领导力纳入教学、科研、咨询和对外交流的重要内容。杨文明指出，中国政府不仅将领导力视为领导干部个人的重要能力，而且还上升到党和政府的执政能力的高度来认识，更多地从党和国家层面而不是一般组织和个人层面，从政治层面而不是技术层面，从规律层面而不是现象层面来认识和把握领导力建设问题，努力把执政能力提升到一个新的水平。杨文明强调，中国领导力的研究和提升，既要学习借鉴包括新加坡、英国在内的发达国家在领导力建设方面的有益经验和做法，加强与国外的交流与合作，又要善于总结汲取中国历史和传统文化中的资政智慧；既要有国际视野，又要有中国特色。

国家公务员局副局长杨春光表示，领导力不仅客观存在，而且有规律可循。从公共管理的角度来看，我们社会的民主化程度、信息化程度和管理服务对象对公平正义的要求程度都在明显提高，在这个时代背景下探讨领导力和领导科学具有重大意义。杨春光强调，适应时代要求，全面提升公务员的领导力，一是要注重思想政治建设；二是要注重公务员的规范；三是要注重领导能力建设的长远规划；四是要注重发挥领导班子的集体作用；五是要注重领导团队建设。

国家行政学院政治学教研部主任、中国领导科学研究中心主任刘峰教授指出，群众路线是领导力的来源，真正的领导力来自群众又指向群众。刘峰从平民化、简约化、中国化和制度化 4 个方面阐释了21 世纪领导力的大趋势。他认为，领导力是一个比领导能力更为宽泛的概念，更强调软权力和影响力。从长远来看，要加强领导制度的建设和完善。

福建行政学院公共管理教研部主任刘明辉教授表示，当今时代，网络正在以一种更加迅捷、深刻的方式影响着我们的工作和生活。如何基于历史又面向未来，去发现领导概念的一些新价值、新要素，这是我们需要做的工作。网络时代创造领导新价值，研究新要素，我们要换一个时代背景进行新评价。"在网络时代，我们要从劳动分工协作这个最基础的概念去理解和把握领导、管理的概念。"

美国加利福尼亚州立大学社会学教授维克多·肖介绍，与中国对领导力的研究一般从理论的角度来进行有所不同，美国对领导力的研究往往和相关的政府管理和商业运作联系紧密，它强调实用主义，需要将理论变成具体指导实际行动的原则，希望将一个概念演变成具体的细节，在具体的环境中来论证这些理论，并构建一些模型，能够运用于不同的情况，用于指导实际。

英国阿什里奇商学院副院长菲利普·米克斯说，中国是全世界最具活力的国家，中国的历史、哲学和文化，将影响全世界的领导力教育和实践。如今中国正在对全世界大多数主要国家的经济和社会产生直接或间接的影响，并启发人们探索领导力建设方面的新模式和理论。这种新的领导模式不管是在全球范围还是在各国领域内，都是源于全球化的文化变革，它将会汲取中国和西方各自最好的经验模式。

新加坡公共服务学院治理与政策教研部司长陈建隆介绍了新加坡公共部门领导力建设情况，并提出公共部门领导者应具备 5 种能力，即沟通能力、合作能力、协调能力、说服能力和执行能力。

论坛围绕"变革时代的领导力"、"领导力的中国化"、"中西方领导力比较"和"领导力训练和提升"等4 个主题进行。有发言，有点评，有互动，论坛气氛活跃，观点精彩纷呈。来自美国、英国、意大利、新加坡和中国的研究领导力和领导科学的专家学者共 80 余人参加了本次论坛。

（国家行政学院科研部项纪旸供稿）

数字科普发展趋势论坛　10 月 25 日，由北京数字科普协会、北京科普资源联盟主办，北京大学信息管理系、中国科技新闻学会科技传播理论专业委员会协办，数字科普发展趋势论坛在北京科技活动中心报告厅举行。

北京数字科普协会秘书长、中国互联网协会网络科普联盟的副秘书长刘英，工信部电子科技委副秘书长、高级研究员柳纯录，北京大学信息管理系教授、中国科技新闻学会科技传播理论专业委员会主任赖茂生，北京市信息办原主任、教授级高工华平澜等出席了会议。与数字科普、网络科普相关的科技、教育、文博、互联网等方面的专家学者，北京市科协系统学会、协会、事业单位、区县科协、科普基地等单位，科技日报、北京科技报、IT 时代周刊、中国网、首都之窗等媒体单位共 140 多人参加论坛研讨。

中国电子信息产业发展研究院软件与信息服务业研究所所长安晖做了信息消费与数字科普共发展的主旨报告，北京大学信息管理系教授张浩达做了"数字时代的科技传播——数字科普发展研究"的主旨报告。

《科技日报》《北京科技报》等平面媒体对论坛给予了专门报道、各个门户网站与相关网站进行了广泛报道。安晖的报告全文刊载在《北京科协》2013 年第 12 期上，张浩达的报告全文发表在《科普研究》2014 年第 1 期上。

（北京大学社会科学部供稿）

2013中欧高层论坛暨第八届中国电子政务论坛

10月28—29日，由中国国家行政学院和欧盟共同举办的2013中欧高层论坛暨第八届中国电子政务论坛在国家行政学院隆重召开，本次论坛的主题为“数字化时代的政府管理”。国家行政学院常务副院长何家成和欧盟驻华代表团副团长卡门·卡诺女士出席论坛开幕式并致辞，国家行政学院副院长洪毅和匈牙利行政与司法部部长级专员鲁道夫·维拉戈做主题报告。

“电子政务是伴随着信息技术蓬勃发展的产物，现代化政府建设呼唤着电子政务。发展电子政务对创新政府管理，提高行政效能，增强公共服务能力，建设现代化政府具有重要的作用。”国家行政学院常务副院长何家成在开幕式上介绍，国家行政学院比较早地开展了电子政务的教育和培训、科研、咨询工作。2002年成立了电子政务研究中心，2006年创办了首届中国电子政务论坛。论坛秉承学术性、公益性、开放性和务实性的原则，每年举办一届。2009年成立了电子政务专家委员会，去年建立了管理实验室。通过这些工作，吸引汇集中央国家机关，地方政府和有关科研机构的相关资源，深入开展了电子政务理论研究和实践交流。电子政务是伴随着信息技术蓬勃发展的产物。发展电子政务对创新政府管理、提高行政效能、增强公共服务能力、建设现代化政府，具有重要作用。二三十年来，全球电子政务深入发展，世界各国政府越来越重视电子政务建设。本次论坛主要研讨交流电子政务环境下的公共服务与公众参与、电子政务与政府管理创新等问题。对增进了解中欧电子政务发展的新情况、新趋势，学习借鉴电子政务建设的新理念、新做法，促进电子政务领域的国际交流与合作，推动电子政务更好发展，具有重要的现实和长远意义。

论坛开幕式由国家行政学院党委委员、办公厅主任李季主持。国家公务员局党组成员、副局长卢雍政，国家信息化专家咨询委员会常务副主任周宏仁，国家发展和改革委员会高技术产业司副司长顾大伟，意大利国家行政学院教授图拉托等30多位中外官员和专家学者围绕电子政务与政府管理创新、电子政务环境下的公共服务与公众参与等多个议题进行了主题演讲和专题研讨。

（国家行政学院科研部项纪旸供稿）

第十一届中国管理科学与工程论坛 11月2 3日，首都经济贸易大学成功在北京承办了由管理科学与工程学会主办的管理科学与工程学会2013年年会暨第十一届中国管理科学与工程论坛。期间，李京文、邬贺铨、刘源张、王众托4位中国工程院院士和来自清华大学、人民大学、首都经济贸易大学等全国高校的多位专家学者组成的专家团，以“全球信息化与大数据背景对中国管理科学与工程学科的影响与对策研究”为主题，围绕“大数据的机遇与挑战”“管理的感想”等主题进行了深入研讨交流，参会人数600余人。人民日报、新华社、光明日报、中国教育报等10多家媒体对此次论坛进行了采访报道。

本届年会专家云集，议题紧扣社会热点，会议以大会报告、专题报告、专题论坛3个部分对大数据等研究进行深入剖析。为促进相关学科的发展，年会还特别举办了院长论坛、学科建设论坛及管理实践论坛，邀请与会专家学者参观了首都经济贸易大学传媒实验教学中心，并组织来自首经贸信息学院、北京工业大学、卓优数据科技有限公司等专家学者围绕学科建设、企业管理等议题进行了研讨。此外，年会期间还举行了理事会换届、中国管理科学与工程学会第二届常务理事会第一次会议等工作。

（首都经济贸易大学科研处张嘉艳供稿）

提高防控管理风险研讨会 11月12日，北京市工商管理学会组织召开了实现市场秩序风险有效判别提高防控管理风险的能力研讨会。有关专家学者、政府管理部门负责人共60余人到会。与会同志围绕市场秩序风险的特点，实现市场秩序风险的路径、方法，以及体制机制的变革等问题进行了深入研讨，有针对性地提出了实现市场秩序风险管理的意见和建议。研究报告提出的意见建议在相关政府管理部门制订工作计划时吸纳。

（北京市工商管理学会供稿）

领导科学理论研讨会 为深入学习贯彻党的十八届三中全会精神，纪念毛泽东诞辰120周年，庆祝中国领导科学研究会成立10周年，推动领导科学创新发展，中国领导科学研究会日前在京举办理论研讨会及换届大会。原中共中央政治局委员、全国人大原副委员长姜春云发来贺信。中央党校常务副校长何毅亭，中央组织部原部长张全景，中央党校副校长张伯里，中国领导科学研究会会长、中央党校原副校长刘海藩出席会议，全国领导科学界专家学者200余人参加了研讨会。

会上，刘海藩总结了学会成立10年来主要开展的4个方面的工作：以学术活动引领研究会经常工作；围绕中国特色社会主义理论和全面建设社会主义的实践，进行理论研究与实践创新；坚持以马克思主义为指导，学涵今古、理贯中西，推进学科建设；发挥研究会桥梁和纽带作用，切实加强队伍建设。

与会代表一致认为，党的十八届三中全会指出，要不断提高领导班子和领导干部推动改革的能力。这给领导科学界提出了新的命题。深入学习贯彻党的十八届三中全会精神，提高领导干部推动改革的能力要从以下几个方面努力：一是牢牢把握改革的正确方向；二是增强推进改革的信心和勇气；三是全面掌握改革的正确方法；四是正确处理改革中的若干重大关系。

（参见《光明日报》，2013 年 12 月 12 日第 7 版）

第五届人力资本与劳动市场国际研讨会 12 月 15 日，第五届人力资本与劳动市场国际研讨会暨 2013 年中国人力资本报告发布会在中央财经大学学术会堂召开，中央财经大学中国人力资本与劳动经济研究中心（CHLR）对外发布了《中国人力资本报告 2013》。著名人口学家、原全国人大常委会副委员长蒋正华教授、耶鲁大学著名经济学教授 Mark R. Rosenzweig 出席会议并做主题演讲。经济与合作发展组织北京代表 Vincent Perrin 博士、《中国经济评论》主编 Belton Fleisher 教授、中央财经大学副校长李俊生、赵丽芬等进行了发言，来自海内外近百名学者参加了会议及分会场专题研讨。由《中国经济评论》（*China Economic Review*）主编、俄亥俄州立大学 Belton Fleisher 教授组织了中国经济评论作者讲座及研讨会。中国人力资本系列报告发布以来，在国内外引起广泛的关注和重视，其成果对学术交流和学术资源共享起到了积极的促进作用。

（中央财经大学科研处供稿）

第八届中国人力资源管理新年报告会 12 月 15 日，第八届中国人力资源管理新年报告会在中国人民大学如论讲堂举行，本次报告会围绕“迎接改革红利：市场决定与人力资源制度创新”的主题，邀请来自政界、学界和企业界的人士，以及在校学生共计 1000 余人参加本届报告会。本次会议不仅盘点和回顾了 2013 年我国人力资源市场的重大事件、解读和分析了人力资源管理领域的热点问题，而且探讨和预测了中国人力资源管理的发展趋势。中国人民大学校长陈雨露教授、中共北京市委组织部副部长闫成等领导和嘉宾出席了本届新年报告会开幕式并致辞。中国人民大学劳动人事学院院长曾湘泉教授以“迎接改革红利：市场决定与人力资源制度创新”为题向大会做了主旨报告。中国人民大学时勘教授，北京同仁堂（集团）有限责任公司党委副书记王泉先生，美世全球合伙人中国区总经理张世东博士，中国人民大学校长助理兼国际学院、中法学院院长杨伟国教授做了主题演讲。

在本次会议上，与会专家认为，通过加强协同创新，贯彻落实“十八届三中全会”重要精神和“十二五”规划纲要，要进一步发挥市场配置的决定性作用；未来中国人力资源管理要在市场化和改革趋势下，推动人力资源制度创新以获取改革红利。

（中国人民大学科研处关晓斌供稿）

中国政府治理水平提升研讨会 12 月 28 日，由北京师范大学政府管理学院、政府管理研究院主办的中国政府治理水平提升研讨会暨《2013 中国省级地方政府效率研究报告》发布会在京举行。研讨会上，北京师范大学“985”工程研究成果——《2013 中国省级地方政府效率研究报告》（以下简称《报告》）发布，《报告》以腐败对地方政府效率的侵蚀为研究主题，并首次将电子政务纳入考核因素，推出了 2013 中国地方政府效率排行榜，北京排名第一，海南排名较去年上升最快。这是继《2011 年中国省级地方政府效率研究报告》首次发布后的连续第三个年度报告。来自高丽大学、中央财经大学、中央民族大学、中国政法大学、中国行政管理杂志社、人民论坛杂志社等 10 余所高校及学术机构的专家学者以及人民网、光明日报、新华社等 10 余家主流媒体代表近 60 人出席了此次会议。北京师范大学陈光巨副校长代表学校出席了发布会并致辞。校学科处陈丽处长、社科处范立双处长也出席了发布会。

（北京师范大学社科处供稿）

综合（含新闻、国际关系、其他）

第十届亚洲传媒论坛 1 月 5 日，由中国传媒大学和韩国高等教育财团主办的第十届亚洲传媒论坛在中国传媒大学举办。本届论坛以“悟 · 现实：超越想象的传媒”为主题，邀请到韩国、泰国、菲律宾、日本等国传媒领域的专家学者、政府官员和媒体精英，就未来传媒的发展趋势进行了多层次、多角度的研讨和交流。

DCCI 互联网数据中心创始人、总裁胡延平指出“一个大道无形的媒体时代已经来临，要想悟出未来超越想象的传媒形态，需要往传感的方向看，往数据的方向看，往开放网络的方向看”。中国传媒大学沈浩教授总结了社会化媒体时代的 3 个重要变化。韩国忠北大学信息管理系教授韩光接从技术、媒体行业、媒体使用环境、付费方式 4 个方面的变化，分析了在数字、网络时代我们所处的媒体生态环境，以及应该如何应对这样的变化。中国传媒大学电视与新闻学院副教授詹新惠深入分析了传统媒体、网络媒体和社交媒体在渠道、内容和互动 3 个方面的特征，她认为，在新媒体时代，社会并非无中心，而是中心多极化、中心多变化以及泛中心化，传统媒体需要适应这种变化，并从中找到自己的位置。未来的传媒可能是由职业的媒体人、专业的报道内容和新媒体的传播平台构成。韩国国会议员尹永硕为我们描述了智能生活、智能经济、移动工作的未来图景，指出我们要做好准备迎接整个社会智能时代的到来。

（中国传媒大学文科科研处供稿）

科普基地活动启动式及科普讲座 1月8日，由中共北京市委宣传部、中共北京市委社会工委、北京市社会科学界联合会、北京市科委、北京市曲艺团共同主办的2013周末社区大讲堂系列科普讲座、科普基地活动启动式暨宣传十八大精神社科普及进社区文艺专场演出在海淀区花园路街道北极寺干休所举行。市社科联党组书记史秋秋、市委宣传部理论处处长贺亚兰出席并讲话，市委社会工委委员王智玲等领导出席，市社科联党组副书记陈之昌主持活动。活动仪式上，表彰了北京市在全国社科普及工作上荣获全国优秀社科普及名家、工作者、科普读物、人文科普基地先进集体和个人，以及市社科普及工作先进集体。16区县委宣传部、有关学会、社科普及基地负责人以及社区群众500多人参加了活动。

（北京市社科联研究室供稿）

中国与世界：经验与前景国际关系学术联盟会议

1月11日，由外交学院国际关系研究所主办的题为“中国与世界：经验与前景”的国际关系学术联盟首次会议召开。发起成立国际关系学术联盟的想法始于2011年外交学院国际关系学科被评为国家级重点学科，为加强学科的横向联系，致力共同探讨学科发展中的重大问题，邀请中共中央对外联络部研究室栾建章副主任，并成立由北京外国语大学、国际关系学院、中国政法大学、北京师范大学、北京语言文化大学、中国传媒大学、对外经贸大学、北京第二外国语大学等在京兄弟院校从事国际关系教学与研究的单位组成的民间学术团体。

外交学院国际关系研究所所长卢静教授主持会议开幕式。外交学院院长助理王帆教授在开幕式上致辞。王教授指出，外交学院和其他兄弟院校各有特色，希望能共同发展，相互砥砺，形成新兴的发展学科联合。国际关系学术联盟没有特定的领导者，合作模式采取轮流坐庄的形式，以整合资源形成合力，延伸学术影响，向其他院校开放，促进共同发展。

（外交学院科研处郦莉供稿）

中国国际问题高级讲坛2013 1月26日，由中国人民大学国际关系学院主办、全国高校国际政治研究会协办的“中国国际问题高级讲坛2013：大国关系与中国外交”在中国人民大学举行。著名国际关系和两岸问题专家王逸舟、时殷弘、秦亚青、朱成虎、黄嘉树、阮宗泽、黄大慧和金灿荣等出席会议，围绕“大国关系与中国外交”这一主题各自发表学术演讲，并与来自全国20余所高校和研究机构的100多名代表进行了深入的研讨。专家们结合中美、中俄、中日等大国关系的前景走向，以及中国周边领土主权争端问题进行了深刻而独到的分析。经过讨论，专家们提出：在复杂而全新的挑战面前，中国要在经济、政治和安全等领域做好战略准备，创造性地介入世界事务；并对我国周边外交以及美国亚太再平衡战略提出了相应的应对策略。

（中国人民大学科研处关晓斌供稿）

中国时政报道研讨会 4月9日，由中华全国新闻工作者协会与中国传媒大学共同主办的2013中国时政报道研讨会在中国传媒大学举行。来自新华社、人民日报、中央电视台等国内主流新闻媒体的资深媒体人、业界精英和专家学者参加了此次研讨。中国传媒大学新闻传播专业师生也积极参与交流讨论。

本次研讨会旨在总结2013年全国“两会”报道的经验，深入探讨“两会”新闻与时政报道的观念及策略创新，同时搭建业界与学界的交流平台，进一步推进高校与媒体关于时政新闻报道的交流与研讨。

研讨会上，全国人大常委会办公厅新闻局局长何绍仁总结了此次人大会议报道的特点及相关问题；新华社高级记者、新华社全球电视点播台台长杨咏结合实践探讨了中国时政报道的新媒体传播趋势；《人民日报》驻全国人大常委会首席记者毛磊阐述了媒体的“两会”态度；中央电视台时政部制片人李东从视觉传播的角度出发，探讨了时政新闻的视觉展示；中央人民广播电台记者部主任郭静结合具体的报道案例，分析了民意调查在“两会”报道中的探索与创新；中国青年报国内时事部主任刘畅对媒体在时政报道领域逐渐增强的监督特色进行了研究；北京电视台记者徐京玲从实践操作的角度，交流了媒体如何深入基层，为“两会”营造新的舆论场的思考；凤凰卫视记者周庆元结合“两会”报道视角策划，交流了媒体独家新闻策划工作的体会；《中国记者》值班主编陈国权讨论了“两会”报道题材拓展的思考；《新闻战线》编辑部主任祝晓虎论述了“两会”报道与新闻创新。研讨会还特意邀请了新疆电视台驻京记者欧阳勇，从边疆民族地区的视角出发，对如何展现少数民族代表委员履职风采和多语种全方位立体报道全国“两会”进行了探讨。

（中国传媒大学文科科研处供稿）

2013年北京两界联席会议专家顾问会议 4月24日，北京市社会科学界联合会与北京市科协联合召开2013年北京两界联席会议专家顾问会议。陈佳洱、何祚庥、王一川等18位两界顾问围绕举办两界联席会议高峰论坛、京津冀晋蒙区域协作论坛以及促进首都自然科学界和社会科学界深度交流合作等2013年两界联席会议重点工作进行了研讨。市社科联党组书记韩凯同志出席并讲话。

（北京市社科联研究室供稿）

中国传媒发展论坛　4月28日，由清华大学新闻与传播学院主办的中国传媒发展论坛暨《2013年传媒蓝皮书》发布会在清华大学主楼举行。首届范敬宜新闻教育奖颁奖仪式同期举行。范敬宜新闻教育基金会理事长、全国人大教科文卫委员会主任委员、清华大学新闻学院院长柳斌杰，中华全国新闻工作者协会书记处书记顾勇华，经济日报社总编张小影，国家外文局副局长陆彩荣，人民日报社政治文化部副主任温红彦，中国人民大学新闻学院教授方汉奇，范敬宜之子、范敬宜新闻教育基金理事、中国矿业大学副校长范迅，中国新闻教育学会会长、中国人民大学新闻学院党委书记高钢，山东大众报业集团的总裁傅绍万，中央电视台高级记者、节目主持人白岩松等出席活动。清华大学副校长谢维和出席活动。在首先举行的新闻教育奖颁奖仪式上，新闻学院常务副院长尹鸿介绍了范敬宜新闻教育奖及本届评选情况。来自清华大学、北京大学、中国人民大学等8所高校的新闻专业在读学生获颁“新闻学子奖”，其中清华大学新闻学院张晔获得“新闻学子奖”，方汉奇和清华大学教授司久岳获得“新闻教育良师奖”，白岩松获颁“新闻教育良友奖”。柳斌杰表示，“范敬宜教育奖”的意义就是要形成社会合力，打造更宽阔的平台来培养新闻人才。希望今后有更多的新闻传媒机构、关心新闻教育事业的社会各界人士对“范敬宜教育基金”的发展提供更多的帮助和支持，让这项基金的规模和影响力不断扩大，成为促进中国新闻教育发展的重要力量。顾勇华在致辞中对清华大学新闻与传播学院和范敬宜新闻教育基金为中国新闻事业发展做出的贡献表示感谢。他表示，范敬宜先生坚持马克思主义新闻观，在新闻业务方面，特别是采编业务方面有非常坚实的基本功，对新闻价值有非常敏锐的判断力，坚定地坚持正确舆论导向，开创了一代优良的文风。希望同学们以范先生为榜样，将来成长为合格优秀的新闻工作者。谢维和在致辞中代表清华对支持范敬宜新闻教育基金的设立和新闻教育奖评选的机构和个人表示感谢，对获奖同学表示祝贺。他说，范敬宜先生在担任清华大学新闻与传播学院院长8年多的时间里，为清华新闻传播学科发展奠定了坚实的基础，使清华的新闻传播学科得到迅速的发展。谢维和表示，希望清华新闻专业师生，进一步培养作为一名新闻工作者的社会责任感，学习范敬宜先生的高尚品格，并落实到新闻工作实践中去。新闻学院2009级本科生张晔同学代表获奖同学发言，回顾了与范敬宜先生相处的点点滴滴，并表示范敬宜先生永远是自己追慕的榜样，自己将把获评范敬宜新闻教育奖视为一生的荣耀和前进的力量，把新闻作为一生的事业。颁奖仪式结束后，举行了中国传媒发展论坛。本次论坛主题为“大传媒时代的传媒发展”，传媒学界著名学者、传媒业界相关负责人就大传媒时代的传媒产业、传媒融合与创新和未来媒体发展等问题进行了深入的讨论与交流，探索传媒发展的创新模式。会上还发布了《2013传媒蓝皮书》。《传媒蓝皮书·中国传媒发展报告》（原《传媒蓝皮书·中国传媒产业发展报告》）由清华大学新闻学院传媒经济与管理研究中心牵头，联合国内外学术界众多专家学者共同编撰，是社会科学文献出版社“蓝皮书”系列中的一册，目前已连续出版9年。《2013传媒蓝皮书》提出了大传媒时代的传媒产业新的分析框架，不只关注以内容制造业为主的传统媒体产业，而是把传媒产业、通信产业、IT产业统合起来研究其关联变异。该书认为，今天的传媒产业主要由三大板块构成：传统媒体、网络媒体与移动媒体。这三大板块就像传媒的三原色，它们相互交叉融合、演变出无数的新媒体形态，并最终形成新的媒体行业。

（清华大学文科建设处刘金梅供稿）

《外交评论》系列讲座　5月3日、24日、31日，外交学院《外交评论》系列讲座在外交学院举行，内容分别是：系列学术讲座（三）由北京大学国际关系学院外交学系张清敏教授主讲。他以“中国外交的领导人个性特色——中国外交的心理学解读”为题，从国际政治心理学的视角出发，比较分析了中国领导人的个性特点及其对对外政策的影响。

张教授指出，中国传统的对外政策研究中较多关注国际体系特征对对外政策的影响。然而，这无法解释为何20世纪60年代国际体系没有发生变化，而中国的对外政策却经历了转型，以及90年代国际体系发生了巨大的变化，但是中国的对外战略和对外政策没有发生根本性变化。因此，有必要研究领导人个性对中国对外政策的影响。

系列学术讲座（四）由南开大学国际关系教授、中国国际关系学会副会长张睿壮做客外交学院，以“民族主义与中国外交哲学”为论题，反思当前我国国内社会对民族主义的误读，认为在当前国际大环境下，中国外交需要以民族主义作为核心价值。

民族主义在当今中国的误读源于自由派文人的曲解。民族主义指的是维护本民族的尊严、权利和利益的主张或立场。它是民族国家处于民族塑造和国家建构时期的主导意识形态，是时代的产物、历史的必然。当今世界虽然号称进入了全球化时代，但民族国家仍然是国际政治的基本单位和主要行为体。有必要排除两个偏差：狭隘民族主义与民族虚无主义。民族主义意味着民族认同和对民族的忠诚。健康的民族主义既不妄自尊大，也不妄自菲薄，既不崇洋媚外，也不抱残守缺。归根结底，就是要自信、自尊与自强。在具体行动中，民族主义是要坚持民族利益至上。为了吸引外资而一味忍让的行为不符合民族主义的基本要求，是基本立场出了问题。

系列学术讲座（五）由清华大学国际关系学系副教授、博导庞珣做客外交学院，以“宏观政策与微观决策的冲突——美国发展援助的官僚政治”为题，从美国官僚政治的特点和委托—代理理论出发，对美国对外援助政策的战略目标与实际输出间的偏差展开了理论分析和经验验证。

（外交学院科研处郦莉供稿）

中日关系中的钓鱼岛问题讲座 5月8日，来自清华大学中国当代国际问题研究院的刘江永教授应邀为外交学院师生做了一场题为“中日关系中的钓鱼岛问题”的讲座。讲座由外交学院国际关系研究所周永生教授主持。

刘江永教授对历史文献进行了深入细致的挖掘，举证了中国古籍《顺风相送》、《使琉球录》、《中山传信录》、《筹海图编》、琉球古籍《指南广义》以及日本《三国通览图说》中关于钓鱼岛的内容，并借鉴英国、法国出版的中国古书译本，以及日本出版的有关地图，以确凿的历史事实证明了钓鱼岛自古属于中国。同时，刘教授还通过对《日本一鉴》《台海使槎录》《重纂福建通志》的考证，证明了钓鱼岛在历史上隶属于福建、台湾的历史过程。随后，刘教授以生动的语言讲述了自甲午战争以来日本窃取钓鱼岛的历史过程，揭露了其侵略扩张的野心，对日本掌握的来自中国方面的所谓“证据”逐一认真地进行了分析和驳斥。刘教授就如何解决钓鱼岛问题提出了如下建议：第一，历史归属问题必须讲清楚，要让包括日本人民在内的世界人民都清楚钓鱼岛问题的由来；第二，坚持巡航，宣示钓鱼岛主权；第三，坚持中日之间4个基本文件精神，争取达成和平解决争端的共识。刘教授还提出了解决钓鱼岛问题的“零和”和“共赢”两种模式，建议正视双方主张的完全对立，就钓鱼岛危机管控问题进行磋商，实施事实上的“搁置”，进行多样化共同开发，并建议成立专门研究机构“钓鱼岛问题研究中心”。

（外交学院科研处郦莉供稿）

泛非主义与非洲复兴专题研讨会 5月24日，为庆祝非洲联盟成立50周年，驻华非洲使团在京举行专题研讨会。中国政府非洲事务特别代表钟建华、非洲协会秘书长艾哈迈德·哈贾奇与会并发言。来自中国和非洲国家的外交官、专家学者、政府官员以及媒体代表与会。

本次研讨会的主题是“泛非主义与非洲复兴”，与会者就“非洲统一组织/非盟的历史沿革”“通过非洲发展新伙伴计划实现非洲复兴”“区域经济共同体的作用”“中非深厚关系的历史渊源”“中非合作的经验与展望”等议题展开了广泛而深入的讨论。

钟建华在发言中说，中非友谊历久弥坚，中非合作的特点在于平等互利、全面开放、与时俱进。进入21世纪以来，随着双方高层互访频繁、加强政治互信、密切人文交流，中非关系的发展也进入了快车道。未来，双方应继续秉承中非友好的信念，深化各领域务实合作，加强在国际事务中的合作并加大民间交往的力度。

哈贾奇表示，非盟为维护非洲国家稳定、促进非洲经济发展及一体化发挥了重要作用。新时期，非盟面临新的挑战，道路是曲折的，但前景是光明的。中非合作论坛有力地推动了中非全方位合作。

（参见《人民日报》，2013年5月25日第11版）

第八届中国国际关系学会博士生论坛 5月25—26日，中国国际关系学会第八届博士生论坛在外交学院举行。此次博士生论坛由外交学院国际关系研究所承办。来自南开大学、复旦大学、北京大学、中国社会科学院世界经济与政治研究所、中国人民大学和外交学院以及《中国社会科学》《世界经济与政治》《当代亚太》《外交评论》《现代国际关系》《国际论坛》和社会科学文献出版社的多位专家、学者应邀参加了论坛。在经过严格的专家评审后，来自北京大学、暨南大学、上海外国语大学、东北师范大学、南开大学、华中师范大学、外交学院、武汉大学、华东师范大学、东南大学、复旦大学以及南京大学的16位博士生脱颖而出，入围参加本次论坛并做主题发言。

外交学院国际关系研究所所长卢静教授主持了论坛开幕式，中国国际关系学会秘书长、外交学院副院长朱立群教授和复旦大学国际关系与公共事务学院副院长苏长和教授分别致辞。

在整个论坛过程中，本着遵守学术规范、尊重学术、敬畏学术的精神，对所有入选论文进行了认真、客观、系统、深入的点评与探讨。此次入选的论文既有对历史经验的探讨，也有对热点问题的分析，既有对理论问题的探索，也有对具体问题的深究。总体而言，论坛入选论文主要涉及国际关系理论、中国外交、全球治理、中美关系、土耳其对外战略等方面。

本届论坛继续保持了与上届论坛所开创的博士生与期刊编辑的交流环节。希望通过博士生和编辑之间的直接交流、沟通，进而能够从事更有价值的问题研究，提升研究成果的发表概率。来自京内的国际关系研究综合类核心期刊的诸位编辑针对各自刊物的定位、选题范围、论文风格、审稿流程等进行了详细的介绍，并与博士生们就投稿问题进行了坦率的交流。

（外交学院科研处佟巍供稿）

心态决定国运：东亚和平与中国外交讲座　5 月 29 日，美国西东大学（Seton Hall University）怀特海德外交与国际关系学院的汪铮副教授在外交学院主讲了一场题为“心态决定国运：东亚和平与中国外交”的讲座。

汪教授开篇提出两个命题：“为什么国力越强，朋友越少？”和“为什么对于中国的感知，内部与外部不一样？”并提出世界对于中国的认识处于危机与混乱之中，存在一些完全两极的看法，诸如“中国威胁论相对于中国崩溃论”“中国要改变世界格局还是会更加融入世界”“执政党开明、高效还是腐败无能”等。汪教授提出“东亚是否会保持和平”的现实问题。他从历史的角度分析了雅典和斯巴达之间残酷的伯罗奔尼撒战争，指出一方实力变化导致另一方恐惧的修昔底德陷阱并提出“中美是否可以避免修昔底德陷阱”的命题。

汪教授指出中美现有问题的大部分原因在于心理层面的误解。今天的中美关系很大程度上建于想象之上，对诸多问题的理解与认知双方并不一致。如对于中国的变化，中国认为是复兴，美国则认为是崛起。在一个缺乏安全感的国际社会之中，民族主义的呼声总是更容易赢得关注和掌声，这种单一的声音一步步把大家推入陷阱。汪教授指出，只有主导的心态是积极、向上的，才会有利于国家、地区乃至世界，现在是中国认真反思和调整自己亚洲战略和政策的关键时期。应该在外交领导力的三大部分：政策制定力、说明力和执行力上有所行动。在南海争端中，中国应该承担设计师、规划人、召集人、劝诫者的角色。

（外交学院科研处郦莉供稿）

亚太安全合作研讨会　6 月 19 日，“亚太地区的安全与合作”国际学术研讨会在京开幕。中国国际战略学会会长、中国人民解放军副总参谋长戚建国在开幕致辞时说，针对亚太地区的安全争端，应用和平方式化解，多给“火药桶”降温，而非火上浇油。如果有人挑战中国核心利益，我们将寸步不让、坚决斗争。戚建国倡议各国尊重彼此关切，以合作求和平，以合作保安全。

为期两天的研讨会由中国国际战略学会和香港陈复生基金共同举办。澳大利亚前总理霍克和来自 20 多个国家的代表与会。

（参见《人民日报》（海外版），2013 年 6 月 20 日第 4 版）

首届中国非处方药广告传播论坛　6 月 26 日，由中国传媒大学国家广告研究院和中国非处方药物协会共同主办，中国广告博物馆协办，北京韵洪万豪广告有限公司承办的首届中国非处方药广告传播论坛及广告奖颁奖典礼在西安举行。中国非处方药物协会会长白慧良、副会长张承绪及会员代表，国家工商总局研究中心处长熊若愚，中国传媒大学国家广告研究院院长丁俊杰、广告学院院长黄升民等广告学界专家，优秀的中国 OTC 企业代表等百余人共同出席了此次活动。

会上，丁俊杰院长指出，本次论坛是中国传媒大学广告学术研究与行业之间共同探讨深化合作、创新实践的积极行动，其特色是“务实创新、跨界融合”。OTC 是一个重要且特殊的细分行业，OTC 广告的创作、传播和监管具有很强的专业性与约束性，国家广告研究院作为研究机构，具有为中国 OTC 广告的净化发展和创新升级建言献策的责任。

黄升民院长发表了题为“中国 OTC 广告观察及思考”的主题发言，理性解读了中国 OTC 广告的发展现状，并对未来中国 OTC 市场的发展前景做了前瞻性的思考。

其他业界专家也从不同的领域和角度分享了 OTC 广告传播的经验和观点，并共同见证了首届中国非处方药广告奖的颁奖典礼。

（中国传媒大学文科科研处供稿）

第二届世界和平论坛　6 月 27 日，第二届世界和平论坛在清华大学举行，国家副主席李源潮出席开幕式。他指出，和平、发展、合作、共赢符合历史进步潮流和各国人民共同愿望，各国应同心求和平、携手促安全，共同应对面临挑战，推进人类和平与发展事业。

开幕式前，李源潮会见了出席论坛的塞拉利昂总统科罗马、苏里南总统鲍特塞，以及马来西亚、巴基斯坦、法国、日本、美国、欧盟等外国前政要。

“和平论坛”是我国举办的首个非官方高级别安全论坛。本届论坛主题是“世界变革中的国际安全：和平、发展、创新”，来自 80 多个国家的专家学者和驻华使节等近 500 人参加了开幕式。论坛主席唐家璇主持开幕式。

李源潮说，和平是世界人民的第一需要，也是中国人民的第一需要，没有和平，任何建设事业都无从谈起。世界各国应和平共处，以和平方式解决争端和冲突，协力维护地区和世界和平。中国是坚持走和平发展道路的和平国家。希望各国都走和平发展道路，共同开辟人类和平发展的广阔前景。

李源潮说，安全问题是世界和平面临的重大挑战。各国应树立和平出安全、发展出安全、合做出安全、共赢出安全的新理念，坚持和平对话解决矛盾争端，加强国际合作应对安全挑战，通过共同发展从根本上消除安全隐患，坚持互利共赢，努力促进世界持久和平、共同繁荣。

（参见《人民日报》，2013年6月28日第3版）

传播政治经济学论坛 7月18日，传播政治经济学论坛暨中国传媒大学传播政治经济学研究所成立仪式在京举行。

在成立仪式后举行的传播政治经济学论坛上，与会的校内外专家学者围绕传播政治经济学的相关议题展开了热烈研讨。

主题为传播政治经济学研究的世界与中国视野的上午场讨论由何苏六教授主持，台湾政治大学冯建三教授和中国传媒大学赵月枝教授分别以“传播政治经济学研究的世界与中国视野：个人的考察经验作为前瞻出发点”和“传播政治经济学的中国问题与挑战：兼论跨文化传播政治经济学的出发点”为题带来了精彩演讲。

下午场的讨论由雷跃捷教授主持，主题为“马克思回来了——中国传播政治经济学研究的历史与现状”，复旦大学新闻学院吕新雨教授、清华大学新闻与传播学院王维佳博士分别带来了精彩演讲。

除了4位报告人的演讲之外，著名学者李彬、邱林川、姜飞、张艳秋的精彩点评以及刘建明、董关鹏、吴靖、田智辉、荆学民、郑保卫、刘自雄等诸位学者角度各异的精彩发言也令整场研讨精彩纷呈。

（中国传媒大学文科科研处供稿）

第五轮中美韩三边战略对话 7月13日，由中国人民大学国际关系学院中国对外战略研究中心与韩中智库网共同主办的第五轮中美韩三边战略对话会议，在中国人民大学召开。参加本次会议的美方人员为国防大学中国军事事务研究中心主任菲利浦·桑德斯（Philip C. Saunders）高级研究员，战略研究中心高级研究员詹姆斯·普里萨特（James J. Przystup），以及美国驻华使馆政治处杰·本森（Jay Benson）；韩方参会人员为韩国政府人权事务大使金庸弘（Kim Young Ho），韩中智库网主席、世宗区域研究部主任李泰桓教授，国防大学副校长、韩中智库协会副主席韩庸燮教授，韩国统一研究院朝鲜研究中心主任全星勋，国民大学教授朴熙海（Park HweeRhak），庆熙大学教授柳泰昊（JooJae-woo），以及韩国防务分析研究院申宝春（Shin Neom-Chul）；中方参会人员为世界发展研究所副所长丁一凡，清华大学国际关系系副主任孙学峰副教授，对外经贸大学国际政治系主任熊李立副教授，以及中国人民大学国际关系学院金灿荣副院长和成晓河副教授。

本次会议以“朝鲜半岛信任进程与东北亚和平倡议”（Korean Peninsula Trust-building Process and Northeast Asia Peace Initiative）为议题，对中美新型大国关系、中美韩在朝鲜半岛非核化问题上的合作以及东北亚地区和平与合作3个话题进行了较为深入的探讨。

（中国人民大学关晓斌供稿）

太平洋联盟进程座谈会 8月2日，太平洋联盟进程座谈会在京举行。秘鲁驻华大使古铁雷斯对太平洋联盟及其发展进程做了概括介绍。国内相关研究机构的专家学者、相关部委和新闻媒体等代表出席。

古铁雷斯指出，该联盟现已成为世界第八大经济体，联盟内年生产总值达2万亿美元，占整个拉美地区的35%。该联盟与其他经济体的贸易量占拉美地区的50%。2012年共吸引外国直接投资700亿美元。

墨西哥、哥伦比亚、秘鲁和智利4国于2012年6月在智利签署了太平洋联盟框架协议，标志这一区域经贸合作组织的正式成立。目前，该组织有成员国5个，包括中国、美国、加拿大、韩国在内的观察员国19个。

（参见《人民日报》，2013年8月3日第11版）

2013北京社会科学普及周开幕 9月17日，由中共北京市委宣传部、北京市社会科学界联合会、北京市科委共同主办的2013北京社会科学普及周在奥林匹克公园开幕，活动主题为“我的梦——中国梦”。崔耀中同志出席并致辞。韩凯、朱世龙、王丽竹、孙瑛、吕家香、曲仲等领导出席并向市民代表赠送了科普读物。500多名社区群众参加了活动。开幕式上，中国电影博物馆、海淀区花园路街道办事处等5家单位被命名为社科联第三批社科普及试验基地并接受颁牌。北京社会科学普及周自2001年创办以来，已经成功举办了11届，本届科普周主会场科普园，将开展中国梦和党的十八大精神为主要内容的展览，同时在西城区设分会场；各区县文化场馆也将举办以党史教育、中国梦等为主题的讲座，实现市区联动、资源共享，集中一周时间向广大市民提供科普服务，有效发挥社会科学普及活动的辐射和带动作用。

（北京市社科联研究室供稿）

2013气候传播国际会议 10月11—13日，由中国气候传播项目中心、耶鲁大学气候传播项目、中国人民大学新闻与社会发展研究中心、新闻学院、乐施会联合主办，中国人民大学环境学院、统计学院、欧洲学院、联合国气候变化与环境主题工作组以及中国新闻出版研究院协办的2013气候传播国际会议在中国人民大学举行。这是气候传播领域的首次大规模专门性会议，本次主题是“气候传播：角色定位与全球合作”。中国气候传播项目中心顾问委员会主任、中国人民大学新闻学院院长赵启正，中国人民大学新闻与社会发展研究中心主任郑保卫，国家发改委应对气候变化司司长苏伟，中国人民大学常务副校长冯惠玲，耶鲁大学气候传播项目主任安东尼在开幕式上致辞；中国人民大学荣誉一级教授方汉奇出席开幕式。来自英、美、俄、印、瑞典、比利时、墨西哥等国的专家学者、媒体、NGO 和企业人士，以及联合国机构和政府部门代表出席会议。本次会议明确了气候变化归根到底是个发展问题、气候变化的治理和应对离不开媒体与传播、气候传播的核心主体是公众以及借助气候传播的纽带建立友谊加强联系开展合作等 10 项共同认识。会议旨在使这些认识成为共识，为气候传播研究扫清认识上的障碍，同时为与国内外加强联系、建立友谊和开展合作奠定基础。

（中国人民大学科研处关晓斌供稿）

新时期的中俄关系国际研讨会　10 月 12 日，由教育部区域和国别研究培育基地北京师范大学俄罗斯研究中心、外国语言文学学院举办的新时期的中俄关系国际学术研讨会在京师大厦召开。来自中国、俄罗斯、白俄罗斯、日本、蒙古国的多所著名高校和科研机构的 120 名专家学者参加了研讨会。郝芳华副校长在致词中指出，北京师范大学一贯重视俄语及俄罗斯研究，有着优秀的俄罗斯研究的传统，以及优质的学术研究资源。成立于 2012 年的教育部区域和国别研究培育基地北京师范大学俄罗斯研究中心，横跨外文学院、马克思主义学院、历史学院、哲学与社会学学院、教育学部、法学院、艺术与传媒学院、文学院、汉语文化学院九大部院，涉及俄罗斯语言文学、哲学、历史、教育、法学、国际关系、艺术等多个领域，取得了国家级、省部级多项学术成果，开创了新的协同创新模式，形成了良好的学术氛围与团队合作精神。中心自成立以来，整合优势资源，在国内外开展了一系列有影响的活动。

圣彼得堡经贸大学副校长拉·尼·波利索格列普斯卡娅在开幕式的发言中，高度肯定了两校之间的合作，并向与会代表详细介绍了该校与北京师范大学俄罗斯研究中心合作完成的专著《全球化空间中金砖国家的发展》。研讨会由大会主旨发言与 4 场分组发言组成。专家、学者们分别就新时期中俄外交的新变化、区域和国别研究的热点与难点、中俄意识形态比较研究、俄罗斯语言文学、历史哲学、艺术文化研究、法学研究、中俄经贸关系研究、中俄教育比较研究、汉学研究等领域的问题进行了探讨。俄罗斯研究中心主任刘娟在闭幕式上表示，只有加强各个学科之间的合作与交流才能使俄罗斯学的研究向纵深推进，只有关注对青年学者的培养才能保障俄罗斯学研究的持续发展。大会汇聚了俄语学术界各领域的科研力量，呈现出明显的综合性、包容性、交叉性，为传统的学术研究与区域和国别研究的交融提供了一个优质平台，体现了俄罗斯研究中心为国家战略需求服务，为中俄互利友好交往的需求开展研究的特色。

（北京师范大学社科处刘娜供稿）

第四届全国深度报道研讨会　10 月 12—13 日，由清华大学新闻学院与中国青年报共同主办的第四届全国深度报道研讨会大数据时代的深度报道在清华大学举行。清华大学新闻学院常务副院长尹鸿出席开幕式并致辞。美国彭博新闻社执行主编、亚太区总编兼新闻学院教授李·米勒，新闻学院副院长陈昌凤等就数据挖掘、大数据时代的深度报道做主题演讲。多数与会者认为，深度报道生产在大数据时代将面临新问题，有必要提高从事深度报道的记者、编辑利用大数据生产新闻的能力，加强传统媒体与新媒体的合作。会上，中山大学传播与设计学院副院长张志安指出，政府公开的信息数据是一个重要的数据来源。李·米勒持相同观点。武汉大学信息管理学院教授沈阳认为，在大数据中进行搜索，可以沿着搜索链进行信息真伪的辨别。并对大数据时代的深度报道提出 3 个要求，即精准、精确、精巧，做深度报道的记者既要有理性思维，又要有人文关怀。清华大学新闻与传播学院副院长陈昌凤则进一步指出，大数据时代建立在相关关系基础上。人民网舆情监测室秘书长祝华新认为，在互联网信息真伪难辨的情况下，不能做鼠标记者，不能根据网络热点信息写新闻，而要对网络信息去伪存真，为网民情绪扶正抑偏。《财经》杂志副主编罗昌平表示，在新媒体迅猛发展的前提下，未来的深度报道记者将依赖 3 种能力：网络工具的娴熟使用，包括微博、搜索引擎等；维系采访能力、突破能力以作为安身立命之本；专业分析工具，即在传播学、社会学、经济学、法学等方面有一技之长。在研讨会的圆桌讨论环节，业界专家学者以及亲身报道多个热点新闻事件的记者，就如何挖掘和分析有新闻价值的数据和如何利用大数据进行深度报道的生产展开讨论。全国 40 多家都市类媒体深度报道部负责人、分管领导和新媒体人士参加会议。

（清华大学文科建设处刘金梅供稿）

2013 年电视高峰论坛　10 月 13 日，由中国传媒大学新闻传播学部主办的 2013 年电视高峰论坛在图书馆阶梯报告厅举行。国家新闻出版广电总局网络视听节目管理司司长罗建辉、宣传管理司司长高长力，中国传媒大学副校长袁军等领导出席。新闻传播学部部长高晓虹、《现代传播》主编胡智锋主持会议。

此次论坛关注全媒体背景下传媒行业的新机遇、新挑战、新合作，就跨媒体视角下的内容产业发展、台网融合的突破与创新进行了深入的探讨。

论坛围绕"移动互联时代的电视节目创新的探索""新媒体环境下电视台内容生产机制创新""电视节目形态创新""互联网电视的发展与变革""新媒体语境下电视节目的多级传播"等议题进行了圆桌讨论。出席论坛并发表主旨演讲的有本次论坛的联合主办方搜狐视频总裁刘春，来自中央电视台及近40位省级卫视和城市电视台的领导，以及中国人民大学、复旦大学、北京大学、华中科技大学等100多位全国各地的专家学者。

（中国传媒大学文科科研处供稿）

第二届中拉学术高层论坛　由中国社会科学杂志社、中国社会科学院拉丁美洲研究所及巴西圣保罗州立大学孔子学院、智利安德烈斯·贝略大学中国研究中心、阿根廷科尔多瓦国立大学社会与文化研究中心联合主办的第二届中拉学术高层论坛日前在北京举行。本届论坛以"城镇化：公平正义与社会政策——来自中国拉美国际经验的比较"为主题，中国、巴西、阿根廷、智利等国的30余名专家学者从经济学、公共管理学、社会学、法学、历史学等角度，对城镇化进程中的热点与难点问题进行了研讨。

与会专家介绍了拉美国家在推进城镇化的过程中出现的"城市内部"问题及其治理经验，并指出其中的一些困境也是当前中国城镇化进程所面临的问题。未来10—20年，中国的城镇化仍将处于快速发展期，其能否健康可持续发展在一定程度上将决定中国经济的未来。推动中国城镇化的健康快速发展，需要从世界城市整体发展史视野出发，多学科多视角考察中国拉美城镇化的理论和实践逻辑。专家认为，城镇化不仅是工业化、现代化的一大课题，更是涉及社会公平正义的重要现实问题。中国城镇化发展的关键应当是提高城镇化质量，实现经济发展与社会公平的均衡化。中国的城镇化政策应重视市民的身份认同，着力打破"城—乡""本地—外地"的双重二元分割，形成统一的社会公民身份，助推城镇化进程。

（参见《光明日报》，2013年10月20日第7版）

第二届中国与东亚国际学术研讨会　10月19—20日，由中国政法大学政治与公共管理学院、东亚国际问题研究中心主办，日本国际交流基金协办的第二届中国与东亚国际学术研讨会在中国政法大学昌平校区国际交流中心举行。研讨会主题为："东亚地区秩序的构建：协商与合作"，来自日本、俄罗斯、韩国、美国、英国、新西兰等国的14位学者，以及来自北京大学、清华大学、中国人民大学、北京师范大学、吉林大学、上海交通大学、中国社会科学院、外交学院、国防大学等院校的50余名学者和专家与会。

研讨会议程按主题报告会、分组讨论、总结发言3个部分进行。

在主题报告会中，国内外学者从不同的视角阐释了他们对东亚地区秩序构建尤其是中国与周边国家的协商与合作的现状与未来的理解和分析。

分组讨论由3个专题小组组成。专题内容分别为东亚地区协商与合作的理论探讨和现状研究、中国外交的协商与合作及地区秩序构建中的中国与东亚。国内外学者就这3个专题各抒己见，并进行热烈的学术讨论。

在总结发言阶段，上海交通大学翟新教授、外交学院外交系主任张历历教授和中国现代国际关系研究院冯玉军所长分别代表3个专题小组做了总结发言。学者们据此进行了进一步的探讨，并与在场学生交流。

（中国政法大学科研处刘璐供稿）

首都社科理论界研讨贾立群精神座谈会　日前，市委宣传部、市社会科学界联合会举办首都社科理论界贾立群精神座谈研讨会。专家们认为，贾立群精神最突出的就是他能在平凡的岗位上做出不平凡的事迹。

来自中国社会科学院、北京大学、中央财经大学、首都经济贸易大学、中国人民解放军装甲兵工程学院、北京青年政治学院、北京第二外国语学院、首都师范大学、北京走进崇高研究院等单位的专家学者，以及市社科理论单位代表、社科工作者代表近100人共同探讨贾立群精神的思想内涵。

全国道德模范贾立群是北京儿童医院的一名B超医生，他多年不吃午饭，只为让患儿减少空腹等候时间；他一直蜗居在医院附近40平方米的职工宿舍，只为能够24小时随叫随到；他几十年不睡安稳觉，一夜起来出诊十几次，只为让患儿得到最及时的诊疗……这样的坚守和付出，数十年如一日。

中国社科院研究员陈瑛表示，贾立群既平凡又不平凡，我们也都是平凡岗位上的普通人，但工作做得更好　点，就在迈向崇高的路上前进一步，人格境界也上升一级；北京大学医学部教授丛亚丽说，贾立群用行动诠释了医生这个神圣的名字。

与会专家表示，首都理论界一定把提炼阐释和宣传践行贾立群精神紧密结合起来，把社科理论研究和实际应用紧密结合起来，以贾立群同志为榜样，立足本职、敬业奉献，努力为推动首都科学发展提供强大的精神动力。

(参见《北京日报》，2013年10月24日第2版)

中美首届英语新闻媒体比较论坛　10月27日，夏威夷大学马诺阿校区社科部部长Denise Eby Konan教授率代表团出席由北京大学与夏威夷大学联合举办、北京大学新闻与传播学院承办的中美首届英语新闻媒体比较论坛。夏威夷大学马诺阿校区社科部部长、北京大学校长助理、社科部部长李强等参加本次论坛。下届中美英语新闻媒体比较论坛将在夏威夷大学召开，届时，双方将延续本届论坛相互理解、相互学习、相互尊重与包容的良好氛围，就中美英语新闻媒体关心的问题进行深入交流。

(北京大学社会科学部供稿)

中国外交政策的演变与中美关系国际研讨会　11月5日，由北京大学美国研究中心与美国著名智库新美国安全中心(Center for a New American Security)联合举办的中国外交政策的演变与中美关系国际研讨会在北京大学国际关系学院举行。来自北京大学、中国国际问题研究所、国防大学、军事科学院以及美国、瑞典、丹麦的近20位学者参加了这一学术研讨会。北大国际关系学院院长王缉思教授和新美国安全中心资深主任Patrick Cronin博士首先为研讨会致辞。王缉思教授认为国内政治和国际环境共同推动着中国外交政策的演变；Cronin博士则认为现在的中国外交政策变化吸引着国际社会的广泛关注，在此背景下，中美关系的发展与外交政策的研究尤为重要。随后，会议围绕目前中国外交政策的变化及其对中美关系的影响等问题进行了深入交流与探讨。

研讨会包括以下议题：影响中国外交政策的关键因素、中国地区安全形势的变化以及经济因素对中国国家安全战略的影响等问题；中国外交政策将如何适应国家利益的扩展和实力的增强，以及未来中国外交政策将会如何发展；中国的崛起对中美关系的影响。

(北京大学社会科学部供稿)

中国新闻发布实践与创新论坛　11月9日，“十年再出发——中国新闻发布实践与创新论坛”在北京大学召开。中央部委、企业新闻发言人、学界和业界的专家学者参加论坛，回顾过去十年我国新闻发布制度发展历程，论道新闻发布“十年再出发”。作为2003年9月中国政府新闻发言人“黄埔一期”培训班的主讲人之一，清华大学新闻学院副院长史安斌应邀出席论坛，并做题为“全媒体新闻发布的创新路径”的主题演讲。史安斌对中美新闻发布制度的历史经验进行了比较分析，指出“跨界”和“跨媒体”已成为全媒体时代新闻发言人的专业资质与核心竞争力。未来10年，新闻发布将从单向线性的宣传模式向多向循环的传播模式转变；从信息模式向叙事、对话模式转变；从符合传统媒体需求的模式向符合社会化媒体需求的模式转变。

(清华大学文科建设处刘金梅供稿)

北京国际民间友好论坛　11月14日，由北京市人民对外友好协会与西城区人民政府共同主办的2013北京国际民间友好论坛在北京举办。论坛分为主题论坛、3个分论坛、成果交流展示三大板块，会议期间将对“城市建设和管理”“教育文化与国际交流”“民间文化建设”等一系列话题展开深入讨论，为北京建设中国特色世界城市建言献策。

据悉，本届论坛将邀请20多个国家80多个国际机构的政要、专家、国际友好组织和友好城市代表参加。

北京国际民间友好论坛每两年举办一次，2011年第一届论坛邀请了来自28个国家50个友好组织的国际友人共同探讨民间外交对推动国际交往、创建世界城市所起到的积极作用。

(参见《北京日报》，2013年11月3日第2版)

中韩第三届联合论坛(2013)　11月23—24日，北京大学社会学系和首尔国立大学社会学系第三届联合论坛在北京大学举行。来自北京大学社会学系和首尔国立大学社会学系的教授、研究生近30人参加了此次论坛并做会议报告。论坛由北京大学社会学系副主任朱晓阳教授和韩国首尔大学系主任Jung Keun-sik教授共同主持。

本届论坛以“现代化探索：城市化、环境与冲突”为主题，中韩双方师生围绕论坛主题，结合各自研究领域做17场学术报告。论坛关注的焦点包括：城市化下宗教场所的意义，医疗保障与社会冲突，计划生育政策，女性政策、村民抗争、土地合法流转权、都市社会的形成、网络公共知识分子、都市公共文化以及留学生文化适应等。

本次论坛不再采用以往教授与研究生分论坛报告的形式，而是将所有报告集中在一场论坛中进行。新的报告形式收到了很好的效果，中韩双方建议将此种形式在下一届论坛中延续。

北京大学社会学系与首尔国立大学社会学系双边学术交流活动始于2009年，每两年举办一次。第一次联合论坛于2009年11月在北京大学举行，2015年将在韩国首尔大学举行第四届联合论坛，希望在新的社会改革和转型背景下，双方开展更加深入的交流。

(北京大学社会科学部供稿)

国际教授工作室之中美新闻素养论坛 12 月 3—4 日，中国传媒大学传播研究院与美国石溪大学新闻学院联合承办的中美新闻素养论坛在京召开。

论坛开幕式由中国传媒大学传媒高等教育国际联盟秘书长、国际交流与合作处副处长罗青主持，新闻传播学部副学部长吴敏苏参加了开幕式，传媒教育研究中心主任张开担任论坛召集人。参加论坛的学者分别来自清华大学、北京外国语大学、北京交通大学、厦门大学、兰州大学、浙江传媒学院、新乡学院以及中国儿童中心。

此次论坛作为传媒高等教育国际联盟主办的“新闻素养教育”国际教授工作室系列学术活动之一，旨在面对日趋复杂的新闻环境，探讨如何通过新闻素养这一话题来帮助广大受众实现传播角色的转变，即从纯粹的消费者到主动自发性传播者，从信息的盲从者到睿智的、有社会责任感的信息使用者。

（中国传媒大学文科科研处供稿）

政党外交研究座谈会 12 月 5 日，外交学院政党外交研究中心在外交学院举行 2013—2014 年度创新项目“当代中国与拉美非建交国政党外交研究”结项暨政党外交研究座谈会。中联部研究室柴尚金研究员、中央编译局政党处处长林德山研究员以及外交学院孙吉胜教授、赵怀普教授、高飞副教授、熊炜副教授等校内外专家学者与会。基础部主任王立教授应邀到会。座谈会由政党外交研究中心主任余科杰教授主持。

余科杰教授首先就当代中国与拉美非建交国政党外交研究这一项目情况以及所提交的当代中国与拉美非建交国政党外交的历史发展及基本特征的项目研究报告（论文）进行介绍，并就当前政党外交研究中心正在做和将要做的一些研究工作和计划做了简要汇报，并就政党外交的研究现状、存在的问题等进行了简要说明，希望各位专家围绕政党外交，特别是外交学院如何深入和加强政党外交研究等问题，提出意见和建议。与会专家对项目负责人余科杰教授提交的“当代中国与拉美非建交国政党外交的历史发展及基本特征”的项目研究报告给予了充分肯定，对政党外交研究中心创新项目的结项方式也给予了充分肯定。

（外交学院科研处郦莉供稿）

首届互联网治理论坛 12 月 8 日，由中国传媒大学文法学部主办的首届互联网治理论坛暨互联网治理专家智库成立仪式在学校图书馆举行。

胡正荣副校长在致辞中指出，互联网对世界政治、经济和法律秩序影响越来越大，迫切需要对相关问题提出解决方法和新的思路。本次会议聚焦的互联网秩序与安全、人格权、版权等问题是今年网络治理的重点领域，希望本次论坛的举办能为中国互联网治理做出贡献。

在论坛的主旨发言环节，来自国家互联网信息办公室、北京市网络新闻监管中心、工业和信息化部、文化部政策法规司、首都互联网协会和中央电视台等单位的相关领导，分别就十八大报告与中国互联网治理政策的走向、网络发展对国家主权的影响、中国网络立法存在的主要问题、下一步网络治理的基本思路、网络治理应当遵循的基本原则以及网络发展对版权保护提出的挑战等主题发表了各自的看法。来自英国牛津大学比较传媒法研究中心的 Paolo Cavalier 教授还介绍了欧盟和美国在处理相关问题上的经验。

论坛期间还举办了 4 个分论坛。分论坛主题分别是互联网秩序与安全、互联网人格权与财产权的保护、互联网版权理论和互联网版权实务。

（中国传媒大学文科科研处供稿）

第七届全国新闻学与传播学博士生学术研讨会 12 月 10 日，由中国传媒大学主办、新闻传播学部传播研究院承办的第七届全国新闻学与传播学博士生学术研讨会在中国传媒大学举行。廖祥忠副校长，中国社会科学院新闻与传播研究所副所长唐绪军，新闻传播学部传播研究院院长雷跃捷、副院长陈卫星等出席开幕式。

在主题演讲环节，唐绪军副所长做了题为“学问有道、撰文有术”的演讲，他以 2012 年全国新闻传播学年度优秀论文遴选出的优秀作品为例，介绍了优秀学术论文所应具备的基本品质和学术规范性；结合国内新闻传播学领域核心期刊《新闻与传播研究》杂志对来稿的处理原则，解析了期刊论文写作应注意的问题。正在中国传媒大学主持学术工作室的哥伦比亚哈维里亚那天主教大学 Juan-Carlos Valencia 教授做了题为“拉美地区传媒概况”的演讲，他从拉美地区殖民主义历史语境和“拉美”这一概念的思想史语境入手，详细介绍了这一复杂社会历史语境下拉美地区的商业、公共和社区媒体发展的历史与现状。

本次研讨会共设有信息传播与社会治理、新闻传播理论与历史、新媒体研究、传媒产业与实务以及国际传播等不同主题的论文宣讲环节。来自中国社会科学院、北京大学、中国人民大学、厦门大学、四川大学、浙江大学、中国传媒大学等全国各地高校新闻传播学专业的博士生代表参加了各场次的论文宣讲和讨论。中国传媒大学新闻传播学相关领域的著名教授及中青年学者就同学们宣读的论文进行了学术点评，现场研讨气氛热烈。

（中国传媒大学文科科研处供稿）

两界联席会议高峰论坛 12 月 12 日，2013 北京自然科学界和社会科学界联席会议高峰论坛在北京科技活动中心举行，两界联席会议顾问韩震、白暴力、陈禹、雷家骕、何祚庥、尹伟伦、曹凤国、李皓、陶铁男、王渝生、张开逊、吴季松、张明国以及来自首都自然科学界和社会科学界的相关专家学者、社会组织代表70余人参加论坛。市社科联党组书记、常务副主席韩凯代表主办单位致辞，论坛由市科协党组书记、常务副主席夏强主持。

韩凯书记在致辞中指出，当前全面深化改革是大势所趋、发展所趋，是解决首都发展面临的各种问题和挑战的唯一选择。面对发展空间饱和，人口资源环境约束明显，中心城市功能集中，大城市病显现等问题，强化实施文化驱动、科技驱动、双轮驱动的任务迫在眉睫。准确把握“中国梦”与首都的结合点，以“中国梦”凝聚首都力量，以增强自主创新能力为核心，全面实施文化科技双轮驱动，实现首都经济社会转型发展重点内容和关键环节的新突破，使创新驱动成为首都实现科学发展的灵魂和动力，是今天论坛研讨的目的。希望两界专家学者能够继续发扬论坛的优良传统，深入学习贯彻党的十八届三中全会精神，按照6个“紧紧围绕”的要求，全面领会全会提出的新思想、新观点、新论断，紧紧围绕“中国梦”与首都工作的结合点，着眼于解决新时期首都可持续发展的重大问题，畅所欲言、充分交流、相互启发、集思广益，促发新的思想火花，为首都的科学发展做出新的贡献。

论坛以“创新驱动，转型发展，实现中国梦”为主题。对外经济贸易大学教授梁蓓、首都师范大学教授魏明建、北京联合大学副教授刘啸、北京市化工研究院总工程师钱志国、北京工业大学特聘教授林耕、北京绿创环保集团有限公司董事长姜鹏明等6位专家学者围绕论坛主题，分别从智慧城市与社会管理创新、首都圈生态文明建设之区域合作社会机制创新、关于解决北京交通拥挤的新视角、发挥市属科研院所作用，服务首都科技创新、知识产权管理在科技体制创新中的应用以及充分发挥企业在科技体制创新中的主体作用等角度发表主题演讲。与会两界专家顾问还围绕论坛主题与发言专家进行了交流和互动，对两界联席会议10年来致力两界学科交叉融合、服务首都科学发展的平台作用给予了肯定。

（北京市社科联学术活动部供稿）

第五届全国经济新闻改革与发展研讨会 12 月 14 日，由北京工商大学艺术与传媒学院主办的第五届全国经济新闻改革与发展研讨会暨第三届高校大学生经济新闻作品大赛举行颁奖会。来自中央电视台、中央人民广播电台等媒体机构的业界精英、清华大学、中国人民大学等众多知名高校教师近百人出席了此次活动。

中国青年报总编辑张坤、清华大学新闻与传播学院教授郭镇之、中央电视台节目研发部主任候克宇、资深财经媒体人贺宛男围绕“大数据与经济新闻”发表了精彩的主题演讲。北京工商大学教师与其他参会代表近百人围绕大数据与经济新闻生产方式变革、媒介形态变革与财经媒体发展创新、全媒体时代与经济新闻人才培养 3 个分议题进行了热烈研讨。

由北京工商大学主办的全国经济新闻改革与发展研讨会已走过第 10 个年头，高校大学生经济新闻作品大赛也走过第 6 个年头。与会者表示，艺术与传媒学院新闻系组织举办的研讨会和颁奖会为加强业界与学界以及校际间沟通，促进经济新闻深入研讨和学生实践能力培养、搭建起了宝贵的平台，具有重要的意义。

（北京工商大学科学技术处供稿）

新媒体时代 MBA 创业投资发展论坛 12 月 15 日，由中国传媒大学 MBA 学院与北京 MBA 联盟共同主办、中国传媒大学 MBA 联合会和校友会共同承办的新媒体时代 MBA 创业投资发展论坛暨北京 MBA 联盟10 周年主席峰会在中国传媒大学举办。吕志胜副校长，MBA 学院院长张树庭、书记薛永斌，北大纵横管理咨询集团创始人王璞，贝恩咨询全球合伙人丁杰，央广传媒副总裁周竟东，中国中小企业协会副会长王丰，梧桐树资本合伙人刘乾坤等嘉宾出席论坛。来自北京大学、清华大学、中国人民大学、对外经济贸易大学、北京航空航天大学、中央财经大学、北京师范大学、北京理工大学等 31 所北京地区 MBA 院校共计 400 余位师生参加论坛。

会上，与会嘉宾和各校 MBA 校友共同探讨了 MBA 关注的热点话题，揭示经济现象背后的管理真谛以及企业家的成功之道。

北京电视台、北京青年报社、新京报社、京华时报社、人民网、新浪网、腾讯网、新华网、搜狐网、网易及 MBA 行业媒体等 40 余家媒体现场采访报道了此次活动。

（中国传媒大学文科科研处供稿）

全媒体时代新闻发言人研讨会 12 月 15 日，由清华大学伊斯雷尔 · 爱泼斯坦对外传播研究中心和中国人民大学新闻与社会发展研究中心、复旦大学国际公共关系研究中心共同主办的“风雨十年 · 砥砺前行”——中国政府新闻发布工作制度化建设 10 周年暨全媒体时代新闻发言人研讨会在京召开。来自全国各地政府、企事业单位、社会机构的新闻发言人代表，以及部分专家学者、媒体代表与会，围绕我国新闻发言人制度建设的10年历程进行了深入研讨。中国人民大学新闻学院院长赵启正、新闻与社会发展研究中心主任郑保卫，清华大学新闻学院副院长、伊斯雷尔·爱泼斯坦对外传播研究中心执行主任史安斌，复旦大学国际公共关系研究中心主任孟建，原教育部新闻发言人、教育部语文出版社社长王旭明，原公安部新闻发言人武和平，国家卫生计生委新闻发言人毛群安等出席研讨会。史安斌在发言中比较了中美新闻发布制度的发展，指出传统新闻发布渠道"第一落点"已经丧失，新闻发布受到"信息娱乐化、观点话题化"的挑战。建议今后新闻发言人应设立准入机制，设置"全知全能"的授权机制；要采用叙事模式设置议题，对话模式回应关切；使用全媒体语言发布核心信息。

（清华大学文科建设处刘金梅供稿）

中国梦与法兰西讲座 11月20日，外交学院邀请中国前驻法国大使蔡方柏做了题为"中国梦与法兰西"的讲座。讲座由法语国家研究中心主任齐建华教授主持，由外语系、法语国家研究中心、科研处合办。蔡大使的讲座分为3个部分：中国梦与法兰西；法国对外政策；中法关系。

在第一部分中，蔡大使介绍了4方面内容：中国梦的内涵；中国梦与世界的关系；法兰西助推中国梦；扩大开放，实现中国梦。第二部分为法国对外政策。蔡大使介绍了法国外交的3个特点：法国外交政策逐步形成并不断调整；调子很高，能力有限；目标在于谋求大国地位。现在随着法国国力的下降，法国对外政策主要集中在民主、人权、价值观方面，强调多边主义和突出联合国的作用。第三部分谈及中法关系。中法建交50年来，中法关系取得了长足发展，具有战略性和典范性，这符合两国的利益，因为两国无利害冲突，独立性都比较强，在国际上的分歧点远远小于共同点。中国要重视发展中法关系，因为法国同中国建交、领导人访华都带动了一批国家调整对华政策；同时法国也重视同中国发展关系，因为世界的政治、经济中心正向亚太转移，而中国正是亚太的一个大国。虽然法国的外交政策具有两面性，中国依然要发展中法关系，既要发展，又要斗争，斗争是为了更好地发展。

（外交学院科研处郦莉供稿）

中国电视新闻节目马克思主义传播效应研究论坛

12月20日，由中国传媒大学马克思主义传播与大众化研究中心主办，中央电视台新闻中心等单位支持的中国电视新闻节目马克思主义传播效应研究论坛在中国传媒大学召开。中国传媒大学党委副书记刘利群出席论坛。求是杂志社、中央编译局、国家行政学院、中国人民大学等专家学者，中央电视台地方记者站、太原电视台等媒体人共30余人参加论坛。

本次论坛的主题是"中国特色社会主义核心价值观和党的路线方针政策主旋律如何通过电视新闻节目有效地传播到千家万户"。围绕这一主题，主论坛展开了以下3个板块的研讨。

一是"媒体声音"。中央电视台的多个记者站站长介绍了电视人深入基层，报道主旋律，传递正能量，做好公共社会舆论的正确导向实践及其面临的困惑、问题和挑战。

二是"专家解读"。求是杂志社副总编辑黄中平、中国传媒大学校长助理王志研究员、中央电视台新闻评论部孙金岭、国家行政学院王伟、中国人民大学邱吉副教授、中国传媒大学党委宣传部部长陈作平等嘉宾进行了精彩的解读。

三是"百花齐放"。来自中国人民大学、中国传媒大学等高校的青年学者进行了广泛深入的交流。

在分论坛上，与会人员以中央电视台新闻频道"朝闻天下""2013大学生就业公益行动""新闻周刊"等节目为例，分析探讨了有效传播中国特色社会主义核心价值观的前提、经验、启示以及如何培养提高电视新闻工作者的媒介素养等问题。

光明日报、光明网、人民网、中国网、中国文明网、中国文艺网、中国教育新闻网、搜狐网、思想政治工作研究、社会科学报、北京教育等多家媒体对本次论坛进行了报道。

（中国传媒大学文科科研处供稿）

2013·学术前沿论坛 12月20日，由北京市社会科学界联合会和北京师范大学共同主办的"2013·学术前沿论坛"主论坛在北京师范大学英东学术会堂演讲厅举办。北京师范大学党委书记刘川生致辞，北京市社会科学界联合会党组副书记梁立新、北京师范大学副校长曹卫东主持。中国教育学会会长钟秉林、北京外国语大学校长韩震、国务院发展研究中心社会发展部部长葛延风、最高人民法院研究室副主任郃中林、清华大学经管学院教授李宏彬、北京师范大学教育学部部长石中英做主题演讲。来自首都社会科学界的专家学者及北京师范大学师生300余人参加了会议。

刘川生同志代表主办双方在致辞中指出，学术前沿论坛是首都社科界的年度盛会，经过13年的发展，已经成为集中展示人文社会科学领域最新研究成果、推动学术创新的品牌活动。本届论坛同时也是研讨贯彻十八届三中全会精神的一次盛会。深化教育领域综合改革，是实施人才强国战略，建设创新型国家的现实要求。面对时代变革的挑战，我们必须进一步深化教育领域里的综合改革，注重人才培养与时代变迁，变化全方位适应，发挥好教育在国家创新体系中的重要支撑作用，真正使中国成为世界高素质人才的集聚地，成为全球科技发展的支柱力量，要赢得主动，赢得优势，赢得未来。论坛邀请了教育、哲学、法律、经济、管理等不同学科领域的知名专家共同探讨，势必为推进教育改革拓展新思路，为提升民族综合素质提供新思想，为办人民满意教育的教育梦做出独特的学术贡献。

本届论坛以学习贯彻党的十八届三中全会精神为宗旨，以“中国梦：教育变革与人的素质提升”为主题，这是北京学术前沿论坛首次聚焦教育变革。钟秉林会长就深化综合改革、涉过教育改革“深水区”，韩震校长就“教育与国家认同”，郜中林副主任就“从未成年人犯罪看制定家庭教育法的必要性和紧迫性”，葛延风部长就“抓住关键问题，促进教育事业更加健康发展”，李宏彬教授就“从劳动力市场看教育改革”，石中英部长就“价值教育与公民培养”进行了精彩的演讲。在互动环节中，现场观众积极提问，会场气氛热烈。

经过13年的发展，学术前沿论坛已经成为集中展示人文社会科学领域最新研究成果、推动学术创新的品牌活动。12月15—22日，12个学会的学术前沿论坛学会专场也在北京师范大学陆续举行。

（北京市社科联学术活动部供稿）

海峡两岸媒体前瞻论坛　12月22日，2013海峡两岸媒体前瞻论坛在北京举行。与会的两岸媒体人纷纷表示，期盼尽快开放两岸媒体常驻。

中共中央台办、国务院台办主任张志军在致辞中说，两岸关系和平发展进入巩固深化新阶段，两岸媒体应进一步加强交流与合作，善尽社会责任，深化两岸互利双赢的局面。

中央电视台台长胡占凡在论坛致辞时表示，在两岸关系和平发展的大趋势下，涉及两岸的新闻量成倍增加，驻点采访目前已经无法适应两岸关系的大发展。

人民日报社编委、海外版总编辑张德修发言时指出，“互设媒体常驻机构，更有利于深化新闻交流、互相学习借鉴，跟上两岸交流的步伐。”

论坛由中央电视台主办，两岸70余家媒体负责人，以及研究两岸关系、新闻传播的专家学者共100余人出席了论坛。

（参见《人民日报》，2013年12月23日第4版）

中国国际关系学会2013年年会　12月27日，以“新时期国际形势与中国外交”为主题的中国国际关系学会2013年年会在北京举行。国务委员杨洁篪同志莅临会议并做了专题报告。外交部党委书记、常务副部长张业遂同志出席会议并做了主旨发言。中国国际关系学会常务副会长、外交学院院长赵进军大使做了学会2013年度工作报告。来自中国社会科学院、中国国际问题研究所、上海国际问题研究院等专业研究机构，以及外交学院、清华大学、复旦大学、吉林大学、中国人民大学等高校的百余名专家和学者参加了会议。通过专题报告、主旨发言、自由讨论等多种形式，与会专家和学者就当前的国际形势与中国外交进行了热烈而深入的学术交流。

国务委员杨洁篪就“当前国际形势与中国外交”做了专题报告。外交部党委书记、常务副部长张业遂同志围绕当前国际形势、构建中美新型大国关系、中国周边形势和热点问题做了主旨发言。学会常务副会长、外交学院院长赵进军大使代表学会做年度工作报告，学会副会长、外交学院党委书记秦亚青教授主持。杨洁勉、曲星两位学会副会长分别就站在新起点的中国外交战略调整、国际形势变化与中国外交创新进行了大会主题发言。中国国际关系学会副秘书长、外交学院院长助理王帆教授主持了主题发言。随后的分组讨论中，与会代表围绕战略机遇期、国际形势、中日关系、战略思维、中美新型大国关系、中国外交转型、中日关系、周边外交等问题展开了研讨，加深了对这些问题的思考和认知。

（外交学院科研处佟巍供稿）

1943：战后新格局的奠基国际学术研讨会　中国史学会、俄罗斯历史学会联合主办，中国社会科学院近代史研究所承办的1943：战后新格局的奠基国际学术研讨会近日在北京举行。与会者重温了开罗会议、德黑兰会议的历史，深入解读了《开罗宣言》的精神，并就开罗会议的重要性、《开罗宣言》的国际法效力及影响、开罗会议与战后亚太国际新秩序的构建等问题进行了研讨。

与会者指出，1943年是第二次世界大战中具有重要转折意义的年份，这一年召开的开罗会议、德黑兰会议奠定了二战后国际新秩序的基础，深刻影响着二战后近70年来世界格局的建构和发展。开罗会议是二战期间中国所参加的盟国最高级别的会议，是战时中国外交活动的高峰，对维护中国领土完整具有重大意义。《开罗宣言》的国际法效力不容置疑，具有不可侵犯的合法性和权威性。与会者认为，在当前复杂的国际背景下，继续深入推进二战史研究，重申开罗会议的重要历史地位，深入研究《开罗宣言》的国际条约性质和效力，具有重大的学术意义和现实意义。

（参见《人民日报》，2013年12月1日第5版）

档案见证北京系列讲座　北京市档案学会为大力宣传档案文化，弘扬“北京精神”，每月15日准时在东城区图书馆进行“档案见证北京”文化系列讲座，全年举办12场，听众达1800余人。

1月15日，2013年“档案见证北京”文化系列讲座第一讲开讲。国家档案局巡视员、中国档案学会副理事长、中国第一历史档案馆原馆长邹爱莲应邀以“清朝皇帝的学习与执政”为题，拉开今年讲座的序幕。她以大量清宫档案文献资料为依托，以清帝的学习与执政为主题，介绍了清朝皇帝们的学习制度与读书生活，分析了读书对清帝执政能力的影响，并探讨了清朝十二帝长达268年的统治经验及其走向灭亡的历史教训。讲座从一个全新的视角诠释了清朝皇帝读书学习与执政能力的关系，有助于听众们尤其是清史爱好者对清朝兴衰史的深入研究。

2月15日，“档案见证北京”文化系列讲座，由市档案学会原副秘书长杨玉昆以“破解燕子李三的八大谜团”为题，揭秘了燕子李三的传奇人生，吸引近百位市民听众到场。杨玉昆通过历史档案文献资料，为大家介绍了传说中的3个燕子到底谁是正宗，并围绕他的身世由来、传奇经历、短暂婚姻、死因传说等8个谜团，详细剖析了燕子李三跌宕起伏的人生之路和不为人知的身后故事，生动再现了一个百姓们心中熟知的传奇人物形象，同时还分析了燕子李三最后归宿的必然性。

3月15日，韩钢解读：历史真相与未解之谜——关于粉碎“四人帮”若干史实新证。“档案见证北京”文化系列讲座今年第三讲在东城区图书馆举行。本次讲座特邀华东师范大学历史系教授、博士生导师、中国现代史学会常务理事、东方历史学会理事韩钢先生担任主讲。韩教授通过档案文献和当事人的口述史料，详细解读了这段历史。近年来，一些相关当事人的回忆、传记、年谱相继发表和出版，关于粉碎“四人帮”的真相有不少得到了澄清。

4月15日，“档案见证北京”文化系列讲座第四讲，由中国社会科学院历史研究所副所长、清史专家杨珍研究员担任主讲。她通过清宫档案文献诠释了清朝皇位继承制度与历代王朝迥然不同之处，并深入解读了清朝汗位推选制度、嫡长子皇位继承制度、秘密立储制度、懿旨确定嗣君4种不同的皇位继承形式。其中，秘密立储制度更是一种前所未有的创新，它不仅解决了皇储矛盾与储位之争的问题，同时也是对中国皇位继承制度的重大变革。她通过深入研究满汉文史资料、历朝皇帝实录、满汉文玉牒等大量清宫档案，以历史唯物主义的研究态度，通过皇位继承的角度为大家解读了清朝皇家历史和那些被民众津津乐道的皇室疑案，并分析了各皇位继承制度的利弊得失。听众无不沉浸在这场精彩的文化盛宴之中，活动结束后纷纷与老师合影留念并索求签名。本次讲座一如既往地受到新老听众们的推崇和厚爱，如今档案文化专题讲座，场场座无虚席，来迟的听众只能加座甚至站着听完讲座，然而这丝毫没有抵挡住市民的学习热情。

5月15日，“档案见证北京”文化系列讲座第五讲，主题为“田汉：中国戏剧魂 当代关汉卿”，由《北京志·档案志》原副主编杨红军主讲。讲座通过珍贵的档案文献、大量的照片生动地介绍了我国革命戏剧运动的奠基人，戏曲改革工作的先驱者，杰出的戏剧家田汉的一生。田汉一生创作话剧、歌剧60余部，电影剧本20余部，戏曲剧本24部，歌词和新旧体诗歌近2000首。其中创作的《义勇军进行曲》（聂耳作曲），解放后定为中华人民共和国国歌。讲座内容翔实，叙述声情并茂，吸引了包括北京市档案局（馆）同志在内近80人的聆听。有的听众虽然年事已高，但在仔细听讲的同时，还认真地记着笔记。学会办受田汉基金会和家属的委托，在讲座现场向东城区图书馆赠送了《田汉传》和《田汉代表作》等书籍。最后讲座在大家高唱雄壮的国歌声中圆满结束。

6月15日，“档案见证北京”文化系列讲座第六讲。本讲作为“国际档案日”暨北京市第五届“档案馆日”活动之一，邀请了中国第一历史档案馆研究馆员、中国档案学会档案文献编纂委员会执行主任、清宫史研究会副秘书长李国荣同志担任主讲。他通过珍贵的档案文献、大量的历史照片客观真实地诠释了清朝前期四大疑案。他认为孝庄皇太后下嫁小叔子多尔衮，造成“事实婚姻”，确有其事；顺治皇帝为董小婉之死而出家五台山实属市井传闻，子虚乌有；雍正皇帝应是合法继位，种种传言戏说不足为信；雍正皇帝之死应是服用炼丹中毒所致，并非谋杀。讲座报告厅座无虚席，吸引了百余名听众到场，大家都对本讲主题非常感兴趣，全程认真参与并与老师频繁互动，希望能从中了解更多的真实历史。

7月15日，“档案见证北京”文化系列讲座，由北京市档案馆多年从事胡同档案文献研究的王兰顺讲述“观音寺街的人烟往事”。位于西城区的大栅栏西街，旧称观音寺街，因其西端有座兴建于明代的“观音寺”而得名。观音寺街历史上汇聚着诸多商家名店，如今这条街在保持传统特色的同时又具时尚风貌，就像一座演尽世间百态的舞台，其浓郁的历史文化气息吸引着人们流连观赏。

8月15日，“档案见证北京”文化系列讲座举办“抗战烽火燃平郊——纪念抗战胜利68周年”专场。本次讲座特邀市委党史研究室周进主讲。1945年8月15日，日本宣布无条件投降。在此前的8年抗战时期，北平城区沦陷之时，平郊大地成为积蓄革命力量的根据地和对日作战反攻的最前沿。讲座利用中日双方档案文献，叙述长城抗战的细节、七七事变的真相、八路军和国民抗日军等人民武装力量开辟根据地的壮举、秘密交通线的传奇、战胜日寇的光荣历程。“侵略是人类最大的罪行，是一切战争罪行的总和与根源。”日本侵华战争导致中国军队及平民伤亡巨大，直接、间接经济损失不可估量。前事不忘后事之师，举办纪念抗战胜利68周年档案文化讲座专场，旨在回顾历史，缅怀英烈和遇难同胞，牢记历史，珍爱和平，开创未来。

9月15日，由中国第一历史档案馆原副馆长、研究馆员冯伯群主讲“鲜为人知的康熙往事”。通过主讲人的讲座让我们从侧面认识这位求真务实的皇帝。

10月15日，档案文化讲座揭秘姚启圣与施琅的恩怨情仇。本讲由北京市档案馆副局（馆）长、副研究馆员李立军担任主讲，他通过深入研究馆藏珍贵档案《剿抚澎台机宜》，为听众解析了清福建总督姚启圣与攻台将领施琅之间的恩怨情仇。他认为，《剿抚澎台机宜》对于研究清廷对当时台湾郑氏政权的政策和策略的形成、发展以及清朝统治集团内部矛盾和斗争等方面，提供了许多正史中不见著述的史料，解读这份档案，可辅助辨订正史，解开正史之疑团。讲座围绕姚启圣从罢黜知县到福建总督；宋湜——剿抚澎台的谋士、才智双全的幕僚；剿抚澎台大谋略，历史封埋十二策；姚启圣二度遭参劾，幸免未罢官；六载谋略收澎台，不世之功落旁人；秋风秋雨中的人生遗言等6个方面，披露了清廷在收复台湾历史事件中鲜为人知的秘事。同时，匡正了影视戏说中的不实之处，还原了历史真相。

11月15日，“档案见证北京”文化系列讲座第十一讲。本讲由北京市档案学会理事、副秘书长李松龄讲述“故宫内阁大库探秘”。内阁大库是中国档案史上著名的档案库建筑，是明清档案文书贮藏之所，历来被视为宫中“禁地”，清内阁中书阮葵生在评述内阁大库档案时有“九卿翰林部员，有终身不能窥见一字者”之语。本次讲座通过PPT展示丰富画面，把听众“带进”神秘的内阁大库，一窥其建筑结构特点，揭秘大库历史沿革，披露大库所藏明清档案种类特点，讲述近代史上的罗振玉与“八千麻袋事件”始末，介绍1933—1936年大库档案随故宫文物南迁、西移和北返颠沛流离的过程，讲述抗战时期内阁大库档案遭到损毁和流失的情况。讲座吸引本市百余名听众到场。学会还为听众赠阅了《北京社会科学普及讲座集萃》丛书，受到大家的欢迎。

12月15日，“档案见证北京”文化系列讲座2013年最后一讲。本讲由中国第一历史档案馆研究馆员、中国紫禁城学会理事高换婷讲述《明清皇家御用道观：大高玄殿》。大高玄殿俗称大高殿，是明、清两代皇家的御用道观，是紫禁城重要的组成部分。这里曾是明代皇室、宫官婢女演练道教科仪的场所，后为清朝帝王祈祷上天、求雨祈晴的地方。讲座依据皇家档案文献解析明清两朝对道教的理解与扶植，讲述大高玄殿举办道教法事规模、屡次修缮情况，介绍了解放后大高玄殿使用权几易其主后重归故宫的艰难历程。讲座吸引了本市近200名听众到场，学会还向听众赠送了2014年讲座课表，受到大家的欢迎。至此，档案学会在东图组织的全年12场讲座按计划圆满结束。

（北京市档案局科教处供稿）

中共北京市委讲师团重大理论宣讲工作　市委讲师团精心策划组织党的十八大、十八届三中全会精神、习近平总书记系列重要讲话精神、全国“两会”精神、“中国梦”、“党的群众路线教育”等集中宣讲活动和形势政策报告会。2013年，共举办、合办、协办报告会近500场次，直接受众达15余万人次。精心组织“理论家走基层”活动。春节以来组织近百位理论家分赴12个区县、系统的街道、社区、乡镇，走入农村、企业、车间、医院和居民、农民家中，就广大群众关心的理论热点和难点问题开展分众化、对象化、互动化宣讲。今年共组织宣讲活动60多场，话题涉及“中国梦解读”“文化大发展大繁荣”“收入分配”“科技创新”“政治体制改革”“教育改革”等诸多方面，千余名基层干部、企业职工、医护人员、社区居民、郊区农民、离退休老同志等参加了活动。

1. 市委讲师团圆满完成学习宣传贯彻党的十八大精神等百姓宣讲工作

2013年，市委讲师团组织了学习宣传贯彻党的十八大精神、“我的梦·中国梦”等一系列百姓宣讲活动，实现了百姓宣讲的常态化。一是组织学习宣传贯彻党的十八大精神百姓宣讲活动。组建了由近150名百姓宣讲员组成的11支百姓宣讲团在全市开展巡讲活动，在近两个月的活动中，共计宣讲400余场，直接受众约10万人次。二是组织“我的梦·中国梦”百姓宣讲和评比活动。全市共组建各级“我的梦·中国梦”百姓宣讲团2000多支，宣讲员16500名。活动期间，“我的梦·中国梦”百姓宣讲示范团在全市开展示范巡讲活动近百场，直接受众29000余人次。三是组织群众路线教育实践活动百姓宣讲。组建了“一切为了人民”百姓宣讲团和“为民爱民好医生”贾立群先进事迹报告团，在全市开展宣讲。组建“为美丽北京加油”——北京市清洁空气行动计划宣讲团，并首次联合北京市政府新闻办公室官方微博“北京发布”全程直播，社会影响广泛。

2. 进一步加强宣讲家网站建设

2013年，宣讲家网站紧紧围绕“打造中国视频智库，传播党的创新理论”来谋划开展工作。全年网站IP访问总量为2860万次，PV访问总量为1.37

亿次，境外访问情况 IP114.4 万次，PV5.48 亿次，最高 PV 日访问量 548.6 万次；截止到 11 月 22 日，共上传完整视频报告 334 部，精彩短视频 685 部，纪实视频 600 余部，讲稿 171 篇，PPT399 部，文章 40349 篇约 1.2 亿余字，图片 2729 组约 4 万张，策划制作维护群众路线教育实践活动专栏等 54 个精深专题；维护共有 13000 余人，涉及 31 所高校 207 个专业，20 余家政府机关的专家库；与市广电局合作录制整合 6 期《网编大讲堂》，与京华时报社合作开办理论版，录制 16 期《大 V 直播间》、5 期《梦回正道》；完成两次首页改版，一次全站改版。

网站精心策划运用新媒体平台开展思想政治宣传。首都专家微博群、宣讲家微博两个官方微博，粉丝达到 158 万；与百度合作推出“十八届三中全会”阿拉丁平台，以理论频道形式入驻搜狐、扎克手机客户端，该项工作作为互联网宣传新经验在中央《宣传工作》及北京市《北京信息》得到推广。

3. 联合制作播出大型电视系列片《正道沧桑——社会主义 500 年》

根据年初习近平同志在新进中央委员会的委员、候补委员学习贯彻党的十八大精神研讨班上的讲话精神，市委宣传部、市委讲师团、市电视台联合首都社科理论界权威专家学者，共同打造大型电视系列片《正道沧桑——社会主义 500 年》。该片在北京电视台卫视频道和新闻频道播出后，引发了强烈的社会反响。节目播出期间，北京卫视平均收视率 0.69，平均市场占有率 2.36，网络收看总人次达近 2 亿，微博留言达 10929 条。刘云山同志、刘奇葆同志先后做出批示，表示肯定。北京市委中心组组织专题学习，收看该电视片。为了进一步推介该片，扩大社会影响，市委讲师团还与北京出版集团以该片解说词为基础，合做出版《正道沧桑——社会主义 500 年》理论教育通俗读本。

（中共北京市委讲师团刘小丰供稿）

2013 年社科普及活动

（一）人文大讲堂（包括社科普及系列讲座、周末社区大讲堂和党史讲堂）

1 月 8 日，由中共北京市委宣传部、中共北京市委社会工委、北京市科委、北京市社会科学界联合会等单位共同主办，中共海淀区委宣传部承办、海淀区花园路街道协办的 2013 周末社区大讲堂、系列科普讲座、科普基地活动启动式暨宣传十八大精神社科普及进社区文艺专场演出在北极寺干休所举行。市社科联党组书记史秋秋出席并致辞，党组副书记陈之昌主持。活动仪式上，表彰了社科普及工作先进集体和个人，向荣获全国优秀社科普及名家、工作者、读物、科普基地和市社科普及工作先进集体代表颁发了证书、奖牌。活动邀请了专业文艺团体为群众表演文艺节目。各主办单位、16 区县委宣传部、有关学会、社科普及试验基地负责人以及社区群众 500 多人参加了活动。

1. 社科普及系列讲座

1—12 月，由市社科联主办，所属学会承办的社科普及系列讲座在首都图书馆、国家图书馆等公共文化场所举办。近 30 家学会共举办讲座 500 多场，其中包括 33 场“中国梦”系列讲座。社科联对其中的 340 余场讲座进行了资助，总资助金额近 50 万元。

2. 北京周末社区大讲堂

4—10 月，由市委宣传部、市委社会工委和市社科联共同主办的“北京周末社区大讲堂”活动继续开展。大讲堂活动积极宣传中国特色社会主义核心价值观，宣传中国梦，普及人文社会科学知识。活动由市社科联统筹协调、各区县委宣传部周密组织和大力支持，全年组织 160 多名专家学者，深入全市各区县党政机关、街道社区、乡镇、学校和文化场馆，共举办讲座 1000 多场，直接受众约 10 万人次。

3. 党史讲堂

11 月 20 日，市社科联与中国中共党史学会在中国人民大学联合举办党史讲堂。邀请中共中央文献研究室副主任、研究员陈晋做题为“毛泽东作为诗人的完整形象”的报告。中共中央党史研究室副主任、中国中共党史学会副会长高永中主持，市社科联党组书记韩凯出席。中国人民大学党员、干部、师生共 200 余人参加报告会。

（二）社科普及周活动

9 月 17 日，“2013 · 北京社会科学普及周”启动式在奥林匹克公园举行。市委宣传部副部长崔耀中致辞，社科专家李松林发言。市社科联党组书记韩凯、市科委副主任朱世龙，市委社会工委委员王丽竹、市新闻出版局副局长孙瑛、市科协副巡视员吕家香、北京出版集团总编辑曲仲等出席，市社科联党组副书记刘颖主持。仪式上，市社科联宣布建立第三批社科普及试验基地，与会领导为基地颁牌并向市民代表赠送了社科普及读物。活动还邀请了表演艺术家和专业文艺团体为现场群众进行文艺演出。500 多名社区群众参加活动。

2013 · 北京社会科学普及周以“我的梦—中国梦”为主题，在主会场社科普及园开展了以中国梦和党的十八大精神为主要内容的展览，各学会开展社科知识咨询活动，学习科学学会组织 200 多名小学生在现场开展社科普及活动。除主会场外，科普周期间，颐和园学会、文保学会等先后在颐和园、国子监等地开展丰富多彩的社科普及活动。

本届社会科学普及周还在西城区设分会场，由西城区社科联承办。分会场与主会场活动同时启动，实现市区联动、优势互补、资源共享，充分发挥了社科普及活动的辐射和带动作用。

（三）社科普及进基层活动

1. 社科普及进学校活动

4月3日，由市社科联主办，朝阳区百年实验学校承办的“2013·社科普及进校园活动”在学校报告厅举行。市社科联党组书记韩凯、百年实验学校校长秦润超出席并致辞，市社科联党组副书记陈之昌主持。教育专家闵乐夫现场举办关于学习方法的讲座。市社科联向学校赠送社科普及书籍和学习用具。学校领导和师生共1000余人参加了活动。

9月23日，由市社科联与北京明圆学校共同主办的“2013社科普及进校园活动”在大兴区旧宫镇明圆学校举行。市社科联党组书记韩凯致辞，明圆学校校长张歌真主持。市社科联党组副书记刘颖，明圆学校、汇佳学校等部分打工子弟自办校的领导出席，学校师生1000余人参加了活动。市社科联讲师团成员、著名青少年教育专家闵乐夫用现场互动方式，给同学们讲授学习方法。市社科联还向打工子弟自办校的学生赠送了学习用品。北京明圆学校向市社科联赠送“资助民工娃，爱心满天下”锦旗。

2. 社科普及进村镇活动

5月31日，市社科联与门头沟区委宣传部在妙峰山镇联合举办“中国梦·我的梦——2013社会科学普及进村镇”活动。市社科联党组副书记赵峰，门头沟区委常委、宣传部长彭利锋分别致辞。出席活动的领导向村民赠送了“中国梦”系列折页等宣传品和一批社科普及读物。活动邀请部分表演艺术家为村民演出了精彩的文艺节目。现场还开展了社科知识咨询与健康义诊活动。当地镇村领导和村民群众400余人参加活动。

10月23日，市社科联与昌平区阳坊镇联合举办“中国梦·我的梦——2013社会科学普及进村镇”活动。市社科联党组书记韩凯、昌平区委常委、宣传部长余俊生分别致辞。出席活动的领导向村民赠送了“中国梦”系列折页等宣传品和一批社科普及读物，市社科联党组副书记刘颖主持。活动还邀请部分表演艺术家为当地群众演出精彩的文艺节目。镇村领导和群众400余人参加活动。

10月29日，市社科联与密云县委宣传部联合举办“中国梦·我的梦——2013社科普及走进密云县溪翁庄镇”活动。市社科联党组书记韩凯，密云县委常委、宣传部长刘颖分别致辞，出席活动的领导向群众赠送了“中国梦”系列折页等宣传品和一批社科普及读物。活动还邀请部分表演艺术家为当地群众表演精彩的文艺节目。市社科联党组副书记刘颖主持活动，当地群众500余人参加。

3. 社科普及进工地活动

9月19日，市社科联与北京建工集团在高碑店再生水厂共同举办“欢度中秋——2013社科普及进工地活动”。市社科联党组书记韩凯致辞，北京建工集团副总经理兰慧宾、市社科联党组副书记刘颖出席。活动内容主要有专家讲座、社科知识咨询、义诊和猜灯谜等。市社科联与北京建工集团联合建立了工地图书室作为科普教育基地，并向北京建工集团赠送图书1000余册。出席活动的领导为“工地图书室”揭牌。北京建工集团向市社科联赠送“科普进工地，文明在建工”锦旗。共500多人参加活动。

（四）其他活动

7月18—19日，全国第十五次社会科学普及理论研讨与经验交流会在青海省西宁市举行。全国30个省区市社科联领导、科普工作负责人和工作者180余人参加会议。北京市社科联党组书记韩凯，副书记赵峰出席会议。

10月15日，市社科联到西城区社科联开展工作调研，了解什刹海地区文化资源、什刹海研究会地区文化研究状况及社科知识普及情况，双方讨论交流了如何保护利用和开发什刹海地区历史文化资源。调研由市社科联党组书记韩凯带队，党组副书记刘颖以及部分部室负责人参加。

（五）荣誉

5月16日，市社科联社科普及部被北京市未成年人保护委员会、北京市人力资源和社会保障局评为“2011—2012年度北京市未成年人保护工作先进集体”。

（北京市社科联社科普及部供稿）

中国社会科学院部分学术活动

《世界社会主义黄皮书》发布暨“帝国主义新特点和社会主义新实践”学术研讨会综述 5月13日，中国社会科学院世界社会主义研究中心和社科文献出版社在北京联合召开《居安思危·世界社会主义小丛书（第二辑）》、《2012—2013世界社会主义黄皮书》发布暨“帝国主义新特点和社会主义新实践”学术研讨会。中国社会科学院党组书记、院长王伟光出席会议并讲话。中国社会科学院党组副书记、副院长，世界社会主义研究中心主任李慎明主持会议。中央顾问委员会原秘书长李力安、中组部原部长张全景、中国社会科学院原副院长刘国光、中国社会科学院原副院长汝信、中国社会科学院原副院长朱佳木、中联部副部长于洪君、中央党史研究室原副主任沙健孙、国防大学副政委中将李殿仁、军事科学院参谋长黄星、中央政策研究室原副主任卫建林、中央编译局副局长王学东等同志，以及来自中央有关部委、京内外有关科研机构与高校和中国社科院的专家学者、新闻媒体记者约150人围绕大会议题进行了热烈而深入的讨论。中国社会科学网对会议进行了直播。

《居安思危·世界社会主义小丛书（第二辑）》刊载有王伟光《马克思主义与社会主义的历史命运》，李慎明总撰稿《居安思危：苏共亡党的历史教训》，李捷《毛泽东对新中国的历史贡献》，靳辉明、李瑞琴《〈共产党宣言〉与世界社会主义》，李崇富《毛泽东与马克思主义中国化》，罗文东《中国特色社会主义理论与实践》，吴恩远《苏联历史几个争论焦点的真相》，张树华、单超《俄罗斯的私有化》，谷源洋《越南社会主义定向革新》，朱继东《查韦斯的“21世纪社会主义”》，卫建林《全球化与共产党》，徐崇温《怎样认识民主社会主义》。

王伟光在题为“坚定自信，深化对中国特色社会主义的研究”的讲话中指出，在21世纪的第二个10年，资本主义正在出现3个值得注意的新变化，即更具财富贪婪性、更具市场攻击性、更具军事打击性。资本主义的新变化不仅没有改变资本主义的本质，反而使其基本矛盾在新变化中更趋复杂化和尖锐化。王伟光说，在这种背景下，我们要实现民族复兴、国家强盛、人民幸福的中国梦，就要增强对中国特色社会主义的道路自信、理论自信、制度自信，就要增强对中国特色社会主义的历史自信、现实自信、未来自信，增强这些自信，需要我们社科工作者加倍努力。

李慎明在大会发言中指出，“为什么人的问题，是一个根本的问题，原则的问题”和“社会实践是检验真理的唯一标准”，这是人民和历史衡量解放思想、实事求是、与时俱进或对错或功过的天平，也是衡量任何政党、政治家和学者对苏联亡党亡国这一重大历史事件所做结论对与错的天平。李慎明说，学者今天的所言所著，如同领导干部今天的所作所为，必将接受明天历史和人民的评说。

研讨会分为4个议题：变革中的国际秩序、社会主义理论探索、当代帝国主义的特征与发展趋势、世界左翼与社会主义运动的现状与前景。与会者高度关注变革中的国际秩序问题。与会者指出，当今世界处在新的历史时期，国际秩序与冷战时期相比发生了很大变化，世界将长期处于两制国家竞争共处阶段。世界霸权主义和强权政治依然存在，而坚持和平发展、合作共赢，才是实现人类社会共同福祉的基本路径。有学者提出，不对称冲突是冷战后国际冲突的主要形式。

社会主义的理论探索是研讨会的一个重要议题。与会学者指出，从社会主义建设事业的探索到中国特色社会主义事业的开创、推进、坚持与发展，从社会主义基本制度、基本路线、基本纲领的确立到社会主义基本经验的总结，可以看出中国特色社会主义伟大事业及其巨大成就的取得是一个接力探索过程，正如党的十八大报告指出的：在改革开放30多年一以贯之的接力探索中，形成了中国特色社会主义道路、中国特色社会主义理论体系、中国特色社会主义制度。一条道路、一个理论体系、一种制度是我们党和人民90多年奋斗、创造、积累的根本成就，是经过实践检验的科学、正确的道路、理论和制度。中国共产党90多年艰苦卓绝的奋斗、新中国60多年翻天覆地的变化、改革开放30多年举世瞩目的成就，都验证了中国特色社会主义道路、理论体系和制度的生命力和优越性。

与会学者探讨了社会主义的生态文明问题，认为生态文明是当代人类文明进步的时代呼唤，是社会主义新文明的本质要求和重要标识，也是中国特色社会主义所代表的新文明发展道路的本质要求和重要时代标记。开创社会主义生态文明的新时代，既是当代社会主义的使命，更是中国特色社会主义的历史担当。

学者们就当代帝国主义的特征与发展趋势进行了热烈的讨论。有学者认为，国际金融危机后，世界格局领域发生了全球经济力量对比“东升西降、北降南升”的明显趋势和多极化进程明显加快的令人瞩目的变化。这些变化对国际关系尤其是大国关系，对全球治理的民主化改革都已经产生并将继续产生重大影响。有学者提出，2008年以来，从美国开始的金融危机给世界带来了极大影响，严重削弱了美欧发达国家的总体实力，导致西方主导的价值体系受到质疑，美国的全球主导地位受到削弱，为了恢复大国的形象，重振对全球的主导，以美国为首的西方国家加大对世界各国尤其是中国的意识形态输出。面对日益复杂的国际形势，我国亟待加强意识形态安全建设。有学者针对西方对外输出的“普世价值”，介绍了以普京为首的俄罗斯执政党建设“主权民主”，以主权民主作为对抗西式民主新自由主义的防火墙的经验。

不少学者从广阔的视角瞭望世界左翼与社会主义运动的现状与前景。学者们指出，当代世界社会主义运动已经发生了重大而深刻的变化，呈现出多样性、渐进性和大众性的新发展趋向。这表明世界社会主义运动已经进入到一个与以往有很大不同的新的发展时期。这个时期的世界社会主义运动尽管长期处于低潮，其发展带有和平性质，没有发生革命，但正在为未来变革时代做准备。各国共产党在新时期的严峻挑战面前并没有却步，他们在低潮中奋进，勇敢地探索符合本国国情的社会主义发展道路。世界社会主义运动正在持续地向前发展。

（中国社会科学院朱丽雅供稿）

“中国梦”与哲学社会科学创新——第九届西部社会科学院院长联席会综述 6月14日，第九届西部社会科学院院长联席会暨“中国梦”与哲学社会科学创新论坛在西安举行。中国社会科学院党组成员、副院长武寅，陕西省副省长白阿莹出席会议并讲话。武寅对实现“中国梦”与加快哲学社会科学创新发展提出 3 点意见：一是增强社会责任感，为实现“中国梦”做出应有贡献；二是紧紧围绕新一轮“西部大开发”需求，努力建设一流智库；三是大力实施“创新工程”，开创社科研究崭新局面。武寅指出，实现“中国梦”需要哲学社会科学给予思想、理论以及方法上的引导和支持，赋予我们哲学社会科学工作者光荣的使命，要求我们有所担当、有所作为。围绕实现“中国梦”的目标要求，提出科学的理论和真知灼见的对策建议。武寅认为，西部社科院是西部各省的思想库、智囊团，做好省委、省政府的智库需要立足世情国情省情，具有扎实的理论功底、国际视野、战略思维，要紧跟时代潮流，学习研究国际智库的发展路径、发展模式。要学习国际智库建设的成功经验，研判未来发展趋势，提高服务水平、延伸服务领域，争取把西部社科院建成一流智库，更好地服务地方经济社会建设。白阿莹在致辞时说，西部地区疆域辽阔，资源丰富，战略地位重要，但是发展水平相对滞后。加快西部开发步伐，提升西部地区经济社会发展水平的任务还很艰巨。西部地区与全国同步够格地全面建成小康社会，既是西部地区广大人民的殷切期盼和强烈要求，也是实现“中国梦”的重要基础和重要内容。来自中国社会科学院、西部12个省（市、区）社会科学院，以及上海市社会科学院、山西省社会科学院、海南省社会科学界联合会的专家学者 100 余人参加会议。与会专家学者围绕“中国梦”和社科院体制创新等议题进行了广泛的交流研讨。

陕西省社会科学院院长任宗哲在题为“大力推进哲学社会科学创新，深入研究阐释中国梦”的发言中认为，研究阐释中国梦是社科理论界的首要任务，创新是中国梦研究阐释的主要途径。地方社科院需要高度重视，大力推进。西部各省都有自己的优势学科、特色学科，都有自身关注的独特领域和自身形成的历史积累，也都有自己独特的学术观点和研究方法，在搞哲学社会科学创新的时候必然会依托西部、本省、本院的实际来推进。为推动哲学社会科学的研究和创新，陕西省社会科学院加快推进了陕西重大问题研究工程、社科成果转化促进工程、陕西省情研究与出版工程、省情调查研究基地建设工程、社会科学重点实验室建设工程、学科建设工程和人才队伍建设工程等七大工程建设，在学科体系建设、研究手段更新、成果运用转化方面加强了力度，为增强研究能力打下了很好的基础。

贵州省社会科学院院长吴大华在题为“携手共进，建设哲学社会科学创新体系”的发言中，呼吁搭建全国社科院系统的协同创新平台。“协同创新”是指创新资源和要素有效汇聚，通过突破创新主体间的壁垒，充分释放彼此间“人才、资本、信息、技术”等创新要素活力而实现深度合作。其关键是形成以研究机构为核心要素，以多元创新主体协同互动的网络创新模式，通过多元创新主体之间的深入合作和资源整合，产生系统叠加的非线性效用。吴大华认为，哲学社会科学协同创新中心可以分为面向哲学社会科学前沿、面向文化传承创新、面向文化产业和面向区域经济社会发展 4 种类型。通过在全国社科院系统成立若干跨省跨地区的哲学社会科学“协同创新中心”，加快全国社科院系统科研组织管理机制体制改革，转变哲学社会科学创新方式，集聚和培养一批拔尖人才，产出一批重大标志性成果，充分发挥全国社科院系统作为省市政府“想得起、用得上、信得过、离不开”的智库作用，从而在建设国家哲学社会科学创新体系中做出新的更大贡献。

云南省社会科学院副院长边明社在题为“中国梦与哲学社会科学创新发展”的发言中认为，实施哲学社会科学创新工程，是推进哲学社会科学创新体系建设和繁荣发展哲学社会科学的重要载体和有效途径。云南省社会科学院自 2012 年起启动哲学社会科学创新工程，着重开展了下述工作：（1）注重发挥好智库作用。（2）创新平台体系建设。（3）学科建设注重突出特色。（4）推进学术精品建设。（5）积极开展“走转改”活动。（6）建设中国面向西南开放的情报信息基地。（7）建设中国面向西南开放的国际人文社会科学交流基地。

甘肃省社会科学院副院长安文华在题为“中国梦与地方社科院哲学社会科学创新”的发言中认为，实现中国梦，迫切需要地方社科院积极探索，不断创新工作思路，明确目标任务。甘肃社科院围绕甘肃省委“中心带动、两翼齐飞、组团发展、整体推进”的区域发展战略，以建设“经济发展、山川秀丽、民族团结、社会和谐”的幸福美好新甘肃为目标，以全省经济社会发展面临的重大问题为切入点，积极开展基础理论和应用对策研究，推出了大量有分量有影响的研究成果。

新疆社会科学院副院长刘仲康在题为“以现代文化引领新疆跨越式发展和长治久安”的发言中认为，加快推进现代文化建设，已是新疆全面贯彻落实中央新疆工作座谈会的一项十分重要的工作。“以现代文化为引领”的提出，反映了党对文化建设的认识以及对文化发展规律的把握达到了新的高度，为新疆跨越式发展提供了强有力的思想保证、舆论支持、精神动力，对推动新疆的快速发展具有重要意义。在当今世界的复杂形势下，如何有效应对西方敌对势力利用发达的文化手段，全方位地加紧针对我国的文化渗透，如何提升新疆现代文化的引领力，更好地提高为跨越式发展和长治久安的服务力，都是亟待深入研究的重大现实课题。

内蒙古社会科学院副院长宝力格在题为“深入开展民族文化研究，助推内蒙古实现民族文化强区梦”的发言中认为，通过一系列民族文化研究工程的组织实施，证明“以学科建设引领项目实施，以项目实施推动学科建设”的学科创建模式是完全可行的，它反映和遵循了某些特色学科的形成和发展规律。以社科研究应对文化发展和各族人民群众日益增长的文化需求是更好地为自治区民族文化大区、强区建设服务必须坚持的理念。整合科研资源，通过实施重大科研项目，培养人才、建设人才梯队，是推动科研人才队伍建设的有效途径。

广西社会科学院院长吕余生在题为“文化强国梦背景下的地方社科院新智库建设”的发言中认为，近年来，各地社科院在新智库建设上做了大量有益的探索性工作，在四大方面取得明显成效：一是由理论阐述的“后卫”向理论创新的“前锋”转变；二是由决策咨询的“边缘”向“前沿”转变；三是由单一服务模式向多元化服务模式转变；四是由“关门建库”向“开门强库”转变。由于主客观条件的制约，地方社科院按照新型智库建设的目标和要求还存在以下差距：一是学科体系、人才结构与自身建设不适应；二是决策咨询能力与打造一流社会主义新智库的要求不适应；三是成果评价、转化能力与重大决策咨询研究需要不适应；四是基础设施、科研条件与科研事业发展需要不适应。“文化强国梦”的实现，必然孕育着智库的大繁荣、大发展。地方社科院要抢抓机遇，明确主攻方向，实施创新工程，构筑研究高地，优化科研资源配置，扩大学术活动影响范围，打造知名品牌，建设一流特色智库。

（中国社会科学院朱丽雅供稿）

“转型期的城市化：国际经验与中国前景”国际学术研讨会综述 9月25日，由中国社会科学院城市发展与环境研究所主办的“转型期的城市化：国际经验与中国前景”国际学术研讨会在北京市政协会议中心举行。中国社会科学院副院长李培林出席会议并致辞，来自中国社会科学院、国家发展改革委、中国科学院、国内有关高校以及美国、加拿大、日本、法国、德国、欧盟等海内外专家学者以及新闻媒体150余人出席研讨会，会议围绕中国新型城市化、城市化的国际经验、农业转移人口的市民化、城市转型与质量提升等问题进行了深入探讨。

中国社会科学院李培林副院长在致辞中指出，中国的城镇化和城镇发展取得了举世瞩目的成就，引起了世界的广泛关注。在城镇化率超过50%之后，中国由一个具有几千年农业文明的乡村型社会正式迈入以城市型社会为主体的城市时代。但是，在城镇化快速推进的同时，也存在诸多问题与不健康因素，城市化进程中的不可持续、不协调、质量不高问题日益突出。一方面，大量农村转移人口的涌入让城市社会面临严峻的挑战。现行户籍管理、土地管理、社会保障、财税金融、行政管理等制度，在一定程度上固化了已经形成的城乡利益失衡格局，制约了农业转移人口市民化和城乡发展一体化。另一方面，城镇化过程中衍生出多样的市民化需求难以得到满足，城镇规模体系“两极分化”现象严重，城镇化面临越来越严重的资源环境挑战。针对当前中国城镇化过程中表现出来的特殊性，迫切需要学术界从理论层面进行系统总结，尤其是对新型城镇化的内涵、特征、模式进行深入系统研究。

麦肯锡全球研究院中国问题研究专家、麦肯锡咨询公司资深董事 Jonathan Woetzel 认为，自2010年到2030年间，中国城镇人口将从6.3亿人增加到9.9亿人，占全球新增城镇人口的1/4；人口规模超过100万的城市从153座增加到226座，而欧洲人口过百万的城市只有35座；人口规模超过500万的城市从14个增加到32个，占全球500万人口以上城市的40%。从2005年至2025年，人口迁徙将占到城镇人口增长的70%。到2025年，现有移民（1.03亿）及未来新移民（2.43亿）占全部城镇人口的比重将达到40%，推动这些迁移人口市民化，将会激发巨大的内需消费需求和人力资本提升。

中国社会科学院城市发展与环境研究所魏后凯副所长指出，世界城市化率由30%提高到50%平均用了50多年时间，英国用了50年，美国用了40年，日本用了35年，而中国仅用了15年。2012年，中国城市化率已达到世界平均水平。当前，中国已进入城市化战略转型期，城市化速度将逐步放慢，由加速向减速转变，全面提高城市化质量是重点。到2030年，城镇化率将达到68%左右。预计2033年前后达到70%，结束快速推进时期，进入城镇化缓慢推进的后期阶段。到2050年，城镇化率超过80%。走中国特色社会主义新型城镇化道路，必须从中国国情出发，坚持以人为本、集约智能、绿色低碳、城乡一体、四化同步。走中国特色社会主义新型城镇化道路的重点包括：有序推进农业转移人口市民化进程；构建科学合理的城市化规模格局；构建科学合理的城市化空间格局；构建一体化的城乡差异发展格局。

中国社会科学院拉丁美洲研究所郑秉文所长、日本东京专修大学城市社会学教授大矢根淳、中国社科院欧洲研究所田德文研究员和多伦多大学社会学系教授、加拿大人口学会主席 Eric FONG 分别介绍了拉美、日本、欧洲和北美城市化的经验与教训。郑秉文所长认为，与拉美的“过度城市化”相反，中国城镇化的明显特征是“浅度城市化”，城市化率只有“统计意义”，而没有真正实现与其相匹配的

"人文意义"，也没有达到与其相适应的"经济意义"，不利于内需启动，不利于经济转型，不利于跨越"中等收入陷阱"。

国家发改委国土开发与地区经济所所长肖金成从城市体系空间结构层面进一步阐述了中国特色城镇化道路的内涵，即以大城市为依托，以中小城市为重点，逐步形成辐射作用大的城市群，促进大中小城市和小城镇协调发展。他强调，要科学规划城市群内各城市功能定位和产业布局，缓解特大型城市的压力，强化中小城市产业功能，增强小城镇公共服务和居住功能，推进城乡一体化发展。中国社会科学院人口与劳动经济研究所党委书记张车伟也认为，中国当前的城镇化具有由人口聚集的"市化"和"镇化"共同驱动的特征。从整体上看，小城镇吸纳人口的作用并不亚于城市，但小城镇经济实力薄弱，没有独立财政权，中央政府应该给予镇级基本公共服务更多的倾斜。

清华大学建筑学院顾朝林教授通过对蚁族聚居的北京城中村唐家岭案例的分析，指出城中村是中国城市化进程特定阶段的现象，它为边缘人群提供了一个临时的庇护场所并为他们融入城市生活提供了一个跳板，是边缘人群进入城市的特殊路径。他呼吁，城中村的环境必须改善，但没有必要彻底拆除城中村。

中国社会科学院城市发展与环境研究所单菁菁研究员则强调，推动农业转移人口市民化必须破解成本难题。据她测算，目前我国农业转移人口市民化的人均公共成本已经达到13万元，其中需要在短期内集中投入约2.6万元，长期投入每年约需2400元。个人成本约为（10.1万元+1.8万元）/年，成本障碍已经成为阻碍农业转移人口市民化的重要门槛。但她同时强调，如果到2025年基本解决农业转移人口的市民化问题，政府财政每年需要负担的成本大约6500亿元，占2012年全国公共财政收入的5.5%，在政府财政可承受的范围之内。推动农业转移人口市民化是城镇化的题中应有之义，也是政府的应尽之责。

中国社会科学院城市发展与环境研究所副研究员王业强认为，目前中国城市规模效率与其规模整体上呈正相关关系，中国城市化水平仍存在较大的提升空间。但是，现有地级市及以上城市经济、社会和环境规模效率与其规模基本上呈倒U形关系，一些超大城市在经济、社会、环境等多方面的规模效率均处于递减阶段。未来，城市效率和生产率水平的提高，不应过度依靠城市规模的不断扩展来取得，而应重视城市管理技术水平的提高，实现中国城市化路径的调整。

美国芝加哥大学北京中心主任杨大利教授、中国社会科学院社会发展战略研究院渠敬东副院长、法国城市可持续发展战略咨询公司总裁 Emmanuel Breffeil、中国科学院科技政策与管理科学研究所陈锐研究员、中国社会科学院城市发展与环境研究所李恩平副研究员等也分别以"城市化、土地征用与政府信任""项目制、土地财政与城镇化""和谐社会中的农村""世界与中国城镇化之路——结构创新与转型发展""城市化增长曲线的推导与应用"为题发表了演讲，广泛探讨了城市发展转型与质量提升等问题。

与会嘉宾纷纷从不同的视角与发言的中外专家进行交流讨论，在思想火花的交流与碰撞中，为中国城镇化健康发展提供了许多有创意的见解和建议，也为学术界进一步深化城镇化问题研究提供了一个重要的交流平台。

（中国社会科学院朱丽雅供稿）

·机 构·

概 述

本栏目记述了7个2013年新建立的北京市哲学社会科学研究基地。在已刊机构补充介绍中，记述了5所高校的新增机构或已有机构补充介绍，以及2个单位领导成员变动或机构变更。

2013年新建立的北京市哲学社会科学研究基地

京台文化交流研究中心

京台文化交流研究中心是依托北京联合大学建立的北京市哲学社会科学应用对策研究基地。2013年1月18日经北京市哲学社会科学规划办公室批准成立，10月24日正式挂牌。中心研究领域主要集中在经济学、历史学、法学、教育学与政治学等学科领域，主要研究方向为：京台文创产业合作研究、京台经贸交流与合作研究、京台文化、教育交流与合作研究和京台交流中的法律问题研究。建设目标是争取在3~5年内，将研究中心建设成为北京市对台学术研究与交流中心、政策和对策研究与咨询中心、宣传教育中心与对台干部培训中心，成为具有一定国际知名度的、北京市涉台研究的北京市哲学社会科学研究基地。

基地负责人：乔东亮

电话：64909413

传真：64900131

地址：北京市朝阳区北四环东路97号北京联合大学

邮编：100101

北京青少年教育与发展研究基地

北京青少年教育与发展研究基地是依托北京青年政治学院建立的北京市哲学社会科学研究基地。2013年10月24日经北京市哲学社会科学规划办公室和北京市教育委员会联合批准，正式挂牌成立。研究基地立足于北京市“十二五”规划战略目标的实施和北京世界城市建设对高素质青年人才需求的客观现实，围绕北京青少年教育、成长与发展过程中出现的亟待解决的重大理论与现实问题，以服务“人文北京、科技北京、绿色北京”，世界城市建设战略实施和推动“北京精神”建设为目标，加强对北京青少年的价值观变迁、社会参与特征、教育与发展需求及思想动态的研究，主要设定3个研究领域：中华传统文化与青少年教育研究、北京青少年志愿服务研究、社会教育与青少年成长研究等。希望通过3~5年的建设发展，力争使研究基地成为北京和中国青少年研究的学术重镇，成为北京市政府制定青少年事务与政策的智库；成为国内青少年学术研究与交流的重要平台。

基地负责人：周永源

基地首席专家：梁绿琦

电话：84778355

传真：84778355

地址：北京市朝阳区花家地街 9 号北京青年政治学院

邮编：100102

北京国际商贸中心研究基地

北京国际商贸中心研究基地是依托北京财贸职业学院建立的北京市哲学社会科学研究基地。2013 年 10 月 24 日经北京市哲学社会科学规划办公室和北京市教育委员会联合批准，正式挂牌成立。主要研究领域包括：国际商贸中心的城市建设、国际商贸中心的产业建设、国际商贸中心软实力建设等。研究基地以服务北京世界城市建设为使命，整合首都相关学术资源，借助政府、行业组织和企业等各方力量，实现理论与实践结合、产官学协同创新，为北京国际商贸中心建设提供理论支持、政策参考、案例借鉴和实践路径。力争通过 3～5 年的建设，将研究基地建成为北京权威、全国知名的商贸研究基地，成为政府、商贸行业和企业的智库。

基地负责人：王成荣

基地首席专家：王成荣

电话：89532179

传真：89532179

地址：北京市通州区北关大街 88 号北京财贸职业学院

邮编：101101

北京戏曲文化传承与发展研究基地

北京戏曲文化传承与发展研究基地是依托中国戏曲学院建立的北京市哲学社会科学研究基地。2013 年 10 月 24 日经北京市哲学社会科学规划办公室和北京市教育委员会联合批准，正式挂牌成立。研究领域主要有：京剧学研究（含梅兰芳艺术研究）、北京戏曲文化政策研究、戏曲教育研究、戏曲史论研究（含戏曲剧种学研究）、戏曲表导演研究等。研究基地将以“戏曲高级人才培养中心、戏曲理论研究中心、戏曲文化信息交流与传播中心”为目标，围绕首都戏曲文化传承与发展的重点问题、前沿问题和难点问题进行综合研究，促进首都戏曲文化大发展、大繁荣，为首都戏曲人才培养提供智力支持，为首都戏曲艺术创作提供学术指导，为首都文化政策制定提供政策建议，从而成为国内业界戏曲文化专家最集中、科研成果最突出的学术阵地。

基地负责人：张凡

基地首席专家：傅瑾

电话：63339943

传真：63339943

地址：北京市丰台区万泉寺 400 号中国戏曲学院

邮编：100073

首都城市环境建设研究基地

首都城市环境建设研究基地是依托北京城市学院建立的北京市哲学社会科学研究基地。2013 年 10 月 24 日经北京市哲学社会科学规划办公室和北京市教育委员会联合批准，正式挂牌成立。研究基地主要研究领域包括：首都生态文明建设研究（包括城市规划、环境承载力、环境秩序等研究内容）；首都城市服务管理研究（包括城市运行安全、管理法治化以及精细化等研究内容）。研究基地将通过强基础、走高端、接地气，做真题、提建议、辅决策，以“宝塔型”科研项目打造学术高点，通过开展一系列基础性研究和对策性研究，完成一批生态城市与环境建设的重点研究课题，积极开展决策咨询，努力打造学术品牌。

基地负责人：刘林

基地首席专家：冯刚

电话：62320646

传真：62320646

地址：北京市海淀区北四环中路 269 号

邮编：100083

健康城市建设研究中心

健康城市建设研究中心是依托北京健康城市建设研究会和首都经济社会发展研究所建立的北京市哲学社会科学应用对策研究基地。2013 年 10 月 24 日经北京市哲学社会科学规划办公室批准正式挂牌成立。研究中心主要围绕决策应用对策研究、活动促进、媒体宣传和服务市委市政府决策 4 个方面开展建设，更好地促进北京市健康城市建设工作的开展，保持首都在健康城市建设研究领域的全国领先地位及发挥在全球的影响力。计划通过 3～5 年的建设，将北京健康城市建设研究中心打造成全国有影响的健康城市研究和交流平台，同时在国际上逐渐产生影响，将北京的健康城市建设研究成果通过世界卫生组织等向全球传播，讲好“北京故事”，为北京建设世界城市做出应有的贡献。

基地负责人：王鸿春

电话：63602765

传真：63602839

地址：北京市西城区宣武门西大街 28 号院大成广场 7 门 7 层

邮编：100053

北京文化创意产业改革发展研究中心

北京文化创意产业改革发展研究中心是依托北京市国有文化资产监督管理办公室建立的北京市哲学社会科学应用对策研究基地。2013 年 10 月 24 日经北京市哲学社会科学规划办公室批准正式挂牌成立。研究中心主要研究领域包括：北京市国有文化资产保值增值研究、文化消费研究、首都文化品牌创建和有效运作研究、加快首都文化产业“走出去”战略研究、促进文化产业发展的财税政策研究等。研究中心将从首都经济建设、社会发展和文化创意产业发展的需要出发，通过深化科研体制改革、组织重大课题研究、加大科研经费投入和动态监测评估等措施，努力使研究中心在全市文化领域的科学研究、人才培养、学术交流和咨询服务等方面发挥重要作用。

基地负责人：周茂菲

电话：62060506

传真：62060342

地址：北京市海淀区北四环中路 267 号奥运大厦

邮编：100083

（北京市哲学社会科学规划办公室供稿）

已刊机构补充介绍

中国人民大学
科研机构简介

中国经济改革与发展研究院

中国经济改革与发展研究院成立于 1996 年 1 月，1999 年 5 月重组为学校与国家发改委宏观经济研究院联合共建的经济研究机构。1999 年 12 月被批准为“教育部人文社会科学百所重点研究基地”之一。现任学术委员会主任由纪宝成教授和国家发改委常务副主任朱之鑫教授共同担任。院长为中国人民大学原副校长林岗教授和国家发改委宏观经济研究院常务副院长王一鸣研究员，常务副院长为刘元春教授和国家发改委宏观经济研究院副院长马晓河研究员。研究院下设经济形势分析与对策研究室、企业治理与结构优化研究室、财政货币政策研究室、产业与区域经济研究室等。现有专职研究人员 18 人，兼职研究人员 17 人。

刑事法律科学研究中心

刑事法律科学研究中心成立于1988 年10 月，重新组建于1993 年12 月。现任主任为戴玉忠教授，名誉主任为高铭暄教授，专职顾问为王作富教授，执行主任为黄京平教授、陈卫东教授。中心下设中国刑法研究所、外国刑法研究所、国际刑法研究所、刑事程序法研究所、区际刑法研究所、犯罪和监狱学研究所、证据法研究所、刑事法律史研究所等子机构。中心现有专职研究人员 14 人；兼职研究人员 30 人。

伦理学与道德建设研究中心

伦理学与道德建设研究中心以 1996 年成立的道德科学院和 1987 年成立的伦理学研究所为基础，于 1999 年 12 月重新组建，现任主任为葛晨虹教授，常务副主任龚群教授。下设伦理学理论研究所、中西伦理比较研究所、现实道德问题研究所、企业伦理研究所、经济伦理研究所和中国农村发展研究所。现有专职研究人员 18 人，兼职研究人员 9 人。

佛教与宗教学理论研究所

佛教与宗教学理论研究所以 1991 年成立的宗教学研究所和 1996 年成立的基督教文化研究所为基础，于 1999 年 12 月重新组建，现任所长为方立天教授，执行所长为张风雷教授。下设佛教、宗教学理论、基督教、道教、当代宗教等研究室。现有专职研究人员 15 人，国内兼职研究人员 10 人，国外兼职研究人员 3 人。

清史研究所

清史研究所成立于 1978 年 5 月，重新组建于 1999 年 6 月，名誉所长戴逸教授，现任所长为黄兴涛教授。2005 年以来，清史所为加强学科建设，根据各专业和研究方向的需要，进行了教研室的调整，下设中国古代史、中国近现代史、专门史、中外关系史、历史地理学、历史文献学等教研室。现有专职研究人员 12 人，兼职研究人员 12 人。

中国财政金融政策研究中心

中国财政金融政策研究中心成立于 1999 年，于 2000 年 9 月获批成为“教育部人文社会科学百所重点研究基地”之一，著名经济学家黄达教授和陈共教授担任研究中心名誉主任，中国国际金融学会副会长、中国人民大学校长陈雨露担任学术委员会主任，现任中心主任为汪昌云教授。中心下设金融与证券研究所、财政与税收研究所、风险投资研究所、国际货币研究所等机构。现有专兼职研究人员 28 人，国内客座研究人员 25 人，国外客座研究人员 10 人。

民商事法律科学研究中心

民商事法律科学研究中心成立于1999年9月，现任主任为杨立新教授。中心下设民法研究所、商法研究所、知识产权研究所、婚姻家庭法研究所、劳动和社会保障法研究所、民事诉讼法研究所、跨国商事法律研究所、地产研究所、金融证券法研究所、建筑房地产法律实务研究所、典当研究所、侵权法研究所等。现有专职研究人员17人，客座研究人员10人，兼职研究人员32人。

人口与发展研究中心

人口与发展研究中心是2000年1月在原中国人民大学人口研究所的基础上重新组建而成，2000年9月，中心被教育部正式确定为全国人文社会科学百所重点研究基地之一，并且是国内唯一的人口学重点研究基地，现任主任为翟振武教授。中心现有专职研究人员11名，兼职研究人员7名。中心下设人口学与人口政策研究室、人口与可持续发展研究室、老龄研究室、资料室、办公室、健康实验室、电话调查室、人口学（老年学）数据库等。主要研究领域：人口学理论与方法、中国人口问题与政策、老龄化与社会经济发展。

新闻与社会发展研究中心

新闻与社会发展研究中心成立于1986年10月，重新组建于1999年11月，2000年9月被批准为教育部人文社会科学重点研究基地，现任主任为郑保卫教授。下设新闻传播研究所、舆论研究所、媒介经济研究所。现有专职研究人员15人，兼职研究人员6人。

应用统计科学研究中心

应用统计科学研究中心成立于1988年，重新组建于1999年，现任主任为金勇进教授。下设统计调查与数据分析研究室、经济与社会统计研究室、风险管理与精算研究室。现有专职研究人员16人，兼职研究人员13人。

欧洲问题研究中心

欧洲问题研究中心成立于1994年9月，系原国际政治系和国际经济系联合成立的系属研究中心，1996年9月改建为校属研究中心，1999年12月进行了重新组建，现任主任为杨慧林教授。研究中心下设欧洲政体与政治、欧洲对外关系与对外政策、欧洲经济与货币联盟、欧洲社会政策、欧洲共同体法等5个研究室。现有专职研究人员13人，兼职研究人员31人。

社会学理论与方法研究中心

社会学理论与方法研究中心成立于1984年9月，重新组建于1999年6月，现任主任为郑杭生教授。下设理论社会学研究室、社会学方法研究室（CGSS）、社会工作研究室和分支社会学研究室（法律社会学、经济社会学）。现有专职研究人员10人，兼职研究人员8人。

中国特色社会主义理论体系研究中心（原“三个代表”重要思想研究中心）

“三个代表”重要思想研究中心成立于2002年11月29日，2004年12月被确认为教育部普通高等学校人文社会科学重点研究基地，2010年经教育部批准更名为“中国特色社会主义理论体系研究中心”。现任主任为程天权教授，秦宣教授任执行副主任。下设马克思主义理论创新研究室、全面建设小康社会研究室和执政党建设研究室3个研究室。中心现有专兼职研究人员32人，其中校内专职研究人员15人，校内兼职研究人员5人，校外兼职研究人员12人。

人文北京研究中心

人文北京研究中心成立于2009年6月30日，其前身为人文奥运研究中心，是中国人民大学在与北京市政府合作的基础上，组建的专门进行“人文北京”相关课题研究的校属跨学科研究机构，是北京市哲学社会科学重点研究基地。现任中心顾问为纪宝成教授、程天权教授，中心主任为冯惠玲教授，执行主任为郝立新教授、金元浦教授。中心研究团队现有研究人员12名，承担着与人文北京建设有关的各类跨学科课题研究项目。

马克思主义研究院

马克思主义研究院成立于2006年12月21日，现任主任为林岗教授，刘大椿教授任研究院首席专家，副主任为李景治教授、秦宣教授、张宇教授。现有研究人员23人。研究院是国内马克思主义理论研究的重要阵地之一。

北京社会建设研究院

北京社会建设研究院成立于2008年4月18日，由北京市委社工委与中国人民大学联合成立，现任院长为纪宝成教授。研究院主要研究北京社会发展过程中出现的各种问题，开展专项调查、承担科研课题、建立数据资料中心等工作，同时也是北京市社会建设研究基地。研究院现下设办公室、研究一部、研究二部、研究三部。

（中国人民大学科研处关晓斌供稿）

中国政法大学

2012年新增机构

司法文明协同创新中心

司法文明协同创新中心成立于2012年7月，由中国政法大学为牵头高校，吉林大学、武汉大学为主要参与高校。2013年5月，该中心成为教育部“2011计划”首批获得认定的14个协同创新中心之一，也是首批获得认定的两个文化传承方向协同创新中心之一。中心旨在推进国家司法文明建设，提升中国司法文明在当代世界文明体系中的认同度和话语权，使中华民族跻身于世界司法文明先进之列，推进中国司法的文明化和中国司法文明的国际化。中心有五大建设任务：探索科学的司法理论、建构先进的司法制度、促进公正的司法运作、造就卓越的司法精英、培育理性的司法文化。中心成立时共40个国内协同单位（3个大学，32个法院、检察院等司法机关和5个行业组织），以及包括11个国外大学、研究所单位和5个国外教授单位的国际创新力量。中心现有人员291人，其中，3所协同高校全职固定人员141人（研究人员123人，实验技术人员7人，管理人员11人）；国内其他协同单位兼职人员130人；外国专家20人。在专职人员中，中国政法大学81人；吉林大学34人；武汉大学26人。中心设理事会、学术委员会、主任联席会议和联合秘书处，实行理事会领导下的联席主任负责制。

全球治理与国际法治协同创新中心

全球治理与国际法治协同创新中心成立于2012年12月，由中国政法大学为牵头高校，武汉大学、厦门大学、南开大学、对外经贸大学作为主要协同高校，与外交部条法司、商务部条法司、最高人民法院民四庭、中国社科院国际法所、中国外文局对外传播研究中心等中央机关和部门，加拿大蒙特利尔大学、澳大利亚新南威尔士大学等外国高校共同建立。后中国国际问题研究所作为主要协同机构加入，比利时鲁文大学（全球治理研究中心）、德国发展研究所、荷兰莱顿大学、美国杜兰大学等外国高校先后加入中心。

中心整合了国内有关全球治理与国际法最主要的研究力量和践行国际法治、推行全球善治的有关部门专家和思想库，还吸收了北美、欧洲和澳洲各一所主要大学的国际法学者，其目的是有机利用各自单位的研究力量与资源，探索跨学科、跨部门、跨国界的新型合作机制。中心旨在为解决国家面临的重大国际性问题提供智力支持，承担并完成国家急需的重大课题的研究任务，提供或发布全球治理与国际法治方面的政策咨询报告，培养国际化的一流法律人才，创办了“全球治理与国际法治”国际论坛和中国全球治理学刊（英文）。

2013年新增机构

司法改革研究中心

司法改革研究中心成立于2013年1月8日。中心有来自不同高校和科研机构的学者，也有来自相关实务部门的专家。中心致力我国司法改革的理论研究和实务推进工作，主要工作有：第一，对司法改革所涉及的重要原则、制度的基本原理或相关理论进行研究。第二，对我国司法改革所涉及的相关立法进行研究。第三，提出相关的立法建议和立法解释、司法解释与行政解释的建议。第四，对有重大影响的案件进行研讨、论证。第五，与国内外相关机构就司法改革所涉重要制度的完善、改革进行广泛的研讨、交流等。第六，创办“中国司法改革网”作为学习、科研和交流的平台。第七，和国内外有关司法、执法实务部门或组织建立业务合作，促进理论研究和实务工作的互动。

中心主任：汪海燕

高等学校财务管理研究中心

高等学校财务管理研究中心成立于2013年1月18日。中心有4名兼职研究人员，均具有高级会计师职称。中心致力对现行财务管理模式进行研究和探讨，对高等学校内部控制制度建设与优化、基于信息化的高等学校创新财务管理模式、高等学校财务管理精细化等方面进行研究。研究中心的宗旨是：通过组织高等学校财务管理领域的研究和学术活动，在对高等学校财务管理工作调研的基础上，结合自身工作实际和体会，尝试对高等学校财务管理模式进行一个较为系统、全面和深入的总结和探讨，以期得到一些科学、可行的管理方法。加强高等学校财务管理理论与实务的结合，推动中国高等学校财务管理领域各项法律制度的健全和完善。

中心主任：张桂林

中国城镇化法律问题研究中心

中国城镇化法律问题研究中心成立于2013年4月12日。中心致力对城镇化有关的法律问题进行全面、系统的调查研究，就急需的理论和实践问题向国家立法机关、政府管理机关以及有关各方提供严谨实用的学术意见、建议、对策、方案等。同时，搭建官、产、学、研互动交流的平台，促进城镇化法律领域理论研究与实务操作资源的有效整合。中心有10余名专兼职研究人员，既有来自高校和科研机构的学者，也有来自相关实务部门的领导、官员及律师。中心的宗旨是成为中国城镇化法律问题理论与实践紧密结合的专家服务平台。为此中心将组织城镇化法律问题的学术活动，与政府主管部门、企业以及其他各类组织开展合作。

中心主任：蒋立山

自然法学研究中心

自然法学研究中心成立于2013年4月27日，现有14名专兼职研究人员。中心致力整合自然法学研究相关学术资源，积极加强与国内外相关高校、研究机构的学术交流与合作，开展自然法学研究；把中心发展为以自然法学为重心的专门研究机构，重要的学术研讨、交流机构，自然法学研究信息资料中心，为中国的法学与社会发展提供有力的智力支持。

中心主任：舒国滢

医药法律与伦理研究中心

医药法律与伦理研究中心成立于2013年7月12日。中心集科研、培训和咨询为一体，主要成员具有法学和医学交叉学科教育背景，以法学和医药学交叉学科的科学研究与实践探索为己任。中心努力整合法学、政治学、医学、药学、伦理学等相关学术资源，打造法学和医药学沟通的高端学术平台。中心的主要工作有：对中国医疗法律与伦理的主要问题进行研究；为相关专业学生开设医药法律专业课程，为卫生法律及政策的制定者和卫生服务的管理者，以及医药行业的法务人员提供法学与伦理学、管理学等培训，举办系列讲座；为医药卫生改革及立法提供决策咨询建议；对医药卫生领域内有重大影响的案件进行研讨、论证等。

中心主任：刘鑫

金融理论与创新研究中心

金融理论与创新研究中心成立于2013年7月12日，有专兼职研究人员10余名，以中国政法大学、中国社会科学院、中国科学院、北京大学、人民大学等高校、科研机构的中青年学者为主体，以金融资本全球化时代金融资本的积累方式、对全球化积累结构的塑造以及对后发国家发展模式的影响等为研究对象。中心以金融资本为切入点，深入挖掘经济学中的资本积累理论、银行和信用理论、虚拟资本理论、经济危机理论、资本形态变化理论以及世界体系等理论，同时，系统追踪西方、拉美、俄罗斯等国家和地区关于经济学研究的最新动态，深化关于全球化、现代化以及社会主义市场经济发展规律的认识。中心和多家学术科研单位建立了学术交流与合作关系。

中心主任：赵卯生

中国政府改革和发展研究中心

中国政府改革和发展研究中心成立于2013年9月22日，由29名专兼职研究人员组成。中心着力搭建学界与实务界互动交流的平台和科研转化机制，致力于实现有效推进政府改革和发展的学术和实践创新。中心的目标定位是：（1）一个主攻方向：中国政府职能根本转变的理论分析框架和实践路径。（2）3个研究重点：中国政府机构设置和人员编制研究；中国政府府际关系和运行机制研究；中国政府依法行政和制度建设研究。（3）4个功能平台：中国政府改革和发展研究领域多学科协同创新重要平台；国际相关研究领域对话、合作重要平台；中国各级政府改革和发展决策重要思想库、专家库、信息库；中国政府改革和发展领域相关高级专业人才重要培养基地。

中心主任：石亚军

中加法律研究中心

中加法律研究中心成立于2013年10月18日。中心共有20余名中外专兼职研究人员。中心的宗旨是成为我国中加法律问题权威的教学、培训、科研和学术交流基地及咨询服务机构。中心开展工作的重点是：推出优秀科研成果，出版翻译加拿大及魁北克的法律研究专著、法律丛书及中加法律论文；组织学术研讨会；积极开展针对中加学生交流活动招生及培养工作；面向各级政府、公司企业及社会各界开展中加各类法律咨询服务；举办以知识更新为主要内容的短期培训，为中加经济、文化及法律的合作发展提供对策和建议。

中方主任：焦杰

东亚国际问题研究中心

东亚国际问题研究中心成立于2013年10月18日，中心主任为孙承教授。中心共包括20余名专兼职研究人员。中心以中国政法大学国际政治学科为依托，联合校内国际法学和国际经济学等相关学科力量以及校外和国内外学术资源，着力搭建官、产、学、研互动交流的知识平台和科研转化机制，强调学术研究和实践应用并重及相互促进；同时也是一个开放平台，以全球化视野研究东亚国际关系和地区问题，通过共同关心的课题来汇聚校内外和国内外的力量开展协作研究。研究中心的宗旨是：成为中国政法大学在东亚国际问题领域多学科协同研究的平台，成为我国东亚国际关系和地区问题重要的专家库、思想库和咨询服务机构。

中心主任：孙承

语言与证据研究中心

语言与证据研究中心成立于2013年10月18日，共有专兼职研究人员30余人。中心致力整合证据法学和语言学研究领域的相关力量，搭建证据法学和语言学知名专家对话平台，开展语言与证据理论研究以及语言证据分析与认证研究，建立语言证据学；中心通过语言证据分析与认证问题的探讨和研究，积极参与司法实践，建立语言证据数据库，搭建语言证据分析与认证咨询平台，面向社会开展咨询活动。中心将与国外相关研究机构进行合作交流，建立合作关系，并重视科研成果向实践应用的转化。中心的宗旨是通过理论研究和实务工作，规范语言证据分析与认证方法，完善我国证据制度，维护司法公正，建设司法文明。

中心主任：邹玉华

中国周边安全研究中心

中国周边安全研究中心成立于2013年12月25日。中心聚焦中国周边安全的相关研究领域与重点问题，致力于进行长期的跟踪与综合性科学研究。研究方向及重点问题包括：（1）周边安全战略研究。（2）周边次地区的安全架构研究。（3）台湾问题。（4）周边领土争端和海洋划界问题。（5）其他跨界非传统安全问题。中心将通过实地调研，召开学术研究会，开展专项课题研究等方式，响应中国周边安全问题凸显的国家重大需求，对诸多争端和问题的解决进行战略性思考与对策研究，不断推出新的研究成果，将教学研究与国家的对外决策实现更加紧密地对接，整合现有相关研究力量，凝练鲜明的研究特色与方向。

中心主任：刘长敏

法律思维与法律逻辑研究中心

法律思维与法律逻辑研究中心成立于 2013 年 12 月 25 日，共有 40 余名专兼职研究人员，并聘请一些政法机关与科研机构的领导与专家担任顾问。

研究中心致力整合校内外法律思维与法律逻辑研究领域的相关力量，搭建相关高校、科研机构和政法机关等实际部门之间互动交流的知识平台和科研转化机制，开展法律思维与法律逻辑理论的综合研究，并强调学术研究和社会应用的相互促进，重视科研成果的知识传播和向社会实践的转化。中心的宗旨是成为中国政法大学在法律思维与法律逻辑领域的多学科协同研究平台，成为我国法律思维与法律逻辑研究的专家库与咨询服务机构，成为我国法律实务与复杂案件办理的咨询与顾问机构，为我国法治社会建设做出贡献。

中心主任：王洪

中国诚信建设研究中心

中国诚信建设研究中心成立于 2013 年 12 月 13 日。中心包括 10 余名专兼职研究人员。中心将根据研究的进展情况，成立专家指导委员会和理事会。中心的宗旨是：成为中国政法大学在该领域进行多学科协同研究的平台，成为我国推进诚信社会建设的权威的“专家智库”。中心致力整合校内外相关研究力量，围绕促进政府诚信、教育诚信、商务诚信、工程诚信、服务诚信、司法公信等内容联合海内外政府机构、企事业单位、社会团体，多领域全方位开展调查、研讨、培训、交流、表彰、论坛等活动，搭建校内外交流的科研平台，不断推动经济发展和社会进步。

中心主任：胡明

反腐败与廉政建设研究中心

反腐败与廉政建设研究中心成立于 2013 年 12 月 25 日。中心共有专职、兼职研究人员 20 余人。中心的宗旨是：通过组织与开展针对我国腐败现象与廉政建设的学术研究，搭建国内外法学者、理论与实务部门沟通交流的平台，为进一步繁荣我国廉政法律制度的理论研究，创新反腐倡廉的运行机制，构建高效廉洁的法治政府做出应有的贡献。中心致力于最大化整合学术资源，对腐败现象进行深入的把握和为构建我国的廉政体制提供理论基础，在理论部门和实务部门之间架起一座沟通的桥梁，着力搭建产、学、研互动交流的知识平台和科研转化机制。中心强调学术研究和实践应用并注重其相互促进，重视科研成果向实践应用的转化。

中心主任：王牧

（中国政法大学科研处刘璐供稿）

对外经济贸易大学

2013 年新增机构

企业声誉研究中心

对外经济贸易大学企业声誉研究中心成立于 2013 年，是非实体性的研究机构，旨在通过整合社会各界资源，汇聚一批致力于声誉研究的经济学者、管理学者、传媒学者和著名企业家，开展声誉理论与实践研究，推动和引领我国声誉管理科学，推动声誉专业的学科建设；建立全国首个声誉管理学术交流平台，开展内外声誉学术交流，推出创新研究成果；开展声誉管理的教学、培训与管理咨询，满足社会各界对声誉管理战略、技术、方法的咨询需求和人才需求，为我国声誉管理和信誉经济的建设和发展做出贡献。

中心研究方向包括：企业声誉基础理论研究，探索研究声誉产生和作用的机理与规律；企业声誉管理的交叉科学研究；企业声誉管理战略与应用技术方法的研究，形成指导企业管理实践的管理模式；企业声誉与无形资产、财务计量和市场价值的研究，为企业在国内外的品牌运用和兼并重组提供咨询和参考；企业声誉的比较方法研究和评价体系研究，为社会各界开展声誉评价提供理论依据和指导；企业声誉与市场环境、制度环境和文化环境关系的研究等。

中心主任：王永贵。联系电话：64493509

消费者保护法研究中心

对外经济贸易大学消费者保护法研究中心成立于 2013 年，是非实体性的研究机构。中心的宗旨是：积极开展消费者保护法的理论研究与实践活动，加强国内外消费者保护法研究领域的学术交流与合作，努力推进消费者保护法学的发展，为消费者保护立法及法律实务提供智力支持，推进我国消费者保护事业的发展，成为我国消费者保护法领域的重要智库。根据我国社会、经济和法治建设的需要，并结合当前消费者保护法研究现状及发展趋势，中心研究方向包括：消费者保护法基础理论、《消费者权益保护法》的修改与完善、我国主要贸易与投资国的消费者保护法、电子商务消费者保护、金融消费者保护、消费者权利救济程序、跨境消费者保护、消费者保护法与相关学科的交叉研究等。

中心主任：苏号朋。联系电话：64493025

产业经济研究中心

对外经济贸易大学产业经济研究中心成立于

2013 年，是非实体性的研究机构。中心的宗旨是：依托对外经济贸易大学强大的科研力量和国内外一大批长期从事产业经济领域研究人士的成果、经验和案例，利用北京的首都区位优势以及学校国际化办学的特色，联合国内外学界、业界的知名学者和杰出企业家，积极推动我国产业经济理论研究和相关产业政策的制定、实施。中心的研究方向涵盖产业经济理论研究的各个方面（包括产业组织、企业组织、规制政策反垄断政策、资源经济以及流通经济），主要就当前国际产业组织理论的发展趋势和前沿动态，结合我国的经济结构战略性调整以及相关产业政策的实施进行前沿理论和案例研究。

中心主任：李建培。联系电话：64493123

中国国际品牌战略研究中心

对外经济贸易大学中国国际品牌战略研究中心成立于 2013 年，是非实体性的研究机构。中心致力于推动我国国际品牌理论和品牌战略研究，推广国际品牌战略理念，增强国际品牌竞争意识，蓄养品牌战略研究型人才，打造国际品牌战略研究高地，建立国际品牌战略研究实践基地。中心研究方向涵盖品牌战略多个方面，包括：品牌理念、品牌标准、品牌建设与传播；品牌与经济、品牌与文化、品牌与国家实力、品牌与国际竞争；品牌基础理论、国家宏观政策、企业品牌实践等。

中心主任：冷柏军。联系方式：64493825

服务贸易研究所

对外经济贸易大学服务贸易研究所成立于 2013 年，是非实体性的科研机构。研究所的宗旨是通过对国际服务贸易重大理论问题和热点实践问题的系统研究，打造中国一流国际服务贸易智库，服务政府决策，服务企业实践，加强国内国际学术交流，提高对外经济贸易大学在国际服务贸易领域的学术影响力，并打造一支实力强大的学术研究队伍。

研究所立足中国服务贸易的发展，密切关注国际服务贸易的发展趋势，紧跟国际服务贸易研究领域的国际学术前沿，并定期发布高水平的与国际接轨的研究成果，通过《国际服务贸易蓝皮书》《国际服务贸易前沿报告》等形式提高国际学术声誉，努力推动国际服务贸易的学术研究、社会服务人才培养，将研究所打造为国内领先、国际知名的国际服务贸易智库。

中心主任：洪俊杰。联系电话：64493393

中国消费经济研究院

对外经济贸易大学中国消费经济研究院成立于 2013 年，是学校与三株集团联合成立的非实体性科研机构，三株集团为中国消费经济研究院的科学研究和人才培养等提供资金支持。对外经济贸易大学中国消费经济研究院旨在研究国家发展过程中的消费经济问题，为政府关于消费经济的宏观调控提供理论支撑，为各级政府提供政策决策依据，为实际部门、企业提供消费经济咨询，为国家培养消费经济领域的专门人才。该研究院团结全社会致力于消费经济研究的人才，积极推进研究工作，使其成为学科亮点，支撑国家的重大决策，最终建成集人才培养、科学研究、制度建设为一体的研究院。

中心主任：洪俊杰。联系方式：64493393

（对外经济贸易大学科研处供稿）

北京林业大学

2013 年新增机构

全国林业预算资金绩效研究考评中心

该中心于 2013 年 10 月 18 日成立。

主办单位：国家林业局计财司、北京林业大学经济管理学院

中心宗旨：中心作为国家林业局预算绩效管理工作的常设专门机构，主要职责包括：协助国家林业局研究起草预算绩效管理工作规划、规章制度等，草拟预算绩效目标体系和绩效评价指标体系，指导各单位填报预算绩效目标申报工作，具体组织开展预算绩效评价的实施工作，指导项目单位完成预算绩效报告的编写工作，独立完成预算绩效评价报告的编写工作，开展预算绩效管理的理论研究、培训工作，以及其他交办的预算绩效管理日常工作。

中心主任：高玉英。联系电话：62338574

北林—宝蓝物业协同创新中心

该中心于 2013 年 7 月 29 日成立。

主办单位：北京林业大学经济管理学院

宝蓝物业服务股份有限公司

宗旨：把握物业行业发展的趋势，汇聚北京林业大学物业学科的优势与宝蓝物业的经典实践，在已有的理论和实践基础上，结合校企合作科研项目，坚持“高起点、高水准、有特色”，通过机制创新，强化和完善产学研协同运行机制，将其建设成为高水平的物业学术高地、创新中心和产业引领阵地，全面提升高校人才、学科、科研三位一体的创新能力。

理事长：陈建成。联系电话：62338401

森林经营与管理研究所

该所于 2013 年 5 月 15 日成立。与中国吉林森林工业集团有限责任公司共建。

研究所的主要研究领域有：现代林业企业发展战略和模式的研究、现代企业制度下森林经营和管理的理论研究、现代企业制度下森林经营和管理的实证研究等。

所长：柏广新。执行所长：宋维明

艺术设计学院

该学院成立于 2013 年 7 月 1 日。

艺术设计学院由“环境设计系、工业设计系、视觉传达设计系、数字艺术系、造型基础部”四系一部构成，开设有数字媒体艺术、动画、视觉传达设计、环境艺术设计、工业设计（工科）、产品设计本科专业。目前有1个设计学一级学科硕士学位授权点、1个动画艺术二级学科硕士学位授权点、1个专业硕士学位授权点。

学院现有教职工55人，其中研究生及以上学历48人，教授5人，副教授17人。

学院已有和正在筹建的实验室有视觉与平面媒介实验室、装饰工艺制作实验室、陶艺雕塑实验室、模型数控加工中心实验室、艺术设计实验室、动画实验室、摄影工作实验室。

院长：丁密金。联系电话：62336453

（北京林业大学科技处张力供稿）

外交学院

2013年新增机构

外交学院国家软实力研究中心

外交学院国家软实力研究中心成立于2013年1月，是经外交部批准、依托于外交学院学术资源、以外交政策与软实力建设为研究对象的智库交流平台。外交部前部长、外交学院兼职教授李肇星担任中心理事长，哥伦比亚前总统帕斯特拉纳等国际前政要担任中心国际顾问。

中心的宗旨是：促使我国早日建成具有较强国际影响力的软实力大国，争取中国外交政策在国际舆论中的话语权，争取中华文化在国际社会中的生存和发展空间。中心的任务是：（1）科学研究，关注软实力、外交学、国际关系研究的前沿理论，重点探讨什么是中国的软实力，以及如何传播和运用中国的软实力；（2）政策研究，以中国立场和中国视角，为政府部门和外事单位提供决策建议；（3）课程教学，开设与软实力相关的公共选修课，举办有助于学生通识教育的跨学科系列高端讲座；（4）专项培训，为相关政府部门、大型企业和公共组织的外事部门提供国际化的培训服务。

自成立以来，外交学院国家软实力研究中心已经和外交部新闻司、中国公共外交协会等部门以及研究机构建立了课题合作关系，并先后组织了一系列具有影响力的国际性学术活动。经外交部批准，先后组团赴俄罗斯、美国、法国、香港地区参加外事活动与国际交流，并就相关情况为有关部门撰写了内参报告与研究动态。

中心主任：姚　遥。联系电话：68323911

（外交学院国家软实力研究中心姚遥供稿）

外交学院世界政治研究中心

外交学院世界政治研究中心成立于2013年5月。中心的成立基于如下考虑。中国通过参与西方主导的国际体系，而于近年在经济层面迅猛崛起。中国的崛起区别于既有国家崛起的一个根本特性在于其规模，这使得世界秩序将因中国崛起而被深刻改变，并将重新定义。这一过程也会伴随中国对自身的重新理解、定位和进一步的变革。随着中国的崛起，马克思所曾谈到的“世界市场”获得了真正意义上的展开。中国也在此过程中，对世界经济具有了全面的影响。但是，国内学术界对于中国因应着新的局势，而在世界政治和伦理层面上对世界秩序以及自身的可能影响，还没有足够多的研究。世界政治研究中心的主要任务是对“世界市场”形成后的世界政治和世界伦理问题进行学术研究，并就中国在其中的作用、地位、贡献提出相应的政策建议。本研究中心融合了外交学院校内的相关研究人员，以及跨校的研究资源，旨在从以下角度展开跨学科式的综合研究。（1）美国主导下世界秩序的伦理结构与法权结构；（2）中国经济崛起与世界秩序的政治重构；（3）陆地秩序与海洋秩序关系；（4）民族国家与世界政治的关系及主权论的未来；（5）新技术与新治理手段的世界政治学意涵；（6）世界政治视野下对于中国的重新理解。

中心主任：施　展。联系电话：68323927

（外交学院世界政治研究中心施展供稿）

中国青年政治学院

校领导及校属机构变化：

2013年校党委副书记酒曙光调离。

法律系更名为法学院。

经济系更名为经济管理学院。

（中国青年政治学院科研处供稿）

北京市社会科学界联合会

党组领导变化情况：

根据中共北京市委2013年1月9日〔2013〕34号文件，决定：韩凯同志任中共北京市社科联党组书记，免去史秋秋同志党组书记职务。

（北京市社科联人事处供稿）

·大 事 记·

2013 年

1月

5 日　北京大学举行马克思主义与中国文化协同创新中心成立仪式。教育部副部长李卫红，北京大学校长周其凤，共同为协同创新中心揭牌，现场还举行了协同单位的签约仪式。马克思主义与中国文化协同创新中心以北京大学为发起单位，联合了中共中央党校、教育部高等学校社会科学发展研究中心和北京师范大学 3 家在马克思主义与中国文化相关领域基础扎实、实力雄厚的思想与学术重镇，共同打造国内首家以马克思主义与中国文化的研究宣传、教育管理和普及提高为宗旨的高端协同机构和联合创新旗舰。

（北京大学社会科学部供稿）

5—6 日　第十届中国文化产业新年论坛上，发布了《中国文化产业年度发展报告（2013）》。

该报告由北京大学文化产业研究院等机构编撰。报告指出，与 2011 年相比，2012 年文化产业市场增长率略有下降，但文化产业生产总值仍在稳步提升。

该报告显示，文化与科技融合已经成为实现文化产业整体升级转型的重要突破口和指导思想。一批以高新技术为依托、以数字内容为主体、以自主知识产权为核心的新兴文化业态，有效地提升了文化产品的附加值，成为推动文化产业发展的主力军和重要支撑点。

6 日　《林崇德心理学文选》出版座谈会暨首发式在人民教育出版社举行。北京师范大学资深教授林崇德先生；人民教育出版社党委书记、副社长郭戈；北京师范大学副校长曹卫东，社科处处长范立双，以及来自北京师范大学文科基地发展心理研究所、心理学院，人民教育出版社，中国人民大学，中央财经大学等单位的领导、专家学者和相关媒体单位的代表 30 余人参加了会议。与会领导、专家和学者认为，《林崇德心理学文选》荟萃了林先生 50 多年来对心理学理论创新和实践探索的精华，从一个侧面反映了我国当代心理学学科的发展历程和学术水平，展现了我国当代心理学尤其是发展心理学、教育心理学不断发展和进步的概貌，也是新时期、新形势下研究我国心理学学科发展及其应用实践不可多得的重要文献。

（北京师范大学社科处刘娜供稿）

7 日　外交学院成立国家软实力研究中心，玻利维亚前总统豪尔赫·基罗加（Jorge Quiroga）、哥伦比亚前总统安德烈斯·帕斯特拉纳（Andres Pastrana）、巴拿马前总统马丁·托里霍斯（Martin Torrijos）、拉美三国前政要、十届全国人大常委会副委员长成思危，外交部、中国人民外交学会、中国人民对外友好协会、中国—拉丁美洲和加勒比友好协会等有关单位领导，外交学院朱立群副院长、王帆院长助理应邀出席了中心启动仪式。前驻法大使、外交学院赵进军院长在启动仪式上致欢迎辞，他表示，中拉同为发展中国家，尽管相距甚远，但有许多共同点，中国一向主张同拉丁美洲兄弟国家构建和发展在政治、经贸、科技及人文交流等各领域友好互利共赢的伙伴关系，未来这一政策也不会改变。

软实力与中拉伙伴关系研讨会由秦亚青书记主持，中国公共外交协会秘书长宋荣华、中国—拉丁美洲和加勒比友好协会秘书长王宏强、中国人民对外友好协会美大部副主任吉拥军和王帆院助以建构软实力：中国在拉美的形象与战略定位、美国因素；拉美与中国关系再平衡、直通太平洋；巴拿马运河与中国的拉美机遇为题与参会学者和研究生共 40 余人进行了交流。

（外交学院科研处郦莉供稿）

8 日　北京市档案学会应邀参加 2013 年度周末社区大讲堂系列科普讲座及科普基地活动启动式，并被评为 2012 年度系列科普讲座组织工作先进单位。启动仪式由市委宣传部、市委社会工委、市社科联、市科委主办，市社科联党组书记史秋秋、市委宣传部理论处处长贺亚兰先后致辞。仪式上，向荣获全国优秀社科普及名家、优秀社科普及工作者、优秀科普读物、人文社科普及基地和市社科普及工作优秀组织单位代表颁发证书、奖牌。全市各主办单位、各区县委宣传部、有关学会、科普基地、专家学者及社区群众300余人参加了启动仪式。

（北京市档案局科教处供稿）

9日　北京市档案学会第六届理事会第二次会议在市档案局召开，陈乐人理事长出席并讲话，张斌、王京彦、贺真、陈丽珍副理事长出席，负责联系学会工作的马素萍副局长列席会议，张斌副理事长主持会议。41名理事、监事参加了会议。会议审议并通过了《关于增补梁军同志为第六届理事会理事的建议》、《市档案学会拟授2010—2011年度档案学术成果奖项目的报告》、《市档案学会分支机构管理办法》、《市档案学会关于团体会员、个人会员入会资格的审核报告》以及《市档案学会2011年工作总结和2012年工作要点》的报告。

（北京市档案局科教处供稿）

10日　在中国发展研究基金会关爱流动儿童促进社会融合项目评审会上，中国青年政治学院北京成长向导服务项目获得唯一一个一等奖，且是北京市唯一获奖的项目。基金会秘书长卢迈向项目负责人、中国青年政治学院史柏年教授颁发了获奖证书。

中国发展研究基金会作为全国性的公募基金会，是由国务院发展研究中心发起成立的非营利性法人组织。该基金会2012年3月启动了关爱流动儿童促进社会融合公共服务竞赛，来自全国各地80多个关于流动儿童的服务和研究项目参与各个等级奖项的角逐，最终10个项目团队获奖。

（中国青年政治学院科研处供稿）

11日　中国人权研究会、中国人权发展基金会和湖南大学出版社在北京召开《人权知识读本丛书》出版座谈会。中国人权研究会会长罗豪才出席座谈会。

据了解，《人权知识读本丛书》包括公民读本、妇女权利读本、未成年人权利读本、行政执法人员读本、法官读本以及监狱人民警察读本等6个分册。该套丛书既有人权基本理论、基本知识的阐述，也有中国人权保障实践的介绍，既阐释了国际人权公约对各项人权的具体规定，也充分反映了中国有关人权保障法律的制定和实施。

丛书的出版是为落实《国家人权行动计划(2009—2010年)》提出的人权培训和教育的目标，已经被国家新闻出版总署列入国家“十二五”重点图书出版规划项目，国家出版基金资助项目。罗豪才、董云虎、徐显明、李步云等担任丛书总主编。国务院新闻办公室主任王晨为丛书撰写了总序言。

14日　首都师范大学文化研究院与民进中央文化艺术委员会召开了联谊座谈会。民进中央副主席、首都师范大学校长、文化研究院院长刘新成、国家一级导演冯小宁、中国歌剧舞剧院院长徐丽桥等出席会议。会议由刘新成校长主持。

座谈会上，刘新成校长首先对各位的到来表示了欢迎，并简要介绍了研究院的成立背景。陶东风教授详细阐述了文化研究院的定位、研究取向、运行机制以及2012年的主要工作，并表达了研究院与民进中央文艺委员会合作的意愿和可能性，指出未来双方可以在文化论坛、课题立项以及纪录片拍摄等方面加强合作。胡军主任充分肯定了文化研究院自成立以来的工作成绩，希望借助这次座谈会双方增进了解，委员会能充分借助研究院的人、才、物资源在国家文化建设中发挥更大的作用。与会人员还就当前我国文化产业发展的现状、管理体制以及文化与金融、科技的对接等问题展开了热烈讨论。大家一致认为应该继续推进文化体制改革，转变政府文化管理职能，改变主要依靠政府财政投入扩大再生产的方式，通过积极引导，提高整体民族文化素质，促进民族文化产业大发展。

（首都师范大学社科处黄胤英供稿）

16日　国务院台办发言人杨毅在例行新闻发布会上介绍，2012年两岸经济交流合作继续扩大和深化，主要表现在6方面。

一是两岸经济合作框架协议（ECFA）实施和后续商谈取得新进展。两岸签署了投保协议和海关合作协议，服务贸易协议的商谈已进入收尾阶段，货物贸易协议和争端解决协议商谈取得积极进展。ECFA早收计划落实良好。据大陆海关统计，2012年1—11月，台湾企业享受关税优惠约30.86亿元人民币，同比增长3.2倍。据台湾海关统计，去年1—11月，大陆企业享受关税优惠约5005万美元，同比增长1.4倍。

二是两岸金融合作取得新成果。两岸签署货币清算合作备忘录，建立两岸货币清算机制取得实质进展。年内新增3家台湾地区银行在大陆设立分行，6家台湾地区银行获准办理大陆台资企业人民币业务。两家大陆银行台北分行开业。大陆新批准9家台湾金融机构获得合格境外机构投资者的资格。新增3家大陆台资企业在A股上市。

三是两岸产业合作进一步制度化、机制化。两岸产业合作工作小组工作的机制更加完善，运作更加顺畅；两岸成功举办第二届两岸产业合作论坛和第九届电子信息产业技术标准论坛；两岸产业合作试点项目进展顺利，不断取得成果。

四是两岸“三通”不断有新进展。空中直航总班次由每周558班增加到616班，两岸直航航点增加到64个。两岸贸易投资稳步增长，全年两岸贸易额为1689亿美元，同比上升4.3%；1—11月，大陆共批准台商投资项目1988个，实际使用台资金额25.6亿美元，同比上升31.2%。大陆9个省市开放台湾居民申办个体工商户。全年经大陆主管部门核准的大陆企业赴台投资项目 31 个，投资金额 6.94 亿美元，同比增长超过 10 倍。

五是搭建两岸企业家交流的高端平台。成功举办海峡两岸企业家紫金山峰会和首届海峡两岸文创产业合作论坛，两岸各类经贸交流蓬勃开展。

六是两岸农业合作取得新成效。大陆开放进口台湾大米，台湾农产品在大陆销售也继续扩大。

杨毅表示，2013 年，我们将继续推动深化两岸经济合作，厚植两岸互利双赢的共同利益，不断夯实两岸关系和平发展的经济基础。

同日　中央编译局比较政治与经济研究中心、北京大学中国政府创新研究中心等单位举办的“第二届中国社会创新奖选拔暨颁奖大会”在北京举行，与会者结合基层社会管理的实际案例，对加强和创新社会管理进行了研讨。

与会者提出，按照科学发展观的要求，在创新管理中加强社会建设，是构建社会主义和谐社会的基本要求。把应该由社会发挥作用的交给社会，是改革的方向。党的十八大报告对社会建设做出新论述、提出新任务和新要求，为推进社会管理创新营造了有利氛围。落实这一要求，应更多通过社会的力量包括社会组织的力量办好社会的事情，推动社会体制改革，加强社会建设。

与会者认为，社会组织开展社会管理创新，有利于实现公民的有序参与，畅通民意表达渠道，充分体现公民的主体性，激发公民参与热情；有利于降低政府行政成本，提高公共服务质量，推动实现政府战略目标。

中国社会创新奖旨在发现、总结和推广各类社会组织的优秀创新项目，推动社会管理创新的理论研究，为完善社会管理、推进社会建设做出贡献。在入围中国社会创新奖的 24 个创新项目中，北京恩玖非营利组织发展研究中心的“基金会中心网”等 10 个项目获优胜奖。

21 日　钟瀚德基金会通过中国国际文化交流基金会，向北京师范大学捐资 1.1 亿元，成立“北京师范大学瀚德学院”以培养复合型国际化创新人才。

瀚德学院设立法学和国际经济与贸易专业，两个专业每年各招生 40 人。学院为参加本项目的学生专门设置国际经济与贸易和法律专业人才培养方案并采取国内与国外合作，大学与企业协同培养等新模式，学生在分别修读国际经济与贸易和法学等专业核心课程的同时，需精通英语，并自主选择德语、法语、西班牙语、葡萄牙语作为第二外语，每个语种 20 名学生。学习年限为 4—5 年，学生完成规定的学习任务后可授予北京师范大学双学士学位（法学或经济学学士学位和文学学士学位）。

瀚德学院为北京师范大学二级单位，由北京师范大学具体负责教学及管理工作。瀚德学院设立董事会，瀚德学院院长和担任学院行政职务的董事，在行使职权时，不得变更董事会的决议；董事长和未担任瀚德学院行政职务的董事，不得干预学院内部管理和教育教学活动。

22 日　2012 年度诺贝尔文学奖获得者、北京师范大学校友莫言受聘北京师范大学教授，校长董奇为莫言颁发聘书，党委书记刘川生致辞欢迎莫言返校，并在 4 月 12 日成立的北京师范大学国际写作中心，聘莫言为中心主任。

（北京师范大学社科处刘娜供稿）

同日　记者从北大召开的“纪念高校文科图书引进专款项目 30 周年暨高校文科文献保障体系建设会议”上获悉，我国已初步建成面向人文社会科学研究的信息资源和服务保障机制。目前已有 700 余所高校以及中国社会科学院图书馆等非高校机构正式签约成为“中国高校人文社会科学文献中心”（CASHL）的成员馆，服务总量超过 70 万篇。

文献是人文社会科学研究的基础条件，人文社会科学文献资源的不足，特别是外文文献的保障严重不足，制约了我国人文社会科学的发展水平。为建立面向人文社会科学研究的信息资源和服务保障机制，教育部于 2004 年 3 月 15 日启动“中国高校人文社会科学文献中心”（CASHL）项目。

23 日　北京市中国特色社会主义理论体系研究中心召开工作会议，研究中心学术委员会成员、研究中心副主任、秘书长等 15 人出席会议。会议由研究中心常务副主任史秋秋主持，研究中心常务副主任傅华，副主任王祥武、陈之昌参加会议。

（北京市中国特色社会主义理论体系研究中心供稿）

25 日　北京大学、复旦大学、中山大学在北京大学图书馆联合举行传统文化与人文中国学术座谈会暨协同创新中心培育启动仪式。教育部李卫红副部长、北京大学校长周其凤等 3 校领导等人出席了仪式。与会人员包括 3 校相关学科方向学者代表、职能部门负责人、研究生代表等近百人。启动仪式由北京大学主办，刘伟副校长主持仪式，周其凤校长致欢迎词。3 家协同单位签署了一系列合作协议。传统文化与人文中国协同创新中心将探索以经典为核心，多学科、立体性地把握人文中国内涵的研究领域。创建涵盖本科、硕士、博士以及博士后、留学生、研修学员等一整套的新型人才培养模式，并与海外一流高校开展合作研究、师资交流与学生联合培养。

（北京大学社会科学部供稿）

26 日　由中国国际经济交流中心主办的“中国经济年会 2012—2013”在北京召开。会议以“经济发展新阶段——新机遇 · 新挑战 · 新发展”为主题，就国际经济形势、中国经济发展面临的挑战与机遇展开讨论。国经中心理事长曾培炎出席开幕式并致辞。有关政府部门领导、专家学者和企业家代表近300人参加了会议。

年会期间，国经中心召开了会员大会暨理事会会议。理事长曾培炎，顾问蒋正华、徐匡迪，各理事单位与会员单位代表100多人出席会议。会议提出，国经中心要服务于党和国家决策，探索发展规律，完善体制机制，向建设一流智库目标不懈努力。

29日　教育部学位与研究生教育发展中心公布2012年学科评估结果，历经一年的“体检”，全国391个高校和科研机构的4235个学科的“家底”初步摸清。这样的学科评估此前曾有过两次，此次评估结果显示，排在前5位的学科多数是国家重点学科，教育部相关负责人表示，这表明国家重点建设投入和学科建设成效显著。

根据评估统计结果，北京大学、清华大学、中国人民大学分别在文理医基础学科、工科、社会学科等方面显示出整体优势。这次评估结果显示，在前5位的学科中，超过75%是国家重点学科，“985”高校占73%，“211高校”占84%，与前两次评估比较，传统学科评估结果相对稳定，新兴学科有一定波动，学科内涵界定宽泛的学科结果变化相对较大。

评估过程和评估标准：

除了评估结果，更引人关注的是评估的过程和新颖的评估标准。

“北大现有授予权的一级学科有50个，参加第三次学科评估的是已经招生的48个，这次评估总体体现了北大学科的整体面貌和水准，评估结果靠谱。”参加学科评估的北京大学副教务长、北京大学研究生院副院长王仰麟教授说：“现在大学都在关心各自研究生的培养质量，重视研究生教育和学科发展内涵建设，这也是高等教育朝哪个方向发展的关键点。”

学科评估是教育部学位与研究生教育发展中心按照教育部和国务院学位委员会颁布的《学位授予和人才培养学科目录》，对具有研究生培养和学位授予资格的一级学科进行整体水平评估，并根据评估结果进行聚类排位。此项工作于2002年首次在全国开展，目的就是服务大局、服务高校、服务社会。

在参加此次学科评估的390多个单位的4200多个学科中，除2所“211高校”外，其他“211高校”“985高校”均参加了评估。全国高校的国家重点学科参评率为93%，博士一级授权学科的参评率为80%。

据介绍，学科评估采用“客观评价与主观评价相结合、以客观评价为主”的指标体系，包括“师资队伍与资源”、“科学研究水平”、“人才培养质量”和“学科声誉”4个一级指标，指标权重全部由参与学科声誉调查的约5000名专家确定。

此次学科评估历时一年，按照自愿申请参评的原则，采用客观评价与主观评价相结合的方式，所需数据由相关政府部门、社会组织公布的公共数据和参评单位报送的材料构成。通过对相关数据的公示、核查，同时还邀请了学科专家、政府部门及企业界人士进行主观评价，在此基础上形成最终评价结果。

评估值并非行政性评估，只是参考。

中国人民大学研究生院常务副院长吴晓求说，学科评估是在“摸家底”，评估的结果是对社会各类评估排名的重大矫正。据了解，本次评估，中国人民大学理论经济学等9个一级学科排名全国第一。与第二轮一级学科评估相比，中国人民大学获得全国排名第一的一级学科数增加2个，获得全国排名前三的一级学科数增加3个。

教育部学位与研究生教育发展中心主任李军说，本次评估学科覆盖面广，数据量大，信息较全面。但此次评估不是政府的行政性、审批性评估，只是给学科的建设和发展提供一个参考，不要过分关注评估得分和排位，希望大家能够理性看待、合理使用。

教育部有关负责人同时强调，公布评估结果旨在为参评单位了解学科现状、促进学科内涵建设、提高研究生培养和学位授予质量提供客观信息；为学生选报学科、专业提供参考；同时，也便于社会各界了解有关学校和科研机构学科建设状况。

30日　第二届最值得向非洲推荐的100个中国企业评选活动揭晓仪式，暨2012年中非合作年度经济人物颁奖仪式今天在北京举行。

此次活动经过广泛提名、使馆推荐、专家评审、媒体意见、网上投票等环节，根据对非洲经济社会发展所做出的贡献和在非洲享有的盛誉情况，对150家中国企业进行了评选，最终100家优秀企业脱颖而出。2012年中非合作年度经济人物评选中，有20位企业界精英以及为推动中非合作做出杰出贡献的优秀工作者入围。最终，中国工程院院士、杂交水稻之父袁隆平，上海复兴医药产业发展有限公司投资管理部副总经理逯春明等6人获得了2012年中非合作年度经济人物奖的殊荣。

同日　一批抗战文物入藏中国人民抗日战争纪念馆。其中包括美国巴尔的摩太阳报系旧藏中国抗战原版照片、美国士兵1943年收到的家书、美国士兵1944年塞班岛战役缴获的日军照片等。这是抗战馆2013年接受的第一批珍贵馈赠。这批文物大部分是由美籍华人扣思虹及《金山之路》读者团队成员、旧金山涵芬楼外楼同人共同出资、出力购买和收集而来的。

这些文物资料包括：美国巴尔的摩太阳报系旧藏中国抗战原版照片、美国士兵1943年收到的家书、美国士兵1944年塞班岛战役缴获的日军照片、

1945年9月9日南京中国战区日本投降签字典礼纪念邮戳、中华民国邮政1945年10月10日发行庆祝抗战胜利纪念邮票、日军拍摄北平正阳门等宣传照片、《读卖新闻》宣传散页、满洲生活必需品株式会社受领证、《李汉魂将军日记》等。其中尤以美国巴尔的摩太阳报系旧藏中国抗战原版照片最为珍贵。

这批原版照片拍摄于1937—1943年，是《巴尔的摩太阳报》采用的新闻照片。

2月

2日 黄枬森先生生前同事、亲友、学生，聚集在北京大学百周年纪念讲堂二楼会议室，追忆黄先生。追思会由教育部人文社会科学发展研究中心主任杨河主持。1月24日晚，当代著名哲学家、哲学史家、哲学教育家，北京大学哲学社会科学资深教授、中国共产党的优秀党员黄枬森先生因病医治无效，在北京逝世，享年92岁。2月1日，黄枬森先生遗体告别仪式在八宝山革命公墓举行，中央政治局委员、国务委员刘延东等领导同志来到灵堂，向先生的遗体鞠躬告别。

黄枬森先生逝世后，胡锦涛、温家宝、李克强等中央领导对黄先生逝世表示沉痛哀悼，向家属表示慰问。近300人来到北京大学进行吊唁，近两百单位、个人敬送花圈、挽联。央视《新闻联播》、《人民日报》、《光明日报》、人民网等媒体对黄枬森先生逝世的消息进行了报道。

（北京大学社会科学部供稿）

22日 教育部举行的第二场新春新闻发布会上，称已于1月12日启动2012年度“2011协同创新中心”的认定工作，首批“协同创新中心”的认定将秉持宁缺毋滥的原则；同时，“中西部高等教育振兴计划”也将启动。

高等学校创新能力提升计划（“2011计划”）是我国高等教育领域继“211”“985”之后第三个体现国家意志的战略性计划，于2012年5月7日正式启动。该计划以人才、学科、科研三位一体创新能力提升为核心任务，通过构建面向科学前沿、文化传承创新、行业产业以及区域发展重大需求的4类协同创新模式，深化高校的机制体制改革，转变高校创新方式。

发布会上还透露，“中西部高等教育振兴计划”将启动并力争到2020年使西部高等教育总体水平接近全国平均水平。

教育部高等教育司司长张大良在发布会上介绍，近5年来，我国西部地区高等教育实现了跨越式发展。2012年西部地区12个省（区、市）和新疆生产建设兵团的高校本专科在校生和在学研究生达到651.5万人和36万人，较2007年分别增长40.29%和44.93%；西部地区2011年生均公共财政预算教育事业费均超过9000元，增幅高于全国平均水平；2008年，西藏大学、青海大学、宁夏大学、石河子大学进入“211工程”重点建设高校行列，实现国家重点学科“零”的突破，目前西部地区已经拥有“211工程”高校25所、国家重点学科264个。在近5年的“中国高等学校十大科技进展”项目中，西部高校也累计有7个项目入选。

25日 中国社科院常务副院长、学部主席团主席王伟光今天在北京举行的中国社会科学院学部委员大会上宣布：《中国社会科学院学部委员专题文集》首批32种问世。

这套文集涉及文学、哲学、宗教学、经济学、历史学、法学、民族学、国际研究、马克思主义研究等诸多学科，展现了学部委员们在治学道路上孜孜以求、钻研考证、探索真理的学术精神与学术成果。其中包括：张卓元《中国经济转型研究》、李培林《社会转型与中国经验》、杨义《文学地理学》、黄宝生《梵学研究》、刘世德《三国与红楼》、张海鹏《中国近代史基本问题研究》、何方《争议下的国际观察》、徐崇温《中国特色社会主义研究》、靳辉明《马克思主义原理及其当代价值研究》、梁慧星《为了中国民法》等。

27日 由中国人民大学终生学习研究中心和工众网主办、中国人民大学心理学系支持的“中国农民工‘生存感受’2013年度报告研讨发布会”在中国人民大学逸夫会议中心举行，中国人民大学心理学系主任孙健敏教授、工众网总裁李久鑫博士等嘉宾出席。

本次会议发布的报告显示，与2011年度的调查结果相比，2012年农民工群体的总体幸福感显著提升，但这种幸福感更多地来自对个人较低层次生存需要的满足，与社会生活和社会地位有关的幸福感仍相对较弱，本次报告还显示出，反映与人际关系、社会参与以及社会地位有关的幸福感数据也同比下降。

（中国人民大学科研处关晓斌供稿）

28日 由中共北京市海淀区委宣传部、北京大学艺术学院民族音乐与音乐剧研究中心联合主办的2013中国音乐剧创作与产业高端论坛暨中国音乐剧孵化基地挂牌仪式在北京大学英杰交流中心举办。北京大学副校长刘伟，音乐剧研究会会长王祖皆，北京市委宣传部常务副部长王海平，北京大学艺术学院院长王一川，北京市作协副主席邹静之，上海大剧院总经理钱世锦等领导与音乐剧创作界产业界的专家们出席了会议。论坛由北京大学艺术学院民族音乐与音乐剧研究中心主任周映辰主持。中国音乐剧孵化基地旨在孵化具有中国风格、中国韵味、中国特色的原创音乐剧作品，依托双方所具有的教学、科研、创作、产业等各方面资源，对音乐剧的人才培养及其产业化的相关环节进行联手共建。

（北京大学社会科学部供稿）

3月

12日　首都各界人士会聚北京中山公园中山堂，举行简短而庄严的仪式，纪念孙中山先生逝世88周年，深切缅怀这位中国民主革命的伟大先行者。

上午11时30分，参加仪式的百余名各界人士在孙中山先生塑像前肃立默哀并三鞠躬。全国政协副主席李海峰代表中国人民政治协商会议全国委员会，民革中央主席万鄂湘代表中国国民党革命委员会中央委员会，中央统战部副部长林智敏代表中共中央统战部，北京市副市长程红代表北京市政府，民革北京市委会主委傅惠民代表中国国民党革命委员会北京市委员会，向孙中山先生像敬献了花篮。

纪念仪式由全国政协副主席、民革中央常务副主席齐续春主持。

周铁农、陈昌智、严隽琪、万钢、罗富和、马培华、何鲁丽、许嘉璐、张怀西、张梅颖、张榕明、厉无畏、陈宗兴、王志珍以及全国人大、全国政协、中共中央统战部、民革中央、北京市等方面负责同志，部分在京参加十二届全国人大一次会议和全国政协十二届一次会议的代表、委员等出席仪式。

14日　北京市第十二届哲学社会科学优秀成果奖颁奖大会在京隆重召开，市委常委、宣传部长、副市长、市评奖委员会主任鲁炜出席并讲话。北京市中国特色社会主义理论体学研究中心组织编写的《马克思主义中国化研究——历史进程和基本经验》获特等奖，《纪念中国共产党成立90周年文库》获二等奖。北京市哲学社会科学优秀成果奖是以市委、市政府名义颁发的奖项，自1987年设立至2012年第十二届，已经有2544项优秀成果获奖。（北京市中国特色社会主义理论体学研究中心供稿）

15日　全国人大常委会原副委员长何鲁丽再次向北京市档案馆捐赠档案资料，吕和顺局（馆）长和李立军副局（馆）长代表北京市档案馆接受了捐赠。何鲁丽副委员长继1997年、2009年向北京市档案馆捐赠其父亲何思源先生的部分档案资料后，再次委托秘书将自己保存多年的何思源先生部分书信、手稿和资料等捐赠。北京市档案馆征集处的同志当场进行仔细清点，并办理了临时交接手续。

（北京市档案局科教处供稿）

17日　北京市教育学会让奥尔夫艺术教育放飞孩子的心灵主题年会在北京尚剧场隆重举行。会议总结了在过去一年工作中取得的经验和成果，提出通过戏剧的形式挖掘奥尔夫艺术教育精华新的研究课题，并呼吁广大艺术教育工作者共同参与研究，共同促进学前艺术教育的创新与良性发展。来自北京市幼儿教育界的领导及幼儿教师共520人出席了会议。

（北京市教育学会王迎凯　李文莺供稿）

同日　北京农民工教育促进会举行第二届会员大会选举换届。北京市社会科学界联合会党组副书记梁立新出席了本次会议。北京农民工教育促进会77人出席会议。

会议审议通过了第一届理事会工作报告、第一届理事会财务报告和财务审计报告、第一届监事会报告和修改章程的报告。会议选举并产生了新一届理事会、通过了新修订的《北京农民工教育促进会章程》。景军当选为北京农民工教育促进会第二届理事会会长；张雪英当选为副会长、薛和平为秘书长、庄孔韶为监事长。

（北京社科联、北京农民工教育促进会供稿）

18日　中国人民大学成立金铁霖中国声乐艺术研究院，在明德堂举行研究院揭牌仪式暨音乐会，校领导程天权、陈雨露、冯惠玲、刘向兵出席。陈雨露校长、教育部副部长郝平、市委教育工委常务副书记刘建、金铁霖教授为研究院揭牌，金铁霖教授同时受聘担任中国人民大学博士生导师。

（中国人民大学科研处李素萍供稿）

19日　北京市人大常委会杜德印主任对北京市社科联组织完成的“地方人大常委会监督司法工作的重点、途径和方法”“北京市今后五年立法需求与重点任务”第三项课题研究成果做出指示“报告历史地、系统地研究了地方人大常委会监督司法工作问题，对我们的工作有启发、指导意义”、“请专家开展调研也是我们制定五年立法规划的一次措施”，并要求市人大主管两项工作的副主任和相关部门主要负责同志同课题组深入座谈并推动成果转化。

（北京市社科联研究室供稿）

20日　北京市哲学社会科学规划办公室召开2013年度市社科规划工作会。市社科规划办主任王祥武同志做工作报告，市委副秘书长、市社科规划领导小组副组长傅华、市教委副主任付志峰到会并讲话。会上对北京大学等22个2012年度优秀二级管理单位、武海燕等14名先进个人进行了表彰。同时，向获得先进个人所在单位党委组织部门发出表扬函。

（北京市哲学社会科学规划办公室供稿）

22日　北京大学在办公楼礼堂隆重举行全校教师干部大会，宣布中共中央、国务院关于北大校长职务任免的决定。王恩哥同志接替周其凤同志担任北京大学校长。中共中央组织部副部长潘立刚，教育部党组书记、部长袁贵仁，北京市委常委、市委教育工委书记赵凤桐等领导出席了会议。北京大学党委书记朱善璐主持会议。

王恩哥，男，汉族，1957年1月出生于沈阳，籍贯上海，中共党员，理学博士，教授，中国科学院院士，发展中国家科学院院士，美国物理学会会士（APS Fellow），英国物理学会会士（IOP Fellow）。

（北京大学社会科学部供稿）

同日　北京市档案工作会议召开。国家档案局副局长李明华，中共北京市委常委、秘书长赵凤桐出席会议并讲话，市政府副秘书长马林主持会议。会上，党组书记陈乐人宣读了《北京市档案局　北京市人力资源和社会保障局关于表彰2009—2012年度北京市档案系统先进集体和先进个人的决定》，局长吕和顺做工作报告。市委、市政府各部委办局，各区县，市属各单位主管档案工作的负责同志，档案部门负责人，获得表彰的先进集体和先进个人等480余人参加了会议。

（北京市档案局科教处供稿）

26日　由中国文化传媒集团与包商银行联合发起设立的北京中传文化金融产业研究院在京成立，这也是国内首家专门研究文化金融的机构。

该研究院为民办公益性研究机构，致力为文化企业投融资难题找到解决之道。它将全面关注文化金融领域目前已开展的文化企业信贷、债券、发行上市、保险、基金、外汇等业务动态，并通过专业性的研究成果，为文化金融发展提供智力支撑。据介绍，研究院的创新优势在于，依托中国文化传媒集团的行业及渠道资源优势，发挥包商银行的资本优势，打破以往银行对企业点对点式的项目服务型模式，转变为以跨界联姻的方式，搭建文化金融服务平台，共同培育文化市场主体。

研究院昨天还向中国艺术品市场研究院副院长西沐、中国社会科学院文化研究中心常务副主任张晓明、中央财经大学文化经济研究院院长魏鹏举等首批“学术顾问”颁发了聘书。

29日　中国社会保障发展指数报告2011成果发布会在中央财经大学学术会堂召开。

中央财经大学副校长李俊生主持了发布会，中央财经大学中国社会保障研究中心主任、中国社会保障发展指数项目负责人褚福灵教授在会上介绍了《中国社会保障发展指数报告2011》的研究成果。研究表明，2010年中国社会保障覆盖面不断扩大，保障水平有所提高；可持续性在中高位运行，但有下滑趋势；高效性在低位运行，略有改善；待遇总体公平，发展不平衡问题突出。

人力资源和社会保障部社会保险管理中心主任唐霁松、人力资源和社会保障部养老保险司副司长尹志远、人力资源和社会保障部农村社会保险司副司长董英申、人力资源和社会保障部医疗保险司副司长曹霞、人力资源和社会保障部社会保障研究所所长金维刚、民政部规划财务司副司长何珊珊、国务院医改办处长李春芳、北京大学经济学院副教授朱南军、首都经济贸易大学劳动经济学院教授吕学静、华北电力大学人文与社会科学学院副教授姚建平等10多位社会保障界专家学者出席了本次会议。新华社、人民日报、人民网、中国劳动和社会保障报、中国社会保障杂志、中国社会保障网等媒体记者到会采访报道。

（中央财经大学科研处供稿）

30日　北京市教育学会学校文化研究分会成立大会在北京召开。会上，宣读了北京市民政局关于成立北京市教育学会学校文化研究分会的批复。研究分会负责人汇报了学校文化研究分会筹备的基本情况，对制定的学校文化研究分会章程进行了说明。

大会选举产生了第一届理事会以及常务理事、理事长、副理事长、秘书长人选。特级教师、享受国务院特殊津贴专家、北京市教育学会学术委员会执行主任钟作慈当选为理事长。出席大会的有北京市教育学会、北京市教委学前处等领导及各区县学校代表近百人。

（北京市教育学会夏鹏　李文骞供稿）

3月　由北京市哲学社会科学规划办公室编辑的《2012北京市哲学社会科学规划项目阶段成果选编》由首都师范大学出版社出版发行。全书47万余字，收录了2012年规划项目中期检查征集到的84篇优秀阶段成果。

（北京市哲学社会科学规划办公室供稿）

4月

3日　北京市社科联以“主席征题”形式向市领导征集决策咨询研究课题得到郭金龙同志、赵凤桐同志指示。市委研究室建议，请市社科联围绕市委的中长期战略问题开展研究，为市委中长期战略决策提供理论研究支撑，重点研究内容为实现“中国梦”的认识及推动首都工作的战略设想。其建议得到郭金龙、赵凤桐二位领导同志同意。

（北京市社科联研究室供稿）

9日　2012年度全国十大考古新发现在北京揭晓。这十大考古新发现为：河南栾川孙家洞旧石器遗址、江苏泗洪顺山集新石器时代遗址、四川金川刘家寨新石器时代遗址、陕西神木石峁遗址、新疆温泉阿敦乔鲁遗址与墓地、山东定陶灵圣湖汉墓、河北内丘邢窑遗址、内蒙古辽上京皇城西山坡佛寺遗址、重庆渝中区老鼓楼衙署遗址、贵州遵义海龙囤遗址。

据专家介绍，入选全国十大考古新发现的项目是从2012年近600余项考古发掘中经过层层选拔脱颖而出的，表现为以下几个特点：首先是时间跨度大，从中更新世时期直至明清；其次是地域广，其中边疆地区入选项目比往年有所增加；此外，类型较为丰富，除史前聚落、洞穴遗址、墓地、窑址外，还出现了佛寺遗址、衙署遗址、土司城堡等以往罕见的遗址新类型。

10日 《北京司法大讲堂》宣讲团在市司法局成立，党的十八大代表、著名法律援助律师佟丽华作为团长，从副市长张延昆手中接过宣讲团团旗。

北京市司法局局长于泓源介绍，该局将于今年推出逾千场司法大讲堂，活动以“贯彻精神，贴近需求，发挥优势，促进和谐”为主题，全年分为4个阶段进行。定期组织律师、公证、法制宣传、人民调解、法律援助、司法鉴定等不同领域的专业法律人士到社区、村庄为市民免费讲解和咨询。

张延昆要求，各级司法行政机关和参与活动的法律服务工作者要通过司法大讲堂的平台，紧紧围绕全力推动首都科学发展、建设中国特色世界城市的战略任务，适应首都经济发展、城市建设管理、文化建设、社会建设以及生态文明建设对法律服务的新需求，不断拓展领域，创新服务，打造品牌，为首都经济持续健康发展和社会和谐稳定提供高质量的法律服务。

同日 经北京市民政局社团管理办公室审核批准，同意北京市教育学会增设中小学校报校刊研究分会和学校发展与学生学业评价研究分会。

校报校刊研究分会的活动及业务范围：紧密围绕学校办报办刊的工作实际，全面贯彻国家有关方针政策，用系统、专业的理论和科学的思维方式指导学校的工作实践，坚持科学性、针对性、实效性相结合的原则，做好校报校刊的专业指导、研究和交流工作。为教师专业成长和学生的全面个性化发展服务；为学校特色化内涵化发展服务；为推进素质教育，贯彻落实国家教育方针政策服务。

学校发展与学生学业评价研究分会主要工作：对校长提出的学校发展中的问题和发展需要研究的方向，在校长诉求的范围内有针对性地展开工作。在全面调研的基础之上，发现学校自身的管理“盲点”，经过深入分析，提出思考和建议，再与校长面对面交流研讨，多次沟通，拓宽学校发展的选项及科学决策，提升校长的办学理念。

（北京市教育学会李文骞供稿）

11日 由中国传媒大学和中国公共关系协会联合建立的首个全国领导干部媒介素养培训基地及中国传媒大学媒介与公共事务研究院在中国传媒大学正式挂牌成立。

中共中央政治局原委员、中共中央军委原副主席、原国务委员兼国防部部长、中国公共关系协会名誉会长迟浩田，全国人大原副秘书长、人民大会堂管理局原局长、中国公共关系协会会长苏秋成，中共中央对外宣传工作办公室副主任、国务院新闻办公室副主任、全国政协外事委员会副主任委员王国庆；国务院新闻办、教育部等相关国家部委，北京市和中央企业的新闻宣传工作领导和新闻发言人；资深媒体人和专家学者；中国传媒大学党委书记陈文申、校长苏志武等校领导及学校相关职能部门、学院负责人出席了成立仪式。

全国领导干部媒介素养培训基地作为学校与国家级专业协会合作的创新平台，媒介与公共事务研究院作为该基地的学术支撑平台，必将有力地推动学校在相关领域的教育、培训、研究和咨询工作，也将为提高国家各级领导干部的媒介素养，促进政府、企业、媒体与公众的良性互动做出积极的贡献。

中共中央对外宣传办公室、国务院新闻办公室专门发来贺信表示祝贺。人民日报、新华社、光明日报等主流媒体对培训基地和研究院的成立做了报道。

（中国传媒大学文科科研处供稿）

18日 为贯彻《中共北京市委关于开展“中国梦”学习宣传教育工作的实施意见》精神，北京市社科联制作发放了北京社会科学普及系列折页——“中国梦”。折页制作精美，图文并茂，富于教育和启发意义。通过担负社会科学普及工作的各区县委宣传部、学会、社会科学普及试验基地等30多个相关单位，共发放“中国梦”折页5万多份，受到了基层各单位和市民百姓的欢迎。

（北京市社科联研究室供稿）

同日 国家古籍保护中心正式发布第四批《国家珍贵古籍名录》（以下简称《名录》）和“全国古籍重点保护单位”。189家藏书单位的1516部古籍入选《名录》，16家当选“保护单位”。第四批名录中囊括了汉文古籍1218部，少数民族文字古籍286部，其他文字古籍9部，还有3种甲骨文。这是甲骨文首次入选《名录》。

据了解，此次进入《名录》的甲骨文来自7家收藏单位，共53872片，是研究中国3500年前历史的珍贵资料。其中，国家图书馆所藏的“北图5405”号甲骨是国家图书馆馆藏甲骨中，字数最多、凿钻最多（说明占卜的次数多）、尺寸最大、骨形最完整的一块“骨中之王”，更是国内外所罕见。这块甲骨上共有卜辞36条，正反面有218个字，长凿圆钻51个。尤为难能可贵的是，这块甲骨上记载了连续11天卜雨的情况，这在目前发现的甲骨中比较罕见。

同日 中国人民大学党委书记任免宣布大会在中国人民大学逸夫会堂举行。中组部副部长潘立刚宣读了《中共中央关于中国人民大学党委书记调整的决定》并讲话，教育部党组书记、教育部部长袁贵仁，北京市委常委、秘书长、北京市委教育工委书记赵凤桐，中国人民大学原党委书记程天权、新任党委书记靳诺分别讲话，陈雨露校长主持会议，校领导牛维麟、冯惠玲、马俊杰、王利明、查显友、伊志宏、刘向兵出席。中央批准靳诺同志任中国人民大学党委书记（副部长级），由于年龄原因免去程天权同志党委书记职务。

（中国人民大学科研处李素萍供稿）

19 日　由王健林、牛根生、黄如论、杨澜等人发起成立的，我国慈善领域联合性、枢纽型社会组织——中国慈善联合会宣告成立。据悉，中国慈善联合会的宗旨为联合慈善力量，沟通社会各方，促进行业自律，推动行业发展。

在 18 日举行的第一次会员大会上，审议通过了联合会章程、会费收缴、会徽等事项，选举产生 99 名理事、31 名常务理事。王建生、牛根生、李本公、杨澜等当选为副会长，国务院原副总理回良玉任名誉会长，民政部部长李立国当选为会长。

由民政部主办的我国慈善领域最高政府奖——第八届“中华慈善奖”今天在京揭晓，共有 99 个在 2012 年为我国慈善事业做出较大贡献的个人、企业及项目获奖。曹德旺等 20 名个人荣获“最具爱心捐赠个人”奖；宝钢集团有限公司、中国三星等 40 家企业荣获“最具爱心捐赠企业”奖；阿扎提古丽·日介甫等 19 名个人（团队）荣获“最具爱心慈善楷模”奖；“爱心助环卫”等 20 个项目荣获“最具影响力慈善项目”奖。

同日　全国政协经济委员会副主任、全国工商联副主席、香港中国商会主席、经纬集团主席陈经纬向中国人民大学捐资 1600 万元用于支持学科建设和人才培养工作，同时受聘中国人民大学董事会副董事长。陈雨露校长、查显友副校长、伊志宏副校长，国家行政学院出版社社长陈炎兵出席聘任仪式。仪式上，陈雨露校长与陈经纬先生签署协议，并向陈经纬先生颁发董事会聘书和纪念锡盘。据协议，1600 万元捐资中将有 100 万元用于支持新闻学院学科建设，1500 万元用于设立“中国人民大学经纬校长奖学金”。

（中国人民大学科研处李素萍供稿）

同日　首都师范大学资源环境与旅游学院和加拿大滑铁卢大学环境学院环境空间信息联合研究中心合作签约仪式在首都师范大学举行，首都师范大学常务副校长宫辉力教授、资环学院院长李小娟教授、UW 环境学院院长 André Roy 教授签署合作协议。

本联合中心是继首都师范大学与滑铁卢大学 2012 年底签署《教育与科学合作谅解备忘录》以及关于地球空间信息学的《本科生教育合作协议》等工作后，双方进一步开展的科研交流与合作，具体合作内容包括：合作研究地理信息系统和遥感技术在环境保护、资源管理及水处理问题等相关领域的应用；建立信息交流，组织专题研讨会及培训项目；互派访问学者及学生交流。

（首都师范大学社科处黄胤英供稿）

20 日　中国人民大学举行公共治理研究院成立大会暨中国公共治理新视角研讨会。陈雨露校长，原中国人民大学党委书记、公共治理研究院院长程天权，中国行政体制改革研究会会长、原国家行政学院党委书记、常务副院长魏礼群，原中央统战部常务副部长朱维群共同为公共治理研究院成立揭牌。冯惠玲常务副校长及各相关单位负责人、专家学者出席会议。大会同时举行公共治理基金捐赠仪式，沈阳军区前进文工团独唱演员李菲菲为公共治理研究基金捐赠人民币 100 万元，程天权教授代表研究院接受捐赠，陈雨露校长颁发捐赠证书和校董事会董事聘书。

（中国人民大学科研处李素萍供稿）

21 日　北京师范大学举行《中国教育大百科全书》首发式暨中国教育学科建设座谈会。第十届全国人大常委会副委员长许嘉璐，教育部副部长刘利民，中国教育学会会长钟秉林，全国政协常委、民盟中央委员会副主席徐辉，教育部教师工作司司长许涛，国家新闻出版广电总局出版管理司副司长阎智红等领导出席。北京师范大学校长董奇与会。《中国教育大百科全书》由北京师范大学资深教授顾明远先生主编，共 4 卷本，涵盖了 20 多个教育学分支学科和领域，历经 12 年编纂而成。全书 700 余万字，1100 余条条目，凝聚了全国教育理论界老中青三代 600 多位专家和一流学者的心血。

（北京师范大学社科处刘娜供稿）

22 日　每年 4 月 26 日是“世界知识产权日”。日前，由北京市新闻出版（版权）局和海淀区政府共同主办，2013 北京“知识产权宣传周”版权系列宣传活动启动。马东、高晓松、林妙可被聘请为首都版权保护形象大使。

高晓松在仪式上呼吁对原创音乐的版权保护，并发出首都版权保护倡议，“音乐作为传播最广、影响年轻人最大的艺术，应该加强对其版权的保护。”马东则表示，“3 年前有 100 多家视频网站在版权完全不清晰的情况下生存，到现在集中到了几家做正版的公司上。很显然，只有正版才是行业和市场的唯一出路，我相信音乐行业也一定会遵循这条道路。”

“2012 首都版权保护十大事件”在启动仪式上揭晓，这十大事件包括世界知识产权组织保护音像表演外交会议在京成功举办、第四届中国国际版权博览会取得丰硕成果、韩寒等作家诉百度文库侵权等。

25 日　国内首次纪录片产业数据的季度性发布会“CDRC 前沿发布”在中国传媒大学举行。发布会由中国传媒大学中国纪录片研究中心联合中国国际电视总公司、央视—索福瑞媒介研究有限公司、爱奇艺网、搜狐网和中智东方数据公司举行。

中国纪录片研究中心的产业数据研究始于2007年，经过长时间的积累，于2011年在首部中国国家级年度性纪录片蓝皮书——《中国纪录片发展报告2011》中正式以产业报告形式呈现。在中国纪录片行业处于产业化嬗变的关键阶段，本次发布是大数据时代中国纪录片行业一次突破性的尝试。

（中国传媒大学文科科研处供稿）

同日　清华x-lab启动仪式暨2013创新创业论坛在清华大学经管学院伟伦楼报告厅举行。清华大学校党委书记胡和平出席仪式并致辞。校长助理、科研院院长薛其坤出席启动仪式。胡和平在致辞中表示，当今世界各种新技术的不断涌现，以及知识获取模式的推陈出新，给大学教育既带来重大挑战，也提出了教育创新的时代需求。清华“x-lab”的建立，力图打破传统大学教育中的学科壁垒，构建一种创意、创新、创业人才发现培育的新型教育平台，把清华大学优秀的师资力量，学生及校友的思想、知识和技术转化为时代所需的创新驱动力，将有助于进一步探索我国高端创新人才培养的新模式，为推动文化教育发展和社会进步做出贡献。胡和平和经管学院、机械学院、理学院、信息学院、美术学院、医学院、航天航空学院、环境学院、建筑学院、材料学院、公管学院、生物系等共建院系负责人共同启动了清华“x-lab”教育平台。

（清华大学文科建设处刘金梅供稿）

28日　王汉斌法学基金成立仪式在清华大学工字厅举行。清华大学校友、中共中央政治局原候补委员、全国人大常委会原副委员长王汉斌，校友、原国务委员、全国人大常委会原副委员长彭珮云，校友、最高人民检察院原检察长、清华大学法学院顾问委员会主任贾春旺出席仪式。清华大学副校长、清华大学教育基金会理事长程建平，清华大学教育基金会副秘书长李冰与王汉斌法学基金捐赠人、鑫桥联合融资租赁有限公司执行董事兼总裁施锦珊，王汉斌法学基金捐赠人、王汉斌的亲属冯玲等共同签署了捐赠协议。程建平向基金捐赠人颁发了捐赠证书。王汉斌在讲话中说，推进我国的法制建设，需要有一大批优秀的法律人才，有源源不断的高水平的法学研究成果。全国人大法律委员会原主任委员、王汉斌法学基金理事长胡康生表示，自己将与清华大学一起努力，共同做好基金的工作，在培养优秀法律人才、提升法学研究水平方面发挥积极的作用。施锦珊、鑫桥联合融资租赁有限公司董事局副主席兼首席执行官李然和冯玲等基金捐赠人在致辞中表达了对发挥基金作用，为国家法学人才培养和法制事业建设发挥积极作用的期待。全国人大常委会法工委主任李适时，中国政法大学终身教授、原校长江平，中国人民大学荣誉一级教授高铭暄，中国政法大学终身教授陈光中，福建省人民政府副秘书长孔繁圣等也分别致辞。法学院院长王振民主持了基金成立仪式。仪式上还通过了王汉斌法学基金的章程。来自全国人大常委会有关部门的负责人，部分高校和福建省的嘉宾，以及清华大学教育基金会和法学院的师生参加了基金成立仪式。

（清华大学文科建设处刘金梅供稿）

5月

2日　习近平总书记给北京大学考古文博学院2009级本科团支部全体同学回信。2013年4月底，北京大学考古文博学院2009级本科团支部给习近平总书记写信汇报参与“中国梦”主题教育活动的所思所感。5月2日，在北京大学115周年校庆前夕，习近平总书记回信中，鼓励同学“把人生理想融入国家和民族的事业中”，“勇做走在时代前面的奋前者、开拓者、奉献者，努力使自己成为祖国建设的有用之才、栋梁之材，为实现中国梦奉献智慧和力量”。

（北京大学社会学部供稿）

同日　中国友谊促进会第一届理事会议日前在北京召开。中国友谊促进会是促进国际友谊和加强海外联谊活动的民间团体，旨在积极推进公共外交和人文交流，加强对外交流与合作，促进友谊与发展。会议通过了理事会的工作报告和《中国友谊促进会章程》，审定了会徽；推选出39名社会各界知名人士，组成了新一届理事会，全国政协副主席韩启德担任该会名誉理事长。

3日　北京高校理论名家讲堂启动仪式暨首场讲座在北京大学法学院凯原楼报告厅举行，北京市委教育工委副书记唐立军、北京大学党委副书记叶静漪出席活动。北京大学马克思主义学院院长、博士生导师、教育部2011计划“马克思主义与中国文化协同创新中心”联合主任郭建宁教授担任首场讲座的主讲人，为来自北京大学、北京科技大学、中国地质大学（北京）、北京语言大学、中国矿业大学（北京）等高校的300余名同学主讲“文化强国与中国梦”。北京市委教育工委宣教处副处长寇红江，北京大学学生工作部部长张庆东，北京大学党委组织部副部长、学生工作部副部长霍晓丹参加活动。活动由北京市委教育工委宣教处处长王达品主持。

（北京大学社会科学部供稿）

8日　北京市人大常委会农村办公室组织部分常委会、专委会组成人员和市人大代表赴海淀和昌平两区，实地察看了清河再生水厂二期工程、沙河再生水厂一期工程和十三陵清洁小流域工程，了解水污染处理设施建设运行情况和山区水土保持工作情况。座谈中，针对存在的问题，代表建议：加强部门协调配合，统筹推进水污染治理工作；坚持污水治理由无害化向资源化转变的理念；抓好潮白河和北运河治理规划的中期评估，结合城市发展实际予以合理调整；重视流域治理的整体性，推动上下游水系治理协调发展；通过湿地净化等多种措施在农村地区积极开展水污染治理工作。

（北京市人大常委会研究室艾淑英供稿）

9日　北京市档案局（馆）召开“忆传统　展未来　强作风　促发展”主题教育活动大会。国家档案局局长、中央档案馆馆长杨冬权同志，中央北京市委常委、市委秘书长赵凤桐同志，国家档案局政策法规司司长郭嗣平同志，市直机关工会工委主席时代新同志出席了大会并参加了相关活动。2013年是市档案馆建馆55周年。为认真贯彻落实党的十八大精神、市委十一届二次全会精神和2012年全国档案局长馆长会议精神，局（馆）利用这一契机，以“忆传统　展未来　强作风　促发展”为主题，以加强作风建设为主线，结合拟开展的以为民务实清廉为主要内容的党的群众路线教育实践活动，通过召开主题教育活动大会、举办纪念建馆55周年展览、开展强作风研讨交流和学业务活动，发扬传统，凝聚力量，教育和激励广大干部职工坚守平凡创造非凡，实现自我教育、自我展示、自我鼓舞、自我激励的目的，更好地推动档案事业科学发展。

（北京市档案局科教处供稿）

10日　中共北京市委组织部宣布市委、市政府关于北京市委党校、北京行政学院校委会班子调整的决定。张宁、李燕奇任北京市委党校副校长、北京行政学院副院长，吴兵任北京市委党校副校长、北京行政学院副院长（试用期一年），袁吉富任北京市委党校、北京行政学院校务委员会副局级委员。免去姚光业同志北京市委党校副校长、北京行政学院副院长职务。

（中共北京市委党校科研处供稿）

5月初　教育部哲学社会科学系列发展报告《京津冀区域发展报告（2012）》（以下简称《报告》）正式出版。这是第一部面向京津冀区域、全面研究该区域发展历程和现状的综合性系列研究报告，为国家重大战略制定和区域规划编制提供决策支撑，是我国区域发展研究理论与实践的重要成果。《报告》分为综合篇、区域篇和专题篇。《报告》编委会及编写组由北京大学、南开大学、河北省社会科学院、中央财经大学、首都师范大学、首都经济贸易大学、北京第二外国语学院、北京市科学技术评价研究所、北京市对口支援和经济合作领导小组办公室等京、津、冀三地的专家学者及政府实务部门人员组成。

（北京大学社会科学部供稿）

11日　2013年北京市高职院校文秘速录专业技能大赛在北京政法职业学院举行，共有来自本市8所高职院校的12支代表队、48名选手参赛。大赛由北京市教委主办、北京政法职业学院承办、北京市速记协会协办。在开赛仪式上，国家职业技能鉴定专家委员会秘书专业委员会副秘书长张玲莉教授，中国中文信息学会常务理事唐可为，北京政法职业学院党委书记、院长张景荪分别致辞。北京市教委高教处处长黄侃宣布大赛开赛。北京政法职业学院党委副书记、副院长陈勇主持开幕式。文秘速录专业技能赛项今年首次被教育部列入全国职业技能大赛。比赛围绕文秘速录专业办文、办事、办会3项核心技能，设置文本创建、文字校对、实时记录、蒙目速录4项竞赛内容，目的是通过大赛，培养文秘速录专业学生的职业素养、知识应用能力和实际操作能力，提升专业人才培养水平和职业核心竞争力。

（北京社科联、北京市速记协会供稿）

20日　教育部副部长鲁昕一行到清华大学金融学院调研。清华大学校长陈吉宁、副校长程建平等陪同调研并出席座谈。在听取了常务副院长廖理有关金融学院人才培养、队伍建设、科研发展、未来战略规划等情况的汇报后，鲁昕对学院的发展给予肯定，并就博士生培养、在线课程开发、国家金融研究院建设、金融杂志创办等提出具体指导意见。鲁昕指出，金融学院依托于清华大学雄厚的学术力量和良好的社会影响力，在人才培养、制度设计等方面要站在国家的高度，努力打造国家金融智库，肩负起“中国华尔街”的历史使命。会谈结束后，陈吉宁为鲁昕颁发了金融学院兼职教授的聘书。随后，鲁昕同与会人员交流了她的著作《准预算管理论》和《财政理论与实践文集》。教育部规划司基建处处长韩进红，清华大学校办、金融学院等相关负责人参加座谈会。

（清华大学文科建设处刘金梅供稿）

22日　部分北京市人大城建环保委员会委员、市人大代表调研大气污染防治工作。调研中实地察看了市环保监测中心监测展厅和大气综合观测试验室的运行情况。听取了市环保局关于《北京市大气污染防治条例（草案）》制定工作，2012年市人大常委会对“进一步治理大气污染、提升首都空气质量”议案办理情况报告审议意见落实情况，以及市十四届人大一次会议上改善首都空气质量方面重点建议办理工作的汇报。委员和代表从严格控制燃煤消费总量、完善信息公开制度、广泛动员公众参与、加大执法处罚力度、推进区域联防联控等方面提出意见和建议。

（北京市人大常委会研究室艾淑英供稿）

23日　第二届中国大学生微电影节颁奖盛典在中国传媒大学举行。此次活动由中国教育电视协会高校电视专业委员会、中国传媒大学、北京电影学院、北京市朝阳区文化创意产业领导小组办公室联合主办，北京中传资产管理有限公司子公司中传视友（北京）传媒科技有限公司承办。

此次电影节共征集到145所国内各大专院校，以及影视公司、视频创作爱好者提供的作品近千部，充分展现了当下微电影创作者的整体水平。

（中国传媒大学文科科研处供稿）

同日 国内民办大学首家国学院近日在北京人文大学揭牌。据介绍，该校国学院的成立将为全国一些“文科”偏科生、天才生搭建一个平等接受高等教育的平台。

北京人文大学国学院院长蔡恒奇介绍，国学院将回归书院式文化教育，有4年本科制，5年一贯制，6年本硕连读制，主修课程包括四书五经、礼仪、二十四史、书法、太极、诗词歌赋创作等，辅修课程有天文历法、人类学、绘画、古乐等。

24日 北京企业文博协会名誉会长、中共中央宣传部原常务副部长徐惟诚，协会名誉会长、中共北京市委原副书记、国家体育总局原党组书记李志坚，协会顾问、市社科联原党组书记史秋秋，协会会长张凤朝等一行到中国铁道博物馆正阳门馆参观座谈。受到了中国铁路总公司宣传部部长韩江平，北京铁路局党委书记崔佩哲，中国铁道博物馆党委书记、馆长王新桥，正阳门馆馆长张金根等领导的热情接待。

中国铁道博物馆党委书记、馆长王新桥首先向协会领导介绍了中国铁道博物馆一馆三地及每个场馆的基本展览、运营管理及建设发展情况，以及博物馆近期取得的一系列成绩。随后协会领导在铁道博物馆领导的陪同下参观了中国铁道发展史陈列展览，观看了反映我国铁路高速发展和建设成就的3D影片、大型沙盘演示，并登上CRH3“和谐号”动车组模拟舱，亲自体验模拟驾驶。参观结束后，双方领导一起进行了座谈，就如何更好地利用文物资源，发挥企业博物馆作用进行了交流。

（北京企业文博协会李然供稿）

25日 北京市中共党史学会召开第八届会员代表大会，选举产生新一届理事会。会议推举张静如教授为名誉会长，选举杨凤城教授为新一届会长。

（中共北京市委党史研究室熊根琪供稿）

27日 中共中央政治局委员、中宣部部长刘奇葆到中国社科院调研，强调要深入学习和全面贯彻落实党的十八大精神，瞄准世界学术发展前沿，立足当代中国学术实际，大力推进哲学社会科学创新体系建设，促进学科体系、学术观点、科研方法创新，努力建设中国特色、中国风格、中国气派的哲学社会科学。

刘奇葆强调，中国社科院要始终坚持正确政治方向，紧密结合时代和实践的新发展，全面推进各项研究，把系统抓与抓重点结合起来，把抓继承与抓创新结合起来，做到基础研究不断加强，决策咨询类研究不要放松，努力把中国社科院建设成为马克思主义的坚强阵地，成为我国哲学社会科学的最高殿堂，成为党中央国务院的重要思想库和智囊团。

刘奇葆指出，当前社科理论界的首要任务，就是深入研究阐释中国特色社会主义和民族复兴中国梦。中国社科院作为理论研究的“国家队”，要组织专家学者从不同学科和学科综合的角度，深入研究中国特色社会主义的重大理论和现实问题，深入阐释中国梦的重大意义、精神实质和实践要求，集中推出一批研究成果，为增强道路自信、理论自信、制度自信提供有力学理支撑。

刘奇葆强调，中国社科院要始终坚持以我们正在做的事情为中心，抓住关系全局的重大现实问题，主动贴近决策需求，加强战略性思维，开展前瞻性研究，提高服务决策的质量和水平。要积极构建让世界听得懂、能信服的理论和话语，增强中国学术的国际影响力和话语权。要带头抓好学风文风作风建设，以良好的学术风气，扎实有效地开展研究工作。要把培养人才、吸引人才作为一项战略任务，培养造就高素质的马克思主义理论人才，造就一批有广泛社会影响的名家大家，造就一批创新能力和带动能力强的学术领军人物和学科带头人，努力多出成果、多出人才。

调研期间，刘奇葆考察了马克思主义研究院、历史研究所、金融研究所、人口与劳动经济研究所等，听取了有关情况介绍，充分肯定了中国社科院的工作。

中宣部常务副部长雒树刚陪同调研。

同日 下午，清华大学法学院与北京市海淀区人民法院举行合作共建协议签约仪式，共同推进卓越法律人才教育培养计划。海淀区法院党组书记、院长鲁为与清华大学法学院院长王振民共同签署合作共建协议。双方此次合作旨在共同探索“高校—实务部门联合培养”机制，将清华法学院的理论资源与海淀区法院的审判资源有机结合，培养造就一批政治坚定、品德优良、知识丰富、本领过硬的高素质法律人才，为加快建设社会主义法治国家提供强有力的人才保证和智力支持。根据协议，双方将互聘教师和法官进行挂职锻炼，共同进行立足中国特色社会主义法治建设实践的法律研究，在政策及条件允许的情况下共享图书、研究资料、案例、前沿资讯等资源。签约仪式由海淀区法院党组副书记、副院长石金平主持，法院常务副院长陈琦，副院长宋鱼水、林建军，清华大学法学院党委书记黎宏，副院长申卫星、余凌云，院党委副书记廖莹，以及在海淀区法院工作的部分校友等参加仪式。

（清华大学文科建设处刘金梅供稿）

29日　“北京市教育学会中小学后勤管理研究会‘十二五’教育科研规划课题”通州区阶段成果展示会在通州区梨园镇中心小学召开。

首先，梨园镇中心小学校长介绍了对于后勤科研工作的认识，以及近几年来围绕后勤课题研究提升后勤保障能力的实践。“学生小导游”重点向大家介绍了美德教室、书香教室、生态教室的建设与使用情况。接着进行交流与研讨，梨园镇中心小学副校长、主任从研究背景、研究内容、研究方法、研究结果、讨论与分析、结论与建议等方面，向大家分别展示了小学校园内消防安全处理方式及其教育策略的研究、小学特色教室建设策略的研究、农村小学节能减排策略的研究3个课题的研究成果。最后，区学会领导在讲话中指出：梨园镇中心小学后勤课题研究呈现出3个特点：第一，学校领导重视，研究氛围浓郁；第二，研究过程扎实、务实，课题研究与教育教学紧密结合；第三，研究成果丰厚，研究效果明显。

通州区教育学会、研修中心教科研部和68项市级后勤立项课题的负责人等近百人参加了会议。

（北京市教育学会孙广学　李文莺供稿）

同日　首都师范大学微尺度功能材料实验室揭牌仪式暨专家论证会在该校东校区举行。首都师范大学副校长孟繁华等领导老师出席会议。揭牌仪式由初等教育学院副院长部舒竹教授主持。初教院院长王智秋代表初教院致辞，介绍了初等教育学院的发展状况，从初等教育的发展角度强调了本实验室培养优秀人才的重要性。希望实验室围绕“学科交叉融合”这一主题深入开展理论研究与实践探索，充分发挥初教院学科背景丰富的优势，在学科交叉融合的基础上多出成果、出好成果，将实验室打造成首都师范大学学科交叉融合的典范。

赵云云副处长指出该实验室有三大优势：专家支持；年轻人敢想敢干、吃苦耐劳、有创新精神；初教院是实验室建设的基础和基点，是坚强支柱，微尺度功能材料实验室一定大有发展前途。

（首都师范大学社科处黄胤英供稿）

31日　由北京大学国家发展研究院中国健康与养老追踪调查（CHARLS）调查研究撰写的《中国人口老龄化的挑战：中国健康与养老追踪调查全国基线报告》，在北京大学朗润园致福轩正式发布。CHARLS项目由北京大学国家发展研究院主持，北京大学中国社会科学调查中心执行。项目的研究团队由国际一流的经济学、流行病学学者组成，得到由国内、国际老龄化问题顶尖学者组成的顾问委员会的指导。北京大学、中国国家自然科学基金委员会、美国国家老龄化研究所、世界银行为本项目提供关键的资助。中国健康与养老追踪调查（CHARLS）为科学研究中国老龄化问题提供了一个独特的、高质量的数据库。

（北京大学社会科学部供稿）

6月

1日　第二届京交会闭幕。1300多家中外企业参展、148场论坛、洽谈等活动、签订项目415个、成交总额达到786.9亿美元，其中国际服务贸易交易额108.9亿美元。这是作为全球首个也是唯一专门针对服务贸易全部领域的综合交易会。

组委会发布的统计数据显示，第二届京交会在5天内共举办了148场活动，涵盖高峰论坛、高层论坛、推介洽谈、综合展示、主题日活动、权威发布等6大类活动，科技服务、设计服务、金融服务等35个专题板块，覆盖了服务贸易全部12大领域。

越来越多的国家和地区代表会集京交会。会议注册阶段，117个国家和地区的2.65万名客商及代表参与注册，参会国家和地区总数同比增长41%。会议期间参会客商及代表累计达13.8万人次，同比增长35.3%。参展企业方面，包括沃尔玛、思科、家乐福、德意志银行、三星等近30家世界500强企业参展。

2日　经中共北京市委领导同意，调整北京市中国特色社会主义理论体系研究中心领导成员：中共北京市委常委、宣传部长李伟任主任，崔耀中、韩凯任常务副主任，王民忠、王祥武、刘建、陈之昌、杨耕、崔新建、谭维克任副主任，贺亚兰、李翠玲任秘书长。

（北京市中国特色社会主义理论体系研究中心供稿）

3日　上午8时30分，历史上第一次在亚洲国家举办的科学大会——第17届国际“奥林匹克竞技体育与大众体育”科学大会在首都体育学院拉开帷幕。

大会得到了国际奥委会主席雅克·罗格的高度关注，他为大会发来的致辞中讲道：“本届大会将就日益重要的全球议题展开讨论：奥林匹克竞技体育和大众体育在不同文化背景下的地位。”“我谨祝大会取得圆满成功，也感谢诸位对于体育极其重要价值所做出的贡献！”

国际体育大学协会主席卡乌拉特·扎基里扬诺夫现场致辞。中国教育部体卫艺司司长王登峰、国家体育总局科教司司长蒋志学、中国大学生体育协会专职副主席张燕军、北京市教育委员会委员王定东、中国体育院校代表北京体育大学党委副书记池建也分别致辞，对本次大会的召开表示热烈的祝贺。

随后，中国国家汉办党委书记马箭飞和首都体育学院党委书记李鸿江共同为汉语国际推广武术培训与研究基地揭牌。

经过两天6个大会主报告，7个专题38篇专题报告、128篇墙报交流，2013年6月4日晚，本次大会圆满落下帷幕。教育部原副部长、世界自然保护联盟理事会主席，联合国教科文组织执行委员会主席、世界大学生体育联合会副主席章新胜特地赶来参加闭幕式。

（首都体育学院科研处罗笛供稿）

8日　为进一步传承古籍修复技艺，更好地保存保护中华古籍，国家图书馆成立“国家级古籍修复技艺传习中心”，在其古籍馆举行揭牌仪式。

当日，在古籍馆还举办了“国家图书馆古籍修复成果展”，集中展示了国家图书馆专业人员完成的馆藏《赵城金藏》、《永乐大典》、西夏文献、敦煌遗书等国宝级珍贵文献的修复成果。

同日　由北京市社科院和社会科学文献出版社联合主办的2013北京蓝皮书系列新闻发布会在京举行，正式发布了由北京市社科院编撰，社会科学文献出版社出版的《中国区域经济发展报告（2012—2013）》《北京经济发展报告（2012—2013）》《北京文化发展报告（2012—2013）》《北京公共服务发展报告（2012—2013）》4本蓝皮书。北京市社会科学院党组书记、院长谭维克，社会科学文献出版社社长谢寿光出席了发布会。中国人民大学经济学院区域与城市经济研究所所长、博士生导师孙久文教授，中国社会科学院金融研究所易宪容研究员，中国人民大学、博士生导师金元浦教授，清华大学公共管理学院施祖麟教授应邀出席发布会并发言。北京市社科院各研究所所长（中心主任），4本蓝皮书的主编及主要作者，北京市社科院办公室、图书信息中心、科研处负责人及其他相关人员，社会科学文献出版社相关人员参加了会议。蓝皮书系列的发布引起了社会的广泛关注，北京电视台新闻节目、北京晚报、北京青年报、人民网、中国新闻网、中国青年网、文化传播网、中国经济网等多家媒体对发布会进行了报道。

（北京市社会科学院科研处供稿）

同日　由中国非通用语教学研究会主办、中国传媒大学外国语学院承办的第七届中国非通用语教学研究会第一次常务理事会议在中国传媒大学召开。中国传媒大学副校长胡正荣，中国非通用语教学研究会会长钟智翔，副会长姜景奎、白湉，中国非通用语教学研究会理事、教育部高等学校外语专业教学指导委员会非通用语分委员会主任、北京大学教授刘曙雄，中国传媒大学外国语学院院长李佐文、党总支书记李众、副院长吴敏苏，以及20余位各大院校非通用语教学研究会的理事参加会议。

（中国传媒大学文科科研处供稿）

9日　2013年“国际档案日”暨第五届“档案馆日”，市档案馆主会场活动圆满结束，近1400名公众到北京市档案馆参加活动。此次活动集宣传性、服务性、知识性、互动性于一体，形式多样，内容丰富，不但传统项目风采依旧，新增加的民间手工艺展示互动项目更受到公众欢迎。

（北京市档案局科教处供稿）

16日　第二届北京市大学生书法大赛决赛在首都师范大学北一区体育馆举行。来自首都27所高校的参赛选手、领队、指导教师、观赛学生共300余人参加了本次决赛。

大赛组委会名誉主任、北京市教委副主任付志峰等出席决赛开幕式。纪委书记潘亮及大赛评审专家委员会主任刘守安教授分别为开幕式致辞。首都师范大学中国书法文化研究院名誉院长欧阳中石先生与付志峰副主任一同为获奖选手颁奖。

决赛分书法创作和知识问答两个环节进行。最终，本届大赛共产生特等奖3名、一等奖11名、二等奖30名和三等奖49名。

（首都师范大学社科处黄胤英供稿）

17日　中国政法大学召开“2011计划”司法文明协同创新中心建设动员大会，对司法文明协同创新中心的建设进行动员部署，明确了司法文明协同创新中心下一步的建设任务。此前，教育部发布了《关于公布2012年度协同创新中心认定结果的通知》，由中国政法大学牵头成立的司法文明协同创新中心成功通过认定，成为全国首批14个“2011协同创新中心”之一。

（中国政法大学科研处刘璐供稿）

19日　人力资源和社会保障部“劳动关系（高级）协调师”国家职业资格认证培训基地揭牌仪式在中国劳动关系学院举行。院长李德齐、副院长刘玉方等出席仪式。揭牌仪式的同时举行了首期培训班开班仪式。首期培训班学员主要由该校劳模本科班学员和中青年教师组成。以此次培训班为起点，干部培训学院二部将持续开展协调劳动关系领域的国家职业资格认证培训工作。

（中国劳动关系学院科研处陈邓海供稿）

同日　外交学院举行了驻华使馆武术嘉年华系列活动启动仪式。外交学院院长赵进军大使，中国武术协会副主席邵世伟，首都体育学院院长钟秉枢，北京市体育局副局长王艳霞，外语教学与研究出版社副社长徐秀芝，国际武术联合会技术部主任、原中国武协副主席吴彬，中国武术协会推广部主任章王楠，北京国际体育交流促进会会长张耀荣，首都体育学院国际教育学院院长王皋华，北京市武术协会副主席张有峰、周之华、邢登江，北京师范大学教授王建华，京赵氏擒拿研究会会长赵大元，北京三皇炮锤协会会长庞连福，安徽省武术协会秘书长程秀峰，世界武术冠军柴云龙，北京大学文化产业研究院研究员赵小玲，人民大会堂西餐厨师长徐龙，纳税人报社副社长张勇等。前驻印度大使周刚、前驻埃及大使安惠侯、前驻印度使馆参赞邓俊秉、乌兹别克斯坦库尔班诺夫大使、保加利亚丘尔利埃夫大使及沙特、泰国、巴基斯坦官员出席。

作为本次启动仪式的一大亮点，武术表演是最吸引中外嘉宾眼球的环节。舞狮与川剧变脸、长拳（表演者为墨西哥留学生奥斯卡）、三皇炮锤拳、少林拳、太极拳、南拳、八卦刀、鹰爪拳（表演者为德国留学生菲力）以及徒手夺枪等，为观众留下了深刻印象，完美诠释了中国武术"内外兼修、刚柔并济"的独特内涵。表演过后，与会嘉宾在武术体验环节武动拳脚，舒展筋骨，同练太极拳，与武术"亲密接触"。"驻华使馆武术嘉年华"启动仪式结束在欢快的气氛中。

（外交学院科研处郦莉供稿）

22日　由清华大学人文学院历史系教授刘晓峰任总主编的《人类非物质文化遗产代表作——中国端午节》丛书出版座谈会在清华大学甲所会议室召开。来自中国民俗学会、中国社会科学院、清华大学、北京师范大学、中央民族大学、南开大学、联合国教科文组织北京办事处、嘉兴市委宣传部、广西师范大学出版社、文化月刊等单位的50余名代表参会，就丛书的编写、出版工作展开讨论。《中国端午节》丛书分史料卷、研究卷、民间文学卷、俗文学卷、图像卷和嘉兴卷6个卷本，总字数216万，图片459幅，由广西师范大学出版社出版。与会人员认为，丛书的出版是我国非物质文化遗产保护工作的重大成果，将进一步推动中国端午节、中国民俗文化的研究工作，有利于中国端午节文化的传承，扩大中国民俗文化在国际上的影响。

（清华大学文科建设处刘金梅供稿）

27日　由中国老龄工作委员会办公室主管，我国第一份老龄科学研究领域国家级学术期刊《老龄科学研究》在北京正式创刊。

中国老龄办副主任、中国老龄科研中心主任吴玉韶说，目前我国老龄科学研究总体水平滞后于人口老龄化形势和老龄事业发展，对老龄问题的基本规律、本质特征，对人口老龄化给经济社会发展带来的宽领域、深层次、长周期的影响以及立足中国国情的人口老龄化应对策略，总体上研究不够，认识不深。他说，创办《老龄科学研究》是加强老龄科学研究、积极应对人口老龄化的重要举措。《老龄科学研究》设理论前沿、老龄政策、老龄经济等10个栏目。主要服务对象是：政府老龄工作部门；从事老龄理论研究、老龄工作实践各界人士；老龄企业与服务机构人员；关注和关心中国老龄事业发展的社会各界人士等。

同日　全国高等学校动画、数字媒体专业教学指导委员会成立大会预备会议在中国传媒大学召开。动画、数字媒体专业教指委主任委员苏志武教授、副主任委员兼秘书长廖祥忠教授以及副主任委员清华大学吴冠英教授、北京理工大学丁刚毅教授、武汉理工大学朱明健教授，动画与数字艺术学院院长黄心渊、副院长贾秀清和教指委秘书处工作人员共同出席了会议。此次大会讨论了本届教指委的工作规划草案、章程草案和组织构架。

（中国传媒大学文科科研处供稿）

28日　"五四"运动火烧赵家楼发生地、京报馆旧址、长辛店工人俱乐部旧址、八路军邓华支队司令部旧址、京西山区中共第一个党支部诞生地等19处遗址遗迹，正式挂牌命名为"北京市爱国主义教育纪念地"。

据介绍，此次全市19家被命名为市级爱国主义教育纪念地的挂牌工作已初步完成。这些纪念地分布在东城、西城、朝阳、海淀、丰台、门头沟、昌平、大兴、平谷、延庆10个区县。除"五四"运动火烧赵家楼发生地外，还包括中共北平地下党会师大会会场、京报馆旧址、毛泽东召集驱张大会遗址、中共地下党秘密联络站遗址、长辛店留法勤工俭学旧址、京西山区中共第一个党支部诞生地、王家山惨案遗址、国民抗日军起义地等。

"每一个纪念地、每一个遗址遗迹都记录着一段不能忘记也不应忘记的历史。"市委党史研究室有关负责人说，"命名爱国主义教育纪念地，可以更好地缅怀英雄、凭吊先烈，更是普及北京革命历史、弘扬民族精神的重要内容。"

同日　共青团中央、国家图书馆在中国青年政治学院签署合作协议，国家图书馆团中央分馆同时揭牌。这标志着以中国青年政治学院图书馆为平台的国家图书馆团中央分馆正式成立。文化部原副部长、国家图书馆馆长周和平，共青团中央书记处常务书记贺军科共同为分馆揭牌。共青团中央办公厅主任康国明，国家图书馆馆长助理孙一钢签署合作协议。

文化部公共文化司副司长周广莲，文化部青联副主席、国家图书馆副馆长魏大威，中国青少年研究中心主任酒曙光，校领导倪邦文、王新清、王义军等出席仪式。签约仪式由党委副书记、常务副校长王新清主持。

（中国青年政治学院科研处供稿）

29日　由国家创新与发展战略研究会与北京、上海、广东等省市社会建设工作部门合作共建的社会建设与社会治理研究中心在京成立。该中心将针对当前我国社会建设存在的突出问题开展专题调研。中共北京市委员会常委陈刚出席会议并讲话。

研究中心主任、市委社会工委书记宋贵伦表示，研究中心将以各地社会建设经验为基础，联合清华大学社会建设研究院、北京师范大学社会建设研究院等有关研究机构开展调查研究工作，搭建推动解决中国社会建设与社会治理交流平台。研究中心近期将就收入分配差距、社会分层、老龄化与养老服务业、青年流动人口服务管理等我国社会建设存在的突出问题开展专题调研。

陈刚说，从现在到2020年，是贯彻落实党的十八大精神、实现全面建成小康社会目标的关键时期，这对社会建设与社会治理的要求越来越高，加强社会建设、深化社会治理任重而道远。这需要汇聚推进工作的合力，更需要理论学术界的专家学者总结提炼各地经验做法，提出创新理论和真知灼见，为进一步推进工作提供理论支撑和发展动力，推动我国社会建设与社会治理的理论创新和实践探索不断迈出新步伐、开创新局面。

同日　中国人民大学成立中国人民大学发展与战略研究院，校内外近40名专家学者受聘出任学术委员会委员，靳诺书记、陈雨露校长，国务院研究室副主任宁吉喆、教育部社会科学司司长张东刚为研究院揭牌。研究院作为由中国人民大学主办的独立的校级研究机构，将通过学术委员会和院务会分别对重大学术和行政事务进行决策，院长由陈雨露校长担任，纪宝成教授担任名誉院长和学术委员会主任，刘元春教授担任执行院长。

（中国人民大学科研处李素萍供稿）

30日　中国人民大学成立中国人民大学中国共产党历史与理论研究研究院。中共中央党史研究室主任欧阳淞，副主任张树军；中共中央文献研究室副主任陈晋；中国社会科学院副院长、当代中国研究所所长李捷；中共中央编译局局长贾高建；教育部副部长李卫红；原教育部党组成员、原国家教育行政学院院长顾海良；国防大学少将徐焰；教育部社会科学司副司长徐艳国；中国人民大学领导靳诺，陈雨露，冯惠玲，以及中央党校和部分高校中共党史党建博士点学科带头人、新闻媒体代表出席成立大会。陈雨露校长代表学校与中央党史研究室、中央文献研究室、中国社会科学院当代中国研究所、中央编译局等4个支持、指导单位负责人签订合作框架协议书，并与靳诺书记等代表共同为研究院揭牌。

（中国人民大学科研处李素萍供稿）

7月

1日　国际博物馆协会国际博物馆培训中心在故宫博物院建立，这是迄今为止，国际博协首次在巴黎总部外设立培训中心。

国际博协主席汉斯·马丁·辛兹、国际博协中国国家委员会主席宋新潮、故宫博物院院长单霁翔代表三方共同签署了在北京建立国际博物馆培训中心的框架协议，并为中心揭牌。

汉斯·马丁·辛兹在接受光明日报记者采访时介绍，2010年，中国召开了国际博协大会。当时，国际博协看到中国在博物馆的各个领域都有自己的专家，博物馆事业蓬勃发展，取得了良好的成绩。通过大会，国际博协对中国博协的工作能力很是满意，因而认为中国有条件有能力承担培训中心的职责。他对故宫博物院的业务水准也表示认可，认为故宫作为中国乃至世界上都有重要影响的博物馆，依托其丰富的馆藏、一流的专业队伍，以及国内外战略合作网络和社会影响力，有优越的条件为培训中心提供有效的学术和运营保障。

据了解，培训中心有4个主要功能：研究并整合世界不同地区关于博物馆建设与发展的学术资源；开发不同文化及地区情境下博物馆建设与发展的有效模式；组织实施旨在加强博物馆能力建设的培训项目，提升中国及其他发展中国家博物馆的现代化和专业化水平；为发展中国家，特别是亚太地区国家的国际博协会员提供参与国际博协主导下的专业培训项目。

同日　在纪念中国共产党92周年华诞之际，由中共北京市委党史研究室、北京社会福利促进会、北京新四军研究会联合主办的“北京市爱国主义教育基地（北京铁军纪念园）揭牌暨铁军纪念馆开馆仪式”，于北京怀柔区九公山铁军纪念园隆重举行。北京新四军研究会名誉会长焦若愚；北京新四军研究会会长陈昊苏；北京市怀柔区委书记齐静；北京市党史研究室主任谢荫明，副主任李明圣；中国新四军研究会副会长蔡宜乔将军；军事科学院战略部寿晓松将军；北京社会福利促进会秘书长李汝森；北京市怀柔区副区长刘久刚；北京航空航天大学关工委副主任曾妙南；北京新四军研究会副会长兼秘书长乔泰阳，副会长任全胜、刘华苏。各分会的新四军老战士和下一代，北航、北师大、中国传媒大学等高校的师生代表，与专程来京出席仪式的云南、浙江、江西、河南、江苏、湖北、山东等新四军研究会、纪念馆的领导共800多人参加了开馆仪式。纪念馆为深入开展爱国主义教育，纪念革命先贤，铭记历史经验，传承铁军精神，搭建了一个新的舞台，开设了一个新的课堂。

（北京社科联、北京新四军研究会供稿）

1—12日　清华大学金融学院举办首届“未来金融领袖”（Financial Leaders of Tomorrow）国际暑期夏令营。金融学院副院长康以同出席开营仪式和毕业晚会。来自美国麻省理工大学、芝加哥大学、洛杉矶加州大学、约翰霍普金斯大学，英国剑桥大学，新加坡南洋理工大学，法国图卢兹大学等国际著名高校的50名学生以及金融学院15名学生将参加本次活动。此次夏令营为期两周，安排有讲座、企业参访和城市观光等内容。夏令营邀请到十几位金融学界与业界知名教授及专家为营员授课，包括金融学院教授周皓、施罗德中国业务总监郭炜、新华人寿保险非执行董事孟兴国、摩根大通北京分行行长娄杉、银监会监管三部副主任张霄岭及证监会研究所主任祁斌等。授课教师不仅介绍了中国的金融体系，从不同侧重点深入介绍了保险、银行、基金、信托等分支行业，还凭借丰富的从业经验解答了营员们关于职业选择、未来发展等方面的问题。除金融专业讲座外，夏令营还邀请了清华大学社会学系教师郑路、新闻学院教师史安斌从社会及跨文化交流的角度更全面地介绍中国。期间，夏令营还组织营员参观了清华大学、金融街、北京金融资产交易所、国际金融博物馆和工商银行海淀支行财富管理中心。

（清华大学文科建设处刘金梅供稿）

4日　北京市哲学社会科学规划办公室召开2013年度北京市属单位承担国家社科基金项目立项下达会。全国哲学社会科学规划办公室副主任姜培茂同志出席会议并讲话。北京市属高校、科研院所和中共北京市委党校等相关单位科研管理部门负责人、项目负责人共计120余人出席会议。2013年北京市属单位共获得国家社科基金年度项目89项，其中重点项目8项、一般项目39项、青年项目42项；获得项目资助总额1698万元，年度立项数、资助额均创历史新高。

（北京市哲学社会科学规划办公室供稿）

同日　北京市委党校校长、北京行政学院院长职务调整宣布会在北京市委党校、北京行政学院召开。市委市政府决定吕锡文同志任中共北京市委党校校长、北京行政学院院长，吉林同志不再担任中共北京市委党校校长、北京行政学院院长职务。学校内部机构设置调整。增设决策咨询部、基层党校工作处、保卫处，原计算机网络中心更名为信息部。

（中共北京市委党校科研处供稿）

5日　据最新党内统计数据显示，截至2012年年底，北京市中国共产党党员总数为191.5万名，党的基层组织总数为8.8万个，其中基层党委5004个，总支部4577个，支部7.8万个。

党员队伍和党的基层组织发展趋势和特点显著。党的十七大以来，全市党员数量增加28.7万名，年均新增5.7万名，平均每年增长3.5%。申请入党人数持续增加，入党积极分子队伍不断壮大。截至2012年年底，全市申请入党人57.9万人，入党积极分子30.0万人。

党员队伍结构不断优化。年轻党员、女党员、少数民族党员、具有大专及以上学历的党员比例逐年上升，党员队伍结构不断优化。截至2012年年底，全市35岁及以下的党员54.0万名，占党员总数的28.2%，比上年增加了0.6个百分点。女党员74.0万名，占党员总数的38.7%，比上年增加了0.6个百分点。少数民族党员8.0万名，占党员总数的4.2%，比上年增加了0.1个百分点。全市一半以上的党员具备大专及以上学历，占58.0%，比上年增加了1.9个百分点，其中大学本科及以上学历占40.3%，研究生学历占9.0%。

9日　为进一步在全社会唱响中国特色社会主义和中国梦时代主旋律，中央宣传部、中央直属机关工委、中央国家机关工委、教育部、解放军总政治部、中共北京市委在京联合举办中国特色社会主义和中国梦宣传教育系列报告会。首场报告在人民大会堂举行，环境保护部部长周生贤做题为“我国环境保护形势与对策”的报告。

周生贤在报告中指出，当前，我国发展中不平衡不协调不可持续的矛盾依然突出，发达国家一两百年工业化过程中分阶段出现的环境问题，在我国改革开放30多年来的快速发展中集中暴露，呈现明显的结构型、压缩型、复合型特征。老的环境问题尚未得到解决，新的环境问题日益显现，经济发展和城镇化建设进程中的环境压力日趋强化，经济全球化带来的环境压力进一步加大，环境管理体制不顺、能力支撑不足和法制不健全问题比较突出。

他表示，要突破难点，继续探索代价小、效益好、排放低、可持续的环境保护新路；要抓住重点，深入开展整治违法排污企业、保障群众健康环保专项行动，优先解决PM2.5、饮用水、土壤、重金属、化学品等损害群众健康的突出环境问题。

在京党政军机关干部、在京中央企业负责人和高校师生共约800人参加了报告会。

同日　中共中央对外联络部上午在京举办了《中国共产党对外交往90年》新书座谈会暨首发式。中共中央对外联络部副部长艾平出席并发表讲话。

艾平在讲话中强调，党的对外交往与党的命运紧密相连，是党的事业的重要组成部分，是国家总体外交的重要组成部分。党的对外交往史也是党的历史的一部分。

艾平介绍说，编写该书的目的，就是全面回顾中国共产党90年对外交往历程，系统展示党的对外工作在中国革命、社会主义建设和改革开放不同历史时期所取得的成就，深刻总结90年来中共对外工作的经验和规律，从而不断提高党的对外工作为中国特色社会主义和党的建设服务的能力和水平。

《中国共产党对外交往90年》是国内首部系统介绍中共对外交往90年理论与实践的专著，由全国政协副主席、中联部部长王家瑞主编。

10日　国家外国专家局与中共中央文献研究室在京召开座谈会，纪念邓小平同志“利用外国智力和扩大对外开放”重要谈话发表30周年。来自10个国家的15位外国专家代表与会，就如何与国外有关行业协会、专家组织合作引进高端人才，如何推动私营企业发挥外国专家的作用等方面提出了一些建设性意见。

1983年7月8日，邓小平同志发表重要谈话，提出要请一些外国人来参加我们的重点建设以及各方面建设，要很好地发挥他们的作用，指出要扩大对外开放，并强调这是一个战略问题。该谈话是我国改革开放历史进程中的重要文献，推进了改革开放和社会主义现代化建设。

11日 两岸企业家峰会成立大会上午在北京人民大会堂举行。大会通过《两岸企业家峰会章程》，选举产生峰会理事、常务理事和领导机构，选举曾培炎担任理事长，盛华仁担任副理事长，邀请中共中央台办、国务院台办主任张志军等8人担任顾问，吴敬琏等9人担任特聘专家。

曾培炎在讲话中指出，要从推动两岸关系和平发展的高度来开展峰会的工作，致力推动两岸资源有效整合，深化两岸经济互利合作，维护两岸关系和平发展。

16日 国家哲学社会科学学术期刊数据库上线仪式在京举行。国内社科界和学术期刊界的专家学者近100人参加仪式。

为推进我国哲学社会科学信息化建设，实现哲学社会科学学术期刊数据资源公益使用、开放共享，经全国哲学社会科学规划领导小组批准，国家社科基金设立特别委托项目“国家哲学社会科学学术期刊数据库建设”，由中国社科院调查与数据信息中心承担。经过一年多的努力，数据库已与425家学术期刊建立合作关系，累计完成32万篇期刊论文、6600多位专家、750个学术机构等数据信息的收集、加工和入库。该数据库的建设，将对形成中国特色、中国风格、中国气派的哲学社会科学创新体系发挥重要的基础支撑作用。数据库（www. nssd. org）正式上线后，向社会免费开放。

22日 中国企业联合会、中国企业家协会主办的2013年全国企业文化年会22—23日在北京召开。中国企业联合会、中国企业家协会会长王忠禹在主题报告中指出，当前企业在转方式、调结构、促发展的过程中，面临着一些困难和问题。越是困难的时候，越要依靠群众，凝聚人心，发挥企业文化在企业发展中的引领和支撑作用。他强调，只有创新企业发展理念，才能推动企业结构调整与产业升级。

国务院国资委党委委员、副秘书长杜渊泉在年会开幕致辞时强调，随着经济全球化的加快，企业间的竞争日趋激烈，且越来越表现为文化软实力的竞争。目前中央企业在文化、品牌的软实力方面与国际一流企业相比差距仍然很大，还存在着有的企业没有把企业文化上升到战略高度进行认识和谋划；企业文化内涵不深，特色不鲜明；企业文化与生产经营管理融合不够，落地不实；文化的传播力、影响力不强等问题。

会议对荣获2012—2013年度全国企业文化建设突出贡献人物、全国企业文化优秀案例、全国企业文化优秀成果的企业家和企业进行了表彰。多年来，中国企联致力于推动企业文化建设，已经成功举办了10届全国企业文化年会，使之成为我国企业文化交流与对话的重要平台，为推进我国企业文化建设发挥了积极影响和作用。

23日 俄罗斯驻华大使馆举行仪式，授予北京师范大学哲学与社会学学院张百春教授俄罗斯国家高级奖章——普希金奖章。受俄罗斯联邦总统普京的委托，新任俄罗斯驻华大使杰尼索夫为张百春教授佩戴普希金奖章。在致辞中，杰尼索夫大使高度评价了张百春教授在俄罗斯哲学与宗教研究方面所做出的成绩。张百春教授在发言中指出，这个奖章既是对自己多年来在俄罗斯哲学与宗教研究领域所取得成绩的肯定，也是我国整个俄罗斯研究领域的荣誉。“普希金奖章”根据1999年5月9日第574号总统令设立，是俄罗斯联邦国家奖，由俄罗斯联邦总统签发，授予在研究和普及俄罗斯文化方面做出重要贡献的俄罗斯本国和外国公民。

（北京师范大学社科处刘娜供稿）

27日 2013—2017年教育部高等学校新闻传播学类专业教学指导委员会第一次全体会议在中国传媒大学图书馆圆形报告厅召开。来自中国传媒大学、中国人民大学、清华大学、复旦大学、武汉大学、四川大学、暨南大学、北京大学等38所高校的39位新一届委员出席会议。

会上，主任委员胡正荣教授部署了教指委2013年的具体工作安排以及未来5年的工作计划。教指委今年的工作重点是研制新闻传播学类专业教学质量国家标准和研讨2013年度本领域教育教学改革的热点难点问题，并计划于今年9月全面启动卓越新闻传播人才计划工作。

（中国传媒大学文科科研处供稿）

8月

16日 为纪念邓小平同志为《思想政治工作研究》杂志题写刊名30周年暨中国思想政治工作研究会成立30周年，中国思想政治工作研究会16日在京召开座谈会。

会议指出，30年来，中国思想政治工作研究会始终坚持以中国特色社会主义理论为指导，围绕中心、服务大局、与时俱进、开拓创新，为加强和改进思想政治工作做出了应有的贡献。

会议强调，中国思想政治工作研究会要深入开展中国特色社会主义和中国梦宣传教育工作，统一思想、培育共识，凝聚中国力量；积极培育和践行社会主义核心价值观，引领社会思潮，提高公民思想道德素质和社会文明程度；全面提升群众工作能力，培育自尊自信、理性平和、积极向上的社会心态；努力探索运用互联网等新媒体开展思想政治工作的新方式，开创思想政治工作新局面。

同日　2013年度“中国旅游竞争力百强城市（区、县）排行榜”发布，北京位列“百强城市”之首，上海、杭州分列二、三位。北京市朝阳区、海淀区、怀柔区和延庆县等14个区县同时入选“百强区、县”榜。

“百强城市”中，上榜的前10名城市与前3届并无差别，只是排名先后有所微调。参与制定这一榜单的盛世唐人旅游规划设计院副院长李飞介绍说，6项评价指标中，在旅游贡献力、旅游接待力、酒店和产品竞争力方面，北京当之无愧更胜一筹，而城市形象竞争力榜上，成都排名第一，九江市则列城市生态竞争力第一位。“2012年，北京联合全球50多个旅游城市和组织共同发起‘世界旅游城市联合会’，为北京市此次排名加分不少。”

在“百强区、县”评选榜单中，延庆县竞争力迅速提升，在“百强县”排在第7位。延庆县旅游发展委员会副主任申玉民透露，2012年延庆县共接待旅游人数1801万人次，旅游收入47.3亿元，“其中野鸭湖湿地公园将在2013年申报‘全国旅游生态示范区’。”在“百强区”评选中，朝阳区紧随上海浦东新区，排名第二。

本次榜单重视城市旅游的“综合素质”，不单纯以景点考量。“中国城市旅游竞争力评价并非旅游产业的评价，更多的是对旅游资源、旅游产品、旅游市场、旅游制度等方面的综合评价。”同样参与榜单制定的世纪唐人旅游公司说，本次排名参考一套四级共187项指标的评价体系。

19日　由北京师范大学文学院王宁教授主持研制的《通用规范汉字表》由国务院正式发布，并出版了《通用规范汉字字典》和《〈通用规范汉字表〉解读》。《通用规范汉字表》共收字8105个，其中常用字6500个，比原来的通用字表减少了500个。《通用规范汉字表》是在50年来发布的诸多规范基础上，根据当代社会用字的状况和信息时代的需要研制的，是继1986年国务院批准重新发布《简化字总表》后的又一重大汉字规范，是新中国成立以来汉字规范的集大成者，也是信息化时代汉字规范的新起点和新发展。字表的顺利推行将进一步提高现行汉字学习和应用的效率，加速社会政治、经济、科学、教育文化的发展与和谐语言生活的建设，促进汉语汉字的世界传播，具有重大的社会价值。《通用规范汉字表》公布后，社会一般应用领域的汉字使用应以《通用规范汉字表》为准，原有相关字表停止使用。

（北京师范大学社科处刘娜供稿）

同日　为凝聚国内外侨界人士力量，促进海外优质资源与首都经济社会发展相结合，本市设立华侨华人“京华奖”，表彰和奖励在首都建设发展中做出突出贡献的华侨华人、归侨侨眷和港澳同胞。上午，首届“京华奖”评选工作正式启动。市委常委、统战部部长牛有成，副市长程红出席评选工作领导小组会议。

作为本市授予侨界人士和港澳同胞的最高荣誉，“京华奖”每两年开展一次，评选人数每次原则不超过10人，首届“京华奖”还将设立特别荣誉奖。

牛有成讲话说，实现中华民族伟大复兴的“中国梦”需要方方面面力量，长期以来，广大侨界人士和港澳同胞为首都、国家发展做出了巨大贡献，是不可或缺的力量之一。设立“京华奖”既是回顾历史，也是为进一步密切侨界人士与首都的联系，促进他们在首都经济社会发展中发挥更大作用。他指出，要切实把评选工作与贯彻党的十八大精神、开展党的群众路线教育实践活动紧密结合起来，把握好评选的原则、标准和政策，不断推动首都侨务工作科学发展。

20日　教育部新一届高等学校哲学类专业教学指导委员会成立大会暨工作会议在北京师范大学举行。本届任期为2013—2017年，主任委员由韩震教授担任，秘书长由江怡教授担任，由来自全国各高校的44位专家组成。

（北京师范大学社科处刘娜供稿）

24日　教育部高等学校马克思主义理论类专业教学指导委员会成立大会暨第一次工作会议在北京师范大学召开。本届任期为2013—2017年，由来自全国各高校的49位专家组成，北京师范大学杨耕教授担任主任委员。

（北京师范大学社科处刘娜供稿）

26日　中国佛教协会成立60周年纪念会在人民大会堂举行。中共中央政治局常委、全国政协主席俞正声会见中国佛教协会领导班子成员，并与全体代表合影。俞正声对中国佛教协会成立60周年纪念会的召开表示热烈祝贺，向各位代表和全国佛教界的朋友们表示亲切问候。他指出，改革开放以来，随着国家的繁荣昌盛，佛教事业得到健康发展，中国佛教协会高举爱国爱教旗帜，协助党和政府贯彻宗教信仰自由政策，为经济发展与社会稳定做出了积极贡献。希望佛教界人士继续发扬优良传统，持守戒律、潜心修行，注重品德修养，团结和引领广大信教群众，服务社会、利益众生，为国家富强、人民幸福做出新的贡献。

27日　北京市社科联分别召开五届八次常委会议、五届七次全委会议，审议《北京市社科联第六次代表大会筹备工作方案》。市委宣传部副部长崔耀中出席常委会议并讲话。傅华、李强、文魁、张国有、林岗、张文启、史秋秋、董颖、刘牧雨等社科联副主席和社科联常委、委员共计100余人出席会议。市社科联主席满运来主持会议。

市社科联党组书记韩凯分别向常委会和全委会汇报了市社科联第六次代表大会筹备工作方案。工作方案对市社科联第六次代表大会指导思想、会议议程，提出了明确意见。与会者对工作方案进行了讨论。

工作方案还对纪念北京市社科联成立30周年的筹备工作进行了部署。为更好地展现社科联成立30年以来取得的成就，计划编辑《北京市社科联30年》（成果集）、《我与社科联》（回忆录）、《硕果芳华三十载——北京市社科联成立30周年纪念画册》，并拍摄专题片。

（北京市社科联研究室供稿）

同日　教育部高等学校艺术学理论类专业首届教学指导委员会成立大会暨第一次工作会议在北京大学召开，本次会议由北京大学艺术学院承办，教育部高教司刘贵芹副司长，北京大学刘伟副校长，北京大学教务部方新贵部长，教育部高等教育司文科处刘向虹处长，高等教育出版社艺术分社刘建社长，以及中央美术学院尹吉男教授等来自全国各地的37位教指委委员出席了本次会议。教育部高校艺术学理论类专业教指委（简称）是在2011年艺术学升为艺术门类、艺术学理论成为一级学科的背景下成立的，首届教指委的任期为5年（2013—2017），秘书处设立在北京大学艺术学院，艺术学院院长王一川教授担任教指委主任，艺术学理论系主任彭锋教授担任秘书长，教指委委员由全国各大高校的知名教授和学术骨干担任。

（北京大学社会科学部供稿）

30日　中国伊斯兰教协会成立60周年纪念会在人民大会堂举行。中共中央政治局常委、全国政协主席俞正声会见中国伊斯兰教协会领导班子成员，并与全体代表合影。俞正声对中国伊斯兰教协会成立60周年表示热烈祝贺，向各位代表和全国伊斯兰教界的朋友们表示亲切问候。他指出，改革开放以来，随着国家的繁荣昌盛，伊斯兰教事业得到健康发展，中国伊斯兰教协会始终高举爱国爱教旗帜，积极协助党和政府贯彻宗教信仰自由政策，为促进民族团结、维护社会稳定和国家统一做出了积极贡献。希望伊斯兰教界人士继续发扬我国伊斯兰教爱国爱教优良传统，精研教义、阐释经典、提高修养、率先垂范、服务大局，团结和引领各族穆斯林群众，积极投身经济社会建设事业，为国家富强、民族振兴、人民幸福做出新的贡献。

8月，北京工业大学地方高水平大学发展战略研究中心入选教育部战略研究培育基地，这是目前唯一一个落户在地方大学的教育部战略研究培育基地，为地方高水平大学发展战略研究中心的组建奠定了组织、运行机制方面的基础。基地主任由北京工业大学校长郭广生担任。

（北京工业大学科技处张爱民供稿）

9月

6日　由中共中央统战部主办、中国传媒大学播音主持艺术学院承办的第18期无党派人士理论研究班现场教学活动在图书馆报告厅举行。中国传媒大学党委书记陈文申、中共中央统战部六局副局长文云英分别致辞并预祝教学活动圆满成功。中国传媒大学党委副书记刘利群以及学校统战部、播音主持艺术学院的部分师生参加了现场教学活动。

（中国传媒大学文科科研处供稿）

9日　国学圣地、北京孔庙国子监举办国学文化节。9月9—28日，以“德化天下”为主题的第四届北京孔庙国子监国学文化节，将通过国学普及与推广、国学文化与经济、国学精粹展示三大板块共9项重点活动，为居民奉上一席国学饕餮盛宴。

文化节由市文物局、东城区政府主办，并由中国艺术研究院做学术支持。本届文化节最大的亮点当属“风雅颂之夜”辟雍中秋诗歌音乐晚会。中秋夜，国子监辟雍大殿前环水桥畔将成为舞台，120位嘉宾将有幸在这里欣赏古今诗词歌赋吟诵和古典韵味浓厚的歌、乐、舞表演，度过一个文化韵味十足的中秋节。

令人意外的是，荷兰艺术家也将助阵国学文化节。荷兰艺术家钻研中国传统文化之后设计出他们眼中“最中国”的中式礼服，这些服装将于9月27日亮相国子监彝伦堂展示一个月。这项活动也是北京国际设计周的展示项目之一。

此外，传统拜师仪式、“走进国学经典、传承中华文明”主题教育活动、东城区中小学生国学书画作品展、国子监大讲堂、幸福生活大讲堂、国学系列讲座等也将在文化节期间陆续推出。主办方还将举办第二届教育家成长论坛，围绕“教育微创新”主题，探讨教育创新理念。

文化节闭幕正值孔子诞辰纪念日，届时将举办祭孔大典，歌颂孔子生前业绩。孔庙和国子监博物馆还将揭幕孔门七十二贤瓷板画，并安放玉雕孔子圣像。这些雕像将永久安放在崇圣祠外，供国人瞻谒品读。

12日　国务院副总理汪洋出席世界旅游城市北京香山旅游峰会并致辞。

汪洋说，改革开放30多年来，中国旅游业走过了不平凡的历程，实现了由单纯的外事接待向综合性产业的转变，由旅游资源大国向世界旅游强国的转变。旅游业快速发展，架起了中国与世界沟通的桥梁，促进了中国与世界各国的共同发展。

汪洋指出，中国将大力实施《国民旅游休闲纲要》，进一步落实带薪休假制度，丰富旅游产品供给；加快转变旅游业发展方式，推进旅游业产业集群化、业态多元化、品牌国际化、服务信息化进程；以《旅游法》实施为契机，加强旅游服务质量和价格监管，规范旅游市场秩序；倡导健康文明的旅游方式，引导国内旅游者自觉遵守社会公共秩序和社会公德。中国欢迎世界各国和地区人民来中国旅游，鼓励国内居民到世界各地旅游，支持各国旅游城市深化交流，共同促进全球旅游事业发展。

世界旅游城市联合会是北京倡导发起的、世界上首个以城市为主体的国际旅游组织。2013 北京香山旅游峰会是世界旅游城市联合会举办的第二届年会。联合国秘书长潘基文对本届年会发来贺信。

13 日　北京市社科联与北京市科协联合召开首次北京市社会科学与自然科学协同创新研究基地项目评审会。市社科联党组书记韩凯出席。韩震、杨开忠等 6 位两届联席会议专家参加评审，最终，中国传统语言学与中医古籍整理关系之研究、基于大数据技术的北京建筑遗产价值评估研究、北京市农产品供应链质量风险控制研究等 11 个项目获得立项。北京市社会科学与自然科学协同创新研究基地建设，是市社科联与市科协推动北京社会科学界和自然科学界深入合作，共同服务首都率先形成科技创新、文化创新“双轮驱动”的发展格局而开展的创新性工作。

（北京市社科联研究室供稿）

同日　由北京师范大学社会发展与公共政策学院社会公益研究中心联合中国儿童少年基金会共同研究的《女童保护研究报告》对外发布。社会发展与公共政策学院教授陶传进为该课题负责人。《女童保护研究报告》中指出，基本监护的缺失是导致女童遭受伤害的直接原因。报告从女童遭受伤害的现状、原因及预防策略，受害女童的困境、需求以及走出困境的路径等方面进行了详细探究和分析，并提出了具体举措。针对一切伤害儿童的行为，要以“零容忍”的态度去面对，要以百分百的意识去防范。

（北京师范大学社科处刘娜供稿）

16 日　我国文化产业领域首个“国字号”商会——中国民营文化产业商会在京成立，并举办第一届中国文化产业峰会。百度创始人李彦宏当选首任会长。

据商会筹备人员透露，首批通过审核的发起会员单位有 100 多家，总资产规模超过 5000 亿元，区域覆盖全国 20 个省（市）、自治区，涵盖新闻出版、互联网及软件服务、动漫等多个领域。

17 日　经国务院同意，民政部已正式批准中国融资担保业协会成立登记。在成立大会上，中国银监会副主席阎庆民指出，融资担保机构要实现健康可持续发展，关键是要进一步加强规范和监管，提升自身的内控和管理水平，把担保业务做精、做专、做强，真正成为服务中小微企业的中坚力量。

阎庆民指出，近 3 年来，融资担保行业实收资本年均增长 36%，在保余额年均增长 37%，融资性担保贷款余额年均增长 28%，中小企业融资性担保贷款余额年均增长 29%，为中小企业提供担保户数年均增长 27%。但与此同时，融资担保机构数量过多、违规经营等问题仍然突出，风险隐患仍不容忽视。

26 日　原中共中央顾问委员会委员，原国家科委副主任，中国社会科学院原副院长于光远同志，因病于 2013 年 9 月 26 日在北京逝世，享年 98 岁。

于光远同志病重期间和逝世后，中央有关领导同志以不同方式表示慰问和哀悼。

于光远，1915 年 7 月出生，上海人。1935 年在清华大学参加“一二·九”运动，参与组织中华民族解放先锋队。1937 年 3 月加入中国共产党，任中共中央长江局青委书记。1939 年后在中共中央青委工作，任延安中山图书馆主任，中共中央西北局研究员，解放日报言论部副主编，翻译德文版《自然辩证法》。1948 年起，任中宣部理论宣传处副处长，科学处处长，兼任国务院专家局副局长、国务院科学规划委员会副秘书长、中共中央科学小组成员、国家科委副主任。“文化大革命”中被批斗下放干校。1975 年后，任国务院政治研究室负责人之一，国家计委经济研究所所长，中国社科院副院长兼国家科委副主任。1978 年参加中央工作会议，参与会议重要材料起草，列席中共十一届三中全会。曾担任中国自然辩证法研究会等多个学术团体领导工作，著述近百部。

于光远是中共八大代表，第五届全国人大代表，中科院学部委员，中国社科院荣誉学部委员。

10月

1—5 日，中共北京市委党史研究室与中央电视台合作拍摄的党史系列片《地下尖兵》，在中央电视台中文国际频道《国宝档案》栏目播出。该片共 5 集，分别为《北平风声》《密电风云》《暗战英魂》《特殊使命》《胜利会师》，每集 15 分钟，从珍贵的红色文物入手，讲述隐蔽战线惊心动魄的斗争，揭秘鲜为人知的地下情报工作，讴歌中共地下党员坚守信念、不惧牺牲的崇高精神。

（中共北京市委党史研究室曹楠供稿）

6 日　致力边疆学研究的禹贡学社在京成立。该学社旨在促进中国边疆特别是新疆知识的传播与普及，促进中国公众边疆知识素养的提高。

《禹贡》是儒家四书五经中《尚书》的一篇，是中国最早、最重要的地理著作，是中国历史地理学的源头。禹贡学社得名于此。禹贡学社由中国社会科学院中国边疆史地研究中心、中共新疆生产建设兵团第十师委员会政法委员会共同主管，并接受社团登记管理机关新疆北屯市民政局的业务指导和监督管理。

近年来，中国边疆地区形势日益复杂，面临着诸多问题与挑战，如何把边疆的历史与现状研究结合起来，运用多学科的理论、方法，以创新性的研究成果维护国家权益、促进边疆地区稳定与发展，成为摆在知识界的一项重要任务。承先贤遗志，继学魂道统，禹贡学社应运而生。据介绍，禹贡学社将专注于中国边疆学的构建，致力为新疆的长治久安与跨越式发展提供思想资源，为学术界、公共管理部门搭建可广泛参与的交流平台。

9日 中国记协在京举办第三十九期中国梦系列新闻茶座，邀请清华大学当代国际关系研究院院长阎学通，就“中国梦与中国的国际安全政策”这一主题与中外媒体记者、外国驻华使馆外交官等百余人进行了交流。

阎学通认为，随着中国不断强大，来自国际体系的压力越来越大，中国所面临的安全问题也越来越多。中美两国实力差距缩小使得两国利益交锋与日俱增，美国对中国戒备心理加重导致其对中国施加的压力也不断增加。面对这种情况，中国外交政策关注点将从经济利益转向领土主权和安全。中国在安全领域将努力提升与美国的新型大国关系，加强与周边国家的合作。

10日 全国政协副主席、香港首任特首、中美交流基金会主席董建华在中国人民大学发表题为中美交流及中美关系的重要性的演讲，并与来自人民大学、清华大学、北京大学的高礼英才学员交流。靳诺书记、陈雨露校长、伊志宏副校长及相关部门负责人出席，来自中国人民大学、清华大学、北京大学的学者和中国人民大学高礼研究院学生参加。

（中国人民大学科研处李素萍供稿）

11日 《北京专史集成》成果发布会在北京市社会科学院举行。北京市社科联、北京市社会科学规划办、北京市政府参事室、人民出版社、首都图书馆等单位的领导同志以及来自北京大学、中国人民大学、北京师范大学、首都师范大学、北京联合大学、北京档案史料杂志社、北京文博杂志社和北京市社会科学院的专家学者以及北京日报、光明日报等在京各大媒体代表50余人参加了成果发布会。发布会由北京市社会科学院副院长周航主持。《北京专史集成》是2006年立项的北京市社科院重大课题，此次第一辑（12本）包括《北京政治史》《北京建置沿革史》《北京教育史》《北京风俗史》《北京宗教史》《北京手工业史》《北京商业史》《北京文学史》《北京著述史》《北京交通史》《北京水利史》《北京民族史》，是这项课题的阶段性成果，对北京城市发展过程中的重要问题做出了系统总结。

（北京市社会科学院科研处供稿）

12日 中国人民大学首开先河，根据老年人特点并配备相关模拟器具，成立了中国人民大学老年体验中心。这是我国建立的首个老年体验中心，为学生、教师、研究者和老龄服务者提供了一个教育与实践、教学和研究为一体的多功能平台。冯惠玲常务副校长和北京市老龄协会副会长陈谊为老年体验中心揭牌。

（中国人民大学科研处李素萍供稿）

13日 驻华使馆武术一家亲在外交学院沙河新校区礼堂举行。前中国驻瑞典大使吕凤鼎、前中国驻斯洛文尼亚大使鲁培新、中国武术协会副主席陈国荣、北京国际体育交流促进会会长张耀荣、中国武术协会办公室主任冯宏芳、北京武术协会副主席邢登江、北京武术协会副秘书长翟京云、著名太极拳家黄康辉、著名太极拳家王建华、北京师范大学武术教研室主任杜晓红、著名武术教练马一峰、外交学院外事办公室主任童新、外交学院体育对外交流研究中心主任周庆杰等出席了此次活动。出席此次活动的驻华使节来自波斯尼亚和黑塞哥维那、菲律宾、比利时、匈牙利、沙特、保加利亚、坦桑尼亚和土耳其。

前中国驻瑞典大使吕凤鼎先生首先致辞。之后，来自各界的嘉宾与青年人上演了《舞狮》《开元》《武侠》《象形拳》《武魂》等精彩的武术表演。最后，土耳其国家武术协会主席阿卜杜拉曼先生的小女儿上台表演，一招一式有板有眼，将现场气氛推向高潮。中国武术协会副主席陈国荣先生为参与表演的各国外交官和留学生们颁发了武术段位证书和表演证书，增强了活动的仪式感，激励了外国朋友的习武热情。

（外交学院科研处郦莉供稿）

14日 北京大学语言研究中心发布第十五届王力语言学奖评奖结果，清华大学人文学院教授、出土文献研究与保护中心常务副主任赵平安所著《新出简帛与古文字古文献研究》一书荣获该奖项。2002年，赵平安曾获中国社会科学院青年语言学家一等奖，此次又获王力语言学奖，既是清华大学教师首次获得该奖，同时也成为中国古文字学界获得这两大权威奖项的首位学者。王力语言学奖是中国语言学界最权威的奖项之一，授予对汉语或中国境内其他语言现状或历史研究有贡献的中国学者。评审委员会由著名语言学家组成，只接受专家推荐而不受理本人申请，且推荐论著必须是在规定的评选日期前1—5年之内公开发表过的。该奖自1986年以来共评审了15届，每次获奖名额不超过5人。赵平安的《新出简帛与古文字古文献研究》一书，收录了作者在古文字学、中国古典文献学和简帛学方面的学术论文40余篇，重点是通过新出简帛研究古文字、古文献及先秦两汉的历史和文化，取得了一系列突破性进展，获得了著名学者李学勤、张振林先生的推荐和评委会的高度评价。

（清华大学文科建设处刘金梅供稿）

15日　北京市哲学社会科学规划办公室召开第二批北京市哲学社会科学规划重大项目结项评审暨成果推介会。中共北京市委宣传部副部长崔耀中到会并讲话，市社科规划办主任王祥武同志通报了此次鉴定结项工作情况：13个项目按时完成了研究任务，准予结项。其中4项获准免于鉴定；5项被评为优秀等级；3项被评为良好等级；1项为合格等级。14个重大项目负责人和鉴定专家，以及北京市党政机关研究室负责同志、各相关单位的科研管理人员和新闻媒体记者约90人出席了会议。

（北京市哲学社会科学规划办公室供稿）

10月初，由北京市哲学社会科学规划办公室编辑的《北京市哲学社会科学研究基地成果选编2013》由首都师范大学出版社出版发行。全书收录了50个研究基地的82篇研究成果，总计107万字。

（北京市哲学社会科学规划办公室供稿）

17日　中央统战部、国家宗教局在北京举办"习仲勋同志与宗教工作座谈会"。

座谈会上，与会者回顾了习仲勋为统一战线和民族宗教工作做出的卓越贡献，追忆了他对宗教界的亲切关怀，学习了他处理宗教问题、做好宗教工作的一系列重要思想、科学方法、政治智慧和高超艺术。大家表示，站在新的历史起点上，要紧密团结在以习近平为总书记的党中央周围，深入贯彻党的十八大精神，高举中国特色社会主义伟大旗帜，继承和弘扬老一辈无产阶级革命家的伟大精神，全面贯彻党的宗教工作基本方针，努力开创宗教工作新局面，为实现中华民族伟大复兴的中国梦做出新的更大贡献。

中央统战部、中央党史研究室、国务院办公厅、国家新闻出版广电总局、国家宗教局、全国政协民族和宗教委员会、中央社会主义学院，各全国性宗教团体和中华基督教青年会、女青年会等有关方面负责人，长期从事宗教工作的老同志代表和宗教界代表人士，习仲勋的亲属代表等参加座谈会。

19日　点校本《史记》初版问世54年之后，迎来了首次修订本。北京、上海、香港、台北、伦敦、东京、纽约等24个城市29家书店举行了中华书局版《史记》修订本全球首发式。

《史记》修订本的出版标志着受到海内外关注的点校本"二十四史"及《清史稿》修订工程进入正式出版阶段。

20世纪50—70年代，由中华书局承担组织和出版工作，百余位文史专家参与，完成了新中国最宏大的古籍整理工程——"二十四史"及《清史稿》点校，实现了郑振铎提出的"中华人民共和国版二十四史"的出版梦想。点校本"二十四史"及《清史稿》出版后，迅速成为方便当代读者阅读的通行本，成为海内外学术界公认的权威版本。单是点校本《史记》，截至2013年6月，一共印行27次，569250套。

2005年年初，中华书局开始着手点校本"二十四史"及《清史稿》修订的前期调研，引起了学界广泛、热烈的响应。2006年4月，召开点校本"二十四史"及《清史稿》修订专家论证会，修订工程正式启动。2010年，这项出版工程被列入国家"十一五"重点图书出版规划，列入国家出版基金重大项目管理。

点校本《史记》修订本全面、系统地校勘了北宋至清有代表性的多种《史记》刻本，以及10余种日本钞本、敦煌写本。选用善本之精，校勘规模之全，超过此前各家。新撰校勘记3300余条。修订本对原点校本的分段优化、调整，改正破读之处，纠正讹脱衍倒。依据当代《史记》研究成果和读者需要，修订本对于金陵书局本删削的唐代司马贞《史记索隐·补史记条例》和《三皇本纪》，重新恢复其原来面貌。

历史学家田余庆老师说，早年重要版本都被接收到修订本里，它的出书，将使这部优越的中汉文化经典抖擞出新的生命。

20日　马克思主义理论研究和建设工程工作座谈会在京召开，中共中央政治局常委、中央书记处书记刘云山出席会议并讲话，中共中央政治局委员、中央书记处书记、中宣部部长刘奇葆主持会议，中共中央政治局委员、国务院副总理刘延东出席会议。中央宣传思想工作领导小组成员、工程主管单位负责人、工程咨询委员和课题组首席专家、部分省市党委宣传部和教育部直属高校党委主要负责人、中央主要新闻单位负责人参加会议。北京市中国特色社会主义理论体系研究中心副主任、社科联党组副书记崔新建，研究中心秘书长李翠玲参加会议。

（北京市中国特色社会主义理论体系研究中心供稿）

同日　中国人民大学历史学院考古文博系成立暨学科建设研讨会在人民大学举行，冯惠玲常务副校长出席大会。来自全国各地高校考古文博专业、考古研究院所，及其他相关文物机构的50余位考古文博领域知名专家学者应邀与会，考古文博系百余名师生及校友参加大会。

（中国人民大学科研处李素萍供稿）

22日　国家社科基金重大项目——《20世纪中国妇女运动史》结项暨出版座谈会在京召开。全国妇联主席沈跃跃出席会议并讲话。彭珮云、顾秀莲出席会议。

沈跃跃指出，该书生动地反映了中国共产党领导下中国妇女运动波澜壮阔的历史进程，客观总结了中国妇女运动的经验与教训，对于推动新时期妇女运动具有深远的现实意义。她希望各级妇联干部继承和发扬妇女运动的优良传统，推动中国特色妇女运动创新发展。

该书由顾秀莲主编，中国妇女出版社出版，全面记述了革命、建设和改革开放时期党领导下的中国妇女解放和发展的探索历程。会议由全国妇联副主席、书记处第一书记宋秀岩主持。

23日　国家主席习近平在钓鱼台国宾馆会见了出席清华大学经管学院顾问委员会2013年会议的海外委员。习近平同委员们一一握手，赞赏他们为促进中国经济管理教育事业和中外交流合作做出的积极贡献。习近平表示，你们作为世界知名企业家，对世界经济形势和中国经济发展有着深刻见解，我愿意听取你们的真知灼见。清华大学经济管理学院顾问委员会主席、凯雷集团联合创始人兼董事总经理大卫·鲁宾斯坦（David M. Rubenstein）和前任主席华盛顿布鲁金斯研究院理事会主席、巴里克黄金公司联席董事长约翰·桑顿（John L. Thornton）代表委员们发言。大卫·鲁宾斯坦在发言中说，委员们都很关注中国即将召开的十八届三中全会，它不仅影响中国经济，也会影响世界经济。约翰·桑顿说，清华大学在中国有着特殊地位，希望清华大学和清华经管学院的教育改革经验能对中国教育的改革和发展有更大影响。两位委员感谢习近平主席的会见，介绍了顾问委员会的工作情况。他们表示中国取得巨大发展成就，有力促进了世界经济增长。他们对中国未来发展充满信心，对进一步扩大在华业务充满期待，将继续为中国教育事业和经济发展做出积极努力。国务院副总理刘延东参加了此次会见。就两位委员的提问，习近平主席介绍了中国的经济发展和改革情况。习近平表示，今年以来，中国经济稳中有进，经济增长及其他主要经济指标保持在预期目标之内，产业结构调整迈出新步伐，区域协调发展取得新进展，民生改善取得新成效。中国正在推进新型工业化、信息化、城镇化和农业现代化，将加快转变经济发展方式，增强经济发展的内生动力，实现经济持续健康发展。习近平表示，大家都很关注中国改革进程，我们将在中国共产党十八届三中全会上研究全面深化改革问题并做出总体部署。我们必须处理好改革、发展、稳定三者之间的关系，以更大的政治勇气和智慧，进一步解放思想、解放和发展社会生产力、增强社会创新活力。习近平表示，科教兴国已成为中国的基本国策。我们将秉持科技是第一生产力、人才是第一资源的理念，兼收并蓄，吸取国际先进经验，推进教育改革，提高教育质量，培养更多、更高素质的人才，同时为各类人才发挥作用、施展才华提供更加广阔的天地。经管学院顾问委员会2013年会议是该委员会成立以来的第十四次年度会议，共有委员38人参加，其中海外委员26人，中方委员12人。上午的会议首先由经管学院院长钱颖一向前任主席约翰·桑顿颁发感谢证书，感谢他在任期间为顾问委员会所做的贡献。会议由新任主席、凯雷集团联合创始人兼董事总经理大卫·鲁宾斯坦（David M. Rubenstein）主持。钱颖一向委员们报告了过去一年学院的工作进展，顾问委员们肯定了学院一年来取得的成绩。之后，会议就“清华x-lab”和“在线教育”两个主题展开讨论。最后，委员们举行了闭门会议。经管学院顾问委员会在时任院长朱镕基的积极推进下，于2000年10月成立。成员包括具有重大影响力的跨国公司董事长、总裁或首席执行官，世界知名商学院院长，国内标志性企业家，以及我国政府财经官员。清华经管学院首任院长朱镕基担任顾问委员会名誉主席。高盛公司前首席执行官亨利·保尔森（Henry M. Paulson）任顾问委员会首任主席（2000—2003），英国BP集团前首席执行官约翰·布朗勋爵（Lord Browne of Madingley）任第二任主席（2003—2008），沃尔玛百货公司首席执行官李斯阁（H. Lee Scott）任第三任主席（2008—2010）。华盛顿布鲁金斯研究院理事会主席、巴里克黄金公司联席董事长约翰·桑顿（John L. Thornton）任第四任主席（2010—2013），现任主席为凯雷集团联合创始人兼董事总经理大卫·鲁宾斯坦（David M. Rubenstein）。

（清华大学文科建设处刘金梅供稿）

同日　北京大学国际战略研究院成立大会在北京大学中关新园举行。原国务委员戴秉国，文化部部长蔡武，全国人大外事委员会委员、中共中央外事工作领导小组办公室原副主任陈小工，中联部副部长艾平，教育部副部长郝平等领导同志、专家学者出席大会。北京大学党委书记朱善璐、校长王恩哥等参加了大会。会议由北大国际关系学院院长、国际战略研究院院长王缉思主持。国务委员杨洁篪就研究院成立专门做出批示，提出了殷切希望，指明了发展方向。戴秉国同志担任国际战略研究院名誉院长，并与朱善璐书记共同为研究院揭牌。戴秉国强调了国际战略研究的现实性和重要性，并期望研究院能成为生产思想的工厂、培养高端战略人才的摇篮。

（北京大学社会科学部供稿）

24日　北京市社科联与首都文化创新与文化传播工程研究院召开工作推进会，重点研讨了研究院人员编制聘任管理、经费管理及政策匹配等相关工作。北京市政协副主席、北京师范大学副校长葛剑平，市社科联韩凯同志，北京师范大学艺术与传媒学院分党委书记、首都文化创新与文化传播工程研究院院长于丹出席会议。市社科联和北京师范大学相关负责同志参加会议。该研究院为市社科联与北京师范大学合作共建的高端智库型研究机构，旨在为首都文化发展献计献策。

（北京市社科联研究室供稿）

同日　北京市哲学社会科学规划办公室召开2013年北京社科研究基地工作会议。市委宣传部副部长崔耀中、市教委副主任叶茂林出席并讲话。市社科规划办主任王祥武同志做工作报告。67个研究基地的负责人、首席专家以及科研管理部门负责人共约160人出席会议。大会还对新成立的4个哲学社会科学研究基地、3个应用对策研究基地进行授牌，并对第三批研究基地二期建设中获得优秀的7个研究基地进行了表彰。

（北京市哲学社会科学规划办公室供稿）

25日　中华全国新闻工作者协会主办的第二十三届中国新闻奖评选在京揭晓。来自全国报社、通讯社、电台、电视台和新闻网站的299件作品获奖，其中特别奖3件，一等奖46件（含8个新闻名专栏），二等奖91件，三等奖159件。

中国记协负责人说，获特别奖的人民日报评论《转变，中国道路的历史性跨越——从十六大到十八大（上）》以全球和历史视野概括十六大以来10年间，中国共产党在转变中不断丰富、拓展中国道路，所取得的举世瞩目的优异成绩，极大激发中国人民的道路自信、理论自信和制度自信。

获一等奖的中央人民广播电台直播《"神舟"九号航天员成功访问"天宫一号"》汇集载人航天飞行任务指挥现场典型音响，生动、及时、准确地报道事件发展动态，信息量大、现场感强、解读到位。解放军报评论《休想攫取我国半寸领土》在中日围绕钓鱼岛问题争端的舆论斗争中，对日方所谓"国有化"政策进行了入木三分的揭批，有力展示了中国立场，传递了中国军队坚决维护国家领土主权完整的声音。江苏广播电视总台《选择》，紧扣"7·21"北京暴雨事件盐城民工兄弟从营救被困群众获得社会荣誉和奖励后的浮躁中逐步回归平和，凸显新生代民工群体自我意识的觉醒，感染力强、说服力强。获网络专题一等奖的齐鲁网专题《齐鲁正能量之爱心帮农季》和获新闻名专栏的每日新报《新帮办》、信息日报《跑腿新闻》栏目等作品关注民生、服务百姓，传递正能量、履行媒体社会责任，引起广泛反响。

中国记协负责人说，获奖作品全面展示广大新闻工作者在围绕中心、服务大局，弘扬时代主旋律，传播社会正能量方面的新探索，集中体现了新闻宣传工作思想引领、舆论推动、精神激励和文化支撑作用，充分反映了新闻战线深化拓展"走转改"活动、努力改进新闻文风取得的新成效。

据悉，中国记协将于11月7日记者节前夕举办本届中国新闻奖颁奖报告会。

同日　中葡论坛10周年研讨会在对外经济贸易大学举行。中葡土地小组中方组长丁宝年，对外经济贸易大学区域国别研究所葡语国家研究中心秘书长刘金兰、副秘书长文卓君，中国社会科学院欧洲所研究员张敏等主办方代表出席会议。安哥拉、佛得角、巴西、葡萄牙和几内亚比绍等葡语国家驻华使节应邀出席。来自全国多所高校、研究机构的专家、学者及媒体记者和学生代表也参加了此次会议。研讨会上，安哥拉驻华使馆参赞安奈斯托·万东耐、佛得角驻华使馆参赞若热·席尔瓦、巴西驻华使馆商务处二等秘书安怡乐、葡萄牙驻华使馆文化处官员克拉拉·奥利维拉、几内亚比绍驻华使馆二等秘书琼斯·巴卡尔·卡马拉等先后简要介绍了本国与中国的交流历史，肯定了中葡论坛成立10年来为推动中国与葡语国家间经贸、文化往来所做出的贡献，表达了对进一步密切双边、多边关系，增进多方了解互信的期待。

（对外经贸大学科研处供稿）

25—26日，由北京高教学会图书馆工作研究会数字图书馆专业委员会主办、北京大学图书馆承办的北京高校图书馆"大数据时代数字图书馆的变革与创新"学术研讨会在北京召开，来自北京地区44所高校的图书馆代表及部分企业代表共129人齐聚一堂，共话图书馆创新发展。会议由北大图书馆副馆长聂华主持。北京高校图书馆学术研讨会是北京高校图书馆界一年一度的学术盛会。此次学术研讨会分为大会报告、主题报告以及应用案例报告三部分。在应用案例评比环节，北京大学图书馆提交的"PKUIR内容可持续发展的实践与探索"和"北京大学图书馆通约通借通还服务的实践"分别获得了一等奖和二等奖。

（北京大学社会科学部供稿）

26日　清华大学心理学系举行系列纪念活动，庆祝复系5周年。纪念活动包括学术报告会、学术成果展、老清华心理系主任周先庚先生纪念文集首发式和心理学教学研讨会。系主任彭凯平回顾了心理学系复系5年来的发展历程。社科学院党委副书记刘涛雄代表学院表示祝贺。心理学系副主任樊富珉主持活动，百余名师生参加活动。活动期间，深圳研究生院社会工作与心理健康研究中心成立。彭凯平与深圳研究生院党委书记赵庆刚共同为中心揭牌。心理学系的师生通过学术报告，介绍了自己的研究领域和成果，复系以来师生的学术成果展同期在伟清楼举行。下午，老一辈心理学家周先庚先生诞辰110周年纪念暨《周先庚文集》首发仪式举行。来自北京大学、北京师范大学、中科院心理所等单位的代表参加仪式，并接受周先庚后人的书籍捐赠。

（清华大学文科建设处刘金梅供稿）

29日 “北京大学创新创业扶持计划”正式启动，据了解，扶持计划依托北大的教育资源、研究资源、校友资源，以创业教育、创业研究、创业孵化、创投基金“四位一体”服务创业为理念，以大学的综合资源优势，扶持帮助青年创业，促进科技成果转化。作为计划的重要内容，面向北大校友以及全社会开放的首期“北大创业训练营”业已开营，无偿为广大青年创业者提供指导和帮扶，这在内地高校中尚属首例。

该计划由北京大学校友会、产业技术研究院、工学院及校友会二级分会北大企业家俱乐部等相关单位共同发起，并得到中关村管委会、海淀区政府和北京市政府的大力支持。中关村管委会在鼎好大厦为北大开辟了创业孵化专区，用于北大科技成果转化和青年校友创业扶持。另外，由北京大学企业界校友全额支持的校友创业天使基金已经成立，初期募集资金超过5700万元，中关村和海淀区政府还将配套2000万元。该基金在运营模式上与哈佛大学校友基金类似，以商业基金运营为手段，用盈利来维持组织的稳定发展，并将部分收益回馈母校。

30日 全国省级文联系统中，第一个专门团结网络文学创作者的机构——北京作协网络文学创作委员会在京成立。该机构由市文联、北京作协创立，是北京作协的第八个专门创作委员会。网络文学代表人物唐家三少担任该委员会主任，著名网络文学作家辰东、唐欣恬、宋丽暄以及网络文学研究者毕建伟担任副主任。

网络文学在我国历经15年发展，已是中国文学园地中一道独特景观。网络文学题材丰富多样，想象空间更大，其中的优秀作品也常常被改编成影视、戏剧、动漫、网络游戏等。此次成立北京作协网络文学创作委员会，是要积极利用网络平台，整合首都文学创作资源，尤其是体制外、非京籍的网络文学作者，在作协的业务指导下，努力探索网络文学创作和网络文学作家成长的特点和规律，为他们提供培训、研讨、交流、采风、维权等服务。

同日 中国政法大学主办的“中国政法大学 国家行政学院 北京大学 共建法治政府协同创新中心学术研讨会”在京举行。会上，中国政法大学校长黄进教授、国家行政学院法学部主任胡建淼教授、北京大学校长助理兼社科部部长李强教授、教育部社科司规划处处长何健为法治政府协同创新中心揭牌。

（中国政法大学科研处刘璐供稿）

11月

3日 全球治理与国际法治协同创新中心2013年年会在京召开。中国政法大学校长黄进，中国国际问题研究所所长曲星在会上签署了中国政法大学与新协同单位合作框架协议。全球治理与国际法治协同创新中心由中国政法大学、武汉大学、厦门大学、南开大学、对外经济贸易大学共同组建。

（中国政法大学科研处刘璐供稿）

4日 作为第八届中国北京文化创意产业博览会主题活动之一，“跨界·实验”2013北京国际金属艺术展暨学术论坛在中华世纪坛世纪大厅开幕。展览由中华世纪坛管理中心、清华大学美术学院、第八届中国国际贸易促进委员会北京市分会共同主办，中华世纪坛当代艺术馆、中华世纪坛艺术基金会、清华大学美术学院工艺美术系联合承办。本次展览以“跨界·实验”为主题，旨在促进金属艺术与当代艺术、原创设计、公共艺术等艺术门类之间的互动和互补，以国际化的视野和专业化的研讨，探索当代金属艺术的生存现状和发展方向，打造国际性的高端学术平台。展览邀请来自瑞典、英国、德国、日本、韩国、美国、挪威、澳大利亚、意大利等19个国家和地区的184名艺术家的458件作品参展，其中不乏跨文化、跨学科、跨材料的金属艺术精品；同时还邀请10位来自英国、瑞典、日本、韩国、美国等知名国际艺术家、设计师、教育家举办学术讲座，介绍他们对跨界创作的感悟。

（清华大学文科建设处刘金梅供稿）

6日 由中央财经大学中国社会保障研究中心主办的中国社会保障发展指数报告2012成果发布会在中央财经大学学术会堂召开。中国社会保障研究中心主任褚福灵教授发布并介绍了《中国社会保障发展指数报告2012》的研究成果。30多位社会保障界专家学者出席了本次会议，部分专家对《中国社会保障发展指数报告2012》的指标指数体系、研究结论、学术价值、政策意义等多方面进行了点评和讨论，对研究成果予以高度评价与积极肯定，同时提出了建设性的意见和建议。新华社、人民日报社（海外版）、经济参考报社、人民网、光明网、中国经济网、中国劳动和社会保障报社、中国社会保障杂志社、经济管理杂志社、京华时报社、法制晚报社等媒体单位的记者到会采访报道。

（中央财经大学科研处供稿）

9日 由中共北京市委党史研究室、漫奇妙商业运营公司、北京电视台卡酷少儿卫视频道联合制作的26集党史动漫片《寻找英雄——小淘气长征记》新片发布会在第八届北京国际文化创意产业博览会举行。3家制作单位的领导向参会媒体和观众详细介绍《寻找英雄》的创作过程、背景和意义。该片具有3个鲜明特点：真实，严谨，有趣。党史动漫片在北京文博会上受到关注，中央及北京的几十家媒体出席该片发布会。

（中共北京市委党史研究室曹楠供稿）

16日　第六届中外跨国公司领袖圆桌会议在北京举行。

全国政协副主席杜青林出席会议开幕式。国务委员王勇在开幕式上致辞。王勇说，当前和今后时期，我们将深入贯彻落实党的十八届三中全会精神，坚定不移地继续推进改革开放，向改革要红利，向开放要红利。中国政府将实施更加积极主动的开放战略，进一步深化外商投资体制改革，放宽外资准入，推进引资、引技、引智有机结合，鼓励跨国公司在华设立地区总部、研发中心，鼓励外资更多投向战略性新兴产业、现代服务业和公共科技服务平台，更多投向具有巨大发展潜力的中国中西部地区。中国坚持“引进来”和“走出去”并举，希望世界各国为中国企业在当地投资创造公平竞争环境和便利条件。

来自17个国家150多家中外大型企业的代表参加会议。

17—23日　首都体育学院专家团队和全国32所院校的专家团队同时自北京奔赴32省组织开展《国家学生体质健康标准》测试上报数据抽查复核工作。按照教育部要求，委派首都体育学院专家团队到内蒙古自治区呼和浩特、鄂尔多斯、包头和乌兰察布4个地区5天内共抽查复测124所学校12408名学生，调研和收集了学校体育工作的第一手珍贵资料。此项工作的顺利开展和圆满完成，将为首都体育学院建设学生体质工作在全国的地位和作用都打下扎实的工作基础，并产生广泛的、积极的影响。

实施《国家学生体质健康标准》测试上报数据抽查复核工作，是为贯彻落实《国务院办公厅转发教育部等部门关于进一步加强学校体育工作若干意见的通知》（国办发〔2012〕53号）精神；健全学生体质健康监测制度与诚信体系的重要步骤，使学生体质测试真正成为评价学校体育工作和学生体质健康水平的有效手段；成为推动地方和学校加强学校体育工作的重要抓手；这种基层调研，是我国实现教育现代化的基础，对青少年体质工作有实质影响、后效深远，带有里程碑意义。

（首都体育学院科研处罗笛供稿）

同日　由北京林业大学园林学院党委主办，园林学院党校管理中心承办的海淀区高校文化美德传承活动暨第十六届“青春与责任”主题实践活动总结大会召开。校党委副书记全海出席大会。园林学院党委负责人，组织部、宣传部、园林学院相关负责人等参会。加盟本次活动的北京林业大学、北京语言大学、北京交通大学、中国地质大学的社团代表、党校管理中心的主席团、部长团以及来自各基层班级、各学生党支部的代表和党校初级班的成员参加活动。总结大会上，各小组成员用多媒体的形式向大家汇报了上周日青春与责任主题活动在各高校社团和海淀社区的积极配合下的实践过程和成果。活动评选出一、二、三等奖，以及创意之星、风采之星和合作之星。

（北京林业大学科技处张力供稿）

同日　全国老龄办等多家单位在北京联合启动“孝行天下”主题系列活动，活动主题为“孝敬父母，关爱老人，促进和谐，温暖社会”。

“孝行天下”主题系列活动包括“寻孝、宣孝、行孝、展孝”四大板块。寻孝，即通过记者寻访、各地老龄委推荐、群众推荐等方式，寻找孝亲敬老典型人物和企业；宣孝，即邀请国学大师、孝文化研究专家通过讲座、报告会、座谈会等方式，宣讲孝文化；行孝，即身体力行，为空巢、失独老人家庭及敬老院、福利院等，送物资、送陪伴、送养生保健知识；展孝，即通过文艺展演等形式传播孝文化，丰富老年人文化生活。

“孝行天下”主题系列活动由中国广播艺术团、全国老龄办信息中心、中国健康促进基金会老年颐养专项基金管理委员会、中国老年维权基金管理委员会联合主办。

18日　第六届中美政党高层对话在京举行。全国政协副主席、中联部部长王家瑞等中央有关部门负责同志以及美国众议院外交事务委员会前主席伯曼、共和党全国委员会司库帕克率领的美国民主党、共和党代表团共30余人出席。

双方就各自政策理念创新、中美关系及共同关心的国际和地区问题进行了坦诚、深入的交流。中方强调，中共十八届三中全会对全面深化改革做出了总体部署，一定会推动中国经济社会发展再上一个新台阶，推进中国特色社会主义制度不断自我完善和发展。美方祝贺中共十八届三中全会成功召开，赞赏中国共产党坚持改革开放的决心和勇气。双方一致表示，要牢牢把握构建中美新型大国关系的大方向，继续用好中美政党高层对话这一平台，推动中美关系取得更大发展。

同日　耿西岛联邦（States of Guernsey）首相皮特·哈伍德（Peter Harwood）率政府代表团访问清华大学金融学院。院党委书记兼副院长聂风华会见皮特一行，双方就财富管理、金融培训、人才交流等共同感兴趣的话题进行深入探讨。耿西岛联邦商业及就业部、金融局、监管委员会及银行服务机构官员和代表等一同来访。耿西岛隶属英国王室属地，是欧洲重要金融中心之一，其外交关系隶属英国，随着英国与中国在经济、金融等领域的合作加深，耿西岛联邦正积极拓展与中国金融服务业合作。

（清华大学文科建设处刘金梅供稿）

20日　中华全国律师协会在京召开全国律师行业行风监督委员会成立会议。会议指出，成立全国律师行业行风监督委员会，是律师工作贯彻落实十八届三中全会精神的一个实际步骤。各级司法行政机关、各地律师协会要自觉将行风监督委员会工作纳入到律师管理工作的全局，认真研究解决行风监督工作中遇到的困难和问题，确保监督工作取得实实在在的成效；加强行风监督委员会的制度建设，促进监督工作规范化、长效化、有效化，确保监督事项件件有落实，事事有回音。

据了解，《全国律师行业行风监督委员会工作规则（试行）》规定，在党政部门、司法机关、群团组织、社会团体、科研院所、企事业单位和律师代表中聘请行风监督委员会委员。目前的行风监督委员会已经有委员13人，其中司法一线的代表3人，工青妇基层工作者代表3人，专家学者2人，律师代表2人，下一步还将更广泛地邀请社会各界人士参与监督委员会。

同日　由清华大学、中国新闻文化促进会、人民出版社共同主办的新闻监督与记者责任暨《中国名记者》出版座谈会在清华大学主楼接待厅举行。中央军委原副主席、中国新闻文化促进会名誉会长迟浩田，全国人大常委、全国人大教科文卫委员会主任、原新闻出版总署署长、清华大学新闻学院院长柳斌杰，全国政协委员、原新闻出版总署副署长、中国新闻文化促进会会长李东东，清华大学副校长谢维和，全国政协委员、解放军报社原社长、中国新闻文化促进会副会长黄国柱，全国政协委员、中国出版集团公司原总裁、韬奋基金会理事长聂震宁等出席座谈会。全国政协委员、人民出版社社长、党委书记、《中国名记者》丛书编委黄书元主持座谈会。由柳斌杰担任主编，李东东担任副主编的《中国名记者》系列丛书共20卷，收录了400位中国新闻史上为传播真理、唤醒民众、鼓动革命、引领潮流而立言记事的各具特色、有代表性的著名记者，记录他们的光辉事迹和突出贡献，历史跨度长达一百四五十年。目前，该套丛书前6卷已成形，首批两卷于本月出版。座谈会由清华大学党委宣传部、新闻学院承办。来自社会宣传、传媒界、全国政协新闻出版界委员代表，《中国名记者》丛书编委，以及来自清华大学、北京大学、中国人民大学、中国传媒大学等高校新闻传播院系的专家学者和同学参加座谈会。

（清华大学文科建设处刘金梅供稿）

同日　中国人民大学与恒大集团签署合作协议，共建中国人民大学恒大足球学院。陈雨露校长，恒大集团董事局主席许家印分别代表双方签署协议。牛维麟常务副书记、王利明副书记兼副校长、人大附中校长刘彭芝、翟小宁和恒大集团相关人员参加签约仪式。

（中国人民大学科研处李素萍供稿）

23日　中国—俄罗斯经济类大学联盟正式成立。中方牵头高校对外经济贸易大学校长施建军与俄方牵头高校俄罗斯圣彼得堡国立经济大学副校长卡尔利克共同签署联盟成立声明，中俄26所高校结成战略合作伙伴关系，组建中俄经济类大学联盟。联盟的成立是对外经济贸易大学主动服务国家战略，积极响应和落实中俄人文合作委员会教育合作分委会会议精神的重要措施。联盟以培养复合型人才为宗旨，依托学校的学科优势和特色，在人才培养、教师互换、科研合作等多个领域开展合作。

（对外经贸大学科研处供稿）

同日　第五届北京市人文知识竞赛决赛在清华大学大礼堂举办。中央民族大学、中国人民大学、清华大学代表队凭借出色的发挥获得本届人文知识竞赛一等奖，中央民族大学摘得桂冠。清华大学党委副书记史宗恺、中央民族大学副校长郭卫平、清华大学党委原副书记胡显章等出席活动。史宗恺在欢迎词中从历史、现实和对未来的展望3个方面强调了人文对于时代的重要性，鼓励学生要树立文化自信，重视培养自己的人文素养，做到既“内化于心”，又“外化于行”。北京市43所本科院校、22所高职院校共129支队伍参赛。最终，清华大学、中央民族大学、中国人民大学、北京师范大学、北京化工大学、国际关系学院的6支队伍参加决赛，包括诗词创作、知识问答、即兴说理和人文演绎4个环节。决赛由北京市教委主办，清华大学和北京化工大学承办。高校师生代表约400人到场观看了决赛。

（清华大学文科建设处刘金梅供稿）

25—27日　中国美术家协会第八次全国代表大会在京召开。中共中央政治局委员、中央书记处书记、中宣部部长刘奇葆出席大会开幕式并发表讲话。会议选举产生了中国美术家协会第八届主席、副主席以及理事会理事人选。清华大学美术学院的名誉院长冯远、雕塑系主任曾成钢等13人当选为副主席。清华大学美术学院前任院长常沙娜、王明旨等16人当选为中国美术家协会第八届顾问。美术学院的鲁晓波、张敢、郑艺、王宏剑、孙玉敏、李当岐、李象群、曾成钢、何洁、林乐成、金纳参加本次大会。其中，王宏剑、孙玉敏、李当岐、李象群、何洁、张敢、曾成钢、鲁晓波当选为本届代表大会的理事。

（清华大学文科建设处刘金梅供稿）

26日　欧盟—中国博士合作项目启动大会在北京大学英杰交流中心隆重举行。北京大学教育学院、联合国教科文组织亚太高等教育教席为本次启动大会的承办方。该合作项目由中国教育国际交流协会、北京大学等国内高校及欧洲首都大学协会、比利时布鲁塞尔自由大学、维也纳大学、斯德哥尔摩大学和比中经贸委员会等11家单位联合发起，作为欧盟伊拉斯谟世界计划（Erasmus Mundus）的资助项目，旨在加强中欧教育政策对话，增进中欧博士生导师的交流与合作，促进中欧科研和博士教育合作，推动中欧研究生培养模式改革。

出席启动大会开幕式的领导与嘉宾有北京大学教育学院名誉院长闵维方教授，教育部国际司欧洲处杨晓春处长，中国教育国际交流协会杨孟副秘书长，欧洲大学联盟博士教育中心指导委员会主席MelitaKovacevic教授，布鲁塞尔自由大学副校长Jan Cornelis等。来自各合作单位及北京市高校从事博士教育及博士研究的近百位师生参加了本次活动。

（北京大学社会科学部供稿）

30日　中国法学会第七次全国会员代表大会在京闭幕。王乐泉当选中国法学会会长。

大会通过了《中国法学会第六届理事会工作报告》的决议。决议认为，过去5年中国法学会和各地方法学会、各研究会在党的领导下，全面履行职责，坚持奋发有为，推动各项工作取得了新的进展，发挥了积极作用，开创了崭新局面。

大会通过了关于《中国法学会章程（修改）》的决议。陈冀平再次被推举为中国法学会常务副会长。选举产生了中国法学会副会长、秘书长、常务理事、理事。会议还聘请了新一届中国法学会学术委员会主任、副主任、委员。

大会号召全国广大法学、法律工作者要高举中国特色社会主义伟大旗帜，以邓小平理论、“三个代表”重要思想、科学发展观为指导，深入贯彻落实党的十八大和十八届三中全会精神，坚定信念，牢记使命，改革创新，开拓进取，团结带领广大法学法律工作者，积极投身全面推进依法治国、加快建设社会主义法治国家历史进程，为全面建成小康社会、实现中华民族伟大复兴的中国梦而努力奋斗。

同日　2013年“世界艾滋病日”主题宣传活动在中国人民大学举行。国家卫生计生委主任李斌，世界卫生组织艾滋病/结核病防治亲善大使、国家卫生计生委预防艾滋病宣传员彭丽媛，中国性病艾滋病防治协会会长张文康，全国工商联副主席谢经荣，国家卫生计生委副主任崔丽，靳诺书记、陈雨露校长，国家卫生计生委预防艾滋病宣传员濮存昕、蒋雯丽，共同点亮爱心红丝带，倡议全社会共抗艾滋，共担责任，共享未来。

（中国人民大学科研处李素萍供稿）

同日　清华大学美术学院接到中招国际招标有限公司正式通知，美术学院以“天、地、人”为核心概念设计的方案，在2015年米兰世博会中国馆设计方案评定中成功中标。这是中国第一次以独立自建馆的形式参加在海外的世博会，也是中国第一次通过独立设计全面展示国家形象。世博会作为全世界最高级别的展览活动，至今已有160多年的历史，是展示国家形象和实力、促进人类科学发展、增强国际间交流的大舞台。2015年世博会将于2015年5月1日—10月31日在意大利米兰市举办，展期184天。此次世博会主题为“滋养地球，生命的能源”，涉及农业、粮食、饮食文化、食品安全等。

（清华大学文科建设处刘金梅供稿）

12月

4日　经民政部批准，中国志愿服务联合会近日在京登记成立。

中国志愿服务联合会是由志愿者组织、志愿者自愿组成的全国性、联合性、非营利性社会组织，在中央文明委指导下开展工作。联合会的宗旨是，普及志愿理念，弘扬志愿精神，培育志愿文化，组织开展志愿服务活动，推动形成我为人人、人人为我的社会风尚。刘淇任会长。

成立中国志愿服务联合会，是贯彻落实党的十八届三中全会提出的支持和发展志愿服务组织这一战略任务的实际举措。近年来，我国志愿服务活动蓬勃开展，内容日益丰富、领域不断拓展，在提高公民道德素质、培育社会文明风尚方面发挥了重要作用，成为新形势下加强精神文明建设的有力抓手。中国志愿服务联合会的成立，有助于促进我国志愿服务事业的发展，推动志愿服务活动制度化，实现学雷锋活动常态化，进一步形成引领社会进步的文明风尚；有助于培育和践行社会主义核心价值观，增进人们对社会主流价值的认同感和践行力。为实现“两个一百年”奋斗目标、实现中华民族伟大复兴的中国梦不懈奋斗。

8日　清华大学体育部中国足球发展研究中心成立仪式在西体育馆举行。作为我国非体育专业高校中首个针对专项运动项目成立的综合型研究中心的成立，标志着清华大学体育部将参与足球这项世界第一运动的科学研究。清华大学体育部主任刘波表示，研究中心筹建的目的是希望能够为中国足球事业的发展做出科学支撑，利用清华大学丰富的科研资源，深入分析中国足球发展中的科学问题，为中国足球发展提供科学支持，也为清华大学的体育学科发展做出贡献。仪式上，发展研究中心主任、我国知名足球裁判员孙葆洁介绍了研究中心的组织结构和研究内容。发展研究中心常务副主任曾迪琰个人向中心捐赠30万元启动经费。研究中心初期将通过讲座、教学课堂等方式，在中国高校中向学生普及足球知识。中心已翻译《足球的科学》一书，正在进行最终的编校，将于近期出版。目前中心正在制作基于大规模在线教育的网络课程“科学足球的魅力”，希望通过全新的科学视角阐述足球的魅力。研究中心还将针对中国足球发展当中遇到的社会问题、经济问题以及相关支持技术等方面的问题展开研究。

（清华大学文科建设处刘金梅供稿）

12日 北京市社会科学界联合会、北京市科学技术协会共同举办2013北京两界联席会议高峰论坛。与会的首都社会科学界和自然科学界专家以创新驱动、转型发展、实现中国梦为主题，从科技创新、社会管理创新、知识产权管理、交通拥堵治理等方面进行深入研讨。北京市社科联党组书记韩凯、市科协党组书记夏强出席论坛。

（北京市社科联研究室供稿）

15日 中国华侨公益基金会“中国国学发展基金”捐赠仪式日前在京举行。中国国大集团、华夏亚洲有限公司、中融汇银（北京）投资管理有限公司向“中国国学发展基金”捐赠200万元作为启动资金。

中国侨联副主席、中国华侨公益基金会理事长乔卫接受了捐赠并向捐赠方颁发了证书。他高度评价了捐赠方弘扬中华文化、致力全人类文明发展的义举，他希望基金成立后，能本着公益的原则，按照基金成立的宗旨合理使用善款。

乔卫同时表示，基金会将本着公开、透明、规范的原则，管好、用好善款，呼吁并号召更多热衷文化发展的爱心之士参与其中。

“中国国学发展基金”旨在加强中国国学在国内外的交流合作，推动国学绝学传承，促进国学学术的普及和提高，奖励和资助优秀国学基地及学院、研究院，及为传承中国国学绝学学术做出卓越贡献的个人。基金还将用于抢救、挖掘、整理、弘扬濒临失传的中国国学绝学学术，以进一步弘扬中华民族优秀文化。

中国侨联秘书长王宏，中国华侨公益基金会副理事长兼秘书长刘奇以及捐赠方代表、侨胞弘二等40余人出席捐赠仪式。

17日 由共青团中央青运史工作指导委员会、中国青少年研究中心与中国青年政治学院联合举办的全国青运史工作会议在中国青年政治学院举行。团中央书记处书记徐晓出席会议并讲话。70余名来自各省级团委、团校的青运史工作负责人和专家学者参加会议。校党委书记倪邦文在讲话中代表主办方对各位嘉宾的到来表示由衷的欢迎。会议由中国青少年研究中心主任、团中央青运史档案馆馆长酒曙光主持。

会上，来自陕西、江西、湖南、广州、共青农场的代表做了典型发言，与会代表围绕各地青运史工作情况进行了交流。下一步，各地将认真贯彻党的十八届三中全会精神，开展新形势下的青运史工作。

（中国青年政治学院科研处供稿）

同日 第二届吴玉章人文社会科学终身成就奖颁奖典礼在中国人民大学举行。本届终身成就奖分别授予著名历史学家、中国人民大学戴逸教授，著名经济学家、中国社会科学院张卓元研究员，每人奖金100万元人民币。中共中央政治局委员、国务院副总理马凯为获奖者颁奖并讲话。

（中国人民大学科研处李素萍供稿）

20日 国家档案局于今年7月下达任务，在全国范围内建设国家开放档案信息资源共享利用系统，由国家档案局统一搭建平台，各省级档案馆部署节点并提供2万件开放档案数据。北京市档案局（馆）完成全部数据上网工作，第一批提供数据2673卷20964件115362页。

（北京市档案局科教处供稿）

同日 《档案数字化规范 第7部分：成果存储与利用》地方标准正式发布。市质监局发布2013年标字第16号（总第141号）北京市地方标准公告，由北京市档案局起草的《档案数字化规范 第7部分：成果存储与利用》（标准号：DB11/T 765.7—2013）正式成为北京市地方标准，并于2014年4月1日起实施。该标准主要规定了档案数字化成果存储的基本要求、存储结构、存储方式、存储介质、存储环境、存储维护和档案数字化成果利用的基本要求、利用方式、利用功能和利用安全等内容，适用于北京市各级政府机构、企事业单位和其他组织的档案数字化成果存储与利用工作。该标准与此前已发布的《档案数字化规范》第1—6部分同属《档案数字化规范》系列地方标准，同时也是最后一个部分。该标准的出台，标志着北京市档案数字化地方标准体系正式构建完成，将为促进全市档案数字化工作迈向规范化、系统化和科学化提供标准保障，对推进档案资源开发利用，保证档案实体和档案信息安全具有重要意义。下一步，信息化处将积极推动该标准的贯彻落实。

（北京市档案局科教处供稿）

21日 由北京大学牵头、复旦大学和吉林大学作为主要协同单位的国家治理协同创新中心，在北京大学英杰交流中心阳光大厅隆重举行培育启动仪式。全国政协原副主席罗豪才先生和来自国内外30多所高校、研究机构和专业学会的70多位专家学者出席了会议。3所高校签署了合作协议，并为中心正式揭牌。大会由北京大学社会科学部部长李强教授主持。国家治理协同创新中心以教育部人文社科重点研究基地——北京大学政治发展与政府管理研究所为依托，会同北京大学政府管理学院、复旦大学和吉林大学相关学院和研究机构，以及政府相关部门和机构，按照中央全面深化改革总目标的要求和部署，培养国家治理人才，深入研究和解决国家治理和深化改革理论与实际问题。

（北京大学社会科学部供稿）

22日　为纪念毛泽东同志诞辰120周年，中共中央文献研究室编撰的《毛泽东年谱（1949—1976）》，由中央文献出版社出版，22日起在全国发行。全书共6卷，近300万字。

《毛泽东年谱（1949—1976）》是一部记述毛泽东同志从中华人民共和国成立到他逝世27年间的生平、业绩的编年体著作，比较全面地反映了他的思想、理论、决策、工作方法和各种活动，反映了他领导建立和建设新中国的历程。从这部年谱的记述中，还可以了解毛泽东同志在27年间是怎样工作和生活的。这部年谱以中央档案馆保存的档案资料为主要依据，发表了大量未编入毛泽东著作集中的讲话和谈话，同时又使用了其他文献资料和访问材料，内容非常丰富。

这部年谱的出版，对于研究新中国成立以来毛泽东同志的思想理论与工作实践，研究党领导社会主义革命和建设的成就、经验和艰辛探索，研究中国特色社会主义理论体系的由来和形成基础，有着重要意义。

1993年12月出版的《毛泽东年谱（1893—1949）》（共3卷），经过修订后再次出版，同时在全国发行。

24日　中共中央组织部、中共中央宣传部、中共教育部党组在北京召开第二十二次全国高校党的建设工作会议。会议强调，要以推进党的思想理论进教材进课堂进头脑为主线，坚持立德树人，坚定理想信念，巩固马克思主义在高校意识形态领域的指导地位，激励高校师生为实现中华民族伟大复兴的中国梦学习奋斗。

中共中央政治局委员、国务院副总理刘延东主持会议。中共中央政治局委员、中宣部部长刘奇葆讲话。中共中央政治局委员、中组部部长赵乐际出席会议。

刘奇葆强调，要抓好大学生理想信念教育这个核心任务，把学习习近平总书记系列讲话精神作为重点内容，增强大学生走中国道路、建设中国特色社会主义的信心信念，焕发投身改革开放的巨大热情，在实现中国梦的奋斗中追逐青春梦想。要加强大学生社会主义核心价值观教育，在结合融入上下功夫，弘扬中华优秀传统文化，加强和改进高校思想政治工作，办好思想政治理论课，发挥校园文化熏陶作用，提高大学生思想道德素质。要强化和落实领导责任，加强教师队伍建设，牢牢掌握高校意识形态工作的领导权管理权话语权。

刘延东在主持会议时强调，各地各高校要以高度的责任感和紧迫感，切实加强高校思想理论建设，筑牢高校党建工作的坚实基础。

同日　中国社会科学院财经战略研究院主办的“中国社会科学院财税法案例研究中心成立暨首届成果发布会”近日在北京举行。

与会者认为，税法案例是经济交易、税收政策和税制改革实践的具体体现。通过研究分析税法案例反映出的问题，可以为税收体制运行提出预警，从而对税收征管、税收政策和税制改革进行把脉和问诊，提出改进建议。成立中国社会科学院财税法案例研究中心，对于推动相关研究、促进财税体制改革具有积极作用。

25日　中国人民大学、北京工业大学“2011计划”协同创新中心校际合作协议签约仪式暨学术研讨会在中国人民大学举行。两校将按照“国家急需、世界一流”的要求，以国家重大需求为牵引，以体制机制创新为核心，共同建设社会转型与社会治理协同创新中心和首都社会建设与社会管理协同创新中心，积极联合创新力量，聚集创新要素和资源，形成协同创新的新优势，并服务于地方区域经济发展和社会建设。

（中国人民大学科研处李素萍供稿）

27日　中国社会科学评价中心成立揭牌仪式在北京举行。评价中心直属中国社会科学院，由中国社会科学院图书馆和中国社会科学杂志社联合负责建设和管理。该中心将力图构建中国社会科学权威评价体系，引领我国社会科学发展方向；搭建国际化学术交流平台，参与全球学术评价标准制定。

据悉，评价中心的主要任务包括：从2013年起，每年对中国社会科学院创新工程科研成果、人文社会科学期刊进行分析评价；从2014年起，每年举办“全国社会科学评价论坛”，发布“中国社会科学综合评价年度报告”系列评价报告等。

同日　教育部人文社科重点研究基地——中国传媒大学广播电视研究中心组织的2013年基地项目汇报与交流会举办。副校长、广播电视研究中心主任胡正荣出席会议。广播电视研究中心副主任龙耘主持会议。基地重大项目负责人和一般项目负责人共40余人参加了会议。

基地一般项目负责人代表王晓红、薛华和王苏3位老师也分别介绍了项目的研究进展，以及对自身教学和科研工作的积极作用，并一致认为项目的阶段性成果发表、更为细致的研究切入口以及注重多种研究方法的运用是顺利完成项目的重要条件。

（中国传媒大学文科科研处供稿）

同日　中共北京市委宣传部、北京市社科联、北京市社科规划办联合举办第七届北京中青年社科理论人才“百人工程”学者论坛。论坛主题为“中国梦：深化改革与转型发展——聚焦十八届三中全会”。

（北京市社科联研究室供稿）

同日　在首都师范大学国学传播研究院成立大会上，首都师范大学校长宫辉力宣布国学传播研究院成立，并任命吴相洲为国学传播研究院院长，赵敏俐为副院长兼学术委员会主任，尹小林为常务副院长。相较于其他高校国学院，首师大国学传播研究院将更致力于国学传播，以新技术传播国学。为此，国学传播研究院将以"国学宝典"数据库的开发、国学网建设、国学水平测试、中华吟诵的整理与研究为重点，培养国学、数字文献学专业、文化经典教育等方向的本硕博学生。大会当天下午还举行了国学传播途径与方法研讨会。

28日　为了反映北京企业文博协会成立以来的工作情况，更好地推动企业文博事业的发展，北京企业文博协会编辑出版了《北京企业博物馆研究——北京企业博物馆建设与发展调研集》。该书也是北京市社科联重点学术活动资助项目。全书分为探索篇、借鉴篇、实践篇、经验篇、对策篇，对北京企业博物馆的建设、管理、运行及发展进行了探讨、研究，共43篇文章17.8万字。该书由北京同心出版社正式出版。

（北京企业文博会李然供稿）

29日　由市金融工作局牵头筹备，涵盖银行、证券、保险、投资、担保等101家金融机构的首都金融服务商会日前正式成立。

"在京各大金融机构对成立首都金融服务商会反响热烈，积极参与商会发起等筹备。"市金融局相关负责人透露，国家开发银行、工商银行、农业银行、中国银行、建设银行、邮政储蓄银行、华夏银行、光大银行、首创集团等20家机构自愿作为发起人，截至目前，以书面形式明确表示同意加入商会的金融机构达到101家，涵盖了银行、证券、保险、投资、担保等各类金融机构业态。

作为北京未来重要的金融沟通协作渠道和政府的重要顾问，由百家金融机构打造的首都金融服务商会，还将建立起市重大项目及基础设施建设投融资平台和专业化的中小企业投融资信息服务平台。

30日　北京航空航天大学近日成立北京高校首个"北京学院"。据悉，"北京学院"是近期北京高等教育将要推动的重点建设项目之一，旨在接收北京地区高校学生长期访学或参加辅修专业学习，推动高校间深度合作。北航教务处处长冯文全在接受记者采访时表示，明年9月，北京市属高校学生将有望修读北航计算机科学与技术课程。第一批计划招收30～60名学生，通过开放式网络课程教学，学习结束后，北航北京学院将给予课程和成绩证明。

同日　《中国法治政府评估报告2013》发布会暨法治政府高峰论坛在北京举行。来自国务院法制办、最高人民法院、教育部、国家食品药品监督管理总局、北京市政府法制办、北京市高级人民法院、中国法学会、国家行政学院、北京大学、中国政法大学等单位的30余位专家和学者参加了会议。中国政法大学法治政府研究院完成并发布的《中国法治政府评估报告2013》，是全面推进改革的一个非常重要的尝试，在促进法治政府的建设方面起到了一定的作用。

31日　中国公共外交协会在北京举行成立大会，选举李肇星为会长。外交部部长杨洁篪出席并致贺词。

杨洁篪说，公共外交是新形势下完善我国外交布局的客观要求，是我国外交工作的重要开拓方向。党的十八大报告提出，"我们将扎实推进公共外交和人文交流"。这对新形势下推进公共外交提出了更高要求。新形势下，推进公共外交和人文交流，就是要着力促进中国与世界的相互认知，深化中国同世界的关系，推动中国与世界的良性互动和共同发展。我们要大力弘扬平等互信、包容互鉴、合作共赢的精神，加强同世界各国人民的对话交流，促进相互了解、信任、友谊与合作。

杨洁篪指出，开展公共外交需要充分利用各界资源，发挥全社会的作用，希望中国公共外交协会认真贯彻落实党的十八大精神，为推进中国公共外交事业做出重要贡献，为国家发展和外交工作营造良好的舆论环境和民意基础。

李肇星在发言中表示，中国公共外交协会将以兼容并蓄、开拓创新的精神，动员、协调、组织社会资源和民间力量扎实推进中国公共外交事业，为提升国家软实力做出贡献。

中国公共外交协会是一个全国性、非营利性的社会组织，中国前驻英国大使、亚太安全合作理事会中国委员会会长马振岗和中国和平统一促进会理事、中央文史研究馆馆员舒乙分别当选副会长。

·附 录·

概 述

本栏目记述2013年北京市社会科学理论著作出版基金资助情况，包括每部著作的推荐单位、著作名称、申请人、出版社等；记述北京地区15所院校和1所科研单位2013年人文社会科学研究基本情况统计，包括研究人员情况、课题研究情况和研究成果情况。

北京市社会科学理论著作出版基金资助情况一览表

2013年上半年（总第42批）批准资助著作名单

编号	推荐单位	著作名称	申请人	出版社
1	中国传媒大学	中国艺术批评模式初探	蒲震元	北京大学出版社
2	北京大学	上古音研究的方法研究	孙玉文	北京大学出版社
3	北京师范大学	生成词库理论与汉语事件强迫现象研究	宋作艳	北京大学出版社
4	北京大学	内外之间：屏风意义的唐宋转型	李　溪	北京大学出版社
5	北京大学	公允价值计量对金融风险的影响机理与制度后果	曾雪云	北京大学出版社
6	首都师范大学	民国语文教育史论	蔡　可	北京大学出版社
7	北京大学	《古逸丛书》研究	马月华	北京大学出版社
8	中国人民大学	先秦两汉哲学论稿	葛荣晋	中国人民大学出版社
9	中国人民大学	重建历史唯物主义的历史总体观	张文喜	中国人民大学出版社
10	中国人民大学	高管薪酬影响因素研究：理论与证据	杨继东	中国人民大学出版社
11	首都经济贸易大学	出版企业动态能力研究	杨　玲	中国人民大学出版社
12	首都师范大学	殷墟甲骨文例	刘　影	首都师范大学出版社
13	首都师范大学	道德与存在——牟宗三形上学的存在论阐释	盛　珂	首都师范大学出版社
14	首都师范大学	扩大消费长效机制研究	刁永祚	首都师范大学出版社

续表

编号	推荐单位	著作名称	申请人	出版社
15	首都经济贸易大学	世界气候谈判与中国应对的关键——“共同但有区别的责任原则”研究	郭锦鹏	首都经济贸易大学出版社
16	北京市社会科学院	北京近代商业的变迁	齐大芝	首都经济贸易大学出版社
17	北京交通大学	千古桃源梦——陶渊明的故事	高　民	北京交通大学出版社
18	对外经济贸易大学	海难救助法初论	刘刚仿	对外经济贸易大学出版社
19	北京大学	改革开放以来中共应对重大突发事件的历史经验	程美东	北京出版社
20	中央民族大学	纳兰词新解	张菊玲	北京出版社
21	北京市昌平区十三陵特区明代帝陵研究会	明代军人司法制度研究	刘少华	北京燕山出版社
22	同心出版社	纸上博物馆丛书（第1辑）	宛振文	北京同心出版社

2013年下半年（总第43批）批准资助著作名单

编号	推荐单位	著作名称	申请人	出版社
1	首都医科大学	卫生公共政策与法治的衔接	张博源	北京大学出版社
2	北京大学	比较体育研究导论	赫慧忠	北京大学出版社
3	市委党校	“亚洲价值观”之争：现代化进程中价值本土化的合法性探析	金英君	北京大学出版社
4	北京大学	金融服务县域经济发展研究	郭兴平	北京大学出版社
5	北京语言大学	文化创意产业“北京模式”与“昆士兰模式”比较研究	李庆本	北京大学出版社
6	北京师范大学	20世纪德国文学思想论稿	方维规	北京大学出版社
7	北京大学	悖论研究	陈　波	北京大学出版社
8	北京大学	战国诸侯疆域及形势图考绘	朱本军	北京大学出版社
9	中华女子学院	同义关系的分析方法与等级划分	付　娜	北京大学出版社
10	中央民族大学	汉隶与小篆的构形比较	葛小冲	北京大学出版社
11	北京大学	唐诗近体源流	钱志熙	北京大学出版社
12	北京大学	《缪斯的花园》：早期现代英国札记书研究	郝田虎	北京大学出版社
13	中国人民大学	中国金融机构投资者和公司治理——基于定性和定量分析相结合的研究	袁蓉丽	中国人民大学出版社
14	中国政法大学	点“银”成“金”：我国老龄产业发展研究	李超	中国人民大学出版社
15	中央财经大学	“以家庭为中心”的残疾人服务政策研究	尹银	中国人民大学出版社
16	北京师范大学	教育公平与公共政策——促进公平的美国教育政策研究	薛二勇	北京师范大学出版社
17	首都经贸大学	人民币国际化研究	李婧	首都经贸大学出版社

续表

编号	推荐单位	著作名称	申请人	出版社
18	首都经贸大学	贯彻科学发展观与完善基本经济制度——公有制经济与非公有制经济互相促进共同发展的理论与实践研究	文魁	首都经贸大学出版社
19	中国政法大学	开放条件下中国农业安全问题研究	刘志雄	首都经贸大学出版社
20	北京科技大学	基于非营利性、数据挖掘和科学管理的高校财务分析、评价与管理研究	张曾莲	首都经贸大学出版社
21	北京交通大学	美国产学研协同创新机制研究	蓝晓霞	北京交通大学出版社
22	对外经济贸易大学	比较视野下的违约与侵权责任竞合	周丽霞	对外经贸大学出版社
23	北京理工大学	英格兰古林地给北京环境保护的启示	郭峰	北京燕山出版社
24	北京市社科院	诠释学研究文集	洪汉鼎	北京燕山出版社
25	清华大学	土地储备制度的现状与完善	崔建远	中国人民大学出版社
26	前线杂志社	疏离与协同——美国新闻传媒与政府关系研究（1990—2010）	叶再春	中国人民大学出版社

（北京市社会科学理论著作出版基金办公室供稿）

北京地区社科研究单位（部分）2013年人文社会科学研究基本情况统计

北京大学2013年人文社会科学研究基本情况统计表

学科门类	研究人员情况						课题研究情况				研究成果情况		
	合计	教授	副教授	讲师	助教	初级	合计	基础研究	应用研究	其他	出版著作	发表论文	获奖成果（省部级及以上）
	1437	569	575	290	1	2	1415	575	825	15	406	3110	88
管理学	89	35	33	21	0	0	151	31	119	1	34	238	4
马克思主义	19	9	7	3	0	0	26	23	3	0	17	183	0
哲学	78	38	34	6	0	0	38	30	8	0	27	97	9
逻辑学	6	4	2	0	0	0	4	4	0	0	2	7	0
宗教学	13	7	4	2	0	0	5	5	0	0	9	57	2
语言学	176	45	83	48	0	0	52	41	11	0	45	158	5
中国文学	78	40	31	7	0	0	31	29	2	0	42	297	5
外国文学	111	41	41	29	0	0	17	15	2	0	6	90	6
艺术学	26	14	11	1	0	0	46	16	28	2	13	123	1
历史学	84	51	28	5	0	0	54	47	7	0	38	235	6
考古学	43	22	15	6	0	0	88	36	51	1	12	135	5
经济学	176	77	70	29	0	0	245	72	171	2	36	383	15
政治学	79	41	27	11	0	0	80	36	44	0	9	117	7
法学	107	44	38	25	0	0	146	40	105	1	56	296	9

续表

学科门类	研究人员情况						课题研究情况				研究成果情况		
	合计	教授	副教授	讲师	助教	初级	合计	基础研究	应用研究	其他	出版著作	发表论文	获奖成果(省部级及以上)
社会学	60	30	17	12	0	1	192	70	119	3	23	235	3
民族学	1	0	1	0	0	0	4	3	1	0	1	6	0
新闻学与传播学	20	10	9	1	0	0	54	12	41	1	13	128	2
图书、情报、文献学	150	31	60	57	1	1	81	25	53	3	7	127	3
教育学	52	18	23	11	0	0	85	34	50	1	11	177	4
统计学	8	2	3	3	0	0	3	1	2	0	0	0	0
心理学	8	2	4	2	0	0	0	0	0	0	1	0	1
体育学	53	8	34	11	0	0	13	5	8	0	4	21	1

说明：本表格中数字依照2013年度统计年报数据

（北京大学社会科学部供稿）

中国人民大学2013年人文社会科学研究基本情况统计表

学科门类	研究人员情况					课题研究情况				研究成果情况		
	合计	教授	副教授	讲师	助教	合计	基础研究	应用研究	其他	出版著作	发表论文	获奖成果
	1767	560	646	539	22	3817	1458	2337	22	414	3219	43
管理学	309	110	91	97	11	889	205	677	7	69	544	3
马克思主义	32	17	12	3	0	112	86	26	0	21	152	2
哲学	85	37	28	20	0	174	143	30	1	13	271	5
逻辑学	0	0	0	0	0	0	0	0	0	0	0	0
宗教学	13	5	6	2	0	24	14	10	0	7	55	0
语言学	126	14	62	50	0	86	64	22	0	17	60	0
中国文学	64	22	26	16	0	41	33	8	0	20	85	1
外国文学	20	4	5	11	0	25	22	3	0	6	12	0
艺术学	70	14	22	33	1	34	30	3	1	12	93	0
历史学	104	29	38	37	0	145	121	24	0	15	167	3
考古学	9	2	4	3	0	26	17	9	0	1	13	0
经济学	349	120	133	94	2	850	238	608	4	64	717	13
政治学	73	32	29	12	0	111	51	60	0	26	130	2
法学	146	59	47	36	4	383	148	231	4	38	249	4
社会学	75	26	27	21	1	343	111	231	1	27	111	1
民族学	0	0	0	0	0	1	0	1	0	0	1	0
新闻学与传播学	53	17	20	15	1	144	48	95	1	24	318	3
图书、情报、文献学	79	17	30	32	0	106	27	79	0	2	90	1
教育学	67	15	20	31	1	137	46	88	3	4	53	0

续表

学科门类	研究人员情况					课题研究情况				研究成果情况		
	合计	教授	副教授	讲师	助教	合计	基础研究	应用研究	其他	出版著作	发表论文	获奖成果
统计学	43	18	12	12	1	141	35	106	0	5	54	2
心理学	11	1	5	5	0	36	16	20	0	43	35	0
体育学	39	1	29	9	0	9	3	6	0	0	6	0

（中国人民大学科研处供稿）

中央民族大学2013年人文社会科学研究基本情况统计表

学科门类	研究人员情况						课题研究情况				研究成果情况		
	合计	教授	副教授	讲师	助教	初级	合计	基础研究	应用研究	其他	出版著作	发表论文	获奖成果（省部级及以上）
	1037	231	273	451	55	27	82	50	32	0	157	735	7
管理学	52	14	19	17	1	1	19	10	9	0	15	41	0
马克思主义	14	4	7	3	0	0	2	2	0	0	3	12	0
哲学	32	13	3	13	2	1	1	1	0	0	3	14	0
逻辑学	0	0	0	0	0	0	0	0	0	0	0	0	0
宗教学	6	3	2	1	0	0	1	1	0	0	1	19	0
语言学	147	27	42	69	8	1	15	11	4	0	39	115	4
中国文学	83	29	17	31	3	3	3	3	0	0	11	40	0
外国文学	44	3	12	26	3	0	1	1	0	0	1	31	0
艺术学	216	24	43	105	33	11	2	1	1	0	23	74	0
历史学	40	17	12	11	0	0	3	3	0	0	6	42	0
考古学	7	0	3	4	0	0	0	0	0	0	1	8	0
经济学	75	24	25	26	0	0	7	2	5	0	11	57	0
政治学	13	2	5	6	0	0	3	3	0	0	5	10	0
法学	64	14	23	22	0	5	4	2	2	0	7	53	0
社会学	33	9	9	13	1	1	7	2	5	0	3	49	0
民族学	73	31	12	28	0	2	10	5	5	0	13	103	1
新闻学与传播学	26	4	7	14	1	0	2	1	1	0	3	18	2
图书、情报、文献学	42	2	10	29	1	0	1	1	0	0	4	4	0
教育学	42	7	10	22	1	2	1	1	0	0	3	33	0
统计学	1	0	0	0	1	0	0	0	0	0	0	1	0
心理学	0	0	0	0	0	0	0	0	0	0	0	0	0
体育学	27	4	12	11	0	0	0	0	0	0	5	11	0

（中央民族大学科研处供稿）

中国政法大学人文社会科学活动人员情况表（2013）

学科分类		编号	总计	女性	按职称划分						按最后学历划分			其他人员	按最后学位划分	
					小计	教授	副教授	讲师	助教	初级	研究生	本科生	其他		博士	硕士
			L01	L02	L03	L04	L05	L06	L07	L08	L09	L10	L11	L12	L13	L14
		01	953	489	953	250	398	244	36	25	756	178	19	0	509	255
按现从事学科划分	管理学	02	50	21	50	7	23	16	2	2	36	13	1	0	26	11
	马克思主义	03	46	23	46	3	7	26	9	1	37	9	0	0	14	23
	哲学	04	33	15	33	9	16	7	0	1	27	6	0	0	20	7
	逻辑学	05	7	5	7	3	4	0	0	0	7	0	0	0	3	4
	宗教学	06	3	1	3	2	0	1	0	0	3	0	0	0	3	0
	语言学	07	77	65	77	10	37	28	1	1	68	8	1	0	24	45
	中国文学	08	14	9	14	2	5	5	1	1	13	0	1	0	11	2
	外国文学	09	16	11	16	2	2	12	0	0	16	0	0	0	7	9
	艺术学	10	8	6	8	1	2	4	0	1	4	4	0	0	1	3
	历史学	11	19	12	19	5	10	4	0	0	18	1	0	0	12	6
	考古学	12	0	0	0	0	0	0	0	0	0	0	0	0	0	0
	经济学	13	32	17	32	14	10	6	1	1	28	4	0	0	25	3
	政治学	14	43	18	43	18	16	9	0	0	40	3	0	0	33	8
	法学	15	442	192	442	155	213	59	5	10	377	64	1	0	285	96
	社会学	16	14	7	14	4	6	3	1	0	14	0	0	0	12	2
	民族学与文化学	17	0	0	0	0	0	0	0	0	0	0	0	0	0	0
	新闻学与传播学	18	25	15	25	3	10	8	3	1	23	2	0	0	18	5
	图书、情报、文献学	19	60	45	60	6	9	34	10	1	11	35	14	0	1	10
	教育学	20	11	9	11	1	3	6	0	1	9	2	0	0	2	8
	统计学	21	5	3	5	0	0	2	0	3	2	3	0	0	0	2
	心理学	22	15	9	15	3	10	1	0	1	15	0	0	0	12	3
	体育学	23	33	6	33	2	15	13	3	0	8	24	1	0	0	8
按年龄划分	60岁及以上	24	12	2	12	12	0	0	0	0	6	6	0	0	3	3
	55—59岁	25	99	31	99	69	24	6	0	0	67	30	2	0	44	23
	50—54岁	26	153	80	153	68	69	16	0	0	91	56	6	0	63	33
	45—49岁	27	188	102	188	66	92	27	2	1	142	39	7	0	97	48
	40—44岁	28	177	85	177	28	104	40	3	2	153	20	4	0	120	33
	35—39岁	29	167	98	167	7	90	61	6	3	159	8	0	0	116	43
	30—34岁	30	127	70	127	0	19	87	11	10	111	16	0	0	60	51
	29岁及以下	31	30	21	30	0	0	7	14	9	27	3	0	0	6	21

（中国政法大学科研处刘璐供稿）

对外经济贸易大学2013年人文社会科学研究基本情况统计表

学科门类	研究人员情况						课题研究情况				研究成果情况		
	合计	教授	副教授	讲师	助教	初级	合计	基础研究	应用研究	其他	出版著作	发表论文	获奖成果（省部级及以上）
	963	167	358	359	54	25	876	242	634	0	154	1349	35
管理学	202	27	78	70	15	12	266	65	201	0	37	339	12
马克思主义	41	4	12	14	10	1	14	9	5	0	0	55	0
哲学	2	0	1	0	0	1	0	0	0	0	2	6	0
逻辑学	0	0	0	0	0	0	0	0	0	0	0	0	0
宗教学	0	0	0	0	0	0	0	0	0	0	0	1	0
语言学	180	25	77	72	6	0	56	38	18	0	21	71	1
中国文学	17	1	11	5	0	0	11	11	0	0	1	29	0
外国文学	30	8	9	10	3	0	24	19	5	0	0	23	0
艺术学	4	0	1	1	1	1	2	1	1	0	0	5	0
历史学	2	1	0	1	0	0	7	6	1	0	2	15	0
考古学	0	0	0	0	0	0	0	0	0	0	0	0	0
经济学	305	74	108	112	5	6	319	41	278	0	58	496	15
政治学	31	2	14	14	0	1	22	7	15	0	3	65	0
法学	76	22	24	28	1	1	83	28	55	0	16	124	5
社会学	1	0	1	0	0	0	6	1	5	0	2	18	1
民族学	0	0	0	0	0	0	2	1	1	0	0	4	0
新闻学与传播学	3	0	1	2	0	0	9	2	7	0	2	8	0
图书、情报、文献学	24	0	6	15	1	2	2	0	2	0	1	2	0
教育学	10	0	2	3	5	0	26	7	19	0	3	41	0
统计学	12	3	1	8	0	0	20	4	16	0	3	15	1
心理学	0	0	0	0	0	0	0	0	0	0	0	0	0
体育学	23	0	12	4	7	0	7	2	5	0	3	32	0

（对外经济贸易大学科研处供稿）

中国农业大学2013年人文社会科学研究基本情况统计表

学科门类	研究人员情况						课题研究情况				研究成果情况		
	合计	教授	副教授	讲师	助教	初级	合计	基础研究	应用研究	其他	出版著作	发表论文	获奖成果（省部级及以上）
	396	99	181	97	4	15		148	703	2	80	778	
管理学	72	24	24	15	1	8		34	202	2	6	318	
马克思主义	10	2	7	1	0			6	11		0	16	
哲学	7	2	4	1	0			3	2		0	0	
逻辑学	0	0	0	0	0			0	0		0	0	

续表

学科门类	研究人员情况						课题研究情况				研究成果情况		
	合计	教授	副教授	讲师	助教	初级	合计	基础研究	应用研究	其他	出版著作	发表论文	获奖成果(省部级及以上)
宗教学	0	0	0	0	0			0	0		0	2	
语言学	37	6	18	12	1			1	2		12	12	
中国文学	2	0	2	0	0			0	0		0	0	
外国文学	2	0	1	1	0			0	0		16	0	
艺术学	2	0	0	2	0			2	3		0	0	
历史学	4	0	2	2	0			3	1		0	3	
考古学	0	0	0	0	0			0	0		0	0	
经济学	97	33	48	14	0	2		70	352		25	247	
政治学	4	1	3	0	0			0	2		2	4	
法学	20	3	11	6	0			2	24		3	20	
社会学	53	14	26	12	1			19	82		5	59	
民族学	0	0	0	0	0			0	2		0	6	
新闻学与传播学	18	3	8	6	0	1		2	6		9	36	
图书、情报、文献学	41	6	15	17	0	3		1	4		0	21	
教育学	8	2	1	4	0	1		4	7		1	19	
统计学	0	0	0	0	0	0		0	2		0	0	
心理学	2	0	2	0	0	0		1	0		0	0	
体育学	17	3	9	4	1	0		0	1		1	15	

（中国农业大学科学技术发展研究院王虹供稿）

北京科技大学2013年人文社会科学研究基本情况统计表

学科门类	研究人员情况						课题研究情况				研究成果情况		
	合计	教授	副教授	讲师	助教	初级	合计	基础研究	应用研究	其他	出版著作	发表论文	获奖成果(省部级及以上)
	444	64	158	215	6	1	712	448	264	0	37	451	1
管理学	33	7	11	15	0	0	126	60	66	0	9	137	0
马克思主义	25	5	12	8	0	0	67	27	40	0	1	25	0
哲学	7	1	5	1	0	0	12	9	3	0	1	14	0
逻辑学	0	0	0	0	0	0	0	0	0	0	0	0	0
宗教学	0	0	0	0	0	0	0	0	0	0	0	0	0
语言学	83	4	20	57	2	0	60	45	15	0	3	64	0
中国文学	4	0	4	0	0	0	3	3	0	0	3	4	0
外国文学	16	1	5	10	0	0	4	4	0	0	6	20	0
艺术学	23	2	7	14	0	0	5	2	3	0	0	10	0

续表

学科门类	研究人员情况						课题研究情况				研究成果情况		
	合计	教授	副教授	讲师	助教	初级	合计	基础研究	应用研究	其他	出版著作	发表论文	获奖成果（省部级及以上）
历史学	2	0	1	1	0	0	7	5	2	0	0	10	0
考古学	9	4	2	3	0	0	9	5	4	0	0	6	0
经济学	81	28	35	17	1	0	202	165	37	0	6	53	0
政治学	2	0	0	2	0	0	19	6	13	0	0	8	0
法学	19	3	9	7	0	0	33	9	24	0	1	33	0
社会学	6	1	4	1	0	0	41	21	20	0	3	22	0
民族学	0	0	0	0	0	0	0	0	0	0	1	1	0
新文学与传播学	9	2	0	7	0	0	3	2	1	0	0	0	0
图书、情报、文献学	69	4	16	47	2	0	2	0	2	0	0	3	0
教育学	5	2	0	3	0	0	94	62	32	0	2	31	1
统计学	1	0	1	0	0	0	2	2	0	0	1	0	0
心理学	3	0	1	2	0	0	21	20	1	0	0	1	0
体育学	47	0	25	20	1	1	2	1	1	0	0	9	0

（北京科技大学科学研究与发展部供稿）

北京交通大学 2013 年人文社会科学研究基本情况统计表

学科门类	研究人员情况						课题研究情况				研究成果情况		
	合计	教授	副教授	讲师	助教	初级	合计	基础研究	应用研究	其他	出版著作	发表论文	获奖成果（省部级及以上）
	826	153	257	374	27	15	1521	374	1147	0	16	268	0
管理学	292	77	94	104	11	6	837	148	689	0	8	79	0
马克思主义	29	10	10	8	1	0	35	18	17	0	0	15	0
哲学	11	3	4	1	3	0	4	2	2	0	1	4	0
逻辑学	0	0	0	0	0	0	1	0	1	0	0	0	0
宗教学	0	0	0	0	0	0	0	0	0	0	0	0	0
语言学	130	6	38	78	8	0	55	29	26	0	1	26	0
中国文学	6	0	2	3	1	0	2	1	1	0	0	6	0
外国文学	4	1	2	1	0	0	0	0	0	0	0	0	0
艺术学	57	8	13	35	1	0	111	25	86	0	2	46	0
历史学	3	0	3	0	0	0	2	0	2	0	0	0	0
考古学	0	0	0	0	0	0	0	0	0	0	0	0	0
经济学	120	27	40	51	0	2	290	50	240	0	2	45	0
政治学	23	6	10	7	0	0	45	39	6	0	0	0	0
法学	36	5	10	19	1	1	39	25	14	0	1	10	0

续表

学科门类	研究人员情况						课题研究情况				研究成果情况		
	合计	教授	副教授	讲师	助教	初级	合计	基础研究	应用研究	其他	出版著作	发表论文	获奖成果（省部级及以上）
社会学	4	0	1	2	1	0	29	13	16	0	0	5	0
民族学	1	0	1	0	0	0	2	1	1	0	0	0	0
新闻学与传播学	9	1	0	8	0	0	11	3	8	0	0	20	0
图书、情报、文献学	46	2	10	31	0	3	0	0	0	0	0	0	0
教育学	11	5	4	2	0	0	36	8	28	0	1	10	0
统计学	1	0	1	0	0	0	4	2	2	0	0	0	0
心理学	4	0	1	2	0	1	11	6	5	0	0	2	0
体育学	39	2	13	22	0	2	7	4	3	0	0	0	0

（北京交通大学人文社会科学处供稿）

中央财经大学2013年人文社会科学研究基本情况统计表

学科门类	研究人员情况						课题研究情况				研究成果情况		
	合计	教授	副教授	讲师	助教	初级	合计	基础研究	应用研究	其他	出版著作	发表论文	获奖成果（省部级及以上）
	1024	249	372	343	48	12	1402	210	1189	3	145	928	11
管理学	220	49	84	76	8	3	375	26	347	2	47	177	4
马克思主义	21	6	10	5			29	17	12		7	40	1
哲学	13	4	4	5			3	1	2			5	
逻辑学	4		4				17	16	1		1	4	
宗教学							2	1	1				
语言学	55	6	13	34	1	1	9	2	7		7	26	
中国文学	18	7	4	3	3	1	4	4			4	18	
外国文学	12	1	3	8			1	1				5	
艺术学	15	1	2	7	5		16	4	12		1	10	
历史学	5	2	1	2			2	2			1	13	
考古学													
经济学	408	131	160	101	14	2	558	52	505	1	51	353	4
政治学	12	1	3	8			5		5		1	15	
法学	63	13	20	28	1	1	101	29	72		12	65	1
社会学	26	7	12	4	3		62	7	55		4	21	
民族学							2	2					
新闻学与传播学	17	1	5	9	2		25	13	12		1	27	
图书、情报、文献学	18	3	3	9		3	7		7			2	
教育学	30	4	3	17	6		95	17	78		1	77	

续表

学科门类	研究人员情况						课题研究情况				研究成果情况		
	合计	教授	副教授	讲师	助教	初级	合计	基础研究	应用研究	其他	出版著作	发表论文	获奖成果（省部级及以上）
统计学	32	5	17	10			63	10	53		2	16	1
心理学	20	3	8	7	2		12	4	8		3	14	
体育学	35	5	16	10	3	1	14	2	12		2	40	

（中央财经大学科研处供稿）

北京林业大学2013年人文社会科学研究基本情况统计表

学科门类	研究人员情况						课题研究情况				研究成果情况		
	合计	教授	副教授	讲师	助教	初级	合计	基础研究	应用研究	其他	出版著作	发表论文	获奖成果（省部级及以上）
	468	50	167	205	19	27	336	98	238		23	211	1
管理学	102	15	34	43	3	7	19	4	15			25	
马克思主义	14	3	9	2									
哲学	12		5	7			2	2				9	1
逻辑学													
宗教学													
语言学	93	6	32	44	7	4	6	2	4		10	50	
中国文学	1		1				1	1					
外国文学													
艺术学	50	5	17	27	1		50	32	18		5	60	
历史学	4		2			2	1	1					
考古学													
经济学	56	11	20	23		2	133	18	115		2	16	
政治学							2	2				10	
法学	17	1	8	6	1	1	25	3	22			6	
社会学							52	4	48		4	7	
民族学							2	2					
新闻学与传播学							1		1				
图书、情报、文献学	54	4	17	25		8	2	2					
教育学	6		3	2	1		22	11	11			3	
统计学	6		1	5			3	3			1	6	
心理学	16	1	5	8		2	10	9	1			17	
体育学	37	4	13	13	6	1	5	2	3		1	2	

（北京林业大学科技处张力供稿）

中国传媒大学2013年人文社会科学研究基本情况统计表

学科门类	研究人员情况						课题研究情况				研究成果情况		
	合计	教授	副教授	讲师	助教	初级	合计	基础研究	应用研究	其他	出版著作	发表论文	获奖成果（省部级及以上）
	1311	203	375	645	79	9	1151.0	330.0	821.0	0.0	130	1147	6
管理学	229	24	70	119	14	2	26.0	3.0	23.0	0.0	8	61	0
马克思主义	16	6	5	4	1	0	9.0	6.0	3.0	0.0	0	0	0
哲学	14	2	5	7	0	0	0.0	0.0	0.0	0.0	1	7	0
逻辑学	1	0	0	1	0	0	0.0	0.0	0.0	0.0	0	0	0
宗教学	0	0	0	0	0	0	1.0	0.0	1.0	0.0	0	5	0
语言学	181	21	52	94	14	0	45.0	23.0	22.0	0.0	12	82	0
中国文学	43	6	27	10	0	0	29.0	19.0	10.0	0.0	3	60	0
外国文学	14	1	4	8	1	0	0.0	0.0	0.0	0.0	5	5	0
艺术学	354	64	74	187	26	3	166.0	42.0	124.0	0.0	36	363	3
历史学	8	3	2	3	0	0	0.0	0.0	0.0	0.0	4	2	0
考古学	0	0	0	0	0	0	0.0	0.0	0.0	0.0	0	0	0
经济学	28	3	6	15	3	1	6.0	1.0	5.0	0.0	2	33	0
政治学	15	6	3	6	0	0	7.0	4.0	3.0	0.0	0	8	0
法学	19	3	4	11	1	0	7.0	4.0	3.0	0.0	1	13	0
社会学	9	1	1	7	0	0	23.0	12.0	11.0	0.0	0	12	0
民族学	2	1	0	1	0	0	3.0	3.0	0.0	0.0	0	2	0
新闻学与传播学	300	57	99	127	15	2	741.0	180.0	561.0	0.0	56	476	3
图书、情报、文献学	17	0	6	9	2	0	3.0	3.0	0.0	0.0	0	0	0
教育学	33	2	7	21	2	1	71.0	21.0	50.0	0.0	1	14	0
统计学	0	0	0	0	0	0	5.0	3.0	2.0	0.0	0	0	0
心理学	1	0	0	1	0	0	3.0	2.0	1.0	0.0	0	0	0
体育学	27	3	10	14	0	0	6.0	4.0	2.0	0.0	1	4	0

（中国传媒大学文科科研处供稿）

首都师范大学2013年人文社会科学研究基本情况统计表

学科门类	研究人员情况						课题研究情况				研究成果情况		
	合计	教授	副教授	讲师	助教	初级	合计	基础研究	应用研究	其他	出版著作	发表论文	获奖成果（省部级及以上）
	1043	161	397	430	49	6	850	504	346	0	138	975	19
管理学	28	4	11	12	0	1	50	7	43	0	2	52	0
马克思主义	23	2	14	4	3	0	31	12	19	0	4	17	0
哲学	32	10	10	9	2	1	26	23	3	0	10	73	1
逻辑学	1	0	1	0	0	0	2	2	0	0	1	3	0

续表

学科门类	研究人员情况						课题研究情况				研究成果情况		
	合计	教授	副教授	讲师	助教	初级	合计	基础研究	应用研究	其他	出版著作	发表论文	获奖成果(省部级及以上)
宗教学	1	0	0	1	0	0	2	2	0	0	0	1	0
语言学	211	14	70	122	5	0	86	53	33	0	10	101	2
中国文学	73	19	31	23	0	0	87	77	10	0	24	133	4
外国文学	55	9	10	32	4	0	24	22	2	0	2	23	0
艺术学	174	31	72	53	18	0	79	58	21	0	25	132	3
历史学	70	26	15	23	5	1	103	97	6	0	21	107	4
考古学	4	0	3	1	0	0	14	12	2	0	1	14	0
经济学	23	0	15	7	0	1	15	4	11	0	2	9	0
政治学	20	6	5	9	0	0	17	12	5	0	2	38	0
法学	25	3	11	11	0	0	19	6	13	0	1	24	0
社会学	16	2	10	4	0	0	33	4	29	0	5	13	0
民族学	0	0	0	0	0	0	2	1	1	0	0	4	0
新闻学与传播学	4	0	3	0	1	0	3	2	1	0	3	16	0
图书、情报、文献学	44	1	16	25	2	0	4	2	2	0	0	23	0
教育学	164	26	72	59	5	2	230	98	132	0	24	150	5
统计学	0	0	0	0	0	0	0	0	0	0	0	1	0
心理学	38	7	17	13	1	0	19	10	9	0	1	25	0
体育学	37	1	11	22	3	0	4	0	4	0	0	16	0

（首都师范大学社科处黄胤英供稿）

首都经济贸易大学2013年人文社会科学研究基本情况统计表

学科门类	研究人员情况						课题研究情况				研究成果情况		
	合计	教授	副教授	讲师	助教	初级	合计	基础研究	应用研究	其他	出版著作	发表论文	获奖成果(省部级及以上)
	748	128	297	265	30	28	945	133	812	0	102	670	15
管理学	172	29	65	59	11	8	378	25	353	0	36	170	6
马克思主义	11	4	6	1	0	0	10	8	2	0	3	66	0
哲学	8	2	2	3	0	1	3	2	1	0	1	2	0
逻辑学	0	0	0	0	0	0	0	0	0	0	0	0	0
宗教学	0	0	0	0	0	0	0	0	0	0	1	0	0
语言学	52	3	13	35	0	1	14	8	6	0	4	14	0
中国文学	18	0	8	10	0	0	3	3	0	0	0	0	0
外国文学	1	0	1	0	0	0	5	5	0	0	0	0	0
艺术学	7	0	1	4	0	2	0	0	0	0	0	5	0

续表

学科门类	研究人员情况						课题研究情况				研究成果情况		
	合计	教授	副教授	讲师	助教	初级	合计	基础研究	应用研究	其他	出版著作	发表论文	获奖成果（省部级及以上）
历史学	0	0	0	0	0	0	4	4	0	0	0	7	0
考古学	0	0	0	0	0	0	0	0	0	0	1	0	0
经济学	291	65	133	77	7	9	334	28	306	0	28	179	7
政治学	4	1	2	1	0	0	4	2	2	0	0	1	0
法学	43	8	15	18	1	1	61	22	39	0	13	75	0
社会学	14	4	5	4	0	1	49	5	44	0	4	28	1
民族学与文化学	0	0	0	0	0	0	5	3	2	0	0	3	0
新闻学与传播学	21	2	9	8	2	0	14	5	9	0	1	22	0
图书、情报、文献学	27	1	11	7	5	3	3	0	3	0	0	2	0
教育学	32	3	7	19	2	1	17	3	14	0	3	54	0
统计学	21	5	10	5	1	0	31	8	23	0	3	18	1
心理学	1	0	1	0	0	0	0	0	0	0	0	0	0
体育学	25	1	8	14	1	1	10	2	8	0	4	24	0

（首都经济贸易大学科研处供稿）

北京工商大学2013年人文社会科学研究基本情况统计表

学科门类	研究人员情况						课题研究情况				研究成果情况		
	合计	教授	副教授	讲师	助教	初级	合计	基础研究	应用研究	其他	出版著作	发表论文	获奖成果（省部级及以上）
	540	72	221	214	30	3	461.0	53.0	408.0	0.0	44.0	769.0	4.0
管理学	106	18	41	40	7	0	190.0	11.0	179.0	0.0	9.0	174.0	1.0
马克思主义	15	0	8	5	2	0	8.0	5.0	3.0	0.0	0.0	41.0	0.0
哲学	8	1	4	3	0	0	1.0	1.0	0.0	0.0	1.0	5.0	0.0
逻辑学	0	0	0	0	0	0	0.0	0.0	0.0	0.0	0.0	0.0	0.0
宗教学	0	0	0	0	0	0	0.0	0.0	0.0	0.0	0.0	1.0	0.0
语言学	66	1	30	35	0	0	1.0	0.0	1.0	0.0	0.0	70.0	0.0
中国文学	4	0	4	0	0	0	1.0	0.0	1.0	0.0	0.0	0.0	0.0
外国文学	5	1	0	3	1	0	1.0	1.0	0.0	0.0	0.0	0.0	0.0
艺术学	56	2	11	36	7	0	51.0	6.0	45.0	0.0	5.0	35.0	0.0
历史学	0	0	0	0	0	0	0.0	0.0	0.0	0.0	0.0	1.0	0.0
考古学	0	0	0	0	0	0	0.0	0.0	0.0	0.0	0.0	2.0	0.0
经济学	133	36	69	26	1	1	118.0	4.0	114.0	0.0	13.0	233.0	1.0
政治学	2	0	0	1	1	0	1.0	0.0	1.0	0.0	0.0	6.0	0.0
法学	50	6	20	21	2	1	36.0	10.0	26.0	0.0	11.0	34.0	0.0

续表

学科门类	研究人员情况						课题研究情况				研究成果情况		
	合计	教授	副教授	讲师	助教	初级	合计	基础研究	应用研究	其他	出版著作	发表论文	获奖成果（省部级及以上）
社会学	1	0	0	1	0	0	2.0	1.0	1.0	0.0	0.0	2.0	0.0
民族学	0	0	0	0	0	0	0.0	0.0	0.0	0.0	0.0	0.0	0.0
新闻学与传播学	23	4	5	13	1	0	24.0	5.0	19.0	0.0	3.0	47.0	1.0
图书、情报、文献学	10	0	5	3	2	0	2.0	1.0	1.0	0.0	0.0	6.0	0.0
教育学	19	1	6	10	1	1	20.0	7.0	13.0	0.0	0.0	46.0	0.0
统计学	10	0	7	3	0	0	4.0	1.0	3.0	0.0	2.0	12.0	1.0
心理学	2	1	0	0	1	0	0.0	0.0	0.0	0.0	0.0	0.0	0.0
体育学	30	1	11	14	4	0	1.0	0.0	1.0	0.0	0.0	54.0	0.0

（北京工商大学科学技术处供稿）

中共北京市委党校、北京行政学院社会科学队伍统计表

学科门类	按职称划分					按最后学历划分					按最后学位划分	
	小计 L01	正高 L02	副高 L03	中级 L04	初级 L05	研究生 L06	本科生 L07	大专生 L08	中专生 L09	其他 L10	博士 L11	硕士 L12
	147	23	53	57	14	124	17	2	0	0	70	36
哲学	13	4	6	3	0	13	0	0	0	0	10	3
经济学	11	2	5	4	0	11	0	0	0	0	8	0
政治学	16	5	3	8	0	15	1	0	0	0	11	1
党史党建	11	2	4	5	0	11	0	0	0	0	7	1
公共管理	14	3	4	7	0	14	0	0	0	0	8	5
工商管理	11	1	7	3	0	11	0	0	0	0	5	4
法学	14	2	6	6	0	14	0	0	0	0	9	4
社会学	13	3	6	4	0	12	0	0	0	0	10	2
语言文学	9	0	5	3	1	7	2	0	0	0	0	5
历史学	1	1	0	0	0	1	0	0	0	0	0	1
计算机	13	0	3	3	7	6	7	0	0	0	0	6
图书、情报、文献学	11	0	2	6	3	5	6	0	0	0	0	4
其他学科	10	0	2	5	3	4	1	2	0	0	2	0

注：该表统计截止时间为2013年12月底，参公人员不包括在内

（中共北京市委党校、北京行政学院科研处供稿）

北京市社会科学院2013年人文社会科学研究基本情况统计表

学科门类	研究人员情况						课题研究情况				研究成果情况		
	合计	教授	副教授	讲师	助教	初级	合计	基础研究	应用研究	其他	出版著作	发表论文	获奖成果（省部级及以上）
	164	25	66	73	0	0	157	86	71	0	49	579	0

续表

学科门类	研究人员情况						课题研究情况				研究成果情况		
	合计	教授	副教授	讲师	助教	初级	合计	基础研究	应用研究	其他	出版著作	发表论文	获奖成果（省部级及以上）
文化所	14	3	5	6	0	0	11	10	1	0	6	91	0
历史所	16	3	9	4	0	0	12	12	0	0	9	41	0
哲学所	13	1	7	5	0	0	10	10	0	0	4	31	0
经济所	21	1	12	8	0	0	22	22	0	0	5	73	0
科社所	12	2	5	5	0	0	11	11	0	0	2	37	0
社会学所	13	3	5	5	0	0	14	4	10	0	2	25	0
城市所	12	3	3	6	0	0	12	2	10	0	2	33	0
外国所	8	2	3	3	0	0	10	2	8	0	2	51	0
满学所	8	1	3	4	0	0	6	6	0	0	2	16	0
管理所	15	2	7	6	0	0	16	0	16	0	5	59	0
综治所	10	2	3	5	0	0	15	4	11	0	6	42	0
市情调研中心	10	0	2	8	0	0	8	0	8	0	3	46	0
法学所	12	2	2	8	0	0	10	3	7	0	1	34	0

（北京市社会科学院科研处供稿）

（凡本年鉴转载文章的作者请与年鉴编辑部联系领取稿费事宜。
联系电子邮箱：sklwh@ vip. sina. com）